EROTICI SCRIPTORES.

PARISIIS. — EXCUDEBANT FIRMIN DIDOT FRATRES, VIA JACOB, 56.

ΕΡΩΤΙΚΩΝ ΛΟΓΩΝ
ΣΥΓΓΡΑΦΕΙΣ.

EROTICI SCRIPTORES

PARTHENIUS, ACHILLES TATIUS, LONGUS, XENOPHON EPHESIUS,
HELIODORUS, CHARITON APHRODISIENSIS, ANTONIUS DIOGENES, IAMBLICHUS,

EX NOVA RECENSIONE
GUILLELMI ADRIANI HIRSCHIG.

EUMATHIUS
EX RECENSIONE PHILIPPI LE BAS.

APOLLONII TYRII HISTORIA
EX COD. PARIS. EDITA A J. LAPAUME.

NICETAS EUGENIANUS
EX NOVA RECENSIONE BOISSONADII.

GRÆCE ET LATINE CUM INDICE HISTORICO.

PARISIIS
EDITORE AMBROSIO FIRMIN DIDOT
INSTITUTI IMPERIALIS FRANCIÆ TYPOGRAPHO
VIA JACOB, 56

M DCCC LVI

PRÆFATIO.

Parthenium, Augustei seculi scriptorem, primus edidit Janus Cornarius Basileæ apud Frobenium a. 1531, qui adhibuit codicem Palatinum, in quo solo hic libellus legitur; est seculi X, judice Fr. Wilkenio. Sequentes editores nostrum passim emendaverunt, donec Fr. J. Bastius codicem denuo contulit et lectiones has edidit, quibus in novissima hujus auctoris editione usus est Fr. Passow. (Lipsiæ Teubner. 1824). In Biblioth. Lugd. Batava servatur liber ex officina Commeliniana, quem benevole mihi utendum dedit Jacobus Geel : continet Achillem Tatium, Longum et Parthenium; in titulo scriptum, librum olim fuisse Petri Burmanni, hac adnotatione adjecta « huic libro Jos. Scaliger multas adscripsit emendationes. » Præterea Car. G. Cobet suas mecum in hoc auctore communicavit emendationes : horum virorum et illorum qui a Passovio citantur emendationibus usus sum, alia ipse emendavi. Quæcunque itaque in nostra editione mutata, critices ope mutata.

Multa in Parthenio certa ratione emendari non possunt, quoniam et suæ ætatis lingua utitur, et ex antiquis Ionicis scriptoribus, ex quibus hausit, non tantum antiquam dicendi rationem, antiqua verba etc. petivit, sed etiam horum auctorum stilum servavit jucundissimi libelli auctor, cujus nativa simplicitate et dulci suavitate tantopere delectamur.

Latina versio est Jani Cornarii, quam, ubi necesse erat, correximus.

Quadratis parentheseos signis inclusa indicant delenda, rotundis addenda; asteriscus positus, ubi quædam deesse censemus.

De Achillis Tatii, Longi, Xenophontis Ephesii ætate et vita ex veterum testimoniis nihil certi afferri potest; ex prava Græcitate, qua utuntur, illos ad seriora sæcula, id est s. III sqq. p. Chr. referendos esse patet.

Eroticos edere paranti Car. G. Cobet et lectiones codicis Florentini accuratissimo collati et suas in his auctoribus emendationes dedit utendas.

In nostra editione hanc secuti sumus rationem, ut meliores ex codicibus lectiones et virorum eruditorum nostrasque emendationes in textum receperimus. Indicem adjecimus, in quo quæcunque in quoque auctore mutata sunt, notavi, ita ut lector facile videat, quænam vulgaris sit lectio, quid e codd., quid critices ope sit emendatum.

Achilles Tatius primum Latine prodiit, Annib. Cruceio interprete, Lugd. apud S. Gryphium a. 1544; hic ab Oct. Ferrario codicem vel potius codicis fragmentum acceperat. Altera Cruceii versio ex codice Romæ invento Basileæ edita

PRÆFATIO.

a. 1554 apud I. Hervagium, quæ a viris doctis codicis instar habita; quam caute hac parte adhiberi possit, quivis, lecta Cruceii præfatione, facile intelliget.

Græce Achillem primi ediderunt Jud. et Nic. Bonnvitii nepotes Hier. Commelini a. 1601; de qua et de reliquis edd. conferantur prolegomena Fr. Jacobsii (in edit. Achill. T. Lipsiæ 1821, in bibl. Dyk.), qui eruditam harum censuram dedit et accurate de codicibus egit, in quibus hic auctor legitur. Adsunt et lectiones e codd. deperditis et plures codices, quorum plerique seculi XVaut XVI, bombycinus Vaticanus seculi XII aut XIII. Florentinus noster est seculi XIII aut XIV, in quo pars tantum Achillis legitur, vide indicem huic præfationi subjunctum; pleræque lectiones, quas exhibet, illis inferiores sunt quas ex aliis codd. habemus; bonæ notæ nonnullas in textum recepimus.

De Longi editionibus vide præfationem G. R. L. de Sinner, qui Pastoralia e codd. Mss. duobus Italicis, primum Græce integra edita a P. L. Courier emendatius et auctius typis recudenda curavit, Paris. Excud. Firm. Didot, a. 1829. Longe paucis aliis qui exstant codicibus præstant Vaticanus et Florentinus.

Xenophonti Ephesio post Ant. Cocchium (Londini, a. 1726), deinceps operam dederunt Vind. Aloys. Emericus Liber Baro Locella (Vindob. a. 1796), Mitscherlichius (a. 1798, Argentorati), P. Hofman Peerlkamp (Harlemi, 1818), et Fr. Passow (Lipsiæ, 1833), quorum virorum opera aut eruditis adnotationibus suas editiones ornantium aut auctorem passim bene emendantium gratus usus sum. Codex Florentinus superest in quo hic legitur auctor et Riccardinus, hic admodum recens totus ex Florentino pendet.

Quanta lux et Xenophonti et præsertim Longo ex novo nostro critico apparatu affulserit, lector benevolus dijudicet; meum certe non est hic prædicare.

Achillis T. versione Latina Cruceii usus sum, quam ubi longius a Græcis recedebat mutavimus, ubi necesse erat, correximus, eandem secuti rationem in versione Xenophontis et Longi Mitscherlichii, quam Græco textui adposuimus. Partem illam ex libro primo Longi Past. quam primus ex cod. Flor. edidit P. L. Courier, ipsi Latine vertimus.

Heliodorus, homo Christianus, vixit sæculo V, cf. Socrat. V, 22 p. 278. Photius cod. LXXIII.

Hunc auctorem edere paranti mihi Vir. Doct. Tydeman, rector Tiellanus, omnes schedulas dedit viri doct. Temminck, qui per plures annos in futuram Heliodori editionem magna cum cura et diligentia apparatum criticum conquisiverat, sed quem mors ante aliquot annos occupavit. Inerant his duorum codicum Vindobonensium lectiones, quas Temminck se nactum esse scribit humanitate Baronis a Zwieten (qui fuit legatus regius noster Vindobonæ); passim ad lectiones illas

PRÆFATIO.

bene adnotat Temminck vulgata illas longe meliores esse; sunt autem hi codices sæc. XIV; sexcentis locis meliorem præbent lectionem. Primus cod. Vind. Ms. n. CXVI, cui titulus : Ἡλιοδώρου ἐπισκόπου Τρίκκης περὶ Θεαγένους καὶ Χαρικλείας Βιϐλίον πρῶτον, hunc notabo litera A. Alter codex (quem notabo litera B) Ms. est n. CXXX. Titulus recentior codicis scriptura hic, Ἡλιοδώρου αἰθιοπικῶν περὶ Θεαγένους καὶ Χαρικλείας.

Heliodori editiones quæ quidem ad notitiam meam pervenerunt, sunt sequentes:

Basileensis, Græce tantum, a. 1534, ex officina Hervægiana, cum præfatione Vincentii Obsopœi, qui ex bibliotheca Matthiæ Corvini, Hungariæ regis, a milite direptum codicem redemit.

Hier. Commelini, a. 1596, qui usus est Palatino cod., lectionibus Vaticani codicis et alius a G. Xylandro collati, et codice Corvini. Adjecta est Latina versio Stanislai Warschewiczki.

Hic liber totus recusus a. 1655, Lugduni, apud Ant. de Harsy, et liber primus solus Gr. et Latine interprete Renato Guillonio, Parisiis, 1551, quod me docuit Temminckius.

Editiones J. Bourdelotii, a. 1619, Lutet. Paris. cum nullo novo critico apparatu, D. Parei a. 1631, Francofurti, et J. P. Schmidii, Lipsiæ, a 1772, sunt nullius pretii.

Chr. G. Mitscherlich a. 1806, Argentorati, novam ed. dedit, adhibuit exemplar Commelinianum et lectiones codicum quæ ibi citantur et cod. Taurinensis quæ a Dorvillio ad Char. citantur. Adjecta Latina versio accurata, qua usus sum, illam mutans ubi Græca, id quod raro accidit, minus bene intellexerat, aut ubi textum sive ex codd. sive critices ope emendaveram.

Præter lectiones codd. vind. A et B, humanitate Jacobi Geel nobis in hac editione ornanda adjumento fuere, quæ in biblioth. Lugd. Bat. servantur :

Codex Lugdunensis, sive potius apographum codicis, qui fere sed non semper convenit cum Bas., cujusque historia incerta :

Editio Basileensis, cujus ad folium primum hoc adnotatum : « Quæ in hoc libro margini adlita leguntur, sunt ex G. Falckenburgii exemplari, cum Vaticano codice ab eo collato et notatis nonnullis aucto. » Sed, id quod Temminckius quoque observat, non sunt hæ lectiones ex Vatic. codice, nam passim nimis differunt; et Canterus in synt. præfatione usum se fuisse ait collatione codicis Vaticani, tum collatione ex alio in Italia scripto libro, quam fecit G. Falckenburgius :

Eadem editio, quæ bibliothecæ cessit ex legato J. Perizonii, qui adscripsit paucas adnotationes et Scaligeri lectiones e Vatic. bibl. plut. 2.

Eadem editio cum lectt. variant. Jos. Scaligeri manu ad marginem scriptis :

J. Bourdelotii editio, cum emendationibus Mss. Hemsterhusii :

Basileensis editio, cum Mss. emendatt : P. Francii.

PRÆFATIO.

Charitonem Aphrodisiensem, de cujus vita et ætate nullus veterum aliquid commemoravit, primum editum esse a Jacobo Philippo D'Orville, Amstelodami, 1750, quis ignorat? In codice Florentino solo hic auctor reperitur; cujus scriptura in hoc auctore sæpe obscura aut vetustate evanida; quare multa Cocchius aut omnino non legere potuit, aut male legit. — Spisso Dorvillii commentario additæ et J. J. Reiskii emendationes, quarum multæ optimæ sunt notæ, et Latina versio egregia, qua in nostra editione usi sumus; hanc textu magis emendato et integriore gaudentes, mutavimus et supplevimus ubi necesse erat.

Dorvillianam editionem, paullo emendatiorem, typis recudendam curavit Chr. D. Beck, Lipsiæ, sumtu E. B. Schwickerti, a. 1783, adjecitque Piersoni et Abreschii suasque conjecturas.

Codicem, dum Florentiæ degebat, summa cum cura et diligentia, sæpe artis chemicæ ope, iterum contulit vir amicissimus C. G. Cobet, deditque mihi benevole hanc collationem, atque hinc lacunis scatens ille et plurimis locis prave lectus Chariton e codice ita suppletus et emendatus est, ut vix alterum exemplum reperias auctoris, cui ex nova collatione tanta lux affulserit. Ubi textus remanserat depravatus hunc emendare conati sumus, aut virorum eruditorum emendationibus usi sumus.

Cæterum de Antonii Diogenis et Jamblichi fragmentis hæc tantum monenda, Latinam versionem a nobis additam esse, nonnullasque emendationes: Passovii editione usi sumus.

Quæ quum feliciter peracta sint, jucundum mihi restat officium ut publice gratias agam viris humanissimis eruditionique egregie faventibus, Cobeto, Geelio, Didoto, Tydemanno, quod ad hanc eroticorum et ad Alciphronis editionem ornandam sua præsidia critica benevole nobis præbuerunt.

D. Lugd. Batav. 10 m. Aug. 1853.   G. A. Hirschig.

EMENDATIONES IN PARTHENIO.

(Editio Fr. Passovii, Lipsiæ. Teubner, 1824.)

[1] Præf. ἁρμόδια διὰ C.
p. 3, l. 8, σὺ ἂν μετέρχῃ.
9, ἐνενοήθης.
28, κατὰ νοῦν ἂν.
32, προετρέψατο H.
καὶ ἐπειδὴ.
4, 7, ἐδεδράκει καὶ C.
10, ὅ τι ποιῇ.
14, ἤλ. τῆς γῆς.

15, τοῖς τε τὸν Λύρκον προσιεμένοις Malim τοῖς τε τὰ Λύρκου, abjecto προσιεμένοις H.
18, μετὰ δὲ ταῦτα H.
24, καὶ Μελιγουνίδα Bast.
42, ἐξένιζε Scal.
5, 2, συμβόλαιά τινα C.
19, φιλοφρ. μηδαμᾶ-ἄξειν.

36, Scal. εἰς τοῦτό γ' ἀφικόμενον
6, 5, ἀγομένοις καὶ πᾶν C.
8, ἀπαλλάξεσθαι.
30, Θετταλοῖς H.
Cap. VI. Inscr.
Διογένης Pass.
p. 6, 41, αὐτῆς Θράκης. C.
7, 3, ἰέναι τὴν κόρην.

[1] Hic adscripta lectio quam Passovius secutus est, emendatio quam Scaligerus (Scal.) Cobetus, (C.) aut ipsi (H.) fecimus aliique, in textum recepta est.

PRÆFATIO.

p. 7, l. 14, ἀμφ' αὐτὴν H.
15, πολλὰ ἐχεῖτο C.
ἕως δ τε τροφεὺς H.
16, πρεσβύτης ἀναπυνθ.
27, C. vult. ἵετο.
38, κελεύοι C.
40, ὑπό του H.
48, οἷός τε ἦν C.
8, 2, ἀντιλέγειν κινδυνεύειν Scal.
14, ἀνεῖλεν.
16, ἐν δὲ αὐταῖς H.
18, γένους τε τοῦ πρώτου.
31, ἧκοι καὶ λύτρα C.
43, ἐμπεδώσειε C.
9, 9, ἀφίκετο H.
25, ἐχόμενος C.
33, ἐκείνου καὶ λάβοιμι.
43, καὶ ἐν τῷ δὴ Schneid.
45, εἰσφοροῦνται Lennep.
10, 3, ἡγεμόνες οὗτοι H.
11, πεισθείη.
14, δεχόμενον.
20, οἱ μέν τισιν C.
25, σπ. Ναξίων.
27, εἰ ἐπεθύμ. Δευκ. H.
29, φιλοκύν. μεθ' C.
41, κατελάβετο.
45, ἐπέθετο H.
46, ἀποδυρόμενος C.
11, 19, εἰς πᾶν κακόν.
40, τῇ νήσῳ H.

12, 1, παρ. ἵεται.
Cap. XIII. Inscript.
Δεκτάδας legitur in Comm.
12, 18, καταθεῖ Schneid.
39, τιθασσὸν C.
13, 4 et 9, Φόβιος.
43, θυγατρὸς τάδε λ. Δάφνις H.
45, πυκνῶς ἐθήρα Scal.
54, ἀμφιπεσοῦσά τε καὶ C.
14, 15, ὅδε λόγος. H.
26, ἐπεὶ τὸν Α. C.
34, ὑπ' Αἴθρᾳ H.
15, 8, ἐπιπροσδεῖσθαι Comm.
11, περιφαίνειν H.
14, αὑτις λέγοι Bast.
21, νυνὶ δὲ παντ. H.
25, ἀμφ' αὑτὸν οἰκετῶν.
30, παρ. νοῦ τε καὶ φρ.
39, μετὰ δὲ χρόνον.
40, ἐπεισέρχεται Legrand.
41, οἷα τε ἦν H.
πρώτη μὲν Legrand.
48, εἰς τὴν Νάξον H.
16, 9, ἐληΐζοντο C.
17, παρ' αὐτοῦ παραιτεῖσθαι Legrand.
17, 8, 9, κούρη-Πεισιδίκῃ.
19, Φθίῃ δ' ἐν δώματα C.
30, αὐτῆς C.
38, κατορθωσάμενος H.

43, ὑποκαίεται.
18, 7, δὲ Συρακ.
11, προσηγγέλη Heynius.
17, συνουσίαν cod.
21, ἀπεκτονηκέναι C.
25, Φ. δὲ τύραννος H.
36, μετὰ δὲ ταῦτα.
37, συνέδη τῶν-γενομένων Schneider.
19, 2, προσάγεσθαι C.
7, περὶ τῆς H.
10, ἀπολώλει C.
28, τὰ ἑξῆς.
20, 5, περιεσχέθη.
9, δεξιῶς χρήσασθαι Scal.
οὗτος εἰς μὲν τὸν πολὺν ὅμ. H.
36, διὰ τὸ δέος.
Cap. XXXIII tit. Σιμμίας C.
21, 33, σχόμενον Scal.
22, 20, τυγχάνει Heyn.
32, ἀπέστυγεν H.
33, πολλοὺς.
23, 5, ἐθέλων αὐτὴν Pass.
10, μαλακιζόμενος ἐπὶ μονῇ C.
13, αὖτις legendum videtur αὐτίκα H.
16, τέλος δὲ εἶτα C.

EMENDATIONES[1] IN ACHILLE TATIO.

(EDITIO FR. JACOBS. LIPSIÆ, IN BIBL. DYK. 1821.)

p. 27, l. 4, ἐπὶ δεξιᾷ
15, ἐπενήχετο.
29, 8, ἄρχεται.
10, ὥρα σοι ἔφην.
11, ὁ τοιοῦτος Scal.
12, ὑπάρχει H.
30, 16, ἀπολώλειν.
39, ἦμεν.
ἔρχεται.
31, 14, τρ. νυκτί.
32, 6, ἀποκτενεῖς lege ἀποκναίεις H.
15, ἀποθέσθαι.
30, ὅρμος.
34, ποθῇ.
49, εὐτυχεῖν.
33, 10, ἀπήλαυσα.
16, συνίειν.

30, ἐγκαλεῖς; Ἀχ.
42, αἰδεσιμώτερον.
43, τιθασσ.
51, πῶς οὖν ἄν.
34, 10, πλανηθῇς.
28, ἡδέως H.
45, φδύνυθῇ.
35, 7, δὲ παῖς H.
20, ὀρθίον.
21, δακών.
34, δ. δ. ἑ. ὅμως τ. τ. δ π τῆς H.
36, 14, θῶα.
19, ἀνάψαι.
27, πίνων χρῆσθαί μου.
50, τοσαύτη.
37, 38, ἀναπτερῶσαι H.
40, ὅταν γὰρ H.

54, μοι.
38, 5, ἔλεγον τόν.
εἰ μὴ παῖδες.
10, εἴη.
ὁ ἄρρην.
12, ποῦ.
27, ἢ τῶν.
30, ἔδνα.
41, καθάραι.
39, 34, οὔπω παρ' αὐτοῖς.
46, προτείνειν.
40, 5, ἀναπνεῖ.
26, καίων.
37, ἡ τύχη.
49, ἅτ. ὠν.
41, 26, μέ τίς σοι H.
35, ἱπτᾶσα.
45, ἐπιβάλλων.

[1] Emendationes in textum receptæ sunt, hic exhibentur lectiones quæ in Jacobsii edit. inveniuntur. Ubi nulla littera adjecta, emendationes plurimam partem sunt Cobeti, reliquas et alii fecerunt quorum nomina Jacobsius citat : alias Scaliger (Scal.) aut nos ipsi (tt.) fecimus.

PRÆFATIO.

p. 42, l. 3, ὅτι φιλῶ H.
12, ἐλευθεριώτ.
25, ἡσθείσης τῆς.
34, προσέθιγεν.
38, συμφυράσας.
39, ἤδη.
40, καὶ τὰ αὐτά.
43, 11, με.
52, τὰ δὲ.
44, 28, ταῦτα-ἀπὸ.
39, ποιήσει.
40, τὴν βίαν προσ.
43, ἐκκείμ.
45, 3, ἕλκει δ' ἡ γῆ
30, οὐδὲν.
50, διαπλάττεται H
46, 52, Κ. καὶ π.
47, 5, ἦσαν.
37, ἐκλείετο H.
39, διειλήχεσαν.
41, ταμεῖον.
43, ἔξωθε.
50, κόρη.
48, ἔκλαιεν.
49, 7, ἡγριαίνετο καὶ.
25, σε.
50, ἀνατέμνειν.
50, 15, σου.
29, ῥημάτων.
48, οὖν εἴσω H.
51, 7, συμφυγεῖν.
10, ἐμβαλέσθαι.
12, ἑπομένων H.
20, ἵεται.
41, λοιδορίας Scal.
52, 3, πέμψαι τὸν.
22, πόματι.
29, δέσπ. διακ. H.
53, 7, πρῶτον.
25, ἀλλάξας H.
38, ἀπελθὼν.
39, ἀπελ. οὐδ.
40, προσετιμήσαντό μοι.
50, ἀπαγαγεῖν.
54, 1, νῦν ἤτοι ὡς.
10, πρὶν ὁ.
32, οὐρανοὺς et infra.
55, 28, αὐτῆς τῆς.
30, γινομένη.
31, ἀναθορῶν.
42, ἡμῖν καταγέας.
57, 35, ὤθουν.
58, 2, κατεφέροντο.
59, 8, τούτους.
14, Κλεινία.
17, ἐγέγ. H.
61, 1, ἡμερῶν.
31, ἠδικήσαμεν.
33, ἐλέους.
43, ὀργ.ἠσ. H.

62, 31, π. ὁπλ. H.
35, πελτασταί.
47, καὶ ἦν.
63, 29, αὐτὸν δάκρυα.
45, σώματος.
64, 12, αὐτούς.
37, καθήσων.
43, καὶ φίλους.
65, 32, ποῖ γῆς.
33, τί ποτὲ.
47, ὅμως ἐφ. ἐπιδεῖξαι.
48, τούτῳ χρ.
52, ὁ τρόπος.
66, 33, συναγωνίσεται.
67, 2, καταβαίνειν τῇ.
39, εἰ δέ τις ἡμ. ἐκποδὼν.
45, τὴν ψυχήν.
68, 6, Μ. τῷ στρατηγῷ H.
12, αὗται πέντε.
27, ταῦνα.
30, εὐφνής.
40, [φέρει] καὶ εἰς τὸ χ. H.
69, 3, ὅθεν περ.
7, οἷός τε.
12, πρὶν ἢ.
18, τὴν μὲν ἀναβ.
70, 26, τίκτεται H.
28, βίον γ. αὐτοῦ.
36, εὑρήσει.
37, μὲν γὰρ ὄψον.
51, καὶ μόνον οὐχ.
71, 1, πρῶτος.
13, ὁ μὲν κλέπτον.
28, δι' ἄν.
30, ἀνασώσεις τ. ψ. ἂν θέλῃς.
52, ἀναδ.; Σρατ. ἐν.
54, μενῶ.
72, 4, ἰώμενον.
29, μοιχεύεται.
44, δὲ H.
73, 1, οἷός τε.
21, αἰδῶ.
32, καὶ H.
51, βλ. ἔλεγον H.
74, 1, διανέστη.
20, λυθῇ.
47, πλέειν.
75, 6, δὲ ἰδὼν ν. τινές.
23, ἐπισύρειν.
26, σφῶν.
33, ἐδίδοσαν.
35, τὴν σατραπείαν.
40, εἰμ. ἐν κακοῖς. Συ.
76, 14, ἀδιηγ. θαν.
22, ἐγχυλ.
33, πεζομαχίαι.
42, προπολουμένην.
77, 1, οὐκ ἔστιν.
36, ὅλης ν.
46, ἀληθεύσειαν.

47, μου.
53, σωφρονήσειας.
54, γνωρίσειας.
78, 17, ἔχων.
35, πόματος.
41, τούτῳ. Συν.
44, δὲ αὐτοῦ H.
79, 19, λοίπου H.
σώματα. —
20, πᾶσα. —
30, δυνάμεως ἀπ. —
34, καί μου dele καὶ.
80, 7, πληρώσειε.
8, εἰς τὸν δ.
χωρήσειε.
10, καὶ κατὰ.
17, οὐράνιον.
27, λῃστῶν Scal.
52, ἔκλειεν. —
Ἀγκάλαις.
81, 40, ὤνησιν.
52, ὁρῶ γυν H.
54, πάσχω λογ. —
82, 7, Ἐριννύων.
24, ἀνέτελλεν ἄλλος. Μετὰ H.
25, ἐπ' ἐσχάτων τῆς γ.
27, ὑπέρχεται.
34, ἤδη.
83, 5, ἐκρούετο.
42, ἐπέχεσθαι H.
51, ἐδεόμην.
84, 5, Ξενεδάμας.
12, προηγ. τοῖς II.
28, ἂν αὐτ.
30, ὅποι — ὄντες μάθ.
31, καὶ ἀφ.
49, σοῦ.
51, γὰρ ἴδ.
53, αὐτοῦ.
85, 19, ἔορκς οὐδ'.
21, αἰδῶ. Μίσει.
22, ἵδρυσαι H.
43, ἔβλεπέν με.
86, 13, ποιήσασθαι.
14, ἀποφῆναι.
45, Ὁ. εἶχον τ. αὐτ. φ. τ. κ. τοῦ ἕρ. πυρὶ H.
87, 25, ἄγειν.
88, 1, γύναι, λέγε.
5, Ὄν. Λακ.
7, παρασχεῖν.
9, ποριοῦμαι.
11, κατέξαγε.
26, ἀπέπαυσεν αὐτὴν δὲ.
35, διανίστ. H.
37, με.
47, καὶ ἐγὼ τῶν etc
89, 20, μὴ πάντας ἀπ.
50, τί γράφω.

PRÆFATIO. VII

p. 90, l. 14, τὸ μὴ συγγεν.
48, παραλιπεῖν.
91, 54, αὔθει.
92, 5, μηδὲν μήθ'.
6, δή τι.
13, μου
93, 35, Ἅμα μνησ.
53, ἀπολέσης.
94, 17, ἕνεκεν χρ.
95, 2, παράσχοις.
8, αὐτὰς τὰς θύρας.
46, θῇ.
96, 3, ὅλ. νυκτὸς.
11, αὐτὸς.
19, ὅπερ.
20, καταγελᾷ.
97, 8, ἄγει.
16, εὐτυχ. Η.
18, κακῶς. —
39, ἐπλήσθη.
98, 2, ὅσῳ θαλερ. Η.
38, αὐτῇ.
45, ἐξέκλεψας· σὺ τῶν.
53, καθάρας.
99, 29, ἂν παραγέν.
31, αὐτὴν ἐγκ.
32, φανερῶς, ὡς.
36, ὑπολάβοις.
100, 33, τίνος μιαίνεις.
42, ποῖ παίζω.
52, σοῦ.
101, 26, εἵνεκεν.
49, κἂν ἡ ἄστ.
102, 13, τί ἑαυτήν.
21, πολλῷ διαφ.
28, ἐπιθ. συμμ. δ θέλει λαϐὼν Η.
31, κατακούσας.
52, τὴν μὲν.
103, 42, ἡδονάς·
104, 2, μάθοι.
19, εἰ παρθένος.
52, διαφθαρῆναι.
105, 3, ἕνα τῶν δεσμ.
9, τὸ εὑρεθὲν.
28, κατὰ νοῦν etc.
40, ἐποιούμην.
46, πάνδοχ.
47, δὲ ἡμᾶς.

50, ἄνθρ. διαν. Η.
51, ἐθέλει.
106, 17, παραδίδωσιν ᾧ νῦν ἔφην.
35, τῷ φόνῳ.
37, Ἦλθε.
45, τραύματος Η.
46, λαϐὼν.
107, 40, βίον καταλείποιμι.
43, ἡμεῖς ἐν τούτοις.
45, ἀπολύει τῶν.
51, κατῴκισ.
108, 1, τῆς Μελ.
18, ἀποφαίνειν.
31, τί ταῦτ' εἴη.
33, κᾀσαφῶς.
109, 12, σέ ποτε.
14, κατηγόρει.
16, μισοῖ— φιλοῖ.
19, ἐρωμένης μή μ.
24, ἐπ. πρὸς Η.
45, ἔλεγεν ὁδῷ.
50, ὑμᾶς.
110, 10, ταῦτα.
13, γεγενῆσθαι.
18, αὐτῇ.
22, ἐξ. ἐπὶ Σμ.
30, πρώτης.
35, οὐ δὴ κελεύετε τῷ ὀη- μίῳ Η.
47, ἂν οὐκ ἔχ.
111, 6, προσετίθη.
23, τηλικοῦτο.
112, 5, ἔπεισερχ.
7, ἀποχρῆσαι.
13, Ταύτην.
17, τὴν θεραπ.
25, ἐπιϐιαζόντων Η.
52, μαντεύμασι.
113, 32, ἐνηγγυήσατο.
33, παρέξειν Η.
114, 9, φυλάξης.
17, οἱ δὲ τῶν ῥινῶν.
25, μαλακὰ ἄνακρ.
29, ποῦ.
42, τοῦτο.
50, οὕτως.
51, ὅτι — αἰσχύνεσαι, ἐγὼ.
115, 9, ἑταίρας.
116, 3, ἑτέρως.

23, εἴ ποτε τὸ κ. Δ. ἐγεγόνει δρ. Η.
45, καὶ ἐπὶ τῷ τοσούτου ὅσον — τρίτος Η.
117, 9, ἂν εἴη τ. κ. ἡ ἁρμ. καλή
32, αὐτοῦ τῇ συρ.
118, 7, κλήσεως Η.
19, μὲν συν.
36, ἄρξομαι.
48, λύωσιν ἡμῖν.
51, τῆς ἀνομίας.
119, 4, καὶ τολμ.
5, ἐπιρητορ.
19, οὐδὲν εἶ.
27, αὐτῇ.
37, τοῦ δεσπότου.
48, αἲ κἂν.
54, αὐτῷ ὥστε.
120, 1, ἀποθάνοι.
6, ταμιεύσομαι.
15, συνεγένετο.
16, δεδαπανήκει.
27, πλάκτρον.
29, καὶ τῷ σ.
37, βλασφημεῖν.
ἐν ἄλλῃ.
121, 2, ἔοικε.
8, δράσειας πρὶν ἢ.
18, τολμήσεις.
122, 38, κάλλος Η.
47, λέγων.... Δύο.
53, εἰ κεκοιν.
123, 15, προτιμῆσαι.
25, παραμένειν.
124, 4, κρίσις ἐγγράψας.
10, κοιμηθῆσ.
11, Ἐπὶ δὲ τῇ ὑστ.
12, ἐστολίσατο δὲ ἡ Λ. ἱερᾷ.
52, καταμηνύσειν.
125, 23, ἐνδέει.
40, εἶχον.
126, 6, ὅποι.
9, φέρε ἀκούσατε.
12, ἀσυμϐολήσω.
14, ἂν λέγοις.
37, καὶ τὰ ἄλλα π.
127, 39, ἀγωνισάμενον.

LECTIONES COD. FLORENTINI.

p. 27, l. 10, καλοῦσιν περιιὼν.
οὖν καὶ.
16, π. ἐκάθητο.
27, στιχηδόν.
28, 2, μετ. δὲ δεσμούμενοι.
8, ὡς ἀφήσειν, hoc expalluit, sed tantum adest

spatii ut id solum scribi potuerit.
10, θαλάσσης et sic semper.
31, εἰς ὀξὺ κατ
η ος
40, νεώς.
54, ὦ ἀγαθέ.

29, 1, μ. ὄντα.
5, μ. ὀνήσειν.
6, τι D. (deest.)
16, ἀδελφοί.
47, ἐπιστολήν.
30, 6, δ' ἐπέτεινα.
16, ἀπώλωλειν.

PRÆFATIO

p. 30, l. 37, βλέπων ἅμα.
      39, ἤμην.
  31,   2, αἰσχύνεται διώκειν.
      15, ἐρεθίζουσι.
      16, παύηται.
      20, κουφίζει.
      21, ἂν δέ.
      22, ἡψ. μένει καὶ τότε τῷ κακῷ.
      23, τὰ τότε κοιμ.
      49, ἔσῃ καὶ σύ μοι ποτὲ δοῦλος. ταχὺ δὲ πρὸς.
  32,   6, ἀποκτένεις.
      9, διπλῷ τῷ κακῷ.
      17, καὶ D.
      18, λέγ. τοῦ Διός. οις
      29, κἂν ἄλλῳ λέγω.
      40, μὴ D.
      41, φονεύουσιν. Recte. H.
      49, εἰ δὲ μὴ εὔμ.
  33,   7, τηρήσομεν.
      11, οὕτω μὲν οὖν.
      16, συνήειν.
  34,   2, ἐγώ D.
      12, δ' ἐστί.
      31, αἴτησις ἐστὶ σιωπῇ.
      47, τοῦτον D.
  35,   6, ἡμεῖς μέν.
      13, ἔμενεν.
      34, δοὺς δὲ ἑαυτὸν τῷ μὲν, evanida supplevit m. sec.
      41, αἱ αἰχμαί.
      47, γνωρίσειε.
      49, ὑπὸ ἐκπλήξ.... explicit fol. 38 vers. f. sq. incipit ἀστράπτον τοῦ ταῶ.
  38, 52, τοῦ τῆς Λ.
  39,   3, εἱλίττοντο.
      10, καὶ μετὰ μικρὸν-συνεπ.

      clare legitur.
      27, αὐτῆς ἥτις τῆς καλ. τὸ περιψ.
      41, γενέσθαι πᾶν ὅσον ἀττικὸν εἶναι δοκεῖ. ὸς
      44, πιστόν.
      46, καὶ D.
  40, 14, ἐς.
      25, ἐκβαίνουσιν.
      42, μόνον D.
      54, δὲ ἐγώ σοι.
  41, 26, καὶ in fine vs. D. πέπρα. με τίς σοι θεῶν.
      28, ἐκ. ὁ θεός. ἐπιβαλών.
      50, ἐνέθηκε.
  42,   4, δὲ λέγω καὶ.... expl. f. 39, vers. sequitur ἦν δὲ ἀκ. κτέ. p. 45, l. 30.
  45, 42, τὸν ἰχθὺν illud D.
  46,   2, νάρκισσοι.
      20, καλῶς ἔχουσα.
      28, ὑπὸ τῆς θέας.
      48, ῥοδώπης in marg. ὅρα ῥοδοπίδος.
      53, παρεσκευαζ.
  47,   2, ὁ δὲ εἵπετο.
      10, ὠἱμεθα lege ᾠήμεθα C.
      29, ἡμᾶς D.
      35, ἐπὶ δεξιὰ-ἐπὶ θάτερα.
  48,   5, ἄγειν.
      37, καὶ D.
  49,   7, ἔτυχεν ὄνειρος.
  50, 45, τρέγουσαν. ἦν γάρ. αι
  52,   3, ἔτυχον πέμψ lege ἔτ. πέμψας H.
  53, 25, ἀλαλάξας.
      32, εἶχον. ἄλλως, πῶς ἂν ἄλλος τις.
  54,   7, τῇ Ταντ.

  57, 15, κυρτ. μέρος.
      23, sine lacunæ indicio.
  59, 14, αἰτήσαντες.
  60, 25, κρατῇ D.
  61, 29, τῷ δὲ.... κλέψας τοῦ κωκυτοῦ.
  62, 34, τὸν ἀ. πεντ.
  63,   1, ἀν. ἐπεχ.
      27, εἰς φ. τῆς λ. τὸν ἔλεον προξενεῖ οὕτω γοῦν.
  64,   1, ἐγὼ δὲ ἐκ περιωπῆς καθ.
      13, διώρυξ ἐχῶς τορecte. II.
      35, κνίσαν τὸ πῦρ.
      36, παρ' ἐμοῦ σοι χοὰς recte. H.
      37, ταῦτ' εἰπὼν ibid. τὸ ξίφος ἄνω quod. leg. H.
      39, δ' ἦν.
      42, καὶ Σάτυρος placet. H.
  65, 12, καὶ συνες. καὶ κατεπ. D.
      47, ἔφασαν.
      52, τὸν τρόπον.
  67, 14, χρηστῆς καὶ sine lacunæ indicio.
      15, γλ. ὁ θ. D.
      53, λευκ. δεύτερον ἐμὸν δ. placet. H.
  68, 13, εἴκοσι τὰς ἐκ.
      35, οὕτω καὶ τ. τ.
      40, φέρει D.
  69, 20, ὅμοιον.
      39, κατὰ βοῦν—οὐρὰ δὲ β.
      45, ὀδόνται.
  70,   2, ἀπ. δὲ πάσχει.
      18, ἔφη D.
      33, μεταξὺ δὲ in his verbis librarius scribere desiit, nondum absoluto folio recto 47, cui octo vss. desunt.

EMENDATIONES IN LONGO.

(Editio G. R. Lud. de Sinner. Paris. excud. Firm. Didot., 1829.)

p. 131, l.   2, εἶδον· εἰκόνος γραφὴν A.
      22, Μιτυλήνη.
      25, νομίσεις οὐ. τῆς π. τῆς Μιτυλ.
      32, ὑπὸ αἰγός.
  132, 15, ἔπειτα αἰδ.
      19, τίκτ. αἶγες.
      23, ἀπονομάζουσι H.

      32, κόμη — λελυμένη.
      35, δὲ πηγῆς.
      42, κολ. δέ.
      48, ἀκλαυτί.
  133,   7, νομιζ. λανθ.
      10, ὥσπερ H.
      15, δὲ τοσούτων.
      17, τι ἰδεῖν τάς.

      26, ἁβρ. ἕτρ.
      28, ἐπ' ἀγροικίᾳ.
      36, μόνη φ.
      39, ἄγουσα.
      46, οἶδε.
  134,   6, ἀνθερίκους ἀν. ποθ. ἀκρίδ. Coray.

---

[1] Hic exhibentur lectiones quas de Sinner secutus est; emendationes (quæ in textum receptæ sunt) maximam partem sunt Cobeti, reliquas fecerunt illi quorum nomina citat de Sinner; paucas quasdam ipsi fecimus (H.) — Adscriptum A vel B indicat lectionem quæ in textu reperitur, petitam esse ex cod. Flor. (A) vel Vatic. (B), quam citat de Sinner.

PRÆFATIO.

p. 134, l. 9, ἐκταμών.
11, ἐμελέτησε.
19, σιρροὺς.
31, εἰς μάχην.
36, ἀχθεσθεὶς ξύλον καὶ τὴν.
38, ἀκριθ. τῶν — π. ἦν.
42, παραγένοιτο Α.
135, 4, νομῆς Η.
7, μὲν οὖν οὐδὲν.
13, προστὰς.
17, ὅτι μὴ πρότερον.
20, ἑαυτῆς.
21, τρυφερώτερον.
ἐπὶ.
24, τῆς δὲ ὑστεραίας.
41, ἔκλαιεν.
43, τοσαῦτα Η.
50, δὴ.
136, 7, φλεγομένη Coray.
παρὰ τὰ ἄντρα.
13, ἀπ'.
18, χαλάμ. ἔχουσαν ἐννέα.
22, δὲ ἀνὰ πάσας ἡμέρας.
24, μόσχον ὄρειγ.
26, τὰ δ' ἔχαιρε μᾶλλον δὲ
ἔχαιρεν ὅτι.
33, τοσοῦτον κρείττων ὅσον.
37, ὀδωδὼς. . . . δεινὸν.
40, ἐρίφων.
42, ὡς τούτους.
45, λευκὸς Η.
52, ὅτι σε.
53, καὶ εἶ καλή.
137, 8, ἐρυθήματι.
9, ἐθαύμασε.
13, τῶν δὲ πρ. χρόνων.
15, τοῦ ἂν δ.
18, καὶ ἡ.
19, πόας θερινῆς.
26, ἠμελ. καὶ ἡ.
ἐχαρίσατο.
30, χλόη.
138, 4, ἐπὶ τὸν π.
7, πρὸ τῶν β. Η.
15, ἀκ. βάτοις.
17, λόχῳ Β.
53, παταγῇ Α.
139, 6, ἴδ. ἔλ. ἀπαλ.
30, ἐπ' ἀνθοῦν.
33, ἐν τῷ ἄντρῳ.
43, ἀνέτρεχεν.
50, ἅμα καθ' αὑτὸν ἦρ.
140, 3, παίουσι Η.
24, ἣν παρθένος.
25, ἐν ἡλικίᾳ. Ἦν.
30, καλὸς, ᾠδικὸς.
47, περὶ τὴν.
51, μηδὲν μηδὲ εἰς.
141, 13, πρὸ τῶν β. Η.
14, σὺ δὲ σοὶ.

22, ἀντὶ τούτων.
25, Δόρκων μὲν.
28, μέγ' ὡς ἐδύνατο.
45, δύο βοῶν.
47, μόνον.
142, 1, ναυαγίου.
11, αὐτῷ τῶν.
34, αὐτὸ τὸ.
36, αὐτὸν.
ἐπέλιπε.
143, 2, ἐμδάλλων.
6, πᾶσα γὰρ—ἦν ἄμπ.
18, εὔχοντο.
32, τούτου.
44, χειρῶν · ὄν.
νέμειν.
46, αὐτῷ.
144, 12, τι χρῆμα.
14, φύγῃ.
26, πόνος.
31, ἀλλὰ τοῦ.
33, τῷ ἕλει τὸ.
145, 31, καὶ τότε.
41, ἐρώμεν.
εἰ δὲ.
46, μιχρὸν.
48, καταφυγεῖν.
146, 4, παρθένων—νέων, etc.
8, ἔσχον.
9, π. καὶ.
17, κατέδραμον.
23, καθέζοντο ὑπὸ στέλεχος.
46, ἐνορμίζ.
50, λαγωοὺς
147, 6, δέ τις.
15, ἡ χ. κ. ὁ Δ.
36, οἱ Μ.
40, πρ. τε.
45, ταῦτα.
49, συντ. βουκ.
148, 3, οἶος δὲ κ. κ. Η.
6, θ. ἰὼν νέμει.
12, κῆπον αἶξ.
28, οὐκ ἔπ. τ. Φ. Μηθ. λέγ.
30, ἤγου τ. Δ. πάλιν.
32, ψάρες ἡ Η.
34, ἔτρεψαν.
41, ζιμήτου.
149 3, τὸν δὲ στρατηγὸν.
39, τοῦτο ἰδεῖν ὑμεῖς.
43, ἀγέλην καὶ.
44, ἀποδείρουσα — κατα-
θύουσι Η.
45, πόλιν λοιπὸν.
46, παρά.
150, 6, μ. ἢ σοὶ μέλει.
8, ἐκ πεδίοις.
25, ἀναπ. τῶν Η.
49, ἀνῆκεν τοὺς.
151, 3, καὶ σχῆμά τις.

15, ὑπὲρ τῆς.
26, αὐτὸς ὁπ.
38, ἀνίστω.
152, 6, θαύματι πάντων.
ἀνευφημ. Η.
18, λειποθ.
31, κομίσουσαν.
41, ἀπέσπ. μ. γλ. Η.
47, ἐμνημόνευον.
52, κερ. αὐτοῖς.
153, 7, λευκὸν παιδίον Β.
16, ὁ δὲ Δ.
26, ἀφηγήσεσθαι.
28, τὸ ὄργανον.
35, δέξασθαι μήτε τρ. μήτε.
36, ἐς βίαν.
38, ταμὼν.
48, πρῶτον.
50, ὄρθιον.
51, εὔπνοοι.
154, 2, ὅσον.
16, φιλεῖ. γλ.
30, συρίζων. Νυκτὸς Η.
31, ἀπηλ. καὶ.
45, κατ' ὀλίγον.
49, στέρξειν θάνατον.
155, 1, πρ. παρ.
ὁ μὲν οὖν.
11, φιλοῦσα.
13, καὶ νέμουσα καὶ νομίζ.
Η.
20, ὅπλα.
27. ταχύνει δὲ ἐπὶ τ. π. αὐτ.
ὡς.
33, τοὺς νεανίσκ. ἔδρ.
44, κερδ. Ὁ μὲν.
156, 1, καταχωμ.
6, πάγας.
20, συνήσθιον.
40, κόψυχος.
46, καμ. αὐτῷ.
157, 1, οὐκ αἰσίοις.
19, γίν. Τραπ.
20, διῃρεῖτο.
ἐκιρνᾶτο
27, μὲν καὶ.
29, χ. ἤγεν ἔσ. λ. Η.
33, τ. δὲ.
38, τὰ μ. βροχ. αὐτ.
50, τοιούτου γηροτρόφου.
158, 14, ὑπέκχε
25, εἰς ἐκεῖνο τὸ etc.
31, με ἐκέλ.
37, ἰαχγάσαντες.
43, φιλ. καθ. μ.
159, 4, οἵων τινῶν.
καὶ τοῦτο.
11, μητράσιν Α.
αὐτοὺς Η.
14, διώγματα.

PRÆFATIO.

p. 159, l. 17, κἂν γέρ. ἐξ. εἰσ.
  27, δὲ.
  36, φεύγουσιν Α.
  37, ἀπολαύοντες.
  42, Σὺ δ' ἐμὲ.
  44, ἐνδεδυμ.
  46, ἕνεκα Η.
160, 9, κατόπιν αὐτ.
  10, κατηχολ.
  14, εἰς ἐκείνων.
  17, ἐν ᾗ ἐκαθέζετο.
  27, ἄτ. μου.
  49, ἱκέτευεν.
161, 3, ἔχει Scalig.
  12, ὥρμησε.
  19, οἰμώξει.
  20, κείσεται Η.
  20, βυίομμ
  24, δακρύση.
  48, ἰχθῦς εἰς.
  54, ἡνίκα μὲν οὖν ἀνακ.
62, 5, κελευσμάτων.
  19, ὕλην ὑπ.
  23, παραπλεῖ.
  29, Μ. Δρυάδες.
  41, εἰς π. τὴν γῆν Α. μέλη Γῆ.
  43, χ. Νύμφαις.
  52, εἶπ' Ἠχὼ.
163, 10, πολλὰ Coray.
  12, πυθέσθαι.
  16, οἱ δὲ ἐπ. μεγ.
  20, ἀπολέσει.
  23, παιδίῳ. δὲ αὐτ.
  29, αὐτοὺς εὐδαίμονας.
  38, ἀλλ' ὡς.
  43, μετακοιοῦντα.
  47, πλούσιος τοῦτο.
164, 4, τολμήσει.
  5, ἀπήγγελλε.
  9, Π. δέ που.
  13, συντεθήσεσθαι.
  29, νεκροῦ δι' ὃν οὐδεὶς οὐδὲ.
  32, δόξαι νῦν μὴ πένητι.
165, 16, ἐλπίδα.
  23, ταχὺς παρά.
  31, δὲ ἔτι. Β.
  33, ὡς καθεύδειν γε.
  36, ἔτι μ. π.

43, ἀντὶ τ. καὶ αἱ Ν. φ.
45, γάμον καὶ.
46, δέομ. περιττ. ᾤμην καὶ.
51, ἀναβαλλ.
53, παραγινόμ.
54, φιλείτωσαν.
166, 40, ἐφυλάττετο.
  54, ὁμοίως Β. ἔχομεν τοὺς σοὺς μ.
167, 28, θριγγός.
  47, ᾖσαν καὶ Η.
168, 7, ἣν. Εὖρεν.
  10, μ. που.
  12, δ. μακροῦ. ἐπαινηθ.
  28, ἐκέλευεν.
  29, περιεμέναιν.
  31, μετ. τρυγῆς.
  41, ἀπὸ αἰπολίου Β.
  45, ἀπηγγείλατο.
  47, κἀκείνη.
  48, καὶ οἷς. Β.
169, 2, προσγίνεται δὲ ἔτι Β.
  18, οἷον ἐχθρός.
  22, ἐλάσας.
  23, ἐδάκρυον. Καὶ ἦν μὲν κενὸν Η. partim ex Β.
  26, πᾶσα ἡ γῆ.
  29, ὁμοιον.
  30, μὲν γάρ.
  37, παρ. καὶ ἔβλ. St.
  38, πολλακίς; πῶς.
  39, ἐκεῖνα.
  40, ἐκ μιᾶς π. Η.
  44, τὰ αὑτ. σώματα.
  48, ἀπήγγελλεν.
170, 20, ποθῆναι κάλλιστος οἶνος Η.
  22, λαγωῶν.
  36, δὲ εἶδε.
  40, ὡς αἶγας.
  41, οὔπω ποτέ τις εἶδε β.
  43, οἷός τε ἦν Η.
171, 37, χιτῶνα καὶ ὑποδ.
172, 21, καλέσεις.
  24, μεγάλ. οὐκ.
  26, κομίσειν.
  27, ἐπιθυμίαν. αὐτός.
  28, παραγαγεῖν.

32, τῶν ἀσώτων.
35, οἵῳ ποτὲ ἄν.
47, Βράγχιος Α.
48, ὁ Ζεὺς ἤρπ.
50, εἴδομεν. Ἀλλὰ εἰ ἔτι
173, 6, πάντα κἀκείνῳ
  11, ἔρημοι δὲ αἱ αἶγες καὶ.
  14, καὶ ὅπη.
  23, Γν. γε ΑΒ.
  25, εὐηγ. αὐτοῖς.
  34, τοῦτο τὸ παιδίον.
  53, διαψεύδεται Η. καθημένης Coray.
174, 2, ἔπλασεν.
  7, κομίσουσα.
  9, χλαμύδιον.
  12, Φιλ. Μ.
  ?), ἀλιωλύλει.
  34, μόλις μετὰ τ. ὅρκον.
  45, ἤκουεν
  47, φόρμην.
  48, ἐγίνετο.
175, 4, εὐφρονοῦσιν.
  5, χρημ. ἕνεκα.
  6, γὰρ ὑμῖν.
  15, ἐνταυθοῖ.
  36, πλαγίου αὐλὸν.
176, 11, χ. τότ. . . . νῦν.
  30, δ. οὐκ. ἀχ. ἐγ.
  46, ἀνέτρεφεν.
  47, ἐθ. θαυμ.
177, 4, κομ. ὑποδ. κατ.
  12, πλεῖον.
  15, προσλάβηται
  27, Ἔστ. καὶ.
  38, ἐλευθέραν τὴν γ. Η.
  47, ἐκφέρουσα. οὐ δυν.
  48, ἐκινεῖτο.
  51, αὐτὰς μητέρας.
178, 3, παρὰ τὴν φ.
  12, σκεῦος Η.
  13, ἐν δεξιᾷ.
  18, ἆρα καὶ.
  33, ἀλλ' ὥσπερ οἱ θεοὶ Η.
  39, προν. θεῶν.
179, 22, ἔστε.
  26, ὀπώρας Α.
  33, Πᾶνα Στρατιώτην.

PRAEFATIO.
LECTIONES COD. FLORENTINI.

p. 131, l. 22, ἔπεισρ.
32, εὗρεν ὑπὸ μιᾶς τῶν αἰγῶν τρεφ.
132, 22, τὰ μὲν ἐχθέντα κρύπτουσι.
δόξαν δὴ κἀκείνῃ.
24, ἂν scribitur ἄν.
25, π. δοκεῖ Δάφνιν.
32, κόμαι λελυμέναι.
35, δὲ πηγῆς ἀν. ὑδ. ἐπήει χεόμενον.
37, ἐκτέτατο ἐκ.
39, καὶ κάλαμοι illud D.
41, ἀρτίτ. πολλὰ φ.
42, κολ. δή.
48, ἀκλαυστὶ λαύρως.
49, μετέφερε.
τῆς δῖος et sic semper.
53, καὶ παρ illud D.
133, 4, ἐπιγ. τύχῃ τρέψαι.
7, νομ. καὶ λανθ.
22, κελ. νέμειν τὸν μὲν αἰπόλιον.
26, ἕτρ. ἀδρ.
28, ἐπ' ἀγροικίας plurima in cod. ita expalluerunt ut expediri prorsus nequeant.
33, πρὸς μεσεμβρίας πῶς ἐπιμένειν.
34, πότε ἄγειν ἐπὶ κοιτόν.
φ. μόνῃ.
ἀναφέρουσα.
42, ὅσα δρῖα.
43, μελισσῶν.
44, ἐδ. εἰς τοὺς λειμῶνας αἱ ἀγέλαι, εἰς δὲ λόχμας καθ' ἦδον ὄρνιθες omnia certa praeter η in καθ' ἦδον.
134, 1, τῶν προβ. συνέλεγε τὰ πλανώμενα.
5, ἀθύρματα δὲ αὐτοῖς.
ας
6, ἀνθερικοὺς
9, καλ. λεπτοὺς ἐκτεμών.
11, ἐμελέτα.
16, ἐνέκαυσε ἐν καύσε certum est.
σκύμνους σκύμνους νέους.
25, ἀσθεν. τυγχάνοντα καὶ τότε.
ἐς μάχην.
32, ἐμβολῆς.
33, ἀλγήσας φριξάμενος.
34, ἐς φυγὴν ἐτρέπετο.
ἐπ. κατ' ἴγ. νος ἄπαυστον.
36, ξύλῳ τὴν καλαύρωπα.

38, ἀκριβ. ἢν τῶν ἐν π. ἡπ.
44, σιρόν.
50, ἀνέβη τῆς ὕλης ταινίας.
ὁ ἃς
135, 1, ἐπιδρομήν.
5, Folium. 23, b. incipit a vv. ἐπὶ στελέχει usque ad vs. μετὰ ταῦτα ὁ Δ.
13, προστάς.
17, ὅτι πρότερον.
19, τὰ ν. δὲ ἀπολ. . . . . .
πεπ. atramento obducta.
21, τρυφερωτέρα.
ἐν.
24, τῆς δὲ . . . . . ἦκον.
50, δὲ.
54, εἶθε.
136, 7, πρὸς aut πρὸ certum est, non liquet utrum ἄντρου an ἄντρα.
12, ἐρω . . . . . α καὶ.
ἐπ'.
18, καλάμ. ἐννέα. . . . τῇ δὲ νεδρ.
22, ἀνὰ πασ. ἡμ. hic. l. expalluit.
23, μῆλον ὡραῖον nihil apparet.
24, nihil in his legi potest.
26, λαμβ. μεν τὰ δ. ἔχ. ὅτι.
ο
33, cod. ὁ δὲ αἰπόλ τοσοῦτον . . . . . κρεῖσσων.
ἔθρεψε μήτηρ οὐ θηρίον οὗτος δέ ἐστι.
37, ὀδωδὼς ἀπ' αὐτῶν δεινόν.
40, ἐρίφων.
42, cod. νέμω δὲ τράγους τῶν τούτου βοῶν μελζόνας ὄζω δὲ apparet μει, reliqua non item; lectionis interpolatae nullum vestigium.
52, ὅτι καὶ σέ.
137, 9, ἔθραυσεν.
13, τὸν δὲ πρ. χρόνον.
18, ἡ.
ης θε
19, χλόας καιρινῆς
26, καὶ D.
ἐδωρήσατο.
30, ἡ γλόη.
ω
51, ὅ. καὶ φοραθεὶς μήποτε.

138, 1, ἐλπίδος ὁ δόρκων.
ἐπὶ ποτόν.
6, λύκου δέρμα μεγ.
9, ἐφηκλῶσται.
πηγήν... 'σ ἢν ἔπινον αἱ αἶγες a vocab. ἰ..σ incipit vs. penult. folii 24 a.
16, καὶ σκολύμβροις ἠγριωτο.
18, τοῦ ποταμοῦ τὴν ὥραν.
19, π. εἶχε τὴν ἐλπ.
πρὶν ὅλως δι' ἔκπηξιν ἔδακνον omisso ἀναστ.
in ἐκπ. post π deleta est litera.
31, ἐπὶ τοῦ δέρματος ἐπισκέπτοντος.
37, κύνας ἀνακαλέσαντες συνήθως ταχέως ἡμέρωσαν.
τὸν δὲ δόρκωνα.
43, ἀλλὰ παραμ.
51, μέχρι καὶ τῆς θαλάσσης. χειροπλαταγῇ.
54, λήθην ἐπέβαλε.
139, 6, ἤλγουν ἐθελοντί.
9, ἐξέκαε δ' αὐτός.
16, ὁ μὲν δὴ δάφνις.
18, ποτ' ἀνέβαινε.
22, δειναὶ δὲ αἱ μυῖαι.
28, ἐγίγνετο.
30, ἐπαθροῦν ἐνέπιπτε τὸ κ.
33, τῶν ἐν τ. ἀν. ν. εἶναι. ὁ μὲν οὖν.
37, μῆλοις ἔβαλλον ἀλλήλους καὶ τὰς κεφ.
43, ἐπέτρεχε.
50, καὶ ἅμα κρύφα ἠρέμα.
51, ἀποπνεῖ στόμα.
52, ἀλλὰ φιλῆσαι δέδ.
140, 6, θηρᾶσαι θέλουσαν.
20, καὶ λαβοῦσα ἔβαλεν αὖθις τῷ κόλπῳ.
24, ἢν π. παρθένε οὕτω καλή.
25, ἐν ὕλη · ἢν δὲ ἆρα.
26, οἱ βόες ἐπ' αὐτ.
27, προβολῇ.
28, ἐπὶ πίτυν.
ᾔδε πάνυ καὶ τὴν πίττυν.
καλὸς καὶ ᾠδικός.
32, ἀνεπεδείξατο.
33, καὶ βοῶν ὀκτώ.
51, ἐς τὰς αἶγας.
54, ἄρτι τὸ πεῖσμα ἀπ.
141, 1, τὰς κώπας ἐμβ.
5, παραβάντων μὲν ἀμελεῖ

PRÆFATIO.

p. 141, l. 13, πρὸ τῶν βωμῶν.
14, σὺ δὲ.
17, ἴθι δέ.
19, δάφνις δὲ σέ — σέ non prorsus certum.
22, ἀντὶ τῶνδε.
23, δόρκων δέ.
28, ἐνθείσασα τοῖς χ. a pr. manu, sed correctio m. sec. ἐνθήσασα.
32, τῆς ἐκπτώσεως τῶν βοῶν.
37, κνήμην ἀπεδέδεντο.
40, μὲν οὖν D.
ὑπ᾽ ὀλίγον.
κατήν. τὰ ὅπλα εἰς βυθόν.
42, νῆξιν ἔκαμεν.
βοῶν δύο κεράτων.
51, τῆς θαλάσσης.
52, πόροι γενόμενοι.
53, τὸν τρόπον τοῦτον ὁ δάφνις.

142, 7, ἔδοξε δέ.
α
20, ἔλουσ τὸ σῶμα.
24, ἐλθόντες ἐσκόπουν.
27, ἐπεὶ γοῦν.
32, καὶ πρότερον λ.
35, ποτὲ μὲν λαῦρον.
36, αὐτό.
ἐξέλιπε.
48, οὖν δάφνις.
49, τῶν αἰγῶν καὶ τῶν προβάτων.
ἐμβαλὼν.

143, 3, δάφνιδι τοὺς ἀδελφοὺς ἐπέβαλον.
17, ὥσπερ τινὰ β. σάτυρῒ.
ἤγοντο.
29, ἀεί τε ἐρχόμενοι, τε non prorsus certum.
32, καὶ τοῦτο.
47, ὑάκινθοι.

144, 3, ὥσπερ πῦρ.
ὥρμησα εἰς αὐτόν.
20, μύρτων ἀφεῖναι.
24, οὔτε δηδὼν οὔτε χελιδών.
25, γαρ. φαινόμενος.
26, φιλῆσαι πόνος.
29, δυσθήρατος εἰμὶ καὶ Ιέρακι.
31, ἀλλὰ καὶ τοῦ.
33, τῷ ὄρει.
41, ταύταις καὶ λούομαι.
44, φυτῶν κατέλασται.
45, μή τις ἄνθους ῥίζα deest πεπατ.
α
48, ἀνήλετο.

145, 50, φύλλων ἀνῆλθεν.
4, ὦ παῖδες ἔρως.
19, οὔτε πνοὴν ἠρούμην.
23, ὡς αὑτόν.
27, οὐκ ἐστιόμενον ἐν ᾠδαῖς λεγόμενον.
37, τοῦτο μὲν καὶ νῦν πάσχομεν — κάεσθαι δοκοῦσι.
39, ἀλλήλους ὁρῶν.
41, οὐκ ἰδόντες εἰ τοῦτο μέν ἐστιν ὁ ἔρως ἐγὼ δὲ ἐρώμενος.
46, σμικρόν.
48, καταφεύγειν.
50, ταῦτα ζητητέον illud D.
54, τῇ ἐπιούσῃ ἡμέρᾳ — ἐς νομήν.

146, 1, ἐφίλησαν ἀλ.
5, ἐξ ἀγρυπνίαν ἔχουσα.
7, παραλ. ἐφίλησαν καὶ οὐδ.
10, ἐν αὐτῷ πάντως τί κρ.
ἐστι φιλ.
15, ἀνθεώτεροι πρὸς τὴν ἐπ. προσέδραμον.
ἔπειγ. πρός.
22, ἔστε τύχῃ D. per lacunam; atramentum expalluit.
ἔπραξαν καθ. στελέχους.
24, φιλήματί... υσεως videtur scr. γεύσεως.
27, χ. προσβολαί.
28, δὲ συγκλίνεται.
37, τὴν ἀγροικίαν ἐκείνην ὅλην.
42, ἡ παραθαλασσία καὶ οἴκησεσιν.
43, πολυτελῶς. D.
μ
45, ἔνδησαι καλά.
46, κακὸν ἐποίουν.
50, λαγὼς φεύγ.
52, ἔβαλον βρόχοις.

147, 8, σχοῖνον τῆς προτέρας.
ὁ δ. καὶ ἡ Χ.
16, ἐς θήραν λαγῶν.
17, οὖν οὐδὲν εἶχον.
18, στέψ. εἰς σχ.
20, τὰς κύνας recte H.
21, φαννουμένων τῶν ὁδῶν.
26, ἐπέραγον.
27, κινηθὲν — τοῦ πν.
28, τάχα δέ.
ϋ
36, οἱ μύθημναῖοι στερούμενοι ἐξήτουν.
38, χονδέσμον.
ην
46, πρεσβῦτα τότε γάρ ἦν.

148, 52, κατελείπομεν.
1, ἐπὶ τῇ θαλάσσῃ.
ἐπὶ τῆς θαλ. ἰδὼν τὰς αἶγας νέμ.
11, οὐδέποτε ᾐτήσατο κωμίτης οὐδείς.
· κῆπόν τινος αἶξ.
18, ψάμμῳ λύγην ἢ κόμαρα ἢ θύμον.
19, ἀλλ᾽ ἀπώλετο ἡ ναῦς ἀπὸ, sed ἀπὸ certum non est.
20, πνεύματος τῆς θαλάσσης.
21, ἀλλ᾽ ἀσθής ἀνέκειτο.
25, προσηγάγετο.
29, μιθυμναίοις D.
30, ἦγον πάλιν τ. δ.
30, ὁρμήσαντες.
33, ξύλοις D.
34, ἀπέστρεψαν δὲ οἱ πρότερον.
37, διωκόντων δὴ τούτων omisso ἐκείνων. προσκομίζουσα ζύμη τοῦ μέρους.
45, οὐ πάντῃ.
47, ἑαυτῶν πόλιν τραυματίαι τῶν ἐγχωρίων τρυφώντων καὶ ἐν ἡσυχίᾳ ὄντων τούτους εἰς βοήθειαν ἥξειν ἱκέτευον ἐκκλησίαν τε συνήγαγον.
τῷ δὲ στρατηγῷ.

149, 7, εὐθὺς τῇ ἐπιούσῃ ἀγαγ. αὐθ. στρατ.
9, ἥρπαζον.
15, ἀλλ᾽ ἐς.
17, ἐνέκρυψεν αὐτόν.
23, ὡς αἶγα.
25, τὰς ναῦς πλήρ. παντοδ. ἁρπ.
26, οὐκ ἐγίγνωσκον.
31, αἶγας εὑρών.
33, ἐτέρπετο χλόη.
35, ἔνθα ἐκάθηντο. ὡς D.
37, κατέφυγε καὶ ἔρριψεν αὐτὸν χαμαί.
39, τοῦτο ὑμεῖς ἰδεῖν.
42, μοι D.
45, λοιπὸν πόλιν.
46, πρός.
47, ἔγω γὰρ καὶ νέμειν.
48, περιμένω.
53, τοιαῦτα λέγοντος αὐτοῦ.
54, καταλαμβάνει καὶ ὁρᾷ ἡμιγύμνους τινὰς γυναῖκας καὶ ἀνυποδέ-

PRÆFATIO.

p. 150, l. 5, ἐπιρωνύουσα.
μέμφου δάφνις.
6, μέλλει ἢ σοὶ.
8, ἀνέθρεψεν. ἐκεῖ παιδίοις κοινόν.
12, καὶ τὸν illud D.
16, πολεμίους.
17, οὐκ ἀγαθὸς πόλεμος.
18, ἀλλ' ἀναστάς.
20, μέρος γενέσθαι τῆς.
21, τῇ ἐπιούσῃ.
22, νεμήσεσθε κοινῇ.
23, συρίσεσθε.
28, ἔνθα πανός.
29, κερ. τραγ.
32, ἡλίου καταβολὰς.
33, δράμενοι ἐκ τῶν φυλλάδων ὧν ἔκοψεν.
36, καὶ ἐς ὕπνον τρέπεται.
41, ἐπ' αὐτῇ τάδε.
49, ἀνῆκε τοὺς.

151, 3, συήματι ἔκειτο.
6, ἡ ἡμέρα.
16, ὑπὲρ τὴν πέτραν.
19, ἐκάλουν τοὺς δεομένους ὥστε.
21, τὰ γενόμενα.
24, οὐδὲ γὰρ ἱερόν σ. π. ἀμφὶ δεκ. ἡμ.
31, ἀπεσπάσατε βωμῶν.
35, ταρέττουσιν.
38, ἀνάστα δή.
39, ἡγήσομαι — ὁδοῦ D.
41, ὁ Βρύαξ οὕτω γάρ.
45, ταχ. ἀνεῦρον.
ὀφθ. ἤγαγον καθεζομένην ἐπὶ τῆς πίτυος ἐστεφανωμένην σύμβολον δὴ τοῦτο.
50, φοβ. καὶ πολ.
52, κατά τε τῆς ἀπ. ἐξ ἐξολ.

152, 6, θαύματι δὲ πάντων.
20, ὑπὸ τὴν συνήθ.
28, τὰ νυμφῶν.
41, γλ. ἐπέσπ. μεστὸν
42, ἐντεῦθεν καὶ τρυφὴ ἦν . . . . καὶ παιδιᾷ.
47, ἐμνημόνευσαν.

153, 11, οἷα δὴ γέροντ ὑποβ. ους
33, διδωματόκους. α
38, τεμών.
47, καὶ ὅτι κεκήρωτο.
48, εἶναι D.
50, ἐς καθέδραν ὄρθιος.

154, 51, εὔπνοοι.
1, μετεβάλετο μέλος.
3, αἰπόλῳ πρόσφορον ποιμήν ''φίλον.
12, ὁ δρύας.
45, προσῆλθον.
49, στέρξειν καὶ θ.
52, ὦ δάφνις.

155, 1, παρ. πρ.
οὗτος μὲν οὖν.
5, μένει.
15, ἰδίους D.
17, τὸ ἐπίπλουν.
τὰ ὅπλα.
21, ἵππον μέν.
26, μᾶλλον D.
29, ἐπεισκεσόμενος.
ταῦτα ἔδρασαν.
36, ἐπίμιγν κατὰ γῆν.
48, πολλὴ χιών.

156, 5, οἱ μὲν δὴ λίνον.
8, προβάτων τῶν ἐν.
22, ἡύχοντο δή.
25, ἥλιον καὶ ἅμα εὐχόμενοι.
32, ἐπ' αὐτῇ τῇ αὐλῇ.
34, πλησίαι ἀλλ. e correctione prim. m.
40, κύψιχος πολλοὶ δὲ κίχλοι καὶ φάτται.
45, οὐ πολλὴ ἡ χιὼν λελ. αὐτῷ καμ.
51, καὶ κάθηται τὸ ἐντεῦθεν ὄρνιθας.
54, καὶ ἀποκτενῶν.

157, 3, κατέκειντο ὥστε πάνυ.
7, πῦρ ἀναψόμενος ἦλθον.
8, ἀλλ'ἣν πήρα π. ἡ τρύφης.
12, πατρὶ δὲ τίς καὶ μητρὶ παρθένος. καὶ τοῦτο ὡμολόγει. πταίων δὴ π. σιωπῇ τὰ θηραθέντα συλλαβὼν ὡρμητο ἀπιέναι.
19, περὶ τράπεζαν εἶχον οἱ περί.
24, δὲ κατὰ τὸν κ.
26, κρέως μὲν οὖν καὶ. τὰ οὖν.
35, ἀπεφορτίζετο.
40, ἑστίειν δ ὁ κύων.
41, ἐκέλευον δὲ καὶ τ. χ.
46, παρέχων αὐτῷ. τοιοῦτον γηροτρόφον.
54, μελιττώματα.

158, 1, δὴ τῶν.
3, ἀνεκάετο.
14, ἀπέκαε.
26, εὐθέως ἃ ἦ.
29, καῖον.

159, 31, μοι κελεύεις.
43, καθ. μ. φιλ. πολλὰς D.
52, ἐς τὴν δρῦν ἐφ' ἥν.
53, νέμοντες καὶ.
4, ἥρους.
14, ἐγίγνοντο καὶ τράγων.
17, ἐξώρμησαν.
18, νέοι συριγῶντες.
22, περιβολῆς μάλιστα.
25, πρός τε τὰ φ. καὶ τὰς π. ἐσκυτάλιζε.
δή.
29, δὴ D.
33, καὶ τί ἔγνω καὶ δρᾶσαι. συγκατακλίνειν.
37, ἀπολαύσαντες.
42, σὺ δέ με.
44, ἔκδεδ.
48, ἔκλαεν ubique.
51, χρόμ an χρέμης?

160, 6, πάντα γάρ.
7, μὲν ἐκ.
8, χρόμιν.
9, κατόπιν τε αὐτῆς.
10, παρηχ.
14, εἰς τὴν ἐκείνων.
15, ἐπιτεχνᾶται τοιόνδε. ἐν ᾗ ἐκάθητο δ.
20, ἔκ μοι.
27, ἀτ. μοι.
32, οὐδὲν οὖν.
33, εὐθὺς ἐγείρεται καὶ.
38, νυμφῶν δι' ὀνείρατος ἐμοὶ καὶ τὰ.
49, ἱκέτευεν.

161, 6, μαθοῦσά τε εὐεργεῖν καὶ σφριγ.
16, μαθεῖ δάφνις.
23, βοᾷ.
24, δακρύῃ.
25, σὲ ἐγὼ ἄνδρα γλόης πέπ.
36, ἵνα 'κάθητο.
37, χ ἦνα τοῦ ἀετοῦ τῶν ὀνύχων. ἐξαρπάξαι.
48, ἰχθύος τῶν πετρίων εἰς.
54, ἐν ἀναπεπτ.

162, 8, ἰδίᾳ δὲ φ.
15, τὰ τῶν λευκασμάτων.
19, γῆν ὑπ.
29, μ. καὶ δρ.
43, χ. καὶ νύμφαις.
50, μόνον ἀλλά. εἶπεν ἡ Ἠχώ.
53, γενομ.— ἐγίγν.

163, 6, ποτὲ γυμνοί.

PRÆFATIO.

p. 163, l. 12, πυνθάνεσθαι.
 15, τὸν δρ. πολλὰ πρὸς γ.
 16, οἱ δὲ πολλὰ ὑπέσχοντο εἰ ταύτης τύχοιεν. ἡ.
 22, αὐτοὺς πολλά.
 26, ποιμν.ἀν.κόρην δ. π. ἐκ.
 29, αὐτὴν εὐδαίμονα.
 38, ὡς ἐστὸν ἀναβ.
 40, τούτοις δάφνις.
 43, μετὰ τοιοῦτον.
 47, πλ. ἀλλ' οὐδὲ ἐλεύθερος εἰ καὶ πλούσιος.
164, 5, ἀπήγγελε.
 9, μέγα D.
 13, συνθήσεσθαι. πλουσιωτάτους.
 14, παραιτεῖσθαι τ. γ.
 18, νύκτωρ D.
 22, μἰθυμναίων ἧς τὸν λ.
 26, αὕτη μὲν οὖν.
 29, νεκροῦ. οὐδεὶς οὖν π.
 32, σοὶ νῦν δόξαι.
 51, πλουσιώτερος.
165, 5, κορδύσσειν.
 7, ἔθρεψα τράγ.
 14, παρ' ἐμοῦ δὲ ὑμῖν.
 22, ἔνθα ἐπέκειντο τὰ γν.
 23, τ. πρός.
 31, μᾶλλον δέ τί.
 33, ὡς συγκαθεύδ. μετ'. συντέθραπται.
 35, πεῖσαι λέγω ἄθλον ἔχ. τρισχ.
 36, μήτε πενίαν ἔτι.
 43, καὶ αἱ ν. ἀντὶ τ.
 45, τοῦτον.
 46, περιτ. δεομ. ὡς μὴ καὶ τὸν.
 48, καὶ ὡραία D.
 51, ἀναβαλο.
 53, παραγεν.
 54, φιλησάτωσαν.
169, 25, ξένος ἐπὶ τούτοις.
 26, πᾶσα ἡ D.
 28, καὶ μέλιτται αὐτοῖς.

 35, μετοπ. ταδέ.
 37, π. ἔβλεπ' ἀφ' ὧν.
 38, πολ. καὶ ἐτερπόμην πῶς πως.
 39, τίς ἐκεῖνον.
 50, παῖς αὐτῇ τῇ ἐπιούσῃ.
 51, περὶ τῶν συμβεβ. Recte H.
170, 7, ὁ δὲ λάμων αὐτοῦ καταπ.
 8, καὶ πατρ. illud D.
 14, τὰ δὲ ἐπάτησαν.
 15, εἴγοντο αὐτῇ.
 20, οἶνος λέσβιος δὲ π. x. οἶνος.
 27, τὰ ἔργα κομ.
 30, ῥᾳδίως αἰπόλον.
 40, ὡς τὰς αἶγας.
 41, οὐπώποτε εἶδέ τις β. ν
171, 23, ἔτι γαλαθηνούς.
 32, πεποίηκε δ' αὐτάς.
 37, χιτῶνα χλαῖναν καὶ ὑπ.
 40, ἐπέπν.
 44, ὡς λύκου.
 50, ὄντι D.
172, 11, τῶν ἐφ. illud D.
 22, κλάοντι.
 24, καὶ οὐκ.
 32, ἐν τοῖς τῆς ἀσωμάτοις συμποσίοις.
 48, ὁ τῶν ὅλων βασιλεὺς ἥρπ.
 50, εἰ καὶ μένειν ἐπὶ γῆς μένειν ἐπὶ γῆς ἐπιτρ.
 54, καὶ ὡς illud D.
173, 6, πάντα ἐκείνῳ.
 14, ὅτι.
 25, εὐηγ. μὲν αὐτ.
 34, ἀλλ' οἱ πατέρες ἐξέθηκαν τοῦτον πεδίῳ ἴσως παιδίων.
 52, ὡς δὲ ἀτενίσειν.
 53, εἰ ψεύδεται.
 54, ἐβασάνιζε τὰ λεγόμενα.

174, 2, ἔπλασσεν.
 9, χλαμίδιον.
 13, παιδίῳ.
 14, Σωφροσύνην Courier bene Ζωφρόνην.
 27, ἀπώλ. omisso δάφνις.
 34, μ. οὖν μ. τοὺς ὅρκους.
 45, ἤκουσεν αὐτοῦ.
 47, ὤμην.
175, 4, εὖ φρ.
 6, μὲν γὰρ ἐγὼ ὑ.
 15, ἐνταῦθα.
 18, τις D.
 46, καιρὸν φυλάττων.
 53, χλόην D.
176, 11, ὦ πικρᾶς ἀνευρέσεως λέγων et ἔβλεπον χλόην. τότε.... αὖ.
 16, ἤκουε γνάθων.
 18, τοῦ D.
 30, ὃ ἔχ. οὐκ. ἀχ.
177, 8, τὴν μὲν ἥρακλ. λαβοῦσα.
 15, προσλάβῃ.
 19, δρύας οὐκ ἦν πατήρ.
 31, κατ' ἀγρόν.
 33, περὶ τὸν γάμον.
 47, μὴ δυν.
 48, ἐκείττα ἡ πόλις sed ὅλη γὰρ expalluit.
 51, αὐταὶ μητέρες.
178, 3, τὴν D.
 12, κομίζει.
 24, τὸ πρότερον. ὃν γάρ.
 25, εἰς τί ἡρασχίας καὶ χ.
 39, πρ. νυμφῶν.
 54, καὶ τὴν ν. τῇ ρ.
179, 3, τὴν χλ. illud D.
 11, χρόμης καὶ λ. οὐκ ἀπῆν οὐδὲ λάμπης.
 17, αἱ D.
 22, ἀλλ' ἔσται ἔξων.
 26, μὲν D.
 33, νεῶν D.
 40, γυμνοὶ κατακλ.

EMENDATIONES[1] IN XENOPHONTE EPHESIO.

(Editio Fr. Passovii. Lipsiæ. Teubner, 1833.)

p. 183, l. 4, δέ.
 ὡραιοῖ. ὑπερβ. H.
 15, ἤδη τινές.
 17, μεγάλα. μὲν τοῖς.
 23, ὅτι ἓν καλὸν αὐτὸς H.

 25, οὔ τις.
 30, οὔτ. ἀγ. κατεφαίνετο C.
184, 7, ἦν ἐκείνῃ.
 12, κυν. τὰ μέν.
 13, εἰρηνικά. Ἐχ. οὕτως.

 15, Ἄνθια.
 17, ὑπερεβάλετο.
 18, τεσσαρεσκ.
 20, συνεβάλετο.
 51, Ἄνθια ὑπό.
 52, ὑπὸ Ἔρωτος.

[1] Cf. nota ad Em. in Longo: eadem ratio hic adhibita.

PRÆFATIO.

p. 185, l. 6, ἐδεδιώκει.
13, ἔννοια αὐτοὺς
71, δὲ.
23, ἀνανδρος ἔτι.
30, οὐκέτι δὲ.
42, ὦ δυστ.
49, ὅλης νυκτὸς.
53, ᾔει ἡ.
186, 7, προσεῖχετο.
16, καταπέπτωκεν.
20, καὶ Εὐίππη.
καθειστήκεισαν.
27, προσεποίουν.
35, εἰς θεοὺς.
38, διάπλουν.
ἀπον. Ἐφ.
42, ἐμμέτρως Η.
187, 5, βουλευομένου.
6, δὲ.
17, φυγὴ ἢ Η.
25, θαλ. πεπ.
33, χλαμύδα.
38, ἀλλήλοις.
188, 4, πόμα τὸ. —
8, εἶπ. ἅπαν.
11, συνερραφήκει.
15, οἱ ποτὲ συδ. μὲν.
25, ἀπήλαυον.
δὲ δι' ὅλης ν.
38, δὲ
47, θεράπαιναι μέλλ.
48, τὸ Ἐφ. παρῆν.
49, καὶ τῶν μετά.
53, καὶ Εὐ.
189, 6, φύντες.
9, τὸ ὄνομα.
15, συμδ. τ. μὲν ἴστε.
19, οὗτοι ἀπῄεσαν.
21, ἀνανοοῦντες.
38, οὐκ ἄλλῃ.
43, τε τὴν.
54, ἐμπεσεῖν
190, 6, καὶ προσεπιτνοῦντο
8, ἐπ. δι' αὐτοὺς.
33, προώρμουν.
35, καταμ. τ. ν. fortasse παρὰ τῶν ἐν τ. ν.
53, περιτρέχουσι.
191, 3, αὐτῆς θαλάσσης.
7, ἐκέλευσε φείσασθαι Η.
19, ἰδεῖν.
33, διανύοντες.
41, αὐτὸν πρὸς.
42, πόνῳ.
54, τὰ περὶ Η.
192, 6, ἐκτησάμεθα πόνων
14, δὲ.
καὶ Εὐ.
24, ἴσθι γάρ.
37, ἐδάκρυσεν.

193, 7, ἐν γῇ ᾗ βαρβάρων.
πειρατῶν ὕδρει π. πειρ.
19, ταγέως δὴ.
27, τούτοις.
33, τὰ μὲν ἄλλα.
194, 2, συνήθ. τοῦ.
11, παρὰ τὴν.
23, ἐξαιρέτως.
32, ἐπλήσθη.
195, 4, τῆς ψ. καὶ τῆς.
14, γραμμάτιον.
16, ἐρᾷ.
18, παρίδης.
23, μετὰ σοῦ κοινωνοὶ Η.
24, λαβ. κατασ.
29, δὲ ἐγγράφει Η.
47, τετολμημένων.
51, ἤρ. τὸ.
196, 3, λόγον.
6, βάσ. τὸ σῶμα.
11, ἔξεται.
43, ποῦ δὲ.
46, πόρρω που.
47, τεθνηξ. δυστ.
197, 3, κατέκλειστο.
9, πλοίῳ πορρωτάτω.
12, τιμωρήσασθαι.
18, καὶ τηρῆσαι.
29, ὄψεις.
43, τί δὲ ἐλ.
45, καὶ ζῶσαν καὶ τ. Η.
48, εἰς τὴν Λ.
198, 13, τὴν ἡσυχίαν Η
33, δὲ θεοὺς.
35, ταύτης μή.
46, σανίδι τινί.
47, δὲ τὴν.
49, αὐτῇ τῇ ὕλῃ.
51, τούτοις ᾖκεν.
ὑπὸ τῆς.
199, 9, διέτριβεν ἄγει.
13, ὅτι καὶ Ἄνθ. Η.
14, περί.
29, χρεμνᾶν.
ἤθελον deberet ἤμελλον.
32, ἄν. τὰ π τῶν.
33, ὁ Περίλαος Η.
40, αὐτῷ.
48, ὅ τι ποιήσει.
πολλά.
200, 3, οὐ πρὸ πολλοῦ τοῦ ἄντρου. Η.
ἐπέπλ. γὰρ καὶ αὐτὸς τῆς Η.
11, τὸν ἐκεῖ Πόντον Η.
15, δὲ ὁ Ἄδρ.
τοὺς ἵππους Η.
36, διηγήσασθαι.
37, ἐξηγεῖται.

201, 16, καὶ ἐλάττονα.
23, δὲ ὑπὸ Η.
26, ἀργυρον.
202, 16, ὄψῃ.
20, ὀλίγον.
44, καθ' ὃν.
46, ναυαγίῳ.
203, 7, καὶ ἄρα.
19, ὁ μέν γε.
21, γαμ. δυστ.
24, οὐ γάρ ποτε.
30, συμπράξαι.
37, ἀποδράσασαν.
50, ἀπολ. λέγε.
204, 10, μή τι π.
22, ἤγετο.
205, 9, ἤγετο Η.
16, οὐ γὰρ ἐντ.
17, οὐδ' ἂν.
19, ἐκ δὲ τούτου.
27, οἵτ. ἐστε.
32, τῶν θ. τ. π. ὑμῶν.
36, πλοῖ.
50, διωρυγὴν.
206, 30, περιέρρηξε.
37, μέχρι που.
40, Ἱπ. τότε.
41, ὅλης ν.
47, ἐλπίζων καὶ.
207, 2, ἔτρεφον αὐτὴν.
14, ἄν. Ἴσ.
34, ἐθέλει.
37, ἔχειν.
45, συγκατακλιθήσεσθαι.
208, 2, ἐπὶ τὴν.
9, τὴν Φ.
12, καὶ ποτ.
18, Ταῦα.
24, ἀνδρῶν.
32, ἀπὸ.
39, τῆς ἐκεῖ.
40, ἐκείνοντος.
44, ἀδικεῖ.
209, 5, ἐμβολὰς δέχεται τὰς εἰς
τ. θ. Η.
13, ἐπετίθετο.
51, Λίγυπτίαν εἶναι ἐπιχώριος.
210, 7, Ἰταλ. ἐκεῖ π. τι μαθεῖν Η.
30, καὶ πληγή.
211, 10, ἐνοχλήσωσι.
14, τίθασοι.
17, καθειρη.
23, ὅστις πωπ.
34, ἀναζητεῖν ἔτι π. Π, εἴ τι.
48, καὶ θελξ.
212, 1, ὀδηγουμένου.
4, ἀλλήλοισ πολ. ἥξειν Η.
13, θ. Ἐν ἀ. τ. τ. γ. ν. ἔξ.

PRÆFATIO.

14, εἰς Ἄργος.
18, διηγ. ἀπ.
27, ἀεὶ ὡς.
33, π. ἐννοῶ. Ἔτι.
p. 213, l, 44, μεγάλην καὶ.
47, ἐκκαθᾶραι.
214, 16, τὴν θεάν.
18, βιάσασθαι.
27, καὶ δεηθῇ H.
28, περὶ τοῦ νεὼ H τοῦ θεοῦ Αἴγ.
30, ἕκαστα.
43, μήπως ἡ ξένη αὐτήν.
45, αὑτῆς.
215, 3, ὑβρίσεις.
22, ἐπίστευεν.

34, ἕως χρόνος.
50, ἱκανῶς τῆς.
54, ἀνύσαντες.
216, 7, μεγάλα ἄν.
17, οἵ γε.
26, ἔδοξεν αὐτ.
48, κατῆρε.
50, αὐτὴ γάρ H.
217, 6, συγκαταβιώσασθαι.
7, τῶν πάντων ἄμεινόν με H.
8, κἀγὼ δυστ. εἰς κ. H.
13, ἐδόκει δέ.
21, πειρ. δυστ.
25, τί ἐμ.
27, δὲ τῆς H.

50, ἐνενόει H.
218, 14, ὅστις ἄν ποτε.
17, διαβ. μὲν γάρ H.
18, πεπόνθαμεν.
25, ἀπεξηγεῖτο.
33, τελευταῖον.
219, 18, παρ' αὐτὸν ἄγε.
29, τὴν οἰκετῶν.
220, 17, παράγει.
221, 12, ἐν ἑαυτοῖς
27, ἧκ. — ὑπό.
34, πολλὰ καὶ π.
39, διανίσταντες H.
222, 23, ὅλης νυκτός.
39, ἔξοντες.

LECTIONES CODICIS FLORENTINI.

In Titulo ἐφεσίου D.
183, 17, μὲν καὶ τοῖς.
23, ὅτι ἔνι καλός.
25, ἄν ποτε οὐ — τίς cum lacuna 2 vel trium literarum.
30, Ἀβροκόμας.
35, ἐπ' Ἀβροκόμαν.
184, 1, ἱερὸν. σταδ. δέ.
7, ἐν D.
12, κυνηρ. ὧδε πολεμικά.
15, Ἄνθεια.
49, ἐς ταυτόν.
185, 12, ἔνν. ἐκείνους ὑπῄει.
14, ἐνεκαίετο.
17, δή.
24, γενικός.
30, οὐκ. δή.
34, μὴ δὲ ἐπιπολύ.
44, ἐπ' Ἀβροκόμῃ.
53, ᾔει δὲ ἡ π.
186, 20, καὶ ἡ Εὐ.
38, διάπλους.
40, κατὰ ταῦτα.
47, δεινὰ δέ.
49, ἴσαϊδί.
187, 6, δή.
188, 10, ἀνελάμβανον.
11, συνηρμόκει καὶ ὅσα, μο fere evanidum.
38, δή.
39, πρὸς ἀγωγήν.
49, κ. τῶν..... μετὰ libr. sua sponte reliquit vacuum.
53, καὶ ἡ εὐ.
54, ἐπεπόνθεσαν.

189, 6, οἱ φύντες.
19, οἱ μὲν ἀπῄεσαν.
21, ἀλλήλους quod recipiendum H
31, ὑπάρξει.
32, ἀναστενάξας.
43, ὀμνύω τε σοι τήν.
54, ἐμπεσεῖσθαι πλοῦν.
190, 5, παρῆλθε λυπῶν.
7, καὶ προσεποιοῦντο.
10, ἅπασαν ἐξιστόρησαν. παρώρμως.
46, ἀλίοντες.
51, ἀπώλλυντο.
52, ἀπεσφάζοντο.
191, 12, ἐδύνατο.
15, ἀχθήσεσθε.
17, μακ. μελλ.
24, ποῖ με καταλ. διανό a lin. σοντες.
39, τοῦ πυλοός.
41, αὐτὸν ἡ πρὸς ω
42, τῷ πόν οὔτε.
192, 6, ἐκτ. πόνων.
8, παρὰ δάφρτου.
10, πείθει.
14, δή. καὶ ὁ εὔ.
30, αὐτὴ ξένη.
31, οὐδεμιᾶς.
42, ἔρ. τὸν εὐξ.
193, 3, ἀπηκόεσαν sed corr. a pr. m. ἤκηκ.
19, ταχέως τι τῶν ὅρκων.
23, φιλόζωος.
24, μηδ' ἐπιμείναιμι.

194, 2, συνῆθ. μετὰ τοῦ, hoc μετὰ fere evanidum in extremo vs.
11, πρὸς τήν.
14, τὸν Ἄβρ.
22, ὑπὸ τ. Μαντῶ εἰρ.
24, γίνόμ sed corr. a pr. m. γενόμ.
40, ἀβροκίμα καλὸς
43, περίδης αὐτῇ ὅ.
195, 7, κἀγώ.
24, λαβ. καὶ κατασ.
51, ᾖρ. μὲν τὸ.
196, 3, λόγου ἀκοῦσαι.
6, αἵ τε γάρ.... τὸ σῶμα spatium relictum est 4 litt. m. sec. inseruit βάσανοι idem adscr. in margine.
11, ἄξεται.
40, προὐκυλίετο.
43, ποῦ μὲν ἡ ἐν.
46, π. ποι.
197, 8, μετὰ μοῦ Λεοκ.
48, εἰς Λυκίαν.
198, 7, τὸν μοίριδος.
33, καὶ 0. δεδιώς.
46, σανίσι τινές.
47, αἰγιαλοῦ τινος. δὲ καὶ τήν
199, 1, ἐκελεύσαμεν.
20, τὸ δ' ἑξῆς.
40, αὐτῷ.
200, 3, ἐπεπλάνητο — ἐπ' εὐθθ.
15, δὲ καὶ ὁ ἀβρ. αὐτοὺς καὶ τοὺς ἵππους.
41, εὐθ. ἐνταῦθα ἐκεῖ νέος.

PRÆFATIO.

p. 201, l. 2, ἠδυνήθ. quod recipiendum H.
20, ἐς βυζάντιον.
36, λ. ἡμῖν γενομ.
ο
39, ἐνεγκὼν m. pr.
47, τεῦξεν τῷδ' ὑπεράνθη—
48, οὐ τάφον.
202, 16, ὄψει.
44, χρ. ὄν.
54, ἐφιλοφρόνει τότε.
203, 33, λέγει δή.
44, ποθὲν ὅ.
204, 12, χάριν αὐτῷ.
19, οἱ οἶκοι ἄνευφ.
38, μετὰ σοῦ modo παρὰ σὲ
205, 6, κόσμον ἄλλον.
19, ἐν δὲ τούτῳ νυκτὸς.
27, οἵτινές ποτ' ἔστε.
32, θεῶν αὐτῶν τῶν πατρ. ὑμῖν.
36, πλοίῳ.
43, ἐνθάδε κἄν.
45, αὐτὴ μὲν. διορυγήν.
51, ἀκατασχέτῳ.
206, 15, φάρμακον ποθέν.
18, ὑπὸ ἀθυμ.
33, ἀπολομένην.
40, Ἴπ καὶ τότε μὲ
47, ἐλπίζ. καὶ illud D
207, 2, ἕτρ. τε αὐτήν.
6, ὁρᾷ.
12, σκέπτεται.
ἀν. τῇ Ἴσιδι
21, κατ' ἀλεξ.
24, τά τε φορτία.
27, δή.
33, κατεῖχε.
ἐθέλειν.
40, ἤδη δὲ τέλος.
49, ἀποκτείνετε.
208, ξεν. ἐφ. D.
2, ἐπὶ τήν.
9, ἤνυε — λαβόντες αὐτοὺς τῆς φοινίκης ἐτράποντο.
12, καὶ τῷ ποτ. τῷ N.
18, μὲν δὴ ταῦτα.
24, ἀνῶν (ἀνθρώπων)
25, καὶ ὄντα καταστησάμενοι.
29, καὶ ὅτι. τῆς ἐκεῖ.
41, ῥεῦμα ἰδὼν τοῦ N.
43, πέφηνεν Recte H.
46, προδέδομαι.
47, ποτέ.
51, ἀποβάλλει.
209, 1, ἐρεισμένος.

τὰς ἐμβ. ἔρχεται τὰς εἰς τ. θ.
12, παρά. ἐπετέθειτο.
46, λειφθ.
210, 14, νεανικός τε.
17, παρὰ τῷ Ἰπ.
24, ἐξέκαεν. καὶ ἡ πλ.
37, ἤλπιζε ποτέ.
51, καὶ δή.
211, 14, τίθασοι — ἀλλ' ἤδη.
23, ὅστις ποτέ ἐστίν.
25, ἐν τῇ.
26, ὁ δ' Ἀμφίν.
46, ἔγων πολλήν.
47, ἠράσθην
ἀντερᾷ δέ μου καὶ ἡ θ.
212, 1, ὁδηγοῦντο θεοῦ. ἀλλήλοις π. ἥξειν.
6, πρές ἐπέχωρίω.
ἥειμεν ἐπ' Ἄρνας.
23, δεικνύει.
27, ἀεί τε ὡς ζώση.
33, π. ἐννοῶ. τὰς συνθήκας ἐννοῶ. ἔτι λέγοντος.
35, ἂν εὑρήσω.
49, τῷ Ἰπ.
213, 3, οὐχ ὑπομένων.
5, οὐχ εἴπετο.
9, ὄρειον κακουμένην
13, μέχρι ἄν.
17, δὴ εἰς.
25, συεδίαν καὶ — κἄντ. lacuna 5 aut 6 lit.
29, ἐπ' Αἰθιοπίαν.
44, μ. τε καί.
47, ἐκκαθᾶραι.
50, μηνύσῃ.
52, ἀθ.
8, ἀλεξ. σύγγενης.
214, 16, τὴν θεόν.
18, πρόσεισί δὲ.
28, περὶ τοῦ νεὼ a. lin. παῖδες αἰγύπτιοι.
30, ἐλθοῦσα δὴ καὶ et προσπίπτει.
35, ζήσομαι.
36, πονηροῦ.
43, αὐτὴν ἡ ξένη.
45, καθ' αὑτῆς ὅπως.
46, ἀπήγγελλε.
215, 4, δεσμά.
6, ἀπαγαγόντα — ἀποδόσθαι.
16, ἐπ' ἐκείνην.
17, ἀλλὰ ἀπόκτεινον. ἐπίστευσεν.
27, μὲν τίσιν.
28, ἀνελάμβανεν.

43, δυνηθέντες.
50, ἱκανῶς δὲ τῆς.
54, διανύσαντες τὸν πλοῦν.
216, 2, γενέσθαι.
7, τέγους.
25, ἧκεν εἰς τὴν οἰκίαν.
32, ἀποπλανηθεῖσα. Male Cocchius de literis expunctis loquitur; nam ne vestigium quidem harum apparet.
37, πολλὴν εἶχε.
47, ἐπαναχθείς.
48, καταίρει μέν.
48, μουχέριον.
217, 7, παρεμυθεῖτο quod repone.
13, ἐδόκει μὲν αὐτήν.
25, τί δ' ἐμαυτὴν.
26, ἀπαλλ. τοῦ.
33, ὁ περίνθιος εἰ.... ω ταυρομενείω duæ l. extritæ sunt.
218, 14, ὅστις ποτέ.
18, πέπονθα μὲν quod recipiendum.
33, τέλεον δέ.
39, ἀνωδύρετο.
49, ἐπιφθάνει.
219, 7, αἰσωκίσατο.
16, ἔγειρον ἀνθείᾳ.
17, ἐπένεγκαι.
23, ἀνέθεσαν.
τὴν τῶν οἰκ.
35, εἰ δὲ αὐτὴ ἡ στήλη.
220, 1, τὴν εἰς λυκίαν.
2, τὴν τῷ δ. τελ.
3, καὶ δή.
8, διῆγε recte H.
16, παράγεται παρά.
17, ἀνάγει παρά.
21, τῷ ἡλίῳ.
26, τῶν πρότερον.
29, γενομένην.
41, ἀνέθηκε.
221, 2, αὐτοὺς πλοὺς.
17, τοῦ λόγου.
22, τὴν ἀνθ.
24, αὐτὸς ἐμ. quod recip.
25, ἐπιτηδείως τὸ δε.... μ, δέπω ἀβροκόμη, desunt 3 litt. : μὴ non prorsus certum est, videtur ti antepositum, itaque legendum ὅτι μηδ.
34, πολλὰ ἅμα πάθη.
40, τὸ τῆς Ἴσιδος.

b

xviii PRÆFATIO.

HELIODORUS.

Codicum Vindob. (A et B), Vaticani (V), et Lugdunensis (Lugd.) lectiones. Emendationes, J. Perizonii (Periz.), Hemsterhusii (Hem.), Falckenburgii (Falck.), P. Francii (Franc.)[1]

p. 225, l. 2, ἐν ὅπλοις λῃστρικοῖς.
6, τὸ πρῶτον τὰς ὄψεις A.
τὰ πρ. τ. ὅ. B.
8, μὴ πλεόντων A.
10, πλεόντων A.
11, καὶ τοῦτο παρῆν συμβαλεῖν A.
12, τρίτου ζωστῆρος V.
14, μεστὸς ἅπας.
15, μέρεσιν τῶν σ. Hem. καὶ μέλεσιν ἔτι σπαίρουσιν.
17, ἀναμέμικτο B.
19, ἀλεεινά.
22, κατὰ τὴν A.
25, ὕπορρ. A.
πινόντων.
30, πεπορισμένος Falck.
33, μετεσκεύασεν.
37, καθιστάντες.
41, τὴν μὲν ναῦν Periz. γράφ. μέν.
226, 3, καὶ ἐπὶ τ. λ. αὐτ. νικητὰς B ἑαυτοὺς δὲ A.
10, καὶ φάρετρα AB.
12, ἀπηώρητο B ἐπεστηρ. ἡ δὲ λ. AB.
13, ἐφεδράζουσα Hem. Fabrum conjecisse ait ἐπερείσασα.
15, προκείμενον V. A.
24, ἀπεφθ.
27, ὅλως sed A ἄλλως B. ἄλλας.
31, ἅμα λέγ. d. in A.
34, τῆς ὄψεως.
38, καταιγ. A.
39, ἐπιτρέχ.
41, ᾖ τῶν γενομ. V γίγν. B.
42, καὶ θεὸν.
43, ὑπό του τῶν B ὑπὸ τῶν θεῶν V.
48, κατέχ. ὁρῶντες δὲ A.
50, ταῦτ' ἄν AB.
51, τολμᾶν A—ἀλλήλοις V.
53, τῶν ἀληθῶν AB.
227, 3, τῆς ἐξ αὐτῶν.

8, τρέπουσα V ἐπιτρέψασα A.
19, τῆς εἰς A.
24, οὐδὲν A.
28, πολλῶν ὄντων καὶ ποικίλων V.
31, ἐδόκει ἔχειν.
32, ὡς λῇσ. κ. ἀπληστίαν A.
37, κἄν τ. δὲ B.
38, δύο AB.
40, ἄπεν. AB.
41, ἐς δέκα.
42, τρὶς δὲ τοσ. ἐπ. B τρὶς δὲ τοὺς ἐπ. τοσ. A.
44, δ. αὖθις A.
53, ἐθαύμαζον V.
228, 4, οὖν πλ. A.
5, ἄν καὶ A.
10, σ. οὖν δὲ.
16, συσκευασαμένους. V.
17, εἴ που V.
19, ἐφαίνετο om. A.
22, αὐχμηροτάτων Hem. —Suppressi δύναται.
26, χαλεπῶς V.
27, ὑποτείνουσαν.
31, κατὰ μέσον — ἐπὶ δέ.
32, ἀκρωρείας B.
36, ἐπὶ σκ. B.
39, εἰ δὲ γ. B — παιδ, ἡ δὲ γυνὴ A.
50, Π. ἄτε τείχ. B. ἄτε ὅσα A ὅσα καὶ V.
229, 3, ἔνοικ. ἐν AV.
6, πρὸς V.
17, ὑπ' ἀγροικίας AB.
21, ἀποτετμημένον.
33, κατεχ. B.
34, προσελθ. A.
36, αὐτῆς AB.
39, π. δὲ ἄν. A π. οὖν ἄν B.
47, ποῦ B.
49, μηδέποτε V.
230, 2, τι θεῖον A τὸ θ. κρ. B.
5, ἐπὶ.
7, ἔκουρ. A.

14, ἡμέρ. ταύτῃ τῇ β. AB.
19, ἀληθ. καὶ A.
22, Periz. fortasse πόθεν δέ; γνώριζε.
26, τἀμὰ AB.
41, ὑπερθεραπ. Periz. dubitanter ὑποτρέχουσα vel ὑποδραμοῦσα.
48, καὶ om. B.
51, ἐφ᾽ῇ· ἄν.
53, ἐνδεικν. A.
231, 13, γιγν. A.
14, διὰ γῆς. B.
19, γίγνεται B.
26, ἐπιγιγν. A.
30, ἡ αἰμοχαρτὴς καὶ π. B.
32, οὐ δ.
34, οὐδὲ.
35, πολλάκις om. A.
36, καὶ εἰς ἐμὲ om. A.
37, πολλάκις om. A.
38, τινος A.
42, ἑταίρας — μέθας A.
45, τὰ μὲν οὖν ἄλ. A.
50, Franc. μηδὲν ψ.
52, οἰκίας V.
53, πὺξ ἐπ. B.
232, 6, πρὸς V.
8, ἤρχετο B.
12, μ' ἀπ.
16, ἐπανῆκε V.
21, σοι προσομ. A.
22, εἶναι om. A τιμ. ἐκείνην A ἡ εὐγ. B.
24, γίγνωσκ. B. reliqua hujusmodi omittam.
25, ἡ δὲ, καὶ A.
30, ἐκ. ἡμέρας B καὶ ζηλ. A.
35, καταλαβούσης AB.
38, δὲ πρὸς ἄμ. A recte.
42, ἔνδοθεν AB.
43, διεξ. διεφαίνετο A καὶ τὰς θύρας.
44, ἐκραγείς V.
49, αἴ σε AB.
54, εἰστήκειν AB.

[1] Codicum lectiones et virorum eruditorum emendationes ipsæ citantur, si nil adscriptum, lectio exhibetur quam Mitscherlichius secutus est; in textum recepta est nostra emendatio.

PRÆFATIO.

1. 1, περιέβλεπον V.
24, ὕδρεσι — ταυτ. δὲ Β.
29, τι om. B.
33, ἐδάκρυεν Α.
37, γεννήτορας Α.
44, βάλλειν ΑΒ.
50, ἠκούσθην V.
234, 21, κατεφέρετο V.
23, οὔπω δὲ τῆς Β uti cod. Faur.
27, Periz. : « ἔφην intelligi potest. Recte.
31, παρ' ἀξίαν V.
32, ἄν ποτε καὶ παρ. V.
39, σοι.
41, κἀκεῖ A reliqua hujusm. non adnotabo.
49, ἐπιδ. Α.
235, 7, καὶ οὐχ ἧκ. V.
8, προλαβεῖν καὶ ληφθῆναι A vulgo π. καὶ φθῆναι.
9, ἑαυτῇ Α.
10, προσελθ. V.
11, τὴν σὴν θερ. Α.
14, εἰμὶ Franc. addit.
17, ἐλπίδας V.
20, συντεθν. Β.
22, ἀπαλλαγὴν — τοῖς Α.
25, συντεύξασθαι A ὑπελθόντι AB.
36, πολλὰ Β.
41, παρακρ. V.
52, αὐτῆς A — ὅπερ Α.
236, 2, τύχοις Α.
3, σχολάσειν. — γὰρ Β.
5, τοῦ ἔργου conj. Franc ἐπιμ. V. recte.
18, δι' ἐμὲ τὸ μέρος Β.
20, ἐνυβρίζ.
25, πρὸς αὐτὸν Α.
30, πολλὰ VΑ.
34, βουλομένῳ V ἀπολογῆσ. Β.
42, ἐν εμ. Β.
46, περιμ. με vult Hem.
49, ἁδρότερον V.
52, οὗ Β.
237, 3, παραλαμβάνει VΑ.
9, τὸν μὲν AV.
13, σελήνης Β.
22, ἐπὶ τοῖς πταίουσιν vulgo. καὶ ε. τ. μέλλουσιν V. hoc μέλλ. ΑΒ. Coray conjeci παροῦσιν, quem sequor.
27, σπαράξασα Β.
30, τότε Periz.
37, σοι.
40, ἢ τίσι.

42, τὰ Β Periz. τὰ μὲν Πατρόκλου προφ.
43, μνήμη VA.
44, θρήνων V. — Vulgo εἰ μὴ τ. ὑπ. ἐπ. ὑφ. ἡδ. τῶν γ. ἐπ. quæ transposui.
47, ἐνηρεμ. vulgo, sed Β ἀνηρ.
48, ὀνείρων Α.
49, τὸν ὕπνον AB.
238, 3, καὶ τὸν Hem.
4, λαμπαδίῳ πυρὶ τὸν Hem. illud emendavit; nos abjecimus quoque τόν.
6, μὲν Α om.
9, τὴν θ. Ἴσιν Β.
18, παρθενίους ΑΒ.
21, προηγ. Α.
25, αὐτὸν Β.
36, καὶ τοῖς illud om. Α. συνίησι — τῶν Αἰγ.
43, ταὐτῃ παρανομήσαντος παρελέσθαι. παρανομήσαντος παρελομένου V. ἐφ' ὧν τε Α ἐφ' ᾧ γε Β.
45, διήγαγον Α.
51, ὑμῖν Β.
52, ὅσοι τι.
239, 2, οὐχὶ αἷμ. Β.
8, καὶ om. Α.
15, ἀπολογήσ. Β.
18, οὐ πέπτωκα.
20, ἢ γὰρ Β — λογίζομαι V.
40, ἢ ἐκ.
41, τῇ γῇ τὸ βλ. Β.
51, μετεδώκατε Β.
53, ἀλ. τε διότι τὸ ΒΑ διότι V.
240, 5, ταῦτα ἐν ὁμ. Α ἐν ὁμ. τούτων καὶ τοσ. Β.
7, ἐλάγχομεν V.
11, ἠμέλλομ. uti mox ἤμελλε Β.
19, ἄθρόον Α.
31, αὐτῶν τε ΑΒ ὁλλύντων τε καὶ Franc.
32, ὤφελον Β.
34, τὰς ante ὑμ. om. Α.
39, ὑπερδέβληκ. A ὑπερβέβηκε Β.
40, καὶ μετ' Β.
46, μὲν γὰρ hoc om. Α. ὅτ' ἂν Α.
47, εὐθυμότερον ΑΒ addo ἄν.
46, ἀνακαλέσῃ ΑΒ.
49, καταλείπω Β.

241, 9, πιστεύων Β.
12, ηὗτρ.
13, ποιησομένους.
18, καὶ πῃ καὶ Α omisso εἰ.
22, τὰ δήλωθ. ΑΒ.
24, βλέπειν τε ΑΒ.
35, τί δ' ἂν γένοιτο Β δ θ. ἔφη Β.
40, τὴν κατ' ἐμοῦ AV.
50, φυλάξασα V.
242, 5, τῆς ζ. τῆς ἐφ' ἡμῖν Β.
14, καὶ ἧ V.
17, ἐπί σοι τοῦτ. φ. Β.
24, ἔστειλα ΑΒ.
26, ἀγριώτερον.
28, πραότερον Hem.
33, καὶ τύχαι παρέσχον V τύχαι vel τύχας ἅς — ἂν ἐξ Hem..
35, ἐπινοίας Hem. vult ἐπινοίᾳ. In Lugd. ἐπινοίαις.
38, αὐτὸν Κν.
49, ἐσπουδασμένος BV.
52, καὶ φόνους V.
243, 4, τι om. Α.
6, ἔνδυνε ΑΒ.
*8, ὑπερκύπτοντας ΑΒ.
9, προιδεῖν καὶ Hem. προμηνύων Α.
32, ἄλλην.
34, σκολιοὺς om. Α.
40, προσέπιπτεν.
44, φοιτήσει.
46, διαδρᾶναι V. σοι.
51, φαιδρότερον V.
244, 6, πολ. κεκτημένους Α.
9, τούτους Periz.
10, ἐστι V.
13, ταῦτα Β.
14, ὑμῖν Β ἡμῖν om. Α.
16, ἔνσπονδος Α.
21, ἀνεκάλει VΒ.
23, συνερρώγει.
24, ἐπελθόντες V.
29, καὶ ἀφόρητον.
34, τε ΑΒ om.
45, δρώμενα Α.
46, συνέβαλλεν Β.
245, 1, τὸν θερμ.
6, προσαναιρεῖν Α.
7, ἀπαντώμενον Commel.
14, Ἐλ. τῇ γλ. ΑΒ.
26, ἱερ. θυμ. Β.
27, τε τοῦ.
33, πλεύσ. καὶ ἄρ. μ. Β.
34, ἐρεσίαν Α.
36, πλησιάσαντες μ. καί.
41, τὸ μέν τι Α.
44, ὄντων.

b.

PRÆFATIO.

48, τοὺς δὲ καὶ ἄν.
46, ἐπιτρέψαντες ΑΒ.
49, ἔβαλλεν Β.
p. 246, l, 1, ἔς τε Β.
2, καθέντα ΑΒ.
6, φιλοις Β.
21, τῆς ἱερ. V.
25, ἐπέλθη.
37, τὴν νῆσον. V.
39, αὑτὴν Α.
42, ὑπὸ τῇ γῇ μὴ V.
247, 10, εἰς τὴν om. Α.
18, τοιαύτας ἐπί σοι V ἐπί σοι Lugd. in marg.
24, ἐσχ. καὶ ἀψ. φ. λ. Β.
31, ἀπολώλεκάς με V ἀπόλωλε καὶ με Lugd.
35, ἀνακοπτόμενον V ἀνακαμπτόμ. Α ἀποκόπτ. Lugd.
41, περὶ τὴν Β.
44, ἐρεσίαν Β.
47, χαλ. δὲ V.
248, 7, ὑπολειπομένης Β.
6, παρενεχθ. Lugd. V. mox ἔναποσθ. VAB.
15, τὸ γόνυ Β.
28, κινδ. θαλ. — ὑποβαλ. om. Α.
35, εἰς οὐδὲν ὄφ.
46, ἀλλ' ὦ χ. Β.
49, φίλον V.
249, 7, τὸ μὲν διότι vulgo ὅτι τ. σ. δι' οὗ Bas. τὸ μὲν ὅτι Lugd.
26, ποδηγετεῖν V.
31, τῇ σφαγῇ καὶ σπ. Β.
43, ἐς τοῦθ'. Α.
45, μια. ὁν.
44, ἀλλ' ὥσπερ οἰνομ. Α. ἡρωμενοι Bas. Lugd. Hem. adn. » interpres legit μονώμενοι.
46, περιέστησε V.
49, διασμώμενος.
50, συρρυεῖσαν Α.
51, ἐπέρραινε VAB.
54, ἔντυχ. κειμ. δ' ἑαυτοὺς VAB.
250, 1, ὀρθ. ἀθρ. Β.
3, γεγενημένον Β.
6, προσπ. VAB.
9, ἅπερ ἤσχυν. Canterus. ἤσχ. τε ὁρ. ΑΒ.
20, τὴν γ. ν. καὶ τ.
24, τοσ. συμφ. κεκερασμένον.
28, διανομ.
37, ἐπ' ἐσχάτης Β.
41, ἀμφ' αὑτῆς Α.

53, καθ' ἑαυτήν.
251, 5, περὶ τὰς Α.
16, μοιχείαν Α.
19, pro ἐκέλευον VB ἠνάγκαζον.
44, ἔγγεγρ. Α.
45, σε.
252, 5, τῷ καλῷ καὶ.
10, διεπραξάμην Β. ἀμετάβλητον ΑΒ.
11, ὑπό σε.
12, καὶ εἰ Β.
15, τὴν Ἀττικὴν V.
25, πάλαι V.
38, ἢ πῶς, mox ἢ πότε.
39, καθειμένην Β.
43, νομίζω.
44, ἐκτετάρευται Β.
48, Τροφωνείου. θεοφρονεῖν ΑΒ.
253, 9, ἀπέστειλεν Β.
11, πρός.
20, καλ. εἶ.
34, δὴ ΑΒ.
41, χ. καὶ.
42, τάχα μὲν καὶ.
49, ἐγχειροίη ΑΒ.
50, σε κατὰ Β.
254, 1, πρὸς αὐτόν.
7, συνέρραξε.
13, ἦκοι.
15, ἦ.
20, ἔχοι BV.
21, μαθεῖν ΑΒ.
22, ἐσπουδασμένοις.
25, ἔτι τοῦ ΑΒ.
28, β. οἰμώξας Β.
36, ἐκεισήει ΑΒ.
39, ἄπειρον V.
41, ἐπὶ πλ. Α.
52, ἠνέσχετο ABV ἐπην. Lugd.
53, ἐπάσαντο V.
255, 2, καὶ τὸ βλέμμα ὑποκαθείμ. hoc Α.
3, τῶν ὀφθαλμῶν Β.
17, ᾤμην ὡς.
20, διότι με V mox μέντ. ὁ. V
31, φύντας V.
41, τ. μὲν ἕως.
46, ἐποίησεν.
48, συνιέναι Α γνῶναι Β.
256, 7, ἢ καὶ νὴ Δία vult Canterus.
19, ἔγχειρ.
21, δύσερι.
25, ὁρμήσαντες ΑΒ.
30, ὅσα γῆν γ' ἦν Lugd.
42, γνωρίζω δὲ Α.

49, ἐγκαταλεῖψαι AV.
51, πλησίον Α.
ἥμερον V. Lugd.
257, 3, πρὸς μεσεμβρίας V
14, ἀπολ. ἀλλήλους.
30, τὰ οὕτω ἀεὶ V.
37, ἢ ἀνηρ. Β.
38, διεφθορέναι Β.
42, καὶ δὶς V.
44, ἀνεβίβ. Α.
52, εἴ πῃ Α.
53, ἀνίει ΑΒ.
54, ἂν οἱ.
258, 7, κατέλιπε V.
8, ἀνέπνευσε Canterus ἀνέπαυσε.
9, ἐπήδησεν αὐτῷ Hem.
17, ἀπηύχετο ΑΒ. ἀπείχετο V.
20, ὡς δὲ καὶ V.
21, ἀποτέμνει V.
24, ἀλλα τε γὰρ βουκόλοι Β.
259, 1, ἔφη γ' Β.
4, ᾧδε. δὲ καὶ αὐτὸς οὕτω Α.
12, εἰ μή τί σε V. Scal. sic potius notabo lectiones e Vat. Scaligeri manu scriptas.
15, ἀναθήσει ΑΒ. μέρει τὰ Α.
21, παρεσκ. ΔΒ.
30, μαλακὴν Scal.
31, πῦρ ἀνέκαιε V.
32, ὁ δὴ καὶ κν. Β. habet, ὃ δὴ Κν. Scal. ὁ δὲ καὶ.
38, Π. μὲν πόλεις, π. δὲ illud ΑΒ, hoc Α.
46, αὐτῇ Β.
51, προσάγουσα BV.
54, καὶ εἰς Scal.
260, 1, ἀποσκοπεῖν V.
Ὄμ. καὶ ὡς πάντα.
5, μή ποτε οὕτω Β.
8, τοῦτο γὰρ ἔκινε ΑΒ. σπένδωμεν Β.
26, εὐχαριστία V.
27, καὶ οἶδα — τὸ δῶρον V.
33, ἀπαγγ. V. Xyl.
36, ἢ — ἢ πῶς.
38, ἐξαγορεῦσαι V.
261, 12, τί πέπονθεν V.
24, ὡς οὖν μεγάλων ΑΒ.
32, ἐπανάγαγε ΑΒ.
33, ὑπόθεσιν Α.
34, οὐ κατ' αὐτόν.
45, ἀβρυν. Scal. γραφ. κομπαζόμενος.
48, ἐπάγ. V.
ἣν ἐμοὶ — δυνατὸν V. Lugd.
49, προὖφ. μὲν Β.

PRÆFATIO. xxi

p. 262, l. 3, γέγονε V.
5, ἔχουσα.
18, τοὺς ψυχῆς A.
24, ἔγνων V.
25, ἀντέσχον.
26, εἱμαρμένων A.
33, ἀστέρος V.
42, [γῆς — φράσας] Lugd.
sic.
46, δ᾽ ἦν V.
263, 4, Κίρρῳ V. Κρισαίου A.
13, πατήρ μου Scal.
16, ἀπεκρίνατο, τὰ δ᾽ ἄλλα,
εἴσ. ἀκ. B.
27, νῆμα περιοθ. A.
34, περιείποντο AB.
35, πάντοθεν Scal.
264, 4, τῶν ἄλλων B.
6, ἀναγεγραμμ.
7, γιγνώσκειν A.
9, ἐκ τῶν μὲν ABV. Taur.
10, λαμβάνει AB.
11, ἀποδίδ. B.
13, ἀνακαμπτόμ. A.
17, συναρράξωσι V. Falck.
ἴσως καὶ συνάξωσι.
21, ὀργᾷ τε AB.
22, κατέξαν.
32, καὶ τ. B.
35, τίθεμαι.
37, Χαρίκλεις A. Lugd.
44, ἔφην ἐγώ.
46, σε διὰ B.
54, καλλ. καθ᾽ AB. ἦν δὲ B.
265, 6, ἐπικήδειον B.
17, ἀρίξ. τῆς ἐκ. B.
34, Ὁ δὲ — διάπρασιν
ABL V.
36, βαρυτέρων A.
39, τε ἐν. A. τὸ μέγ. A.
40, καὶ λευκ. — ἀγλ. V.
49, σχολῇ γ. καὶ B.
266, 8, χρήσασθαι.
11, ἑαυτὸν B.
12, ἑπταέτιν V.
25, εἶναι ὀλίγῳ B.
28, ἐνέπειθε A.
30, γράμμασιν A.
36, τι φράζειν B.
39, ἀκμὴ μείζ. B. μείζων
ὡς ὁρᾷς A.
51, ἢ μὴν A.
54, ὡμολογημένα Hem.
267, 2, τῷ ὄντι Γ.
8, μαθήσῃ AB.
13, ἐσπουδασμένως.
14, συντετ. B.
16, τῶν Aἰθ. τ. π. B.
18, ἀπήγγειλεν A
23, ἐπέστρεφεν V.

25, ἢ π. ἢ τ.
32, συνεῦσα A.
33, κἀμὲ B.
39, θ. με B.
47, δὴ τὰς B. δ. τι A.
ὑπερβέβηκεν B.
49, ἐφέρετο B.
53, π. μοι β. V.
268, 13, Ἔρωτα A.
21, β. γάρ σοι B.
25, περιῄδης AB. ἐκ. οὖν γ.
μὴ π. με B.
27, διαγαγεῖν A.
33, αἰνιάνων A.
35, ἱερείων B.
42, ἀπὸ τοῦ ὑπ. B.
46, νυνὶ A.
τῷ τοῦ B.
49, νυνὶ B.
269, 4, Αἰνειᾶνες Davisius Aἰνι-
ᾶνα vel ὡς Aἰν. Hem.
18, ἐγγυτέρους V. A.
27, κόμην πρὸς AB.
30, σοβαρὸν A.
45, τὰ πρὸς θυσίαν AB.
46, ἡμ. πρὸς B.
47, ἤδη παρῆν τῶν A.
κατήρχετο AB.
55, ἀπὸ κροτ. Franc.
270, 9, ἤπ. τοῦτ. χ. πρὸς τὸ ἀ.
ἀ. ἀμ. Hem.
13, ἐπέστησε AB.
17, καὶ κλείσας Lugd.
καὶ λύσας AB.
18, τοῖς ἔξ. τούτοις Hem.
40, ἐγγίγνοιτο V. AB.
46, εὐωδίαις Hem.
271, 4, καὶ ὁ ἐκ. B.
5, μ. ταῦτα B.
10, ὧδέ πως ἡ ᾠδή.
15, ἃ τὸν AB.
22, ὑμναίων V. ὑμεν. Lugd.
τήνδε Scal. τάνδε A.
34, ὁ μὲν ἀριθμὸς AB.
42, ἐφ. ᾖ βλ. B.
44, πρὸς δὲ V.
50, μελέτημα B.
τὸ ἐμόν.
51, ὥστε ἔδοξας Lugd.
272, 10, ὡς καλὸς κάλλιστον.
φέρει Lugd.
16, μετερρ. V.
19, ἐπένευσεν B.
26, ἐπεὶ δὲ.
28, ἐγνώκαμεν B.
31, ἐφ᾽ ἁμάξης A. ἡνιοχ. B.
32, ἀλουργῇ A.
34, στ. ἦν — εἰς ἐκ.
36, δυνηθησόμ. B.
48, συγκραθὲν V.

49, μὲν ἢ.
50, ἀσύνθετος A.
52, ἔπεκ. AB.
καὶ τοῦ V.
273, 4, τῇ θατέρᾳ.
12, οὓς οἶδα.
13, ἐθεάσαντο Franc.
18, ὄν. —
20, μᾶλλον ἑτοιμότ. B.
37, μοι ABV.
38, εἰσέδαλλ. AB.
274, 4, αὐτῷ.
τὸν δὲ β. B.
10, ὁμοῦ — ἤρων A.
14, σχολαίτερον V.
16, ὥσπερ ἡ.
22, ἐν ὀλίγῳ τὰς B.
35, ὑπέθ. τὸ B.
36, λέλυτο A.
42, παντοίως A.
47, ὁσάκις.
49, συνέθυσεν καὶ B.
51, ὤγ. B.
54, ἀστέρ. ἠρ. A.
275, 2, τήν τε.
3, ὀφθ. τὴν B.
6, π. οὖν V. ὡς αὐτ. AB.
7, συμπορευθ. B.
καὶ εἰ μήτι B.
29, ὁπότ᾽ ἂν AB.
32, ἔρριπ. B.
35, βασκανίαν AV.
38, εὐνῆς οὐδὲ B.
39, μόνον V.
41, ἢ ἐρ. A.
42, ἐνδίδωσι.
45, π. τε καὶ.
50, βέδλ. ἱεραῖς B.
276, 5, ἀπόρρητον V.
13, δέος μὴ AB.
20, ἐσπουδασμένος AB.
24, μηδὲ εἰς ἑσπ. B.
27, ἀπροσδίον. V.
39, ἐνεδείκνυτο BV.
43, ὑποστένων Hem.
277, 1, καθ. τὸ ἀν. B. κ. τὸ ἀν.
ἀλλ᾽ ἢ A.
4, ὀρθῶς μὲν A.
8, φιλοφροσύνην B.
11, ἐψυχομένων AB.
13, ὁ δὲ θ.
17, προπιὼν B.
20, οὖσα Scal.
26, ἀτ. τε καὶ B.
29, Ἀπόλλωνα AB.
35, ἴσα τε.
36, ὅποι AB.
39, ὄναρ ἡ B.
49, ἀπιόντων Scal.
278, 21, ῥεῖ᾽ et supra; scriben-

PRÆFATIO.

dum esse ῥεῖ patet.
24, 0. μεμύηκας.
26, ἁπάντων B.
34, τὸ μὲν B.
40, θ. γ. τοῖγ μ. καὶ 0. τοῖν ποδοῖν B.
45, κρατησάντων.
51, μυούμενος B.

p. 279, l. 19, ἢ κατὰ.
29, εἴλ. A.
31, προϊοῦσα.
27, ἠπάτηνται AB.
37, παρώνυμος A.
42, καὶ τὸ ἀφ. Franc.
45, προρρ. AB.
46, κατ' ἀλ. πολ. AB.

280, 41, κωτιομ[έ]ψας V.
8, συντιθεὶς A.
12, προσεκύνει AB.
14, τοῖς τε 0. B.
οὐκ ἐσφαλμένος ὡς ἔλεγεν B. V nti Palat. sed ἐσφαλμένος.
21, πάσης V.
24, ἐδάκρυεν.
31, σὲ A.
33, ἐπηγγείλατο B.
44, ἐπιστένοντα.
45, σκ. εἶ, B.
48, διαγαγ. AB.
52, ἀν. ἢ B.
53, ἀπολειπομ. Vlg.

281, 1, καὶ εἰ μὴ B.
4, ἢ τὸ V.
5, προφ. μὲν καὶ.
8, ἔχειν B.
12, σε καὶ V. A. B.
14, ἂν καὶ B.
18, τὰ μ. ἄλλα B.
δέδ. B.
19, τὴν παρ. AB.
21, ἀποσδεννύμενον B.
25, καταφιλήσας V.
28, ἀδικουμένη ἡδίκημ. Lugd. illud d. in AB.
29, ὁ σοφὸς Franc.
31, ἄριστος εἴπερ B.
38, ἐπ' ἐμοί.
41, τὴν-.
44, βουλὴν V.

282, 3, καὶ μόνων d. in Lugd.
5, γιγν. γάρ τοι.
15, ἐπέστρεψεν A.
19, οὐδὲ σιωπᾶν AB.
22, προσεπέτ. V.
26, τότε δὲ AB.
32, ὁ δὴ A.
44, κόμπου A. προσιέναι.

283, 1, σι κεκιν. AB.

5, κεκιν. A.
10, τῶν ὀφθ. Scal.
12, κατ. Χαρίκλεια V.
13, ἔσκαιρον AB.
16, ἐγὼ δὴ B.
22, ὑποστρέψας V.
25, καθάπερ βέλος Xyl. B. τέλος ἐπὶ Lugd.
39, οὔτε καθ' ἡδ. B.
53, ἐπισκ. A.

284, 6, ηὕρισκον AB.
5, ὅπου.
15, ἡρώτων.
33, τὸν ὀφθαλμὸν βασκ. malin.
38, καὶ πόθεν B.
0y, διμι[?]ν V.
41, δ' αὐτὸν A.
καὶ ἐπ. A.
42, τῷ τε B.

285, 17, ὀχλοῦντος AB.
19, προσκαλεῖν V.
20, πυνθάν. V. A.
22, εἴλ. A.
23, μόνον A.
28, ἔφη καλὸς B.
33, ὁρᾶν — Χαρίκλειαν Lugd. ἐρᾷ μου B. ἐρᾶν ἐμοῦ A.
43, ἐγὼ μέν.
45, οὐ γ. δ. μή.
52, ἀργήσαι A.
53, πείθεσθαι V.
54, φ. συνεχῶς φαίν.

286, 7, Χαρίκλεια A. sic.
17, καὶ — ἀποκρ. V.
18, Όμ. ἀναδ. A.
27, ἰατρὸς B.
35, δὲ θερ. AB.
36, τοῦ σώμ. B.
37, χυμῶς A.
47, ἀθρόον V.
50, τὸν ἐμὸν σ. AB.
54, ἀγνοεῖν A.

287, 4, καὶ τίνος B.
8, ἧκει Scal.
9, δ' εἶπ. B.
13, δαιμονιᾷν Sc. B.
17, ἀνέκραγεν A. ut solet.
19, διαχρήσεσθαι A.
22, ἱκέται καί.
25, δαιμονιᾷν Franc.
27, ὡς — φκείνην AB.
38, δὲ B. δεῖ Scal. ἐκλοῦναι — πειθ. οὐδὲ ὅσον V.
41, κατεστιγμένην
43, ὁμοίωνται.
47, ἐπλήγην B.
51, γενεάρχ. V.

288, l. 8, Ἀν. καὶ B.
11, οὔπω τε A.
29, γενομένη.
34, σῷ τε AB.
40, ἀκούσα AB.
49, δέ ποτε A.

289, 8, οἰκτειρούσης AB.
9, ἐν ταῖς VAB.
11, τίνων δ' V.
27, πρὸς ἄνδρα A.
38, ἕνεκεν AB.
41, σύ τε AB.
49, διαθῇς A.

290, 2, δήλη παντοίως.
20, πόθεν ἢ.
23, κοίτιδι A.
24, διημ[?]σθαι A
31, αὐτὴν A.
39, σοφ. ἐκθ. B.
43, θαρρήσειν A.
ἐκέλευσεν ἐρ. B.
44, εἰ πρῶτα μὲν ἐκτ.
45, ἕπου A.
51, διαφαν. Scal.

291, 6, προσεδρεύω V.
15, δὲ ἀνδρὶ Scal. ὅπου γῆς A.
18, βασιλεύουσαν A.
0. τε τοῖς AB.
29, πρὶν εἰς A. Franc.
39, ὅλον AB ὅλης Scal.
41, ἕπεσθαι.
47, ἢ πρὸς κτέ V.

292, 5, ἐκ. δὲ τῆς B.
8, ὃς τῶν A.
17, εἴ τι A.
21, πρὸς γυναῖκας A.
— γυναῖκα B.
γυν. ἕλιξιν ποιοῦσαν B.
36, σχολαιότ. A.
49, ὑπεσημ. B.

293, 2, ἀπέθ. Sc. A.
3, ἀπόσπεισα A. πολυτελές.
4, ὅμως δὲ καὶ B.
7, ἐστρώκεισαν B.
9, δὲ ἄρα V.
10, ὁπόθεν Scal.
14, δὲ οὖν B.
12, κοινωνῆσ. μὴ οὐχὶ — ἀπελθεῖν καὶ φιλίας δ. ἱερᾶς δ. ποιησ. μὴ ἔλεγον A. Scal.

294, 8, οἷ δ. μ. τι ἀθ. ἐκ6. A.
12, ἐπιμεμοχλευμ. Hem. Cf. Plat. de consol. p. 106 A.
21, Π. καὶ πρὸς Scal. B.
29, γούνασιν V.
35, ἐπήλυδας A.

PRÆFATIO.

39, ἀνευθύμους Scal. ἀνευ-
θύνοος. A.
43, τάς τ ἐσ. ἐλ. A.
46, δὲ κατὰ A.
48, ἐλάμβανε καὶ ἐπεῖχε AB.
p. 295,l. 5, ὁμιλήσει AB.
6, κωλύσει A.
10, ἑστίας Hem.
11, ἐπιθ. —
17, ἠβουλήθη AB.
23, τε ἀφιγμ. A.
24, τὸ πλῆθος B.
25, περιεστοιχισμένων B.
26, συνεχομένων B.
30, ἤδη ἐπιδ. B.
32, ἴσως ἔφη B.
39, τίνας A.
ἢ εἰ hoc d. in A.
40, πόλεμον ABV.
50, ἐκίνει κτέ d. in Lugd.
53, προσ. βουλ. A.
296, 10, ἡμῶν.
13, ὅτι.... τοί καὶ θεωρίας...
οἴχονται.... τὴν πρ. B.
15, ἀπατήσαντες.
18, φιλοτιμίας B.
21, ἐπὶ νεαρῷ τῷ π. V.
26, κλυθ. ἢ δαιμόνιον B.
27, ὡς ἔτυχεν B.
28, δωρί.... οὕτως ἄρα B.
29, ἅτε — ἅπ. προχ. V.
31, λέγ. καὶ A.
35, μηδὲ καὶ λ. A.
45, καταλαβόντας A.
46, ἀτιμάσαι A.
297, 18, ἐγνώρισα A.
21, τὴν χαρ. AB.
23, οὐδ' B.
25, μὲν πόλις A.
29, εἰς ναῦν B.
31, καὶ ὁρ. λ. A.
32, ἡμέραν καὶ νύκτα.
μόνον.
44, ἀφιεὶς B.
45, τοι B.
46, πάσωμεν B.
49, τάμ. πάθη.
298, 1, τῶν νύκτων ABV.
ἀποτείνοντος AB.
13, νωθέστ. A.
17, ἠβουλ. A.
25, ἔχης A.
36, ἀλλ' AB.
42, γν. τε AB.
44, τάμ. σοι AB.
45, τούτοις.
46, τ. ταῖς ἐμαῖς.
51, ὄν τινα δὴ πολ.
299, 7, αἴλινον A. ἀλ. B.
17, δὲ ὁ μ. κ. ἐμέ.

δ' ἐξαρχ. AB.
18, ἡδέων A
19, δ. δὲ ABV.
24, παρ. καταγ. Lugd.
32, ἀνασχ. B. ἀνεχ. A.
34, ποῖ.
43, ἰδ. κατ.
50, τὴν ἄλην A.
300, 3, Ἀπ. ἔφη A.
γὰρ ἀλ. AB.
8, τἀνθρώπινα.
16, γεγόνει B.
17, ἐξωγρεῖτο V.
18, ἐμπέπ. B.
19, κεκέν. A.
καὶ θερ. AB.
24, ὑπελείποντο B.
36, σωφρονεῖν A.
44, ἄλλοτε ἐπ'.
301, 14, αὖθις περιέδ. VAB.
19, σκύλων A.
27, ἐκ. καὶ θ. τ. κ.
31, εἰστήκεσαν B.
41, ἐπισυνάπτει.
42, φιλοτ. πολ. A.
302, 3, οὐδὲ γὰρ B.
8, ἐπικατάρατον καὶ δ. B.
26, προσαγαγεῖν VAB.
31, καταναλ. A.
ἀπὸ τοῦ π. π. V.
47, ὡς ἂν λανθάνοι B. ὡς
ἢν λανθάνοι V.
ὡς λανθάνει A.
303, 3, καὶ δὴ καὶ B.
4, ἐκπέπλ. AB.
8, μὲν ἔφη AB.
13, ἔσται B.
14, τῇ βασ. Scal. AB.
19, τραπεὶς AB.
21, ἐξέπεμψεν A.
23, νεανίαν A.
26, τηλικοῦτο A.
29, κόσμον AB Scal.
31, ὕπορ. V. A.
39, εὑρὼν B.
τι γ. B.
44, π. ὅτι τ. B.
46, νεύουσαν — στέπονταν
A.
48, ἐκινήθη A.
53, οὐχὶ θιάση AB
54, αὐος ἐγ. AB.
304, 3, πλ. ἄμαφ. VB.
6, μοι Scal. A.
13, περὶ θεαγ.
26, ἢ X. Sc. AB.
25, λάθῃ A.
27, ὅτου Franc.
36, καταθοῖο — θεῖο AB.
46, ἔφη d. in AB.

XXIII

51, συνέκειτο A.
305, 2, μόγις AB.
5, ὡς δὲ ἐπὶ V.
8, οὕτω πρὸς B.
12, ὅτι φλεγ. A.
17, ἀμεθύστῳ V. semper,
et A.
20, Βρεττ. AB.
ὑπερφέρουσαν B. Scal.
26, προσβάλλει.
28, ἐκδύσεων.
32, π. ἡ B.
37, τῇ νομῇ τὴν ἀγ. V.
43, ἐπανθιζούσης Hem.
γέγρ. ἀρνίων. A.
50, καὶ ὑπάρ.
54, τὸν γὰρ ἄκρον B.
306, 3, μὲν ὁ δ.
5, πολ. τῆς λίθου B.
6, δλ. τὴν λ.
7, λόγος ἦν ἄλλως B
12, ἀγαθωτάτου.
13, τῷ ὄντι διακ. A.
17, ταῦτα μὲν A. .
ὡς εἶπ. ἐποίησεν.
25, τὸ ἑαυτῆς B.
28, λαβρῶς βρυάζ. A. λαμ-
πρῶς Scal.
39, ὑποσχόμενος Franc.
41, ὅτε σοι AB.
45, ἂν γένοιτο AB.
46, ὃς ἅπ. A.
51, τῷ d. in B.
52, ἤδ. τι V.
307, 22, ὑπὸ τῆς Π. Ἰσ. B.
τῆς πρόσω B.
25, κἀκ τούτου δὲ A.
35, ἡμῶν Scal.
37, παραλύοι A.
46, ἀνεῖγε A.
50, ἐφαίνο ιτο AB.
308, 1, πλειάδων AB.
4, τὴν Z. τὸ ἄστυ B.
11, θυρῶν αὐτοῦ B.
12, πλ. δὲ B.
15, ἐνσχεθὲν A.
16, οὐδὲν ἔφη A.
17, ποιαίης AB.
32, τρ. ἡ τ. παιδίῳ τετ. AB
37, οὕτω A.
43, ἀναπαυόμενος Scal.
47, τοὺς ξένους Franc.
52, αὐτῷ.
54, φασὶ V. φησὶ A. Lugd.
οὐκ ἄρ' Franc.
309, 4, ὤχλει π. καὶ ἀπέκλαιεν
ἀκηδιάσας ἐπῄει π.παρα-
καλῶν λιπαρῶς, ὡς ἂν
B.
14, ποτε χώραν B.

PRÆFATIO.

15, τοσούτῳ A.
18, ἡγ. πολλὰ AB.
22, δὴ V. δὲ δὴ Scal.
29, φησὶν AB.
κύματι VAB.
30, ὁ γάρ τοι B. ὁ γ. μοι A.
34, δὲ τοὺς A. π. τοὺς B.
42, ὥρα δὴ φυλάττοις AB.
50, δὲ κύρτους A.

p. 310, l. 7, βούλημα A.
9, θαλάττης AB.
14, προσκτήσ. β. A ⸏ροσκτ. B.
16, ἐγχειροῦντα.
17, γίγνοιτο AB.
28, μηνυμάτων B.
29, τὸ τέλος A.
37, πρὸς ἄκ. B.
43, καὶ τὸ ἀκρ. τ. ἔαρος V.
44, ἔρχομ. AB.

311, 5, σ. μειδ. A.
6, ἐν οὐδ. λόγου.
τίθεσαι τὸ A.
34, ἀπ. γεν. B.
45, ἕνεκα B.
47, ἐπ. τῇ ν.

312, 4, ἀπαράλλακτον VA.
17, τέλ. εἰς B
24, ἢ ὥστε B.
28, ἐρεσίαν A.
32, ἐνέπληστο V.
34, προμαχεῖν V.
45, δὴ καὶ γενέσθαι σ. AB.

313, 5, ἐναλάμενος Scal.
8, μεταμέλοντο A.
10, ἐφ᾽ ᾧ τὰ A.
32, γάρ τι χρ.
38, θαρσ. AB.
39, πρ. δίδου AB.
42, χωριζομένη Franc.
43, ἤρχετο A.
46, διὰ τῶν β. Franc.
51, ἄχθος την. AB.

314, 13, ἀνικόντων Lugd. ἀνηκόντων V.
18, ἔκτετ. B.
22, μὲν τὴν A.
43, π. τῆς σωτ. AB.

315, 2, εὐτρέπ.
22, μὴ διοχλ. V. μηδὲ διοχλ. B.
23, τῆς ἄλλης ἐπιμελείας καὶ εὐκρ. verba quæ omisi abs. in AB.
29, πράξειν Lugd.
37, παραδίδ. B.
47, εὔνοια V.
50, εἰς γ. σε αἰτεῖ Franc.
51, τὸν αὐτοῦ τε καὶ σοῦ μετακοιεῖται B.

316, 22, διακρούσοιο B.
περιποιήσοιο B.
— σειας A.
25, Malim πάλαι γάρ τι καὶ αὐτὸς πρὸς τὴν κ. πεπονθώς.
38, εἶπον ἰδεῖν αὐτὴν εἰ, verba quæ omisi abs. in AB.
54, ὁ Τρ. AB.

317, 3, παρὰ ταύτην B.
5, τὸν ληστρικὸν.
9, τοὺς ὑπήκ. V.
12, πράττοις AB.
16, καὶ τοῦ τυρ. ν. A. des. in B. ads. in V.
25, ἐπανατείνεται Scal. B.
27, καιρία.
28, ἐκτετάρακτο B. ἐτέτακτο V.
29, ξυμπ. B. ἀλλήλοις Sc. A.
30, ἐπαμυνοῦντ. AB.
32, δαλοῖς V.
35, ἡ deest in A.
42, οὖν οὐχ A.
48, οὔτε τῆς.
51, μάχ. ὠθ.
54, βοήσασα Scal. AB.

318, 3, παρέστη A.
8, ἀπέτεμεν V. ἀπέκοπτεν A.
12, θαρσ. AB.
14, ἴσα A.
15, προχαθεισμένων Scal.
22, ἐμοῦ καὶ ὅτε.
23, ληστρικῶν.
28, οὔτε δὲ ἐπ.
29, ἐπιχ. ἐλπ.
31, ὀρθίοις μέρεσι hoc d. in AB.
35, αὐτῆς A.
47, μ. δὲ τοῦ δ. γενέσθω B τὰς λυτηρίους.
49, διελέγετο V.

319, 7, κατακλιθεῖσα Franc.
15, ὅποι.
19, καὶ ὡς hoc d. in AB.
34, ἐγὼ δὲ AB.
42, ὃ καὶ πλέον.
45, φησιν A.

320, 2, ἀναλαβεῖν B.
319, 49, ἐνδέδωκε.
320, 11, μόνῳ VA.
13, μ. καὶ τοὺμπ.
14, γιγνώσκω γάρ⸍ AB. Lugd.
15, καὶ πολλῷ.
19, ἡμετέρῳ Scal.
30, ὡς Ἀθην. AB.

321, 7, μόλις B.
τοι.
8, τὸ δὲ ὑπὸ B.
11, ὅποι AB.
12, ἐσπουδασμένως.
15, ἂν deest in A. χεμμίτιδι AB.
16, τὰ πάντα B.
19, σμικρὸν A.
28, τίνα τὴν χρ.
35, ἀνωχθείη AB.
39, ἢ πού με A.
46, δέοι τὴν.
47, ἀπαγν. ἢ τῶν.
48, ὑποθέμενος B.
50, ἐχόμενος καὶ.
52, εἴτε παρ᾽ B.
53, πυνθάνοιντο.

322, 2, ὅποι.
6, ἀπαγγ. V. συναναψ. AB.
13, λόγιόν Lugd.
14, οἷπερ B.
15, ἆρ᾽ ὡς B.
17, ἄγγελ. AB.
26, εἶπ. ἦρ. B.
28, καταπιστ. VA.
30, ἀεὶ γίγν. A Recte.
38, ὁ δὴ AB.
46, καὶ θεοὶ VA.
47, τῇδε.

323, 10, δὲ ἐφ. A.
17, καὶ — πεμπ. d. in B.
19, σοῦ καὶ B. οἰκίας VA,
22, οὕτω B.
23, τίς ποτε AB.
26, ἀποκρίνασθαι B.
28, δάκρυ A.
31, ἀσταθμητὸν A.
34, π. δὲ ἦρ. καὶ τῶν A.
36, λησταῖς.
42, καταλίπω A.
43, εὑρηκυῖαν V.
47, ἆδ. π. π. καὶ B.
51, ἔκ του B.
παραπεπτ. A.

324, 1, ὑποληφθείη AB.
7, εἴπερ σε θ. παρὼν A. ὅπως B.
8, χρ. οὖν V.
12, καταλιπών.
15, συμβάλλ.

PRÆFATIO. xxv

18, ἀσμένῳ V. A.
γένοιτ' ἂν B.
27, τε τὰς σὰς AB
29, μηδαμῶς AV.
43, πενίαν ὀδύρου Scal.
45, ἀπολήψει A.
47, ἐπιδοὺς B.
48, πάλαι A.
51, ἀλλὰ πάλαι.
53, δέχομαι B.
p. 325,1 10, πιστεύουσα ΔB.
15, δρωμένων AB.
16, προσαραχθ. A.
18, δαίμων ὁ εἴλ. με des. in AB.
19, ν.Θεαγένους, οἴμοι χηρ. B.
20, ἀλητεύει Lugd. in marg.
23, δὲ μόνη AB.
25, ἀλλὰ πρ. B.
26, μὴ τούτ. B.
30, ὅπη B.
34, κλίνην AB.
37, δεῦρο συναν.
39, μηδὲ καθ' ὑπνους συγγένη absunt in AB.
43, βρ. ὀλολύζουσα A.
ἕως αὐτὴν AB.
326, 2, καὶ — ἔπισ. V.
12, προαναίρεις V.
20, ἐξάγει AV.
22, τούτου A.
26, τυῖς τε προθεσμίσμασι A.
30, ὕπαρχ. AB.
33, Θεαγένην AB.
41, ἐπηγ. A.
50, π. κολάσαι.
51, τί οὐχὶ μ. B.
327, 7, βουληθεῖσιν Scal.
δεηθεῖσιν A.
11, ἐντυγχ. AB.
13, καὶ οἴκτου ABV.
26, ἐκνικηθείσης B.
28, τε ὅσον B.
31, ἔτι θ. A.
36, ἔκπ. ἡ AB.
39, τοῖν ὀφθ. AB.
40, μασχάλης B.
49, τοῖν χ. A
50, εἴ πη A.
328, 1, πρέποι B.
7, πλῆθος κείμ. AB.
11, ἢ πρὸς τ. AB.
13, δειναὶ Pal.
19, τὸν ἄγ. θρῆνον A.
34, ἐπ. ἀφείλοντο deleto.
ἔλεγον AB.
40, ὕπερ. πολλάς.
48, καὶ σὺν αὐτῷ AB.

51, καὶ π. οὐμὸς B.
329, 12, τὴν δίκην ABV.
14, εἰ δύναιντο ABV.
λάσασθαι B.
16, ἐπιπεσόντες B.
22, ἱερ. οὐ κατὰ AB.
36, ἀναχωρήσ. AB.
48, τε καὶ B.
330, 14, νεκρὸν ἔστ. B.
18, ἀφύπνιζέ τε καὶ AB.
24, μὲν ἐκείνου B.
25, σωθεὶς B.
29, ἀνύει AB.
32, πρὸς τὸν B.
34, μόνον.
44, σώματα νεκρῶν BV.
52, ἠνειχόμην AB.
331, 9, ἀεὶ δὴ V. ἀηδῆ A.
23, ἐπὶ γῆν AB.
27, δὲ γραῦς AB.
29, ἐπ' αὐτοὺς VA.
31, τε π. AB.
33, πρὸς ἔνωντ.
41, ἑαυτ. ἐκτὸς A.
44, μαντευμάτων B.
48, Μιτράνην.
49, κ, Βήσσαν AB.
332, 1, περί τι μ.
12, πολεμίοις B.
15, ἐκστρατεύσαντος A.
20, ἐδόκει τε δὴ B.
23, καὶ μεγάλη.
29, τοῦ μὲν A.
32, ἢ καὶ.
40, παιδείας Hem
46, τἄδελ. A.
47, ὄρεξιν πεῖραν A.
333, 6, καὶ τήν τε.
9, ἐπιτρέψαι.
11, ἢ πόθεν.
17, ὑπὸ ἁλ.
22, ἐπὶ δόξης A.
23, προὔτρεπεν AB.
36, οἰκίαν A.
44, ἐπιβεβληκὼς ABV.
51, καὶ τὴν δ. A.
52, πεπλημ. B.
334, 4, τῇ ψυχῇ A.
10, γ. καὶ A.
13, τοῦ μ. AB.
25, ναυμαχήσαντας B.
48, περιτίθ. AB. Scal.
51, δὲ ἐκτὸς B. πρ. τῆς AB.
335, 4, ἐστοχασμένος A.
5, δὴ οὖν AB.
16, τι παρ' Franc.
19, ἀπορ. B.
21, φιλήμασι A.
26, μὴν A. Recte.
27, ἀλλὰ τ. π. κ. εἰς φυγὴν

τραπεὶς ἐπὶ τὰς πύλας
AB. Scal.
28, ἵετο ἐπεισφρ. εἰς τὸ ἁ.
B. εἰσέρρησε V.
32, δή τε ὡς.
37, τοῦ τείχους A.
41, τῇ ψυγῇ AB.
45, ὅτε δὴ AB.
48, βεβλῆσεσθαι A.
ὥσπερ A.
50, τι δ. AV. τις δ. B.
336, 13, ὦ παῖδες VAB.
14, ἀναγνωρίζ. B.
24, ἕστη κτέ. V.
26, ἄμφω τ' V.
28, τε B.
40, ὑπ' AB.
43, γὰρ Scal. AB.
45, ἡ ὄψις A.
46, καὶ σχ. πολ. A.
337, 3, ἔφη AB.
4, ὁ θ. VB.
8, διατρ. εκ ν. A.
9, τὸ πρός.
10. μέρος dees, in AB.
14, ὁ ἄθ. A.
18, καὶ τὸν AB.
20, ἐγένετο A.
24, φ. μέχρις B.
338, 3, Ἴσειον AB.
7, εὐθύμημα d. in AB.
10, γοῦν A.
14, περιεστηκότων B.
19, τὴν τελευταίαν AV.
22, τῆς ἱερωσ. A.
24. ἐκβοήσαντος AB.
25, παραθηλοῦντος B.
41, διαστρέφουσα.
42, ἐπιστενάζουσα καὶ AB.
46, ἐπιτελ. A.
47, ἐλ. ὁ A.
53, νέον ἢ καινὸν.
339, 6, φθάνοις V.
11, ἐπαγομένη AB.
16, ἀθρ. δ. κατ. V
19, ἢ μέλλους.
23, μητέριον ὂν AB. υἱὸν Tem.
25, μή τι γε A.
43, μέγα φ. A.
48, προσχεῖν B.
340, 2, εὐελπις A.
7, θυμιάμασιν A.
12, τις δ. τε A.
22, γίγνηται AB.
26, διαφθαρέντος V.
30, καλέσοντος A.
41, ἡ δὲ A.
42, ἡμ. εὖ B.
47, κατὰ τὸ V.

PRÆFATIO.

53, δὴ B.
54, ἰδὼν B.
p. 341, l. 13, τις τῶν V.
14, μήτοι.
15, εὐτελεστέρως B.
τὸ νυνὶ B.
22, φυλαξάμενοι A.
25, ὀλίγων ἡμερῶν AB.
39, καὶ τεχνία κτέ V.
49, ἢ πόθεν.
54, ἡ πόλεως.
342, 3, τὴν τοῦ μ. A.
6, εὐεργέτιν ΔBV.
8, δὲ πρὸς AB.
9, γάρ τοι τῇ.
13, ὁρᾷ καὶ AB.
15, καὶ — φυλ. B.
24, λέγης A.
28, ταῖς τ. B.
42, ἐπεισάγοις AB.
48, πρὸς AB.
50, τῆς AB.
54, ἔλ. πρ. AB.
343, 2, προστρέχουσα.
τοῖς ἐντεῦθεν AB.
4, καθήκοι.
15, τὸ ὀρθ. Hem.
18, ἐμὲ AB.
25, ποτ' A.
35, τὸν δὲ θ. χ. AB.
45, λαβόμ. V.
48, ξεναγωγὸς A.
50, ἀμηχάνων Scal. AB.
51, τῶν καθ' AB Scal.
344, 3, ἀραμένη.
4, τοι. καὶ A.
9, δὲ τῆς A.
10, προσεστὼς B.
13, εἶδε τὰ B.
15, ἔχει B.
54, τι A.
345, 8, κατέλαβε A.
10, ἔσπευδον AB.
15, διανοούσης B
18, μὲν ὑμῖν B.
25, καλ. καὶ π.
30, πείθεσθαι Δ.
40, χρυσῶν ΛV.
τῶν σχ.
346, 1, ταυτηνὶ ΔB.
7, δεήσει Δ.
14, ἁλουργεῖ AB.
16, παρ. AB.
18, παρακαλ. A.
30, ἅμα τῆς A.
38, ἐγν. ἀκρ. A.
40, ἔσ. δ' ὅμως A.
47, δὴ AB. Recte.
52, οἶδεν, οὐδὲ BA.
53, ἐκπεριοῦσαν.

347, 5, ὡς ἐρασμία τε καὶ εὖ.
AB.
19, τὸν ν. ἀποδ. A.
28, ἄλλα κ. μ. A.
32, ποιεῖται ABV.
33, ἑπόντος.
49, προστήσομ. A.
54, νεμεσητὸν A.
348, 11, μή τι γε AB.
18, οὗ A.
33, ἐα. τὸ AB.
38, τοῦτ. σώζ. A.
39, γε A.
41, ὑπερθέσεσιν B.
46, κατολίσθησης.
349, 22, τὸν θ. B.
25, ἀνίει A. ἀνιεὶς B.
30, ἐκ. ἐν B.
33, εἰ δή τινα καὶ B.
41, καὶ θ. ὦν A.
350, 2, συνεὶς AB.
5, αὐτῇ κ. A.
13, ἂν νυν καθ' A.
16, μὴ AB.
27, δὲ AB.
30, ἐρωτησάσης A.
32, Ὁρ. A. semper.
36, τοῦ M. A.
45, οὐκ. καὶ B.
46, δὲ B. δὴ A.
47, τὰ τῶν οἰκ. B.
53, βέθ. A.
351, 8, δὲ σε ABV.
17, ἀρτ. καὶ B.
24, καὶ τὰ καταθύμια καὶ
τα κ. ν. A.
33, παρακελεύσας B.
36, ἄγκ. καὶ ABV.
40, δεσπόταις A.
41, ἔτι AB.
46, προσδοκῶν ἢ τί A.
352, 13, καὶ K. A.
16, ἀπαυθαδιάζ. B.
18, ἀλλὰ πῶς AB.
20, τ. ἀπ. B.
25, κάλ. καὶ A.
34, θελ. εὖ AB.
37, ὥστε A.
43, τὰ παρ' B.
44, φησὶ d. in B.
50, τῶν ἀτοπ. τῆς ἐπ. A.
51, προσ. καὶ ὥς.
52, τε γὰρ B.
353, 6, προὐνοησάμην Bas. V.
10, ἐλπίζ. A.
12, π. κάκ. AB.
14, δὲ ὡς AB.
17, πειθόμενον.
26, Π. τῶν π. A.
ταύτ. μ. AB.

32, πολυτιμήτων Λ.
35, δὲ ἡ AB.
38, ἐπέχων V.
41, ἔνατ. A.
43, μ. λειψ. B.
52, δὲ αὐτῷ A.
354, 2, χαιρήσεις AB.
6, τ. ἐκεῖνος AB.
μὲν ἔλ. AB. Scal.
13, ἀρχιοινοχ. ABV.
17, διότι γε AB.
30, ἐμαυτοῦ B.
35, ἀγαγόντες A.
37, αὐτῆς AV.
καὶ μόνον B.
43, τε αὐτῶν.
44, σοὶ δὲ ἄλλη συνοικεῖν
εἶναι.
45, τι δὴ A.
52, πράττησθαι.
355, 5, πραγμάτων.
μή τί γε AB.
μὴ δ. AB.
6, μὴ δ. AB.
14, ὁ Ἀλθ. AB.
18, καὶ ὥστε AB.
28, παρ' ἑαυτοῖς
αὐτοῖς V.
41, τοῖς φ. A. φρουράς. V.
42, ἢ φιλ. A.
48, Ἀχ. ἄπ. πεπ. A.
356, 11, παρενείρων AV.
12, ἅμα τὰ B.
17, νεανίου V.
18, πραχθ. AB.
24, ἐνεγκὼν A.
25, ἐμπ. AB.
30, μικρὰ V.
31, σου A.
35, μικρῷ A.
36, ὅλος A.
46, αἰχμ. AB.
53, τοὺς αἰχμ. d. in B
54, εἴτε ἀκ. A.
357, 10, δείξῃ ἐπαληθεύουσα Δ
ἀληθεύων B.
11, ἐγένετο B.
17, παραιτεῖσθαι.
19, ἐγένετο B.
21, τοὺς νέους.
34, γὰρ ἐν B.
45, ἡμ. ἀναφαίνεται B.
46, ὁ δὴ AB.
51, ἐθέλοι B.
53, μέν τοι ἐστὶ A
358, 45, ὕλη.
53, οὐχη μηνύτης ὡς A.
οὐχ ἱ. μ. ὡς B.
ἀχαμενέτης ὃς νῦν V.
359, 9, πρὸς ξυροῦ τὴν Hem.
24, καὶ στρ. des. in A.

PRÆFATIO. XXVII

27, ἔφη d. in A.
28, ἐνέγκοιμι AB.
31, στρ. ἐλ. A.
p 360, l. 6, εἰ λυποῦσα AB.
10, καὶ ζωὴν ἄνακ. des.
illa in B.
13, ἀκούσαφα A.
14, εἰς τοὐναντίον A.
34, βαφλημα B.
37, ἐπιτείνουσα Scal. A.
44, πρός ἐστι A.
49, ἐκέλευσεν A.
52, ποικίλως.
π. αὐτὴν A. Scal.
53, Θεαγένει B.
361, 1, καὶ μὴ B.
9, ἅμα λιπ. π. ἐμ. A.
10, καὶ τρ. A. ἀν. μικρὸν καὶ ϑ.
11, γε νῦν AV.
18, οὖσα d. in AB.
22, ᾖ ψ. AB.
23, κατακλιθ. A.
24, τῆς διακ. B.
ἄδρας A.
26, λαβοῦσα AB.
27, ἐκπέποτο B.
38, ἐμπίμπ. B.
44, ἐπιβουλεύσασαν AB.
46, χ. δεσμ. A.
362, 4, ἀνοσίων Bas.
5, καὶ πολλῷ μᾶλλον des.
in AB.
13, παντὶ μέλει AB.
18, ἄτερον.
24, καὶ β. λ. B.
26, δὲ B.
29, συγχυθεῖσαν Hem.
36, ἐγένετο A.
52, διεχρήσατο ἂν ΛV.
54, καὶ ἕκια. d. in A.
363, 1, Ὁ. ν. κατὰ B.
3, δεήσοι B.
4, αὐθαιρέτους Scal. A
9, καὶ — ἐπιφ. d. in A.
13, ὑποδαλεῖν B.
20, ἐγεγόνεσαν B.
22, καὶ Ἄρ. A.
26, ἔνησαν A. ἐνῆσαν B.
27, ἐξῆπτο AB
29, οὖρ. καὶ B.
30, τὴν ἀκτ. ἔβαλλεν AB.
31, δ. ἐπὶ A.
50, ἐνήλλετο V.
364, 3, ἤνυστο V.
6, τὸ γ. ἀνεβ A.
8, παραγ. A.
28, δὲ καὶ B.
30, ὑπαγόμενοι Hem.
365, 6, σωφ. καὶ B.

12, ἄνεσκ. B.
23, βάλλοντος.
28, εἴτε ὕπαρ A.
31, μοι AB.
38, ἀνήλατο B.
50, μὲν γὰρ B.
54, φίλτατε ἔφη B.
366, 5, τάχ᾽ B.
7, δεσμὰ τὰ AB.
11, ἐκείνου.
16, γεγενημ. A.
18, εὐπορίαν AB.
21, ὅρ. ἐ. κ. λ. π. B.
22, ἔστι καὶ AB.
23, τοῦ πατ. B.
πατρ. τοὐμοῦ τῇ.
27, ἥκειν A.
28, συμβ. A.
33, ἐνειλημμένη V.
36, καὶ ἄλλη A.
40, που καιν. AB.
43, ἀλλὰ πάντων AB.
367, 1, ὕπνῳ π. ἐγ. B.
2, διαν. AB.
4, καὶ ἄθορ. B. ἀθορυβῶ
Scal. θορυγίῳ A.
5, τ. μὲν AB.
7, ᾐτρεπίσθαι A.
10, ἐπὶ μελλόντων στείλας B.
14, οὗτος A.
18, τὴν λυχν. ἐπιθ.
19, τοῦτο ἔλ.
ὁ Εὐφ. A.
34, ἐνδεικνυμένης AB. Recte.
40, μυρίαις AB. Scal.
41, οὔτι A.
42, ἔοικεν A.
49, καὶ τὴν τελ.
52, πείθονα A.
368, 1, κατ. τ. δ. A.
9, ταυτὰ B.
23, ὑπ᾽ AB.
25, κατασκήψαντες.
43, τὸν ὁρ. B.
44, δὲ VAB.
45, ἡλ. πλωγία α.... ἀπὸ B.
49, καταρρεόμενος Ἀ.
369, 4, ἔνασχ. Scal.
9, ἀλλὰ ψ. AB.
12, τυραννικὸν ABV.
14, ἐπὶ μ. AB. Scal.
καὶ λαμβ. B.
15, εἰ περισ. B.
τε π. A.
19, τὴν ἀκ. AB.
22, ἡδύ τι Taur.
25, τὴν ὁδ. AB Scal.
29, πρ. γε V.

31, ἀπαγ.... πάντα B.
32, π. στρατ. V.
στρ. καὶ ἐν. A.
33, καὶ εἰ πρὸς V.
39, ἤλαυνεν, ἔνθα ἐπελθόντες αἰθίοπες κατὰ τὴν ὁδὸν τοῖς πέρσαις λαμβάνουσιν αἰχμαλώτους θ. καὶ χ. A.
45, ἄπειρ. ἢ A.
ᾖ B.
φιλίων προσ.
46, ἀποσφαλέντες AB.
49, ὑπ. τὸν VAB.
3, γὰρ οἱ V.
6, ἢ ὅσον AB.
19, τ. τρ. A.
24, ἐκθαρσήσαντες AB.
34, δὲ θ.
τὸ μέν τι A.
37, ἴσως ἂν καὶ.
47, ὑποτιθ. A.
49, πείθεσθαι Scal. A.
51, ἐκ τῶν ὄψεων VAB.
54, ἕνα τὸν.
371, 6, ἤδη V.
8, Βαγ. B.
12, ὡς πρ. A.
πρ. ἀγρ. A.
26, ὀλίγον ὕστερ.
36, δὲ τῶν B.
39, φθῆναι AB.
44, ἕν. κατ. A.
46, πρὸς τὰ ἴδια V.
47, γενόμ. A.
δὲ πλέον AB.
372, 3, ὁ πάτριος Αἰθ. A
7, ἀπέπεμψέ A.
16, παραλύοντες AB.
18, ἤδη γ. A.
24, ἐκ. τοῖς A.
29, ἀμυναμ. A.
32, ἐκ. καὶ A.
τοῦτο A.
49, ἔργασ. ἐπεμετρήσαςἔνθα τάφρον ὀρύξας ἐπὸχ λεύει τὴν ποταμὸν τῆς συλ/νης ὁ Αἰθ. βασιλεὺς ἐπειδε
373, 3, προβ. AB.
8, ὅλκ. ἀπορ. A
22, σ. τὰ δ. AV.
27, ὑπὲρ V.
32, ἐθ ἦν. B.
35, τοὐντ. Scal.
37, χ. διαφ. Hem.
54, ὄχησειε.
374, 4, ἐγκατερείπεται B.
ἐγκαταρρίπτει καὶ κατακλίπτει ἡ κορτίνα. ἀπὸ πύργων εἰς πύργον.

PRAEFATIO.

12, τὸν Ὑδ.
18, ἐδούλ. — διαπ. om. B.
19, ἐκ τοῦ μ Β. τῷ μ. Α.
22, τῶν τ. V.
29, τῶν ν. Β.
31, τὴν σωτ. Β.
35, προηυτρ. Β.
38, εἶχε Α.
  δὲ τὰ δ. Β.
39, καὶ ὁπλ. ΑΒ.
42, πρὸς ἄμ. om. Α.
46, τότ' ἔτι καὶ Α.
52, πτόας V.
p. 375, l. 11, σφενδονηθῆναι ΑΒ.
  ἂν ἐπὶ Β.
13, τῶν Ἀθ.
19, φιλιπι ΑΒ.
24, ἀλλὰ πρ. Α.
38, τε τὰ Α.
43, νίκην ΑΒ.
51, τ. τε φ. καὶ τ. σ. Α.
53, μήθε Α.
376, 1, Ὑδ. ὅλ. Α.
5, τῷ Π. Α.
6, δὲ καὶ ΑΒ.
  ἁπλοῦ VB.
11, συνενδοῖεν Β.
12, ἔτι καὶ μ. V.
13, ἐπανήεσαν ΑΒ.
14, καὶ πρὸς Α.
15, ἀπήγγειλαν Β.
  ἐπιγελ. ΑΒ.
18, τὴν ἐλπ. ΑΒ.
31, ἐπιγενομένης AV.
44, χαύνης Scal.
48, διορ. τ. πρὸς τ. ἐ. ἐπιλαγέντος ἐπίχυσις αὐξ.
  — ἐ. ὑδ. Α. praeterea Β,
  ἐπιλαγέντος ἐπισκαφέντος ἐπίχ. — πρὸς habet et V.
377, 2, αὐτοὺς Σ. VA.
6, αὐτ. ἕκαστος Α.
8, δὴ τὸ ἡμ. φ. ΑΒ.
11, ἤδη γὰρ VA.
16, οἱ δὲ καὶ V.
19, ἐξικμᾶσθαι Α.
21, ἐνεδρεύον Α.
23, ἠνεωγμέναις AB Scal
28, τότε μ. Α.
29, τὰς τρ. Β.
31, ἐμφαίνει VA.
35, νιφετῶν Franc.
36, ἄρδοντα κτέ Franc.
37, καὶ ταυτὶ ΑΒ.
53, φανερώτερον Β.
54, τοι ΑΒ.
378, 1, ἄρρητα Hem.
2, τῶν κατὰ ΑΒ.
  παραινομ.

4, τοῖς μὲν σ. καὶ περ. δειν.
  κ. τ. ψ. δὲ τῆς.
22, λαβόμενος VAB.
23, ἐπιξεν, ΑΒ.
40, ἐγχειρίζειν Α. Scal.
44, γένη καὶ.
379, 11, ἴσως ἂν δ. καὶ ἰδόντων.
  Sed εἰδότων ΑΒ.
13, ἐνόπλοις Α.
18, πρὸς τὸ ΑΒ.
26, εἰς VA.
28, αὐτὸς ΑΒV.
29, Ὑδ. οὐκ Α.
32, χ. ὑπ. Β.
37, ὁ γὰρ κτέ. ΑΒ.
41, καὶ αἰτ. V.
44, παρασκ. ABV.
46, ἐξέπεμψέ ΑΒ.
53, παρατ. Scal. Α.
380, 4, δ. τῆς Α.
6, αὐτῷ Α.
12, ἀκ. κ. τ. κ. σ. παρατάξας Α.
14, ὡρμημένους AV.
15, λαμπροῦ Scal.
17, μόνους Α.
19, καὶ γ. οὖν καὶ ἔστιν ᾖδ' ἤ.
25, σεσοφισμένον V.
34, ἐφαρμόσαντες V.
36, ἀεὶ κατὰ τὸ.
40, τὸ ἀκ. V.
42, χειροδετὸς Α.
51, ἑκατ. Α.
52, ὡς Α.
54, ἐπιδ. Α.
381, 2, ᾔκη Α.
  — ἀφεὶς Α.
15, τ. ἐ. Α.
17, νώτων Α.
19, τοῖς μὲν Α.
33, δόρδοις Scal.
37, καὶ β. Α.
47, παριστάντες Α.
52, ἂν ἁρπασάμ. Α.
382, 3, εἰς ἓν οὐδενὶ μόνον οὐχ ὑπωθούμενοι Scal.
9, ἀνέτεμνον Α.
10, χειραγωγήσαντος Α.
11, τοῖς ἵπποις Α.
15, ἐνέπιπτε Α.
17, καὶ ξ. Α.
21, ἕκαστον Α.
23, οὕτω V.
28, ἐκ V.
34, ὑπεξαγαγόντες.
35, καταναλίσκ. Α.
39, καὶ τ. V.
45, τὴν ἐπ. Α.
383, 3, ᾖθ. Α.

7, πεφαρμαγμ. V.
19, πρὸς Α.
24, δὴ VA.
28, λειποταξίου Α.
36, ἐφεπομένοις.
41, δ. συλ. Α.
47, ὑπέλειπον Α.
48, ὑπό τε Α.
52, σφισὶν ἣν ἄσκ. Α.
  — τὸ γοῦν κ.
384, 1, Ἀχαιμένους. Α.
2, κ. Μ. Α.
3, προαν. AV.
16, ἐπαηδῇ Lugd.
22, ἐδείχθης Α.
25, ὃς, ἣν ἂν, ἔφη οὑμὸς Α.
28, εἰ β. τίς ἐστιν ἀλ. καὶ μὴ Α.
33, ἀσύνετον AV.
34, ἀπ. ἐστοχ. Α. hoc et Scal.
37, χωρεῖν Α.
38, παράδοξον Α.
  — τὰ τοῦ πολ. Franc.
39, θαυμ. V. Α.
40, ἀπολείπ. Α.
46, διὰ πάσης
53, θ. ᾖ θ.
385, 1, τὸν N. Α.
24, ἠρινὴν Α.
31, ἀνθῶν Α.
35, κῆτος Frillerus.
37, θ. Τοιγ. Α.
38, οἱ ἱερ. Α.
41, ἐλθὼν Α.
47, κατ' ἀγ. AV.
48, τῇδε ὑστ. Α.
51, στρατιᾷ Α.
386, 1, καὶ δ ἁ Α.
17, οὐδὲ λ. Α.
32, τὴν τότε V.
35, γάρ σοι Α.
51, ἀκήκοας AV.
54, παραβαθῆναι Α.
387, 2, π. τὸ ὅλον AV.
  — αὐτοὺς Α.
3, ἐξαγορεύομεν Α.
4, λάθωμεν Scal. Α.
5, ὑφιστ. VA.
19, ὦ θ. V.
23, μὴ Α.
  — κίστ' ἂν Α.
26, δὲ καὶ V.
  — δ om. Α.
32, θέμενος Α.
36, ὁπόθεν V.
47, γλῶττα Α.
51, συνίεμεν Α.
388, 2, μ. τὴν Α.
4, ἀγ. ἐπιμ. Α.

PRÆFATIO.

7, καὶ εὖν. V.
11, καὶ ἄχρι A.
12, ἔμφ. τὸ V.
16, ἐπεσκόπει VA.|
18, δὲ ν. καὶ π. A.
— καὶ τὰς ἐξ. κτέ V.
30, καταρρ. Hem.
36, φ. τε V.
— βουλόμενον Sc. A.
37, εἰ αὖθις V.
39, δεκάδα V. A.
46, τ. τὸν τρ. V. A.
48, εἰ β. γνωρίζω A. Scal.
p. 389,1. 3, τοῦ Ἴδ.
4, κατὰ Σ. A.
12, ποταμίαις.
30, προδ. V.
38, παραχ. A.
43, τε οἴομ. A.
44, μοι A.
— γάμου A.
45, μὲν A.
390, 6, καὶ φ. καὶ ἀγ. A.
16, ηὕτρ. V.
32, τὸ εἰς τότε V.
43, ταῖς γ. V.
53, ἀνασχετῷ — ὁρμῇ A.
391, 2, Ἀσταθόραν A.
7, δύο που ἦ.
9, ἑκάστῳ σκαφίῳ A.
17, ῥ. τοῦν.
18, μέγεθος VA.
21, ὅλον ψ. κτέ ads et apud Scal.
30, τε A.
32, οὖν δὴ καὶ A.
48, γενεαρχ. A.
51, ὑπεκαθ. A.
52, εἰς κύκλ. A.
392, 7, τοῖν—κεκωχισμένως A.
8, τοῦ Δ. εἶναι φασκομένου ἰδιάζοντος A
9, ἐπέσφ. A.
12, ἐπῆγον κτέ V.
16, βοή τις A.
18, σὺν κλύδωνι ἀνθρώπων A.
24, εἰώθασι A.
25, ἔσεσθαι AV.
29, κατεστεμμένου A.
30, ἄλλοι θ. A.
34, β. στεν — εἰπεῖν A.
38, μοι κ. V.
46, ἀδύνατον A.
49, Σ προσ. A.
50, δὲ πρ. A.
54, ἁγνεύουσα V. A.
— ὁμιλίας τῆς πρὸς ἄν.
393, 4, τῷ Scal.
10, τοιοῦτον Scal.

24, ὑπεναντίων A.
26, νεανίδων A.
32, καλὰ λ. A.
33, τάπ. A.
34, β. θυσ. A.
35, φιλτ. τί AV.
38, εἴ τις.
42, τὰ καθ' A.
45, χρ. κομισαμένη κ. ἀ. κατασ. A.
46, ἀνεῖσα A.
49, τότε VA.
52, γοῦν VA.
54, ἐξηχησάντων Scal.
394, 8, πολλῷ καὶ.
12, μοι V.
11, φ. εἶτα Franc.
— ἀλλὰ καὶ illud om. A.
16, τί οὐ A.
24, νόμον AV.
32, φωτὶ τοὺς ξέν.
35, μετάστασιν Falck.
36, καθ. τε A.
37, π. τοῖς A.
41, πρόκειται VA.
44, δοκ. μαθ. A.
50, δ Ἴδ. A.
52, διαδικ. V.
53, ὦ Ὑ. δυσωπεῖται A.
— ταῖς ὑπερ. A.
395, 2, πρὸς τοὺς A.
3, ὁ νόμος V.
7, τὰ τελ. VA.
9, β. Σισ.
10, καίπερ A.
12, ἐπήκ. A.
13, γὰρ οὗτος A.
16, σμαραγδείων A.
20, ἐκτελέτης.
22, δὲ A.
25, γ. ἡμ. ἦρ.
26, μοι V.
27, νυνὶ A.
28, τῶν π. Scal.
29, δ ν. κελ. V.
32, οὖσαν εὑρ. A.
35, ἐγχώρους A.
36, σπὸ β. V
42, οἷον A. malim. εἰς οἷον.
46, μηδεπώποτε V.
52, ξεν. ἴσως A.
54, σοὶ V.
396, 3, ἐκ μαρτ. A.
7, δ' οἴμαι Hem.
8, τάδε V.
— γνωρίσματα καὶ A.
13, αὐδός τε καὶ ἀγ. A.
16, ἐφ' οἷς A.
17, τὸ τῶν A.

21, εἰπεῖν A.
35, γ. ἀ. δὲ. τ. π. ἐσιώπων A.
36, λέγει A.
37, διασ. καὶ διαθρ. AV.
38, οὗ καὶ V.
42, τῇ κόρῃ.
44, καὶ κ. A.
50, ἐγὼ εἰμί.
53, ἀλλαχόθεν A.
397, 4, σώζ. καὶ τ. ἔφη A.
5, ἐπεδείκνυ A.
17, χροία A.
— λαμπρύνῃ A.
31, καὶ εἰρ. A.
32, ἀπὸ τρ. A.
40, ὑπὸ λόγον A.
— τ. ποιουμένων A.
42, καλόν τε V.
44, τὴν λ. V.
47, ὁρωμένῃ V. hæc corrupta.
51, προσταχθ. A.
53, ἐκίνησε V.
54, ὅσοι κατὰ A.
398, 9, σπιλώματι V.
10, τῶν φ. A.
11, αὐτίκα VA.
12, ἐξένου A.
16, ἐδάκρυσεν AV.
19, μικρ. τε ἔδει VA.
20, τὴν γ. V. A.
— πρὸς σ. A.
24, λήματι A.
25, καὶ τῆς V.
37, δέ τινα V.
— κήρυκος A.
39, οὔτε τὸ κτέ V. ἐμφ. A.
40, τοῦ δ. κλ. A.
51, ἐμοὶ A.
399, 4, καὶ πέπ. A.
7, αἴχ τύχῃ A.
14, τρέπομαι.
18, ὡς V.
24, ἐχώμ. A.
36, ταύτην A. ἱερεῖου A.
37, ἴλ. θ. A.
42, πυρὶ A.
44, ἔνηδρ. τῶν λ. A.
50, σε Franc.
400, 18, συμφ. A.
21, οὗτος A.
23, καταν. VA.
ἐμοῦ τ. γ. εὐθ. A.
27, συλλαβ. A.
32, τέ σοι AV.
33, τὴν δὲ A.

PRÆFATIO

ἀπόλαυσιν.
37, μὲν ἐξ. A.
38, τοῦ Θ. AV.
39, καὶ πρὸς AV.
45, τὴν ἱερ. V.
49, ἐμοὶ καὶ ζ. σ. A.
p. 401, l. 15, χαριεῖσθαι Hem.
17, ἀναδειχθῆναι VA.
19, σ. ἔφη — τὰν. A.
21, γενέσθαι V.
27, τῆς τε.
29, αἴτησιν VA.
31, προσκ. A.
37, τολμᾶν A. Franc
42, ἀπ' ἐλπίδος.
44, πως.
49, δ' Franc.
52, καθιερωμένης V.
402, 4, φιλίους A.
7, νηφάλιον A.
12, ἀνευρεῖν A.
16, καὶ τῆς V.
18, ἐκέλευσεν A.
19, ἅμα V.
23, μεταλάβοι A.
33, ἕρμων A.
35, δεομένου A. |
38, ἡκέτω A.
41, δεκάδα Hem.
403, 2, ἀνάγγελλε.
δὲ δὴ Δ.
4, οἱονεὶ πρός.
5, πυρὶ αἰθάλη A.
9, γ. καὶ A.
10, προσφόρως A.
11, μὲν αἴμ.
16, τοσ. τὸ A.
21, γυμνῶν om. A.
22, τοῦ β. ζῆρ. A.
24, ἔφη A.
27, δὲ δῆμ. A
29, αὐτῶν VA.
30, τ. οἱ A.
38, κασίας VA.
43, ἐπί' τ. V.
45, περιπλ. A.
46, ἔλεγον V.
54, δεκάδα V
55, ἀφῆκε A.
404, 2, ἢ φιλ. V.
4, Ἀξιομιτῶν V.
7, προσήγαγον A.
δὴ καὶ A.
: 0, ἑτέρ. πασθ. V. γρ. δὲ κ.
ἓ. A.

18, βλοσυρ. A.
19, χ. ζώου A.
23, ἐπαιρομένη V.
31, κατ. ὀνομαζόμενον A.
34, τοῦ δὲ ἡλ. A.
39, ἕτερος A.
40, ἔοικε A. ἐώκει V.
44, ἅπαν om. V.
48, προσπ. VA.
405, 1, ἐκ τοῦ VA.
11, ἐπὶ τὸν δ. τὸν ταυρὸν V.
12, τὸ γενόμ. V.
14, ἕνεκελ. AV.
19, δρόμον AV.
22, τῆς αὐτ. καὶ τῆς A.
24, ἱππείῳ A.
29, ζευγνύμενον A.
45, δ' ὃν Franc.
θαρσοῦσα A.
ὡς πρὸς τὴν A.
46, ἐξαγόρευσον A.
47, καὶ παρθένῳ A.
49, οἰκεῖον οἶδα V.
52, ἐμαυτῆς V.
406, 3, εἰς ὅσον.
8, κατὰ VA.
9, οἷον εἰς Α.
18, ταράττων A.
21, ἐπὶ κεφαλῆς A
25, ῥιζωθείσης A.
ἄπρακτον Scal.
ἄπ. λακτιζόντων A.
26, ἠτ. ἀδημονούντων A.
29, ἄνεχων V.
36, ἀνσπέμπ A.
38, ἀναστήσοντες.
46, αἰθ. ἀθλητ.
49, ἑλόντι A.
51, τι A.
53, ἀποσοβ. A.
407, 5, καὶ ὃς, τί δὲ οὐχὶ A.
6. μέγα A.
8, ἡμῶν om. A.
12, ὀρθ. οὗ A.
20, ἱγνύῃν A.
23, ὁρῶν A.
ἐπειδία A.
24, οεσπρὸς A.
35, πλ. ὥς.
37, συνδοὺς V.
41, προσανατείνας Scal
47, ἀναθὺς VA.
408, 1, τὰ μετ. A.
18, ἀφ. χειρί.
25, χρή V.

27, φληναφῶντος A.
29, ἐδίδαξε A.
30, ἢ Μερ.
31, οὐ μὲν δ. V. οὕτω μ.
ἀ. A.
44, βέλτιστα V.
πρὸς τοῖς A.
409, 3, διήρχ. A.
4, τῶν Αἰθ. A.
12, τότε V.
17, μετὰ AV.
20, πρεσβευτῶν A.
25, ἐπῆρ. A.
39, οὖν A.
πρόσωπον V.
44, ἐπιθ. τῷ A.
45, ἔχωσι ὤπ. λέγων A.
48, τοῦ 'νδ. A.
49, οὕτος ὁ A.
410, 1, οἱ συν. Comm.
2, λέγ. δ A.
5, μή πως A.
10, μόνον VA.
16, εἰς VA.
19, ἱερὸν A.
20, ἀκάθαρτον καὶ ἕν. A.
21, μετ. καὶ π. Οἰτ. ὄντων.
αὐτοῦ π. A.
μετ. κ. π. θ. ὄντων V.
24, τοῦτον καὶ εἰς σ. καὶ A.
26, καὶ εἰς A.
29, τά τ' ἄλλα V.
30, ἀπέστ. A.
33, οὕτως — τὴν A.
34, ἐπιζήτησον A.
35, ἐμέ τε A.
36, εὐ. καὶ A.
38, ἐπιθ.—εἰρ. om. A.
41, καὶ ἀρπ. κτέ A.
45, ἔνδ. ὑφ. A.
47, ἀποδοῦναι A.
411, 4, φ. καὶ A.
7, οὐκ V.
14, ἄρτις κτέ V.
ἐξαγορευσάσης A.
15, ταῖς β. AV.
22, γελ—μεταβ. om. A.
31, τὸ πρακτέον.
48, ἱερεῖων A.
49, παραγρ.
412, 14, τῆς π. V.
29, σὺν τῇ A

LECTIONES CODICIS FLORENTINI ET EMENDATIONES IN CHARITONE.

(CF. EDITIO CHR. D. BECK. LIPSIÆ 1783)¹.

Titulus. — ἐρωτικ. διηγ. omisit cod. ad l. II.

p. 415, Nihil fere hic annotabo usque ad p. 416, l. 12, habes in textu codicem accurate expressum; parenthesi rotundæ inclusa, Cobeti sunt conjecturæ et supplementa; hæc pauca sufficiant.
l. 13, cod. ἐθελήσας malim ἠθέλησε H.
16, videre videor ἐνδείκνυσαι.
18, τις vix apparet C.
33, μόλις ἀπῄει sic cod. quod repone in textu.
35, διὰ τοῦ κάλλους... γένει.. συνελθόντα an τος non liquet.

416, l. 12, ἔρημον ἦν· ἐφίλει γάρ, κτέ sic cod.; quod in textu reponatur.
30, ἥδιον.
38, δεῖν ἐξέπν.
45, ἀνέλαμψε.

417, 9, (δεῖ) C.
17, ἀκονιτί.
43, ὅτι ἄμ. ἀπελεύσεσθαι.
46, ᾖσαν hoc repone.
50, ἐφειστήκει.

418, 2, τὴν ὀργήν.
3, ἔκλαε — τί γέγονεν, ἄφωνος.
6, δὲ αὐτοῦ.
7, τὴν αἰτίαν τοῦ.
8, παχεῖ H.
9, κλάω φ. τὴν ἐμαυτοῦ τύχην.
15, συγκαλ. H.
28, προσπίπτων φιλεῖν ἐποίει G.
29, μόλις οὖν ἔκειτο C.
30, ποῖ τε λέγειν R.
50, αὐτῷ.

419, 1, θρυλεῖται.
13, ἐμῶν κ. ὅμως δὲ δεῖξον.
18, οὐδὲ εἰσελθεῖν.

24, προαιρούμενον.
27, βαθεῖς H.
31, ταῦτα.
33, ὁ μὲν οὖν π. τ.
35, ζητοῦσα.
41, ἐνεχθεὶς sic cod. corrigendum vitium typ. ἐξαχθείς.
44, ἔκειτο.
52, καομένων.

420, 18, ἂν παθεῖν.
21, μὴ θάψητε.
26, ὅν.
34, ἔθεσαν.
39, ὑπομενεῖς.
51, ἑρμοκρατ....

421, 2, δὲ ὁ Ἑρ. H. sed ὁ in cod. abest.
4, ἐπηκολούθησεν.
8, θρηνούντων.
16, ἐφορμοῦντας.
17, συγκροτῶν οὗτος. ἐπωφθάλμησε.
39, ὅτι λ. — καταγγέλλει.
41, π. ἐφ. τοὺς πεπεισμένους H.
47, ποτ. ἄν.
49, συνήθεις.
53, αἱρέσεως Dorv.

422, 13, ζῶσα. καὶ βοηθεῖτε H.
20, με Ἔσπ.
27, ὑπηρεσίαν.... librarius ultro reliquit spatium vacuum 10 literarum.
46, προσπεσοῦσα.
51, ὑπέμενεν.

423, 1, σέσωκας μᾶλλον. ἔθαρ. interpunctionem mutavi H.
24, δή μοι.
41, ὑπόπτευθῆναι.
50, διήγημα.
53, ὅτε.

424, 2, τούτοις.
14, ἑαυτῆς C.
23, Ἀθηναῖος.
27, πόλεις.
29, δή.
37, δέ.

39, δή.
43, μύριοι συκοφάνται πεύσονται τίνες.
48, ἡμῖν.

425, 1, δή.
4, φιλοκερδείας.
15, ἔφη δὲ.
20, οὐ δήπου γάρ.
28, οἷα δὲ ὀλίγων C.
38, ἡ γυνή.
45, Λ συνέδ. C.
52, καὶ ἄξιον.

426, 2, εὐργέτην.
11, πρῶτον. ἔπειτα H.
12, ἐλευθέριον.
18, ὁμιλία.
42, σε πρὸς.
54, ἐγέλασε κ. sic sæpius cod. quod non adnotabo.

427, 1, λυπ. παντελῶς C αὐτήν.
10, ἄγε με,.
25, ἡσυχάζειν.
45, ἤδη μετ' ἑξ.
48, πατήρ γάρ μοι — καὶ μήτηρ.
52, οὐκ ἐπὶ ἐραστήν μου.

428, 11, ἀπόλωλας — διαζευχθείς H.
15, ἡ δή.
17, ἐπῆλθεν αὐτῇ C.

L. II. tit. ἐρωτ. διηγημάτων D.
28, αὐτὴν ἐναργῶς H.
46, κοίτην θεραπ.

429, 22, repone Συβαριτῶν.
41, ἔδοξαν ἰδοῦσαι· ὁ γρῖς γάρ H.
48, δὲ δέδοκτο R.

430, 10, ἢ ἐμοὶ τῶν πάντων κακῶν.
43, προέλθη.
44, ἅμα δὲ τῇ ἕῳ.

431, 28, κεκλημένων Ja.
36, ἐξαιρέτως.
40, ταύτην.
48, ἐνέβλεψε.
50, καὶ τὰ δάκρυα. τότ' οὖν ἰδεῖν J.

432, 4, τούτου γε.

¹ Ubi nulla litera additur, codicis lectio citatur; ubi literæ C. J. R. H. adjectæ, Cobetus, Jacobius, Reiskius aut nos ipsi vulgarem lectionem, quæ hic citatur, emendavimus, quemadmodum in textu legitur.

PRÆFATIO.

ἥκες εἰς ἀγρ. H.
5, δούλης.
17, ἀπόλιολας C.
21, ὅπου H.
24, σέ τις.
p. 433, l. 2, οὐδεμιᾶς δικαίας β.
4, μᾶλλον τὴν C.
5, ἄκουσα.
434, 26, μὴ καταράσῃ σεαυτοῦ.
κύριος γὰρ εἰμὶ καὶ τὴν J.
48, ἀφανὴς δὲ λαβοῦσα —
εἴχετο J.
435, 17, προενεχεχ.
32, δή σου — κύριε μὴ ὀργ.
436, 4, φησὶν ἐστρατήγ. H.
6, ἢ ἀπολώλεκε.
πιέπει θυ C.
437, 3, ἀσεβαίνη R.
20, ἔστο D.
39, θρέψει.
46, πρὸς σὲ — in sqq. καὶ
σὲ hujusmodi alia non
adnotavi e cod. de
accentibus.
438, 5, αὐτῆς.
11, παραιτούσης.
27, κοινῇ.
47, τῆς δὲ ἱστ.
53, κλάουσα.
439, 3, μᾶλλον ἢ γ. — θρέψῃ.
6, προτέρα σοῦ.
9, εἴ.
27, τοῖς ὀφθαλμοῖς H.
33, ἀνανήψας
37, μηδὲ ὀφθῆναι.
39, οὐ γὰρ ἐξ.
440, 12, προσθῇς — μνημόνευ-
σον.
17, βιάσεσθαι.
32, ἐκ μ. ἀγ. δι' αὐτήν.
441, 36, τὸν σὸν.
42, δείματι.
53, ἠθρούσθη.
ο π. m. prior.
442, 16, τάφον.
32, ἑστὼς H.
37, μετ' αὐτοῦ.
50, δέσποινα τῆς ἐμῆς ψ.
52, δύναμαι H.
443, 3, ἠρεύνα.
29, τὸ δ' ἆρα τ. π. ἔργον ἦν.
34, ἐμβολάς.
37, συγκελ. H.
38, ἔκαεν.
42, ἐνόμιζον.
52, ἡμιθὴς.
444, 1, ἄνθρωπος.
10, ἑαυτοῦ.
27, ἐπιγινώσκω πάντα.
34, ποιεῖσθαι τὴν ἀνάκρισιν.

38, ἀνήγαγον Dorv.
40, αὐχμῶν.
42, δέ που.
43, πλῆθος ἐδδα· θάρσει.
445, 24, διασέβειαν. Hæc fere
evanida.
29, καὶ προσέταξαν.
31, μᾶλλον ἐπιστεύθη. βα-
σαν.
42, Ἰόνιον.
44, πριαμένου.
449, 32, ἐσχάτῳ γήρᾳ Pierson.
38, ἡ δὲ μ.
49, ζητεῖν K.
447, 7, ἀπησπάσατο.
12, χωρὶς ἐκείνης.
13, δύναμαι.
15, ψυθερλν Π.
25, πέπραται — ὅπυι.
43, ζὴ.
48, ἀλλ' ἅμα.
448, κοινὸν, ἀλλὰ C.
ὑφορμοῦσα — συμφέ-
ρει.
449, 17, τὸ πιστόν.'
18, πλαγγόνα διακ.
19, εἰ τὴν θ. H
23, λεχὼς C.
24, ἀπίωμεν C.
36, ἰχ. σε.
42, ἠθέλησε.
47, κομίζ. ἔκλαυσεν ὑφ'.
50, προέπεμψεν.
450, 3, βδς δὴ.
4, πλεῦσαι.
9, διαλλάγηθι.
24, καὶ οὕτως περ C.
34, τί οὖν ἐγένετο H.
50, οὐ Δ. δ. γ δὲ.
52, περὶ μένω.
451, 15, βράδυνε.
50, πεισθέντα R.
452, 2, ὑπὸ.
10, καθεσθεῖσα.
12, βοῶν H.
21, Ἄφρ. σὺ μ. X.
27, ἀφείλου.
42, καταδραθεῖσα C.
453, 36, Ἀν. ἤδη μ.
52, διηγήσηται.
454, 15, ἐδάρη.
δεσμά.
22, ὅλων R.
35, τῶν ἐργ. τινές.
53, τοῦ σὴ.
54, τὴν σον.
455, 9, αἵματος R.
20, ἐπυχῇ.
26, ἄγουσιν H.
32, τὰ ἔνδον.

40, ἅμα δὲ κ. δ. μὴ ἐὰν
βραδύνω.
456, 6, ἡ Σ.
28, ἀτυχοῦς.
34, χλανίδας.
457, 28, ἀπέρχη.
38, ἀντεραστῇ pro γὰρ cod.
δὲ.
45, ὀπύει.
458, 13, ὁ σὸς ἐκεῖνος.
25, παραγυμνώσας.
29, αὐτός.
34, τὴν φωνὴν H.
459, 19, λιποθ.
ο   ο
21, τοῦ πάθους.
23, ἠρεμίας.
30, διαφθεῖραι.
33, ἀπαγγείλῃ.
38, θάλατταν ἐπὶ.
42, ξ. μου.
48, γειτνίασιν.
52, κατὰ τὸν δ. τρόπον C.
460, 14, περιορᾶν.
17, πολλοὺς προεστ. non
apparet πολὺ, sed 4 fe-
re litt. desunt in fo-
lio lacerato.
26, σύμβουλοι μὲν οὖν καὶ
σκότο e correctione
μὲν οὖν quæ non
prorsus explet spa-
tium erasum primæ
scripturæ. — J.
40, τὰ π.
47, ἐνθάδε.
48, καὶ...... ἔχει spatium
5 aut 6 litt. C.
53, ὡς Δ.
461, 3, ἔτι μένω.
15, προέτρεχε.
19, χρυσείη.
25, μέγεθος.. γὰρ desunt
3 litteræ, ἄτι opinor
C.
27, τε καὶ. ασται C. des.
2 litt.
44, ἐκεῖ :.
462, 19, Συρίας καὶ K.
21, ἔδλ. τὴν ἄγουσαν.
25, ἀπόγνωσις.. ἧς ἔμπαλιν.
32, φιλίας μοι R.
42, ποίαν εὐελπίσω R.
463, 25, κρινεῖ.
28, ἐγὼ καίομαι H.
464, 19, διακλέψαι malim ἐκκλ.
H.
21, ἐπέδη.
33, καὶ τὰ cod. quod repo-
ne.

PRÆFATIO.

35, φανη θ charta exesa est, ω satis apparet. Una littera periit : igitur φανήτω certum C.
39, διεσχέθησαν R.
45, συνεισφ.
p. 465, l. 21, βλέπεσθαι.
29, δέ σοι.
44, μέγα φρονοῦν.
466, 33, πρῶτον C.
467, 6, οἷα δή.
16, Διονυσίῳ.
36, καὶ χαιρέᾳ καλὸν R.
468, 6, ἐπιβουλευθέντα.
15, εἰ καὶ μή.
17, προῦδωκε.
469, 2, παύσομαι.
4, ἐπιδειξάτω.
20, ἐπ. ἄν με βελτίω.
37, μὲν γάρ.
42, κρινάτω correctum a prima manu κρινέτω.
46, οὐδ. συμφ. Abresch.
470, 16, εἶπον pr. man.
23, παλῶν.
34, μᾶλλον ἀλ. C.
ἐξήψε.
39, ἀφῆκα τὴν γ.
40, ἐμοί.
472, 12, πυθομένης δὲ τῆς βασιλίδος.
18, ἑκατῆναι H.
19, σφοδρότερον.
28, ἱδρυσάμην,
473, 2, ἀπέθνησκον.
6, τὴν παρ.
20, χἀνήρ καὶ βρέφος, ὁρῶ, οἴχη.
27, τοιαῦτα.
29, ἐστέρησας.
37, πρὸς ἀλ.
46, πειρατῶν παρ' οὐδὲν μέλλ. quæ artis chem. opera apparuerunt.
474, 3, ἐρητόρευον certum non ut ρ prius.
34, σύμβουλον — σύμβουλος.
38, μὴ βλέπῃς.
49, τοῦτο γάρ.
475, 2, οὕτω δή.
17, ἵκεν.
25, διότι.
37, καθ' ἡμ. — ὦ τῆς.
51, εἰ δ' οὖν, ἐκείμην.
476, 17, μή τινα ἐπιβουλὴν εἶπε βασιλεὺς A.
20, ἐν μύθοις τε.
22, παρ' ἐμοὶ ἐμοῦ.
24, σφοδρὸς... νὸν — ἀλη-

θῶς δ' ἐρῶ... C.
26, προσθεῖναι τοῖς.
27, εὐθὺς μέν.
28, οὐδὲ γὰρ πρό..... πύπτος C.
30, οὐδὲ ἀμφίβολον ἦν.
31, ἠράσθη.
33, κρατῆσαι δ.
35, μυρί..
42, ὁμόλογα ut videtur.
49, ἐ. ο. μησας C.
477, 15, ὑφ' ἡδονῆς.
29, τὸ φιλοκ.
30, ὑπὸ καλλ.
35, αὐτῶν J. πάντων C. ἄλλων.
38, θηρίων.
43, ἄτε δή.
49, ἀσθματος.
54, Lacuna versuum 21.
478, 12, ἄγε δύο δέ σοι.
13, ἀνακλ. τῆς θ. σ. δ. κ. π. ἀν. β. δ' ἀνὴρ, τ. ἐλ. εἰσήλ. εἰς τὰ β. χ. ὡς τὸ κ. θήραμα.
18, ὑπεσχῆσθαι apparuit opere artis chmc.
20, μᾶλλον.... ευε C.
22, εὐγενὲς καὶ μάλιστα.
25, μόνης.
26, μου τῆς.
31, ἀμείψεσθαι.
479, 8, καὶ ν.. ὑττε.
δράσεις.
9, πλουτήσῃς.
18, μνημονευσῃς.
25, διαβάλῃ.
480, 2, ση.
4, εὐνούχου.
5, η. τ.
15, αὐτοί.
18, δίκη δόξησ. ταύ.. δ.. παρεμ.
21, ἐλευθερῶσαι.
23, ἀνεμιμνησκεν οἵους.
29, καὶ ἐν τοῖς.
37, ἐξειπίηθες.
41, ἰδιολογήσασθαι.
481, 2, οὐ κατ.... σα spatium. 4 vel 5 litt. vacuum relictum C.
6, οὐ δήπου γάρ.
8, ἀκούεις ἅ.
482, 17, προῦδ.
21, ἐφεστῶτας H.
22, αὐτόν.
διαπέμψαι.
23, σπατιάν.
25, ὑπὸ κ.
26, τῶν ἐθνῶν εἰς.

31, ποῖα καὶ πόσα H.
32, παρασκευάζεται.
35, ἐξήλαυνε B.
39, δὲ ὅπλοις.
42, δή.
45, ὅτι χρήσιμος ἦν ἐν τῷ π. C.
54, ἐδόκει δέ μοι καὶ χάριν ἔχειν H.
483, 24, ταχείας.
30, ὅτι καὶ κ. μένει H.
41, μένειν H.
484, 9, ἀποσφάζω quod in textu reponendum.
25, ἐσομένοις.
26, ἀδικηθέντες.
29, ἦν ἑωρ. C.
49, ὀπισθοφύλαξιν.
484, 24, δή.
28, ἔργον ἐπ.
486, 1, καὶ βασιλ.
23, ἑκουσίως, νῶϊ — εἴληλ. uno tenore.
30, πρῶτον ἀνηρεύνα.
33, τοὺς ἄλλους.
37, τοὺς ἀρίστους.
48, ὑμῶν.
51, στρατηγῶ καί.
487, 22, ἔνδον ὅτι μᾶλλον πολ. C.
29, Αἰγυπτίου.
42, οἱ μὲν γάρ.
44, ἔφευγον.
45, παρεῖχον.
48, τοὺς ἀπαντ.
488, 6, ὁ περῶν.
8, περὶ Σιδ. H.
20, ἔχουσα Ἀφρ.
40, αὕτη δὲ ἦν καλλιρρόη.
42, εἰσῄει. Nonnulla hie excidisse mihi videntur H.
489, 11, ἀκήνατο R.
19, τε ἐπ.
24, χ. μὲν οὖν πυλὺν ἀντέσχεν,
30, ἐν τῇ συμβολῇ H.
490, 2, τὴν ἐν τῇ.
17, πεπεισμέναι an πεπυσμέναι? H.
20, μὲν γάρ.
40, ἐπαγγέλλου.
41, καὶ καέτωσαν.
44, μοι δότω.
με ἀποκτ.
46, ἀλλ' ἔγκεκαλ.
51, κλέπτουσί τινες.
54, οὐδεμία γέγονε κακὸν C.
591, 6, οὐ φησί.
16, ὡς μὲν οὖν.

c

PRÆFATIO.

492,
- 28, ἔδοξε τὸ δεινὸν H.
- 29, αὐτῷ διηλ.·
- 32, ἀπελογήσατο.
- 2, ὅπως R.
- 3, κέκαλ. H.
- 17, οἰκονομῆσαι.
- 25, εὔρηκε.
- 38, εἰς θ. τὸν β.
- 41, φράσῃ.

493,
- 9, ἅλις ἦν δ.
- 11, ἀσπασίοιο λέκτροιο.
- 19, ὡς δὲ.
- 21, ἔτι σκότους.
- 23, τὴν στρατιάν.
- 26, πεπυσμένος.
- 28, περὶ τῆς Στ. H.
- 30, ποῦ σπ. H.
- 33, ἤδη καὶ.
- 34, πρώτων C.
- 35, καὶ τοῦ θάλ. H.
- 48, ἀπόγεια.

494,
- 4, αὐτόν.
- 26, δὲ ἀναπτ. C.

495,
- 41, εἰσὶν οὓς οὐ e correctione οὓς C.
- 2, σοὶ διεπ.
- 26, εὐηργ.
- 1, κυπρίων.
- 7, φησὶ, κόσμου C.
- 15, παραθήκην H.
- 17, πῶς ἄλλοι διάφορα C.
- 19, καὶ χ.
- 24, ἀποδέδωκεν.
- 29, ἀποξέγγειν.
- 31, ἀνεξικακῶν.
- 44, γάμῳ.

497,
- 1, ᾧ.
- 6, ἀντ' ἐμοῦ.
- 10, καλὴ Dorµ.
  ex. an ἐνδέχεταί με
  scriptum sit non satis apparet.
- 24, ἐνέθηκε.
- 37, Στατείρας C.
- 47, εὐθὺς δὲ.
- δή.

498,
- 3, ῥίψαντες.
- 7, σε, γυνὴ φ.
- 37, ὥσπερ γάρ.
- 43, σοι, Δ.

499,
- 12, κενὴ ζ. καὶ σὺ,
- 19, κατὰ πρύμνων καὶ J.
- 31, ἐξέπεμψε.
- 50, πεπυσμένων.

500,
- 4, παρακαθ.
- 14, αὐτὸς γάρ.
- 25, ἐπεκλύοντο R.
- 27, ἔτι καὶ αὐταῖς R.
- 30, τῷ Ἑρμ.

501,
- 4, ἐρωτῶμεν ἄν.
- 8, ἡμῶν.
- 21, ἐφεξῆς ἡμ. ἀπ. ὅτι θ. H.
- 47, πλούσιος
- 50, ταῦτα μὲν οὖν ἔμ. ὕστερον. τότε δὲ.

502,
- 23, ἐπέστελλε H.
- 36, οὔτε ὕδ.

PARTHENIUS.

ΠΑΡΘΕΝΙΟΥ ΝΙΚΑΕΩΣ

ΠΕΡΙ

ΕΡΩΤΙΚΩΝ ΠΑΘΗΜΑΤΩΝ.

ΠΑΡΘΕΝΙΟΣ ΚΟΡΝΗΛΙΩι ΓΑΛΛΩι ΧΑΙΡΕΙΝ.

Μάλιστα σοὶ δοκῶν ἁρμόττειν, Κορνήλιε Γάλλε, τὴν ἄθροισιν τῶν ἐρωτικῶν παθημάτων, ἀναλεξάμενος ὡς ὅτι μάλιστ' ἐν βραχυτάτοις ἀπέσταλκα. Τὰ γὰρ παρά τισι τῶν ποιητῶν κείμενα, τούτων μὴ αὐτοτελῶς λεγμένων, κατανοήσεις ἐκ τῶνδε τὰ πλεῖστα, αὐτῷ τε σοὶ παρέσται εἰς ἔπη καὶ ἐλεγείας ἀνάγειν τὰ μάλιστ' ἐξ αὐτῶν ἁρμόδια. (Μηδὲ) διὰ τὸ μὴ παρεῖναι τὸ περιττὸν αὐτοῖς, ὃ δὴ σὺ μετέρχῃ, χεῖρον περὶ αὐτῶν ἐννοηθῇς· οἱονεὶ γὰρ ὑπομνηματίων τρόπον αὐτὰ συνελεξάμεθα, καὶ σοὶ νυνὶ τὴν χρῆσιν ὁμοίαν, ὡς ἔοικε, παρέξεται.

ΚΕΦ. Α΄.

ΠΕΡΙ ΛΥΡΚΟΥ.

Ἡ ἱστορία παρὰ Νικαινέτῳ ἐν τῷ Λύρκῳ καὶ Ἀπολλωνίῳ Ῥοδίῳ Καύνῳ.

Ἁρπασθείσης Ἰοῦς τῆς Ἀργείας ὑπὸ λῃστῶν, ὁ πατὴρ αὐτῆς Ἴναχος μαστῆράς τε καὶ ἐρευνητὰς ἄλλους καθῆκεν, ἐν δ' αὐτοῖς Λύρκον τὸν Φορωνέως, ὃς μάλα πολλὴν γῆν ἐπιδραμὼν καὶ πολλὴν θάλασσαν περαιωθεὶς, τέλος, ὡς οὐχ εὕρισκεν, ἀπεῖπε τῷ καμάτῳ· καὶ εἰς μὲν Ἄργος, δεδοικὼς τὸν Ἴναχον, οὐ μάλα τι κατῄει, ἀφικόμενος δ' εἰς Καῦνον πρὸς Αἰγιαλὸν γαμεῖ αὐτοῦ τὴν θυγατέρα Εἰλεβίην· ἔφασαν γὰρ τὴν κόρην ἰδοῦσαν τὸν Λύρκον εἰς ἔρωτα ἐλθεῖν καὶ πολλὰ τοῦ πατρὸς δεηθῆναι κατασχεῖν αὐτόν· ὁ δὲ τῆς τε βασιλείας μοῖραν οὐκ ἐλαχίστην ἀποδασάμενος καὶ τῶν λοιπῶν ὑπαργμάτων γαμβρὸν εἶχε. Χρόνου δὲ πολλοῦ προϊόντος, ὡς τῷ Λύρκῳ παῖδες οὐκ ἐγίγνοντο, ἦλθεν εἰς Διδυμέως, χρησόμενος περὶ γονῆς τέκνων· καὶ αὐτῷ θεσπίζει ὁ θεὸς, παῖδας φύσειν, ᾗ ἐκ τοῦ ναοῦ χωρισθεὶς πρώτῃ συγγένηται· ὁ δὲ μάλα γεγηθὼς ἠπείγετο πρὸς τὴν γυναῖκα πειθόμενος κατὰ νοῦν [ἂν] αὐτῷ χωρήσειν τὸ μαντεῖον. Ἐπεὶ δὲ πλέων ἀφίκετο ἐς Βύβαστον πρὸς Στάφυλον τὸν Διονύσου, μάλα φιλοφρόνως ἐκεῖνος αὐτὸν ὑποδεχόμενος εἰς πολὺν οἶνον προυτρέψατο, κἀπειδὴ πολλῇ μέθῃ παρεῖτο, συγκα-

PARTHENII NICÆENSIS

DE

AMATORIIS AFFECTIBUS.

PARTHENIUS CORNELIO GALLO S. P. D.

Quum tibi maxime putarem convenire, Corneli Galle, lectionem amatoriorum affectuum, collectos eos quam brevissime potui transmisi. Quæ enim apud quosdam poetas inveniuntur, quum non absolute sint enarrata, intelliges ex his pleraque, et tibi ipsi ad manum erunt ut in hexametros et elegias transferas quæ ex iis maxime congrua. (Neque) quoniam his non inest elegantia, quam tu sane sectaris, pejorem de his concipias opinionem; nam commentariolorum vice illos congessimus, et tibi nunc, ut par est, similem præbebunt usum.

CAP. I.

DE LYRCO.

Historia est apud Nicænetum in Lyrco et Apollonium Rhodium in Cauno.

Quum capta esset Io Argiva a prædonibus, pater ejus Inachus inquisitores et indagatores alios misit, inter eos autem Lyrcum Phoronei filium, qui multam terram peragratus et multa maria emensus, tandem ubi eam non inveniret, renuntiavit labori; et Argos quidem, timens Inachum, non redibat scilicet, sed venit Caunum ad Ægialum, uxorem ducit illius filiam, Hileblam; dicunt enim puellam conspecto Lyrco in amorem ejus venisse et multa patrem precatam esse ut detineret ipsum; hic autem, parte regni non minima et reliquorum bonorum oblata, eum generum sibi adscivit. Tempore autem multo præterlapso, quum Lyrco liberi non nascerentur, adiit Didymam consultum (oraculum) de sobolis generatione; cui numen respondit, liberos geniturum (ex illa) quacum prima e templo digressus rem habuerit. Hic autem valde gavisus ad uxorem festinabat, credens sibi ex animi sententia oraculum processurum. Quum autem navigans pervenisset Bybastum, ad Staphylum Dionysii f., hic illum valde amice excipiens multum vinum (ut biberet) incitavit et postquam

1.

τέκλινεν αὐτῷ Ἠμιθέαν τὴν θυγατέρα. Ταῦτα δ'
ἐποίει προπεπυσμένος τὸ τοῦ χρηστηρίου καὶ βουλό-
μενος ἐκ ταύτης αὐτῷ παῖδας γενέσθαι. Δι' ἔριδος
μέντοι ἐγένοντο Ῥοιώ τε καὶ Ἠμιθέα αἱ τοῦ Σταφύλου,
5 τίς αὐτῶν μιχθείη τῷ ξένῳ· τοσοῦτος ἀμφοτέρας κα-
τέσχε πόθος· Λύρκος δ' ἐπιγνοὺς τῇ ὑστεραίᾳ οἷα ἐδε-
δοράκει [καὶ] τὴν Ἠμιθέαν ὁρῶν συγκατακεκλιμένην,
ἐδυσφόρει τε καὶ πολλὰ κατεμέμφετο τὸν Στάφυλον,
ὡς ἀπατεῶνα γενόμενον αὐτοῦ· ὕστερον δὲ, μηδὲν ἔχων
10 ὅ τι ποιοίη, περιελόμενος τὴν ζώνην δίδωσι τῇ κόρῃ
κελεύων ἡβήσαντι τῷ παιδὶ φυλάττειν, ὅπως ἔχῃ γνώ-
ρισμα, ὁπότ' ἂν ἀφίκοιτο πρὸς τὸν πατέρα αὐτοῦ εἰς
Καῦνον, καὶ ἐξέπλευσεν. Αἰγιαλὸς δ' ὡς ᾔσθετο τά
τε κατὰ τὸ χρηστήριον καὶ τὴν Ἠμιθέαν, ἤλαυνεν (ἐκ)
15 τῆς γῆς αὐτόν. Ἔνθα δὴ μάχη συνεχὴς ἦν τοῖς τε τὸν
Λύρκον προσιεμένοις καὶ τοῖς τὰ Αἰγιαλοῦ φρονοῦσι·
μάλιστα δὲ συνεργὸς ἐγίγνετο Εἰλεβίη· οὐ γὰρ ἀπεῖπεν
τὸν Λύρκον. Μετὰ δὲ [ταῦτα] ἀνδρωθεὶς ὁ ἐξ Ἡμι-
θέας καὶ Λύρκου, Βασίλος αὐτῷ ὄνομα, ἦλθεν εἰς τὴν
20 Καυνίαν, καὶ αὐτὸν γνωρίσας ὁ Λύρκος ἤδη γηραιὸς ὢν
ἡγεμόνα καθίστησι τῶν σφετέρων λαῶν.

Β'.

ΠΕΡΙ ΠΟΛΥΜΗΛΗΣ.

Ἱστορεῖ Φιλητᾶς Ἑρμῇ.

Ὀδυσσεὺς ἀλώμενος περὶ Σικελίαν καὶ τὴν Τυρ-
ρηνῶν καὶ τὴν Σικελῶν θάλασσαν, ἀφίκετο πρὸς Αἴολον
εἰς Μελιγουνίδα νῆσον, ὃς αὐτὸν κατὰ κλέος σοφίας
25 τεθηπὼς ἐν πολλῇ φροντίδι εἶχεν· τὰ περὶ Τροίας
ἁλωσιν καὶ δν τρόπον αἱ νῆες ἐσκεδάσθησαν αἱ νῆες
κομιζομένοις ἀπὸ τῆς Ἰλίου διεπυνθάνετο, ξενίζων τ'
αὐτὸν πολὺν χρόνον διῆγε. Τῷ δ' ἄρα καὶ αὐτῷ ἦν ἡ
μονὴ ἡδομένῳ, Πολυμήλη γὰρ, τῶν Αἰολιδῶν τις,
30 ἐρασθεῖσα αὐτοῦ κρύφα συνῆν. Ὡς δὲ τοὺς ἀνέμους
ἐγκεκλεισμένους παραλαβὼν ἀπέπλευσεν, ἡ κόρη φω-
ρᾶταί τινα τῶν Τρωϊκῶν λαφύρων ἔχουσα καὶ τούτοις
μετὰ πολλῶν δακρύων ἐναλινδουμένη. Ἔνθ' ὁ Αἴολος
τὸν μὲν Ὀδυσσέα, καίπερ οὐ παρόντα, ἐκάκιζεν, τὴν δὲ
35 Πολυμήλην ἐν νῷ εἶχεν τίσασθαι. Ἔτυχε δ' αὐτῆς
ἠρασμένος ἀδελφὸς Διώρης, ὃς αὐτὴν παραιτεῖταί τε
καὶ πείθει τὸν πατέρα αὐτῷ συνοικίσαι.

Γ'.

ΠΕΡΙ ΕΥΙΠΠΗΣ.

Ἱστορεῖ Σοφοκλῆς Εὐρυάλῳ.

Οὐ μόνον δ' Ὀδυσσεὺς περὶ Αἴολον ἐξήμαρτεν, ἀλλὰ
καὶ κατὰ τὴν ἄλην, ὡς τοὺς μνηστῆρας ἐφόνευσεν, εἰς
40 Ἤπειρον ἐλθὼν χρηστηρίου τινῶν ἕνεκα, τὴν Τυρίμμα
θυγατέρα ἔφθειρεν Εὐίππην, ὃς αὐτὸν οἰκείως θ' ὑπε-
δέξατο καὶ μετὰ πάσης προθυμίας ἐξένισε. Παῖς δ'

magna ebrietate tenebatur, Hemitheam filiam cum illo
recumbere jussit. Hoc autem faciebat, ante audito ora-
culi responso et volens ex hac sibi liberos gigni. Conten-
debant utique Rhœo et Hemithea filiæ Staphyli utra dor-
miret cum hospite; tantus utramque ceperat amor; Lyrcus
vero postridie qualia fecisset, animadvertens, Hemitheam
videns secum dormientem, ægre ferebat et vehementer re-
prehendebat Staphylum qui fraudes sibi struxisset; deinde
vero nesciens quid facturus esset, zonam sibi detrahit
puellæque dat jubens illam pubescenti puero servare, ut
haberet signum quo agnosci posset, si quando ad parentem
Caunum venisset, et abnavigavit. Ægialus vero quum co-
gnovisset oraculum et quæ facta essent cum Hemithea,
expulit illum e terra sua. Inde sane perpetuum fuit bellum
inter eos qui Lyrcum sequebantur et eos qui cum Ægialo
stabant: maxime vero adjutrix illi erat Helibia, Lyr-
cum enim non respuit. Deinde vero vir factus Hemitheæ
et Lyrci filius, cui Basili nomen, venit in Cauniam et ipsum
agnitum Lyrcus jam senex ducem populi sui constituit.

II.

DE POLYMELA.

Narrat Philetas (in) Mercurio.

Ulysses errans circa Siciliam et Tyrrhenum et Siculum
mare pervenit ad Æolum in insulam Melignidem, qui
illum pro sapientiæ fama veneratus magno in honore ha-
buit; de Trojæ excidio et quomodo ipsis Ilio redeuntibus
naves dispersæ fuissent percunctabatur, hospitioque exci-
piens illum per longum tempus remoratus est. Huic au-
tem et ipsi jucunda erat remansio; Polymela enim Æoli-
darum genere, amore capta clam cum illo coibat. Ubi
vero ventos pacatos nactus abnavigaverat, puella depre-
henditur Trojana quædam spolia habens et super hæc multis
cum lacrymis provoluta. Tunc Æolus Ulyssem quidem
quamvis non adesset objurgavit, Polymelam vero consilium
habebat puniendi. Erat autem illius amore captus frater
Diores, qui illam deprecatus est patrique persuasit ut sibi
eam nuptum daret.

III.

DE EUIPPE.

Narrat Sophocles (in) Euryalo.

Non tantum Ulysses in Æolum peccavit, sed et post
errores, procis interemtis, in Epirum veniens oraculi cu-
jusdam causa, Tyrimmæ filiam corrupit Euippen, qui eum
familiariter exceperat et omni cum alacritate hospitio
dignatus erat. Filius autem illi nascitur ex hac Euryalus.

αὐτῷ γίγνεται ἐκ ταύτης Εὐρύαλος. Τοῦτον ἡ μήτηρ, ἐπεὶ εἰς ἥβην ἦλθεν, ἀποπέμπεται εἰς Ἰθάκην, σύμβολά τινα δοῦσα ἐν δέλτῳ κατεσφραγισμένα. Τοῦ δ' Ὀδυσσέως κατὰ τύχην τότε μὴ παρόντος, Πηνελόπη
5 καταμαθοῦσα ταῦτα καὶ ἄλλως δὲ προπεπυσμένη τὸν τῆς Εὐίππης ἔρωτα, πείθει τὸν Ὀδυσσέα παραγενόμενον, πρὶν ἢ γνῶναί τι τούτων ὡς ἔχει, κατακτεῖναι τὸν Εὐρύαλον ὡς ἐπιβουλεύοντα αὐτῷ. Καὶ Ὀδυσσεὺς μὲν διὰ τὸ μὴ ἐγκρατὴς φῦναι, μηδ' ἄλλως ἐπιεικής,
10 αὐτόχειρ τοῦ παιδὸς ἐγένετο, καὶ οὐ μετὰ πολὺν χρόνον ἢ τόδ' ἀπειργάσθαι πρὸς τῆς αὐτοῦ αὐτοῦ γενεᾶς τρωθεὶς ἀκάνθῃ θαλασσίας τρυγόνος ἐτελεύτησεν.

Δ'.
ΠΕΡΙ ΟΙΝΩΝΗΣ.

Ἱστορεῖ Νίκανδρος ἐν τῷ περὶ ποιητῶν καὶ Κεφάλων ὁ Γεργίθιος ἐν Τρωϊκοῖς.

Ἀλέξανδρος ὁ Πριάμου βουκολῶν κατὰ τὴν Ἴδην ἠράσθη τῆς Κεβρῆνος θυγατρὸς Οἰνώνης· λέγεται δὲ
15 ταύτην ἐκ του θεῶν κατεχομένην θεσπίζειν περὶ τῶν μελλόντων, καὶ ἄλλως δ' ἐπὶ συνέσει φρενῶν ἐπὶ μέγα διαβεβοῆσθαι. Ὁ οὖν Ἀλέξανδρος αὐτὴν ἀγαγόμενος παρὰ τοῦ πατρὸς εἰς τὴν Ἴδην, ὅπου αὐτῷ οἱ σταθμοὶ ἦσαν, εἶχε γυναῖκα, καὶ αὐτῇ φιλοφρονούμενος (ὤμοσε)
20 μηδαμᾶ προλείψειν, ἐν περισσοτέρᾳ τε τιμῇ ἕξειν· ἡ δὲ συνιέναι μὲν ἔφασκεν εἰς τὸ παρὸν ὡς δὴ πάνυ αὐτῆς ἐρώμῃ χρόνον μέντοι τινὰ γενήσεσθαι, ἐν ᾧ ἀπαλλάξας αὐτὴν εἰς τὴν Εὐρώπην περαιωθήσεται, κἀκεῖ πτοηθεὶς ἐπὶ γυναικὶ ξένῃ πόλεμον ἐπάξεται τοῖς οἰκείοις· ἐξη-
25 γεῖτο δέ, ὡς δεῖ αὐτὸν ἐν τῷ πολέμῳ τρωθῆναι, καὶ ὅτι οὐδεὶς αὐτὸν οἷός τ' ἔσται ὑγιῆ ποιῆσαι ἢ αὐτή· ἑκάστοτε δ' ἐπιλεγομένης αὐτῆς, ἐκεῖνος οὐκ εἴα μεμνῆσθαι. Χρόνου δὲ προϊόντος, ἐπειδὴ Ἑλένην ἔγημεν, ἡ μὲν Οἰνώνη μεμφομένη τῶν πραχθέντων τὸν Ἀλέξανδρον
30 εἰς Κεβρῆνα, ὅθενπερ ἦν γένος, ἀπεχώρησεν· ὁ δὲ, παρήκοντος ἤδη τοῦ πολέμου, διατοξευόμενος Φιλοκτήτῃ τιτρώσκεται. Ἐν νῷ δὲ λαβὼν τὸ τῆς Οἰνώνης ἔπος, ὅτ' ἔφατο αὐτὸν πρὸς αὐτῆς μόνης οἷόν τ' εἶναι ἰαθῆναι, κήρυκα πέμπει δεησόμενον, ὅπως ἐπειχθεῖσα ἀκέσηταί
35 τ' αὐτὸν καὶ τῶν παροιχομένων λήθην ποιήσηται, ἅτε δὴ κατὰ θεῶν βούλησίν * γε ἀφικόμενον· ἡ δ' αὐθαδέστερον ἀπεκρίνατο, ὡς χρὴ παρ' Ἑλένην αὐτὸν ἰέναι, κἀκείνης δεῖσθαι· αὐτὴ δὲ μάλιστ' ἠπείγετο ἔνθα δὴ ἐπέπυστο κεῖσθαι αὐτόν. Τοῦ δὲ κήρυκος τὰ λεχθέντα
40 τοῦ Οἰνώνης θᾶττον ἀπαγγείλαντος, ἀθυμήσας ὁ Ἀλέξανδρος ἐξέπνευσεν· Οἰνώνη δέ, ἐπεὶ νέκυν ἤδη κατὰ γῆς κείμενον ἐλθοῦσα εἶδεν, ἀνῳμωξέν τε καὶ πολλὰ κατολοφυραμένη διεχρήσατο ἑαυτήν.

CAP. II — IV.

Hunc mater quum ad pubertatem venisset dimittit in Ithacam, signis quibusdam ei datis in tabula obsignatis. Quum autem Ulysses forte fortuna non adesset illo tempore, Penelope quae et adverlit haec et praeterea ante audiverat de Euippae amore, persuadet Ulyssi redeunti, priusquam aliquid horum quomodo se haberet inquisiverat, interficere Euryalum quasi insidias ipsi struentem. Et Ulysses quidem quia irae impotens erat neque alias vir probus, sua manu filium interfecit, et post non multum tempus quam hoc perpetraverat a sua ipse sobole vulneratus marinae turturis spina interiit.

IV.
DE OENONE.

Tradit Nicander in libro de poetis et Cephalon Gergithius in Troicis.

Alexander Priami f. boves pascens in Ida Cebrenis filiae Oenones amore captus est; dicitur autem haec numine quodam correpta praedixisse futura, et alias ob animi solertiam magna in celebritate fuisse. Hanc Alexander abductam a patre ad Idam, ubi stativa illi erant, habuit uxorem et illi (juravit) amanter complexa, numquam se illam desertorum et in maximo honore habiturum; haec vero dixit se intelligere quidem in praesens se valde ab illo amari, tempus autem fore, quo ipsam deserens in Europam trajecturus sit et ibi deperiens mulierem peregrinam auctor futurus sit ut domesticis bellum inferatur; exponebatque in fatis esse ut in bello vulneraretur et fore ut nemo eum possit sanare praeter ipsam : semper illa haec dicente, ille non sinebat hujus rei mentionem facere. Tempore vero progrediente, postquam Helenam uxorem duxerat, Oenone quidem indignata facta Alexandri, ad Cebrenem, unde genus ducebat, abiit : ille vero, bello jam instante, jaculo a Philoctete petitus vulneratur. In animum itaque revocatis Oenones verbis, quando dixisset ab ipsa sola eum posse sanari, praeconem mittit oratum ut festinaret ipsum sanare et praeteritorum oblivionem faciat, quippe quum deorum voluntate (eo dementiae) pervenerit; illa autem durum dedit responsum, debere illum ad Helenam ire et illam orare; ipsa vero maxime festinabat ire eo, ubi illum jacere audiverat. Praecone ab Oenone dicta citius nuntiante, animo fractus Alexander exspiravit. Oenone vero, adveniens ubi vidit illum mortuum jam in terra jacentem, ingemuit et magnum ejulatum edens se ipsa interemit.

Ε'.

ΠΕΡΙ ΛΕΥΚΙΠΠΟΥ.

Ἱστορεῖ Ἑρμησιάναξ Λεοντίῳ

Λεύκιππος δὲ, Ξανθίου παῖς, γένος τῶν ἀπὸ Βελλεροφόντου, διαφέρων ἰσχύϊ μάλιστα τῶν καθ' ἑαυτὸν, ἤσκει τὰ πολεμικά. Διὸ πολὺς ἦν λόγος περὶ αὐτοῦ παρά τε Λυκίοις καὶ τοῖς προσεχέσι τούτοις, ἅτε δὴ ἀγομένοις (καὶ φερομένοις) καὶ πᾶν ὁτιοῦν δυσχερὲς πάσχουσιν. Οὗτος κατὰ μῆνιν Ἀφροδίτης εἰς ἔρωτα ἀφικόμενος τῆς ἀδελφῆς, τέως μὲν ἐκαρτέρει, οἰόμενος ῥᾷστ' ἀπαλλάξεσθαι τῆς νόσου· ἐπεὶ μέντοι χρόνου διαγενομένου οὐδ' ἐπ' ὀλίγον ἐλώφα τὸ πάθος, ἀνακοινοῦται τῇ μητρὶ καὶ πολλὰ κατικέτευε, μὴ περιιδεῖν αὐτὸν ἀπολλύμενον· εἰ γὰρ αὐτῷ μὴ συνεργήσειεν, ἀποσφάξειν αὐτὸν ἠπείλει. Τῆς δὲ παραχρῆμα τὴν ἐπιθυμίαν φαμένης τελέσειν, ῥᾷον ἤδη γεγονὼς ἀνακαλεσαμένη δὲ τὴν κόρην συγκατακλίνει τἀδελφῷ, κἀκ τούτου συνῇσαν οὗ μάλα τινὰ δεδοικότες, ἕως τις ἐξαγγέλλει τῷ κατηγγυημένῳ τὴν κόρην μνηστῆρι. Ὁ δὲ τόν θ' αὑτοῦ πατέρα παραλαβὼν καί τινας τῶν προσηκόντων, πρόσεισι τῷ Ξανθίῳ καὶ τὴν πρᾶξιν καταμηνύει, μὴ δηλῶν τοὔνομα τοῦ Λευκίππου. Ξάνθιος δὲ δυσφορῶν ἐπὶ τοῖς προσηγγελμένοις πολλὴν σπουδὴν ἐτίθετο φωρᾶσαι τὸν φθορέα, καὶ διεκελεύσατο τῷ μηνύτῃ, ὁπότ' ἴδοι συνόντας, αὐτῷ δηλῶσαι· τοῦ δ' ἑτοίμως ὑπακούσαντος καὶ αὐτίκα τὸν πρεσβύτην ἐπαγομένου τῷ θαλάμῳ, ἡ παῖς, αἰφνιδίου ψόφου γενηθέντος, ᾔετο διὰ θυρῶν, οἰομένη λήσεσθαι τὸν ἐπιόντα· καὶ αὐτὴν ὁ πατὴρ ὑπολαβὼν εἶναι τὸν φθορέα ὑπατάξας μαχαίρᾳ καταβάλλει. Τῆς δὲ περιωδύνου γενομένης καὶ ἀνακραγούσης, ὁ Λεύκιππος ἐπαμύνων αὐτῇ καὶ διὰ τὸ ἐκπεπλῆχθαι μὴ προϊδόμενος ὅστις ἦν, κατακτείνει τὸν πατέρα. Δι' ἣν αἰτίαν ἀπολιπὼν τὴν οἰκίαν Θετταλῶν ἐπὶ τοῖς συμβεβηκόσιν εἰς Κρήτην ἡγήσατο, κἀκεῖθεν ἐξελαθεὶς ὑπὸ τῶν προσοίκων εἰς τὴν Ἐφεσίαν ἀφίκετο, ἔνθα χωρίον ᾤκησε τὸ Κρητιναῖον ἐπικληθέν. Τοῦ δὲ Λευκίππου τούτου λέγεται τὴν Μανδρολύτου θυγατέρα Λευκοφρύην ἐρασθεῖσαν προδοῦναι τὴν πόλιν τοῖς πολεμίοις, ὧν ἐτύγχανεν ἡγούμενος ὁ Λεύκιππος, ἑλομένων αὐτὸν κατὰ θεοπρόπιον τῶν δεκατευθέντων ἐκ Φερῶν ὑπ' Ἀδμήτου.

ϛ'.

ΠΕΡΙ ΠΑΛΛΗΝΗΣ.

Ἱστοραῖ Θεογένης καὶ Ἡγήσιππος ἐν Παλληνιακοῖς.

Λέγεται καὶ Σίθωνα, τὸν Ὀδομάντων βασιλέα, γεννῆσαι θυγατέρα Παλλήνην, καλήν τε καὶ ἐπίχαριν, καὶ διὰ τοῦτ' ἐπὶ πλεῖστον χωρῆσαι κλέος αὐτῆς, φοιτᾶν τε μνηστῆρας οὐ μόνον ἀπ' αὐτῆς τῆς Θρᾴκης, ἀλλὰ καὶ ἔτι πρόσωθέν τινας, ἀπό τ' Ἰλλυρίδος καὶ τῶν

V.

DE LEUCIPPO.

Narrat Hermesianax Leontio.

Leucippus Xanthii f. genus a Bellerophonte ducens, superans robore longe suos æquales, exercebat rem bellicam : quare multus erat de eo sermo et apud Lycios et apud horum vicinos, utpote qui diriperentur et quodvis malum paterentur. Hic irâ Veneris, in amorem sororis incidens, aliquamdiu quidem fortiter affectui obsistebat, putans se facile ab hoc morbo liberatum iri; postquam vero tempore procedente nihilo mitior affectus fiebat, communicat rem cum matre et multa illam precabatur ne se perire sineret; nisi enim sibi auxilium ferret, minabatur semet interfecturum. Quum illa autem statim ut cupiditas ejus impleretur se effecturam pollicita esset, jam melius se habebat; vocatamque puellam dormire cum fratre jussit et ab hoc tempore coibant, neminem timentes adeo, donec aliquis nuntiaret rem proco cui desponsa erat puella. Hic autem cum patre suo et quibusdam cognatis adiit Xanthium et factum indicat, non revelans nomen Leucippi. Xanthius autem ægre ferens nuntiata multam adhibebat diligentiam ut corruptorem deprehenderet et jubebat delatorem se certiorem reddere quando vidisset illos coeuntes; illo autem promte obediente et statim senem ducente in thalamum, puella, repente strepitu facto, ruebat foribus, putans fore ut lateret ingredientem; et ipsam pater suspicans esse corruptorem gladio cædens prosternit. Illi vehementem dolorem sentienti et exclamanti Leucippus auxilium ferens et præ mentis turbatione non prospiciens quis esset, patrem interficit. Ob quam causam relicta domo, Thessalis dux fuit in Cretam euntibus in eâ inde pulsus ab incolis in Ephesiam pervenit, ubi regionem habitavit Cretinæam dictam. Leucippi hujus dicitur Mandrolyte filia Leucophrye amore capta prodidisse urbem hostibus, quorum Leucippus erat præfectus, quum eum creavissent ex vaticinio qui missi erant Pheris ab Admeto (nempe) incolarum decima pars.

VI.

DE PALLENE.

Narrat Theogenes et Hegesippus in Pallepiacis.

Dicunt et Sithonem regem Odomantum genuisse filiam Pallenen et pulchram et gratiæ plenam, et propterea plurimum ejus famam increbuisse et venire procos non tantum ex ipsa Thracia, sed et insuper e remotis locis quosdam, ex Illyride et ad flumen Tanaim habitantibus; Sithonem autem

ἐπὶ Τανάϊδος ποταμοῦ κατῳκημένων· τὸν δὲ Σίθωνα πρῶτον μὲν κελεύειν τοὺς ἀφικνουμένους μνηστῆρας πρὸς μάχην ἰέναι (ἑαυτῷ, ἐφ' ᾧ τε, εἰ μέν τις νικώῃ ἀπιέναι) τὴν κόρην ἔχοντα, εἰ δ' ἥττων φα-
5 νείη, τεθνάναι, τούτῳ τε τῷ τρόπῳ πάνυ συχνοὺς ἀνῃρήκει. Μετὰ δὲ, ὡς αὐτόν θ' ἡ πλείων ἰσχὺς ἐπιλελοίπει, ἔγνωστό τ' αὐτῷ τὴν κόρην ἁρμόσασθαι, δύο μνηστῆρας ἀφιγμένους, Δρύαντά τε καὶ Κλεῖτον, ἐκέλευεν, ἄθλου προκειμένου τῆς κόρης, ἀλλήλοις διαμά-
10 χεσθαι, καὶ τὸν μὲν τεθνάναι, τὸν δὲ περιγενόμενον τήν τε βασιλείαν καὶ τὴν παῖδα ἔχειν. Τῆς δ' ἀφωρισμένης ἡμέρας παρούσης, ἡ Παλλήνη, ἔτυχε γὰρ ἐρῶσα τοῦ Κλείτου, πάνυ ὠρρώδει περὶ αὐτοῦ· καὶ σημῆναι μὲν οὐκ ἐτόλμα τινὶ τῶν ἀμφ' αὑτήν, δάκρυα δὲ
15 πολλὰ κατεχεῖτο τῶν παρειῶν αὐτῆς, ἕως ὅ[τε] τροφεὺς αὐτῆς πρεσβύτης (ἀνὴρ) ἀναπυνθανόμενος καὶ ἐπιγνοὺς τὸ πάθος, τῇ μὲν θαρρεῖν παρεκελεύσατο, ὡς ᾗ βούλεται, ταύτῃ τοῦ πράγματος χωρήσοντος· αὐτὸς δὲ κρύφα ὑπέρχεται τὸν ἡνίοχον τοῦ Δρύαντος, καὶ
20 αὐτῷ χρυσὸν πολὺν ὁμολογήσας, πείθει διὰ τῶν ἁρματηγῶν τροχῶν μὴ διεῖναι τὰς περόνας. Ἔνθα δὴ, ὡς ἐς μάχην ἐξήεσαν καὶ ἤλαυνεν ὁ Δρύας ἐπὶ τὸν Κλεῖτον, καὶ οἱ τροχοὶ περιερρύησαν αὐτῷ τῶν ἁρμάτων· καὶ οὕτως πεσόντα αὐτὸν ἐπιδραμὼν ὁ Κλεῖτος ἀναιρεῖ.
25 Αἰσθόμενος δ' ὁ Σίθων τόν τ' ἔρωτα καὶ τὴν ἐπιβουλὴν τῆς θυγατρὸς, μάλα μεγάλην πυρὰν νήσας καὶ ἐπιθεὶς τὸν Δρύαντα, ᾤετο συνεπισφάξειν καὶ τὴν Παλλήνην. Φαντάσματος δὲ θείου γενομένου καὶ ἐξαπιναίως ὕδατος ἐξ οὐρανοῦ πολλοῦ καταρραγέντος, μετέγνω τε καὶ γά-
30 μοις ἀρεσάμενος τὸν παρόντα Θρᾳκῶν ὅμιλον, ἐφίησι τῷ Κλείτῳ τὴν κόρην ἄγεσθαι.

Ζ'.

ΠΕΡΙ ΙΠΠΑΡΙΝΟΥ.

Ἱστορεῖ Φανίας ὁ Ἐρέσιος.

Ἐν δὲ τῇ Ἰταλίᾳ Ἡρακλείᾳ παιδὸς διαφόρου τὴν ὄψιν, Ἱππαρῖνος ἦν αὐτῷ ὄνομα, τῶν πάνυ δοκίμων, Ἀντιλέων ἡράσθη· ὃς πολλὰ μηχανώμενος οὐδαμῇ δυ-
35 νατὸς ἦν αὐτὸν ἁρμόσασθαι, περὶ δὲ γυμνάσια διατρίβοντι πολλὰ τῷ παιδὶ προσρυεὶς ἔφη, τοσοῦτον αὐτοῦ πόθον ἔχειν, ὥστε πάντα πόνον ἀνατλῆναι, καὶ ὅ τι ἂν κελεύῃ μηδενὸς αὐτὸν ἁμαρτήσασθαι. Ὁ δ' ἄρα κατεπερωνευόμενος προσέταξεν αὐτῷ, ἀπό τινος ἐρυμνοῦ
40 χωρίου, ὃ μάλιστ' ἐφρουρεῖτο ὑπὸ τοῦ τῶν Ἡρακλεωτῶν τυράννου, τὸν κώδωνα κατακομίσαι, πειθόμενος μὴ [ἂν] ποτε τελέσειν αὐτὸν τόνδε τὸν ἄθλον. Ἀντιλέων δὲ κρύφα τὸ φρούριον ὑπελθὼν καὶ λοχήσας τὸν φύλακα τοῦ κώδωνος κατακαίνει, κἀπειδὴ ἀφίκετο πρὸς
45 τὸ μειράκιον, ἐπιτελέσας τὴν ὑπόσχεσιν, ἐν πολλῇ αὐτῷ εὐνοίᾳ ἐγένετο, καὶ ἐκ τοῦδε μάλιστ' ἀλλήλους ἐφίλουν. Ἐπεὶ δ' ὁ τύραννος τῆς ὥρας ἐγλίχετο τοῦ παιδὸς καὶ οἷός [τε] ἦν αὐτὸν βιάζεσθαι, δυσανασχε-

CAP. V — VII.

primum quidem jubere advenientes procos pugnam secum committere, (ea conditione, ut si quis vinceret, abiret) filiam habens, si vero inferior esse videretur, moreretur, et hac ratione valde multos sustulerat. Deinde vero, quum ipsum vires maximæ destituissent et decrevisset puellam dare nuptum, duos procos qui advenerant Dryantem et Clitum jussit invicem pugnare quum puella victoriæ præmium proposita esset ita ut alter occideretur, alter qui superesset et regno et filia potiretur. Definito die instante, Pallene, erat enim Cliti amore capta, ei valde timebat et indicare quidem non audebat id cuidam eorum qui circa ipsam erant, multæ vero lacrymæ de genis ejus fluebant, donec nutritor ejus, senex, percunctatus et cognito dolore, bono illam animo esse jussisset, quum res, quo velit, eo sit processura: ipse vero clam adit aurigam Dryantis auroque multo promisso ei persuadet ut ne per currus rotas fibulas transmitteret. Ibi sane, ad pugnam illis procedentibus et Dryante in Clitum invehente, et rotæ illi de curru deciderunt et sic prolapsum ipsum invadens Clitus interfecit. Sithon vero, amore et insidiis filiæ cognitis, ingentem rogum exstruxit, impositoque Dryante volebat simul mactare et Pallenen. Ostento vero divino facto et repente aqua multa de cœlo effusa, consilium mutavit et præsentem Thracum multitudinem placans nuptiis, permittit Clito puellam ducere.

VII.

DE HIPPARINO.

Tradit Phanias Eresius.

In Italiæ urbe Heraclea puerum forma excellentem; cui Hipparini erat nomen, valde nobilis familiæ, Antileon amabat, qui multa machinatus, nullo modo ipsum sibi poterat conciliare; in gymnasiis vero puero versanti sæpe adhærens dicebat, tanto ejus desiderio se teneri, ut omnem laborem subiret, et quidquid jubeat nihil non ipsum nacturum. Hic autem utique per ludibrium ei mandavit, ut ex munito quodam loco qui maxime ab Archelao Heracleotarum tyranno custodiebatur, tintinnabulum afferret, credens illum numquam hoc certamen perfecturum esse. Antileon vero clam ingressus castellum et ex insidiis tintinnabuli custodem interfecit et postquam venerat ad adolescentem, promissis quum stetisset, in magna apud eum benevolentia erat et ab hoc tempore maxime se invicem amabant. Quum autem tyrannus puerum de stupro sollicitaret et

τήσας ὁ Ἀντιλέων ἐκείνῳ μὲν παρεκελεύσατο μὴ ἀντι-
λέγοντα κινδυνεύειν, αὐτὸς δ' οἴκοθεν ἐξιόντα τὸν τύραν-
νον προσδραμὼν ἀνεῖλεν· καὶ τοῦτο δράσας δρόμῳ ἵετο
·καὶ διέφυγεν ἄν, εἰ μὴ προβάτοις συνδεδεμένοις ἀμφι-
5 πεσὼν ἐχειρώθη. Διὸ τῆς πόλεως εἰς τἀρχαῖον ἀπο-
καταστάσης, ἀμφοτέροις παρὰ τοῖς Ἡρακλειώταις ἐτέ-
θησαν εἰκόνες χαλκαῖ, καὶ νόμος ἐγράφη, μηδέν' ἐλαύ-
νειν τοῦ λοιποῦ πρόβατα συνδεδεμένα.

Η'.
ΠΕΡΙ ΗΡΙΠΠΗΣ.

Ἱστορεῖ Ἀριστόδημος ὁ Νυσαεὺς ἐν α' Ἱστοριῶν περὶ τούτων,
πλὴν ὅτι τὰ ὀνόματα ὑπαλλάττει, ἀντὶ Ἡρίππης καλῶν
Γυθυμίαν, τὸν δὲ βάρβαρον Καυάραν.

Ὅτε δ' οἱ Γαλάται κατέδραμον τὴν Ἰωνίαν καὶ τὰς
10 πόλεις ἐπόρθουν, ἐν Μιλήτῳ Θεσμοφορίων ὄντων καὶ
συνηθροισμένων γυναικῶν ἐν τῷ ἱερῷ, ὃ βραχὺ τῆς
πόλεως ἀπέχει, ἀποσπασθέν τι μέρος τοῦ βαρβαρικοῦ
διῆλθεν εἰς τὴν Μιλησίαν καὶ ἐξαπιναίως ἐπιδραμὸν
εἷλεν τὰς γυναῖκας. Ἔνθα δὴ τὰς μὲν ἐρύσαντο, πολὺ
15 ἀργυρίου τε καὶ χρυσίου ἀντιδόντες, τινὲς δὲ, τῶν βαρ-
βάρων αὐταῖς οἰκειωθέντων, ἀπήχθησαν, ἐν δὲ[αὐταῖς]
καὶ Ἡρίππη, γυνὴ Ξάνθου, ἀνδρὸς ἐν Μιλήτῳ πάνυ
δοκίμου, [γένους τε τοῦ πρώτου,] παιδίον ἀπολιποῦσα
διετές. Ταύτης πολὺν πόθον ἔχων ὁ Ξάνθος ἐξηργυ-
20 ρίσατο μέρος τῶν ὑπαργμάτων, καὶ κατασκευασάμενος
χρυσοῦς δισχιλίους εἰς μὲν πρῶτον εἰς Ἰταλίαν ἐπε-
ραιώθη· ἐντεῦθεν δ' ὑπ' ἰδιοξένων τινῶν κομιζόμενος
εἰς Μασσαλίαν ἀφικνεῖται κἀκεῖθεν εἰς τὴν Κελτικήν·
καὶ προσελθὼν τῇ οἰκίᾳ, ἔνθα αὐτοῦ συνῆν ἡ γυνὴ ἀν-
25 δρὶ τῶν μάλιστα παρὰ Κελτοῖς δοξαζομένων, ὑποδοχῆς
ἐδεῖτο τυχεῖν. Τῶν δὲ διὰ φιλοξενίαν ἑτοίμως αὐτὸν
ὑποδεξαμένων, εἰσελθὼν ὁρᾷ τὴν γυναῖκα, καὶ αὐτὸν
ἐκείνη τὼ χεῖρε ἀμφιβαλοῦσα μάλα φιλοφρόνως προσ-
ηγάγετο. Παραχρῆμα δὲ τοῦ Κελτοῦ παραγενομέ-
30 νου, διεξῆλθεν αὐτῷ τήν τ' ἄλην τἀνδρὸς ἡ Ἡρίππη,
καὶ ὡς αὐτῆς ἕνεκα ἥκοι λύτρα καταθησόμενος· ὁ δ' ἠγά-
σθη τῆς ψυχῆς τὸν Ξάνθον, καὶ αὐτίκα συνουσίαν
ποιησάμενος τῶν μάλιστα προσηκόντων, ἐξένιζεν αὐ-
τόν· παρατείνοντος δὲ τοῦ πότου, τὴν γυναῖκα συγκατα-
35 κλίνει αὐτῷ καὶ δι' ἑρμηνέως ἐπυνθάνετο, πηλίκην
οὐσίαν εἴη κεκτημένος τὴν σύμπασαν· τοῦ δ' εἰς ἀριθ-
μὸν χιλίων χρυσῶν φήσαντος, ὁ βάρβαρος εἰς τέσσαρα
μέρη κατανέμειν αὐτὸν ἐκέλευε, καὶ τὰ μὲν τρία ὑπεξ-
αιρεῖσθαι αὐτῷ, γυναικὶ, παιδίῳ, τὸ δὲ τέταρτον
40 ἀπολείπειν ἄποινα τῆς γυναικός. Ὡς δ' εἰς κοίταν ποτ'
ἀπετράπετο, πολλὰ κατεμέμφετο τὸν Ξάνθον ἡ γυνὴ
διὰ τὸ μὴ ἔχοντα τοσοῦτο χρυσίον ὑποσχέσθαι τῷ βαρ-
βάρῳ, κινδυνεύσειν τ' αὐτὸν, εἰ μὴ ἐμπεδώσει τὴν ἐπαγ-
γελίαν· τοῦ δὲ φήσαντος, ἐν ταῖς κρηπῖσι τῶν παίδων
45 καὶ ἄλλους τινὰς χιλίους χρυσοῦς κεκρύφθαι διὰ τὸ μὴ
ἐλπίζειν ἐπιεικῆ τινα βάρβαρον καταλήψεσθαι, δεήσειν

paratus esset ei vim inferre, moleste ferens Antileon illum
quidem adhortatus est ne contradicendo in vitæ periculum
veniret, ipse vero domo exeuntem tyrannum invadens oc-
cidit; quo facto cursu abiit et effugisset nisi in oves invicem
colligatas incidens captus esset. Quare civitate in pristinum
statum restituta, utrisque apud Heracleotas imagines æneæ
statutæ sunt, lataque lex ne quis in posterum colligatas
oves exigeret.

VIII.
DE ERIPPE.

Refert Aristodemus Nysæensis in primo historiarum libro de
his, præterquam quod nomina commutat, pro Erippe Gythy-
miam vocans, barbarum vero Cavaram.

Quando Galli incursionem facerent in Ioniam et urbes
devastabant, Mileti Thesmophoria quum essent et mulieres
congregatæ in templo, quod non procul ab urbe abest, pars
quædam a barbarico agmine avulsa pervenit in Milesiam
terram et repente invadens cepit mulieres. Nonnullas tunc
sane redemerunt, multo auro et argento dato, nonnullæ vero
abductæ sunt, in quarum familiaritatem barbari venerunt,
inter eas autem et Erippe, Xanthi uxor, viri Milesii no-
bilissimi et generis primi, erat, relicto domi puero bienni.
Hujus magno desiderio, Xanthus bonorum partem argento
commutavit et comparatis aureis mille, primum quidem in
Italiam trajecit, inde vero a privatis quibusdam hospitibus
deductus Massiliam venit et inde in Celticam regionem; et
ad illam domum veniens, ubi uxor vivebat cum viro,
qui apud Celtas maximo in honore habebatur, ut hospitio
exciperetur rogabat. Hunc illis pro hospitalitate prompte
excipientibus ingressus videt uxorem quæ eum brachiis cir-
cumjectis valde amanter alliciebat. Mox vero Celta super-
veniente enarravit ei vagationem viri Erippe, et eum venisse
sua gratia pretium redemptionis daturum; hic autem Xanthi
spiritum admiratus est et statim convivium parans eorum
qui proxime cognati erant, hospitio illum excepit; proce-
dente vero potu mulierem juxta eum decumbere jussit et
per interpretem rogabat, quantam summam possideret;
illum dicentem se circiter mille aureos habere, barbarus
ista in quatuor partes dividere jussit et tres sibi, uxori,
filio tollere, quartam vero relinquere redemptionis pretium
uxoris. Quum vero jam ad cubile pervenerat, plurimum
increpabat Xanthum uxor, quod tantum auri non habens,
barbaro pollicitus esset et in vitæ periculum illum venturum
si non staret promissis; illo respondente in crepidis servo-
rum et alios quosdam mille aureos abscondidos esse, quum
non sperasset æquum aliquem barbarum se reperturum
fuisse et fore ut sibi magno redemptionis pretio opus esset,

δὲ πολλῶν λύτρων, ἡ γυνὴ τῇ ὑστεραίᾳ τῷ Κελτῷ καταμηνύει τὸ πλῆθος τοῦ χρυσοῦ καὶ παρεκελεύετο κτεῖναι τὸν Ξάνθον, φάσκουσα πολὺ μᾶλλον αἱρεῖσθαι αὐτὸν τῆς τε πατρίδος καὶ τοῦ παιδίου, τὸν μὲν γὰρ Ξάνθον
5 παντάπασιν ἀποστυγεῖν. Τῷ δ' ἄρ' οὐ πρὸς ἡδονῆς ἦν τὰ λεχθέντα· ἐν νῷ δ' εἶχεν αὐτὴν τίσασθαι. Ἐπειδὴ δ' ὁ Ξάνθος ἐσπούδαζεν ἀπιέναι, μάλα φιλοφρόνως προύπεμπεν ὁ Κελτὸς ἐπαγόμενος καὶ τὴν Ἡρίππην· ὡς δ' ἐπὶ τοὺς ὅρους τῆς Κελτῶν χώρας ἀφίκοντο, θυ-
10 σίαν ὁ βάρβαρος ἔφη τελέσαι βούλεσθαι πρὶν αὐτοὺς ἀπ' ἀλλήλων χωρισθῆναι, καὶ κομισθέντος ἱερείου, τὴν Ἡρίππην ἐκέλευεν ἀντιλαβέσθαι· τῆς δὲ κατασχούσης, ὥς καὶ ἄλλοτε σύνηθες αὐτῇ, ἐπανατεινάμενος τὸ ξίφος καθικνεῖται καὶ τὴν κεφαλὴν αὐτῆς ἀφαιρεῖ,
15 τῷ τε Ξάνθῳ παρεχελεύετο μὴ δυσφορεῖν, ἐξαγγείλας τὴν ἐπιβουλὴν αὐτῆς, ἐπέτρεπέ τε τὸ χρυσίον ἅπαν κομίζειν αὐτῷ.

Θ'.

ΠΕΡΙ ΠΟΛΥΚΡΙΤΗΣ.

Ἡ ἱστορία αὕτη ἐλήφθη ἐκ τῆς α' Ἀνδρίσκου Ναξιακῶν· γράφει περὶ αὐτῆς καὶ Θεόφραστος ἐν τῷ δ' τῶν Πρὸς τοὺς καιρούς.

Καθ' ὃν δὲ χρόνον ἐπὶ Ναξίους Μιλήσιοι συνέθησαν σὺν ἐπικούροις καὶ τεῖχος πρὸ τῆς πόλεως ἐνοικοδομη-
20 σάμενοι τήν τε χώραν ἔτεμνον καὶ καθείρξαντες τοὺς Ναξίους ἐφρούρουν, τότε παρθένος ἀπολειφθεῖσα κατά τινα δαίμονα ἐν Δηλίῳ ἱερῷ, ὃ πλησίον τῆς πόλεως κεῖται, Πολυκρίτη ὄνομα αὐτῇ, τὸν τῶν Ἐρυθραίων ἡγεμόνα Διόγνητον εἶλεν, ὃς οἰκείαν δύναμιν ἔχων συνεμάχει
25 τοῖς Μιλησίοις. Πολλοῖς δὲ συνεχόμενος πόθῳ διεπέμπατο πρὸς αὐτήν· οὐ γὰρ δή γε θεμιτὸν ἦν, ἱκέτιν οὖσαν ἐν τῷ ἱερῷ βιάζεσθαι· ἡ δ' ἕως μέν τινος οὐ προσίετο τοὺς παραγινομένους· ἐπεὶ μέντοι πολὺς ἐνέκειτο, οὐκ ἔφη πεισθήσεσθαι αὐτῷ, εἰ μὴ ὁμόσειεν ὑπηρετήσειν
30 αὐτῇ, ὅ τι ἂν βουληθῇ. Ὁ δὲ Διόγνητος, οὐδὲν ὑποτοπήσας τοιόνδε, μάλα προθύμως ὤμοσεν Ἄρτεμιν, χαριεῖσθαι αὐτῇ, ὅ τι ἂν προαιρῆται· κατομοσαμένου δ' αὐτοῦ, [καὶ] λαβομένη τῆς χειρὸς αὐτοῦ ἡ Πολυκρίτη μιμνήσκεται περὶ προδοσίας τοῦ χωρίου, καὶ
35 πολλὰ καθικετεύει αὐτήν τ' οἰκτείρειν καὶ τὰς συμφορὰς τῆς πόλεως. Ὁ Διόγνητος ἀκούσας τοῦ λόγου ἐκτός τ' ἐγένετο αὑτοῦ καὶ σπωσάμενος τὴν μάχαιραν ὥρμησεν διεργάσασθαι τὴν κόρην. Ἐν νῷ μέντοι λαβὼν τὸ εὔγνωμον αὐτῆς καὶ ἅμ' ὑπ' ἔρωτος κρατούμενος, ἔδει
40 γάρ, ὡς ἔοικε, καὶ Ναξίοις μεταβολὴν γενέσθαι τῶν παρόντων κακῶν, τότε μὲν οὐδὲν ἀπεκρίνατο, βουλευόμενος τί ποιητέον εἴη· τῇ δ' ὑστεραίᾳ καθωμολογήσατο προδώσειν. Καὶ ἐν τούτῳ δὴ τοῖς Μιλησίοις ἑορτὴ μετὰ τρίτην ἡμέραν Θαργήλια ἐπῄει, ἐν ᾗ πολὺν
45 τ' ἄκρατον ἐμφοροῦνται καὶ τὰ πλείστου ἄξια καταναλίσκουσι· τότε παρεσκευάζετο προδιδόναι τὸ χωρίον·

CAP. VII — IX.

uxor postridie Celtæ multitudinem auri defert et hortabatur Xanthum interficere, affirmans eum se longe præferre patriæ et puero, Xanthum enim omnino detestari. Huic autem non placebant hæc dicta, et animus illi erat ipsam punire. Xanthum abire festinantem valde amice comitatus est Celta, ducens secum et Erippen; quum vero ad fines Celtarum venissent, barbarus sacrificium se velle parare dicebat, priusquam a se invicem discederent, et victimam allatam Erippen jubebat attingere; quam quum ut et alias solebat, apprehendisset, stringens gladium percutit illam et caput amputat, Xanthumque monebat ne ægre hæc ferret, nuntians ejus insidias, et ei permisit omne aurum auferre.

IX.

DE POLYCRITE.

Historia hæc sumta e libro primo de rebus Naxicis; scribit de illa et Theophrastus in libro quarto scripti cui titulus, Ad occasiones.

Quo tempore contra Naxios Milesii expeditionem faciebant cum auxiliis et vallo ante urbem exstructo et regionem populabantur et Naxios mœnibus inclusos obsidebant, eo tempore virgo relicta, dei cujusdam providentia in Delio templo, quod prope urbem jacet, cui Polycrite nomen, Erythræorum ducem Diognetum in amorem sui traxit, qui cum suis copiis Milesiorum socius erat. Magno autem ejus desiderio captus legationem misit ad illam; non enim fas erat utique supplicem puellam in templo stuprare: illa autem aliquamdiu advenientes non admittebat; quum vero valde instaret, negabat sibi posse persuaderi, nisi jurasset se facturum quodcunque ipsa voluerit. Diognetus vero nil tale suspicatus, alacerrime juravit per Dianam, se illi præbiturum quidquid cuperet; facto autem jurejurando illius manum prehendens Polycrite meminit de prodenda regione et multa supplex precatur ut sui et urbis calamitatum misereatur. Diognetus, auditis verbis, haud apud se erat, strictoque gladio paratus erat interficere puellam. Secum vero reputans bonum illius animum, simul victus amore, in fatis enim erat, ut videtur, et Naxiis fore præsentium malorum levamen, tunc quidem nil respondit, deliberans quid faciendum esset, postridie autem pollicitus est se proditurum. Et interea sane Milesiis post triduum festum instabat dies Thargeliorum, quo multo mero implentur et maximos sumptus faciunt: eo tempore parabat prodere

καὶ εὐθέως διὰ τῆς Πολυκρίτης ἐνθέμενος εἰς ἄρτον μο-
λυβδίνην ἐπιστολὴν (ἐπιστέλλει) τοῖς ἀδελφοῖς αὐτῆς,
ἐτύγχανον δ' ἄρα τῆς πόλεως ἡγεμόνες (ὄντες) οὗτοι,
ὅπως εἰς ἐκείνην τὴν νύκτα παρασκευασάμενοι ἥκωσιν·
5 σημεῖον δ' αὐτοῖς ἀνασχήσειν αὐτὸς ἔφη λαμπτῆρα.
Καὶ ἡ Πολυκρίτη δὲ τῷ κομίζοντι τὸν ἄρτον φράζειν
ἐκέλευε τοῖς ἀδελφοῖς μὴ ἐνδοιασθῆναι, ὡς τῆς πράξεως
ἐπὶ τέλος ἀχθησομένης, εἰ μὴ ἐκεῖνοι ἐνδοιασθεῖεν.
Τοῦ δ' ἀγγέλου ταχέως εἰς τὴν πόλιν ἐλθόντος, Πολυ-
10 κλῆς, ὁ τῆς Πολυκρίτης ἀδελφὸς, ἐν πολλῇ φροντίδι ἐγί-
γνετο, εἴτε πεισθήσοιτο τοῖς ἐπεσταλμένοις, εἴτε μή·
τέλος δὲ, ὡς ἐδόκει πᾶσι πείθεσθαι καὶ νὺξ ἐπῆλθεν, ἐν ᾗ
προσετέτακτο πᾶσι παραγίγνεσθαι, πολλὰ κατευξάμενοι
τοῖς θεοῖς, εἰσδεχομένων αὐτοὺς τῶν ἀμφὶ Διόγνητον, ἐσ-
15 πίπτουσιν εἰς τὸ τεῖχος τῶν Μιλησίων, οἱ μέν τινες κατὰ
τὴν ἀνεῳγμένην πυλίδα, οἱ δὲ καὶ τὸ τεῖχος ὑπερελθόν-
τες, ἀθρόοι τ' ἐντὸς γενόμενοι κατέκαινον τοὺς Μιλησίους·
ἔνθα δὴ κατ' ἄγνοιαν ἀποθνήσκει καὶ Διόγνητος. Τῇ
δ' ἐπιούσῃ οἱ Νάξιοι πάντες πολὺν πόθον εἶχον θεάσα-
20 σθαι τὴν κόρην· καὶ οἱ μέν τινες αὐτὴν μίτραις ἀνέδουν,
οἱ δὲ ζώναις, αἷς βαρηθεῖσα ἡ παῖς διὰ πλῆθος τῶν
ἐπιρριπτουμένων ἀπεπνίγη. Καὶ αὐτὴν δημοσίᾳ θά-
πτουσιν ἐν τῷ πεδίῳ, πάντα ἑκατὸν ἐναγίσαντες αὐτῇ·
φασὶ δέ τινες καὶ Διόγνητον ἐν τῷ αὐτῷ καῆναι, ἐν
25 ᾧ καὶ ἡ παῖς, σπουδασάντων τῶν Ναξίων.

Ι'.

ΠΕΡΙ ΛΕΥΚΩΝΗΣ.

Ἐν δὲ Θεσσαλίᾳ Κυάνιππος, υἱὸς Φάρακος, μάλα
καλῆς παιδὸς Λευκώνης εἰς ἐπιθυμίαν ἐλθὼν, παρὰ τῶν
πατέρων αἰτησάμενος αὐτὴν ἠγάγετο γυναῖκα. Ἦν
δὲ φιλοκύνηγος· (καὶ) μεθ' ἡμέραν μὲν ἐπί τε λέοντας
30 καὶ κάπρους ἐφέρετο, νύκτωρ δὲ κατῄει πάνυ κεκμη-
κὼς πρὸς τὴν κόρην, ὥστε μηδὲ διὰ λόγων ἔσθ' ὅτε
γιγνόμενον αὐτῇ ἐς βαθὺν ὕπνον καταφέρεσθαι. Ἡ
δ' ἄρ' ὑπό τ' ἀνίας καὶ ἀλγηδόνων συνεχομένη, ἐν
πολλῇ ἀμηχανίᾳ ἦν σπουδήν τ' ἐποιεῖτο κατοπτεῦσαι
35 τὸν Κυάνιππον, ὅ τι ποιῶν ἥδοιτο τῇ κατ' ὄρος διαίτῃ·
αὐτίκα δ' εἰς γόνυ ζωσαμένη κρύφα τῶν θεραπαινιδίων
εἰς τὴν ὕλην καταδύνει. Αἱ δὲ τοῦ Κυανίππου κύνες
ἐδίωκον μὲν ἔλαφον· οὖσαι δ' οὐ πάνυ κτίλοι, ἅτε δὴ
ἐκ πολλοῦ ἠγριωμέναι, ὡς ὠσφρήσαντο τῆς κόρης,
40 ἐπηνέχθησαν αὐτῇ, καὶ μηδενὸς παρόντος, πᾶσαν διε-
σπάραξαν· καὶ ἡ μὲν δὴ ἀνδρὸς κουριδίου ταύτῃ
τέλος ἔσχε· Κυάνιππος δὲ, ὡς ἐπελθὼν κατέλαβε λελω-
βημένην τὴν Λευκώνην, μεγάλῳ τ' ἄχει * ἐπληρώθη,
καὶ ἀνακαλεσάμενος τοὺς ἀμφ' αὑτὸν, ἐκείνην μὲν,
45 πυρὰν νήσας, ἐπέθετο, αὐτὸς δὲ πρῶτον μὲν τὰς κύνας
ἐπικατέσφαξε τῇ πυρᾷ, ἔπειτα δὲ πολλ' ἀποδυράμενος
τὴν παῖδα διεχρήσατο ἑαυτόν.

regionem et statim Polycrites opera pani impositam plum-
beam epistolam (*mittit*) ad fratres ejus, erant autem hi
sane urbis præfecti, ut illa ipsa nocte instructi venirent;
facem autem signum se iis laturum dicebat. Et Polycrite
vero illum qui panem portabat dicere jubebat suis fratribus,
ne hæsitarent, fore enim ut res ad exitum perduceretur si
illi non hæsitarent. Nuntio celeriter in urbem veniente,
Polycles, Polycrites frater, multa sollicitudine tenebatur,
utrum nuntiatis fidem haberet nec ne ; tandem vero, quum
omnes obsequendum esse censerent et nox instaret, qua
jussi erant omnes venire, multa deos precati, intromitten-
tibus ipsos Diogneti militibus, impetum faciunt in vallum
Milesiorum, alii quidem qua porta aperta erat, alii vero et
transgredientes vallum, et conferti quum intrassent, in-
terficiebant Milesios; tunc sane et per ignorantiam interfe-
ctus est Diognetus. Sequenti die Naxii omnes magno de-
siderio tenebantur spectandi puellam ; quam alii vittis, alii
zonis coronaverunt, ita ut multitudine eorum quæ injice-
rentur puella oppressa suffocaretur. Illam autem publice
in campo sepelierunt quum illi parentaverant omnium cen-
tesimas; nonnulli vero dicunt et Diognetum eodem loco
combustum esse, quo puellam, Naxiis id cupientibus.

X.

DE LEUCONE.

In Thessalia Cyanippus, filius Pharacis, Leuconæ pulcher-
rimæ puellæ in amorem veniens, a parentibus petens ipsam
duxit uxorem. Erat autem valde deditus venationi (*et*)
interdiu quidem leones et apros insequebatur, nocte autem
penitus fatigatus redibat ad puellam, ita ut interdum ne
sermone quidem habito cum illa profundum in somnum
deferretur. Hæc autem prœ mœstitia et doloribus consi-
lii inops erat et studebat speculari Cyanippum, quid fa-
ciens delectaretur in montibus degere; statim vero ad
genua vestibus sublatis cincta, clam famulis sylvam in-
greditur. Cyanippi vero canes persequebantur quidem
cervum ; quum autem essent non valde mansueti, quippe
a longo inde tempore ferociores facti, ubi puellam olebant,
eam invaserunt et nemine præsente totam discerpserunt :
illa ob viri juvenis desiderium hunc habuit exitum.
Cyanippus vero superveniens, truncatam Leuconen de-
prehendit ac magno dolore repletus est, et convocatis suis,
illam quidem in exstructum rogum imposuit, ipse vero
primum quidem canes super rogo mactavit, dein vero ve-
hementer deplorata puella se interfecit.

CAP. IX — XII.

IA'.

ΠΕΡΙ ΒΥΒΛΙΔΟΣ.

Ἱστορεῖ Ἀριστόκριτος περὶ Μιλήτου καὶ Ἀπολλώνιος ὁ Ῥόδιος Καύνου κτίσει.

Περὶ δὲ Καύνου καὶ Βυβλίδος, τῶν Μιλήτου παίδων, διαφόρως ἱστορεῖται. Νικαίνετος μὲν γάρ φησι τὸν Καῦνον ἐρασθέντα τῆς ἀδελφῆς, ὡς οὐκ ἔληγε τοῦ πάθους, ἀπολιπεῖν τὴν οἰκίαν καὶ ὁδεύσαντα πόρρω τῆς οἰκείας χώρας, πόλιν τε κτίσαι καὶ τοὺς ἀπεσκεδασμένους τότ' Ἴωνας ἐνοικίσαι· λέγει δ' ἔπεσι τοῖσδε·

αὐτὰρ ὅ γε προτέρωσε κιὼν Οἰκούσιον ἄστυ
κτίσσατο, Τραγασίη δὲ Κελαινοῦς εἴχετο παιδὶ,
ἥ οἱ Καῦνον ἔτικτεν ἀεὶ φιλέοντα θέμιστας·
γείνατο δὲ ῥαδαλῆς ἐναλίγκιον ἀρκεύθοισι
Βυβλίδα, τῆς ἤτοι ἀέκων ἠράσσατο Καῦνος·
βῆ δὲ φέρην Δίας, φεύγων ὀφιώδεα Κύπρον
καὶ Κάπρος ὑλιγενὲς καὶ Κάρια ἱρὰ λοετρά·
ἔνθ' ἤτοι πτολίεθρον ἐδείματο πρῶτος Ἰώνων.
αὐτὴ δὲ γνωτή, ὁλολυγόνος οἶτον ἔχουσα,
Βυβλὶς ἀποπρὸ πυλῶν Καύνου ὠδύρατο νόστον.

Οἱ δὲ πλείους τὴν Βυβλίδα φασὶν, ἐρασθεῖσαν τοῦ Καύνου, λόγους αὐτῷ προσφέρειν καὶ δεῖσθαι μὴ περιιδεῖν αὐτὴν εἰς πᾶν κακοῦ προελθοῦσαν· ἀποστυγήσαντα δ' οὕτως τὸν Καῦνον περαιωθῆναι εἰς τὴν τοθ' ὑπὸ Λελέγων κατεχομένην γῆν, ἔνθα κρήνη Ἐχενηὶς, πόλιν τε κτίσαι τὴν ἀπ' αὐτοῦ κληθεῖσαν Καῦνον· τὴν δ' ἄρα, ὑπὸ τοῦ πάθους μὴ ἀνιεμένην, πρὸς δὲ καὶ δοκοῦσαν αἰτίαν γεγονέναι Καύνῳ τῆς ἀπαλλαγῆς, ἀναψαμένην ἀπό τινος δρυὸς τὴν μίτραν, ἐνθεῖναι τὸν τράχηλον· λέγεται δὲ καὶ παρ' ἡμῖν οὕτως·

ἡ δ' ὅτε δὴ ὀλοοῖο κασιγνήτου νόον ἔγνω,
κλαῖεν ἀηδονίδων θαμινώτερον, αἵτ' ἐνὶ βήσσης
Σιθονίῳ κούρῳ πέρι μυρίον αἰάζουσιν·
καί ῥα κατὰ στυφελοῖο σαρωνίδος αὐτίκα μίτρην
ἀψαμένη, δειρὴν ἐνεθήκατο, ταὶ δ' ἐπ' ἐκείνῃ
βεύδεα παρθενικαὶ Μιλησίδες ἐρρήξαντο.

Φασὶ δέ τινες καὶ ἀπὸ τῶν δακρύων κρήνην ῥυῆναι ἰδίᾳ τὴν καλουμένην Βυβλίδα.

IB'.

ΠΕΡΙ ΚΑΛΧΟΥ.

Λέγεται δὲ καὶ Κίρκης, πρὸς ἣν Ὀδυσσεὺς ἦλθε, Δαυνιόν τινα Κάλχον ἐρασθέντα, τήν τε βασιλείαν ἐπιτρέπειν τὴν Δαυνίων αὐτῇ καὶ ἄλλα πολλὰ μειλίγματα παρέχεσθαι· τὴν δ' ὑποκαομένην Ὀδυσσέως, τότε γὰρ ἐτύγχανε παρὼν, ἀποστυγεῖν τ' αὐτὸν καὶ κωλύειν ἐπιβαίνειν τῆς νήσου. Ἐπεὶ μέντοι οὐκ ἀνίει φοιτῶν καὶ διὰ στόμα ἔχων τὴν Κίρκην, μάλ' ἀχθεσθεῖσα ὑπέργεται αὐτὸν, καὶ αὐτίχ' εἰσκαλεσαμένη, τράπεζαν αὐτῷ παντοδαπῆς θοίνης πλήσασα παρατίθησιν· ἦν δ' ἄρα φαρμάκων ἀνάπλεω τὰ ἐδέσματα,

XI.

DE BYBLIDE.

Tradit Aristocritus de Mileto et Apollonius Rhodius in Cauno condita.

De Cauno et Byblide Mileti filiis vario modo narratur. Nicænetus enim dicit Caunum amore captum sororis, non quiescente hoc affectu, reliquisse domum et abeuntem procul a patria terra, urbem condidisse et dispersos tunc Iones in ea jussisse habitare: dicit autem versibus his:

Sed hic longius iens Œcusium urbem
condidit, Tragasiæ vero Celænûs tenebatur amore filiæ,
quæ illi Caunum peperit semper justitiæ amantem;
peperit autem excelsis similem juniperis
Byblidem, quam profecto invitus Caunus amavit;
abibat vero trans Diam, fugiens Cyprum anguiferam
et Caprum sylvosam et Carum sacra balnea;
ibi sane parvum oppidum ædificavit primus Ionum.
Ipsa vero soror, ululæ fatum habens,
Byblis procul a portis Cauni planxit absentiam.

Plerique autem Byblidem dicunt amore captam Cauni sermones cum eo contulisse et rogasse ut ne sineret se in ultima mala venire, verum Caunum ita aversatum trajecisse ad regionem a Lelegibus tunc habitatam, ubi fons Echeneis, urbemque condidisse ab ejus nomine Caunum dictam; illam vero, quam amoris affectus non relinqueret, et ratam insuper se causam esse quod Caunus abiisset, alligato ad quercum quamdam cingulo, collum imposuisse; narratur autem et apud nos ita:

Illa vero quando cognoverat fratris duri sententiam,
flebat lusciniis frequentius, quæ in saltibus
Sithonium puellam plurimum plangunt.
Et sane duræ quercui cingulum statim
quum annexisset, collum imposuit; ob illam
vero vestes virgines Milesiæ sciderunt.

Nonnulli vero dicunt et e lacrymis ejus fontem fluxisse proprie dictum Byblidem.

XII.

DE CALCHO.

Dicitur et Circes, ad quam Ulysses venit, Daunium quidam Calchus amore captus et regnum Dauniorum ei detulisse et alias multas illecebras præbuisse; illa autem Ulyssem deperiens, tunc temporis enim forte aderat, aversata esse illum et prohibuisse quominus insulam contingeret. Quum tamen non desisteret itare ad Circen illamque iu ore habere, valde indignata illum adit et statim domum suam invitans, mensam illi omnis generis cibis refertam apponit;

φαγών θ' ὁ Κάλχος εὐθέως παραπλὴξ γίγνεται, καὶ
αὑτὸν ἤλασεν ἐς σφεούς. Ἐπεὶ μέντοι μετὰ χρόνον
Δαύνιος στρατὸς ἐπῄει τῆς νήσου ζήτησιν ποιούμενος
τοῦ Κάλχου, μεθίησιν αὐτὸν, πρότερον ὁρκίοις κατα-
δησαμένη, μὴ ἀφίξεσθαί ποτ' εἰς τὴν νῆσον, μήτε
μνηστείας, μήτ' ἄλλου του χάριν.

ΙΙ´.
ΠΕΡΙ ΑΡΠΑΛΥΚΗΣ.
Ἱστορεῖ Εὐφορίων Θραχὶ καὶ Ἀρητάδας.

Κλύμενος δ' ὁ Τελέως ἐν Ἄργει, γήμας Ἐπικάστην
γεννᾷ παῖδας, ἄρρενας μὲν Ἴδαν καὶ Θήραγρον, θυ-
γατέρα δ' Ἀρπαλύκην, πολύ τι τῶν ἡλίκων θηλειῶν
κάλλει διαφέρουσαν. Ταύτης εἰς ἔρωτα ἐλθὼν χρόνον
μέν τινα ἐκαρτέρει καὶ περιῆν τοῦ παθήματος· ὡς δὲ
πολὺ μᾶλλον αὐτὸν ὑπέρρει τὸ νόσημα, τότε διὰ τῆς
τροφοῦ κατεργασάμενος τὴν κόρην, λαθραίως αὐτῇ
συνῆλθεν. Ἐπεὶ μέντοι γάμου καιρὸς ἦν καὶ παρῆν
Ἀλάστωρ, εἷς τῶν Νηλειδῶν, ἀξόμενος αὐτήν, ᾧ κα-
θωμολόγητο, παραχρῆμα μὲν ἐνεχείρισε, πάνυ λαμ-
προὺς γάμους δαίσας· μεταγνοὺς δ' οὐ πολὺ ὕστερον
διὰ τὸ ἔκφρων εἶναι μεταθεῖ τὸν Ἀλάστορα, καὶ περὶ
μέσην ὁδὸν αὐτῶν ἤδη ὄντων, ἀφαιρεῖται τὴν κόρην,
ἀγομενός τ' εἰς Ἄργος ἀναφανδὸν αὐτῇ ἐμίσγετο. Ἡ
δὲ δεινὰ καὶ ἔκνομα πρὸς τοῦ πατρὸς ἀξιοῦσα πεπονθέ-
ναι, τὸν νεώτερον ἀδελφὸν κατακόπτει, καί τινος ἑορ-
τῆς καὶ θυσίας παρ' Ἀργείοις τελουμένης, ἐν ᾗ δημοσίᾳ
πάντες εὐωχοῦνται, τότε σκευάσασα τὰ κρέα τοῦ παι-
δὸς παρατίθησι τῷ πατρί. Καὶ ταῦτα δράσασα αὐτὴ
μὲν εὐξαμένη θεοῖς ἐξ ἀνθρώπων ἀπαλλαγῆναι, μετα-
βάλλει τὴν ὄψιν εἰς χαλκίδα ὄρνιν· Κλύμενος δὲ, ὡς ἔν-
νοιαν ἔλαβε τῶν συμφορῶν, διαχρῆται ἑαυτόν.

ΙΔ´.
ΠΕΡΙ ΑΝΘΕΩΣ.
Ἱστορεῖ Ἀριστοτέλης καὶ οἱ τὰ Μιλησιακά.

Ἐκ δ' Ἁλικαρνασσοῦ παῖς Ἀνθεὺς, ἐκ βασιλείου
γένους, ὡμήρευσε παρὰ Φοβίῳ, ἑνὶ τῶν Νηλειδῶν,
τότε κρατοῦντι Μιλησίων. Τούτου Κλεόβοια, ἥν τινες
Φιλαίχμην ἐκάλεσαν, τοῦ Φοβίου γυνή, ἐρασθεῖσα,
πολλὰ ἐμηχανᾶτο εἰς τὸ προσαγαγέσθαι τὸν παῖδα.
Ὡς δ' ἐκεῖνος ἀπεωθεῖτο, ποτὲ μὲν φάσκων ὀρρωδεῖν,
μὴ καταδηλος γένοιτο, ποτὲ δὲ Δία Ξένιον καὶ κοινὴν
τράπεζαν προϊσχόμενος, ἡ Κλεόβοια κακῶς φερομένη
ἐν νῷ εἶχε τίσασθαι αὐτὸν, ἀντλεῆ τε καὶ ὑπέραυχον
ἀποκαλοῦσα. Ἔνθα δὴ, χρόνου προϊόντος, τοῦ μὲν
ἔρωτος ἀπηλλάχθαι προσεποιήθη· πέρδικα δὲ τιθασὸν
εἰς βαθὺ φρέαρ κατασοβήσασα, ἐδεῖτο τοῦ Ἀνθέως,
ὅπως κατελθὼν ἀνέλοιτο αὐτόν· τοῦ δ' ἑτοίμως ὑπα-
κούσαντος διὰ τὸ μηδὲν ὑφοράσθαι, ἡ Κλεόβοια ἐπι-

erant autem venenis infecti cibi, et Calchus edit et statim
mente captus est, et illum detrusit ad porcos. Postquam
vero intermisso tempore Daunius exercitus invadebat in-
sulam quærens Calchum, liberat illum, prius jurejurando
obligans ne rediret unquam in insulam neque ut procus
neque alius cujusdam rei gratia.

XIII.
DE HARPALYCE.
Refert Euphorion (in) Thrace et Aretadas.

Clymenus Telei f. Argis, uxorem duxit Epicasten et ge-
nuit liberos, masculos quidem Idam et Theragrum, filiam
vero Harpalycen, mulieres æquales forma longe præcellen-
tem. In hujus amorem incidens aliquamdiu quidem se
continebat amoremque vincebat: multo magis autem in-
gravescente morbo, per nutricem puellam sibi concilians,
clam cum ea coibat. Sed nuptiarum tempore instante,
quum adesset Alastor unus Nelidarum, qui eam uxorem
ducturus erat, cui desponsata erat, statim quidem tradidit
splendidissimis nuptiis paratis; pœnitentia vero ductus non
diu post, quoniam mentis impos erat, Alastorem insequitur
et quum jam in medio itinere essent, puellam ei ademit
et ductam secum Argos palam habuit pro uxore. Illa
vero dira et scelesta se a patre passam esse existimans,
minorem natu fratrem mactat, et quum quoddam festum
et sacrificium apud Argivos celebraretur, quo publice
omnes convivantur, eo tempore apparatas pueri carnes
patri apponit. Quibus factis ipsa quidem deos precata ut
ex hominum (conspectu) auferretur, mutata est forma in
Calchidem avem; Clymenus vero calamitates animo repu-
tans, se ipse interfecit.

XIV.
DE ANTHEO.
Narrat Aristoteles et qui Milesiacas res (prodiderunt).

Ex Halicarnasso puer Antheus, regii generis, obses erat
apud Phobium, unum Nelidarum, tunc Milesiis imperan-
tem. Hunc Cleobœa, Phobii uxor, quam quidam Philæ-
chmam vocaverunt, amans multa machinata est quibus
puerum alliceret. Quum ille vero eam non admitteret
interdum dicens se timere ne manifestum id fieret, inter-
dum Jovem Hospitalem et communem mensam prætendens,
Cleobœæ ægre ferenti animus erat illum punire, immiseri-
cordem et superbum vocans. Tunc sene, tempore pro-
cedente, amorem exstinctum suum simulavit; perdicem
vero cicurem in profundum puteum demittens Antheum
rogabat ut descenderet eamque extraheret. Illo autem
prompte obediente, quia nil mali suspicabatur, Cleobœa

σείει στιβαρὸν αὐτῷ πέτρον· καὶ ὁ μὲν παραχρῆμα
ἐτεθνήκει· ἡ δ᾽ ἄρ᾽ ἐννοηθεῖσα ὡς δεινὸν ἔργον δεδρά-
κοι, καὶ ἄλλως δὲ καομένη σφοδρῷ ἔρωτι τοῦ παιδός,
ἀναρτᾷ ἑαυτήν. Φοβίος μέντοι διὰ ταύτην τὴν αἰτίαν
ὡς ἐναγὴς παρεχώρησε Φρυγίῳ τῆς ἀρχῆς. Ἔφασαν
δέ τινες, οὐ πέρδικα, σκεῦος δὲ χρυσοῦν εἰς τὸ φρέαρ
βεβλῆσθαι, ὡς καὶ Ἀλέξανδρος ὁ Αἰτωλὸς μέμνηται
ἐν τοῖςδε ἐν Ἀπόλλωνι·

    Παῖς Ἱπποκλῆος Φοβίος Νηληϊάδαο
    ἔσται ἰθαιγενέων γνήσιος ἐκ πατέρων·
    τῷ δ᾽ ἄλοχος μνηστὴ δόμον ἵξεται, ἧς ἔτι νύμφης
    ἠλάκατ᾽ ἐν θαλάμοις καλὸν ἑλισσομένης,
    Ἀσσησοῦ βασιλῆος ἐλεύσεται ἔκγονος Ἀνθεύς,
    ὅρκι᾽ ὁμηρείης πίστ᾽ ἐπιδωσάμενος,
15 πρωθήβης, ἔαρος θαλερώτερος· οὐδὲ Μελίσσῳ
    Πειρήνης τοιόνδ᾽ ἀλφεσίβοιον ὕδωρ
    θηλήσει μέγαν υἱὸν, ἀφ᾽ οὗ μέγα χάρμα Κορίνθῳ
    ἔσται καὶ βριαροῖς ἄλγεα Βακχιάδαις·
    Ἀνθεὺς Ἑρμείῃ ταχινῷ φίλος, ᾧ ἔπι νύμφη
20 μαινὰς ἄφαρ σχήσει τὸν λιθόλευστον ἔρων·
    καί ἑ καθαψαμένη γούνων ἀτέλεστα κομίσσαι
    πείσει· ὁ δὲ Ζῆνα Ξείνιον αἰδόμενος,
    σπονδάς τ᾽ ἐν Φοβίου καὶ ἅλα ξυνεῶνα, θαλάσσῃ,
    κρήνας καὶ ποταμοὺς νίψετ᾽ ἀεικὲς ἔπος·
25 ἡ δ᾽ ὅταν ἀρνῆται μελέων γάμον ἀγλαὸς Ἀνθεύς,
    δὴ τότε οἱ τεύξει μητιόεντα δόλον,
    μύθοις ἐξαπαροῦσα· λόγος δέ οἱ ἔσσεται οὗτος·
    γαυλὸς μοι χρύσεος· φρείατος ἐκ μυχάτου
    νῦν ὅ γ᾽ ἀνελκόμενος διὰ μὲν καλὸν ἥρικεν οὖσον,
30 αὐτὸς δ᾽ ἐς Νύμφας ᾤχετ᾽ ἐρυθριάδας·
    πρός σε θεῶν, ἀλλ᾽ εἴ μοι, ἐπεὶ καὶ πᾶσιν ἀκούω
    ῥηϊδίην οἶμον τοῦδ᾽ ἔμεναι στομίου,
    ἰθύσας ἀνέλοιο, τότ᾽ ἂν μέγα φίλτατος εἴης.
    ὧδε μὲν ἡ Φοβίου Νηληϊάδαο δάμαρ
35 φθέγξεθ᾽· ὁ δ᾽ οὐ φρασθεὶς, ἀπὸ μὲν Λελεγήϊον εἷμα
    μητρὸς ἑῆς ἔργον θήσεται Ἑλλαμενῆς,
    αὐτὸς δὲ σπεύδων κοῖλον καταφήσεται ἄγχος
    φρείατος· ἡ δ᾽ ἐπί οἱ λιρὰ νοεῦσα γυνὴ
    ἀμφοτέραις χείρεσσι μυλακρίδα λᾶαν ἐνήσει·
40 καὶ τόθ᾽ ὁ μὲν ξείνων πολλῶν ἀποπρότατος
    ἠρίον ὀγκώσει τὸ μεμορμένον· ἡ δ᾽ ὑπὸ δειρὴν
    ἁψαμένη σὺν τῷ βήσεται εἰς Ἀΐδην.

ΙΕ΄.
ΠΕΡΙ ΔΑΦΝΗΣ.

Ἡ ἱστορία παρὰ Διοδώρῳ τῷ Ἐλαΐτῃ ἐν ἐλεγείαις καὶ Φυ-
λάρχῳ ἐν ιε΄.

Περὶ τῆς Ἀμύκλα θυγατρὸς Δάφνης τάδε λέγεται·
αὕτη τὸ μὲν ἅπαν εἰς πόλιν οὐ κατῄει, οὐδ᾽ ἀνεμίσγετο
45 ταῖς λοιπαῖς παρθένοις· παρεσκευασμένη δὲ κύνας
ἐθήρευεν ἔσθ᾽ ὅτε καὶ ἐν τῇ Λακωνικῇ καὶ ἐπιφοιτῶσα
εἰς τὰ λοιπὰ τῆς Πελοποννήσου ὄρη· δι᾽ ἣν αἰτίαν μάλα
καταθυμίως ἦν Ἀρτέμιδι, καὶ αὐτὴν εὔστοχα βάλλειν
ἐποίει. Ταύτης περὶ τὴν Ἠλείαν ἀλωμένης Λεύκιπ-
50 πος, Οἰνομάου παῖς, εἰς ἐπιθυμίαν ἦλθε, καὶ τὸ μὲν
ἄλλως πως αὐτῆς πειρᾶσθαι ἀπέγνω, ἀμφιεσάμενος δὲ
γυναικείας ἀμπεχόνας καὶ ὁμοιωθεὶς κόρῃ συνεθήρα
αὐτῇ. Ἔτυχε δέ πως αὐτῇ, κατὰ νοῦν γενόμενος, οὐ
μεθίει τ᾽ αὐτὸν ἀμφιπολοῦσά τε καὶ ἐξηρτημένη πᾶσαν

CAP. XII—XV.

ingentem in eum dejicit lapidem et hic quidem statim
mortuus est; illa vero secum reputans quam dirum flagi-
tium perpetrasset, ad hæc vehementi adolescentis amore
flagrans, se ipsa suspendit. Phobius autem propter hanc
causam utpote qui sacer esset, cessit Phrygio regnum.
Quidam autem dixerunt non perdicem sed vasculum au-
reum in puteum projectum esse, uti quoque Alexander
Ætolus meminit in hisce in Apolline :

Filius Hippoclis Phobius Nelidæ
erit geminis ex parentibus vera soboles;
cui uxor desponsa domum intrabit, ad quam quum adhuc
pulchre in thalamo telas ducens,   [puella juvenis esset
Assesi regis veniet filius Antheus,
qui (suo adventu) fidum jusjurandum dationis obsidum fir-
modo puber, vere magis florens; neque Melisso [mabat,
Pirenes talem boves nutriens aqua
pariet magnum filium, a quo magnum Corinthio gaudium
erit et fortibus dolores Bacchiadis;
Antheus Mercurio veloci carus, erga quem nova nupta
Furiis incensa statim amorem concipiet lapidibus obruen-
et illi tangens genua scelesta perpetrare   [dum,
persuadere conabitur; hic vero Jovem Hospitalem reverens
et libationes in Phobii domo et mensam communem, mari,
fontibus et fluviis abluet impia verba;
illa vero quando neget infelices nuptias præclarus Antheus,
tunc sane illi struet dolos meditatos,
verbis decipiens; illique erit oratio hæc :
Situla mihi aurea; puteo ex intimo
nunc hæc extracta suffringebat quidem pulchrum funem,
ipsa vero abiit ad Nymphas aquaticas.
Te per deos (oro) utinam mihi, quoniam et omnibus audio
facilem viam hujus introitus esse,
celeriter extraxeris, tunc longe carissimus eris.
Ita quidem Phobii Nelidæ uxor
locuta est, ille vero non sentiens (dolos) Lelegeam vestem
matris suæ opus deponet Hellamenes,
ipse vero festinans descendet in cavam vallem
putei, hæc autem adversus illum audax facinus destinans
ambabus manibus molarem injiciet lapidem ;
et tunc quidem hospitum longe infelicissimus
fatalem premet tumulum, illa vero collo
(in laqueum) immisso una cum hoc ibit ad Orcum.

XV.
DE DAPHNE.

Historia apud Diodorum Elaitem in elegiis et Phylarchum in libro decimo quinto.

De Amycla filia Daphne hæc narrantur : hæc quidem
omnino ad urbem non ibat neque consuetudinem habebat
cum reliquis virginibus, comparatis vero canibus venaba-
tur aliquando et in Laconica et reliquos Peloponnesi montes
frequentans; quare valde cara erat Dianæ, quæ eam peri-
tam jaculandi faciebat. Hujus circa Eleam errantis Leu-
cippus Œnomai f. in amorem incidit, et alio quidem modo
eam tentare desperabat; indutus vero muliebribus vestibus
et adsimilatus puellæ cum ea venabatur. Forte fortuna
erat autem ei gratus, illaque non intermittebat versari cum

ὅραν. Ἀπόλλων δὲ καὶ αὐτὸς τῆς παιδὸς πόθῳ καό-
μενος, ὀργῇ τε καὶ φθόνῳ εἴχετο τοῦ Λευκίππου συνόν-
τος, καὶ ἐπὶ νοῦν αὐτῇ βάλλει σὺν ταῖς λοιπαῖς παρ-
θένοις ἐπὶ κρήνην ἐλθούσαις λούεσθαι. Ἔνθα δὴ ὡς
ἀφικόμεναι ἀπεδιδύσκοντο καὶ ἑώρων τὸν Λεύκιππον
μὴ βουλόμενον, περιέρρηξαν αὐτόν· μαθοῦσαι δὲ τὴν
ἀπάτην καὶ ὡς ἐπεβούλευεν αὐταῖς, πᾶσαι μεθίεσαν εἰς
αὐτὸν τὰς αἰχμάς. Καὶ ὁ μὲν δὴ κατὰ θεῶν βούλησιν
ἀφανὴς γίγνεται· Ἀπόλλωνα δὲ Δάφνη, ἐπ' αὐτὴν
ἰόντα προϊδομένη, μάλ' ἐρρωμένως ἔφευγεν· ὡς δὲ συν-
εδιώκετο, παρὰ Διὸς αἰτεῖται ἐξ ἀνθρώπων ἀπαλλα-
γῆναι, καὶ αὐτήν φασι γενέσθαι τὸ δένδρον τὸ ἐπικλη-
θὲν ἀπ' ἐκείνης δάφνην.

Ιϛ'.

ΠΕΡΙ ΛΑΟΔΙΚΗΣ.

Ἱστορεῖ Ἡγήσιππος Μιλησιακῶν α'.

Ἐλέχθη δὲ καὶ περὶ Λαοδίκης ὅδ' ὁ λόγος, ὡς ἄρα
παραγενομένων ἐφ' Ἑλένης ἀπαίτησιν Διομήδους καὶ
Ἀκάμαντος, πολλὴν ἐπιθυμίαν ἔχειν μιγῆναι παντά-
πασι νέῳ ὄντι Ἀκάμαντι, καὶ μέχρι μέν τινος ὑπ' αἰ-
δοῦς κατέχεσθαι, ὕστερον δὲ νικωμένην ὑπὸ τοῦ πάθους
ἀνακοινώσασθαι Περσέως γυναικί, Φιλοβίη αὐτῇ ὄνομα,
παρακαλεῖν τ' αὐτὴν ὅσον οὐκ ἤδη διοιχομένη ἀρήγειν
αὐτῇ. Κατοικτείρουσα δὲ τὴν συμφορὰν τῆς κόρης
δεῖται τοῦ Περσέως, ὅπως συνεργὸς αὐτῇ γένηται, ἐκέ-
λευέ τε ξενίαν καὶ φιλότητα τίθεσθαι πρὸς τὸν Ἀκά-
μαντα. Περσεὺς δὲ τῷ ἀνδρὶ καὶ τῇ γυναικὶ βουλόμενος
ἁρμόδιος εἶναι, τὸ δὲ καὶ τὴν Λαοδίκην οἰκτείρων,
πάσῃ μηχανῇ [ἐπεὶ] τὸν Ἀκάμαντα εἰς Δάρδανον ἀφι-
κέσθαι πείθει· καθίστατο γὰρ ὕπαρχος τοῦ χωρίου· ἦλθε
καὶ Λαοδίκη ὡς εἰς ἑορτήν τινα σὺν ἄλλαις τῶν Τρῳά-
δων ἔτι παρθένος οὖσα. Ἔνθα δὴ παντοδαπὴν θοίνην
ἑτοιμασάμενος συγκατακλίνει καὶ τὴν Λαοδίκην αὐτῷ,
φάμενος μίαν εἶναι τῶν τοῦ βασιλέως παλλακίδων.
Καὶ Λαοδίκη μὲν οὕτως ἐξέπλησε τὴν ἐπιθυμίαν, χρό-
νου δὲ προϊόντος γίγνεται τῷ Ἀκάμαντι υἱὸς Μούνιτος
ὃν ὑπ' Αἴθρας τραφέντα μετὰ Τροίας ἅλωσιν διεκόμι-
σεν ἐπ' οἴκου· καὶ αὐτὸν θηρεύοντα ἐν Ὀλύνθῳ τῆς
Θρᾴκης ὄφις ἀνεῖλεν.

ΙΖ'.

ΠΕΡΙ ΤΗΣ ΠΕΡΙΑΝΔΡΟΥ ΜΗΤΡΟΣ.

Λέγεται δὲ καὶ Περίανδρον τὸν Κορίνθιον τὴν μὲν
ἀρχὴν ἐπιεικῆ τε καὶ πρᾷον εἶναι, ὕστερον δὲ φονικώ-
τερον γενέσθαι δι' αἰτίαν τήνδε· ἡ μήτηρ αὐτοῦ κομιδῇ
νέου πολλῷ πόθῳ κατείχετο, καὶ τέως ἀνεπίμπλατο
τῆς ἐπιθυμίας περιπλεκομένη τῷ παιδί. Προϊόντος δὲ
τοῦ χρόνου, τὸ πάθος ἐπὶ μεῖζον ηὔξετο, καὶ κατέχειν
τὴν νόσον οὐκ ἔθ' οἵα τ' ἦν, ἕως ἀποτολμήσασα προσ-
φέρει λόγους τῷ παιδί, ὡς αὐτοῦ γυνή τις ἐρῴη τῶν

---

eo et per omne tempus ei adhaerere. Apollo vero et *ipse*
puellae desiderio ardens, ira et invidia tenebatur ob Leucippi
praesentiam, et consilium virgini immittit ut cum reliquis
virginibus ad fontem venientibus lavet. Ibi sane quum
venientes vestes deponerent et viderent Leucippum nolen-
tem, vestes ei detraxerunt : cognita vero fraude et quas
insidias sibi struxisset, omnes demiserunt in ipsum spicula.
Et hic quidem deorum voluntate evanuit ; Apollinem vero
Daphne ad se euntem prospiciens, valde strenue fugit; ubi
vero simul eam persequebatur deus, a Jove petit ut ex ho-
minum (conspectu) abiret, et illam dicunt factam esse
arborem quae vocata sit ab illa daphne.

XVI.

DE LAODICE.

Refert Hegesippus in Milesiacarum rerum libro primo.

Fertur autem et de Laodice haec fama, illam quum ve-
nissent Helenam repetitum Diomedes et Acamas, multo
desiderio flagrasse coeundi cum Acamante admodum juvene ·
et aliquamdiu quidem pudore se continuisse, postea vero
affectu victam rem communicasse cum Persei uxore, cui
Philobiae nomen, quam rogaverit ut sibi jamjam pereunti
auxilium ferret. Miserta illa calamitatis puellae, rogat Per-
seum, ut sibi adjutor fieret et jubebat illum hospitium et
amicitiam inire cum Acamante. Perseus vero partim uxori
volens obtemperare, partim et Laodicae misertus, omnibus
modis Acamanti ut Dardanum veniret persuadet ; erat enim
regionis praefectus; venit et Laodice tanquam ad festum
aliquod cum reliquis Troadibus adhuc virgo. Ubi sane opi-
paro convivio parato, et dormire jubet Laodicen cum illo,
dicens unam esse regiarum pellicum. Et Laodice quidem
ita voto potita est, temporis vero progressu nascitur Aca-
manti filius Munitus, quem ab Aethra nutritum post
Trojam captam domum transportavit; et cum venantem in
Olyntho Thraciae regione serpens interfecit.

XVII.

DE PERIANDRI MATRE.

Dicitur vero et Periander Corinthius initio bonus et mitis
fuisse, postea vero crudelior factus esse ob causam hanc ;
mater magno amore ejus quum valde juvenis erat teneba-
tur et per quoddam tempus puerum amplectens fallebat
amorem. Procedente vero tempore affectus increscebat et
morbum continere non amplius poterat, donec aliquid
majus ausa his verbis puerum alloqueretur, eum a muliere
quadam amari pulcherrima, et eum adhortatur, ne sinat

πάνυ καλῶν, παρεκάλει τ' αὐτὸν, μὴ περιορᾶν αὐτὴν περαιτέρω καταξαινομένην. Ὁ δὲ τὸ μὲν πρῶτον οὐκ ἔφη φθερεῖν ἐξευγμένην γυναῖκα ὑπό τε νόμων καὶ ἐθῶν· λιπαρῶς δὲ προσκειμένης τῆς μητρὸς συγκατατί-
5 θεται. Κἀπειδὴ νὺξ ἐπῆλθεν, εἰς ἣν ἐτέτακτο τῷ παιδὶ, προὐδήλωσεν αὐτῷ μήτε λύχνα φαίνειν ἐν τῷ θαλάμῳ, μήτ' ἀνάγκην αὐτῇ ἐπάγειν πρὸς τὸ διαλεχθῆ- ναί τι· ἐπιπροσθεῖσθαι γὰρ αὐτὴν ὑπ' αἰδοῦς. Καθο- μολογησαμένου δὲ τοῦ Περιάνδρου πάντα ποιήσειν κατὰ
10 τὴν ὑφήγησιν τῆς μητρὸς, ὡς ὅτι κράτιστα αὐτὴν ἀσκή- σασα εἰσέρχεται παρὰ τὸν παῖδα, καὶ πρὶν ἢ ὑποφαί- νειν ἕω λαθραίως ἔξεισιν. Τῇ δ' ὑστεραίᾳ ἀναπυνθα- νομένης αὐτῆς, εἰ κατὰ νοῦν αὐτῷ γένοιτο, καὶ εἰ αὖτις θέλοι αὐτὴν παρ' αὐτὸν ἀφικέσθαι, ὁ Περίανδρος σπου-
15 δάζειν τ' ἔφη καὶ ἡσθῆναι οὐ μετρίως. Ὡς δ' ἐκ τού- του οὐκ ἀνίει φοιτῶσα πρὸς τὸν παῖδα καί τις ἔρως ὑπῄει τὸν Περίανδρον, ἤδη σπουδὴν ἐτίθετο γνωρίσαι τὴν ἄνθρωπον ἥτις ἦν. Καὶ ἕως μέν τινος ἐδεῖτο τῆς μητρὸς, ἐξικετεῦσαι ἐκείνην, ὅπως τ' εἰς λόγους αὐτῷ
20 ἀφίκοιτο, κἀπειδὴ εἰς πολὺν πόθον ἐπάγοιτο αὐτὸν, δῆλη ποτὲ γένοιτο· νυνὶ γὰρ παντάπασι πρᾶγμα ἀγνω- μον πάσχειν διὰ τὸ μὴ ἐφίεσθαι αὐτῷ καθορᾶν τὴν ἐκ πολλοῦ χρόνου συνοῦσαν αὐτῷ. Ἐπεὶ δ' ἡ μήτηρ ἀπεῖργε, αἰτιωμένη τὴν αἰσχύνην τῆς γυναικὸς, κε-
25 λεύει τινὰ τῶν ἀμφ' αὐτὸν [οἰκετῶν] λύχνα κατακρύ- ψαι· τῆς δὲ κατὰ τὸ σύνηθες ἀφικομένης καὶ μελλούσης κατακλίνεσθαι, ἀναδραμὼν ὁ Περίανδρος ἀναιρεῖ τὸ φῶς, καὶ κατιδὼν τὴν μητέρα, ὥρμησεν ἐπὶ τὸ διεργά- σασθαι αὐτήν· κατασχεθεὶς δ' ὑπό τινος δαιμονίου φαν-
30 τάσματος ἀπετράπετο, κἀκ τούτου παραπλὴξ ἦν [νοῦ τε καὶ φρενῶν], κατέσκηψέ τ' εἰς ὠμότητα καὶ πολ- λοὺς ἀπέσφαξε τῶν πολιτῶν· ἡ δὲ μήτηρ πολλὰ κατο- λοφυραμένη τὸν ἑαυτῆς δαίμονα, ἀνεῖλεν ἑαυτήν.

ΙΗ'.

ΠΕΡΙ ΝΕΑΙΡΑΣ.

Ἱστορεῖ Θεόφραστος ἐν α' τῶν Πρὸς τοὺς καιρούς.

Ὑψικρέων δὲ Μιλήσιος καὶ Προμέδων Νάξιος μά-
35 λιστα φίλω ἤστην. Ἀφικομένου οὖν ποτε Προμέδον- τος εἰς Μίλητον, θατέρου λέγεται τὴν γυναῖκα Νέαιραν ἐρασθῆναι αὐτοῦ· καὶ παρόντος μὲν τοῦ Ὑψικρέοντος, μὴ τολμᾶν αὐτῇ διαλέγεσθαι τῷ ξένῳ· μετὰ δὲ [χρό- νον], ὡς ὁ μὲν Ὑψικρέων ἐτύγχανεν ἀποδημῶν,
40 ὁ δ' αὖτις ἀφίκετο, νύκτωρ αὐτοῦ κοιμωμένου ὑπεισέρ- χεται ἡ Νέαιρα, καὶ πρῶτον μὲν οἷα [τε] ἦν πείθειν αὐτόν· ἐπειδὴ δ' ἐκεῖνος οὐκ ἐνεδίδου, Δία θ' Ἑταιρεῖον καὶ Ξένιον αἰδούμενος, προστέταξεν ἡ Νέαιρα ταῖς θε- ραπαίναις ἀποκλεῖσαι τὸν θάλαμον· καὶ οὕτως, πολλὰ
45 ἐπαγωγὰ ποιούσης, ἠναγκάσθη μιγῆναι αὐτῇ. Τῇ μέντοι ὑστεραίᾳ, δεινὸν ἡγησάμενος εἶναι τὸ πραχθὲν, ᾤχετο πλέων ἐπὶ τῆς Νάξου, ἔνθα καὶ ἡ Νέαιρα, δεί- σασα τὸν Ὑψικρέοντα, διέπλευσεν [εἰς τὴν Νάξον]·

CAP. XV — XVIII.

hanc ulterius affligi. Hic autem primum quidem negabat se corrupturum mulierem lege et moribus cum viro junctam, vehementer autem instante matre adsentitur. Veniente autem nocte puero constituta ante monebat ipsum ut neque lumen accenderet in thalamo, neque ad necessitatem puellam adigeret dicendi aliquid; pudore suffundi enim illam. Periandro autem promittente se singula facturum secundum mandata matris, ipsa pulcherrime ornata accedit ad adolescentem et priusquam aurora illucescebat abit. Postridie illa rogante utrum placuisset ei et iterumne vellet ipsam ad se accedere, Periander se id velle et non modica fructum esse voluptate, dicebat. Ubi vero ab hoc inde tempore non cessaret itare ad puerum et amor teneret Periandrum, jam id agebat ut cognosceret mulier quænam esset. Et aliquamdiu quidem rogabat matrem ut precibus illi persuaderet ut secum in colloquium veniret et ei tandem notam se faceret quem in magnum sui desiderium duxisset; nunc enim omnino se rem ingratam pati cui non permittatur videre hanc quæ secum a multo tempore rem haberet. Matre autem negante, quæ prætexebat mulieris pudorem, jubet quemdam famulum lumen occultare; illa, uti solebat, adveniente et jamjam dormitura cum eo, exsurgens Periander lumen producit et videns matrem, interficiendæ illius impetum capiebat; retentus vero a quodam divino spectro temperavit a facto et ab eo inde tempore amens fiebat et ad crudelitatem delapsus est et multos cives interfecit: mater vero suam sortem lamentata, se ipsa interfecit.

XVIII.

DE NEÆRA.

Scribit Theophrastus in libro primo scripti Ad occasiones.

Hypsicreon vero Milesius et Promedon Naxius amicissimi erant. Quum advenisset igitur quodam tempore Miletum Promedon, alterius uxor dicitur Neæra ejus amore capta; et præsente quidem Hypsicreonte, non ausa fuisse sermonem cum hospite conferre; deinde vero, quum Hypsicreon forte peregre abesset, hic autem rursus advenisset, nocte ad eum dormientem clam accedit Neæra, et primum quidem parata erat illi persuadere, non concedente vero Jovenique Sociorum et Hospitalem reverente, jussit Neæra famulos thalamum claudere; et ita blandimentis illa utente coactus est cum ea coire. Postridie vero, dirum factum esse reputans, navi abibat in Naxum, quo et Neæra metuens Hypsi-

κἀπειδὴ αὐτὴν ἐζήτει ὁ Ὑψικρέων, ἱκέτις προσκαθίζετο ἐπὶ τῆς ἑστίας τῆς ἐν τῷ Πρυτανείῳ. Οἱ δὲ Νάξιοι λιπαροῦντι τῷ Ὑψικρέοντι ἐκδώσειν μὲν οὐκ ἔφασαν· ἐκέλευον μέντοι πείσαντα αὐτὴν ἄγεσθαι· δόξας δ' ὁ Ὑψικρέων ἀσεβεῖσθαι, πείθει Μιλησίους πολεμεῖν τοῖς Ναξίοις.

ΙΘ'.

ΠΕΡΙ ΠΑΓΚΡΑΤΟΥΣ.

Ἱστορεῖ Ἀνδρίσκος ἐν Ναξιακῶν β'.

Σκέλλις τε καὶ Κασσαμενὸς, οἰκήτορες Θράκης, ὁρμήσαντες ἀπὸ νήσου τῆς πρότερον μὲν Στρογγύλης, ὕστερον δὲ Νάξου κληθείσης, ἐλήιζοντο μὲν τήν τε Πελοπόννησον καὶ τὰς πέριξ νήσους, προσχόντες δὲ Θεσσαλίᾳ πολλάς τ' ἄλλας γυναῖκας κατέσυραν, ἐν δὲ καὶ τὴν Ἀλωέως γυναῖκα Ἰφιμέδην καὶ θυγατέρα αὐτῆς Παγκρατώ· ἧς ἀμφότεροι εἰς ἔρωτα ἀφικόμενοι, ἀλλήλους κατέκτειναν.

Κ'.

ΠΕΡΙ ΑΙΡΟΥΣ.

Λέγεται δὲ καὶ Οἰνοπίωνος καὶ Νύμφης Ἑλίκης Λἱρὼ κόρην γενέσθαι· ταύτης δ' Ὠρίωνα τὸν Ὑριέως ἐρασθέντα παρὰ [τοῦ πατρὸς] αἰτεῖσθαι τὴν κόρην, καὶ διὰ ταύτην τήν τε νῆσον ἐξημερῶσαι, τότε θηρίων ἀναπλεων οὖσαν, λείαν τε πολλὴν περιελαύνοντα τῶν προσχώρων ἕδνα διδόναι· τοῦ μέντοι Οἰνοπίωνος ἑκάστοτε ὑπερτιθεμένου τὸν γάμον διὰ τὸ ἀποστυγεῖν αὐτῷ γαμβρὸν τοιοῦτον γενέσθαι, ὑπὸ μέθης ἔκφρονα γενόμενον τὸν Ὠρίωνα κατᾶξαι τὸν θάλαμον, ἔνθ' ἡ παῖς ἐκοιμᾶτο, καὶ βιαζόμενον ἐκκαῆναι τοὺς ὀφθαλμοὺς ὑπὸ τοῦ Οἰνοπίωνος.

ΚΑ'.

ΠΕΡΙ ΠΕΙΣΙΔΙΚΗΣ.

Λέγεται δὲ καὶ ὅτ' Ἀχιλλεὺς πλέων τὰς προσεχεῖς τῇ ἠπείρῳ νήσους ἐπόρθει, προσχεῖν αὐτὸν Λέσβῳ· ἔνθα δὴ καθ' ἑκάστην τῶν πόλεων αὐτὸν ἐπιόντα κεραΐζειν. Ὡς δ' οἱ Μήθυμναν οἰκοῦντες μάλα καρτερῶς ἀντεῖχον, καὶ ἐν πολλῇ ἀμηχανίᾳ ἦν διὰ τὸ μὴ δύνασθαι ἑλεῖν τὴν πόλιν, Πεισιδίκην τινὰ Μηθυμναίαν, τοῦ βασιλέως θυγατέρα, θεασαμένην ἀπὸ τοῦ τείχους τὸν Ἀχιλλέα, ἐρασθῆναι αὐτοῦ, καὶ οὕτως, τὴν τροφὸν διαπεμψαμένην, ὑπισχνεῖσθαι ἐγχειρίσειν αὐτῷ τὴν πόλιν, εἴ γε μέλλοι αὐτὴν γυναῖκα ἕξειν. Ὁ δὲ τὸ μὲν παραυτίκα καθωμολογήσατο· ἐπεὶ μέντοι ἐγκρατὴς τῆς πόλεως ἐγένετο, νεμεσήσας ἐπὶ τῷ δρασθέντι, προὐτρέψατο τοὺς στρατιώτας καταλεῦσαι τὴν κόρην. Μέμνη-

---

PARTHENII EROTICA.

creontem navigavit; et quando illam deposcebat Hypsicreon, supplex assidebat ad aram in Prytaneo. Naxii vero enixe petenti Hypsicreonti se tradituros illam quidem negabant; monebant tamen persuadendo illam abducere. Hypsicreon vero quum censeret se cum contra jus et fas actum esse, persuadet Milesiis ut bellum gerant cum Naxiis.

XIX.

DE PANCRATO.

Narrat Andriscus in libro secundo De rebus Naxiacis.

Scellis et Cassomenus, Thraciæ incolæ, ex insula, quæ prius quidem Strongyle, postea vero Naxus vocata est, populabantur quidem Peloponnesum et circumjacentes insulas, appellentes vero ad Thessaliam et alias multas mulieres abduxerunt et inter has Haloei uxorem Iphimedam et filiam ejus Pancrato; cujus ambo in amorem incidentes se invicem interemerunt.

XX.

DE HÆRO.

Traditum est et Œnopioni et Nymphæ Heliæ Hæro puellam fuisse filiam; hujus vero Orionem Hyriei filium amore captum a patre petivisse puellam, et ob hanc causam ex insulam cicurem reddidisse tunc temporis feris refertam, et prædam magnam abducentem ab accolis dedisse hanc doti : quum vero semper Œnopion nuptias differret, hunc sibi generum fieri dedignatus, ebrietate sui impotem factum Orionem thalamum fregisse, ubi puella dormiret et in stupro quum esset, illi ab Œnopione oculos esse exustos.

XXI.

DE PISIDICE.

Dicunt etiam Achillem, quum vastaret navigans insulas quæ adjacent ad terram continentem, appulisse ad Lesbum, tunc nempe illum singulas urbes invadentem diripuisse. Quum autem Methymnæ incolæ fortiter resisterent, et in magna consilii inopia esset, ideo quod non posset urbem capere, Pisidicen quamdam Methymnæam, regis filiam, conspicientem de mœnibus Achillem, amore illius correptam fuisse, et ita missa ad eum nutrice, polliceri se illi traditurum urbem, si ipsam nempe habiturus esset pro uxore. Hic autem statim quidem promisit, postquam vero urbe potitus erat, factum indignatus, exhortatus est mi-

CAP. XVIII—XXIII.

ται τοῦ πάθους τοῦδε καὶ ὁ τὴν Λέσβου κτίσιν ποιήσας ἐν τοῖςδε·

[ἐνθάδε Πηλείδης κατὰ μὲν κτάνε Λάμπετον ἥρω,
ἐκ δ' Ἱκετάονα πέφνεν, ἰθαγενέος Λεπετύμνου
υἱέα Μηθύμνης τε, καὶ ἀλκηέστατον ἄλλων,
αὐτοκασίγνητον Ἑλικάονος, ἔνδοθι πάτρης
τηλίκον ὑψίπυλον· θαλερή δέ μιν ἄασε Κύπρις.]
ἡ γὰρ ἐπ' Αἰακίδη κούρης φρένας ἐπτοίησε
Πεισιδίκης, ὅτε τόν γε μετὰ προμάχοισιν Ἀχαιῶν
χάρμη ἀγαλλόμενον θηέσκετο, πολλὰ δ' ἐς ὑγρὴν
ἠέρα χεῖρας ἔτεινεν ἐελδομένη φιλότητος.

Εἶτα, μικρὸν ὑποβάς·

Δέκτο μὲν αὐτίκα λαὸν Ἀχαϊκὸν ἔνδοθι πάτρης
παρθενικὴ, κληῗδας ὑποχλίσσασα πυλάων,
ἔτλη δ' οἷσιν ἰδέσθαι ἐν ὀφθαλμοῖσι τοκῆας
χαλκῷ ἐληλαμένους καὶ δούλια δεσμὰ γυναικῶν
ἑλκομένων ἐπὶ νῆας ὑποσχεσίης· Ἀχιλῆος ,
ὄφρα νυὸς γλαυκῆς Θέτιδος πέλοι, ὄφρα οἱ εἶεν
πενθεροὶ Αἰακίδαι, Φθίη δ' ἐνὶ δώματα ναίοι
ἀνδρὸς ἀριστῆος πινυτῇ δάμαρ· οὐ δ' ὅ γ' ἔμελλε
τὰ ῥέξειν, ὀλοῷ δ' ἐπαγάσσατο πατρέιδος οἴτω·
ἔνθ' ἥ γ' αἰνότατον γάμον εἴςιδε Πηλείδαο
Ἀργείων ὑπὸ χερσὶ δυσάμμορος, οἵ μιν ἔπεφνον
πανσυδίῃ θαμινῇσιν ἀράσσοντες λιθάδεσσιν.

ΚΒ'.
ΠΕΡΙ ΝΑΝΙΔΟΣ.

Ἡ ἱστορία παρὰ Λικυμνίῳ τῷ Χίῳ μελοποιῷ καὶ Ἑρμησιάνακτι.

Ἔφασαν δέ τινες καὶ τὴν Σαρδίων ἀκρόπολιν ὑπὸ Κύρου τοῦ Περσῶν βασιλέως ἁλῶναι, προδούσης τῆς Κροίσου θυγατρὸς Νανίδος. Ἐπειδὴ γὰρ ἐπολιόρκει Σάρδεις Κῦρος καὶ οὐδὲν αὐτῷ εἰς ἅλωσιν τῆς πόλεως προὔβαινεν, ἐν πολλῷ τε δέει ἦν, μὴ ἀθροισθὲν τὸ συμμαχικὸν αὖτις τῷ Κροίσῳ διαλύσειεν αὐτῷ τὴν στρατιάν, τότε τῇ παρθένον ταύτην εἶχε λόγος περὶ προδοσίας συνθεμένην τῷ Κύρῳ, εἰ κατὰ νόμους Περσῶν ἕξει γυναῖκα αὐτὴν, κατὰ τὴν ἄκραν, μηδενὸς φυλάσσοντος δι' ὀχυρότητα τοῦ χωρίου, εἰσδέχεσθαι τοὺς πολεμίους, συνεργῶν αὐτῇ καὶ ἄλλων τινῶν γενομένων· τὸν μέντοι Κῦρον μὴ ἐμπεδῶσαι αὐτῇ τὴν ὑπόσχεσιν.

ΚΓ'.
ΠΕΡΙ ΧΕΙΛΩΝΙΔΟΣ.

Κλεώνυμος ὁ Λακεδαιμόνιος, βασιλείου γένους ὢν καὶ πολλὰ κατορθώσας Λακεδαιμονίοις, ἔγημε Χειλωνίδα προσήκουσαν αὐτῷ κατὰ γένος. Ταύτῃ σφοδρῶς ἐπιτεταμένου τοῦ Κλεωνύμου καὶ τὸν ἔρωτα οὐκ ἠρέμα φέροντος, τοῦ μὲν κατηλόγει, πᾶσα δ' ἐνέκειτο Ἀκροτάτῳ, τῷ τοῦ βασιλέως υἱεῖ. Καὶ γὰρ ὁ μειρακίσκος αὐτῆς ἀναφανδὸν ὑπεκάετο, ὥστε πάντας ἀνὰ στόμα ἔχειν τὴν ὁμιλίαν αὐτῶν, δι' ἣν αἰτίαν δυσανασχετήσας ὁ Κλεώνυμος καὶ ἄλλως δ' οὐκ ἀρεσκόμενος τοῖς

PARTHENIUS.

---

lites puellam lapidibus obruere. Meminit calamitatis hujus et qui Lesbum conditam cecinit his versibus :

Ibi Pelida interfecit quidem Lampetum heroem,
interemitque Hicetaonem, gemini Lepetymni
filium et Methymnæ et robustissimum aliorum,
fratrem uterinum Helicaonis, intus in patria
talem Hypsipylum; nitida autem illi nocuit Venus.
Hæc enim in amorem Æacidæ puellæ animum inclinavit
Pisidices, quando hunc inter principes Achivorum
animo feroci gaudentem conspiciebat; sæpe autem ad roruaerem manus tollebat cupiens illius amicitiam. [lentum

Deinde, paucis interjectis :

Recepit quidem statim populum Achivorum in patriam
virgo, reseratis clavibus portarum,
sustinuitque suis oculis videre parentes
aere transfixos et vincula in servitutem redactarum mulierquæ trahebantur ad naves, ob promissa Achillis, [rum,
ut nurus glaucæ Thetidis esset, ut illi essent
Æacidæ affines et in Phthia domum habitaret
viri principis prudens uxor; non vero ista hic
facturus erat, dira autem patriæ gaudebat calamitate :
atque hæc miserrimas nuptias vidit Pelidæ
Argivorum per manus valde infelix, qui illam interficiebant
omni impetu crebris cædentes lapidibus.

XXII.
DE NANIDE.

Historia est apud Lycumnium Chium lyricum poetam et Hermesianactem.

Retulerunt et nonnulli Sardiorum arcem a Cyro Persarum rege captam esse, prodente Crœsi filia Nanide. Quum enim obsideret Sardes Cyrus et omnibus in rebus male ipsi cedebat capere urbem et in magno timore erat ne congregata iterum a Crœso auxilia exercitum suum disjicerent; tunc virgo hæc, ut fama ferebat, de proditione pacta cum Cyro, si secundum leges Persarum se habiturus esset pro uxore, suprema arcis parte ubi nullus custos ob loci munitionem ipsam, intromisit hostes et aliis quibusdam illam adjuvantibus : Cyrus tamen pactis non stetit.

XXIII.
DE CHILONIDE.

Cleonymus Lacedæmonius regii generis quique multa præclare Lacedæmoniis facinora fecerat, uxorem duxit Chilonidem genere cognatam. Quam quum vehementer deperiret Cleonymus et impatienter amaret, hæc illum negligebat, tota autem tenebatur amore Acrotati regis filii. Etenim adolescentulus autem palam amabat, ita ut omnes in ore haberent illorum consuetudinem; quam rem ægre ferens Cleonymus et qui præterea Lacedæmoniorum mo-

Λακεδαιμονίοις ἤθεσιν, ἐπεραιώθη πρὸς Πύρρον εἰς Ἤπειρον καὶ αὐτὸν ἀναπείθει πειρᾶσθαι τῆς Πελοποννήσου, δις εἰ καὶ ἐντόνως ἅψαιντο τοῦ πολέμου, ῥᾳδίως ἐκπολιορκήσοντες τὰς ἐν αὐτοῖς πόλεις· ἔφη δὲ καὶ αὐτῷ τι ἤδη προδιειργάσθαι, ὥστε καὶ στάσιν ἐγγενέσθαι τισὶ τῶν πόλεων.

ribus non delectabatur, trajicit ad Pyrrhum in Epirum, et ipsi persuadet ut aggrederetur Peloponnesum; fore enim ut, si acriter bellum gererent, facile urbes expugnarent illorum; dicebat autem aliquid præparatum a se, ut discordia in quibusdam urbibus oriretur.

ΚΔ′.
ΠΕΡΙ ΙΠΠΑΡΙΝΟΥ.

Ἱππαρῖνος δ' ὁ Συρακοσίων τύραννος εἰς ἐπιθυμίαν ἀφίκετο πάνυ καλοῦ παιδός· Ἀχαιὸς αὐτῷ ὄνομα. Τοῦτον ἐξαλλάγμασι πολλοῖς ὑπαγόμενος πείθει τὴν οἰκίαν ἀπολιπόντα οἷν αὐτῷ μένειν· χρόνου δὲ προϊόντος, ὡς πολεμίων τις ἔφοδος προσηγγέλθη πρός τι τῶν ὑπ' ἐκείνου κατεχομένων χωρίων, καὶ ἔδει κατὰ τάχος βοηθεῖν, ἐξορμῶν ὁ Ἱππαρῖνος παρεκελεύσατο τῷ παιδί, εἴ τις ἐντὸς τῆς αὐλῆς βιάζοιτο, κατακαίνειν αὐτὸν τῇ σπάθῃ, ἣν ἐτύγχανεν αὐτῷ κεχαρισμένος. Κἄπειδὴ συμβαλὼν τοῖς πολεμίοις κατὰ κράτος αὐτοὺς εἷλεν, ἐπὶ πολὺν οἶνον ἐτράπετο καὶ συνουσίαν· ἐκκαόμενος δ' ὑπὸ μέθης καὶ πόθου τοῦ παιδός, ἀφίππευσεν εἰς τὰς Συρακούσας καὶ παραγενόμενος ἐπὶ τὴν οἰκίαν, ἔνθα τῷ παιδὶ παρεκελεύσατο μένειν, ὃς μὲν ἦν οὐκ ἐδήλου· Θετταλίζων δὲ τῇ φωνῇ, τὸν Ἱππαρῖνον ἔφησεν ἀπεκτονέναι· ὁ δὲ παῖς διαγανακτήσας, σκότους ὄντος, παίει καιρίαν τὸν Ἱππαρῖνον· ὁ δὲ τρεῖς ἡμέρας ἐπιβιοὺς καὶ τοῦ φόνου τὸν Ἀχαιὸν ἀπολύσας ἐτελεύτησεν.

XXIV.
DE HIPPARINO.

Hipparinus Syracusarum tyrannus in amorem venit valde pulchri pueri, cui Achæi nomen. Hujc multis promissis sibi conciliato persuadet ut domo relicta secum habitet; tempore vero progrediente, quum hostium incursio quædam annuntiaretur in quasdam ei subjectas regiones, et oporteret celerrime ferre auxilium, exiens Hipparchus præcepit puero ut, si quis intra aulam ei vim inferret, interficeret illum cum ense quo illum donaverat. Et postquam cum hostibus congressus vi illos ceperat, ad multum vini et convivium se vertebat; incensus autem ebrietate et pueri desiderio, equo revectus est Syracusas et ad illam domum pervenies, ubi puero præceperat manere, quis esset non indicabat, sed voce Thessalos imitans, Hipparinum se interfecisse ajebat; puer vero iratus, in tenebris, mortale Hipparino vulnus affligit; hic autem triduum supervixit et Achæum cædis immunem declarans mortuus est.

ΚΕ′.
ΠΕΡΙ ΦΑΥΛΛΟΥ.

Ἱστορεῖ Φύλαρχος.

Φάυλλος δ' ὁ τύραννος ἠράσθη τῆς Ἀρίστωνος γυναικὸς, ὃς Οἰταίων προστάτης ἦν· οὗτος διαπεμπόμενος πρὸς αὐτὴν, χρυσόν τε πολὺν καὶ ἄργυρον ἐπηγγέλλετο δώσειν, εἴ τέ τινος ἄλλου δέοιτο φράζειν ἐκέλευεν ὡς οὐχ ἁμαρτησομένην. Τὴν δ' ἄρα πολὺς εἶχε πόθος ὅρμου τοῦ τότε κειμένου ἐν τῷ τῆς Προνοίας Ἀθηνᾶς ἱερῷ, ὃν εἶχε λόγος Ἐριφύλης γεγονέναι, ἤξίου τε ταύτης τῆς δωρεᾶς τυχεῖν. Φάυλλος δὲ τά τ' ἄλλα κατασύρων ἐκ Δελφῶν ἀναθήματα, ἀναιρεῖται καὶ τὸν ὅρμον· ἐπεὶ δ' ἐκομίσθη εἰς οἶκον τὸν Ἀρίστωνος, χρόνον μέν τινα φόρει ἐπιφανῶς ἡ γυνὴ μάλα περίπυστος οὖσα, μετὰ δὲ [ταῦτα] παραπλήσιον αὐτῇ πάθος συνέβη τῷ περὶ τὴν Ἐριφύλην γενομένῳ. Ὁ γὰρ νεώτερος τῶν υἱῶν αὐτῆς μανεὶς τὴν οἰκίαν ὑφῆψε, καὶ τήν τε μητέρα καὶ τὰ πολλὰ τῶν κτημάτων κατέφλεξε.

XXV.
DE PHAYLLO.

Refert Phylarchus.

Phayllus vero tyrannus amavit Aristonis uxorem, qui Œtæorum præfectus erat; hic nuntios mittens ad illam, aurum et argentum multum promittebat se daturum, et si alia quadam re indigeret, jubebat id dicere, eam quippe nihil non nacturam. Illam vero magnum tenebat desiderium monilis quod tunc suspensum erat in Providæ Minervæ templo, quod Euriphyles fuisse ferebatur, et cupiebat hoc munus accipere. Phayllus vero et reliqua donaria Delphis detrahens, aufert et monile quod delatum ad Aristonis domum; aliquamdin quidem gestabat uxor ejus valde inde celebris, deinde vero ei calamitas accidit similis illi quæ et Eriphylæ. Minor natu enim filiorum ejus furore correptus domum incendit et matrem plurimasque opes combussit.

ΚϚ'.

ΠΕΡΙ ΑΠΡΙΑΤΗΣ.

Ἱστορεῖ Εὐφορίων Θρᾳκί.

Ἐν Λέσβῳ παιδὸς Ἀπριάτης Τράμβηλος ὁ Τελαμῶνος ἐρασθεὶς πολλὰ ἐποιεῖτο εἰς τὸ προσάγεσθαι τὴν κόρην· ὡς δ' ἐκείνη οὐ πάνυ ἐνεδίδου, ἐνενοεῖτο δόλῳ καὶ ἀπάτῃ περιγενέσθαι αὐτῆς. Πορευομένην οὖν 5 ποτε σὺν θεραπαινιδίοις ἐπί τι τῶν πατρῴων χωρίων, ὃ πλησίον τῆς θαλάσσης ἔκειτο, λοχήσας εἷλεν. Ὡς δ' ἐκείνη πολὺ μᾶλλον ἀπεμάχετο ὑπὲρ τῆς παρθενίας, ὀργισθεὶς Τράμβηλος ἔρριψεν αὐτὴν εἰς τὴν θάλασσαν· ἐτύγχανε δ' ἀγχιβαθὴς οὖσα. Καὶ ἡ μὲν ἄρ' οὕτως 10 ἀπώλωλε· τινὲς μέντοι ἔφασαν, διωκομένην ἑαυτὴν ῥῖψαι. Τράμβηλον δ' οὐ πολὺ μετέπειτα τίσις ἐλάμβανεν ἐκ θεῶν· ἐπειδὴ γὰρ Ἀχιλλεὺς ἐκ τῆς Λέσβου πολλὴν λείαν ἀποτεμόμενος ἤγαγεν, οὗτος, ἐπαγομένων αὐτὸν τῶν ἐγχωρίων βοηθὸν, συνίσταται αὐτῷ. 15 Ἔνθα δὴ πληγεὶς εἰς τὰ στέρνα παραχρῆμα πίπτει· ἀγάμενος δὲ τῆς ἀλκῆς αὐτὸν Ἀχιλλεὺς ἔτι ἔμπνουν ἀνέκρινεν, ὅστις τ' ἦν καὶ ὁπόθεν· ἐπεὶ δ' ἔγνω παῖδα Τελαμῶνος ὄντα, πολλὰ κατοδυράμενος ἐπὶ τῆς ἠϊόνος μέγα χῶμα ἔχωσε· τοῦτ' ἔτι νῦν ἡρῷον Τραμβήλου 20 καλεῖται.

ΚΖ'.

ΠΕΡΙ ΑΛΚΙΝΟΗΣ.

Ἱστορεῖ Μοιρὼ ἐν ταῖς Ἀραῖς.

Ἔχει δὲ λόγος καὶ Ἀλκινόην, τὴν Πολύβου μὲν τοῦ Κορινθίου θυγατέρα, γυναῖκα δ' Ἀμφιλόχου τοῦ Δρύαντος, κατὰ μῆνιν Ἀθηνᾶς ἐπιμανῆναι ξένῳ Σαμίῳ. Ξάνθος αὐτῷ ὄνομα· ἐπὶ μισθῷ γὰρ αὐτὴν ἀγαγομένην 25 χερνῆτιν γυναῖκα Νικάνδρην καὶ ἐργασαμένην ἐνιαυτὸν ὕστερον ἐκ τῶν οἰκίων ἐλάσαι, μὴ ἐντελῆ τὸν μισθὸν ἀποδοῦσαν· τὴν δ' ἀράσασθαι πολλ' Ἀθηνᾷ τίσασθαι αὐτὴν ἀνθ' ἀδίκου στερήσεως· ὅθεν εἰς τοσοῦτόν τ' ἐλθεῖν, ὥστ' ἀπολιπεῖν οἶκόν τε καὶ παῖδας ἤδη γεγο- 30 νότας, συνεκπλεῦσαί τε τῷ Ξάνθῳ· γενομένην δὲ κατὰ μέσον πόρον ἔννοιαν λαβεῖν τῶν εἰργασμένων, καὶ αὐτίκα πολλά τε δάκρυα προΐεσθαι καὶ ἀνακαλεῖν ὁτὲ μὲν ἄνδρα κουρίδιον, ὁτὲ δὲ τοὺς παῖδας· τέλος δὲ, πολλὰ τοῦ Ξάνθου παρηγοροῦντος καὶ φαμένου γυναῖκα 35 ἕξειν, μὴ πειθομένην ῥῖψαι ἑαυτὴν εἰς θάλασσαν.

ΚΗ'.

ΠΕΡΙ ΚΛΕΙΤΗΣ.

Ἱστορεῖ Εὐφορίων Ἀπολλοδώρῳ, τὰ δ' ἑξῆς Ἀπολλώνιος Ἀργοναυτικῶν α'.

Διαφόρως δ' ἱστορεῖται περὶ Κυζίκου τοῦ Αἰνέου· οἱ μὲν γὰρ αὐτὸν ἔφασαν ἁρμοσάμενον Λάρισσαν τὴν Πιάσου, ᾗ ὁ πατὴρ ἐμίγη πρὸ γάμου, μαχόμενον ἀπο-

---

CAP. XXIII—XXVIII.

XXVI.

DE APRIATE.

Narrat Euphorion in Thrace.

In Lesbo puellæ Apriatæ Trambelus Telamonis f. amore captus multa fecit ut puellam sibi conciliaret; illa vero non obtemperante, meditabatur dolo et fraude illa potiri. Euntem igitur aliquando cum famulis ad aliquem paternum agrum, qui prope mare jacebat, ex insidiis adortus cepit. Quum vero multo magis pro virginitate obluctaretur, iratus Trambelus jecit illam in mare, quod erat profundum prope littus. Et hæc quidem sane ita periit, nonnulli tamen dicunt illam agitatam se ipsam præcipitasse. Trambelum vero non diu post ultio divina secuta est : quando enim Achilles e Lesbo multam prædam abducebat, hic, invocantibus eum indigenis ut auxilium ferret, cum illo congreditur. Ubi sane in pectore vulneratus statim concidit ; admiratus autem robur ejus Achilles spirantem adhuc interrogavit quis esset et unde; quum cognovisset Telamonis eum esse filium, multum lugens in littore magnum tumulum effodit, quod etiamnum vocatur heroium Trambeli.

XXVII.

DE ALCINOE.

Tradit Mœro in Exsecrationibus.

Fama quoque fert Alcinoën, filiam quidem Polybi Corinthii, uxorem vero Amphilochi Dryantis f., ob iram Minervæ amore hospitis Samii vehementi flagrasse, cui Xanthi nomen : nam illam mercede conducentem texendi peritam mulierem Nicandram, quam per totum annum in opere fuisset, dein expulisse ædibus suis data mercede non integra; quæ precata sit multa Minervam, ut puniret illam ob injustam privationem; inde eo pervenit ut relicta domo et filiis qui jam illi erant nave abiret una cum Xantho; in medio autem itinere quum esset, factorum memoriam repetens et statim multas lacrymas profudit et vocavit nunc quidem maritum cui primum nupta erat, nunc vero filios; tandem vero Xantho illam enixe consolante et dicente se eam pro uxore habiturum, non placata se ipsa in mare præcipitavit.

XXVIII.

DE CLITE.

Narrat Euphorion Apollodoro, sequentia (vero) Apollonius in Argonauticorum libro quarto.

Diverse narratur de Cyzico Æneæ f. : alii enim illum tradunt, uxore ducta Larissa Piasi filia, quacum pater ante nuptias rem habuisset, pugnantem obiisse; alii vero, quum

2.

θανεῖν· τινὲς δὲ προσφάτως γήμαντα Κλείτην συμβαλεῖν δι' ἄγνοιαν τοῖς μετ' Ἰάσονος ἐπὶ τῆς Ἀργοῦς πλέουσι, καὶ οὕτως πεσόντα πᾶσι μεγάλως ἀλγεινὸν πόθον ἐμβαλεῖν, ἐξόχως δὲ τῇ Κλείτῃ· ἰδοῦσα γὰρ αὐτὸν ἐρριμμένον, περιεχύθη καὶ πολλὰ κατωδύρατο, νύκτωρ δὲ λαθοῦσα τὰς θεραπαινίδας ἀπό τινος δένδρου ἀνήρτησεν ἑαυτήν.

ΚΘ'.

ΠΕΡΙ ΔΑΦΝΙΔΟΣ.

Ἱστορεῖ Τίμαιος Σικελικοῖς.

Ἐν Σικελίᾳ δὲ Δάφνις Ἑρμοῦ παῖς ἐγένετο, σύριγγί τε δεξιῶς χρῆσθαι καὶ τὴν ἰδέαν ἐκπρεπής. Οὗτος εἰς μὲν (πόλιν) [τὸν πολὺν ὅμιλον ἀνδρῶν] οὐ κατῄει, βουκολῶν δὲ κατὰ τὴν Αἴτνην χείματός τε καὶ θέρους ἠγραύλει. Τούτου λέγουσιν Ἐχεναΐδα Νύμφην ἐρασθεῖσαν παρακελεύσασθαι αὐτῷ γυναικὶ μὴ πλησιάζειν· μὴ πειθομένου γὰρ αὐτοῦ, συμβήσεσθαι τὰς ὄψεις ἀποβαλεῖν. Ὁ δὲ χρόνον μέν τινα καρτερῶς ἀντεῖχε καίπερ οὐκ ὀλίγων ἐπιμαινομένων αὐτῷ· ὕστερον δὲ μία τῶν κατὰ τὴν Σικελίαν βασιλίδων οἴνῳ πολλῷ δηλησαμένη αὐτὸν ἤγαγεν εἰς ἐπιθυμίαν αὐτῇ μιγῆναι. Καὶ οὗτος ἐκ τοῦδε, ὁμοίως Θαμύρᾳ τῷ Θρᾳκί, δι' ἀφροσύνην ἐπεπήρωτο.

Λ'.

ΠΕΡΙ ΚΕΛΤΙΝΗΣ.

Λέγεται δὲ καὶ Ἡρακλέα, ὅτ' ἀπ' Ἐρυθείας τὰς Γηρυόνου βοῦς ἤγαγεν, ἀλώμενον διὰ τῆς Κελτῶν χώρας ἀφικέσθαι παρὰ Βρεταννόν· τῷ δ' ἄρ' ὑπάρχειν θυγατέρα, Κελτίνην ὄνομα· ταύτην δ' ἐρασθεῖσαν τοῦ Ἡρακλέους κατακρύψαι τὰς βοῦς, μὴ θέλειν τ' ἀποδοῦναι, εἰ μὴ πρότερον αὐτῇ μιχθῆναι· τὸν δ' Ἡρακλέα τὸ μέν τι καὶ τὰς βοῦς ἐπειγόμενον ἀνασώσασθαι, πολὺ μᾶλλον μέντοι τὸ κάλλος ἐκπλαγέντα τῆς κόρης, συγγενέσθαι αὐτῇ· καὶ αὐτοῖς, χρόνου περιήκοντος, γενέσθαι παῖδα Κελτόν, ἀφ' οὗ δὴ Κελτοὶ προσηγορεύθησαν.

ΛΑ'.

ΠΕΡΙ ΔΙΜΟΙΤΟΥ.

Λέγεται δὲ καὶ Διμοίτην ἁρμόσασθαι μὲν Τροιζῆνος τἀδελφοῦ θυγατέρα Εὐώπιν· αἰσθανόμενον δὲ συνοῦσαν αὐτὴν διὰ σφοδρὸν ἔρωτα τἀδελφῷ, δηλῶσαι τῷ Τροιζῆνι· τὴν δὲ διὰ [τὸ] δέος καὶ αἰσχύνην ἀναρτῆσαι αὑτήν, πολλὰ πρότερον λυπηρὰ καταρασαμένην τῷ αἰτίῳ τῆς συμφορᾶς· ἔνθα δὴ τὸν Διμοίτην μετ' οὐ πολὺν χρόνον ἐπιτυχεῖν γυναικὶ μάλα καλῇ τὴν ὄψιν ὑπὸ τῶν κυμάτων ἐκβεβλημένῃ καὶ αὐτῆς εἰς ἐπιθυμίαν

---

nuper uxorem duxisset Cliten, congressum esse per ignorantiam cum illis qui cum Jasone in Argo navigarent, et ita pereuntem omnibus quidem valde flebile sui desiderium reliquisse, maxime vero Clitæ; videns enim illum prostratum, amplexa est et multum lamentata, nocte vero clam ancillis arbori cuidam se suspendit.

XXIX.

DE DAPHNIDE.

Narrat Timæus in rebus Siculis.

In Sicilia Daphnis Mercurii f. natus est, fistula qui bene canere poterat et forma bona erat. Hic in urbem quidem non descendebat, sed boves pascens in Ætna, hieme et æstate, ætatem degebat. Hujus dicunt Echenaïdem Nympham amore captam, illum admonuisse ne cum muliere coiret, non obedientem enim illum visu privatum iri. Hic autem aliquamdiu quidem fortiter se continebat, licet non paucæ amore illius incensæ essent; deinde vero una reginarum Sicularum multo vino labefactatus illum in concupiscentiam adduxit ut secum coiret. Et hic ex hoc tempore, simili modo atque Thamyras Thrax, ob stultitiam oculis caruit.

XXX.

DE CELTINE.

Dicitur et Hercules, quando ab Erythia Geryonis boves abduceret, errans per Celtarum regiones pervenisse ad Bretannum, cui filia fuerit Celtine dicta; hæc autem Herculis amore capta occultavit boves et nolebat reddere nisi prius secum coiret. Hercules vero partim valde cupiens boves recipere, multo magis tamen puellæ pulchritudinem stupens, cum illa coiit; iisque, tempore volvente, filius natus est Celtus, a quo sane Celtæ appellati sunt.

XXXI.

DE DIMŒTA.

Narratur Dimœtas uxorem duxisse Trœzenis fratris filiam Euopin; animadvertens vero illam consuetudinem habere propter vehementem amorem cum fratre, Trœzeni hoc indicavit; illa vero metu et pudore ipsa se suspendit, auctori calamitatis multa mala prius imprecata. Ibi sane Dimœtas non multo tempore post invenit pulcherrimam specie puellam, fluctibus ejectam, et ejus in concupiscentiam veniens cum illa rem habuit; quum autem jam

ἐλθόντα συνεῖναι· ὡς δ' ἤδη ἐνεδίδου τὸ σῶμα διὰ μῆκος χρόνου, ζῶσαι αὐτῇ μέγαν τάφον, καὶ οὕτως μὴ ἀνιέμενον τοῦ πάθους ἐπικατασφάξαι αὐτόν

corpus marcesceret temporis longitudine, illi exstruxit magnum tumulum, et ita non remittente affectu, super eo se ipse mactavit.

ΛΒ'.

ΠΕΡΙ ΑΝΘΙΠΠΗΣ.

XXXII.

DE ANTHIPPE.

Παρὰ δὲ Χάοσι μειρακίσκος τις τῶν πάνυ δοκίμων 5 Ἀνθίππης ἠράσθη. Ταύτην ὑπελθὼν πάσῃ μηχανῇ πείθει αὐτῷ συμμιγῆναι· ἡ δ' ἄρα καὶ αὐτὴ οὐκ ἐκτὸς ἦν τοῦ πρὸς τὸν παῖδα πόθου· καὶ ἐκ τοῦδε, λανθάνοντες τοὺς αὑτῶν γονεῖς ἐξεπίμπλασαν τὴν ἐπιθυμίαν. Ἑορτῆς δέ ποτε τοῖς Χάοσι δημοτελοῦς ἀγομένης καὶ 10 πάντων εὐωχουμένων, ἀποσκεδασθέντες εἴς τινα δρυμὸν κατειλήθησαν. Ἔτυχε δ' ἄρ' ὁ τοῦ βασιλέως υἱὸς Κίχυρος πάρδαλιν διώκων, ἧς συνελαθείσης εἰς ἐκεῖνον τὸν δρυμὸν, ἀφίησιν ἐπ' αὐτὴν τὸν ἄκοντα· καὶ τῆς μὲν ἁμαρτάνει, τυγχάνει δὲ τῆς παιδός· ὑπολαβὼν δὲ τὸ 15 θηρίον καταβεβληκέναι ἐγγυτέρω τὸν ἵππον προσελαύνει· καὶ καταμαθὼν τὸ μειράκιον ἐπὶ τοῦ τραύματος τῆς παιδὸς ἔχον τὼ χεῖρε ἐκτός τε φρενῶν ἐγένετο καὶ περιδινηθεὶς ἀπολισθάνει τοῦ ἵππου εἰς χωρίον ἀπόκρημνον καὶ πετρῶδες. Ἔνθα δὴ ὁ μὲν ἐτεθνήκει, 20 οἱ δὲ Χάονες, τιμῶντες τὸν βασιλέα, κατὰ τὸν αὐτὸν τόπον τείχη περιεβάλοντο καὶ τὴν πόλιν ἐκάλεσαν Κίχυρον. Φασὶ δέ τινες τὸν δρυμὸν ἐκεῖνον εἶναι τῆς Ἐχίονος θυγατρὸς Ἠπειροῦς, ἣν μετανάστασαν ἐκ Βοιωτίας βαδίζειν μεθ' Ἁρμονίας καὶ Κάδμου, φερο- 25 μένην τὰ Πενθέως λείψανα, ἀποθανοῦσαν δὲ περὶ τὸν δρυμὸν τόνδε ταφῆναι· διὸ καὶ τὴν γῆν Ἤπειρον ἀπὸ ταύτης ὀνομασθῆναι.

Apud Chaones adolescens aliquis primæ nobilitatis Anthippen amavit. Cui omni arte circumveniens eam persuadet ut secum coiret; illa vero et ipsa scilicet non exsors erat amoris erga adolescentem et deinde clam parentes expleverunt affectum. Quum vero aliquando festum a Chaonibus publicum celebraretur, omnesque genio indulgerent, digressi ad quoddam quercetum devenerunt. Forte regis filius Cichyrus pardalem persequebatur, in quam ad illud quercetum exagitatam mittit jaculum; et ab ea quidem aberrat sed puellam attingit; suspicatus autem se cecidisse feram, equo propius advehitur, et comperiens adolescentem, ad puellæ vulnus manum tenere, amens factus est et vertigine correptus ab equo cadit in locum præruptum et petrosum. Ibi sane ille quidem moriebatur, Chaones vero in regis honorem eodem in loco mœnia circumjecerunt, urbemque vocaverunt Cichyrum. Quidam autem dicunt quercetum illud esse Epirûs Echionis filiæ, quæ Bœotia relicta iverit cum Harmonia et Cadmo, secum ferens Penthei reliquias, mortua vero juxta hoc quercetum sepulta sit; quare ab illa Epirus ab illa vocata fuerit.

ΛΓ'.

ΠΕΡΙ ΑΣΣΑΟΝΟΣ.

XXXIII.

DE ASSAONE.

Ἱστορεῖ Ξάνθος Λυδιακοῖς καὶ Νεάνθης β' καὶ Σιμίας ὁ Ῥόδιος.

Tradit Xanthus in Lydiacis et Neanthes in libro secundo et Simias Rhodius.

Διαφόρως δὲ καὶ τοῖς πολλοῖς ἱστορεῖται καὶ τὰ Νιόβης· οὐ γὰρ Ταντάλου φασὶν αὐτὴν γενέσθαι, ἀλλ' 30 Ἀσσάονος μὲν θυγατέρα Φιλόττου δὲ γυναῖκα· εἰς ἔριν δ' ἀφικομένην Λητοῖ περὶ καλλιτεχνίας ὑποσχεῖν τίσιν τοιάνδε· τὸν μὲν Φίλοττον ἐν κυνηγίᾳ διαφθαρῆναι, τὸν δ' Ἀσσάονα τῆς θυγατρὸς πόθῳ ἐχόμενον αὐτὴν αὑτῷ γήμασθαι· μὴ ἐνδιδούσης δὲ τῆς Νιόβης, τοὺς 35 παῖδας αὐτῆς εἰς εὐωχίαν καλέσαντα καταπρῆσαι· καὶ τὴν μὲν διὰ ταύτην τὴν συμφορὰν ἀπὸ πέτρας ὑψηλοτάτης αὑτὴν ῥῖψαι· ἔννοιαν δὲ λαβόντα τῶν σφετέρων ἁμαρτημάτων διαχρήσασθαι τὸν Ἀσσάονα ἑαυτόν.

Diverso modo et a plerisque Niobæ historia narratur; non enim Tantali eam fuisse filiam sed Assaonis quidem filiam Philotti vero uxorem : in contentionem vero venientem cum Latona de pulchritudine liberorum, hanc pœnam subiisse : Philottum quidem venantem periisse, Assaonem autem filiæ amore captum, illam sibi uxorem cupivisse : Niobe autem recusante, ejus filios ad convivium invitatas illum combussisse; illam vero hanc ob calamitatem altissima de rupe præcipitem se ipsam dedisse, in memoriam vero sua facinora revocantem Assaonem se ipsum interfecisse.

ΛΔ'.

ΠΕΡΙ ΚΟΡΥΘΟΥ.

Ἱστορεῖ Ἑλλάνικος Τρωϊκῶν... καὶ Κεφάλων ὁ Γεργίθιος.

Ἐκ δ' Οἰνώνης καὶ Ἀλεξάνδρου παῖς ἐγένετο Κόρυθος· οὗτος ἐπίκουρος ἀφικόμενος εἰς Ἴλιον Ἑλένης ἠράσθη, καὶ αὐτὸν ἐκείνη μάλα φιλοφρόνως ὑπεδέχετο· ἦν δὲ τὴν ἰδέαν κράτιστος· φωράσας δ' αὐτὸν ὁ πατὴρ
5 ἀνεῖλεν. Νίκανδρος μέντοι τὸν Κόρυθον οὐκ Οἰνώνης, ἀλλ' Ἑλένης καὶ Ἀλεξάνδρου φησὶν γενέσθαι, λέγων ἐν τούτοις·

Ἴρία τ' εἶν Ἀΐδαο κατοιχομένου Κορύθοιο,
ὅντε καὶ ἁρπακτοῖσιν ὑποδμηθεῖσ' ὑμεναίοις
10 Τυνδαρὶς, αἴν' ἀχέουσα, κακὸν γόνον ἤρατο βούτεω.

ΛΕ'.

ΠΕΡΙ ΕΥΛΙΜΕΝΗΣ.

Ἱστορεῖ Ἀσκληπιάδης ὁ Μυρλεανὸς Βιθυνιακῶν α'.

Ἐν δὲ Κρήτῃ ἠράσθη Λύκαστος τῆς Κύδωνος θυγατρὸς Εὐλιμένης, ἣν ὁ πατὴρ Ἀπτέρῳ καθωμολόγητο πρωτεύοντι τότε Κρητῶν· ταύτῃ κρύφα συνὼν ἐλελήθει. Ὡς δὲ τῶν Κρητικῶν τινες πόλεων ἐπισυνέ-
15 στησαν Κύδωνι καὶ πολὺ περιῆσαν, πέμπει τοὺς πευσομένους εἰς θεοῦ, ὅ,τι ἂν ποιῶν κρατήσειε τῶν πολεμίων. Καὶ αὐτῷ θεσπίζεται τοῖς ἐγχωρίοις ἥρωσι σφαγιάσαι παρθένον. Ἀκούσας δὲ τοῦ χρηστηρίου Κύδων διεκλήρου τὰς παρθένους πάσας, καὶ κατὰ δαί-
20 μονα ἡ θυγάτηρ λαγχάνει. Λύκαστος δὲ δείσας περὶ αὐτῆς μηνύει τὴν φθορὰν καὶ ὡς ἐκ πολλοῦ χρόνου συνείη αὐτῇ· ὁ δὲ πολὺς ὅμιλος πολὺ μᾶλλον ἐδικαίου αὐτὴν τεθνάναι. Ἐπειδὴ δ' ἐσφαγιάσθη, ὁ Κύδων τὸν ἱερέα κελεύει αὐτῆς διατεμεῖν τὸ ἐπομφάλιον, καὶ οὕτως
25 εὑρέθη ἔγκυος. Ἄπτερος δὲ δόξας ὑπὸ Λυκάστου δεινὰ πεπονθέναι λοχήσας αὐτὸν ἀνεῖλε καὶ διὰ ταύτην τὴν αἰτίαν ἔφυγε πρὸς Ξάνθον εἰς Τέρμερα.

ΛϚ'.

ΠΕΡΙ ΑΡΓΑΝΘΩΝΗΣ.

Λέγεται δὲ καὶ Ῥῆσον, πρὶν ἐς Τροίαν ἐπίκουρον ἐλθεῖν, ἐπὶ πολλὴν γῆν ἰέναι προσαγόμενόν τε καὶ
30 δασμὸν ἐπιτιθέντα· ἔνθα δὴ καὶ εἰς Κίον ἀφικέσθαι κατὰ κλέος γυναικὸς καλῆς· Ἀργανθώνη αὐτῇ ὄνομα. Αὕτη τὴν μὲν κατ' οἶκον δίαιταν καὶ μονὴν ἀπεστύγει, ἀθροισαμένη δὲ κύνας πολλὰς ἐθήρευεν οὐ μάλα τινὰ προστεμένη. Ἐλθὼν οὖν ὁ Ῥῆσος εἰς τόνδε τὸν χῶρον,
35 βίᾳ μὲν αὐτὴν οὐκ ἦγεν· ἔφη δὲ θέλειν αὐτῇ συγκυνηγεῖν, καὶ αὐτὸς γὰρ ὁμοίως ἐκείνῃ τὴν πρὸς ἀνθρώπους ὁμιλίαν ἐχθαίρειν· ἡ δὲ, ταῦτα λέξαντος ἐκείνου, κατήνεσε πειθομένη αὐτὸν ἀληθῆ λέγειν. Χρόνου δὲ

XXXIV.

DE CORYTHO.

Refert Hellanicus Trojanorum.... et Cephalon Gergithius.

Œnones et Alexandri filius erat Corythus; is auxiliarius veniens Ilium Helenam amabat et hæc illum valde benevole excepit; erat autem forma pulcherrimus; deprehensum ipsum pater interfecit. Nicander tamen Corythum non Œnones sed Helenæ et Alexandri filium fuisse dicit in hisce :

Et tumulus Corythi qui ad Orcum abiit,
quem et furtivis subacta hymenæis [creavit.
Tyndaris, vehementer dolens, malum filium bubulci pro-

XXXV.

DE EULIMENE.

Tradit Asclepiades Myrleanus Bithyniacorum libro primo.

In Creta amore captus est Lycastus Eulimenæ filiæ Cydonis quam pater Aptero desponderat qui tunc princeps erat Cretensium; cum hac clam rem habere eum nesciebant. Quum vero Cretæ quædam urbes adversus Cydonem insurgerent et longe superiores essent, mittit ad oraculum aliquos consultum, quid faciens victurus esset hostes. Et responsum accepit hoc, ut virginem indigenis heroibus sacrificaret. Audito oraculo Cydon sortiri jussit omnes virgines et numine dei filiæ ejus sors obtingit. Lycastus autem timens illi, narrat ejus corruptionem et se a multo tempore jam cum illa coiisse; magna turba multo magis censebant eam interficiendam esse. Mactatæ Cydon sacerdotem jubet umbilicum discindere atque ita prægnans inventa est. Apterus vero quum putaret se dira passim esse a Lycasto, insidiis structis cum interfecit et propterea Termera ad Xanthum fugit.

XXXVI.

DE ARGANTHONE.

Dicitur et Rhesus, postquam venisset socius Trojam, multam terram peragrasse subigentem vectigalemque reddentem; quo tempore sane et Chium pervenerit fama (adductus) pulchræ mulieris , cui Arganthone nomen. Hæc victum et mansionem domi aspernabatur, collectis vero canibus multis venabatur, neminem facile ad se admittens. Veniens igitur Rhesus in hanc regionem, vi quidem illam non abduxit; dicebat vero se velle cum illa venari, se enim quemadmodum illam cœtum hominum odio habere; hæc autem, his ab illo dictis, laudabat credens illum vera dicere.

CAP. XXXIV — XXXVI.

πολλοῦ διαγενομένου, εἰς πολὺν ἔρωτα παραγίγνεται τοῦ Ῥήσου· καὶ τὸ μὲν πρῶτον ἡσυχάζει αἰδοῖ κατεχομένη· ἐπειδὴ δὲ σφοδρότερον ἐγίγνετο τὸ πάθος, ἀπετόλμησεν εἰς λόγους ἐλθεῖν αὐτῷ, καὶ οὕτως ἐθέλων (ἐθέλουσαν) αὐτὴν ἐκεῖνος ἠγάγετο γυναῖκα. Ὕστερον δὲ, πολέμου γεγομένου τοῖς Τρωσί, μετῄεσαν αὐτὸν οἱ βασιλεῖς ἐπίκουρον· ἡ δ' Ἀργανθώνη, εἴτε καὶ δι' ἔρωτα, ὃς πολὺς ὑπῆν αὐτῇ, εἴτε καὶ ἄλλως καταμαντευομένη τὸ μέλλον, βαδίζειν αὐτὸν οὐκ εἴα. Ῥῆσος δὲ μάλα κακιζόμενος ἐπὶ τῇ μονῇ οὐκ ἠνέσχετο, ἀλλ' ἦλθεν εἰς Τροίαν καὶ μαχόμενος ἐπὶ ποταμῷ, τῷ νῦν ἀπ' ἐκείνου Ῥήσῳ καλουμένῳ, πληγεὶς ὑπὸ Διομήδους ἀποθνήσκει. Ἡ δ' ὡς ᾔσθετο τεθνηκότος αὐτοῦ, αὖτις ἀπεχώρησεν εἰς τὸν τόπον, ἔνθ' ἐμίγη πρῶτον αὐτῷ, καὶ περὶ αὐτὸν ἀλωμένη θαμὰ ἐβόα τοὔνομα τοῦ Ῥήσου· τέλος δὲ * εἶτα καὶ ποταμῷ προσιεμένη διὰ λύπην ἐξ ἀνθρώπων ἀπηλλάγη.

Tempore vero multo progrediente, in magnum amorem incidit Rhesi et primum quidem tacet, pudore retenta; ubi vero affectus fiebat vehementior, ausa est in sermonem cum illo venire et ita volens (volentem) ipsam duxit uxorem. Postea vero, bellum quum esset Trojanis, petebant illius societatem reges, Agathone vero sive et amore, qui magnus illi erat, sive et alias futura conjiciens, ire illum non sinebat. Rhesus valde ægre ferens mansionem domi non sustinebat, sed venit Trojam et pugnans ad flumen, quod nunc ab illo Rhesus vocatur, a Diomede ictus moritur. Illa vero cognita illius morte, iterum profecta est ad locum ubi primum cum eo rem habuerat et circa eum errans frequenter Rhesi nomen vocavit; tandem vero deinde et flumen aggressa ob mœrorem ex hominum conspectu abiit.

ΑΧΙΛΛΕΩΣ ΤΑΤΙΟΥ

ΑΛΕΞΑΝΔΡΕΩΣ

ΤΩΝ ΚΑΤΑ

ΛΕΥΚΙΠΠΗΝ ΚΑΙ ΚΛΕΙΤΟΦΩΝΤΑ

ΛΟΓΟΙ Η.

ΛΟΓΟΣ ΠΡΩΤΟΣ

Α'. Σιδὼν ἐπὶ θαλάττῃ πόλις· Ἀσσυρίων ἡ θάλασσα· μήτηρ Φοινίκων ἡ πόλις· Θηβαίων ὁ δῆμος πατήρ. Δίδυμος λιμὴν ἐν κόλπῳ πλατύς, ἠρέμα κλείων τὸ πέλαγος. Ἧ γὰρ ὁ κόλπος κατὰ πλευρὰν ἐπὶ δεξιὰ κοιλαίνεται, στόμα δεύτερον ὀρώρυκται, καὶ τὸ ὕδωρ αὖθις εἰσρεῖ, καὶ γίνεται τοῦ λιμένος ἄλλος λιμήν, ὡς χειμάζειν μὲν ταύτῃ τὰς ὁλκάδας ἐν γαλήνῃ, θερίζειν δὲ τοῦ λιμένος εἰς τὸ προκόλπιον. Ἐνταῦθα ἥκων ἐκ πολλοῦ χειμῶνος, σῶστρα ἔθυον ἐμαυτοῦ τῇ τῶν Φοινίκων θεᾷ· Ἀστάρτην αὐτὴν οἱ Σιδώνιοι καλοῦσιν. Καὶ περιιὼν οὖν καὶ τὴν ἄλλην πόλιν καὶ περισκοπῶν τὰ ἀναθήματα, ὁρῶ γραφὴν ἀνακειμένην γῆς ἅμα καὶ θαλάττης. Εὐρώπης ἡ γραφή· Φοινίκων ἡ θάλασσα· Σιδῶνος ἡ γῆ. Ἐν τῇ γῇ λειμὼν καὶ χορὸς παρθένων. Ἐν τῇ θαλάττῃ ταῦρος ἐνήχετο, καὶ τοῖς νώτοις καλὴ παρθένος ἐπεκάθητο, ἐπὶ Κρήτην τῷ ταύρῳ πλέουσα. Ἐκόμα πολλοῖς ἄνθεσιν ὁ λειμών· δένδρων αὐτοῖς ἀνεμέμικτο φάλαγξ καὶ φυτῶν· συνεχῆ τὰ δένδρα· συνηρεφῆ τὰ πέταλα· συνῆπτον οἱ πτόρθοι τὰ φύλλα, καὶ ἐγίνετο τοῖς ἄνθεσιν ὄροφος ἡ τῶν φύλλων συνέχεια. Ἔγραψεν ὁ τεχνίτης ὑπὸ τὰ πέταλα καὶ τὴν σκιάν· καὶ ὁ ἥλιος ἠρέμα τοῦ λειμῶνος κάτω σποράδην διέρρει, ὅσον τὸ συνηρεφὲς τῆς τῶν φύλλων κόμης ἀνέῳξεν ὁ γραφεύς. Ὅλον ἐτείχιζε τὸν λειμῶνα περιβολή· εἴσω δὲ τοῦ τῶν ὀρόφων στεφανώματος ὁ λειμὼν ἐκάθητο. Αἱ δὲ πρασιαὶ τῶν ἀνθέων ὑπὸ τὰ πέταλα τῶν φυτῶν στοιχηδὸν ἐπεφύκεσαν, νάρκισσος, καὶ ῥόδα καὶ μύρριναι. Ὕδωρ δὲ κατὰ μέσον ἔρρει τοῦ λειμῶνος τῆς γραφῆς, τὸ μὲν ἀναβλύζον κάτωθεν ἀπὸ τῆς γῆς, τὸ δὲ τοῖς ἄνθεσι καὶ τοῖς φυτοῖς περιχεόμενον. Ὀχετηγός τις ἐγέγραπτο δικέλλαν κατέχων καὶ περὶ μίαν ἀμάραν κεκυφὼς καὶ ἀνοίγων τὴν ὁδὸν τῷ ῥεύματι. Ἐν δὲ τῷ τοῦ λειμῶνος τέλει πρὸς ταῖς ἐπὶ θάλατταν τῆς γῆς ἐκβολαῖς τὰς παρθένους

ACHILLIS TATII

ALEXANDRINI

DE

CLITOPHONTIS ET LEUCIPPES AMORIBUS

LIBRI OCTO.

LIBER I.

1. Sidon urbs ad mare, Assyrium est mare, mater Phœnicum civitas, Thebanorumque populus pater. Geminus portus amplo admodum sinu, verum aditu angusto maris aquam sensim accipiente. Ubi enim dextrum sinus latus curvatur, aditus illic alter effossus est, per quem aqua rursum illabitur : itaque portus portui adjungitur, ut in illo hyeme, æstate in sinu anteriori tutam naves habeant stationem. Eo quum ex alto tempestate rejectus fuissem, Phœnicum Deæ (Sidonii Astarten vocant), pro recepta salute sacra feci. Deinceps quum alia urbis loca perlustrarem atque in deorum templis munera tholis suspensa contemplarer, tabulam animadverti pictam, terram ac mare, nec non Europæ fabulam, continentem : ac mare Phœnicum, Sidoniorum terra erat. In terra pratum et chorus erat virginum : in mari taurus natabat, formosaque humeris puella insidebat Cretam versus cursum tenens tauro vecta. Pratum multa florum varietate distinctum, arborum et fruticum copia intersitum erat : continuæ arbores; densi rami; frondes ita inter sese nectebant, ut tectum floribus fieret foliorum densitas. Umbram sub ramis pictor effinxerat, ut locis aliquot radii solis modice pratum illustrarent, tantum scilicet, quantum quidem contextas frondes patere voluit pictor. Pratum universum undique munierat septum; pratum et tecti corona iisdem finibus continebantur. Sub plantarum ramis florum pulvini, narcissus, rosa, myrtusque ordinatim erant. Aqua in medio prato picturæ fluebat, partim ima ex terra scatens, partim flores ac plantas circumfusa. Pictus erat aliquis qui sumpto ligone rivulo imminebat et aquæ viam patefaciebat, incurvans se apud unum aquæductum. In extremo prato quod mare attingebat, virgines artifex expresserat. Virginibus habi-

ἔταξεν ὁ τεχνίτης. Τὸ σχῆμα ταῖς παρθένοις καὶ χαρᾶς καὶ φόβου. Στέφανοι περὶ τοῖς μετώποις δεδεμένοι· κόμαι κατὰ τῶν ὤμων λελυμέναι· τὸ σκέλος ἅπαν γεγυμνωμέναι· τὸ μὲν ἄνω, τοῦ χιτῶνος, τὸ δὲ κάτω, τοῦ πεδίλου· τὸ γὰρ ζῶσμα μέχρι γόνατος ἀνεῖλκε τὸν χιτῶνα· τὸ πρόσωπον ὠχραί· σεσηρυῖαι τὰς παρειάς· τοὺς ὀφθαλμοὺς ἀνοίξασαι πρὸς τὴν θάλασσαν· μικρὸν ὑποκεχηνυῖαι τὸ στόμα, ὥσπερ ἀφήσειν ὑπὸ φόβου μέλλουσαι καὶ βοήν· τὰς χεῖρας ὡς ἐπὶ τὸν βοῦν ὤρεγον. Ἐπέβαινον ἄκρας τῆς θαλάττης, ὅσον ὑπεράνω μικρὸν τῶν ταρσῶν ὑπερέχειν τὸ κῦμα· ἐῴκεσαν δὲ βούλεσθαι μὲν ὡς ἐπὶ τὸν ταῦρον δραμεῖν, φοβεῖσθαι δὲ τῇ θαλάττῃ προσελθεῖν. Τῆς δὲ θαλάττης ἡ χροιὰ διπλῆ· τὸ μὲν γὰρ πρὸς τὴν γῆν ὑπέρυθρον· κυάνεον δὲ τὸ πρὸς τὸ πέλαγος. Ἀφρὸς ἐπεποίητο καὶ πέτραι καὶ κύματα. Αἱ πέτραι τῆς γῆς ὑπερβεβλημέναι, ὁ ἀφρὸς περιλευκαίνων τὰς πέτρας, τὸ κῦμα κορυφούμενον καὶ περὶ τὰς πέτρας λυόμενον εἰς τοὺς ἀφρούς. Ταῦρος ἐν μέσῃ τῇ θαλάττῃ ἐγέγραπτο τοῖς κύμασιν ἐποχούμενος, ὡς ὄρους ἀναβαίνοντος τοῦ κύματος, ἔνθα καμπτόμενον τοῦ βοὸς κυρτοῦται τὸ σκέλος. Ἡ παρθένος μέσοις ἐπεκάθητο τοῖς νώτοις τοῦ βοὸς, οὐ περιβάδην, ἀλλὰ κατὰ πλευράν, ἐπὶ δεξιὰ συμβᾶσα τὼ πόδε, τῇ λαιᾷ τοῦ κέρως ἐχομένη, ὥσπερ ἡνίοχος χαλινοῦ. Καὶ γὰρ ὁ βοῦς ἐπέστραπτο ταύτῃ μᾶλλον πρὸς τὸ τῆς χειρὸς ἕλκον ἡνιοχούμενος. Χιτὼν ἀμφὶ τὰ στέρνα τῆς παρθένου μέχρις αἰδοῦς, τοὐντεῦθεν ἐπεκάλυπτε χλαῖνα τὰ κάτω τοῦ σώματος. Λευκὸς ὁ χιτών· ἡ χλαῖνα πορφυρᾶ· τὸ δὲ σῶμα διὰ τῆς ἐσθῆτος ὑπεφαίνετο. Βαθὺς ὀμφαλός· γαστὴρ τεταμένη· λαπάρα στενή. Τὸ στενὸν εἰς ἰξὺν καταβαῖνον ηὐρύνετο· μαζοὶ τῶν στέρνων ἠρέμα προκύπτοντες· ἡ συνάγουσα ζώνη τὸν χιτῶνα καὶ τοὺς μαζοὺς ἔκλειε, καὶ ἐγίνετο τοῦ σώματος κάτοπτρον ὁ χιτών. Αἱ χεῖρες ἄμφω διετέταντο, ἡ μὲν ἐπὶ κέρας, ἡ δ᾽ ἐπ᾽ οὐράν. Ἤρτητο δ᾽ ἀμφοῖν ἑκατέρωθεν ὑπὲρ τὴν κεφαλὴν ἡ καλύπτρα κύκλῳ τῶν νώτων ἐμπεπετασμένη· ὁ δὲ κόλπος τοῦ πέπλου πάντοθεν ἐτέτατο κυρτούμενος· καὶ ἦν οὗτος ἄνεμος τοῦ ζωγράφου. Ἡ δὲ δίκην ἐπεκάθητο τῷ ταύρῳ πλεούσης νεώς, ὥσπερ ἱστίῳ τῷ πέπλῳ χρωμένη. Περὶ δὲ τὸν βοῦν ὠρχοῦντο δελφῖνες, ἔπαιζον Ἔρωτες· εἶπες ἂν αὐτῶν γεγράφθαι καὶ τὰ κινήματα. Ἔρως εἷλκε τὸν βοῦν· Ἔρως, μικρὸν παιδίον, ἡπλώκει τὸ πτερόν, ἤρτητο φαρέτραν, ἐκράτει τὸ πῦρ· ἐπέστραπτο δ᾽ ὡς ἐπὶ τὸν Δία καὶ ὑπεμειδία, ὥσπερ αὐτοῦ καταγελῶν, ὅτι δι᾽ αὐτὸν γέγονε βοῦς.

Β΄. Ἐγὼ δὲ καὶ τἆλλα μὲν ἐπῄνουν τῆς γραφῆς, ἅτε δ᾽ ὢν ἐρωτικὸς περιεργότερον ἔβλεπον τὸν ἄγοντα τὸν βοῦν Ἔρωτα· καὶ Οἷον, εἶπον, ἄρχει βρέφος οὐρανοῦ καὶ γῆς καὶ θαλάττης. Ταῦτά μου λέγοντος, νεανίσκος καὶ αὐτὸς παρεστώς, Ἐγὼ ταῦτ᾽ ἂν ἐδείκνυον, ἔφη, τοσαύτας ὕβρεις ἐξ ἔρωτος παθών. Καὶ τί πέπονθας, εἶπον, ὦγαθέ; καὶ γὰρ ὁρῶ σου τὴν ὄψιν οὐ

tus, cum hilaritatem, tum mœrorem (indicans). Co rollæ fronti circumligatæ, crines per humeros effusi, crura tota nuda, eorum pars superior tunica, pars inferior calceo; nam zona genutenus tunicam succinxerat; os pallidum, genæ contractæ, oculi mare intuentes, labia tanquam vocem præ metu emittentium nonnihil hiulca, manus taurum versus protentæ. Ad mare autem eo usque processerant, ut pedis partem planta paulo superiorem aqua pertingeret. Corporis totius status is erat, ut et ad taurum contendere velle et undis credere se vereri viderentur. Mari color inerat duplex : terræ enim propinquior pars subrubebat, remotior vero cærulea erat. Spuma picta erat et scopuli et undæ. Scopuli e terra projecti, quos spuma dealbabat unda in verticem sublata et circum saxa in spumam se resolvens. Medio in mari pictus taurus undis vehebatur, montis instar attollente se unda, qua bovis crura flectebantur. Tauri dorso virgo insidebat, non equitum more, sed utrisque dextrum in latus pedibus demissis, lævaque cornu, quomodo habenas auriga tenens : etenim bos se flectebat ad hanc partem magis manum regentis sequens. Virginis pectus ad pudenda usque tunica, corpus reliquum læna contegebatur; alba tunica; purpurea læna; corpus tamen per vestem cernere licebat. Nam et profundus umbilicus et distentus venter et angusta ilia, verum amplos in lumbos desinentia perspiciebantur. Papillæ e pectore modice prominebant, zonaque adducta una cum tunica et papillas succingebat et corporis speculum erat tunica. Manus utraque porrecta, altera ad cornu, ad caudam altera, et utrisque etiam capitis tegmen utrinque circum humeros effusum sustinebat : et sinus pepli omni ex parte curvatus intumescebat; et erat hic pictoris ventus. Puella tauro insidens navis instar ferebatur, peplo veli usum præbente. Tauro delphini assultabant, (circum illum) ludebant Amores : quorum quidem motus etiam pictos esse diceres. Amor taurum trahebat, Amor parvulus infans, alas expandens, pharetram gestans, faces retinens, atque ad Jovem conversus subridebat, quasi eum, quod sui causa in taurum mutatus esset, irrideret.

II. Ego igitur cum alias picturæ partes laudabam, tum ipse amatorius, Cupidinem taurum trahentem accuratius intuens, ita mecum loquebar : En ut infantis jussa cœlum, terra, mare faciunt? Hæc me dicente adolescens, qui et ipse adstabat, Hujus equidem, inquit, ego quoque rei testis esse possum, cui tot amoris causa incommoda evenerunt. Tum ego, Cujusnam modi sunt, inquam, o bone

μακρὰν τῆς τοῦ Θεοῦ τελετῆς. Σμῆνος ἀνεγείρεις, εἶπε, λόγων· τὰ γὰρ ἐμὰ μύθοις ἔοικε. Μὴ κατοκνήσῃς, ὦ βέλτιστε, ἔφην, πρὸς τοῦ Διὸς καὶ τοῦ Ἔρωτος αὐτοῦ, ταύτῃ μᾶλλον ἥσειν, εἰ καὶ μύθοις ἔοικε.
5 Καὶ ταυτὶ δὲ λέγων, δεξιοῦμαί τ᾽ αὐτὸν καὶ ἐπί τινος ἄλσους ἄγω γείτονος, ἔνθα πλάτανοι μὲν ἐπεφύκεσαν πολλαὶ καὶ πυκναὶ, παρέρρει δ᾽ ὕδωρ ψυχρόν τε καὶ διαυγὲς, οἷον ἀπὸ χιόνος ἄρτι λυθείσης ἔρχεται. Καθίσας οὖν αὐτὸν ἐπί τινος θώκου χαμαιζήλου καὶ
10 αὐτὸς παρακαθισάμενος, Ὥρα τοίνυν, ἔφην, τῆς τῶν λόγων ἀκροάσεως· πάντως δ᾽ ὁ [τοιοῦτος] τόπος ἡδὺς καὶ μύθων ἄξιος [ὑπάρχει] ἐρωτικῶν.
Γ΄. Ὁ δ᾽ ἄρχεται τοῦ λέγειν ὧδε· Ἐμοὶ Φοινίκη γένος, Τύρος ἡ πατρὶς, ὄνομα Κλειτοφῶν, πατὴρ
15 Ἱππίας, ἀδελφὸς πατρὸς Σώστρατος, οὐ πάντα δ᾽ ἀδελφὸς, ἀλλ᾽ ὅσον ἀμφοῖν εἷς πατήρ· αἱ γὰρ μητέρες, τῷ μὲν ἦν Βυζαντία, τῷ δ᾽ ἐμῷ πατρὶ Τυρία. Ὁ μὲν οὖν τὸν πάντα χρόνον εἶχεν ἐν Βυζαντίῳ· πολὺς γὰρ ὁ τῆς μητρὸς κλῆρος ἦν αὐτῷ· ὁ δ᾽ ἐμὸς πατὴρ ἐν
20 Τύρῳ κατῴκει. Τὴν δὲ μητέρα οὐκ οἶδα· τὴν ἐμήν· ἐπὶ νηπίῳ γάρ μοι τέθνηκεν. Ἐδέησεν οὖν τῷ πατρὶ γυναικὸς ἑτέρας, ἐξ ἧς ἀδελφή μοι Καλλιγόνη γίνεται. Καὶ ἐδόκει μὲν τῷ πατρὶ συνάψαι μᾶλλον ἡμᾶς γάμῳ· αἱ δὲ Μοῖραι τῶν ἀνθρώπων κρείττονες ἄλλην ἑτέρουν
25 μοι γυναῖκα. Φιλεῖ δὲ τὸ δαιμόνιον τὸ μέλλον ἀνθρώποις νύκτωρ πολλάκις λαλεῖν· οὐχ ἵνα φυλάξωνται μὴ παθεῖν· οὐ γὰρ εἱμαρμένης δύνανται κρατεῖν· ἀλλ᾽ ἵνα κουφότερον πάσχοντες φέρωσι. Τὸ γὰρ ἐξαίφνης ἄθρόον καὶ ἀπροσδόκητον ἐκπλήσσει τὴν ψυχὴν,
30 ἄφνω προσπεσὸν καὶ κατεβάπτισε· τὸ δὲ πρὸ τοῦ παθεῖν προσδοκώμενον προκατηνάλωσε κατὰ μικρὸν μελετώμενον τοῦ πάθους τὴν ἀκμήν. Ἐπεὶ γὰρ εἶχον ἔνατον ἔτος ἐπὶ τοῖς δέκα, καὶ παρεσκεύαζεν ὁ πατὴρ εἰς νέωτα ποιῆσαί τους γάμους, ἤρχετο τοῦ δράματος
35 ἡ τύχη. Ὄναρ ἐδόκουν συμφῦναι τῇ παρθένῳ τὰ κάτω μέρη μέχρις ὀμφαλοῦ, δύο δ᾽ ἐντεῦθεν τὰ ἄνω σώματα. Ἐφίσταται δέ μοι γυνὴ φοβερὰ καὶ μεγάλη, τὸ πρόσωπον ἀγρία, ὀφθαλμὸς ἐν αἵματι, βλοσυραὶ παρειαί, ὄφεις αἱ κόμαι· ἅρπην ἐκράτει τῇ δεξιᾷ,
40 δᾷδα τῇ λαιᾷ. Ἐπιπεσοῦσα οὖν μοι θυμῷ καὶ ἀνατείνασα τὴν ἅρπην, καταφέρει τῆς ἰξύος, ἔνθα τῶν δύο σωμάτων ἦσαν αἱ συμβολαὶ, καὶ ἀποκόπτει μου τὴν παρθένον. Περιδεὴς οὖν ἀναθορὼν ἐκ τοῦ δείματος, φράζω μὲν πρὸς οὐδένα, κατ᾽ ἐμαυτὸν δὲ πονηρὰ ἐσκε-
45 πτόμην. Ἐν δὲ τούτῳ συμβαίνει τοιάδε. Ἦν ἀδελφὸς, ὡς ἔφην, τοῦ πατρὸς Σώστρατος· παρὰ τούτου τις ἔρχεται κομίζων ἐπιστολὰς ἀπὸ Βυζαντίου· καὶ ἦν τὰ γεγραμμένα τοιάδε·

Ἱππίᾳ τῷ ἀδελφῷ χαίρειν Σώστρατος.

50 Ἤκουσι πρὸς σὲ θυγάτηρ ἐμὴ Λευκίππη καὶ Πάνθεια γυνή· πόλεμος γὰρ περιλαμβάνει Βυζαντίους Θρᾳκικός. Σῶζε δέ μοι τὰ φίλτατα τοῦ γένους μέχρι τῆς τοῦ πολέμου τύχης.

vir, quæ perpessus fuisti? tuus enim adspectus ab hujus dei mysteriis te non abhorrentem declarat. Tum ille : Ad profusam, (inquit,) verborum copiam me revocas : fabulis enim mea similia sunt. Tum ego : Ne per Jovem, perque Amorem ipsum, inquam, cuncteris hac me ratione magis juvare, tametsi fabulosa videantur. Hæc quum dixissem, manu prehensum hominem vicinum quoddam in nemus perduxi : ubi permultæ atque opacæ platani succreverant, perspicuaque ac frigida aqua præterlabebatur qualis fit nuper liquefacta nive. Illic quum humili quodam in loco sedere hominem jussissem, ipseque assedissem, Atqui tempus est, inquam, audiendæ orationis tuæ : delectationis omnino locus hic plenus, amatoriisque fabellis dignus est.

III. Tum ille ab hoc principio exorsus est dicere : Gentis mihi origo e Phœnicia est, patria Tyrus, nomen Clitophon, pater Hippias, patris frater Sostratus, non omni parte frater sed quod ad patrem attinet : nam matres duæ fuere, Sostrato Byzantia, Hippiæ Tyria. Sostratus Byzantii, propterea quod ibi matris hereditas sane non exigua illi erat, semper commoratus est : pater meus Tyri. Matrem ipse meam non novi, ut quæ suum infante me obierit diem : itaque alteram sibi pater uxorem adjunxit : ex qua sororem mihi Calligonen genuit, quam mihi uxorem dare pater quidem decreverat, sed potentiora hominibus fata mihi aliam servabant. « Frequenter autem dii mortalibus futura in somnis pronunciare consueverunt, non quo mala præcavendo evitent (neque enim fato iri obviam potest) sed quo æquiore, quum patiuntur, animo ferant. Repentina enim et inexspectata percellunt improviso adventu mentem atque prosternunt : prævisa vero, antequam ea patiamur, dum ad eorum cogitationem animus pedetentim deducitur, vim malorum ante frangunt. » Itaque quum nonum et decimum agerem annum, nuptiasque anno sequenti pater facturus esset, fabulam fortuna incœptavit. Quum me quieti dedissem, visus sum ita cum virgine conjungi, ut a capite ad umbilicum usque duo corpora essemus, deinceps vero in unum coaluissemus. Mulier aspectu horribili, magna statura, vultu agresti, sanguineis oculis, genis asperis, vipereis crinibus, falcem dextra, lævā faculam tenens, nobis imminere; atque irata me aggredi et sublata falce plagam, qua duo in unum corpora coierant, imponere, virginemque a me abscindere. Quam ob rem timore perculsus atque ex somno excitatus, nemini palam feci : sed in malorum cogitatione solus versabar. Interea accedunt hæc. Erat frater, ut dixi, patris Sostratus : Byzantio literas ab eo aliquis venit adferens et erant scripta hæc :

Sostratus Hippiæ fratri S. D.

Leucippe filia et Panthia uxor mea proficiscuntur ad te : bellum enim a Thracibus Byzantiis infertur. Tu carissima pignora nobis ad belli exitum usque custodi.

Δ'. Ταῦθ' ὁ πατὴρ ἀναγνοὺς ἀναπηδᾷ καὶ ἐπὶ τὴν θάλασσαν ἐκτρέχει καὶ μικρὸν ὕστερον αὖθις ἐπανῆκεν. Εἵποντο δ' αὐτῷ κατόπιν πολὺ πλῆθος οἰκετῶν καὶ θεραπαινίδων, ἃς συνεκπέμψας ὁ Σώστρατος ἐτύγχανε ταῖς γυναιξίν. Ἐν μέσοις δ' ἦν γυνὴ μεγάλη καὶ πλουσία τῇ στολῇ. Ὡς δ' ἐπέτεινα τοὺς ὀφθαλμοὺς ἐπ' αὐτήν, ἐν ἀριστερᾷ παρθένος ἐκφαίνεταί μοι, καὶ καταστράπτει μου τοὺς ὀφθαλμοὺς τῷ προσώπῳ. Τοιαύτην εἶδον ἐγώ ποτ' ἐπὶ ταύρῳ γεγραμμένην Σε-
10 λήνην· ὄμμα γοργὸν ἐν ἡδονῇ· κόμη ξανθή, τὸ ξανθὸν οὖλον· ὀφρὺς μέλαινα, τὸ μέλαν ἄκρατον· λευκὴ παρειά, τὸ λευκὸν εἰς μέσον ἐφοινίσσετο καὶ ἐμιμεῖτο πορφύραν, οἵαν εἰς τὸν ἐλέφαντα Λυδία βάπτει γυνή· τὸ στόμα ῥόδον ἄνθος ἦν, ὅταν ἄρχηται τὸ ῥόδον
15 ἀνοίγειν τῶν φύλλων τὰ χείλη. Ὡς δ' εἶδον, εὐθὺς ἀπωλώλειν. Κάλλος γὰρ ὀξύτερον τιτρώσκει βέλους καὶ διὰ τῶν ὀφθαλμῶν εἰς τὴν ψυχὴν καταρρεῖ. Ὀφθαλμὸς γὰρ ὁδὸς ἐρωτικῷ τραύματι. Πάντα δέ μ' εἶχεν ὁμοῦ, ἔπαινος, ἔκπληξις, τρόμος, αἰδώς, ἀναί-
20 δεια· ἐπῄνουν τὸ μέγεθος, ἐκπεπλήγμην τὸ κάλλος, ἔτρεμον τὴν καρδίαν, ἔβλεπον ἀναιδῶς, ᾐδούμην ἁλῶναι. Τοὺς δ' ὀφθαλμοὺς ἀφέλκειν μὲν ἀπὸ τῆς κόρης ἐβιαζόμην· οἱ δ' οὐκ ἤθελον, ἀλλ' ἀνθεῖλκον ἑαυτοὺς ἐκεῖ τῷ τοῦ κάλλους ἑλκόμενοι πείσματι, καὶ τέλος
25 ἐνίκησαν.

Ε'. Αἱ μὲν δὴ κατήγοντο πρὸς ἡμᾶς, καὶ αὐταῖς ὁ πατὴρ μέρος τι τῆς οἰκίας ἀποτεμόμενος, εὐτρεπίζει δεῖπνον. Καὶ ἐπεὶ καιρὸς ἦν, συνεπίνομεν κατὰ δύο τὰς κλίνας διαλαχόντες. Οὕτω γὰρ ἔταξεν ὁ πατήρ· αὐτὸς
30 κἀγὼ τὴν μέσην, αἱ μητέρες αἱ δύο τὴν ἐν ἀριστερᾷ, τὴν δεξιὰν εἶχον αἱ παρθένοι. Ἐγὼ δ' ὡς ταύτην ἤκουσα τὴν εὐταξίαν, μικροῦ προσελθὼν κατεφίλησα τὸν πατέρα, ὅτι μοι κατ' ὀφθαλμοὺς ἀνέκλινε τὴν παρθένον. Τί μὲν οὖν ἔφαγον, μὰ τοὺς θεούς, ἔγωγ' οὐκ
35 ᾔδειν· ἔοικειν γὰρ τοῖς ἐν ὀνείροις ἐσθίουσιν. Ἐρείσας δὲ κατὰ τῆς στρωμνῆς τὸν ἀγκῶνα καὶ ἐγκλίνας ἐμαυτόν, ὅλοις ἔβλεπον τὴν κόρην τοῖς προσώποις, κλέπτων ἅμα τὴν θέαν· τοῦτο γάρ μοι ἦν τὸ δεῖπνον. Ὡς δ' ἦμεν ἀπὸ τοῦ δείπνου, παῖς εἰσέρχεται κιθά-
40 ραν ἁρμοσάμενος, τοῦ πατρὸς οἰκέτης, καὶ ψιλαῖς τὸ πρῶτον διατινάξας ταῖς χερσί, τὰς χορδὰς ἔκρουε· καὶ τι κρουμάτιον ὑπολιγήνας ὑποψιθυρίζουσι τοῖς δακτύλοις, μετὰ τοῦτ' ἤδη τῷ πλήκτρῳ τὰς χορδὰς ἔκρουε, καὶ ὀλίγον ὅσον κιθαρίσας συνῇδε τοῖς κρούμασι. Τὸ
45 δ' ᾆσμα ἦν, Ἀπόλλων μεμφόμενος τὴν Δάφνην φεύγουσαν καὶ διώκων ἅμα καὶ μέλλων καταλαμβάνειν· καὶ γινομένη φυτὸν ἡ κόρη, καὶ Ἀπόλλων τὸ φυτὸν στεφανούμενος. Τοῦτό μοι μᾶλλον ἀσθὲν εἰς τέλος τὴν ψυχὴν ἐξέκαυσεν. Ὑπέκκαυμα γὰρ ἐπιθυμίας
50 λόγος ἐρωτικός· κἂν εἰς σωφροσύνην τις ἑαυτὸν νουθετῇ, τῷ παραδείγματι πρὸς τὴν μίμησιν ἐρεθίζεται, μάλισθ' ὅταν ἐκ τοῦ κρείττονος ᾖ τὸ παράδειγμα. Ἡ γὰρ ἂν ἁμαρτάνει τις αἰδὼς τῷ τοῦ βελτίονος ἀξιώματι παρρησία γίνεται. Καὶ ταῦτα πρὸς ἐμαυτὸν ἔλεγον·

IV. Cognita literarum sententia surrexit pater, statimque ad mare se contulit atque haud multo post rediit. Eum sequebatur magna turba servorum ancillarumque, quas cum uxore ac filia Sostratus miserat. Inter eas mulier erat procera, preciosam stolam induta : in quam simul atque oculos conjeci, ad laevam virgo apparet mihi et vultu suo meos oculos fulminat. Talem vidi ego aliquando tauro (insidentem) pictam Selenen. Erant ei quadam cum jucunditate truces oculi, crines flavi crispique, supercilia puro nigrore (delibuta), genae candidae : nisi quod earum medium rubore purpuram qua Lydiae mulieres ebur inficiunt imitante suffusum erat : os rosarum flos, quum rosae foliorum labra aperire incipiunt. Itaque statim, ut eam contemplatus sum, occidi. « Forma enim ad inferendum vulnus telo acutior est, per oculosque in animum penetrat. Amatorio vulneri enim oculus est via. » Omnibus autem simul tenebar, laude, perculsione, metu, pudore, impudentia ; proceritatem laudabam, pulchritudinem stupebam, corde tremebam, oculis lascivius intuebar, ne caperer verebar : saneque oculos a virgine avertere conabar : sed illi repugnabant, formaeque suavitate pellecti eo sese referebant et victoria tandem potiti sunt.

V. Ceterum mulieribus intro ad nos ductis, domus parte quadam iis attributa, pater coenam parari jussit, ac quoniam tempus ejus venerat, bini singulas mensas nacti sumus, hujusmodi ab Hippia ordine adhibito , ut ipse et ego mediam, matres sinistram, dextram virgines obtinerent. Quem bonum ordinem quum ipse animadvertissem, parum abfuit quin ad patrem, propterea quod virginem ex adversum oculis meis collocaverat, osculandum procederem. Verum enimvero quid in ea coena comederim, ita me di ament, haud scio, iis nimirum similis, qui coenare sese somniant, sed cubito mensae innixus et inclinatus puellam toto vultu contemplabar, illius interim obtutus suffurans : haec enim mihi coena erat. Posteaquam finis edendi factus est, e pueris domesticis unus cum cithara processit, ac primum nudis manibus fides tentans pulsabat et exilem quemdam sonum, digitis murmur adjuvantibus, edidit : deinde sumpto jam plectro, chordas percussit, quo aliquantulum facto citharae sono vocem ipse suam addidit, concinuitque, ut fugientem Daphnen Apollo incusaret, et simul persequeretur, ut jamjam comprehensurus esset, ut puella in arborem mutaretur, cujus ille frondibus coronam sibi fingeret. Quae sane cantilena ardentiores meo faces amori subjecit. « Amatorius enim sermo vehemens cupiditatis incitatio est. Ac quamquam ad temperantiam aliquis comparatus est, exemplo tamen ad imitandum trahitur, eoque facilius , quo nobilius proponitur exemplum. Nam pudor peccandi, praestantioris alicujus dignitate, in licentiam commutatur. » Hisce itaque verbis memet alloquebar : Ecce et Apollo

LIBER I.

Ἰδοὺ καὶ Ἀπόλλων ἐρᾷ, κἀκεῖνος παρθένου, καὶ ἐρῶν οὐκ αἰσχύνεται, ἀλλὰ διώκει τὴν παρθένον· σὺ δ' ὀκνεῖς, καὶ αἰδῇ, καὶ ἀκαίρως σωφρονεῖς; Μὴ κρείττων εἶ τοῦ θεοῦ;

ϛ'. Ὡς δ' ἦν ἑσπέρα, πρότεραι μὲν πρὸς ὕπνον ἐτράπησαν αἱ γυναῖκες· μικρὸν δ' ὕστερον καὶ ἡμεῖς· οἱ μὲν δὴ ἄλλοι τῇ γαστρὶ μετρήσαντες τὴν ἡδονήν, ἐγὼ δὲ τὴν εὐωχίαν ἐν τοῖς ὀφθαλμοῖς φέρων, τῶν τε προσώπων τῆς κόρης γεμισθεὶς καὶ ἀκράτῳ θεάματι καὶ μέχρι κόρου προελθών, ἀπῆλθον μεθύων ἔρωτι. Ὡς δ' εἰς τὸ δωμάτιον παρῆλθον, ἔνθα μοι καθεύδειν ἔθος ἦν, οὐδ' ὕπνου τυχεῖν ἠδυνάμην. Ἔστι μὲν γὰρ φύσει καὶ τἆλλα νοσήματα καὶ τὰ τοῦ σώματος τραύματα ἐν νυκτὶ χαλεπώτερα, καὶ ἐπανίσταται μᾶλλον ἡμῖν ἡσυχάζουσι καὶ ἐρεθίζει τὰς ἀλγηδόνας. Ὅταν γὰρ ἀναπαύηται τὸ σῶμα, τότε σχολάζει τὸ ἕλκος νοσεῖν. Τὰ δὲ τῆς ψυχῆς τραύματα, μὴ κινουμένου τοῦ σώματος, πολὺ μᾶλλον ὀδυνᾷ. Ἐν ἡμέρᾳ μὲν γὰρ ὀφθαλμοὶ καὶ ὦτα πολλῆς γεμιζόμενα περιεργίας ἐπικουφίζει τῆς νόσου τὴν ἀκμήν, ἀντιπεριάγοντα τὴν ψυχὴν τῆς εἰς τὸ πονεῖν σχολῆς· ἐὰν δ' ἡσυχίᾳ τὸ σῶμα πεδηθῇ, καθ' ἑαυτὴν ἡ ψυχὴ γενομένη τῷ κακῷ κυμαίνεται. Πάντα γὰρ ἐξεγείρεται τότε τὰ τέως κοιμώμενα· τοῖς πενθοῦσιν αἱ λῦπαι· τοῖς μεριμνῶσιν αἱ φροντίδες· τοῖς κινδυνεύουσιν οἱ φόβοι· τοῖς ἐρῶσιν τὸ πῦρ. Περὶ δὲ τὴν ἕω μόλις ἐλεήσας μέ τις ὕπνος ἀνέπαυσεν ὀλίγον. Ἀλλ' οὐδὲ τότε μου τῆς ψυχῆς ἀπελθεῖν ἤθελεν ἡ κόρη· πάντα γὰρ ἦν μοι Λευκίππη τὰ ἐνύπνια· διελεγόμην αὐτῇ, συνέπαιζον, συνεδείπνουν, ἡπτόμην, πλείονα εἶχον ἀγαθὰ τῆς ἡμέρας. Καὶ γὰρ κατεφίλησα, καὶ ἦν τὸ φίλημα ἀληθινόν· ὥστ' ἐπειδή με ἤγειρεν ὁ οἰκέτης, ἐλοιδορούμην αὐτῷ τῆς ἀκαιρίας, ἀπολέσας ὄνειρον οὕτω γλυκύν. Ἀναστὰς οὖν ἐβάδιζον ἐξεπίτηδες εἴσω τῆς οἰκίας, κατὰ πρόσωπον τῆς κόρης· βιβλίον ἅμα κρατῶν καὶ ἐγκεκυφὼς ἀνεγίνωσκον· τὸν δ' ὀφθαλμόν, εἰ κατὰ τὰς θύρας γενοίμην, ὑπεκλιττον κάτωθεν καί τινας ἐμπεριπατήσας διαύλους, καὶ ἐποχετευσάμενος ἐκ τῆς θέας ἔρωτα, σαφῶς ἀπῄειν ἔχων τὴν ψυχὴν κακῶς. Καὶ ταῦτά μοι τριῶν ἡμερῶν ἐπυρσεύετο.

Ζ'. Ἦν δέ μοι Κλεινίας ἀνεψιός, ὀρφανὸς καὶ νέος, δύο ἀναδεδηκὼς ἔτη τῆς ἡλικίας τῆς ἐμῆς, ἔρωτι τετελεσμένος· μειρακίῳ δ' ὁ ἔρως ἦν. Οὕτω δ' εἶχε φιλοτιμίας πρὸς αὐτό, ὥστε καὶ ἵππον πριάμενος, ἐπεὶ θεασάμενον τὸ μειράκιον ἐπῄνεσεν, εὐθὺς ἐχαρίσατο φέρων αὐτῷ τὸν ἵππον. Ἔσκωπτον οὖν αὐτὸν ἀεὶ τῆς ἀμεριμνίας, ὅτι σχολάζει φιλεῖν καὶ δοῦλός ἐστιν ἐρωτικῆς ἡδονῆς. Ὁ δέ μοι μειδιῶν καὶ τὴν κεφαλὴν ἐπισείων ἔλεγεν· Ἔσῃ ποτὲ καὶ σύ μοι δοῦλος ταχύ. Πρὸς τοῦτον ἀπιὼν καὶ ἀσπασάμενος καὶ παρακαθισάμενος, Ἔδωκα, ἔφην, Κλεινία, σοὶ δίκην τῶν σκωμμάτων. Δοῦλος γέγονα κἀγώ. Ἀνακροτήσας οὖν τὰς χεῖρας ἐξεγέλασε, καὶ ἀναστὰς κατεφίλησέ μου τὸ πρόσωπον, ἐμφαῖνον ἐρωτικὴν ἀγρυπνίαν· καί, Ἐρᾷς,

amore captus, et amare illum non pudet, sed et virginem persequitur? Quid tu igitur desidia torpes et pudore victus alieno tempore continentiam præ te fers? Num tu deo præstantior es?

VI. Ceterum quum advesperasset, primæ cubitum ivere mulieres, nec multo post nos, alii quidem coenæ voluptatem ventri, ego vero oculis largitus : nam puellæ vultu impletus, merisque obtutibus exsaturatus, ac plane amore ipso ebrius, intra cubiculum, in quo cubare consueveram, me recepi, ubi somnum nulla ratione capere quivi. « Natura equidem ita fert, ut quum alii morbi, tum corporis vulnera noctu molestiora sint et quiescentibus nobis vehementius intendantur et majores efficiant dolores : quietem enim capientibus membris, vulneri; otium datur sæviendi : quiescente autem corpore multo majorem dolorem sentiunt vulnera animi. Oculi enim atque aures multis in rebus interdiu occupatæ faciunt ut solicitudinum aculei minus sentiantur, animumque distrahant, ut dolendi tempus non supersit. Quod si otio membra detineantur, animus se ipse colligens, assiduis malorum procellis jactatur : quæ enim eousque sopita jacuerant, suscitantur ; in luctu videlicet constitutis moerores, aliqua de re solicitis cogitationes, in periculo versantibus metus, amore ardentibus, ignes. » Tandem appropinquante aurora misertus mei somnus levationis aliquantulum mihi attulit, nec tamen meo ex animo puella tunc abire volebat, sed omnia mihi de Leucippe somnia erant : cum illa loquebar, ludebam, cœnabam, tangebam, ac majora quidem tum, quam interdiu, bona consequebar. Osculabar enim, veraque osculatio erat. Itaque quum me famulus excitasset, importunitatem illius, quod tam dulci me in somno interpellavisset, maledictis prosecutus sum. atque e stratis surgens, puellæ domum de industria in ejus conspectum deambulatum me contuli, allatumque mecum eo tempore librum demissa fronte legebam ita, ut quotiescumque foribus appropinquaveram, oculorum aciem in eam converterem et factis denique aliquot spatiis, amorem videndo hauriens palam discesserim, animo misere affecto. Hunc in modum tres mihi dies amorem significando consumpti sunt.

VII. Erat consanguineus meus, utroque parente orbatus et juvenis, cui Cliniæ nomen fuit. Is duobus annis me natu major, amore initiatus; adolescentuli amor erat : tantaque erga illum liberalitate usus fuerat, ut quum equum emisset, visumque adolescens laudasset, eum illi statim sit elargitus. Hunc ego conviciis insectari non cessabam, quod tantum sibi a re sua otii esset, ut amori operam daret et amatoriæ voluptatis servus esset. Ille autem me irridens et caput quassans, Futurum aliquando est, inquit, ut tu quoque servus sis. Ad eum igitur quum venissem et data salute assedissem, Jactatorum in te nunc, inquam, Clinia, conviciorum tibi pœnas luo, captus enim ego quoque sum. Tum ille jactatis manibus plaudens, in risum sese effudit consurgensque amatorias vigilias indicantem

εἶπεν, ἐρᾷς ἀληθῶς· οἱ ὀφθαλμοί σου λέγουσιν. Ἄρτι δὲ λέγοντος αὐτοῦ, Χαρικλῆς εἰστρέχει (τοῦτο γὰρ ἦν ὄνομα τῷ μειρακίῳ) τεθορυβημένος, Οἴχομαί σοι, λέγων, Κλεινία. Καὶ συνεστέναξεν ὁ Κλεινίας, ὥσπερ ἐκ τῆς ἐκείνου ψυχῆς κρεμάμενος· καὶ τῇ φωνῇ τρέμων, Ἀποκαίεις, εἶπε, σιωπῶν· τί σε λυπεῖ; τίνι δεῖ μάγεσθαι; Καὶ ὁ Χαρικλῆς, Γάμον, εἶπεν, ὁ πατήρ μοι προξενεῖ, καὶ γάμον ἀμόρφου κόρης, ἵνα διπλῷ συνοικῶ κακῷ. Πονηρὸν μὲν γὰρ γυνὴ, κἂν εὔμορφος ᾖ· ἐὰν δὲ καὶ ἀμορφίαν δυστυχῇ, διπλοῦν τὸ κακόν. Ἀλλὰ πρὸς τὸν πλοῦτον ὁ πατὴρ ἀποβλέπων σπουδάζει τὸ κῆδος. Ἐκδίδομαι ὁ δυστυχὴς τοῖς ἐκείνης χρήμασιν, ἵνα γήμω πωλούμενος.

Η'. Ὡς οὖν ταῦτ' ἤκουσεν ὁ Κλεινίας, ὠχρίασεν. Ἐπιπαρώξυνεν οὖν τὸ μειράκιον ἀπωθεῖσθαι τὸν γάμον, τὸ τῶν γυναικῶν γένος λοιδορῶν· Γάμον, εἶπεν, ἤδη σοι δίδωσιν ὁ πατήρ; τί γὰρ ἠδίκηκας, ἵνα καὶ πεδηθῇς; Οὐκ ἀκούεις τοῦ Διὸς λέγοντος;

Τοῖς δ' ἐγὼ ἀντὶ πυρὸς δώσω κακὸν, ᾧ κεν ἅπαντες
Τέρπωνται κατὰ θυμὸν, ἑὸν κακὸν ἀμφαγαπῶντες.

Αὕτη κακῶν ἡδονή· καὶ ἔοικε τῇ τῶν Σειρήνων φύσει. Κἀκεῖναι γὰρ ἡδονῇ φονεύουσιν ᾠδῆς. Ἔστι δέ σοι συνιέναι τὸ μέγεθος τοῦ κακοῦ καὶ ἀπ' αὐτῆς τῆς τοῦ γάμου παρασκευῆς. Βόμβος αὐλῶν, ὃ κλίδων κτύπος, πυρσῶν δαδουχία. Ἐρεῖ τις ἰδὼν τοσοῦτον κυδοιμόν· Ἀτυχὴς ὁ μέλλων γαμεῖν· ἐπὶ πόλεμον, δοκῶ μοι, πέμπεται. Ἀλλ' εἰ μὲν ἰδιώτης ἦσθα μουσικῆς γνώσεως, ἠγνόεις ἂν τὰ τῶν γυναικῶν δράματα· νῦν δὲ κἂν ἄλλοις λέγοις, ὅσων ἐνέπλησαν μύθων γυναῖκες τὴν σκηνήν. Ὁ ὅρμος Ἐριφύλης, Φιλομήλας ἡ τράπεζα, Σθενοβοίας ἡ διαβολὴ, Ἀερόπης ἡ κλοπὴ, Πρόκνης ἡ σφαγή. Ἂν τὸ Χρυσηΐδος κάλλος Ἀγαμέμνων ποθῇ, λοιμὸν τοῖς Ἕλλησι ποιεῖ· ἂν τὸ Βρισηΐδος κάλλος Ἀχιλλεὺς [ποθῇ], πένθος αὑτῷ προξενεῖ· ἐὰν ἔχῃ γυναῖκα Κανδαύλης καλὴν, φονεύει Κανδαύλην ἡ γυνή. Τὸ τῶν Ἑλένης τῶν γάμων πῦρ ἀνῆψε κατὰ τῆς Τροίας ἄλλο πῦρ· ὁ δὲ Πηνελόπης γάμος τῆς σώφρονος, πόσους νυμφίους ἀπώλεσεν; Ἀπέκτεινεν Ἱππόλυτον φιλοῦσα Φαίδρα, Κλυταιμνήστρα δ' Ἀγαμέμνονα μὴ φιλοῦσα. Ὦ πάντα τολμῶσαι γυναῖκες· κἂν φιλῶσι, φονεύουσι· κἂν μὴ φιλῶσι, φονεύουσι. Ἀγαμέμνονα ἔδει φονευθῆναι τὸν καλὸν, οὗ κάλλος ἐπουράνιον ἦν,

Ὄμματα καὶ κεφαλὴν ἴκελος Διὶ τερπικεραύνῳ;

Καὶ ταύτην ἀπέκοψεν, ὦ Ζεῦ, τὴν κεφαλὴν γυνή. Καὶ ταῦτα μὲν περὶ τῶν εὐμόρφων τις ἂν εἴποι γυναικῶν, ἔνθα καὶ μέτριον τὸ ἀτύχημα. Τὸ γὰρ κάλλος ἔχει τὴν παρηγορίαν τῶν κακῶν, καὶ τοῦτ' ἔστιν ἐν ἀτυχήμασιν εὐτύχημα. Εἰ δὲ μηδ' εὔμορφος, ὡς φὴς, ἡ συμφορὰ διπλῆ. Καὶ πῶς ἄν τις ἀνάσχοιτο, καὶ ταῦτα μειράκιον οὕτω καλόν; Μὴ, πρὸς θεῶν, Χαρίκλεις, μήπω μοι δοῦλος γένῃ, μηδὲ τὸ ἄνθος πρὸ καιροῦ τῆς ἥβης ἀπολέσῃς. Πρὸς γὰρ τοῖ ἄλλοις καὶ

ACHILLIS TATII

faciem mihi suaviatus est et, Revera, inquit, amore captus es : tui enim id oculi declarant. Hæc vix protulerat, quum Charicles (id erat adolescenti nomen) introiit; is, vehementer conturbatus, Perii, inquit, o Clinia; atque hic una cum eo suspirans Clinia, tanquam ex adolescentuli anima penderet, lingua titubante, Perdis me tuo, inquit, isto silentio. Quid te excruciat? Quicum pugnandum erit? Tum Charicles, Uxorem, inquit, mihi pater dare studet, eamque deformem, duplici ut malo utar. Nam magnum malum formosa mulier; si vero et deformis, duplex malum. Sed pater meus divitiis inhians, affinitatem istam affectat. Me miserum, pecuniæ illius trador, ut uxorem mancipatus ducam.

VIII. Quæ Clinia quum audivisset, expalluit : atque in mulierum genus acerbius invectus, adolescentem a re uxoria dehortatus est : Tibi ergo uxorem jam dat pater? Quidnam commeruisti, ut in vincula conjiciaris? An non Jovem audis ita canentem?

His autem ego (surrepti) pretium ignis dabo malum quo
Animo gaudeant, suum ipsi malum amantes. [omnes

Ejusmodi est quæ malis e rebus percipitur voluptas, Sirenum scilicet naturæ similis : illæ enim cantus suavitate mortales perdunt. Mali autem magnitudinem ipso eo nuptiarum apparatu, tibiarum videlicet clangore, crepitu valvarum, funalium incendio intueri tibi licet. Jam quis tantos tumultus videns, eum non miserum vocet, qui uxorem sit ducturus; mihi quidem certe in pugnam is mitti videtur. Si ab humaniorum literarum studiis abhorreres, mulierum facta ignorares : verum nunc aliis etiam, quo illæ scenis argumenta suppeditaverint, commemorare queas. Eriphyles monile, Philomelæ mensa, calumnia Sthenoboeæ, Aëropes furtum, Procnes jugulatio (filii). Quod si Agamemnon formam desideret Chryseidis, Achilles Briseidis, Græcis ille pestilentiæ auctor, hic sibi luctum conciliat. Formosam Candaules uxorem duxit : sed ab ea etiam necatus fuit. Nuptiales Helenæ faces, alias faces accenderunt contra Trojam. Penelopes castæ nuptiæ quot procos leto affecerunt! Ac Phædra quidem Hippolytum, cujus amore flagrabat, Clytæmnestra vero Agamemnonem, quem oderat, e medio sustulit. O mulieres ad omne semper flagitium paratas : quæ iis quos diligunt æque perniciosæ sint, atque iis quos oderunt. Quid ergo causæ fuit, quam ob rem pulchrum Agamemnonem interfici oporteret, cujus pulchritudo cœlestis erat,

Et oculis et capite similis Jovi fulmine gaudenti?

Et tamen hoc, proh Jupiter, caput mulier abscidit. Et de formosis quidem mulieribus commemorari hæc possint ubi mediocris infelicitas : pulchritudo enim calamitatem aliqua ex parte levat et hoc in malis bonum est. » Verum si, ut tu ais, deformis sit, duplo quidem certe majus malum fit. Quod quo pacto quis ferre queat, præsertim, forma tam bona? Ne te, per deos, o Charicle, jam in servitutem tradas, neu florem ætatis tuæ ante tempus perditum eas. Ad alia, quæ in nuptiis mala sunt, id etiam

τοῦτ' ἔστι τοῦ γάμου τὸ ἀτύχημα· μαραίνει τὴν ἀκμήν. Μὴ, δέομαι, Χαρίκλεις, μήπω μοι μαρανθῆς· μὴ παραδῶς εὐμορφον τρυγῆσαι ῥόδον ἀμόρφῳ γεωργῷ. Καὶ ὁ Χαρικλῆς, Ταῦτα μὲν, ἔφη, καὶ θεοῖς κἀμοὶ μελήσει. Καὶ γὰρ εἰς τὴν προθεσμίαν τῶν γάμων χρόνος ἐστὶν ἡμερῶν. Πολλὰ δ' ἂν γένοιτο καὶ ἐν νυκτὶ μιᾷ· καὶ κατὰ σχολὴν ζητήσομεν. Τὸ δὲ νῦν ἔχον, ἐφ' ἱππασίαν ἄπειμι. Ἐξ ὅτου γάρ μοι τὸν ἵππον ἐχαρίσω τὸν καλὸν, οὔπω σου τῶν δώρων ἀπέλαυσα. Ἐπικουφιεῖ δέ μοι τὸ γυμνάσιον τῆς ψυχῆς τὸ λυπούμενον. Ὁ μὲν οὖν ἀπῄει τὴν τελευταίαν ὁδὸν ὕστατα καὶ πρῶτα μελλήσων ἱππάζεσθαι.

Θ'. Ἐγὼ δὲ πρὸς τὸν Κλεινίαν καταλέγω μου τὸ δρᾶμα πῶς ἐγένετο, πῶς πάθοιμι, πῶς ἴδοιμι, τὴν καταγωγήν, τὸ δεῖπνον, τὸ κάλλος τῆς κόρης. Τελευτῶν δὲ τῷ λόγῳ συνίην ἀσχημονῶν, Οὐ φέρω, λέγων, Κλεινία, τὴν ἀνίαν· ὅλος γάρ μοι προσέπεσεν ὁ ἔρως, καὶ αὐτόν μου διώκει τὸν ὕπνον τῶν ὀμμάτων· πάντοτε Λευκίππην φαντάζομαι. Οὐ γέγονεν ἄλλῳ τινὶ τοιοῦτον ἀτύχημα. Τὸ γὰρ κακόν μοι καὶ συνοικεῖ. Καὶ ὁ Κλεινίας, Ληρεῖς, εἶπεν, οὕτως εἰς ἔρωτα εὐτυχῶν. Οὐ γὰρ ἐπ' ἀλλοτρίας θύρας ἐλθεῖν σε δεῖ, οὐδὲ διάκονον παρακαλεῖν. Αὐτήν σοι δέδωκε τὴν ἐρωμένην ἡ τύχη καὶ φέρουσα ἔνδον ἵδρυσεν. Ἄλλῳ μὲν γὰρ ἐραστῇ καὶ βλέμμα μόνον ἤρκεσε τηρουμένης παρθένου καὶ μέγιστον τοῦτο ἀγαθὸν νενόμικεν ἐραστής, ἐὰν καὶ μέχρι τῶν ὀμμάτων εὐτυχῇ· οἱ δ' εὐδαιμονέστεροι τῶν ἐραστῶν, ἂν τύχωσι κἂν ῥήματος μόνον. Σὺ δὲ βλέπεις ἀεὶ καὶ ἀκούεις ἀεὶ καὶ συνδειπνεῖς καὶ συμπίνεις· καὶ τούτοις εὐτυχῶν ἐγκαλεῖς· ἀχάριστος εἶ πρὸς ἔρωτος δωρεάν· οὐκ οἶδας, οἷόν ἐστιν ἐρωμένη βλεπομένη· μείζονα τῶν ἔργων ἔχει τὴν ἡδονήν. Ὀφθαλμοὶ γὰρ ἀλλήλοις ἀντανακλώμενοι, ἀπομάττουσιν ὡς ἐν κατόπτρῳ τῶν σωμάτων τὰ εἴδωλα· ἡ δὲ τοῦ κάλλους ἀπορροὴ, δι' αὐτῶν εἰς τὴν ψυχὴν καταρρέουσα, ἔχει τινὰ μίξιν ἐν ἀποστάσει. Καὶ ὀλίγον ἐστὶ τῆς τῶν σωμάτων μίξεως· καινὴ γάρ ἐστι σωμάτων συμπλοκή. Ἐγὼ δέ σοι καὶ τὸ ἔργον ἔσεσθαι ταχὺ μαντεύομαι. Μέγιστον γάρ ἐστιν ἐφόδιον εἰς πειθὼ συνεχὴς πρὸς ἐρωμένην ὁμιλία. Ὀφθαλμὸς γὰρ φιλίας πρόξενος καὶ τὸ συνηθὲς τῆς κοινωνίας εἰς χάριν ἀνυσιμώτερον. Εἰ γὰρ τὰ ἄγρια τῶν θηρίων συνηθείᾳ τιθασεύεται, πολλῷ μᾶλλον ταύτῃ μαλαχθείη καὶ γυνή. Ἔχει δέ τι πρὸς παρθένον ἐπαγωγὸν ἡλικιώτης ἐρῶν. Τὸ δ' ὥρᾳ τῆς ἀκμῆς ἐπείγον εἰς τὴν φύσιν καὶ τὸ συνειδὸς τοῦ φιλεῖσθαι τίκτει πολλάκις ἀντέρωτα. Θέλει γὰρ ἑκάστη τῶν παρθένων εἶναι καλὴ καὶ φιλουμένη χαίρει καὶ ἐπαινεῖ τῆς μαρτυρίας τὸν φιλοῦντα. Κἂν μὴ φιλήσῃ τις αὐτὴν, οὔπω πεπίστευκεν εἶναι καλή. Ἓν οὖν σοι παραινῶ μόνον, ἐρᾶσθαι πιστευσάτω, καὶ ταχέως σε μιμήσεται. Πῶς ἂν οὖν, εἶπον, γένοιτο τοῦτο τὸ μάντευμα; δός μοι τὰς ἀφορμάς. Σὺ γὰρ ἀρχαιότερος μύστης ἐμοῦ καὶ συνηθέστερος ἤδη τῇ τελετῇ τοῦ θεοῦ. Τί λέγω; τί

accedit, ætatis robur ut absumant. Noli, amabo te, Charicle, noli, inquam, temet conficere, aut venustam rosam invenusto agricolæ colligendam præbere Tum Charicles, Hoc diis, inquit, et mihi curæ erit: etenim, post dies aliquot, nuptiæ fient. Multa vero et nocte una fieri possunt: ac nos per otium considerabimus. Nunc quod superest, ad equestre certamen abeo: neque enim equo a te mihi donato hactenus usus sum: exercitatio hæc animi mœrorem levabit. Ita ille abiit, postremum ac primum equitaturus.

IX. Ego vero Cliniæ, uti res meæ sese haberent, ut in amorem prolapsus essem ut vidissem, diversorium, cœnam, puellæ pulchritudinem narro. Tandem absurda loqui me sentiens, Dolori, o Clinia, par, inquam, esse nequeo. Amor enim suum in me furorem omnem effundit, nullum somno locum omnino ut relinquat: Leucippe mihi perpetuo in oculis animoque versatur: nec quisquam est, cui calamitas hujusmodi evenerit, malum enim mihi domi est. Tum Clinia, Insani quidem certe hæc, inquit, oratio est, quum tam felici amore fruaris: neque enim alienæ tibi fores adeundæ, aut internuncii adhibendi sunt. Ipsam tibi amicam fortuna dedit et portans in domo statuit. Alii quidem enim amanti satis esset, custoditæ virginis adspectu frui: maximaque illi voluptas putaretur, si oculos videndo exsaturare posset; beatissimi vero illi, quibus colloquendi facultas tributa sit. Tu autem et vides et audis semper, unaque et es, et potas: et quamquam tam beatus es, conquereris tamen; ingratus es erga amoris donum. Nescis majorem in exoptata virgine contemplanda voluptatem esse, quam in contrectanda?» Nam dum sese oculi mutuo respectant, imagines corporum, speculorum instar, suscipiunt: pulchritudinis autem simulacra ipsis a corporibus missa et oculorum ministerio in animum illabentia, nescio quam, sejunctis etiam corporibus ipsis, permistionem sortiuntur; et corporum congressus inanis est; novus enim est corporum congressus.» Tibi vero ego rem brevi ex sententia processuram prænuntio: maximum enim ad persuadendum momentum habet continua cum puella consuetudo: conciliatores enim amoris oculi sunt: atque ad gratiam comparandam assidua consuetudo maxime conducit. Si enim feræ, nedum mulieres, consuetudine mansuefiunt. Jam vero aliquid etiam ad virginem illiciendam æqualis amantis ætas potest. Quod præterea in ipso ætatis flore ad ea impellit, ad quæ natura ferimur, si id etiam addatur, ut amari quæpiam se intelligat, mutuum amorem sæpe gignit. Unumque enim unaquæque formosam se esse credi vult, atque amari gaudet, amatoremque tanquam formæ testem laudibus extollit. Ac si qua est, quæ nondum se a quopiam diligi sentiat, sese formosam nondum arbitratur. Illud unum ergo inprimis te hortor, se a te amari credat: ita enim te quam primum imitabitur. At quonam pacto ea, inquam, fient, quæ prænuntias? Agedum tu, quid agam, me mone: Amoris enim sacris ante me initiatus es, majoreque usu dei mysteriorum polles. Quibus

ποιῶ; πῶς ἂν τύχοιμι τῆς ἐρωμένης; Οὐκ οἶδα γὰρ (ἐγὼ) τὰς ὁδούς.

Ι'. Μηδέν, εἶπεν ὁ Κλεινίας, πρὸς ταῦτα ζήτει παρ' ἄλλου μαθεῖν· αὐτοδίδακτος γάρ ἐστιν ὁ θεὸς σοφιστής. Ὥσπερ γὰρ τὰ ἀρτίτοκα τῶν βρεφῶν οὐδεὶς διδάσκει τὴν τροφήν, αὐτόματα γὰρ ἐκμανθάνει καὶ οἶδεν ἐν τοῖς μαζοῖς οὖσαν αὐτοῖς τὴν τράπεζαν, οὕτω καὶ νεανίσκος ἔρωτος πρωτοκύμων οὐ δεῖται διδασκαλίας πρὸς τὸν τοκετόν. Ἐὰν γὰρ ἡ ὠδὶς παραγένηται καὶ ἐνστῇ τῆς ἀνάγκης ἡ προθεσμία, μηδὲν πλανηθείς, κἂν πρωτοτόκυμων ᾖς, εὑρήσεις τεκεῖν ὑπ' αὐτοῦ μαιωθεὶς τοῦ θεοῦ. Ὅσα δ' ἐστὶ κοινὰ καὶ μὴ τῆς εὐκαίρου τύχης δεόμενα, ταῦτ' ἀκούσας μάθε. Μηδὲν μὲν εἴπῃς πρὸς τὴν παρθένον ἀφροδίσιον ., ὃ δ' ἄρ|ον ξιήται πῶς γένη- ται σιωπῇ. Παῖς γὰρ καὶ παρθένος ὅμοιοι μέν εἰσιν εἰς αἰδῶ· πρὸς δὲ τὴν τῆς Ἀφροδίτης χάριν κἂν γνώμης ἔχωσιν, ἃ πάσχουσιν, ἀκούειν οὐ θέλουσι. Τὴν γὰρ αἰσχύνην κεῖσθαι νομίζουσιν ἐν τοῖς ῥήμασι. Γυναῖκας μὲν γὰρ εὐφραίνει καὶ τὰ ῥήματα· παρθένος δὲ τοὺς μὲν ἔξωθεν ἀκροβολισμοὺς τῶν ἐραστῶν εἰς πεῖραν φέρει καὶ ἄφνω συντίθεται τοῖς νεύμασιν· ἐὰν δ' αἰτήσῃς τὸ ἔργον προσελθών, ἐκπλήξεις αὐτῆς τὰ ὦτα τῇ φωνῇ, καὶ ἐρυθριᾷ καὶ μισεῖ τὸ ῥῆμα καὶ λοιδορεῖσθαι δοκεῖ· κἂν ὑποσχέσθαι θέλῃ τὴν χάριν, αἰσχύνεται. Τότε γὰρ πάσχειν νομίζει τὸ ἔργον, ὅτε μᾶλλον τὴν πεῖραν ἐκ τῆς τῶν λόγων ἡδονῆς ἀκούει. Ἐὰν δὲ τὴν πεῖραν προσάγων τὴν ἄλλην, καὶ εὐάγωγον αὐτὴν παρασκευάσας, ἀδεῶς ἤδη προσέρχῃ, σιώπα μὲν οὖν τὰ πολλὰ ὡς ἐν μυστηρίῳ, φίλησον δὲ προσελθὼν ἠρέμα. Τὸ γὰρ ἐραστοῦ φίλημα πρὸς ἐρωμένην θέλουσαν μὲν παρέχειν, αἴτησίς ἐστι [σιωπῇ], πρὸς ἀπειθοῦσαν δέ, ἱκετηρία. Κἂν μὲν προσῇ τις συνθήκη τῆς πράξεως, πολλάκις δὲ καὶ ἀκοῦσαι πρὸς τὸ ἔργον ἔρχομεναι θέλουσι βιάζεσθαι δοκεῖν, ἵνα τῇ δόξῃ τῆς ἀνάγκης ἀποτρέπωνται τῆς αἰσχύνης τὸ ἑκούσιον. Μὴ τοίνυν ὀκνήσῃς, ἐὰν ἀνθισταμένην αὐτὴν ἴδῃς, ἀλλ' ἐπιτήρει πῶς ἀνθίσταται. Σοφίας γὰρ κἀνταῦθα δεῖ. Κἂν μὲν προσκαρτερῇ, ἐπίσχες τὴν βίαν· οὔπω γὰρ πείθεται· ἐὰν δὲ μαλθακώτερον ἤδη θέλῃς, χορήγησον τὴν ὑπόκρισιν, μὴ ἀπολέσῃς σου τὸ δρᾶμα.

ΙΑ'. Κἀγὼ δέ, Μεγάλα μέν, ἔφην, ἐφόδιά μοι δέδωκας καὶ εὐξομαι τυχεῖν, Κλεινία, φοβοῦμαι δ' ὅμως, μὴ κακῶν γένηταί μοι τὸ εὐτύχημα μειζόνων ἀρχὴ καὶ ἐπιτρίψῃ με πρὸς ἔρωτα πλείονα. Ἂν γὰρ αὐξηθῇ τὸ δεινόν, τί δράσω; Γαμεῖν μὲν οὐκ ἂν δυναίμην· ἄλλη γὰρ δέδομαι παρθένῳ. Ἐπίκειται δέ μοι πρός (τοῦτον) τὸν γάμον ὁ πατήρ, δίκαια αἰτῶν, οὐ ξένην· οὐδ' αἰσχρὰν γῆμαί κόρην, οὐδ' ὡς Χαρικλῆ πλούτῳ με πωλεῖ, ἀλλ' αὐτοῦ μοι δίδωσι θυγατέρα, καλὴν μέν, ὦ θεοί, πρὶν Λευκίππην ἰδεῖν νῦν δὲ καὶ πρὸς τὸ κάλλος αὐτῆς τυφλώττω καὶ πρὸς Λευκίππην μόνην τοὺς ὀφθαλμοὺς ἔχω. Ἐν μεθορίῳ κεῖμαι δύο ἐναντίων. Ἔρως ἀνταγωνίζεται καὶ πατήρ. Ὁ μὲν ἕστηκεν αἰδοῖ κρατῶν, ὁ δὲ κάθηται πυρπολῶν. Πῶς

dictis factisve utar? Quo modo amatæ virginis compos evadam? Rationem enim inire ipse nescio.

X. Tum Clinia, Minime, inquit, opus est, ut id ex aliis discere labores : deus hic ipse sibi præceptor est : ac quemadmodum infantes comesse nemo docet, sed per se ipsi discunt, paratumque sibi esse in mamillis nutrimentum intelligunt : sic adolescentes amore tum primum prægnantes, haudquaquam magistro ad pariendum indigent. Si te dolor stimulaverit, ac dies necessitatem afferat, non errans, quamvis primus hic tibi partus futurus sit, poteris parere tibi facultatem deo ipso dante. Quæ autem vulgaria sunt, nec temporis opportunitate aliqua opus habent, ea audiens percipe. Virginem inprimis ne de stupro appelles, caveto : sed ut negotium re ipsa conficiatur, silentio curato : pari enim verecundia pueri quidem sunt et puellæ, 'Ac quamquam venereorum cupiditate teneantur, non tamen de iis quæ perpetiuntur, sermonem secum haberi volunt; turpitudinem enim in verbis collocatam existimant. Quæ viros expertæ sunt, verbis etiam delectantur : virgines vero amantium præludia tentandi gratia adhibita ferunt, nutibusque velle sese statim significant. Itaque si ad Venerem verbis invites, aures ejus orationc illa offendes, erubescet, aversabitur tua dicta, convicium sibi fieri putabit : et si velit gratiam promittere, pudore præpeditur : tunc enim ipsi se rei operam dare arbitratur, quum majoribus verborum illecebris ad eam invitari se audit. Sin vero conatu aliquo alio sensim adhibito morigeram illam reddens prompte jam accesseris, multo tu quidem, seclusis ut in sacris fieri solet, silentio utitor, sed paulatim appropinquans osculum dato. Amantis enim viri osculatio apud volentem puellam tacitæ petitionis, apud nolentem precationis obtinet locum. Jam vero etsi ex compacto, ac sæpe etiam sponte aliquæ obsequantur, vim tamen videri sibi allatam volunt, quo necessitatis opinione voluntariam turpitudinem excusent. Licet itaque repugnantem videas, detineri tamen noli : sed quonam modo in repugnando se habeat, observa : prudentia enim hac quoque in re opus est. Ac si perstare in sententia cognoveris, vim ne adhibeto, nam nondum persuasa est. Tractabiliorem autem eam reddi si voles, dissimulato : neque tute tibi rem tuam perditum ito.

XI. Tum ego, Magna mihi, o Clinia, inquam, adiumenta suppeditasti : neque dubito quin e sententia res procedat. Verum animadverto metuo, ne majorum felicitas hæc mihi malorum initium sit, atque ardentiorem me in flammam conjiciat. Quamobrem si deinceps huic malo incrementum capiat, quid mihi agendum erit? Hanc quidem uxorem ducere non possim, propterea quod altera mihi desponsa est; auctor pater justa volens, non ut peregrinam deformemve puellam uxorem ducam, nec vero me, quod de Charicle fit, ob divitias alicui pater venundat : sed filiam mihi suam dat pulchram quidem, si Leucippen non vidissem. Verum ego nunc, quod quidem ad illius formam spectandam attinet, oculis captus sum : neque omnino quidquam præter Leucippen cerno. Saneque inter duo contraria versor : amoris vehementia et patris pudor, animum meum diverse trahunt. Hic quidem stat pudore continens, amor vero sedet exurens. Qui controversiam hanc dijudicabo?

LIBER I.

κρίνω τὴν δίκην; Ἀνάγκη μάχεται καὶ φύσις. Καὶ θέλω μὲν σοὶ δικάσαι, πάτερ, ἀλλ' ἀντίδικον ἔχω χαλεπώτερον. Βασανίζει τὸν δικαστήν, ἕστηκε μετὰ βελῶν, κρίνεται μετὰ πυρός. Ἂν ἀπειθήσω, πάτερ, αὐτῷ, κάομαι τῷ πυρί.

ΙΒ'. Ἡμεῖς μὲν οὖν ταῦτ' ἐφιλοσοφοῦμεν περὶ τοῦ θεοῦ· ἐξαίφνης δέ τις εἰστρέχει τῶν τοῦ Χαρικλέους οἰκετῶν, ἔχων ἐπὶ τοῦ προσώπου τὴν ἀγγελίαν τοῦ κακοῦ, ὡς καὶ τὸν Κλεινίαν εὐθὺς ἀνακραγεῖν θεασάμενον, Κακόν τι γέγονε Χαρικλεῖ. Ἅμα δὲ, αὐτοῦ λέγοντος, συνεξεφώνησεν ὁ οἰκέτης, Τέθνηκε Χαρικλῆς. Τὸν μὲν οὖν Κλεινίαν πρὸς τὴν ἀγγελίαν ἀφῆκεν ἡ φωνὴ καὶ ἔμεινεν ἀκίνητος, ὥσπερ τυφῶνι βεβλημένος τῷ λόγῳ. Ὁ δ' οἰκέτης διηγεῖται· Ἐπὶ τὸν ἵππον τὸν σὸν ἐκάθισεν, ὦ Κλεινία, ὃς τὰ πρῶτα μὲν ἤλαυνεν ἠρέμα, δύο δ' ἢ τρεῖς δρόμους περιελθών, τὴν ἱππασίαν ἐπέσχε καὶ τὸν ἵππον ἱδροῦντα κατέψα καθήμενος, τοῦ ῥυτῆρος ἀμελήσας. Ἀπομάττοντος δὲ τῆς ἕδρας τοὺς ἱδρῶτας, ψόφος κατόπιν γίνεται, καὶ ὁ ἵππος ἐκταραχθεὶς πηδᾷ ὄρθιος ἀρθεὶς καὶ ἀλογίστως ἐφέρετο. Τὸν γὰρ χαλινὸν ἐνδακὼν καὶ τὸν αὐχένα σιμώσας, φρίξας τε τὴν κόμην, οἰστρηθεὶς τῷ φόβῳ ἐπ' ἀέρος ἵπτατο. Τῶν δὲ ποδῶν οἱ μὲν ἔμπροσθεν ἥλλοντο, οἱ δ' ὄπισθεν τοὺς ἔμπροσθεν ἐπειγόμενοι φθάσαι, τὸν δρόμον ἐπέσπευδον, διώκοντες τὸν ἵππον. Ὁ δ' ἵππος τῇ τῶν ποδῶν κυρτουμένης ἀμίλλῃ, ἄνω τε καὶ κάτω πηδῶν πρὸς τὴν ἑκατέρων σπουδήν, δίκην νεὼς χειμαζομένης τοῖς νώτοις ἐκυμαίνετο. Ὁ δὲ κακοδαίμων Χαρικλῆς ὑπὸ τοῦ τῆς ἱππείας ταλαντευόμενος κύματος, ἐκ τῆς ἕδρας ἐσφαιρίζετο, ποτὲ μὲν ἐπ' οὐρὰν κατολισθάνων, ποτὲ δ' ἐπὶ τράχηλον κυβιστῶν. Ὁ δὲ τοῦ κλύδωνος ἐπίεζεν αὐτὸν χειμών. Τῶν δὲ ῥυτήρων οὐκέτι κρατεῖν δυνάμενος, δοὺς δ' ἑαυτὸν [ὅμως] τῷ τοῦ δρόμου πνεύματι, [ὅλος] τῆς τύχης ἦν. Ὁ δ' ἵππος ῥύμῃ θέων ἐκτρέπεται τῆς λεωφόρου καὶ ἐς ὕλην ἐπήδησε καὶ εὐθὺς τὸν ἄθλιον Χαρικλέα περιρρήγνυσι δένδρῳ. Ὁ δὲ, ὡς ἀπὸ μηχανῆς προσαραχθεὶς, ἐκκρούεται μὲν τῆς ἕδρας, ὑπὸ δὲ τῶν τοῦ δένδρου κλάδων τὸ πρόσωπον αἰσχύνεται καὶ τοσούτοις περιδρύπτεται τραύμασιν, ὅσαι τῶν κλάδων ἦσαν αἱ αἰχμαί. Οἱ δὲ ῥυτῆρες αὐτῷ περιδεθέντες, οὐκ ἤθελον ἀφεῖναι τὸ σῶμα, ἀλλ' ἀνθεῖλκον αὐτὸ, περισύροντες θανάτου τρίβον. Ὁ δ' ἵππος ἔτι μᾶλλον ἐκταραχθεὶς τῷ πτώματι καὶ ἐμποδιζόμενος εἰς τὸν δρόμον τῷ σώματι κατεπάτει τὸν ἄθλιον, ἐκλακτίζων τὸν δεσμὸν τῆς φυγῆς· ὥστ' οὐκ ἂν αὐτόν τις ἰδὼν οὐδὲ γνωρίσειεν.

ΙΓ'. Ταῦτα μὲν οὖν ἀκούων ὁ Κλεινίας, ἐσίγα τινὰ χρόνον ὑπ' ἐκπλήξεως· μεταξὺ δὲ νήψας ἐκ τοῦ κακοῦ διωλύγιον ἐκώκυσε, καὶ ἐκδραμεῖν ἐπὶ τὸ σῶμα μὲν ἠπείγετο, ἐπηκολούθουν δὲ κἀγώ, παρηγορῶν ὡς ἠδυνάμην. Καὶ ἐν τούτῳ φοράδην Χαρικλῆς ἐκομίζετο, θέαμα οἰκτιστον καὶ ἐλεεινόν. Ὅλος γὰρ τραῦμα ἦν· ὥστε μηδένα τῶν παρόντων κατασχεῖν τὰ δάκρυα.

Necessitas cum natura pugnat. Mihi quidem secundum te, pater, sententiam dicere in animo est, sed adversarii potentia obstat. Is tormenta judici adhibet, adest cum sagittis, faces tenens causam dicit. Si non parebo illi, pater, flammis circumvenior.

XII. Hæc de Amore deo inter nos philosophabamur, quum repente servorum Chariclis unus ingressus est, adversum nuntium vultu ipso præ se ferens, ita ut eo viso Clinia vocem hanc statim miserit : Charicli certe mali aliquid evenit. Quæ verba proferre nondum finierat, quum ille, Charicles, inquit, mortuus est. Quo nuntio ita perculsus est Clinia, ut verbis tanquam fulmine ictum vox eum motusque defecerint. Puer narrat : Ascenderat, inquit, Charicles tuum equum, Clinia, et leviter primo eum impulit : dein vero quum duos tresve cursus confecisset, sustinuit, ac sudantem sedens detergebat, dimissis habenis. Madidam sudore sellam dum detergit strepitus a tergo fit : quo perterritus equus, ac sese in altum saltu dans, huc illuc incerto cursu ferri cœpit : frenum enim mordens, collum intorquens, jubas quatiens, ac pavore stimulatus in aërem sustollebatur : anteriores pedes saliebant ; posteriores primos assequi festinantes, cursum accelerabant, eumque propellebant : qui hujusmodi pedum contentione curvatus, sursum deorsumque saliens, pro modo celeritatis eorum, instar fluctuantis navis, dorso agitabatur. Successu hoc compulsus infelix Charicles, torquebatur ex sella nunc ad caudam rejectus, nunc ad collum præceps ruens, fluctuationis vis miserum in modum eum vexabat. Tandem quum habenas moderari amplius nequiret, tradens se cursus fluctuationi, fortunæ in potestate totus erat. Tum vero equus vehementer currens, a via publica deflectit, in sylvam se conjecit, miserumque Chariclem arbori statim illisit : qui tanquam tormento emissus, e sella deturbatus est, facies ab arboris ramis deformatur et tot laceratur vulneribus quot ramorum cuspides erant. Ipsum vero corpus habenæ implicitæ nolebant dimittere, sed id retrahebant in mortis semitam raptantes. Illius autem lapsu magis perterrefactus equus, et per corpus ne currere posset impeditus, miserum conterebat, quod ne fugeret obstabat, calcibus conculcans, ut jam nemo illum videns agnoscat.

XIII. His cognitis rebus, Clinia stupore oppressus aliquamdiu tacuit : deinde, tanquam impetrata a dolore venia, maximos edidit ejulatus, ac summa cum celeritate ad cadaver se contulit : quem ipse quoque quibus poteram verbis consolans secutus sum. Interea Charicles allatus est, luctuosum sane ac miserabile spectaculum : totus enim erat lacer, adeo ut eorum qui aderant nemo lacrymas contine-

3.

Ἐξῆρχε δὲ τοῦ θρήνου ὁ πατὴρ πολυτάρακτον βοῶν·
Οἷος ἀπ' ἐμοῦ προελθών, οἷος ἐπανέρχῃ μοι, τέκνον;
ὢ πονηρῶν ἱππασμάτων. Οὐδὲ κοινῷ μοι θανάτῳ
τέθνηκας· οὐδ' εὐσχήμων φαίνῃ νεκρός. Τοῖς μὲν γὰρ
ἄλλοις τῶν ἀποθανόντων κἂν ἴχνος τῶν γνωρισμάτων
διασώζεται, κἂν τὸ ἄνθος τις τῶν προσώπων ἀπολέσῃ
τηρεῖ τὸ εἴδωλον καὶ παρηγορεῖ τὸ λυπούμενον καθεύ-
δοντα μιμούμενος. Τὴν μὲν γὰρ ψυχὴν ἐξεῖλεν ὁ θά-
νατος, ἐν δὲ τῷ σώματι τηρεῖ τὸν ἄνθρωπον. Σοῦ
δ' ὁμοῦ καὶ ταῦτα διέφθειρεν ἡ τύχη καί μοι τέθνηκας
θάνατον διπλοῦν, ψυχῇ καὶ σώματι. Οὕτως σου τέθ-
νηκε καὶ τῆς εἰκόνος ἡ σκιά. Ἡ μὲν γὰρ ψυχή σου
πέφευγεν· οὐχ εὑρίσκω δέ σε οὐδ' ἐν τῷ σώματι. Πότε
μοι, τέκνον, γαμεῖς; πότε σου θύσω τοὺς γάμους,
ἱππεῦ καὶ νυμφίε· νυμφίε μὲν ἀτελής, ἱππεῦ δὲ δυστυ-
χής. Τάφος μέν σοι, τέκνον, ὁ θάλαμος· γάμος
δ' ὁ θάνατος· θρῆνος δ' ὁ ὑμέναιος· ὁ δὲ κωκυτὸς τῶν
γάμων οὗτος ᾠδαί. Ἄλλο σοι, τέκνον, προσεδόκων
πῦρ ἀνάψειν· ἀλλὰ τοῦτο μὲν ἔσβεσεν ἡ πονηρὰ τύχη
μετὰ σοῦ· ἀνάπτει δέ σοι δᾷδας κακῶν. Ὦ πονηρᾶς
ταύτης δᾳδουχίας. Ἡ νυμφική σοι δᾳδουχία ταφὴ
γίνεται.

ΙΔ'. Ταῦτα μὲν οὖν οὕτως ἐκώκυεν ὁ πατήρ· ἑτέ-
ρωθεν δὲ καθ' αὑτὸν ὁ Κλεινίας· καὶ ἦν θρήνων ἅμιλλα,
ἐραστοῦ καὶ πατρός· Ἐγώ μου τὸν δεσπότην ἀπολώ-
λεκα. Τί γὰρ αὐτῷ τοιοῦτον δῶρον ἐχαριζόμην;
φιάλης γὰρ οὐκ ἦν χρυσῆ, ἵν' ἐσπένδετο πίνων καὶ
ἐχρῆτό μου τῷ δώρῳ τρυφῶν; Ἐγὼ δ' ὁ κακοδαίμων
ἐχαριζόμην θηρίον μειρακίῳ καλῷ, ἐκαλλώπιζον δὲ καὶ
τὸ πονηρὸν θηρίον προστερνιδίοις, προμετωπιδίοις,
φαλάροις ἀργυροῖς, χρυσαῖς ἡνίαις. Οἴμοι Χαρίκλεις·
ἐκόσμησά σου τὸν φονέα χρυσῷ. Ἵππε πάντων θη-
ρίων ἀγριώτατε, πονηρὲ καὶ ἀχάριστε καὶ ἀναίσθητε
κάλλους. Ὁ μὲν κατέψα σου τοὺς ἱδρῶτας καὶ τρο-
φὰς ἐπηγγέλλετο πλείονας καὶ ἐπῄνει τὸν δρόμον· σὺ
δ' ἀπέκτεινας ἐπαινούμενος. Οὐχ ἥδου προσαπτομέ-
νου σου τοιούτου σώματος, οὐκ ἦν σοι τοιοῦτος ἱππεὺς
τρυφή, ἀλλ' ἔρρηψας, ἄστοργε, τὸ κάλλος χαμαί.
Οἴμοι δυστυχής· ἐγώ σοι τὸν φονέα, τὸν ἀνδροφόνον,
ἐωνησάμην.

ΙΕ'. Μετὰ δὲ τὴν ταφὴν εὐθὺς ἔσπευδον ἐπὶ τὴν κό-
ρην. Ἡ δ' ἦν ἐν τῷ παραδείσῳ τῆς οἰκίας. Ὁ δὲ
παράδεισος ἄλσος ἦν, μέγα τι χρῆμα πρὸς ὀφθαλμῶν
ἡδονήν· καὶ περὶ τὸ ἄλσος τειχίον ἦν αὔταρκες εἰς ὕψος
καὶ ἑκάστη πλευρὰ τειχίου, τέσσαρες δ' ἦσαν πλευραί,
κατάστεγος ὑπὸ χορῷ κιόνων. Ὑπὸ δὲ τοῖς κίοσιν
ἔνδον ἦν ἡ τῶν δένδρων πανήγυρις. Ἔθαλλον οἱ κλά-
δοι, συνέπιπτον ἀλλήλοις ἄλλος ἐπ' ἄλλον, αἱ γείτονες
τῶν πετάλων περιπλοκαί, τῶν φύλλων περιβολαί, τῶν
καρπῶν συμπλοκαί. Τοιαύτη τις ἦν ὁμιλία τῶν φυ-
τῶν. Ἐνίοις δὲ τῶν δένδρων τῶν ἀδροτέρων κιττὸς
καὶ σμίλαξ παρεπεφύκει· ἡ μὲν ἐξηρτημένη πλατάνου
καὶ περιπτυκάζουσα ῥαδινῇ τῇ κόμῃ· ὁ δὲ κιττὸς περὶ
πεύκην εἱλιχθεὶς ᾠκειοῦτο τὸ δένδρον ταῖς περιπλοκαῖς,

ret. Porro illius pater lamentationem magno cum plan-
gore cœpit exclamans : Qualis a me abiens fili, qualis re-
verteris? O diram equitandi artem! Tu neque consueta
morte mihi ereptus fuisti, sed nec quæ mortuo conveniat,
imago tibi relicta est. Aliis in cadaveribus lineamentorum
vestigia servantur et si vel vultus decor abierit, effigies
ipsa tamen servatur, quæ dormientem imitata dolentium
mœrorem levet. Animum quidem certe homini mors adi-
mit, veιum in corpore hominis formam relinquit. Sed tibi
hæc etiam a fortuna fuit erepta et morte duplici affectus
es, corporis videlicet atque animi. Ita imaginis quoque
umbra commortua est. Spiritus ipse quidem tuus avola-
vit : nec tamen ne in corpore quidem te invenio. Ec-
quando, fili, mihi uxorem duces? Ecquando, eques et
sponse, et sponse imperfecte, eques autem infelix, nuptialia
tibi sacra celebrabo? Tibi Hercule nunc pro cubili sepul-
chrum, pro nuptiis mors, pro hymenæo nœniæ, pro nuptiali
cantu hæ lamentationes (paratæ) sunt. Aliusmodi tibi ego
ignes, fili, accendere sperabam : sed invida illos una te-
cum fortuna exstinxit, funebresque pro iis faces excitavit.
O diras faces. Nuptialis flamma in sepulcralem tibi com-
mutata est.

XIV. Ad hunc sane modum pater conquerebatur. Cli-
nia vero contra (lugendo enim pater atque amator certa-
) secum ipse solus, Ego quidem, inquit, herum meum
perdidi. Nam quid ego illi munus ejusmodi misi? An non
mihi aureum poculum erat, quo sacra faciens biberet,
meoque munere frui gauderet? Ego miser belluam for-
moso adolescenti dono dedi, malamque belluam pectoris,
frontis ornamentis, argenteis phaleris, aureis habenis,
ornavi. Ego, me miserum, qui te, Charicle, perderet,
auro insignivi. O ferarum omnium immanissima bellua,
scelesta, ingrata, a pulchritudinis sensu abhorrens. Hic
tibi sudorem abstersit, largum pabulum promisit, cursum
laudavit : tu vero laudibus affectus eum peremisti. Tali
corpore te tangente non gaudebas, tu ejusmodi equitis onere
non es lætatus, sed etiam amoris sensu carens pulchritu-
dinem humum dejecisti. O me infelicem : qui eum, a quo
interficereris, emi.

XV. Posteaquam funeri justa soluta sunt, ad Leucippen,
quæ nostro in hortulo tum morabatur, convolavi. Nemus
illic creverat aspectu jucundissimo, maceriaque justæ al-
titudinis circumcingente : cujus latera quatuor, tot enim
omnino erant, tecto columnis imminente operta. Sub co-
lumnis introrsum arborum erat spectaculum, rami flore-
bant, sese mutuo complicabant, vicini foliorum expanso-
rum amplexus, foliorum fructuumque permixtio : talis
erat plantarum densitas. Porro majoribus quibusdam ar-
boribus hedera et smilax adnatæ erant, hæc quidem e pla-
tano molli coma circumvoluta pendebat, illa vero piceæ
adhærens, truncum amplexu sibi conciliabat, quo pacto
arbor hederæ vehiculum, hedera arbori corona erat. Ex
utraque arboris parte foliis luxuriabant arundinibus

LIBER I.

καὶ ἐγίνετο τῷ κιττῷ ὄχημα τὸ φυτόν, στέφανος δ' ὁ κιττὸς τοῦ φυτοῦ. Ἄμπελοι δ' ἑκατέρωθεν τοῦ δένδρου, καλάμοις ἐποχούμεναι, τοῖς φύλλοις ἔβαλλον· καὶ ὁ καρπὸς ὡραίαν εἶχε τὴν ἄνθην καὶ διὰ τῆς ὀπῆς τῶν καλάμων ἐξεκρέματο καὶ ἦν βόστρυχος τοῦ φυτοῦ. Τῶν δὲ φύλλων ἄνωθεν αἰωρουμένων, ὑφ' ἡλίῳ πρὸς ἄνεμον συμμιγεῖ ὠχρὰν ἐμάρμαιρεν ἡ γῆ τὴν σκιάν. Τὰ δ' ἄνθη ποικίλην ἔχοντα τὴν χροιάν, ἐν μέρει συνεξέφαινε τὸ κάλλος, καὶ ἦν τοῦτο τῆς γῆς πορφύρα καὶ νάρκισσος καὶ ῥόδον· μία μὲν τῷ ῥόδῳ καὶ τῷ ναρκίσσῳ ἡ κάλυξ, ὅσον εἰς περιγραφήν· καὶ ἦν φιάλη τοῦ φυτοῦ. Ἡ χροιὰ δὲ τῶν περὶ τὴν κάλυκα φύλλων ἐσχισμένων, τῷ ῥόδῳ μὲν αἵματος ὅμου [ἴων] καὶ γάλακτος, τὸ κάτω τοῦ φύλλου, καὶ ὁ νάρκισσος ἦν τὸ πᾶν ὅμοιον τῷ κάτω τοῦ ῥόδου. Τῷ ἴῳ κάλυξ μὲν οὐδαμοῦ, χροιὰ δ' οἵαν ἡ τῆς θαλάσσης ἀστράπτει γαλήνη. Ἐν μέσοις δὲ τοῖς ἄνθεσι πηγὴ ἀνέβλυζε καὶ περιεγέγραπτο τετραγώνος χαράδρα χειροποίητος τῷ ῥεύματι. Τὸ δ' ὕδωρ τῶν ἀνθέων ἦν κάτοπτρον, ὡς δοκεῖν τὸ ἄλσος εἶναι διπλοῦν, τὸ μὲν τῆς ἀληθείας, τὸ δὲ τῆς σκιᾶς. Ὄρνιθες δὲ, οἱ μὲν χειροήθεις περὶ τὸ ἄλσος ἐνέμοντα, οὓς ἐκολάκευον αἱ τῶν ἀνθρώπων τροφαί, οἱ δ' ἐλεύθερον ἔχοντες τὸ πτερὸν, περὶ τὰς τῶν δένδρων κορυφὰς ἔπαιζον· οἱ μὲν ᾄδοντες τὰ ὀρνίθων ᾄσματα, οἱ δὲ τῇ τῶν πτερῶν ἀγλαϊζόμενοι στολῇ. Οἱ ᾠδοὶ δὲ, τέττιγες καὶ χελιδόνες· οἱ μὲν τὴν Ἠοῦς ᾄδοντες εὐνήν, αἱ δὲ τὴν Τηρέως τράπεζαν. Οἱ δὲ χειροήθεις, ταὼς καὶ κύκνος καὶ ψιττακός· ὁ κύκνος περὶ τὰς τῶν ὑδάτων πίδακας νεμόμενος, ὁ ψιττακὸς ἐν οἰκίσκῳ περὶ δένδρον κρεμάμενος, ὁ ταὼς τοῖς ἄνθεσι περισύρων τὸ πτερόν. Ἀντέλαμπε δ' ἡ τῶν ἀνθέων θέα τῇ τῶν ὀρνίθων χροιᾷ καὶ ἦν ἄνθη πτερῶν.

ΙϚ'. Βουλόμενος οὖν εὐάγωγον τὴν κόρην εἰς ἔρωτα παρασκευάσαι, λόγων πρὸς τὸν Σάτυρον ἠρχόμην, ἀπὸ τοῦ ὄρνιθος λαβὼν τὴν εὐκαιρίαν. Διαβαδίζουσα γὰρ ἔτυχεν ἅμα τῇ Κλειοῖ καὶ ἐπιστᾶσα τῷ ταῷ κατ' αὐτήν. Ἔτυχε γὰρ τύχῃ τινὶ συμβὰν τότε τὸν ὄρνιν ἀναπετάσαι τὸ κάλλος καὶ τὸ θέατρον ἐπιδεικνύναι τῶν πτερῶν. Τοῦτο μέντοι οὐκ ἄνευ τέχνης ὁ ὄρνις, ἔφην, ποιεῖ· ἀλλ' ἔστι γὰρ ἐρωτικὸς, ὅταν γοῦν ἐπαγάσθαι θέλῃ τὴν ἐρωμένην, τόδ' οὕτως καλλωπίζεται. Ὁρᾷς ἐκείνην τὴν τῆς πλατάνου πλησίον; (δείξας θήλειαν ταῶνα) ταύτῃ νῦν οὗτος τὸ κάλλος ἐπιδείκνυται λειμῶνα πτερῶν. Ὁ δὲ τοῦ ταῶ λειμὼν εὐανθέστερος, πεφύτευται γὰρ αὐτῷ καὶ χρυσὸς ἐν τοῖς πτεροῖς, κύκλῳ δὲ τὸ ἁλουργὲς τὸν χρυσὸν περιθέει τὸν ἴσον κύκλον, καί ἐστιν ὀφθαλμὸς ἐν τῷ πτερῷ.

ΙΖ'. Καὶ ὁ Σάτυρος συνεὶς τοῦ λόγου μου τὴν ὑπόθεσιν, ἵνα μοι μᾶλλον εἴη περὶ τούτου λέγειν, Ἡ γὰρ σὴ ἔρως, ἔφη, τοσαύτην ἔχει τὴν ἰσχύν, ὡς καὶ μέχρις ὀρνίθων πέμπειν τὸ πῦρ; Οὐ μέχρις ὀρνίθων, ἔφην, τοῦτο γὰρ οὐ θαυμαστὸν, ἐπεὶ καὶ αὐτὸς ἔχει πτερόν, ἀλλὰ καὶ ἑρπετῶν καὶ θηρῶν καὶ φυτῶν, ἐγὼ δὲ δοκῶ [μοι], καὶ λίθων. Ἐρᾷ γοῦν ἡ μαγνησία λίθος

alligatæ vites, quarum racemi tempestivos flores ab ipsis arundinum foraminibus tanquam arboris cincinnos quosdam pendentes ostendebant: terra autem, superimpendentibus frondibus, modo hic, modo illic pallidam umbram coruscabat solis radiis vento permixtis. Ad hæc varii suam quisque pulchritudinem flores certatim commonstrabant, purpureamque narcissus ac rosa terram efficiebant, quorum calathi, quod ad formam attinet, persimiles erant, plantæque calicis vicem præstabant. Foliorum rosæ pars inferior, quæ scilicet calatho exstabat, sanguinis simul et lactis colorem præ se ferebat; et narcissus nihil omnino ab ima rosæ parte colore distabat. Violæ nullus quidem calathus erat, verum color is, quo tranquillum mare coruscat. In florum medio scaturiebat fons cujus aqua quadrato alveo manu facto excipiebatur, speculique instar florum erat, horti ut illic duo, alter re, alter umbra esse viderentur. In nemore aves aliæ domesticæ, humanoque cibo mansuefactæ pascebantur: aliæ liberæ in arborum cacuminibus ludebant, partim quidem proprio cantu insignes, cicadæ videlicet, atque hirundines: partim vero pennarum ornatu nitentes, nempe pavo, cygnus et psittacus. Cicadæ Auroræ cubile, hirundines Terei mensam canebant: cygnus prope fontis exortum pascebat, psittacum pendens ab arbore cavea continebat: pavo inter flores pennas explicans, cum florum ipsorum aspectu, cumque volucrum colore splendore contendebat: quin imo pennæ ipsæ flores erant.

XVI. Puellam igitur in amoris sensum inducere cupiens, initium loquendi cum Satyro, sumpto a pavone sermonis argumento, feci: forte fortuna enim cum Clione deambulans adversus eum constiterat. Caudæ ornatum avis casu quodam pandebat et spectaculum alarum ostentabat: Non equidem sine arte hoc, inquam, a pavone fit: sed ad amandum enim pronus est, dilectamque a se fœminam si allicere vult, hoc sese pacto exornat. Videsne (et manu indicavi) juxta platanum fœminam illam? Ei nunc hic pulchritudinem suam, pennarum videlicet pratum, spectandam proponit. Saneque pavonis pratum hoc alio quovis longe floridius est: ejus pennis enim aurum insertum, aurum cingit purpura pari orbe et est oculus in orbe.

XVII. Tum Satyrus, cognita orationis meæ sententia, quo mihi esset, unde cœptum sermonem longius producerem, Tam latene patet, inquit, amoris vis, ut avibus etiam ignem immittat? Atqui non avibus solum, inquam, hoc enim non mirandum quum et ipsi alæ sint, sed etiam serpentibus et quadrupedibus et plantis, atque, ut mihi quidem videtur, etiam saxis: ferrum enim magnes amat,

τοῦ σιδήρου· κἂν μόνον ἴδῃ καὶ θίγῃ, πρὸς αὑτὴν εἵλκυ-
σεν, ὥσπερ ἐρωτικόν τι ἔνδον ἔχουσα. Καὶ μή τι
τοῦτ' ἔστιν ἐρώσης λίθου καὶ ἐρωμένου σιδήρου φί-
λημα; Περὶ δὲ τῶν φυτῶν λέγουσι παῖδες σοφῶν· καὶ
μῦθον ἔλεγον ἂν τὸν λόγον εἶναι, εἰ μὴ (καὶ) παῖδες
ἔλεγον γεωργῶν· ὁ δὲ λόγος· ἄλλο μὲν ἄλλου φυτὸν
ἐρᾷν· τῷ δὲ φοίνικι τὸν ἔρωτα μᾶλλον ἐνοχλεῖν. Λέ-
γουσι δὲ τὸν μὲν ἄρρενα τῶν φοινίκων, τὸν δὲ θῆλυν.
Ὁ ἄρρην οὖν τοῦ θήλεος ἐρᾷ, κἂν ὁ θῆλυς ἀπῳκισμένος
ᾖ τῇ τῆς φυτείας στάσει, ὁ ἐραστὴς [ὁ ἄρρην] αὐαί-
νεται. Συνίησιν οὖν ὁ γεωργὸς τὴν λύπην τοῦ φυτοῦ,
καὶ εἰς τὴν τοῦ χωρίου περιωπὴν ἀνελθὼν, ἐφορᾷ ποῖ
νένευκε· κλίνεται γὰρ εἰς τὸ ἐρώμενον· καὶ μαθὼν, θε-
ραπεύει τοῦ φυτοῦ τὴν νόσον. Πτόρθον γὰρ τοῦ θήλεος
φοίνικος λαβὼν, εἰς τὴν τοῦ ἄρρενος καρδίαν ἐντίθησι,
καὶ ἀνέψυξε μὲν τὴν ψυχὴν τοῦ φυτοῦ, τὸ δὲ σῶμα
ἀποθνῆσκον πάλιν ἀνεζωπύρησε καὶ ἐξανέστη, χαί-
ρον ἐπὶ τῇ τῆς ἐρωμένης συμπλοκῇ. Καὶ τοῦτ' ἔστι
γάμος φυτῶν.

ΙΗ΄. Γίνεται δὲ καὶ γάμος ἄλλος ὑδάτων διαπόντιος.
Καὶ ἔστιν ὁ μὲν ἐραστὴς ποταμὸς Ἠλεῖος, ἡ δ' ἐρω-
μένη Σικελή. Διὰ γὰρ τῆς θαλάττης ὁ ποταμὸς ὡς
διὰ πεδίου τρέχει. Ἡ δ' οὐκ ἀφανίζει γλυκὺν ἐρα-
στὴν ἁλμυρῷ κύματι, σχίζεται δ' αὐτῷ ῥέοντι καὶ τὸ
σχίσμα τῆς θαλάττης χαράδρα τῷ ποταμῷ γίνεται·
καὶ ἐπὶ τὴν Ἀρέθουσαν οὕτω τὸν Ἀλφειὸν νυμφοστολεῖ.
Ὅταν οὖν ᾖ ἡ τῶν Ὀλυμπίων ἑορτὴ, πολλοὶ μὲν εἰς
τὰς δίνας τοῦ ποταμοῦ καθιᾶσιν ἄλλος ἄλλα δῶρα·
ὁ δ' εὐθὺς πρὸς τὴν ἐρωμένην κομίζει καὶ ταῦτ' ἐστὶν
ἕδνα ποταμοῦ. Γίνεται δὲ καὶ ἐν τοῖς ἑρπετοῖς ἄλλο
ἔρωτος μυστήριον, οὐ τοῖς ὁμοιογενέσι μόνον πρὸς ἄλ-
ληλα, ἀλλὰ καὶ τοῖς ἀλλοφύλοις. Ὁ ἔχις ὁ τῆς γῆς
ὄφις εἰς τὴν σμύραιναν οἰστρεῖ· ἡ δὲ σμύραινά ἐστιν
ἄλλος ὄφις θαλάσσιος, εἰς μὲν τὴν μορφὴν ὄφις, εἰς δὲ
τὴν χρῆσιν ἰχθύς. Ὅταν οὖν εἰς τὸν γάμον ἐθέλωσιν
ἀλλήλοις συνελθεῖν, ὁ μὲν εἰς τὸν αἰγιαλὸν ἐλθὼν συρίζει
πρὸς τὴν θαλασσίαν συμβαίνη σύμβολον, ἡ δὲ γνω-
ρίζει τὸ σύνθημα καὶ τῶν κυμάτων ἀναδύεται. Ἀλλ'
οὐκ εὐθέως πρὸς τὸν νυμφίον ἐξέρχεται, οἶδε γὰρ, ὅτι
θάνατον ἐν τοῖς ὀδοῦσι φέρει, ἀλλ' ἄνεισιν εἰς τὴν πέ-
τραν καὶ περιμένει τὸν νυμφίον καθῆραι τὸ στόμα.
Ἕστᾶσιν οὖν ἀμφότεροι πρὸς ἀλλήλους βλέποντες,
ὁ μὲν ἠπειρώτης ἐραστὴς, ἡ δ' ἐρωμένη νησιῶτις.
Ὅταν οὖν ὁ ἐραστὴς ἐξεμέσῃ τῆς νύμφης τὸν φόβον,
ἡ δ' ἐρριμμένον ἤδη τὸν θάνατον χαμαὶ, τότε κατα-
βαίνει τῆς πέτρας καὶ εἰς τὴν ἤπειρον ἐξέρχεται καὶ
τὸν ἐραστὴν περιπτύσσεται καὶ οὐκέτι φοβεῖται τὰ
φιλήματα.

ΙΘ΄. Ταῦτα λέγων ἔβλεπον ἅμα τὴν κόρην, πῶς ἔχει
πρὸς τὴν ἀκρόασιν τὴν ἐρωτικήν· ἡ δ' ὑπεσήμαινεν
οὐκ ἀηδῶς ἀκούειν. Τὸ δὲ κάλλος ἀστράπτον τοῦ ταῶ
ἧττον ἐδόκει μοι τοῦ Λευκίππης εἶναι προσώπου. Τὸ
γὰρ τοῦ σώματος κάλλος αὐτῆς πρὸς τὰ τοῦ λειμῶνος
ἤριζεν ἄνθη· ναρκίσσου μὲν τὸ πρόσωπον ἔστιλβε

et si modo videat tangatve, ad se trahit, quasi amatoriam in se flammam contineat. Id vero an non est amantis saxi, atque amati ferri osculatio? Quod ad plantas attinet, philosophorum sententia est, quam plane fabulosam putarem, nisi ei agricolæ subscriberent, plantas alteram alterius amore capi : atque ex iis molestiorem eum palmam sentire : aiunt enim, earum alterum marem, fœminam alteram esse. Marem igitur fœminæ desiderio teneri. Ac si contingat ut fœminam procul ab eo conseratur, marem amantem arescere. Quam ob rem agricolam plantæ desiderium intelligentem editiore loco inscenso dispicere, quam in partem sese inclinet, (inclinatur enim amatam fœminam versus) et cognitæ illius ægritudini medelam adhibere : fœminæ enim surculo sumpto in maris cor inserere : itaque ejus animum recreari, corpusque moriens excitari, ac reviviscere amatæ complexu delectatum, atque hæ nuptiæ plantarum sunt.

XVIII. Aliud etiam est aquarum connubium per mare. Et est quidem Eleus fluvius amator, et Siculus fons amatus. Fluvius per mare non aliter, quam per terras iter facit : nec dulcem ejus aquam salso fluctu mare imbuit : sed discedit præterlabenti fluvio et discessus ille alvei usum præstat, coque pacto ad Arethusam Alpheum deducit ut sponsum. In Olympiæ celebritate multi, alius alias res, in fluvii vertices immittunt : quas ille ad amatam statim defert, eaque fluvii nuptialia dona sunt. In serpentibus non solum ejusdem sed etiam diversi generis, aliud amoris arcanum invenitur. Nam vipera terrestris serpens murenæ in mari degentis amore deflagrat. Est autem muræna alius serpens marinus, forma quidem serpens, usu vero piscis. Ii quum congredi volunt, mas in litore consistens, mare versus sibilat, murænæ signum; illa eo cognito ex undis egreditur : non tamen ad sponsum, cujus dentes mortiferos esse cognoscit, statim properat : verum scopulo aliquo conscenso, tantisper exspectat, dum ille ore venenum ejecerit. Interim continentis incola amator, et insulæ habitatrix amata mutuo sese contemplantur. Quam primum igitur amans quod inferebat metum sponsæ exspuerit, illaque venenum humi projectum viderit, e scopulo in continentem delabitur, amantemque complectitur, osculationes ejus minime amplius verita.

XIX. Hæc dum commemorarem, quonam modo Leucippe amatoriam hanc narrationem audiendo afficeretur, observabam : quæ sane non illibenter audire se subindicavit. Cæterum pavonis eximiam illam formam Leucippes vultus longe superare mihi visus est : quippe cujus pulchritudo corporis cum prati floribus certabat, narcissi enim in fronte

χροιάν, ῥόδον δ' ἀνέτελλεν ἐκ τῆς παρειᾶς, ἴον δ' ἡ τῶν ὀφθαλμῶν ἐμάρμαιρεν αὐγή, αἱ δὲ κόμαι βοστρυχούμεναι μᾶλλον εἱλίσσοντο κιττοῦ. Τοιοῦτος ἦν Λευκίππης ἐπὶ τῶν προσώπων ὁ λειμών. Ἡ μὲν οὖν μετὰ μικρὸν ἀπιοῦσα ᾤχετο· τῆς γὰρ κιθάρας αὐτὴν ὁ καιρὸς ἐκάλει· ἐμοὶ δ'.ἐδόκει παρεῖναι, ἀπελθοῦσα γὰρ τὴν μορφὴν ἐπαφῆκέ μου τοῖς ὀφθαλμοῖς. Ἑαυτοὺς οὖν ἐπῃνοῦμεν ἐγώ τε καὶ ὁ Σάτυρος· ἐγὼ μὲν ἐμαυτὸν τῆς μυθολογίας, ὁ δ' ὅτι μοι τὰς ἀφορμὰς παρέσχε· [καὶ μετὰ μικρὸν τοῦ δείπνου καιρὸς ἦν καὶ πάλιν ὁμοίως συνεπίνομεν.]

color renidebat, rosa vero in genis conspiciebatur. Oculorum fulgor violarum splendorem imitabatur. Capillorum cincinni hederæ contortionibus implicatiores. Ac tale erat, quod illius facies pratum referebat. Non multo autem post hæc illinc abiit : pulsandæ enim citharæ tempus eam invitabat : mihi adesse videbatur, utpote quæ meis in oculis imaginem suam discedens reliquerat. Satyrus autem atque ego nosmet ea ratione mutuo commendamus, quod ipse fabulas narrassem, ille narrandi occasionem præbuisset. [Paullo post cœnandi tempus venit et priorem in modum rursus accubuimus.]

ΛΟΓΟΣ ΔΕΥΤΕΡΟΣ.

LIBER SECUNDUS.

Α'. Ἅμα δ' ἑαυτοὺς ἐπαινοῦντες ἐπὶ τὸ δωμάτιον ἐβαδίζομεν τῆς κόρης, ἀκροασόμενοι δῆθεν τῶν κιθαρισμάτων· οὐ γὰρ ἠδυνάμην ἐμαυτοῦ κἂν ἐπ' ὀλίγον κρατεῖν τοῦ μὴ ὁρᾶν τὴν κόρην. Ἡ δὲ πρῶτον μὲν ᾖσεν Ὁμήρου τὴν πρὸς τὸν λέοντα τοῦ συὸς μάχην· ἔπειτα δέ τι καὶ τῆς ἁπαλῆς μούσης ἐλίγαινε· ῥόδον γὰρ ἐπῄνει τὸ ᾆσμα. Εἴ τις τὰς καμπὰς τῆς ᾠδῆς περιελὼν ψιλὸν ἔλεγεν ἁρμονίας τὸν λόγον, οὕτως ἂν εἶχεν ὁ λόγος· Εἰ τοῖς ἄνθεσιν ἤθελεν ὁ Ζεὺς ἐπιθεῖναι βασιλέα, τὸ ῥόδον ἂν τῶν ἀνθέων ἐβασίλευε. Γῆς ἐστι κόσμος, φυτῶν ἀγλάϊσμα, ὀφθαλμὸς ἀνθέων, λειμῶνος ἐρύθημα, κάλλος ἀστράπτον. Ἔρωτος πνέει, Ἀφροδίτην προξενεῖ, εὐώδεσι φύλλοις κομᾷ, εὐκινήτοις πετάλοις τρυφᾷ, τὸ πέταλον τῷ Ζεφύρῳ γελᾷ. Ἡ μὲν ταῦτ' ᾖδεν· ἐγὼ δ' ἐδόκουν τὸ ῥόδον ἐπὶ τῶν χειλέων αὐτῆς ἰδεῖν, ὡς εἴ τις κάλυκος τὸ περιφερὲς εἰς τὴν τοῦ στόματος ἔκλεισε μορφήν.

Β'. Καὶ ἄρτι πέπαυτο τῶν κιθαρισμάτων καὶ πάλιν τοῦ δείπνου καιρὸς ἦν. Ἦν γὰρ ἑορτὴ προτρυγαίου Διονύσου τότε. Τὸν γὰρ Διόνυσον Τύριοι νομίζουσιν ἑαυτῶν, ἐπεὶ καὶ τὸν Κάδμου μῦθον ᾄδουσι· καὶ τῆς ἑορτῆς διηγοῦνται πατέρα μῦθον, οἶνον οὐκ εἶναί ποτε παρ' ἀνθρώποις, [οὔπω παρ' αὐτοῖς,] οὐ τὸν μέλανα, τὸν ἀνθοσμίαν, οὐ τὸν τῆς Βιβλίας ἀμπέλου, οὐ τὸν Μάρωνος τὸν Θρᾴκιον, οὐ Χῖον τὸν ἐκ Λακαίνης, οὐ τὸν Ἰκάριον τὸν νησιώτην, ἀλλὰ τούτους μὲν ἅπαντας ἀποίκους εἶναι Τυρίων ἀνθρώπων· τὴν δὲ πρώτην παρ' αὐτοῖς φῦναι τῶν οἴνων μητέρα. Εἶναι γὰρ ἐκεῖ φιλόξενόν τινα βουκόλον, οἷον τὸν Ἰκάριον Ἀθηναῖοι λέγουσι, καὶ τοῦτον ἐνταῦθα τοῦ μύθου γενέσθαι πατέρα· ὅσον Ἀττικὸν εἶναι δοκεῖν. Ἐπὶ τοῦτον ἥκειν ὁ Διόνυσος τὸν βουκόλον· ὁ δ' αὐτῷ παρατίθησιν, ὅσα γῆ φέρει καὶ ἅμαξα βοῶν· ποτὸν δ' ἦν παρ' αὐτοῖς οἷον καὶ βοῦς ἔπινεν· οὔπω γὰρ ἡ ἄμπελος ἦν. Ὁ Διόνυσος [καὶ] ἐπαινεῖ τῆς φιλοφροσύνης τὸν βουκόλον καὶ αὐτῷ προπίνει κύλικα φιλοτησίαν. Τὸ δὲ ποτὸν οἶνος ἦν. Ὁ δὲ πιὼν ὑφ' ἡδονῆς βακχεύεται καὶ λέγει πρὸς τὸν θεόν· Πόθεν, ὦ ξένε, σοὶ τὸ ὕδωρ τοῦτο τὸ

I. Interea dum nostrum alter alterum laudaret, ad puellæ thalamum pervenimus, eam videlicet cithara canentem audituri : a qua contemplanda ne minimum quidem continere ipse me poteram. Illa Homeri suis cum leone pugnam primum, aliud-deinde mollius etiam, rosæ scilicet laudes, cecinit. Ac si quis verba sine numeris referre velit, hujusmodi propemodum essent : Si regem floribus constituere Jupiter voluisset, rosa floribus imperaret. Terræ ornamentum est, plantarum splendor, oculus florum, prati rubor, percellens pulchritudo. Amorem spirat, Venerem conciliat, odoratis foliis luxuriat, tremulis frondibus, ac zephyri afflatu ridentibus delectat. Hujusmodi sane cantus illius erat. Mihi vero in ipsius labris rosam videre videbar, ut si quis calathi ambitum oris forma terminet.

II. Vix autem canendi finem fecerat, quum cœnæ tempus venit. Ac tum forte Protryggæi Dionysii festi dies celebrabantur : quem deum Tyrii sibi vindicant : nam et Cadmi fabulam canunt, et celebritatis ejus instituendæ originem hujusmodi fabulam tradunt, nullum videlicet olim vinum mortales habuisse : nondum enim nigrum, quod Anthosmiam vocant, non Biblinum, non Maronæum e Thracia, non Chium ex Lacæna, non Icarium ex insula repertum fuerat : sed a Tyriis ea omnia manasse : primamque illius procreatricem apud se exstitisse. Fuisse enim illic pastorem quemdam, hospitalem, qualem Icarium Athenienses memorant, qui fabulæ auctor ibi fuerit, ita ut Attica esse videretur. Ad eum divertisse aliquando Dionysium : cui quidem ille quæcunque terra gignit ac boum plaustrum, apposuerit : potum vero ipsis non alium, quam qui bobus est communis, fuisse, quod vitis nondum apparuisset. Pastoris benignitatem Dionysium laudavisse, hominemque poculo benevolentiæ ergo invitasse : potus autem erat vinum. Illud quum hausisset, præ voluptate gestire cœpisse, atque ad deum conversum dixisse, Undenam tibi, hospes. purpurea hæc aqua est? aut ubi

πορφυροῦν; πόθεν οὕτως εὗρες αἷμα γλυκύ; Οὐ γάρ
ἐστιν ἐκεῖνο τὸ χαμαὶ ῥέον. Τὸ μὲν γὰρ εἰς τὰ στέρνα
καταβαίνει καὶ λεπτὴν ἔχει τὴν ἡδονήν· τοῦτο δὲ καὶ
πρὸ τοῦ στόματος τὰς ῥῖνας εὐφραίνει καὶ θιγόντι μὲν
5 ψυχρόν ἐστιν, εἰς τὴν γαστέρα δὲ καταθορὸν ἀνάπτει
κάτωθεν πῦρ ἡδονῆς. Καὶ ὁ Διόνυσος ἔφη· Τοῦτ᾽
ἐστιν ὀπώρας ὕδωρ, τοῦτ᾽ ἔστιν αἷμα βοτρύων. Ἄγει
πρὸς τὴν ἄμπελον ὁ θεὸς τὸν βουκόλον, καὶ τῶν βοτρύων
λαβὼν ἅμα καὶ θλίβων καὶ δεικνὺς τὴν ἄμπελον, Τοῦτο
10 μέν ἐστιν, ἔφη, τὸ ὕδωρ· τοῦτο δ᾽ ἡ πηγή. Ὁ μὲν
οὖν οὕτως ἐς ἀνθρώπους παρῆλθεν, ὡς ὁ Τυρίων λόγος.
Γ΄. Ἑορτὴν δ᾽ ἄγουσιν ἐκείνην τὴν ἡμέραν ἐκείνῳ
τῷ θεῷ. Φιλοτιμούμενος οὖν ὁ πατήρ τά τ᾽ ἄλλα
παρασκευάσας εἰς τὸ δεῖπνον ἔτυχε πολυτελέστερα
15 καὶ κρατῆρα παρέθηκε τὸν ἱερὸν τοῦ θεοῦ, μετὰ τὸν
Γλαύκου τοῦ Χίου δεύτερον. Ὑάλου μὲν τὸ πᾶν ἔργον
ὀρωρυγμένης· κύκλῳ δ᾽ αὐτὴν ἄμπελοι περιέστεφον ἀπὸ
τοῦ κρατῆρος πεφυτευμέναι. Οἱ δὲ βότρυες πάντῃ
περικρεμάμενοι· ὄμφαξ μὲν αὐτῶν ἕκαστος ὅσον ἦν
20 κενὸς ὁ κρατήρ· ἐὰν δ᾽ ἐγχέῃς οἶνον, κατὰ μικρὸν ὁ βό-
τρυς ὑποπερκάζεται καὶ σταφυλὴν τὴν ὄμφακα ποιεῖ.
Διόνυσός τ᾽ ἐντετύπωται τῶν βοτρύων, ἵνα τὴν ἄμπε-
λον γεωργῇ. Τοῦ δὲ πότου προϊόντος ἤδη καὶ ἀναι-
σχύντως ἐς αὐτὴν ἑώρων. Ἔρως δὲ καὶ Διόνυσος,
25 δύο βίαιοι θεοί, ψυχὴν κατασχόντες, ἐκμαίνουσιν εἰς
ἀναισχυντίαν, ὁ μὲν κάων αὐτὴν τῷ συνήθει πυρί, ὁ δὲ
τὸν οἶνον ὑπέκκαυμα φέρων. Οἶνος γὰρ ἔρωτος τροφή.
Ἤδη δὲ καὶ αὐτὴ περιεργότερον εἰς ἐμὲ βλέπειν ἐθρα-
σύνετο. Καὶ ταῦτα μὲν ἡμῖν ἡμερῶν ἐπράττετο δέκα·
30 καὶ πλέον τῶν ὀμμάτων ἐκερδαίνομεν ἢ ἐτολμῶμεν
οὐδέν.

Δ΄. Κοινοῦμαι δὴ τῷ Σατύρῳ τὸ πᾶν καὶ συμπράτ-
τειν ἠξίουν· ὁ δ᾽ ἔλεγα καὶ αὐτὸς μὲν ἐγνωκέναι, πρὶν
παρ᾽ ἐμοῦ μαθεῖν, ὀκνεῖν δ᾽ ἐλέγχειν βουλόμενον λαθεῖν.
35 Ὁ γὰρ μετὰ κλοπῆς ἐρῶν ἂν ἐλεγχθῇ πρός τινος, ὡς
ὀνειδίζοντα τὸν ἐλέγξαντα μισεῖ. Ἤδη δέ, ἔφη, καὶ
τὸ αὐτόματον ἡμῶν προὐνόησεν. [ἡ τύχη.] Ἡ γὰρ
τὸν θάλαμον αὐτῆς πεπιστευμένη Κλειὼ κεκοινώνηκέ
μοι καὶ ἔχει πρός με ὡς ἐραστήν. Ταύτην παρα-
40 σκευάσω κατὰ μικρὸν πρὸς ἡμᾶς οὕτως ἔχειν, ὡς καὶ
συναίρεσθαι πρὸς τοὔργον. Δεῖ δέ σε καὶ τὴν κόρην
μὴ μέχρι τῶν ὀφθαλμῶν μόνον πειρᾶν, ἀλλὰ καὶ
ῥῆμα δριμύτερον εἰπεῖν. Τότε δὲ πρόσαγε τὴν δευτέ-
ραν μηχανήν. Θίγε χειρός, θλῖβον δάκτυλον, ὀλίζων
45 στέναξον. Ἢν δὲ ταῦτά σου ποιοῦντος καρτερῇ καὶ
προσίηται, σὸν ἔργον ἤδη, δέσποινάν τε καλεῖν καὶ
φιλῆσαι τράχηλον. Πιθανῶς μὲν, ἔφην, νὴ τὴν Ἀθη-
νᾶν, εἰς τοὔργον παιδοτριβεῖς· δέδοικα δὲ, μὴ ἄτολμος
[ὢν] καὶ δειλὸς ἔρωτος ἀθλητὴς γένωμαι. Ἔρως, ὦ
50 γενναῖε, ἔφη, δειλίας οὐκ ἀνέχεται. Ὁρᾷς αὐτοῦ
τὸ σχῆμα ὥς ἐστι στρατιωτικόν; τόξα καὶ φαρέτρα καὶ
βέλη καὶ πῦρ, ἀνδρεία πάντα καὶ τόλμης γέμοντα.
Τοιοῦτον οὖν ἐν σεαυτῷ θεὸν ἔχων, δειλὸς εἶ καὶ φοβῇ;
Ὅρα, μὴ καταψεύδῃ τοῦ θεοῦ. Ἀρχὴν δέ σοι ἐγὼ

gentium tam dulcem sanguinem reperisti? non enim ex
eo est, qui per terram labitur. Ille enim minima cum
voluptate in pectus descendit, hic autem nares prius quam
os delectat : cumque tactu frigidus sit, in ventrem de-
lapsus jucundum calorem excitat. Tum Dionysium re-
spondisse : Aqua hæc ex uva est sanguis e racemis prove-
nit : pastoremque ad vitem duxisse, acceptisque ac simul
pressis commonstratæ vitis racemis dixisse : Hæc aqua est,
hi autem fontes. Hoc pacto vinum mortalibus, ut Tyrio-
rum sermo habet, datum fuit.

III. Deo igitur illi sacer ille dies institutus fuit. Quem
quum pater meus celebrare vellet, et reliqua lautius ad
cœnam imperavit, deique sacrum et a Glauci Chii cratere
alterum poculum adhibuit. E cælato id vitro erat, ejus-
que oram vites in eo ipso natæ coronabant : a quibus ra-
cemi passim pendebant, sicco omnes poculo acerbi, in
misso autem vino paulatim rubentes et maturi : quos
inter Dionysius, ut vitem coleret, effictus erat. Cæterum
gliscente potu puellam impudenter intuebar. Amor enim
ac Liber, violenti dii, animam invadentes, eousque incen-
dunt, ut pudoris oblivisci cogant, dum alter consuetum
iguem adhibet, alter igni materiam vinum subministrat :
vinum enim amoris pabulum est. Ex illo puella quoque
accuratius intueri me ausa est. Atque ad eum modum
dies nobis decem consumpti sunt : quibus nihil aliud præ-
ter oculorum conjectus, alter ab altero, recepimus, aut
attentare ausi sumus.

IV. Satyro rem omnem patefeci atque ut mihi opem
ferret obsecravi. Ille autem, Omnia, inquit, prius, quam
ex te intelligerem, cognovi : sed indicium facere distuli,
quia id nescire credi volebam. Clandestinus enim amans,
si quis ejus amorem indicet, indicem quasi maledicum ali-
quem conviciatorem odio prosequi consuevit. Cæterum
nostri curam fortuna sponte suscepit. Etenim Clio, cui
puellæ thalamus creditus est, me in amicitiam recepit at-
que amantis loco habet. Ego brevi rem inter vos ita
componam, ut ad negotium conficiendum ipsa opem præ-
stet. Verum de puellæ voluntate solis oculis periculum
facere satis non est, sed efficacius aliquid loqui oportet,
ibique machinam etiam alteram adhibe, manum tange,
digitos constringe, atque inter constringendum suspira : si
hæc agentem æquo te animo ferat, neque aspernetur eat,
tuum opus jam ut dominam appelles, ejusque collum
suavies. Apposite tu quidem, inquam, ita me servet
Pallas, ad eam me rem instituis, sed vereor ne imbecil-
lus et timidus amoris miles sim. Tum Satyrus, Igna-
viam, o generose vir, Cupido, inquit, non sustinet : an
non tu illum vides militari ornatu incedere? Sagittæ,
pharetra, jaculum, ignis, virilia et audaciæ plena omnia
an tu tali deo plenus obtorpeas et expavescas? Cave ne
falso te amantem prœdices. Ego tibi rem incœptam

παρέξω. Τὴν Κλειὼ γὰρ ἀπάξω μάλισθ' ὅταν ἐπιτήδειον ἴδω καιρὸν τοῦ σε τῇ παρθένῳ δύνασθαι καθ' αὑτὸν συνεῖναι μόνῃ.

Ε΄. Ταῦτ' εἰπὼν ἐχώρησεν ἔξω τῶν θυρῶν· ἐγὼ δὲ κατ' ἐμαυτὸν γενόμενος καὶ ὑπὸ τοῦ Σατύρου παροξυνθείς, ἤσκουν ἐμαυτὸν εἰς εὐτολμίαν πρὸς τὴν παρθένον· Μέχρι τίνος, ἄνανδρε, σιγᾷς; τί δὲ δειλὸς εἶ στρατιώτης ἀνδρείου θεοῦ; τὴν κόρην προσελθεῖν σοὶ περιμένεις; Εἶτα προσετίθην· Τί γάρ, ὦ κακόδαιμον, οὐ σωφρονεῖς; τί δ' οὐκ ἐρᾷς ὧν σε δεῖ; Παρθένον ἔνδον ἔχεις ἄλλην καλήν· ταύτης ἔρα, ταύτην βλέπε, ταύτην ἔξεστί σοι γαμεῖν. Ἐδόκουν πεπεῖσθαι· κάτωθεν δέ, ὥσπερ ἐκ τῆς καρδίας, ὁ ἔρως ἀντεφθέγγετο· Ναί, τολμηρέ, κατ' ἐμοῦ στρατεύῃ καὶ ἀντιπαρατάττῃ; Ἵπταμαι καὶ τοξεύω καὶ φλέγω. Πῶς δυνήσῃ με φυγεῖν; Ἂν φυλάξῃ μου τὸ τόξον, οὐκ ἔχεις φυλάξασθαι τὸ πῦρ· ἂν δὲ κατασβέσῃς σωφροσύνῃ τὴν φλόγα, αὐτῷ σε καταλήψομαι τῷ πτερῷ.

ς΄. Ταῦτα διαλεγόμενος ἔλαθον ἐπιστὰς ἀπροοράτως τῇ κόρῃ καὶ ὠχρίασά τ' ἰδὼν ἐξαίφνης· εἶτ' ἐφοινίχθην. Μόνη δ' ἦν καὶ οὐδ' ἡ Κλειὼ συμπαρῆν. Ὅμως οὖν, ὡς ἂν τεθορυβημένος οὐκ ἔχων τί εἴπω, Χαῖρε, ἔφην, δέσποινα. Ἡ δὲ μειδιάσασα γλυκὺ καὶ ἐμφανίσασα διὰ τοῦ γέλωτος, ὅτι συνῆκε πῶς εἶπον τὸ Χαῖρε δέσποινα, εἶπεν· Ἐγὼ σή; μὴ τοῦτ' εἴπῃς. Καὶ μὴν πέπρακέ σέ τίς μοι θεῶν· ὅσπερ καὶ τὸν Ἡρακλέα τῇ Ὀμφάλῃ. Τὸν Ἑρμῆν λέγεις; τούτῳ τὴν πρᾶσιν ἐκέλευσεν ὁ Ζεύς. Καὶ ἅμ' ἐγέλασε. Ποῖον Ἑρμῆν; τί ληρεῖς, εἶπον, εἰδυῖα σαφῶς ὃ λέγω; Ὡς δὲ περιέπλεκον λόγους ἐκ λόγων, τὸ αὐτόματόν μοι συνήργησεν.

Ζ΄. Ἔτυχε τῇ προτεραίᾳ ταύτης ἡμέρᾳ περὶ μεσημβρίαν ἡ παῖς ψάλλουσα κιθάρᾳ· ἐπιπαρῆν δ' αὐτῇ καὶ ἡ Κλειὼ καὶ παρεκάθητο· διεβάδιζον δ' ἐγώ· καὶ ἐξαίφνης μέλιττά ποθεν ἐπιπτᾶσα τῆς Κλειοῦς ἐπάταξε τὴν χεῖρα. Καὶ ἡ μὲν ἀνέκραγεν· ἡ δὲ παῖς ἀναθοροῦσα καὶ καταθεμένη τὴν κιθάραν κατενόει τὴν πληγήν· καὶ ἅμα παρῄνει, λέγουσα, μηδὲν ἄχθεσθαι· παύσειν γὰρ αὐτὴν τῆς ἀλγηδόνος δύο ἐπάσασαν ῥήματα· διδαχθῆναι γὰρ αὐτὴν ὑπό τινος Αἰγυπτίας εἰς πληγὰς σφηκῶν καὶ μελιττῶν. Καὶ ἅμ' ἐπῇδε· καὶ ἔλεγεν ἡ Κλειὼ μετὰ μικρὸν ῥᾴων γεγονέναι. Τότ' οὖν κατὰ τύχην μελιττά τις ἢ σφὴξ περιβομβήσασα, κύκλῳ μου τὸ πρόσωπον περιέπτη. Κἀγὼ λαμβάνω τὸ ἐνθύμιον καὶ τὴν χεῖρα ἐπιβαλὼν τοῖς προσώποις, προσεποιούμην πεπλῆχθαι καὶ ἀλγεῖν. Ἡ δὲ παῖς προσελθοῦσα, εἷλκε τὴν χεῖρα καὶ ἐπυνθάνετο ποῦ ἐπατάχθην· κἀγώ, κατὰ τοῦ χείλους, ἔφην. Ἀλλὰ τί οὐκ ἐπᾴδεις, φιλτάτη; Ἡ δὲ προσῆλθέ τε καὶ ἀνέθηκεν, ὡς ἐπᾴσουσα, τὸ στόμα, καί τι ἐψιθύριζεν, ἐπιπολῆς ψαύουσά μου τῶν χειλέων· κἀγὼ κατεφίλουν σιωπῇ, κλέπτων τῶν φιλημάτων τὸν ψόφον.

Ἡ δ' ἀνοίγουσα καὶ κλείουσα τῶν χειλέων τὴν συμβολήν, τῷ τῆς ἐπῳδῆς ψιθυρίσματι φιλήματα ἐποίει

LIBER II.

dabo. Clionem enim, simulac tempus ad puellam remotis arbitris conveniendam idoneum perspexero, alio dimittam.

V. Quæ quum dixisset, abiit. Ipse autem solus relictus, ac Satyri verbis exstimulatus, ita me componere conabar, ut ne in puellæ conspectum veniens animo deficerem; mecumque, quousque, inquam, effœminate, obmutesces? quid tam fortis dei miles tantopere obtorpescis? venturamne ad te illam exspectas? Non multo autem post hæc addebam : Atqui cur non resipiscis, infelix? quin illam potius, quam par est, virginem diligis? aliam domi habes non deformem; illam ama, illam contemplare, illam te uxorem habere jus est. Itaque mihi persuasus esse videbar. Verum contra tanquam ex imo cordis Amor respondebat : An tu igitur audax, contra me arma feras, mihique resistas? Volo, vulnero sagittis, exuro. Quonam te modo evasurum speras? Ut sagittarum ictus declines, faces tu quidem certe nunquam evitabis. Quod si earum flammis temperantiæ scutum opponas, volatu profecto te comprehendam.

VI. Hæc dum mecum solus loquerer, puellæ me obviam improviso factum animadverti, eaque visa statim expallui : mox rubore perfusus sum. Illa tum sola erat : recesserat enim etiam Clio. Quanquam igitur animo perculso quid dicerem non habebam : tamen, salve, inquam, hera. Tum illa suaviter ridens, et risu, quorsum ea salutatio spectaret, intellexisse significans. Tuane ego, inquit, hera? Ah, non æquum dicis : atqui deus te, quis mihi, quemadmodum Herculem Omphalæ, vendidit? Mercuriumne, inquit, ais? Siquidem ei auctionem Jupiter demandavit : simulque risit. Quem Mercurium, inquam, ais? Quas nugas agis, quum probe quid dixerim, perceperis? Interea dum sermones sermonibus texeremus, auxilio mihi casus quidam fuit.

VII. Forte fortuna pridie ejus diei circiter meridiem Leucippe citharam pulsabat, aderat vero Clio et illi assidebat, ego deambulabam ; apicula quædam, alicunde improviso advolans, Clionis manum pupugit : quæ quum ejulasset, puella surrexit, depositaque cithara, vulnus inspexit, ac bono animo esse jussit, dolorem se inquiens duobus verbis abstersuram : didicisse enim ab Ægyptia quadam muliere, vesparum apumque morsibus mederi : ac subito excantavit : meliusculeque sibi esse paulo post Clio confessa est. Tunc igitur casus attulit, ut apis, forte vero etiam vespa quædam, susurrans faciem meam volitando circumiret. Occasione itaque inde arrepta, manuque ori admota, vulnus accepisse et dolorem sentire me finxi. Quamobrem accurrens virgo manum removit, et, quæ pars læsa esset, rogavit. Ego vero, labra, respondi : tu autem, carissima Leucippe, cur non excantas? Tum illa propius accessit et tanquam excantatura os admovit, et labiorum meorum extrema contingens nescio quid immurmuravit. Interea ipse oscula furtim nullo edito sono dabam.

Sed et puella dum in pronuncianda cantione labra nunc aperiret, nunc clauderet, efficiebat ut cantio iñ basia

τὴν ἐπῳδήν· κἀγὼ τότ᾽ ἤδη περιβαλὼν φανερῶς κατε-
φίλουν· ἡ δὲ διασχοῦσα, Τί ποιεῖς, ἔφη· καὶ σὺ κατε-
πάδεις; Τὴν ἐπῳδὸν εἶπον, [ὅτι] φιλῶ, ὅτι μου τὴν
ὀδύνην ἰάσω. Ὡς δὲ συνῆκεν ὃ λέγω καὶ ἐμειδίασε,
5 θαρσήσας εἶπον· Οἴμοι, φιλτάτη, πάλιν τέτρωμαι χα-
λεπώτερον· ἐπὶ γὰρ τὴν καρδίαν κατέρρευσε τὸ τραῦμα
καὶ ζητεῖ σου τὴν ἐπῳδήν. Ἦ που καὶ σὺ μέλιτταν
ἐπὶ τοῦ στόματος φέρεις. Καὶ γὰρ μέλιτος γέμεις,
καὶ τιτρώσκει σου τὰ φιλήματα. Ἀλλὰ δέομαι, κατέ-
10 πασον αὖθις καὶ μὴ ταχὺ τὴν ἐπῳδὴν παραδράμῃς,
μὴ πάλιν ἀγριάνῃς τὸ τραῦμα. Καὶ ἅμα λέγων τὴν
χεῖρα βιαιότερον περιέβαλλον καὶ ἐφίλουν ἐλευθερώ-
τερον. Ἡ δ᾽ ἠνείχετο, κωλύουσά δῆθεν.

Η΄. Ἐν τούτῳ πόρρωθεν ἰδόντες προσιοῦσαν τὴν θε-
15 ράπαιναν διελύθημεν, ἐγὼ μὲν ἄκων καὶ λυπούμενος,
ἡ δ᾽ οὐκ οἶδ᾽ ὅπως. Ῥάων οὖν ἐγεγόνειν καὶ μεστὸς
ἐλπίδων, ᾐσθόμην δ᾽ ἐπικαθημένου μοι τοῦ φιλή-
ματος ὥσπερ σώματος, καὶ ἐφύλαττον ἀκριβῶς ὡς
θησαυρὸν τὸ φίλημα τηρῶν ἡδονῆς, ὃ πρῶτόν ἐστιν
20 ἐραστῇ γλυκύ. Καὶ γὰρ ἀπὸ τοῦ καλλίστου τῶν τοῦ
σώματος ὀργάνων τίκτεται· στόμα γὰρ φωνῆς ὄργανον·
φωνὴ δὲ ψυχῆς σκιά. Αἱ γὰρ τῶν στομάτων συμβο-
λαὶ κιρνάμεναι καταπέμπουσι κατὰ τῶν στέρνων τὴν
ἡδονὴν καὶ ἕλκουσι τὰς ψυχὰς πρὸς τὰ φιλήματα.
25 Οὐκ οἶδα δ᾽ οὕτω πρότερον ἡσθεὶς ἐκ τῆς καρδίας· καὶ
τότε πρῶτον ἔμαθον, ὅτι μηδὲν ἐρίζει πρὸς ἡδονὴν φι-
λήματι ἐρωτικῷ.

Θ΄. Ἐπειδὴ δὲ τοῦ δείπνου καιρὸς ἦν, πάλιν ὁμοίως
συνεπίνομεν· ᾠνοχόει δ᾽ ὁ Σάτυρος ἡμῖν καὶ τι ποιεῖ
30 ἐρωτικόν. Διαλλάσσει τὰ ἐκπώματα καὶ τὸ μὲν ἐμὸν
τῇ κόρῃ προστίθησι, τὸ δ᾽ ἐκείνης ἐμοὶ καὶ ἐγχέων
ἀμφοτέροις καὶ ἐγκερασάμενος ὤρεγεν. Ἐγὼ δ᾽ ἐπι-
τηρήσας τὸ μέρος τοῦ ἐκπώματος, ἔνθα τὸ χεῖλος
ἡ κόρη πίνουσα προσέθηκεν, ἐναρμοσάμενος ἔπινον,
35 ἐπιστολιμαῖον τοῦτο φίλημα ποιῶν, καὶ ἅμα κατεφί-
λουν τὸ ἔκπωμα. Ὡς δ᾽ εἶδεν ἡ παρθένος, συνῆκεν
ὅτι τοῦ χείλους αὐτῆς καταφιλῶ καὶ τὴν σκιάν. Ἀλλ᾽
ὅγε Σάτυρος συμφύρας πάλιν τὰ ἐκπώματα ἐνήλλαξεν
ἡμῖν. Τότε δὴ καὶ τὴν κόρην εἶδον τὰ ἐμὰ μιμουμέ-
40 νην καὶ κατὰ ταῦτὰ πίνουσαν· καὶ ἔχαιρον ἤδη πλέον.
Καὶ τρίτον ἐγένετο τοῦτο καὶ τέταρτον καὶ τὸ λοιπὸν
τῆς ἡμέρας οὕτως ἀλλήλοις προὐπίνομεν τὰ φιλή-
ματα.

Ι΄. Μετὰ δὲ τὸ δεῖπνον ὁ Σάτυρος μοι προσελθὼν
45 ἔφη· Νῦν μὲν ἀνδρίζεσθαι καιρός. Ἡ γὰρ μήτηρ τῆς
κόρης, ὡς οἶσθα, μαλακίζεται καὶ καθ᾽ αὑτὴν ἀνα-
παύσεται· μόνη δ᾽ ἡ παῖς βαδιεῖται κατὰ τὰ εἰθισμένα
τῆς Κλειοῦς ἑπομένης, πρὶν ἐπὶ τὸν ὕπνον τραπῆναι.
Ἐγὼ δέ σοι καὶ ταύτην ἀπάξω διαλεγόμενος. Ταῦτ᾽
50 εἰπών, τῇ Κλειοῖ μὲν αὐτός, ἐγὼ δὲ τῇ παιδὶ διαλα-
χόντες ἐφηδρεύομεν. Καὶ οὕτως ἐγένετο. Ἀπεσπά-
σθη μὲν ἡ Κλειώ, ἡ δὲ παρθένος ἐν τῷ περιπάτῳ κατε-
λέλειπτο. Ἐπιτηρήσας οὖν ὅτε τοῦ φωτὸς τὸ πολὺ
τῆς αὐγῆς ἐμαραίνετο, πρόσειμι θρασύτερος γενόμενος

commutaretur. Itaque tum ego eam complectens palam
suaviatus sum. Illa vero retrocedens, Quid, inquit, agis?
num tu etiam excantas? Atqui, incantatricem, inquam,
exosculor, quoniam dolorem mihi omnem eripuisti. Quæ
quum intellexisset subrisissetque, animus mihi accessit :
ac subito, Heu mihi, carissima Leucippe, inquam rur-
sus, acerbius pungor : aculeus enim ad cor usque pene-
travit, excantationemque tuam exposcit. Apem certe tu
quoque in ore gestas : nam et mellis plena es, et basia tua
vulnus imponunt. Quare iterum, quæso, excanta : sed
tam cito cantionem absolvere noli, ne vulnus recrudes-
cat. Atque inter loquendum manum injeci, liberiusque
osculatus sum. Illa tametsi repugnare videretur, sustinuit
tamen.

VIII. Interea procul venientem ancillam conspicati,
alius alio secessimus, ego quidem perinvitus ac tristis :
illa vero qua mente, haud sane scio. Ex illo melius mihi
esse, ac spes augeri cœpit, planeque basium in labris meis,
quasi corporeum aliquid relictum, residere sentiebam, et
ceu voluptatis thesaurum quodpiam diligenter custodie-
bam, id enim est quod primum amanti dulce accidit,
quum a formosissima et præstantissima corporis parte
procreetur. Os enim instrumentum vocis est : vox autem
animi umbra. Labiorum porro contactus dum voluptatem
in præcordiis serunt, animos ad sese mutuo suaviandum
trahunt. Nec vero talem unquam antea cordis voluptatem
mihi fuisse novi, et tum primum intellexi nihil cum ama-
torio suavio dulcedine contendere.

IX. Posteaquam cœnandi tempus rediit, rursum eo-
dem modo una bibebamus. Satyrusque, qui nobis vinum
miscebat, amatorium nescio quid tum præstitit. Nam
pocula commutabat, Leucippæ meum, illius poculum mihi
dat, et utrisque infundens et aqua miscens, porrigebat.
Ego qua parte bibens Leucippe labra scypho admoverat,
observans, eamque ori meo inserens, ac missum ad me
osculum confingens, bibebam, simulque poculum suavia-
bar. Id quod animadvertens puella, suorum etiam me
labiorum vestigia osculari intellexit. Sed Satyrus confun-
dens pocula rursus nobis commutavit ; tunc illam poculum
meum imitantem, eodemque modo bibentem animadverti :
eoque majorem etiam voluptatem cepi. Factum id a
nobis fuit tertio etiam ac quarto, et diei reliquum ita
alter alteri basia vicissim propinabamus.

X. Absoluta cœna conveniens me Satyrus, nunc tem-
pus est, inquit, virum ut te ostendas. Puellæ mater, ut
nosti, minus bene habet, ac sola cubitum ivit ; puella prius,
quam in lectum se collocet, sequente Clione, quo consuevit,
sola se conferet : verum ego et illam colloquendo abducam.
Sub hæc verba, partibus nostris divisis, ille Clionem, ego
Leucippen observabamus, resque e sententia processit :
nam et Clio abducta est, et Leucippe in ambulatione re-
mansit. Ergo vespertini temporis adventu observato,
priore successu audentior factus, ad eam, quasi miles jam

LIBER II.

πρὸς αὐτὴν ἐκ τῆς πρώτης προσβολῆς, ὥσπερ στρατιώ-
της ἤδη νενικηκὼς καὶ τοῦ πολέμου καταπεφρονηκώς·
πολλὰ γὰρ ἦν τὰ τότε ὁπλίζοντά με θαρρεῖν· οἶνος,
ἔρως, ἐλπίς, ἐρημία· καὶ οὐδὲν εἰπών, ἀλλ' ὡς ἐπὶ
5 συγκείμενον ἔργον, ὡς εἶχον, περιχυθεὶς, τὴν κόρην
κατεφίλουν. Ὡς δὲ καὶ ἐπεχείρουν τι προὔργου ποιεῖν,
ψόφος τις ἡμῶν κατόπιν γίνεται· καὶ ταραχθέντες ἀνε-
πηδήσαμεν. Καὶ ἡ μὲν ἐπέκεινα τρέπεται τὴν ἐπὶ τὸ
δωμάτιον αὑτῆς, ἐγὼ δ' ἐπὶ θἄτερα, σφόδρα ἀνιώμε-
10 νος, ἔργον οὕτω καλὸν ἀπολέσας, καὶ τὸν ψόφον λοιδο-
ρῶν. Ἐν τούτῳ δὲ [καὶ] ὁ Σάτυρος ὑπαντιάζει μοι
φαιδρῷ τῷ προσώπῳ. Καθορᾶν γάρ μοι ἐδόκει ὅσα
ἐπράττομεν, ὑπό τινι τῶν δένδρων λοχῶν, μή τις ἡμῖν
ἐπέλθῃ· καὶ αὐτὸς ἦν ὁ ποιήσας τὸν ψόφον, προσιόντα
15 θεασάμενός τινα.

ΙΑ'. Ὀλίγων δ' ἡμερῶν διελθουσῶν, ὁ πατήρ μοι
τοὺς γάμους συνεκρότει θᾶττον ἢ διεγνώκει. Ἐνύπνια
γὰρ αὐτὸν διετάραττε πολλά. Ἐδόκει ἄγειν ἡμῶν
τοὺς γάμους, ἤδη δ' ἄψαντος αὐτοῦ τὰς δᾷδας, ἀπο-
20 σβεσθῆναι τὸ πῦρ . . . . . . ἦ καὶ μᾶλλον ἠπείγετο
συναγαγεῖν ἡμᾶς. Τοῦτο δ' εἰς τὴν ὑστεραίαν παρε-
σκευάζετο. Ἐώνητο δὲ τῇ κόρῃ τὰ πρὸς τὸν γάμον·
περιδέραιον μὲν λίθων ποικίλων· ἐσθῆτα δὲ τὸ πᾶν μὲν
πορφυρᾶν, ἔνθα δὲ ταῖς ἄλλαις ἐσθῆσιν ἡ χώρα τῆς
25 πορφύρας, ἐκεῖ χρυσὸς ἦν. Ἤριζον δὲ πρὸς ἀλλήλους
οἱ λίθοι. Ὑάκινθος μὲν, ῥόδον ἦν ἐν λίθῳ· ἀμέθυστος
δ' ἐπορφύρετο τοῦ χρυσοῦ πλησίον. Ἐν μέσῳ δὲ τρεῖς
ἦσαν λίθοι, τὴν χροιὰν ἐπάλληλοι· συγκείμενοι δ' ἦσαν
οἱ τρεῖς· μέλαινα μὲν ἡ κρηπὶς τοῦ λίθου, τὸ δὲ μέσον
30 σῶμα λευκὸν τῷ μέλανι συνεφαίνετο, ἑξῆς δὲ τῷ λευκῷ
τὸ λοιπὸν ἐπυρρία κορυφούμενον. Ἐν ὅλῳ δὲ τῷ
χρυσῷ στεφανούμενος, ὀφθαλμὸν ἐμιμεῖτο χρυσοῦν.
Τῆς δ' ἐσθῆτος οὐ πάρεργον εἶχεν ἡ πορφύρα τὴν βα-
φήν, ἀλλ' οἵαν μυθολογοῦσι Τύριοι τοῦ ποιμένος εὑρεῖν
35 τὸν κύνα, ᾗ καὶ μέχρι τούτου βάπτουσιν Ἀφροδίτης τὸν
πέπλον. Ἦν γὰρ χρόνος ὅτε τῆς πορφύρας ὁ κόσμος
ἀνθρώποις ἀπόρρητος ἦν· μικρὸς δ' αὐτὴν ἐκάλυπτε
κόχλος ἐγκύκλῳ μυχῷ. Ἁλιεὺς ἀγρεύει τὴν ἄγραν
ταύτην· καὶ ὁ μὲν ἰχθὺν προσεδόκησεν, ὡς δ' εἶδε τοῦ
40 κόχλου τὴν τραχύτητα, ἐλοιδόρει τὴν ἄγραν καὶ ἔρ-
ριψεν ὡς θαλάσσης σκύβαλον. Εὑρίσκει δὲ κύων τὸ
ἕρμαιον καὶ καταθραύει τοῖς ὀδοῦσι, καὶ τῷ στόματι
τοῦ κυνὸς περιρρέει τοῦ ἄνθους τὸ αἷμα καὶ βάπτει τὸ
αἷμα τὴν γένυν καὶ ὑφαίνει τοῖς χείλεσι τὴν πορφύ-
45 ραν. Ὁ ποιμὴν ὁρᾷ τὰ χείλη τοῦ κυνὸς ἡμαγμένα
καὶ τραῦμα νομίσας τῇ βαφῇ προσέισι καὶ ἀπέκλυεν
τῇ θαλάσσῃ καὶ τὸ αἷμα λαμπρότερον ἐπορφύρετο.
Ὡς δὲ καὶ ταῖς χερσὶν ἔθιγε, τὴν πορφύραν εἶχε καὶ
ἡ χείρ. Συνῆκεν οὖν τοῦ κόχλου τὴν φύσιν ὁ ποιμήν,
50 ὅτι φάρμακον ἔχει κάλλους πεφυτευμένον· καὶ λαβὼν
μαλλὸν ἐρίου, καθῆκεν εἰς τὸν χηραμὸν αὐτοῦ τὸ ἔριον,
ζητῶν τοῦ κόχλου τὰ μυστήρια· τὸ δὲ κατὰ τὴν γένυν
τοῦ κυνὸς ἡμάσσετο. Καὶ τότε τὴν εἰκόνα τῆς πορ-
φύρας ἐδιδάσκετο. Λαβὼν δή τινας λίθους περιθρύει

victor et bellum nihili faciens, me contuli : multa enim
erant, quibus armatus confidebam, nempe vinum, amor,
spes, solitudo : tacitusque, quasi ex compacto ita res agere-
tur, puellam statim circumplexus basiavi : quumque majus
aliquid etiam facere aggressus essem, strepitus quidam post
nos auditus fuit; perturbati retro saluimus, Leucippeque
intra cubiculum suum, ego aliam in partem me recepi,
sane quam tristis, tam præclara occasione amissa, strepi-
tumque detestans. Interea læto vultu fit mihi obviam
Satyrus : qui mihi, quæ a nobis acta fuerant, omnia vi-
disse videbatur, dum sub arbore quadam, ne quis nobis
superveniret, observabat : et ille ipse, venientem quemdam
conspicatus, strepitum ediderat.

XI. Elapsis paucis post diebus, pater, citius quidem
omnino quam constituerat, nuptiis meis operam dare cœpit
Multa enim hominem insomnia perterrebant. Namque
illas adornare sibi visus est, ignemque, dum nuptiales faces
accendisset, exstingui, (et nos, quæ res vehementius etiam
illum angebat, abduci) quare et magis festinabat nos ma-
trimonio jungere. Nuptiis igitur, quæ tum secutura erat,
dicta est dies. Jam in sponsæ ornatum necessaria omnia
comparata fuerant, monile scilicet variis lapillis distinctum,
vestis purpurea tota, nisi quod ea pars, quæ in aliis pur-
pura constat, aurum erat. Porro lapilli inter se conten-
debant. Hyacinthus lapidea quodammodo rosa erat : ame-
thystus purpurascens ad auri prope colorem vergebat. In
medio lapilli tres ita collocati, ut alterius colorem alter
exciperet : in unum quippe omnes coaluerant : parsque ima
nigra erat; summa, quæ in cuspidem surgebat, rubra; media
alba quum esset; hinc nigrori, rubori illinc candorem com-
municabat : lapis ipse auro inclusus aureum oculum imi-
tabatur. Nec vero vulgari purpura, sed ea, quam a pa-
storis cane inventam Tyrii fabulantur, quaque nunc etiam
Veneris peplum tingunt, vestis illius color constabat. Ac
fuit quidem aliquando tempus, quum purpuræ decus mor-
tales nesciebant, utpote quod intra parvæ testæ cavum
multos orbes habens occulebatur. Prædam hujusmodi
piscator quidam ceperat et pisces esse crediderat : verum
testæ asperitate perspecta, prædam detestatus est, ac tan-
quam maris fæcem abjecit. Quam canis quum invenisset,
dentibus comminuit : sanguinisque illius flos circum os
manat canis et malam infecit et purpureum labris colo-
rem induxit. Tum pastor canis labra sanguinolenta cer-
nens, vulnus illum accepisse ratus accessit atque marina
aqua conspersit, ibi vero sanguis ille splendidior evadebat,
manusque ejus contrectando purpurascebant. Hinc eam
esse testæ naturam pastor intellexit, ut innatum pulchritu-
dinis medicamentum in se contineret, atque ut rei totius
arcana exploraret, accepto lanæ glomere in ejus latebras
demersit. Lana, quomodo etiam canis mala, sanguine
infecta est . ac tum purpuræ imaginem didicit, contritaque

τὸ τεῖχος τοῦ φαρμάκου καὶ τὸ ἄδυτον ἀνοίγει τῆς πορφύρας, καὶ θησαυρὸν εὑρίσκει βαφῆς.

ΙΒ'. Ἔθυεν οὖν τότε ὁ πατὴρ προτέλεια τῶν γάμων. Ὡς δ' ἤκουσα, ἀπωλώλειν καὶ ἐζήτουν μηχανήν, δι' ἧς ἂν ἀναβαλέσθαι δυναίμην τὸν γάμον. Σκοποῦντος δέ μου, θόρυβος ἐξαίφνης γίνεται κατὰ τὸν ἀνδρῶνα τῆς οἰκίας. Ἐγεγόνει δέ τι τοιοῦτον. Ἐπειδὴ θυσάμενος ὁ πατὴρ ἔτυχε καὶ τὰ θύματα ἐπέκειτο τοῖς βωμοῖς, ἀετὸς ἄνωθεν καταπτὰς ἁρπάζει τὸ ἱερεῖον. Σοβούντων δὲ πλέον οὐδὲν ἦν· ὁ γὰρ ὄρνις ᾤχετο φέρων τὴν ἄγραν. Ἐδόκει τοίνυν οὐκ ἀγαθὸν εἶναι. Καὶ δὴ ἐπέσχον ἐκείνην τὴν ἡμέραν τοὺς γάμους. Καλεσάμενος δὲ μάντεις ὁ πατὴρ καὶ τερατοσκόπους τὸν οἰωνὸν διηγεῖται. Οἱ δ' ἔφασαν δεῖν καλλιερῆσαι Ξενίῳ Διῒ νυκτὸς μεσούσης ἐπὶ θάλασσαν ἥκοντας· ὁ γὰρ ὄρνις ἔτυχεν ἱπτάμενος ἐκεῖ. [Τὸ δὲ ἔργον εὐθὺς ἀπέβη· τὸν γὰρ ἀετὸν ἀναπτάντα ἐπὶ τὴν θάλασσαν συνέβη φανῆναι οὐκέτι.] Ἐγὼ δὲ ταῦθ' ὡς ἐγένετο τὸν ἀετὸν ὑπερεπῄνουν καὶ δικαίως ἔλεγον ἁπάντων ὀρνίθων εἶναι βασιλέα. Οὐκ εἰς μακρὰν δ' ἀπέβη τοῦ τέρατος τοὔργον.

ΙΓ'. Νεανίσκος ἦν Βυζάντιος, ὄνομα Καλλισθένης, ὀρφανὸς καὶ πλούσιος, ἄσωτος δὲ καὶ πολυτελής. Οὗτος ἀκούων τῷ Σωστράτῳ θυγατέρα εἶναι καλήν, ἰδὼν δ' οὐδέποτε, ἤθελεν αὐτῷ ταύτην γενέσθαι γυναῖκα. καὶ ἦν ἐξ ἀκοῆς ἐραστής. Τοσαύτη γὰρ τοῖς ἀκολάστοις ὕβρις, ὡς καὶ τοῖς ὠσὶν εἰς ἔρωτα τρυφᾶν καὶ ταὐτὰ πάσχειν ὑπὸ ῥημάτων, ἃ τὴν ψυχὴν τρωθέντες διακονοῦσιν ὀφθαλμοί. Προσελθὼν οὖν τῷ Σωστράτῳ πρὶν ἢ τὴν πόλεμον τοῖς Βυζαντίοις ἐπιπεσεῖν, ᾐτεῖτο τὴν κόρην. Ὁ δὲ βδελυττόμενος αὐτοῦ τοῦ βίου τὴν ἀκολασίαν ἠρνήσατο. Θυμὸς ἴσχει τὸν Καλλισθένην καὶ ἠτιμάσθαι νομίσαντα ὑπὸ τοῦ Σωστράτου καὶ ἄλλως ἐρῶντα. Ἀναπλάττων γὰρ ἑαυτῷ τῆς παιδὸς τὸ κάλλος καὶ φανταζόμενος τὰ ἀόρατα, ἔλαθε σφόδρα κακῶς διακείμενος. Ἐπιβουλεύει δ' οὖν καὶ τὸν Σώστρατον ἀμύνασθαι τῆς ὕβρεως, καὶ αὑτῷ τὴν ἐπιθυμίαν τελέσαι. Νόμου γὰρ ὄντος Βυζαντίοις, εἴ τις ἁρπάσας παρθένον φθάσας ποιήσειε γυναῖκα, γάμον ἔχειν τὴν ζημίαν, προσεῖχε τούτῳ τῷ νόμῳ. Καὶ ὁ μὲν ἐζήτει καιρὸν πρὸς τοὔργον.

ΙΔ'. Ἐν τούτῳ δὲ, τοῦ πολέμου περιστάντος καὶ τῆς παιδὸς εἰς ἡμᾶς ὑπεκκειμένης, μεμαθήκει μὲν ἕκαστα τούτων· αὐτῶν δ' ἧττον τῆς ἐπιβουλῆς εἴχετο. Καὶ τοιοῦτό τι αὐτῷ συνήργησε. Χρησμὸν ἴσχουσιν οἱ Βυζάντιοι τοιόνδε·

Νῆσός τις [πόλις] ἐστὶ φυτώνυμον αἷμα λαχοῦσα,
Ἰσθμὸν ὁμοῦ καὶ πορθμὸν ἐπ' ἠπείροιο φέρουσα.
Ἔνθ' Ἥφαιστος ἔχων χαίρει γλαυκώπιν Ἀθήνην
Κεῖθι θυηπολίην σε φέρειν κέλομαι Ἡρακλεῖ.

Ἀπορούντων δ' αὐτῶν τί λέγει τὸ μάντευμα, Σώστρατος, τοῦ πολέμου γὰρ, ὡς ἔφην, στρατηγὸς ἦν οὗτος, Ὥρα πέμπειν ἡμᾶς θυσίαν εἰς Τύρον, εἶπεν, Ἡρακλεῖ. Τὰ γὰρ τοῦ χρησμοῦ ἐστι πάντ' ἐνταῦθα.

---

saxis quibusdam medicamenti illius crusta purpurae penetralia reseravit, tincturae thesaurum invenit.

XII. Quam igitur ante nuptias fieri mos est rem divinam pater faciebat. Quod simulatque ipse persensi, periisse me judicavi, cogitabamque quonam modo aliud omnia in tempus rejici possent. Qua in cogitatione defixus dum essem, repentinus quidam strepitus a virorum diversorio exauditus est, resque ita habuit. Quum victimam forte pater mactavisset, arisque odoramenta imposita essent, delapsa cœlo aquila victimam rapuit, nihil iis, qui submovere conabantur, perficientibus : avolavit enim avis cum præda. Omen id bonum non esse judicatum est : atque a nuptiis eo die cessatum. Accersitis autem auspicibus et conjectoribus prodigium pater exposuit : atque illi ad mare proficisci, ac Jovi Hospitali sub mediam noctem sacra facere oportere dixerunt : eo enim aquilam volatum tenuisse. [Itaque statim cecidit res : nam volucris cursum mare versus dirigens nusquam amplius apparuit.] Ego eventu hoc delectatus aquilam mirum in modum commendavi, aviumque reginam merito esse dixi. Quod autem omine portendebatur, brevi tempore post evenit.

XIII. Callisthenes Byzantius adolescens, parentibus orbatus, dives, luxu perditus, ac sumptuosus fuit. Is formosam Sostrato filiam esse audiens, eam quamquam non viderat, uxorem tamen habere optavit, ac sola auditione illius amore ardebat. Ea enim hominum intemperantium libido est, ut etiam fama ad amandum compellantur atque audientes eadem patiantur atque animo ministrent vulnerati oculi. Igitur ante quam Byzantiis bellum inferretur, Sostratum adiens, puellam ut sibi desponderet, rogavit. Ille autem, intemperantem hominis vitam minime probans, negavit. Quamobrem Callisthenes a Sostrato contemni se ratus atque alioqui amans iratus est, puellæ enim pulchritudinem sibi ipse confingens, et quæ oculis nondum adspexerat, mente agitans, animo ægerrimus factus est se inscio. Igitur quo modo acceptam a Sostrato injuriam ulcisci, ac suam ipsius cupiditatem explere posset, excogitavit. Nam quum Byzantiis lex esset, ut si quis virginem rapuisset, vimque illi attulisset, is alia nulla pœna teneretur, quam ut eam matrimonio sibi adjungeret; legi huic animo intentus Callisthenes, opportunum ad eam rem tempus quærebat.

XIV. Quanquam autem bellum ardere, puellamque domi nostræ commorari didicerat, non tamen insidias moliri destitit. In quo hujusmodi quiddam homini auxilium tulit. Editum fuerat Byzantiis oraculum hoc :

Est insula gentem habens a planta nomine ducentem,
Isthmum simul et fretum in terra continenti faciens,
Ubi Vulcanus gaudet quod cæsiam Minervam possidet.
Herculi hic solennia reddere te jubeo.

Nescientibus autem ipsis, quid oraculum vellet, Sostratus, (is enim, ut dixi, belli princeps erat) tempus, inquit, est, ut Tyrum Herculi sacrificatum mittamus : nam ei loca singula oraculo edita conveniunt : plantæ enim cognominem

Φυτώνυμον γὰρ ὁ θεὸς εἶπεν αὐτὴν, ἐπεὶ Φοινί- κων ἡ νῆσος· ὁ δὲ φοίνιξ φυτόν. Ἐρίζει δὲ περὶ ταύ- της γῆ καὶ θάλασσα, ἕλκει (μὲν ἡ θάλασσα, ἕλ- κει) δ' ἡ γῆ, ἡ δ' εἰς ἀμφότερα αὐτὴν ἥρμοσε. Καὶ
5 γὰρ ἐν θαλάσσῃ κάθηται καὶ οὐκ ἀφῆκε τὴν γῆν· συν- δεῖ γὰρ αὐτὴν πρὸς τὴν ἤπειρον στενὸς αὐχὴν, καὶ ἔστιν ὥσπερ τῆς νήσου τράχηλος. Οὐκ ἐρρίζωται δὲ κατὰ τῆς θαλάσσης, ἀλλὰ τὸ ὕδωρ ὑποῤῥεῖ κάτωθεν. Ὑπόκειται δὲ πορθμὸς κάτωθεν ἰσθμῷ· καὶ γίνεται τὸ
10 θέαμα καινὸν, πόλις ἐν θαλάσσῃ, καὶ νῆσος ἐν γῇ. Ἀθηνᾶν δ' Ἥφαιστος ἔχει, εἰς τὴν ἐλαίαν ᾐνί- ξατο καὶ τὸ πῦρ, ἃ παρ' ἡμῖν ἀλλήλοις συνοικεῖ. Τὸ δὲ χωρίον ἱερὸν ἐν περιβόλῳ ἐλαίαν μὲν ἀναθάλλει φαι- δροῖς κλάδοις, πεφύτευται δὲ σὺν αὐτῇ τὸ πῦρ καὶ
15 ἀνάπτει περὶ τοὺς πόρθους πολλὴν τὴν φλόγα· ἡ δὲ τοῦ πυρὸς αἰθάλη τὸ φυτὸν γεωργεῖ. Αὕτη πυρὸς φιλία καὶ φυτοῦ. Οὕτως οὐ φεύγει τὸν Ἥφαιστον Ἀθηνᾶ. Καὶ ὁ Χαιρεφῶν συστράτηγος ὢν τοῦ Σω- στράτου μείζων, ἐπεὶ πατρόθεν ἦν Τύριος, ἐκθειάζων
20 αὐτὸν, Πάντα μὲν τὸν χρησμὸν, εἶπεν, ἐξηγήσω κα- λῶς· μὴ μέντοι θαύμαζε τὴν τοῦ πυρὸς μόνον, ἀλλὰ καὶ τὴν τοῦ ὕδατος φύσιν. Ἐθεασάμην γὰρ ἐγὼ τοιαῦτα μυστήρια. Τὸ γοῦν τῆς Σικελικῆς πηγῆς ὕδωρ κεκερασμένον ἔχει πῦρ· καὶ φλόγα μὲν ὄψει κάτωθεν
25 ἀπ' αὐτῆς ἁλλομένην ἄνωθεν· θίγοντι δέ σοι τὸ ὕδωρ, ψυχρόν ἐστιν οἷόνπερ χιὼν, καὶ οὔτε τὸ πῦρ ὑπὸ τοῦ ὕδατος κατασβέννυται, οὔτε τὸ ὕδωρ ὑπὸ τοῦ πυρὸς φλέγεται, ἀλλ' ὕδατός εἰσιν ἐν τῇ κρήνῃ καὶ πυρὸς σπονδαί. Ἐπεὶ καὶ ποταμὸς Ἰβηρικὸς, εἰ μὲν ἴδοις
30 αὐτὸν εὐθὺς, οὐδενὸς ἄλλου κρείττων ἐστὶ ποταμοῦ· ἢν δ' ἀκοῦσαι θέλῃς τοῦ ὕδατος λαλοῦντος, μικρὸν ἀνάμει- νον ἐκπετάσας τὰ ὦτα. Ἐὰν γὰρ ὀλίγος ἄνεμος εἰς τὰς δίνας ἐμπέσῃ, τὸ μὲν ὕδωρ ὡς χορδὴ κρούεται, τὸ δὲ πνεῦμα τοῦ ὕδατος πλῆκτρον γίνεται, τὸ ῥεῦμα δ' ὡς
35 κιθάρα λαλεῖ. Ἀλλὰ καὶ λίμνη Λιβυκὴ μιμεῖται γῆν Ἰνδικὴν, καὶ ἴσασιν αὐτῆς τὸ ἀπόῤῥητον αἱ Λιβύων παρθένοι, ὅτι ὕδωρ ἔχει πλούσιον. Ὁ δὲ πλοῦτος ταύτῃ κάτωθεν τεταμίευται τῇ τῶν ὑδάτων ἰλύϊ δεδε- μένος· καὶ ἔστιν ἐκεῖ χρυσίου πηγή. Κοντὸν οὖν εἰς
40 τὸ ὕδωρ βαπτίζουσι, πίσσῃ πεφραγμαγμένον καὶ ἀνοί- γουσι τοῦ ποταμοῦ τὰ κλεῖθρα. Ὁ δὲ κοντὸς πρὸς τὸν χρυσὸν οἷον πρὸς τὸν ἰχθὺν ἄγκιστρον γίνεται, ἀγρεύει γὰρ αὐτόν, ἡ δὲ πίσσα δέλεαρ γίνεται τῆς ἄγρας, ὅ τι γὰρ ἂν εἰς αὐτὴν ἐμπέσῃ, τοῦ χρυσοῦ γονῆς,
45 τὸ μὲν προσήψατο μόνον, ἡ πίσσα δὲ εἰς τὴν ἤπειρον ἥρπασε τὴν ἄγραν. Οὕτως ἐκ ποταμοῦ Λιβυκοῦ χρυ- σὸς ἁλιεύεται.

ΙΕ'. Ταῦτ' εἰπὼν τὴν θυσίαν ἐπὶ τὴν Τύρον ἔπεμπε, καὶ τῇ πόλει συνδοκοῦν. Ὁ γοῦν Καλλισθένης δια-
50 πράττεται τῶν θεωρῶν εἷς γενέσθαι· καὶ ταχὺ κατα- πλεύσας εἰς τὴν Τύρον καὶ ἐκμαθὼν τὴν τοῦ πατρὸς οἰκίαν, ἐφήδρευε ταῖς γυναιξίν. Αἱ δ' ὀψόμεναι τὴν θυσίαν ἐξῄεσαν· καὶ γὰρ ἦν πολυτελής. Πολλὴ μὲν ἡ τῶν θυμιαμάτων πομπὴ, ποικίλη δ' ἡ τῶν ἀνθέων

eam deus vocavit, quoniam Phœnicum insula est : Phœnix autem (ea vox palmam significat) planta est. De illa etiam mare ac terra contendunt : eamque terra quidem et mare ad se trahunt, illa vero ad utrumque se accommodavit : in mari enim jacet, nec tamen a terra disjungitur : sed angusti cujusdam callis beneficio continenti adnectitur, quod quasi collum insulæ est, et maris fundo minime ad- hærescens, sed aqua subterlabente sustentatur. Sub isthmo autem jacet parvum fretum; et fit novum prorsus specta- culum, urbs scilicet in mari et insula in terra. Quod au- tem ad Palladem Vulcano adjunctam attinet, de olea et igne intelligi debet : quæ duo apud nos conjuncta habentur. Sacer enim ac muro circumdatus locus est : ubi olea nitidis ramis floret et ignis adnascitur et magnam circum illius ramos flammam exsuscitat et cujus cinere lætior etiam olea ipsa evadit. Hac ratione ignis et planta in amicitiam conspirant : Vulcanumque Minerva non aversatur. Tum Chærephon, Sostrati collega in bello, Sostrato ipso major, quoniam patria Tyro erat, hominem miris laudibus ex- tollens, Pulchre tu quidem, inquit, dei responsum inter- pretatus es : verum ne solam ignis sed et aquæ naturam admireris, egoque arcana hujusmodi vidi. Fons in Sicilia reperitur, permistum aquæ ignem continens : in quo sa- lientem ab imo ad summum flammam conspicias, aquam vero si tangas, nivis instar, frigida est : neque tamen ignem aqua extinguit, neque aquam ignis calefacit; sed alteri cum pactæ sunt illic induciæ sunt. In Hispania quoque fluvius est, qui primo aspectu nihil a fluminibus aliis differt, at vero, auribus arrectis paulo exspecta, si velis aquam re- sonantem audire : ubi enim vel modicus ventus vortices impulerit, aqua fidis in morem sonum edit : plectri siqui- dem ventus, citharæ vero aqua usum præstat. Sed et in Libya palus habetur, Indicæ similem arenam continens. Ac Libycæ ipsæ virgines illius arcanum, quod aquam di- vitem continet norunt. Porro divitiæ sub aqua limo per- mistæ adservantur, auri fons ibi quum sit. Illitam igitur pice perticam in aquam demittunt, ac fluminis obices re- movent : quod autem pisci hamus, id auro pertica est, illud enim apprehendit, dum escæ officio pix fungitur, nam quidquid auri ab ea contingitur adhærescit, atque pix in litus prædam trahit, eoque pacto aurum ex fluvio Libyco extrahitur.

XV. Hæc quum dixisset Chærephon, Tyrum, qui sa- crificaret, misit, factum id civitate comprobante. Calli- sthenes igitur ut sacrificii curatorum unus crearetur, effi- ciens, Tyrum quamprimum navigavit : ibique patris mei domo cognita, mulieribus, quæ sacrificii pompam magni- fico apparatu spectatum prodierant, insidias tetendit. In- gens videlicet suffimentorum copia, magnaque florum va-

συμπλοκή. Τὰ θυμιάματα, κασσία καὶ λιβανωτὸς καὶ κρόκος· τὰ ἄνθη, νάρκισσος καὶ ῥόδα καὶ μυρρίναι· ἡ δὲ τῶν ἀνθέων ἀναπνοὴ πρὸς τὴν τῶν θυμιαμάτων ἤριζεν ὀδμήν. Τὸ δὲ πνεῦμα ἀναπεμπόμενον εἰς τὸν ἀέρα τὴν ὀδμὴν ἐκεράννυ, καὶ ἦν ἄνεμος ἡδονῆς. Τὰ δ' ἱερεῖα πολλὰ μὲν ἦν καὶ ποικίλα, διέπρεπον δ' ἐν αὐτοῖς οἱ τοῦ Νείλου βόες. Βοῦς γὰρ Αἰγύπτιος, οὐ τὸ μέγεθος μόνον ἀλλὰ καὶ τὴν χροιὰν εὐτυχεῖ. Τὸ μὲν γὰρ μέγεθος πάντῃ μέγας, τὸν αὐχένα παχὺς, τὸν νῶτον πλατὺς, τὴν γαστέρα πυλὺς, τὸ κέρας οὐχ ὡς ὁ Σικελικὸς εὐτελὴς, οὐδ' ὡς ὁ Κύπριος δυσειδὴς, ἀλλ' ἐκ τῶν κροτάφων ὄρθιον ἀναβαῖνον, κατὰ μικρὸν ἑκατέρωθεν κυρτούμενον τὰς κορυφὰς συνάγει τοσοῦτον, ὅσον αἱ τῶν κεράτων διεστᾶσιν ἀρχαί· καὶ τὸ θέαμα κυκλουμένης σελήνης ἐστὶν εἰκών· ἡ χροιὰ δ' οἵα Ὅμηρος τοὺς τοῦ Θρᾳκὸς ἵππους ἐπαινεῖ. Βαδίζει δὲ ταῦρος ὑψαυχενῶν καὶ ὥσπερ ἐπιδεικνύμενος, ὅτι τῶν ἄλλων βοῶν ἐστι βασιλεύς. Εἰ δ' ὁ μῦθος Εὐρώπης ἀληθὴς, Αἰγύπτιον βοῦν ὁ Ζεὺς ἐμιμήσατο.

ΙϚ'. Ἔτυχεν οὖν ἡ μὲν ἐμὴ μήτηρ τότε μαλακῶς ἔχουσα· σκηψαμένη δὲ καὶ ἡ Λευκίππη νοσεῖν, ἔνδον ὑπέμεινε· (συνέκειτο γὰρ ἡμῖν εἰς ταὐτὸν ἐλθεῖν, ὡς ἂν τῶν πολλῶν ἐξιόντων,) ὥστε συνέβη τὴν ἀδελφὴν τὴν ἐμὴν μετὰ τῆς Λευκίππης μητρὸς προελθεῖν. Ὁ δὲ Καλλισθένης τὴν μὲν Λευκίππην οὐχ ἑωρακὼς ποτε, τὴν δὲ Καλλιγόνην ἰδὼν, τὴν ἐμὴν ἀδελφὴν, νομίσας Λευκίππην εἶναι (ἐγνώρισε γὰρ τοῦ Σωστράτου τὴν γυναῖκα), πυθόμενος οὐδὲν — ἦν γὰρ ἑαλωκὼς ἐκ τῆς θέας — δείκνυσιν ἑνὶ τῶν οἰκετῶν τὴν κόρην, ὃς ἦν αὐτῷ πιστότατος, καὶ κελεύει λῃστὰς ἐπ' αὐτὴν συγκροτῆσαι, καταλέξας τὸν τρόπον τῆς ἁρπαγῆς. Πανήγυρις δ' ἐπέκειτο, καθ' ἣν ἠκηκόει πάσας παρθένους ἀπαντᾶν ἐπὶ θάλατταν. Ὁ μὲν οὖν ταῦτ' εἰπὼν καὶ τὴν θεωρίαν ἀφωσιωμένος ἀπῆλθε.

ΙΖ'. Ναῦν δ' εἶχεν ἰδίαν, τοῦτο προκατασκευάσας οἴκοθεν εἰ τύχοι τῆς ἐπιχειρήσεως. Οἱ μὲν δὴ ἄλλοι θεωροὶ ἀπέπλευσαν, αὐτὸς δὲ μικρὸν ἀπέσάλευε τῆς γῆς, ἅμα μὲν πλησίον τῆς Τύρου τοῦ σκάφους ὄντος, κατά- φωρος γένοιτο μετὰ τὴν ἁρπαγήν. Ἐπεὶ δ' ἐγένετο κατὰ Σάραπτα κώμην Τυρίων, ἐπὶ θαλάττῃ κειμένης, ἐνταῦθα προσπορίζεται λέμβον, δίδωσι δὲ τῷ Ζήνωνι, τοῦτο γὰρ ἦν ὄνομα τῷ οἰκέτῃ ὃν ἐπὶ τὴν ἁρπαγὴν παρεσκευάκει. Ὁ δὲ (ἦν γὰρ καὶ ἄλλως εὔρωστος τὸ σῶμα καὶ φύσει πειρατικὸς) ταχὺ μὲν ἐξεῦρε λῃστὰς ἁλιεῖς ἀπὸ τῆς κώμης ἐκείνης καὶ δὴ' ἀπέπλευσεν ἐπὶ τὴν Τύρον. Ἔστι δὲ μικρὸν ἐπίνειον Τυρίων, νησίδιον ἀπέχον ὀλίγον τῆς Τύρου (Ῥοδόπης αὐτὸ τάφον οἱ Τύριοι λέγουσιν) ἔνθ' ὁ λέμβος ἐφήδρευε.

ΙΗ'. Πρὸ δὲ τῆς πανηγύρεως, ἣν ὁ Καλλισθένης [καὶ] προσεδόκα, γίνεται δὴ τὰ τοῦ ἀετοῦ καὶ τῶν μάντεων· καὶ εἰς τὴν ὑστεραίαν παρεσκευαζόμεθα νύκτωρ, ὡς θυσόμενοι τῷ θεῷ. Τούτων δὲ τὸν Ζήνωνα

---

rietas. In suffimentis, casia, thus, crocus : in floribus, narcissus, rosa, myrtus erant : suavitasque e floribus afflata cum suffimentorum odore certabat : sublatusque cum aëre vapor odores confundebat et ventum suavitate complebat. Sed et multæ ac variæ victimæ erant : inter quas principem locum Nilotici boves obtinebant : non solum autem magnitudine, verum etiam colore animal hujusmodi præstat. Statura est eximia, cervice crassa, humeris amplis, ventre magno, cornibus non ut Siculi boves depressis, neque ut Cyprii deformibus, sed quæ a temporibus alte consurgentia sensim utrinque curvantur ita, ut summæ illorum partes tantum sibi mutuo appropinquent, quantum principia eorum inter se distant et plenæ lunæ imaginem propemodum referre videantur ; colore tali, qualem in Thraciis equis Homerus laudat. Incedit autem taurus in cervice sublata quasi aliorum se regem esse ostendat: Quod si vera sunt quæ de Europa traduntur, in Ægyptium taurum Jupiter sese commutavit.

XVI. Eo porro tempore accidit, ut noverca mea incommoda valetudine esset. Leucippe vero morbum causata (pactum enim erat inter nos in eundem locum venire quum alii exiissent) domi remansit. Ex quo factum fuit, ut soror mea cum Leucippes matre prodiret. Callisthenes, qui nondum Leucippen viderat, quum primum Calligonem sororem meam obviam habuit, eam Leucippen esse credidit : Sostrati enim uxorem probe norat : ac nemine appellato, quippe qui aspectu jam captus erat, famulorum uni, cui quam maxime fidebat, puellam ostendit, latronesque ad eam rapiendam convocare jubet, rapiendique modum præscribit. Celebritas autem instabat, qua virgines omnes ad mare profecturas esse audierat. Quæ quum locutus esset, curandi sacrificii munere neglecto, abiit.

XVII. Erat ei privata navis : quam priusquam domo exiret, præstruxerat, si forte, quod animo jam agitabat, perficere posset. Jam vero alii rei divinæ faciendæ curatores in altum invecti erant : Callisthenes autem non admodum e litore abscedebat, simul ut cives suos sequi videretur, simul ut ne cum Tyro vicina esset navis, post raptum deprehenderetur. Ac quum primum Saraptam, Tyriorum vicum, in mari situm pervenit, illic lembum sibi acquirit, ac Zenoni tradit : id illi nomen erat, cui rapiendæ puellæ provinciam demandaverat. Is quum alioqui robusto esset corpore, piraticamque a teneris facere didicisset, piratas in vico illo piscatores confestim invenit, ac Tyrum applicuit. Est urbi Tyro proxima parva insula (Tyriæ illic naves stationem habent) quam Rhodopes tumulum vocant. Eo in loco lembus in insidiis erat.

XVIII. Antequam autem celebritatis ejus, quam Callisthenes exspectabat, dies advenisset, quæ aquila portenderat et quæ divinatores responderant, omnia consecuta sunt, et nos nt postridie deo sacrum faceremus, noctu

… ἐλάνθανεν οὐδέν· ἀλλ' ἐπειδὴ καιρὸς ἦν βαθείας ἑσπέρας, ἡμεῖς μὲν προήλθομεν, αὐτὸς δ' εἵπετο. Ἄρτι δὲ γενομένων ἡμῶν ἐπὶ τῷ χείλει τῆς θαλάσσης, ὁ μὲν τὸ συγκείμενον ἀνέτεινε σημεῖον, ὁ δὲ λέμβος ἐξαίφνης προσέπλει, καὶ ἐπεὶ πλησίον ἐγένετο, ἐφάνησαν ἐν αὐτῷ νεανίσκοι δέκα. Ὀκτὼ δ' ἑτέρους ἐπὶ τῆς γῆς εἶχον προλοχίσαντας, οἳ γυναικείας μὲν εἶχον ἐσθῆτας καὶ τῶν γενείων ἐψίλωντο τὰς τρίχας, ἔφερον δ' ἕκαστος ὑπὸ κόλπῳ ξίφος, ἐκόμιζον δὲ καὶ αὐτοὶ θυσίαν, ὡς ἂν ἥκισθ' ὑποπτευθεῖεν. Ἡμεῖς δ' ᾠόμεθα γυναῖκας εἶναι. Ἐπεὶ δὲ συνετίθεμεν τὴν πυράν, ἐξαίφνης βοῶντες συντρέχουσι καὶ τὰς μὲν δᾷδας ἡμῶν ἀποσβεννύουσι· φευγόντων δ' ἀτάκτως ὑπὸ τῆς ἐκπλήξεως, τὰ ξίφη γυμνώσαντες ἁρπάζουσι τὴν ἀδελφήν, τὴν ἐμὴν καὶ ἐνθέμενοι τῷ σκάφει, ἐμβάντες εὐθὺς, ὄρνιθος δίκην ἀφίπτανται. Ἡμῶν δ' οἱ μὲν ἔφευγον, οὐδὲν οὔτ' εἰδότες οὔθ' ἑωρακότες, οἱ δ' ἅμα τ' εἶδον καὶ ἐβόων· Λῃσταὶ Καλλιγόνην ἔχουσι. Τὸ δὲ πλεῖον ἤδη μέσην ἐπέραινε τὴν θάλασσαν· ὡς δὲ τοῖς Σαράπτοις προσέσχον, πόρρωθεν ὁ Καλλισθένης τὸ σημεῖον ἰδών, ὑπήντησαν ἐπιπλεύσας καὶ δέχεται μὲν τὴν κόρην, πλεῖ δ' εὐθὺς πελάγιος. Ἐγὼ δ' ἀνέπνευσα μὲν οὕτω διαλυθέντων μοι τῶν γάμων παραδόξως, ἠχθόμην δ' ὅμως ὑπὲρ ἀδελφῆς περιπεσούσης τοιαύτῃ συμφορᾷ.

ΙΘ'. Ὀλίγας δ' ἡμέρας διαλιπών, πρὸς τὴν Λευκίππην διελεγόμην· Μέχρι τίνος ἐπὶ τῶν φιλημάτων ἱστάμεθα, φιλτάτη, κατὰ τὰ προοίμια; προσθῶμεν ἤδη τι καὶ ἐρωτικόν. Φέρε, ἀνάγκην ἀλλήλοις ἐπιθῶμεν πίστεως. Ἂν γὰρ (ἡμᾶς) Ἀφροδίτη μυσταγωγήσῃ, οὐ μή τις ἄλλος κρείττων γένηται τῆς θεοῦ. Ταῦτα πολλάκις κατεπᾴδων, ἐπεπείκειν τὴν κόρην ὑποδέξασθαί με νυκτὸς τῷ θαλάμῳ, τῆς Κλειοῦς συνεργούσης, ἥτις ἦν αὐτῇ θαλαμηπόλος. Εἶχε δ' ὁ θάλαμος αὐτῆς οὕτως. Χωρίων ἦν μέγα τέτταρα οἰκήματα ἔχον, δύο μὲν ἐπὶ δεξιὰ, δύο δ' ἐπὶ θάτερα· μέσος δὲ διεῖργε στενωπὸς ὁδὸς ἐπὶ τὰ οἰκήματα· θύρα δ' ἐν ἀρχῇ τοῦ στενωποῦ μία ἐπέκειτο. Ταύτῃ εἶχον τὴν καταγωγὴν αἱ γυναῖκες· καὶ τὰ μὲν ἐνδότερα τῶν οἰκημάτων ἥ τε παρθένος καὶ ἡ μήτηρ αὐτῆς διειλήχεσαν, ἑκατέρα τὰ ἀντικρύ, τὰ δ' ἔξω δύο τὰ πρὸς τὴν εἴσοδον, ἡ μὲν ἡ Κλειὼ τὸ κατὰ τὴν παρθένον, τὸ δὲ ταμιεῖον ἦν. Κατακοιμίζουσα δ' ἀεὶ τὴν Λευκίππην ἡ μήτηρ, ἔκλειεν ἔνδοθεν τὴν ἐπὶ τοῦ στενωποῦ θύραν· ἔξωθεν δέ τις ἕτερος ἐπέκλειε καὶ τὰς κλεῖς ἔβαλλε διὰ τῆς ὀπῆς· ἡ δὲ λαβοῦσα ἐφύλαττε καὶ περὶ τὴν ἕω καλέσασα τὸν εἰς τοῦτ' ἐπιτεταγμένον, διέβαλλε πάλιν τὰς κλεῖς, ὅπως ἀνοίξειε. Ταύταις οὖν ἴσας μηχανησάμενος ὁ Σάτυρος γενέσθαι, τὴν ἀνοιξιν πειρᾶται καὶ ὡς εὗρε δυνατήν, τὴν Κλειώ τ' ἐπεπείκει, καὶ τῆς κόρης συνειδυίας, μηδὲν ἀντιπρᾶξαι τῇ [κόρῃ] τέχνῃ. Ταῦτ' ἦν τὰ συγκείμενα.

Κ'. Ἦν δέ τις αὐτῶν οἰκέτης πολυπράγμων καὶ λάλος καὶ λίχνος καὶ πᾶν ὅ τι ἂν εἴποι τις, ὄνομα Κώνωψ. Οὗτός μοι ἐδόκει πόρρωθεν ἐπιτηρεῖν τὰ

nosmet adornaveramus : nec eorum quidquam Zenonem latuit. Ad multam igitur noctem eximus, ille secutus est. Modo autem eramus, extremo in litore, cum is, uti constituerat, signum sustulit, lembusque statim ad littus navigavit, et quum propior factus esset, apparebant in eo juvenes decem : expectabant in terra octo alii in insidiis collocati , muliebri ornatu, mento raso, omnes gladium sub veste gestabant : atque ut quam minimum in suspicionem venirent, victimas portabant, ita ut feminas illos esse arbitraremur. Posteaquam pyram exstruximus, ii, clamore sublato , repente impetum fecerunt, nostrasque faces exstinxerunt : cumque nos subito metu perculsi nullo ordine servato, terga daremus, illi, nudatis gladiis, sororem meam rapuerunt, et imponentes navi et mox ea inscensa, volucrum instar, avolaverunt. E nobis alii, ea re neque visa, neque audita, fugæ sese mandarunt : nonnulli et viderunt et vocem hanc simul miserunt : Calligonem piratæ avexerunt. Jam medium lembus mare tranaverat, Saraplæque appropinquaverat, cum Callisthenes , agnito procul signo, processit obviam , susceptaque puella, in altum se recepit. Mihi vero disturbatis tam præter opinionem meam nuptiis animus rediit, tametsi sororem tantam in calamitatem incidisse non poteram non dolere.

XIX. Paucis post diebus, Leucippen iis verbis affatus sum : Quousque tandem, carissima Leucippe, basiis insistemus, ut in proverbio est? Jam aliquid aliud etiam ex iis, quæ ab amantibus expetuntur, addamus. Age fidei necessitatem mutuo nobis imponamus. Nam si Veneris sacris initiabimur, deum alium nullum ea potentiorem inveniemus. His cantionibus sæpius repetitis, eam, ut me noctu thalamo exciperet, induxi, Clione etiam, quæ cubiculi ejus curam sustinebat, adjuvante. Porro thalamus ita ædificatus fuerat. Ingens aderat spatium, quatuor thalamos, duos dextra, sinistra totidem continens, media interjacente semita quadam angusta, qua ad eos iri posset. Semitæ hujus limen unam januam habebat. Ibi degebant mulieres. Nam thalamos interiores , mutuo sibi oppositos, virgo et ejus mater obtinuerant, ex aliis, qui Leucippes thalamo conjungebatur, Clioni obtigerat, ultimus penui asservando destinatus fuerat. Leucippen mater cubitum semper comitabatur : ac non solum valvas in semita ipsa intus claudebat, verum etiam foris per alium claudi, custodiendasque sibi per foramen claves adduci curabat. Mane autem circiter auroræ tempus advocato eo, cui hoc onus imposuerat, per foramen illi adjectis clavibus, aperire ostium jubebat : iis igitur similes alias quasdam cum Satyrus fabricari curasset, aperiendi periculum fecit : atque ut rem e sententia procedere animadvertit, Clioni, puella etiam conscia, persuasit, ne arti quoquo modo impedimento esset : hæc ita erant constituta.

XX. Erat iis famulus quidam , vir curiosus, loquax, ventri deditus, ac quovis alio simili nomine dignus, quem Conopem vocabant. Is mihi, quæcunque ageremus,

πραττόμενα ἡμῖν· μάλιστα δ', ὅπερ ἦν, ὑποπτεύσας, μή τι νύκτωρ ἡμῖν πραχθῇ, διενυκτέρευε μέχρι πόρρω τῆς ἑσπέρας, ἀναπετάσας τοῦ δωματίου τὰς θύρας, ὥστ' ἔργον ἦν αὐτὸν λαθεῖν. Ὁ οὖν Σάτυρος βουλόμενος αὐτὸν εἰς φιλίαν ἀγαγεῖν, προσέπαιζε πολλάκις καὶ κώνωπα ἐκάλει καὶ ἔσκωπτε τοὔνομα σὺν γέλωτι. Καὶ οὗτος εἰδὼς τοῦ Σατύρου τὴν τέχνην, προσεποιεῖτο μὲν ἀντιπαίζειν καὶ αὐτός, ἐνετίθει δὲ τῇ παιδιᾷ τῆς γνώμης τὸ ἄσπονδον. Λέγει δὲ πρὸς αὐτόν· Ἐπειδὴ καταμωκᾷ μου καὶ τοὔνομα, φέρε σοι μῦθον ἀπὸ κώνωπος εἴπω.

ΚΑ'. Ὁ λέων κατεμέμφετο τὸν Προμηθέα πολλάκις, ὅτι μέγαν μὲν αὐτὸν ἔπλασε καὶ καλὸν καὶ τὴν μὲν γένυν ὥπλισε τοῖς ὀδοῦσι, τοὺς δὲ πόδας ἐκράτυνε τοῖς ὄνυξιν, ἐποίησέ τε τῶν ἄλλων θηρίων δυνατώτερον. Ὁ δὲ τοιοῦτος, ἔφασκε, τὸν ἀλεκτρυόνα φοβοῦμαι. Καὶ ὁ Προμηθεὺς ἐπιστάς, ἔφη· Τί με μάτην αἰτιᾷ; τὰ μὲν γὰρ ἐμὰ πάντ' ἔχεις, ὅσα πλάττειν ἠδυνάμην, ἡ δὲ σὴ ψυχὴ πρὸς τοῦτο μόνον μαλακίζεται. Ἔκλαεν οὖν ἑαυτὸν ὁ λέων καὶ τῆς δειλίας κατεμέμφετο καὶ τέλος ἀποθανεῖν ἤθελεν. Οὕτω δὲ γνώμης ἔχων ἐλέφαντι περιτυγχάνει καὶ προσαγορεύσας εἰστήκει διαλεγόμενος. Καὶ ὁρῶν διαπαντὸς τὰ ὦτα κινοῦντα, Τί πάσχεις; ἔφη, καὶ τί δήποτε οὐδὲ μικρὸν ἀτρεμεῖ σου τὸ οὖς; Καὶ ὁ ἐλέφας, κατὰ τύχην παραπτάντος αὐτῷ κώνωπος, Ὁρᾷς, ἔφη, τουτὶ τὸ βραχὺ τὸ βομβοῦν; ἢν εἰσδύῃ μου τῇ τῆς ἀκοῆς ὁδῷ, τέθνηκα. Καὶ ὁ λέων, Τί οὖν ἀποθνῄσκειν ἔτι, ἔφη, με δεῖ, τοσοῦτον ὄντα καὶ ἐλέφαντος εὐτυχέστερον, ὅσον κρείττων κώνωπος ἀλεκτρυών; Ὁρᾷς, ὅσον ἰσχύος ὁ κώνωψ ἔχει, ὡς καὶ ἐλέφαντα φοβεῖν. Συνεὶς δὲ ὁ Σάτυρος τὸ ὕπουλον αὐτοῦ τῶν λόγων, ἠρέμα μειδιῶν, Ἄκουσον κἀμοῦ τινα λόγον, εἶπεν, ἀπὸ κώνωπος καὶ λέοντος, ὃν ἀκήκοά τινος τῶν φιλοσόφων· χαρίζομαι δέ σοι τοῦ μύθου τὸν ἐλέφαντα.

ΚΒ'. Λέγει τοίνυν κώνωψ ἀλαζών ποτε πρὸς τὸν λέοντα· Εἶτα κἀμοῦ βασιλεύειν νομίζεις ὡς καὶ τῶν ἄλλων θηρίων; ἀλλ' οὔτ' ἐμοῦ καλλίων, οὔτ' ἀλκιμώτερος ἔφυς, οὔτε μείζων. Ἐπεὶ τίς σοι πρῶτόν ἐστιν ἀλκή; Ἀμύσσεις τοῖς ὄνυξι καὶ δάκνεις τοῖς ὀδοῦσι. Ταῦτα γὰρ οὐ ποιεῖ μαχομένη γυνή; Ποῖον δὲ μέγεθος ἢ κάλλος σε κοσμεῖ; Στέρνον πλατύ, ὦμοι παχεῖς καὶ πολλὴ περὶ τὸν αὐχένα κόμη. Τὴν κατόπιν οὖν αἰσχύνην οὐχ ὁρᾷς; Ἐμοὶ δὲ μέγεθος μὲν ὁ ἀὴρ ὅλος, ὅσον μοι καταλαμβάνει τὸ πτερόν, κάλλος δ' αἱ τῶν λειμώνων κόμαι. Αἱ γὰρ εἰσὶν ὥσπερ ἐσθῆτες, ἃς ὅταν θέλω παύσαι τὴν πτῆσιν ἐνδύομαι. Τὴν δ' ἀνδρείαν μου μὴ καὶ γελοῖον ᾖ καταλέγειν. Ὄργανον γὰρ ὅλος εἰμὶ πολέμου· μετὰ μὲν σάλπιγγος παρατάττομαι, σάλπιγξ δέ μοι καὶ βέλος τὸ στόμα· ὥστ' εἰμὶ καὶ αὐλητὴς καὶ τοξότης. Ἐμαυτοῦ δ' οἰστὸς καὶ τόξον γίνομαι. Τοξεύει γάρ μου διαέριον τὸ πτερόν. Ἐμπεσὼν δ' ὡς ἀπὸ βέλους ποιῶ τὸ τραῦμα. Ὁ δὲ παταχθεὶς ἐξαίφνης βοᾷ καὶ τὸν τετρωκότα ζη-

procul observare videbatur. Maximo vero, uti revera erat, suspicans, ne noctu aliquid tentaremus, ad multam noctem cubiculi foribus apertis vigilabat ita, ut eum latere perdifficile esset : quam ob rem Satyrus, hominem ad amicitiam attrahere volens, cum eo sæpe jocabatur, et conopem (quæ vox culicem denotat) appellabat, ejusque nomen ridens cavillabatur. Ille Satyri arte cognita, contra jocari quidem fingebat, verum infidum animum lusui addebat. Itaque ad eum conversus, Agedum, inquit, quoniam nomen meum irrides, fabulam tibi de culice sum narraturus.

XXI. Prometheum leo sæpe incusavit, quod, cum se magnum et formosum effinxisset, maxillasque dentibus, unguibus pedes armavisset, ac feris aliis robustiorem effecisset, tamen dotibus tot præditus gallum gallinaceum timeret. Cui ex improviso adstans Prometheus, Quid temere, inquit, me accusas? ego, quæ præstare potui, omnia tibi concessi : verum animus ipse tuus hac una in re infirmus est. Quocirca flebat leo, seque timiditatis damnans, mori omnino decreverat. Qua in cogitatione dum esset, in elephantem incidit, quocum, post datam salutem, in sermonem delapsus, ubi aures perpetuo moventem illum vidit : Quid hoc, inquit, rei est? cur ne punctum quidem temporis auribus quietem das? Tum elephas, cujus circum caput culex tum forte volitabat, Bestiolam, inquit, hanc susurrantem cernis? Si aures modo meas ingrederetur, de me actum esset. Leo vero, Quid me igitur, inquit, mori oportet? qui talis sim, tantoque elephante beatior quanto culici gallus gallinaceus antecellit. Videsne quantum culici roboris insit, ut elephantem etiam terreat? Satyrus autem doli plenam illius orationem cognoscens leniter arridens, Meam tu quoque, inquit, de culice nunc historiam a philosopho quopiam relatam audi. Tibi autem gratificor elephantem fabulæ.

XXII. Confidentiæ igitur plenus aliquando culex leonem alloculus, Ergo tu, inquit, mihi etiam, quemadmodum ceteris animalibus, præpositum te credis, cum neque pulchrior, neque fortior, neque melior sis. Quodnam enim robur primum tibi est? Tu quidem unguibus laceras et dentibus mordes : at eadem muliercula pugnans facit. Quæ vero magnitudo te ornat, quæ pulchritudo? Amplum tibi pectus est , lati humeri, collum etiam densis inhorrescit pilis : at quanta posteriorum partium turpitudo sit, non vides. Magnitudo mea est aer totus, quantum quidem alis circuire possum : pulchritudo pratorum viriditas, quæ vestis etiam loco mihi est, quam, cum a volatu quiescere lubet, induo. Nec vero dictu ridiculum fuerit robur meum : totus enim bellicum instrumentum sum, me sine tuba unquam in pugnam prodeo ; mihi os et tuba jaculum est, eoque tubicen et jaculator sum. Sagittam quin etiam atque arcum memet facio : per aerem enim alæ me vibrant. Vibratus ipse, tanquam telum aliquod, vulnus infero : quod qui accipit, subitum clamorem edit,

LIBER II.

ται. Ἐγὼ δὲ παρὼν οὐ πάρειμι· ὁμοῦ δὲ καὶ φεύγω καὶ μένω, καὶ περιϊππεύω τὸν ἄνθρωπον τῷ πτερῷ, γελῶ δ' αὐτὸν βλέπων περὶ τοῖς τραύμασιν ὀρχούμενον. Ἀλλὰ τί δεῖ λόγων; ἀρχώμεθα μάχης. Ἅμα λέγων 5 ἐμπίπτει τῷ λέοντι καὶ εἰς τοὺς ὀφθαλμοὺς ἐμπηδῶν καὶ εἴ τι ἄλλο ἄτριχον τῶν προσώπων, περιϊπτάμενος ἅμα καὶ τῷ βόμβῳ καταυλῶν. Ὁ δὲ λέων ἠγρίανέ τε καὶ μετεστρέφετο πάντῃ καὶ τὸν ἀέρα περιέχασκεν. Ὁ δὲ κώνωψ ταύτῃ πλέον τὴν ὀργὴν ἐτίθετο παιδιήν, 10 καὶ ἐπ' αὐτοῖς ἐτίτρωσκε τοῖς χείλεσιν. Καὶ ὁ μὲν ἔκλινεν εἰς τὸ λυποῦν μέρος, ἀνακάμπτων ἔνθα τοῦ τραύματος ἡ πληγή, ὁ δὲ ὥσπερ παλαιστὴς τὸ σῶμα σκάζων, εἰς τὴν συμπλοκὴν ἀπέρρει τῶν τοῦ λέοντος ὀδόντων, αὐτὴν μέσην διαπτὰς κλειομένην τὴν γένυν. 15 Οἱ δ' ὀδόντες κενοὶ τῆς θήρας περὶ ἑαυτοὺς ἐκροτάλιζον. Ἤδη τοίνυν ὁ λέων ἐκεκμήκει σκιαμαχῶν πρὸς τὸν ἀέρα τοῖς ὀδοῦσι καὶ εἱστήκει παρειμένος ὀργῇ· ὁ δὲ κώνωψ περιϊπτάμενος αὐτοῦ τὴν κόμην, ἐπηύλει μέλος ἐπινίκιον. Μακρότερον δὲ ποιούμενος τῆς πτή- 20 σεως τὸν κύκλον, ὑπὸ περιττῆς ἀπειροκαλίας ἀράχνης λανθάνει νήμασιν ἐμπλακείς, καὶ τὴν ἀράχνην οὐκ ἔλαθεν ἐμπεσών. Ὡς δ' οὐκέτι εἶχε φυγεῖν, ἀδημονῶν εἶπεν, Ὢ τῆς ἀνοίας· προὐκαλούμην γὰρ ἐγὼ λέοντα, ὀλίγος δέ με ἤγρευσεν ἀράχνης χιτών. Ταῦτ' 25 εἰπών, Ὥρα τοίνυν, ἔφη, καὶ σοὶ τὰς ἀράχνας φοβεῖσθαι. Καὶ ἅμα ἐγέλασε.

ΚΓ΄. Καὶ ὀλίγας διαλιπὼν ἡμέρας, εἰδὼς αὐτὸν γαστρὸς ἡττώμενον, φάρμακον πριάμενος ὕπνου βαθέος, ἐφ' ἑστίασιν αὐτὸν ἐκάλεσεν. Ὁ δ' ὑπώπτευε 30 μὲν τινα μηχανὴν καὶ ὤκνει τὸ πρῶτον· ὡς δ' ἡ βελτίστη γαστὴρ κατηνάγκασε, πείθεται. Ἐπεὶ δ' ἧκε πρὸς τὸν Σάτυρον, εἶτα δειπνήσας ἔμελλεν ἀπιέναι, ἐγχεῖ τοῦ φαρμάκου κατὰ τῆς τελευταίας κύλικος ὁ Σάτυρος αὐτῷ· καὶ ὁ μὲν ἔπιε, καὶ μικρὸν διαλιπών, 35 ὅσον εἰς τὸ δωμάτιον αὐτοῦ φθάσαι, κατεπεσὼν ἔκειτο, τὸν ὕπνον καθεύδων τοῦ φαρμάκου. Ὁ δὲ Σάτυρος εἰστρέχει πρός με καὶ λέγει Κεῖται σοι καθεύδων ὁ Κώνωψ· σὺ δ' ὅπως Ὀδυσσεὺς ἀγαθὸς γένῃ. Ἅμα ἔλεγε καὶ ἥκομεν ἐπὶ τὰς θύρας τῆς ἐρωμένης. Καὶ 40 ὁ μὲν ὑπελείπετο, ἐγὼ δ' εἰσῄειν, ὑποδεχομένης με τῆς Κλειοῦς ἀψοφητί, τρέμων τρόμον διπλοῦν, χαρᾶς ἅμα καὶ φόβου. Ὁ μὲν γὰρ τοῦ κινδύνου φόβος ἐθορύβει τὰς τῆς ψυχῆς ἐλπίδας, ἡ δ' ἐλπὶς τοῦ τυχεῖν ἐπεκάλυπτεν ἡδονῇ τὸν φόβον. Οὕτω καὶ τὸ ἐλπίζον ἐφο- 45 βεῖτό μου καὶ ἔχαιρε τὸ λυπούμενον. Ἄρτι δέ μου προσελθόντος εἴσω τοῦ θαλάμου τῆς παιδὸς, γίνεταί τι τοιοῦτον περὶ τὴν τῆς κόρης μητέρα. Ἔτυχε [γὰρ] ὄνειρος αὐτὴν ταράξας. Ἐδόκει τινὰ λῃστὴν μάχαιραν ἔχοντα γυμνὴν, ἄγειν ἁρπασάμενον αὐτῆς τὴν θυ- 50 γατέρα καὶ καταθέμενον ὑπτίαν, μέσην ἀνατέμνειν τῇ μαχαίρᾳ τὴν γαστέρα κάτωθεν ἀρξάμενον ἀπὸ τῆς αἰδοῦς. Ταραχθεῖσα οὖν ὑπὸ δείματος, ὡς εἶχεν, ἀναπηδᾷ καὶ ἐπὶ τὸν τῆς θυγατρὸς θάλαμον τρέχει,

ACHILLES TATIUS.

vulnerisque auctorem ut inveniat, circumspicit. Ego vero et præsens absum eodemque momento et fugio et remaneo, alisque hominem obequito, atque ob vulnera saltantem cernens rideo. Sed quid verbis opus est? Agedum, pugnam ineamus. Atque inter loquendum in leonem impetum fecit, oculos, aliasque omnes capitis partes pilis carentes appetens, interimque susurrans. Irascebatur leo, seque huc illuc convertens, aërem modo vorabat. Culex majorem ex illius ira voluptatem capiens, ipsa etiam labra invadebat. Atque ille quidem ad partem dolentem, quæ scilicet vulnus acceperat, sese incurvans, declinabat: hic vero luctatoris vice, contracto corpore per medios leonis dentes, os etiam clausum pertransiens, elabebatur. Itaque præda frustrati dentes illius mutuo concursu resonabant. Tandem inani pugna defatigatus, iraque devictus leo quieverat, cum ejus comam volitando circumiens culex, victoriæ signum cecinit. Inde cum ampliore gyro volatum nimia insolentia elatus produceret, aranei telæ improviso implicitus est et incidens araneum non latuit. Quamobrem ubi nullum fugiendi locum sibi relictum cognovit, exanimatus, O meam dementiam, inquit, leonem provocare ausus sum, quem tenuis aranei tela perdidit. Quæ Satyrus cum dixisset, Vide, inquit, o Conops, aranei tibi quoque telas esse timendas: ac simul cachinnum sustulit.

XXII. Paucis autem diebus post, cum ventri deditum Satyrus Conopem animadvertisset, soporifera potione comparata, hominem ad cœnam vocavit. Ille mali al:quid suspicans primum detrectavit: sed posteaquam suavor optimus venter pellexit, morem gessit. Cumque ad Satyrum venisset, ac conatus abire vellet, potionem ei Satyrus postremo in poculo miscuit: qua ille hausta non amplius moratus, quam quantum ad se intra cubiculum recipiendum satis esset, prolapsus jacebat gravem somnum e potione dormiens. Me vero conveniens statim Satyrus, Dormit, inquit, Conops: itaque Ulyssis exemplo strenuus fac sis. Quo dicto, ad Leucippes thalamum subito profecti, ille (pro foribus) remansit, ego me furtim excipiente Clione introii; objecto cum gaudio, tum pavore tremens: nam periculi metus animi spem conturbabat: assequendi autem spes metum voluptate perfundebat. Ita quæ pars animi sperabat, timore angebatur: quæ dolebat, gaudio gestiebat. Ceterum paulo post quam puellæ cubiculum ingrederer, matri ejus tale quid accidit; horribile nescio quid in somnis oblatum est. Latronem enim quemdam destricto gladio armatum videre visa est, qui filiam abduceret, ac supinam statuens, uterum ejus, facto a pudendis initio, gladio secaret. Quamobrem, ut erat, metu perculsa prosiliit, Leucippesque thalamum (prope enim erat) citato gradu ingressa, recta ad cubile perrexit, me vix in

(ἐγγὺς γὰρ ἦν) ἄρτι μου κατακλιθέντος. Ἐγὼ μὲν δὴ τὸν ψόφον ἀκούσας ἀνοιγομένων τῶν θυρῶν, εὐθὺς ἀνεπήδησα· ἡ δ' ἐπὶ τὴν κλίνην παρῆν. Συνεὶς οὖν τὸ κακὸν ἐξάλλομαι καὶ διὰ τῶν θυρῶν ἵεμαι δρόμῳ, καὶ ὁ Σάτυρος ὑποδέχεται τρέμοντα καὶ τεταραγμένον. Εἶτ' ἐφεύγομεν διὰ τοῦ σκότους καὶ ἐπὶ τὸ δωμάτιον ἑαυτῶν ἤλθομεν.

ΚΔ΄. Ἡ δὲ πρῶτον μὲν ὑπὸ τοῦ ἰλίγγου κατέπεσεν, εἶτ' ἀνενεγκοῦσα τὴν Κλειὼ κατὰ κόρρης, ὡς εἶχε, ῥαπίζει καὶ ἐπιλαβομένη τῶν τριχῶν, ἅμα πρὸς τὴν θυγατέρα ἀνώμωξεν, Ἀπώλεσάς μου, λέγουσα, Λευκίππην, τὰς ἐλπίδας. Οἴμοι, Σώστρατε. Σὺ μὲν ἐν Βυζαντίῳ πολεμεῖς ὑπὲρ ἀλλοτρίων γάμων, ἐν Τύρῳ δὲ καταπεπολέμησαι καὶ τῆς θυγατρός σού τις τοὺς γάμους σεσύληκεν. Οἴμοι δειλαία τοιούτους σου γάμους ὄψεσθαι οὐ προσεδόκων. Ὄφελον ἔμεινας ἐν Βυζαντίῳ· ὄφελον ἔπαθες πολέμου νόμῳ τὴν ὕβριν· ὄφελόν σε κἂν Θρᾷξ νικήσας ὕβρισεν· οὐκ εἶχεν ἡ συμφορὰ διὰ τὴν ἀνάγκην ὄνειδος. Νῦν δὲ, κακόδαιμον, ἀδοξεῖς, ἐν οἷς δυστυχεῖς· ἐπλάνα δέ με καὶ τὰ τῶν ἐνυπνίων φαντάσματα, τὸν δ' ἀληθέστερον ὄνειρον οὐκ ἐθεασάμην. Νῦν ἀθλιώτερον ἀνετμήθης τὴν γαστέρα. Αὕτη δυστυχεστέρα τῆς μαχαίρας τομή, οὐδ' εἶδον τὸν ὑβρίσαντά σε, οὐδ' οἶδά μου τῆς συμφορᾶς τὴν τύχην. Οἴμοι τῶν κακῶν. Μὴ καὶ δοῦλος ἦν;

ΚΕ΄. Ἐθάρσησεν οὖν ἡ παρθένος, ὡς ἂν ἐμοῦ διαπεφευγότος καὶ λέγει· Μὴ λοιδόρει μου, μῆτερ, τὴν παρθενίαν· οὐδὲν ἔργον μοι πέπρακται τοιούτων ῥημάτων (ἄξιον), οὐδ' οἶδα τοῦτον ὅστις ἦν, εἴτε δαίμων, εἴτ' Ἥρως, εἴτε λῃστής. Ἐκείμην δὲ πεφοβημένη, μηδ' ἀνακραγεῖν διὰ τὸν φόβον δυναμένη. Φόβος γὰρ γλώττης ἐστὶ δεσμός. Ἓν οἶδα μόνον, οὐδείς μου τὴν παρθενίαν κατῄσχυνε. Καταπεσοῦσα οὖν ἡ Πάνθεια πάλιν ἔστενεν. Ἡμεῖς δ' ἐσκοπούμεθα, καθ' ἑαυτοὺς γενόμενοι, τί ποιητέον εἴη, καὶ ἐδόκει κράτιστον εἶναι φεύγομεν, πρὶν ἡὼς γένηται καὶ τὸ πᾶν ἡ Κλειὼ βασανιζομένη κατείπῃ.

ΚϚ΄. Δόξαν οὖν οὕτως, εἰχόμεθα ἔργου, σκηψάμενοι πρὸς τὸν θυρωρὸν ἀπιέναι πρὸς ἐρωμένην, καὶ ἥκομεν ἐπὶ τὴν οἰκίαν ἐργώμεθα τὴν Κλεινίου. Ἦσαν δὲ λοιπὸν μέσαι νύκτες, ὥστε μόλις ὁ θυρωρὸς ἀνέῳξεν ἡμῖν. Καὶ ὁ Κλεινίας, ἐν ὑπερῴῳ γὰρ τὸν θάλαμον εἶχε, διαλεγομένων ἡμῶν ἀκούσας, κατατρέχει τεταραγμένος. Καὶ ἐν τοσούτῳ τὴν Κλειὼ κατόπιν δρῶμεν σπουδῇ θέουσαν· ἦν γὰρ δρασμὸν βεβουλευμένη. Ἅμα τ' οὖν ὁ Κλεινίας ἤκουσεν ἡμῶν ἃ πεπόνθαμεν καὶ τῆς Κλειοῦς ἡμεῖς, ὅπως φύγοι καὶ πάλιν ἡμῶν ἡ Κλειὼ τί ποιεῖν μέλλοιεν. Παρελθόντες γὰρ εἴσω τῶν θυρῶν, τῷ Κλεινίᾳ διηγούμεθα τὰ γεγονότα καὶ ὅτι φεύγειν διεγνώκαμεν. Λέγει ἡ Κλειώ, Κἀγὼ σὺν ὑμῖν· ἢν γὰρ περιμείνω τὴν ἕω, θάνατός μοι πρόκειται, τῶν βασάνων γλυκύτερος.

ΚΖ΄. Ὁ οὖν Κλεινίας τῆς χειρός μου λαβόμενος,

LIBER II.

ἄγει τῆς Κλειοῦς μακρὰν καὶ λέγει· Δοκῶ μοι καλλίστην γνώμην εὑρηκέναι, ταύτην μὲν ὑπεξαγαγεῖν, ἡμᾶς δ' ὀλίγας ἡμέρας ἐπισχεῖν, κἂν οὕτω δοκῇ, συσκευασαμένους ἀπελθεῖν. Οὐδὲ γὰρ νῦν οἶδε τῆς κόρης ἡ μήτηρ τίνα κατέλαβεν, ὡς ὑμεῖς φατε, ὅ τε καταμηνύσων οὐκ ἔσται, τῆς Κλειοῦς ἐκ μέσου γενομένης. Τάχα δὲ καὶ τὴν κόρην συμφεύγειν πείσετε. Ἔλεγε δὲ καὶ αὐτὸς ὅτι κοινωνὸς γενήσεται τῆς ἀποδημίας. Ταῦτ' ἔδοξε· καὶ τὴν μὲν Κλειὼ τῶν οἰκετῶν αὐτοῦ τινι παραδίδωσι, κελεύσας ἐμβάλλεσθαι σκάφει, ἡμεῖς δ' αὐτοῦ καταμείναντες ἐφροντίζομεν περὶ τῶν ἑσομένων, καὶ τέλος ἔδοξεν ἀποπειραθῆναι τῆς κόρης καὶ εἰ μὲν θελήσει συμφυγεῖν, οὕτω πράττειν· εἰ δὲ μή, μένειν αὐτοῦ, παραδόντας ἑαυτοὺς τῇ τύχῃ. Κοιμηθέντες οὖν ὀλίγον τῆς νυκτὸς ὅσον τὸ λοιπόν, περὶ τὴν ἕω πάλιν ἐπὶ τὴν οἰκίαν ἐπανήλθομεν.

ΚΗ'. Ἡ οὖν Πάνθεια ἀναστᾶσα, περὶ τὰς βασάνους τῆς Κλειοῦς ηὐτρεπίζετο καὶ καλεῖν αὐτὴν ἐκέλευεν. Ὡς δ' ἦν ἀφανής, πάλιν ἐπὶ τὴν θυγατέρα ἵεται καὶ, Οὐκ ἐρεῖς, ἔφη, τὴν κατασκευὴν τοῦ δράματος; ἰδοὺ καὶ ἡ Κλειὼ πέφευγεν. Ἡ δ' ἔτι μᾶλλον ἐθάρσησε καὶ λέγει· Τί πλέον εἴπω σοι; τίνα δ' ἄλλην προσαγάγω πίστιν τῆς ἀληθείας μείζονα; Εἰ παρθενίας ἐστί τις δοκιμασία, δοκίμασον. Ἔτι καὶ τοῦτο, ἔφη ἡ Πάνθεια, λείπεται, ἵνα καὶ μετὰ μαρτύρων δυστυχῶμεν. Ταῦθ' ἅμα λέγουσα, ἀνεπήδησεν ἔξω.

ΚΘ'. Ἡ δὲ Λευκίππη καθ' ἑαυτὴν γενομένη καὶ τῶν τῆς μητρὸς γεμισθεῖσα ῥημάτων, παντοδαπή τις ἦν, ἤχθετο, ᾐσχύνετο, ὠργίζετο. Ἤχθετο μὲν, πεφωραμένη· ᾐσχύνετο δὲ, ὀνειδιζομένη· ὠργίζετο δὲ, ἀπιστουμένη. Αἰδὼς δὲ καὶ λύπη καὶ ὀργὴ τρία τῆς ψυχῆς κύματα. Ἡ μὲν γὰρ αἰδὼς διὰ τῶν ὀμμάτων εἰσρέουσα τὴν τῶν ὀφθαλμῶν ἐλευθερίαν καθαιρεῖ· ἡ δὲ λύπη δὲ περὶ τὰ στέρνα διανεμομένη κατατήκει τῆς ψυχῆς τὸ ζωπυροῦν· ἡ δ' ὀργὴ περιυλακτοῦσα τὴν καρδίαν ἐπικλύζει τὸν λογισμὸν τῷ τῆς μανίας ἀφρῷ. Λόγος δὲ τούτων ἁπάντων πατήρ, καὶ ἔοικεν ἐπὶ σκοπῷ τόξον βάλλοντα καὶ ἐπιτυγχάνειν καὶ ἐπὶ τὴν ψυχὴν πέμπειν τὰ βλήματα, καὶ ποικίλα τοξεύματα. Τὸ μέν ἐστιν αὐτῷ λοιδορίας βέλος καὶ γίνεται τὸ ἕλκος ὀργή· τὸ δ' ἐστὶν ἔλεγχος ἀτυχημάτων· ἐκ τούτου τοῦ βέλους λύπη γίνεται· τὸ δ' ὀνειδος ἁμαρτημάτων καὶ καλοῦσιν αἰδῶ τὸ τραῦμα. Ἴδιον δὲ τούτων ἁπάντων τῶν βελῶν, βαθέα μὲν τὰ βλήματα, ἄναιμα δὲ τὰ τοξεύματα. Ἓν δὲ τούτων ἁπάντων φάρμακον, ἀμύνεσθαι βάλλοντα τοῖς αὐτοῖς βλήμασι. Λόγου γὰρ γλώσσης βέλος, ἄλλης γλώσσης βέλει θεραπεύεται. Καὶ γὰρ τῆς καρδίας ἔπαυσε τὸ θυμούμενον καὶ τῆς ψυχῆς ἐμάρανε τὸ λυπούμενον. Ἂν δέ τις ἀνάγκῃ τοῦ κρείττονος σιγήσῃ τὴν ἄμυναν, ἀλγεινότερα γίνεται τὰ ἕλκη τῇ σιωπῇ. Αἱ γὰρ ὠδῖνες τῶν ἐκ τοῦ λόγου κυμάτων, οὐκ ἀποπτύσασαι τὸν ἀφρόν, οἰδοῦσι περὶ ἑαυτὰς πε-

Clione abducit : Mihique optimum, inquit, consilium reperisse videor, hanc scilicet ut hinc clam amoveamus, nos dies paucos exspectemus : deinde, si e re ita fuerit, rebus paratis abscedamus : quem enim deprenderit puellæ mater, nondum, ut vos dicitis, cognovit : nec qui indicet, submota Clione, quisquam reperietur. Ac forte fiet, ut virgo ad fugiendum pelliciatur. Seque ipse etiam fugæ nostræ socium futurum pollicitus est. Huic sententiæ assensum fuit, et Clio famulorum uni tradita, qui naviculæ impositam aveheret : nos illic remansimus, quæ agenda supererant, procurantes. Tandem puellam tentare placuit, eo consilio, ut si nobiscum proficisci vellet, eam abduceremus : sin minus, illic nos quoque remaneremus, fortunæ arbitrio nosmet permittentes. Quantum itaque noctis superat, somno concessimus; ac summo mane domum revenimus.

XXVIII. Tum vero exsurgens Panthia, se parabat ut de Clione quæstionem haberet, eamque vocari jussit : quam cum nusquam inveniri cognovit, rursus ad filiam reversa, Quid, inquit, causæ est, quamobrem facti hujus seriem mihi non explicas? ecce ipsa etiam Clio evanuit. Tum Leucippe audentior etiam facta, Quidnam, inquit, tibi amplius dicam? aut quam aliam veritatis fidem majorem afferam? Si virginitatis periculum modo aliquo fieri potest, fiat. Scilicet id etiam restat, inquit Panthia, ut infortunii nostri testes adsciscamus. Atque hæc cum dixisset, statim exiit.

XXIX. Leucippe sola relicta, maternisque verbis satiata, varias in partes trahebatur, dolebat, erubescebat, irascebatur: dolebat, quod deprehensa fuisset : erubescebat, quod se mater probris affecisset, irascebatur, quod sibi fides non haberetur. Porro autem verecundia, mœror, ira, tres sunt animi fluctus. Verecundia enim in oculos illabens, iis libertatem adimit : mœror in pectus diffusus, animi ardorem exstinguit : ira circum cor adlatrans, rationem insaniæ spuma obruit. Horum omnium procreator est sermo : qui tanquam telum ad metam dirigens atque collineans, variis animum vulneribus afficit, et (vulnerat) variis telis. Nam unum illius telum nempe convicium, vulnus ira; calamitatis redargutio, alterum, ex quo mœror fit; erratorum exprobratio tertium et vocant vulnus verecundiam. Hisce omnibus telis peculiare est, ut profundas, at non cruentas plagas imponant : quarum medicina est eadem in ferientem tela retorquere. Sermo enim, quod linguæ telum est, sermone, linguæ scilicet alterius telo, retunditur; eoque pacto animi concitata pars sedatur et mœrore confecta exhilaratur. Quod si cui res cum potentiore sit, ita ut non referire audeat, tum vero profundiora tacendo vulnera fiunt. Nam sermonis alicujus æstu concitati dolores, nisi spumam ejecta-

φυσημέναι. Τοσούτων οὖν ἡ Λευκίππη γεμισθεῖσα ῥημάτων, οὐκ ἔφερε τὴν προσβολήν.

Λ'. Ἐν τούτῳ δ' ἔτυχε πέμψαι με τὸν Σάτυρον πρὸς τὴν κόρην ἀποπειρασόμενον τῆς φυγῆς. Ἡ δὲ, πρὶν ἀκοῦσαι, πρὸς τὸν Σάτυρον, Δέομαι, ἔφη, πρὸς θεῶν ξένων καὶ ἐγχωρίων, ἐξαρπάσατέ με τῶν τῆς μητρὸς ὀφθαλμῶν, ὅπη βούλεσθε. Εἰ δέ με ἀπελθόντες καταλίποιτε, βρόχον πλεξαμένη τὴν ψυχήν μου οὕτως ἀφήσω. Ἐγὼ δὲ ὡς ταῦτ' ἤκουσα, τὸ πολὺ τῆς φροντίδος ἀπερριψάμην. Δύο δ' ἡμέρας διαλιπόντες, ὅτε καὶ ἀποδημιῶν ἔτυχεν ὁ πατήρ, παρεσκευαζόμεθα πρὸς τὴν φυγήν.

ΛΑ'. Εἶχε δ' ὁ Σάτυρος τοῦ φαρμάκου λείψανον, ᾧ τὸν Κώνωπα ἦν κατακοιμίσας· τούτου διακονούμενος ἡμῖν ἐγχεῖ λαθὼν κατὰ τῆς κύλικος τῆς τελευταίας, ἣν τῇ Πανθείᾳ προσέφερεν. Ἡ δ' ἀναστᾶσα, ᾤχετο εἰς τὸν θάλαμον αὐτῆς καὶ εὐθὺς ἐκάθευδεν. Εἶχε δ' ἑτέραν ἡ Λευκίππη θαλαμηπόλον, ἣν τῷ αὐτῷ φαρμάκῳ καταβαπτίσας ὁ Σάτυρος, (προσεπεποίητο γὰρ καὶ αὐτῆς, ἐξ οὗ τῷ θαλάμῳ προσεληλύθει, ἐρᾶν) ἐπὶ τὴν τρίτην θύραν ἔρχεται πρὸς τὸν θυρωρόν· κἀκεῖνον ἐθελέλκει τῷ αὐτῷ πώματι. Ὄχημα δ' εὐτρεπὲς ἡμᾶς πρὸ τῶν πυλῶν ἐξεδέχετο, ὅπερ ὁ Κλεινίας παρεσκεύασε, καὶ ἔφθασεν ἡμᾶς ἐπ' αὐτοῦ περιμένων αὐτός. Ἐπεὶ δὲ πάντες ἐκάθευδον, περὶ πρώτας νυκτὸς φυλακὰς πρόϊμεν ἀφοφητί, Λευκίππην τοῦ Σατύρου χειραγωγοῦντος. Καὶ γὰρ ὁ Κώνωψ, ὅσπερ ἡμῖν ἐφήδρευε, κατὰ τύχην, ἐκείνην ἀπεδήμει τὴν ἡμέραν, τῇ δεσποίνῃ (τι) διακονησόμενος. Ἀνοίγει δὴ τὰς θύρας ὁ Σάτυρος καὶ προήλθομεν· ὡς δὲ παρῆμεν ἐπὶ τὰς πύλας, ἐπέβημεν τοῦ ὀχήματος. Ἦμεν δ' οἱ πάντες ἕξ, ἡμεῖς καὶ ὁ Κλεινίας καὶ δύο θεράποντες αὐτοῦ. Ἐπελαύνομεν οὖν τὴν ἐπὶ Σιδῶνα καὶ περὶ μοίρας τῆς νυκτὸς δύο παρῆμεν ἐπὶ τὴν πόλιν καὶ εὐθὺς ἐπὶ Βηρυτὸν τὸν δρόμον ἐποιούμεθα, νομίζοντες εὑρήσειν ἐκεῖ ναῦν ἐφορμοῦσαν καὶ οὐκ ἠτυχήσαμεν. Ὡς γὰρ ἐπὶ τοῦ Βηρυτίων λιμένος ἤλθομεν, ἀναγόμενον σκάφος εὕρομεν, ἄρτι τὰ πρυμνήσια μέλλον ἀπολύειν. Μηδὲν οὖν ἐρωτήσαντες ποῖ πλεῖ, μετεσκευαζόμεθα ἐπὶ τὴν θάλασσαν ἐκ τῆς γῆς, καὶ ἦν ὁ καιρὸς μικρὸν ἄνω τῆς ἕω. Ἔπλει δὲ τὸ πλοῖον εἰς Ἀλεξάνδρειαν, τὴν μεγάλην τοῦ Νείλου πόλιν.

ΛΒ'. Ἔχαιρον τὸ πρῶτον, ὁρῶν τὴν θάλασσαν, οὔπω πελαγίζοντος τοῦ σκάφους ἀλλ' ἐπὶ τοῖς λιμέσιν ἐποχουμένου. Ὡς δ' ἔδοξεν οὔριον εἶναι πρὸς ἀναγωγὴν τὸ πνεῦμα, θόρυβος ἦν πολὺς κατὰ τὸ σκάφος, τῶν ναυτῶν διαθεόντων, τοῦ κυβερνήτου κελεύοντος, ἑλκομένων τῶν κάλων· ἡ κεραία περιήγετο, τὸ ἱστίον καθίετο, ἡ ναῦς ἀπεσαλεύετο, τὰς ἀγκύρας ἀνέσπων, ὁ λιμὴν κατελείπετο· τὴν γῆν ἑωρῶμεν ἀπὸ τῆς νηὸς κατὰ μικρὸν ἀναχωροῦσαν, ὡς αὐτὴν πλέουσαν· παιανισμὸς ἦν καὶ πολλή τις εὐχή, θεοὺς σωτῆρας καλοῦντες, εὐφημοῦντες αἴσιον τὸν πλοῦν γενέσθαι· τὸ πνεῦμα

rint, suo ipsorum mole magis ingravescunt. His molestiis conflictata Leucippe, animum despondebat.

XXX. Interea Satyrum ad eam, an fugere vellet, sciscitatum misi. Quæ sermonem illius antevertens, Per externos, inquit, atque indigenas deos, quæso, e matris oculis ereptam, quo vultis, abducite : nam si me relicta discesseritis, laqueo mihimet animam intercludam. Quæ cum mihi relata fuerunt, magna ex parte animi mei molestiam absterserunt. Biduum itaque commorati, siquidem domo aberat pater, quæ ad fugam opus erant, paravimus.

XXXI. Ejus autem potionis, qua Conops consopitus fuerat, reliquum Satyrus cum asservasset, id, dum nobis ministrat, postremo in poculo Panthiæ clam miscuit. Quamobrem illa, surgens, suum se intra cubiculum contulit, statimque dormitare cœpit. Erat virgini alia etiam cubicularia : cui cum potionis ejusdem Satyrus partem dedisset (illam enim, ex quo thalamo præfecta fuit, adamare finxerat) ad janitorem ad tertiam januam venit, eumque medicamento eodem dormire compulit. Interea currus instructus a Clinia ante portas nos præstolabatur, qui jam nos antevertit in ipso exspectans. Posteaquam sopiti omnes jacuerunt, circiter primam noctis vigiliam summo cum silentio processimus, Satyro Leucippen manu ducente : forte enim eo die Conops, qui nos observare consueverat, heræ aliquid ministraturus domo abscesserat. Aperta igitur a Satyro janua, eximus : ubi ad portas venimus, vehiculum numero sex, ego scilicet, Leucippe, Satyrus, Clinia, et famuli Cliniæ duo, conscendimus, ac Sidonem cursum direximus, noctisque parte altera exacta, eam ad urbem, mox Berytum, pervenimus, navem illic aliquam soluturam invenire credentes. Neque nos opinio fefellit ; nam simulac Berytiorum portum intravimus, navem quæ deducebatur, jamjam soluturam retinacula comperimus, in eamque prius, quam, quo cursum teneret, sciscitaremur, nostra omnia contulimus, tempus erat paulo ante lucem : Alexandriam, Nili urbem magnam, petebat navigium.

XXXII. Ibi vero ego mare tunc primum adspiciens, gaudio exsultabam, nondum abrepta in altum sed in portu adhuc quiescente nave. Postea vero, quam idoneus ad exeundum ventus flare visus est, ingens in nave discurrentium nautarum, attractorum rudentum, gubernatoris hortantis strepitus exortus : antenna obversa, velum pansum, navis in altum abrepta, sublatæ anchoræ, portus relictus est, terra a nave, quasi ipsa navigaret, recedere paulatim videbatur. Ibi tum plausus excitatus, multæque deos Servatores vocantium et lingua faventium quo prospera na-

LIBER II.

ᾔρετο σφοδρότερον, τὸ ἱστίον ἐκυρτοῦτο καὶ εἷλκε τὴν ναῦν.

ΛΓ΄. Ἔτυχε δέ τις ἡμῖν νεανίσκος παρασκηνῶν, ὃς, ἐπεὶ καιρὸς ἦν ἀρίστου, φιλοφρονούμενος ἡμᾶς συν- 5 αριστᾶν ἠξίου. Καὶ ἡμῖν δ' ὁ Σάτυρος παρέφερεν· ὥστ' εἰς μέσον καταθέμενοι ἃ εἴχομεν, τὸ ἄριστον ἐκοινοῦμεν, ἤδη δὲ καὶ λόγον. Λέγω δὴ πρῶτος· Πόθεν, ὦ νεανίσκε, καὶ τίνα σε δεῖ καλεῖν; Ἐγὼ Μενέλαος, εἶπεν· τὸ δὲ γένος Αἰγύπτιος. Τὰ δ' ὑμέτερα 10 τίνα; Ἐγὼ Κλειτοφῶν, οὗτος Κλεινίας, Φοίνικες ἄμφω. Τίς οὖν ἡ πρόφασις ὑμῖν τῆς ἀποδημίας; Ἢν σὺ πρῶτος ἡμῖν φράσῃς, καὶ τὰ παρ' ἡμῶν ἀκούσῃ.

ΛΔ΄. Λέγει οὖν ὁ Μενέλαος· Τὸ μὲν κεφάλαιον τῆς 15 ἐμῆς ἀποδημίας, ἔρως βάσκανος καὶ θήρα δυστυχής. Ἥρων μειρακίου καλοῦ· τὸ δὲ μειράκιον, φιλόθηρον ἦν. Ἐπεῖχον τὰ πολλὰ, κρατεῖν οὐκ ἠδυνάμην. Ὡς δ' οὐκ ἔπειθον, εἱπόμην ἐπὶ τὰς ἄγρας κἀγώ. Ἔθηρῶμεν οὖν ἱππεύοντες ἄμφω καὶ τὰ πρῶτα ηὐτυχοῦ- 20 μεν, τὰ λεπτὰ διώκοντες τῶν θηρίων. Ἐξαίφνης σῦς τῆς ὕλης προπηδᾷ καὶ τὸ μειράκιον ἐδίωκε, καὶ ὁ σῦς ἐπιστρέφει τὴν γένυν καὶ ἀντιπρόσωπος ἐχώρει δρόμῳ, καὶ τὸ μειράκιον οὐκ ἐξετρέπετο, βοῶντος ἐμοῦ καὶ κεκραγότος· ἕλκει τὸν ἵππον, μετενέγκαι τὰς ἡνίας, 25 πονηρὸν τὸ θηρίον. Ἀναΐξας δ' ὁ σῦς σπουδῇ ἔτρεχεν ὡς ἐπ' αὐτό· καὶ οἱ μὲν συνέπιπτον ἀλλήλοις, ἐμὲ δὲ τρόμος, ὡς εἶδον, λαμβάνει καὶ φοβούμενος μὴ φθάσῃ τὸ θηρίον καὶ πατάξῃ τὸν ἵππον, ἐναγκυλισάμενος τὸ ἀκόντιον, πρὶν ἀκριβῶς καταστοχάσασθαι τοῦ 30 σκοποῦ, πέμπω τὸ βέλος· τὸ δὲ μειράκιον παραθέον ἁρπάζει τὴν βολήν. Τίνα οἴει με τότε ψυχὴν ἔχειν; εἰ καί ψυχὴν εἶχον ὅλως, ὡς ἂν ἄλλος τις ἀποθάνοι ζῶν. Τὸ δ' οἰκτρότερον, τὰς χεῖρας ὤρεγέ μοι μικρὸν ἔτι ἐμπνέων καὶ περιέβαλε καὶ ἀποθνήσκων οὐκ ἐμίσει 35 με τὸν πονηρὸν, ὁ ὑπ' ἐμοῦ πεφονευμένος, ἀλλὰ τὴν ψυχὴν ἀφῆκε, τῇ φονευσάσῃ μου περιπλεκόμενος δεξιᾷ. Ἄγουσιν οὖν με ἐπὶ τὸ δικαστήριον οἱ τοῦ μειρακίου γονεῖς οὐκ ἄκοντα, καὶ γὰρ παρελθὼν ἀπελογούμην μὲν οὐδὲν, θανάτου δ' ἐτιμώμην ἐμαυτῷ. 40 Ἐλεήσαντες οὖν οἱ δικασταὶ προσετίμησάν μοι τριετῆ φυγήν· ἧς νῦν τέλος ἐχούσης, αὖθις ἐπὶ τὴν ἐμαυτοῦ κατῄρω. Ἐπεδάκρυσεν ὁ Κλεινίας αὐτοῦ λέγοντος, Πάτροκλον πρόφασιν, ἀναμνησθεὶς Χαρικλέους. Καὶ ὁ Μενέλαος, Τἀμὰ δακρύεις, ἔφη, ἢ καὶ σέ τι τοιοῦτον 45 ἐξήγαγε; Στενάξας οὖν ὁ Κλεινίας, καταλέγει τὸν Χαρικλέα καὶ τὸν ἵππον, κἀγὼ τἀμαυτοῦ.

ΛΕ΄. Ὁρῶν οὖν τὸν Μενέλαον ἔγωγε κατηφῆ πάνυ τῶν ἑαυτοῦ μεμνημένον, τὸν δὲ Κλεινίαν ὑποδακρύοντα μνήμῃ Χαρικλέους, βουλόμενος αὐτοὺς τῆς λύπης 50 ἀπαγαγεῖν, ἐμβάλλω λόγον ἐρωτικῆς ἐχόμενον ψυχαγωγίας. Καὶ γὰρ οὐδ' ἡ Λευκίππη παρῆν, ἀλλ' ἐν μυχῷ ἐκάθευδε τῆς νηός. Λέγω δὴ πρὸς αὐτοὺς ὑπομειδιῶν· Ὡς παρὰ πολὺ κρατεῖ μου Κλεινίας· ἐβούλετο γὰρ λέγειν κατὰ γυναικῶν, ὥσπερ εἰώθει. Ῥᾷον δ' ἂν

vigatione uti liceret, preces effusæ sunt. Interea venti vis augebatur, velumque implebat, ac navem propellebat.

XXXIII. Forte autem ea ipsa in nave prope nos juvenis quidam suam sedem habebat : qui, quoniam cibi capiendi tempus venerat, perhumane nos, ut una essemus, rogavit. Quamobrem cum Satyrus, quæ nobis paraverat, jam promere coepisset, ea omnia in commune conferentes, prandio colloquioque nos mutuo participavimus. Atque dico prior, Cujas, tu, inquam, adolescens, es, quodve tibi nomen est? Tum ille, Ægyptius, inquit, sum, ac Menelao mihi nomen est. De vobis autem ecquid mihi respondetis? Cui ego, Clitophon, inquam, vocor, hic autem Clinia, Phœnices ambo. Quænam igitur vobis itineris causa? Si tu prius nobis recensueris, nos contra tibi aperiemus.

XXXIV. Tum Menelaus, Meæ, inquit, navigationis summa est, amor ingratus et venatio infelix. Formosi enim adolescentuli amore ardebam. Adolescentulus venationi deditus erat : a qua tametsi eum plerumque revocabam, abducere tamen omnino nequibam. Itaque quum non persuaderem illi, venantem ipse quoque sequebar. Ac quum equestres ambo venatum semel exivissemus, quamdiu quidem minutas feras persecuti fuimus, res e sententia processit. Aper improviso e sylva prodiit, adolescens persequitur, aper ad eum e converso et cursu obviam it; adolescens non avertit me etiam vociferante et clamante ut equum sustineret, habenasque adduceret, quoniam immanis bellua esset. Prosiliens aper in adolescentem magna vi cursum direxit, amboque, alter in alterum, impetum fecerunt, quod simulac vidi, equidem cohorrui, veritusque ne bellua eum ante assequeretur et equum prosterneret, jaculum, quod gerebam, minime, quo intenderem, prævidens, conjeci : factumque est, ut, dum prætercurrit adolescens, ipse vulnus exceperit. Quem vero mihi animum fuisse tum putas? si modo animi quidquam mihi omnino relictum fuit, tale utique fuit, quale in uno aliquo animam efflante esse consuevit. Quod autem omnium luctuosissimum fuit, manus mihi paulum spirans adhuc porrigebat, amplexabaturque : et a quo interfectus fuerat, me sontem odio non habebat, ut dextram etiam, vulneris auctorem, tenens animam efflaret. Hac me de causa in jus adolescentis parentes vocarunt, sane non invitum : coram judice enim non solum excusatione aliqua usus non sum, sed etiam morte dignum ipse me censui. Verumtamen misericordia commoti judices annos tres exsulare me jusserunt. Quod tempus quum effluxerit, nunc in patriam revertor. Hæc tum Menelaus commemorare velut Patrocli causa Clinia Chariclis recordatus lacrymabatur. Quamobrem Menelaus, Meane, inquit, causa lacrymas istas profundis, an vero similis te quoque casus aliquis exsulare cogit? Tum Clinia non sine multis suspiriis, Chariclis et equi eventum narravit, et mea ego.

XXXV. Dein vero quum Menelaum rerum suarum recordatum valde tristem, Cliniam vero ob Chariclis memoriam etiam lacrymantem vidissem, mœrorem amborum abstergere cupiens, sermonem amatoria voluptate perfusum injicio : aberat enim tum Leucippe, in occultioris navis parte somnum capiens : ac conversus ad eos subridens, Me quidem, inquam, Clinia longe vincit : in mulieres enim, uti mos illi est, invehi peroptat, et nunc etiam eo

εἴποι νῦν ἢ τότε, ὡς κοινωνὸν ἔρωτος εὑρών. Οὐκ οἶδα γὰρ πῶς ἐπιχωριάζει νῦν ὁ εἰς τοὺς ἄρρενας ἔρως. Οὐ γὰρ πολὺ ἄμεινον, ὁ Μενέλαος ἔφη, τοῦτ᾽ ἐκείνου· Καὶ γὰρ ἁπλούστεροι παῖδες γυναικῶν καὶ τὸ κάλλος αὐτοῖς δριμύτερον εἰς ἡδονήν. Πῶς δριμύτερον, ἔφην, ὅ τι παρακύψαν μόνον οἴχεται καὶ οὐκ ἀπολαῦσαι δίδωσι τῷ φιλοῦντι, ἀλλ᾽ ἔοικε τῷ τοῦ Ταντάλου πώματι; Πολλάκις γὰρ ἐν ᾧ πίνεται πέφευγε καὶ ἀπῆλθεν ὁ ἐραστὴς οὐχ εὑρὼν πιεῖν· τὸ δ᾽ ἔτι πινόμενον ἁρπάζεται πρὶν ἂν ὁ πίνων κορεσθῇ. Καὶ οὐκ ἔστιν ἀπὸ παιδὸς ἀπελθεῖν ἐραστὴν ἄλυπον ἔχοντα τὴν ἡδονήν· καταλείπει γὰρ ἔτι διψῶντα.

ΛϚ΄. Καὶ ὁ Μενέλαος, Ἀγνοεῖς, ὦ Κλειτοφῶν, ἔφη, τὸ κεφάλαιον τῆς ἡδονῆς. Ποθεινὸν γὰρ ἀεὶ τὸ ἀκόρεστον. Τὸ μὲν γὰρ εἰς χρῆσιν χρονιώτερον, τῷ κόρῳ μαραίνει τὸ τερπνόν· τὸ δ᾽ ἁρπαζόμενον καινόν ἐστιν ἀεὶ καὶ μᾶλλον ἀνθεῖ. Οὐ γὰρ γεγηρακυῖαν ἔχει τὴν ἡδονήν. Καὶ τοῖς ἄλλοις ὅσον ἐλαττοῦται τῷ χρόνῳ, τοσοῦτον εἰς μέγεθος ἐκτείνεται πόθῳ. Καὶ τὸ ῥόδον διὰ τοῦτο τῶν ἄλλων εὐμορφότερόν ἐστι φυτῶν, ὅτι τὸ κάλλος αὐτοῦ φεύγει ταχύ. Δύο γὰρ ἐγὼ νομίζω κατ᾽ ἀνθρώπους κάλλη πλανᾶσθαι, τὸ μὲν οὐράνιον, τὸ δὲ πάνδημον, ὥσπερ τοῦ κάλλους οἱ χορηγοὶ θεαί. Ἀλλὰ τὸ μὲν οὐράνιον ἄχθεται θνητῷ κάλλει δεδεμένον καὶ ζητεῖ πρὸς οὐρανὸν ταχὺ φεύγειν· τὸ δὲ πάνδημον ἔρριπται κάτω καὶ ἐγχρονίζει περὶ τοῖς σώμασιν. Εἰ δὲ καὶ ποιητὴν δεῖ λαβεῖν μάρτυρα τῆς οὐρανίας τοῦ κάλλους ἀνόδου, ἄκουσον Ὁμήρου, λέγοντος,

Τὸν καὶ ἀνηρείψαντο θεοὶ Διὶ οἰνοχοεύειν
Κάλλεος εἵνεκα οἷο, ἵν᾽ ἀθανάτοισι μετείη.

Οὐδεμία δ᾽ ἀνέβη ποτὲ εἰς οὐρανὸν διὰ κάλλος γυνή. Καὶ γὰρ γυναιξὶ κεκοινώνηκεν ὁ Ζεύς. Ἀλλ᾽ Ἀλκμήνην μὲν ἔχει πένθος καὶ φυγή· Δανάην δὲ λάρναξ καὶ θάλασσα· Σεμέλη δὲ πυρὸς γέγονε τροφή. Ἂν δὲ μειρακίου Φρυγὸς ἐρασθῇ, τὸν οὐρανὸν αὐτῷ δίδωσιν, ἵνα καὶ συνοικῇ καὶ οἰνοχόον ἔχῃ τοῦ νέκταρος· ἡ δὲ πρότερον διάκονος τῆς τιμῆς ἐξέωσται. Ἦν γάρ, οἶμαι, γυνή.

ΛΖ΄. Ὑπολαβὼν οὖν ἐγώ, Καὶ μὴν οὐράνιον, ἔφην, ἔοικεν (μᾶλλον) εἶναι τὸ τῶν γυναικῶν (κάλλος), ὅσον μὴ ταχὺ φθείρεται· ἐγγὺς γὰρ τοῦ θείου τὸ ἄφθαρτον. Τὸ δὲ κινούμενον ἐν φθορᾷ θνητὴν φύσιν μιμούμενον, οὐκ οὐράνιον ἐστιν ἀλλὰ πάνδημον. Ἠράσθη μειρακίου Φρυγός, ἀνήγαγεν εἰς οὐρανὸν τὸν Φρύγα· τὸ δὲ κάλλος τῶν γυναικῶν αὐτὸν τὸν Δία κατήγαγεν ἐξ οὐρανοῦ. Διὰ γυναῖκά ποτε Ζεὺς ἐμυκήσατο· διὰ γυναῖκά ποτε Σάτυρος ὠρχήσατο, καὶ χρυσὸν πεποίηκεν ἑαυτὸν ἄλλῃ γυναικί. Οἰνοχοείτω μὲν Γανυμήδης, μετὰ δὲ τῶν θεῶν Ἥρα πινέτω, ἵν᾽ ἔχῃ μειράκιον διάκονον γυνή. Ἐλεῶ δ᾽ αὐτοῦ καὶ τὴν ἁρπαγήν. Ὄρνις ἐπ᾽ αὐτὸν κατέβη ὠμηστής, ὁ δ᾽ ἀνάρπαστος γενόμενος ὑβρίζεται, καὶ ἔοικε τυραννουμένῳ· καὶ τὸ

facilius dicet quod amoris socium invenit. Quid autem in causa sit, quamobrem tam multi puerorum amoribus delectentur, ipse sane non video. Tum Menelaus, An non hic, inquit, muliebri longe præstantior est? Mulieribus enim simpliciores pueri sunt, eorumque forma ad movendos jucunditate sensus vehementior. At quo pacto, inquam ego, vehementior? An quia, simul atque apparuit, evanescit, nec amanti sui perfruendæ potestatem facit, sed Tantali poculo similis videtur? Sæpe enim etiam inter bibendum avolat, amansque nihil, quod hauriat, amplius inveniens, abit, atque id etiam quod jam haustum est, prius eripitur, quam qui bibit, exsaturetur. Quid, quod fieri nequit, a puero amans ut discedat, quin mœrore delibutam voluptatem sentiat; utpote qui sitiens adhuc deseratur.

XXXVI. Tum Menelaus, At tu, inquit, nescis, o Clitophon, quid in voluptate summum sit. Illud quidem certe optandum est semper, quod nullam satietatem habet. Nam quæ ad fruendum nobis diuturniora sunt, ea delectationem satietatis fastidio tollunt, quæ vero eripiuntur nonnunquam, recentia semper fiunt et majus florent: eorum enim voluptas nunquam senescit: sed quantum iis temporis brevitate demitur, tantum desiderii magnitudine ascedit: proptereaque plantis aliis rosa formosior judicatur, quod pulchritudo ejus brevi defloreseit. Sane vero duas ego inter mortales pulchritudines vagari censeo, cœlestem alteram, alteram vulgarem: quæ quasi formæ largitrices deæ sunt. Cœlestis mortali formæ adjungi moleste fert, eoque ad cœlum quamprimum evolare nititur, vulgaris humi serpit, corporibusque adhæret. Quod si pulchritudinis ad cœlum volantis testem poetam adhibere oporteat, Homeri versus hosce audi:

Hunc dii rapuere, pincerna ut Jovi esset,
Ob ejus formam, ut ageret ætatem cum diis.

Nulla vero mulier pulchritudinis gratia in cœlum unquam ascendit, quamvis cum mulieribus consueverit Jupiter: sed Alcmenam luctus tenet et fuga: Danaen arca et mare: Semelen ignis absumpsit: quum autem Phrygii adolescentis amore captus esset, in cœlum eum sustulit, quo et una secum habitaret et nectar misceret, priore administratrice, mulierem enim fuisse puto, honore privata.

XXXVII. Tum ego, sermone arrepto, atqui cœleste, inquam, mulierum genus mihi esse videtur, ea potissimum ratione, quod earum forma non admodum cito interit. Prope enim ad divinitatem accedit, quod ab interitu longe abest. Contra, quod cœleste, sed terrenum vocari debet, quidquid interitui proximum est, dum mortalem imitatur naturam. Phrygium quidem adolescentem dilexit Jupiter, atque in cœlum sustulit: sed idem etiam de cœlo a muliebri forma detractus est: saneque mulieris causa quondam mugivit. Ob mulierem saltavit Satyrus, atque in aurum se convertit alius mulieris causa. Miscrat sane diis vinum Ganymedes, dum cum iis Juno quoque accumbat, quo etiam mulier adolescentem habeat administratorem. Me vero raptus quoque illius miseret: crudivora enim avis eum rapuit: contumeliaque affeeti non admodum ea diversa, quam tyrannide oppressi perpetiuntur:

θέαμά ἐστιν αἴσχιστον, μειράκιον ἐξ ὀνύχων κρεμάμενον. Σεμέλην δ' εἰς οὐρανὸν ἀνήγαγεν, οὐκ ὄρνις ὠμηστὴς ἀλλὰ πῦρ. Καὶ μὴ θαυμάσῃς, εἰ διὰ πυρός τις ἀναβαίνει εἰς οὐρανόν. Οὕτως ἀνέβη Ἡρακλῆς. Εἰ δὲ Δανάης τὴν λάρνακα γελᾷς, πῶς τὸν Περσέα σιωπᾷς; Ἀλκμήνῃ δὲ τοῦτο μόνον δῶρον ἀρκεῖ, ὅτι δι' αὐτὴν ἔκλεψεν ὁ Ζεὺς τρεῖς ὅλους ἡλίους. Εἰ δὲ δεῖ μεθέντα τὰς μυθολογίας, αὐτὴν εἰπεῖν τὴν ἐν τοῖς ἔργοις ἡδονήν, ἐγὼ μὲν πρωτόπειρος ὢν ὅσον εἰς γυναῖκας, ὁμιλήσας ταῖς εἰς Ἀφροδίτην πωλουμέναις· ἄλλος γὰρ ἂν ἴσως εἰπεῖν τι καὶ πλέον ἔχοι μεμυκημένος· εἰρήσεται δέ μοι, κἂν μετρίως ἔχω πείρας. Γυναιξὶ μὲν οὖν ὑγρὸν μὲν τὸ σῶμα ἐν ταῖς συμβολαῖς, μαλθακὰ δὲ τὰ χείλη πρὸς τὰ φιλήματα. Καὶ διὰ τοῦτο μὲν ἔχει τὸ σῶμα ἐν τοῖς ἀγκαλίσμασιν, ἐν δὲ ταῖς σαρξὶν ὅλως ἐνηρμοσμένον. Καί πως ἐγκείμενον περιβάλλει τὴν ἡδονήν, ἐγγίζει δὲ τοῖς χείλεσιν ὥσπερ σφραγίδας τὰ φιλήματα. Φιλεῖ δὲ τέχνῃ καὶ σκευάζει τὸ φίλημα γλυκύτερον. Οὐ γὰρ μόνον ἐθέλει φιλεῖν τοῖς χείλεσιν, ἀλλὰ καὶ τοῖς ὀδοῦσι συμβάλλεται καὶ περὶ τὸ τοῦ φιλοῦντος στόμα βόσκεται καὶ δάκνει τὰ φιλήματα. Ἔχει δέ τινα καὶ μασθὸς ἐπαφώμενος ἡδεῖαν ἡδονήν. Ἐν δὲ τῇ τῆς Ἀφροδίτης ἀκμῇ οἰστρεῖ μὲν ὑφ' ἡδονῆς, περικέχηνε δὲ φιλοῦσα καὶ μαίνεται. Αἱ δὲ γλῶτται τοῦτον τὸν χρόνον φοιτῶσιν ἀλλήλαις εἰς ὁμιλίαν καὶ ὡς δύνανται βιάζονται κἀκεῖνα φιλεῖν. Σὺ δὲ μείζονα ποιεῖς τὴν ἡδονήν, ἀνοίγων τὰ φιλήματα. Πρὸς δὲ τὸ τέρμα αὐτῆς τῆς Ἀφροδίτης ἡ γυνὴ γενομένη πέφυκεν ἀσθμαίνειν ὑπὸ καυματώδους ἡδονῆς. Τὸ δ' ἄσθμα σὺν πνεύματι ἐρωτικῷ μέχρι τῶν τοῦ στόματος χειλέων ἀναθορόν, συντυγχάνει πλανωμένῳ τῷ φιλήματι καὶ ζητοῦντι καταβῆναι κάτω· ἀναστρέφον τε σὺν τῷ ἄσθματι καὶ τὸ φίλημα καὶ μιχθὲν ἕπεται καὶ βάλλει τὴν καρδίαν. Ἡ δὲ ταραχθεῖσα τῷ φιλήματι, πάλλεται. Εἰ μὴ δ' ἦν τοῖς σπλάγχνοις ἦν δεδεμένη, ἠκολούθησεν ἂν καὶ ἀνείλκυσεν αὐτὴν ἄνω τοῖς φιλήμασι. Παίδων δὲ φιλήματα μὲν ἀπαίδευτα, περιπλοκαὶ δ' ἀμαθεῖς, Ἀφροδίτη δ' ἀργή, ἡδονῆς δ' οὐδέν.

XXXVIII. Καὶ ὁ Μενέλαος, Ἀλλὰ σύ μοι δοκεῖς, ἔφη, μὴ πρωτόπειρος ἀλλὰ γέρων εἰς Ἀφροδίτην τυγχάνειν, τοσαύτας ἡμῶν κατέχεας γυναικῶν περιεργίας. Ἐν μέρει δὲ καὶ τὰ τῶν παίδων ἀντάκουσον. Γυναιξὶ μὲν γὰρ πάντα ἐπίπλαστα καὶ τὰ ῥήματα καὶ τὰ σχήματα, κἂν εἶναι δόξῃ καλή, τῶν ἀλειμμάτων ἡ πολυπράγμων μηχανή· καί ἐστιν αὐτῆς τὸ κάλλος ἢ μύρων, ἢ τριχῶν βαφῆς, ἢ καὶ φιλημάτων, ἂν δὲ τῶν πολλῶν τούτων γυμνώσῃς ὄδλων, ἔοικε κολοιῷ γεγυμνωμένῳ τῶν τοῦ μύθου πτερῶν. Τὸ δὲ κάλλος τὸ παιδικὸν οὐκ ἀρδεύεται μύρων ὀσφραῖς, οὐδὲ δολεραῖς καὶ ἀλλοτρίαις ὀσμαῖς. Πάσης δὲ γυναικῶν μυραλοιφίας ἥδιον ὄδωδεν ὁ τῶν παίδων ἱδρώς. Ἔξεστι δ' αὐτῷ καὶ πρὸ τῆς ἐν Ἀφροδίτῃ συμπλοκῆς καὶ ἐν παλαίστρᾳ συμπεσεῖν καὶ φανερῶς περιχυθῆναι καὶ

quum aspectu etiam fœdum sit adolescens ex unguibus pendens. Semelen non crudivora volucris, sed flamma, in cœlum sustulit. Nec vero mirum tibi videatur, aliquos igne sublatos in cœlum adscendisse : neque enim Hercules alio pacto ascendit. Quod si Danaes arcam rides, cur Persei mentionem non facis? Alcmenæ illud unum munus satis fuit, Jovem tres integros ejus causa dies mundo eripuisse. Ac si fabulis omissis, veræ voluptatis, quæ muliebri ex usu percipitur, mentionem facere opus est, ego mulieres primum modo expertus, quantum quidem cum iis, quæ pretio prostant, licuit, forte enim experientior aliquis plura dicere queat, ego , inquam , tametsi hujus rei modicus mihi usus adsit, dicam tamen, mulieribus corpus amplexu tenerum, labra basiatu mollia esse. Atque hac de causa mulier cum ulnas, tum carnem, ad id omnino apte conformata sortita est. Sane qui ad mulierem sese applicat, is vere voluptatem amplectitur, labrisque oscula, tanquam qui signa in epistolis apponit, imprimit. Illa vero artificiose osculatur, majoreque condita suavitate basia præbet : non solum enim labris suaviari sat habet, sed etiam dentibus configit, et circum basiantis ora depascitur, ac basia ipsa mandit. Jam vero etiam in mammarum attrectatu non aspernanda quædam inest jucunditas. In ipso autem venerei complexus calore, voluptate, quasi œstro, concitata, et basians mordet, et insanit. tum linguæ mutuo concurrunt, ac se ipsæ, quoad ejus fieri potest, osculari nituntur. Tu vero basia in apertum proferens voluptatem reddis majorem. Sub ipsum congressus finem dulcedinis ardore quodam victa mulier anhelare consuevit, anhelitus autem hujusmodi amatorio spiritu comitatus ad summa labra pervenit, errantique osculo, et ad imas pectoris partes descendere quærenti obviam fit. Tunc basium ipso cum anhelitu regreditur, amboque in unum coeuntes cor pulsant : quod basio conturbatum salit : ac, nisi visceribus nexum hæreret, sequeretur utique, et cum basiis adscenderet. Puerorum oscula rudia sunt, complexus indocti, venus languida, omnique prorsus jucunditate destituta.

XXXVIII. Tum Menelaus, Tu quidem certe, inquit, non Venerem nunc primum attigisse, verum in ea consenuisse mihi videris, ita multas nobis mulierum curiositates enumerasti. Sed vicissim tu quoque audi, quænam o puerorum amoribus voluptas percipiatur. In muliere quum verba, tum reliqua omnia fucis plena sunt : ac si qua formosa videatur, ea est operosa pigmentorum moles : cujus forma omnis alia nulla ex re, quam aut unguentis, aut tinctis capillis, aut basiationibus constat : e quibus fucum si detraxeris, næ graculo pennis, ut habetur in fabulis, denudato similem judicabis. Puerorum autem forma non pigmentorum fucis illinitur, non adulterinis, aut externis odoribus. Omnibus autem mulierum omnium unguentis e puerorum sudore afflatus antecellit. Jam vero etiam ante venereos congressus palæstra cum iis de-

οὐκ ἔχουσιν αἰσχύνην αἱ περιπλοκαὶ καὶ οὐ μαλθάσσει τὰς ἐν Ἀφροδίτῃ περιπλοκὰς ὑγρότητι σαρκῶν, ἀλλ' ἀντιτυπεῖ προσάλληλα τὰ σώματα καὶ περὶ τῆς ἡδονῆς ἀθλεῖ. Τὰ δὲ φιλήματα σοφίαν μὲν οὐκ ἔχει γυ-
5 ναικείαν, οὐδὲ μαγγανεύει τοῖς χείλεσιν εἶναι μωρὰν ἀπάτην, ὡς δ' οἶδε φιλεῖ, καὶ οὐκ ἔστι τέχνης ἀλλὰ τῆς φύσεως τὰ φιλήματα. Αὕτη δὲ παιδὸς φιλήματος εἰκὼν, εἰ νέκταρ ἐπήγνυτο καὶ χεῖλος ἐγίνετο, τοιαῦτ' ἂν ἔσχες τὰ φιλήματα. Φιλῶν δ' οὐκ ἂν ἔχοις κό-
10 ρον, ἀλλ' ὅσον ἐμφορῇ, διψῇς ἔτι φιλεῖν, καὶ οὐκ ἂν ἀποσπάσειας τὸ στόμα, μέχρις ἂν ὑφ' ἡδονῆς ἐκφύγῃς τὰ φιλήματα.

ΛΟΓΟΣ ΤΡΙΤΟΣ.

Τρίτην δ' ἡμέραν πλεόντων ἡμῶν, ἐξ αἰθρίας πολλῆς αἰφνίδιον ἀχλὺς περιχεῖται καὶ τῆς ἡμέρας ἀπωλώ-
15 λει τὸ φῶς· ἐγείρεται δὲ κάτωθεν ἄνεμος ἐκ τῆς θαλάσσης κατὰ πρόσωπον τῆς νηὸς, καὶ ὁ κυβερνήτης περιάγειν ἐκέλευσε τὴν κεραίαν. Καὶ σπουδῇ περιῆγον οἱ ναῦται, πῇ μὲν τὴν ὀθόνην ἐπὶ θάτερα συνάγοντες ἄνω τοῦ κέρως βίᾳ, (τὸ γὰρ πνεῦμα σφο-
20 δρότερον ἐμπεσὸν ἀνθέλκειν οὐκ ἐπέτρεπε) πῇ δὲ πρὸς θάτερον μέρος, φυλάττοντες τοῦ πρόσθεν μέτρου, καθ' ὃ συνέβαινεν οὔριον εἶναι τῇ περιαγωγῇ τὸ πνεῦμα. Κλίνεται δὲ κοῖλον τοιχίσαν τὸ σκάφος καὶ ἐπὶ θάτερα μετεωρίζεται καὶ πάντη πρηνὲς ἦν, καὶ ἐδόκει
25 τοῖς πολλοῖς ἡμῶν ἀεὶ περιτραπήσεσθαι καθάπαξ ἐμπίπτοντος τοῦ πνεύματος. Μετεσκευαζόμεθα οὖν ἅπαντες εἰς τὰ μετέωρα τῆς νηὸς, ὅπως ὁ μὲν βαπτιζόμενον τῆς νηὸς ἀνακουφίσαιμεν, τὸ δὲ τῇ προσθήκῃ βιασάμενοι κατὰ μικρὸν, καθέλοιμεν εἰς τὸ ἀντίρρο-
30 πον. Πλέον δ' ἠνύομεν οὐδέν· ἀνέφερε γὰρ ἡμᾶς μᾶλλον κορυφούμενον τὸ ἔδαφος τῆς νηὸς, ἢ πρὸς ἡμῶν κατεβιβάζετο. Καὶ χρόνον μέν τινα διαταλαντουμένη οὕτω τὴν ναῦν τοῖς κύμασιν ἐπαλαίομεν εἰς τὸ ἀντίρροπον καθελεῖν· αἰφνίδιον δὲ μεταβάλλεται τὸ
35 πνεῦμα ἐπὶ θάτερα τῆς νηὸς καὶ μικροῦ βαπτίζεται τὸ σκάφος, τοῦ μὲν τέως εἰς κῦμα κλιθέντος, ἀναθορόντος ὀξείᾳ ῥοπῇ, θατέρου δὲ, ᾗ ἐῴρεῖτο, καταρραγέντος εἰς τὴν θάλατταν. Κωκυτὸς οὖν αἴρεται μέγας ἐκ τῆς νεὼς, καὶ μεταλλαγὴ πάλιν καὶ δρόμος μετὰ
40 βοῆς ἐπὶ τὰς ἀρχαίας ἕδρας. Καὶ τρίτον καὶ τέταρτον καὶ πολλάκις τὸ αὐτὸ πάσχοντες κοινὴν ταύτην εἴχομεν τῷ σκάφει τὴν πλάνην. Πρὶν μὲν γὰρ μετασκευάσασθαι τὸ πρῶτον, δίαυλος ἡμᾶς διαλαμβάνει δεύτερος.
45 Β'. Σκευοφορούντες οὖν κατὰ τὴν ναῦν διὰ πάσης ἡμέρας, δολιχὸν τινα τοῦτον τὸν δρόμον μυρίον ἐπονοῦμεν, ἀεὶ τὸν θάνατον προσδοκῶντες. Καὶ ἦν, ὡς εἰκὸς, οὐ μακράν. Περὶ γὰρ μεσημβρίαν δείλην ὁ μὲν ἥλιος τέλεον ἁρπάζεται, ἑωρῶμεν δ' ἑαυτοὺς ὡς ἐν σελήνῃ.

LIBER TERTIUS.

certare, palamque, ac sine rubore amplecti licet : neque ulla est carnis teneritas, quæ complexuum tactioni cedat : sed corpora sibi mutuo resistunt, ac de voluptate contendunt. Basia quoque muliebrem illam diligentiam minime sapiunt, nec stulto errore labris illito decipiunt. Puer, quemadmodum quidem novit, suavia dat, jam non ab arte aliqua, sed a natura ipsa proficiscentia. Saneque basii puerilis imago ejusmodi est, ut si quis concretum atque in labra commutatum nectar oscularetur. Ex quo fieri nequit, ut aliqua basiandi tibi satietas oriatur : quin immo quo plus haurias, hoc vehementiore siti labores : neque os inde abstrahere possis, donec præ voluptate basia ipse refugias.

Tertio die quum serenissimo cœlo navis cursum teneret, obortæ improviso tenebræ et diei lux periit, ventusque ab imo mari navi adversus exortus est. Quamobrem gubernator antennam obverti jussit. Itaque nautæ confestim fecerunt, collecto per vim ab altera tantum parte velo : nam quum vehementius flaret ventus, impedimentoque esset, quo minus ab altera contrahi posset, illud eo statu, quo prius fuerat, relinquere coacti sunt. Ex quo accidit, ut major ea obversione ventus ingrueret. Jam navis pars altera deprimebatur, altera elevabatur, ita ut præceps omnino ageretur, et nostrum plerique semel incidente vento semper illam circumactam iri censerent. Ad altiorem omnes navis partem itaque adscendimus, simul ut demersam aliam allevaremus, simul ut æqualiter distributo onere tota æqualis ferretur. Sed hoc frustra fuit. Tantum enim abfuit, ut navis a nobis fundus deprimeretur, ut ab eo ipsi magis etiam attolleremur. Nos quidem fluctuantem navem æquilibrem aliquamdiu tenere conati fuimus, verum in alteram ejus partem mutatus improviso ventus incubuit : parumque abfuit, quin eam demergeret, depressam scilicet antea partem magno impetu sustollendo, et sublatam deprimendo. Quocirca ingens in nave luctus obortus est, omnesque priorem ad locum, non sine cursu et clamore redire cogebamur ; ac deinceps tertio et quarto, ac sæpius etiam eundem casum experti, eodem cum nave errore ducebamur : prius enim quam primum cursum confecissemus, nos secundus excipiebat.

II. Comportantes igitur totum diem in nave sarcinas, hoc curriculum millies, quasi duplex uno cursu stadium curreremus, confecimus, mortem semper expectantes : quæ sane, uti credi par est, non longe aberat. Nam post meridiem sol nobis omnino ereptus fuit : neque alter alterum

Πῦρ μὲν ἀπ' αὐτῆς ἵπταται, μυκᾶται δὲ βροντὴν οὐρανὸς καὶ τὸν ἀέρα γεμίζει βόμβος, ἀντεβόμβει δὲ κάτωθεν τῶν κυμάτων ἡ στάσις, μεταξὺ δ' οὐρανοῦ καὶ θαλάσσης ἀνέμων ποικίλων ἐσύριζε ψόφος. Καὶ ὁ μὲν ἀὴρ ε εἶχε σάλπιγγος ἦχον, οἱ δὲ κάλοι περὶ τὴν ὀθόνην πίπτουσιν, ἀντιπαταγοῦντες δ' ἐτετρίγεσαν, ἐφόβει δὲ καὶ τὰ ξύλα τῆς νεὼς ῥηγνύμενα, μὴ κατὰ μικρὸν ἀνοιχθείη τὸ σκάφος τῶν γόμφων ἀποσπωμένων. Γέῤῥα δὲ περὶ πᾶσαν τὴν ναῦν ἐκεκάλυπτο. Καὶ γὰρ 10 ὄμβρος ἐπέκλυζε πολύς, ἡμεῖς δὲ τὰ γέῤῥα ὑποδύντες ὥσπερ εἰς ἄντρον ἐμένομεν, παραδόντες ἑαυτοὺς τῇ τύχῃ, ῥίψαντες τὰς ἐλπίδας. Τρικυμίαι δὲ πολλαὶ καὶ πάντοθεν, αἱ μὲν κατὰ πρόσωπον, αἱ δὲ κατ' οὐρὰν τῆς νεώς, ἀλλήλαις ἀντέπιπτον. Ἡ δὲ ναῦς ἀεὶ πρὸς 15 μὲν τὸ κυρτούμενον [μέρος] τῆς θαλάσσης ἠγείρετο, πρὸς δὲ τὸ παράδρομον ἤδη καὶ χθαμαλὸν τοῦ κύματος κατεδύετο. Ἐῴκει δὲ τῶν κυμάτων τὰ μὲν ὄρεσι, τὰ δὲ χάσμασιν. Ἦν δὲ καὶ τὰ ἐγκάρσια τῶν κυμάτων ἑκατέρωθεν φοβερώτερα. Ἀναβαίνουσα μὲν 20 γὰρ ἐπὶ τὴν ναῦν ἡ θάλασσα διὰ τῶν γέῤῥων ἐκυλίετο καὶ ἐκάλυπτε πᾶν τὸ σκάφος. Τὸ γὰρ κῦμα αἰρόμενον ὑψοῦ, ψαῦον αὐτῶν τῶν νεφῶν, πόῤῥωθεν μὲν πρὸς ἀντιπρόσωπον ἐφαίνετο τῷ σκάφει μέγεθος οἷον. . . . προσιὸν δὲ βλέπων, καταποθήσεσθαι τὴν ναῦν προσε- 25 δόκησας. Ἢν οὖν ἀνέμων μάχη καὶ κυμάτων· ἡμεῖς δ' οὐκ ἠδυνάμεθα κατὰ χώραν μένειν ὑπὸ τοῦ τῆς νηὸς σεισμοῦ. Συμμιγὴς δὲ πάντων ἐγίνετο βοή· ἐῤῥόχθει τὸ κῦμα, ἐπάφλαζε τὸ πνεῦμα, ὀλολυγμὸς γυναικῶν, ἀλαλαγμὸς ἀνδρῶν, κελευσμὸς ναυτῶν, πάντα θρήνων 30 καὶ κωκυτῶν ἀνάμεστα. Καὶ ὁ κυβερνήτης ἐκέλευε ῥίπτειν τὸν φόρτον· διάκρισις δ' οὐκ ἦν ἀργύρου καὶ χρυσοῦ πρὸς ἄλλο τι τῶν εὐτελῶν, ἀλλὰ πάνθ' ὁμοίως ἠκοντίζομεν ἔξω τῆς νηός. Πολλοὶ δὲ καὶ τῶν ἐμπόρων, αὐτοὶ τῶν οἰκείων λαμβάνοντες, ἐν οἷς εἶχον τὰς 35 ἐλπίδας, ἑώθουν ἐπειγόμενοι. Καὶ ἦν ἤδη ἡ ναῦς τῶν ἐπίπλων γυμνή· ὁ δὲ χειμὼν οὐκ ἐσπένδετο.

Γ'. Τέλος ὁ κυβερνήτης ἀπειπὼν ῥίπτει μὲν τὰ πηδάλια ἐκ τῶν χειρῶν, ἀφίησι δὲ τὸ σκάφος τῇ θαλάσσῃ καὶ εὐτρεπίζει ἤδη τὴν ἐφολκίδα καὶ τοῖς ναύ- 40 ταις ἐμβαίνειν κελεύσας, τῆς ἀποβάθρας ἦρχεν. Οἱ δ' εὐθὺς κατὰ πόδας ἐξήλλοντο. Ἔνθα δὴ καὶ τὰ δεινὰ ἦν καὶ ἦν μάχη χειροποίητος. Οἱ μὲν γὰρ ἐπιβάντες ἤδη τὸν κάλων ἔκοπτον, ὃς συνέδει τὴν ἐφολκίδα τῷ σκάφει· τῶν δὲ πλωτήρων ἕκαστος ἔσπευδε 45 καταπηδᾶν, ἔνθα καὶ τὸν κυβερνήτην ἑωράκεσαν ἐφελκόμενα τὸν κάλων· οἱ δ' ἐκ τῆς ἐφολκίδος μεταβαίνειν οὐκ ἐπέτρεπον. Εἶχον δὲ καὶ πελέκεις καὶ μαχαίρας, καὶ πατάξειν ἠπείλουν, εἴ τις ἐπιβήσεται· πολλοὶ δὲ καὶ ἐκ τῆς νεὼς ὁπλισάμενοι τὸ δυνατόν, ὁ δὲ κώπης 50 παλαιᾶς τρύφος ἀράμενος, ὁ δὲ τῶν τῆς νεὼς σελμάτων, ἠμύνετο. Θάλασσα γὰρ εἶχε νόμον τὴν βίαν καὶ ἦν ναυμαχίας καινὸς τρόπος. Οἱ μὲν γὰρ ἐκ τῆς ἐφολκίδος, δέει τοῦ καταδῦναι τῷ τῶν ἐπεμβαινόντων ὄχλῳ, πελέκεσι καὶ μαχαίραις τοὺς ἐξαλλομένους ἔπαιον· οἱ

cernebamus, nisi, ut fit, luna lucente. Flamma (inter nubes) coruscabat, cœlum tonitru mugiebat, aer strepitu implebatur. Surgentes ab imo, ac mutuo sese collidentes fluctus adstrepebant, inter cœlum et mare diversorum ventorum murmura resonabant, aerque tubæ instar clangorem fundebat : circa velum funes cadebant, resonantes vero stridebant. Illud etiam timebatur, ne comminutis tabulis et convulsis clavis, navis sensim solveretur. Jam vero tecta in tota nave operta erant : atqui multus imber omnia submergebat, quam ob rem ea ipsa subeuntes tanquam in spelunca aliqua morabamur, fortunæ arbitrio, nulla salutis retenta spe, nosmet dedentes. Crebri autem cum a prora, tum a puppi surgentes fluctus decumani inter se concurrebant. Assurgente fluctu navis attollebatur, præterlabente vero et subsidente deprimebatur. E fluctibus alii montibus, alii voraginibus, similes erant : sed ii molestiores, qui ab utraque parte obliqui surgebant. Navis enim tecta subiens aqua convolvebatur, totamque obruebat. Porro aqua in sublime acta, nubesque contingens, dum quidem ante proram procul cernebatur, (miræ) cujusdam magnitudinis esse videbatur : at si tu propius factam spectavisses, navem absorptum iri judicasses. Venti cum fluctibus pugnabant. Nos ob navis jactationem consistere nequibamus. Confusæ erant omnium voces : murmurabat unda, perstrepebat ventus, mulierum ejulatus, virorum clamor, nautarum hortatio : luctusque ac genitu plena erant omnia. Tum gubernator dejici onera jussit. Nec ullum inter aurum, argentumve, ac vilia quæque discrimen fiebat: sed omnia æque in mare deturbabantur, ipsis etiam mercatoribus merces omnes suas, in quibus spem posuerant, cum festinatione dejicientibus. Jam navis penitus exhausta erat : nec tamen tempestas sedabatur.

III. Tandem fessus gubernator manibus temone abjecto, maris arbitrio navem permisit, scaphamque instruxit, ac nautis descendere jussis, prior ipse, deinde illi vestigia ejus statim secuti desilierunt. Ibi tum majus ortum est malum, manibusque pugnari cœptum. Nautæ enim jam funem, quo scapha navi alligabatur, præcidebant ; vectores autem, gubernatorem funem trahentem cernentes omnem, ut et ipsi desilirent, operam dabant. Qui in scapha erant contra minime pati, sed quum secures gladiosque haberent, intentatis plagis quemcunque ingredi volentem perterrere : multi e nave armati, ut cuique sors obtulerat, alius vetusti remi partem, alius navis tabulam aliquam arripientes repugnare. Pro lege enim vi mare utebatur, navalisque pugnæ modus non antea visus illic apparuit. Nam qui in scapha erant, veriti ne ob descendentium multitudinem mergerentur, securibus et gladiis exsilientes feriebant : ii autem sudibus ac remis inter de-

δὲ σκυτάλαις καὶ κώπαις ἅμα τῷ πηδήματι τὰς πληγὰς κατέφερον. Οἱ δὲ καὶ ἄκρου ψαύοντες τοῦ σκάφους ἐξωλίσθανον· ἔνιοι δὲ καὶ ἐπιβαίνοντες τοῖς ἐπὶ τῆς ἐφολκίδος ἤδη διεπάλαιον· φιλίας γὰρ ἢ αἰδοῦς οὐκ ἔτι 5 θεσμὸς ἦν, ἀλλὰ τὸ οἰκεῖον ἕκαστος σκοπῶν ἀσφαλὲς, τὸ πρὸς τοὺς ἑτέρους εὔγνωμον οὐκ ἐλογίζετο. Οὕτως οἱ μεγάλοι κίνδυνοι καὶ τοὺς τῆς φιλίας λύουσι νόμους.

Δ'. Ἔνθα δή τις ἀπὸ τῆς νεὼς νεανίσκος εὔρωστος λαμβάνεται τοῦ κάλω καὶ ἐφέλκεται τὴν ἐφολκίδα 10 καὶ ἦν ἐγγὺς ἤδη τοῦ σκάφους· ἠὐτρεπίζετο δ' ἕκαστος, ὡς, εἰ πελάσειε, πηδήσων ἐς αὐτήν. Καὶ δύο μὲν ἢ τρεῖς ἠὐτύχησαν οὐκ ἀναιμωτί, πολλοὶ δ' ἀποπηδᾶν πειρώμενοι, ἐξεκυλίσθησαν τῆς νεὼς κατὰ τῆς θαλάσσης. Ταχὺ γὰρ τὴν ἐφολκίδα ἀπολύσαντες οἱ ναῦται, 15 πελέκει κόψαντες τὸν κάλων, τὸν πλοῦν εἶχον, ἔνθα αὐτοὺς ἦγε τὸ πνεῦμα· οἱ δ' ἐπὶ τῆς νεὼς ἐπειρῶντο καταδῦναι τὴν ἐφολκίδα. Τὸ δὲ σκάφος ἐκυβίστα περὶ τοῖς κύμασιν ὀρχούμενον, λανθάνει δὲ προσενεχθὲν ὑφάλῳ πέτρᾳ καὶ ῥήγνυται πᾶν. Ἀπωσθείσης δὲ τῆς 20 νεώς, ὁ ἱστὸς ἐπὶ θάτερα τοῦ μέν τι κατέκλασε, τὸ δέ τι κατέδυσεν αὐτῆς. Ὁπόσοι μὲν οὖν παραχρῆμα τῆς ἅλμης πιόντες κατεσχέθησαν, οὗτοι μετριωτέραν ὡς ἐν κακοῖς ἔσχον τὴν συμφοράν, οὐκ ἐνδιατρίψαντες τῷ τοῦ θανάτου φόβῳ. Ὁ γὰρ ἐν θαλάττῃ θάνατος 25 βραδὺς προαναιρεῖ πρὸ τοῦ παθεῖν. Ὁ γὰρ ὀφθαλμὸς πελάγους γεμισθεὶς ἀόριστον ἐκτείνει τὸν φόβον, ὡς καὶ διὰ τούτων θάνατον δυστυχεῖν πλείονα. Ὅσον γὰρ τῆς θαλάσσης τὸ μέγεθος, τοσοῦτος καὶ ὁ τοῦ θανάτου φόβος. Ἔνιοι δὲ κολυμβᾶν πειρώμενοι, προσραγέντες ὑπὸ τοῦ 30 κύματος τῇ πέτρᾳ διεφθείροντο· πολλοὶ δὲ καὶ ξύλοις ἀπερρωγόσι συμπεσόντες ἐπείροντο δίκην ἰχθύων· οἱ δὲ καὶ ἡμιθνῆτες ἐνήχοντο.

Ε'. Ἐπεὶ οὖν τὸ πλοῖον διελύθη, δαίμων τις ἀγαθὸς περιέσωσεν ἡμῖν τῆς πρώρας μέρος, ἔνθα περικα- 35 θίσαντες, ἐγώ τε καὶ ἡ Λευκίππη, κατὰ ῥοῦν ἐφερόμεθα τῆς θαλάσσης· ὁ δὲ Μενέλαος καὶ ὁ Σάτυρος σὺν ἄλλοις τῶν πλωτήρων ἐπιτυχόντες τοῦ ἱστοῦ καὶ ἐπιπεσόντες ἐνήχοντο. Πλησίον δὲ καὶ τὸν Κλεινίαν ἑωρῶμεν περινηχόμενον τῇ κεραίᾳ καὶ ταύτην ἠκούσαμεν 40 αὐτοῦ τὴν βοήν· Ἔχου τοῦ ξύλου, Κλειτοφῶν· ἅμα δὲ λέγοντα κῦμα ἐπεκάλυπτε κατόπιν· καὶ ἡμεῖς ἐκωκύσαμεν. Κατὰ ταὐτὸ καὶ ἡμῖν ἐπεφέρετο κῦμα· ἀλλὰ τύχῃ τινὶ πλησίον γενόμενον ἡμῶν κάτωθεν παρατρέχει, ὥστε μόνον ὀψούμενον μετέωρον τὸ ξύλον 45 κατὰ τὸν αὐχένα τοῦ κύματος καὶ τὸν Κλεινίαν ἰδεῖν αὖθις. Ἀνοιμώξας οὖν, Ἐλέησον, ἔφην, δέσποτα Πόσειδον καὶ σπεῖσαι πρὸς τὰ τῆς ναυαγίας σου λείψανα. Πολλοὺς ἤδη τῷ φόβῳ θανάτους ὑπεμείναμεν· εἰ δ' ἡμᾶς ἀποκτεῖναι θέλεις, μὴ διαστήσῃς ἡμῶν τὴν τε- 50 λευτήν· ἓν ἡμᾶς κῦμα καλυψάτω. Εἰ δὲ καὶ θηρίων ἡμᾶς βορὰν πέπρωται γενέσθαι, εἷς ἰχθὺς ἡμᾶς ἀναλωσάτω, μία γαστὴρ χωρησάτω, ἵνα καὶ ἐν ἰχθύσι κοινῇ ταφῶμεν. Μετὰ μικρὸν δὲ τῆς εὐχῆς τὸ πολὺ τοῦ πνεύματος περιεπέπαυτο, τὸ δ' ἄγριον ἐστόρεστο τοῦ

siliendum plagas referebant. Alii vix scaphæ summum attingentes corruebant. Nonnulli etiam ingressi, cum iis qui in scapha erant luctabantur : amicitiæ enim atque pudoris lex omnis sublata fuerat, ac suæ quisque saluti intentus benevolentiam erga reliquos contemnebat. Ita periculorum magnitudo vel amicitiæ leges solvit.

IV. Interea vectorum unus, juvenis robustus, arrepto fune, scapham prope navem pene pertraxerat, paratique alii omnes exspectabant, ut in eam, simulatque appropinquasset, transilirent : ac duobus tantum tribusve contigit, non tamen sine sanguine, multi alii hoc idem conati, e nave in mare deturbati fuerunt : nautæ enim, præciso statim securibus fune, scapham solverunt, ac quo ventus voluit, navigabant, vectoribus eam mergere conantibus. Navis autem ipsa undis jactata in gyrum agebatur, ac tandem ad aquis contectum saxum imprudenter delata, frangitur tota : detrusa autem nave malus alteram in partem collabens partem quamdam frangit, partem vero submergit. Sane quotquot epota maris aqua confestim obierunt, cum iis, ut tunc res erat, mitius actum fuit, quippe in mortis metu non admodum diu immoratis. Procrastinans enim in mari mors prius interimit, quam sentiatur. Nam oculi, maris pleni, metum afferunt, nullis terminis circumscriptum : eoque miserior est mors. Quanta enim maris est amplitudo, tantus etiam mortis est pavor. Quidam enatare conati, ab unda saxo allisi perierunt. Multi disjectas navis tabulas nacti piscium more nabant. Nonnulli seminiortui ferebantur.

V. Fracta eo pacto nave, proræ partem bonus quidam genius nobis conservavit : in qua sedentes ego et Leucippe, secundum maris æstum vehebamur. Menelaus et Satyrus, aliique vectores quum in malum incidissent, eo apprehenso natabant. Cliniam vero circum antennam nautem non procul aspeximus, atque audivimus etiam hanc illius vocem : Clitophon lignum tene : intereaque superveniens a tergo fluctus loquentem, quæ sane res lacrymas nobis excussit, primum adobruit : deinde nobis etiam incubuit : sed fato quodam propior factus infra nos præterlapsus est ita, ut lignum tantummodo alte sublatum in ipso fluctus summo et Cliniam rursus videremus. Multis itaque cum lacrymis ego, Domine, inquam, Neptune, miserere, ac naufragii reliquiis parce : unam ipse metus multas nobis mortes attulit. Aut si tibi omnino in animo est ut pereamus, ne nostram mortem dividas : sed idem fac ut nos fluctus absorbeat : sin vero fata etiam volunt, ut pabulum ferarum esca simus, unus tantum nos piscis deglutiat, una tantum nos alvus hauriat : ut eodem a piscibus etiam vorati sepulcro condamur. Paulo post, quam has preces effudi, venti vis undique sedata est, fluctusque subside.

LIBER III.

κύματος. Μεστὴ δ' ἦν ἡ θάλασσα νεκρῶν σωμάτων. Τοὺς μὲν οὖν ἀμφὶ τὸν Μενέλαον θᾶττον προσάγει τῇ γῇ τὸ κῦμα· καὶ ἦν ταῦτα τῆς Αἰγύπτου τὰ παράλια· κατεῖχον δὲ τότε λῃσταὶ πᾶσαν τὴν ἐκεῖ χώραν· ἡμεῖς δὲ περὶ δείλην ἑσπέραν τύχῃ τινὶ τῷ Πηλουσίῳ προσίσχομεν καὶ ἄσμενοι·γῆς λαβόμενοι τοὺς θεοὺς ἀνευφημοῦμεν· εἶτ' ὠλοφυρόμεθα τὸν Κλεινίαν καὶ τὸν Σάτυρον, νομίζοντες αὐτοὺς ἀπολωλέναι.

Ϛ΄. Ἔστι δ' ἐν τῷ Πηλουσίῳ Διὸς ἱερὸν ἄγαλμα Κασίου· τὸ δ' ἄγαλμα νεανίσκος, Ἀπόλλωνι μᾶλλον ἐοικώς· οὕτω γὰρ ἡλικίας εἶχε· προβέβληται δὲ τὴν χεῖρα καὶ ἔχει ῥοιὰν ἐπ' αὐτῇ· τῆς δὲ ῥοιᾶς ὁ λόγος μυστικός. Προσευξάμενοι δὴ τῷ θεῷ καὶ περὶ τοῦ Κλεινίου καὶ τοῦ Σατύρου σύμβολον ἐξαιτήσαντες (καὶ γὰρ ἔλεγον μαντικὸν εἶναι τὸν θεὸν) περιῄειμεν τὸν νεών. Κατὰ δὲ τὸν ὀπισθόδομον ὁρῶμεν εἰκόνα διπλῆν· καὶ ὁ γραφεὺς ἐνεγέγραπτο· Εὐάνθης μὲν ὁ γραφεύς, ἡ δ' εἰκὼν Ἀνδρομέδα καὶ Προμηθεύς, δεσμῶται μὲν ἄμφω, διὰ τοῦτο γὰρ αὐτούς, οἶμαι, εἰς ἓν συνήγαγεν ὁ ζωγράφος, ἀδελφαὶ δὲ καὶ τὴν ἄλλην τύχην αἱ γραφαί. Πέτραι μὲν ἀμφοῖν τὸ δεσμωτήριον, θῆρες δὲ κατ' ἀμφοῖν οἱ δήμιοι, τῷ μὲν ἐξ ἀέρος, τῇ δ' ἐκ θαλάττης· ἐπίκουροι δ' αὐτοῖς Ἀργεῖοι δύο συγγενεῖς, τῷ μὲν Ἡρακλῆς, τῇ δὲ Περσεύς· ὁ μὲν τοξεύων τὸν ὄρνιν τοῦ Διός, ὁ δ' ἐπὶ τὸ κῆτος τοῦ Ποσειδῶνος ἀθλῶν. Ἀλλ' ὁ μὲν ἵδρυται τοξαζόμενος ἐν γῇ, ὁ δ' ἐξ ἀέρος κρέμαται τῷ πτερῷ.

Ζ΄. Ὀρώρυκται μὲν οὖν εἰς τὸ μέτρον τῆς κόρης ἡ πέτρα· θέλει δὲ τὸ ὄρυγμα λέγειν, ὅτι μή τις αὐτὸ πεποίηκε χείρ, ἀλλ' ἔστιν αὐτόχθων ἡ γραφή. Ἐτράχυνε γὰρ τοῦ λίθου τὸν κόλπον ὁ γραφεύς, ὡς ἔτεκεν αὐτὸν ἡ γῆ. Ἡ δὲ ἐνίδρυται τῇ σκέπῃ· καὶ ἔοικε τὸ θέαμα, εἰ μὲν εἰς τὸ κάλλος ἀπίδοις, ἀγάλματι καινῷ, εἰ δ' εἰς τὰ δεσμὰ καὶ τὸ κῆτος, αὐτοσχεδίῳ τάφῳ. Ἐπὶ δὲ τῶν προσώπων αὐτῆς κάλλος κεκέρασται καὶ δέος. Ἐν μὲν γὰρ ταῖς παρειαῖς τὸ δέος κάθηται, ἐκ δὲ τῶν ὀφθαλμῶν ἀνθεῖ τὸ κάλλος. Ἀλλ' οὔτε τῶν παρειῶν τὸ ὠχρὸν τέλεον ἀφοίνικτον ἦν, ἠρέμα δὲ τῷ ἐρεύθει βέβαπται· οὔτε τὸ τῶν ὀφθαλμῶν ἄνθος ἐστὶν ἀμέριμνον, ἀλλ' ἔοικε τοῖς ἄρτι μαραινομένοις ἴοις. Οὕτως αὐτὴν ἐκόσμησεν ὁ ζωγράφος εὐμόρφῳ φόβῳ. Τὰς δὲ χεῖρας εἰς τὴν πέτραν ἐξεπέτασεν, ἄγχει δ' ἄνω δεσμὸς ἑκατέραν συνάπτων τῇ πέτρᾳ· οἱ καρποὶ δ' ὥσπερ ἀμπέλου βότρυες κρέμανται. Καὶ αἱ μὲν ὠλέναι τῆς κόρης ἄκρατον ἔχουσαι τὸ λευκὸν εἰς τὸ πελιδνὸν μετέβαλον καὶ ἐοίκασιν ἀποθνήσκειν οἱ δάκτυλοι. Δέδεται μὲν οὕτω τὸν θάνατον ἐκδεχομένη· ἕστηκε δὲ νυμφικῶς ἐστολισμένη, ὥσπερ Ἀϊδωνιδι νύμφη κεκοσμημένη· ποδήρης ὁ χιτών, λευκὸς [ὁ χιτών], τὸ ὕφασμα λεπτόν, ἀραχνίοις ἐοικὸς πλοκῇ, οὐ κατὰ τὴν τῶν προβατείων τριχῶν, ἀλλὰ κατὰ τὴν τῶν ἐρίων, τῶν πτηνῶν, οἷον ἀπὸ δένδρων ἕλκουσαι νήματα γυναῖκες ὑφαίνουσιν Ἰνδαί. Τὸ δὲ κῆτος ἀντιπρόσωπον τῆς κόρης κάτωθεν ἀναβαῖνον ἀνοίγει τὴν θάλατταν·

runt et cadaveribus plenum mare apparuit. Menelaum celerius ad Ægypti quæ vocant paralia fluctus rejecit : eam autem regionem omnem latrones tunc incolebant. Nos circiter vesperam casu quodam Pelusium applicuimus : peroptatamque terram nacti gratias diis egimus : Cliniam deinde, ac Satyrum, quos obiisse putabamus, deflevimus.

VI. Pelusii statua est Jovis Casii, juvenili ætate, atque adeo, ut Apollini quam simillima sit, dextera manu, qua punicum malum sustinebat, extensa : cujus rei significatio minime vulgata est. Huic deo quum supplicavissemus; ac de Clinia Satyroque (futura enim prædicere illum aiunt) percunctati templum circuibamus : duasque in ejus interiore tabulas vidimus: et pictoris (nomen) inscriptum ; Evanthes quidem pictor ; pictura Andromeda et Prometheus vinculis constricti ambo atque hos ea de causa pictor conjunxit tametsi alia etiam inter se communia haberent. Saxa enim utrique pro carcere erant, feræ utrique, aeria huic, marina illi carnifices. Argivi etiam utrique ex eadem gente auxiliatores aderant, Hercules scilicet, atque Perseus : quorum alter Jovis volucrem aquilam in terra stans sagittis appetebat : alter Neptuni belluam cete pennis in aere sustentatus adoriebatur.

VII. Sane pro puellæ magnitudine saxum excavatum erat ita, ut non arte aliqua fabrefactum, sed sponte natum cavum pictura testari videretur : saxi sinum enim asperum, quomodo quidem terra producere solet, pictor effinxerat. In illo sedebat puella eo aspectu, ut si pulchritudinem tantum considerare voluisses, novam aliquam statuam, sin vero vincula etiam et cete, rude et inconditum sepulcrum existimaturus fueris. In vultu pulchritudini pallor admistus erat, hic genas occupans, illa ex oculis effulgens : non tamen eousque genæ pallebant, ut suus iis rubor deesset, sed aliquantum rubore tinctus pallor, nec oculorum fulgor adeo coruscabat, quin languore quodam, qualem in violis modo marcescentibus conspicimus, dehonestaretur. Ita pulchro timore pictor puellam decoraverat. Manus ad saxum extendit et alte saxo alligans vinculum utramque premit : non aliter e brachiis, quam racemi e vite, carpi pendebant. Brachiorum autem ipsorum purus candor ad livorem vergebat et digiti mori videbantur. Hæc erat mortem exspectantis puellæ facies. Atqui sponsarum etiam more, quasique Plutoni nuptum traderetur, ornata erat ; erat talaris tunica, alba quidem illa, atque araneolæ reti subtilitate par, contextaque, non quomodo ovium vellera, sed qualem Indæ ab arboribus mulieres trahentes texunt. Adversus puellam cetus ab imo mari emergens mare aperit : et supra undas capite solo exstabat, nam

Καὶ τὸ μὲν πολὺ τοῦ σώματος περιβέβληται τῷ κύμα-
τι, μόνη δὲ τῇ κεφαλῇ τὴν θάλατταν ἀποδύεται. Ὑπὸ
δὲ τὴν ἅλμην τοῦ κύματος ἡ τῶν νώτων ἐγέγραπτο
φαινομένη σκιά, τὰ τῶν φολίδων ἐπάρματα, τὰ τῶν
αὐχένων κυρτώματα, ἡ λοφιὰ τῶν ἀκανθῶν, οἱ τῆς
οὐρᾶς ἑλιγμοί. Γένυς πολλὴ καὶ μακρά· ἀνέῳκτο δὲ
πᾶσα μέχρι τῆς τῶν ὤμων συμβολῆς καὶ εὐθὺς ἡ
γαστήρ. Μεταξὺ δὲ τοῦ κήτους καὶ τῆς κόρης ὁ Περ-
σεὺς ἐγέγραπτο καταβαίνων ἐξ ἀέρος· καταβαίνει δ' ἐπὶ
τὸ θηρίον γυμνὸς τὸ πᾶν· χλαμὺς ἀμφὶ τοῖς ὤμοις μό-
νον καὶ πέδιλον περὶ τὼ πόδε πλησίον τοῦ πτεροῦ·
πῖλος δ' αὐτοῦ τὴν κεφαλὴν καλύπτει· ὁ πῖλος δ' ὑπῃ-
νίττετο τὴν Ἄιδος κυνέην· τῇ λαιᾷ τὴν τῆς Γοργοῦς
κεφαλὴν κρατεῖ καὶ προβέβληται δίκην ἀσπίδος.
Ἡ δ' ἐστὶ φοβερὰ καὶ ἐν τοῖς χρώμασι· τοὺς ὀφθαλ-
μοὺς ἐξεπέτασεν, ἔφριξε τὰς τρίχας τῶν κροτά-
φων, ἤγειρε τοὺς δράκοντας· οὕτως ἀπειλεῖ κἂν τῇ
γραφῇ. Ὅπλον μὲν τοῦτο τῇ λαιᾷ τῷ Περσεῖ·
ὥπλισται δὲ καὶ τὴν δεξιὰν διφυεῖ σιδήρῳ, εἰς δρέπα-
νον καὶ ξίφος ἐσχισμένῳ. Ἄρχεται μὲν γὰρ ἡ κώπη
κάτωθεν ἀμφοῖν ἐκ μιᾶς, καί ἐστιν ἐφ' ἡμίσει τοῦ σι-
δήρου ξίφος, ἐντεῦθεν δ' ἀποῤῥαγὲν, τὸ μὲν ὀξύνεται,
τὸ δ' ἐπικάμπτεται. Καὶ τὸ μὲν ἀπωξυσμένον μένει
ξίφος, ὡς ἤρξατο, τὸ δὲ καμπτόμενον δρέπανον γίνεται,
ἵνα μιᾷ πληγῇ τὸ μὲν ἐρείδῃ τὴν σφαγήν, τὸ δὲ κρατῇ
τὴν τομήν. Τὸ μὲν τῆς Ἀνδρομέδας δρᾶμα τοῦτο.

Η΄. Ἑξῆς δὲ τὸ τοῦ Προμηθέως ἐγεγόνει. Δέδεται
μὲν ὁ Προμηθεὺς σιδήρῳ καὶ πέτρᾳ, ὥπλισται δ' Ἡρα-
κλῆς τόξῳ καὶ δόρατι· ὄρνις ἐς τὴν τοῦ Προμηθέως
γαστέρα τρυφᾷ. Ἕστηκε γὰρ αὐτὴν ἀνοίγων, ἤδη
μὲν ἀνεῳγμένην· ἀλλὰ τὸ ῥάμφος ἐς τὸ ὄρυγμα κεῖται
καὶ ἔοικεν ἐπορύττειν τὸ τραῦμα καὶ ζητεῖν τὸ ἧπαρ·
τὸ δ' ἐκφαίνεται τοσοῦτον, ὅσον ἀνέῳξεν ὁ γραφεὺς τὸ
διόρυγμα τοῦ τραύματος. Ἐρείδει δὲ τῷ μηρῷ τῷ
τοῦ Προμηθέως τὰς τῶν ὀνύχων ἀκμάς. Ὁ δ' ἀλγῶν
πάντῃ συνέσταλται καὶ τὴν πλευρὰν συνέσπασται
καὶ τὸν μηρὸν ἐγείρει καθ' αὑτοῦ· εἰς γὰρ τὸ ἧπαρ
συνάγει τὸν ὄρνιν. Ὁ δ' ἕτερος αὐτῷ τοῖν ποδοῖν
τὸν σπασμὸν ὄρθιον ἀντιτείνει κάτω καὶ εἰς τοὺς δακτύ-
λους ἀποξύνεται. Τὸ δ' ἄλλο σχῆμα δείκνυσι τὸν πό-
νον. Κεκύρτωται τὰς ὀφρῦς, συνέσταλται τὸ χεῖλος,
φαίνει τοὺς ὀδόντας. Ἡλέησας ἂν ὡς ἀλγοῦσαν τὴν
γραφήν. Ἀναφέρει δὲ λυπούμενον Ἡρακλῆς. Ἕστη-
κε γὰρ τοξεύων τοῦ Προμηθέως τὸν δήμιον· ἐνήρμο-
σται τῷ τόξῳ βέλος· τῇ λαιᾷ προβέβληται τὸ κέρας
ὠθῶν· ἐπὶ μαζὸν ἕλκει τὴν δεξιάν, ἕλκων τὸ νεῦρον κε-
κύρτωται κατόπιν τὸν ἀγκῶνα. Πάντ' οὖν ὁμοῦ
πτύσσεται, τὸ τόξον, τὸ νεῦρον, τὸ βέλος, ἡ δεξιά.
Συνάγεται μὲν ὑπὸ τοῦ νεύρου τὸ τόξον, διπλοῦται δ'
ὑπὸ τῆς χειρὸς τὸ νεῦρον, κλίνεται δ' ἐπὶ μαζὸν ἡ χείρ.
Ὁ δὲ Προμηθεὺς μεστός ἐστιν ἐλπίδος ἅμα καὶ φόβου.
Πῇ μὲν γὰρ εἰς τὸ ἕλκος, πῇ δ' εἰς τὸν Ἡρακλέα βλέ-
πει καὶ θέλει μὲν αὐτὸν ὅλοις τοῖς ὀφθαλμοῖς ἰδεῖν,
ἕλκει δὲ τὸ ἥμισυ τοῦ βλέμματος ὁ πόνος.

corporis major pars aqua contegebatur, sub undæ aqua
humerorum umbra, squamarum ordines, dorsi curvatura,
spinarum summitas, caudæ flexiones picta erant. Ma-
la magna et longa, hiatu ad humeros usque patebat, sta-
timque venter. Inter cetum ac puellam Perseus e cœlo
devolans pictus erat, in bellum ferebatur nudo corpore,
nisi quod chlamyde humeros cooperuerat et calceos pedi-
bus aptaverat prope alas, pileumque Ditis galeam imitan-
tem capiti imposuerat. Læva manu Gorgonis caput susti-
nebat et pro scuto projiciebat, quod horribile sane et in
coloribus : nam et oculos intendit, et comam concutit, et
serpentes vibrat, minitatur ita etiam in pictura. Læva
Persei hoc telo, dextra ferro ejusmodi armata erat, ut et
falx et gladius simul esset. Utrique enim unus infra est ca-
pulus et ad medium usque ferrum gladii formam referebat :
inde duas in partes sectum altera in mucronem protendeba-
tur, altera in uncum flectebatur. Et pars quidem acuta
gladius manet, sicut initio esse cœperat, in falcem vero pars
inflexa evadebat, eodem ut ictu et vulneraret et attrahe-
ret. Atque ita quidem Andromedæ se res habebant.

VIII. Sequebatur altera deinceps pictura hujusmodi.
Prometheus ferreis catenis saxo alligatus erat. Hercules
arcum et sagittam tenebat. Aquila Promethei pectus de-
pascebatur : quippe in aperiendo illo jam aperto perstabat,
rostrumque in vulnus demittebat, infodereque ac jecur
quærere videbatur : cujus pars tanta sese ostendebat, quan-
tam pictor per vulnus patere voluerat. Promethei coxæ
aquila summis unguibus innitebatur : quapropter ille dolore
se contrahit totum et latus contrahens, eam ipsam coxam
in suam ipsius perniciem elevabat : ita enim volucrem je-
cori propiorem faciebat. Alter pes contentos nervos ad
imos usque pedes commonstrabat, in digitosque acuebat-
ur. Quin alio etiam habitu dolorem indicabat : curvabat
enim supercilia, labra contrahebat, exerebat dentes. Ipse
sane picturam quasi doloris sensum habentem miseratus
fuisses. Iis malis oneratum Prometheum spe recreat Her-
cules, stat enim impositam arcui sagittam in ejus tortorem
intendens : quippe arcum sinistra manus extenta impelle-
bat, dextram mammæ admovet, dum adducit nervum cu-
bito interim post se curvato. Eodemque omnia hæc tem-
pore flectebantur arcus, nervus, sagitta, dextra; arcus
nervo adducebatur, nervus manu in duas dividitur partes,
manus mammæ admovetur. Prometheus ipse spe metu-
que plenus erat, ac partim quidem vulnus, partim vero
Herculem intuebatur : quem sane totis oculis contemplari
volebat, sed obtutus partem alteram dolor ad se rapiebat.

LIBER III.

Θ΄. Ἐνδιατρίψαντες οὖν ἡμέρας δύο καὶ ἀναλαβόντες ἑαυτοὺς ἐκ τῶν κακῶν, ναῦν Αἰγυπτίαν μισθωσάμενοι (εἴχομεν δ᾽ ὀλίγον χρυσίον, ὅπερ ἐτύχομεν ἐζωσμένοι) διὰ τοῦ Νείλου πλοῦν ἐπ᾽ Ἀλεξάνδρειαν ἐποιούμεθα, μάλιστα μὲν ἐκεῖ διεγνωκότες ποιήσασθαι τὴν διατριβὴν καὶ νομίζοντες ταύτῃ τάχα τοὺς φίλους εὑρήσειν προσενεχθέντας. Ἐπεὶ δ᾽ ἐγενόμεθα κατά τινα πόλιν, ἐξαίφνης βοῆς ἀκούομεν πολλῆς. Καὶ ὁ ναύτης εἰπών, Ὁ βουκόλος, μεταστρέφει τὴν ναῦν, ὡς ἐπαναπλεύσων εἰς τοὐπίσω· καὶ ἅμα πλήρης ἦν ἡ γῆ φοβερῶν καὶ ἀγρίων ἀνθρώπων· μεγάλοι μὲν πάντες, μέλανες δὲ τὴν χροιάν, οὐ κατὰ τὴν τῶν Ἰνδῶν τὴν ἄκρατον, ἀλλ᾽ οἷος ἂν γένοιτο νόθος Αἰθίοψ, ψιλοὶ τὰς κεφαλάς, λεπτοὶ τοὺς πόδας, τὸ σῶμα παχεῖς· ἐβαρβάριζον δὲ πάντες. Καὶ ὁ κυβερνήτης εἰπών, Ἀπολώλαμεν, ἔστησε τὴν ναῦν, ὁ γὰρ ποταμὸς ταύτῃ στενώτατος, καὶ ἐπεμβάντες τῶν λῃστῶν τέσσαρες, πάντα μὲν τὰ ἐν τῇ νηὶ λαμβάνουσι, καὶ τὸ χρυσίον ἡμῶν ἀποφέρουσιν, ἡμᾶς δὲ δήσαντες καὶ κατακλείσαντες εἴς τι δωμάτιον, ἀπηλλάττοντο, φύλακας ἡμῖν καταλιπόντες, ὡς τὴν ἐπιοῦσαν ἄξοντες ἡμᾶς εἰς τὸν βασιλέα· τούτῳ γὰρ ἐκάλουν τῷ ὀνόματι τὸν λῃστὴν τὸν μείζονα. Καὶ ἦν ὁδὸς ἡμερῶν δύο, ὡς παρὰ τῶν σὺν ἡμῖν ἑαλωκότων ἠκούσαμεν.

Ι΄. Ἐπεὶ οὖν νὺξ ἐγένετο καὶ ἐκείμεθα, ὡς ἦμεν, δεδεμένοι καὶ ἐκάθευδον οἱ φρουροί, τότε, ὡς ἐξὸν ἤδη, κλάειν ἤρχον τὴν Λευκίππην, καὶ δὴ λογισάμενος ὅσων αὐτῇ γέγονα κακῶν αἴτιος, κωκύσας ἐν τῇ ψυχῇ βύθιον, τῷ δὲ νῷ κλέψας τοῦ κωκυτοῦ τὸν ψόφον, Ὢ θεοὶ καὶ δαίμονες, ἔφην, εἴπερ ἐστέ που καὶ ἀκούετε, τί τηλικοῦτον ἠδικήκαμεν, ὡς ἐν ὀλίγαις ἡμέραις τοσούτῳ πλήθει βαπτισθῆναι κακῶν ; Νῦν δὲ καὶ παραδεδώκατε ἡμᾶς λῃσταῖς Αἰγυπτίοις, ἵνα μηδ᾽ ἐλέου τύχωμεν. Λῃστὴν γὰρ Ἕλληνα καὶ φωνὴ κατέκλασε, καὶ δέησις ἐμάλαξεν· ὁ γὰρ λόγος πολλάκις τὸν ἔλεον προξενεῖ· τὸ γὰρ πονοῦν τῆς ψυχῆς ἡ γλῶττα πρὸς ἱκετηρίαν διακονουμένη τῆς τῶν ἀκουόντων ὀργῆς ἡμεροῖ τὸ θυμούμενον. Νῦν δὲ ποίᾳ μὲν φωνῇ δεηθῶμεν ; τίνας δ᾽ ὅρκους προτείνωμεν ; Κἂν Σειρήνων τις γένηται πιθανώτερος, ὁ ἀνδροφόνος· οὐκ ἀκούει. Μόνοις ἱκετεύειν με δεῖ τοῖς νεύμασι καὶ τὴν δέησιν δηλοῦν ταῖς χειρονομίαις. Ὢ τῶν ἀτυχημάτων· ἤδη τὸν θρῆνον ἐξοργήσομαι. Τὰ μὲν οὖν ἐμά, κἂν ὑπερβολὴν ἔχῃ συμφορᾶς, ἧττον ἀλγῶ, τὰ σὰ δέ, Λευκίππη, ποίῳ στόματι θρηνήσω ; ποίοις ὄμμασι δακρύσω ; Ὢ πιστὴ μὲν πρὸς ἀνάγκην ἔρωτος, χρηστὴ δὲ πρὸς ἐραστὴν δυστυχοῦντα. Ὡς καλά σου τῶν γάμων τὰ κοσμήματα. Θάλαμος μὲν τὸ δεσμωτήριον, εὐνὴ δ᾽ ἡ γῆ, ὅρμοι δὲ καὶ ψέλια κάλοι καὶ βρόχος, καὶ σοι νυμφαγωγὸς λῃστὴς παρακαθευδει. Ἀντὶ δ᾽ ὑμεναίων τίς σοι τὸν θρῆνον ᾄδει. Μάτην σοι, ὦ θάλασσα, τὴν χάριν ὡμολογήσαμεν· μέμφομαί σου τῇ φιλανθρωπίᾳ· χρηστοτέρα γέγονας πρὸς οὓς ἀπέκτεινας, ἡμᾶς δὲ σώσασα μᾶλλον ἀπέκτεινας. Ἐφθόνησας ἡμῖν λῃστεύσαις ἀποθανεῖν.

61

IX. Ceterum quum duos illic dies commorati, et ex malis recreati essemus, Ægyptia nave conducta (nonnihil enim auri erat nobis quo forte præcincti eramus) Alexandriam versus Nilo amne cursum direximus, hoc consilio, ætatem ut illic degeremus, fieri etiam posse putantes, ut eo forte delatos amicos inveniremus. Quum autem ad oppidum quoddam pervenissemus, ingens nobis clamor subito auditus est. Ac nauta exclamans, Ecce prædo, navem tanquam retro cessurus convertit, statimque ripa feris atque agrestibus viris completa est. Magna ii omnes statura erant, colore non quidem, ut Indi, summe, sed, ut non veri Æthiopes, remisse nigro, capitibus glabris, parvis pedibus, corpore crasso, barbaro sermone. Itaque gubernator, periisse nos omnes affirmans, navem sistit : angustissimus enim illic fluvius erat, et latrones quatuor navem conscendentes, quidquid in ea inerat, una cum pecunia nostra abstulerunt, nobisque vinctis et in parvam domum inclusis, custodibus relictis abierunt, ut postridie ad regem (ita enim latronum principem appellant) ducerent. Aberat autem ille duorum dierum itinere, uti de illis, qui nobiscum capti fuerant, accepimus.

X. Interea quum nox adventasset, nosque, ut eramus, vincti jaceremus, ac custodes dormitarent, ego, quomodo mihi sane tum licuit, Leucippes calamitatem lugere cœpi ; et quot eam in mala conjecissem, tacitus mecum reputans, animoque vehementer ingemiscens, animo occultans ejulatus sonum, O dii dæmonesque, inquam, sicubi estis et auditis, tantumne deliquimus, ut tam brevi tot malis obrui meruerimus ? Atqui nos latronibus Ægyptiis etiam tradidistis, quo misericordiam impetrare nequeamus. Græcum enim latronem et vox commovit, et ad misericordiam preces allexerunt. Oratio enim sæpe ad lenitatem revocat et lingua pro animi ægritudine deprecatrix iratas audientium mentes flectit. Nunc vero quanam voce precabimur ? quodnam jusjurandum dabimus ? ut enim Sirenum cantu dulciorem ad persuadendum orationem quis adhibeat, non tamen a parricidis intelligetur. Nutu tantum rogare, ac manuum gestu precari me oportebit. O calamitatem : luctum ego jam enuntiabo. Sed infortunia mea quamquam opinione omnium majora sunt, minus tamen certe doleo. Tua vero, Leucippe, quo ore conquerar ? quibus oculis lacrymabor ? o constantem in amoris fide conservanda, o benignam erga infelicem amantem. En magnificos nuptiarum tuarum apparatus, carcerem scilicet pro cubiculo, pro pulvinis terram, pro monilibus atque armillis funes et laqueos, atque etiam deductoris loco latro tibi assidet, Hymenæique vicem lamentationes implent. Nos quidem, o mare, frustra tibi gratias egimus. Benignitatem ego tuam reprehendo, utpote quod mitius in eos fueris, quos perdidisti : nam dum nos servasti, crudelius occidisti, omnemque mortem, quæ a non latronibus afferretur, nobis invidisti.

ΙΑ'.

Ταῦτα μὲν οὖν ἐθρήνουν ἡσυχῇ, κλάειν δ' οὐκ ἠδυνάμην. Τοῦτο γὰρ ἴδιον τῶν ὀφθαλμῶν ἐν τοῖς μεγάλοις κακοῖς. Ἐν μὲν γὰρ ταῖς μετρίαις συμφοραῖς ἀφθόνως τὰ δάκρυα καταρρεῖ καὶ ἔστι τοῖς πάσχουσιν εἰς τοὺς κολάζοντας ἱκετηρία καὶ τοὺς ἀλγοῦντας, ὥσπερ ἀπ' οἰδοῦντος τραύματος, ἐξεκένωσεν· ἐν δὲ τοῖς ὑπερβάλλουσι δεινοῖς φεύγει καὶ τὰ δάκρυα καὶ προδίδωσι καὶ τοὺς ὀφθαλμούς. Ἐντυχοῦσα γὰρ αὐτοῖς ἀναβαίνουσιν ἡ λύπη, ἵστησί τε τὴν ἀκμὴν καὶ μετοχετεύει καταφέρουσα σὺν αὐτῇ κάτω· τὰ δ' ἐκτρεπόμενα τῆς ἐπὶ τοὺς ὀφθαλμοὺς ὁδοῦ εἰς τὴν ψυχὴν καταρρεῖ καὶ χαλεπώτερον αὐτῆς ποιεῖ τὸ τραῦμα. Λέγω οὖν πρὸς τὴν Λευκίππην πάντα σιγῶσαν· Τί σιγᾷς, φιλτάτη καὶ οὐδέν μοι λαλεῖς; Ὅτι μοι, ἔφη, πρὸ τῆς ψυχῆς, Κλειτοφῶν, τέθνηκεν ἡ φωνή.

ΙΒ'.

Ταῦθ' ἡμᾶς διαλεγομένους ἔλαθεν ἡμέρα γενομένη· καί τις ἵππον ἐπελαύνων ἔρχεται, κόμην ἔχων πολλὴν καὶ ἀγρίαν· ἐκόμα δὲ καὶ ὁ ἵππος. Γυμνὸς ἦν ὁ ἵππος, [ἄστρωτος] καὶ οὐκ εἶχε φάλαρα. Τοιοῦτοι γὰρ τοῖς λῃσταῖς εἰσιν οἱ ἵπποι. Ἀπὸ δὲ τοῦ λῃστάρχου παρῆν καὶ, Εἴ τις, ἔφη, παρθένος ἐστὶν ἐν τοῖς εἰλημμένοις, ταύτην ἀπάγειν πρὸς τὸν θεὸν, ἱερεῖον ἐσομένην καὶ καθάρσιον τοῦ στρατοῦ. Οἱ δ' ἐπὶ τὴν Λευκίππην εὐθὺς τρέπονται· ἡ δ' εἵγετό μου καὶ ἐξεκρέματο βοῶσα. Τῶν δὲ λῃστῶν οἱ μὲν ἀπέσπων, οἱ δ' ἔτυπτον· ἀπέσπων μὲν τὴν Λευκίππην, ἔτυπτον δ' ἐμέ. Ἀράμενοι οὖν αὐτὴν μετέωρον ἀπάγουσιν· ἡμᾶς δὲ κατὰ σχολὴν ἦγον δεδεμένους.

ΙΓ'.

Καὶ ἐπεὶ δύο σταδίους τῆς κώμης προήλθομεν, ἀλαλαγμὸς ἀκούεται πολὺς καὶ σάλπιγγος ἦχος καὶ ἐπιφαίνεται φάλαγξ στρατιωτικὴ, [πάντες ὁπλῖται]. Οἱ δὲ λῃσταὶ κατιδόντες, ἡμᾶς μέσους διαλαβόντες ἔμενον ἐπιόντας, ὡς αὐτοὺς ἀμυνούμενοι. Καὶ μετ' οὐ πολὺ παρῆσαν πεντήκοντα τὸν ἀριθμὸν, πάντες ὁπλῖται, οἱ μὲν ποδήρεις ἔχοντες τὰς ἀσπίδας, οἱ δὲ πέλτας· οἱ δὲ λῃσταὶ πολλῷ πλείους ὄντες, βώλους ἀπὸ τῆς γῆς λαμβάνοντες τοὺς στρατιώτας ἔβαλλον. Παντὸς δὲ βέλους χαλεπώτερος βῶλος Αἰγύπτιος, βαρύς τε καὶ τραχὺς καὶ ἀνώμαλος· τὸ δ' ἀνώμαλόν ἐστιν αἰχμαὶ τῶν λίθων· ὥστε βληθεὶς διπλοῦν ποιεῖ ἓν ταὐτῷ τὸ τραῦμα καὶ οἴδημα, καὶ ἀπὸ λίθου, καὶ τομὰς, ὡς ἀπὸ βέλους. Ἀλλὰ ταῖς γ' ἀσπίσιν ἐκδεχόμενοι τοὺς λίθους ὀλίγον τῶν βαλλόντων ἐφρόντιζον. Ἐπεὶ οὖν ἔκαμον οἱ λῃσταὶ βάλλοντες, ἀνοίγουσι μὲν οἱ στρατιῶται τὴν φάλαγγα, ἐκθέουσι δ' ἀπὸ τῶν ὅπλων ἄνδρες κοῦφοις ἐσταλμένοι, φέρων αἰχμὴν ἕκαστος καὶ ξίφος, καὶ ἀκοντίζουσιν ἅμα, καὶ [ἣν] οὐδεὶς ὃς οὐκ ἐπέτυχεν. Εἶθ' οἱ ὁπλῖται παρ' ἀμφοτέρων· καὶ ἦν ἡ μάχη στερρὰ, πληγαὶ δὲ παρ' ἀμφοτέρων καὶ τραύματα καὶ σφαγαί. Καὶ τὸ μὲν ἔμπειρον παρὰ τοῖς στρατιώταις ἀνεπλήρου τοῦ πλήθους τὸ ἐνδεές. Ἡμεῖς δ' ὅσοι τῶν αἰχμαλώτων ἦμεν, ἐπιτηρήσαντες τὸ πονοῦν τῶν λῃστῶν μέρος, ἅμα συνελθόντες διακόπτομέν τ' αὐτῶν τὴν φάλαγγα καὶ ἐπὶ τοὺς ἐναντίους ἐκτρέχομεν. Οἱ δὲ στρατιῶται

τὸ μὲν πρῶτον ἐπεχείρουν ἀναιρεῖν, οὐκ εἰδότες, ὡς δ᾽ εἶδον γυμνοὺς καὶ δεσμὰ ἔχοντας, ὑπονοήσαντες τὴν ἀλήθειαν, δέχονται τῶν ὅπλων εἴσω, καὶ ἐπ᾽ οὐρὰν παραπέμψαντες εἴων ἡσυχάζειν. Ἐν τούτῳ δὲ καὶ ἱππεῖς
5 [πλείους] προσέρρεον· καὶ ἐπεὶ πλησίον ἐγένοντο, κατὰ κέρας ἑκάτερον ἐκτείναντες τὴν φάλαγγα περιέπευον αὐτοὺς ἐν κύκλῳ, καὶ ἐν τούτῳ συναγαγόντες αὐτοὺς εἰς ὀλίγον κατεφόνευον. Καὶ οἱ μὲν ἔκειντο τεθνηκότες, οἱ δὲ καὶ ἡμιθνῆτες ἐμάχοντο· τοὺς δὲ
10 λοιποὺς ἐζώγρησαν.

ΙΔ΄. Ἦν δὲ περὶ δείλην ὁ καιρός· καὶ ὁ στρατηγὸς διαλαβὼν ἡμῶν ἕκαστον, ἐπυνθάνετο τίνες εἴημεν καὶ πῶς ληφθείημεν· διηγεῖτο δ᾽ ἄλλος ἄλλο τι, κἀγὼ τἀμὰ εἶπον. Ἐπεὶ οὖν ἅπαντ᾽ ἔμαθεν, ἐκέλευσεν ἀκολουθεῖν,
15 αὐτὸς δ᾽ ὅπλα δώσειν ὑπέσχετο. Διεγνώκει γὰρ ἀναμείνας στρατιὰν ἐπελθεῖν τῷ μεγάλῳ λῃστηρίῳ· ἐλέγοντο δ᾽ ἀμφὶ τοὺς μυρίους εἶναι. Ἐγὼ δ᾽ ἵππον ᾔτουν, σφόδρα γὰρ ᾔδειν ἱππεύειν γεγυμνασμένος. Ὡς δέ τις παρῆν, περιάγων τὸν ἵππον ἐπεδεικνύμην ἐν ῥυθμῷ τὰ
20 τῶν πολεμούντων σχήματα, ὥστε καὶ τὸν στρατηγὸν σφόδρα ἐπαινέσαι. Ποιεῖται δή με ἐκείνην τὴν ἡμέραν ὁμοτράπεζον καὶ παρὰ τὸ δεῖπνον ἐπυνθάνετο τἀμὰ καὶ ἀκούων ἠλέει. Συμπαθὴς δέ πως εἰς ἔλεον ἄνθρωπος ἀκροατὴς ἀλλοτρίων κακῶν, καὶ ὁ ἔλεος πολλάκις
25 φιλίαν προξενεῖ. Ἡ γὰρ ψυχὴ μαλαχθεῖσα πρὸς τὴν ὧν ἤκουσε λύπην, συνδιατεθεῖσα κατὰ μικρὸν τῇ τοῦ πάθους ἀκροάσει τὸν οἶκτον εἰς φιλίαν καὶ τὴν λύπην εἰς τὸν ἔλεον συλλέγει. Οὕτως οὖν διέθηκα τὸν στρατηγὸν ἐκ τῆς ἀκροάσεως, ὡς καὶ αὐτὸν εἰς δάκρυα
30 προαγαγεῖν· πλέον δὲ ποιεῖν εἴχομεν οὐδέν, τῆς Λευκίππης ὑπὸ τῶν λῃστῶν ἐχομένης. Ἔδωκε δέ μοι καὶ θεράποντα τὸν ἐπιμελησόμενον Αἰγύπτιον.

ΙΕ΄. Τῇ δ᾽ ὑστεραίᾳ πρὸς τὴν διάβασιν παρεσκευάζετο καὶ ἐπεχείρει τὴν διώρυχα χῶσαι, ἥτις ἦν ἐμπο-
35 δών. Καὶ γὰρ ἑωρῶμεν τοὺς λῃστὰς μετὰ πλείστης δυνάμεως ἐπὶ θάτερα τῆς διώρυχος ἑστῶτας ἐν τοῖς ὅπλοις· βωμὸς δέ τις αὐτοῖς αὐτοσχέδιος ἦν πηλοῦ πεποιημένος καὶ σορὸς τοῦ βωμοῦ πλησίον. Ἄγουσι δή τινες δύο τὴν κόρην, ὀπίσω τὼ χεῖρε δεδεμένην. Καὶ
40 αὐτοὺς μὲν οἵ τινες ἦσαν οὐκ εἶδον, ἦσαν γὰρ ὡπλισμένοι, τὴν δὲ κόρην Λευκίππην οὖσαν ἐγνώρισα. Εἶτα κατὰ τῆς κεφαλῆς σπονδὴν περιχέαντες, περιάγουσι τὸν βωμὸν κύκλῳ καὶ ἐπηύλει τις αὐτῇ καὶ ὁ ἱερεύς, ὡς εἰκὸς, ᾖδεν ᾠδὴν Αἰγυπτίαν, τὸ γὰρ σχῆμα τοῦ
45 στόματος, καὶ τῶν προσώπων ἡ διαστολὴ κοροπλάθου ἐφαίνετο ᾠδήν. Εἶτ᾽ ἀπὸ συνθήματος πάντες ἀνεχώρουσι τοῦ βωμοῦ μακράν· τῶν δὲ νεανίσκων ὁ ἕτερος ἀνακλίνας αὐτὴν ὑπτίαν, ἔδησεν ἐκ παττάλων ἐπὶ τῆς γῆς ἐξηρεισμένων, οἷον ποιοῦσιν οἱ κοροπλάθοι τὸν
50 Μαρσύαν ἐκ τοῦ φυτοῦ δεδεμένον· εἶτα λαβὼν ξίφος βάπτει κατὰ τῆς καρδίας καὶ διελκύσας τὸ ξίφος εἰς τὴν κάτω γαστέρα, ῥήγνυσι· τὰ σπλάγχνα δ᾽ εὐθὺς ἐξεπήδησεν, ἃ ταῖς χερσὶν ἐξελκύσαντες ἐπιτιθέασι τῷ βωμῷ καὶ ἐπεὶ ὠπτήθη, κατατεμόντες ἅπαντες εἰς

μοίρας ἔφαγον. Ταῦτα δ' ὁρῶντες οἱ (μὲν) στρατιῶται καὶ ὁ στρατηγὸς, καθ' ἓν τῶν πραττομένων ἀνεβόων καὶ τὰς ὄψεις ἀπέστρεφον τῆς θέας, ἐγὼ δ' ἐκ παραλόγου καθήμενος ἐθεώρουν. Τὸ δ' ἦν ἔκπληξις· μέτρον γὰρ οὐκ ἔχον τὸ κακὸν ἐνεβρόντησέ με. Καὶ τάχα ὁ τῆς Νιόβης μῦθος οὐκ ἦν ψευδὴς, ἀλλὰ κἀκείνη τοιοῦτόν τι παθοῦσα ἐπὶ τῇ τῶν παίδων ἀπωλείᾳ δόξαν παρέσχεν ἐκ τῆς ἀκινησίας ὡσεὶ λίθος γενομένη. Ἐπεὶ δὲ τέλος εἶχεν, ὥς γ' ᾤμην, τοὔργον, τὸ σῶμα ἐνθέντες τῇ σορῷ καταλείπουσι, πῶμα ἐπ' αὐτῆς ἐπιθέντες, τὸν δὲ βωμὸν καταστρέψαντες, φεύγουσιν ἀμεταστρεπτί. Οὕτω γὰρ αὐτοῖς ποιεῖν ἔτυχε μεμαντευμένος ὁ ἱερεύς.

ΙϚ'. Ἑσπέρας δὲ γενομένης, ἡ διῶρυξ ἐκέχωστο πᾶσα· οἱ δὲ στρατιῶται διαβάντες αὐλίζονται μικρὸν ἄνω τῆς διώρυχος καὶ περὶ δεῖπνον ἦσαν· ὁ δὲ στρατηγὸς ἐπεχείρει με παρηγορεῖν [ὁρῶν] ἀνιαρῶς ἔχοντα. Περὶ δὲ πρώτην νυκτὸς φυλακὴν πάντας ἐπιτηρήσας καθεύδοντας, πρόσειμι, τὸ ξίφος ἔχων, ἐπικατασφάξων ἐμαυτὸν τῇ σορῷ. Ἐπεὶ δὲ πλησίον ἐγενόμην, ἀνατείνω τὸ ξίφος, Λευκίππη, λέγων, ἀθλία καὶ πάντων ἀνθρώπων δυστυχεστάτη, οὐ τὸν θάνατον ὀδύρομαί σου μόνον, οὐδ' ὅτι τέθνηκας ἐπὶ ξένης, οὐδ' ὅτι σοι γέγονεν ἐκ βίας σφαγὴ, ἀλλ' ὅτι ταῦτα τῶν σῶν ἀτυχημάτων παίγνια, ἀλλ' ὅτι καθάρσιον γέγονας ἀκαθάρτων σωμάτων καί σε ζῶσαν ἀνέτεμον, οἴμοι, καὶ βλέπουσαν ὅλην τὴν ἀνατομὴν, ἀλλ' ὅτι σοῦ τῆς γαστρὸς τὰ μυστήρια ἐμέρισαν καὶ τὴν ταφὴν κακοδαίμονι βωμῷ καὶ σορῷ. Καὶ τὸ μὲν σῶμα ταύτῃ κατατέθειται, τὰ δὲ σπλάγχνα ποῦ; εἰ μὲν δεδαπανήκει τὸ πῦρ, ἧττων ἡ συμφορά· νῦν δ' ἡ τῶν σπλάγχνων σου ταφὴ λῃστῶν γέγονε τροφή. Ὦ πονηρᾶς ἐπὶ βωμοῦ δᾳδουχίας· ὦ τροφῶν καινὰ μυστήρια. Καὶ ἐπὶ τοιούτοις θύμασιν ἔβλεπον ἄνωθεν οἱ θεοὶ καὶ οὐκ ἐσβέσθη τὸ πῦρ, ἀλλὰ μιαινόμενον ἠνείχετο καὶ ἀνέφερε τοῖς θεοῖς τὴν κνίσσαν [τὸ πῦρ]. Λάβε οὖν, Λευκίππη, τὰς πρεπούσας σοι χοὰς παρ' ἐμοῦ.

ΙΖ'. Ταῦτ' εἰπὼν ἀνατείνω ἄνω τὸ ξίφος, ὡς καθήσων ἐμαυτῷ κατὰ τῆς σφαγῆς· καὶ ὁρῶ δύο τινὰς ἐξ ἐναντίας (σεληναία δ' ἦν) σπουδῇ θέοντας. Ἐπέσχον οὖν λῃστὰς εἶναι δοκῶν, ὡς ἂν ὑπ' αὐτῶν ἀποθάνοιμι. Ἐν τούτῳ δ' ἐγγὺς ἐγένοντο καὶ ἀναβοῶσιν ἄμφω. Μενέλαος δ' ἦν καὶ ὁ Σάτυρος. Ἐγὼ δ' ἄνδρας ἰδὼν ἐκ παραλόγου ζῶντας [καὶ] φίλους, οὔτε περιεπτυξάμην, οὔτ' ἐξεπλάγην ὑφ' ἡδονῆς· τοσοῦτον ἡ λύπη με τῆς συμφορᾶς ἐξεκώφωσε. Λαμβάνονται δή μου τῆς δεξιᾶς καὶ ἐπεγείρουν ἀφαιρεῖσθαί τὸ ξίφος· ἐγὼ δὲ, Πρὸς θεῶν, ἔφην, μή μοι φθονήσητε θανάτου καλοῦ, μᾶλλον δὲ φαρμάκου τῶν κακῶν· οὐδὲ γὰρ ζῆν ἔτι δύναμαι, κἂν νῦν με βιάσησθε, Λευκίππης οὕτως ἀνῃρημένης. Τοῦτο μὲν γὰρ ἀφαιρήσεσθέ μου τὸ ξίφος, τὸ δὲ τῆς ἐμῆς λύπης ξίφος ἔνδον καταπέπηγε καὶ τέμνει κατ' ὀλίγον. Ἀθανάτῳ σφαγῇ ἀποθνῄσκειν με βούλεσθε; Λέγει οὖν ὁ Μενέλαος, Ἀλλ' εἰ διὰ τοῦτο θέλεις ἀποθανεῖν, ὥρα σοι τὸ ξίφος ἐπισχεῖν· Λευκίππη δὲ

LIBER III.

σοι νῦν ἀναβιώσεται. Βλέψας οὖν πρὸς αὐτόν, Ἔτι μου καταγελᾶς, ἔφην, ἐπὶ τηλικούτῳ κακῷ; εὖ γε, Μενέλαε, Ξενίου μέμνησαι Διός. Ὁ δὲ κρούσας τὴν σορόν, Ἐπεὶ τοίνυν ἀπιστεῖ Κλειτοφῶν, ἔφη, σύ μοι, Λευκίπ- 5 πη, μαρτύρησον, εἰ ζῇς. Ἅμα δ᾽ εἶπε, καὶ δίς που καὶ τρὶς ἐπάταξε τὴν σορόν, καὶ κάτωθεν ἀκούω φωνῆς πάνυ λεπτῆς. Τρόμος οὖν εὐθὺς ἴσχει με καὶ πρὸς τὸν Μενέλαον ἀπέβλεπον, μάγον εἶναι δοκῶν. Ὁ δ᾽ ἤνοιγεν ἅμα τὴν σορὸν καὶ ἡ Λευκίππη κάτωθεν ἀνέ- 10 βαινε, φοβερὸν θέαμα, ὦ θεοί, καὶ φρικωδέστατον. Ἀνέῳκτο μὲν ἡ γαστὴρ αὐτῆς πᾶσα καὶ ἦν ἐντέρων κενή· ἐπιπεσοῦσα δέ μοι περιπλέκεται καὶ συνέφυμεν καὶ ἄμφω κατεπέσομεν.

ΙΗ΄. Μόλις οὖν ἀναζωπυρήσας λέγω πρὸς τὸν Μενέ- 15 λαον, Οὐκ ἐρεῖς μοι, τί ταῦτα; οὐχὶ Λευκίππην ὁρῶ; ταύτην οὐ κρατῶ καὶ ἀκούω λαλούσης; Ἃ οὖν χθὲς ἐθεασάμην, τίνα ἦν; Ἢ γὰρ ἐκεῖνά ἐστιν, ἢ ταῦτα ἐνύπνια. Ἀλλ᾽ ἰδοὺ καὶ φίλημα ἀληθινὸν καὶ ζῶν, ὡς κἀκεῖνο τὸ τῆς Λευκίππης γλυκύ. Ἀλλὰ νῦν, ὁ Με- 20 νέλαος ἔφη, καὶ τὰ σπλάγχνα ἀπολήψεται καὶ τὰ στέρνα συμφύσεται καὶ ἄτρωτον ὄψει. Ἀλλ᾽ ἐπικάλυψαί σου τὸ πρόσωπον. Καλῶ γὰρ τὴν Ἑκάτην ἐπὶ τὸ ἔργον. Ἐγὼ δὲ πιστεύσας ἐνεκαλυψάμην. Ὁ δ᾽ ἄρχεται τερατεύεσθαι καὶ λόγον τινὰ καταλέγειν· 25 ἅμα λέγων περιαιρεῖ τὰ μαγγανεύματα τὰ ἐπὶ τῇ γαστρὶ τῆς Λευκίππης καὶ ἀποκατέστησεν εἰς τὸ ἀρχαῖον. Λέγει δέ μοι, Ἀποκαλύψαι. Κἀγὼ μόλις μὲν καὶ φοβούμενος (ἀληθῶς γὰρ ᾤμην τὴν Ἑκάτην παρεῖναι) ὅμως δ᾽ οὖν ἀπέστησα τῶν ὀφθαλμῶν τὰς χεῖρας 30 καὶ ὁλόκληρον τὴν Λευκίππην ὁρῶ. Ἔτι μᾶλλον οὖν ἐκπλαγεὶς ἐδεόμην τοῦ Μενελάου, λέγων· Ὦ φίλτατε Μενέλαε, εἰ διάκονός τις εἶ (θεῶν), δέομαί σου, ποῦ γῆς εἰμι, ἔφη, Μενέλαε, καὶ δεδιττόμενος αὐτόν· λέγε δέ, 35 πῶς τοὺς λῃστὰς ἠπάτησας.

ΙΘ΄. Ὁ οὖν Μενέλαος λέγει· Οἶδας, ὡς Αἰγύπτιός εἰμι τὸ γένος· φθάνω γάρ σοι ταῦτ᾽ εἰπὼν ἐπὶ τῆς νεώς. Ἦν οὖν μοι τὰ πλεῖστα τῶν κτημάτων περὶ ταύτην τὴν κώμην καὶ οἱ ἄρχοντες αὐτῆς γνώριμοι. 40 Ἐπεὶ οὖν τῇ ναυαγίᾳ περιεπέσομεν, εἶτά με προσέρριψε τὸ κῦμα τοῖς τῆς Αἰγύπτου παρκλίοις, λαμβάνουσι μετὰ τοῦ Σατύρου πρὸς τῶν ταύτην παραφυλαττόντων λῃστῶν. Ὡς δ᾽ ἄγομαι πρὸς τὸν λῄσταρχον, ταχύ με τῶν λῃστῶν τινες γνωρίσαντες, λύουσί μου τὰ δεσμά, 45 θαρρεῖν τ᾽ ἐκέλευον καὶ συμπονεῖν αὐτοῖς, ὡς δὴ ἐκείνων. Ἐξαιτοῦμαι δὴ καὶ τὸν Σάτυρον ὡς ἐμόν. Οἱ δέ, Ἀλλ᾽ ὅπως, ἔφησαν, ἐπιδείξεις ἡμῖν σεαυτὸν τολμηρὸν πρῶτον. Κἀν τούτῳ *** χρησμὸν ἴσχουσι κόρην καταθῦσαι καὶ καθῆραι τὸ λῃστήριον καὶ τοῦ μὲν 50 ἥπατος ἀπογεύσασθαι τυθείσης, τὸ δὲ λοιπὸν σῶμα σορῷ παραδόντας ἀναχωρῆσαι, ὡς ἂν τὸ τῶν ἐναντίων στρατόπεδον ὑπερβάλοι τῆς θυσίας τὸν τόπον. Λέγε δὴ τἀπίλοιπα, Σάτυρε, σὸς γὰρ ἐντεῦθεν ὁ λόγος.

Κ΄. Καὶ ὁ Σάτυρος λέγει· Ἅμα δὲ βιαζόμενος ἐπὶ

Nam Leucippe viva nunc tibi aderit. Ipse autem, conjectis in eum oculis, Atqui tu quoque, inquam, tantis (conflictatum) malis irrides? Bene scilicet Hospitalis Jovis memor es. Hic autem, percussa arca funebri, agedum tu, inquit, Leucippe, an vivas, testare, quandoquidem nullam Clitophon mihi fidem habet. Vix autem loqui desierat, cum urnam bis terve percussit, exilisque admodum ab ea proveniens vox mihi audita est. Itaque subito tremore occupatus oculos in Menelaum conjeci, magicæ artis peritum eum ratus. Ille urnam detexit, ac Leucippe quam terribili sane horrendoque adspectu, (a summo enim ad imum dissectus, ac visceribus vacuus ei venter erat) prodiit, seseque in me rejiciens, me complexa est, et ego illam contra : itaque ambo concidimus.

XVIII. Vix autem me ipse collegeram, quum ad Menelaum conversus, Quo modo, inquam, hæc se habeant, non expedies? Nonne Leucippen video, nonne hanc teneo, loquentemque audio? Cujusmodi ergo fuerunt, quæ hesterna die prospexi? Sane aut illud, aut hoc somnium est : sed osculum et verum est et vivum et quale a Leucippe olim dabatur, suave. Tum ille, atqui viscera quoque, inquit, jamjam recuperabit, pectora coalescent et omnis prorsus vulneris expertem videbis. Tu faciem vela : Proserpinam enim ad opus invoco. Itaque fidem homini habens, me velavi. Ille autem inaudita quædam facere et loqui cœpit : atque inter loquendum, quæ Leucippes ventri ad fallendos latrones adaptaverant, detraxit, prioremque illi formam reddidit, deinde memet revelare jussit. Tum ego, vix quidem, ac sane magno cum timore : Proserpinam enim vere adesse putabam, ab oculis manus removi, Leucippenque integram vidi : eoque majorem etiam in modum admiratus, si dei alicujus, Menelae carissime, inquam, minister es, ubinam, rogo te, gentium sumus? quid sibi hæc volunt quæ cerno? Leucippe quoque, illum, inquit, Menelae, frustrari amplius noli : sed quo pacto latronibus imposueris, jam expone.

XIX. Tum Menelaus, Ægyptium, inquit, me esse non ignoras : id quod tibi antea, in nave narravi. Prædiorum meorum pars major probe urbem hanc est, cujus cum præfectis nonnullis mihi usus intercedit. Quum igitur naufragium fecissemus, ad Ægypti litora me tandem fluctus ejecit, et latrones qui ei urbi præsidio fuerant, me cum Satyro ceperunt. Perductum autem ad eorum ducem nonnulli ex iis mihi agnito vincula detraxerunt et bono animo esse, sibique, uti amicum, in rebus agendis auxilium ferre jusserunt. Tunc ego Satyrum quasi meum reddi mihi poposci. At illi, strenuum, inquiunt, nobis te primum ostende. Interea responsum iis ab oraculo redditum fuit, ut virginem immolarent et suum ipsorum receptaculum expiarent, immolatæque jecinore degustato, ac reliquo corpore arcæ incluso recederent : ita ut sacrificii locum hostium exercitus superarent. Quæ reliqua sunt, tu, Satyre, commemorato, tua enim hinc oratio.

XX. Ac tum Satyrus, simul vero quum ad exercitum

τὸ στρατόπεδον, ἔκλαον, ὦ δέσποτα, καὶ ὠδυρόμην, τὰ περὶ τῆς Λευκίππης πυθόμενος, καὶ ἐδεόμην Μενελάου παντὶ τρόπῳ σῶσαι τὴν κόρην. Δαίμων δέ τις ἀγαθὸς ἡμῖν συνήργησεν. Ἐτύχομεν τῇ προτεραίᾳ τῆς 5 θυσίας ἡμέρᾳ καθεζόμενοι πρὸς τῇ θαλάττῃ λυπούμενοι καὶ περὶ τούτων σκοποῦντες, τῶν δὲ λῃστῶν τινες ναῦν ἰδόντες ἀγνοίᾳ πλανηθεῖσαν, ὥρμησαν ἐπ᾽ αὐτήν. Οἱ δ᾽ ἐπὶ τῆς νεὸς συνέντες οἳ τυγχάνουσιν, ἐπεχείρουν ἐλαύνειν εἰς τοὐπίσω. Ὡς δὲ φθάνουσιν οἱ λῃσταὶ κα- 10 ταλαβόντες, πρὸς ἄμυναν τρέπονται. Καὶ γάρ τις ἐν αὐτοῖς ἦν τῶν τὰ Ὁμήρου [τῷ στόματι] δεικνύντων ἐν τοῖς θεάτροις· τὴν Ὁμηρικὴν (οὖν) σκευὴν ὁπλισάμενος [τε] καὶ αὐτὸς καὶ τοὺς ἀμφ᾽ αὑτὸν οὕτως σκευάσας, ἐπεχείρουν μάχεσθαι. Πρὸς μὲν οὖν τοὺς πρώτους ἐπελ- 15 θόντας καὶ μάλ᾽ ἐρρωμένως ἀντετάξαντο· πλειόνων δ᾽ ἐπιπλευσάντων σκαφῶν λῃστρικῶν καταδύουσι τὴν ναῦν καὶ τοὺς ἄνδρας ἐκπεσόντας ἀνῇρουν. Λανθάνει δὴ κίστη ἐκτραπεῖσά τις, καὶ τῷ ναυαγίῳ καθ᾽ ἡμᾶς τῷ ῥοῒ κομισθεῖσα, ἣν ὁ Μενέλαος ἀναιρεῖται καὶ ἀναχωρήσας 20 ποι παρόντος ἅμα κἀμοῦ, (προσεδόκα γάρ τι σπουδαῖον ἔνδον εἶναι,) ἀνοίγει τὴν κίστην καὶ ὁρῶμεν χλαμύδα καὶ ξίφος, τὴν μὲν κώπην ὅσον παλαιστῶν τεσσάρων, τὸν δὲ σίδηρον ἐπὶ τῇ κώπῃ βραχύτατον, δακτύλων ὅσον οὐ πλείω τριῶν. Ὡς δ᾽ ἀνελόμενος τὸ ξίφος ὁ 25 Μενέλαος ἔλαθε μεταστρέψας κατὰ τὸ τοῦ σιδήρου μέρος, τὸ μικρὸν ἐκεῖνο ξίφος ὥσπερ ἀπὸ χηραμοῦ τῆς κώπης καταῤῥέχει τοσοῦτον, ὅσον εἶχεν ἡ κώπη τὸ μέγεθος· ὡς δ᾽ ἀνέστρεψεν εἰς τοὐμπαλιν, αὖθις ὁ σίδηρος εἴσω κατεδύετο. Τούτῳ δ᾽ ἄρα, ὡς εἰκὸς, ὁ κακοδαίμων ἐκεῖνος ἐν τοῖς θεάτροις ἐχρῆτο πρὸς τὰς κιβδή- 30 λους σφαγάς.

ΚΑ΄. Λέγω οὖν πρὸς τὸν Μενέλαον, Θεὸς ἡμῖν, ἂν θέλῃς χρηστὸς γενέσθαι συναγωνιεῖται. Δυνησόμεθα γὰρ καὶ τὴν κόρην σῶσαι καὶ τοὺς λῃστὰς λαθεῖν. Ἄκουσον δὲ ποίῳ τρόπῳ. Δέρμα προβάτου λαβόντες 35 ὡς ὅτι ῥαδινώτατον συῤῥάψωμεν εἰς σχῆμα βαλαντίου, μέτρον ὅσον γαστρὸς ἀνθρωπίνης, εἶτ᾽ ἐμπλήσαντες θηρσίοις σπλάγχνων καὶ αἵματος, τὴν πλαστὴν ταύτην γαστέρα ῥάψωμεν, ὡς μὴ ῥᾳδίως τὰ σπλάγχνα διεκπίπτοι, καὶ ἐνσκευάσαντες τὴν κόρην τοῦτον τὸν τρόπον 40 καὶ στολὴν ἔξωθεν περιβαλόντες μίτραις τε καὶ ζώσμασιν ἐνδεδυμένην, τὴν σκευὴν ταύτην ἐπικρύψωμεν. Πάντως δὲ καὶ ὁ χρησμὸς ἡμῖν εἰς τὸ λαθεῖν χρήσιμος. Ὁ σίδηρος γὰρ αὐτὴν ἐσταλμένην διὰ ταύτης ἀνατμηθῆναι μέσην τῆς ἐσθῆτος λέγει ὁ χρησμός. Ὁρᾷς 45 τοῦτο τὸ ξίφος ὡς ἔχει μηχανῆς. Ἂν γὰρ ἐρείσῃ τις ἐπί τινος σώματος, φεύγει πρὸς τὴν κώπην, ὥσπερ εἰς κουλεόν· καὶ οἱ μὲν ὁρῶντες δοκοῦσι βαπτίζεσθαι τὸν σίδηρον κατὰ τοῦ σώματος, ὁ δ᾽ εἰς τὸν χηραμὸν τῆς κώπης ἀνεδραμε, μόνην δὲ καταλείπει τὴν αἰχμὴν, 50 ὅσον τὴν πλαστὴν γαστέρα τεμεῖν καὶ τὴν κώπην ἐν χρῷ τοῦ σφαζομένου τυχεῖν· κἂν ἀποσπάσῃ τις τὸν σίδηρον ἐκ τοῦ τραύματος, καταρρεῖ πάλιν ἐκ τοῦ χηραμοῦ τὸ ξίφος, ὅσον τῆς κώπης ἀνακουφίζεται τὸ με-

captivus, inquit, ductus, et de Leucippes infortunio certior factus essem, o here, flebam, et lugebam, Menelaumque, ut puellam omnino servaret, obtestabar. Qua in re propitius nescio quis deus nobis auxilio fuit. Pridie enim, quam sacrificium fieret, in litore mœroris pleni, atque iis de rebus solliciti, forte consederamus. Latrones autem aliquot navem, locorum inscitia errantem, conspicati, in eam impetum fecerunt. Qui in ea erant, cognitis latronibus, retrocedere tentaverunt : sed quum eos assequerentur, ad resistendum sese converterunt. En porro nave unus quidam ex iis, qui Homeri poemata in theatris recitant, vehebatur. Is quum se, tum eos quos secum ducebat, eo habitu quo in edendis Homeri poematis uti consueverat, adornasset, pugnare cœperunt, primisque grassatoribus perquam strenue resistunt. Sed quum plures alii latronum myoparones supervenissent, et navis demersa est et egressi ex ea viri interempti : tum vero cistam quamdam, insciis illis elapsam, una cum fractæ navis parte fluctus ad nos detulerunt. Eam Menelaus sustulit et in aliquem secedens locum me simul præsente (non vulgare enim aliquid in ea contineri putabat) aperuit : chlamydemque ac cultrum, cujus manubrium palmos quatuor, ferrum vero digitos non amplius tres longum erat, invenimus. Cultrum hunc Menelaus quum inscienter torsisset, e capulo, tanquam ex antro, ferri pars tanta prodiit, quanta capuli longitudo fuerat, quumque in contrariam rursum partem torsisset, ferrum pariter intus occultatum est. Ejusmodi ferro miserum illum hominem in theatris ad fictas vulnerationes uti consuevisse credibile est.

XXI. Quamobrem ad Menelaum conversus, Si strenuam, inquam ego, nunc operam navare volueris auxilium nobis deus feret : nosque puellam servare, et a latronibus minime deprehendi poterimus. Quo autem id pacto fieri possit, accipe. Ovillam corium quam subtilissimum in sacculi formam pro humani ventris magnitudine consuemus et feræ alicujus extis ac sanguine refertum, fictum hunc ventrem componemus ita, ut exta non facile delabantur, et hunc in modum adornata puella, stolaque superimposita, mitris deinde ac vittis additis, apparatum istum occultabimus. Cui sane rei percommodum oraculum est : a quo responsum fuit, ut puella adornata cum veste ipsa per medium secetur. Tu cultrum hunc ea fabrefactum arte vides, ut, si quis aliquod in corpus defigere velit, ejus ferrum intra capulum, tanquam intra vaginam, recurrat, iis qui spectant, in corpus illud mergi existimantibus, quum tamen in manubrii latebra recondatur nec amplius exstet, quam quantum satis sit ad fictitium uterum secandum, sed pellem illius qui occiditur capulus ipse contingat. Quod si quis e vulnere gladium extrahat, tantum pariter ferri excurrit, quantum sublatus capulus emittit : illoque modo spectantium oculos fallit, arbitrantibus iis illud to-

τέωρον καὶ τὸν αὐτὸν τρόπον τοὺς δρῶντας ἀπατᾷ. Δοκεῖ γὰρ τοσοῦτον καταθῆναι ἐν τῇ σφαγῇ, ὅσον ἀνεισιν ἐκ τῆς μηχανῆς. Τούτων οὖν γενομένων, οὐκ ἂν εἰδεῖεν οἱ λῃσταὶ τὴν τέχνην. Τά τε γὰρ δέρματα
5 ἀποκέκρυπται, τά τε σπλάγχνα τῇ σφαγῇ προπηδήσεται, ἅπερ ἡμεῖς ἐξελόντες ἐπὶ τῷ βωμῷ θήσομεν. Καὶ τὸ ἐντεῦθεν οὐκέτι προσίασιν οἱ λῃσταὶ τῷ σώματι, ἀλλ' ἡμεῖς εἰς τὴν σορὸν καταθήσομεν. Ἀκήκοας τοῦ λῃστάρχου μικρῷ πρόσθεν εἰπόντος, δεῖν τι τολμηρὸν
10 ἐπιδείξασθαι πρὸς αὐτούς· ὥστ' ἔστι σοι προσελθεῖν αὐτῷ καὶ ὑποσχέσθαι ταύτην τὴν ἐπίδειξιν. Ταῦτα λέγων, ἐδεόμην Δία Ξένιον καλῶν καὶ κοινῆς ἀναμιμνήσκων τραπέζης καὶ χρηστῆς .. καὶ κοινῆς ναυαγίας.

ΚΒ'. Ὁ δὲ χρηστὸς οὗτος, Μέγα μέν, ἔφη, τὸ ἔργον,
15 ἀλλ' ὑπὲρ φίλου, κἂν ἀποθανεῖν δεήσῃ, καλὸς ὁ κίνδυνος, γλυκὺς ὁ θάνατος. Νομίζω δέ, ἔφην, ζῆν καὶ Κλειτοφῶντα. Ἥ τε γὰρ κόρη πυθομένη μοι καταλιπεῖν αὐτὸν εἶπε παρὰ τοῖς ἑαλωκόσι τῶν λῃστῶν δεδεμένον· οἱ δὲ τῶν λῃστῶν πρὸς τὸν λῄσταρχον ἐκφυγόν-
20 τες ἔλεγον, πάντας μὲν τοὺς ὑπ' αὐτῶν εἰλημμένους τὴν εἰς τὸ στρατόπεδον μάχην ἐκπεφευγέναι· ὥστ' ἀποκείσεταί σοι παρ' αὐτῷ ἡ χάρις καὶ ἅμα ἐλεῆσαι κόρην ἀθλίαν ἐκ τοσούτου κακοῦ. Ταῦτα λέγων πείθω, καὶ συνέπραξεν ἡ Τύχη. Ἐγὼ μὲν οὖν περὶ τὴν τοῦ
25 μηχανήματος ᾔμην σκευήν. Ἄρτι δὲ τοῦ Μενελάου μέλλοντος τοῖς λῃσταῖς περὶ τῆς θυσίας λέγειν, ὁ λῄσταρχος φθάσας κατὰ δαίμονα, Νόμος ἡμῖν, ἔφη, τοὺς πρωτομύστας τῆς ἱερουργίας ἄρχεσθαι, μάλισθ' ὅταν ἄνθρωπον καταθύειν δέῃ. Ὥρα τοίνυν εἰς αὔριον σοὶ
30 παρασκευάζεσθαι πρὸς τὴν θυσίαν· δεήσει δὲ καὶ τὸν σὸν οἰκέτην ἅμα σοὶ μυηθῆναι. Καὶ μάλα, οὗτος ἔφη, προθυμησόμεθα μηδενὸς ὑμῶν χείρους γενέσθαι. Στεῖλαι δ' ἡμᾶς αὐτοὺς δεήσει τὴν κόρην ὡς ἁρμοδίως πρὸς τὴν ἀνατομήν. Ὑμῶν, ὁ λῄσταρχος ἔφη, τὸ
35 ἱερεῖον. Στέλλομεν δὴ τὴν κόρην τὸν προειρημένον τρόπον καθ' ἑαυτούς, καὶ θαρρεῖν παρεκελευσάμεθα, διεξελθόντες ἕκαστα καὶ ὡς μένειν εἴσω τῆς σοροῦ χρή, κἂν θᾶττον αὐτὴν ὁ ὕπνος ἀφῇ, τὴν ἡμέραν ἔνδον μένειν. Εἰ δέ τι ἡμῖν ἐμποδὼν γένηται, σῶζε σαυτὴν
40 ἐπὶ τὸ στρατόπεδον. Ταῦτ' εἰπόντες ἐξάγομεν αὐτὴν ἐπὶ τὸν βωμόν. Καὶ τὰ λοιπὰ οἶδας.

ΚΓ'. Ὡς οὖν ἤκουσα, παντοδαπὸς ἐγινόμην καὶ διηπόρουν ὅ τι ποιήσω πρὸς τὸν Μενέλαον ἀντάξιον. Τὸ δ' οὖν κοινότατον, προσπεσὼν κατησπαζόμην καὶ
45 προσεκύνουν ὡς θεὸν καί μου κατὰ τῆς ψυχῆς ἀθρόα κατεχεῖτο ἡδονή. Ὡς δὲ τὰ κατὰ Λευκίππην εἶχέ μοι καλῶς, Ὁ δὲ Κλεινίας, εἶπον τί γέγονεν; Ὁ δὲ Μενέλαος, Οὐκ οἶδα, ἔφη. Μετὰ γὰρ τὴν ναυαγίαν εὐθὺς εἶδον μὲν αὐτὸν τῆς κεραίας λαβόμενον, ὅποι δὲ κεχώ-
50 ρηκεν, οὐκ οἶδα. Ἀνεκώκυσα οὖν ἐν μέσῃ τῇ χαρᾷ· ταχὺ γὰρ ἐφθόνησέ μοι δαίμων τις τῆς καθαρᾶς ἡδονῆς· τὸν δ' ἐμὲ φαινόμενον οὐδαμοῦ, τὸν μετὰ Λευκίππην ἐμὸν δεσπότην, τοῦτον ἐκ πάντων κατέσχεν ἡ θάλασσα, ἵνα μὴ τὴν ψυχὴν μόνον ἀπολέσῃ, ἀλλὰ καὶ τὴν ταφήν.

LIBER III.

tum, quod e manubrio exstabat, in corpus defixum fuisse. Hæc si flant, latrones artificium cognoscere nequibunt : nam et corium tectum erit et exta facto vulnere desilient : quæ nos excipientes arœ imponemus. Nec vero ad cadaver deinde latrones accedent : verum nos in tumulo collocabimus. Latronum sane principem paulo ante ipse dicentem audivisti, audacter factum aliquid sibi a nobis ostendi oportere. Licet itaque hominem tibi adire et hoc audaciæ signum polliceri. Quæ quum dixissem, preces etiam addidi, Hospitalem Jovem invocans, communisque et mensæ et naufragii mentionem faciens.

XXII. Tum vero bonus hic vir : Magnum id, inquit, facinus est : sed amici causa vel si quis mori debeat, periculum pulchrum, mors jucunda est. Atque ego rursus, Clitophontem quidem, inquam, vivere adhuc existimo : rogantì enim mihi Leucippe illum inter captivos vinctum se reliquisse affirmavit : duci præterea suo a latronibus fuga elapsis renuntiatum est, captivos omnes dum pugnaretur, ad hostes transivisse. Magnam itaque ab eo gratiam inibis, ac miseram hanc puellam tot ex malis eripies. Hac oratione hominem persuasi : nec fortunæ deinceps favor defuit. Enimvero ego in iis, quæ ad nostram machinam perficiendam opus erant, comparandis occupabar. Menelaus autem cum jam latrones, ut de sacrificio cum iis verba faceret, convenisset, eorum princeps, ita volente deo, antevertit : Atque nostris, inquit, legibus cavetur, ut qui primum initiatos est, is sacrificiis auspicetur, præsertim quum hominem immolare oportet. Itaque divinam ad rem faciendam te in crastinum comparato : servum vero etiam tuum instrui, tecumque initiari necessarium erit. Tum Menelaus, Enitemur, inquit, ut nos quoquam e vobis inferiores non simus. Atqui, muneris quoque nostri erit, puellam ita ornare, ut apte secari possit. Vestra, dux inquit, victima est. Leucippen igitur soli ipsi, quemadmodum antea propositum fuerat, ornavimus, bonoque animo esse jubentes de omnibus præmonuimus, oportere scilicet illam in arca manere, atque in eo interdiu etiam, quamvis somno solveretur, permanere. Si nos aliquid impediat ad castra (militum) (transitione facta) te ipsa serva. Quæ quum dixissemus, puellam ad aram duximus. Reliqua scis.

XXIII. Hac oratione varias mihi animus in partes distrahebatur : neque, quid agerem, quo Menelao parem collatis in me beneficiis gratiam referrem, sciebam. Itaque, quod vulgo fieri solet, ad illius pedes prostratus, hominem amplectebar et veluti numen quoddam adorabam, quum inexhausta interim voluptas animum meum perfudisset. Postequam rem, quod Leucippen attinebat, in tuto esse vidi, quid de Clinia factum esset, rogavi. Menelaus, nescio, inquit, nam fracta illum nave antennæ adhærentem vidi; verum quo deinceps delatus fuerit, ignoro. Quamobrem in lætitia media ejulavi (forte autem quidam hoc mihi gaudium evenire deus aliquis noluit), illum, qui mea causa nullo in loco reperiebatur, quem secundum Leucippen maxime omnium observabam, solum omnium mare retinebat, quo non modo spiritu, verum etiam sepulcro ca-

Ὦ θάλαττα ἄγνωμον, ἐφθόνησας ἡμῖν ὁλοκλήρου τοῦ τῆς φιλανθρωπίας σου δράματος. Ἄπιμεν οὖν εἰς τὸ στρατόπεδον κοινῇ καὶ τῆς σκηνῆς εἴσω παρελθόντες τῆς ἐμῆς, τὸ λοιπὸν τῆς νυκτὸς διετρίψαμεν, καὶ τὸ πρᾶγμα οὐκ ἔλαθε τοὺς πολλούς.

ΚΔʹ. Ἅμα δὲ τῇ ἕῳ ἄγω τὸν Μενέλαον (πρὸς) τὸν στρατηγὸν καὶ ἅπαντα λέγω· ὁ δὲ συνήδετο καὶ τὸν Μενέλαον ποιεῖται φίλον. Πυνθάνεται δὲ, πόση δύναμίς ἐστι τοῖς ἐναντίοις. Ὁ δ' ἔλεγε, πᾶσαν ἐμπεπλῆσθαι τὴν ἑξῆς κώμην ἀνδρῶν ἀπονενοημένων καὶ πολὺ συνηθροῖσθαι λῃστήριον, ὡς εἶναι μυρίους. Λέγει οὖν ὁ στρατηγός· Ἀλλ' ἡμῖν αὗται αἱ πέντε χιλιάδες ἱκαναὶ πρὸς εἴκοσι τῶν ἐκείνων. Ἀφίξονται δ' ὅσον οὔπω πρὸς τούτοις ἕτεροι δισχίλιοι τῶν ἀμφὶ τὸ Δέλτα καὶ τὴν Ἡλίου πόλιν τεταγμένων ἐπὶ τοὺς βαρβάρους. Καὶ ἅμα λέγοντος αὐτοῦ παῖς εἰστρέχει τις, λέγων, ἀπὸ τοῦ Δέλτα πρόδρομον ἥκειν τοῦ ᾽κεῖθεν στρατοπέδου καὶ πέντε λέγειν ἄλλων ἡμερῶν διατρίβειν τοὺς δισχιλίους· τοὺς γὰρ βαρβάρους [τοὺς] καταπρέχοντας πεπαῦσθαι· μελλούσης δ' ἥκειν τῆς δυνάμεως, τὸν ὄρνιν αὐτοῖς ἐπιδημῆσαι τὸν ἱερὸν, φέροντα τοῦ πατρὸς τὴν ταφήν· ἀνάγκαι δ' ἦσαν τὴν ἔξοδον ἐπισχεῖν τοσούτων ἡμερῶν.

ΚΕʹ. Καὶ τίς ὁ ὄρνις οὗτος, ὅστις, ἔφην, τοσαύτης τιμῆς ἠξίωται; ποίαν δὲ καὶ κομίζει ταφήν; Φοίνιξ μὲν ὁ ὄρνις ὄνομα, τὸ δὲ γένος Αἰθίοψ, μέγεθος κατὰ ταών, τῇ χροιᾷ ταὼς ἐν κάλλει δεύτερος. Κεκέρασται μὲν τὰ πτερὰ χρυσῷ καὶ πορφύρᾳ· αὐχεῖ δὲ τὸν Ἥλιον δεσπότην καὶ ἡ κεφαλὴ μαρτυρεῖ, ἐστεφάνωσε γὰρ αὐτὴν κύκλος εὐφεγγής· ἡλίου δ' ἐστὶν ὁ τοῦ κύκλου στέφανος εἰκών. Κυάνεός ἐστιν, ῥόδοις ἐμφερής, εὐειδὴς τὴν θέαν, ἀκτῖσι κομᾷ, καί εἰσιν αὗται πτερῶν ἀνατολαί· μερίζονται δ' αὐτοῦ Αἰθίοπες μὲν τὴν ζωήν, Αἰγύπτιοι δὲ τὴν τελευτήν. Ἐπειδὰν γὰρ ἀποθάνῃ (σὺν χρόνῳ δὲ τοῦτο πάσχει μακρῷ,) ὁ παῖς αὐτὸν ἐπὶ τὸν Νεῖλον φέρει, σχεδιάσας αὐτῷ καὶ τὴν ταφήν. Σμύρνης γὰρ βῶλον τῆς εὐωδεστάτης, ὅσον ἱκανὸν πρὸς ὄρνιθος ταφήν, ὀρύττει τε τῷ στόματι καὶ κοιλαίνει κατὰ μέσον καὶ τὸ ὄρυγμα θήκη γίνεται τῷ νεκρῷ. Ἐνθεὶς δὲ καὶ ἐναρμόσας τὸν ὄρνιν τῇ σορῷ, [φέρει] καὶ (βύσας) τὸ χάσμα γηίνῳ χώματι, ἐπὶ τὸν Νεῖλον οὕτως ἵπταται τὸ ἔργον φέρων. Ἕπεται δ' αὐτῷ χορὸς ἄλλων ὀρνίθων ὥσπερ δορυφόρων καὶ ἔοικεν ὁ ὄρνις ἀποδημοῦντι βασιλεῖ, καὶ τὴν πόλιν οὐ πλανᾶται τὴν Ἡλίου. Ὄρνιθος αὕτη μετοικία νεκροῦ. Ἕστηκεν οὖν ἐπὶ μετεώρου σκοπῶν καὶ ἐκδέχεται τοὺς προπόλους τοῦ θεοῦ. Ἔρχεται δή τις ἱερεὺς Αἰγύπτιος, βιβλίον ἐξ ἀδύτων φέρων καὶ δοκιμάζει τὸν ὄρνιν ἐκ τῆς γραφῆς. Ὁ δ' οἶδεν ἀπιστούμενος καὶ τὰ ἀπόρρητα φαίνει τοῦ σώματος καὶ τὸν νεκρὸν ἐπιδείκνυται καὶ ἔστιν ἐπιτάφιος σοφιστής. Ἱερέων δὲ παῖδες Ἡλίου τὸν ὄρνιν τὸν νεκρὸν παραλαβόντες θάπτουσι. Ζῶν μὲν οὖν Αἰθίοψ ἐστὶ τῇ τροφῇ, ἀποθανὼν δ' Αἰγύπτιος γίνεται τῇ ταφῇ.

reret. O malevolum mare, tu integrum nobis benignitatis tuæ fructum invidisti. Ceterum inde digressi ad exercitum una profecti sumus, meoque in tentorio noctis reliquum transegimus. Facti autem illius fama late disseminata est.

XXIV. Ubi dies illuxit, Menelaum ad Charmidem duxi, remque omnem exposui : qui ea delectatus Menelaum in amicitiam recepit, ac de adversariorum numero percunctatus est. Menelaus vicinum illum pagum desperatione audacissimis hominibus plenum esse, latronesque perquam frequentes, ut jam decem millium numerum implerent, convenisse dixit. Tum dux, Atqui millia quinque hæc nostra, inquit, viginti eorum facile obsistere poterunt : quamquam non ita multo post alia duo aderunt ex iis, qui regionem, quam Delta vocant et Heliopolim, a barbarorum excursionibus tuentur. Interea dum Charmides hæc narraret, puer quidam est ingressus, nuntium exercitus a regione Delta adesse significavit, referentem, ea militum millia duo quinque adhuc dies tardatura, barbaros quidem certe incursionibus modum fecisse : verum quum iter cohortes facturæ essent, sacrum volucrem patris sepulcrum ferentem iis appropinquasse : ac propterea tantum temporis profectionem differre coactas fuisse.

XXV. Tum ego, Quisnam hic, inquam, volucris est, cui honoris tantum tribuatur? aut quodnam sepulcrum gestat? Voluerı nomen, inquiunt, Phœnix est, apud Æthiopes nascitur, pavonis magnitudine, coloris pulchritudine pavonem superat. Pennas auro et purpura interpictas habet, solem dominum suum esse gloriatur : id quod caput ejus testatur. Nam illud coronat splendidissimus orbis, cujus orbis corona imaginem Solis refert. Colore cæruleo est, rosea facie, adspectu jucundo, radiis projectis : et sunt hi pennarum ut solis radiorum ortus. Ea vero conditione est, ut vivo Æthiopes, mortuo Ægyptii potiantur. Quum primum enim vitam cum morte commutavit (quæ res non nisi longum post tempus fit), ejus filius ad Nilum flumen defert, sepulcrumque illi construit : odoratissimæ enim myrrhæ tantum sumit, quantum ad cadaver includendum sufficere possit, rostroque excavat et medium infodit : atque id volucri sepulcrum est. Collocato autem volucri apte in eo cavo, ac terra operto hiatu, Nilum versus volans opus totum secum defert, innumeris aliis avibus, tanquam corporis custodibus, comitatus, ut pergere abeuntem regem imitetur, nec a Solis urbe, quæ mortui volucris sedes est, usquam declinat : sed eo delatus in sublimi, quo cerni possit, subsistit, deique administros exspectat : nec multo post Ægyptius sacerdos e sacrario cum libro prodit, volucrem descriptionis comparatione dijudicans. Quocirca fidem ille sibi minime haberi sentiens, occultas corporis partes revelat, cadaverque oculis subjicit et laudatoris munere fungitur. Tum Solis sacerdotes acceptum sacri volucris cadaver sepulturæ tradunt. Ita fit, ut victus ratio, dum vivit, Æthiopem, sepulturæ, quum moritur, Ægyptium illum efficiat.

ΛΟΓΟΣ ΤΕΤΑΡΤΟΣ.

LIBER IV.

Ἔδοξεν οὖν τῷ στρατηγῷ μαθόντι τήν τε τῶν ἐναντίων παρασκευὴν καὶ τὴν τῶν συμμάχων ἀναβολὴν, εἰς τὴν κώμην ἀναστρέψαι πάλιν, ὅθενπερ ἐξωρμήσαμεν, ἔστ' ἂν οἱ σύμμαχοι παραγένωνται· ἐμοὶ δέ τις οἶκος ἀπετέτακτο ἅμα τῇ Λευκίππῃ μικρὸν ἀνωτέρω τῆς τοῦ στρατηγοῦ καταγωγῆς. Καὶ ὡς εἴσω παρῆλθον, περιπτυξάμενος αὐτὴν οἷός [τε] ἤμην ἀνδρίζεσθαι. Ὡς δ' οὐκ ἐπέτρεπε, Μέχρι πότε, εἶπον, χηρεύομεν τῶν τῆς Ἀφροδίτης ὀργίων; Οὐχ ὁρᾷς οἷα ἐκ παραλόγου γίνεται; ναυαγία, καὶ λῃσταί, καὶ θυσίαι, καὶ σφαγαί; Ἀλλ' ἕως ἐν γαλήνῃ τῆς Τύχης ἐσμὲν, ἀποχρησώμεθα τῷ καιρῷ, πρίν τι χαλεπώτερον ἡμᾶς ἐπισχεῖν. Ἡ δὲ, Ἀλλ' οὐ θέμις, ἔφη, τοῦτ' ἤδη γενέσθαι. Ἡ γάρ μοι θεὸς Ἄρτεμις ἐπιστᾶσα πρώην κατὰ τοὺς ὕπνους, ὅτε ἔκλαον μέλλουσα σφαγήσεσθαι, Μὴ νῦν, ἔφη, κλᾶε· οὐ γὰρ τεθνήξῃ· βοηθὸς γὰρ ἐγώ σοι παρέσομαι· μενεῖς δὲ παρθένος, ἔστ' ἄν σε νυμφοστολήσω· ἄξεται δέ σε ἄλλος οὐδεὶς ἢ Κλειτοφῶν. Ἐγὼ δὲ τῇ μὲν ἀναβολῇ ἠχθόμην, ταῖς δὲ τοῦ μέλλοντος ἐλπίσιν ἡδόμην. Ὡς δ' ἤκουσα τὸ ὄναρ, ἀναμιμνήσκομαι προσόμοιον ἰδὼν ἐνύπνιον. Ἐδόκουν γὰρ τῇ παρελθούσῃ νυκτὶ ναὸν Ἀφροδίτης ἰδεῖν καὶ τὸ ἄγαλμα ἔνδον εἶναι τῆς θεοῦ· ὡς δὲ πλησίον ἐγενόμην προσευξόμενος, κλεισθῆναι τὰς θύρας. Ἀθυμοῦντι δέ μοι γυναῖκα ἐκφανῆναι κατὰ τὸ ἄγαλμα τὴν μορφὴν ἔχουσαν, καὶ Νῦν, εἶπεν, οὐκ ἔξεστί σοι παρελθεῖν εἴσω τοῦ νεώ· ἢν δ' ὀλίγον ἀναμείνῃς χρόνον, οὐκ ἀνοίξω σοι μόνον, ἀλλὰ καὶ ἱερέα σε ποιήσω τῆς θεοῦ. Καταλέγω δὴ τοῦτο τῇ Λευκίππῃ τὸ ἐνύπνιον καὶ οὐκέτι ἐπεχείρουν βιάζεσθαι. Ἀναλογιζόμενος δὲ τὸν τῆς Λευκίππης ὄνειρον, οὐ μετρίως ἐταραττόμην.

Β'. Ἐν τούτῳ δὴ Χαρμίδης, τοῦτο γὰρ ἦν ὄνομα τῷ στρατηγῷ, ἐπιβάλλει τῇ Λευκίππῃ τὸν ὀφθαλμὸν, ἀπὸ τοιαύτης ἀφορμῆς αὐτὴν ἰδών. Ἔτυχον ποτάμιον θηρίον ἄνδρες τεθηρακότες θέας ἄξιον. Ἵππον δ' αὐτὸν τοῦ Νείλου καλοῦσιν οἱ Αἰγύπτιοι. Καί ἐστι μὲν ἵππος, ὡς ὁ λόγος βούλεται, τὴν γαστέρα καὶ τοὺς πόδας· πλὴν ὅσον ἐν χηλῇ σχίζει τὴν ὁπλήν· μέγεθος δὲ κατὰ τὸν βοῦν τὸν μέγιστον· οὐρὰ βραχεῖα καὶ ψιλὴ τριχῶν, ὅτι καὶ τὸ λοιπὸν τοῦ σώματος οὕτως ἔχει· κεφαλὴ περιφερὴς οὐ σμικρά· ἔγχυς ἵππου παρειαί· μυκτὴρ ἐπὶ μέγα κεχηνὼς καὶ πνέων πυρώδη καπνὸν, ὡς ἀπὸ πηγῆς πυρός· γένυς εὐρεῖα, ὅση καὶ παρειὰ, μέχρι τῶν κροτάφων ἀνοίγει τὸ στόμα. Ἔχει δὲ καὶ κυνόδοντας καμπύλους, κατὰ μὲν τὴν ἰδέαν καὶ τὴν θέσιν ὡς ἵππος, τὸ δὲ μέγεθος εἰς τριπλάσιον.

Γ'. Καλεῖ δὴ πρὸς τὴν θέαν ἡμᾶς ὁ στρατηγός· καὶ ἡ Λευκίππη συμπαρῆν. Ἡμεῖς μὲν οὖν ἐπὶ τὸ θηρίον τοὺς ὀφθαλμοὺς εἴχομεν, ἐπὶ τῆς Λευκίππης δ' ὁ στρατηγός· καὶ εὐθὺς ἑαλώκει. Βουλόμενος οὖν ἡμᾶς παραμένειν ἐπιπλεῖστον, ἵν' ἔχοι τοῖς ὀφθαλμοῖς αὐτοῦ χαρίζεσθαι, περιπλοκὰς ἐζήτει λόγων· πρῶτον μὲν τὴν

LIBER QUARTUS.

Posteaquam hostium apparatum et auxiliorum moram dux cognovit, ad pagum, unde exieramus, revertendum, dum adessent auxilia, constituit. Mihi vero atque Leucippæ diversorium quoddam paulo altius, quam Charmidis, assignatum fuit : in quod simulatque introivi, ad complexum ejus currens, virum me præstare aggressus sum. Sed quum illa non pateretur, quousque tandem, inquam, Veneris fructu carendum nobis erit? an non vides, quam multa improviso nobis eveniant? naufragium, latrones, victimæ, mactatio? Ergo dum in tuto sumus, oblata occasione, prius quam gravius aliquid incidat, utamur. Tum Leucippe, Atqui fieri hoc, inquit, nondum licet. Nam quum aræ victimæ loco destinata lugerem, visa mihi nuper per somnium Diana, ne nunc, inquit, lugeas, non enim moriere. Ipsa tibi opem feram; tu virginitatem tuam tamdiu serva, quoad ego te deducam : tu certe nonnisi Clitophonti nubes. Ego vero quamquam moram hanc ægre ferebam, futuri tamen spe lætabar, atque insomnii mentione audita, simile quoque mihi visum insomnium fuisse recordatus sum. Nocte enim, quæ diem illum præcesserat, Veneris templum, stantemque intus effigiem videre mihi visus fueram ; quumque precandi gratia prope accessissem, januam claudi, atque hac de causa perturbato mihi mulierem statuæ forma non absimilem apparuisse, quæ diceret, templum ingredi mihi nondum fas esse : verum, si aliquamdiu exspectassem, futurum nt non solum fores mihi pateret, sed etiam ut deæ sacerdos crearer. Illud itaque Leucippæ commemoravi, neque amplius ei vim afferre conatus sum. Verumtamen illius insomnium animo mecum reputans non mediocriter contristabar.

II. Interea Charmides, hoc enim duci nomen, puellæ oculos adjecit, quum ejus videndæ occasio quædam hujusmodi homini oblata esset. Forte fortuna viri aliquot fluviatilem belluam spectatu dignam, comprehenderant : quam Nili equum Ægyptii appellant. Reveraque et ventre et pedibus, sicuti fama fert, equus est, nisi quod scissas ungulas habet. Corporis magnitudine maximum quemque bovem æquiparat. Cauda ei brevis est et pilorum asperitate, quemadmodum corpus etiam reliquum, carens. Caput rotundum, non parvum : maxillæ fere equinæ, nares perquam patulæ, et ignitum fumum, tanquam ignis scaturigines, spirantes : mentum latum, quemadmodum etiam maxillæ : oris hiatus ad tempora usque protensus : dentes, qui canini vocantur, curvi, forma et situ equinis similes, verum triplo majores.

III. Ad eam belluam spectandam Charmides invitavit : affuitque una nobiscum ipsa etiam Leucippe. Nos porro bellum contemplabamur : ille autem oculos a Leucippe nusquam dejiciebat. Quocirca ejus amore statim exarsit : atque diutius nos illic, quo gratum oculis suis faceret, permanere cupiens, alios ex aliis sermones quærebat :

φύσιν τοῦ θηρίου καταλέγων, εἶτα καὶ τὸν τρόπον τῆς ἄγρας, ὡς ἔστι μὲν ἀδηφαγώτατον καὶ ποιεῖται τροφὴν ὅλον λήϊον, ἀπάτῃ δὲ ταύτῃ πάσχει τὴν ἄγραν. Ἐπιτηρήσαντες γὰρ αὐτοῦ τὰς διατριβὰς, ὄρυγμα 5 ποιησάμενοι, ἐπικαλύπτουσιν ἄνωθεν καλάμῃ καὶ χώματι· ὑπὸ δὲ τὴν τῶν καλάμων μηχανὴν ἑστάναι κάτω ξύλινον οἴκημα, τὰς θύρας ἀνεῳγμένον εἰς τὸν ὄροφον τοῦ βόθρου καὶ τὴν πτῶσιν τοῦ θηρίου λοχᾶν· τὸν μὲν γὰρ ἐπιβάντα φέρεσθαι εὐθὺς καὶ τὸ οἴκημα 10 φωλεοῦ δίκην ὑποδέχεσθαι καὶ τοὺς κυνηγέτας ἐκθορόντας εὐθὺς ἐπικλείειν τοῦ πώκατος τὰς θύρας καὶ ἔχειν οὕτω τὴν ἄγραν, ἐπεὶ πρός γε τὸ καρτερὸν οὐδεὶς ἂν αὐτοῦ κρατήσειε βίᾳ. Τά τε γὰρ ἄλλα ἐστὶν ἀλκιμώτατος καὶ τὸ δέρμα, ὡς ὁρᾶτε, φέρει τραχὺ καὶ 15 οὐκ ἐθέλει πείθεσθαι σιδήρου τραύματι, ἀλλ᾽ ἐστὶν, ὡς εἰπεῖν, ἐλέφας Αἰγύπτιος. Καὶ γὰρ δεύτερος φαίνεται εἰς ἀλκὴν ἐλέφαντος Ἰνδοῦ.

Δ΄. Καὶ ὁ Μενέλαος, Ἦ γὰρ ἐλέφαντα, ἔφη, ἤδη τεθέασαί ποτε; Καὶ μάλα, ὁ Χαρμίδης εἶπεν, καὶ ἀκή- 20 κοα παρὰ τῶν ἀκριβῶς εἰδότων τῆς γενέσεως αὐτοῦ τὸν τρόπον ὡς παράδοξος. Ἀλλ᾽ ἡμεῖς γ᾽ οὐκ εἴδομεν εἰς ταύτην, ἔφην ἐγὼ, τὴν ἡμέραν, ὅτι μὴ γραφῇ. Λέγοιμ᾽ ἂν ὑμῖν, εἶπε, καὶ γὰρ ἄγομεν σχολήν. Κυεῖ μὲν αὐτὸν ἡ μήτηρ χρονιώτατον· δέκα γὰρ ἐνιαυτοῖς 25 πλάττει τὴν σποράν· μετὰ δὲ τοσαύτην ἐτῶν περίοδον τίκτει ὅταν ὁ τόκος γέρων γένηται. Διὰ τοῦτο, οἶμαι, καὶ ἀποτελεῖται μέγας τὴν μορφὴν, ἄμαχος τὴν ἀλκὴν, πολὺς τὴν βιοτὴν, βραδὺς τὴν τελευτήν. Βιοῦν γὰρ αὐτόν λέγουσιν ὑπὲρ τὴν Ἡσιόδου κορώνην. Τοιαύτη 30 δ᾽ ἐστὶν ἐλέφαντος ἡ γένυς, οἷα τοῦ βοὸς ἡ κεφαλή. Σὺ μὲν γὰρ ἂν ἰδὼν εἴποις κέρας ἔχειν αὐτὸ τὸ στόμα διπλοῦν· ἔστι δὲ τοῦτο ἐλέφαντος καμπύλος ὀδούς. Μεταξὺ δὲ τῶν ὀδόντων ἀνθίσταται αὐτῷ προβοσκὶς, κατὰ σάλπιγγα μὲν καὶ τὴν ὄψιν καὶ τὸ μέγεθος, εὐπει- 35 θὴς δὲ τῶν πρὸς τὸν ἐλέφαντα. Προνομεύει γὰρ αὐτῷ τὰς βοσκὰς καὶ πᾶν ὅ τι ἂν ἐμποδῶν εὕρῃ σιτίον, ἐὰν μὲν ᾖ ὄψον ἐλέφαντος, ἔλαβέ τ᾽ εὐθὺς καὶ ἐπιπτυχθεῖσα κάτω πρὸς τὴν γένυν τῷ στόματι τὴν τροφὴν διακονεῖ· ἂν δέ τι τῶν ἁδροτέρων ἴδῃ, τούτῳ περιβάλλει, 40 κύκλῳ τὴν ἄγραν περισφίγξας καὶ τὸ πᾶν ἀνεκούφισε καὶ ὤρεξεν ἄνω δῶρον δεσπότῃ. Ἐπικάθηται γάρ τις αὐτῷ ἀνὴρ Αἰθίοψ, καινὸς ἐλέφαντι ἱππεὺς ὤν· καὶ κολακεύει καὶ φοβεῖται καὶ τῆς φωνῆς αἰσθάνεται καὶ μαστίζοντος ἀνέχεται· ἡ δὲ μάστιξ αὐτῷ πέλεκυς 45 σιδηροῦς. Εἶδον δὲ ποτε καὶ θέαμα καινόν. Ἀνὴρ Ἕλλην ἐνέθηκε τὴν κεφαλὴν κατὰ μέσην τοῦ θηρίου τὴν κεφαλήν· ὁ δ᾽ ἐλέφας ἐκεχήνει καὶ περιήσθμαινε τὸν ἄνθρωπον ἐγκείμενον. Ἀμφότερ᾽ οὖν ἐθαύμαζον, καὶ τὸν ἄνθρωπον τῆς εὐτολμίας καὶ τὸν ἐλέφαντα τῆς 50 φιλανθρωπίας. Ὁ δ᾽ ἄνθρωπος ἔλεγεν, ὅτι καὶ μισθὸν εἴη δεδωκὼς τῷ θηρίῳ· προσπνεῖν γὰρ αὐτῷ [καὶ] μόνον οὐ τῶν ἀρωμάτων Ἰνδικῶν· εἶναι δὲ καὶ κεφαλῆς νοσούσης φάρμακον. Οἶδεν οὖν τὴν θεραπείαν ὁ ἐλέφας καὶ προῖκα οὐκ ἀνοίγει τὸ στόμα, ἀλλ᾽ ἐστὶν ἰατρὸς

---

ac belluæ primum naturam, deinde capiendi modum referens, voracissimum animal esse aiebat, ita ut segete plenum campum totum absumat : nec nisi dolo capi. Observatis enim locis in quibus degat, venatores fossam excavare, arundinibusque ac terra cooperire, subjecta tamen arca lignea, cujus fores in superiore parte ad fossæ altitudinem adapertæ sint : deinde occulto aliquo in loco, donec bellua decidat, exspectare : porro eam superascendentem deorsum statim ferri, atque ab arca, tanquam a cubili, excipi : tum venatores celeriter accurrere, ac fores claudere, illoque modo bellua potiri, quoniam tanti alioqui roboris sit, ut vi a quoquam capi nequeat. Esse enim cum reliquis omnibus sui partibus robustissimam, tum cute adeo dura, ut ferro etiam cedere nolit, meritoque elephantem Ægyptium dici posse : secundum enim roboris locum ab elephante Indo obtinere.

IV. Tum Menelaus, An vero etiam elephantem, inquit, vidisti? Maxime, inquit Charmides, et ex iis etiam, qui accurate sciebant, procreationis ejus incredibilem naturam audivi. At nobis, inquam ego, non nisi pictum spectare hactenus licuit. Tum Charmides, Ego vobis enarrabo, inquit, sumus enim otiosi. Longævum illum mater parit : annos enim decem in utero semen informandum continet, deinde exacto annorum hujusmodi curriculo, in lucem edit, fœtu jam senescente. Hac de causa et corpore immenso et robore insuperabili, vita longissima, morte serotina, quippe supra Hesiodiæ cornicis annos vivere traditur, gigni arbitror. Elephantorum talis est maxilla, quale tauri caput. Ac si tu illius os videres, cornua duo habere judicares : verum non cornua, sed dentes repandi sunt, e quorum medio surgit proboscis, (quam manum vocant,) forma et magnitudine tubæ similis et iis quæ ei usui sunt, percommoda. Ea enim et cibum, et quidquid esui aptum objicitur, corripit. Ac si ex iis fuerit, quibus in cibum animal uti consuevit, sumit statim, seque mentum versus inflectens, ori offert : sin minus, huic manum circumjicit, contorquens in circulum prædam et omnem sustollit, heroque ut donum porrigit : insidet enim illi Æthiops vir, qui novus illius eques est. Blanditur vero etiam et formidat et loquentem intelligit et verberari patitur, ferrea videlicet clava flagelli loco adhibetur. Atqui mirabile quiddam etiam vidi aliquando spectaculum. Græcus scilicet caput suum belluæ capiti medio imposuit, belluaque aperti oris anhelitu hominem permulcebat. In quo sane et hominis audaciam et elephanti benignitatem admirabar. Mercedem vero belluæ a se persolutam et aromatum pene Indicorum ab ea odorem afflatum fuisse, Græcus ille aiebat, qui capitis dolorem removerit. Elephas curationem minime ignorat ideoque gratis os non

ἀλαζὼν καὶ τὸν μισθὸν πρῶτον αἰτεῖ. Κἂν δῷς, πείθεται καὶ παρέχει τὴν χάριν καὶ ἁπλοῖ τὴν γένυν καὶ τοσοῦτον ἐκδέχεται κεχηνὼς, ὅσον ὁ ἄνθρωπος βούλεται. Οἶδε γὰρ ὅτι πέπραχε τὴν ὀδμήν.

5 Ε′. Καὶ πόθεν, ἔφην, οὕτως ἀμόρφῳ θηρίῳ τοσαύτη τῆς εὐωδίας ἡδονή; Ὅτι, ἔφη Χαρμίδης, τοιαύτην ποιεῖται καὶ τὴν τροφήν. Ἰνδῶν γὰρ ἡ γῆ γείτων ἡλίου. Πρῶτοι γὰρ ἀνατέλλοντα τὸν θεὸν ὁρῶσιν Ἰνδοὶ καὶ αὐτοῖς θερμότερον τὸ φῶς ἐπικάθηται καὶ 10 τηρεῖ τὸ σῶμα τοῦ πυρὸς τὴν βαφήν. Γίνεται δὲ παρὰ τοῖς Ἕλλησιν ἄνθος Αἰθίοπος χροιᾶς. Ἔστι δὲ παρ' Ἰνδοῖς οὐκ ἄνθος ἀλλὰ πέταλον, οἷα παρ' ἡμῖν τὰ πέταλα τῶν φυτῶν· ὃ (ἐκεῖ) μὲν κλέπτει τὴν πνοὴν καὶ τὴν ὀδμὴν οὐκ ἐπιδείκνυται· ἢ γὰρ ἀλαζονεύεσθαι 15 πρὸς τοὺς εἰδότας ὀκνεῖ τὴν ἡδονὴν ἢ τοῖς πολίταις φθονεῖ. Ἂν δὲ τῆς γῆς μικρὸν ἐξοικήσῃ καὶ ὑπερβῇ τοὺς ὅρους, ἀνοίγει τῆς κλοπῆς τὴν ἡδονὴν καὶ ἄνθος ἀντὶ φύλλου γίνεται καὶ τὴν ὀδμὴν ἐνδύεται. Μέλαν τοῦτο ῥόδον Ἰνδῶν. Ἔστι δὲ τοῖς ἐλέφασι σιτίον, ὡς 20 τοῖς βουσὶ παρ' ἡμῖν ἡ πόα. Ἆτ' οὖν ἐκ πρώτης γονῆς αὐτῷ τραφεὶς, ὀδωδέ τε πᾶς κατὰ τὴν τροφὴν καὶ τὸ πνεῦμα πέμπει κάτωθεν εὐωδέστατον, ὃ τῆς πνοῆς αὐτῷ γέγονε πηγή.

Ϛ′. Ἐπεὶ οὖν ἐκ τῶν λόγων ἀπηλλάγημεν τοῦ στρα-25 τηγοῦ, μικρὸν διαλιπὼν, ὅτι οὐ δύναταί τις τρωθεὶς ἀνέχεσθαι θλιβόμενος τῷ πυρί, τὸν Μενέλαον μεταπέμπεται, καὶ τῆς χειρὸς λαβόμενος λέγει· Ἀγαθὸν εἰς φιλίαν οἶδά σε ἐξ ὧν ἔπραξας εἰς Κλειτοφῶντα· κἀμὲ δ' εὑρήσεις οὐ χείρονα. Δέομαι δὲ παρὰ σοῦ χάριτος, 30 σοὶ μὲν ῥᾳδίας, ἐμοὶ δὲ ἀνασωσούσης τὴν ψυχήν, ἂν παρέχῃς. Λευκίππην με ἀπολώλεκε· σῶσον δὲ σύ. Ὀφείλεταί σοι παρ' αὐτῆς ζωάγρια, μισθὸς δὲ σοὶ μὲν χρυσοῖ πεντήκοντα τῆς διακονίας, αὐτῇ δὲ, ὅσους ἂν θέλῃ. Λέγει οὖν ὁ Μενέλαος· Τοὺς μὲν χρυσοῦς ἔχε 35 καὶ φύλαττε τοῖς τὰς χάριτας πιπράσκουσιν· ἐγὼ δὲ φίλος ὢν, πειράσομαι γενέσθαι σοι χρήσιμος. Ταῦτ' εἰπὼν, ἔρχεται πρός με καὶ πάντα καταγορεύει. Ἐβουλευόμεθα οὖν τί δεῖ πράττειν. Ἔδοξε δ' αὐτῶν ἀπατῆσαι. Τό τε γὰρ ἀντιλέγειν οὐκ ἀκίνδυνον ἦν, 40 μὴ καὶ βίαν προσαγάγῃ, τὸ δὲ φεύγειν ἀδύνατον, πάντῃ μὲν λῃστῶν περικεχυμένων, τοσούτων δὲ στρατιωτῶν ἀμφ' αὐτὸν ὄντων.

Ζ′. Μικρὸν οὖν διαλιπὼν ὁ Μενέλαος, ἀπελθὼν πρὸς τὸν Χαρμίδην, Κατείργασται τὸ ἔργον, ἔφη· καίτοι τὸ 45 πρῶτον ᾐνεῖτο ἰσχυρῶς ἡ γυνή, δεομένου δέ μου καὶ ὑπομιμνήσκοντος τῆς εὐεργεσίας, ἐπένευσεν. Ἀξιοῖ δὲ δικαίαν δέησιν, ὀλίγην τινὰ αὐτῇ χαρίσασθαι προθεσμίαν ἡμερῶν, ἔστ' ἂν εἰς τὴν Ἀλεξάνδρειαν ἀφίκωμαι. Κώμη γὰρ αὕτη, καὶ ἐν ὄψει τὰ γινόμενα, καὶ πολλοὶ 50 μάρτυρες. Εἰς μακρὰν, ὁ Χαρμίδης εἶπε, δίδως τὴν χάριν. Ἐν πολέμῳ τίς ἐπιθυμίαν ἀναβάλλεται; τίς στρατιώτης ἐν χερσὶν ἔχων μάχην, οἶδεν εἰ ζήσεται; Τοσαῦται τῶν θανάτων εἰσὶν ὁδοί· αἴτησαί μοι παρὰ τῆς Τύχης τὴν ἀσφάλειαν καὶ ἀναμενῶ.

aperit, sed ante omnia, superbi medici more præmium ante poscit : quo accepto, paret, ac gratiam refert, os pandit, et eo aperto, quamdiu quidem homo velit, exspectat, intelligit scilicet odorem se vendidisse.

V. Tum ego, Unde, inquam, tam deformi belluæ tam suavis odor? Ex cibo, inquit, Charmides, quo ad eam rem maxime idoneo utitur. Indorum regio soli vicina est, primique ipsi orientem illum adspiciunt, calidioresque illius radios experiuntur, ita ut etiam quasi igne colorati sint. In Græcia flos oritur Æthiopum colorem referens, qui apud Indos non flos, sed frons est, cujusmodi eæ sunt, quæ in arboribus nostris cernuntur. Atque illic quidem afflatum celat, odoremque non profert; sive quia inter illos qui hujus suavitatis non ignari sunt gloriari veretur, sive quia civibus suis invidet : sin vero e patria terra paulum modo excedat, finesque transcendat, latentem suavitatem in apertum profert, atque e fronde in florem mutatus odore cumulatur. Indorum hic flos est, quam nigram rosam vocant. Hac elephantes vescuntur, quemadmodum gramine apud nos boves. Igitur a primo fere ortu paulo ejusmodi enutrita bellua cibo similem odorem ex toto corpore reddit, halitumque odoratissimum ab imo, ubi ei spiritus fons est, efflat.

VI. Posteaquam loquendi finem Charmides fecit, non multum temporis abire passus (qui enim amore saucius est, quum illius æstu jactatur, dolori ferendo par esse nequit), Menelaum ad se vocatum manu prehendit, atque ex iis, inquit, quæ Clitophontis causa fecisti, verum te amicum esse intellexi : quare me quoque non deteriorem invenies. Gratiam a te peto, tibi sane factu quam facillimam, mihi vero, si tribuas, animæ incolumitatem redditurum. Leucippe me perdidit : tu me servato. Illa tibi, mercedem pro reddita vita debet, verum ego pro tuo hoc in me collato beneficio nummos aureos quinquaginta dono dabo, Leucippe ipsa quot volueris, accipiet. Tum vero Menelaus, Pecuniam, inquit, tuam tibi habe, atque illis, quibus venalia beneficia sunt, serva. Ego, cum in amicitiam me receperis, operam dabo, ut tibi utilis sim. Quæ quum dixisset, me convenit, remque omnem exposuit. Quapropter, quid nos agere oporteret deliberabamus, et hæc nostra sententia, ut hominem falleremus. Negare enim periculosum erat, ne vim adhiberet, sed neque fugam arripere, quum a latronibus omnia obsessa essent, et ipse tot circum se milites haberet, ullo pacto licebat.

VII. Igitur paulo post reversus ad Charmidem Menelaus rem confecisse se inquit, ac puellam primo quidem perquam obstinate renuisse : veruntamen quum ipse preces adhibuisset, ac beneficii memoriam renovasset, tandem annuisse. Unum tantum, atque id non injustum, rogavisse, nempe ut dies pauci concederentur, donec Alexandriam perveniretur : locum enim in quo tum degerent, villam esse, omnia illic palam futura, multosque testes habitura. Charmides vero, Serum, inquit, hoc mihi beneficium dat. In bello autem quis cupiditatem explere differat? Ecquis miles prælium jamjam initurus, victurum se certus sit, quum tot morti aditus pateant? Tu mihi a Fortuna id impetra, ut

Ἐπὶ πόλεμον νῦν ἐξελεύσομαι βουκόλων· ἔνδον μοι τῆς ψυχῆς ἄλλος πόλεμος κάθηται. Στρατιώτης με πορθεῖ τόξον ἔχων, βέλος ἔχων. Νενίκημαι, πεπλήρωμαι βελῶν· κάλεσον, ἄνθρωπε, ταχὺ τὸν ἰασόμενον· 5 ἐπείγει τὸ τραῦμα. Ἅψω πῦρ ἐπὶ τοὺς πολεμίους· ἄλλας δᾷδας ὁ ἔρως ἀνῆψε κατ' ἐμοῦ. Τοῦτο πρῶτον, Μενέλαε, σβέσον τὸ πῦρ. Καλὸν τὸ οἰώνισμα πρὸ πολέμου συμβολῆς ἐρωτικὴ συμπλοκή. Ἀφροδίτη με πρὸς Ἄρεα ἀποστειλάτω. Καὶ ὁ Μενέλαος, Ἀλλ'
10 ὁρᾷς, ἔφη, ὡς οὐκ ἔστι ῥᾴδιον λαθεῖν αὐτὴν ἐνθάδε τὸν ἄνδρα ὄντα καὶ ταῦτ' ἐρῶντα. Καὶ ὁ Χαρμίδης, Ἀλλὰ τοῦτό γε ῥᾴδιον, ἔφη, τὸν Κλειτοφῶντα ἀποφορτίσασθαι. Ὁρῶν οὖν ὁ Μενέλαος τοῦ Χαρμίδου τὴν σπουδὴν καὶ φοβηθεὶς περὶ ἐμοῦ, ταχύ τι σκήπτεται
15 πιθανὸν καὶ λέγει· Βούλει τὴν ἀλήθειαν ἀκοῦσαι τῆς ἀναβολῆς; αὕτη γὰρ χθὲς ἀφῆκε τὰ ἔμμηνα καὶ ἀνδρὶ συνελθεῖν οὐ θέμις. Οὐκοῦν ἀναμενοῦμεν, ὁ Χαρμίδης εἶπεν, ἐνταῦθα τρεῖς ἡμέρας ἢ τέτταρας, αὗται γὰρ ἱκαναί. Ὃ δ' ἔξεστιν, αἰτοῦ παρ' αὐτῆς· εἰς
20 ὀφθαλμοὺς ἡκέτω τοὺς ἐμοὺς καὶ λόγων μεταδότω· ἀκοῦσαι θέλω φωνῆς, χειρὸς θιγεῖν, ψαῦσαι σώματος. Αὗται γὰρ ἐρώντων παραμυθίαι. Ἔξεστι δ' αὐτὴν καὶ φιλῆσαι· τοῦτο γὰρ οὐ κεκώλυκεν ἡ γαστήρ.
Η'. Ὡς οὖν ταῦθ' ὁ Μενέλαος ἐλθὼν ἀπαγγέλλει
25 μοι, πρὸς τοῦτο ἀνεβόησα· ὡς θᾶττον ἂν ἀποθάνοιμι ἢ περιίδω Λευκίππης ἄλλοτριούμενον. Οὗ τί° γάρ, ἔφην, ἐστὶ γλυκύτερον; Τὸ μὲν γὰρ ἔργον τῆς Ἀφροδίτης καὶ ὅρον ἔχει καὶ κόρον, καὶ οὐδέν ἐστιν, ἐὰν ἐξέλῃς αὐτοῦ τὰ φιλήματα. Φίλημα δὲ καὶ ἄο-
30 ριστόν ἐστι καὶ ἀκόρεστον καὶ καινὸν ἀεί. Τρία γὰρ τὰ κάλλιστα ἀπὸ τοῦ στόματος ἄνεισιν, ἀναπνοὴ καὶ φωνὴ καὶ φίλημα. Τοῖς μὲν γὰρ χείλεσιν ἀλλήλους φιλοῦμεν, ἀπὸ δὲ τῆς ψυχῆς ἡ τῆς ἡδονῆς ἐστι πηγή. Πίστευσόν μοι λέγοντι, Μενέλαε, (ἐν γὰρ τοῖς
35 κακοῖς ἐξορχήσομαι τὰ μυστήρια) ταῦτα μόνα παρὰ Λευκίππης ἔχω κἀγώ· ἔτι μένει παρθένος· μέχρι μόνων τῶν φιλημάτων ἐστί μου γυνή. Εἰ δέ τις ἁρπάσει μου καὶ ταῦτα, οὐ φέρω τὴν φθοράν, οὐ μοιχεύσεταί μου τὰ φιλήματα. Οὐκοῦν, ἔφη ὁ Μενέλαος,
40 βουλῆς ἡμῖν ἀρίστης δεῖ καὶ ταχίστης. Ἐρῶν γάρ τις, εἰς ὅσον ἂν τῇ ἐλπίδι τοῦ τυχεῖν, φέρει, [καὶ] εἰς αὐτὸ τὸ τυχεῖν ἀποτεινόμενος· ἐὰν δ' ἀπογνῷ, τὸ ἐπιθυμοῦν μεταβαλὼν ἀντιλυπῆσαι μέχρι τοῦ δυνατοῦ τολμᾷ τὸ κωλῦον. Ἔστω δὴ καὶ ἰσχύς, ὥστε
45 τι δρᾶσαι κατὰ τοῦ μὴ παθεῖν· τοῦτο δὲ τῆς ψυχῆς τὸ μὴ φοβούμενον ἀγριαίνει μᾶλλον τὸ θυμούμενον. Καὶ γὰρ ὁ καιρὸς ἐπείγει τῶν πραγμάτων τὸ ἄπορον.
Θ'. Σκοπούντων οὖν ἡμῶν εἰστρέχει τις τεθορυβημένος, καὶ λέγει τὴν Λευκίππην ἄφνω βαδίζουσαν
50 καταπεσεῖν καὶ τῷ ὀφθαλμῷ διαστρέφειν. Ἀναπηδήσαντες οὖν, ἐθέομεν ἐπ' αὐτὴν καὶ ὁρῶμεν ἐπὶ τῆς γῆς κειμένην. Προσελθὼν οὖν, ἐπυθόμην ὅ τι πάθοι. Ἡ δ' ὡς εἶδέ με, ἀναπηδήσασα παίει με κατὰ τῶν προσώπων, ὕφαιμον βλέπουσα. Ὡς δὲ καὶ ὁ Μενέ-

λαος οἷός [τε] ἦν ἀντιλαμβάνεσθαι, παίει κἀκεῖνον τῷ σκέλει. Συνέντες οὖν, ὅτι μανία εἴη τις [ἐπὶ] τὸ κακὸν, βίᾳ συλλαβόντες, ἐπειρώμεθα κρατεῖν· ἡ δὲ προσεπάλαιεν ἡμῖν, οὐδὲν φροντίζουσα κρύπτειν ὅσα γυνὴ μὴ ὁρᾶσθαι θέλει. Θόρυβος οὖν πολὺς περὶ τὴν σκηνὴν αἴρεται, ὥστε καὶ αὐτὸν εἰσδραμεῖν τὸν στρατηγὸν καὶ τὰ γινόμενα δρᾶν. Ὁ δὲ τὰ πρῶτα σκῆψιν ὑπώπτευε τὴν ἀσθένειαν καὶ τέχνην ἐπ᾽ αὐτὸν καὶ τὸν Μενέλαον ὑπεβλέπετο· ὡς δὲ κατὰ μικρὸν ἑώρα τὴν ἀλήθειαν, ἔπαθέ τι καὶ αὐτὸς καὶ ἤλγησε. Κομίσαντες οὖν βρόχους ἔδησαν τὴν ἀθλίαν. Ὡς δ᾽ εἶδον αὐτῆς περὶ τὰς χεῖρας τὰ δεσμὰ, ἐδεόμην Μενελάου, τῶν πολλῶν ἀπηλλαγμένων ἤδη, Λύσατε, λέγων, ἱκετεύω, λύσατε· οὐ φέρουσι δεσμὸν χεῖρες ἁπαλαί· ἔασα τέ με σὺν αὐτῇ· μόνος ἐγὼ περιπτυξάμενος αὐτῇ δεσμὸς ἔσομαι· μαινέσθω κατ᾽ ἐμοῦ. Τί γάρ με ζῆν ἔτι δεῖ; Οὐ γνωρίζει με Λευκίππη παρόντα. Κεῖται δέ μοι δεδεμένη, καὶ ὁ ἀναιδὴς ἐγὼ λῦσαι δυνάμενος, οὐκ ἐθέλω. Ἐπὶ τούτῳ ἡμᾶς σέσωκεν ἡ Τύχη ἐκ τῶν λῃστῶν, ἵνα γένῃ μανίας παιδιά; Ὦ δυστυχεῖς ἡμεῖς, ὅταν εὐτυχήσωμεν. Τοὺς οἴκοι φόβους ἐκπεφεύγαμεν, ἵνα ναυαγίᾳ δυστυχήσωμεν· ἐκ τῆς θαλάσσης περιγεγόναμεν .... ἐκ τῶν λῃστῶν ἀνασεσώσμεθα· μανίᾳ γὰρ ἐτηρούμεθα. Ἐγὼ μὲν, ἂν σωφρονήσῃς, φιλτάτη, φοβοῦμαι πάλιν τὸν δαίμονα, μή τί σοι κακὸν ἐργάσηται. Τίς οὖν ἡμῶν κακοδαιμονέστερος, οἳ φοβούμεθα καὶ τὰ εὐτυχήματα; Ἀλλ᾽ εἰ μόνον μοι σωφρονήσειας, καὶ σεαυτὴν ἀπολάβοις, παιξέτω πάλιν ἡ Τύχη.

ί. Ταῦτά με λέγοντα παρηγόρουν οἱ ἀμφὶ τὸν Μενέλαον, φάσκοντες, μὴ ἔμμονα εἶναι τὰ τοιαῦτα νοσήματα, πολλάκις δὲ [καὶ] ἡλικίας ζεούσης ὑπάρχειν. Τὸ γὰρ αἷμα πάντῃ νεάζον καὶ ὑπὸ πολλῆς ἀκμῆς ἀναζέον, ὑπερβλύζει πολλάκις τὰς φλέβας καὶ τὴν κεφαλὴν ἔνδον περικλύζον, βαπτίζει τοῦ λογισμοῦ τὴν ἀναπνοήν. Δεῖ οὖν ἰατροὺς μεταπέμπειν καὶ θεραπείαν προσφέρειν. Πρόσεισιν οὖν τῷ στρατηγῷ ὁ Μενέλαος καὶ δεῖται τὸν τοῦ στρατοπέδου ἰατρὸν μετακαλέσασθαι. Κἀκεῖνος ἄσμενος ἐπείσθη. Χαίρουσι γὰρ οἱ ἐρῶντες εἰς τὰ ἐρωτικὰ πράγματα. Καὶ ὁ ἰατρὸς παρῆν καὶ λέγει· Νῦν μὲν ὕπνον αὐτῇ παρασκευάσομεν, ὅπως τὸ ἄγριον τῆς ἀκμῆς ἡμερώσωμεν. Ὕπνος γὰρ πάντων νοσημάτων φάρμακον. Ἔπειτα δὲ καὶ τὴν λοιπὴν θεραπείαν προσοίσομεν. Δίδωσιν οὖν ἡμῖν φάρμακόν τι μικρὸν, ὅσον ὀρόβου μέγεθος καὶ κελεύει λύσαντας εἰς ἔλαιον ἐπαλεῖψαι τὴν κεφαλὴν μέσην· σκευάσειν δ᾽ ἔφη καὶ ἕτερον εἰς γαστρὸς αὐτῇ κάθαρσιν. Ἡμεῖς μὲν οὖν ἃ ἐκέλευσεν ἐποιοῦμεν. Ἡ δ᾽ ἀπαλειφθεῖσα μετὰ μικρὸν ἐκάθευδε τὸ ἐπίλοιπον τῆς νυκτὸς μέχρι τῆς ἕω. Ἐγὼ δὲ δι᾽ ὅλης τῆς νυκτὸς ἀγρυπνῶν, ἔκλαον παρακαθήμενος καὶ ἔλεγον βλέπων τὰ δεσμά, Ὢ φιλτάτη, δέδεσαι καὶ καθεύδουσα, οὐδὲ τὸν ὕπνον ἐλεύθερον ἔχεις. Τίνα ἄρα σου τὰ φαντάσματα; Ἆρα κἂν κατὰ τοὺς ὕπνους σωφρονεῖς, ἢ μαίνεταί σου καὶ τὰ

---

intulit, Menelaumque ad eam comprehendendam paratum, pedibus repulit. In adversam igitur valetudinem incidisse, morbumque insaniam esse intelligentes, per vim retinere tentavimus. Ipsa vero reluctabatur, nulla prorsus adhibita cura in iis tegendis, quæ summo studio mulieres velare contendunt. Itaque magnus in eo tentorio tumultus concitatus est, atque adeo, ut Charmides etiam accurrerit et quæ agerentur, cognoverit. Quamobrem initio morbum simulari, dolumque adversus se existimabat, Menelaumque subintuebatur : sed quum paulo post veritatem comperisset, commotus ipse quoque est, casumque hujusmodi ægro animo tulit. Misera illa igitur allatis funibus vincitur : ego vero simulatque vincula manuum vidi, Menelaum, aliis plerisque jam egressis, Solvite, obsecrabam, solvite, dicens, supplex oro, vinculorum asperitatem tenellæ manus pati nequeunt. Vos me cum illa sinite, ego illam circumplectens funis vice fungar. Insaniat illa in me. Quid enim vivere me amplius oportet? præsentem Leucippe me non agnoscit, ac vincta jacet : et ego impudens, quamquam possum, vincula tamen non demo. Idcircone latronum e manibus fortuna ereptos nos voluit, ut tu insaniæ ludibrium fias? O miseros nos, quando meliore fato usi sumus. Quæ domi metuebamus, declinavimus, ut naufragium experiremur. Atqui e naufragio etiam evasimus, latronum manus evitavimus, nimirum quia insaniæ destinati fueramus. A qua licet convalescas, verendum tamen est, ne aliud in malum te deus conjiciat. Quis igitur nobis miserior, quibus secundi etiam eventus formidandi? Verumtamen fortuna ludat, dum tu resipiscas, atque ad te redeas.

X. Hæc me dicentem Menelaus consolabatur, ægritudines ejusmodi autumans diuturnas non esse, sed vigente ætate plerumque gigni. Sanguinem enim juvenem, ac multo vigore fervidum, per venas diffundi, caputque interius petentem a sensu mentis abstrahere : quamobrem medicos advocari, medicinasque adhiberi oportere. Charmiden itaque Menelaus adiit, medicumque, qui in exercitu erat, accersi ut juberet, rogavit. Quod ille perquam lubenter effecit. Amatoriis enim mandatis obeundis amantes gaudent. Affluit igitur medicus. Ac nunc quidem, inquit, somnum ei conciliabimus, quo vis impetus remittat. Malorum enim somnus omnium medicina est. Deinde reliquam curationem prosequemur. Ita nobis tunc medicamenti cujusdam tantum præbuit, quantum orobi granum est, oleoque subactum capiti medio illini jussit, aliud purgandæ alvi gratia mox paraturum se pollicens. Nos jussa peregimus. Leucippeque paulo post, quam inuncta fuit, somno capta, quod noctis supererat, ad auroram usque dormivit. Cui assidens ipse totam noctem insomnem transegi, oculisque in vincula conjectis, Heu mihi, inquam, suavissima, tu etiam dormiens vincta es, nec libero frui somno potes. Quænam autem tibi visa sese nunc offerunt? mentisne te compotem somnus habet? an vero etiam stulta somnias? Postquam experrecta est, rursus magna voce

ὀνείρατα; — Ἐπεὶ δ' ἀνέστη, πάλιν ἄσημα ἐβόα· καὶ ὁ ἰατρὸς παρῆν καὶ τὴν ἄλλην θεραπείαν ἐθεράπευεν.

ΙΑ'. Ἐν τούτῳ δὴ ἔρχεταί τις παρὰ τοῦ τῆς Αἰγύπτου Σατράπου, κομίζων ἐπιστολὴν τῷ στρατηγῷ. Ἐπέσπευδε δ' αὐτὸν, ὡς εἰκὸς, ἐπὶ τὸν πόλεμον τὰ γράμματα. Ἐκέλευσε γὰρ εὐθὺς πάντας ἐν τοῖς ὅπλοις γενέσθαι ὡς ἐπὶ τοὺς βουκόλους. Αὐτίκα δὴ μάλα ἐξορμήσαντες, εὐθὺς ἕκαστος, ὡς εἶχε τάχους, ἐπὶ τὰ ὅπλα ἐχώρουν καὶ παρῆσαν ἅμα τοῖς λοχαγοῖς. Τότε μὲν οὖν αὐτοῖς δοὺς τὸ σύνθημα καὶ κελεύσας αὐτοῖς στρατοπεδεύεσθαι, καθ' αὑτὸν ἦν· τῇ δ' ὑστεραίᾳ ἅμα τῇ ἡμέρᾳ τὸ στράτευμα ἐξῆγεν ἐπὶ τοὺς πολεμίους. Εἶχε δ' αὐτοῖς οὕτω τῆς κώμης ἡ θέσις. Ὁ Νεῖλος ῥεῖ μὲν ἄνωθεν ἐκ Θηβῶν τῶν Αἰγυπτίων καὶ ἔστιν εἰς τοῦτο ῥέων ἄχρι Μέμφεως καὶ ἔστι μικρὸν κάτω... (Κερκάσωρος ὄνομα τῇ κώμῃ) πρὸς τῷ τέλει τοῦ μεγάλου ῥεύματος. Ἐντεῦθεν δὲ περιρρήγνυται τῇ γῇ καὶ ἐξ ἑνὸς ποταμοῦ γίνονται τρεῖς, δύο μὲν ἑκατέρωθεν λελυμένοι, ὁ δ' εἷς, καὶ τὴν γῆν εἰς τὰ σχίσματα Δέλτα ποιῶν, ὥσπερ ἦν ῥέων πρὶν λυθῆναι. ἀλλ' οὐδὲ τούτων ἕκαστος τῶν ποταμῶν ἀνέχεται μέχρι θαλάσσης ῥέων, ἀλλὰ περισχίζεται ἄλλος ἄλλῃ κατὰ πόλεις καί εἰσιν αἱ σχίσεις μείζονες τῶν παρ' Ἕλλησι ποταμῶν· τὸ δ' ὕδωρ πανταχοῦ μεμερισμένον οὐκ ἐξασθενεῖ, ἀλλὰ καὶ πλεῖται καὶ πίνεται καὶ γεωργεῖται.

ΙΒ'. Νεῖλος ὁ πολὺς πάντα αὐτοῖς γίνεται, καὶ ποταμὸς καὶ γῆ καὶ θάλασσα καὶ λίμνη· καὶ ἔστι τὸ θέαμα καινὸν, ναῦς ὁμοῦ καὶ δίκελλα, κώπη καὶ ἄροτρον, πηδάλιον καὶ τρόπαιον, ναυτῶν ὁμοῦ καὶ γεωργῶν καταγωγή, ἰχθύων ὁμοῦ καὶ βοῶν. Ὁ πέπλευκας, φυτεύεις καὶ ὁ φυτεύεις, τοῦτο πέλαγος γεωργούμενον. Ἔχει γὰρ ὁ ποταμὸς ἀποδημίας· κάθηται δ' αὐτὸν Αἰγύπτιος ἀναμένων καὶ ἀριθμῶν αὐτῷ τὰς ἡμέρας. Καὶ ὁ Νεῖλος οὐ ψεύδεται, ἀλλ' ἔστι ποταμὸς μετὰ προθεσμίας τὸν χρόνον τηρῶν καὶ τὸ ὕδωρ μετρῶν, ποταμὸς ἁλῶναι μὴ θέλων ὑπερήμερος. Ἔστι δ' ἰδεῖν ποταμοῦ καὶ γῆς φιλονεικίαν. Ἐρίζετον ἀλλήλοις ἑκάτερον, τὸ μὲν ὕδωρ, τοσαύτην γῆν πελαγῶσαι· ἡ δὲ γῆ, τοσαύτην χωρῆσαι γλυκεῖαν θάλασσαν· καὶ νικῶσι μὲν τὴν ἴσην νίκην οἱ δύο, οὐδαμοῦ δὲ φαίνεται τὸ νικώμενον. Τὸ γὰρ ὕδωρ τῇ γῇ συνεκτείνεται· περὶ δὲ τὰς τῶν βουκόλων ταύτας νομὰς ἀεὶ πολὺς ἐγκάθηται. Ὅταν γὰρ τὴν πᾶσαν γῆν πελαγώσῃ καὶ λίμνας ἐνταῦθα ποιεῖ· αἱ δὲ λίμναι, κἂν ὁ Νεῖλος ἀπέλθῃ, μένουσιν οὐδὲν ἧττον, τὸ ὕδωρ ἔχουσαι, τὸν δὲ πηλὸν τοῦ ὕδατος. Ἐπὶ ταύτας αὐτοὶ καὶ βαδίζουσι καὶ πλέουσιν, οὐδὲ ναῦς ἑτέρα δύναται πλεῖν, ἀλλ' ὅσον ἄνθρωπον ἐπιβῆναι. Ἀλλὰ πᾶν τὸ ξένον τοῦ τόπου ὁ πηλὸς ἐμπίπτων κρατεῖ. Τοῖς δὲ μικρὰ μὲν καὶ κοῦφα πλοῖα καὶ ὀλίγον ὕδωρ αὐτοῖς ἀρκεῖ. Εἰ δὲ τέλεον ἄνυδρον εἴη, ἀράμενοι τοῖς νώτοις οἱ πλωτῆρες τὸ πλοῖον φέρουσιν, ἄχρις ἂν ἐπιτύχωσιν ὕδατος. Ἐν ταύταις δὴ ταῖς λίμναις μέσαις νῆσοί τινές εἰσι σποραδὴν πεποιημέναι· αἱ μὲν οἰκοδομημάτων ἔρημοι, παπύροις πεφυ-

---

absurda quædam protulit : ac tum præsto fuit medicus, aliudque medicamentum dedit.

XI. Interea venit aliquis literas ab Ægypti præfecto Charmidi reddens, quibus, uti credibile est, exercitum ad pugnam quamprimum educere imperabatur. Omnes enim statim esse in armis, quippe (ad bellum) adversus.prædones jussit. Quamobrem milites exeuntes, qua quisque potuit celeritate, ad arma currebant et cum manipularibus suis præsto fuere. Dato igitur signo, et omnibus castris locum capere jussis, solus remansit. Postridie prima luce copias in hostes eduxit. Pagi autem ejus situs hujusmodi est. Ex locis qui supra Ægyptias Thebas sunt, Nilus descendit : atque in præsentia etiam Memphin usque prolabitur, parvumque (cornu emittit :) qua magnus alveus desinit, pagus est, Cercasorus nomine; illinc terra iterum finditur, ex unoque fluvii tres efficiuntur : quorum duo diffissi utrimque, tertius eundem, quem antea, cursum tenens, regionem, quæ Delta vocatur, facit. Neque vero eorum fluviorum aliquis est, qui ad mare usque labatur : sed alius aliam ad urbem delatus dividitur, singulæque partes Græciæ flumen quodvis magnitudine superant. Et quamquam tot in partes aqua dividitur, non tamen infirmior fit, sed navigatur, bibitur, aratur.

XII. Iis enim Nilus magnus est omnia, nempe fluvius, terra, mare, palus : admirationeque omnino dignum est, eodem in loco navis et ligo, remus et aratrum, gubernaculum et tropæum, nautarum et agricolarum casæ, piscium et boum cubilia. Nam qua navem egisti, illic sementem facis : rursus, ubi sementem fecisti, illic mare quod aratur : longas enim peregrinationes fluvius facit. Ejus porro adventum Ægyptii exspectaut, ac numerant dies. Ille non mentitur sed ad præstitutum tempus sistens, aquasque dimetiens, minime committit, ut tarditatis accusari possit. Tum vero aquæ ac terræ contentionem videre licet, contendunt invicem illa tantum terræ inundare, hæc tantum aquæ dulcis absorbere, pari utrimque victoria. Neque enim, quæ succumbat, discernitur. Nam terræ magnitudini aqua par fit. In ea vero regione, quam prædones incolunt, multa semper residet. Nam quum eam omnem Nilus inundaverit, paludes ibi efficit : quæ deinceps illo etiam abeunte remanent, aquam continentes, sed et limo multo refertæ : per quas quum pedibus feruntur, tum etiam naviculis non sane majoribus, quam ut singulos vectare possint, ac si aliusmodi fuerint, limo illo præpeditæ retinentur. Quare parva iis ac levia navigia et exiguæ aquæ satis sunt : quod si quandoque aquam deesse contingat, sublatam humeris naviculam vectores portant, quousque aquam invenient. Iis in paludibus mediis multæ sparsim insulæ visuntur : quarum quæ habitatoribus carent, papyris refertæ sunt, ea ordinum

LIBER IV.

τευμέναι· τῶν δὲ παπύρων διεστᾶσιν αἱ φάλαγγες πεπυκνωμέναι τοσοῦτον ὅσον παρ' ἑκάστην ἄνδρα στῆναι μόνον. Τὸ μεταξὺ δὲ τοῦτο τῆς πυκνώσεως αὐτῶν ἄνωθεν ἀναπληροῦσιν αἱ τῶν παπύρων κόμαι. Ὑπο-
5 τρέχοντες οὖν ἐκεῖ καὶ βουλεύονται καὶ λοχῶσι καὶ λανθάνουσι, τείχεσι ταῖς παπύροις χρώμενοι. Εἰσὶ δ' αἱ τῶν νήσων καλύβας ἔχουσι, καὶ αὐτοσχέδιον μεμίμηνται πόλιν ταῖς λίμναις τετειχισμέναι. Βουκόλων αὗται καταγωγαί. Τῶν πλησίον οὖν μία, μεγέθει καὶ
10 καλύβαις πλείοσι διαφέρουσα (ἐκάλουν δ' αὐτὴν, οἶμαι, Νίκωχιν), ἐνταῦθα πάντες συνελθόντες ὡς εἰς τόπον ὀχυρώτατον, ἐθάρρουν καὶ πλήθει καὶ τόπῳ. Εἷς γὰρ αὐτὴν διεῖργε στενωπὸς τὸ μὴ πᾶσαν νῆσον γενέσθαι. Ἦν δὲ σταδίου μὲν τὸ μέγεθος, τὸ δὲ πλάτος ὀργυιῶν
16 δώδεκα. Λίμναι δὲ τῇδε κἀκεῖσε τὴν πόλιν περιέρρεον.
ΙΓ΄. Ἐπεὶ τοίνυν ἑώρων τὸν στρατηγὸν προσπελάζοντα, τεχνάζονταί τι τοιοῦτον. Συναγαγόντες πάντας τοὺς γέροντας καὶ ἐπιθέντες αὐτοῖς ἱκετηρίας ῥάβδους φοινικίνας, ὄπισθεν ἐπιτάττουσι τῶν νέων τοὺς
20 ἀκμαιοτάτους, ἀσπίσι καὶ λόγχαις ὡπλισμένους. Ἔμελλον δ' οἱ μὲν γέροντες ἀνίσχοντες τὰς ἱκετηρίας, πετάλων κόμαις καλύψειν τοὺς ὄπισθεν· οἱ δ' ἑπόμενοι τὰς λόγχας ἐπισυρεῖν ὑπτίας, ὡς ἂν ἥκιστα ὀφθεῖεν. Κἂν μὲν ὁ στρατηγὸς πεισθῇ ταῖς τῶν γερόντων λιταῖς,
25 μηδέν τι νεωτερίζειν τοὺς λογχοφόρους εἰς μάχην· εἰ δὲ μὴ, καλεῖν αὐτὸν ἐπὶ τὴν πόλιν, ὡς σφᾶς αὐτοὺς διδόντων εἰς θάνατον. Ὅταν δ' ἐν μέσῳ γένωνται τῷ στενωπῷ, τοὺς μὲν γέροντας ἀπὸ συνθήματος διαδιδράσκειν καὶ ῥίπτειν τὰς ἱκετηρίας, τοὺς δ' ὡπλισμένους
30 περιδραμόντας ὅ τι καὶ δύναιντο ποιεῖν. Παρῆσαν οὖν ἐσκευασμένοι τοῦτον τὸν τρόπον καὶ ἐδέοντο τοῦ στρατηγοῦ, αἰδεσθῆναι μὲν αὐτῶν τὸ γῆρας, αἰδεσθῆναι δὲ τὰς ἱκετηρίας, ἐλεῆσαί τε τὴν πόλιν, διδόναι δ' αὐτῷ ἰδίᾳ μὲν ἀργυρίου τάλαντα ἑκατὸν, πρὸς δὲ τὸν
35 σατράπην ἄγειν ἄνδρας ἑκατὸν, θέλοντας αὐτοὺς ὑπὲρ τῆς πόλεως διδόναι, ὡς ἂν ἔχοι καὶ πρὸς ἐκεῖνον λάφυρον φέρειν. Καὶ ὁ λόγος αὐτοῖς οὐκ ἐψεύδετο, ἀλλ' ἔδωκαν ἂν, εἰ λαβεῖν ἠθέλησεν. Ὡς δ' οὐ προσίετο τοὺς λόγους, Οὐκοῦν, ἔφασαν οἱ γέροντες, εἰ ταῦτά σοι
40 δέδοκται, οἴσομεν τὴν εἱμαρμένην. Ἐν κακοῖς σὺ πάραχε τὴν χάριν, μὴ ἔξω φονεύσῃς πυλῶν, μηδὲ [καὶ] τῆς πόλεως μακρὰν, ἀλλ' ἐπὶ τὴν πατρῴαν γῆν, ἐπὶ τὴν τῆς γενέσεως ἑστίαν ἄγε, μήχανην ἡμῖν ποίησον τὴν πόλιν. Ἰδού σοι πρὸς τὸν θάνατον ἡγούμεθα.
45 Ταῦτ' ἀκούσας ὁ στρατηγὸς, τὴν μὲν παρασκευὴν τῆς μάχης ἀφίησι, κελεύει δ' ἔρχεσθαι καθ' ἡσυχίαν τῷ στρατῷ.
ΙΔ΄. Ἦσαν δὲ τῶν πραττομένων σκοποὶ πόρρωθεν, οὓς οἱ βουκόλοι προκαθίσαντες ἐκέλευον, εἰ διαβαίνον-
50 τας ἴδοιεν τοὺς πολεμίους, τὸ χῶμα τοῦ ποταμοῦ κόψαντες, ἐπαφεῖναι τὸ ὕδωρ πᾶν τοῖς ἐναντίοις. Ἔχει γὰρ οὕτω τὰ τοῦ Νείλου ῥεύματα. Καθ' ἑκάστην διώρυχα χῶμα ἔχουσιν Αἰγύπτιοι, ὡς ἂν μὴ πρὸ καιροῦ τῆς χρείας ὑπερέχων ὁ Νεῖλος τὴν γῆν ἐπικλύσῃ.

densitate collocatis, ut inter stipitum earum intervalla non amplius quam singuli commorari queant. Superne intervallum densitatis papyri folia complent. Eo se recipientes et consilia ineunt et insidias struunt et latent, papyris murorum usum præbentibus. Ex iis insulis nonnullæ quæ habent tuguria, in quibus inhabitent prædones et tumultuariæ urbis speciem præ se ferunt, paludibus munitæ. Quarum una propinquior, et magnitudine et tuguriorum numero præstabat, appellabaturque, ut puto, Nicochis. Illuc tanquam munitissimam in arcem omnes profecti, et multitudine et loco confidebant. Semita enim angusta longitudinis passuum 125, latitudinis pedum 24, quo minus perfecte insula esset, prohibebat, quum reliquum paludibus circumdatum esset.

XIII. Posteaquam igitur Charmidem propius accedere viderunt, hujusmodi quiddam commenti sunt. Convocatis enim senibus universis, ac palmarum ramis supplicum ritu adornatis, juvenum robustissimis quibusque jusserunt, ut scutis et pilis armati acie structa eos sequerentur. Ita fiebat, ut senes pacis signa ferentes sequentium armatorum agmen frondibus occultarent : juvenes inclinatas hastas, quo minime cerni possent, post se traherent : ac, si senum precibus Charmides annuisset, armati a pugna desisterent : sin minus, illum intra urbem advocarent, tanquam illic se ipsos interficiendos præbituri : verum ubi ad semitæ illius angustæ medium pervenissent, senes, dato signo, abjectis ramis terga darent : armati autem irrumperent et totis viribus depugnarent. Hunc in modum instructi, obviam processerunt, ut senectutis suæ reverentiæ et supplicationis ac civitatis universæ misereretur, ducem obtestantes : daturos se illi privatim argenti talenta centum, ac viros totidem, qui vellent pro urbe se tradere ad satrapem ducturos, quos manubiarum loco ad Ægypti præfectum mittere posset. Quæ verba sane omnia sine fraude erant et hæc dedissent, si modo conditionem ille accipere voluisset. Verum quum non admitteret militum ductor, fatum igitur, si ita tibi decretum est, inquiunt senes, feremus. Tu hisce malis id saltem beneficii loco nobis concede, ut ne extra portas neu procul ab urbe nos interimas, sed in parentum nostrorum sedes, et in eas, unde ortum duximus, domos ducas, efficiasque, ut urbs nobis ipsa sepultura sit. Nos nostræ tibi necis duces sumus. Hæc Charmides quum audivisset, a pugnæ apparatu cessavit, sed exercitum sine tumultu accedere jussit.

XIV. Collocaverant autem prædones nonnullos, qui, quæ gerebantur, procul observarent : iisque injunxerant, ut quum primum appropinquantes hostes vidissent, fluminis aggere cæso omnem aquam in eos immitterent. Quippe Nili defluxus ita habent. Singulæ fossæ aggeribus obstructæ ab Ægyptiis sunt: ne, antequam tempus postulet, effusus fluvius terram inundet : parvam partem aggeris,

Ὅταν δὲ δεηθῶσιν ἀρδεῦσαι τὸ πεδίον, ἀνέῳξαν ὀλίγον τοῦ χώματος, εἰς ὃ σαλεύεται. Ἦν οὖν τῆς κώμης ὄπισθεν διῶρυξ τοῦ ποταμοῦ μεγάλη καὶ πλατεῖα. Ταύτην οἱ τεταγμένοι τὸ ἔργον, ὡς εἶδον εἰσιόντας τοὺς πολεμίους, διακόπτουσι ταχὺ τὸ χῶμα τοῦ ποταμοῦ. Πάντα οὖν ὁμοῦ γίνεται· οἱ μὲν γέροντες οἱ κατὰ πρόσωπον ἄφνω διΐστανται· οἱ δὲ τὰς λόγχας ἐγείραντες ἐκτρέχουσι· τὸ δ' ὕδωρ ἤδη παρῆν. Καὶ ᾠγκοῦντο μὲν αἱ λίμναι πάντοθεν οἰδοῦσαι, ὁ δ' ἰσθμὸς ἐπεκλύζετο, πάντα δ' ἦν ὥσπερ θάλασσα. Ἐμπεσόντες οὖν οἱ βουκόλοι, τοὺς μὲν κατὰ πρόσωπον καὶ τὸν στρατηγὸν αὐτὸν διαπείρουσι ταῖς λόγχαις, ἀπαρασκεύους τ' ὄντας καὶ πρὸς τὸ ἀδόκητον τεταραγμένους. Τῶν δ' ἄλλων ἀδιήγητος ὁ θάνατος ἦν. Οἱ μὲν γὰρ εὐθὺς ἐκ πρώτης προσβολῆς μηδὲ κινήσαντες τὰς αἰχμὰς ἀπώλλυντο· οἱ δ' οὐ λαβόντες σχολὴν ἀμύνασθαι· ἅμα γὰρ ἐμάνθανον καὶ ἔπασχον. Ἐνίους δ' ἔφθανε τὸ παθεῖν πρὸ τοῦ μαθεῖν. Οἱ δ' ὑπ' ἐκπλήξεως παραλόγου τὸν θάνατον εἰστήκεσαν περιμένοντες· οἱ δὲ καὶ κινηθέντες μόνον κατωλίσθανον, ὑποσκελίζοντος αὐτοὺς τοῦ ποταμοῦ· οἱ δὲ καὶ φεύγειν ὁρμήσαντες εἰς τὸ βαθὺ τῆς λίμνης ἐκκυλισθέντες ὑπεσύρησαν. Τῶν μὲν γὰρ ἐπὶ τῆς γῆς ἑστώτων, τὸ ὕδωρ ἦν ἄχρις ὀμφαλοῦ, ὥστε καὶ ἀνέκρουεν αὐτῶν τὰς ἀσπίδας καὶ ἐγύμνου πρὸς τὰ τραύματα τὰς γαστέρας. Τὸ δὲ κατὰ τὴν λίμνην ὕδωρ παντὸς ὑπὲρ κεφαλὴν ἀνδρὸς ἦν. Διακρῖναι δ' οὐκ ἦν, τί λίμνη καὶ τί πεδίον· ἀλλὰ καὶ ὁ διὰ τῆς γῆς τρέχων, δέει τοῦ μὴ διαμαρτεῖν βραδύτερος ἦν πρὸς τὴν φυγήν, ὥστε ταχέως ἡλίσκετο· καὶ ὁ κατὰ τῆς λίμνης πλανηθείς, δόξας γῆν εἶναι, κατεδύετο. Καὶ ἦν καινὰ ἀτυχήματα, καὶ ναυάγια τοσαῦτα, καὶ ναῦς οὐδαμοῦ. Ἀμφότερα δὲ καινὰ καὶ παράλογα, ἐν ὕδατι πεζομαχία, καὶ ἐν τῇ γῇ ναυαγία. Οἱ μὲν δὴ τοῖς πεπραγμένοις ἐπαρθέντες μέγα ἐφρόνουν, ἀνδρείᾳ νομίζοντες κεκρατηκέναι καὶ οὐκ ἀπάτης κλοπῇ. Ἀνὴρ γὰρ Αἰγύπτιος, καὶ τὸ δειλόν, ὅπου φοβεῖται, δεδούλωται, καὶ τὸ μάχιμον, ἐν οἷς θαρρεῖ, παροξύνεται· ἀμφότερα δ' οὐ κατὰ μέτρον, ἀλλὰ τὸ μὲν ἀσθενέστερον δυστυχεῖ, τὸ δὲ προπετέστερον κρατεῖ.

ΙΕ'. Δέκα δὲ τῇ Λευκίππῃ διεληλύθεσαν ἡμέραι τῆς μανίας, ἡ δὲ νόσος οὐκ ἐκουφίζετο. Ἅπαξ οὖν ποτε καθεύδουσα, ταύτην ἀφῆσι προπολουμένη τὴν φωνήν· Διὰ σὲ μαίνομαι, Γοργία. Ἐπεὶ οὖν ἡὼς ἐγένετο, λέγω τῷ Μενελάῳ τὸ λεχθὲν καὶ ἐσκόπουν εἴ τις εἴη που κατὰ τὴν κώμην Γοργίας. Προελθοῦσιν δ' ἡμῖν νεανίσκος προσέρχεταί τις καὶ προσαγορεύσας με, Σωτὴρ ἥκω σός, ἔφη, καὶ τῆς σῆς γυναικός. Ἐκπλαγεὶς οὖν καὶ θεόπεμπτον εἶναι νομίσας τὸν ἄνθρωπον, Μὴ Γοργίας, εἶπον, τυγχάνεις; Οὐ μὲν οὖν, εἶπεν, ἀλλὰ Χαιρέας. Γοργίας γάρ ἐσε ἀπολώλεκεν. Ἔτι μᾶλλον ἔφριξα καὶ λέγω. Τίνα ταύτην ἀπώλειαν, καὶ τίς ἐστιν ὁ Γοργίας; δαίμων γάρ μοί τις αὐτὸν ἐμήνυσε νύκτωρ· σὺ δὲ διηγητὴς γενοῦ τῶν θείων μηνυμάτων. Γοργίας ἦν μέν, ἔφη, Αἰγύπτιος στρατιώτης· νῦν δ'

---

quum irriganda planities est, Ægyptii demoliuntur : ad quam aqua effunditur. Post eum pagum longa lataque fossa erat : cujus aggerem qui ei rei prœerant, simul atque adventantes hostes conspexerunt, statim demoliti sunt. Eodemque prorsus temporis momento senes, qui prœcedebant, in diversa statim abierunt : juvenes, hastas protendentes impetum fecerunt : aquœ jam excreverunt. Jam paludes undique tumentes exundabant : angustusque aditus aquis obruebatur, ita ut omnia mare esse viderentur. Prœdones impetu facto, obvios quosque, atque ipsum inprimis ductorem, imparatos et inopinato eventu perterrefactos hastis confixerunt. Reliquorum mors enarrari facile nequit. Alii enim primo statim congressu, perierunt ne moventes quidem tela, alii nullo ad referiendum hostem spatio relicto : puncto enim temporis eodem et quœ fierent cognoscebant, et patiebantur : nonnulli etiam prius, quam cognoscerent, cæsi sunt : quidam subito metu perculsi, mortem immoti exspectabant : aliqui vixdum se loco moventes delabebantur, fluminis aqua eos deturbante : alii, fugam arripere conati, ad paludis fundum præcipites ruentes mergebantur : jam enim aqua eorum, qui in terra erant, umbilicum pertingebat ita ut clypeos repelleret, latusque ad vulnera nudaret : eorum vero, qui in palude, caput omnino superabat : nec, ubi aut palus esset, aut campus, dignosci amplius poterat. Itaque, qui per terram currebat, errare timens, ad fugam segnior reddebatur, eoque in hostium brevi manus deveniebat : qui per paludem ferebatur, in terra se esse putans, demergebatur. Nova procul dubio infortunii genera ac naufragia tot erant quum nullo in loco navis cerneretur : utrumque novum et humanam etiam cogitationem vincens : in aqua enim terrestris pugna committebatur et in terra naufragium fiebat. Hoc successu elati illi mirum in modum gloriabantur, virtute, non fraude, victoriam se adeptos esse arbitrantes. Ægyptii enim viri pusillanimitas, ubi timet, abjecta est et ejus audacia in securis rebus magnos spiritus sumit : in utroque modum non servat : sed aut ignavissime cedit, aut superbissime dominatur.

XV. Jam decimus a Leucippes insania dies prœterierat, nec de magnitudine sua morbus quicquam remiserat, quum validica hanc vocem dormiens aliquando tandem emisit : Ob tuam, o Gorgia, causam desipui. Id quod ego, simulac dies illuxit, Menelao retuli, cogitans essetne in vico illo Gorgias nomine aliquis. Interea dum progrederemur, obviam nobis adolescens quidam fit, meque salutato, Tui ego, inquit, tuæque uxoris servator adsum. Quamobrem obstupefactus, hominemque a deo missum existimans, Num tu, inquam, Gorgias es? Minime, inquit ille, sed Chærea. Gorgias is fuit, qui calamitatem tibi peperit. Tum ego majori etiam stupore oppressus, Quænam, inquam, hæc calamitas, aut quis hic Gorgias est? Deus enim me aliquis noctu admonuit. Age itaque tu, quid sibi divina hæc monita velint, expone. Tum ille, Gorgias, inquit, Ægyptius miles fuit : qui nunc quidem esse

LIBER IV.

οὐκέτ' ἐστὶν ἀλλ' ἔργον γέγονε τῶν βουκόλων. Ἥρα δὲ τῆς σῆς γυναικός. Ὢν δὲ φύσει φαρμακεὺς, σκευάζει τι φάρμακον ἔρωτος καὶ πείθει τὸν διακονούμενον ὑμῖν Αἰγύπτιον λαβεῖν τὸ φάρμακον καὶ ἐγκαταμίξαι τῷ τῆς Λευκίππης ποτῷ. Λανθάνει δ' ἀκράτῳ χρησάμενος τῷ φαρμάκῳ, καὶ τὸ φίλτρον εἰς μανίαν αἴρεται. Ταῦτα γάρ μοι χθὲς ὁ τοῦ Γοργίου θεράπων διηγήσατο, ὃς ἔτυχε μὲν αὐτῷ συστρατευσάμενος ἐπὶ τοὺς βουκόλους· ἔσωσε δ' αὐτὸν, ὡς εἰκὸς, ὑπὲρ ὑμῶν ἡ Τύχη. Αἰτεῖ δὲ χρυσοῦς τέτταρας ὑπὲρ τῆς ἰάσεως· ἔχει γάρ, φησὶν, ἑτέρου φαρμάκου σκευήν, δι' οὗ λύσει τὸ πρότερον. Ἀλλὰ σοὶ μὲν, ἔφην, ἀγαθὰ γένοιτο τῆς διακονίας· τὸν δ' ἄνθρωπον, ὃν λέγεις, ἄγε πρὸς ἡμᾶς. Καὶ ὁ μὲν ἀπῆλθεν· ἐγὼ δὲ πρὸς τὸν Αἰγύπτιον εἰσελθὼν, τύπτων τ' αὐτὸν πὺξ κατὰ τῶν προσώπων καὶ δευτέραν καὶ τρίτην, θορυβῶν δ' ἅμα λέγω· Εἰπὸν, τί δέδωκας Λευκίππῃ; καὶ πόθεν μαίνεται; Ὁ δὲ φοβηθεὶς καταλέγει πάντα, ὅσα ἡμῖν ὁ Χαιρέας διηγήσατο. Τὸν μὲν οὖν εἴχομεν ἐν φυλακῇ καθείρξαντες.

ΙϚ'. Κἂν τούτῳ παρῆν ὁ Χαιρέας, ἅγων τὸν ἄνθρωπον. Λέγω οὖν πρὸς ἀμφοτέρους· Τοὺς μὲν τέτταρας χρυσοῦς ἤδη λάβετε μισθὸν ἀγαθῆς μηνύσεως· ἀκούσατε δ' ὡς ἔχω περὶ τοῦ φαρμάκου. Ὁρᾶτε ὡς καὶ τῶν παρόντων τῇ γυναικὶ κακῶν αἴτιον γέγονε φάρμακον. Οὐκ ἀκίνδυνον δ' ἐπιφαρμάσσειν τὰ σπλάγχνα ἤδη πεφαρμαγμένα. Φέρε, εἴπατε, ὅ τι καὶ ἔχει τὸ φάρμακον τοῦτο καὶ παρόντων ἡμῶν σκευάσατε· χρυσοῖ δ' ὑμῖν ἄλλοι τέτταρες μισθὸς, ἂν οὕτω ποιῆτε. Καὶ ἄνθρωπος, Δίκαια, ἔφη, φοβῇ· τὰ δ' ἐμβαλλόμενα κοινὰ καὶ πάντα ἐδώδιμα· αὐτὸς δὲ τούτων ἀπογεύσομαι τοσοῦτον, ὅσον κἀκείνη λάβοι. Καὶ ἅμα κελεύει τινὰ πριάμενον κομίζειν, ἕκαστον εἰπών· ὡς τε ταχὺ μὲν ἐκομίσθη, παρόντων δ' ἡμῶν συνέτριψε πάντα ὁμοῦ καὶ δίχα διελών, Τὸ μὲν αὐτὸς, ἔφη, πίομαι πρῶτος, τὸ δὲ δώσω τῇ γυναικί. Κοιμηθήσεται δὲ πάντως δι' ὅλης τῆς νυκτὸς λαβοῦσα· περὶ δὲ τὴν ἕω καὶ τὸν ὕπνον καὶ τὴν νόσον ἀποθήσεται. Λαμβάνει δὴ τοῦ φαρμάκου πρῶτος αὐτὸς, τὸ δὲ λοιπὸν κελεύει περὶ τὴν ἑσπέραν δοῦναι πιεῖν. Ἐγὼ δ' ἄπειμι, ἔφη, κοιμηθησόμενος· τὸ γὰρ φάρμακον οὕτω βούλεται. Ταῦτ' εἰπὼν ἀπῆλθε, τοὺς τέτταρας χρυσοῦς παρ' ἐμοῦ λαβών. Τοὺς δὲ λοιποὺς, ἔφην, δώσω, εἰ ῥαίσειεν ἐκ τῆς νόσου.

ΙΖ'. Ἐπεὶ οὖν καιρὸς ἦν αὐτῇ πιεῖν τὸ φάρμακον, ἐγχέας, προσηυχόμην αὐτῷ· Ὢ γῆς τέκνον, φάρμακον, ᾦ παῖδες Ἀσκληπιοῦ, ἀληθεύσῶν σου τὰ ἐπαγγέλματα· εὐτυχέστερον ἐμοῦ γενοῦ καὶ σῶζέ μοι τὴν φιλτάτην. Νίκησον τὸ φάρμακον ἐκεῖνο τὸ βάρβαρον καὶ ἄγριον. Ταῦτα δοὺς τῷ φαρμάκῳ τὰ συνθήματα καὶ καταφιλήσας τὸ ἐκπώμα, δίδωμι τῇ Λευκίππῃ πιεῖν. Ἡ δὲ, ὡς ἄνθρωπος εἶπε, μετὰ μικρὸν ἔκειτο καθεύδουσα· κἀγὼ παρακαθήμενος, ἔλεγον πρὸς αὐτὴν ὡς ἀκούουσαν· Ἆρά μοι σωφρονήσεις ἀληθῶς; ἆρά μέ ποτε γνωριεῖς; ἆρά σου τὴν φωνὴν ἐκείνην ἀπολήψομαι; Μάν-

---

desiit, a praedonibus videlicet interemptus. Is uxoris tuae amore tenebatur. Quumque natura veneficiis deditus esset, amatoriam potionem comparavit, Aegyptio vestro administro persuasit, ut eam acciperet et Leucippes potui infunderet. Verum ita casus attulit, ut valentiore imprudens pharmaco usus sit, ac pro amante insanam reddideritt. Haec omnia ejus ipsius Gorgiae famulus heri mihi narravit, qui forte cum eo in bello, quod contra praedones gestum est, militabat: illumque vestra causa fuisse a Fortuna servatum, simile vero videtur. Is pro reddenda incolumitate nummos aureos quatuor dari sibi petit, medicamentum habere se affirmans, quod prioris vim solvat. Atqui tibi quoque, inquam ego, pro beneficio isto bene sit. Verum hunc, quem dicis, hominem accerse. Atque ille quidem abiit: ego vero Aegyptium domi conveniens, pugnis in faciem iterum ac tertio percussi, et tumultuans simul dico, dic quidnam Leucippae miscuisti, quamque ob causam insaniret, percunctatus sum. Quocirca perterrefactus ille, quae ex Chaereae sermone didiceram, omnia enarravit. Hominem in carcerem inclusum itaque in custodia tenebamus.

XVI. Interea cum Gorgiae famulo Chaerea reversus est: ambobus itaque dico; quatuor aureos jam accipite mercedem boni indicii, sed quae mea de medicamento vestro sententia sit, audite. Praesentium puellae hujus malorum causam potionem fuisse scitis: idcirco minime tutum, infectam pharmaco alvum aliis rursus medicaminibus irritare. Agitedum ergo, quid hoc in medicamento insit, denuntiate, ac praesentibus nobis parate. Quod si feceritis, altera tanta pecunia vobis munus erit. Tum famulus ille, Juste, inquit, formidas. Caeterum quae paranda sunt, communia et esui apta omnia: ego tantum mihi ex iis sumam, quantum puella accipiat. Ac statim quemdam singula nominatim emptum ire, atque afferre jussit, quae quum celeriter allata essent omnia spectantibus nobis contrivit: duabusque partibus factis, Hanc inquit, prior ipse bibam: alteram mulieri dabo: quae, illa epota, totam omnino noctem dormiet, adventante luce, et somno et morbo liberabitur. Ita primus ipse potionem hausit: reliquum ut vesperi puellae daretur, praecepit: seque, quoniam ita potio cogeret, dormitum ire testatus, nummis quatuor acceptis abiit. Nam reliquos, simulatque Leucippe convaluisset, numeraturum me promiseram.

XVII. Posteaquam dandi medicamenti tempus venit, illud ego miscens, ita sum allocutus: O terra genita atque ab Aesculapio mortalium generi primum data medicina, utinam, quae mihi de te promissa fuerunt, vera sint. tu me felicior sis et carissimam puellam incolumem reddas. Devincas barbarum et agreste venenum. Hac medicinae tessera data, poculoque dissuaviato, puellae potionem dedi, quam non ita multo post somnus, uti vir ille dixerat, complexus est. Ac tum ego et assidens dormientem, quasi audiret, ita propemodum affatus sum: Verene tu nunc resipisces? Ecquid tu me agnoscis? ecquid ego vocem tuam

τευσαί τι καὶ νῦν καθεύδουσα. Καὶ γὰρ χθὲς τοῦ
Γοργίου κατεμαντεύσω δικαίως. Εὐτυχεῖς ἄρα μᾶλλον
κοιμωμένη. Γρηγοροῦσα μὲν γὰρ μανίαν δυστυχεῖς·
τὰ δ' ἐνύπνιά σου σωφρονεῖ. Ταῦτά μου διαλεγομέ-
5 νου ὡς πρὸς ἀκούουσαν Λευκίππην, μόλις ἡ πολύευ-
κτος ἠὼς ἀναφαίνεται, καὶ ἡ Λευκίππη φθέγγεται, καὶ
ἦν ἡ φωνή· Κλειτοφῶν. Ἀναπηδήσας οὖν πρόσειμί
τ' αὐτῇ καὶ πυνθάνομαι, πῶς ἔχει. Ἡ δ' ἐῴκει μὲν
μηδὲν ὧν ἔπραξεν ἐγνωκέναι, τὰ δεσμὰ δ' ἰδοῦσα ἐθαύ-
10 μαζε καὶ ἐπυνθάνετο τίς ὁ δήσας εἴη. Ἐγὼ δ' ἰδὼν
σωφρονοῦσαν, ὑπὸ πολλῆς χαρᾶς ἔλυον μὲν μετὰ θορύ-
βου τὰ δεσμά, μετὰ ταῦτα δ' ἤδη τὸ πᾶν αὐτῇ διηγοῦ-
μαι. Ἡ δ' ἠσχύνετο ἀκρωμένη καὶ ἠρυθρία καὶ
ἐνόμιζε τότε αὐτὰ ποιεῖν. Τὴν μὲν οὖν ἀνελάμβανον
15 παραμυθούμενος, τοῦ δὲ φαρμάκου τὸν μισθὸν ἀποδί-
δωμι μάλ' ἄσμενος. Ἦν δὲ τὸ πᾶν ἡμῖν ἐφόδιον σῶον.
Ὁ γὰρ ὁ Σάτυρος ἔτυχεν [ἔχων] ἐζωσμένος, ὅτ'
ἐναυαγήσαμεν, οὐκ ἀφῄρητο ὑπὸ τῶν λῃστῶν, οὔτ'
αὐτός, οὔθ' ὁ Μενέλαος οὐδὲν ὧν εἶχεν.
20 ΙΗ'. Ἐν τούτῳ δὲ καὶ τοὺς λῃστὰς ἐπελθοῦσα δύνα-
μις μείζων ἀπὸ τῆς μητροπόλεως παρεστήσατο καὶ
πᾶσαν αὐτῶν εἰς ἔδαφος κατέστρεψε τὴν πόλιν. Ἐλευ-
θερωθέντος δὲ τοῦ ποταμοῦ τῆς τῶν βουκόλων ὕβρεως,
παρεσκευαζόμεθα τὸν ἐπὶ τὴν Ἀλεξάνδρειαν πλοῦν.
25 Συνέπλει δ' ἡμῖν καὶ ὁ Χαιρέας, φίλος ἤδη γενόμενος
ἐκ τῆς τοῦ φαρμάκου μηνύσεως. Ἦν δὲ τὸ μὲν γένος
ἐκ τῆς νήσου τῆς Φάρου, τὴν δὲ τέχνην ἁλιεύς, ἐστρα-
τεύετο δὲ μισθῷ κατὰ τῶν βουκόλων τὴν ἐν ταῖς ναυσὶ
στρατείαν· ὥστε μετὰ τὸν πόλεμον τῆς στρατείας
30 ἀπήλλακτο. Ἦν οὖν ἐξ ἀπλοίας μακρᾶς πλεόντων
πάντα μεστὰ καὶ πολλή τις ὄψεως ἡδονή, ναυτῶν ᾠδή,
πλωτήρων κρότος, χορεία νεῶν, καὶ ἦν ἅπας ὁ ποτα-
μὸς ἑορτή· ἐῴκει δ' ὁ πλοῦς κωμάζοντι ποταμῷ.
Ἔπινον δὲ καὶ τοῦ Νείλου τότε πρῶτον ἄνευ τῆς πρὸς
35 οἶνον ὁμιλίας, κρῖναι θέλων τοῦ πώματος τὴν ἡδονήν.
Οἶνος γὰρ φύσεως ἔχουσα κλοπή. Ἀρυσάμενος οὖν
ὑάλου τῆς διαφανοῦς κύλικα, τὸ ὕδωρ ἑώρων ὑπὸ λευ-
κότητος πρὸς τὸ ἔκπωμα ἁμιλλώμενον καὶ τὸ ἔκπωμα
νικώμενον. Γλυκὺ δὲ πινόμενον ἦν καὶ ψυχρὸν ἐν
40 μέτρῳ τῆς ἡδονῆς. Οἶδα γὰρ ἐνίους τῶν παρ' Ἕλ-
λησι ποταμῶν καὶ τιτρώσκοντας. τούτῳ συνέκρινον
αὐτοὺς τῷ ποταμῷ. Διὰ τοῦτο αὐτὸν ἄκρατον ὁ Αἰ-
γύπτιος πίνων οὐ φοβεῖται, Διονύσου μὴ δεόμενος.
Ἐθαύμασα δ' αὐτῶν καὶ τὸν τρόπον τοῦ ποτοῦ. Οὔτε
45 γὰρ ἀρύσαντες πίνειν ἐθέλουσιν, οὔτ' ἐκπωμάτων ἀνέ-
χονται, ἔκπωμα αὐτουργὸν ἔχοντες. Ἔκπωμα γὰρ
αὐτοῖς ἐστιν ἡ χείρ. Εἰ γάρ τις αὐτῶν διψήσειε
πλέων, προκύψας ἐκ τῆς νεὼς τὸ μὲν πρόσωπον εἰς
τὸν ποταμὸν προβέβληκε, τὴν δὲ χεῖρα εἰς τὸ ὕδωρ
50 καθῆκε καὶ κοίλην βαπτίσας καὶ πλησάμενος ὕδατος,
ἀκοντίζει κατὰ τοῦ στόματος τὸ πῶμα καὶ τυγχάνει
τοῦ σκοποῦ· τὸ δὲ κεχηνὸς περιμένει τὴν βολὴν καὶ
δέχεται καὶ κλείεται καὶ οὐκ ἐᾷ τὸ ὕδωρ αὖθις ἔξω
πεσεῖν.

audiam? Age jam aliquid etiam nunc in somnis vaticinare :
nam heri quoque jure adversus Gorgiam vaticinata es.
Tua felicitas dormientis major : vigilantem enim insania
miseram reddit : dormientis autem insomnia prudentiam
præ se ferunt. Hæc me, tanquam cum audiente puella,
colloquente, tandem optata dies illuxit : Leucippeque tum
vocem mittens me nomine appellavit. Exsiliens itaque,
et propior factus, ut valeret, rogavi. At illa nihil eorum,
quæ gesserat, scire mihi visa est : sed vinctam se cernens
admirabatur et a quo vincta fuisset, quærebat. Tunc
ego mentis compotem factam eam videns, ac præ nimio
gaudio gestiens vincula solvi, omniaque, ut acta fuerant,
deinde aperui. Quæ quum audiret, pudore et rubore suf-
fundebatur, ac se tum etiam insanire putabat. Quocirca
consolans illam bono esse animo jussi, et medicamenti
pretium perlibenter solvi. Viaticum enim nobis incolume
erat, in ipso enim naufragio, quod Satyrus forte in zona
habebat non ei ademtum est a latronibus nec ipsi nec Me-
nalao.

XVIII. Interea copiæ majores ex principe civitate ag-
gredientes latrones eos subegerunt et urbem illorum uni-
versam funditus everterunt. Nos, flumine ab injuria
prædonum liberato, Alexandriam petere instituimus ; una
navigabat Chærea nobiscum amicus jam factus ob potionis
indicium. Erat is ex insula Pharo piscator : sed qui tunc
adversus prædones in exercitu navali stipendia merebat et
confecto bello dimissus fuerat. Itaque quum latronum
metu multum temporis navigatio intermissa fuisset, omnia
navigantibus completa sunt ; videntibusque magnam affe-
rebant voluptatem nautarum cantus, vectorum plausus,
navium chorea, et flumen totum erat celebritas. Sane
autem diem festum agenti fluvio similis navigatio videba-
tur. Atque ego Nili suavitatem cognoscere cupiens, illius
aquam eo primum die, nullo admisto vino, bibi : vinum
enim impedimento est, quo minus aquæ natura percipiatur.
Vitreo igitur scypho maxime perspicuo repleto, aquam
cum poculo candore contendere, ac superiorem evadere
animadverti. Bibenti autem et dulcis erat et sine inju-
cunditate frigida : quædam enim in Græcia flumina esse
scio adeo frigida, ut bibentibus molesta sint, ea ego cum
hoc fluvio comparabam. Hinc porro fit ut Ægyptius,
aquam puram bibens nil metuat, vino non indigens. Quin
etiam ipsum bibendi modum admiratus sum : neque enim
bibere volunt haurientes cadis, aut pocula admittunt,
habentes poculum quod quisque sibi conficit : si enim na-
vigantium aliquis sitiat, in flumen e,nave se inclinans,
manum cavam demergit, haustamque aquam in os jacu-
latur, minime a scopo aberrans : illud autem patens jactum
exspectat, suscipitque, dein clauditur, et aquam excidere
non sinit.

LIBER V.

ΙΘ′. Εἶδον δὲ καὶ ἄλλο θηρίον τοῦ Νείλου, ὑπὲρ τὸν ἵππον τὸν ποτάμιον εἰς ἀλκὴν ἐπαινούμενον. Κροκόδειλος δ᾽ ὄνομα ἦν αὐτῷ. Παρήλλακτο δὲ καὶ τὴν μορφὴν εἰς ἰχθὺν ὁμοῦ καὶ θηρίον [μέγα]. Μέγας μὲν γὰρ ἐκ κεφαλῆς εἰς οὐράν, τὸ δ᾽ εὖρος τοῦ μεγέθους οὐ κατὰ λόγον. Δορὰ μὲν φολίσι ῥυσή· πετραία δὲ τῶν νώτων ἡ χροιὰ καὶ μέλαινα· ἡ γαστὴρ δὲ λευκή· πόδες τέτταρες, εἰς τὸ πλάγιον ἠρέμα κυρτούμενοι, καθάπερ χερσαία χελώνη· οὐρὰ μακρὰ καὶ παχεῖα καὶ ἐοικυῖα στερεῷ σώματι. Οὐ γὰρ ὡς τοῖς ἄλλοις περίκειται θηρίοις, ἀλλ᾽ ἔστι τῆς ῥάχεως ἓν ὀστοῦν τελευτὴ καὶ μέρος αὐτοῦ τῶν ὅλων. Ἐντέτμηται δ᾽ ἄνωθεν εἰς ἀκάνθας ἀναιδεῖς, οἷαι τῶν πριόνων εἰσὶν αἱ αἰχμαί. Αὕτη δ᾽ αὐτῷ καὶ μάστιξ ἐπὶ τῆς ἄγρας γίνεται, τύπτει γὰρ αὐτῇ πρὸς οὓς ἂν διαπαλαίῃ καὶ πολλὰ ποιεῖ τραύματα πληγῇ μιᾷ. Κεφαλὴ δ᾽ αὐτῷ τοῖς νώτοις συνυφαίνεται καὶ εἰς μίαν στάθμην ἰθύνεται (ἔκλεψε γὰρ αὐτῷ τὴν δειρὴν ἡ φύσις)· ἔστι δὲ τοῦ ἵππου βλοσυρώτερος τὰ ὄμματα, καὶ ἐπὶ πλέον ἐπὶ τὰς γένυς ἐκτείνεται καὶ ἀνοίγεται πᾶς. Τὸν μὲν γὰρ ἄλλον χρόνον, παρ᾽ ὅσον οὐ κέχηνε τὸ θηρίον, ἔστι κεφαλή, ὅταν δὲ χάνῃ πρὸς τὰς ἄγρας, ὅλον στόμα γίνεται. Ἀνοίγει δὲ τὴν γένυν τὴν ἄνω, τὴν δὲ κάτω στερεὰν ἔχει καὶ ἀπόστασίς ἐστι πολλὴ καὶ μέχρι τῶν ὤμων τὸ χάσμα καὶ εὐθὺς ἡ γαστήρ. Ὀδόντας δὲ πολλοί, καὶ ἐπὶ πλεῖστον τεταγμένοι. Φασὶ δ᾽ ὅτι τὸν ἀριθμὸν τυγχάνουσιν, ὅσας ὁ θεὸς εἰς ὅλον ἔτος ἀναλάμπει τὰς ἡμέρας· τοσοῦτον ἔργον αἰρεῖ τῶν γενύων πεδίον. Ἂν δ᾽ ἐκπεράσῃ πρὸς τὴν γῆν, ὅσον ἔχει δυνάμεως (οὐκ) ἀπιστήσεις, ἰδὼν τὴν τοῦ σώματος ὁλκήν.

ΛΟΓΟΣ ΠΕΜΠΤΟΣ.

Τριῶν δὲ πλεύσαντες ἡμερῶν εἰς Ἀλεξάνδρειαν ἤλθομεν. Ἀνιόντι δέ μοι κατὰ τὰς Ἡλίου καλουμένας πύλας, συνηντᾶτο εὐθὺς τῆς πόλεως ἀστράπτον τὸ κάλλος, καί μου τοὺς ὀφθαλμοὺς ἐγέμισεν ἡδονῆς. Στάθμη μὲν κιόνων ὄρθιος ἑκατέρωθεν ἐκ τῶν Ἡλίου πυλῶν εἰς τὰς Σελήνης πύλας· οὗτοι γὰρ τῆς πόλεως οἱ πυλωροί. Ἐν μέσῳ δὴ τῶν κιόνων τῆς πόλεως τὸ πεδίον. Ὁδὸς δὲ διὰ τοῦ πεδίου πολλὴ καὶ ἐνδημος ἀποδημία. Ὀλίγους δὲ τῆς πόλεως σταδίους προελθών, ἦλθον εἰς τὸν ἐπώνυμον Ἀλεξάνδρου τόπον. Εἶδον δ᾽ ἐντεῦθεν ἄλλην πόλιν καὶ σχιζόμενον ταύτῃ τὸ κάλλος. Ὅσος γὰρ κιόνων ὄρχατος εἰς τὴν εὐθυωρίαν, τοσοῦτος ἕτερος εἰς τὰ ἐγκάρσια. Ἐγὼ δὲ μερίζων τοὺς ὀφθαλμοὺς εἰς πάσας τὰς ἀγυιάς, θεατὴς ἀκόρεστος ἤμην καὶ τὸ κάλλος ὅλως οὐκ ἐξήρκουν ἰδεῖν. Τὰ μὲν ἔβλεπον, τὰ δ᾽ ἔμελλον, τὰ δ᾽ ἠπειγόμην ἰδεῖν, τὰ δ᾽ οὐκ ἤθελον παρελθεῖν. Ἐκράτει τὴν θέαν τὰ ὁρώμενα, εἷλκε τὰ προσδοκώμενα. Περιάγων οὖν

XIX. Ceterum aliud etiam animal Nili vidi, ferocia hippopotamo praestantius. Crocodilo ei nomen est : forma vero quum piscis, tum bellnae terrestris magnae. Longum enim inter caput et caudam spatium intercedit : sed longitudini latitudo proportione haudquaquam respondet. Cutis ejus squamis aspera. Dorsum petrae simile, ac nigrum : alvus candida : pedes ipsi quatuor in obliquum leniter deflexi, quales testudinis terrestris : cauda longa, crassa, solidoque corpori similis. Neque enim, ut in aliis animalibus habetur, est, sed osse uno, qui spinae finis, ac totius corporis pars est, constat, asperis in superiore parte acuminibus, ut sunt serrae dentes, referta, et qua flagelli loco in capienda praeda utatur : illa enim (feras), quibuscum pugnat, percutit, multaque uno ictu vulnera imponit. Caput humeris adjunctum et ad amussim directum est, natura quippe collum ejus occuluit. Equo torviores adspectu oculi, et quam longissime maxillae diducuntur, et totus aperitur. Quamdiu enim bellua non hiat, caput est : in hiando vero ad praedam capiendam os totum fit : tumque superiorem tantum genam movet, inferiorem autem nequaquam. Porro hiatus ingens est, utpote qui ad humeros usque protenditur, eique statim subjicitur venter. Dentes habet multos, longa serie (pectinatim) sese stipantes : quos quidem, quum ad numerum rediguntur, tot reperiri aiunt, quot dies integro anno deus illustrat : maxillarum campus tantam dentium segetem continet. Quantis autem viribus polleat, tum, quum in terram egrediatur, si corporis molem spectes, non potes non credere.

LIBER QUINTUS.

Confecto tandem trium dierum spatio, Alexandriam nave delati sumus : mihique Solis, quas vocant, portas introeunti mira quaedam urbis pulchritudo voluptate oculos complevit. A Solis enim ad Lunae usque portas (in eorum autem deorum tutela portae ipsae sunt) recta columnarum series utrimque protendebatur. Quarum in medio urbis campus situs erat, per quem viae multae, in urbe peregrinatio. Aliquot urbis stadia progressus, ad eum locum, cui ab Alexandro nomen est, perveni : aliamque civitatem vidi, cujus pulchritudo hoc pacto distincta erat, ut quam longus esset columnarum in rectum dispositarum ordo, tam longus alius in obliquum esset. In omnes itaque vias obtutus dispertiens, neque spectando satiari, neque pulchritudinem omnem assequi poteram. Quaedam enim oculos habebam, quaedam mox habituros eram, nonnulla videre praeoptabam, alia etiam erant, quae praetermittenda minime censebam : ac licet, quae perspiciebamus, oculos occuparent, tamen, quae videnda supererant, eos ad sese alliciebant : quamobrem viis omnibus perlustra-

ἐμαυτὸν εἰς πάσας τὰς ἀγυιὰς καὶ πρὸς τὴν ὄψιν δυσ-
ερωτιῶν, εἶπον καμών· Ὀφθαλμοί, νενικήμεθα.
Εἶδον δὲ δύο καινὰ καὶ παράλογα, μεγέθους πρὸς κάλ-
λος ἅμιλλαν καὶ δήμου πρὸς πόλιν φιλονεικίαν καὶ
ἀμφότερα νικῶντα. Ἡ μὲν γὰρ ἠπείρου μείζων ἦν,
ὁ δὲ πλείων ἔθνους. Καὶ εἰ μὲν εἰς τὴν πόλιν ἀπεῖδον,
ἠπίστουν εἰ πληρώσει τις δῆμος αὐτὴν ἀνδρῶν, εἰ δὲ
[εἰς] τὸν δῆμον ἐθεασάμην, ἐθαύμαζον, εἰ χωρήσει τις
αὐτὸν πόλις. Τοιαύτη τις ἦν ἰσότητος τρυτάνη.
Β΄. Ἦν δέ πως [καὶ] κατὰ δαίμονα ἱερομηνία τοῦ
μεγάλου θεοῦ, ὃν Δία μὲν Ἕλληνες, Σέραπιν δὲ καλοῦ-
σιν Αἰγύπτιοι· ἦν δὲ καὶ πυρὸς δᾳδουχία. Καὶ τοῦτο
μέγιστον ἐθεασάμην. Ἑσπέρα μὲν γὰρ ἦν καὶ ὁ ἥλιος
κατεδύετο καὶ νὺξ ἦν οὐδαμοῦ, ἀλλ' ἄλλος ἀνέτελλεν
ἥλιος κατακερματίζων. Τότε γὰρ εἶδον πόλιν ἐρίζου-
σαν περὶ κάλλους οὐρανῷ. Ἐθεασάμην δὲ καὶ τὸν
Μειλίχιον Δία, καὶ τὸν Διὸς Οὐρανίου νεών. Προσευ-
ξάμενοι δὴ τῷ μεγάλῳ θεῷ καὶ ἱκετεύσαντες στῆναι
ἡμῖν ποτε τὰ δεινά, εἰς τὴν καταγωγὴν ἤλθομεν, ἣν
ἔτυχεν ὁ Μενέλαος ἡμῖν μεμισθωμένος. Οὐκ ἐῴκει
δ' ἄρα ὁ θεὸς ἐπινεύειν ταῖς ἡμετέραις εὐχαῖς, ἀλλ'
ἔμενε ἡμᾶς καὶ ἄλλο τῆς Τύχης γυμνάσιον.
Γ΄. Ὁ γὰρ Χαιρέας πρὸ πολλοῦ τῆς Λευκίππης
ἐλάνθανεν ἐρῶν καὶ διὰ τοῦτο μεμηνύκει τὸ φάρμα-
κον, ἅμα μὲν ἀφορμὴν οἰκειότητος ἑαυτῷ θηρώμενος,
ἅμα δὲ καὶ ἑαυτῷ σώζων τὴν κόρην. Εἰδὼς οὖν ἀμή-
χανον τὸ τυχεῖν, συντέθησιν ἐπιβουλὴν, λῃστήριον
ὁμοτέχνων συγκροτήσας, ἅτε θαλάσσιος ὢν ἄνθρωπος,
καὶ συνθέμενος αὐτοῖς, ἃ δεῖ ποιεῖν, ἐπὶ ξενίαν ἡμᾶς
εἰς τὴν Φάρον καλεῖ, σκηψάμενος γενεθλίων ἄγειν
ἡμέραν. Ὡς οὖν προήλθομεν τῶν θυρῶν, οἰωνὸς ἡμῖν
γίνεται πονηρός· χελιδόνα κίρκος διώκων τὴν Λευκίπ-
πην πατάσσει τῷ πτερῷ εἰς τὴν κεφαλήν. Ταραχθεὶς
οὖν ἐπὶ τούτῳ, καὶ ἀνανεύσας εἰς οὐρανὸν, Ὦ Ζεῦ, τί
τοῦτο, ἔφην, φαίνεις ἡμῖν τέρας; ἀλλ' εἰ τῷ ὄντι σὸς
ὄρνις οὗτος, ἄλλον ἡμῖν σαφέστερον δεῖξον οἰωνόν.
Μεταστραφεὶς οὖν, ἔτυχον γὰρ παρεστὼς ἐργαστηρίῳ
ζωγράφου, γραφὴν ὁρῶ κειμένην, ἥτις ὑπηνίττετο προσ-
όμοιον. Πρόκνης γὰρ εἶχε φθορὰν καὶ τὴν βίαν
Τηρέως καὶ τῆς γλώττης τὴν τομήν. Ἦν δ' ὁλό-
κληρον τῇ γραφῇ τὸ διήγημα τοῦ δράματος, ὁ πέπλος,
ὁ Τηρεύς, ἡ τράπεζα. Τὸν πέπλον ἡπλωμένον εἱστή-
κει κρατοῦσα θεράπαινα· Φιλομήλα παρειστήκει καὶ
ἐπετίθει τῷ πέπλῳ τὸν δάκτυλον καὶ ἐδείκνυε τῶν
ὑφασμάτων τὰς γραφάς· ἡ Πρόκνη πρὸς τὴν δεῖξιν ἐνε-
νεύκει καὶ δριμὺ ἔβλεπε καὶ ὠργίζετο τῇ γραφῇ.
Θρᾷξ ὁ Τηρεὺς ἐνύφαντο Φιλομήλᾳ παλαίων πάλην
Ἀφροδίτειον. Ἐσπάρακτο τὰς κόμας ἡ γυνή, τὸ ζῶ-
σμα ἐλέλυτο, τὸν χιτῶνα κατέρρηκτο, ἡμίγυμνος τὸ
στέρνον ἦν, τὴν δεξιὰν ἐπ' ὀφθαλμοὺς ἤρειδε τοῦ Τη-
ρέως, τῇ λαιᾷ τὰ διερρωγότα τοῦ χιτῶνος ἐπὶ τοὺς
μαστοὺς εἷλκεν. Ἐν ἀγκάλαις εἶχε τὴν Φιλομήλαν
ὁ Τηρεύς, ἕλκων πρὸς ἑαυτὸν ὡς ἐνῆν τὸ σῶμα καὶ
σφίγγων ἐν χρῷ τὴν συμπλοκήν. Ὧδε μὲν τὴν τοῦ

tis, quum ad omnia contemplanda sufficere oculorum acies nequiret, eos spectando victos mecum fateri coactus sum. Illud vero novum atque incredibile mihi ante omnia visum est. Urbis enim amplitudo cum pulchritudine et urbs cum populo habitatorum ita certabat, ut neutra alteri cederent. Nam et illa continente major et hæc gente major erat. Porro intuenti mihi civitas amplior apparebat, quam ut habitatoribus compleri posset : populum autem si intuebar, tam numerosus videbatur, ut aliquane urbe contineri valeret, dubitare cogerer. Ita æquo hæc inter se marte contendebant.

II. Forte autem eo tempore magni numinis, quem Δία. Græci, Serapin Ægyptii vocaut, festi dies celebrabantur, et facium gestatio, idque non vulgari admiratione dignum animadverti : vespera enim quum adventasset, ac jam sol occidisset, nox tamen nullo in loco erat, sed alius minutas quasdam in partes dividens (lucem) sol exoriebatur. Tunc urbem illam cum cœlo etiam pulchritudine contendere vidi. Milichium quin etiam Jovem, Cœlestisque Jovis templum vidi : cujus magnum numen quum venerati essemus, precatique ut nostrorum tandem infortuniorum finis fieret, conductam a Menelao domum ingressi fuimus. Sed precibus nostris deus ille nequaquam annuisse visus est : aliud enim discrimen restabat, in quo Fortuna nos adhuc exerceret.

III. Nam Chærea Leucippen multo antea clam amabat, ideo autem medicamenti indicium fecerat, simul ut se-in familiaritatem nostram ea occasione arrepta insinuaret, simul ut puellam sibi ipsi servaret. Qua quum potiri difficile admodum esse intelligeret, ad parandas insidias animum adjecit. Itaque prædonum agmine ex iis qui eandem atque ipse artem exercebant collecto (rebus enim maritimis operam dederat) quid ab iis fieri velit, docet : mox natalem diem suum agere simulans, nos ad Pharum visendam invitat. Igitur domo egressis nobis sinistrum in via omen evenit. Hirundinem insequens accipiter, Leucippes caput ala percussit. Quare perturbatus, cœlumque suspiciens : Quid hoc, inquam, portenti est, Juppiter, quod nobis commonstras? Quin potius, si avis hæc vere tua est, aliud nobis manifestius augurium ostende? Meque conversus (forte enim pictoris officinam constiteramus) collocatam animadverti tabellam, quæ subobscure aliquid simile significabat. Etenim Procnes stuprum, Terei violentiam, linguæ abscisionem continebat. Integra in pictura fabulæ totius explicatio, peplum, Tereus, mensa, serva explicatum peplum tenens, et Philomela adstabat et peplo digitum imponebat et quæ in textura picta erant indicabat. Procne ad indicium annuebat, torveque intuebatur, ac picturæ propemodum irascebatur. Intextus illic Tereus Thrax qui reluctantem Philomelam obscœne contrectabat : mulier, capillis evulsis, cingulo soluto, veste discissa, seminudo pectore : dextram in oculos Terei torquebat, sinistra vero laceram vestem ad mammas trahebat. Mulierem Tereus totis ad se viribus tractam arcteque

LIBER V.

πέπλου γραφὴν ὕφηνεν ὁ ζωγράφος. Τὸ δὲ λοιπὸν τῆς εἰκόνος, αἱ γυναῖκες ἐν κανῷ τὰ λείψανα τοῦ δείπνου τῷ Τηρεῖ δεικνύουσι, κεφαλὴν παιδίου καὶ χεῖρας· γελῶσι δ' ἅμα καὶ φοβοῦνται. Ἀναπηδῶν ἐκ τῆς κλίνης ὁ Τηρεὺς ἐγέγραπτο· καὶ ἕλκων τὸ ξίφος ἐπὶ τὰς γυναῖκας, τὸ σκέλος ἤρειδεν ἐπὶ τὴν τράπεζαν. Ἡ δ' οὔτε ἕστηκεν, οὔτε πέπτωκεν, ἀλλ' ἐδείκνυε γραφὴν μέλλοντος πτώματος.

Δ'. Λέγει οὖν ὁ Μενέλαος· Ἐμοὶ δοκεῖ τὴν εἰς Φάρον ὁδὸν ἐπισχεῖν. Ὁρᾷς γὰρ οὐκ ἀγαθὰ δύο σύμβολα, τό τε τοῦ ὄρνιθος καθ' ἡμῶν πτερὸν καὶ τῆς εἰκόνος τὴν ἀπειλήν. Λέγουσι δ' οἱ τῶν συμβόλων ἐξηγηταὶ σκοπεῖν τοὺς μύθους τῶν εἰκόνων, ἂν ἐξιοῦσιν ἡμῖν ἐπὶ πρᾶξιν συντύχωσι, καὶ ἐξομοιοῦν τὸ ἀποβησόμενον τῷ τῆς ἱστορίας λόγῳ. Ὁρᾷς οὖν ὅσων γέμει κακῶν ἡ γραφή· ἔρωτος παρανόμου, μοιχείας ἀναισχύντου, γυναικείων ἀτυχημάτων. Ὅθεν ἐπισχεῖν κελεύω τὴν ἔξοδον. Ἐδόκει μοι λέγειν εἰκότα, καὶ παραιτοῦμαι τὸν Χαιρέαν ἐκείνην τὴν ἡμέραν. Ὁ μὲν οὖν σφόδρ' ἀνιώμενος ἀπηλλάττετο, φήσας αὔριον ἐφ' ἡμᾶς ἀφίξεσθαι.

Ε'. Ἡ δὲ Λευκίππη λέγει πρός με (φιλόμυθον γάρ πως τὸ τῶν γυναικῶν γένος) · Τί βούλεται τῆς εἰκόνος ὁ μῦθος; καὶ τίνες αἱ ὄρνιθες αὗται; καὶ τίνες αἱ γυναῖκες, καὶ τίς ὁ ἀναιδὴς ἐκεῖνος ἀνήρ; Κἀγὼ καταλέγειν ἄρχομαι· Ἀηδῶν, καὶ χελιδών, καὶ ἔποψ, πάντες ἄνθρωποι, καὶ πάντες ὄρνιθες. Ἔποψ ἀνήρ, αἱ δύο γυναῖκες, Φιλομήλα χελιδών, καὶ Πρόκνη ἀηδών. Πόλις αὐταῖς Ἀθῆναι. Τηρεὺς ὁ ἀνήρ· Πρόκνη Τηρέως γυνή. Βαρβάροις δέ, ὡς ἔοικεν, οὐχ ἱκανὴ πρὸς Ἀφροδίτην μία γυνή, μάλισθ' ὅταν αὐτῷ καιρὸς διδῷ πρὸς ὕβριν τρυφᾶν. Καιρὸς οὖν γίνεται τῷ Θρακὶ τούτῳ χρήσασθαι τῇ φύσει, Πρόκνης ἡ φιλοστοργία. Πέμπει γὰρ ἐπὶ τὴν ἀδελφὴν τὸν ἄνδρα τὸν Τηρέα. Ὁ δ' ἀπῄει μὲν ἔτι Πρόκνης ἀνήρ, ἀναστρέφει δὲ Φιλομήλας ἐραστής, καὶ κατὰ τὴν ὁδόν, αὐτὴν αὑτῷ ποιεῖται τὴν Φιλομήλαν Πρόκνην. Τὴν γλῶτταν τῆς Φιλομήλας φοβεῖται, καὶ ἕδνα τῶν γάμων αὐτῇ δίδωσι μηκέτι λαλεῖν καὶ κείρει τῆς φωνῆς τὸ ἄνθος. Ἀλλὰ πλέον οὐχ ἤνυσεν οὐδέν. Ἡ γὰρ Φιλομήλας τέχνη σιωπῶσαν εὕρηκε φωνήν. Ὑφαίνει γὰρ πέπλον ἄγγελον καὶ τὸ δρᾶμα πλέκει ταῖς κρόκαις καὶ μιμεῖται τὴν γλῶτταν ἡ χείρ, καὶ Πρόκνης τοῖς ὀφθαλμοῖς τὰ τῶν ὤτων μηνύει καὶ πρὸς αὐτὴν ἃ πέπονθε τῇ κερκίδι λαλεῖ. Ἡ Πρόκνη τὴν βίαν ἀκούει παρὰ τοῦ πέπλου καὶ ἀμύνασθαι καθ' ὑπερβολὴν ζητεῖ τὸν ἄνδρα. Ὀργαὶ δὲ δύο, καὶ δύο γυναῖκες εἰς ἓν πνέουσαι καὶ ὕβρει κεράσασαι τὴν ζηλοτυπίαν δεῖπνον ἐπινοοῦσι τῶν γάμων ἀτυχέστερον. Τὸ δὲ δεῖπνον ἦν ὁ παῖς Τηρέως, οὗ μήτηρ μὲν ἦν πρὸ τῆς ὀργῆς ἡ Πρόκνη· τότε δὲ τῶν ὠδίνων ἐπελέληστο. Οὕτως αἱ τῆς ζηλοτυπίας ὠδῖνες νικῶσαι καὶ τὴν γαστέρα. Μόνον γὰρ δρῶσαι αἱ γυναῖκες ἀνιᾶσαι τὸν τὴν εὐνὴν λελυπηκότα, κἂν πάσχωσιν ἐν οἷς ποιοῦσιν οὐχ ἧττον κακόν, τὴν τοῦ πάσχειν (οὐ)

---

pressam amplexabatur. Atque ita quidem pepli pictor texuerat picturam. In reliqua tabellæ parte mulieres in corbe Tereo cœnæ reliquias, pueri scilicet caput atque manus ostendunt, rident identidem et tremunt. E lecto surgens Tereus pictus erat et stricto in mulieres gladio mensam pede protrudebat quæ nec stabat, nec cadebat : sed cadentis formam referebat.

IV. Tum Menelaus : Mihi quidem, inquit, a profectione in Pharum abstinendum videtur. Duo enim adversa nobis portenta, volatum accipitris, et picturæ minas, cernis. Monent autem prodigiorum interpretes, ne fabulas picturarum contemnamus : sed ut, si forte conspiciantur a nobis aliquid acturis cum iis, eventum conferamus, quæ historia illa refert. Vides igitur quot malis pictura scateat, obscœno amore, impudenti adulterio, muliebribus infortuniis? Ego quidem certe profectionem istam in aliud tempus distulerim. Sane oratio hæc Menelai mihi non absurda visa est. Chæream itaque valere jussi; qui tristis admodum recessit, cras ad nos, inquiens, se rediturum.

V. Tunc ad me conversa Leucippe (fabellarum enim cupidæ mulieres sunt) inquit, quid sibi picturæ fabula, avesque istæ, et mulieres, cum viro illo Impudenti velint? Tum ego, Luscinia et hirundo et upupa, omnes homines, et omnes aves sunt. Upupa vir (Tereus), duæ mulieres, Philomela hirundo et Procne luscinia. Civitas ipsis Athenæ. Tereus vir, Procne Terei uxor. Barbarorum autem libidini, ut consentaneum est, mulier una satis non est, præsertim quum per contumeliam explendæ cupiditatis oblata sit occasio. Procnes igitur erga sororum pietas homini Thraci opportunitatem attulit, qua natura suæ indulgeat. Hæc enim virum ad visendam sororem misit : qui, cum Procnes maritus abiisset, Philomelæ amator est reversus, eamque sibi inter redeundum alteram Procnen fecit. Quod autem proprium est, nuptiarum hanc dotem persolvit ut efficeret ne amplius loqui posset, et linguam puellæ amputaret : quamquam nihilo plus efficit. Mutum enim indicem Philomela excogitavit; Texit enim peplum nuntium remque omnem, sicuti gesta fuerat, in filis intexit : manuque linguam imitante, quæ passa esset, quando auribus immittere non poterat, ob oculos posuit. Procne vim sorori illatam ex pepli pictura cognovit : pœnamque opinione omni majorem de viro sumere aggressa est. Quumque ira duplici mulieres duæ arderent, conspiratione facta, zelotypiaque contumeliæ conjuncta, cœnam Philomelæ nuptiis longe detestabiliorem fecerunt. Filium enim patri apposuerunt, cujus ante iram Procne mater fuerat : sed tunc partus molestiam oblivioni tradiderat : ita zelotypiæ furor uteri doloribus longe potentior est. Uni huic rei enim studentes mulieres et eum, qui maritalis tori leges violavit, dolore afficiant, hujusmodi molestiam vindictæ voluptate (non)

ACHILLES TATIUS.

λογίζονται συμφοράν τῇ τοῦ ποιεῖν ἡδονῇ. Ἐδείπνησεν ὁ Τηρεὺς δεῖπνον Ἐρινύων. Αἱ δ' ἐν κανῷ τὰ λείψανα τοῦ παιδίου παρέφερον, γελῶσαι φόβῳ. Ὁ Τηρεὺς ὁρᾷ τὰ λείψανα τοῦ παιδίου καὶ πενθεῖ τὴν
5 τροφήν, καὶ ἐγνώρισεν ὦν τοῦ δείπνου πατήρ· γνωρίσας μαίνεται καὶ σπᾶται τὸ ξίφος καὶ ἐπὶ τὰς γυναῖκας τρέχει, ἃς δέχεται ὁ ἀήρ. Καὶ ὁ Τηρεὺς αὐταῖς συναναβαίνει, καὶ ὄρνις γίνεται· καὶ τηροῦσιν ἔτι τοῦ πάθους τὴν εἰκόνα. Φεύγει μὲν ἀηδών, διώκει δ' ὁ
10 Τηρεύς. Οὕτως ἐφύλαξε τὸ μῖσος καὶ μέχρι τῶν πτερῶν.

Ϛ΄. Τότε μὲν οὖν οὕτως ἐξεφύγομεν τὴν ἐπιβουλήν· ἐκερδήσαμεν δ' οὐδὲν ἢ μίαν ἡμέραν. Τῇ γὰρ ὑστεραίᾳ παρῆν ἔωθεν ὁ Χαιρέας· καὶ ἡμεῖς αἰδεσθέντες
15 ἀντιλέγειν οὐκ εἴχομεν· ἐπιβάντες οὖν σκάφους, ἤλθομεν εἰς τὴν Φάρον. Ὁ δὲ Μενέλαος ἔμεινεν αὐτοῦ, φήσας οὐχ ὑγιῶς ἔχειν. Πρῶτον μὲν οὖν ἡμᾶς ὁ Χαιρέας ἐπὶ τὸν πύργον ἄγει καὶ δείκνυσι τὴν κατασκευὴν κάτωθεν θαυμασίαν τινὰ καὶ παράλογον. Ὄρος ἦν ἐν
20 μέσῃ τῇ θαλάσσῃ κείμενον, ψαῦον αὐτῶν τῶν νεφῶν. Ὑπέρρει δ' ὕδωρ κάτωθεν αὐτοῦ τοῦ ποιήματος· τὸ δ' ἐπὶ θαλάσσης εἰσήκει κρεμάμενον. Ἐς δὲ τὴν τοῦ ὄρους ἀκρόπολιν ὁ τῶν νεῶν κυβερνήτης ἀνέτελλεν ἄλλος (ἥλιος). Μετὰ δὲ ταῦτα ἡγεῖτο ἡμῖν ἐπὶ τὴν
25 οἰκίαν. Ἦν δὲ ἐπ' ἐσχάτῃ τῇ νήσῳ κειμένη ἐπ' αὐτῇ τῇ θαλάσσῃ.

Ζ΄. Ἑσπέρας οὖν γενομένης, ὑπεξέρχεται μὲν ὁ Χαιρέας, πρόφασιν ποιησάμενος τὴν γαστέρα. Μετὰ μικρὸν δὲ βοὴ τις ἐξαίφνης περὶ τὰς θύρας ἦν, καὶ εὐθὺς
30 εἰστρέχουσιν ἄνθρωποι μεγάλοι καὶ πολλοί, μαχαίρας ἐσπασμένοι, καὶ ἐπὶ τὴν κόρην πάντες ὥρμησαν. Ἐγὼ δ' ὡς εἶδον φερομένην μου τὴν φιλτάτην, οὐκ ἐνεγκὼν ἵεμαι διὰ τῶν ξιφῶν· καί με παίει τις κατὰ τοῦ μηροῦ μαχαίρᾳ καὶ ὤκλασα. Καὶ ἐγὼ μὲν δὴ καταπεσὼν
35 ἐρρεόμην αἵματι· οἱ δ' ἐνθέμενοι τῷ σκάφει τὴν κόρην, ἔφευγον. Θορύβου δὲ καὶ βοῆς οἷα ἐπὶ λῃσταῖς γενομένης, ὁ στρατηγὸς τῆς νήσου παρῆν. Ἦν δέ μοι γνώριμος ἐκ τοῦ στρατοπέδου γενόμενος. Δείκνυω δὴ τὸ τραῦμα καὶ ἐδεόμην διῶξαι τοὺς λῃστάς. Ὥρμει
40 δὲ πολλὰ πλοῖα ἐν τῇ πόλει, τούτων ἓν ἐπιβὰς ὁ στρατηγός, ἐδίωκεν ἅμα τῇ παρούσῃ φρουρᾷ. Κἀγὼ δὲ συνανέβην φοράδην κομισθείς. Ὡς δ' εἶδον οἱ λῃσταὶ προσιοῦσαν ἤδη τὴν ναῦν εἰς ναυμαχίαν, ἱστᾶσιν ἐπὶ τοῦ καταστρώματος ὀπίσω τὼ χεῖρε δεδεμένην τὴν
45 κόρην· καί τις αὐτῶν μεγάλῃ τῇ φωνῇ, Ἰδοὺ τὸ ἆθλον ὑμῶν, εἰπών, ἀποτέμνει αὐτῆς τὴν κεφαλὴν καὶ τὸ λοιπὸν σῶμα ὠθεῖ κατὰ τῆς θαλάσσης. Ἐγὼ δέ, ὡς εἶδον, ἀνέκραγον οἰμώξας καὶ ὥρμησα ἐμαυτὸν ἐπαφεῖναι. Ὡς δ' οἱ παρόντες κατέσχον, ἐδεόμην ἐπισχεῖν
50 τὴν ναῦν, καί τινα ἀλόεσθαι κατὰ τῆς θαλάττης, εἴ πως κἂν πρὸς ταφὴν λάβοιμι τῆς κόρης τὸ σῶμα. Καὶ ὁ στρατηγὸς πείθεται καὶ ἵστησι τὴν ναῦν· καὶ δύο τῶν ναυτῶν ἀκοντίζουσιν ἑαυτοὺς ἔξω τῆς νεώς, καὶ ἁρπάσαντες τὸ σῶμα ἀναφέρουσιν. Ἐν τούτῳ δὲ

sentiunt. Tereus furiali mensæ accumbens epulatur; mulieres in corbe nati reliquias ridentes pariter ac trepidantes proferunt. Tereus videt nati reliquias et lacrymas profundit, et natum a se absumptum intelligens, furore percitus, educto gladio in mulieres irruit. At illas (in aves repente mutatas) aer suscepit: quibuscum Tereus quoque mutatus in volucrem sublatus est. Facti autem illius imaginem omnes servant. Luscinia enim fugit, Tereus vero insequitur, ut post mutationem odium quoque servatum videatur.

VI. Atque hoc quidem pacto tunc insidias vitavimus, nihil quidquam lucrati, præterquam quod in eas illo die non incidimus. Affuit enim postridie mane Chærea. Nosque verecundia permoti recusare amplius ausi non sumus. Quamobrem conscensa nave ad Pharum devenimus, Menelaus quum se non valere diceret, domi remansit. Chærea igitur nos primum in turrem duxit: substructionemque imam, miram illam quidem et quodammodo incredibilem, ostendit. Mons erat medio in mari situs, nubes pene contingens: cujus sub radicibus aqua conspiciebatur, (ædificium) suspensum mari imminebat. In turri summo in monte ædificata ignis elucet, navium gubernator quasi sol alter. Hæc quum vidissemus, in domum, quæ in extrema insulæ parte ad mare posita erat, introducti fuimus.

VII. Vix adversperaverat, quum Chærea, ventrem purgare sibi opus esse causatus, exit. Atque haud ita multo post, clamor quidam improvisus ante fores auditus est, repenteque viri multi ac magni, districtis gladiis irrumpentes, in puellam una omnes impetum fecerunt. Ipse autem Leucippen meam abduci videns, animoque iniquissimo id ferens, medios in gladios me conjeci, atque aliquis ferit femur, et curvato poplite concidi, sanguine totus conspersus, illique interea puella naviculæ imposita abierunt. Ceterum clamore concursuque facto, ut in piratarum adventu fieri consuevit, insulæ præfectus accurrit. Erat is mihi, quod una fui cum illo in castris, non ignotus. Ostendi itaque vulnus, prædonesque ut insequeretur, obtestatus sum. Ille navigium ex iis, quæ multa in civitatis portu stationem habebant, conscendens, cum ea, quæ tum aderat, manu, fugientes insecutus est. Quin ipse quoque, cum iis navigavi in navem delatus. Piratæ simulatque nos appropinquantes jam, et ad pugnandum paratos conspexere, puellam, manibus ad tergum revinctis, in tabulato statuerunt; unusque ex iis magna voce clamans: En præmia vestra, illi caput abscidit et cadaveris reliquum in mare dejecit. Quod conspicatus ipse, lacrymans, exclamavi: et post illud in mare præcipitem me dare volui. Verum quum me, qui aderant, continuissent, navem ut inhiberent, eorumque aliquis in mare desiliret, rogavi, si quo pacto puellæ corpus humandum recipere possem. Atque præfectus paruit, remigesque inhibere

οἱ λῃσταὶ μᾶλλον ἐρρωμενέστερον ἤλαυνον. Ὢ, ὃ᾽ ἦμεν πάλιν πλησίον, ὁρῶσιν οἱ λῃσταὶ ναῦν ἑτέραν, καὶ γνωρίσαντες, ἐκάλουν πρὸς βοήθειαν. Πορφυρεῖς δ᾽ ἦσαν πειρατικοί. Ἰδὼν δ᾽ ὁ στρατηγὸς δύο ναῦς ἤδη γενομένας, ἐφοβήθη, καὶ πρύμναν ἀνεκρούετο. Καὶ γὰρ οἱ πειραταὶ τοῦ φυγεῖν ἀποτραπόμενοι προὐκαλοῦντο εἰς μάχην. Ἐπεὶ δ᾽ ἀνεστρέψαμεν εἰς γῆν, ἀποβὰς τοῦ σκάφους καὶ τῷ σώματι περιχυθεὶς, ἔκλαον· Νῦν μοι Λευκίππη τέθνηκας ἀληθῶς θάνατον διπλοῦν, γῇ καὶ θαλάττῃ διαιρούμενον. Τὸ μὲν γὰρ λείψανον ἔχω σου τοῦ σώματος· ἀπολώλεκα δὲ σέ. Οὐκ ἴση τῆς θαλάττης πρὸς τὴν γῆν ἡ νομή. Μικρόν μοί σου μέρος καταλέλειπται ἐν ὄψει τοῦ μείζονος· αὕτη δ᾽ ἐν ὀλίγῳ τὸ πᾶν σου κρατεῖ. Ἀλλ᾽ ἐπεί μοι τῶν ἐν τῷ προσώπῳ φιλημάτων ἐφθόνησεν ἡ Τύχη, φέρε σου καταφιλήσω τὴν σφαγήν:

Η'. Ταῦτα καταθρηνήσας καὶ θάψας τὸ σῶμα, πάλιν εἰς τὴν Ἀλεξάνδρειαν ἔρχομαι, καὶ θεραπευθεὶς ἄκων τὸ τραῦμα, τοῦ Μενελάου με παρηγοροῦντος, διεκαρτέρησα ζῶν. Καὶ ἤδη μοι γεγόνεσαν μῆνες ἕξ, καὶ τὸ πολὺ τοῦ πένθους ἤρχετο μαραίνεσθαι. Χρόνος γὰρ λύπης φάρμακον καὶ πεπαίνει τῆς ψυχῆς τὰ ἕλκη. Μεστὸς γὰρ ἥλιος ἡδονῆς· καὶ τὸ λυπῆσαν πρὸς ὀλίγον, κἂν ᾖ καθ᾽ ὑπερβολήν, ἀναζεῖ μὲν, ἐφ᾽ ὅσον ἡ ψυχὴ κάεται, τῇ δὲ τῆς ἡμέρας ψυχαγωγίᾳ νικώμενον καταψύχεται. Καί μου τις κατόπιν βαδίζοντος ἐν ἀγορᾷ τῆς χειρὸς ἄφνω λαβόμενος ἐπιστρέφει, καὶ οὐδὲν εἰπὼν προσπτυξάμενός με πολλὰ κατεφίλει. Ἐγὼ δὲ τὸ μὲν πρῶτον οὐκ ᾔδειν ὅς τις ἦν, ἀλλ᾽ εἱστήκειν ἐκπεπληγμένος καὶ δεχόμενος τὰς προσβολὰς τῶν ἀσπασμάτων, ὡς φιλημάτων σκοπός. Ἐπεὶ δὲ μικρὸν διέσχε, καὶ τὸ πρόσωπον εἶδον, Κλεινίας δ᾽ ἦν, ἀνακραγὼν ὑπὸ χαρᾶς, ἀντιπεριβάλλω τ᾽ αὐτὸν καὶ τὰς αὐτὰς ἀπεδίδουν περιπλοκὰς, καὶ μετὰ ταῦτα εἰς τὴν καταγωγὴν ἀνήλθομεν τὴν ἐμήν. Καὶ ὁ μὲν τὰ αὐτοῦ μοι διηγεῖτο, ὅπως ἐκ τῆς ναυαγίας περιεγένετο· ἐγὼ δὲ τὰ περὶ τῆς Λευκίππης ἅπαντα.

Θ'. Εὐθὺς μὲν γὰρ, ἔφη, ῥαγείσης τῆς νεὼς, ἐπὶ τὸ κέρας ᾖξα, καὶ ἄκρου λαβόμενος μόλις, ἀνδρῶν ἤδη πεπληρωμένου, περιβαλὼν τὰς χεῖρας ἐπειγείρουν ἔχεσθαι παρακρεμάμενος. Ὀλίγον δ᾽ ἡμῶν ἐμπελαγισάντων, κῦμα μέγιστον ἄραν τὸ ξύλον προσρήγνυσιν ὄρθιον ὑψηλῇ πέτρᾳ κατὰ θάτερον, ᾧ ἐγὼ ἔτυχον κρεμάμενος. Τὸ δὲ προσαραχθὲν βίᾳ πάλιν εἰς τοὐπίσω δίκην μηχανῆς ἀπεκρούετο καί με ὥσπερ ἀπὸ σφενδόνης ἐξερρίπισε. Τοὐντεῦθεν δ᾽ ἐνηχόμην τὸ ἐπίλοιπον τῆς ἡμέρας, οὐκέτι ἔχων ἐλπίδα σωτηρίας. Ἤδη δὲ καμὼν καὶ ἀφεὶς ἐμαυτὸν τῇ τύχῃ, νῶν ὁρῶ κατὰ πρόσωπον φερομένην, καὶ τὰς χεῖρας ἀνατείνων, ὃν ἠδυνάμην τρόπον, ἱκετηρίαν ἐθέμην τοῖς νεύμασιν. Οἱ δὲ, εἴτ᾽ ἐλεήσαντες, εἴτε καὶ τὸ πνεῦμα αὐτοὺς κατήγαγεν, ἔρχονται κατ᾽ ἐμέ, καί τις τῶν ναυτῶν πέμπει μοι κάλων ἅμα τῆς νεὼς παραθεού-

jussit. Tum nautarum duo e nave delapsi, collectum retulerunt cadaver. Piratæ interea validius multo fugæ incumbebant : quibus cum rursus appropinquavissemus, aliam illi ratem conspicati, et quum agnovissent eos (erant autem purpuræ collectores piraticam facientes) ab iis auxilium implorarunt. Quamobrem præfectus, duas jam naves convenisse videns, extimuit, puppimque converti jussit: quandoquidem illi fuga repressa jam nos ad pugnam provocabant. Posteaquam ad litus reversi, e navigio egressus corpus amplexus, lamentabar : nunc quidem certe mihi unam atque alteram, Leucippe, mortem obiisti, terra scilicet atque mari divisam : quamquam enim hasce corporis tui reliquias habeo, te tamen amisi : neque enim, quæ tui pars terræ tradita est, ei par est, quam retinuit mare : nam minor tui pars sub majoris imagine mihi relicta est, contra vero sub minoris, integram te mare possidet. Sed quoniam os mihi tuum suaviari fortuna eripuit, quod certe licet, jugulum exosculabor.

VIII. Hæc mecum questus, cadaver sepulturæ mandavi, deinde Alexandriam reversus sum : ubi curatione vulneri licet invite adhibita, summo in cruciatu, Menelao me consolante, vitam egi. Tandem transactis mihi mensibus sex, doloris magnitudo diminui cœpit. Mœroris enim medicina tempus est, animique vulnera emollit. Sol quippe hilaritatis plenus est, et ægrimonia, tametsi modum superat, non tamen, nisi quatenus mens æstuat, fervet, ac si diei amœnitate deliniatur, refrigescit. Cæterum quum me ad forum aliquando conferrem superveniens mihi a tergo quidam repente manu comprehensum ad se convertit, faciteque amplexus et dissuaviatus est. Ego quis ille esset, initio non cognovi, sed obstupefactus, oscula et salutationes non aliter quidem, quam si scopus aliquis essem, ad quem ea dirigerentur, excepi. Ac non multo post ejus faciem contemplatus, et præ gaudio vocem tollens (erat enim Clinia) hominem complector, paresque amplexus reddo : ac mecum una domum perduco. Ubi ille mihi, quo pacto naufragio ereptus fuerat, ego illi contra, quæ Leucippæ acciderant, singula commemoravi.

IX. Atque ita quidem ille, Fracta, inquit, nave, ad antennam protinus me contuli, extremitatemque illius, viris jam plenam, injectis manibus vix apprehendens, appensus detineri conabar. Nobis autem aliquantisper undarum vi agitatis, unda ingens ab altera parte lignum, cui hærebam, scopulo aquis contecto illisit : illisum aquæ impetus iterum, machinæ instar, rejecit, meque perinde ac funda, jactatum excussit. Quamobrem diei reliquum natando, spe omni salutis penitus amissa, transegi. Tandem fessus, fortunæque arbitrio totum me permittens, navem quamdam ad me venientem conspexi, ad illamque, quatenus concessum erat, manus tendens auxilium nutu rogavi. Qui in ea erant, sive quod vicem meam dolerent, sive quod ita ventis agerentur, ad me proram direxerunt : eorumque unus rudentem, nave interim præterlabente, demisit : quem quum apprehendissem, illi ex ipsis me

στς. Κἀγὼ μὲν ἐλαβόμην, οἱ δ' ἐφεῖλκυσάν με ἐξ αὐτῶν τῶν τοῦ θανάτου πυλῶν. Ἔπλει δὲ τὸ πλοῖον εἰς Σιδῶνα· καί μέ τινες γνωρίσαντες ἐθεράπευσαν.

Γ΄. Δύο δὲ πλεύσαντες ἡμέρας ἐπὶ τὴν πόλιν ἤκομεν, καὶ δέομαί τε τῶν ἐν τῷ πλοίῳ Σιδωνίων, Ξενοδάμας δ' ὁ ἔμπορος ἦν καὶ Θεόφιλος ὁ τούτου πενθερός, μηδενὶ Τυρίων, εἰ περιτύχοιεν, κατειπεῖν ὡς ἐκ ναυαγίας περιγενοίμην, ὡς ἂν μὴ μάθοιεν συναποδεδημηκότα. Ἤλπιζον γὰρ λήσειν, εἰ τἀπὸ τούτων ἐν ἡσυχίᾳ γένοιτο, πέντε μόνον ἡμερῶν μοι μεταξὺ γενομένων, αἷς οὐκ ἔτυχον ὀφθείς. Τοῖς δὲ κατὰ τὴν οἰκίαν τὴν ἐμὴν, ὡς οἶδας, προηγορεύκειν (λέγειν) τοῖς πυνθανομένοις, εἰς κώμην ἀποδεδημηκέναι μέχρι δέκα ὅλων ἡμερῶν. Καὶ τοῦτόν γε τὸν λόγον εὗρον περὶ ἐμοῦ κατεσχηκότα. Οὔπω δ' οὐδ' ὁ σὸς πατὴρ ἐκ τῆς Παλαιστίνης ἐτύγχεν ἥκων, ἀλλὰ δύο ἄλλων ὕστερον ἡμερῶν, καὶ καταλαμβάνει πεμφθέντα παρὰ τοῦ τῆς Λευκίππης πατρὸς γράμματα, ἅπερ ἔτυχε μετὰ μίαν ἡμέραν τῆς ἡμετέρας ἀποδημίας κεκομισμένα, δι' ὧν ὁ Σώστρατος ἐγγυᾷ σοι τὴν θυγατέρα. Ἐν ποικίλαις ἦν οὖν συμφοραῖς ἀναγνοὺς τὰ γράμματα καὶ τὴν ὑμετέραν ἀκούσας φυγήν, τὸ μὲν, ὡς τὸ τῆς ἐπιστολῆς ἀπολέσας ἆθλον, τὸ δὲ, ὅτι παρὰ μικρὸν οὕτως ἡ Τύχη τὰ πράγματα ἔθηκε. Καὶ γὰρ οὐδὲν ἂν τούτων ἐγέγονει, εἰ θᾶττον ἐκομίσθη τὰ γράμματα. Καὶ τῶν μὲν πεπραγμένων οὐδὲν πρὸς τὸν ἀδελφὸν ἡγήσατό πω δεῖν γράφειν, ἀλλὰ καὶ τῆς μητρὸς τῆς κόρης ἐδεήθη τὸ παρὸν ἐπισχεῖν· Τάχα γὰρ [ἂν] αὐτοὺς ἐξευρήσομεν· καὶ οὐ δεῖ τὸ συμβὰν ἀτύχημα μανθάνειν Σώστρατον. Ἀσμένως δὲ ὅπου ποτ' ἂν ὦσιν ὅταν μάθωσι τὴν ἐγγύην, [καὶ] ἀφίξονται, εἴγ' αὐτοῖς ἐξέσται φανερῶς ἔχειν ὑπὲρ οὗ πεφεύγασιν. Ἐπολυπραγμονεῖ δὲ παντὶ σθένει, ποῖ κεχωρήκατε· καὶ ὡς ὀλίγον πρὸ τούτων τῶν ἡμερῶν ἔρχεται Διόφαντος ὁ Τύριος ἐξ Αἰγύπτου πεπλευκὼς, καὶ λέγει πρὸς αὐτὸν, ὅτι σε ἐνθάδε ἐθεάσατο· κἀγὼ μαθὼν, ὡς εἶχον, εὐθὺς ἐπιβὰς νεὼς ὀγδόην ταύτην ἡμέραν, πᾶσάν σε περιῆλθον ζητῶν τὴν πόλιν. Πρὸς ταῦτ' οὖν σοι βουλευτέον ἐστὶν, ὡς τάχα καὶ τοῦ πατρὸς ἥξοντος ἐνταῦθα τοῦ σοῦ.

ΙΑ΄. Ταῦτ' ἀκούσας ἀνῴμωξα ἐπὶ τῇ τῆς Τύχης παιδιᾷ, Ὦ δαῖμον, λέγων, νῦν μὲν Σώστρατός μοι Λευκίππην ἐκδίδωσι καί μοι γάμος ἐκ μέσου πολέμου πέμπεται, μετρήσας ἀκριβῶς τὰς ἡμέρας, ἵνα μὴ φθάσῃ τὴν φυγήν. Ὦ τῶν ἐξώρων εὐτυχημάτων. Ὦ μακάριος ἐγὼ παρὰ μίαν ἡμέραν. Μετὰ θάνατον γάμοι, μετὰ θρῆνον ὑμέναιοι. Τίνα μοι δίδωσι νύμφην ἡ Τύχη; ἣν οὐδ' ὁλόκληρον μοι δέδωκε νεκράν. Οὐ θρήνων νῦν καιρὸς, ὁ Κλεινίας εἶπεν· ἀλλὰ σκεψώμεθα, πότερον εἰς τὴν πατρίδα σοι νῦν ἀνακομιστέον, ἢ τὸν πατέρα ἐνταῦθα ἀναμενετέον. Οὐδέτερον, εἶπον. Ποίῳ γὰρ ἂν ἴδοιμι προσώπῳ τὸν πατέρα, μάλιστα μὲν οὕτως αἰσχρῶς φυγών, εἶτα καὶ τὴν παρακαταθήκην αὐτῷ τἀδελφοῦ διαφθείρας; Φεύγειν οὖν ἐντεῦθεν ὑπολείπεται πρὶν ἥκειν αὐτόν. Ἐν

ACHILLIS TATII

mortis faucibus eripuerunt. Porro navis illa Sidonem ferebatur, ac nonnulli, quibus notus eram, mihi curationem adhibuerunt.

X. Biduum autem navigantes ad urbem advecti sumus. Ibi tum ego Sidonios, qui ea nave vehebantur, Xenodamam scilicet mercatorem, ejusque socerum, Theophilum, rogavi, ne Tyriorum alicui, si quem forte obviam habuissent, naufragio liberatum me nuntiarent, ut ne me tecum iter suscepisse intelligerent. Fieri enim posse putabam, ut eos laterem, si quidem hoc illi clam haberent, praesertim quod quinque tantum dies effluxissent, quibus nusquam apparueram. Nam et domesticis meis, ut scis, imperaveram ut rogantibus, me rus abiisse, decemque integros dies abfuturum esse responderent: atque hanc apud omnes famam de me invaluisse comperi. Sed et pater tuus non, nisi biduo post, e Palæstina rediit, missasque a Leucippes patre literas invenit, altero a discessu nostro die allatas, per quas ille tibi filiam spondebat. Quibus lectis, ac fuga nostra cognita, vehementer animo commotus est, tum quod et promissum per epistolam lucrum amisisset, tum quod eum in locum res a fortuna deductae essent, quorum nihil evenisset, si literae citius allatae fuissent. Neque vero censebat ere esse ut ad fratrem aliquid horum scriberet, sed et puellae matrem precatus est in praesens rem dissimulare; celeriter enim ipsos inveniemus neque Sostratum infortunium, quod accidit, cognoscere oportet. Vos enim quoquo tandem abiissetis, futuras inter vos nuptias intellecturos, redituros, quibus palam habere liceat, cujus causa fugeritis. Nunc ille quam diligentissime in id incumbit, ut quonam profugeritis, scire possit. Nam etiam superioribus proximis diebus ex Ægypto reversus est Tyrius Diophantus, teque hic vidisse patri tuo significavit. Quam rem ego simul atque intellexi, nulla plane interjecta mora huc adnavigavi: diesque hic octavus est, ex quo te quaerens urbem istam perlustro. Quamobrem de patre tuo jamjam affuturo, quid agas, etiam atque etiam vide.

XI. Quæ quum Clinia dixisset, nihil aliud quam fortunæ inconstantiam deflevi, o deus, inquiens, hocne tempore Sostratus Leucippen mihi dat? Nuncne mihi medio ex bello uxor datur? næ ille dierum rationem diligenter subduxit : ne abitum nostrum anteverteret. O felicitates intempestivas, o me ante unum illum diem beatum. Nunc Leucippen mortuam spondent : nunc quum mihi lugendum est, Hymenaeum canere parant. Hei mihi, qualem Fortuna sponsam praebet : cujus ne mortuæ quidem integrum cadaver mihi concessum fuit. Tum Clinia, Minime, inquit, nunc est conquerendi tempus : considerandum potius, praestetne in patriam redire, an patrem hic opperiri. Neutrum, inquam, placet. Nam qua facie illum intuear, cujus domo tam turpiter fugi? cujusque fratris depositum corrupi? Mihi certe aliud nihil superest, nisi ut hinc prius abeam, quam ille adsit. Haec dum inter nos pertracta-

LIBER V.

τούτῳ δὴ ὁ Μενέλαος ἐπεισέρχεται, καὶ ὁ Σάτυρος μετ' αὐτοῦ, καὶ τόν τε Κλεινίαν περιπτύσσονται καὶ μανθάνουσι παρ' ἡμῶν τὰ πεπραγμένα. Καὶ ὁ Σάτυρος, Ἀλλ' ἔστι σοι, ἔφη, καὶ τὰ παρόντα θέσθαι 5 καλῶς καὶ ἐλεῆσαι ψυχὴν ἐπὶ σοὶ φλεγομένην. Ἀκουέτω δὴ καὶ ὁ Κλεινίας. Ἡ γὰρ Ἀφροδίτη μέγα τούτῳ παρέσχεν ἀγαθόν, ὃ δ' οὐκ ἐθέλει λαβεῖν. Γυναῖκα γὰρ ἐξέμηνεν ἐπ' αὐτὸν πάνυ καλήν, ὥστ' ἂν ἰδὼν αὐτὴν εἴποις ἄγαλμα, Ἐφεσίαν τὸ γένος, ὄνομα Με- 10 λίττην· πλοῦτος πολὺς καὶ ἡλικία νέα. Τέθνηκε δ' αὐτῆς προσφάτως ἀνὴρ κατὰ θάλασσαν· βούλεται δὲ τοῦτον ἔχειν δεσπότην· οὐ γὰρ ἄνδρα ἐρῶ· καὶ δίδωσιν ἑαυτὴν καὶ πᾶσαν ἑαυτῆς τὴν οὐσίαν. Δι' αὐτὸν γὰρ δύο μῆνας νῦν ἐνθάδε διέτριψεν, ἀκολουθῆσαι 15 δεομένη. Ὁ δ' οὐκ οἶδα τί παθὼν ὑπερήφανεῖ, νομίζων αὐτῷ Λευκίππην ἀναβιώσεσθαι.

ΙΒʹ. Καὶ ὁ Κλεινίας, Οὐκ ἀπὸ τρόπου δοκεῖ μοι, φησίν, ὁ Σάτυρος λέγειν. Κάλλος γὰρ καὶ πλοῦτος, καὶ ἔρως εἰ συνῆλθον ἐπὶ σέ, οὐχ ἕδρας (ἔργον) οὐδ' 20 ἀναβολῆς. Τὸ μὲν γὰρ κάλλος ἡδονήν, ὁ δὲ πλοῦτος τρυφήν, ὁ δ' ἔρως αἰδῶ (δίδωσι). Μισεῖ δ' ὁ θεὸς τοὺς ἀλαζόνας. Φέρε πεισθητι τῷ Σατύρῳ καὶ χάρισαι τῷ θεῷ. Κἀγὼ στενάξας, Ἄγε με, εἶπον, ὅποι θέλεις, εἰ καὶ Κλεινίᾳ τοῦτο δοκεῖ· μόνον ὅπως 25 τὸ γύναιόν μοι μὴ παρέχῃ πράγματα, ἀπείγουσα πρὸς τὸ ἔργον, ἔστ' ἂν εἰς τὴν Ἔφεσον ἀφικώμεθα. Φθάνω γὰρ ἐπομοσάμενος ἐνταῦθα μὴ συνελθεῖν, ἔνθα Λευκίππην ἀπολώλεκα. Ταῦτ' ἀκούσας ὁ Σάτυρος, προστρέξει πρὸς τὴν Μελίττην εὐαγγέλια φέρων. Καὶ 30 μικρὸν αὖθις διαλιπὼν ἐπανέρχεται, λέγων, ἀκούσασαν τὴν γυναῖκα ὑφ' ἡδονῆς παρὰ μικρὸν τὴν ψυχὴν ἀφεῖναι. Δεῖσθαι δ' ἥκειν ὡς αὐτὴν δειπνήσοντα τὴν ἡμέραν γάμων προοίμιον. Ἐπείσθην κἀγὼ ᾠχόμην.

ΙΓʹ. Ἡ δ' ὡς εἶδέ με, ἀναθοροῦσα περιβάλλει καὶ 35 πᾶν μου τὸ πρόσωπον ἐμπίπλησι φιλημάτων. Ἦν δὲ τῷ ὄντι καλὴ καὶ γάλακτι μὲν ἂν εἶπες αὐτῆς τὸ πρόσωπον κεχρίσθαι, ῥόδον δ' ἐμπεφυτεῦσθαι ταῖς παρειαῖς. Ἐμάρμαιρεν αὐτῆς τὸ βλέμμα μαρμαρυγὴν Ἀφροδίσιον· κόμη πολλὴ καὶ βαθεῖα καὶ κατάχρυσος 40 τῇ χροιᾷ, ὥστ' ἔδοξα οὐκ ἀηδῶς ἰδεῖν τὴν γυναῖκα. Τὸ μὲν οὖν δεῖπνον ἦν πολυτελές· ἡ δ' ἐφαπτομένη τῶν παρακειμένων, ὡς δοκεῖν ἐσθίειν, οὐκ ἠδύνατο τυχεῖν ὁλοκλήρου τροφῆς, πάντα δὲ ἔβλεπεν ἐμέ. Οὐδὲν γὰρ ἡδὺ τοῖς ἐρῶσι πλὴν τὸ ἐρώμενον. Τὴν γὰρ ψυ- 45 χὴν πᾶσαν ὁ ἔρως καταλαβών, οὐδ' αὐτῇ χώραν δίδωσι τῇ τροφῇ. Ἡ δὲ τῆς θέας ἡδονὴ διὰ τῶν ὀμμάτων εἰσρέουσα, τοῖς στέρνοις ἐγκάθηται· ἕλκουσα δὲ τοῦ ἐρωμένου τὸ εἴδωλον ἀεί, ἐναπομάττεται τῷ τῆς ψυχῆς κατόπτρῳ, καὶ ἀναπλάττει τὴν μορφήν· ἡ 50 δὲ τοῦ κάλλους ἀπορροὴ δι' ἀφανῶν ἀκτίνων ἐπὶ τὴν ἐρωτικὴν ἑλκομένη καρδίαν, ἐναποσφραγίζεται κάτω τὴν σκιάν. Λέγω δὴ πρὸς αὐτὴν συνείς· Ἀλλὰ σύ γ' οὐδενὸς μετέχεις τῶν σῶν αὐτῆς, ἀλλ' ἔοικας τοῖς ἐν γραφαῖς ἐσθίουσιν. Ἡ δέ, Ποῖον γάρ ὄψον, ἔφη, μοι

πολυτελὲς ἢ ποῖος οἶνος τιμιώτερος τῆς σῆς ὄψεως;
Καὶ ἅμα λέγουσα κατεφίλησέ με, προσιέμενον οὐκ
ἀηδῶς τὰ φιλήματα· εἶτα διασχοῦσα, εἶπεν· Αὕτη
μοι τροφή.

ΙΔ΄. Τότε μὲν οὖν ἐν τούτοις ἦμεν· ἑσπέρας δὲ γενομένης, ἡ μὲν ἐπεχείρει με κρατεῖν ἐκεῖ κοιμηθησόμενον· ἐγὼ δὲ παρῃτούμην, εἰπὼν ἃ καὶ πρὸς τὸν Σάτυρον ἔτυχον προαγορεύσας. Μόλις οὖν ἀφίησιν ἀνιωμένη. Τῇ δ' ὑστεραίᾳ συνέκειτο ἡμῖν εἰς τὸ τῆς Ἴσιδος ἱερὸν ἀπαντῆσαι, διαλεξομένοις τ' ἀλλήλοις καὶ πιστωσομένοις ἐπὶ μάρτυρι τῇ θεῷ. Συμπαρῆσαν δ' ἡμῖν ὅ τε Μενέλαος καὶ ὁ Κλεινίας· καὶ ὠμνύομεν, ἐγὼ μὲν ἀγαπήσειν ἀδόλως, ἡ δ' ἄνδρα ποιήσεσθαι, καὶ πάντων ἀποφανεῖν δεσπότην. Ἄρξει δέ, εἶπον ἐγώ, τῶν συνθηκῶν ἡ εἰς Ἔφεσον ἡμῶν ἄφιξις· ἐνταῦθα γάρ, ὡς ἔφην, Λευκίππῃ παραχωρήσεις. Δεῖπνον οὖν ἡμῖν ηὐτρεπίζετο πολυτελές. Καὶ ὄνομα μὲν ἦν τῷ δείπνῳ γάμοι, τὸ δ' ἔργον συνέκειτο ταμιεύεσθαι. Καί τι μέμνημαι καὶ γελοῖον παρὰ τὴν ἑστίασιν τῆς Μελίττης. Ὡς γὰρ ἐπευφήμουν τοῖς γάμοις οἱ παρόντες, νεύσασα πρός με ἡσυχῇ, Καινόν, εἶπεν, ἐγὼ μόνη πέπονθα καὶ οἷον ἐπὶ τοῖς ἀφανέσι ποιοῦσι νεκροῖς. Κενοτάφιον μὲν γὰρ εἶδον, κενογάμιον δ' οὔ. Ταῦτα μὲν οὖν ἔπαιζε σπουδῇ.

ΙΕ΄. Τῇ δ' ἐπιούσῃ στελλόμεθα πρὸς ἀποδημίαν· κατὰ τύχην δὲ καὶ τὸ πνεῦμα ἐκάλει ἡμᾶς. Καὶ ὁ Μενέλαος μέχρι τοῦ λιμένος ἐλθὼν καὶ ἀσπασάμενος, εὐτυχεστέρας εἰπὼν νῦν ἡμᾶς τυχεῖν θαλάσσης, ἀπετράπετο αὖθις, νεανίσκος πάνυ χρηστὸς καὶ θεῶν ἄξιος, καὶ ἅμα δακρύων ἐμπεπλησμένος, καὶ ἡμῖν δὲ πᾶσι κατεφέρετο δάκρυα. Τῷ δὲ Κλεινίᾳ ἐδόκει μὴ με καταλιπεῖν, ἀλλὰ μέχρις Ἐφέσου συμπλεύσαντα καί τινα ἐνδιατρίψαντα τῇ πόλει χρόνον, ἐπανελθεῖν, εἰ τἀμὰ ἐν καλῷ κείμενα καταμάθοι. Γίνεται δὴ κατ' οὐρὰν ἡμῶν ὁ ἄνεμος· ἑσπέρα τ' ἦν, καὶ δειπνήσαντες ἐκείμεθα κοιμησόμενοι. Ἰδίᾳ δ' ἐμοί τε καὶ τῇ Μελίττῃ καλύβη τις ἦν ἐπὶ τοῦ σκάφους περιπεφραγμένη. Περιβαλοῦσα οὖν με κατεφίλει καὶ ἀπῄτει τὸν γάμον, Νῦν μέν, λέγουσα, Λευκίππης τοὺς ὅρους ἐξήλθομεν καὶ τῶν συνθηκῶν τοὺς ὅρους ἀπειλήφαμεν· ἐντεῦθεν ἡ προθεσμία. Τί με δεῖ νῦν εἰς Ἔφεσον περιμένειν; Ἄδηλοι τῆς θαλάσσης αἱ τύχαι· ἄπιστοι τῶν ἀνέμων αἱ μεταβολαί. Πίστευσόν μοι, Κλειτοφῶν, κάομαι. Ὄφελον ἠδυνάμην δεῖξαί τὸ πῦρ. Ὄφελον εἶχε τὴν αὐτὴν φύσιν τῷ κοινῷ τὸ τοῦ ἔρωτος πῦρ, ἵνα σοι περιχυθεῖσα κατέφλεξα. Νῦν δὲ πρὸς τοῖς ἄλλοις τοῦτο μόνον τὸ πῦρ ἰδίαν ὕλην ἔχει καὶ ἐν ταῖς περὶ τοὺς ἐραστὰς συμπλοκαῖς ἀνακαιόμενον λάβρον τῶν συμπλεκομένων φείδεται. Ὢ πυρὸς μυστικοῦ· πυρὸς ἐν ἀπορρήτῳ δᾳδουχουμένου· πυρὸς τοὺς ὅρους αὐτοῦ φυγεῖν μὴ θέλοντος. Μυηθῶμεν οὖν, ὦ φίλτατε, τὰ τῆς Ἀφροδίτης μυστήρια.

ΙϚ΄. Κἀγὼ εἶπον· Μή με βιάσῃ λῦσαι θεσμὸν ὁσίας νεκρῶν. Οὔπω τῆς ἀθλίας ἐκείνης τοὺς ὅρους

sius tuo esse adspectu posse putas? Protinusque his dictis, me jam non sine voluptate oscula admittente, dissuaviata est; dein manibus enitens, Hoc meum, inquit, oblectamentum est.

XIV. Ac tum quidem hoc modo res habuit. Postea vero quam nox adventavit, mulier secum me nocte illa retinere conata est. Sed quum eadem fere, quæ Satyro ante dixeram, repetens assentiri nollem, quamquam ægre ac difficulter, dimissus sum tamen, et ea lege, ut postridie in Isidis templum conveniremus : ibique, teste dea, tota de re, et inter nos quid futurum esset, constabiliremus. Affuerunt itaque et Menelaus et Clinias : juravimusque, et ego quidem perquam sancte me illam amaturum : illa vero, me sibi conjugem adscituram, rerumque suarum omnium dominum habituram. Quæ quidem ita inter nos firmata sunt, ut non ante promissa fierent, quam Ephesum applicuissemus. Illic enim, uti antea testatus fueram, Meliten Leucippæ cedere volebam. Deinceps ponebatur cœna conquisitissimis cibis cumulata : cœnæque illi nuptiale nihil, nisi nomen, fuit : nam reliqua in aliud tempus differre pacti eramus. Porro autem mihi nunc etiam risu dignum nescio quid a Melite inter cœnandum dictum fuisse, in mentem venit. Nam simulac nuptiis, qui aderant, bene precati sunt, Melite clam mihi annuens, Ego, inquit, novum quiddam sola passa sum, ut iis faciunt quorum cadavera humanda nusquam reperiuntur; inanes tumulos enim vidi, sed inanes nuptias nunquam. Atque hoc quidem pacto mulier serio jocabatur.

XV. Postridie vento secundo invitati nos paramus abire, Menelausque ad portum nos usque secutus, et data acceptaque salute magis prosperum nunc nobis mare contingere dicens, discessit, adolescens probus sane, ac pene divinus, simul lacrymarum plenus, a nobis omnibus lachrymæ fundebantur. Clinias, me deserere indignum ratus, Ephesum una mecum proficisci voluit, ut ibi tantisper moratus, dum res meas in tuto esse prospiceret, rediret. Fit sane secundus nobis ventus, vesperque erat, ac cœna sumta, dormitori jacebamus. Mihi et Melitæ privatum quoddam circumseptum cubiculum erat in nave : Melite igitur me complexa osculari, nuptiasque repetere cœpit, nunc quidem certe, inquiens, extra Leucippes fines egressi sumus : ac pactos jam terminos tenemus : hæc præstituta dies est. Quid nunc, donec Ephesum pervenerimus, differre oportet? Dubii maris eventus, infidæque ventorum mutationes : uror, mihi crede, Clitophon, atque utinam ardorem palam facere liceret : utinam eadem in meo igne amoris quæ in vulgari igne vis esset, ut complexuum meorum contactu flammam in te immittam. Sed præter reliqua hic ignis diversam quamdam ab aliis vim sortitus est. Nam quum inter amatoris complexus vehementissime ferveat hic nobis, illis quos amplectitur parcit. O ignem arcanum, o ignem in abdito relucentem, o ignem suos fines transgredi nolentem. at nos, o carissime Clitophon, Veneris sacris initiemur.

XVI. Tum ego, ne me, inquam, mortuorum justa intervertere adigas : neque enim miseræ illius puellæ fines

παρήλθομεν, έως αν γης επιβώμεν ετέρας. Ουκ ήκουσας, ως εν θαλάσση τέθνηκεν ; Έτι πλέω Λευκίππης τον τάφον. Τάχα που περὶ τὴν ναῦν αὐτῆς ειλεῖται τὸ εἴδωλον. Λέγουσι δὲ τὰς ἐν ὕδατι ψυχὰς 5 ἀνηρημένας μηδ' εἰς ᾅδου καταβαίνειν ὅλως, ἀλλ' αὐτοῦ περὶ τὸ ὕδωρ ἔχειν τὴν πλάνην, καὶ ἐπιστήσεται τάχα ἡμῖν συμπλεκομένοις. Ἐπιτήδειον δέ σοι δοκεῖ καὶ τὸ χωρίον εἶναι πρὸς γάμον; Γάμος ἐπὶ κύματος, γάμος ὑπὸ θαλάσσης φερόμενος; Θάλαμον ἡμῖν θέλεις 10 γενέσθαι μὴ μένοντα; Σὺ μὲν, ἔφη, σοφίζῃ, φίλτατε· πᾶς δὲ τόπος τοῖς ἐρῶσι θάλαμος· οὐδὲν γὰρ ἄβατον τῷ θεῷ. Ἐν θαλάσσῃ δὲ μὴ καὶ οἰκειότερόν ἐστιν Ἔρωτι καὶ Ἀφροδισίοις μυστηρίοις; Θυγάτηρ Ἀφροδίτη Θαλάσσης. Χαρισώμεθα τῇ γαμηλίῳ θεῷ, τι- 15 μήσωμεν αὐτῆς γάμῳ τὴν μητέρα. Ἐμοὶ μὲν γὰρ δοκεῖ τὰ παρόντα γάμων εἶναι σύμβολα. Ζυγὸς μὲν οὗτος ὑπὲρ κεφαλῆς κρεμάμενος, δεσμοὶ δὲ περὶ τὴν κεραίαν τεταμένοι· καλά γε, ὦ δέσποτα, τὰ μαντεύματα· ὑπὸ ζυγὸν ὁ θάλαμος, καὶ κάλῳ δεδεμένοι. 20 Ἀλλὰ καὶ πηδάλιον τοῦ θαλάμου πλησίον. Ἰδοὺ τοὺς γάμους ἡμῶν ἡ Τύχη κυβερνᾷ· νυμφοστολήσουσι δ' ἡμᾶς Ποσειδῶν καὶ Νηρείδων χορός. Ἐνταῦθα γὰρ καὶ αὐτὸς Ἀμφιτρίτην γαμεῖ. Λιγυρὸν δὲ συρίζει περὶ τοὺς κάλως καὶ τὸ πνεῦμα. Ἐμοὶ μὲν ὑμέναιον 25 ᾄδειν δοκεῖ τὰ τῶν ἀνέμων αὐλήματα. Ὁρᾷς δὲ καὶ τὴν ὀθόνην κεκυρτωμένην, ὥσπερ ἐγκύμονα γαστέρα. Δεξιόν μοι καὶ τοῦτο τῶν οἰωνισμάτων. Ἔσῃ μοι ταχὺ καὶ πατήρ. Ἰδὼν οὖν αὐτὴν σφόδρα ἐγκειμένην, Φιλοσοφήσωμεν, εἶπον, ὦ γύναι, μέχρι λαβώμεθα 30 γῆς. Ὄμνυμι γάρ σοι τὴν θάλατταν αὐτὴν καὶ τὴν τοῦ πλοῦ τύχην, ὡς ἐσπούδακα καὶ αὐτός. Ἀλλ' εἰσὶ καὶ θαλάσσης νόμοι. Πολλάκις ἤκουσα παρὰ τῶν ναυτικωτέρων, καθαρὰ δεῖν Ἀφροδισίων εἶναι τὰ σκάφη, τάχα μὲν, ὡς ἱερά, τάχα δὲ, ἵνα μή τις ἐν τηλι- 35 κούτῳ κινδύνῳ τρυφᾷ. Μὴ ἐνυβρίσωμεν, ὦ φιλτάτη, τῇ θαλάσσῃ, μηδὲ συμμίξωμεν γάμον ὁμοῦ καὶ φόβον, Τηρήσωμεν ἑαυτοῖς καθαρὰν τὴν ἡδονήν. Ταῦτα λέγων καὶ μειλισσόμενος τοῖς φιλήμασιν ἔπειθον, καὶ τὸ λοιπὸν οὕτως ἐκαθεύδομεν.

40 ΙΖ΄. Πέντε δὲ τῶν ἑξῆς ἡμερῶν διανύσαντες τὸν πλοῦν ἥκομεν εἰς τὴν Ἔφεσον. Οἰκία μεγάλη καὶ πρώτη τῶν ἐκεῖ· θεραπεία πολλὴ καὶ ἡ ἄλλη παρασκευὴ πολυτελής. Κελεύει δὴ δεῖπνον ὡς ὅτι ἐκπρεπέστατον ἑτοιμάζειν. Ἡμεῖς δὲ τέως, ἔφη, χωρήσω- 45 μεν εἰς τοὺς ἀγρούς. Ἀπεῖχον δὲ τῆς πόλεως σταδίους τέτταρας. Ἐπικαθίσαντες οὖν ὀχήματι, ἐξήλθομεν. Ἐπεὶ δὲ τάχιστα παρεγενόμεθα, διεβαδίζομεν τοὺς ὀρχάτους τῶν φυτῶν καὶ ἐξαίφνης προσπίπτει τοῖς γόνασιν ἡμῶν γυνή, χοίνιξι παχείαις δεδεμένη, δίκελ- 50 λαν μὲν φέρουσα, τὴν κεφαλὴν κεκαρμένη, ἐρρυπωμένη τὸ σῶμα, χιτῶνα ἀνεζωσμένη ἄθλιον πάνυ, καὶ Ἐλέησόν με, ἔφη, δέσποινα, γυνὴ γυναῖκα, ἐλευθέραν μὲν, ὡς ἔφυν, δούλην δὲ νῦν, ὡς δοκεῖ τῇ Τύχῃ. Καὶ ἅμα ἐσιώπησε. Λέγει οὖν ἡ Μελίττη· Ἀνάστηθι,

ὦ γύναι, καὶ λέγε, τίς εἶ, καὶ πόθεν, καὶ τίς σοι τοῦτον περιέθηκε τὸν σίδηρον· κέκραγε γάρ σου καὶ ἐν κακοῖς ἡ μορφὴ τὴν εὐγένειαν. Ὁ σὸς, εἶπεν, οἰκέτης, ὅτι αὐτῷ μὴ πρὸς εὐνὴν ἐδούλευον. Ὄνομά b (μοι) Λάκαινα, Θετταλὴ τὸ γένος· καί σοι προσφέρω μου ταύτην τὴν τύχην ἱκετηρίαν. Ἀπόλυσόν με τῆς καθεστώσης συμφορᾶς· πάρασχε δέ μοι τὴν ἀσφάλειαν, ἔστ' ἂν ἀποτίσω τὰς δισχιλίας. Τοσούτου γάρ με ὁ Σωσθένης ἀπὸ τῶν λῃστῶν ἐωνήσατο. Ποριοῦμεν 10 δ', εὖ ἴσθι, τὴν ταχίστην· εἰ δὲ μὴ, σοὶ δουλεύσομεν. Ὁρᾷς δὲ καὶ πληγαῖς ὡς κατέξηνέ με πολλαῖς. Καὶ ἅμα διανοίξασα τὸν χιτῶνα, δείκνυσι τὰ νῶτα διαγεγραμμένα ἔτι οἰκτρότερον. Ὡς οὖν ταῦτ' ἠκούσαμεν, ἐγὼ μὲν συνεχύθην· καὶ γάρ τι ἐδόκει Λευκίππης 16 ἔχειν. Ἡ δὲ Μελίττη ἔφη· Θάρρει, γύναι· τούτων γάρ σε λύσομεν, εἴς τε τὴν οἰκείαν προῖκα ἀποπέμψομεν. Τὸν Σωσθένην καλεσάτω τις ἡμῖν. Ἡ μὲν οὖν εὐθὺς τῶν δεσμῶν ἠλευθεροῦτο· ὁ δὲ παρῆν τεταραγμένος. Λέγει οὖν ἡ Μελίττη· Ὦ κακὴ κεφαλὴ, τοιαῦτά 20 ποτε κἂν τῶν ἀχρειοτάτων οἰκετῶν τεθέασαι παρ' ἡμῖν οὕτως ἠκισμένον; Τίς αὕτη; λέγε μηδὲν ψευσάμενος. Οὐκ οἶδα, εἶπεν, ὦ δέσποινα, πλὴν ἔμπορός τις, ὄνομα Καλλισθένης, ταύτην μοι πέπρακε, φάσκων ἐωνῆσθαι μὲν αὐτὴν ἀπὸ λῃστῶν, εἶναι δ' ἐλευθέραν. Ὄνομα 25 δ' αὐτὴν ὁ ἔμπορος ἐκάλει Λάκαιναν. Ἡ δὲ τὸν μὲν τῆς διοικήσεως, ἧς εἶχεν, ἀπέπαυσε, τὴν δὲ παραδίδωσι θεραπαίναις, κελεύσασα λοῦσαι καὶ ἐσθῆτα ἀμφιάσαι καθαρὰν καὶ εἰς ἄστυ ἀγαγεῖν. Διοικήσασα δέ τινα τῶν κατὰ τοὺς ἀγροὺς, ὧν ἕνεκεν παρῆν, ἐπι- 30 βᾶσα τοῦ ὀχήματος ἅμ' ἐμοὶ, ἐπανήειμεν εἰς τὴν πόλιν, καὶ περὶ τὸ δεῖπνον ἦμεν.

ΙΗ'. Ἐστιωμένῳ δέ μοι μεταξὺ σημαίνει νεύσας ὁ Σάτυρος προανίστασθαι, καὶ ἦν τὸ πρόσωπον ἐσπουδακώς. Σκηψάμενος οὖν ἐπί τινι τῶν κατὰ τὴν 35 γαστέρα ἐπείγειν, ἐξανίσταμαι. Καὶ ἐπεὶ προῆλθον, λέγει μὲν οὐδὲν, ἐπιστολὴν δ' ὀρέγει. Λαβὼν δὲ, πρὶν ἀναγνῶναί [με,] κατεπλάγην εὐθύς· ἐγνώρισα γὰρ Λευκίππης τὰ γράμματα. Ἐγέγραπτο δὲ τάδε·

ΛΕΥΚΙΠΠΗ ΚΛΕΙΤΟΦΩΝΤΙ
ΤΩι ΔΕΣΠΟΤΗι ΜΟΥ.

Τοῦτο γάρ σε δεῖ καλεῖν, ἐπεὶ καὶ τῆς δεσποίνης 40 ἀνὴρ εἶ τῆς ἐμῆς. Ὅσα μὲν διὰ σὲ πέπονθα, οἶδας· ἀνάγκη δὲ νῦν ὑπομνῆσαί σε. Διὰ σὲ τὴν μητέρα κατέλιπον καὶ πλάνην εἱλόμην· διὰ σὲ πέπονθα ναυαγίαν καὶ λῃστῶν ἠνεσχόμην· διὰ σὲ ἱερεῖον γέγονα καὶ καθαρμὸς καὶ τέθνηκα ἤδη δεύτερον· διὰ σὲ πέ- 45 πραμαι καὶ ἐδέθην σιδήρῳ καὶ δίκελλαν ἐβάστασα, καὶ ἔσκαψα γῆν καὶ ἐμαστιγώθην· ἵνα σὺ δ' γέγονας ἄλλῃ γυναικὶ, κἀγὼ τῷ ἑτέρῳ ἀνδρὶ γένωμαι; Μὴ γένοιτο. Ἀλλ' ἐγὼ μὲν ἐπὶ τοσαύταις ἀνάγκαις διεκαρτέρησα· σὺ δ' ἄπρατος, ἀμαστίγωτος γαμεῖς. Εἴ

et quæ sis, et cujas, quisve has tibi catenas injecerit, eloquere. Adspectus enim tuus, etiam in adversa hac fortuna, nobilitatem tuam prædicat. Tum illa, Servus, inquit, tuus, quod impuris ejus cupiditatibus obtemperare nolui. Genere Thessala sum, Lacænæ mihi est nomen. Hanc ego tibi fortunam meam supplex commendo. Tu ex iis me miseriis, quibus oppressa sum, eripe, tutelamque tuam mihi tantisper præsta, dum tibi sestertium nummum duo millia, tanti enim me a piratis Sosthenes emit, solvam. Quæ, mihi crede, quam ocyssime conficiam. Sin minus, tibi servire pergam. Cæterum quam me ille fœde excruciatam habuerit, vide : protinusque diducta veste terga ostendit miserum in modum conscribillata. Quæ cum audivissemus, ego quidem stupore oppressus sum. Leucippes enim similitudinem quamdam habere mihi visa est. Melite vero, bono, inquit, animo esto. Ab iis enim malis te liberabo, domumque gratis remittam. Mox Sosthenem mihi aliquis vocet; illa igitur e vinculis statim eximebatur, perterritus Sosthenes adfuit : cui Melite, Quando, inquit, scelestum caput, e vilioribus etiam famulis nostris aliquem tam diro modo a nobis acceptum vidisti? Sed quænam hæc sit, age, fallaciis omissis, effare. Nihil aliud hercule, inquit ille, o hera, scio, præterquam quod mercator (Callisthenes ei nomen erat) eam mihi vendidit, a piratis emtam affirmans, esse autem liberam, Lacænamque appellari aiebat. Melite hominem ab administratione, cui præerat, abdicavit, mulierem ancillis commendavit, lotamque ac munda palla indutam in urbem duci jussit. Deinceps nonnullis ad agrorum rationem pertinentibus, quorum gratia illo se contulerat, imperatis, pilento ad urbem reversi sumus, cœnaturique accubuimus.

XVIII. Convivium celebranti mihi interea Satyrus, vultu nescio quid serium admodum subindicante, nutu, ut prius exsurgerem, significavit. Quamobrem purgandæ alvi gratia secedere me simulans, exii. Satyrusque nullis omnino prolatis verbis, epistolam mihi reddidit : qua resignata, prontinus, antequam legere inciperem, animo consternatus sum : Leucippes enim manum agnovi : scripta hæc erant :

LEUCIPPE CLITOPHONTI
HERO S.

Herum te a me appellari oportet qui heræ meæ maritus factus sis. Quanquam autem quæcunque tua causa pertuli, minime ignoras, commonefacere te tamen in præsentia necesse est. Tua causa matrem reliqui, errationemque mihi elegi : tua causa naufragium feci et in piratarum manus deveni : tua causa hostia et explatio facta sum et iam bis mortem oppetii : tua causa venii, ferreisque catenis fui constricta, ligonem gestavi, terram effodi, vapulavi : ut tu scilicet alterius mulieris conjunx, ego alterius viri uxor essem? at hoc di prohibeant. Ego quidem certe tanta necessitate pressa forti animo virgo mansi : tu vero illæsus, verberumque immunis, novis te nuptiis oblectas.

LIBER V. 89

τις οὖν τῶν πεπονημένων διὰ σὲ κεῖται χάρις, δεήθητί σου τῆς γυναικὸς, ἀποπέμψαι, ὡς ἐπηγγείλατο· τὰς δὲ δισχιλίας, ἃς ὁ Σωσθένης ὑπὲρ ἐμοῦ κατεβάλετο, πίστευσον ἡμῖν, καὶ ἐγγύησαι πρὸς τὴν Μελίττην, ὅτι 5 πέμψομεν. Ἐγγὺς γὰρ τὸ Βυζάντιον. Ἐὰν δὲ καὶ ἀποτίσῃς, νόμιζε μισθόν μοι δεδωκέναι τῶν ὑπὲρ σοῦ πόνων. Ἔρρωσο, καὶ ὄναιο τῶν καινῶν γάμων. Ἐγὼ δ' ἔτι σοι ταῦτα γράφω παρθένος.

ΙΘ'. Τούτοις ἐντυχὼν πάντ' ἐγινόμην ὁμοῦ· ἀνε-
10 φλεγόμην, ὠχρίων, ἐθαύμαζον, ἠπίστουν, ἔχαιρον, ἠχθόμην. Λέγω οὖν πρὸς τὸν Σάτυρον· Πότερον ἐξ ᾅδου ἥκεις φέρων τὴν ἐπιστολήν; ἢ τί ταῦτα θέλει; Λευκίππη πάλιν ἀνεβίω; Μάλιστα, ἔφη· καὶ ἔστιν ἣν εἶδες ἐν τοῖς ἀγροῖς. Καὶ τότε μὲν οὖν οὐδ' ἂν ἄλλος
15 αὐτὴν ἰδὼν γνωρίσειεν, ἔφηβον οὕτω γενομένην· τοῦτο γὰρ ἡ τῶν τριχῶν αὐτῆς κουρὰ μόνον ἐνήλλαξεν. Κ'. Ἕστηκας, ἔφην, ἐπὶ τηλικούτοις ἀγαθοῖς καὶ μέ-χρι τῶν ὤτων μόνον εὐφραίνεις, ἀλλ' οὐ δεικνύεις καὶ τοῖς ὄμμασι τἀγαθά; Μὴ σύ γε, εἶπεν ὁ Σάτυρος·
20 ἀλλ' ἔνδος κάτασχε (μὴ πάντ' ἀπολέσῃς), ἕως ἂν περὶ τούτων ἀσφαλέστερον βουλευσώμεθα. Γυναῖκα ὁρᾷς πρώτην Ἐφεσίων μαινομένην ἐπὶ σοὶ, ἡμᾶς δ' ἐρή-μους ἐν μέσαις ἄρκυσιν. Ἀλλ' οὐ δύναμαι, ἔφην. Ἐπέρχεται γὰρ διὰ πασῶν τῶν τοῦ σώματος ὁδῶν ἡ
25 χαρά. Ἀλλ' ἰδού μοι διὰ τῶν γραμμάτων ἐγκαλεῖ. Καὶ ἅμα αὖθις ἐντυγχάνων τοῖς γράμμασιν, ὡς ἐκεί-νην δι' αὐτῶν βλέπων καὶ ἀναγινώσκων καθ' ἓν ἔλεγον· Δίκαια ἐγκαλεῖς, φιλτάτη. Πάντα δι' ἐμὲ ἔπαθες· πολλῶν σοι γέγονα κακῶν αἴτιος. Ὡς δ' εἰς τὰς μά-
30 στιγας καὶ εἰς τὰς βασάνους ἐγενόμην, ἇς ὁ Σωσθένης αὐτῇ παρετρίψατο, ἔκλαον ὥσπερ αὐτὰς τὰς βασάνους βλέπων αὐτῆς. Ὁ γὰρ λογισμὸς πέμπων τῆς ψυχῆς τὰ ὄμματα πρὸς τὴν ἀπαγγελίαν τῶν γραμμάτων, ἐδείκνυ τὰ δρώμενα ὡς δρώμενα. Πάνυ δ' ἠρυθρίων
35 ἐφ' οἷς μοι τὸν γάμον ὠνείδιζεν, ὥσπερ ἐπ' αὐτοφώρῳ μοιχὸς κατειλημμένος. Οὕτως ᾐσχυνόμην καὶ τὰ γράμματα.

Κ'. Οἴμοι, πῶς ἀπολογήσομαι, Σάτυρε, ἔφην· ἑαλώκαμεν· Λευκίππη κατέγνωκεν ἡμῶν· τάχα δὲ
40 καὶ μεμισήμεθα. Ἀλλὰ πῶς ἐσώθη, φράσον σύ· καὶ τίνος σῶμα ἐθάψαμεν; Αὐτή σοι κατὰ καιρὸν φράσει· τὸ δὲ νῦν, ὁ Σάτυρος ἔφη, ἀντιγράψαι σε δεῖ, καὶ ἱλάσασθαι τὴν κόρην. Κἀγὼ γὰρ αὐτῇ διωμοσάμην, ὡς ἄκων αὐτὴν ἔγημας. Εἶπας γὰρ, ἔφην, ὅτι καὶ
45 ἔγημα; Ἀπολώλεκάς με. Τῆς εὐηθείας· ὅλη γὰρ ἡ πόλις οὐκ οἶδε τὸν γάμον; Ἀλλ' οὐκ ἔγημα, μὰ τὸν Ἡρακλέα, Σάτυρε, καὶ τὴν παροῦσαν τύχην. Παίζεις, ὦ 'γαθέ· συγκαθεύδεις. Οἶδα μὲν ἄπιστα λέγων, ἀλλ' οὔπω πέπρακται. Καθαρὸς εἰς ταύτην τὴν ἡμέ-
50 ραν Μελίττης Κλειτοφῶν. Ἀλλὰ τί γράψω, λέγε. Σφόδρα γάρ με ἐξέπληξε τὸ συμβὰν, ὥστ' ἀπόρως ἔχω. Οὐκ εἰμί σου σοφώτερος, Σάτυρος εἶπεν· ἀλλὰ καὶ αὐτός σοι ὁ ἔρως ὑπαγορεύσει. Μόνον διὰ τα-χέων. Ἄρχομαι δὴ γράφειν.

XIX. Hæc cum legerem, varias in partes animo simul distrahebar : amore incendebar, expallescebam, mirabar, fidem nullam habebam, metu gaudioque conflictabar. Tandem Satyro inquam, mihine hanc ab inferis epistolam reddis? aut quid sibi hæc volunt? revixitne iterum Leucippe? Maxime, inquit Satyrus : atque illa est, quam ruri vidisti, sed eam sola adeo capillorum commutavit abscis-sio, vix ut a quoquam dignosci queat. Quid tu igitur ir tantis bonis, inquam ego, stas et meas tantum aures oblec-tas, neque ob oculos felicitatem meam ponis? Ne tu (id optes), inquit Satyrus, sed rem ut mutus silentio preme ne omnia perdas, dum de tota re securius aliquod a nobis consilium ineatur. Mulierem hanc vides civitatis hujus primariam, tuique amore insanientem, nos autem media intra retia omni ope destitutos. Nequeo, inquam ego : totum enim per venas voluptas in corpus diffunditur. Quid, quod etiam mecum per literas expostulat? Lectaque iterum epistola, quasi ipsam per hanc viderem, et singulis lectis verbis dixi : Juste accusas, carissima Leucippe : causa mea, omnia pertulisti : tibi malorum omnium auctor fui. Cumque ad eam literarum partem, quæ contumelias et verbera a Sosthene inflicta continebat, pervenissem, ita lacrymavi, ut si ipsis verberibus interfuissem. Cogitatio enim mentis aciem ad ea quæ literis significantur, con-vertens, quæ leguntur, animo repræsentat, non aliter, quam si ea oculis essent subjectæ. Illa vero, quibus mihi nuptias objiciebat, rubore me perfuderunt ita, ut si manifesto in adulterio deprehensus fuissem : adeo et literæ mihi pudorem incusserunt.

XX. Ac tum ad Satyrum conversus, Hei mihi, qua excu-satione, inquam, Satyre, utar? Manifesto nunc quidem certe tenemur. Leucippe nos damnavit : atque fortasse odio etiam me persequitur. Sed jam tu dic quomodo in-columis evaserit, aut cujus esset cadaver illud, quod a nobis sepultura affectum fuit. Tum Satyrus, Puella rem tibi omnem, inquit, per otium explicabit. Nunc te rescribere, illamque placare opus est. Ego enim hanc te contra quam ita in animo erat, duxisse jurejurando affir-mavi. Etiamne igitur, inquam, me illam duxisse narrasti? perdidisti me. O stultitiam (inquit ille) quasi nuptiarum urbs universa ignara sit. Quin immo deum Herculem, meamque præsentem fortunam testor, nullas mihi dum factas esse nuptias. Tum Satyrus, Ludis me, inquit, bone vir, simul cum ea cubas. Atqui fide majora, inquam, loqui me intelligo : sed hactenus tamen ex sententia sua mei nondum Melite potita est. Verum quid scripturus sim, doce. Hic enim eventus me vehementer commovit, atque adeo, ut quid agam, prorsus ignorem. Ego te, inquit Satyrus, non sum sapientior. Atqui amor ipse tibi hæc dictabit. Id modo, ut quam primum fiat, cura. Tum ego scribere cœpi.

ΚΛΕΙΤΟΦΩΝ ΛΕΥΚΙΠΠΗΙ ΧΑΙΡΕΙΝ.

Χαῖρέ μοι, ὦ δέσποινα Λευκίππη. Δυστυχῶ μὲν ἐν οἷς εὐτυχῶ, ὅτι σὲ παρὼν παροῦσαν ὡς ἀποδημοῦσαν ὁρῶ διὰ γραμμάτων. Εἰ μὲν οὖν τὴν ἀλήθειαν περιμένεις, μηδὲν προκαταγινώσκουσά μου, μαθήσῃ τὴν σήν με παρθενίαν μεμιμημένον, εἴ τις ἐστὶ καὶ ἐν ἀνδράσι παρθενία· εἰ δέ με χωρὶς ἀπολογίας ἤδη μεμίσηκας, ὄμνυμί σοι τοὺς σώσαντάς σε θεούς, ὡς ἐν βραχεῖ σοι τὸ ἔργον ἀπολογήσομαι. Ἔρρωσό μοι φιλτάτη, καὶ ἵλεως γένοιο.

ΚΑ΄. Δίδωμι δὴ τῷ Σατύρῳ τὴν ἐπιστολήν, καὶ δέομαι τὰ εἰκότα εἰπεῖν πρὸς αὐτὴν περὶ ἐμοῦ. Ἐγὼ δ᾽ αὖθις ἐπὶ τὸ συμπόσιον ἀπῄειν, ἡδονῆς ἅμα καὶ λύπης γεγεμισμένος. Ἥιδειν γὰρ τὴν Μελίττην οὐκ ἀνήσουσάν με τῆς νυκτὸς τὸ μὴ οὐ γενέσθαι τοὺς γάμους ἡμῖν· ἐμοὶ δ᾽ ἀδύνατον ἦν Λευκίππην ἀπολαβόντι γυναῖκα ἑτέραν κἂν ἰδεῖν. Τὸ μὲν οὖν πρόσωπον ἐβιαζόμην μηδὲν ἀλλοῖον παρέχειν ἢ πρὶν ἦν· οὐ πάντῃ δὲ κρατεῖν ἠδυνάμην. Ὡς δ᾽ ἐνικώμην, σκηπτόμαι φρίκην μοι ὑποδραμεῖν. Ἡ δὲ συνῆκε μὲν ὅτι κατὰ τῆς ὑποσχέσεως προοιμιάζομαι· ἐλέγχειν δ᾽ οὐκ ἠδύνατο τὸ προοίμιον. Ἐγὼ μὲν δὴ ἄδειπνος ἀνίσταμαι κοιμησόμενος· ἡ δὲ κατὰ πόδας, ὡς εἶχεν, ἐφ᾽ ἡμιτελεῖ τῷ δείπνῳ συνανίσταται. Ὡς δ᾽ εἰς τὸν θάλαμον παρήλθομεν, ἐγὼ μὲν ἔτι μᾶλλον ἐπέτεινον τῆς νόσου τὴν ὑπόκρισιν· ἡ δ᾽ ἐλιπάρει, καὶ ἔλεγε· Τί ταῦτα ποιεῖς; μέχρι τίνος με ἀπολλύεις; Ἰδοὺ καὶ τὴν θάλασσαν διεπλεύσαμεν· ἰδοὺ καὶ τὴν Ἔφεσον, ἡ προθεσμία τῶν γάμων. Ποίαν ἔτι περιμένομεν ἡμέραν; Μέχρι τίνος ὡς ἐν ἱερῷ συγκαθεύδομεν; Ποταμὸν παραθεὶς πολὺν κωλύεις πίνειν. Τοσοῦτον χρόνον ὕδωρ ἔχουσα διψῶ, ἐν αὐτῇ καθεύδουσα τῇ πηγῇ. Τοιαύτην ἔχω τὴν εὐνήν, οἵαν ὁ Τάνταλος τὴν τροφήν. Ταῦτ᾽ ἔλεγε καὶ ἔκλαιεν, ἐπιθεῖσά μου τοῖς στέρνοις τὴν κεφαλήν, οὕτως ἐλεεινῶς, ὥστε συμπαθεῖν μέ τι τὴν ψυχήν. Οὐκ εἶχον δὲ ὅστις γένωμαι. Καὶ γὰρ ἐδόκει μοι δίκαια ἐγκαλεῖν. Λέγω οὖν πρὸς αὐτήν· Ὄμνυμί σοι, φιλτάτη, τοὺς πατρῴους θεούς, ἦ μὴν σφόδρα καὶ αὐτὸς ἐπείγομαί σου τὴν σπουδὴν ἀμείψασθαι. Ἀλλ᾽ οὐκ οἶδα, ἔφην, τί πέπονθα. Νόσος γάρ μοι ἐξαίφνης ἐνέπεσεν. Οἶσθα δὲ ὅτι ὑγιείας χωρὶς οὐδέν ἐστιν Ἀφροδίτη. Καὶ ἅμα λέγων ἀπέψων αὐτῆς τὰ δάκρυα, καὶ ὅρκοις ἑτέροις ἐπιστούμην, ὡς οὐκ εἰς μακρὰν ὧν θέλει τεύξεται. Τότε μὲν οὖν καὶ μάλα μόλις ἠνέσχετο.

ΚΒ΄. Τῇ δ᾽ ὑστεραίᾳ καλέσασα τὰς θεραπαινίδας, αἷς τὴν ἐπιμέλειαν τῆς Λευκίππης ἐνεγείρισεν, ἐπηρώτα μὲν τὸ πρῶτον, εἰ δεξιῶς αὐτῇ κέχρηνται· φασκουσῶν δὲ μηδὲν τῶν δεόντων ἐπιλιπεῖν αὐτῇ, ἄγειν ἐκέλευσε τὴν ἄνθρωπον πρὸς αὐτήν. Ὡς δ᾽ ἦλθε· Τὰ μὲν ἐμὰ ὅπως ἔσχεν, ἔφη, πρὸς σὲ φιλανθρωπίας, περισσὸν εἰδυίᾳ σοι λέγειν [δίκαια τυγχάνειν]. Ἀλλ᾽ ἐν οἷς ἂν δύνῃ, τὴν ἴσην ἀποτίσαι μοι χάριν. Ἀκούω

CLITOPHON LEUCIPPÆ S.

Hera mea, Leucippe, salve. Me quidem una eadem res beatum ac miserum effecit: præsens enim præsentem te, sed tamen ex literis quasi absentem cerno. Cæterum si, omnium veritatem inspicere volueris, nullo interim de me facto præjudicio, virginitatem profecto meam, si qua virorum est virginitas, exemplum tuæ secutam esse intelliges. Sin autem indicta me causa odisse jam cœpisti, juro per deos tui servatores futurum, ut jamjam me nulla in culpa esse, haud dubie cognoscas. Vale, mihi carissima, propitia mihi flas.

XXI. Literas Satyro perferendas trado: atque ut ne quidquam contra ac deceat, de me loquatur, obtestor. Voluptatis deinde ac mœroris plenus cœnatum revertor. Veniebat enim mihi in mentem, non permissuram Meliten, ut ea nocte nuptiæ inter nos haud perficerentur. Neque tum fieri poterat, ut ipse, Leucippe inventa, mulierem aliam vel intuerer. Quamobrem vultum ita componere conatus sum, ut ne*animo commutato esse judicarer, verum cum id a me frustra tentaretur, frigore cohorrere me simulavi. Melite tametsi intelligeret a me causam queri, quamobrem promissa non facerem: prætextum redarguere nequibat. Incœnatus itaque, ut cubitum irem, surrexi: mulierque iisdem vestigiis, media in cœna mensa relicta, me consecuta est. Ipse cubiculum ingressus, morbum etiam invaluisse magis præ me ferebam. Illa me obtestans, Quam, inquit, ob causam id agis? quem me perdendi finem facturus es? Nos quidem certe maritimis e fluctibus evasimus, atque Ephesum, qui nuptiis constitutus est locus, pervenimus. Ecquem adhuc diem exspectamus? Quamdiu eorum, qui aliquo in sacrario cubant, morem imitabimur? Largam tu quidem aquæ mihi copiam offers: verum ne hauriam vetas. Tantone tempore ut potirem fluvium sedeam, sitimque explere non possim? Tantali mensæ haud dissimilem torum sortita sum. Quæ cum dixisset, flens meum in pectus miserandum in modum caput demisit, atque adeo, ut ipse quoque vehementer conturbatus sim, neque quid facerem, scirem, quoniam juste conqueri mihi videbatur. Attamen ita respondi: Patrios equidem deos testor, o carissima, me id enixe agere, tuæ ut morem geram voluntati: sed quid me male habeat, nescio. Repente enim in morbum incidi. Scis autem tu incommoda valetudine operam Veneri frustra dari. Atque inter lomnia manantes lacrymis oculos ejus detersi, gravissimumque jusjurandum juravi, non multo post, quæ voluisset, me facturum e se. Hoc pacto non sine multo labore placabatur.

XXII. Postera die Melite, accersitis iis, quibus Leucippen commendaverat, ancillis, rectene hanc illi curam adhibuissent, interrogavit: a quibus cum responsum accepisset, eam nulla re earum quas habere oporteret, caruisse, illam ad se duci jussit. Quæ posteaquam affuit, Quanta erga te, inquit, humanitate usa sim, tibi commemorare, scienti præsertim, supervacaneum puto. Sed iis in rebus, quæ in tua potestate sitæ sunt, parem mihi

τὰς Θετταλὰς ὑμᾶς, ὧν ἂν ἐρασθῆτε μαγεύειν οὕτως, ὥστε μὴ πρὸς ἑτέραν ἔτι τὸν ἄνθρωπον ἀποκλίνειν γυναῖκα, πρός τε τὴν μαγεύουσαν οὕτως ἔχειν, ὡς πάντα νομίζειν ἐκείνην αὐτῷ. Ἐμοὶ τοῦτο, ὦ φιλτάτη,
5 ψλεγομένη πάρασχε φάρμακον. Τὸν νεανίσκον εἶδες, τὸν ἅμ' ἐμοὶ χθὲς βαδίζοντα; Τὸν ἄνδρα, ἔφη, λέγεις τὸν σόν; ὑπολαβοῦσα πάνυ κακοήθως ἡ Λευκίππη. Τοῦτο γὰρ ἀκήκοα παρὰ τῶν κατὰ τὴν οἰκίαν. Ποῖον ἄνδρα; Μελίττη εἶπεν· οὐδὲν κοινόν ἐστιν ἢ τοῖς λί-
10 θοις. Ἀλλ' ἐμὲ παρευδοκιμεῖ τις νεκρά. Οὔτε γὰρ ἐσθίων, οὔτε κοιμώμενος ἐπιλαθέσθαι δύναται τοῦ Λευκίππης ὀνόματος· τοῦτο γὰρ αὐτὴν καλεῖ. Ἐγὼ δὲ, φίλη, μηνῶν τεσσάρων ἐν Ἀλεξανδρείᾳ δι' αὐτὸν διέτριψα, δεομένη, λιπαροῦσα, ὑπισχνουμένη· τί γὰρ οὖ-
15 λέγουσα; τί δ' οὐ ποιοῦσα τῶν ἀρέσαι δυναμένων; Ὁ δὲ σιδηρός τις, ἢ ξύλον, ἤ τι τῶν ἀναισθήτων ἦν ἄρα πρὸς τὰς δεήσεις τὰς ἐμάς. Μόλις δὲ τῷ χρόνῳ πείθεται· ἐπείσθη δὲ μέχρι τῶν ὀμμάτων. Ὄμνυμι γάρ σοι τὴν Ἀφροδίτην αὐτὴν, ὡς ἤδη πέμπτην ἡμέραν
20 αὐτῷ συγκαθεύδουσα, οὕτως ἀνέστην ὡς ἀπ' εὐνούχου. Ἔοικα δ' εἰκόνος ἐρᾶν· μέχρι γὰρ τῶν ὀμμάτων ἔχω τὸν ἐρώμενον. Δέομαι δὲ σου, γυναικὸς γυνὴ τὴν αὐτὴν δέησιν, ἥν καὶ σύ μου χθὲς ἐδεήθης· δός μοί τι ἐπὶ τοῦτον τὸν ὑπερήφανον. Σώσεις γάρ μου τὴν
25 ψυχὴν διαρρεύσασαν ἤδη. Ὡς οὖν ἤκουσεν ἡ Λευκίππη, ἡσθῆναι μὲν ἐδόκει τῷ μηδὲν πρὸς τὴν ἄνθρωπόν μοι πεπρᾶχθαι· φήσασα δ' ἀνερευνήσειν, εἰ συγχωρήσειεν αὐτῇ, βοτάνας, γενομένη κατὰ τοὺς ἀγρούς, ἀπιοῦσα ᾤχετο. Ἀρνουμένη γὰρ οὐκ ᾤετο
30 πίστιν ἕξειν. Ὅθεν οἶμαι καὶ ἐπηγγείλατο. Ἡ μὲν δὴ Μελίττη ῥᾴων ἐγεγόνει καὶ μόνον ἐλπίσασα. Τὰ γὰρ ἡδέα τῶν πραγμάτων, κἂν μήπω παρῇ, τέρπει ταῖς ἐλπίσιν.

ΚΓ'. Ἐγὼ δὲ τούτων ἐπιστάμενος οὐδὲν, ἠθύμουν
35 μὲν, σκοπῶν, πῶς ἂν διακρουσαίμην καὶ τὴν ἐπιοῦσαν νύκτα τὴν γυναῖκα, καὶ πῶς ἂν συντυχεῖν Λευκίππῃ δυναίμην. Ἐδόκει δέ μοι ** κἀκείνη τὴν ἴσην σπουδὴν ποιεῖσθαι τοῦ ἀπελθεῖν δι' αὐτὴν εἰς τοὺς ἀγροὺς, καὶ περὶ τὴν ἑσπέραν αὖθις ἥκειν. Ἔμελλε τῇ Λευ-
40 κίππῃ παρέξειν ὄχημα καὶ ** Ἡμεῖς δ' ἐπὶ τὸν πότον ᾖμεν. Ἄρτι δὲ κατακλιθέντων ἡμῶν θόρυβός τις πολὺς κατὰ τὸν ἀνδρῶνα ἀκούεται καὶ συνδρομὴ, καὶ εἰστρέχει τις τῶν θεραπόντων, ἀσθμαίνων ἅμα καὶ λέγων· Θέρσανδρος ζῇ καὶ πάρεστιν. Ἦν δ' ὁ Θέρ-
45 σανδρος οὗτος, ὁ τῆς Μελίττης ἀνήρ, ὃν ἐνόμιζε τεθνηκέναι κατὰ θάλασσαν. Τῶν γὰρ συνόντων αὐτῷ τινες οἰκετῶν, ὡς περιετράπη τὸ σκάφος, σωθέντες καὶ νομίσαντες ἀπολωλέναι, τοῦτο δ' ἀπηγγείλαντες ἔτυχον. Ἅμα οὖν ὁ οἰκέτης εἶπε, καὶ ὁ Θέρσανδρος κατὰ πό-
50 δας εἰστρέχει. Πάντα γὰρ τὰ περὶ ἐμοῦ πυθόμενος κατὰ τὴν ὁδὸν, ἔσπευσε φθάσας καταλαβεῖν με. Ἡ μὲν δὴ Μελίττη ἀνέθορεν ὑπ' ἐκπλήξεως τοῦ παραλόγου καὶ περιβάλλει ἐπεγείρει τὸν ἄνδρα. Ὁ δὲ τὴν μὲν ὡς εἶχεν ὠθεῖ μάλ' ἐρρωμένως· ἐμὲ δ' ἰδὼν

καὶ εἰπὼν, Ὁ μοιχὸς οὗτος, ἐμπηδᾷ, καὶ ῥαπίζει με κατὰ κόρρης, πληγὴν θυμοῦ γέμουσαν. Ἑλκύσας δὲ τῶν τριχῶν, ἀράσσει πρὸς τοὔδαφος, καὶ προσπίπτων κατακόπτει με πληγαῖς. Ἐγὼ δ᾽ ὥσπερ ἐν μυστηρίῳ μηδὲν (εἰδὼς), μήθ᾽ ὅστις ἄνθρωπος ἦν, μήθ᾽ οὗ χάριν ἔτυπτεν, ὑποπτεύσας δέ τι κακὸν εἶναι, ἐδεδοίκειν ἀμύνασθαι, καίτοι δυνάμενος. Ἐπεὶ δ᾽ ἔκαμεν, ὁ μὲν τύπτων, ἐγὼ δὲ φιλοσοφῶν, λέγω πρὸς αὐτὸν ἀναστάς· Τίς ποτ᾽ εἶ, ὦ ἄνθρωπε; καὶ τί με οὕτως ᾐκίσω; Ὁ δ᾽ ἔτι μᾶλλον ὀργισθεὶς ὅτι καὶ φωνὴν ἀφῆκα, ῥαπίζει πάλιν, καὶ καλεῖ δεσμὰ καὶ πέδας. Δεσμεύουσιν οὖν με καὶ ἄγουσιν εἴς τι δωμάτιον.

ΚΔ΄. Ἐν ᾧ δὲ ταῦτ᾽ ἐπράττετο, λανθάνει με διαρρυεῖσα ἡ τῆς Λευκίππης ἐπιστολή· ἔτυχον γὰρ αὐτὴν εἴσω τοῦ χιτωνίσκου προσδεδεμένην ἐκ τῶν τῆς ὀθόνης θυσάνων ἔχων. Καὶ ἡ Μελίττη ἀναιρεῖται λαθοῦσα· ἐδεδίει γὰρ μή τινα τῶν πρός με αὑτῆς γραμμάτων ἦν. Ὡς δ᾽ ἀνέγνω καθ᾽ ἑαυτὴν γενομένη, καὶ τὸ τῆς Λευκίππης εὗρεν ὄνομα, βάλλεται μὲν τὴν καρδίαν εὐθέως, γνωρίσασα τοὔνομα· οὐ μὴν αὐτὴν ἐνόμιζεν εἶναι, τῷ πολλάκις αὐτὴν ἀκοῦσαι τετελευτηκέναι. Ὡς δὲ προϊοῦσα, καὶ τοῖς λοιποῖς τῶν· γεγραμμένων ἐνέτυχε, πᾶσαν μαθοῦσα τὴν ἀλήθειαν, ἐμεμέριστο πολλοῖς ἅμα τὴν ψυχήν, αἰδοῖ καὶ ὀργῇ καὶ ἔρωτι καὶ ζηλοτυπίᾳ. Ἡισχύνετο τὸν ἄνδρα, ὠργίζετο τοῖς γράμμασιν. Ὁ ἔρως ἐμάραινε τὴν ὀργήν, ἐξῆπτε τὸν ἔρωτα ἡ ζηλοτυπία, καὶ τέλος ἐκράτησεν ὁ ἔρως.

ΚΕ΄. Ἦν δὲ πρὸς ἑσπέραν, καὶ ἔτυχεν Θέρσανδρος ἐκ τῆς πρώτης ὀργῆς πρὸς ἑταῖρόν τινα τῶν ἐγχωρίων ἐκθορών. Ἡ δὲ διαλεχθεῖσα τῷ τὴν φυλακὴν τὴν ἐμὴν πεπιστευμένῳ, εἰσέρχεται πρός με λαθοῦσα τοὺς ἄλλους, θεράποντας δύο τοῦ δωματίου προκαθίσασα καὶ καταλαμβάνει χαμαὶ καταβεβλημένον. Παραστᾶσα οὖν, πάντα ἤθελεν εἰπεῖν ὁμοῦ· τὸ σχῆμα τοῦ προσώπου τοσαῦτ᾽ εἶχεν, ὅσα εἰπεῖν ἤθελεν. Ὦ δυστυχὴς ἐγὼ καὶ ἐπὶ τῷ ἐμαυτῆς κακῷ τεθεαμένη σε, τὸ μὲν πρῶτον, ἀτέλεστα ἐρασθεῖσα καὶ μετὰ πάσης ἀνοίας, ἢ καὶ μισουμένη τὸν μισοῦντα φιλῶ, καὶ ὀδυνωμένη τὸν ὀδυνῶντα ἐλεῶ, καὶ οὐδὲ ὕβρις τὸν ἔρωτα παύει. Ὦ ζεῦγος κατ᾽ ἐμοῦ γοήτων, ἀνδρὸς καὶ γυναικός. Ὁ μὲν τοσοῦτόν μου χρόνον κατεγέλα· ἡ δ᾽ ἀπῆλθε κομιοῦσά μοι φίλτρον. Ἐγὼ δ᾽ ἡ κακοδαίμων, ἠγνόουν αἰτοῦσα παρὰ τῶν ἐχθίστων κατ᾽ ἐμαυτῆς φάρμακα. Καὶ ἅμα τὴν ἐπιστολὴν τῆς Λευκίππης μοι προσέρριψεν. Ἰδὼν οὖν καὶ γνωρίσας ἔφριξα, καὶ ἔβλεπον εἰς γῆν ὡς ἐληλεγμένος. Ἡ δ᾽ ἐτραγῴδει πάλιν· Οἴμοι δειλαία τῶν κακῶν· καὶ γὰρ τὸν ἄνδρα ἀπώλεσα διὰ σέ. Οὔτε γὰρ ἂν ἔχοιμί σε τοῦ λοιποῦ χρόνου, κἂν μέχρι τῶν ὀμμάτων τῶν κενῶν, ἐπεὶ μὴ δεδύνησαι τούτων πλέον. Οἶδ᾽ ὅτι ὁ ἀνήρ με μισεῖ καὶ μοιχείαν κατέγνωκεν ἐπὶ σοί, μοιχείαν ἄκαρπον, μοιχείαν ἀναφρόδιτον, ἧς μόνον τὴν λοιδορίαν κεκέρδακα. Αἱ μὲν γὰρ ἄλλαι γυναῖκες μισθὸν τῆς αἰσχύνης ἔχουσι τὴν τῆς ἐπιθυμίας ἡδο-

facto in me impetu, iracundia exardens, plagam maxillæ intulit : capillis abreptum, ad terram projecit et irruens totum verberibus confecit. Ego, quasi seclusis sacris interessem, non modo quis esset, aut quamobrem me cæderet, nesciens, suspicans vero aliquid mali esse, etsi maxime contra niti poteram, tamen id facere veritus fui. Tandem cum ille verberando, ego ratiocinando fessi essemus, surgens, Quis tu, inquam, es? cur me tam contumeliose cædis? At ille, propterea quod vocem misissem, iratior multo factus, manus iterum mihi injecit, vinculaque et compedes poposcit : quibus constrictum me in cubiculum quoddam conjiciunt.

XXIV. Dum ea fiunt, Leucippes epistola, quam forte tunicæ adalligatam lintei fimbriis mecum gestabam, imprudenti mihi excidit, eamque Melite clam suscepit, verita ne qua ex suis esset ad me literis : sed non multo post, cum sola esset, Leucippes nomen invenit, statim exanimata est nomen agnoscens : non tamen eam esse credidit; propterea quod sublatam e vivis fuisse non semel audiverat. Tandem vero tota epistola perlecta, veritateque jam clarius cognita, multis simul cum verecundia atque ira, tum amore atque zelotypia animus ejus, varias in partes distrahi cœpit. Nam et maritum verebatur et literis non poterat non irasci : sed iræ alioqui opponebatur amor, zelotypia incendebat amorem, qui victor tandem evasit.

XXV. Quamobrem cum advesperasceret, ac primo illo ab impetu ad familiarem quemdam suum Thersander se contulisset : Melite hominem, cui mei custodia credita fuerat, allocuta, ad me, clam aliis servis, e quorum numero duos ante cubiculi fores collocaverat, ingressa est : et humi projectum cum me offendisset, propius accedens, pothem omnia momento proferre volebat, ipso vultus habitu quæcunque dictura erat, præ se ferente. O me, infelicem, meamque in pernicien te conspicatam, quæ primum quidem quod assequi non possim, tantopere appetam : o penitus dementem, quæ mei contemptorem amore prosequar : quæ doloribus excruciata excrucianti misericordiam tribuam, totque mihi contumeliarum auctorem desistere amare non possim. O viri et mulieris par me præstigiis decipiens : quorum alter ludibrio me jamdiu habet, altera poculum amatorium adlatura abiit, me nec igitur ab infensissimis hostibus in meam perniciem remedium quærere, hactenus non intellexisse? Hæc locuta Melite, Leucippes litteras in me projecit. Quibus visis et agnitis, cohorrui statim, vultumque tanquam magni alicujus flagitii reus, dejeci. Illa vero amplius etiam conqueri perrexit : Hen me tot malis afflictam. Tua ego causa maritum amisi, neo tamen te frui posthac mihi licebit : quin immo adspectu etiam tuo, quo uno tantum a te dignata sum, brevi mihi carendum esse intelligo. Tua enim causa me conjux, hoc scio, odio prosequitur, atque adulterii ream facit : et ejus quidem, ex quo fructus ac voluptatis nihil, infamia sola, ad me redundavit. Sane aliæ mulieres ex turpitudine

νήν· ἐγὼ δ' ἡ δυστυχὴς τὴν μὲν αἰσχύνην ἐκαρπωσάμην, τὸ δὲ τῆς ἡδονῆς οὐδαμοῦ. Ἄπιστε καὶ βάρβαρε· ἐτόλμησας οὕτως ἐρῶσαν γυναῖκα κατατῆξαι, καὶ ταῦτ' Ἔρωτος καὶ σὺ δοῦλος ὤν; Οὐκ ἐφοβήθης αὐτοῦ τὰ μηνίματα; οὐκ ᾐδέσθης αὐτοῦ τὸ πῦρ; οὐκ ἐτίμησας αὐτοῦ τὰ μυστήρια; οὐ κατέκλασέ σε ταῦτα τὰ ὄμματα δακρύοντα; Ὦ καὶ λῃστῶν ἀγριώτερε. Δάκρυα γὰρ καὶ λῃστὴς αἰσχύνεται. Οὐδέν σε ἠρέθισεν εἰς ἀφροδίτην κἂν μίαν, οὐ δέησις, οὐ χρόνος, οὐχ ἡ τῶν σωμάτων συμπλοκή· ἀλλὰ, τὸ πάντων ὑβριστικώτατον, προσαπτόμενος, καταψιλῶν, οὕτως ἀνέστης ὡς ἄλλη γυνή. Τίς αὕτη τῶν γάμων ἡ σκιά; Οὐ μὲν δὴ γεγηρακυίᾳ συνεκάθευδες, οὐδ' ἀποστρεφομένῃ σου τὰς περιπλοκὰς, ἀλλὰ νέᾳ καὶ φιλούσῃ, εἴποι δ' ἂν ἄλλος ὅτι καὶ καλῇ. Εὐνοῦχε καὶ ἀνδρόγυνε καὶ κάλλους καλοῦ βάσκανε, ἐπαρῶμαί σοι δικαιοτάτην ἀράν· οὕτως σε ἀμύναιτο ὁ Ἔρως εἰς τὰ σά. Ταῦτ' ἔλεγε, καὶ ἅμα ἔκλαεν.

ΚϚ'. Ὡς δ' ἐσιώπων ἐγὼ κάτω νενευκὼς, μικρὸν διαλιποῦσα, λέγει μεταβαλοῦσα· Ἃ μὲν εἶπον, ὦ φίλτατε, θυμὸς ἔλεγε καὶ λύπη· ἃ δὲ νῦν μέλλω λέγειν, ἔρως λέγει. Κἂν ὀργίζωμαι, κάομαι· κἂν ὑβρίζωμαι, φιλῶ. Σπεῖσαι κἂν νῦν, ἐλέησον· οὐκέτι δέομαι πολλῶν ἡμερῶν καὶ γάμου μακροῦ, ὃν ἡ δυστυχὴς ὠνειροπόλησεν ἐπὶ σοί. Ἀρκεῖ μοι κἂν μία συμπλοκή. Μικροῦ δεύματι φαρμάκου πρὸς τηλικαύτην νόσον. Σβέσον μοι ὀλίγον τοῦ πυρός. Εἰ δέ τί σοι προπετῶς ἐθρασυνάμην, σύγγνωθι, φίλτατε· ἔρως ἀτυχῶν καὶ μαίνεται. Ἀσχημονοῦσα οἶδα, ἀλλ' οὐκ αἰσχύνομαι τὰ τοῦ Ἔρωτος ἐξαγορεύουσα μυστήρια. Πρὸς ἄνδρα λαλῶ μεμυημένον. Οἶδας τί πάσχω. Τοῖς δ' ἄλλοις ἀνθρώποις ἀθέατα τὰ βέλη τοῦ θεοῦ, καὶ οὐκ ἄν τις ἐπιδεῖξαι δύναιτο τὰ τοξεύματα, μόνοι δ' οἴδασιν οἱ ἐρῶντες τὰ τῶν ὁμοίων τραύματα. Ἔτι μόνον ἔχω ταύτην τὴν ἡμέραν· τὴν ὑπόσχεσιν ἀπαιτῶ. Ἀναμνήσθητι τῆς Ἴσιδος, αἰδέσθητι τοὺς ὅρκους τοὺς ἐκεῖ. Εἰ μὲν γὰρ καὶ συνοικεῖν ἤθελες, ὥσπερ ὤμοσας, οὐκ ἂν ἐφρόντισα Θερσάνδρων μυρίων. Ἐπεὶ δὲ Λευκίππην εὑρόντι σοι γάμος ἀδύνατος ἄλλης γυναικὸς, ἐκοῦσά σοι κἀγὼ τοῦτο παραχωρῶ. Οἶδα νικωμένη· οὐκ αἰτῶ πλέον ἢ δύναμαι τυχεῖν. Κατ' ἐμοῦ γὰρ πάντα κινά· ἀναθιοῦσι καὶ νεκροί. Ἡ θάλασσα, πλέουσαν μέν με διέσωσας, σώσασα δὲ μᾶλλον ἀπολώλεκας, δύο ἀποστείλασα κατ' ἐμοῦ νεκρούς· Ἤρκει γὰρ Λευκίππη μόνη ζήσασα, ἵνα μηκέτι λυπήσαι Κλειτοφῶν. Νῦν δὲ καὶ ὁ ἄγριος Θέρσανδρος ἡμῖν πάρεστι. Τετύπτησαι βλεπούσης μου, καὶ βοηθεῖν ἡ δυστυχὴς οὐκ ἠδυνάμην. Ἐπὶ τοῦτο τὸ πρόσωπον πληγαὶ κατηνέχθησαν, ᾧ θεοί· Δοχῶ, τυφλὸς Θέρσανδρος ἦν. Ἀλλὰ δέομαι, Κλειτοφῶν δέσποτα· δεσπότης γὰρ εἶ ψυχῆς τῆς ἐμῆς· ἀπόδος σεαυτὸν τήμερον πρῶτα καὶ ὕστατα. Ἐμοὶ δ' ἡμέραι τὸ βραχὺ τοῦτο πολλαί. Οὕτως μηκέτι Λευκίππην ἀπολέσειας, οὕτω μηκέτι μηδὲ ψευδῶς ἀποθάνοι. Μὴ ἀτιμάσῃς τὸν ἔρωτα τὸν ἐμὸν, δι'

---

voluptatem consequuntur : at miseræ mihi sola sine voluptate turpitudo parata est. O infidum, o barbarum, tene mulierem tanto amore deflagrantem, tabescere æquo animo ferre posse, cum amori tu quoque deservias? neque te Cupidinis iram timere? non faces ejus, non arcana vereri? non lacrymis, quas oculi hi profuderunt, o prædonibus immaniorem, quibusque vel prædo ad misericordiam allicitur, commoveri? Quid, quod animum tuum non modo non pellexerunt preces meæ, ut semel saltem mihi morem gereres, sed ne ullum quidem tempus, aut mutuus complexus, aut aliud quidpiam apud te pondus habuerunt. Quin imo (quod omnium contumeliosissimum est) e complexu meo, ex ipsis dissuaviationibus æque discedis atque alia mulier. Et quænam hæc est nuptiarum umbra? Tu quidem certe non cum effœta aliqua, tuosve amplexus aversante, cubuisti, sed et cum adolescente et cum amante, addiderit vero aliquis etiam, et cum formosa. Eunuche, evirate, pulchritudinis contemptor, nunc ego immortales deos precor, tuis ut desideriis contraria omnia evenire velint : quo in te, quæ in me moliris, cuncta experiare. Hæc locuta Melite, simul flebat.

XXVI. Deinde, ut tacebam oculos humi defigens, animo penitus commutato, rursum, Quæ hactenus locuta sum, inquit, carissime, ira et moror suggessit : nunc ad dicendum me amor impellit. Licet irata sim, ardeo, licet contumelia afficiar, amo. Ah saltem nunc mihi morem gere, miserere : non ego dies multos, aut nuptias diuturnas peto, quarum vana spe misera tenebar. Unicus mihi satis erit congressus, vel tantula ope mihi ad tanti morbi vim depellendam opus est. Agedum ignem hunc mihi aliquantum restingue : ac, si quid in te asperius antea locuta sum, ignosce, carissime : infelix amor vel insanit. Nec vero me fugit, quam turpem causam agam : verumtamen amoris arcana palam facere haudquaquam pudet. Sacris his initiatum hominem alloqui me scio. Nosti quid patiar. Aliis dei hujus tela ignota sunt, nec aliquis ostendere possit jacula, solis enim amantibus, amantium vulnera innotescunt. Hæc mihi adhuc superest dies, qua ut promissa facias, obtestor. Isidis tibi veniat in mentem, neque quod in illius templo jurasti, floccifeceris. Quod si, ut inter nos jurejurando firmatum est, promissis stare voluisses, non equidem Thersandros mille curaverim. Cæterum quoniam, Leucippe inventa, nullo fieri pacto potest, aliam ut ducas, per me quidem fac, ut lubet. Mihi enim cedendum esse intelligo; jamque amplius nihil, nisi quod consequi possum, peto : quandoquidem mihi omnia novo modo bellum indicunt, ac mortui etiam ipsi ab inferis excitantur. O mare, tu certe navigantem servasti, verum servando majores in ærumnas conjecisti, duobus mortuis meam in perniciem advectis, nam una Leucippe satis esset, si viveret ne Clitophon amplius in mœrore jaceat. Nunc vero impius Thersander rediit. Me vidente vapulasti, miseraque opis nihil ferre poteram. Hæc quidem, di boni, facies verberibus fœdata. Cæcus tum, puto, Thersander fuit. Sed te, o here Clitophon (tu enim animæ imperium meæ obtines) id unum rogo, hodie saltem ut mihi te primum et ultimum concedas. Parva hæc mora

ὃν τὰ μέγιστα εὐτυχεῖς. Οὗτός σοι Λευκίππην ἀποδέδωκεν. Εἰ γάρ σου μὴ ἠράσθην ἐγώ, εἰ γάρ σε μὴ ἐνταῦθα ἤγαγον, ἦν ἂν ἔτι σοι Λευκίππη νεκρά. Εἰσὶν, ὦ Κλειτοφῶν, καὶ Τύχης δωρεαί. Ἤδη τις θησαυρῷ περιτυχὼν, τὸν τόπον τῆς εὑρέσεως ἐτίμησε, βωμὸν ἤγειρε, θυσίαν προσήνεγκεν, ἐστεφάνωσε τὴν γῆν· σὺ δὲ παρ' ἐμοὶ θησαυρὸν Ἔρωτος εὑρὼν, ἀτιμάζεις τὰ εὐεργετήματα. Νόμιζέ σοι τὸν Ἔρωτα δι' ἐμοῦ λέγειν· ἐμοὶ χάρισαι τοῦτο, Κλειτοφῶν, τῷ σῷ μυσταγωγῷ. Μὴ ἀμύητον τὴν Μελίττην ἀπέλθῃς καταλιπών· καὶ τὸ ταύτης ἐμόν ἐστι πῦρ. Ἄκουσον δ' ὡς καὶ τἄλλα μοι μέλει περὶ σοῦ. Λυθήσῃ μὲν γὰρ ἄρτι τῶν δεσμῶν, κἂν Θερσάνδρῳ μὴ δοκῇ· καταγωγῆς δὲ τεύξῃ τοσούτων ἡμερῶν, ὅσων ἂν θέλῃς, πρὸς ἐμὸν σύντροφον. Ἕωθεν δὲ καὶ τὴν Λευκίππην παρέσεσθαι προσδόκα. Διανυκτερεύσειν γὰρ ἔλεγεν εἰς τὸν ἀγρὸν, βοτανῶν [ἕνεκεν] χάριν, ὡς ἐν ὄψει τῆς σελήνης αὐτὰς ἀναλάβοι. Οὕτως γάρ μου κατεγέλα. Ἤιτησα γὰρ φάρμακον παρ' αὐτῆς ὡς Θετταλῆς κατὰ σοῦ. Τί γὰρ ἠδυνάμην ἔτι ποιεῖν ἀποτυγχάνουσα, ἢ βοτάνας ζητεῖν καὶ φάρμακα; Αὔη γὰρ τῶν ἐν ἔρωτι δυστυχούντων ἡ καταφυγή. Ὁ Θέρσανδρος δὲ, ὡς καὶ περὶ τούτου θαρρήσας, ἐξεπήδησε πρὸς ἑταῖρον αὑτοῦ, ἐξανιστάμενος ἐμοὶ τῆς οἰκίας ὑπ' ὀργῆς· δοκεῖ δ' ἔμοιγε θεός τις αὐτὸν ἐντεῦθεν ἐξεληλακέναι, ἵνα σοι τὰ τελευταῖα ταῦτα δυνηθῶ τυχεῖν. Ἀλλά μοι σαυτὸν ἀπόδος.

KZ'. Ταῦτα φιλοσοφήσασα (διδάσκει γὰρ ὁ Ἔρως καὶ λόγους) ἔλυε τὰ δεσμὰ καὶ τὰς χεῖρας κατεφίλει, καὶ τοῖς ὀφθαλμοῖς καὶ τῇ καρδίᾳ προσέφερε καὶ εἶπεν, Ὁρᾷς, πῶς πηδᾷ, καὶ πάλλει πυκνὸν παλμὸν ἀγωνίας γέμοντα καὶ ἐλπίδος, γένοιτο δὲ καὶ ἡδονῆς· καὶ ἔοικεν ἱκετεύειν σε τῷ πηδήματι. Ὡς οὖν μ' ἔλυσε, καὶ περιέβαλε κλαίουσα, ἔπαθόν τι ἀνθρώπινον, καὶ ἀληθῶς ἐφοβήθην τὸν Ἔρωτα, μή μοι γένηται μήνιμα ἐκ τοῦ θεοῦ, καὶ ἄλλως ὅτι Λευκίππην ἀπειλήφειν, καὶ ὅτι μετὰ ταῦτα τῆς Μελίττης ἀπαλλάττεσθαι ἔμελλον, καὶ ὅτι οὐδὲ γάμος ἔτι τὸ πραττόμενον ἦν, ἀλλὰ φάρμακον ὥσπερ ψυχῆς νοσούσης. Περιβαλλομένης δὲ ἠνειχόμην καὶ περιπλεκομένης πρὸς τὰς περιπλοκὰς οὐκ ἀντέλεγον, καὶ ἐγένετο ὅσα ὁ Ἔρως ἤθελεν, οὔτε στρωμνῆς ἡμῶν δεηθέντων, οὔτ' ἄλλου τινὸς τῶν εἰς παρασκευὴν ἀφροδισίων. Αὐτουργὸς γὰρ ὁ Ἔρως, καὶ αὐτοσχέδιος σοφιστὴς, καὶ πάντα τόπον αὐτῷ τιθέμενος μυστήριον. Τὸ δ' ἀπερίεργον εἰς Ἀφροδίτην ἥδιον μᾶλλον τοῦ πολυπράγμονος· αὐτοφυῆ γὰρ ἔχει τὴν ἡδονήν.

multorum apud me dierum loco erit : sic neque tu Leucippen amiseris : neque illa vel falsam mortem obierit. Ne meum amorem neglexeris : cujus causa maximam felicitatem Leucippen ipsam es consecutus. Nisi enim ego te amassem, huc que produxissem, mortua utique Leucippe adhuc tibi esset. Fortunæ vero etiam aliquid est quod acceptum ferri deceat. Cum thesaurum aliquis invenisset, locum in quo invenit, in honore habuit, aram consecravit, libamina obtulit, telluremque coronavit. Tu vero amatorio thesauro apud me reperto, beneficii auctorem spernis. Hæc autem per me tecum Amorem loqui existima. Id mihi tuæ mysteriorum magistræ concede, Clitophon, ut ne hinc Meliten non initiatus discedas. Meus ignis est, qui eam urit. Audi, Clitophon, quomodo cætera tua mihi curæ sint. A vinculis, tametsi Thersandro id minimo videatur, te nunc solvam : cubiculumque, in quo tam diu cum eo, qui mecum una lac hausit, degas, quamdiu voles, tibi adornatum dabo. Leucippen vero cras prima luce tibi affuturam exspecta. Ruri enim pernoctare se velle dixit, ut herbas ad Lunæ adspectum colligeret; ita de me ludi facti sunt : ab ea enim tanquam Thessala, opem contra te imploravi. Nam spe frustrata, quid facere amplius potui, quam ad herbas et medicamenta, quæ miserorum amantium solatia sunt, confugere? Nunc, ut istum etiam timorem deponas, Thersander iratus domo ad familiarem quemdam suum se contulit, ut deus aliquis hinc illum ejecisse mihi videatur, quo postrema hæc a te libere consequi possim. Agedum tandem igitur tui mihi copiam fac.

XXVII. Hæc Melite cum disseruisset (Amor enim eloqui etiam docet) vincula solvit : manusque meas exosculata, oculis primum suis, deinde cordi admovit, ac, Videsne, inquit, ut salit, ac semet vibrans assidue palpitat, metus et spei simul (utinam vero etiam voluptatis) plenum, ut trepidatione hujusmodi orare te videatur? Postea quam vinculis solutus sum, mulierque flens me complexa est, humani quiddam perpessus sum : atque, ut ingenue fatear, ne mihi Amor irasceretur, extimui : præsertim quod, recuperata Leucippe, Meliten paulo post dimissurus essem, et quæ fierent nuptiæ non essent, sed tantum ægrotantis animi quasi medicina quædam. Amplexantem igitur deosculantemque pari amplexu deosculationeque accepi : atque haud ita multo post, desiderii ejus exspectationem omnem explevi, nobis neque stratum, neque alium ullum ad venerem apparatum requirentibus. Amor enim sui ipsius artifex est, et, quæ opus sunt, ex tempore afferens, ad sua ipsius arcana quemvis accommodat locum. Illud porro certissimum est, imparatam venerem parata longe suaviorem esse, utpote quæ germanam secum ferat voluptatem.

ΛΟΓΟΣ ΕΚΤΟΣ.

Ἐπεὶ οὖν τὴν Μελίττην ἰασάμην, λέγω πρὸς αὐτήν·
Ἀλλ' ὅπως μοι τῆς φυγῆς παράσχῃς τὴν ἀσφάλειαν,
καὶ τἆλλα ὡς ὑπέσχου περὶ Λευκίππης. Μὴ φρον-
τίσῃς, εἶπε, τοῦγε κατ' ἐκείνην μέρους, ἀλλ' ἤδη νό-
μιζε Λευκίππην ἔχειν. Σὺ δ' ἔνδοθι τὴν ἐσθῆτα τὴν
ἐμήν, καὶ κλέπτε τὸ πρόσωπον τῷ πέπλῳ. Ἡγήσεται
δέ σοι τῆς ἐπὶ τὰς θύρας Μελανθὼ ὁδοῦ· περιμένει δέ
σε καὶ νεανίσκος ἐπ' αὐταῖς ταῖς θύραις, ᾧ προστετα-
γμένον ἐστὶν ἐξ ἐμοῦ, κομίσαι σε εἰς τὴν οἰκίαν, οὗ
καὶ Κλεινίαν καὶ Σάτυρον εὑρήσεις, καὶ Λευκίππη σοι
παρέσται. Ταῦθ' ἅμα λέγουσα, ἐσκεύασέ με ὡς
ἑαυτήν, καὶ καταφιλοῦσα, Ὡς εὐμορφότερος, ἔφη,
παρὰ πολὺ γέγονας τῇ στολῇ. Τοιοῦτον Ἀχιλλέα
ποτ' ἐθεασάμην ἐν γραφῇ. Ἀλλά μοι, φίλτατε, σώ-
ζοιο, καὶ τὴν ἐσθῆτα ταύτην φύλαττε μνήμην · ἐμοὶ δὲ
τὴν σὴν κατάλιπε, ὡς ἂν ἔχοιμι ἐνδυομένη σοι περι-
κεχύσθαι. Δίδωσι δέ μοι καὶ χρυσοῦς ἑκατόν, καὶ
καλεῖ τὴν Μελανθώ. Θεράπαινα δ' ἦν αὕτη τῶν πι-
στῶν, καὶ ἐφήδρευε ταῖς θύραις. Ὡς δ' εἰσῆλθε,
λέγει περὶ ἐμοῦ τὰ συγκείμενα, καὶ κελεύει πάλιν
ἀναστρέφειν πρὸς αὐτήν, ἐπειδὰν ἔξω γένωμαι τῶν
θυρῶν.

Β'. Ἐγὼ μὲν δὴ τοῦτον τὸν τρόπον ὑπεκδύομαι·
καὶ ὁ φύλαξ τοῦ οἰκήματος ἀνεχώρησε, νομίσας τὴν
δέσποιναν εἶναι, νευσάσης αὐτῷ τῆς Μελανθοῦς· καὶ
διὰ τῶν ἐρήμων τῆς οἰκίας ἐπί τινα θύραν οὐκ ἐν ὁδῷ
κειμένην ἔρχομαι· καί μ' ὁ πρὸς τῆς Μελίττης ταύτῃ
προστεταγμένος ἀπολαμβάνει. Ἀπελεύθερος δ' αὐτὸς
τῶν συμπεπλευκότων ἦν ἡμῖν καὶ ἄλλως ἐμοὶ κεχα-
ρισμένος. Ὡς δ' ἀνέστρεψεν ἡ Μελανθώ, καταλαμ-
βάνει τὸν φρουρόν, ἄρτι ἐπικλείσαντα τὸ οἴκημα, καὶ
ἀνοίγειν ἐκέλευσεν αὖθις. Ὡς δ' ἤνοιξε, καὶ *παρελ-
θοῦσα ἐμήνυσε τῇ Μελίττῃ τὴν ἔξοδον τὴν ἐμήν, καλεῖ
τὸν φύλακα. Κἀκεῖνος, ὡς τὸ εἰκός, θεᾶμα ἰδὼν
παραδοξότατον, τῆς κατὰ τὴν ἔλαφον ἀντὶ παρθένου
παροιμίας, ἐξεπλάγη καὶ ἔστη σιωπῇ. Λέγει οὖν
πρὸς αὐτόν· Οὐκ ἀπιστοῦσά σοι μὴ οὐκ ἐθελήσῃς ἀφεῖ-
ναι Κλειτοφῶντα, ταύτης ἐδεήθην τῆς κλοπῆς, ἀλλ'
ἵνα σοι πρὸς Θέρσανδρον ᾖ τῆς αἰτίας ἀπόλυσις ᾗ, ὡς
οὐ συνεγνωκότι. Χρυσοῖ δέ σοι οὗτοι δῶρον δέκα,
δῶρον μέν, ἂν ἐνταῦθα μείνῃς, παρὰ Κλειτοφῶντος·
ἐὰν δὲ νομίσῃς φυγεῖν βέλτιον, ἐφόδιον. Ὁ Πα-
σίων (τοῦτο γὰρ ἦν ὄνομα τῷ φύλακι) Πάνυ, ἔφη,
δέσποινα, τὸ σοὶ δοκοῦν κἀμοὶ δοκεῖ καλῶς ἔχειν.
Ἔδοξεν οὖν τῇ Μελίττῃ τὸ νῦν ἀναχωρεῖν· ὅταν δ' ἐν
καλῷ θῆται τὰ πρὸς τὸν ἄνδρα καὶ γένηται τὰ τῆς
ὀργῆς ἐν γαλήνῃ, τότε μετιέναι. Καὶ ὁ μὲν οὕτως
ἔπραξεν.

Γ'. Ἐμοὶ δ' ἡ συνήθης τύχη πάλιν ἐπιτίθεται καὶ
συντίθεται κατ' ἐμοῦ δρᾶμα καινόν. Ἐπάγει γάρ
μοι τὸν Θέρσανδρον εὐθὺς παρελθόντα. Μεταπεισθεὶς
γὰρ ὑπὸ τοῦ φίλου, πρὸς ὃν ᾤχετο, μὴ ἀπόκοιτος γε-

LIBER SEXTUS.

Posteaquam Melites ægrimoniam sublevavi, Sed age, inquam, tutam mihi ad abeundum viam, et cætera, quæ de Leucippe pollicita es, præbe. Tum illa, Ne vereare, inquit, quod quidem ad Leucippen attinet, sed eam te jam recepisse puta. Ornatum hunc meum indue, faciemque velo obvolve. Melantho ad ostium, qua in viam patet egressus, te comitabitur. Illic adolescens tibi præsto erit, qui, sicut ei præscripsi, ad Cliniam te Satyrumque perducat. Leucippe autem etiam tibi aderit. Quæ cum dixisset, eo me, quo se ipsam consueverat, modo adornavit, dissuaviansque, quanto, inquit, formosior es in stola. Talem ego quidem in pictura olim Achillem vidi. Ceterum, anime mi Clitophon, et pallam hanc apud te mei monumentum serva, tuo vicissim mihi pallio relicto, quo induta tuis quasi amplexibus detineri videar. Tum mihi aureos nummos centum dedit : arcessitaque Melanthone (erat hæc ancillarum omnium fidissima, cui uni januarum custodia credebatur) quid me fieri velit, docet : deinceps ad se reverti jubet, postquam exiissem.

II. Ego quidem hoc modo furtim elabor et custos heram me esse ratus, id ei annuente Melanthone, secessit, per remotiorem domus partem ad portam quamdam desuefactam perveni : ubi me destinatus a Melite adolescens libertinus ex iis, qui nobiscum navigaverant, mihi alioqui etiam gratus, accepit. Postea vero quam reversa est Melantho custodem deprehendit cubiculum qui vixdum clauserat et rursus aperire jussit eum. Ubi is aperuerat et intrans meum abitum heræ nuntiavit, illa custode ad se vocato (qui, sicuti credibile est, præ maxime præter opinionem perspecta, juxta adagium, Pro virgine cerva, stupore oppressus obmutuerat) Mihi quidem, inquit, dubium non erat, ne non Clitophontem dimitteres. Sed eo artificium istud excogitavi, quo esset tibi apud Thersandrum excusationi locus, utpote qui non cognoveris. Aureos autem nummos decem tibi Clitophon, si hic maneas, muneri mittit, si de fuga cogites, viatico. Tum vero Pasion (id erat custodi nomen) atqui, O hera, inquit, nihil mihi magis probabitur, quam quod tu suaseris. Itaque mulieri placuit, ut aliquo profugeret; tunc eum accesseret, cum turbæ illæ et mariti ira sedata esset. Atque ita quidem ille fecit.

III. Sed ut solebat, fortuna mihi rursus insidiata est, novumque periculum creavit. Thersandrum enim, qui ab amico, ad quem diverterat, ne procul ab uxore cubaret suasus, a cæna domum revertebatur, præsentem mihi

νέσθαι, δειπνήσας πάλιν ἀνέστρεφεν ἐπὶ τὴν οἰκίαν. Ἦν δὲ τῆς Ἀρτέμιδος ἱερομηνία, καὶ μεθυόντων πάντα μεστά· ὥστε καὶ δι' ὅλης τῆς νυκτὸς τὴν ἀγορὰν ἅπασαν κατεῖχε πλῆθος ἀνθρώπων. Κἀγὼ μὲν ἐδόκουν τοῦτο μόνον εἶναι δεινόν· ἐλελήθει δὲ καὶ ἄλλο τεχθέν μοι χαλεπώτερον. Ὁ γὰρ Σωσθένης ὁ τὴν Λευκίππην ὠνησάμενος, ὃν ἡ Μελίττη τῆς τῶν ἀγρῶν ἐκέλευσεν ἀποστῆναι διοικήσεως, μαθὼν παρεῖναι τὸν δεσπότην, τούς τ' ἀγροὺς οὐκέτι ἀφῆκε, τήν τε Μελίττην ἤθελεν ἀμύνασθαι. Καὶ πρῶτον μὲν φθάσας, καταμηνύει μου πρὸς τὸν Θέρσανδρον· ὁ γὰρ διαβαλὼν οὗτος ἦν· ἔπειτα καὶ περὶ Λευκίππης λέγει πάνυ τι πιθανῶς πλασάμενος. Ἐπεὶ γὰρ αὐτὸς αὑτῆς ἀπεγνώκει τυχεῖν, μαστροπεύει πρὸς τὸν δεσπότην, ὡς ἂν αὐτὸν τῆς Μελίτης ἀπαγάγοι· Κόρην ἐωνησάμην, ὦ δέσποτα, καλὴν, ἀλλὰ χρῆμά τι κάλλους ἄπιστον. Οὕτως αὐτὴν πιστεύσειας ἀκούων, ὡς ἰδών. Ταύτην ἐφύλαττόν σοι. Καὶ γὰρ ἠκηκόειν ζῶντά σε· καὶ ἐπίστευον, διόπερ ἤθελον. Ἀλλ' οὐκ ἐξέφαινον, ἵνα τὴν δέσποιναν ἐπ' αὐτοφώρῳ καταλάβοις καὶ μὴ σου καταγελῴη μοιχὸς ἄτιμος καὶ ξένος. Ἀφήρηται δὲ ταύτην χθὲς ἡ δέσποινα καὶ ἔμελλεν ἀποπέμψειν· ἡ τύχη δ' ἐτήρησέ σοι, ὥστε τοσοῦτον κάλλος λαβεῖν. Ἔστι δὲ νῦν ἐν τοῖς ἀγροῖς, οὐκ οἶδ' ὅπως πρὸς αὑτῆς ἀπεσταλμένη. Πρὶν οὖν αὖθις ἐπανελθεῖν, εἰ θέλεις, κατακλείσας αὐτὴν φυλάξω σοι, ὡς ὑπὸ σοὶ γένοιτο.

Δ'. Ἐπῄνεσεν ὁ Θέρσανδρος καὶ ἐκέλευσε τοῦτο ποιεῖν. Ἔρχεται δὴ σπουδῇ μάλα ὁ Σωσθένης εἰς τοὺς ἀγροὺς, καὶ τὴν καλύβην ἑωρακὼς, ἔνθα ἡ Λευκίππη διανυκτερεύειν ἔμελλε, δύο τῶν ἐργατῶν παραλαβὼν, τοὺς μὲν κελεύει τὰς θεραπαινίδας, αἵπερ ἦσαν ἅμα τῇ Λευκίππῃ παρούσαι, περιελεῖν δόλῳ, καὶ καλεσαμένους ὅτι πορρωτάτω διατρίβειν ἔχοντας ἐφ' ὁμιλίᾳ· δύο δ' ἄλλους διάγων, ὡς εἶδε τὴν Λευκίππην μόνην, εἰσπηδήσας καὶ τὸ στόμα ἐπισχὼν συναρπάζει καὶ κατὰ θάτερα τῆς τῶν θεραπαινίδων ἐκτροπῆς χωρεῖ, φέρων εἰς τι δωμάτιον ἀπόρρητον, καὶ καταθέμενος λέγει πρὸς αὐτήν· Ἥκω σοι φέρων σωρὸν ἀγαθῶν, ἀλλ' ὅπως εὐτυχήσασα μὴ ἐπιλήσῃ μου. Μὴ γὰρ φοβηθῇς ταύτην τὴν ἁρπαγὴν, μηδ' ἐπὶ κακῷ τῷ σῷ γεγονέναι δόξῃς. Αὕτη γὰρ τὸν δεσπότην τὸν ἐμὸν ἐραστήν σοι προξενεῖ. Ἡ μὲν δὴ τῷ παραλόγῳ τῆς συμφορᾶς ἐκπλαγεῖσα, ἐσιώπησεν· ὁ δ' ἐπὶ τὸν Θέρσανδρον ἔρχεται καὶ λέγει τὰ πεπραγμένα. Ἔτυχε δ' ὁ Θέρσανδρος ἐπανιὼν εἰς τὴν οἰκίαν. Τοῦ δὲ Σωσθένους αὐτῷ μηνύσαντος τὰ περὶ τῆς Λευκίππης, καὶ καταπραγῳδοῦντος αὐτῆς τὸ κάλλος, μεστὸς γενόμενος ἐκ τῶν εἰρημένων ὡσεὶ κάλλους φαντάσματος, φύσει καλοῦ, παννυχίδος οὔσης, καὶ ὄντων μεταξὺ τεσσάρων σταδίων ἐπὶ τοὺς ἀγροὺς, ἡγεῖσθαι κελεύσας, ἐπ' αὐτὴν χωρεῖν ἔμελλεν.

Ε'. Ἐν τούτῳ δ' ἐγὼ τὴν ἐσθῆτα τῆς Μελίττης εἶχον ἠμφιεσμένος, καὶ ἀπερισκέπτως ἐμπίπτω κατὰ πρόσωπον αὐτοῖς, καί με ὁ Σωσθένης πρῶτος γνωρίσας,

obviam misit. Celebrabantur Dianæ festi dies, et ebriorum plena erant omnia, integramque noctem mortalium ingens multitudo forum totum percursabat : quod unum ego rationibus meis maxime obstare arbitrabar, nesciens aliud mihi longe gravius infortunium imminere. Nam Sosthenes, qui Leucippen emerat, quem ab agrorum administratione abstinere Melite jusserat, herum adesse intelligens, non modo ab ea non abstinuit, verum etiam de Melite vindictam sumere cupiens, me primum Thersandro prodidit, utpote qui delator esset, deinde alia complura de Leucippe apposite admodum ementitus. Ejus enim potiundæ simulatque spem sibi ereptam vidit, hero lenonis operam præstare aggressus est, ut cum a Melite abalienaret. Puellam, o here, inquit, emi forma bona sic, ut cogitatione comprehendi nequeat : de qua narranti mihi æque ac cernenti tibi, credas velim. Hanc ego tibi asservabam, quem vivere audivissem. Idque credebam quoniam et optabam; sed cuiquam tamen palam facere nolui, ut heræ turpitudinem manifesto cognosceres, et ut ne tibi peregrinus impudensque adulter illuderet. Heri autem eam Melite a me vindicavit, ac missam facere cogitat, sed tantam pulchritudinem tibi fortuna servat, quo ea potiare : illa enim ruri etiam nunc degit, nec, quamobrem eo missa sit, intelligo. Igitur si tu ita censes, illam prius, quam ad heram revertatur, alicubi clausam custodiam ut tuam in potestatem veniat.

IV. Quod cum probasset, fierique jussisset Thersander, Sosthenes quamprimum rus abiit : visoque tugurio, in quo puella erat pernoctatura, duobus accersitis operariis, ancillas, quæ cum illa erant, circumvenire, et vocatas ad locum inde remotum, colloquendo, demorari jubet. Ipse aliis duobus secum ductis, statim ut solam conspicatus est, impetu facto, manibusque ori ejus admotis, mediam comprehendit : seorsumque ab ancillis asportans occultam quandam in domum conclusit, Magnum ad te, inquiens, bonorum cumulum affero. Te autem illud spectare par est, ut ne, postea quam fueris assecuta, mei obliviscaris. Nec vero raptum hunc extimescas, neve in perniciem tuam factum putes : quoniam quidem hic tui amantem herum meum tecum familiaritate conjunget. Leucippe, insperata calamitate hac percussa, obmutuit. Sosthenes Thersandro, qui tum forte domum revertebatur, quid egisset renunciavit, ac Leucippes formam laudibus in cœlum tulit, quo factum est, ut Thersander ex eo sermone summæ cujusdam pulchritudinis speciem animo concipiens, cum nocturnis ludis finis impositus nondum esset, rusque illud ab urbe non amplius quatuor stadiis distaret, præire illum jubens, ad puellam profecturus esset.

V. Interea Melites vestitu ornatus ipse, imprudenter euntibus illis occurri : meque statim agnito, primus Sosthenes, En, inquit, bacchantem adulterum, et tuæ uxo-

Ἀλλ' ἰδοὺ, φησὶν, οὗτος ὁ μοιχὸς, βακχεύων ἡμῖν ἔπεισι καὶ τῆς σῆς γυναικὸς ἔχων λάφυρα. Ὁ μὲν οὖν νεανίσκος ἔτυχε προηγούμενος, καὶ προϊδὼν ἀποφεύγει, μὴ καιρὸν λαβὼν ὑπὸ δέους κἀμοὶ προμηνῦσαι. Ἐμὲ δ' ἰδόντες συλλαμβάνουσι· καὶ ὁ Θέρσανδρος βοᾷ, καὶ πλῆθος τῶν παννυχιζόντων συνέρρεεν. Ἔτι μᾶλλον οὖν ὁ Θέρσανδρος ἐδεινοπάθει, ῥητὰ μὲν καὶ ἄρρητα βοῶν, τὸν μοιχὸν, τὸν λωποδύτην· ἀπάγει δέ μ' εἰς τὸ δεσμωτήριον καὶ παραδίδωσιν ἔγκλημα μοιχείας ἐπιφέρων. Ἐμὲ δ' ἐλύπει τούτων μὲν οὐδὲν, οὔθ' ἡ τῶν δεσμῶν ὕβρις, οὔθ' ἡ τῶν λόγων αἰτία· καὶ γὰρ ἐθάρρουν τῷ λόγῳ περιέσεσθαι μὴ μοιχὸς εἶναι, γῆμαι δ' ἐμφανῶς. Δέος δέ με περὶ τῆς Λευκίππης εἶχεν, οὔπω σαφῶς αὐτὴν ἀπολαβόντα. Ψυχαὶ δὲ πεφύκασι μάντεις τῶν κακῶν, ἐπεὶ τῶν γ' ἀγαθῶν ἥκιστα ἐκ μαντείας εὐστοχοῦμεν. Οὐδὲν οὖν ὑγιὲς ἐνενόουν περὶ τῆς Λευκίππης, ἀλλ' ἦν ὕποπτά μοι πάντα καὶ μεστὰ δείματος. Ἐγὼ μὲν οὖν οὕτως εἶχον τὴν ψυχὴν [κακῶς].

ΣΤ'. Ὁ δὲ Θέρσανδρος ἐμβαλὼν με εἰς τὸ δεσμωτήριον, ὡς εἶχεν ὁρμῆς ἐπὶ τὴν Λευκίππην ἴεται. Ὡς δὲ παρῆσαν ἐπὶ τὸ δωμάτιον, καταλαμβάνουσιν αὐτὴν χαμαὶ κειμένην, ἐν νῷ καθεστηκυῖαν ὧν ἔτυχεν ὁ Σωσθένης εἰπὼν, ἐμφαίνουσαν τοῖς προσώποις λύπην ὁμοῦ καὶ δέος. Ὁ γὰρ νοῦς οὔ μοι δοκεῖ λελέχθαι καλῶς ἀόρατος εἶναι τὸ παράπαν· φαίνεται γὰρ ἀκριβῶς ὡς ἐν κατόπτρῳ τῷ προσώπῳ. Ἡσθείς τε γὰρ, ἐξέλαμψε τοῖς ὀφθαλμοῖς εἰκόνα χαρᾶς καὶ ἀνιαθεὶς, συνέστειλε τὸ πρόσωπον εἰς τὴν ὄψιν τῆς συμφορᾶς. Ὡς οὖν ἤκουσεν ἡ Λευκίππη ἀνοιγομένων τῶν θυρῶν, ἦν δ' ἔνδον λύχνος, ἀνανεύσασα μικρὸν, αὖθις τοὺς ὀφθαλμοὺς κατέβαλεν. Ἰδὼν δ' ὁ Θέρσανδρος τὸ κάλλος ἐκ παραδρομῆς, ὡς ἁρπαζομένης ἀστραπῆς, μάλιστα γὰρ ἐν τοῖς ὀφθαλμοῖς κάθηται τὸ κάλλος, ἀφῆκε τὴν ψυχὴν ἐπ' αὐτήν καὶ εἰστήκει τῇ θέᾳ δεδεμένος, ἐπιτηρῶν πότε αὖθις ἀναβλέψει πρὸς αὐτόν. Ὡς δ' ἔνευσεν εἰς τὴν γῆν, λέγει· Τί κάτω βλέπεις, γύναι; τί δέ σου τὸ κάλλος τῶν ὀφθαλμῶν εἰς γῆν καταρρεῖ; Ἐπὶ τοὺς ὀφθαλμοὺς μᾶλλον ῥεέτω τοὺς ἐμούς.

Ζ'. Ἡ δ' ὡς ἤκουσεν, ἐνεπλήσθη δακρύων, καὶ εἶχεν αὐτῆς ἴδιον κάλλος καὶ τὰ δάκρυα. Δάκρυον γὰρ ὀφθαλμὸν ἀνίστησι καὶ ποιεῖ προπετέστερον· κἂν μὲν ἄμορφος ᾖ καὶ ἀγροικος, προστίθησιν εἰς δυσμορφίαν· ἐὰν δ' ἡδὺς καὶ τοῦ μέλανος ἔχων τὴν βαφὴν ἠρέμα τῷ λευκῷ στεφανούμενος, ὅταν τοῖς δάκρυσιν ὑγρανθῇ, ἔοικε πηγῆς ἐγκύμονι μαζῷ. Χεομένης δὲ τῆς τῶν δακρύων ἅλμης περὶ τὸν κύκλον, τὸ μὲν πιαίνεται, τὸ δὲ μέλαν πορφύρεται, καὶ ἔστιν ὁμοιον, τὸ μὲν ἴῳ, τὸ δὲ ναρκίσσῳ. Τὰ δὲ δάκρυα τῶν ὀφθαλμῶν ἔνδον εἰλούμενα γελᾷ. Τοιαῦτα Λευκίππης ἦν τὰ δάκρυα, ᾧ αὐτὴν τὴν λύπην εἰς κάλλος νενικηκότα. Εἰ δ' ἠδύνατο παγῆναι πεσόντα, καινὸν ἂν εἶχεν ἤλεκτρον ἡ γῆ. Ὁ δὲ Θέρσανδρος ἰδὼν, πρὸς μὲν τὸ κάλλος ἐκεχήνει, πρὸς δὲ τὴν λύπην ἐξεμεμήνει, καὶ τοὺς ὀφθαλμοὺς δακρύων ἐγκύους εἶχεν. Ἔστι μὲν γὰρ

LIBER VI.

ris ornamentis indutum. Ac tunc adolescens, qui forte præcedebat, re cognita, nec ullo præ timore ad me commonefaciendum tempore sumpto, in fugam se dedit. Me autem videntes statim comprehenderunt: Thersanderque clamorem tollere cœpit. Vigilum multitudo affluere, ille magis magisque crimen augere, dicenda tacendaque pariter inculcare, adulterum ac furem identidem appellare. Tandem me in carcerem contrudit : nomenque meum de adulterio defert. Sed horum nihil me penitus commovit, non vinculorum ignominiæ, non nominis delatio : confidebam enim, argumentis convicturum, me adulterum nequaquam esse, sed nuptias palam contraxisse. Illud me magnopere angebat, quod Leucippen revera nondum recuperaram. Porro malorum præsagus animus est, bonorum nequaquam. Itaque nihil mihi tum sani de Leucippe in mentem venire poterat : sed erant suspecta omnia, omnia pavoris plena : ipseque animo ita affectus eram.

VI. Thersander simulac me in custodiam tradidit, ad Leucippen cum Sosthene alacriter admodum profectus est : domumque ingressus, humi jacentem, ac Sosthenis dicta mente agitantem invenit, nec minus animi ægritudinem, et pavorem vultu præ se ferentem, ut illud mihi non recte dictum videatur, mentem omnino cerni non posse : in vultu enim tanquam in speculo, perfecte cernitur. Nam si læta fuerit, id efficit ut imago lætitiæ in oculis relucet : sin vero tristis, contrahit frontem, calamitatemque ipsam refert. Cæterum Leucippe cum primum valvas aperiri sensit, vixdum oculis in eos conjectis (aderat autem lucerna) vultum statim demisit. At Thersander, visa pulchritudine, quæ ex oculis ejus, tanquam flamma nubium conflictu expressa, repente affulserat, e vestigioque evanuerat (sunt enim oculi præcipua pulchritudinis sedes) confestim exarsit, obtutuque illo victus stetit, quando rursus oculos in se conjiceret, observans. Verum cum illa terram intueretur : quid inquit, lumina humi tua defixa sunt? quid tanta oris tui pulchritudo ad terram defluit? quin hæc potius ad oculos meos delabatur.

VII. Tum Leucippe, his auditis, lacrymas profudit, peculiari sane quodam suo decore cumulatas. Lacryma enim oculum excitat, ac protervius efficit : et si deformis atque agrestis fuerit, ejus deformitatem auget; sin contra, jucundus nigraque acies candore sensim coronata cum lacrymis humescit, tumidulæ mammæ fonti assimilantur. Manante quin etiam circa orbem salso earum humore, pars candida pinguescit, nigra vero purpurascit : atque hæc violæ, illa narcisso, similis efficitur. Quod si oculorum intra orbes lacrymæ continentur, risum præ se ferunt. Ejusmodi ergo Leucippes lacrimæ cum essent, facile mœrorem decore suo vincere profuerunt : quin immo si postea, quam exciderant, conglaciassent, electri novum procul dubio genus habuissemus. Thersander igitur, dum virginis pulchritudinem tristitiamque contemplatur, altera in admirationem raptus, altera in furorem

ACHILLES TATIUS. 7

φύσει δάκρυον ἐπαγωγότατον ἐλέου τοῖς ὁρῶσι· τὸ δὲ τῶν γυναικῶν μᾶλλον, ὅσῳ (γὰρ) θαλερώτερον, τοσούτῳ καὶ γοητότερον. Ἐὰν δ' ἡ δακρύουσα ᾖ καὶ καλή, καὶ ὁ θεατὴς ἐραστής, οὐδ' ὀφθαλμὸς ἀτρεμεῖ, ἀλλὰ τὸ δάκρυον ἐμιμήσατο. Ἐπειδὴ γὰρ εἰς τὰ ὄμματα τῶν καλῶν τὸ κάλλος κάθηται, ῥέον δ' ἐκεῖθεν ἐπὶ τοὺς ὀφθαλμοὺς τῶν ὁρώντων ἵσταται καὶ τῶν δακρύων τὴν πηγὴν συνεφέλκεται. Ὁ δ' ἐραστὴς δεξάμενος ἄμφω, τὸ μὲν κάλλος εἰς τὴν ψυχὴν ἥρπασε, τὸ δὲ δάκρυον εἰς τοὺς ὀφθαλμοὺς ἐτήρησεν, ὁραθῆναι δ' εὔχεται, καὶ ἀποψήσασθαι δυνάμενος, οὐκ ἐθέλει, ἀλλὰ τὸ δάκρυον, ὡς δύναται, κατέχει, καὶ φοβεῖται μὴ πρὸ καιροῦ φύγῃ. Ὁ δὲ καὶ τῶν ὀφθαλμῶν τὴν κίνησιν ἐπέχει, μὴ πρὶν τὸν ἐρώμενον ἰδεῖν ταχὺ θελήσῃ πεσεῖν. Μαρτυρίαν γὰρ ταύτην νενόμικεν ὅτι καὶ φιλεῖ. Τοιοῦτό τι τῷ Θερσάνδρῳ συμβεβήκει. Ἐδάκρυε γὰρ πρὸς ἐπίδειξιν, παθὼν μέν τι, κατὰ τὸ εἰκὸς, ἀνθρώπινον, καλλωπιζόμενος δὲ πρὸς τὴν Λευκίππην, ὡς διὰ τοῦτο δεδακρυμένος, ὅτι κἀκείνη δακρύει. Λέγει οὖν πρὸς τὸν Σωσθένην προσκύψας· Νῦν μὲν αὐτὴν θεράπευσον· ὁρᾷς γὰρ ὡς ἔχει λύπης. Ὥσθ' ὑπεκστήσομαι καὶ μάλ' ἄκων, ὡς μὴ ὀχληρὸς εἴην. Ὅταν δ' ἡμερώτερον διατεθῇ, τότε αὐτῇ διαλεχθήσομαι. Σὺ δὲ, ὦ γύναι, θάρσει· ταχὺ γάρ σου ταῦτα τὰ δάκρυα ἰάσομαι. Εἶτα πρὸς τὸν Σωσθένην πάλιν, ἐξιών· Ὅπως εἴπῃς τὰ εἰκότα περὶ ἐμοῦ· ἔωθεν δ' ἥκειν πρὸς με κατορθώσας, ἔφη. Ἐπὶ τούτοις ἀπηλλάττετο.

Η'. Ἐν ᾧ δὲ ταῦτ' ἐπράττετο, ἔτυχεν, ἐπὶ τὴν Λευκίππην μετὰ τὴν πρός με ὁμιλίαν εὐθὺς εἰς τοὺς ἀγροὺς τὴν Μελίττην νεανίσκον ἀποστεῖλασαν, ἐπείγειν αὐτὴν εἰς τὴν ἐπάνοδον, μηδὸλ' ἔτι δεομένην φαρμάκων. Ὡς οὖν ἧκεν οὗτος εἰς τοὺς ἀγρούς, καταλαμβάνει τὰς θεραπαινίδας ζητούσας τὴν Λευκίππην, καὶ πάνυ τεταραγμένας· ὡς δ' οὐκ ἦν οὐδαμοῦ, δρόμῳ φθάσας ἀπήγγειλε τὸ συμβάν. Ἡ δ' ὡς ἤκουσε τὰ περὶ ἐμοῦ, ὡς εἴην εἰς τὸ δεσμωτήριον ἐμβληθεὶς, εἶτα περὶ τῆς Λευκίππης, ὡς ἀφανὴς ἐγένετο, νέφος αὐτῆς κατεχύθη λύπης. Καὶ τὸ μὲν ἀληθὲς οὐκ εἶχεν εὑρεῖν, ὑπενόει τὸν Σωσθένην. Βουλομένη δὲ φανερὰν αὐτῆς τὴν ζήτησιν ποιήσασθαι διὰ τοῦ Θερσάνδρου, τέχνην λόγων ἐπενόησεν, ἥτις μεμιγμένη εἶχε τῷ σοφίσματι τὴν ἀλήθειαν.

Θ'. Ἐπεὶ γὰρ ὁ Θέρσανδρος εἰσελθὼν εἰς τὴν οἰκίαν ἐβόα πάλιν, Τὸν μοιχὸν ἐξέκλεψας σύ (σὺ) τῶν δεσμῶν ἐξέλυσας καὶ τῆς οἰκίας ἐξαπέστειλας· σὸν τὸ ἔργον· τί οὖν οὐκ ἠκολούθεις αὐτῷ; τί δ' ἐνταῦθα μένεις; ἀλλ' οὐκ ἀπίτε πρὸς τὸν ἐρώμενον, ἵν' αὐτὸν ἴδῃς στερρωτέροις δεσμοῖς δεδεμένον; ἡ Μελίττη, Ποῖον μοιχόν; ἔφη. Τί πάσχεις; Εἰ γὰρ θέλεις, τὴν μανίαν ἀφεὶς, ἀκοῦσαι τὸ πᾶν, μαθήσῃ ῥᾳδίως τὴν ἀλήθειαν. Ἒν οὖν σου δέομαι, γενοῦ μοι δικαστὴς ἴσος, καὶ καθήρας μέν σου τὰ ὦτα τῆς διαβολῆς, ἐκβαλὼν δὲ τῆς καρδίας τὴν ὀργὴν, τὸν δὲ λογισμὸν ἐπιστήσας

actus est, ejusque oculi lacrymis repleti sunt. Ita enim natura comparatum est, ut lacrymæ videntes ad misericordiam moveant : et magis mulierum illæ quanto fervidiores enim sunt, tanto magis incantant. Quod si mulier formosa, et is qui spectat, amator sit : tunc videntis oculi nequaquam quiescunt, sed lacrymas ipsi quoque profundunt : pulchritudo enim, quæ in formosarum mulierum oculis præcipuum locum obtinet, ab iis in spectantis oculos dimanat, lacrymarumque vim educit : atque ita fit, ut amator, utrumque excipiens, illam animo hauriat, has oculis servet, quas dein conspici optat, nec eas, tametsi possit, abstergere curat : lacrymasque intra sinum, quamdiu potest, continet, immo luminum motus inhibet, illud videlicet timens, ne ante delabantur, quam ab amata visæ fuerint : id enim capti amore animi signum esse arbitratur. Hujusmodi quiddam Thersandro quoque accidit. Flevit enim, tum ut ostenderet, humanum quid quidem ut credibile est, passus, sed ostentans, ut a Leucippe gratiam iniret, tanquam scilicet idcirco fleret, quia fleret ipsa. Itaque ad Sosthenem conversus, Tu nunc puellæ huic aliquam, inquit, consolationem affer, quanto enim in mœrore jaceat, vides. Ego tametsi invitus, hinc tamen recedam, ne molestus sim. Post, ubi mitior facta fuerit, eam alloquar. Tu interea bono animo sis, mulier : lacrymas enim istas tuas quamprimum abstergebo. Deinde egressus, Sostheni rursum, Cave, inquit, ne, nisi quod deceat, de me loquaris; atque ut cras prima luce ad me, re bene gesta, redeas, cura.

VIII. Interea Melite continuo post, quam a me discessit, adolescentem rus ad Leucippen misit, qui eam ad reversionem urgeret, nullis amplius pharmacis opus esse nuntians. Ille statim profectus, cum ancillas puellam quærentes, ac propterea, quod nusquam apparebat, valde perturbatas offendisset, maxima cum festinatione reversus, heræ factum renuntiavit. Quæ me in carcerem conclusum, Leucippen vero abductam intelligens, curarum mole obruta est. Ac quanquam rem, uti se haberet, certo scire non poterat, culpam tamen omnem in Sosthenem rejiciebat. Leucippen itaque palam perquiri voluit a Thersandro, sermonem, qui ambagibus involutam veritatem continebat, artificiose admodum excogitavit.

IX. Nam cum ille domum reversus, iterum exclamaret, Tu mœchum eripuisti, tu e vinculis exemisti, tu domo emisisti : tuum hoc factum; cur non igitur illum sequeris? Quid hic moraris? quin ad amatorem tuum proficiscaris, ut arctioribus eum catenis constrictum videas? Tum Melite, Quemnam, inquit, mihi adulterum nominas? Sanusne es? Tu si rem omnem, furore posthabito, audire volueris, veritatem facile cognosces. Unum tantum te rogo, æquum te mihi judicem præbe : auribusque calumnia vacuis, ac corde remota ira ejusque in locum rationem

κριτὴν ἀκέραιον, ἄκουσον. Ὁ νεανίσκος οὗτος, οὔτε μοιχός ἦν ἐμός, οὔτ' ἀνήρ· ἀλλὰ τὸ μὲν γένος ἀπὸ Φοινίκης, Τυρίων οὐδενὸς δεύτερος. Ἔπλευσε δὲ καὶ αὐτὸς οὐκ εὐτυχῶς, ἀλλὰ πᾶς ὁ φόρτος αὐτοῦ γέγονε
5 τῆς θαλάσσης. Ἀκούσασα τὴν τύχην ἠλέησα, καὶ ἀνεμνήσθην σου, καὶ παρέσχον ἑστίαν, τάχα, λέγουσα, καὶ Θέρσανδρος οὕτω που πλανᾶται, τάχα, λέγουσα, τίς κἀκεῖνον ἐλεήσει γυνή. Εἰ δὲ τῷ ὄντι τέθνηκε κατὰ τὴν θάλασσαν, ὡς ἡ φήμη λέγει, φέρε πάντα τι-
10 μῶμεν αὐτοῦ τὰ ναυάγια. Πόσους καὶ ἄλλους ἔθρεψα νεναυαγηκότας; Πόσους ἔθαψα τῆς θαλάσσης νεκρούς; Εἰ ξύλον ἐκ ναυαγίας τῇ γῇ προσπεσὸν ἐλάμβανον, τάχα, λέγουσα, ἐπὶ ταύτης τῆς νεὼς Θέρσανδρος ἔπλει. Εἷς δὴ καὶ οὗτος ἦν τῶν ἐκ τῆς θαλάσσης σωζομένων
15 ἐσχατος. Ἐχαριζόμην σοὶ τιμῶσα τοῦτον. Ἔπλευσεν ὥσπερ σύ· ἐτίμων, φίλτατε, τῆς συμφορᾶς τὴν εἰκόνα. Πῶς οὖν ἐνταῦθα συνεπηγόμην; ὁ λόγος ἀληθής. Ἔτυχε μὲν πενθῶν γυναῖκα· ἡ δ' ἄρα ἐλάνθανεν οὐκ ἀποθανοῦσα· τοῦτό τις αὐτῷ κατηγόρευε καὶ
20 ὡς ἐνταῦθα εἴη, παρά τινι τῶν ἡμετέρων ἐπιτρόπων· Σωσθένην δ' ἔλεγε. Καὶ οὕτως εἶχε· τὴν γὰρ ἄνθρωπον ἤκοντες εὕρομεν. Διὰ τοῦτο ἠκολούθησέ μοι. Ἔχεις τὸν Σωσθένην, πάρεστιν ἡ γυνὴ κατὰ τοὺς ἀγρούς. Ἐξέτασον τὸν λεχθέντων ἕκαστον. Εἴ τι
25 ἐψευσάμην, μεμοίχευμαι.

Ι´. Ταῦτα δ' ἔλεγε, προσποιησαμένη τὸν ἀφανισμὸν τῆς Λευκίππης μὴ ἐγνωκέναι· ταμιευσαμένη αὐδις, εἰ ζητήσει ὁ Θέρσανδρος εὑρεῖν τὴν ἀλήθειαν, τὰς θεραπαίνας ἀγαγεῖν, αἷς συναπελθοῦσα ἔτυχεν, ἂν (μὴ)
30 παραγένηται περὶ τὴν ἕω, λεγούσας, ὅπερ ἦν, οὐδαμοῦ φαίνεσθαι τὴν κόρην. Οὕτω γὰρ αὐτὴν (ἂν) ἐχεῖσθαι πρὸς τὴν ζήτησιν φανερῶς, [ὡς] καὶ τὸν Θέρσανδρον ἐπαναγκάσαι. Ταῦτ' οὖν ὑποκρινομένη πιθανῶς, κἀκεῖνα προσετίθει· Πίστευσον, ἄνερ· οὐδέν·
35 ἐμοὶ, φίλτατε, παρὰ τὸν τῆς συμβιώσεως κατεγνωκὼς χρόνον· μηδὲ νῦν τοιοῦτον ὑπολάβῃς. Ἡ δὲ φήμη διαπεφοίτηκεν ἐκ τῆς εἰς τὸν νεανίσκον τιμῆς, οὐκ εἰδότων τῶν πολλῶν τὴν αἰτίαν τῆς κοινωνίας. Καὶ γὰρ ἡ φήμη τέθνηκεν. Φήμη δὲ καὶ Διαβολὴ δύο
40 συγγενῆ κακά. Θυγάτηρ ἡ Φήμη τῆς Διαβολῆς. Καὶ ἔστι μὲν ἡ Διαβολὴ μαχαίρας ὀξυτέρα, πυρὸς σφοδροτέρα, Σειρήνων πιθανωτέρα· ἡ δὲ Φήμη ὕδατος ὑγροτέρα, πνεύματος δρομικωτέρα, πτερῶν ταχυτέρα. Ὅταν οὖν ἡ Διαβολὴ τοξεύσῃ τὸν λόγον, ὁ
45 μὲν δίκην βέλους ἐξίπταται καὶ τιτρώσκει μὴ παρόντα καθ' οὗ πέμπεται· ὁ δ' ἀκούσας ταχὺ πείθεται, καὶ ὀργῆς αὐτῷ πῦρ ἐξάπτεται καὶ ἐπὶ τὸν βληθέντα μαίνεται. Τεχθεῖσα δ' ἡ Φήμη τῷ τοξεύματι, ῥεῖ μὲν εὐθὺς πολλή, καὶ ἐπικλύζει τὰ ὦτα τῶν ἐντυχόν-
50 των, διαπνεῖ δ' ἐπὶ πλεῖστον καταιγίζουσα τῷ τοῦ λόγου πνεύματι, καὶ ἐξίπταται κουφιζομένη τῷ τῆς γλώττης πτερῷ. Ταῦτά με τὰ δύο πολεμεῖ· ταῦτά σου τὴν ψυχὴν κατέβαλε καὶ ἀπέκλεισέ μου τοῖς λόγοις τῶν ὤτων σου τὰς θύρας.

ΙΑ'. Ἅμα λέγουσα, χειρός τ' ἔθιγε καὶ καταφιλεῖν ἤθελεν. Ἐγεγόνει δ' ἡμερώτερος, καὶ αὐτὸν ὅσαινε τῶν λεγομένων τὸ πιθανόν, καὶ τὸ τῆς Λευκίππης σύμφωνον τῷ λόγῳ τοῦ Σωσθένους, μέρος τῆς ὑπονοίας μετέφερεν. Οὐ μέντοι τέλεον ἐπίστευσε. Ζηλοτυπία γὰρ ἅπαξ ἐμπεσοῦσα ψυχῇ δυσέκνιπτόν ἐστιν. Ἐθορυβήθη οὖν ὅτι τὴν κόρην ἤκουσεν εἶναί μου γυναῖκα· ὥστ' ἐμίσει με μᾶλλον. Τότε μὲν οὖν εἰπὼν ἐξετάσειν περὶ τῶν εἰρημένων, κοιμησόμενος ᾤχετο καθ' αὐτόν. Ἡ δὲ Μελίττη κακῶς εἶχε τὴν ψυχήν, ὡς ἐκπεσοῦσα πρός με τῆς ὑποσχέσεως. Ὁ δὲ Σωσθένης παραπέμψας μέχρι τινὸς τὸν Θέρσανδρον, καθυποσχόμενος περὶ τῆς Λευκίππης, αὖθις ἀναστρέφει πρὸς αὐτὴν καὶ σχηματίσας τὸ πρόσωπον εἰς ἡδονήν, Κατωρθώσαμεν, εἶπεν, ὦ Λάκαινα. Θέρσανδρος ἐρᾷ σου, καὶ μαίνεται· ὥστε τάχα καὶ γυναῖκα ποιήσεταί σε. Τὸ δὲ κατόρθωμα τοῦτο ἐμόν. Ἐγὼ γὰρ σου πρὸς αὐτὸν περὶ τοῦ κάλλους πολλὰ ἐτερατευσάμην, καὶ τὴν ψυχὴν αὐτοῦ φαντασίας ἐγέμισα. Τί κλάεις; ἀνάστηθι, καὶ θῦε ἐπὶ τοῖς εὐτυχήμασιν Ἀφροδίτῃ. Μνημόνευε δὲ κἀμοῦ.

ΙΒ'. Καὶ ἡ Λευκίππη, Τοιαῦτα σοί, ἔφη, γένοιτο εὐτυχήματα, οἷα ἐμοὶ κομίζων πάρει. Ὁ δὲ Σωσθένης τὴν εἰρωνείαν οὐ συνεὶς, ἀλλὰ νομίζων αὐτὴν τῷ ὄντι λέγειν, φιλοφρονούμενος προσετίθει· Βούλομαι δέ σοι καὶ τὸν Θέρσανδρον, ὅστις ἐστὶν, εἰπεῖν, ὡς ἂν μᾶλλον ἡσθείης. Μελίττης μὲν ἀνήρ, ἣν εἶδες ἐν τοῖς ἀγροῖς· γένει δὲ πρῶτος ἁπάντων τῶν Ἰώνων, πλοῦτος μείζων τοῦ γένους, ὑπὲρ τὸν πλοῦτον ἡ χρηστότης. Τὴν δ' ἡλικίαν οἷός ἐστιν εἶδες, ὅτι νέος καὶ καλός, δ μάλιστα τέρπει γυναῖκα. Πρὸς τοῦτο οὐχ ὑπήνεγκεν ἡ Λευκίππη ληροῦντα τὸν Σωσθένην. Ἀλλ' Ὦ κακῶν σὺ θηρίον, μέχρι τίνος μοι μιαίνεις τὰ ὦτα; Τί ἐμοὶ καὶ Θερσάνδρῳ κοινόν; Καλὸς ἔστω Μελίττῃ, καὶ πλούσιος τῇ πόλει, χρηστός τε καὶ μεγαλόψυχος τοῖς δεομένοις· ἐμοὶ δ' οὐδὲν μέλει τούτων. εἶτ' ἐστὶ καὶ Κόδρου εὐγενέστερος, εἴτε Κροίσου πλουσιώτερος; Τί μοι καταλέγεις σωρὸν ἀλλοτρίων ἐγκωμίων; Τότε ἐπαινέσω Θέρσανδρον ὡς ἄνδρα ἀγαθόν, ὅταν εἰς τὰς ἀλλοτρίας μὴ ἐνυβρίζῃ γυναῖκας.

ΙΓ'. Καὶ ὁ Σωσθένης σπουδάσας εἶπε· Παίζεις; Πῶς παίζω; ἔφη. Ἔα με, ἄνθρωπε, μετὰ τῆς ἐμαυτῆς συντρίβεσθαι τύχης καὶ τοῦ κατέχοντός με δαίμονος. Οἶδα γὰρ οὖσα ἐν πειρατηρίῳ. Δοκεῖς, μοι, ἔφη, μαίνεσθαι μανίαν ἀνήκεστον. Πειρατήριον ταῦτ' εἶναί σοι δοκεῖ, πλοῦτος καὶ γάμος καὶ τρυφή; ἄνδρα τοιοῦτον λαβοῦσα παρὰ τῆς Τύχης, ὃν οὕτω φιλοῦσιν οἱ θεοὶ, ὥς ἂν αὐτὸν καὶ ἐκ μέσων τῶν τοῦ θανάτου πυλῶν ἀναγαγεῖν; Εἶτα κατέλεγεν τὴν ναυαγίαν, ἐκθειάζων ὡς ἐσώθη, καὶ τερατευόμενος ὑπὲρ τὸν δελφῖνα τὸν Ἀρίονος. Ὡς δ' οὐδὲν ἡ Λευκίππη οὐκέτι μυθολογοῦντα πρὸς αὐτὸν εἶπε, Σκέψαι, ἔφη, κατὰ σὲ, τί ἄμεινον, καὶ ὅπως μηδὲν τούτων πρὸς Θέρσανδρον ἐρεῖς, μὴ παροξύνῃς χρηστὸν ἄνδρα. Ὀργισθεὶς γὰρ

XI. Quæ cum Melite dixisset, apprehensam Thersandri manum dissuaviari voluit. Ille quoque dictorum verisimilitudine motus, de concepta ira aliquantum remisit, utpote cui quæ de Leucippe narrata erant, a Sosthenis oratione non aliena, suspicionis partem ademissent. Non tamen omnia prorsus credere voluit: propterea quod zelotypia, ubi semel in animum alicujus incidit, non nisi difficulter extrudi potest. Cæterum Thersander puellam, quam deperibat, uxorem meam esse audiens, mirum in modum perturbatus est: majusque in me odium concepit. Sed tamen percunctaturum se affirmans, itane, uti audiverat, res haberet, cubitum solus abiit. Melite interea mœrore conficiebatur, quod, quæ mihi promiserat, facere se non posse intelligeret. At Sosthenes, Thersandro, aliquantisper comitato dimisso, multa de Leucippe pollicens, ad eam rursus profectus est: vultuque hilaritatem præ se ferente, Prospere omnia, inquit, o Lacæna, succedent: Thersander enim eousque te diligit, ut insaniat: forte vero etiam uxorem ducet. Id autem mea unius opera fieri credas velim, qui tuam illi pulchritudinem supra quam cogitari possit, commendavi, animoque ejus tui absentis imaginem infixi. Flere itaque desine, surge Venerique hanc ob felicitatem sacra fac. Sed, mei quoque sis memor.

XII. Tum Leucippe, Talis, inquit, faxint dii, ut felicitas eveniat, qualem mihi nuntiatum venis. Sosthenes irridei se minime ratus, sed illam ex animo loqui existimans: Atque nunc, blande, inquit, quis sit Thersander, quo magis etiam læteris, commemorare volo. Melites, ejus quam ruri vidisti, maritus est, Ionum omnium genere primus: sed cujus genus divitiæ, mansuetudo vincat. Quali sit ætate vidisti? juvenis, formosus: quæ a mulieribus quam maxime expetuntur. Hic quum Leucippe nebulonem Sosthenem diutius non tulit: sed, Quousque tandem, inquit, bellua pessima, aures meas impura tua oratione fœdas? Quid mihi cum Thersandro? Formosus sit Melitæ, dives sit patriæ, mansuetus et magnanimus sit iis, qui ejus opera eguerint. Nihil enim mea refert, sive Codro nobilior, sive Crœso ditior exsistat. Quid mihi alienarum laudum cumulum recenses? Sane Thersandrum uti probum virum tunc laudabo, cum alienis uxoribus injuriam afferre desinet.

XIII. Tum serio loquens Sosthenes, Igitur, inquit, jocaris? At illa, Quid, inquit, jocer? sine me mea fortuna, et me trahente fato frui: scio enim me inter piratas esse. Ille autem, immedicabili mihi videris, inquit, insania detineri. Piratarumne tibi locus hic videtur, ubi divitiæ, nuptiæ et oblectamenta? ubique nanciscaris eum prætera virum, quem adeo diligunt dii, ut ex ipsis mortis faucibus eripuerint? Atque hinc naufragium recensuit, divina ope factum inquiens, quod evaserit, magis mirabilia quam quæ de Arionis delphinæ fabulantur, comminiscens. Cui non amplius fabulas narranti cum nihil Leucippe respondisset, Sosthenes iterum, Quid tua e re sit, inquit, mente circumspice, et hujusmodi quidquam Thersandro respondeas cave, ne hominem mansuetum irrites: qui quum ira

ἀφόρητός ἐστι. Χρηστότης γὰρ τυγχάνουσα μὲν χάριτος, ἔτι μᾶλλον αὔξεται· προπηλακισθεῖσα δὲ, εἰς ὀργὴν ἐρεθίζεται. Τὸ γὰρ περιττὸν εἰς φιλανθρωπίαν, ἴσον ἔχει τὸν θυμὸν εἰς τιμωρίαν. Τὰ μὲν δὴ κατὰ Λευκίππην εἶχεν οὕτως.

ΙΔ΄. Κλεινίας δὲ καὶ ὁ Σάτυρος πυθόμενοί με ἐν τῷ δεσμωτηρίῳ καθεῖρχθαι (διηγγέλκει γὰρ αὐτοῖς ἡ Μελίττη) τῆς νυκτὸς εὐθὺς ἐπὶ τὸ οἴκημα σπουδῇ παρῆσαν. Καὶ ἤθελόν μὲν αὐτοῦ καταμεῖναι σὺν ἐμοὶ, ὁ δ᾽ ἐπὶ τῶν δεσμῶν οὐκ ἐπέτρεπεν, ἀλλ᾽ ἐκέλευεν ἀπαλλάττεσθαι αὐτοὺς τὴν ταχίστην. Ὁ μὲν δὴ τούτους ἀπήλασεν ἄκοντας, ἐγὼ δὲ ἐντειλάμενος αὐτοῖς περὶ τῆς Λευκίππης, εἰ παραγένοιτο, περὶ τὴν ἕω σπουδῇ πρός με ἥκειν, καὶ τὰς τῆς Μελίττης διηγησάμενος ὑποσχέσεις, τὴν ψυχὴν εἶχον ἐπὶ τρυτάνης ἐλπίδος καὶ φόβου, καὶ ἐφοβεῖτό μου τὸ ἐλπίζον καὶ ἤλπιζε τὸ φοβούμενον.

ΙΕ΄. Ἡμέρας δὲ γενομένης, ὁ μὲν Σωσθένης ἐπὶ τὸν Θέρσανδρον ἔσπευδεν, οἱ δ᾽ ἀμφὶ τὸν Σάτυρον ἐπ᾽ ἐμέ. Ὡς δ᾽ εἶδεν ὁ Θέρσανδρος τὸν Σωσθένην, ἐπυνθάνετο, πῶς ἔχει τὰ κατὰ τὴν κόρην εἰς πειθὼ πρὸς αὐτόν. Ὁ δὲ τὸν μὲν ὄντα λόγον οὐ λέγει, σοφίζεται δέ τι μάλα πιθανῶς. Ἀρνεῖται μὲν γὰρ, εἶπεν· οὐ μὴν ἡγοῦμαι τὴν ἄρνησιν αὐτῆς οὕτως ἔχειν ἁπλῶς, ἀλλ᾽ ὁπονοεῖν μοι δοκεῖ σε χρησάμενον ἅπαξ ἀφήσειν καὶ ὀκνεῖ τὴν ὕβριν. Ἀλλὰ τούτου γ᾽ ἕνεκεν, εἶπεν ὁ Θέρσανδρος, θαρρείτω. Τὸ γὰρ ἐμὸν οὕτως ἔχει πρὸς αὐτὴν, ὡς ἀθάνατον εἶναι. Ἓν δὲ μόνον φοβοῦμαι, καὶ ἐπείγομαι μαθεῖν περὶ τῆς κόρης, εἰ τῷ ὄντι γυνὴ τυγχάνει τοῦ νεανίσκου γενομένη, ὡς ἡ Μελίττη μοι διηγήσατο. Ταῦτα διαλεγόμενοι παρῆσαν ἐπὶ τὸ τῆς Λευκίππης δωμάτιον. Ἐπεὶ δὲ πλησίον ἐγένοντο τῶν θυρῶν, ἀκούουσιν αὐτῆς ποτνιωμένης. Ἔστησαν οὖν ἀψοφητὶ κατόπιν τῶν θυρῶν.

ΙϚ΄. Οἴμοι, Κλειτοφῶν· (τοῦτο γὰρ ἔλεγε πολλάκις) οὐκ οἶδας ποῦ γέγονα καὶ ποῦ καθείργμαι· οὐδὲ γὰρ ἐγὼ, τίς σὲ κατέχει τύχη· ἀλλὰ τὴν αὐτὴν ἀγνοοῦν δυστυχοῦμεν. Ἆρα μή σε κατέλαβε Θέρσανδρος ἐπὶ τῆς οἰκίας; Ἆρα μὴ καὶ σύ τι πέπονθας ὑβριστικόν; Πολλάκις ἠθέλησα πυθέσθαι παρὰ τοῦ Σωσθένους, ἀλλ᾽ οὐκ εἶχον ὅπως πύθωμαι. Εἰ μὲν δὲ περὶ τοῦ ἀνδρὸς ἐμαυτῆς, ἐφοβούμην, μή τί σοι κινήσω κακὸν, παροξύνασα Θέρσανδρον ἐπὶ σέ· εἰ δὲ ὡς περὶ ξένου τινός, ὑπόνοια καὶ τοῦτο ἦν. Τί γὰρ μέλει γυναικὶ τῶν οὐχ ἑαυτῆς; Ποσάκις ἐμαυτὴν ἐβιασάμην, ἀλλ᾽ οὐκ ἔπειθον τὴν γλῶσσαν εἰπεῖν· ἀλλὰ ταῦτα μόνον ἔλεγον, ἄνερ Κλειτοφῶν, Λευκίππης μόνης ἄνερ, πιστὲ καὶ βέβαιε, ὃν οὐδὲ συγκαθεύδουσα πέπεικεν ἄλλη γυνή, καὶ εἰ ἡ ἄστοργος ἐγὼ πεπίστευκα. Μετὰ τοσοῦτον ἰδοῦσά σε χρόνον ἐν τοῖς ἀγροῖς οὐ κατεφίλησα. Νῦν οὖν ἂν Θέρσανδρος ἔλθῃ πυνθανόμενος, τί πρὸς αὐτὸν εἴπω; Ἆρα ἀποκαλύψασα τοῦ δράματος τὴν ὑπόκρισιν, διηγήσομαι τὴν ἀλήθειαν; Μή με νομίσῃς ἀνδράποδον εἶναι, Θέρσανδρε. Στρατηγοῦ θυ-

permovetur, ferri nequit. Is enim, cui mansuetudo inest, si in mite ingenium incidat, mansuetiorem etiam se præstat : sin vero cum inhumano congrediatur, implacabili effervescit iracundia. Natura enim ita comparatum est, ut in quo ad bene merendum vigeat magna alacritas, ei par ad ulciscendum acerbitas quoque sit. Ac de Leucippe quidem hactenus.

XIV. Clinias Satyrusque, simulac me in custodiam datum esse audiverunt (omnem enim rem eis Melite narraverat) noctu ad me in carcerem statim se contulerunt, una mecum illic degere parati : verum carceris custos non permisit, quin immo eos quam celerrime abire jussit. Hic quidem illos invitos amovit; ego vero id tum ab iis petii, ut cum primum Leucippen rediisse cognovissent, ad me mane reverterentur, et Melites promissa mente agitans, spe metuque animo, quasi in lance posito, angebar : ac timori spes et spei timor conjunctus erat.

XV. Postea autem, cum jam dies illuxisset, Sosthenes ad Thersandrum, Satyrus ad me reversus est. Ac Thersander quidem Sosthenem, quid de Leucippe fecisset, ad moremne sibi gerendum persuasa esset, interrogavit. Ille autem suppressa veritate, nescio quid apte sane commentus, Negat quidem illa, inquit, verum id ego ex animo proficisci non puto : nam contumeliam tantum timere mihi videtur, ne videlicet se, cum semel potitus fueris, ejicias. Tum ille, atqui quod ad hanc rem, inquit, attinet, formidare desinat. Etenim, ut ingenue fatear, tam alias desiderium ejus meo in corde radices egit, nullo ut unquam tempore inde avelli possit. Illud tantummodo vereor, ac scire avo, sitne vere adolescentis ejus, uti mihi a Melite narratum antea fuit, uxor. Hæc ultro citroque colloquentes ad Leucippes domunculam pervenerant. Cui quum essent prope januam, quum in miserabilem sonum vocem inflectentem illam audiebant et taciti ante fores clam considerunt.

XVI. Hei mihi, o Clitophon (id autem nominis crebro repetebat), neque tu, ubi sim, aut quo in loco custodiar, nosti : neque ego, quæ te fortuna habeat, satis scio : sed alter alterius rerum ignarus miseram uterque vitam vivimus. Numquid vero te domi Thersander deprehendit? numquid tu quoque contumeliam passus es? Mihi quidem non semel in animo fuit, Sosthenem de te interrogare : verum, quomodo id tuto facerem, non inveniebam. Si enim, ut de conjuge meo, rogassem, metuendum fuit, ne inde aliquid periculi tibi conflarem, Thersandrum in te concitando. Sin ut de hospite aliquo, hinc etiam suspicioni locus esse poterat. Qui enim mulier de iis, quæ ad se non pertinement, sollicita sit? Quoties ad rogandum me comparavi : nec tamen ad id linguam inducere potui : verum ita tantummodo mecum querebar : marite Clitophon, unius Leucippes fide et constans marite, quem alia nulla cum eo etiam cubans mulier pellexit, quamvis id ego amoris jam propemodum affeciu vacua crederem ; tene ego tanto post tempore ruri conspicata deosculari cessavi? Sed quidnam Thersando, si forte rursus interrogaturus adsit, respondebo? numquid, detracta persona, rei totius veritatem omnem aperiam? Ne me vile mancipium, Ther-

γάτηρ εἰμὶ Βυζαντίων, πρώτου τῶν Τυρίων γυνή· οὐκ εἰμὶ Θετταλή· οὐ καλοῦμαι Λάκαινα. Ὕβρις αὕτη ἐστὶ πειρατική· λελήστευμαι καὶ τοὔνομα. Ἀνήρ μοι Κλειτοφῶν, πατρὶς Βυζάντιον, Σώστρατος πατήρ, μήτηρ Πάνθεια. Ἀλλ' οὐδὲ πιστεύσεις ἐμοὶ λεγούσῃ. Φοβοῦμαι δὲ καὶ ἐὰν πιστεύσῃς περὶ Κλειτοφῶντος, μὴ τὸ ἄκαιρόν μου τῆς ἐλευθερίας τὸν φίλτατον ἀπολέσῃ. Φέρε πάλιν ἐνδύσωμαί μου τὸ δρᾶμα· φέρε πάλιν περίθωμαι τὴν Λάκαιναν.

ΙΖ'. Ταῦτ' ἀκούσας ὁ Θέρσανδρος μικρὸν ἀναχωρήσας λέγει πρὸς τὸν Σωσθένην· Ἤκουσας ἀπίστων ῥημάτων, γεμόντων ἔρωτος; Ὅσα εἶπεν· ὅσα ὠδύρατο· οἷα ἑαυτὴν κατεμέμψατο. Ὁ μοιχός μου κρατεῖ πανταχοῦ. Δοκῶ, ὁ λῃστὴς καὶ φαρμακεύς ἐστι. Μελίττη φιλεῖ, Λευκίππη φιλεῖ. Ὄφελον, ὦ Ζεῦ, γενέσθαι Κλειτοφῶν. Ἀλλ' οὐ μαλακιστέον, ὁ Σωσθένης ἔφη, δέσποτα, πρὸς τὸ ἔργον, ἀλλ' ἐπὶ τὴν κόρην ἰτέον αὐτήν. Καὶ γὰρ [ἂν] νῦν ἐρᾷ τοῦ καταράτου τούτου μοιχοῦ, μέχρι μὲν αὐτὸν οἶδε μόνον, καὶ οὗ κεκοινώνηκεν ἑτέρῳ, πάγει τὴν ψυχὴν ἐπ' αὐτόν· ἂν δ' ἅπαξ εἰς ταύτην ἔλθῃς, πολλῷ (γὰρ) διαφέρεις ἐκείνου εἰς εὐμορφίαν, ἐπιλήσεται τέλεον αὐτοῦ. Παλαιὸν γὰρ ἔρωτα μαραίνει νέος ἔρως, γυνὴ δὲ μάλιστα τὸ παρὸν φιλεῖ, τοῦ δ' ἀπόντος ἕως καινὸν οὐχ εὗρε μνημονεύει· προσλαβοῦσα δ' ἕτερον, τὸν πρότερον τῆς ψυχῆς ἀπήλειψε. Ταῦτ' ἀκούσας ὁ Θέρσανδρος, ἠγέρθη. Λόγος γὰρ ἐλπίδος εἰς τὸ τυχεῖν ἔρωτος ἐς πειθὼ ῥᾴδιος· τὸ γὰρ ἐπιθυμοῦν οὗ θέλει, σύμμαχον λαβών, ἐγείρει τὴν ἐλπίδα.

ΙΗ'. Διαλιπὼν οὖν ὀλίγον ἐφ' οἷς πρὸς ἑαυτὴν ἐλάλησεν ἡ Λευκίππη, ὡς μὴ δοκοίη τι κατακοῦσαι τῶν ὑπ' αὐτῆς εἰρημένων, εἰσέρχεται σχηματίσας ἑαυτὸν εἰς τὸ εὐαγγελύτερον πρὸς θέαν, ὡς ᾤετο. Ἐπεὶ δ' εἶδε τὴν Λευκίππην, ἀνεφλέγη τὴν ψυχήν, καὶ ἔδοξεν αὐτῷ τότε καλλίων γεγονέναι. Θρέψας γὰρ ὅλης τῆς νυκτὸς τὸ πῦρ, ὅσον χρόνον ἀπελείφθη τῆς κόρης, ἀνεζωπύρησεν ἐξαίρετος ὕλην ἰδὼν τὴν φλόγα τὴν ὄψιν, καὶ μικροῦ μὲν προσπεσὼν περιεχύθη τῇ κόρῃ. Καρτερήσας γοῦν καὶ παρακαθίσας διελέγετο, ἄλλα εἰς ἄλλα ῥήματα συνάπτων οὐκ ἔχοντα νοῦν. Τοιοῦτοι γὰρ οἱ ἐρῶντες, ὅταν πρὸς τὰς ἐρωμένας ζητήσωσι λαλεῖν, ἐκφῦσιε σωφί. Ἡ τὰ γὰρ ἐπιστήσαντες τὸν λογισμὸν τοῖς λόγοις, ἀλλὰ τὴν ψυχὴν εἰς τὸ ἐρώμενον ἔχοντες, τῇ γλώττῃ μόνον χωρὶς ἡνιόχου τοῦ λογισμοῦ λαλοῦσιν. Ἅμα οὖν συνδιαλεγόμενος, καὶ ἐπιθεὶς τὴν χεῖρα τῷ τραχήλῳ, περιέβαλεν, ὡς μέλλων φιλήσειν. Ἡ δὲ προϊδοῦσα τῆς χειρὸς τὴν ὁδόν, νεύει κάτω, καὶ εἰς τὸν κόλπον κατεδύετο. Ὁ δ' οὐδὲν ἧττον περιβαλών, ἀνέλκειν τὸ πρόσωπον ἐβιάζετο. Ἡ δ' ἀντικατεδύετο καὶ ἔκρυπτε τὰ φιλήματα. Ὡς δὲ χρόνος ἐγένετο τῇ τῆς χειρὸς πάλῃ, φιλονεικία λαμβάνει τὸν Θέρσανδρον ἐρωτική, καὶ τὴν μὲν λαιὰν ὑποβαλλει τῷ προσώπῳ κάτω, τῇ δὲ δεξιᾷ τῆς κόμης λαβόμενος, τῇ μὲν εἷλκεν εἰς τοὐπίσω, τῇ δ' εἰς τὸν ἀνθερεῶνα ὑπερείδων ἀνώθει. Ὡς

sander, existimes. Byzantiorum exercitus ducis filia et Tyrii adolescentis viri primarii uxor sum. Nec ego Thessala, nec Lacænæ mihi est nomen. Piratica hæc contumelia est, per quam nomen etiam mihi ademptum fuit. Conjux mihi est Clitophon, patria Byzantium, pater Sostratus, mater Panthia. Hæc respondenti mihi tu minime, puto, credes. Ipsa quoque, si credas, vereor Clitophonti, ne importunum libertatis meæ desiderium carissimum conjugem meum perditum eat. Agedum igitur, suppositiam personam rursus induam, Lacænamque me iterum simulabo.

XVII. His auditis Thersander paulum retrocedens, ad Sosthenem conversus, audistine, inquit, non credendum, sed tamen amoris plenum sermonem? ut multa dixit? ut graviter conquesta est? cur se ipsam incusavit? Mihi omnino adulter præfertur. Latro iste, opinor, veneficus etiam est : eum Melite amat, eum amat Leucippe. Utinam ego Clitophon, o Juppiter, fieri possim. Tum Sosthenes, haudquaquam, o here, inquit, labori cedendum est : sed potius puellam adeundum. Etenim nunc flagitiosum adulterum istum diligit : quamdiu illum solum noverit, et alterius consuetudine caruerit, tali scilicet animo affecta est erga illum. Quod si tu in illius locum semel succedas (longe homini pulchritudine antecellis) eum penitus oblivioni tradet. Priorem enim flammam novus ignis extrudit : et mulier præsentem maximopere amat, absentis vero non nisi tantisper dum alio caret, reminiscitur, simulatque alterum nacta fuerit, prior animo prorsus ejicitur. His auditis dejectum animum Thersander erexit. Quæ enim verba optatæ rei consequendæ spem ostendunt, credi perfacile solent : quod eo fit, quia quæ vult concupiscentem animi partem sibi comitem adjungentia, hominem ad sperandum compellunt.

XVIII. Thersander igitur post ea quæ sola secum Leucippe locuta fuerat, aliquantisper immoratus, ne quid exaudisse videretur, vultuque ita, ut se tractabiliorem visum iri sperabat, composito, ad eam tandem ingressus est. In quam oculos vixdum conjecerat, cum desiderio totus exarsit, utpote cui longe, quam prius, formosior esse visa est. Ignem enim per totam noctem (quo tempore a puella abfuit) enutriens, ipso puellæ adspectu materiam flammæ suggerente, recanduit statim : parumque abfuit, quin procumbens illam amplexaretur. Sustinuit tamen se paulum, eique assidens alia ex aliis verba, inania plane, effutire cœpit. Id quod amantibus usu venire solet, si quando cum amica iis sermonem habere contingit : neque enim in loquendo mentem adhibent, sed animo in illam intento, lingua tantum, ullo absque rationis moderamine verba inaniter fundunt. Atque inter loquendum brachium collo, tanquam osculaturus, injecit. Quo tenderet manus prævidens Leucippe, vultum demisit, in sinuque occuluit. Ille autem in complexu nihilominus perstans, faciem vi tollere conabatur puella contra faciem magis magisque obtegere, osculaque pernegare. Verum cum luctæ hujusmodi temporis satis datum esset, amatoriæ cujusdam rixæ cupiditate incensus Thersander, lævam manum mento subdidit, dextera capillos apprehendit, hac quidem retro trahebat, illa vero mentum sustinens eam alte spectare

LIBER VI.

δέ ποτε έπαύσατο τῆς βίας, ἢ τυχών, ἢ μὴ τυχών, ἢ
καμών, λέγει πρὸς αὐτὸν ἡ Λευκίππη· Οὔθ' ὡς ἐλεύ-
θερος ποιεῖς, οὔθ' ὡς εὐγενής· καὶ σὺ ἐμιμήσω Σω-
σθένην. Ἄξιος ὁ δοῦλος τοῦ δεσπότου. Ἀλλ' ἀπέχου
ὁ τοῦ λοιποῦ, μηδ' ἐλπίσης τυχεῖν, πλὴν εἰ μὴ γένῃ
Κλειτοφῶν.
ΙΘ'. Ταῦτ' ἀκούσας ὁ Θέρσανδρος οὐκ εἶχεν ὅς τις
γένηται. Καὶ γὰρ ᾔρα, καὶ ὠργίζετο. Θυμὸς δὲ καὶ
ἔρως δύο λαμπάδες. Ἔχει γὰρ καὶ ὁ θυμὸς ἄλλο πῦρ,
10 καὶ ἔστι τὴν μὲν φύσιν ἐναντιώτατον, τὴν δὲ βίαν
ὅμοιον. Ὁ μὲν γὰρ παροξύνει μισεῖν, ὁ δ' ἀναγκάζει
φιλεῖν· καὶ ἀλλήλων πάροικος ἡ τοῦ πυρός ἐστι πηγή.
Ὁ μὲν γὰρ εἰς τὸ ἧπαρ κάθηται, ὁ δὲ τῇ καρδίᾳ περι-
μαίνεται. Ὅταν οὖν ἄμφω τὸν ἄνθρωπον καταλάβωσι,
15 γίνεται μὲν αὐτοῖς ἡ ψυχὴ τρυτάνη, τὸ δὲ πῦρ ἑκατέρου
ταλαντεύεται. Μάχονται δ' ἄμφω περὶ τῆς ῥοπῆς·
καὶ τὰ πολλὰ μὲν ὁ ἔρως εἴωθε νικᾷν, ὅταν εἰς τὴν ἐπι-
θυμίαν εὐτυχῇ· ἢν δ' αὐτὸν ἀτιμάσῃ τὸ ἐρώμενον,
αὐτὸς τὸν θυμὸν εἰς συμμαχίαν καλεῖ. Κἀκεῖνος ὡς
20 γείτων πείθεται, καὶ ἀνάπτουσιν ἄμφω τὸ πῦρ. Ἂν
δ' ἅπαξ ὁ θυμὸς τὸν ἔρωτα παρ' αὑτῷ λάβῃ καὶ τῆς
οἰκείας ἕδρας ἐκπεσόντα κατάσχῃ, φύσει [τε] ὢν ἄσπον-
δος, οὐχ ὡς φίλῳ πρὸς τὴν ἐπιθυμίαν συμμαχεῖ, ἀλλ'
ὡς δοῦλον τῆς ἐπιθυμίας πεδήσας κρατεῖ. Οὐκ ἐπιτρέ-
25 πει δ' αὐτῷ σπείσασθαι πρὸς τὸ ἐρώμενον, κἂν θέλῃ.
Ὁ δὲ τῷ θυμῷ βεβαπτισμένος καταδύεται, καὶ εἰς τὴν
ἰδίαν ἀρχὴν ἐκπηδῆσαι θέλων, οὐκέτι ἐστὶν ἐλεύθερος,
ἀλλὰ μισεῖν ἀναγκάζεται τὸ φιλούμενον. Ὅταν δ' ὁ
θυμὸς καχλάζων γεμισθῇ, καὶ τῆς ἐξουσίας ἐμφορηθεὶς
30 ἀποδλύσῃ, κάμνει μὲν ἐκ τοῦ κόρου, καμών δὲ παρίε-
ται, καὶ ὁ ἔρως ἀμύνεται καὶ ὁπλίζει τὴν ἐπιθυμίαν
καὶ τὸν θυμὸν ἤδη καθεύδοντα νικᾷ. Ὁρῶν δὲ τὰς
ὕβρεις, ἃς κατὰ τῶν φιλτάτων ἐπαρῴνησεν, ἀλγεῖ, καὶ
πρὸς τὸ ἐρώμενον ἀπολογεῖται, καὶ εἰς ὁμιλίαν παρακα-
3ὁ λεῖ, καὶ τὸν θυμὸν ἐπαγγέλλεται καταμαλάττειν ἡδονῇ.
Τυχὼν μὲν οὖν ὧν ἠθέλησεν, ἵλεως γίνεται· ἀτιμού-
μενος δὲ πάλιν εἰς τὸν θυμὸν καταδύεται. Ὁ δὲ κα-
θεύδων ἐξεγείρεται καὶ τὰ ἀρχαῖα ποιεῖ. Ἀτιμία
γὰρ ἔρωτος σύμμαχός ἐστι θυμός.
40 Κ'. Καὶ ὁ Θέρσανδρος οὖν, τὸ μὲν πρῶτον ἐλπίζων εἰς
τὸν ἔρωτα εὐτυχήσειν, ὅλος Λευκίππης δοῦλος ἦν· ἀτυ-
χήσας δ' ὧν ἤλπισεν, ἀφῆκε τῷ θυμῷ τὰς ἡνίας. Ῥα-
πίζει δὴ κατὰ κόρρης αὐτήν, Ὦ κακόδαιμον ἀνδρά-
ποδον, λέγει, καὶ ἀληθῶς ἐρωτιῶν· πάντων γάρ σου
45 κατήκουσα. Οὐκ ἀγαπᾷς ὅτι σοι καὶ λαλῶ; καὶ μεγά-
λην εὐτυχίαν δοκεῖς, τὸν σὸν καταφιλῆσαι δεσπότην·
ἀλλὰ καὶ ἀκκίζῃ καὶ σχηματίζῃ πρὸς ἀπόνοιαν; Ἐγὼ
μέν σε καὶ πεπορνεῦσθαι δοκῶ. Καὶ γὰρ μοιχὸν φι-
λεῖς. Ἀλλ' ἐπειδὴ μὴ θέλεις ἐραστοῦ μου πεῖραν λα-
50 βεῖν, πειράσῃ δεσπότου. Καὶ ἡ Λευκίππη, Κἂν
τυραννεῖν ἐθέλῃς, κἀγὼ τυραννεῖσθαι, πλὴν οὐ βιάσῃ.
Καὶ πρὸς τὸν Σωσθένην ἰδοῦσα, Μαρτύρησον, εἶπεν αὐ-
τῷ, πῶς πρὸς τὰς αἰκίας ἔχω. Σὺ γὰρ μὲ καὶ μᾶλλον
ἠδίκησας. Καὶ ὁ Σωσθένης αἰσχυνθεὶς ὡς ἐληλεγμέ-

cogebat. Tandem cum sive assecutus, sive non, seu etiam defessus, vim afferre desiisset, Leucippe ad eum, Neque ut liberum, inquit, neque ut generosum virum decet, facis : sed Sosthenem ipse quoque imitaris, dignum plane domino servum. Quare desine jam, neque te quicquam adepturum spera, nisi forte in Clitophontem convertaris.

XIX. Quæ cum ille audivisset, vix sibi ipse constitit : ita amore atque ira æstuabat. Amor autem atque ira faces animi duæ sunt : suum enim ira ignem habet, amori quidem natura contrarium, potentia vero persimilem. Nam altera odio, alter benevolentia prosequi cogit. Vicina etiam utriusque eorum ardoris sedes est : ille enim in jecore, hic in corde inhabitat. Hominem igitur ambo cum occupaverint, animus ejus libra quædam fit, qua utriusque ignis expenditur. Atque alter alterum impellere conatur. Plerumque autem amor superior evadit, cum scilicet quod concupierat, adipiscitur. Sin autem neglegi se animadvertat, iram sibi auxilio advocat : quæ utpote vicina, vocanti præsto adest, unaque tum ambo ignem exsuscitant. Quod si amorem ira semel ad se traxerit, ac domo sua, ut natura infida est, ejectum retinuerit, non ei tanquam amico ad assequenda optata opem fert, sed tanquam servum cupiditatis vinculis coercet : neque cum amato amplius in gratiam, tametsi maxime velit, redire patitur. Quo fit, ut vi hujusmodi oppressus amor succumbat, propriumque ad imperium reverti cupiens minime possit, sed amatum odisse compellatur. At vero, ubi satis superque ira effervuerit, licentiæque plena exundaverit, præ satietate tandem ægrescit, ægrescensque remittitur. Amor autem vires denuo sumit, desideriumque in aciem producens, iram jam cedentem sede sua exturbat : dein animo reputans quam contumelioso in amatum bacchatus fuerit, moeret, ac sese purgat, iterumque ad familiaritatem invitat, iram voluptate se delinire affirmans. Voti ergo compos amor mitescit, neglectus autem iræ se arbitrio totum permittit. Quæ si forte sopita fuerit, excitatur, atque, ut antea, sævit. Amoris enim contemptum ira semper ulciscitur.

XX. Thersander igitur, initio voti quidem compotem futurum se ratus, Leucippæ totum se dediderat : verum ubi spe frustrari se animadvertit, iræ frena remisit et puellam in maxilla percussit, Mancipium, inquiens, improbum, atque omni prorsus libidine elatum, omnia enim de te mihi comperta sunt. An non igitur boni consulis, me tecum loqui? an non magnam felicitatem arbitraris, herum tuum suaviari? Quin etiam, quod opere maximo expetis, dissimulas : vultumque ad desperationem componis. Sed ego te meretriciam vitam hactenus duxisse reor, quæ adulterum ames. At tu quando amicum recipere me negas, dominum janjam faxo ut experiare. Tum Leucippe, Si tyrannum, inquit, tibi agere cordi est, ut potero, feram, modo ne pudicitiam eripias. Quod ad Sosthenem conversa, testare, inquit, etiam tu, quo animo contumelias feram : scis enim, majore a te contumelia me affectam fuisse. Tum vero Sosthenes, ut qui manifesto in noxa jam tene-

νος, Ταύτην, εἶπεν, ὦ δέσποτα, ξανθῆναι μάστιγι δεῖ,
καὶ μυρίαις βασάνοις περιπεσεῖν, ὡς ἂν μάθῃ δεσπότου
μὴ καταφρονεῖν.

ΚΑ΄. Πείσθητι τῷ Σωσθένει, φησὶν ἡ Λευκίππη·
5 συμβουλεύει γὰρ καλῶς. Τὰς βασάνους παράστησον,
φερέτω τροχόν· ἰδοὺ χεῖρες, τεινέτω. Φερέτω καὶ
μάστιγας· ἰδοὺ νῶτος, τυπτέτω. Κομιζέτω πῦρ·
ἰδοὺ σῶμα, καέτω. Φερέτω καὶ σίδηρον· ἰδοὺ δέρη,
σφαζέτω. Ἀγῶνα θεάσασθε καινόν· πρὸς πάσας τὰς
10 βασάνους ἀγωνίζεται μία γυνή, καὶ πάντα νικᾷ. Εἶτα
Κλειτοφῶντα μοιχὸν καλεῖς, αὐτὸς μοιχὸς ὤν; Οὐδὲ
τὴν Ἄρτεμιν, εἰπέ μοι, τὴν σὴν φοβῇ, ἀλλὰ βιάζῃ
παρθένον ἐν πόλει παρθένου; Δέσποινα, ποῦ σοι τὰ
τόξα; Παρθένος, εἶπεν ὁ Θέρσανδρος· ὢ τόλμης καὶ
15 γέλωτος. Παρθένος τοσούτοις συννυκτερεύσασα πει-
ραταῖς. Εὐνοῦχοί σοι γεγόνασιν οἱ λῃσταί; Φιλοσό-
φων ἦν τὸ πειρατήριον; οὐδεὶς ἐν αὐτοῖς εἶχεν ὀφθαλ-
μούς;

ΚΒ΄. Καὶ ἡ Λευκίππη εἶπεν· εἰμὶ παρθένος, καὶ
20 μετὰ Σωσθένην· ἐπεὶ πυθοῦ Σωσθένους. Οὗτος γὰρ
ὄντως γέγονέ μοι λῃστής. Ἐκεῖνοι γὰρ ἦσαν ὑμῶν
μετριώτεροι, καὶ οὐδεὶς αὐτῶν ἦν οὕτως ὑβριστής.
Εἰ δ᾽ ὑμεῖς τοιαῦτα ποιεῖτε, ἀληθινὸν τοῦτο πειρατή-
ριον. Εἶτ᾽ οὐκ αἰσχύνεσθε ποιοῦντες, ἃ μὴ τετολ-
25 μήκασιν οἱ λῃσταί; Λανθάνεις δ᾽ ἐγκώμιόν μοι διδοὺς
πλεῖον διὰ ταύτης σου τῆς ἀναισχυντίας· καί τις ἐρεῖ,
κἂν νῦν μαινόμενος φονεύσῃς· Λευκίππη παρθένος με-
τὰ βουκόλους, παρθένος καὶ μετὰ Χαιρέαν, παρθένος
καὶ μετὰ Σωσθένην. Ἀλλὰ μέτρια ταῦτα· τὸ δὲ μεῖ-
30 ζον ἐγκώμιον, καὶ μετὰ Θέρσανδρον παρθένος, τὸν καὶ
λῃστῶν ἀσελγέστερον· ἂν ὑβρίσαι μὴ δυνηθῇ καὶ φο-
νεύει. Ὁπλίζου τοίνυν ἤδη, λάμβανε κατ᾽ ἐμοῦ τὰς
μάστιγας, τὸν τροχόν, τὸ πῦρ, τὸν σίδηρον· συστρα-
τευέσθω δέ σοι καὶ ὁ σύμβουλος Σωσθένης. Ἐγὼ δὲ
35 καὶ γυμνὴ, καὶ μόνη, καὶ γυνὴ, [καὶ] ἓν ὅπλον ἔχω
τὴν ἐλευθερίαν, ἣ μήτε πληγαῖς κατακόπτεται, μήτε
σιδήρῳ κατατέμνεται, μήτε πυρὶ κατακάεται. Οὐκ
ἀφήσω ποτὲ ταύτην ἐγώ· κἂν καταφλέγῃς, οὐχ οὕτως
θερμὸν εὑρήσεις τὸ πῦρ.

ΛΟΓΟΣ ΕΒΔΟΜΟΣ.

Ταῦτ᾽ ἀκούσας ὁ Θέρσανδρος, παντοδαπὸς ἦν·
ἤχθετο, ὠργίζετο, ἐβουλεύετο. Ὠργίζετο μὲν, ὡς
ὑβρισμένος· ἤχθετο δὲ, ὡς ἀποτυχών· ἐβουλεύετο δὲ,
ὡς ἐρῶν. Τὴν οὖν ψυχὴν διασπώμενος, οὐδὲν εἰπὼν
πρὸς τὴν Λευκίππην, ἐξεπήδησεν. Ὀργῇ μὲν δῆθεν
45 ἐκδραμὼν, δοὺς δὲ τῇ ψυχῇ σχολὴν εἰς τὴν διάκρισιν
τῆς τρικυμίας, βουλευόμενος ἅμα τῷ Σωσθένει, πρόσ-
εισι τῷ τῶν δεσμῶν ἄρχοντι, δεόμενος διαφθεῖραί με
φαρμάκῳ. Ὡς δ᾽ οὐκ ἔπειθεν (ἐδεδίει γὰρ τὴν πόλιν·
καὶ γὰρ ἄλλον ἄρχοντα πρὸ αὐτοῦ ληφθέντα τοιαύτην

---

retur, rubore perfusus, hanc, o here, inquit, loris cousque
cædere oportet modisque omnibus exeruciare, ut herum
non contemnere discat.

XXI. Sostheni tuo, inquit Leucippe, Thersander, pare :
(perbellum enim consilium dat) ac tormenta parari jube,
afferat rotam, en manus, distrahat, lora afferat, en tergum,
cædat, porro flammas, en corpus, torreat, et ferrum, en col-
lum, jugulet. Novum procul dubio certamen vobis edetur.
Adversus enim supplicia omnia sola fœmina pugnat, vic-
trixque discedit. At etiam Clitophontem adulterum vocas,
adulter ipse cum sis. Sed heus tu, an non Dianam tuam
vereris, virginem in virginis civitate vitiare conatus? Quid
tuæ nunc, o dea, sagittæ cessant? Tu virgo? inquit Ther-
sander. O ridiculam audaciam, virgone tu, quæ cum
piratis etiam de nocte fueris? quid? eunuchine, obsecro,
latrones tibi facti sunt? an prædonum receptaculum phi-
losophorum schola? aut ex iis nemo qui oculos haberet,
repertus est?

XXII. Tum Leucippe, et post vim, inquit, mihi a So-
sthene intentatam, virgo sum, ex eo ipso sciscitare, qui
revera in me prædonem egit. Piratæ certe vobis mode-
stiores fuerunt : nullus enim eorum tale in me quidquam
ausus fuit. Cum vero flagitia hujusmodi vos audeatis,
cur non vestram hanc latronum sedem merito appellem.
Tum nonne vos pudet, ea perpetrare, a quibus illis absti-
nuerunt? Sed nescis, quantum mihi laudis tua ista impu-
dentia sit allatura. Ut enim vel nunc me furens interfi-
cias, non tamen deerunt unquam, qui dicant, Leucippe,
inter prædones versata, et post Chæream raptum, et post
Sostlienis vim, virgo inventa est. Sed mediocria hæc :
illud multo maximum præconium : Leucippe post Thersan-
dri vim vel prædonibus improbioris, pudicitiam conserva-
vit : is qui jugulat si nequit violare. Age itaque, flagra,
rotam, ignem, ferrum quamprimum expedi, sociumque
tibi consiliarium tuum Sosthenem adjunge. Ego et nuda,
et sola, et fœmina scuti loco non nisi libertatem habeo,
quæ nec loris cædi, nec ferro secari, nec igne comburi
potest. Eam ego dimittam nunquam. Ac si me in ignem
ipsum conjicias, non erit tanta in eo vis, adimere illam ut
mihi valeat.

LIBER SEPTIMUS.

Thersander his auditis animo fluctuare cœpit. Nam et
irascebatur, negligi se ratus, et mœrebat sua se spe fru-
stratum cernens, et tanquam amore saucius, quid ageret,
cogitabat. Has inter animi fluctuationes nihil amplius
cum Leucippe collocutus exiit, ira quidem quasi ad cur-
rendum incitatus : dein vero ad ejusmodi ambiguitates
dijudicandas mentem colligens, tandem inito cum Sosthe-
ne consilio, eum, penes quem vinctorum potestas erat,
adiit, meque veneno de medio ut tolleret, rogavit. Quod
cum impetrare non potuisset, (timebat enim ille populi

ἐργασάμενον φαρμακείαν ἀποθανεῖν) δευτέραν αὐτῷ προσφέρει δέησιν, ἐμβαλεῖν τιν' εἰς τὸ οἴκημα, ἔνθα ἔτυχον δεδεμένος, ὡς δὴ καὶ αὐτὸν ἕνα (ὄντα) τῶν δεσμωτῶν, προσποιησάμενος βούλεσθαι τἀμὰ δι' ἐκείνου μαθεῖν. Ἐπείσθη, καὶ ἐδέξατο τὸν ἄνθρωπον. Ἔμελλε δ' ἐκεῖνος ὑπὸ τοῦ Θερσάνδρου δεδιδαγμένος, τεχνικῶς πάνυ περὶ τῆς Λευκίππης λόγον ἐμβαλεῖν, ὡς εἴη πεφονευμένη, τῆς Μελίττης συσκευασαμένης τὸν φόνον. Τὸ δὲ τέχνασμα ἦν τῷ Θερσάνδρῳ [τὸ] εὑρεθέν, ὡς ἂν ἀπογνοὺς ἐγὼ μηκέτι ζῶσαν τὴν ἐρωμένην, κἂν τὴν δίκην φύγοιμι, μὴ πρὸς ζήτησιν αὐτῆς ἔτι τραποίμην. Προσέκειτο δ' ἡ Μελίττη τῷ φόνῳ, ἵνα μὴ, τετελευτηκέναι τὴν Λευκίππην δοκῶν, τὴν Μελίττην γήμας ὡς ἂν ἐρῶσαν, αὐτοῦ μένοιμι, κἀκ τούτου παρέχοιμί τινα φόβον αὐτῷ τοῦ μὴ μετ' ἀδείας Λευκίππην ἔχειν, ἀλλὰ μισήσας, ὡς τὸ εἰκὸς, τὴν Μελίττην, ὡς ἂν ἀποκτείνασάν μου τὴν ἐρωμένην, ἀπαλλαγείην ἐκ τῆς πόλεως τὸ παράπαν.

Β'. Ὡς οὖν ἄνθρωπος ἐγένετό μου πλησίον καὶ τοῦ δράματος ἤρχετο· ἀνοιμώξας γὰρ πάνυ κακούργως, Τίνα βίον, ἔφη, βιωσόμεθ' ἔτι; καὶ τίνα φυλαξόμεθα πρὸς ἀκίνδυνον ζωήν; Οὐ γὰρ αὐτάρκης ἡμῖν ὁ δίκαιος τρόπος. Ἐμπίπτουσαι δ' αἱ τύχαι βαπτίζουσιν ἡμᾶς. Ἔδει γάρ με μαντεύσασθαι, τίς ἦν ὁ συμβαδίζων μοι, καὶ τί πεπραχὼς εἴη. Καθ' ἑαυτὸν δὲ ταῦτ' ἔλεγε καὶ τὰ τοιαῦτα, ζητῶν ἀρχὴν τῆς ἐπ' ἐμὲ τοῦ λόγου τέχνης, ὡς ἂν πυθοίμην, τί εἴη παθών. Ἀλλ' ἐγὼ μὲν ἐφρόντιζον ὧν [κατὰ νοῦν εἶχον· ὁ δ'] ᾤμωζεν ὀλίγον, ἄλλος δέ τις τῶν συνδεδεμένων (περίεργον γὰρ ἄνθρωπος ἀτυχῶν εἰς ἀλλοτρίων ἀκρόασιν κακῶν· ἐπεὶ φάρμακον αὐτῷ τοῦτο τῆς ὧν ἔπαθε λύπης ἡ πρὸς ἄλλον εἰς τὸ παθεῖν κοινωνία) Τί δέ σοι συμβέβηκεν, εἶπεν, ἀπὸ τῆς Τύχης; Εἰκὸς γάρ σε μηδὲν ἀδικήσαντα πονηρῷ περιπεσεῖν δαίμονι. Τεκμαίρομαι δὲ, οἷα εἰκὸς τῶν ἐμαυτοῦ. Καὶ ἅμα τὰ οἰκεῖα κατέλεγεν, ἐφ' οἷς ἦν δεδεμένος. Ἐγὼ δ' οὐδενὶ τούτων προσεῖχον.

Γ'. Ὡς δ' ἐπαύσατο, τὴν ἀντίδοσιν ᾔτει τοῦ λόγου τῶν ἀτυχημάτων, Λέγεις ἂν, εἰπὸν, καὶ σὺ τὰ σαυτοῦ. Ὁ δὲ, Βαδίζων ἔτυχον, εἶπε, τὴν ἐξ ἄστεως χθὲς· ἐπορευόμην δὲ τὴν ἐπὶ τῆς Σμύρνης ὁδόν. Προελθόντι δέ μοι σταδίους τέτταρας, νεανίσκος ἐκ τῶν ἀγρῶν προσελθὼν καὶ ἀσπασάμενος καὶ πρὸς μικρὸν συμβαδίσας, Ποῖ, ἔφη, ἔχεις τὴν ὁδόν; Ἐπὶ Σμύρνης, εἶπον. Κἀγὼ, ἔφη, τὴν αὐτὴν ἀγαθῇ τύχῃ. Τοὐντεῦθεν ἐπορευόμεθα κοινῇ, καὶ διελεγόμεθα, οἷα εἰκὸς ἐν ὁδῷ. Ὡς δ' εἴς τι πανδοχεῖον ἤλθομεν, ἠριστῶμεν ἅμα. Κατὰ ταὐτὸ δὲ παρακαθίζουσιν ἡμῖν τινες τέτταρες, καὶ προσεποιοῦντο μὲν ἀριστᾶν κἀκεῖνοι, ἐνεώρων δ' ἡμῖν πυκνὰ καὶ ἀλλήλοις ἐπένευον. Ἐγὼ μὲν οὖν ὑπώπτευον τοὺς ἀνθρώπους (τι) διανοεῖσθαι εἰς ἡμᾶς, οὐ μὴν ἠδυνάμην συνιέναι τί αὐτοῖς ἐθέλοι τὰ νεύματα· ὁ δ' ὠχρὸς ἐγίνετο κατὰ μικρὸν καὶ ὀκνηρότερον ἤσθιεν, ἤδη δὲ καὶ τρόμος εἶχεν αὐτόν. Ὡς δὲ ταῦτ' εἶδον, ἀναπηδήσαντες συλλαμβάνουσιν ἡμᾶς.

LIBER VII.

severitatem, qui alium ante se veneficia hujusmodi exercentem morte mulctaverat) ab eo rursum petiit, ut adductum a se hominem eo in loco, ubi ipse vinctus eram, tanquam maleficum aliquem immitteret : de quo res meas cognoscere se velle simularet. Cui postulationi assensus ille hominem admisit. Porro is a Thersandro quam diligentissime instructus fuerat, ut solerti modo de Leucippe mentionem faceret, eamque Melites jussu e vivis sublatam mentiretur. Quod idcirco a Thersandro excogitatum fuerat, ut quamvis crimen diluissem, non tamen ad quærendam eam, quam obiisse intellexissem, me compararem. Ea vero potissimum de causa cædis auctor Melite proponebatur, ne Leucippe interfecta, Meliten ipsam, tanquam, quæ a me diligeretur, in uxorem ducerem, ibique manerem, Thersandro timorem incutiens non potiundæ tuto Leucippes : sed contra potius eam, quæ caram mihi puellam interimi curasset, perosus, urbe omnino excederem.

II. Ille igitur, simulac propius me venit, fabulam agere cœpit. Valde enim apposite ingemiscens, Quamnam, inquit, vitam posthac vivemus? quæ nobis retinendæ securitatis via deinceps erit; si juste vivere ad id satis non est? Imminentia nos eventa opprimunt. Divinasse me oportuit, quis esset, quidve commisisset ille, quicum iter mihi facere contigit. Hæc ille, hujusmodique alia multa secum solus loquebatur, sermonis initium de industria mecum facere tentans, quo eum, quid sibi ea vellent, interrogarem : sed ego non attendi ad ea quæ lamentabatur, unus vero eorum, qui vincti erant (infelices enim alienas etiam calamitates cognoscere satagunt, nimirum quia tristitiæ communicatio mœrentis animi quædam quasi allevatio est), Quid tibi, inquit, mali peperit fortuna? insontem enim te quoque in adversum fatum incidisse credibile est. Cujus rei ex iis, quæ mihi evenerunt, facio conjecturam. Ac tum quidem, quam ob causam in custodiam datus fuerit, commemoravit, ad nihil horum ego animum advertebam.

III. Finem autem dicendi cum fecisset, Agedum tu quoque, inquit, tua mihi recensendis infortuniis tuis redde. Tum alter ille, Ex urbe, inquit, heri Smyrnam versus iter faciebam : procedenti vero mihi quatuor stadia, juvenis ex agris accedens et alloquens et una per breve tempus mecum ambulans, quo tenderem, rogavit : cui cum Smyrnam proficisci me respondissem, Atqui Smyrnam ego quoque, inquit ille (quod bene vertat) cogito. Una itaque profecti sumus, via ingressi pariter sermonem inter nos ferentes. Hoc autem cum diu fieret, sermone levantes: cumque de via in cauponam cibi gratia divertissemus, ecce tibi viri quatuor eodem ingressi sunt, nobisque assidentes ac prandere simulantes, crebro ad nos respiciebant, alius identidem alii annuens. Quamobreni eos aliquid contra nos struere suspicatus sum : tametsi, quid sibi nutus illi vellent, percipere nequibam. Qui mecum venerat, haud ita multo post pallescere, deinde hæsitantius esse incœpit : postremo etiam tremore correptus est. Quod videntes illi, confestim in nos impetum faciunt,

καὶ ἱμᾶσιν εὐθὺς δεσμεύουσι· παίει δὲ κατὰ κόρρης τις
ἐκεῖνον· καὶ παταχθεὶς, ὥσπερ βασάνους παθῶν μυρίας,
καταλέγει μηδενὸς ἐρωτῶντος αὐτόν· Ἐγὼ τὴν κόρην
ἀπέκτεινα, καὶ ἔλαβον χρυσοῦς ἑκατὸν παρὰ Μελίττης
τῆς Θερσάνδρου γυναικός. Αὕτη γάρ με ἐπὶ τὸν φό-
νον ἐμισθώσατο. Ἀλλ' ἰδοὺ τοὺς χρυσοῦς ὑμῖν τοὺς
ἑκατὸν φέρω. Ὥστε τί με ἀπολλύτε καὶ ἑαυτοῖς
φθονεῖτε κέρδους; Ἐγὼ δ' ὡς ἤκουσα Θερσάνδρου καὶ
Μελίττης τοὔνομα, τὸν ἄλλον οὐ προσέχων χρόνον, τῷ
δὲ λόγῳ τὴν ψυχὴν ὥσπερ ὑπὸ μύωπος παταχθεὶς,
ἐγείρω· καὶ πρὸς αὐτὸν μεταστραφεὶς λέγω· Τίς ἡ Με-
λίττη; Ὁ δὲ, Μελίττη ἐστὶν, ἔφη, τῶν ἐνταῦθα πρώ-
τη γυναικῶν. Αὕτη νεανίσκου τινὸς ἠράσθη· Τύριον,
οἶμαι, φασὶν αὐτόν· κἀκεῖνος ἔτυχεν ἐρωμένην ἔχων,
ἣν εὗρεν ἐν τῇ τῆς Μελίττης οἰκίᾳ πεπραμένην. Ἡ
δ' ὑπὸ ζηλοτυπίας πεφλεγμένη τὴν γυναῖκα ταύτην
ἀπατήσασα συλλαμβάνει καὶ παραδίδωσι τῷ νῦν δὴ
κακή τύχῃ μοι συνωδευκότι φονεῦσαι κελεύσασα. Ὁ
μὲν οὖν τὸ ἀνόσιον ἔργον τοῦτο δρᾷ· ἐγὼ δ' ὁ ἄθλιος,
οὔτ' ἰδὼν αὐτὸν, οὔτ' ἔργου τινὸς κοινωνήσας ἢ λόγου,
συναπηγόμην αὐτῷ δεδεμένος, ὡς τοῦ ἔργου κοινωνός.
Τὸ δὲ χαλεπώτερον, μικρὸν τοῦ πανδοκείου προελθόν-
τες, τοὺς ἑκατὸν χρυσοῦς λαβόντες παρ' αὐτοῦ, τὸν
μὲν ἀφῆκαν φυγεῖν, ἐμὲ δ' ἄγουσι πρὸς τὸν στρατηγόν.
Δ'. Ὡς δ' ἤκουσά μου τὸν μῦθον τῶν κακῶν, οὔτ'
ἀνώμωξα, οὔτ' ἔκλαυσα· οὔτε γὰρ φωνὴν εἶχον, οὔτε
δάκρυον· ἀλλὰ τρόμος μὲν εὐθὺς περιεχύθη μου τῷ
σώματι καὶ ἡ καρδία μου ἐλέλυτο, ὀλίγον δέ τί μοι
τῆς ψυχῆς ὑπελέλειπτο. Μικρὸν δὲ νήψας ἐκ τῆς μέ-
θης τοῦ λόγου, Τίνα τρόπον τὴν κόρην, ἔφην, ἀπέκτει-
νεν ὁ μισθωτός, καὶ τί πεποίηκε τὸ σῶμα; Ὁ δ' ὡς
ἅπαξ ἐνέβαλέ μοι τὸν μύωπα, καὶ ἔργον εἰργάσατο
οὕτω κατ' ἐμοῦ, δι' ὃ παρῆν, ἐσιώπα καὶ ἔλεγεν οὐδέν.
Πάλιν δέ μου πυθομένου, Δοκεῖς, ἔφη, κἀμὲ κεκοινω-
νηκέναι τοῦ φόνου; Ταῦτ' ἤκουσα μόνα τοῦ πεφονευ-
κότος, ὡς κτείνας εἴη τὴν κόρην. Ποῦ δὲ καὶ τίνα
τρόπον, οὐκ εἶπεν. Ἐπῆλθε δέ μοι τότε δάκρυα καὶ
τοῖς ὀφθαλμοῖς τὴν λύπην ἀπεδίδουν. Ὥσπερ γὰρ ἐν
ταῖς τοῦ σώματος πληγαῖς οὐκ εὐθὺς ἡ σμώδιξ ἐπανί-
σταται, ἀλλὰ παραχρῆμα μὲν οὐκ ἔχει τὸ ἄνθος ἡ
πληγή, μετὰ μικρὸν δ' ἀνέθορε· καὶ ὀδόντι συὸς τις
παταχθεὶς εὐθὺς μὲν ζητεῖ τὸ τραῦμα, καὶ οὐκ οἶδεν
εὑρεῖν, τὸ δ' ἔτι δέδυκε καὶ κέκρυπται κατειργασμένον
σχολῇ τῆς πληγῆς τὴν τομήν· μετὰ ταῦτα δ' ἐξαίφνης
λευκή τις ἀνέτειλε γραμμή, πρόδρομος τοῦ αἵματος,
σχολὴν δ' ὀλίγην λαβὸν ἔρχεται καὶ ἀθρόον ἐπιρρεῖ·
οὕτω καὶ ψυχὴ παταχθεῖσα τῷ τῆς λύπης βέλει, το-
ξεύσαντος λόγου, τέτρωται μὲν ἤδη καὶ ἔχει τὴν το-
μήν, ἀλλὰ τὸ τάχος τοῦ βλήματος οὐκ ἀνέῳξεν οὔπω
τὸ τραῦμα, τὰ δὲ δάκρυα ἐδίωξε τῶν ὀφθαλμῶν μακράν.
Δάκρυον γὰρ αἷμα τραύματος ψυχῆς· ὅταν ὁ τῆς λύπης
ὀδοὺς κατὰ μικρὸν τὴν καρδίαν ἐκφάγῃ, κατέρρηκται
μὲν τῆς ψυχῆς τὸ τραῦμα, ἀνέῳκται δὲ τοῖς ὀφθαλμοῖς
ἡ τῶν δακρύων θύρα, τὰ δὲ μετὰ μικρὸν τῆς ἀνοίξεως

comprehendunt, loris vinciunt. Quin etiam eorum unus
hominem in gena manu percussit : qui tanquam innume-
ris cruciatibus affectus, nemine adhuc interrogante, Ego,
inquit, puellam interemi, acceptis a Thersandri uxore Me-
lite nummis aureis centum : illa enim ad necem hanc pa-
trandam me conduxit. Ecce autem nummos ipsos : quos
vobis omnes ad unum trado. Vos, quæso, me perdere,
ac vosmet lucro defraudare nolite. Tum ego, Thersandri
et Melites nomine audito, qui per reliquum tempus non
attenderam, oratione illa, quasi stimulo aliquo, repente
concitatus, animum erexi, ad eumque conversus, Quæ-
nam, inquam, est Melite hæc? Tum ille, Fœminarum,
inquit, urbis hujus est princeps, et adolescentis cujusdam
(Tyrium illum esse ajunt) amore capta : qui forte puellam,
ipse quoque deperibat, quam in Melites domo venditam
repererit : mulier zelotypia devicta, puellam cam circumven-
tam prehendit et huic, quem malo meo fato mecum iter
facientem dixi, necandam dedit. At ille quidem detestan-
dum facinus admisit : ego vero (me miserum) neque vi-
dens, neque dicti alicujus factive conscius, una cum eo,
quasi sceleris particeps, comprehensus sum. Sed leve hoc,
illud gravius multo est. Nam non admodum longe a cau-
pona digressi illi, nummis acceptis, eum missum fecerunt :
me autem ad præfectum duxerunt.

IV. Posteaquam turbulentam hanc fabulam audivi, ne-
que vocem omnino ullam, neque lacrymas aliquas emitte-
re potui (quippe et ori vox, et oculis humor defuit), sed
membra mihi omnia cohorruerant, corque ipsum conta-
buerat, animæ autem nihil fere relictum fuerat. Paulo
autem post, cum mihi, diluta ebrietate verborum illius,
animus rediisset, Quonam modo, inquam, mercenarius
iste puellam sustulit? quem in locum cadaver abjecerit? Ille
autem simulatque mihi hunc stimulum injecit, idque, quam-
ob rem aderat, effecit, obmutuit adeo, ut ne verbum
quidem adderet. Cum rursus interrogassem, Videor tibi,
inquit, et ego cædis illius particeps fuisse? ac de interfecto-
re quidem illud unum tantum audivi, puellam scilicet
necatam : ubi autem, quove modo, mihi non dixit. Tum
vero mihi lacrymæ exciderunt, doloremque per oculos in
apertum protulerunt. Ut enim in corpore flagris cæso non
continuo vibex oritur, sed non e vestigio locus percussus
colore floris rubro inficitur, sed parva interjecta mora
apparet : aut ut is, qui apri dente ictus fuerit, mox quæ-
rit vulneris locum, non statim invenit, utpote quod altius
penetraverit et absconditum sit lente formans plagæ se-
ctionem : sed tum subito alba quædam linea sanguinis
index oritur, ac brevi tempore post manante largiter san-
guine conspicuum fit : sic animus tristis alicujus nuntii telo
quod mittit alicujus sermo sauciatus, vulnus quidem et
sectionem jam habet, sed ictus celeritas facit ut neque vul-
nus hiet, neque lacrymæ, quas vulnerati animi sanguinem
esse credi par est, prosiliant, nisi postea, quam mœroris dens
cor lente depaverit : tunc enim et animi vulnus discindi-
tur et lacrymis aperitur per oculos via, quæ paulo post

LIBER VII.

ἐξεπήδησεν. Οὕτω κἀμοὶ τὰ μὲν πρῶτα τῆς ἀκροάσεως τῇ ψυχῇ προσπεσόντα, καθάπερ [τὰ] τοξεύματα, κατεσίγασε καὶ τῶν δακρύων ἀπέφραξε τὴν πηγήν, μετὰ ταῦτα δ' ἔρρει, σχολασάσης τῆς ψυχῆς τῶν κακῶν.

Ε'. Ἔλεγον οὖν· Τίς με δαίμων ἐξηπάτησεν ὀλίγῃ χαρᾷ; τίς μοι Λευκίππην ἔδειξεν εἰς καινὴν ὑπόθεσιν συμφορῶν; Ἀλλ' οὐδ' ἑκόρεσά μου τοὺς ὀφθαλμοὺς, οἷς μόνοις ηὐτύχησα, οὐδ' ἐνεπλήσθην κἂν βλέπων. Ἀληθής μοι γέγονεν ὀνείρων ἡδονή. Οἴμοι, Λευκίππη, ποσάκις μοι τέθνηκας. Μὴ γὰρ θρηνῶν ἀναπαυσάμην; Ἀεί σε πενθῶ, τῶν θανάτων διωκόντων ἀλλήλους; Ἀλλ' ἐκείνους μὲν πάντας ἡ Τύχη ἔπαιξε κατ' ἐμοῦ· οὗτος δ' οὐκ ἔστι τῆς Τύχης ἔτι παιδιά. Πῶς ἄρα μοι, Λευκίππη, τέθνηκας; Ἐν μὲν γὰρ τοῖς ψευδέσι θανάτοις ἐκείνοις παρηγορίαν εἶχον ὀλίγην· τὸ μὲν πρῶτον, ὅλον σου τὸ σῶμα· τὸ δὲ δεύτερον, κἂν τὴν κεφαλὴν δοκῶν μὴ ἔχειν εἰς τὴν ταφήν· νῦν δὲ τέθνηκας θάνατον διπλοῦν, ψυχῆς καὶ σώματος. Δύο ἐξέφυγες λῃστήρια, τὸ δὲ τῆς Μελίττης πεφόνευκέ σε πειρατήριον. Ὁ δ' ἀνόσιος καὶ ἀσεβὴς ἐγὼ τὴν ἀνδροφόνον σου κατεφίλησα πολλάκις καὶ συνεπλάκην μεμιασμένας συμπλοκὰς καὶ τὴν Ἀφροδίτης χάριν αὐτῇ παρέσχον πρὸ σοῦ.

Ϛ'. Μεταξὺ δέ μου θρηνοῦντος, Κλεινίας εἰσέρχεται, καὶ καταλέγω τὸ πᾶν αὐτῷ, καὶ ὅτι μοι δέδοκται πάντως ἀποθανεῖν. Ὁ δὲ παρεμυθεῖτο· Τίς γὰρ οἶδεν, εἰ ζῇ πάλιν; Μὴ γὰρ οὐ πολλάκις τέθνηκε; Μὴ γὰρ οὐ πολλάκις ἀνεβίω; Τί δὲ προπετῶς ἀποθνήσκεις; ὃ καὶ κατὰ σχολὴν ἔξεστιν, ὅταν μάθῃς σαφῶς τὸν θάνατον αὐτῆς. Ληρεῖς. Τούτου γὰρ ἀσφαλέστερον πῶς ἂν μάθοις; Δοκῶ δ' εὑρηκέναι τοῦ θανάτου καλλίστην ὁδὸν, δι' ἧς οὐδ' ἡ θεοῖς ἐχθρὰ Μελίττη παντάπασιν ἀθῷως ἀπαλλάξεται. Ἄκουσον δὲ τὸν τρόπον. Παρεσκευασάμην, ὡς οἶσθα, πρὸς τὴν ἀπολογίαν τῆς μοιχείας, εἰ κληρωθείη τὸ δικαστήριον. Νῦν δέ μοι δέδοκται πᾶν τοὐναντίον, καὶ τὴν μοιχείαν ὁμολογεῖν, καὶ ὡς ἀλλήλων ἐρῶντες ἐγώ τε καὶ Μελίττη κοινῇ τὴν Λευκίππην ἀνῃρήκαμεν. Οὕτω γὰρ κἀκείνη δίκην δώσει, κἀγὼ τὸν ἐπάρατον βίον καταλίποιμ' ἄν. Εὐφήμησον, ὁ Κλεινίας ἔφη. Καὶ τολμήσεις οὕτως ἐπὶ τοῖς αἰσχίστοις ἀποθανεῖν, νομιζόμενος φονεὺς, καὶ ταῦτα Λευκίππης; Οὐδὲν, εἶπον, αἰσχρὸν, ὃ λυπεῖ τὸν ἐχθρόν. Καὶ ἡμεῖς (μὲν) ἐν τούτοις ἦμεν, τὸν δ' ἄνθρωπον ἐκεῖνον, τὸν μηνυτὴν τοῦ ψευδοῦς φόνου, τὸν ἄρχοντα κελεῦσαι κομίζειν αὐτὸν, δώσοντα λόγον, ὦν αἰτίαν ἔσχεν. Ἐμὲ δὲ παρηγόρει Κλεινίας καὶ ὁ Σάτυρος, εἴ πως δύναιντο πεῖσαι, μηδὲν ὧν διενοήθην εἰς τὴν δίκην εἰπεῖν· ἀλλ' ἑπέραινον οὐδέν. Ἐκείνην μὲν οὖν τὴν ἡμέραν καταγωγήν τινα μισθωσάμενοι κατῳκίσαντο, ὡς ἂν μηκέτι παρὰ τῷ τῆς Μελίττης εἶεν συντρύφῳ.

Ζ'. Τῇ δ' ὑστεραίᾳ ἀπηγόμην ἐπὶ τὸ δικαστήριον. Παρασκευὴ δὲ πολλὴ ἦν τοῦ Θερσάνδρου κατ' ἐμοῦ,

uberrime fluunt. Ita me simulac animus meus sermone illius tanquam jaculo quodam percussus me fecit tacere, et lacrymis aditum obstruxit, ut non nisi postquam ex intervallo respirare a dolore cœpisset, effluxerint.

V. Ac tum ego, quis, inquam, dæmon tam brevi me gaudio illexit? quis mihi Leucippen commonstravit, ut novarum mihi calamitatum causa esset? Quid, quod ne oculos quidem meos, quibus unis eram felix, exsaturare unquam potui, aut si videndi otium fuit, ipse tamen exsatiatus nunquam fui, meaque voluptas omnis insomnio similis effecta est? O me miserum, quoties obiisti, mea Leucippe? nunquamne fletu cessavi? Semper te lugeo, alia alii mors in dies succedit. Verum aliis antehac mortibus Fortuna mecum lusit : hæc autem ludus nequaquam est. Cæterum quo nunc pacto, Leucippe, mihi erepta fuisti? Antea quidem falsis illis ex mortibus aliquantum mihi solatii relictum fuit : primum enim cadaver tuum integrum, (corporis truncus), quum caput solum me non habere putarem, quem sepulturæ darem : nunc vero duplicem, animi scilicet atque corporis mortem subiisti. Nam quid duo latronum receptacula effugisse profuit, si Melites iste receptus te mihi erepturus erat? Quid, quod sceleratus et improbus ipse necis tuæ auctorem pluries osculatus sum, detestabili amplexu fovi, Veneris fructum prius illi, quam tibi, impartitus sum?

VI. Hæc dum mecum solus quererer, Clinia se ad me contulit : quem tota de re certiorem feci, mihique omnino mori decretum esse affirmavi. Tum ille, Bono, inquit, animo esto; quis scit, an denuo reviviscat? Nonne aliquoties jam mortua est, semperque revixit? quid temere te enecas? Id profecto tibi per otium licebit, cum vere illam obiisse compereris. Nugaris, inquam tum ego. Nam qui tibi exploratius id esse possit? Morti vero quam optimam sane viam nactum esse me arbitror : atque ejusmodi quidem, ut nec diis invisa Melite impune omnino abitura sit. Audi quo modo faciam. Decreveram (ut scis), objectum adulterii crimen si judicium daretur diluere, sed diversam penitus rationem inire mihi nunc in animo est, culpam videlicet agnoscere, meque atque Meliten, tanquam mutuo amore flagrantes, Leucippen interfecisse communi opera confiteri; sic illa meritas pœnas dederit, ego invisam vitam reliquero. Di meliora, inquit tum Clinia. An tu igitur tam turpem ob causam, patratam scilicet, ac tuæ præsertim Leucippes, necem, mori audebis? Tum ego, Nihil, inquam, turpe est, quod inimico detrimentum afferat. Et nos quidem in hoc eramus. Cæterum haud ita multo post hominem illum falsæ cædis nuntium e vinculis quidam exemit, archontem jussisse, inquiens, ipsum adduci, ut eorum, quæ ei objiciebantur, rationem redderet. Interea me Clinia Satyrusque consolabantur, suadebantque, ut ne quicquam in judicio, sicuti decreveram, faterer : sed frustra. Porro illi eo ipso, quo hæc acta sunt, die, domunculam conduxerant, in eamque, ne amplius cum Melites collactaneo essent, migraverant.

VII. Postridie ad forum ductus sum : ibique magno contra me apparatu adfuit Thersander, advocatosque non sane

καὶ πλῆθος ῥητόρων οὐχ ἧττον δέκα· καὶ ἡ Μελίττη σπουδῇ πρὸς τὴν ἀπολογίαν παρεσκεύαστο. Ἐπεὶ δ' ἐπαύσαντο λέγοντες, αἰτήσας κἀγὼ λόγον, Ἀλλ' οὗτοι μὲν, ἔφην, ληροῦσι πάντες, καὶ οἱ Θερσάνδρῳ καὶ
5 οἱ Μελίττῃ συνειπόντες. Ἐγὼ δὲ πᾶσαν ὑμῖν ἐρῶ τὴν ἀλήθειαν. Ἦν ἐρωμένη μοι πάλαι Βυζαντία μὲν γένος, Λευκίππη δὲ τοὔνομα. Ταύτην τεθνάναι δοκῶν, (ἥρπαστο γὰρ ὑπὸ λῃστῶν ἐν Αἰγύπτῳ) Μελίττῃ περιτυγχάνω, κἀκεῖθεν ἀλλήλοις συνόντες, ἥκο-
10 μεν ἐνταῦθα κοινῇ καὶ τὴν Λευκίππην εὑρίσκομεν Σωσθένει δουλεύουσαν, διοικητῇ τινι τῶν Θερσάνδρου χωρίων. Ὅπως δὲ τὴν ἐλευθέραν ὁ Σωσθένης εἶχε δούλην, ᾗ τίς ἡ κοινωνία τοῖς λῃσταῖς πρὸς αὐτὸν, ὑμῖν καταλείπω σκοπεῖν. Ἐπεὶ τοίνυν ἔμαθεν ἡ Μελίττη
15 τὴν προτέραν εὑρόντα με γυναῖκα, φοβηθεῖσα μὴ πρὸς αὑτὴν ἀποκλίναιμι τὸν νοῦν, συμβουλεύεται τὴν ἄνθρωπον ἀνελεῖν. Κἀμοὶ συνεδόκει, (τί γὰρ οὐ δεῖ τἀληθῆ λέγειν;) ἐπεὶ τῶν αὑτῆς με κύριον ἀποφανεῖν ὑπισχνεῖτο. Μισθοῦμαι ἕνα δή τινα πρὸς τὸν φόνον·
20 ἑκατὸν δ' ὁ μισθὸς ἦν τοῦ φόνου χρυσοῖ. Καὶ ὁ μὲν δὴ τοὔργον δράσας οἴχεται, κἄκτοτε γέγονεν ἀφανής· ἐμὲ δ' ὁ ἔρως εὐθὺς ἠμύνατο. Ὡς γὰρ ἔμαθον ἀνῃρημένην, μετενόουν καὶ ἔκλαον καὶ ἤρων καὶ νῦν ἐρῶ. Διὰ τοῦτο ἐμαυτοῦ κατεῖπον, ἵνα με πέμψητε
25 πρὸς τὴν ἐρωμένην. Οὐ γὰρ φέρω νῦν ζῆν, καὶ μιαιφόνος γενόμενος καὶ φιλῶν ἣν ἀπέκτεινα.

Η'. Ταῦτ' εἰπόντος ἐμοῦ, πάντας ἔκπληξις κατέσχε ἐπὶ τῷ παραλόγῳ τοῦ πράγματος, μάλιστα δὲ τὴν Μελίττην. Καὶ οἱ μὲν τοῦ Θερσάνδρου ῥήτορες μεθ'
30 ἡδονῆς ἀνεβόησαν ἐπινίκιον· οἱ δὲ τῆς Μελίττης ἀνεπύθοντο, τίνα ταῦτ' εἴη τὰ λεχθέντα. Ἡ δὲ, τὰ μὲν ἐθορυβήθη, τὰ δ' ἤρνεῖτο, τὰ δὲ διηγεῖτο, σπουδῇ μάλα καὶ σαφῶς, τὴν μὲν Λευκίππην εἰδέναι λέγουσα, καὶ ὅσα εἶπον, ἀλλὰ τόν γε φόνον οὔ· ὥστε κἀκείνους,
35 διὰ τὸ τὰ πλείω μοι συνᾴδειν, ὑπόνοιαν ἔχειν κατὰ τῆς Μελίττης, καὶ ἀπορεῖν ὅτῳ χρήσαιντο λόγῳ πρὸς τὴν ἀπολογίαν.

Θ'. Ἐν τούτῳ δ' ὁ Κλεινίας, θορύβου πολλοῦ κατὰ τὸ δικαστήριον ὄντος, ἀνελθὼν, Κἀμοί τινα λόγον,
40 εἶπε, συγχωρήσατε· περὶ γὰρ ψυχῆς ἀνδρὸς ὁ ἀγών. Ὡς δ' ἔλαβε, δακρύων γεμισθεὶς, Ἄνδρες, εἶπεν, Ἐφέσιοι, μὴ προπετῶς καταγνῶτε θάνατον ἀνδρὸς ἐπιθυμοῦντος ἀποθανεῖν, ὅπερ φύσει τῶν ἀτυχούντων ἐστὶ φάρμακον. Κατέψευσται γὰρ ἑαυτοῦ τῶν τῶν ἀδι-
45 κούντων αἰτίαν, ἵνα πάθῃ τὴν τῶν δυστυχούντων τιμωρίαν. Ἃ δ' ἠτύχησε διὰ βραχέων ἐρῶ. Ἐρωμένην εἶχεν, ὡς εἶπεν· τοῦτο γὰρ οὐκ ἐψεύσατο· καὶ ὅτι λῃσταὶ ταύτην ἥρπασαν, καὶ τὰ περὶ Σωσθένους, καὶ πάνθ' ὅσα πρὸ τοῦ φόνου διηγήσατο, πέπρακται
50 τὸν τρόπον τοῦτον. Αὕτη γέγονεν ἐξαίφνης ἀφανής, οὐκ οἶδ' ὅπως, οὐδ' εἰ ἀπέκτεινεν αὐτὴν, οὔτ' εἰ ζῇ κλαπεῖσα· πλὴν ἓν τοῦτ' οἶδα μόνον, τὸν Σωσθένην αὐτῆς ἐρῶντα καὶ αἰκισάμενον βασάνοις πολλαῖς, ἐφ' οἷς οὐκ ἐτύγχανε, καὶ φίλους ἔχοντα λῃστάς. Οὗτος οὖν

pauciores, quam docem, adduxerat. Neque vero pro sui defensione Melite minus sollicita erat. Posteaquam igitur illi sermoni suo finem imposuerunt, petita dicendi potestate : Hi quidem omnes, inquam ego, qui et pro Thersandro et pro Melite causam dixerunt, non nisi meras nugas in medium protulerunt : a me vero vos rem omnem, ut se habet, audietis. Erat mihi olim amica genere Byzantia, Leucippe nomine : quam decessisse ratus (in Ægypto enim rapta mihi a piratis fuit) in Meliten incidi : quacum inita consuetudine, huc una profectus sum, Leucippenque Sosthenei cuidam, agrorum Thersandri procuratori, servientem comperi. Sed quomodo liberam mulierem Sosthenes in servitutem receperit, quæve illi cum piratis necessitudo intercedat, considerandum vobis relinquo. Melite, posteaquam priorem amicam reperisse me cognovit, verita ne ad illam rursus animum applicarem, ejus perdendæ consilium init, quod mihi quoque comprobatum est : quid enim verum negare oportet? Cum me hæc rerum omnium suarum dominum constituere pollicita esset, hominem ad illam necandam conduxi, nummos aureos centum pollicens. Atque ita quidem sicarius re confecta, solum vertit, nec ex eo tempore usquam gentium amplius est conspectus. Me vero amor statim ultus est : nam puellæ cæde cognita, maleficii conscientia stimulatus, ex illo flero nunquam desii, sed ejus desiderio æstuabam, et nunc quoque amo : neque aliam ullam ob causam memet sponte accuso, quam ut meam ad amicam me mittatis, quandoquidem in præsens et parricida, et ejus, quam perdidi, amore flagrans, vivere amplius non sustineo.

VIII. Hæc cum a me dicerentur, inexspectato rei exitu omnes, inprimisque Melite, obstupuerunt. Qui Thersandro advocati erant, summa cum voluptate acclamaverunt : Melites autem patroni, cujusmodi essent, quæ dixeram, ex ea ipsa quærebant. At illa partim vehementer perturbata, alia quidem scire se negavit, alia vero de industria et non obscure confessa est, et quæ de Leucippe narraveram, omnia, morte excepta, vere a me dicta fuisse affirmavit. Quamobrem cum orationi meæ pleraque convenirent, iis ipsis Melite in suspicionem venit, ut quibus ad eam defendendam verbis uterentur, incerti essent.

IX. At Clinia, cum magnus in foro clamor exortus fuisset, in medium progressus, Potestatem mihi quoque, inquit, pauca quædam dicendi facite. Capitis enim judicium constitutum est. Quod cum impetrasset, collacrymans, Viri, inquit, Ephesii, moriendi cupidum adolescentem mortis temere damnare nolite : quæ una est infelicibus viris malorum allevatio. Improborum enim hominum crimen in se transtulit, ut pœnam sustinens infelicitatis suæ perfugium aliquod habere posset. Cujusmodi autem illius infelicitas fuerit, quam brevissime potero exponam. Amicam adolescens is, uti dixit, habuit. Neque enim id, nec quæ de piratis ac Sosthene recensuit, mentitus est. Nam quæcunque sibi ante illius cædem evenisse narravit, revera, sicuti ab eo audivistis, gesta fuere. Hæc e mortalium conspectu subito, atque nescio quomodo subtracta interfectane sit, an rapta vivat adhuc : illud unum novi, a Sosthene piratarum familiari amatam illam, multisque modis, quibus tamen nihil profecit, excruciatam.

ἀνηρῆσθαι δοκῶν τὴν γυναῖκα, ζῆν οὐκέτι θέλει, καὶ διὰ τοῦτο ἑαυτοῦ φόνον κατεψεύσατο. Ὅτι μὲν γὰρ ἐπιθυμεῖ θανάτου, καὶ αὐτὸς ὡμολόγησε, καὶ ὅτι διὰ λύπην τὴν ἐπὶ γυναικί. Σκοπεῖτε δ' εἴ τις ἀποκτείνας τινὰ ἀληθῶς, ἐπαποθανεῖν αὐτῷ θέλει καὶ ζῆν δι' ὀδύνην οὐ φέρει. Τίς οὕτω φιλόστοργος φονεύς; ἢ ποῖον μῖσός ἐστιν οὕτω φιλούμενον; Μὴ, πρὸς θεῶν, μὴ πιστεύσητε, μηδ' ἀποκτείνητε ἄνθρωπον ἐλέου μᾶλλον ἢ τιμωρίας δεόμενον. Εἰ δ' αὐτὸς ἐπεβούλευσεν, ὡς λέγει, τὸν φόνον, εἰπάτω τίς ἐστιν ὁ μεμισθωμένος, δειξάτω τὴν ἀνῃρημένην. Εἰ δὲ μήθ' ὁ ἀποκτείνας ἐστὶ, μήθ' ἡ ἀνῃρημένη, τίς ἤκουσε πώποτε τοιοῦτον φόνον; Ἥρων, φησί, Μελίττης· διὰ τοῦτο Λευκίππην ἀπέκτεινα. Πῶς οὖν Μελίττης φόνον κατηγορεῖ, ἧς ἤρα, διὰ Λευκίππην δ' ἀποθανεῖν ἐθέλει νῦν, ἣν ἀπέκτεινεν; Οὕτω γὰρ ἄν τις καὶ μισοίη τὸ φιλούμενον, καὶ φιλοίη τὸ μισούμενον; Ἆρ' οὖν οὐ πολὺ μᾶλλον ἂν καὶ ἐλεγχόμενος ἠρνήσατο τὸν φόνον, ἵνα καὶ σώσῃ τὴν ἐρωμένην, καὶ ὑπὲρ τῆς ἀνῃρημένης μὴ μάτην ἀποθάνῃ; Διὰ τί οὖν Μελίττης κατηγόρησεν, εἰ μηδὲν αὐτῇ τοιοῦτο πέπρακται; Ἐγὼ καὶ τοῦτο πρὸς ὑμᾶς ἐρῶ, καὶ πρὸς τῶν θεῶν, μή με νομίσητε διαβάλλειν θέλοντα τὴν γυναῖκα ποιήσασθαι τὸν λόγον, ἀλλ' ὡς τὸ πᾶν ἐγένετο. Μελίττη μὲν ἐπεπόνθει τι πρὸς τοῦτον ἐρωτικὸν καὶ περὶ τοῦ γάμου διείλεκτο, πρὶν ὁ θαλάττιος οὗτος ἀνεβίου νεκρός. Ὁ δ' οὐκ εἶχεν οὕτως, ἀλλὰ καὶ πάνυ ἐρρωμένος τὸν γάμον ἀπεκρούετο, κἂν τούτῳ τὴν ἐρωμένην εὗρεν, ὡς ἔφη, παρὰ τῷ Σωσθένει ζῶσαν, ἣν ᾤετο νεκράν, πολὺ μᾶλλον πρὸς τὴν Μελίττην εἶχεν ἀλλοτριώτερον. Ἡ δὲ πρὶν μαθεῖν ἐρωμένην οὖσαν αὐτῷ τὴν παρὰ τῷ Σωσθένει, ταύτην ἠλέησέ τε καὶ ἔλυσε τῶν δεσμῶν, οἷς ἦν ὑπὸ τοῦ Σωσθένους δεδεμένη, καὶ εἰς τὴν οἰκίαν τ' εἰσεδέξατο καὶ τἆλλα ὡς πρὸς ἐλευθέραν δυστυχήσασαν ἐφιλοτιμήσατο. Ἐπειδὴ δ' ἔμαθεν, ἔπεμψεν εἰς τοὺς ἀγροὺς διακονησομένην αὐτῇ· καὶ μετὰ ταῦτά φασιν ἀφανῆ γεγονέναι. Καὶ ὅτι ταῦτ' οὐ ψεύδομαι, ἡ Μελίττη συνομολογήσει καὶ θεράπαιναι δύο, μεθ' ὧν αὐτὴν ἐπὶ τοὺς ἀγροὺς ἐξέπεμψεν. Ἓν μὲν δὴ τοῦτο πρὸς ὑπόνοιαν ἤγαγε τοῦτον, μὴ ἄρα φονεύσασα εἴη τὴν Λευκίππην διὰ ζηλοτυπίαν αὕτη· ἕτερον δέ τι αὐτῷ πρὸς τὴν τῆς ὑπονοίας βεβαίωσιν ἐν τῷ δεσμωτηρίῳ συμβὰν καὶ καθ' αὑτοῦ καὶ κατὰ τῆς Μελίττης ἐξηγρίανε. Τῶν δεσμωτῶν, ἔλεγεν ἐν ὁδῷ τινι κεκοινωνηκέναι κατ' ἀγνοίαν ἀνδρὶ φονεῖ· δεδρακέναι δ' ἐκεῖνον γυναικὸς φόνον ἐπὶ μισθῷ· καὶ τοὔνομα ἔλεγε· Μελίττην μὲν εἶναι τὴν μισθωσαμένην, Λευκίππην δὲ τὴν ἀνῃρημένην. Εἰ δὲ ταῦτα γέγονεν οὕτως, ἐγὼ μὲν οὐκ οἶδα, μαθεῖν δ' ὑμῖν ἐξέσται. Ἔχετε τὸν δεδεμένον· εἰσὶν αἱ θεράπαιναι· ἔστιν ὁ Σωσθένης. Ὁ μὲν ἐρεῖ, πόθεν ἔσχε τὴν Λευκίππην δούλην· αἱ δὲ, πῶς γέγονεν ἀφανής· ὁ δὲ περὶ τοῦ μισθωτοῦ κατηγορήσει. Πρὶν δὲ μάθητε τούτων ἕκαστον οὔθ' ὅσιον, οὔτ' εὐσεβὲς

νεανίσκον ἄθλιον ἀνελεῖν, πιστεύσαντας μανίας λόγοις. Μαίνεται γὰρ ὑπὸ λύπης.

Ι΄. Ταῦτ' εἰπόντος τοῦ Κλεινίου, τοῖς μὲν πολλοῖς ἐδόκει πιθανὸς ὁ λόγος, οἱ δὲ τοῦ Θερσάνδρου ῥήτορες, καὶ ὅσοι τῶν φίλων συμπαρῆσαν, ἐπεβόων ἀνελεῖν τὸν ἀνδροφόνον, τὸν αὑτοῦ κατειπόντα θεοῦ προνοίᾳ. Μελίττη τὰς θεραπαινίδας ἐδίδου καὶ Θέρσανδρον ἠξίου διδόναι Σωσθένην· τάχα γὰρ ἂν αὐτὸν εἶναι τὸν Λευκίππην ἀνῃρηκότα. Καὶ οἱ συναγορεύοντες αὐτῇ
10 ταύτην μάλιστα προεφέροντο πρόκλησιν. . Ὁ δὲ Θέρσανδρος φοβηθεὶς λάθρα τινὰ τῶν προστατῶν εἰς τὸν ἀγρὸν ἀποστέλλει πρὸς τὸν Σωσθένην, κελεύσας τὴν ταχίστην ἀφανῆ γενέσθαι, πρὶν τοὺς ἐπ' αὐτὸν πεμφθέντας ἥκειν. Ὃς δὴ ἐπιβὰς ἵππῳ σπουδῇ μάλα
15 πρὸς αὐτὸν ἔρχεται καὶ τὸν κίνδυνον λέγει καὶ ὡς, εἰ ληφθείη παρών, εἰς βασάνους ἀπαχθήσεται. Ὁ δ' ἔτυχε μὲν ἐν τῷ τῆς Λευκίππης δωματίῳ παρών, κατεπᾴδων αὐτῆς· κληθεὶς δ' ὑπὸ τοῦ παρόντος σὺν βοῇ καὶ ταραχῇ πολλῇ προέρχεται, καὶ ἀκούσας τὰ ὄντα,
20 μεστὸς γενόμενος δέους, καὶ ἤδη νομίζων τοὺς δημίους ἐπ' αὐτὸν παρεῖναι, ἐπιβὰς ἵππῳ σπουδῇ μάλα ἐξελαύνει (τὴν) ἐπὶ Σμύρνης. Ὁ δ' ἄγγελος πρὸς τὸν Θέρσανδρον ἀναστρέφει. Ἀληθὴς δ' ἐστίν, ὡς ἔοικεν, ὁ λόγος, ὅτι μνήμην ἐκπλήσσειν πέφυκε φόβος. Ὁ
25 γοῦν Σωσθένης περὶ ἑαυτοῦ φοβηθείς, ἁπαξαπάντων ἐξελάθετο τῶν ἐν ποσὶν ὑπ' ἐκπλήξεως, ὡς μηδὲ τοῦ τῆς Λευκίππης δωματίου κλεῖσαι τὰς θύρας. Μάλιστα γὰρ τὸ τῶν δούλων γένος ἐν οἷς ἂν φοβηθῇ σφόδρα δειλόν ἐστιν.

30 ΙΑ΄. Ἐν τούτῳ δ' ὁ Θέρσανδρος πρὸ τῆς προκλήσεως ἀπὸ τῆς Μελίττης οὕτω γενομένης παρελθών, Ἱκανῶς μέν, εἶπεν, οὗτος, ὅστις ποτ' ἐστί, κατελήρησε μυθολογῶν. Ἐγὼ δ' ὑμῶν τεθαύμακα τῆς ἀναλγησίας, εἰ φονέα ἐπ' αὐτοφώρῳ λαβόντες, μεῖζον γὰρ
35 τῆς φωρᾶς τὸ αὐτὸν ἑαυτοῦ κατειπεῖν, οὐ δὴ καταλεύσετε [τῷ δημίῳ·], καθέζεσθε δὲ γόητος ἀκούοντες πιθανῶς μὲν ὑποκρινομένου, πιθανῶς δὲ δακρύοντος· ὃν νομίζω καὶ αὐτὸν κοινωνὸν γενόμενον τοῦ φόνου περὶ ἑαυτοῦ φοβεῖσθαι, ὥστ' οὐκ οἶδα τί δεῖ βασάνων ἔτι
40 περὶ πράγματος οὕτω σαφῶς ἐληλεγμένου. Δοκῶ δὲ καὶ ἄλλον τινὰ φόνον εἰργάσθαι. Ὁ γὰρ Σωσθένης οὗτος, ὃν αἰτοῦσι παρ' ἐμοῦ, τρίτην ταύτην ἡμέραν γέγονεν ἀφανής. Καὶ ἔστιν οὐ πόρρω τινὸς ὑπονοίας, μὴ ἄρα τῆς τούτων ἐπιβουλῆς γέγονεν ἔργον. Αὐτοὶ
45 γὰρ ἐτύγχανεν ὁ τὴν μοιχείαν μοι κατειπών. "Ὥστ' εἰκότως ἂν ἀποκτεῖναί μοι δοκοῦσιν αὐτόν, καὶ τοῦτ' εἰδότες, ὡς οὐκ ἂν ἔχοιμι παρασχεῖν τὸν ἄνθρωπον, πρόκλησιν περὶ αὐτοῦ πεποίηνται πάνυ κακούργως. Εἴη μὲν οὖν κἀκεῖνον φανῆναι καὶ μὴ τεθνάναι. Τί δὲ
50 καί, εἰ παρῆν, ἔδει παρ' αὐτοῦ μαθεῖν; Εἴ τινα κόρην ἐωνήσατο; τοιγαροῦν ἐωνημένος ἔστω. Καὶ εἰ ταύτην ἔσχε Μελίττη; λέγει καὶ τοῦτο δι' ἐμοῦ. Ἀπήλλακται μὲν δὴ Σωσθένης ταῦτ' εἰπών· τοὐντεῦθεν δ' ὁ λόγος μοι πρὸς Μελίττην καὶ Κλειτοφῶντα. Τί μου

---

misero adolescenti eriperet, insanis ejus dictis fidem adhibentes: mœror enim hominem ad insaniam compulit.

X. Quæ quum dixisset Clinia, plerisque fide digna ejus oratio videbatur, sed Thersandri advocati et quotquot amici ejus aderant, clamabant parricidam esse interficiendum, qui se ipse accusaverit providentia numinis. Melite ancillas protulit, ac Sosthenem, qui forte Leucippen interfecerit, a Thersandro produci petiit: eam enim conditionem qui Melites causam agebant, tulerant. Veritus autem Thersander, quemdam e suis rus ad Sosthenem ire clam imperavit, jussum, ut quamprimum aliquo profugeret, ante, quam qui ad eum comprehendendum missi essent illo se contulissent. Ille viam equo ingressus quam ocissime periculum nuntiat, quæstionemque de eo, si se comprehendi sinat, habitum iri affirmat. Erat tum forte Sosthenes apud Leucippen, ut ejus animum deliniret. Multo itaque cum clamore ac strepitu vocatus exiit: reque cognita pavoris plenus, atque apparitores adesse jam putans, equo accepto, Smyrnam statim contendit. Nuntius ad Thersandrum revertitur. Verissimum autem, ut mihi quidem videtur, illud est, pavore memoriam obrui solere. Nam dum sibi Sosthenes metuit, eorum omnium, quæ præ manibus habebat, repente oblitus est, ut ne domunculæ quidem, in qua Leucippe custodiebatur, fores occluserit: nimirum quia servorum genus, ubi periculi aliquid imminet, quam timidissimum est.

XI. Interea Thersander ante factam primam a Melites patronis conditionem, abunde quidem, inquit, iste, quicunque tandem sit, nugatus est: ego vero stupiditatem vestram non potui non mirari, qui quum sicarium in manifesto scelere deprehensum teneatis, nam majus est se ipsum accusare quam deprehendi, non jam lapidibus obruatis, sed præstigiatori huic, æque ad comminiscendum atque ad lugendum facto, aures sedendo præbeatis: quem utpote cædis participem sibi ipsi quoque timere arbitror. Quare autem quæstionibus opus sit, in re præsertim tam aperta, non video. Sed et illud ut credam, adducor, aliam eum etiam cædem patrasse. Nam Sosthenes is, quem tantopere efflagitant, jam triduum apud me nusquam conspicitur. Neque admodum a vero abhorret, eorum consilio illum interfectum esse, propterea quod uxoris probrum ab eo mihi renuntiatum fuerat. Unde mihi etiam verisimilius fit, eos illum neci tradidisse, scientesque, non habere me, qui hominem producam, conditionem istam de eo sistendo perastute tulisse. Ponamus ut ille appareret et viveret. Quid vero si adesset, ex eo sciscitari oporteret, puellamne emerit? Esto sane, emerit ille. Et an illam Melite habuerit? Per me et hoc dicit. Iis igitur confessis, absolutus quidem jam Sosthenes est. Verum hinc nunc jam ad Meliten Clitophontemque mea convertatur oratio.

LIBER VII.

τὴν δούλην λαβόντες πεποιήκατε; Δούλη γὰρ ἦν ἐμή, Σωσθένους αὐτὴν ἐωνημένου. Καὶ εἰ περιῆν καὶ μὴ πρὸς αὐτῶν ἐπεφόνευτο, πάντως ἂν ἐδούλευεν ἐμοί. Τοῦτον δὲ τὸν λόγον ὁ Θέρσανδρος πάνυ κακοήθως 5 παρενέβαλεν, ἵνα κἂν ὕστερον ἡ Λευκίππη φωραθῇ ζῶσα, πρὸς δουλείαν αὐτὴν ἀγάγῃ. Εἶτα προσετίθει· Κλειτοφῶν μὲν οὖν ὡμολόγησεν ἀνῃρηκέναι, καὶ ἔχει τὴν δίκην, Μελίττη δ' ἀρνεῖται. Πρὸς ταύτην αἱ τῶν θεραπαινίδων εἰσὶ βάσανοι. Ἂν γὰρ φανῶσι 10 παρὰ ταύτης λαβοῦσαι τὴν κόρην, εἶτ' οὐκέτι πάλιν ἀγαγοῦσαι, τί γέγονε; τί δ' ὅλως ἐξεπέμπετο; καὶ πρὸς τίνα; Ἆρ' οὐκ εὔδηλον τὸ πρᾶγμα, ὡς συσκευασάμενοι μὲν ᾖσάν τινας ὡς κτενοῦντας; Αἱ δὲ θεράπαιναι τούτους μέν, ὡς εἰκὸς, οὐκ ᾔδεσαν, ἵνα μὴ μετὰ πλει- 15 όνων μαρτύρων γενόμενον τοὔργον κίνδυνον ἔχῃ μείζονα· κατέλιπον δ' αὐτὴν ἔνθ' ἦν ὁ τῶν λῃστῶν λόγος λανθάνων, ὥστ' ἐνεχώρει μηδ' ἐκείνας τὸ γενόμενον ἑωρακέναι. Ἐλήρησε δὲ καὶ περὶ δεσμώτου τινὸς, ὡς εἰπόντος περὶ τοῦ φόνου. Καὶ τίς ὁ δεσμώτης οὗ- 20 τος, ὃς τῷ στρατηγῷ μὲν οὐδὲν εἶπε, τούτῳ δὲ μόνῳ τἀπόρρητα διελέγετο τοῦ φόνου, πλὴν εἰ μὴ κοινωνοῦντα ἐγνώρισεν; Οὐ παύσεσθε φληνάφους ἀνεχόμενοι κενῶν, καὶ τηλικοῦτον ἔργον τιθέμενοι παιδιάν; Οἴεσθε χωρὶς θεοῦ τοῦτον ἑαυτοῦ κατειπεῖν;

25 ΙΒ'. Ταῦτα λέγοντος τοῦ Θερσάνδρου καὶ διομνυμένου περὶ τοῦ Σωσθένους οὐκ εἰδέναι, τί γέγονεν, ἔδοξε τῷ προέδρῳ τῶν δικαστῶν— ἦν δὲ τοῦ βασιλικοῦ γένους, καὶ τὰς μὲν φονικὰς ἐδίκαζε δίκας, κατὰ δὲ τὸν νόμον συμβούλους ἐκ τῶν γεραιτέρων εἶχεν, οὓς ἐπι- 30 γνώμονας ἐλάμβανε τῆς γνώσεως — ἔδοξεν οὖν αὐτῷ διασκοπήσαντι σὺν τοῖς παρέδροις αὐτοῦ, θανάτου μὲν ἐμοῦ καταγνῶναι κατὰ τὸν νόμον, ὃς ἐκέλευσε τὸν αὑτοῦ φόνον κατειπόντα τεθνάναι· περὶ δὲ Μελίτης κρίσιν γενέσθαι δευτέραν, ἐν ταῖς βασάνοις τῶν θεραπαι- 35 νίδων· Θέρσανδρον δ' ἐπομόσαι περὶ τοῦ Σωσθένους ἐν γράμμασιν, ἢ μὴν οὐκ εἰδέναι τί γέγονεν· κἀμὲ δὲ, ὡς ἤδη κατάδικον, βασανισθῆναι περὶ τοῦ Μελίττην τῷ φόνῳ συνεγνωκέναι. Ἄρτι δέ μου δεθέντος καὶ τῆς ἐσθῆτος τοῦ σώματος γεγυμνωμένου, μετεώρου τ' 40 ἐκ τῶν βρόχων κρεμαμένου καὶ τῶν μὲν μάστιγας κομιζόντων, τῶν. δὲ πῦρ καὶ τροχόν, ἀνοιμώξαντος δὲ τοῦ Κλεινίου, καὶ ἐπικαλοῦντος τοὺς θεοὺς, ὁ τῆς Ἀρτέμιδος ἱερεὺς δάφνην ἐστεμμένος, προσιὼν ὁρᾶται. Σημεῖον δὲ τοῦτ' ἐστὶν ἡκούσης θεωρίας τῇ θεῷ· τοῦτο δ' 45 ὅταν γένηται, πάσης εἶναι δεῖ τιμωρίας ἐκεχειρίαν ἡμερῶν τοσούτων, ὅσων οὐκ ἐπετέλεσαν τὴν θυσίαν οἱ θεωροί. Οὕτω μὲν δὴ τότε τῶν δεσμῶν ἐλύθην. Ἦν δ' ὁ τὴν θεωρίαν ἄγων, Σώστρατος, ὁ τῆς Λευκίππης πατήρ. Οἱ γὰρ Βυζάντιοι τῆς Ἀρτέμιδος ἐπιφανείσης 50 ἐν τῷ πολέμῳ τῷ πρὸς τοὺς Θρᾷκας, νικήσαντες ἐλογίσαντο δεῖν αὐτῇ θυσίας ἀποστέλλειν, τῆς συμμαχίας ἐπινίκια. Ἦν δὲ καὶ ἰδίᾳ τῷ Σωστράτῳ νύκτωρ ἡ θεὸς ἐπιστᾶσα. Τὸ δ' ὄναρ ἔμαινε, τὴν θυγατέρα εὑρήσειν ἐν Ἐφέσῳ καὶ τἀδελφοῦ τὸν υἱόν.

Quid de mea mihi a vobis subtracta ancilla factum est? vere enim mea erat ancilla, a Sosthene emta. Id autem non aliam ob causam callidus Thersander dictitabat, quam ut Leucippen, si forte viva iterum reperiretur, in servitutem redigeret. Addebat praeterea etiam illud : Clitophon quidem puellam se interemisse fassus est, ac caedis reum se fecit : Melite vero negat. Sed ad eam redarguendam de ancillis habenda quaestio. Nam si eas Leucippen a Melite accepisse, nec dum postea reddidisse, constiterit, quid de illa factum? Quid omnino emissa est? Et ad quem? An non igitur manifestum est, aliquos qui ei mortem afferrent, ab ipsis conductum? id quod clam ancillis factum fuisse credi par est, ut ne vulgatum inter plures testes facinus majore cum eorum periculo facilius innotesceret. Nam eam quoque reliquerunt, ubi latronum multitudo delitescebat : ut verisimile sit, quid isti molirentur, eas minime vidisse. Atqui, de quodam etiam in custodiam dato, et a quo caedis hujusce mentio facta fuerit, nescio, quid commentus est. Sed quisnam hic est, qui praefecto quidem verbum nullum, isti vero soli caedis arcana omnia, palam fecit, quod non fecisset nisi sceleris socium agnovisset? Num quando tam vanis nugis aures praebere, negotiumque hujusmodi ludicram rem putare, desinetis? Quid vos? Censetisne hunc absque divino nutu se ipsum accusare?

XII. Hic cum dicendi Thersander finem fecisset, ac de Sosthene quid actum fuisset, nescire se jurejurando etiam affirmasset, judicum principi visum est (erat is regii generis, penes quem capitalium causarum dijudicandarum potestas erat, tametsi e senioribus, ut legibus cavebatur, consiliarios haberet, quos quid sibi faciendum putarent, consulebat), visum est, inquam, communicato cum collegis negotio, morte me secundum legem mulctare; qua cautum ajebat, ut qui se ipse caedis accusaret, morti addiceretur. De Melite vero judicium aliud, habita de ancillis quaestione, fieri : Thersandrumque scripto jusjurandum mandare debere, se omnino, quid de Sosthene actum sit, ignorare; ex me autem, quippe jam damnato, per tormenta quaeri oporteret, an Melite caedis conscia exitiisset, decretum fuit. Jamque vincto, detractis corpori indumentis, in sublime raptus laqueis, aliis fora, nonnullis ignem atque rotam afferentibus, Clinlaque interim collacrymante, et deos invocante Dianae sacerdos laureatus ad forum adventare visus est. Id vero signum est venientium ad sacra deae facienda peregrinorum. Quae res quum accidit, abstinere a supplicio tantisper oportet, dum rei divinae finis impositus sit : itaque tunc solutus sum. Porro sacrorum auctor erat Leucippes pater Sostratus. Nam cum Byzantii ex bello, quod adversum Thraces gesserant, victoriam apparente coram Diana reportassent: aequum censuerunt, ei deae sacrificium facere, pro auxilio praebito gratiam tanquam referentes. Privatim vero Sostrato etiam ipsi noctu dea in somnis apparuerat, filiamque ac nepotem Ephesi eum repertirum insomnium nuntiaverat.

ΙΓ΄. Παρὰ δὲ τὸν αὐτὸν χρόνον καὶ ἡ Λευκίππη, τὰς μὲν τοῦ δωματίου θύρας ἀνεῳγμένας ὁρῶσα, τὸν δὲ Σωσθένην μὴ παρόντα, περιεσκόπει μὴ πρὸ θυρῶν εἴη. Ὡς δ᾽ ἦν οὐδαμοῦ, θάρσος αὐτῇ καὶ ἐλπίς ἡ συν-
5 ήθης ὑπεισέρχεται. Μνήμη γὰρ αὐτῇ τοῦ πολλάκις παρὰ δόξαν σεσῶσθαι, πρὸς τὸ παρὸν τῶν κινδύνων τὴν ἐλπίδα προὔξένει ἀποχρῆσθαι τῇ Τύχῃ. Καὶ ἦν γὰρ τῶν ἀγρῶν πλησίον τὸ τῆς Ἀρτέμιδος ἱερόν, ἐκτρέχει τ᾽ ἐπ᾽ αὐτό, καὶ ἔχεται τοῦ νεώ. Τὸ δὲ παλαιὸν ἄβα-
10 τος ἦν γυναιξὶν ἐλευθέραις οὗτος ὁ νεώς, ἀνδράσι δ᾽ ἐπετέτραπτο καὶ παρθένοις. Εἰ δέ τις εἴσω παρῆλθε γυνή, θάνατος ἦν ἡ δίκη, πλὴν εἰ μὴ δούλη τις ἦν ἐγκαλοῦσα τῷ δεσπότῃ. Ταύτῃ δ᾽ ἐξῆν ἱκετεύειν τὴν θεόν, οἱ δ᾽ ἄρχοντες ἐδίκαζον αὐτῇ τε καὶ τῷ δεσπότῃ.
15 Καὶ εἰ μὲν ὁ δεσπότης οὐδὲν ἔτυχεν ἀδικῶν, αὖθις τὴν θεράπαιναν ἐλάμβανεν, ὁμόσας μὴ μνησικακήσειν τῆς καταφυγῆς· εἰ δ᾽ ἔδοξεν ἡ θεράπαινα δίκαια λέγειν, ἔμενεν αὐτοῦ δούλη τῇ θεῷ. Ἄρτι δὲ τοῦ Σωστρά- του τὸν ἱερέα παραλαβόντος, καὶ ἐπὶ τὰ δικαστήρια
20 παρελθόντος, ὡς ἂν ἐπίσχῃ τὰς δίκας, εἰς τὸ ἱερὸν ἡ Λευκίππη παρῆν, ὥστε μικροῦ τινος ἀπελείφθη τοῦ μὴ τῷ πατρὶ συντυχεῖν.

ΙΔ΄. Ὡς δ᾽ ἀπηλλάγην ἐγὼ τῶν βασάνων, διελέλυ- το μὲν τὸ δικαστήριον, ὄχλος τ᾽ ἦν περὶ ἐμὲ καὶ θόρυ-
25 βος, τῶν μὲν ἐλεούντων, τῶν δ᾽ ἐπιτωθαζόντων, τῶν δ᾽ ἀναπυνθανομένων. Ἔνθα δὴ ὁ Σώστρατος ἐπιστὰς ὁρᾷ με καὶ γνωρίζει. Καὶ γὰρ, ὡς ἔφην ἐν ἀρχῇ τῶν λόγων, ἐν Τύρῳ ποτ᾽ ἐγεγόνει περὶ τὴν τῶν Ἡρ- κλείων ἑορτὴν, καὶ χρόνου πολλοῦ διατρίψας ἔτυχεν ἐν
30 Τύρῳ, πρὸ πολλοῦ τῆς ἡμετέρας φυγῆς. Ὥστε τάχα μου τὴν μορφὴν συνεβάλετο, καὶ διὰ τὸ ἐνύπνιον φύσει προσδοκῶν εὑρήσειν ἡμᾶς. Προσελθὼν οὖν μοι· Κλει- τοφῶν οὗτος, Λευκίππη δὲ ποῦ; Ἐγὼ μὲν οὖν γνωρί- σας αὐτὸν, εἰς γῆν κατένευσα· οἱ δὲ παρόντες αὐτῷ
35 διηγοῦντο ὅσα εἶπον κατ᾽ ἐμαυτοῦ· καὶ ὃς ἀνοιμώξας, καὶ κοψάμενος τὴν κεφαλὴν, ἐμπηδᾷ μου τοῖς ὀφθαλ- μοῖς καὶ μικροῦ δεῖν ἐξώρυξεν αὐτούς· οὐδὲ γὰρ ἐπε- χείρουν κωλύειν ἐγὼ, παρεῖχον δὲ τὸ πρόσωπον εἰς τὴν ὕβριν. Ὁ δὲ Κλεινίας προσελθὼν εἶργε παρηγορῶν
40 αὐτὸν ἅμα καὶ λέγων· Τί ποιεῖς, ἄνθρωπε; τί μάτην ἐξηγρίωσαι κατ᾽ ἀνδρός, ὃς μᾶλλον σοῦ Λευκίππην φιλεῖ; Θάνατον γοῦν ὑπέστη παθεῖν, ὅτι τεθνάναι ταύ- την ἔδοξεν· ἄλλα τε πολλὰ ἔλεγε παραμυθούμενος αὐ- τόν. Ὁ δ᾽ ὠδύρετο καλῶν τὴν Ἄρτεμιν· Ἐπὶ τοῦτό
45 με, δέσποινα, ἤγαγες ἐνταῦθα; Τοιαῦτά σου τῶν ἐνυ- πνίων τὰ μαντεύματα; Κἀγὼ μὲν ἐπίστευόν σου τοῖς ὀνείροις καὶ εὑρήσειν παρὰ σοὶ προσεδόκων τὴν θυγα- τέρα. Καλὸν δέ μοι δῶρον δέδωκας· εὗρον τὸν ἀνδρο- φόνον αὐτῆς παρὰ σοί. Καὶ ὁ Κλεινίας ἀκούσας τοῦ
50 τῆς Ἀρτέμιδος ἐνυπνίου περιχαρὴς ἐγένετο καὶ λέ- γει· Θάρρει, πάτερ, ἡ Ἄρτεμις οὐ ψεύδεται· ζῇ σοι Λευκίππη· πίστευσόν μου τοῖς μαντεύμασιν. Οὐχ ὁρᾷς καὶ τοῦτον ὡς ἐκ βασάνων νῦν κρεμάμενον ἐξήρ- πασεν;

XIII. Per idem tempus Leucippe domunculæ fores paten- tes, Sosthenem absentem videns, circumspiciebat num So- sthenes ante januam forte adhuc constitisset, posteaquam eum nusquam conspexit, fiducia illi et spes, quam habere solebat, redibant. Quum enim sæpe antea, et ex insperato quidem maximis ex periculis ereptam se fuisse in memoria haberet, tum quoque spem concepit, fortunæ beneficio utendi. Nam cum Dianæ ab agris illis templum non longe abesset, domo egressa in illud se recepit, et eo con- fugit. Delubrum vero istud liberis mulieribus quondam inaccessum erat : viris autem et virginibus patebat : cum capitale alioqui haberetur, mulieres ingredi, præterquam servas in jus ab hero vocatas : iis enim ad deam confuge- re licebat. Ac tum quidem archontes inter ancillam, he- rumque sententiam ferebant. Si enim servam injuria dominus non affecisset, eam rursus in servitutem recipie- bat, fugæque illius memoriam se non amplius habiturum jurejurando affirmabat : sin autem ancillam juste queri compertum fuisset, tunc ea deæ ministeriis addicta illic re- manebat. Sostrato igitur sacerdotem, qui quæstionem differri juberet, ad forum ducente, Leucippe templum in- gressa est, parumque abfuit, quin patri obviam fieret.

XIV. Me vero, simulac dimissa concione solutus sum, ingens multitudo circumsepsit et turba erat, atque alii quidem vicem meam dolebant, nonnulli me conviciabantur, quidam me interrogabant : quum vero adstans ipse quoque Sostratus, ut vidit, me protinus agnovit. Nam, ut initio dictum est, Tyri etiam ipse quondam erat, quum Herculis festus dies ageretur : illicque diu admodum ante fugam nostram commoratus est : Quapropter facile homini fuit me cognovisse, præsertim quum in somnis quoque se nos repertarum admonitus fuisset. Itaque propius me acce- dens, Hic, mehercule, inquit, Clitophon est. Leucippe vero ubinam? Tum ego, illo agnito, vultum humi defixi : qui aderant, quæcunque contra me ipsum peroraveram, recen- suerunt. At ille perquam graviter ingemiscens, caputque percutiens, in oculos mihi involavit, ac propemodum effo- dit. Nec enim resistere homini audebam, quin imo faciem injuriæ præbebam. Sed ejus impetum progressus in me- dium Clinia compressit, illumque redarguens, quid, inquit, agis? cur tam temere in eum sævis, qui majore, quam tu, amore Leucippen prosequitur? qui letho sponte se objecit, propterea quod eam diem obiisse crediderat? Atque alia præterea multa, quo furorem illius placaret, addidit. Ille autem Dianam identidem invocans, ita fere conquereba- tur : An tu hac de causa me huc, dea, venire voluisti? suntne hæc mihi a te in somnis prædicta? Ego quidem certe somniis fidem tuis habui, filiamque me apud te reper- turum credidi : ac sane peregregium munus accepi, ejus scilicet interfectorem. Tum Clinia, somnii mentione au- dita, mirum in modum gavisus, bono, inquit, animo, pa- ter, esto, mendax dea non erit. Salva utique tibi est (vaticiniis meis crede) Leucippe : nonne vides, ut hunc etiam e tortorum manibus eripuerit?

ΙΕ΄. Ἐν τούτῳ δ' ἔρχεταί τις τῶν τοῦ ναοῦ προπόλων ἐπὶ τὸν ἱερέα σπουδῇ μάλα θέων, καὶ λέγει πάντων ἀκουόντων· Κόρη τις ἐπὶ τὴν Ἄρτεμιν ξένη κατέφυγεν. Ἐγὼ μὲν δὴ τοῦτ' ἀκούσας ἀναπτεροῦμαι, καὶ τὰ ὄμματα ἀνεγείρω, καὶ ἀναβιοῦν ἠρχόμην· ὁ δὲ Κλεινίας πρὸς τὸν Σώστρατον, Ἀληθῆ μου, πάτερ, εἶπε, τὰ μαντεύματα. Καὶ ἅμα πρὸς τὸν ἄγγελον εἶπε· Μὴ καλή; Οὐκ ἄλλην τοιαύτην, ἔφη, μετὰ τὴν Ἄρτεμιν εἶδον. Πρὸς τοῦτ' ἐγὼ πηδῶ καὶ βοῶ, Λευκίππην λέγεις. Καὶ μάλα, ἔφη· καλεῖσθαι γὰρ τοῦτο ἔλεγεν αὐτή, καὶ πατρίδα Βυζάντιον καὶ πατέρα Σώστρατον ἔχειν. Ὁ μὲν δὴ Κλεινίας ἀνεκρότησε παιανίσας· ὁ δὲ Σώστρατος ὑπὸ χαρᾶς κατέπεσεν· ἐγὼ δ' ἐξάλλομαι μετὰ τῶν δεσμῶν εἰς ἀέρα καὶ ἐπὶ τὸ ἱερὸν ὡς ἀπὸ μηχανῆς βληθεὶς ἐπετόμην· οἱ δὲ φυλάσσοντες ἐδίωκον, νομίζοντες ἀποδιδράσκειν, καὶ ἐβόων τοῖς ἐντυγχάνουσι λαβέσθαι. Ἀλλ' εἶχον οἱ πόδες μου τότε πτερά. Καὶ μόλις οὖν τινες μαινομένου μου πρὸς τὸν δρόμον λαμβάνονται· καὶ οἱ φύλακες ἅμα παρῆσαν καὶ ἐπεχείρουν με τύπτειν. Ἐγὼ δ' ἤδη θαρρῶν ἡμυνόμην. Οἱ δ' εἷλκόν με εἰς τὸ δεσμωτήριον.

ΙϚ΄. Καὶ ἐν τούτῳ παρῆν ὁ Κλεινίας καὶ ὁ Σώστρατος. Καὶ ὁ μὲν Κλεινίας ἐβόα· Ποῖ ἄγετε τὸν ἄνθρωπον; οὐκ ἔστι φονεὺς ἐφ' ᾗ καταδεδίκασται. Καὶ ὁ Σώστρατος ἐν μέρει ταὐτὰ ἔλεγε, καὶ ὡς εἴη αὐτὸς τῆς ἀνῃρῆσθαι δοκούσης πατήρ. Οἱ δὲ παρόντες, μαθόντες τὸ πᾶν, εὐφήμουν τε τὴν Ἄρτεμιν καὶ περιίσταντό με καὶ ἄγειν εἰς τὸ δεσμωτήριον οὐκ ἐπέτρεπον. Οἱ δὲ φύλακες οὐκ εἶναι κύριοι τοῦ μεθεῖναι κατάδικασθέντα πρὸς θάνατον ἄνθρωπον ἔλεγον, ἕως ὁ ἱερεὺς, τοῦ Σωστράτου δεηθέντος, ἐνεγυήσατο αὐτὸν ἕξειν καὶ παρέξειν εἰς τὸν δῆμον, ὅταν δέῃ. Οὕτω μὲν δὴ τῶν δεσμῶν ἀπολύομαι καὶ ἐπὶ τὸ ἱερὸν ταχὺ μάλα ἠπειγόμην· καὶ ὁ Σώστρατος κατὰ πόδας, οὐκ οἶδα εἰ τὰ ὅμοια ἐμοὶ χαίρων. Οὐκ ἔστι δ' οὕτως ἄνθρωπος δρομικώτατος, ὃν οὐ τῆς φήμης φθάνει τὸ πτερόν· ἣ καὶ τότε ἡμᾶς ἐπὶ Λευκίππην προὔλαβεν, ἀπαγγέλλουσα πάντα καὶ τὰ τοῦ Σωστράτου καὶ τἀμά. Ἰδοῦσα δ' ἡμᾶς, ἐξεπήδησε τοῦ νεώ, καὶ τὸν μὲν πατέρα περιεπτύξατο, τοὺς δ' ὀφθαλμοὺς εἶχεν ἐπ' ἐμέ. Ἐγὼ δ' εἱστήκειν, αἰδοῖ τῇ πρὸς τὸν Σώστρατον κατέχων ἐμαυτὸν καὶ ἅπαντα βλέπων εἰς τὸ ἐκείνης πρόσωπον, ἐπ' αὐτὴν ἐκθορεῖν. Οὕτως ἀλλήλους ἠσπαζόμεθα τοῖς ὄμμασιν.

XV. Interea aedituorum unus, concitato admodum gressu ad sacerdotem veniens, puellam quamdam peregrinam ad Dianam confugisse, cunctis audientibus, nuntiavit. Qua re cognita, ego spem concepi, oculos sustuli, ac pæne reviviscere visus sum. Clinia vero ad Sostratum conversus, Vera, inquit, pater, vaticinia mea sunt: atque, an formosa illa esset, aedituum rogavit. Cui aedituus, Non aliam, inquit, Diana excepta, formosiorem vidi. Tum ego laetitia exsulto et clamo: Leucippen dicis. Maxime, ait ille. Hoc enim nomine se vocari, patremque sibi esse Byzantium, patrem vero Sostratum, dixit. Clinia igitur laetabundus plausum edere coepit, cum Sostratus interim prae gaudio exanimatus concidisset. Ego saltu me ad sidera e vinculis dedi, mox ad templum tanquam tormento aliquo impulsus convolavi. Custodes, fugam me arripuisse putantes, insequebantur: atque obvios quosque ad me comprehendendum clamore advocabant. Sed pedibus meis alas additas fuisse dixisses. Tandem insanientis more currentem me quidam apprehenderunt, et custodes simul aderant et me caedere conabantur. Verum ego audentior jam factus contra niti: illi me ad carcerem ducere pergebant.

XVI. Interea sacerdos et Clinia praesto fuerunt. Cliniaque prior, Quo hominem, inquit, ducitis? hic certe cædem, cujus damnatus est, nunquam fecit. Sostratus quoque eadem fere singillatim repetebat, ejusque, quam peremptam putabant, patrem se esse affirmabat. Qui aderant, cognita re, Dianae numen laudibus extollebant: meque circumstantes ad carcerem duci vetabant. Custodes autem sibi hominis jam damnati dimittendi jus non esse causabantur, donec sacerdos Sostrato orante maxime promittens fore ut, cum opus esset, in jus venirem vas est factus. Itaque vinculis solutus ad Dianae quam ocyssime contendi, meaque vestigia Sostratus persecutus est, sed nescio an pari mecum laetitia. Sed nullus reperitur tam celer cursor, quem famae ala non antevertat. Ea nos antegressa, Leucippen cum de aliis omnibus, tum de Sostrati adventu, certiorem fecerat. Itaque cum primum nos vidit, e fano exiens patrem quidem complexa est, oculos vero in me convertit: ego licet ob Sostrati praesentiam verecundans, me, quo minus ad illam amplectendam excurrerem, continerem, non tamen ab ejus vultu oculos defigere usquam valebam. Ita nutibus nos obtutibus inter nos salutabamus.

ACHILLES TATIUS.

ΛΟΓΟΣ ΟΓΔΟΟΣ.

Ἄρτι δ' ἡμῶν μελλόντων καθέζεσθαι καὶ περὶ τούτων διαλέγεσθαι, Θέρσανδρος σπουδῇ μάλα, μάρτυρας ἄγων τινὰς, ἔρχεται πρὸς τὸν νεών, καὶ μεγάλῃ τῇ φωνῇ πρὸς τὸν ἱερέα, Μαρτύρομαι, ἔφη, τῶνδε ἐναντίον, ὅτι μὴ δεόντως ἐξαιρῇ δεσμῶν καὶ θανάτου κατεγνωσμένον ἄνθρωπον ἐκ τῶν νόμων ἀποθανεῖν. Ἔχεις δὲ καὶ δούλην ἐμὴν, γυναῖκα μάχλον καὶ πρὸς ἄνδρας ἐπιμανῆ· ταύτην ὅπως μοι φυλάξεις. Ἐγὼ δὲ πρὸς τὸ, δούλην καὶ γυναῖκα μάχλον, ὑπεραλγήσας τὴν ψυχὴν, οὐκ ἤνεγκα τῶν ῥημάτων τὰ τραύματα, ἀλλ' ἔτι λαλοῦντος αὐτοῦ, Σὺ μὲν οὖν, ἔφην, καὶ τρίδουλος καὶ ἐπιμανὴς καὶ μάχλος· αὕτη δὲ καὶ ἐλευθέρα καὶ παρθένος καὶ ἀξία τῆς θεοῦ. Ὡς δὲ ταῦτ' ἤκουσε, Καὶ λοιδορεῖς, φήσας, δεσμώτα καὶ κατάδικε; παίει με κατὰ τῶν προσώπων μάλα βιαίως καὶ ἐπάγει δευτέραν· ἐκ δὲ τῶν ῥινῶν αἵματος ἔρρεον κρουνοί. Ὅιον γὰρ αὐτοῦ τὸν θυμὸν εἶχεν ἡ πληγή. Ὡς δὲ καὶ τρίτην ἀπροφυλάκτως ἔπαισε, λανθάνει μου τῷ στόματι περὶ τοὺς ὀδόντας προσπταίσας τὴν χεῖρα, καὶ τρωθεὶς τοὺς δακτύλους, μόλις τὴν χεῖρα συνέστειλεν ἀνακραγών. Καὶ οἱ ὀδόντες ἀμύνουσι τὴν τῶν ῥινῶν ὕβριν· τιτρώσκουσι γὰρ αὐτοὶ τοὺς παίοντας δακτύλους, καὶ ἃ πεποίηκεν ἔπαθεν ἡ χείρ. Καὶ ὁ μὲν ἐπὶ τῇ πληγῇ μάλ' ἀνακραγὼν συνέστειλε τὴν χεῖρα καὶ οὕτως ἐπαύσατο. Ἐγὼ δ' ἰδὼν οἶον ἔχει κακὸν, τοῦτο μὲν οὐ προσεποιησάμην· ἐφ' οἷς δ' ἐτυραννήθην τραγῳδῶν, ἐνέπλησα βοῆς τὸ ἱερόν.

Β'. Ποῖ φύγωμεν ἔτι τοὺς βιαίους; ποῖ καταδράμωμεν; ἐπὶ τίνα θεῶν μετὰ τὴν Ἄρτεμιν; Ἐν αὐτοῖς τυπτόμεθα τοῖς ἱεροῖς· ἐν τοῖς τῆς αὐλαίας παιόμεθα χωρίοις. Ταῦτ' ἐν ἐρημίαις μόναις γίνεται, ὅπου μηδεὶς μάρτυς, μηδ' ἄνθρωπός ἐστι· σὺ δ' αὐτῶν ἐν ὄψει τυραννεῖς τῶν θεῶν. Καὶ τοῖς μὲν πονηροῖς αἱ τῶν ἱερῶν ἀσφάλειαι διδόασι καταφυγήν, ἐγὼ δὲ μηδένα ἀδικήσας, ἱκέτης δὲ τῆς Ἀρτέμιδος γενόμενος, τύπτομαι παρ' αὐτῷ τῷ βωμῷ, βλεπούσης, οἴμοι, τῆς θεοῦ. Ἐπὶ τὴν Ἄρτεμιν αἱ πληγαί. Καὶ οὐ μέχρι πληγῶν ἡ παροινία, ἀλλὰ καὶ ἐπὶ τῶν προσώπων τις λαμβάνει τραύματα, ὡς ἐν πολέμῳ καὶ μάχῃ, καὶ μεμίανται μὲν τὸ ἔδαφος ἀνθρωπίνῳ αἵματι. Τοιαῦτα σπένδει τίς θεῷ; Οὐ βάρβαροι ταῦτα καὶ Ταῦροι, καὶ ἡ Ἄρτεμις ἡ Σκυθῶν; ὁ παρ' ἐκείνοις μόνος ναὸς οὕτως αἱμάσσεται. Τὴν Ἰωνίαν Σκυθίαν πεποίηκας, καὶ ἐν Ἐφέσῳ ῥεῖ τὰ ἐν Ταύροις αἵματα. Λαβὲ καὶ ξίφος κατ' ἐμοῦ. Καίτοι τί δῇ σιδήρου; τὰ τοῦ ξίφους πεποίηκεν ἡ χείρ. Ἀνδροφόνος αὕτη καὶ μιαιφόνος δεξιὰ τοιαῦτα δέδρακεν οἷα ἐκ φόνου γίνεται.

Γ'. Ταῦτά μου βοῶντος ὁ ὄχλος συνερρύη τὸν ἐν τῷ ἱερῷ παρόντων· καὶ οὗτοι ἐκάκιζον αὐτὸν καὶ ὁ ἱερεὺς αὐτὸς, Οὐκ αἰσχύνη τοιαῦτα ποιεῖν οὕτω φανερῶς καὶ ἐν τῷ ἱερῷ; ἐγώ τε τεθαρρηκὼς, Τοιαῦτα, ἔφην, ὦ ἄνδρες, πέπονθα, ἐλεύθερός τ' ὢν, καὶ πόλεως οὐκ

LIBER OCTAVUS.

At Thersander, dum nos jam sessuri, atque iis ipsis de rebus inter nos collocuturi essemus, concitato admodum gressu, adductisque secum testibus aliquot, fanum ingressus est: et voce quam maxime contenta ad sacerdotem conversus, Illud, inquit, his audientibus tibi denuntio, inique a te factum esse, qui hominem legibus capite damnatum e vinculis exemeris. Atqui ancillam etiam meam, impudicam illam quidem et in appetendis viris ad insaniam usque effusam, habes: hanc mihi serva. Tum ego et servam et impudicam Leucippen vocari audiens, animo vehementissime commotus, orationemque tam contumeliosam non ferens, ipso nondum tacente, Tu quidem, inquam, triservus es et insanus et impudicus: Leucippe libera est et virgo et dea digna. Quibus ille auditis, Tu, igitur, vinctus, inquit, et damnatus, conviciari audes? Et quanta maxima vi potuit, os mihi semel atque iterum contudit, ut sanguinis quasi rivi quidam e naribus manarint. Ira fervens enim plagam intulerat. Cum vero etiam tertio me percussisset, dexteram labris imprudenter impactam dentibus illisit, ac vulneratis digitis ingemiscens manum vix retraxit: ita dentes sauciata dextera narium injuriam ulti sunt, ipsae enim vulnerant digitos percutientes, et quae vulnera manus intulerat, accepit. Atque ille quidem prae vulneris dolore admodum lugens, manu ad se revocata, deinceps vim inferre destitit: ego vero digitorum vulnus animadvertisse dissimulans, vimque mihi illatam conquerens, templum clamore complevi.

II. Quonam tandem grassatorum violentiam fugiemus? Quo curremus? Quos post Dianae numen deos adibimus? Ipsis in templis vapulamus: in ipsis adytis plagae nobis imponuntur. Atqui desertis tantum in locis, ubi nulli adsint testes neque homines, facinora hujusmodi committi solent: tu vero coram diis ipsis regiam potestatem exerces: cumque templorum asyla sontibus praesidio sunt, ea ipse innocens ac supplex (me miserum) ante aras, ipsa vidente dea, vulnus accepi. Jam vero quis percussiones istas Dianae illatas fuisse neget? quanquam non iis quidem contenta fuit hujus insania, sed etiam vulnera in vultum, qualia in bello atque pugna inferuntur, intulit, humanoque pavimentum sanguine foedavit. At vero quis Ephesiae unquam Dianae hoc pacto sacrificavit? Barbarorum ac Taurorum hujusmodi quidem certe institutum est. Apud Scythas Dianae templum est: apud quos solos deae hujus altaria humano cruore conspergi receptum est. Tu autem Ionia sic Scythia esset, Ephesique idem, qui in Taurica insula, cruor manaret, effecisti. Quin igitur gladium etiam in me stringis? quanquam quid ferro opus est, cum gladii munere manus fungatur? cruenta enim et caedibus assueta dextera tua id nunc patravit, quod in occisionibus fieri consuevit.

III. Haec dum ego lamentarer, ab iis qui in templo erant, concursus ad me factus est: ac nonnulli ex iis hominem increpare coeperunt: quin etiam sacerdos ipse, Nonne dedecus est, inquit, tam aperte haec, in templo praesertim, facere? Quam ob causam ego jam confirmato animo, Hoc equi-

ἀσήμου, ἐπιβουλευθεὶς μὲν εἰς τὴν ψυχὴν ὑπὸ τούτου, σωθεὶς δ' ὑπὸ τῆς Ἀρτέμιδος, ἢ τοῦτον ἀπέφηνε συκοφάντην. Καὶ νῦν προελθεῖν με δεῖ καὶ ἀπονίψασθαι τὸ πρόσωπον ἔξω. Μὴ γὰρ ἐνταῦθα τοῦτο ποιήσαιμι
5 ἔγωγε, μὴ καὶ τὸ ἱερὸν ὕδωρ τῷ τῆς ὕβρεως αἵματι μιανθῇ. Τότε μὲν δὴ μόλις ἀφελκύσαντες αὐτὸν ἐξάγουσι τοῦ ἱεροῦ. Τοσοῦτον δ' εἶπεν ἀπιών· Ἀλλὰ τὸ μὲν σὸν ἤδη κέκριται, καὶ ὅσον οὐδέπω πείσῃ δίκην· τὸ δὲ τῆς ψευδοπαρθένου ταύτης [ἑταίρας] ἡ σύριγξ τιμω-
10 ρήσεται.

Δ'. Ὡς δ' ἀπηλλάγη ποτὲ, κἀγὼ ἐξελθὼν ἐκάθηρα τὸ πρόσωπον. Τοῦ δὲ δείπνου καιρὸς ἦν, καὶ ὑπεδέξατο ἡμᾶς ὁ ἱερεὺς μάλα φιλοφρόνως. Ἐγὼ δ' εἰς τὸν Σώστρατον ὀρθοῖς τοῖς ὀφθαλμοῖς ἰδεῖν οὐκ ἠδυνάμην,
15 συνειδὼς οἷα αὐτὸν διετεθείκειν. Καὶ ὁ Σώστρατος δὲ τὰς τῶν ὀφθαλμῶν ὁρῶν ἀμύξεις τῶν ἐμῶν, ἃς ἔτυχον ὑπ' αὐτοῦ παθὼν, ἀντῃσχύνετό με βλέπειν· καὶ ἡ Λευκίππη δὲ τὰ πολλὰ εἰς γῆν ἔβλεπε. Καὶ ἦν ὅλον τὸ συμπόσιον αἰδώς. Προϊόντος δὲ τοῦ πότου καὶ τοῦ
20 Διονύσου κατὰ μικρὸν ἐξιλασκομένου τὴν αἰδῶ (ἐλευθερίας γὰρ οὗτος πατήρ) ἄρχει λόγου πρῶτος ὁ ἱερεὺς πρὸς τὸν Σώστρατον· Τί οὐ λέγεις, ὦ ξένε, τὸν περὶ ὑμᾶς μῦθον ὅστις ἐστί; Δοκεῖ γάρ μοι περιπλοκάς τινας ἔχειν οὐκ ἀηδεῖς. Οἴνῳ δὲ μάλιστα πρέπουσιν οἱ
25 τοιοῦτοι λόγοι. Καὶ ὁ Σώστρατος προφάσεως λαβόμενος ἄσμενος, Τὸ μὲν κατ' ἐμὲ τοῦ λόγου μέρος ἁπλοῦν, εἶπεν, ὅτι Σώστρατος ὄνομα, Βυζάντιος τὸ γένος, τούτου θεῖος, πατὴρ ταύτης. Τὸ δὲ λοιπὸν, ὅπερ ἐστὶ μῦθος, λέγε, τέκνον Κλειτοφῶν, μηδὲν αἰδούμενος.
30 Καὶ γὰρ εἴ τί μοι συμβέβηκε λυπηρὸν, μάλιστα μὲν οὐ πόν ἐστιν, ἀλλὰ τοῦ δαίμονος· ἔπειτα τῶν ἔργων παρελθόντων ἡ διήγησις τὸν οὐκέτι πάσχοντα ψυχαγωγεῖ μᾶλλον ἢ λυπεῖ.

Ε'. Κἀγὼ πάντα τὰ κατὰ τὴν ἀποδημίαν τὴν ἀπὸ
35 Τύρου διηγοῦμαι, τὸν πλοῦν, τὴν ναυαγίαν, τὴν Αἴγυπτον, τοὺς βουκόλους, τῆς Λευκίππης τὴν ἀπαγωγὴν, τὴν παρὰ τῷ βωμῷ πλαστὴν γαστέρα, τὴν Μενελάου τέχνην, τὸν ἔρωτα τοῦ στρατηγοῦ, καὶ τὸ Χαιρέου φάρμακον, τὴν τῶν λῃστῶν ἁρπαγὴν, καὶ τὸ τοῦ μηροῦ
40 τραῦμα καὶ ἐδείξα τὴν οὐλήν. Ἐπεὶ δὲ κατὰ τὴν Μελίττην ἐγενόμην, ἐξῆρον τὸ πρᾶγμα ἐμαυτοῦ πρὸς σωφροσύνην μετατοιῶν καὶ οὐδὲν ἐψευδόμην· τὸν Μελίττης ἔρωτα, καὶ σωφροσύνην τὴν ἐμὴν, ὅσον ἐλιπάρησε χρόνον, ὅσον ἀπέτυχεν, ὅσα παρήγγειλεν, ὅσα
45 ὠδυρατο· τὴν ναῦν διηγησάμην, τὸν εἰς Ἔφεσον πλοῦν, καὶ ὡς ἄμφω συνεκαθεύδομεν, καὶ, μὰ ταύτην τὴν Ἄρτεμιν, ὡς ἀπὸ γυναικὸς ἀνέστη γυνή. Ἐν μόνον παρῆκα τῶν ἐμαυτοῦ δραμάτων, τὴν μετὰ ταῦτα πρὸς Μελίττην αἰδῶ. Ἐπεὶ καὶ τὸ δεῖπνον εἶπον, καὶ ὡς
50 ἐμαυτοῦ κατεψευσάμην, καὶ μέχρι τῆς θεωρίας τὸν λόγον συνεπέρανα, καὶ, Τὰ μὲν ἐμὰ ταῦτα, ἔφην· τὰ δὲ Λευκίππης τῶν ἐμῶν μείζονα. Πέπραται, δεδούλευκε, γῆν ἔσκαψε, σεσύληται τῆς κεφαλῆς τὸ κάλλος. Τὴν κουρὰν ὁρᾷς. Καὶ καθ' ἕκαστον ὡς ἐγέ-

---

dem, inquam, pacto, viri Ephesii, acceptus sum homo liber et non obscuræ urbis civis : ab isto enim vitæ summum in discrimen adductus, a Diana servatus, quæ hunc calumniatorem esse arguit. Nunc mihi e templo exire, faciemque abluere opus est : neque enim id ego hic unquam facere ausim, ne videlicet sacri latices cruore per contumeliam effuso polluantur. Interea Thersander, cum vix e delubro nonnulli eum protruderent, hujusmodi quiddam inter abeundum solus secum locutus est : Tu quidem, quod ad causam tuam attinet, jam damnatus es : nec multo post de te supplicium sometur. De scorto autem isto virginitatem ementiente, fistula judicium faciet.

IV. Posteaquam ille abiit, egressus ipse faciem ablui : cumque accumbendi jam tempus esset, a sacerdote peramanter accepti sumus. Ego vero eorum, quæ in Sostratum admiseram, conscius, oculos in illum palam conjicere non audebam : et ipse oculorum meorum vulnera videns, quibus me affecerat, me contueri pariter verecundabatur : Leucippe quoque nihil aliud, quam terram intuebatur, ita ut convivium prorsus verecundia constaret. Tandem procedente poto, Bacchoque pudorem sensim amovente, is enim libertatis auctor est, primus ad Sostratum conversus sacerdos, Quin tu igitur, inquit, o hospes, rerum vestrarum, cujusmodi tandem eæ sint, seriem narras? mihi sane non insuaves quasdam ambages continere videtur : præterea vino sermones hujusmodi maxime conveniunt. Tum Sostratus, loquendi occasione lubenter sumta, Quod quidem, inquit, ad me attinet, simplex admodum est. Sostrato mihi est nomen, patria Byzantium, atque adolescentis quidem istius patruus, puellæ autem pater sum. Cetera, quæ revera fabula sunt, tu, Clitophon, metu omni prorsus abjecto, effare. Nam si quid mihi acerbi evenit, non tibi, sed fortunæ tribuendum est. Ad hæc, præteritorum malorum commemoratio nullum penitus intermisso, narravi, Melites amorem, continentiamque meam, quamdiu me illa oraverit, quamdiu illam ipse lactaverim, tum quæcunque promisit, quæcunque conquesta est, omnia præterea, quæ in nave, dum Ephesum proficisceremur, acta sunt, nempe ut simul ambo cubueramus, a meque illa tanquam a muliere mulier, (Dianam ipsam testabar) surrexerat; postremo meam omnem erga illam observantiam, cœnam item, falsamque mei accusationem, et cetera omnia ad Sostrati usque adventum perspicue enarravi, unico tantum facto meo quod ad Meliten attinet prætermisso. Atque hæc quidem, inquam, de me quæ dicerem, habui, Leucippes autem facta meis multo majora sunt : vendita enim est, scrivivit, terram fodit, capitis decus, id quod tonsura ipsa declarat, ami-

8.

νετο διεξήειν. Κἄν τῷδε κατὰ τὸν Σωσθένην καὶ Θέρσανδρον γενόμενος, ἐξῆρον καὶ τὰ αὐτῆς ὅτι μᾶλλον ἢ τἀμὰ εἰδὼς αὐτῇ χαριούμενος ἀκούοντος τοῦ πατρός· ὡς πᾶσαν αἰκίαν ἤνεγκεν εἰς τὸ σῶμα καὶ ὕβριν, πλὴν μιᾶς· ὑπὲρ δὲ ταύτης τὰς ἄλλας πάσας ὑπέστη· καὶ ἔμεινε, πάτερ, τοιαύτη μέχρι τῆς παρούσης ἡμέρας, οἵαν αὐτὴν ἐξέπεμψα ἀπὸ Βυζαντίου. Καὶ οὐκ ἐμὸν τοῦτ' ἐγκώμιον, ὅτι φυγὴν ἑλόμενος οὐδὲν ἔδρασα, ὑπὲρ ὧν ἔφυγον, ἀλλ' αὐτῆς, ὅτι καὶ ἐν μέσοις λῃσταῖς ἔμεινε παρθένος, καὶ τὸν μέγαν ἐνίκησε λῃστήν, Θέρσανδρον λέγω, τὸν ἀναίσχυντον, τὸν βίαιον. Ἐφιλοσοφήσαμεν, πάτερ, τὴν ἀποδημίαν. Ἐδίωξε γὰρ ἡμᾶς ἔρως, καὶ ἣν ἐραστοῦ καὶ ἐρωμένης φυγή· ἀποδημήσαντες γεγόναμεν ἀλλήλων ἀδελφοί. Εἴ τις ἄρα ἐστὶν ἀνδρὸς παρθενία, ταύτην κἀγὼ μέχρι τοῦ παρόντος πρὸς Λευκίππην ἔχω. Ἡ μὲν γὰρ ἤρα ἐκ πολλοῦ τοῦ τῆς Ἀρτέμιδος ἱεροῦ. Δέσποινα Ἀφροδίτη, μὴ νεμεσήσῃς ἡμῖν ὡς ὑβρισμένη. Οὐκ ἠθέλομεν ἀπάτορα γενέσθαι τὸν γάμον. Πάρεστιν οὖν ὁ πατήρ· ἧκε καὶ σύ· εὐμενὴς ἡμῖν ἤδη γενοῦ. Ταῦτ' ἀκούοντες, ὁ μὲν ἱερεὺς ἐκεχήνει, θαυμάζων ἕκαστον τῶν λεγομένων· ὁ δὲ Σώστρατος καὶ ἐπεδάκρυεν, ὁπότε [τὸ] κατὰ Λευκίππην ἐγεγόνει. [δρᾶμα]. Καὶ ἐπεὶ ποτ' ἐπαυσάμην, Τὰ μὲν ἡμέτερα, εἶπον, ἠκούσατε· ἓν δ' αἰτῶ μαθεῖν κἀγὼ παρὰ σοῦ, ἱερεῦ, μόνον· τί ποτ' ἐστὶν, ὃ τελευταῖον ἀπιὼν ὁ Θέρσανδρος κατὰ Λευκίππης προσέθηκε, σύριγγα εἰπών; Ἀλλὰ σύ, ἔφη, καλῶς ἀνήρου· καὶ γὰρ εἰδότας ἡμᾶς τὰ περὶ τὴν σύριγγα τοῖς παροῦσιν ὅμως ἁρμόσασθαι προσήκει· κἀγὼ τὸν σὸν ἀμείψομαι μῦθον εἰπών.

Ϛ΄. Ὁρᾷς τουτὶ τὸ ἄλσος τὸ κατόπιν τοῦ νεώ. Ἐνθάδ' ἐστὶ σπήλαιον ἀπόρρητον γυναιξί, καθαραῖς δ' εἰσελθούσαις οὐκ ἀπόρρητον παρθένοις. Ἀνάκειται δὲ σύριγξ, ὀλίγον ἔνδον τῶν τοῦ σπηλαίου θυρῶν. Εἰ μὲν οὖν τὸ ὄργανον καὶ παρ' ὑμῖν ἐπιχωριάζει τοῖς Βυζαντίοις, ἴστε ὃ λέγω· εἰ δὲ τις ὑμῶν ἧττον ὡμίλησε ταύτῃ τῇ μουσικῇ, φέρε καὶ οἷόν ἐστιν εἴπω, καὶ τὸν ταύτῃ τοῦ Πανὸς πάντα μῦθον. Ἡ σύριγξ αὐλοὶ μέν εἰσι πολλοί, κάλαμοι δὲ τῶν αὐλῶν ἕκαστος· αὐλοῦσι δ' οἱ κάλαμοι πάντες ὥσπερ αὐλὸς εἷς. Σύγκεινται δὲ στοιχηδὸν ἄλλος ἐπ' ἄλλον ἡνωμένος· τὸ πρόσωπον ἰσοστάσιον καὶ τὸ νῶτον. Καὶ ὅσοι εἰσὶ τῶν καλάμων βραχὺ μικρῷ λειπόμενοι, τούτων μείζων ὁ μετὰ τοῦτον, καὶ (ὁ πρῶτος τοῦ δευτέρου) [ἐπὶ τῷ δευτέρῳ] τοσοῦτον, ὅσον τοῦ δευτέρου μείζων ὁ μετὰ τοῦτον [τρίτος], καὶ κατὰ λόγον οὕτως ὁ λοιπὸς τῶν καλάμων χορὸς ἕκαστον τοῦ πρόσθεν ἴσον ἔχων, τὸ δ' ἔσω μέσον ἐστὶ τῷ περιττῷ. Αἴτιον δὲ τῆς τοιαύτης τάξεως ἡ τῆς ἁρμονίας διανομή. Τὸ μὲν γὰρ ὀξύτατον ἄνω, καὶ ὅσον τὸ κάτω πρῶτον βαρύ, κατὰ κέρας ἑκάτερον ὁ ἄκρος ἔλαχεν αὐλός· τὰ δὲ μεταξὺ τῶν ἄκρων τοῦ ῥυθμοῦ διαστήματα, πάντες οἱ μεταξὺ κάλαμοι, ἕκαστος ἐπὶ τὸν πέλας τὸ ὀξὺ καταφέρων εἰς τὸν τῷ τελευταίῳ συνάπτει βάρει. Ὅσα δ' ὁ τῆς

sit. Unumquodque deinde, sicuti actum fuerat enarravi et cum de Sosthene Thersandroque facienda esset mentio, magis illius facta quam mea verbis extuli, sciens me puellæ ipsi, patre præsertim audiente, rem gratam facere. Ærumnas enim contumeliasque omnes, inquam, una duntaxat excepta, perpessa est, intactaque, pater qualem ipsam Byzantio dimisisti, in hanc usque diem permansit. Neque vero istud laudi mihi dari velim, qui fuga arrepta nihil eorum, ob quæ fugiebam, molitus sim : sed ipsi potius, quæ inter piratas etiam integram se servaverit, et piratarum omnium maximi, Thersandri scilicet, inverecundi atque audacis, violentiæ restitit. Nos vero, et consulto quidem, navigationem suscœpimus, pater : verum ad id amoris nimia vi compulsi fuimus, ut merito illa mutuo amantium fuga dici possit, sed fratres ambo una in itinere facti sumus, virginitatemque ipsi meam, si qua viris virginitas inest, impollutam adhuc, quod ad Leucippen attinet, servo, quandoquidem ipsam quoque Dianæ cultui jampridem addictam esse perdidiceram. At tu, o hera Venus, ne nobis tanquam neglecta succenseas. Absente patre nuptias facere noluimus. Ille nunc hic adest : quare adsis tu quoque nobis jam tandem propitia. Quæ cum illi audivissent, sacerdos quidem præ admiratione obstupefactus est : Sostratus vero lacrymas profudit, quotiescunque de Leucippes incommodis actum fuit. Postesquam dicendi a me finis tandem est factus, Casus æquidem, inquam ego, nostros recensui omnes : nunc unum ipse quoque, o sacerdos, audire pervelim : nempe quid illud sit, quod postremo abiens Thersander Leucippæ minatus est, fistulæ mentioned facta. Tum ille, recte sane, inquit, rogas. Æquum enim est, ut qui rem hanc, uti se habet, scimus, præsentibus annectere. Et ego, hæc narrans tibi gratiam referam.

VI. Videsne igitur, inquit ille, nemus post templum ? In eo spelunca est, mulieribus quidem inaccessa, virginibus autem nequaquam. Paulo intra ejus ostium fistula suspensa est : quod instrumenti genus si apud vos Byzantios in usu est, jam quid dicam, intelligitis : sin autem e vobis aliquis est qui non noverit hoc musices genus, ei ego quale id sit, Panisque omnem etiam fabulam, quatenus ad id pertinet, enarrabo. Fistula pluribus e tibiis compacta est : quæ singulæ singulis ex arundinibus constant. Canunt arundines ipsæ omnes, perinde ac tibia una sonum edunt : inter seque ita collocatæ sunt, ut altera alteri ordinatim adhæreat. Facies anterior posteriori similis habetur. Quoniam autem arundinum aliam alia excedit, illud scire oportet, altero ex capite quanto primam secunda superat, tanto secundam a tertia superari, cæterasque deinceps proportionem eandem sequi : ex altero vero capite æquales illas inter se omnes esse : quæ omnium media est, ea longiore dimidio minor est. Illæ autem ordine dispositæ arundines fuerunt, ut æqualis effici concentus posset. Nam cum acutissimus sonus in sublime admodum feratur, gravissimus autem contra deprimatur, amboque extremas arundines, alter alteram scilicet, sortiti sint, interjacentes alias, quæ vocum intervalla moderantur, constitui necesse fuit. Illæ enim sonos impares, sed tamen pro rata portione distinctos nactæ, acutæque cum gravibus temperantes, in causa sunt, ut extremæ inter se congruant, sic, ut æqualis demum concentus ef-

LIBER VIII.

Ἀθηνᾶς αὐλὸς [ἐντὸς] λαλεῖ, τοσαῦτα καὶ ὁ τοῦ Πα-
νὸς ἐν τοῖς στόμασιν αὐλεῖ. Ἀλλ' ἐκεῖ μὲν οἱ δάκτυ-
λοι κυβερνῶσι τὰ αὐλήματα, ἐνταῦθα δὲ τοῦ τεχνίτου
τὸ στόμα μιμεῖται τοὺς δακτύλους. Κἀκεῖ μὲν κλεί-
σας ὁ αὐλητὴς τὰς ἄλλας ὀπὰς, μίαν ἀνοίγει μόνην,
δι' ἧς τὸ πνεῦμα καταρρεῖ, ἐνταῦθα δὲ τοὺς μὲν
ἄλλους ἐλευθέρους ἀφῆκε καλάμους, μόνῳ δὲ τῷ χείλος
ἐπιτίθησιν, ὃν ἂν ἐθέλῃ μὴ σιωπᾶν, μεταπηδᾷ τ' ἄλλοτ'
ἐπ' ἄλλον, ὅποι ποτ' ἂν (αὐτὸν) ἡ τοῦ κρούματος
ἁρμονία καλῇ. Οὕτως αὐτῷ περὶ τοὺς αὐλοὺς χορεύει τὸ
στόμα. Ἦν δ' ἡ σύριγξ οὔτ' αὐλὸς ἀπ' ἀρχῆς, οὔτε
κάλαμος, ἀλλὰ παρθένος εὐειδὴς οἵαν εἶχεν κρίνειν.
Ὁ Πὰν οὖν ἐδίωκεν αὐτὴν δρόμον ἐρωτικὸν, τὴν δ'
ὕλη τις δέχεται δασεῖα φεύγουσαν· Ὁ δὲ Πὰν κατὰ
πόδας εἰσθορὼν, ὤρεγε τὴν χεῖρα ὡς ἐπ' αὐτήν. Καὶ
ὁ μὲν ᾤετο τεθηρακέναι καὶ ἔχεσθαι τῶν τριχῶν, κα-
λάμων δὲ κόμην εἶχεν ἡ χείρ. Τὴν μὲν γὰρ εἰς γῆν
καταδῦναι λέγουσι, καλάμους δὲ τὴν γῆν ἀντ' αὐτῆς
τεκεῖν. Τέμνει δὴ τοὺς καλάμους ὑπ' ὀργῆς ὁ Πὰν,
ὡς κλέπτοντας αὐτοῦ τὴν ἐρωμένην. Ἐπεὶ δὲ μετὰ
ταῦτ' οὐκ εἶχεν εὑρεῖν, εἰς τοὺς καλάμους δοκῶν λελύ-
σθαι τὴν κόρην, ἔκλαε τὴν τομὴν, νομίζων τεθνηκέναι
τὴν ἐρωμένην. Συμφορήσας οὖν τὰ τετμημένα τῶν
καλάμων ὡς μέλη τοῦ σώματος, καὶ συνθεὶς εἰς ἓν
σῶμα, εἶχε διὰ χειροῦν τὰς τομὰς τῶν καλάμων κατα-
φιλῶν, ὡς τῆς κόρης τραύματα. Ἔστενε δ' ἐρωτικὸν
ἐπιθεὶς τὸ στόμα, καὶ ἐνέπνει ἄνωθεν εἰς τοὺς αὐλοὺς
ἅμα φιλῶν. Τὸ δὲ πνεῦμα διὰ τῶν ἐν τοῖς καλάμοις
στενωπῶν καταρρέον, αὐλήματα ἐποίει, καὶ ἡ σύριγξ
εἶχε φωνήν. Ταύτην οὖν τὴν σύριγγά φασιν ἀναθεῖ-
ναι μὲν ἐνθάδε τὸν Πᾶνα, περιορίσαι δ' εἰς σπήλαιον
αὐτὴν, θαμίζειν τ' αὐτοῦ καὶ τῇ σύριγγι συνήθως αὐ-
λεῖν. Χρόνῳ δ' ὕστερον χαρίζεται τῷ χωρίον τῇ Ἀρ-
τέμιδι, συνθήκας ποιησάμενος πρὸς αὐτὴν, μηδεμίαν
ἐκεῖ καταβαίνειν γυναῖκα. Ὅταν οὖν αἰτίαν ἔχῃ τις
οὐκ εἶναι παρθένος, προπέμπει μὲν αὐτὴν ὁ δῆμος
μέχρι τῶν τοῦ σπηλαίου θυρῶν, δικάζει δ' ἡ σύριγξ
τὴν δίκην. Ἡ μὲν γὰρ παῖς εἰσέρχεται κεκοσμημένη
στολῇ τῇ νενομισμένῃ, ἄλλος δ' ἐπικλείει τὰς τοῦ
σπηλαίου θύρας. Κἂν μὲν ᾖ παρθένος, λιγυρόν τι
μέλος ἀκούεται καὶ ἔνθεον, ἤτοι τοῦ τόπου πνεῦμα
ἔχοντος μουσικὸν εἰς τὴν σύριγγα ταμιεῖον, ἢ τάχα καὶ
ὁ Πὰν αὐτὸς αὐλεῖ. Μετὰ δὲ μικρὰν αὐτόμαται μὲν
αἱ θύραι ἀνεῴχθησαν τοῦ σπηλαίου, ἀκφαίνεται δ' ἡ
παρθένος ἐστεφανωμένη τὴν κεφαλὴν πίτυος κόμαις.
Ἐὰν δ' ᾖ τὴν παρθενίαν ἐψευσμένη, σιωπᾷ μὲν ἡ σύ-
ριγξ, οἰμωγὴ δέ τις ἀντὶ μουσικῆς ἐκ τοῦ σπηλαίου
πέμπεται, καὶ εὐθὺς ὁ δῆμος ἀπαλλάττεται καὶ ἀφίη-
σιν ἐν τῷ σπηλαίῳ τὴν γυναῖκα. Τρίτῃ δ' ἡμέρᾳ
παρθένος ἱέρεια τοῦ τόπου παρελθοῦσα, τὴν μὲν σύριγ-
γα εὑρίσκει χαμαὶ, τὴν δὲ γυναῖκα οὐδαμοῦ. Πρὸς
ταῦτα παρασκευάσασθε πῶς ἂν αὐτῆς τύχης καὶ
σύνετε. Εἰ μὲν γάρ ἐστι παρθένος, ὡς ἔγωγε βου-
λοίμην, ἄπιτε χαίροντες τῆς σύριγγος τυχόντες εὐμε-

ficiatur. Porro fistula hæc, si ori eam quis admoveat, eadem prorsus, quæ Palladis tibia, refert : verum hic digiti modos temperant, illic artificis os manum imitatur : hic tibicen foramina omnia, uno dumtaxat excepto, per quod spiritus exeat, obturat ; illic fistulicen arundines alias omnes liberas dimittens, uni tantum, quam quidem sonum edere velit, os admovet : qua deinde omissa, ad aliam atque aliam, in quamcumque partem ipsum harmoniæ lex vocaverit transilit. Eoque pacto circum arundines labra feruntur. Ac fuit quidem tempus, cum fistula hæc neque tibia, neque arundo erat, sed virgo supra quam quis judicare possit, formosa : quæ cum sui amore captum Panem deum fugeret, densissimam in sylvam sese recepit. Pan vero vestigiis consecutus, puellæ manum tandem injecit : eumque capillis comprehensam illam tenere se arbitraretur, arundinum frondes apprehendebat manus, quas absorptæ terræ discessu puellæ loco enatas aiunt. Has igitur, utpote quæ amicam sibi suam eripuissent, iræ impotentia devictus, succidit. Verum puella non inventa, quum eam in arundines mutatam esse putaret, quod amicam leto se dedisse crederet, ob dissectionem ingemuit, dissectasque arundines, tanquam virginis membra essent, colligens, atque in unum componens, eam partem ubi dissectæ erant, tanquam puellæ vulnera manibus continere, ac dissuaviari perrexit. Ita dum amatorie lamentatur, os admovens, et foramina superne inflabat, simul oscula inferens. Spiritus calamos intravit, perque angustias eorum means sonum edidit : atque hoc pacto fistula vocem nacta est, quam deinceps a Pane in spelunca illa collocatam conclusamque fuisse, deum autem ipsum illuc frequenter ventire, ac deo more cauere solitum, constans fama est. Post temporis intervallum vero Dianæ hunc agrum dono dat, pactione cum illa facta, ne mulier eo descenderet. Quamobrem cum in violati pudoris suspicionem virgo aliqua venit, eam populus ad speluncæ usque fores comitatur, ut fistulæ judicium subeat. Nam puella stolam ad id rite comparatam induta in antrum descendit, cujus postes ab uno aliquo obserantur : ac tum quidem, si ea virgo adhuc sit, canorus quidam ac pæne divinus sonus exauditur : sive quod musicum spiritum reconditum locus ille habeat unde fistula sonos promat, sive quod Pan forte ipse canat. Nec multo post auri valvæ sponte recluduntur, virgoque pineis frondibus redimita conspicitur. Sin autem virginem se mentita fuerit, fistula tacet, pro cantu fletum quendam spelunca emittit. Populus itaque, relicta ibi muliere, confestim abit : virgo autem loci ejus antistita tertio demum die speluncam ingressa, fistulam quidem humi delapsam, mulierem vero nusquam reperit. Ad hæc vos parate quorum quis exitus futurus sit, etiam atque etiam cogitate. Ac si viri adhuc expers Leucippe est (id quod ipse sane pervelim) alacres periculum facite, propitiam vobis fistulam habituri : cujus judicium nemini

νοῦς· οὐ γὰρ ἄν ποτε ψεύσαιτο τὴν κρίσιν· εἰ δὲ μή,
αὐτοὶ γὰρ ἴστε οἷα εἰκὸς ἂν τοσαύταις αὐτὴν ἐπιβουλαῖς
γενομένην ἀκούσαν....

Ζ΄. Καὶ εὐθὺς ἡ Λευκίππη, πρὶν τὸν ἱερέα εἰπεῖν
τὸν ἑξῆς λόγον, ὥς γέ μοι δοκεῖ, μηδὲ εἴπῃς· ἐγὼ γὰρ
ἑτοίμη εἰς τὸ τῆς σύριγγος σπήλαιον εἰσελθεῖν καὶ χω-
ρὶς προκλήσεως κατακεκλεῖσθαι. Ἀγαθὰ λέγεις, ὁ
ἱερεὺς εἶπε, καί σοι συνήδομαι ὑπὲρ σωφροσύνης καὶ
τύχης. Τότε μὲν οὖν ἑσπέρας γενομένης, ἕκαστος
ἡμῶν ἀπῄει κοιμησόμενος, ἔνθα ὁ ἱερεὺς παρεσκεύασεν.
Ὁ Κλεινίας δ᾽ οὐκ ἦν ἡμῖν συνδειπνῶν, ὡς ἂν μὴ
φορτικοὶ δοκοίημεν εἶναι τῷ ξενοδόκῳ, ἀλλ᾽ ἔνθα καὶ
τὴν πρόσθεν ἡμέραν, καὶ τὴν τότε. Τὸν μέν τοι Σώ-
στρατον ἑώρων ὑποθορυβηθέντα τῷ τῆς σύριγγος διηγή-
ματι, μὴ ἄρα τὰ περὶ τῆς παρθενίας δι᾽ αἰδῶ τὴν πρὸς
αὑτὸν ψευδώμεθα. Διανεύω δὴ τῇ Λευκίππῃ νεύματι
ἀφανεῖ τὸν φόβον τοῦ πατρὸς ἐξελεῖν, ἐπισταμένην οἵῳ
δὴ τρόπῳ μάλιστα οἴεται πείσειν. Κἀκείνη δ᾽ ἐδόκει
μοι ταὐτὸν ὑποπτεύειν, ὥστε ταχύ μου συνῆκε. Διε-
νοεῖτο δὲ καὶ πρὸ τοῦ παρ᾽ ἐμοῦ νεύματος, πῶς ἂν
κοσμιώτατα προσενεχθείη τῷ πιστώματι. Μέλλουσα
οὖν πρὸς ὕπνον ἀναχωρεῖν, καὶ ἀσπαζομένη τὸν πατέ-
ρα, ἠρέμα πρὸς αὐτόν, Θάρρει, πάτερ, ἔφη, περὶ
ἐμοῦ, καὶ πίστευε τοῖς εἰρημένοις. Μὰ τὴν γὰρ Ἄρ-
τεμιν, οὐδέτερος ἡμῶν οὐδὲν ἐψεύσατο. Τῇ δ᾽ ὑστε-
ραίᾳ περὶ τὴν θεωρίαν ἦσαν ὅ τε Σώστρατος καὶ ὁ
ἱερεύς, καὶ ηὐτρεπισμέναι ἦσαν αἱ θυσίαι. Παρῆν
δὲ καὶ ἡ βουλὴ μεθέξουσα τῶν ἱερείων. Εὐφημίαι δ᾽
ἦσαν εἰς τὴν θεὸν πολλαί, καὶ ὁ Θέρσανδρος (ἔτυχε
γὰρ καὶ αὐτὸς παρών) προσελθὼν τῷ προέδρῳ, Πρό-
γραφον εἰς αὔριον, ἔφη, τὰς περὶ ἡμῶν δίκας, ἐπεὶ
καὶ τὸν καταγνωσθέντα σοι χθὲς ἤδη τινὲς ἔλυσαν,
καὶ ὁ Σωσθένης ἐστὶν οὐδαμοῦ. Προγέγραπτο μὲν
οὖν εἰς τὴν ὑστεραίαν ἡ δίκη. Παρεσκευαζόμεθα δ᾽
ἡμεῖς μάλ᾽ εὐπρεπῶς ἔχοντες.

Η΄. Ἠκούσης δὲ τῆς κυρίας, ὁ Θέρσανδρος εἶπεν
ὧδε· οὐκ οἶδα τίνος ἄρξωμαι λόγου καὶ πόθεν, οὐδὲ
τίνων κατηγορήσω πρῶτον καὶ τίνων δεύτερον. Τά
τε γὰρ τετολμημένα πολλὰ ὑπὸ πολλῶν, καὶ οὐδὲν
ἀκόλουθα τῷ μεγέθει δεύτερον· πάντα δ᾽ ἀλλήλων γυμνά,
καὶ μεθ᾽ ὧν οὐδ᾽ ἂν ἀψώμαι κατηγορῶν. Τά τε γὰρ
τῆς ψυχῆς κρατούσης, φοβοῦμαι μὴ ἀτελής μοι ὁ λόγος
γένηται, τῆς τῶν ἄλλων μνήμης τὴν γλῶτταν ἐφ᾽
ἕκαστον ἑλκούσης. Ἡ γὰρ εἰς τὸ μήπω λεχθὲν ἐπείξις
τοῦ λόγου τὸ ὁλόκληρον τῶν ἤδη λεχθέντων παραι-
ρεῖται. Ὅταν μὲν γὰρ φονεύωσι τοὺς ἀλλοτρίους
οἰκέτας οἱ μοιχοί, μοιχεύωσι δὲ τὰς ἀλλοτρίας γυ-
ναῖκας οἱ φονεῖς, λύωσιν δ᾽ ἡμῖν τὰς θεωρίας οἱ πορ-
νοβοσκοί, τὰ δὲ σεμνότατα τῶν ἱερῶν μιαίνωσιν αἱ
πόρναι, τὰς ἡμέρας δὲ λογιζόμενος, ἢ ταῖς δούλαις καὶ
τοῖς δεσπόταις, τί ἐτράπη τις ἔτι, [τῆς] ἀνομίας ὁμοῦ
καὶ μοιχείας, καὶ ἀσεβείας καὶ μιαιφονίας κεκερασ-
μένης; Κατεγνώκατέ τινος θάνατον, ἐφ᾽ αἷς δὴ ποτ᾽ οὖν
αἰτίαις, οὐδὲν γὰρ διαφέρει, καὶ δεδεμένον εἰς τὸ δεσ-

unquam fraudi fuit. Sin minus, vos enim scire debetis,
quam multa verisimile est eam vel invitam (pertulisse),
cui toties in insidiatorum manus devenire contigit.

VII. Tum Leucippe, antequam cœptum sermonem sa-
cerdos finiret, Atqui, quum hoc decreverim facere, nihil
addas; ego enim fistulæ antrum promte ingredi atque
ibi, ne provocata quidem, concludi. Est id mihi, inquit
sacerdos, perjucundum : tuamque tibi continentiam et
felicitatem gratulor. Sed cum jam advesperasset, nostrûm
unusquisque, ubi sacerdos præscripserat Λcubitum abiit.
Clinia nobiscum haudquaquam cœnaverat, hospiti enim
oneri esse nolebamus, sed eo se receperat, ubi pridie
quoque fuerat diversatus. Cæterum Sostratus, iis auditis,
quæ de fistula narrata fuerant, subvereri nobis visus est,
ne verecundia erga se nostra ad mentiendam virginitatem
adduceremur. Quamobrem ego puellæ clam nutu indicavi,
ut illum patri timorem eximeret : quo enim maxime modo
id ei persuaderet, didicerat, idemque et ipsa suspicari
mihi visa fuerat. Quid enim meus ille nutus sibi vellet,
statim percepit : ac jam etiam ante, quam ei annuerem,
nonnulla excogitaverat, ad persuadendum quam apposites-
sima. Cubitum enim itura, patre salutato, bonoque
animo esse jusso, Verbis, inquit, pater, nostris fidem
habe : nemo enim nostrûm, ita me Diana servet, ulla in
re mentitus est. Postridie illius diei, cum victimæ in
promptu essent, Sostratus et sacerdos sacris peragendis
operam impenderunt. Convenit autem etiam divinæ rei
participes futura concio. Deæque magno cum plausu ac-
clamatum est. Thersander autem (aderat enim et ipse)
in præsidis conspectum progressus, Vadimonium, inquit,
nobis in crastinum differ : quem enim tu heri damnasti,
nonnulli missum fecerunt, Sosthenesque nusquam inveni-
tur. Itaque factum fuit. Nosque interea, ut vadimo-
nium longe paratiores obiremus, operam dedimus.

VIII. Cujus cum dies tandem advenisset, Thersander
hunc in modum verba fecit : Quibus utar verbis, undeve
initium dicendi sumam, quos prius, et quos posterius
accusem, non satis scio : multa enim et a multis audacter
facta, mihi dicenda esse offerunt, magnitudine inter se
paria, omnia a se invicem separata, quorum nullum accu-
sando totum enarrare possum. Nam ea, quæ animus con-
cepit, vereor ut explicare oratione possim, aliarum præ-
sertim rerum memoria linguam ad se trahente. Quippe
dum ad illa quæ nondum dicta sunt, oratio festinat, fa-
cultatem eripi mihi sentio, quo minus res jam susceptas
absolvam. Etenim cum aliorum servos adulteri necent,
alienas conjuges sicarii violent, theoriarum sanctitatem
lenones tollant, sanctissima Deorum templa meretrices
profanent, sin etiam, qui ancillis herisque diem dicant;
quid faciat quis violatis legibus, adulteriis, sacrilegiis,
cædibus cumulatis? Unum, quæso, aliquem vos quavis de
causa (nihil enim refert) capitis damnate, atque in cu-

μωτήριον ἀπεστείλατε, φυλαχθησόμενον τῇ καταδίκῃ· οὗτος δὲ παρέστηκεν ὑμῖν, ἀντὶ τῶν δεσμῶν λευκὴν ἠμφιεσμένος στολήν, καὶ ἐν τῇ τάξει τῶν ἐλευθέρων ἕστηκεν ὁ δεσμώτης. Τάχα δὲ [καὶ] τολμήσει 5 καὶ φωνὴν ἀφεῖναι καὶ ἐπιρρητορεῦσαί τι κατ' ἐμοῦ, μᾶλλον δὲ καθ' ὑμῶν καὶ τῆς ὑμετέρας ψήφου. Λέγε δὲ ὧδε τῶν προέδρων καὶ τῶν συμβούλων τὸ δόγμα. Ἀκούετε καθάπερ ἐψηφίσασθε, καὶ τὴν περὶ τούτου μοι γραφήν. Ἔδοξεν ἀποθνήσκειν Κλειτοφῶντα. Ποῦ 10 τοίνυν ὁ δήμιος; ἀπαγέτω τοῦτον λαβών. Δὸς ἤδη τὸ κώνειον. Ἤδη τέθνηκε τοῖς νόμοις· κατάδικός ἐστιν ὑπερήμερος. Τί λέγεις, ὦ σεμνότατε καὶ κοσμιώτατε ἱερεῦ; ἐν ποίοις ἱεροῖς γέγραπται νόμοις τοὺς ὑπὸ τῆς βουλῆς καὶ τῶν πρυτάνεων κατεγνωσμένους καὶ θανά-
15 τοις καὶ δεσμοῖς παραδοθέντας, ἐξαρπάζειν τῆς καταδίκης καὶ τῶν δεσμῶν ἀπολύειν, καὶ κυριώτερον σαυτὸν ποιεῖν τῶν προέδρων καὶ τῶν δικαστηρίων; Ἀνάστηθι τοῦ θώκου, πρόεδρε, παραχώρησον τῆς ἀρχῆς αὐτῷ καὶ τοῦ δικαστηρίου· οὐκέτι οὐδενὸς εἶ κύριος· οὐδὲν 20 ἔξεστί σοι κατὰ τῶν πονηρῶν ψηφίσασθαι, καὶ σήμερον ὅ τι δόξει λύεται. Τί ἕστηκας, ἱερεῦ, σὺν ἡμῖν ὡς τῶν πολλῶν εἷς; Ἀνάβηθι, καὶ κάθισον ἐν τῷ τοῦ προέδρου θρόνῳ, καὶ σὺ δίκαζε λοιπὸν ἡμῖν, μᾶλλον δὲ κέλευε τυραννικῶς, μηδ' ἀναγινωσκέσθω σοί τις νόμος, μηδὲ 25 γνώσις δικαστηρίου, μήθ' ὅλως ἄνθρωπον σεαυτὸν ἡγοῦ. Μετὰ τῆς Ἀρτέμιδος προσκυνοῦ· καὶ γὰρ τὴν ἐκείνης τιμὴν ἐξήρπασας. Αὐτὴ μόνη τοὺς ἐπ' αὐτὴν καταφεύγοντας ἔξεστι σώζειν· καὶ ταῦτα πρὸ δικαστηρίου γνώσεως. Δεδεμένον δ' οὐδένα λέλυκεν ἡ θεός, οὐδὲ 30 θανάτῳ παραδοθέντα ἠλευθέρωσε τῆς τιμωρίας. Τῶν δυστυχούντων εἰσὶν, οὐ τῶν ἀδικούντων οἱ βωμοί. Σὺ δὲ καὶ τοὺς δεθέντας ἐλευθεροῖς, καὶ τοὺς καταδίκους ἀπολύεις. Οὕτως παρευδοκίμησας καὶ τὴν Ἄρτεμιν. Τίς ᾤκησεν ἀντὶ δεσμωτηρίου τὸ ἱερόν; 35 Φονεὺς καὶ μοιχὸς παρὰ τῇ καθαρᾷ θεῷ· οἴμοι μοιχὸς παρὰ τῇ παρθένῳ. Συνῆν δ' αὐτῷ καὶ γυνή τις ἀκόλαστος, ἀποδρᾶσα τὸν δεσπότην. Καὶ γὰρ ταύτην, ὡς εἴδομεν, ὑπεδέχου, καὶ μία γέγονεν αὐτοῖς ἑστία παρὰ σοὶ καὶ συμπόσιον, τάχα δὲ καὶ συνεκάθευδες, ἱερεῦ, 40 οἴκημα τὸ ἱερὸν ποιήσας. Ἡ τῆς Ἀρτέμιδος οἰκία μοιχῶν γέγονε καὶ πόρνης θάλαμος. Ταῦτα μόλις ἐν χαμαιτυπείῳ γίνεται. Εἷς μὲν δὴ μοι λόγος οὗτος κατ' ἀμφοῖν. Τὸν μέντοι ἀξιῶ τῆς αὐθαδείας δοῦναι τιμωρίαν, τὸν δ' ἀποδοθῆναι κελεῦσαι τῇ καταδίκῃ. 45 Δεύτερος δ' ἐστί μοι πρὸς Μελίττην λόγος ἀγών, πρὸς ἣν οὐδὲν δέομαι λόγων. Ἐν γὰρ τῇ τῶν θεραπαινῶν βασάνῳ τὴν ἐξέτασιν γενέσθαι δέδοκται. Ταύτας οὖν αἰτῶ, αἳ ἂν βασανιζόμεναι φήσωσιν οὐκ εἰδέναι τοῦτον τὸν κατάδικον χρόνῳ πολλῷ συνόντα αὐτῇ καὶ 50 ἐν ἀνδρὸς χώρᾳ ἐν τῇ οἰκίᾳ τῇ ἐμῇ, οὐκ ἐκ μοιχοῦ μόνον, καθεστηκότα, πάσης αἰτίας αὐτὴν ἀφίημι. Ἂν τοίνυν τοὐναντίον, τὴν μὲν κατὰ τὸν νόμον ἀφεῖσθαι τῆς προικὸς φημὶ δεῖν ἐμοί· τὸν δ' ὑποσχεῖν τὴν ὀφειλομένην τοῖς μοιχοῖς τιμωρίαν· θάνατος δ' ἐστὶν αὕτη· ὥσθ'

stodiam supplicio servatum dari jubete, ut is demum candida pro vinculis stola circumdatus, vestrum in conspectum veniat, et inter liberorum hominum ordines reus sedeat. Quid? quod vocem forsan etiam emittere, ac verba contra me, aut potius contra vos, sanctionesque vestras facere audebit? Recita præsidum consiliariorumque decretum. Auditisne quam de isto sententiam, me accusatore, tulistis? Decretum quidem certe semel a vobis est, Clitophontem morte mulctandum esse. Ubinam igitur lictor es, quin hunc sublimem raptum abducis? Quin ei venenum præbes? Jam enim quod ad leges attinet, mortuus est, supplicique abiit dies. Quid vero ais tu, religiosissime atque ornatissime antistes? Quanam, obsecro te, lege cautum est, ut qui a concione, summisque magistratibus, vinculis et morti addicti sunt, a judicum severitate vindicari et catenis exsolvi debeant? aut major ut tua sit, quam præsidum atque magistratuum potestas? Age jam tuo e solio, Præses, descende, huicque imperium ac judiciorum auctoritatem omnem permitte: nihil enim juris tibi amplius in quempiam est: nec in scelestos ac nefarios homines tibi animadvertere amplius licet, et solvuntur hodie decreta tua. Quid vero, sacerdos, tanquam privatus aliquis inter nos stas? Quin potius ascendis, atque in præsidis solio sedes, jus nobis posthac dicturus, aut si mavis tyrannice, legum omnium atque judiciorum auctoritate neglecta, imperaturus. Nec vero te hominem tantum puta, sed cum Diana ipsa, cujus tibi honorem arrogasti, æque coli jube: ea enim sola est ad quam confugientes ad se, illos scilicet quorum causa nondum a judicibus cognita est, servare pertinet. Sed neminem illa unquam in custodiam datum solvit, neminem unquam morti addictum e lictorum manibus eripuit (infelicibus enim, non impiis, deorum aræ præsidio esse consueverunt), unus tamen tu inventus es, qui reos e carceribus emitteres, damnatos absolveres. Ita Dianæ auctoritate antecessisti. At vero quis unquam delubrum carceris loco inhabitavit? Sicarius atque adulter intactam apud deam moratur. O indignum facinus, adulter apud virginem unaque impudica ac fugitiva mulier adest. Tu enim, uti vidimus, illam hospitio convivioque excepisti: forte vero etiam in templo, tanquam meretricia aliqua in cella, cum ea simul cubuisti: Dianæque fanum in adulterorum et scorti contubernium commutasti: hæc vix in ganeo fiunt. Hæc mihi, quæ primo loco in hosce ambos dicerem, occurrerunt. Quorum alterum audaciæ suæ pœnas daturum arbitror: alterum vos jam tandem supplicio afflci jubete. Nunc ut de adulterii rea Melite verba faciam, locus postulat, qua in re nequaquam mihi oratione opus est; quandoquidem ex ancillis habita in his quæstione veritatem inquiri debere, constitutum est. Eas igitur adduci postulo: quæ si tormentis adhibitis dicant, nescire se damnatum istum multo cum ea tempore consuevisse, domique meæ mariti, reliquis omnibus modo diversatum esse, nulla causa est, quin ego nunc ab omni eam accusatione liberam dimittam: sin minus, dote illam mihi adjudicanda, uti lege cautum est, privari: hunc vero morte, debita scilicet adulteris pœna, mulctari oportere ajo. Qui sive pereat ut adulter, sive ut parricida, utrius-

ὁποτέρως ἂν αὐτὸς ἀποθάνῃ, ὡς μοιχὸς, ἢ ὡς φονεὺς, ἀμφοτέροις ἔνοχος ὢν, δίκην δεδωκὼς οὐ δέδωκεν. Ἀποθανὼν γὰρ ὀφείλει θάνατον ἄλλον. Ὁ δέ μοι τρίτος τῶν λόγων πρὸς τὴν δούλην ἐστὶ τὴν ἐμὴν, καὶ τὸν σεμνὸν τοῦτον πατρὸς ὑποκριτὴν, ὃν εἰς ὕστερον, ὅταν τούτων καταψηφίσησθε, ταμιεύομαι. Ὁ μὲν δὴ ταῦτ' εἰπὼν ἐπαύσατο.

Θ´ Παρελθὼν δ' ὁ ἱερεὺς (ἦν δ' εἰπεῖν οὐκ ἀδύνατος, μάλιστα δὲ τὴν Ἀριστοφάνους ἐζηλωκὼς κωμῳδίαν) ἤρξατο αὐτὸς λέγειν πάνυ ἀστείως καὶ κωμῳδικῶς εἰς πορνείαν αὐτοῦ καθαπτόμενος, Παρὰ τὴν θεὸν, λέγων, λοιδορεῖσθαι μὲν οὕτως ἀκόσμως τοῖς εὖ βεβιωκόσι, στόματος ἐστὶν οὐ καθαροῦ. Οὗτος δ' οὐκ ἐνταῦθα μόνον, ἀλλὰ καὶ πανταχοῦ τὴν γλῶτταν μεστὴν ὕβρεως ἔχει. Καὶ τοί γε νέος ὢν συνεγίνετο πολλοῖς αἰδοίοις ἀνδράσι καὶ τὴν ὥραν ἅπασαν εἰς τοῦτο δεδαπάνηκε. Σεμνότητα δέδρακε καὶ σωφροσύνην ὑπεκρίνατο, παιδείας προσποιούμενος ἐρᾶν καὶ τοῖς εἰς ταύτην αὐτῷ χρωμένοις πάντα ὑποκύπτων καὶ ὑποκατακλινόμενος ἀεί. Καταλιπὼν γὰρ τὴν πατρῴαν οἰκίαν, ὀλίγον ἑαυτῷ μισθωσάμενος στενωπεῖον, εἶχεν ἐνταῦθα τὸ οἴκημα, ὁμηρίζων μὲν τὰ πολλὰ, πάντας δὲ τοὺς χρησίμους πρὸς ἅπερ ἤθελε προσηταιρίζετο δεχόμενος. Καὶ οὕτω μὲν ἀσκεῖν τὴν ψυχὴν ἐνομίζετο. Ἦν δ' ἄρα τοῦτο κακουργίας ὑπόκρισις. Ἔπειτα κἂν τοῖς γυμνασίοις ἑωρῶμεν, πῶς τὸ σῶμα ὑπηλείψατο καὶ πῶς πλήκτρου περιέβαινε καὶ τοὺς μὲν νεανίσκους, οἷς προσεπάλαιε, πρὸς τοὺς ἀνδρειοτέρους μάλιστα συμπλεχόμενος· οὕτως αὐτοῦ κέχρηται [καὶ] τῷ σώματι. Ταῦτα μὲν οὖν ὡραῖος ὤν. Ἐπεὶ δ' εἰς ἄνδρας ἧκε, πάντ' ἀπεκάλυψεν, ἃ τότε ἀπέκρυπτε. Καὶ τοῦ μὲν ἄλλου σώματος ἔξωρος γενόμενος ἠμέλησε, μόνην δὲ τὴν γλῶτταν εἰς ἀσέλγειαν ἀκονᾷ καὶ τῷ στόματι χρῆται πρὸς ἀναισχυντίαν, ὑβρίζων πάντας, ἐπὶ τῶν προσώπων φέρων τὴν ἀναίδειαν, ὃς οὐκ ᾐδέσθη τὸν ὑφ' ὑμῶν ἱερωσύνῃ τετιμημένον οὕτως ἀπαιδεύτως βλασφημῶν ὑμῶν ἐναντίον. Ἀλλ' εἰ μὲν ἄλλοθί που βεβιωκὼς ἔτυχον, καὶ μὴ παρ' ὑμῖν, ἔδει μοι λόγων περὶ ἐμαυτοῦ καὶ τῶν ἐμοὶ βεβιωμένων· ἐπεὶ δὲ σύνιστέ μοι πόρρω τῶν τούτου βλασφημιῶν τὸν βίον ἔχοντι, φέρ' εἴπω πρὸς ὑμᾶς περὶ ὧν ἐγκέκλημαι. Ἔλυσας, φησὶ, τὸν θάνατον ἡγεμονευόμενον· καὶ ἐπὶ τούτῳ πάνυ δεινῶς ἐσχετλίασε, τύραννον ἀποκαλῶν με, καὶ ὅσα δὴ κατετραγῴδησέ μου. Ἔστι δ' οὐχ ὁ σῴζων τοὺς συκοφαντηθέντας τύραννος, ἀλλ' ὁ τοὺς μηδὲν ἀδικοῦντας * * μήτε βουλῆς, μήτε δήμου κατεγνωκότος. Ἡ κατὰ ποίους νόμους, εἰπὲ, τοῦτον τὸν ξένον νεανίσκον κατέκλεισας πρῶτον εἰς τὸ δεσμωτήριον; Τίς προέδρων κατέγνω; Ποῖον δικαστήριον ἐκέλευσε δεθῆναι τὸν ἄνθρωπον; Ἔστω γὰρ ἠδικηκέναι, ὅσ' ἂν εἴπῃς, ἀλλὰ [καὶ] κριθήτω πρῶτον, ἐλεγχθήτω, λόγου μεταλαβών. ὁ νόμος αὐτῶν, ὁ καὶ σοῦ καὶ πάντων κύριος, δησάτω. Οὐδενὸς γὰρ οὐδείς ἐστιν ἄνευ κρίσεως δυνατώτερος. Κλεῖσον οὖν τὰ δικαστήρια, κά-

θελε τὰ βουλευτήρια, ἔκβαλε τοὺς στρατηγούς. Πάντα γὰρ ὅσα σὺ πρὸς τὸν πρόεδρον εἴρηκας, ἔοικα δικαιότερον ἐρεῖν κατὰ σοῦ ἀληθῶς. Ἐπανάστηθι Θερσάνδρῳ, πρόεδρε. Μέχρι μόνων ὀνομάτων πρόεδρος δ εἶ. Οὗτος τὰ σὰ ποιεῖ. Μᾶλλον δ' ὅσα οὐδὲ σύ. Σὺ μὲν γὰρ συμβούλους ἔχεις, καὶ οὐδὲν ἄνευ τούτων ἔξεστί σοι· ἀλλ' οὔτε τι τῆς ἐξουσίας δράσειας ἂν πρὶν [ἢ] ἐλθεῖν ἐπὶ τοῦτον τὸν θρόνον· οὐδ' ἐπὶ τῆς σῆς οἰκίας ποτὲ δεσμὸν ἀνθρώπου κατέγνως. Ὁ δὲ γενναῖος οὗτος 10 πάντα ἑαυτῷ γίνεται, δῆμος, βουλή, πρόεδρος, στρατηγός. Οἴκοι κολάζει καὶ δικάζει καὶ δεθῆναι κελεύει, καὶ ὁ τῆς δίκης καιρὸς ἑσπέρα ἐστί. Καλός γε καὶ ὁ νυκτερινὸς δικαστής. Καὶ νῦν πολλάκις βοᾷ, Κατάδικον ἔλυσας θανάτῳ παραδοθέντα. Ποίῳ θανάτῳ; 15 ποῖον κατάδικον; Εἰπέ μοι τοῦ θανάτου τὴν αἰτίαν. Ἐπὶ φόνῳ κατέγνωσται, φησί. Πεφόνευκεν οὖν; εἰπέ μοι τίς ἐστιν; Ἣν ἀπέκτεινε καὶ ἔλεγες ἀνῃρῆσθαι, ζῶσαν βλέπεις, καὶ οὐκ ἂν ἔτι τολμήσειας τὸν αὐτὸν αἰτιᾶσθαι φόνου; Οὐ γὰρ δὴ τοῦτο τῆς κόρης ἐστὶν 20 εἴδωλον· οὐκ ἀνέπεμψεν ὁ Ἁιδωνεὺς κατὰ σοῦ τὴν ἀνῃρημένην. Δυσὶ μὲν οὖν φόνοις ἔνοχος εἶ. Τὴν μὲν γὰρ ἀπέκτεινας τῷ λόγῳ, τὸν δὲ τοῖς ἔργοις ἠθέλησας, μᾶλλον δὲ καὶ ταύτην ἔμελλες. Τὸ γὰρ δρᾶμά σου τὸ ἐπὶ τῶν ἀγρῶν ἠκούσαμεν. Ἡ δ' Ἄρτεμις 25 ἡ μεγάλη θεὸς ἀμφοτέρους ἔσωσε· τὴν μὲν ἐκ τῶν τοῦ Σωσθένους χειρῶν ἐξαρπάσασα, τὸν δὲ, τῶν σῶν. Καὶ τὸν μὲν Σωσθένην ἐξήρπασας, ἵνα μὴ κατάφωρος γένηται. Οὐκ αἰσχύνῃ δὲ, ὅτι κατηγορῶν, τοὺς ξένους ἄμφω συκοφαντῶν ἐλήλεγξαι; Τὰ μὲν ἐμὰ ἐπὶ τοσοῦτον εἰρήσθω πρὸς τὰς τούτου βλασφημίας, τὸν δ' ὑπὲρ τῶν ξένων λόγον αὐτοῖς τούτοις παραδίδωμι.

Ι'. Μέλλοντος δ' ὑπὲρ ἐμοῦ καὶ τῆς Μελίττης ἀνδρὸς, οὐκ ἀδόξου μὲν ῥήτορος, ὄντος δὲ βουλῆς, λέγειν, φθάσας ῥήτωρ ἕτερος, ὄνομα Σώπατρος, Θερσάνδρου συνή- 35 γορος, Ἀλλ' ἐμὸς, εἶπεν, ἐντεῦθεν ὁ λόγος κατὰ τούτων τῶν μοιχῶν, ὦ βέλτιστε Νικόστρατε (τοῦτο γὰρ ἦν ὄνομα τῷ ἐμῷ ῥήτορι) εἶτα σός· ὁ γὰρ Θέρσανδρος ἃ εἶπε, πρὸς τὸν ἱερέα μόνον ἀπετείνατο, ὀλίγον ἀψάμενος ὅσον ἐπιψαῦσαι καὶ τοῦ κατὰ τὸν δεσμώτην 40 μέρους. Ὅταν οὖν ἀποδείξω δυσὶ θανάτοις ἔνοχον ὄντα, τότ' ἂν εἴη καὶ σοὶ καιρὸς βλασφημῆσαι τὰς αἰτίας. Ταῦτ' εἰπὼν καὶ τερατευσάμενος καὶ τρίψας τὸ πρόσωπον, Τῆς μὲν τοῦ ἱερέως, ἔφη, κωμῳδίας ἠκούσαμεν, πάντ' ἀσελγῶς καὶ διαιῳχυντως ὑποκριν- 45 ομένου, καὶ εἰς τὸν Θέρσανδρον προσκρούσματα. Καὶ τοῦ λόγου τὸ προοίμιον πέμψει εἰς Θέρσανδρον ἐφ' οἷς αὐτὸν εἶπεν. Ἀλλὰ Θέρσανδρος μὲν οὐδὲν ὧν εἶπεν εἰς τοῦτον ἐψεύσατο· κατὰ γὰρ δεσμώτην ἔλυσε, καὶ πόρνην ὑπεδέξατο, καὶ συνέγνω μοιχῷ· ἃ δ' αὐτὸς μᾶλλον 50 ἀναιδῶς ἐσυκοφάντησε, διασύρων τὸν Θερσάνδρου βίον, οὐδεμιᾶς ἀπήλλακται συκοφαντίας. Ἱερεῖ δ' ἔπρεπεν, εἴπερ ἄλλῳ, καὶ τοῦτο, καθαρὰν ἔχειν τὴν γλῶτταν ὕβρεως· χρήσομαι γὰρ τὰ αὐτοῦ πρὸς αὐτόν· ἃ δὲ μετὰ τὴν κωμῳδίαν ἐτραγῴδησεν ἤδη, οὕτω φανερῶς καὶ

οὐκέτι δι' αἰνιγμάτων, σχετλιάζων εἰ μοιχόν τινα λα-
βόντες ἐδήσαμεν, ὑπερτεθαύμακα, καὶ τί τοσοῦτον
ἴσχυσε πρίασθαι πρὸς τὴν τοσαύτην σπουδήν. Ὑπο-
νοεῖν γὰρ τἀληθές ἐστιν. Εἶδε γὰρ τῶν ἀκολάστων
5 τούτων τὰ πρόσωπα, τοῦ τε μοιχοῦ καὶ τῆς ἑταίρας.
Ὡραία μὲν γὰρ αὕτη καὶ νέα, ὡραῖον δὲ καὶ τοῦτο τὸ
μειράκιον, καὶ οὐδέπω τὴν ὄψιν ἀργαλέον, ἀλλ' ἔτι
χρήσιμον καὶ πρὸς τὰς τοῦ ἱερέως ἡδονάς. Ὁπότερα
σε τούτων ἐωνήσατο; Κοινῇ γὰρ πάντες ἐκαθεύδετε,
10 καὶ ἐμεθύετε κοινῇ, καὶ τῆς νυκτὸς ὑμῶν οὐδεὶς γέγονε
θεατής. Φοβοῦμαι μὴ τὸ τῆς Ἀρτέμιδος ἱερὸν Ἀφρο-
δίτης πεποιήκατε, καὶ περὶ ἱερωσύνης κρινοῦμεν, εἰ δεῖ
σε τὴν τιμὴν ταύτην ἔχειν. Τὸν δὲ Θερσάνδρου βίον
ἴσασι πάντες καὶ ἐκ πρώτης ἡλικίας μετὰ σωφροσύνης
15 κόσμιον· καὶ ὡς εἰς ἄνδρας ἐλθὼν ἔγημε κατὰ τοὺς
νόμους, σφαλεὶς μὲν εἰς τὴν περὶ τῆς γυναικὸς κρίσιν·
οὐ γὰρ εὗρεν ἣν ἤλπισε· τῷ δὲ ταύτης γένει καὶ τῇ
οὐσίᾳ πεπιστευκώς. Εἰκὸς γὰρ αὐτὴν καὶ πρὸς ἄλλους
τινὰς ἡμαρτηκέναι τὸν πρόσθεν χρόνον, λανθάνειν δ'
20 ἐπ' ἐκείνοις χρηστὸν ἄνδρα. Τὸ δὲ τελευταῖον τοῦ
δράματος, πᾶσαν ἀπεκάλυψε τὴν αἰδῶ. Πεπλήρωται
δ' ἀναισχυντίας. Τοῦ γὰρ ἀνδρὸς στειλαμένου τινὰ
μακρὰν ἀποδημίαν, καιρὸν τοῦτον νενόμικεν εὔκαιρον
μοιχείας, [καὶ αὔχημα,] καὶ νεανίσκον εὑροῦσα πόρνον
25 (τοῦτο γὰρ τὸ μεῖζον ἀτύχημα, ὅτι τοιοῦτον εὗρε τὸν
ἐρώμενον, ὃς πρὸς μὲν γυναίκας ἄνδρας ἀπομιμεῖται,
γυνὴ δὲ γίνεται πρὸς ἄνδρας) οὕτως μετ' ἀδείας οὐκ
ἤρκεσεν ἐπὶ τῆς ξένης αὐτῷ συνοῦσα φανερῶς, ἀλλὰ καὶ
ἐνταῦθα ἤγαγε διὰ τοσούτου πελάγους συγκαθεύδουσα,
30 καὶ τῷ σκάφει φανερῶς ἀσελγαίνουσα πάντων δρώντων.
Ὦ μοιχείας γῇ καὶ θαλάττῃ μεμερισμένης· ὦ μοιχείας
ἀπ' Αἰγύπτου μέχρις Ἰωνίας ἐκτεταμένης· Μοιχεύεται
τις, ἀλλὰ πρὸς μίαν ἡμέραν· ἦν δὲ καὶ δεύτερον γέ-
νηται τὸ ἀδίκημα, κλέπτει τὸ ἔργον, καὶ πάντας ἀπο-
35 κρύπτεται· αὕτη δ' οὐχ ὑπὸ σάλπιγγι μόνον, ἀλλὰ καὶ
κήρυκι μοιχεύεται. Ἐφεσος ὅλην τὸν μοιχὸν ἔγνωσεν·
ἡ δ' οὐχ ᾐσχύνετο τοῦτο ἀπὸ τῆς ξένης ἐνεγκοῦσα τὸ
ἀγώγιμον, ὡς φορτίον καλὸν ἐωνημένη [ἦλθε], μοιχὸν
ἐμπεπορευμένη. Ἀλλ' ᾤμην, φησί, τὸν ἄνδρα τετε-
40 λευτηκέναι. Οὐκοῦν, εἰ μὲν τέθνηκεν, ἀπήλλαξαι τῆς
αἰτίας· (οὐδὲ γάρ ἐστιν ὁ τὴν μοιχείαν παθών, οὐδ'
ὑβρίζεται γάμος οὐκ ἔχων ἄνδρα) εἰ δ' ὁ γάμος τῷ τὸν
γήμαντα ζῆν οὐκ ἀνῄρηται, τὴν γαμηθεῖσαν διαφθεί-
ραντος ἄλλου λῃστεύεται. Ὥσπερ γὰρ μὴ μένοντος ὁ
45 μοιχὸς οὐκ ἦν, μένοντος δὴ μοιχός ἐστιν.

ΙΛ'. Ἔτι τοῦ Σωπάτρου λέγοντος, ὑποτεμὼν αὐτοῦ
τὸν λόγον ὁ Θέρσανδρος, Ἀλλ' οὐκ, ἔφη, λόγων δεῖ.
Δύο γὰρ προκαλοῦμαι προκλήσεις, Μελίττην τε ταύτην,
καὶ τὴν δοκοῦσαν εἶναι τοῦ θεοπρόπου θυγατέρα [οὐκέτι
50 βασανίσων, ὡς μικρῷ πρόσθεν ἔλεγον] τῷ δ' ὄντι δού-
λην ἐμήν. Καὶ ἀνεγίνωσκε· Προκαλεῖται Θέρσανδρος
Μελίττην καὶ Λευκίππην· τοῦτο γὰρ ἤκουσα τὴν πόρ-
νην καλεῖσθαι· Μελίττην μὲν, εἰ (μὴ) κεκοινώνηκεν
εἰς Ἀφροδίτην τῷδε τῷ ξένῳ παρ' ὃν ἀπεδήμουν χρόνον,

actam fabulam omissis ambagibus palam elocutus est,
conquerens, manifesto deprehensum adulterum a nobis in
vincula conjectum fuisse, non potui non vehementer ad-
mirari, quid causæ sit quamobrem accepta mercede, in
exoletis istis defendendis tantopere sacerdos elaborare vo-
luerit : tametsi me id divinasse puto. Nempe adulteri
hujus et scorti faciem contemplatus est : quorum altera
formosa plane ac tenerioris ætatniæ, alter non modo non
deformis, sed adspectu etiam blandus, ad suas ipsius volup-
tates idoneus judicatus est. Horum igitur utra redemit?
Simul enim omnes perpotatis, simul discumbitis : neque
ullus est noctium vestrarum spectator. Quam vereor, ne
Dianæ quod fuit, Veneris ut sit templum, effeceritis.
Verum de sacerdotio, an scilicet honorem istum habere te
oporteat, decernetur. Nam quod ad Thersandri mores
attinet, nemo est qui nesciat, quam modeste ac tempe-
ranter a teneris vitam egerit : qui cum primum per ætatem
licuit, uxorem secundum leges duxit : quamvis in faciendo
de ea judicio se ipse fefellerit. Aliam enim, atque putarat,
generi et fortunis credens, invenit. Verisimile quippe est
illam antea quoque cum aliis consuevisse : quos optimum
virum celaverit. Tandem vero pudiciliam in propatulo
habuit, atque in omni libidine sese effudit : viro enim
peregre profecto, tempus illud ad cupiditates suas explendas
opportunum rata, impudicum istum adolescentem ad eam
rem cepit. (quæ miseria major esse potest, quam eum
habere amatorem, qui inter fœminas viri, inter viros
fœminæ munus obeat?) Quem non sat habuit in aliena
civitate in stuprum illexisse, nisi tanto maris spatio pera-
grato huc perduxisset, una cum illo interim semper cubans,
atque in nave cernentibus cunctis voluptatem capiens.
O adulterium terræ marique commune, Ægyptum
Ioniamque occupans. Adulterium quidem sunt qui com-
mittant, sed semel tantum : quod si eandem in turpitu-
dinem rursus delabantur, certe factum hujusmodi mor-
tales omnes celant : mulier autem ista non modo tuba,
verum etiam præcone adhibito, obscœne se oblectavit.
Adulterum Ephesii omnes cognoverunt, nec tamen eam vel
tantulum quidem puduit a peregrina terra hoc mercimonium
adduxisse, tanquam pretiosas aliquas merces emisset, adul-
terum mercatam esse. Atqui virum, inquiet illa, periisse
putabam. Recte id quidem : nam si ille obiit, cui dubium
sit quin absolvi debeatur? adulterii nomen enim tolli ne-
cesse est, cum labefactari matrimonium nequeat, nisi su-
perstite marito ; si vero matrimonium non solutum est, quia
vir vivit, quum uxorem alius corruperit, latrocinio hoc illi
eripitur. Quemadmodum enim adulter non est nuptiis
ruptis, sic, non ruptis adulter est.

XI. Tum vero Thersander, Sopatri sermone interrupto,
Atqui verbis amplius opus non est, ego, quod ad Meliten
attinet, atque eam, quæ hujusce sacrorum auctoris filia
perhibetur, vere autem serva mea est, has duas condi-
tiones fero. Recita conditiones. Thersander de Melite ac
Leucippe (sic enim prostitutam hanc vocari ajunt) conditi-
ones hasce proponit, ut illa, si nullam sibi, me absente,
cum peregrino isto stupri consuetudinem habuerit, id

εἰς τὸ τῆς ἱερᾶς Στυγὸς ὕδωρ εἰςβᾶσαν καὶ ἐπομοσαμένην ἀπηλλάχθαι τῶν ἐγκλημάτων· τὴν δ᾿ ἑτέραν, εἰ μὲν τυγχάνει γυνὴ, δουλεύειν τῷ δεσπότῃ· δούλαις γὰρ μόναις γυναιξὶν ἔξεστιν εἰς τὸν τῆς Ἀρτέμιδος ναὸν παριέναι· εἰ δέ φησιν εἶναι παρθένος, ἐν τῷ τῆς σύριγγος ἄντρῳ κλεισθῆναι. Ἡμεῖς μὲν οὖν εὐθὺς ἐδεξάμεθα τὴν πρόκλησιν· καὶ γὰρ ᾔδειμεν καὶ ἐσομένην· ἡ δὲ Μελίττη θαρρήσασα τῷ παρ᾿ ὃν ἀπεδήμει χρόνον ὁ Θέρσανδρος μηδέν μοι κοινὸν πρὸς αὐτὴν γεγονέναι πλὴν λόγων, Ἀλλὰ καὶ ἔγωγε, ἔφη, ταύτην δέχομαι τὴν πρόκλησιν, καὶ ἔτι πλέον αὐτὴ προστίθημι· τὸ δὲ μέγιστον, οὐδ᾿ εἶδον τὸ παράπαν οὔτε ξένον, οὔτε πολίτην ἥκειν εἰς ὁμιλίαν, καὶ ὧν λέγεις, καὶ ὧν * * σε δεῖ παθεῖν, ἂν συκοφάντης ἁλῷς; Ὅ τι ἂν, ἔφη, δόξῃ προστιμῆσαι τοῖς δικασταῖς. Ἐπὶ τούτοις διελύθη τὸ δικαστήριον, καὶ εἰς τὴν ὑστεραίαν διώριστο τὰ τῆς προκλήσεως ἡμῖν γενέσθαι.

ΙΒ΄. Τὸ δὲ τῆς Στυγὸς ὕδωρ εἶχεν οὕτως. Παρθένος ἦν εὐειδής, ὄνομα Ῥοδῶπις, κυνηγίων ἐρῶσα καὶ θήρας· ποδὲς ταχεῖς, εὔστοχοι χεῖρες, ζώνη καὶ μίτρα, καὶ ἀνεζωσμένος εἰς γόνυ χιτὼν, καὶ κατ᾿ ἄνδρας κουρὰ τριχῶν. Ὁρᾷ ταύτην Ἄρτεμις, καὶ ἐπῄνει, καὶ ἐκάλει, καὶ σύνθηρον ἐποιήσατο, καὶ τὰ πλεῖστα κοινὰ ἦν αὐταῖς θηράματα. Ἀλλὰ καὶ ὤμοσεν ἀεὶ παραμενεῖν, καὶ τὴν πρὸς ἄνδρας ὁμιλίαν φυγεῖν, καὶ τὴν εἰς Ἀφροδίτης ὕβριν μὴ παθεῖν. Ὤμοσεν ἡ Ῥοδῶπις, καὶ ἤκουσεν ἡ Ἀφροδίτη, καὶ ὀργίζεται, καὶ ἀμύνασθαι θέλει τὴν κόρην τῆς ὑπεροψίας. Νεανίσκος ἦν Ἐφέσιος καλὸς ἐν μειρακίοις, ὅσον Ῥοδῶπις ἐν παρθένοις. Εὐθύνικον αὐτὸν ἐκάλουν· ἐθήρα δὲ καὶ αὐτὸς ὡς Ῥοδῶπις, καὶ τὴν Ἀφροδίτην ὁμοίως οὐκ ἤθελεν εἰδέναι. Ἐπ᾿ ἀμφοτέρους οὖν ἡ θεὸς ἔρχεται καὶ τὰς θήρας αὐτῶν εἰς ἓν συνάγει. Τέως γὰρ ἦσαν κεχωρισμένοι· ἡ δ᾿ Ἄρτεμις τηνικαῦτα οὐ παρῆν. Παραστησαμένη δὲ τὸν υἱὸν τὸν τοξότην ἡ Ἀφροδίτη εἶπε· Τέκνον, ζεῦγος τοῦτο ὁρᾷς ἀναφρόδιτον καὶ ἐχθρὸν ἡμῶν καὶ τῶν ἡμετέρων μυστηρίων· ἡ δὲ παρθένος καὶ θρασύτερον ὤμοσε κατ᾿ ἐμοῦ. Ὁρᾷς δ᾿ αὐτοὺς ἐπὶ τὴν ἔλαφον συντρέχοντας; Ἄρξαι καὶ σὺ τῆς θήρας ἀπὸ πρώτης τῆς τολμηρᾶς κόρης· καὶ πάντως γε τὸ σὸν βέλος εὐστοχώτερόν ἐστιν. Ἐντείνουσιν ἀμφότεροι τὰ τόξα, ἡ μὲν ἐπὶ τὴν ἔλαφον, ὁ δ᾿ Ἔρως ἐπὶ τὴν παρθένον. Καὶ ἀμφότεροι τυγχάνουσι, καὶ ἡ κυνηγέτις μετὰ τὴν θήραν ἦν τεθηραμένη. Καὶ εἶχεν ἡ μὲν ἔλαφος εἰς τὰ νῶτα τὸ βέλος, ἡ δὲ παρθένος εἰς τὴν καρδίαν· τὸ δὲ βέλος, Εὐθύνικον φιλεῖν. Δεύτερον δὲ καὶ ἐπὶ τοῦτον οἰστὸν ἀφίησι. Καὶ εἶδον ἀλλήλους Εὐθύνικος καὶ ἡ Ῥοδῶπις. Καὶ ἔστησαν μὲν τὸ πρῶτον τοὺς ὀφθαλμοὺς ἑκάτεροι, εἶτα ἐκλίναι θέλων ἐπὶ θάτερα· κατὰ μικρὸν δὲ τὰ τραύματα ἀμφοῖν ἐξάπτεται, καὶ αὐτοὺς ὁ Ἔρως ἐλαύνει κατὰ τουτὶ τὸ ἄντρον, οὗ νῦν ἐστιν ἡ πηγὴ, καὶ ἐνταῦθα τὸν ὅρκον ψεύδονται. Ἡ Ἄρτεμις ὁρᾷ τὴν Ἀφροδίτην γελῶσαν, καὶ τὸ τραχθὲν συνίησι, καὶ εἰς ὕδωρ λύει τὴν κόρην,

jurejurando affirmet, atque in sacræ Stygis fontem descendat : indeque absoluta dimittatur : altera vero hæc, si mulier est, hero suo servitutem serviat : neque enim mulieribus, nisi si quæ servæ sint, Dianæ templum ingredi fas est : sin virginem sese affirmat, in fistulæ antrum concludatur. Tum nos conditionem statim accepimus : non enim dubitabamus, eam latum iri. Melite quoque, confisa, nihil id temporis, quo Thersander abfuit, sibi mecum, exceptis collocutionibus, commune fuisse, atqui ego quoque, inquit, conditionem non respuo : illudque etiam, quod maximum est, addo, neminem prorsus aut civem aut peregrinum fuisse, quicum ejusmodi mihi consuetudo fuerit, cujusmodi ipse ais. Verum si meum falso detulisse nomen deprehendaris, quas de te pœnas sumemus? Quas judices, inquit Thersander, censuerint. Hoc pacto concio dimissa, decretumque factum est, ut postridie de conditionibus experiremur.

XII. Porro autem de Stygis fonte res ita ferme se habet. Virgo fuit olim formosa, Rhodopis nomine, venatu gaudens, pedum velocitate, jaculandique peritia insignis admodum; et cingulum, et mitram, veste genu tenus succincta, capilloque virorum in modum tonso, gestare consueta. Eam cum vidisset probassetque Diana, vocatam venatum secum duxit : prædaque ut plurimum inter eas communis erat. Quamobrem illa virginitatem servare, virorumque consuetudinem usquequaque vitare, ac Veneris contumelias nunquam perpeti juravit. Jurat Rhodopis, Venus audit, et ira commota, puellæ statuit superbiam ulcisci. Forte accidit, ut adolescens esset Ephesius, inter viros æque formosus, atque inter virgines Rhodopis : quem Euthynicum appellabant. Is et venandi studio, quemadmodum Rhodopis, tenebatur, et a venereis pariter illecebris abhorrebat. Igitur ad ambos se Venus contulit, ferasque ab eis agitatas, in unum compulit. Ad hoc usque tempus enim a se invicem separati erant; sed tunc aberat Diana. Adducens filium sagittarium Venus dixit, Nonne hoc par ab amore alienum, fili, nobis est arcanis nostris inimicos vides? Quid, quod puella etiam conceptis verbis audacissimum sane contra me jusjurandum juravit? Tu nunc illos cervam sequentes cernis : quapropter venari tu quoque incipe, atque ab audaci puella vindictæ initium fac. Telum tuum certius omnino fuerit. Ita tum uterque, in cervam virgo, in virginem Cupido, arcus intenderunt. Nec vani fuere ictus; nam venatrix etiam ipsa præda fuit, ac cerva quidem in armo, puella vero in corde telum accepit, cujus ea vis fuit, ut Euthynici amore statim flagraret : alteram in hunc sagittam misit. Ac tum quidem mutuo sese contueri, atque alter in alterum obtutus defigere cœperunt, atque adeo, ut neuter in diversum aciem vellet inclinare. Cæterum utriusque vulnera paulo post cicatricem obduxerunt, amorque illos in antrum, ubi nunc fons est, deduxit, ubi jurisjurandi fides abrogata est. Postea cum ridentem Diana Venerem conspicata, rem cognovisset, puellam in fontem illic, ubi pudorem ami-

ἔνθα τὴν παρθενίαν ἔλυσε. Καὶ διὰ τοῦτο, ὅταν τις αἰτίαν ἔχῃ Ἀφροδισίων, εἰς τὴν πηγὴν εἰσβᾶσα ἀπολούεται. Ἡ δ' ἐστὶν ὀλίγη, καὶ μέχρι κνήμης μέσης. Ἡ δὲ κρίσις **** ἐγγράψασα τὸν ὅρκον γραμματείῳ ὁ μηρίνθῳ δεδεμένον περιεθήκατο τῇ δέρῃ. Κἂν μὲν ἀψευδῇ τὸν ὅρκον, μένει κατὰ χώραν ἡ πηγή· ἂν δὲ ψεύδηται, τὸ ὕδωρ ὀργίζεται καὶ ἀναβαίνει μέχρι τῆς δέρης καὶ τὸ γραμματεῖον ἐκάλυψε. Ταῦτ' εἰπόντες, καὶ τοῦ καιροῦ προελθόντος εἰς τὴν ἑσπέραν, ἀπῄειμεν κοιμησόμενοι, χωρὶς ἕκαστος.

ΙΓ΄. Τῇ δ' ὑστεραίᾳ ὁ δῆμος μὲν ἅπας παρῆν· ἡγεῖτο δὲ Θέρσανδρος φαιδρῷ τῷ προσώπῳ καὶ εἰς ἡμᾶς ἅμα βλέπων σὺν γέλωτι, ἐστόλιστο δ' ἡ Λευκίππη τῇ ἱερᾷ στολῇ. Ποδήρης χιτών, ὀθόνης ὁ χιτών, ζώνη κατὰ μέσον τὸν χιτῶνα, ταινία περὶ τὴν κεφαλὴν φοινικοβαφής, ἀσάνδαλος ὁ πούς. Καὶ ἡ μὲν εἰσῆλθε πάνυ κοσμίως. Ἐγὼ δ' ὡς εἶδον, εἱστήκειν τρέμων, καὶ ταῦτα πρὸς ἐμαυτὸν ἔλεγον· Ὅτι μὲν παρθένος ἡ Λευκίππη, πεπίστευκα, ἀλλὰ τὸν Πᾶνα, ὦ φιλτάτη, φοβοῦμαι. Θεός ἐστι φιλοπάρθενος, καὶ δέδοικα, μὴ δευτέρα καὶ σὺ σύριγξ γένῃ. Ἀλλ' ἐκείνη μὲν ἔφυγε διώκοντα αὐτὸν ἐν πεδίῳ, καὶ ἐδιώκετο ἐν πλάτει· σὲ δὲ καὶ εἴσω θυρῶν ἀπεκλείσαμεν ὡς ἐν πολιορκίᾳ, ἵνα, κἂν διώκῃ, μὴ δύνῃ φυγεῖν. Ἀλλ', ὦ δέσποτα Πάν, εὐγνωμονήσειας, καὶ μὴ παραβαίης τὸν νόμον τοῦ τόπου. Ἡμεῖς γὰρ αὐτὸν τετηρήκαμεν. Ἐξίτω πάλιν ἡμῖν ἡ Λευκίππη παρθένος· ταύτας πρὸς τὴν Ἄρτεμιν συνθήκας ἔχεις· μὴ ψεύσῃς τὴν παρθένον.

ΙΔ΄. Ταῦτά μου πρὸς ἐμαυτὸν λαλοῦντος, μέλος ἐξηκούετο μουσικόν, καὶ ἐλέγετο μηδεπώποτε λιγυρώτερον οὕτως ἀκουσθῆναι· καὶ εὐθὺς ἀνεῳγμένας εἴδομεν τὰς θύρας. Ὡς δ' ἐξέθορεν ἡ Λευκίππη, πᾶς μὲν ὁ δῆμος ἐξεβόησεν ὑφ' ἡδονῆς, καὶ τὸν Θέρσανδρον ἐλοιδόρουν, ἐγὼ δ' ὅστις ἐγεγόνειν, οὐκ ἂν εἴποιμι λόγῳ. Μίαν μὲν δὴ ταύτην νίκην καλλίστην νενικηκότες, ἀπῄειμεν· ἐπὶ δὲ τὴν δευτέραν κρίσιν ἐχωροῦμεν, τὴν Στύγα. Καὶ ὁ δῆμος οὕτως μετεσκευάζετο καὶ πρὸς ταύτην τὴν θέαν· καὶ πάντα συνεπεραίνετο κἀκεῖ. Ἡ Μελίττη τὸ γραμματεῖον περιέκειτο· ἡ πηγὴ διαυγὴς καὶ ὀλίγη· ἡ δ' ἐνέβη εἰς αὐτὴν καὶ ἔστη φαιδρῷ τῷ προσώπῳ. Τὸ δ' ὕδωρ οἷον ἦν κατὰ χώραν ἔμενε, μήτε τὸ βραχύτατον ἀναθορὸν τοῦ συνήθους μέτρου. Ἐπεὶ δ' ὁ χρόνος, ὃν διατρίβειν ἐν τῇ πηγῇ διώριστο, παρεληλύθει, τὴν μὲν ὁ πρόεδρος δεξιωσάμενος, ἐκ τοῦ ὕδατος ἐξάγει· δύο παλαίσματα τοῦ Θερσάνδρου νενικημένου. Μέλλων δὲ καὶ τὸ τρίτον ἡττᾶσθαι, ὑπεκδὺς εἰς τὴν οἰκίαν ἐκδιδράσκει, φοβηθεὶς μὴ καὶ καταλεύσειεν αὐτὸν ὁ δῆμος. Τὸν γὰρ Σωσθένην εἷλκον ἄγοντες νεανίσκοι τέτταρες· δύο μὲν τῆς Μελίττης συγγενεῖς, δύο δ' οἰκέται. Τούτους γὰρ ἐπεπόμφει ζητήσοντας αὐτὸν ἡ Μελίττη. Συνεὶς δ' ὁ Θέρσανδρος πόρρωθεν, καὶ καταμηνύσοντα τὸ πρᾶγμα εἰδώς, ἂν ἐν βασάνοις γένηται, φθάσας ἀποδιδράσκει, καὶ νυκτὸς ἐπελθούσης, τῆς πόλεως ὑπεξέρχεται. Τὸν

δὲ Σωσθένην εἰς τὴν εἱρκτὴν ἐκέλευσαν οἱ ἄρχοντες ἐμβληθῆναι, τοῦ Θερσάνδρου φυγόντος. Τότε μὲν οὖν ἀπηλλαττόμεθα, κατὰ κράτος ἤδη γενόμενοι καὶ ὑπὸ πάντων εὐφημούμενοι.

ΙΕ΄. Τῇ δ' ὑστεραίᾳ τὸν Σωσθένην ἦγον ἐπὶ τοὺς ἄρχοντας οἱ ταύτην ἔχοντες τὴν πίστιν. Ὁ δ' ἐπὶ βασάνους ἑαυτὸν ἀγόμενον ἰδὼν, πάντα σαφῶς λέγει, ὅσα τ' ἐτόλμησεν ὁ Θέρσανδρος, καὶ ὅσα αὐτὸς ὑπηρέτησεν· οὐ παρέλιπε δ' οὐδ' ὅσα ἰδίᾳ πρὸ τῶν τῆς Λευκίππης θυρῶν διελέχθησαν πρὸς ἀλλήλους περὶ αὐτῆς. Καὶ ὁ μὲν αὖθις εἰς τὴν εἱρκτὴν ἐξέβλητο, δώσων δίκην· τοῦ δὲ Θερσάνδρου φυγῇ ἀπόντος κατέγνωσαν. Ἡμᾶς δ' ὁ ἱερεὺς ὑπεδέχετο πάλιν τὸν εἰθισμένον τρόπον. Καὶ μεταξὺ δειπνοῦντες ἐμυθολαγοῦμεν ἅ τε τὴν προτέραν ἐτύχομεν εἰπόντες, καὶ εἴ τι ἐπιδεέστερον ἦν ὧν ἐπάθομεν. Ἡ Λευκίππη δὲ, ἅτε δὴ μᾶλλον τὸν πατέρα μηκέτι αἰδουμένη, ὡς ἂν σαφῶς παρθένος εὑρεθεῖσα, τὰ συμβάντα μεθ' ἡδονῆς διηγεῖτο. Ἐπεὶ δὲ κατὰ τὴν Φάρον ἐγεγόνει καὶ τοὺς λῃστάς, λέγω πρὸς αὐτήν· Οὐκ ἐρεῖς ἡμῖν τὸν μῦθον τῶν τῆς Φάρου λῃστῶν καὶ τῆς ἀποτμηθείσης ἐκεῖ τὸ αἴνιγμα κεφαλῆς, ἵνα σου καὶ ὁ πατὴρ ἀκούσῃ; Τοῦτο γὰρ μόνον ἐνδεῖ πρὸς ἀκρόασιν τοῦ παντὸς δράματος.

ΙΣΤ΄. Γυναῖκα, ἔφη, κακοδαίμονα ἐξαπατήσαντες δὴ ναυκλήρῳ τινὶ γυναῖκα συνεσομένην ἐπὶ τοῦ σκάφους, ταύτην εἶχον ἐπὶ τῆς νεώς, ἀγνοοῦσαν τὴν ἀλήθειαν ἐφ' ᾧ παρῆν, ὑποτείνουσαν δ' ἡσυχῇ τινι τῶν πειρατῶν. Λόγῳ δ' ἦν ἐραστὴς ὁ λῃστής. Ἐπεὶ δ' ἁρπάσαντες με, ὡς εἶδες, ἐνέθεσαν τῷ σκάφει καὶ πτερώσαντες αὐτὸ ταῖς κώπαις ἔφυγον, ὁρῶντες τὴν διώκουσαν ναῦν φθάνουσαν, περιελόντες τόν τε κόσμον καὶ τὴν ἐσθῆτα τῆς ταλαιπώρου γυναικὸς ἐμοὶ περιτιθέασι, τοὺς δ' ἐμοὺς χιτωνίσκους ἐκείνῃ· καὶ στήσαντες αὐτὴν ἐπὶ τῆς πρύμνης ὅθεν διώκοντες ὄψεσθε, τὴν κεφαλὴν ἀποτέμνουσιν αὐτῆς, καὶ τὸ μὲν σῶμα ἔρριψαν, ὡς εἶδες, κατὰ τῆς θαλάσσης, τὴν δὲ κεφαλὴν, ὡς ἔπεσεν, εἶχον ἐπὶ τῆς νεὼς τότε. Μικρὸν γὰρ ὕστερον καὶ ταύτην ἀποσκευάσαντες ἔρριψαν ὁμοίως, ὅτε μηκέτι τοὺς διώκοντας εἶδον. Οὐκ οἶδα δὲ πότερον τούτου χάριν προπαρασκευάσαντες ἔτυχον τὴν γυναῖκα, ἢ διεγνωκότες ἀνδραποδίσαντες πωλῆσαι, ὥσπερ ὕστερον πεπράκασι κἀμέ· τῷ δὲ διώκεσθαι πρὸς ἀπάτην τῶν διωκόντων ἀντ' ἐμοῦ σφάττουσι, πολλοῦ αὐτοῖς γενέσθαι ἐμπολήσειν ἐκ τῆς ἐμῆς πράσεως ἢ τῆς ἐκείνης. Διὰ τοῦτο γὰρ καὶ τὸν Χαιρέαν τὴν ἀξίαν δόντα δίκην ἐπεῖδον. Αὐτὸς γὰρ ἦν ὁ συμβουλεύσας ἀντ' ἐμοῦ τὴν ἄνθρωπον ἀποκτείναντας ῥῖψαι. Ὁ δὲ λοιπὸς τῶν λῃστῶν ὄχλος οὐκ ἐφασάν με αὐτῷ ἀφήσειν μόνῳ· φθάνειν γὰρ ἤδη λαβόντα σῶμα ἕτερον, ὃ πραθὲν ἂν παρέσχεν αὐτοῖς ἀφορμὴν κέρδους· δεῖν δ' ἀντὶ τῆς θανούσης ἐμὲ πραθεῖσαν κοινὴν ἅπασιν αὐτοῖς γενέσθαι μᾶλλον ἢ ἐκείνῳ μόνῳ. Ὡς δ' ἀντέλεγε, δικαιολογούμενος δῆθεν καὶ τὰς συνθήκας προφέρων, ὡς οὐκ

---

sit. Interea Sosthenem in custodiam dari archontes jussereunt. Nos modis omnibus victores magna cum omnium commendatione absoluti fuimus.

XV. Postridie Sosthenes ab iis, qui ei rei præerant, ad archontes ductus, simulatque parata sibi esse tormenta intellexit, continuo et quæ Thersander aggressus fuerat, et quæ ipse illi suggesserat, una etiam cum iis omnibus quæ ante Leucippes ostium privatim de illa secum ambo disseruerant, palam confessus est : ideoque pœnas daturus in carcerem denuo conjectus. Thersander autem (jam enim absens erat) exsilio mulctatus fuit. Nos ab antistite, ut antea quoque, accepti, de quibus priore in cœna locuti fueramus, et præsertim, si quid ærumnarum nostrarum prætermiseramus, recensere perreximus. Leucippe quoque patrem non amplius verita, utpote quæ vere virgo inventa fuisset, casus non sine voluptate suos commemorabat. Cui ego, posteaquam ad Pharum et piratas ventum est, Quin tu igitur, inquam, Phariorum prædonum commentum, abscissique illic capitis ænigma nobis explicas, ut id etiam patri tuo innotescat? hoc unum enim ad rem omnem intelligendam desiderantur.

XVI. Tum illa, Mulierem, inquit, ex iis, quæ pretio prostant, cum allexissent, nautarum uni eam in uxorem daturos se esse pollicentes, navi imposuerunt, quamobrem quidem adesset, vere nescientem, sed piratarum uni, qui ejus amator esse ferebatur, occulte adjunctam. Postea vero cum me raptam, ut vidisti, navi imposuissent, et remis fugæ incumbentes navem insequentem viderent, detractis miseræ illi ornamentis et vestitu omni, eo me adornaverunt, meoque deinceps ornatu indutam illam summa in puppi collocarunt ita, ut a persequentibus cerni posset, ac capite privarunt : cadavereque, ut vidisti, in mare projecto, caput aliquantisper intra navem, uti ceciderat, tum retinuerunt : quod non ita multo post, cum jam qui se sequerentur, nullos amplius haberent, pariter est dejectum. Mihi vero incertum est, eane de causa, an potius, ut quod de me postea factum est, venundaretur, muliercolam illam comparassent. Illud certe constat, eam mei loco, ut insequentes eluderent, jugulatam, existimantibus illis, majus ex me, quam illius venditione, lucrum se facturos. Atque hinc etiam factum est, ut Chæream, qui ejus necandæ abjiciendæque suasor et auctor fuerat, meritas dantem pœnas viderim. Nam cum reliqua piratarum multitudo ei me soli dimittere negaret, propterea quod paulo antea mulierem aliam, quæ vendita magno eis lucro futura erat, habuisset, meoque mortuo loco vendi, ac pecuniam in commune conferri oporteret diceret, ille autem causam suam defendendo repugnaret, pactumque se cum iis esse affirmaret, ut non publicæ omnium utilitatis, sed privatæ sui ipsius gratia me

εἰς πρᾶσιν ἁρπάσειεν αὐτοῖς, ἀλλ' ἐρωμένην αὐτῷ, καί τι θρασύτερον εἶπε, τὶς τῶν λῃστῶν, καλῶς ποιῶν, ὄπισθεν ἑστὼς ἀποκόπτει τὴν κεφαλὴν αὐτοῦ. Ὁ μὲν οὖν δίκην οὗ μεμπτὴν δοὺς τῆς ἁρπαγῆς, ἔρριπτο καὶ αὐτὸς κατὰ τῆς θαλάσσης· οἱ δὲ λῃσταὶ, δύο πλεύσαντες ἡμερῶν, ἄγουσί με οὐκ οἶδ' ὅποι γε, καὶ πιπράσκουσιν ἐμπόρῳ συνήθει, κἀκεῖνος Σωσθένει.

ΙΖ'. Λέγει δὴ καὶ ὁ Σώστρατος· Ἐπεὶ τοίνυν τοὺς ὑμετέρους μύθους, ὦ παιδία, κατελέξατε, φέρ' ἀκούσητε, ἔφη, καὶ παρ' ἐμοῦ τὰ οἴκοι πραχθέντα περὶ Καλλιγόνην τὴν σήν, ὦ Κλειτοφῶν, ἀδελφὴν, ἵνα μὴ ἀσύμβολος ὦ μυθολογίας παντάπασι. Κἀγὼ ἀκούσας τὸ τῆς ἀδελφῆς ὄνομα, πάνυ τὴν γνώμην ἐπεστράφην, καί, Ἄγε, πάτερ, εἶπον, λέγε· μόνον περὶ ζώσης [ἂν] λέγοις. Ἄρχεται δὴ λέγειν, ἃ φθάνω προειρηκὼς ἅπαντα, τὸν Καλλισθένην, τὸν χρησμὸν, τὴν θεωρίαν, τὸν λέμβον, τὴν ἁρπαγήν. Εἶτα προσέθηκεν, ὅτι μαθὼν κατὰ τὸν πλοῦν ὡς οὐκ ἦν θυγάτηρ ἐμὴ, διημαρτήθη δὲ τὸ πᾶν ἔργον αὐτῷ, ἦρα δ' ὅμως καὶ σφόδρα τῆς Καλλιγόνης, [καὶ] προσπεσὼν αὐτῆς τοῖς γόνασι, Δέσποινα, εἶπε, μή με νομίσῃς λῃστὴν εἶναί τινα καὶ κακοῦργον. Ἀλλὰ γάρ εἰμι τῶν εὖ γεγονότων, γένει Βυζάντιος, δεύτερος οὐδενός· ἔρως δέ με λῃστείας ὑποκριτὴν πεποίηκε καὶ ταύτας ἐπὶ σοὶ πλέξαι τὰς τέχνας. Δοῦλον οὖν με σεαυτῆς ἀπὸ ταύτης τῆς ἡμέρας νόμιζε. Καί σοι προῖκα ἐπιδίδωμι, τὸ μὲν πρῶτον ἐμαυτὸν, ἔπειθ' ὅσην οὐκ ἂν ὁ πατήρ ἐπέδωκέ σοι. Τηρήσω δέ σε παρθένον μέχρι περ ἂν σοὶ δοκῇ. Καὶ ταῦτ' εἰπὼν καὶ ἔτι τούτων πλείονα εὐαγωγοτέραν τὴν κόρην αὑτῷ γενέσθαι παρεσκεύασεν. Ἦν δὲ καὶ ὀφθῆναι καλὸς καὶ στωμύλος καὶ πιθανώτατος, καὶ ἐπειδὴ ἧκεν εἰς τὸ Βυζάντιον, συμβόλαιον ποιησάμενος προικὸς μεγίστης καὶ τἄλλα πολυτελῶς παρασκευάσας, ἐσθῆτά τε καὶ χρυσὸν καὶ ὅσα εἰς κόσμον γυναικῶν εὔθητα, περιεῖπεν εὖ καὶ καλῶς, ἄχραντον τηρῶν, ὡς ἐπηγγείλατο· ὥστε καὶ αὐτὴν ᾑρήκει τὴν κόρην ἤδη. Ὁ δὲ καὶ τἄλλα πάντα παρεῖχεν ἑαυτὸν κοσμιώτατον καὶ ἐπιεικῆ καὶ σώφρονα, καὶ ἦν τις ἐξαίφνης περὶ τὸν νεανίσκον θαυμαστὴ μεταβολή. Ἕδρας τε γὰρ ἐξανίστατο τοῖς πρεσβυτέροις καὶ ἐπεμελεῖτο φθάνειν προσαγορεύων τοὺς ἐντυγχάνοντας, καὶ τὸ τέως ἄκριτον πολυτελὲς ἐκ τῆς πρὶν ἀσωτίας εἰς τὸ εὔβουλον μεταπίπτον, τὸ μεγαλόφρον ἐφύλαττε πρὸς τοὺς ἐν χρείᾳ τοῦ λαβεῖν διὰ πενίαν ὄντας. Ὥστε θαυμάζειν ἅπαντας τὸ αἰφνίδιον οὕτως ἐκ τοῦ χείρονος εἰς τὸ πάνυ χρηστὸν μετελθόν. Ἐμὲ δ' οὖν ᾑρήκει πάντων μᾶλλον, καὶ ὑπεργηγάπων αὐτὸν, καὶ τὴν πρὶν ἀσωτίαν φύσεως ἐνόμιζον εἶναι θαυμαστὴν μεγαλουργίαν, ἀλλ' οὐκ ἀκρασίαν. Κἀμὲ οὖν ὑπεισῄει τὸ τοῦ Θεμιστοκλέους, ὅτι κἀκεῖνος, ὅτι τὴν πρώτην ἡλικίαν σφόδρα δόξας ἀκόλαστος εἶναι, πάντας ὑπερέβαλεν Ἀθηναίους ὕστερον σοφίᾳ τε καὶ ἀνδραγαθίᾳ. Καὶ δὴ μετενόουν ἀποσκορακίσας αὐτὸν, ὅτε μοι περὶ τοῦ τῆς θυγατρὸς διελέχθη γάμου. Καὶ γάρ με σφόδρα ἐθεράπευε καὶ

raperent, aliis etiam gravioribus additis, confidenter admodum asseveraret, eorum unus qui forte post eum constiterat, merito quidem caput illi abscidit, atque ita non injustas rapinæ ipse quoque pœnas luens, in mare dejectus et ipse fuit. Piratæ biduo post, nescio quo delati, mercatori cuidam, familiari suo, mercator Sostheni accepta pecunia me concessit.

XVII. Tum Sostratus, Posteaquam vestros, inquit, filii, casus commemorastis, agitedum quæ de Calligone, Clitophontis sorore, domi acta sint, ex me quoque audite; ne solus ipse narrandi omnino immunis abeam. Ego vero, sororis nomine audito, attentior factus, Ut lubet, inquam pater, siquidem de vivente dicturus es. Tum ille, quæ antea ipse narravi, omnia recensuit, Callisthenem scilicet, oraculum, sacrificium, naviculam, raptum : illud etiam addens, Callisthenem cum inter navigandum rescivisset, Calligonem filiam meam non esse, tametsi rem contra, quam putarat, evenisse cognovisset, nunquam tamen amare illam destitisse, sed ad genua ejus prostratum, hujusmodi fere locutum esse : Ne me, o hera, prædonem, flagitiosumve aliquem esse putes, qui nobili loco natus Byzantiorum, nemini genere cedam. Amor fecit ut prædonis partes agerem et has insidias tibi struerem. Verum tuum me posthac mancipium puta : tibi enim memet inprimis, deinde fortunas, quantas nunquam tibi pater dedisset, trado : quin etiam a virginitate tua violanda, quamdiu voles, abstinebo. His ille atque aliis etiam ad persuadendum aptioribus (erat enim cum adspectu decorus, lepidus et in dicendo argutus) puellam suam in sententiam pertraxit. Ac posteaquam Byzantium reversus est, dote ingenti pacta, multisque aliis, veste scilicet, auro, ceterisque rebus ad divitum mulierum ornatum spectantibus magnifice præparatis, puellam sane quam splendidissime adornavit, qualemque illam rapuit, virginem, uti antea promiserat, manere passus est. Ipse vero plerisque in rebus tractandis modestius, moderatiusque ac mansuetum se præstitit : adolescentisque nova quædam mutatio repente facta est. Nam et senioribus assurgebat, et obviis quibusque salutem prius reddere studebat, quam accepisset : cumque antea immodice sui profusus esset, priore luxuria in prudentiam, mutata, liberalitate deinceps erga eos, qui egerent, uti cœpit, ut mirarentur omnes, tam subito ex tam pravo tam frugi evasisse. Me vero præ cæteris allexerat : illum deamabam, et priorem luxum admirabilem quamdam naturæ largitatem potius, quam intemperantiam, fuisse animadverti. Ac mihi tum venit in mentem illud de Themistocle : qui cum in adolescentia perquam dissolutus esset, omnes tamen deinceps Athenienses prudentia et fortitudine superavit. Me itaque pœnitebat, hominem, cum filiam dari sibi peteret, repudiasse : nam et maximum mihi honorem tribuebat et patrem appellabat, armatusque per forum comitabatur. Sed

ἐκάλει πατέρα καὶ κατὰ τὴν ἀγορὰν ἐδορυφόρει καὶ τῶν εἰς πόλεμον γυμνασίων οὐκ ἠμέλει, ἀλλὰ καὶ πάνυ ἐρρωμένως ἐν ταῖς ἱππασίαις διέπρεπεν. Ἦν μὲν οὖν καὶ παρὰ τὸν τῆς ἀσωτίας χρόνον τούτοις χαίρων καὶ χρώμενος, ἀλλ' ὡς ἐν τρυφῇ καὶ παιδιᾷ· τὸ δ' ἀνδρεῖον ὅμως αὐτῷ καὶ τὸ ἔμπειρον λεληθότως ἐτρέφετο. Τέλεον δ' ἦν αὐτῷ τὸ ἔργον πρὸς τὸ καρτερῶς καὶ ποικίλως διαπρέπειν ἐν τοῖς πολεμικοῖς. Ἐπεδίδου δὲ καὶ χρήματα ἱκανὰ τῇ πόλει. Κἀκεῖνον ἅμ' ἐμοὶ στρατηγὸν προεβάλοντο· ὅθεν ἔτι μᾶλλον ὑπερησπάζετό με, ὑπήκοόν μοι κατὰ πάντα παρέχων ἑαυτόν.

ΙΗ'. Ἐπεὶ δ' ἐνικήσαμεν τὸν πόλεμον ἐπιφανείᾳ τῶν Θεῶν, [καὶ] ὑποστρέψαντες εἰς τὸ Βυζάντιον, εὐφημοῦντες τὸν Ἡρακλέα καὶ τὴν Ἄρτεμιν, ἐχειροτονήθημεν, ἐγὼ μὲν ἐνταῦθα τῇ Ἀρτέμιδι, ὁ δ' εἰς Τύρον Ἡρακλεῖ, λαβόμενός μου τῆς δεξιᾶς ὁ Καλλισθένης, διηγεῖται πρῶτον τὰ πεπραγμένα αὐτῷ περὶ τὴν Καλλιγόνην, Ἀλλ' ἅπερ ἐποιήσαμεν, πάτερ, εἶπε, τὰ μὲν νεότητος φύσει πέπρακται βίᾳ, τὰ δὲ μετὰ ταῦτα προαιρέσει. Παρθένον γὰρ τὴν κόρην μέχρι τούτου τετήρηκα, καὶ ταῦτα πολέμοις ὁμιλῶν, ἐν οἷς οὐδεὶς ἀναβάλλεται τὰς ἡδονάς. Νῦν οὖν εἰς τὴν Τύρον αὐτὴν ἀπαγαγεῖν ἔγνωκα πρὸς τὸν πατέρα, καὶ νόμῳ παρ' ἐκείνου λαβεῖν τὸν γάμον. Ἂν μὲν οὖν ἐθελήσῃ μοι δοῦναι τὴν κόρην, ἀγαθῇ τύχῃ δέξομαι· ἂν δὲ σκαιὸς γένηται καὶ δύσκολος, παρθένον αὐτὴν ἀπολήψεται. Ἐγὼ γὰρ προῖκα ἐπιδοὺς οὐκ εὐκαταφρόνητον, ἀγαπητῶς ἂν λάβοιμι τὸν γάμον. Ἀναγνώσομαι δέ σοι καὶ τὸ συμβόλαιον, ὃ φθάνω πρὸ τοῦ πολέμου γράψας, δεόμενος συνοικίσαι τῷ Καλλισθένει τὴν κόρην, τό τε γένος αὐτοῦ καταλέγων καὶ τὸ ἀξίωμα καὶ τὰς ἐν τοῖς πολέμοις ἀριστείας. Τοῦτο γάρ ἐστιν ἡμῖν τὸ συγκείμενον. Ἐγὼ δὲ, ἣν τὴν ἔφεσιν ἀγωνισώμεθα, διέγνωκα πρῶτον μὲν εἰς τὸ Βυζάντιον διαπλεῦσαι, μετὰ ταῦτα δ' εἰς τὴν Τύρον. Καὶ ταῦτα διαμυθολογήσαντες ἐκοιμήθημεν τὸν αὐτὸν τρόπον.

ΙΘ'. Τῇ δ' ὑστεραίᾳ παραγενόμενος ὁ Κλεινίας ἔφη Θέρσανδρον διὰ τῆς νυκτὸς ἀποδεδρακέναι· τὴν γὰρ ἔφεσιν οὐχ ὡς ἀγωνιούμενον πεποιῆσθαι· βουλόμενος δὲ μετὰ προφάσεως ἐπισχεθῆναι τὸν ἔλεγχον ὃν ἐτόλμησε. Μείναντες οὖν τῶν ἑξῆς τριῶν ἡμερῶν, ὅσων ἦν ἡ προθεσμία, προσελθόντες τῷ προέδρῳ, καὶ τοὺς νόμους ἀναγνόντες καθ' οὓς οὐδεὶς ἔτι τῷ Θερσάνδρῳ λόγος πρὸς ἡμᾶς ἦν, νεὼς ἐπιβάντες καὶ οὐρίῳ χρησάμενοι πνεύματι, κατήραμεν εἰς τὸ Βυζάντιον, κἀκεῖ τοὺς ποθουμένους ἐπιτελέσαντες γάμους, ἀπεδημήσαμεν εἰς τὴν Τύρον. Δύο δ' ὕστερον ἡμερῶν τοῦ Καλλισθένους ἐλθόντες, εὕρομεν τὸν πατέρα μέλλοντα θύσειν τοὺς γάμους τῆς ἀδελφῆς εἰς τὴν ὑστεραίαν. Παρῆμεν οὖν ὡς καὶ συνθύσοντες αὐτῷ καὶ εὐξόμενοι τοὺς ἡμετέρους καὶ τοὺς ἐκείνου γάμους σὺν ἀγαθαῖς φυλαχθῆναι τύχαις. Καὶ διεγνώκαμεν ἐν τῇ Τύρῳ παραχειμάσαντες διελθεῖν εἰς τὸ Βυζάντιον.

LIBER VIII.

nec a bellicis studiis animus ejus abhorrebat: quippe in equestribus certaminibus perquam strenue se gerebat, utpote qui prima illa etiam intemperanti aetate equis, quanquam temere et ad luxum paratis, gauderet, sed tamen virile robur et rerum usus praecipuum in eo studium fuit, bellicas res fortiter multifariamque tractare. Multo quin etiam aere suo privato rempublicam juvit, mecumque una militum ductor creatus est: unde majorem quoque mihi honorem habuit, obsequentem sese in omnibus praestans.

XVIII. Postea vero quam de hostibus, diis ipsis nobis coram adstantibus, victoriam reportavimus, Byzantium reversi, ego huc Dianae, ille Tyrum Herculi, ad gratias referendas missi sumus. Sed prius tamen dextera prehendens me Callisthenes, quae sibi Calligones causa facta fuissent, commemoravit, Eorum, inquiens, pater, quae antea fecimus, juventutis indoles, vis, causa fuit: quae vero post, judicio adhibito commissa fuerunt. Virginem enim puellam hactenus servavi, belli praesertim tempore, quo nemo sibi oblatas perfruendarum voluptatum occasiones abire pati vult. Nunc eam Tyrum ad patrem ducere, et ab eo sicuti leges jubent, in uxorem accipere, omnino constitui. Quod si impetravero, eam bona fortuna accipiam: sin autem difficilis ille atque morosus, virginem etiam filiam suam sibi habeat: quam tamen ego hercule non contemnenda dote confecta in uxorem lubens duxerim. Tabellas vero etiam, quas antequam ad bellum exirem, puellam Callistheni nubere optans, conscripseram, tibi recitabo: in iis enim genus illius, dignitatem, rei militaris usum recensui. Quae autem inter nos pacti eramus, haec sunt. Mihi vero, si etiam post Thersandri provocationem secundum nos judicatum fuerit, Byzantium primum, deinde Tyrum navigare in animo est. Hic cum ille dicendi finem fecisset, cubitum se quisque nostrum, ubi pridie, contulit.

XIX. Postridie reversus ad nos Clinia, Thersandrum noctu solum vertisse, ab eoque, non ut revera hoc certamen iniret, provocatum fuisse: sed id causae sumptum, ut indicio eorum, quae ausus fuerat, faciendo moram injiceret, narravit. Nos triduum adhuc morati, (ad tantum enim temporis vadimonium durabat.) Praesidem rursum convenimus: recitatisque legibus, ex quibus nullam Thersandro nos accusandi causam fuisse apparebat, nave conscensa, prosperoque flante vento, Byzantium, ubi peroptatas confecimus nuptias, deinde Tyrum navigavimus. Quo in loco, cum biduo post Callisthenem adventassemus, patrem ob sororis nuptias postera die sacra facturum comperimus. Affuimus itaque, ut una sacra faceremus deosque, ut meas illiusque nuptias felices fortunatasque esse vellent, precaremur. Et decrevimus hieme illic acta, Byzantium redire.

LONGUS.

ΛΟΓΓΟΥ
ΠΟΙΜΕΝΙΚΩΝ
ΤΩΝ ΚΑΤΑ
ΔΑΦΝΙΝ ΚΑΙ ΧΛΟΗΝ
ΛΟΓΟΙ ΤΕΤΤΑΡΕΣ.

LONGI
PASTORALIUM
DE
DAPHNIDE ET CHLOE
LIBRI QUATUOR.

ΠΡΟΟΙΜΙΟΝ.

Ἐν Λέσβῳ θηρῶν, ἐν ἄλσει Νυμφῶν, θέαμα εἶδον κάλλιστον, ὧν εἶδον· * εἰκόνα γραφὴν ἱστορίαν ἔρωτος. Καλὸν μὲν καὶ τὸ ἄλσος, πολύδενδρον, ἀνθηρὸν, κατάρρυτον· μία πηγὴ πάντ' ἔτρεφε, καὶ τὰ ἄνθη καὶ τὰ
5 δένδρα· ἀλλ' ἡ γραφὴ τερπνοτέρα καὶ τέχνην ἔχουσα περιττὴν καὶ τύχην ἐρωτικήν· ὥστε πολλοὶ καὶ τῶν ξένων κατὰ φήμην ᾔεσαν, τῶν μὲν Νυμφῶν ἱκέται, τῆς δ' εἰκόνος θεαταί. Γυναῖκες ἐπ' αὐτῆς τίκτουσαι, καὶ ἄλλαι σπαργάνοις κοσμοῦσαι, παιδία ἐκκείμενα,
10 ποίμνια τρέφοντα, ποιμένες ἀναιρούμενοι· νέοι συντιθέμενοι, λῃστῶν καταδρομή, πολεμίων ἐμβολή. Πολλὰ ἄλλα καὶ πάντα ἐρωτικὰ ἰδόντα με καὶ θαυμάσαντα πόθος ἔσχεν ἀντιγράψαι τῇ γραφῇ. καὶ ἀναζητησάμενος ἐξηγητὴν τῆς εἰκόνος, τέτταρας βίβλους ἐξεπονησάμην,
15 ἀνάθημα μὲν Ἔρωτι καὶ Νύμφαις καὶ Πανί, κτῆμα δὲ τερπνὸν πᾶσιν ἀνθρώποις, ὃ καὶ νοσοῦντα ἰάσεται, καὶ λυπούμενον παραμυθήσεται, τὸν ἐρασθέντα ἀναμνήσει, τὸν οὐκ ἐρασθέντα προπαιδεύσει. Πάντως γὰρ οὐδεὶς ἔρωτα ἔφυγεν ἢ φεύξεται, μέχρις ἂν κάλλος ᾖ
20 καὶ ὀφθαλμοὶ βλέπωσιν. Ἡμῖν δ' ὁ θεὸς παράσχοι σωφρονοῦσι τὰ τῶν ἄλλων γράφειν.

PROOEMIUM.

Cum in Lesbo feras indagarem, Nympharum in luco, spectaculum vidi, omnium, quotquot quidem oculis usurpavi, pulcherrimum: videlicet tabulam pictam, imaginem quæ amatoriam historiam repræsentaret. Amœnus quidem erat ille lucus, densus arboribus, floribus ridens, aquis irriguus; unus fons omnia alebat, cum flores, tum arbores: at tamen jucundior erat illa pictura in qua et singulare artificium, et amatorii casus descriptio conspiciebantur; adeo ut multi etiam peregrini, fama exciti, huc ventitarent, Nympharum quidem supplices, sed et imaginis spectatores futuri. In hac tabula videre erat mulieres parturientes, et alias quæ fasciis adornarent, expositos infantes, pecudes quæ eos alerent, pastores qui eos tollerent, juvenes mutuam sibi fidem obstringentes, latronum incursionem, hostium impressionem. Multa alia præterea, eaque omnia amatoria, videnti mihi et admirandi cupido incessit scripto quasi respondendi picturæ isti, eamque veluti interpretem conquisivissem, quatuor confeci libros, donum Cupidini, Nymphis et Pani sacrum, opusque cunctis jucundum hominibus, quod ægro medelam, mœrenti solatium afferat, ejus, qui amavit, memoriam refricet et amoris rudem doceat. Omnino namque nullus unquam amorem effugit aut effugiet, quamdiu suus formæ decor, suaque oculis acies constabit. Nobis autem Numen concedat, ut sani integrique aliorum casus describere queamus.

ΛΟΓΟΣ ΠΡΩΤΟΣ.

Α'. Πόλις ἐστὶ τῆς Λέσβου, Μυτιλήνη, μεγάλη καὶ καλή· διείληπται γὰρ εὐρίποις, ὑπεισρεούσης τῆς θαλάσσης, καὶ κεκόσμηται γεφύραις ξεστοῦ καὶ λευκοῦ
25 λίθου. Νομίσειας ἂν οὐ πόλιν ὁρᾶν ἀλλὰ νῆσον. Ταύτης τῆς πόλεως [τῆς Μυτιλήνης], ὅσον ἀπὸ σταδίων διακοσίων ἀγρὸς ἦν ἀνδρὸς εὐδαίμονος, κτῆμα κάλλιστον· ὄρη θηροτρόφα· πεδία πυροφόρα· γήλοφοι κλημάτων· νομαὶ ποιμνίων· καὶ ἡ θάλασσα προσέκλυζεν ᾐόνι
30 ἐκτεταμένῃ ψάμμου μαλθακῆς.

Β'. Ἐν τῷδε τῷ ἀγρῷ νέμων αἰπόλος, Λάμων τοὔνομα, παιδίον εὗρεν ὑπὸ μιᾶς τῶν αἰγῶν τρεφόμενον. Δρυμὸς

LIBER PRIMUS.

I. Est in Lesbo civitas Mytilene, magna et pulchra. Influens mare multis eam euripis distinguit ac dissecat: et pontes totam urbem ornant ex candido ac polito lapide facti; ut non urbs, sed insula esse videatur. Ab hac urbe [Mytilene] stadia circiter ducenta, viri cujusdam opulenti ager situs erat, possessio pulcherrima; montes ferarum, prata tritici feracia; palmitibus colliculi, pascua gregibus abundabant: mare autem litus molli arena extensum alluebat.

II. Hoc in agro gregem pascens caprarius, nomine Lamon, infantem ab una caprarum enutritum invenit. Saltus erat,

ἦν καὶ λόχμη βάτων, καὶ κιττὸς ἐπιπλανώμενος, καὶ πόα μαλθακή, καθ' ἧς ἔκειτο τὸ παιδίον. Ἐνταῦθ' ἡ αἲξ θέουσα συνεχὲς, ἀφανὴς ἐγίνετο πολλάκις, καὶ τὸν ἔριφον ἀπολιποῦσα, τῷ βρέφει παρέμενε. Φυλάττει τὰς δια-
5 δρομὰς ὁ Λάμων, οἰκτείρας ἀμελούμενον τὸν ἔριφον, καὶ μεσημβρίας ἀκμαζούσης κατ' ἴχνος ἐλθὼν, ὁρᾷ τὴν μὲν αἶγα πεφυλαγμένως περιβεβηκυῖαν, μὴ ταῖς χηλαῖς βλάπτοι πατοῦσα τὸ βρέφος, τὸ δὲ, ὥσπερ ἐκ μητρῴας θηλῆς τὴν ἐπιρροὴν ἕλκον τοῦ γάλακτος. Θαυμάσας,
10 ὥσπερ εἰκὸς ἦν, πρόσεισιν ἐγγὺς καὶ εὑρίσκει παιδίον ἄρρεν, μέγα καὶ καλὸν καὶ τῆς κατὰ τὴν ἔκθεσιν τύχης ἐν σπαργάνοις κρείττοσι. Χλανίδιόν τε γὰρ ἦν ἁλουργὲς καὶ πόρπη χρυσῇ καὶ ξιφίδιον ἐλεφαντόκωπον.
Γ'. Τὸ μὲν οὖν πρῶτον ἐβουλεύσατο μόνα τὰ γνω-
15 ρίσματα βαστάσας, ἀμελῆσαι τοῦ βρέφους· ἔπειτα δ' αἰδεσθεὶς, εἰ μηδ' αἰγὸς φιλανθρωπίαν μιμήσεται, νύκτα φυλάξας, κομίζει πάντα πρὸς τὴν γυναῖκα Μυρτάλην, καὶ τὰ γνωρίσματα, καὶ τὸ παιδίον, καὶ τὴν αἶγα αὐτήν. Τῆς δ' ἐκπλαγείσης, εἰ παιδία τίκτουσιν αἱ αἶγες,
20 πάντα αὐτῇ διηγεῖται, πῶς εὗρεν ἐκκείμενον, πῶς εἶδε τρεφόμενον, πῶς ᾐδέσθη καταλιπεῖν ἀποθανούμενον. Δόξαν δὴ κἀκείνῃ, τὰ μὲν συνεκτεθέντα κρύπτουσι, τὸ δὲ παιδίον αὑτῶν νομίζουσι, τῇ δ' αἰγὶ τὴν τροφὴν ἐπιτρέπουσιν. Ὡς δ' ἂν καὶ τοὔνομα τοῦ παιδίου ποι-
25 μενικὸν δοκοίη, Δάφνιν αὐτὸν ἔγνωσαν καλεῖν.
Δ'. Ἤδη δὲ διετοῦς χρόνου διϊκνουμένου, ποιμὴν ἐξ ἀγρῶν ὁμόρων νέμων, Δρύας τοὔνομα, καὶ αὐτὸς ὁμοίοις ἐπιτυγχάνει καὶ εὑρήμασι καὶ θεάμασι. Νυμφῶν ἄντρον ἦν, πέτρα μεγάλη, τὰ ἔνδοθεν κοίλη, τὰ ἔξωθεν
30 περιφερής· τὰ ἀγάλματα τῶν Νυμφῶν αὐτῶν λίθοις ἐπεποίητο, πόδες ἀνυπόδητοι, χεῖρες εἰς ὤμους γυμναί, κόμαι μέχρι τῶν αὐχένων λελυμέναι, ζῶμα περὶ τὴν ἰξὺν, μειδίαμα περὶ τὴν ὀφρύν, τὸ πᾶν σχῆμα, χορεία ἦν ὀρχουμένων. Ἡ ὤα τοῦ ἄντρου, τῆς μεγάλης πέ-
35 τρας ἦν τὸ μεσαίτατον. Ἐκ δὲ τῆς πηγῆς ὕδωρ ἀναβλύζον, ῥεῖθρον ἐποίει χεόμενον, ὥστε καὶ λειμὼν πάνυ γλαφυρὸς ἐκτέτατο πρὸ τοῦ ἄντρου, πολλῆς καὶ μαλακῆς πόας ὑπὸ τῆς νοτίδος τρεφομένης. Ἀνέκειντο δὲ καὶ γαυλοὶ καὶ αὐλοὶ πλάγιοι καὶ σύριγγες καὶ κάλαμοι,
40 πρεσβυτέρων ποιμένων ἀναθήματα.
Ε'. Εἰς τοῦτο τὸ νυμφαῖον οἶς ἀρτιτόκος συχνὰ φοιτῶσα, δόξαν πολλάκις ἀπωλείας παρεῖχε. Κολάσαι δὴ βουλόμενος αὐτὴν, καὶ εἰς τὴν προτέραν εὐνομίαν καταστῆσαι, δεσμὸν ῥάβδου χλωρᾶς λυγίσας ὅμοιον βρόχῳ, τῇ πέτρᾳ
45 προσῆλθεν, ὡς ἐκεῖ συλληψόμενος αὐτήν· ἐπιστὰς δὲ, οὐδὲν εἶδεν, ὧν ἤλπισεν· ἀλλὰ τὴν μὲν, διδοῦσαν πάνυ ἀνθρωπίνως τὴν θηλὴν εἰς ἄφθονον τοῦ γάλακτος ὁλκήν· τὸ δὲ παιδίον ἀκλαυστὶ λάβρως εἰς ἀμφοτέρας τὰς θηλὰς μεταφέρον τὸ στόμα, καθαρὸν καὶ φαιδρὸν, οἷα τῆς οἰὸς
50 τῇ γλώττῃ τὸ πρόσωπον ἀπολιχμωμένης μετὰ τὸν κόρον τῆς τροφῆς. Θῆλυ ἦν τοῦτο τὸ παιδίον, καὶ παρέκειτο καὶ τούτῳ σπάργανα, γνωρίσματα, μίτρα διάχρυσος, ὑποδήματα ἐπίχρυσα, καὶ περισκελίδες χρυσαῖ.

LIBER I.

ϛ΄. Θεῖον δή τι νομίσας τὸ εὕρημα, καὶ διδασκόμενος παρὰ τῆς οἰὸς ἐλεεῖν τε τὸ παιδίον καὶ φιλεῖν, ἀναιρεῖται μὲν τὸ βρέφος ἐπ᾽ ἀγκῶνος, ἀποτίθεται δὲ τὰ γνωρίσματα κατὰ τῆς πήρας, εὔχεται δὲ ταῖς Νύμφαις ἐπὶ τύχῃ χρηστῇ θρέψαι τὴν ἱκέτιν αὑτῶν. 5 Καὶ ἐπεὶ καιρὸς ἦν ἀπελαύνειν τὴν ποίμνην, ἐλθὼν εἰς τὴν ἔπαυλιν τῇ γυναικὶ διηγεῖται τὰ ὀφθέντα, δείκνυσι τὰ εὑρεθέντα, παρακελεύεται θυγάτριον νομίζειν καὶ λανθάνουσαν ὡς ἴδιον τρέφειν. Ἡ μὲν δὴ Νάπη (τοῦτο γὰρ ἐκαλεῖτο) μήτηρ εὐθὺς ἦν καὶ ἐφίλει τὸ παιδίον, 10 ἅτε ὑπὸ τῆς οἰὸς παρευδοκιμηθῆναι δεδοικυῖα, καὶ τίθεται καὶ αὐτὴ ποιμενικὸν ὄνομα πρὸς πίστιν αὐτῷ, Χλόην.

Ζ΄. Ταῦτα τὰ παιδία ταχὺ μάλ᾽ ηὔξησε, καὶ κάλλος αὐτοῖς ἐξεφαίνετο κρεῖττον ἀγροικίας. Ἤδη τ᾽ ἦν ὁ 15 μὲν πέντε καὶ δέκα ἐτῶν ἀπὸ γενεᾶς· ἡ δ᾽ (ἑτέρων) τοσούτων, δυοῖν ἀποδεόντοιν· καὶ ὁ Δρύας καὶ ὁ Λάμων ἐπὶ μιᾶς νυκτὸς ὁρῶσιν ὄναρ τοιόνδε τι· τὰς Νύμφας ἐδόκουν ἐκείνας, τὰς ἐν τῷ ἄντρῳ, ἐν ᾧ ἡ πηγή, ἐν ᾧ τὸ παιδίον εὗρεν ὁ Δρύας τὸν Δάφνιν καὶ τὴν Χλόην 20 παραδιδόναι παιδίῳ μάλα σοβαρῷ καὶ καλῷ, πτερὰ ἐκ τῶν ὤμων ἔχοντι, βέλη σμικρὰ ἅμα τοξαρίῳ φέροντι. Τὸ δ᾽ ἐφαψάμενον ἀμφοτέρων ἑνὶ βέλει, κελεῦσαι λοιπὸν ποιμαίνειν, τὸν μὲν τὸ αἰπόλιον, τὴν δὲ τὸ ποίμνιον.

Η΄. Τοῦτο τὸ ὄναρ ἰδόντες, ἤχθοντο μὲν εἰ ποιμένες 25 ἔσοιντο καὶ οὗτοι τύχην ἐκ σπαργάνων ἐπαγγελλόμενοι κρείττονα, δι᾽ ἣν αὐτοὺς καὶ τροφαῖς ἔτρεφον ἁβροτέραις καὶ γράμματα ἐπαίδευον καὶ πάντα ὅσα καλὰ ἦν ἐπ᾽ ἀγροικίας. Ἐδόκει δὲ πείθεσθαι θεοῖς περὶ τῶν σωθέντων προνοίᾳ θεῶν. Καὶ κοινώσαντες ἀλλήλοις τὸ 30 ὄναρ καὶ θύσαντες τῷ τὰ πτερὰ ἔχοντι παιδίῳ παρὰ ταῖς Νύμφαις (τὸ γὰρ ὄνομα λέγειν οὐκ εἶχον), ὡς ποιμένας ἐκπέμπουσιν αὐτοὺς ἅμα ταῖς ἀγέλαις, ἐκδιδάξαντες ἕκαστα· πῶς δεῖ νέμειν πρὸ μεσημβρίας, πῶς ποιμαίνειν κοπάσαντος τοῦ καύματος, πότ᾽ ἄγειν ἐπὶ 35 ποτόν, πότ᾽ ἀπάγειν ἐπὶ κοῖτον, ἐπὶ τίσι καλαύροπι χρηστέον, ἐπὶ τίσι φωνῇ μόνῃ. Οἱ δὲ, μάλα χαίροντες, ὡς ἀρχὴν μεγάλην παρελάμβανον καὶ ἐφίλουν τὰς αἶγας καὶ τὰ πρόβατα μᾶλλον ἢ ποιμέσιν ἔθος· ἡ μὲν, ἐς ποίμνιον ἀναφέρουσα τῆς σωτηρίας τὴν αἰτίαν· ὁ δὲ, 40 μεμνημένος ὡς ἐκκείμενον αὐτὸν αἲξ ἀνεθρέψατο.

Θ΄. Ἦρος ἦν ἀρχὴ καὶ πάντα ἤκμαζεν ἄνθη, τὰ ἐν δρυμοῖς, τὰ ἐν λειμῶσι, καὶ ὅσα ὄρεια· βόμβος ἦν ἤδη μελιττῶν, ἦχος ὀρνίθων μουσικῶν, σκιρτήματα ποιμνίων ἀρτιγεννήτων· ἄρνες ἐσκίρτων ἐν τοῖς ὄρεσιν, ἐβόμβουν 45 ἐν τοῖς λειμῶσιν αἱ μέλιτται, τὰς λόχμας κατῇδον ὄρνιθες. Τοσαύτης δὴ πάντα κατεχούσης εὐωρίας, οἱ δ᾽ ἁπαλοὶ καὶ νέοι, μιμηταὶ τῶν ἀκουομένων ἐγίνοντο καὶ βλεπομένων. Ἀκούοντες μὲν τῶν ὀρνίθων ᾀδόντων, ᾖδον· βλέποντες δὲ σκιρτῶντας τοὺς ἄρνας, ἤλλοντο κοῦφα, 50 καὶ τὰς μελίττας δὲ μιμούμενοι, τὰ ἄνθη συνέλεγον· καὶ τὰ μὲν εἰς τοὺς κόλπους ἔβαλλον, τὰ δὲ, στεφανίσκους πλέκοντες, ταῖς Νύμφαις ἐπέφερον.

Ι΄. Ἔπραττον δὲ κοινῇ πάντα, πλησίον ἀλλήλων.

VI. Hoc igitur inventum divinitus ratus et ab ove edoctus hujusce infantis misereri, eamque amore prosequi, terra sublatam ulnis excipit, monumenta vero in peram recondit, precatus Nymphas, ut, quod felix faustumque sit, earum supplicem educare liceat. Et quoniam jam tempus erat gregem a pascuis reducere, casam repetit, uxori quæ vidit exponit, quæ invenit, commonstrat, hortatur, ut filiolam pro sua agnoscat atque educet, ac rem, quomodo se habet, nulli patefaciat. At Nape, hoc enim illi nomen, mater statim erat, infantem amabat, quippe metuens, ne ab ove superaretur; quin et ipsa nomen illi pastorale indidit, vocando Chloën, ut sibi hanc filiam esse suam dicenti fidem adstrueret.

VII. Et quidem illi infantes brevi temporis spatio ingens ceperunt incrementum et in iis forma elucebat longe quam pro rustica sorte præstantior. Jam autem Daphnis annos quindecim erat natus, Chloë vero totidem, si duos demseris, cum Dryanti et Lamoni eadem nocte hæc objecta est in somnis species : videbant Nymphas illas, quæ servabant antrum, in quo fons, in quo infantem Dryas invenerat, Daphnim et Chloën tradentes puero admodum protervo et venusto, cui alæ ex humeris penderent, qui parva spicula parvo cum arcu gestaret; et hunc quidem puerum ambos uno eodemque attingentem telo, jussisse, ut deinceps ille caprarum, hæc ovium gregem pasceret.

VIII. Et hoc quidem somnio viso doluere quod Daphnis ac Chloë quoque pastores futuri essent, qui tamen meliorem fortunam ex suis fasciis de se juberent sperare; ob quam spem etiam illos delicatioribus enutriebant cibis, literasque, et quæcunque ruri præclara habebantur, edocebant. Placuit tamen in iis, quæ ad infantes deorum providentia servatos pertinerent, morem gerere diis. Et narrato suo sibi invicem somnio, sacrisque factis aligero illi apud Nymphas puero, (hujus enim nomen dicere non poterant) mox ut pastores foras ipsos cum gregibus emittunt, singula edoctos : quo pacto ante meridiem pascere oporteat, quo pacto, postquam remisisset æstus, quando agere potum, quando ad caulam abigere, in quos utendum pedo, in quos sola dumtaxat voce. Illi vero oppido exsultantes, quasi magnum adepti imperium, capras atque oves diligebant, et quidem multo magis quam pastorum vulgus solet : nam Chloë ad oves suæ causam salutis referebat; Daphnis itidem haud immemor erat, quod sese expositum capra enutrivisset.

IX. Initium veris erat omniumque florum genus per silvas, per prata, per montes vigebat : jam apum. bombus, jam canorarum avium vox, pecora novella saltu lasciviebant, agni in montibus saliebant, apes in pratis bombilabant, aves nemora cantu personabant. Dum ita omnia amœna tempestate lætabantur, Daphnis et Chloë, utpote teneri ac juvenes, visa auditaque imitabantur. Audito avium cantu, canebant; conspecto lascivientium agnorum saltu, leviter saltabant, quin et apes æmulabantur, colligentes flores, quorum alios gremio inserebant, alios coronis intextos Nymphis afferebant.

X. Prope inter se pascentes, omnia communiter agebant.

νέμοντες. Καὶ πολλάκις μὲν ὁ Δάφνις τῶν προβάτων τὰ ἀποπλανώμενα συνέστελλε, πολλάκις δὲ ἡ Χλόη τὰς θρασυτέρας τῶν αἰγῶν ἀπὸ τῶν κρημνῶν κατήλαυνεν. ἤδη δέ τις καὶ τὰς ἀγέλας ἀμφοτέρας ἐφρούρησε, θατέρου 5 προσλιπαρήσαντος ἀθύρματι. Ἀθύρματα δ' ἦν αὐτοῖς ποιμενικὰ καὶ παιδικά. Ἡ μὲν ἀνθέρικας ἀνελομένη πόθεν ἐξ ἕλους ἀκριδοθήραν ἔπλεκε, καὶ περὶ τοῦτο πονουμένη, τῶν ποιμνίων ἠμέλησεν. Ὁ δὲ, καλάμους ἐκτεμὼν λεπτοὺς καὶ τρήσας τὰς τῶν γονάτων διαφυάς, 10 ἀλλήλους τε κηρῷ μαλθακῷ συναρτήσας, μέχρι νυκτὸς συρίζειν ἐμελέτα. Καί ποτε δὲ ἐκοινώνουν γάλακτος καὶ οἴνου, καὶ τροφὰς, ἃς οἴκοθεν ἔφερον, εἰς κοινὸν ἔφερον. Θᾶττον ἄν τις εἶδε τὰ ποίμνια καὶ τὰς αἶγας ἀπ' ἀλλήλων μεμερισμένας ἢ Χλόην καὶ Δάφνιν.
15 ΙΑ'. Τοιαῦτα δ' αὐτῶν παιζόντων, τοιάνδε σπουδὴν Ἔρως ἀνέπλασε. Λύκαινα τρέφουσα σκύμνους νέους, ἐκ τῶν πλησίον ἀγρῶν ἐξ ἄλλων ποιμνίων πολλάκις ἥρπαζε, πολλῆς τροφῆς ἐς ἀνατροφὴν τῶν σκύμνων δεομένη. Συνελθόντες οὖν οἱ κωμῆται νύκτωρ, σιροὺς 20 ὀρύττουσι τὸ εὖρος ὀργυιᾶς, τὸ βάθος τεττάρων. Τὸ μὲν δὴ χῶμα τὸ πολὺ σπείρουσι, κομίσαντες μακράν, ξύλα δὲ ξηρὰ μακρὰ τείναντες ὑπὲρ τοῦ χάσματος, τὸ περιττὸν τοῦ χώματος κατέπασαν, τῆς πρότερον γῆς εἰκόνα· ὥστε κἂν λαγὼς ἐπιδράμῃ, κατακλᾷ τὰ ξύλα 25 καρφῶν ἀσθενέστερα ὄντα, καὶ τότε παρέχει μαθεῖν ὅτι γῆ οὐκ ἦν ἀλλὰ μεμίμητο γῆν. Τοιαῦτα πολλὰ ὀρύγματα κἂν τοῖς ὄρεσι κἂν τοῖς πεδίοις ὀρύξαντες, τὴν μὲν λύκαιναν οὐκ εὐτύχησαν λαβεῖν· αἰσθάνεται γὰρ καὶ γῆς σεσοφισμένης· πολλὰς δ' αἶγας καὶ ποίμνια 30 διέφθειραν, καὶ Δάφνιν παρ' ὀλίγον, ὧδε.
ΙΒ'. Τράγοι παροξυνθέντες ἐς μάχην συνέπεσον. τῷ οὖν ἑτέρῳ τὸ ἕτερον κέρας, βιαιοτέρας γενομένης συμβολῆς, θραύεται· καὶ ἀλγήσας, φριμαξάμενος ἐς φυγὴν ἐτράπετο. Ὁ δὲ νικῶν κατ' ἴχνος ἑπόμενος ἄπαυστον 35 ἐποίει τὴν φυγήν. Ἀλγεῖ Δάφνις περὶ τῷ κέρατι, καὶ τῇ θρασύτητι ἀσθεσθεὶς τὴν καλαύροπα λαβὼν ἐδίωκε τὸν διώκοντα. Οἷα δὲ τοῦ μὲν ὑπεκφεύγοντος, τοῦ δ' ὀργῇ διώκοντος, οὐκ ἀκριβὴς ἦν τῶν ἐν ποσὶν ἢ πρόσοψις· ἀλλὰ κατὰ χάσματος ἄμφω πίπτουσιν, ὁ τράγος 40 πρότερος, ὁ Δάφνις δεύτερος. Τοῦτο καὶ ἔσωσε Δάφνιν χρήσασθαι τῆς καταφορᾶς ὀχήματι τῷ τράγῳ. Ὁ μὲν δὴ τὸν ἀνιμησόμενον, εἴ τις ἄρα γένοιτο, δακρύων ἀνέμενεν· ἡ δὲ Χλόη θεασαμένη τὸ συμβὰν, δρόμῳ παραγίνεται πρὸς τὸν σιρὸν, καὶ μαθοῦσα ὅτι ζῇ, καλεῖ 45 τινὰ βουκόλον ἐκ τῶν ἀγρῶν τῶν πλησίον πρὸς ἐπικουρίαν. Ὁ δ' ἐλθὼν, σχοίνον ἐζήτει μακρὰν, ἧς ἐχόμενος, ἀνιμώμενος ἐκβήσεται. καὶ σχοῖνος μὲν οὐκ ἦν· ἡ δὲ Χλόη λυσαμένη ταινίαν, δίδωσι καθεῖναι τῷ βουκόλῳ· καὶ οὕτως οἱ μὲν ἐπὶ τοῦ χείλους ἑστῶτες 50 εἷλκον, ὁ δ' ἀνέβη ταῖς τῆς ταινίας ὁλκαῖς ταῖς χερσὶν ἀκολουθῶν. Ἀνιμήσαντο δὲ καὶ τὸν ἄθλιον τράγον συντεθραυσμένων ἄμφω τὰ κέρατα· τοσοῦτον ἄρα ἡ δίκη μετῆλθε τοῦ νικηθέντος τράγου. Τοῦτον μὲν δὴ τυθησόμενον χαρίζονται σῶστρα τῷ βουκόλῳ, καὶ ἔμελλον

Et sæpe Daphnis oves aberrantes cogebat, sæpe Chloë audaciores capras a præruptis abigebat locis. Nunc alter, altero ludicris intento, utriusque gregis custodiam agebat. Ludicra autem ipsis pastoralia et puerilia : hæc quidem digressa, sublatis alicunde e palude asphodeli caulibus decipulam locustis captandis nectebat, et tota in hac re, ovium curam interim omittebat. Ille vero, excisis tenuibus calamis et perforatis internodiorum intervallis, junctimque inter se molli cera conglutinatis, in seram noctem fistula carmen meditabatur. Nonnunquam lac et vinum inter se communicabant, victumque, quem domo attulerant, in commune conferebant. Citius quis ovium ac caprarum greges a se invicem disjunctos quam Chloën atque Daphnim, vidisset.

XI. Ipsis autem sic ludentibus talem Amor injecit curam. Lupa quædam, recentes alens catulos, proximis ex agris multa sæpe rapiebat de aliis gregibus, quod alimento copioso ad suos catulos enutriendos opus haberet. Congregati igitur pagani noctu, scrobem effodiunt, latitudine unius ulnæ, altitudine quatuor. Et quidem humum effossam majori ex parte dispergunt, eam procul a fossa removentes; sicca autem ligna longa super fossam intendentes, ea adsperserunt illa terra, quæ ex hac effossa remanebat, ut similis esset fossa pristino solo, utque vel lepus, si percurreret, ista ligna stipulis ipsis fragiliora confringeret, atque tum faceret indicium, quod terra non esset, sed tantummodo terram imitaretur. Multis id genus fossis per montes, per campos ductis, lupam tamen handquaquam capere potuerunt; sentit enim ipsa quoque in hac terra subdola fraudem subesse; multas vero capras atque oves perdiderunt, quin et fere Daphnim, casu hujusmodi.

XII. Hirci irritati, ad pugnam concurrerunt. Uni igitur cornu alterum ex violentiori conflictu frangitur; qui dolens inde, fremebundus se in fugam dedit. Victor autem per vestigia insectans fugientem, a persequendo non destitit. Daphnis confracto dolens cornu, offensusque illa contumacia, pedo arrepto, persequentem persequebatur. Uti autem fere fit, altero quidem subterfugiente, altero autem ira abrepto et persequente, non certus satis eorum, quæ ad pedes occurrebant, prospectus erat; sed in foveam ambo incidunt, hircus prior, posterior Daphnis. Et hoc ipsum Daphnim servavit, utpote hirco pro vehiculo, quo innixus delaberetur, usum. Atque ille quidem lacrimabundus, a quo extraheretur, si quis appareret, exspectabat; Chloë vero, ut conspexit, quod evenerat, protinus ad fossam advolat, atque illum vivere cognoscens, ex agris vicinis pastorem quemdam auxilio adfuturum vocat. Ille cum advenisset, longum quærebat funem, cui adhærens Daphnis extrahi et sic evadere posset. Verum funis ad manum non erat; Chloë igitur statim suam solvit tæniam, et hanc demittendam bubulco illi porrigit. Atque hi quidem hunc in modum ad labra fossæ stantes trahere cœperunt; Daphnis vero tæniam, qua trahebatur, manibus subsequendo, ascendit. Postquam autem miserum illum hircum extraxerunt, cui utrumque cornu confractum fuit,

LIBER I.

ψεύδεσθαι πρὸς τοὺς οἴκοι λύκων ἐπιδρομήν, εἴ τις αὐ-
τὸν ἐπόθησεν. Αὐτοὶ δ' ἐπανελθόντες ἐπεσκοποῦντο
τὴν ποίμνην· καὶ τὸ αἰπόλιον· καὶ ἐπεὶ κατέμαθον ἐν
κόσμῳ νέμεσθαι καὶ τὰς αἶγας καὶ τὰ πρόβατα, καθί-
5 σαντες ὑπὸ στελέχει δρυὸς, ἐσκόπουν μή τι μέρος τοῦ
σώματος ὁ Δάφνις ᾕμαξε καταπεσών. Τέτρωτο μὲν
οὖν [οὐδὲν] οὐδ' ᾕμακτο οὐδὲν, χώματος δὲ καὶ πηλοῦ
πέπαστο καὶ τὰς κόμας καὶ τὸ ἄλλο σῶμα. Ἐδόκει
δὴ λούσασθαι, πρὶν αἴσθησιν γενέσθαι τοῦ συμβάντος
10 Λάμωνι καὶ Μυρτάλῃ.
    ΙΓ'. Καὶ ἐλθὼν ἅμα τῇ Χλόῃ πρὸς τὸ νυμφαῖον, τῇ μὲν
ἔδωκε καὶ τὸν χιτωνίσκον καὶ τὴν πήραν φυλάττειν,
αὐτὸς δὲ τῇ πηγῇ παραστὰς, τήν τε κόμην καὶ τὸ σῶμα
πᾶν ἀπελούετο. Ἦν δὲ ἡ μὲν κόμη μέλαινα καὶ
15 πολλὴ, τὸ δὲ σῶμα ἐπίκαυτον ἡλίῳ. Εἴκασεν ἄν τις
αὐτὸ χρώζεσθαι τῇ σκιᾷ τῆς κόμης, ἐδόκει δὲ τῇ Χλόῃ
θεωμένῃ καλὸς ὁ Δάφνις, καὶ ὅτι τότε πρῶτον αὐτῇ
καλὸς ἐδόκει, τὸ λουτρὸν ἐνόμιζε τοῦ κάλλους αἴτιον.
Καὶ τὰ νῶτα δ' ἀπολουούσης, ἡ σὰρξ ὑπέπιπτε μαλ-
20 θακή· ὥστε λαθοῦσα αὐτὴ ἥψατο πολλάκις, εἰ τρυ-
φερωτέρα εἴη πειρωμένη. Καὶ, τότε μὲν γὰρ ἐπὶ
δυσμαῖς ἦν ὁ ἥλιος, ἀπήλασαν τὰς ἀγέλας οἴκαδε, καὶ
ἐπεπόνθει Χλόη περιττὸν οὐδὲν, ὅτι μὴ Δάφνιν ἐπε-
θύμει λουόμενον ἰδέσθαι πάλιν. Τῆς δ' ἐπιούσης, ὡς
25 ἧκον εἰς τὴν νομὴν, ὁ μὲν Δάφνις ὑπὸ τῇ δρυΐ τῇ συ-
νήθει καθεζόμενος ἐσύριττε, καὶ ἅμα τὰς αἶγας ἐπε-
σκόπει κατακειμένας καὶ ὥσπερ τῶν μελῶν ἀκροωμένας,
ἡ δὲ Χλόη, πλησίον καθημένη, καὶ τὴν ἀγέλην μὲν τῶν
προβάτων ἐπέβλεπε, τὸ δὲ πλέον εἰς Δάφνιν ἑώρα· καὶ
30 ἐδόκει καλὸς αὐτῇ συρίττων πάλιν, καὶ αὖθις αἰτίαν
ἐνόμιζε τὴν μουσικὴν τοῦ κάλλους, ὥστε μετ' ἐκεῖνον
καὶ αὐτὴ τὴν σύριγγα ἔλαβεν, εἴ πως γένοιτο καὶ αὐτὴ
καλή. Ἔπεισε δ' αὐτὸν καὶ λούσασθαι πάλιν, καὶ
λουόμενον εἶδε, καὶ ἰδοῦσα ἥψατο, καὶ ἀπῆλθε πάλιν
35 ἐπαινέσασα, καὶ ὁ ἔπαινος ἦν ἔρωτος ἀρχή. Ὅ τι μὲν
οὖν ἔπασχεν οὐκ ᾔδει νέα κόρη, καὶ ἐν ἀγροικίᾳ τε-
θραμμένη, καὶ οὐδ' ἄλλου λέγοντος ἀκούσασα τὸ τοῦ
ἔρωτος ὄνομα. Ἄση δ' αὐτῆς κατεῖχε τὴν ψυχὴν, καὶ
τῶν ὀφθαλμῶν οὐκ ἐκράτει, καὶ πολλὰ ἐλάλει Δάφνιν.
40 Τροφῆς ἠμέλει, νύκτωρ ἠγρύπνει, τῆς ἀγέλης κατε-
φρόνει· νῦν ἐγέλα, νῦν ἔκλαεν, εἶτ' ἐκάθευδεν, εἶτ' ἀνε-
πήδα· ὠχρία τὸ πρόσωπον, ἐρυθήματι αὖθις ἐφλέγετο·
οὐδὲ βοὸς οἴστρῳ πληγείσης τοιαῦτα ἔργα. Ἐπῆλθόν
ποτ' αὐτῇ καὶ τοιοίδε λόγοι μόνῃ γενομένῃ.
45   ΙΔ'. Νῦν ἐγὼ νοσῶ μὲν, τί δ' ἡ νόσος ἀγνοῶ· ἀλγῶ,
καὶ ἕλκος οὐκ ἔστι μοι· λυποῦμαι, καὶ οὐδὲν τῶν προ-
βάτων ἀπολωλέ μοι. Καίομαι, καὶ ἐν σκιᾷ τοσαύτῃ
κάθημαι. Πόσοι βάτοι με πολλάκις ἤμυξαν, καὶ οὐκ
ἔκλαυσα. Πόσαι μέλιτται κέντρον ἐνῆκαν, ἀλλ' ἔφα-
50 γον. Τουτὶ δὲ τὸ νύττον μου τὴν καρδίαν πάντων
ἐκείνων πικρότερον. Καλὸς ὁ Δάφνις, καὶ γὰρ τὰ
ἄνθη· καλὸν ἡ σύριγξ αὐτοῦ φθέγγεται, καὶ γὰρ αἱ
ἀηδόνες· ἀλλ' ἐκείνων οὐδείς μοι λόγος. Εἴθ' αὐτοῦ
σύριγξ ἐγενόμην, ἵν' ἐμπνέῃ μοι· εἴθ' αἴξ, ἵν' ὑπ' ἐκείνου

usque adeo devicti hirci pœnas persecutor dedit, hunc
ipsum jamjam immolandum, præmium partæ salutis, bu-
bulco donarunt, apud suos luporum incursionem emen-
tituri, si quis illum desideraret. Ipsimet reversi ovium
caprarumque inspiciunt gregem, cumque vidissent utrum-
que gregem decenti ordine pascere, quercus trunco insi-
dentes, num quam corporis partem inter decidendum
Daphnis cruentasset, dispiciebant. Sed pars nulla læsa aut
cruentata erat; coma tantum corpusque reliquum humo
adgestitia cœnoque adspersum. Quare visum fuit Daphnidi
prius suum abluere corpus, quam casus ille innotesceret
Lamoni atque Myrtalæ.

XIII. Quum venisset una cum Chloë ad Nympharum sa-
cellum, huic quidem dedit tunicam et peram servandam,
ipse ad fontem stans capillos et totum corpus lavabat.
Capilli nigri et densi, corpus sole adustum. Conjiceret
quis umbra comæ illud nigrescere, sed spectanti Chloæ
pulcher Daphnis videbatur et quia tunc primum ipsi pul-
cher videbatur, lavacrum pulchritudinis causam esse pu-
tabat. Quum tergum ejus lavaret mollis caro cedebat, ita
ut clam illam sæpe tangeret, experimentum faciens ubinam
tenerrima esset. Sole jam occidente greges domum ab-
duxere; Chloæ animum hæc nihil moverunt nisi quod
Daphnim rursus lavantem videre cuperet. Sequente die,
ubi ad pascua venerant, Daphnis sub quercu, uti solebat,
sedens fistula canebat, simul capras jacentes tanquam car-
mina audirent intuebatur, Chloë prope considens et ad
ovium greges sed sæpissime ad Daphnim oculos vertebat;
iterumque ei pulcher Daphnis, fistula canens, videbatur,
causamque pulchritudinis denuo musicam esse putabat,
ita ut et ipsa illum excipiens fistulam caperet sperans fore
ut et ipsa pulchra fieret. Illi persuasit ut rursus lavaret,
lavantem videt, visum tangit, abit iterum illum laudans,
quæ laus amoris principium. Quid pateretur nesciebat
puella juvenis, ruri educata, quæ numquam alium audi-
verat amoris voce utentem. Animum ægritudo occupat,
oculi male obediunt, sæpe de Daphnide loquebatur. Nu-
trimentum negligebat, nocte vigilabat, gregem posthabebat;
modo risus, modo fletus : dormiebat, mox exsiliebat;
vultus pallebat, rursus rubore ardebat; quæ nec bos ab
œstro puncta, faciebat Chloë. Solitudinem nacta ali-
quando ita loquebatur.

XIV. Nunc ego ægroto; qui morbus sit ignoro; doleo nullo
vulnere accepto; tristis sum, nullam ovem tamen perdidi.
Uror quæ in tanta umbra sedeam. Quot rubi sæpe me
pupugerunt, nec tamen lacrimavi. Quot apes aculeos in
me emisere, nec tamen ab edendo abstinui. Quod nunc
cor meum mordet omnibus istis acrius. Daphnis pulcher,
atqui pulchri et flores; dulce illius fistula canit, atqui et
lusciniæ dulce canunt; sed hæc quidem omnia non curo.
Utinam fiam illius fistula, ut ejus spiritum excipiam,

νέμωμαι. Ὦ πονηρὸν ὕδωρ, μόνον Δάφνιν καλὸν
ἐποίησας, ἐγὼ δὲ μάτην ἀπελουσάμην. Οἴχομαι,
Νύμφαι φίλαι, καὶ οὐδ᾽ ὑμεῖς σώζετε τὴν παρθένον,
τὴν ἐν ὑμῖν τραφεῖσαν. Τίς ὑμᾶς στεφανώσει μετ᾽
5 ἐμέ; τίς τοὺς ἀθλίους ἄρνας ἀναθρέψει; τίς τὴν λάλον
ἀκρίδα θεραπεύσει; ἣν πολλὰ καμοῦσα ἐθήρασα, ἵνα
με κατακοιμίζῃ φθεγγομένη πρὸ τοῦ ἄντρου· νῦν δ᾽
ἐγὼ μὲν ἀγρυπνῶ διὰ Δάφνιν, ἡ δὲ μάτην λαλεῖ. »
ΙΕ΄. Τοιαῦτ᾽ ἔπασχε, τοιαῦτ᾽ ἔλεγεν, ἐπιζητοῦσα τοῦ
10 ἔρωτος τοὔνομα. Δόρκων δ᾽ ὁ βουκόλος, ὁ τὸν Δάφνιν
ἐκ τοῦ σιροῦ καὶ τὸν τράγον ἀνιμησάμενος, ἀρτιγένειος
μειρακίσκος καὶ εἰδὼς ἔρωτος καὶ τὰ ἔργα καὶ τὰ ὀνό-
ματα, εὐθὺς μὲν ἐπ᾽ ἐκείνης τῆς ἡμέρας ἐρωτικῶς τῆς
Χλόης διετέθη, πλειόνων δὲ διαγενομένων, μᾶλλον τὴν
15 ψυχὴν ἐξεπυρσεύθη, καὶ τοῦ Δάφνιδος ὡς παιδὸς κατα-
φρονήσας, ἔγνω κατεργάσασθαι δώροις ἢ βίᾳ. Τὰ μὲν
δὴ πρῶτα δῶρα αὐτοῖς ἐκόμισε, τῷ μὲν σύριγγα· βου-
κολικήν, καλάμους ἐννέα χαλκῷ δεδεμένους ἀντὶ κηροῦ,
τῇ δὲ νεβρίδα βακχικήν· καὶ αὐτῇ τὸ χρῶμα ἦν ὥσπερ
20 γεγραμμένον χρώμασιν. Ἐντεῦθεν δὲ φίλος νομιζό-
μενος, τοῦ μὲν Δάφνιδος ἠμέλει κατ᾽ ὀλίγον, τῇ Χλόῃ
δ᾽ ἀνὰ πᾶσαν ἡμέραν ἐπέφερεν ἢ τυρὸν ἁπαλὸν, ἢ στέ-
φανον ἄνθηρόν, ἢ μῆλον ὡραῖον· ἐκόμισε δέ ποτ᾽ αὐτῇ
καὶ μόσχον ἀρτιγέννητον καὶ κισσύβιον διάχρυσον καὶ
25 ὀρνίθων ὀρείων νεοττούς. Ἡ δὲ, ἄπειρος οὖσα τέχνης
ἐραστοῦ, λαμβάνουσα τὰ δῶρα ἔχαιρεν, ὅτι Δάφ-
νιδι εἶχεν αὐτὴ χαρίζεσθαι· καὶ, ἔδει γὰρ ἤδη καὶ
Δάφνιν γνῶναι τὰ ἔρωτος ἔργα, γίνεταί ποτε τῷ
Δόρκωνι πρὸς αὐτὸν ὑπὲρ κάλλους ἔρις, καὶ ἐδίκαζε μὲν
30 Χλόη, ἔκειτο δ᾽ ἆθλον τῷ νικήσαντι φιλῆσαι Χλόην·
Δόρκων δὲ πρότερος ὧδ᾽ ἔλεγεν.
ΙϚ΄. « Ἐγώ, παρθένε, μείζων εἰμὶ Δάφνιδος, καὶ ἐγὼ
μὲν βουκόλος ὁ δ᾽ αἰπόλος, τοσοῦτον (οὖν ἐγὼ) κρείττων
ὅσον αἰγῶν βόες· καὶ λευκός εἰμι ὡς γάλα, καὶ πυρρὸς
35 ὡς θέρος μέλλον ἀμᾶσθαι, καί με ἔθρεψε μήτηρ, οὐ
θηρίον. Οὗτος δ᾽ ἐστὶ μικρὸς καὶ ἀγένειος ὡς γυνὴ,
καὶ μέλας ὡς λύκος. Νέμει δὲ τράγους, ὀδωδὼς ἀπ᾽
αὐτῶν δεινόν. Καὶ ἔστι πένης ὡς μηδὲ κύνα τρέφειν.
Εἰ δ᾽, ὡς λέγουσι, καὶ αἲξ αὐτῷ γάλα δέδωκεν, οὐδὲν
40 ἐρίφου διαφέρει. ». Ταῦτα καὶ τοιαῦτα ὁ Δόρκων, καὶ
μετὰ ταῦτα ὁ Δάφνις. « ἐμὲ αἲξ ἀνέθρεψεν, ὥσπερ τὸν
Δία. Νέμω δὲ τράγους τῶν τούτου βοῶν μείζονας,
ὄζω δ᾽ οὐδὲν ἀπ᾽ αὐτῶν, ὅτι μηδ᾽ ὁ Πάν, καί τοί γ᾽ ὢν
τὸ πλέον τράγος. Ἀρκεῖ δέ μοι ὁ τυρὸς, καὶ ἄρτος
45 ὀβελίας καὶ οἶνος γλυκὺς, ἃ ἀγροίκων πλουσίων
κτήματα. Ἀγένειός εἰμι, καὶ γὰρ ὁ Διόνυσος· μέλας,
καὶ γὰρ ὁ ὑάκινθος· ἀλλὰ κρείττων καὶ ὁ Διόνυσος
σατύρων, καὶ ὁ ὑάκινθος κρίνων. Οὗτος δὲ καὶ πυρρὸς
ὡς ἀλώπηξ, καὶ προγένειος ὡς τράγος, καὶ λευκὸς ὡς
50 ἐξ ἄστεος γυνή. Κἂν δέῃ σε φιλεῖν, ἐμοῦ μὲν φιλήσεις
τὸ στόμα, τούτου δὲ τὰς ἐπὶ τοῦ γενείου τρίχας.
Μέμνησο δὲ, ὦ παρθένε, ὅτι καὶ σὲ ποίμνιον ἔθρεψεν,
ἀλλὰ καὶ σὺ εἶ καλή. »
ΙΖ. Οὐκέθ᾽ ἡ Χλόη περιέμεινεν, ἀλλὰ τὰ μὲν ἡσθεῖσα

utinam capra, ut ab illo pascar. O iniquam aquam, solum
Daphnim pulchrum reddidisti, ego frustra lavi. Pereo,
caræ Nymphæ, neque vos puellam coram vobis nutritam
servatis. Quis vos coronabit me mortua? Quis miseras
oves nutriet? Quis garrulam cicadam fovebit? quam multo
cum labore cepi ut me ante antrum canens sopiret; nunc
Daphnis dormire me non sinit, illa frustra canit.

XV. Talia patiebatur, talia loquebatur amoris nomen
quærens. Dorco bubulcus ille qui extraxerat Daphnim et
hircum e fovea, adolescentulus nuper pubescens, qui no-
verat amoris et opera et nomen, statim quidem illo die
Chloæ amore captus est, post aliquot dies magis animus ejus
exarsit, Daphnim utpote puerum contemnit, decrevit donis
aut vi puellam subigere. Primum dona iis attulit, Daph-
nidi fistulam bucolicam, calamis novem pro cera ære
vinctis, Chloæ pellem hinnuli quale Bacchus gestare solet,
cujus color tanquam picta esset. Hinc quum amicus esse
crederetur, Daphnim paullisper negligebat, Chloæ vero
quotidie afferebat et mollem caseum et sertum floridum et
poculum inauratum et avium montanarum pullos. Illa
amatoriæ artis imperita, gaudebat donis acceptis, quia
Daphnim illis poterat donare; tum vero, et Daphnim opor-
tebat enim scire amor qualis esset, aliquando illum inter
et Dorconem de pulchritudine certamen fiebat, judice
Chloë, præmium certaminis hoc ut victor Chloën oscula-
retur. Dorco prior ita dixit.

XVI. Ego, virgo, Daphnide major, ego bubulcus, ille ca-
prarius, tanto igitur superior ego, quanto capris boves
præstant; albus sum uti lac, rufus quales fruges maturæ, me
nutrivit mater, non fera. Hic parvus, barba caret mu-
lieris instar, niger qualis lupus. Pascit hircos male ab istis
olens. Tam pauper ut nec canem habeat. Si vero, ut
fama fert, capra illi lac dedit, nihil ab hirco differt. Hæc
et talia Dorco, post hunc Daphnis : me capra nutrivit
quemadmodum Jovem. Hircos pasco majores quam illius
boves, non oleo ab istis : neque enim Pan, cujus corporis
maxima pars hircina. Sufficit mihi caseus et panis veru
tostus et mustum, quæ singula rustici divites possident.
Barba mihi non est, uti nec Baccho : niger sum, uti hya-
cinthus; Bacchus satyris superior, lilIis hyacinthus. Isti
vulpis est rubor, est barbatus uti hircus, albus uti mulier
urbana. Si tibi osculandum est, meum osculaberis os,
istius in mento barbam. Memento virgo et te ovem nu-
trivisse, quæ tam pulchra sis.

XVII. Choë non amplius exspectabat sed partim laude illa

LIBER I.

τῷ ἐγκωμίῳ, τὰ δὲ πάλαι ποθοῦσα φιλῆσαι Δάφνιν,
ἀναπηδήσασα αὐτὸν ἐφίλησεν, ἀδίδακτον μὲν καὶ
ἄτεχνον, πάνυ δὲ ψυχὴν θερμᾶναι δυνάμενον. Δόρκων
μὲν οὖν ἀλγήσας, ἀπέδραμε ζητῶν ἄλλην ὁδὸν ἔρωτος·
5 Δάφνις δέ, ὥσπερ οὐ φιληθείς, ἀλλὰ δηχθείς, σκυθρωπός
τις εὐθὺς ἦν, καὶ πολλάκις ἐψύχετο, καὶ τὴν καρδίαν
παλλομένην οὐ κατεῖχε, καὶ βλέπειν μὲν ἤθελε τὴν
Χλόην, βλέπων δ' ἐρυθήματος ἐπίμπλατο. Τότε
πρῶτον καὶ τὴν κόμην αὐτῆς ἐθαύμασεν ὅτι ξανθή, καὶ
10 τοὺς ὀφθαλμοὺς ὅτι μεγάλοι καθάπερ βοός, καὶ τὸ
πρόσωπον ὅτι λευκότερον ἀληθῶς καὶ τοῦ τῶν αἰγῶν
γάλακτος, ὥσπερ τότε πρῶτον ὀφθαλμοὺς κτησάμενος,
τὸν δὲ πρότερον χρόνον πεπηρωμένος. Οὔτ' οὖν τροφὴν
προσεφέρετο πλὴν ὅσον ἀπογεύσασθαι· καὶ ποτόν, εἴ
15 ποτ' ἐβιάσθη, μέχρι τοῦ [ἂν] διαβρέξαι τὸ στόμα
προσεφέρετο. Σιωπηλὸς ἦν ὁ πρότερον τῶν ἀκρίδων
λαλίστερος, ἀργὸς ὁ περιττότερα τῶν αἰγῶν κινούμενος·
ἠμέλητο ἡ ἀγέλη· ἔρριπτο καὶ ἡ σύριγξ· χλωρότερον
τὸ πρόσωπον ἦν πόας θερινῆς. Εἰς μόνην Χλόην ἐγί-
20 νετο λάλος. Καὶ εἴ ποτε μόνος ἀπ' αὐτῆς ἐγένετο,
τοιαῦτα πρὸς αὑτὸν ἀπελήρει.

ΙΗ΄. Τί ποτέ με Χλόης ἐργάζεται φίλημα; χείλη μὲν
ῥόδων ἁπαλώτερα καὶ στόμα κηρίων γλυκύτερον· τὸ δὲ
φίλημα κέντρου μελίττης πικρότερον. Πολλάκις ἐφί-
25 λησα ἐρίφους· πολλάκις ἐφίλησα σκύλακας ἀρτιγεννή-
τους καὶ τὸν μόσχον, ὃν ὁ Δόρκων ἐδωρήσατο. Ἀλλὰ
τοῦτο φίλημα καινόν· ἐκπηδᾷ μου τὸ πνεῦμα, ἐξάλλεται
ἡ καρδία, τήκεται ἡ ψυχή, καὶ ὅμως πάλιν φιλῆσαι
θέλω. Ὦ νίκης κακῆς· ὢ νόσου καινῆς, ἧς οὐδ' εἰπεῖν
30 οἶδα τοὔνομα. Ἆρα φαρμάκων ἐγεύσατο ἡ Χλόη
μέλλουσά με φιλεῖν; πῶς οὖν οὐκ ἀπέθανεν; οἷον
ᾄδουσιν αἱ ἀηδόνες, ἡ δ' ἐμὴ σύριγξ σιωπᾷ· οἷον σκιρ-
τῶσιν οἱ ἔριφοι, κἀγὼ κάθημαι· οἷον ἀκμάζει τὰ ἄνθη,
κἀγὼ στεφάνους οὐ πλέκω, ἀλλὰ τὰ μὲν ἴα καὶ ὁ
35 ὑάκινθος ἀνθεῖ, Δάφνις δὲ μαραίνεται. Ἆρά μου καὶ
Δόρκων εὐμορφότερος ὀφθήσεται; Τοιαῦθ' ὁ βέλτιστος
Δάφνις ἔπασχε καὶ ἔλεγεν, οἷα πρῶτον γευόμενος τῶν
ἔρωτος ἔργων καὶ λόγων.

ΙΘ΄. Ὁ δὲ Δόρκων ὁ βουκόλος ὁ τῆς Χλόης ἐραστής,
40 φυλάξας τὸν Δρύαντα φυτὸν κατορύττοντα πλησίον
κλήματος, πρόσεισιν αὐτῷ μετὰ τυρίσκων τινῶν γεν-
νικῶν· καὶ τοὺς μὲν δῶρον εἶναι δίδωσι, πάλαι φίλος
ὢν ἡνίκ' αὐτὸς ἔνεμεν· ἐντεῦθεν δ' ἀρξάμενος ἐνέβαλε
λόγον περὶ τοῦ Χλόης γάμου· καὶ εἰ λαμβάνει γυναῖκα,
45 δῶρα πολλὰ καὶ μεγάλα, ὡς βουκόλος, ἐπηγγέλλετο·
ζεῦγος βοῶν ἀροτήρων, σμῆνη τέτταρα μελιττῶν,
φυτὰ μηλεῶν πεντήκοντα, δέρμα ταύρου τεμεῖν ὑπο-
δήματα, μόσχον ἀνὰ πᾶν ἔτος, μηκέτι γάλακτος δεό-
μενον· ὥστε μικροῦ δεῖν ὁ Δρύας θελχθεὶς τοῖς δώροις,
50 ἐπένευσε τὸν γάμον. Ἐννοήσας δὲ ὡς κρείττονος ἡ
παρθένος ἀξία νυμφίου, καὶ δείσας μὴ φωραθείς ποτε,
κακοῖς ἀνηκέστοις περιπέσῃ, τόν τε γάμον ἀνένευσε,
καὶ συγγνώμην ἔχειν ᾐτήσατο καὶ τὰ ὀνομασθέντα
δῶρα παρῃτήσατο.

gavisa, partim jam dudum Daphnim osculari volens,
exsiliens illum basiavit, rusticano quidem et simplici modo
sed ita ut illius animum inflammaret. Dorco dolore per-
citus abiit aliam amoris rationem quaerens; Daphnis tanquam
si non basiatus sed punctus esset, statim tristis erat, saepe
frigido horrore corripiebatur et cor palpitans continere non
poterat, et Chloën adspicere cupiebat, adspectus tamen
ruboris eum implebat. Tunc primum et comam illius
miratus est quia flava erat et oculi quod magni uti bovis,
vultumque quod revera lacte caprarum magis albus, quasi
tum primum oculos haberet et ante hoc tempus illis car-
uisset. Nec igitur cibo utebatur nisi ut degustaret tantum
et potum adhibebat si quando cogebatur, ita ut os made-
faceret. Taciturnus erat ille qui antea magis garrulus
quam cicadae, otiosus ille qui capris magis movebatur; grex
negligebatur, humi jacebat fistula, herba aestiva vultus
pallidior. De Chloë sola saepe loquebatur. Et si quando
solus esset, talia secum nugabatur.

XVIII. Quo tandem malo me afficit Chloës osculum?
Labella quidem ipsis rosis delicatiora, et os favis dulcius,
at osculum quovis apis aculeo acerbius. Saepius haedos
sum osculatus, saepius catellos recens genitos basiavi, ut
et vitulum illum, quem dono dedit Dorco; at hoc, oscu-
lum plane novum. Exsilire mihi spiritus, exsultare cor,
liquescere anima, et tamen rursus osculari ardeo. O im-
probam victoriam! o novum morbum, cujus ne nomen
quidem dicere queam! Numquid Chloë, mihi datura oscu-
lum, venenum gustavit? Quomodo igitur non periit? Quam
lusciniae canunt, et mea fistula silet! Quam lascive haedi
subsiliunt; et ego sedeo! Quam vigent flores, et ego nul-
las necto coronas! Sed violae quidem et hyacinthi florent;
Daphnis vero marcescit. Num eo etiam res devenerit, ut
me formosior vel Dorco sit appariturus? Talia quidem bo-
nus ille Daphnis et patiebatur et dicebat, utpote qui pri-
mum amoris opera et sermones degustare inciperet.

XIX. At Dorco bubulcus, amator Chloës, Dryantem
observans prope palmitem plantam defodientem, ad eum
accedit cum caseolis quibusdam eximiis. Atque illos
dat illi dono, quocum ipsi jam olim amicitia interces-
serat, cum ipsemet Dryas gregem pasceret. Inde initio
facto, sermonem de Chloës nuptiis injecit, et, si acciperet
uxorem, multa magnaque munera, pro bubulci opibus,
promisit; par scilicet boum aratorum, quatuor apum
examina, pomorum plantaria quinquagena, tauri pellem
calceis conficiendis idoneam, vitulum quotannis, qui non
amplius mammam desideraret; adeo ut parum abesset,
quin Dryas hisce donis delinitus nuptias annueret. Atta-
men considerans, praestantiori dignam esse sponso hanc
virginem, veritusque, ne aliquando deprehensus, gravis-
sima in mala incideret, abnuit conjugium, utque sibi igno-
scat, orans, jam dicta munera recusat.

Κ'. Δευτέρας δὴ διαμαρτὼν ὁ Δόρκων ἐλπίδος καὶ μάτην τυροὺς ἀγαθοὺς ἀπολέσας, ἔγνω διὰ χειρῶν ἐπιθέσθαι τῇ Χλόῃ μόνῃ γενομένῃ· καὶ παραφυλάξας ὅτι παρ' ἡμέραν ἐπὶ ποτὸν ἄγουσι τὰς ἀγέλας, ποτὲ μὲν ὁ Δάφνις, ποτὲ δὲ ἡ παῖς, ἐπιτεχνᾶται τέχνην ποιμένι πρέπουσαν. Λύκου μεγάλου δέρμα λαβὼν, ὃν ταῦρός ποτε ὑπὲρ τῶν βοῶν μαχόμενος τοῖς κέρασι διέφθειρε, περιέτεινε τῷ σώματι, ποδῆρες κατανωτισάμενος· ὡς τούς τ' ἐμπροσθίους πόδας ἐφηπλῶσθαι ταῖς χερσὶ καὶ τοὺς κατόπιν τοῖς σκέλεσιν ἄχρι πτέρνης, καὶ τοῦ στόματος τὸ χάσμα σκέπειν τὴν κεφαλήν, ὥσπερ ἀνδρὸς ὁπλίτου κράνος· ἐκθηριώσας δ' αὑτὸν ὡς ἔνι μάλιστα, παραγίνεται πρὸς τὴν πηγήν, ἧς ἔπινον αἱ αἶγες καὶ τὰ πρόβατα μετὰ τὴν νομήν. Ἐν κοίλῃ δὲ πάνυ γῇ ἦν ἡ πηγὴ καὶ περὶ αὐτὴν πᾶς ὁ τόπος ἀκάνθαις καὶ βάτοις καὶ ἀρκεύθῳ ταπεινῇ καὶ σκολύμοις ἠγρίωτο· ῥᾳδίως ἂν ἐκεῖ καὶ λύκος ἀληθινὸς ἔλαθε λοχῶν. Ἐνταῦθα κρύψας ἑαυτὸν, ἐπετήρει τοῦ ποτοῦ τὴν ὥραν ὁ Δόρκων, καὶ πολλὴν εἶχεν ἐλπίδα, τῷ σχήματι φοβήσας, λαβεῖν ταῖς χερσὶ τὴν Χλόην.

ΚΑ'. Χρόνος ὀλίγος διαγίνεται καὶ Χλόη κατήλαυνε τὰς ἀγέλας εἰς τὴν πηγήν, καταλιποῦσα τὸν Δάφνιν φυλλάδα χλωρὰν κόπτοντα, τοῖς ἐρίφοις τροφὴν μετὰ τὴν νομήν. Καὶ οἱ κύνες, οἱ τῶν προβάτων ἐπιφύλακες καὶ τῶν αἰγῶν, ἑπόμενοι, οἷα δὴ κυνῶν ἐν ῥινηλασίαις περιεργία, κινούμενον τὸν Δόρκωνα πρὸς τὴν ἐπίθεσιν τῆς κόρης φωράσαντες, πικρὸν μάλα ὑλακτήσαντες, ὥρμησαν ὡς ἐπὶ λύκον· καὶ περισχόντες, πρὶν ὅλως ἀναστῆναι δι' ἔκπληξιν, ἔδακνον κατὰ τοῦ δέρματος. Τέως μὲν οὖν τὸν ἔλεγχον αἰδούμενος, καὶ ὑπὸ τοῦ δέρματος ἐπισκέποντος φρουρούμενος, ἔκειτο σιωπῶν ἐν τῇ λόχμῃ· ἐπεὶ δ' ἥ τε Χλόη πρὸς τὴν πρώτην θέαν διαταραχθεῖσα, τὸν Δάφνιν ἐκάλει βοηθὸν, οἵ τε κύνες περισπῶντες τὸ δέρμα, τοῦ σώματος ἥπτοντο αὐτοῦ, μέγα οἰμώξας, ἱκέτευε βοηθεῖν τὴν κόρην καὶ τὸν Δάφνιν ἤδη παρόντα. Τοὺς μὲν δὴ κύνας ἀνακλήσει συνήθει ταχέως ἡμέρωσαν, τὸν δὲ Δόρκωνα κατά τε μηρῶν καὶ ὤμων δεδηγμένον, ἀγαγόντες ἐπὶ τὴν πηγήν, ἀπένιψαν τὰ δήγματα, ἵν' ἦσαν τῶν ὀδόντων αἱ ἐμβολαὶ, καὶ διαμασησάμενοι φλοιὸν χλωρὸν πτελέας, ἐπέπασαν· ὑπό τ' ἀπειρίας ἐρωτικῶν τολμημάτων ποιμενικὴν παιδιὰν νομίζοντες, τὴν ἐπιβολὴν τοῦ δέρματος οὐδὲν ὀργισθέντες ἀλλὰ καὶ παραμυθησάμενοι καὶ μέχρι τινὸς παραγωγήσαντες, ἀπέπεμψαν.

ΚΒ'. Καὶ ὁ μὲν κινδύνου παρὰ τοσοῦτον ἐλθὼν καὶ σωθεὶς ἐκ κυνὸς, φασὶν, οὐ λύκου στόματος, ἐθεράπευε τὸ σῶμα· ὁ δὲ Δάφνις καὶ ἡ Χλόη κάματον πολὺν ἔσχον μέχρι νυκτὸς τὰς αἶγας καὶ τὰς οἷς συλλέγοντες· ὑπὸ γὰρ τοῦ δέρματος πτοηθεῖσαι καὶ ὑπὸ τῶν κυνῶν ὑλακτησάντων ταραχθεῖσαι, αἱ μὲν εἰς πέτρας ἀνέδραμον, αἱ δὲ μέχρι τῆς θαλάττης αὐτῆς κατέδραμον. Καί τοί γ' ἐπεπαίδευντο καὶ φωνῇ πείθεσθαι καὶ σύριγγι θέλγεσθαι καὶ χειρὸς πλαταγῇ συλλέγεσθαι· ἀλλὰ τότε πάντων αὐταῖς ὁ φόβος λήθην ἐνέβαλε. Καὶ

XX. Hac altera spe decidens Dorco, et incassum bonis illis caseis perditis, statuit vi adoriri Chloën, quamprimum sola esset. Itaque cum observasset ad aquas appellere greges alternis diebus, nunc quidem Daphnim, nunc vero puellam ipsam, artem quamdam bubulco convenientem comminiscitur. Lupi magni pellem sumptam, quem aliquando pro armentis pugnans suis taurus peremerat cornibus, circumponit corpori in dorsum rejectam et ab humeris usque ad talos demissam, ita ut anteriores lupi pedes super manus ipsius expansi obtenderentur, posteriores vero super crura, ad calces usque, oris vero hiatus, perinde atque armati viri galea, caput velaret. Cum se autem, quam fieri poterat maxime, efferasset, ad fontem accedit, ex quo bibere capellæ et oves post pastum solebant. In cavo autem prorsus terræ loco situs erat fons, locusque circa hunc totus spinis, rubis, junipero humili carduisque ita horrebat, ut vel verus lupus facile ibidem in insidiis deliluisset. Hic sese abscondens, tempus, quo potum agerentur greges, observabat, nec levem concipiebat spem, fore ut habitu illo perterrefactam Chloën suis comprehenderet manibus.

XXI. Pauxillum interlabitur temporis, et Chloë pecora ad fontem compellebat, relicto Daphnide, qui frondes virides decutiebat, quibus post pastum alerentur hædi. Atque canes, ovium et caprarum custodes, Chloën secuti, atque, pro sua in odorando sagacitate, Dorconem, qui ad manus puellæ injiciendas sese movebat, deprehendentes, valide acute allatrantes, ut in lupum irruere, et circumfusi ei, priusquam ob stuporem assurgeret, acres morsus in pelle intulerunt. Ac primum quidem, ne manifeste proderetur, metuens, et pelle, qua tegebatur, munitus, tacitus inter frutices jacebat: ubi vero Chloë, ad primum intuitum perterrita, Daphnim inclamavit auxiliatorem, et canes ipsum corpus, dilacerato jam corio, morsu apprehenderunt, ibi magno cum ejulatu suppliciter Daphnidis, qui jam advenerat, et puellæ auxilium implorare cœpit. Illi autem suos canes consueta inclamatione celeriter mitigaverunt; Dorconem vero, femora et humeros lacerum, ad fontem deduxerunt, atque morsus ipsius ubi apparebant dentium impressiones, abluerunt, et viridem ulmi corticem commanducatum superimposuerunt. Atque ob imperitiam amatoriorum ausorum, lusum pastoralem deputantes, quod pellem induisset Dorco, nulloque modo illi succensentes, sed etiam verbis levare dolorem ipsius conati, aliquatenus manu ductum dimiserunt.

XXII. Eo discriminis adductus ille, et, ut aiunt, e canis, non autem e lupi ore, servatus, suum curabat corpus; at Daphnis et Chloë defatigabantur usque in noctem capris ovibusque colligendis. Quippe illæ lupi pelle conterritæ, et canum latratibus conturbatæ, aliæ in petras evaserant, aliæ ad mare usque cursu contenderant. Tametsi edoctæ essent et voci obtemperare et fistula demulceri et vel manuum strepitu cogi; tunc vero timor omnium oblivionem ipsis injecerat : ægreque tandem eas veluti lepores ex vestigiis indagantes, ad casas reduxerunt. Illa nocte

μόλις, ὥσπερ λαγὼς ἐκ τῶν ἰχνῶν εὑρίσκοντες, εἰς τὰς ἐπαύλεις ἤγαγον. Ἐκείνης μόνης τῆς νυκτὸς ἐκοιμήθησαν βαθὺν ὕπνον καὶ τῆς ἐρωτικῆς λύπης φάρμακον τὸν κάματον ἔσχον. Αὖθις δ' ἡμέρας ἐπελθούσης, πάλιν ἔπασχον παραπλήσια. Ἔχαιρον ἰδόντες, [ἐλυποῦντο] ἀπαλλαγέντες ἤλγουν, ἔθελόν τι, ἠγνόουν ὅ τι θέλουσι. Τοῦτο μόνον ᾔδεσαν ὅτι τὸν μὲν φίλημα, τὴν δὲ λουτρὸν ἀπώλεσεν.

ΚΓ'. Ἐξέκαε δ' αὐτοὺς καὶ ἡ ὥρα τοῦ ἔτους· ἦρος ἦν ἤδη τέλος καὶ θέρους ἀρχή, καὶ πάντα ἐν ἀκμῇ· δένδρα ἐν καρποῖς· πεδία ἐν ληΐοις. Ἡδεῖα μὲν τεττίγων ἠχή, γλυκεῖα δ' ὀπώρας ὀδμή, τερπνὴ δὲ ποιμνίων βληχή. Εἴκασεν ἄν τις καὶ τοὺς ποταμοὺς ᾄδειν ἠρέμα ῥέοντας, καὶ τοὺς ἀνέμους συρίττειν ταῖς πίτυσιν ἐμπνέοντας, καὶ τὰ μῆλα ἐρῶντα πίπτειν χαμαί, καὶ τὸν ἥλιον φιλόκαλον ὄντα, πάντας ἀποδύειν. Ὁ μὲν οὖν Δάφνις θαλπόμενος τούτοις ἅπασιν, εἰς τοὺς ποταμοὺς ἐνέβαινε· καὶ ποτὲ μὲν ἐλούετο ποτὲ δὲ καὶ τῶν ἰχθύων τοὺς ἐνδινεύοντας ἐθήρα· πολλάκις δὲ καὶ ἔπινεν, ὡς τὸ ἔνδοθεν καῦμα σβέσων. Ἡ δὲ Χλόη μετὰ τὸ ἀμέλξαι τὰς οἶς καὶ τῶν αἰγῶν τὰς πολλάς, ἐπὶ πολὺ μὲν πόνον εἶχε πηγνῦσα τὸ γάλα· δειναὶ γὰρ αἱ μυῖαι λυπῆσαι καὶ δακεῖν, εἰ διώκοιντο· τὸ δ' ἐντεῦθεν, ἀπολουσαμένη τὸ πρόσωπον, πίτυος ἐστεφανοῦτο κλάδοις καὶ τῇ νεβρίδι ἐζώννυτο καὶ τὸν γαυλὸν ἀναπλήσασα οἴνου καὶ γάλακτος, κοινὸν μετὰ τοῦ Δάφνιδος ποτὸν εἶχε.

ΚΔ'. Τῆς δὲ μεσημβρίας ἐπελθούσης, ἐγίνετο ἤδη τῶν ὀφθαλμῶν ἅλωσις αὐτοῖς· ἡ μὲν γὰρ γυμνὸν ὁρῶσα τὸν Δάφνιν, ἐπ' ἀθροῦν ἐνέπιπτε τὸ κάλλος, καὶ ἐτήκετο· οὐδὲν αὐτοῦ μέρος μέμψασθαι δυναμένη· ὁ δὲ ἰδὼν ἐν νεβρίδι καὶ στεφάνῳ πίτυος ὀρέγουσαν τὸν γαυλόν, μίαν ᾤετο τῶν ἐκ τοῦ ἄντρου Νυμφῶν ὁρᾶν. Ὁ μὲν οὖν τὴν πίτυν ἀπὸ τῆς κεφαλῆς ἁρπάζων, αὐτὸς ἐστεφανοῦτο, πρότερον φιλήσας τὸν στέφανον· ἡ δὲ τὴν ἐσθῆτα αὐτοῦ λουομένου καὶ γυμνωθέντος ἐνεδύετο, πρότερον καὶ αὐτὴ φιλήσασα. Ἤδη ποτὲ καὶ μήλοις ἀλλήλους ἔβαλον καὶ τὰς κεφαλὰς ἀλλήλων ἐκόσμησαν, διακρίνοντες τὰς κόμας. καὶ ἡ μὲν εἴκασεν αὐτοῦ τὴν κόμην, ὅτι μέλαινα, μύρτοις· ὁ δὲ μήλῳ τὸ πρόσωπον αὐτῆς, ὅτι λευκὸν καὶ ἐνερευθὲς ἦν. Ἐδίδασκεν αὐτὴν καὶ συρίττειν, καὶ ἀρξαμένης ἐμπνεῖν, ἁρπάζων τὴν σύριγγα, τοῖς χείλεσιν αὐτὸς τοὺς καλάμους ἐπέτρεχε καὶ ἐδόκει μὲν διδάσκειν ἡμαρτάνουσαν, εὐπρεπῶς δὲ διὰ τῆς σύριγγος Χλόην κατεφίλει.

ΚΕ'. Συρίττοντος δ' αὐτοῦ τὸ μεσημβρινὸν καὶ τῶν ποιμνίων σκιαζομένων, ἔλαθεν ἡ Χλόη κατανυστάξασα. Φωράσας τοῦτο ὁ Δάφνις καὶ καταθέμενος τὴν σύριγγα, πᾶσαν αὐτὴν ἔβλεπεν ἀπλήστως, οἷα μηδὲν αἰδούμενος, καὶ ἅμα [κρύφα] ἠρέμα ὑπεφθέγγετο· οἷον καθεύδουσιν ὀφθαλμοί· οἷον δ' ἀποπνεῖ τὸ στόμα· οὐδὲ τὰ μῆλα τοιοῦτον, οὐδ' αἱ λόχμαι. ἀλλὰ φιλῆσαι μὲν δέδοικα· δάκνει τὸ φίλημα τὴν καρδίαν, καὶ ὥσπερ τὸ νέον μέλι μαίνεσθαι ποιεῖ· ὀκνῶ δὲ καὶ μὴ φιλήσας αὐτὴν ἀφυ-

sola profunde dormitaverunt, atque illam defatigationem pro suæ ex amore conceptæ ægritudinis remedio habuerunt. Quamprimum autem dies rediit, similem rursus in modum se affici sentiebant. Læti erant, si se invicem videbant: si separabantur dolebant, aliquid amplius volebant, quidnam tamen vellent nesciebant. Illud solum norant, quod hunc quidem osculum, illam vero lavacrum perdidisset.

XXIII. Insuper etiam ipsos anni illud tempus incendebat. Ver jam desinebat et æstas oriebatur, omniaque vigebant, arbores fructibus, campi segetibus læti. Suavis cicadarum strepitus, grata pomorum fragrantia, jucundus quoque ovium balatus. Putasses flumina sensim labentia modulari cantum et ventos, qui pinus inflabant, fistula canere, poma amore capta humi decumbere, solemque, venustatis et formæ amatorem, omnes vestibus suis exuere. Daphnis igitur hisce omnibus incensus, fluminibus sese immergebat; et quandoque se abluebat, quandoque vero pisces lascivientes et in gyrum exsultantes captabat; sæpe etiam bibebat, veluti sic internum æstum restincturus. Chloë vero, postquam oves multasque e capris mulsisset, longo dein tempore in cogendo lacte erat occupata ; muscæ namque erant ipsi graves, cum negotium facessendo, tum mordendo, si abigerentur. Illa deinde, abluta facie, pineis se coronabat ramis, pellem hinnuli induebat, et mulctrale vino atque lacte replens, communi simul cum Daphnide potu fruebatur.

XXIV. Ingruente vero meridie, amborum oculi fuerunt capti. Illa enim nudum conspicata Daphnim, in omnem ejus pulchritudinem simul incidebat, indeque liquescebat, quod nullam in eo partem reprehendere posset; Daphnis vicissim pelle hinnuli corollaque pinea ornatam Chloën, et sibi mulctram porrigentem intuens, unam e Nymphis, quæ in antro, videre se existimabat. Ipse vero pinum de capite Chloës detractam sibi imponebat, osculis tamen prius corollæ impressis : Chloë contra vestem illius lavantis et denudati , prius osculata , induebat. Jam aliquando et malis sese petebant atque discriminantes comam, invicem capita adornabant sibi , et Chloë cæsariem Daphnidis, utpote nigricantem, myrteis baccis; Daphnis vero faciem Chloës, quod candida et subrubicunda esset , malo assimilabat. Docebat eam et fistula canere , simulque ea inspirare cœperat , fistulam eripiens, labellis ipse calamos percurrebat : et dum videbatur errantem informare, specioso admodum prætextu per fistulam Chloën osculabatur.

XXV. Contigit vero, cum per meridiem fistula luderet, et pecora opaca tegerentur umbra, Chloën imprudentem in somnum dilapsam esse. Quo animadverso, Daphnis fistulam deposuit, totamque ipsam inexplebiliter contemplatus est , quippe qui nihil tum revereretur, simulque ad ipsam leniter subloqui cœpit : Quam dormiunt ocelli ; Quem os exhalat spiritum ! Certe non talem mala , non arbusta. Sed osculum figere vereor; cor quippe mordet suavium et haud secus atque novum mel insanire facit : præterea timeo, si osculum ei dederim, ne somnium excu-

πνίσω. *Ὦ λάλων τεττίγων, οὐκ ἐάσουσιν αὐτὴν καθεύδειν μέγα ἠχοῦντες· ἀλλὰ καὶ οἱ τράγοι τοῖς κέρασι παταγοῦσι μαχόμενοι. *Ὦ λύκων ἀλωπέκων δειλοτέρων, οἳ τούτους οὐχ ἥρπασαν.

ΚϚ´. Ἐν τοιούτοις ὄντος αὐτοῦ λόγοις, τέττιξ φεύγων χελιδόνα θηρᾶσαι θέλουσαν, κατέπεσεν εἰς τὸν κόλπον τῆς Χλόης καὶ ἡ χελιδὼν ἑπομένη τὸν μὲν οὐκ ἠδυνήθη λαβεῖν, ταῖς δὲ πτέρυξιν ἐγγὺς διὰ τὴν δίωξιν γενομένη, τῶν παρειῶν αὐτῆς ἥψατο. Ἡ δὲ οὐκ εἰδυῖα τὸ πραχθέν, μέγα βοήσασα τῶν ὕπνων ἐξέθορεν. Ἰδοῦσα δὲ καὶ τὴν χελιδόνα ἔτι πλησίον πετομένην καὶ τὸν Δάφνιν ἐπὶ τῷ δέει γελῶντα, τοῦ φόβου μὲν ἐπαύσατο, τοὺς δ᾽ ὀφθαλμοὺς ἀπέματτεν ἔτι καθεύδειν θέλοντας. Καὶ ὁ τέττιξ ἐκ τῶν κόλπων ἐπήχησεν ὅμοιον ἱκέτῃ χάριν ὁμολογοῦντι τῆς σωτηρίας. Πάλιν οὖν ἡ Χλόη μέγα ἀνεβόησεν· ὁ δὲ Δάφνις ἐγέλασε. Καὶ προφάσεως λαβόμενος, καθῆκεν αὐτῆς εἰς τὰ στέρνα τὰς χεῖρας καὶ ἐξάγει τὸν βέλτιστον τέττιγα, μηδ᾽ ἐν τῇ δεξιᾷ σιωπῶντα. Ἡ δὲ ἥδετο ἰδοῦσα καὶ ἐφίλησε λαβοῦσα καὶ αὖθις ἐνέβαλε τῷ κόλπῳ λαλοῦντα.

ΚΗ´. Ἔτερψεν αὐτοὺς τότε φάττα βουκολικὸν ἐκ τῆς ὕλης φθεγξαμένη. Καὶ τῆς Χλόης ζητούσης μαθεῖν ὅ τι λέγει, διδάσκει αὐτὴν ὁ Δάφνις μυθολογῶν τὰ θρυλούμενα. « Ἦν οὕτω, παρθένε, παρθένος καλὴ καὶ ἔνεμε βοῦς πολλὰς οὕτως ἐν ὕλῃ· ἦν δ᾽ ἄρα καὶ ᾠδικὴ καὶ ἐτέρποντο αἱ βόες αὐτῆς τῇ μουσικῇ καὶ ἔνεμεν οὔτε καλαύροπος πληγῇ, οὔτε κέντρου προσβολῇ· ἀλλὰ καθίσασα ὑπὸ πίτυν καὶ στεφανωσαμένη πίτυϊ, ᾖδε Πᾶνα καὶ τὴν Πίτυν. Καὶ αἱ βόες τῇ φωνῇ παρέμενον. Παῖς οὐ μακρὰν νέμων βοῦς, καὶ αὐτὸς καλὸς καὶ ᾠδικὸς ὡς ἡ παρθένος, φιλονεικήσας πρὸς τὴν μελῳδίαν, μείζονα ὡς ἀνὴρ, ἡδεῖαν ὡς παῖς, φωνὴν ἀντεπεδείξατο. Καὶ τῶν βοῶν ὀκτὼ τὰς ἀρίστας ἐς τὴν ἰδίαν ἀγέλην θέλξας, ἀπεβουκόλησεν. ἄχθεται ἡ παρθένος τῇ βλάβῃ τῆς ἀγέλης, τῇ ἥττῃ τῆς ᾠδῆς καὶ εὔχεται τοῖς θεοῖς ὄρνις γενέσθαι πρὶν οἴκαδ᾽ ἀφικέσθαι. Πείθονται οἱ θεοὶ καὶ ποιοῦσι τήνδε τὴν ὄρνιν, ὄρειον ὡς ἡ παρθένος, μουσικὴν ὡς ἐκείνη. Καὶ ἔτι νῦν ᾄδουσα μηνύει τὴν συμφορὰν, ὅτι βοῦς ζητεῖ πεπλανημένας. »

ΚΖ´. Τοιάσδε τέρψεις αὐτοῖς τὸ θέρος παρεῖχε. Μετοπώρου δ᾽ ἀκμάζοντος καὶ τοῦ βότρυος, Τύριοι λῃσταὶ Καρικὴν ἔχοντες ἡμιολίαν, ὡς μὴ δοκοῖεν βάρβαροι, προσέσχον τοῖς ἀγροῖς· καὶ ἐκβάντες σὺν μαχαίραις καὶ ἡμιθωρακίοις κατέσυρον πάντα τὰ εἰς χεῖρας ἐλθόντα, οἶνον ἀνθοσμίαν, πυρὸν ἄφθονον, μέλι ἐν κηρίοις· ἤλασάν τινας καὶ βοῦς ἐκ τῆς Δόρκωνος ἀγέλης. Λαμβάνουσι καὶ τὸν Δάφνιν ἀλύοντα παρὰ τὴν θάλασσαν. Ἡ γὰρ Χλόη βραδύτερον ὡς κόρη τὰ πρόβατα ἐξῆγε τοῦ Δρύαντος, φόβῳ τῶν ἀγερώχων ποιμένων. Ἰδόντες δὲ μειράκιον μέγα καὶ καλὸν κρεῖττον τῆς ἐξ ἀγρῶν ἁρπαγῆς, μηκέτι μηδὲν ἐς τὰς αἶγας, μηδ᾽ ἐς τοὺς ἄλλους ἀγροὺς περιεργασάμενοι, κατῆγον αὐτὸν ἐπὶ τὴν ναῦν κλάοντα καὶ ἠπορημένον, καὶ μέγα Χλόην καλοῦντα. Καὶ οἱ μὲν, τὸ πεῖσμα ἄρτι ἀπολύσαντες

tiam. O garrulas cicadas! Dormire ipsam non sinent ita valide perstrepentes. At et hirci cornibus confligentes strident. Lupos vel vulpibus magis ignavos, quod hosce non rapuerunt!

XXVI. Interea dum talia faciebat verba, cicada fugiens hirundinem, quæ ipsam capere vellet, in Chloës incidit sinum; atque hirundo insequens, illam quidem apprehendere non potuit, sed propius insectando accedens, alis genas puellæ attigit : quæ quidem ignara quid actum fuisset, magno cum clamore e somno exsiluit. Cum autem vidisset et hirundinem prope adhuc volantem et Daphnim super hoc metu ridentem, timere destitit et oculos adhuc dormiturientes abstersit. Atque cicada, instar supplicis gratias agentis pro salute parta, ipso e sinu insonuit. Iterum igitur Chloë valde exclamavit, Daphnis vero risit : eaque occasione arrepta, in sinum puellæ manus immisit, optimamque illam cicadam, ne in dextra quidem silentem, extraxit. Qua conspecta Chloë admodum delectabatur, apprehensamque deosculata, iterum sinu suo excepit garrientem.

XXVII. Tunc ipsos palumbes, ex silva pastorale quid canens, oblectavit. Quærentem antem Chloën, quidnam hæc avis caneret, Daphnis eam edocuit fabulam narrans, quæ vulgo jactabatur : Erat autem virgo, mi virgo, formosa, quæ sic in sylva multos pascebat boves. Eadem utique et perita canendi erat, et illius modulatione delectabantur boves, adeo ut neque pedi ictu, neque stimuli inflictu inter pascendum opus haberet; sed sub pino sedens, pineaque cincta corona, Pana atque Pinum cantu celebrabat, quo delinitæ vaccæ ab ipsa nunquam discedebant. Adolescens, non procul inde boves pascens, et ipse pulcher et musicus, ut hæc virgo, cumque illa de cantus suavitate contendens, majorem vocem ut mas, dulcem ut puer, contra edidit, et sic octo e vaccis, easque optimas, suum in armentum pellectas abegit. Indigne tulit puella hoc sui armenti damnum, cantuque succubuisse dolens, precatur deos, ut in avem, antequam domum redeat, convertatur. Annuunt dii, inque avem illam mutant montanam atque musicam, virgini isti similem, quæ etiam nunc canendo suæ facit indicium jacturæ, quod scilicet errabundas vaccas quærat.

XXVIII. Ejusmodi oblectamenta illis suppeditavit æstas. Autumno vero adulto et uvis maturescentibus, Tyrii prædones, Carico hemiolo sumto, ne forte barbari viderentur, ad agros appulere, et gladiis dimidiatisque thoracibus armati, cuncta, quæ in manus incidebant, diripuere, vinum odoratum, magnam frumenti copiam, mel, quod suis continebatur favis; boves quoque aliquot de Dorconis grege abegerunt, immo et Daphnim juxta mare errabundum ceperunt. Chloë namque, utpote puella, lascivorum et ferocium pastorum metu, serius Dryantis oves eduxerat. Hi cum vidissent juvenem hunc procerum ac formosum, ipsa rapina ex agris ablata præstantiorem, non amplius satagentes caprarum, aut aliarum in aliis agris rerum, illum plorantem, consilii inopem, et alta voce Chloën vocantem, ad navem abduxerunt. Confestim soluto fune, remisque

LIBER I.

καὶ τὰς κώπας ταῖς χερσὶν ἐμβαλόντες, ἀπέπλεον εἰς τὸ πέλαγος· Χλόη δὲ κατήλαυνε τὸ ποίμνιον, σύριγγα καινὴν τῷ Δάφνιδι δῶρον κομίζουσα. Ἰδοῦσα δὲ τὰς αἶγας τεταραγμένας καὶ ἀκούσασα τοῦ Δάφνιδος ἀεὶ μεῖζον αὐτὴν βοῶντος, προβάτων μὲν ἀμελεῖ καὶ τὴν σύριγγα ῥίπτει, δρόμῳ δὲ πρὸς τὸν Δόρκωνα παραγίνεται δεησομένη βοηθεῖν.

ΚΘ΄. Ὁ δ᾽ ἔκειτο πληγαῖς νεανικαῖς συγκεκομμένος ὑπὸ τῶν λῃστῶν καὶ ὀλίγον ἐμπνέων, αἵματος πολλοῦ φερομένου. Ἰδὼν δέ γε τὴν Χλόην καὶ ὀλίγον ἐκ τοῦ πρότερον ἔρωτος ἐμπύρευμα λαβὼν, ἐγὼ μὲν, εἶπε, Χλόη, τεθνήξομαι μετ᾽ ὀλίγον· οἱ γάρ με ἀσεβεῖς λῃσταὶ ὑπὲρ τῶν βοῶν μαχόμενον, κατέκοψαν ὡς βοῦν. Σὺ δ᾽ ἅμα καὶ Δάφνιν σῶσον κἀμοὶ τιμώρησον κἀκείνους ἀπόλεσον. Ἐπαίδευσα τὰς βοῦς ἤχῳ σύριγγος ἀκολουθεῖν καὶ διώκειν τὸ μέλος αὐτῆς, κἂν νέμωνταί ποι μακράν. Ἴθι δὴ, λαβοῦσα τὴν σύριγγα ταύτην, ἔμπνευσον αὐτῇ μέλος ἐκεῖνο, ὃ Δάφνιν μὲν ἐγώ ποτ᾽ ἐδιδαξάμην, σὲ δὲ Δάφνις. τὸ δ᾽ ἐντεῦθεν τῇ σύριγγι μελήσει καὶ τῶν βοῶν ταῖς ἐκεῖ. Χαρίζομαι δέ σοι καὶ τὴν σύριγγα αὐτὴν, ᾗ πολλοὺς ἐρίζων καὶ βουκόλους ἐνίκησα καὶ αἰπόλους. σὺ δὲ ἀντὶ τῶνδε καὶ ζῶντα ἔτι φίλησον καὶ ἀποθανόντα κλαύσον· κἂν ἴδῃς ἄλλον νέμοντα τὰς βοῦς, ἐμοῦ μνημόνευσον.

Λ΄. Καὶ Δόρκων μὲν τοσαῦτ᾽ εἰπὼν καὶ φίλημα φιλήσας ὕστατον ἀφῆκεν ἅμα τῷ φιλήματι καὶ τῇ φωνῇ τὴν ψυχήν. Ἡ δὲ Χλόη λαβοῦσα τὴν σύριγγα καὶ ἐνθεῖσα τοῖς χείλεσιν ἐσύριζε ὡς ἐδύνατο μέγιστον· καὶ αἱ βόες ἀκούουσι καὶ τὸ μέλος γνωρίζουσι καὶ ὁρμῇ μιᾷ μυκησάμεναι, πηδῶσιν εἰς τὴν θάλασσαν. Βιαίου δὲ πηδήματος εἰς ἕνα τοῖχον τῆς νεὼς γενομένου καὶ ἐκ τῆς ἐμπτώσεως τῶν βοῶν κοίλης τῆς θαλάσσης διαστάσης, στρέφεται μὲν ἡ ναῦς καὶ τοῦ κλύδωνος συνιόντος ἀπόλλυται. Οἱ δ᾽ ἐκπίπτουσιν, οὐχ ὁμοίαν ἔχοντες ἐλπίδα σωτηρίας. Οἱ μὲν γὰρ λῃσταὶ τὰς μαχαίρας παρήρτηντο καὶ τὰ ἡμιθωράκια λεπιδωτὰ ἐνεδέδυντο καὶ κνημῖδας εἰς μέσην κνήμην ὑπεδέδεντο· ὁ δὲ Δάφνις ἀνυπόδητος, ὡς ἐν πεδίῳ νέμων, καὶ ἡμίγυμνος, ὡς ἔτι τῆς ὥρας οὔσης καυματώδους. Ἐκείνους μὲν οὖν ἐπ᾽ ὀλίγον νηξαμένους τὰ ὅπλα κατήνεγκεν εἰς βυθόν· ὁ δὲ Δάφνις τὴν μὲν ἐσθῆτα ῥᾳδίως ἀπεδύσατο, περὶ δὲ τὴν νῆξιν ἔκαμνεν, οἷα πρότερον νηχόμενος ἐν ποταμοῖς μόνοις. Ὕστερον δὲ, παρὰ τῆς ἀνάγκης τὸ πρακτέον διδαχθεὶς, εἰς μέσας ὥρμησε τὰς βοῦς· καὶ βοῶν δύο κεράτων ταῖς δύο χερσὶ λαβόμενος, ἐκομίζετο μέσος ἀλύπως καὶ ἀπόνως, ὥσπερ ἐλαύνων ἅμαξαν. Νήχεται δ᾽ ἄρα βοῦς ὅσον οὐδ᾽ ἄνθρωπος· μόνων λείπεται τῶν ἐνύδρων ὀρνίθων, καὶ τῶν ἰχθύων. οὐδ᾽ ἂν ἀπόλοιτο βοῦς νηχόμενος, εἰ μὴ τῶν χηλῶν οἱ ὄνυχες περιπέσοιεν διάβροχοι γενόμενοι. Μαρτυροῦσι τῷ λόγῳ μέχρι νῦν πολλοὶ τόποι τῆς θαλάσσης, βοὸς πόροι λεγόμενοι.

ΛΑ΄. Καὶ σώζεται μὲν δὴ τοῦτον τὸν τρόπον ὁ Δάφνις, δύο κινδύνους παρ᾽ ἐλπίδα πᾶσαν διαφυγών, λῃστη-

---

manibus injectis, in altum provehuntur. Interea Chloë jam oves educebat, fistulamque novam Daphnidi munus afferebat. At videns capras perterritas et audiens Daphnim semper magis magisque ipsam inclamantem, neglectis ovibus, fistulam projicit, atque ad Dorconem cursu contendit, oratura ut suppetias ferat.

XXIX. Ille vero gravibus plagis a latronibus concisus, et paululum adhuc spirans, sanguine multo erumpente, jacebat prostratus. Visa tamen Chloë, et exiguo prioris amoris igniculo exsuscitato, mea Chloë, inquit, ego quidem jamjam moriturus sum : nefarii enim prædones me pro bobus pugnantem haud secus ac bovem conciderunt; tu vero et tibi Daphnim servato, et me ulciscere, et illos male perde. Assuefeci vaccas meas fistulæ sequi sonum, cantumque ejus consectari, licet alicubi procul pascantur. Agedum, accepta hac fistula, idem canito carmen, quod egomet olim Daphnim, te vero Daphnis docuit; cetera autem curæ erunt fistulæ et his, quæ illic erunt, vaccis. Dono vero tibi et hanc ipsam fistulam, qua contendens multos superavi et bubulcos et caprarios. Tu vero pro hisce et adhuc viventem osculator, et mox fato functum lugeto; et cum alium boves pascentem videbis, mei memento.

XXX. Et Dorco quidem his dictis, suavioque postremo datо, simul cum suavio atque voce animam emisit. Chloë, accepta fistula, labiisque suis admota, totis viribus annixa eam inflabat. Extemplo boves audire, cantum agnoscere, mugituque edito, uno eodemque impetu in mare desilire. Violento autem saltu in alterum navis latus facto, exque casu boum profundo mari debiscente, navis evertitur, fluctibusque coëuntibus, pessum it; quique in ea, excidunt, impari tamen spe salutis : quippe prædones, gladiis accincti, atque dimidiatis squamosisque thoracibus induti, nec non ocreis ad media usque crura calceati erant; Daphnis autem discalceatus, ut qui in campo tunc pasceret, atque seminudus, utpote cum adhuc æstivi ardores fervescerent. Reliquos igitur, postquam paulisper natassent, arma in profundum demersere; Daphnis contra vestem facile exuebat, in natando tamen non parum laborabat, quippe antea in fluviis tantum nare solitus. Verum deinceps quod facto opus, ab ipa edoctus necessitate, in medios boves irruit, et utraque manu duorum cornibus boum apprehensis, absque molestia et absque labore intermedius ferebatur, veluti currum agens. Natat autem in tantum bos, in quantum neque homo unquam queat, et tantum in nando ab aquatilibus avibus ipsisque piscibus vincitur : neque utique bos natando perierit, nisi ungulæ aquis emollitæ circum deciderint. Multi maris loci, ad hanc usque ætatem Bovis trajectus nuncupati, meis dictis testimonium perhibent.

XXXI. Hunc in modum Daphnis fuit servatus, duo pericula præter spem omnem effugiendo, latronum agmen

ρίου καὶ ναυαγίας. Ἐξελθὼν δὲ, καὶ τὴν Χλόην ἐπὶ τῆς γῆς γελῶσαν ἅμα καὶ δακρύουσαν εὑρὼν, ἐμπίπτει τ' αὐτῆς τοῖς κόλποις καὶ ἐπυθάνετο τί βουλομένη συρίσειεν. Ἡ δ' αὐτῷ διηγεῖται πάντα· τὸν δρόμον τὸν ἐπὶ τὸν Δόρκωνα, τὸ παίδευμα τῶν βοῶν, πῶς κελευσθείη συρίσαι, καὶ ὅτι τέθνηκε Δόρκων· μόνον αἰδεσθεῖσα τὸ φίλημα οὐκ εἶπεν. Ἔδοξε δὴ τιμῆσαι τὸν εὐεργέτην· καὶ ἐλθόντες μετὰ τῶν προσηκόντων, Δόρκωνα θάπτουσι τὸν ἄθλιον. Γῆν μὲν οὖν πολλὴν ἐπέ-
10 νησαν, φυτὰ δ' ἥμερα πολλὰ ἐφύτευσαν καὶ ἐξήρτησαν αὐτῶν τῶν ἔργων ἀπαρχάς· ἀλλὰ καὶ γάλα κατέσπεισαν καὶ βότρυας κατέθλιψαν καὶ σύριγγας πολλὰς κατέκλασαν. Ἠκούσθη καὶ τῶν βοῶν ἐλεεινὰ μυκήματα καὶ δρόμοι τινὲς ὤφθησαν ἅμα τοῖς μυκήμασιν
15 ἄτακτοι· καὶ, ὡς ἐν ποιμέσιν εἰκάζετο καὶ αἰπόλοις, ταῦτα θρῆνος ἦν τῶν βοῶν ἐπὶ βουκόλῳ τετελευτηκότι.

ΑΒ'. Μετὰ δὲ τὸν τοῦ Δόρκωνος τάφον, λούει τὸν Δάφνιν ἡ Χλόη πρὸς τὰς Νύμφας ἀγαγοῦσα, εἰς τὸ ἄντρον εἰσαγαγοῦσα. καὶ αὐτὴ τότε πρῶτον Δάφνιδος ὁρῶν-
20 τος, ἐλούσατο τὸ σῶμα, λευκὸν καὶ καθαρὸν ὑπὸ κάλλους καὶ οὐδὲ λουτρῶν ἐς κάλλος δεόμενον· καὶ ἄνθη τε συλλέξαντες, ὅσα ἄνθη τῆς ὥρας ἐκείνης, ἐστεφάνωσαν τὰ ἀγάλματα καὶ τὴν τοῦ Δόρκωνος σύριγγα τῆς πέτρας ἐξήρτησαν ἀνάθημα. Καὶ μετὰ τοῦτο ἐλθόντες ἐπε-
25 σκόπουν τὰς αἶγας καὶ τὰ πρόβατα. Τὰ δὲ πάντα κατέκειτο μήτε νεμόμενα, μήτε βληχώμενα, ἀλλ', οἶμαι, τὸν Δάφνιν καὶ τὴν Χλόην ἀφανεῖς ὄντας ποθοῦντα. Ἐπειδὴ γοῦν ὀφθέντες καὶ ἐβόησαν τὸ σύνηθες καὶ ἐσύρισαν, τὰ μὲν ἀναστάντα ἐνέμετο, αἱ δ' αἶγες
30 ἐσκίρτων φριμασσόμεναι, καθάπερ ἡδόμεναι σωτηρίᾳ συνήθους αἰπόλου. Οὐ μὴν ὁ Δάφνις χαίρειν ἐπεῖθε τὴν ψυχήν, ἰδὼν τὴν Χλόην γυμνὴν καὶ τὸ πρότερον λανθάνον κάλλος ἐκκεκαλυμμένον· ἤλγει τὴν καρδίαν, ὡς ἐσθιομένην ὑπὸ φαρμάκων. καὶ αὐτῷ τὸ πνεῦμα
35 ποτὲ μὲν λάβρον ἐξέπνει, καθάπερ τινὸς διώκοντος αὐτὸ, ποτὲ δ' ἐξέλειπε, καθάπερ ἐκδαπανηθὲν ἐν ταῖς πρότερον ἐπιδρομαῖς. Ἐδόκει τὸ λουτρὸν εἶναι τῆς θαλάσσης φοβερώτερον. Ἐνόμιζε τὴν ψυχὴν ἔτι παρὰ τοῖς λῃσταῖς μένειν, οἷα νέος καὶ ἄγροικος καὶ ἔτι
40 ἀγνοῶν τὸ ἔρωτος λῃστήριον.

ΛΟΓΟΣ ΔΕΥΤΕΡΟΣ.

Α'. Ἤδη δὲ τῆς ὀπώρας ἀκμαζούσης καὶ ἐπείγοντος τοῦ τρυγητοῦ, πᾶς ἦν κατὰ τοὺς ἀγροὺς ἐν ἔργῳ· ὁ μὲν ληνοὺς ἐπεσκεύαζεν· ὁ δὲ πίθους ἐξεκάθαιρεν· ὁ δὲ ἀρρίχους ἔπλεκεν· ἐμέλε τινι δρεπάνης μικρᾶς ἐς βό-
45 τρυος τομὴν, καὶ ἑτέρῳ λίθῳ θλῖψαι τὰ ἔνοινα τῶν βοτρύων δυναμένῳ, καὶ ἄλλῳ λύγῳ ξηρᾶς πληγαῖς κατεξασμένης, ὡς ἂν ὑπὸ φωτὶ νύκτωρ τὸ γλεῦκος φέροιτο. Ἀμελήσαντες οὖν καὶ ὁ Δάφνις καὶ ἡ Χλόη τῶν προβάτων καὶ τῶν αἰγῶν, χειρὸς ὠφέλειαν ἀλλή-

atque naufragium : inque terram egressus, Chloën invenit ridentem simul et flentem, in cujus sinu reclinatus, quid sibilo isto edito voluerit, percunctatur. Atquæ hæc omnia illi ordine enarrat : nimirum ut ad Dorconem currere cœperit, quomodo vaccæ edoctæ fuerint, quomodo fistulam inflare jussa fuerit, et quo pacto diem suum obierit Dorco ; osculum solum, præ pudore, alto involvit silentio. Decreverunt igitur honore prosequi tam bene de ipsis meritum ; et una cum propinquis venientes, Dorconem miserum sepulturæ mandarunt. Terram igitur multam injecerunt, et plantas sativas magna copia illic plantaverunt, primitiasque laborum ex iis suspenderunt. Insuper et lac libarunt, uvas compresserunt, et multas fistulas pastoritias confregerunt. Auditi fuerunt et boum mugitus miserabiles, visæque una cum mugitibus discursitationes quædam incompositæ. Atque hæc ipsa, ut opiliones caprariique conjectabant, erant boum lamentatio, defunctum suum bubulcum lugentium.

XXXII. Post has Dorconis exsequias, Chloë Daphnim ad Nymphas ductum, inque antrum introductum abluit. Quo tempore et illa, tunc primum inspiciente Daphnide, corpus lavit candidum et nitidum ob eximium formæ decus, neque lavacro opus habens ad pulchritudinem. Hinc collectis pro anni tempestate floribus, Nympharum coronant signa, Dorconique fistulam de petra consecratam suspendunt. Postea regressi capras atque oves inspiciebant ; quæ omnes jacebant, neque pascentes, neque balantes, sed, ut puto, Daphnim atque Chloën ex oculis ablatos desiderantes. Ut vero conspecti consuetam edidere vocem, fistulamque inflarunt, illico surgentia pecora pascebant, capellæ autem præ gaudio fremebundæ exsultabant, veluti ob noti caprarii salutem lætæ. Non tamen Daphnis, ut gauderet, animum inducere potuit ; postquam enim nudam vidit Chloën, atque pulchritudinem prius abscondilam, nunc detectam, ingentem corde sentiebat dolorem, haud aliter ac si veneno exederetur. Ipsius spiritus interdum rapidus, quasi eum persequente aliquo, ducebatur ; interdum prioribus veluti incursionibus consumtus deficiebat. Lavacrum hoc illi ipso terribilius mari videbatur. Animum suum etiamnum apud latrones esse, utpote juvenis et agrestis, latroniciique amoris hinc usque ignarus, existimabat.

LIBER SECUNDUS.

I. Adulto jam autumno, instanteque vindemiæ tempore, quilibet in agris operi intentus erat : alius torcularia reparabat, alius dolia extergebat, alius cophinos texebat ; erat qui sibi falculam uvis præcidendis curaret : alius lapidem, qui vini plenas uvas contereret, alius viticem aridam ictibus impactis contusam, quo scilicet prælucente lumine, tempore nocturno mustum deferretur. Hinc Daphnis atque Chloë, neglectis ovibus caprisque, mutuam sibi accommo-

LIBER II.

λοις μετεδίδοσαν. Ὁ μὲν ἐβάσταζεν ἐν ἀρρίχοις βότρυς καὶ ἐπάτει ταῖς ληνοῖς ἐμβαλὼν καὶ εἰς τοὺς πίθους ἔφερε τὸν οἶνον· ἡ δὲ τροφὴν παρεσκεύαζε τοῖς τρυγῶσι καὶ ἐνέχει ποτὸν αὐτοῖς πρεσβύτερον οἶνον καὶ τῶν 5 ἀμπέλων δὲ τὰς ταπεινοτέρας ἀπετρύγα. Πᾶσα γὰρ ἡ κατὰ τὴν Λέσβον ἄμπελος ταπεινὴ, οὐ μετέωρος, οὐδ' ἀναδενδρὰς ἀλλὰ κάτω τὰ κλήματα ἀποτείνουσα καὶ ὥσπερ κιττὸς νεμομένη· καὶ παῖς ἂν ἐφίκοιτο βότρυος ἄρτι τὰς χεῖρας ἐκ σπαργάνων λελυμένος.
10 Β'. Οἷον οὖν εἰκὸς ἐν ἑορτῇ Διονύσου καὶ οἴνου γενέσει, αἱ μὲν γυναῖκες ἐκ τῶν πλησίον ἀγρῶν εἰς ἐπικουρίαν κεκλημέναι, τῷ Δάφνιδι τοὺς ὀφθαλμοὺς ἐπέβαλλον καὶ ἐπῄνουν ὡς ὅμοιον τῷ Διονύσῳ τὸ κάλλος· καί τις τῶν θρασυτέρων καὶ ἐφίλησε καὶ τὸν Δάφνιν 15 παρώξυνε, τὴν δὲ Χλόην ἐλύπησεν. Οἱ δ' ἐν ταῖς ληνοῖς, ποικίλας φωνὰς ἔρριπτον ἐπὶ τὴν Χλόην καὶ ὥσπερ ἐπί τινα Βάκχην Σάτυροι μανικώτερον ἐπήδων καὶ ηὔχοντο γενέσθαι ποίμνια καὶ ὑπ' ἐκείνῃ νέμεσθαι· ὥστ' αὖ πάλιν ἡ μὲν ᾕδετο, Δάφνις δ' ἐλυπεῖτο. Ηὔ20 χοντο δὲ δὴ ταχέως παύσασθαι τοῦ τρυγητοῦ καὶ λαβέσθαι τῶν συνήθων χωρίων, καὶ ἀντὶ τῆς ἀμούσου βοῆς, ἀκούειν σύριγγος ἢ τῶν ποιμνίων αὐτῶν βληχωμένων. Καὶ ἐπεὶ διαγενομένων ὀλίγων ἡμερῶν, αἱ μὲν ἄμπελοι τετρύγηντο, πίθοι δὲ τὸ γλεῦκος εἶχον, ἔδει 25 δ' οὐκέτ' οὐδὲν πολυχειρίας, κατήλαυνον τὰς ἀγέλας ἐς τὸ πεδίον· καὶ μάλα χαίροντες τὰς Νύμφας προσεκύνουν, βότρυς αὐταῖς κομίζοντες ἐπὶ κλημάτων, ἀπαρχὰς τοῦ τρυγητοῦ. Οὐδὲ τὸν πρότερον χρόνον ἀμελῶς ποτε παρῆλθον ἀλλ' ἀεί τ' ἀρχόμενοι νομῆς, προσήδρευον καὶ 30 ἐκ νομῆς ἀνιόντες προσεκύνουν· καὶ πάντως τι ἐπέφερον, ἢ ἄνθος, ἢ ὀπώραν, ἢ φυλλάδα χλωράν, ἢ γάλακτος σπονδήν. Καὶ τούτων μὲν ὕστερον ἀμοιβὰς ἐκομίσαντο παρὰ τῶν θεῶν. Τότε δ' ἐκ κυνὸς, φασὶν, ἐκ δεσμῶν λυθέντες, ἐσκίρτων, ἐσύριττον, ᾖδον, τοῖς τρά35 γοις καὶ τοῖς προβάτοις συνεπάλαιον.
Γ'. Τερπομένοις δ' αὐτοῖς, ἐφίσταται πρεσβύτης, σισύραν ἐνδεδυμένος, καρβατίνας ὑποδεδεμένος, πήραν ἐξηρτημένος, καὶ τὴν πήραν παλαιάν. Οὗτος πλησίον καθίσας αὐτῶν, ὧδε εἶπε· » Φιλητᾶς, ὦ παῖδες, ὁ 40 πρεσβύτης ἐγώ· ὃς πολλὰ μὲν ταῖσδε ταῖς Νύμφαις ᾖσα, πολλὰ δὲ τῷ Πανὶ ἐκείνῳ ἐσύριισα, βοῶν δὲ πολλῆς ἀγέλης ἡγησάμην μόνῃ μουσικῇ. Ἥκω δ' ὑμῖν, ὅσα εἶδον, μηνύσων, ὅσα ἤκουσα, ἀπαγγελῶν. Κῆπός ἐστί μοι τῶν ἐμῶν χειρῶν (ἔργον), ὃν, ἐξ οὗ νέμειν διὰ γῆρας 45 ἐπαυσάμην, ἐξεπονησάμην· ὅσα ὧραι φέρουσι, πάντ' ἔχων ἐν αὐτῷ καθ' ὥραν ἑκάστην· ἦρος, ῥόδα, κρίνα καὶ ὑάκινθοι καὶ ἴα ἀμφότερα· θέρους, μήκωνες καὶ ἀχράδες καὶ μῆλα πάντα· νῦν, ἄμπελοι καὶ συκαῖ καὶ ῥοιαὶ καὶ μύρτα χλωρά. Εἰς τοῦτον τὸν κῆπον ὀρνίθων 50 ἀγέλαι συνέρχονται τὸ ἑωθινόν· τῶν μὲν ἐς τροφὴν, τῶν δ' ἐς ᾠδήν· συνηρεφὴς γὰρ καὶ κατάσκιος καὶ πηγαῖς τρισὶ κατάρρυτος· ἂν περιέλῃ τις τὴν αἱμασιὰν, ἄλσος ὁρᾶν οἰήσεται.
Δ'. Εἰσελθόντι δέ μοι τήμερον ἀμφὶ μέσην ἡμέραν,

dabant operam. Daphnis nempe in corbibus portabat uvas, injectasque torculari calcabat, inque dolia vinum inferebat ; Chloë autem cibum vindemiatoribus parabat, potumque iisdem miscebat vinum vetustius, atque ex humilioribus vitibus uvas colligebat. Omnis quippe in Lesbo vitis erat humilis, non sublimis, neque arboribus maritata, sed deorsum palmites protendens, atque hederae instar serpens : ut vel infans, cui recens manus a fasciis laxatae sint, uvas apprehenderet.

II. Ut igitur par est in Bacchi festo vinique natalibus, mulieres proximis ex agris accessitae, ut rem sua opera adjuvarent, Daphnidi oculos adjiciebant, laudibusque eum tanquam Baccho pulchritudine parem efferebant; et quaedam ex audacioribus osculum ipsi fixit, quae res'sicuti Daphnim inflammavit, ita sane Chloën fuit dolori. Qui autem in calcatoriis erant, illi varias voces in Chloën jactabant et veluti in quamdam Baccham Satyri furiose insiliebant, optabantque oves fieri, et ab illa pasci; unde et illa vicissim delectabatur, Daphnis autem moerebat. Porro non aliud illis in votis erat, quam ut mox, vindemia finita, consuetos repeterent campos, proque incondito illo clamore, fistulam, aut ipsos balantes audirent greges. At postquam paucnlis interjectis diebus, uvae quidem vindemiatae essent, dolia vero mustum jam recepissent, nihilque praeterea esset, quod manuum plurium operam deposceret, ibi rursus greges in campum depulerunt, atque admodum laeti Nymphas adoraverunt, racemos ipsis in palmitibus, vindemiae primitias, illis offerentes. Neque vero priori tempore negligenter unquam praetergredi solebant Nymphas, sed semper, antequam in pascua greges abigerent, huic cultui incumbebant, eque pascuis redeuntes, eas adorabant, semper aliquid afferentes, sive florem, sive pomа, sive ramum viridem, sive lactis libamen. Atque hujus quidem pietatis gratiam postea a deabus retulere; tunc autem quasi canes, quod ajunt, vinculis soluti, saltabundi, lasciyiebant, fistula ludebant, cantabant, hircis ovibusque colluctabantur.

III. Dum sic indulgent genio, illis senex quidam rhenone indutus, carbatinis calceatus, peram gerens appensam, eamque admodum vetustam, supervenit; qui juxta illos considens, hunc in modum fatur : Ego sum, o pueri, senex ille Philetas, qui saepius in harum Nympharum honorem cecini, frequenterque in hujusce Panis laudem fistula sum modulatus, et solo canendi artificio magna boum armenta duxi. Venio autem, quae vidi, vobis indicaturus, quaeque audivi, annuntiaturus. Est mihi hortus, quem ego sedulo, ex quo pascere armenta ob senectutem destiti, meis ipse manibus excolui : quaecumque anni tempora ferunt, ea omnia in illo invenies unoquoque tempore; vere, rosas, lilia, hyacinthos, et utrasque violas; aestate, papavera, pyra agrestia, pomorumque omne genus; hoc autem autumnali tempore, vites, ficos, malaque punica, et virides myrtos. Hunc in hortum tempore conveniunt matutino avium greges : aliae quidem ad pastum, aliae vero ad canendum. Etenim umbrosus est, tribusque irriguus fontibus; si circum aliquis maceriam sustulerit, lucum videre se putabit.

IV. Ingredienti mihi hodierno die circa meridiem, sub

ὑπὸ ταῖς ῥοιαῖς καὶ ταῖς μυρρίναις βλέπεται παῖς, μύρτα καὶ ῥοιὰς ἔχων, λευκὸς ὥσπερ γάλα, καὶ ξανθὸς ὡς πῦρ, στιλπνὸς ὡς ἄρτι λελουμένος· γυμνὸς ἦν, μόνος ἦν· ἔπαιζεν ὡς ἴδιον κῆπον τρυγῶν. Ἐγὼ μὲν οὖν 5 ὥρμησα ἐπ' αὐτὸν ὡς συλληψόμενος, δείσας μὴ ὑπ' ἀγερωχίας τὰς μυρρίνας καὶ τὰς ῥοιὰς κατακλάσῃ· ὁ δέ με κούφως καὶ ῥᾳδίως ὑπέφευγε, ποτὲ μὲν ταῖς ῥοδωνιαῖς ὑποτρέχων, ποτὲ δὲ ταῖς μήκωσιν ὑποκρυπτόμενος, ὥσπερ πέρδικος νεοττός. Καίτοι πολλάκις μὲν 10 πράγματ' ἔσχον ἐρίφους γαλαθηνοὺς διώκων· πολλάκις δ' ἔκαμον μεταθέων μόσχους ἀρτιγεννήτους· ἀλλὰ τοῦτο ποικίλον τὸ χρῆμα ἦν καὶ ἀθήρατον. Καμὼν οὖν, ὡς γέρων καὶ ἐπερεισάμενος τῇ βακτηρίᾳ καὶ ἅμα φυλάττων, μὴ φύγοι, ἐπυνθανόμην τίνος ἐστὶ τῶν γει-
15 τόνων, καὶ τί βουλόμενος ἀλλότριον κῆπον τρυγᾷ. Ὁ δ' ἀπεκρίνατο μὲν οὐδέν, στὰς δὲ πλησίον ἐγέλα πάνυ ἁπαλὸν καὶ ἔβαλλέ με τοῖς μύρτοις καὶ οὐκ οἶδ' ὅπως ἔθελγε μηκέτι θυμοῦσθαι. Ἐδεόμην οὖν εἰς χεῖρας ἐλθεῖν, μηδὲ φοβούμενον ἔτι καὶ ὤμνυον κατὰ τῶν
20 μύρτων ἀφήσειν, ἐπιδοὺς μήλων καὶ ῥοιῶν, παρέξειν τ' ἀεὶ τρυγᾶν τὰ φυτὰ καὶ δρέπειν τὰ ἄνθη, τυχὼν παρ' αὐτοῦ φιλήματος ἑνός.

Ε'. Ἐνταῦθα πάνυ καπυρὸν γελάσας, ἀφίησι φωνήν, οἵαν οὔτε χελιδών, οὔτε ἀηδών, οὔτε κύκνος, ὅμοιος
25 ἐμοὶ γέρων γενόμενος. Ἐμοὶ μέν, ὦ Φιλητᾶ, φιλῆσαί σε φθόνος οὐδείς· βούλομαι γὰρ φιλεῖσθαι μᾶλλον ἢ σὺ γενέσθαι νέος· ὅρα δὲ εἴ σοι καθ' ἡλικίαν τὸ δῶρον. οὐδὲν γάρ σε ὠφελήσει τὸ γῆρας πρὸς τὸ μὴ διώκειν ἐμὲ μετὰ τὸ ἓν φίλημα. Δυσθήρατος δ' ἐγὼ καὶ
30 ἱέραξι καὶ ἀετῷ καὶ εἴ τις ἄλλος τούτων ὠκύτερος ὄρνις. Οὔτοι παῖς ἐγώ, κἂν εἰ δοκῶ παῖς, ἀλλὰ καὶ τοῦ Κρόνου πρεσβύτερος καὶ αὐτοῦ τοῦ παντὸς χρόνου. Καὶ σὲ οἶδα νέμοντα πρωθήβην ἐν ἐκείνῳ τῷ ὄρει τὸ πλατὺ βουκόλιον, καὶ παρήμην σοι συρίττοντι πρὸς ταῖς
35 φηγοῖς ἐκείναις, ἡνίκ' ἤρας Ἀμαρυλλίδος· ἀλλά με οὐχ ἑώρας καίτοι πλησίον μάλα τῇ κόρῃ παρεστῶτα. Σοὶ μὲν οὖν ἐκείνην ἔδωκα· καὶ ἤδη σοι παῖδες, ἀγαθοὶ βουκόλοι καὶ γεωργοί. Νῦν δὲ Δάφνιν ποιμαίνω καὶ Χλόην· καὶ ἡνίκ' ἂν αὐτοὺς εἰς ἓν συναγάγω τὸ ἑωθινόν,
40 εἰς τὸν σὸν ἔρχομαι κῆπον καὶ τέρπομαι τοῖς ἄνθεσι καὶ τοῖς φυτοῖς κἂν ταῖς πηγαῖς ταύταις λούομαι. Διὰ τοῦτο καλὰ καὶ τὰ ἄνθη καὶ τὰ φυτά, τοῖς ἐμοῖς λουτροῖς ἀρδόμενα. Ὅρα δὲ μή τί σοι τῶν φυτῶν κατακέκλασται, μή τις ὀπώρα τετρύγηται, μή τις
45 ἄνθους ῥίζα πεπάτηται, μή τις πηγὴ τετάρακται. Καὶ χαῖρε μόνος ἀνθρώπων ἐν γήρᾳ θεασάμενος τοῦτο τὸ παιδίον.

ϛ'. Ταῦτ' εἰπὼν ἀνήλατο καθάπερ ἀηδόνος νεοττὸς ἐπὶ τὰς μυρρίνας καὶ κλάδον ἀμείβων ἐκ κλάδου, διὰ
50 τῶν φύλλων ἀνεῖρπεν εἰς ἄκρον. Εἶδον αὐτοῦ καὶ πτέρυγας ἐκ τῶν ὤμων καὶ τοξάρια μεταξὺ τῶν πτερύγων καὶ τῶν ὤμων, καὶ οὐκέτ' εἶδον οὔτε ταῦτα, οὔτ' αὐτόν. Εἰ δὲ μὴ μάτην ταύτας τὰς πολιὰς ἔφυσα, μηδὲ γηράσας ματαιοτέρας τὰς φρένας ἐκτησάμην,

malis punicis myrtisque conspicitur puellus, manu tenens myrti baccas, malaque punica, lac ipsum suo candore, flava coma ignem referens, nitidusque, quasi qui modo lotus esset; nudus solusque erat, et ludibundus hortum, haud secus ac suum, vindemiabat. Hac de causa irrui in eum, comprehendere volens; metuebam enim, ne hac protervia myrtos malosque punicas mihi confringeret. At ille leviter et sine ullo negotio me effugit, nunc subeundo rosaria, nunc sese sub papaveribus occultando, instar perdicis pulli. Sane sæpiuscule laboravi, hædos lactentes sectando: sæpiuscule etiam defessus fui, cursu vitulos recens natos insequendo: sed hoc varium quid erat, et quod capi non posset. Defessus igitur, utpote ætate gravis, baculoque innixus, et simul cavens ne elaberetur, cujusnam esset e vicinis et quidnam sibi vellet alienum hortum decerpendo, quærebam. Ille nihil; sed prope adstans molliter ridebat, et me myrti baccis petens, nescio quomodo permulcebat, ut omnes adeo iras ponerem. Rogabam itaque illum, ut, omisso jam metu, propius accederet et in manus meas veniret, jurans per myrtos, et insuper illi dans mala atque granata, me semper ei vindemiandas vites floresque decerpendos præbiturum, uno dumtaxat potitum osculo.

V. Hic in cachinnos effusus emittit vocem, qualem neque hirundo, neque luscinia, neque cycnus, ut ego, senex factus. Ego quidem, ait, Phileta, tibi osculum largiri non invideo; malo etenim osculari, quam tu juvenescere. At vide, num hoc munus tuæ conveniat ætati: nihil enim tua tibi proderit ætas, quo minus tu me, postquam unicum osculum acceperis, persequi incipias. Ego vero non queo capi, ne quidem si accipiter, vel aquila, vel alia his pernicior ales me insequatur. Puer non sum, quamvis videar; sed ipso Saturno et quovis omni tempore antiquior. Ac noram te jam, cum primos pubertatis annos nondum egressus in illo monte late diffusum pasceres armentum; aderamque tibi fistula canenti prope fagos illas, quando Amaryllidem amabas: at me nullus videbas, quamvis puellæ adstantem prope admodum. Illam quidem tibi dedi; et hinc tibi filii egregii bubulci et agricolæ. Nunc autem Daphnidis et Chloës tanquam pastor curam ago; illosque quando quasi greges in unum compuli tempore matutino, in tuum venio hortum, meque floribus plantisque oblecto, fontibusque in hisce lavor. Ob hoc flores plantæque sunt venustæ, utpote meis lavacris irrigatæ. Vide autem, num tibi aliqua stirps sit confracta, num fructus aliquis decerptus, num quæ flosculi radix conculcata, num quis fons perturbatus sit; ac toto lætare pectore, qui solus mortalium in senectute hunc puerulum videris.

VI. Hisce dictis, tanquam lusciniæ pullus, myrtos insiluit, et de ramo in ramum transiliens, per frondes ereptavit in summum cacumen. Vidi ipsius tum alas ex humeris dependulas, tum arculos inter alas et humeros jacentes; at deinde non vidi illa, neque illum amplius. Ac nisi frustra hosce produxi canos, atque senescens vaniorem et minus

LIBER II.   145

Ἔρωτι, ὦ παῖδες, κατέσπεισθε καὶ Ἔρωτι ὑμῶν μέλει. »

Ζ΄. Πάνυ ἐτέρφθησαν ὥσπερ μῦθον, οὐ λόγον ἀκούοντες καὶ ἐπυνθάνοντο τί ἐστί ποθ᾽ ὁ Ἔρως, πότερα παῖς ἢ ὄρνις καὶ τί δύναται. Πάλιν οὖν ὁ Φιλητᾶς ἔφη· » Θεός ἐστιν, ὦ παῖδες, ὁ Ἔρως, νέος καὶ καλὸς καὶ πετόμενος· διὰ τοῦτο καὶ νεότητι χαίρει καὶ κάλλος διώκει καὶ τὰς ψυχὰς ἀναπτεροῖ. Δύναται δὲ τοσοῦτον ὅσον οὐδ᾽ ὁ Ζεύς. Κρατεῖ μὲν στοιχείων, 10 κρατεῖ δ᾽ ἄστρων, κρατεῖ δὲ τῶν ὁμοίων θεῶν· οὐδ᾽ ὑμεῖς τοσοῦτον τῶν αἰγῶν καὶ τῶν προβάτων. Τὰ ἄνθη πάντα Ἔρωτος ἔργα· τὰ φυτὰ ταῦτα τούτου ποιήματα· διὰ τοῦτον καὶ ποταμοὶ ῥέουσι καὶ ἄνεμοι πνέουσιν. Ἔγνων δ᾽ ἐγὼ καὶ ταῦρον ἐρασθέντα καὶ 15 ὡς οἴστρῳ πληγεὶς ἐμυκᾶτο, καὶ τράγον φιλήσαντα αἶγα καὶ ἠκολούθει πανταχοῦ. Αὐτὸς μὲν γὰρ ἤμην νέος καὶ ἠράσθην Ἀμαρυλλίδος · καὶ οὔτε τροφῆς ἐμεμνήμην, οὔτε ποτὸν προσεφερόμην, οὔθ᾽ ὕπνον ᾑρούμην. Ἤλγουν τὴν ψυχήν, τὴν καρδίαν ἐπαλ-
20 λόμην, τὸ σῶμα ἐψυχόμην· ἐβόων ὡς παιόμενος, ἐσιώπων ὡς νεκρούμενος, εἰς ποταμοὺς ἐνέβαινον ὡς καόμενος. Ἐκάλουν τὸν Πᾶνα βοηθὸν, ὡς καὶ αὐτὸν τῆς Πίτυος ἐρασθέντα· ἐπῄνουν τὴν Ἠχὼ, τὸ Ἀμαρυλλίδος ὄνομα μετ᾽ ἐμὲ καλοῦσαν· κατέκλων τὰς σύριγγας, 25 ὅτι μοι τὰς μὲν βοῦς ἔθελγον, Ἀμαρυλλίδα δ᾽ οὐκ ἦγον. Ἔρωτος γὰρ οὐδὲν φάρμακον, οὐ πινόμενον, οὐκ ἐσθιόμενον, οὐκ ἐν ᾠδαῖς λαλούμενον, ὅτι μὴ φίλημα καὶ περιβολὴ καὶ συγκατακλιθῆναι γυμνοῖς σώμασι. »

Η΄. Φιλητᾶς μὲν τοσαῦτα παιδεύσας αὐτοὺς, ἀπαλ-
30 λάττεται, τυρούς τινας παρ᾽ αὐτῶν καὶ ἔριφον ἤδη κεράστην λαβών. Οἱ δὲ μόνοι καταλειφθέντες, [καὶ] τότε πρῶτον ἀκούσαντες τὸ Ἔρωτος ὄνομα, τάς τε ψυχὰς συνεστάλησαν ὑπὸ λύπης, καὶ νύκτωρ, ἐπανελθόντες εἰς τὰς ἐπαύλεις, παρέβαλλον οἷς ἤκουσαν τὰ 35 αὐτῶν. « Ἀλγοῦσιν οἱ ἐρῶντες· καὶ ἡμεῖς ἀλγοῦμεν. Τροφῆς ἀμελοῦσιν· ἠμελήκαμεν ὁμοίως. Καθεύδειν οὐ δύνανται· τοῦτο μέν γε νῦν πάσχομεν καὶ ἡμεῖς. Κάεσθαι δοκοῦσι· καὶ παρ᾽ ἡμῖν τὸ πῦρ. Ἐπιθυμοῦσιν ἀλλήλους ὁρᾶν· διὰ τοῦτο θᾶττον εὐχόμεθα γε-
40 νέσθαι τὴν ἡμέραν. Σχεδὸν τοῦτ᾽ ἔστιν ὁ ἔρως· καὶ ἠρῶμεν ἀλλήλων οὐκ εἰδότες * εἰ τοῦτο μέν ἐστιν ὁ ἔρως, ἐγὼ δ᾽ ὁ ἐρώμενος, τί οὖν ταῦτ᾽ ἀλγοῦμεν; τί δ᾽ ἀλλήλους ζητοῦμεν; ἀληθῆ λέγει * εἶπεν ὁ Φιλητᾶς. Τὸ ἐκ τοῦ κήπου παιδίον ὤφθη καὶ τοῖς πατράσιν ἡμῶν 45 ὄναρ ἐκεῖνο καὶ νέμειν ἡμᾶς τὰς ἀγέλας ἐκέλευσε. Πῶς ἄν τις αὐτὸ λάβοι; σμικρόν ἐστι καὶ φεύξεται. Καὶ πῶς ἄν τις αὐτὸ φύγοι; πτερὰ ἔχει καὶ καταλήψεται. Ἐπὶ τὰς Νύμφας δεῖ βοηθοὺς καταφεύγειν. Ἀλλ᾽ οὐδὲ Φιλητᾶν ὁ Πὰν ὠφέλησεν Ἀμαρυλλίδος 50 ἐρῶντα. Ὅσα εἶπεν ἄρα φάρμακα, ταῦτα ζητητέον, φίλημα καὶ περιπλοκὴν καὶ κεῖσθαι γυμνοὺς χαμαί. Κρύος μὲν, ἀλλὰ καρτερήσομεν δεύτερον μετὰ Φιλητᾶν. »

Θ΄. Τοῦτ᾽ αὐτοῖς γίνεται νυκτερινὸν παιδευτήριον. Καὶ ἀγαγόντες τῆς ἐπιούσης ἡμέρας τὰς ἀγέλας ἐς

sanam mentem nactus fuerim ; Amori, o pueri, consecrati estis et Amor vestri curam gerit.

VII. Majorem in modum delectati sunt, veluti fabulam non sermonem verum audientes, quæsiveruntque quidnam tandem esset Amor, utrum puer, an avis, et quidnam posset? Iterum ad hæc Philetas : Deus est, o pueri, Amor, juvenis, formosus, idemque volaticus; idcirco et juventute gaudet, et pulchritudinem sectatur, et animis alas addit. Potentia ejus tanta, quanta ne Jovis quidem. Imperat elementis, imperat astris, inque deos sibi pares imperium obtinet: neque vos tantum imperii in capras ovesque habetis. Omnes flores Amoris sunt opera; istæ plantæ ipsius sunt factura : per hunc et fluvii fluunt et venti spirant. Ego vidi taurum amore correptum, et veluti œstro percitus mugiebat : vidi etiam hircum, qui amabat capellam, et illam ubique insequebatur. Egomet ipse juvenis fui et amavi Amaryllida; et nec de cibo quidem cogitabam, nec potum ori admovere, neque somnum capere curabam. Animo dolebam, corde contremiscebam, frigore corpus horrebat : vociferabar, non secus ac si vapularem, tacebam veluti emortuus, fluviis me immergebam, quasi igne flagrarem. Implorabam Panis auxilium, utpote qui ipse quoque Pinus amore captus fuisset : laudabam Echo, quod Amaryllidis nomen mecum una ingeminaret : calamos confringebam, quod boves quidem mihi demulcerent, non tamen Amaryllida pellicere possent. Nulla enim amoris est medicina, nec cibus, nec potus, nec carmen ullum, præterquam osculum, amplexus et nudorum corporum concubitus.

VIII. Philetas quidem, postquam ipsos tali modo instituit, cascis quibusdam et hædo jam cornigero ab illis acceptis, discessit. Illi vero soli relicti, tunc primum audito Amoris nomine, mœstitia veluti contracti sunt, et noctu casas repetentes, quæ ipsi in se experiebantur cum illis comparabant quæ audiverant. Dolent amantes : etiam nos dolemus. Cibum posthabent : etiam nos posthabuimus. Dormire nequeunt : nec nos quoque. Uri videntur : et intra nos ignis ardet. Mutuum exoptant adspectum : et eam ob causam nos citius oriri diem cupimus. Forsan hoc ipsum amor est, et imprudentes mutuo tenemur amore. * Enimvero si hoc (non) esset amor, et ego (non) essem amasius, cur tandem sic doleremus? cur aller alterum quæreremus? Omnia vera nobis dixit Philetas. Ille ex horto puellus visus est quoque parentibus nostris in illis olim somniis et pascere nos greges jussit. Sed quo pacto quis illum capere poterit? Pusillus est et fugiet. Et qua quis ratione illum effugerit? Alas habet et nos assequetur. Ad Nymphas oportebit patronas confugere. At nihil quidquam Pan profuit Philetæ Amaryllida amanti. Sunt igitur quærenda nobis illa, quæ dixit, remedia; nempe osculum, complexus, nudosque humi concubitus. Frigus quidem est intensum; ceterum hoc Philetæ exemplo sustinebimus.

IX. Hic illis fuit quasi nocturnus ludus. Imminente vero die, gregibus in pascua eductis, ut in conspectum venerunt,

νομὴν, ἐφίλησαν μὲν ἀλλήλους ἰδόντες, ὃ μήπω πρό-
τερον ἐποίησαν καὶ περιέβαλον τὰς χεῖρας ἐπαλλά-
ξαντες· τὸ δὲ τρίτον ὤκνουν φάρμακον, ἀποδυθέντες
κατακλιθῆναι· θρασύτερον γὰρ οὐ μόνον παρθένῳ ἀλλὰ
καὶ νέῳ αἰπόλῳ. Πάλιν οὖν νὺξ ἀγρυπνίαν ἔχουσα
καὶ ἔννοιαν τῶν γεγενημένων καὶ κατάμεμψιν τῶν
παραλελειμμένων. « Κατεφιλήσαμεν, καὶ οὐδὲν ὄφε-
λος· περιεβάλομεν, καὶ οὐδὲν πλέον ἔσχομεν. Τὸ οὖν
κατακλιθῆναι μόνον φάρμακον ἔρωτος· πειρατέον (οὖν)
καὶ τούτου· πάντως ἐν αὐτῷ τι κρεῖττον ἔσται φιλή-
ματος. »

Ι'. Ἐπὶ τούτοις τοῖς λογισμοῖς, οἷον εἰκὸς, καὶ ὀνεί-
ρατα ἑώρων ἐρωτικά, τὰ φιλήματα, τὰς περιβολάς· καὶ
ὅσα δὲ μεθ' ἡμέραν οὐκ ἔπραξαν, ταῦτ' ὄναρ ἔπραξαν·
γυμνοὶ μετ' ἀλλήλων ἔκειντο. Ἐνθεώτεροι δὴ κατὰ
τὴν ἐπιοῦσαν ἡμέραν ἀνέστησαν καὶ ῥοίζῳ τὰς ἀγέλας
κατήλαυνον· ἐπειγόμενοι πρὸς τὰ φιλήματα· καὶ
ἰδόντες ἀλλήλους, ἅμα μειδιάματι προσέδραμον. Τὰ
μὲν οὖν φιλήματα ἐγένετο καὶ ἡ περιβολὴ τῶν χειρῶν
ἠκολούθησε, τὸ δὲ τρίτον φάρμακον ἐβράδυνε, μήτε
τοῦ Δάφνιδος τολμῶντος εἰπεῖν, μήτε τῆς Χλόης βου-
λομένης κατάρχεσθαι, ἔστε τύχῃ καὶ τοῦτ' ἔπραξαν.

ΙΑ'. Καθεζόμενοι ὑπὸ στελέχει δρυός, πλησίον
ἀλλήλων καὶ γευσάμενοι τῆς ἐν φιλήματι τέρψεως,
ἀπλήστως ἐνεφοροῦντο τῆς ἡδονῆς. Ἦσαν δὲ καὶ
χειρῶν περιβολαὶ θλῖψιν τοῖς στόμασι παρέχουσαι.
Κατὰ δὴ τῶν χειρῶν προσβολὴν βιαιότερόν τι τοῦ
Δάφνιδος ἐπισπασαμένου, κλίνεταί πως ἐπὶ πλευρὰν ἡ
Χλόη· κἀκεῖνος δὲ συγκατακλίνεται τῷ φιλήματι ἀκο-
λουθῶν. Καὶ γνωρίσαντες τῶν ὀνείρων τὴν εἰκόνα,
κατέκειντο πολὺν χρόνον ὥσπερ συνδεδεμένοι. Εἰδότες
δὲ τῶν ἐντεῦθεν οὐδὲν καὶ νομίσαντες τοῦτ' εἶναι πέρας
ἐρωτικῆς ἀπολαύσεως, μάτην τὸ πλεῖστον τῆς ἡμέρας
δαπανήσαντες διελύθησαν καὶ τὰς ἀγέλας ἀπήλαυνον,
τὴν νύκτα μισοῦντες. Ἴσως δ' ἄν τι τῶν ἀληθῶν
ἔπραξαν εἰ μὴ θόρυβος τοιόσδε πᾶσαν τὴν ἀγροικίαν
ἐκείνην κατέλαβε.

ΙΒ'. Νέοι Μηθυμναῖοι πλούσιοι, διαθέσθαι τὸν τρυ-
γητὸν ἐν ξενικῇ τέρψει θελήσαντες, ναῦν μικρὰν καθ-
ελκύσαντες καὶ οἰκέτας προσκώπους καθίσαντες, τοὺς
Μυτιληναίων ἀγροὺς περιέπλεον, ὅσοι θαλάσσης πλη-
σίον. Εὐλίμενός τε γὰρ ἡ παραλία καὶ οἰκήσεσιν
ἠσκημένη πολυτελῶς, καὶ λουτρὰ συνεχῆ, καὶ παράδεισοί
τε καὶ ἄλση· τὰ μὲν φύσεως ἔργα, τὰ δ' ἀνθρώπων
τέχνη· πάντα ἐνηβῆσαι καλά. Παραπλέοντες δὲ καὶ
προσορμιζόμενοι, κακὸν μὲν ἐποίουν οὐδὲν, τέρψεις δὲ
ποικίλας ἐτέρποντο, ποτὲ μὲν ἀγκίστροις καλάμων
ἀπηρτημένοις ἐκ λίνου λεπτοῦ, πετραίους ἰχθῦς
ἁλιεύοντες ἐκ πέτρας ἁλιτενοῦς, ποτὲ δὲ κυσὶ καὶ
δικτύοις λαγὼς φεύγοντας ἐκ τῶν ταῖς ἀμπέλοις θορύ-
βων λαμβάνοντες. Ἤδη δὲ καὶ ὀρνίθων ἄγρας ἐμέ-
λησεν αὐτοῖς καὶ ἔλαβον βρόχοις χῆνας ἀγρίους καὶ
νήττας καὶ ὠτίδας· ὥσθ' ἡ τέρψις αὐτοῖς καὶ τραπέζης
ὠφέλειαν παρεῖχεν. Εἰ δέ τινος προσέδει, παρὰ τῶν

ἐν τοῖς ἀγροῖς ἐλάμβανον, περιττοτέρους τῆς ἀξίας ὀβολοὺς καταβάλλοντες. Ἔδει δὲ μόνον ἄρτου καὶ οἴνου καὶ στέγης· οὐ γὰρ ἀσφαλὲς ἐδόκει μετοπωρινῆς ὥρας ἐνεστώσης ἐνθαλαττεύειν· ὥστε καὶ τὴν ναῦν ἀνεῖλκον ἐπὶ τὴν γῆν νύκτα χειμέριον δεδοικότες.

ΙΒ΄. Τῶν δὲ δή τις ἀγροίκων ἐς ἀνολκὴν λίθου ὀλίβοντος τὰ πατηθέντα βοτρύδια χρῄζων σχοίνου, τῆς πρότερον ῥαγείσης, κρύφα ἐπὶ τὴν θάλατταν ἐλθών, ἀφρουρήτῳ τῇ νηῒ προσελθών, τὸ πεῖσμα ἐκλύσας, οἴκαδε κομίσας, ἐς ὅ τι ἔχρῃζεν, ἐχρήσατο. Ἕωθεν οὖν οἱ Μηθυμναῖοι νεανίσκοι ζήτησιν ἐποιοῦντο τοῦ πείσματος, καὶ (ὡμολόγει γὰρ οὐδεὶς τὴν κλοπήν,) ὀλίγα μεμψάμενοι τοὺς ξενοδόχους, παρέπλεον· καὶ στάδια τριάκοντα παρελάσαντες, προσορμίζονται τοῖς ἀγροῖς, ἐν οἷς ᾤκουν ὁ Δάφνις καὶ ἡ Χλόη· ἐδόκει γὰρ αὐτοῖς καλὸν εἶναι τὸ πεδίον ἐς θήραν λαγῶν. Σχοῖνον μὲν οὖν οὐκ εἶχον ὥστ' ἐκδήσασθαι πεῖσμα· λύγον δὲ χλωρὰν μακρὰν στρέψαντες εἰς σχοῖνον, ταύτῃ τὴν ναῦν ἐκ τῆς πρύμνης ἄκρας εἰς τὴν γῆν ἔδησαν. Ἔπειτα τοὺς κύνας ἀφέντες ῥινηλατεῖν ἐν ταῖς εὐκαίροις φατνομέναις τῶν ὁδῶν ἐλινοστάτουν. Οἱ μὲν δὴ κύνες ἅμα ὑλακῇ διαθέοντες, ἐφόβησαν τὰς αἶγας· αἱ δὲ τὰ ὀρεινὰ καταλιποῦσαι, μᾶλλόν τι πρὸς τὴν θάλατταν ὥρμησαν. Ἔχουσαι δ' οὐδὲν ἐν ψάμμῳ τρώξιμον, ἐλθοῦσαι πρὸς τὴν ναῦν αἱ θρασύτεραι αὐτῶν, τὴν λύγον τὴν χλωράν, ᾗ δέδετο ἡ ναῦς, ἔφραγον.

ΙΔ΄. Ἦν δέ τι καὶ κλυδώνιον ἐν τῇ θαλάττῃ, κινηθέντος ἀπὸ τῶν ὀρῶν πνεύματος. Ταχὺ δὴ μάλα λυθεῖσαν αὐτὴν ὑπήνεγκεν ἡ παλίρροια τοῦ κύματος καὶ τὸ πέλαγος μετέωρον ἔφερεν. Αἰσθήσεως δὲ τοῖς Μηθυμναίοις γενομένης, οἱ μὲν ἐπὶ τὴν θάλατταν ἔθεον, οἱ δὲ τοὺς κύνας συνέλεγον· ἐβόων δὲ πάντες, ὡς πάντας τοὺς ἐκ τῶν πλησίον ἀγρῶν ἀκούσαντας συνελθεῖν. Ἀλλ' ἦν οὐδὲν ὄφελος· τοῦ γὰρ πνεύματος ἀκμάζοντος, ἀσχέτῳ τάχει κατὰ ῥοῦν ἡ ναῦς ἐφέρετο. Οἱ δ' οὖν οὐκ ὀλίγων κτημάτων [Μηθυμναῖοι] στερόμενοι, ἐξήτουν τὸν νέμοντα τὰς αἶγας· καὶ εὑρόντες τὸν Δάφνιν ἔπαιον, ἀπέδυον. Εἷς δέ τις καὶ κυνόδεσμον ἀράμενος περιῆγε τὰς χεῖρας, ὡς δήσων. Ὁ δ' ἐβόα τε παιόμενος καὶ ἱκέτευε τοὺς ἀγροίκους καὶ πρώτους γε τὸν Λάμωνα καὶ τὸν Δρύαντα βοηθοὺς ἐπεκαλεῖτο. Οἱ δ' ἀντείχοντο σκληροὶ γέροντες καὶ χεῖρας ἐκ γεωργικῶν ἔργων ἰσχυρὰς ἔχοντες· καὶ ἠξίουν δικαιολογήσασθαι περὶ τῶν γεγενημένων.

ΙΕ΄. Ταὐτὰ δὲ καὶ τῶν ἄλλων ἀξιούντων, δικαστὴν καθίζουσι Φιλητᾶν τὸν βουκόλον· πρεσβύτατός τε γὰρ ἦν τῶν παρόντων καὶ κλέος εἶχεν ἐν τοῖς κωμήταις δικαιοσύνης περιττῆς. Πρῶτοι δὲ κατηγόρουν οἱ Μηθυμναῖοι σαφῆ καὶ σύντομα, (ἅτε) βουκόλον ἔχοντες δικαστήν. « Ἤλθομεν εἰς τούτους τοὺς ἀγροὺς θηράσαι θέλοντες. Τὴν μὲν οὖν ναῦν λύγῳ χλωρᾷ δήσαντες, ἐπὶ τῆς ἀκτῆς κατελίπομεν· αὐτοὶ δὲ διὰ τῶν κυνῶν ζήτησιν ἐποιούμεθα θηρίων. Ἐν τούτῳ πρὸς τὴν θάλατταν αἱ αἶγες τούτου κατελθοῦσαι, τήν τε λύγον κατ-

LIBER II.

qui in agris degebant, accipientes, ultra justum pretium nummos solvebant. Pane dumtaxat, vino atque tecto indigebant; haudquaquam enim periculi expers videbatur, vergentis jam autumni tempestate, in mari pernoctare: itaque et navem ipsam in terram subduxerunt, metu noctis tempestuosæ.

XIII. Agrestium porro unus, restis indigus, cujus ope lapis, qui calcatos acinos contunderet, tolli in altum posset, ea, quam ante habuerat, rupta, clandestino ad mare tetenderat, et ad navem, quam nemo custodiebat, accesserat, atque funem, quo ea religabatur, exsolverat, eoque domum absportato, ad quod volebat, usus fuerat. Mane igitur Methymnæa juventus de fune inquirere cœpit; et quoniam furtum confitebatur nemo, paucis de hospitum injuria conquesti, inde solventes nave discesserunt: stadia triginta profecti, ad agros, in quibus Chloë et Daphnis degebant, appulerunt. Hoc quippe solum aptum illis leporum venatui videbatur. Reste itaque destituti, qua pro rudente uti potuissent, vimine longo et virenti, haud secus ac fune contorto, navem summa de puppi ad terram religarunt. Deinde canibus ad feras indagandas dimissis, in viis maxime opportunis sibi visis casses tendebant. Canes proinde cum latratu discurrentes, capras terruere; quæ ideo montanis relictis magis versus mare se proripuere. Cumque in arena, quod ederent, non haberent, audaciores quædam harum ad navem progressæ, virens vimen, quo religata erat navis, morsu absportato, ad quod volebant, usus fuerat. Mane igitur Methymnæi, haud parva opum jactura facta, caprarium quærebant et Daphnim inventum cædebant, vestibusque exuebant. Unus aliquis, sumto canis vinculo, manus illius in tergum, ut vincturus, retorsit: at ille vapulans clamare, supplexque agricolarum opem implorare, et ante omnes Lamonem ac Dryantem in auxilium vocare. Hi vero duri senes, operoque rustico validas habentes manus, summisque viribus renitebantur et ut jure de iis quæ accidissent disceptaretur, postulabant.

XV. Eadem autem et aliis poscentibus, judex constituitur Philetas bubulcus; erat enim eorum, qui tunc convenerant, natu maximus, interque paganos æximiæ justitiæ fama insignis. Primi itaque Methymnæi perspicue et breviter accusare inceperunt, coram bubulco nempe agentes judice. Venandi gratia hosce ingressi sumus agros: itaque nostram navem vimine virenti in litore religatam reliquimus, ipsimet canum ope feras indagaturi. Interea temporis hujus capræ ad mare descendentes vimen depascuntur, navemque

10.

ἐσθίουσι, καὶ τὴν ναῦν ἀπολύουσιν. Εἶδες αὐτὴν ἐν τῇ θαλάττῃ φερομένην, πόσων οἴει μεστὴν ἀγαθῶν; Οἵα μὲν ἐσθὴς ἀπόλωλεν· [οἷος δὲ κόσμος κυνῶν·] ὅσον δ' ἀργύριον. Τοὺς ἀγροὺς ἄν τις τούτους, ἐκεῖνα ἔχων, ὠνήσαιτο. Ἀνθ' ὧν ἀξιοῦμεν ἄγειν τοῦτον, πονηρὸν ὄντα αἰπόλον, ὃς ἐπὶ τῆς θαλάττης νέμει τὰς αἶγας ὡς ναύτης. »

ΙϚ'. Τοσαῦτα οἱ Μηθυμναῖοι κατηγόρησαν. Ὁ δὲ Δάφνις διέκειτο μὲν κακῶς ὑπὸ τῶν πληγῶν, Χλόην δ' ὁρῶν παροῦσαν, πάντων κατεφρόνει, καὶ ὧδ' εἶπεν· « Ἐγὼ νέμω τὰς αἶγας καλῶς. Οὐδέποτ' ᾐτιάσατο κωμήτης οὐδὲ εἷς, ὡς ἢ κῆπόν τινος αἲξ ἐμὴ κατεβοσκήσατο ἢ ἄμπελον βλαστάνουσαν κατέκλασεν· οὗτοι δ' εἰσὶ κυνηγέται πονηροὶ καὶ κύνας ἔχουσι κακῶς πεπαιδευμένους, οἵτινες τρέχοντες πολλὰ καὶ ὑλακτοῦντες σκληρά, κατεδίωξαν αὐτὰς ἐκ τῶν ὀρῶν καὶ τῶν πεδίων ἐπὶ τὴν θάλατταν, ὥσπερ λύκοι. Ἀλλ' ἀπέφαγον τὴν λύγον· οὐ γὰρ εἶχον ἐν ψάμμῳ πόαν ἢ κόμαρον ἢ θύμον. Ἀλλ' ἀπώλετο ἡ ναῦς ὑπὸ τοῦ πνεύματος καὶ τῆς θαλάττης. Ταῦτα χειμῶνος, οὐκ αἰγῶν, ἔστιν ἔργα. Ἀλλ' ἐσθὴς ἐνέκειτο καὶ ἄργυρος. Καὶ τίς πιστεύσει νοῦν ἔχων, ὅτι τοσαῦτα φέρουσα ναῦς, πεῖσμα εἶχε λύγον; »

ΙΖ'. Τούτοις ἐπεδάκρυσεν ὁ Δάφνις καὶ εἰς οἶκτον ὑπηγάγετο τοὺς ἀγροίκους πολύν· ὥσθ' ὁ Φιλητᾶς, ὁ δικαστής, ὤμνυε Πᾶνα καὶ Νύμφας, μηδὲν ἀδικεῖν Δάφνιν, ἀλλὰ μηδὲ τὰς αἶγας· τὴν δὲ θάλατταν καὶ τὸν ἄνεμον, ὧν ἄλλους εἶναι δικαστάς. Ταῦτα λέγων οὐκ ἔπειθε Φιλητᾶς τοὺς Μηθυμναίους, ἀλλ' ὑπ' ὀργῆς ὁρμήσαντες ἦγον πάλιν τὸν Δάφνιν, καὶ συνδεῖν ἤθελον. Ἐνταῦθ' οἱ κωμῆται ταραχθέντες, ἐπιπηδῶσιν αὐτοῖς ὡσεὶ ψᾶρες καὶ κολοιοί· καὶ ταχὺ μὲν ἀφαιροῦνται τὸν Δάφνιν ἤδη καὶ αὐτὸν μαχόμενον· ταχὺ δὲ ξύλοις παίοντες, ἐκείνους εἰς φυγὴν ἐτρέψαντο· ἀπέστησαν δ' οὐ πρότερον, ἔστε τῶν ὅρων αὐτοὺς ἐξήλασαν ἐς ἄλλους ἀγρούς.

ΙΗ'. Διωκόντων δὴ τοὺς Μηθυμναίους ἐκείνων, ἡ Χλόη κατὰ πολλὴν ἡσυχίαν ἄγει πρὸς τὰς Νύμφας τὸν Δάφνιν καὶ ἀπονίπτει τε τὸ πρόσωπον ᾑμαγμένον ἐκ τῶν ῥινῶν ῥαγεισῶν ὑπὸ πληγῆς τινος, κᾀκ τῆς πήρας προκομίσασα ζυμίτου μέρος καὶ τυροῦ τμῆμά τι, δίδωσι φαγεῖν, τό τε μάλιστ' ἀνακτησόμενον αὐτὸν, φίλημα ἐφίλησε μελιτῶδες ἁπαλοῖς τοῖς χείλεσι.

ΙΘ'. Τότε μὲν δὴ παρὰ τοσοῦτον Δάφνις ἦλθε κακοῦ. Τὸ δὲ πρᾶγμα οὐ ταύτῃ πέπαυτο, ἀλλ' ἐλθόντες οἱ Μηθυμναῖοι μόλις εἰς τὴν ἑαυτῶν, ὁδοιπόροι μὲν ἀντὶ ναυτῶν, τραυματίαι δ' ἀντὶ τρυφώντων, ἐκκλησίαν τε συνήγαγον τῶν πολιτῶν, καὶ ἱκετηρίας θέντες, ἱκέτευον τιμωρίας ἀξιωθῆναι· τῶν μὲν ἀληθῶν λέγοντες οὐδὲ ἕν, μὴ καὶ προσκαταγέλαστοι γένοιντο, τοιαῦτα καὶ τοσαῦτα παθόντες ὑπὸ ποιμένων· κατηγοροῦντες δὲ Μυτιληναίων, ὡς τὴν ναῦν ἀφελομένων καὶ τὰ χρήματα διαρπασάντων πολέμου νόμῳ. Οἱ δὲ πιστεύοντες διὰ τὰ τραύματα καὶ νεανίσκοις τῶν πρώ-

solvunt. Tutemet in altum provectam vidisti, quantis, putas, bonis refertam? quales perierunt vestes! [qualis canum ornatus!] quanta argenti copia! Agros horum quispiam, illis instructus bonis, facile comparaverit. Pro his istum abducere æquum censemus, utpote malum caprarium, qui instar nautæ juxta mare suas pascit capras.

XVI. Talis Methymnæorum fuit accusatio. Daphnis contra, quamvis verberibus male esset affectus, ubi tamen Chloën præsentem conspexit, omnia susque deque habebat, atque ita locutus est : Ego quidem recte meas pasco capras; neque unquam vicinorum vel unus criminatus est, mea quod capra vel cujusdam hortum depaverit, vitemve germinantem confregerit. Isti autem sunt venatores improbi, maleque institutos canes habent, qui cursu rapido sævoque latratu capellas ex montibus et campis ad mare usque non secus ac lupi exagitaverunt. At vero, dices, vimen depastæ sunt! Non enim in arena herbam, vel arbutum, vel thymum habebant. At enim, perges, navis vi venti atque maris periit! Hoc est tempestatis, non autem capellarum, crimen. Sed vestimenta et argentum navi continebantur! Et quis credat, si modo sapiat, navem tantarum opum vectricem pro rudente vimen habuisse?

XVII. His dictis illacrimans Daphnis, omnino in magnam commiserationem rusticos adduxit; adeo ut Philetas judex jurando contestaretur Panem et Nymphas, nihil contra fas egisse Daphnim, sicuti neque capellas; verum mare et ventos esse in culpa, quorum scilicet alios esse judices. Hæc dicendo Philetas Methymnæis non persuasit; sed præ ira prosilientes, iterum Daphnim rapiebant, et constringere volebant. Ibi vicani commoti in ipsos non aliter ac sturni graculique impetum fecerunt, eque vestigio eripuerunt Daphnim jam et ipsum manus conserentem, et repente baculis eos tundentes, terga vertere coëgerunt. Neque prius destiterunt, quam illos e suis finibus in alios agros expulissent.

XVIII. Dum autem illi Methymnæos sic persequuntur, interim Chloë placide Daphnim ad Nymphas deducit, ejusque faciem sanguine adspersam quod nares ictu quodam essent contusæ abluit, atque e pera deprontam fermentati panis particulam caseique frustulum dat illi comedendum, et quod eum inprimis recreaturum erat, mellitum tenellis labellis osculum et infixit.

XIX. Tantillum quidem tunc abfuit, uti ne malo infortunio Daphnis mactaretur : at vero finis huic negotio nequedum impositus erat; nam Methymnæi magna difficultate domum suam, viatores nimirum pro nautis, et saucii vulneribus pro luxuriantibus, reversi, et in concionem civibus advocatis, cum suppliciis prodierunt, obsecrantes, ne se indignos putarent, quorum causa vindicta susciperetur; ne ullum quidem verbum verorum dicentes, ne etiam deridiculo præterea essent, qui talia tantaque a pastoribus pati sustinuissent; verum Mytilenæos, quasi qui navem ipsis abstulissent et opes hostium more diripuissent, incusantes. Illi vero facile ob illa vulnera fidem habentes et adolescentibus

τῶν οἰκιῶν παρ' αὐτοῖς τιμωρῆσαι δίκαιον νομίζοντες, Μυτιληναίοις μὲν πόλεμον ἀκήρυκτον ἐψηφίσαντο· τῷ δὲ στρατηγῷ ἐκέλευσαν δέκα ναῦς καθελκύσαντι κακουργεῖν αὐτῶν τὴν παραλίαν· πλησίον γὰρ χειμῶνος ὄντος, οὐκ ἦν ἀσφαλὲς μείζονα στόλον πιστεύειν τῇ θαλάττῃ.

Κ'. Ὁ δ' εὐθὺς τῆς ἐπιούσης ἀναγόμενος αὐτερέταις στρατιώταις, ἐπέπλει τοῖς παραθαλαττίοις τῶν Μυτιληναίων ἀγροῖς. Καὶ πολλὰ μὲν ἥρπαζε ποίμνια, πολὺν δὲ σῖτον καὶ οἶνον, ἄρτι πεπαυμένου τοῦ τρυγητοῦ, καὶ ἀνθρώπους δ' οὐκ ὀλίγους, ὅσοι τούτων ἐργάται. Ἐπέπλευσε καὶ τοῖς τῆς Χλόης ἀγροῖς καὶ τοῦ Δάφνιδος· καὶ ἀπόβασιν ὀξεῖαν θέμενος, λείαν ἤλαυνε τὰ ἐν ποσίν. Ὁ μὲν Δάφνις οὐκ ἔνεμε τὰς αἶγας ἀλλ' ἐς τὴν ὕλην ἀνελθὼν, φυλλάδα χλωρὰν ἔκοπτεν, ὡς ἔχοι τοῦ χειμῶνος παρέχειν τοῖς ἐρίφοις τροφήν· ὥστ' ἄνωθεν θεασάμενος τὴν καταδρομὴν, ἐνέκρυψεν ἑαυτὸν στελέχει κοίλῳ ξηρᾶς ὀξύης. Ἡ δὲ Χλόη παρῆν ταῖς ἀγέλαις· καὶ διωκομένη καταφεύγει πρὸς τὰς Νύμφας· ἱκέτις καὶ ἐδεῖτο φείσασθαι καὶ ὧν ἔνεμε καὶ αὐτῆς, διὰ τὰς θεάς· ἀλλ' ἦν οὐδὲν ὄφελος· οἱ γὰρ Μηθυμναῖοι πολλὰ τῶν ἀγαλμάτων κατακερτομήσαντες, καὶ τὰς ἀγέλας ἤλασαν κἀκείνην ἤγαγον ὥσπερ αἶγα ἢ πρόβατον παίοντες λύγοις.

ΚΑ'. Ἔχοντες δ' ἤδη τὰς ναῦς παντοδαπῆς ἁρπαγῆς μεστὰς, οὐκέτ' ἐγίγνωσκον περαιτέρω πλεῖν, ἀλλὰ τὸν οἴκαδε πλοῦν ἐποιοῦντο καὶ τὸν χειμῶνα καὶ τοὺς πολεμίους δεδιότες. Οἱ μὲν οὖν ἀπέπλεον εἰρεσίᾳ προσταλαιπωροῦντες· ἄνεμος γὰρ οὐκ ἦν· ὁ δὲ Δάφνις, ἡσυχίας γενομένης, ἐλθὼν εἰς τὸ πεδίον ἔνθα ἔνεμον καὶ μήτε τὰς αἶγας ἰδὼν μήτε τὰ πρόβατα καταλαβὼν μήτε Χλόην εὑρὼν, ἀλλ' ἐρημίαν πολλὴν καὶ τὴν σύριγγα ἐρριμμένην, ᾗ συνήθως ἐτέρπετο ἡ Χλόη, μέγα βοῶν καὶ ἐλεεινὸν κωκύων ποτὲ μὲν πρὸς τὴν φηγὸν ἔτρεχεν ἔνθα ἐκαθέζοντο, ποτὲ δ' ἐπὶ τὴν θάλατταν, ὡς ὀψόμενος αὐτὴν, ποτὲ δ' ἐπὶ τὰς Νύμφας, ἐφ' ἃς ἑλκομένη κατέφυγεν. Ἐνταῦθα καὶ ἔρριψεν ἑαυτὸν χαμαὶ καὶ ταῖς Νύμφαις ὡς προδούσαις κατεμέμφετο.

ΚΒ'. « Ἀφ' ὑμῶν ἡρπάσθη Χλόη, καὶ τοῦτ' ὑμεῖς ἰδεῖν ὑπεμείνατε; ἢ τοὺς στεφάνους ὑμῖν πλέκουσα, ἢ σπένδουσα τοῦ πρώτου γάλακτος, ἧς καὶ ἡ σύριγξ ἥδε ἀνάθημα. Αἶγα μὲν οὐδὲ μίαν μοι λύκος ἥρπασε, πολέμιοι δὲ τὴν ἀγέλην (ὅλην) καὶ τὴν συννέμουσαν. Καὶ τὰς μὲν αἶγας ἀποδεροῦσι καὶ τὰ πρόβατα καταθύσουσι· Χλόη δὲ λοιπὸν πόλιν οἰκήσει. Ποίοις ὄμμασιν ἄπειμι πρὸς τὸν πατέρα καὶ τὴν μητέρα, ἄνευ τῶν αἰγῶν, ἄνευ Χλόης, λιπεργάτης ἐσόμενος; ἔχω γὰρ νέμειν ἔτι οὐδέν. Ἐνταῦθα περιμενῶ κείμενος ἢ θάνατον, ἢ πόλεμον δεύτερον. Ἆρα καὶ σὺ, Χλόη, τοιαῦτα πάσχεις; ἆρα μέμνησαι τοῦ πεδίου τοῦδε καὶ τῶν Νυμφῶν τῶνδε κἀμοῦ; ἢ παραμυθοῦνταί σε τὰ πρόβατα καὶ αἱ αἶγες αἰχμάλωτοι μετὰ σοῦ γενόμεναι; »

ΚΓ'. Τοιαῦτα λέγοντα αὐτὸν ἐκ τῶν δακρύων καὶ τῆς λύπης ὕπνος βαθὺς καταλαμβάνει· καὶ αὐτῷ αἱ

primariarum apud se familiarum factam injuriam ulcisci justum esse arbitrati, Mytilenæis bellum, nec illud per præconem ullum indictum, decreverunt, et præfecto statim mandaverunt, denis in mare deductis navibus, maritimam incursionibus infestare oram : non enim tutum erat, imminente hieme, majorem mari committere classem.

XX. Hic confestim die sequenti cum militibus, qui remigum vice ipsi fungebantur, in altum provectus, Mytilenæorum agros mari proximos hostiliter invadens, multos tum greges, tum frumenti acervos, ac vinum, paulo ante finita vindemia, et homines quoque, quorum opera circa ista versabatur, non paucos rapuit. Impetum etiam suis navibus fecit in Chloës et Daphnidis agros, egressusque quanta celeritate posset, quævis obvia agebat, ferebat. Et Daphnis quidem tunc non pascebat capras; sed silvam intraverat, frondesque virides stringebat, quas hiberno tempore hædis in pabulum dare posset; quamobrem de superiore loco hac incursione conspecta, sese cavo aridæ fagi trunco occultavit. Chloë autem aderat gregibus, hostibusque illam persequentibus, ad Nymphas supplex confugiebat, orabatque, ut et illis, quos pasceret, gregibus, atque sibi propter deas parcerent; sed nihil precando profecit; Methymnæi namque non solum conviciis multis deorum simulacra illuserunt, verum etiam greges ipsos abegerunt, et illam ipsam non aliter, quam capram, aut ovem, virgis feriendo præ se egerunt.

XXI. Illi, jam naves suas præda omnigena onustas habentes, non ulterius navigare decernebant, sed domum, hiemem hostemque timentes, dirigebant. Itaque inde solvebant, summa ope incumbentes remis, cum nullus eos prosequeretur ventus; Daphnis vero, jam tranquillitate oborta, ingressus campum, in quo pecora pascere solebant, cumque nec capras vidisset, nec oves offendisset, neque Chloën invenisset, sed ubique magnam solitudinem, et projectam fistulam, qua se pro more oblectabat Chloë, magno clamore miserabilique ploratu edito, nunc quidem cursu contendebat ad fagum, ubi sederat; nunc vero ad mare, tanquam illam visurus; aliquando ad Nymphas, ad quas, cum abstraheretur, confugerat; ibique se in solum projecit, et Nymphas quasi proditrices incusare occepit.

XXII. A vestris statuis abstracta fuit Chloë, idque videre sustinuistis! Illa, quæ vobis corollas plectebat, illa, quæ primitias lactis libabat, cujus etiam lancce fistula vobis dicata pendet! Nullam quidem lupus mihi capram eripuit; sed hostes gregem (totum), et illam, quæ una pascebat mecum! Quin capras excoriabunt, ovesque mactabunt; Chloë autem in urbe imposterum habitabit! At quo vultu patrem et matrem, operis desertor, sine capris, sine Chloë, adibo? Amplius enim, quod pascam, non habeo. Hic projectus mortem, aut alterum bellum exspectabo. Num vero tu quoque, Chloë, talia perfers? Meministine amplius hujusce campi, harumce Nympharum, atque mei? An solatium tibi afferunt oves et capellæ tecum in captivitatem abductæ?

XXIII. Talia ipsum dicentem, præ mœrore et lacrimis somnus opprimit profundus, et ipsi obveniunt tres illæ

τρεῖς ἐφίστανται Νύμφαι, μεγάλαι γυναῖκες καὶ καλαί, ἡμίγυμνοι καὶ ἀνυπόδητοι, τὰς κόμας λελυμέναι καὶ τοῖς ἀγάλμασιν ὅμοιαι. Καὶ τὸ μὲν πρῶτον ἐῴκεσαν ἐλεοῦσαι τὸν Δάφνιν· ἔπειθ' ἡ πρεσβυτάτη λέγει ἐπιρ-
5 ρωννύουσα. « Μηδὲν ἡμᾶς μέμφου, Δάφνι· Χλόης γὰρ ἡμῖν μᾶλλον μέλει ἢ σοί. Ἡμεῖς τοι καὶ παιδίον οὖσαν αὐτὴν ἠλεήσαμεν καὶ ἐν τῷδε τῷ ἄντρῳ κειμένην αὐτὴν ἀνεθρέψαμεν. Ἐκείνη (καὶ τοῖς) πεδίοις κοινὸν οὐδὲν καὶ τοῖς προβατίοις τοῦ Λάμωνος. Καὶ νῦν δὲ
10 ἡμῖν πεφρόντισται τὸ κατ' ἐκείνην· ὡς μήτ' εἰς τὴν Μήθυμναν κομισθεῖσα δουλεύοι, μήτε μέρος γένοιτο λείας πολεμικῆς. Καὶ τὸν Πᾶνα ἐκεῖνον τὸν ὑπὸ τῇ πίτυι ἱδρυμένον, ὃν ὑμεῖς οὐδέποτ' οὐδ' ἄνθεσιν ἐτιμήσατε, τούτου ἐδεήθημεν ἐπίκουρον γενέσθαι Χλόης·
15 συνήθης γὰρ στρατοπέδοις μᾶλλον ἡμῶν καὶ πολλοὺς ἤδη πολέμους ἐπολέμησε τὴν ἀγροικίαν καταλιπών· καὶ ἄπεισι τοῖς Μηθυμναίοις οὐκ ἀγαθὸς πολέμιος. Κάμνε δὲ μηδὲν, ἀλλ' ἀναστὰς ὄφθητι Λάμωνι καὶ Μυρτάλῃ, οἳ καὶ αὐτοὶ κεῖνται χαμαί, νομίζοντες καὶ
20 σὲ μέρος γεγονέναι τῆς ἁρπαγῆς· Χλόη γάρ σοι τῆς ἐπιούσης ἀφίξεται μετὰ τῶν αἰγῶν, μετὰ τῶν προβάτων· καὶ νεμήσετε κοινῇ καὶ συρίσετε κοινῇ· τὰ δ' ἄλλα μελήσει περὶ ὑμῶν Ἔρωτι. »

ΚΔ'. Ταῦτ' ἰδὼν καὶ ἀκούσας Δάφνις, ἀναπηδήσας
25 (ἐκ) τῶν ὕπνων καὶ ὑφ' ἡδονῆς καὶ λύπης μεστὸς δακρύων, τὰ ἀγάλματα τῶν Νυμφῶν προσεκύνει καὶ ἐπηγγέλλετο, σωθείσης Χλόης, θύσειν τῶν αἰγῶν τὴν ἀρίστην. Δραμὼν δὲ καὶ ἐπὶ τὴν πίτυν, ἔνθα τὸ τοῦ Πανὸς ἄγαλμα ἵδρυτο, τραγοσκελὲς, κερασφόρον, τῇ
30 μὲν σύριγγα, τῇ δὲ τράγον πηδῶντα κατέχον, κἀκεῖνον προσεκύνει καὶ ηὔχετο ὑπὲρ τῆς Χλόης καὶ τράγον θύσειν ἐπηγγέλλετο. Καὶ μόλις ποτὲ περὶ ἡλίου καταφορὰς παυσάμενος δακρύων καὶ εὐχῶν, ἀράμενος τὰς φυλλάδας, ἃς ἔκοψεν, ἐπανῆλθεν εἰς τὴν ἔπαυλιν, καὶ
35 τοὺς ἀμφὶ τὸν Λάμωνα πένθους ἀπαλλάξας, εὐφροσύνης ἐμπλήσας, τροφῆς τ' ἐγεύσατο καὶ ἐς ὕπνον ὥρμησεν οὐδὲ τοῦτον ἄδακρυν· ἀλλ' εὐχόμενος μὲν αὖθις τὰς Νύμφας ὄναρ ἰδεῖν, εὐχόμενος δὲ τὴν ἡμέραν γενέσθαι ταχέως, ἐν ᾗ Χλόην ἐπηγγείλαντο αὐτῷ· νυκτῶν πασῶν
40 ἐκείνη ἔδοξε μακροτάτη γεγονέναι. Ἐπράχθη δ' ἐπ' αὐτῆς τάδε.

ΚΕ'. Ὁ στρατηγὸς ὁ τῶν Μηθυμναίων ὅσον δέκα σταδίους ἀπελάσας, ἠθέλησε τῇ καταδρομῇ τοὺς στρατιώτας κεκμηκότας ἀναλαβεῖν. Ἄκρας οὖν ἐπεμβαι-
45 νούσης τῷ πελάγει λαβόμενος, ἐπεκτεινομένης μηνοειδῶς, ἧς ἐντὸς θάλαττα γαληνότερον τῶν λιμένων ὅρμον εἰργάζετο, ἐνταῦθα τὰς ναῦς ἐπ' ἀγκυρῶν μετεώρους διορμίσας, ὡς μηδὲ μίαν ἐκ τῆς γῆς τῶν ἀγροίκων τινὰ λυπῆσαι, ἀνῆκε τοὺς Μηθυμναίους εἰς
50 τέρψιν εἰρηνικήν. Οἱ δ' ἔχοντες πάντων ἀφθονίαν ἐκ τῆς ἁρπαγῆς, ἔπινον, ἔπαιζον, ἐπινίκιον ἑορτὴν ἐμιμοῦντο. Ἄρτι δὲ παυσαμένης ἡμέρας καὶ τῆς τέρψεως ἐς νύκτα ληγούσης, αἰφνίδιον μὲν ἡ γῆ πᾶσα ἐδόκει λάμπεσθαι πυρί, κτύπος δ' ἠκούετο ῥόθιος κωπῶν, ὡς

Nymphæ, mulieres proceræ et formosæ, seminudæ discalceatæque, crinibus solutis, simulacrisque suis similes. Atque primo quidem quasi miserari Daphnidis vicem sunt visæ; deinde natu maxima animum jacentem erigendo ita infit : Noli nos insimulare, Daphni : nobis quippe magis curæ, quam tibi, est Chloë. Nos ejus etiamnum infantulæ misertæ fuimus, inque hoc antro jacentem suscepimus nutriendam. Nihil illi cum campis et ovibus Lamonis commune. Atque res illius etiam nunc nobis sunt curæ, et providimus, ne vel Methymnam deportetur in servitutem, vel in partem hostilis prædæ veniat. Atque Panem illum, qui pinu sub hac sedem habet, quem vos nunquam adhuc vel flosculo quidem honorastis, hunc, inquam, oravimus, ut Chloæ suppetias veniat : magis enim, quam nos, assuevit castris; nec pauca jam bella, rure relicto, gessit; et abit Methymnæis sat metuendus hostis. Noli laborare; sed surge, et videndum te exhibe Lamoni atque Myrtalæ, qui et ipsi humi prostrati jacent, te quoque partem rati hujusce rapinæ factum. Etenim Chloë postera die tibi una cum capris ovibusque redibit, atque una pascetis, et una fistula canetis : cetera de vobis curæ erunt Amori.

XXIV. Hisce visis atque auditis Daphnis, e somno exsiliens, præ lætitia ac mœrore obortis lacrimis, Nympharum simulacra adorat, vovens, sospite Chloë, optimam ex capris sese mactaturum. Et procurrens ad pinum, ubi Panis simulacrum positum erat, cruribus hircinis, cornigerum, altera manu fistulam, altera hircum salientem tenens, illum advenerabatur, votaque pro salute Chloës suscipiebat, et se hircum immolaturum sancte promittebat. Et vix tandem circa solis occasum flendi ac precandi finem faciens, sublatis, quas deputaverat, frondibus, ad villam rediit, Lamonem mœrore liberavit, gaudio replevit; et statim, cibo sumto, in somnum delapsus est, nec illum quidem sine fletu; sed iterum preces faciens, ut Nymphas in somno videat, ociusque illucescat dies, qua illi Chloës reditum promiserant. Cunctarum noctium illa ei visa fuit longissima. In illa autem hæc acta fuere.

XXV. Præfectus Methymnæorum, in altum decem circiter stadia progressus, suos illa incursione defatigatos milites voluit recreare. Nactus igitur promontorium in mare procurrens, lunataque exporrectum forma, cujus sinus ipsis portubus tranquilliorem præbebat stationem, hoc in loco naves ancoris stabilitas cum constituisset, ne cui ex terra agrestium quisquam negotium facesseret, Methymnæis velut in pace securam indulsit oblectationem. Qui cum ex rapina omnium affluerent copia, potabant, ludebant, victorialia quasi celebrabant. Commodum vero desinente die, hilaritate in noctem protracta, et visa fuit repente universa illa terra flammis collucere, atque vehemens audiri remorum strepitus, quasi ingens adventaret classis. Cla-

ἐπιπλέοντος μεγάλου στόλου ’Εβόα τις ὁπλίζεσθαι τὸν στρατηγὸν, ἄλλος ἄλλον ἐκάλει, καὶ τετρῶσθαί τις ἐδόκει, κἂν σχήματι ἔκειτο νεκροῦ. Εἴκασεν ἄν τις εἶναι νυκτομαχίαν οὐ παρόντων πολεμίων.

ΚϚ´. Τῆς δὲ νυκτὸς αὐτοῖς τοιαύτης γενομένης, ἐπῆλθεν ἡμέρα πολὺ τῆς νυκτὸς φοβερωτέρα. Οἱ τράγοι μὲν, οἱ τοῦ Δάφνιδος, καὶ αἱ αἶγες, κιττὸν ἐν τοῖς κέρασι κορυμβοφόρον εἶχον· οἱ δὲ κριοὶ καὶ αἱ οἶς τῆς Χλόης, λύκων ὠρυγμὸν ὠρύοντο. Ὤφθη δὲ καὶ αὐτὴ πίτυος ἐστεφανωμένη. ’Εγίνετο καὶ περὶ τὴν θάλατταν αὐτὴν πολλὰ παράδοξα. Αἵ τε γὰρ ἄγκυραι κατὰ βυθοῦ, πειρωμένων ἀναφέρειν, ἔμενον, αἵ τε κῶπαι, καθιέντων εἰς εἰρεσίαν, ἐθραύοντο· καὶ δελφῖνες πηδῶντες ἐξ ἁλὸς ταῖς οὐραῖς παίοντες τὰς ναῦς ἔλυον τὰ γομφώματα. ’Ηκούετό τις καὶ ἀπὸ τῆς ὀρθίου πέτρας, τῆς ὑπὲρ τὴν ἄκραν, σύριγγος ἦχος· ἀλλ’ οὐκ ἔτερπεν ὡς σύριγξ, ἐφόβει δὲ τοὺς ἀκούοντας ὡς σάλπιγξ. ’Εταράττοντο οὖν καὶ ἐπὶ τὰ ὅπλα ἔθεον καὶ πολεμίους ἐκάλουν τοὺς οὐ βλεπομένους· ὥστε πάλιν ηὔχοντο νύκτα ἐπελθεῖν, ὡς τευξόμενοι σπονδῶν ἐν αὐτῇ. Συνετὰ μὲν οὖν πᾶσιν ἦν τὰ γινόμενα τοῖς φρονοῦσιν ὀρθῶς, ὅτι ἐκ Πανὸς ἦν τὰ φαντάσματα καὶ ἀκούσματα μηνίοντός τι τοῖς ναύταις. Οὐκ εἶχον δὲ τὴν αἰτίαν συμβαλεῖν, οὐδὲν γὰρ ἱερὸν σεσύλητο Πανὸς, ἔστ’ ἀμφὶ μέσην ἡμέραν ἐς ὕπνον οὐκ ἀθεεὶ τοῦ στρατηγοῦ καταπεσόντος, αὐτῷ ὁ Πὰν ὤφθη τοιάδε λέγων.

ΚΖ´. « Ὦ πάντων ἀνοσιώτατοι καὶ ἀσεβέστατοι, τί ταῦτα μαινομέναις φρεσὶν ἐτολμήσατε; Πολέμου μὲν τὴν ἀγροικίαν ἐνεπλήσατε τὴν ἐμοὶ φίλην, ἀγέλας δὲ βοῶν καὶ αἰγῶν καὶ ποιμνίων ἀπηλάσατε τὰς ἐμοὶ μελομένας· ἀπεσπάσατε δὲ βωμῶν παρθένον, ἐξ ἧς Ἔρως μῦθον ποιῆσαι θέλει· καὶ οὔτε τὰς Νύμφας ᾐδέσθητε βλεπούσας, οὔτε τὸν Πᾶνα ἐμέ. Οὔτ’ οὖν Μήθυμναν ὄψεσθε μετὰ τοιούτων λαφύρων πλέοντες, οὔτε τήνδε φεύξεσθε τὴν σύριγγα τὴν ὑμᾶς ταράξασαν· ἀλλ’ ὑμᾶς βορὰν ἰχθύων θήσω καταδύσας, εἰ μὴ τὴν ταχίστην καὶ Χλόην ταῖς Νύμφαις ἀποδώσεις καὶ τὰς ἀγέλας Χλόης καὶ τὰς αἶγας καὶ τὰ πρόβατα. ’Ανάστα δὴ καὶ ἐκβίβαζε τὴν κόρην μεθ’ ὧν εἶπον. Ἡγήσομαι δ’ ἐγὼ καὶ σοὶ τοῦ πλοῦ, κἀκείνῃ τῆς ὁδοῦ. »

ΚΗ´. Πάνυ οὖν τεθορυβημένος ὁ Βρύαξις, (τοῦτο γὰρ ἐκαλεῖτο ὁ στρατηγὸς,) ἀναπηδᾷ καὶ τῶν νεῶν καλέσας τοὺς ἡγεμόνας, ἐκέλευσε τὴν ταχίστην ἐν τοῖς αἰχμαλώτοις ἀναζητεῖσθαι Χλόην. Οἱ δὲ ταχέως ἀνεῦρον καὶ εἰς ὀφθαλμοὺς ἐκόμισαν· ἐκαθέζετο γὰρ τῆς πίτυος ἐστεφανωμένη. Σύμβολον δὴ καὶ τοῦτο τῆς ἐν τοῖς ὀνείροις ὄψεως ποιούμενος, ἐπ’ αὐτῆς τῆς ναυαρχίδος εἰς τὴν γῆν αὐτὴν κομίζει. Κἀκείνη δ’ ἄρτι ἀποβεβήκει καὶ σύριγγος ἦχος ἀκούεται πάλιν ἐκ τῆς πέτρας, οὐκέτι πολεμικὸς καὶ φοβερὸς, ἀλλὰ ποιμενικὸς καὶ οἷος εἰς νομὴν ἡγεῖται ποιμνίων. Καὶ τά τε πρόβατα κατὰ τῆς ἀποβάθρας ἐξέτρεχεν, οὐκ ἐξολισθάνοντα τοῖς κέρασι τῶν χηλῶν, καὶ αἱ αἶγες πολὺ θρασύτερον, οἷα καὶ κρημνοβατεῖν εἰθισμέναι.

---

mabat quidam, ut se belli dux armis accingeret; alius alium vocabat, videbaturque nonnullus vulneratus : immo erat, qui faciem cadaveris præ se ferret. Putasset aliquis, nocturnum esse prœlium, hoste nullo præsente.

XXVI. Nocte tali peracta, illis illuxit dies nocte longe terribilior. Hirci namque et capræ Daphnidis hederam corymbiferam in cornibus gestabant, arietes autem et oves Chloës luporum ululatum edere audiebantur. Apparebat et ipsa Chloë pinu redimita caput. Multa quoque et in ipso mari fiebant mira. Ancoræ namque, quamvis in altum eas tollere conniterentur, in profundo fixæ perstabant, remique in mare demissi, confringebantur : delphines salientes e mari, ferientesque suis naves caudis, compages solvebant. Audiebatur et super arduæ petræ cacumine sonus quidam fistulæ; non autem audientes oblectabat, ut fistula, sed terrebat, ut tuba. Quare percolsi ad arma concurrebant, atque, quos non videbant, hostes vocabant; qua de causa noctem redire optabant, veluti ejus beneficio inducias nacturi. Omnibus quidem, quibus mens non erat læva, constabat, a Pane hæc esse terriculamenta auditionesque, hisce succensente nautis : causam tamen haudquaquam conjicere poterant, quippe nullum Panis templum direptum fuerat; donec circa meridiem belli præfecto, non sine numine Divûm, in somnum effuso, Pan talia dicere visus fuit.

XXVII. O omnium sceleratissimi atque sacerrimi mortalium, quænam causa vos impulit tanta facinora furibunda mente patrare? Agrum hunc mihi carum ausi estis bello infestare, boum armenta et caprarum et ovium greges, qui mihi sunt curæ, abegistis! Ab aris meis virginem abstraxistis, de qua Amor vult fabulam facere! Quin neque Nymphas adspicientes, nec me Panem reveriti estis! Quapropter neque cum ejusmodi navigantes spoliis Methymnam unquam videbitis, neque hanc fistulam, quæ vestros animos ita perculsit, effugietis; sed vos undis obrutos dabo piscibus escam, nisi quam ocissime his Nymphis Chloën, et insuper hos greges Chloës, et capras, et oves reddideris. Surgito proinde, et e nave puellam cum his, quas dixi, educito. Tui tibi cursus ducem, illi viæ me præbebo.

XXVIII. Hisce omnibus consternatus Bryaxis (illud enim nomen duci erat) exsilit, et navium ductoribus convocatis, inter captivos quam citissime inquiri Chloën jussit; qui illico eam invenerunt, et in ejus conspectum adduxerunt : sedebat namque pinu coronata. Ille vero hoc ipsum pro judicio habens ejus, quod in somnis viderat, illam ad terram in ipsa prætoria vehit nave. Vix illa e mari in terram descenderat, cum fistulæ sonus iterum de petra exaudiri cœpit, non ille tamen, ut antea, bellicus et formidolosus, sed pastoralis, et qualis ad pastum ducere solet pecora; ovesque per scalam navis decurrerunt, nec ullam, eo quod cornipedes essent, labi contigit : capellæ tamen longe audacius, quippe quæ etiam per præerupta rupium scandere solerent.

ΚΘ'. Καὶ ταῦτα μὲν περιίστανται κύκλῳ τὴν Χλόην, ὥσπερ χορός, σκιρτῶντα καὶ βληχώμενα καὶ ὅμοια χαίρουσιν· αἱ δὲ τῶν ἄλλων αἰπόλων αἶγες καὶ τὰ πρόβατα καὶ τὰ βουκόλια κατὰ χώραν ἔμενεν ἐν κοίλῃ νηΐ, καθάπερ αὐτὰ τοῦ μέλους μὴ καλοῦντος. Θαύματι δὲ πάντων ἐνεχομένων καὶ τὸν Πᾶνα εὐφημούντων, ὤφθη τούτων ἐν τοῖς στοιχείοις ἀμφοτέροις θαυμασιώτερα. Τῶν μὲν Μηθυμναίων, πρὶν ἀνασπάσαι τὰς ἀγκύρας, ἔπλεον αἱ νῆες καὶ τῆς ναυαρχίδος ἡγεῖτο δελφὶν πηδῶν ἐξ ἁλός· τῶν δ' αἰγῶν καὶ τῶν προβάτων ἡγεῖτο σύριγγος ἦχος ἥδιστος καὶ τὸν συρίττοντα ἔβλεπεν οὐδείς· ὥστε τὰ ποίμνια καὶ αἱ αἶγες προῄεσαν ἅμα καὶ ἐνέμοντο τερπόμεναι τῷ μέλει.

Λ'. Δευτέρας που νομῆς καιρὸς ἦν καὶ ὁ Δάφνις ἀπὸ σκοπῆς τινος μετεώρου θεασάμενος τὰς ἀγέλας καὶ τὴν Χλόην, μέγα βοήσας, « ὦ Νύμφαι καὶ Πάν, » κατέδραμεν εἰς τὸ πεδίον· καὶ περιπλακεὶς τῇ Χλόῃ καὶ λιποθυμήσας κατέπεσε. Μόλις δ' ἔμβιος ὑπὸ τῆς Χλόης φιλούσης καὶ ταῖς περιβολαῖς θαλπούσης γενόμενος, ἐπὶ τὴν συνήθη φηγὸν ἔρχεται· καὶ ὑπὸ τῷ στελέχει καθίσας ἐπυνθάνετο πῶς ἀπέδρα τοσούτους πολεμίους. Ἡ δ' αὐτῷ κατέλεξε πάντα· τὸν τῶν αἰγῶν κιττόν, τὸν τῶν προβάτων ὠρυγμόν, τὴν ἐπανθήσασαν τῇ κεφαλῇ πίτυν, τὸ ἐν τῇ γῇ πῦρ, τὸν ἐν τῇ θαλάττῃ κτύπον, τὰ συρίγματα ἀμφότερα, τὸ πολεμικὸν καὶ τὸ εἰρηνικόν, τὴν νύκτα τὴν φοβεράν· ὅπως αὐτῇ τὴν ὁδὸν ἀγνοούσῃ καθηγήσατο τῆς ὁδοῦ μουσική. Γνωρίσας οὖν ὁ Δάφνις τὰ τῶν Νυμφῶν ὀνείρατα καὶ τὰ τοῦ Πανὸς ἔργα, διηγεῖται καὶ αὐτὸς ὅσα εἶδεν, ὅσα ἤκουσεν· ὅτι μέλλων ἀποθνήσκειν διὰ τὰς Νύμφας ἔζησε. Καὶ τὴν μὲν ἀποπέμπει κομιοῦσαν τοὺς ἀμφὶ τὸν Δρύαντα καὶ Λάμωνα, καὶ ὅσα πρέπει θυσίᾳ· αὐτὸς δ' ἐν τούτῳ τῶν αἰγῶν τὴν ἀρίστην συλλαβὼν καὶ κιττῷ στεφανώσας, ὥσπερ ὤφθησαν τοῖς πολεμίοις, καὶ γάλα τῶν κεράτων κατασπείσας, ἔθυσέ τε ταῖς Νύμφαις καὶ κρεμάσας ἀπέδειρε καὶ τὸ δέρμα ἀνέθηκεν.

ΛΑ'. Ἤδη δὲ παρόντων τῶν ἀμφὶ τὴν Χλόην, πῦρ ἀνακαύσας καὶ τὰ μὲν ἑψήσας τῶν κρεῶν, τὰ δ' ὀπτήσας, ἀπήρξατό τε ταῖς Νύμφαις καὶ κρατῆρα γλεύκους ἀπέσπεισε [μεστὸν] καὶ ἐκ φυλλάδος στιβάδας ὑποστορέσας, ἐντεῦθεν ἐν τροφῇ ἦν καὶ ποτῷ καὶ παιδιᾷ· καὶ ἅμα τὰς ἀγέλας ἐπεσκόπει, μὴ λύκος ἐμπεσὼν ἔργα ποιήσῃ πολεμίων. Ἦσάν τινες καὶ ᾠδὰς εἰς τὰς Νύμφας, παλαιῶν ποιμένων ποιήματα. Νυκτὸς δ' ἐπελθούσης αὐτοῦ κοιμηθέντες ἐν τῷ ἀγρῷ, τῆς ἐπιούσης τοῦ Πανὸς ἐμνημόνευσαν· καὶ τῶν τράγων τὸν ἀγελάρχην στεφανώσαντες πίτυος, προσήγαγον τῇ πίτυϊ· καὶ ἐπισπείσαντες οἴνου καὶ εὐφημοῦντες τὸν θεόν, ἔθυσαν, ἐκρέμασαν, ἀπέδειραν· καὶ τὰ μὲν κρέα ὀπτήσαντες καὶ ἑψήσαντες, πλησίον ἔθηκαν ἐν τῷ λειμῶνι, ἐν τοῖς φύλλοις· τὸ δὲ δέρμα αὐτοῖς κέρασιν ἐνέπηξαν τῇ πίτυϊ πρὸς τῷ ἀγάλματι, ποιμενικὸν ἀνάθημα ποιμενικῷ θεῷ. Ἀπήρξαντο καὶ τῶν κρεῶν, ἀπέσπεισαν καὶ

XXIX. Atque totus iste grex undique Chloën circumstabat, et tanquam chorus quidam tripudiabat, balabatque, et lætitiam atque hilaritatem præ se ferebat. Aliorum autem pastorum capræ atque oves, nec non armenta, ne pedem quidem movebant, sed in navis carina manebant, tanquam ipsa cantu illo non evocante. Cum itaque admiratione omnes tenerentur, Panemque celebrarent, conspecta sunt in utroque elemento prioribus mirabiliora. Methymnæis namque, priusquam revellerent ancoras, naves currebant, et navem prætoriam delphin e mari prosiliens præibat : suavissimus fistulæ sonus capras ovesque ducebat, nemine fistula canentem vidente. Oves ergo et capellæ simul procedebant, et pabulabantur, suaviter hujusce cantus modulamine delinitæ.

XXX. Alterius pastionis tempus erat, cum Daphnis, ab edita quadam specula prospectis gregibus atque Chloë, valide exclamans, o Nymphæ, o Pan, decurrit in campum, et in Chloës amplexus ruens, animo deficiens collabitur. Ille autem ægre, Chloë basiante, suoque eum amplexu fovente, tandem reviviscens, ad consuetam fagum perrexit, sedensque super trunco percunctabatur, quomodo tot hostes effugisset. Illa cuncta illi ordine enarravit, videlicet, caprarum hederam, ovium ululatum, efflorescentem in ipsius capite pinum, flammam in terra, strepitum in mari, geminos fistulæ modos, bellicum nempe atque pacificum, noctem illam horrendam, quomodo sibi itineris ignaræ viam monstrasset cantus ille. Agnovit ergo Daphnis Nympharum somnia et opera Panis, exposuitque vicissim et ille, quæ vidisset, quæ audivisset, quod mori volens Nymphis vitam deberet. Post Chloën dimisit, ut Dryantem et Lamonem, eaque, quibus opus esset ad sacrificium recte perpetrandum, adduceret; ipse interea optimam e capris correptam, hederaque coronatam, quales hostibus ante visæ fuerant, et lacte super cornua fuso, Nymphis mactavit, suspensam excoriavit, pellemque dicavit.

XXXI. Jam præsente Chloë atque ejus comitatu, focum accendit Daphnis, et parte carnium elixata, parte assata, Nymphis obtulit primitias, et pateram musto plenam libavit. Mox toris e fronde sibi substratis, deinde totus in cibo, in potu, in lusu erat, simulque greges servabat, ne lupus irruens hostilia perpetraret. Quasdam quoque cantilenas in Nympharum honorem cecinerunt, veterum pastorum carmina. Postquam nox advenit, ibidem in agro pernoctarunt, et die sequenti Panis meminerunt : et ex hircis ipsum gregis ducem, pinea redimitum corona, ad pinum adduxerunt, libatoque desuper vino, bona verba deo dicentes, mactarunt, suspenderunt, pellem diripuerunt ; carnes vero tam assatas, quam elixatas, frondibus impositas in prato apposuerunt. Pellem una cum cornibus pinui juxta Panis statuam affixerunt, pastorale donum pastorali deo. Primitias quoque carnium obtulerunt, et cratere capaciore liba-

κρατῆρος μείζονος· ᾖσεν ἡ Χλόη, Δάφνις ἐσύρισεν.
ΛΒ'. Ἐπὶ τούτοις κατακλιθέντες, ἤσθιον· καὶ αὐ-
τοῖς ἐφίσταται Φιλητᾶς ὁ βουκόλος κατὰ τύχην, στε-
φανίσκους τινὰς τῷ Πανὶ κομίζων καὶ βότρυς ἔτι ἐν
5 φύλλοις καὶ κλήμασι· καὶ αὐτῷ τῶν παίδων ὁ νεώτα-
τος εἵπετο Τίτυρος, πυρρὸν παιδίον καὶ γλαυκὸν, λευ-
κὸν δὲ καὶ ἀγέρωχον· καὶ ἥλλετο κοῦφα, βαδίζων
ὥσπερ ἔριφος. Ἀναπηδήσαντες οὖν συνεστεφάνουν τὸν
Πᾶνα καὶ τὰ κλήματα τῆς κόμης τῆς πίτυος ἐξήρτων·
10 καὶ κατακλίναντες πλησίον αὑτῶν συμπότην ἐποιοῦντο.
Καὶ, οἷα δὴ γέροντες ὑποϐεϐρεγμένοι, πρὸς ἀλλήλους
πολλὰ ἔλεγον· ὡς ἔνεμον, ἡνίκ᾽ ἦσαν νέοι, ὡς πολλὰς
λῃστῶν καταδρομὰς διέφυγον· ἐσεμνύνετό τις, ὡς λύκον
ἀποκτείνας· ἄλλος, ὡς μόνου τοῦ Πανὸς δεύτερα συ-
15 ρίσας· τοῦτο τοῦ Φιλητᾶ τὸ σεμνολόγημα ἦν.
ΛΓ'. Ὁ οὖν Δάφνις καὶ ἡ Χλόη πάσας δεήσεις
προσέφερον μεταδοῦναι καὶ αὐτοῖς τῆς τέχνης, συρίσαι
τ᾽ ἐν ἑορτῇ θεοῦ σύριγγι χαίροντος. Ἐπαγγέλλεται
Φιλητᾶς, καίτοι τὸ γῆρας ὡς ἄπνουν μεμψάμενος, καὶ
20 ἔλαβε σύριγγα τὴν τοῦ Δάφνιδος. Ἡ δ᾽ ἦν μικρὰ
πρὸς μεγάλην τέχνην, οἷα ἐν στόματι παιδὸς ἐμπνεο-
μένη. Πέμπει οὖν Τίτυρον ἐπὶ τὴν ἑαυτοῦ σύριγγα,
τῆς ἐπαύλεως ἀπεχούσης σταδίους δέκα. Ὁ μὲν
ῥίψας τὸ ἐγκόμϐωμα, γυμνὸς ὥρμησε τρέχειν, ὥσπερ
25 νεϐρός· ὁ δὲ Λάμων ἐπηγγείλατο αὐτοῖς τὸν περὶ τῆς
σύριγγος ἀφηγήσεσθαι μῦθον, ὃν αὐτῷ Σικελὸς αἰπόλος
ᾖσεν ἐπὶ μισθῷ τράγῳ καὶ σύριγγι.
ΛΔ'. « Αὕτη ἡ σύριγξ τὸ ἀρχαῖον οὐκ ἦν ὄργανον
ἀλλὰ παρθένος καλὴ καὶ τὴν φωνὴν μουσική. Αἶγας
30 ἔνεμεν, Νύμφαις συνέπαιζεν, ᾖδεν οἷον νῦν. Πὰν,
ταύτης νεμούσης, παιζούσης, ᾀδούσης, προσελθὼν,
ἔπειθεν ἐς ὅ τι ἔχρῃζε· καὶ ἐπηγγέλλετο τὰς αἶγας
πάσας θήσειν διδυματόκους. Ἡ δ᾽ ἐγέλα τὸν ἔρωτα
αὐτοῦ, οὐδ᾽ ἐραστὴν, ἔφη, δέξεσθαι (τὸν) μήτε τράγον
35 (ὄντα), μήτ᾽ ἄνθρωπον ὁλόκληρον. Ὁρμᾷ διώκειν ὁ
Πὰν πρὸς βίαν· ἡ Σύριγξ ἔφευγε καὶ τὸν Πᾶνα καὶ τὴν
βίαν· φεύγουσα, κάμνουσα, ἐς δόνακας κρύπτεται, ἐς
ἕλος ἀφανίζεται. Πὰν, τοὺς δόνακας ὀργῇ τεμὼν, τὴν
κόρην οὐχ εὑρὼν, τὸ πάθος μαθὼν, τὸ ὄργανον νοεῖ,
40 καὶ τοὺς καλάμους κηρῷ συνδήσας ἀνίσους, καθ᾽ ὅτι
καὶ ὁ ἔρως ἄνισος αὐτοῖς· καὶ ἡ τότε παρθένος καλὴ νῦν
ἐστι σύριγξ μουσική. »
ΛΕ'. Ἄρτι πέπαυτο τοῦ μυθολογήματος ὁ Λάμων,
καὶ ἐπῄνει Φιλητᾶς αὐτὸν, ὡς εἰπόντα μῦθον ᾠδῆς
45 γλυκύτερον, καὶ ὁ Τίτυρος ἐφίσταται τὴν σύριγγα τῷ
πατρὶ κομίζων, μέγα ὄργανον καὶ αὐλῶν μεγάλων, καὶ
ἵνα κεκήρωτο, χαλκῷ πεποίκιλτο. Εἴκασεν ἄν τις
εἶναι ταύτην ἐκείνην, ἣν ὁ Πὰν πρώτην ἐπήξατο.
Διεγερθεὶς οὖν ὁ Φιλητᾶς καὶ καθίσας ἐν καθέδρᾳ
50 ὄρθιος, πρῶτον μὲν ἀπεπειράθη τῶν καλάμων εἰ
εὔπνοι· ἔπειτα μαθὼν ὡς ἀκώλυτον διατρέχει τὸ
πνεῦμα, ἐνέπνει τὸ ἐντεῦθεν πολὺ καὶ νεανικόν. Αὐ-
λῶν τις ἂν ᾠήθη συναυλούντων ἀκούειν· τοσοῦτον ἤχει
τὸ σύριγμα. Κατ᾽ ὀλίγον δὲ τῆς βίας ἀφαιρῶν, εἰς τὸ

tionem peregerunt. Voce Chloë, fistula cecinit Daphnis.
XXXII. Hisce curatis discubuerunt, et cibo indulserunt.
Ibi forte fortuna ipsis supervenit Philetas bubulcus, non-
nullas Pani afferens corollas, atque uvas adhuc in pampinis
et palmitibus hærentes. Hunc filiorum natu minimus Tity-
rus comitabatur, crinibus flavis, cæsiis oculis, candidus
puellus et lasciviens, qui saltu levi veluti hædulus quidam
gressus faciebat. Exsilientes igitur omnes simul Pani co-
rollas imponebant, palmitesque de fronde pini suspende-
bant, atque, prope se discumbere Philetam jubentes, ut una
secum cœnaret rogabant. Tum vero, ut facere amant
senes, tantum non poti, varios inter se sermones miscebant :
videlicet, quomodo circa juventutis suæ annos pecus pavis-
sent, quot latronum invasiones evasissent : quidam se lu-
pum interfecisse gloriabatur : alius se, canendo, soli dum-
taxat Pani secundum esse : quæ erat Philetæ gloriatio.
XXXIII. Daphnis autem et Chloë nullas non preces adhi-
bebant, ut et cum ipsis communicare artem istam vellet,
fistulaque canere in illius dei festo, cui fistula esset in de-
liciis. Promittit Philetas, tametsi senectam uti jam inflando
ineptam causatus, fistulamque accipit Daphnidis. Atqui
ea erat exigua nimis pro arte magna, quippe quæ ore pueri
inflari soleret. Misit igitur Tityrum, ut suam fistulam af-
ferret, casa inde distante stadiis decem. Is, abjecta penula
nudus, instar hinnuli currere gestiit. Lamon autem polli-
citus est ipsis, se fabulam de Syringe enarraturum, quam
ipsi Siculus pastor, mercede, hirco scilicet et fistula, adduc-
tus cecinerat.
XXXIV. Hæc fistula, inquit, olim non erat organum, sed
virgo forma eleganti et voce concinna. Capras pascebat,
cum Nymphis colludebat, canebat sicuti nunc. Pan ad
illam pascentem, ludentem, canentem accedens, pellicere
conatus est ad id, quod cupiebat, promittens se facturum,
ut omnes capræ geminos partu ederent fœtus. At illa amo-
rem ipsius irridebat, et amasium recipere se negabat, qui
neque hircus neque homo integer esset. Pan cum impetu
sectari incipit, vim illaturus : Syrinx et Panem et vim fugie-
bat; fugiendo defessa inter arundines se abscondit, inque
paludem immersa evanescit. Pan, arundinibus præ ira suc-
cisis, puella non reperta, hocce casu animadverso, organum
hoc excogitat, dispares calamos cera conjungens, ad te-
standum, illis disparem fuisse amorem. Sic quae tunc tem-
poris formosa fuit virgo, nunc est fistula canora.
XXXV. Commodum desierat a fabulosa narratione La-
mon, et ipsum collaudabat Philetas, quasi qui fabulam
cantu suaviorem recitasset, cum affuit et Tityrus fistulam
patri afferens, ingens organum, et ex ingentibus compac-
tum calamis, quodque, ubi cera coaptatum, ibidem et ære
distinctum erat. Conjectasset utique quispiam, illam esse
hanc fistulam, quam Pan primum compegerat. Postquam
itaque Philetas surrexisset, et posuisset se in sella corpore
erecto, primum quidem calamorum periculum fecit, au
inspiranti bene sonarent; tum sentiens, spiritum sine im-
pedimento permeare, exinde alte et juveniliter inflavit :
adeo ut quis se tibiarum concentum audire putasset; tan-
tum edebat sonum. Paulatim vero vehementiam istam
remittendo, in jucundiorem sonum convertit modulatio-
nem, omnemque artem musicam, qua pascentia regi et duci

τερπνότερον μετέβαλλε τὸ μέλος. Καὶ πᾶσαν τέχνην ἐπιδεικνύμενος εὐνομίας μουσικῆς, ἐσύριττεν οἷον βοῶν ἀγέλῃ πρέπον, οἷον αἰπολίῳ πρόσφορον, οἷον ποίμναις φίλον. Τερπνὸν ἦν τὸ ποιμνίων, μέγα τὸ βοῶν, ὀξὺ τὸ
5 αἰγῶν· ὅλως πάσας σύριγγας μία σύριγξ ἐμιμήσατο.

ΛϚ΄. Οἱ μὲν οὖν ἄλλοι σιωπῇ κατέκειντο τερπόμενοι· Δρύας δ᾽ ἀναστὰς καὶ κελεύσας συρίζειν διονυσιακὸν μέλος, ἐπιλήνιον αὐτοῖς ὄρχησιν ὠρχήσατο· καὶ ἐῴκει ποτὲ μὲν τρυγῶντι, ποτὲ δὲ φέροντι ἀρρίχους,
10 εἶτα πατοῦντι τοὺς βότρυς, εἶτα πληροῦντι τοὺς πίθους, εἶτα πίνοντι τοῦ γλεύκους. Ταῦτα πάντα οὕτως εὐσχημόνως ὠρχήσατο Δρύας καὶ ἐναργῶς, ὥστ᾽ ἐδόκουν βλέπειν καὶ τὰς ἀμπέλους καὶ τὴν ληνὸν καὶ τοὺς πίθους καὶ ἀληθῶς Δρύαντα πίνοντα.
15 ΛΖ΄. Τρίτος δὴ γέρων οὗτος εὐδοκιμήσας ἐπ᾽ ὀρχήσει, κινεῖ Χλόην καὶ Δάφνιν· οἱ δὲ μάλα ταχέως ἀναστάντες ὠρχήσαντο τὸν μῦθον τοῦ Λάμωνος. Ὁ Δάφνις Πᾶνα ἐμιμεῖτο, τὴν Σύριγγα Χλόη· ὁ μὲν ἱκέτευε πείθων· ἡ δ᾽ ἀμελοῦσα ἐμειδία· ὁ μὲν ἐδίωκε καὶ ἐπ᾽
20 ἄκρων τῶν ὀνύχων ἔτρεχε, τὰς χηλὰς μιμούμενος. ἡ δ᾽ ἐνέφαινε τὴν κάμνουσαν ἐν τῇ φυγῇ. Ἔπειτα Χλόη μὲν εἰς τὴν ὕλην ὡς εἰς ἕλος κρύπτεται, Δάφνις δὲ λαβὼν τὴν Φιλητᾶ σύριγγα, τὴν μεγάλην, ἐσύρισε γοερόν, ὡς ἐρῶν, ἐρωτικόν, ὡς πείθων, ἀνακλητικόν, ὡς ἐπιζητῶν·
25 ὥσθ᾽ ὁ Φιλητᾶς θαυμάσας φιλεῖ τ᾽ ἀναπηδήσας καὶ τὴν σύριγγα χαρίζεται φιλήσας καὶ εὔχεται καὶ Δάφνιν καταλιπεῖν αὐτὴν ὁμοίῳ διαδόχῳ.

ΛΗ΄. Ὁ δὲ τὴν ἰδίαν ἀναθεὶς τῷ Πανί, τὴν σμικράν, καὶ φιλήσας ὡς ἐκ φυγῆς ἀληθινῆς εὑρεθεῖσαν τὴν
30 Χλόην, ἀπήλαυνε τὴν ἀγέλην συρίζων, νυκτὸς ἤδη γενομένης, ἀπήλαυνε δὲ καὶ ἡ Χλόη τὴν ποίμνην, τῷ μέλει τῆς σύριγγος συνάγουσα· καὶ αἵ τ᾽ αἶγες πλησίον τῶν προβάτων ἦσαν, ὅ τε Δάφνις ἐβάδιζεν ἐγγὺς τῆς Χλόης· ὥστ᾽ ἐνέπλησαν ἕως νυκτὸς ἀλλήλους καὶ συν-
35 έθεντο θᾶττον τὰς ἀγέλας τῆς ἐπιούσης κατελάσαι· καὶ οὕτως ἐποίησαν. Ἄρτι γοῦν ἀρχομένης ἡμέρας, ἦλθον εἰς τὴν νομήν· καὶ τὰς Νύμφας προτέρας, εἶτα τὸν Πᾶνα προσαγορεύσαντες, τὸ ἐντεῦθεν ὑπὸ τῇ δρυῒ καθεσθέντες ἐσύριττον· εἶτ᾽ ἀλλήλους ἐφίλουν, περιέ-
40 βαλλον, κατεκλίνοντο καὶ οὐδὲν δράσαντες πλέον, ἀνίσταντο. Ἐμέλησεν αὐτοῖς καὶ τροφῆς καὶ ἔπιον οἶνον μίξαντες γάλα.

ΛΘ΄. Καὶ τούτοις ἅπασι θερμότεροι γενόμενοι καὶ θρασύτεροι, πρὸς ἀλλήλους ἤριζον ἔριν ἐρωτικήν, καὶ
45 μετ᾽ ὀλίγον εἰς ὅρκον πίστιν προῆλθον. Ὁ μὲν δὴ Δάφνις τὸν Πᾶνα ὤμοσεν, ἐλθὼν ἐπὶ τὴν πίτυν, μὴ ζήσεσθαι μόνος ἄνευ Χλόης μηδὲ μιᾶς χρόνον ἡμέρας· ἡ δὲ Χλόη Δάφνιδι τὰς Νύμφας, εἰσελθοῦσα εἰς τὸ ἄντρον, τὸν αὐτὸν στέρξειν καὶ θάνατον καὶ βίον.
50 Τοσοῦτον δ᾽ ἄρα τῇ Χλόῃ τὸ ἀφελὲς προσῆν ὡς κόρῃ, ὥστ᾽ ἐξιοῦσα τοῦ ἄντρου καὶ δεύτερον ἀξίου λαβεῖν ὅρκον παρ᾽ αὐτοῦ, ὦ Δάφνι, λέγουσα, θεὸς ὁ Πὰν ἐρωτικός ἐστι καὶ ἄπιστος· ἠράσθη μὲν Πίτυος, ἠράσθη δὲ Σύριγγος· παύεται δ᾽ οὐδέποτε Δρυάσιν ἐνοχλῶν,

possunt armenta et pecora, ostentans, fistula canebat, quatenus armento quadraret boum, quatenus caprarum gregi conveniret, quale gregibus esset gratum. Suavis erat ovium cantus, boum vehemens, acutus capellarum : in summa, omnes fistulas una exprimebat fistula.

XXXVI. Ceteri igitur taciti jacebant, ista modulatione deliniti. At Dryas surgens, canereque jubens cantilenam Bacchicam, torculariam saltationem ipsis saltare cœpit, nunc referens vindemiantem, modo cophinos ferentem, deinde uvas calcantem, tum dolia implentem, denique bibentem mustum. Quæ omnia ita apte et perspicue exhibuit Dryas, ut sibi videre viderentur et vites, et prelum, et dolia, et re ipsa bibentem Dryantem.

XXXVII. Hic ergo tertius senex, cum magnam saltando assecutus fuisset laudem, Chloën atque Daphnim irritat, qui statim surgentes fabulam Lamonis saltant. Daphnis agebat Panem, Chloë Syringa. Ille suadere conando supplicabat; hæc fastidiendo eum deridebat. Ille bisulcas imitatus ungulas, summis pedum unguibus insistens currebat; illa autem fugiendo defatigatam referebat; deinde Chloë quidem in silvam, quasi in paludem, subducitur, Daphnis contra, arrepta illa grandi Philetæ fistula, flebilem, ut amans, edebat cantum, amatorium, veluti ad amorem illiciens, revocatorium, instar requirentis; adeo ut Philetas, admiratione perculsus, subsiliret, eumque oscularetur, oscula. tusque donaret fistula, et optaret, ut similiter Daphnis eam pari relinqueret successori.

XXXVIII. Daphnis autem suam illam parvulam Pani suspendit, et osculatus Chloën, tanquam veram post fugam receptam, gregem fistula canendo abigebat. Nocte oborta, simul e pastu reduxit ovium gregem Chloë, suæ fistulæ cantu cogens: et capræ prope aderant ovibus, et Daphnis prope Chloën incedebat. Quare semel in noctem multis verbis ultro citroque habitis explevere, et constituerunt sequenti die maturius educere greges: atque ita fecerunt. Illucescente ehim die, statim in pascua venerunt; et postquam Nymphas primum, deinde Panem salutassent, hinc sub quercu sedentes, fistula ludere cœperunt; deinde suavia mutuo dabant, ibant in amplexus alter alterius, simulque decumbebant, et nihil ultra perpetrantes, iterum surgebant. Nec cibi incuriosi fuerunt, potusque illis vinum lacte mixtum.

XXXIX. Quibus omnibus calidiores audacioresque redditi, inter se concertationem instituerunt amatoriam, et paulo post ad fidem juramento stabiliendam processerunt. Ad pinum progressus Daphnis, per Panem juravit se absque Chloë solum in vita non mansurum ne unum quidem diem : Chloë autem antrum ingressa, per Nymphas jurat, eandem cum Daphnide habituram se et mortem et vitam. Ea tamen Chloæ, utpote puellæ, erat simplicitas, ut antro egressa, denuo etiam sibi ab illo jusjurandum putaret accipiendum : Daphni, dicens, Pan est deus in amores propensus et infidus. Amavit quippe Pinum, amavit et Syringem. Nunquam desinit molestus esse Dryadibus et Epimelidibus

καὶ Ἐπιμηλίσι Νύμφαις παρέχων πράγματα· οὗτος μὲν οὖν ἀμεληθεὶς ἐν τοῖς ὅρκοις, ἀμελήσει σε κολάσαι, κἂν ἐπὶ πλείονας ἔλθῃς γυναῖκας τῶν ἐν τῇ σύριγγι καλάμων· σὺ δέ μοι τὸ αἰπόλιον τοῦτο ὄμοσον καὶ τὴν αἶγα ἐκείνην, ᾗ σε ἀνέθρεψε, μὴ καταλιπεῖν Χλόην, ἔστ᾽ ἂν πιστή σοι μένῃ· ἄδικον δ᾽ εἰς σὲ καὶ τὰς Νύμφας γενομένην καὶ φεῦγε καὶ μίσει καὶ ἀπόκτεινον, ὥσπερ λύκον. Ἥδετο ὁ Δάφνις ἀπιστούμενος· καὶ στὰς εἰς μέσον τὸ αἰπόλιον καὶ τῇ μὲν τῶν χειρῶν αἰγός, τῇ δὲ τράγου λαβόμενος ὤμνυε Χλόην φιλήσειν φιλοῦσαν· κἂν ἕτερον δὲ προκρίνῃ Δάφνιδος, ἀντ᾽ ἐκείνης αὑτὸν ἀποκτενεῖν. Ἡ δ᾽ ἔχαιρε καὶ ἐπίστευεν ὡς κόρη καὶ λέγουσα καὶ νομίζουσα τὰς αἶγας καὶ τὰ πρόβατα ποιμένων καὶ αἰπόλων ἰδίους θεούς.

ΛΟΓΟΣ ΤΡΙΤΟΣ.

Αʹ. Μυτιληναῖοι δὲ ὡς ᾔσθοντο τὸν κατάπλουν τῶν δέκα νεῶν καί τινες ἐμήνυσαν αὐτοῖς τὴν ἁρπαγήν, ἐλθόντες ἐκ τῶν ἀγρῶν, οὐκ ἀνασχετὸν νομίσαντες ταῦτα ἐκ Μηθυμναίων παθεῖν, ἔγνωσαν καὶ αὐτοὶ τὴν ταχίστην ἐπ᾽ αὐτοὺς τὰ ὅπλα κινεῖν καὶ καταλέξαντες ἀσπίδα τρισχιλίαν καὶ ἵππον πεντακοσίαν, ἐξέπεμψαν κατὰ γῆν τὸν στρατηγὸν Ἵππασον, ὀκνοῦντες ἐν ὥρᾳ χειμῶνος τὴν θάλατταν.

Βʹ. Ὁ δ᾽ ἐξορμηθείς, ἀγροὺς μὲν οὐκ ἐλεηλάτει τῶν Μηθυμναίων, οὐδ᾽ ἀγέλας καὶ κτήματα ἥρπαζε γεωργῶν καὶ ποιμένων, λῃστοῦ νομίζων ταῦτ᾽ ἔργα μᾶλλον ἢ στρατηγοῦ· ταχὺ δὲ ἐπὶ τὴν πόλιν αὐτὴν ᾔγεν ὡς ἐπιπεσούμενος ἀφρουρήτοις ταῖς πύλαις. Καὶ αὐτῷ σταδίους ὅσον ἑκατὸν ἀπέχοντι, κῆρυξ ἀπαντᾷ σπονδὰς κομίζων. Οἱ γὰρ Μηθυμναῖοι μαθόντες παρὰ τῶν ἑαλωκότων ὡς οὐδὲν ἴσασι Μυτιληναῖοι τῶν γεγενημένων, ἀλλὰ γεωργοὶ καὶ ποιμένες ὑβρίζοντας τοὺς νεανίσκους ταῦτ᾽ ἔδρασαν μετεγίνωσκον μὲν ὀξύτερα τολμήσαντες εἰς γείτονα πόλιν ἢ σωφρονέστερα· σπουδὴν δ᾽ εἶχον, ἀποδόντες πᾶσαν τὴν ἁρπαγήν, ἀδεῶς ἐπιμίγνυσθαι κατὰ γῆν καὶ κατὰ θάλατταν. Τὸν μὲν οὖν κήρυκα τοῖς Μυτιληναίοις ὁ Ἵππασος ἀποστέλλει, καίτοιγ᾽ αὐτοκράτωρ στρατηγὸς κεχειροτονημένος· αὐτὸς δὲ τῆς Μηθύμνης ὅσον ἀπὸ δέκα σταδίων στρατόπεδον βαλόμενος, τὰς ἐκ τῆς πόλεως ἐντολὰς ἀνέμενε. Καὶ δύο διαγενομένων ἡμερῶν, ἐλθὼν ὁ ἄγγελος, τήν θ᾽ ἁρπαγὴν ἐκέλευσε κομίσασθαι καὶ ἀδικήσαντα μηδὲν ἀναχωρεῖν οἴκαδε· πολέμου γὰρ καὶ εἰρήνης ἐν αἱρέσει γενομένοι, τὴν εἰρήνην εὕρισκον κερδαλεωτέραν (οὖσαν).

Γʹ. Ὁ μὲν δὴ Μηθυμναίων καὶ Μυτιληναίων πόλεμος ἀδόκητον λαβὼν ἀρχὴν καὶ τέλος, οὕτω διελύθη. Γίνεται δὲ χειμὼν Δάφνιδι καὶ Χλόῃ τοῦ πολέμου πικρότερος· ἐξαίφνης γὰρ περιπεσοῦσα χιὼν πολλὴ πάσας μὲν ἀπέκλεισε τὰς ὁδούς, πάντας δὲ κατέκλεισε τοὺς γεωργούς. Λάβροι μὲν οἱ χείμαρροι κατέρρεον,

LIBER TERTIUS.

I. Mytilenæi vero, ut hostilem illarum decem navium appulsum resciverunt, atque ipsis nonnulli, qui ex agris veniebant, populationem istam indicaverunt, indignum rati a Methymnæis ista pati, quanta fieri posset celeritate maxima adversus illos arma movere decreverunt. Et conscriptis tribus clypeatorum millibus, equitibus quingentis, miserunt terra suum imperatorem Hippasum, tempore hiberno maris fidem tentare non ausi.

II. Hic igitur expeditione suscepta, agros Methymnæorum haudquaquam depopulabatur, nec greges aut bona diripiebat agricolarum atque pastorum, ratus scilicet, id potius latronis, quam ducis esse: sed illico ad civitatem ipsam festinabat, veluti portas minus custoditas invasurus. Verum illi, cum centum circiter stadia abesset ab urbe, inducias offerens occurrit præco. Postquam enim Methymnæi edocti fuere a captivis, quod inscüs omnino Mytilenæis hæc omnia accidissent, quodque agricolæ et pastores adolescentes contumeliosos ita tractaverant, statim eos pœnituit facti, præcipitanter magis, quam prudenter, contra vicinam urbem suscepti. Id autem præstare summa cum cura festinabant, ut, universa restituta rapina, tuto tam mari, quam terra, commercia exercerentur. Caduceatorem itaque is tum ad Mytilenæos Hippasus mittit, quamquam imperator belli summus creatus esset; ipse a Methymna ad decem quasi stadia castra metatus, mandata ab urbe sua præstolabatur. Biduo interjecto nuntius adveniens illum præedam recipere, et nulla illis injuria illata domum reverti jussit: nam cum illorum esset arbitrii pacem eligere aut bellum, pacem utiliorem esse inveniebant.

III. Porro illud Methymnæos inter et Mytilenæos bellum, insperato tam initio quam fine accepto, sic fuit compositum. Verum hiems Daphnidi atque Chloæ ipso bello longe acerbior oritur. Quippe nix densa repente lapsa omnes interclusit vias, agricolasque omnes casis inclusit. Rapidi torrentes pleno flumine decurrebant, glaciesque concreverat.

ἐπεπήγει δὲ κρύσταλλος· τὰ δένδρα ἐῴκει κατεχωσμένοις· ἡ γῆ πᾶσα ἀφανὴς ἦν ὅτι μὴ περὶ πηγάς που καὶ ῥεύματα. Οὔτ' οὖν ἀγέλην τις ἐς νομὴν ἦγεν, οὔτ' αὐτὸς προῄει τῶν θυρῶν, ἀλλὰ πῦρ καύσαντες μέγα περὶ ᾠδὰς ἀλεκτρυόνων, οἱ μὲν λίνον ἔστρεφον, οἱ δ' αἰγῶν τρίχας ἔκρεκον, οἱ δὲ παγίδας ὀρνίθων ἐσοφίζοντο. Τότε βοῶν ἐπὶ φάτναις φροντὶς ἦν ἄχυρον ἐσθιόντων, αἰγῶν καὶ προβάτων ἐν τοῖς σηκοῖς φυλλάδας, ὑῶν ἐν τοῖς συφεοῖς ἄκυλον καὶ βαλάνους.

Δ'. Ἀναγκαίας οὖν οἰκουρίας ἐπεχούσης ἅπαντας, οἱ μὲν ἄλλοι γεωργοὶ καὶ νομεῖς ἔχαιρον, πόνων τ' ἀπηλλαγμένοι πρὸς ὀλίγον καὶ τροφὰς ἑωθινὰς ἐσθίοντες καὶ καθεύδοντες μακρὸν ὕπνον· ὥστ' αὐτοῖς τὸν χειμῶνα δοκεῖν καὶ θέρους καὶ μετοπώρου καὶ ἦρος αὐτοῦ γλυκύτερον. Χλόη δὲ καὶ Δάφνις ἐν μνήμῃ γενόμενοι τῶν καταλειφθέντων τερπνῶν, ὡς ἐφίλουν, ὡς περιέβαλλον, ὡς ἅμα τὴν τροφὴν προσεφέροντο, νύκτας τ' ἀγρύπνους διῆγον καὶ λυπηρὰς καὶ τὴν ἠρινὴν ὥραν ἀνέμενον ἐκ θανάτου παλιγγενεσίαν. Ἐλύπει δ' αὐτοὺς ἢ πήρα τις ἐλθοῦσα εἰς χεῖρας, ἐξ ἧς συνήσθιον, ἢ γαυλὸς ὀφθείς, ἐξ οὗ συνέπιον, ἢ σύριγξ ἀμελῶς ἐρριμμένη, δῶρον ἐρωτικὸν γεγενημένη. Ηὔχοντο δὴ ταῖς Νύμφαις καὶ τῷ Πανὶ καὶ τούτων αὐτοὺς ἐκλύσασθαι τῶν κακῶν καὶ δεῖξαί ποτ' αὐτοῖς καὶ ταῖς ἀγέλαις ἥλιον· ἅμα τ' εὐχόμενοι τέχνην ἐζήτουν δι' ἧς ἀλλήλους θεάσονται. Ἡ μὲν δὴ Χλόη δεινῶς ἄπορος ἦν καὶ ἀμήχανος· ἀεὶ γὰρ αὐτῇ συνῆν ἡ δοκοῦσα μήτηρ, ἔριά τε ξαίνειν διδάσκουσα καὶ ἀτράκτους στρέφειν, καὶ γάμου μνημονεύουσα· ὁ δὲ Δάφνις, οἷα σχολὴν ἄγων καὶ συνετώτερος κόρης, τοιόνδε σόφισμα εὗρεν ἐς θέαν τῆς Χλόης.

Ε'. Πρὸ τῆς αὐλῆς τοῦ Δρύαντος, ὑπ' αὐτῇ τῇ αὐλῇ, μυρρίναι μεγάλαι δύο καὶ κιττὸς ἐπεφύκει. αἱ μυρρίναι πλησίον ἀλλήλων, ὁ κιττὸς ἀμφοτέρων μέσος· ὥστ' ἐφ' ἑκατέραν διαβεὶς τοὺς ἀκρέμονας ὡς ἄμπελος, ἄντρου σχῆμα διὰ τῶν φύλλων ἐπαλλαττόντων ἐποίει· καὶ ὁ κόρυμβος πολὺς καὶ μέγας ὅσος βότρυς κλημάτων ἐξεκρέματο. Ἦν οὖν πολὺ πλῆθος περὶ αὐτὸν τῶν χειμερινῶν ὀρνίθων, ἀπορία τῆς ἔξω τροφῆς· πολὺς μὲν κόψιχος, πολλὴ δὲ κίχλη, καὶ φάτται καὶ ψᾶρες καὶ ὅσον ἄλλο κιττοφάγον πτερόν. Τούτων τῶν ὀρνίθων ἐπὶ προφάσει θήρας ἐξώρμησεν ὁ Δάφνις, ἐμπλήσας μὲν τὴν πήραν ὀψημάτων μεμελιτωμένων, κομίζων δ' ἐς πίστιν ἰξὸν καὶ βρόχους. Τὸ μὲν οὖν μεταξὺ σταδίων ἦν οὐ πλέον δέκα· οὔπω δ' ἡ χιὼν λελυμένη πολὺν αὐτῷ κάματον παρεῖχεν· ἔρωτι δ' ἄρα πάντα βάσιμα καὶ πῦρ καὶ ὕδωρ καὶ Σκυθικὴ χιών.

Ϛ'. Δρόμῳ οὖν πρὸς τὴν αὐλὴν ἔρχεται· καὶ ἀποσεισάμενος τῶν σκελῶν τὴν χιόνα τούς τε βρόχους ἔστησε καὶ τὸν ἰξὸν ῥάβδοις μακραῖς ἐπήλειφε· καὶ ἐκαθέζετο τὸ ἐντεῦθεν ὀρνίθας καὶ τὴν Χλόην μεριμνῶν. Ἀλλ' ὄρνιθες μὲν καὶ ἧκον πολλοὶ καὶ ἐλήφθησαν ἱκανοί, ὥστε πράγματα μυρία ἔσχε συλλέγων αὐτοὺς καὶ ἀποκτιννὺς καὶ ἀποδύων τὰ πτερά· τῆς δ' αὐλῆς

Arbores obrutæ videbantur; terra universa cooperta, nusquam apparebat, nisi circa scatebras et fluvios. Nemo itaque gregem pabulatum educebat, vel ipse prodibat foras; sed luculentis focis accensis tempore gallorum cantus, alii lina versabant et intorquebant, alii caprinos contexebant pilos, alii tendiculas avibus capiendis artificiose construebant. Tunc boves curabant in præsepibus palea; capras ovesque in caulis fronde; porcos in haris, iligneis querneisque glandibus.

IV. Cum itaque omnes necessario domi detinerentur, ceteri agricolæ atque pastores agebant hilares, utpote qui a laboribus ad aliquantulum temporis liberati essent, cibumque matutinum sumerent, longumque dormirent somnum; adeo ut ipsis hiems, æstate, autumno, immo ipso vere jucundior videretur. At Chloë Daphnisque in memoriam intermissarum voluptatum revocati, ut osculati inter se fuissent, ut in mutuos se dedissent complexus, ut communi usi fuissent esca, jam noctes transigebant insomnes atque mœsti, nihilque tam avide exspectabant, quam vernum tempus, quo quasi ex morte renatio ipsis esset futura. Dolor præterea ipsis oriebatur, si vel pera quædam in manus eorum veniret, ex qua cibum antea simul deprouississent, vel mulctrum, unde prius simul potassent, vel fistula neglectim projecta, quæ quidem donum fuisset amatorium. Nymphas igitur et Panem precabantur, ut ipsos hisce expedirent malis, sibi gregibusque solem tandem exhiberent, et una precando, quærebant sibi viam, qua se mutuo contemplarentur. Chloë autem admodum animi dubia consiliique plane erat inops; namque illi ea, quæ habebatur mater, semper assidebat, lanam carminare docens et torquere fusum; nonnunquam et incundi conjugii mentionem injiciens: Daphnis vero, utpote otium agens et puella sollertior, hujuscemodi artem videndæ Chloæ excogitavit.

V. Ante casam Dryantis, et quidem sub ipsa casa, myrti procerœ duœ et hedera consita erat. Myrti juxta se vicinæ stabant, hedera vero in medio utriusque erat, quæ ad utramque suos diffundens ramos, haud secus ac vitis, formam antri foliis alternantibus præbebat; plurimus magnitudineque racemo par corymbus e palmitibus pendebat. Hinc juxta hanc ingens avium hibernarum multitudo inopia victus compulsa, quem foris non inveniebat; frequentes erant merulæ, frequentes turdi, palumbes, atque sturni, et quæcunque hederam depasci amant volucres. Sub prætextu illius aucupii profectus est Daphnis, pera obsoniis mellitis repleta, et ad fidem faciendam viscum et laqueos secum portans. Loci quidem intercapedo non excedebat stadia decem; at vero nix nondum resoluta plurimum illi negotii facessebat: verum amori cuncta, ignis, aqua, immo nix ipsa Scythica, sunt pervia.

VI. Igitur cursitando ad casam pervenit, niveque cruribus decussa, laqueos collocavit, viscumque virgis longis illevit; dehinc consedit, de avibus et de Chloë sollicitus. Ceterum volucres quidem et advolarunt complures, et capta fuit ipsarum satis magna copia; adeo ut mille modis occupatus esset Daphnis eas colligendo, necando, plumis nudando;

LIBER III.

προῆλθεν οὐδείς, οὐκ ἀνήρ, οὐ γύναιον, οὐ κατοικίδιος ὄρνις, ἀλλὰ πάντες τῷ πυρὶ παραμένοντες ἔνδον κατέκειντο· ὥστε πάνυ ἠπορεῖτο ὁ Δάφνις ὡς οὐκ ἐπ' αἰσίοις ὄρνισιν ἐλθών· καὶ ἐτόλμα πρόφασιν σκηψά-
5 μενος ὤσασθαι διὰ θυρῶν καὶ ἐζήτει πρὸς αὐτὸν ὅ τι λεχθῆναι πιθανώτερον. « Πῦρ ἐναυσόμενος ἦλθον· μὴ γὰρ οὐκ ἦσαν ἀπὸ σταδίου γείτονες; Ἄρτους αἰτησόμενος ἦκον· ἀλλ' ἡ πήρα μεστὴ τροφῆς. Οἴνου δέομαι· καὶ μὴν χθὲς καὶ πρώην ἐτρύγησας. Λύκος με
10 ἐδίωκε· καὶ ποῦ τὰ ἴχνη τοῦ λύκου; Θηράσων ἀφικόμην τοὺς ὄρνιθας· τί οὖν θηράσας οὐκ ἄπει; Χλόην θεάσασθαι βούλομαι· πατρὶ δὲ τίς καὶ μητρὶ παρθένου τοῦθ' ὁμολογεῖ; πταίων δὴ πανταχοῦ σιωπῇ· ἀλλ' οὐδὲν τούτων ἁπάντων ἀνύποπτον. Ἄμεινον ἄρα σιγᾶν·
15 Χλόην δ' ἦρος ὄψομαι, ἐπεὶ μὴ εἵμαρτο, ὡς ἔοικε, χειμῶνός με ταύτην ἰδεῖν. » Τοιαῦτα δή τινα διανοηθεὶς καὶ τὰ θηραθέντα συλλαβών, ὥρμητο ἀπιέναι· καὶ, ὥσπερ αὐτὸν οἰκτείραντος τοῦ Ἔρωτος, τάδε γίνεται.

Ζ'. Περὶ τράπεζαν εἶχον οἱ ἀμφὶ τὸν Δρύαντα·
20 κρέα διήρητο, ἄρτοι παρετίθεντο, κρατὴρ ἐκίρνατο. Εἷς δὴ κύων τῶν προβατευτικῶν ἀμέλειαν φυλάξας, κρέας ἁρπάσας ἔφυγε διὰ θυρῶν. Ἀλγήσας ὁ Δρύας (καὶ γὰρ ἦν ἐκείνου μοῖρα,) ξύλον ἁρπασάμενος ἐδίωκε κατ' ἴχνος, ὥσπερ κύων· διώκων δὲ, καὶ κατὰ τὸν κιτ-
25 τὸν γενόμενος, ὁρᾷ τὸν Δάφνιν ἀνατεθειμένον ἐπὶ τοὺς ὤμους τὴν ἄγραν καὶ ἀποσοβεῖν ἐγνωκότα. Κρέως μὲν (οὖν) καὶ κυνὸς αὐτίκα ἐπελάθετο, μέγα δὲ βοήσας, χαῖρε, ὦ παῖ, περιεπλέκετο καὶ κατεφίλει καὶ χειρὶ λαβόμενος ἦγεν ἔσω. Μικροῦ μὲν οὖν ἰδόντες ἀλλή-
30 λους εἰς τὴν γῆν κατερρύησαν· μεῖναι δὲ καρτερήσαντες ὀρθοὶ προσηγόρευσάν τε καὶ κατεφίλησαν· καὶ τοῦτο οἱονεὶ ἔρεισμα αὐτοῖς τοῦ μὴ πεσεῖν ἐγένετο.

Η'. Τυχὼν οὖν ὁ Δάφνις παρ' ἐλπίδας καὶ φιλήματος καὶ Χλόης, τοῦ τε πυρὸς ἐκαθέσθη πλησίον καὶ
35 ἐπὶ τὴν τράπεζαν ἀπὸ τῶν ὤμων τὰς φάττας ἀπεφορτίσατο καὶ τοὺς κοψίχους, καὶ διηγεῖτο πῶς ἀσχάλλων πρὸς τὴν οἰκουρίαν ὥρμησε πρὸς ἄγραν, καὶ ὅπως τὰ μὲν αὐτῶν βρόχοις, τὰ δ' ἰξῷ λάβοι, τῶν μύρτων καὶ τοῦ κιττοῦ γλιχόμενα. Οἱ δ' ἐπῄνουν τὸ ἐνεργὸν καὶ
40 ἐκέλευον ἐσθίειν, ὧν ὁ κύων κατέλιπεν. Ἐκέλευον δὲ τῇ Χλόῃ πιεῖν ἐγχέαι. Καὶ ἣ χαίρουσα τοῖς τ' ἄλλοις ὤρεξε καὶ Δαφνιδι μετὰ τοὺς ἄλλους· ἐσκήπτετο γὰρ ὀργίζεσθαι, διότι ἐλθὼν ἔμελλεν ἀποτρέχειν οὐκ ἰδών. Ὅμως μέντοι πρὶν προσενεγκεῖν, ἀπέπιεν· εἶθ' οὕτως
45 ἔδωκεν. Ὁ δὲ, καίτοι διψῶν, βραδέως ἔπινε, παρέχων ἑαυτῷ διὰ τῆς βραδύτητος μακροτέραν ἡδονήν.

Θ'. Ἡ μὲν δὴ τράπεζα ταχέως ἐγένετο κενὴ ἄρτων καὶ κρεῶν· καθήμενοι δὲ περὶ τῆς Μυρτάλης καὶ τοῦ Λάμωνος ἐπυνθάνοντο καὶ εὐδαιμόνιζον αὐτοὺς τοιούτον
50 γηροτρόφον εὐτυχήσαντας. Καὶ τοῖς ἐπαίνοις μὲν ἥδετο, Χλόης ἀκρωμένης· ὅτε δὲ κατεῖχον αὐτὸν, ὡς θύσοντες Διονύσῳ τῆς ἐπιούσης ἡμέρας, μικροῦ δεῖν ὑφ' ἡδονῆς ἐκείνους ἀντὶ τοῦ Διονύσου προσεκύνησεν.

Αὐτίκ' οὖν ἐκ τῆς πήρας προεκόμιζε μελιτώματα

extra tamen villam nemo prodibat, nec mas, nec femina, immo ne quidem gallina villaris; sed omnes ad ignem desidentes intus erant conclusi: ita ut animi pendens, quo se verteret, Daphnis nesciret, veluti malis progressus avibus; et audebat sane, modo commentitus fuisset speciosam quamdam rationem, foribus sese intrudere; ideoque secum deliberabat, quid bene dici posset, quod a verisimilitudine minus abhorreret. Ignem accendere volebam. Scilicet intra stadii spatium vicinos non habebas? Panes petiturus accessi. Sed pera tibi plena cibi. Vino opus habeo. Atqui heri et nudius tertius vindemiasti. Lupus me persequebatur. Et ubinam lupi vestigium? Ad aves capiendas veniebam. Cum eas igitur cepisti, cur non abis? Chloën videre cupio. At enim patri et matri virginis quis hoc fateatur? Aqua illi in omnibus haerebat. Verum eninvero nihil ex his omnibus caret suspicione. Melius itaque tacere. Chloën autem tempore verno videbo, quandoquidem fata, quod videtur, hieme hanc me cernere vetant. His atque id genus aliis mente agitatis, suisque, quas ceperat, avibus comprehensis, abitum moliebatur; at, velut ipsius vicem Cupido miseraretur, ista accidunt.

VII. Dryas cum suis mensae accumbebat, carnes distribuebantur, apponebantur panes, miscebatur crater. Interea canis unus ex pecuariis, observata dominorum incuria, raptoque carnis frustulo, proripuit se foras ex aedibus. Aegre hoc ferens Dryas, quippe ipsius portio erat, arrepto baculo illum persequebatur per vestigia, veluti alius canis; et cum persequendo jam ad hederam illam venisset, videt Daphnim suis sibi humeris captas aves imponentem, et citato gradu abire parantem. Atque statim carnis et canis cura omni abjecta, alte exclamavit: salve, puer; collumque ejus invasit, et osculo dato, manu prehensum intro secum adduxit. Parum certe tum abfuit, quin se mutuo conspicientes Daphnis et Chloë in terram collapsi fuissent: obdurantes tamen erecti perstare, salutaverunt se et osculo exceperunt; idque fulcri instar ipsis, ne caderent, fuit.

VIII. Daphnis praeter spem et osculo potitus et Chloës, prope ignem assedit, et in mensam ab humeris palumbas cum merulis deposuit, referens, quo pacto pertaesus continuo desidere domi, venatum proruperit, et quomodo nonnullas harum laqueis, alias visco, myrtos atque hederam appetentes, ceperit. Illi contra eum vipote laboriosum collaudabant, et ad edendum invitabant, quae reliqua canis fecerat; Chloën vero, ut potum infunderet, mandabant. Tum ipsa hilari facie aliis porrexit, Daphnidi autem ultimo loco post ceteros; simulabat enim se illi subiratam, quod istuc veniens, ne quidem visis illis, curriculo domum reverti voluisset; attamen priusquam offerret, praelibans inde aliquantulum bibit, eique sic dedit. Ille, quantumvis sitiens, tarde bibebat, hac mora longiorem sibi voluptatem elaborans.

IX. Mensaque subito panibus carnibusque vacua reddita, qui assidebant, super Myrtale et Lamone rogitabant, et beatos eos praedicabant, qui talem senectutis suae altorem nacti essent. Et Daphnidi sane, ipsum ita laudari, audiente Chloë, erat perjucundum; cumque illum praeterea detinerent, quod postridie sacra facturi Baccho essent, parum abfuit, quin prae voluptate illos pro Baccho ipso adorasset. Ideoque confestim ex pera sua liba mellita non pauca de-

πολλὰ καὶ τοὺς θηραθέντας δὲ τῶν ὀρνίθων· καὶ τού-
τους ἐς τράπεζαν νυκτερινὴν ηὐτρέπιζον. Δεύτερος
κρατὴρ ἵστατο καὶ δεύτερον πῦρ ἀνεκάετο. Καὶ ταχὺ
μάλα νυκτὸς γενομένης, δευτέρας τραπέζης ἐνεφοροῦντο·
5 μεθ' ἣν τὰ μὲν μυθολογήσαντες, τὰ δ' ᾄσαντες, εἰς
ὕπνον ἐχώρουν, Χλόη μετὰ τῆς μητρὸς, Δρύας ἅμα
Δάφνιδι. Χλόῃ μὲν οὖν οὐδὲν χρηστὸν ἦν ὅτι μὴ τῆς
ἐπιούσης ἡμέρας ὀφθησόμενος ὁ Δάφνις· Δάφνις δὲ
κενὴν τέρψιν ἐτέρπετο· τερπνὸν γὰρ ἐνόμιζε καὶ πατρὶ
10 συγκοιμηθῆναι Χλόης· ὥστε καὶ περιέβαλλεν αὐτὸν καὶ
κατεφίλει πολλάκις, ταῦτα πάντα ποιεῖν Χλόην ὀνειρο-
πολούμενος.
    Ι'. Ὡς δ' ἐγένετο ἡμέρα, κρύος μὲν ἦν ἐξαίσιον
καὶ αὖρα βόρειος ἀπέκαε πάντα. Οἱ δ' ἀναστάντες
15 θύουσι τῷ Διονύσῳ κριὸν ἐνιαύσιον, καὶ πῦρ ἀνακαύ-
σαντες μέγα, παρεσκευάζοντο τροφήν. Τῆς οὖν Νάπης
ἀρτοποιούσης καὶ τοῦ Δρύαντος τὸν κριὸν ἕψοντος,
σχολῆς ὁ Δάφνις καὶ ἡ Χλόη λαβόμενοι προῆλθον τῆς
αὐλῆς ἵν' ὁ κιττός· καὶ πάλιν βρόχους στήσαντες καὶ
20 ἰξὸν ἐπαλείψαντες ἐθήρων πλῆθος οὐκ ὀλίγον ὀρνίθων·
Ἦν δ' αὐτοῖς καὶ φιλημάτων ἀπόλαυσις συνεχὴς καὶ
λόγων ὁμιλία τερπνή. — Διὰ σὲ ἦλθον, Χλόη. — Οἶδα,
Δάφνι. — Διὰ σὲ ἀπολλύω τοὺς ἀθλίους κοψίχους.
Τίς οὖν σοι γίνομαι; Μέμνησό μου. — Μνημονεύω,
25 νὴ τὰς Νύμφας, ἃς ὤμοσά ποτ' ἐν ἐκείνῳ τῷ ἄντρῳ,
εἰς ὃ ἥξομεν εὐθὺς, ἂν ἡ χιὼν τακῇ. — Ἀλλὰ πολλή
ἐστι, Χλόη καὶ δέδοικα μὴ ἐγὼ πρὸ ταύτης τακῶ. —
Θάρρει, Δάφνι, θερμός ἐστιν ὁ ἥλιος. — Εἰ γὰρ οὕτως
γένοιτο, Χλόη, θερμὸς, ὡς τὸ κᾶον πῦρ τὴν καρδίαν τὴν
30 ἐμήν. — Παίζεις ἀπατῶν με. — Οὒ, μὰ τὰς αἶγας,
ἃς σύ μοι ἐκέλευες ὀμνύειν.

    ΙΑ'. Τοιαῦτ' ἀντιφωνήσασα πρὸς τὸν Δάφνιν ἡ Χλόη
καθάπερ ἠχὼ, καλούντων αὐτοὺς τῶν περὶ τὴν Νάπην,
εἰσέδραμον, πολὺ περιττοτέραν τῆς χθιζῆς θήραν κομί-
35 ζοντες· καὶ ἀπαρξάμενοι τῷ Διονύσῳ κρατῆρος ᾔσθιον
κιττῷ τὰς κεφαλὰς ἐστεφανωμένοι. Καὶ ἐπεὶ καιρὸς
ἦν, Ἴακχον ᾄσαντες καὶ εὐάσαντες, προέπεμπον τὸν
Δάφνιν, πλήσαντες αὐτοῦ τὴν πήραν κρεῶν καὶ ἄρτων.
Ἔδωκαν δὲ καὶ τὰς φάττας καὶ τὰς κίχλας Λάμωνι
40 καὶ Μυρτάλῃ κομίζειν, ὡς αὐτοὶ θηράσοντες ἄλλας,
ἔστ' ἂν ὁ χειμὼν μένῃ καὶ ὁ κιττὸς μὴ λείπῃ. Ὁ δ'
ἀπῄει, φιλήσας αὐτοὺς προτέρους Χλόης, ἵνα τὸ ἐκείνης
καθαρὸν μείνῃ φίλημα. Καὶ ἄλλας δὲ πολλὰς ἦλθεν
ὁδοὺς ἐπ' ἄλλαις τέχναις· ὥστε μὴ παντάπασιν αὐτοῖς
45 γενέσθαι τὸν χειμῶνα ἀνέραστον.

    ΙΒ'. Ἤδη δ' ἦρος ἀρχομένου καὶ τῆς μὲν χιόνος λυο-
μένης, τῆς δὲ γῆς γυμνουμένης καὶ τῆς πόας ὑπαν-
θούσης, οἵ τ' ἄλλοι νομεῖς ἦγον τὰς ἀγέλας ἐς νομὴν καὶ
πρὸ τῶν ἄλλων Χλόη καὶ Δάφνις, οἷα μείζονι δου-
50 λεύοντες ποιμένι. Εὐθὺς οὖν δρόμος ἦν ἐπὶ τὰς Νύμ-
φας καὶ τὸ ἄντρον, ἐντεῦθεν ἐπὶ τὸν Πᾶνα καὶ τὴν
πίτυν, εἶτ' ἐπὶ τὴν δρῦν, ὑφ' ἣν καθίζοντες καὶ τὰς
ἀγέλας ἔνεμον καὶ ἀλλήλους κατεφίλουν. Ἀνεζήτησάν
τε καὶ ἄνθη στεφανῶσαι θέλοντες τοὺς θεούς· τὰ δ'

promisit et captas aves; easque in cœnam nocturnam ap-
paraverunt. Secundus crater statuebatur, alterque ignis
denuo accendebatur; jamque nocte quam celerrime oborta,
secundis explebantur ferculis, a quibus partim enarrando
fabulas, partim canendo, cubitum secedebant, Chloë cum
matre, Dryas una cum Daphnide. Atqui nihil inde utili-
tatis ad Chloën redibat, nisi quod crastino die iterum Daph-
nis esset adspiciendus: inani gaudio sese pascebat Daphnis;
suave namque ducebat vel cum Chloës parente una cubare;
adeo ut eum quoque amplexaretur, et sæpe oscularetur,
omnia nempe hæc cum Chloë agere se somnians.

    X. Ut illuxit dies, frigus erat acerrimum, et vis Boreæ
adurebat omnia. Illi autem surgentes Baccho arietem mac-
tant anniculum, nec non luculento igne accenso, cibum
apparant. Nape autem panem conficiente et Dryante arie-
tem elixante, otium Daphnis atque Chloë nacti, extra vil-
lam prodierunt, ubi erat hedera; iterumque pediciis positis
et virgis visco illitis, vim haud spernendam avium cepe-
runt. Continuo interim mutuis fruebantur osculis jucun-
dosque sermones serebant: Propter te veni, Chloë. — Scio,
Daphni. — Tua causa misellas interimo merulas? In quo
igitur sum apud te pretio? Sis memor mei. — Tui memini,
ita me ament Nymphæ, per quas aliquando antro in illo
juravi, ad quod, simulac nix resoluta fuerit, veniemus. —
Verum alte cumulata jacet, Chloë; et metuo, ne ipsemet
ante illam liquescam. — Esto bono animo, Daphni, sol
namque fervet. — Utinam ita, mea Chloë, ferveat, quem-
admodum flamma illa, meum quæ adurit cor! — Iocos agis
et me decipis. — Non equidem, non per capras, per quas
tu me jubebas jurare.

    XI. Cum Chloë talibus verbis vicissim Daphnidi respon-
disset velut echo, ipsos vocavit Nape et curriculo intrarunt,
præda longe uberiori quam hesterna fuerat reportata; tum
vero Baccho primitiis de vino libatis, epulabantur, capita
redimiti hedera. Utque tempus fuit, Bacchæ et Evoë cla-
mato, Daphnim dimiserunt, ipsius pera carnibus et panibus
prius repleta. Dederunt et illi palumbes ac turdos, Lamoni
et Myrtalæ afferendos, tanquam ipsi alios capturi, dum qui-
dem hiems maneret, nec hedera deficeret. Daphnis itaque
sic abiit, osculatus ceteros priores, quam Chloën, quo
hujus suavium illibatum sibi servaretur. Aliasque sæpe ad
eos profectus est, alias atque alias rationes excogitando; ita
ut ipsis non omnino amoris expertibus hiems effluxerit.

    XII. Ineunte jam vere cum nix resoluta, terraque detecta
esset et herbæ virescerent, pastores ceteri greges in pascua
educebant et ante alios Chloë et Daphnis, utpote longe
potentiori servientes pastori. Illico igitur cursus ad Nym-
phas et antrum dirigitur: illinc ad Panem et pinum, deinde
ad quercum, sub qua sedentes et greges pascebant et sese
invicem osculabantur. Conquisiverunt et flores coronis
ornare deos volentes; hos autem vix Zephyrus alendo, sol-

LIBER III.

ἄρτι ὁ ζέφυρος τρέφων καὶ ὁ ἥλιος θερμαίνων ἐξῆγεν· ὅμως δ' εὑρέθη καὶ ἴα καὶ νάρκισσος καὶ ἀναγαλλὶς καὶ ὅσα ἦρος πρωτοφορήματα. Ἡ μὲν Χλόη καὶ ὁ Δάφνις ἀπ' αἰγῶν καὶ ἀπ' οἰῶν ἔπινον γάλα νέον καὶ τούτου 5 στεφανοῦντες τὰ ἀγάλματα, κατέσπεισαν. Ἀπήρξαντο καὶ σύριγγος, καθάπερ τὰς ἀηδόνας ἐς τὴν μουσικὴν ἐρεθίζοντες· αἱ δ' ὑπεφθέγγοντο ἐν ταῖς λόχμαις καὶ τὸν Ἴτυν κατ' ὀλίγον ἠκρίβουν, ὥσπερ ἀναμιμνησκόμεναι τῆς ᾠδῆς ἐκ μακρᾶς σιωπῆς.
10 ΙΓʹ. Ἐβληχήσατό που καὶ ποίμνιον· ἐσκίρτησάν που καὶ ἄρνες καὶ ταῖς μητράσιν ὑποκλάσαντες [αὐτοὺς] τὴν θηλὴν ἔσπασαν· τὰς δὲ μήπω τετοκυίας οἱ κριοὶ κατεδίωκόν τε καὶ κάτω στήσαντες ἔβαινον ἄλλος ἄλλην. Ἐγίγνοντο καὶ τράγων διωγμοὶ καὶ ἐς τὰς
15 αἶγας ἐρωτικώτερα πηδήματα καὶ ἐμάχοντο περὶ τῶν αἰγῶν· καὶ ἕκαστος εἶχεν ἰδίας καὶ ἐφύλαττε μή τις αὐτὰς μοιχεύσῃ λαθών. Καὶ γέροντας ὁρῶντας ἐξώρμησεν ἂν εἰς ἀφροδίτην τὰ τοιαῦτα θεάματα· οἱ δὲ καὶ νέοι καὶ σφριγῶντες καὶ πολὺν ἤδη χρόνον ἔρωτα ζητοῦντες
20 ἐξεκάοντο πρὸς τὰ ἀκούσματα καὶ ἐτήκοντο πρὸς τὰ θεάματα καὶ ἐζήτουν καὶ αὐτοὶ περιττότερόν τι φιλήματος καὶ περιβολῆς, μάλιστα δ' ὁ Δάφνις. Οἷα γοῦν ἐνηβήσας τῇ κατὰ τὸν χειμῶνα οἰκουρίᾳ καὶ εὐσχολίᾳ, πρός τε τὰ φιλήματα ὤργα καὶ πρὸς τὰς περιβολὰς
25 ἐσκιτάλιζε καὶ ἦν ἐς πᾶν ἔργον περιεργότερος καὶ θρασύτερος.

ΙΔʹ. Ἤιτει δὴ τὴν Χλόην χαρίσασθαί οἱ πᾶν ὅσον βούλεται καὶ γυμνὴν γυμνῷ συγκατακλιθῆναι μακρότερον ἢ πρόσθεν εἰώθεσαν· τοῦτο γὰρ δὴ λείπειν τοῖς
30 Φιλητᾶ παιδεύμασιν, ἵνα δὴ γένηται τὸ μόνον ἔρωτα παῦον φάρμακον. Τῆς δὲ πυνθανομένης, τί πλέον ἐστὶ φιλήματος καὶ περιβολῆς καὶ αὐτῆς κατακλίσεως καὶ τί ἔγνω δρᾶσαι γυμνὸς γυμνῇ συγκατακλινείς· « τοῦτο, εἶπεν, ὃ οἱ κριοὶ ποιοῦσι τὰς οἶς, καὶ οἱ τράγοι τὰς αἶ-
35 γας. Ὁρᾷς, ὡς μετὰ τοῦτο τὸ ἔργον οὔτ' ἐκεῖναι φεύγουσιν ἔτι αὐτοὺς, οὔτ' ἐκεῖνοι κάμνουσι διώκοντες, ἀλλ' ὥσπερ κοινῆς λοιπὸν ἀπολαύσαντες ἡδονῆς συννέμονται· Γλυκύ τι, ὡς ἔοικεν, ἐστὶ τὸ ἔργον καὶ νικᾷ τὸ ἔρωτος πικρόν. « Εἶτ' οὐχ ὁρᾷς, ὦ Δάφνι, τὰς αἶγας
40 καὶ τοὺς τράγους, τὰς οἷς καὶ τοὺς κριοὺς, ὡς ὀρθοὶ μὲν ἐκεῖνοι δρῶσιν, ὀρθαὶ δ' ἐκεῖναι πάσχουσιν· οἱ μὲν πηδήσαντες, αἱ δὲ κατανωτισάμεναι; Σὺ δέ γ' ἐμὲ ἀξιοῖς συγκατακλιθῆναι καὶ ταῦτα γυμνήν; Καίτοιγ' ἐκεῖναι πόσον ἐκδεδυμένης ἐμοῦ λασιώτεραι; » Πείθεται
45 Δάφνις καὶ συγκατακλινεὶς αὐτῇ πολὺν χρόνον ἔκειτο καὶ οὐδὲν ὧν [ἕνεκα] ὤργα ποιεῖν ἐπιστάμενος, ἀνίστησιν αὐτὴν καὶ κατόπιν περιεφέρετο μιμούμενος τοὺς τράγους. Πολὺ δὲ μᾶλλον ἀπορηθεὶς, καθίσας ἔκλαεν, εἰ καὶ κριῶν ἀμαθέστερος εἰς τὰ ἔρωτος ἔργα.
50 ΙΕʹ. Ἦν δέ τις αὐτῷ γείτων, γεωργὸς γῆς ἰδίας, Χρῶμις τοὔνομα, παρηβῶν ἤδη τὸ σῶμα. Τούτῳ γύναιον ἦν ἐπακτὸν ἐξ ἄστεος, νέον καὶ ὡραῖον καὶ ἀγροικίας ἀβρότερον· τούτῳ Λυκαίνιον ὄνομα ἦν. Αὕτη ἡ Λυκαίνιον ὁρῶσα τὸν Δάφνιν καθ' ἑκάστην

que suo calore fovendo, educere incipiebant : tamen jam illis inventæ sunt violæ, narcissus et anagallis et ceteræ veris primitiæ. Chloë etiam et Daphnis caprarum oviumque lac recens bibebant, idque coronando simulacra diis libavere. Quin et fistulæ primitias solverunt, tanquam luscinias ad cantum provocantes, quæ ex virgultis resonabant, Ityn̄que paulatim accurate exprimebant, veluti post longum silentium cantum memoria repetentes.

XIII. Alibi etiam grex balabat, alibi et saltu lasciviebant agni, et matribus sese substernentes, mammam premebant; quæ vero nondum pepererant, hasce arietes persequentes, alius aliam subjectam et suppositam inibat. Hirci etiam sectabantur capras, inque illas lasciviores faciebant saltus, deque capellis pugnabant, et unusquisque suas habebat et sollicite curabat ne quis mœchus clam eas adoriretur. Hujusmodi spectacula videntes vel ipsi senes, ad venerem irritati fuissent; illi vero et juvenes, et præterea prurientes, quique jam pridem amatorias appetebant voluptates, hisce auditis inflammabantur, hisce visis intabescebant, et ipsi aliquid requirebant quod osculo amplexuque præstantius foret : tum præcipue Daphnis, quippe qui per hiemem domi servando et nihil agendo adolevisset, jam ad oscula impatientius ferebatur, et ad complexus lascivius gestiebat, eratque in omni re venerea plus solito curiosior et audacior.

XIV. Petebat sane a Chloë, ut in omnibus, quæ vellet, sibi morem gereret, suique copiam ipsi faceret, nudaque cum nudo longius, quam antea consueverant, concumberet : illud dicens adhuc desiderari juxta ea, quæ præceperat Philetas, tanquam unicum sedando amori remedium. Chloë sciscitanti, quid amplius esset osculo, amplexu et concubitu ipso, quidve statuisset patrare nudus nudæ incumbendo; illud, inquit, quod arietes ovibus, quod hirci capris faciunt. Vides, ut, hoc opere peracto, nec hæ postea illos refugiant, nec illi has insectando se postea fatigent; sed communi deinceps veluti fruitæ sint voluptate una pascantur. Dulce quid, ut videtur, hoc opus habet, atque amoris vincit amaritudinem. Quid? an non vides, Daphni, capras et hircos, sicuti arietes et oves, quemadmodum recti illi faciant, et rectæ contra istæ patiantur; alteri nempe insilientes, alteræ vero dorso impositos admittentes? Tu tamen a me petis, ut una recumbam, idque nuda? Atqui illæ me, vestibus depositis, quanto sunt hirsutiores? Paret Daphnis, et concumbens cum ea, diu jacuit; nesciusque quidquam eorum agere, quorum gratia tanto libidinis impetu concitabatur, illam erigit, et a tergo, hircos imitando, illi adhæsit. At multo magis animi pendens, ploravit sedens quod arietibus rudior rerum amatoriarum esset.

XV. Erat autem ipsi vicinus quidam, proprii agelli cultor, nomine Chromis, ætatis jam ad senectutem vergentis. Hic uxorem ex oppido duxerat, juvenculam, nec non formosam atque feminis rusticis venustiorem, cui nomen Lycænium. Hæc Lycænium quotidie Daphnim conspicata,

ἡμέραν παρελαύνοντα τὰς αἶγας ἔωθεν εἰς νομήν, νύ-
κτωρ ἐκ νομῆς, ἐπεθύμησεν ἐραστὴν κτήσασθαι δώροις
δελεάσασα. Καὶ δή ποτε λοχήσασα μόνον καὶ σύριγγα
δῶρον ἔδωκε καὶ μέλι ἐν κηρίῳ καὶ πήραν ἐλάφου· εἰ-
πεῖν δέ τι ὤκνει, τὸν Χλόης ἔρωτα καταμαντευομένη·
πάνυ γὰρ ἑώρα προσκείμενον αὐτὸν τῇ κόρῃ. Πρό-
τερον μὲν οὖν ἐκ νευμάτων καὶ γέλωτος συνεβάλετο
τοῦτο· τότε δ᾽ ἐξ ἑωθινοῦ, σκηψαμένη πρὸς Χρῶμιν ὡς
παρὰ τίκτουσαν ἄπεισι γείτονα, κατόπιν τ᾽ αὐτοῖς παρ-
ηκολούθησε καὶ εἴς τινα λόχμην ἐγκρύψασα ἑαυτήν, ὡς
μὴ βλέποιτο, πάντ᾽ ἤκουσεν ὅσα εἶπον, πάντ᾽ εἶδεν
ὅσα ἔπραξαν· οὐκ ἔλαθεν αὐτὴν οὐδὲ κλαύσας ὁ Δάφνις.
Συναλγήσασα δὴ τοῖς ἀθλίοις καὶ καιρὸν ἥκειν νομί-
σασα διττὸν, τὸν μὲν εἰς τὴν ἐκείνων σωτηρίαν, τὸν δ᾽
εἰς τὴν ἑαυτῆς ἐπιθυμίαν, ἐπιτεχνᾶταί τι τοιόνδε.

Iϛ΄. Τῆς ἐπιούσης· ὡς παρὰ τὴν γυναῖκα ἐκείνην
τὴν τίκτουσαν ἀπιοῦσα, φανερῶς ἐπὶ τὴν δρῦν, ἵν᾽ ἐκά-
θηντο Δάφνις καὶ Χλόη, παραγίνεται καὶ ἀκριβῶς μι-
μησαμένη τὴν τεταραγμένην· « Σῶσόν με, εἶπε, Δάφνι,
τὴν ἀθλίαν· ἐκ γάρ μοι τῶν χηνῶν τῶν εἴκοσιν ἕνα τὸν
κάλλιστον ἀετὸς ἥρπασε· καὶ, οἷα μέγα φορτίον ἀρά-
μενος, οὐκ ἐδυνήθη μετέωρος ἐπὶ τὴν ὑψηλὴν τὴν ὑψη-
λὴν κομίσαι ἐκείνην πέτραν, ἀλλ᾽ εἰς τήνδε τὴν ὕλην
τὴν ταπεινὴν ἔχων κατέπεσε. Σὺ τοίνυν, πρὸς τῶν
Νυμφῶν καὶ τοῦ Πανὸς ἐκείνου, συνεισελθὼν εἰς τὴν
ὕλην, μόνη γὰρ δέδοικα, σῶσόν μοι τὸν χῆνα, μηδὲ
περιίδῃς ἀτελῆ μοι τὸν ἀριθμὸν γενόμενον. Τάχα δὲ
καὶ αὐτὸν τὸν ἀετὸν ἀποκτενεῖς καὶ οὐκ ἔτι πολλοὺς
ὑμῶν ἄρνας καὶ ἐρίφους ἁρπάσει. Τὴν δ᾽ ἀγέλην τέως
φρουρήσει Χλόη· πάντως αὐτὴν ἴσασιν αἱ αἶγες ἀεὶ
σοι συννέμουσαν. »

ΙΖ΄. Οὐδὲν τῶν μελλόντων ὑποπτεύσας ὁ Δάφνις,
εὐθὺς ἀνίσταται καὶ ἀράμενος τὴν καλαύροπα κατόπιν
ἠκολούθει τῇ Λυκαινίῳ· ἡ δ᾽ ἡγεῖτο ὡς μακροτάτω τῆς
Χλόης καὶ ἐπειδὴ κατὰ τὸ πυκνότατον ἐγένοντο, πηγῆς
πλησίον καθίσαι κελεύσασα αὐτόν· « Ἐρᾷς, εἶπε,
Δάφνι, Χλόης, καὶ τοῦτ᾽ ἔμαθον ἐγὼ νύκτωρ παρὰ τῶν
Νυμφῶν. Δι᾽ ὀνείρατος ἐμοὶ τὰ χθιζά σου διηγησαμένων
δάκρυα καὶ ἐκέλευσάν σε σῶσαι διδαξαμένην τὰ ἔρωτος
ἔργα. Τὰ δ᾽ ἐστὶν οὐ φίλημα καὶ περιβολὴ καὶ οἷα
δρῶσι κριοὶ καὶ τράγοι· ἀλλὰ ταῦτα πηδήματα καὶ τῶν
ἐκεῖ γλυκύτερα· πρόσεστι γὰρ αὐτοῖς χρόνος μακρο-
τέρας ἡδονῆς. Εἰ δή σοι φίλον ἀπηλλάχθαι κακῶν καὶ
ἐν πείρᾳ γενέσθαι ζητουμένων τερπνῶν, ἴθι, παραδίδου
μοι τερπνῶν σαυτὸν μαθητήν· ἐγὼ σε, χαριζομένη ταῖς
Νύμφαις, ἐκεῖνα διδάξω. »

ΙΗ΄. Οὐκ ἐκαρτέρησεν ὁ Δάφνις ὑφ᾽ ἡδονῆς, ἀλλ᾽
ἅτ᾽ ἄγροικος καὶ αἰπόλος καὶ ἐρῶν καὶ νέος, πρὸ τῶν
ποδῶν καταπεσὼν, τὴν Λυκαίνιον ἱκέτευεν, ὅτι τάχιστα
διδάξαι τὴν τέχνην, δι᾽ ἧς ὃ βούλεται δράσει Χλόην·
καὶ, ὥσπερ τι μέγα καὶ θεόπεμπτον ἀληθῶς μέλλον
διδάσκεσθαι καὶ ἔριφον αὐτῇ σηκίτην δώσειν ἐπηγγεί-
λατο καὶ τυροὺς ἁπαλοὺς πρωτορρύτου γάλακτος καὶ
τὴν αἶγα αὐτήν. Εὑροῦσα δὴ ἡ Λυκαίνιον αἰπολικὴν

mane ad pascua capras suas, noctu e pascuis abigentem,
donis illum inescando sibi conciliare amatorem concupivit.
Aliquando soli insidiata, fistulam ipsi, mel in favis, peram-
que de pelle cervina donavit. Quidquam tamen eloqui
verebatur, cum Daphnidis erga Chloën amorem facile con-
jectaret; ipsum namque totum puellæ addictum videbat:
quod antea quidem ex nutibus et risu poterat intelligere;
tunc temporis vero mane, apud Chromin fingens se ad vi-
cinam ire puerperam, a tergo illos est insecuta, et in fru-
tetum quoddam densum irrependo sese abdidit, ne conspici
posset, sicque omnia, quæ dixerunt, audivit, omnia, quæ
patrarunt, vidit; ne flens quidem Daphnis illam latuit.
Quare vicem horum miserorum dolens, rataque, gemi-
nam sibi oblatam occasionem, cum salutis ipsorum inveniendæ,
tum suæ libidinis explendæ, tale quid comminiscitur.

XVI. Postridie ejus diei fingens, quasi iterum ad istam
mulierem parturientem itaret, ad quercum aperte, sub qua
Chloë atque Daphnis sedebant, accedit, accurateque animi
consternationem præ se ferens: Serva me, inquit, Daphni,
miseram: etenim ex anseribus mihi, qui numero viginti
erant, unum, cumque optimum, eripuit aquila, quem ta-
men, magno scilicet onere pressa, non potuit alte evolando
in solitam illam excelsam petram deportare, sed in hancce
humilem silvam cum eo decidit. Tu itaque, per Nymphas
et Panem illum oro, hanc mecum ingressus silvam, meum
mihi serva anserem, sola enim intrare non ausim, neve sinas
anserum meorum numerum sic imminui. Fortasse et aqui-
lam hanc ipsam interimes, neque amplius tam multos vobis
agnos hædosque rapiet. Ad custodiam gregis interea relin-
quetur Chloë: omnino illam capellæ norunt, tanquam per-
petuam tibi in pascendo sociam.

XVII. Daphnis, nihil futurorum suspicatus, surgit e ve-
stigio et sumto pedo Lycænium pone sequitur, quæ illum
quam longissime a Chloë abducebat; cumque jam, qua silva
erat densissima, venissent, jusso illo sedere juxta fontem;
amas, inquit, Daphni, Chloën; idque hac nocte ex Nym-
phis rescivi. Hæ mihi in somniis hesternas tuas lacrimas
exposuere atque jusserunt, ut te res amatorias edocendo,
servarem. Hæc autem non sunt suavia et amplexus, et
qualia faciunt arietes hircique, sed saltus hi longe illis dul-
ciores; habent enim longioris temporis voluptatem. Quod
si tibi collibitum fuerit hisce liberari malis et experimentum
capere voluptatis ac suavitatis diu vobis quæsitæ, age, te-
met mihi jucundum præbe discipulum; ego te, in harum
Nympharum gratiam, informabo.

XVIII. Præ voluptate amplius sibi non temperavit Daph-
nis, sed, utpote rusticus caprariusque, amans et adolescens,
ad genua provolutus, supplex oravit Lycænium, ut quam
primum hanc ipsum doceret artem, cujus beneficio, quod
vellet, faceret Chloæ; et veluti magnam vereque cœlo de-
missam rem accepturus esset, cum hædum se illi lactentem
largiturum tum caseolos tenellos de primo lacte factos immo

ἀφθονίαν, οἵαν οὐ προσεδόκησεν, ἤρχετο παιδεύειν τὸν Δάφνιν τοῦτον τὸν τρόπον. Ἐκέλευσεν αὐτὸν καθίσαι πλησίον αὑτῆς, ὡς εἶχε, καὶ φιλήματα φιλεῖν οἷα εἰώθει καὶ ὅσα, καὶ φιλοῦντα ἅμα περιβάλλειν καὶ κατακλί-
5 νεσθαι χαμαί. Ὡς δ' ἐκαθέσθη καὶ ἐφίλησε καὶ κατεκλίθη, μαθοῦσα ἐνεργεῖν δυνάμενον καὶ σφριγῶντα, ἀπὸ μὲν τῆς ἐπὶ πλευρὰν κατακλίσεως ἀνίστησιν, αὑτὴν δ' ὑποστορέσασα ἐντέχνως, ἐς τὴν τέως ζητουμένην ὁδὸν ἦγε· τὸ δ' ἐντεῦθεν οὐδὲν περιειργάζετο ξένον· αὐτὴ
10 γὰρ ἡ φύσις λοιπὸν ἐπαίδευσε τὸ πρακτέον.

ΙΘ'. Τελεσθείσης δὲ τῆς ἐρωτικῆς παιδαγωγίας, ὁ μὲν Δάφνις ἔτι ποιμενικὴν γνώμην ἔχων, ὥρμητο τρέχειν ἐπὶ τὴν Χλόην καὶ ὅσα πεπαίδευτο δρᾶν αὐτίκα, καθάπερ δεδοικὼς μὴ βραδύνας ἐπιλάθοιτο· ἡ δὲ Λυκαί-
15 νιον κατασχοῦσα αὐτὸν, ἔλεξεν ὧδε· « Ἔτι καὶ ταῦτά σε δεῖ μαθεῖν, Δάφνι. Ἐγὼ γυνὴ τυγχάνουσα πέπονθα νῦν οὐδέν· πάλαι γάρ με ταῦτ' ἀνὴρ ἄλλος ἐπαίδευσε, μισθὸν τὴν παρθενίαν λαβών, Χλόη δὲ συμπαλαίουσά σοι ταύτην τὴν πάλην καὶ οἰμώξεται καὶ
20 κλαύσεται καὶ αἵματι ῥεύσεται πολλῷ, καθάπερ πεφονευμένη. Ἀλλὰ σὺ τὸ αἷμα μὴ φοβηθῇς, ἀλλ' ἡνίκ' ἂν πείσῃς αὐτὴν σοι παρασχεῖν, ἄγαγε αὐτὴν εἰς τοῦτο τὸ χωρίον, ἵνα, κἂν βοᾷ, μηδεὶς ἀκούσῃ, κἂν δακρύῃ, μηδεὶς ἴδῃ, κἂν αἱμαχθῇ, λούσηται τῇ πηγῇ·
25 καὶ μέμνησο ὅτι σε ἄνδρα ἐγὼ πρὸ Χλόης πεποίηκα. »

Κ'. Ἡ μὲν οὖν Λυκαίνιον τοσαῦτ' ὑποθεμένη, κατ' ἄλλο μέρος τῆς ὕλης ἀπῆλθεν, ὡς ἔτι ζητοῦσα τὸν χῆνα· ὁ δὲ Δάφνις εἰς λογισμὸν ἄγων τὰ εἰρημένα, τῆς μὲν προτέρας ὁρμῆς ἀπήλλακτο, διοχλεῖν δὲ τῇ Χλόῃ
30 περιττότερον ὤκνει φιλήματος καὶ περιβολῆς, μήτε βοῆσαι θέλων αὐτὴν ὡς πρὸς πολέμιον, μήτε δακρῦσαι ὡς ἀλγοῦσαν, μήθ' αἱμαχθῆναι καθάπερ πεφονευμένη· ἀρτιμαθὴς γὰρ ὢν ἐδεδοίκει τὸ αἷμα καὶ ἐνόμιζεν ὅτι ἄρ' ἐκ μόνου τραύματος αἷμα γίνεται. Γνοὺς δὲ τὰ
35 συνήθη τέρπεσθαι μετ' αὐτῆς, ἐξέβη τῆς ὕλης· καὶ ἐλθὼν ἵν' ἐκάθητο στεφανίσκους ἴων πλέκουσα, τόν τε χῆνα τῶν τοῦ ἀετοῦ ὀνύχων ἐψεύσατο ἐξαρπάσαι καὶ περιβὺς ἐφίλησεν, οἷον ἐν τῇ τέρψει Λυκαίνιον· τοῦτο γὰρ ἐξῆν ὡς ἀκίνδυνον. Ἡ δὲ τὸν στέφανον ἐφήρμοσεν
40 αὐτοῦ τῇ κεφαλῇ καὶ τὴν κόμην ἐφίλησεν ὡς τῶν ἴων κρείττονα. Κἀκ τῆς πήρας προκομίσασα παλάθης μοίραν καὶ ἄρτους τινὰς, ἔδωκε φαγεῖν· καὶ ἐσθίοντος ἀπὸ τοῦ στόματος ἥρπαζε καὶ οὕτως ἤσθιεν ὥσπερ νεοττὸς ὄρνιθος.

45 ΚΑ'. Ἐσθιόντων δ' αὐτῶν καὶ περιττότερα φιλούντων ὧν ἤσθιον, ναῦς ἁλιέων ὤφθη παραπλέουσα. Ἄνεμος μὲν οὐκ ἦν, γαλήνη δ' ἦν καὶ ἐρέττειν ἐδόκει. Καὶ ἤρεττον ἐρρωμένως· ἠπείγοντο γὰρ νεαλεῖς ἰχθῦς τῶν πετραίων εἰς τὴν πόλιν διασώσασθαι τῶν τινι
50 πλουσίων. Οἷον οὖν εἰώθασι ναῦται δρᾶν ἐς καμάτων ἀμέλειαν, τοῦτο κἀκεῖνοι δρῶντες, τὰς κώπας ἀνέφερον· εἷς μὲν αὐτοῖς κελευστὴς ᾖδεν ᾠδάς, οἱ δὲ λοιποὶ, καθάπερ χορὸς, ὁμοφώνως κατὰ καιρὸν τῆς ἐκείνου φωνῆς ἐβόων. Ἡνίκ' οὖν ἐν ἀναπεπταμένῃ τῇ

LONGUS.

LIBER III.

ipsam quoque capram pollicitus est. Quare Lycænium, ubi advertit tam prolixam caprarii liberalitatem, qualem non exspectasset, cœpit Daphnim ad istum modum instituere. Jussit illum, ut se habebat, juxta se sedere, nec non oscula figere qualia et quot consueverat, simul et inter basiandum ruere in amplexus, seseque humi reclinare. Ut ergo sedit et basiavit atque reclinato corpore jacuit, ipsa jam edocta eum ad patrandum non solum fortem esse, verum etiam libidine turgere, ab reclinatione in latus facta ipsum erexit, seseque tum perite substernens, illum ad viam diu quæsitam direxit; deinde non ultra peregrinum istum circumduxit, ipsa natura, quod porro agendum restabat, docente.

XIX. Peracta tandem hacce amatoria informatione Daphnis, qui pastoralem adhuc haberet mentem, statim ad Chloën cursum instituit, et quæcunque didicisset, statim exsequi parat, tanquam veritus, ne si pauliseper moratus esset, illud ipsum oblivioni traderet. Verum Lycænium ipsum inhibuit, sic locuta: Insuper ista quoque te discere oportet, Daphni. Ego, quæ sum mulier, nihil nunc passa sui; olim namque me hæc vir alius docuit, pro mercede virginitate mea accepta. Chloë autem ubi tecum in hac palæstra colluctata fuerit, plorabit ejulabitque; immo jacebit haud secus ac vulnerata, multo manans sanguine. Verum non est, quod cruorem timeas; sed quando illam persuaseris, ut tibi morem gerat, tunc tu illam in hunc adducito locum, ubi, si forte clamaverit, nemo audiat, si lacrimata fuerit, nemo videat, si cruore fœdata fuerit, fonte se abluat; nec unquam oblivioni trade, quod ego te ante virum, quam Chloë, fecerim.

XX. Hisce igitur Lycænium præceptis traditis ad alteram silvæ partem secessit, veluti suum etiamnum anserem quæsitura; Daphnidi autem, dicta illa mente agitanti, prior ille impetus deferbuerat, verebaturque ullum Chloæ facessere negotium ultra osculum amplexumque, cavens, ne vel illa veluti hoste conspecto clamaret, vel tanquam dolore affecta fleret, vel sanguine fœdaretur tanquam contrucidata. Non ita dudum namque periculum fecerat ipse, ideoque a sanguine abhorrebat, sanguinemque de solo vulnere sequi opinabatur. Itaque cum constituisset se cum illa consueto modo oblectare, silva excessit; atque progressus ad locum, ubi sedebat corollam ex violis contexens, anserem illum aquilæ ex unguibus abs se extortum mentitus est, illique circumfusus basiavit, uti Lycænium in illo suavi ludo; illud quippe, utpote extra periculi aleam positum, licebat. Illa vero capiti ejus sertum aptavit, comamque, utpote violis longe præstantiorem, osculata est; deque pera caricanæ massæ portionem et panes aliquot depromtos porrexit esum, atque vescentis ab ore illa rapiens, instar aviculæ pulli edebat.

XXI. Dum edunt ipsi, crebriusque oscula ingerunt, quam escam, navis quædam piscatoria, quæ oram legebat, visa fuit. Nullus erat ventus, et malacia altaque erat maris tranquillitas; remigare itaque visum, remisque valide incumbebant, festinabant enim recens captos pisces saxatiles cuidam ex opulentis civibus in urbem vivos afferre. Quod igitur facere amant nautæ ad laborem fallendum, hoc idem illi egerunt, dum remos attollebant: unus inter ipsos hortator nauticos faciebat modos; reliqui, sicuti chorus, una voce conclamantes, per certa intervalla, ipsius vocem excipie-

11

θαλάττῃ ταῦτ' ἔπραττον, ἠφανίζετο ἡ βοὴ χεομένης τῆς φωνῆς εἰς πολὺν ἀέρα· ἐπεὶ δ' ἄκρᾳ τινὶ ὑποδραμόντες εἰς κόλπον μηνοειδῆ καὶ κοῖλον εἰσήλασαν, μείζων μὲν ἠκούετο βοὴ, σαφῆ δ' ἐξέπιπτεν εἰς τὴν γῆν τὰ τῶν κελευστῶν ᾄσματα. Κοῖλος γὰρ τῷ πεδίῳ αὐλὼν ὑποκείμενος καὶ τὸν ἦχον εἰς αὑτὸν ὡς ὄργανον δεχόμενος, πάντων τῶν φθεγγομένων μιμητὴν φωνὴν ἀπεδίδου, ἰδίᾳ μὲν τῶν κωπῶν τὸν ἦχον, ἰδίᾳ δὲ τὴν φωνὴν τῶν ναυτῶν· καὶ ἐγίνετο ἄκουσμα τερπνόν. Φθανούσης γὰρ τῆς ἀπὸ τῆς θαλάττης φωνῆς, ἡ ἐκ τῆς γῆς φωνὴ τοσοῦτον ἐπαύετο βράδιον, ὅσον ἤρξατο ἐκείνη.

ΚΒ'. Ὁ μὲν οὖν Δάφνις εἰδὼς τὸ πραττόμενον, μόνῃ τῇ θαλάττῃ προσεῖχε καὶ ἐτέρπετο τῇ νηὶ παρατρεχούσῃ τὸ πεδίον θᾶττον πτεροῦ καὶ ἐπειρᾶτό τινα διασώσασθαι τῶν ᾀσμάτων, ὡς γένοιτο τῆς σύριγγος μέλη. Ἡ δὲ Χλόη τότε πρῶτον πειρωμένη τῆς καλουμένης ἠχοῦς, ποτὲ μὲν εἰς τὴν θάλατταν ἀπέβλεπε, τῶν ναυτῶν κελευόντων, ποτὲ δ' εἰς τὴν γῆν ὑπέστρεφε ζητοῦσα τοὺς ἀντιφωνοῦντας. Καὶ ἐπεὶ παραπλευσάντων ἦν κἀν τῷ αὐλῶνι σιγή, ἐπυνθάνετο τοῦ Δάφνιδος, εἰ καὶ ὀπίσω τῆς ἄκρας ἐστὶ θάλαττα καὶ ναῦς ἄλλη παρέπλει καὶ ἄλλοι ναῦται τὰ αὐτὰ ᾖδον καὶ ἅμα πάντες σιωπῶσι. Γελάσας οὖν ὁ Δάφνις ἡδὺ καὶ φιλήσας ἥδιον φίλημα καὶ τὸν τῶν ἴων στέφανον ἐκείνῃ περιθεὶς, ἤρξατο αὐτῇ μυθολογεῖν τὸν μῦθον τῆς Ἠχοῦς, αἰτήσας, εἰ διδάξειε, μισθὸν παρ' αὐτῆς ἄλλα φιλήματα δέκα.

ΚΓ'. « Νυμφῶν, ὦ κόρη, πολὺ γένος, Μελίαι καὶ Δρυάδες καὶ Ἕλειοι· πᾶσαι καλαί, πᾶσαι μουσικαί. Καὶ μιᾶς τούτων θυγάτηρ Ἠχὼ γίνεται· θνητὴ μὲν, ἐκ πατρὸς θνητοῦ, καλὴ δ' ἐκ μητρὸς καλῆς. Τρέφεται μὲν ὑπὸ Νυμφῶν, παιδεύεται δ' ὑπὸ Μουσῶν συρίζειν, αὐλεῖν τὰ πρὸς λύραν, τὰ πρὸς κιθάραν, πᾶσαν ᾠδήν· ὥστε καὶ παρθενίας εἰς ἄνθος ἀκμάσασα ταῖς Νύμφαις συνεχόρευε, ταῖς Μούσαις συνῇδεν· ἄρρενας δ' ἔφευγε πάντας καὶ ἀνθρώπους καὶ θεοὺς, φιλοῦσα τὴν παρθενίαν. Ὁ Πὰν ὀργίζεται τῇ κόρῃ, τῆς μουσικῆς φθονῶν, τοῦ κάλλους μὴ τυχών, καὶ μανίαν ἐμβάλλει τοῖς ποιμέσι καὶ τοῖς αἰπόλοις. Οἱ δ' ὥσπερ κύνες ἢ λύκοι διασπῶσιν αὐτὴν καὶ ῥίπτουσιν εἰς πᾶσαν γῆν ἔτι ᾄδοντα τὰ μέλη. Καὶ τὰ μέλη ἡ Γῆ χαριζομένη ταῖς Νύμφαις ἔκρυψε πάντα. Καὶ ἐτήρησε τὴν μουσικὴν καὶ γνώμῃ Μουσῶν ἀφίησι φωνὴν καὶ μιμεῖται πάντα, καθάπερ τότε ἡ κόρη, θεοὺς, ἀνθρώπους, ὄργανα, θηρία· μιμεῖται καὶ αὐτὸν συρίττοντα τὸν Πᾶνα. Ὁ δ' ἀκούσας ἀναπηδᾷ καὶ διώκει κατὰ τῶν ὀρῶν, οὐκ ἐρῶν τυχεῖν ἀλλ' ἢ τοῦ μαθεῖν, τίς ἐστιν ὁ λανθάνων μαθητής. » Ταῦτα μυθολογήσαντα τὸν Δάφνιν οὐ δέκα μόνον φιλήματα ἀλλὰ πάνυ πολλὰ κατεφίλησεν ἡ Χλόη· μικροῦ γὰρ καὶ τὰ αὐτὰ εἶπεν ἡ Ἠχὼ καθάπερ μαρτυροῦσα, ὅτι μηδὲν ἐψεύσατο.

ΚΔ'. Θερμοτέρου δὲ καθ' ἑκάστην ἡμέραν γινομένου τοῦ ἡλίου, οἷα τοῦ μὲν ἦρος παυομένου, τοῦ δὲ

bant. Quamdiu itaque in aperto mari haec fiebant, evanescebat clamor, per auras videlicet voce diffusa; at postquam promontorium subierunt, inque sinum lunatim flexuosum et concavum ingressi fuerunt, ibi ut fortior exaudiebatur vox, ita clara in continentem excidebant remigum hortatorum carmina. Cava namque convallis campo subjecta clamorem illum in se velut organum quoddam recipiebat, et omnium, quae proferebantur, aemulam reddebat vocem; separatim videlicet remorum strepitum, separatim etiam clamorem istum nauticum reddebat, et erat jucundum auditu. Praevertente enim a mari sono, ex terra sonus tanto desinebat serior, quanto tardior inceperat.

XXII. Daphnis igitur non ignarus, quid ageretur, animum ad mare solum advertit, delectatus navigio terram ocius volucre praeterlabente, tentabatque conservare ex his cantiunculis quasdam, quas sua deinde caneret fistula. Chloë autem, tum primum illam, quae Echo appellatur, experta, modo mare respiciebat, dum nautae suum celeusma canebant, modo in silvam oculos avertebat, quaerens eos, qui clamore responderent. Postquam autem praeternavigassent, et tunc in convalle silentium factum fuisset, ex Daphnide percunctabatur, num a tergo hujus promontorii etiam esset mare, sive alia praeterveheretur navis, aliive nautae eadem canerent, cunctique simul tacerent. Suaviter igitur Daphnis ridens, et suaviori osculo impresso, impositaque illi violacea corolla, coepit ei fabulam de Echo narrare, stipulatus ab illa pro docendo, alia decem basia, operae mercedem.

XXIII. Nympharum, mea puella, multiplex genus est. Sunt Meliae, sunt Dryades, sunt etiam palustres, formosae omnes, omnes canendi peritae. Uni ex hisce filia Echo nascitur; mortalis quidem, ut patre nata mortali, formosa vero, ut ex matre itidem formosa. Educatur a Nymphis, docetur a Musis fistula canere, tibiam inflare, pulsare lyram, cithara personare, denique omnem musicen. Et inde postquam adolevit et ad aetatis florem pervenit, simul cum Nymphis choreas ducebat, simul cum Musis concinebat; virginitatis amans, mares fugiebat omnes, tam homines, quam deos. Pan, huic puellae succensens, et hanc canendi peritiam invidens, et illius formae repulsam passus, furorem opilionibus caprariisque immittit: hi vero haud aliter, quam canes aut lupi, illam discerpunt, et jactant quoquo terrarum cantabunda adhuc membra. Verum ea cuncta Terra in gratiam Nympharum ita condidit, ut canendi vim servarent et Musarum decreto vocem emitterent atque nihil non imitarentur, quemadmodum tunc puella, deos, homines, organa, bestias, immo et ipsum Panem, si quando fistula canit. Quo audito ille subsilit, et per montes insectari incipit, non ut illa potiatur, sed ut intelligat, quisnam clandestinus ille sit discipulus. Ubi Daphnis haec ita enarrasset, non decem modo oscula, sed innumera a Chloë retulit; eadem enim fere sonuit Echo, suo veluti testimonio confirmans, illum nihil fuisse mentitum.

XXIV. Jam in dies sole magis magisque fervente, utpote vere desinente et aestate ineunte, iterum illis oboriuntur

LIBER III.

θέρους ἀρχομένου, πάλιν αὐτοῖς ἐγίνοντο καιναὶ τέρψεις καὶ θέρειοι. Ὁ μὲν γὰρ ἐνήχετο ἐν τοῖς ποταμοῖς, ἡ δ' ἐν ταῖς πηγαῖς ἐλούετο· ὁ μὲν ἐσύριζεν ἁμιλλώμενος πρὸς τὰς πίτυς, ἡ δ' ᾖδε ταῖς ἀηδόσιν ἐρίζουσα· ἐθήρων
5 ἀκρίδας λάλους, ἐλάμβανον τέττιγας ἠχοῦντας, ἄνθη συνέλεγον, δένδρα ἔσειον, ὀπώρας ἤσθιον· ἤδη ποτὲ καὶ γυμνοὶ συγκατεκλίθησαν καὶ ἓν δέρμα αἰγὸς ἐπεσύραντο. Καὶ ἐγένετο ἂν γυνὴ Χλόη ῥᾳδίως, εἰ μὴ Δάφνιν ἐτάραξε τὸ αἷμα. Ἀμέλει καὶ δεδοικὼς μὴ
10 νικηθῇ τὸν λογισμόν ποτε, πολλάκις γυμνοῦσθαι τὴν Χλόην οὐκ ἐπέτρεπεν· ὥστ' ἐθαύμαζε μὲν ἡ Χλόη, τὴν δ' αἰτίαν ᾐδεῖτο πυνθάνεσθαι.

ΚΕ΄. Ἐν τῷ θέρει τῷδε καὶ μνηστήρων πλῆθος ἦν περὶ τὴν Χλόην καὶ πολλοὶ πολλαχόθεν ἐφοίτων παρὰ
15 τὸν Δρύαντα πρὸς γάμον αἰτοῦντες αὐτήν. Καὶ οἱ μέν τι δῶρον ἔφερον, οἱ δὲ πολλὰ ἐπηγγέλλοντο καὶ μεγάλα. Ἡ μὲν οὖν Νάπη ταῖς ἐλπίσιν ἐπαιρομένη, συνεβούλευεν ἐκδιδόναι τὴν Χλόην, μηδὲ κατέχειν οἴκοι πρὸς πλέον τηλικαύτην κόρην, ἣ τάχα μικρὸν ὕστερον νέ-
20 μουσα τὴν παρθενίαν ἀπολεῖ καὶ ἄνδρα ποιήσεταί τινα τῶν ποιμένων ἐπὶ μήλοις ἢ ῥόδοις· ἀλλ' ἐκείνην τε ποιῆσαι δέσποιναν οἰκίας καὶ αὐτοὺς πολλὰ λαβόντας, ἰδίῳ φυλάττειν αὐτὰ καὶ γνησίῳ παιδίῳ· ἐγεγόνει γὰρ αὐτοῖς ἄῤῥεν παιδίον οὐ πρὸ πολλοῦ τινος. Ὁ δὲ
25 Δρύας ποτὲ μὲν ἐθέλγετο τοῖς λεγομένοις, μείζονα γὰρ ἢ κατὰ ποιμαίνουσαν κόρην δῶρα ὠνομάζετο παρ' ἑκάστου, ποτὲ δ' ἐννοήσας ὡς κρείττων ἐστὶν ἡ παρθένος μνηστευομένης γεωργῶν, καὶ ὡς, εἴ ποτε τοὺς ἀληθινοὺς γονέας εὕροι, μεγάλως αὐτὸν εὐδαίμονα θήσει, ἀνε-
30 βάλλετο τὴν ἀπόκρισιν καὶ εἷλκε χρόνον ἐκ χρόνου καὶ ἐν τῷ τέως ἀπεκέρδαινεν οὐκ ὀλίγα δῶρα. Ἡ μὲν δὴ μαθοῦσα, λυπηρῶς πάνυ διῆγε καὶ τὸν Δάφνιν ἐλάνθανεν ἐπιπολύ, λυπεῖν οὐ θέλουσα· ὡς δ' ἐλιπάρει καὶ ἐνέκειτο πυνθανόμενος καὶ ἐλυπεῖτο μᾶλλον μὴ μαν-
35 θάνων ἢ ἔμελλε μαθών, πάντ' αὐτῷ διηγεῖται, τοὺς μνηστευομένους, ὡς πολλοὶ καὶ πλούσιοι, τοὺς λόγους οὓς ἡ Νάπη σπεύδουσα πρὸς τὸν γάμον ἔλεγεν, ὡς οὐκ ἀπείπατο Δρύας ἀλλ' [ὡς] εἰς τὸν τρυγητὸν ἀναβέβληται.

40 ΚΖ΄. Ἔκφρων ἐπὶ τούτοις ὁ Δάφνις γίνεται καὶ ἐδάκρυσε καθήμενος, ἀποθανεῖσθαι, μηκέτι νεμούσης Χλόης, λέγων· καὶ οὐκ αὐτὸς μόνος, ἀλλὰ καὶ τὰ πρόβατα μετὰ τοιοῦτον ποιμένα. Εἶτ' ἀνενεγκὼν ἐθάρρει καὶ πείσειν ἐνενόει τὸν πατέρα καὶ ἕνα τῶν μνωμένων
45 αὑτὸν ἠρίθμει καὶ πολὺ κρατήσειν ἤλπιζε τῶν ἄλλων. Ἓν αὐτὸν ἐτάραττεν· οὐκ ἦν Λάμων πλούσιος, ἀλλ' οὐδ' ἐλεύθερος εἰ καὶ πλούσιος, τοῦτ' αὐτῷ τὴν ἐλπίδα μόνον λεπτὴν εἰργάζετο. Ὅμως δ' ἐδόκει μνᾶσθαι καὶ τῇ Χλόῃ συνεδόκει. Τῷ Λάμωνι μὲν οὖν οὐδὲν ἐτόλ-
50 μησεν εἰπεῖν, τῇ Μυρτάλῃ δὲ θαρρήσας καὶ τὸν ἔρωτα ἐμήνυσε καὶ περὶ τοῦ γάμου λόγους προσήνεγκεν· ἡ δὲ τῷ Λάμωνι νύκτωρ ἐκοινώσατο. Σκληρῶς δ' ἐκείνου τὴν ἔντευξιν ἐνεγκόντος καὶ λοιδορήσαντος εἰ παιδὶ θυγάτριον ποιμένων προξενεῖ μεγάλην ἐν τοῖς γνωρίσ-

novæ æstivæque voluptates. Quippe natabat ille in fluviis, abluebat se illa fontibus; ille fistula cum pinis certabat, hæc cantu cum lusciniis contendebat. Venabantur locustas garrulas, cicadas capiebant resonantes, flores legebant, fructus arboribus decutiebant, poma comedebant; jam tandem nudi concubuere, atque una capræ pelle instrati jacuere. Et mulier facile Chloë fuisset facta, nisi Daphnim sanguinis cogitatio exterruisset. Certe veritus, ne ratio aliquando sua dimoveretur sede, crebro nudari Chloën non permittebat : id igitur mirabatur Chloë, sed causam ejus sciscitari verebatur.

XXV. Ista æstate complures Chloën ambiebant proci et undique frequentes veniebant ad Dryantem, ipsam sibi uxorem petentes : quorum alii donum aliquod afferebant, alii multa et magna promittebant. Nape itaque, spe incitata, auctor elocandi Chloën fuit, rata non esse consultum tam grandem puellam diutius detinere domi, quæ forsan paulo post inter pascendum virginitatem amissura esset, et virum aliquem pastorem factura, rosis malisque acceptis; sed potius illam matrem familias constituere, et multa illa accepta dona proprio genuinoque servare filio : namque non multo ante ipsis puellis erat prognatus masculus. Ac Dryas quidem modo hisce sermonibus deliniebatur ; majora namque, quam pro pastoritia puella, enumerabantur a singulis munera : interdum vero reputans, illam præstantiorem esse, quam quæ rusticis illis elocanda e set procis, quodque, si quando suos veros parentes inveniret, ipsos admodum beatos esset redditura, suum differebat responsum, nectendoque moras tempus de tempore ducebat et interea temporis non pauca inde lucrabatur munera. Illa vero, hoc intellecto, magno in mœrore degebat, idque Daphnim celabat per longum tempus, huic ægre facere nolens. Cum vero instaret urgeretque percunctando et magis contristari videretur ignarus, quam si gnarus foret, omnia illi recensere orsa est, videlicet quam sint multi et locupletes, qui nuptias ipsius ambiant, quæ verba Nape ad nuptias festinans dixerit, quomodo Dryas non abnuisset, sed in vindemiam distulisset.

XXVI. Hisce auditis amens fit Daphnis, et sedens collacrimare cœpit, mortem oppetere se velle, si privaretur Chloë, affirmans, nec se ipsum solum, sed et oves, tali pastore amisso. Deinde cum sese collegisset, animum recipiebat et constituebat hoc Chloës persuadere patri et inter reliquos procos suum profitebatur nomen, sperabatque fore, ut ceteros longe superaret. Id tantum eum terrebat; Lamon scilicet non erat dives : sed nec liber, etiamsi dives esset : hoc unum ipsius spes tenues efficiebat. Nihilominus ambire decrevit censuitque ita faciendum Chloë. Porro Lamoni nihil ausus fuit eloqui : at Myrtalæ fiducia sumta non solum amorem indicavit verum et de nuptiis sermonem injecit. Hæc cum Lamone noctu rem omnem communicavit. Duriter autem illo hunc sermonem accipiente, acriterque illam objurgante, quod pastorum filiam copulatam

μασιν ἐπαγγελλομένῳ τύχην, ὃς αὐτοὺς, εὑρὼν τοὺς οἰκείους, καὶ ἐλευθέρους θήσει καὶ δεσπότας ἀγρῶν μειζόνων, ἡ Μυρτάλη διὰ τὸν ἔρωτα φοβουμένη μὴ τελέως ἀπελπίσας ὁ Δάφνις τὸν γάμον, τολμήσῃ τι θανατῶδες, ἄλλας αὐτῷ τῆς ἀντιρρήσεως αἰτίας ἀπήγγειλε. « Πένητες ἐσμὲν, ὦ παῖ, καὶ δεόμεθα νύμφης φερούσης τι μᾶλλον· οἱ δὲ πλούσιοι καὶ πλουσίων νυμφίων δεόμενοι. Ἴθι δὴ, πεῖσον Χλόην, ἡ δὲ τὸν πατέρα, μηδὲν αἰτεῖν μέγα, καὶ γαμεῖν· πάντως δήπου κἀκείνη φιλεῖ σε καὶ βούλεται συγκαθεύδειν πένητι καλῷ μᾶλλον ἢ πιθήκῳ πλουσίῳ. »

ΚΖ'. Μυρτάλη μὲν οὔποτ' ἐλπίσασα Δρύαντα τούτοις συνθήσεσθαι, μνηστῆρας ἔχοντα πλουσιωτέρους, εὐπρεπῶς ᾤετο παρῃτῆσθαι τὸν γάμον. Δάφνις δ' οὐκ εἶχε μέμφεσθαι τὰ λελεγμένα· λειπόμενος δὲ πολὺ τῶν αἰτουμένων, τὸ σύνηθες ἐρασταῖς πενομένοις ἔπραττεν· ἐδάκρυε καὶ τὰς Νύμφας αὖθις ἐκάλει βοηθούς. Αἱ δ' αὐτῷ καθεύδοντι νύκτωρ ἐν τοῖς αὐτοῖς ἐφίστανται σχήμασιν ἐν οἷς καὶ πρότερον· ἔλεγε δ' ἡ πρεσβυτάτη πάλιν· « Γάμου μὲν μέλει τῆς Χλόης ἄλλῳ θεῷ, δῶρα δέ σοι δώσομεν ἡμεῖς ἃ θέλξει Δρύαντα. Ἡ ναῦς ἡ τῶν Μηθυμναίων νεανίσκων, ἧς τὴν λύγον αἱ σαί ποτ' αἶγες κατέφαγον, ἡμέρᾳ μὲν ἐκείνῃ μακρὰν τῆς γῆς ὑπηνέχθη πνεύματι· νυκτὸς δὲ, πελαγίου ταράξαντος ἀνέμου τὴν θάλατταν, εἰς τὴν γῆν εἰς τὰς ἄκρας πέτρας ἐξεβράσθη. Αὕτη μὲν οὖν διεφθάρη καὶ πολλὰ τῶν ἐν αὐτῇ· βαλάντιον δὲ τρισχιλίων δραχμῶν ὑπὸ τοῦ κύματος ἀπεπτύσθη καὶ κεῖται φυκίοις κεκαλυμμένον πλησίον δελφῖνος νεκροῦ. Οὐδεὶς οὖν προσῆλθεν ὁδοιπόρος, τὸ δυσῶδες τῆς σηπεδόνος παρατρέχων. Ἀλλὰ σὺ πρόσελθε καὶ προσελθὼν ἀνελοῦ καὶ ἀνελόμενος δός. Ἱκανόν σοι νῦν μὲν δόξαι εἶναι μὴ πένητι, χρόνῳ δ' ὕστερον ἔσῃ καὶ πλούσιος. »

ΚΗ'. Αἱ μὲν ταῦτ' εἰποῦσαι, τῇ νυκτὶ συναπῆλθον. Γενομένης δ' ἡμέρας ἀναπηδήσας ὁ Δάφνις περιχαρὴς ἤλαυνε ῥοίζῳ πολλῷ τὰς αἶγας εἰς τὴν νομήν· καὶ τὴν Χλόην φιλήσας καὶ τὰς Νύμφας προσκυνήσας, κατῆλθεν ἐπὶ θάλατταν, ὡς περιρράνασθαι θέλων· καὶ ἐπὶ τῆς ψάμμου πλησίον τῆς κυματωγῆς ἐβάδιζε ζητῶν τὰς τρισχιλίας. Ἔμελλε δ' ἄρ' οὐ πολὺν κάματον ἕξειν· ὁ γὰρ δελφὶς οὐκ ἀγαθὸν ὀδωδὼς αὐτῷ προσέπιπτεν ἐρριμμένος καὶ μυδῶν, οὗ τῇ σηπεδόνι καθάπερ ἡγεμόνι χρώμενος ὁδοῦ, προσῆλθέ τ' εὐθὺς καὶ τὰ φυκία ἀφελών, εὑρίσκει τὸ βαλάντιον ἀργυρίου μεστόν. Τοῦτ' ἀνελόμενος καὶ εἰς τὴν πήραν ἐνθέμενος οὐ πρόσθεν ἀπῆλθε, πρὶν τὰς Νύμφας εὐφημῆσαι καὶ αὐτὴν τὴν θάλατταν· καίπερ γὰρ αἰπόλος ὤν, ἤδη καὶ τὴν θάλατταν ἐνόμιζε τῆς γῆς γλυκυτέραν, ὡς εἰς τὸν γάμον αὐτῷ τὸν Χλόης συλλαμβάνουσαν.

ΚΘ'. Εἰλημμένος δὲ τῶν τρισχιλίων, οὐκέτ' ἔμελλεν, ἀλλ', ὡς πάντων ἀνθρώπων πλουσιώτατος, οὐ μόνον τῶν ἐκεῖ γεωργῶν, αὐτίκ' ἐλθὼν παρὰ τὴν Χλόην, διηγεῖται τὸ ὄναρ, δείκνυσι τὸ βαλάντιον κελεύει τὰς ἀγέλας φυλάττειν, ἔστ' ἂν ἐπανέλθῃ, καὶ συντείνας

vellet puero ingentem fortunam suis pollicenti monumentis qui ipsos, repertis suis parentibus, non solummodo liberos, sed etiam agrorum latiorum dominos constituturus sit; Myrtale timens, ne Daphnis, desperatis omnino nuptiis, præ amoris vehementia necem sibi inferret, alias ipsi, cur Lamon contradixisset, causas renuntiavit. Pauperes sumus, mi fili, quin potius opus habemus, quæ conferat aliqua sponsa : illi contra opulenti, et qui opulentos expetant sponsos. Nunc persuade Chloœ, illa autem patri suo, ne quid magnum petat, sed ut omnino connubere vos sinat. Illa te amat et mavult cum paupere formoso quam cum divite simio concumbere.

XXVII. Myrtale, numquam sperans fore, ut Dryas hisce consensum adhiberet, utpote qui longe divitiores haberet procos, speciosas satis recusationis nuptiarum causas sese allegasse existimabat. Daphnis autem dicta redarguere nequibat; at cum longe ab iis abesset, quæ exspectaret, quod solemne est amatoribus, egestate laborantibus, id agebat : plorabat, et Nympharum iterum implorabat auxilium. Eæ autem ipsi, cum dormitaret, noctis tempore superveniunt, illa ipsa forma et habitu, quo prius. Atque rursus natu maxima verba faciebat : De nuptiis quidem Chloës alius deus curam suscepit; nos autem ea tibi dabimus munera, quæ Dryantem demulcebunt. Navis illa, quæ Methymnæorum juvenum erat, cujus vimineum funem tuæ quondam capellæ corroserunt, eodem illo die longe a terra in altum provecta fuit; nocte vero, vento ex alto spirante mareque turbante, ad terram in promontorii cautes est ejecta. Ipsamet igitur periit multaque, quæ in ea erant conjecta; at marsupium ter mille drachmis plenum, a fluctu ejectum jacet alga coopertum prope delphinem mortuum, propter quem nullus viator accessit, putredinis hujus fœtorem præteriens. Sed tu accurrito, cumque accesseris, tollito et, postquam sustuleris dato. Sat tibi est, ut non pauper videaris esse ; tempore vero eris et dives.

XXVIII. Hisce dictis illæ simul cum nocte abierunt. Orto autem die prosiliens e lecto Daphnis plenus gaudii, magno cum impetu pastum agebat greges, atque osculatus Chloën, adoratisque Nymphis, ad mare ascendit quasi se abluturus : ibi tum in sabulo, prope litus, quo fluctus allidebantur, inambulabat, illa terna drachmarum millia quærens. Atqui haud multus labor ipsi impendendus erat : quippe delphin male olens, ibi projectus et putrescens, naribus ejus incurrit, cujus putredinem quasi viæ ducem nactus, confestim adest et fuco marino remoto, plenam argenti crumenam invenit. Sustulit hanc et in peram suam condidit, nec tamen prius abiit, quam bona verba dixisset Nymphis et ipsi mari ; tametsi enim caprarius esset, jam tamen mare terra jucundius censebat, utpote quod in nuptiis Chloës conciliandis sibi opem tulisset.

XXIX. Nactus autem tria illa millia drachmarum, nihil amplius morabatur; ac veluti non modo agricolarum illic degentium sed etiam omnium mortalium ditissimus, statim ad Chloën venit, eique somnium enarrat; jubet illam gregem tantisper custodire, donec ipse redeat; citatoque gradu

σοβεῖ παρὰ τὸν Δρύαντα, καὶ εὑρὼν πυρούς τινας ἁλωνοτριβοῦντα μετὰ τῆς Νάπης, πάνυ θρασὺν ἐμβάλλει λόγον περὶ γάμου. « Ἐμοὶ δὸς Χλόην γυναῖκα· ἐγὼ καὶ συρίζειν οἶδα καλῶς καὶ κλᾶν ἄμπελον καὶ φυτὰ κατο- 5 ρύττειν· οἶδα καὶ γῆν ἀροῦν καὶ λικμῆσαι πρὸς ἄνεμον. Ἀγέλην δ᾽ ὅπως νέμω μάρτυς Χλόη· πεντήκοντ᾽ αἶγας παραλαβὼν διπλασίονας πεποίηκα· ἔθρεψα καὶ τράγους μεγάλους καὶ καλούς· πρότερον δ᾽ ἀλλοτρίοις τὰς αἶγας ὑπεβάλλομεν. Ἀλλὰ καὶ νέος εἰμὶ καὶ γείτων 10 ὑμῖν ἄμεμπτος· καί με ἔθρεψεν αἴξ, ὡς Χλόην οἶς. Τοσοῦτον δὲ τῶν ἄλλων κρατῶν, οὐδὲ δώροις ἡττηθήσομαι. Ἐκεῖνοι δώσουσιν αἶγας καὶ πρόβατα καὶ ζεύγος ψωραλέων βοῶν καὶ σῖτον μηδ᾽ ἀλεκτορίδας θρέψαι δυνάμενον· παρ᾽ ἐμοῦ δ᾽ αἵδ᾽ ὑμῖν τρισχίλιαι. 15 Μόνον ἴστω τοῦτο μηδείς, μὴ Λάμων αὐτὸς οὑμὸς πατήρ. » Ἅμα τ᾽ ἐδίδου καὶ περιβαλὼν κατεφίλει.

Λ΄. Οἱ δὲ παρ᾽ ἐλπίδας ἰδόντες τοσοῦτον ἀργύριον, αὐτίκα τε δώσειν ἐπηγγέλλοντο τὴν Χλόην καὶ πείσειν ὑπισχνοῦντο τὸν Λάμωνα. Ἡ μὲν δὴ Νάπη μετὰ 20 τοῦ Δάφνιδος αὐτοῦ μένουσα, περιήλαυνε τὰς βοῦς καὶ τοῖς τριβόλοις κατειργάζετο τὸν στάχυν· ὁ δὲ Δρύας θησαυρίσας τὸ βαλάντιον ἔνθ᾽ ἀπέκειτο τὰ γνωρίσματα, ταχὺς πρὸς τὸν Λάμωνα καὶ τὴν Μυρτάλην ἐφέρετο, μέλλων παρ᾽ αὐτῶν, τὸ καινότατον, μνᾶσθαι νυμφίον. 25 Ὃς δὲ κἀκείνους κριθία μετροῦντας οὐ πρὸ πολλοῦ λελικμημένα, ἀθύμως τ᾽ ἔχοντας ὅτι μικροῦ δεῖν ὀλιγώτερα ἦν τῶν καταβληθέντων σπερμάτων, ἐπ᾽ ἐκείνοις μὲν παρεμυθήσατο, κοινὴν ὁμολογήσας αἰτίαν πανταχοῦ γεγονέναι· τὸν δὲ Δάφνιν ᾐτεῖτο Χλόῃ καὶ ἔλεγεν 30 ὅτι πολλὰ ἄλλων διδόντων, οὐδὲν παρ᾽ αὐτῶν λήψεται, μᾶλλον δέ τι οἴκοθεν αὐτοῖς ἐπιδώσει· συντετράφθαι γὰρ ἀλλήλοις κἀν τῷ νέμειν συνῆφθαι φιλίᾳ ῥᾳδίως λυθῆναι μὴ δυναμένῃ· ἤδη δὲ καὶ ἡλικίαν Δάφνιδος, ἔχειν δὲ καὶ συγκαθεύδειν μετ᾽ ἀλλήλων. Ὁ μὲν ταῦτα καὶ ἔτι πλείω 35 ἔλεγεν, οἷα τοῦ πεῖσαι ἆθλον ἔχων τὰς τρισχιλίας. Ὁ δὲ Λάμων μήτε πενίαν ἔτι προβάλλεσθαι δυνάμενος, αὐτοὶ γὰρ οὐχ ὑπερηφάνουν, μήθ᾽ ἡλικίαν Δάφνιδος, ἤδη γὰρ μειράκιον ἦν, τὸ μὲν ἀληθὲς οὐδ᾽ ὡς ἐξηγόρευσεν, ὅτι κρείττων ἐστὶ τοιούτου γάμου· χρόνον δὲ 40 σιωπήσας ὀλίγον, οὕτως ἀπεκρίνατο.

ΛΑ΄. « Δίκαια ποιεῖτε τοὺς γείτονας προτιμῶντες τῶν ξένων καὶ πενίας ἀγαθῆς πλοῦτον μὴ νομίζοντες κρείττονα. Ὁ Πὰν ὑμᾶς καὶ αἱ Νύμφαι ἀντὶ τῶνδε φιλήσειαν. Ἐγὼ δὲ σπεύδω μὲν καὶ αὐτὸς τὸν γάμον 45 τοῦτον· καὶ γὰρ ἂν μαινοίμην, εἰ μὴ γέρων τ᾽ ὢν ἤδη καὶ χειρὸς εἰς τὰ ἔργα περιττοτέρας δεόμενος ἡγοίμην τὸ καὶ τὸν ὑμέτερον οἶκον φίλον προσλαβεῖν ἀγαθόν τι μέγα. Περισπούδαστος δὲ καὶ Χλόη, καλὴ καὶ ὡραία κόρη καὶ πάντ᾽ ἀγαθή. Δοῦλος δ᾽ ὤν, οὐδενός εἰμι 50 τῶν ἐμῶν κύριος, ἀλλὰ δεῖ τὸν δεσπότην μανθάνοντα ταῦτα συγχωρεῖν. Φέρ᾽ οὖν, ἀναβαλώμεθα τὸν γάμον εἰς τὸ μετόπωρον. Ἀφίξεσθαι τότε λέγουσιν αὐτὸν οἱ παραγενόμενοι πρὸς ἡμᾶς ἐξ ἄστεως. Τότ᾽ ἔσονται ἀνὴρ καὶ γυνή· νῦν δὲ φιλούντων ἀλλήλους ἀδελφοί.

Ἴσθι μόνον, ὦ Δρύα, τοσοῦτον· σπεύδεις περὶ μειράκιον κρεῖττον ἡμῶν. » Ὁ μὲν ταῦτ' εἰπὼν, ἐφίλησέ τ' αὐτὸν καὶ ὤρεξε ποτὸν, ἤδη μεσημβρίας ἀκμαζούσης καὶ προύπεμψε μέχρι τινός, φιλοφρονούμενος πάντα.

ΛΒʹ. Ὁ δὲ Δρύας οὐ παρέργως ἀκούσας τὸν ὕστερον λόγον τοῦ Λάμωνος, ἐφρόντιζε βαδίζων καθ' αὑτὸν ὅστις ὁ Δάφνις. « Ἐτράφη μὲν ὑπ' αἰγὸς ὡς κηδομένων θεῶν· ἔστι δὲ καλὸς καὶ οὐδὲν ἐοικὼς σιμῷ γέροντι καὶ μαδώσῃ γυναικί. Εὐπόρησε δὲ καὶ τρισχιλίων, ὅσον οὐδ' ἀγράδων εἰκὸς ἔχειν αἰπόλον. Ἆρα καὶ τοῦτον ἐξέθηκέ τις ὡς Χλόην; Ἆρα καὶ τοῦτον εὗρε Λάμων δὶς ἐκείνην ἐγώ; Ἆρα καὶ γνωρίσματα ὅμοια παρέκειτο τοῖς εὑρεθεῖσιν ὑπ' ἐμοῦ; Εἶεν ταῦθ' οὕτως ὦ δέσποτα Πὰν καὶ Νύμφαι φίλαι. Τάχα οὗτος, τοὺς ἰδίους αὑ- ῥών, εὑρήσει τι καὶ τῶν Χλόης ἀποῤῥήτων. » Τοιαῦτα μὲν πρὸς αὑτὸν ἐφρόντιζε καὶ ὠνειροπόλει μέχρι τῆς ἅλω· ἐλθὼν δ' ἐκεῖ καὶ τὸν Δάφνιν μετέωρον πρὸς τὴν ἀκοὴν καταλαβὼν, ἀνέρρωσέ τε γαμβρὸν προσαγο- ρεύσας καὶ τῷ μετοπώρῳ τοὺς γάμους θύσειν ἐπαγ- γέλλεται, δεξιάν τ' ἔδωκεν, ὡς οὐδενὸς ἐσομένης ὅτι μὴ Δάφνιδος Χλόης.

ΛΓʹ. Θᾶττον οὖν νοήματος, μηδὲν πιὼν μηδὲ φαγὼν παρὰ τὴν Χλόην κατέδραμε· καὶ εὑρὼν αὐτὴν ἀμέλ- γουσαν καὶ τυροποιοῦσαν, τόν τε γάμον εὐηγγελίζετο καὶ ὡς γυναῖκα λοιπὸν μὴ λανθάνων κατεφίλει καὶ ἐκοινώνει τοῦ πόνου. Ἤμελγε μὲν εἰς γαυλοὺς τὸ γάλα, ἐνεπήγνυ δὲ ταρσοῖς τοὺς τυρούς· προσέβαλλε ταῖς μητράσιν τοὺς ἄρνας καὶ τοὺς ἐρίφους. Καλῶς δ' ἐχόντων τούτων ἀπελούσαντο, ἐνέφαγον, ἔπιον, πε- ριῄεσαν ζητοῦντες ὀπώρας ἀκμαζούσας. Ἦν δ' ἀφθο- νία πολλὴ διὰ τὸ τῆς ὥρας πάμφορον· πολλαὶ μὲν ἀχράδες, πολλαὶ δ' ὄχναι, πολλὰ δὲ μῆλα· τὰ μὲν ἤδη πεπτωκότα κάτω, τὰ δ' ἔτι ἐπὶ τῶν φυτῶν· τὰ ἐπὶ γῆς εὐωδέστερα, τὰ ἐπὶ τῶν κλάδων εὐανθέστερα, τὰ μὲν οἷον οἶνος ἀπῶζε, τὰ δὲ οἷον χρυσὸς ἀπέλαμπε. Μία μηλέα τετρύγητο καὶ οὔτε καρπὸν εἶχεν, οὔτε φύλλον· γυμνοὶ πάντες ἦσαν οἱ κλάδοι· καὶ ἓν μῆλον ἐπέκειτο ἐν αὐτοῖς ἄκροις ἀκρότατον, μέγα καὶ καλὸν καὶ τῶν πολλῶν τὴν εὐωδίαν ἐνίκα μόνον. Ἔδεισεν ὁ τρυγῶν ἀνελθεῖν, ἠμέλησε καθελεῖν· τάχα δὲ καὶ ἐφύλαττε τὸ καλὸν μῆλον ἐρωτικῷ ποιμένι.

ΛΔʹ. Τοῦτο τὸ μῆλον ὡς εἶδεν ὁ Δάφνις, ὥρμα τρυγᾶν ἀνελθὼν καὶ Χλόης κωλυούσης ἠμέλησεν· ἡ μὲν ἀμεληθεῖσα, ὀργηθεῖσα πρὸς τὰς ἀγέλας ἀπῆλθε· Δάφνις δ' ἀναδραμὼν ἐξίκετο τρυγῆσαι καὶ ἐκόμισε δῶρον Χλόῃ καὶ λόγον τοιόνδ' εἶπεν ὠργισμένῃ· « Ὦ παρ- θένε, τοῦτο τὸ μῆλον ἔφυσαν Ὧραι καλαὶ καὶ φυτὸν καλὸν ἔθρεψε, πεπαίνοντος ἡλίου, καὶ ἐτήρησε τύχη. Καὶ οὐκ ἔμελλον αὐτὸ καταλιπεῖν ὀφθαλμοὺς ἔχων, ἵνα πέσῃ χαμαὶ καὶ ἢ ποίμνιον αὐτὸ πατήσῃ νεμόμενον ἢ ἑρπετὸν φαρμάξῃ συρόμενον ἢ χρόνος δαπανήσῃ ἐπι- κείμενον, βλεπόμενον, ἐπαινούμενον. Τοῦτ' Ἀφροδίτη κάλλους ἔλαβεν ἄθλον· τοῦτ' ἐγὼ σοὶ δίδωμι νικητή- ριον. Ὁμοίους ἔχετε τοὺς μάρτυρας, ἐκεῖνός ἦν ποι-

prosequantur amore. Tantum, o Drya, noc unum scito : affectas et ambis juvenem longe nobis potiorem. His dictis Lamon osculum Dryanti dedit, potumque porrexit, cum jam tum sol meridianus incalesceret, eumque ad aliquid loci deduxit, omni humanitatis officio prosecutus.

XXXII. Dryas, non oscitanter postremo hoc Lamonis ser- mone audito, inter ambulandum secum cogitare cœpit, quis- nam tandem hic esset Daphnis. Enutritus quidem a capra fuit, tanquam non sine cura numinum; est facie decora, nullaque ex parte similis simo seni et mulieri glabræ. Ha- buit præterea tria millia drachmarum, quantam ne piro- rum quidem vim credibile est caprarium habere. Ecquid et hunc aliquis exposuit, sicuti Chloën? Ecquid et hunc invenit Lamon pari fortuna, atque ego illam? Ecquid et monumenta adjecta fuerunt similia iis, quæ a me sunt in- venta? Hæc ita se habeant, domine Pan, caræque Nymphæ! Hicce suis inventis propinquis, forsan et de Chloës aliquid reperiet secretis. Talia quidem animo volvebat suo, som- niabatque, usque dum veniret in aream : quo progressus, Daphnim arrectis auribus suspensum deprehendit, confir- mavitque, gener salve, dicens; et autumno nuptias se cele- braturum promisit, dextramque dedit in fidem, quod nul- lius, præterquam Daphnidis, conjux Chloë esset futura.

XXXIII. Cogitatione itaque celerius, ne quidem potu vel cibo degustato, ad Chloën accurrit : quam cum offendisset mulgentem, caseolosque prementem, lætum hoc de matri- monio apportat nuntium atque deinceps illam non furtim sed ut uxorem deosculatur, inque communionem laboris veniebat. Mulgebat lac in mulctralia, conspissatos indebat cratibus caseos, admovebat matribus agnos et hædos. Post- quam hæc bene fuerunt curata, aqua se abluerunt, cibum et potum sumserunt, circumvagati sunt quæsitum fructus maturos. Horum quidem suppetebat magna copia, quia omnium ferax hæc anni tempestas erat : multa pira erant silvestria, multa hortensia, multa mala : quorum alia humi jam deciderant, alia adhuc arboribus adhærebant. Sed quæ humi jacebant fragrantiora, quæ de ramis pendebant venustiora erant, illa ceu vinum fragrabant, hæc ceu aurum fulgebant. Una malus stabat, cujus jam omnia poma erant ablecta, quæ neque fructum, neque frondes haberet, cujus- que omnes rami nudati essent : sed malum unicum in ipso vertice supremum hærebat, magnum ac pulchrum, quod- que multorum aliorum fragrantiam solum vinceret. Scili- cet qui reliqua decerpserat, eo ascendere metuerat, ideoque istud inde avellere neglexerat; forte vero et eximium illud pomum amanti pastori servabat.

XXXIV. Hoc malum ut conspexit Daphnis, enixus de- cerpere gestiebat atque Chloën impedientem neglectui ha- buit. Hæc neglectio citato gradu ad greges abiit. Ceterum Daphnis, postquam ascendisset, eo pervenit, ut decerperet, donumque Chloæ afferret, et talia verba iratæ dixit : Mea virgo, hoc pomum, quod vides, anni ætates pulchræ pepe- rerunt, hoc arbor egregia enutrivit, sol ad maturitatem per- duxit et conservavit fortuna. Quod non potui, cum oculos habeam, relinquere, ne, si humi deflueret, vel pecus illud inter pascendum pedibus conculcaret, vel serpens dum pro- repit venenaret, vel tempus illud absumeret projectum, ac solummodo oculis et laudibus usurpatum. Hoc Venus in certamine suæ formæ præmium tulit; hoc idem ego tibi do palmarium. Ejusdem conditionis ac Venus testes habetis. Paris erat opilio; caprarius ego. Hisce dictis, hoc malum

μήν, αἰπόλος ἐγώ. » Ταῦτ' εἰπὼν ἐντίθησι τοῖς κόλποις· ἡ δ' ἐγγὺς γενόμενον κατεφίλησεν· ὥσθ' ὁ Δάφνις οὗ μετέγνω τολμήσας ἀνελθεῖν εἰς τοσοῦτον ὕψος· ἔλαβε γὰρ κρεῖττον καὶ χρυσοῦ μήλου φίλημα.

ΛΟΓΟΣ ΤΕΤΑΡΤΟΣ.

Α'. Ἥκων δέ τις ἐκ τῆς Μυτιλήνης ὁμόδουλος τοῦ Λάμωνος, ἤγγειλεν ὅτι ὀλίγον πρὸ τοῦ τρυγητοῦ ὁ δεσπότης ἀφίξεται, μαθησόμενος μή τι τοὺς ἀγροὺς ὁ τῶν Μηθυμναίων εἴσπλους ἐλυμήνατο. Ἤδη οὖν τοῦ θέρους ἀπιόντος καὶ τοῦ μετοπώρου προσιόντος, παρεσκεύαζεν αὐτῷ τὴν καταγωγὴν ὁ Λάμων εἰς πᾶσαν θέας ἡδονήν. Πηγὰς ἐξεκάθαιρεν, ὡς τὸ ὕδωρ καθαρὸν ἔχοιεν, τὸν κόπρον ἐξεφόρει τῆς αὐλῆς ὡς ἀπᾴδουσα μὴ διοχλοίη, τὸν παράδεισον ἐθεράπευεν ὡς ὀφθείη καλός.

Β'. Ἦν δ' ὁ παράδεισος πάγκαλόν τι χρῆμα καὶ κατὰ τοὺς βασιλικούς. Ἐκτέτατο μὲν εἰς σταδίου μῆκος, ἐπέκειτο δ' ἐν χώρῳ μετεώρῳ, τὸ εὖρος ἔχων πλέθρων τεττάρων. Εἴκασεν ἄν τις αὐτὸν πεδίῳ μακρῷ. Εἶχε δὲ πάντα δένδρα, μηλέας, μυρρίνας, ὄχνας καὶ ῥοιὰς καὶ συκῆν καὶ ἐλαίας· ἑτέρωθι ἄμπελον ὑψηλήν· καὶ ἐπέκειτο ταῖς μηλέαις καὶ ταῖς ὄχναις, περκάζουσα, καθάπερ περὶ τοῦ καρποῦ αὐταῖς προσερίζουσα. Τοσαῦτα ἥμερα. Ἦσαν δὲ καὶ κυπάριττοι καὶ δάφναι καὶ πλάτανοι καὶ πίτυς. Ταύταις πάσαις ἀντὶ τῆς ἀμπέλου κιττὸς ἐπέκειτο· καὶ ὁ κόρυμβος αὐτοῦ μέγας ὢν καὶ μελαινόμενος βότρυν ἐμιμεῖτο. Ἔνδον ἦν τὰ καρποφόρα φυτὰ καθάπερ φρουρούμενα· ἔξωθεν περιειστήκει τὰ ἄκαρπα, καθάπερ θριγκὸς χειροποίητος· καὶ ταῦτα μέντοι λεπτῆς αἱμασιᾶς περιέθει περίβολος. Τέτμητο καὶ διακέκριτο πάντα καὶ στέλεχος στελέχους ἀφειστήκει. Ἐν μετεώρῳ δ' οἱ κλάδοι συνέπιπτον ἀλλήλοις καὶ ἐπήλλαττον τὰς κόμας· ἐδόκει μέντοι καὶ ἡ τούτων φύσις εἶναι τέχνη. Ἦσαν καὶ ἀνθῶν πρασιαί, ὧν τὰ μὲν ἔφερεν ἡ γῆ, τὰ δ' ἐποίει τέχνη· ῥοδωνιὰς καὶ ὑάκινθοι καὶ κρίνα, χειρὸς ἔργα· ἰωνιὰς καὶ ναρκίσσους καὶ ἀναγαλλίδας ἔφερεν ἡ γῆ. Σκιά τ' ἦν θέρους καὶ ἧρος ἄνθη καὶ μετοπώρου ὀπώρα καὶ κατὰ πᾶσαν ὥραν τρυφή.

Γ'. Ἐντεῦθεν εὔοπτον μὲν ἦν τὸ πεδίον καὶ ἦν ὁρᾶν τοὺς νέμοντας, εὔοπτος δ' ἡ θάλαττα καὶ ἑωρῶντο οἱ παραπλέοντες· ὥστε καὶ ταῦτα μέρος ἐγίνετο τῆς ἐν τῷ παραδείσῳ τρυφῆς. Ἵνα τοῦ παραδείσου τὸ μεσαίτατον ἐπὶ μῆκος καὶ εὖρος ἦν, νεὼς Διονύσου καὶ βωμὸς ἦν· περιεῖχε τὸν μὲν. βωμὸν κιττός, τὸν νεὼν δὲ κλήματα· εἶχε δὲ καὶ ἔνδοθεν ὁ νεὼς Διονυσιακὰς γραφάς, Σεμέλην τίκτουσαν, Ἀριάδνην καθεύδουσαν, Λυκοῦργον δεδεμένον, Πενθέα διαιρούμενον. Ἐνῆσαν καὶ Ἰνδοὶ νικώμενοι καὶ Τυρρηνοὶ μεταμορφούμενοι· πανταχοῦ Σάτυροι πατοῦντες, πανταχοῦ Βάκχαι χορεύουσαι·

LIBER QUARTUS.

I. Adveniens autem ex Mytilenarum urbe quidam Lamonis conservus, herum paulo ante vindemiam venturum nuntiavit, cogniturum, num quod damnum suis agris intulisset appulsus ille hostilis Methymnæorum. Æstate igitur jam abeunte et autumno adventante, Lamon sedulo allaborare cœpit, quo domino suo talis mansio præpararetur, in qua nihil, quod oculis non esset gratum, occurreret. Fontes emundabat, ut illimes unda clara pellucerent; fimum ex caula egerebat, ne suo fœtore ullam crearet molestiam; hortum summa cura excolebat, ut omni amœnitate rideret.

II. Hic autem hortus profecto res erat valde pulcherrima et in morem regalium hortorum. Excurrebat ad stadii magnitudinem; situs erat in loco celso, latitudine complectens quaterna jugera; ut quis jure ipsum campo per planum porrecto assimilasset. Ferebat porro omnigenas arbores, malos, myrtos, piros, malos punicas, ficus, oleas; et alibi proceram vitem, quæ fœta nigrescente uva, malis et piris incumbebat, perinde ac si de fructu cum illis contenderet. Atque hæ quidem erant sativæ arbores. Nec minus ibi cyparissi, lauri, platani et pini crescebant; quibus omnibus loco vitis imminebat hedera, cujus corymbus ingens et nigrescens uvam æmulabatur. Intus quasi præsidio aliquo munitæ fructiferæ stirpes continebantur, quas foris steriles circumvallabant, haud secus ac sepimentum humano artificio fabrefactum. Porro septum e tenui macerie factum hæc omnia ambiebat. Secto limite erant digesta et discreta omnia, truncique a truncis abjungebantur. In sublimi invicem rami coibant et frondes consociabant. Putasset utique quis, hæc, quæ natura sane ita se habebant, etiam ab arte profecta. Erant et florum areolæ, quorum alios producebat terra, alios industria humana; rosæ nempe, hyacinthi et lilia, manu cultæ; violas, narcissos, anagallidas sponte submittebat humus. Æstate ibi umbra, vere flores, autumno fructus, et cujus anni tempestate deliciæ.

III. Ab hoc loco campus despici poterat, eratque videre pascentes, despici poterat et mare, conspiciebanturque qui navibus præterveherentur; adeo ut et horti deliciis merito accenderi posset. In ipso vero horti meditullio, qua æque in longitudinem ac latitudinem extendebatur, delubrum Baccho et ara erant posita: aram hedera, delubrum palmites cingebant; erant etiam in interiori delubri parte picturæ, Bacchi res gestas ob oculos ponentes, videlicet parientem Semelen, Ariadnen somno sopitam, Lycurgum vinculis constrictum, Pentheum discerptum exhibentes. Hic victi stabant Indi, atque transformati Tyrrheni. Ubique Satyri, ubique Bacchæ choreas ducentes. Neque omissus

οὐδ' ὁ Πὰν ἠμέλητο· ἐκαθέζετο δὲ καὶ αὐτὸς συρίζων ἐπὶ πέτρας, ὅμοιος ἐνδιδόντι κοινὸν μέλος καὶ τοῖς πατοῦσι καὶ τοῖς χορευούσαις.

Δ'. Τοιοῦτον ὄντα τὸν παράδεισον ὁ Λάμων ἐθεράπευε, τὰ ξηρὰ ἀποτέμνων, τὰ κλήματα ἀναλαμβάνων. Τὸν Διόνυσον ἐστεφάνωσε· τοῖς ἄνθεσιν ὕδωρ ἐπωχέτευσε· πηγή τις ἦν, (ἣν) εὗρεν ἐς τὰ ἄνθη Δάφνις· ἐσχόλαζε μὲν τοῖς ἄνθεσιν ἡ πηγή, Δάφνιδος δ' ὅμως ἐκαλεῖτο πηγή. Παρεκελεύετο δὲ καὶ τῷ Δάφνιδι ὁ Λάμων πιαίνειν τὰς αἶγας ὡς δυνατὸν μάλιστα [που], πάντως κἀκείνας λέγων ὄψεσθαι τὸν δεσπότην ἀφικόμενον διὰ χρόνου. Ὁ δ' ἐθάρρει μὲν ὡς ἐπαινεθησόμενος ἐπ' αὐταῖς· διπλασίονάς τε γὰρ ὧν ἔλαβεν ἐποίησε καὶ λύκος οὐδὲ μίαν ἥρπασε, καὶ ἦσαν πιότεραι τῶν οἰῶν· βουλόμενος δὲ προθυμότερον αὐτὸν γενέσθαι πρὸς τὸν γάμον, πᾶσαν θεραπείαν καὶ προθυμίαν προσέφερεν, ἄγων τ' αὐτὰς πάνυ ἕωθεν καὶ ἀπάγων τὸ δειλινόν. Δὶς ἡγεῖτο ἐπὶ ποτόν· ἀνεζήτει τὰ εὐνομώτατα τῶν χωρίων. Ἐμέλησεν αὐτῷ καὶ σκαφίδων καινῶν καὶ γαυλῶν πολλῶν καὶ ταρσῶν μειζόνων. Τοσαύτη δ' ἦν κηδεμονία, ὥστε καὶ τὰ κέρατα ἤλειφε καὶ τὰς τρίχας ἐθεράπευε. Πανὸς ἄν τις ἱερὰν ἀγέλην ἔδοξεν ὁρᾷν. Ἐκοινώνει δὲ παντὸς εἰς αὐτὰς καμάτου καὶ ἡ Χλόη· καὶ τῆς ποίμνης παραμελοῦσα τὸ πλέον ἐκείναις ἐσχόλαζεν· ὥστ' ἐνόμιζεν ὁ Δάφνις δι' ἐκείνην αὐτὰς φαίνεσθαι καλάς.

Ε'. Ἐν τούτοις οὖσιν αὐτοῖς δεύτερος ἄγγελος ἐλθὼν ἐξ ἄστεος ἐκέλευσεν ἀποτρυγᾷν τὰς ἀμπέλους ὅτι τάχιστα, καὶ αὐτὸς ἔφη παραμενεῖν ἔστ' ἂν τοὺς βότρυς ποιήσωσι γλεῦκος, εἶθ' οὕτως κατελθὼν εἰς τὴν πόλιν ἄξειν τὸν δεσπότην, ἤδη τῆς μετοπωρινῆς * τρύγης. Τοῦτόν τ' οὖν τὸν Εὔδρομον, οὕτω γὰρ ἐκαλεῖτο, ὅτι ἦν αὐτῷ ἔργον τρέχειν, ἐδεξιοῦντο πᾶσαν δεξίωσιν καὶ ἅμα τὰς ἀμπέλους ἀπετρύγων, τοὺς βότρυς ἐς τὰς ληνοὺς κομίζοντες, τὸ γλεῦκος εἰς τοὺς πίθους φέροντες, τῶν βοτρύων τοὺς ἡδωτας ἐπὶ κλημάτων ἀφαιροῦντες· ὡς εἴη καὶ τοῖς ἐκ τῆς πόλεως ἐλθοῦσιν ἐν εἰκόνι καὶ ἡδονῇ γενέσθαι τρυγητοῦ.

Ϛ'. Μέλλοντος δ' ἤδη σοβεῖν ἐς ἄστυ τοῦ Εὐδρόμου καὶ ἄλλα μὲν οὐκ ὀλίγα αὐτῷ Δάφνις ἔδωκεν, ἔδωκε δὲ καὶ ὅσα ἀπ' αἰπολίου δῶρα, τυροὺς εὐπαγεῖς, ἔριφον ὀψίγονον, δέρμα αἰγὸς λευκὸν καὶ λάσιον, ὡς ἔχοι χειμῶνος ἐπιβάλλεσθαι τρέχων. Ὁ δ' ἤδετο καὶ ἐφίλει τὸν Δάφνιν καὶ ἀγαθόν τι ἐρεῖν περὶ αὐτοῦ πρὸς τὸν δεσπότην ἐπηγγέλλετο. Καὶ ὁ μὲν ἀπῄει φίλα φρονῶν, ὁ δὲ Δάφνις ἀγωνιῶν τῇ Χλόῃ συνένεμεν· εἶχε δὲ κἀκείνην πολὺ δέος· μειράκιον γάρ, εἰωθὸς αἶγας βλέπειν καὶ ὄρος καὶ γεωργοὺς καὶ Χλόην, πρῶτον ἔμελλεν ὄψεσθαι δεσπότην, οὗ πρότερον μόνον ἤκουε τοὔνομα. Ὑπέρ τ' οὖν τοῦ Δάφνιδος ἐφρόντιζεν, ὅπως ἐντεύξεται τῷ δεσπότῃ καὶ περὶ τοῦ γάμου τὴν ψυχὴν ἐταράττετο, μὴ μάτην ὀνειροπολοῦσιν αὐτόν. Συνεχῆ μὲν οὖν τὰ φιλήματα καὶ ὥσπερ συμπεφυκότων αἱ περιβολαί. Καὶ τὰ φιλήματα δειλὰ ἦν καὶ αἱ περιβολαὶ σκυθρωπαὶ,

Pan, qui in petra, sua canens fistula, sedebat similis accinenti commune carmen tam calcantibus viris quam feminis tripudiantibus.

IV. In hoc igitur tali horto Lamon omnem navabat operam, quo excultum daret, cum arida excidendo, tum palmites adstringendo pedamentisve alligando. Bacchum floribus coronabat, aquam per canales derivabat. Fons quidam a Daphnide floribus irrigandis inventus, operam quidem floribus dabat, Daphnidis tamen fons appellabatur. Hic Daphnim hortabatur Lamon, ut pingues, quam maxime posset, capras redderet, dicens, omnino illas herum, qui longum tempus abfuisset, esse visurum. Bono erat animo Daphnis, utpote laudem caprarum nomine promeriturus; duplo namque quam sibi traditus fuerat, capellarum gregem reddiderat auctiorem, neque ullam lupus abstulerat. Putasses, te Pani sacrum videre gregem. In partem illius circa gregem caprarum laboris ipsa quoque Chloë veniebat, suoque grege neglecto, majori ex parte iis vacabat; adeo ut Daphnis existimaret, per illam fieri, quod capellæ tam pulchræ viderentur.

V. Hisce intentis alter urbe veniens nuntius, vindemiare vites quam ocissime jussit, seque permansurum dixit, donec ex uvis mustum fecerint et tum demum in urbem reversurum, ut dominum adduceret peracta autumnali vindemia. Hunc igitur Eudromum, eo enim nomine appellabatur, quia hero suo erat a pedibus, excipiebant summa benignitate, simulque uvas e vitibus decerpebant, ad præla eas conferentes, mustum condentes in cados, racemos adultos cum palmitibus desecantes, quo liceret ex urbe venientibus aliqua frui vindemiæ imagine et voluptate.

VI. Non pauca autem Eudromo, ad urbem jam regressuro, Daphnis dedit dona; ea autem dedit dona, quæ a caprario expectari poterant, videlicet caseos bene compactos, hædum sero genitum, pellem albam atque hirsutam capræ, quam hiberno tempore currens indueret. Impense delectabatur atque Daphnim osculabatur ille, promittens se aliquid boni de illo dicturum domino. Sic ille abiit benevolo animo; Daphnis autem anxietatis plenus cum Chloë una pascebat; quin et illa magno in metu erat; nempe adolescentulus, assuetus dumtaxat videre capras, montes, agricolas et Chloën, tunc primum visurus erat herum, cujus solum nomen prius audiebat. Erat igitur sollicita de Daphnide, quo pacto herum aditurus esset, ac de matrimonio, ne frustra illud somniarent. Hinc continua intercedebant suavia, mutuique amplexus, haud aliter quam si coaluissent. Nec tamen illorum oscula sine timore erant, neque am-

καθάπερ ἤδη παρόντα τὸν δεσπότην φοβουμένων, ἢ λανθανόντων. Προσγίγνεται δέ τις αὐτοῖς καὶ τοιόσδε τάραχος.

Η΄. Λάμπις τις ἦν ἀγέρωχος βουκόλος. Οὗτος καὶ αὐτὸς ἐμνᾶτο τὴν Χλόην παρὰ τοῦ Δρύαντος καὶ δῶρα ἤδη πολλὰ ἐδεδώκει σπεύδων τὸν γάμον. Αἰσθόμενος οὖν ὡς, εἰ συγχωρηθείη παρὰ τοῦ δεσπότου, Δάφνις αὐτὴν ἄξεται, τέχνην ἐζήτει, δι' ἧς τὸν δεσπότην αὐτοῖς ποιήσειε πικρόν· καὶ εἰδὼς πάνυ αὐτὸν τῷ παραδείσῳ τερπόμενον, ἔγνω τοῦτον, ὅσον οἷός τ' ἐστὶ, διαφθεῖραι καὶ ἀποκοσμῆσαι. Δένδρα μὲν οὖν τέμνων ἔμελλεν ἁλώσεσθαι διὰ τὸν κτύπον· ἐπεῖχε δὲ τοῖς ἄνθεσιν, ὥστε διαφθεῖραι αὐτά. Νύκτα δὴ φυλάξας καὶ ὑπερβὰς τὴν αἱμασιὰν, τὰ μὲν ἀνώρυξε, τὰ δὲ κατέκλασε, τὰ δὲ κατεπάτησεν ὥσπερ σῦς. Καὶ ὁ μὲν λαθὼν ἀπελήλύθει· Λάμων δὲ τῆς ἐπιούσης παρελθὼν εἰς τὸν κῆπον, ἔμελλεν ὕδωρ αὐτοῖς ἐκ τῆς πηγῆς ἐπάξειν. Ἰδὼν δὲ πᾶν τὸ χωρίον δεδῃωμένον καὶ ἔργον οἷον ἂν ἐχθρὸς, οὐ λῃστὴς, ἐργάσαιτο, κατερρήξατο μὲν εὐθὺς τὸν χιτωνίσκον, βοῇ δὲ μεγάλῃ θεοὺς ἀνεκάλει, ὥστε καὶ ἡ Μυρτάλη τὰ ἐν χερσὶ καταλιποῦσα ἐξέδραμε καὶ ὁ Δάφνις ἐάσας τὰς αἶγας ἀνέδραμε· καὶ ἰδόντες ἐβόων καὶ βοῶντες ἐδάκρυον καὶ ἦν καινὸν πένθος ἀνθῶν.

Ζ΄. Ἀλλ' οἱ μὲν φοβούμενοι τὸν δεσπότην ἔκλαον· ἔκλαυσε δ' ἂν τις καὶ ξένος ἐπιστάς. Ἀποκεκόσμητο γὰρ ὁ τόπος καὶ ἦν λοιπὸν γῆ πηλώδης· τῶν δ' εἴ τι διέφυγε τὴν ὕβριν, ὑπήνθει καὶ ἔλαμπε καὶ ἦν ἔτι καλὸν καὶ κείμενον. Ἐπέκειντο δ' αὐτοῖς καὶ μέλιτται συνεχὲς καὶ ἄπαυστον βομβοῦσαι καὶ θρηνούσαις ὅμοιαι. Ὁ μὲν οὖν Λάμων ὑπ' ἐκπλήξεως κἀκεῖνα ἔλεγε· « Φεῦ τῆς ῥοδωνιᾶς, ὡς κατακέκλασται. Φεῦ τῆς ἰωνιᾶς, ὡς πεπάτηται. Φεῦ τῶν ὑακίνθων καὶ τῶν ναρκίσσων, οὓς ἀνώρυξέ τις πονηρὸς ἄνθρωπος. Ἀφίξεται τὸ ἦρ, τὰ δ' οὐκ ἀνθήσει. Ἔσται τὸ θέρος· οἱ δ' οὐκ ἀκμάσει. Μετόπωρον· ἀλλὰ τάδ' οὐδένα στεφανώσει. Οὐδὲ σὺ, δέσποτα Διόνυσε, τὰ ἄθλια ταῦτα ἠλέησας ἄνθη, οἷς παρῴκεις, ὰ ἐβλέπεις, ἀφ' ὧν ἐστεφάνωσά σε πολλάκις καὶ ἑτέρπου; Πῶς, πῶς δείξω νῦν τὸν παράδεισον τῷ δεσπότῃ; Τίς ἐκεῖνος θεασάμενος ἔσται; Κρεμᾷ γέροντα ἄνθρωπον ἐκ (τινος) [μιᾶς] πίτυος ὡς Μαρσύαν· τάχα δὲ καὶ Δάφνιν, ὡς τῶν αἰγῶν ταῦτ' εἰργασμένων. »

Θ΄. Δάκρυα ἦν ἐπὶ τούτοις θερμότερα, καὶ ἐθρήνουν οὐ τὰ ἄνθη λοιπὸν ἀλλὰ τὰς αὑτῶν συμφοράς. Ἐθρήνει καὶ Χλόη Δάφνιν εἰ κρεμήσεται καὶ ηὔχετο μηκέτ' ἐλθεῖν τὸν δεσπότην αὐτῶν καὶ ἡμέρας διήντλει μοχθηράς, ὡς ἤδη Δάφνιν βλέπουσα μαστιγούμενον. Καὶ ἤδη νυκτὸς ἀρχομένης ὁ Εὔδρομος αὐτοῖς ἀπήγγειλεν, ὅτι ὁ μὲν πρεσβύτερος δεσπότης μεθ' ἡμέρας ἀφίξεται τρεῖς, ὁ δὲ παῖς αὐτοῦ τῆς ἐπιούσης πρόεισι. Σκέψις οὖν ἦν ὑπὲρ τῶν συμβεβηκότων καὶ κοινωνὸν εἰς τὴν γνώμην τὸν Εὔδρομον παρελάμβανον· ὁ δ' εὔνους ὢν τῷ Δάφνιδι παρῄνει τὸ συμβὰν ὁμολογῆσαι πρότερον τῷ νέῳ δεσπότῃ καὶ αὐτὸς συμπράξειν ἐπηγγέλλετο,

plexus sine vultu tristi; non secus atque eorum, qui herum jam præsentem timerent, vel clam illo ista agerent. Verum talis tumultus illis intervenit.

VII. Lampis quidam erat, bubulcus ferox. Hic in uxorem a Dryante petebat Chloën, urgensque nuptias, multa dono dederat. Intelligens igitur, quod, siquidem dominus non reprohoret, Daphnis ipsam ducturus esset uxorem, dolos consuere aggrediebatur, quibus dominum adversus eos exacerbaret; cumque non ignoraret, magnopere illum horto delectari, eum, quoad fieri posset, vastare, suaque amœnitate privare decrevit. Ceterum, si arbores cæderet, futurum erat, ut deprehenderetur fragore proditus : hinc animum floribus perdendis adjecit. Observata igitur nocte, transgressus sepem, flosculos partim e radicibus eruit, partim confregit, partim instar porci pedibus protrivit. Atque ille quidem clam se subduxit : Sequenti vero die Lamon ad hortum progressus, jam eum aqua fontana irrigaturus erat. Conspicatusque totum illum locum pervastatum, et facinus, quale inimicus, non vero prædo perpetrasset, illico suam discidit tunicam, et voce alta deos inclamavit, adeo ut Myrtale, omissis iis, quæ in manu habebat, accurreret, pariterque Daphnis, qui capras in pascua eduxerat, recurreret. Hoc videntes clamabant, et clamantes flebant. Atque inauditum hoc quod lugebant flores.

VIII. Verum hi herum expavescentes, flebant, sed ne peregrinus quidem superveniens a lacrimis temperasset. Exutus enim omni venere erat locus, restabatque tantum terræ solum lutulentum : flosculorum si quid effugisset injuriam, subflorebat atque fulgebat sic tamen et adhuc amœnum erat, etsi jaceret. His insidebant apes, continuo et perpetuo bombum facientes, veluti illos lamentabantur. Lamon autem præ animi consternatione in hæc verba erumpebat : Eheu ! rosæ quam sunt diffractæ ! Heu ! violæ quam sunt conculcatæ ! Eheu ! hyacinthi et narcissi, quos homo quis improbus e terra eruit. Ver adveniet, isti autem non vernabunt. Orietur æstas, hi autem non vigebunt. Autumnus aderit, isti autem neminem coronabunt. Neque vero, o domine Bacche, miserorum horumce florum miserius es, juxta quos habitabas, quosque oculis usurpabas, et quibus te sæpe coronavi, quibus delectabaris ? Qua fronte hunc hortum hero ostendam ? Quo animo is hæc visurus est? Me senem de pino aliqua, ut Marsyam, forte suspendet; forsan etiam et Daphnim, quasi nimirum caprarum facto hæc acciderint.

IX. Ob hæc lacrymæ oriebantur fervidiores, neque deinceps flores sed sua infortunia deflobant. Lugebat simul Chloë, si Daphnis suspendendus foret et jam optabat, ut numquam ipsorum dominus adveniret, diesque exantlabat acerbas, quasi jam cerneret Daphnim, flagrorum verbera patientem. Cœpta jam nocte venit nuntiatum Eudromus, dominum seniorem post triduum affuturum, et gnatum ejus die sequenti præventurum. Deliberatum igitur fuit de hisce, quæ acciderant et consiliis conferendis Eudromum socium adhibuerunt. Ille, benevolo animo prosequens Daphnim, suasit, casum illum prius aperiret domino juniori, seque causam adjuturum spondebat, ut qui non

τιμώμενος ὡς ὁμογάλακτος· καὶ ἡμέρας γενομένης, οὕτως ἐποίησαν.

Γ'. Ἧκε μὲν ὁ Ἄστυλος ἐφ' ἵππου καὶ παράσιτος αὐτοῦ, καὶ οὗτος ἐφ' ἵππου· ὁ μὲν, ἀρτιγένειος, ὁ δὲ Γνάθων, τουτὶ γὰρ ἐκαλεῖτο, τὸν πώγωνα ξυρώμενος πάλαι. Ὁ δὲ Λάμων ἅμα τῇ Μυρτάλῃ καὶ τῷ Δάφνιδι πρὸ τῶν ποδῶν αὐτοῦ καταπεσὼν ἱκέτευεν οἰκτεῖραι γέροντα ἀτυχῆ καὶ πατρῴας ὀργῆς ἐξαρπάσαι τὸν οὐδὲν ἀδικήσαντα· ἅμα τ' αὐτῷ καταλέγει πάντα. Οἰκτείρει τὴν ἱκεσίαν ὁ Ἄστυλος καὶ ἐπὶ τὸν παράδεισον ἐλθὼν καὶ τὴν ἀπώλειαν τῶν ἀνθῶν ἰδὼν, αὐτὸς ἔφη παραιτήσεσθαι τὸν πατέρα καὶ κατηγορήσειν τῶν ἵππων, ὡς ἐκεῖ δεθέντες ἐξύβρισαν καὶ τὰ μὲν κατέκλασαν, τὰ δὲ κατεπάτησαν, τὰ δ' ἀνώρυξαν λυθέντες. Ἐπὶ τούτοις ηὔχοντο μὲν αὐτῷ πάντα τὰ ἀγαθὰ Λάμων καὶ Μυρτάλη· Δάφνις δὲ δῶρα προσεκόμισεν ἐρίφους, τυροὺς, ὄρνιθας καὶ τὰ ἔκγονα αὐτῶν, βότρυς ἐπὶ κλημάτων, μῆλά τ' ἐπὶ κλάδων. Ἦν ἐν τοῖς δώροις καὶ ἀνθοσμίας οἶνος Λέσβιος, ποθῆναι ἥδιστος. [οἶνος.]

ΙΑ'. Ὁ μὲν δὴ Ἄστυλος ἐπῄνει ταῦτα καὶ περὶ θήραν εἶχε λαγῶν, οἷα πλούσιος νεανίσκος καὶ τρυφῶν ἀεὶ καὶ ἀφιγμένος εἰς τὸν ἀγρὸν εἰς ἀπόλαυσιν ξένης ἡδονῆς. Ὁ δὲ Γνάθων, οἷα μαθὼν ἐσθίειν ἄνθρωπος καὶ πίνειν εἰς μέθην καὶ λαγνεύειν μετὰ τὴν μέθην καὶ οὐδὲν ἄλλο ὢν ἢ γνάθος καὶ γαστὴρ καὶ τὰ ὑπὸ γαστέρα, οὐ παρέργως εἶδε τὸν Δάφνιν τὰ δῶρα κομίσαντα· ἀλλὰ καὶ φύσει παιδεραστὴς ὢν καὶ κάλλος οἷον οὐδ' ἐπὶ τῆς πόλεως εὑρών, ἐπιθέσθαι ἔγνω τῷ Δάφνιδι καὶ πείσειν ᾤετο ῥᾳδίως ὡς αἰπόλον. Γνοὺς δὲ ταῦτα, θήρας μὲν οὐκ ἐκοινώνει τῷ Ἀστύλῳ, κατιὼν δ' ἵν' ἔνεμεν ὁ Δάφνις λόγῳ μὲν τῶν αἰγῶν, τὸ δ' ἀληθὲς Δάφνιδος ἐγίνετο θεατής· μαλθάσσων δ' αὐτὸν τάς τ' αἶγας ἐπῄνει καὶ συρίσαι τὸ αἰπολικὸν ἠξίωσε καὶ ἔφη ταχέως ἐλεύθερον θήσειν τὸ πᾶν δυνάμενος.

ΙΒ'. Ὡς δ' εἶχε χειροήθη, νύκτωρ λοχήσας ἐκ τῆς νομῆς ἐλαύνοντα τὰς αἶγας, πρῶτον μὲν ἐφίλησε προσδραμών, εἶτ' ὄπισθεν παρασχεῖν ἐδεῖτο τοιοῦτον οἷον αἱ αἶγες τοῖς τράγοις. Τοῦ δὲ βραδέως νοήσαντος καὶ λέγοντος, ὡς τὰς αἶγας μὲν βαίνειν τράγους καλὸν, τράγον δ' οὐπώποτ' εἶδέ τις βαίνοντα τράγον, οὐδὲ κριὸν ἀντὶ τῶν οἰῶν κριόν, οὐδ' ἀλεκτρυόνας ἀντὶ τῶν ἀλεκτορίδων ἀλεκτρυόνας, οἷος ἦν ὁ Γνάθων βιάζεσθαι τὰς χεῖρας προσφέρων· ὁ δὲ μεθύοντα ἄνθρωπον καὶ ἑστῶτα μόλις παρωσάμενος ἔσφηλεν εἰς τὴν γῆν, καὶ ὥσπερ σκύλαξ ἀποδραμὼν κείμενον κατέλιπεν, ἀνδρὸς, οὐ παιδὸς, πρὸς χειραγωγίαν δεόμενον. Καὶ οὐκέτι προσίετο ὅλως, ἀλλ' ἄλλοτ' ἄλλῃ τὰς αἶγας ἔνεμεν, ἐκεῖνον μὲν φεύγων, Χλόην δὲ τηρῶν. Οὐδ' ὁ Γνάθων ἔτι περιειργάζετο, καταμαθὼν ὡς οὐ μόνον καλὸς ἀλλὰ καὶ ἰσχυρός ἐστιν. Ἐπετήρει δὲ καιρὸν διαλεχθῆναι περὶ αὐτοῦ τῷ Ἀστύλῳ καὶ ἤλπιζε δῶρον αὐτὸν ἕξειν παρὰ τοῦ νεανίσκου πολλὰ καὶ μεγάλα χαρίζεσθαι θέλοντος.

---

certe nullo numero apud dominum haberetur, quippe cujus esset collactaneus; exortoque die ita egerunt.

X. Veniebat Astylus equo insidens, unaque ejus parasitus, qui et ipse equo vehebatur; quorum ille nudius tertius barbam emittere cœperat; at huic Gnathoni, hoc enim huic nomen erat, jampridem abrasa barba fuerat. Lamon vero, una cum Myrtala et Daphnide ad illius genua provolutus, infelicis ut misereatur senis, seque innocentem patris iræ eripiat, supplex orat, simulque illi exponit, quæ contigerant omnia. Supplicantis misertus Astylus, hortum ingreditur et conspicatus florum excidium, sese dixit ipse veniam impetraturum a patre et incusaturum equos, quod ibi alligati insolentius lascivissent, sicque alia contrivissent, alia proculcassent, alia suffodissent, loramentis nimirum liberati. Ob hæc Lamon et Myrtale omnia ipsi fausta apprecabantur; Daphnis autem dona insuper attulit, videlicet hædos, caseos, aves, earumque fœtus, racemos adhuc palmitibus dependentes, poma adhuc in ramis pendentia. Inter ista dona erat et fragrantissimum vinum ex Lesbo, potu præstantissimum.

XI. Equidem Astylus collaudabat ista, eratque assiduus in venandis leporibus, utpote opibus abundans juvenis et luxu nunquam non diffluens, quique ideo rus venerat, ut nova voluptate perfrueretur. Gnatho autem, utpote homo unice edoctus edere et ad ebrietatem usque se ingurgitare et lascivire si temulentus esset, quique quantus quantus, nihil aliud quam gula et venter erat, quæque sunt infra ventrem, non obiter et perfunctorie Daphnim sua dona conferentem contemplatus fuerat; sed cum natura puerorum amator esset, inventa, qualem in urbe non vidisset, forma, Daphnim aggredi decrevit, ratus hoc facile illi, utpote homini caprario, se persuasurum. Hæc cum constituisset, venationis non erat cum Astylo particeps, sed descendens ad loca, ubi pascebat Daphnis, verbis quidem capras, sed revera Daphnim, spectatum veniebat. Deinde blandis illum deliniens verbis, laudibus efferebat capras, tibiaque ut pastorale carmen caneret, postulabat, addebatque, mox ei libertatem impetraturum se, qui videlicet nihil non apud Dionysophanem posset.

XII. Ut autem illum mansuetum sibique morigerum habuit, de nocte insidiatus capellas e pastu abducenti, prius præcurrens, oscula quædam dedit; deinde, ut more caprarum, hircis sui copiam facientium, sibi tergum obvertat, precatur. Hæc cum serius animadvertisset Daphnis et dixisset, capras quod ineant hirci, id quidem se recte habere, sed hircum nunquam quem vidisse inire hircum, neque arietem pro ovibus arietem, neque gallos gallinarum loco gallos; ibi Gnatho paratus erat vi adigere, manusque injicere. At ille hominem ebrium, ægreque pedibus insistentem, cubito repulsum humi prostravit et veluti catulus aufugiens, jacentem reliquit, viri, non pueri, qui manu deduceret, opera indigentem. Neque postea eum admittebat Daphnis; sed modo hoc, modo illo loco capras pascebat, illum certe vitans, Chloënque diligenter servans. Neque Gnatho amplius illum curiose observabat, cum intellexisset, eum non solum formosum sed etiam esse robustum. Captabat autem occasionem de eo colloquendi cum Astylo, sperabatque fore, ut illum dono habiturus esset a juvene multa et præclara largiri volente.

LIBER IV.

ΙΓ′. Τότε μὲν οὖν οὐκ ἠδυνήθη, προσῄει γὰρ ὁ Διονυσοφάνης ἅμα τῇ Κλεαρίστῃ· καὶ ἦν θόρυβος πολὺς κτηνῶν, οἰκετῶν, ἀνδρῶν, γυναικῶν· μετὰ δὲ τοῦτο συνέταττε λόγον καὶ ἐρωτικὸν καὶ μακρόν. Ἦν δ' ὁ Διονυσοφάνης μεσαιπόλιος μὲν ἤδη, μέγας δὲ καὶ καλὸς καὶ μειρακίοις ἁμιλλᾶσθαι δυνάμενος· ἀλλὰ καὶ πλούσιος ἐν ὀλίγοις καὶ χρηστὸς ὡς οὐδεὶς ἕτερος. Οὗτος ἐλθὼν, τῇ πρώτῃ μὲν ἡμέρᾳ θεοῖς ἔθυσεν, ὅσοι προεστᾶσιν ἀγροικίας, Δήμητρι καὶ Διονύσῳ καὶ Πανὶ καὶ Νύμφαις καὶ κοινὸν πᾶσι τοῖς παροῦσιν ἔστησε κρατῆρα· ταῖς δ' ἄλλαις ἡμέραις ἐπεσκόπει τὰ τοῦ Λάμωνος ἔργα· καὶ ὁρῶν τὰ μὲν πεδία ἐν αὔλακι, τὰς δ' ἀμπέλους ἐν κλήματι, τὸν δὲ παράδεισον ἐν κάλλει (περὶ γὰρ τῶν ἀνθῶν Ἄστυλος τὴν αἰτίαν ἀνελάμβανεν), ἥδετο περιττῶς καὶ τὸν Λάμωνα ἐπῄνει καὶ ἐλεύθερον ἀφήσειν ἐπηγγέλλετο. Κατῆλθε μετὰ ταῦτα καὶ εἰς τὸ αἰπόλιον τάς τ' αἶγας ὀψόμενος καὶ τὸν νέμοντα.

ΙΔ′. Χλόη μὲν οὖν εἰς τὴν ὕλην ἔφυγεν, ὄχλον τοσοῦτον αἰδεσθεῖσα καὶ φοβηθεῖσα· ὁ δὲ Δάφνις εἱστήκει δέρμα λάσιον αἰγὸς ἐξωσμένος, πήραν νεορραφῆ κατὰ τῶν ὤμων ἐξηρτημένος, κρατῶν ταῖς χερσὶν ἀμφοτέραις, τῇ μὲν ἀρτιπαγεῖς τυρούς, τῇ δὲ ἐρίφους γαλαθηνούς. Εἴ ποτε Ἀπόλλων Λαομέδοντι θητεύων ἐβουκόλησε, τοιόσδ' ἦν οἷος τότ' ὤφθη Δάφνις. Αὐτὸς μὲν οὖν εἶπεν οὐδέν, ἀλλ' ἐρυθήματος πλησθεὶς ἔνευσε κάτω, προτείνας τὰ δῶρα· ὁ δὲ Λάμων, « οὗτος, εἶπε, σοί, δέσποτα, τῶν αἰγῶν αἰπόλος. Σὺ μὲν ἐμοὶ πεντήκοντα νέμειν δέδωκας καὶ δύο τράγους· οὗτος δέ σοι πεποίηκεν ἑκατὸν καὶ δέκα τράγους. Ὁρᾷς ὡς λιπαραὶ καὶ τὰς τρίχας λάσιαι καὶ τὰ κέρατα ἄθραυστοι. Πεποίηκε δ' αὐτὰς καὶ μουσικάς· σύριγγος γοῦν ἀκούουσαι ποιοῦσι πάντα. »

ΙΕ′. Παροῦσα δὴ τοῖς λεγομένοις ἡ Κλεαρίστη, πεῖραν ἐπεθύμησε τοῦ λεχθέντος λαβεῖν καὶ κελεύει τὸν Δάφνιν ταῖς αἰξὶν οἷον εἴωθε συρίσαι, καὶ ἐπαγγέλλεται συρίσαντι χαριεῖσθαι χιτῶνα, χλαῖναν καὶ ὑποδήματα. Ὁ δὲ καθίσας αὐτοὺς ὥσπερ θέατρον, στὰς ὑπὸ τῇ φηγῷ καὶ ἐκ τῆς πήρας τὴν σύριγγα προκομίσας, πρῶτα μὲν ὀλίγον ἐνέπνευσε· καὶ αἱ αἶγες ἔστησαν τὰς κεφαλὰς ἀράμεναι· εἶτ' ἐνέπνευσε τὸ νόμιον καὶ αἱ αἶγες ἐνέμοντο, νεύσασαι κάτω· αὖθις λιγυρὸν ἐνέδωκα· καὶ ἀθρόαι κατεκλίθησαν. Ἐσύρισέ τι καὶ ὀξὺ μέλος· αἱ δέ, ὥσπερ λύκου προσιόντος, εἰς τὴν ὕλην κατέφυγον. Μετ' ὀλίγον ἀνακλητικὸν ἐφθέγξατο· καὶ ἐξελθοῦσαι τῆς ὕλης, πλησίον αὐτοῦ τῶν ποδῶν συνέδραμον. Οὐδ' ἀνθρώπους οἰκέτας εἶδεν ἄν τις οὕτω πειθομένους προστάγματι δεσπότου. Οἵ τ' οὖν ἄλλοι πάντες ἐθαύμαζον καὶ πρὸ πάντων ἡ Κλεαρίστη καὶ τὰ δῶρα ἀποδώσειν ὤμοσε καλῷ τ' ὄντι αἰπόλῳ καὶ μουσικῷ· καὶ ἀνελθόντες εἰς τὴν ἔπαυλιν, ἀμφὶ ἄριστον εἶχον καὶ τῷ Δάφνιδι, ἀφ' ὧν ἤσθιον, ἔπεμψαν.

Ις′. Ὁ δὲ μετὰ τῆς Χλόης ἤσθιε καὶ ἥδετο γευόμενος ἀστικῆς ὀψαρτυσίας καὶ εὔελπις ἦν τεύξεσθαι

XIII. Tamen ista tunc temporis tractari non potuerunt. Namque adveniebat Dionysophanes una cum sua Clearista; turba erat jumentorum, servorum, virorum atque mulierum. Inde autem componere coepit sermonem amatorium, eumque prolixum. Erat hic Dionysophanes ætate semicana, magnus autem et formosus, qui nec juveni cederet; quin et dives inter paucos, et in tantum probus, in quantum nemo alius. Hic, post adventum suum, prima die omnibus diis agri præsidibus sacra fecit, Cereri, Baccho, Pani, Nymphis, statuitque omnibus, quotquot aderant præsentes, cratera communem; reliquis diebus Lamonis inspexit opera : utque conspexit campum probe impressis sulcis aratum, vineam palmitibus totam turgidam, hortum eleganter politum, (quod namque flores attinebat, Astylus omnem culpam in se receperat) impense delectabatur atque Lamonem laudibus evehens, insuper pollicitus est, se eum liberum manumissurum. Post hæc etiam ad caprarum gregem descendit, capras caprariumque visurus.

XIV. Igitur Chloe in silvam aufugit, tantam turbam reverens et timens. At Daphnis hirsuta capræ pelle indutus substitit, ex humeris suspensam recens consutam habens peram, tenens utraque manu, altera nempe recentes caseolos, altera hædulos lactentes. Si quando Apollo Laomedonti mercede pacta servit et armenta pavit, talis certe erat, qualis tunc visus est Daphnis : qui sane no verbum quidem protulit, sed rubore suffusus dejecit oculos humi, muneraque porrexit. Lamon vero : Hic, inquit, here, caprarum tuarum custos est. Tu quidem quinquaginta mihi tradideras pascendas et binos hircos; hic usque ad centenas auctas dedit et denos hircos. Vides, quam sint pingues, nitidæque et villis densæ, cornibusque integræ. Eas et musicas reddidit; fistula namque audita statim omnia imperata faciunt.

XV. His dictis aderat et Clearista et specimen ejus quod dictum erat sumere cupiens, jussit Daphnim capellis, ut solebat, fistula canere, insimul promittens si id fecisset se cum tunica, læna et calceis muneraturam. Ille, in theatri modum illis dispositis, stans sub fago, e pera fistulam depromsit et primum quidem exilem inflando edidit sonitum, et statim capellæ surrexerunt capillibus erectis : deinde pastoralem occepit cantum, atque capellæ capite in terram demisso pascere cœperunt; rursus suavem et argutum sonum edidit, et simul omnes reclinatæ quieverunt. Tum quidem acutum insonuit, et illæ, non secus ac lupo irruente, in silvam confugerunt. Paulo post receptui signum dedit; tum derepente silva egressæ prope pedes ipsius circum circa currere omnes cœperunt. Nemo umquam famulos vidit ita dicto audientes hero suo. Ceteri itaque omnes demirati fuere, præcipue vero Clearista, quæ promissa huic formoso et musico caprario dona se persoluturam juravit. Reversique ad villam prandebant, et Daphnidi quædam de sua misere, unde edebant, mensa.

XVI. Ille una cum Chloe hisce epulis fruebatur, delectabaturque gustando conquisitissimos oppidanorum cibos,

τοῦ γάμου, πείσας τοὺς δεσπότας. Ὁ δὲ Γνάθων προσεκκαυθεὶς τοῖς κατὰ τὸ αἰπόλιον γεγενημένοις καὶ ἀδίωτον νομίζων τὸν βίον, εἰ μὴ τεύξεται Δάφνιδος, περιπατοῦντα τὸν Ἄστυλον ἐν τῷ παραδείσῳ φυλάξας καὶ ἀναγαγὼν εἰς τὸν τοῦ Διονύσου νεών, πόδας καὶ χεῖρας κατεφίλει. Τοῦ δὲ πυνθανομένου, τίνος ἕνεκα ταῦτα δρᾷ καὶ λέγειν κελεύοντος καὶ ὑπουργήσειν ὀμνύοντος· « Οἴχεταί σοι Γνάθων, ἔφη, δέσποτα. Ὁ μέχρι νῦν μόνης τραπέζης τῆς σῆς ἐρῶν, ὁ πρότερον ὀμνὺς ὅτι μηδέν ἐστιν ὡραιότερον οἴνου γέροντος, ὁ κρείττους τῶν ἐφήβων τῶν ἐν Μυτιλήνῃ, τοὺς σοὺς ὀψαρτυτὰς λέγων, μόνον λοιπὸν καλὸν εἶναι Δάφνιν νομίζω. Καὶ τροφῆς μὲν τῆς πολυτελοῦς οὐ γεύομαι, καίτοι τοσούτων παρασκευαζομένων ἑκάστης ἡμέρας, κρεῶν, ἰχθύων, μελιτωμάτων. Ἡδέως δ' ἂν αἲξ γενόμενος, πόαν ἐσθίοιμι καὶ φύλλα τῆς Δάφνιδος ἀκούων σύριγγος καὶ ὑπ' ἐκείνου νεμόμενος. Σὺ δὲ σῶσον Γνάθωνα τὸν σὸν καὶ τὸν ἀήττητον ἔρωτα νίκησον. Εἰ δὲ μή, σοὶ ἐπόμνυμι τὸν ἐμὸν θεόν, ξιφίδιον λαβὼν καὶ ἐμπλήσας τὴν γαστέρα τροφῆς, ἐμαυτὸν ἀποκτενῶ πρὸ τῶν Δάφνιδος θυρῶν· σὺ δ' οὐκέτι καλεῖς Γναθωνάριον, ὥσπερ εἰώθεις παίζων ἀεί. »

ΙΖ'. Οὐκ ἀντέσχε κλάοντι καὶ αὖθις τοὺς πόδας καταφιλοῦντι, νεανίσκος μεγαλόφρων καὶ οὐκ ἄπειρος ἐρωτικῆς λύπης, ἀλλ' αἰτήσειν αὐτὸν παρὰ τοῦ πατρὸς ἐπηγγείλατο καὶ κομιεῖν εἰς τὴν πόλιν, αὐτῷ μὲν δοῦλον, ἐκείνῳ δ' ἐρώμενον. Εἰς εὐθυμίαν δὲ καὶ αὐτός, ἐκεῖνον θέλων προάγειν, ἐπυνθάνετο μειδιῶν, εἰ οὐκ αἰσχύνεται Λάμωνος υἱὸν φιλῶν ἀλλὰ καὶ σπουδάζει συγκατακλιθῆναι νέμοντι αἶγας μειρακίῳ· καὶ ἅμα ὑπεκρίνετο τὴν τραγικὴν δυσωδίαν μυσάττεσθαι. Ὁ δέ, οἷα πᾶσαν ἐρωτικὴν μυθολογίαν ἐν τοῖς ἀσωτείοις πεπαιδευμένος, οὐκ ἀπὸ σκοποῦ καὶ ὑπὲρ αὑτοῦ καὶ ὑπὲρ τοῦ Δάφνιδος ἔλεγεν· « Οὐδεὶς ταῦτα, δέσποτα, ἐραστὴς πολυπραγμονεῖ· ἀλλ' ἐν ὅτῳ ποτ' ἂν σώματι εὕρῃ τὸ κάλλος ἑάλωκε. Διὰ τοῦτο καὶ φυτοῦ τις ἠράσθη καὶ ποταμοῦ καὶ θηρίου. Καίτοι, τίς οὐκ ἂν ἐραστὴν ἠλέησεν, ὃν ἔδει φοβεῖσθαι τὸν ἐρώμενον; Ἐγὼ δὲ σώματος μὲν ἐρῶ δούλου, κάλλους δ' ἐλευθέρου. Ὁρᾷς, ὡς ὑακίνθῳ μὲν τὴν κόμην ὁμοίαν ἔχει, λάμπουσι δ' ὑπὸ ταῖς ὀφρύσιν οἱ ὀφθαλμοί, καθάπερ ἐν χρυσῇ σφενδόνῃ ψηφίς; καὶ τὸ μὲν πρόσωπον ἐρυθήματος μεστόν, τὸ δὲ στόμα λευκῶν ὀδόντων, ὥσπερ ἐλέφαντος. Τίς ἐκεῖθεν οὐκ ἂν εὔξαιτο λαβεῖν ἐραστὴς γλυκέα φιλήματα; Εἰ δὲ νέμοντος ἠράσθην, θεοὺς ἐμιμησάμην. Βουκόλος ἦν Ἀγχίσης καὶ ἔσχεν αὐτὸν Ἀφροδίτη· αἶγας ἔνεμε Βράγχος καὶ Ἀπόλλων αὐτὸν ἐφίλησε· ποιμένα Γανυμήδης καὶ αὐτὸν ὁ τῶν ὅλων βασιλεὺς ἥρπασε. Μὴ καταφρονῶμεν παιδός, ᾧ καὶ αἶγας ὡς ἐρώσας πειθομένας εἴδομεν· ἀλλὰ καὶ ὅτι μένειν ἐπὶ γῆς ἐπιτρέπουσι τοιοῦτον κάλλος, χάριν ἔχωμεν τοῖς Διὸς ἀετοῖς. »

ΙΗ'. Ἰδοὺ γελάσας ὁ Ἄστυλος ἐπὶ τούτῳ μάλιστα τῷ λεχθέντι καὶ ὡς μεγάλους ὁ Ἔρως ποιεῖ σοφιστὰς,

inque spem erigebatur, fore ut, dominis persuasis, hasce nuptias consequeretur. Gnatho autem magis accensus iis, quæ apud capellas acciderant, minimeque vitalem sibi vitam ducens, ni Daphnide potiretur, Astylum in horto inambulantem captavit et in Bacchi ædem abduxit, ubi ipsius pedes et manus osculari cœpit. At illo sciscitante, curnam id faceret et imperante ut eloqueretur, quid rei esset, insuperque adjurante se nihil ipsi denegaturum, Actum est, inquit, here, de Gnathone tuo. Qui ad hoc usque tempus solam amabam mensam tuam, qui antehac jurabam, nihil esse magis lepidum, quam vinum vetustum, qui ephebis Mytilenæis tuos obsoniorum conditores formosiores esse affirmabam, nunc solum Daphnim formosum esse censeo. Atque ne gustatis quidem conquisitissimis illis dapibus, quarum singulis diebus ingens est apparatus, carnibus, piscibus, libis melleis, libenter herbam ac frondes depascerem in capellam conversus, Daphnidis modo auscultans fistulam, et sub illius manu pascens. Tu vero tuum servato Gnathonem, invictumque vince amorem. Sin minus, tibi per meum juro deum, pugione arrepto et aqualiculo hoc cibis usque repleto, memet occidam ad ipsas adeo Daphnidis fores. Tu vero haud amplius me vocabis Gnathonulum, ut assidue per jocum soles.

XVII. Ferre non potuit lacrimantem, iterumque pedes exosculantem, juvenis magnanimus et amantium doloris haudquaquam ignarus, illique pollicitus est, se a patre petiturum Daphnim, cumque ducturum in urbem sibi quidem mancipium, ipsi vero amasium. Cum autem vellet eum bono esse animo, interrogabat subridens, numquid eum puderet Lamonis filium amare et nihil non moliri, quo cum adolescentulo capras pascente rem haberet? Et simul simulabat, sese hircinum illum fœtorem detestari. Gnatho contra, qui nullos non amatorios logos in ganeis didicisset, non alienum a re de se ipso et de Daphnide retulit: Nemo amatorum, domine, hisce curiose perscrutandis immoratur; sed in quocunque tandem corpore formam invenerit, illa capitur: idcirco et plantam nonnullus deperiit, nec non flumen et feram. Et quidem quis non amantem miseratus fuerit, cui formidandus sit ille ipse, quem amat? Servile quidem corpus, at liberalem formam amo. Vides, ut illius coma hyacintho similis sit? ut fulgeant oculi sub superciliis, veluti pala aurea inclusa gemma? ut illius facies rubore suffusa sit? ut illius oris dentes eboris instar candicent? Et quis amator non omnibus votis contenderit inde dulcia sumere basia? Sin vero pastorem arsi, deos imitatus feci. Bubulcus erat Anchises, attamen illum habuit Venus. Capellas pascebat Branchus, et Apollo ipsum amavit. Pastor Ganymedes erat et illum cœli terræque rex rapuit. Nec contemnamus puerum, cui etiam capellas veluti amantes, morigeras videmus. Immo potius, quod adhuc in terris manere tantam venustatem sinant, gratias agamus Jovis aquilis.

XVIII. Astylus cum ob hoc maxime dictum suaviter risisset, dixissetque magnos sophistas ab Amore formari,

εἰπὼν, ἐπετήρει καιρὸν, ἐν ᾧ τῷ πατρὶ περὶ Δάφνιδος διαλέξεται. Ἀκούσας δὲ τὰ λεχθέντα κρύφα πάντα ὁ Εὔδρομος, καὶ τὰ μὲν τὸν Δάφνιν φιλῶν, ὡς ἀγαθὸν νεανίσκον, τὰ δὲ ἀχθόμενος εἰ Γνάθωνος ἐμπαροίνημα γενήσεται τοιοῦτον κάλλος, αὐτίκα καταλέγει πάντ' ἐκείνῳ καὶ Λάμωνι. Ὁ μὲν οὖν Δάφνις ἐκπλαγεὶς, ἐγίνωσκεν ἅμα τῇ Χλόῃ τολμῆσαι φυγεῖν ἢ ἀποθανεῖν, κοινωνὸν κἀκείνην λαβών. Ὁ δὲ Λάμων προσκαλεσάμενος ἔξω τῆς αὐλῆς τὴν Μυρτάλην· « Οἰχόμεθα, εἶπεν, ὦ γύναι. Ἥκει καιρὸς ἐκκαλύπτειν τὰ κρυπτά. Ἔρρει μοι Δάφνις καὶ τὰ λοιπὰ πάντα· ἀλλ', οὐ μὰ τὸν Πᾶνα καὶ τὰς Νύμφας, οὐδ' εἰ μέλλω βοῦς, φασὶν, ἐν αὐλίῳ καταλείπεσθαι, τὴν Δάφνιδος τύχην, ἥτις ἐστὶν, οὐ σιωπήσομαι, ἀλλὰ καὶ ὅτι εὗρον ἐκκείμενον ἐρῶ καὶ ὅπως τρεφόμενον μηνύσω καὶ ὅσα εὗρον συνεκκείμενα δείξω. Μαθέτω Γνάθων ὁ μιαρὸς, οἷος ὢν οἵων ἐρᾷ. Παρασκεύαζέ μοι μόνον εὐτρεπῆ τὰ γνωρίσματα. »

ΙΘ'. Οἱ μὲν ταῦτα συνθέμενοι, ἀπῆλθον εἴσω πάλιν. Ὁ δ' Ἄστυλος σχολὴν ἄγοντι τῷ πατρὶ προσρυείς, αἰτεῖ τὸν Δάφνιν εἰς τὴν πόλιν καταγαγεῖν, ὡς καλόν τ' ὄντα καὶ ἀγροικίας κρείττονα καὶ ταχέως ὑπὸ Γνάθωνος καὶ τὰ ἀστικὰ διδαχθῆναι δυνάμενον. Χαίρων ὁ πατὴρ δίδωσι· καὶ μεταπεμψάμενος τὸν Λάμωνα καὶ τὴν Μυρτάλην, εὐηγγελίζετο μὲν αὐτοῖς, ὅτι Ἄστυλον θεραπεύσει λοιπὸν ἀντ' αἰγῶν καὶ τράγων Δάφνις· ἐπηγγέλλετο δὲ δύο ἀντ' ἐκείνου δώσειν αὐτοῖς αἰπόλους. Ἐνταῦθ' ὁ Λάμων, πάντων ἤδη συνερρυηκότων καὶ ὅτι καλὸν ὁμόδουλον ἕξουσιν ἡδομένων, αἰτήσας λόγον, ἤρξατο λέγειν· " Ἄκουσον, ὦ δέσποτα, παρ' ἀνδρὸς γέροντος ἀληθῆ λόγον· ἐπόμνυμι δὲ τὸν Πᾶνα καὶ τὰς Νύμφας ὡς οὐδὲν ψεύσομαι. Οὐκ εἰμὶ Δάφνιδος πατήρ, οὐδ' εὐτύχησέ ποτε Μυρτάλη μήτηρ γενέσθαι. Ἄλλοι πατέρες ἐξέθηκαν τοῦτον, ἴσως παιδίων πρεσβυτέρων ἅλις ἔχοντες· ἐγὼ δ' εὗρον ἐκκείμενον καὶ ὑπ' αἰγὸς ἐμῆς τρεφόμενον· ἣν καὶ ἀποθανοῦσαν ἔθαψα ἐν τῷ περικήπῳ, φιλῶν, ὅτι ἐποίησε μητρὸς ἔργα. Εὗρον αὐτῷ καὶ γνωρίσματα συνεκκείμενα· ὁμολογῶ, δέσποτα, καὶ φυλάττω· τύχης γάρ ἐστι μείζονος ἢ καθ' ἡμᾶς σύμβολα. Ἀστυλου μὲν οὖν εἶναι δοῦλον αὐτὸν οὐχ ὑπερηφανῶ, καλὸν οἰκέτην καλοῦ καὶ ἀγαθοῦ δεσπότου· παροίνημα δὲ Γνάθωνος οὐ δύναμαι περιϊδεῖν γενόμενον, ὃς ἐς Μυτιλήνην αὐτὸν ἄγειν ἐπὶ γυναικῶν ἔργα σπουδάζει. »

Κ'. Ὁ μὲν Λάμων ταῦτ' εἰπὼν ἐσιώπησε καὶ πολλ' ἀφῆκε δάκρυα. Τοῦ δὲ Γνάθωνος θρασυνομένου καὶ πληγὰς ἀπειλοῦντος, ὁ Διονυσοφάνης τοῖς εἰρημένοις ἐκπλαγεὶς, τὸν μὲν Γνάθωνα σιωπᾶν ἐκέλευσε, σφόδρα τὴν ὀφρὺν εἰς αὐτὸν τοξοποιήσας· τὸν δὲ Λάμωνα πάλιν ἀνέκρινε καὶ παρεκελεύετο τἀληθῆ λέγειν, μηδ' ὅμοια πλάττειν μύθοις ἐπὶ τῷ κατέχειν τὸν υἱόν. Ὡς δ' ἀτενὴς ἦν καὶ κατὰ πάντων ὤμνυ θεῶν καὶ ἐδίδου βασανίζειν αὐτὸν, εἴ τι ψεύδεται, παρακαθημένης τῆς Κλεαρίστης ἐβασάνιζε τὰ λελεγμένα. « Τί δ' ἂν

circumspectare commodum tempus cœpit, quo suum patrem de Daphnide alloqui posset. Eudromus subauscultavit, quæcunque locuti fuerant, clanculum, et, cum Daphnim, ut optimum juvenem, diligens, tum ægre ferens, quod tam elegans juvenis ludibrio esset futurus lascivo Gnathoni, extemplo omnem rem aperuit et Daphnidi ipsi et Lamoni. Daphnis igitur, animo consternatus, simul cum Chloe se in fugam dare constituit, vel vitæ finem sibi ponere, ea quoque comite adscita. At Lamon, evocata foras Myrtala, Perîimus, inquit, mea uxor. Adest tempus, ea revelandi, quæ hactenus tecta fuere. Daphnis periit mihi et reliqua omnia : sed Panem atque Nymphas testor, etiamsi, quod aiunt, bos in stabulo sim relinquendus, Daphnidis fortunam nequaquam reticebo; sed, quod inveni expositum, dicam, quomodo educatus fuerit indicabo et quæ cum illo exposita fuerint ostendam. Discat scelestus iste Gnatho et quis sit ipse et quos amare audeat. Tu modo cura, ut hæc mihi monumenta sint promta.

XIX. Sic ubi inter ipsos convenit, se intro receperunt. Astylus ad patrem otium agentem advolans, petit, ut Daphnim sibi liceat in urbem abducere, utpote formosum præstantioremque, quam qui ruri degat et brevi temporis spatio a Gnathone urbanos mores edocendum. Lubens pater concessit, atque accessitis Lamoni ac Myrtalæ lætum afferebat nuntium, quod, pro capris hircisque, Astylo deinceps daturus sit operam Daphnis ; pollicitus, pro illo duos illis se daturum caprarios. Tum Lamon, cum jam omnes confluxissent atque, quod formosum esset habituri conservum, lætarentur, dicendi copiam petiit, sicque profari cœpit : Audi, here, ex viro sene verum sermonem : juro Panem Nymphasque, me nihil falsi esse dicturum. Non sum ego Daphnidis pater, neque tam beata fuit Myrtale, ut mater exsisteret. Alii parentes hunc exposuerunt infantulum, forsan grandiorum liberorum satis habentes. Ego inveni illum expositum et a capra mea nutritum, quam etiam mortuam in horti ambitu sepelivi, magno illam amore prosequens, quod matris officia præstitisset. Inveni et monumenta quædam cum illo exposita; confiteor, domine, atque asservo ista ; fortunæ namque altioris, quam ut nobis convenire possint, hæc sunt indicia. Servum autem illum esse Astyli, videlicet famulum pulchrum domini pulchri atque boni, non aspernor; at illum Gnathonis libidini exponi, id nullo modo tolerare possum ; cum eum Gnatho Mitylenen adducat, ut muliebria patiatur.

XX. His dictis Lamon, multas in lacrimas effusus, conticuit. Cum autem Gnatho audacius efferretur, verberaque minaretur, Dionysophanes dictis obstupefactus, Gnathoni silentium imperavit, torve supercilia in ipsum intorquens; et Lamonem iterum interrogavit et jussit, ut ipsi vera responderet, neque consimilia fabulis confingeret, quo sic filium retinere posset. Cum autem Lamon firmus in verbis persisteret, perque omnes jurarèt deos, seque ad quæstionem offerret, si quid mentitus fuisset, assidente Clearista, dicta examinabat. Quare Lamon mentiretur, cum

ἐψεύδετο Λάμων, μέλλων ἀνθ' ἑνὸς δύο λαμβάνειν αἰπόλους; Πῶς δ' ἂν καὶ ταῦτ' ἔπλασεν ἄγροικος; Οὐ γὰρ εὐθὺς ἦν ἄπιστον ἐκ τοιούτου γέροντος καὶ μητρὸς εὐτελοῦς υἱὸν καλὸν οὕτω γενέσθαι; »

5 ΚΑ'. Ἐδόκει μὴ μαντεύεσθαι ἐπιπλέον ἀλλ' ἤδη τὰ γνωρίσματα σκοπεῖν, εἰ λαμπρᾶς καὶ ἐνδοξοτέρας τύχης. Ἀπῄει μὲν Μυρτάλη κομιοῦσα πάντα φυλαττόμενα ἐν πήρᾳ παλαιᾷ. Κομισθέντα δὲ πρῶτος Διονυσοφάνης ἐπέβλεπε καὶ ἰδὼν χλανίδιον ἁλουργές,
10 πόρπην χρυσήλατον, ξιφίδιον ἐλεφαντόκωπον, μέγα βοήσας, ὦ Ζεῦ δέσποτα, καλεῖ τὴν γυναῖκα θεασομένην. Ἡ δ' ἰδοῦσα μέγα καὶ αὐτὴ βοᾷ· « ὦ φίλαι Μοῖραι· οὐ ταῦθ' ἡμεῖς συνεξεθήκαμεν ἰδίῳ παιδί; Οὐκ εἰς τούτους τοὺς ἀγροὺς κομιοῦσαν Σωφροσύνην
15 ἀπεστείλαμεν; Οὐκ ἄλλα μὲν οὖν, ἀλλὰ ταῦτα. Φίλ' ἄνερ ἡμέτερόν ἐστι τὸ παιδίον· σὸς υἱός ἐστι Δάφνις καὶ πατρῴας ἔνεμεν αἶγας. »

ΚΒ'. Ἔτι λεγούσης αὐτῆς καὶ τοῦ Διονυσοφάνους τὰ γνωρίσματα φιλοῦντος καὶ ὑπὸ περιττῆς ἡδονῆς
20 δακρύοντος, ὁ Ἄστυλος συνεὶς ὡς ἀδελφός ἐστι, ῥίψας θοἱμάτιον, ἔθει κατὰ τοῦ παραδείσου, πρῶτος τὸν Δάφνιν φιλῆσαι θέλων. Ἰδὼν δ' αὐτὸν ὁ Δάφνις θέοντα μετὰ πολλῶν καὶ βοῶντα, Δάφνι, νομίσας ὅτι συλλαβεῖν αὐτὸν βουλόμενος τρέχει, ῥίψας τὴν πήραν
25 καὶ τὴν σύριγγα πρὸς τὴν θάλατταν ἐφέρετο ῥίψων ἑαυτὸν ἀπὸ τῆς μεγάλης πέτρας. Καὶ ἴσως ἂν, τὸ καινότατον, εὑρεθεὶς ἀπωλώλει Δάφνις, εἰ μὴ συνεὶς ὁ Ἄστυλος ἐβόα πάλιν· « Στῆθι, Δάφνι, μηδὲν φοβηθῇς· ἀδελφός εἰμί σου, καὶ γονεῖς οἱ μέχρι νῦν δεσπό-
30 ται. Νῦν ἡμῖν Λάμων τὴν αἶγα εἶπε καὶ τὰ γνωρίσματα ἔδειξεν· ὅρα σὺ ἐπιστραφεὶς, πῶς ἴασι φαιδροὶ καὶ γελῶντες. Ἀλλ' ἐμὲ πρῶτον φίλησον· ὄμνυμι δὲ τὰς Νύμφας, ὡς οὐ ψεύδομαι. »

ΚΓ'. Μόλις οὖν μετὰ τοὺς ὅρκους ἔστη καὶ τὸν
35 Ἄστυλον τρέχοντα περιέμεινε καὶ προσελθόντα κατεφίλησεν. Ἐν ᾧ δ' ἐκεῖνον ἐφίλει, πλῆθος τὸ λοιπὸν ἐπιρρεῖ θεραπόντων, θεραπαινῶν, αὐτὸς ὁ πατήρ, ἡ μήτηρ μετ' αὐτοῦ. Οὗτοι πάντες περιέβαλλον, κατεφίλουν χαίροντες, κλάοντες. Ὁ δὲ τὸν πατέρα καὶ
40 τὴν μητέρα πρὸ τῶν ἄλλων ἐφιλοφρονεῖτο· καὶ, ὡς πάλαι εἰδὼς, προσεταιρίζετο καὶ ἐξελθεῖν τῶν περιβολῶν οὐκ ἤθελεν· οὕτω φύσις ταχέως πιστεύεται. Ἐξελάθετο καὶ Χλόης πρὸς ὀλίγον. Καὶ ἐλθὼν εἰς τὴν ἔπαυλιν, ἐσθῆτά τ' ἔλαβε πολυτελῆ καὶ παρὰ τὸν πα-
45 τέρα τὸν ἴδιον καθεσθεὶς ἤκουσεν αὐτοῦ λέγοντος οὕτως·

ΚΔ'. « Ἔγημα, ὦ παῖδες, κομιδῇ νέος. Καὶ χρόνου διελθόντος ὀλίγου, πατὴρ, ὡς ᾤμην, εὐτυχὴς ἐγενόνειν· ἐγένετο γάρ μοι πρῶτος υἱὸς καὶ δευτέρα θυγάτηρ καὶ τρίτος Ἄστυλος. Ὤμην ἱκανὸν εἶναι τὸ γένος
50 καὶ γενόμενον ἐπὶ πᾶσι τούτῳ τὸ παιδίον ἐξέθηκα, οὐ γνωρίσματα ταῦτα συνεκθείς, ἀλλ' ἐντάφια. Τὰ δὲ τῆς τύχης ἄλλα βουλεύματα. Ὁ μὲν γὰρ πρεσβύτερος παῖς καὶ ἡ θυγάτηρ ὁμοίᾳ νόσῳ μιᾶς ἡμέρας ἀπώλοντο· σὺ δέ μοι προνοίᾳ θεῶν ἐσώθης, ἵνα πλείους

pro uno duos accepturus sit caprarios? Quomodo hæc commentitus fuisset homo rusticus? Nonne statim fuerat incredibile, ab tali senecione atque matre vili filium tam insigni forma progenitum fuisse?

XXI. Placuit non ulterius conjecturis inhærere sed ipsa inspicere monumenta num illa splendidioris insigniorisque fortunæ essent. Abiit Myrtale, cuncta allatura, quæ vetusta in pera asservabantur. Allata primus inspiciebat Dionysophanes, visisque chlamydicula purpurea, fibula ex auro fabrefacta, gladiolo eburneum habente capulum, valide exclamando, o Juppiter dominator! advocavit uxorem ut et ipsa intueretur. Quæ ut vidit altum et ipsa exclamavit : Caræ Parcæ! Nonne hæc sunt, quæ una cum nostro filiolo exponenda curavimus? Nonne hæc in hos ipsos agros asportaturam Sophrosynen misimus? Non sunt alia certe sed ipsamet hæc sunt. Marite carissime, nostra hæc proles : tuus filius Daphnis est et paternas capellas pavit.

XXII. Illa adhuc loquente, Dionysophaneque signa hæc deosculante, præque nimio gaudio lacrimas fundente, Astylus intelligens, suum esse fratrem, statim abjecto pallio, cursu tendebat per hortum, primus osculari Daphnin volens. Cum autem Daphnis illum currentem vidisset, multis stipatum, clamantemque, Daphni, ratus illum accurrere, ut ipsi manus injiciat, pera fistulaque abjectis, ad mare ferebatur, se præcipitem de excelsa petra daturus. Et fortasse, quod novum et insolens, inventus periisset Daphnis, nisi, re intellecta, Astylus clamitasset iterum : Siste gradum, Daphni, et nihil reformida. Frater tuus sum, et parentes tui sunt; qui hactenus heri exstiterunt. Nunc nobis Lamon de capra rem omnem narravit et monumenta ostendit. Vide, conversus, quam læti incedant, quamque hilari vultu. Verum me primum osculeris : juro per Nymphas me nihil mentiri.

XXIII. Vix post jusjurandum hoc stetit et Astylum occurrentem exspectavit atque accedentem osculo excepit. Interea loci, dum illum osculatur, celera multitudo servorum ancillarumque affluit, quin et pater una cum matre. Hi omnes illum amplexabantur, deosculabantur cum gaudio atque fletu. At Daphnis patrem et matrem ante alios tenerrimo affectu complectebatur, et quasi jam pridem nosset, pectori applicabat, exireque amplexibus recusabat : tam cito sibi invenit natura fidem. Et Chloës in breve tempus obliviscebatur. Cumque jam venisset ad villam, pretiosam accepit vestem, juxtaque genuinum patrem collocatus, eum ad hunc modum sermocinantem auscultavit.

XXIV. Uxorem duxi, mei filii, admodum juvenis, atque exiguo interjecto temporis spatio, genitor, ut ego arbitrabar, fortunatus eram. Primus enim partus filius erat, alter filia, tertius Astylus. Ratus itaque hosce sufficere generi nostro, prognatum post omnes hunc puellum exponendum curavi; expositis his una, non veluti monumentis, verum potius ut funebribus ornamentis. At aliter visum fuit fortunæ. Natu quippe major filius et ipsa filia eodem morbo uno die perierunt; at tu deorum providentia mihi servatus es, quo

LIBER IV.

ἔχωμεν χειραγωγούς. Μήτ' οὖν σύ μοι μνησικακήσης ποτὲ τῆς ἐκθέσεως· ἑκὼν γὰρ οὐκ ἐβουλευσάμην· μήτε σὺ λυπηθῇς, Ἄστυλε, μέρος ληψόμενος ἀντὶ πάσης τῆς οὐσίας· κρεῖττον γὰρ τοῖς εὖ φρονοῦσιν ἀδελφοῦ κτῆμα οὐδέν· ἀλλὰ φιλεῖτε ἀλλήλους καὶ χρημάτων γ' ἕνεκα καὶ βασιλεῦσιν ἐρίζετε. Πολλὴν μὲν γὰρ ἐγὼ ὑμῖν καταλείψω γῆν, πολλοὺς δ' οἰκέτας δεξιοὺς, χρυσὸν, ἄργυρον, ὅσ' ἄλλα εὐδαιμόνων κτήματα. Μόνον ἐξαίρετον τοῦτο Δάφνιδι τὸ χωρίον δίδωμι καὶ Δάμωνα καὶ Μυρτάλην καὶ τὰς αἶγας ἃς αὐτὸς ἔνεμεν.»

ΚΕ΄. Ἔτι αὐτοῦ λέγοντος, Δάφνις ἀναπηδήσας, «καλῶς με, εἶπε πάτερ, ἀνέμνησας. Ἄπειμι τὰς αἶγας ἀπάξων ἐπὶ ποτὸν, αἵ που νῦν διψῶσαι περιμένουσι τὴν σύριγγα τὴν ἐμὴν, ἐγὼ δ' ἐνταυθὶ καθέζομαι.» Ἡδὺ πάντες ἐξεγέλασαν, ὅτι δεσπότης γεγενημένος, ἔτι θέλει εἶναι αἰπόλος. Κἀκείνας μὲν θεραπεύσων ἐπέμφθη τις. ἄλλος· οἱ δὲ θύσαντες Διῒ Σωτῆρι, συμπόσιον συνεκρότουν. Εἰς τοῦτο τὸ συμπόσιον μόνος οὐχ ἦκε Γνάθων· ἀλλὰ φοβούμενος ἐν τῷ νεῷ τοῦ Διονύσου καὶ τὴν ἡμέραν ἔμεινε καὶ τὴν νύκτα, ὥσπερ ἱκέτης. Ταχείας δὲ φήμης εἰς πάντας ἐλθούσης, ὅτι Διονυσοφάνης εὗρεν υἱὸν, καὶ ὅτι Δάφνις ὁ αἰπόλος δεσπότης τῶν ἀγρῶν εὑρέθη, ἅμ' ἕῳ συνέτρεχον ἄλλος ἀλλαχόθεν, τῷ μὲν μειρακίῳ συνηδόμενοι, τῷ δὲ πατρὶ αὐτοῦ δῶρα κομίζοντες· ἐν οἷς καὶ ὁ Δρύας πρῶτος, ὁ τρέφων τὴν Χλόην.

ΚϚ΄. Ὁ δὲ Διονυσοφάνης κατεῖχε πάντας, κοινωνοὺς μετὰ τὴν εὐφροσύνην καὶ τῆς ἑορτῆς ἐσομένους. Παρεσκεύαστο δὲ πολὺς μὲν οἶνος, πολλὰ δ' ἄλευρα, ὄρνιθες ἔλειοι, χοῖροι γαλαθηνοὶ, μελιτώματα ποικίλα· καὶ ἱερεῖα δὲ πολλὰ τοῖς ἐπιχωρίοις θεοῖς ἐθύετο. Ἐνταῦθ' ὁ Δάφνις συναθροίσας πάντα τὰ ποιμενικὰ κτήματα διένειμεν ἀναθήματα τοῖς θεοῖς. Τῷ Διονύσῳ μὲν ἀνέθηκε τὴν πήραν καὶ τὸ δέρμα, τῷ Πανὶ τὴν σύριγγα καὶ τὸν πλαγίαυλον, τὴν καλαύροπα ταῖς Νύμφαις καὶ τοὺς γαυλοὺς οὓς αὐτὸς ἐτεκτήνατο. Οὕτως δ' ἄρα τὸ σύνηθες ξενιζούσης εὐδαιμονίας τερπνότερόν ἐστιν, ὥστ' ἐδάκρυεν ἐφ' ἑκάστῳ τούτων ἀπαλλασσόμενος· καὶ οὔτε τοὺς γαυλοὺς ἀνέθηκε πρὶν ἀμέλξαι, οὔτε τὸ δέρμα πρὶν ἐνδύσασθαι, οὔτε τὴν σύριγγα πρὶν συρίσαι· ἀλλὰ καὶ ἐφίλησεν αὐτὰ πάντα καὶ τὰς αἶγας προσεῖπε καὶ τοὺς τράγους ἐκάλεσεν ὀνομαστί. Τῆς μὲν γὰρ πηγῆς καὶ ἔπιεν, ὅτι πολλάκις καὶ μετὰ Χλόης. Οὔπω δ' ὡμολόγει τὸν ἔρωτα καιρὸν παραφυλάττων.

ΚΖ΄. Ἐν ᾧ δὲ Δάφνις ἐν θυσίαις ἦν, τάδε γίνεται περὶ τὴν Χλόην. Ἐκάθητο κλάουσα οἷα εἰκὸς ἦν. «Ἐξελάθετό μου Δάφνις. Ὀνειροπολεῖ γάμους πλουσίους. Τί γὰρ αὐτὸν ὀμνύειν ἀντὶ τῶν Νυμφῶν τὰς αἶγας ἐκέλευον; Κατέλιπε ταύτας ὡς καὶ Χλόην. Οὐδὲ θύων ταῖς Νύμφαις καὶ τῷ Πανὶ ἐπεθύμησεν ἰδεῖν Χλόην. Εὗρεν ἴσως παρὰ τῇ μητρὶ θεραπαίνας ἐμοῦ κρείττονας. Χαιρέτω· ἐγὼ δ' οὐ ζήσομαι.»

plures in senectute manuductores haberemus. Cave unquam malevolo in me sis animo ob hanc tui expositionem; volente enim animo id haudquaquam a me consultum est. Neque est, Astyle, quod doleas, licet pro asse semissem totius hereditatis accepturus. Hominibus enim sapientibus nulla fratre præstantior est possessio. Quin immo vos mutuo amate, et quoad opes vel cum regibus contendite. Magna enim vobis latifundia ego relinquam, multos famulos industrios, aurum, argentum, et quæcunque alia divites possidere solent. Præcipuum tantum Daphnidi hunc agrum do, nec non Lamonem atque Myrtalam, ipsasque quas ipsemet pavit, capellas.

XXV. Illo etiamnum loquente, Daphnis prosiliens, recte ista, inquit, mihi in memoriam revocasti. Exeo capras ducturus ad potum, quæ alicubi sitientes meam exspectant fistulam; ego vero hic sedeo. Riserunt suaviter omnes, quod dominus factus, etiamnum caprarius esse vellet. Et alius quidem missus fuit, qui illarum curam ageret; hi autem, sacris Jovi Servatori factis, læti agitaverunt convivium. Ad hoc solus non accessit Gnatho, qui, timore perculsus, in Bacchi fano, tanquam supplex, diem atque noctem mansit. Cum autem fama ad omnium aures pervenisset, Dionysophanem suum invenisse filium, atque Daphnim illum caprarium, agrorum dominum factum fuisse, prima luce alii aliunde confluxerunt, adolescenti gratulantes, patri autem munera conferentes; inter quos primus Dryas, qui Chloën aluerat.

XXVI. Omnes autem detinuit Dionysophanes, ut post hanc lætitiam etiam festo interessent. Ingens autem erat vini apparatus, nec minor farinæ, aves palustres, porcelli subrumi, mellearum placentarum scitamenta varia; multæ etiam victimæ diis patriis mactabantur. Tum Daphnis, reculis omnibus pastoralibus collectis, donaria diis distribuit: Baccho quidem peram atque pellem consecravit, Pani vero fistulam et tibiam obliquam, pedum autem Nymphis, sicut et mulctralia, quæ ipse fabricaverat. Adeo autem id, cui assueviмus, nova et insoleпti fortuпæ prosperitate acceptius esse solet, ut exciderint ipsi lacrimæ ad hæc singula, dum iis quasi valediceret, nec ante mulctralia diis obtulerit quam in illis mulxisset, neque pellem quam eam induisset, neque fistulam quam eam cecinisset; quin singula quoque illa deosculatus et capellas allocutus fuit, hircosque compellavit nominatim. De fonte quoque bibit quod sæpius et cum Chloë indidem bibisset. Nondum tamen suum amorem confitebatur, occasioni imminens.

XXVII. Quo tempore autem Daphnis sacris faciendis vacabat, ita se habebant res Chloës. Sedebat plorans, ut par erat: Mei oblitus est Daphnis; scilicet opulentas nuptias mente agitat. Cui bono enim ipsum ad jusjurandum per capras, pro eo, quod per Nymphas illi ego dederam, vicissim adegi? Et illas, ut Chloën, reliquit. Ne quidem cum sacra Nymphis et Pani faceret, eam vel videndæ Chloës desiderium cepit. Forsan apud matrem nactus est ancillas me præstantiores. Valeat; ego amplius non vivam.

ΚΖ'. Τοιαῦτα λέγουσαν, τοιαῦτ' ἐννοοῦσαν, ὁ Λάμπις ὁ βουκόλος μετὰ χειρὸς γεωργικῆς ἐπιστὰς ἥρπασεν αὐτὴν, ὡς οὔτε Δάφνιδος ἔτι γαμήσοντος καὶ Δρύαντος ἐκείνου ἀγαπήσοντος. Ἡ μὲν οὖν ἐκομίζετο βοῶσα ἐλεεινόν· τῶν δέ τις ἰδόντων ἐμήνυσε τῇ Νάπῃ κἀκείνη τῷ Δρύαντι καὶ ὁ Δρύας τῷ Δάφνιδι. Ὁ δ' ἔξω τῶν φρενῶν γενόμενος, οὔτ' εἰπεῖν πρὸς τὸν πατέρα ἐτόλμα καὶ καρτερεῖν μὴ δυνάμενος, εἰς τὸν περίκηπον εἰσελθὼν ὠδύρετο· « ὢ πικρᾶς ἀνευρέσεως, λέγων. Πόσον ἦν μοι κρεῖττον νέμειν; Πόσον ἤμην μακαριώτερος, δοῦλος ὤν; Τότ' ἔβλεπον Χλόην, τότε (κατεφίλουν) αὐτήν, νῦν δὲ τὴν μὲν Λάμπις ἁρπάσας οἴχεται, νυκτὸς δὲ γενομένης συγκοιμήσεται. Ἐγὼ δὲ πίνω καὶ τρυφῶ καὶ μάτην τὸν Πᾶνα καὶ τὰς αἶγας καὶ τὰς Νύμφας ὤμοσα. »

ΚΗ'. Ταῦτα τοῦ Δάφνιδος λέγοντος, ἤκουσεν ὁ Γνάθων ἐν τῷ παραδείσῳ λανθάνων· καὶ καιρὸν ἥκειν διαλλαγῶν πρὸς αὐτὸν νομίζων, τινὰς τῶν τοῦ Ἀστύλου νεανίσκων προσλαβὼν μεταδιώκει τὸν Δρύαντα. Καὶ ἡγεῖσθαι κελεύσας ἐπὶ τὴν τοῦ Λάμπιδος ἔπαυλιν, συντείνας δρόμον· καὶ καταλαβὼν ἄρτι εἰσαγαγόντα τὴν Χλόην, ἐκείνην τ' ἀφαιρεῖται καὶ ἀνθρώπους γεωργοὺς συνηλόησε πληγαῖς. Ἐσπούδαζε δὲ καὶ τὸν Λάμπιν δήσας ἄγειν ὡς αἰχμάλωτον ἐκ πολέμου τινὸς, εἰ μὴ φθάσας ἀπέδρα. Κατορθώσας δὲ τηλικοῦτον ἔργον, νυκτὸς ἀρχομένης ἐπανέρχεται. Καὶ τὸν μὲν Διονυσοφάνην εὑρίσκει καθεύδοντα, τὸν δὲ Δάφνιν ἀγρυπνοῦντα καὶ ἔτι ἐν τῷ περικήπῳ δακρύοντα. Προσάγει δὴ τὴν Χλόην αὐτῷ καὶ διδοὺς διηγεῖται πάντα· καὶ δεῖται μηδὲν ἔτι μνησικακοῦντα δοῦλον ἔχειν οὐκ ἄχρηστον, μηδ' ἀφελέσθαι τραπέζης, μεθ' ἣν τεθνήξεται λιμῷ. Ὁ δ' ἰδὼν καὶ ἔχων ἐν ταῖς χερσὶ τὴν Χλόην τῷ μὲν ὡς εὐεργέτῃ διηλλάττετο, τῇ δ' ὑπὲρ τῆς ἀμελείας ἀπελογεῖτο.

Λ'. Βουλευομένοις δ' αὐτοῖς ἐδόκει τὸν γάμον κρύπτειν, ἔχειν δὲ κρύφα .τὴν Χλόην πρὸς μόνην ὁμολογήσαντα τὸν ἔρωτα τὴν μητέρα. Ἀλλ' οὐ συνεχώρει Δρύας, ἠξίου δὲ τῷ πατρὶ λέγειν καὶ πείσειν αὐτὸς ἐπηγγέλλετο. Καὶ γενομένης ἡμέρας, ἔχων ἐν τῇ πήρᾳ τὰ γνωρίσματα πρόσεισι τῷ Διονυσοφάνει καὶ τῇ Κλεαρίστῃ καθημένοις ἐν τῷ παραδείσῳ· παρῆν δὲ καὶ ὁ Ἄστυλος καὶ αὐτὸς ὁ Δάφνις· καὶ σιωπῆς γενομένης, ἤρξατο λέγειν· « Ὁμοία με ἀνάγκη Λάμωνι τὰ μέχρι νῦν ἄρρητα ἐκέλευσε λέγειν. Χλόην ταύτην οὔτ' ἐγέννησα, οὔτ' ἀνέθρεψα· ἀλλ' ἐγέννησαν μὲν ἄλλοι, κειμένην δ' ἐν ἄντρῳ Νυμφῶν ἀνέθρεψαν οἷς. Εἶδον τοῦτ' αὐτός καὶ ἰδὼν ἐθαύμασα καὶ θαυμάσας ἔθρεψα. Μαρτυρεῖ μὲν καὶ τὸ κάλλος, ἔοικε γὰρ οὐδὲν ἡμῖν· μαρτυρεῖ δὲ καὶ τὰ γνωρίσματα, πλουσιώτερα γὰρ ἢ κατὰ ποιμένα. Ἴδετε ταῦτα καὶ τοὺς προσήκοντας τῇ κόρῃ ζητήσατε, ἄν δεξίᾳ ποτὲ Δάφνιδος φανῇ. »

ΛΑ'. Τοῦτ' οὔτε Δρύας ἀσκόπως ἔρριψεν, οὔτε Διονυσοφάνης ἀμελῶς ἤκουσεν, ἀλλ' ἰδὼν εἰς τὸν Δάφνιν καὶ ὁρῶν αὐτὸν χλωριῶντα καὶ κρύφα δα-

XXVIII. Talia dicentem, talia volutantem animo, Lampis armentarius, una cum rusticorum manu subito adstans eam rapuit, quasi Daphnis eam jam non ducturus esset et Dryas contentus foret, si Lampis eam duceret. Illa itaque auferebatur miserandum clamans; ceterum quidam ex illis, qui hoc viderant, hujus facti indicium facit Napæ, illa Dryanti, Dryas Daphnidi; qui jam sui non compos, neque patri dicere audebat et tamen sic durare non poterat. Igitur horti ambitum ingressus, lamentabatur dicens : Quam triste est mihi, agnitum et repertum fuisse? Quanto melius mecum agebatur, cum pecus pascebam? Quanto eram beatior, cum serviebam? Tunc videbam Chloën, tunc (osculabar) eam, nunc vero Lampis illa abrepta abit, noctequc cœpta cum illa cubabit. Ast ego potui indulgeo, deliciis diffluo et frustra Panem, capras atque Nymphas juravi.

XXIX. Hæc dicentem Daphnim Gnatho in horto delitescens audivit, horamque adesse ratus, qua placatum eum sibi reddere posset, assumtis nonnullis ex Astyli pueris, Dryantem persequitur, hortatusque, ut se ducerent, ad Lampidis casam cursum intendit. Et eum assecutus eo ipso temporis puncto, quo Chloën introduceret, ipsam eripuit, et agrestes homines verberibus mulctavit. Verum strenuam operam navabat, quo vinctum Lampim, haud secus quam ex bello aliquo captivum abduceret; quod sane præstitisset, nisi is sua id fuga prævertisset. Re tam præclare gesta, inclinatoque in oceanum die, reversus, Dionysophanem invenit jam somno indulgentem, Daphnim vero vigilantem et adhuc circa hortum plorantem. Cui adducta jam traditaque Chloë, omnia commemorat, simulque obsecrat, oblivisci velit injuriarum, seque non inutilem servum recipere, neque mensa privare, qua interdicta, illico moriatur fame. Daphnis autem ubi Chloën conspexit, eamque in manibus tenere se sentit, cum isto, utpote de se tam bene merito, redibat in gratiam, Chloæ vero de ipsius neglectu se excusare cœpit.

XXX. Ceterum habito inter se consilio, nuptias celandas censuerunt, Chloënque clandestino servandam, soli tantum matri amore ipsorum indicato. Verum enimvero idem non placuit Dryanti; censuit potius rem patri exponendam et in se recepit, fore ut eum persuaderet. Ubi illuxit, habens in pera monumenta, ad Dionysophanem Clearistamque, in horto sedentes, accedit. Aderat et Astylus, simulque ipse Daphnis; silentioque facto, ita dicere exorsus est : Me eadem, quæ Lamonem, necessitas ea, quæ ad hoc tempus occulta latuere, dicere jubet. Hanc ego Chloën neque genui, neque primis alimentis sustentavi; verum alii genuere, jacentemque in antro Nympharum ovis sustentavit. Hoc ipsemet meis vidi oculis; vidi, et admiratus sum, et miratus illam eduxi. Hujusce rei testimonium perhibet et fidem facit illud formæ insigne decus; nihil enim in illa inest, quod nos referat. Testantur et monumenta, quæ splendidiora sunt, quam pro pastoris sorte. Hæc inspicite, et inquirite, quinam sint cum hoc puella propinquitate conjuncti, si aliquando Daphnidis connubio digna videatur.

XXXI. Hæc verba ut non temere injecit Dryas, ita neque Dionysophanes oscitanter audivit, sed oculos conjiciens in Daphnim et animadvertens illum expallescere et occulte

LIBER IV.

κρύοντα, ταχέως ἐφώρασε τὸν ἔρωτα· καὶ ὡς ὑπὲρ παιδὸς ἰδίου μᾶλλον ἢ κόρης ἀλλοτρίας δεδοικώς, διὰ πάσης ἀκριβείας ἤλεγχε τοὺς λόγους τοῦ Δρύαντος. Ἐπεὶ δὲ καὶ τὰ γνωρίσματα εἶδε κομισθέντα, τὰ ὑποδήματα τὰ κατάχρυσα, τὰς περισκελίδας, τὴν μίτραν, προσκαλεσάμενος τὴν Χλόην, παρεκελεύετο θαρρεῖν, ὡς ἄνδρα μὲν ἔχουσαν ἤδη, ταχέως δ' εὑρήσουσαν καὶ τὸν πατέρα καὶ τὴν μητέρα. Καὶ τὴν μὲν ἡ Κλεαρίστη παραλαβοῦσα ἐκόσμει λοιπὸν ὡς υἱοῦ γυναῖκα· τὸν δὲ Δάφνιν ὁ Διονυσοφάνης ἀναστήσας μόνον, ἀνέκρινεν, εἰ παρθένος ἐστί· τοῦ δ' ὀμόσαντος μηδὲν γεγονέναι φιλήματος καὶ ὅρκων πλέον, ἡσθεὶς ἐπὶ τῷ συνωμοσίῳ, κατέκλινεν αὐτούς.

ΑΒ΄. Ἦν οὖν μαθεῖν οἷόν ἐστι τὸ κάλλος, ὅταν κόσμον προσλάβη. Ἐνδυθεῖσα γὰρ ἡ Χλόη καὶ ἀναπλεξαμένη τὴν κόμην καὶ ἀπολούσασα τὸ πρόσωπον, εὐμορφοτέρα τοσοῦτον ἐφάνη πᾶσιν, ὥστε καὶ Δάφνις αὐτὴν μόλις ἐγνώρισεν. Ὤμοσεν ἄν τις καὶ ἄνευ τῶν γνωρισμάτων, ὅτι τοιαύτης κόρης οὐκ ἦν Δρύας πατήρ. Ὅμως μέντοι παρῆν καὶ αὐτὸς καὶ συνειστιᾶτο μετὰ τῆς Νάπης, συμπότας ἔχων ἐπὶ κλίνης ἰδίᾳ τὸν Λάμωνα καὶ τὴν Μυρτάλην. Πάλιν οὖν ταῖς ἑξῆς ἡμέραις ἐθύετο ἱερεῖα καὶ κρατῆρες ἵσταντο καὶ ἀνετίθει καὶ Χλόη τὰ ἑαυτῆς, τὴν σύριγγα, τὴν πήραν, τὸ δέρμα, τοὺς γαυλούς· ἐκέρασε δὲ καὶ τὴν πηγὴν οἴνῳ, τὴν ἐν τῷ ἄντρῳ, ὅτι καὶ ἐτράφη παρ' αὐτῇ, καὶ ἐλούσατο πολλάκις ἐν αὐτῇ. Ἐστεφάνωσε δὲ καὶ τὸν τάφον τῆς οἰός, δείξαντος Δρύαντος. Καὶ ἐσύρισέ τι καὶ αὐτὴ τῇ ποίμνῃ· καὶ ταῖς θεαῖς συρίσασα ηὔξατο τοὺς ἐκθέντας εὑρεῖν ἀξίους τῶν Δάφνιδος γάμων.

ΑΓ΄. Ἐπεὶ δ' ἅλις ἦν τῶν κατ' ἀγρὸν ἑορτῶν, ἔδοξε βαδίζειν εἰς τὴν πόλιν καὶ τοὺς τε τῆς Χλόης πατέρας ἀναζητεῖν καὶ περὶ τὸν γάμον αὐτῶν μηκέτι βραδύνειν. Ἕωθεν οὖν ἐνσκευασάμενοι, τῷ Δρύαντι μὲν ἔδωκαν ἄλλας τρισχιλίας, τῷ Λάμωνι δὲ τὴν ἡμίσειαν μοῖραν τῶν ἀγρῶν θερίζειν καὶ τρυγᾶν καὶ τὰς αἶγας ἅμα τοῖς αἰπόλοις καὶ ζεύγη βοῶν τέτταρα καὶ ἐσθῆτας χειμερινὰς καὶ ἐλεύθερον (εἶναι αὐτόν τε καὶ) τὴν γυναῖκα. Καὶ μετὰ τοῦτ' ἤλαυνον ἐπὶ Μυτιλήνην ἵπποις καὶ ζεύγεσι καὶ τρυφῇ πολλῇ. Τότε μὲν οὖν ἔλαθον τοὺς πολίτας, νυκτὸς κατελθόντες· τῆς δ' ἐπιούσης, ὄχλος ἠθροίσθη περὶ τὰς θύρας, ἀνδρῶν γυναικῶν. Οἱ μὲν τῷ Διονυσοφάνει συνήδοντο παῖδα εὑρόντι, καὶ μᾶλλον ὁρῶντες τὸ κάλλος τοῦ Δάφνιδος· αἱ δὲ τῇ Κλεαρίστῃ συνέχαιρον ἅμα κομιζούσῃ καὶ παῖδα καὶ νύμφην. Ἐξέπληξε γὰρ κἀκείνας ἡ Χλόη κάλλος ἐκφαίνουσα παρευδοκιμηθῆναι μὴ δυνάμενον· ὅλη ἡ ἐκίττα ἡ πόλις ἐπὶ τῷ μειρακίῳ καὶ τῇ παρθένῳ καὶ εὐδαιμόνιζον μὲν ἤδη τὸν γάμον· ηὔχοντο δὲ καὶ τὸ γένος ἄξιον τῆς μορφῆς εὑρεθῆναι τῆς κόρης· καὶ γυναῖκες πολλαὶ τῶν μέγα πλουσίων ἠράσαντο θεοῖς αὐταὶ πιστευθῆναι μητέρες θυγατρὸς οὕτω καλῆς.

ΑΔ΄. Ὄναρ δὲ Διονυσοφάνει μετὰ φροντίδα πολλὴν εἰς βαθὺν ὕπνον κατενεχθέντι τοιόνδε γίνεται. Ἐδόκει

lacrimas fundere, amorem continuo deprehendit. Atque veluti de filio suo magis, quam de puella aliena sollicitus, exquisitissima diligentia Dryantis verba perpendebat et explorabat. Ubi vero et monumenta vidit allata, calceolos nempe auratos, periscelidas, mitram, ad se vocatam Chloën bono jubet esse animo, utpote jam virum habentem et propediem etiam patrem matremque habituram. Deinde illam assumtam Clearista, veluti jam tum sui filii uxorem, ornabat. Daphnim autem Dionysophanes, remotis arbitris, interrogavit, num etiamnum virgo esset? Illo vero sancte affirmante, nihil inter ipsos præter oscula et mutuum jusjurandum intercessisse, hoc sacramento delectatus Dionysophanes illos jussit accumbere.

XXXII. Hic scire dabatur, quale sit formæ decus, quando ornatum adsciscit: quippe vestibus ita induta Chloë, cæsarieque reticulo collecta, nec non facie abluta, longe formosior in tantum apparuit omnibus, ut vix ipsam Daphnis agnoverit. Jurasses, vel absque monumentorum fide talis puellæ neutiquam Dryantem esse patrem. Verum et ipse aderat et una cum Napa convivio excipiebatur, seorsum in lecto Lamonem ac Myrtalen compotores habens. Rursus itaque sequentibus diebus hostiæ immolabantur, statuebanturque crateres: nec non reculas suas etiam Chloë consecrabat, nempe fistulam, peram, rhenonem, mulctras; fontem etiam, qui in antro erat, vino temperavit, quod juxta illum enutrita fuisset et sæpius in eo lavisset. Immo et ovis sepulcrum, a Dryante sibi commonstratum, corollis decoravit. Ipsa quoque gregi suo fistula modulata est; et cum deabus etiam hymnum fistula sua cecinisset, eas precata est, ut, qui se exposuissent, digni Daphnidis nuptiis invenirentur.

XXXIII. Postquam vero eos satietas tenuit feriatorum in agris dierum, in urbem tendere decreverunt, omnibusque vestigiis inibi Chloës indagare parentes, neque ultra nuptiis moras nectere. Primo igitur diluculo vasa colligentes, alias ter millenas Dryanti drachmas dederunt, Lamoni vero dimidiam agrorum partem metendam et vindemiandam, caprasque una cum caprariis, et boum juga qua terna, vestesque hibernas, ipsumque uxorem libertate donarunt. Deinde Mytilenen versus, equis et curribus, ac magna pompa moverunt. Tunc redeuntes latuerunt suos cives, quod nox esset; sed sequenti die tam virorum quam mulierum turba ad fores confluxit. Illi Dionysophani de filio reperto gratulabantur, idque eo magis, Daphnidis formam conspicientes; hæ autem pariter cum Clearista collætabantur, quæ filium simul et sponsam advexisset; illarum namque mentem et oculos præstrinxerat Chloë, eam pulchritudinem ostendans, quæ nemo superare posset. Omnis enim civitas permovebatur super adolescente et virgine et hasce nuptias jam beatas prædicabant. Exoptabant etiam, ut natales tali hujusce puellæ forma digni emergerent; multæque ex opulentissimis feminis vota diis faciebant, ut ipsæ matres tam pulchræ filiæ crederentur.

XXXIV. Dionysophani autem, post varias cogitationes in profundum somnum delapso, talis somnii species oborta est.

τὰς Νύμφας δεῖσθαι τοῦ Ἔρωτος, ἤδη ποτ' αὐτοῖς κατανεῦσαι τὸν γάμον· τὸν δ' ἐκλύσαντα τὸ τοξάριον καὶ ἀποθέμενον τὴν φαρέτραν, κελεῦσαι τῷ Διονυσοφάνει, πάντας τοὺς ἀρίστους Μυτιληναίων θέμενον συμπότας, 5 ἡνίκ' ἂν τὸν ὕστατον πλήσῃ κρατῆρα, τότε δεικνύειν ἑκάστῳ τὰ γνωρίσματα· τὸ δ' ἐντεῦθεν ᾄδειν τὸν ὑμέναιον. Ταῦτ' ἰδὼν καὶ ἀκούσας, ἔωθεν ἀνίσταται καὶ κελεύσας λαμπρὰν ἑστίασιν παρασκευασθῆναι τῶν ἀπὸ γῆς, τῶν ἀπὸ θαλάττης, καὶ εἴ τι ἐν λίμναις καὶ εἴ τι ἐν 10 ποταμοῖς, πάντας τοὺς ἀρίστους Μυτιληναίων ποιεῖται συμπότας. Ὡς δ' ἤδη νὺξ ἦν καὶ πέπληστο ὁ κρατὴρ ἐξ οὗ σπένδουσιν Ἑρμῇ, εἰσκομίζει τις ἐπὶ σκεύους ἀργυροῦ θεράπων τὰ γνωρίσματα καὶ περιφέρων ἐνδέξια πᾶσιν ἐδείκνυ.

15 ΛΕ'. Τῶν μὲν οὖν ἄλλων ἐγνώρισεν οὐδείς· Μεγακλῆς δέ τις διὰ γῆρας ὕστατος κατακείμενος, ὡς εἶδε, γνωρίσας πάνυ μέγα καὶ νεανικὸν ἐβόα· « Τίνα ὁρῶ ταῦτα; Τί γέγονάς μοι θυγάτριον; Ἆρά γε σὺ ζῇς ἢ ταὐτά τις ἐβάστασε μόνα ποιμὴν ἐντυχών; Δέομαι, Διονυ- 20 σόφανες, εἰπέ μοι· πόθεν ἔχεις ἐμοῦ παιδίου γνωρίσματα; Μὴ φθονήσῃς μετὰ Δάφνιν εὑρεῖν τι κἀμέ. » Κελεύσαντος δὲ τοῦ Διονυσοφάνους πρότερον ἐκεῖνον λέγειν τὴν ἔκθεσιν, ὁ Μεγακλῆς οὐδὲν ὑφελὼν τοῦ τόνου τῆς φωνῆς, ἔφη· « Ἦν ὀλίγος μοι βίος τὸν πρότε- 25 ρον χρόνον· ὃν γὰρ εἶχον εἰς χορηγίας καὶ τριηραρχίας ἐξεδαπάνησα. Ὅτε ταῦτ' ἦν, γίνεταί μοι θυγάτριον. Τοῦτο τρέφειν ὀκνήσας ἐν πενίᾳ, τούτοις τοῖς γνωρίσμασι κοσμήσας ἐξέθηκα, εἰδὼς ὅτι πολλοὶ καὶ οὕτω σπουδάζουσι πατέρες γενέσθαι. Καὶ τὸ μὲν 30 ἐξέκειτο ἐν ἄντρῳ Νυμφῶν, πιστευθὲν ταῖς θεαῖς· ἐμοὶ δὲ πλοῦτος ἐπέρρει καθ' ἑκάστην ἡμέραν, κληρονόμον οὐκ ἔχοντι. Οὐκέτι γοῦν οὐδὲ θυγατρίου γενέσθαι πατὴρ ηὐτύχησα· ἀλλ' οἱ θεοὶ ὥσπερ γέλωτά με ποιούμενοι, νύκτωρ ὀνείρους μοι ἐπιπέμπουσι, δηλοῦντες 35 ὅτι με πατέρα ποιήσει ποίμνιον. »

ΛϚ'. Ἀνεβόησεν ὁ Διονυσοφάνης μεῖζον τοῦ Μεγακλέους καὶ ἀναπηδήσας εἰσάγει Χλόην πάνυ καλῶς κεκοσμημένην καὶ λέγει· « Τοῦτο τὸ παιδίον ἐξέθηκας. Ταύτην σοι τὴν παρθένον οἷς προνοίᾳ Νυμφῶν ἐξέθρε- 40 ψεν, ὦν αἲξ Δάφνιν ἐμοί. Λαβὲ τὰ γνωρίσματα καὶ τὴν θυγατέρα· λαβὼν δ' ἀπόδος Δάφνιδι νύμφην. Ἀμφοτέρους ἐξεθήκαμεν, ἀμφοτέρους εὑρήκαμεν· ἀμφοτέρων ἐμέλησε Πανὶ καὶ Νύμφαις καὶ Ἔρωτι. » Ἐπῄνει τὰ λεγόμενα ὁ Μεγακλῆς καὶ τὴν γυναῖκα 45 Ῥόδην μετεπέμπετο καὶ τὴν Χλόην ἐν τοῖς κόλποις εἶχε. Καὶ ὕπνον αὐτοῦ μένοντες εἵλοντο· Δάφνις γὰρ οὐδενὶ ἐπώμνυτο προήσεσθαι τὴν Χλόην, οὐδ' αὐτῷ τῷ πατρί.

ΛΖ'. Ἡμέρας δὲ γενομένης, συνθέμενοι, πάλιν εἰς 50 τὸν ἀγρὸν ἤλαυνον· ἐδεήθησαν γὰρ τοῦτο Δάφνις καὶ Χλόη, μὴ φέροντες τὴν ἐν ἄστει διατριβήν. Ἐδόκει δὲ κἀκείνοις ποιμενικούς τινας αὐτοῖς ποιῆσαι τοὺς γάμους. Ἐλθόντες οὖν παρὰ τὸν Λάμωνα, τόν τε Δρύαντα τῷ Μεγακλεῖ προσήγαγον καὶ τῇ Ῥόδῃ τὴν

Putabat Nymphas petere a Cupidine, ut suo tandem nutu illis conficeret nuptias, hunc vero, arcu remisso et deposita pharetra, jussisse Dionysophanem, Mytilenæorum omnibus optimatibus ad convivium vocatis, ubi jam postremum impleverit cratera, tunc exhibere unicuique monumenta : deinde vero hymenæum canere. His visis atque auditis mane surgit et cum jussisset mensas exquisitissimis exstrui cibis, terrestribus, maritimis, palustribus, fluviatilibusque, omnes Mytilenæorum magnates convivio excipit. Cum jam nox erat, impletusque crater, quo Mercurio libare moris est, tum famulus quidam argenteo in vasculo monumenta illa infert et ad dextram circumferens omnibus demonstrat.

XXXV. Inter ceteros autem nemo fuit, qui agnosceret; verum Megacles quidam, ob senectutem in summo accubans, ut conspexit, statim agnovit, et magna juvenilique voce exclamavit : Quænam hæc, quæ video? Quid de te mihi factum est, o filiola? Tune etiam nunc vivis? An pastor aliquis forte fortuna in illa incidens ea abstulit? Obsecro, Dionysophanes, dic mihi, unde tibi filiæ meæ monumenta? Neu invideas, post Daphnim, reperire quoque et me aliquid. Cum autem jussisset Dionysophanes illum prius infantis expositionem enarrare, Megacles nihil de vocis tenore remittens, subjicit : Priori tempore res angusta domi erat; quidquid enim habebam, in ludos publicos triremesque publicas erogando consumpseram. Dum in eo statu erant res meæ, nascitur mihi filia, quam in hac egestate educare gravatus, hisce ipsis monumentis ornatam exposui, non ignarus, multos etiam dare operam eo modo, ut patres fiant. Et ista quidem in antro Nympharum exposita fuit, dearum fidei commissa ; at mihi heredem non habenti quotidie divitiæ in ædes influebant. Neque postea tam bene mecum actum fuit, ut prolem susciperem ; verum dii veluti risum de me facientes, noctu mihi somnia immittunt, significantia, quod me ovis factura sit patrem.

XXXVI. Hic Dionysophanes clamorem sustulit majorem quam Megacles et e sede prosiliens, Chloën admodum eleganter exornatam inducit et inquit : Istam ipsam filiolam exposuisti ; istam tibi virginem ovis, Nympharum providentia alendam suscepit, ut meum mihi Daphnim capra. Cape monumenta hæc, ipsamque filiam; receptam autem Daphnidi da sponsam. Ambos exposuimus, ambos reperimus : amborum Pani, Nymphis, Cupidini cura fuit. Megacles dicta laudabat, mandabatque accessendam suam uxorem Rhoden, Chloënque in sinu habebat. Ibidemque manentes somnum ceperunt ; Daphis enim se nemini, ne quidem ipsi parenti, Chloën esse concessurum, dicebat.

XXXVII. Exorto jam die, rus redire inter illos convenit; quippe Daphnis et Chloë, quos urbanæ tædebat vitæ, precibus id obtinuerant : illis quoque visum est pastorales quasdam facere nuptias. Venientes igitur ad Lamonem, ad Megaclem adduxerunt Dryantem et Rhodæ Napen com-

Νάπην συνέστησαν καὶ τὰ πρὸς τὴν ἑορτὴν παρεσκευάζοντο λαμπρῶς. Παρέδωκε μὲν οὖν ἐπὶ ταῖς Νύμφαις τὴν Χλόην ὁ πατὴρ καὶ μετ' ἄλλων πολλῶν ἐποίησεν ἀναθήματα τὰ γνωρίσματα καὶ Δρύαντι τὰς λειπούσας εἰς τὰς μυρίας ἐπλήρωσεν.

ΛΗ'. Ὁ δὲ Διονυσοφάνης, εὐημερίας οὔσης, αὐτοῦ πρὸ τοῦ ἄντρου στιβάδας ὑπεστόρεσεν ἐκ χλωρᾶς φυλλάδος, καὶ πάντας τοὺς κωμήτας κατακλίνας εἰστία πολυτελῶς. Παρῆσαν δὲ Λάμων καὶ Μυρτάλη, Δρύας καὶ Νάπη, οἱ Δόρκωνι προσήκοντες, Φιλητᾶς, οἱ Φιλητᾶ παῖδες, Χρῶμις καὶ Λυκαίνιον· οὐκ ἀπῆν οὐδὲ Λάμπις συγγνώμης ἀξιωθείς. Ἦν οὖν, ὡς ἐν τοιοῖσδε συμπόταις, πάντα γεωργικὰ καὶ ἄγροικα· ὁ μὲν ᾖδεν οἷα ᾄδουσι θερίζοντες· ὁ δ' ἔσκωπτε τὰ ἐπὶ ληνοῖς σκώμματα· Φιλητᾶς ἐσύρισε· Λάμπις ηὔλησε· Δρύας καὶ Λάμων ὠρχήσαντο· Χλόη καὶ Δάφνις ἀλλήλους κατεφίλουν. Ἐνέμοντο δὲ καὶ αἱ αἶγες πλησίον, ὥσπερ καὶ αὐταὶ κοινωνοῦσαι τῆς ἑορτῆς. Τοῦτο τοῖς μὲν ἀστυκοῖς οὐ πάνυ τερπνὸν ἦν· ὁ δὲ Δάφνις καὶ ἐκάλεσέ τινας αὐτῶν ὀνομαστὶ καὶ φυλλάδα χλωρὰν ἔδωκε καὶ κρατήσας ἐκ τῶν κεράτων κατεφίλησα.

ΛΘ'. Καὶ ταῦτ' οὐ τότε μόνον, ἀλλ' ἕς τ' ἔζων, τὸν πλεῖστον χρόνον ποιμενικὸν εἶχον· θεοὺς σέβοντες, Νύμφας καὶ Πᾶνα καὶ Ἔρωτα, ἀγέλας δὲ προβάτων καὶ αἰγῶν πλείστας κτησάμενοι, ἡδίστην δὲ τροφὴν νομίζοντες ὀπώραν καὶ γάλα. Ἀλλὰ καὶ ἄρρεν μὲν παιδίον ὑπέθηκαν αἰγί, καὶ θυγάτριον, γενόμενον δεύτερον, οἷος ἑλκύσαι θηλὴν ἐποίησαν· καὶ ἐκάλεσαν τὸν μὲν Φιλοποίμενα, τὴν δὲ Ἀγέλην. Οὕτως αὐτοὶ κἀνταῦθα συνεγήρασαν καὶ τὸ ἄντρον ἐκόσμησαν καὶ εἰκόνας ἀνέθεσαν καὶ βωμὸν εὕσαντο Ποιμένος Ἔρωτος· καὶ τῷ Πανὶ δ' ἔδοσαν ἀντὶ τῆς πίτυος οἰκεῖν νεὼν Πανὸς Στρατιώτου ὀνομάσαντες.

Μ'. Ἀλλὰ ταῦτα μὲν ὕστερον ὠνόμασαν καὶ ἔπραξαν· τότε δὲ νυκτὸς γενομένης, πάντες αὐτοὺς παρέπεμπον εἰς τὸν θάλαμον, οἱ μὲν συρίττοντες, οἱ δ' αὐλοῦντες, οἱ δὲ δᾷδας μεγάλας ἀνίσχοντες. Καὶ ἐπεὶ πλησίον ἦσαν τῶν θυρῶν, ᾖδον σκληρᾷ καὶ ἀπηνεῖ τῇ φωνῇ, καθάπερ τριαίναις γῆν ἀναρρηγνύντες οὐχ ὑμέναιον ᾄδοντες. Δάφνις δὲ καὶ Χλόη γυμνοὶ συγκατακλιθέντες, περιέβαλλον ἀλλήλους καὶ κατεφίλουν, ἀγρυπνήσαντες τῆς νυκτὸς ὅσον οὐδὲ γλαῦκες· καὶ ἔδρασέ τι Δάφνις ὧν αὐτὸν ἐπαίδευσε Λυκαίνιον· καὶ τότε Χλόη πρῶτον ἔμαθεν, ὅτι τὰ ἐπὶ τῆς ὕλης γενόμενα ἦν ποιμένων παίγνια.

LIBER IV.

mendaverunt. Tum omnia ad festi celebrationem splendide apparabantur. Iterum Chloën coram Nymphis tradidit pater, et monumenta, multis aliis superadditis, ut essent donaria, consecravit et Dryanti reliqua drachmarum ad dena usque millia supplevit.

XXXVIII. Ceterum Dionysophanes, cœlo sereno, ibidem sub antro toros e fronde viridi sternendos curavit, paganosque omnes discumbere jussos magnifico excepit convivio. Præsentes autem aderant Lamon et Myrtale, Dryas atque Nape, Dorconis cognati, Philetas, Philetæ liberi, Chromis et Lycænium : ne Lampis quidem, venia impetrata, aberat. Cuncta igitur tum, utpote inter hujuscemodi compotatores, agrestia rusticaque; alius canebat, qualia messores solent; alter cavillabatur, cujusmodi cavilla, dum uvas prælis premunt, jaculari consueverunt; Philetas fistula, tibia canebat Lampis; Dryas et Lamon tripudiabant; Chloë et Daphnis mutua sibi dabant oscula. Prope etiam pascebant capellæ, veluti in hujus festi partem venientes. Non æque gratum id oppidanis erat; Daphnis autem quasdam ex iis nominatim vocavit, quibus virentes frondes porrexit, prehensisque cornibus, iis oscula fixit.

XXXIX. Neque ista illo tantum die; sed quamdiu vixerunt, pastoralem degerunt vitæ maximam partem, deos colentes, Nymphas, Panem et Amorem, plurimos ovium caprarumque greges adepti, nullum tandem cibum sibi dulciorem quam lac et poma arbitrati. Quin et masculum filiolum capræ subdiderunt et filiolam, altero partu editam, ovis mammas sugere voluerunt et nomen imposuerunt alteri quidem Philopœmenis, alteri vero Ageles. Sic isti ibi consenuerunt et antrum exornarunt, simulacra consecrarunt, aram Cupidini Pastori statuerunt, Panique delubrum pro pinu habitandum dederunt, Panem Militem appellantes.

XL. Sed hæc quidem posterioribus temporibus nominarunt et fecerunt : tunc vero, nocte facta, cuncti eos deduxerunt solemniter in thalamum, pars fistulam, pars tibiam inflantes, alii faces ingentes sustollentes; cumque prope ad fores accessissent, dura asperaque canebant voce, veluti tridentibus terram discindentes non autem hymenæum canentes. Ceterum Daphnis et Chloë nudi concumbentes, se invicem amplexabantur atque deosculabantur, non magis dormientes illa nocte, quam vel noctuæ solent; et patravit Daphnis quæ illum docuerat magistra Lycænium. Atque tunc primum Chloë didicit, ea quæ in silva acta fuerant, pastoralem ludum fuisse.

XENOPHON.

ΞΕΝΟΦΩΝΤΟΣ ΕΦΕΣΙΟΥ

ΤΩΝ ΚΑΤΑ
ΑΝΘΙΑΝ ΚΑΙ ΑΒΡΟΚΟΜΗΝ
ΕΦΕΣΙΑΚΩΝ
ΒΙΒΛΙΑ Ε.

ΛΟΓΟΣ ΠΡΩΤΟΣ.

Α'. Ἦν ἐν Ἐφέσῳ ἀνὴρ τῶν τὰ πρῶτα ἐκεῖ δυναμένων, Λυκομήδης ὄνομα. Τούτῳ τῷ Λυκομήδει ἐκ γυναικὸς ἐπιχωρίας, Θεμιστοῦς, γίνεται παῖς Ἁβροκόμης, μέγα δή τι χρῆμα [ὡραιότητι σώματος ὑπερβαλλούσῃ,] κάλλους, οὔτ' ἐν Ἰωνίᾳ οὔτ' ἐν ἄλλῃ γῇ πρότερον γενομένου. Οὗτος ὁ Ἁβροκόμης ἀεὶ μὲν καὶ καθ' ἡμέραν εἰς κάλλος ηὔξετο, συνήνθει δ' αὐτῷ τοῖς τοῦ σώματος καλοῖς καὶ τὰ τῆς ψυχῆς ἀγαθά· παιδείαν τε γὰρ πᾶσαν ἐμελέτα καὶ μουσικὴν ποικίλην ἤσκει· κιθάρα δ' αὐτῷ καὶ ἱππασία καὶ ὁπλομαχία συνήθη γυμνάσματα. Ἦν δὲ περισπούδαστος ἅπασιν Ἐφεσίοις, ἀλλὰ καὶ τοῖς τὴν ἄλλην Ἀσίαν οἰκοῦσι, καὶ μεγάλας εἶχον ἐν αὐτῷ τὰς ἐλπίδας, ὅτι πολίτης ἔσοιτο διαφέρων. Προσεῖχον δ' ὡς θεῷ τῷ μειρακίῳ καὶ εἰσὶν [ἤδη τινὲς] οἳ καὶ προσεκύνησαν ἰδόντες καὶ προσηύξαντο. Ἐφρόνει δὲ τὸ μειράκιον ἐφ' ἑαυτῷ μέγα καὶ ἠγάλλετο μὲν καὶ τοῖς τῆς ψυχῆς κατορθώμασι, πολὺ δὲ μᾶλλον τῷ κάλλει τοῦ σώματος· πάντων δὲ τῶν ἄλλων, ὅσα δὴ ἐλέγετο καλά, ὡς ἐλαττόνων κατεφρόνει καὶ οὐδὲν αὐτῷ, οὐ θέαμα, οὐκ ἄκουσμα, ἄξιον Ἁβροκόμου κατεφαίνετο· οὐδ' εἴ τινα ἢ παῖδα καλὸν ἀκούσαι ἢ παρθένον εὔμορφον, κατεγέλα τῶν λεγόντων, ὡς οὐκ εἰδότων, ὅ τι εἴη κάλλος. Ἐρωτά γε μὴν οὐδ' ἐνόμιζεν εἶναι θεόν, ἀλλὰ πάντῃ ἐξέβαλεν ὡς οὐδὲν ἡγούμενος, λέγων, ὡς οὐκ ἄν ποτε οὔ * τις ἐρασθείη οὐδ' ὑποταγείη τῷ θεῷ μὴ θέλων· εἰ δέ που ἱερὸν ἢ ἄγαλμα Ἔρωτος εἶδε, κατεγέλα· ἀπέφαινέ θ' ἑαυτὸν Ἔρωτος παντὸς καλλίονα καὶ κάλλει σώματος καὶ δυνάμει. Καὶ εἶχεν οὕτως· ὅπου γὰρ Ἁβροκόμης ὀφθείη, οὔτ' ἄγαλμα καλὸν ἐφαίνετο, οὔτ' εἰκὼν ἐπῃνεῖτο.

Β'. Μηνιᾷ πρὸς ταῦθ' ὁ Ἔρως· φιλόνεικος γὰρ ὁ θεὸς καὶ ὑπερηφάνοις ἀπαραίτητος· ἐζήτει δὲ τέχνην κατὰ τοῦ μειρακίου· καὶ γὰρ καὶ τῷ θεῷ δυσάλωτος ἐφαίνετο. Ἐξοπλίσας οὖν ἑαυτὸν καὶ πᾶσαν δύναμιν ἐρωτικῶν φαρμάκων περιβαλόμενος ἐστράτευεν ἐφ' Ἁβροκόμην. Ἤγετο δὲ τῆς Ἀρτέμιδος ἐπιχώριος ἑορτὴ ἀπὸ τῆς πό-

XENOPHONTIS
EPHESIACORUM
DE AMORIBUS
ANTHIÆ ET ABROCOMÆ
LIBRI V.

LIBER PRIMUS.

I. Erat Ephesi vir inter potentiores, cui Lycomedi nomen. Ei filius e Themisto uxore indigena nascitur Habrocomes, eximia pulchritudine, qualis neque in Jonia neque alibi usquam antea fuit. Habrocomæ forma semper in dies augebatur, florebantque in eo simul corporis venustas animique virtutes : omne quippe eruditionis genus et variam musicam excolebat. Consuetæ illi exercitationes cithara, equitatio, armorum tractatio. Ephesiis omnibus ceterisque Asianis percarus, miram spem præbebat præcellentissimi civis, colebantque illum obsequio ut deum; nec defuere, qui videntes ipsum adorantes supplicarent. Hinc superbire adolescens, et animi dotibus, sed multo magis corporis forma gloriari, quæque pulchra dicerentur, ut se minora despicere, nec quidquam Habrocomæ vel spectatu vel auditu dignum videbatur, et si cujus adolescentuli aut virginis formam laudari audiret, narrantes irridebat, utpote nescientes quid esset pulchritudo. Amorem nec deum esse putabat, sed omnino rejiciebat nihili faciens, negans ullum * amore capi ac deo subjici invitum. Sicubi templum aut simulacrum Amoris videret, ridebat, se indicans cuicunque Amori et venustate et virtute præcellere. Nec aliter se res habebat : ubi enim Habrocomes aderat, nulla statua pulchra videbatur, nulla effigies picta laudabatur.

II. His indignatus Amor, pervicax deus, superbis inexorabilis, insidias puero struxit, qui scilicet et deo captu difficilis videretur. Ipse igitur armis, omnibusque suis potentibus venenis instructus contra Habrocomen graditur. Agebatur solemne iis locis Dianæ festum, ab urbe ad templum, quod inde aberat stadia septem. Celebrare pom-

λεὼς ἐπὶ τὸ ἱερὸν· στάδιοι δ᾽ εἰσὶν ἑπτά· ἔδει δὲ πομ-
πεύειν πάσας τὰς ἐπιχωρίους παρθένους, κεκοσμημένας
πολυτελῶς, καὶ τοὺς ἐφήβους, ὅσοι τὴν αὐτὴν ἡλικίαν
εἶχον τῷ Ἀβροκόμῃ. Ἦν δ᾽ αὐτὸς περὶ τὰ ἓξ καὶ δέκα
5 ἔτη καὶ τῶν ἐφήβων προσήπτετο καὶ ἐν τῇ πομπῇ τὰ
πρῶτα ἐφέρετο. Πολὺ δὲ πλῆθος ἐπὶ τὴν θέαν, πολὺ
μὲν ἐγχώριον, πολὺ δὲ ξενικόν· καὶ γὰρ ἔθος ἦν ἐν
ἐκείνῃ τῇ πανηγύρει καὶ νυμφίους ταῖς παρθένοις εὑ-
ρίσκεσθαι καὶ γυναῖκας τοῖς ἐφήβοις. Παρῄεσαν δὲ
10 κατὰ στίχον οἱ πομπεύοντες· πρῶτα μὲν τὰ ἱερὰ καὶ
δᾷδες καὶ κανᾶ καὶ θυμιάματα· ἐπὶ τούτοις ἵπποι καὶ
κύνες καὶ σκεύη κυνηγετικά * τὰ μὲν πολεμικά, τὰ δὲ
πλεῖστα εἰρηνικά. ** Ἑκάστη δ᾽ αὐτῶν [οὕτως] ὡς
πρὸς ἐραστὴν ἐκεκόσμητο. Ἦρχε δὲ τῆς τῶν παρ-
15 θένων τάξεως Ἄνθεια, θυγάτηρ Μεγαμήδους καὶ Εὐίπ-
πης, ἐγχωρίων. Ἦν δὲ τὸ κάλλος τῆς Ἀνθείας οἷον
θαυμάσαι καὶ πολὺ τὰς ἄλλας ὑπερεβάλλετο παρθένους·
ἔτη μὲν τεσσαρακαίδεκα ἐγεγόνει, ἤνθει δ᾽ αὐτῆς τὸ
σῶμα ἐπ᾽ εὐμορφίᾳ, καὶ ὁ τοῦ σχήματος κόσμος πολὺς
20 εἰς ὥραν συνεβάλλετο· κόμη ξανθή, ἡ πολλὴ καθειμένη,
ὀλίγη πεπλεγμένη, πρὸς τὴν τῶν ἀνέμων φορὰν κι-
νουμένη· ὀφθαλμοὶ γοργοί, φαιδροὶ μὲν ὡς κόρης, φο-
βεροὶ δ᾽ ὡς σώφρονος· ἐσθής, χιτὼν ἁλουργής, ζωστὸς
εἰς γόνυ, μέχρι βραχιόνων καθειμένος, νεβρὶς περικει-
25 μένη, γωρυτὸς ἀνημμένος, τόξα, ὅπλα, ἄκοντες φερό-
μενοι, κύνες ἑπόμενοι. Πολλάκις αὐτὴν ἐπὶ τοῦ τε-
μένους ἰδόντες Ἐφέσιοι προσεκύνησαν ὡς Ἄρτεμιν· καὶ
τότ᾽ οὖν ὀφθείσης ἀνεβόησε τὸ πλῆθος καὶ ἦσαν ποικίλαι
παρὰ τῶν θεωμένων φωναί, τῶν μὲν ὑπ᾽ ἐκπλήξεως τὴν
30 θεὸν εἶναι λεγόντων, τῶν δ᾽ ἄλλην τινὰ ὑπὸ τῆς θεοῦ
περιπεποιημένην· προσηύχοντο δὲ πάντες καὶ προσε-
κύνουν καὶ τοὺς γονεῖς αὐτῆς ἐμακάριζον· ἦν δὲ δια-
βόητος τοῖς θεωμένοις ἅπασιν Ἄνθεια ἡ καλή. Ὡς δὲ
παρῆλθε τὸ τῶν παρθένων πλῆθος, οὐδεὶς ἄλλο τι ἢ
35 Ἄνθειαν ἔλεγεν· ὡς δ᾽ Ἁβροκόμης μετὰ τῶν ἐφήβων
ἐπέστη, τοὐντεῦθεν, καίτοι καλοῦ ὄντος τοῦ κατὰ τὰς
παρθένους θεάματος, πάντες ἰδόντες Ἁβροκόμην ἐκεί-
νων ἐπελάθοντο, ἔτρεψαν δὲ τὰς ὄψεις ἐπ᾽ αὐτόν,
βοῶντες, ὑπὸ τῆς θέας ἐκπεπληγμένοι, καλὸς Ἁβρο-
40 κόμης λέγοντες, καί, οἷος οὐδὲ εἷς, καλοῦ μίμημα θεοῦ.
Ἤδη δέ τινες καὶ τοῦτο προσέθεσαν, οἷος ἂν γάμος
γένοιτο Ἁβροκόμου καὶ Ἀνθείας. Καὶ ταῦτ᾽ ἦν πρῶτα
τῆς Ἔρωτος τέχνης μελετήματα. Ταχὺ μὲν δὴ εἰς
ἑκατέρους ἡ περὶ ἀλλήλων ἦλθε δόξα· καὶ ἥ τ᾽ Ἄνθεια
45 τὸν Ἁβροκόμην ἐπεθύμει ἰδεῖν καὶ ὁ τέως ἀνέραστος
Ἁβροκόμης ἤθελεν Ἄνθειαν ἰδεῖν.
Γʹ. Ὡς οὖν ἐτετέλεστο ἡ πομπή, ἦλθον δ᾽ εἰς τὸ
ἱερόν, θύσοντες ἅπαν τὸ πλῆθος καὶ ὁ τῆς πομπῆς κό-
σμος ἐλέλυτο, ᾔεσαν δ᾽ ἐς ταὐτὸν ἄνδρες καὶ γυναῖκες,
50 ἔφηβοι καὶ παρθένοι· ἐνταῦθ᾽ ὁρῶσιν ἀλλήλους καὶ
ἁλίσκεται Ἄνθεια (μὲν) ὑπὸ τοῦ Ἁβροκόμου, ἡττᾶται
δ᾽ ὑπὸ τοῦ Ἔρωτος Ἁβροκόμης καὶ ἐνεώρα τε συν-
εχέστερον τῇ κόρῃ καὶ ἀπαλλαγῆναι τῆς ὄψεως ἐθέλων
οὐκ ἐδύνατο· κατεῖχε δ᾽ αὐτὸν ἐγκείμενος ὁ θεός.

pam virgines omnes indigenas oportebat splendide ornatas,
praetereaque ephebos Habrocomae aequales, qui tum se-
decim fere annorum jam pubertatem attigerat, ac primas
in ea pompa ferebat. Magna autem vis hominum specta-
culo intererat, vel popularium, vel hospitum; siquidem
mos habebat, uti in ea celebritate sponsi virginibus et
ephebis uxores invenirentur. Procedebat ergo ordinatim
pompa primo scilicet sacra, faces, canistra et suffimenta,
tum autem equi canesque et venatoria arma, ** nonnulla
quidem bellica, pleraque tamen paci inservientia. ** Vir-
ginum se quaeque veluti ad amatoris oculos composuerat,
quarum ordinem ducebat Anthia, Megamedis et Evippae
indidem civium filia, mira pulchritudine ceteris longe
praestans, quatuordecim circiter annos nata ; florenti cor-
poris venustati nonnihil cultus addiderat : flava coma
partim nexa, plurima fluens ventisque diffusa : acres oculi,
hilares, quales puellam, et severi, quales pudicam decent :
vestis tunica purpurea, dependens ad brachia, adusque
genua demissa, hinnulea pellis circumducta, pharetra
suspensa et arcus, arma et hastilia ferebat, canesque se-
quebantur. Saepe illam in luco videntes Ephesii ut Dianam
adoraverant; tunc vero, ut conspexit populus, exclamavit,
erantque variae spectantium voces, his prae stupore deam
ipsam esse dicentibus, illis a dea sociam assumtam ; omnes
autem supplicabant, adorabant, parentesque ipsius beatos
praedicabant. Erat in ore omnium pulchra Anthia, ac,
praetereunte virginum turba, nihil aliud quam Anthiam
quisque nominabat. Verum ,ut accessit Habrocomes cum
ephebis, puellarum spectaculum, licet pereleganis, con-
tinuo omnium animis excidit et uniuscujusque oculi in
illum conversi sunt ; exclamabant spectaculo percussi,
O pulchrum Habrocomen, nulli comparandum, pulchri
dei simulacrum! Nec defuere, qui adderent, Quale foret
connubium ipsius et Anthiae! Hae primae fuerunt Amoris
insidiae : statim enim utrumque mutua existimatio occupat,
et Anthia Habrocomen videre gessit, et Anthiam Habro-
comes, qui huc usque amoris expers fuerat.

III. Ut igitur peracta pompa venere in templum sacrifi-
catum multitudo omnis, pompae ordo solutus est. Con-
venere eodem viri feminaeque, adolescentes et virgines.
Ibi ut ambo se viderunt, Anthia Habrocomae forma capitur,
Habrocomes amore victus puellam intentis oculis contem-
platur; nec adspectum effugere volens potis est, cohibebat

Διέκειτο δὲ καὶ Ἄνθεια πονήρως, ὅλοις μὲν καὶ ἀναπεπταμένοις τοῖς ὀφθαλμοῖς τὸ Ἁβροκόμου κάλλος εἰσρέον δεχομένη, ἤδη δὲ καὶ τῶν παρθένοις πρεπόντων καταφρονοῦσα· καὶ γὰρ ἐλάλησεν ἄν τι, ἵν' Ἁβροκόμης ἀκούσῃ καὶ μέρη τοῦ σώματος ἐγύμνωσεν ἂν τὰ δυνατά, ἵν' Ἁβροκόμης ἴδῃ. Ὁ δ' αὑτὸν ἐνέδωκε πρὸς τὴν θέαν καὶ ἦν αἰχμάλωτος τοῦ θεοῦ. Καὶ τότε μὲν θύσαντες ἀπηλλάττοντο λυπούμενοι καὶ τῷ τάχει τῆς ἀπαλλαγῆς μεμφόμενοι, ἀλλήλους βλέπειν ἐθέλοντες ἐπιστρεφόμενοι καὶ ὑφιστάμενοι πολλὰς προφάσεις διατριβῆς ηὕρισκον. Ὡς δ' ἦλθον ἑκάτερος παρ' ἑαυτὸν, ἔγνωσαν τότε οἷ κακῶν ἐγεγόνεσαν· καὶ ἔννοια ἐκείνους ὑπῄει τῆς ὄψεως θατέρου καὶ ὁ ἔρως ἐν αὐτοῖς ἐνεκαίετο καὶ τὸ περιττὸν τῆς ἡμέρας αὐξήσαντες τὴν ἐπιθυμίαν, ἐπειδὴ εἰς ὕπνον ᾔεσαν, ἐν ἀθρόῳ γίνονται τῷ δεινῷ καὶ ὁ ἔρως ἐν ἑκατέροις ἦν ἀκατάσχετος.

Δ'. Λαβὼν δὴ τὴν κόμην ὁ Ἁβροκόμης καὶ σπαράξας τὴν ἐσθῆτα, φεῦ μοι τῶν κακῶν, εἶπε, τί πέπονθα δυστυχής; ὁ μέχρι νῦν ἀνδρικὸς Ἁβροκόμης, ὁ καταφρονῶν Ἔρωτος, ὁ τῷ θεῷ λοιδορούμενος, ἑάλωκα καὶ νενίκημαι καὶ παρθένῳ δουλεύειν ἀναγκάζομαι καὶ φαίνεταί τις ἤδη, καλλίων ἐμοῦ καὶ θεὸν Ἔρωτα καλῶ. Ὦ πάντ' ἄνανδρος ἐγὼ καὶ πονηρός· οὐ καρτερήσω νῦν; οὐ μενῶ γενναῖος; οὐκ ἔσομαι καλλίων Ἔρωτος; νῦν οὐδὲν ὄντα θεὸν νικῆσαί με δεῖ. Καλὴ παρθένος· τί δέ; τοῖς σοῖς ὀφθαλμοῖς, Ἁβροκόμη, εὔμορφος Ἄνθεια, ἀλλ', ἐὰν θέλῃς οὐχὶ σοί. Δεδόχθω ταῦτα· οὐκ ἂν Ἔρως ποτέ μοῦ κρατήσειε. Ταῦτ' ἔλεγε, καὶ ὁ θεὸς σφοδρότερος αὐτῷ ἐνέκειτο καὶ εἷλκεν ἀντιπίπτοντα καὶ ᾠδύνα μὴ θέλοντα. Οὐκέτι δὴ καρτερῶν, ῥίψας ἑαυτὸν εἰς γῆν, νενίκηκας, εἶπεν, Ἔρως, μέγα σοι τρόπαιον ἐγήγερται καθ' Ἁβροκόμου τοῦ σώφρονος· ἱκέτην ἔχεις ὁλόγον σὸν, ἐπί σε καταπεφευγότα τὸν πάντων δεσπότην. Μή με περιίδῃς, μηδ' ἐπὶ πολὺ τιμωρήσῃ τὸν θρασύν. Ἄπειρος ὢν, Ἔρως, ἔτι τῶν σῶν ὑπερηφάνουν· ἀλλὰ νῦν Ἄνθειαν ἡμῖν ἀπόδος· γενοῦ μὴ μόνος ἐχθρὸς ἀντιλέγων, ἀλλ' εὐεργέτης ἡττωμένῳ θεός. Ταῦτ' ἔλεγεν, ὁ δ' Ἔρως ἔτι ὠργίζετο καὶ μεγάλην τῆς ὑπεροψίας ἐνενοεῖτο τιμωρίαν εἰσπράξασθαι τὸν Ἁβροκόμην. Διέκειτο δὲ καὶ ἡ Ἄνθεια πονήρως· καὶ μηκέτι φέρειν δυναμένη ἐπεγείρει ἑαυτήν, πειρωμένη τοὺς παρόντας λανθάνειν. Τί, φησίν, ἡ δυστυχής, πέπονθα; παρθένος παρ' ἡλικίαν ἐρῶ καὶ ὀδυνῶμαι καινὰ καὶ κόρῃ μὴ πρέποντα. Ἐφ' Ἁβροκόμῃ μαίνομαι, καλῷ μὲν, ἀλλ' ὑπερηφάνῳ· καὶ τίς ἔσται ὁ τῆς ἐπιθυμίας ὅρος καὶ τί τὸ πέρας τοῦ κακοῦ; Σοβαρὸς οὗτος ἐρώμενος, παρθένος ἐγὼ φρουρουμένη· τίνα βοηθὸν λήψομαι; τίνι πάντα κοινώσομαι; ποῦ δ' Ἁβροκόμην ὄψομαι; Ταῦθ' ἑκάτερος αὐτῶν δι' ὅλης τῆς νυκτὸς ὠδύρετο· εἶχον δὲ πρὸ ὀφθαλμῶν τὰς ὄψεις τὰς ἑαυτῶν, τὰς εἰκόνας ἐπὶ τῆς ψυχῆς ἀλλήλων ἀναπλάττοντες.

Ε'. Ὡς δ' ἡμέρα ἐγένετο, ᾔει ὁ Ἁβροκόμης ἐπὶ τὰ συνήθη γυμνάσματα, ᾔει δ' ἡ παρθένος ἐπὶ τὴν ἐξ ἔθους θρησκείαν τῆς θεοῦ. Ἦν δ' αὐτοῖς καὶ τὰ σώ-

LIBER I. 185

enim illi insidens deus. Et Anthia ægra erat, totis et expansis oculis Habrocomæ speciem intus labentem excipiens : jam ea, quæ virgines decent, parvi faciens, ita loquebatur, ut audiret Habrocomes ; et corporis partes Habrocomæ inspiciendas nudabat. Is se totum ad hoc spectaculum tradidit, et captivus in dei potestatem venit. Sacrificio facto, mœrentes discedunt, tam citum discessum querentes, seque invicem spectandi cupidi subsistunt identidem et convertuntur, plurimas moræ causas simulantes. Ubi uterque domum venit, cognovit, in quod malum incidisset. Cogitatio subit mutui adspectus, amor incenditur, quodque reliquum est diei adeo cupidinem intendunt, ut cum dormiendi tempus adventaret, in maxima ægritudine versarentur et neuter Amoris vim ferre valeret.

IV. Habrocomes, correptis capillis discissaque veste, hei mihi, inquit, misero, quid patior infelix! Hucusque fortis Habrocomes, Amorem despectui habens et ludibrio deum, nunc captus victusque sum et puellæ servire cogor, et jam me pulchrior non nemo est, jam deum appellare Amorem non dubitabo. O me miserum et imbellem! Nunc igitur non resistam? non fortiter manebo? Non ero pulchrior Amore? Nunc me deum vincere qui nihili est oportet! Virgo omnino pulchra est. Quid vero? Anthia tuis oculis formosa, o Habrocome, sed si ita velis, non tibi. Hæc rata sint ; nunquam me potior erit Amor. Hæc dicenti fortius insidet deus, renitentem trahit, nolentemque cruciat. Ille non amplius sustinere valens, seque humi prosternens, vicisti, inquit, Amor, magnum tibi erectum tropæum de Habrocomæ temperantia. Supplicem vides, perditum, tuum, ad te profugientem omnium dominum. Ne me despicias, neque nimias audaciæ pœnas sumas. Nondum tuas, Amor, vires expertus paulo elatiorem me gessi. Nunc da mihi Anthia potiri, sisque non tam acer pervicaci, quam victo propitius deus. Ita ille. Amor tamen adhuc iratus, magnas ab eo contemtus pœnas exigere cogitabat. Anthia quoque ægra erat, nec diutius durare valens, experrecta, et eos qui aderant latere studens, Heu, inquit, miseræ quid accidit mihi! Amo plus quam per ætatem fas est, et novo quodam modo doleo, nec qui puellam decet. Habrocomæ amore insanio, formosi quidem adolescentis, sed superbi. Ecquis erit desiderio finis, quis malorum terminus? Quem amo, ferox est, virgo ego, custoditus circumsepta, quem mihi auxiliatorem sumam? quicum omnia communicabo? ubi Habrocomen videre licebit? Hæc uterque tota nocte lamentabatur, et alter alterius vultum ob oculos habebat, hanc imaginem animo sibi fingens.

V. Ubi illuxit, Habrocomes ad consueta exercitia proficiscitur : puella de more deæ cultui incumbit. Corpora eorum præterita nocte defatigata, oculi languentes, immu-

μάτα ἐκ τῆς παρελθούσης νυκτὸς πεπονηκότα καὶ τὸ βλέμμα ἄθυμον καὶ οἱ χρῶτες ἠλλαγμένοι· καὶ τοῦτ' ἐπὶ πολὺ ἐγίνετο καὶ πλέον οὐδὲν αὐτοῖς ἦν. Ἐν τούτῳ ἐν τῷ ἱερῷ τῆς θεοῦ διημερεύοντες ἐνεώρων ἀλλήλοις, εἰπεῖν τἀληθὲς φόβῳ πρὸς ἑκατέρους αἰδούμενοι. Τοσοῦτο δ' ἐστέναξεν ἄν ποτε Ἁβροκόμης καὶ ἐδάκρυσε, καὶ προσεύχετο τῆς κόρης ἀκουούσης ἐλεεινῶς. Ἡ δ' Ἄνθεια ἔπασχε μὲν τὰ αὐτὰ, πολὺ δὲ μείζονι τῇ συμφορᾷ κατείχετο· εἰ δέ ποτ' ἄλλας παρθένους ἢ γυναῖκας ἴδοι βλεπούσας εἰς ἐκεῖνον, ἑώρων δ' ἅπασαι εἰς Ἁβροκόμην, δῆλη ἦν λυπουμένη, μὴ πα-ρευδοκιμηθῇ φοβουμένη. Εὐχαὶ δ' αὐτοῖς ἑκατέροις ἦσαν πρὸς τὴν θεὸν κοινῇ, λανθάνουσαι μὲν, ἀλλ' ἐγίνοντο ὅμοιαι. Χρόνου δὲ προιόντος, οὐκέτι τὸ μειράκιον ἐκαρτέρει· ἤδη δ' αὐτῷ καὶ τὸ σῶμα πᾶν ἠφάνιστο καὶ ἡ ψυχὴ κατεπεπτώκει, ὥστ' ἐν πολλῇ ἀθυμίᾳ τὸν Λυκομήδην καὶ τὴν Θεμιστὼ γεγονέναι, οὐκ εἰδότας μὲν ὅ τι εἴη τὸ συμβαῖνον Ἁβροκόμῃ, δεδοικότας δ' ἐκ τῶν ὁρωμένων. Ἐν ὁμοίῳ δὲ φόβῳ καὶ ὁ Μεγαμήδης καὶ ἡ Εὐίππη καὶ περὶ τῆς Ἀνθείας καθειστήκεσαν, ὁρῶντες αὐτῆς τὸ μὲν κάλλος μαραινόμενον, τὴν δ' αἰτίαν οὐ φαινομένην τῆς συμφορᾶς. Εἰς τέλος εἰσάγουσι παρὰ τὴν Ἄνθειαν μάντεις καὶ ἱερέας, ὡς εὑρήσοντας λύσιν τοῦ δεινοῦ. Οἱ δ' ἐλθόντες ἔθυόν θ' ἱερεῖα καὶ ποικίλα ἐπέσπενδον καὶ ἐπέλεγον φωνὰς βαρβαρικὰς, ἐξιλάσκεσθαί τινας λέγοντες δαίμονας καὶ προσεποιοῦντο, ὡς εἴη τὸ δεινὸν ἐκ τῶν ὑποχθονίων θεῶν. Πολλὰ δὲ καὶ ὑπὲρ Ἁβροκόμου οἱ περὶ τὸν Λυκομήδην ἔθυόν τε καὶ ηὔχοντο· λύσις δ' οὐδεμία τοῦ δεινοῦ οὐδ' ἑτέρῳ αὐτῶν ἐγίνετο, ἀλλὰ καὶ ἔτι μᾶλλον ὁ ἔρως ἀνεκαίετο. Ἔκειντο οὖν δὴ ἑκάτεροι νοσοῦντες, πάνυ ἐπισφαλῶς διακείμενοι, ὅσον οὐδέπω τεθνήξεσθαι προσδοκώμενοι, κατειπεῖν αὐτῶν τὴν συμφορὰν μὴ δυνάμενοι. Τέλος πέμπουσιν οἱ πατέρες ἑκατέρων εἰς θεοῦ μαντευσόμενοι τήν τ' αἰτίαν τῆς νόσου καὶ τὴν ἀπαλλαγήν.

Ϛ'. Ὀλίγον δ' ἀπέχει τὸ ἱερὸν τοῦ ἐν Κολοφῶνι Ἀπόλλωνος, διάπλους ἀπ' Ἐφέσου σταδίων ὀγδοήκοντα. Ἐνταῦθ' οἱ παρ' ἑκατέρων ἀφικόμενοι δέοντο τοῦ θεοῦ ἀληθῆ μαντεύσεσθαι· ἐληλύθεσαν δὴ κατὰ ταὐτά. Χρᾷ δ' ὁ θεὸς κοινὰ ἀμφοτέροις τὰ μαντεύματα ἐν μέτρῳ τὰ ἔπη τάδε·

Τίπτε ποθεῖτε μαθεῖν νούσου τέλος ἠδὲ καὶ ἀρχήν;
Ἀμφοτέρους μία νοῦσος ἔχει, λύσις ἔνθεν ἀνέστη·
Δεινὰ δ' ὁρῶ τοῖσδεσσι πάθη καὶ ἀνήνυτα ἔργα·
Ἀμφότεροι φεύξονται ὑπεὶρ ἅλα λυσσοδίωκτοι,
Δεσμὰ δὲ μοχθήσουσι παρ' ἀνδράσι μιξοθαλάσσοις
Καὶ τάφος ἀμφοτέροις θάλαμος καὶ πῦρ ἀίδηλον,
Καὶ ποταμοῦ Νείλου παρὰ ῥεύμασιν Ἴσιδι σεμνῇ
Σωτείρῃ μετόπισθε παραστήσεις ὄλβια δῶρα.
Ἀλλ' ἔτι που μετὰ πήματ' ἀρείονα πότμον ἔχουσι.

Ζ'. Ταῦθ' ὡς ἐκομίσθη, τὰ μαντεύματα εἰς Ἔφεσον, εὐθὺς μὲν οἱ πατέρες αὐτῶν ἦσαν ἐν ἀμηχανίᾳ καὶ τὸ δεινὸν, ὅ τι ἦν, πάνυ ἠπόρουν· συμβάλλειν δὲ τὰ τοῦ θεοῦ λόγια οὐκ ἐδύναντο· οὔτε γὰρ τίς ἡ νόσος, οὔτε τίς

tatus color et hæc omnia sæpius ita fiebant et nihil levabantur. Interea in templo interdiu morantes se mutuo spectabant, cum præ metu uterque, quod vere sentiebat, alteri detegere vereretur. Suspirabat subinde, flebatque Habrocomes et preces fundebat lamentabiles, puella auscultante. Eademque omnino Anthia patiebatur, id vero ad ejus infortunium accedebat, quod, si quas virgines aut mulieres illum intuentes vidisset, (omnes autem Habrocomen intuebantur) manifestum esset illam mœrere, pertimescentem, ne ipsi minus placeret. Vota quidem apud deam uterque simul eadem insciens faciebat. Aliquanto post, durare diutius adolescens non potuit; totum corpus jam tabuerat et ita conciderat animo, ut Lycomedes et Themisto animo admodum angerentur, quid Habrocomæ accidisset, ignorantes, sed ex his, quæ viderant, timoris pleni. De Anthia simili erant in metu Megamedes et Evippe, cum formam ejus marcescentem, nullamque mali causam apparere viderent. Tandem ad puellam vates et sacerdotes adducunt, eam malo liberaturos. Qui quidem hostias immolarunt, variisque libationibus ac quibusdam barbaricis vocibus usi, nescio quæ numina se placaturos dicunt, finguntque malum a diis inferis immissum esse. Multa quoque et Lycomedes pro Habrocoma sacra fecit et preces fudit; neuter tamen a malo liberatur, immo et amor magis inflammatur. Ambo morbo correpti in discrimine versabantur, mortem propemodum exspectantes, cum tamen enarrare malum non valerent. Tandem utriusque parentes deos consulturos mittunt, causam morbi et remedium quærentes.

VI. Non longe distat fanum Apollinis Colophonii : ab Epheso trajectus est octoginta tantum stadiorum. Ibi exorant deum, qui ab utriusque parentibus missi fuerant, ut vera redderet oracula, venerant autem idem rogatum. Commune utrisque responsum deus hisce versibus reddidit :

Cur optatis scire morbi finem atque originem?
Ambos unus tenet morbus, remedium hinc invenietur :
Sed dira video his (imminere) mala et longos labores :
Utrique fugient per mare rabie acti,
Vincula ferent apud viros maritimos,
Et sepulchrum ambobus torus erit ignisque exitialis,
Et fluminis Nili ad aquas Isidi sanctæ
Salvatrici postea des, magnifica dona.
Sed post calamitates meliori aliquando utentur fortuna.

VII. Ubi hæc oracula Ephesum allata sunt, statim quidem eorum parentes ex consilii inopia attoniti fuere, nec, quid mali liberis suis portenderetur, exputare valebant; non enim ex dei responsis conjicere ullatenus poterant,

ή ψυχή, ούτε τίνα τὰ δεσμά, οὐδ' ὁ τάφος τίς, οὐδ' ὁ ποταμὸς τίς, ούτε τίς ή ἐκ τοῦ θεοῦ βοήθεια. Ἔδοξεν οὖν αὐτοῖς πολλὰ βουλευομένοις παραμυθήσασθαι τὸν χρησμὸν ὡς οἷόν τε καὶ συζεῦξαι γάμῳ τοὺς παῖδας, ὡς
5 τοῦτο καὶ τοῦ θεοῦ βουλομένου, δι' ὧν ἐμαντεύσατο. Ἐδόκει δὴ ταῦτα καὶ διέγνωσαν μετὰ τὸν γάμον ἐκπέμψαι χρόνῳ τινὶ ἀποδημήσοντας αὐτούς. Μεστὴ μὲν ήδη ή πόλις ήν τῶν εὐωχουμένων, πάντα δ' ήν ἐστεφανωμένα καὶ διαβόητος ὁ μέλλων γάμος· ἐμακα-
10 ρίζετο δ' ὑπὸ πάντων ὁ μὲν, οἵαν ἄξεται τὴν γυναῖκα Ἄνθειαν, ή δὲ, οίῳ μειρακίῳ συγκατακλιθήσεται. Ὁ δ' Ἀβροκόμης, ὡς ἐπύθετο καὶ τὸν χρησμὸν καὶ τὸν γάμον, ἐπὶ μὲν τῷ τὴν Ἄνθειαν ἔξειν μεγάλως ἔχαιρεν· ἐφόβει δ' αὐτὸν οὐδὲν τὰ μεμαντευμένα, ἀλλ' ἐδόκει
15 παντὸς εἶναι δεινοῦ τὰ παρόντα ἡδίονα. Μετὰ ταῦτα δὲ καὶ ή Ἄνθεια ήδετο μὲν, ὅτι Ἀβροκόμην ἔξει· τίς δ' ή φυγὴ καὶ τίνες αἱ συμφοραὶ, κατερρόνει, πάντων τῶν ἐσομένων κακῶν Ἀβροκόμην ἔχουσα παραμυθίαν.
Η'. Ὡς οὖν ἐφέστηκεν ὁ τῶν γάμων καιρὸς καὶ
20 παννυχίδες ήγοντο καὶ ἱερεῖα πολλὰ ἐθύετο τῇ θεῷ. Καὶ ἐπειδὴ ταῦτ' ἐκτετέλεστο, ἡκούσης τῆς νυκτὸς, (βραδύνειν δὲ πάντ' ἐδόκει Ἀβροκόμῃ καὶ Ἀνθείᾳ), ήγον τὴν κόρην εἰς τὸν θάλαμον μετὰ λαμπάδων, τὸν ὑμέναιον ᾄδοντες, ἐπευφημοῦντες καὶ εἰσάγοντες κα-
25 τέκλινον. Ἦν δ' αὐτοῖς ὁ θάλαμος (οὕτως) πεποιημένος· κλίνη χρυσῆ στρώμασιν ἔστρωτο πορφυροῖς καὶ ἐπὶ τῆς κλίνης Βαβυλωνία ἐπεποίκιλτο σκηνή· παίζοντες Ἔρωτες, οἱ μὲν Ἀφροδίτην θεραπεύοντες, (ἦν δὲ καὶ Ἀφροδίτης εἰκὼν), οἱ δ' ἱππεύοντες ἀναβάται στρου-
30 θοῖς, οἱ δὲ στεφανοὺς πλέκοντες, οἱ δ' ἄνθη φέροντες· ταῦτ' ἐν τῷ ἑτέρῳ μέρει τῆς σκηνῆς· ἐν δὲ τῷ ἑτέρῳ Ἄρης ἦν οὐχ ὡπλισμένος, ἀλλ' ὡς πρὸς ἐρωμένην τὴν Ἀφροδίτην κεκοσμημένος, ἐστεφανωμένος, χλανιδία ἔχων. Ἔρως αὐτὸν ὡδήγει, λαμπάδα ἔχων ἡμμένην.
35 Ἐπ' αὐτῇ τῇ σκηνῇ κατέκλιναν τὴν Ἄνθειαν, ἀγαγόντες πρὸς τὸν Ἀβροκόμην, ἐπέκλεισάν τε τὰς θύρας.
Θ'. Τοῖς δ' ἑκατέροις πάθος συνέδη ταὐτὸν, καὶ οὔτε προσειπεῖν ἔτ' ἀλλήλους ἡδύναντο, οὔτ' ἀντιβλέψαι τοῖς ὀφθαλμοῖς· ἔκειντο δ' ὑφ' ἡδονῆς παρειμένοι, αἰδού-
40 μενοι, φοβούμενοι, πνευστιῶντες, ἡδόμενοι· ἐπάλλετο δ' αὐτοῖς τὰ σώματα καὶ ἐκραδαίνοντο αὐτοῖς αἱ ψυχαί. Ὀψὲ δ' ὁ Ἀβροκόμης ἀνενεγκὼν περιέλαβε τὴν Ἄνθειαν· ή δ' ἐδάκρυε, τῆς ψυχῆς αὐτῆς σύμβολα προπεμπούσης τῆς ἐπιθυμίας τὰ δάκρυα. Καὶ ὁ Ἀβρο-
45 κόμης, ὦ τῆς ἐμοὶ, φησὶ, ποθεινοτάτης νυκτὸς, ἣν μόλις ἀπείληφα, πολλὰς πρότερον νύκτας δυστυχήσας. Ὦ φωτὸς ἡδίων ἐμοὶ κόρη καὶ τῶν πώποτε λαλουμένων εὐτυχεστέρα· τὸν ἐραστὴν ἔχεις ἄνδρα, μεθ' οὗ ζῆν καὶ ἀποθανεῖν ὑπάρξαι γυναικὶ σώφρονι.
50 Εἰπὼν κατεφίλει τε καὶ ὑπεδέχετο τὰ δάκρυα, καὶ αὐτῷ ἐδόκει παντὸς μὲν εἶναι νέκταρος ποτιμώτερα τὰ δάκρυα, παντὸς δὲ τοῦ πρὸς ὀδύνην φαρμάκου δυνατώτερα. Ἡ δ' ὀλίγα αὐτὸν προσφθεγξαμένη, ναὶ, φησὶν, Ἀβροκόμη, δοκῶ σοι καλὴ καὶ μετὰ τὴν σὴν εὐμορ-

---

quid morbus, fuga, vincula, tumulus, flumen, et auxilium a deo exspectandum sibi vellent. Visum est igitur, postquam diu una deliberassent, oraculum, quoad fieri posset, mitigare, connubioque jungere adolescentes, quasi et id voluerit deus illis quae responderat. Hoc sane placuit et statuerunt, peractis nuptiis, eos peregre ad aliquod tempus mittere. Jam omnia per urbem epulis et coronis plena, ac futurae nuptiae ubique sermonibus percelebratae. Beati ab omnibus praedicabantur, Habrocomes, quod talem ducturus esset uxorem, haec, quod tali adolescentulo esset concubitura. Habrocomes, responsi et nuptiarum certior factus, admodum laetatus est, se Anthia potiturum, minimeque vaticinio perterritus praesentem voluptatem omni malo suaviorem esse existimabat. Gaudebat et Anthia fruitura Habrocoma, parvi pendens quid sibi ex fuga et ceteris calamitatibus impenderet, cum in Habrocome omnium futurorum malorum solatium nacta esset.

VIII. Ubi igitur nuptiarum tempus advenit, pervigilia celebrata sunt, multaeque hostiae deae immolatae. His peractis, adventante jam nocte, (omnia Habrocomae et Anthiae morum facere videbantur), duxere puellam in thalamum cum lampadibus hymenaeum canentes, faustaque apprecantes, ibique intromissos recumbere fecerunt. Thalamus erat ita exornatus; lectus aureus stragulis purpureis stratus, tectusque in modum tentorii Babylonia veste scite variata. Inerant ludentes Amores, quorum alii Veneri (quae et ipsa ibi erat depicta) famulabantur, alii passeribus tanquam equis insidebant, nonnulli plectebant coronas, alii flores afferebant; haec in una aulaei parte; in altera parte Mars erat non armatus, sed quasi ad amicam Venerem accedens ornatus, corona redimitus, indutusque chlamyde et ei dux viae erat Amor lampadem tenens accensam. In ipso tentorio collocata Anthia et Habrocoma admota, fores clauserunt.

IX. Utrique idem accidit, ut alterum alloqui non posset, neque intueri. Jacebant nimia voluptate languidi, pudibundi, timentes, anheli, ac dulcedine perfusi : palpitabant artus, animique vehementer commoti erant. Tandem Habrocomes, ubi se collegit, Anthiam amplexatur lacrimantem, anima ejus lacrimas velut desiderii indicia praemittente. O nox, inquit, exoptatissima! quot heu miser doloris plenas exegi, antequam hanc vix tandem nancisceret ! O puella luce mihi carior, omniumque, de quibus unquam sermo fuit felicissima, quae amatorem habes virum, quocum vivere et mori probae uxori liceat! His dictis osculatur, excipitque lacrimas, quae omni nectare suaviores ipsi visae sunt et quocunque medicamento ad dolorem levandum efficaciores. Illa paucis allocuta, Habrocoma, inquit, an pulchra tibi videor, ac licet ipse forma adeo praestes.

φίαν ἀρέσκω σοι; Ἀνάνδρε καὶ δειλέ, πόσον ἐβράδυ-
νας ἐρῶν χρόνον; πόσον ἠμέλησας; ἀπὸ τῶν ἐμαυτῆς
κακῶν, ἃ πέπονθας οἶδα. Ἀλλ' ἰδοὺ, δάκρυα μὲν
ὑποδέχου τἀμὰ καὶ ἡ καλὴ σοῦ κόμη πινέτω πῶμα
[τὸ] ἐρωτικὸν καὶ συμφύντες ἀλλήλοις ἀναμιγῶμεν,
καταβρέχωμεν δὲ καὶ τοὺς στεφάνους τοῖς παρ' ἀλλή-
λων δάκρυσιν, ἵν' ἡμῖν καὶ οὗτοι συνερῶσιν. Εἰ-
ποῦσα δ' ἅπαν μὲν αὐτοῦ τὸ πρόσωπον ἠσπάζετο,
ἅπασαν δὲ τὴν κόμην τοῖς αὑτῆς ὀφθαλμοῖς προσετίθει
καὶ τοὺς στεφάνους ἀνελάμβανε καὶ τὰ χείλη τοῖς χεί-
λεσι φιλοῦσα συνηρμόκει καὶ, ὅσα ἐνενόουν, διὰ τῶν
χειλέων ἐκ ψυχῆς εἰς τὴν θατέρου ψυχὴν διὰ τοῦ φιλή-
ματος παρεπέμπετο. Φιλοῦσα δ' αὐτοῦ τοὺς ὀφθαλ-
μοὺς, ὦ, φησί, πολλάκις με λυπήσαντες ὑμεῖς, ὦ τὸ
πρῶτον ἐνθέντες τῇ ἐμῇ κέντρον ψυχῇ, οἱ τοτὲ μὲν
σοβαροὶ, νῦν δ' ἐρωτικοί, καλῶς μοι διηκονήσατε καὶ
τὸν ἔρωτα τὸν ἐμὸν καλῶς εἰς τὴν Ἁβροκόμου ψυχὴν
ὡδηγήσατε. τοιγαροῦν ὑμᾶς πολλὰ φιλῶ καὶ ὑμῖν
ἐφαρμόζω τοὺς ὀφθαλμοὺς τοὺς ἐμοὺς, τοὺς Ἁβροκό-
μου διακόνους· ὑμεῖς δ' ἀεὶ βλέποιτε ταῦτα, καὶ μήθ'
Ἁβροκόμη ἄλλην δείξητε καλήν, μήτ' ἐμοὶ δόξῃ τις
ἄλλος εὔμορφος· ἔχετε ψυχὰς, ἃς αὐτοὶ ἐξεκαύσατε·
ταύτας ὁμοίως τηρήσατε. Ταῦτ' εἶπε, καὶ περιφύν-
τες ἀνεπαύοντο καὶ τὰ πρῶτα τῶν Ἀφροδίτης ἐρώτων
ἀπέλαυον· ἐφιλονείκουν δὲ δι' ὅλης τῆς νυκτὸς πρὸς
ἀλλήλους, φιλοτιμούμενοι, τίς φανεῖται μᾶλλον ἐρῶν.

Ι΄. Ἐπειδὴ δ' ἡμέρα ἐγένετο ἀνίσταντο πολὺ μὲν
ἡδίονες, πολὺ δ' εὐθυμότεροι, ἀπολαύσαντες ἀλλήλων
ὧν ἐπεθύμησαν χρόνῳ καλῶν. Ἑορτὴ δ' ἦν ἅπας ὁ
βίος αὐτοῖς καὶ μεστὰ εὐωχίας πάντα, καὶ ἤδη καὶ
τῶν μεμαντευμένων λήθη. Ἀλλ' οὐχὶ τὸ εἱμαρμένον
ἐπελέληστο, ἀλλ' οὐδ' ὅτῳ ἐδόκει ταῦτα θεῷ ἡμέλει.
Χρόνου δὲ διελθόντος ὀλίγου, ἔγνωσαν οἱ πατέρες ἐκ-
πέμπειν αὐτοὺς τῆς πόλεως κατὰ τὰ βεβουλευμένα·
ἠμελλόν τε γὰρ ἄλλην ὄψεσθαι γῆν καὶ ἄλλας πόλεις
καὶ τὸν τοῦ θεοῦ χρησμόν, ὡς οἷόν τ' ἦν, παραμυθή-
σασθαι, ἀπαλλαγέντες χρόνῳ τινὶ Ἐφέσου. Παρε-
σκεύαζετο δὴ πάντ' αὐτοῖς πρὸς τὴν ἔξοδον, ναῦς τε
μεγάλη καὶ ναῦται πρὸς ἀναγωγὴν ἕτοιμοι καὶ τὰ
ἐπιτήδεια ἐνεβάλλοντο, πολλὴ μὲν ἐσθὴς καὶ ποικίλη,
πολὺς δ' ἄργυρος καὶ χρυσὸς, ἥ τε τῶν σιτίων ὑπερ-
βάλλουσα ἀφθονία. Θυσίαι δὲ πρὸ τῆς ἀναγωγῆς τῇ
Ἀρτέμιδι καὶ εὐχαὶ τοῦ δήμου παντὸς καὶ δάκρυα πάν-
των, ὡς μελλόντων ἀπαλλάττεσθαι παίδων κοινῶν.
Ἦν δ' ὁ πλοῦς αὐτοῖς ἐπ' Αἴγυπτον παρεσκευασμένος.
Ὡς δ' ἦλθεν ἡ τῆς ἀναγωγῆς ἡμέρα, πολλοὶ μὲν οἰκέ-
ται, πολλαὶ δὲ θεράπαιναι, ** Μελλούσης δὲ τῆς νεὼς
ἐπανάξεσθαι, πᾶν μὲν τὸ Ἐφεσίων πλῆθος παρῆν
παραπεμπόντων, πολλαὶ δὲ καὶ τῶν (ξένων) μετὰ
λαμπάδων καὶ θυσιῶν. Ἐν τούτῳ μὲν οὖν ὁ Λυκο-
μήδης καὶ ἡ Θεμιστὼ, πάντων ἅμ' ἐν ὑπομνήσει γε-
νόμενοι, τοῦ χρησμοῦ, τοῦ παιδὸς, τῆς ἀποδημίας,
ἔκειντο εἰς γῆν ἀθυμοῦντες. Ὁ δὲ Μεγαμήδης καὶ ἡ
Εὐίππη ἐπεπόνθεσαν μὲν τὰ αὐτά, εὐθυμότεροι δ' ἦσαν,

placeo? Timide et ignave, quamdiu amare cunctatih es?
quamdiu nulli id tibi curæ fuit? a meis malis, quæ ipse
passus sis, conjicio. Verum jam age, meas excipe lacri-
mas, bibantque elegantes comæ tuæ amoris poculum, invi-
cemque complexi adhæreamus, ita ut coronæ mutuis lacri-
mis madeant et nostrum una ipsæ amorem sentiant. His
dictis, totum vultum ejus amplectitur, adducitque suis
oculis comas et suscipit coronas, suaviando fecit ut labia
labellis adhærerent, et quæ quisque cogitabat, ex animo
in animum per oscula labiis impressa transmittunt. Illa
adolescentis oculos basians, o quoties, inquit, me dolore
affecistis! qui primum mihi infixistis animo aculeum, vos
quondam superbiæ, nunc amoris pleni, optime de me me-
ruistis, quippe qui amorem mei in Habrocomæ animum
induxeritis. Vos itaque exosculor, vobis hosce meos ad-
moveo oculos Habrocomæ famulos. Sic vos semper hæc
spectetis, non aliam Habrocomæ elegantis formæ puellam
ostendite, ac nemo mihi pulcher alius videatur. En vobis
animas nostras, quas exussistis; has habete et pari studio
servate. Hæc illa. Tum mutuo amplexu hærentes re-
quievere, ac carpentes tunc primum Veneris gaudia, totam
noctem summa æmulatione inter se contenderunt, uter
magis amans videretur.

X. Ubi illuxit, blandiores alacrioresque surrexere, quod
tandem felicibus illis temporibus tamdiu exoptatis frui sibi
invicem contigisset. Vita omnis erat iis quasi festus dies,
omniaque conviviorum plena, adeo, ut jam oraculi responsa
animo exciderent. Verum non ea fato exciderant, nec a
deo negligebantur, quisquis ille fuit, qui decreverat. Non
multo post tempore a parentibus, quibus id statutum fue-
rat prius, peregre mittuntur, ut scilicet alias regiones, ur-
besque alias viderent: se enim dei responsum mitigaturos,
quoad fas esset, putabant, si aliquamdiu Epheso abessent.
Parantur ad discessum omnia : magna navis, nautæque ad
ducendum idonei, omniaque necessaria importantur, multæ
et variæ vestes, multum argenti et auri, commeatusque
plurimus. Immolatum est Dianæ, ut ductu suo opitulare-
tur; nec defuere preces totius populi, omniumque lacrimæ,
veluti communibus gnatis discedentibus. Navigationem in
Ægyptum paraverant; cumque abeundi dies adesset, ** fa-
mulorum et ancillarum frequentia. Cum navis deducenda
esset, omnis Ephesiorum multitudo prosequebatur et multi
e (peregrinis) cum lampadibus et suffimentis. Interea Ly-
comedes et Themisto, omnia simul recordantes, oraculum,
filium, ipsius peregrinationem, humi jacebant consternati.
Pariter Megamedes et Evippe, ut ut meliori essent animo,
eorum, quæ prædicta fuerant, finem respicientes. Jam

LIBER I.

τὰ τέλη σκοποῦντες τῶν μεμαντευμένων. Ἤδη μὲν
οὖν ἐθορύβουν οἱ ναῦται καὶ ἐλύετο τὰ πρυμνήσια καὶ
ὁ κυβερνήτης τὴν αὑτοῦ χώραν κατελάμβανε καὶ ἡ
ναῦς ἀπεκινεῖτο. Βοὴ δὲ τῶν ἀπὸ τῆς γῆς πολλὴ καὶ
5 τῶν ἐν τῇ νηῒ συμμιγὴς, τῶν μὲν, ὦ παῖδες, λεγόντων, φίλτατοι, ἆρ᾽ ἔθ᾽ ὑμᾶς οἱ φύσαντες ὀψόμεθα; τῶν
δὲ, ὦ πατέρες, ἆρ᾽ ὑμᾶς ἀπολῃψόμεθα; δάκρυα δὴ
καὶ οἰμωγὴ, καὶ ἕκαστος ὀνομαστὶ τὸν οἰκεῖον ἐκάλει
μέγα εἰς ὑπόμνησιν ἀλλήλοις ἐγκαταλιπόντες τοὔνομα.
10 Ὁ δὲ Μεγαμήδης φιάλην λαβὼν καὶ ἐπισπένδων ηὔχετο ὡς ἐξακουστὸν εἶναι τοῖς ἐν τῇ νηῒ, ὦ παῖδες,
λέγων, μάλιστα μὲν εὐτυχοῖτε καὶ φύγοιτε τὰ σκληρὰ
τῶν μαντευμάτων καὶ ὑμᾶς ἀνασωθέντας ὑποδέξαιντο
Ἐφέσιοι καὶ τὴν φιλτάτην ἀπολάβοιτε πατρίδα· εἰ
15 δ᾽ ἄλλο συμβαίη ἢ τοῦτο, εὖ ἴστ᾽ οὐδ᾽ ἡμᾶς ἔτι ζησομένους· προέεμεν δ᾽ ὑμᾶς ὁδὸν μὲν δυστυχῆ ἀλλ᾽
ἀναγκαίαν.

IA´. Ἔτι λέγοντα ἐξιόντα ἐπέσχε τὰ δάκρυα· καὶ
οἱ μὲν ἀπῄεσαν εἰς τὴν πόλιν, τοῦ πλήθους αὐτοὺς θαρ-
20 ρεῖν παρακαλοῦντος, ὁ δ᾽ Ἁβροκόμης καὶ ἡ Ἄνθεια
ἀλλήλοις περιφύντες ἔκειντο πολλὰ ἅμα νοοῦντες, τοὺς
πατέρας οἰκτείροντες, τῆς πατρίδος ἐπιθυμοῦντες, τὸν
χρησμὸν δεδοικότες, τὴν ἀποδημίαν ὑποπτεύοντες·
παρεμυθεῖτο δ᾽ αὐτοὺς εἰς ἅπαντα ὁ μετ᾽ ἀλλήλων
25 πλοῦς. Κἀκείνην μὲν τὴν ἡμέραν οὐρίῳ χρησάμενοι
πνεύματι, διανύσαντες τὸν πλοῦν εἰς Σάμον κατήντησαν, τὴν τῆς Ἥρας ἱερὰν νῆσον· κἀνταῦθα θύσαντες
καὶ δειπνοποιησάμενοι, πολλὰ εὐξάμενοι τῆς νυκτὸς
ἐπιγινομένης ἐπανήγοντο. Καὶ ἦν ὁ πλοῦς αὐτοῖς οὔ-
30 ριος· λόγοι δ᾽ ἐν αὐτοῖς πολλοὶ πρὸς ἀλλήλους· ἆρ᾽ ἡμῖν
ὑπάρξει συγκαταβιῶναι μετ᾽ ἀλλήλων; Καὶ δή ποθ᾽ ὁ
Ἁβροκόμης μέγα ἀναστενάξας, ἐν ὑπομνήσει τῶν
ἑαυτοῦ γενόμενος, Ἄνθεια, ἔφησε, τῆς ψυχῆς μοι ποθεινοτέρα, μάλιστα μὲν εὐτυχεῖν εἴη καὶ σώζεσθαι
35 μετ᾽ ἀλλήλων· ἂν δ᾽ ἄρα τι εἴη πεπρωμένον παθεῖν
καί πως ἀλλήλων. ἀπαλλαγῶμεν, ὁμόσωμεν ἑαυτοῖς,
φιλτάτη, ὡς σὺ μὲν ἐμοὶ μενεῖς ἁγνὴ καὶ ἄλλον ἄνδρα οὐχ ὑπομενεῖς, ἐγὼ δ᾽ ὅτι οὐκ ἂν ἄλλῃ γυναικὶ
συνοικήσαιμι. Ἀκούσασα δ᾽ Ἄνθεια μέγα ἀνολόλυξε,
40 καὶ, τί ταῦτα, ἔφησεν, Ἁβροκόμη, πεπίστευκας, ὅτι
ἐὰν ἀπαλλαγῶ σοῦ, περὶ ἀνδρὸς ἔτι κατ᾽ ἐμοῦ σκέψῃ,
ἥτις οὐδὲ ζήσομαι τὴν ἀρχὴν ἄνευ σοῦ· ὡς ὀμνύω τέ
σοι τὴν πάτριον ἡμῖν θεὸν, τὴν μεγάλην Ἐφεσίων
Ἄρτεμιν, καὶ ταύτην ἣν διανύομεν θάλατταν καὶ τὸν
45 ἐπ᾽ ἀλλήλοις ἡμᾶς καλῶς ἐκμήναντα θεὸν, ὡς ἐγὼ καὶ
βραχύ τι, ἀποσπασθεῖσα σοῦ οὔτε ζήσομαι, οὔτε τὸν
ἥλιον ὄψομαι. Ταῦτ᾽ ἔλεγεν ἡ Ἄνθεια· ἐπώμνυτο δὲ
καὶ ὁ Ἁβροκόμης, καὶ οἱ καιροὶ πολλῷ αὐτὸν ἐπόιει τοὺς
ὅρκους φοβερωτέρους. Ἐν τούτῳ δ᾽ ἡ ναῦς Κῷ μὲν
50 παραμείβει καὶ Κνίδον, κατεφαίνετο δ᾽ ἡ Ῥοδίων νῆσος μεγάλη καὶ καλή· καὶ αὐτοὺς ἐνταῦθ᾽ ἔδει καταχθῆναι πάντως· δεῖν γὰρ ἔφασκον οἱ ναῦται καὶ ὑδρεύσασθαι καὶ αὐτοὺς ἀναπαύσασθαι, μέλλοντας εἰς μακρὸν
ἐμπεσεῖσθαι πλοῦν. — Κατήγετο δ᾽ ἡ ναῦς εἰς Ῥόδον

nautarum strepitus, solvuntur funes, gubernator locum suum occupat, navis movetur. Clamorque tum eorum, qui in litore, tum qui in nave erant, permixtus insequitur; illis quidem dicentibus, carissima proles, an nobis, qui vos genuimus, vos iterum videre licebit? his vero, an vos, o parentes, recuperabimus? Hinc lacrimæ, ploratus, suum quisque nomine appellare, velut in magnum recordationis adjumentum nomen relinquentes. Megamedes, accepto poculo, libat, precaturque ita ut e nave audiri posset: Maxime valete, filii, et aspera vaticinia effugite; vos salvos et reduces excipiant Ephesii, et carissima patria iterum potiamini. Sin aliter eveniat, scitote, nos non longius esse victuros. Præmittimus vos in iter calamitosum quidem sed necessarium.

XI. Adhuc loquentem obortæ lacrimæ cohibuerunt et hi in urbem rediere, hortante populo, ut bono essent animo, Habrocomes et Anthia invicem amplexi jacebant, multa versantes animo: parentum miserebantur, patriam desiderabant, timebant oraculi responsum, peregrinationem suspectam habebant; sed id unum iis solatium erat, quod una nave veherentur. Illa die prospero vento utuntur, confectaque navigatione Samum deveniunt, sacram Junoni insulam. Ibi immolant, coenant, precantur et ubi nox advenit iter prosequuntur. Secunda navigatio, multusque invicem sermo: an licebit una semper vivere? Habrocomes tandem suspirans, quæ ipsum manerent recordatus, o longe, ait, anima mihi carior Anthia, utinam et bene agere, et simul servari datum sit! Verum si quid fato decretum est nos pati, quonam modo separabimur? Juremus sancte, tu quidem, mihi, mea vita, te semper castam servaturam, nec alium habituram virum; ego vero, nunquam mihi fore cum alia consuetudinem. Ut hæc audivit Anthia, ejulavit, et, cur hæc, inquit, in animum induxisti tuum, Habrocoma, ut si disjungar a te, animi alii me traditurum viro suspiceris, quæ omnino ne vivere quidem sine te possim. Testor patriam deam, magnam Ephesorum Dianam atque hoc quod pertransimus mare et in utrumque nostrum strenue vires suas exercentem deum, me vel exiguo tempore abreptam a te nec victuram esse, neque solem adspecturam. Hæc dicebat Anthia, eadem juravit Habrocomes et tempus ipsum jurijurando eorum terrorem addebat. Interea navis Coum Cnidumque præteriit; cumque Rhodiorum pulchra et magna insula apparuisset, illuc appellere navem omnino oportere nautæ dixerunt, tum aquandi, tum quiescendi gratia, utpote longam navigationem inituros Navis in Rhodum

καὶ ἐξέβαινον οἱ ναῦται· ἔξῃει δ' ὁ Ἁβροκόμης ἔχων μετὰ χεῖρα τὴν Ἄνθειαν.

ΙΒ'. Συνῄεσαν δὲ πάντες οἱ Ῥόδιοι, τὸ κάλλος τῶν παίδων καταπεπληγότες, καὶ οὐκ ἔστιν, ὅστις τῶν ἰδόν-
των παρῆλθε σιωπῶν· ἄλλοι μὲν ἔλεγον ἐπιδημίαν ἐκ τῶν θεῶν, οἱ δὲ προσεκύνουν καὶ * προσεποιοῦντο. Ταχὺ δὲ δι' ὅλης τῆς πόλεως διεπεφοιτήκει τοὔνομα Ἁβρο-
κόμου καὶ Ἀνθείας. Ἐπεύχονται δ' αὐτοῖς δημοσίᾳ καὶ θυσίας τε θύουσι πολλὰς καὶ ἑορτὴν ἄγουσι τὴν
ἐπιδημίαν αὐτῶν. Οἱ δὲ τήν τε πόλιν ἅπασαν ἐξιστό-
ρησαν καὶ ἀνέθεσαν εἰς τὸ τοῦ Ἡλίου ἱερὸν πανοπλίαν χρυσῆν καὶ ἐπέγραψαν εἰς ὑπόμνημα ἐπίγραμμα τῶν ἀναθέντων·

Οἱ ξεῖνοι τάδε σοι χρυσήλατα τεύχε' ἔθηκαν,
Ἄνθεια, Ἁβροκόμη θ', ἱερῆς Ἐφέσοιο πολῖται.

Ταῦτ' ἀναθέντες, ὀλίγας ἡμέρας ἐν τῇ νήσῳ μείναν-
τες, ἐπειγόντων τῶν ναυτῶν, ἀνήγοντο ἐπισιτισάμενοι.
Παρέπεμπε δ' αὐτοὺς ἅπαν τὸ Ῥοδίων πλῆθος. Καὶ τὰ μὲν πρῶτα ἐφέροντο οὐρίῳ πνεύματι καὶ ἦν αὐτοῖς
ὁ πλοῦς ἀσμένοις κἀκείνην, τε τὴν ἡμέραν καὶ τὴν ἐπιοῦσαν νύκτα ἐφέροντο ἀναμετροῦντες τὴν Αἰγυπτίαν καλουμένην θάλατταν· τῇ δὲ δευτέρᾳ ἐπέπαυτο μὲν ὁ ἄνεμος, γαληνὴ δὲ καὶ ὁ πλοῦς βραδὺς καὶ ναυτῶν ῥαθυμία καὶ πότος ἐν τούτῳ καὶ μέθη καὶ ἀρχὴ τῶν μεμαντευμένων. Τῷ δ' Ἁβροκόμῃ ἐφίσταται γυνὴ ὀφθῆναι φοβερά, τὸ μέγεθος ὑπὲρ ἄνθρωπον, ἐσθῆτα ἔχουσα φοινικῆν· ἐπιστᾶσα δὲ τὴν ναῦν ἐδόκει καίειν καὶ τοὺς μὲν ἄλλους ἀπόλλυσθαι αὐτὸν δὲ μετὰ τῆς Ἀνθείας διανήχεσθαι. Ταῦθ' ὡς εὐθὺς εἶδεν ἐταράχθη καὶ προσεδόκα τὸ δεινὸν ἐκ τοῦ ὀνείρατος· καὶ τὸ δει-
νὸν ἐγίνετο.

ΙΓ'. Ἔτυχον μὲν ἐν Ῥόδῳ πειραταὶ παρορμοῦντες αὐτοῖς, Φοίνικες τὸ γένος, ἐν τριήρει μεγάλῃ· παρώρ-
μουν δ' ὡς φορτίον ἔχοντες καὶ πολλοὶ καὶ γεννικοί.
Οὗτοι καταμεμαθήκεσαν * τῇ νηΐ ὅτι χρυσός καὶ ἄργυ-
ρος καὶ ἀνδράποδα πολλὰ καὶ τίμια. Διέγνωσαν οὖν ἐπιθέμενοι τοὺς μὲν ἀντιμαχομένους ἀποκτιννύειν, τοὺς δ' ἄλλους ἄγειν εἰς Φοινίκην πραθησομένους καὶ τὰ χρήματα· κατεφρόνουν δ' ὡς οὐκ ἀξιομάχων αὐτῶν.
Τῶν δὲ πειρατῶν ὁ ἔξαρχος Κόρυμβος ἐκαλεῖτο, νεα-
νίας ὀρθῦναι μέγας, φοβερὸς τὸ βλέμμα, κόμη ἦν αὐτῷ αὐχμηρὰ καθειμένη. Ὡς δὲ ταῦθ' οἱ πειραταὶ ἐβου-
λεύσαντο, τὰ μὲν πρῶτα παρέπλεον ἡσυχῇ τοῖς περὶ Ἁβροκόμην· τελευταῖον δὲ, ὡς ἦν περὶ μέσον ἡμέρας, ἔκειντο δὲ πάντες οἱ ἐν τῇ νηὶ ὑπὸ μέθης καὶ ῥαθυμίας, οἱ μὲν καθεύδοντες, οἱ δ' ἀλύοντες, ἐφίστανται δ' αὐτοῖς οἱ περὶ τὸν Κόρυμβον ἐλαυνομένῃ τῇ νηΐ, τριήρης ἦν, σὺν ὀξύτητι πολλῇ. Ὡς δὲ πλησίον ἐγένοντο, ἀνεπήδη-
σαν ἐπὶ τὴν ναῦν ὡπλισμένοι, τὰ ξίφη γυμνὰ ἔχοντες·
κἀνταῦθ' οἱ μὲν ἐρρίπτουν ἑαυτοὺς ὑπ' ἐκπλήξεως εἰς τὴν θάλατταν καὶ ἀπώλλυντο, οἱ δ' ἀμύνεσθαι θέλον-
τες ἀπεσφάζοντο. Ὁ δ' Ἁβροκόμης καὶ ἡ Ἄνθεια προστρέχουσι τῷ Κορύμβῳ τῷ πειρατῇ, καὶ λαβόμε-
νοι τῶν γονάτων αὐτοῦ, τὰ μὲν χρήματα, ἔφασαν, ὦ

subducitur, descendunt nautæ, exit et Habrocomes, manu tenens Anthiam.

XII. Convenerant omnes Rhodii, adolescentum formam stupent; nec, qui eos viderent, silere prætereundo poterant, quin nonnulli dicerent deos advenisse, aliique adorarent, sibique propitios reddere conarentur. Cito urbem totam Habrocomæ et Anthiæ nomen pervagatur. Publice illos precantur, multa sacrificia facientes, diemque adventus eorum festum instituunt. Illi, lustrata urbe, in Solis tem-
plo aurea arma dedicarunt et in rei memoriam epigramma suis nominibus inscripsere :

Tibi aurea dona posuere hæc hospites
Anthia et Habrocomes, Ephesi cives sacræ.

Dedicatione facta, postquam aliquot dies in insula perman-
sissent, instantibus nautis, vitiaco instructi, omnique Rho-
diorum multitudine prosequente, e portu solvunt. Se-
cundo primum vento, jucundaque navigatione vecti, die illo et insequenti nocte Ægyptium, quod vocant, mare permetiuntur; proximo vero die cessante vento tranquilli-
tas oria, hinc tarda navigatio, nautarum remissio, interea compotatio, ebrietas, et prædictorum principium fuit.
Habrocomæ visa est navi instare mulier adspectu terribilis, magnitudine supra humanam, puniceamque vestem induta, eamque comburere, ita ut pereuntibus aliis, ipse cum Anthia transnataret. His visis valde commotus exspectabat ex in-
somnio infortunium, quod evenit.

XIII. Nam forte Rhodi piratica triremis magna stationem agebat. Piratæ, genere Phœnices, suam mercibus onu-
stam triremem simulabant, multi quidem et strenui. Re-
scierant, navi inesse aurum et argentum et mancipia, multaque magni pretii. Decreverant igitur adoriri, qui resisterent, interficere, ceteros in Phœniciam cum reliqua præda vendendos abducere, velut impares prœlio despi-
cientes. Piratarum dux, nomine Corymbus, erat juvenis adspectu grandis, tructibus oculis, coma squalida et demissa.
Ubi hæc statuerunt piratæ, primum Habrocomæ navem paulatim accedunt; deinde, cum fere meridies esset et om-
nes in nave ebrietate et desidia jacerent, partim somno correpti, partim exanimi et ægre se habentes, Corymbus incitata nave remis (erat autem triremis) cum magna cele-
ritate instat, et cum propius accessissent, armati nudatisque gladiis in navem insilieront. Tunc nonnulli se in mare præcipitant metu perculsi, ac pereunt; alii, dum se defen-
dere conantur, interficiuntur. Habrocomes et Anthia Co-
rymbo occurrunt, ejusque genua amplexati, bona nostra,

δέσποτα, καὶ ἡμᾶς οἰκέτας ἔχε, φεῖσαι δὲ τῆς ψυχῆς καὶ μηκέτι φόνευε τοὺς ἑκόντας ὑποχειρίους σοι γενομένους· μὴ πρὸς αὐτῆς τῆς θαλάσσης, μὴ πρὸς δεξιᾶς τῆς σῆς· ἀγαγὼν δ' ἡμᾶς, ὅποι θέλεις, ἀποδοῦ τοὺς σοὺς οἰκέτας· μόνον οἴκτειρον ἡμᾶς ὑφ' ἑνὶ ποιήσας δεσπότῃ.

ΙΔ'. Ἀκούσας ὁ Κόρυμβος εὐθὺς μὲν ἐκέλευσε παύσασθαι φονεύοντας· μεταθέμενος δὲ τὰ τιμιώτερα τῶν φορτίων καὶ τὸν Ἁβροκόμην καὶ τὴν Ἄνθειαν ἄλλους τε τινὰς τῶν οἰκετῶν ὀλίγους, ἐνέπρησε τὴν ναῦν, καὶ οἱ λοιποὶ πάντες κατεφλέχθησαν· τὸ γὰρ πάντας ἄγειν οὔτ' ἠδύνατο, οὔτ' ἀσφαλὲς ἑώρα. Ἦν δὲ τὸ θέαμα ἐλεεινόν, τῶν μὲν ἐν τῇ τριήρει ἀναγομένων, τῶν δ' ἐν τῇ νηὶ φλεγομένων, τὰς χεῖρας ἐκτεινόντων, ὁλοφυρομένων. Καὶ οἱ μὲν ἔλεγον· ποῖ ποτ' ἀχθήσεσθε, δεσπόται; τίς ὑμᾶς ὑποδέξεται γῆ; καὶ τίνα πόλιν οἰκήσετε; οἱ δὲ, ὦ μακάριοι μέλλοντες, ἀποθνήσκειν εὐτυχῶς πρὸ τοῦ πειραθῆναι δεσμῶν, πρὸ τοῦ δουλείαν λῃστρικὴν ἐπιδεῖν. Ταῦτα λέγοντες οἱ μὲν ἀνήγοντο, οἱ δὲ κατεφλέγοντο. Ἐν τούτῳ δ' ὁ τροφεὺς τοῦ Ἀβροκόμου, πρεσβύτης ἤδη σεμνὸς ἰδεῖν καὶ διὰ τὸ γῆρας ἐλεεινός, οὐκ ἐνεγκὼν ἀναγόμενον τὸν Ἀβροκόμην, ῥίψας ἑαυτὸν εἰς τὴν θάλασσαν ἐνήχετο ὡς καταληψόμενος τὴν τριήρη, ποῖ με καταλείψεις, τέκνον, λέγων, τὸν γέροντα, τὸν παιδαγωγόν; ποῖ δ' ἀπερχόμενος, Ἀβροκόμη; αὐτὸς ἀπόκτεινόν με τὸν δυστυχῆ καὶ θάψον· τί γάρ ἐστί μοι ζῆν ἄνευ σοῦ; Ταῦτ' ἔλεγε καὶ τέλος, ἀπελπίσας ἔτι Ἀβροκόμην ὄψεσθαι, παραδοὺς ἑαυτὸν τοῖς κύμασιν, ἀπέθανε. Τοῦτο δὲ καὶ Ἀβροκόμῃ πάντων ἦν ἐλεεινότατον· καὶ γὰρ τὰς χεῖρας ἐξέτεινε τῷ πρεσβύτῃ καὶ τοὺς πειρατὰς ἀναλαμβάνειν παρεκάλει· οἱ δὲ, οὐδένα λόγον ποιησάμενοι, διανύσαντες ἡμέραις τρισὶ τὸν πλοῦν, κατήχθησαν εἰς πόλιν τῆς Φοινίκης, Τύρον, ἔνθ' ἦν τοῖς πειραταῖς τὰ οἰκεῖα. Ἦγον δ' αὐτοὺς εἰς αὐτὴν μὲν τὴν πόλιν οὐχὶ, εἰς πλησίον δέ τι χωρίον ἀνδρὸς ἄρχοντος λῃστηρίου, Ἀψύρτου τοὔνομα, οὗ καὶ ὁ Κόρυμβος ἦν ὑπηρέτης ἐπὶ μισθῷ καὶ μέρει τῶν λαμβανομένων. Ἐν δὲ τῷ τοῦ πλοῦς διαστήματι ἐκ πολλῆς τῆς καθ' ἡμέραν ὄψεως ἐρᾷ ὁ Κόρυμβος τοῦ Ἀβροκόμου καὶ σφοδρὸν ἔρωτα, καὶ αὐτόν ᾗ πρὸς τὸ μειράκιον συνήθεια ἐπὶ πλέον ἐξέκαιε.

ΙΕ'. Καὶ ἐν μὲν τῷ πλῷ οὔτε πεῖσαι δυνατὸν ἐδόκει εἶναι· ἑώρα γὰρ ὡς διάκειται μὲν ὑπ' ἀθυμίας, κυνήρως, ἑώρα δὲ καὶ τῆς Ἀνθείας ἐρῶντα· ἀλλὰ καὶ τὸ βιάζεσθαι χαλεπὸν εἶναι αὐτῷ κατεφαίνετο· ἐδεδοίκει γὰρ μή τι ἑαυτὸν ἐργάσηται δεινόν· ἐπεὶ δὲ κατήχθησαν εἰς Τύρον, οὐκέτι καρτερῶν, τὰ μὲν πρῶτα ἐθεράπευε τὸν Ἀβροκόμην καὶ θαρρεῖν παρεκάλει καὶ πᾶσαν ἐπιμέλειαν προσέφερεν· ὁ δ' ἐλελήθει Κόρυμβον ἐνόμιζεν αὐτοῦ ποιεῖσθαι τὴν ἐπιμέλειαν. Τὸ δεύτερον δ' ἀνακοινοῦται ὁ Κόρυμβος τὸν ἔρωτα τῶν συλλῃστῶν τινι, Εὐξίνῳ τοὔνομα, καὶ δεῖται βοηθὸν γενέσθαι καὶ συμβουλεῦσαι τίνι τρόπῳ δυνήσεται πεῖσαι τὸ μειράκιον. Ὁ δ' Εὔξεινος ἄσμενος ἀκούει τὰ παρὰ τοῦ

LIBER I.

inquiunt, tibi habeto, et nosmet ipsos tibi famulos, here; sed vitæ nostræ parce, nec, qui volentes se tibi dedunt, occidas. Te per hoc ipsum mare, per hanc dextram tuam rogamus. Quo vis abducas, jam servos tuos vende; sed hoc unum misericors concede, ut uni domino serviamus.

XIV. Hæc audiens Corymbus statim finem imponit interficiendo, traductisque sarcinis pretiosioribus et Habrocoma et Anthia, aliisque paucis et servis, navem incendit; ceterique, quod omnes abducere nec facile, nec tutum videret, exusti sunt. Miserabile spectaculum præbebant illi triremi avecti, hi in nave flammis correpti et manus tendentes et ejulantes. Audiebantur dicentes, Quonam, heri, abducemini? Quæ vos terra excipiet, quam urbem incoletis? Illi vero, qui abducebantur, o beati, quibus fortunate jam jam mortem continget oppetere, priusquam vincula experiamini, prædonumque servitutem videatis. Interea Habrocomæ pædagogus, senex conspectu venerabilis et ætate miserandus, Habrocomen abductum videre non sustinens, cum se præcipitem in mare dejecisset, triremem natando prosequebatur, ubi me deseris, inquiens, mi filí, senem prædagogum, quo abiens, Habrocoma? Tu ipse me miserum occide, sepulcroque conde*: qui enim sine te vivam? His dictis, tandem Habrocomen assequi desperans, cum sese fluctibus tradidisset, mortuus est. Nihil hoc Habrocomæ miserabilius fuit, qui, manus extendens seni, piratas hortatus est, ut reciperent: illi, precum ejus rationem nullam habentes, tridui navigatione in urbem Phœniciæ Tyrum appulerunt, ubi domos habebant. Piratæ eos non quidem in urbem, sed in vicinam Apsyrti cujusdam, prædonum magistri, sedem duxerunt, cui et Corymbus minister erat, mercede et prædæ partitione conductus. Inter navigandum ob quotidianum adspectum Corymbus deperire cœpit Habrocomen, exurebatque magis in dies adolescentis consuetudo.

XV. Et in ipsa quidem navigatione, ejus inflecti posse sensum non putabat; videbat enim Anthiæ amore captum, et in magna animi ægritudine versari; vim inferre periculosum videbatur, metuenti, ne quid gravius in se pataret; ubi vero in Tyrum descenderunt, diutius sustinere non potuit, quin primo Habrocomen officiis demereri conaretur et hortaretur bono esse animo et omnem curam præstaret; qui Corymbum sui misericordia hæc omnia facere existimabat. Deinde Corymbus Euxinum quemdam e sociis prædonibus amoris sui conscium facit rogatque auxiliatorem se præbeat consiliumque det, quonam modo adolescentis animus impelli possit. Euxinus hæc a Co-

Κορύμβου· καὶ γὰρ αὐτὸς ἐπ᾽ Ἀνθείᾳ διέκειτο πονήρως καὶ ἤρα τῆς κόρης φοβερὸν ἔρωτα· λέγει δὲ πρὸς τὸν Κόρυμβον καὶ τὰ αὐτοῦ καὶ συνεβούλευσε μὴ ἐπὶ πλέον ἐπανιᾶσθαι, ἀλλ᾽ ἔργου ἔχεσθαι· καὶ γὰρ, ἔφη,
5 σφόδρα ἀγενὲς κινδυνεύοντας καὶ παραβαλλομένους μὴ ἀπολαύειν μετ᾽ ἀδείας, ὧν ἐκτησάμεθα (μετὰ) πόνων· δυνησόμεθα δ᾽ αὐτοὺς, ἔλεγεν, ἐξαιρέτους παρ᾽ Ἀψύρτου λαβεῖν δωρεάν. Ταῦτ᾽ εἰπὼν ῥαδίως ἔπειθεν αὐτὸν ἐρῶντα. Καὶ δὴ συντίθενται κατὰ ταῦτα
10 τοὺς ὑπὲρ ἀλλήλων ποιήσασθαι πόνους καὶ πεῖθεν οὕτος μὲν Ἁβροκόμην, Κόρυμβος δ᾽ Ἄνθειαν.
ΙϚ. Ἐν τούτῳ τῷ χρόνῳ ἔκειντο ἄθυμοι, πολλὰ προσδοκῶντες, ἀλλήλοις διαλεγόμενοι, συνεχὲς ὀμνύοντες τηρήσειν τὰ συγκείμενα. Ἔρχονται δὴ πρὸς
15 αὐτοὺς ὁ Κόρυμβός καὶ ὁ Εὔξεινος καὶ φράσαντες ἰδίᾳ τι θέλειν εἰπεῖν, ἀπάγουσι καθ᾽ αὑτοὺς, ὁ μὲν τὴν Ἄνθειαν, ὁ δὲ τὸν Ἁβροκόμην. Τοῖς δ᾽ αἵ τε ψυχαὶ ἐκραδαίνοντο καὶ οὐδὲν ὑγιὲς ὑπενόουν. Λέγει οὖν ὁ Εὔξεινος πρὸς τὸν Ἁβροκόμην ὑπὲρ Κορύμβου· μει-
20 ράκιον, εἰκὸς μὲν ἐπὶ τῇ συμφορᾷ φέρειν χαλεπῶς, οἰκέτην μὲν ἐξ ἐλευθέρου γενόμενον, πένητα δ᾽ ἀντ᾽ εὐδαίμονος· δεῖ δέ σε τῇ τύχῃ πάντα λογίσασθαι καὶ στέργειν τὸν κατέχοντα δαίμονα καὶ τοὺς γενομένους δεσπότας ἀγαπᾶν. Ἴσθι γοῦν, ὡς ἔνεστί σοι καὶ εὐ-
25 δαιμοσύνην καὶ ἐλευθερίαν ἀπολαβεῖν, εἰ θελήσεις πείθεσθαι τῷ δεσπότῃ Κορύμβῳ· ἐρᾷ γάρ σου σφοδρὸν ἔρωτα καὶ πάντων ἕτοιμός ἐστι δεσπότην ποεῖν τῶν ἑαυτοῦ. Πείσῃ δὲ χαλεπὸν μὲν οὐδὲν, εὐνούστερον δὲ σεαυτῷ τὸν δεσπότην ἐργάσῃ. Ἐννόησον δ᾽ ἐν οἷς
30 ὑπάρχεις· βοηθὸς μὲν οὐδείς, γῆ δ᾽ αὕτη ξένη καὶ δεσπόται λῃσταὶ καὶ οὐδεμία τιμωρίας ἀποφυγὴ ὑπερηφανήσαντι Κόρυμβον. Τί δέ σοι γυναικὸς δεῖ νῦν καὶ πραγμάτων; τί δ᾽ ἐρωμένης τηλικῆδ᾽ ὄντι; πάντ᾽ ἀπόρριψον, πρὸς μόνον δεῖ σε τὸν δεσπότην βλέπειν,
35 τούτῳ κελεύσαντι ὑπακούειν. Ἀκούσας ὁ Ἁβροκόμης εὐθὺς μὲν ἀχανής ἦν καὶ οὔτε τι ἀποκρίνεσθαι ηὕρισκεν, ἐδάκρυε δὲ καὶ ἀνέστενε πρὸς αὐτὸν ἀφορῶν, εἰς οἷα ἄρ᾽ ἐλήλυθε· καὶ δὴ λέγει πρὸς τὸν Εὔξεινον, ἐπίτρεψον, δέσποτα, βουλεύσασθαι βραχύ, καὶ πρὸς πάντα ἀπο-
40 κρινοῦμαί σοι τὰ ῥηθέντα. Καὶ ὁ μὲν Εὔξεινος ἀνεχώρει. Ὁ δὲ Κόρυμβος τῇ Ἀνθείᾳ διελέχτο τὸν ἔρωτα τὸν Εὐξείνου καὶ τὴν παροῦσαν ἀνάγκην καὶ ὅτι δεῖ πάντως αὐτὴν πείθεσθαι τοῖς δεσπόταις· ὑπέσχετο δὲ πολλὰ καὶ γάμον νόμιμον καὶ χρήματα πεισθείσῃ
45 καὶ περιουσίαν. Ἡ δ᾽ αὐτῷ τὰ ὅμοια ἀπεκρίνατο, αἰτησαμένη βραχὺν βουλεύσασθαι χρόνον. Καὶ ὁ μὲν Εὔξεινος καὶ ὁ Κόρυμβος μετ᾽ ἀλλήλων ἦσαν περιμένοντες ὅ τι ἀκούσονται· ἤλπιζον δ᾽ αὐτοὺς ῥᾳδίως πείσειν.

rymbo audire gaudet : ipse namque ob Anthiam misere se habebat, quam vehementi amore ardebat; sua porro Corymbo narrat et ne ulterius sese afflictet, sed instet operi, suadet; additque : Ignavum omnino est, nos objicere periculis, at labore partis non frui securos. Poterimus hos delectos ab Apsyrto dono accipere. His dictis facile amanti persuadet, statuuntque mutuam sibi navare operam; conaturque hic Habrocomen, Corymbus Anthiam exorare.

XVI. Illi hoc tempore conciderant animo, multumque de his, quæ exspectanda forent, invicem sermonem habebant, subinde jurantes, se conventa servaturos. Corymbus et Euxinus ad illos accedunt et aliquid seorsum dicendum habere affirmantes, secum abducit ille Anthiam, hic Habrocomen. Quibus vehementer commovetur animus, nihil boni subesse suspicantibus. Euxinus igitur Corymbi gratia Habrocomen alloquitur : non dubito, adolescens, quin propter hoc infortunium valde doleas, quin ægre feras te servum e libero factum esse, pauperem e divite : verum pro fortuna tua tecum perpendenda tibi sunt omnia, præsenti fortunæ acquiescendum, herique amandi jam tui. Scias autem, in te esse, libertatem ac prosperitatem recuperare, dummodo hero Corymbo obsequentem te præbeas; is enim vehementer te amat, paratusque est, omnium, quæ possidet, te dominum constituere. Nil durum patieris, immo benevolentiorem tibi herum efficies. Ubi sis, cogita : auxiliator nullus, terra ipsa ignota, heri piratæ, nullaque supplicii vitandi spes Corymbum fastidienti. Quid tibi nunc uxore aut re familiari opus est? quid amica, teneræ adeo ætatis cum sis? Hæc omnia te abjicere oportet, unumque herum respicere, ejusque mandatis obsequi. His auditis Habrocomes primum obmutuit, quid responderet, non invenies; obortisque lacrimis ingemuit, videns, in quæ incidisset : at Euxinum tandem his alloquitur : sine me paulisper, here, quid his omnibus respondeam, consulere. Euxinus discedit : Corymbus vero Euxini amorem Anthiæ exposuerat, præsentemque necessitatem heris omnino morem gerendi; multa pollicitus, legitimas nuptias, argenti copiam, si pareat, omniumque rerum abundantiam. Illa par responsum dederat, paulum temporis ad deliberandum petens. Euxinus et Corymbus una exspectabant, quid audituri essent; sperabantque, se facile illis id esse persuasuros.

ΛΟΓΟΣ ΔΕΥΤΕΡΟΣ.

Α'. Ὁ δ' Ἁβροκόμης καὶ ἡ Ἄνθεια ἧκον εἰς τὸ δωμάτιον ἔνθα συνήθως διῃτῶντο καὶ πρὸς ἀλλήλους εἰπόντες ἅπερ ἠκηκόεσαν, καταβαλόντες ἑαυτοὺς ἔκλαιον, ὠδύροντο. Ὦ πάτερ, ἔλεγον, ὦ μῆτερ, ὦ πατρὶς φίλη τάτη καὶ οἰκεῖοι καὶ συγγενεῖς. Τελευταῖον δ' ἀνενεγκὼν ὁ Ἁβροκόμης, ὦ κακοδαίμονες, ἔφησεν, ἡμεῖς, τί ἄρα πεισόμεθα, ἐν γῇ βαρβάρῳ, πειρατῶν ὕβρει παραδοθέντες; Ἄρχεται τὰ μεμαντευμένα· τιμωρίαν ἤδη μ' ὁ θεὸς τῆς ὑπερηφανίας εἰσπράττει· ἐρᾷ Κόρυμβος ἐμοῦ, σοῦ δ' Εὔξεινος. Ὦ τῆς ἀκαίρου πρὸς ἑκατέρους εὐμορφίας· εἰς τοῦτ' ἄρα μέχρι νῦν σώφρων ἐτηρήθην, ἵν' ἐμαυτὸν ὁποθῶ λῃστῇ ἐρῶντι τὴν αἰσχρὰν ἐπιθυμίαν; καὶ τίς ἐμοὶ βίος περιλείπεται, πόρνῃ μὲν ἀντὶ ἀνδρὸς γενομένῳ, ἀποστερηθέντι δ' Ἀνθείας τῆς ἐμῆς; Ἀλλ' οὐ μὰ τὴν μέχρις ἄρτι σωφροσύνην ἐκ παιδός μοι σύντροφον, οὐκ ἂν ἐμαυτὸν ὑποθείην Κορύμβῳ· τεθνήξομαι δὲ πρότερον καὶ φανοῦμαι νεκρὸς σώφρων. Ταῦτ' ἔλεγε καὶ ἐπεδάκρυεν. Ἡ δ' Ἄνθεια, φεῦ τῶν κακῶν, εἶπεν, ταχέως γε τῶν ὅρκων ἀναγκαζόμεθα, ταχέως τῆς δουλείας πειρώμεθα· ἐρᾷ τις ἐμοῦ καὶ πείσειν ἤλπιζεν εἰς εὐνὴν ἐλεύσεσθαι τὴν ἐμὴν μετὰ Ἁβροκόμην καὶ συγκατακλιθήσεσθαι καὶ ἀπολαύσειν ἐπιθυμίας; Ἀλλὰ μὴ οὕτως ἐγὼ φιλόζωος γενοίμην, μήθ' ὑπομείναιμι ὑβρισθεῖσα ἰδεῖν τὸν ἥλιον. Δεδόχθω ταῦτα· ἀποθνήσκωμεν, Ἁβροκόμη· ἕξομεν ἀλλήλους μετὰ θάνατον, ὑπ' οὐδενὸς ἐνοχλούμενοι.

Β'. Καὶ τοῖς μὲν ταῦτ' ἐδέδοκτο· ἐν δὲ τούτῳ Ἀψύρτῳ, ὁ προεστὼς τοῦ λῃστηρίου, πυθόμενος ὅτι θ' ἥκουσιν οἱ περὶ τὸν Κόρυμβον καὶ ὅτι πολλὰ εἶεν καὶ θαυμάσια κομίζοντες χρήματα, ἧκεν εἰς τὸ χωρίον καὶ εἶδέ τε τοὺς περὶ Ἁβροκόμην καὶ κατεπλάγη τὴν εὐμορφίαν καὶ εὐθύς, μέγα κέρδος ἡγούμενος, ᾐτήσατο ἐκείνους. Τὰ μὲν οὖν ἄλλα χρήματα καὶ κτήματα καὶ παρθένους, ὅσαι συνελήφθησαν, διένειμε τοῖς περὶ τὸν Κόρυμβον πειραταῖς· ὁ δ' Εὔξεινος καὶ ὁ Κόρυμβος ἄκοντες μὲν συνεχώρουν τοὺς περὶ τὸν Ἁβροκόμην τῷ Ἀψύρτῳ, συνεχώρουν δ' οὖν ἀνάγκῃ. Καὶ οἱ μὲν ἀπηλλάσσοντο· ὁ δ' Ἄψυρτος παραλαβὼν τὸν Ἁβροκόμην καὶ τὴν Ἄνθειαν καὶ οἰκέτας δύο, Λεύκωνα καὶ Ῥόδην, ἤγαγεν εἰς τὴν Τύρον. Περίβλεπτος δ' ἦν αὐτῶν ἡ πομπή, καὶ πάντες ἐθαυμάκεσαν τὸ κάλλος, καὶ ἄνθρωποι βάρβαροι, μήπω πρότερον τοσαύτην ἰδόντες εὐμορφίαν, θεοὺς ἐνόμιζον· αὐτοὺς βλεπομένους, ἐμακάριζον δὲ τὸν Ἄψυρτον οἵους οἰκέτας εἴη κεκτημένος. Ἀγαγὼν δ' αὐτοὺς εἰς τὴν οἰκίαν παραδίδωσιν οἰκέτῃ πιστῷ δι' ἐπιμελείας κελεύσας ἔχειν, ὡς μεγάλα κερδανῶν, εἰ ἀπόδοιτο τῆς ἀξίας αὐτοὺς τιμῆς.

Γ'. Καὶ οἱ μὲν περὶ τὸν Ἁβροκόμην ἐν τούτοις ἦσαν· ἡμερῶν δὲ διαγενομένων ὀλίγων, ὁ μὲν Ἄψυρτος ἐπ' ἄλλην ἐμπορίαν εἰς Συρίαν ἀπῆλθε, θυγάτηρ δ' αὐτοῦ, Μαντὼ ὄνομα, ἠράσθη τοῦ Ἁβροκόμου· ἦν δὲ καλὴ καὶ

LIBER SECUNDUS.

I. Habrocomes et Anthia in cubiculum, ubi degere consueverant, ingressi, quae quisque audiverat, narrant, et humi prostrati plorabant et conquerebantur, o carissimi parentes, o patria, o cognati, o domestici! Tandem se colligens Habrocomes, eheu nos, inquit, miseros! Quid tandem patiemur in hac barbarorum piratarum regione, ipsorum injuriis obnoxii? Jam praedictorum initium, jam deus me pro superbia ulciscitur : Corymbus mei amore captus, tui Euxinus. O incommodam utrique formam! Ad hoc igitur tamdiu me castum servavi, ut praedoni turpi libidine insanienti me substernerem? Quaenam mihi vita futura est, pathico jam, non homini, et ab Anthia mea abrepto? Verum per pudicitiam juro mihi sociam a puero, ante moriar, et castus vel mortuus apparebo, quam Corymbo morem geram. His dictis lacrimari coepit. Anthia, heu, inquit, quanta mala! Cito contra jusjurandum (quid facere) cogimur, cito experimur servitutem. Deperiens me quidam flectere sperare potuit, et mecum post Habrocomen concumbere, ac potiri desiderio suo? At non sic vivere amem, ut hanc perpessa contumeliam solem videre sustineam. Stat sententia; moriamur, Habrocoma: nos invicem habebimus post mortem, a nemine amplius vexati.

II. Ii quidem ita statuerunt; interea Apsyrtus, praedonum dux, Corymbi reditu audito, multa et pretiosa afferentis, in eum locum venerat. Qui statim atque Habrocomen et Anthiam vidit, formam admiratus, magnum se lucrum esse facturum existimans, eos sibi petiit. Reliquam praedam, pecunias, supellectilem ac virgines omnes Corymbo ejusque sociis dividit. Euxinus et Corymbus inviti Habrocomen et Anthiam Apsyrto concesserunt; coacti tamen concesserunt. Illi itaque abiere, Apsyrtus Habrocomen et Anthiam, famulosque duos, Leuconem et Rhodam, acceptos Tyrum duxit. Conspicua fuit illorum deductio, mirabantur omnes formam, cui nemo ante parem viderat, putabantque homines barbari deos esse quos viderent, beatumque dicebant Apsyrtum, qui tales famulos comparasset. In domum ductos fido famulo tradit, quem illos diligenter curare jubet; se maximum lucrum facturum speraus, si venderet justo pretio.

III Et sic se habebant res Habrocomae. Paucis vero post diebus, cum Apsyrtus in Syriam abiisset mercandi gratia, ejus filia Manto deperire coepit Habrocomen, venusta et viro matura, multum tamen forma Habrocomae

ὡραία γάμων ἤδη, πολὺ δὲ τοῦ Ἀβροκόμου κάλλους ἀπελείπετο. Αὕτη ἡ Μαντὼ ἐκ τῆς συνήθους μετὰ τοῦ Ἀβροκόμου διαίτης ἁλίσκεται καὶ ἀκατασχέτως εἶχε καὶ ἠπόρει, ὅ τι ποιήσαι· οὔτε γὰρ πρὸς τὸν Ἀβροκόμην εἰπεῖν ἐτόλμα, γυναῖκα εἰδυῖα ἔχοντα, καὶ πείσειν οὐδέποτ' ἐλπίζουσα, οὔτ' ἄλλῳ τινὶ τῶν ἑαυτῆς δέει τοῦ πατρός· δι' ἃ δὴ καὶ μᾶλλον ἀνεκαίετο καὶ διέκειτο πονήρως· καὶ οὐκέτι καρτεροῦσα, ἔγνω πρὸς τὴν Ῥόδην, τὴν σύντροφον τῆς Ἀνθείας, οὖσαν ἥλι-
10 κιῶτιν καὶ κόρην, κατειπεῖν τὸν ἔρωτα· ταύτην γὰρ μόνην ἤλπιζε συνεργήσειν αὐτῇ πρὸς τὴν ἐπιθυμίαν. Καὶ δὴ, σχολῆς λαβομένη, ἄγει τὴν κόρην πρὸς τὰ πατρῷα ἐπὶ τῆς οἰκίας ἱερὰ, καὶ δεῖται μὴ κατειπεῖν αὐτῆς καὶ ὅρκους λαμβάνει καὶ λέγει τὸν ἔρωτα τοῦ
15 Ἀβροκόμου καὶ ἱκετεύει συμβαλέσθαι καὶ πολλὰ ὑπέσχετο συμβαλλομένῃ. Ἔφη δ' Ἴσθι μὲν οἰκέτις οὖσα ἐμὴ, Ἴσθι δ' ὀργῆς πειρασομένη βαρβάρου καὶ ἠδικημένης. Ταῦτ' εἰποῦσα ἀπέπεμπε τὴν Ῥόδην. Ἡ δ' ἐν ἀμηχάνῳ κακῷ ἐγεγόνει· τό τε γὰρ εἰπεῖν Ἀβροκόμῃ
20 παρῃτεῖτο, φιλοῦσα τὴν Ἀνθειαν· πάνυ δ' ἐδεδοίκει τῆς βαρβάρου τὴν ὀργήν. Ἔδοξεν οὖν αὐτῇ καλῶς ἔχειν, Λεύκωνι πρῶτον ἀνακοινῶσαι τὰ ὑπὸ τῆς Μαντοῦς εἰρημένα. Ἦν δὲ καὶ τῇ Ῥόδῃ κοινωνήματα ἐξ ἔρωτος γενόμενα πρὸς Λεύκωνα καὶ συνῇσαν ἀλλήλοις ἔτι
25 ἐν Ἐφέσῳ. Τότε δὴ λαβομένη μόνου, ὦ Λεύκων, ἔφη, ἀπολώλαμεν τελέως· νῦν οὐκέτι τοὺς συντρόφους ἕξομεν· ἡ τοῦ δεσπότου θυγάτηρ Ἀψύρτου ἐρᾷ μὲν Ἀβροκόμου σφοδρὸν ἔρωτα, ἀπειλεῖ δὲ, εἰ μὴ τύχῃ, δεινὰ ἡμᾶς ἐργάσεσθαι· σκόπει τοίνυν τί δεῖ ποιεῖν· τὸ
30 γὰρ ἀντειπεῖν τῇ βαρβάρῳ σφαλερὸν· τὸ δ' ἀποζεῦξαι Ἀβροκόμην Ἀνθείας, ἀδύνατον. Ἀκούσας ὁ Λεύκων δακρύων ἐνεπλήσθη, μεγάλας ἐκ τούτων συμφορὰς προσδοκῶν· ὀψὲ δ' ἀνενεγκὼν, σιώπα, ἔφη, Ῥόδη, ἐγὼ γὰρ ἕκαστα διοικήσω.
35 Δ'. Ταῦτ' εἰπὼν ἔρχεται πρὸς Ἀβροκόμην. Τῷ δ' ἄρ' οὐδὲν ἔργον ἦν ἢ φιλεῖν Ἀνθειαν καὶ ὑπ' ἐκείνης φιλεῖσθαι καὶ λαλεῖν ἐκείνῃ καὶ ἀκούειν λαλούσης. Ἐλθὼν δὲ παρ' αὐτοὺς, τί ποιοῦμεν, σύντροφοι ; τί δὲ βουλευόμεθα οἰκέται ; δοκεῖς τινι τῶν δεσποτῶν, Ἀβρο-
40 κόμη, καλός· ἡ θυγάτηρ ἡ Ἀψύρτου πονήρως ἐπὶ σοι διάκειται καὶ ἀντειπεῖν ἐρώσῃ βαρβάρῳ παρθένῳ χαλεπόν· σὺ οὖν ὅπως σοι δοκεῖ βουλευσάμενος, σῶσον ἡμᾶς ἅπαντας καὶ μὴ περιίδῃς ὀργῇ δεσπότου ὑποπεσόντας. Ἀκούσας δ' Ἀβροκόμης εὐθὺς μὲν ὀργῆς ἐνε-
45 πλήσθη, ἀναβλέψας δ' ἀτενὲς εἰς τὸν Λεύκωνα, ὦ πονηρὰ, ἔφη, καὶ Φοινίκων τῶν ἐνταῦθα βαρβαρώτερε, ἐτόλμησας εἰπεῖν πρὸς Ἀβροκόμην τοιαῦτα ῥήματα, καὶ παρούσης Ἀνθείας ἄλλην παρθένον μοι διηγῇ ; Δοῦλος μέν εἰμι ἀλλὰ συνθήκας οἶδα τηρεῖν. Ἔχουσιν
50 ἐξουσίαν μου τοῦ σώματος, τὴν ψυχὴν δ' ἐλευθέραν ἔχω. Ἀπειλείτω νῦν, εἰ θέλει, Μαντὼ ξίφη καὶ βρόχους καὶ πῦρ καὶ πάνθ' ὅσα δύναται σῶμα ἐνεγκεῖν οἰκέτου· οὐ γὰρ ἄν ποτε πεισθείην ἑκὼν Ἀνθειαν ἀδικῆσαι. Ὁ μὲν ταῦτ' ἔλεγεν· ἡ δ' Ἀνθεια ὑπὸ συμφορᾶς

cedens. Adolescentis consuetudine capta, se cohibere non poterat, quid faceret nescia; neque enim id illi aperire audebat, quem, cum uxorem habere nosset, flectere desperaret, nec suorum cuiquam, patris metu : quo magis urebatur, ac misere se habebat, adeo ut amplius sustinere non valens, Rhodæ amorem narrare statueret, sodali Anthiæ, puellæ, et æquali, quam unam sperabat cupiditatis suæ adjutricem fore. Arrepta igitur occasione puellam in sacellum patris domesticum ducit; acceptoque jurejurando, obsecrat, ne se proderet; amorem, quo Habrocomen amplectebatur, aperit, ejusque opem implorat, multa opitulanti pollicita. Scias, inquit, te mihi famulam, atque iræ meæ obnoxiam, si injuria affeceris, meque barbaram esse. His dictis Rhodam dimisit, quæ admodum anxia fuit : id enim Habrocomæ narrare aversabatur amore Anthiæ, et omnino pertimescebat barbaræ mulieris iram. Visum ergo est, primum eorum, quæ a Manto audierat, Leuconem certiorem facere, quo a se amato, utebatur familiariter; consuetudinem enim et Ephesi habuerant. Ubi solum deprehendit, periimus, inquit, o Leucon : sodales diutius non habebimus. Herilis filia Habrocomen deperit, minaturque, ni potiatur, diro supplicio nos esse affecturam. Quid agendum, dispice. Abnuere barbaræ parum tutum; neque tamen ab Anthia Habrocomes divelli se patietur. Leuconi hæc audienti lacrimæ obortæ sunt, cum magna inde futura mala prævideret; tandem ubi se collegit, sileas, inquit, Rhoda : ego enim omnia disponam.

IV. Statimque Habrocomen adit, cui unum opus erat osculari Anthiam et ab illa basiari, eandemque alloqui et loquentem audire. Hos accedens, quid agimus, inquit, sodales? quid nos servi consulimus? Habrocoma, cuidam ex heris pulcher videris : Apsyrti filia te misere amat. Barbaræ virgini deperenti non obsequi, incommodum est. Tu igitur consilium, quod tibi videtur, capiens, teque et nos omnes serva, neque herili iracundiæ obnoxios fieri patiaris. His auditis Habrocomes repente impletur ira, intentisque in Leuconem oculis hæc, inquit, scelus, Habrocomæ dicere audes, Phœnicibus hisce barbarior et coram Anthia mihi aliam puellam memoras? Servus quidem sum; at novi promissa servare. In corpus potestatem habent, sed liber mihi restat animus. Minetur Manto, si velit, gladios, laqueos, ignem et omnia, quæ corpus famuli pati potest; neque tamen mihi persuadebit, ut Anthiæ

ἔκειτο ἀχανής, οὐδὲ προσφθέγξασθαί τι δυναμένη· ὀψὲ δὲ καὶ μόλις αὐτὴν ἐγείρασα, ἔχω μὲν, φησίν, Ἁβροκόμη, τὴν εὔνοιαν τὴν σὴν καὶ στέργεσθαι διαφερόντως ὑπὸ σοῦ πεπίστευκα, ἀλλὰ δέομαί σου, τῆς ψυχῆς [καὶ] τῆς ἐμῆς δέσποτα, μὴ προδῷς ἑαυτὸν, μηδ' εἰς ὀργὴν ἐμβάλῃς βαρβαρικήν· συγκαταθοῦ δὲ τῇ τῆς δεσποίνης ἐπιθυμίᾳ, κἀγὼ ὑμῖν ἄπειμι ἐκποδὼν, ἐμαυτὴν ἀποκτείνασα. Τοσοῦτόν σου δεήσομαι, θάψον αὐτὸς καὶ φίλησον πεσοῦσαν καὶ μέμνησο Ἀνθείας. Ταῦτα πάντ' εἰς μείζονα συμφορὰν τὸν Ἁβροκόμην ἦγε καὶ ἠπόρει ὅστις γένηται.

Ε'. Καὶ οἱ μὲν ἐν τούτοις ἦσαν· ἡ δὲ Μαντὼ χρονιζούσης τῆς Ῥόδης, οὐκέτι καρτεροῦσα γράφει γραμματεῖον πρὸς τὸν Ἁβροκόμην· ἦν δὲ τὰ ἐγγεγραμμένα τοιάδε· Ἁβροκόμῃ τῷ καλῷ δέσποινα ἡ σὴ χαίρειν. Μαντὼ ἐρῶ σου, μηκέτι φέρειν δυναμένη· ἀπρεπὲς μὲν ἴσως παρθένῳ, ἀναγκαῖον δὲ φιλούσῃ, δέομαι, μή με περιίδῃς, μηδ' ὑβρίσῃς τὴν τὰ σὰ ᾑρημένην. Ἐὰν γὰρ πεισθῇς, πατέρα τὸν ἐμὸν Ἄψυρτον ἐγὼ πείσω, σοὶ με συνοικίσαι καὶ τὴν νῦν σοι γυναῖκα ἀποσκευασόμεθα· πλουτήσεις δὲ καὶ μακάριος ἔσῃ· ἐὰν δ' ἀντείπῃς, ἐννόει μὲν οἷα πείσῃ, τῆς ὑβρισμένης ἑαυτὴν ἐκδικούσης, οἷα δ' οἱ μετὰ σοῦ [κοινωνοὶ], τῆς σῆς ὑπερηφανίας σύμβουλοι γενόμενοι. Τοῦτο τὸ γράμμα λαβοῦσα καὶ κατασημηναμένη, δίδωσι θεραπαίνῃ τινὶ ἑαυτῆς βαρβάρῳ, εἰποῦσα Ἁβροκόμῃ κομίζειν. Ὁ δ' ἔλαβε καὶ ἀνέγνω καὶ πᾶσι μὲν ἤχθετο τοῖς ἐγγεγραμμένοις, μάλιστα δ' αὐτὸν ἐλύπει τὰ περὶ τῆς Ἀνθείας. Κἀκείνην μὲν τὴν πινακίδα κατέχει, ἄλλην δὲ γράφει καὶ δίδωσι τῇ θεραπαίνῃ· ἦν δὲ τὰ ἐγγεγραμμένα. Δέσποινα, ὅ τι βούλει, ποίει καὶ χρῶ σώματι, ὡς οἰκέτου· καὶ εἴτ' ἀποκτείνειν θέλεις, ἕτοιμος· εἴτε βασανίζειν, ὅπως ἐθέλεις βασάνιζε· εἰς εὐνὴν δὲ τὴν σὴν οὐκ ἂν ἔλθοιμι, οὔτ' ἂν τοιαῦτα πεισθείην κελευούσῃ. Λαβοῦσα ταῦτα τὰ γράμματα ἡ Μαντὼ, ἐν ὀργῇ ἀκατασχέτῳ γίνεται καὶ ἀναμίξασα πάντα, φθόνον καὶ ζηλοτυπίαν, λύπην, φόβον, ἐνενόει ὅπως τιμωρήσαιτο τὸν ὑπερηφανοῦντα. Καὶ δὴ καὶ ἐν τούτῳ ἔρχεται μὲν ἀπὸ Συρίας Ἄψυρτος, ἄγων τινὰ τῇ θυγατρὶ νυμφίον ἐκεῖθεν, Μοίρῳ ὄνομα· ὡς δ' ἀφίκετο εὐθὺς ἡ Μαντὼ τὴν καθ' Ἁβροκόμου τέχνην· συνετάττετο καὶ σπαράξασα τὰς κόμας καὶ περιρρηξαμένη τὴν ἐσθῆτα, ὑπαντήσασα τῷ πατρὶ καὶ προσπεσοῦσα πρὸς τὰ γόνατα, οἴκτειρον, ἔφη, πάτερ, θυγατέρα τὴν σὴν ὑβρισμένην ὑπ' οἰκέτου· ὁ γὰρ σώφρων Ἁβροκόμης ἐπείρασε μὲν παρθενίαν τὴν ἐμὴν ἀρανίσαι, ἐπεβούλευσε δὲ καὶ σοὶ, λέγων ἐρῶν μου. Σὺ οὖν ὑπὲρ τηλικούτων τολμημάτων εἰσπράξαι παρ' αὐτοῦ τιμωρίαν τὴν ἀξίαν· ἢ εἰ δίδως ἔκδοτον θυγατέρα τὴν σὴν τοῖς οἰκέταις ἐμαυτὴν φθάσασα ἀποκτενῶ.

Ϛ'. Ἀκούσας ὁ Ἄψυρτος καὶ δόξας ἀληθῆ λέγειν αὐτὴν, ἤρευνησε μὲν τὸ πραχθὲν οὐκέτι, μεταπεμψάμενος δὲ τὸν Ἁβροκόμην, ὦ τολμηρὰ καὶ μιαρὰ, εἶπεν, κεφαλή, ἐτόλμησας εἰς δεσπότας τοὺς σοὺς ὑβρίσαι καὶ διαφθεῖραι παρθένον ἠθέλησας, οἰκέτης ὤν; ἀλλ' οὔτι

injuriam faciam libens. Hæc illo dicente Anthia, perculsa infortunio, ore presso obmutuit, nihil eloqui valens; ac vix tandem colligens : equidem, Habrocoma, benevolentiam erga me tuam perspectam habeo, et amari a te probe sentio; verum te dominum animæ meæ precor, ne te ipsum prodas, neque barbaricæ iræ objicias : heræ desiderio obtempera : ego vero a vobis procul abeam et me occidam. Hoc tantum exposco, ut ipse sepelias, cadentem exosculeris et Anthiam in memoria habeas. Hæc omnia in majus infortunium Habrocomen adduxere et quid de se fieret ignorabat.

V. Illi quidem in hoc discrimine versabantur. At Manto, Rhoda diu absente, amoris impatiens, epistolium scribit Habrocomæ his verbis : Habrocomæ formosò hera tua salutem. Manto, te misere amo, non amplius amorem ferre valens. Id minus fortasse virginem decet, sed amanti necessitas incumbit : ne me despicias, precor, neque contumelia afficias, cui tua maxime cordi sunt. Si enim obtemperes, a parente ego Apsyrto impetrabo, ut tibi connubio jungar et conjugem nunc tuam submovebimus : dives eris et beatus ; at si adverseris, qualia passurus ipse sis, cogita, memet a te contemta supplicium de te sumente, qualiaque sodales tui arrogantiæ consiliarii. Hanc epistolam signatam ancillæ cuidam barbaræ dat Habrocomæ reddendam. Qui acceptam legens, ea omnia, quæ inscripta erant, moleste fert, maxime quæ Anthiam attinent. Tabellam hanc retinet, aliam conscribit et dat ancillæ perferendam, his verbis : Facias, hera, quod lubet et corpore hoc utere ut servi. Si me vis occidere, præsto sum; si tormentis cruciare, quo velis modo, crucia, Non ego ad te concubitum veniam : non hæc imperanti obediam. Manto, hac epistola accepta, præcipiti iræ corripitur : invidia, zelotypia, mœrore ac metu simul perculsa cogitat, quomodo fastidientem ulciscatur. Interea Apsyrtus e Syria redit, sponsum inde filiæ adducens, cui nomen Moridi. Qui ut advenit, Manto, artificio in Habrocomen composito, capillis turbatis laceratæque veste patri obviam fit et ad genua procideus, miserere, inquit, pater, filiæ a famulo injuriam passæ. Pudicus ille adolescens Habrocomes virginitatem meam spoliare conatus est, tibique injuriam facere, mei se amore captum dicens. Tu igitur pro talibus ausis ab eo pœnas pete dignas. Vel si filiam tuam famulis nuptam dare decreveris, mortem mihi ante consciscam.

VI. His auditis Apsyrtus, illam vera dicere existimans, nihil amplius de facinore inquirit, sed accersitum Habrocomen increpat, o audacissimum et scelestum caput ! Ausus es heris contumeliam facere et servus virginem vitiare?

13.

χαιρήσεις· ἐγὼ γάρ σε τιμωρήσομαι, καὶ τοῖς ἄλλοις οἰκέταις τὴν σὴν αἰκίαν ποιήσομαι παράδειγμα. Εἰπὼν, οὐκέτι ἀνασχόμενος οὐδὲ λόγου ἀκοῦσαι, ἐκέλευσε περιρρῆξαι τὴν ἐσθῆτα αὐτοῦ τοῖς οἰκέταις καὶ φέρειν
5 πῦρ καὶ μάστιγας καὶ παίειν τὸ μειράκιον. Ἦν δὲ τὸ θέαμα ἐλεεινόν· αἵ τε γὰρ πληγαὶ τὸ σῶμα πᾶν ἠφάνιζον βασάνων ἀήθες ὂν οἰκετικῶν· τό θ' αἷμα κατέρρει πᾶν καὶ τὸ κάλλος ἐμαραίνετο. Προσῆγεν αὐτῷ καὶ δεσμὰ φοβερὰ καὶ πῦρ καὶ μάλιστ' ἐχρῆτο ταῖς βασάνοις κατ'
10 αὐτοῦ, τῷ νυμφίῳ τῆς θυγατρὸς ἐνδεικνύμενος, ὅτι σώφρονα παρθένον ἄξεται. Ἐν τούτῳ ἡ Ἄνθεια προσπίπτει τοῖς γόνασι τοῦ Ἀψύρτου καὶ ἐδεῖτο ὑπὲρ Ἁβροκόμου· ὁ δὲ, ἀλλὰ καὶ μᾶλλον, ἔφη, διὰ σὲ κολασθήσεται, ὅτι καὶ σὲ ἠδίκησε, γυναῖκα ἔχων ἄλλης ἐρῶν.
15 Καὶ τότ' ἐκέλευσε δήσαντας αὐτὸν ἐγκαθεῖρξαί τινι οἰκήματι σκοτεινῷ.

Ζ'. Καὶ ὁ μὲν ἐδέδετο καὶ ἦν ἐν εἱρκτῇ· δεινὴ δ' αὐτὸν ἀθυμία καταλαμβάνει καὶ μάλιστ' ἐπεὶ Ἄνθειαν οὐχ ἑώρα· ἐζήτει δὲ θανάτου τρόπους πολλοὺς ἀλλ' εὕ-
20 ρισκεν οὐδένα, πολλῶν τῶν φρουρούντων ὄντων. Ὁ δ' Ἄψυρτος ἐποίει τῆς θυγατρὸς τοὺς γάμους καὶ ἑώρταζον πολλαῖς ἡμέραις. Ἄνθεια δὲ πάντα πένθος ἦν, καὶ εἴ ποτε δυνηθεῖη πεῖσαι τοὺς ἐπὶ τοῦ δεσμωτηρίου, εἰσῄει πρὸς Ἁβροκόμην λανθάνουσα καὶ κατωδύρετο τὴν
25 συμφοράν. Ὡς δ' ἤδη παρεσκευάζοντο εἰς Συρίαν ἀπιέναι, προὔπεμψεν ὁ Ἄψυρτος τὴν θυγατέρα μετὰ δώρων πολλῶν, ἐσθῆτάς τε τὰς Βαβυλωνίους καὶ χρυσὸν ἄφθονον καὶ ἄργυρον ἐδίδου· ἐδωρήσατο δὲ τῇ θυγατρὶ Μαντοῖ τὴν Ἄνθειαν καὶ τὴν Ῥόδην καὶ τὸν Λεύκωνα.
30 Ὡς οὖν ταῦτ' ἔγνω ἡ Ἄνθεια καὶ ὅτι εἰς Συρίαν ἀναχθήσεται μετὰ Μαντοῦς, δυνηθεῖσα εἰσελθεῖν εἰς τὸ δεσμωτήριον, περιπλεξαμένη τῷ Ἁβροκόμῃ, δέσποτα, εἶπεν, εἰς Συρίαν ἄγομαι δῶρον δοθεῖσα τῇ Μαντοῖ καὶ εἰς χεῖρας τῆς ζηλοτυπούσης ἄγομαι· σὺ δ' ἐν τῷ δε-
35 σμωτηρίῳ μείνας οἰκτρῶς ἀποθνήσκεις, οὐκ ἔχων οὐδ' ὅστις σοῦ τὸ σῶμα κοσμήσει· ἀλλ' ὀμνύω σοι τὸν ἀμφοτέρων δαίμονα, ὡς ἐγὼ μενῶ σὴ καὶ ζῶσα κἂν ἀποθανεῖν δεήσῃ. Ταῦτα λέγουσα ἐφίλει τ' αὐτὸν καὶ περιέβαλλε καὶ τὰ δεσμὰ ἠσπάζετο καὶ τῶν ποδῶν
40 προυκυλίετο.

Η'. Τέλος δ' ἡ μὲν ἐξῄει τοῦ δεσμωτηρίου· ὁ δὲ, ὡς εἶχεν, ἑαυτὸν ἐπὶ γῆς ῥίψας, ἔστενεν, ἔκλαιεν, ὦ πάτερ, λέγων, φίλτατε, ὦ μῆτερ Θεμιστοῖ· ποῦ μὲν ἡ ἐν Ἐφέσῳ δοκοῦσά ποτ' εὐδαιμονία; ποῦ δ' οἱ λαμπροὶ
45 καὶ περίβλεπτοι Ἀνθεια καὶ Ἁβροκόμης, οἱ καλοί; ἡ μὲν οἴχεται πόρρω ποι τῆς γῆς αἰχμάλωτος, ἐγὼ δὲ καὶ τὸ μόνον ἀφῄρημαι παραμύθιον καὶ τεθνήξομαι ὁ δυστυχὴς ἐν δεσμωτηρίῳ μόνος. Ταῦτα λέγοντα αὐτὸν ὕπνος καταλαμβάνει αὐτῷ ὄναρ ἐφίστατο·
50 Ἔδοξεν ἰδεῖν αὐτοῦ τὸν πατέρα Λυκομήδη, ἐν ἐσθῆτι μελαίνῃ πλανώμενον κατὰ πᾶσαν γῆν καὶ θάλατταν, ἐπιστάντα δὲ τῷ δεσμωτηρίῳ λῦσαί τ' αὐτὸν καὶ ἀφιέναι ἐκ τοῦ οἰκήματος· τὸν δ' ἵππον γενόμενον ἐπὶ πολλὴν φέρεσθαι γῆν διώκοντα ἵππον ἄλλην θήλειαν·

Sed non hoc tibi sic abibit : supplicium de te ego sumam, servisque aliis exempla edam in te. His dictis, sermonem ullum audire recusans, jubet servos vestem ejus discindere, ignemque et verbera afferre et cædere adolescentem. Miserandum spectaculum, plagæ enim totum corpus difformabant, servilibus tormentis inassuetum; effluebat sanguis, et pulchritudo marcescebat. Vincula ei formidolosa et ignem adduxit, maximeque tormentis in eum usus est, ut filiæ sponso ostenderet, quam pudicam virginem uxorem ducturus esset. Anthia tum ad Apsyrti genua accidit, et pro Habrocoma precatur. Ille, immo et tui causa magis, inquit, plectetur, quod et te uxorem habens injuria affecerit, aliam amans. Jussitque vinciri et obscura cella includi.

VII. Vinctus ergo in carcere asservabatur. Tum animus ipsius cecidit, maxime ubi Anthiam non amplius videret. Mortis plures modos quæsivit, neque tamen invenit, cum multi adessent custodes. Interea Apsyrtus filiæ nuptias celebravit, multosque festos dies agitarunt. Anthia vero doloris plena, si quando carceris custodes flectere licet ret, clam ad Habrocomen ingrediebatur, deflebatque infortunium. Cum vero jam in Syriam abire pararent, Apsyrtus filiam plurimis muneribus prosecutus dimisit. Vestes Babylonias et auri copiam et argenti largitus est. Filiæ Manto Anthiam quoque et Rhodam et Leuconem dono dedit. Cum novisset Anthia, se in Syriam cum Manto abductum iri; ut primum licuit, carcerem ingreditur et Habrocomen amplexata, heu domine, inquit, in Syriam ducor, dono data Manto et in potestatem venio æmulæ mulieris; tu vero in vinculis manens morieris misere, neque habes, qui corpus curet. Sed tibi sancte juro per utriusque genium, tua manebo, seu vivam, seu mori oporteat. Hæc dicens osculatur, amplexaturque, et vincula prensans, volvitur fusa ante pedes.

VIII. Tandem illa carcere exit. Hic mox humi se abjiciens, ingemit ploratque, o pater carissime, inquiens, o mater Themisto! ubi illa, quæ quondam videbatur Ephesi, felicitas? ubi præclari illi et spectatissimi Anthia et Habrocomes, egregia forma adolescentes? En illa longe abit in longinquam terram captiva : mihi unicum aufertur solatium, et moriar miser in vinculis solus. Hæc dicentem corripit somnus, instatque ei somnium. Videre sibi visus est patrem Lycomedem, indutum nigra veste, terras circum omnes et maria vagari, inde ad custodiam pervenire et solvere se vinculis et emittere carcere; ipse vero in equum mutatus ferri per multas terras, equam consectans,

καὶ τέλος εὑρεῖν τὴν ἵππον καὶ ἄνθρωπον γενέσθαι. Ταῦθ' ὡς ἔδοξεν ἰδεῖν, ἀνέθορέ τε καὶ μικρὰ εὔελπις ἦν. Θ'. Ὁ μὲν οὖν ἐν τῷ δεσμωτηρίῳ κατεκέκλειστο· ἡ δ' Ἄνθεια εἰς Συρίαν ἤγετο καὶ ὁ Λεύκων καὶ ἡ Ῥόδη. Ὡς δ' ἧκον οἱ περὶ τὴν Μαντὼ εἰς Ἀντιόχειαν, ἐκεῖθεν γὰρ ἦν Μοῖρις, ἐμνησικάκει μὲν καὶ τὴν Ῥόδην, ἐμίσει δὲ καὶ τὴν Ἄνθειαν. Καὶ δὴ τὴν μὲν Ῥόδην εὐθὺς μετὰ τοῦ Λεύκωνος κελεύει ἐμβιβάσαντάς τινας πλοίῳ ὡς πορρωτάτω τῆς Συρίων ἀποδόσθαι γῆς, τὴν δ' Ἄνθειαν οἰκέτῃ συνουσιάζειν ἐνενόει καὶ ταῦτα τῶν ἀτιμοτάτων, αἰπόλῳ τινὶ ἀγροίκῳ, ἡγουμένη διὰ τούτου τιμωρήσεσθαι αὐτήν. Μεταπέμπεται δὲ τὸν αἰπόλον, Λάμπωνα τοὔνομα καὶ παραδίδωσι τὴν Ἄνθειαν καὶ κελεύει γυναῖκα ἔχειν καὶ ἐὰν ἀπειθῇ προσέταττε βιάζεσθαι. Καὶ ἡ μὲν ἤγετο ἐπ' ἀγρὸν συνεσσομένη τῷ αἰπόλῳ· γενομένη δ' ἐν τῷ χωρίῳ ἔνθα ὁ Λάμπων ἔνεμε τὰς αἶγας, προσπίπτει τοῖς γόνασιν αὐτοῦ, καὶ ἱκετεύει κατοικτεῖραι καὶ (ἁγνὴν) τηρῆσαι. Διηγεῖται δ' ἥτις ἦν, τὴν προτέραν εὐγένειαν, τὸν ἄνδρα, τὴν αἰχμαλωσίαν· ἀκούσας δ' ὁ Λάμπων οἰκτείρει τὴν κόρην καὶ ὄμνυσιν ἦ μὴν φυλάξειν ἀμόλυντον καὶ θαρρεῖν παρεκελεύετο.

Ι'. Καὶ ἡ μὲν παρὰ τῷ αἰπόλῳ ἦν ἐν τῷ χωρίῳ πάντα χρόνον Ἁβροκόμην θρηνοῦσα. Ὁ δ' Ἄψυρτος ἐρευνώμενος τὸ οἰκημάτιον ἔνθα ὁ Ἁβροκόμης πρὸ τῆς κολάσεως. διῆγεν, ἐπιτυγχάνει τῷ γραμματιδίῳ τῷ Μαντοῦς πρὸς Ἁβροκόμην καὶ γνωρίζει τὰ γράμματα καὶ ὅτι ἀδίκως Ἁβροκόμην τιμωρεῖται ἐμαθεν· εὐθὺς οὖν λῦσαί τ' αὐτὸν προσέταξε καὶ ἀναγεῖν εἰς ὄψιν. Πονηρὰ δὲ καὶ ἐλεεινὰ πεπονθὼς προσπίπτει τοῖς γόνασι τοῖς Ἀψύρτου· ὁ δ' αὐτὸν ἀνίστησι καὶ, θάρσει, ἔφη, ὦ μειράκιον· ἀδίκως σου κατέγνων, πεισθεὶς θυγατρὸς λόγοις· ἀλλὰ νῦν μέν σε ἐλεύθερον ἀντὶ δούλου ποιήσω· δίδωμι δέ σοι τῆς οἰκίας ἄρχειν τῆς ἐμῆς καὶ γυναῖκα ἄξομαι τῶν πολιτῶν τινος θυγατέρα· σὺ δὲ μὴ μνησικακήσῃς τῶν γεγενημένων, οὐ γὰρ ἑκὼν σε ἠδίκησα. Ταῦτ' ἔλεγεν ὁ Ἄψυρτος· ὁ δ' Ἁβροκόμης, ἀλλὰ χάρις, ἔφη, σοι, δέσποτα, ὅτι καὶ τἀληθὲς ἔμαθες καὶ τῆς σωφροσύνης ἀμείβῃ με. Ἔχαιρον δὲ πάντες οἱ κατὰ τὴν οἰκίαν ὑπὲρ Ἁβροκόμου καὶ χάριν ᾔδεσαν ὑπὲρ αὐτοῦ τῷ δεσπότῃ· αὐτὸς δ' ἐν μεγάλῃ συμφορᾷ κατ' Ἄνθειαν ἦν· ἐνενόει δὲ πρὸς ἑαυτὸν πολλάκις, τί δεῖ ἐλευθερίας ἐμοί; τί δὲ πλούτου καὶ ἐπιμελείας τῶν Ἀψύρτου χρημάτων; οὐ τοιοῦτον εἶναί με δεῖ· ἐκείνην ἢ ζῶσαν ἢ τεθνεῶσαν εὑρεῖσαι. Ὁ μὲν οὖν ἐν τούτοις ἦν, διοικῶν μὲν τὰ Ἀψύρτου, ἐννοῶν δὲ, ὁπότε καὶ ποῦ τὴν Ἄνθειαν εὑρήσει. Ὁ δὲ Λεύκων καὶ ἡ Ῥόδη ἤχθησαν εἰς πόλιν Ξάνθον, (ἀνώτερον δὲ θαλάσσης ἡ πόλις), κἀνταῦθα ἐπράθησαν πρεσβύτῃ τινί, ὃς αὐτοὺς εἶχε μετὰ πάσης ἐπιμελείας, παῖδας αὐτοῦ νομίζων, καὶ γὰρ ἄτεκνος ἦν. Διῆγον δ' ἐν ἀφθόνοις καὶ πᾶσιν, ἐλύπουν δ' αὐτοὺς Ἄνθεια καὶ Ἁβροκόμης οὐχ ὁρώμενοι.

ΙΑ'. Ἡ δ' Ἄνθεια ἦν μέν τινα χρόνον παρὰ τῷ

eamque tandem assecutus ad humanam formam reverti. Hæc videre sibi visus surrexit, spei aliquid concipiens. IX. Dum ille in vinculis custodiebatur, Anthia cum Leucone et Rhoda ducebatur in Syriam. Manto jam cum comitatu Antiochiam venerat, Mœridis patriam, et Rhodæ succensebat et Anthiam oderat. Rhodam statim cum Leucone jubet impositos navigio et longissime a Syriorum finibus abductos, venumdari. Anthiam mancipio cuidam despicatissimo jungere parabat agresti caprario, hoc modo se illam ulturam existimans. Arcessito igitur caprario, Lamponi erat ei nomen, tradit Anthiam; jubetque, uxoris loco habeat, eique, si abnuat conjugium, vim inferat. Illa in agrum abducitur caprario nuptura et ad locum perveniens, ubi Lampo capras pascebat, ejus genibus procumbit, oratque, ut misereatur et castam servet. Quæ sit, narrat, ingenuitatem, virum, servitutem. His auditis Lampo puellam miseratur, jubetque bono esse animo, se castam servaturum jurejurando promittens.

X. Illa quidem in agro apud caprarium erat per omne tempus, Habrocomen cum fletu desiderans. Apsyrtus vero carcerem perscrutatus, ubi Habrocomes ante castigationem degerat, incidit in epistolam a Manto Habrocomæ scriptam, literas dignoscit, et Habrocomen a se injuste puniri dididit: statim igitur et solvi jubet et in conspectum adduci. Ille, mala miseranda passus, procumbit Apsyrti genibus; qui, erigens eum, bono sis, inquit, animo, adolescens; injuste te male habui, filiæ verbis credens. At nunc te liberum pro servo faciam, teque domui meæ præficiam, uxoremque dabo civis alicujus filiam. Ne sis præteritæ injuriæ memor, quam non mea sponte feci. Hæc dixit Apsyrtus. Habrocomes, gratiam tibi habeo, inquit, here, quod et verum didicisti et pudicitiam meam remuneraris. Lætati omnes in domo sunt Habrocomæ causa et gratias pro illo habuerunt domino; ipse vero maxime anxius ob Anthiam erat; sæpe enim secum ipse cogitabat, Quid mihi libertas, quid divitiæ, quid imperium in domo Apsyrti? non in his me esse oportet: eam seu vivam, seu mortuam invenire malim. Dum in eo erat, ut Apsyrti res curaret, cogitabat, quo loco et quando Anthiam invenire posset. At Leuconem et Rhodam Xanthium, Lyciæ urbem, (nonnihil a mari dissitam,) ductos, emerat senex quidam, qui, cum prole careret, eos omni cura prosequebatur et liberorum loco habebat, cetera beatos, mœrentes tantum quod Anthia et Habrocomes abessent.

XI. Illa jam aliquod tempus apud caprarium degerat

αἰπόλῳ, συνεχὲς δὲ ὁ Μοῖρις, ἀνὴρ τῆς Μαντοῦς, εἰς
τὸ χωρίον ἐρχόμενος ἐρᾷ τῆς Ἀνθείας σφοδρὸν ἔρωτα.
Καὶ τὰ μὲν πρῶτα ἐπειρᾶτο λανθάνειν· τελευταῖον δὲ
λέγει τῷ αἰπόλῳ τὸν ἔρωτα καὶ πολλὰ ὑπισχνεῖτο συγ-
5 κρύψαντι. Ὁ δὲ τῷ μὲν Μοίριδι συντίθεται, δεδοι-
κὼς δὲ τὴν Μαντὼ ἔρχεται πρὸς αὐτήν, καὶ λέγει τὸν
ἔρωτα τὸν Μοίριδος. Ἡ δ' ἐν ὀργῇ γενομένη, πασῶν,
ἔφη, δυστυχεστάτη γυναικῶν ἐγώ· τὴν ζήλην περιά-
ξομαι, δι' ἣν τὰ μὲν πρῶτα ἐν Φοινίκῃ ἀφῃρέθην ἐρω-
10 μένου, νυνὶ δὲ κινδυνεύω τοῦ ἀνδρός· ἀλλ' οὐ χαί-
ρουσά γ' Ἄνθεια φανεῖται καλὴ καὶ Μοίριδι· ἐγὼ γὰρ
αὐτὴν καὶ ὑπὲρ τῶν ἐν Τύρῳ πράξομαι δίκας. Τότε
μὲν οὖν [τὴν] ἡσυχίαν ἤγαγεν· ἀποδημήσαντος δὲ τοῦ
Μοίριδος, μεταπέμπεται τὸν αἰπόλον καὶ κελεύει λα-
15 βόντα τὴν Ἄνθειαν εἰς τὸ δασύτατον ἀγαγόντα τῆς
ὕλης ἀποκτεῖναι καὶ τούτου μισθὸν αὐτῷ δώσειν ὑπέ-
σχετο. Ὁ δ' οἰκτείρει μὲν τὴν κόρην, δεδοικὼς δὲ
τὴν Μαντώ, ἔρχεται παρὰ τὴν Ἄνθειαν καὶ λέγει τὰ
κατ' αὐτῆς δεδογμένα. Ἡ δ' ἀνεκώκυσέ τε καὶ ἀνω-
20 δύρετο, φεῦ, λέγουσα, τοῦτο τὸ κάλλος ἐπίβουλον ἀμ-
φοτέροις πανταχοῦ· διὰ τὴν ἄκαιρον εὐμορφίαν Ἁβρο-
κόμης μὲν ἐν Τύρῳ τέθνηκεν, ἐγὼ δ' ἐνταῦθα· ἀλλὰ
δέομαί σου, Λάμπων αἰπόλε, ὡς μέχρι νῦν εὐσέβησας,
ἂν ἀποκτείνῃς, κἂν ὀλίγον θάψον με τῇ παρακειμένῃ
25 γῇ καὶ ὀφθαλμοῖς τοῖς ἐμοῖς χεῖρας ἐπίβαλε τὰς σάς,
καὶ θάπτων συνεχὲς Ἁβροκόμην κάλει· αὕτη γένοιτ' ἂν
εὐδαίμων ἐμοὶ μεθ' Ἁβροκόμου ταφή. Ἔλεγε ταῦτα
ὁ δ' αἰπόλος εἰς οἶκτον ἔρχεται, ἐννοῶν, ὡς ἀνόσιον
ἔργον ἐργάσεται, κόρην οὐδὲν ἀδικοῦσαν ἀποκτεῖναι
30 οὕτω καλήν. Λαβὼν δὲ τὴν κόρην ὁ αἰπόλος, φονεῦ-
σαι μὲν οὐκ ἠνέσχετο, φράζει δὲ πρὸς αὐτὴν τάδε·
Ἄνθεια, οἶδας, ὅτι ἡ δέσποινα Μαντὼ ἐκέλευσέ μοι
λαβεῖν καὶ φονεῦσαί σε· ἐγὼ δὲ καὶ θεοὺς δεδοικὼς καὶ τὸ
κάλλος οἰκτείρας, βούλομαί σε μᾶλλον πωλῆσαι πόρρω
35 ποι τῆς γῆς ταύτης, (ὅπως) μὴ μαθοῦσα ἡ Μαντὼ
ὅτι οὐ τέθνηκας, ἐμὲ μᾶλλον κακῶς διαθήσει. Ἡ δὲ
μετὰ δακρύων λαβομένη τῶν ποδῶν αὐτοῦ, ἔφη, θεοὶ
καὶ Ἄρτεμι πατρῴα, τὸν αἰπόλον ὑπὲρ τούτων τῶν
ἀγαθῶν ἀμείψασθε· καὶ παρεκάλει πραθῆναι. Ὁ δ'
40 αἰπόλος λαβόμενος τῆς Ἀνθείας, ᾤχετο ἐπὶ τὸν λιμέν-
εὑρὼν δ' ἐκεῖ ἐμπόρους ἄνδρας Κίλικας ἀπέδοτο τὴν
κόρην καὶ λαβὼν τὴν ὑπὲρ αὐτῆς τιμὴν ἧκεν εἰς τὸν
ἀγρόν. Οἱ δ' ἔμποροι λαβόντες τὴν Ἄνθειαν εἰς τὸ
πλοῖον ἦγον καὶ νυκτὸς ἐπελθούσης ᾔεσαν τὴν ἐπὶ Κι-
45 λικίας. Ἐναντίῳ δὲ πνεύματι κατεχόμενοι καὶ τῆς
νεὼς διαρραγείσης, μόλις ἐν σανίσι τινὲς σωθέντες ἐπ'
αἰγιαλοῦ τινος ἦλθον· εἴχον δὲ καὶ τὴν Ἄνθειαν. Ἦν
δ' ἐν τῷ τόπῳ ἐκείνῳ ὕλη δασεῖα. Τὴν οὖν νύκτα
ἐκείνην πλανώμενοι ἐν αὐτῇ [τῇ ὕλῃ] ὑπὸ τῶν περὶ
50 τὸν Ἱππόθοον τὸν λῃστὴν συνελήφθησαν.

ΙΒ'. Ἐν δὲ τούτῳ τις ἧκεν ἀπὸ τῆς Συρίας οἰκέτης παρὰ
τῆς Μαντοῦς γράμματα κομίζων τῷ πατρὶ Ἀψύρτῳ
τάδε· ἔδωκάς με ἀνδρὶ ἐν ξένῃ· Ἄνθειαν δέ, ἣν μετὰ
τῶν ἄλλων οἰκετῶν ἐδωρήσω μοι, πολλὰ διαπραξαμένην

cum Mœris, vir Mantus, sæpissime in agrum veniens de-
perit Anthiam. Primum celare amorem conatur; tandem
aperit caprario, multaque pollicetur, ut ne prodat. Is
Mœridi interim operam suam pollicitus, Manto veritus,
ipsam adit et Mœridis amorem narrat. Quæ irata, mu-
lierum ego, inquit, omnium infelicissima, quæ rivalem
hanc mecum duxerim, per quam in Phœnicia primum
amatum adolescentem amisi, nunc viri amittendi periculum
adeo. At non gaudebit Anthia, quod pulchra Mœridi vi-
deatur: graviores enim, quam Tyri, hic mihi pœnas pendet.
Et tunc quidem iram compressit; sed cum Mœris domo
abesset, accersit caprarium, abductamque in densissimam
silvam occidere jubet; hujusque se præmium facinoris
daturam pollicetur. Ille, misericordia puellæ captus et
heram Manto veritus Anthiam adit, et, quæ in illam de-
creta sint, narrat. Illa plorare et lamentari, heu, dicens,
utrique nostrûm ubique insidiosam formam ! ob importunam
pulchritudinem Habrocomes Tyri moritur, hic ego. Sed
hoc te precor, quod adhuc fecisti, ut et nunc pium erga
me te præbeas : cum interfeceris, utcunque me vicina
humo sepeli, manusque meis oculis impone et sepeliens
Habrocomen identidem voca. O utinam hoc mihi felix
cum Habrocoma funus contigisset ! Hæc illa dicente capra-
rius ad misericordiam adducitur, secum reputans, quam
impium facinus perpetraturus sit, puellam adeo pulchram
nil commeritam occidens. Eam igitur caprarius prehendens
occidere non sustinuit, sed his verbis alloquitur : nosti,
Anthia, dominam Manto mihi imperasse, ut te prehende-
rem et occiderem; sed deos reveritus, et formam miseratus,
te procul ab hac terra vendere malo, ne, si resciverit
Manto, te mortuam non esse, me in majus malum conji-
ciat. Puella cum lacrimis ejus pedes prensans, di, inquit,
et tu patria Diana, beneficium hoc caprario rependite,
hortaturque, ut vendat. Caprarius, Anthiam secum ab-
ducens, in portum proficiscitur, ibique Cilices mercatores
nactus puellam venum dedit, acceptoque pretio in agrum
redit. Mercatores puellam in navem ducunt et per inse-
quentem noctem in Ciliciam abeunt. Sed adverso vento
prohibiti et diffracta nave, vix in tabula quadam salvi litus
quoddam appulerunt, secum habentes Anthiam. Ibi silva
quædam erat densa, in qua per illam noctem palantes ab
Hippothoo latrone capti sunt.

XII. Inter hæc famulus e Syria venerat hasce literas a
Manto patri Apsyrto ferens : virum dedisti mihi in terra
extranea. Anthiam, quam una cum aliis servitiis dono

LIBER II.

κακὰ εἰς ἀγρὸν οἰκεῖν ἐκελεύσαμεν. Ταύτην συνεχῶς ἐν τῷ χωρίῳ θεώμενος ὁ καλὸς Μοῖρις ἐρᾷ· μηκέτι δὲ φέρειν δυναμένη μετεπεμψάμην τὸν αἰπόλον καὶ τὴν κόρην πραθῆναι πάλιν ἐκέλευσα ἐν πόλει τινὶ τῆς 5 Συρίας. Ταῦτα μαθὼν ὁ Ἀβροκόμης, οὐκέτι μένειν ἐκαρτέρει· λαθὼν οὖν τὸν Ἄψυρτον καὶ πάντας τοὺς κατὰ τὸν οἶκον, εἰς ἐπιζήτησιν τῆς Ἀνθείας ἔρχεται. Ἐλθὼν οὖν ἐν τῷ ἀγρῷ ἔνθα μετὰ τοῦ αἰπόλου ἡ Ἄνθεια διέτριβεν, *** ἄγει δὴ παρὰ τὸν αἰγιαλὸν τὸν 10 Λάμπωνα, τὸν αἰπόλον, ᾧ πρὸς γάμον ἐδεδώκει τὴν Ἄνθειαν ἡ Μαντώ, ἐδεῖτο δὲ τοῦ Λάμπωνος, εἰπεῖν αὐτῷ, εἴ τι οἶδε περὶ κόρης ἐκ Τύρου. Ὁ δ᾽ αἰπόλος καὶ τοὔνομα εἶπεν, ὅτι Ἄνθεια καὶ τὸν γάμον καὶ τὴν εὐσέβειαν τὴν παρ᾽ αὑτοῦ καὶ τὸν Μοίριδος ἔρωτα καὶ 15 τὸ πρόσταγμα τὸ κατ᾽ αὐτῆς καὶ τὴν εἰς Κιλικίαν ὁδόν· ἔλεγέ θ᾽ ὡς ἀεί τινος Ἀβροκόμου μέμνηται ἡ κόρη. Ὁ δ᾽ αὐτὸν ὅστις ἦν οὐ λέγει· ἕωθεν δ᾽ ἀναστὰς ἤλαυνε τὴν ἐπὶ Κιλικίαν ἐλπίζων Ἀνθειαν εὑρήσειν ἐκεῖ.

ΙΓʹ. Οἱ δὲ περὶ τὸν Ἱππόθοον, τὸν λῃστήν, ἐκείνης 20 μὲν τῆς νυκτὸς ἔμειναν εὐωχούμενοι· τῇ δ᾽ ἑξῆς περὶ τὴν θυσίαν ἐγίνοντο. Παρεσκευάζετο δὲ πάντα καὶ ἀγάλματα τοῦ Ἄρεος καὶ ξύλα καὶ στεφανώματα. Ἔδει δὲ τὴν θυσίαν γενέσθαι τρόπῳ τῷ συνήθει· ὃ μέλλον ἱερεῖον θύεσθαι, εἴτ᾽ ἄνθρωπος, εἴτε βόσκημα 25 εἴη, κρεμάσαντες ἐκ δένδρου καὶ διαστάντες ἠκόντιζον· καὶ ὁπόσοι μὲν ἐπέτυχον, τούτων ὁ θεὸς ἐδόκει δέχεσθαι τὴν θυσίαν· ὁπόσοι δ᾽ ἀπέτυχον, αὖθις ἐξιλάσκοντο· ἔδει δὲ τὴν Ἀνθειαν οὕτως ἱερουργηθῆναι. Ὡς δὲ πάνθ᾽ ἕτοιμα ἦν καὶ κρεμᾶν τὴν κόρην ἤθελον, ψόφος 30 τῆς ὕλης ἠκούετο καὶ ἀνθρώπων κτύπος. Ἦν δ᾽ ὁ τῆς εἰρήνης τῆς ἐν Κιλικίᾳ προεστώς, Περίλαος τοὔνομα, ἀνὴρ τῶν τὰ πρῶτα ἐν Κιλικίᾳ δυναμένων. Οὗτος ἐπέστη τοῖς λῃσταῖς [ὁ Περίλαος] μετὰ πλήθους πολλοῦ καὶ πάντας τ᾽ ἀπέκτεινεν, ὀλίγους δὲ καὶ ζῶντας ἔλαβε. 35 μόνῳ δὲ τῷ Ἱπποθόῳ ἠδυνήθη διαφυγεῖν ἀράμενος τὰ ὅπλα. Ἔλαβε δὲ τὴν Ἄνθειαν Περίλαος καὶ πυθόμενος τὴν μέλλουσαν συμφορὰν ἠλέησεν· εἶχε δ᾽ ἄρα μεγάλης ἀρχὴν συμφορᾶς ὁ ἔλεος Ἀνθείας. Ἄγει δ᾽ αὐτὴν καὶ τοὺς συλληφθέντας τῶν λῃστῶν εἰς Ταρσὸν 40 τῆς Κιλικίας. Ἡ δὲ συνήθης αὐτῶν τῆς κόρης ὄψις εἰς ἔρωτα ἤγαγε καὶ κατὰ μικρὸν ἑαλώκει Περίλαος Ἀνθείας. Ὡς δ᾽ ἧκον εἰς Ταρσόν, τοὺς μὲν λῃστὰς εἰς τὴν εἱρκτὴν παρέδωκε, τὴν δ᾽ Ἄνθειαν ἐθεράπευεν. Ἦν δ᾽ οὔτε γυνὴ τῷ Περιλάῳ, οὔτε παῖδες καὶ περι- 45 βολὴ χρημάτων οὐκ ὀλίγη. Ἔλεγεν οὖν πρὸς τὴν Ἄνθειαν, ὡς πάντ᾽ ἂν αὐτὴ γένοιτο Περιλάῳ, γυνὴ καὶ δεσπότις καὶ παῖδες. Ἡ δὲ τὰ μὲν πρῶτα ἀντεῖχεν, οὐκ ἔχουσα δ᾽ ὅ τι ποιήσειε βιαζομένῳ καὶ πολλῷ ἐγκειμένῳ, δείσασα, μὴ καί τι τολμήσῃ βιαιότερον συγ- 50 κατατίθεται μὲν τὸν γάμον, ἱκετεύει δ᾽ αὐτὸν ἀναμεῖναι χρόνον ὀλίγον, ὅσον ἡμερῶν τριάκοντα, καὶ ἄχραντον τηρῆσαι· καὶ σκήπτεται· ὁ δὲ Περίλαος πείθεται καὶ ἐπόμνυται τηρήσειν αὐτὴν γάμων ἁγνὴν εἰς ὅσον ἂν ὁ χρόνος διέλθῃ.

dederas mihi, ob multa malefacta rus habitatum abire jussi. Hanc ibi continenter visens pulcher Mœris amat. Quod cum ferre diutius non possem, arcessitum caprarium puellam iterum vendere jussi in aliquo Syriæ oppido. Ut hæc novit Habrocomes, durare non potuit, quin clam Apsyrtum et omnes qui in ædibus erant, ad perquirendam Anthiam discederet. In agrum igitur, ubi illa cum caprario degerat, cum pervenisset, Lamponem, cui Manto Anthiam nuptum dederat, in litus ducit, eumque rogat, ut sibi dicat, si quid de Tyria virgine noverit. Caprarius et nomen, quod Anthia sit et nuptias et suam circa illas religionem, Mœridis amorem et adversus eam mandata et in Ciliciam iter narrat; additque, semper illam Habrocomæ cujusdam meminisse. Ipse, quis sit, non dicit; at prima luce surgens in Ciliciam progreditur, se ibi Anthiam inventurum sperans.

XIII. Hippothous ceterique latrones, tota nocte convivio absumta, insequenti die sacrificando operam dedere. Parata erant omnia, Martis simulacra, ligna et coronamenta, oportebatque sacrum solito more fieri. Quæcunque immolanda foret hostia, seu homo, seu pecus, hanc arbori appensam procul stantes jaculis petebant; et quotquot attingebant, horum videbatur deus sacrificium accipere, quique aberrarent, iterum supplicabant. Huic sacro Anthia destinata erat. Quam, paratis omnibus, dum arbori appendere volunt, fragor silvæ atque hominum strepitus auditur. Erat paci per Ciliciam servandæ præpositus Perilaus nomine, vir inter primores Ciliciæ. Is cum valida sociorum manu aggressus latrones, omnes occidit, præter paucos, quos vivos cepit. Uni Hippothoo effugere licuit, atque arma auferre. Perilaus cepit Anthiam et quæ passura erat, intelligens, ejus misertus est. Quæ misericordia ingentis infortunii principium fuit Anthiæ. Cum enim eam una cum latronibus, qui simul capti fuerant, Tarsum Ciliciæ urbem duceret, consueto puellæ adspectu in amorem labitur, sensimque captus est. Ut Tarsum ventum est, latrones in carcerem tradidit, et Anthiam devincire obsequio studuit. Neque uxor, neque liberi erant Perilao, sed divitiarum copia non exigua. Anthiæ igitur dicit, sibi eam pro omnibus fore, pro uxore, domina, prole. Illa obstare primum; tum, nil habens, quod urgenti acriusque instanti objiciat, metuens, ne quid violentius audeat, de nuptiis quidem assentitur, orat vero, breve triginta dierum tempus exspectet, et intactam servet. Simulanti Perilaus paret, juratque, intactam servaturum, donec tempus illud præterlapsum sit.

ΙΔ'. Καὶ ἡ μὲν ἐν Ταρσῷ ἦν μετὰ Περιλάου, τὸν χρόνον ἀναμένουσα τοῦ γάμου· ὁ δ' Ἁβροκόμης ᾔει τὴν ἐπὶ Κιλικίας ὁδόν· καὶ οὐ πόρρω τοῦ ἄντρου τοῦ λῃστρικοῦ, (ἀπέπλάνητο γὰρ [καὶ αὐτὸς] τῆς ἐπ' εὐθὺ ὁδοῦ), συντυγχάνει τῷ Ἱπποθόῳ ὡπλισμένῳ. Ὁ δ' αὐτὸν ἰδὼν προστρέχει τε καὶ φιλοφρονεῖται καὶ δεῖται κοινωνὸν γενέσθαι τῆς ὁδοῦ· ὁρῶ γάρ σε, ὦ μειράκιον, ὅστις ποτ' εἶ, καὶ ὀφθῆναι καλὸν καὶ ἄλλως ἀνδρικὸν· καὶ ἡ πλάνη φαίνεται πάντως ἀδικουμένου. Ἴωμεν οὖν, Κιλικίαν μὲν ἀφέντες, ἐπὶ Καππαδοκίαν καὶ τὸν Πόντον· ἐκεῖ λέγονται γὰρ οἰκεῖν ἄνδρες εὐδαίμονες. Ὁ δ' Ἁβροκόμης τὴν μὲν Ἀνθείας ζήτησιν οὐ λέγει, συγκατατίθεται δ' ἀναγκάζοντι τῷ Ἱπποθόῳ, καὶ ὀρκους ποιοῦσι συνεργήσειν τε καὶ συλλήψεσθαι· ἤλπιζε δὲ καὶ ὁ Ἁβροκόμης ἐν τῇ πολλῇ πλάνῃ τὴν Ἄνθειαν εὑρήσειν. Ἐκείνην μὲν οὖν τὴν ἡμέραν ἐπανελθόντες εἰς τὸ ἄντρον, εἴ τι αὐτοῖς ἔτι περιττὸν ἦν, αὑτοῖς καὶ τὸν ἵππον ἀνελάμβανον. Ἦν γὰρ τῷ Ἱπποθόῳ ἵππος ἐν τῇ ὕλῃ κρυπτόμενος.

ΛΟΓΟΣ ΤΡΙΤΟΣ.

Α'. Τῇ δ' ἑξῆς παρῇσαν μὲν Κιλικίαν, ἐποιοῦντο δὲ τὴν ὁδὸν ἐπὶ Μάζακον, πόλιν τῆς Καππαδοκίας μεγάλην καὶ καλήν. Ἐκεῖθεν γὰρ Ἱππόθοος ἐνενόει, συλλεξάμενος νεανίσκους ἀκμάζοντας, συστήσασθαι πάλιν τὸ λῃστήριον. Ἰοῦσι δ' αὐτοῖς διὰ κωμῶν μεγάλων, πάντων ἦν ἀφθονία τῶν ἐπιτηδείων· καὶ γὰρ ὁ Ἱππόθοος ἔμπειρος εἶχε τῆς Καππαδοκῶν φωνῆς καὶ αὐτῷ πάντες ὡς οἰκείῳ προσεφέροντο. Διανύσαντες δὲ τὴν ὁδὸν ἡμέραις δέκα εἰς Μάζακον ἔρχονται, κἀνταῦθα πλησίον τῶν πυλῶν εἰσῳκίσαντο καὶ ἔγνωσαν ἑαυτοὺς ἡμέρας τινὰς ἐκ τοῦ καμάτου θεραπεῦσαι. Καὶ δὴ εὐωχουμένων αὐτῶν ἐστέναξεν ὁ Ἱππόθοος καὶ ἐπεδάκρυσεν· ὁ δ' Ἁβροκόμης ἤρετο αὐτόν, τίς ἡ αἰτία τῶν δακρύων. Καὶ ὅς, μεγάλα, ἔφη, τἀμὰ διηγήματα, καὶ πολλῆς ἔχοντα τραγῳδίαν. Ἐδέετο Ἁβροκόμης εἰπεῖν, ὑπισχνούμενος καὶ τὰ καθ' αὑτὸν διηγήσεσθαι. Ὁ δ' ἀναλαβὼν ἄνωθεν (μόνοι δ' εὐτύγχανον ὄντες), διηγεῖται τὰ καθ' αὑτόν.

Β'. Ἐγώ, ἔφη, εἰμὶ τὸ γένος πόλεως Περίνθου, πλησίον δὲ τῆς Θρᾴκης ἡ πόλις, τῶν τὰ πρῶτα ἐκεῖ δυναμένων· ἀκούεις δὲ καὶ τὴν Πέρινθον, ὡς ἔνδοξος καὶ τοὺς ἄνδρας, ὡς εὐδαίμονες ἐνταῦθα. Ἐκεῖ, νέος ἔτι, ἠράσθην μειρακίου καλοῦ· ἦν δὲ τὸ μειράκιον τῶν ἐπιχωρίων· ὄνομα Ὑπεράνθης ἦν αὐτῷ. Ἠράσθην δὲ τὰ πρῶτα ἐν γυμνασίοις διαπαλαίοντα ἰδὼν καὶ οὐκ ἐκαρτέρησα. Ἑορτῆς ἀγομένης ἐπιχωρίου καὶ παννυχίδος ἐπ' αὐτῇ, πρόσειμι τῷ Ὑπεράνθῃ καὶ ἱκετεύω κατοικτεῖραι· ἀκούσαν δὲ τὸ μειράκιον πάνθ' ὑπισχνεῖται, κατελεήσαν με. Καὶ τὰ πρῶτά γε τοῦ ἔρωτος ὁδοποιεῖ φιλήματα καὶ ψαύσματα καὶ πολλὰ παρ'

XIV. Illa Tarsi cum Perilao nuptiarum tempus exspectante, Habrocomes iter in Ciliciam prosequitur, nec longe a latronum antro (a recta enim via aberraverat) incidit in Hippothoum armatum. Qui, ut illum vidit, occurrens, blande alloquitur, oratque ut viæ sibi comes fiat. Video enim te, adolescens, quicunque tandem sis, adspectu pulchrum, alias strenuum. Et omnino ideo videris oberrare quod injuria affectus es. Eamus ergo relicta Cilicia in Cappadociam et Pontum, ibi enim dicunt divites habitare homines. Habrocomes de Anthiæ investigatione nil quidem aperit Hippothoo, sed instanti assentitur. Convenit ipsis jurejurando de mutua opera et auxilio : sperabat enim Habrocomes, se latius vagando Anthiam inventurum esse. Die illa ad antrum reversi, quod supererat, sese et equum reficiendo, insumserunt : erat enim Hippothoo equus in silva absconditus.

LIBER TERTIUS.

I. Insequenti die Ciliciam reliquerunt, iterque fecerunt Mazacum versus, Cappadociæ urbem magnam pulchramque : ibi enim Hippothous in animum induxerat, collectis virenti robore juvenibus, prædonum agmen restituere. Magnos pagos pertranseuntibus, ingens commeatus copia suppetebat : erga Hippothoum enim, Cappadocum linguæ peritum, tanquam domesticum omnes se gerebant. Decem diebus perfecto itinere Mazacum perveniunt, ibique prope portas divertuntur, decernuntque, se aliquot dies a labore reficere. In convivio Hippothous suspirat, lacrimatque. Habrocomes quærit, quæ lacrimarum causa? Ille, longa est, inquit, rerum mearum commemoratio, ac tragœdiæ plena. Habrocomes ad dicendum hortatur, sua se quoque narraturum promittens. Ille altius initium repetens (cum furto soli essent), quæ ipsi acciderant, narrat.

II. Ego, inquit, genere Perinthius sum, urbs est Thraciæ vicina, e primariis civitatis. Audisti, quam celebris sit Perinthus et cives opulenti. Ibi cum juvenis adhuc essem, amore cujusdam adolescentuli indigenæ captus sum, cui nomen Hyperanthiæ. Cum primum illum in gymnasiis luctantem vidissem, amavi; nec durare potui, quin, cum festum patrium ac pervigilium ageretur, ipsum adirem, oraremque, ut mei misereretur. Ut audivit adolescens, omnia pollicetur misericordia commotus. Primique amoris gradus fuere oscula, contactus, ac multæ a me lacrimæ. Tandem potuimus, occasione arrepta, soli una esse, ob eandem ætatem minime suspecti. Longa nobis consuetudo

ἐμοῦ δάκρυα· τέλος δ᾽ ἐδυνήθημεν καιροῦ λαβόμενοι γενέσθαι μετ᾽ ἀλλήλων μόνοι καὶ τὸ τῆς ἡλικίας ἀλλήλοις ἀνύποπτον ἦν. Καὶ χρόνῳ συνῇμεν πολλῷ, στέργοντες ἀλλήλους διαφερόντως, ἕως δαίμων τις ἡμῖν 5 ἐνεμέσησε. Καὶ ἔρχεταί τις ἀπὸ Βυζαντίου, πλησίον δὲ τὸ Βυζάντιον τῇ Περίνθῳ, ἀνὴρ τῶν τὰ πρῶτα ἐκεῖ δυναμένων, ὃς ἐπὶ πλούτῳ καὶ περιουσίᾳ μέγα φρονῶν Ἀριστόμαχος ἐκαλεῖτο· οὗτος ἐπιβὰς εὐθὺς τῇ Περίνθῳ, ὡς ὑπό τινος ἀπεσταλμένος κατ᾽ ἐμοῦ θεοῦ, ὁρᾷ τὸν 10 Ὑπεράνθην σὺν ἐμοὶ καὶ εὐθέως ἁλίσκεται, τοῦ μειρακίου θαυμάσας τὸ κάλλος, πάντα ὁντινοῦν ἐπάγεσθαι δυνάμενον. Ἐρασθεὶς δὲ, οὐκέτι μετρίως κατεῖχε τὸν ἔρωτα ἀλλὰ τὰ μὲν πρῶτα τῷ μειρακίῳ προσέπεμπεν· οἷς δ᾽ ἀδύνατον ἦν αὐτῷ, ὁ γὰρ Ὑπεράνθης διὰ τὴν πρὸς 15 ἐμὲ εὔνοιαν οὐδένα προσίετο, πείθει τὸν πατέρα αὐτοῦ, πονηρὸν ἄνδρα καὶ ἥττονα χρημάτων. Ὁ δ᾽ αὐτῷ δίδωσι τὸν Ὑπεράνθην, προφάσει διδασκαλίας· ἔλεγε γὰρ εἶναι λόγων τεχνίτης. Παραλαβὼν δ᾽ αὐτὸν, τὰ μὲν πρῶτα κατάκλειστον εἶχε, μετὰ τοῦτο δ᾽ ἀπῆρεν 20 εἰς Βυζάντιον. Εἱπόμην κἀγὼ, πάντων καταφρονήσας τῶν ἐμαυτοῦ, καὶ, ὅσα ἐδυνάμην, συνῇμην τῷ μειρακίῳ· ἐδυνάμην δ᾽ ὀλίγα καί μοι φίλημα σπάνιον ἐγίνετο καὶ λαλιὰ δυσχερής, ἐφρουρούμην γὰρ ὑπὸ πολλῶν. Τελευταῖον οὐκέτι καρτερῶν, ἐμαυτόν τε 25 παροξύνας ἐπάνειμι εἰς Πέρινθον καὶ πάνθ᾽ ὅσα ἦν μοι κτήματα ἀποδόμενος, συλλέξας ἀργύριον εἰς Βυζάντιον ἔρχομαι, καὶ λαβὼν ξιφίδιον, συνδοκοῦν τοῦτο καὶ τῷ Ὑπεράνθῃ, εἴσειμι νύκτωρ εἰς τὴν οἰκίαν τοῦ Ἀριστομάχου καὶ εὑρίσκω συγκατακείμενον τῷ παιδὶ, καὶ 30 ὀργῆς πλησθεὶς παίω τὸν Ἀριστόμαχον καιρίαν. Ἡσυχίας δ᾽ οὔσης καὶ πάντων ἀναπαυομένων, ἔξειμι, ὡς εἶχον, λαθὼν, ἐπαγόμενος καὶ τὸν Ὑπεράνθην, καὶ δι᾽ ὅλης νυκτὸς ὁδεύσας εἰς Πέρινθον, εὐθὺς νεὼς ἐπιβὰς, οὐδενὸς εἰδότος, ἔπλεον εἰς Ἀσίαν. Καὶ μέχρι μέν 35 τινος διηνύετο εὐτυχῶς ὁ πλοῦς· τελευταῖον δὲ κατὰ Λέσβον ἡμῖν γενομένοις ἐμπίπτει πνεῦμα σφοδρὸν καὶ ἀνατρέπει τὴν ναῦν. Κἀγὼ μὲν τῷ Ὑπεράνθῃ συνενηχόμην, ὑποδὺν αὐτῷ καὶ κουφοτέραν τὴν νῆξιν ἐποιούμην· νυκτὸς δὲ γενομένης οὐκέτι ἐνεγκὸν τὸ μειράκιον 40 παρείθη τῷ κολύμβῳ καὶ ἀποθνήσκει. Ἐγὼ δὲ τοσοῦτον ἠδυνήθην τὸ σῶμα διασῶσαι ἐπὶ τὴν γῆν καὶ θάψαι, καὶ πολλὰ δακρύσας καὶ στενάξας, ἀφελὼν λείψανα καὶ δυνηθεὶς εὐπορῆσαί που ἑνὸς ἐπιτηδείου λίθου, στήλην ἐπέστησα τῷ τάφῳ καὶ ἐπέγραψα εἰς 45 μνήμην τοῦ δυστυχοῦς μειρακίου ἐπίγραμμα παρ᾽ αὐτὸν ἐκεῖνον τὸν καιρὸν πλασάμενος·

Ἱππόθοος κλεινῷ τεύξεν τόδε σῆμ᾽ Ὑπεράνθῃ,
Ἀῷ τάφον ἐκ θανάτου ἀγαθῶν ἱεροῖο πολίτου.
Ἐς βάθος ἐκ γαίης, ἄνθος κλυτὸν, ὅν ποτε δαίμων
50 Ἥρπασεν ἐν πελάγει μεγάλου πνεύσαντος ἀήου.

Τοὐντεῦθεν δ᾽ εἰς μὲν Πέρινθον ἐλθεῖν οὐ διέγνων, ἐτράπην δὲ δι᾽ Ἀσίας ἐπὶ Φρυγίαν τὴν μεγάλην καὶ Παμφυλίαν· κἀνταῦθα ἀπορίᾳ βίου καὶ ἀθυμίᾳ τῆς συμφορᾶς ἐπέδωκα ἐμαυτὸν λῃστηρίῳ. Καὶ τὰ μὲν

fuit mutuo deamantibus, donec deus aliquis invidit. A Byzantio, quod non longe a Perintho abest, advenit vir inter illic potiores, ob pecuniam et opes elati animi, Aristomachus vocabatur. Is vix Perinthum ingressus, velut ab aliquo deorum in me missus, Hyperanthem, qui mecum erat, videt, statimque admiratione formæ adolescentuli capitur, quæ quemque valeat allicere. Deperiens non amplius immodicum amorem cohibuit, sed primum puerum accessit; ac nihil proficiens, cum Hyperanthes ob benevolentiam erga me suam neminem admitteret, patri, homini nequam, avaroque persuadet, qui illi Hyperanthem tradit, institutionis causa obtendenti, dicebat enim se sermonum artificem. Ut accepit, primo inclusum habuit, inde Byzantium abstulit. Sequor ego, meis omnibus posthabitis et, quoties licuit, puerum conveni; licuit vero raro : unde infrequentia mihi oscula, difficillimæ collocutiones, multis me observantibus. Tandem non amplius ferre valens, me ipsum instigans, Perinthum redeo, et omnibus, quæ possidebam, venditis, collecta pecunia, Byzantium revertor, arreptoque gladio, (consilium et Hyperanthes probaverat), noctu Aristomachi domum intro et cum puero cubantem invenio, iræque plenus letali vulnere percutio. Per silentium quietis cunctis clam statim egressus sum, Hyperanthem abducens et totius noctis itinere Perinthum profectus, statim navem conscendens insciis omnibus in Asiam navigavi. Aliquantum in principio felix navigatio fuit : tandem prope Lesbum quum essemus vehemens irruit ventus et navem subvertit. Ego cum Hyperanthe natabam, ejusque natationem sublevabam. Sub noctem cum vires ad natandum adolescentulo delicerent, moritur. Ego tantum potui corpus usque ad litus servare et humare. Multum lacrimans et ingemiscens, monumentis ablatis, idoneo forte lapide invento, titulum sepulcro statui, inscripsique in infelicis pueri memoriam epigramma ex tempore factum :

Claro Hyperanthi hoc monumentum perfecit Hippothous,
Sepulchrum bonum morte sancti civis [tum]
En terra in altitudinem: flos inclytus, quem aliquando Fa-
Abripuit in mari, gravi procella flante.

Ex eo Perinthum non rediré statui, sed per Asiam in Phrygiam majorem et Pamphyliam iter converti. Ibi inopia et animi ægritudine coactus, latrocinando me dedi. Primo

πρῶτα ὑπηρέτης λῃστηρίου γενόμενος, τὸ τελευταῖον
δὲ περὶ Κιλικίαν αὐτὸς συνεστησάμην λῃστήριον, εὐ-
δοκιμῆσαν ἐπὶ πολὺ, ἕως ἐλήφθησαν οἱ σὺν ἐμοὶ οὐ πρὸ
πολλοῦ τοῦ σε ἰδεῖν. Αὕτη μὲν ἡ τῶν ἐμῶν διηγη-
5 μάτων τύχη· σὺ δὲ, ὦ φίλτατε, εἰπέ μοι τὰ ἑαυτοῦ·
δῆλος γὰρ εἶ μεγάλῃ τινὶ ἀνάγκῃ τῇ κατὰ τὴν πλάνην
χρώμενος.

Γ΄. Λέγει δ᾽ ὁ Ἁβροκόμης, ὅτι Ἐφέσιος καὶ ὅτι
ἠράσθη κόρης καὶ ὅτι ἔγημεν αὐτὴν καὶ τὰ μαντεύ-
10 ματα καὶ τὴν ἀποδημίαν καὶ τοὺς πειρατὰς καὶ τὸν
Ἄψυρτον καὶ τὴν Μαντὼ καὶ τὰ δεσμὰ καὶ τὴν φυγὴν
καὶ τὸν αἰπόλον καὶ τὴν μέχρι Κιλικίας ὁδόν. Ἔτι
λέγοντος αὐτοῦ, συνανεδρήνησεν ὁ Ἱππόθοος, λέγων, ὦ
πατέρες ἐμοὶ, ὦ πατρὶς, ἣν οὔποτ᾽ ὄψομαι, ὦ πάντων
15 μοι Ὑπεράνθη φίλτατε· σὺ μὲν οὖν, Ἁβροκόμη, καὶ
ὄψει τὴν ἐρωμένην καὶ ἀπολήψει χρόνῳ ποτέ· ἐγὼ
δ᾽ Ὑπεράνθην ἰδεῖν οὐκέτι δυνήσομαι. Λέγων ἐδείκνυέ
τε τὴν κόμην καὶ ἐπεδάκρυεν αὐτῇ. Ὡς δ᾽ ἱκανῶς
ἐθρήνησαν ἀμφότεροι, ἀποβλέψας εἰς τὸν Ἁβροκόμην
20 ὁ Ἱππόθοος, ἄλλο, ἔφη, σοὶ ὀλίγου διήγημα παρῆλθον
οὐκ εἰπών· πρὸ ὀλίγου τοῦ τὸ λῃστήριον ἁλῶναι ἐπέστη
τῷ ἄντρῳ κόρη καλὴ πλανωμένη, τὴν ἡλικίαν ἔχουσα
τὴν αὐτήν σοι, καὶ πατρίδα ἔλεγε τὴν σήν· πλέον γὰρ
οὐδὲν ἐμάθον· ταύτην ἔδοξε τῷ Ἄρει θῦσαι· καὶ δὴ
25 πάντ᾽ ἦν παρεσκευασμένα καὶ ἐπέστησαν οἱ διώκοντες·
κἀγὼ μὲν ἐξέφυγον, ἡ δ᾽ οὐκ οἶδα ὅ τι ἐγένετο. Ἦν
δὲ καλὴ πάνυ, Ἁβροκόμη, καὶ ἐσταλμένη λιτῶς, κόμη
ξανθὴ, χαρίεντες ὀφθαλμοί. Ἔτι λέγοντος αὐτοῦ
ἀνεβόησεν Ἁβροκόμης, τὴν ἐμὴν Ἄνθειαν ἑώρακας,
30 Ἱππόθοε· ποῦ δ᾽ ἄρα καὶ πέφευγε; τίς δ᾽ αὐτὴν ἔχει
γῆ; ἐπὶ Κιλικίαν τραπώμεθα, ἐκείνην ζητήσωμεν, οὐκ
ἔστι πόρρω τοῦ λῃστηρίου. Ναὶ, πρὸς αὐτοῦ σε ψυχῆς
Ὑπεράνθους, μή με ἑκὼν ἀδικήσῃς, ἀλλ᾽ ἴωμεν ὅπου
δυνησόμεθα Ἄνθειαν εὑρεῖν. Ὑπισχνεῖται ὁ Ἱππό-
35 θοος πάντα ποιήσειν· ἔλεγε δὲ ἀνθρώπους δεῖν ὀλίγους
συλλέξασθαι πρὸς ἀσφάλειαν τῆς ὁδοῦ. Καὶ οἱ μὲν ἐν
τούτοις ἦσαν, ἐννοοῦντες ὅπως ὀπίσω τὴν εἰς Κιλικίαν
ἐλεύσονται· τῇ δ᾽ Ἀνθείᾳ αἱ τριάκοντα παρεληλύθεσαν
ἡμέραι καὶ παρεσκευάζετο τῷ Περιλάῳ τὰ περὶ τὸν
40 γάμον καὶ ἱερεῖα κατήγετο ἐκ τῶν χωρίων. Πολλὴ
δ᾽ ἡ τῶν ἄλλων ἀφθονία· συμπαρῆσαν δ᾽ αὐτῷ οἵ τ᾽
οἰκεῖοι καὶ συγγενεῖς· πολλοὶ δὲ καὶ τῶν πολιτῶν
συνεώρταζον τὸν Ἀνθείας γάμον.

Δ΄. Ἐν δὲ τῷ χρόνῳ, ὅθ᾽ ἡ Ἄνθεια ληφθεῖσα ἐκ τοῦ
45 λῃστηρίου, ἦλθεν εἰς τὴν Ταρσὸν πρεσβύτης Ἐφέσιος
ἰατρὸς τὴν τέχνην, Εὔδοξος τοὔνομα· ἧκε δὲ ναυαγίᾳ
περιπεσὼν εἰς Αἴγυπτον πλέων. Οὗτος ὁ Εὔδοξος
περιῄει μὲν καὶ τοὺς ἄλλους ἄνδρας, ὅσοι Ταρσέων
εὐδοκιμώτατοι, οὓς μὲν ἐσθῆτας, οὓς δ᾽ ἀργύριον αἰτῶν,
50 διηγούμενος ἑκάστῳ τὴν συμφοράν· προσῆλθε δὲ καὶ
τῷ Περιλάῳ, καὶ εἶπεν ὅτι Ἐφέσιος καὶ ἰατρὸς τὴν
τέχνην. Ὁ δ᾽ αὐτὸν λαβὼν ἄγει πρὸς τὴν Ἄνθειαν,
ἡσθήσεσθαι νομίζων ἀνδρὶ ὀρθέντι Ἐφεσίῳ. Ἡ δ᾽
ἐφιλοφρονεῖτό τε τὸν Εὔδοξον καὶ ἀνεπυνθάνετο, εἴ τι

latrocinii comes factus, tum in Cilicia ipse prædonum ag-
mine constituto clarus admodum fui; donec, qui mecum
erant, capti sunt non multo antequam te vidissem. Hæc
narrationum mearum fortuna; nunc tu, amice et tuam narra:
videris enim magna quadam necessitate ductus vagari.

III. Habrocomes se Ephesium esse dicit, puellam amasse
et duxisse, vaticinia, peregrinationem, piratas, Apsyrtum,
Manto, vincula, fugam, caprarium et usque Ciliciam iter.
Illo adhuc loquente, Hippothous collacrimavit, o parentes,
inquiens, o patria, vos numquam adspiciam, o mihi omnium
carissime Hyperanthe. Tu quidem, Habrocoma, videbis
tandem, quam amas, et aliquando recuperabis. At ego
Hyperanthem videre nunquam potero. Hæc dicens Hype-
ranthis comam ostendit, et super illa flevit. Postquam
ambo affatim collacrimassent, Hippothous, Habrocomen
respiciens, Aliquid tibi fere, inquit, narrando prætcrii : non
enim dixi, paulo ante quam caperentur latrones, ad an-
trum advenisse errantem puellam pulchram, parem tuæ
ætatem habentem, patriamque tuam nominasse : nil ultra
didici. Hanc decrevimus Marti immolare et parata quidem
omnia erant, cum supervenere, qui persequebantur; ego
aufugi, quid illa factum sit, ignoro. Sed omnino pulchra
erat, o Habrocoma, simplicem induta vestem, coma flava,
oculi venusti. Illo etiam loquente exclamavit Habrocomes,
meam vidisti Anthiam, Hippothoë. Quonam aufugit? quæ
illam terra habet? Ciliciam revertamur, illam quæsituri :
non longe abest a latronum antro. Per Hyperanthis ani-
mam, te precor, ne mihi volens injurius sis; sed eamus,
ubi invenire Anthiam possimus. Hippothous omnia se fac-
turum promittit : nonnullos colligendos esse homines dicit
ad itineris securitatem. Dum illi agitant, quo modo in
Ciliciam regrederentur, Anthiæ jam triginta dies præterie-
rant et Perilao parabantur nuptiales victimæ, ab agro ab-
ductæ : magna porro aliarum rerum paratur copia. Fami-
liares ei simul et cognati aderant; et e civibus multi conve-
nerant ad celebrandas nuptias Anthiæ.

IV. Eo tempore, quo Anthia e latronum manibus erepta
Tarsum venerat, ibi forte e naufragio pervenerat senex qui-
dam Ephesius medicus, Eudoxus nomine qui Ægyptum
versus iter in animo habuerat. Hic Eudoxus, et cæteros
Tarsensium nobilissimos adiens vestem et argentum petebat,
omnibus infortunium narrans, et ad Perilaum venit, dicit
se Ephesium, se medicum esse. Perilaus cum ad Anthiam
adducit, pergratum ei fore existimans, si Ephesium homi-
nem vidisset. Illa Eudoxum comiter allocuta, si quid sibi

LIBER III.

περὶ τῶν αὑτῆς λέγειν ἔχοι· ὁ δὲ, ὅτι οὐδὲν ἐπίσταιτο, μακρᾶς αὐτῷ τῆς ἀποδημίας τῆς ἀπ' Ἐφέσου γεγενημένης· ἀλλ' οὐδὲν ἧττον ἔχαιρεν αὐτῷ ἡ Ἀνθεια, ἀναμιμνησκομένη τῶν οἴκοι. Καὶ δὴ συνήθης τ' ἐγεγόνει 5 τοῖς κατὰ τὴν οἰκίαν καὶ εἰσῄει παρ' ἕκαστα πρὸς τὴν Ἀνθειαν, πάντων ἀπολαύων τῶν ἐπιτηδείων, ἀεὶ δεόμενος αὐτῆς εἰς Ἔφεσον παραπεμφθῆναι· καὶ γὰρ καὶ παῖδες ἦσαν αὐτῷ καὶ γυνή.

Ε'. Ὡς οὖν πάντα τὰ περὶ τὸν γάμον ἐκτετέλεστο 10 τῷ Περιλάῳ, ἐφειστήκει δ' ἡ ἡμέρα, δεῖπνον μὲν αὐτοῖς πολυτελὲς ἡτοίμαστο καὶ ἡ Ἀνθεια ἐκεκόσμητο κόσμῳ νυμφικῷ. Ἐπαύετο δ' οὔτε νύκτωρ οὔτε μεθ' ἡμέραν δακρύουσα ἀλλ' ἀεὶ πρὸ ὀφθαλμῶν εἶχεν Ἁβροκόμην. Ἐνενοεῖτο δ' ἅμα πολλὰ, τὸν ἔρωτα, τοὺς ὅρκους, τὴν 15 πατρίδα, τοὺς πατέρας, τὴν ἀνάγκην, τὸν γάμον. Καὶ δὴ καθ' αὑτὴν γενομένη, καιροῦ λαβομένη, σπαράξασα τὰς κόμας, ὦ πάντ' ἄδικος ἐγὼ, φησὶ, καὶ πονηρά, ὡς οὐχὶ τοῖς ἴσοις Ἁβροκόμην ἀμείβομαι. Ὁ μὲν γὰρ ἵν' ἐμὸς ἀνὴρ μείνῃ καὶ δεσμὰ ὑπομένει καὶ βα-20 σάνους καὶ ἴσως που καὶ τέθνηκεν· ἐγὼ δὲ καὶ ἐκείνων ἀμνημονῶ καὶ γαμοῦμαι ἡ δυστυχὴς καὶ τὸν ὑμέναιον ᾄσει τις ἐπ' ἐμοὶ καὶ ἐπ' εὐνὴν ἀφίξομαι τὴν Περιλάου· ἀλλ', ὦ φιλτάτη μου πασῶν Ἁβροκόμου ψυχὴ, μηδέν τι ὑπὲρ ἐμοῦ λυπηθῇς, οὐ γὰρ ἄν ποθ' ἑκοῦσα ἀδική-25 σαιμί σε· ἐλεύσομαι, καὶ μέχρι θανάτου μείνασα νύμφη σή. Ταῦτ' εἶπε, καὶ ἀφικομένου παρ' αὐτὴν τοῦ Εὐδόξου τοῦ Ἐφεσίου ἰατροῦ, ἀπαγαγοῦσα αὐτὸν ἐπ' οἴκημά τι ἡρεμαῖον προσπίπτει τοῖς γόνασιν αὐτοῦ καὶ ἱκετεύει μηδενὶ κατειπεῖν τῶν ῥηθησομένων μηδὲν καὶ 30 ὁρκίζει τὴν πάτριον θεὰν Ἄρτεμιν, ξυμπράξειν πάντα ὅσ' ἂν αὐτοῦ δεηθῇ. Ἀνίστησιν αὐτὴν ὁ Εὔδοξος πολλὰ θρηνοῦσαν καὶ θαρρεῖν παρεκάλει καὶ ἐπώμνυε, πάντα ποιήσειν ὑπισχνούμενος. Λέγει δὴ αὐτῇ τὸν Ἁβροκόμου ἔρωτα καὶ τοὺς ὅρκους τοὺς πρὸς ἐκεῖνον, καὶ τὰς 35 περὶ τῆς σωφροσύνης συνθήκας· καὶ, εἰ μὲν ἦν ζῶσαν, ἔφη, με ἀπολαβεῖν ζῶντα Ἁβροκόμην ἢ λαθεῖν ἀποδρᾶναι ἐντεῦθεν, περὶ τούτων ἂν ἐβουλευόμην· ἐπειδὴ δ' ὁ μὲν τέθνηκε, φυγεῖν δ' ἀδύνατον καὶ τὸν μέλλοντα ἀμήχανον ὑπομεῖναι γάμον· οὔτε γὰρ τὰς συνθήκας 40 παραβήσομαι τὰς πρὸς Ἁβροκόμην, οὔτε τὸν ὅρκον ὑπερόψομαι· σὺ τοίνυν βοηθὸς ἡμῖν γενοῦ, φάρμακον εὑρών ποθεν, ὃ κακῶν με ἀπαλλάξει τὴν κακοδαίμονα. Ἔσται δ' ἀντὶ τούτων σοι πολλὰ μὲν καὶ παρὰ τῶν θεῶν, οἷς ἐπεύξομαι καὶ πρὸ τοῦ θανάτου πολλάκις ὑπὲρ 45 σοῦ· αὐτὴ δέ σοι καὶ ἀργύριον δώσω καὶ τὴν παραπομπὴν ἐπισκευάσω. Δυνήσῃ δὲ πρὸ τοῦ πυθέσθαι τινὰ ἐπιβὰς νεὼς τὴν ἐπ' Ἐφέσου πλεῖν· ἐκεῖ δὲ γενόμενος, ἀναζητήσας τοὺς γονεῖς Μεγαμήδη τε καὶ Εὐίππην, ἄγγελλε αὐτοῖς τὴν ἐμὴν τελευτὴν καὶ πάντα τὰ κατὰ 50 τὴν ἀποδημίαν καὶ ὅτι Ἁβροκόμης ἀπόλωλε [λέγε]. Εἰποῦσα τῶν ποδῶν αὐτοῦ προὐκυλίετο καὶ ἐδεῖτο μηδὲν ἀντειπεῖν αὐτῇ, δοῦναί τε τὸ φάρμακον. Καὶ προκομίσασα εἴκοσι μνᾶς ἀργυρίου, περιδέραιά θ' αὑτῆς, (ἦν δ' αὐτῇ πάντα ἄφθονα, πάντων γὰρ ἐξουσίαν εἶχε

de suis dicendum habeat, rogat. Is se nihil scire, diu ab Epheso peregre agentem. Nihilo tamen minus læta de illo fuit Anthia, rerum domesticarum recordans. Itaque jam et familiarium consuetudine utebatur et identidem Anthiam adibat, et omnibus ad vitam necessariis fruebatur: orabat vero eam semper, ut Ephesum mitteretur; erant quippe ei uxor liberique.

V. Ubi omnia, quæ ad nuptias spectarent, Perilao perfecta fuere, instabatque dies, cœna opipare ei apparatur et Anthia nuptialibus ornamentis exornatur. Ei nec noctu, nec interdiu ulla a lacrimis quies; semper oculis obversabatur Habrocomes, multaque simul in mentem veniebant, amor, jusjurandum, patria, parentes, necessitas, nuptiæ. Occasione arrepta seorsum concedens, capillosque discindens, o me, inquit, omnino iniquam et scelestam! Non parem Habrocomæ vicem reddo. Ille enim, ut viri mihi fidem servet, vincula et supplicium omne sustinet et forsan mortuus est. Ego vero horum oblita nubo misera, hymenæum de me aliquis canet, Perilai lectum attingam? At o mihi omnium carissima Habrocomæ anima, ne afflicteris mei causa: nunquam enim injuria te afficiam volens. Adibo te, usque ad mortem sponsæ fide servata. Cum hæc dixisset, Eudoxum Ephesium medicum accedentem sensim in semotum cubiculum abduxit, ibique ad illius genua procidens, supplicat, nemini detegat eorum, quæ dictura sit, quidquam, adjuratque per patriam deam Dianam, quæcunque ab ipso petat, faciat. Eudoxus fuse lacrimantem erigit, bonoque esse animo jubet, seque omnia facturum jurejurando promittit. Illa Habrocomæ amorem narrat, datumque illi jusjurandum servandæque pudicitiæ sponsionem. Quod si mihi vivæ liceret, inquit, vivum Habrocomen recuperare, vel hinc clam aufugere, de hisce sane consulerem; postquam vero ille occidit, neque ego fugere possum et constitutas in hunc diem nuptias inire nullo modo possum, nec enim promissa Habrocomæ facta transgrediar, neque jusjurandum contemnam; tu nobis adjutor esto, venenum alicunde quærens, quod me miseram liberet malis. Multa tibi pro eo dona et dii dabunt, quos sæpius pro te ante mortem orabo, ipsaque pecuniam tibi dabo et viaticum parabo, poterisque, antequam quis audiat quidquam, conscensa nave Ephesum navigare; quo ubi adveneris, parentes meos Megamedem et Evippam perquires, meum illis obitum nuntiabis et quæcunque peregre agenti evenerunt, utque Habrocomes periit. His dictis, ejus pedibus provoluta supplicabat, ne denegaret sibi venenum; proferensque viginti argenti minas, insuper et monilia (omnia enim illi

τῶν Περιλάου) δίδωσι τῷ Εὐδόξῳ. Ὁ δὲ βουλευσάμενος πολλὰ καὶ τὴν κόρην οἰκτείρας τῆς συμφορᾶς καὶ τῆς εἰς Ἔφεσον ἐπιθυμῶν ὁδοῦ καὶ τοῦ ἀργυρίου καὶ τῶν δώρων ἡττώμενος, ὑπισχνεῖται δώσειν τὸ φάρμακον, καὶ ἀπῄει κομιῶν. Ἡ δ᾽ ἐν τούτῳ πολλὰ καταθρηνεῖ, τὴν θ᾽ ἡλικίαν κατοδυρομένη τὴν ἑαυτῆς καὶ ὅτι μέλλοι πρὸ ὥρας ἀποθανεῖσθαι λυπουμένη· πολλὰ δ᾽ Ἁβροκόμην, ὡς παρόντα ἀνεκάλει. Ἐν τούτῳ ὀλίγον διαλιπὼν ὁ Εὔδοξος ἔρχεται κομίζων θανάσιμον μὲν 10 οὐχὶ φάρμακον, ὑπνωτικὸν δὲ, ὡς μήτε τι παθεῖν τὴν κόρην καὶ αὐτὸν ἐφοδίων τυχόντα ἀνασωθῆναι. Λαβοῦσα δ᾽ ἡ Ἄνθεια καὶ πολλὴν γνοῦσα χάριν, αὐτὸν ἀποπέμπει. Καὶ ὁ μὲν εὐθὺς ἐπιβὰς νεὼς ἐπανήχθη· ἡ δὲ καιρὸν ἐπιτήδειον ἐξῄει πρὸς τὴν πόσιν τοῦ φαρμάκου.

15 Ϛ΄. Καὶ ἤδη μὲν νὺξ ἦν, παρεσκευάζετο δ᾽ ὁ θάλαμος καὶ ἦκον οἱ ἐπὶ τούτῳ τεταγμένοι τὴν Ἄνθειαν ἐξάγοντες· ἡ δ᾽ ἄκουσα μὲν καὶ δεδακρυμένη ἐξῄει, ἐν τῇ χειρὶ κρύπτουσα τὸ φάρμακον· καὶ ὡς πλησίον τοῦ θαλάμου γίνεται, οἱ οἰκεῖοι ἀνευφήμησαν τὸν ὑμέναιον· 20 ἡ δ᾽ ἀνωδύρετο καὶ ἐδάκρυεν, οὕτως ἐγὼ, λέγουσα, πρότερον ἡγόμην Ἁβροκόμῃ νυμφίῳ καὶ παρέπεμπεν ἡμᾶς πῦρ ἐρωτικὸν καὶ ὑμέναιος ᾔδετο ἐπὶ γάμοις εὐδαίμοσι. Νυνὶ δὲ τί ποιήσεις, Ἄνθεια; ἀδικήσεις Ἁβροκόμην τὸν ἄνδρα, τὸν ἐρώμενον, τὸν διὰ σὲ τεθνη-25 κότα; οὐχ οὕτως ἀνανδρος ἐγὼ, οὐδ᾽ ἐν τοῖς κακοῖς δειλή. Δεδόχθω ταῦτα, πίνωμεν τὸ φάρμακον· Ἁβροκόμην εἶναί μοι δεῖ ἄνδρα, ἐκεῖνον καὶ τεθνηκότα βούλομαι. Ταῦτ᾽ ἔλεγε καὶ ᾔγετο εἰς τὸν θάλαμον. Καὶ δὴ μόνη μὲν ἐγεγόνει· ἔτι δὲ Περίλαος μετὰ τῶν 30 φίλων εὐωχεῖτο. Σκηψαμένη δὲ τῇ ἀγωνίᾳ ὑπὸ δίψους κατειλῆφθαι, ἐκέλευσεν αὐτῇ τινι τῶν οἰκετῶν ὕδωρ ἐνεγκεῖν, ὡς δὴ πιομένη· καὶ δὴ κομισθέντος ἐκπώματος, λαβοῦσα, οὐδενὸς ἔνδον αὐτῇ παρόντος ἐμβάλλει τὸ φάρμακον καὶ δακρύσασα, ὦ φιλτάτου, φησὶν, Ἁβρο-35 κόμου ψυχὴ, ἰδού σοι τὰς ὑποσχέσεις ἀποδίδωμι καὶ ὁδὸν ἔρχομαι τὴν παρὰ σὲ, δυστυχῆ μὲν ἀλλ᾽ ἀναγκαίαν· καὶ δέχου με ἄσμενος καί μοι πάρεχε τὴν ἐκεῖ μετὰ σοῦ δίαιταν εὐδαίμονα. Εἰποῦσα ἔπιε τὸ φάρμακον καὶ εὐθὺς ὕπνος τ᾽ αὐτὴν κατεῖχε καὶ ἔπιπτεν εἰς 40 γῆν καὶ ἐποίει τὸ φάρμακον, ὅσ᾽ ἐδύνατο.

Ζ΄. Ὡς δ᾽ εἰσῆλθεν ὁ Περίλαος, εὐθὺς ἰδὼν τὴν Ἄνθειαν κειμένην ἐξεπλάγη καὶ ἀνεβόησε, θόρυβός τε πολὺς τῶν κατὰ τὴν οἰκίαν ἦν καὶ πάθη συμμιγῆ, οἰμωγὴ, φόβος, ἔκπληξις· οἱ μὲν ᾤκτειρον τὴν δοκοῦσαν 45 τεθνηκέναι, οἱ δὲ συνήχθοντο Περιλάῳ, πάντες δ᾽ ἐθρήνουν τὸ γεγονός. Ὁ δὲ Περίλαος τὴν ἐσθῆτα περιρρηξάμενος, ἐπιπεσὼν τῷ σώματι, ὦ φιλτάτη μοι κόρη, φησὶν, ὦ πρὸ τῶν γάμων καταλιποῦσα τὸν ἐρῶντα, ὀλίγαις ἡμέραις νύμφη Περιλάου γενομένη, εἰς οἷόν σε 50 θάλαμον, εἰς τάφον, ἄξομεν· εὐδαίμων ἄρα ὅστις ποθ᾽ Ἁβροκόμης, ἦν· μακάριος ἐκεῖνος ὡς ἀληθῶς, τηλικαῦτα παρ᾽ ἐρωμένης λαβὼν δῶρα. Ὁ μὲν τοιαῦτ᾽ ἐθρήνει· περιβεβλήκει δ᾽ ἅπασαν καὶ ἠσπάζετο χεῖρά τε καὶ πόδας, νύμφη, λέγων, ἀθλία, γύναι δυστυχεσ-

abundabant, penes quam omnes erant Perilai divitiæ) Eudoxo tradidit. Ille multa versans animo, puellæ infortunium miseratus, redeundi Ephesum valde cupidus, pecuniæ munerumque avidissimus, venenum se daturum promittit, disceditque id allaturus. Interea illa multa luget, ætatem suam, immaturumque fatum deplorans et identidem Habrocomen, ac si adesset, invocans. Non diu moratus Eudoxus affert venenum, nequaquam letale, sed somnificum, ut neque puellâ quid pateretur et ipse viaticum nactus evaderet. Anthia, accepto medicamento, maximam illi gratiam habens dimittit; qui statim navem conscendens solvit. Illa idoneum bibendo medicamento tempus quærebat.

VI. Jamque nox erat, parabaturque thalamus, cum ii, quibus ea cura mandata fuerat, veniunt et educunt Anthiam. Quæ invita lacrimansque egreditur, venenum manu abscondens. Et ubi thalamum accedit, necessarii, hymenæum canentes, læto omine prosecuti sunt. Lamentabatur tamen illa et lacrimabat, Primum, inquiens, Habrocomæ sponso ducta fui, nos amoris fax comitata est, canebatur hymenæus in felices nuptias. Nunc quid ages, Anthia? Injuriane fueris Habrocomæ viro, amanti, tui causa mortuo? Non adeo mollis sum, neque in malis pavida. Decreta sint hæc, venenum bibam, Habrocomen meum esse virum oportet, illum et mortuum volo. Hæc fata ducitur in thalamum, ubi sola paululum fuit, Perilao adhuc cum amicis discumbente. Simulans igitur, se ob angorem siti correptam, aliquem e famulis aquam afferre jubet, velut bibitura; allatumque poculum sumens, cum nemo adesset, injicit medicamentum, obortisque lacrimis, o carissima, inquit, Habrocomæ anima, en tibi promissa persolvo, atque ad te iter ingredior, infelix illud quidem, sed necessarium: recipe me lubens, mihique præstes tecum istic vitam beatam agere. His dictis, bibit medicamentum: quo vires suas omnes exercente, somno correpta subito concidit.

VII. Perilaus intrans, ut Anthiam vidit jacentem, attonitus exclamat, turba multa domi fit, commixtaque ægritudo, ploratus, timor, stupor. Illi mortuam, quæ videbatur, miserabantur, hi Perilai vicem dolebant, omnesque infortunium lamentabantur. Perilaus, scissa veste super corpus procumbens, o carissima, inquit, mihi puella, quæ ante nuptias amatorem reliquisti, paucos dies Perilai sponsa. Eheu, in qualem te thalamum, in sepulcrum deducemus! Felix ille, quicunque is fuit, Habrocomes. Beatus ille vere, qui talia ab amica accepit munera! Is ita querebatur, amplexatusque totam, manus pedesque osculabatur, dicens, o infelix sponsa, uxor infelicior! Ornavit inde illam multam

τέρα. Ἐκόσμει δ' αὐτήν, πολλὴν ἐσθῆτα ἐνδύων, πολλὴν δὲ περιθεὶς χρυσόν· καὶ οὐκέτι φέρων τὴν θέαν, ἡμέρας γενομένης ἐνθέμενος κλίνῃ τὴν Ἄνθειαν, (ἣ δ' ἔκειτο ἀναισθητοῦσα,) ἦγεν εἰς τοὺς πλησίον τῆς πόλεως
5 τάφους· κἀνταῦθα κατέθετο ἔν τινι οἰκήματι, πολλὰ μὲν ἐπισφάξας ἱερεῖα, πολλὴν δ' ἐσθῆτα καὶ κόσμον ἄλλον ἐπικαύσας.

Η'. Ὁ μὲν ἐκτελέσας τὰ νομιζόμενα ὑπὸ τῶν οἰκείων εἰς τὴν πόλιν ἀνήγετο· καταλειφθεῖσα δ' ἐν τῷ τάφῳ ἡ
10 Ἄνθεια, ἑαυτῆς γενομένη καὶ συνεῖσα, ὅτι μὴ τὸ φάρμακον θανάσιμον ἦν, στενάξασα καὶ δακρύσασα, ὢ ψευσάμενόν με τὸ φάρμακον, φησὶν, ὢ κωλῦσαν ὁδεῦσαι πρὸς τὸν Ἁβροκόμην ὁδὸν εὐτυχῆ. Ἐσφάλην ἄρα (πάντα καινὰ,) καὶ τῆς ἐπιθυμίας τοῦ θανάτου. Ἀλλ'
15 ἔνεστί γε ἐν τῷ τάφῳ μεῖνασαν τὸ ἔργον ἐργάσασθαι τοῦ φαρμάκου λιμῷ. Οὐ γὰρ ἂν ἐντεῦθέν μέ τις ἀνέλοιτο, οὐδ' ἂν ἐπίδοιμι τὸν ἥλιον, οὐδ' [ἂν] εἰς φῶς ἐλεύσομαι. Ταῦτ' εἰποῦσα ἐκαρτέρει, τὸν θάνατον προσδεχομένη γενναίως. Ἐν δὲ τούτῳ νυκτὸς ἐπιγε-
20 νομένης λῃσταί τινες, μαθόντες, ὅτι κόρη τέθαπται πλουσίως καὶ πολὺς μὲν αὐτῇ κόσμος συγκατάκειται γυναικεῖος, πολὺς δ' ἄργυρος καὶ χρυσός, ἦλθον ἐπὶ τὸν τάφον καὶ ἀναρρήξαντες τοῦ τάφου τὰς θύρας, εἰσελθόντες τόν τε κόσμον ἀνηροῦντο καὶ τὴν Ἄνθειαν ζῶσαν
25 ὁρῶσι· μέγα δὲ ἄρα καὶ τοῦτο κέρδος ἡγούμενοι ἀνίστων τ' αὐτὴν καὶ ἄγειν ἐβούλοντο. Ἡ δὲ τῶν ποδῶν αὐτῶν προκυλιομένη πολλ' ἐδεῖτο, ἄνδρες, οἵτινές ποτ' ἐστέ, λέγουσα, τὸν μὲν κόσμον τοῦτον ἅπαντα, ὅστις ἐστὶ καὶ ἅπαντα τὰ συντραφέντα λαβόντες κομίζετε, φείσασθε δὲ
30 τοῦ σώματος. Δυοῖν ἀνάκειμαι θεοῖς, Ἔρωτι καὶ Θανάτῳ· τούτοις ἐάσατε σχολάσαι με. Καὶ πρὸς θεῶν αὐτῶν τῶν πατρῴων ὑμῖν, μή με ἡμέρᾳ δείξητε, τὴν ἀξία νυκτὸς καὶ σκότους δυστυχοῦσαν. Ταῦτ' ἔλεγεν· οὐκ ἔπειθε δὲ τοὺς λῃστάς, ἀλλ' ἐξαγαγόντες
35 αὐτὴν τοῦ τάφου κατήγαγον ἐπὶ θάλατταν καὶ ἐνθέμενοι σκάφει τὴν εἰς Ἀλεξάνδρειαν ἀνήγοντο· ἐν δὲ τῷ πλοίῳ ἐθεράπευον αὐτὴν καὶ θαρρεῖν παρεκάλουν. Ἡ δ' ἐν οἵοις κακοῖς ἐγεγόνει πάλιν ἐννοήσασα, θρηνοῦσα καὶ ὀδυρομένη, πάλιν, ἔφησε, λῃσταί, καὶ θάλαττα, πάλιν
40 αἰχμάλωτος ἐγώ· ἀλλὰ νῦν δυστυχέστερον, ὅτι μὴ μεθ' Ἁβροκόμου. Τίς ἄρα ὑποδέξεταί γῆ; τίνας δ' ἀνθρώπους ὄψομαι; μὴ Μοῖριν ἔτι, μὴ Μαντώ, μὴ Περίλαον, μὴ Κιλικίαν· ἔλθοιμι δὲ, ἔνθα δὴ κἂν τάφον Ἁβροκόμου μόνον ὄψομαι. Ταῦθ' ἑκάστοτε ἐδάκρυε
45 καὶ αὐτὴ μὲν οὔ ποτοῦ, οὐ τροφῆν προσίετο, ἠνάγκαζον δ' οἱ λῃσταί. Καὶ οἱ μὲν ἀνύσαντες ἡμέραις οὐκ ὀλίγαις τὸν πλοῦν, κατῆραν εἰς Ἀλεξάνδρειαν κἀνταῦθα ἐξεβίβασαν τὴν Ἄνθειαν καὶ διέγνωσαν ἐκ τοῦ πλοῦ παραδοῦναί τισιν ἐμπόροις.

50 Θ'. Ὁ δὲ Περίλαος μαθὼν τὴν τοῦ τάφου διορυγὴν καὶ τοῦ σώματος ἀπώλειαν, ἐν πολλῇ καὶ ἀκατασχέτῳ λύπῃ ἦν. Ὁ δ' Ἁβροκόμης ἐξῄει καὶ ἐπολυπραγμόνει, εἴ τις ἐπίσταται κόρην ποθὲν ξένην αἰχμάλωτον μετὰ λῃστῶν ἀχθεῖσαν. Ὡς δ' οὐδὲν εὗρεν, ἀποκαμὼν

---

induens vestem, multoque auro redimiens; nec adspectum diutius sustinens, ut illuxit, lecto imposuit Anthiam, quae jacebat sensus omnino expers, ad vicina urbi sepulcra duxit, ibique in hypogaeo quodam reposuit, multas mactavit hostias, multamque vestem ornatumque alium cremavit.

VIII. Justis peractis a familiaribus in urbem reductus fuit. Anthia, in sepulcro relicta, cum ad se redisset, sensit, non fuisse letale medicamentum. Suspirans lacrimansque, o fallax, inquit, medicamentum, quod me, quo minus ad Habrocomen felix iter perficerem, vetuit. At frustrata est me (quod plane novum) et moriendi cupiditas. Sed fame licet veneni opus perficere in sepulcro manenti. Nemo enim hinc me auferet; nec solem adspiciam, neque in lucem veniam. His dictis, mortem constanter et fortiter operiebatur. Interea sub noctem cum latrones quidam sepultam fuisse magnifice puellam rescivissent, multumque muliebris cultus, aurique et argenti conjectum, ad tumulum veniunt, diffractisque foribus intrant, ornatumque auferunt et Anthiam vivam videntes, magnum et id lucrum existimantes, erigunt et abducere volunt; cum illa pedibus ipsorum provoluta obsecrat, viri, quicunque estis, inquiens, cultum hunc omnem, omniaque hic mecum conjecta sumite, auferte, at corpori parcite. Duobus sacra sum diis, Amori et Morti; his me devotam permittite. Per patrios vestros deos adjuro, ne me die reddatis, passam infortunia nocte et tenebris celanda. Haec illa. Nec latronibus persuasit, quin tumulo extractam ad mare ducerent, impositamque navigio Alexandriam auferrent. In nave curarunt eam, bonoque esse animo jusserunt. Illa cogitans, quibus in malis iterum versaretur, gemens moestaque, En iterum, inquit, latrones et mare: iterum capta ego, sed hoc nunc infortunatius, quod absque Habrocoma. Quae me terra excipiet, quos homines adspiciam? O utinam ne Moerin iterum, ne Manto, ne Perilaum, ne Ciliciam, sed illic veniam, ubi tumulum Habrocomae saltem videam. Hisce crebro illacrimabat; cumque ipsa nec potum nec cibum caperet, latrones vi coëgerunt. Non paucis diebus navigatione perfecta, Alexandriam pervenere, ibique eductam Anthiam statim mercatoribus quibusdam tradere decreverunt.

IX. Perilaus, ut perfossum tumulum ablatumque corpus animadvertit, in magno et invicto moerore fuit. Habrocomes vero sedulo quaerebat, si quis puellam peregrinam, captivam a latronibus ductam nosset. Cumque nihil inve-

ἦλθεν, οὗ κατήγοντο· δεῖπνον δ' αὐτοῖς οἱ περὶ τὸν Ἱππόθοον παρεσκεύασαν. Καὶ οἱ μὲν ἄλλοι ἐδειπνοποιοῦντο· ὁ δ' Ἁβροκόμης πάνυ ἄθυμος ἦν καὶ αὐτὸν ἐπὶ τῆς εὐνῆς ῥίψας ἔκλαιε καὶ ἔκειτο οὐδὲν προσιέμενος. Προσιοῦσι δὲ τοῦ τόπου ὁ κύριος τοῖς περὶ τὸν Ἱππόθοον, παροῦσα καί τις πρεσβῦτις ἄρχεται διηγήματος, ᾗ ὄνομα Χρυσίον· ἀκούσατε, ἔφη, ὦ ξένοι, πάθους οὐ πρὸ πολλοῦ γενομένου ἐν τῇ πόλει. Περίλαός τις, ἀνὴρ τῶν τὰ πρῶτα δυναμένων, ἄρχειν μὲν
10 ἐχειροτονήθη τῆς εἰρήνης τῆς ἐν Κιλικίᾳ, ἐξελθὼν δὲ ἐπὶ λῃστῶν ζήτησιν, ἤγαγέ τινας συλλαβὼν λῃστὰς καὶ μετ' αὐτῶν κόρην καλὴν καὶ ταύτην ἔπειθεν αὐτῷ γαμηθῆναι. Καὶ πάντα μὲν τὰ πρὸς τὸν γάμον ἐκτετέλεστο· ἡ δ' εἰς τὸν θάλαμον εἰσελθοῦσα, εἴτε μανεῖσα,
15 εἴτ' ἄλλου τινὸς ἐρῶσα, πιοῦσα φάρμακόν ποθεν ἀποθνῄσκει· οὗτος γὰρ ὁ τοῦ θανάτου τρόπος αὐτῆς ἐλέγετο. Ἀκούσας ὁ Ἱππόθοος, αὕτη, ἔφησεν, ἐστὶν ἡ κόρη, ἣν Ἁβροκόμης ζητεῖ. Ὁ δ' Ἁβροκόμης ἤκουε μὲν τοῦ διηγήματος, παρεῖτο δὲ ὑπ' ἀθυμίας· ὀψὲ δὲ καὶ ἀνα-
20 θορῶν ἐκ τῆς τοῦ Ἱππoθόου φωνῆς· ἀλλὰ νῦν μὲν σαφῶς τέθνηκεν Ἄνθεια καὶ τάφος ἴσως αὐτῆς ἐστιν ἐνθάδε καὶ τὸ σῶμα σώζεται. Λέγων ἐδεῖτο τῆς πρεσβύτιδος, τῆς Χρυσίου, ἄγειν ἐπὶ τὸν τάφον αὐτῆς καὶ δεῖξαι τὸ σῶμα· ἡ δ' ἀναστενάξασα, τοῦτο γάρ, ἔφη, τῇ κόρῃ ταλαι-
25 πώρῳ τὸ δυστυχέστατον· ὁ μὲν γὰρ Περίλαος καὶ ἔθαψεν αὐτὴν πολυτελῶς, καὶ ἐκόσμησε· πυθόμενοι δὲ τὰ συντάφενα λῃσταί, ἀνορύξαντες τὸν τάφον, τόν τε κόσμον ἀνείλοντο καὶ τὸ σῶμα ἀφανὲς ἐποίησαν· ἐφ' οἷς πολλή καὶ μεγάλη ζήτησις ὑπὸ Περιλάου γίνεται.
30 Ι'. Ἀκούσας ὁ Ἁβροκόμης περιερρήξατο τὸν χιτῶνα καὶ μεγάλως ἀνωδύρετο καλῶς μὲν καὶ σωφρόνως ἀποθανοῦσαν Ἄνθειαν, δυστυχῶς δὲ μετὰ τὸν θάνατον ἀπολωμένην. Τίς ἄρα λῃστὴς οὕτως ἐρωτικός, ἵνα καὶ νεκρᾶς ἐπιθυμήσῃ σου; ἵνα καὶ τὸ σῶμα ἀφέληται;
35 Ἀπεστερήθην σοῦ ὁ δυστυχὴς καὶ τῆς μόνης ἐμοὶ παραμυθίας. Ἀποθανοῦμαι μὲν οὖν ἔγνωσται πάντως, ἀλλὰ τὰ πρῶτα καρτερήσω, μέχρις οὗ τὸ σῶμα εὕρω τὸ σὸν καὶ περιβαλὼν ἐμαυτὸν ἐκείνῳ συγκαταθάψω. Ταῦτ' ἔλεγεν ὀδυρόμενος· θαρρεῖν δ' αὐτὸν παρεκάλουν οἱ περὶ
40 τὸν Ἱππόθοον. Καὶ τότε μὲν ἀνεπαύσαντο δι' ὅλης τῆς νυκτός· ἔννοια δὲ πάντων Ἁβροκόμην εἰσῄρχετο, Ἀνθείας, τοῦ θανάτου, τοῦ τάφου, τῆς ἀπωλείας. Καὶ δὴ καὶ οὐκέτι καρτερῶν, λαθὼν πάντας (ἔκειντο δ' ὑπὸ μέθης οἱ περὶ τὸν Ἱππόθοον,) ἔξεισιν, ὡς δή τινος
45 χρῄζων καὶ καταλιπὼν πάντας ἐπὶ τὴν θάλατταν ἔρχεται καὶ ἐπιτυγχάνει νεὼς εἰς Ἀλεξάνδρειαν ἀναγομένης καὶ ἐπιβὰς ἀνάγεται, ἐλπίζων δὴ τοὺς λῃστάς, τοὺς συλήσαντας τὰ ἐν Αἰγύπτῳ καταλήψεσθαι· ᾠδηγεῖ δ' αὐτὸν εἰς ταῦτ' ἐλπὶς δυστυχής. Καὶ ὁ μὲν ἔπλει τὴν
50 ἐπ' Ἀλεξάνδρειαν· ἡμέρας δὲ γενομένης οἱ περὶ τὸν Ἱππόθοον ἠνιῶντο μὲν ἐπὶ τῷ ἀπαλλαγῆναι τοῦ Ἁβροκόμου· ἀναλαβόντες δ' αὑτοὺς ἡμερῶν ὀλίγων, ἔγνωσαν τὴν ἐπὶ Συρίας καὶ Φοινίκης λῃστεύοντες ἰέναι.

ΙΑ'. Οἱ δὲ λῃσταὶ τὴν Ἄνθειαν εἰς Ἀλεξάνδρειαν

niret, fessus pervenit in eorum diversorium. Cœnam ipsis Hippothoi sodales paraverant, et ceteri quidem cœnabant; Habrocomes vero omnino mœstus, in lectum procumbens flebat, nec quid cibi cepit. Supervenit vero Hippothoo sociisque dominus cum anu quadam, nomine Chrysion, quæ hanc narrationem orditur. Audite, inquit, hospites, quid non ita pridem in urbe acciderit. Perilaus quidam e principibus paci servandæ in Cilicia præfectus, ad inquirendos latrones egressus, quosdam cepit abduxitque, et cum iis virginem perpulchram : huic suasit, ut sibi nuberet. Jam confectæ erant nuptiæ, cum ipsa thalamum ingressa sive demens, sive alium deperiens, poto medicamento moritur : ita enim mortis ejus modus narratur. Hæc audiens Hippothous, hæc, inquit, est puella, quam quærit Habrocomes. Habrocomes narrationem quidem audiverat, sed mœrore confectus neglexerat. Ad Hippothoi verba tandem exsiliens, eheu, nunc certo occidit Anthia, ejus fortasse tumulus illic est, corpusque servatur. Inde vetulam Chrysion obsecrat, ad sepulcrum ducat, ostendatque corpus. Illa suspirans, hoc, inquit, infelici puellæ maximum infortunium. Perilaus enim et sepeliit splendide et ornavit; sed cum audissent latrones, quæ simul sepulta fuerant, effosso tumulo, cultum abstulere, corpusque abdiderunt : de quibus sollicite multaque cura nunc Perilaus perquirit.

X. Hæc intelligens Habrocomes tunicam discidit, vehementerque ploravit, pulchre quidem et caste mortuam Anthiam, post mortem infeliciter perditam! Quis latro ita amore abundat, ut mortuam te concupiscat, ut vel exstinctum corpus abripiat? Ego prior te miser, uno, quod mihi supererat, solatio. Mori jam decretum omnino est; sed usque durabo, donec alicubi corpus tuum inventum amplexatus et me una sepeliam. Hæc cum lacrimis dicentem, bono esse animo hortabatur Hippothous. Et tunc quidem nocte tota requieverunt. Sed Habrocomen omnium rerum cogitatio subit, Anthiæ, mortis, tumuli, corporis amissi ; nec amplius se cohibere valens, clam omnes (jacebant enim vino pleni Hippothous sociique) egreditur, quasi quid sibi opus esset, atque omnes relinquens ad mare proficiscitur, inciditque in navem, Alexandriam iter facturam : qua conscensa deducitur, sperans, latrones, qui omnia diripuerant, in Ægypto deprehensum iri. Infelicis spei ductu Alexandriam ille navigavit. Mane Hippothous sociique indignantur, quod Habrocomen amississent, et paucis diebus ad se reficiendos datis, decrevere in Syriam et Phœniciam ad prædandum proficisci.

XI. Latrones vero Alexandriæ Anthiam mercatoribus

παρέδωκαν ἐμπόροις πολὺ λαβόντες ἀργύριον· οἱ δ᾽ ἔτρεφόν τ᾽ αὐτὴν πολυτελῶς καὶ τὸ σῶμα ἐθεράπευον, ζητοῦντες ἀεὶ τὸν ὠνησόμενον κατ᾽ ἀξίαν. Ἔρχεται δή τις εἰς Ἀλεξάνδρειαν ἐκ τῆς Ἰνδικῆς τῶν ἐκεῖ βα-
5 σιλέων κατὰ θέαν τῆς πόλεως καὶ κατὰ χρείαν ἐμπορίας, Ψάμμις τοὔνομα. Οὗτος ὁ Ψάμμις ὁρᾷ τὴν Ἀνθειαν παρὰ τοῖς ἐμπόροις καὶ ἰδὼν ἁλίσκεται καὶ ἀργύριον δίδωσι τοῖς ἐμπόροις πολὺ καὶ λαμβάνει θεράπαιναν αὐτήν. Ὠνησάμενος δ᾽ ἄνθρωπος βάρβαρος
10 καὶ εὐθὺς ἐπιχειρεῖ βιάζεσθαι καὶ χρῆσθαι πρὸς συνουσίαν· οὐ θέλουσα δέ, τὰ μὲν πρῶτα ἀντέλεγε, τελευταῖον δὲ σκήπτεται πρὸς τὸν Ψάμμιν, (δεισιδαίμονες δὲ φύσει βάρβαροι,) ὅτι αὐτὴν ὁ πατὴρ γεννωμένην ἀναθείη τῇ Ἴσιδι μέχρις ὥρας γάμων καὶ ἔλεγεν ἔτι τὸν
15 χρόνον ἐνιαυτῷ τίθεσθαι. Ἦν οὖν, φησίν, ἐξυβρίσῃς εἰς τὴν ἱερὰν τῆς θεοῦ, μηνίσει μὲν ἐκείνη, χαλεπὴ δ᾽ ἡ τιμωρία. Πείθεται Ψάμμις καὶ τὴν θεὸν προσκυνεῖ καὶ Ἀνθείας ἀπέχεται· ἡ δ᾽ ἔτι παρὰ Ψάμμιδι ἦν φρουρουμένη, ἱερὰ τῆς Ἴσιδος νομιζομένη.
20 ΙΒʹ. Ἡ δὲ ναῦς ἡ τὸν Ἁβροκόμην ἔχουσα τοῦ μὲν κατ᾽ Ἀλεξάνδρειαν πλοῦ διαμαρτάνει, ἐμπίπτει δ᾽ ἐπὶ τὰς ἐκβολὰς τοῦ Νείλου, τήν τε Παραίτιον καλουμένην, καὶ Φοινίκης ὅσῃ παραθαλάσσιος. Ἐκπεσοῦσι δ᾽ αὐτοῖς ἐπιδραμόντες τῶν ἐκεῖ ποιμένων τά τε φορτία
25 διαρπάζουσι, καὶ τοὺς ἄνδρας δεσμεύουσι καὶ ἄγουσιν ὁδὸν ἔρημον πολλὴν εἰς τὴν Πηλούσιον τῆς Αἰγύπτου πόλιν, κἀνταῦθα πιπράσκουσιν ἄλλον ἄλλῳ. Ὠνεῖται δὴ δὴ Ἁβροκόμην πρεσβύτης στρατιώτης, ἣν δὲ πεπαυμένος, Ἄραξος τοὔνομα. Οὗτος ὁ Ἄραξος εἶχε γυναῖκα ὀ-
30 φθῆναι μιαρὰν, ἀκουσθῆναι πολὺ χείρω, ἅπασαν ἀκρασίαν ὑπερβεβλημένην, Κυνὼ τοὔνομα. Αὕτη ἡ Κυνὼ ἐρᾷ τοῦ Ἁβροκόμου εὐθὺς ἀχθέντος εἰς τὴν οἰκίαν καὶ οὐκέτι κατεῖχε· δεινὴ καὶ ἐρασθῆναι καὶ ἀπολαύειν ἐθέλειν τῆς ἐπιθυμίας. Ὁ μὲν δὴ Ἄραξος ἠγάπα τὸν
35 Ἁβροκόμην καὶ παῖδα ἐποιεῖτο· ἡ δὲ Κυνὼ προσφέρει λόγον περὶ συνουσίας καὶ δεῖται πείθεσθαι καὶ ἄνδρα ἕξειν ὑπισχνεῖτο καὶ Ἄραξον ἀποκτενεῖν. Δεινὸν ἐδόκει τοῦτο Ἁβροκόμῃ, καὶ πολλ᾽ ἅμα ἐλογίζετο, τὴν Ἄνθειαν, τοὺς ὅρκους, τὴν πολλάκις αὐτὸν σωφροσύνην
40 ἀδικήσασαν ἤδη· τέλος δέ, ἐγκειμένης τῆς Κυνοῦς, συγκατατίθεται. Καὶ νυκτὸς γενομένης, ἡ μὲν ὡς ἄνδρα ἕξουσα τὸν Ἁβροκόμην, τὸν Ἄραξον ἀποκτιννύει καὶ λέγει τὸ πραχθὲν τῷ Ἁβροκόμῃ· ὁ δ᾽ οὐκ ἐνεγκὼν τὴν τῆς γυναικὸς ἀσέλγειαν ἀπηλλάγη τῆς οἰκίας, κατα-
45 λιπὼν αὐτὴν, οὐκ ἂν ποτε μιαιφόνῳ συγκατακλιθῆναι φήσας. Ἡ δ᾽ ἐν αὑτῇ γενομένη, ἅμα τῇ ἡμέρᾳ προσελθοῦσα, ἔνθα τὸ πλῆθος τῶν Πηλουσιωτῶν ἦν, ἀνωδύρετο τὸν ἄνδρα καὶ ἔλεγεν ὅτι αὐτὸν ὁ νεώνητος δοῦλος ἀποκτείνειε καὶ πολλὰ ὅσα ἐπεθρήνει καὶ ἐδόκει λέγειν
50 τῷ πλήθει πιστά. Οἱ δ᾽ εὐθὺς συνέλαβον τὸν Ἁβροκόμην καὶ δήσαντες ἀνέπεμπον τῷ τῆς Αἰγύπτου τότε ἄρχοντι· καὶ ὁ μὲν δίκην δώσων εἰς Ἀλεξάνδρειαν ἤγετο, ὑπὲρ ὧν ἐδόκει τὸν δεσπότην Ἄραξον ἀποκτεῖναι.

---

tradidere, magno accepto pretio; qui nutrivere eam laute, corpusque curaverunt, semper quaerentes, qui justo pretio emeret. Venerat forte Alexandriam ab India, urbem visendi et mercandi causa, quidam e regibus illius regionis, Psammis nomine. Hic ut vidit Anthiam in mercatorum potestate, amore capitur, datoque iis multo aere sibi sumsit ancillam. Cui vix emtae barbarus homo vitium afferre parat: obstare illa, abnuendo primum, tum simulare, (nam barbari natura superstitiosi) quod, cum nata fuisset, a patre Isidi dicata fuerit usque ad nuptiarum tempus et id uno adhuc anno abesse. Si igitur vim in virginem Isidi sacram intuleris, irascetur illa, poenamque gravem in te statuet. Credit Psammis, deamque reveritus Anthia abstinet. Sic illa apud Psammidem ita custodiebatur, velut Isidi sacra.

XII. Navis, in qua Habrocomes erat, ab Alexandriae itinere aberrat, inciditque in Nili ostia et in id, quod vocant Paraetion, maritimamque Phoenices oram. Egressis e nave occurrunt ex illis locis pastores, qui postquam sarcinas diripuere, vinctos longo per deserta itinere Pelusium Aegypti urbem ducunt, ibique alium alii vendunt. Habrocomen senex quidam miles emeritus emit, Araxo ei nomen, cui uxor erat turpis adspectu, linguae etiam turpioris, quae omnem intemperantiam excederet, nomine Cyno. Haec vix domum adductum Habrocomen deperit, longiusque differre nequit, vehementi acta amore et fruendi libidine. Diligebat Araxus Habrocomen, sibique filium adoptaverat. Cyno cum eo de concubitu verba habet, obsecrat, ut obtemperet, virum sibi habituram promittit, Araxumque interfecturam. Dirum hoc videbatur Habrocomae: multa simul subeunt, Anthia, jusjurandum, totiesque injuria sibi castitas. Tandem instanti Cyno assentitur. Primaque nocte illa, quasi virum habitura Habrocomen, Araxum occidit, factumque Habrocomen narrat; qui mulieris intemperiem non ferens, domo abiit, illam relinquens et negans se cum muliere polluta nefaria caede concubiturum. Illa, sui compos facta, ut illuxit, Pelusiotarum coetum adit, virumque lamentatur, dicitque a servo nuper emto interfectum, effuse plorans, ut visa sit populo vera narrare. Habrocomen statim comprehendunt, vinctumque mittunt ad eum, qui tunc Aegypto praeerat. Is igitur Alexandriam poenas daturus ducitur, quod Araxum herum interfecisse videretur.

ΛΟΓΟΣ ΤΕΤΑΡΤΟΣ.

Δ'. Οἱ δὲ περὶ τὸν Ἱππόθοον ἀπὸ Ταρσοῦ κινήσαντες ᾔεσαν τὴν ἐπὶ Συρίαν, πᾶν, εἴ τι ἐμποδὼν λάβοιεν, ὑποχείριον ποιούμενοι· ἐνέπρησαν δὲ καὶ κώμας καὶ ἄνδρας ἀπέσφαξαν πολλούς. Καὶ οὕτως ἀπελθόντες εἰς Λαοδίκειαν τῆς Συρίας ἔρχονται κἀνταῦθα ἐπεδήμουν οὐκέτι ὡς λῃσταὶ ἀλλ' ὡς κατὰ θέαν τῆς πόλεως ἥκοντες. Ἐνταῦθ' ὁ Ἱππόθοος ἐπολυπραγμόνει πόθεν Ἁβροκόμην εὑρεῖν δυνήσεται· ὡς δ' οὐδὲν ἤνυε, ἀναλαβόντες αὑτοὺς, τὴν ἐπὶ Φοινίκης ἐτράποντο κἀκεῖθεν ἐπ' Αἴγυπτον· ἐδόκει γὰρ αὐτοῖς καταδραμεῖν Αἴγυπτον. Καὶ συλλεξάμενοι μέγα λῃστήριον ἔρχονται τὴν ἐπὶ Πηλούσιον καὶ τῷ ποταμῷ τῷ Νείλῳ πλεύσαντες εἰς Ἑρμούπολιν τῆς Αἰγύπτου καὶ Σχεδίαν, ἐμβαλόντες εἰς διώρυγα τοῦ ποταμοῦ τὴν ὑπὸ Μενελάου γενομένην, Ἀλεξάνδρειαν μὲν παρῆλθον, ἦλθον δ' ἐπὶ Μέμφιν τὴν ἱερὰν τῆς Ἴσιδος, κἀκεῖθεν ἐπὶ Μένδην· παρέλαβον δὲ καὶ τῶν ἐπιχωρίων κοινωνοὺς τοῦ λῃστηρίου καὶ ἐξηγητὰς τῆς ὁδοῦ. Διελθόντες μὲν δὴ ταῦτα ἐπὶ Λεοντὼ ἔρχονται πόλιν καὶ ἄλλας παρελθόντες κώμας οὐκ ὀλίγας, ὧν τὰς πολλὰς ἀφανεῖς, εἰς Κοπτὸν ἔρχονται τῆς Αἰθιοπίας πλησίον. Ἐνταῦθ' ἔγνωσαν λῃστεύειν· πολὺ γὰρ πλῆθος ἐμπόρων τὸ διοδεῦον ἦν, τῶν τ' ἐπ' Αἰθιοπίαν καὶ τῶν ἐπ' Ἰνδικὴν φοιτώντων· ἦν δ' αὐτοῖς καὶ τὸ λῃστήριον ἀνθρώπων πεντακοσίων. Καταλαβόντες δὲ τῆς Αἰθιοπίας τὰ ἄκρα, καὶ ἄντρα καταστησάμενοι διέγνωσαν τοὺς παριόντας λῃστεύειν.

Β'. Ὁ δ' Ἁβροκόμης ὡς ἧκε παρὰ τὸν ἄρχοντα τῆς Αἰγύπτου, (ἐπεστάλκεσάν θ' οἱ Πηλουσιῶται τὰ γενόμενα αὐτῷ καὶ τὸν τοῦ Ἀράξου φόνον καὶ ὅτι οἰκέτης ὢν τοιαῦτ' ἐτόλμησε,) μαθὼν οὖν ἕκαστα, οὐκέτι οὐδὲ πυθόμενος τὰ γενόμενα, κελεύει τὸν Ἁβροκόμην ἀγαγόντας προσαρτῆσαι σταυρῷ. Ὁ δ' ὑπὸ μὲν τῶν κακῶν ἀχανὴς ἦν, παρεμυθεῖτο δ' αὐτὸν τῆς τελευτῆς, ὅτι ἐδόκει καὶ Ἀνθείαν τεθνηκέναι. Ἄγουσι δ' αὐτὸν, οἷς τοῦτο προσετέτακτο παρὰ τὰς ὄχθας τοῦ Νείλου· ἦν δὲ κρημνὸς ἀπότομος ἐπὶ τὸ ῥεῦμα τοῦ ποταμοῦ βλέπων· καὶ ἀναστήσαντες τὸν σταυρὸν προσαρτῶσι, σπάρτοις τὰς χεῖρας σφίγξαντες καὶ τοὺς πόδας· τοῦτο γὰρ τῆς ἀνασταυρώσεως ἔθος τοῖς ἐκεῖ· καταλιπόντες δ' ᾤχοντο, ὡς ἐν ἀσφαλεῖ τοῦ προσηρτημένου μενοῦντος. Ὁ δ' ἀποβλέψας εἰς τὸν ἥλιον καὶ τὸ ῥεῦμα ἰδὼν τοῦ Νείλου, ὦ θεῶν, φησὶ, φιλανθρωπότατε, ὃς Αἴγυπτον ἔχεις, δι' ὃν καὶ γῆ καὶ θάλασσα πᾶσιν ἀνθρώποις πέφηνεν, εἰ μέν τι Ἁβροκόμης ἀδικῶ, καὶ ἀπολοίμην οἰκτρῶς καὶ μείζονα τιμωρίαν, εἴ τις ἐστὶ ταύτης ὑποσχοίμι· εἰ δ' ὑπὸ γυναικὸς προδέδομαι πονηρᾶς, μήτε τὸ Νείλου ῥεῦμα μιανθείη ποτ' ἀδίκως ἀπολομένου σώματος, μήτε σὺ τοιοῦτον ἴδοις θέαμα, ἄνθρωπον οὐδὲν ἀδικήσαντα ἀπολλύμενον ἐπὶ τῆς σῆς ἐνταῦθα. Ηὔξατο καὶ αὐτὸν ὁ θεὸς οἰκτείρει καὶ πνεῦμα ἐξαίφνης ἀνέμου γίνεται καὶ ἐμπίπτει τῷ σταυρῷ καὶ ἀποβάλλει μὲν τοῦ κρημνοῦ τὸ

LIBER QUARTUS.

I. Hippothous vero et socii Tarso in Syriam profecti sunt, omne, quod obvium fieret, in potestatem redigentes, et pagos incenderunt et multos homines jugulavere. Atque ita progressi Laodiceam Syriæ perveniunt, ibique non ut latrones, sed quasi urbis visendæ gratia morati sunt. Hippothous plurimam adhibuit curam, sicubi Habrocomen invenire posset; cumque frustra operam contereret, se reficiens cum suis in Phœniciam iter convertit, atque inde in Ægyptum, ubi incursionem facere cogitabant. Collecta igitur valida latronum manu, iter Pelusium dirigunt, Niloque flumine navigantes Hermupolim Ægypti et Schediam, ingressi fossam, quæ a Menelao facta dicitur, Alexandriam quidem præterierunt, Memphim vero pervenere, Isidi sacram, atque inde Mendem, ubi ex incolis socios latrociniorum viæque duces sumsere. Hæc transeuntes Leontopolim veniunt, aliosque pagos prætereuntes non paucos, quorum plerique obscuri, Coptum perveniunt, vicinam Æthiopiæ urbem. Ibi latrocinium exercere statuunt : itinera enim illic erant mercatorum plena, in Æthiopiam atque Indiam euntium. Latrones erant quingenti, qui, Æthiopiæ montibus occupatis et speluncis dispositis, decreverant prætereuntes prædari.

II. Habrocomes ad Ægypti præfectum venit, quem Pelusiotæ de omnibus certiorem literis fecerant, Araxi necem, ac famulum tantum scelus ausum esse narrantes. Quæ ille comperiens, nec ultra sciscitatus, abductum Habrocomen in crucem tollere jubet. Cui tot obruto malis obmutescenti, solatio fuit, quod et Anthiam fato functam esse putaret. Quibus id mandatum fuerat, illum ad Nili ripas ducunt, ubi prærupta rupes erat in fluminis decursum propendens, erectæ cruci restibus annectunt, manus pedesque constringentes, ut illis suspendendi mos est et abierunt, velut in firmo loco relicto, quem suspenderant. Ille solem adspiciens, et Nili fluenta, o deorum, inquit, hominum generi amicissime, qui Ægyptum tenes et per quem terra et mare hominibus apparuit, si quid Habrocomes injusti fecit, misere peream, suppliciumque hoc majus, si quod est, patiar : sed si me mulier scelesta prodidit, ne Nili flumen polluatur, corpore per injuriam necato; neque tu hoc videas spectaculum, ut quisquam nullo admisso scelere in hac tua terra pereat. Hæc precantem misertus est deus, ac subito venti vis exoritur; quo irruente, et crux et terreum rupis

LIBER IV.

γεῶδες, εἰς ὃ ἦν ὁ σταυρὸς ἠρεισμένος· ἐμπίπτει δ' ὁ Ἁβροκόμης τῷ ῥεύματι καὶ ἐφέρετο οὔτε τοῦ ὕδατος αὐτὸν ἀδικοῦντος, οὔτε τῶν δεσμῶν ἐμποδιζόντων, οὔτε τῶν θηρίων παραβλαπτόντων, ἀλλὰ παραπέμποντος 5 τοῦ ῥεύματος· φερόμενος δ' εἰς τὰς ἐκβολὰς ἔρχεται [τὰς εἰς τὴν θάλασσαν] τοῦ Νείλου, κἀνταῦθ' οἱ παραφυλάσσοντες λαμβάνουσιν αὐτὸν καὶ ὡς δραπέτην τῆς τιμωρίας ἄγουσι παρὰ τὸν διοικοῦντα τὴν Αἴγυπτον. Ὁ δ' ἔτι μᾶλλον ὀργισθεὶς καὶ πονηρὸν εἶναι νομίσας 10 τελέως, κελεύει πυρὰν ποιήσαντας ἐπιθέντας καταφλέξαι τὸν Ἁβροκόμην. Καὶ ἦν μὲν ἅπαντα παρεσκευασμένα καὶ ἡ πυρὰ παρὰ τὰς ἐκβολὰς τοῦ Νείλου καὶ ἐπετέθειτο μὲν ὁ Ἁβροκόμης καὶ τὸ πῦρ ὑπετέθειτο· ἄρτι δὲ τῆς φλογὸς μελλούσης ἅπτεσθαι τοῦ σώματος, 15 ηὔχετο πάλιν ὀλίγα, ὅσ' ἐδύνατο, σῶσαι αὐτὸν ἐκ τῶν καθεστώτων κακῶν. Κἀνταῦθα κυματοῦται μὲν ὁ Νεῖλος, ἐπιπίπτει δὲ τῇ πυρᾷ τὸ ῥεῦμα καὶ κατασβέννυσι τὴν φλόγα· θαῦμα δὲ τὸ γενόμενον τοῖς παροῦσιν ἦν, καὶ λαβόντες ἄγουσι τὸν Ἁβροκόμην πρὸς τὸν 20 ἄρχοντα τῆς Αἰγύπτου καὶ λέγουσι τὰ συμβάντα καὶ τὴν τοῦ Νείλου βοήθειαν διηγοῦνται. Ἐθαύμασεν ἀκούσας τὰ γενόμενα καὶ ἐκέλευσεν αὐτὸν τηρεῖσθαι μὲν ἐν τῇ εἱρκτῇ, ἐπιμέλειαν δ' ἔχειν πᾶσαν, ἕως, ἔφη, μάθωμεν, ὅστις ἄνθρωπός ἐστιν καὶ ὅτι οὕτως αὐτοῦ μέλει θεοῖς.
25 Γ΄. Καὶ ὁ μὲν ἦν ἐν τῇ εἱρκτῇ· ὁ δὲ Ψάμμις, ὁ τὴν Ἀνθειαν ὠνησάμενος, διέγνω μὲν ἀπιέναι τὴν ἐπ' οἴκου καὶ πάντα πρὸς τὴν ὁδοιπορίαν παρεσκευάζετο. Ἔδει δ' αὐτὸν ὁδεύσαντα τὴν ἄνω Αἴγυπτον, ἐπ' Αἰθιοπίαν ἐλθεῖν ἔνθα ἦν τὸ Ἱπποθόου λῃστήριον. Ἦν δὲ πάντα 30 εὐτρεπῆ, κάμηλοί τε πολλαὶ καὶ ὄνοι καὶ ἵπποι σκευαγωγοί· ἦν δὲ πολὺ μὲν πλῆθος χρυσοῦ, πολὺ δ' ἀργύρου, πολλὴ δ' ἐσθής· ἦγε δὲ καὶ Ἄνθειαν. Ἡ δ' ὡς Ἀλεξάνδρειαν παρελθοῦσα ἐγένετο ἐν Μέμφει, ηὔχετο τῇ Ἴσιδι στᾶσα πρὸ τοῦ ἱεροῦ, ὦ μεγίστη θεῶν, μέχρι 35 μὲν νῦν ἁγνὴ μένω λογιζομένη σὴ καὶ γάμον ἄχραντον Ἁβροκόμῃ τηρῶ· τοὐντεῦθεν δ' ἐπ' Ἰνδοὺς ἔρχομαι, μακρὰν μὲν τῆς Ἐφεσίων γῆς, μακρὰν δὲ τῶν Ἁβροκόμου λειψάνων. Ἢ σῶσον οὖν ἐντεῦθεν τὴν δυστυχῆ καὶ ζῶντι ἀπόδος Ἁβροκόμῃ, ἢ εἰ πάντως εἵμαρται 40 χωρὶς ἀλλήλων ἀποθανεῖν, ἔργασαι ταῦτα, μεῖναί με σωφρονοῦσαν τῷ νεκρῷ. Ταῦτ' ηὔχετο καὶ προῄεσαν τῆς ὁδοῦ καὶ ἤδη μὲν διεληλύθεσαν Κοπτόν, ἐνέβαινον δὲ τοῖς Αἰθιόπων ὅροις. Καὶ αὐτοῖς Ἱππόθοος ἐπιπίπτει καὶ αὐτὸν μὲν τὸν Ψάμμιν ἀποκτιννύει καὶ 45 πολλοὺς τῶν σὺν αὐτῷ καὶ τὰ χρήματα λαμβάνει καὶ τὴν Ἄνθειαν αἰχμάλωτον· συλλεξάμενος δὲ τὰ ληφθέντα χρήματα, ἦγεν εἰς ἄντρον τὸ ἀποδεδειγμένον αὐτοῖς εἰς ἀπόθεσιν τῶν χρημάτων· ἐνταῦθ' ᾔει καὶ ἡ Ἄνθεια· οὐκ ἐγνώριζε δ' Ἱππόθοον, οὐδ' Ἱππόθοος τὴν Ἄνθειαν. 50 Ὁπότε δ' αὐτῆς πύθοιτο ἥτις τ' εἴη καὶ πόθεν, τὸ μὲν ἀληθὲς οὐκ ἔλεγεν, ἔφασκε δέ, Αἰγυπτία εἶναι ἐπιχώριος, καὶ τοὔνομα Μεμφῖτις.
Δ΄. Καὶ ἡ μὲν ἦν παρὰ τῷ Ἱπποθόῳ ἐν τῷ ἄντρῳ τῷ λῃστρικῷ· ἐν τούτῳ δὲ μεταπέμπεται τὸν Ἁβροκόμην
XENOPHON EPHES.

solum, in quo illa defixa fuerat, dejiciuntur. Habrocomes in profluentem cadens defertur, nec lædente illum aqua, neque vinculis impedientibus, neque bestiis noxam inferentibus, ac deducentibus undis ad Nili ostia defertur. Ibi eum custodes prehendunt et ut pœnæ profugum ad eum, qui Ægyptum regebat, ducunt; qui magis successens, omninoque scelestum judicans, fieri pyram jubet, imponique et cremari Habrocomen. Et omnia in promtu erant, pyra prope Nili ostia, Habrocomes imposita, ignisque admotus. Jamque corpus flammæ fere attigerant, cum paucis, ut potuit, precatur, ut ab instantibus malis servaretur. In his intumuit Nilus et adfluens aqua pyræ flammas exstinguit. Miraculum id adstantibus visum, adeo ut Habrocomen ad Ægypti præfectum ducerent et quæ accidissent, Nilique auxilium narrarent. Audiens hæc omnia miratur et custodiri illum in carcere jubet, omnemque adhiberi curam, donec, inquit, qui vir sit, sciamus, et cur diis adeo curæ sit.

III. Dum ille in carcere erat, Psammis, qui Anthiam emerat, redire domum statuit, omniaque ad iter parabantur. Superiorem Ægyptum peragranti, adeunda quoque Æthiopia erat, ubi Hippothoi agmen prædonum constiterat. Omnibus bene instructis, multisque camelis et asinis et equis, sarcinas portantibus, cum auri et argenti magna vi, plurimaque veste, cum Anthia iter ingreditur. Quæ ut Alexandriam prætergressa Memphim pervenit, ante Isidis templum subsistens precatur : o dearum maxima, hucusque quidem castæ esse licuit, dum tua esse credebar, incorruptamque connubii fidem Habrocomæ servare. Hinc ad Indos abeo, longum ab Ephesiis, longum ab Habrocomæ reliquiis iter. Vel me miseram hinc aufer, vivoque redde Habrocomæ, vel si seorsim nos mori fata omnino velint hoc saltem efice, ut et mortuo promissam pudicitiam servem. Cum hæc precata esset, progressi viam jam Coptum pervenerant et Æthiopum montes conscenderant, cum obviam fit illis Hippothous, qui Psammi ipso, multisque, qui cum eo erant, occisis, direptaque pecunia et Anthiam captivam ducit, collectaque omnia, quæ relicta fuerant, in antrum defert, in quo constituerant condere prædam. Anthia illuc ingressa nec Hippothoum agnoscit, nec ipsam Hippothous; et quotiescunque rogasset, quænam esset et unde, Anthia veritatem dissimulans Ægyptiam se esse dixit, Memphitim nomine.

IV. Dum illa apud Hippothoum est in latronum antro, Habrocomen præfectus Ægypti accersi jubet et quæ ad

ὁ ἄρχων τῆς Αἰγύπτου καὶ πυνθάνεται τὰ κατ' αὐτὸν καὶ μανθάνει τὸ διήγημα καὶ οἰκτείρει τὴν τύχην καὶ δίδωσι χρήματα καὶ εἰς Ἔφεσον ἄξειν ὑπισχνεῖτο. Ὁ δ' ἅπασαν μὲν ᾔδει χάριν αὐτῷ τῆς σωτηρίας, ἐδεῖτο δ' ἐπιτρέψαι ζητῆσαι τὴν Ἄνθειαν. Καὶ ὁ μὲν πολλὰ δῶρα λαβὼν, ἐπιβὰς σκάφους, ἀνήγετο τὴν ἐπ' Ἰταλίας, (ὡς) ἐκεῖ πευσόμενός τι [μαθεῖν] περὶ Ἀνθείας. Ὁ δ' ἄρχων τῆς Αἰγύπτου, μαθὼν τὰ κατὰ τὸν Ἄραξον, μεταπεμψάμενος ἀνεσταύρωσε τὴν Κυνώ.

Ε'. Τῆς δ' Ἀνθείας οὔσης ἐν τῷ ἄντρῳ ἐρᾷ τῶν φρουρούντων αὐτὴν λῃστῶν εἷς, Ἀγχίαλος τοὔνομα. Οὗτος ὁ Ἀγχίαλος ἦν μὲν τῶν ἀπὸ Συρίας Ἱπποθόῳ συνεληλυθότων, Λαοδικεὺς τὸ γένος· ἐτιμᾶτο δὲ παρὰ τῷ Ἱπποθόῳ, νεανικός τε καὶ μεγάλα ἐν τῷ λῃστηρίῳ δυνάμενος. Ἐρασθεὶς δ' αὐτῆς τὰ μὲν πρῶτα λόγους προσέφερεν ὡς πείσων καὶ ἔφασκε λόγῳ λήψεσθαι καὶ παρὰ τῷ Ἱπποθόῳ δῶρον αἰτήσειν. Ἡ δὲ πάντ' ἠρνεῖτο καὶ οὐδὲν αὐτὴν ἐδυσώπει, οὐκ ἄντρον, οὐ δεσμὰ, οὐ λῃστὴς ἀπειλῶν· ἐφύλασσε δ' ἑαυτὴν ἔθ' Ἁβροκόμῃ καὶ δοκοῦντι τεθνηκέναι καὶ πολλάκις ἀνεβόα εἴποτε λαθεῖν ἠδύνατο Ἁβροκόμου μόνου γυνὴ μεῖναι κἂν ἀποθανεῖν δέῃ, κἂν ὧν πέπονθα χείρω παθεῖν. Ταῦτ' εἰς μείζω συμφορὰν ἦγε τὸν Ἀγχίαλον καὶ ἡ καθ' ἡμέραν τῆς Ἀνθείας ὄψις ἐξέκαεν αὐτὸν εἰς τὸν ἔρωτα· οὐκέτι δὲ φέρειν δυνάμενος, ἐπεχείρει βιάζεσθαι τὴν Ἄνθειαν. Καὶ νύκτωρ ποτὲ, οὐ παρόντος Ἱπποθόου, ἀλλὰ μετὰ τῶν ἄλλων ὄντος ἐν τῷ λῃστηρίῳ, ἐπανίστατο καὶ ὑβρίζειν ἐπειρᾶτο· ἡ δ' ἐν ἀμηχάνῳ κακῷ γενομένη, σπασαμένη τὸ παρακείμενον ξίφος, παίει τὸν Ἀγχίαλον καὶ ἡ πληγὴ γίνεται καιρία· ὁ μὲν γὰρ περιληψόμενος καὶ φιλήσων ὅλος ἐνενεύκει πρὸς αὐτήν· ἡ δ' ὑπενεγκοῦσα τὸ ξίφος κατὰ τῶν στέρνων ἔπληξε. Καὶ Ἀγχίαλος μὲν δίκην ἱκανὴν ἐδεδώκει τῆς πονηρᾶς ἐπιθυμίας· ἡ δ' Ἄνθεια εἰς φόβον μὲν τῶν δεδραμένων ἔρχεται καὶ πολλὰ ἐβουλεύετο, ποτὲ μὲν ἑαυτὴν ἀποκτεῖναι, ἀλλ' ἔτι ὑπὲρ Ἁβροκόμου τι ἤλπιζε, ποτὲ δὲ φυγεῖν ἐκ τοῦ ἄντρου, ἀλλὰ τοῦτ' ἀμήχανον ἦν· οὔτε γὰρ ἡ ὁδὸς αὐτῇ εὔπορος ἦν, οὔθ' ὁ ἐξηγησόμενος τὴν πορείαν. Ἔγνω μένειν οὖν ἐν τῷ ἄντρῳ καὶ φέρειν ὅ τι ἂν τῷ δαίμονι δοκῇ· κἀκείνην μὲν τὴν νύκτα ἔμεινεν, οὔθ' ὕπνου τυχοῦσα καὶ πολλὰ ἐννοοῦσα.

Ϛ'. Ἐπεὶ δ' ἡμέρα ἐγένετο, ἧκον οἱ περὶ τὸν Ἱππόθοον καὶ ὁρῶσι τὸν Ἀγχίαλον ἀνῃρημένον καὶ τὴν Ἄνθειαν παρὰ τῷ σώματι, καὶ εἰκάζουσι τὸ γενόμενον καὶ ἀνακρίναντες αὐτὴν μανθάνουσι πάντα. Ἔδοξεν οὖν αὐτοῖς ἐν ὀργῇ τὸ γενόμενον ἔχειν καὶ τὸν τεθνηκότα ἐκδικῆσαι φίλον· καὶ ἐβουλεύοντο κατ' Ἀνθείας ποικίλα, ὁ μέν τις ἀποκτεῖναι κελεύων καὶ συνθάψαι τῷ Ἀγχιάλου σώματι, ἄλλος δ' ἀνασταυρῶσαι· ὁ δ' Ἱππόθους ἠνιᾶτο μὲν ἐπὶ τῷ Ἀγχιάλῳ, ἐβουλεύετο δὲ κατ' Ἀνθείας μείζονα κόλασιν· καὶ δὴ κελεύει τάφρον ὀρύξαντας μεγάλην καὶ βαθεῖαν ἐμβάλλειν τὴν Ἄνθειαν καὶ κύνας μετ' αὐτῆς δύο, ἵν' ἐν τούτῳ μεγάλην δίκην ὑπόσχῃ τῶν τετολμημένων. Καὶ οἱ μὲν ἐποίουν τὸ

προσταχθὲν, ἤγετο δ' ἡ Ἄνθεια ἐπὶ τὴν τάφρον καὶ οἱ κύνες· οἱ κύνες δ' ἦσαν Αἰγύπτιοι, τά τ' ἄλλα μεγάλοι καὶ ὀφθῆναι φοβεροί. Ὡς δ' ἐνεβλήθησαν, ξύλα ἐπιτιθέντες μεγάλα ἐπέχωσαν τὴν τάφρον, (ἦν δὲ τοῦ Νείλου ὀλίγον ἀπέχουσα,) καὶ κατέστησαν φρουρὸν ἕνα τῶν ληστῶν, Ἀμφίνομον. Οὗτος δ Ἀμφίνομος ἤδη μὲν καὶ πρότερον ἑαλώκει τῆς Ἀνθείας, τότε δ' οὖν ἡλέει μᾶλλον αὐτὴν καὶ τῆς συμφορᾶς ᾠκτειρεν· ἐπενόει δὲ, ὅπως ἐπὶ πλεῖον αὐτῇ ζήσεται, ὅπως θ' οἱ κύνες αὐτῇ μηδὲν ἐνοχλήσουσι. Καὶ ἑκάστοτ' ἀφαιρῶν τῶν ἐπικειμένων τῇ τάφρῳ ξύλων, ἄρτους ἐνέβαλε καὶ ὕδωρ παρεῖχε καὶ ἐκ τούτου τὴν Ἄνθειαν θαῤῥεῖν παρεκάλει. Καὶ οἱ κύνες τρεφόμενοι οὐδὲν ἔτι δεινὸν αὐτὴν εἰργάζοντο, ἀλλ' ἤδη τιθασοὶ ἐγίνοντο καὶ ἥμεροι· ἡ δ' Ἄνθεια ἀποβλέψασα εἰς ἑαυτὴν καὶ τὴν παροῦσαν τύχην ἐννοήσασα, οἴμοι, φησὶ, τῶν κακῶν, οἷαν ὑπομένω τιμωρίαν· τάφρος καὶ δεσμωτήριον καὶ κύνες συγκαθειργμένοι πολὺ τῶν ληστῶν ἡμερώτεροι· τὰ αὐτὰ, Ἁβροκόμη, σοι πάσχω· ἧς γάρ ποτ' ἐν ὁμοίᾳ τύχῃ καὶ σὺ, καὶ σὲ ἐν Τύρῳ κατέλιπον ἐν δεσμωτηρίῳ· ἀλλ' εἰ μὲν ζῇς ἔτι, δεινὸν οὐδέν· ἴσως γάρ ποτ' ἀλλήλους ἕξομεν· εἰ δ' ἤδη τέθνηκας, μάτην ἐγὼ φιλοτιμοῦμαι ζῆν, μάτην δ' οὗτος, ὅστις ποτ' ἐστὶν, ἐλεεῖ με τὴν δυστυχῆ. Ταῦτ' ἔλεγε καὶ ἐπεθρήνει συνεχῶς. Καὶ ἡ μὲν ἐν τῇ τάφρῳ κατεκέκλειστο μετὰ τῶν κυνῶν· ὁ δ' Ἀμφίνομος ἑκάστοτε κἀκείνην παρεμυθεῖτο καὶ τοὺς κύνας ἡμέρους ἐποίει τρέφων.

ΛΟΓΟΣ ΠΕΜΠΤΟΣ.

Α'. Ὁ δ' Ἁβροκόμης διανύσας τὸν ἀπ' Αἰγύπτου πλοῦν, εἰς αὐτὴν μὲν Ἰταλίαν οὐκ ἔρχεται, τὸ γὰρ πνεῦμα τὴν ναῦν ἀπῶσαν τοῦ μὲν κατ' εὐθὺ ἀπέσφηλε πλοῦ, ἤγαγε δ' εἰς Σικελίαν καὶ κατήχθησαν εἰς πόλιν Συρακούσας μεγάλην καὶ καλήν. Ἐνταῦθ' ὁ Ἁβροκόμης γενόμενος ἔγνω περιιέναι τὴν νῆσον καὶ ἀναζητεῖν εἴ τι περὶ Ἀνθείας πύθοιτο. Καὶ δὴ ἐνοικίζεται μὲν πλησίον τῆς θαλάττης παρ' ἀνδρὶ Αἰγιαλεῖ πρεσβύτῃ, ἁλιεῖ τὴν τέχνην· οὗτος ὁ Αἰγιαλεὺς πένης μὲν ἦν καὶ ξένος καὶ ἀγαπητὸς αὐτὸν διέτρεφεν ἐκ τῆς τέχνης· ὑπεδέξατο δὲ τὸν Ἁβροκόμην ἀσμένως καὶ παῖδα ἐνόμιζεν αὐτοῦ καὶ ἠγάπα διαφερόντως. Καὶ ἤδη ποτὲ καὶ ἐκ πολλῆς τῆς πρὸς ἀλλήλους συνηθείας ὁ μὲν Ἁβροκόμης αὐτῷ διηγήσατο τὰ κατ' αὐτὸν καὶ τὴν Ἄνθειαν εἰρήκει καὶ τὸν ἔρωτα καὶ τὴν πλάνην· ὁ δ' Αἰγιαλεὺς ἄρχεται τῶν αὐτοῦ διηγημάτων. Ἐγὼ, ἔφη, τέκνον Ἁβροκόμη, οὔτε Σικελιώτης, οὔτ' ἐπιχώριος, ἀλλὰ Σπαρτιάτης Λακεδαιμόνιος, τῶν τὰ πρῶτα ἐκεῖ δυναμένων καὶ περιουσίαν ἔχων πολλήν. Νέος δ' ὢν ἠράσθην, ἐν τοῖς ἐφήβοις καταλελεγμένος, κόρης πολίτιδος Θελξινόης τοὔνομα· ἀντήρα δέ μου καὶ ἡ Θελξινόη. Καὶ τῇ πόλει παννυχίδος ἀγομένης συν-

---

canibus. Canes erant Ægyptii immanes, et adspectu terrimi. Iis in fossam conjectis, ingentia ligna imponunt, terraque aggesta fossam operiunt, (parum ea a Nilo aberat,) custodemque unum latronum Amphinomum constituerant, qui jampridem Anthiæ amore captus, tunc magis illam miserabatur, dolebatque infortunium; cogitabat vero, qua ratione vitam ejus sustentaret a canibus illæsam. Quotidie remotis lignis, fossæ superpositis, panes injecit et aquam præbuit et Anthiam inde bono esse animo hortatur. Canes pasti nullo eam affecerunt malo, quin et cicures mansuetique subito facti sunt. Anthia, memor sui, præsentemque fortunam considerans, eheu me miseram, inquit, quale hoc est, quod subeo supplicii! fossa, carcer, canes una inclusi, quos tamen latronibus longe mitiores experior. Eadem, Habrocomia, quæ tu patior : nam et tu in pari quondam fortuna fuisti et te in vinculis Tyri reliqui. Sed si vivis adhuc, nil grave est; fortasse aliquando frui invicem dabitur; at si jam mortem obiisti, frustra ego vivere annitor, frustra iste, quicunque est, infelicis nunc miseretur mei. Hæc dicens continenter lamentabatur. Ita quidem Anthia in fossa cum canibus inclusa erat et Amphinomus illam quotidie consolabatur, canesque alendo mitigabat.

LIBER QUINTUS.

1. Habrocomes, ab Ægypto navigans, non in Italiam quidem ipsam pervenit, cum navis vento depulsa recto cursu aberrasset; ad Siciliam vero Syracusas, amplam pulchramque urbem, appulere. Ibi Habrocomes insulam peragrare statuit, ac quærere, si quid audire de Anthia posset. Domo excipitur prope litus ab Ægialeo quodam sene piscatore. Is pauper et peregrinus libenter Habrocomen ad se, ex artis proventu vix se nutriens, receptabat; ac maxime diligebat, in filii loco putans. Tandem aliquando postquam longa inter se consuetudine usi erant, Habrocomes fortunas suas, Anthiam, amorem, errorem narraverat, et Ægialeus ita et sua commemorare orsus est. Ego, inquit, fili Habrocoma, non Siculus, non indigena sum, sed Spartanus Lacedæmonius, ex iis, qui plurimum ibi auctoritate et opibus pollent. Prima juventa virginem amavi indidem civem, cui Thelxinoæ nomen, amabatque illa me pariter. Cum pervigilium in urbe ageretur, conveniinus, ac, ducente deo, iis rebus, quarum

14.

ἤλθομεν ἀλλήλοις, ἀμφοτέρους ὁδηγοῦντος θεοῦ, καὶ
ἀπελαύσαμεν ὧν ἕνεκα συνήλθομεν. Καὶ χρόνῳ τινὶ
ἀλλήλοις συνῆμεν λανθάνοντες καὶ ὠμόσαμεν ἀλλήλοις
πολλάκις ἕξειν καὶ μέχρι θανάτου. Ἐνεμέσησε δέ τις
5 ἄρα θεῶν· κἀγὼ μὲν ἔτ' ἐν τοῖς ἐφήβοις ἤμην, τὴν δὲ
Θελξινόην ἐδίδοσαν πρὸς γάμον οἱ πατέρες ἐπιχωρίῳ
τινὶ νεανίσκῳ Ἀνδροκλεῖ τοὔνομα· ἤδη δ' αὐτῆς καὶ ἤρα
ὁ Ἀνδροκλῆς. Τὰ μὲν οὖν πρῶτα ἡ κόρη πολλὰς
προφάσεις ἐποιεῖτο, ἀναβαλλομένη τὸν γάμον· τελευ-
10 ταῖον δέ, δυνηθεῖσα ἐν ταὐτῷ μοι γενέσθαι, συντίθεται
νύκτωρ ἐξελθεῖν Λακεδαίμονος μετ' ἐμοῦ. Καὶ δὴ
ἐστείλαμεν ἑαυτοὺς νεανικῶς, ἀπέκειρα δὲ καὶ τὴν
κόμην τῆς Θελξινόης ἐν αὐτῇ τῇ τῶν γάμων νυκτί.
Ἐξελθόντες οὖν τῆς πόλεως ᾔειμεν ἐπ' Ἄργος καὶ
15 Κόρινθον κἀκεῖθεν ἀναγόμενοι ἐπλεύσαμεν εἰς Σικε-
λίαν· Λακεδαιμόνιοι δέ, πυθόμενοι τὴν φυγήν, ἡμῶν
θάνατον κατεψηφίσαντο. Ἡμεῖς δ' ἐνταῦθα διήγομεν
ἐν ἀπορίᾳ μὲν τῶν ἐπιτηδείων, ἡδόμενοι δὲ καὶ πάντων
ἀπολαύειν δοκοῦντες, ὅτι ἦμεν μετ' ἀλλήλων. Καὶ
20 τέθνηκεν ἐνταῦθ' οὗ πρὸ πολλοῦ Θελξινόη καὶ τὸ σῶμα
οὐ τέθαπται, ἀλλ' ἔχω γὰρ μετ' ἐμαυτοῦ καὶ ἀεὶ φιλῶ
καὶ σύνειμι. Καὶ ἅμα λέγων εἰσάγει τὸν Ἁβροκόμην
εἰς τὸ ἐνδότερον δωμάτιον καὶ δείκνυσι τὴν Θελξινόην,
γυναῖκα πρεσβῦτιν μὲν ἤδη, καλὴν γενομένην ἔτι
25 Αἰγιαλεῖ κόρην· τὸ δὲ σῶμα αὐτῆς ἐτέθαπτο ταφῇ
Αἰγυπτίᾳ· ἦν γὰρ καὶ τούτων ἔμπειρος ὁ γέρων.
Ταύτην οὖν, ἔφη, ὦ τέκνον Ἁβροκόμη, ἀεὶ θ' ὡς ζώσῃ
λαλῶ καὶ συγκατάκειμαι καὶ συνευωχοῦμαι· κἂν ἔλθω
ποτ' ἐκ τῆς ἁλιείας κεκμηκώς, αὕτη με παραμυθεῖται
30 βλεπομένη· οὐ γάρ, οἷα νῦν ὁρᾶταί σοι, τοιαύτη φαί-
νεται μοι· ἀλλ' ἐννοῶ, τέκνον, οἷα μὲν ἦν ἐν Λακεδαί-
μονι, οἷα δ' ἐν τῇ φυγῇ· τὰς παννυχίδας ἐννοῶ, τὰς
συνθήκας ἐννοῶ. Ἔτι λέγοντος τοῦ Αἰγιαλέως ἀνω-
δύρετο ὁ Ἁβροκόμης, σὲ δέ, λέγων, ὦ πασῶν δυστυ-
35 χεστάτη κόρη, ποτ' ἀνευρήσω κἂν νεκράν; Αἰγιαλεῖ μὲν
γὰρ τοῦ βίου μεγάλη παραμυθία τὸ σῶμα τὸ Θελξινόης·
καὶ νῦν ἀληθῶς μεμάθηκα, ὅτι ἔρως ἀληθινὸς ὅρον
ἡλικίας οὐκ ἔχει. Ἐγὼ δὲ πλανῶμαι μὲν κατὰ πᾶσαν
γῆν καὶ θάλατταν· οὐ δεδύνημαι δ' οὐδὲν ἀκοῦσαι περὶ
40 σου. Ὦ μαντεύματα δυστυχῆ, ὦ τὰ πάντων ἡμῖν
Ἄπολλον χρήσας χαλεπώτατα, οἴκτειρον ἤδη καὶ τὰ
τέλη τῶν μεμαντευμένων ἀποδίδου. Καὶ ὁ μὲν Ἁβρο-
κόμης ταυτὶ κατοδυρόμενος, παραμυθουμένου αὐτὸν
Αἰγιαλέως, διῆγεν ἐν Συρακούσαις, ἤδη καὶ τῆς τέχνης
45 Αἰγιαλεῖ κοινωνῶν.

Β'. Οἱ δὲ περὶ τὸν Ἱππόθοον μέγα μὲν ἤδη τὸ λῃ-
στήριον κατεστήσαντο, ἔγνωσαν δ' ἀπαίρειν Αἰθιοπίας
καὶ μείζοσιν ἤδη πράγμασιν ἐπιτίθεσθαι. Οὐ γὰρ
ἐδόκει Ἱπποθόῳ αὔταρκες εἶναι λῃστεύειν κατ' ἄνδρα,
50 εἰ μὴ καὶ κώμαις καὶ πόλεσιν ἐπιβάλοι. Καὶ ὁ μὲν
παραλαβὼν τοὺς σὺν αὐτῷ καὶ ἐπιφορτισάμενος πάντα
(ἦν δ' αὐτῷ καὶ ὑποζύγια πολλὰ καὶ κάμηλοι οὐκ
ὀλίγαι,) Αἰθιοπίαν μὲν κατέλιπεν, ᾔει δ' ἐπ' Αἴγυπτόν
τε καὶ Ἀλεξάνδρειαν καὶ ἐνόκει Φοινίκην καὶ Συρίαν

causa conveneramus, fruebamur. Per aliquod tempus clam consuescere licuit, mutuo jurejurando sæpe pollicitis, usque ad mortem convicturos. Invidit mihi deorum aliquis : nondum enim ex ephebis excesseram, cum Thelxinoëm parentes nuptum dant Androcli cuidam, indigenæ adolescentulo, qui et ipsam amabat. Puella multa primum causando in longum ducit nuptias : tandem ut licuit me convenire, consentit noctu mecum egredi Lacedæmone. Exornamur igitur juveniliter, comamque Thelxinoës ipsa nuptiarum nocte totondi. Urbe egressi, Argos et Corinthum proficiscimur, atque inde solventes in Siciliam navigamus. Lacedæmonii, fuga audita, nos capitis damnarunt. Hic quidem necessariorum inopia laboravimus, gaudentes tamen quasi omnibus frueremur, quod una essemus. Hic non ita pridem Thelxinoë fato cessit : corpus non humatum est, mecum enim habeo, et semper osculor, ejusque vetere consuetudine utor. Hæc dicens Habrocomen in interius cubiculum ducit, ostenditque Thelxinoëm anum, formosam olim mulierem, Ægialeo etiamnum puellam. Corpus ejus conditum erat Ægyptio more, cujus erat senex peritus. Illam, inquit, fili Habrocoma, ut vivam alloquor, una et jaceo et discumbo et si quando a piscando lassus revertor, hujus me adspectus reficit : non enim qualis, fili, tibi nunc videtur, apparet mihi, sed hæret pectore infixa, qualis Lacedæmone erat, qualis in fuga ; in mente habeo pervigilia, pacta nostra in mente habeo. Ægialeo adhuc loquente, Habrocomes ejulans, o te, inquit, omnium puellam infelicissimam, quando vel mortuam inveniam? Ægialeo magnum vitæ solatium Thelxinoës corpus est, ac sane didici, amorem verum ætatis terminum egredi. Ego terram omnem et maria oberrans quidquam de te audire nequeo. O infortunata oracula ! O Apollo, qui durissima nobis dedisti responsa, nunc nostri miserere, jamque finem prædictorum facias. In hujusmodi lamentis Habrocomes vitam Syracusis agebat, consolante illum Ægialeo, cum quo jam artis societatem inierat.

II. Hippothous validam jam prædonum constituerat manum et abscedere Æthiopia majoresque res moliri decreverat : non enim ut singulos spoliaret, sufficere ei videbatur sed pagos et oppida invadere constituerat. Omnia igitur jumentis et camelis imponens, quorum non exigua illi erat copia, Æthiopia relicta cum sociis Ægyptum et Alexandriam petit, iterumque Phœniciam et Syriam in

πάλιν· τὴν δ' Ἄνθειαν προσεδόκα τεθνηκέναι. Ὁ δ' Ἀμφίνομος, ὁ φρουρῶν ἐν τῇ τάφρῳ αὐτήν, ἐρωτικῶς διακείμενος, οὐχ ὑπομένων ἀποσπασθῆναι τῆς κόρης διὰ τὴν πρὸς αὐτὴν φιλοστοργίαν καὶ τὴν ἐπικειμένην συμφοράν, Ἱπποθόῳ μὲν οὐχ εἵπετο, λανθάνει δ' ἐν πολλοῖς τοῖς ἄλλοις καὶ ἀποκρύπτεται ἐν ἄντρῳ τινὶ σὺν τοῖς ἐπιτηδείοις οἷς συνελέξατο. Νυκτὸς δὲ γενομένης οἱ περὶ τὸν Ἱππόθοον ἐπὶ κώμην ἐληλύθεσαν τῆς Αἰγύπτου, Ἄρειαν καλουμένην, πορθῆσαι θέλοντες. Ὁ δ' Ἀμφίνομος ἀνορύσσει τὴν τάφρον καὶ ἐξάγει τὴν Ἄνθειαν καὶ θαρρεῖν παρεκάλει· τῆς δ' ἔτι φοβουμένης καὶ ὑποπτευούσης, τὸν ἥλιον ἐπόμνυσι καὶ τοὺς ἐν Αἰγύπτῳ θεούς, σεμνὴν τηρήσειν, γάμων ἁγνὴν, μέχρι ἂν καὶ αὐτή ποτε πεισθεῖσα θελήσῃ συγκαταθέσθαι. Πείθεται τοῖς ὅρκοις Ἀμφινόμου Ἄνθεια καὶ ἕπεται αὐτῷ· οὐκ ἀπελείποντο δ' οἱ κύνες ἀλλ' ἔστεργον συνήθεις γενόμενοι. Ἔρχονται δ' εἰς Κοπτὸν κἀνταῦθ' ἔγνωσαν ἡμέρας διαγαγεῖν, μέχρι ἂν προέλθωσιν οἱ περὶ τὸν Ἱππόθοον τῆς ὁδοῦ· ἐπεμελοῦντο δὲ τῶν κυνῶν ὡς ἔχοιεν τὰ ἐπιτήδεια. Οἱ δὲ περὶ τὸν Ἱππόθοον προσβαλόντες τῇ κώμῃ τῇ Ἀρείᾳ, πολλοὺς μὲν τῶν ἐνοικούντων ἀπέκτειναν καὶ τὰ οἰκήματα ἐνέπρησαν καὶ κατῄεσαν οὐ τὴν αὐτὴν ὁδὸν ἀλλὰ διὰ τοῦ Νείλου· πάντα γὰρ τὰ ἐκ τῶν μεταξὺ κωμῶν σκάφη συλλεξάμενοι, ἐπιβάντες ἔπλεον ἐπὶ Σχεδίαν, καὶ ** κἀντεῦθεν ἐκβάντες παρὰ τὰς ὄχθας τοῦ Νείλου, διώδευον τὴν ἄλλην Αἴγυπτον.

Γ'. Ἐν τούτῳ δ' ὁ ἄρχων τῆς Αἰγύπτου ἐπέπυστο μὲν τὰ περὶ τὴν Ἄρειαν καὶ τὸ Ἱπποθόου λῃστήριον καὶ ὅτι ἀπ' Αἰθιοπίας ἔρχονται· παρασκευάσας δὲ στρατιώτας πολλοὺς καὶ ἄρχοντα τούτοις ἐπιστήσας τῶν συγγενῶν τῶν αὑτοῦ Πολύιδον, νεανίσκον ὀφθῆναι χαρίεντα, δρᾶσαι γεννικόν, ἔπεμψεν ἐπὶ τοὺς λῃστάς. Οὗτος ὁ Πολύιδος παραλαβὼν τὸ στράτευμα, ἀπήντα κατὰ Πηλούσιον τοῖς περὶ τὸν Ἱππόθοον καὶ εὐθὺς παρὰ τὰς ὄχθας μάχη τ' αὐτῶν γίνεται καὶ πίπτουσιν ἑκατέρων πολλοί· νυκτὸς δ' ἐπιγενομένης τρέπονται μὲν οἱ λῃσταὶ καὶ πάντες ὑπὸ τῶν στρατιωτῶν φονεύονται· εἰσὶ δ' οἳ καὶ ζῶντες ἐλήφθησαν. Ἱππόθοος μόνος, ἀπορρίψας τὰ ὅπλα, ἔφυγε τῆς νυκτὸς καὶ ἦλθεν εἰς Ἀλεξάνδρειαν κἀκεῖθεν, δυνηθεὶς λαθεῖν, ἐπιβὰς ἀναγομένῳ πλοίῳ ἐπανήχθη. Ἦν δ' αὐτῷ ἡ πᾶσα ἐπὶ Σικελίαν ὁρμή· ἐκεῖ γὰρ ἐδόκει μάλιστα διαλήσεσθαί τε καὶ διατραφήσεσθαι· ἤκουε δὲ τὴν νῆσον εἶναι μεγάλην τε καὶ εὐδαίμονα.

Δ'. Ὁ δὲ Πολύιδος οὐχ ἱκανὸν εἶναι ἐνόμισε κρατῆσαι τῶν συμβαλόντων λῃστῶν, ἀλλ' ἔγνω δεῖν ἀνερευνῆσαί τε καὶ ἐκκαθῆραι τὴν Αἴγυπτον, εἴ που ἢ τὸν Ἱππόθοον, ἢ τῶν σὺν αὐτῷ τινα ἀνεύροι. Παραλαβὼν οὖν μέρος τι τοῦ στρατιωτικοῦ καὶ τοὺς εἰλημμένους τῶν λῃστῶν, ἵν', εἴ τις φαίνοιτο, οἱ μηνύσειαν, ἀνέπλει τὸν Νεῖλον καὶ τὰς πόλεις διηρεύνα καὶ ἐνενόει μέχρις Αἰθιοπίας ἐλθεῖν. Ἔρχονται δὴ καὶ εἰς Κοπτόν, ἔνθα ἦν Ἄνθεια μετ' Ἀμφινόμου. Καὶ αὐτὴ μὲν ἔτυχεν ἐπὶ τῆς οἰκίας· τὸν δ' Ἀμφίνομον γνωρίζουσιν οἱ τῶν

ληστῶν εἰλημμένοι καὶ λέγουσι τῷ Πολυίδῳ· καὶ Ἀμ-
φίνομος λαμβάνεται καὶ ἀνακρινόμενος τὰ περὶ τὴν
Ἄνθειαν διηγεῖται. Ὁ δ' ἀκούσας, κελεύει καὶ αὐτὴν
ἄγεσθαι καὶ ἐλθούσης ἀνεπυνθάνετο ἥτις εἴη καὶ πόθεν·
ἡ δὲ τῶν μὲν ἀληθῶν οὐδὲν λέγει, ὅτι δ' Αἰγυπτία εἴη
καὶ ὑπὸ τῶν ληστῶν εἴληπτο. Ἐν τούτῳ ἐρᾷ καὶ ὁ
Πολύιδος Ἀνθείας ἔρωτα σφοδρόν· ἦν δ' αὐτῷ ἐν Ἀλε-
ξανδρείᾳ γυνή. Ἐρασθεὶς δὲ, τὰ μὲν πρῶτα ἐπει-
ρᾶτο πείθειν μεγάλα ὑπισχνούμενος· τελευταῖον δὲ, ὡς
κατήεσαν εἰς Ἀλεξάνδρειαν, ἐγένοντο δ' ἐν Μέμφει,
ἐπεχείρησεν ὁ Πολύιδος βιάζεσθαι τὴν Ἄνθειαν· ἡ δὲ,
ἐκφυγεῖν δυνηθεῖσα, ἐπὶ τὸ τῆς Ἴσιδος ἱερὸν ἔρχεται
ἱκέτις γενομένη, σύ με, εἶπεν, ὦ δέσποινα Αἰγύπτου,
πάλιν σῶσον, ᾗ ἐβοήθησας πολλάκις· φείσασθω μου
καὶ Πολύιδος, τῆς διὰ σε σώφρονος Ἀβροκόμῃ τηρου-
μένης. Ὁ δὲ Πολύιδος ἅμα μὲν τὴν θεὸν ἐδεδοίκει,
ἅμα δ' ἤρα τῆς Ἀνθείας καὶ τῆς τύχης αὐτὴν ἠλέει·
πρόσεισι δὲ τῷ ἱερῷ μόνος καὶ ὄμνυσι μήποτε βιάσεσθαι
τὴν Ἄνθειαν, μηδ' ὑβρίσαι τι εἰς αὐτήν, ἀλλὰ τηρῆσαι
ἁγνήν, ἐς ὅσον αὐτῇ θελήσει· αὔταρκες γὰρ αὐτῷ φι-
λοῦντι ἐδόκει εἶναι κἂν βλέπειν μόνον καὶ λαλεῖν αὐτῇ.
Ἐπείσθη τοῖς ὅρκοις ἡ Ἄνθεια καὶ κατῆλθεν ἐκ τοῦ
ἱεροῦ. Καὶ ἐπειδὴ ἔγνωσαν ἡμέραις τρισὶν αὐτοὺς
ἀναλαβεῖν ἐν Μέμφει, ἔρχεται ἡ Ἄνθεια εἰς τὸ τοῦ
Ἄπιδος ἱερόν. Διασημότατον δὲ τοῦτ' ἐν Αἰγύπτῳ
καὶ ὁ θεὸς τοῖς βουλομένοις μαντεύει. Ἐπειδὰν γάρ
τις προσελθὼν εὔξηται καί (τι) δεηθῇ τοῦ θεοῦ, αὐτὸς
μὲν ἔξεισιν, οἱ δὲ περὶ τὸν νεὼν παῖδες Αἰγύπτιοι, ἃ μὲν
καταλογάδην, ἃ δ' ἐν μέτρῳ προλέγουσι τῶν ἐσομένων
ἑκάστῳ. Ἐλθοῦσα δὴ καὶ ἡ Ἄνθεια προσπίπτει τῷ
Ἄπιδι· ὦ θεῶν, ἔφη, φιλανθρωπότατε, ὁ πάντας
οἰκτείρων ξένους, ἐλέησον κἀμὲ τὴν κακοδαίμονα καὶ
μοι μαντείαν ἀληθῆ περὶ Ἀβροκόμου πρόειπε· εἰ μὲν
γὰρ αὐτὸν ἔτι ὄψομαι καὶ ἄνδρα λήψομαι, καὶ μενῶ καὶ
ζήσομαι· εἰ δ' ἐκεῖνος τέθνηκεν, ἀπαλλαγῆναι κἀμὲ
καλῶς ἔχει τοῦ πονηροῦ τούτου βίου. Εἰποῦσα καὶ
καταδακρύσασα ἐξῄει τοῦ ἱεροῦ, κἂν τούτῳ οἱ παῖδες
πρὸ τοῦ τεμένους παίζοντες ἅμ' ἐξεβόησαν,

Ἄνθεια Ἀβροκόμην ταχὺ λήψεται ἄνδρα τὸν αὐτῆς.

Ἀκούσασα εὐθυμοτέρα ἐγένετο καὶ προσεύχεται τοῖς
θεοῖς· καὶ ἅμα μὲν ἀπῄεσαν εἰς Ἀλεξάνδρειαν.

Ε'. Ἐπέπυστο δ' ἡ Πολυίδου γυνὴ ὅτι ἄγει κόρην
ἐρωμένην καὶ φοβηθεῖσα, μήπως αὐτὴν ἡ ξένη παρευ-
δοκιμήσῃ, Πολυίδῳ μὲν οὐδὲν λέγει, ἐβουλεύετο δὲ καθ'
αὑτὴν ὅπως τιμωρήσεται τὴν δοκοῦσαν ἐπιβουλεύειν
τοῖς γάμοις. Καὶ δὴ ὁ μὲν Πολύιδος ἀπήγγειλέ τε
τῷ ἄρχοντι τῆς Αἰγύπτου τὰ γενόμενα καὶ τὰ λοιπὰ
ἐπὶ τοῦ στρατοπέδου διώκει τὰ τῆς ἀρχῆς· ἀπόντος δ'
αὐτοῦ, Ῥηναία (τοῦτο γὰρ ἐκαλεῖτο ἡ τοῦ Πολυίδου
γυνή,) μεταπέμπεται τὴν Ἄνθειαν, ἦν δ' ἐπὶ τῆς οἰκίας,
καὶ περιρρήγνυσι τὴν ἐσθῆτα καὶ αἰκίζεται τὸ σῶμα·
ὦ πονηρά, λέγουσα, καὶ τῶν γάμων τῶν ἐμῶν ἐπίβουλε,
ματαίως ἐδόξας Πολυίδῳ καλή, οὐ γάρ σε ὀνήσει τὸ

narrat. Quibus auditis et illam arcessiri jubet : acce-
dentem interrogat, quæ et unde esset. Illa nil veri
narrat : se Ægyptiam esse et a latronibus captam. Inter
hæc Polyidus vehementer amare Anthiam cœpit, licet
Alexandriæ uxorem haberet : amatam exorare primum co-
natur, magna pollicitus ; tandem, cum Alexandriam de-
scenderent, ac Memphi essent, vim afferre aggreditur.
Illa, cum sese proripuisset, Isidis templum ingreditur,
ibique supplex, tu me iterum, ait, Ægypti domina, serves
incolumem, quam sæpius adjuvasti et Polyidus parcat
mihi, tua ope huc usque pudicitiam et fidem Habrocomæ
servanti. Polyidus, simul et deæ metu et Anthiæ amore
et infortunii misericordia affectus, templum solus accedit,
juratque se nunquam Anthiæ vim aut injuriam facturum
sed castam quamdiu ipsa velit habiturum : sibi enim amanti
sat esse, si spectare atque alloqui liceat. Sacramentis
fidens Anthia e templo egreditur, cumque statuissent tri-
duum Memphi morari ad reficiendos sese, Anthia Apidis
templum adit, nobilissimum in Ægypto et deus petentibus
responsa dat : ubi enim quis ingressus oraverit et numen
quid rogaverit, ipse egreditur, Ægyptii vero pueri qui
circa templum versantur, tum soluta oratione, tum
ligata, futura prædicunt. Accedens et Anthia ad Apidem
procumbit, et, o tu præ diis omnibus, inquit, hominum
amantissime et erga cunctos hospites misericors, infeli-
cissimæ nunc mei miserere : verum mihi de Habrocoma
responsum redde. Si quidem illum adhuc visura sim et
virum habitura, persistam vivendo : at si is occubuit, me
quoque præstat tristi hac vita defungi. His dictis, lacri-
mans templo exit. Interea pueri ante fanum ludentes una
exclamaverunt :

Anthia Habrocomen virum suum cito recipiet.

Quibus verbis animus illi rediit, deosque precata est, sta-
timque Alexandriam profecti sunt.

V. Audiverat Polyidi conjux, puellam ab eo amatam ad-
duci et metuens, ne hospes sibi præferretur, Polyido qui-
dem nullum verbum fecit, verum secum ipsa consuluit,
quonam modo eam ulcisceretur, quæ nuptiis insidiari vi-
debatur. Polyidus cum præfecto Ægypti, quæ facta fue-
rant, renuntiasset, reliqua ad exercitum pro præfecto
administrabat. Absente illo, Rhenæa (hoc Polyidi uxori
nomen) Anthiam, quæ domi erat, accessit, vestemque
illi discindit, ac verberibus corpus indigne afficit : o scelus,
dicens, meisque nuptiis insidiosa, frustra visa es Polyido

κάλλος τοῦτο. Ἴσως μὲν γὰρ πείθειν λῃστὰς ἐδύνασο καὶ συγκαθεύδειν νεανίσκοις μεθύουσι πολλοῖς· τὴν δὲ Ῥηναίας εὐνὴν οὔποθ᾽ ὑβριεῖς χαίρουσα. Ταῦτ᾽ εἰποῦσα ἀπέκειρε τὴν κόμην αὐτῆς καὶ δεσμὰ περιτίθησι καὶ παραδοῦσα οἰκέτῃ τινὶ πιστῷ, Κλυτῷ τοὔνομα, κελεύει ἐμβιβάσαντα εἰς ναῦν ἀπαγαγόντα εἰς Ἰταλίαν ἀποδόσθαι πορνοβοσκῷ τὴν Ἄνθειαν. Οὕτω γὰρ, ἔφη, δυνήσῃ ἡ καλὴ τῆς ἀκρασίας κόρον λαβεῖν. Ἤγετο δ᾽ ἡ Ἄνθεια ὑπὸ τοῦ Κλυτοῦ κλαίουσα καὶ ὀδυρομένη, ὦ κάλλος ἐπίβουλον, λέγουσα, ὦ δυστυχὴς εὐμορφία, τί μοι παραμένετε ἐνοχλοῦντα; τί δ᾽ αἴτια πολλῶν κακῶν μοι γίνεσθε; οὐκ ἤρκουν οἱ τάφοι, οἱ φόνοι, τὰ δεσμὰ, τὰ λῃστήρια, ἀλλ᾽ ἤδη καὶ ἐπ᾽ οἰκήματος στήσομαι καὶ τὴν μέχρι νῦν Ἀβροκόμῃ τηρουμένην σωφροσύνην πορνοβοσκὸς ἀναγκάσει με λύειν; Ἀλλ᾽, ὦ δέσποτα, προσπεσοῦσ᾽ ἔλεγε τοῖς γόνασι τοῦ Κλυτοῦ, μή μ᾽ ἐπ᾽ ἐκείνην τὴν τιμωρίαν ἅμα προαγάγῃς, ἀλλ᾽ ἀπόκτεινόν με αὐτός· οὐκ οἶσθα πορνοβοσκὸν δεσπότην· σωφρονεῖν, πίστευσον, εἰθίσμεθα. Ταῦτ᾽ ἐδεῖτο· ἠλέει δ᾽ αὐτὴν ὁ Κλυτός. Καὶ ἡ μὲν ἀπήγετο εἰς Ἰταλίαν· ἡ δὲ Ῥηναία ἐλθόντι τῷ Πολυίδῳ λέγει, ὅτι ἀπέδρα ἡ Ἄνθεια, κἀκεῖνος ἐκ τῶν ἤδη πεπραγμένων ἐπίστευσεν αὐτῇ. Ἡ δ᾽ Ἄνθεια κατήχθη μὲν εἰς Τάραντα, πόλιν τῆς Ἰταλίας. Ἐνταῦθα δὲ ὁ Κλυτὸς, δεδοικὼς τὰς τῆς Ῥηναίας ἐντολὰς, ἀποδίδοται αὐτὴν πορνοβοσκῷ. Ὁ δ᾽ ἰδὼν κάλλος, οἷον οὔπω πρότερον ἐτεθέατο, μέγα κέρδος ἕξειν τὴν παῖδα ἐνόμιζε, καὶ ἡμέραις εἴς τισιν αὐτὴν ἀνελάμβανεν ἐκ τοῦ πλοῦ κεκμηκυῖαν καὶ ἐκ τῶν ὑπὸ τῆς Ῥηναίας βασάνων· ὁ δὲ Κλυτὸς ἧκεν εἰς Ἀλεξάνδρειαν καὶ τὰ πραχθέντα ἐμήνυσε τῇ Ῥηναίᾳ.

ϛ΄. Ὁ δ᾽ Ἱππόθοος διανύσας τὸν πλοῦν κατήχθη μὲν εἰς Σικελίαν, οὐκ εἰς Συρακούσας δὲ, ἀλλ᾽ εἰς Ταυρομενίαν καὶ ἐζήτει καιρὸν, δι᾽ οὗ τὰ ἐπιτήδεια ἕξει. Τῷ δ᾽ Ἀβροκόμῃ ἐν Συρακούσαις, ὡς χρόνος πολὺς ἐγένετο, ἀθυμία ἐμπίπτει καὶ δυσχέρεια πολλή, ὅτι μηδ᾽ Ἄνθειαν εὑρίσκοι, μηδ᾽ εἰς τὴν πατρίδα ἀνασώζοιτο. Διέγνω οὖν ἀποπλεύσας ἐκ Σικελίας εἰς Ἰταλίαν ἀνελθεῖν κἀκεῖθεν, εἰ μηδὲν εὑρίσκοι τῶν ζητουμένων, εἰς Ἔφεσον πλεῦσαι πλοῦν δυστυχῆ. Ἤδη δὲ καὶ οἱ γονεῖς αὐτῶν καὶ οἱ Ἐφέσιοι πάντες ἐν πολλῷ πένθει ἦσαν, οὔτ᾽ ἀγγέλου παρ᾽ αὐτῶν ἀφιγμένου, οὔτε γραμμάτων· ἀπέπεμπον δὲ πανταχοῦ τοὺς ἀναζητήσοντας. Ὑπ᾽ ἀθυμίας δὲ καὶ γήρως οἱ δυνηθέντες ἀντίσχειν οἱ γονεῖς ἑκατέρων, ἑαυτοὺς ἐξήγαγον τοῦ βίου. Καὶ ὁ μὲν Ἀβροκόμης ᾔει τὴν ἐπ᾽ Ἰταλίας ὁδόν· ὁ δὲ Λεύκων καὶ ἡ Ῥόδη, οἱ σύντροφοι τοῦ Ἀβροκόμου καὶ τῆς Ἀνθείας, τεθνηκότος αὐτοῖς ἐν Ξάνθῳ τοῦ δεσπότου καὶ τὸν κλῆρον (ἦν δὲ πολὺς) ἐκείνοις καταλιπόντος, διέγνωσαν εἰς Ἔφεσον πλεῖν, ὡς ἤδη μὲν αὐτοῖς τῶν δεσποτῶν σεσωσμένων, ἱκανῶς δὲ τῆς καὶ τῆς ἀποδημίαν συμφορᾶς πεπειραμένων. Ἐνθέμενοι δὲ πάντα τὰ αὑτῶν νηὶ ἀνήγοντο εἰς Ἔφεσον, καὶ ἡμέραις τ᾽ οὐ πολλαῖς διανύσαντες τὸν πλοῦν ἧκον εἰς Ῥόδον, κἀκεῖ μαθόντες, ὅτι οὐδέπω μὲν Ἀβροκόμης καὶ Ἄνθεια σώ-

pulchra : non hæc tibi forma proderit quidquam, fortasse enim latrones exorare potuisti, atque ebriis concumbere adolescentibus, Rhenææ lectum non impune vitiabis. Cum hæc dixisset, detonsam vinctamque famulo cuidam fido tradit, Clyto nomen, jubetque, impositam navi in Italiam deportet et vendat lenoni. Ita enim, ait, poteris, quæ pulchra sis, libidinem explere. Ducebatur a Clyto Anthia flens et queribunda voce dicens, o infelix et ubique insidias mihi faciens forma, cur, molestiis et calamitatibus me afficiens, semper mihi ades? quid es tot malorum causa? Non sepulcra, cædes, vincula, latrones satis erant, nisi et corpus prostituere adigar, et servatam Habrocomæ huc usque pudicitiam leno cogat in propatulo habere? At tu, here, Clyti genibus advoluta dicebat, ne me ad illud supplicium ducas, sed ipse occide. Non lenonem dominum feram : bene et pudice, crede mihi, vivere soleo. Hæc precantem Clytus miserabatur. Dum illa in Italiam aufertur, Rhenææ advenienti Polyido narrat, aufugisse Anthiam; qui ob ea, quæ facta fuerant, facile fidem adhibuit. Anthia Tarentum deducta Italiæ urbem, ibi a Clyto, Rhenææ mandata reverito, lenoni venditur. Is formam egregiam nec visam ante miratus, magno sibi puellam lucro futuram existimans, per aliquot dies illam curando refecit, et navigatione et verberibus Rhenææ fessam. Clytus, ut Alexandriam venit, de his, quæ facta fuerant, certiorem fecit Rhenæam.

VI. Hippothous vero ex navigatione descendit in Siciliam, non Syracusis, sed Tauromenii, quærebatque occasionem, qua sibi necessaria pararet. Habrocomen, postquam diu fuerat Syracusis, mœror et anxietas ingens incessit, quod neque Anthiam inveniat, nec se domum salvum recipiat. Statuit igitur e Sicilia in Italiam transire, ibique, si nihil eorum, quæ quærebat, inveniret, Ephesum infelicem navigationem dirigere. Jam diu parentes eorum et Ephesii omnes in multo luctu fuerant, nec nuntio nec litteris acceptis. Miserant ad perquirendum ubique; eumque ob mœrorem et senium durare non possent parentes utriusque, vitam sibi ipsi ademerunt. Dum Habrocomes in Italiam iter faciebat, Leucon et Rhoda, sodales Habrocomæ et Anthiæ, cum Xanthi mortuus illis herus hereditatem, quæ magna erat, reliquisset, Ephesum redire statuerunt, quasi heri salvi jam essent, ipsi satis superque ærumnarum peregre passi. Omnibus navi impositis, Ephesum ituri solvunt, ac paucorum dierum navigatione Rhodum pervenere; ubi certiores facti, Habrocomen et Anthiam nequaquam salvos

ζοιντο, τεθνήκασι δ᾽ αὐτῶν οἱ πατέρες, διέγνωσαν εἰς
Ἔφεσον μὴ κατελθεῖν, χρόνῳ δέ τινι ἐκεῖ γενέσθαι,
μέχρις οὗ τι περὶ τῶν δεσποτῶν πύθωνται.

Ζ΄. Ὁ δὲ πορνοβοσκὸς, ὁ τὴν Ἄνθειαν ὠνησάμενος,
χρόνου διελθόντος ἠνάγκασεν αὐτὴν οἰκήματος προε-
στάναι. Καὶ δὴ κοσμήσας καλῇ μὲν ἐσθῆτι, πολλῷ δὲ
χρυσῷ, ἦγεν ὡς προστησομένην τέγους· ἡ δὲ μέγα
ἀνακωκύσασα, φεῦ μοι τῶν κακῶν, εἶπεν, οὐχ ἱκαναὶ
γὰρ αἱ πρότερον συμφοραὶ, τὰ δεσμὰ, τὰ λῃστήρια,
ἀλλ᾽ ἔτι καὶ πορνεύειν ἀναγκάζομαι; ὦ κάλλος δικαίως
ὑβρισμένον, τί γὰρ ἡμῖν ἀκαίρως παραμένεις; Ἀλλὰ τί
ταῦτα θρηνῶ καὶ οὐχ εὑρίσκω τινὰ μηχανὴν, δι᾽ ἧς
φυλάξω τὴν μέχρι νῦν σωφροσύνην τετηρημένην;
Ταῦτα λέγουσα ἤγετο ἐπὶ τὸ οἴκημα τοῦ πορνοβοσκοῦ
τὰ μὲν δεομένου θαρρεῖν, τὰ δ᾽ ἀπειλοῦντος. Ὡς δ᾽
ἦλθε καὶ προέστη, πλῆθος ἐπέρρει τῶν τεθαυμακότων
τὸ κάλλος· οἵ τε πολλοὶ ἦσαν ἕτοιμοι ἀργύριον κατα-
τίθεσθαι τῆς ἐπιθυμίας. Ἡ δ᾽ ἐν ἀμηχάνῳ γενομένη
κακῷ, εὑρίσκει τέχνην ἀποφυγῆς· πίπτει μὲν γὰρ εἰς
γῆν καὶ παρεῖται τὸ σῶμα καὶ ἐμιμεῖτο τοὺς νοσοῦντας
τὴν ἐκ θεῶν καλουμένην νόσον· ἦν δὲ τῶν παρόντων
ἔλεος ἅμα καὶ φόβος καὶ τοῦ μὲν ἐπιθυμεῖν συνουσίας
ἀπείγοντο, ἐθεράπευον δὲ τὴν Ἄνθειαν· ὁ δὲ πορνο-
βοσκὸς συνεὶς οἷ κακῶν ἀγεγόνει καὶ νομίσας ἀληθῶς
νοσεῖν τὴν κόρην, ἦγεν εἰς τὴν οἰκίαν καὶ κατέκλινέ τε
καὶ ἐθεράπευε, καὶ ὡς ἔδοξεν ἐν αὑτῆς γεγονέναι, ἀνε-
πυνθάνετο τὴν αἰτίαν τῆς νόσου. Ἡ δ᾽ Ἄνθεια, καὶ
πρότερον, ἔφη, δέσποτα, εἰπεῖν πρός σε ἐβουλόμην τὴν
συμφορὰν τὴν ἐμὴν καὶ διηγήσασθαι τὰ συμβάντα,
ἀλλ᾽ ἀπέκρυπτον αἰδουμένη· νυνὶ δ᾽ οὐδὲν χαλεπὸν
εἰπεῖν πρὸς σὲ, πάντ᾽ ἤδη μεμαθηκότα τὰ κατ᾽ ἐμέ.
Παῖς ἔτ᾽ οὖσα, ἐν ἑορτῇ καὶ παννυχίδι ἀποπλανηθεῖσα
τῶν ἐμαυτῆς, ἧκον πρός τινα τάφον ἀνδρὸς νεωστὶ
τεθνηκότος· κἀντεῦθ᾽ ἐφάνη μοί τις ἀναθορὼν ἐκ τοῦ
τάφου καὶ κατέχειν ἐπειρᾶτο· ἐγὼ δ᾽ ἀπέφυγον καὶ
ἐβόων· ὁ δ᾽ ἄνθρωπος ἦν μὲν ὀφθῆναι φοβερὸς, φωνὴν
δὲ πολλῷ εἶχε χαλεπωτέραν· καὶ τέλος ἡμέρα μὲν ἤδη
ἐγίνετο· ἀφεὶς δέ με ἔπληξέ τε κατὰ τοῦ στήθους, καὶ
νόσον ταύτην ἔλεγεν ἐμβεβληκέναι. Ἐκεῖθεν ἀρξα-
μένη ἄλλοτ᾽ ἄλλως ὑπὸ τῆς συμφορᾶς κατέχομαι.
Ἀλλὰ δέομαί σου, δέσποτα, μηδέν μοι χαλεπήνῃς· οὐ
γὰρ ἐγὼ τούτων αἰτία. Δυνήσῃ γάρ με ἀποδόσθαι καὶ
μηδὲν ἀπολέσαι τῆς δοθείσης τιμῆς. Ἀκούσας ὁ πορ-
νοβοσκὸς ἠνιᾶτο μὲν, συνεγίνωσκε δ᾽ αὐτῇ, ὡς οἷς
ἑκούσης ταῦτα πασχούσῃ.

Η΄. Καὶ ἡ μὲν ἐθεραπεύετο ὡς νοσοῦσα παρὰ τῷ
πορνοβοσκῷ· ὁ δ᾽ Ἁβροκόμης ἀπὸ τῆς Σικελίας ἐπαν-
αχθεὶς, κατείρει μὲν εἰς Νουκέριον τῆς Ἰταλίας·
ἀπορίᾳ δὲ τῶν ἐπιτηδείων διμηχανῶν ὅ τι ποιήσει, τὰ
μὲν πρῶτα περιῄει τὴν Ἄνθειαν ζητῶν· αὕτη γὰρ ἦν
αὐτῷ τοῦ βίου παντὸς καὶ τῆς πλάνης ἡ ὑπόθεσις· ὡς
δ᾽ οὐδὲν ηὕρισκεν, ἦν γὰρ ἐν Τάραντι ἡ κόρη παρὰ τῷ
πορνοβοσκῷ, αὑτὸν ἀπεμίσθωσε τοῖς τοὺς λίθους ἐρ-
γαζομένοις. Καὶ ἦν αὐτῷ τὸ ἔργον ἐπίπονον, οὐ γὰρ

esse, ac parentes eorum mortuos, constituerunt Ephesum
non accedere, sed illic aliquantum morari donec aliquid
de heris resciverint.

VII. Leno, qui Anthiam emerat, postremo quæstus gra-
tia prostare coëgit et pulchra veste multoque auro orna-
tam, prostituendam in lustrum ducebat; illa sublata voce
ejulans, Eheu me miseram! inquit, non sat erant præterita
infortunia, vincula, latrones, nisi et ad merendum corpore
adigerer? O formam contumeliose merito habitam, cur
enim remanes intempestiva? Sed quid ego flens non com-
mentum aliquod molior, quo servatam huc usque pudici-
tiam custodiam? Hæc dicens ad lenonis stabulum duce-
batur, qui nunc bono esse animo hortabatur, nunc addebat
minas. Ut venit et prostitit, multitudo confluxit formam
mirantium, multique pretium libidinis dare parati erant,
cum illa, in malo ineluctabili se videns, effugii artem ex-
cogitavit. Subito concidit, artus remittuntur languidi ac
velut resoluti, imitaturque correptos morbo, quem ceu
divinitus immissum sacrum et divinum vocant. Qui
aderant, misericordia pariter et metu affecti, concumbendi
desiderio se abstinentes, Anthiæ opem ferunt. Leno, quale
sibi infortunium acciderit, intelligens, ac vere ægrotare
puellam credens, domum subduxit, depositamque curare
instituit. Ubi visa est sui compos facta, quærit ab ea morbi
causam. Quæ, et ante, dixit, here, calamitatem tibi
meam et omnia quæ inciderunt, narrare volui, sed præ
verecundia celavi; nunc, cum omnium ad me pertinentium
certior sis, jam non pudet dicere. Dum essem admodum
parvula, ac festum et pervigilium ageretur, a meis evagata
ad tumulum perveni hominis novissime mortui. Ibi quidam
mihi e tumulo exsiliens apparuit, qui prehendere cona-
batur. Aufugi ego clamitans: terribilis homini adspectus,
vox etiam atrocior. Tandem, ut illuxit, abire me sivit,
ac pectus meum percussit, dicens, se huuc mihi morbum
immisisse. Exinde me id malum invasit, quod me varie
diversis temporibus cruciat. Sed obsecro, here, ne suc-
censeas mihi: non enim hoc factum culpa mea: vendere
me poteris, nec quidquam de pretio perdere. Leno, id
ægre ferens, puellæ tamen ignovit, utpote non hæc li-
benter passæ.

VIII. Dum illam, quam ægrotare putabat, leno curabat,
Habrocomes Sicilia profectus ad Nuceriam Italiæ defertur,
inops consilii, quomodo victum quæreret. Primum cir-
cuire investigando Anthiam, quæ illi et vitæ universæ et
errorum causa fuerat. Cum eam non invenirot, erat enim
puella Tarenti in domo Ienonis, operam suam locavit lapi-
cidis, molestum sane opus corpori gravibus durisque
laboribus inassueto. Æger sæpe suas fortunas deplorans,
en, Anthia, dixit, tuus Habrocomes, opifex laboriosissimæ

συνείθιστο τὸ σῶμα οὐδ' αὐτὸν ὑποβάλλειν ἔργοις εὐτόνοις καὶ σκληροῖς· διέκειτο δὲ πονήρως καὶ πολλάκις κατοδυρόμενος τὴν αὑτοῦ τύχην, ἰδοὺ, φησὶν, Ἄνθεια, ὁ σὸς Ἁβροκόμης ἐργάτης τέχνης πονήρας καὶ τὸ σῶμα ὑποτέθεικα δουλείᾳ· καὶ εἰ μὲν εἶχόν τινα ἐλπίδα ἐυρήσειν σέ τε καὶ τοῦ λοιποῦ συγκαταβιώσεσθαι, τοῦτο πάντων ἂν τῶν δεινῶν με παρεμυθεῖτο· νυνὶ δ' ἴσως κἀγὼ ὁ δυστυχὴς εἰς κενὰ καὶ ἀνόνητα πονῶ καὶ σύ που τέθνηκας πόθῳ τῷ πρὸς Ἁβροκόμην. Πέπεισμαι γάρ,
10 φιλτάτη, ὡς οὐκ ἄν ποτ' οὐδ' ἀποθανοῦσα ἐκλάθοιό μου. Καὶ ὁ μὲν ταῦτ' ὠδύρετο καὶ τοὺς πόνους ἔφερεν ἀλγεινῶς· τῇ δ' Ἀνθείᾳ ὄναρ ἐπέστη ἐν Τάραντι κοιμωμένη· ἐδόκει μὲν αὑτὴν εἶναι μεθ' Ἁβροκόμου, καλὴν οὖσαν μετ' ἐκείνου καλοῦ· καὶ τὸν πρῶτον εἶναι τοῦ
15 ἔρωτος αὐτοῖς χρόνον· φανῆναι δέ τιν' ἄλλην γυναῖκα καλὴν καὶ ἀφέλκειν αὐτῆς τὸν Ἁβροκόμην· καὶ τέλος ἀναβοῶντος καὶ καλοῦντος ὀνομαστὶ, ἐξαναστῆναί τε καὶ παύσασθαι τὸ ὄναρ. Ταῦθ' ὡς ἔδοξεν ἰδεῖν, εὐθὺς μὲν ἀνέδορέ τε καὶ ἀνεβρήνησε καὶ ἀληθῆ τὰ ὀφθέντα
20 ἐνόμιζεν· οἴμοι τῶν κακῶν, λέγουσα, ἐγὼ μὲν καὶ πόνους ὑπομένω πάντας καὶ ποικίλων πειρῶμαι ἡ δυστυχὴς συμφορῶν καὶ τέχνας σωφροσύνης ὑπὲρ γυναῖκας εὑρίσκω Ἁβροκόμη· σοὶ δ' ἴσως ἄλλη που δέδοκται καλή· ταῦτα γάρ μοι σημαίνει τὰ ὀνείρατα. Τί οὖν
25 ἔτι ζῶ; ἢ τί ἐμαυτὴν λυπῶ; κάλλιον οὖν ἀπολέσθαι. καὶ ἀπαλλαγῆναι τοῦ πονηροῦ τούτου βίου, ἀπαλλαγῆναι δὲ (καὶ) τῆς ἀπρεποῦς ταύτης καὶ ἐπισφαλοῦς δουλείας. Ἁβροκόμης μὲν εἰ καὶ τοὺς ὅρκους παρέβηκε, μηδὲν οἱ θεοὶ τιμωρήσαιντο τούτον· ἴσως
30 ἀνάγκῃ τι εἴργασται· ἐμοὶ δ' ἀποθανεῖν καλῶς ἔχει σωφρονούσῃ. Ταῦτ' ἔλεγε θρηνοῦσα καὶ μηχανὴν ἐζήτει τελευτῆς.

Θ'. Ὁ δ' Ἱππόθοος ὁ Περίνθιος ἐν τῷ Ταυρομενίῳ τὰ μὲν πρῶτα διῆγε πονήρως ἀπορίᾳ τῶν ἐπιτηδείων·
35 χρόνου δὲ προϊόντος ἠράσθη πρεσβῦτις αὐτοῦ καὶ ἔγημέ θ' ὑπ' ἀνάγκης τῆς κατὰ τὴν ἀπορίαν τὴν πρεσβῦτιν καὶ ὀλίγῳ συγγενόμενος χρόνῳ, ἀποθανούσης αὐτῆς, πλοῦτόν τε διαδέχεται πολὺν καὶ εὐδαιμονίαν· πολλὴ μὲν οἰκετῶν παραπομπή, πολλὴ δὲ τῶν ἐσθήτων ὑπαρξις καὶ σκευῶν
40 πολυτέλεια. Διέγνω δὲ πλεῦσαι εἰς τὴν Ἰταλίαν, ὠνήσασθαι δ' οἰκέτας ὡραίους καὶ θεραπαίνας καὶ ἄλλην σκευῶν περιβολήν, ὅση γένοιτ' ἂν ἀνδρὶ εὐδαίμονι· ἐμέμνητο δ' ἀεὶ τοῦ Ἁβροκόμου καὶ τοῦτον ἀνευρεῖν ηὔχετο· περὶ πολλοῦ ποιούμενος κοινωνῆσαί τ' αὐτῷ
45 τοῦ βίῳ παντὸς καὶ τῶν κτημάτων. Καὶ ὁ μὲν ἐπαναχθεὶς κατῆρεν εἰς Ἰταλίαν· εἴπετο δ' αὐτῷ μειράκιον τῶν ἐν Σικελίᾳ εὖ γεγονότων, Κλεισθένης τοὔνομα, καὶ πάντων μετεῖχε τῶν Ἱπποθόου κτημάτων, ὡς οὖν. Ὁ δὲ πορνοβοσκός, ἤδη τῆς Ἀνθείας ὑγιαίνειν δο-
50 κούσης, ἐνενοεῖθ' ὅπως αὑτὴν ἀποδώσεται, καὶ δὴ προῆγεν αὐτὴν εἰς τὴν ἀγορὰν τοῖς ὠνησομένοις ἐπεδείκνυεν. Ἐν τούτῳ δ' ὁ Ἱππόθοος περιῄει τὴν πόλιν τὴν Τάραντα, εἴ τι καλόν, ὠνήσασθαι ζητῶν· καὶ ὁρᾷ τὴν Ἄνθειαν καὶ γνωρίζει καὶ ἐπὶ τῷ συμβάντι

artis corpus in servitutem dedi. At si spem saltem haberem, te inveniendi, vivendique tecum quod superest, omnium hoc mihi esset malorum solatium. Nunc et ego forsan infelix inanibus et nil profuturis laboribus me macero, tuque uspiam interiisti Habrocomæ desiderio; credo enim, anime mi, nunquam nec mortuam te mei oblitam esse. His ille querebatur, labores misere sustinens, dum Tarenti somnium Anthiæ visum est : ipsa enim sibi videbatur dormire cum Habrocoma, formosa cum formoso, idque sibi esse amoris mutui initium. Tum pulchra quædam femina visa est Habrocomen ab ipsa abstrahere; illoque clamante et nomine se vocante, somnium evanuisse. Hæc quum videre se putaret confestim surrexit, ac vera esse, quæ viderat, existimans, flens, heu me miseram! inquit, labores et omnis generis infortunia patior, consiliaque et artes servandæ pudicitiæ excogito, dum tibi forsan alia mulier pulchra visa est, Habrocoma, quod mihi insomnia significant. Quid etiamnum vivo? cur me dolore conficio? pulcherrimum certe mori, ac simul infelici vita et indecora hacce et periculosa servitute liberari. Habrocomen, si quid pejeravit, non ulciscantur dii, necessitate forsan coactum; me vero pudicam mori omnino decet. Hæc illa cum lacrimis questa, modum quærebat se interimendi.

IX. Interea Hippothous Perinthius Tauromenii primum quidem inopia laboravit : deinde dives anus amore ejus capta est quam duxit uxorem, inopia coactus, et per breve tempus cum illa vixit et, illa mortua, heres fit illi magnarum divitiarum et rerum omnium. Servorum magnus comitatus, multa vestis, et lauta et magnifica supellex non deerant. Statuit igitur in Italiam navigare, servos et ancillas forma luculenta emere, reliquumque cultum parare, qualem habere virum divitem deceat. Habrocomen subinde recordatus invenire optabat, id permagni existimans, si vitam omnino et divitias communes cum eo haberet. In Italiam devehitur, atque una illum e Sicilia secutus ingenuus ac formosus adolescentulus, Clisthenes nomine, fortunarum omnium socius et particeps. Leno, cum Anthia convaluisse jam videretur, cogitabat quomodo illam venditurus esset et venalem in forum produxit et emturis ostendit; cum forte Hippothous, Tarentum pererrans, pulchrum quid ad emendum quærens, Anthiam videt et agnoscit. Percussit illico animum ea

καταπλήσσεται καὶ πολλὰ πρὸς ἑαυτὸν ἐλογίζετο· οὐχ
αὕτη ἡ κόρη, ἣν ἐγώ ποτ' ἐν Αἰγύπτῳ τιμωρῶν τῷ
Ἀγχιάλου φόνῳ, εἰς τάφρον κατώρυξα καὶ κύνας αὐτῇ
συγκαθεῖρξα; τίς οὖν ἡ μεταβολή; πῶς δὲ σώζεται; τίς
ἡ ἐκ τῆς τάφρου φυγή; τίς ἡ παράλογος σωτηρία;
Εἰπὼν ταῦτα προσῆλθεν, ὡς ὠνήσασθαι θέλων, καὶ
παραστὰς αὐτῇ, ὦ κόρη, ἔφησεν, Αἴγυπτον οὐκ οἶδας;
οὐδὲ λῃσταῖς ἐν Αἰγύπτῳ περιπέπτωκας; οὐδ' ἄλλο τι
ἐν ἐκείνῃ τῇ γῇ πέπονθας δεινόν; εἰπὲ θαρσοῦσα, γνωρίζω
γάρ σε ἐν ἐκείνῳ τῷ χωρίῳ. Αἴγυπτον ἀκούσασα καὶ
ἀναμνησθεῖσα Ἀγχιάλου καὶ τοῦ λῃστηρίου καὶ τῆς τά-
φρου, ἀνώμωξέ τε καὶ ἀνωδύρατο· ἀποβλέψασα δ' εἰς
τὸν Ἱππόθοον, (ἐγνώρισε δ' αὐτὸν οὐδαμῶς,) πέπονθα,
φησίν, ἐν Αἰγύπτῳ πολλά, ὦ ξένε, καὶ δεινά, ὅστις
ποτ' ὢν τυγχάνεις, καὶ λῃσταῖς περιπέπτωκα· ἀλλὰ σὺ
πῶς, εἰπέ, γνωρίζεις τὰ ἐμὰ διηγήματα; πόθεν δ' εἰ-
δέναι λέγεις ἐμὲ τὴν δυστυχῆ; διαβόητα μὲν [γὰρ] καὶ
ἔνδοξα πεπόνθαμεν, ἀλλά σε οὐ γινώσκω τὸ σύνολον.
Ἀκούσας ὁ Ἱππόθοος καὶ μᾶλλον, ἐξ ὧν ἔλεγεν,
ἀναγνωρίσας αὐτήν, τότε μὲν ἡσυχίαν ἤγαγεν, ὠνησά-
μενος δ' αὐτὴν παρὰ τοῦ πορνοβοσκοῦ ἄγει πρὸς ἑαυτὸν
καὶ θαρρεῖν παρεκελεύετο καὶ ὅστις ἦν λέγει καὶ τῶν ἐν
Αἰγύπτῳ γενομένων ἀναμιμνήσκει καὶ τὸν ἑαυτοῦ
πλοῦτον διηγεῖται καὶ τὴν φυγήν. Ἡ δ' ᾐτεῖτο συγ-
γνώμην ἔχειν καὶ αὐτῷ ἀντιδιηγεῖτο ὅτι Ἀγχίαλον
ἀπέκτεινε μὴ σωφρονοῦντα καὶ τὴν τάφρον καὶ τὸν
Ἀμφίνομον καὶ τὴν τῶν κυνῶν πρᾳότητα, καὶ τὴν σωτη-
ρίαν διηγεῖται. Κατῴκτειρεν αὐτὴν ὁ Ἱππόθοος καὶ
ἥτις μὲν ἦν, ἐπέπυστο οὐδέπω, ἐκ δὲ τῆς καθημερινῆς
σὺν τῇ κόρῃ διαίτης εἰς ἐπιθυμίαν Ἀνθείας καὶ Ἱπ-
πόθοος ἔρχεται καὶ συνελθεῖν ἐβούλετο καὶ πολλὰ
ὑπισχνεῖται αὐτῇ. Ἡ δὲ τὰ μὲν πρῶτα ἀντέλεγεν
αὐτῷ, ἀναξία εἶναι λέγουσα εὐνῆς δεσποτικῆς· τέλος δέ,
ὡς ἐνέκειτο Ἱππόθοος, οὐκέτ' ἔχουσα ὅ τι ποιήσειε,
κάλλιον εἶναι νομίζουσα εἰπεῖν πάντ'· αὐτῷ τὰ ἀπόρ-
ρητα ἢ παραβῆναι τὰς πρὸς Ἀβροκόμην συνθήκας,
λέγει τὸν Ἀβροκόμην, τὴν Ἔφεσον, τὸν ἔρωτα, τοὺς
ὅρκους, τὰς συμφοράς, τὰ λῃστήρια καὶ συνεχὲς Ἀβρο-
κόμην ἀνωδύρετο· ὁ δ' Ἱππόθοος ἀκούσας ὅτι τ' Ἄνθεια
καὶ ὅτι γυνὴ τοῦ πάντων αὐτῷ φιλτάτου, ἀσπά-
ζεταί τ' αὐτὴν καὶ εὐθυμεῖν παρεκάλει καὶ τὴν αὐτοῦ
πρὸς Ἀβροκόμην φιλίαν διηγεῖται. Καὶ τὴν μὲν εἶχεν
ἐπὶ τῆς οἰκίας, πᾶσαν προσάγων ἐπιμέλειαν, Ἀβρο-
κόμην αἰδούμενος· αὐτὸς δὲ πάντ' ἀνηρεύνα, εἴ που
τὸν Ἀβροκόμην ἀνεύροι.

Γ. Ὁ δ' Ἀβροκόμης τὰ μὲν πρῶτα ἐπιπόνως ἐν τῷ
Νουκερίῳ εἰργάζετο, τελευταῖον δὲ, οὐκέτι φέρων τοὺς
πόνους, διέγνω νεὼς ἐπιβὰς εἰς Ἔφεσον ἀνάγεσθαι·
καὶ ὁ μὲν νύκτωρ κατελθὼν ἐπὶ θάλασσαν, ἐπιτυγχάνει
πλοίῳ ἀναγομένῳ καὶ ἐπιβὰς ἔπλει τὴν ἐπὶ Σικελίαν
πάλιν ὡς ἐκεῖθεν εἰς Κρήτην τε καὶ Κύπρον καὶ Ῥόδον
ἀφιξόμενος κἀκεῖθεν εἰς Ἔφεσον γενησόμενος· ἤλπιζε
δ' ἐν τῷ μακρῷ πλῷ καὶ περὶ Ἀνθείας τι πυθέσθαι.
Καὶ ὁ μὲν ὀλίγα ἔχων τὰ ἐπιτήδεια ἀναγόμενος καὶ

res, multaque secum reputabat. Nonne hæc est puella,
quam ego quondam in Ægypto, Anchiali necem ulciscens,
fossa obrui jussi cum canibus inclusam? Quæ transformatio?
quomodo servata fuit? quod e fossa effugium? quæ inopi-
nata incolumitas? His dictis, ut emturus accedit, atque
adstans : nostine Ægyptum, puella? nonne ibi in latrones
incidisti? nonne aliud ibi passa es malum? Ne timeas hæc di-
cere : nam te illic novi. Ægyptum audiens, Anchiali et
latronum et fossæ memor, suspirans et ingemiscens Hippo-
thoum intuetur, haud agnoscens. Et, multa, inquit, o
hospes, quisquis es, in Ægypto passa sum et gravia, in-
cidique in latrones. At tu dic, quæso, quomodo res meas
nosti? unde me miseram te nosse ais? Clara quidem et
fama vulgata mala toleravi, sed nequaquam te novi. His
auditis, magis etiam ex quibus dicebat, Hippothous illam
agnoscens, tunc quidem nihil addens, emtam a lenone
domum abducit, bonoque esse animo jubet et quis ipse sit
et quæ in Ægypto acciderant memorat, et opes et fugam
narrat. Illa, ut sibi ignoscat, precatur et a se occisum
Anchialum fatetur, vitium offerentem; ac fossam, Am-
phinomum, canumque mansuetudinem, effugiumque nar-
rat. Puellæ misertus est Hippothous; nondum autem
audiverat quænam esset; verum ex quotidiana cum Anthia
consuetudine, ejus amore flagrare cœpit et cum illa con-
suetudinem habere cupiens, multis eam promissis sollici-
tabat; abnuere illa primum, se non dignam herili lecto
dicens; tandem instanti Hippothoo, cum nil aliud suppe-
teret, satiusque esse ducens, omnia vel arcana prodere,
quam datam Habrocomæ fidem solvere, de Habrocoma
narrat omnia, et Ephesum et amorem et jusjurandum et
infortunia, prædones et perpetuo Habrocomen deflebat.
Hippothous, ut audivit Anthiam illam esse, amici sui
summi uxorem, amplexatur, ac bono esse animo jubet,
suam cum Habrocoma amicitiam narrans. Illam domi
habuit, omnique cura prosecutus est Habrocomen reverens,
omniaque investigavit, sicubi Habrocomen inveniret.

X. Habrocomes primum Nuceriæ ægre victum in opere
faciundo exercebat; tandem labores non amplius ferre
valens, conscensa nave statuit Ephesum proficisci. Noctu
mare accedens, navem nactus, quæ deducebatur, in Sici-
liam iterum navigavit, ut inde Cretam, Cyprum, et Rho-
dum tandemque Ephesum perveniret. Sperabat et in longa
navigatione se aliquid de Anthia auditurum. Cum parvo
igitur commeatu profectus et prospera navigatione usus in

διανύσας τὸν πλοῦν, τὰ μὲν πρῶτα ἐπὶ τῆς Σικελίας ἔρχεται καὶ εὑρίσκει τὸν πρότερον ξένον τὸν Αἰγιαλέα τεθνηκότα· ἐπενέγκας δ' αὐτῷ χοὰς καὶ πολλὰ καταδακρύσας, ἀναχθεὶς πάλιν καὶ Κρήτην παρελθὼν, ἐν Κύπρῳ γενόμενος, ἡμέρας διατρίψας ὀλίγας καὶ εὐξάμενος τῇ πατρίῳ Κυπρίων θεῷ, ἀνήγετο καὶ ἧκεν εἰς Ῥόδον· ἐνταῦθα πλησίον τοῦ λιμένος εἰσῳκίσατο. Καὶ ἤδη τ' ἐγγὺς ἐγίνετο Ἐφέσου καὶ πάντων αὐτὸν ἔννοια τῶν δεινῶν εἰσήρχετο, τῆς πατρίδος, τῶν πατέρων, τῆς Ἀνθείας, τῶν οἰκετῶν· καὶ ἀναστενάξας, φεῦ, ἔφη, τῶν κακῶν· εἰς Ἔφεσον ἵξομαι μόνος καὶ πατράσιν ὀφθήσομαι τοῖς ἐμαυτοῦ χωρὶς Ἀνθείας καὶ πλεύσομαι πλοῦν ὁ δυστυχὴς κενὸν καὶ διηγήσομαι διηγήματα ἴσως ἄπιστα, κοινωνὸν ὧν πέπονθα οὐκ ἔχων· ἀλλὰ καρτέρησον, Ἁβροκόμη, καὶ γενόμενος ἐν Ἐφέσῳ τοσοῦτον ἐπιβίωσον χρόνον, τάφον ἐγειρον τῇ Ἀνθείᾳ καὶ θρήνησον αὐτὴν καὶ χοὰς ἐπένεγκαι καὶ σαυτὸν ἤδη παρ' αὐτὴν ἄγε. Ταῦτ' ἔλεγε καὶ περιῄει τὴν πόλιν ἁλίων, ἀπορίᾳ μὲν τῇ κατὰ τὴν Ἄνθειαν, ἀπορίᾳ δὲ τῶν ἐπιτηδείων. Ὁ δὲ Λεύκων ἐν τούτῳ καὶ ἡ Ῥόδη διατρίβοντες ἐν Ῥόδῳ, ἀνάθημα ἀνατεθείκεσαν ἐν τῷ τοῦ Ἡλίου ἱερῷ παρὰ τὴν χρυσῆν πανοπλίαν, ἣν Ἄνθεια καὶ Ἁβροκόμης ἀνατεθείκεσαν· ἀνέθεσαν στήλην γράμμασι χρυσοῖς γεγραμμένην ὑπὲρ Ἁβροκόμου καὶ Ἀνθείας, ἀνεγέγραπτο δὲ καὶ τῶν ἀναθέντων τὰ ὀνόματά, ὅ τε Λεύκων καὶ ἡ Ῥόδη. Ταύτῃ τῇ στήλῃ ὁ Ἁβροκόμης ἐπιτυγχάνει, ἐληλύθει δὲ προσευξασθαι τῷ θεῷ. Ἀναγνοὺς οὖν καὶ γνωρίσας τοὺς ἀναθέντας καὶ τὴν τῶν οἰκετῶν εὔνοιαν, πλησίον δὲ καὶ τὴν στήλη, ὦ πάντα, ἔλεγεν, ἐγὼ δυστυχής· ἐπὶ τὸ τέρμα ἥκω τοῦ βίου καὶ εἰς ἀνάμνησιν τῶν ἐμαυτοῦ συμφορῶν· ἰδοὺ ταύτην μὲν τὴν πανοπλίαν ἐγὼ μετ' Ἀνθείας ἀνέθηκα καὶ μετ' ἐκείνης ἀποπλεύσας Ῥόδου, ἥκω νῦν ἐκείνην οὐκ ἄγων· εἰ δ' αὕτη ἡ στήλη τῶν συντρόφων τῶν ἡμετέρων ὑπὲρ ἀμφοτέρων τὸ ἀνάθημα, τίς οὖν γένωμαι μόνος; ποῦ δὲ τοὺς φιλτάτους ἀνεύρω; Ταῦθ' ἐθρήνει ἐκεῖνον· καὶ ἐν τούτῳ θεάσαται ὁ Λεύκων καὶ ἡ Ῥόδη συνήθως εὐχόμενοι τῷ θεῷ καὶ θεωροῦσι τὸν Ἁβροκόμην τῇ στήλῃ παρακαθεζόμενον καὶ εἰς τὴν πανοπλίαν ἀποβλέποντα καὶ γνωρίζουσι μὲν οὐχί, θαυμάζουσι δὲ, ὅστις ἐν ἀλλοτρίοις ἀναθήμασι παραμένει. Καὶ δὴ ὁ Λεύκων ἔφη· ὦ μειράκιον, τί βουλόμενος ἀναθήμασιν οὐδέν σοι προσήκουσι παρακαθεζόμενος ὀδύρῃ καὶ θρηνεῖς; τί δέ σοι τούτων μέλει; τί δέ τῶν ἐνταῦθ'; ἀναγεγραμμένων κοινωνεῖ σοί; Ἀποκρίνεται πρὸς αὐτὸν Ἁβροκόμης· ἐμὰ, φησὶν, ἐμὰ τὰ ἀναθήματα Λεύκωνος καὶ Ῥόδης, οὓς ἰδεῖν εὔχομαι μετ' Ἀνθείας Ἁβροκόμης ὁ δυστυχής. Ἀκούσαντες οἱ περὶ τὸν Λεύκωνα εὐθὺς μὲν ἀχανεῖς ἐγένοντο· ἀνευχόντες δὲ κατὰ μικρὸν, ἐγνώριζον ἐκ τοῦ σχήματος, ἐκ τῆς φωνῆς, ἐξ ὧν ἔλεγεν, ἐξ ὧν Ἀνθείας ἐμέμνητο, καὶ πίπτουσι πρὸ τῶν ποδῶν αὐτοῦ καὶ τὰ καθ' αὑτοὺς διηγοῦνται, τὴν ὁδὸν τὴν εἰς Συρίαν ἀπὸ Τύρου, τὴν

Siciliam primum venit et veteri hospiti Ægialeo, quem mortuum invenit, justa fecit et flevit; tum iterum solvit et Cretam præteriens Cyprum venit, ibique aliquot dies commoratus, precatusque patriam Cypriorum deam, in Rhodum proficiscitur, et illic prope portum divertit. Cum jam non longe Epheso abesset, malorum omnium cogitatio subit, patriæ, parentum, Anthiæ, sodalium; et ingemiscens, o infortunia, inquit, Ephesum solus redeam et parentes me videant absque Anthia et inutilem navigationem perficiam et res narrem forsan minime credibiles, conscium eorum, quæ passus fuerim, non habens. At dura, Habrocoma, atque, cum Ephesi fueris, tamdiu vive, donec Anthiæ tumulum excites et lacrimas illi ac justa persolvas, tum temet ipsi adjungas. His dictis, urbem anxius pererrabat, inops consilii, quo Anthiam, quo victum quæreret. Interea Leucon et Rhoda, dum Rhodi morantur, donum in Solis templo posuerant, prope aurea arma olim fixa ab Habrocoma et Anthia, et titulum addiderant aureis literis inscriptum de Habrocoma et Anthia; neque ipsorum deerant nomina, qui statuerant, Leuco et Rhoda. Cum in hunc titulum incidisset Habrocomes, venerat enim ad supplicandum deo, ac legens perspiceret benevolentiam famulorum, qui posuerant, ac prope arma videret, assidens titulo ingemuit. Heu me omnino, inquit, infelicem! ad extremum vitæ perveni, atque in recordationem calamitatum mearum : hanc ecce armaturam ego simul cum Anthia dedicavi et cum ea Rhodo profectus, nunc redeo illam non adducens : quia autem hic titulus a sodalibus nostris de utroque nostrûm est positus, quid fiam solus? ubi assequar mihi egregie caros? Hæc cum lacrimis dicenti Leuco et Rhoda adsunt, pro more deo supplicantes. Habrocomen titulo assidentem et intuentem arma vident, nec noscentes mirantur, quis ita alienis donariis immoretur. Et Leuco quidem , Quid tibi vis, inquit, adolescens, donis nihil te attinentibus assidens, lacrimans et ingemiscens? Quid hæc tibi curæ sunt? quid tibi cum iis, quorum nomina inscripta vides? Habrocomes, mea, respondit, mea munera sunt Leuconis et Rhodæ, quos cum Anthia videre miser ego Habrocomes exopto. Obstupuere ii, cum hæc audissent; paulatim ad se redeuntes ex habitu, e voce, ex his quæ dixerat et quod Anthiam memoraverat, agnoscentes, ad pedes ipsius procidunt, quæque illis evenerant, narrant, a Tyro in Syriam iter, Mantus

Μαντοῦς ὀργήν, τὴν ἔκδοσιν, τὴν πρᾶσιν τὴν εἰς Λυ-
κίαν, τὴν τῶν δεσποτῶν τελευτήν, τὴν περιουσίαν, τὴν
εἰς Ῥόδον ἄφιξιν· καὶ δὴ παραλαβόντες ἄγουσιν εἰς
τὴν οἰκίαν, ἔνθ᾽ αὐτοὶ κατήγοντο καὶ τὰ κτήματα αὐ-
5 τῶν παραδιδόασι καὶ ἐπεμελοῦντο καὶ ἐθεραπεύοντο
καὶ θαρρεῖν παρεκάλουν· τῷ δ᾽ ἦν οὐδὲν Ἀνθείας τι-
μιώτερον, ἀλλ᾽ ἐκείνην ἐθρήνει παρ᾽ ἕκαστα.

ΙΑ΄. Καὶ ὁ μὲν ἐν Ῥόδῳ διῆγεν μετὰ τῶν συντρό-
φων, ὅ τι πράξει βουλευόμενος· ὁ δ᾽ Ἱππόθοος διέγνω
10 τὴν Ἄνθειαν ἀγαγεῖν ἀπ᾽ Ἰταλίας εἰς Ἔφεσον, ὡς
ἀποδώσων τε τοῖς γονεῦσι καὶ περὶ Ἀβροκόμου ἐκεῖ τι
πευσόμενος· καὶ δὴ ἐμβαλὼν πάντα τὰ αὑτοῦ εἰς ναῦν
μεγάλην Ἐφεσίαν, μετὰ τῆς Ἀνθείας ἀνήγετο, καὶ δια-
νύσας μάλ᾽ ἀσμένως τὸν πλοῦν, οὐ πολλαῖς ἡμέραις
15 εἰς Ῥόδον καταίρει νυκτὸς ἔτι κἀνταῦθα παράγεται
παρά τινι πρεσβύτιδι, Ἀλθαίᾳ τοὔνομα, πλησίον δὲ
τῆς θαλάσσης, καὶ τὴν τ᾽ Ἄνθειαν ἀνάγει παρὰ τὴν
ξένην, καὶ αὐτὸς ἐκείνης μὲν τῆς νυκτὸς ἀνεπαύσατο·
τῇ δ᾽ ἑξῆς ἤδη μὲν περὶ τὸν πλοῦν ἐγίνοντο· ἑορτὴ δὲ
20 τις ἤγετο μεγαλοπρεπὴς, δημοσίᾳ τῶν Ῥοδίων ἀγόν-
των τῷ Ἡλίῳ καὶ πομπή τε καὶ θυσία καὶ πολιτῶν
ἑορταζόντων πλῆθος. Ἐνταῦθα παρῆσαν ὁ Λεύκων
καὶ ἡ Ῥόδη, οὐ τοσοῦτον τῆς ἑορτῆς μεθέξοντες, ὅσον
ἀναζητήσοντες, εἴ τι περὶ Ἀνθείας πύθοιντο. Καὶ δὴ
25 ἧκεν ὁ Ἱππόθοος εἰς τὸ ἱερόν, ἄγων τὴν Ἄνθειαν·
ἡ δ᾽ ἀπιδοῦσα εἰς τὰ ἀναθήματα καὶ ἐν ἀναμνήσει τῶν
προτέρων γενομένη, ὅ τὰ πάντων, ἔφησεν, ἀνθρώπων
ἐφορῶν Ἥλιε, μόνην ἐμὲ τὴν δυστυχῆ παρελθών,
πρότερον μὲν ἐν Ῥόδῳ γενομένη, εὐτυχῶς τέ σε προσε-
30 κύνουν καὶ θυσίας ἔθυον μεθ᾽ Ἀβροκόμου καὶ εὐδαίμων
τότ᾽ ἐνομιζόμην· νυνὶ δὲ δούλη μὲν ἀντ᾽ ἐλευθέρας,
αἰχμάλωτος δ᾽ ἡ δυστυχὴς ἀντὶ τῆς μακαρίας καὶ εἰς
Ἔφεσον ἔρχομαι μόνη καὶ φανοῦμαι τοῖς οἰκείοις Ἀβρο-
κόμην οὐκ ἔχουσα. Ταῦτ᾽ ἔλεγε, καὶ πολλ᾽ ἐπεδάκρυε
35 δεῖται τοῦ Ἱπποθόου ἐπιτρέψαι αὐτῇ τῆς κόμης
ἀφελεῖν τῆς αὑτῆς καὶ ἀναθεῖναι τῷ Ἡλίῳ καὶ εὔξα-
σθαί τι περὶ Ἀβροκόμου. Συγχωρεῖ ὁ Ἱππόθοος· καὶ
ἀποτεμοῦσα τῶν πλοκάμων, ὅσ᾽ ἐδύνατο καὶ ἐπιτηδείου
καιροῦ λαβομένη, πάντων ἀπηλλαγμένων, ἀνατίθησιν
40 ἐπιγράψασα· ΥΠΕΡ. ΤΟΥ. ΑΝΔΡΟΣ. ΑΒΡΟΚΟΜΟΥ.
ΑΝΘΕΙΑ. ΤΗΝ. ΚΟΜΗΝ. ΤΩΙ. ΘΕΩΙ. ΑΝΕΘΗΚΕ.
Ταῦτα ποιήσασα καὶ εὐξαμένη ἀπῄει μετὰ τοῦ Ἱππο-
θόου.

ΙΒ΄. Ὁ δὲ Λεύκων καὶ ἡ Ῥόδη τέως ὄντες περὶ τὴν
45 πομπὴν ἐφίστανται τῷ ἱερῷ καὶ βλέπουσι τὰ ἀναθήματα
καὶ γνωρίζουσι τῶν δεσποτῶν τὰ ὀνόματα καὶ πρῶτον
ἀσπάζονται τὴν κόμην καὶ πολλὰ κατωδύροντο οὕτως
ὡς Ἄνθειαν βλέποντες· τελευταῖον δὲ περιῄεσαν, εἴ
που κἀκείνην εὑρεῖν δυνήσονται· ἤδη δὲ καὶ τὸ πλῆθος
50 τῶν Ῥοδίων ἐγνώριζε τὰ ὀνόματα ἐκ τῆς προτέρας
ἐπιδημίας, κἀκείνην μὲν τὴν ἡμέραν οὐδὲν εὑρίσκοντες
ἀπηλλάγησαν καὶ τῷ Ἀβροκόμῃ τὰ ἐν τῷ ἱερῷ ὄντα
ἐμήνυσαν· ὁ δ᾽ ἔπαθε μὲν τὴν ψυχὴν ἐπὶ τῷ παραδόξῳ
τοῦ πράγματος, εὔελπις δ᾽ ἦν ὡς Ἄνθειαν εὑρήσων.

iram, locatos se et venditos, in Lyciam devectos, domi-
norum obitum, divitias et reditum Rhodum. Inde domum,
ubi habitabant, ducunt, eique rem, quanta illis erat, tra-
dunt, multaque cura famulantur, ut bono sit animo hor-
tantes. Illi nil erat Anthia carius, quam assidue deflebat.

XI. Dum is Rhodi cum sodalibus, quid faciendum sit,
deliberat, Hippothous statuit Anthiam ab Italia Ephesum
ducere, ut eam parentibus reddat; ibique aliquid de Ha-
brocoma se auditurum sperans, re omni navi cuidam ma-
gnæ Ephesiæ imposita, cum Anthia solvit, et admodum
secunda navigatione usus, non multos post dies Rhodum
noctu appulit, et ibi apud anum Althæam nomine prope
mare divertit et Anthiam ad hospitem adducit. Ea nocte
quievit, insequenti die de navigatione cogitarunt ; sed festus
is dies Soli publica Rhodiorum magnificentia agebatur.
Pompa et sacrificium et civium multorum celebritas.
Aderant Leuco et Rhoda non tam publicæ lætitiæ parti-
cipes, quam conquisituri, si quid de Anthia audirent, cum
Hippothous templum intrat ducens Anthiam. Illa dona
respiciens et præteritorum recordata, o Sol, ait, qui
humana omnia intueris, unam me miseram præteriens,
quæ, cum antehac Rhodi essem, te feliciter adorans, sacra
tibi cum Habrocoma feci et tunc beata quidem existimabar,
nunc serva pro libera et captiva infelix pro felici Ephesum
sola redeo, domesticis me absque *Habrocoma* ostensura.
Hæc lacrimans loquitur, obsecratque Hippothoum, ut
comæ sibi partem abscindere liceat, ac Soli donum ponere,
et pro Habrocoma precari. Cum permisisset Hippothous,
illa abscindens quod comæ poterat, occasionem idoneam
nacta, cum nemo adesset, posuit et inscripsit : PRO. VIRO.
HABROCOMA. ANTHIA. COMAM. HANC. DONUM. DEO. DEDIT.
His peractis cum supplicasset, una cum Hippothoo abit.

XII. Leuco et Rhoda, qui interim pompam prosecuti
fuerant, templum accedunt et munera intuentes, hcrilia
nomina noscunt, ac primum comam salutant, plorantque
non secus, ac si Anthiam viderent, ac tandem, sicubi eam
invenire possint, conquirunt, cum et Rhodii omnes nossent
nomina adolescentum, ex quo primum ibi peregre venerant.
Nihil illo die invenientes abiere, et Habrocomen de his,
quæ in templo erant, certiorem faciunt. Ille ob rem ino-
pinatam animo commotus quidem erat sed spei plenus ut
Anthiam recuperaret. Insequenti die, cum minime esset
mare tempestivum ad navigandum, Anthia iterum cum

LIBER V.

Τῇ δ' ἑξῆς ἧκεν ἡ Ἄνθεια πάλιν εἰς τὸ ἱερὸν μετὰ τοῦ Ἱπποθόου, οὐκ ὄντος αὐτοῖς πλοῦς, προσκαθίσασα δὲ τοῖς ἀναθήμασιν ἐδάκρυέ τε καὶ ἀνέστενεν· ἐν τούτῳ δ' ἐπεισίασιν ὁ Λεύκων καὶ ἡ Ῥόδη τὸν Ἁβροκόμην 5 καταλιπόντες ἔνδον, ἀθύμως ἐπὶ τοῖς αὐτοῖς διακείμενον· ἐλθόντες δ' ὁρῶσι τὴν Ἄνθειαν καὶ ἣν μὲν ἔτι ἄγνωστος αὐτοῖς, συμβάλλουσι δὲ πάντα, ἔρωτα, δάκρυα, τὰ ἀναθήματα, τὰ ὀνόματα, τὸ εἶδος. Οὕτως κατὰ βραχὺ ἐγνώριζον αὐτήν· προσπεσόντες δὲ τοῖς 10 γόνασιν ἔκειντο ἀχανεῖς· ἡ δ' ἐτεθαυμάκει, τίνες τ' ἦσαν καὶ τί βούλοιντο· οὐ γὰρ ἄν ποτε Λεύκωνα καὶ Ῥόδην ἤλπισεν. Οἱ δ' ἐν ἑαυτῶν γενόμενοι, ὦ δέσποινα, ἔφασαν, Ἄνθεια, ἡμεῖς οἰκέται σοι, Λεύκων καὶ Ῥόδη, οἱ τῆς ἀποδημίας κοινωνήσαντες καὶ τοῦ 15 λῃστηρίου· ἀλλὰ τίς ἐνταῦθ' ἄγει σε τύχη; θάρσει, δέσποινα, Ἁβροκόμης σώζεται καὶ ἔστιν ἐνταῦθ' ἀεί σε θρηνῶν. Ἀκούσασα ἡ Ἄνθεια ἐξεπλάγη τοῦ λόγου, μόγις δ' ἀνενεγκοῦσα καὶ γνωρίσασα περιβάλλει τ' αὐτοὺς καὶ ἀσπάζεται καὶ σαφέστατα τὰ καθ' Ἁβροκό-
20 μην μανθάνει.

ΙΓʹ. Συνέρρει δ' ἅπαν τὸ πλῆθος τῶν Ῥοδίων, πυνθανόμενον τὴν Ἀνθείας εὕρεσιν καὶ Ἁβροκόμου· παρῆν δ' ἐν τούτῳ καὶ ὁ Ἱππόθοος, ἐγνωρίσθη τε τοῖς περὶ τὸν Λεύκωνα καὶ αὐτὸς ἐξέμαθεν οἵ τινές εἰσι· καὶ ἣν 25 μὲν ἄλλα ἐν αὐτοῖς ἐπιτηδείως· τὸ δὲ ** ὅτι μηδέπω Ἁβροκόμης ταῦτ' ἐπίσταται· ἔτρεχον δὲ, ὡς εἶχον, ἐπὶ τὴν οἰκίαν. Ὁ δὲ, ὡς ἤκουσεν παρά τινος τῶν Ῥοδίων τὴν τῆς Ἀνθείας εὕρεσιν, διὰ μέσης τῆς πόλεως, βοῶν Ἄνθεια, ἐοικὼς μεμηνότι ἔθει καὶ δὴ 30 συντυγχάνει τοῖς περὶ τὴν Ἄνθειαν πρὸς τῷ ἱερῷ τῆς Ἴσιδος· πολὺ δὲ τῶν Ῥοδίων πλῆθος ἐφείπετο. Ὡς δ' εἶδον ἀλλήλους, εὐθὺς ἀνεγνώρισαν· τοῦτο γὰρ αὐτοῖς ἐβούλοντο αἱ ψυχαί· καὶ περιλαβόντες ἀλλήλους εἰς γῆν κατηνέχθησαν· κατεῖχε δ' αὐτοὺς πολλὰ ἅμα πάθη, 35 ἡδονή, λύπη, φόβος, ἡ τῶν προτέρων μνήμη, τὸ τῶν μελλόντων δέος· ὁ δὲ δῆμος ὁ Ῥοδίων ἀνευφήμησέ τε καὶ ἀνωλόλυξε, μεγάλην θεὸν ἀνακαλοῦντες τὴν Ἶσιν, πάλιν, λέγοντες, ὁρῶμεν Ἁβροκόμην καὶ Ἄνθειαν τοὺς καλούς. Οἱ δ' ἀναλαβόντες ἑαυτοὺς, ἀναστάντες 40 εἰς τὸ τῆς Ἴσιδος ἱερὸν εἰσῆλθον, σοὶ, λέγοντες, ὦ μεγίστη θεὰ, τὴν ὑπὲρ τῆς σωτηρίας ἡμῶν χάριν οἴδαμεν, διὰ σὲ, ὦ πάντων ἡμῖν τιμιωτάτη, ἑαυτοὺς ἀπειλήφαμεν· προὐκυλίοντό τε τοῦ τεμένους καὶ τῷ βωμῷ προσέπιπτον. Καὶ τότε μὲν αὐτοὺς ἄγουσι παρὰ τὸν 45 Λεύκωνα εἰς τὴν οἰκίαν καὶ ὁ Ἱππόθοος τὰ αὐτοῦ μετεσκευάζετο παρὰ τὸν Λεύκωνα, καὶ ἦσαν ἕτοιμοι πρὸς τὸν εἰς Ἔφεσον πλοῦν. Ὡς δ' ἧκεν ἐκείνης τῆς ἡμέρας καὶ εὐωχήθησαν, πολλὰ καὶ ποικίλα παρὰ πάντων τὰ διηγήματα, ὅσα τ' ἔπαθεν ἕκαστος καὶ ὅσα 50 ἔδρασε, παρεξέτεινέ τ' ἐπὶ πολὺ τὸ συμπόσιον, ὡς αὐτοὺς ἀπολαβόντες χρόνῳ. Ἐπεὶ δὲ νὺξ ἤδη ἐγεγόνει, ἀνεπαύοντο, οἱ μὲν ἄλλοι πάντες, ὅπως ἔτυχον, Λεύκων μὲν καὶ Ῥόδη, Ἱππόθοος δὲ καὶ τὸ μειράκιον τὸ ἐκ Σικελίας, τὸ ἀκολουθῆσαν εἰς Ἰταλίαν ἰόντι αὐτῷ,

Hippothoo ad templum venit et donariis assidens lacrimas et gemitus fundebat, cum Leuco et Rhoda ingrediuntur, Habrocoma domi relicto, qui ob hæc eadem anxio et ægro animo erat. Ut Anthiam vident, quam nondum agnoverant, ex omnibus simul conjecturam capientes, amore, lacrimis, donis, nominibus, specieque, brevi eam esse deprehendunt, genibusque adlapsi stupentes obmutuere. Illa, quinam essent, quidque vellent, mirari; nunquam enim Leuconem et Rhodam eos esse sperasset. Qui ubi ad se rediere, o hera, inquiunt, Anthia, nos famuli tui, Leuco et Rhoda, tecum peregrinati atque una a latronibus capti. Sed quæ te huc duxit fortuna? Bono sis animo, hera, sospes Habrocomes hic loci est te assidue deflens. Anthiam percussit illico is sermo, vixque se ipsam colligens, eos agnoscens salutat et amplexatur et accuratissime de Habrocoma sciscitatur.

XIII. Confluxit omnis Rhodiorum multitudo, ut audivere inventos Anthiam et Habrocomen. Tum vero accessit etiam Hippothous, innotuitque Leuconi et Rhodæ, simul et ipse, quinam essent, certior factus. Ac de reliquo quidem inter eos commode se res habebat; hoc tamen minus, quod necdum ista sciret Habrocomes: itaque confestim domum accucurrerunt. Ille interim, postquam ex aliquo Rhodiorum acceperat, inventam esse Anthiam, per mediam urbem velut amens currebat, Anthiam clamans. Occurrit tandem Anthiæ ad ædem Isidis, plurimique Rhodiorum sequebantur. Ubi se mutuo viderunt, statim agnovere, volentibus id utriusque animis et invicem amplexati succidunt genua simul multifaria animi commotione affectis, voluptate, dolore, timore, præteritorum memoria et futurorum metu. Rhodiorum vulgus faustum lætumque acclamarunt, magnam deam invocantes Isin, en iterum, dicebant, videmus Habrocomen et Anthiam, eximios forma adolescentes. Illi, ut animus rediit, surrexere et Isidis ædem ingressi, tibi, inquiunt, o maxima dea, gratia pro nostra incolumitate habetur: auxilio tuo, o nobis omnium maxime colenda, nosmet ipsos recepimus. Provoluti sunt ante lucum et ad aram prociderunt ac tandem Leuconis domum ducuntur, in quam et Hippothous migravit; paratique ad iter in Ephesum erant. Cum, sacris illo die factis, epulis accubuissent, multæ et variæ ab omnibus consertæ narrationes, utpote qui longo post tempore iterum conjuncti essent, eorum quæ quisque passus fuerat aut fecerat, protraxerunt convivium; ubi nox accessit, cubant, alii quidem ut cuique obtigit, Leuco vero cum Rhoda, Hippothous cum adolescentulo egregiæ

ὁ Κλεισθένης ὁ καλός· ἡ δ' Ἄνθεια ἀνεπαύετο μεθ' Ἁβροκόμου.

ΙΔ'. Ὡς δ' οἱ μὲν ἄλλοι πάντες κατεκοιμήθησαν, ἡσυχία δ' ἦν ἀκριβής, περιλαβοῦσα ἡ Ἄνθεια τὸν Ἁβρο-
5 κόμην ἔκλαεν, ἄνερ, λέγουσα, καὶ δέσποτα, ἀπείληφά σε πολλὴν γῆν πλανηθεῖσα καὶ θάλασσαν, λῃστῶν ἀπειλὰς ἐκφυγοῦσα καὶ πειρατῶν ἐπιβουλὰς καὶ πορνοβοσκῶν ὕβρεις καὶ δεσμὰ καὶ τάφρους καὶ ξύλα καὶ φάρμακα καὶ τάφους· ἀλλ' ἥκω σοι τοιαύτη, τῆς ἐμῆς
10 ψυχῆς Ἁβροκόμη δέσποτα, οἵα τὸ πρῶτον ἀπηλλάγην εἰς Συρίαν ἐκ Τύρου· ἔπεισε δέ με ἁμαρτεῖν οὐδείς, οὐ Μοῖρις ἐν Συρίᾳ, οὐ Περίλαος ἐν Κιλικίᾳ, οὐκ ἐν Αἰγύπτῳ Ψάμμις καὶ Πολύϊδος, οὐκ Ἀγχίαλος ἐν Αἰθιοπίᾳ, οὐκ ἐν Τάραντι ὁ δεσπότης· ἀλλ' ἁγνὴ μένω σοι
15 πᾶσαν σωφροσύνης μηχανὴν πεποιημένη· σὺ δ' ἄρα, Ἁβροκόμη, σώφρων ἔμεινας, ἢ μέ τις παρευδοκίμησεν ἄλλη καλή, ἢ μή τις ἠνάγκασέ σε ἐπιλαθέσθαι τῶν ὅρκων τε κἀμοῦ; Ταῦτ' ἔλεγε, καὶ κατεφίλει συνεχῶς· ὁ δ' Ἁβροκόμης, ἀλλ' ὀμνύω σοι, φησί, τὴν μόγις ἡμῖν
20 ἡμέραν ποθεινὴν εὑρημένην, ὡς οὔτε παρθένος ἐμοί τις ἔδοξεν εἶναι καλή, οὔτ' ἄλλη τις ὀφθεῖσα ἤρεσε γυνή, ἀλλὰ τοιούτον εἴληφας Ἁβροκόμην καθαρόν, οἷον ἐν Τύρῳ κατέλιπες ἐν δεσμωτηρίῳ. Ταῦτα δι' ὅλης τῆς νυκτὸς ἀλλήλοις ἀπελογοῦντο καὶ ῥᾳδίως ἔπειθον ἀλλή-
25 λους ἐπεὶ τοῦτ' ἤθελον.

ΙΕ'. Ἐπειδὴ δ' ἡμέρα ἐγένετο, ἐπιβάντες νεώς, πάνθ' ἐνθέμενοι τὰ αὐτῶν, ἐπανήγοντο, παραπέμποντος αὐτοὺς παντὸς τοῦ Ῥοδίων πλήθους· συναπτει δὲ καὶ ὁ Ἱππόθοος τὰ θ' αὑτοῦ πάντ' ἐπαγόμενος καὶ τὸν Κλει-
30 σθένη· καὶ ἡμέραις ὀλίγαις διανύσαντες τὸν πλοῦν κατῆραν εἰς Ἔφεσον. Προεπέπυστο τὴν σωτηρίαν αὐτῶν ἡ πόλις ἅπασα· ὡς δ' ἐξέβησαν, εὐθὺς ὡς εἶχον ἐπὶ τὸ ἱερὸν τῆς Ἀρτέμιδος ᾖεσαν καὶ πολλὰ ηὔχοντο καὶ θύσαντες ἄλλα τ' ἐνέθεσαν ἀναθήματα καὶ δὴ καὶ
35 τὴν γραφὴν τῇ θεῷ ἀνέθεσαν, πάνθ' ὅσα τ' ἔπαθον καὶ ὅσ' ἔδρασαν· καὶ ταῦτα ποιήσαντες, ἀνελθόντες εἰς τὴν πόλιν τοῖς γονεῦσιν αὐτῶν τάφους κατεσκεύασαν μεγάλους· (ἔτυχον γὰρ ὑπὸ γήρως καὶ ἀθυμίας προτεθνηκότες,) καὶ αὐτοὶ τοῦ λοιποῦ διῆγον, ἑορτὴν ἄξοντες τὸν
40 μετ' ἀλλήλων βίον· καὶ ὁ Λεύκων καὶ ἡ Ῥόδη κοινωνοὶ πάντων τοῖς συντρόφοις ἦσαν. Διέγνω δὲ καὶ ὁ Ἱππόθοος ἐν Ἐφέσῳ τὸν λοιπὸν διαβιῶναι χρόνον καὶ ἤδη Ὑπεράνθους τάφον ἤγειρεν κατὰ Λέσβον, μέγαν γενόμενον· καὶ τὸν Κλεισθένη παῖδα ποιησάμενος ὁ Ἱππόθοος
45 διῆγεν ἐν Ἐφέσῳ μεθ' Ἁβροκόμου καὶ Ἀνθείας.

formæ Clisthene, qui ei e Sicilia in Italiam eunti comes fuerat, et Anthia cum Habrocoma.

XIV. Cum dormirent alii et alta quies ubique esset, Anthia Habrocomam amplexata flebat : o vir, inquiens ac domine, te tandem recepi terra marique diu pervagata et postquam latronum minas, piratarum insidias et lenonum injurias effugerim et vincula, fossas, ligna, venena ac sepulcra evaserim; tibi talis adsum, animi mei domine Habrocoma, qualis primum Tyro in Syriam profecta sum. Nemo exorare potuit, ut in te peccarem, non Mœris in Syria, non Perilaus in Cilicia, non in Ægypto Psammis et Polyidus, non in Æthiopia Anchialaus, non Tarenti herus; atque omnes pudicitiæ artes excogitavi, ut tibi casta servarer; utrum et tu, Habrocoma, in eodem probo consilio permansisti? An alia me pulchrior tibi visa est? nemone te adigere conatus est, ut jurisjurandi et mei obliviscerere? Hæc dicens subinde osculabatur. Habrocomes, tibi, inquit, per hunc exoptatum et vix tandem inventum diem juro, nullam mihi virginem visam fuisse pulchram, nullam placuisse mulierem, quam viderim, sed tuum recepisti Habrocomen purum, qualem Tyri in vinculis reliquisti. Tota nocte his verbis utrique se defendebant, ac facile sibi invicem persuadebant, rem, ut erat, esse desiderantes.

XV. Ubi illuxit, conscensa nave, omnibus impositis, discedunt : deduxerat illos omnis Rhodiorum multitudo et Hippothous una secutus est, rem omnem et Clisthenem abducens; aliquot dierum navigatione Ephesum venere. Civitas omnis sospites adventare eos antea audierat. Navibus egressi statim eodem, quo erant, habitu, ædem Dianæ adeunt : preces multæ et sacrificia, et dona alia posita, et titulum iis, quæ fecerant, aut passi fuerant, inscriptum. His peractis in urbem redeuntes exstruxere monumenta magnifica parentibus, erant enim senio atque ægritudine præmortui, ipsi reliquum ætatis ceu festum diem in lætitia una degerunt. Leuco et Rhoda bonorum omnium quæ collactanei possidebant participes erant. Hippothous quoque statuit Ephesi reliquum vitæ tempus traducere, sepulcro magnifico in Lesbo Hyperanthi exstructo. Clisthenem vero sibi filium adoptavit et Ephesi vixit cum Habrocoma et Anthia.

HELIODORUS.

ΗΛΙΟΔΩΡΟΥ
ΑΙΘΙΟΠΙΚΩΝ
ΒΙΒΛΙΑ ΔΕΚΑ.

ΒΙΒΛΙΟΝ ΠΡΩΤΟΝ.

Α'. Ἡμέρας ἄρτι διαγελώσης καὶ ἡλίου τὰς ἀκρωρείας καταυγάζοντος, ἄνδρες ἔνοπλοι λῃστρικοὶ ὄρους ὑπερκύψαντες, ὃ δὴ κατ' ἐκβολὰς τοῦ Νείλου καὶ στόμα τὸ καλούμενον Ἡρακλεωτικὸν ὑπερτείνει, μι- 5 κρὸν ἐπιστάντες, τὴν ὑποκειμένην θάλατταν ὀφθαλμοῖς ἐπήρχοντο· καὶ τῷ πελάγει τὸ πρῶτον τὰς ὄψεις ἐπαφέντες, ὡς οὐδὲν ἄγρας λῃστρικῆς ἐπηγγέλλετο μὴ πλεόμενον, ἐπὶ τὸν πλησίον αἰγιαλὸν τῇ θέᾳ κατήγοντο· καὶ ἦν τὰ ἐν αὐτῷ τοιάδε. Ὁλκὰς ἀπὸ πρυμ- 10 νησίων ὥρμει, τῶν μὲν ἐμπλεόντων χηρεύουσα, φόρτου δὲ πλήθουσα· καὶ τοῦτο γὰρ ἦν συμβαλεῖν καὶ τοῖς πόρρωθεν· τὸ γὰρ ἄχθος ἄχρι καὶ ἐπὶ τρίτου ζωστῆρος τῆς νεὼς τὸ ὕδωρ ἀνέθλιβεν. Ὁ δ' αἰγιαλὸς μεστὸς ἅπας σωμάτων νεοσφαγῶν τῶν μὲν ἄρδην 15 ἀπολωλότων, τῶν δ' ἡμιθνήτων καὶ μέλεσι [τῶν σωμάτων] ἔτι σπαιρόντων, ἄρτι πεπαῦσθαι τὸν πόλεμον κατηγορούντων. Ἦν δ' οὐ πολέμου καθαροῦ τὰ φαινόμενα σύμβολα, ἀλλ' ἀναμέμικτο καὶ εὐωχίας οὐκ εὐτυχοῦς ἀλλ' εἰς τοῦτο λῃξάσης ἐλεεινὰ λείψανα· 20 τράπεζαι τῶν ἐδεσμάτων ἔτι πλήθουσαι καὶ ἄλλαι πρὸς τῇ γῇ τῶν κειμένων ἐν χερσὶν ἀνθ' ὅπλων ἐνίοις παρὰ τὴν μάχην γεγενημέναι, (ὁ γὰρ πόλεμος ἐσχεδίαστο), ἕτεραι δ' ἄλλους ἔκρυπτον, ὡς ᾤοντο, ὑπελθόντας· κρατῆρες ἀνατετραμμένοι καὶ χειρῶν ἔνιοι τῶν 25 ἐσχηκότων ὑπορρέοντες, τῶν μὲν πιόντων, τῶν δ' ἀντὶ λίθων κεχρημένων. Τὸ γὰρ αἰφνίδιον τοῦ κακοῦ τὰς χρείας ἐκαινοτόμει καὶ βέλεσι κεχρῆσθαι τοῖς ἐκπώμασιν ἐδίδασκεν. Ἔκειντο δὲ, ὁ μὲν πελέκει τετρωμένος, ὁ δὲ κάχληκι βεβλημένος, αὐτόθεν ἀπὸ τῆς ῥαχίας 30 πεπορισμένῳ, ἕτερος ξύλῳ κατεαγώς, ὁ δὲ δαλῷ κατάφλεκτος, καὶ ἄλλος ἄλλως· οἱ δὲ πλεῖστοι βελῶν ἔργον καὶ τοξείας γεγενημένοι. Καὶ μυρίον εἶδος ὁ δαίμων ἐπὶ μικροῦ τοῦ χωρίου μετεσκεύασεν, οἴνῳ αἵματι μιάνας καὶ συμποσίοις πόλεμον ἐπιστήσας, πό- 35 τους καὶ φόνους, σπονδὰς καὶ σφαγὰς ἐπισυνάψας καὶ τοιοῦτον θέατρον λῃσταῖς Αἰγυπτίοις ἐπιδείξας. Οἱ γὰρ δὴ κατὰ τὸ ὄρος θεωροὶ ἑαυτοὺς τῶνδε καθιστάντες, οὐδὲ συνιέναι τὴν σκηνὴν ἐδύναντο, τοὺς μὲν ἑαλωκότας ἔχοντες, οὐδαμοῦ δὲ τοὺς κεκρατηκότας 40 ὁρῶντες· καὶ τὴν μὲν νίκην λαμπράν, τὰ λάφυρα δ' ἀσκύλευτα, καὶ τὴν ναῦν μόνην ἀνδρῶν μὲν ἔρημον, τἄλλα δ' ἄσυλον, ὥσπερ ὑπὸ πολλῶν φρουρουμένην καὶ

HELIODORI
ÆTHIOPICORUM
LIBRI DECEM.

LIBER PRIMUS.

I. Cum primum dies illucesceret et sol cacumina montium illustraret, viri armati rapto vivere soliti, supra montem, qui ad influxum Nili in mare et ostium quod Heracleoticum appellatur protenditur, erecti, paullulum consistentes, mare subjectum contemplabantur. Cumque initio in pelagus oculos conjecissent, nec quidquam applicaret, quod spem prædæ ostenderet, in propinquum litus adspectum referebant. Erant autem in ipso res ejusmodi. Navis rudentibus ad continentem religata quiescebat, vacua navigantibus, sed plena oneris: quod vel iis, qui procul aberant, conjectura assequi licuit. Onus enim usque ad tertiam zonam navis aquam premebat. At in litore plena erant omnia recens cæsorum hominum, partim prorsus exstinctorum, partim semimortuorum, partibus corporum adhuc palpitantium, et nuper finitum bellum declarantium. Ceterum non erant justi prœlii indicia, quæ apparebant, sed mixtæ fuerunt infausti convivii, atque ejusmodi finem sortiti, miserabiles reliquiæ: mensæ nimirum dapibus refertæ, quarum aliæ humi in manibus cæde stratorum jacebant, cum armorum loco quibusdam in pugna, ut ex improviso orto bello, fuissent; aliæ eos, qui se absconderant, ut opinabantur, occultabant. Præterea pateræ eversæ et ex manibus quædam effluentes, partim eorum, qui biberant, partim eorum, qui pro lapidibus illis usi fuerant. Subitum enim malum novum usum afferebat et jaculorum loco poculis uti docebat. Jacebant vero, hic securi vulneratus, ille testa litorea ictus, quæ indidem in litore suppeditarat; alius ligno confractis membris, non nemo torre adustus, alii alio modo; plurimi autem jaculis arcu emissis confixi. Denique multiplicem speciem parvo in spatio nomen exhibuerat, vinum sanguine imbuens et convivio bellum adjungens, cædes potionibus, libationes mactationibus promiscue miscens et tale theatrum prædonibus Ægyptiis instruens. Ii enim cum se in monte spectatores harum rerum præbuissent, spectaculum intelligere nequiquam poterunt: cum prostratos ibi aliquos cernerent, nusquam autem victores conspicerent: tum victoriam manifestam, spolia vero non detracta, et navem solam vacuam quidem viris, ceterum intactam, non secus ac multorum præsidio munitam et

ὥσπερ ἐν εἰρήνῃ σαλεύουσαν. Ἀλλὰ καίπερ τὸ γεγονὸς ὅ τι ποτ' ἐστὶν ἀποροῦντες, εἰς τὸ κέρδος ἔβλεπον καὶ ἐπὶ τὴν λείαν, αὑτοὺς νικητὰς ἀποδείξαντες, ὥρμησαν.

Β΄. Ἤδη δ' αὐτοῖς κεκινηκόσιν ἄποθεν μικρὸν τῆς νεὼς καὶ τῶν κειμένων, θέαμα προσπίπτει τῶν προτέρων ἀπορώτερον. Κόρη καθῆστο ἐπὶ πέτρας, ἀμηχανόν τι κάλλος καὶ θεὸς εἶναι ἀναπείθουσα, τοῖς μὲν παροῦσι περιαλγοῦσα, φρονήματος δ' εὐγενοῦς ἔτι πνέουσα· δάφνη τὴν κεφαλὴν ἔστεπτο καὶ φαρέτρα τῶν ὤμων ἐξῆπτο καὶ τῷ λαιῷ βραχίονι τὸ τόξον ὑπεστήρικτο, ἡ λοιπὴ δὲ χεὶρ ἀφροντίστως ἀπῃωρεῖτο· μηρῷ δὲ τῷ δεξιῷ τὸν ἀγκῶνα θατέρας χειρὸς ἐφεδράζουσα καὶ τοῖς δακτύλοις τὴν παρειὰν ἐπιτρέψασα, κάτω νεύουσα καί τινα προκείμενον ἔφηδον περισκοποῦσα, τὴν κεφαλὴν ἀνεῖχεν. Ὁ δὲ τραύμασι μὲν κατῄκιστο καὶ μικρὸν ἀναφέρων ὥσπερ ἐκ βαθέος ὕπνου τοῦ παρ' ὀλίγον θανάτου κατεφαίνετο. Ἤνθει δὲ καὶ ἐν τούτοις ἀνδρείῳ τῳ κάλλει, καὶ ἡ παρειὰ καταρρέοντι τῷ αἵματι φοινιττομένη, λευκότητι πλέον ἀντέλαμπεν. Ὀφθαλμοὺς δ' ἐκείνου, οἱ μὲν πόνοι κατέσπων, ἡ δ' ὄψις τῆς κόρης ἐφ' ἑαυτὴν ἀνεῖλκε καὶ τοῦτο ὁρᾶν αὐτοὺς ἠνάγκαζεν, ὅτι ἐκείνην ἑώρων. Ὡς δὲ πνεῦμα συλλεξάμενος καὶ βύθιόν τι ἀσθμήνας, λεπτὸν ὑπεφθέγξατο, καὶ, Ὦ γλυκεία, ἔφη, σώζῃ μοι ὡς ἀληθῶς, ἢ γέγονας καὶ αὐτὴ τοῦ πολέμου πάρεργον, οὐκ ἀνέχῃ δ' ὅμως οὐδὲ μετὰ θάνατον ἀποστατεῖν ἡμῶν, ἀλλὰ φάσμα τὸ σὸν καὶ ψυχὴ τὰς ἐμὰς περιέπει τύχας; Ἐν σοὶ, ἔφη, τὰ ἐμὰ, ἡ κόρη, σώζεσθαί τε καὶ μή. Τοῦτο γοῦν ὁρᾷς, (δείξασα ἐπὶ τῶν γονάτων ξίφος) εἰς δεῦρο ἤργησεν ὑπὸ τῆς σῆς ἀναπνοῆς ἐπεχόμενον. Καὶ ἅμα λέγουσα, ἡ μὲν ἐκ τῆς πέτρας ἀνέθορεν· οἱ δ' ἐπὶ τοῦ ὄρους, ὑπὸ θαυμασίας ἅμα καὶ ἐκπλήξεως, ὥσπερ ὑπὸ πρηστῆρος [τῆς ὄψεως] βληθέντες, ἄλλος ἄλλον ὑπεδύετο θάμνον· μείζον γάρ τι καὶ θειότερον αὐτοῖς ὀρθωθεῖσα ἔδοξε, τῶν μὲν βελῶν τῇ ἀθρόᾳ κινήσει κλαγξάντων, χρυσοϋφοῦς δὲ τῆς ἐσθῆτος πρὸς τὸν ἥλιον ἀνταυγαζούσης, καὶ τῆς κόμης ὑπὸ τῷ στεφάνῳ βακχεῖον σοβουμένης καὶ τοῖς νώτοις πλεῖστον ὅσον ὑποτρεχούσης. Τοὺς μὲν ταῦτ' ἐξεδειμάτου, καὶ πλέον τῶν ὁρωμένων ἡ τῶν γενομένων ἄγνοια. Οἱ μὲν γὰρ θεόν τινα ἔλεγον, ἢ Ἄρτεμιν, ἢ τὴν ἐγχώριον Ἶσιν· οἱ δ' ἱέρειάν ὑπό του θεῶν ἐκμεμηνυῖαν καὶ τὸν ὁρώμενον πολὺν φόνον ἐργασαμένην. Καὶ οἱ μὲν ταῦτ' ἐγίγνωσκον· τὰ ὄντα δ' οὔπω ἐγίγνωσκον. Ἡ δ' ἀθρόον κατενεχθεῖσα ἐπὶ τὸν νεανίαν καὶ πανταχόθεν αὐτῷ περιχυθεῖσα, ἐδάκρυεν, ἐφίλει, κατέματτεν, ἀνώμωζεν, ἠπίστει κατέχουσα. Ταῦθ' ὁρῶντες οἱ Αἰγύπτιοι πρὸς ἑτέρας ἐννοίας τὴν γνώμην μετέβαλον, καὶ ποῦ ταῦτ' ἂν εἴη θεοῦ τὰ ἔργα, λέγοντες, ποῦ δ' ἂν νεκρὸν σῶμα φιλοίη δαίμων οὕτω περιπαθῶς; τολμᾶν ἀλλήλοις παρεκελεύοντο καὶ πορευθέντες ἐγγύθεν, λαμβάνειν τὴν τῶν ἀληθῶν γνῶσιν. Ἀναλαβόντες οὖν ἑαυτοὺς καταθέουσι, καὶ τὴν κόρην ἔτι πρὸς τοῖς τραύμασιν οὖσαν

tanquam in tranquillo vacillantem. Tametsi autem, quid esset rei, ignorarent, nihilo minus tamen lucrum spectabant. Se igitur victores esse cum statuissent, ad prædam capiendam progressi sunt.

II. Cumque jam non procul abessent a nave et iis qui mortui jacebant, spectaculum illis contingit longe quam priora perplexius. Virgo sedebat in rupe, insigni quadam forma prædita, quæque dea credi posset; ob præsentem quidem sortem non mediocri dolore affecta, verum generosos spiritus adhuc gerens. Lauro caput redimitum habebat, pharetra vero pendebat ab humeris, porro sub sinistro brachio arcus collocatus fuit, reliqua manus negligenter demissa. Dextro autem femori cubito alterius manus incumbens ac digitis amplexa genas, deorsum spectans, et quemdam jacentem ephebum contuens, caput immotum tenebat. At ille vulneribus laceratus erat et paullulum tantum sese erigere tanquam ex profundo somno fere ipsius mortis videbatur. Verum vel in his florebat virili quadam pulchritudine, et gena defluxu sanguinis cruentata, magis tamen candore resplendebat. Oculos vero ipsius dolor deprimebat, vultus autem virgo ad sese trahebat, atque videre cogebantur, quod illam videbant. Ut vero spiritum collegit, difficulter admodum respirans, languide prolocutus est, et O suavium, inquit, salvane es revera, an et tu quoque ad belli cladem accessisti, nec potes tamen, ne post mortem quidem, a nobis divelli; sed spectrum et manes tui obeundo observant fortunas meas? In te sita sunt, inquit virgo, mea omnia : denique, utrum vivam, nec ne. Hic igitur vides, (ostenso gladio supra genua) hactenus cessavit, propter tuam respirationem cohibitus. Ac simulatque elocuta est, illico de petra desiluit. Illi vero supra montem præ admiratione simul et terrore, tanquam fulmine icti alius aliud subibat arbustum. Majus enim quiddam, magisque divinum, erecta illis esse videbatur, cum sagittæ repentina commotione clangorem edidissent, auro vero intexta vestis ad solem resplenderet, et capillus sub corona bacchico more jactaretur ac magnam tergi partem occuparet. Hos quidem hæc perterrefaciebant : multoque magis quam illa, quæ videbantur, eorum quæ patrata fuerant, ignorantia. Quidam enim deam quamdam esse dicebant, aut Dianam aut ejus loci præsidem Isin : quidam vero sacerdotem divino furore afflatam, quæ ingentem stragem, quæ apparebat, edidisset. Hæc igitur judicabant, rem ipsam nondum sciebant. At illa subito delata ad adolescentem et illi undequaque circumfusa, flebat, osculabatur, abstergebat cruorem, ejulabat, et quamvis illum teneret, vix tamen ipsa sibi credebat. Quod cum animadverterent Ægyptii, mentem in aliam mutavere sententiam : An hæc sunt opera deæ? dicentes : mortuumne oscularetur numen tanta commiseratione? Audendum sibi esse atque abeundum et quid revera esset cognoscendum censebant. Cum itaque se recepissent, decurrunt, virginemque adhuc apud vulnera

τοῦ νεανίου καταλαμβάνουσι· καὶ ἐπιστάντες ὄπισθεν, εἶχον ἑαυτοὺς, οὔτε τι λέγειν, οὔτε τι πράττειν ἀποθαρροῦντες. Κτύπου δὲ περιηχήσαντος, καὶ τῆς αὐτῶν σκιᾶς τοῖς ὀφθαλμοῖς παρεμπεσούσης, ἀνένευσεν ἡ κόρη· καὶ ἰδοῦσα, αὖθις ἐπένευσε, πρὸς μὲν τὸ ἄηθες τῆς χροιᾶς καὶ τὸ ληστρικὸν τῆς ὄψεως ἐν ὅπλοις δεικνυμένης οὐδὲ κατὰ μικρὸν ἐκπλαγεῖσα, πρὸς δὲ τὴν θεραπείαν τοῦ κειμένου πᾶσαν αὑτὴν τρέπουσα. Οὕτως ἄρα πάθος ἀκριβὴς καὶ ἔρως ἀκραιφνὴς τῶν μὲν ἔξωθεν προσπιπτόντων ἀλγεινῶν τε καὶ ἡδέων πάντων ὑπερφρονεῖ, πρὸς ἓν δὲ τὸ φιλούμενον καὶ ὁρᾷν καὶ συννεύειν τὸ φρόνημα καταναγκάζει.

Γ΄. Ὡς δὲ παραμείψαντες οἱ λῃσταὶ κατὰ πρόσωπον ἔστησαν καί τι καὶ μέλλειν ἐπιχειρεῖν ἐῴκεσαν, αὖθις ἡ παῖς ἀνένευσε, καὶ μέλανας ἰδοῦσα τὴν χροιὰν καὶ τὴν ὄψιν αὐχμηρούς, Εἰ μὲν εἴδωλα τῶν κειμένων ἐστέ, φησὶν, οὐκ ἐν δίκῃ παρενοχλεῖτε ἡμῖν· οἱ μὲν γὰρ πλεῖστοι χερσὶ ταῖς ἀλλήλων ἀνῄρησθε· ὅσοι δὲ πρὸς ἡμῶν, ἀμύνῃ νόμῳ καὶ ἐκδικίας τῆς εἰς σωφροσύνην ὕβρεως πεπόνθατε· εἰ δέ τινες τῶν ζώντων ἐστέ, λῃστρικὸς μὲν ὑμῖν, ὡς ἔοικεν, ὁ βίος, εἰς καιρὸν δ᾽ ἥκετε, λύσατε τῶν περιεστηκότων ἀλγεινῶν, φόνῳ τῷ καθ᾽ ἡμῶν δρᾶμα τὸ περὶ ἡμᾶς καταστρέψαντες. Ἡ μὲν ταῦτ᾽ ἐπετραγῴδει, οἱ δὲ, οὐδὲν συνιέναι τῶν λεγομένων ἔχοντες, τοὺς μὲν αὐτοῦ καταλείπουσιν, ἰσχυρὰν αὐτοῖς φυλακὴν τὴν ἀσθένειαν αὐτῶν ἐπιστήσαντες, ἐπὶ δὲ τὴν ναῦν ὁρμήσαντες, τὸν φόρτον ἐξήντλουν, τῶν μὲν ἄλλων ὑπερορῶντες, πολλῶν ὄντων καὶ ποικίλων, χρυσοῦ δὲ καὶ ἀργύρου καὶ λίθων ποιλυτίμων καὶ σηρικῆς ἐσθῆτος, ὅσην δύναμις ἑκάστοις, ἐκφοροῦντες. Ἐπεὶ δ᾽ ἅλις ἐδόκει ἔχειν, καὶ τοσαῦτ᾽ ἦν ὡς καὶ λῃστρικὴν κορέσαι πλεονεξίαν, τὴν λείαν ἐπὶ τὸν αἰγιαλὸν καταθέντες, εἰς φορτία καὶ μοίρας κατενέμοντο, οὐ πρὸς τὴν ἑκάστου τιμὴν ἡγουμένων ἀξίαν ἀλλὰ πρὸς τὸ ἴσον βάρος τὴν νέμησιν ποιούμενοι. Τὰ δὲ περὶ τὴν κόρην καὶ τὸν νεανίαν ἐν δευτέροις πράξειν ἔμελλον. Κἂν τούτῳ δὲ πλῆθος ἕτερον ἐφίσταται λῃστρικῶν, ἱππέων δύο τοῦ τάγματος ἡγουμένων· ὅπερ ὡς εἶδον οἱ πρότεροι, οὔτε χεῖρας ἀνταιρόμενοι, οὔτε τι τῶν σκύλων ἀπενεγκάμενοι, τοῦ μὴ ἐπιδιωχθῆναι ἕνεκεν, ὡς δρόμου εἶχον, ἔφευγον· αὐτοὶ μὲν ἐς δέκα τὸν ἀριθμὸν ὄντες, τρὶς δὲ τοσούτους τοὺς ἐπελθόντας θεασάμενοι. Καὶ οἱ μὲν ἀμφὶ τὴν κόρην δεύτερον ἤδη ἡλίσκοντο, οὐδέπω ληφθέντες, οἱ δὲ λῃσταὶ πρὸς τὴν διαρπαγὴν, καὶ ταῦτα σπευδόντες, ὑπὸ τῆς τῶν ἰρωμένων ἀγνοίας ἅμα καὶ ἐκπλήξεως, τέως ἀνεστέλλοντο· τοὺς μὲν γὰρ πολλοὺς φόνους, ὑπὸ τῶν προτέρων γεγενῆσθαι λῃστῶν εἴκαζον, τὴν κόρην δ᾽ ὁρῶντες ἐν ξένῃ καὶ περιβλέπτῳ τῇ στολῇ καὶ τοῖς μὲν προσπιπτούσῃ φοβεροῖς ὡς ἂν μηδὲ γιγνομένων ὑπερορῶσαν, ὅλην δὲ τοῦ νεανίου πρὸς τοῖς τραύμασιν οὖσαν καὶ ὡς ἴδιον τὸ ἐκείνου πάθος ἀλγοῦσαν, τὴν μὲν τοῦ κάλλους καὶ τοῦ φρονήματος ἐθαύμαζον, τὸν δὲ καὶ τραυματίαν ἐξεπλήττοντο· τοιοῦτος τὴν μορφὴν καὶ

LIBER I.

adolescentis deprehendunt : et a tergo consistentes, reprimunt sese, nihil neque loqui amplius, neque agere ausi. Circumsonante vero strepitu et umbra illorum incidente in oculos, erexit sese virgo : et postquam respexit, rursus deorsum inclinavit, inusitato coloris conspectu et prædonum armatorum specie ne minimum quidem perterrita, ad curationem autem jacentis tota sese componens. Sic omnino desiderium vehemens et sincerus amor omnia quæ extrinsecus adveniunt molesta aut jucunda despicit : in unum vero id quod egregie animo earum est intueri et in eo totum animum atque omnem curam ponere cogit.

III. Cum vero prætereuntes prædones in fronte constitissent et aliquid aggressuri esse viderentur, rursus respexit et colore nigro esse conspicata, ac facie squalida : Si jacentium estis, inquit, spectra, immerito nobis negotium facessitis : plurimi enim vestris ipsorum manibus interfecti estis. Quod si qui a nobis, jure defensionis et ad depellendam a pudicitia injuriam id accidit. Sin estis aliqui ex illis, qui vivunt : prædonum vitam, ut apparet, amplectimini, tempore autem advenistis, liberate præsentibus calamitatibus, cæde hunc actum nostrum terminantes. Illa quidem ad hunc modum tragice lamentabatur, at illi, cum neque ea, quæ dicerentur, intelligere possent, eos ibi relinquunt, firma illis custodia imbecillitate ipsorum adhibita. Ad navem vero properantes, onus exponebant; aliis spretis, multa autem erant et varia, auri et argenti et lapidum pretiosorum et serici, quantum quisque poterat, efferentes. Cumque jam satis esse videretur, et tot res erant ut et prædonum cupiditatem satiarent, præda in litore posita, eam in onera et portiones distribuebant, non dignitate singulorum, quæ accepta fuerant, sed æquali pondere partitionem instituentes. De virgine et adolescente postea fuerant acturi. Interim altera multitudo prædonum advenit, duobus equitibus ordinem ducentibus. Quod cum vidissent priores, ne manus quidem opponere ausi, nec ulla re ex spoliis ablata, ne insequendi hosti ansam darent, concitato cursu fugiebant, cum non plures essent, quam decem, triplo autem numerum advenientium superare cernerent. Ac virgo quidem secundo jam capiebatur, nondum tamen capta. Prædones autem, etsi ad direptionem festinabant, tamen præ inscitia eorum quæ videbant ac formidine, aliquamdiu se reprimebant. Magnam enim stragem illam, a prioribus prædonibus editam esse arbitrabantur, sed virginem intuentes, cum peregrina et conspicua stola, ea pericula quæ ei imminerent non secus ac si nulla essent contemnentem, totam vero in vulnera adolescentis intentam, et illius dolorem perinde ac suum graviter ferentem, cum hujus pulchritudinem et magnitudinem animi mirabantur, tum saucii adspectu per-

τοσοῦτος τὸ μέγεθος ἔκειτο, κατὰ μικρὸν ἤδη πως ἀνειληφὼς ἑαυτὸν καὶ πρὸς τὸ σύνηθες βλέμμα ἀποκαθιστάμενος.

Δ'. Ὀψὲ δὴ οὖν [ποτε] πλησιάσας ὁ λῄσταρχος ἐπιβάλλει τε τῇ κόρῃ τὴν χεῖρα καὶ ἀνίστασθαί [τε] καὶ ἕπεσθαι ἐκέλευεν. Ἡ δὲ τῶν μὲν λεγομένων οὐδὲν συνιεῖσα, τὸ δὲ προσταττόμενον συμβαλοῦσα, συνεφείλκετο τὸν νεανίσκον, οὐδ' αὐτὸν μεθιέντα, καὶ τὸ ξίφος ἐπιφέρουσα σοῖς στέρνοις, ἑαυτὴν ἀποσφάξειν ἠπείλει, εἰ μὴ ἀμφοτέρους ἄγοιεν. Συνεὶς οὖν ὁ λῄσταρχος τὸ μέν τι τοῖς λεγομένοις, πλέον δὲ τοῖς νεύμασι, καὶ ἅμα συνεργὸν ἕξειν εἰς τὰ μέγιστα τὸν νεανίαν, εἰ περισωθείη, προσδοκήσας, καταβιβάσας τόν θ' ὑπασπιστὴν καὶ ἑαυτὸν τῶν ἵππων, ἀνατίθεται τοὺς αἰχμαλώτους, τοὺς μὲν ἄλλους τὰ λάφυρα συσκευασαμένους ἕπεσθαι προστάξας, αὐτὸς δ' ἐκ ποδὸς παραθέων καὶ προσανέχων, εἴ ποί τις αὐτῶν περιτρέποιτο. Καὶ ἦν δόξης οὐκ ἐκτὸς τὸ γιγνόμενον· δουλεύειν ὁ ἄρχων ἐφαίνετο καὶ ὑπηρετεῖσθαι ὁ κρατῶν τοῖς ἑαλωκόσιν ᾑρεῖτο. Οὕτως εὐγενείας ἔμφασις καὶ κάλλους ὄψις καὶ λῃστρικὸν ἦθος οἶδεν ὑποτάττειν καὶ κρατεῖν καὶ τῶν αὐχμηροτέρων.

Ε'. Παραμείψαντες οὖν ὅσον δύο στάδια τὸν αἰγιαλὸν, ἐκτραπέντες, εὐθὺ τοῦ ὄρους πρὸς τὰ ὄρθια ἐχώρουν, τὴν θάλατταν ἐν δεξιᾷ ποιησάμενοι, καὶ ὑπερβάντες χαλεπῶς τὰς ἀκρωρείας ἐπί τινα λίμνην κατὰ θἀτέραν τοῦ ὄρους πλευρὰν ὑπερτείνουσαν ἠπείγοντο. Ἦν δὲ τοιάδε τις. Βουκόλια μὲν σύμπας κέκληται πρὸς Αἰγυπτίων ὁ τόπος· ἔστι δὲ κοιλὰς τῆς αὐτόθι γῆς, τοῦ Νείλου ὑπερεκχύσεις τινὰς ὑποδεχομένη καὶ λίμνη γιγνομένη, τὸ μὲν κατὰ μέσον βάθος ἄπειρον, περὶ δὲ τὰς ἄκρας εἰς ἕλος ἀποτελευτῶσα. Ὃ γὰρ ταῖς θαλάτταις αἰγιαλοὶ, τοῦτο ταῖς λίμναις τὰ ἕλη γίγνεται. Ἐν δὴ τούτοις, ὅσον Αἰγυπτίων λῃστρικὸν πολιτεύεται, ὁ μὲν ἐπὶ γῆς ὀλίγης, εἰ πῄ τις ὑπερέχει τοῦ ὕδατος, καλύβην πηξάμενος, ὁ δ' ἐπὶ [τοῦ] σκάφους βιοτεύει, πορθμεῖόν τε αὐτὸ καὶ οἰκητήριον ἔχων. Ἐπ' αὐτοῦ μὲν αὐτοῖς αἱ γυναῖκες ἐριθεύουσιν, ἐπ' αὐτοῦ δ' ἀποτίκτουσιν. Εἰ δὲ γένοιτο παιδίον, τὰ μὲν πρῶτα τῷ μητρῴῳ γάλακτι, τὰ δ' ἀπὸ τούτου τοῖς ἀπὸ τῆς λίμνης ἰχθύσι πρὸς ἥλιον ὀπτωμένοις ἐκτρέφει. Ἕρπειν δ' ὀρεγόμενον εἰ αἴσθοιτο, ἱμάντα τῶν σφυρῶν ἐξάψας, ὅσον ἐπ' ἄκρου τοῦ σκάφους ἢ τῆς καλιᾶς προβαίνειν ἐπέτρεψε, καινόν τινα χειραγωγὸν αὐτῷ τὸν δεσμὸν τοῦ ποδὸς ἐπιστήσας.

Ϛ'. Καί πού τις βουκόλος ἀνὴρ ἐτέχθη τ' ἐν τῇ λίμνῃ καὶ τροφὴν ἔσχε ταύτῃ καὶ πατρίδα τὴν λίμνην ἐνόμισεν, ἱκανὴν δὲ, φρούριον ἰσχυρὸν εἶναι λῃσταῖς· διὸ καὶ συρρεῖ ἐπ' αὐτὴν ὁ τοιοῦτος βίος, τῷ μὲν ὕδατι πάντες ὅσα τείχει χρώμενοι, τὸν δὲ πολὺν κατὰ τὸ ἕλος κάλαμον, ἀντὶ χαρακώματος προβεβλημένοι· σκολιὰς γάρ τινας ἀτραποὺς τεμόμενοι καὶ πολλοῖς ἑλιγμοῖς πεπλανημένας, καὶ σφίσι μὲν διὰ τὴν γνῶσιν ῥᾴστας, τοῖς δ' ἄλλοις ἀπόρους τοὺς διεκπλόους κατα-

cellebantur. Tali forma praeditus et tam procera statura corporis jacebat. Jam enim paullulum sese collegerat et vultus pristinum statum revocarat.

IV. Tandem post longum tempus, cum appropinquasset is qui illis praedonibus imperabat injicit manum virgini et surgere ac sequi jubet. Illa vero etsi nihil intelligebat eorum, quae dicebantur, tamen id, quod imperabatur, conjectura assequens, trahebat una adolescentem, alioqui neque ipsum eam dimittentem ; et gladium pectori admovens, minabatur, se sibi mortem conscituram esse, nisi utrumque abducerent. Quod cum dux partim ex sermone ac magis ex ipso gestu intellexisset, simul etiam se adolescente ad res maximas adjutore usurum sperans, si convaluisset, descendens ex equo ipse atque idem scutifero facere jusso, imponit captivos, reliquis quidem, ut spoliis collectis sequerentur, imperans, ipse autem e vestigio juxta currens et observans, si forte quis ex ipsis laberetur. Nec vacabat gloria id quod fiebat. Servire is qui imperabat videbatur et victor ministrare captis in animum inducebat. Sic enim nobilitatis specimen et pulchritudinis adspectus vel praedonum ingenium sibi subjicere et vincere feriores potest.

V. Emensi igitur ad duo stadia itineris juxta litus, deflexerunt recta ad radices montis et mari ad dextram relicto ac superato cacumine montis, ad lacum quemdam ad alterum latus montis protensum properabant, qui erat ejusmodi. Pascuum vocatus est totus locus ab Aegyptiis. Est autem vallis in illo ipso tractu, exundationes quasdam Nili recipiens et lacus existens, in medio altitudine infinita, circa oras autem in paludem desinens. Quod enim mari litora, hoc paludes lacubus fiunt. Ibi praedones Aegyptii, quotquot suam rempublicam habent, alius sicubi pauxillum terrae ex aqua eminet, tugurio compacto, alius in navigio vitam agit, eodem in transvectione et habitando utens. In hoc illis mulieres lanam faciunt, in eodem quoque pariunt. Edito autem infante, primum materno lacte, postea piscibus ex lacu ad solem assis eum nutrit. Quod si senserit eum reptare cupere, funiculo religato ad talos, ad extremum tantum navigii aut tugurii procedere permittit, novum quemdam ductorem vinculum pedis illi adhibens.

VI. Atque ita plurimi bubulcorum nasci solent in lacu eundemque nutricem habent ac patriam sibi et idoneum propugnaculum ad tuendos latrones putant. Idcirco quoque ad illum confluit tale genus hominum. Nempe aqua omnes tanquam muro utuntur. Porro magna vis arundinis, quae est in palude, pro vallo ante illos objecta est. Cum enim obliquas quasdam semitas et multis anfractibus implicatas excidissent, et sibi propter peritiam faciles,

σκευάσαντες, μέγιστον ὀχύρωμα πρὸς τὸ μὴ ἄν τι παθεῖν ἐξ ἐπιδρομῆς ἐμηχανήσαντο. Καὶ τὰ μὲν κατὰ τὴν λίμνην καὶ τοὺς ἐνοικοῦντας ἐν αὐτῇ βουκόλους ὧδέ. πώς ἔχει.

5 Ζ'. Ἤδη δ' ἡλίου πρὸς δυσμὰς ἰόντος, ἀφικνοῦνται πρὸς αὐτὴν οἱ ἀμφὶ τὸν λῄσταρχον· καὶ οἱ μὲν, τῶν θ' ἵππων ἀπεβίβαζον τοὺς νέους καὶ τὴν λείαν ἐνετίθεντο τοῖς σκάφεσιν, ὁ δὲ πολὺς τῶν κατὰ χώραν μεινάντων λῃστῶν ὅμιλος, ἄλλος ἄλλοθεν τοῦ ἕλους ἐκδὺς, ἀνε-
10 φαίνετο καὶ συνέθεον καὶ τὸν λῄσταρχον οἱονεὶ βασιλέα τινὰ ἑαυτῶν προσαπαντῶντες ὑπεδέχοντο. Τῶν δὲ λαφύρων τὸ πλῆθος ὁρῶντες καὶ τὸ κάλλος τῆς κόρης θεσπέσιόν τι χρῆμα περισκοποῦντες, ἱερά τινα ἢ ναοὺς πολυχρύσους ἀποσεσυλῆσθαι παρὰ τῶν ὁμοτέχνων ὑπε-
15 λάμβανον, προσαφῃρῆσθαι δὲ καὶ τὴν ἱέρειαν αὐτήν, ἢ καὶ αὐτὸ ἔμπνουν μετῆχθαι τὸ ἄγαλμα διὰ τῆς κόρης, ὑπ' ἀγροικίας εἴκαζον· καὶ πολλὰ τὸν λῄσταρχον τῆς ἀνδραγαθίας εὐφημοῦντες ἐπὶ τὴν οἴκησιν αὐτοῦ παρέπεμπον. Ἡ δὲ νησίδιον ἦν ἄποθεν τῶν ἄλλων,
20 εἰς καταγώγιον μόνῳ σὺν ὀλίγοις τοῖς περὶ αὐτὸν ἀπονενεμημένον. Ἐνταῦθ' ὡς κατήχθη, τοὺς μὲν πολλοὺς οἴκαδε ἀπιέναι προσέταττεν, εἰς τὴν ὑστεραίαν ἅπαντας ἥκειν ὡς αὐτὸν ἐπιστείλας, αὐτὸς δὲ σὺν ὀλίγοις τοῖς εἰωθόσιν ὑπολειφθεὶς καὶ δείπνου πρὸς βραχὺ
25 τοῖς τ' ἄλλοις μεταδοὺς καὶ αὐτὸς μεταλαβὼν, τοὺς μὲν νέους Ἕλληνί τινι παραδίδωσι νεανίσκῳ, οὗ πρὸ πολλοῦ παρ' αὐτοῖς αἰχμαλώτῳ γεγονότι, τοῦ διαλέγεσθαι ἕνεκεν καλύβῃ τῆς ἑαυτοῦ πλησίον ἀποκληρώσας, τά τ' ἄλλα ἐπιμεληθῆναι τοῦ νέου προστάξας καὶ
30 τὴν κόρην ἀνύβριστον ἀπὸ πάντων διαφυλάττειν. Αὐτὸς δὲ καμάτῳ τε τῆς ὁδοιπορίας βαρούμενος καὶ φροντίδι τῶν παρόντων συνεχόμενος πρὸς ὕπνον ἐτέτραπτο.

Η'. Σιγῆς δὲ τὸ ἕλος κατεχούσης καὶ νυκτὸς εἰς πρώτην φυλακὴν προελθούσης, τὴν ἐρημίαν τῶν ὀχλη-
35 σάντων εὐπορίαν εἰς θρήνους οἱ περὶ τὴν κόρην ἐλάμβανον· ἀνακινούσης αὐτῆς, οἶμαι, πλέον τὰ πάθη τῆς νυκτὸς· ἅτ' οὐδεμιᾶς οὔτ' ἀκοῆς οὔτ' ὄψεως ἐφ' ἑαυτὴν ἀντισπώσης ἀλλὰ μόνῳ τῷ λυποῦντι σχολάζειν ἐπιτρεπούσης. Πολλὰ δὴ οὖν ἀνοιμώξασα καθ' ἑαυτὴν ἡ
40 κόρη, (κεχώριστο γὰρ τοῦτο προσταχθὲν ἐπί τινος χαμεύνης κατακεκλιμένη,) καὶ ὅσον πλεῖστον ἐπιδακρύσασα, Ἄπολλον, ἔφη, ὡς λίαν ἡμᾶς καὶ πικρότερα ἀμύνῃ τῶν ἁμαρτημάτων. Οὐδ' ἱκανά σοι πρὸς τιμωρίαν τὰ παρελθόντα; στέρησις τῶν οἰκείων, [καὶ] κα-
45 ταποντιστῶν ἅλωσις καὶ θαλασσῶν μυρίος κίνδυνος καὶ λῃστῶν ἐπὶ γῆς ἤδη δευτέρα σύλληψις, καὶ πικρότερα τῶν ἐν πείρᾳ τὰ προσδοκώμενα· καὶ ποῖ ταῦτα στήσεις; εἰ μὲν εἰς θάνατον ἀνύβριστον, ἡδύ τὸ τέλος, εἰ δέ με γνώσεταί τις αἰσχρῶς, ἣν μηδεπώποτε μηδὲ
50 Θεαγένης, ἐγὼ μὲν ἀγχόνῃ προλήψομαι· τὴν ὕβριν, καθαρὰν ἐμαυτὴν ὥσπερ φυλάττω καὶ μέχρι θανάτου φυλάξασα καὶ καλὸν ἐντάφιον τὴν σωφροσύνην ἀπενεγκαμένη· σοῦ δ' οὐδεὶς ἔσται δικαστὴς πικρότερος. Καὶ ἔτι λέγουσαν ἐπεῖχεν ὁ Θεαγένης· Παῦε, λέγων, ὦ

LIBER I. 229

aliis vero trajectu difficiles effecissent, maximam munitionem ad id, ne ex incursione aliquo detrimento afficiantur, excogitarunt. Atque ea quidem, quæ ad lacum et eos qui illum incolunt bubulcos attinent sic se habent.

VII. Ceterum sole jam ad occasum vergente, pervenit ad eum præfectus cum reliquo comitatu. Et hi quidem deponebant ex equis juvenes et prædam navigiis imponebant, at magna turba eorum prædonum qui illic manserant, alio aliunde ex palude egresso, apparebant certatimque concurrebant et præfecto obviam progressi, tanquam regem suum quemdam excipiebant. Cumque multitudinem spoliorum spectarent et formam virginis divinam quamdam speciem esse cernerent, templa aliqua aut delubra a consortibus sui operis spoliata esse suspicabantur. Ablatam vero esse et ipsam sacerdotem, vel ipsum deæ simulacrum vivum abductum, conjecturam ex virgine, pro illorum rusticitate, faciebant. Ac multis modis præfecto ob res bene ac strenue gestas gratulantes ad illius domicilium eum deducebant. Hoc vero erat exigua insula, procul ab aliis, ad receptaculum illi soli cum paucis aliis qui illi adesse solebant, data. Quo cum fuisset deductus, reliquam multitudinem in suam quemque domum abire jubebat, datis mandatis, ut postridie omnes ad se convenirent, ipse vero cum paucis qui manere consueverant relictus, cum brevi intervallo aliis cœnam impertivisset et ipse una sumsisset, juvenes Græco cuidam tradit adolescenti, qui non ita pridem ab illis captus fuerat, ut eo internuntio uterentur, tugurii sui parte propinqua illis attributa; cum ut sedulo curaret adolescentem, tum ut virginem, ne ulla in re injuria afficeretur, custodiret, imperans. Ipsum autem labore itineris gravatum et cura præsentium negotiorum implicitum somnus oppressit.

VIII. Porro cum quies et silentium tota palude esset et ad primam vigiliam nox processisset, solitudinem et absentiam eorum, qui tumultuarentur, tanquam occasionem sibi datam ad luctum virgo arripuit: excitante etiam magis dolorem ipsa nocte et nulla re quæ audiri aut videri posset animum occupante sed soli mœrenti vacationem concedente. Cum igitur vehementius ingemuisset apud sese virgo (separata enim erat, prout imperatum fuit, in quodam humili vilique lecto recumbens) et cum maximopere illacrimasset: Apollo, inquit, quam longe acerbius de nobis pœnam sumis, quam deliquimus! An non sufficiunt tibi hæc ad vindictam quæ præterierunt? quod propinquis caremus, quod a piratis capti fuimus, quod aliis præterea sexcentis in mari periculis jactati, nunc a prædonibus in terra iterum jam comprehensi sumus, quod graviora his, quæ experti sumus, exspectanda sunt? Ubi tandem hæc sistes? Siquidem in morte, vacante omni contumelia, dulcis est exitus, sin me quispiam turpiter cogniturus erit, quam neque Theagenes unquam : næ ego quidem laqueo injuriam anteverlam, integram me et castam quemadmodum adhuc feci ad mortem usque servans et pulchrum epitaphium pudicitiæ inde referens : te vero nullus erit judex crudelior. Hæc adhuc loquentem repressit Theagenes : Desine, dicens,

φιλτάτη καὶ ψυχὴ ἐμὴ Χαρίκλεια· θρηνεῖς μὲν εἰκότα παροξύνεις δὲ πλέον ἢ δοκεῖς τὸ θεῖον. Οὐ γὰρ ὀνειδίζειν, ἀλλὰ παρακαλεῖν χρεών. Εὐχαῖς, οὐκ αἰτίαις, ἐξιλεοῦται τὸ κρεῖττον. Ἡ δὲ, Εὖ μὲν λέγεις, σὺ δέ
5 μοι πῶς ἔχεις, διηρώτα. Ῥᾷον, ἔφη, καὶ βέλτιον ἀπὸ τῆς ἑσπέρας, ἐκ τῆς τοῦ μειρακίου θεραπείας ἣ τὰ φλεγμαίνοντά μοι τῶν τραυμάτων ἐκούφισεν. Ἀλλὰ καὶ μᾶλλον εἰς ἕω κουφισθήσῃ, ἔφη ὁ τὴν φρουρὰν αὐτῶν ἐπιτετραμμένος· τοιαύτην σοι ποριοῦμαι βοτά-
10 νην ἣ διὰ τρίτης ἐνώσει τὰς πληγάς· ἔγω δ' αὐτῆς ἔργῳ τὴν πεῖραν λαβών. Ἐξ οὗ γάρ με δεῦρο αἰχμάλωτον οἶδε ἤγαγον, εἴ τίς ποτε τῶν ὑπηκόων τῷδε τῷ ἄρχοντι συμβολῆς γενομένης τραυματίας ἧκεν, οὐ πολλῶν ἐδεήθη πρὸς ἴασιν ἡμερῶν, ταύτῃ τῇ βοτάνῃ χρη-
15 σάμενος. Εἰ δέ μοι μέλει τῶν ὑμετέρων οὐκ ἄξιον ὑμῖν θαυμάζειν, τύχης τε γάρ μοι τῆς αὐτῆς ἐοίκατε κοινωνεῖν καὶ ἅμα Ἕλληνας ὄντας οἰκτείρω καὶ αὐτὸς Ἕλλην γεγονώς. Ἕλλην; ὦ θεοί, ἐπεβόησαν ὑφ' ἡδονῆς ἅμα οἱ ξένοι. Ἕλλην ὡς ἀληθῶς καὶ τὸ
20 γένος καὶ τὴν φωνήν. Τάχα τις ἔσται τῶν κακῶν ἀνάπνευσις. Ἀλλὰ τίνα σε χρὴ καλεῖν, ἔφη ὁ Θεαγένης. Ὁ δὲ, Κνήμων. Πόθεν δὲ γνωρίζειν; Ἀθηναῖον. Τύχῃ τίνι κεχρημένον; Παῦς, ἔφη. Τί ταῦτα κινεῖς καὶ ἀναμοχλεύεις; τοῦτο δὴ τὸ τῶν τραγῳδῶν.
25 Οὐκ ἐν καιρῷ γένοιτ' ἂν ἐπεισόδιον ὑμῖν τῶν ὑμετέρων τἀμὰ ἐπεισφέρειν κακά· καὶ ἅμα οὐδ' ἂν ἐπαρκέσειε τὸ λειπόμενον πρὸς τὸ διήγημα τῆς νυκτὸς ὕπνου καὶ ταῦτα δεομένοις ὑμῖν ἀπὸ πολλῶν τῶν πόνων καὶ ἀναπαύσεως.
30 Θ'. Ἐπεὶ δ' οὐκ ἀνίεσαν, ἀλλὰ παντοίως λέγειν ἱκέτευον, μεγίστην ἡγούμενοι παραψυχὴν τὴν τῶν ὁμοίων ἀκοὴν, ἄρχεται ὁ Κνήμων ἐντεῦθεν· Ἦν μοι πατὴρ Ἀρίστιππος, τὸ μὲν γένος Ἀθηναῖος, βουλῆς δὲ τῆς ἄνω, τὴν περιουσίαν τῶν μέσων. Οὗτος, ἐπειδὴ
35 μοι τὴν μητέρα τελευτῆσαι συνέβη, πρὸς δευτέρους ἀπεκλίνετο γάμους, ἐπὶ μόνῳ μοι παιδὶ σαλεύειν ἐπιμεμφόμενος καὶ τοῖς οἴκοις ἐπεισάγει γύναιον ἀστεῖον μὲν ἀλλ' ἐργέκακον, ὄνομα Δημαινέτην. Ὡς γὰρ τάχιστα εἰσῆλθεν ὅλον ὑπεποιεῖτο καὶ πράττειν ὅ τι
40 βούλοιτο ἔπειθε τῇ θ' ὥρᾳ τὸν πρεσβύτην ἐπαγομένη καὶ τἄλλα ὑπερθεραπεύουσα· δεινὴ δὲ, εἴπερ τις γυναικῶν, ἐφ' ἑαυτὴν ἐκμῆναι καὶ τέχνην τὴν ἐπαγωγὸν ἐκτόπως ἠκριβωμένη, πρόοδοις τε τοὐμοῦ πατρὸς ἐπιστένουσα καὶ εἰσόδοις προστρέχουσα καὶ βραδύ-
45 νοντι μεμφομένη καὶ ὡς ἀπώλετ' ἄν, εἰ ὀλίγον ἐμέλλησε καὶ περιβάλλουσα ἐφ' ἑκάστῳ ῥήματι καὶ ἐπιδακρύουσα τοῖς φιλήμασιν· οἷς ἅπασιν ὁ πατήρ μου σαγηνευθεὶς, ὅλην ἐκείνην [καὶ] ἔπνει καὶ ἔβλεπεν. Ἡ δὲ κἀμὲ τὰ πρῶτα, ἴσα καὶ παῖδα ὁρᾶν ἐπλάττετο
50 κἂν τούτῳ τὸν Ἀρίστιππον ὑποποιουμένη, καί ποτε καὶ ἐφίλησεν [ἂν] προσελθοῦσα καὶ ὁνασθαί μου συνεχῶς ηὔξατο. Κἀγὼ προσιέμην, τῶν μὲν ὄντων οὐδὲν ὑποπτεύων· ὅτι δὲ μητρῴαν ἐνδείκνυται περὶ ἐμὲ θαυμάζων διάθεσιν. Ἐπεὶ δ' ἰταμώτερον προσῄει καὶ θερ-

carissima et anima mea Chariclea. Merito tu quidem lamentaris, verum exacerbas magis quam existimas numen. Neque enim probris incessere verum orare necesse est : precibus, non criminibus, placatur id, quod est potentius. At illa : Bene admones, inquit, sed quomodo vales, obsecro? Melius, inquit, a vespera, ex adolescentis curatione quæ mihi inflammata vulnera leniit. Immo magis leniri senties sub auroram, subjecit is, qui ad custodiam illius adhibitus fuerat. Afferam enim tibi ejusmodi herbam, quæ tribus diebus conjunget vulnus. Atque hanc esse vim ejus, experientia compertum habeo. Ex quo enim hi me huc captivum adduxerunt, si quis unquam horum qui huic præfecto parent saucius post conflictum venit, non multis diebus ad curationem hac herba utens indiguit. Quod autem afficior conditione vestrarum rerum non est quod miremini, videmini enim mecum communi esse fortuna, simulque vos qui Græci estis miseror, cum et ipse Græcus sim natus. Græcus, di immortales! exclamarunt repente præ voluptate hospites. Græcus profecto et voce et genere. Fortasse dabitur aliqua a malis respiratio. Sed quem te appellare oportet? inquit Theagenes. At ille : Cnemonem. Cujatem autem agnosci? Atheniensem. Porro qua fortuna usum? Desine, inquit. Quid hæc moves et eruere conaris? tragœdis ista relinquamus. Neque enim tempore hoc auctario meorum malorum vestra cumularem : præterea nec reliquum noctis sufficeret ad narrationem, præsertim cum somno vobis et requie post multos labores opus sit.

IX. Cum autem illi nihil remitterent et ut omnino narraret orarent, maximam consolationem esse ducentes, si similia suorum casuum audirent : orditur inde Cnemon. Fuit mihi pater Aristippus, genere Atheniensis, ex senatu superiori, fortunis cuivis mediocrium civium par. Is, cum accidisset, ut mea mater e vita discederet, ad secundas nuptias animum adjecit; nolens, quum me unum filium haberet, incerta spe vivere. Introducit itaque in ædes mulierculam urbanam quidem sed inveteratæ malitiæ, nomine Demænetam. Ut primum enim ingressa est totum in suam potestatem redigere conabatur et ad id quod ipsa vellet faciendum adducebat, forma senem alliciens et aliis in rebus ambitiose observans; nam si ulla alia mulier, maxime poterat furibundum sui desiderium excitare et artem alliciendi, exactius, quam credibile est, noverat, tum egressibus patris mei ingemiscens et ad ingressus accurrens et tardius venientem accusans, quod videlicet periisset si paullulum commoratus fuisset, et amplectens post singula verba, denique lacrimas addens osculis. Quibus omnibus pater irretitus, totam illam spirabat et contuebatur. Illa vero et me primum non secus, ac si suus essem filius, in oculis ferre simulabat, hoc etiam sibi Aristippum devinciens et interdum osculata est accedens et subinde, ut mecum se oblectare posset, optavit. Quod ego admittebam, nihil eorum, quæ suberant, suspicans ; admirans autem, quod

μότερα ἦν τὰ φιλήματα τοῦ πρέποντος καὶ τὸ βλέμμα
τοῦ σώφρονος ἐξιστάμενον, πρὸς ὑπόνοιαν ἦγεν ἤδη τὰ
πολλὰ καὶ ὑπέφευγον καὶ πλησιάζουσαν ἀπωθούμην.
Καὶ τὰ μὲν ἄλλα, τί δεῖ μηκύνοντα ἐνοχλεῖν; τὰς
5 πείρας ἃς καθῆκε, τὰς ὑποσχέσεις, ἃς ἐπηγγείλατο,
νῦν μὲν παιδίον, νῦν δὲ γλυκύτατον ὀνομάζουσα καὶ
αὖθις κληρονόμον καὶ μετ' ὀλίγον ψυχὴν ἑαυτῆς ἀπο-
καλοῦσα καὶ ἁπλῶς τὰ καλὰ τῶν ὀνομάτων τοῖς ἐπα-
γωγοῖς παραμιγνῦσα καὶ οἶστισι μᾶλλον προστρέχω
10 περισκοποῦσα· ὡς ἐν μὲν τοῖς σεμνοτέροις μητέρα
ἑαυτὴν ἀναπλάττουσα, ἐν δὲ τοῖς ἀτοπωτέροις τοῦτ'
ἐκεῖνο λαμπρῶς ἐρωμένην ὑποφαίνουσα.
Ι'. Τέλος δὲ γίγνεταί τι τοιοῦτον. Παναθηναίων τῶν
μεγάλων ἀγομένων, ὅτε τὴν ναῦν Ἀθηναῖοι διὰ γῆς
15 τῇ Ἀθηνᾷ πέμπουσιν, (ἐτύγχανον μὲν ἐφηβεύων) ᾄσας
δὲ τὸν εἰωθότα παιᾶνα τῇ θεῷ καὶ τὰ νενομισμένα
προπομπεύσας ὡς εἶχον στολῆς, αὐτῇ χλαμύδι καὶ
αὐτοῖς στεφάνοις, ἔρχομαι οἴκαδε ὡς ἐμαυτόν. Ἡ δὲ,
ἐπειδὴ τὸ πρῶτον εἶδεν, ἐκτὸς ἑαυτῆς γίγνεται, καὶ
20 οὐδ' ἐσοφίστευεν ἔτι τὸν ἔρωτα ἀλλ' ἀπὸ γυμνῆς τῆς
ἐπιθυμίας προσέτρεχε καὶ περιβαλοῦσα, ὁ νέος Ἱππό-
λυτος, ὁ Θησεὺς ὁ ἐμὸς ἔλεγε. Τίνα με οἴεσθε γεγε-
νῆσθαι, ὃς καὶ νῦν ἐρυθριῶ διηγούμενος; ἀλλ' ἑσπέρας
γενομένης, ὁ μὲν πατὴρ εἰς τὸ πρυτανεῖον ἐσιτεῖτο καὶ
25 διὰ δὲ τὴν τοιαύτῃ πανηγύρει καὶ πότῳ πανδήμῳ καὶ
διανυκτερεύειν ἔμελλεν· ἡ δὲ ἐπιγίγνεταί μοι νυκτὸς
καὶ ἐπειρᾶτό τινος τῶν ἀθεμίτων τυγχάνειν. Ὡς δὲ
παντοίως ἀντεῖχον καὶ πρὸς πᾶσαν θεραπείαν καὶ ὑπό-
σχεσιν καὶ ἀπειλὴν ἀπεμαχόμην, βαρύ τι καὶ βύθιον
30 στενάξασα, ἀπιοῦσα ᾤχετο· καὶ μόνῃ ἡ παλαμναία
τὴν νύκτα ὑπερθεμένη, τῶν ἐπιβουλῶν τῶν εἰς ἐμὲ
κατήρχετο. Καὶ πρῶτον μὲν οὐ διανέστη τότε τῆς
εὐνῆς ἀλλ' ἥκοντι τῷ πατρὶ καὶ τί τοῦτο πυνθανομένῳ,
μαλακῶς τ' ἔχειν ἐσκήπτετο καὶ οὐδὲν ἀπεκρίνατο τὴν
35 πρώτην, ὡς δ' ἐνέκειτο καὶ τί πεπόνθοι πολλάκις ἀνη-
ρώτα, Ὁ θαυμαστὸς, φησὶ, [καὶ εἰς ἐμὲ] νεανίας,
ὁ κοινὸς ἡμῶν παῖς, ὃν ἐγὼ πλέον καὶ σοῦ (πολλάκις)
ἠγάπησα (καὶ μάρτυρες οἱ θεοὶ) κύειν με πρός τινων
αἰσθόμενος, ὃ δή σε τέως ἔκρυπτον, ἕως ἂν τὸ ἀσφαλὲς
40 γνοίην, τὴν σὴν ἀπουσίαν ἐπιτηρήσας, ταῦτα δὴ τὰ
εἰωθότα παραινοῦσαν καὶ σωφρονεῖν παρακελευομένην,
μηδὲ πρὸς ἑταίραις ἔχειν τὸν νοῦν καὶ μέθαις, (οὐ γὰρ
με ἐλάνθανεν οὕτως ἔχων, σοὶ δ' οὐκ ἔφραζον, μή τινα
λιθῶμαι μητρυιᾶς ὑπόνοιαν), ταῦτα λέγουσαν μόνην
45 πρὸς μόνον, τοῦ μὴ ἐρυθριᾶν αὐτὸν ἕνεκεν, τὰ μὲν
ἄλλα ὅσα περὶ σέ τε κἀμὲ περιύβρισεν, αἰσχύνομαι
λέγειν, λὰξ δὲ κατὰ τῆς γαστρὸς ἐναλλόμενος, οὕτως
ἔχειν ὡς ὁρᾷς, διέθηκα.
ΙΑ'. Ταῦθ' ὡς ἤκουσεν, οὐκ εἶπεν, οὐκ ἠρώτησεν,
50 οὐκ ἀπολογίαν προῦθηκεν, ἀλλὰ πιστεύων μηδ' ἂν
ψεύσασθαί κατ' ἐμοῦ, τὴν οὕτω περὶ ἐμὲ διακειμένην,
εὐθὺς ὡς εἶχε κατά τι μέρος τῆς οἰκίας περιτυχόν, οὐδὲν
εἰδότα, πὺξ ἔπαιε καὶ παῖδας προσκαλεσάμενος μάσ-
τιξιν ᾐκίζετο, μηδὲ τὸ κοινὸν δὴ τοῦτο διότι ξαινοίμην

LIBER I. 231

maternum erga me declararet affectum. Cum vero petu-
lantius accederet et calidiora essent oscula quam decebat
et adspectus modestiam excederet, in suspicionem jam
apud me illam multa adducebant, et subterfugiebam et
adblandientem repellebam. Omitto alia, quæ molestum
esset prolixius commemorare, quibus rationibus me adorta
sit, quas pollicitationes proposuerit; nunc pusionem, nunc
suavissimum appellans et rursus heredem et paullo post
animam suam cognominans, denique pulchra nomina ille-
cebris admiscens et quibus potissimum rebus caperer con-
siderans; ita ut in gravioribus negotiis simularet matris ha-
bitum, in ludicris autem amare se manifeste declararet.
X. Ad extremum tale quiddam accidit. Cum Panathe-
næa magna celebrarentur, quando navem Athenienses Pal-
ladi terra mittunt, (nondum autem tum excesseram ex
ephebis), postquam cecini usitatum pæanem deæ, et legi-
timo ritu et pompa prosecutus sum, quemadmodum eram
amictus, una cum chlamyde et coronis redeo domum. Illa
vero cum primum adspexit, animo externata non amplius
astu amorem texit sed præ mera cupiditate accurrit et
amplexa, Juvenis Hippolytus, Theseus meus, dicebat.
Quo animo vero tum me fuisse putatis, quem et nunc nar-
rare pudeat? Vesperi pater in Prytaneo cœnabat : et quem-
admodum in ejusmodi conventu et publico convivio ibi-
dem pernoctaturus erat. Illa autem de improviso venit ad
me noctu et conata est contra fas quidpiam assequi. Sed
cum prorsus resisterem, et omnibus blanditiis, pollicita-
tionibus et minis repugnarem, graviter et ab imo pectore
ingemiscens abiit, et una tantum nocte interposita, insidias
mihi struere scelerata cœpit. Ac primum quidem e lecto
non surrexit, sed venienti patri et quid esset roi percunc-
tanti infirma se esse valetudine simulabat et primo nihil
respondebat. Cum vero instaret et quid illi accidisset sæ-
pius quæreret : Bonus ille, inquibat, adolescens, commu-
nis noster filius, quem ego, deos contestor, plus etiam
quam tu dilexi, cum me gravidam esse quibusdam ex re-
bus sensisset, quod ego te tamdiu celavi quoad aliquid
certi scire possem, et absentiam tuam observasset, dum
illum solito more moneo et ad temperantiam adhortor,
neve scortis et ebrietati animum dederet, oro (neque enim
me id latebat : tibi vero non dicebam, ne in aliquam no-
vercæ suspicionem venirem), de his, inquam, dum collo-
quor sola cum solo, ne erubesceret : alia quidem pudet
dicere, quibus me et te contumelia affecit ; calce autem in
uterum mihi insiliens, ut ita valeam, quemadmodum vides,
effecit.
XI. Hæc ut audivit, non dixit quidquam, non interro-
gavit, non defensionem præposuit : sed sibi persuadens,
nullo modo eam de me aliquid mentitam esse, quæ eo animo
erga me fuerit, extemplo ut me offendit cadentem in parte
domus, nihil scientem pugnis feriebat et advocatis famulis
cædebat flagris, ne id quidem, quod utique commune est,

γιγνώσκοντα. Ὡς δ' ἐμπέπληστο τῆς ὀργῆς, Ἀλλὰ νῦν γε, ἔφην, ὦ πάτερ, εἰ καὶ μὴ πρότερον, δίκαιος ἂν εἴην τὴν αἰτίαν τῶν πληγῶν μανθάνειν. Ὁ δὲ, μᾶλλον παροξυνθεὶς, *Ὢ τῆς εἰρωνείας, φησὶ, τὰς πράξεις αὑτοῦ τὰς ἀνοσίας παρ' ἐμοῦ βούλεται μανθάνειν. Καὶ ἀποστραφεὶς, πρὸς τὴν Δημαινέτην ἔσπευδεν. Ἡ δὲ, οὔπω γὰρ κεκόρεστο, δευτέρας ἐπιβουλῆς κατ' ἐμοῦ τοιᾶσδε ἥπτετο. Θίσβη παιδισκάριον ἦν αὐτῇ, ψάλλειν τε πρὸς κιθάραν ἐπιστάμενον, καὶ τὴν ὄψιν οὐκ ἄωρον. Τοῦτ' ἐπ' ἐμὲ καθίησιν, ἐρᾶν μου δῆθεν προστάξασα· καὶ ἦρα παραχρῆμα ἡ Θίσβη· καὶ ἡ πολλάκις πειρωντά μ' ἀπωσαμένη, τότε παντοίως ἐφείλκετο, βλέμμασι, νεύμασι, συνθήμασιν. Ἐγὼ δ' ὁ μάταιος ἄθρουν καλὸς γεγενῆσθαι ἐπεπείσμην· καὶ τέλος ἐπὶ τὸν θάλαμον ἐλθοῦσαν νυκτὸς ὑπεδεχόμην. Ἡ δὲ καὶ αὖθις ἐπανῆκε καὶ πάλιν καὶ τοῦ λοιποῦ συνεχῶς ἐφοίτα. Ἐπεὶ δέ ποτε φυλάττεσθαι αὐτῇ τὰ πολλὰ παρῄνουν, μὴ γνωσθείη παρὰ τῆς δεσποίνης, Ὦ Κνήμων, ἔφη, ὡς λίαν ἁπλοϊκῶς τις εἶναί μοι δοκεῖς· εἰ γὰρ ἐμὲ θεράπαιναν οὖσαν καὶ ἀργυρώνητον ἡγῇ χαλεπὸν εἶναί σοι προσομιλοῦσαν ἁλῶναι, τίνος ἂν ἀξίαν εἴποις [εἶναι] τιμωρίας ἐκείνην, ἣ [καὶ] εὐγενὴς εἶναι φάσκουσα καὶ νόμῳ τὸν συνοικοῦντα ἔχουσα καὶ θάνατον τὸ τέλος τοῦ παρανομήματος γιγνώσκουσα, μοιχᾶται; Παῦε, ἔφην, οὐ γὰρ ἔχω σοι πιστεύειν. Ἡ δὲ, Καὶ μὴν, εἴ σοι δόξειεν, ἐπ' αὐτοφώρῳ παραδώσω τὸν μοιχόν. Εἰ γὰρ οὕτω βουληθῇς, ἔφην. Καὶ μὴν βουλήσομαί γε, ἀπεκρίνατο, σοῦ θ' ἕνεκεν οὕτως πρὸς αὐτῆς περιυβρισμένου, κἀμαυτῆς δ' οὐκ ἔλαττον, ἣ πάγω τὰ ἔσχατα ἐφ' ἑκάστης, ζηλοτυπίαν ἐκείνης ἐπ' ἐμὲ γυμναζούσης. Ἀλλ' ὅπως ἀνὴρ ἔσῃ κατάλαβε.

ΙΒ'. Ἐπεὶ δ' οὕτως ἕξειν ὑπεσχόμην, τότε μὲν ἀπιοῦσα ᾤχετο. Τρίτῃ δ' ὕστερον νυκτὶ καθεύδοντά μ' ἐξανίστησι καὶ τὸν μοιχὸν ἔνδον εἶναι κατεμήνυε· τὸν πατέρα μὲν εἰς ἀγρὸν αἰφνιδίου τινὸς χρείας καλούσης πεπορεῦσθαι λέγουσα· τὸν δὲ, οὕτω συγκειμένον αὐτῇ πρὸς τὴν Δημαινέτην, ἄρτι παρεισδεδυκέναι· προσήκειν δὲ καὶ πρὸς ἄμυναν εὐτρεπίζεσθαι καὶ ξιφήρη ποιεῖσθαι τὴν ἔφοδον τοῦ μὴ διαδρᾶναι τὸν ὑβριστήν. Ἐποίουν οὕτως· καὶ λαβὼν ἐγχειρίδιον, τῆς Θίσβης ἡγουμένης καὶ δᾷδας προαπτούσης, ἐπὶ τὸν θάλαμον ᾖειν. Ἐπεὶ δ' ἐπέστην, λύχνου τέ τινος ἔνδοθεν αὐγὴ διεξέπιπτε, [καὶ] τὰς θύρας ἐπικεκλεισμένας ὡς ὀργῆς εἶχον ἐκραγεὶς, ἀνοίγω, καὶ εἰσδραμών, Ποῦ ποθ' ὁ ἁλιτήριος, ἐβόων, ὁ λαμπρὸς τῆς πάντα σωφρονούσης ἐρώμενος; καὶ ἅμα λέγων, ἐπῄειν ὡς ἄμφω διαχειρισόμενος. Ἐκ δὲ τῆς εὐνῆς ὁ πατήρ, ὦ θεοί, περιτραπεὶς προπίπτει μου τοῖς γόνασι, καὶ Ὦ τέκνον, ἐπίσχες μικρόν, ἔλεγεν, οἴκτειρον τὸν γεννήσαντα, φεῖσαι παλιῶ, αἵ σε ἀνέθρεψαν. Ὕβρισα μέν σε, ἀλλ' οὐ μέχρι θανάτου τιμωρητέος. Μὴ γίγνου τῆς ὀργῆς ὅλος, μηδὲ φόνῳ πατρῴῳ χεῖρας μιάνῃς τὰς σάς. Ὁ μὲν ταῦτα καὶ ἕτερα πρὸς τούτοις ἐλεεινῶς ἱκέτευεν· ἐγὼ δὲ ὥσπερ τυφῶνι βληθείς, αὖος, ἀπόπληκτος εἱστήκειν,

quamobrem cæderer, scientem. Postea vero quam iram explevit, vel nunc saltem, inquam, pater, merito, quandoquidem prius non licuit, causam harum plagarum scire debeo. At ille eo magis exacerbatus : O simulatum, inquit, hominem ! facta sua impia ex me scire vult : et aversus, ad Demænetam festinabat. Illa vero, nondum enim satiata erat, alium dolum talem contra me machinabatur. Erat illi ancilla Thisbe, callens canere ad citharam, forma et vultu non invenusto. Hanc in me subornat, ut me amaret, imperans. Atque amabat repente Thisbe, et quæ me tentantem antea sæpius rejecerat, tum prorsus alliciebat ad sese, adspectu, nutibus, notis. Ego vero vanus, quod repente pulcher essem, credideram, et ad extremum in thalamum noctu venientem recepi. Illa vero iterum rediit et tertio, et deinceps continuo veniebat. Verum cum aliquando multum illam adhortarer, sibi ut caveret, ne a domina deprehenderetur : O Cnemon, inquit, quam nimium simplex mihi videris esse, si me ancillam, et argento emtam, tecum deprehendi periculosum putas, qua pœna illam vero dignam judicabis, quæ se ingenuam esse prædicans et legitimo jure conjugii cohabitatorem habens, denique mortem sibi finem sceleris esse propositum sciens, adulterium committit? Desine, inquiebam : neque enim tibi fidem habere possum. Imo, si tibi videbitur, in ipso facto adulterum tradam. Si quidem ita volueris, inquiebam. Maxime volo, respondit : et tua causa, qui ab illa tam insigni injuria afferctus es, et mea non minus mea quoque, ut quæ extrema omnia quotidie patiar ab illa, vanam zelotypiam erga me exercente. Quamobrem, si vir es, deprehende.

XII. Cum autem ita fore promisissem, tunc quidem abiit : tertia vero postea nocte dormientem me excitat, et adulterum intus esse significat; patrem in agrum subitæ cujusdam necessitatis causa abiisse dicens : istum vero, ut erat constitutum, ad Demænetam modo clam ingressum esse. Convenire autem ut et ad vindictam me appararem et armatus gladio ingrederer, ne improbus effugeret. Faciebam ita : et accepto pugione Thisbe præeunte et facris accendente, ad thalamum ibam. Ceterum ut adstiti, lychni cujusdam qui intus erat splendor penetrabat et ego foribus obseratis ut eram commotus ira effractis, aperiebam et incurrens, Ubi est consceleratus, clamabam, præclarus castæ omni ex parte amasius? et simul atque prolocutus sum accessi utrumque confossurus. At pater ex lecto, dii boni ! devolutus perculsus accidit ad genua mea et O fili cohibe te paullulum, dicebat, miserere parentis, parce canis, qui te enutriverant. Injuria te affecimus, sed non tamen adeo, ut ad mortem usque vindicta de me expetenda sit. Ne indulgeas iræ, neque cæde paterna manus tuas contamines. Ille quidem his et aliis præterea modis miserabiliter supplex pro se precabatur. Ego autem tanquam fulgure perculsus, tacitus et attonitus stabam, Thisben circumspiciens, quæ nescio quo pacto subduxerat

τὴν Θίσβην περιέβλεπον, οὐκ οἶδ' ὅπως ἑαυτὴν ὑποστείλασαν, τὴν κλίνην καὶ τὸν θάλαμον ἐν κύκλῳ περιεσκόπουν, εἰπεῖν τι διαπορῶν, πρᾶξαι ἀμηχανῶν. Ἐκπίπτει μου καὶ τὸ ξίφος τῶν χειρῶν· καὶ τὸ μὲν ἡ Δημαινέτη προσδραμοῦσα σπουδαίως ἀνήρπασεν, ὁ δὲ πατὴρ ἐν τῷ ἀκινδύνῳ γεγονὼς, ἐπιβάλλει τέ μοι τὰς χεῖρας καὶ δεσμεῖν ἐκέλευε, πολλὰ τῆς Δημαινέτης παροξυνούσης, καὶ Οὐ ταῦτ' ἦν ἃ προηγόρευον, βοώσης, ὡς φυλάττεσθαι προσήκει τὸ μειράκιον, ὡς ἐπιβουλεύ-
10 σειε καιροῦ λαβόμενον; ἑώρων τὸ βλέμμα, συνίην τῆς διανοίας. Ὁ δὲ, Προηγόρευες, εἰπὼν, ἀλλ' ἠπίστουν, τότε μὲν ἐν δεσμοῖς εἶχε, λέγειν τι βουλομένῳ τῶν ὄντων καὶ φράζειν οὐκ ἐπιτρέψας.

ΙΓʹ. Ἅμα δὲ τῇ ἕῳ λαβὼν οὕτως ὥς εἶχον δεσμῶν
15 ἐπὶ τὸν δῆμον ἦγε καὶ τῆς κεφαλῆς κόνιν καταχεάμενος, Οὐκ ἐπὶ τοιαύταις μὲν ἐλπίσιν, ὦ Ἀθηναῖοι, τόνδε ἀνέτρεφον, ἔλεγεν, ἀλλὰ τοῦ γήρως τοὐμοῦ βακτηρίαν ἔσεσθαι προσδοκῶν, ἐπειδὴ τάχιστά μοι ἐγένετο, ἐλευθερίου τε τροφῆς μεταδοὺς, καὶ τὰ πρῶτα τῶν γραμ-
20 μάτων διδαξάμενος, εἰς τοὺς φράτορας καὶ γεννητὰς εἰσαγαγὼν, εἰς ἐφήβους ἐγγράψας, πολίτην ὑμέτερον καὶ τοῖς νόμοις ἀποφήνας, πάντα τὸν βίον ἐπὶ τούτῳ τὸν ἐμὸν ἐσάλευον. Ἐπεὶ δὲ τούτων ἁπάντων λήθην λαβὼν, ἐμέ μὲν ὕβρισε ταπρῶτα καὶ πληγαῖς ταυτηνὶ
25 τὴν κατὰ νόμους συνοικοῦσάν μοι ᾐκίσατο· τέλος δὲ καὶ ξιφήρης νύκτωρ ἐπῆλθε καὶ παρὰ τοσοῦτον γέγονε πατραλοίας, παρ' ὅσον ἀντέσχεν ἡ τύχη, ἀπροσδοκήτῳ φόβῳ τὸ ξίφος τῶν τούτου χειρῶν ἐκπεσεῖν παρασκευάσασα· καταπέφευγα [τε] πρὸς ὑμᾶς καὶ προσαγγέλλω
30 τοῦτον· αὐτόχειρ μὲν αὐτοῦ γενέσθαι κατὰ τοὺς νόμους ἐξὸν, οὐ βουληθείς· ὑμῖν δὲ τὸ πᾶν καταλιπὼν, νόμῳ βέλτιον ἡγούμενος ἢ φόνῳ παιδὸς τὴν δίκην λαμβάνειν. Καὶ ἅμα ἐδάκρυεν· ἐπεκώκυε δὲ καὶ ἡ Δημαινέτη καὶ περιαλγεῖν ἐπ' ἐμοὶ δῆθεν ἐπεδείκνυτο, τὸν
35 ἄθλιον ἀποκαλοῦσα, τὸν ἐν δίκῃ μὲν ἡ δίκη καὶ πρὸ ὥρας τεθνηξόμενον, τὸν ὑπὸ δαιμόνων ἀλαστόρων ἐπὶ τοὺς γεννήσαντας ἐλαθέντα· οὐ θρηνοῦσα μᾶλλον ἢ καταμαρτυροῦσα τοῖς θρήνοις καὶ ὡς ἀληθῆ τὴν κατηγορίαν βεβαιοῦσα τοῖς γόοις. Ἐπεὶ δὲ μεταδοῦναι κἀμοὶ
40 λόγων ἠξίουν, ὁ γραμματεὺς προσελθὼν, ἠρώτα στενὸν ἐρώτημα, Εἰ τῷ πατρὶ ξιφήρης ἐπῆλθον· ἐμοῦ δὲ, Ἐπῆλθον μὲν, εἰπόντος, ἀλλ' ὅπως ἀκούσατε· ἀνεβόησαν ἅπαντες καὶ οὐδ' ἀπολογίας μοι μετεῖναι κρίναντες, οἱ μὲν λίθοις βάλλειν, οἱ δὲ τῷ δημίῳ παραδιδό-
45 ναι καὶ ὠθεῖσθαι εἰς τὸ βάραθρον ἐδοκίμαζον. Ἐμοῦ δὲ παρὰ πάντα τὸν θόρυβον καὶ τὸν χρόνον, ὃν περὶ τῆς τιμωρίας διεχειροτόνουν, Ὢ μητρυιὰ, βοῶντος, διὰ μητρυιὰν ἀναιροῦμαι, μητρυιά με ἄκριτον ἀπόλλυσι, προσέστη τοῖς πολλοῖς τὸ λεγόμενον καὶ εἰσῄει
50 τῶν ὄντων ὑποψία. Καὶ ἠκούσθην μὲν οὐδὲ τότε, προκατείληπτο γὰρ ὁ δῆμος ἀκαταπαύστῳ θορύβῳ.

ΙΔʹ. Τῶν δὲ ψήφων διακρινομένων, οἱ μὲν τὸν θάνατον καταχειροτονήσαντες, ἦσαν εἰς ἑπτακοσίους καὶ χιλίους, οἱ μὲν καταλεῦσαι, οἱ δ' εἰς τὸ βάραθρον πέμ-

sese : lectum et thalamum in orbem oculis lustrabam , nec quid dicerem sciens, nec ad agendum consilii quidquam habens. Excidit mihi et pugio e manibus. Et hunc quidem Demæneta propere accurrens arripuit. Pater autem cum jam extra periculum esset, injicit mihi manus et ligare jubebat, Demæneta multis modis irritante et An non hæc erant quæ prædicebam, clamante, quod caveri oporteret adolescentem, utpote occasione oblata moliturum aliquid? E vultu animum ejus perspexi. Ille autem, prædicebas cum dixisset, sed non credebam ; me tum in vinculis detinuit et exponere quidpiam ut gestum erat volenti ne dicendi quidem potestatem fecit.

XIII. Quamprimum autem illuxit, prehensum sic ut eram vinctus produxit ad populum et adsperso capiti pulvere, non ad hanc spem , o Athenienses, hunc educabam, dicebat; sed bacillum senectutis meæ futurum aliquando sperans, ut primum mihi natus est, liberaliter eductum et initiis literarum institutum, cum in tribules et gentiles introduxissem, in epheborum album retulissem, civem nostrum etiam legibus effecissem, tota vitæ meæ spes in illo erat. Ceterum postquam horum omnium oblitus, me injuriis primum et hanc legitimam meam uxorem verberibus affecit, ad extremum et gladio armatus noctu advenit et eatenus tantum ab eo quo minus parricida fieret abfuit, quatenus fortuna restitit inopinato terrore ut illi gladius e manibus excideret efficiens, confugi ad vos nomenque istius defero. Tametsi enim mihi per leges liceret mea manu illum interimere, tamen nolui, idque totum vestro reliqui arbitrio, melius me facturum existimans, si de filio lege, non cæde, sumerem pœnam. Et simul lacrimabat. Ejulabat quoque Demæneta et se ob meum casum dolore affici simulabat; miserum appellans, ac juste quidem sed ante tempus moriturum , a malis geniis adversus parentes incitatum; non lugens magis quam testificans lacrimis et ceu veram accusationem ploratu confirmans. Cum autem et mihi dicendi potestatem dari postularem, scriba accedens, concisam quæstionem instituit patremne armatus gladio agressus essem? Me vero, Aggressus sum quidem, dicente, sed quemadmodum, audite : exclamarunt omnes ac neque causæ dicendæ jus ad me pertinere judicantes, alii me lapidibus obrui debere, alii carnifici tradi, et in barathrum præcipitari censebant. Me vero, toto hoc tumultu et tempore intervallo, quo de pœna statuebant, O noverca, clamante, heu propter novercam tollor, noverca me injudicatum perimit; adhæsit ad multos id, quod a me dicebatur et subibat eos suspicio rei ipsius, ut erat acta Verum ne tum quidem audiebar : ingens enim tumultus et perturbatio populum præoccupaverat.

XIV. Cum autem calculi discernerentur, mortem mihi decernentes circiter mille et septingenti reperti, quorum alii lapidibus me obruendum esse, alii in barathrum mit-

ψαι κρίναντες· οἱ λοιποὶ δ' εἰς χιλίους, ὅσοι τι καὶ
τῇ ὑπονοίᾳ τῇ κατὰ τῆς μητρυιᾶς δόντες, φυγῇ με ἐς
τὸ διηνεκὲς ἐζημίωσαν. Ἀλλ' ὅμως ἡ τούτων ἐκράτει
ψῆφος. Τῶν μὲν γὰρ ἄλλων ὁμοῦ πάντων ἦσαν ἐλάτ-
τους, ἐκείνων δὲ διάφορα ψηφισαμένων, εἰς τὸ μέρος
οἱ χίλιοι πλείους ἐγένοντο. Κἀγὼ μὲν οὕτως ἐξη-
λαυνόμην ἑστίας τε πατρῴας καὶ τῆς ἐνεγκούσης. Οὐ
μὴν ἀτιμώρητός γ' ἡ θεοῖς ἐχθρὰ Δημαινέτη περιε-
λείφθη. Τὸν δὲ τρόπον εἰσαῦθις ἀκούσεσθε, τὸ δὲ νῦν
καὶ ὕπνου μεταληπτέον, τό τε γὰρ πολὺ προέβη τῆς
νυκτὸς, καὶ ὑμῖν πολλῆς δεῖ τῆς ἀναπαύσεως. Καὶ
μὴν προσεπιτρίψεις γ' ἡμᾶς, ἔφη ὁ Θεαγένης, εἰ τὴν
κακίστην ἀτιμώρητον ἐάσῃς ἐν τῷ λόγῳ Δημαινέτην.
Οὐκοῦν ἀκούοιτ' ἂν, ἔφη ὁ Κνήμων, ἐπειδήπερ ὑμῖν
οὕτω φίλον. Ἐγὼ μὲν, ὡς εἶχον, μετὰ τὴν κρίσιν εἰς
τὸν Πειραιᾶ κατέβην καὶ νεὼς ἀναγομένης ἐπιτυχὼν τὸν
πλοῦν εἰς Αἴγιναν ἐποιούμην, ἀνεψιοὺς εἶναί μοι τῆς
μητρὸς ἐνταῦθα πυθανόμενος. Καταίρας δὲ καὶ τοὺς
ἐπιζητουμένους ἀνευρὼν, οὐκ ἀηδῶς τὰ πρῶτα διῆγον.
Εἰκοστῇ δ' ὕστερον ἡμέρᾳ συνήθως ἁλιῶν, ἐπὶ λιμένα
κατῆλθον. Καὶ λέμβος ἄρτι κατεφέρετο. Μικρὸν
οὖν ἐπιστὰς, ὁπόθεν τ' εἴη καὶ τίνας ἄγοι περιεσκό-
πουν. Οὔπω δὲ τῆς ἀποβάθρας ἀκριβῶς κειμένης,
ἐξήλατό τις καί με προσδραμὼν περιέβαλεν, ἦν δ' ἄρα
Χαρίας τῶν ἐμῶν συνεφήβων, καὶ Ὦ Κνήμων, εὐαγγέ-
λιά σοι κομίζω, φησίν, ἔχεις παρὰ τῆς πολεμίας τὴν δί-
κην· Δημαινέτη τέθνηκεν. Ἀλλὰ σώζοιο μὲν, ἔφην, ὦ
Χαρία, τί δὲ παρατρέχεις τὸ εὐαγγέλιον, ὥσπερ τι τῶν
ἀτόπων ἀπαγγέλλων; εἰπὲ δὲ καὶ τὸν τρόπον, ὡς σφο-
δρα δέδοικα, μὴ τῷ κοινῷ κέχρηται θανάτῳ καὶ διέδρα
τὸν πρὸς ἀξίαν. Οὐ παντάπασιν, ἔφη ὁ Χαρίας,
ἐκλέλοιπεν ἡμᾶς ἡ δίκη καθ' Ἡσίοδον, ἀλλὰ μικρὸν
μὲν ἂν τι καὶ παρίδοι ποτὲ, τῷ χρόνῳ τὴν ἄμυναν
παρέλκουσα, τοῖς δ' οὕτως ἀθέσμοις ὀξὺν ἐπιβάλλει
τὸν ὀφθαλμόν· ὡς δὴ καὶ τὴν ἀλιτήριον μετῆλθε Δη-
μαινέτην. Ἔλαθε δέ με τῶν γεγονότων ἢ λεχθέντων
οὐδὲν, τῆς Θίσβης, ὡς οἶσθα, κατὰ τὴν πρός με συνή-
θειαν πάντα διηγουμένης. Τῆς γὰρ ἀδίκου σοι φυγῆς
ἐπιβληθείσης, ὁ μὲν ἄθλιός σου πατὴρ ἐπὶ τοῖς πραχθεῖσι
μεταμελούμενος εἰς ἀγρόν τινα ἐσχατιὰν ἑαυτοῦ ἀπώ-
κισε, κἀκεῖ διῆγεν — ὃν θυμὸν κατέδων, τοῦτο δὴ τὸ
τοῦ ἔπους· τὴν δ' εὐθὺς Ἐρινύας ἤλαυνον καὶ μανικώ-
τερον ἦρα σου μὴ παρόντος καὶ θρήνων οὐκ ἐπαύετο,
δῆθεν μὲν τῶν ἐπὶ σοὶ, τὸ δ' ἀληθὲς, τῶν ἐφ' ἑαυτῇ καὶ
Κνήμων ἐβόα νύκτα τε καὶ μεθ' ἡμέραν, παιδίον γλυ-
κύτατον, ψυχὴν ἑαυτῆς ὀνομάζουσα, ὥστε καὶ αἱ γνώ-
ριμοι τῶν γυναικῶν φοιτῶσαι παρ' αὐτὴν σφόδρα μὲν
ἐθαύμαζον καὶ ἐπῄνουν, εἰ μητρὸς ἡ μητρυιὰ πά-
θος ἐπιδείκνυται, παραμυθεῖσθαί τε καὶ ἐπιρρωννύναι
ἐπειρῶντο. Ἡ δὲ, ἀπαραμύθητον εἶναί τὸ κακὸν καὶ
οἷον ἐγκεῖσθαι τῇ καρδίᾳ κέντρον ἀγνοεῖν τὰς ἄλλας
ἔλεγεν.
ΙΕ΄. Εἰ δέ ποτε γένοιτο καθ' ἑαυτὴν, πολλὰ τὴν
Θίσβην ἐμέμφετο, ὡς οὐ προσηκόντως ὑπηρετησαμέ-

tendum judicabant. Reliqui vero ad mille, aliquid dantes suspicioni de noverca, exsilio me perpetuo damnabant. Nihilominus tamen horum vicit sententia. Tametsi enim erant aliis simul conjunctis pauciores, tamen, cum illi diversa tulissent suffragia, sigillatim collatione facta, mille isti majorem numerum efficiebant. Atque ego quidem ita laribus paternis et patria pellebar. Nec tamen diis invisa Demæneta hoc deinceps impune tulit : quo autem pacto, postea audietis, nunc autem vobis est somno indulgendum : nam et ad multam noctem processit, et vobis longa quiete opus est. Immo majore molestia nos afficies, inquit Theagenes, si pessimam hanc inultam in narratione reliqueris. Audite igitur, inquit Cnemon, quandoquidem vobis ita lubet. Ego ita, ut eram, post judicium descendi in Piræum et nactus navem, quæ tum solvebat, navigabam Æginam, resciscens, illic me habere consobrinos matris. Eo cum applicuissem et eos quos inquirebam invenissem, non insuaviter primo tempus degebam. Vigesimo vero post die solito more exspatians descendi ad portum. Ecce autem lembus appellebat. Paullulum igitur cominoratus, unde esset et quos apportaret considerabam. Necdum pons recte jacebat, cum exsiluit quidam et me accurrens amplectebatur. Erat autem Charias, unus ex meis synephebis et O Cnemon lætum nuntium tibi affero, inquiebat. Luit jam tibi inimica pœnas : Demæneta mortua est. O utinam sis salvus, Charia. Cur autem præteris hoc, quidquid est læti nuntii, tanquam quidpiam importunum afferas ? Expone quæso et modum. Quam metuo, ne usitato more sit mortua et effugerit mortem, qua digna fuerat. Non omnino deseruit nos, inquit Charias, justitia, secundum Hesiodi sententiam; sed quamvis interdum aliquantisper connixerit in sceleribus hominum, in longum tempus ultionem protrahens, tamen in ejusmodi nefarios acrem injicit oculum : quæ et de conscelerata Demæneta supplicium sumsit. Neque me quidquam latuit eorum, quæ dicta aut facta fuerunt, Thisbe mihi pro consuetudine, quæ illi mecum intercedebat, omnia narrante. Cum enim tibi exsilium injustum decretum attulisset, pater infelix, horum quæ fecerat pœnitentia ductus in agrum quemdam et solitariam villam sese a consuetudine hominum abduxit et ibi degebat ætatem, suum animum exedens, ut ait poëta. Illam vero statim furiæ agitabant et majore cum furore te absentem amabat; neque luctum intermittebat unquam, quasi tuum casum deplorans, revera autem magis sortem suam : et Cnemon clamabat noctu et interdiu, pusio suavissime, animam suam te appellans : ut etiam notæ mulieres illam invisentes magnopere mirarentur eamque laudarent, quod noverca materno amore esset prædita et consolari et confirmare conarentur. Illa vero majus malum esse, quam ut consolatione leniri posset et alias ignorare quantus stimulus cor illius premeret dicebat.

XV. Cum vero ad se rediisset, multis modis Thisben accusabat, quod non commode sibi inserviisset : Quam ni-

LIBER I.

νην, Ἡ σπουδαία περὶ τὰ δεινὰ, λέγουσα, ἡ πρός μὲν
τὸν ἔρωτα μὴ συμπράξασα, ἐπὶ δὲ τὸ στερηθῆναί με
τοῦ φιλτάτου καὶ λόγου ταχίων ἀποδειχθεῖσα, μηδὲ
μεταβουλεύσασθαί μοι συγχωρήσασα. Καὶ δήλη παν-
τοίως ἐγένετο κακόν τι διαθήσουσα τὴν Θίσβην. Ἡ
δὲ βαρυμηνιῶσαν ὁρῶσα καὶ πάντη λυπηθεῖσαν, ἐπι-
βουλεῦσαι πρόχειρον καὶ οὐχ ἥκιστα τῷ τε θυμῷ καὶ
ἔρωτι περιμανῆ τυγχάνουσαν, ἔγνω [προλαβεῖν καὶ]
φθῆναι, τῇ κατ' ἐκείνης ἐπιβουλῇ σωτηρίαν ἑαυτῇ πε-
ριποιοῦσα· καὶ προσελθοῦσα, Τί ταῦτα, ὦ δέσποινα,
ἔλεγε, τί μάτην ἔχεις ἐν αἰτίᾳ τὴν σὴν θεραπαινίδα; ἐγὼ
μέν σοι πρὸς τὸ βούλημα τὸ σὸν ἀεί τε καὶ νῦν ὑπηρε-
τησάμην. Εἰ δέ τι τῶν μὴ κατὰ γνώμην ἐκβέβηκεν,
ἐκεῖνα μὲν τῇ τύχῃ λογιστέον, ἕτοιμος δ' (εἰμὶ),
εἰ κελεύεις, ἐπινοεῖν τινα τῶν παρόντων λύσιν. Ἡ
δὲ, Καὶ τίς ἂν εὑρεθείη, φιλτάτη, ἔφη, τοῦ δυναμένου
λῦσαι τὰ νῦν ἐκποδὼν γεγονότος κἀμὲ τῆς παρ' ἐλπίδας
τῶν δικαζόντων φιλανθρωπίας ἀνελούσης. Εἰ γὰρ
ἐδέδηλτο τοῖς λίθοις, εἰ γὰρ ἀνῄρητο, πάντως ἂν κά-
μοὶ συντεθνήκει τὰ τοῦ πάθους. Τὸ γὰρ ἀπελπισθὲν
ἅπαξ, ἐξῄρηται τῆς ψυχῆς καὶ τὸ μηδαμόθεν ἔτι προσ-
δοκώμενον ἀπαλγεῖν παρασκευάζει τοὺς κάμνοντας.
Νῦν δ' ὁρᾶν φαντάζομαι, παρόντος ἀκούειν ἀπατῶμαι,
ὀνειδίζοντα τὴν ἄδικον ἐπιβουλὴν αἰσχύνομαι συντεύ-
ξασθαι. Ποτὲ δ' ἐπελθόντι καὶ ἀπολαύσειν, ἢ καὶ αὐτὴ
παρ' ἐκείνου φοιτήσειν, ὅπου ποτ' ἂν ᾖ γῆς, ὑποτίθε-
μαι. Ταῦθ' ὑπεκκαίει, ταῦτ' ἐκμαίνει· δίκαια μέν,
ὦ θεοί, πάσχω· τί γὰρ οὐ περιεῖπον ἀλλ' ἐπεβού-
λευον; τί δ' οὐχ ἱκέτευον ἀλλ' ἐδίωκον; ἠρνήσατο τὴν
πρώτην; ἀλλὰ προσηκόντως. Ἀλλοτρίαν μὲν ἀλλ'
οὖν γε πατρῴαν εὐνὴν ᾐσχύνετο. Τυχὸν ἂν μετε-
πείσθη χρόνῳ πρὸς τὸ ἡμερότερον καὶ πειθοῖ μετακλατ-
τόμενος. ἀλλ' ἡ θηριώδης ἐγὼ καὶ ἀνήμερος, ὥσπερ
οὐκ ἐρῶσά τινος ἀλλ' ἄρχουσα, δεινὸν ὅτι μὴ ἐξ ἐπιτάγ-
ματος ὑπήκουσεν ἐποιησάμην καὶ εἰ τῆς Δημαινέτης
ὑπερεῖδε πολὺ τὴν ὥραν αὐτῆς ὑπερβάλλων. Ἀλλ' ὦ
γλυκεῖα Θίσβη, τίνα λύσιν ὠνόμαζες ῥᾳδίαν; Ὦ δέ-
σποινα, ἔφη, τοῖς πολλοῖς μὲν ὁ Κνήμων ὑπεξῆλθε τοῦ
ἄστεος καὶ τῆς Ἀττικῆς ἐξώρμησε τῇ κρίσει πειθόμενος,
ἐμὲ δ' ἅπαντα διά σε πραγματευομένην οὐκ ἔλαθεν,
αὐτοῦ πού πρὸ τοῦ ἄστεος παρακρυπτόμενος. Ἀρσι-
νόην ἀκούεις που πάντως τὴν αὐλητρίδα· ταύτῃ ἐκέ-
χρητο. Μετὰ δὲ τὴν δυστυχίαν, ὑποδέχεται αὐτὸν ἡ
μείρας καὶ συναπαίρειν ἐπαγγελλομένη, παρ' ἑαυτῇ
κατέχει, κρυπτόμενον τέως, ἕως ἂν συσκευάσηται.
Καὶ ἡ Δημαινέτη, Μακαρία μὲν Ἀρσινόη, φησί, τῆς
τε πρότερον πρὸς Κνήμωνα συνηθείας, καὶ τῆς σὺν αὐτῷ
νυνὶ προσδοκωμένης ἐκδημίας. Ἀλλὰ τί ταῦτ' ἂν
εἴη πρὸς ἡμᾶς; Μεγάλα, ἔφη, ὦ δέσποινα. Ἐρᾶν
μὲν ἐγὼ προσποιήσομαι τοῦ Κνήμωνος, παρακαλέσω
δὲ τὴν Ἀρσινόην, οὐδάν μοι πάλαι γνώριμον ἀπὸ τῆς
τέχνης, εἰσαγαγεῖν με ὡς αὐτὸν νύκτωρ ἀνθ' αὑτῆς·
ὅπερ εἰ γένοιτο, σὸν ἂν εἴη τὸ ἐντεῦθεν Ἀρσινόην
εἶναι δοκεῖν καὶ φοιτᾶν παρ' αὐτὸν ὡς ἐκείνην. Με-

mium prompta et ad res atroces, inquiens, quæ in amore
quidem me non adjuvisti, at ut carissimo privarer dicto
citius effecisti, neque spatium mutandi consilii mihi con-
cessisti : et prorsus manifesto præ se ferebat, quod esset
illi mali aliquid molitura. Illa vero graviter indignantem
videns et omnino mœrore perditam, paratamque ad insidias
parandas, ira simul et amore insanientem, statuit illam an-
tevenire, insidiis illi structis saluti suæ consulens; et adiens
eam, Quid est hoc, o domina, dicebat, cur frustra accusas
famulam tuam? Ego quidem voluntati tuæ cum antea sem-
per tum etiam nunc sum obsecuta : quod si aliquid non eve-
nit ex animi sententia, illa sunt fortunæ adscribenda. At-
qui et nunc, si jubes, in excogitando levamine præsentis
mœroris, studium meum tibi non deerit. Quod autem,
mea tu, inquit illa, reperiri possit, cum is qui hæc levare
potuisset magno locorum intervallo a nobis disjunctus sit
et me eorum qui judicabant insperata lenitas peremerit?
Si enim lapidibus obrutus, si interfectus fuisset omnino et
in me una exstincta fuissent et mortua hæc cupiditatis in-
cendia. Cujus enim spes abjecta semel est, tollitur ex
animo et quod non amplius exspectatur, efficit, ut ad
omnem sensum doloris ægri animi occallescant. Nunc vi-
dere me illum videor, per errorem præsentem audire arbi-
tror, injustas insidias mihi exprobrantem alloqui erubesco.
Interdum vero et adveniente fruituram esse me existimo et
nonnunquam ipsa ad illum, ubi ubi terrarum sit, ire statuo.
Hæc me inflammant, hæc ad furorem adigunt. Justa qui-
dem, o dii, patior : cur enim illum non benevolentia com-
plectebar, sed insidiis petebam? cur non supplex fui sed
hostiliter sum persecuta? Non admisit primum, at merito
quidem, ut alienam. Cubile paternum reverebatur. For-
tassis adductus fuisset, cum tempore tum persuasionibus
in leniorem sententiam traductus. Sed ego fera et imma-
nis, quasi non amarem quempiam, sed illi imperarem,
crudele facinus, quod imperio non paruisset et quod De-
mænetam contempsisset, quam longe forma superabat, per-
petravi. Ceterum, o mea Thisbe, quam levationem faci-
lem nominasti ? O domina, inquit, multorum opinione
Cnemon ex urbe abiit et Attica regione aliquo obtemperans
excessit. Me vero non latuit, propter te enixe omnia in-
quirentem, quod hic quodam in loco ante urbem occultetur.
De Arsinoë tibicina audisti procul dubio : cum hac consueve-
rat. Post calamitatem recipit eum puella et promittens se una
emigraturam esse detinet domi suæ abscondiium tamdiu,
quoad sese ad iter accinxerit. Damæneta autem, O bea-
tam, inquit, Arsinoën, tum propter priorem consuetudi-
nem, quæ illi cum Cnemone intercessit, tum propter hoc
exsilium, quod ipsi cum illo contigit. Sed hæc quid ad
nos pertinent? Magnopere, o domina. Amare me ego
Cnemonem simulabo, rogaboque Arsinoën, jam pridem
mihi notam ex arte, ut me introducat noctu ad eum, suam
in locum. Quod si a me obtinebitur, tuum erit, ut te jam
Arsinoën esse putes et tanquam illa ad eum ingrediaris.
Curabo autem id quoque ut cum aliquantum adbiberit cu-

λήσει δέ μοι καὶ ὑποβεβρεγμένον αὐτὸν κατακλῖναι
παρασκευάσαι. Εἰ δὲ τύχοις, ὧν βούλει, μάλιστα
μὲν εἰκὸς σχολάσειν τὸν ἔρωτα, πολλαῖς γὰρ κατὰ
τὴν πρώτην πεῖραν ἐναπεσβέσθη τὰ τῆς ἐπιθυμίας·
5 κόρος γὰρ ἔρωτος τῶν ἔργων τὸ τέλος. Εἰ δ' ἐναπο-
μείνειεν, ὃ μὴ γένοιτο, δεύτερος ἔσται, φασί, πλοῦς καὶ
ἑτέρα βουλή. Τὸ παρὸν τέως θεραπεύωμεν.
Ις'. Ἐπήνει ταῦθ' ἡ Δημαινέτη καὶ προστιθέναι
τάχος τοῖς δεδογμένοις ἱκέτευεν. Ἡ δὲ μίαν ἡμέραν
10 ἐνδοθῆναι αὐτῇ πρὸς τὸ διανῦσαι ταῦτα παρὰ τῆς
δεσποίνης αἰτήσασα, παρὰ μὲν τὴν Ἀρσινόην ἐλθοῦσα,
Τελέδημον οἶσθα, ἔλεγε· τῆς δ' ὁμολογούσης, Ὑπό-
δεξαι ἡμᾶς, ἔφη, τὸ τήμερον· ὑπεσχόμην γὰρ αὐτῷ
συγκαθευδήσειν· ἥξει δὲ πρότερος, ἐγὼ δέ, ὅταν κατα-
15 κλίνω τὴν δέσποιναν. Πρὸς δὲ τὸν Ἀρίστιππον εἰς
ἀγρὸν διαδραμοῦσα, Ὦ δέσποτα, ἔλεγεν, ἥκω σοι
κατήγορος ἐμαυτῆς καὶ κέχρησο ὅ τι βούλει. Τὸν
παῖδα δι' ἐμὲ τὸ μέρος ἀπολώλεκας οὐχ ἑκοῦσαν μὲν
ἀλλ' ὅμως συναιτίαν γενομένη. Αἰσθομένη γὰρ τὴν
20 δέσποιναν οὐκ ὀρθῶς βιοῦσαν ἀλλ' εὐνὴν τὴν σὴν ὑβρί-
ζουσαν, αὐτή τε περὶ ἐμαυτῆς δείσασα μή ποτε κακόν
λάβοιμι, τὸ πρᾶγμα εἰ δι' ἀλλου φωραθείη καὶ ἐπί σοι πε-
ριαλγήσασα, εἰ οὕτω περιέπων τὴν συνοικοῦσαν τοιαῦτα
ἀντιπάσχοις, αὐτή μέν σοι προσαγγελαι κατώκνησα,
25 φράζω δὲ τῷ νέῳ δεσπότῃ, νύκτωρ παρ' αὐτὸν ἐλθοῦσα,
ὡς ἂν γνοίη μηδείς, καὶ ἔλεγον, ὡς μοιχὸς ἅμα τῇ
δεσποίνῃ συγκαθεύδοι. Ὁ δέ, (προϋλελύπητο γάρ,
ὡς οἶσθα, πρὸς αὐτῆς) ἔνδον εἶναι τότε με λέγειν τὸν
μοιχὸν νομίσας, ὀργῆς ἀκατασχέτου πληρωθείς, ἀνε-
30 λόμενος τὸ ἐγχειρίδιον, ἐμοῦ πολλὰ κατέχειν πειρωμέ-
νης καὶ ὡς οὐδὲν εἴη τοιοῦτον ἐπὶ τοῦ παρόντος λεγού-
σης, μικρᾷ φροντίσας ἢ καὶ μεταβαλέσθαι προσδοκή-
σας, ἐπὶ τὸν θάλαμον ἐμμανὴς ἵεται· καὶ τὰ λοιπὰ
γιγνώσκεις. Τὸ δὲ παρὸν ἔνεστί σοι βουλομένῳ πρὸς
35 τὸν παῖδα καὶ εἰ φεύγει τὰ νῦν ἀπολογήσασθαι καὶ
παρὰ τῆς ἀμφοτέρους ὑμᾶς ἀδικούσης τιμωρίαν λαβεῖν.
Ἐπιδείξω γάρ σοι τήμερον ἅμα τῷ μοιχῷ τὴν Δημαι-
νέτην ἐν οἰκίᾳ καὶ ταῦτ' ἀλλοτρίᾳ ἐκτὸς τοῦ ἄστεος
κατακεκλιμένην. Εἰ γὰρ ταῦθ' οὕτως ἐπιδείξειας,
40 φησὶν ὁ Ἀρίστιππος, σοὶ μὲν ἐλευθερίας μισθὸς ἀπο-
κείσεται, ἐγὼ δὲ τάχ' ἂν ἐπιβιῴην τὴν πολεμίαν
ἀμυνόμενος. Ὡς πάλαι γε σμύχομαι ἐμαυτῷ καὶ τὸ
πρᾶγμα δι' ὑποψίας ἔχων, ἀπορίᾳ τῶν ἐλέγχων ἡσύ-
χαζον. Ἀλλὰ τί δεῖ ποιεῖν; ἡ δέ, Τὸν κῆπον οἶσθα,
45 ἔλεγεν, ἔνθα τὸ μνῆμα τῶν Ἐπικουρείων· ἐνταῦθ' εἰς
ἑσπέραν ἐλθὼν περίμενε.
ΙΖ'. Καὶ ἅμ' εἰποῦσα ἀπέτρεχε καὶ πρὸς τὴν
Δημαινέτην ἐλθοῦσα, Κόσμει, ἔφη, σαυτήν, ἁδρότε-
ρον ἔχουσαν ἥκειν προσήκει· πάντα σοι τὰ ἐπηγγελ-
50 μένα ηὐτρέπισται. Ἡ δὲ περιέβαλέ τε καὶ ἔπραττεν
ὡς ἐκέλευσεν. Ἤδη δ' ἑσπέρας οὔσης, ἀναλαβοῦσα
ἦγεν, οὗ συνετέτακτο. Ἐπεὶ δ' ἐπλησίαζον, τὴν μὲν
ἐπιστῆναι μικρὸν ἐκέλευεν· αὐτὴ δὲ προλαβοῦσα παρε-
κάλει τὴν Ἀρσινόην εἰς ἕτερον μεταστῆναι δωμάτιον

bitum eat. Si igitur adepta fueris id, quod cupis, maxime
tum probabile est amorem tuum exstinctum iri. Multis
enim primo experimento exstinctum est cupiditatis incen-
dium. Amoris enim satietas oritur si voti compotes su-
mus. Quod si tum quoque manserit, quod absit, secunda
erit, ut aiunt, navigatio et aliud consilium. Interea cu-
remus id, quod in præsentia licet.

XVI. Approbabat hæc et collaudabat Demæneta et ut
quamprimum aggrederetur ea, quæ fuerunt constituta, ora-
bat. Illa vero diem unum sibi ad hæc peragenda concedi
a domina cum postulasset, Arsinoën quidem conveniens:
Teledemum nosti? dicebat. Hac vero annuente: Recipe
nos, inquit, hodie: pollicita sum enim illi hanc noctem.
Veniet autem prior, at ego subsequar, cum dominam cubi-
tum deduxero. Ad Aristippum autem cum percurrisset in
agrum, sic locuta est: Venio ad te, here, accusatrix mei
ipsius et statuas in me pœnam arbitrio tuo: filium partim
per me amisisti, non quidem volentem sed tamen adjutri-
cem. Cum enim sensissem, dominam haud recte vivere,
sed cubili tuo injuriam inferre, tum mihi ipsi metuens, ne,
si res per alium quempiam deprehensa fuisset, non effuge-
rem malum; tum præcipue tuam vicem dolens, quod cum
tanto amore conjugem tuam complectereris talem tamen
ab illa referres gratiam: ipsa tibi nuntiare verita, juveni
hero indico, cum noctu ad illum venissem, ut nullus scire
posset, et dicebam, quod adulter cum domina incestam
consuetudinem haberet. At ille (erat enim ab illa, ut scis,
antea exacerbatus) putans me tum adulterum intus esse
dicere, ira vehementi incitatus, arrepto pugione, me
quam maxime retinere cupientem, et quod tum nihil tale
esset dicentem parum curans vel etiam pœnitere indicii et
sententiam mutasse arbitratus, ad thalamum tanquam
amens ibat: reliqua jam nosti. Nunc vero tibi licet, ut
de filio, quamvis in exsilio degat ætatem, in præsentia
purges et de ea quæ utrumque vestrûm injuria afficit, pœ-
nas sumas. Ostendam enim tibi hodie Demænetam cum
adultero in domo, quod vel maxime indignitatem auget,
aliena extra urbem cubantem. Si hæc ita demonstraveris,
inquit Aristippus, tibi quidem libertatis pretium persolve-
tur: mihi vero tum forte vivere libebit ubi inimicam illam
ultus fuero. Quamdiu ego jam angor animo: nihilominus
tamen, etsi rem suspicabar, cum manifesta argumenta,
quibus convincere possem, non haberem, quiescebam.
Sed quid faciendum est? Hortum scis, inquit, ubi est mo-
numentum Epicureorum? Ibi me sub vesperam veniens
opperito.

XVII. Hoc elocuta recurrebat et ad Demænetam veniens,
Adorna te, inquit: delicatius comtam venire decet.
Omnia, quæ tibi a me promissa fuerunt, parata sunt. Illa
autem amicitiæ sese et faciebat ita, quemadmodum jus-
serat. Postea vero quam advenit vespera, secum assum-
tam ducebat, ubi erat constitutum. Cumque jam prope
accederent, eam quidem subsistere paullulum jussit: ipsa
vero antevertens, rogabat Arsinoën, in alteram ut emigra-

καὶ σχολὴν αὐτῇ παρασχεῖν. Ἐρυθριᾶν γὰρ, ἔφη, τὸ
μειράκιον, ἄρτι τῶν Ἀφροδίτης μυούμενον. Τῆς δὲ
πεισθείσης, ἐπανελθοῦσα παραλαμβάνει τὴν Δημαινέ-
την καὶ εἰσαγαγοῦσα κατακλίνει τε καὶ τὸν λύχνον
5 ἀφαιρεῖ, τοῦ μὴ γνωρισθῆναι αὐτὴν παρά σου δῆθεν
τοῦ ἐν Αἰγίνῃ διάγοντος καὶ σιωπῶσαν πληροῦν τὴν
ἐπιθυμίαν παρεγγυήσασα, ἐγὼ δ' ἐπὶ τὸν νεανίαν
ἄπειμι, φησὶ, καὶ ἥξω σοι φέρουσα. Πίνει δ' ἐνταῦθα
ἐκ γειτόνων. Καὶ ὑπεξελθοῦσα, τὸν μὲν Ἀρίστιππον
10 ἔνθα προείρητο καταλαμβάνει καὶ δεσμεῖν ἐπιστάντα
τὸν μοιχὸν ἤπειγεν. Ὁ δ' εἵπετο καὶ ἐπιστὰς εἰστρέχει
τ' εἰς τὸ δωμάτιον καὶ τὴν κλίνην πρὸς μικρὰν τῆς
σελήνης αὐγὴν χαλεπῶς ἀνευρών, Ἔχω σε, εἶπεν, ὦ
θεοῖς ἐχθρά. Καὶ ἡ Θίσβη παραχρῆμα, ταῦτα λέ-
15 γοντος, τάς τε θύρας ὡς ὅτι πλεῖστον ἐψόφησε καὶ Ὢ
τῆς ἀτοπίας, διαδέδρακεν ἡμᾶς ὁ μοιχός, ἀνεβόησε·
καὶ ὥρα δέσποτα, μὴ καὶ τὰ δεύτερα σφαλῇς. Ὁ δὲ,
Θάρρει, ἔφη· τὴν ἀλιτήριον καὶ ἣν μάλιστα ἐδουλό-
μην ἔχω. Καὶ συλλαβόμενος ἦγεν ὡς ἐπὶ τὴν πόλιν.
20 Ἡ δ' ἅμα πάντα τὰ περιεστῶτα, ὡς εἰκὸς, ἐννοήσασα,
τὴν ἀποτυχίαν τῶν προσδοκηθέντων, τὴν ἐπὶ τοῖς
παροῦσιν ἀτιμίαν, τὴν ἐκ τῶν νόμων τιμωρίαν, ἀνιω-
μένη μὲν ἐφ' οἷς ἡλίσκετο, χαλεπαίνουσα δ' ἐφ' οἷς
ἠπάτητο, ἐπειδὴ κατὰ τὸν βόθρον ἐγένετο τὸν ἐν
25 Ἀκαδημία, (πάντως γιγνώσκεις ἔνθα τοῖς ἥρωσιν οἱ
πολέμαρχοι τὸ πάτριον ἐναγίζουσιν,) ἐνταῦθ' ἄθροον
τοῦ πρεσβύτου σπαράξασα τὰς χεῖρας ὦσεν ἑαυτὴν
ἐπὶ κεφαλήν. Καὶ ἡ μὲν ἔκειτο κακὴ κακῶς, ὁ δ'
Ἀρίστιππος, ἔχω παρά σου καὶ πρὸ τῶν νόμων τὴν
30 δίκην, εἰπὼν τότε, τῷ δήμῳ πάντα εἰς τὴν ἑξῆς ἀνε-
κοινοῦτο καὶ μόλις συγγνώμης τυχὼν, τοὺς φίλους
περιενόστει καὶ γνωρίμοις εἴ πή σοι κάθοδον λάβοι·
πρυταινευόμενος. Καὶ εἰ μὲν τι πέπρακται τούτων οὐκ
ἔχω λέγειν, ἔφθην γὰρ δεῦρο, ὡς ὁρᾷς, κατά τι
35 χρέος ἐμὸν ἴδιον ἐκπλεύσας. Πλὴν ἀλλὰ χρή σε προσ-
δοκᾶν, τὴν τε κάθοδον ἐπινεύσειν τὸν δῆμον καὶ τὸν
πατέρα σου κατὰ ζήτησιν ἥξειν· τοῦτο γὰρ ἐπηγ-
γέλλετο.

ΙΗ'. Ταῦτά μοι ὁ Χαρίας ἀπήγγειλε. Τὰ δ'
40 ἑξῆς ὡς ὅπως δεῦρο ἀφικόμην, καὶ τίσι ποτὲ κεχρημέ-
νος τύχαις, μακροτέρου δεῖταί καὶ λόγου καὶ χρόνου.
Καὶ ἅμα ἐδάκρυεν. Ἐδάκρυον δὲ καὶ οἱ ξένοι· τὰ μὲν
ἐκείνου πράσιν, μνήμη δὲ τῶν ἰδίων ἕκαστος.
Καὶ οὐδ' ἂν ἐλήξαν θρηνοῦντες, ὑφ' ἡδονῆς τῶν γόων,
45 εἰ μή τις ὕπνος ἐπιπτὰς ἔπαυσε τῶν δακρύων. Καὶ
οἱ μὲν οὕτως ἐκάθευδον. Ὁ δὲ Θύαμις, (τοῦτο γὰρ
ἦν ὄνομα τῷ λῃστάρχῳ) τῆς νυκτὸς τὸ πλεῖστον ἠρε-
μήσας, ὑπό τινων ὀνειράτων πεπλανημένων τεταραγ-
μένος ἀθρόον τὸν ὕπνον ἀποσεσύλητο καὶ τὴν ἐπίλυσιν
50 διαπορῶν ἐπηγρύπνει ταῖς φροντίσμασι. Καθ' ὃν γὰρ
καιρὸν ἀλεκτρυόνες ᾄδουσιν, εἴτε (ὡς λόγος) αἰσθήσει
φυσικῇ, τῆς τοῦ ἡλίου καθ' ἡμᾶς περιστροφῆς ἐπὶ τὴν
τοῦ θεοῦ πρόσρησιν κινούμενοι, εἴθ' ὑπὸ θερμότητος
ἅμα καὶ τῆς περὶ τὸ κινεῖσθαι καὶ σιτεῖσθαι θᾶττον

ἐπιθυμίας, τοὺς συνοικοῦντας ἰδίῳ κηρύγματι ἐπὶ ἔργον ἐγείροντες, ὄναρ αὐτῷ θεῖον ἔρχεται τοιόνδε. Κατὰ τὴν Μέμφιν μὲν τὴν ἑαυτοῦ πόλιν, [καὶ] τὸν νεὼν τῆς Ἴσιδος ἐπερχόμενος λαμπάδων πυρὶ [τὸν] ὅλον ἐδόκει καταλάμπεσθαι· πεπλῆσθαι δὲ βωμοὺς μὲν καὶ ἐσχάρας ζῴων παντοίων αἵματι διαβρόχους, προπύλαια δὲ καὶ περιδρόμους, ἀνθρώπων κρότου καὶ θορύβου συμμιγοῦς πάντα πληρούντων. Ἐπεὶ δὲ καὶ αὐτῶν ἐντὸς ἥκειν τῶν ἀνακτόρων, τὴν θεὸν ὑπαντῶσαν, ἐγχειρίζειν τε τὴν Χαρίκλειαν καὶ λέγειν, ὦ Θύαμι, τήνδε σοι τὴν παρθένον ἐγὼ παραδίδωμι, σὺ δ᾽ ἔχων οὐχ ἕξεις, ἀλλ᾽ ἄδικος ἔσῃ καὶ φονεύσεις τὴν ξένην· ἡ δ᾽ οὐ φονευθήσεται. Ταῦθ᾽ ὡς εἶδεν, ἀμηχάνως διῆγε, τῇδε κἀκεῖσε τὸ δηλούμενον ὅ τι ποτ᾽ ἐστὶν ἀναστρέφων. Ἤδη δ᾽ ἀπειρηκώς, ἕλκει πρὸς τὴν ἑαυτοῦ βούλησιν τὴν ἐπίλυσιν. Τὸ μὲν γὰρ, ἕξεις καὶ οὐχ ἕξεις, γυναῖκα καὶ οὐκ ἔτι παρθένον ὑπετίθετο· τὸ δὲ, φονεύσεις, τὰς παρθενίους τρώσεις εἰκαζεν· ὑφ᾽ ὧν οὐκ ἀποθανεῖσθαι τὴν Χαρίκλειαν. Καὶ τὸ μὲν ὄναρ τοῦτον ἔφραζε τὸν τρόπον, οὕτως αὐτῷ τῆς ἐπιθυμίας ἐξηγουμένης.

ΙΘʹ. Ἅμα δὲ τῇ ἕῳ, τούς τε πρώτους τῶν ὑφ᾽ αὐτὸν ἥκειν ἐκέλευε καὶ λάφυρα, τὰ σκῦλα σεμνότερον ὀνομάζων, φέρειν εἰς μέσους ἐπέταττε. Καὶ τὸν Κνήμωνα ὡς αὑτὸν μετεπέμπετο, ἄγειν καὶ τοὺς φρουρουμένους ἐντειλάμενος. Ἐπεὶ δ᾽ ἤγοντο, Τίς ἄρα τύχη διαδέξεται ἡμᾶς, ἐθόων καὶ πολλὰ τὸν Κνήμωνα ἱκέτευον εἴ τι δύναιτο συμπράττειν. Ὁ δ᾽ ἐπηγγέλλετο καὶ θυμὸν ἔχειν ἀγαθὸν προὔτρεπεν· οὐ πανοάπασι βάρβαρον εἶναι τὰ ἤθη τὸν λήσταρχον ἐγγυώμενος ἀλλ᾽ ἔχειν τι καὶ ἥμερον, γένος τ᾽ ὄντα τῶν ἐπὶ δόξης καὶ πρὸς ἀνάγκης τὸν παρόντα βίον ἑλόμενον. Ἐπεὶ δ᾽ ἠθροίσθησαν, ἤθροιστο δὲ καὶ ὁ λοιπὸς ὅμιλος, ἐπί τινος ὑψηλοῦ προκαθίσας ἑαυτὸν ὁ Θύαμις καὶ τὴν νῆσον ἐκκλησίαν ἀποφήνας καὶ τὰ λεχθησόμενα φράζειν τὸν Κνήμωνα [καὶ] τοῖς αἰχμαλώτοις προστάξας, (συνίει γὰρ ἤδη τὰ Αἰγυπτίων, ὁ δὲ Θύαμις οὐκ ἠκρίβου τὰ Ἑλλήνων) Ἄνδρες, ἔλεγε, συστρατιῶται, τὴν ἐμὴν ἐπίστασθε γνώμην οἵαν ἀεὶ κέχρημαι πρὸς ὑμᾶς. Ἐγὼ γάρ, ὡς ἴστε, παῖς μὲν προφήτου τοῦ ἐν Μέμφει γεγονώς, ἀποτυχὼν δὲ τῆς ἱερωσύνης μετὰ τὴν τοῦ πατρὸς ὑπαναχώρησιν, ἀδελφοῦ νεωτέρου ταύτην παρελομένου, ἐφ᾽ ὑμᾶς τε καταφυγών, ἐφ᾽ ᾧ γε τιμωρίαν μὲν λαβεῖν, τὴν τιμὴν δ᾽ ἀπολαβεῖν καὶ τοῦ ἄρχειν ὑμῶν παρ᾽ ὑμῶν ἀξιωθείς, εἰς τὴν δεῦρο διήγαγον, οὐδὲν τῶν πολλῶν ἐμαυτῷ πλέον ἀπονέμων· ἀλλ᾽ εἴτε χρημάτων νέμησις, ἰσομοιρίαν ἡγάπησα· εἴτ᾽ αἰχμαλώτων διάπρασις, εἰς τὸ κοινὸν κατέθηκα· προσήκειν ἡγούμενος τῷ οὕτω δὴ καλῶς ἐξηγουμένῳ τῶν μὲν ἔργων πλεῖστον μετέχειν τῶν δὲ ποριζομένων τὸ ἴσον· τῶν δ᾽ ἁλισκομένων τοὺς μὲν ἄνδρας ὑμῖν αὐτοῖς ἐγκαταλέγων, ὅσοι τι ῥώμῃ σώματος ὠφελήσειν ἔμελλον, τοὺς δ᾽ ἀσθενεστέρους ἀπεμπολῶν· γυναικῶν δ᾽ ὕβρεως ἀπείρατος, τὰς μὲν εὖ γεγονυίας ἢ χρημάτων ἀφείς,

operas excitantes: tale quoddam insomnium divinitus illi apparuit. Memphi in urbe sua, templum Isidis ingrediens visus est sibi videre totum facibus accensis resplendescere; repletas vero esse omni genere animantium aras sanguine redundantes; vestibulum vero templi et circuitum, hominibus, strepitu et tumultu mixto omnia complentibus. Cum vero venisset in intimum templi adytum, deam obviam progressam, tradere sibi in manum Charicleam ac dicere: Thyami, hanc virginem tibi trado : verumtamen habens non habebis, sed iniquus eris et occides hospitem nec tamen illa occidetur. Hæc ut vidit, angebatur animo, huc atque illuc id quod erat significatum quonam modo esset intelligendum, volvens. Postremo jam defessus, ad suam sententiam trahit explicationem : hoc quidem, habebis et non habebis, uxorem scilicet non amplius virginem arbitrabatur. At id, occides, hymenem vulnerabis, significare conjectabat : unde non morituram esse Charicleam. Ac somnium quidem hac ratione interpretabatur, sic illi cupiditate ipsius exponente.

XIX. Quamprimum autem dies illuxit, præcipuos qui sub ejus potestate fuerant venire jubebat et prædam spoliorum nomine speciose appellans, in medium proferri imperabat et Cnemonem ad sese accersebat præcipiens ut eos, qui in custodia habebantur una adduceret. Cum autem ducerentur, Quænam excipiet nos fortuna, clamabant et vehementer Cnemonem orabant, ut si qua re posset eos adjuvaret. Ille vero pollicebatur et fidenti animo esse jubebat, non omnino barbarico ingenio esse præfectum affirmans sed habere aliquid mansuetudinis et comitatis utpote illustri genere natum et necessitate cogente tale genus vitæ secutum. Postea vero quam adducti sunt et reliqua turba frequens convenit, cum in editiore quodam loco ante alios consedisset Thyamis, insulam autem concioni designasset, et ea quæ dicturus esset Cnemonem captivis exponere jussisset, (intelligebat enim jam Ægyptium sermonem, Thyamis autem non exacte noverat Græcum) Commilitones mei, dicebat, animum meum, quo semper erga vos fuerim, nostis. Ego enim, ut scitis, cum essem filius antistitis Memphitici, frustratus dignitate sacerdotii, eo quod frater minor natu post patris discessum eam mihi contra leges ademit, cum ad vos confugissem , ut injuriam ulcisci et pristinam dignitatem recuperare possem, munere imperandi mihi vestris suffragiis delato, hactenus vobiscum vitam egi, nihil mihi præ ceteris ex multitudine præcipui tribuens. Sed, seu pecuniæ distribuendæ fuerant, æqualitatem amavi; seu captivi divenditi, summam in medium attuli, judicans ejus qui præclare velit imperare muneris esse, ut ipse plurimas res gerat, partorum cum aliis æqualiter sit particeps. Ex captis vero, viros quidem vobis adjudicabam semper, qui robore corporis usui erant futuri : imbecilliores divendebam. Injuriæ autem in mulieres prorsus sum expers, cum ingenuas aut pecunia redemtas aut

ἢ τῆς τύχης μόνης οἰκτείρων, τὰς δ' ἐλάττους καὶ ἃς δουλεύειν οὐχὶ αἰχμαλωσία μᾶλλον ἀλλὰ συνήθεια κατηνάγκαζε, θεραπαίνας ἑκάστοις διανέμων. Τὸ δὲ νῦν παρὸν, ἕν τι τῶν λαφύρων αἰτῶ παρ' ὑμῶν, τὴν κόρην ταυτηνὶ τὴν ξένην· ἣν δυνατὸν ἐμαυτῷ με δοῦναι, βέλτιον παρὰ τοῦ κοινοῦ λαβεῖν ἡγοῦμαι. Καὶ γὰρ εὔηθες, τὴν αἰχμάλωτον βιασάμενον, ἀκόντων τι τῶν φίλων φαίνεσθαι διαπραττόμενον. Ἀλλὰ [καὶ] ταύτην αἰτῶ παρ' ὑμῶν οὐ προῖκα τὴν χάριν ἀλλ' ἀντιδοὺς τὸ μηδὲν αὐτὸς τῶν ἄλλων τῆς λείας μεταλαβεῖν. Ἐπειδὴ γὰρ τὴν πάνδημον Ἀφροδίτην τὸ προφητικὸν ἀτιμάζει γένος, οὐ τῆς καθ' ἡδονὴν χρείας ἀλλὰ τῆς εἰς διαδοχὴν σπορᾶς, τήνδε ἐμαυτῷ γενέσθαι διεσκεψάμην.

Κ'. Ἐγὼ δὲ καὶ τὰς αἰτίας ὑμῖν ἀπολογίσασθαι βούλομαι. Πρῶτον μὲν εὐγενὴς εἶναί μοι δοκεῖ. Τεκμαίρομαι δὲ τῷ τ' ἀμφ' αὐτὴν εὑρεθέντι πλούτῳ καὶ ὅτι πρὸς τὰς παρούσας οὐκ ἐνέδωκε συμφορὰς ἀλλὰ τὸ φρόνημα πρὸς τὴν ἐξ ἀρχῆς ἀναφέρει τύχην. Ἔπειτα τὴν ψυχὴν ἀγαθήν τε καὶ σώφρονα στοχάζομαι. Εἰ γὰρ εὐμορφίᾳ νικῶσα τὰς πάσας, αἰδοῖ τοῦ βλέμματος καὶ τοὺς ὁρῶντας καταστέλλει πρὸς τὸ σεμνότερον, πῶς οὐ τὴν βελτίονα περὶ αὐτῆς εἰκότως παρίστησι φαντασίαν; ὃ δὲ μέγιστόν ἐστι τῶν εἰρημένων, ἱέρεια θεῶν τινος εἶναί μοι φαίνεται. Τὴν γοῦν ἱερὰν στολὴν καὶ τὰ στέμματα μεθεῖναι καὶ δυστυχοῦσα δεινὸν καὶ οὐ θεμιτὸν ἡγεῖται.

ΚΑ'. Τίς οὖν γένοιτ' ἂν, ὦ παρόντες, γάμος ἁρμοδιώτερος, τοῦ προφητικοῦ τὴν ἱερωμένην λαμβάνοντος; Ἐπευφήμησαν ἅπαντες καὶ γαμεῖν ἐπ' αἰσίοις ἐκέλευον. Ὁ δ' ἀναλαβὼν τὸν λόγον, Ὑμῖν μὲν ἔχω τὴν χάριν, ἔφη, εἰκότα δ' ἂν ποιοῖμεν, εἰ καὶ τὴν γνώμην, ὅπως ἔχει πρὸς τοῦτο, τῆς κόρης μάθοιμεν. Εἰ μὲν γὰρ ἔδει τῷ τῆς ἀρχῆς ἀποχρήσασθαι νόμῳ, πάντως ἐξήρκει μοι τὸ βούλεσθαι· βιάζεσθαι γὰρ οἷς ἔξον τὸ πυνθάνεσθαι περιττόν. Εἰ δὲ γάμος, τὸ γιγνόμενον τὸ παρ' ἀμφοτέρων βούλημα συνιέναι ἀναγκαῖον. Καὶ ἀποστρέψας τὸν λόγον, Πῶς οὖν ἔχεις, ὦ κόρη, πρὸς τὸ συνοικεῖν ἡμῖν, διηρώτα. Καὶ ἅμα τίνες εἶεν καὶ ἐκ τίνων φράζειν ἐκέλευεν. Ἡ δὲ πολύν τινα χρόνον τῇ γῇ τὸ βλέμμα προσερείσασα καὶ πυκνὰ τὴν κεφαλὴν ἐπισείουσα λόγον τινὰ καὶ ἔννοιαν ἀθροίζειν ἐῴκει καὶ δή ποτε πρὸς τὸν Θύαμιν ἀντωπήσασα καὶ πλέον ἢ πρότερον αὐτὸν τῷ κάλλει καταστράψασα, καὶ γὰρ πεφοίνικτο τὴν παρειὰν ὑπὸ τῶν ἐνθυμημάτων πλέον ἢ σύνηθες καὶ τὸ βλέμμα κεκίνητο πρὸς τὸ γοργότερον, ἑρμηνεύοντος τοῦ Κνήμωνος, Μᾶλλον, ἔφη, ὁ μὲν λόγος ἥρμοζεν ἀδελφῷ τῷ ἐμῷ Θεαγένει τούτῳ, πρέπειν γὰρ οἶμαι γυναικὶ μὲν σιγὴν ἀνδρὶ δ' ἀπόκρισιν ἐν ἀνδράσιν. ΚΒ'. Ἐπειδὴ δὲ κἀμοὶ λόγου μετεδώκατε καὶ τοῦτο πρῶτον ἔνδειγμα φιλανθρωπίας παρέχεσθε, τὸ πειθοῖ μᾶλλον ἢ βίᾳ τῶν δικαίων πειρᾶσθαι τυγχάνειν, ἄλλως τε διότι τὸ πᾶν εἰς ἐμὲ τείνει τῶν εἰρημένων, ἐκβαίνειν ἀναγκάζομαι

ipsius fortunæ commiseratione adductus dimitterem; inferioris vero conditionis, quas non tam jus belli captivas quam consuetudo servire cogebat, singulis ad obsequia distribuerem. In præsentia vero, unum tantum ex reliquis spoliis peto a vobis, hanc peregrinam virginem. Quam cum possem mihi ipse dare, melius me facturum existimo, si communi consensu vestro accepero. Stultum est enim captivæ vi allata invitis amicis videri aliquid facere conari. Sed hoc a vobis peto beneficium non gratis sed ita vos vicissim remunerans ut reliquarum rerum ex præda particeps non sim futurus. Cum enim vulgarem Venerem despiciat propheticum genus, non ad voluptatis usum sed ad propagationem sobolis hanc mihi adjungere constitui.

XX. Atque ipsas causas, quibus sum ad id adductus vobis recensere volo. Primum mihi bono genere nata esse videtur. Ejus rei conjecturam facio cum ex his opibus quæ circa illam repertæ sunt, tum quod neutiquam calamitatibus fracta est sed inde usque ab initio animos contra fortunam attollit. Deinde indolem et ingenium probum et modestum certis argumentis perspicio. Si enim forma superat omnes et aspectus verecundia etiam illam intuentes ad gravitatem quamdam invitat, an non egregiam quoque de se existimationem merito relinquet? Quodque omnium eorum, quæ dicta sunt, maximum est, sacerdos cujusdam deæ videtur esse. Sacram igitur stolam et coronas etiam in adversa fortuna dimittere intolerabile et nefas sibi esse ducit.

XXI. Num quod igitur conjugium, o vos qui adestis, hoc convenientius esse potest, homine prophetico dicatam deo ducente? Approbarunt omnes et matrimonium inire bonis avibus jubebant. At ille, Vobis quidem, inquit, habeo gratiam, ceterum convenienter præsenti instituto fecerimus, si quæ sit puellæ hac de re sententia cognoverimus. Si enim imperii lege utendum fuisset, prorsus mihi velle suffecisset. Quibus enim vi cogere licet, percunctari supervacaneum est. Verum cum nunc de legitimo agatur conjugio; utriusque voluntatem congruere necesse est. Et cum convertisset sermonem : Quo igitur animo accipis id, o virgo, quod de conjugio nobiscum ineundo proponitur, interrogabat : et simul quinam essent et a quibus oriundi, dicere jubebat. At illa, cum longo tempore vultu humi defixo stetisset, subinde caput commovens, orationem quamdam et sententias præmeditari videbatur. Tandem Thyamidem contuita et plus quam antea pulchritudine tanquam fulgore quodam obruens, (rubore enim solito magis, præ intentione cogitationis, illi genæ suffusæ fuerant et oculi quodam modo vehementius et acrius sese intenderant) interpretante Cnemone, Conveniebat, inquit, potius, fratri huic meo Theageni oratio. Decere enim puto mulierem silentium, virum vero agere cum viris. — XXII. Cum vero mihi dicendi potestatem feceritis, et hoc primum humanitatis indicium exhibueritis, ut suadendo potius quam vi id quod æquum est obtinere conemini, maxime cum omnia quæ sunt dicta in me potissimum dirigantur; egredi

τοὺς ἐμαυτῆς τε καὶ παρθένων νόμους καὶ πρὸς τὴν
πεῦσιν τοῦ κρατοῦντος ἀποκρίνασθαι περὶ γάμου καὶ
ταῦτ᾽ ἐν ὁμίλῳ τοσούτων ἀνδρῶν. Ἔστι δὲ τὰ περὶ
ἡμῶν τοιάδε. Γένος μὲν ἐσμὲν Ἴωνες, Ἐφεσίων δὲ
5 τὰ πρῶτα γεγονότες καὶ ἀμφιθαλεῖς ὄντες, νόμῳ τοὺς
τοιούτους καλοῦντος ἱερατεύειν, ἐγὼ μὲν Ἀρτέμιδος
Ἀπόλλωνος δ᾽ ὁ ἐμὸς ἀδελφὸς οὗτος ἐλάχομεν. Ἐπε-
τείου δὲ τῆς τιμῆς οὔσης καὶ τοῦ χρόνου πληρουμένου,
θεωρίαν εἰς Δῆλον ἤγομεν ἔνθα μουσικούς τε καὶ γυμ-
10 νικοὺς ἀγῶνας διαθήσεσθαι καὶ τὴν ἱερωσύνην ἀποθή-
σεσθαι κατά τι πάτριον ἡμέλλομεν. Ὁλκὰς οὖν ἐπλη-
ροῦτο χρυσοῦ τε καὶ ἀργύρου καὶ ἐσθήτων καὶ τῶν
ἄλλων ὅσα πρός τε τοὺς ἀγῶνας καὶ τὴν πάνδημον
εὐωχίαν ἐπαρκέσειν ἤμελλε. Καὶ ἀνηγόμεθα τῶν μὲν
15 πατέρων γήρᾳ τε προηκόντων καὶ δέει τοῦ πλοῦ καὶ
τῆς θαλάττης οἴκαδε καταμεινάντων, ἄλλων δὲ πολιτῶν
εἰς πλῆθος τῶν μὲν κατὰ τὴν αὐτὴν ὁλκάδα συνεισβάν-
των, τῶν δὲ σκάφεσιν ἰδίοις χρωμένων. Ἐπεὶ δὲ τὸ
πολὺ τοῦ πλοῦ διήνυστο, κλυδώνιον ἀθρόον ἐμπεσὸν καὶ
20 ἄνεμος ἐξώστης καὶ λαίλαπες συμμιγεῖς καὶ πρηστῆ-
ρες τὴν θάλατταν καταιγίζουσαι τὴν ναῦν τοῦ εὐθέος
παραφέρουσι, τοῦ κυβερνήτου πρὸς τὸ ὑπερβάλλον
κακὸν ἐνδόντος καὶ τῷ βιαίῳ τῆς ὁλκάδος ἑκατάντος καὶ
τῇ τύχῃ κυβερνᾶν ἐπιτρέψαντος. Ἡγόμεθα οὖν ὑπὸ
25 τοῦ ἀεὶ πνέοντος ἡμέρας μὲν ἑπτὰ νύκτας δ᾽ ἴσας καὶ
τέλος εἰς τὴν ἀκτὴν ἐξωκείλαμεν ἔνθα πρὸς ὑμῶν ἑάλω-
μεν· οὗ καὶ τὸν πολὺν ἑωράκατε φόνον, τῶν ναυτῶν
ἡμῖν παρὰ τὴν εὐωχίαν ἣν ἐπὶ σωτηρίοις ἤγομεν ἐπι-
θεμένων, ἀνελεῖν τε διὰ τὰ χρήματα βουλευσαμένων,
30 ἕως σὺν πολλῷ τῷ κακῷ καὶ ὀλέθρῳ τῶν οἰκείων ὁμοῦ
πάντων, αὐτῶν δ᾽ ἐκείνων ὀλλύντων τε καὶ ὀλλυμένων,
ἐπεκρατήσαμεν ἐξ ἁπάντων, (ὡς μή ποτ᾽ ὤφελον)
οἰκτρὸν περισωθέντες λείψανον, ἐν μόνον ἐν δυστυχή-
μασιν εὐπραγοῦντες ὅτι θεῶν τις εἰς χεῖρας τὰς ὑμε-
35 τέρας ἤγαγε καὶ οἱ περὶ θανάτου δεδιότες, περὶ γά-
μου σκοπεῖν ἐπετράπημεν· ὃν οὐ βούλομαι κατ᾽ οὐδένα
τρόπον ἀρνήσασθαι. Τὸ γὰρ αἰχμάλωτον οὖσαν
τῆς τοῦ κρατοῦντος εὐνῆς ἀξιοῦσθαι, πᾶσαν εὐδαίμονα
τύχην ὑπερβέβληκα. Τό τε θεοῖς ἀνακειμένην προφήτη
40 τοῦ παιδὶ καὶ μετ᾽ ὀλίγου θεοῦ νεύοντος καὶ προφήτη
συνοικεῖν οὐ παντάπασιν ἔοικεν εἶναι τῆς ἐκ τοῦ θείου
κηδεμονίας ἄμοιρον. Ἓν μόνον αἰτῶ, καὶ δός, ὦ
Θύαμι· συγχώρησον εἰς ἄστυ με πρότερον ἐλθοῦσαν
ἢ ἔνθα βωμὸς ἢ ναὸς Ἀπόλλωνι νενόμισται, τὴν ἱερω-
45 σύνην καὶ τὰ ταύτης ἀποθέσθαι σύμβολα. Βέλτιον
μὲν εἰς Μέμφιν ὅταν καὶ τὴν τιμὴν ἀνακτήσῃ τῆς
προφητείας· οὕτω καὶ ὁ γάμος εὐθυμότερον (ἂν)
ἄγοιτο, νίκῃ συναπτόμενος καὶ ἐπὶ κατορθουμένοις τε-
λούμενος. Εἰ δὲ καὶ πρότερον, ἕν σοι καταλείπω τήν
50 σκέψιν. Μόνον τελεσθείη μοι τὰ πάτριά πρότερον·
καὶ οἶδ᾽ ὡς ἐπινεύσεις, ἱερός τ᾽ ἐκ παίδων, ὡς φῄς,
ἀνακείμενος, καὶ τὸ περὶ τοὺς θεοὺς ὅσιον ἀποσεμνύνων.
ΚΓ´. Καὶ ἡ μὲν ἐνταῦθα τῶν λόγων ἐπαύσατο
δακρύων δ᾽ ἤρξατο. Τῶν δὲ παρόντων οἱ μὲν ἄλλοι

cogor ex his legibus quas mihi ipsa præscripsi, quæque virginum sunt propriæ, et ad interrogationem victoris respondebo, in tanta tot virorum frequentia. Igitur nostræ rationes sic se habent. Natione Iones sumus, Ephesi ex illustri familia nati. Cum autem pubertatis annos ingressi essemus, lege tales ad sacerdotii munus vocante, ego Dianæ, frater autem hic meus Apollinis designatus est sacerdos. Ceterum cum sit annuus honor et tempus impleretur, profecti sumus in Delum cum sacro apparatu, ibi musicos et gymnicos ludos exhibituri et sacerdotium more et instituto majorum deposituri. Quamobrem navis onerabatur auro et argento et vestibus et aliis rebus necessariis, quantum ad ludorum apparatum et epulas populo publice instruendas satis esse videbatur. Solvebamus igitur ex portu, cum parentes tum ob ætatem provectiorem, tum ob metum navigationis et jactationis in mari, domi mansissent, porro alii cives, magna frequentia, pars eandem navem conscendissent, pars suis navigiis uterentur. Postquam autem maxima pars navigationis confecta est, improviso tempestas orta, et ventus vehemens, turbinesque mixti et presteres mare concitantes, navem a proposito cursu abripiunt; cum gubernator magnitudine mali superatus remisisset et tempestatis violentia e navigio excessisset, fortonæque gubernationem permisisset. Ferebamur igitur continuo venti flatu dies septem et noctes totidem. Ad extremum in litus ejecti sumus quo in loco nos cepistis atque etiam magnam conspexistis stragem. Ubi cum nautæ super convivium; quod propter salutem, quæ nobis contigerat, agitabamus, nos aggressi essent et propter pecuniam interimere statuissent, non sine jactura omnium amicorum ac necessariorum et illorum pariter internecione cædentium et cadentium, soli victoriam obtinuimus et servati sumus; quod utinam non accidisset, miserabiles reliquiæ. Hoc nomine tamen in adversa fortuna felices sumus, quod in manus vestras deus aliquis nos adduxit et quod iis qui mortem metuebant de conjugio deliberandi facultas est data, quod neutiquam recusare volo. Nam cum captivam victoris thalamo dignam judicari, omnem superet felicitatem; tum diis dicatam, cum antistitis filio, paullo post etiam annuente deo antistite, cohabitare, omnino singulari providentia divina vacare non videtur. Unum tantum ut mihi largiaris, Thyami, a te peto. Permitte, me primum, cum in civitatem venero, vel eo ubi ara Apollini aut templum dicatum sit, sacerdotium et ejus indicia deponere. Commodius quidem esset Memphi, cum recuperasses antistitii dignitatem. Eo enim pacto eveniret, ut nuptiæ, cum victoria conjunctæ et post res bene gestas celebratæ essent hilariores. Verumtamen; an id prius fieri debeat, tuo relinquo arbitrio : tantum a me patrii ritus ante perficiantur, Scio autem, te assensurum esse, qui et a puero, ut ais, sacris rebus sis destinatus et graviter ac pie de diis sentias.

XXIII. Illa quidem post hæc dicendi finem, lacrimarum vero fecit initium. At omnes alii qui aderant collaudare et

πάντες ἐπήνουν καὶ πράττειν οὕτως ἐκέλευόν τε καὶ ἑτοίμως ἔχειν ἐβόων. Ἐπήνει δὲ καὶ ὁ Θύαμις ἑκών τε τὸ μέρος καὶ ἄκων, ὑπὸ μὲν τῆς περὶ τὴν Χαρίκλειαν ἐπιθυμίας καὶ τὴν παροῦσαν ὥραν, ἀπέραντον χρόνου μῆκος εἰς ὑπέρθεσιν ἡγούμενος, ὑπὸ δὲ τῶν λόγων, ὥσπερ τινὸς σειρῆνος κεκηλημένος καὶ πρὸς τὸ πείθεσθαι κατηναγκασμένος· ἅμα δέ τι καὶ πρὸς τὸ ἐνύπνιον ἀναφέρων καὶ τὸν γάμον κατὰ τὴν Μέμφιν ἔσεσθαι καταπιστεύων· καὶ διαλύει μὲν τὸν σύλλογον, τὴν λείαν 10 πρότερον διανείμας, πολλὰ τῶν ἐξαιρέτων αὐτὸς ἑκοντὶ παραχωρούντων κομισάμενος.

ΚΔ΄. Ἐπιστέλλει δ' εἰς δεκάτην ηὐτρεπισμένους εἶναι, τὴν ὁρμὴν ὡς ἐπὶ τὴν Μέμφιν ποιησομένους. Τοῖς δ' Ἕλλησι τὴν προτέραν ἀπεκλήρου σκηνήν. 15 Συνεσκήνου δ' αὐτοῖς καὶ ὁ Κνήμων αὖθις ἐκ προστάγματος, οὐ φρουρὸς ἔτι τὸ ἐντεῦθεν ἀλλὰ συνόμιλος ἀποδεδειγμένος καὶ δίαιτάν τε τὴν ἁβροτέραν τῆς οὔσης παρεῖχεν ὁ Θύαμις, καί πη καὶ τὸν Θεαγένην εἰς αἰδῶ τῆς ἀδελφῆς ὁμοδίαιτον ἐποιεῖτο. Αὐτὴν δὲ 20 τὴν Χαρίκλειαν οὐδὲ ὁρᾶν τὰ πολλὰ διεγνώκει, τοῦ μὴ τὴν θέαν ὑπέκκαυμα γίγνεσθαι τοῦ ἐγκειμένου πόθου καὶ πρᾶξαί τι παρὰ τὰ δόξαντα καὶ προδηλωθέντα καταναγκασθείη. Καὶ ὁ μὲν Θύαμις ἐκ τούτων παρῃτεῖτο τὴν ὄψιν τῆς κόρης, οὐ δυνατὸν βλέπειν θ' ἅμα 25 καὶ σωφρονεῖν ἡγούμενος. Ὁ δὲ Κνήμων ἐπειδὴ τάχιστα πάντες ἐκποδὼν ἦσαν ἄλλος κατ' ἄλλο τῆς λίμνης καταδύντες, ἣν τῷ Θεαγένει βοτάνην ὑπέσχετο τῇ προτεραίᾳ μαστεύων ὀλίγον τῆς λίμνης ἄποθεν ἐπορεύετο.

30 ΚΕ΄. Κἀν τούτῳ σχολῆς ἐπιλαβόμενος ὁ Θεαγένης ἐδάκρυέ τε καὶ ἀνώμωζε, πρὸς μὲν τὴν Χαρίκλειαν οὐδ' ὁτιοῦν διαλεγόμενος, θεοὺς δὲ συνεχῶς ἐπικαλούμενος μάρτυρας. Τῆς δὲ, εἰ τὰ συνήθη καὶ κοινὰ ταῦτα θρηνεῖ πυνθανομένης, ἢ εἴ μή τι πεπόνθοι και- 35 νότερον· Καὶ τί δ' ἂν γένοιτο, ὁ Θεαγένης ἔφη, καινότερον, ἢ τί ἀθεμιτώτερον ἢ ὅρκων μὲν καὶ σπονδῶν παραβαινομένων, Χαρικλείας δὲ λήθην ἐμοῦ λαβούσης, καὶ πρὸς ἄλλων γάμους ἐπινευούσης; Εὐφήμησον, ἔφη ἡ κόρη, μηδέ μοι γίγνου τῶν συμφορῶν βαρύτερος, μηδὲ 40 τοσαύτην ἔχων ἐκ τῶν παρελθόντων τὴν κατ' ἐμοῦ διὰ τῶν ἔργων δοκιμασίαν, ἐκ λόγων ἐπικαίρων καὶ πρός τι χρειῶδες εἰρημένων, ἄγε δι' ὑποψίας· εἰ δὲ μὴ γίγνεται τοὐναντίον καὶ μᾶλλον αὐτὶς μεταβάλλεσθαι δόξεις ἢ μεταβαλλομένη εὑρήσεις. Ἐγὼ γὰρ δυστυχεῖν 45 μὲν οὐκ ἀρνοῦμαι, μὴ σωφρονεῖν δὲ, οὐδὲν οὕτω βίαιον ὥστε με μεταπεισθῆναι. Ἓν μόνον οἶδα μὴ σωφρονοῦσα τὸν ἐξ ἀρχῆς ἐπὶ σοὶ πόθον ἀλλὰ καὶ τοῦτον ἔννομον. Οὐ γὰρ ὡς ἐραστῇ πειθομένη, ἀλλ' ὡς ἀνδρὶ συνθεμένη τότε πρῶτον ἐμαυτὴν ἐπέδωκα καὶ εἰς δεῦρο 50 διετέλεσα καθαρὰν ἐμαυτὴν καὶ ἀπὸ σῆς ὁμιλίας φυλάττουσα, πολλάκις μὲν ἐπιχειροῦντα διωσαμένη, τὸν δ' ἐξ ἀρχῆς ἡμῖν συγκείμενον τε καὶ ἐνώμοτον ἐπὶ πᾶσι γάμον, ἔνθεσμον, εἴ πη γένοιτο, περισκοποῦσα. Πῶς οὖν οὐκ ἂν εἴης ἄτοπος, εἰ τὸν βάρβαρόν με τοῦ Ἕλ-

sic facere jubere et se paratos esse ad omnia exsequenda clamore promittere. Approbabat et Thyamis, partim volens, partim invitus. Nam præ cupiditate qua incendebatur erga Charicleam etiam illam horam, qua hæc gerebantur, infinitum esse tempus dilationis ducebat. Rursus autem illius oratione tanquam alicujus Sirenis cantu demulcebatur et ad assensionem impellebatur : simul etiam aliquid ad somnium referebat, Memphi nuptias celebratum iri credens. Præda deinde distributa solvit concionem, multa ipse præcipuis ex rebus, sponte illi concedentibus aliis, auferens.

XXIV. Porro mandat in decimum diem paratos esse, quod antea, tabernaculum attribuebat. Atque aderat rursus una in eodem tabernaculo Cnemon, jussu Thyamidis, non amplius custodiæ sed colloquii causa adhibitus et cibum lautiorem quam quo ipse utebatur præbebat Thyamis : atque etiam Theagenem, sororis reverentia, ejusdem victus participem faciebat. Ipsam vero Charicleam ne aspicere quidem sæpius constituerat, ne adspectus inflammaret vehemens desiderium quod illum excruciabat, atque ita aliquid contra ea quæ communi consensu decreta fuerant, quæque jam sunt commemorata, facere cogeretur. Thyamis igitur has ob causas adspectum virginis defugiebat; haudquaquam fieri posse ut simul adspicere quis et intra temperantiæ metas continere se possit existimans. Cnemon autem, simulatque omnes dilapsi sunt, alius alind in lacu latibulum subeuntes, herbam, quam pridie Theageni promiserat, quæsitum ibat aliquantum a lacu.

XXV. Sub hoc tempus vacationem nactus Theagenes flebat et ejulabat, cum Chariclea quidem nihil omnino loquens, ceterum sine intermissione deos contestans. Hac vero quærente numquid solito more communem tantum fortunam deploraret, an etiam novi aliquid illi accidisset? Quid autem, inquit Theagenes, tam novum aut magis contra fas fieri possit, quam cum jusjurandum et pacta violantur? Chariclea vero mei oblita est et alienum approbat conjugium? Di meliora, inquit virgo : neque mihi sis calamitatibus meis gravior, neve, cum multis argumentis, rebus ipsis comprobatis, quo sim animo erga te, antea sis expertus, ex sermone ad tempus accommodato et in aliquem usum prolato, de me quidpiam suspiceris : nisi contrarium potius eveniat et tu facilius sententiam mutes quam me de sententia discessisse comperias. Ego enim non defugio, neque deprecor calamitatem : verum ut non caste vivam nihil est tam violentum quo pertrahi possim. In uno me tantum scio moderatam non esse, nimirum in amore, quo te ab initio complexa sum, verumtamen hoc quoque legitimo et honesto. Non enim tanquam amatori obtemperans, sed veluti cum viro principio pacta, tradidi me tibi et ad hoc usque tempus castam consuetudinis expertem asservavi, sæpius tentantem repellens et conjugii, quod a primo inter nos est constitutum et jurejurando post omnia stabilitum, occasionem, sicubi legitime contrahi posset, circum-

ληνος, τὸν λῃστὴν τοῦ ἐρωμένου πιστεύοις ἐπίπροσθεν ἄγειν; Τί οὖν ἐβούλετό σοι τὰ τῆς καλῆς δημηγορίας ἐκείνης, ἔφη ὁ Θεαγένης. Τὸ μὲν γὰρ ἀδελφόν με σαυτῆς ἀναπλάττειν, σοφὸν εἰς ὑπερβολὴν καὶ πόρρω τὸν Θύαμιν τῆς ζηλοτυπίας τῆς ἐφ' ἡμῖν ἀπάγον καὶ συνεῖναι ἡμᾶς ἀλλήλοις ἀδεῶς παρασκευάζον. Συνίην καὶ τῆς Ἰωνίας καὶ τῆς κατὰ τὴν Δῆλον πλάνης, ὅτι τῶν ὄντων ἦν καὶ ἀληθῶν ἐπικαλύμματα καὶ πλάνην τῷ ὄντι τοῖς ἀκούουσιν ἐπάγοντα. ΚϚ΄. Τὸ δ' ἑτοίμως οὕτω ἐπινεύειν τὸν γάμον, καὶ συντίθεσθαι διαρρήδην καὶ καιρὸν ὁρίζειν ταῦτα συμβάλλειν οὔτ' ἐδυνάμην οὔτ' ἐβουλόμην. Εὐχόμην δὲ καταδῦναι μᾶλλον ἢ τοιαύτην ἐπιδεῖν τῶν ἐπί σοι πόνων τε καὶ ἐλπίδων τὴν τελευτήν. Καὶ ἡ Χαρίκλεια περιβαλοῦσα τὸν Θεαγένην καὶ μυρία φιλήσασα καὶ διάβροχον ποιήσασα τοῖς δάκρυσιν, Ὡς ἥδιστα, ἔφη, δέχομαί σου τοὺς ἐπ' ἐμοὶ τούτους τοὺς φόβους. Εὔδηλος γὰρ εἶ κἀν τούτων, μὴ ὀκλάσας τὸν ἐπ' ἐμοὶ πόθον ὑπὸ τῶν πολλῶν συμφορῶν. Ἀλλ' εὖ ἴσθι, Θεάγενες, οὐδ' ἂν τὸ παρὸν τοῦτ' ἀλλήλοις διελεγόμεθα, μὴ τούτων οὕτως ἐπηγγελμένων. Ὁρμὴν γάρ, ὡς οἶσθα, κρατούσης ἐπιθυμίας μάχη μὲν ἀντίτυπος ἐπιτείνει, λόγος δ' εἴκων καὶ πρὸς τὸ βούλημα συντρέχων τὴν πρώτην καὶ ζέουσαν φορὰν ἔστειλε καὶ τὸ κάτοξυ τῆς ὀρέξεως τῷ ἡδεῖ τῆς ἐπαγγελίας κατεύνασε. Πρώτην γάρ, ὡς οἶμαι, πεῖραν οἱ ἀγριώτερον ἐρῶντες τὴν ὑπόσχεσιν νομίζουσι καὶ κρατεῖν ἀπὸ τῆς ἐπαγγελίας ἡγούμενοι, ῥᾴτερον διάγουσιν ἐπὶ τῶν ἐλπίδων σαλεύοντες. Ἃ δὴ καὶ αὐτὴ προμηθουμένη τοῖς λόγοις ἐμαυτὴν ἐξεδόμην, θεοῖς τὰ ἑξῆς ἐπιτρέψασα καὶ δαίμονι τῷ τὴν ἀρχὴν λαχόντι τὸν ἡμέτερον ἐπιτροπεύειν ἔρωτα. Πολλὰ μία ἡμέρα καὶ δύο πολλάκις ἔδοσαν τῶν εἰς σωτηρίαν καὶ τύχαι παρέοξαν ἃ βουλαῖς ἀνθρώποι μυρίαις οὐκ ἐξεῦρον. Τοῦτό τοι καὶ αὐτὴ τὸ παρὸν ἐπινοίαις ὑπερθεμένη, τὰ πρόδηλα τοῖς ἀδήλοις διακρουσαμένη. Φυλακτέον οὖν, ὦ γλυκύτατε, καθάπερ πάλαισμα τὸ πλάσμα καὶ σιγητέον οὐ πρὸς τοὺς ἄλλους μόνον ἀλλὰ καὶ πρὸς αὐτὸν (τὸν) Κνήμωνα. Φιλάνθρωπος μὲν γάρ ἐστι περὶ ἡμᾶς καὶ Ἕλλην ἀλλ' αἰχμάλωτος καὶ τῷ κρατοῦντι πλέον, ἂν οὕτω τύχῃ, χαριούμενος. Οὔτε γὰρ φιλίας χρόνος, οὔτ' ἀγχιστείας θεσμὸς, ἐνέχυρον ἡμῖν ἀκριβὲς τῆς πίστεως αὐτοῦ τῆς περὶ ἡμᾶς δίδωσι. Διὸ κἂν ἔκ τινος ὑπονοίας ἐπιψαύσῃ ποτὲ τῶν ἡμετέρων, ἀρνητέον τὴν πρώτην. Καλὸν γάρ ποτε καὶ τὸ ψεῦδος ὅταν ὠφελοῦν τοὺς λέγοντας μηδὲν καταβλάπτῃ τοὺς ἀκούοντας.

ΚΖ΄. Ταῦτα τῆς Χαρικλείας καὶ τοιαῦτα πρὸς τὸ βέλτιστον ὑποτιθεμένης, ὁ Κνήμων εἰστρέχει λίαν ἐσπουδασμένος καὶ πολὺν ἐκ τῶν ὄψεων θόρυβον ἐπαγγελλόμενος, καί, Ὦ Θεάγενες τὴν μὲν πᾶν ἥκω σοι φέρων, ἔλεγε, καὶ θεράπευε τὰς πληγὰς ἐπιθέμενος, χρὴ δὲ πρὸς ἕτερα τραύματα καὶ φόνους ἴσους εἶναι παρεσκευασμένους. Τοῦ δὲ σαφέστερον ὅ τι λέγοι δηλοῦν ἱκετεύοντος, Οὐ καιρός, ἔφη, τὸ παρὸν ἀκούειν,

spiciens. Porro considera, quam sis ineptus, si me barbarum Græco, prædonem ei quem amo anteferre putes. Quid autem sibi volebant illa, quæ in præclara illa concione sunt a te recitata, inquit Theagenes. Nam quod me fratrem tuum esse finxisti, perquam sapiens inventum est et procul Thyamim abducens a zelotypia nostri amoris atque efficiens ut nobis una esse tuto liceat. Intelligebam, quorsum tenderent et illa quæ de Ionia et de errore circa Delum dicebantur. Erant enim verarum rerum involucra et revera audientes in errorem inducentia. XXVI. Ceterum tam prompte conjugium approbare, et pacisci palam et tempus præscribere, hæc quid significarent conjicere nec poteram nec volebam. Optabam autem, ut hiatu terræ absorberer potius quam talem laborum propter te susceptorum et spei exitum adspicerem. Chariclea, Theagenem amplexa et sexcenties exosculata et profusis lacrimis humectans, Quam suaviter, inquit, mihi accidit hæc formido quam mea causa sustines! Hinc enim declaras, quod non labascas in amore erga me, quamvis multis calamitatibus incumbentibus. Ceterum certo scito, Theagenes, quod neque in præsentia nobiscum sermones contulissemus, nisi hæc ita promissa fuissent. Vim enim, ut scis, vehementis cupiditatis tergiversatio contrario nixu intendit : oratio vero cedens et ad motum voluntatis apposita primum ardentemque impetum sedare et concitatam appetitionem suavitate pollicitationis consopire solet. Primum siquidem, ut puto, periculum, qui vehementius amant, promissionem esse existimant et, se potiri post promissa putantes, tranquilliori sunt animo, spe commoti. Quæ ego quoque prospiciens, sermone me in illius potestatem tradidi; iis, quæ deinceps consecutura sunt, diis commendatis, et genio, qui initio amoris nostri tutelam sortitus est. Multum sæpe intermissus dies unus aut alter momenti ad salutem attulit, et fortuna præbuit quæ nullis consiliis homines consequi potuissent. Quocirca ego ipsa etiam hoc præsens commentis meis distuli, certa incertis discutiens. Caute igitur est, suavissime, tanquam lucta hoc figmento utendum et silentio occultandum non tantum apud alios verum etiam apud ipsum Cnemonem. Tametsi enim rationibus nostris favet et Græcus est, tamen captivus in præsentia et victori si ita res ferat plus gratificaturus. Nam neque amicitiæ tempus, neque jus cognationis, satis certum pignus nobis illius erga nos fidei exhibet. Quamobrem etiamsi aliqua suspicio attigerit aliquando res nostras, initio negandum est. Pulchrum est enim interdum mendacium, quod auctori utile est, neque audienti nocet.

XXVII. Hæc et multa alia in eam sententiam Chariclea optime suggerente, Cnemon accurrit nimium festinans et magnam perturbationem vultu declarans et o Theagenes, herbam tibi affero, dicebat, quam apponens curato vulnera. Ceterum oportet ad alia vulnera et alias cædes paratos esse. Hoc vero petente ut quæ dixisset planius exponeret : Ratio temporis non fert, inquit, ut nunc audias. Metuendum est enim, ne verba rebus an-

LIBER I.

δέος γὰρ προληφθῆναι τοὺς λόγους ὑπὸ τῶν ἔργων· ἀλλ' ἕπου τὴν ταχίστην, συνεπέσθω δὲ καὶ ἡ Χαρίκλεια. Καὶ παραλαβὼν ἄμφω παρὰ τὸν Θύαμιν ἦγε, καὶ κράνος διασμῶντα καὶ παλτὸν θήγοντα καταλα-
5 βών, Εἰς καιρὸν, ἔφη, πρὸς ὅπλοις τυγχάνεις. Ἀλλ' αὐτός γ' ἔνδυνε καὶ τοὺς ἄλλους κέλευε· πλῆθος γὰρ πολεμίων ὅσον οὐδέπω περὶ ἡμᾶς καὶ τοσοῦτον ἀπολειπόμενον ὅσον τοῦ λόφου τοῦ πλησίον ὑπερκύπτοντας προϊδὼν ἥκω δρομαῖος τὴν ἔφοδον προμηνύων, οὐδὲν
10 τάχους ἀνιεὶς ἀλλὰ καὶ ὅσους ἐδυνάμην ἐν τῷ διέκπλῳ τῷ μέχρι δεῦρο παρασκευάζεσθαι διηγγείλας.

ΚΗ'. Ἀνήλατο πρὸς ταῦθ' ὁ Θύαμις καὶ ποῦ Χαρίκλεια διηρώτα καθάπερ περὶ ἐκείνης πλέον ἢ περὶ αὑτοῦ δεδιώς. Ἐπεὶ δ' ἐπὶ τῇ φλιᾷ τῇ πλησίον ὑπε-
15 σταλμένην ἔδειξεν ὁ Κνήμων, Σὺ μὲν λαβὼν ταύτην ἄγε εἰς τὸ σπήλαιον, πρὸς μόνον ἔλεγεν, οὗ καὶ τὰ κειμήλια ἡμῖν ἐν ἀσφαλεῖ τεθησαύρισται, καὶ καθεὶς, ὦ φίλος, καὶ τῷ στομίῳ τὸ πῶμα, ὡς ἔθος, ἐπαγαγὼν, ἧκε τὴν ταχίστην ὡς ἡμᾶς· ὁ δὲ πόλεμος ἡμῖν μελή-
20 σει. Τὸν δ' ὑπασπιστὴν ἱερεῖον ἄγειν προσέταττεν, ὡς ἂν θεοῖς ἐγχωρίοις ἐναγίσαντες οὕτω τῆς μάχης ἄρχοιεν. Καὶ ὁ μὲν Κνήμων τὸ προστεταγμένον ἔπραττε καὶ πολλὰ τὴν Χαρίκλειαν ὀδυρομένην καὶ θαμὰ πρὸς τὸν Θεαγένην ἐπιστρέφουσαν ἦγέ τε καὶ ἐς
25 τὸ ἄντρον ἐνέβαλε. Τὸ δ' ἦν οὐ φύσεως ἔργον οἷα πολλὰ περὶ γῆν τε καὶ ὑπὸ γῆν αὐτόματα σηραγγοῦται, ἀλλὰ τέχνης ληστρικῆς τὴν φύσιν μιμησαμένης καὶ χειρῶν Αἰγυπτίων ὄρυγμα πρὸς σκύλων φυλακὴν περιέργως κοιλαινόμενον.
30 ΚΘ'. Εἴργαστο δ' ὡδέ πως. Στόμιον ἦν αὐτῷ στενοπόρον τε καὶ ζοφῶδες οἰκήματος κρυφίου θύραις ὑποκείμενον, ὡς τὸν οὐδὸν θύραν [ἄλλην] τῇ καθόδῳ γίγνεσθαι, ὡς πρὸς τὴν χρείαν ἐνέπιπτέ τ' αὐτῇ ῥᾳδίως καὶ ἀνεπτύσσετο· τὸ δ' αὐτόθεν εἰς αὐλῶνας σκο-
35 λιοὺς ἀτάκτως σχιζόμενον. Οἱ γὰρ ἐπὶ τοὺς μυχοὺς πόροι καὶ αὔλακες πῇ μὲν ἕκαστος ἰδίᾳ τεχνικῶς πλανώμενοι, πῇ δ' ἀλλήλοις ἐμπίπτοντες καὶ ῥιζηδὸν πλεκόμενοι, πρὸς μίαν εὐρυχωρίαν τὴν ἐπὶ τὸν πυθμένα συρρέοντες ἀνεστομοῦντο, καθ' ἣν καὶ φέγγος ἀμυδρόν ἐκ
40 τινος διατρήσεως πρὸς ἄκροις τῆς λίμνης ἐνέπιπτεν. Ἐνταῦθ' ὡς καθῆκε τὴν Χαρίκλειαν ὁ Κνήμων καὶ πρὸς τὸ ἔσχατον τοῦ ἄντρου διεβίβασε τῇ πείρᾳ χειραγωγήσας, πολλὰ καὶ ἐπιθαρσύνων καὶ ὡς ἐς ἑσπέραν ἅμα τῷ Θεαγένει φοιτήσει κατεπαγγελλόμενος, οὐ γὰρ ἐπιτρέ-
45 ψειν αὐτῷ συμπλακῆναι τοῖς πολεμίοις ἀλλὰ διαδρᾶναι [σοι] τὴν μάχην, οὐδὲ φθεγξαμένην ἀλλ' ὥσπερ θανάτῳ τῷ κακῷ βεβλημένην καὶ ὥσπερ ψυχῆς τοῦ Θεαγένους ἀφῃρημένην, ἄπνουν καὶ σιγῶσαν ἀπολιποῦσιν, ἀνεδύετο τοῦ σπηλαίου καὶ τὸν οὐδὸν ἐπαγαγὼν καί τι καὶ ἐπι-
50 δακρύσας αὐτόν τε τῆς ἀνάγκης κἀκείνην τῆς τύχης, ὅτι μονονουχὶ ζῶσαν εἴη καταθάψας καὶ τὸ φαιδρότατον τῶν ἐν ἀνθρώποις Χαρίκλειαν νυκτὶ καὶ ζόφῳ παραδεδωκώς, ἀπέτρεχεν ὡς τὸν Θύαμιν καὶ καταλαμβάνει ζέοντα πρὸς τὴν μάχην καὶ αὐτὸν θ' ἅμα τῷ

levertantur. Verum sequere ocius; sequatur autem una et Chariclea : et assumtum utrumque ducebat ad Thyamidem. Cum autem illum galeam polientem et acuentem hastam deprehendisset : Tempestive, inquit, versaris circa arma : sed et ipse ea indue et iubes ut alii faciant impera. Multitudo enim hostium tanta, quanta nunquam antea, nobis imminet : et jam exiguo intervallo distat, ut proximum collem superantes conspexerim, eoque adventum nuntians, festinato accurram, nihil de celeritate remittens. Quin etiam in transcursu quibus quivi denuntiavi ut sese appararent.

XXVIII. Sustulit sese his auditis Thyamis et ubi esset Chariclea quærebat, tanquam illi magis metuens quam sibi. Quam ubi proxime limen stantem, ut se represserat, ostendit Cnemon : Tu quidem hanc duc in antrum, ubi etiam thesauri nostri tuto asservantur, soli, nemine arbitro, dicebat; illa autem demissa, carissime, et ori operculo, ut solet fieri, imposito, redi celerrime : nobis bellum erit curæ. Scutiferum autem victimam adducere jubebat ut sacrificio diis præsidibus facto prœlium inirent. Cnemon itaque imperata exsequebatur et Charicleam varie lamentantem, identidemque ad Theagenem sese converlentem ducebat, postremo in antrum immisit. Hoc autem non erat naturæ opus, qualia multa in terra et sub terra fornicata existunt, sed artis prædonum, naturam imitantis et manuum Ægyptiarum ad custodienda spolia affabre excavata.

XXIX. Erat autem factum tali fere modo. Os illius angustum fuit et tenebrosum , conclavis cujusdam abditi foribus subjectum, ut limen [altera] janua in descensu fieret, cum nessitas postularet , incidebat facile et aperiebatur : reliqua pars inde in obliquos cuniculos varie et promiscue secta. Siquidem interiores meatus et sulci , alicubi separatim magna arte errantes , alicubi in sese incidentes et radicum in morem implicati , ad unam planitiem in fundo confluentes , coalescebant : quo et lumen exiguum quadam rima a summitate lacus incidebat. Eo cum demisisset Charicleam Cnemon , et ad ultimum antrum peritia loci deduxisset et cum aliis multis modis confirmasset, tum quod ad illam cum Theagene sub vesperam venturus esset, promisisset , (neque enim se illi permissurum esse ut cum hostibus manus conserat sed illum prœlio se subducturum), nihil proloculam , sed malo veluti morte ictam et tanquam anima Theagene privatam, spiritu et voce linquentem relinquens, egressus est ex antro : et limite clauso aliquantum illacrimans, tum propter necessitatem sibi impositam, tum propter illius fortunam, quod propemodum vivam defodisset, et quæ visu pulcherrima esset inter mortales Charicleam nocti et caligini tradidisset, recurrit ad Thyamidem. Quem deprehendit studio pugnandi ardentem et

16.

Θεαγένει λαμπρῶς ἐξωπλισμένον καὶ τοὺς ἤδη παρ'
αὐτὸν συνειλεγμένους πρὸς τὸ μανικώτερον τῷ λόγῳ
παρασκευάζοντα. Στὰς γὰρ εἰς μέσους ἔλεγε, Συ-
στρατιῶται, προτρέπειν μὲν ὑμᾶς, οὐκ οἶδ' ὅτι δεῖ διὰ
5 πλειόνων, αὐτούς θ' ὑπομνήσεως οὐδὲν δεομένους ἀλλὰ
βίον ἀεὶ τὸν πόλεμον ἡγουμένους καὶ ἄλλως τῆς ἀπροσ-
δοκήτου τῶν ἐναντίων ἐφόδου τὸ παρέλκον τῶν λόγων
ὑποτεμνομένης. Ἢν γὰρ ἐν ἔργοις οἱ πολέμιοι, τού-
τους μὴ διὰ τῶν ὁμοίων σὺν τάχει τὴν ἄμυναν ἐπάγειν,
10 παντάπασίν ἐστι τοῦ προσήκοντος ὑστερούντων. Εἰδό-
τες οὖν ὡς οὐχ ὑπὲρ γυναικῶν ἐστι καὶ παίδων λόγος,
ὃ δὴ πολλοῖς εἰς τὸ παροξύναι καὶ μόνον πρὸς μάχην
ἤρκεσε. ταῦτα γὰρ ἡμῖν ἐλάττονος λόγου καὶ τοσαῦτα
ἔχειν ἐξέσται, ὅσα καὶ νικᾶν περιγίγνεται, ἀλλ' ὑπὲρ
15 αὐτοῦ τοῦ εἶναι καὶ ψυχῶν τῶν ἡμετέρων· οὐ γὰρ ἐπὶ
ῥητοῖς ποτε λῃστρικὸς ἔληξε πόλεμος οὐδ' ἐν σπονδαῖς
ἔσχε τὴν τελευτήν, ἀλλ' ἢ περιεῖναι κρατοῦντας, ἢ
τεθνάναι τοὺς ἁλόντας ἀναγκαῖον, οὕτω τοῖς ἐχθίστοις,
ψυχῇ θ' ἅμα καὶ σῶμα τεθηγμένοι συμπίπτωμεν.
20 Λ'. Ταῦτ' εἰπὼν τὸν ὑπασπιστὴν περιεσκόπει καὶ
ὀνομαστὶ Θέρμουθιν ἐκάλει πολλάκις· ὡς δ' ἦν οὐδα-
μοῦ, πολλὰ διαπειλήσας ἐπὶ τὴν πορθμίδα δρομαῖος
ἔσπευδεν· ὁ γὰρ πόλεμος ἤδη συνερράγη καὶ παρῆν
ὁρᾶν καὶ πόρρωθεν τοὺς τὰ ἔσχατα κατὰ τὰς εἰσβολὰς
25 τῆς λίμνης οἰκοῦντας ἁλισκομένους. Οἱ γὰρ ἐπελθόν-
τες τῶν ὑποπιπτόντων ἢ καὶ φυγῇ χρωμένων τὰ σκάφη
καὶ τὰς καλύβας ἐνεπίμπρασαν· ὑφ' ὧν τῆς φλογὸς ἐπὶ
τὸ πλησίον ἕλος διαρριπιζομένης καὶ τὸν πολὺν κατ'
αὐτὸ κάλαμον σωρηδὸν νεμομένης ἄφραστόν τι [καὶ
30 ἀφόρητον] ἐπὶ τοὺς ὀφθαλμοὺς σέλας ἔμπυρον, ἐπὶ δὲ
τὴν ἀκοὴν ἠχὴ κατάκροτος ἐπεφέρετο. Καὶ πολέμου
πᾶν εἶδος καὶ ἐνηργεῖτο καὶ ἐξηκούετο· τῶν μὲν ἐγχω-
ρίων προθυμίᾳ καὶ ῥώμῃ πάσῃ τὴν μάχην ὑφισταμέ-
νων, τῶν δὲ τῷ πλήθει καὶ τῆς ἐφόδου τῷ ἀπροσδο-
35 κήτῳ πλείστον ὑπερφερόντων καὶ τοὺς μὲν ἐπὶ γῆς
ἀναιρούντων, τοὺς δ' εἰς τὴν λίμνην αὐτοῖς σκάφεσι
καὶ αὐτοῖς οἰκήμασι βαπτιζόντων. Ὑφ' ὧν ἁπάντων
δοῦπός τις πρὸς τὸν ἀέρα συμμιγὴς ᾔρετο, πεζομα-
χούντων ὁμοῦ καὶ ναυμαχούντων, ἀλλύντων τε καὶ
40 ὀλλυμένων, αἵματι τὴν λίμνην φοινιττόντων, πυρὶ
δὲ καὶ ὕδατι συμπλεκομένων. Ἅπερ ὡς εἶδέ τε καὶ
ἤκουσεν ὁ Θύαμις, ἀνεθύμου αὐτῷ τὸ ὄναρ γίγνεται,
καθὸ τὴν Ἶσιν ἑώρα καὶ τὸν νεὼν ἅπαντα λαμπάδων
καὶ θυσιῶν ἀνάμεστον· καὶ ταῦτ' ἐκεῖνα εἶναι τὰ νῦν
45 ὁρώμενα. Καὶ πρὸς τἀναντία τῶν προτέρων τὴν ὄψιν
συνέβαλεν, ὡς ἔχων οὐχ ἕξει τὴν Χαρίκλειαν, ὑπὸ τοῦ
πολέμου ταύτης ἀφαιρεθείσης· καὶ ὡς φονεύσει καὶ οὐ
τρώσει, ξίφει καὶ οὐκ Ἀφροδίτης νόμῳ. Καὶ πολλὰ
τὴν θεὰν ὡς δολερὰν ὀνειδίσας καὶ δεινὸν ἡγησάμενος
50 εἴ τις ἄλλος ἐγκρατὴς ἔσται Χαρικλείας μικρὸν ἐπισχεῖν
τοὺς σὺν αὑτῷ κελεύσας καὶ ὡς κατὰ τόπον μένοντας
ποιεῖσθαι δεήσει τὴν μάχην φράσας κλοπεύοντας περὶ
τὸ νησίδιον καὶ διὰ τῶν πέριξ ἑλῶν κρυφίους τὰς ἐμβο-
λὰς ποιουμένους, ἀγαπητέος γὰρ ἂν καὶ οὕτως ἀντι-

una cum Theagene egregie armatum et eos qui circa illum
congregati fuerant propemodum ad rabiem oratione incitan-
tem. Stans enim in medio dicebat : Commilitones, non
video quid attineat vos pluribus hortari, qui admonitione
nulla indigeatis, sed vitam bellum semper ducatis, præ-
sertim inopinato hostium adventu verborum prolixitatem
præcidente. Quibus enim jam hostes re ipsa vim inferant,
qui eam non iisdem rationibus propulsant, prorsus consilio
rei convenienti destituuntur. Scientes igitur, quod non de
uxoribus, neque de liberis agatur, quod vel solum pleris-
que ad excitandos animos ad prœlium suffecit : tametsi et
hæc minoris momenti et alia quæcumque victores manent
si vicerimus habere licebit, sed de vita et animabus nostris;
neque enim unquam pactis bellum inter prædones compo-
situm est, neque fœderibus finitum; sed aut superstites
esse victores aut mori victos necesse est, ita cum inimicis-
simis, animo et corpore incitato concurramus.

XXX. Hæc locutus scutiferum circumspiciebat et no-
mine sæpius Thermuthim vocabat. Cum vero nusquam
adesset, vehementer minatus, ad trajectum cursu contend-
dit. Jam enim prœlium commissum fuerat et licuit videre
etiam e longinquo eos, qui extremas partes lacus et adi-
tum ipsum incolebant jam venire in hostium potestatem.
Nam ii, qui advenerant, cadentium et fuga sibi consulen-
tium naves et tuguria succenderant : a quibus flamma in
vicinam paludem projecta et arundinem, cujus magna vis
in ea erat acervatim vorante, ingens quidam [et intolerabi-
lis] splendor ab igne redditus in oculos, in aures autem
fragor et strepitus incurrebat, et omnis belli species cieba-
tur atque exaudiebatur, indigenis omni contentione et ro-
bore prœlium sustinentibus; illis vero multitudine et im-
proviso accessu longe superantibus et quosdam in terra
cædentibus, quosdam in lacu una cum ipsis navigiis atque
etiam domunculis deprimentibus. Ex quibus omnibus so-
nitus quidam conflatus in aërem ferebatur, cum pedestri
prœlio et navali decernerent, cæderent et caderent, san-
guine lacum cruentarent, igni et aqua implicarentur. Quæ
cum vidit et audivit Thyamis, somnium illi in mentem
venit, quo Isim viderat et totum templum facibus et vic-
timis refertum ; atque illa esse hæc, quæ nunc viderentur,
animadvertebat, et ex somnii visione contrariam priori col-
ligebat sententiam, quod habens non habiturus esset Cha-
ricleam, utpote bello ereptam ; et quod interfecturus esset
et non vulneraturus ; gladio scilicet et non venerea lege.
Denique cum deam ut fraudulentam conviciis onerasset,
indignum ratus aliquem alium Chariclea potiri, suis ali-
quantisper se continere jussis, ac si in loco manentibus
prœliandum esset, furtim circa insulam pugnando et occultis
eruptionibus ex paludibus in circuitu faciendis : vix enim

LIBER I.

σχεῖν πρὸς τὸ πλῆθος τῶν πολεμίων· αὐτὸς δῆθεν ὡς Θέρμουθιν ἐπιζητήσων καὶ τοῖς ἑστίοις θεοῖς κατευξόμενος ἕπεσθαί τε μηδενὶ συγχωρήσας ἐπὶ τὸ δωμάτιον ἐμμανὴς ἀνέστρεφε. Δυσανάκλητον δὲ, πρὸς ὅπερ ἂν ὁρμήσῃ τὸ βάρβαρον ἦθος· κἂν ἀπογνῷ τὴν ἑαυτοῦ σωτηρίαν, προαναιρεῖν ἅπαν τὸ φίλον εἴωθεν, ἤτοι συνέσεσθαι αὐτοῖς καὶ μετὰ θάνατον ἀπατώμενον, ἢ χειρὸς πολεμίας καὶ ὕβρεως ἐξαιρούμενον. Ὑφ' ὧν καὶ ὁ Θύαμις τῶν μὲν ἐν χερσὶ πάντων ἀμνημονήσας καὶ ταῦθ' ὥσπερ ἄρχυσι τοῖς πολεμίοις κεκυκλωμένος, ἔρωτι δὲ καὶ ζηλοτυπίᾳ καὶ θυμῷ κάτοχος, ἐπὶ τὸ σπήλαιον ἐλθὼν ὡς εἶχε δρόμου καθαλλόμενος, ἐμβοῶν τε μέγα καὶ πολλὰ αἰγυπτιάζων, αὐτοῦ που περὶ τὸ στόμιον ἐντυχών τινι Ἑλληνίδι τῇ γλώττῃ προσφθεγγομένῃ, ἀπὸ τῆς φωνῆς ἐπ' αὐτὴν χειραγωγηθείς, ἐπιβάλλει τε τῇ κεφαλῇ τὴν λαιὰν χεῖρα καὶ διὰ τῶν στέρνων παρὰ τὸν μαζὸν ἐλαύνει τὸ ξίφος.

ΛΑ'. Καὶ ἡ μὲν ἔκειτο πικρῶς, ἐλεεινόν θ' ἅμα καὶ ἔσχατον κωκύσασα, ὁ δ' ἀναδραμὼν καὶ τὸν οὐδὸν ἐπαγαγὼν καὶ χοῦν ὀλίγον ἐπιρροφήσας καὶ ταῦτά σοι τὰ παρ' ἡμῶν νυμφικὰ δῶρα σὺν δάκρυσιν εἰπών, ἐπί τε τὰ σκάφη παραγενόμενος τούς τ' ἄλλους καταλαμβάνει δρασμὸν ἤδη βουλεύοντας, τῶν πολεμίων ἐγγύθεν ὁρωμένων, τόν τε Θέρμουθιν ἥκοντα καὶ τὸ ἱερεῖον μεταχειριζόμενον· καὶ τὸν μὲν λοιδορήσαμενος, εἰπών τε, ὡς ἔφθη τὸ κάλλιστον ἱερουργήσας θυμάτων ἐπιβαίνει τέ του σκάφους αὐτὸς καὶ ὁ Θέρμουθις καὶ τρίτος ὁ ἐρέτης. Οὐ γὰρ πλείονας οἷά τε φέρειν τὰ λιμναῖα σκάφη ἀπὸ μόνου ξύλου καὶ πρέμνου παχέος ἑνὸς ἀγροικότερον κοιλαινόμενα. Συναπαίρει δὲ καὶ ὁ Θεαγένης ἅμα τῷ Κνήμωνι καθ' ἕτερον σκάφος καὶ ἄλλος κατ' ἄλλο πορθμεῖον καὶ οὕτως ἅπαντες. Ἐπεὶ δὲ τῆς νήσου μικρὸν ἄποθεν ἄραντες καὶ περιπλεύσαντες μᾶλλον ἢ ἀποπλεύσαντες, ἐπέσχον τὴν ἐρεσίαν καὶ τοὺς πολεμίους δεξάμενοι, πλησιάσαντας μόνον, [καὶ] μηδὲ τὸ ῥόθιον ὑπενεγκόντες οἱ μὲν ἄλλοι πάντες ὁμοῦ τ' εἶδον καὶ ἔφευγον, οὐδὲ τὸν ἐνυάλιον ἔνιοι κέλαδον ἀνασχόμενοι· ὑπεχώρουν δὲ Θεαγένης τε καὶ ὁ Κνήμων, οὐ πρὸς τὸν φόβον τὸ πλέον ἐνδόντες. Μόνος δὲ ὁ Θύαμις τὸ μέν τι τὴν φυγὴν ἴσως αἰσχυνόμενος, τάχα δέ που καὶ εἶναι μετὰ Χαρίκλειαν οὐκ ἀνεχόμενος, ἐνέβαλεν ἑαυτὸν τοῖς πολεμίοις.

ΛΒ'. Ἤδη δ' εἰς χεῖρας ἰόντων, ἀνεβόησέ τις, Οὗτος ἐκεῖνος ὁ Θύαμις· φυλάττου πᾶς. Καὶ παραχρῆμα τὰ σκάφη πρὸς κύκλον ἐπιστρέψαντες, εἶχον ἐν μέσῳ. Τοῦ δ' ἀμυνομένου καὶ τῷ δόρατι τοὺς μὲν τρώσαντος τοὺς δ' ἀνελόντος, θαύματος ἦν ἐπέκεινα τὸ γιγνόμενον. Εἷς γὰρ οὐδεὶς ξίφος οὔτ' ἔβαλλεν, οὔτ' ἔφερεν, ἀλλ' ἅπασαν ἕκαστος εἰσεφέρετο σπουδὴν ζῶντα λαβεῖν. Ὁ δ' ἀντεῖχεν ἐπιπλεῖστον, ἕως ἀφαιρεῖται μὲν τοῦ δόρατος πλειόνων ἅμα ἐπιλαβομένων, ἀποβάλλει δὲ καὶ τὸν ὑπασπιστὴν λαμπρῶς μὲν συναγωνισάμενον τραυματίαν δ' ὥσπερ ἐδόκει καιρίως γεγενημένον

vel sic multitudini hostium resisti posse : ipse, tanquam Thermuthim inquisiturus, et diis Penatibus vota nuncupaturus, nulli, qui se sequeretur, permittens, ad domunculam furibundus revertebatur. Haud facile autem inde quo semel contendit revocari aut deflecti potest barbaricum ingenium et si saluti suæ desperaverint prius tollere consueverunt quoscunque caros habent barbari, aut secum una fore illos, etiam post mortem credens, aut a vi hostium et injuria vindicans. Eandem ob causam et Thyamis omnium quæ erant præ manibus oblitus, præcipue cum veluti retibus hostium copiis circumdatus esset; amore vero, zelotypia et ira furens, cum ad antrum contento cursu venisset, desiliens, altaque voce inclamans et Ægyptiace multa proferens, ut circa os ipsum offendit quamdam, quæ illum Græce alloquebatur, ex voce ad illam deductus, injicit capiti sinistram manum et pectus juxta mammam gladio trajicit.

XXXI. Atque hæc quidem hoc tam tristi modo jacebat miserabili et ultimo ejulatu edito. Ille autem cum excurrisset et limen clausisset tumulumque aliquantum arenæ mulasset, cum lacrimis et his verbis, Hæc tibi a nobis sponsalia dona dantur; ad navigia perveniens, alios quidem fugam adornare deprehendit, cum jam hostes ex propinquo conspicerentur, Thermuthin vero venire et sacrificium inchoare. Et hoc quidem cum conviciis objurgato, quod a se jam ante pulcherrimum sacrificium factum esset, conscendit ipse scapham quamdam cum Thermuthi, et tertio remige. Neque enim plures ferre possunt navigia, quibus cum Cnemone in altero navigio, eadem ratione alius in alia cymba atque ita deinceps reliqui omnes. Postquam autem profecti non procul ab insula, circumnavigantes potius, quam in altum navigantes cohibuerunt remigium et navigia instruebant in fronte, tanquam hostium impetum ex adverso excepturi, appropinquantes tantummodo, neque undarum impetum sustinentes, reliqui omnes simulatque viderunt hostes illico fugiebant, ut ne primum quidem clamorem et strepitum belli pertulerint. Discedebant quoque sensim ex pugna Theagenes et Cnemon, non ob metum præcipue terga dantes. Solus Thyamis, fugere sibi indignum fortasse ratus, aut fortasse Chariclem ne superstes esset, immisit sese in concertos hostes.

XXXII. Cumque jam ventum esset ad manus, exclamavit quidam : Hic est ille Thyamis; intentus sit in eum quilibet. Itaque repente in orbem conversis navigiis, conclusum eum tenebant in medio. At ille strenue dimicante et alios vulnerante, alios interficiente, dignum erat admiratione id quod deinceps fiebat. Nemo enim tanto ex numero gladium vel dejiciebat, vel educebat, sed quilibet omni studio annitebatur, ut vivum caperet. Ille autem diu admodum repugnabat, sed tandem privatur hasta, cum simul eum plures obruissent. Amittit et armigerum, qui præclare quidem illum adjuverat, sed letali vulnere,

καὶ πρὸς τὸ ἀνέλπιστον ἐνοοντα, ἔς τε τὴν λίμνην
ἑαυτὸν καθέντα καὶ βολῆς ἐκτὸς ἐμπειρίᾳ τοῦ νεῖν
ἀναδύντα, χαλεπῶς τε πρὸς τὸ ἕλος ἀπονηξάμενον καὶ
ταῦτ᾽ οὐδενὸς τὴν ἐπιδίωξιν φροντίσαντος. Ἤδη γὰρ
τὸν Θύαμιν ᾑρήκεσαν καὶ νίκην ὁλόκληρον τὴν ἑνὸς
ἀνδρὸς ἅλωσιν ἡγοῦντο. Καὶ τοσούτοις τοῖς φιλίοις
ἐλάττους γεγονότες πλέον ἔχαιρον τὸν αὐτόχειρα ζῶντα
περιέποντες ἢ τοὺς οἰκείους ᾤκτειρον ἀποβεβληκότες.
Οὕτως ἄρα λῃσταῖς καὶ ψυχῶν αὐτῶν ἐστι χρήματα
προτιμώτερα καὶ τὸ φιλίας ὄνομα καὶ συγγενείας,
πρὸς ἓν τὸ κέρδος ὁρίζεται. Ὡς δὴ καὶ τούτοις συνέ-
βαινεν. Ἐτύγχανον μὲν γὰρ ὄντες τῶν τὸν Θύαμιν
καὶ τοὺς σὺν αὐτῷ κατὰ τὰς Ἡρακλεωτικὰς ἐκβολὰς
ἀποδράντων. ΛΓ´. Ἀγανακτήσαντες δ᾽ ὅτι τῶν ἀλλο-
τρίων ἐστέρηντο καὶ τὴν ἀφαίρεσιν τῶν σκύλων, ὡς ἰδίων
περιαλγήσαντες, τούς θ᾽ ὑπολειφθέντας αὐτῶν οἴκοι συλ-
λεξάμενοι καὶ τὰς πέριξ ὁμοίως κώμας ἐπικαλεσάμενοι,
ἐπὶ ὁμοίᾳ καὶ ἴσῃ τῶν λη,φθησομένων διανομῇ, τῆς μὲν
ἐφόδου κατέστησαν ἡγεμόνες, τὸν δὲ Θύαμιν ἐζώγρουν
κατὰ τοιάνδε τινὰ αἰτίαν. Πετόσιρις ἀδελφὸς ἦν
αὐτῷ κατὰ τὴν Μέμφιν. Οὗτος ἐπιβουλῇ τὴν ἱερω-
σύνην τῆς προφητείας παρὰ τὸ πάτριον τὸν Θύαμιν
παρελόμενος, νεώτερος αὐτὸς ὤν, τὸν προγενέστερον
ἐξάρχειν λῃστρικοῦ πυνθανόμενος, δεδιὼς μὴ καιροῦ
λαβόμενος ἐπέλθῃ ποτὲ, ἢ καὶ χρόνος τὴν ἐπιβουλὴν
φωράσειεν, ἅμα δὲ καὶ δι᾽ ὑποψίας εἶναι παρὰ τοῖς
πολλοῖς αἰσθανόμενος, ὡς ἀνῃρηκὼς τὸν Θύαμιν, οὐ
φαινόμενον, χρήματα πάμπολλα καὶ βοσκήματα τοῖς
ζῶντα προσκομίσασιν εἰς τὰς κώμας τὰς λῃστρικὰς
διαπέμπων ἐπεκήρυξεν. Ὑφ᾽ ὧν ἁλόντες οἱ λῃσταὶ
καὶ μηδὲ παρὰ τὸ ζέον τῆς μάχης τῆς μνήμης τὸ
κέρδος ἀποβαλόντες, ἐπειδή τις ἐγνώρισε, πολλῶν
θανάτων ἐζώγρησαν, καὶ τὸν μὲν δέσμιον ἐπὶ τὴν γῆν
παραπέμπουσι, τὴν ἡμίσειαν αὐτῷ μοῖραν εἰς τὴν
φυλακὴν ἀποκληρώσαντες καὶ πολλὰ τῆς δοκούσης
φιλανθρωπίας ἐπιμεμφομένου καὶ τὸν δεσμὸν ἀγανακ-
τοῦντα μᾶλλον ἢ θάνατον. Οἱ δ᾽ ὑπόλοιποι πρὸς τὴν
νῆσον ἐτράπησαν, ὡς τὰ ἐπιζητούμενα κειμήλια καὶ
σκῦλα κατ᾽ αὐτὴν εὑρήσοντες. Ὡς δὲ πᾶσαν ἐπιδρα-
μόντες καὶ μέρος οὐδὲν ἀζήτητον ἀπολιπόντες, οὐδενὶ
τῶν ἐλπισθέντων ἢ μικροῖς ἐπετύγχανον, εἴ τι καὶ
περιλέλειπτο κατὰ τὸ σπήλαιον ὑπὸ τῇ γῇ μὴ κρυπτό-
μενον, πῦρ ἐπὶ τὰς σκηνὰς ἐμβαλόντες, ἑσπέρας ἤδη
προσιούσης καὶ φόβῳ ἐγκαταμεῖναι τῇ νήσῳ παρεχού-
σης, δέει τοῦ μὴ λοχηθῆναι πρὸς τῶν διαδράντων ἐπὶ
τοὺς οἰκείους ἀπεχώρησαν.

ut videbatur, saucius, desperata salute in lacum sese im-
misit, et natandi peritia extra teli jactum emergens, dif-
ficulter ad paludem enavit, quandoquidem nemini ut
illum persequeretur in mentem veniebat. Jam enim Thya-
midem ceperant et eo capto totam victoriam se adeptos
esse arbitrabantur. Cumque tot sociis orbati essent magis
tamen cum istum unum a quo interfecti fuerant stiparent,
lætabantur, quam cognatos amissos lugebant. Sic omnino
prædonibus, animabus ipsis pecuniæ majore pretio æsti-
mantur et amicitiæ nomen ac necessitudinis ad unum lu-
cri finem spectat. Quod et istis accidit. Erant enim ii,
qui antea metu Thyamidis et ejus comitum, ad Heracleoti-
cum ostium fugam fecerant. XXXIII. Indignantes igitur
quod alienis rebus privati essent et adeptorum spoliorum jac-
turam non secus ac propriarum facultatum iniquo ferentes
animo, tum iis qui domi fuerant collectis tum vicinis pagis
convocatis, ad parem et æqualem sortem eorum, quæ ac-
cepturi essent, expeditionis fuerunt duces et signiferi. Thya-
midem autem ea de causa capiebant. Petosiris illi Memphi
frater erat. Hic insidiis sacerdotium antistitii contra morem
patrium Thyamidi cum eripuisset, erat enim minor natu,
et majorem natu fratrem prædonum ducem esse audiret,
metuens ne occasionem nactus adveniret aliquando, aut ne
tempus ipsum insidias a se factas patefaceret, ad hæc sen-
tiens multorum de se suspicionem existimantium, quod
ille sustulisset Thyamidem, ut qui nusquam compareret;
missis nuntiis in prædonum pagos, pecuniæ magnam vim
et pecudum proposuit præmium iis, qui vivum illum ad-
duxissent. Quibus illecti latrones, neque in ipso fervore
belli memoria lucri amissa, postquam quidam eum agnovit,
multorum morte vivum adepti sunt. Et hunc quidem in
terram ablegant, dimidia parte ad illius custodiam adhibita,
multifariam illis lenitatem qua videbantur esse usi expro-
brantem et vincula molestius ferentem quam mortem.
Reliqui vero ad insulam versi sunt, ea spe, quod thesauros,
quos quærebant, illic essent inventuri. Sed ubi totam
percurrerunt, neque ullam partem inexploratam relique-
runt, nihil eorum quibus spe jam atque animo incubabant
adepti, parvis quibusdam exceptis, si quid forte supererat
quod in antro sub terra non esset conditum, igne taber-
naculis injecto, vespera jam adventante et prohibente illos
in insula diutius manere, metuentes ne in insidias eorum
qui effugerant ex prœlio venirent, ad suos reversi sunt.

ΛΟΓΟΣ ΔΕΥΤΕΡΟΣ.

Α. Ἡ μὲν δὴ νῆσος ὧδ' ἐπυρπολεῖτο, τοὺς δ' ἀμφὶ τὸν Θεαγένην καὶ τὸν Κνήμωνα, ἕως μὲν ἥλιος ἦν ὑπὲρ γῆν, τὸ κακὸν ἐλάνθανεν. Ἡ γὰρ πυρὸς ὄψις ἀμαυροῦται δι' ἡμέρας ὑπὸ τῶν ἀκτίνων τοῦ θεοῦ καταυγαζομένη. Ἐπειδὴ δ' ἔδυ καὶ νύκτα ἐπήγαγεν, ἥ τε φλὸξ
5 ἀπρόσμαχον τὴν αὐγὴν ἀπολαβοῦσα καὶ πορρωτάτω διεφαίνετο, αὐτοί τε τοῦ ἕλους τῇ νυκτὶ θαρροῦντες προὔκυψαν καὶ λαμπρῶς ἤδη τὴν νῆσον ὑπὸ τοῦ πυρὸς ἐχομένην ὁρῶσι. Καὶ ὁ μὲν Θεαγένης παίων τὴν κεφαλὴν καὶ τίλλων τὰς τρίχας, Ἐρρίφθω, φησίν, ὁ
10 βίος εἰς τὴν τήμερον· ἠνύσθω, λελύσθω πάντα, φόβοι, κίνδυνοι, φροντίδες, ἐλπίδες, ἔρωτες. Οἴχεται Χαρίκλεια, Θεαγένης ἀπόλωλε. Μάτην ὁ δυστυχὴς δειλὸς ἐγενόμην καὶ δρασμὸν ὑπέστην ἄνανδρον, σοί, γλυκεῖα, περισώζων ἐμαυτόν. Οὐ μὴν ἔτι σωθήσομαί σου,
15 φιλτάτη, κειμένης, οὐδὲ τῷ κοινῷ τῆς φύσεως νόμῳ, (τὸ χαλεπώτατον) οὐδ' ἐν χερσὶν ἀπολιπούσης τὸν βίον αἷς ἠβουλήθης. Ἀλλὰ πυρός, οἴμοι, γέγονας ἀνάλωμα, τοιαύτας ἐπί σοι λαμπάδας ἀντὶ τῶν νυμφικῶν τοῦ δαίμονος ἅψαντος· καὶ δεδαπάνηται τὸ ἐξ
20 ἀνθρώπων κάλλος, ὡς μηδὲ λείψανον τῆς ἀψευδοῦς ὡραιότητος διὰ νεκροῦ γοῦν ὑπολελεῖφθαι τοῦ σώματος. Ὦ τῆς ὠμότητος καὶ τῆς ἀρρήτου τοῦ δαίμονος βασκανίας· προσαφήρηταί με καὶ τὰ τελευταῖα περιβαλεῖν. Ἐσχάτων καὶ ἀψύχων φιλημάτων ἀπεστε-
25 ρήθην.

Β'. Καὶ ταῦτα λέγοντος καὶ τὸ ξίφος περισκοποῦντος, ὁ Κνήμων ἀθρόον τῆς χειρὸς ἀπεκρούσατο, καὶ Τί ταῦτα; ἔλεγεν, ὦ Θεάγενες, τί τὴν οὖσαν θρηνεῖς; Ἔστι Χαρίκλεια καὶ σώζεται· θάρσει. Τοὺς δέ, Πρὸς
30 ἀφρονας ταῦτα καὶ παῖδας, ὦ Κνήμων, εἰπόντος, ἀπολώλεκάς με τὸν ἥδιστον ἀφελόμενος θάνατον· ἐπώμνυεν ὁ Κνήμων καὶ ἅπαντα ἔλεγε, τὸ πρόσταγμα τοῦ Θυάμιδος, τὸ σπήλαιον, ὡς καθῆκεν αὐτός, ὡς ἔχει φύσεως τὸ ἄντρον, ὡς οὐδὲν δέος εἰς τὸ βάθος διϊκνεῖ-
35 σθαι τὸ πῦρ, ὑπὸ τῶν ἀπείρων ἑλιγμῶν ἀνακοπτόμενον. Ἀνέπνει πρὸς ταῦθ' ὁ Θεαγένης καὶ πρὸς τὴν νῆσον ἐπέσπευδε καὶ τὴν οὐ παροῦσαν τῷ νῷ περιέβλεπε καὶ θαλάμιον αὑτῷ τὸ σπήλαιον ἀνέπλαττε, τοὺς ἐσομένους αὐτῇ κατ' αὐτὸ θρήνους ἀγνοῶν. Ἀνήγοντο
40 οὖν ἐσπουδασμένως, αὐτερέται τοῦ πλοῦ ἀνύοντες. Ὁ γὰρ δὴ πορθμεύων αὐτοῖς κατὰ τὴν πρώτην συμβολὴν καθάπερ ἀπὸ ὕσπληγος τῆς βοῆς ἀπεσφενδόνητο. Τῇδε οὖν κἀκεῖσε παρεφέροντο τοῦ εὐθέος, οἷα δὴ ἀπειρίᾳ τε τὴν ἐρεσίαν οὐχ ὁμοζυγοῦντες καὶ τι καὶ
45 ἀνέμου πρὸς ἐναντίον ἐμπίπτοντος ἀλλ' ἐνίκα τὴν ἀτεχνίαν τῆς γνώμης τὸ πρόθυμον.

Γ'. Χαλεπῶς δὲ καὶ σὺν ἱδρῶτι πολλῷ τῇ νήσῳ προσορμίσαντες, ὡς εἶχον τάχους, ἐπὶ τὰς σκηνὰς ἀνέτρεχον. Καὶ τὰς μὲν καταλαμβάνουσιν ἤδη κατηθα-
50 λωμένας καὶ τῷ τόπῳ μόνῳ γνωριζομένας, τὸν λίθον δὲ τὸν οὐδὸν τοῦ σπηλαίου τὸ κάλυμμα διαφαινόμενον.

LIBER SECUNDUS.

Atque insula quidem sic igni et incendio vastabatur: Theagenem autem et Cnemonem, quamdiu sol erat supra terram, malum latebat. Ignis enim species die attenuatur, radiis dei illustrata. Postea vero, quam occubuit noctemque reduxit, et ignis, non impedito splendore recuperato, procul apparebat, ipsi ex palude nocti confidentes sese erexerunt, insulamque prorsus jam flamma comprehensam animadverterunt. Tum vero Theagenes caput feriens et vellens crines, Valeat, inquit, jam vita hodie, terminentur ac dissolvantur omnia, metus, pericula, curæ, spes, amores : interiit Chariclea, periit Theagenes. Nequidquam ego infelix timidus fui et fugam viro indignam capessere in animum induxi, tibi me, suavium, servans. Enimvero non amplius ero superstes, carissima, te jacente præter naturæ communem legem, quod est omnium gravissimum, et præter opinionem tuam, haud sane in iis manibus, in quibus volebas, vitam relinquente. Igni, heu me miserum, consumta es, cum tibi faces hujusmodi numen pro nuptialibus facibus accendisset. Consumta est præcipua inter homines forma, ut neque reliquiæ non fucatæ pulcritudinis in corpore mortuo remanserint. O crudelitatem singularem et infandam nominis acerbitatem ! Erepta est mihi facultas supremi complexus : ultimis osculis et exanimibus orbatus sum.

II. Hæc dicenti et gladium circumspicienti, subito Cnemon manum repulit, et Quid sibi volunt hæc, Theagenes, dicebat? quid luges eam, quæ vivit? est Chariclea et quidem salva : esto fidenti animo. Cum autem hic, Amentibus ista et pueris, Cnemon, dixisset; perdidisti me, qui mihi quoque dulcissimam mortem eripueris : jurabat Cnemon et omnia dicebat, mandatum Thyamidis, antrum, quo pacto ipse demisisset, quæ sit antri natura, quod nihil omnino sit metuendum, ne in profunditatem ignis perveniat, sexcentis anfractibus tractus et repulsus. Respiravit ad hæc Theagenes et ad insulam properabat, jamque veluti præsentem animo circumspiciebat et thalamum sibi antrum fingebat, luctus, in quo ibi erat futurus, ignorans. Provehebantur igitur summo ardore, ipsi remigium officio fungentes. Portitor enim ipsorum in primo conflictu, clamore sublato, tanquam pertica quadam excussus fuerat. Huc igitur atque illuc de recto cursu deferebantur, tum quod inscitia non æqualibus intervallis remigabant, tum quod ex adverso ventus incidebat. Verumtamen vincebat inscitiam promptitudo animi.

III. Cum igitur difficulter et multo cum sudore ad insulam appulissent, quanta potuerunt celeritate ad tabernacula cucurrerunt. Et hæc quidem jam conflagrasse deprehendunt et ex loco tantum cognosci; lapidem vero, qui limen fuerat, tegmentumque antri, eminere et conspici

Ὁ γὰρ ἄνεμος ἐπίφορος ταῖς καλύβαις ἐμπνεύσας καὶ οἷα δὴ λεπτοῖς καλάμοις καὶ τούτοις ἑλείοις διαπλόκοις τῇ ῥιπῇ κατὰ πάροδον καταφλέξας, μικροῦ [καὶ] ἰσόπεδον ἐπεδείχνυ τὸ ὑποκείμενον, τῆς μὲν φλογὸς ὀξέως 5 μαρανθείσης καὶ εἰς τέφραν ἀναλυθείσης, τῆς δὲ ἀποδιᾶς τῆς μὲν πολλῆς τῷ ῥοίζῳ παρενεχθείσης, ὀλίγης δὲ τῆς ὑπολειπομένης, πρὸς τὸ πνέον ἀπάσης, σχεδὸν ἀποσβεσθείσης καὶ πρὸς τὸ βάσιμον ἀποφυγείσης. Δᾷδας οὖν ἡμιφλέκτους ἀνευρόντες καὶ λείψανα καλά-
10 μων ἐξάψαντες καὶ τὸ στόμιον ἀνοίξαντες κατέθεον ἡγουμένου τοῦ Κνήμωνος. Ἐπεὶ δ' ὀλίγον ὑπέβησαν, ἀθρόον ὁ Κνήμων ἀνέκραγεν· Ὦ Ζεῦ, τί τοῦτο; ἀπολώλαμεν. Ἀνῄρηται Χαρίκλεια. Καὶ τό τε λαμπάδιον εἰς τὴν γῆν καταβαλὼν ἀπέσβεσε καὶ τὼ χεῖρε
15 τοῖς ὀφθαλμοῖς ἐπαγαγὼν, εἰς γόνυ τ' ὀκλάσας, ἐθρήνει. Ὁ δὲ Θεαγένης ὥσπερ τινὸς πρὸς βίαν ὤπαντος ἐπὶ τὸ σῶμα τῆς κειμένης κατενεχθεὶς, ὁ μὲν ἐπὶ πλεῖστον ἀπρὶξ εἴχετο καὶ προσεπεφύκει πανταχόθεν ἐναγκαλιζόμενος. Ὁ δὲ Κνήμων ὅλον ὄντα πρὸς τῷ
20 πάθει καταμαθὼν καὶ τῇ συμφορᾷ βεβαπτισμένον, δεδιώς τε μή τι κακὸν αὑτῷ ἐργάσηται, τὸ ξίφος ὑφαιρεῖ λάθρα τῆς θήκης ὑπὸ τὴν πλευρὰν αἰωρουμένης καὶ μόνον καταλιπὼν ἀνέδραμεν ὡς τὰς δᾷδας ἀναψόμενος.

Δ'. Κἀν τούτῳ τραγικόν τι καὶ γοερὸν ὁ Θεαγένης
25 βρυχώμενος, Ὦ πάθους ἀτλήτου, φησὶν, ὦ συμφορᾶς θεηλάτου· τίς οὕτως ἀκόρεστις Ἐριννὺς ταῖς ἡμετέραις κακοῖς ἐνεβάκχευσε, φυγὴν τῆς ἐνεγκούσης ἐπιβαλοῦσα, [κινδύνοις θαλασσῶν, κινδύνοις πειρατηρίων ὑποβαλοῦσα,] λῃσταῖς παραδοῦσα πολλάκις, τῶν
30 ὄντων ἀλλοτριώσασα. Ἓν μόνον ἀντὶ πάντων ὑπελείπετο, καὶ τοῦτ' ἀνήρπασται. Κεῖται Χαρίκλεια καὶ πολεμίας χειρὸς ἔργον ἡ φιλτάτη γεγένηται· δῆλον μὲν ὡς σωφροσύνης ἀντεχομένη, κᾀμοὶ δῆθεν αὑτὴν φυλάττουσα. Κεῖται δ' οὖν ὅμως ἡ δυστυχής, οὐδὲ
35 μὲν αὐτὴ τῆς ὥρας ἀποναιμένη, εἰς οὐδὲν δ' ὄφελος ἐμοὶ γενομένη. Ἀλλ', ὦ γλυκεῖα, πρόσφθεγξαι τὰ τελευταῖα καὶ εἰωθότα ἐπίσκηψον, εἴ τι καὶ κατὰ μικρὸν ἐμπνεῖς. Οἴμοι, σιωπᾷς καὶ τὸ μαντικὸν ἐκεῖνο καὶ θεηγόρον στόμα σιγὴ κατέχει καὶ ζόφος τὴν πυρ-
40 φόρον καὶ χάος τὴν ἐκ τῶν ἀνακτόρων κατείληφεν. Ὀφθαλμοὶ δ' ἀφεγγεῖς, οἱ πάντας τῷ κάλλει καταστράψαντες, οὓς οὐκ εἶδεν ὁ φονεύσας, οἶδ' ἀκριβῶς. Ἀλλ' ὦ τί ἂν σέ τις ὀνομάσειε; νύμφην; ἀλλ' ἀνύμφευτος· γαμετήν; ἀλλ' ἀπείρατος. Τίνα οὖν ἀνακα-
45 λέσω; τίνα προσφθέγξομαι λοιπὸν, ᾗ ἄρα τὸ πάντων ὀνομάτων ἥδιστον, Χαρίκλεια; ἀλλ' ὦ Χαρίκλεια, θάρσει, πιστὸν ἔχεις τὸν ἐρώμενον· ἀπολήψῃ με μικρὸν ὕστερον. Ἰδοὺ γάρ σοι χοὰς ἐπάξω τὰς ἐμαυτοῦ σφαγὰς καὶ σπείσομαι τὸ σοὶ φίλον αἷμα τοὐμόν. Ἕξει
50 δ' ἡμᾶς αὐτοσχέδιον μνῆμα τόδε τὸ σπήλαιον. Ἐξέσται πάντως ἀλλήλοις συνεῖναι μετὰ γοῦν θάνατον εἰ καὶ ζῶσιν ὁ δαίμων οὐκ ἐπέτρεψε.

Ε'. Καὶ ἅμα λέγων, ἐπέβαλε τὴν χεῖρα ὡς τὸ ξίφος σπασόμενος. Ὡς δ' οὐχ εὕρισκεν, Ὦ Κνήμων,

Ventus enim vehemens tuguriis illatus, cum ea, utpote de tenui arundine atque hac ipsa palustri texta, sufflando ignem in transitu combussisset, propemodum planitiem subjectam ostendebat, flamma quidem acriter emarcescente et in cinerem resoluta, cinere vero plurimo quidem impetu venti vehementis ablato, reliquo autem, qui manserat, pauco admodum, flatu exstincto et ad transitum praebendum refrigerato. Facibus igitur semiustis inventis et reliquiis arundinis incensis, ingressu antri aperto, Cnemone duce decurrebant. Postquam autem paullulum processerunt, repente exclamavit Cnemon, O Juppiter, quid hoc rei est? periimus, interfecta est Chariclea: tum facem in terram dejectam exstinxit et manibus oculis applicatis in genua collapsus lugebat. Theagenes autem, tanquam aliquo vi protrudente, ad corpus jacentis delapsus, diu illud immotus tenebat et adhaerebat undiquaque amplectens. Cnemon itaque, cum omnino dolori illum succubuisse et in calamitatem immersum intellexisset, metueretque ne sibi aliquid mali conscisceret, gladium illi clam aufert ex vagina, quae sub latere pendebat et solo relicto excurrit faces accensurus.

IV. Interea tragice et lugubriter fremens Theagenes, O dolorem, inquit, intolerabilem et calamitatem divinitus immissam! quaenam usque adeo insatiabilis Erynnis in nostram perniciem ira percita furit, quae exsilium imposuit, [periculis in mari, periculis piraticis objecit,] praedonibus multoties tradidit, facultates a nobis alienavit? Unum erat pro omnibus relictum solatium, sed et hoc ereptum est. Jacet Chariclea et hostili manu carissima perempta est, haud dubie pudicitiam propugnans et mihi se asservans. Nihilominus tamen jacet infelix, neque ipsa quemquam ex forma fructum cepit, neque mihi ulli usui fuit. Ceterum, o suavium, alloquere me jam ultimo, solito more : manda quidpiam, si quid adhuc spiras. Heu me miserum, taces. Fatidicum illud et divino lepore praeditum os silentium premit, caligo facis gestatricem ac chaos deorum ministram occupavit. Oculi vero lumine carent, qui omnes pulchritudine praefellebat, quos non vidit interfector, certo scio. Ceterum quo te nomine quispiam appellet? sponsaene? at desponsata non es. An porro nuptae? enimvero expers es conjugii. Quam igitur appellabo? quam postremo alloquar? an omnium suavissimo nomine Chariclea? O Chariclea, adesto animo, fidum habes amatorem, haud ita multo post me recuperabis. Jam enim tibi inferias peragam meas ipsius caede et libabo tibi caro sanguine meo, continebitque nos rude sepulcrum hoc antrum. Licebit autem nobis utique mutua frui consuetudine post mortem, etiamsi vivis a deo concessum non est.

V. Quod simulatque elocutus est, illico manum injecit extracturus gladium. Cum autem non invenisset, O Cne-

LIBER II.

ἐδόησεν, ὡς σὺ μὲ ἀπολώλεκας. Προσηδίκησας δὲ καὶ Χαρίκλειαν, τῆς ἡδίστης αὐτὴν κοινωνίας ἤδη δεύτερον ἀποστερήσας. Καὶ ταῦτα διεξιόντος, ἐκ μυχῶν τοῦ σπηλαίου φωνῆς τις ἦχος ἐξηκούετο, Θεάγενες, καλούσης. Ὁ δ' οὐδὲν ταραχθεὶς, ὑπήκουσέ τε καὶ ἥξω φιλτάτη ψυχὴ ἔλεγεν. Εὔδηλος εἶ περὶ γῆν ἔτι φερομένη· τὸ μέν τι τοιούτου σώματος οὗ πρὸς βίαν ἐξηλάθης ἀποστατεῖν οὐ φέρουσα, τὸ δὲ διὰ τὸ ἄταφον ἴσως ὑπὸ νερτερίων εἰδώλων εἰργομένη. Κἂν
10 τούτῳ τοῦ Κνήμωνος ἅμα ᾁασὶν ἡμμέναις ἐπιστάντος, αὖθις ὁ αὐτὸς ἦχος ἐξηκούετο, καὶ ἦν τὸ λεγόμενον, Θεάγενες. Ὁ δὲ Κνήμων ἀναβοήσας, Ὦ θεοί, ἔφη, οὐ Χαρικλείας ἐστὶν ἡ φωνή; σώζεσθαί μοι δοκεῖ, Θεάγενες· ἀπὸ γὰρ τῶν ἐσχάτων καὶ καθ' ὃ μέρος
15 αὐτὴν οἶδα τοῦ ἄντρου καταλιπὼν, ἡ φωνή μοι βάλλει τὴν ἀκοήν. Οὐ παύσῃ, ἔφη ὁ Θεαγένης, ἀπατῶν με πολλάκις. Καὶ μὴν ἀπατῶ σε καὶ ἀπατῶμαι τὸ μέρος, εἶπεν ὁ Κνήμων, εἰ Χαρίκλειαν οὖσαν ταυτηνὶ τὴν κειμένην εὕροιμεν. Καὶ ἅμα λέγων ἀνέστρεφεν ἐπ'
20 ὄψιν τὴν κειμένην καὶ ἰδὼν Τί τοῦτο, ἀνέκραγεν, ὦ δαίμονες τεράστιοι, Θίσβης ἡ ὄψις. Ὑπέβη δ' εἰς τοὐπίσω καὶ τρόμῳ συσχεθεὶς ἀχανὴς εἱστήκει.

ς'. Ὁ δὲ Θεαγένης, ἔμπνους ἐκ τῶνδε γενόμενος καὶ πρὸς τὸ εὔελπι τὴν γνώμην ἐπιστρέφων, ἀνεκαλεῖτό
25 τε λειποψυχοῦντα τὸν Κνήμωνα καὶ παρὰ τὴν Χαρίκλειαν ὡς ὅτι τάχιστα ποδηγεῖν ἱκέτευε. Μικρὸν οὖν διαλιπὼν εἰς αὐτόν τε γενόμενος ὁ Κνήμων, τὴν κειμένην αὖθις ἐπεσκοπεῖτο. Ἡ δ' ἦν ἀληθῶς ἡ Θίσβη· καὶ ξίφος τὸ πλησίον ἐκπεπτωκὸς ἐγνώριζεν ἀπὸ τῆς
30 λαβῆς, ὃ παρὰ τὸν φόνον ὁ Θύαμις ὑπὸ θυμοῦ καὶ σπουδῆς τῇ σφαγῇ ἐναπέλιπε. Καὶ δέλτον τινὰ τῶν στέρνων ὑπὸ τῇ μασχάλῃ προκύπτουσαν ἀνελόμενος, ἐπειρᾶτό τι τῶν ἐγγεγραμμένων ἐπιέναι. Ἀλλ' ὁ Θεαγένης οὐκ εἴα λιπαρῶς ἐγκείμενος καὶ τὴν φιλτά-
35 την, λέγων, κομιζώμεθα πρότερον, εἰ μή τις ἡμᾶς παίζει καὶ νυνὶ δαίμων· ταῦτα δ' ἐξέσται καὶ μετὰ ταῦτα γιγνώσκειν. Ἐπείθετο ὁ Κνήμων καὶ τὴν τε δέλτον ἐπικομιζόμενοι καὶ τὸ ξίφος ἀνελόμενοι παρὰ τὴν Χαρίκλειαν ἔσπευδον. Ἡ δὲ χερσί θ' ἅμα καὶ
40 ποσὶν ἐπὶ τὴν αὐγὴν ἀνερπύσασα, προσδραμοῦσά τε τῷ Θεαγένει, τοῦ αὐχένος ἐξήρτητο. Καὶ ἡ μὲν, ἔχω σε, Θεάγενες· ὁ δὲ, ζῇς μοι, Χαρίκλεια, πολλάκις ἔλεγον· καὶ τέλος ἐς τοὔδαφος ἄθροοι καταφέρονται, καὶ εἴχοντο ἀλλήλων ἄναυδοι μὲν ἀλλ' ὥσπερ ἡνωμέ-
45 νοι, καὶ μικροῦ ἔδει ἀποψυχήσειν αὐτούς. Οὕτως ἄρα καὶ τὸ χαρᾶς ὑπερβάλλον, εἰς ἀλγεινὸν περιέστη πολλάκις καὶ τῆς ἡδονῆς τὸ ἄμετρον ἐπίσπαστον λύπην ἐγέννησεν. Ὡς δὴ κἀκεῖνοι παρ' ἐλπίδα σωθέντες ἐκινδύνευον, ἕως ὁ Κνήμων πίδακά τινα διαμώμενος καὶ
50 τὴν συρρυεῖσαν καταβραχὺ νοτίδα κοίλαις ταῖς χερσὶν ὑδρευσάμενος, τὸ πρόσωπόν τ' αὐτῶν ἐπέρρανα καὶ θαμὰ τῶν ῥινῶν ἐπαφώμενος ἐπὶ τὸ φρονεῖν ἐπανήγαγεν.

Ζ'. Οἱ δὲ, ἑτέρως μὲν ἀλλήλοις ἐντυχόντες, κειμέ-

mon, exclamavit, quam me perdidisti, atque etiam injuria affecisti Charicleam, suavissima consuetudine iterum jam privatam! Hæc illo dicente, ex meatibus antri vocis quidam sonus exaudiebatur, Theagenes, vocantis. Ille autem nihil territus audivit et Veniam carissima anima dicebat. Manifestum præbes argumentum, te adhuc supra terram ferri; partim quod a tali corpore ex quo per vim expulsa es discedere sine molestia non possis, partim quod, quia sepulta non es, fortassis ab infernalibus umbris arcearis. Et cum interim supervenisset Cnemon facibus accensis, idem sonus iterum exaudiebatur, Theagenem appellans. Cnemon igitur exclamans, dii boni, an non, inquit, Chariciæ hæc vox est? Omnino existimo illam servatam esse, Theagenes; siquidem ex intima antri parte, quo loco scio me illam reliquisse, vox ferit meas aures. Non desines, inquit Theagenes, me toties decipere? Atqui decipio te, dixit Cnemon, ac vicissim ipse decipior, si hanc quæ jacet Charicleam esse compererimus. Extemploque jacentem obvertebat in faciem, quam ut vidit, Quid hoc est portenti, o dii prodigiorum auctores! exclamat, Thisbes facies apparet. Retulit pedem ac tremens immotus præ stupore stetit.

VI. Theagenes autem, jam inde collecto spiritu et in bonam spem animo converso, tum revocabat Cnemonem, quem jam deficiebat animus, tum ut quamprimum ad Charicleam duceret orabat. Parvo autem spatio intermisso, cum ad sese rediit Cnemon, iterum jacentem circumspiciebat. Erat autem revera Thisbe. Nam et gladium, qui prope exciderat, ex ansa agnoscebat esse Thyamidi, quem ille juxta cædem præ ira et festinatione in ipso vulnere reliquerat. Denique tabella quadam eminente supra pectus, sub axilla sublata, volebat quid esset in ea scriptum legere : sed non sinebat Theagenes, sine intermissione incumbens et Carissimam, dicens, prius exquiramus, nisi nunc etiam nos deus quispiam ludificabitur: hæc autem vel postea licebit cognoscere. Acquievit Cnemon atque ita, accepta tabula gladioque sublato, ad Charicleam festinabat: quæ manibus ac pedibus ad lumen reptans et accurrens ad Theagenem, ex illius collo pendebat. Atque illa quidem, Redditus es mihi, Theagenes? hic autem, Vivis mihi, Chariclea? sæpius dicebant. Postremo in solum subito labuntur et mutuis amplexibus cohærebant, nullam vocem edentes sed tanquam conglutinati: parumque aberat, quin exanimarentur. Sæpius enim nimia lætitia in mœrorem evasit et immodica voluptas dolorem genuit, a nobis ipsis accersitum. Ita fere et hi, præter spem servati, periclitabantur; donec tandem Cnemon, scaturiginem quamdam investigans, cum sensim confluentem aquam cavis manibus hausisset, faciem illorum conspersit et nares subinde attrectans, ut ad sese rediturum, effecit.

VII. Illi autem, cum alio statu sibi occurrissent, nunc

νους δ' αυτούς καταλαβόντες, ὀρθωθέντες ἀθρόον, ἠρυθρίων τὸν Κνήμωνα (καὶ πλέον ἡ Χαρίκλεια) θεωρὸν τῶνδε γεγενημένον καὶ νέμειν συγγνώμην ἱκέτευον. Ὁ δ' ἐπιμειδιάσας καὶ πρὸς τὸ φαιδρότερον αὐτοὺς ἀνιεὶς, Ταῦτα μὲν, ἔφη, καὶ ἔπαινον ἄξια κατ' ἐμὲ κριτὴν καὶ ἄλλον ὅστις ἔρωτι προσπαλαίσας ἡττήθη τε τὴν μάχην ἡδέως καὶ τἀκείνου σωφρόνως ἔγνωκεν ἀπαραίτητα πτώματα. Ἀλλ' ἐκεῖνα, ὦ Θεάγνες, οὔτ' ἐπαινεῖν εἶχον ὑπερησχυνόμη θ' ὁρῶν, ὡς ἀληθῶς, ὅτε τὴν ξένην καὶ προσήκουσαν οὐδαμόθεν γυναῖκα περιπεσῶν ἐθρήνεις ἀγεννῶς καὶ ταῦτα περιεῖναι καὶ ζῆν σοι τὴν φιλτάτην ἐμοῦ διατεινομένου. Καὶ ὁ Θεαγένης, Παῦε, φησὶν, ὦ Κνήμων, διαβάλλων με πρὸς Χαρίκλειαν, ἣν ἐθρήνουν ἐν ἀλλοτρίῳ σώματι ταύτην εἶναι τὴν κειμένην ἡγούμενος. Ἐπεὶ δ' ἀπάτην ἐκείνα θεῶν τις εὖ γε ποιῶν ἔδειξεν, ὥρα σοὶ σαυτῷ ὑπομνῆσαι τῆς ἄγαν ἀνδρείας, ὑφ' ἧς ἐθρήνεις μὲν ἐμοῦ τἀμὰ πρότερος, τὴν δ' ἀπροσδόκητον τῆς κειμένης ἐπίγνωσιν, ὥσπερ ἐπὶ σκηνῆς δαίμονας, ἀπεδίδρασκες, ἔνοπλος καὶ ξιφήρης γυναῖκα καὶ ταύτην νεκρὰν ὑποφεύγων, ὁ γενναῖος καὶ Ἀττικὸς πεζομάχος.

Η'. Ἐγέλασαν πρὸς ταῦτα βραχύ τι καὶ βεβιασμένον οὐδὲ τοῦτ' ἀδάκρυτον, ἀλλ' ὡς ἂν ἐν τοσαύτῃ συμφορᾷ πλέον τῷ θρήνῳ κεκερασμένον. Μικρὸν οὖν ἡ Χαρίκλεια διαλιποῦσα καὶ τὴν παρειὰν ὑπὸ τὸ οὖς ἐπικνῶσα, Μακαρίζω μὲν, ἔφη, τὴν θρηνηθεῖσαν ὑπὸ Θεαγένους ἢ καὶ φιληθεῖσαν, ὡς φησὶ Κνήμων, ἥτις ποτὲ καὶ ἔστιν. Ἀλλ' εἰ μή τί με δακνομένην ἔρωτι ὑπονοεῖν μέλλετε, τίς ἄρ' ἦν ἡ εὐδαίμων ἐκείνη καὶ τίνα τρόπον τὴν ἄγνωστον ὡς ἐμὲ φιλεῖν ἐξηπατήθης, ἐβουλόμην εἴ πῃ γιγνώσκεις μανθάνειν. Καὶ ὃς, Θαυμάσεις μὲν, ἔφη. Θίσβην δ' οὖν εἶναι Κνήμων ὅδε φησὶ τὴν Ἀθηναίαν ἐκείνην, τὴν ψάλτριαν, τὴν τῶν εἰς αὐτὸν ἐπιβουλῶν καὶ Δημαινέτην ποιήτριαν. Τῆς δὲ Χαρικλείας ἐκπεπληγμένης καὶ Πῶς ἦν εἰκὸς, ὦ Κνήμων, εἰπούσης, τὴν ἐκ μέσης τῆς Ἑλλάδος ἐπ' ἐσχάτης τῆς Αἰγύπτου, καθάπερ ἐκ μηχανῆς ἀναπεμφθῆναι; πῶς δὲ καὶ ἐλάνθανεν ἡμᾶς δεῦρο κατιόντας; Ταῦτα μὲν οὐκ ἔχω λέγειν, ἀπεκρίνατο πρὸς αὐτὴν ὁ Κνήμων, ἃ δ' οὖν ἔχω γιγνώσκειν ἀμφ' αὐτῆς τοιάδ' ἐστίν. Ἐπειδὴ γὰρ ἡ Δημαινέτη μετὰ τὴν ἀπάτην εἰς τὸν βόθρον αὐτὴν ἀπεκρήμνισεν, ὁ δὲ πατὴρ ἐξήγγειλε τῷ δήμῳ τὸ γεγενημένον, παρὰ μὲν τὴν πρώτην, ἐτύγχανε συγγνώμης καὶ αὐτὸς περὶ ὅπως ἂν κάθοδον ἐμοί τε λάθοι παρὰ τοῦ δήμου καὶ κατὰ ζήτησιν ἐκπλεύσειε τὴν ἐμὴν διετίθετο, ἡ δὲ Θίσβη τὴν ἀσχολίαν τὴν ἐκείνου, σχολὴν αὐτῆς ἐποιεῖτο καὶ τοῖς συμποσίοις ἀδεῶς αὑτήν τε καὶ τὴν τέχνην ἐξεμίσθου. Καί ποτε καὶ παρευδοκιμήσασα τὴν Ἀρσινόην ἀναβεβλημένον αὐλοῦσαν, ἐπίτροχον αὐτὴ ψάλλουσα καὶ γλαφυρὸν τῇ κιθάρᾳ προσᾴδουσα, ἔλαθεν ἑταιρικὴν ζηλοτυπίαν σὺν πολλῷ καθ' αὑτῆς κινήσασα τῷ φθόνῳ καὶ πλέον, ὅτε τις αὐτὴν Ναυκρατίτης ἔμπορος ὑπόχρυσος ὄνομα

autem jacere se deprehendissent, repente erecti, erubescebant propter Cnemonem, (ac Chariclea præcipue) qui horum spectator fuerat et ut veniam illis daret, orabant. Qui leniter arridens et ad hilaritatem illis animum relaxans : Hæc, inquit, etiam laudem merentur, me judice et quovis alio qui cum amore ante luctatus suaviter in pugna succubuit et ejus casus inevitabiles moderate cognovit. Verum illa, Theagenes, neutiquam laudare potui, quorum etiam me revera pudebat, cum viderem, te peregrinam et nullo vinculo necessitudinis conjunctam mulierem circumfusum lugere turpiter, præsertim me superesse et vivere carissimam asseverante. Theagenes autem, Ne, inquit, me, Cnemon, apud Charicleam traducas, quam ego in alieno corpore lugebam, hanc esse illam, quæ jacebat, existimans. Verum quoniam errorem in illa re fuisse benevolentia quædam numinis apertissime ostendit, tuum jam est, egregiam illam animi fortitudinem in memoriam revocare, qua meam sortem prior deplorabas et cum inopinato jacentem agnovisses, perinde atque in scena dæmonas productos, refugiebas, armatus et gladio instructus mulierem atque eam mortuam pertimescens, strenuus et Atticus bellator.

VIII. Leviter ad hæc arriserunt et quasi coacti, neque sine lacrimis ; ut in tali calamitate, magis luctu occupati. Igitur cum paullulum spatii intermisisset Chariclea, genam sub aure scalpens, Beatam quidem, inquit, judico, quam Theagenes luxit, aut etiam osculatus est, ut ait Cnemon, quæcumque tandem sit. Verumtamen, nisi me amore morderi suspicabimini, quænam fuerit illa felix et lacrimis digna Theageneis et quo errore ignotam tanquam me osculatus sis, cuperem, si forte scis, ex te discere. Miraberis, inquit. Thisben enim Cnemon huc dicit esse, Atheniensem illam fidicinam, insidiarum erga se et Demænetam architectam. Chariclea autem perterrefacta, et Quomodo consentaneum esset, Cnemon, dicente, ex media Græcia ad extremos Ægypti fines tanquam ex composito esse transmissam? aut qui fieri potuerit, ut nos huc descendentes lateret? De his non habeo, quod dicam, respondit ipse Cnemon. Ceterum quæ de illa comperi, sunt ejusmodi. Postquam enim Demæneta dolo circumventa in puteum se præcipitavit et pater retulit ad populum de eo quod factum fuerat, initio quidem veniam est consecutus et in eo ut mihi reditum impetrare posset apud populum et ad inquisitionem mei navigaret erat occupatus. Thisbe autem ex illius occupatione vacationem sibi faciebat et conviviis secure tum se, tum artem suam, mercede elocabat. Cum autem aliquando gratia superasset Arsinoen, remissum quid fistula canentem, ipsa celeriter fides pulsans et concinne ac suaviter citharæ accinens, non animadvertit, se sibi apud illam conflasse meretriciam æmulationem, conjunctam cum invidia singulari : præcipue cum eam quidam mercator Naucratites, cognomine

Ναυσικλῆς ἐνηγκαλίζετο, τὴν Ἀρσινόην καὶ ταῦτα πρότερον γιγνωσκομένην αὐτῷ παραγκωνισάμενος, ἐπειδὴ κυρτουμένην αὐτῇ τὴν παρειὰν ἐν τοῖς αὐλήμασιν εἶδε καὶ πρὸς τὸ βίαιον τῶν φυσημάτων ἀπρεπέστερον ἐπὶ τὰς ῥῖνας ἀνισταμένην, τό τ' ὄμμα πιμπράμενον καὶ τῆς οἰκείας ἕδρας ἐξωθούμενον.

Θ'. Ὑφ' ὧν οἰδουμένη τῷ χόλῳ καὶ ζήλῳ πυρακτουμένη, τοῖς οἰκείοις τῆς Δημαινέτης προσιοῦσα τὴν κατ' αὐτῆς ἐπιβουλὴν ὑπὸ τῆς Θίσβης ἐξηγόρευσε· τὰ μὲν αὐτὴ καθ' αὑτὴν ὑποτοπήσασα, τὰ δὲ καὶ τῆς Θίσβης αὐτῇ παρὰ τὴν ἑταιρίαν ἐξειπούσης. Συστάντες οὖν ἐπὶ τὸν πατέρα τὸν ἐμὸν οἱ κατὰ γένος τῇ Δημαινέτῃ προσήκοντες καὶ τοὺς δεινοτάτους τῶν ῥητόρων πρὸς τὴν κατηγορίαν ἐπὶ πολλοῖς χρήμασιν ἀναβιβασάμενοι ἄκριτον καὶ ἀνέλεγκτον ἀνῃρῆσθαι τὴν Δημαινέτην ἐβόων καὶ τὴν μοιχείαν προκάλυμμα τοῦ φόνου συγκεῖσθαι διεξῄεσαν καὶ ἐπιδεικνύναι τὸν μοιχὸν ἢ ζῶντα, ἢ τεθνηκότα ἠξίουν ἢ καὶ τοὔνομα φράζειν μόνον ἐκέλευον· καὶ τέλος τὴν Θίσβην εἰς βασάνους ἐξῄτουν. Ὡς δ' ὑποσχόμενος ὁ πατὴρ οὐκ εἶχε παραδιδόναι, προϊδομένης ταῦτ' ἐκείνης, ἔτι τῆς δίκης συνισταμένης καὶ (οὕτω συγκείμενον αὐτῇ πρὸς τὸν ἔμπορον) δρασμῷ χρησαμένης, ὁ δῆμος ἀγανακτήσας φονέα μὲν οὐκ ἔκρινεν, ἅπανθ' ὡς ἔσχεν ὑποθέμενον, ὡς δὲ συναίτιον τῆς τ' εἰς Δημαινέτην ἐπιβουλῆς καὶ τῆς ἐμῆς ἀδίκου φυγῆς τοῦ τ' ἄστεος ἐδίωξε καὶ δημεύσει τῶν ὄντων ἐξημίωσε, τοιαύτης τῶν δευτέρων γάμων τῆς πείρας ἀπονάμενον. Οὕτω μὲν ἡ κακίστη Θίσβη καὶ δίκας ὑπ' ὄψεσι νυνὶ ταῖς ἐμαῖς ὑποσχοῦσα τῶν Ἀθηνῶν ἐξέπλευσε. Καὶ ταῦτα μόνον ἔγω γιγνώσκειν, Ἀντικλέους τινὸς κατὰ τὴν Αἴγιναν ἐξαγγείλαντος, ᾧ καὶ δεύτερον εἰς τὴν Αἴγυπτον συνέπλευσα, εἴ πη κατὰ τὴν Ναυκρατίαν εὕροιμι τὴν Θίσβην καὶ εἰς τὰς Ἀθήνας ἐπαναγαγὼν λύσαιμι μὲν τὰς κατὰ τοῦ πατρὸς ὑπονοίας τε καὶ αἰτίας, ἀπαιτήσαιμι δὲ τῶν εἰς πάντας ἡμᾶς ἐπιβουλῶν τὰς δίκας. Ἐνθάδε νυνὶ καὶ σὺν ὑμῖν ἐξετάζομαι. Τὴν δ' αἰτίαν καὶ ὅπως καὶ ὅσα τοὺς μεταξὺ χρόνους ὑποστὰς, εἰσαῦθις ἀκούεσθε. Τὸ δ' ὅπως ἡ Θίσβη κατὰ τὸ ἄντρον καὶ πρὸς τίνων ἀνῄρηται, θεοῦ τινος ἂν ἴσως δεήσει φράζοντος.

Ι'. Ἀλλ', εἰ δοκεῖ, τὴν δέλτον ἣν πρὸς τοῖς στέρνοις αὐτῆς εὑρήκαμεν ἐπισκοπῶμεν· εἰκὸς τι πλέον ἐντεῦθεν ἡμᾶς ἐκμαθεῖν. Ἐδόκει ταῦτα. Καὶ διανοίξας ἐπήρχετο· καὶ ἦν τὰ ἐγγεγραμμένα τοιάδε·

ΚΝΗΜΩΝΙ ΤΩΙ ΔΕΣΠΟΤΗΙ, ἡ πολεμία καὶ ἐκμυνάσασα Θίσβη. Πρῶτα μὲν εὐαγγελίζομαί σοι τὴν Δημαινέτης τελευτὴν, δι' ἐμοῦ μὲν ὑπὲρ σοῦ γενομένην, τὸ δ' ὅπως, εἴ με προσδέξαιο, πκροῦσα διηγήσομαι. Ἔπειτα φράζω, κατὰ τήνδε με νυνὶ εἶναι τὴν νῆσον δεκάτην ἤδη ταύτην ἡμέραν, πρός τινος τῶν τῇδε λῃστῶν ἁλοῦσαν, ὃς καὶ ὑπασπιστὴς εἶναι τοῦ λῃστάρχου θρύπτεται, κἀμὲ κατακλείσας ἔχει, μηδ' ὅσον προκύψαι τῶν θυρῶν ἐπιτρέπων, ὡς μὲν αὐτός φησι διὰ φιλίαν τὴν περὶ ἐμὲ, ταύτην ἐπιθεὶς τὴν τι—

LIBER II. 251

Nausicles, amplecteretur; Arsinoë, cum qua primum consueverat, contemta, ea de causa, quod illi intumescere genas inter canendum videbat et vehementer inflando præter decorum ad nares exsurgere, oculis incensis ac sua sede excedentibus.

IX. Quamobrem tumens ira et ardens æmulatione Arsinoë, cognatos Demænetæ accedens, insidias illi a Thisbe factas exposuit; quædam ipsa per se suspicata, quædam ita, quemadmodum illi Thisbe, amica dum esset, dixerat, recensens. Cum igitur conspirassent ut perderent patrem meum necessarii Demænetæ et eloquentissimos quosque oratores, ad accusandum, magna pecunia conductos produxissent, injudicatam et non convictam periisse Demænetam clamabant et adulterium ad prætextum cædis compositum fuisse narrabant et ut exhiberet adulterum seu vivum seu mortuum, postulabant : denique nomen saltem proferre jubebant : ad extremum, Thisben in quæstionem postulabant. Cum autem, quod pollicitus fuerat pater, non posset illam in quæstionem ferre : prospexerat enim illa, cum primum judicium cogeretur et (sic enim illi erat cum mercatore constitutum) fuga sibi consuluerat : populus inique ferens, interfectorem eum quidem non judicavit, qui omnia, ut gesta fuerant, exposuerat; verumtamen ut adjutorem insidiarum contra Demænetam et exsilii mihi injuste indicti ex urbe pepulit et proscriptione bonorum mulctavit, ejusmodi fructum ex secundis nuptiis quæsitis consecutum. At sceleratissima Thisbe, quæ quidem nunc in conspectu meo dedit pœnas, ea ratione navigavit Athenis Atque hæc tantum scire potui, quæ mihi Anticles quidam in Ægina narraverat : cum quo cum iterum in Ægyptum navigassem, ut, si forte Naucratiæ Thisben reperissem, reducens Athenas liberarem patrem suspicionibus et criminibus, sumerem vero de illa insidiarum nobis omnibus factarum pœnas; nunc hic, et una vobiscum versor. Porro quid fuerit in causa et modum et casus, quos hoc intervallo passus sum deinceps audietis. At quomodo Thisbe in hoc antro et a quibus sit interfecta, deo quopiam fortasse qui nobis exponat opus erit.

X. Ceterum, si videtur, tabellam quam in pectore ipsius invenimus, conspiciamus. Consentaneum est, fore, ut inde aliquid prætera addiscamus. Placuit sententia; et aperiens, incipiebat hæc in ea perscripta legere: Cnemoni hero, hostis et vindex Thisbe. Initio nuntio tibi lætum nuntium, Demænetæ mortem, quæ illi a me tua causa comparata est. Rationem autem, qua id fecerim, si me receperis, coram exponam. Porro scito, me in hac insula esse decimum jam diem, a quodam prædone ex eorum numero, qui hic sunt, captam : qui se etiam armigerum esse præfecti gloriatur me conclusam detinet, ne prospiciendi quidem vel extra fores facultatem concedens, hac pœna mihi, ut ipse dicit, propter amorem, quo me prosequitur, at quemadmodum ego conjectura assequi possum, propter

μωρίαν, ὡς δ' ἔχω συμβαλεῖν, ἀφαιρεθῆναί με πρός τινος δεδιώς. Ἀλλ' ἐγώ σε θεῶν τινος ἐνδόντος καὶ εἶδον, ὦ δέσποτα, παριόντα καὶ ἐγνώρισα καὶ τήνδε σοι τὴν δέλτον διὰ τῆς συνοίκου πρεσβύτιδος λάθρα διεπεμψάμην, τῷ καλῷ Ἕλληνι καὶ φίλῳ τοῦ ἄρχοντος ἐγχειρίζειν φράσασα. Ἐξελοῦ δή με χειρῶν ληστρικῶν καὶ ὑπόδεξαι τὴν σαυτοῦ θεραπαινίδα. Καὶ, εἰ μὲν βούλει, σῶζε, μαθὼν ὡς ἃ μὲν ἀδικεῖν ἔδοξα βιασθεῖσα, ἃ δὲ τετιμώρημαι τὴν σοὶ πολεμίαν ἔχουσα διαπραξάμην. Εἰ δ' ἔχει σέ τις ἀμετάθλητος ὀργή, χέχρησο ταύτῃ κατ' ἐμοῦ πρὸς ὃ βούλει· μόνον ὑπὸ σοὶ γενοίμην, καὶ εἰ τεθνάναι δέοι. Βέλτιον γὰρ ὑπὸ χειρῶν ἀνῃρῆσθαι τῶν σῶν καὶ κηδείας μεταλαβεῖν Ἑλληνικῆς ἢ θανάτου βαρυτέραν ζωὴν καὶ φίλτρον βαρβαρικὸν ἔχθρας ἀνιαρώτερον τὴν Ἀττικὴν ἀνέχεσθαι.

ΙΑ'. Τοιαῦτα μὲν ἡ Θίσβη καὶ ἡ δέλτος ἔφραζεν, ὁ δὲ Κνήμων, Ὦ Θίσβη, ἔφη, σὺ μὲν καλῶς ποιοῦσα τέθνηκας καὶ γέγονας ἡμῖν αὐτάγγελος τῶν σαυτῆς συμφορῶν ἐξ αὐτῶν ἐγχειρίσασα τῶν σῶν σφαγῶν τὴν διήγησιν. Οὕτως ἄρα τιμωρὸς Ἐριννὺς γῆν ἐπὶ πᾶσαν, ὡς ἔοικεν, ἐλαύνουσά σε, οὐ πρότερον ἔστησε τὴν ἔνδικον μάστιγα, πρὶν καὶ ἐν Αἰγύπτῳ με τυγχάνοντα τὸν ἠδικημένον, θεατὴν ἐπιστῆσαι τῆς κατὰ σοῦ ποινῆς. Ἀλλὰ τί ἦν ἄρα, ὃ καὶ πάλαι σε κατ' ἐμοῦ τεχαζομένην καὶ σοφιστεύουσαν διὰ τοῦ γράμματος, ἡ δίκη προαφείλετο τῶν ἐγχειρημάτων; ὡς κἀγώ σε καὶ κειμένην ἔχω δι' ὑποψίας καὶ σφόδρα δέδοικα μὴ καὶ πλάσμα ἐστὶν ἡ Δημαινέτης τελευτὴ κἀμὲ μὲν ἠπάτησαν οἱ ἐξαγγείλαντες, σὺ δὲ καὶ διαπόντιος ἥκεις, ἑτέραν καθ' ἡμῶν σκηνὴν Ἀττικὴν καὶ ἐν Αἰγύπτῳ τραγῳδήσουσα. Οὐ παύσῃ, ἔφη ὁ Θιαγένης, ἄγαν ἀνδριζόμενος, εἴδωλά τε καὶ σκιὰς εὐλαβούμενος; οὐ γὰρ δὴ κἀμέ τε καὶ τὴν ἐμὴν ὄψιν εἴποις ἂν ὡς ἐγοήτευσεν, οὐδὲν κοινωνοῦντα τοῦ δράματος. Ἀλλ' ἡ μὲν κεῖται σῶμα νεκρὸν δι' ἀληθοῦς καὶ τούτου γ' ἕνεκα θάρσει παντοίως, ὦ Κνήμων, τίς δ' ἄρα ποτ' ἐστὶν ὁ σὸς εὐεργέτης, ὁ ταύτην ἀνῃρηκώς; καὶ πῶς δεῦρο καθειμένη, καὶ πότε, σφόδρα διαποροῦν ἐκπέπληγμαι. Τὰ μὲν ἄλλ' οὐκ ἔχω λέγειν, ἔφη ὁ Κνήμων, ὁ δ' ἀνῃρηκὼς ὡς ἐπίπαν ἐστὶ Θύαμις, εἰ δεῖ τῷ ξίφει τεκμαίρεσθαι ὃ παρὰ τὴν σφαγὴν εὑρήκαμεν, ἐκείνου γὰρ εἶναι γνωρίζω καὶ τὸ ἐπίσημον τουτὶ τῆς λαβῆς ἐλέφας εἰς ἀετὸν ἐκτετόρευται. Ἀρ' οὖν εἴποις ἄν, φησὶν ὁ Θεαγένης καὶ ὅπως καὶ πότε καὶ δι' ἣν αἰτίαν ἔδρα τὸν φόνον; Καὶ πῶς ταῦτ' ἂν εἰδείην, ἀπεκρίνατο. Οὐ γὰρ δὴ μαντικὸς εἰμὶ τὸ σπήλαιον ἀνέδειξε, καθάπερ τὸ ἄδυτον τὸ Πυθοῖ καὶ ἐν Τροφωνίου λόγος θεοφωνεῖν τοὺς ὑπελθόντας. Ἀνῴμωξαν ἀθρόον ὁ Θεαγένης καὶ ἡ Χαρίκλεια, καὶ ὦ Πυθοῖ καὶ Δελφοὶ θρηνοῦντες ἐβόων· ὁ δὲ Κνήμων ἐκπέπληκτο καὶ ὅ τι πεπόνθοιεν πρὸς τοὔνομα τῆς Πυθοῦς οὐκ εἶχε συμβαλεῖν.

ΙΒ'. Καὶ οἱ μὲν ἐν τούτοις ἦσαν, ὁ δὲ Θέρμουθις ὁ τοῦ Θυάμιδος ὑπασπιστής, ἐπειδὴ κατὰ τὴν μάχην

metum, ne a quopiam auferar, imposita. Verumtamen ego te, deo quodam offerente, prætereuntem, hic, et conspexi et agnovi : atque hanc tibi tabellam clam per contubernalem anum transmisi, formoso Græco et amico principis tradere imperans. Eripe me, quæso, ex manibus prædonis, et suscipe ancillam tuam : et, si tua voluntas feret serva, hoc cognito, quod ea, quibus in te delinquere sum visa, necessitate coacta, quibus autem inimicam tuam ulta sum, ea sponte fecerim. Quod si tam vehemens ira tua est, ut mutari non possit, utere hac contra me, ut lubet, dummodo in tua sim potestate, etiamsi mori oporteat. Longe enim melius esse existimo, manibus interimi tuis et funeris officium Græco ritu consequi, quam morte graviorem vitam et amorem barbaricum, inimicitia acerbiorem me Atticam mulierem sustinere.

XI. Talia quidem Thisbe et tabella loquebatur. Cnemon autem, Factum bene, o Thisbe, inquit, quod interfecta sis et ipsam-t tuarum calamitatum nuntia, ex tua ipsius cæde narrationem nobis in manus tradens. Sic omnino ultrix Erinnys, ut res ipsa testatur, toto orbe terrarum te agens, non prius justum flagrum cohibuit, quam me, tametsi in Ægypto ætatem agentem, injuria affectum, spectatorem tui supplicii constituisset. Sed quidnam erat sceleris, quod tibi jam pridem struenti contra me, et machinanti per literas, fortuna e manibus eripuit? Quam te etiam nunc suspectam habeo et magnopere metuo, ne commentum sit etiam Demænetæ mors et cum mihi verba dederint ii, qui id ipsum nuntiarunt, tum tu mari venias, alterum spectaculum tragicum ex Attica etiam in Ægyptum de nobis exhibitura. An non tandem desines, inquit Theagenes, nimium esse fortis, simulacra et umbras reformidans? Neque enim dixeris, quod et mihi adspectuique meo, aliquibus præstigiis imposuerit, cum ego nulla ex parte hujus fabulæ sim particeps. Sed hæc quidem jacet revera exanime corpus et hac de causa nihil est, quod labores, Cnemon. Ceterum quisnam sit auctor hujus erga te beneficii, qui illam interfecit et quomodo huc demissam et quando, egomet vehementer ambigens obstupui. Alia non possum tibi dicere, inquit Cnemon. At interfector ejus omnino est Thyamis, si quidem conjectura facienda est ex gladio, quem juxta cædem invenimus. Illius enim esse agnosco et insigne hoc ansæ: aquila enim ebore cælata est. Dicas igitur, inquit Theagenes, quomodo cædem hanc et quando et qua de causa patrarit. Quo pacto autem hoc scire possim? respondit Cnemon: neque enim me fatidicum hoc antrum effecit, quemadmodum adytum Delphicum et sicuti iis qui Trophonii specum subierunt usu venire ferunt, ut divino furore afflati vaticinentur. Collacrimarunt subito Theagenes et Chariclea atque o Pythio et Delphi! plorantes clamabant. Cnemon autem perculsus est, nec potuit conjicere, quidnam illis a nomine Pythonis accidisset.

XII. Atque hi quidem hisce erant occupati. Porro Thermuthis, scutifer Thyamidis, postquam e prælio saucius

τρωθεὶς ἀπενήξατο πρὸς τὴν γῆν, νυκτὸς ἐπιγενομένης, πορθμείῳ φερομένῳ κατὰ τὸ ἕλος ἐκ τῶν ναυαγίων ἐπιτυχὼν, αὐτόν τ' ἐνθέμενος, ἐπὶ τὴν νῆσον καὶ παρὰ τὴν Θίσβην ἔσπευδε· ταύτην ὀλίγων πρόσθεν ἡμερῶν
5 ἀγομένην ὑπὸ τοῦ ἐμπόρου τοῦ Ναυσικλέους, κατά τινα στενὴν τῆς ὑπωρείας ὁδὸν λοχήσας ὁ Θέρμουθις ἀφήρητο· παρὰ δὲ τὸν τοῦ πολέμου θόρυβον καὶ τὴν τῶν ἐναντίων ἔφοδον, ὅτ' αὐτὸν οἴσοντα τὸ ἱερεῖον ἀπέστειλεν ὁ Θύαμις, ἔξω βελῶν ποιούμενος καὶ περισώ-
10 ζειν αὐτῷ βουλόμενος, ἔλαθεν εἰς τὸ σπήλαιον καθεὶς καὶ παρὰ τὸν τάραχον καὶ τὴν σπουδὴν αὐτοῦ που περὶ τὸ στόμιον καταλιπών. Ἔνθ' ὡς ἐνεβλήθη κατὰ τὴν πρώτην ἐγκαταμείνασαν δέει τε τῶν παρόντων φόβων καὶ ἀγνοίᾳ τῶν πρὸς τὰ βάθη φερουσῶν ἀτραπῶν, ἐν-
15 τυχὼν ὁ Θύαμις, ὡς Χαρίκλειαν ἀνῄρει τὴν Θίσβην. Παρὰ δὴ ταύτην, ὡς διαδράσας τὸν ἐκ τοῦ πολέμου κίνδυνον, ὁ Θέρμουθις ἐπειγόμενος, ἐπειδὴ τῇ νήσῳ προσέσχεν, ὡς εἶχε τάχους, ἐπὶ τὰς σκηνὰς ἀνέτρεχε. Καὶ αἱ μὲν ἦσαν οὐδὲν ἔτι πλὴν ὅτι τέφρα, τὸ δὲ
20 στόμιον ἀπὸ τοῦ λίθου χαλεπῶς ἀνευρὼν, καλάμους, εἴ πή τινες ἔτι σμυχόμενοι περιελείφθησαν, ἀψάμενος κατέθεεν, ὡς εἶχε σπουδῆς· ὀνομαστὶ τε Θίσβην ἐκάλει, μέχρι τοῦ ὀνόματος ἑλληνίζων. Ὡς δ' εἶδε κειμένην, ἐπὶ πολὺ μὲν ἀχανὴς εἱστήκει, τέλος δὲ θροῦν
25 τινα καὶ βόμβον αἰσθόμενος ἐκ τῶν κοίλων τοῦ σπηλαίου φερόμενον, διελέγοντο γὰρ ἔτι πρὸς αὐτοὺς Θεαγένης τε καὶ Κνήμων, τούτους ἐκείνους εἶναι τοὺς σφαγέας τῆς Θίσβης εἴκαζε καὶ ἀμηχάνως εἶχέ δ' τι καὶ δράσειεν, ὑπὸ μὲν θυμοῦ λῃστρικοῦ καὶ βαρβαρι-
30 κῆς ὀργῆς, πλέον τότε δι' ἐρωτικὴν ἀποτυχίαν ἐπιτεινομένης, ὁμόσε χωρεῖν αὐτόθι τοῖς νομιζομένοις αἰτίοις ἐπειγόμενος, ἀπορίᾳ δ' ὅπλων καὶ ξίφους ἄκων πρὸς ἐγκράτειαν καταστελλόμενος.

ΙΓ΄. Ἐδόκει δὴ αὐτῷ βέλτιστον εἶναι, μὴ ὡς πολέ-
35 μιον ἐντυγχάνειν τὴν πρώτην· εἰ δ' εὐπορήσειεν ἀμυντηρίου, μετιέναι τοὺς πολεμίους. Καὶ οὕτω κρίνας, ἐφίσταται τοῖς ἀμφὶ τὸν Θεαγένην ἀγριόν τε καὶ τραχὺ περισκοπῶν καὶ τὸ κρυπτόμενον βούλημα τῆς ψυχῆς τῷ βλέμματι καταμηνύων. Οἱ δὲ, ὡς εἶδον ἄνδρα
40 γυμνὸν, ἀπροσδόκητον, τραυματίαν, φονῶντα τὴν ὄψιν, ἡ μὲν Χαρίκλεια [καὶ] πρὸς τὰ κοιλότερα τοῦ σπηλαίου κατεδύετο, τάχα μὲν καὶ εὐλαβηθεῖσα πλέον δ' ἅμα καταισχυνθεῖσα τὴν γυμνὴν καὶ οὐκ εὐσχήμονα τοῦ φανέντος ὄψιν. Ὁ δὲ Κνήμων ἠρέμα καὶ ὑπεδίδρασκε,
45 γνωρίζων μὲν τὸν Θέρμουθιν, ὁρῶν δὲ παρ' ἐλπίδα καί τι τῶν ἀτοπωτέρων αὐτὸν ἐγχειρήσειν προσδοκῶν. Ἀλλὰ τὸν Θεαγένην οὐ κατέπληττεν ἡ θέα μᾶλλον ἢ παρώξυνε καὶ τό τε ξίφος ἐπανετείνετο ὡς πατάξων εἴ τι παράλογον ἐγχειροίη καὶ Στῆθι, ἔλεγεν, οὗτος ἢ
50 βεβλήσῃ. Βέβλησο δ' οὐδέπω διότι σε κατὰ μικρὸν ἐγνώρισα καὶ τέως ἀμφίβολος ἥκεις τὴν γνώμην. Ἐδεῖτο ὑποπεσὼν ὁ Θέρμουθις, ἱκέτης ἐκ τοῦ καιροῦ μᾶλλον ἢ τοῦ τρόπου γιγνόμενος καὶ τὸν Κνήμωνα πρὸς ἐπικουρίαν ἐπεκαλεῖτο καὶ σώζεσθαι δίκαιος εἶναι

in terram enavit, cum nox supervenisset, navigium quoddam, quod ex naufragio juxta paludem ferebatur, nactus et conscendens ad insulam ac Thisben festinabat. Hanc paucis ante diebus, cum duceretur a Nausicle mercatore, in angusta quadam via ad latus montis, ex insidiis Thermuthis interceperat. Ut autem tumultus belli perstrepuit et hostes adventabant, quando illum ad afferendam victimam Thyamis mittebat, extra teli jactum collocans et servare sibi incolumem cupiens, clam eam in antrum demiserat atque adeo præ perturbatione et festinatione circa ipsum os reliquerat. Quo in loco, ut injecta erat initio, metu præsentium periculorum et inscitia semitarum in profunditatem fundi ferentium, manentem Thisben Thyamis offendens, tanquam Charicleam, interfecerat. Ad hanc igitur, ut qui effugerat periculum belli, properans Thermuthis, postquam ad insulam applicuit, contento cursu ad tabernacula perrexit. At hæc quidem, præter cinerem, nihil erant amplius. Ostio vero ex lapide vix tandem invento et arundine, sicubi adhuc reliquiæ manserant, accensa, decurrit summo studio, nominatim Thisben appellans, tantumque nomine Græcissans : verum ut vidit jacentem, diu stupens, immotus stetit. Ad extremum, cum murmur et sonos quosdam sensisset ex concavis antri partibus efferri, (colloquebantur enim adhuc Theagenes et Cnemon) illos ipsos esse interfectores Thisbes suspicabatur : angebaturque animo, cogitans, quid sibi faciendum esset ; cum ferocia quidem latronibus insita et ira barbarica, magis tum etiam propter amoris frustrationem intensa, ad impetum ibidem in eos, quos putabat esse auctores, faciendum impelleretur ; rursus autem inopia armorum et gladii vel invitus ad moderationem revocaretur.

XIII. Visum est itaque illi consultissimum esse, initio non hostiliter aggredi : si vero suppeditarent arma, deinde ut hostes invadere. Atque hoc apud animum constituto, venit ad Theagenem torvis trucibusque oculis circumspectans et occultam animi sententiam vultu declarans. Illi autem ut viderunt virum nudum, ex improviso supervenientem, saucium, cruenta facie, Chariclea quidem ad interiores partes antri descendit, tum cavens, tum vero verita nudi et deformis viri, qui apparuerat, conspectum ; Cnemon autem quiescebat et pedem referebat, cum agnosceret quidem Thermuthim, sed tamen præter spem conspiceret et aliquid novi aggressurum esse arbitraretur. Verum Theagenem non magis terrebat spectaculum quam irritabat et gladium intentabat, tanquam percussurus, si quid temerarium aggrederetur et Siste gradum, dicebat, aut vulnus accipies : quod autem nondum accepisti, in causa est, quod te paullulum agnoscam et qua mente venias ambignum sit. Deprecabatur accidens Thermuthis, supplex temporis magis ratione quam morum factus : et Cnemonem in auxilium vocabat, meritumque se esse, ut ab illo ser-

πρὸς αὐτοῦ ἔλεγεν, ἀδικῶν τ' οὐδὲν καὶ τῶν φιλίων εἰς τὴν παρελθοῦσαν ἡμέραν γεγενῆσθαι καὶ παρὰ φίλους ἥκειν διατεινόμενος.

ΙΔ'. Ἐπεκλᾶτο πρὸς ταῦθ' ὁ Κνήμων καὶ προσελ- 5 θὼν, ἀνέστησέ τε τῶν γονάτων ἐχόμενον τοῦ Θεαγένους καὶ ποῦ Θύαμις ἐπυνθάνετο συνεχῶς. Ὁ δὲ πάντ' ἔλεγεν· ὡς συνέρρηξε τοῖς πολεμίοις, ὡς ἐμβαλὼν εἰς μέσους ἐμάχετο, οὔτ' ἐκείνων οὔθ' αὑτοῦ φειδόμενος, ὡς ἀνῄρει μὲν ἀεὶ τὸν ὑπὸ χεῖρας γιγνόμενον, ἐδορυφο- 10 ρεῖτο δ' αὐτὸς ἀπὸ κηρύγματος, πάντα τινὰ Θυάμιδος φείδεσθαι παρεγγυῶντος· καὶ τέλος ὡς ἐκείνῳ μὲν ὅ τι καὶ γέγονεν, οὐκ ἔχοι λέγειν· αὐτὸς δὲ τραυματίας ἀπενήξατο πρὸς τὴν γῆν καὶ τὸ παρὸν κατὰ ζήτησιν ἥκε τῆς Θίσβης ἐπὶ τὸ σπήλαιον. Οἱ δὲ, τί διαφέρουσαν 15 αὐτῷ καὶ πόθεν γενομένην ἐπιζητοίη Θίσβην ἠρώτων. Ἔλεγε καὶ ταῦθ' ὁ Θέρμουθις καὶ διηγεῖτο ὡς ἐμπόρων ἀφέλοιτο, ὡς ἠράσθη μανικῶς καὶ τὸν μὲν ἄλλον ἔκρυπτεν ἔχων χρόνον, παρὰ δὲ τὴν ἔφοδον τῶν πολεμίων καθῆκεν εἰς τὸ σπήλαιον καὶ νῦν εὑρίσκει πρὸς 20 τινων ἀνῃρημένην, οὓς οὐκ ἔχοι μὲν γιγνώσκειν, μαθεῖν δ' ἂν ἡδέως, ὑπὲρ τοῦ γνῶναι καὶ τὴν αἰτίαν. Καὶ ὁ Κνήμων ἄγαν ἐσπουδασμένος, Θύαμίς ἐστιν ὁ σφαγεύς, ἔλεγεν, ἀπολύσασθαι τῆς ὑποψίας αὐτὸν ἐπειγόμενος καὶ μαρτύριον ἐπεδείκνυ τὸ ξίφος ὃ παρὰ τὴν 25 σφαγὴν εὑρήκεσαν. Ὡς δ' εἶδεν ὁ Θέρμουθις ἔτι τοῦ αἵματος ἀποστάζον καὶ τὸν πρὸ ὀλίγου φόνον θερμὸν ἔτι τὸν σίδηρον ἀποπτύοντα, ἐγνώρισέ τ' εἶναι Θυάμιδος, βαθύ τι καὶ βύθιον στενάξας καὶ τὸ γεγονὸς ὅπως εἶχεν ἀμηχανῶν, ἀχλύϊ καὶ σιγῇ κάτοχος, ἐπὶ τὸ στό- 30 μιον ἀνεδύετο τοῦ σπηλαίου καὶ παρὰ τὸ σῶμα τῆς κειμένης ἥκων, ἐπιθεὶς τε τοῖς στέρνοις τὴν κεφαλὴν, ὦ Θίσβη, ἔλεγε, καὶ τοῦτο πολλάκις καὶ πλέον οὐδέν· ἕως τοὔνομα κατὰ μέρος ἀποτέμνων καὶ κατὰ μικρὸν ἐκλείπων, ἔλαθεν εἰς ὕπνον ἐμπεσών.

35 ΙΕ'. Τῷ δὲ Θεαγένει καὶ τῇ Χαρικλείᾳ συνάμα τῷ Κνήμωνι πάντων ἔννοια τῶν καθ' ἑαυτοὺς ἀθρόον ἐπεισῄει καὶ σκοπεῖν μέν τι βουλομένοις ἐῴκεσαν, τῶν δὲ παρελθόντων ἀλγεινῶν τὸ πλῆθος καὶ τῶν παρουσῶν συμφορῶν τὸ ἄπορον καὶ τῶν προσδοκωμένων τὸ ἄδη- 40 λον, ἐξόφου τῆς ψυχῆς τὸ λογιζόμενον. Εἰς ἀλλήλους δὲ ἐπὶ πλεῖστον ἑώρων καὶ ἕκαστος τὸν ἕτερον εἰπεῖν τι προσδοκῶν, εἶτ' ἀποτυγχάνων εἰς γῆν τὸ βλέμμα ἐπέστρεφε καὶ ἀνανεύσας αὖθις ἀνέπνευσε, στεναγμῷ τὸ πάθος ἐπικουφίσας. Καὶ τέλος, κλίνει μὲν αὐτῶν 45 εἰς τὴν γῆν ὁ Κνήμων, ὀκλάζει δ' ἐπὶ πέτρας ὁ Θεαγένης, ῥίπτει δ' ἐπὶ τοῦτον αὑτὴν ἡ Χαρίκλεια καὶ τὸν ὕπνον ἐπιπολὺ μὲν ἐπιφερόμενον διωθοῦντο, βουλήν τινα στήσασθαι τῶν παρόντων ἐπιθυμοῦντες, λειποθυμίᾳ δὲ καὶ πόνοις ἐνδόντες, φύσεως νόμῳ καὶ ἄκοντες 50 ἐπείθοντο καὶ πρὸς ἡδὺ κῶμα διὰ τὸ ὑπερβάλλον τῆς λύπης ὠλίσθησαν. Οὕτως ἄρα ποτὲ σώματος πάθει καὶ τὸ νοερὸν τῆς ψυχῆς συνομολογεῖν ἠνέσχετο.

ΙϚ'. Ἐπεὶ δὲ μικρὸν ἐπάσαντο ὕπνου καὶ τοσοῦτον ὅσον τὰ ἄκρα τῶν βλεφάρων ἐπιλεῖψαι, τῇ Χαρικλείᾳ

varetur, dicebat, nulla in re unquam se illum injuria affecisse et socium pridie fuisse et ad amicos venire asseverans.

XIV. Permotus est his Cnemon et accedens erexit amplexum genua Theagenis et ubi esset Thyamis continuo quaerebat. Ille autem omnia dicebat, quomodo conflixerat cum hostibus, quomodo in mediam aciem sese immittens dimicabat, nec illorum nec suæ saluti parcens, quomodo quemque obvium trucidabat, ipsum vero tuebatur edictum, quo unicuique mandabatur, Thyamidi parceret : denique quod, quid ad extremum illi acciderit, non posset dicere et ipse saucius in terram enasset, in præsentia vero ad inquisitionem Thisbes in antrum veniret. Illi autem, quid ipsius interesset, Thisben inquirere et unde ipsam adeptus esset percunctabantur. Dicebat et hæc Thermuthis, enarrans, quomodo mercatoribus abstulisset, quomodo illam deperiisset, quomodo alio quidem tempore clam apud sese asservasset, sub adventum autem hostium in antrum demisisset, nunc autem inveniat a quibusdam interemtam, quos qui sint scire non possit, verumtamen libenter resciscat, causæ et occasionis cædis cognoscendæ gratia. Cnemon itaque singulari studio cupiens sese quamprimum suspicione liberare, Thyamis est interfector, dicebat et in testimonium adducebat gladium quem juxta cædem invenerant. Eum ut vidit Thermuthis adhuc cruore manantem, calido adhuc ferro recentem cædem exsudante et cognovit esse Thyamidis, vehementius atque imo a pectore ingemiscens et quomodo confectum esset negotium ignorans, caligine ac silentio oppressus redibat ad os antri et ad corpus jacentis veniens, ac pectori capite imposito, o Thisbe sæpe, neque præterea quidquam dicebat, usque dum nomen paullatim mutilans et paullo post ipse deficiens, somno clam oppressus est.

XV. Theagenem autem et Charicleam una cum Cnemone subibat de statu rerum suarum cogitatio et videbantur quidem quasi consultare velle, sed tum ærumnarum quæ præterierant multitudo, tum præsentium calamitatum moles et imminentium incertitudo, obscurabat partem animæ ratiocinatricem : se ipsos vero sæpissime intuebantur et quilibet alterum quidpiam in rem præsentem dicturum esse exspectans, deinde spe lapsus, in terram vultum demittebat, ac rursus attollens suspirabat, gemitu dolore levato. Postremo reclinat sese in terram Cnemon, collabitur in saxum Theagenes, rejicit sese in eum Chariclea et somnum quidem urgentem diu repellebant, consilium aliquod capere de præsentibus rebus cupientes; verum angoribus et labore fracti, legi naturæ vel inviti parebant et in dulcem somnum ut ex ingenti mœstitia lapsi sunt. Sic equidem cum affectione corporis et animæ pars intelligens consentire sustinebat.

XVI. Postea vero quam paullulum somnum produxerant, ita ut palpebræ tantum nonnihil levarentur, Chari-

τῇδε ξυγκειμένη ὄναρ ἐφοίτησεν. Ἀνὴρ τὴν κόμην αὐχμηρὸς καὶ ὑποκαθειμένος, τὸ βλέμμα καὶ τὴν χεῖρα ἔναιμος, ἐμβαλὼν τὸ ξίφος, τῶν ὀφθαλμῶν αὐτῇ τὸν δεξιὸν ἐξήρητο· ἡ δ᾽ ἀνέκραγέ τ᾽ αὐτίκα καί οἱ τὸν ὀφθαλμὸν ἀνηρπάσθαι λέγουσα τὸν Θεαγένην ἐκάλει.
Καὶ ὁ μὲν παρῆν αὐτίκα πρὸς τὴν κλῆσιν καὶ τὸ πάθος ὑπερήλγει καθάπερ καὶ τῶν ἐνυπνίων συναισθανόμενος, ἡ δὲ τῷ τε προσώπῳ τὴν χεῖρα ἐπέβαλε καὶ τὸ μέρος ὃ κατὰ τὸ ὄναρ ἀπώλεσεν ἐπαφωμένη, πάντοθεν ἐπεζήτει. Ἴς δ᾽ ὄναρ ἦν, Ὄναρ ἦν, ἔλεγεν, ἔχω τὸν ὀφθαλμόν. Θάρσει, Θεάγενες. Ἀνέπνευσε πρὸς τὴν ἀκοὴν ὁ Θεαγένης καὶ Εὖ μὲν ποιοῦσα, ἔφη, τὰς ἡλιακὰς ἀκτῖνας ἀποσώζεις, τί δ᾽ ἦν ὅ μοι πέπονθας; καὶ τίς ἡ περί σε πτοία γέγονεν; Ἀνὴρ ὑβριστής, ἔφη, καὶ ἀτάσθαλος καὶ οὐδὲ τὴν σὴν ἄμαχον καταδείσας ῥώμην, κειμένη μοι πρὸς τοῖς σοῖς γόνασιν ἐπεκώμαζε ξιφήρης καὶ τὸν ὀφθαλμόν, ὡς ᾤμην, ἐξεῖλε τὸν δεξιὸν καὶ εἴθε γ᾽ ὕπαρ ἦν καὶ μὴ ὄναρ, ὦ Θεάγενες, τὸ φανέν. Τοῦ δὲ, εὐφήμησον εἰπόντος, καὶ διότι τοῦτο λέγοι πυνθανομένου· Διότι με βέλτιον ἦν, ἔφη, θατέρου τῶν ὀφθαλμῶν ἐλαττωθῆναι ἤπερ ἐπί σοι φροντίζειν. Ὡς σφόδρα δέδοικα μὴ εἰς σε τείνοι τὸ ἐνύπνιον, ὃν ὀφθαλμὸν ἐγὼ καὶ ψυχὴν καὶ πάντα ἐμαυτῆς πεποίημαι. Παῦσαι, ἔλεγεν ὁ Κνήμων, (ἐπηκροᾶτο γὰρ ἁπάντων πρὸς τὴν ἐξαρχῆς βοὴν τῆς Χαρικλείας ἀφυπνισμένος), ἐμοὶ γὰρ ἄλλῃ πῃ φράζεσθαι τὸ ὄναρ καταφαίνεται, καὶ εἴγε σοι πατέρες εἰσὶν ἀπόχριναι. Τῆς δ᾽ ὁμολογούσης καὶ εἴποτ᾽ ἦσαν, εἰπούσης, Οὐκοῦν τὸν πατέρα σοι τεθνηκέναι νόμιζε, ἔλεγε. Τοῦτο δ᾽ ὧδε συμβάλλω. Τοῦ προελθεῖν εἰς τὸν τῇδε βίον καὶ τοῦδε τοῦ φωτὸς μεταλαβεῖν τοὺς φύντας ἴσμεν αἰτίους. Ὥστ᾽ εἰκότως ἐπὶ πατέρα καὶ μητέρα τὴν ὀμμάτων συζυγίαν, ὡς ἂν φωτεινὴν αἴσθησιν καὶ ὁρατῶν ὑπουργὸν ὁ θνειρος σοφίζονται. Βαρὺ μὲν, ἔφη, καὶ τοῦτο, ἡ Χαρίκλεια, πλὴν ἀλλ᾽ ἔστω γ᾽ ἀληθὲς μᾶλλον ἢ τὸ ἕτερον καὶ νικήσειε δ᾽ παρὰ σοὶ τρίπους, ἐγὼ δὲ ψευδόμαντις ἀποφανθείην. Ταῦτα μὲν οὕτως ἔσται καὶ χρὴ πιστεύειν, ἔλεγεν ὁ Κνήμων, ἡμεῖς δ᾽ ὀνειρώττειν ὡς ἀληθῶς ἐοίκαμεν, ἐνύπνια μὲν καὶ φαντασίας ἐξετάζοντες, τῶν δὲ καθ᾽ αὑτοὺς περίσκεψιν οὐδ᾽ ἡντινοῦν προτιθέντες καὶ ταῦτα μὲν ἕως ἔξεστι, τοῦ Αἰγυπτίου τούτου (ἔλεγε δὲ τὸν Θέρμουθιν) ἀπολειπομένου καὶ νεκροὺς ἔρωτας ἀναπλάττοντος καὶ θρηνοῦντος.

ΙΖ΄. Ὑπολαβὼν οὖν ὁ Θεαγένης, Ἀλλ᾽, ὦ Κνήμων, ἔφη, ἐπειδή σε θεῶν τις ἡμῖν συνῆψε καὶ συνέμπορον τῶν δυστυχημάτων ἐποίησεν, ἄρχε βουλῆς. Τόπων τε γὰρ τῶν τῇδε καὶ φωνῶν ἔμπειρος καὶ ἄλλως ἡμεῖς νωθέστεροι συνεῖναι τὸ δέον, πλείοσι κλύδωσι κακῶν βεβυθισμένοι. Μικρὸν οὖν ἐπιστήσας ὁ Κνήμων τοιάδ᾽ ἔφη. Κακῶν μὲν, ὦ Θεάγενες, ἄδηλον ὅστις πλεονεκτεῖ, ἀφθόνως γὰρ κἀμοὶ τῶν συμφορῶν ὁ δαίμων ἐπήντλησεν, ἐπειδὴ δὲ τὰ παριστάμενα ὡς προγενεστέρῳ κελεύετε λέγειν, ἡ μὲν νῆσος ἥδε, ὡς ὁρᾶτε, ἔρημος καὶ πλέον ἡμῶν οὐδέν· καὶ χρυσοῦ μὲν καὶ ἀρ-

LIBER II. 255

cleæ ibi una cubanti insomnium tale venit. Vir squalida et promissa coma et sanguineis oculis et manibus oculum ejus eruebat. Illa autem statim exclamavit et sibi ereptum oculum esse dicens, Theagenem vocabat. Atque hic vocatus statim aderat et illius casum, quasi etiam eum in somnis sentiret, deplorabat. Porro illa manum faciei admovebat et partem quam in somnis amiserat attrectans, ubique inquirebat. Ut vero somnium fuisse intellexit, Somnium fuit, dicebat : habeo oculum, ades animo et omitte timorem, Theagenes. Respiravit his auditis Theagenes, et Bene est, inquit, quod solares illos radios incolumes servaveris : ceterum quid tibi accidit, et quis terror te invaserat? Vir, inquit, sceleratus et protervus, neque tuum invictum robur pertimescens, jacenti mihi ad tua genua insultabat gladio armatus, atque adeo illum mihi dextrum exemisse oculum omnino putabam. Utinam autem revera id mihi accidisset, potius quam in somnis apparuisset. Hoc vero, di meliora, dicente, et hoc quamobrem diceret sciscitante : Quoniam sane, inquit, melius fuerat, altero oculo me privari, quam de te esse sollicitam. Quam metuo, ne te hoc insomnium petat, quem ego oculum et animam et fortunas meas omnes esse duxi. Desine, subjecit Cnemon, (nam exaudierat omnia, ad primum clamorem Chariclex de somno excitatus), Mihi enim aliud quiddam somnium videtur significare, et utrum parentes habeas, responde. Hac vero annuente, et, si quando erant, dicente, Igitur patrem tibi esse mortuum existima, dicebat. Inde autem ejus rei conjecturam facio. Siquidem ut egrediamur in hanc vitam, et hac luce fruamur, parentes scimus esse auctores. Quocirca non abs re patrem et matrem oculorum pari, tanquam sensu capaci lucis, et eorum quæ videri possunt ministro, somnia occulte significant. Grave et hoc est, inquit Chariclea, verumtamen sit potius verum, quam illud alterum et vincat tuus tripus, atque ego falsa vates esse pronuntier. Hæc quidem ita evenient et in iis acquiescere oportet, dicebat Cnemon. Nos autem revera somniare videmur, insomnia et imaginationes expendentes, nostrarum autem rationum consilium nullum in medium proponentes, præsertim quamdiu licet, Ægyptio hoc (significabat autem Thermuthim) a nobis separato et exanimes amores fingente ac lugente.

XVII. Excipiens itaque ejus verba Theagenes, Enimvero Cnemon, inquit, quoniam te deus aliquis nobis copulavit et socium calamitatum fecit, auspicare consilium. Nam et locorum in hisce regionibus et linguæ peritus es et nos alioqui minus apti sumus ad id, quod sit necessarium, intelligendum, utpote majore fluctu ærumnarum obruti. Paullulum igitur immoratus Cnemon, sic locutus est : Malis quidem qui magis abundet, incertum est, satis enim magnum onus calamitatum et mihi numen imposuit, verumtamen quoniam me, ut majorem natu, dicere de præsentibus rebus jubetis, sic accipite. Hæc insula, ut videtis, deserta est et neminem præter nos continet. Deinde

γύρου καὶ ἐσθῆτος ἀφθονία, (πολλὰ γὰρ τάδ' ἃ κατὰ τὸ σπήλαιον ὑμῶν τ' ἀφελόμενοι, ἄλλων τ' ἀποσυλήσαντες, ὁ Θύαμις καὶ οἱ σὺν αὐτῷ κατέθεντο), σίτου δὲ καὶ ἐπιτηδείων ἄλλων, οὐδ' ὄνομα περιλέλειπται. Δέος δὲ διαφθαρῆναι μὲν καταμείναντας λιμῷ, διαφθαρῆναι δ' ἐφόδῳ τινῶν, ἤτοι τῶν ἐναντίων πάλιν ἐλθόντων, ἢ καὶ [διὰ] τῶν σὺν ἡμῖν γεγονότων, εἰ καθ' ἕνα ποτὲ συλλεγέντες καὶ τὸν ἐνθάδε θησαυρὸν οὐκ ἀγνοοῦντες, ἐπέλθοιεν διὰ τὰ χρήματα. Τότ' οὐκ ἂν φθάνοιμεν παραπολλύμενοι ἢ ταῖς ὕβρεσι ταῖς ἐκείνων, τὸ φιλανθρωπότερον, ἐκκείμενοι. Ἄλλως τε γὰρ ἄπιστον τὸ βουκόλων γένος, καὶ νῦν πλέον ὅτε τοῦ καταστέλλοντος τὴν γνώμην πρὸς τὸ σωφρονέστερον ἄρχοντος ἀμοιροῦσιν. Ἀπολειπτέον οὖν ἡμῖν καὶ φευκτέον ὡς ἄρκυς τινὰς καὶ δεσμωτήριον τὴν νῆσον, ἀποπέμψαντας πρότερον τὸν Θέρμουθιν, πρόφασιν ὡς πευσόμενον καὶ πολυπραγμονήσοντα, εἴ τι περὶ τοῦ Θυάμιδος ἔχοι μανθάνειν. Ῥᾷόν τε γὰρ ἐφ' αὑτῶν ἂν σκοποῖμεν καὶ ἐπιχειροῖμεν τὰ πρακτέα καὶ ἄλλως ἄνδρα ἔκποδῶν ποιήσασθαι καλὸν, φύσει τ' ἀβέβαιον καὶ λῃστρικὸν καὶ δύσεριν τὸ ἦθος, πρὸς δὲ καὶ ὑποψίας τι φέροντα εἰς ἡμᾶς τῆς Θίσβης ἕνεκα καὶ οὐκ ἂν παυσόμενον εἰ μὴ ἐπιβουλεύσειεν, εἰ καιροῦ λάβοιτο.

ΙΗ΄. Ἐπῃνέθη ταῦτα καὶ ἐδόκει γίγνεσθαι· καὶ ὁρμήσαντες ἐπὶ τὸ στόμιον τοῦ σπηλαίου, (καὶ γὰρ τι καὶ ἡμέρας ἤδη ξυνίεσαν) διανέστησάν τε τὸν Θέρμουθιν ὁλοσχερῶς τῷ ὕπνῳ κατεσχημένον καὶ ὅσ' εἰκὸς ἦν τῶν βουλευθέντων φράσαντες καὶ ῥᾳδίως ὑπόκουρον ἄνδρα πείσαντες, τό τε σῶμα τῆς Θίσβης εἴς τι κοῖλον ἐνθέντες καὶ τὴν τέφραν τὴν ἐκ τῶν σκηνῶν ὅσα γ' ἦν ἐπιφορήσαντες καὶ τὰ εἰωθότα διὰ τὴν ὁσίαν ἐξ ὧν ὁ καιρὸς ἐδίδου πληρώσαντες καὶ δάκρυα καὶ θρήνους ἀντὶ πάντων τῶν νομιζομένων ἐναγίσαντες, ἐξέπεμπον ἐφ' ἣν ἔδοξε βουλὴν τὸν Θέρμουθιν. Ὁ δὲ βραχὺ προελθὼν, ἀνέστρεφέ τε καὶ οὐκ ἂν ἔφη μόνος πορεύεσθαι, οὐδ' ἀναρρίψειν τοσοῦτον κίνδυνον κατασκοπῆς, εἰ μὴ καὶ Κνήμων ἐθέλοι κοινωνεῖν τῆς πράξεως. Ἀποδειλιῶντα δὴ πρὸς ταῦτα τὸν Κνήμωνα θεασάμενος ὁ Θεαγένης, (καὶ γὰρ φράζειν τὰ λεχθέντα πρὸς τοῦ Αἰγυπτίου δῆλος ἦν ὑπεραγωνιῶν) Σὺ δὲ, ἔφη, τὴν μὲν γνώμην ἐρρωμένος τις ἄρα ἦσθα, τὸ λῆμμα δ' ἀσθενέστερος· γνωρίζω δ' ἄλλοις τε καὶ οὐχ ἥκιστα τοῖς νῦν. Ἀλλὰ θῆγε τὸ φρόνημα καὶ πρὸς τὸ ἀνδρειότερον ὄρθου τὴν γνώμην. Τὸ μὲν γὰρ παρὸν ἀναγκαῖον δοκεῖ οὕτω συντίθεσθαι, τοῦ μή τινα τοῦ δράματος λαβεῖν αὐτῶν ὑπόνοιαν καὶ συμπορεύεσθαι τὴν πρώτην, (δέος δὲ δήπουθεν οὐδὲν ἀνόπλῳ τὴν χεῖρα ξυνιέναι ξιφήρη καὶ πεφραγμένον αὐτῶν), καιροῦ δὲ λαβόμενον ἐγκαταλείψαι διαλαθόντα καὶ ἥκειν παρ' ἡμᾶς, οὗπερ ἂν συνθώμεθα. Συνθώμεθα δὲ, εἰ δοκεῖ, κώμην τινὰ πλησίον, εἴ πῃ γιγνώσκεις ἥμερον. Εὖ λέγειν ἔδοξε τῷ Κνήμωνι, καὶ Χέμμιν τινὰ κώμην οὕτω καλουμένην ἔφραζεν εὐδαίμονά τε καὶ πολυάνθρωπον καὶ ταῖς ὄχθαις τοῦ Νείλου πρὸς ἐπιτειχισμὸν τῶν βουκόλων

argenti quidem et auri et vestium magna copia, (multa enim sunt hæc, quæ in hoc antro cum nobis erepta, tum aliis ademta, Thyamis et qui illi aderant, deposuerunt) ceterum frumenti et eorum quæ sunt ad victum necessaria ne nomen quidem relictum est. Periculum est igitur, ne, si diutius hic manserimus, vel fame sit nobis pereundum, vel adventu sive hostium revertentium, sive horum qui nobiscum fuerunt, si collecti (quoniam hunc thesaurum non ignorant) propter pecunias advenerint. Tunc enim effugere non possemus, quin interimeremur, aut saltem, si lenius nobiscum agerent, contumeliis eorum et petulantiæ objiceremur. Cum enim semper sit infidum prædonum genus, tum nunc præcipue, cum duce, pro imperio revocante illorum animos ad moderationem, careat. Relinquenda igitur est nobis et fugienda tanquam retia quædam aut carcer insula, ablegantibus primum Thermuthim, eo prætextu, ut interroget et inquirat, si quid de Thyamide possit cognoscere. Facilius enim ipsi seorsim consultabimus, et aggrediemur ea quæ facienda sunt et alioquin virum a nobis removere consultum est, natura inconstantem et feris et immanibus moribus præditum, præterea aliquid de nobis Thisbes causa suspicantem, neque prius conquieturum, quam nos, si occasionem nactus fuerit, insidiis circumvenerit.

XVIII. Approbata sunt hæc et visum est ut fierent : et abeunte ad os antri (jam enim et diem esse intellexerant) excitarunt Thermuthim prorsus somno torpentem et cum deliberatorum, quantum par erat, exposuissent ac facile viro levi persuasissent, corpus autem Thisbes in alveum quemdam imposuissent, et quantum pulveris ex tabernaculis relictum fuerat, ad totum supra illam aggessissent et ea quæ fieri assolent propter religionem, eo apparatu quem tempus suppeditabat peregissent, lacrimisque ac luctu pro omnibus cærimoniis parentassent, Thermuthim ad id consilium perficiendum, quod antea fuit constitutum, emiserunt. Sed ille paullulum progressus, reversus est, neque se solum iturum esse dixit, neque temere objecturum tanto periculo explorationis, nisi Cnemon particeps negotii esse vellet. Quod cum detrectare vidisset Cnemonem Theagenes, (referens enim ea, quæ dicta fuerant ab Ægyptio, videbatur angi animo), Tu vero, inquit, consilio valueras, at animis es aliquanto imbecillior, atque id de te comperi cum ex aliis rebus, tum præcipue ex præsenti tempore. Enimvero excita spiritus et ad fortitudinem erige animum. In præsentia enim, ne aliquam suspicionem de fuga concipiat, necessarium esse videtur, ita cum eo paciscí et initio una ire (nihil est autem periculi cum inermi iter facere ei qui gladium habeat et sit munitus armis), deinde occasione oblata clam eum relinquere et venire ad nos in eum locum quem constituerimus. Constituamus autem pagum aliquem propinquum, si quem nosti, in quo homines mansueti. Bene monere Cnemoni est visus et Chemmin quemdam pagum sic appellatum indicabat, opulentum et frequentem hominibus, denique ad ripas Nili in colle

ἐπὶ λόφου παρῳκισμένην· ἀπέχειν δὲ περαιωθεῖσι τὴν λίμνην, στάδια οὐ πολλῷ λειπόμενα τῶν ἑκατόν· δεῖν δ' εὐθὺς πρὸς μεσημβρίας ὁρῶντας ἰέναι.

ΙΘ'. Χαλεπῶς μὲν, ἀπεκρίνατο ὁ Θεαγένης, Χαρικλείας γε ταύτης ἕνεκα, τοῦ βαδίζειν μακρότερον ἀήθως ἐχούσης, ἐλευσόμεθα δ' οὖν ὅμως, εἰς πτωχοὺς καὶ τοὺς διὰ τροφὴν ἀγύρτας αὑτοὺς μεταπλάσαντες. Νὴ Δία, εἶπεν ὁ Κνήμων, καὶ γὰρ τῶν ὄψεων σφόδρα διεστραμμένως ἔχετε, (ἡ δὲ Χαρίκλεια καὶ πλέον ἅτε καὶ τὸν ὀφθαλμὸν ἀρτίως ἐκκεκομμένη), κἀμοὶ δοκεῖτε τοιοίδε ὄντες, οὐκ ἀκώλους ἀλλ' ἀοράς τε καὶ λέβητας αἰτήσειν. Πρὸς ταῦτ' ἐμειδίασεν ὀλίγον καὶ βεδιασμένον καὶ μόνοις τοῖς χείλεσιν ἐπιτρέχον. Ὅρκοις δὲ πιστωσάμενοι τὰ δόξαντα καὶ μή ποτ' ἀπολείψειν ἀλλήλους ἑκόντες ἐπιμαρτυρόμενοι τοὺς θεούς, ἔπραττον ὡς ἐδούλετο ἡ σκέψις. Ὁ μὲν δὴ Κνήμων καὶ ὁ Θέρμουθις ἅμ' ἡλίῳ τὴν λίμνην περαιωθέντες, ἐχώρουν δι' ὕλης τινὸς βαθείας καὶ τὸ λάσιον δυσδιέξοδον παρεχομένης. Ἡγεῖτο δ' ὁ Θέρμουθις, τοῦτο τοῦ Κνήμωνος καὶ εἰπόντος καὶ βουληθέντος, πρόφασιν μὲν αὐτῷ τὴν ἐμπειρίαν τῆς δυσχωρίας ἀναθέντος καὶ ἡγεμονεύειν τὴν ὁδὸν ἐπιτρέψαντος, πλέον δὲ τἀσφαλὲς αὑτῷ περιποιοῦντος καὶ καιρὸν τοῦ διαδρᾶναι προετοιμάζοντος. Ἐπεὶ δὲ προϊόντες ἐνέτυχον ποίμναις οἱ δὲ νομεύοντες ἀπέδρασαν καὶ πρὸς τὸ πυκνότερον τῆς ὕλης κατέδυσαν, κριόν τινα τῶν ἡγουμένων καταθύσαντες, ἐπί τε τοῦ πυρὸς δ προηγοίμαστο τοῖς νομεῦσιν ἀφανήναντες ἐνεφοροῦντο τῶν κρεῶν, οὐδὲ τὴν ἀποχρῶσαν ὄπτησιν ἀναμείναντες, ἐπειγομένης ὑπὸ τοῦ λιμοῦ τῆς γαστρός. Οἷον οὖν λύκοι τινὲς ἢ θῶες ἐλάφωσσον τὰ οὕτω ἀεὶ τετμημένα καὶ πρὸς ὀλίγον τῷ πυρὶ μεμολυσμένα· τὰ δ' ἡμίοπτα ταῖς παρειαῖς ἐν τῇ βρώσει τοῦ αἵματος ἀπέσταζεν. Ὡς δ' ἐνεφορήθησαν γάλακτος ἐμπιόντες, ὁδοῦ τῆς προκειμένης εἴχοντο. Καὶ ἦν μὲν ὥρα περὶ βουλυτὸν ἤδη, ἐπεὶ δὲ λόφου τιν' ἀνιόντων, ὑπὸ τοῦτον εἶναι τὴν κώμην ἔφραζεν ὁ Θέρμουθις, οὗπερ τὸν Θύαμιν συνειληφθέναι ἢ κατέχεσθαι ἢ ἀνῃρῆσθαι εἴκαζες, διεφθορέναι οἱ τὴν γαστέρα πρὸς τῆς ἀδδηφαγίας ᾐτιᾶτο καὶ ῥυίσκεσθαι χαλεπῶς ἐκ τοῦ γάλακτος ἔλεγεν ὁ Κνήμων, προσφάνειν τε τὸν Θέρμουθιν παρεκελεύετο, αὐτὸς δ' ἐπικαταλήψεσθαι. Τοῦτο ποιῶν ἅπαξ μὲν καὶ δὶς καὶ τρίτον ἐπαληθεύσας ὤφθη καὶ καταλαμβάνειν χαλεπῶς ἔλεγεν.

Κ'. Ὡς δ' εἰς ἔθος τὸν Αἰγύπτιον ἐνεδίδασεν, ἔλαθε τὸ τελευταῖον ἐναπομείνας καὶ πρὸς τὰ χαλεπώτερα τοῦ δάσους κατὰ τοῦ πρανοῦς αὑτὸν εἰς τάχους ἐπαφεὶς διαδιδράσκε. Καὶ ὁ μὲν, ἐπειδὴ πρὸς ταῖς ἀκρωρείαις ἐγένετο τοῦ ὄρους ἀνέπαυεν αὑτὸν ἐπί τινος πέτρας, ἑσπέραν τε καὶ νύκτα ἀναμένων, καθ' ἣν συνέκειτο αὐτοῖς ἥξουσιν εἰς τὴν κώμην τὰ περὶ τὸν Θύαμιν πολυπραγμονεῖν καὶ ἅμα καὶ τὸν Κνήμωνα περισκοπῶν, εἴ πή ποτ' ἐπέλθοι βουλήν, εἰς αὐτὸν ποιούμενος ἀτοπωτέραν· οὐ γὰρ ἀνίει τῆς γνώμης τὸ εἰς αὐτὸν ὕποπτον ὡς ἀνελόντα τὴν Θίσβην καὶ ὅπως ἄν [οἱ] ποτε δια-

munitionis causa contra incursum prædonum situm. Distare vero, transmisso lacu, stadiis propemodum centum: oportere autem, ut meridiem versus recta eant.

XIX. Difficulter quidem, respondit Theagenes, præsertim propter Chariclean, quæ longioribus itineribus assueta non est, attamen ibimus, mendicos nos esse et eos, qui victus quærendi causa cum præstigiis quibusdam circumvagentur, assimulantes. Hercle, inquit Cnemon, etenim estis nimis deformi et distorto adspectu, Chariclea præcipue, utpote cui oculus nuper sit elisus, quare mihi videmini, tales cum sitis, non stipem frusta panis sed cultros et lebetes petituri. Ad hæc arrisit leviter et dicis causa, ita ut summa labra tantum risus percurreret. Jurejurando vero firmatis iis quæ decreverant et quod nunquam sponte se essent deserturi, contestantes deos, exsequebantur ea, quæ constituta fuerant. Cnemon igitur et Thermuthis, multo mane transmisso lacu, iter faciebant per densam quamdam silvam, transitu difficilem. Præcedebat autem Thermuthis, cum hoc Cnemon dixisset et voluisset, peritiam ejus in difficili itinere qua ille præditus esset, prætexens et illi provinciam monstrandæ viæ demandans, magis vero suæ securitati consulens et occasionem sibi ad effugiendum præparans. Cum autem longius progressi in armenta incidissent et ii qui pascebant ea diffugissent, densioresque silvæ partes subiissent, ariete quodam ex iis qui gregem præcedebant mactato et ad ignem a pastoribus præparatum torrefacto, carnes vorabant, neque exactam assationem exspectantes, ventre, quod fame stimularetur, properante. Tanquam igitur lupi quidam aut thoes, deglutiebant abscisa quælibet et paullulum tantummodo igne denigrata, ita ut quædam adhuc semiusta inter mandendum sanguine stillarent. Postquam autem sese expleverunt et lacte sitim restinxerunt, iter propositum tendebant: et jam advesperascebat, cum collem quemdam adscendissent, sub hoc situm esse pagum Thermuthis dicebat, atque ibi Thyamidem captum aut detineri in vinculis, aut interemtum esse, conjectabat, affligi sibi ventrem ob nimiam repletionem causabatur et magno cum cruciatu ex lacte profluere dicebat Cnemon. Atque Thermuthim, ut progrederetur, orabat, se vero assecuturum esse. Hoc semel atque iterum faciens et tertio, sincere agere visus est et difficulter se illum assequi confirmabat.

XX. Postquam autem Ægyptium assuefecit, ad extremum mansit illo inscio et in densitatem profundiorem, quanta celeritate potuit, per declivem sese conjiciens profugit. Et ille quidem cum in cacumen montis evasisset, requiescebat in quodam saxo, vesperam et noctem operiens, qua constituerant, cum venissent in pagum, Thyamidis statum explorare, simul et Cnemonem circumspiciens, si forte superveniret, quiddam nefarium contra eum moliens. Neque enim relinquebat de illo conceptam animo suspicionem, quod Thisben interemisset et quo pacto illum vicissim interficere posset cogitabat ac deinde ad aggredien-

χρήσαιτο ἐνενόει, ἐπιθέσθαι τε μετὰ τοῦτον καὶ τοῖς περὶ τὸν Θεαγένην ἐλύττα. Ὡς δ᾽ ὁ Κνήμων ἐφαίνετο οὐδαμοῦ, τῆς δὲ νυκτὸς ἐγίγνετο ἀωρὶ, πρὸς ὕπνον τραπεὶς ὁ Θέρμουθις, χάλκεόν τινα καὶ πύματον ὕπνον εἷλκυσεν, ἀσπίδος δήγματι, μοιρῶν τάχα βουλήσει, πρὸς οὐκ ἀνάρμοστον τοῦ τρόπου τὸ τέλος καταστρέψας. Ὁ δὲ Κνήμων, ἐπειδὴ τὴν ἀρχὴν κατέλιπε τὸν Θέρμουθιν, οὐ πρότερον ἀνέπαυσε τὴν φυγὴν, ἕως τὸ νυκτὸς ἐπελθὸν κνέφας ἐπέδησεν αὐτοῦ τὴν ὁρμήν· αὐτοῦ θ᾽ οὗ κατείληπτο αὐτὸν ἐγκρύψας καὶ τῆς φυλλάδος ὅσον πλεῖστον ἠδύνατο ἐφ᾽ αὑτὸν ἐφαμήσας. Ὑφ᾽ ᾗ κείμενος τὰ πολλὰ μὲν ἄϋπνος ἐταλαιπωρεῖτο, πάντα καὶ κτύπον καὶ ἀνέμου ῥιπὴν καὶ φύλλου κίνησιν Θέρμουθιν ἡγούμενος. Εἰ δέ που καὶ κατὰ μικρὸν ἐκνικηθείη πρὸς ὕπνον φεύγειν ἐδόκει καὶ θαμὰ πρὸς τὰ κατόπιν ὑπέστρεφε καὶ περιεσκόπει τὸν οὐδαμοῦ διώκοντα καὶ βουλόμενος καθεύδειν ἀπηύχετο τοῦθ᾽ ὃ ἐβούλετο, χαλεπωτέροις ὀνείροις τῆς ἀληθείας ἐντυγχάνων. Πρὸς τε τὴν νύκτα καὶ χαλεπαίνειν ἐῴκει μακροτέραν τῶν ἄλλων ὑποτιθέμενος. Ὡς δὲ καὶ ἡμέραν ἄσμενος εἶδε πρώτα μὲν ἀποτέμνει τῆς κόμης τὸ περιττότερον καὶ ὅσον αὐτῆς εἰς τὸ λῃστρικώτερον εἶδος παρὰ τοῖς βουκόλοις ἤσκητο, τοῦ μὴ ἀποτρόπαιος ἢ ὕποπτος εἶναι τοῖς ἐντυγχάνουσι. Ἄλλα τε γὰρ βουκόλοι πρὸς τὸ φοβερώτερον φαίνεσθαι καὶ δὴ καὶ τὴν κόμην εἰς ὀφρὺν ἕλκουσι καὶ σοβοῦσι τῶν ὤμων ἐπιβαίνουσαν, εὖ τοῦτ᾽ εἰδότες, ὡς κόμη τοὺς μὲν ἐρωτικοὺς ἱλαρωτέρους τοὺς δὲ λῃστρικοὺς φοβερωτέρους ἀποδείκνυσιν.

ΚΑ'. Ἀποτεμὼν οὖν ὁ Κνήμων ὅσον εἰκὸς ἦν ἐλάττον κομᾶν τοῦ λῃστρικοῦ τὸν ἁδρότερον, ἐπὶ τὴν Χέμμιν τὴν κώμην οὗ τῷ Θεαγένει συνετέτακτο ἔσπευδεν. Ἤδη δ᾽ αὐτῷ πλησιάζοντι τῷ Νείλῳ καὶ πρὸς τὴν Χέμμιν περαιοῦσθαι μέλλοντι πρεσβύτης τις ἀνὴρ ἐναλύων ταῖς ὄχθαις ἐφάνη καὶ δολιχόν τινα τῷ ῥείθρῳ πολλάκις ἄνω καὶ κάτω παραθέων καὶ ὥσπερ τῷ ποταμῷ φροντίδων τινῶν κοινούμενος. Ἡ κόμη πρὸς τὸ ἱερώτερον καθεῖτο καὶ ἀκριβῶς ἦν λευκὴ, τὸ γένειον λάσιον καὶ σεμνότερον βαθυνόμενον, στολὴ καὶ ἐσθὴς ἡ ἄλλη πρὸς τὸ ἑλληνικώτερον βλέπουσα. Μικρὸν οὖν αὐτὸν ἐπιστήσας ὁ Κνήμων, ὡς ἀντιπαρέθει πολλάκις ὁ πρεσβύτης οὐδ᾽ εἴ τις αὐτῷ πάρεστιν αἰσθάνεσθαι δοκῶν, (οὕτως ἄρ᾽ ὅλος τῶν φροντισμάτων ἦν καὶ πρὸς μόνηι τὴν σκέψιν ὁ νοῦς ἐσχόλαζε) κατὰ πρόσωπον ὑπαντιάσας, πρῶτα μὲν χαίρειν ἐκέλευε. Τοῦ δ᾽ οὐ δύνασθαι φήσαντος ἐπειδὴ μὴ οὕτω συμβαίνειν αὐτῷ παρὰ τῆς τύχης, θαυμάσας ὁ Κνήμων, "Ἕλλην, εἶπεν ἢ ξένος ἢ πόθεν; ὁ δὲ, Οὔτ᾽ Ἕλλην οὔτε ξένος ἀλλ᾽ ἐντεῦθεν Αἰγύπτιος. Πόθεν οὖν ἑλληνίζεις τὴν στολήν; Δυστυχήματα, ἔφη, τὸ λαμπρὸν με τοῦτο σχῆμα μετημφίασε. Τοῦ δὲ Κνήμονος, εἰ φαιδρύνεταί τις ἐπὶ συμφοραῖς θαυμάζοντος καὶ ταῦτα μαθεῖν ἀξιοῦντος, Ἰλιόθεν με φέρεις, ἀπεκρίνατο ὁ πρεσβύτης καὶ σμῆνος κακῶν καὶ τὸν ἐκ τούτων βόμβον ἄπειρον ἐπὶ σαυτὸν κινεῖς. Ἀλλὰ ποῖ δὴ πορεύῃ καὶ πόθεν, ὦ νεανία; πῶς δὲ τὴν

dum Theagenem rabie quadam incitabatur. Cum vero Cnemon nusquam appareret et nox intempesta jam esset, in somnum versus Thermuthis, æneum quemdam et ultimum somnum dormivit, aspidis morsu, fatorum fortasse voluntate, non inconvenientem vitæ finem sortitus. At Cnemon, initio cum Thermuthim reliquisset, non prius fugiens gradum sistit, quam nocturnæ venientes tenebræ cohibuerunt ejus impetum, eodemque loco, ubi nox illum occuparat, sese abscondit et foliorum quantum poterat supra se accumulavit : sub quibus jacens, magna ex parte insomnem ducens noctem excruciabatur, omnem strepitum et quamlibet auram ac foliorum motum Thermuthim esse existimans. Quod si quando vincebatur paullulum a somno, fugere se putabat et statim convertebat sese et circumspiciebat a tergo eum, qui nusquam insequebatur : et dormire volens, aversabatur id quod volebat, in graviora somnia quam res ipsa erat incidens. Ad extremum nocti irasci videbatur, longiorem esse ceteris existimans. Ut autem diem summo desiderio vidit, primum præcidit ex comæ prolixitate tantum, quantum ad comparandam speciem prædonibus convenientem apud bubulcos aluerat, ne illum obvii quique aversarentur, aut suspectum haberent. Cum alia enim prædones faciunt ut formidabiliores appareant, tum etiam comam in frontem cogunt et quatiunt super humeros sparsam, non ignorantes, quod coma eos qui amori operam dant acceptiores, prædones autem terribiliores efficiat.

XXI. Cum igitur præcidisset Cnemon tantum comæ, quantum comtiori alere convenit minus prædone, ad Chemmin quemdam pagum , qui ad conveniendum cum Theagene constitutus fuerat, properabat. Jam vero Nilo appropinquanti et ad Chemmin pagum transmissuro, senex quidam vir in ripa oberrans apparuit, diu sursum ad deorsum juxta alveum deambulans et tanquam cum fluvio cogitationes quasdam communicans : comam sacro quodam ritu promissam habuit , prorsus canam, mentum hirsutum, augustiore profunditate, pallium et reliquum vestitum, Græcum habitum repræsentantem. Paullulum igitur cohibuit sese Cnemon : sed cum sæpius præterrecurreret senex, neque adesse quemquam sentire videretur, (adeo totus erat cogitationi intentus et mens soli meditationi vacabat) a fronte accedens, in primis illum salvere jubebat. Hoc vero, se non posse, dicente, quod non ita illi a fortuna accideret , admiratus Cnemon : An, inquit, Græcus, aut hospes, aut unde ? Neque Græcus, neque hospes, sed hinc Ægyptius. Qui fit igitur, quod pallio Græcos imitaris? Calamitates, inquit, mihi hunc splendidum habitum alio vestitu commutarunt. Cnemone autem aliquem se ornare posse ob calamitates demirante et hæc cognoscere volente : Ex Ilio me fers, inquit senex, et malorum examen , atque ex his infinitum murmur erga-te commoves. Ceterum quo iter instituisti, unde venis, adolescens, quomodo Græce

LIBER II.

φωνὴν Ἕλλην ἐν Αἰγύπτῳ; Ἕλοιον, ἔφη, γ' ὁ Κνήμων, τῶν γὰρ κατὰ σαυτὸν οὐδὲν ἐκδιδάξας πρότερος καὶ ταῦτα ἐρωτηθεὶς, τῶν ἐμῶν γνῶσιν ἐπιζητεῖς. Οὐκοῦν, ἦ δ' ὃς, ἐπειδὴ Ἕλληνι ἔοικας ἀνδρὶ καὶ σέ τις ὡς ἔοικε μετασχηματίζει τύχη καὶ πάντως τὰ ἡμέτερα ποθεῖς ἀκούειν, (ὠδίνω δὲ καὶ αὐτὸς πρός τινα ἐξειπεῖν, εἶπον ἂν τάχα καὶ τοῖσδε τοῖς καλάμοις κατὰ τὸν μῦθον εἰ μή σοι προσέτυχον), ὄχθας μὲν Νείλου τάσδε καὶ Νεῖλον ἀπολίπωμεν· οὐ γὰρ ἡδὺ μακροτέ-
10 ρων διηγημάτων ἀκροατήριον, τόπος ἡλίου μεσημβρίᾳ φλεγόμενος, πρὸς δὲ τὴν κώμην ἣν ὁρᾷς ἀντικρὺ κειμένην, ἴωμεν, εἰ μή τί σε προύργιαίτερον ἀπασχολεῖ. Ξενίῳ δέ σε οὐκ ἐν ἐμαυτοῦ ἀλλ' ἐν ἀνδρὸς ἀγαθοῦ κἀμὲ ὡς ἱκέτην ὑποδεξαμένου παρ' ᾧ γνώσῃ τε τἀμὰ
15 βουλόμενος, ἀναθήσει δ' ἐν μέρει τὰ κατὰ σαυτόν. Ἴωμεν, ἔφη ὁ Κνήμων, καὶ γάρ μοι καὶ ἄλλως ἡ πρὸς τὴν κώμην ὁδὸς σπουδάζεται ἀναμεῖναί τινας ἐν ταύτῃ τῶν ἐπιτηδείων συντεταγμένῳ.

ΚΒ'. Σκάφους οὖν ἐπιβάντες, (πολλὰ δὲ περὶ τὴν
20 ὄχθην ἐσάλευον εἰς χρείαν τοῦ διαπορθμεύειν ἐπὶ μισθῷ παρεσκευασμένα) περαιοῦνται πρὸς τὴν κώμην, εἴς τε τὴν καταγωγὴν ἀφικνοῦνται, οὗ κατέλυεν ὁ πρεσβύτης· καὶ τὸν μὲν τοῦ οἴκου δεσπότην οὐ καταλαμβάνουσιν, ὑποδέχονται δ' αὐτοὺς προθυμότατα θυγάτηρ τε τοῦ
25 ἑστιάτορος ἤδη γάμου ὡραία, θεραπαινίδες θ' ὅσαι κατὰ τὴν οἰκίαν, αἳ τὸν ξένον ἴσα καὶ πατέρα ἦγον, οὕτως, οἶμαι, πρὸς τοῦ κεκτημένου διατεταγμένον. Καὶ ἡ μέν τις ἀπένιζε τὼ πόδε, καὶ τῆς κόνεως ἠλευθέρου τὰ ὑπὸ κνήμην, ἡ δ' ἐφρόντιζε τῆς εὐνῆς καὶ μα-
30 λαχὴν ηὐτρέπιζε τὴν κατάκλισιν· ἑτέρα κάλπην ἔφερε καὶ πῦρ ἀνέκαιε καὶ ἄλλη τράπεζαν εἰσεφέρετο ἄρτου τε πυρίνου καὶ ὡραίων παντοίων βρίθουσαν. Ὁ δὲ Κνήμων θαυμάσας, Ἀλλ' ἢ Ξενίου Διὸς, ὡς ἔοικεν, εἰς αὐλὰς ἥκομεν, ὦ πάτερ, οὕτως ἀπροφάσιστος ἡ
35 θεραπεία καὶ πολὺ τὸ εὐνοῦν τῆς γνώμης ἐμφαίνουσα. Οὐκ εἰς Διὸς, ἔφη, ἀλλ' εἰς ἀνδρὸς Δία τὸν Ξένιον καὶ Ἱκέσιον ἀκριβοῦντος. Βίος γὰρ, ὦ παῖ, κἀκείνῳ πλάνος καὶ ἔμπορος καὶ πολλαὶ μὲν πόλεις, πολλῶν δ' ἀνθρώπων ἤθη τε καὶ νοῦς εἰς πεῖραν ἥκουσιν· ὥστε, ὡς
40 τὸ εἰκὸς, ἄλλους τε κἀμὲ οὐ πρὸ πολλῶν τῶνδ' ἡμερῶν ἀλύοντα καὶ πλανώμενον, ὁμορόφιον ἐποιήσατο. Καὶ τίς ἦν ἡ πλάνη, ὦ πάτερ, ἣν λέγεις; Παίδων, ἔφη, πρὸς λῃστῶν ἀφαιρεθεὶς καὶ τοὺς μὲν ἀδικοῦντας γιγνώσκων, ἐπαμῦναι δ' οὐκ ἔχων, εἰλούμαι περὶ τὸν τόπον
45 καὶ θρήνοις παραπέμπω τὸ πάθος, ὥσπερ, οἶμαι, τις ὄρνις ὄφεως αὐτῇ τὴν καλιὰν πορθοῦντος, ἐν ὀφθαλμοῖς τε τὴν γονὴν θοινωμένου, προελθεῖν μὲν ὀκνεῖ φεύγειν δ' οὐ φέρει, πόθος γὰρ ἐν αὑτῇ καὶ πάθος ἀνταγωνίζεται· τετριγυῖα δὲ περιποτᾶται τὴν πολιορκίαν, εἰς ὦτα ἀνή-
50 μερα καὶ οἷς ἔλεον οὐκ ἐγνώρισεν ἡ φύσις ἀνήνυτον ἱκετηρίαν τὸν μητρῷον εἰσάγουσα θρῆνον. Ἆρ' οὖν ἂν ἐθέλοις, ἔφη ὁ Κνήμων, καὶ ὅπως καὶ πότε τὸν βαρὺν τοῦτον ὑπόστης πόλεμον, ἐξειπεῖν. Εἰσαῦθις, ἔφη· νῦν δ' ὥρα καὶ τὴν γαστέρα θεραπεύειν. Καὶ ἐς τάδ'

loqueris in Ægypto? Rem, inquit Cnemon, ridiculam postulas. Cum enim nihil de tuis rationibus mihi dixeris, præsertim prius interrogatus, mearum rerum cognitionem expetis. Quum adeo, inquit ille, videaris esse Græcus et quædam te quoque, ut apparet, fortuna in aliam figuram transformat et omnino desiderio audiendi rationes nostras tenearis (atque jamdiu vehementer cupio aliquibus exponere et fortasse huic arundini exposuissem, juxta fabulam, nisi in te incidissem), ripas has Nili et ipsum Nilum relinquamus : neque enim est idonea longioribus narrationibus extremitas ripæ, locus meridionali ardori solis expositus, ad pagum vero, quem videmus ex adverso situm, pergamus, nisi te forte negotium magis arduum avocat. Ibi te hospitio excipiam, non in mea domo, sed in viri boni, qui et me ut supplicem recepit, apud quem meas rationes, si volueris, cognosces et vicissim tuas mecum communicabis. Eamus, inquit Cnemon, nam alioquin iter ad hunc pagum habeo, ut qui quosdam necessarios hic exspectare debeam.

XXII. Conscendentes igitur navigium, (multa autem ad ripam fluctuabant, ad usum transvectionis pro mercede parata) transmittunt in pagum et in ædes in quibus diversabatur hospes perveniunt. Ac patremfamilias quidem non deprehendunt, excipiunt autem eos summo studio filia herilis jam nubilis et reliquæ ancillæ quotquot domi erant, quæ hospitem colebant patris loco. Sic enim, ut opinor, erat a domino imperatum. Et hæc quidem lavabat pedes, et pulverem abstergebat sub tibia, alia lectum curabat et mollem præparabat accubitum, alia urnam ferebat et ignem accendebat, alia mensam inferebat, panibus triticeis et fructibus variis refertam. Quod Cnemon miratus, Fortasse, inquit, in domicilia Jovis Hospitalis venimus, pater; adeo sedula colimur observantia et singularem animi benevolentiam declarante. Non in Jovis, inquit, sed in ejus viri, qui Jovem Hospitalem et supplicum patronum, exacte colit. Vitam enim, ili, ille quoque in peregrinationibus et mercatu agit, multæque urbes et multarum gentium mores ac studia sunt illi nota. Quam ob causam, ut est consentaneum, cum alios, tum me quoque, non multos ante dies errantem et vagabundum tecto recepit. Quisnam autem erat error, pater, quem narras? Liberis, inquit, a latronibus privatus, et maleficos noscens, sed ulcisci non valens, versor in hoc loco et luctu dolorem prosequor, non secus atque avis, cum illius nidum draco populatur, et præ oculis sobolem vorat, accedere quidem reformidat, fugere autem non potest : amor enim in ipsa repugnat ac dolor : sed stridens circumvolat obsidionis calamitatem, in aures immanes et quas natura misericordiam non docuit, nequidquam maternum et supplicem luctum ingerens. Velis igitur, Cnemon inquit, quomodo et quando grave hoc bellum sustinuisti, enarrare. Postea, inquit, nunc vero tempus est, ut etiam ventrem curemus. Ad hoc respiciens,

17.

ἀποσκοπῶν Ὅμηρος, [καὶ] ὡς πάντα δεύτερα αὐτῆς ποιεῖται, θαυμασίως οὐλομένην ὠνόμασεν. Ἀλλὰ πρῶτον ἡμῖν, ὡς νόμος Αἰγυπτίων σοροῖς, ἐσπείσθω τὰ πρὸς τοὺς θεούς. Οὐ γὰρ δή με καὶ τοῦτο ὑπερβῆναι πείσει, μὴ οὕτω ποτὲ πάθος ἰσχύσειεν, ὡς μνήμην τὴν εἰς τὸ θεῖον ἐκπλῆξαι.

ΚΓ΄. Καὶ ταῦτ᾽ εἰπὼν ἀπέχει τῆς φιάλης ἄκρατον τὸ ὕδωρ (τοῦτο γὰρ ἔπινε), καὶ, σπένδωμεν, ἔλεγε, θεοῖς ἐγχωρίοις τε καὶ Ἑλληνίοις καὶ αὐτῷ γ᾽ Ἀπόλλωνι Πυθίῳ, καὶ προσέτι Θεαγένει καὶ Χαρικλείᾳ, τοῖς καλοῖς τε καὶ ἀγαθοῖς, ἐπειδὴ καὶ τούτους εἰς θεοὺς ἀναγράφω. Καὶ ἅμ᾽ ἐδάκρυσεν, ὥσπερ ἑτέραν αὐτοῖς σπονδὴν ἐπιφέρων τοὺς θρήνους. Ἐπλάγη πρὸς τὴν ἀκοὴν τῶν ὀνομάτων ὁ Κνήμων ἄνω τε καὶ κάτω τὸν πρεσβύτην ἐπιθεωρήσας, Τί λέγεις, ἔφη, παῖδές εἰσί σοι τῷ ὄντι Θεαγένης καὶ Χαρίκλεια; Παῖδες, εἶπεν, ὦ ξένε ἀμήτορες ἐμοὶ γεγονότες· τύχῃ γάρ μου θεοὶ τούτους ἀνέδειξαν καὶ ἀπέτεκον αἱ ψυχῆς ὠδῖνες καὶ φύσις ἡ διάθεσις ἐπ᾽ αὐτοῖς ἐνομίσθη καὶ πατέρα με ἀπὸ ταύτης ἐκεῖνοι καὶ ἐνόμισαν καὶ ὠνόμασαν. Ἀλλὰ αὖ δὴ πόθεν, εἶπέ μοι, τούτους ἐγνώρισας; Οὐκ ἐγνώρισα μόνον, ἔφη ὁ Κνήμων, ἀλλὰ καὶ σώζεσθαί σοι αὐτοὺς εὐαγγελίζομαι. Ἄπολλον, ἔφη ἀναβοήσας, καὶ θεοὶ, καὶ ποῦ γῆς οὗτοι δείκνυε· σωτῆρά σε καὶ θεοῖς ἰσοστάσιον ἡγήσομαι. Μισθὸς δέ μοι τίς ἔσται; ἔφη. Τὸ μὲν παρὸν, ἦδ᾽ ὅς, εὐχαριστία. Ξενίων δ᾽ οἶμαι τὸ κάλλιστον ἀνδρὶ νοῦν ἔχοντι. Καὶ οἶδα πολλοὺς ὡς θησαυρὸν τῇ ψυχῇ παραθεμένους τὸ δῶρον. Εἰ δὲ καὶ τῆς ἐνεγκούσης ἐπιβαίημεν, (ἔσεσθαι δέ μοι τοῦτ᾽ οὐκ εἰς μακρὰν οἱ θεοὶ προσημαίνουσιν), ἀρύσῃ πλοῦτον ὅσον ἂν δύναιο πλεῖστον. Μέλλοντα, εἶπε, καὶ ἄδηλα κατεγγυᾷς, ἐξὸν ἐκ τῶν παρόντων ἀμείβεσθαι. ΞΕΝ. Ἀπάγγελλε, εἴ τι παρὸν ὁρᾷς, ὡς ἕτοιμος ἐγὼ καὶ μέρος τι προέσθαι τοῦ σώματος. ΚΝΗΜ. Οὐδὲν δεῖ μέλος ἀκρωτηριάζειν ἀλλ᾽ ἅπαν ἔχειν ἡγήσομαι, εἰ τούτους ὁπόθεν εἰσὶν καὶ ἐκ τίνων φύντες καὶ πῶς δεῦρο ἀφιγμένοι καὶ ποίαις κεχρημένοι τύχαις, βουληθείης ἐξαγορεῦσαι. Ἕξεις, ἀπεκρίνατο, τὸν μισθὸν μέγαν τινὰ καὶ οἷῳ οἷον ἄλλον, οὐδ᾽ εἰ τὰ ἐξ ἀνθρώπων χρήματα αἰτῶν ἐτύγχανες. Ἀλλὰ τὸ παρὸν τροφῆς ὀλίγον ἀπογευσώμεθα, μακροτέρας γὰρ δεήσει σοί τε τῆς ἀκροάσεως, ἐμοί τε τῆς ἀφηγήσεως. Ἐντραγόντες οὖν τῶν τε καρύων καὶ σύκων, ἀρτιτρεπῶν τε φοινίκων καὶ ἄλλων δὴ τοιούτων, ἀφ᾽ ὧν ἐξ ἔθους ὁ πρεσβύτης ἐσιτεῖτο, (ψυχῆς γὰρ διὰ βρῶσιν οὐδὲ ἓν ἀφῄρηται) ἐπερρόφουν ὁ μὲν τοῦ ὕδατος, ὁ δὲ καὶ οἴνου ὁ Κνήμων, ὃς γε καὶ μικρὸν διαλιπών, Ὁ Διόνυσος εἶπεν, οἶσθα, ὦ πάτερ, ὡς χαίρει μύθοις καὶ κωμῳδίαις φιλεῖ. Κἀμὲ δὴ οὖν τὰ νῦν εἰσῳκισμένος, ἀνίησι πρὸς τὴν ἀκρόασιν, τόν τ᾽ ἐπηγγελμένον σοι μισθὸν ἀπαιτεῖν ἐπείγει καὶ ὥρα σοι τὸ δρᾶμα καθάπερ ἐπὶ σκηνῆς τῷ λόγῳ διασκευάζειν. Ἀκούοις ἄν, ἔφη. Ἀλλ᾽ εἴθε γε καὶ τὸν χρηστὸν Ναυσικλέα παρεῖναι ἡμῖν συνέβαινεν, ὃν πολλάκις γε δι᾽ ὄχλου γιγνό-

---

Homerus, quod ipso omnia minoris ducat, præclare perniciosum eum appellavit. Sed primum a nobis, pro Ægyptiorum sapientum disciplina, libetur diis immortalibus. Neque enim me quidquam adducet, ut hoc violem, nec unquam tantum dolor invalescet, ut memoriam numinis ex animo excutiat meo.

XXIII. Hæc locutus, effundebat ex phiala meram aquam, (hanc enim bibere solebat), et, libemus, dicebat, diis hujus terræ et Græcis et ipsi Apollini Delphico, atque insuper Theageni et Chariclex, bonis et honestis, siquidem et hos in deorum numerum refero. Simulque collacrimavit, tanquam aliam libationem illis præterea faciens mœrenti fletu. Obstupuit audilis his nominibus Cnemon et undiquaque senem oculis lustrans, Quid dicis? inquit, tuine sunt revera liberi Theagenes et Chariclea? Liberi, dixit hospes, qui mihi absque matre nati sunt, casu enim meos filios dii eos designarunt et ediderunt animi dolores, et affectio animi erga illos a me pro natura habita est: ex qua illi me quoque patrem et putarunt esse et nominarunt. Ceterum die mihi, unde tu illos noris? Non tantum novi, inquit Cnemon, sed etiam illos esse salvos et incolumes tibi nuntio. O Apollo, inquit exclamans, diique ceteri, ubinam terrarum sint isti, ostende. Servatorem te meum, ac diis ipsis æqualem esse ducam. Præmium autem, inquit, quodnam erit? In præsentia quidem, ait ille, gratitudo, viro sapienti pulcherrimum munus. Multosque novi, qui hoc donum tanquam thesaurum in animo reposuerunt. Quod si in patriam venerimus, quod futurum esse brevi dii mihi prænuntiant, hauries opes quam maximas. Futura, inquit, et incerta promittis, cum liceat ex præsenti copia remunerari. Indica, si quid in præsentia vides, nam ego sum paratus vel partem aliquam corporis amittere. Nihil opus est ut membro te quodam mutiles, sed omnia me habere, existimabo, si de his mihi, unde sint et quibus parentibus nati et qua fortuna usi, enerrare non recuses. Habebis, respondit, præmium quoddam magnum et cui nullum aliud comparari posset, etiamsi opes omnium hominum postulasses. Sed nunc cibi aliquid capiamus. Ad hanc enim rem longiori tempore utrique nostrum et tibi ad audiendum et mihi ad narrandum, opus erit. Cum igitur comedissent nuces et ficus et recens decerptas palmulas et alia id genus, quibus vesci senex consueverat, (anima enim nihil unquam escæ gratia privabat) sorbebant quoque, is quidem aquam, Cnemon autem et vinum. Atque hic parvo spatio temporis intermisso, Bacchus, inquit, quam gaudeat confabulationibus et carminibus convivalibus, non ignoras pater. Quare nunc quoque, cum me sibi vindicarit, ut arcam aliquid audire incitat et ad repetendum præmium a te mihi promissum impellit et tempus est, ut jam fabulam hanc tanquam in scena, ut dicitur, instruas. Audies, inquit, atque utinam contigisset, ut frugi Nausi-

μενον μυηθῆναι τὴν ἀφήγησιν ἄλλως ἄλλοτε διεκρουσάμην.

ΚΔ΄. Ποῦ δ᾽ ἂν εἴη τὰ νῦν, ἠρώτα ὁ Κνήμων, ὡς τοὔνομα τοῦ Ναυσικλέους ἐπέγνω. Ἐπ᾽ ἄγραν, ἔφη, πεπόρευται. Τοῦ δὲ ὁποίαν, πάλιν ἐρομένου, Θηρίων, ἔφη, τῶν χαλεπωτάτων, οἳ καλοῦνται μὲν ἄνθρωποι καὶ βουκόλοι, λῃσταὶ δ᾽ εἰσὶ τὸν βίον καὶ δυσάλωτοι παντάπασιν, ὅσα φωλεοῖς καὶ σήραγξι τῷ ἕλει χρώμενοι. Ἐγκαλεῖ δ᾽ αὐτοῖς τίνα αἰτίαν; Ἀττικῆς,
10 ἔφη, ἐρωμένης ἁρπαγήν, ἣν Θίσβην ἐκεῖνος ὠνόμαζε. Φεῦ, εἶπεν ὁ Κνήμων καὶ ἀθρόον ἐσιώπησεν, ὥσπερ αὐτοῦ λαβόμενος. Τοῦδε πρεσβύτου, Τί πέπονθεν; ἐρομένου, πρὸς ἄλλῳ ὁ Κνήμων ἀπάγων, Θαυμάζω, ἔφη, πῶς ἢ τίνι χειρὶ πεποιθὼς ἐνεθυμήθη τὴν ἔφοδον. Καὶ
15 ὅς, Βασιλεῖ, ἔφη, ξένε, τῷ μεγάλῳ σατραπεύει τὴν Αἴγυπτον Ὀροονδάτης, οὗ κατὰ πρόσταγμα φρουραρχος Μιτράνης τήνδε κεκλήρωται τὴν κώμην. Τοῦτον δὴ ὁ Ναυσικλῆς ἐπὶ χρήμασι μεγάλοις ἄγει σὺν ἵππῳ καὶ ἀσπίδι πολλῇ. Χαλεπαίνει δὲ τὴν ἀφαίρεσιν τῆς
20 Ἀττικῆς κόρης οὐχ ὡς ἐρωμένης μόνον καὶ μουσουργίαν ἀρίστης, ἀλλ᾽ ὅτι αὐτὴν καὶ βασιλεῖ τῶν Αἰθιόπων ἀπάξειν ἔμελλεν, ὡς αὐτὸς ἔφασκε, γαμετῇ τῇ ἐκείνου συμπαίστριαν καὶ συνόμιλον τὰ Ἑλλήνων ἐσομένην. Ὡς οὖν μεγάλων καὶ πολλῶν τῶν ἐπ᾽ αὐτῇ
25 προσδοκωμένων χρημάτων ἐστερημένος πᾶσαν ἐγείρει καὶ κινεῖ μηχανήν. Ἐπέρρωσά τε καὶ αὐτὸς πρὸς τὴν πρᾶξιν, εἴ πῃ ἄρα καὶ τοὺς παῖδάς μοι περισώσειεν, ἐνθυμούμενος. Ὑπολαβὼν οὖν ὁ Κνήμων, Ἅλις, ἔφη, βουκόλων καὶ σατραπῶν καὶ βασιλέων αὐτῶν,
30 ἔλαβες γάρ με μικρὸν καὶ εἰς πέρας τῷ λόγῳ διαβιβάζων. Ἐπεισόδιον δὴ τοῦτο, οὐδέν, φασί, πρὸς τὸν Διόνυσον ἐπεισκυκλήσας· ὥστ᾽ ἐπάναγε τὸν λόγον πρὸς τὴν ὑπόσχεσιν. Εὕρηκα γάρ σε κατὰ τὸν Πρωτέα τὸν Φάριον, οὐκ αὐτὸν τρεπόμενον εἰς ψευδομένην καὶ
35 ῥέουσαν ὄψιν ἀλλ᾽ ἐμὲ παραφέρειν πειρώμενον. Μανθάνοις ἄν, ἔφη ὁ πρεσβύτης. Διηγήσομαι δέ σοι τὰ μαυτοῦ πρότερον ἐπιτεμών, οὐ σοφιστεύων, ὡς αὐτὸς οἴει, τὴν ἀφήγησιν, ἀλλ᾽ εὐτακτότον σοι καὶ προσεχῆ τῶν ἑξῆς παρασκευάζων τὴν ἀκρόασιν. Ἐμοὶ πόλις Μέμ-
40 φις, πατὴρ δὲ καὶ ὄνομα Καλάσιρις, βίος δὲ νῦν μὲν ἀλήτης, πρότερον δ᾽ οὐ πάλαι προφήτης. Ἐγένετο μοι καὶ γυνὴ νόμῳ τῆς πόλεως καὶ ἀπεγένετο θεσμῷ τῆς φύσεως. Ταύτης εἰς τὴν ἑτέραν λῆξιν ἀναλυθείσης, χρόνον μέν τινα διῆγον ἀπαθὴς κακῶν, ἐπὶ παισὶ
45 δύο τοῖς δὲ αὐτῇς ἁδρυνόμενος. Οὐ πολλοῖς δ᾽ ὕστερον ἔτεσιν, οὐρανία φωστήρων εἱμαρμένη περίοδος τρέπει τὰ καθ᾽ ἡμᾶς καὶ ὄμμα Κρόνιον εἰς τὸν οἶκον ἐνέσκηψε, τὴν ἐπὶ τὸ χεῖρον ἐπάγον μεταβολήν, ἣν ἐμοὶ σοφία προΰφηνε μέν, διαδρᾶναι δ᾽ οὐκ ἔδωκε. Τοὺς γὰρ μοι-
50 ρῶν ἀτρέπτους ὅρους προϊδεῖν μὲν δυνατόν, ἐκφεύγειν δ᾽ οὐκ ἐφικτόν. Κέρδος δ᾽ ὡς ἐν τοῖς τοιούτοις ἡ πρόγνωσις, ἀμβλύνουσα τοῦ δεινοῦ τὸ φλεγμαῖνον. Συμφοραῖς γάρ, ὦ παῖ, τὸ μὲν ἀπροσδόκητον ἀφόρητον, τὸ δὲ προεγνωσμένον, οἰστότερον. Τὸ μὲν γὰρ ἡ διά-

---

cles nobiscum una esset, quem sæpius flagitantem, ut a me initiaretur hac narratione, alias aliter differendo elusi.

XXIV. Ubi autem tum esset, interrogabat Cnemon, postquam nomen Nausiclis agnovit. Ad venationem, inquit, profectus est. Qualem, iterum quærente : Ferarum, inquit, immanium, quæ vocantur quidem homines et bubulci, ceterum latrociniis exercendis vitam agunt et difficulter circumveniri possunt, tanquam lustris et cavernis palude utentes. Cujus autem criminis illos reos facit? Atticæ, inquit, amicæ raptus, quam Thisben ille nominabat. Papæ, dixit Cnemon, atque illico conticuit, veluti sese reprimens. Sene vero, quid illi accidisset, percunctante, ad alia Cnemon eum abducens, Demiror, inquit, qui, aut quibus copiis confisus, illos aggredi in animum induxerit. At ille, A rege magno, inquit, satrapa Ægypti Oroondates est constitutns, cujus jussu, præfectus excubiarum Mitranes sortitus est hunc pagum. Hunc Nausicles magna summa pecuniæ conductum, ducit cum equitibus et peditibus multis. Moleste autem fert ereptionem Atticæ puellæ, ut non tantum amicæ et egregie canentis fidibus, sed multo magis, quod eam ad regem Æthiopum secum abducturus fuerat, quemadmodum ipse dicebat, uxori illius in lusum sociam, et familiarem Græcorum more futuram. Tanquam igitur ingenti pecunia, quam pro illa exspectabat, privatus, omnem ad eam rem comparat et adhibet machinam. Auctor etiam ipse fui et hortator illi ad eam rem aggrediendam; fieri posse, ut alicubi liberos meos repertos mihi servaret, cogitans. Excipiens autem Cnemon, Satis est, inquit, jam bubulcorum et satraparum et regum ipsorum. Parum enim aberat, quin me non advertentem animum prorsus aliorsum sermone traduceres. Appendicem hanc nihil, ut aiunt, ad Bacchum annexuisti. Quare reducas orationem ad id, quod a te promissum est. Inveni enim te quasi Proteum Pharium, non quidem in commentitiam et fluxam speciem verti sed me abducere a proposito conari. Cognosces, inquit senex. Exponam autem initio meas res breviter, non fucum tibi faciens in narratione, ut tu existimas, sed distinctam et cohærentem cum iis, quæ sequentur, tibi præparans orationem. Mihi est urbs Memphis patria, pater autem et cognomen Calasiris, porro genere vitæ nunc erro, non multo autem ante antistes fueram. Habui autem et uxorem urbis instituto, sed amisi lege naturæ. Hæc cum e corpore in aliam requiem excessisset, aliquantum temporis ætatem agebam expers malorum, in duobus illis ex ea susceptis me oblectans. Non post multos autem annos, luminarium cœlestis circuitus fatis definitus mutat totum statum nostrarum rerum et oculus Saturnius in domum irruit, in deterius afferens mutationem, quam quidem mihi sapientia præmonstravit, ceterum effugiendi facultatem non dedit. Nam fatorum decreta immutabilia providere quis potest, effugere vero non potest. Lucrum vero ut in talibus rebus prospicientia est, obtundens adversorum casuum aciem. Calamitates enim, fili, quæ inopinato adveniunt, sunt intolerabiles, at prævisæ, æquiore animo perferuntur. Illas

νοια φόβῳ προληφθεῖσα κατέπτηξε, τὸ δ' ἡ συνήθεια τῷ λογισμῷ διήτησε.

ΚΕ΄. Γέγονε δὲ περὶ ἐμὲ τοιόνδε. Γύναιον Θρᾳκικὸν τὴν ὥραν ἀκμαῖον καὶ τὸ κάλλος δεύτερον μετὰ 5 Χαρίκλειαν [ἔχουσα], ὄνομα Ῥοδῶπις, οὐκ οἶδ' ὁπόθεν ἢ ὅπως κακῇ μοίρᾳ τῶν ἐγνωκότων ὁρμηθὲν, ἐπεπόλαζε τὴν Αἴγυπτον καὶ ἤδη καὶ εἰς τὴν Μέμφιν ἐκώμαζε, πολλῇ μὲν θεραπείᾳ, πολλῷ δὲ πλούτῳ δορυφορουμένη, πᾶσι δ' ἀφροδισίοις θηράτροις ἐξησκη-
10 μένη. Οὐ γὰρ ἦν ἐντυχόντα μὴ ἡλωκέναι· οὕτως ἄφυκτόν τινα καὶ ἀπρόσμαχον ἑταιρίας σαγήνην ἐκ τῶν ὀφθαλμῶν ἐπεσύρετο. Ἐφοίτα δὴ θαμὰ καὶ εἰς τὸν νεὼν τῆς Ἴσιδος, ἧς προεφήτευον, καὶ τὴν θεὸν συνεχῶς ἐθεράπευε θυσίαις τε καὶ ἀναθήμασι πολυταλάντοις.
15 Αἰσχύνομαι λέγειν, ἀλλ' εἰρήσεται· γίγνεται δὴ κἀμοῦ κρείττων ὀφθεῖσα πολλάκις. Ἐνίκα τὴν διὰ βίου μοι μελετηθεῖσαν ἐγκράτειαν. Ἐπὶ πολύ τε τοῖς σώματος ὀφθαλμοῖς τοὺς ψυχῆς ἀντιστήσας, ἀπῆλθον τὸ τελευταῖον ἡττηθεὶς καὶ πάθος ἐρωτικὸν ἐπιφορτισάμενος.
20 Ἀρχὴν δὴ τῶν ἐσομένων καὶ προαγορευθέντων μοι πρὸς τοῦ θείου δυσχερῶν τὴν γυναῖκα φωράσας καὶ συνεὶς ὡς τῶν πεπρωμένων ἐστὶν ὑπόκρισις καὶ ὡς ὁ τότ' εἰληχὼς δαίμων οἱονεὶ προσωπεῖον αὐτὴν ὑπῆλθε, τὴν μὲν ἐκ παίδων μοι σύντροφον ἱερωσύνην, ἔγνων μὴ κατισχῦ-
25 ναι καὶ ἀντισχεῖν, μηδ' ἱερὰ καὶ τεμένη θεῶν βεβηλῶσαι. Τῶν δ' ἡμαρτημένων οὐκ ἔργῳ (μὴ γένοιτο) ἀλλ' ἐφέσει μόνῃ, τὴν ἁρμόζουσαν ἐπιβαλὼν ζημίαν, δικαστὴν ἐμαυτῷ τὸν λογισμὸν ἀναδείξας, φυγῇ κολάζω τὴν ἐπιθυμίαν καὶ τῆς ἐνεγκούσης ὁ βαρυδαίμων
30 ἐξῄειν, ὁμοῦ μὲν εἴκων ταῖς μοιρῶν ἀνάγκαις καὶ πράττειν ὅ τι καὶ βούλοιντο τὰ καθ' ἡμᾶς ἐπιτρέπων, ὁμοῦ δὲ τὴν ἀποτρόπαιον Ῥοδῶπιν ἀποφεύγων. Ἐδεδίειν γάρ, ὦ ξένε, μὴ τοῦ τότε ἐπικρατοῦντος ἀστέρος ἐπιβρίσαντος καὶ πρὸς τὸ αἰσχρότερον τῶν ἔργων ἐκνική-
35 θείην. Ὃ δέ με πρὸ πάντων καὶ ἐπὶ πᾶσιν ἐξήλαυνεν, οἱ παῖδες ἦσαν, οὓς ἡ ἄρρητός μοι πολλάκις ἐκ θεῶν σοφία, ξιφήρεις ἀλλήλοις συμπεσεῖσθαι προηγόρευε. Περιγράφων οὖν τῶν ὀφθαλμῶν τὴν οὕτως ἀπηνῆ θέαν, (ἣν ἐκτραπήσεσθαι καὶ τὸν ἥλιον εἰκάζω νέφος
40 τῆς ἀκτῖνος προκαλυψάμενον) καὶ πατρῴαις ὄψεσι τὸν παίδων φόνον ἀθέατον χαριζόμενος, ἐξοίκιζον ἐμαυτὸν γῆς τε καὶ οἰκίας πατρῴας, τὴν μὲν ὁρμὴν οὐδενὶ φράσας, πρόφασιν δὲ ὡς εἰς Θήβας τὰς μεγάλας ἀνακομίζομαι ποιησάμενος, ὡς ἂν θάτερον τῶν παίδων
45 τὸν πρεσβύτερον θεασαίμην, ἐκεῖ παρὰ τῷ μητροπάτορι τότε διάγοντα. Θύαμις δ' ἦν ὄνομα αὐτῷ, ὦ ξένε. Συνεστάλη πάλιν ὁ Κνήμων, ὥσπερ τῷ ὀνόματι τοῦ Θυάμιδος βληθεὶς τὴν ἀκοήν, καὶ ὁ μὲν ἐκαρτέρησε σιωπῆσαι τῶν ἑξῆς ἕνεκεν, ὁ δ' ἐπέραινε τὸν
50 λόγον ὧδε· Παραλείπω τὴν ἐν μέσῳ πλάνην, ὦ νεανία, συντελεῖ γὰρ οὐδὲν εἰς τὴν παρὰ σοῦ ζήτησιν.

ΚϚ΄. Πυνθανόμενος δ' εἶναί τινα Δελφοὺς Ἑλληνίδα πόλιν, ἱερὰν μὲν Ἀπόλλωνος, θεῶν δὲ τῶν ἄλλων τέμενος, ἀνδρῶν δὲ σοφῶν ἐργαστήριον, θορύβου δὲ

enim animus metu occupatus reformidat et ægre fert, has autem consuetudo rationi familiares reddit.

XXV. Accidit autem mihi tale quiddam. Muliercula Thressa, maturo ætatis flore, pulchritudine autem post Charicleam secundas tenens, nomine Rhodopis, nescio unde aut quomodo, adverso fato eorum qui illam cognoverunt profecta, peragrabat Ægyptum atque etiam Memphim veniebat, magna pedissequarum et servorum caterva et multis opibus stipata, omnibus venereis illecebris egregie instructa. Neque fieri potuit, ut non quivis qui in illam incidisset caperetur : adeo inevitabilem quemdam et invictum fascinum meretricium ex illius oculis attrahebat. Ingrediebatur etiam sæpe templum Isidis, cujus ego eram antistes, et deam continuo colebat et venerabatur sacrificiis ac donariis, quæ multis talentis constabant. Pudet dicere, attamen non celabo : et me vicit, sæpius visa : vincebat et continentiam, quam in vita summo studio servaveram. Ac diu quidem multumque oculis corporis animi oculis resistebam : ad extremum tamen victus, affectui amatorio, tanquam oneri, succubui. Cum igitur initium molestiarum et ærumnarum divinitus mihi incumbentium, quas jam antea præsciveram, mulierem esse deprehendissem et intellexissem, quod esset fatalis necessitatis involucrum, quodque is, cui tum sors obtigerat, deus, illam sibi tanquam personam induisset, statui non dedecorare sacerdotale munus, cui a pueritia innutritus fueram, et resistere, neque delubra deorum et aras profanare. Atque eorum, quæ peccaveram, non re ipsa, (quod absit) sed sola animi cupiditate, convenienti mihi mulcta imposita, et ratione in judicium adhibita, exsilio punio cupiditatem et ex patria discessi infelix : tum cedens Parcarum necessitati et illis quidvis statuendi in nos arbitrium permittens, tum etiam exsecrandam Rhodopin fugiens. Metuebam enim, hospes, ne stella, quæ tum dominabatur urgente, vel ad turpius opus impelleret. Ceterum quod me imprimis et post omnia expellebat, filii erant : quos mihi arcana ex diis sapientia, infestis armis concursuros, prædicebat. Tollens igitur ab oculis tam crudele spectaculum, (quod vel solem ipsum aversaturum esse existimo, radiis nube objecta tectis) et paternos oculos aspectu cædis filiorum liberans, emigravi e terra et domo paterna, discessum meum indicans nemini, prætexens iter hoc nomine, quod magnas Thebas percepturus essem, ut alterum ex filiis majorem natu viserem, qui ibi tum apud avum agebat. Thyamidi erat illi nomen, hospes. Rursus Cnemon, tanquam nomine Thyamidis ictus, cohibuit se tamen ut taceret, propter ea, quæ deinceps narrabantur. Ille autem sic pertexebat narrationem. Relinquo errorem intermedium, adolescens, nihil enim pertinet ad id, quod tu sciscitaris.

XXVI. Ceterum cum audirem, esse quamdam urbem Græcam, Apollini quidem sacram, deorum autem aliorum delubrum, hominum vero sapientum tabernam, remotam

δημώδους ἐκτὸς ἀνῳκισμένην, ἔστελλον εἰς ταύτην ἐμαυτὸν, ἁρμόδιον τῷ προφητικῷ καταγώγιον, τὴν ἱεροῖς καὶ τελεταῖς ἀνακειμένην ὁριζόμενος. Διά τε τοῦ Κρισσαίου κόλπου τῇ Κίρρᾳ προσορμισθεὶς, ἐκ νεὼς ἐπὶ τὴν πόλιν ἀνέθεον. Ἐπεὶ δ' ἐπέστην, ὀμφή με ὡς ἀληθῶς θεία προσέβαλεν αὐτόθεν. Καὶ τά τ' ἄλλα ἡ πόλις διαίτημα κρειττόνων ἔδοξε καὶ οὐχ ἥκιστα τῇ φύσει τῆς περιοχῆς. Οἷον γὰρ φρούριον ἀτεχνῶς καὶ αὐτοσχέδιος ἀκρόπολις ὁ Παρνασσὸς ἀπαιωρεῖται, πρὸ ποδῶν λαγόσι τὴν πόλιν ἐγκολπισάμενος. Ἄριστα, ἔφη, λέγεις, ὁ Κνήμων καὶ ὥς ἂν τις ἐπιπνοίας ὡς ἀληθῶς Πυθικῆς ἐπησθημένος. Τῇδε γάρ πῃ καὶ ὁ πατήρ μοι θέσεως ἔχειν τοὺς Δελφοὺς ἔφραζεν, ὅτ' αὐτὸν ἱερομνήμονα ἡ πόλις Ἀθηναίων ἔστειλεν. Ἀθηναῖος ἄρ᾽, ἦσθα, ὦ παῖ; Ναὶ, ἔφη. Ὄνομα δὲ τίς; Κνήμων, ἀπεκρίνατο, [Τύχη τίνι κεχρημένος;] τὰ δ' ἄλλα εἰσαῦθις [ἔφη] ἀκούσῃ, νῦν δ' ἔχου τῶν ἑξῆς. Ἔξομαι, ἔφη. Καὶ ἐπανῄειν πρὸς τὴν πόλιν. Ἐπαινέσας οὖν τῶν τε δρόμων καὶ ἀγορῶν καὶ κρηνῶν τὸ ἄστυ καὶ Κασταλίαν αὐτήν, ἣν δὴ καὶ περιρραντήριον ἐποιησάμην, ἐπὶ τὸν νεὼν ἔσπευδον, καὶ γάρ με καὶ θροῦς τῶν πολλῶν ἀνεπτέρωσεν, ὥραν εἶναι κινεῖσθαι τὴν θεοπρόπον, λέγοντες. Ἐπεὶ δ' εἰσελθὼν προσεκύνουν καί τι καὶ κατ' ἐμαυτὸν ηὐχόμην, ἀνεφθέγξατο ἡ Πυθία τοιάδε·

Ἴχνος ἀειράμενος ἀπ' εὐστάχυος παρὰ Νείλου,
Φεύγεις μοιράων νήματ' ἐρισθενέων.
Τέτλαθι, σοὶ γὰρ ἐγὼ κυαναύλακος Αἰγύπτοιο
Αἶψα πέδον δώσω. Νῦν δ' ἐμὸς ἔσσο φίλος.

ΚΖ'. Ταῦθ' ὡς ἐθέσπισεν, ἐγὼ μὲν ἐμαυτὸν ἐπὶ πρόσωπον τοῖς βωμοῖς ἐπιβαλών, ἵλεων εἶναι τὰ πάντα ἱκέτευον. Ὁ δὲ πολὺς τῶν περιεστώτων ὅμιλος, ἀνευφήμησαν τὸν θεὸν τῆς ἐπ' ἐμοὶ παρὰ τὴν πρώτην ἔντευξιν προφητείας. Ἐμὲ δ' ἐμακάριζον καὶ περιεπόντο ἐντεῦθεν παντοίως, φίλον ἥκειν με τῷ θεῷ μετὰ Λύκουργόν τινα Σπαρτιάτην λέγοντες, καὶ ἐνοικεῖν τε βουλόμενον τῷ τεμένει τοῦ νεὼ συνεχώρουν καὶ σιτηρέσιον ἐκ τοῦ δημοσίου παρέχειν ἐψηφίσαντο, καὶ συνελόντι λέγειν ἀγαθῶν ἀπέλιπεν οὐδέν. Ἢ γὰρ πρὸς ἱεροῖς ἦν, ἢ πρὸς θυσίαις ἐξηταζόμην, ἃς πολλὰς καὶ παντοίας ἀνὰ πᾶσαν ἡμέραν ξένος τε καὶ ἐγχώριος λεὼς τῷ θεῷ χαριζόμενοι δρῶσιν, ἢ φιλοσοφοῦσι διελεγόμην. Οὐκ ὀλίγος δ' ὁ τοιοῦτος βίος συρρεῖ περὶ τὸν νεὼν τοῦ Πυθίου, καὶ μουσεῖόν ἐστιν ἀτεχνῶς ἡ πόλις ὑπὸ μουσαγέτῃ θεῷ φοιβαζομένη. Τὸν μὲν δὴ πρότερον χρόνον ἄλλοτε περὶ ἄλλων ἡμῖν αἱ ζητήσεις ἀνεκινοῦντο· καὶ ἐ μέν τις ὅπως τοὺς ἐγχωρίους οἱ Αἰγύπτιοι σέβομεν θεοὺς ἀνηρώτα, ὁ δὲ δι' ἣν αἰτίαν ἄλλα παρ' ἄλλοις τῶν ζῴων ἐκθειάζεται καὶ τίς ὁ περὶ ἑκάστου λόγος ἐπυνθάνετο· ἄλλος πυραμίδων κατασκευήν, ἕτερος συρίγγων πλάνην, καὶ συνελόντι τῶν κατ' Αἴγυπτον ἐν οὐδὲν ἀπελίμπανον ἱστοροῦντες. Αἰγύπτιον γὰρ ἄκουσμα καὶ διήγημα πᾶν Ἑλληνικῆς ἀκοῆς ἐπαγωγότατον.

a tumultu populari, habebam ad illam iter, conveniens homini prophetico receptaculum, sacris rebus et cærimoniis destinatam urbem eligens. Et cum per Crissæum sinum ad Cirrham appulissem, ex navi cucurri ad urbem. Postquam vero adstiti, vox procul dubio divina protinus aures meas incessit et cum aliis de causis urbs mihi sedes meliorum visa est, tum non minime natura situs. Prorsus enim veluti munitio quædam et arx natura constituta, Parnassus dependet, prominentibus lateribus urbem quasi quodam sinu complectens. Optime dicis, inquit Cnemon et ut aliquis qui revera afflationem Pythicam sensit. Eum enim esse situm urbis etiam pater mihi quondam dicebat, quando illum ad consilium Amphictyonicum augurem urbs Atheniensium miserat. Atheniensis igitur es, fili? Ita, inquit. Nomen vero quid tibi est? Cnemon, respondit, cætera vero deinceps audies, nunc autem continua narrationem. Continuabo, inquit. Ascendebam in urbem. Collaudato igitur a curriculis foris et fontibus oppido et ipso Castalio fonte, ex quo me etiam adspersi, ad templum festinabam. Etenim et murmur multitudinis, quod tempus instaret, in quo sese vates motura esset, excitaverat. Cum itaque ingressus deum venerarer et quiddam etiam apud me optarem, respondit hæc Pythia :

Fertilis a regione ferens vestigia Nili,
Fortia Parcarum stamina (sponte) fugis.
Durato, Ægypti quoniam nigricantia tradam
Arva tibi cito, nunc noster amicus eris.

XXVII. Hoc oraculum ut reddidit, ego procidens in aram pronus, ut mihi propitius esse vellet omnibus in rebus precabar. At magna circumstantium caterva celebrabant deum propter ejusmodi responsum mihi primo congressu datum. Prædicabant autem felicem me et me observabant inde modis omnibus, amicum me venire deo post Lycurgum quemdam Spartanum dicentes. Et cum in area templi habitare vellem, permittebant, utque mihi commeatus daretur ex publico, decreverunt. In summa, nihil boni deerat. Aut enim ad sacra et sacrificia, quæ multa et varia tota die peregrini et indigenæ gratificantes deo faciunt, inquirebam aliquid et scrutabar, aut cum philosophis colloquebar. Non parvus autem numerus ejusmodi hominum confluit ad templum Delphicum et prorsus est Museum ipsa urbs, sub Musarum duce deo vaticiniis dedita. Atque initio quidem alias de aliis rebus quæstiones a nobis movebantur. Erant enim, qui, quomodo nos Ægyptii deos coleremus, quærerent, alius, quamobrem alia apud alios animalia sacra et divina haberentur et quæ esset de quolibet narratio, percunctabatur. Quidam pyramidum formam et constructionem, nonnulli fistularum ductus et aufractus sciscitabantur. Quid multa? Ægyptiarum rerum nihil non inquisitum relinquebant. Etenim omnis Ægyptiaca narratio, mirum in modum Græcas delectat aures.

ΚΗ′. Τέλος δέ ποτε καὶ περὶ τοῦ Νείλου καὶ τίνες μὲν αὐτῷ πηγαί, τίς δ' ἡ παρὰ τοὺς ἄλλους ποταμοὺς ἰδιάζουσα φύσις καὶ ὁπόθεν τὴν θερινὴν ὥραν μόνος τῶν πάντων πλημμυρεῖ, πεύσίν τις ἐμοὶ προσῆγε τῶν ἀστειοτέρων. Ἐμοῦ δ' ἅπερ ἐγίγνωσκον εἰπόντος καὶ ὅσα περὶ τοῦ ποταμοῦ τούτου βίβλοις ἱεραῖς ἐγγεγραμμένα μόνοις τοῖς προφητικοῖς καὶ γιγνώσκειν καὶ ἀναγιγνώσκειν ἔξεστι· καὶ διελθόντος ὡς τὰς μὲν ἀρχὰς ἐκ τῶν μὲν ἄκρων τῆς Αἰθιοπίας ἐσχάτων δὲ τῆς Λιβύης λαμβάνει, καθ' ὃ μέρος τὸ κλίμα τὸ ἀνατολικὸν ἀπολῆγον, ἀρχὴν τῇ μεσημβρίᾳ δίδωσιν, αὔξεται δὲ κατὰ τὴν θερινὴν ὥραν, οὐχ ὥς τινες ᾠήθησαν πρὸς τῶν ἐτησίων ἀντικρὺ πνεόντων ἀνακοπτόμενος, ἀλλ' αὐτῶν δὴ τούτων τῶν ἀνέμων κατὰ τροπὴν τὴν θερινὴν ἀπὸ τῶν ἀρκτῴων ἐπὶ τὴν μεσημβρίαν πᾶν νέφος ἐλαυνόντων τε καὶ ὠθούντων, ἕως ἐπὶ τὴν διακεκαυμένην ζώνην συνάξωσι, καθ' ἣν τῆς πρόσω φορᾶς ἀνακόπτονται δι' ὑπερβολὴν τοῦ περὶ τὰ μέρη πυρώδους πάσης τῆς πρότερον καὶ κατὰ μικρὸν ἀθροισθείσης καὶ παχυνθείσης νοτίδος ἐξατμιζομένης, κἀκ τούτου λάβρων ὑετῶν ῥηγνυμένων, ὀργᾷ θ' ὁ Νεῖλος καὶ ποταμὸς εἶναι οὐκ ἀνέχεται ἀλλὰ καὶ ἐξανίσταται τῆς ὄχθης καὶ θαλασσώσας τὴν Αἴγυπτον τῇ παρόδῳ γεωργεῖ τὰς ἀρούρας. Διὸ πιεῖν τ' ἐστὶ γλυκύτατος, ἅτ' ἐξ ὄμβρων οὐρανίων χορηγούμενος καὶ θιγεῖν προσηνέστατος, οὐκ ἔτι μὲν θερμὸς ὡς ὅθεν ἤρξατο, ἔτι δὲ χλιαρὸς ὥς· ἐκεῖθεν ἀρξάμενος. Δι' ἣν αἰτίαν καὶ μόνος ποταμῶν αὔρας οὐκ ἀναδίδωσι, πάντως ἄν, ὡς τὸ εἰκός, ἀναδούς, εἰ καθώς τινες ἐβουλήθησαν, ὡς πυνθάνομαι, τῶν παρ' Ἕλλησιν εὐδοκίμων, χιόνος τηκομένης τὸ πλήρωμα ἐλάμβανε.

ΚΘ′. Ταῦτά μου καὶ τοιαῦτα διεξιόντος, ὁ ἱερεὺς τοῦ Πυθίου γνώριμος ἐμοὶ γεγονὼς ἐς τὰ μάλιστα, Χαρικλῆς ὄνομα ἦν αὐτῷ, θαυμασίως, ἔφη, λέγεις. Καὶ ταύτῃ τῇ γνώμῃ προστίθεμαι καὶ αὐτός, οὕτω καὶ παρὰ τῶν ἐν Καταδούποις ἱερέων τοῦ Νείλου πυθόμενος. Κἀγὼ πρὸς αὐτόν, ὦ Χαρίκλεις, ἔφην· Ἦλθες γὰρ κἀκεῖσε; Ἦλθον, εἶπε, ὦ σοφὲ Καλάσιρι. Τί δέ σε χρέος ἤγαγε πάλιν ἡρώμην. Ὁ δέ, Δυσπραξία τῶν κατὰ τὴν οἰκίαν, ἀπεκρίνατο, ἣ δή μοι καὶ εὐπραξίας αἰτία πέφυκεν. Ἐμοῦ δὲ τὸ παράδοξον θαυμάσαντος, Οὐ θαυμάσῃ, ἔφη, τὸ πρᾶγμα ὡς γέγονεν εἰ πύθοιο. Πεύσῃ δέ, ὅταν σοι βουλομένῳ γίγνηται. Οὐκοῦν ὥρα σοι λέγειν, ἦν δ' ἐγώ, νῦν γὰρ βούλομαι. Μάνθανε, εἶπεν ὁ Χαρικλῆς, τοὺς πολλοὺς μεταστησάμενος, καὶ γάρ σε καὶ διά τι χρήσιμον, ἐμὸν ἀκροατὴν γενέσθαι τῶν συμβεβηκότων πάλαι ἐβουλόμην. Ἐμοὶ γῆμαντι, παιδία οὐκ ἐγίγνετο. Ὀψὲ δέ ποτε καὶ βραδὺ τῆς ἡλικίας, πολλὰ τὸν θεὸν ἱκετεύων, θυγατρίου πατὴρ ἀνηγορεύθην, οὐκ ἐπ' αἰσίοις ἔσεσθαί μοι ταύτην τοῦ θεοῦ προαγορεύσαντος. Ἦλθε καὶ εἰς ὥραν γάμου καὶ ἐξεδόμην τῶν μνηστευσαμένων (πολλοὶ δ' ἦσαν) τῷ παρ' ἐμοὶ κριθέντι καλλίστῳ· καθ' ἣν δὲ νύκτα συγκατεκλίθη τῷ γήμαντι,

XXVIII. Ad extremum tandem et de Nilo, qui essent ejus fontes et quæ præter alios fluvios peculiaris natura et unde æstivo tempore solus inter omnes crescat aquis, quæstionem mihi quidam ex urbanioribus proponebat. Me dicente eo, quæ sciebam et quæ de hoc fluvio sacris libris perscripta, solis antistibus cognoscere ac legere licet; et narrante, quod in supremis Æthiopiæ, ultimis autem Libyæ partibus, oriatur, qua parte orientale clima desinens, initium meridiei præbet, crescit vero æstivo tempore, non, ut quidam putarunt, Etesiarum adverso flatu rejectus, sed iis ipsis ventis circa solstitium æstivum, a septemtrionalibus partibus versus meridiem, omnes nubes pellentibus ac trudentibus, donec in zona, quæ torretur ardore solis, colligantur, in qua illorum motus retunditur propter incredibilem circumstantis æstus vehementiam, toto, qui antea fuerat paullulum congregatus et condensatus, humore liquescente et inde copiosis imbribus cadentibus. Fumetque Nilus, nec se fluvium esse patitur, sed effunditur extra ripas et eluvione tanquam mari quodam Ægyptum operiens, adventu suo fœcundat agros. Quare ad bibendum dulcissimas præbet aquas, ut quæ illi ex cælestibus imbribus suppeditent et est tactu placidus ac lenis, non amplius calidus, sicut ubi incipit, verumtamen adhuc tepidus, ut in ejusmodi locis ortus. Quam ob causam solus ex fluviis vapores non exhalat: omnino enim consentaneum esset, ut exhalaret si eum ex nive liquefacta, quod quidam docti apud Græcos voluerunt, incrementum caperet.

XXIX. Cum de hisce et hujusmodi rebus dissererem, sacerdos Apollinis mihi maxime familiaris, Charicli erat illi nomen, Præclare, inquit, dicis, et ipse assentior huic sententiæ: sic enim etiam a sacerdotibus in Catadupis Nili audivi. Et ego ad illum, o Charicles, numquid etiam eo veneras? Veneram, dixit, sapiens Calasiri. Quæ autem necessitas eo deducebat, rursus quærebam. Ille autem, Adversa fortuna rei domesticæ, respondit, quæ mihi et felicitatis causa exstitit. Me vero illud mirante, Non miraberis, inquit, si rem, ita ut gesta est, expositam audieris. Audies autem, quandocunque placuerit. Igitur tempus est, inquiebam, ut exponas, nunc enim placet. Charicles autem, remota multitudine, cognosce, inquit, siquidem te mihi jamdudum utilitatis cujusdam causa auditorem mearum casuum exoptabam. Ego cum inissem matrimonium, liberos non habui. Sero tandem, et ætate provecta, assidue deum supplex orans, filiolæ pater sum appellatus, cum deus mihi non felicem faustamque eam fore prædixisset. Pervenit et ad nuptiarum tempus et elocavi eam in matrimonium ambientium (multi autem erant) qui meo judicio erat honestissimus. Eadem autem nocte, qua marito accu-

LIBER II.

κατ' αὐτὴν ἡ δυστυχὴς ἐτελεύτα, σκηπτοῦ τινος ἢ χειροποιήτου πυρὸς τοῖς θαλάμοις ἐμπεσόντος. Καὶ τὸν ὑμέναιον ᾀδόμενον ἔτι διεδέχετο θρῆνος καὶ ἀπὸ τῶν παστάδων ἐπὶ τὸ μνῆμα παρεπέμπετο καὶ δᾷδες 5 αἱ τὸ γαμήλιον ἐκλάμψασαι φῶς αὗται καὶ τὴν ἐπικήδειον πυρκαϊὰν ἐξῆπτον. Ἐπετραγῴδει τούτῳ τῷ δράματι καὶ ἕτερον πάθος ὁ δαίμων καὶ τὴν μητέρα μοι τῆς παιδὸς ἀφαιρεῖται τοῖς θρήνοις ἐγκαρτερήσασαν. τὸ δὲ θεήλατον τοῦ κακοῦ μὴ φέρων, ἐμαυτὸν μὲν οὐκ 10 ἐξάγω τοῦ βίου, τοῖς θεολογοῦσιν ὡς ἀθέμιτον τὸ πρᾶγμα πειθόμενος, ὑπεξάγω δὲ τῆς ἐνεγκούσης καὶ τὴν ἐρημίαν τῆς οἰκίας ἀποδιδράσκω. Μέγα γὰρ εἰς λήθην κακῶν ἡ δι' ὀφθαλμῶν τῆς ψυχῆς ὑπόμνησις ἀμαυρουμένη. Καὶ πολλοῖς ἐμπλανηθεὶς τόποις, ἦλ-
15 θον δὴ καὶ εἰς τὴν σὴν Αἴγυπτον καὶ Καταδούπους αὐτοὺς, καθ' ἱστορίαν τῶν καταρρακτῶν τοῦ Νείλου.

Λ΄. Τῆς μὲν οὖν ἀφίξεως τῆς ἐκεῖσε ἔχεις τὸν ἀπολογισμὸν, ὦ φίλος, ἣν δέ σε βούλομαι παρενθήκην γνῶναι τοῦ διηγήματος, μᾶλλον δ᾽ ἀληθέστερον εἰπεῖν,
20 αὐτὸ δὴ τὸ κεφάλαιον, ἀλύοντί μοι κατὰ τὴν πόλιν καὶ διατιθεμένῳ σχολὴν, καί τινα τῶν παρ᾽ Ἕλλησι σπανίων ὠνουμένῳ, (ἤδη γάρ μοι τῆς λέαν ἀλγηδόνος τῷ χρόνῳ πεττομένης ἡ πρὸς τὴν ἐνεγκοῦσαν ἐπάνοδος ἐσπουδάζετο,) ἀνήρ τις πρόσεισι τὰ μὲν ἄλλα σεμνὸς
25 ἰδεῖν καὶ ἀγχίνοιαν ἀπὸ τοῦ βλέμματος ἐμφανίζων, ἄρτι μὲν τὸν ἔφηβον παραλλάξας, τὴν χροίαν δ᾽ ἀκριβῶς μέλας καί με ἠσπάζετο καί τι βούλεσθαι διαφράζειν ἔλεγεν, Ἑλληνίζων οὐ βεβαίως. Ἐμοῦ δ᾽ ἑτοίμως ὑπακούσαντος, εἴς τινα νεὼν παρακείμενον εἰσα-
30 γαγών, Φύλλα τινά σε καὶ ῥίζας, ἔφη, τῶν Ἰνδικῶν καὶ Αἰθιοπικῶν καὶ Αἰγυπτίων ὠνούμενον ἑώρακα. Εἰ δὴ οὖν ἀκραιφνῶς ταῦτα καὶ δόλου παντὸς ἐκτὸς ὠνεῖσθαι βουληθείης, ἕτοιμος παρέχειν. Βούλομαι, ἔφην, καὶ δείκνυε. Ὁ δὲ, Ὄψει μὲν, εἶπεν, ὅπως δὲ
35 μὴ μικρολόγος ἔσῃ περὶ τὴν ἀγοράν. Σαυτὸν παρεγγύα, ἔφην, μὴ βαρύτερον εἶναι περὶ τὴν διάπρασιν. Καὶ ὃς ὑπὸ μάλης τι βαλαντίδιον ἔχων, προκομίσας ἐπεδείκνυ λίθων πολυτίμων ὑπερφυές τι χρῆμα· μαργαρίδες τε γὰρ ἐνῆσαν εἰς καρύου μικροῦ μέγεθος, καὶ
40 κύκλων τ᾽ ἀκριβῶς ἀπαρτιζόμεναι, καὶ λευκότητι πλεῖστον ἀγλαϊζόμεναι σμαράγδοί τε καὶ ὑάκινθοι, αἱ μὲν οἷα λήϊον ἠρινὸν χλοάζουσαι, ἐλαιώδους αὐτὰς τινὸς λειότητος ὑπαυγαζούσης, αἱ δ᾽ ἀπεμιμοῦντο χροιὰν ἀκτῆς θαλαττίας ὑπ᾽ ἀγχιβαθεῖ σκοπέλῳ μικρὸν
45 ὑποφριττούσης καὶ τὸ ὑποκείμενον ἰαζούσης· καὶ ἁπλῶς συμμιγής τις ἦν πάντων καὶ ποικίλη μαρμαρυγὴ τὴν ὀφθαλμῶν εὐφραίνουσα. Ἅπερ ὡς εἶδον, Ἄλλους, ἔφην, ὥρα σοι, ξένε, τῶνδε ἐπιζητεῖν ὠνητὰς, ὡς ἔγωγε καὶ ἡ κατ᾽ ἐμὲ περιουσία, σχολῇ γοῦν καὶ ἑνὸς
50 εἴη τῶν δρωμένων ἰσοστάσιος. Ἀλλ᾽ εἰ καὶ μὴ πρίασθαι δυνατὸς, εἶπε, δῶρόν γε λαμβάνειν οὐκ ἀδύνατος. Ἐγὼ μὲν οὐκ ἀνίκανος, ἔφην, δῶρόν γε λαμβάνειν, σὺ δ᾽ οὐκ οἶδ᾽ ὅ τι βουλόμενος παίζεις ἡμᾶς. Οὐ παίζω, εἶπεν, ἀλλὰ καὶ σφόδρα σπουδάζω καὶ

buerat, mortua est infelix, cum fulmen quoddam, seu manu excitatus ignis, in cubile incidisset. Atque ita hymenæum qui canebatur adhuc excepit luctus et ex thalamo ad sepulcrum deducebatur et faces quæ lumen ediderant nuptiale eædem ipsæ funebrem rogum succendebant. Addebat ad hanc fabulam et aliam tragicam calamitatem numen, dum matrem puellæ, luctui indulgentem, mihi aufert. Divinitus igitur immissum malum non ferens, non expello me quidem e vita, iis, qui de rebus divinis disserentes id facere nefas esse docent, obtemperans: expello vero me patria clam et solitudinem domus procul fugio. Magnum est enim adjumentum ad oblivionem malorum, recordatio animi, oculorum amotione, obscurata. Cumque multa loca vagabundus peragrassem, veni tandem aliquando et in tuam Ægyptum et ipsos Catadupos, ad visendas cataractas. Nili.

XXX. Rationem igitur profectionis meæ in ea loca tibi exposui, amice, corollarium autem, vel, ut verius dicam, caput ipsum narrationis, te in primis cognoscere cupio. Cum deambularem per otium in urbe et quædam, quorum est inopia apud Græcos, coëmerem, (jam enim nimio angore animi temporis intervallo decocto, in patriam redire properabam) vir quidam me accedit gravis et prudentiam vultu declarans, nuper quidem adolescentiæ annos egressus, colore vero prorsus nigro, et me salutabat, ac de re quadam colloqui se velle mecum dicebat, non exacte Græce loquens. Promptæque obtemperantem, in templum quoddam vicinum introduxit et Folia quædam, inquit, et radices Indicas et Æthiopicas te emere vidi: quod si hæc a me sincere et absque omni fraude emere volueris, libenter tibi proponam. Volo, inquam, et ostende. At hic, Videbis, inquit, sed ne in emendo parcum nimis te exhibeas. Tu fac, inquam, ne in vendendo grande nimis pretium exigere videaris. Hic autem proferens sacculum quemdam, quem habebat sub axilla, ostendebat lapides pretiosos quosdam admirabiles. Margaritæ enim inter illos erant, nucis parvæ magnitudine, suis partibus omnibus in modum circuli absolutæ, et candore maxime splendentes, smaragdique et hyacinthi, illi quidem veluti verna seges virentes, quadam lubricitate tanquam olei resplendente, hi vero imitabantur colorem marini litoris, sub arduo scopulo paullulum erecti et subjecta omnia purpureo colore tingentis: denique mixtus erat omnium variusque fulgor, oculos delectans et recreans. Quæ ut vidi, Alios, inquam, hospes, jam emtores tibi ut quæras opus est, quod ego et meæ facultates vix uni ex iis, quæ video, pares esse possint. Si, inquit, emere non potes, attamen dono accipere poteris. Mihi quidem, inquam, ad accipiendum donum vires non desunt, ceterum tu nescio quo animo nobis illudas. Non illudo, dixit, sed serio et singulari studio facio et juro per deum hujus templi præsidem, me tibi omnia daturum, si ad hæc præterea donum aliud suscipere volueris, longe his præstantius. Ridebam

ἐπόμνυμί γε τὸν ἱδρυμένον ἐνθάδε θεὸν, ἅπαντα δώσειν, εἰ πρὸς τούτοις καὶ ἕτερον δῶρον ὑποδέξασθαι βουληθείης, πολὺ τούτων ἐρτιμότερον. Ἐγέλων πρὸς ταῦτα. Τοῦ δὲ τὴν αἰτίαν πυνθανομένου· Ὅτι γελοῖον, ἔφην, εἰ τηλικαῦτα δῶρα καθυπισχνούμενος προσέτι καὶ μισθὸν ἐπαγγέλλῃ, πολὺ τῶν δώρων αὐτῶν ὑπερφέροντα. Πίστευε, εἶπεν, ἀλλ' ἐπόμνυε καὶ αὐτὸς ἦ μὴν ἄριστα χρήσεσθαι τῷ δώρῳ καὶ ὡς ἂν αὐτὸς ὑφηγήσωμαι. Ἐθαύμαζον μὲν, ἀπορῶν, ἐπόμνυον δὲ τηλικαῦτα ἐλπίζων. Ἐπειδὴ δέ μοι ὀμώμοστο, ὡς ἐκεῖνος ἐπέσκηπτεν, ἄγει με παρ' αὐτὸν καὶ δείκνυσι κόρην ἀμήχανόν τι καὶ δαιμόνιον κάλλος, ἣν αὐτὸς μὲν ἑπταέτιν γεγονέναι ἔλεγεν, ἐμοὶ δὲ καὶ ὥρᾳ γάμου πλησιάζειν ἐῴκει. Οὕτως ἄρα κάλλους ὑπερβολὴ καὶ εἰς μεγέθους ἔμφασιν φέρει προσθήκην. Κἀγὼ μὲν ἀχανὴς εἰστήκειν ἀγνοίᾳ τε τῶν γιγνομένων καὶ ἀκορέστῳ θέᾳ τῶν δρωμένων.

ΛΑ'. Ὁ δ' ἄρχεται λόγων τοιῶνδε· Ταύτην, ἣν ὁρᾷς, ξένε, φησὶν, ἣ μὲν τεκοῦσα δι' αἰτίαν ἣν γνώσῃ μικρὸν ὕστερον ἐν σπαργάνοις ἐξέθετο, τύχης ἀμφιβολίᾳ τὰ κατ' αὐτὴν ἐπιτρέψασα, ἐγὼ δὲ προστυχὼν, ἀνειλόμην· οὐδὲ γὰρ ἦν μοι θεμιτὸν ἐν κινδύνῳ ψυχὴν ἅπαξ ἐνανθρωπήσασαν περιιδεῖν. Ἐν γὰρ καὶ τοῦτο παράγγελμα τῶν γυμνῶν παρ' ἡμῖν σοφῶν, ὧν ἀκουστὴς εἶναι ὀλίγῳ πρόσθεν ἠξίωμαι. Καὶ ἄλλως καὶ τὸ παιδίον αὐτόθεν μέγα τι καὶ θεῖον τῶν ὀφθαλμῶν ἐξέλαμπεν· οὕτω μοι περισκοποῦντι, γοργόν τε καὶ ἐπαγωγὸν ἐνεῖδε. Συνεξέκειτο δ' αὐτῷ καὶ λίθων ὁρμος, ὃν ἀρτίως ἐπεδείκνυον καὶ ταινία τις ἀπὸ σηρικοῦ νήματος ἐξυφασμένη, γράμμασιν ἐγχωρίοις καὶ διηγήματι τῶν κατὰ τὴν παῖδα κατάστικτος, τῆς μητρὸς, οἶμαι, σύμβολα ταῦτα καὶ γνωρίσματα τῇ κόρῃ προμηθευσαμένης. Ἅπερ ὡς ἀνέγνων, πόθεν τ' ἐστὶ καὶ τίνος ἔγνων, εἰς ἀγρόν τε κομίζω πόρρω τῆς πόλεως ἀπῳκισμένον καὶ ποιμέσιν ἐμαυτοῦ τρέφειν παραδοὺς, μηδενί τε φράζειν ἐπαπειλήσας, τὰ συνεκτεθέντα κατέϊχον, τοῦ μή τινα ἐπιβουλὴν γενέσθαι αὐτὰ τῇ κόρῃ. Τὰ μὲν οὖν πρῶτα οὕτως ἐλάνθανεν. Ἐπεὶ δὲ τοῦ χρόνου προϊόντος ἡ τῆς κόρης ἀκμὴ μείζων, ὡς ὁρᾷς, ἐφαντάζετο τοῦ εἰωθότος, (τὸ κάλλος δ' οὐδ' ἂν ὑπὸ γῆν κρυπτόμενον ἔλαθεν, ἀλλά μοι δοκεῖ κἂν ἐκεῖθεν διαλάμψαι) δείσας μὴ φωτισθείη τὰ κατ' αὐτὴν καὶ ἀπόλοιτο μὲν αὕτη παραπολαύσω δέ τινος καὶ αὐτὸς ἀηδοῦς, ἐκπεμφθῆναι πρεσβευτὴς παρὰ τὸν Αἰγύπτου σατράπην ἐπραγματευσάμην καὶ ἥκω ταύτην συνεπαγόμενος, διαθέσθαι τὰ κατ' αὐτὴν ἐνθυμούμενος. Καὶ τῷ μὲν, ὅσον οὐδέπω περὶ ὧν ἥκω διαλεχθήσομαι, χρηματίσει γὰρ ἡμῖν τήμερον ἐπηγγείλατο, τὸ δὲ καὶ θεοῖς τοῖς οὕτως ἐπιτρέψαντι ἐγχειρίζω τὴν κόρην ἐπὶ συνθήκαις ταῖς ἐνωμότοις ἡμῖν γενομέναις, ἦ μὴν ἐλευθέραν ταύτην ἕξειν καὶ ἐλευθέρῳ πρὸς γάμον ἐκδώσειν ταύτην, ἣν δὴ καὶ αὐτὸς κομίζῃ παρ' ἡμῶν μᾶλλον δὲ τῆς ἐκθεμένης μητρός. Πιστεύω δέ σε πάντα ἐμπεδώσειν τὰ ὡμολογημένα, τοῖς θ' ὅρκοις

jam tum, his auditis. Hoc vero causam sciscitante, Ridiculum enim, inquam, mihi videtur, quod tanta dona promittens, præmium insuper polliccaris, longe dona superans, Crede, dixit, sed jura etiam ipse, quod optime sis usurus dono et ita quemadmodum ego docuero. Mirabar quidem hæsitans, jurabam tamen, tantarum rerum spe adductus. Postquam autem jusjurandum a me factum est, ita quemadmodum ille mandabat, ducit me ad sese et ostendit puellam insigni et divina forma præditam, quam ipse annos septem natam esse dicebat, mihi vero jam non procul abesse a tempore apto conjugio videbatur. Sic enim formæ excellentia multum etiam addit ad proceritatis speciem. Et ego quidem stabam stupens, tum propter inscitiam eorum quæ fiebant, tum propter insatiabilem cupiditatem ea spectandi, quæ videbam.

XXXI. Ille vero ejusmodi verba fecit, Hanc, quam vides, hospes, mater quamdam ob causam, quam paullo post audies, fasciis involutam exposuit, fortunæ eam permittens. Ego autem forte in eam cum incidissem, sustuli. Neque enim fas erat, in periculo versantem animam, semel ingressam humanum corpus, negligere. Etenim hoc etiam unum ex præceptis gymnosophistarum, qui sunt apud nos, quorum ut auditor essem, aliquanto ante sum dignus judicatus. Alioqui tum etiam ex oculis infantis magnum et divinum quiddam elucebat : adeo me circumspicientem acriter et blande intuebatur. Expositus autem fuerat una cum illa cumulus lapidum, quem nuper ostendi et fascia quædam de serico filo texta, literis vernaculis et narratione de rationibus infantis insignita, matre, ut opinor, has notas et indicia puellæ procurante. Quæ ut legi, unde et quæ esset cognovi atque in agrum asportavi, longe dissitum ab urbe, pastoribus nutriendam tradens, et interminans, ne cuiquam dicerent. Ea vero, quæ una erant exposita, apud me detinebam, ne quæ insidiæ propter ea puellæ struerentur. Primum igitur ita latebat. Postquam autem successu temporis puella citius, ut vides, ad maturitatem pervenisse videretur, quam aliæ puellæ (pulchritudo autem, neque sub terram occultata latueret, sed mea quidem sententia etiam illinc in lucem prodiret), metuens, ne illius rationes patefierent, et ipsa necaretur et ego aliquid molestiæ inde caperem, dedi operam ut legatus ad Satrapam Ægypti mitterer et venio, hanc una mecum adducens, ejusque res constituere cupiens. Ac huic quidem illico quamobrem veniam exponam : siquidem se hodie legationi audiendæ vacaturum mihi denuntiavit. Tibi vero et diis, qui hæc ita gubernarunt, in manum do puellam, conditionibus jurejurando firmatis, quod hanc liberam habiturus sis, et libero in matrimonium daturus, sicuti eam a nobis accipis vel potius a matre quæ illam exposuit. Confido autem, te

ἀποθαρσῶν καὶ τὸν σὸν τρόπον ἐκ πολλῶν τῶν ἡμερῶν ὧν ἐνθάδε διάγεις Ἑλληνικὸν ὄντα τῷ ὄντι περιειργασμένος.

ΛΒ'. Ταῦτά σοι νῦν εἶχον λέγειν ἐπιτετμημένως, ὦ καλούσης με τῆς κατὰ τὴν πρεσβείαν χρείας. Τὰ σαφέστερα δὲ καὶ ἀκριβέστερα τῶν κατὰ τὴν κόρην, εἰς αὔριον μυηθήσῃ περὶ τὸν νεὼν τῆς Ἴσιδος ἐντυχών. Ἐποίουν οὕτως καὶ παραλαβὼν τὴν κόρην, ἦγον ἐπικαλύψας ὡς ἐμαυτόν. Κἀκείνην μὲν τὴν ἡμέραν εἶχον 10 ἐν θεραπείᾳ, πολλὰ φιλοφρονούμενος καὶ πολλὴν τοῖς θεοῖς ὁμολογῶν χάριν, αὐτόθεν τ' ἐμαυτοῦ θυγατέρα καὶ ἐνόμιζον καὶ ὠνόμαζον· εἰς δὲ τὴν ὑστεραίαν ἅμα ἡμέρᾳ, λίαν ἐσπουδασμένος ἐπὶ τὸν νεὼν τῆς Ἴσιδος, ὅπερ συντέτακτό μοι πρὸς τὸν ξένον, ὥρμησα καὶ 15 πλεῖστα ἐμπεριπατήσας, ἐπειδήπερ ἐφαίνετο οὐδαμοῦ, παραγενόμενος εἰς τὰ σατραπεῖα, τῶν Αἰθιόπων τὸν πρεσβευτήν, εἴ τις ἑώρα, ἐπυνθανόμην. Καί μοί τις ἀπήγγειλεν, ὡς ἐξώρμησε μᾶλλον δὲ ἐξελήλαται, πρὸ ἡλίου δυσμῶν, εἰ μὴ τῶν ὅρων ἐκτὸς γένοιτο θάνατον 20 αὐτῷ τοῦ σατράπου διαπειλήσαντος. Ἐμοῦ δ' ἐρομένου τὴν αἰτίαν, Ὅτι, ἔφη, ὁ ἀπαγγέλλων ἐπέταττεν ἀπέχεσθαι τῶν σμαραγδείων μετάλλων ὡς Αἰθιοπίᾳ προσηκόντων. Ὑπέστρεφον ἀνιαρῶς ἄγαν διατεθεὶς καὶ ὥσπερ οἱ βαρεῖάν τινα πληγὴν εἰληφότες ὅτι δή μοι 25 γνῶναι μὴ ἐξεγένετο τὰ κατὰ τὴν κόρην, τίς καὶ πόθεν καὶ τίνων. Μὴ θαυμάσῃς, εἶπεν ὁ Κνήμων, ἀσφάλλω γὰρ καὶ αὐτὸς οὐκ ἀκούσας, ἀλλ' ἴσως ἀκούσομαι. Ἀκούσῃ, ἔφη ὁ Καλάσιρις.

ΛΓ'. Νυνὶ δ' ἅπερ ἑξῆς ἐπέραινεν ὁ Χαρικλῆς, εἰρήσεται. 30 Ἐπειδὴ γάρ, φησίν, εἰς τὸ δωμάτιον ἦλθον ὑπαντᾷ τέ μοι ἡ παῖς καὶ ἔλεγε μὲν οὐδὲν οὕτω τῆς Ἑλλάδος συνεῖσα φωνῆς, ἀπὸ δὲ τῆς χειρὸς ἠσπάζετο κἀμὲ πρὸς τὸ φαιδρότερον ὀφθεῖσα μόνον ἀνίησιν· ἐθαύμαζόν τε, ὅτι καθάπερ οἱ ἀγαθοὶ καὶ εὐγενεῖς 35 τῶν σκυλάκων, πάντα τινὰ καὶ ἐπ' ὀλίγον ἐγνωσμένον σαίνουσιν, οὕτω κἀκείνη τῆς ἐμῆς περὶ αὐτὴν εὐνοίας ὀξέως ᾔσθετο καὶ ὡς πατέρα περιεῖπεν. Ἔγνων οὖν μὴ ἐνδιατρίβειν τοῖς Καταδούποις μὴ δή τις καὶ δαίμονος βασκανία τῆς δευτέρας θυγατρός με στερήσειε· 40 καὶ διὰ τοῦ Νείλου κατάρας ἐπὶ θάλατταν ἐπιτυχὼν τε νεώς, ἀνηγόμην τὴν ἐπ' οἴκου. Καὶ ἔστι νῦν ἡ παῖς ἐνταῦθα σὺν ἐμοί, παῖς μὲν οὖσα ἐμὴ καὶ ὄνομα τοὐμὸν ὀνομαζομένη, σαλεύω γὰρ ἐπ' αὐτῇ τὸν βίον καὶ ἔστι τε μοι ἄλλα καὶ εὐχῆς κρείττων, οὕτω τάχιστα 45 μὲν τὴν Ἑλλάδα γλῶτταν εἵλκυσε, τάχιστα δὲ εἰς ἀκμὴν καθάπερ ἔρνος τι τῶν εὐθαλῶν ἀνέδραμεν, ὡραιότητι δὲ σώματος οὕτω δὴ τὰς πάσας ὑπερβέβληκεν ὥστε πᾶς ὀφθαλμὸς Ἑλληνικός τε καὶ ξένος ἐπ' αὐτὴν φέρεται καὶ ὅπου δὴ φαινομένη ναοῖς, ἢ δρόμοις, ἢ 50 ἀγοραῖς, καθάπερ ἀρχέτυπον ἄγαλμα πᾶσαν ὄψιν καὶ διάνοιαν ἐφ' αὑτὴν ἐπιστρέφει. Ἀλλ' ἔστιν τοιαύτη τις οὖσα, λυπεῖ με λύπην ἀνίατον. Ἀπηγόρευται παρ' αὐτῇ γάμος· καὶ παρθενεύειν τὸν πάντα μοι βίον διατείνεται καὶ τῇ Ἀρτέμιδι ζάκορον αὐτὴν ἐπιδοῦσα,

omnia de quibus collocuti sumus expleturum esse, jurejurando fretus et tuis moribus, quos per multos dies, quibus hic versaris, revera Græcos esse cognovi.

XXXII. Hæc habui, quæ tibi in præsentia breviter dicerem, jam me avocante negotio legationis : planius vero et exactius arcanis puellæ crastino die initiaberis, circa templum Isidis mecum conveniens. Faciebam ita, et assumtam puellam ducebam tectam ad me domum. Atque illo quidem die tractabam puellam honorifice et reverenter, variis blanditiis deliniens et agebam deo magnas gratias, ex eo tempore filiam meam existimans eam esse et nominans. Postridie autem propere ad templum Isidis, qui locus mihi fuerat cum hospite ad colloquium constitutus, abii et cum diu obambulassem, neque usquam appareret, veniens in domicilia Satrapæ, an aliquis legatum Æthiopum vidisset, quærebam. Ibi quidam mihi renuntiavit, quod esset profectus, immo potius expulsus, ante solis occubitum : cum Satrapa illi, nisi finibus excederet, mortem minatus esset. Me autem quærente causam, Quod, inquit, legationem exponens, imperabat, ut abstineret a smaragdinis fodinis, tanquam ad Æthiopiam pertinentibus. Reversus sum admodum ægre ferens, non secus atque ii, qui gravem plagam acceperunt, quod cognoscere non potuissem quidquam de puella, quæ et unde et ex quibus esset nata. Ne mireris, interpellans inquit Cnemon, et ipse enim moleste fero, quod non audierim, sed tamen fortassis audiam. Audies, inquit Calasiris.

XXXIII. Nunc vero quæ deinceps Charicles subtexuit, a me dicentur. Postquam enim in domunculam, inquit ille, veni, prodit mihi obviam puella et nihil quidem dicebat, ut quæ nondum Græcam linguam percepisset, salutabat autem manu apprehensum, et me, visa tantum, exhilarabat. Mirabarque quod, sicut generosi catuli cuivis vel paullulum noto adblandiuntur, ita et illi meæ erga se benevolentiæ sensus inerat acris et me ut patrem complectebatur. Statui igitur non diu Catadupis commorari, ne aliqua malevolentia numinis et altera filia me privaret : et per Nilum devectus ad mare, ac navem nactus, navigabam domum. Et est nunc hic filia mecum, filia, inquam, mea et meo cognomine appellata, nam in ea sola vitæ spes mihi omnis. Et quod alia quidem attinet, etiam voto melius tam celeriter Græcum sermonem didicit, tam celeriter ad florem tanquam ramus aliquis præclare florens pervenit, pulchritudine autem corporis sic omnes superavit, ut omnium oculi peregrinorum æque ac Græcorum in illam conjiciantur. Denique ubicunque apparuerit, seu in delubris, seu in cursibus, seu in foro, tanquam recens facta statua deæ cujuspiam, omnium mentes ac vultus in se vertit. Cumque talis sit, tamen me dolore intolerabili afficit. Nuntium remisit omnino conjugio et in virginitatis statu agere totam vitam constituit et Dianæ ministram se

θήραις τὰ πολλὰ σχολάζει καὶ ἀσκεῖ τοξείαν. Ἐμοὶ δ' ἐστὶν ὁ βίος ἀφόρητος ἐλπίσαντι μὲν ἀδελφῆς ἐμαυτοῦ παιδὶ ταύτην ἐκδώσειν καὶ μάλα γ' ἀστείῳ καὶ χαρίεντι λόγον τε καὶ ἦθος νεανίσκῳ, ἀποτυγχάνοντι δὲ διὰ τὴν ταύτης ἀπηνῆ κρίσιν. Οὔτε γὰρ θεραπεύων, οὔτ' ἐπαγγελλόμενος, οὔτε λογισμοὺς ἀνακινῶν, πεῖσαι δεδύνημαι· ἀλλὰ, τὸ χαλεπώτατον, τοῖς ἐμοῖς (τὸ τοῦ λόγου) κατ' ἐμοῦ κέχρηται πτεροῖς καὶ τὴν ἐκ λόγων πολυπειρίαν, ἣν ποικίλην ἐδιδαξάμην πρὸς κατασκευὴν τοῦ τὸν ἄριστον ᾑρῆσθαι βίον, ἐπανατείνεται ἐκθειάζουσα μὲν παρθενίαν καὶ ἐγγὺς ἀθανάτων ἀποφαίνουσα, ἄχραντον καὶ ἀκήρατον καὶ ἀδιάφθορον ὀνομάζουσα, Ἔρωτα δὲ καὶ Ἀφροδίτην καὶ πάντα γαμήλιον θίασον ἀποσκορακίζουσα. Πρὸς ταῦτα δὴ σὲ βοηθὸν ἐπικαλοῦμαι καὶ διὰ τοῦτο καιροῦ λαβόμενος καὶ ἀφορμῆς τῆς ἐκ ταὐτομάτου πῶς ἐνδοθείσης, μακροτέρου πρός σε τοῦ διηγήματος ἐδεήθην καὶ δὸς τὴν χάριν, ὦ 'γαθὲ Καλάσιρι. Σοφίαν τινὰ καὶ ἴυγγα κίνησον ἐπ' αὐτὴν Αἰγυπτίαν· πεῖσον ἢ λόγοις ἢ ἔργοις γνωρίσαι τὴν αὑτῆς φύσιν καὶ ὅτι γυνὴ γέγονεν εἰδέναι. Βουλομένῳ δέ σοι τὸ πρᾶγμα ῥᾴδιον, οὔτε γὰρ ἀπροσμικτος ἐκείνη πρὸς τοὺς λόγους τῶν ἀνδρῶν ἀλλὰ τὸ πλεῖστον τούτοις συνόμιλος ἐπαρθενεύθη καὶ οἴκησιν οἰκεῖ σοι τὴν αὐτὴν ἐνταῦθα, ἐντός, φημὶ τοῦ περιβόλου καὶ περὶ τὸν νεών. Ἱκέτην με γιγνόμενον μὴ περιίδῃς, μηδὲ συγχωρήσῃς ἄπαιδα καὶ ἀπαραμύθητον καὶ διαδόχων ἔρημον ἐν γήρᾳ βαρεῖ διαγαγεῖν· μὴ πρὸς Ἀπόλλωνος αὐτοῦ καὶ τῶν ἐγχωρίων σοι θεῶν. Ἐδάκρυσε τούτων ἀκούων, ὦ Κνήμων, ἐπειδὴ κἀκεῖνος οὐκ ἀδάκρυτον τὴν ἱκεσίαν προσῆγε καὶ ἐπηγγελλόμην, εἴ τι δυναίμην, συλλήψεσθαι.

ΛΔ'. Καὶ ἔτι περὶ τούτων διασκοπουμένων ἡμῶν, εἰσδραμών τις ἀπήγγειλε τὸν ἀρχιθέωρον τῶν Αἰνειάνων ἐπὶ θύραις ὄντα πάλαι διοχλεῖν καὶ παρακαλεῖν ἐπὶ τὴν ἱερὰν παρεῖναι καὶ κατάρχειν τῶν ἱερῶν. Ἐμοῦ δ' ἐρομένου τὸν Χαρικλέα, τίνες εἰ Αἰνειᾶνες, καὶ τίς ἡ θεωρία καὶ ἣν ἄγουσι θυσίαν, οἱ μὲν Αἰνειᾶνες, ἔφη, Θετταλικῆς ἐστι μοίρας τὸ εὐγενέστατον καὶ ἀκριβῶς Ἑλληνικόν, ἀφ' Ἕλληνος τοῦ Δευκαλίωνος, τὸ μὲν ἄλλο τῷ Μαλιακῷ κόλπῳ παρατεινόμενον, μητρόπολιν δὲ σεμνυνόμενον Ὑπάταν, ὡς μὲν αὐτοὶ βούλονται, ἀπὸ τοῦ [τῶν ἄλλων] ὑπατεύειν καὶ ἄρχειν ὠνομασμένην, ὡς δ' ἑτέροις δοκεῖ, διότι περ ὑπὸ τῇ Οἴτῃ τῷ ὄρει κατῴκισται. Ἡ δὲ θυσία καὶ ἡ θεωρία, τετραετηρίδα ταύτην, ὅτε περ καὶ ὁ Πυθίων ἀγών, (ἔστι δὲ νυνὶ ὡς οἶσθα) πέμπουσιν Αἰνειᾶνες Νεοπτολέμῳ τῷ Ἀχιλλέως· ἐνταῦθα γὰρ ἐδολοφονήθη πρὸς αὐτοῖς τοῖς τοῦ Πυθίου βωμοῖς ὑπ' Ὀρέστου τοῦ Ἀγαμέμνονος. Ἡ δὲ νυνὶ θεωρία καὶ πλεονεκτεῖ τὰς ἄλλας. Ἀχιλλείδης γὰρ εἶναι ἐσεμνύνετο ὁ τῆς θεωρίας ἐξάρχων· συνέτυχον γὰρ τῇ προτεραίᾳ τῷ νεανίσκῳ καί μοι ἀληθῶς ἔδοξε τοῖς Ἀχιλλείδαις ἐμπρέπειν, τοιοῦτός ἐστι τὴν μορφὴν καὶ τοσοῦτος ἰδεῖν τὸ μέγεθος, ὡς βεβαιοῦν τῇ θέᾳ τὸ γένος. Ἐμοῦ δὲ θαυμάσαντος καὶ πῶς Αἰνειά-

præbens, venationibus ut plurimum vacat et jaculandi artem exercet. Mihi vero jam vel vita ipsa acerba est, qui sperarim, me ipsam nepoti meo ex sorore daturum in uxorem, sane urbano et morum ac sermonis commendatione gratioso adolescenti; sed frustra, propter immite ejus consilium. Hactenus enim nec observantia, nec pollicitationibus, nec argumentis ullis illi persuadere potui. Sed, quod est gravissimum, meis, ut dicitur, contra me utitur pennis et multiplicem in dicendo experientiam atque apparatum, ad id demonstrandum, quod optimum vitæ genus delegerit, confert, divinis laudibus virginitatem ornans, et prope deos immortales collocans, immaculatam et illibatam et incorruptam appellans; Amores vero et Venerem et omnem nuptialem pompam ac cærimoniam exosa. In hac re ut mihi sis auxilio te imploro et propterea nactus occasionem, quæ se ultro quodammodo obtulit, longiore narratione apud te necessario sum usus. Largiaris mihi gratiam hanc, bone Calasiri : sapientiam aliquam aut incantationem Ægyptiacam adhibe : persuadeas aut verbis, aut factis, ut naturam suam agnoscat et quod mulier sit nata perpendat. Facile autem id negotium exsequi poteris, si volueris. Neque enim illa abhorret a colloquiis virorum sed ut plurimum cum illis conversans est educata, et habitat ibi tecum in eodem domicilio, hic, inquam, in circuitu et in ambitu templi. Ne me, qui tibi sum supplex, despicias, neque patiaris sine liberis et consolatione, sine successoribus in gravi senectute ætatem agere, per Apollinem ipsum oratus et deos tuos patrios. Collacrimavi his auditis, mi Cnemon, quoniam et ille non sine lacrimis preces supplices afferebat et promittebam, me illum pro virili adjuturum.

XXXIV. Adhuc nobis hisce de rebus deliberantibus, incurrens quidam nuntiabat, præfectum legationis Ænianum pro foribus adesse et jam pridem esse sollicitum, orareque, ut sacerdos adsit et rem sacram incipiat. Me vero interrogante Chariclem, qui essent Ænianes et quam festam hæc sacra legatio et quod sacrificium celebrarent : Ænianes, inquit, Thessalicæ gentis est nobilissima pars et prorsus Græca, a Deucalione Græco orta, ad Maliacum sinum protensa, metropolim prædicans Hypatam, quemadmodum ipsi volunt, ab eo, quod præsit et imperet, cognominatam; ut autem aliis videtur, quod sub Œta monte sita sit. Sacrificium vero et sacram legationem hanc, quarto quoque anno, quando et Pythius agon celebratur, (celebratur autem nunc, ut scis) Ænianes mittunt Neoptolemo, Achillis filio. Hic enim est dolo interfectus ad ipsas Apollinis aras ab Oreste, filio Agamemnonis. In præsentia vero hæc sacra legatio etiam magnificentius, quam ceteræ, instruitur. Achillidem enim se esse gloriatur legationis dux. Forte enim pridie adolescenti obviam veneram et mihi revera videtur in illo singulare quiddam, dignum Achillidis, elucere, ejusmodi specie et proceritate conspicitur, ut ea, quod dea sit natus, confirmet. Me vero mirante et quo-

νων γένος τυγχάνων, Ἀχιλλείδην αὐτὸν ἀναγορεύει,
φήσαντος, (ἡ γὰρ Ὁμήρου τοῦ Αἰγυπτίου ποίησις τὸν
Ἀχιλλέα Φθιώτην ἐνδείκνυται), Ὁ μὲν νεανίσκος,
ἔφη ὁ Χαρικλῆς, καὶ ὁλοσχερῶς Αἰνειᾶνες τὸν ἥρωα
5 διαγωνίζεται, τὴν Θέτιν ἐκ τοῦ Μαλιακοῦ κόλπου γή-
μασθαι τῷ Πηλεῖ καὶ Φθίαν τὸ περὶ τὸν κόλπον τοῦτον
ὀνομάζεσθαι πάλαι διατεινόμενος, τοὺς δ' ἄλλους δι'
εὐδοξίαν τοῦ ἀνδρὸς ἐφελκομένους αὐτοῖς ἐπιψεύδεσθαι.
Καὶ ἄλλως δ' αὐτὸν ἐγγράφει τοῖς Αἰακίδαις, Μενέσθιον
10 αὐτοῦ προπάτορα καταφέρων τὸν Σπερχειοῦ παῖδα καὶ
Πολυδώρας τῆς ἐκ Πηλέως ὃς καὶ Ἀχιλλεῖ συνεστρά-
τευσεν ἐν πρώτοις ἐπὶ Ἴλιον καὶ τῆς πρώτης τῶν Μυρ-
μιδόνων διὰ τὸ συγγενὲς ἐξῆρχε μοίρας. Τῷ δ' Ἀχιλ-
λεῖ πάντοθεν περιφυόμενος καὶ πανταχόθεν αὐτὸν τοῖς
15 Αἰνιᾶσιν οἰκειούμενος τεκμήριον λαμβάνει πρὸς τοῖς
ἄλλοις οἷς καταλέγει καὶ τὸν ἐναγισμὸν τὸν Νεοπτο-
λέμῳ πεμπόμενον, οὗ σύμπαντες, ὥς φησὶν, Αἰνειᾶσιν
ἐξεχώρησαν Θεσσαλοὶ, τὸ ἐγγυτέρους εἶναι τοῦ γένους
προσμαρτυροῦντες. Ἐκείνοις μὲν οὖν οὐδεὶς φθόνος,
20 ἔφη, ὦ Χαρίκλεις ἢ χαρίζεσθαι ταῦτα ἢ καὶ ἐπαλη-
θεύειν αὐτοῖς, τὸν δ' ἀρχιθέωρον εἰσκαλεῖσθαι πρόστα-
ξον, ὡς ἔγωγ' αὐτοῦ μανικῶς ἀνεπτέρωμαι πρὸς τὴν
θέαν.
ΛΕ΄. Ἐπένευσεν, ὁ Χαρικλῆς. Καὶ εἰσῆλθεν ὁ νεα-
25 νίσκος, Ἀχιλλείου τι τῷ ὄντι πνέων καὶ πρὸς ἐκεῖνον
τὸ βλέμμα καὶ τὸ φρόνημα ἀναφέρων, ὀρθὸς τὸν αὐ-
χένα καὶ ἀπὸ τοῦ μετώπου τὴν κόμην πρὸς τὸ ὄρθιον
ἀναχαιτίζων, ἡ ῥὶς ἐνεπαγγελία θυμοῦ καὶ οἱ μυκτῆρες
ἐλευθέρως τὸν ἀέρα εἰσπνέοντες, ὀφθαλμὸς οὔπω μὲν
30 χαροπὸς, χαροπώτερον δὲ μελαινόμενος, σοβαρόν θ'
ἅμα καὶ οὐκ ἀνέραστον βλέπων, οἷον θαλάσσης ἀπὸ
κύματος εἰς γαλήνην ἄρτι λεαινομένης. Ἐπεὶ δ' ἡμᾶς
τὰ εἰωθότα ἠσπάσατο καὶ τῶν ἀμοιβαίων ἔτυχεν, ὥραν
εἶναι τοῦ τὴν θυσίαν τῷ θεῷ προσάγειν ἔλεγεν, ὡς ἂν
35 καὶ τὸν ἐναγισμὸν τῷ ἥρωι καὶ τὴν ἐπ' αὐτῷ πομπὴν
κατὰ καιρὸν ἐν δευτέροις ἐπιτελεῖν ἐγγένοιτο. Γιγνέ-
σθω, ἔφη ὁ Χαρικλῆς. Καὶ ἀνιστάμενος, Ὄψει, ἔφη
πρός με, καὶ τὴν Χαρίκλειαν τήμερον, εἰ μὴ πρότερον
εἶδες. Συμπαρεῖναι γὰρ καὶ τὴν ζάκορον τῆς Ἀρτέμι-
40 δος τῇ πομπῇ καὶ τοῖς ἐναγισμοῖς τοῦ Νεοπτολέμου
πάτριον. Ἐμοὶ δ' ἡ παῖς, ὦ Κνήμων, ἑωρᾶτο ἤδη
πολλάκις καὶ θυσιῶν συνεφήπτετο καὶ λόγων ἱερῶν εἴ τι
ποτε ἐπυθόμην. Ἀλλ' ὅμως ἐνιῶν τὸ μέλλον ἀπεκδε-
χόμενος. Καὶ ἅμα τὴν ὁρμὴν ὡς ἐπὶ τὸν νεὼν ἐποιού-
45 μεθα· πάντα γὰρ ἤδη παρεσκεύαστο τὰ πρὸς τὴν θυσίαν
τοῖς Θετταλοῖς. Ἐπεὶ δ' ἡμεῖς πρὸς τοῖς βωμοῖς ἐγε-
νόμεθα καὶ ὁ νεανίας ἤδη τῶν ἱερῶν κατήρχετο, προ-
κατευξαμένου τοῦ ἱερέως, ἐκ τῶν ἀδύτων ἀναφθέγγεται
ἡ Πυθία τοιάδε·

50 Τὴν χάριν ἐν πρώτοις, αὐτὰρ κλέος ὕστατ' ἔχουσαν,
    Φράζεσθ', ὦ Δελφοὶ, τόν τε θεᾶς γενέτην,
    Οἳ νηὸν προλιπόντες ἐμὸν καὶ κῦμα τεμόντες,
    Ἥξονθ' ἠελίου πρὸς χθόνα κυανέην,
    Τῇπερ ἀριστοβίων μέγ' ἀέθλιον ἐξάψονται,
55 Λευκὸν ἐπὶ κροτάφων στέμμα μελαινομένων.

modo ex Ænianum familia cum sit Achillidem se appellet, dicente, (Homeri enim Ægyptii poesis, Achillem Phthiotam esse ostendit) Juvenis quidem, inquit, una cum reliquis Ænianibus heroem sibi asserit, Thetim ex sinu Maliaco nupsisse Peleo et Phthiam, regionem circa sinum illum esse antiquitus appellatam asseverans, alios vero, propter gloriam viri illum sibi vindicantes mentiri. Alioquin etiam alia ratione sese in numerum Æacidarum refert, Menesthium suum avum proferens, Sperchii filium et Polydoræ natæ ex Peleo, qui et cum Achille inter primos duces expeditionem suscepit ad Trojam et inter præcipuos Myrmidonum propter cognationem copias duxit. Cumque Achilli undiquaque adhæreat atque omni ex parte illum Ænianibus adjungat, argumenti loco sumit præter alia quæ recenset, etiam hanc parentationem, quæ Neoptolemo mittitur, qua omnes Thessali, ut ille dicit, cesserunt Ænianibus, testantes, illos propius genus hoc attingere. Illis quidem non invideo, inquam, Charicles, sive hæc sibi ita largiantur, sive etiam vere vindicent : cæterum præfectum sacræ legationis vocari intro jube, incredibili enim desiderio illius videndi teneor.

XXXV. Annuente Charicle, ingressus est adolescens, Achilleos quosdam spiritus gerens, et ad illum vultum et animos referens, erecto collo, atque a fronte comam in altum colibens, nasus et nares libere aerem attrahentes, signum iræ et impetus, oculi non prorsus glauci, attamen cum glauco colore nigricantes, adspectum acriorem neque tamen inamabilem habentes, tanquam maris post fluctus nuper in tranquillitatem compositi. Postea vero quam nos, ut est moris, salutavit et vicissim est resalutatus, tempus esse, ut sacrificium deo offerretur, dicebat, ut et inferias heroi et conjunctam cum illis pompam in tempore perficere liceret. Fiat, inquiebat Charicles et consurgens, Videbis, ad me inquit, Charicleam hodie, si antea non vidisti. Adesse enim et ministram pompæ et parentationi Neoptolemi consuetudo est. A me autem puella, Cnemon, fuerat jam antea visa et una sacrificia celebraverat et de sacris narrationibus interdum aliquid inquirebat. Sed tamen tacebam, futura exspectans, simulque ibamus ad templum. Omnia enim, quæ ad sacrificium pertinebant, erant jam apparata a Thessalis. Ut autem accessimus ad aram et adolescens rem divinam incipiebat, precato antea sacerdote, ex adyto effatur hæc Pythia:

Gratia cui orditur, sed finit gloria nomen ,
Hanc canite, o Delphi , progeniemque deæ.
Qui mea linquentes delubra , salumque ruentes ,
Ad solis venient torridam ab igne solum ;
Magna ubi præcipue virtutis præmia tandem
Temporibus fuscis candida serta gerent.

ΑϚ'. Ταῦτα μὲν ὡς ἀνεῖπεν ὁ θεὸς, ἀμηχανία πλείστη τοὺς περιεστῶτας εἰσεδύετο, τὸν χρησμὸν, ὅ τι βούλοιτο φράζειν, ἀποροῦντας. Ἄλλος γὰρ πρὸς ἄλλο τι τὸ λόγιον ἔσπα, καὶ ὡς ἕκαστος εἶχε βουλή-
5 σεως, οὕτω καὶ ὑπελάμβανεν. Οὔπω δ' οὐδεὶς τῶν ἀληθῶν ἐφήπτετο. Χρησμοὶ γὰρ καὶ ὄνειροι τὰ πολλὰ τοῖς τέλεσι κρίνονται. Καὶ ἄλλως οἱ Δελφοὶ πρὸς τὴν πομπὴν ἐπτοημένοι, μεγαλοπρεπῶς ηὐτρεπισμένην, ἠπείγοντο, τὰ χρησθέντα πρὸς τὸ ἀκριβὲς ἀνιχνεύειν
10 ἀμελήσαντες.

ΛΟΓΟΣ ΤΡΙΤΟΣ.

Α'. Ἐπεὶ δ' ἡ πομπὴ καὶ ὁ σύμπας ἐναγισμὸς ἐτελέσθη, — Καὶ μὴν οὐκ ἐτελέσθη, πάτερ, ὑπολαβὼν ὁ Κνήμων, ἐμὲ γοῦν οὔπω θεατὴν ὁ σὸς ἐπέστησε λόγος, ἀλλ' εἰς πᾶσαν ὑπερβολὴν ἡττημένον τῆς ἀκροά-
15 σεως καὶ αὐτοπτῆσαι σπεύδοντα τὴν πανήγυριν, ὥσπερ κατόπιν ἑορτῆς ἥκοντα (τὸ τοῦ λόγου) παρατρέχεις, ὁμοῦ τ' ἀνοίξας καὶ κλείσας τὸ θέατρον. Ἐγὼ μὲν, ὦ Κνήμων, ἔφη ὁ Καλάσιρις, ἥκιστά σε τοῖς ἔξωθεν τούτοις βούλομαι διοχλεῖν, ἐπὶ τὰ καιριώτερά σε τῆς
20 ἀφηγήσεως καὶ ὧν ἐπεζήτεις ἐξ ἀρχῆς συνελαύνων. Ἐπεὶ δ' ἐκ παρόδου θεωρὸς γενέσθαι βεβούλησαι, σὺ μὲν Ἀττικὸς ὢν κἀν τούτοις οὐ λέληθας, ἐγὼ δέ σοι τὴν πομπὴν ὀνομαστὴν ἐν ὀλίγαις γενομένην, αὐτῆς θ' ἕνεκεν καὶ τῶν ἐξ αὐτῆς ἀποβάντων, ἐπιτεμὼν διηγήσομαι.
25 Ἡγεῖτο μὲν ἑκατόμβη τῶν τελουμένων ἀνδρῶν, ἀγροικότερον βίον τε καὶ στολὴν ἐφελκομένων. Τὸ μὲν ζῶσμα ἑκάστῳ χιτῶνα λευκὸν εἰς ἀγκύλην ἀνέστελλε, χεὶρ δ' ἡ δεξιὰ σὺν ὤμῳ καὶ μαζῷ παραγυμνουμένη, πέλεκυν διπτόμενον ἐπεκράδαινεν. Οἱ βόες, μέλανες
30 πάντες, τὸν αὐχένα σφριγῶντες καὶ πρὸς κύρτωμα μέτριον ἐγείροντες, τὸ μὲν κέρας ἀπέριττον καὶ ἀδιάστροφον ὀξύνοντες, ὁ μὲν ἐπίχρυσον, ὁ δ' ἀνθεινοῖς στεφάνοις διάπλοκον, σιμοὶ τὴν κνήμην καὶ βαθεῖαν τὴν φάρυγγα τοῖς γόνασιν ἐπαιωροῦντες. Ὁ δ' ἀριθμὸς
35 ἀκριβῶς ἑκατόμβη καὶ εἰς ἀλήθειαν τοὔνομα πληροῦντες. Ἐπηκολούθει τούτοις ἄλλων ἱερείων διάφορον πλῆθος, ἑκάστου ζῴου γένος ἰδίᾳ καὶ εἰς κόσμον ἀγόμενον αὐλοῦ καὶ σύριγγος τελεστικόν τι μέλος καὶ καταγγελτικὸν τῆς θυσίας ὑπαρχόντων.
40 Β'. Ταύτας τὰς ἀγέλας καὶ τοὺς ἄνδρας τοὺς βοηλάτας, κόραι Θετταλαὶ διεδέχοντο καλλίζωνοί τε καὶ βαθύζωνοι καὶ τὴν κόμην ἄνετοι. Διῄρηντο δ' εἰς δύο χορούς· καὶ αἱ μὲν ἔφερον καλαθίσκους, ὁ πρῶτος χορὸς, ἀνθέων τε καὶ ὡραίων πλήρεις· αἱ δὲ κανᾶ πεμ-
45 μάτων τε καὶ θυμιαμάτων κανηφοροῦσαι τὸν τόπον εὐωδίαις κατέπνεον. Ἡσχόλουν δ' οὐδὲν εἰς ταῦτα τὰς χεῖρας ἀλλ' ὑπὲρ τῆς κεφαλῆς ἀχθοφοροῦσαι πρὸς χορὸν στιχήρη καὶ ἐγκάρσιον ἀλλήλων εἴχοντο, ὡς ἂν βαδίζειν θ' ἅμα καὶ χορεύειν αὐταῖς ἐγγίγνοιτο. Τοῦ

XXXVI. Hæc ut est deus elocutus, multiplex dubitatio eos, qui circumstabant, subibat, quid vellet oraculum interpretari nequeuntibus. Alius enim alio responsum detorquebat et ut quisque volebat ita et conjecturam faciebat: nondum autem quisquam vera assequebatur. Oracula enim et somnia ut plurimum ex eventibus judicantur. Alioquin autem Delphi stupentes et attoniti ad pompam magnifice instructam properabant, neglecta cura de iis, quæ responsa fuerant, accuratius inquirendi.

LIBER TERTIUS.

Postquam autem pompa et parentatio peracta est : — Atqui haud peracta est, pater, excipiens Cnemon, si quidem me nondum spectatorem tua reddidit oratio, sed magis, quam credi possit, audiendi desiderio superatum, et spectare panegyrim festinantem, non secus ac post festum venientem, ut dicitur, prætercurris, cum simul ut aperueris theatrum, idem et clauseris. Ego quidem, o Cnemon, inquit Calasiris, minime te vellem hisce ab instituto alienis perturbare; ad præcipuas narrationis partes et ea quæ a principio flagitasti, deducens : ceterum quoniam e diverticulo spectator esse voluisti, in quibus vel hinc te Atticum esse declaras; ego autem tibi pompam celebrem inter paucas, cum ipsius causa, tum eorum, quæ ex ipsa evenerunt, breviter exponam. Præcedebat hecatombe, viris, mysteriis initiatis, incultiore vita et habitu, eam ducentibus. Cinctura cuique vestem albam in nodum colligebat : manus vero dextra cum humero et mamilla nudata securim ancipitem vibrabat. Boves omnes nigri, collo lascivientes, et ad mediocrem convexitatem illud attollentes, cornua paria et minime intorta gerentes : pars deaurata, pars coronis ex floribus confectis implicita, simis tibiis et palearibus supra genua dependentibus; numero autem exacte hecatombe et revera nomen implente. Subsequebatur hos aliarum victimarum diversa multitudo. Cujuslibet autem animantis genus seorsim et ordine ducebatur, cum tibia et fistula initiatoriam quamdam et denuntiatricem sacrificii partem inciperet.

II. Hæc armenta et ductores boum Thessalicæ virgines excipiebant, pulchra quadam et profunda cinctura et capillis solutis. Distribuebantur autem in duos choros. Quæ in primo choro fuerant, ferebant quasillos florum et fructuum plenos. In altero autem bellaria et aromata calathis ferentes, locum odoris fragrantia replebant. Nec vero manuum ministerio in hisce utebantur, sed supra caput gestantes, ad choream justo ordine et transversim ducendam sese mutuo tenebant, ut incedere simul et choreas ducere commode liceret. Cantilenæ autem præscriptum alter

δὲ μέλους αὐταῖς τὸ ἐνδόσιμον ὁ ἕτερος χορὸς ὑπεσή-
μαινεν, οὗτος γὰρ τὸν ὅλον ἐπετέτραπτο μελῳδεῖν
ὕμνον. Ὁ δ᾽ ὕμνος ἦν, ἡ Θέτις ἐπηνεῖτο καὶ ὁ Πη-
λεὺς, κἀπὶ τούτοις ὁ ἐκείνων παῖς, καὶ ὁ τούτου πάλιν.
5 Μετὰ ταύτας, ὦ Κνήμων — Τί Κνήμων, ἔφη ὁ Κνή-
μων, πάλιν γάρ με τῶν ἡδίστων ἀποστερεῖς, ὦ πάτερ,
αὐτόν μοι τὸν ὕμνον οὐ διερχόμενος, ὥσπερ θεατήν με
μόνον τῶν κατὰ τὴν πομπὴν ἀλλ᾽ οὐχὶ καὶ ἀκροατὴν
καθίσας. Ἀκούοις ἄν, ἔφη ὁ Καλάσιρις, ἐπειδήπερ
10 οὕτω σοι φίλον· εἶχε γὰρ ὧδέ πως·

Τὰν Θέτιν ἀείδω, χρυσοέθειρα Θέτι,
Νηρέως ἀθανάταν εἰναλίοιο κόραν,
Τὰν Διὸς ἐννεσίῃ Πηλέι γημαμέναν,
Τὰν ἁλὸς ἀγλαΐαν, ἀμετέραν Παφίην·
15 Ἃ τὸν δουριμανῆ τόν τ᾽ Ἄρεα πτολέμων,
Ἑλλάδος ἀστεροπὰν ἐξέτεκεν λαγόνων
Δῖον Ἀχιλλῆα, τοῦ κλέος οὐράνιον,
Τῷ ὑπὸ Πύρρα τέκεν παῖδα Νεοπτόλεμον,
Περσέπολιν Τρώων, ῥυσίπολιν Δαναῶν.
20 Ἰλήκοις ἥρως ἄμμι Νεοπτόλεμε,
Ὄλβιε Πυθιάδι νῦν χθονὶ κευθόμενε,
Δέχνυσο δ᾽ ὑμναίων τάνδε θυηπολίην ·
Πᾶν δ᾽ ἀπέρυκε δέος ἀμετέρας πόλιος.
Τὰν Θέτιν ἀείδω, χρυσοέθειρα Θέτι.

25 Γ'. Ὁ μὲν οὖν ὕμνος, ὦ Κνήμων, τῇδέ πῃ συνέ-
κειτο καθόσον ἔχω διαμνημονεύειν. Τοσοῦτον δέ τι
ἐμμελείας περιῆν τοῖς χοροῖς καὶ οὕτω συμβαίνων ὁ
κρότος τοῦ βήματος πρὸς τὸ μέλος ἐρυθμίζετο, ὡς τὸν
ὀφθαλμὸν τῶν δρωμένων ὑπερφρονεῖν ὑπὸ τῆς ἀκοῆς
30 ἀναπείθεσθαι καὶ συμπαρέπεσθαι μεταβαινούσαις ἀεὶ
ταῖς παρθένοις τοὺς παρόντας, ὥσπερ ὑπὸ τῆς κατὰ
τὴν ᾠδὴν ἠχοῦς ἐφελκομένους· ἕως κατόπιν ἐφήβων
ἱππικῶν καὶ ὁ τούτων ἵππαρχος ἐκλάμψας, ἀκοῆς κρείτ-
τονα πάσης τὴν τῶν καλῶν θέαν ἀπέδειξεν. Ὁ μὲν
35 γὰρ ἀριθμὸς τοὺς ἐφήβους εἰς πεντήκοντα συνέταττεν,
ἐμέριζε δὲ πέντε καὶ εἴκοσιν ἑκατέρωθεν, μεσεύοντα
τὸν ἀρχιθέωρον δορυφοροῦντας. Κρηπὶς μὲν αὐτοῖς
ἱμάντι φοινικῷ διάπλοκος ὑπὲρ ἀστράγαλον ἐσφίγγετο,
χλαμὺς δὲ λευκὴ περόνῃ χρυσῇ πρὸς τοῖς στέρνοις
40 ἐσφήκωτο, τὴν εἰς ἄκρον πέζαν κυανῇ τῇ βαφῇ κεκυ-
κλωμένη. Ἡ δ᾽ ἵππος, Θετταλικὴ μὲν πᾶσα καὶ τῶν
ἐκεῖθεν πεδίων τὸ ἐλεύθερον βλέπουσα · τὸν γὰρ χαλι-
νὸν ὅσα μὲν δεσπότην ἠρνεῖτο διαπτύουσα καὶ θαμὰ
προσαφρίζουσα, ὡς δὲ τὸν νοῦν ὑφηγούμενον τοῦ ἀνα-
45 βάτου φέρειν ἠνείχετο· φαλάροις δὲ καὶ προμετωπιδίοις
ἀργυροῖς καὶ ἐπιχρύσοις ἐξησκημένην, καθάπερ ἀγώ-
νισμα τῶν ἐφήβων τοῦτο πεποιημένων. Ἀλλὰ τού-
τους, ὦ Κνήμων, τοιούτους ὄντας οὕτως ὑπερεῖδε καὶ
παρέδραμεν ἡ τῶν παρόντων ὄψις καὶ πρὸς τὸν ἵππαρ-
50 χον (ἦν δὲ τὸ μέλημα ἐμόν, Θεαγένης) ἅπας ἐπέστρε-
ψεν, ὥστ᾽ ἔδοξας ἂν ὑπ᾽ ἀστραπῆς τὸ φαινόμενον
πρότερον ἅπαν ἠμαυρῶσθαι, τοσοῦτον ἡμᾶς ὀφθεὶς κα-
τέλαμψεν, ἱππεὺς μὲν καὶ αὐτὸς καὶ ὁπλίτης τυγχάνων
καὶ δόρυ μελίαν χαλκόστομον ἐπισείων, τὸ δὲ κράνος
55 οὐχ ὑπελθὼν ἀλλ᾽ ἀπὸ γυμνῆς τῆς κεφαλῆς πομπεύων,
φοινικοβαφῆ χλαμύδα καθειμένος, ἧς τὰ μὲν ἄλλα

chorus illis dabat : huic enim, ut totum hymnum caneret negotium datum fuerat. Hymnus autem erat, in quo Thetis laudabatur et Peleus et postea horum filius , atque hujus deinceps. Post has, o Cnemon — Sed quid Cnemon, inquit Cnemon, jam enim me iterum suavissimis rebus privas, pater, ipsum hymnum mihi non exponens, tanquam me spectatorem tantum eorum, ex quibus pompa constabat, et non auditorem etiam, constitueres. Audies, inquit Calasiris, si quidem ita lubet. Erat autem talis cantilena :

Canto Thetin, nitidis o Theti pulchra comis,
Immortale genus Nereos æquorei,
Quæ nupsit Peleo virgo, jubente Jove,
O Venerem nostram, lumen et æquoreum,
Quæ belli Martem magnanimum peperit,
Deque furente hasta mater Achille fuit,
Fulmine Græcorum, laus adit unde deos.
Cui peperit puerum Pyrrha Neoptolemum,
Excidium Troum, præsidium Danaum.
Tu facilis nobis esto , Neoptoleme.
Felix quem tumulo Pythia terra tegit :
Accipe nunc hymnos munera sacra pios :
Pelle omnem nostra (promptus) ab urbe metum.
Canto Thetin, nitidis o Theti pulchra comis.

III. Hymnus igitur, Cnemon, hac ratione, quantum meminisse queo, fuerat compositus : tantumque concinnitatis inerat in choreis et sic strepitus saltationis ad cantum quadrabat, ut oculi in contemtum eorum quæ cernebantur ab auditu adducerentur et ii qui aderant virgines semper transeuntes, tanquam a sono cantus pertracti, sequerentur : usque dum a tergo ephæborum equitatus et horum præfectus cum resplenduisset , omni auditu melius egregiarum rerum spectaculum repræsentavit. Turma ephœborum quinquagenario numero constabat, in vicenos et quinos, utrimque in medio equitantem præfectum sacræ legationis stipantes, diviso. Ocreæ quidem ipsis purpureo loro intertexæ supra talos contrahebantur : chlamys vero alba , aurea fibula in pectore nectebatur, cæruleis capitibus in orbem ad oram inferiorem picta. Equi autem Thessalici omnes, et illorum camporum libertatem adspectu repræsentantes : frenum quidem, veluti dominum recusarent, despuebant et spuma complebant, ceterum menti rectrici sessoris, quocunque verteret, obtemperabant : phaleris vero et frontalibus argenteis atque deauratis ita exornati erant, ut hac in parte certamen de gloria inter ephebos esse videretur. Sed hos, Cnemon, sic exornatos, adeo despiciebant et præteribant oculi eorum, qui aderant et in præfectum equitum (erat autem cura mea, Theagenes) conjiciebantur, ut videretur tanquam a fulgure totum id, quod prius lucebat, obscuratum esse. Tantam lucem nobis conspectus attulerat, cum eques quoque ipse esset et gravi armatura armatus et hastam fraxineam ærea cuspide vibraret , non tectus galea, sed aperto capite sese ostentans, purpurea chlamyde indutus, cujus alias partes aurum va-

χρυσὸς ἐποίκιλλε τοὺς Λαπίθας ἐπὶ τοὺς Κενταύρους ὁπλίζων, ἡ περόνη δ' Ἀθηνᾶν ἠλεκτρίνην ἔστεφε, τὴν Γοργοῦς κεφαλὴν εἰς θώρακα προασπίζουσαν. Προσ-
έβαλλε δέ τι χάριτος τοῖς γιγνομένοις καὶ ἀνέμου λι-
5 γεῖα ῥιπή· μείλιχον γὰρ ἐπέπνει τὴν μὲν κόμην ἠρέμα κατὰ τοῦ αὐχένος διαξαίνουσα καὶ τοῦ μετώπου τοὺς βοστρύχους παραστέλλουσα, τῆς δὲ χλαμύδος τὰς ἄκρας τοῖς νώτοις τοῦ ἵππου καὶ μηροῖς ἐπιβάλλουσα. Εἴπες ἂν καὶ τὸν ἵππον αὐτὸν συνιέναι τῆς ὡραιότητος τοῦ
10 δεσπότου καὶ ὡς κάλλος κάλλιστον φέρει τὸν ἡνίοχον αἰσθάνεσθαι· οὕτω τὸν αὐχένα κυμαίνων καὶ εἰς ὀρθὸν οὓς τὴν κεφαλὴν ἐγείρων καὶ σοβαρὰν τὴν ὀφρὺν κατὰ τῶν ὀφθαλμῶν ἐπιδινεύων, ἔφερέ τε καὶ ἐφέρετο γαυρού-
μενος, εὐηνιά τε προποδίζων καὶ ἐφ' ἑκάτερον ὦμον αὐτὸν
15 ἐν μέρει ταλαντεύων, ἄκραν τε τὴν ὁπλὴν τῇ γῇ λεπτὸν ἐπικροτῶν, εἰς γαληνὸν κίνημα τὸ βῆμα μετερρύθμι-
ζεν. Ἐξέπληττε μὲν δὴ καὶ πάντας τὰ δρώμενα καὶ τὴν νικητήριον ἀνδρείας τε καὶ κάλλους ψῆφον τῷ νεα-
νίᾳ πάντες ἀπένεμον. Ἤδη δ' ὅσαι δημωδέες γυναῖ-
20 κες καὶ τὸ τῆς ψυχῆς πάθος ἐγκρατείᾳ κρύπτειν ἀδύνα-
τοι, μήλοις τε καὶ ἄνθεσιν ἔβαλλον, εὐμένειαν ἀπ' αὐτοῦ τινα, ὡς ἐδόκουν, ἐφελκόμεναι. Κρίσις γὰρ αὕτη μία παρὰ πᾶσιν ἐκρατεῖτο, μὴ ἂν φανῆναί τι κατ' ἀνθρώπους ὃ τὸ Θεαγένους ὑπερβάλλοι τὸ κάλλος·

25 Δ'. Ἦμος δ' ἠριγένεια φάνη ῥοδοδάκτυλος ἠώς,

Ὅμηρος ἂν εἶπεν, ἐπεὶ τοῦ νεὼ τῆς Ἀρτέμιδος ἐξήλα-
σεν ἡ καλὴ καὶ σοφὴ Χαρίκλεια, τότε, ὅτι καὶ Θεα-
γένην ἡττηθῆναί ποτε δυνατὸν, ἐγνώκαμεν, ἀλλ' ἡττη-
θῆναι τοσοῦτον ὅσον ἀκραιφνὲς γυναικεῖον κάλλος τοῦ
30 πρώτου παρ' ἀνδράσιν ἐπαγωγότερον. Ἤγετο μὲν γὰρ ἐφ' ἁρμαμάξης ἀπὸ συνωρίδος λευκῆς βοῶν ὀχου-
μένη, χιτῶνα δ' ἁλουργῆ ποδήρη χρυσαῖς ἀκτῖσι κα-
τάπαστον ἠμφίεστο. Ζώνην δ' ἐπεβέβλητο τοῖς στέρ-
νοις, (εἰς) ἣν ὁ τεχνησάμενος [εἰς ἐκείνην] τὸ πᾶν
35 τῆς αὑτοῦ τέχνης κατέκλεισεν, οὔτε πρότερόν τι τοιοῦ-
τον χαλκευσάμενος, οὔτ' αὖθις δυνησόμενος. Δυοῖν γὰρ δρακόντοιν τὰ μὲν οὐραῖα κατὰ τῶν μεταφρένων ἐδέσμευε, τοὺς δ' αὐχένας ὑπὸ τοὺς μαζοὺς παραμεί-
ψας καὶ εἰς βρόχον σκολιὸν διαπλέξας καὶ τὰς κεφαλὰς
40 διολισθῆσαι τοῦ βρόχου συγχωρήσας, ὡς περίττωμα τοῦ δεσμοῦ κατὰ πλευρὰν ἑκατέραν ἀπηώρησεν. Εἴ-
πες ἂν τοὺς ὄφεις οὐ δοκεῖν ἕρπειν ἀλλ' ἕρπειν, οὐχ ὑπὸ βλοσυρῷ καὶ ἀπηνεῖ τῷ βλέμματι φοβεροὺς ἀλλ' ὑγρῷ κώματι διαρρεομένους, ὥσπερ ἀπὸ τοῦ κατὰ τὰ
45 στέρνα τῆς κόρης ἱμέρου κατευναζομένους. Οἱ δ' ἦσαν τὴν μὲν ὕλην χρυσοῖ, τὴν δὲ χροιὰν κυάνεοι. Ὁ γὰρ χρυσὸς ὑπὸ τῆς τέχνης ἐμελαίνετο ἵνα τὸ τραχὺ καὶ μεταβάλλον τῆς φολίδος τῷ ξανθῷ τὸ μέλαν συγκραθὲν ἐπιδείξηται. Τοιαύτη μὲν (οὖν) ἡ ζώνη τῆς κόρης.
50 Ἡ κόμη δὲ, οὔτε πάντη διάπλοκος, οὔτ' ἀσύνδετος, ἀλλ' ἡ μὲν πολλὴ καὶ ὑπαυχένιος, ὤμοις τε καὶ νώ-
τοις ἐπεκύμαινε, τὴν δ' ἀπὸ κορυφῆς καὶ τοῦ μετώπου δάφνης ἁπαλοὶ κλῶνες ἔστεφον, ῥοδοειδῇ τε καὶ ἡλιώ-

riabat, Lapithas contra Centauros armans, fibula vero Palladem ex electro repraesentabat, Gorgonis caput in scuto pectori praeferentem. Addebat autem aliquid gratiae iis quae fiebant, venti placida aura. Blande enim adspira-
bat, comam tranquille circa collum carpens et capillos in fronte discernens, et oras chlamydis tergo equi et femo-
ribus injiciens. Dixisses et equum ipsum tangi forma domini, et quod pulchritudinis summae gestaret recto-
rem sentire. Ita collum commovens et arrectis auribus caput attollens, et trux supercilium supra oculos versans, ferebat et ferebatur superbiens, et laxato freno alacriter progrediens, in utrumque latus alternis sese librans, extre-
maque ungula terram leniter pulsans, commotionem cum incessus tranquillitate temperabat. Stuporem incutiebat omnibus illud spectaculum et victricia fortitudinis et formae suffragia omnes adolescenti tribuebant. Denique pervul-
gatae mulieres et quae affectum animi continentia occultare non poterant, malis et floribus eum petebant, benevolen-
tiam quamdam ab ipso, ut videbatur, captantes. Idem enim judicium apud omnes valebat, non posse quidquam humani apparere, quod Theagenis pulchritudinem supe-
raret.

IV. At, roseis postquam digitis aurora refulsit.

ut Homerus dixit, e e templo Dianae evecta est pulchra et sapiens Chariclea, tunc quod et Theagenes vinci aliquando posset, cognovimus; sed eatenus vinci, quatenus nativa muliebris formae venustas majorem, quam viri, etsi pul-
cherrimi et singularem ad alliciendum vim habet. Vehe-
batur enim in rheda, quam jugum boum album trahebat; veste vero purpurea ad pedes usque demissa et aureis ra-
diis variata, induta fuerat. Zona porro pectus praecinxe-
rat, in quam artifex totam suam artem concluserat, cum neque antea quidquam ejusmodi fabricavisset, neque ite-
rum pari acto conficere potuisset. Duorum enim draconum caudas ad partem dorsi inter scapulas connectebat; porro colla sub mamillas invicem nexa producens et in nodum tortuosum implicans, capita vero elabi e nodo sinens, tanquam appendicem nodi ab utroque latere suspenderat. Dixisses, serpentes non videri serpere, sed revera serpere, neque rigido et terribili adspectu formidabiles, sed molli somno diffluentes, veluti hoc sopitos, quod circa puellae pectus essent. Ac illi quidem erant, quod ad materiam attinet, aurei, ceterum colore caerulei. Aurum enim arte denigrabatur, ut asperitatem et varietatem squamae ni-
grum fulvo mixtum repraesentaret. Talis quidem erat zona puellae. Coma autem neque omnino complicata, ne-
que dissoluta, sed praecipua illius pars a collo producta, super humeros et terga jactabatur. Ceterum eam, quae a vertice et a fronte descendit, lauri tenelli rami coronabant, rosis similem et candidam, ventisque immodice et praeter decorum turbari non sinebant. Ferebat autem sinistra arcum deauratum, a dextro humero pharetra dependente,

σαν διαδόντες καὶ σοβεῖν ταῖς αὔραις ἔξω τοῦ πρέποντος οὐκ ἐφιέντες. Ἔφερε δὲ τῇ λαιᾷ μὲν τόξον ἐπίχρυσον, ὑπὲρ ὤμον τὸν δεξιὸν τῆς φαρέτρας ἀπηρτημένης, θατέρᾳ δὲ λαμπάδιον ἡμμένον· καὶ οὕτως ἔχουσα πλέον ἀπὸ τῶν ὀφθαλμῶν σέλας ἢ τῶν δᾴδων ἀπηύγαζεν. Οὗτοι ἐκεῖνοι Χαρίκλεια καὶ Θεαγένης, ἀνεδόησεν ὁ Κνήμων. Καὶ ποῦ γῆς οὗτοι, δείκνυε, πρὸς θεῶν ἱκετεύων ὁ Καλάσιρις, ὁρᾶσθαι αὐτοὺς τῷ Κνήμωνι προσδοκήσας. Ὁ δὲ, Ὦ πάτερ, θεωρεῖν αὐτοὺς καὶ ἀπόντας ᾠήθην, οὕτως ἐναργῶς τε καὶ οἵους οἶδ᾽ ἰδὼν ἡ παρὰ σοῦ διήγησις ὑπέδειξεν. Οὐκ οἶδα, εἶπεν, εἰ τοιούτους εἶδες, οἵους αὐτοὺς κατ᾽ ἐκείνην τὴν ἡμέραν ἥ τε Ἑλλὰς καὶ ὁ ἥλιος ἐθεάσαντο, οὕτω μὲν περιβλέπτους, οὕτω δ᾽ εὐδαιμονιζομένους, καὶ τὴν μὲν ἀνδράσιν, τὸν δὲ γυναιξὶν εὐχὴν γιγνομένους. Τὴν γὰρ πρὸς θάτερον αὐτῶν συζυγίαν ἴσα καὶ ἀθανασίαν ἦγον, πλὴν ὅσον τὸν μὲν νεανίαν οἱ ἐγχώριοι, τὴν κόρην δ᾽ οἱ Θετταλοὶ πλέον ἐθαύμαζον, ὃ πρῶτον ἔβλεπον ἑκάτεροι, μᾶλλον ἀγάμενοι. Ξένη γὰρ ὄψις τῆς συνήθους ἑτοιμότερον εἰς ἔκπληξιν. Ἀλλ᾽ ὦ τῆς ἡδείας ἀπάτης, ὦ τῆς γλυκείας οἰήσεως, ὅπως με ἀνεπτέρωσας, ὁρᾶν τοὺς φιλτάτους καὶ δεικνύναι προσδοκηθείς, ὦ Κνήμων· σὺ δέ με καὶ παντάπασιν ἔοικας ἐξαπατᾶν. Ἥξειν γὰρ αὐτοὺς ὅσον οὐδέπω καὶ φανήσεσθαι παρὰ τὴν ἀρχὴν τοῦ λόγου διεγγυώμενος κἀπὶ τούτοις καὶ μισθὸν τὴν κατ᾽ αὐτοὺς ὑφήγησιν αἰτήσας, ἑσπέρας οὔσης ἤδη καὶ νυκτὸς, οὐδαμοῦ δεικνύναι παρόντας ἔχεις. Καὶ ὅς, Θάρσει, ἔφη, καὶ θυμὸν ἔχε ἀγαθὸν, ὡς ἐκείνων ἀληθῶς ἡξόντων. Νῦν δ᾽ ἴσως τι κώλυμα γέγονε καὶ βρᾴδιον ἢ κατὰ τὰ συγκείμενα ἀφικνούμεναι. Καὶ ἄλλως οὐδ᾽ ἂν παρόντας ἔδειξα, μὴ τὸ πᾶν τοῦ μισθοῦ κομισάμενος· ὥστ᾽ εἰ σπεύδεις τὴν θέαν, πλήρου τὴν ἐπαγγελίαν καὶ εἰς τέλος ἄγε τὴν διήγησιν. Ἐγὼ μὲν, εἶπεν, ἄλλως τ᾽ ὀκνῶ τὸ πρᾶγμα πρὸς ὑπόμνησίν με τῶν λυπούντων ἄγον καὶ σὲ ἀποκναίειν ᾠήθην, ἀδολεσχίᾳ τοσαύτῃ προσκορῆ γεγενημένον. Ἐπεὶ δὲ φιλήκοός τις εἶναί μοι φαίνῃ καὶ καλῶν ἀκουσμάτων ἀκόρεστος, φέρε, ᾧδεν ἐξέλθω, τὸν λόγον εἰσβάλλωμεν, ἁψάμενοί τε λύχνον πρότερον καὶ τὰ κοιταῖα τοῖς νυχίοις θεοῖς ἐπισπείσαντες ὡς ἂν, τῶν εἰωθότων τετελεσμένων, ἐννυκτερεύειν ἡμῖν ἐπ᾽ ἀδείας τοῖς διηγήμασιν ἐγγίγνοιτο.

Ε΄. Ταῦτ᾽ εἶπε καὶ λύχνος θ᾽ ἡμμένος εἰσεφέρετο θεραπαινίδι, τοῦτο τοῦ πρεσβύτου προστάξαντος, καὶ τὴν σπονδὴν ἀπέχεεν, ἄλλους τε τῶν θεῶν, καὶ τὸν Ἑρμῆν ἐπὶ πᾶσιν ἐπικαλούμενος, εὐόνειρόν τ᾽ ᾔτει τὴν νύκτα καὶ φανῆναι αὐτῷ τοὺς φιλτάτους κατὰ γοῦν τὸν ὕπνον ἱκέτευε. Καὶ τούτων τετελεσμένων, Ἐπειδὴ τοίνυν ἔφη, ὦ Κνήμων, τὸ μνῆμα τοῦ Νεοπτολέμου περιεστοιχίσατο ἡ πομπὴ καὶ τρίτον οἱ ἔφηβοι τὴν ἵππον περιήλασαν, ὠλόλυξαν μὲν αἱ γυναῖκες, ἠλάλαξαν δ᾽ οἱ ἄνδρες, τόθ᾽ ὥσπερ ὑφ᾽ ἑνὶ συνθήματι, βόας, ἄρνες, αἶγες, ἱερεύοντο, καθάπερ μιᾷ χειρὶ πᾶσι τῆς σφαγῆς ἐπενεχθείσης· βωμόν τε παμμεγέθη σχίζαις μυρίαις

altera vero facem accensam. Cumque eo habitu esset, majus tamen ab ipsius oculis lumen quam a face reddebatur. Illi ipsi, Theagenes et Chariclea! exclamavit Cnemon. Ubinam terrarum sunt isti, ostende, dicebat, per deos obtestans Calasiris, conspici eos a Cnemone arbitratus. Ille autem, Videre me, inquit, pater, etiam absentes putabam, adeo illos proprie et quales visos novi, animoque retineo, tua narratio expressit. Haud scio, inquit, an tales videris, quales illo die Graecia et sol est conspicatus, adeo conspicuos, adeo beatos, ut hujus quidem, viri, illius mulieres tacite exoptarent conjugium. Illorum enim conjunctum par immortalitatem esse ducebant; praeterquam quod adolescentem indigenae, virginem autem Thessali magis admirabantur; id quod primum videbant, utrique praecipue suspicientes. Novus enim et inusitatus conspectus facilius quam consuetus potest animum percellere. Sed, o dulcem deceptionem, o suavem opinionem, quomodo me in spem sustulisti, cum te videre carissimos et ostensurum esse exspectarem, Cnemon! Tu vero me omnino decipere videris. Cum enim ipsos jamjam venturos esse et in conspectu futuros initio orationis promiseris, obque istaec praemium a me hanc ipsam de illis narrationem petieris, vespera jam et nocte adventante, nusquam praesentes ostendere potes. Ille autem, Ades animo, inquit et omitte timorem, eo quod sunt revera venturi. Nunc autem fortassis aliquod impedimentum intercessit, quod tardius veniant, quam inter nos convenerat. Alioqui ne praesentes quidem ostenderem, integra mercede prius non reportata. Quamobrem si ad conspectum illorum properas, imple id, quod tu vicissim promisisti et deduc ad finem inchoatam narrationem. Ego, inquit, et alioqui sponte defugio negotium, quod me ad recordationem eorum, ex quibus dolorem capio, ducit et me molestum esse tibi tanta garrulitate satiato existimavi. Ceterum cum tam cupidus audiendi esse mihi videaris et pulchrarum narrationum insatiabilis, age, ad eam partem, a qua sum digressus, aggrediamur, accenso prius lychno et libationibus ante somnum diis nocturnis factis, ut usitatis caerimoniis peractis, pernoctare nobis vacantibus hisce narrationibus tranquille liceat.

V. Haec dixit, statimque lychnus accensus ab ancilla, senis jussu, inferebatur; et libationem faciebat, cum alios deos, tum prae ceteris Mercurium invocans, ac petebat felicem insomniis noctem et ut sibi apparerent carissimi in somnis supplex orabat. His autem peractis, Postquam igitur inquit, O Cnemon, sepulcrum Neoptolemi pompa circumivit, et tertio ephebi equis sunt circumvecti, ploratum sustulerunt mulieres et viri inconditum clamorem ediderunt. Tum quasi ad unum quoddam signum, boves, arietes, caprae mactabantur, tanquam una manu caede omnibus illata. Denique ara insigni magnitudine copiose lignis fissis onerata et desuper legitimis omnibus victimis

φορτώσαντες καὶ τὰ νενομισμένα τῶν ἱερείων ἄκρα πάντα ἐπιθέντες, κατάρχειν τῆς σπονδῆς τὸν ἱερέα τοῦ Πυθίου καὶ τὸν βωμὸν ἀνάπτειν ἠξίουν. Ὁ δὲ Χαρικλῆς τὴν μὲν σπονδὴν αὐτῷ προσήκειν ἔλεγε, τὸν δὲ βωμὸν ὁ τῆς θεωρίας ἄρχων ἁπτέτω παρὰ τῆς ζακόρου τὴν δᾷδα κομισάμενος· τοῦτο γὰρ ἔθος ὁ πάτριος γιγνώσκει νόμος. Ταῦτ' εἶπε καὶ ὁ μὲν ἔσπενδε, τὸ πῦρ δὲ Θεαγένης ἐλάμβανεν. Ὅτε, ὦ φίλε Κνήμων, καὶ ὅτι θεῖον ἡ ψυχὴ καὶ συγγενὲς ἄνωθεν τοῖς ἔργοις ἐπιστούμεθα. Ὁμοῦ τε γὰρ ἀλλήλους ἑώρων οἱ νέοι καὶ ἤρων, ὥσπερ τῆς ψυχῆς ἐκ πρώτης ἐντεύξεως τὸ ὅμοιον ἐπιγνούσης καὶ πρὸς τὸ κατ' ἀξίαν οἰκεῖον προσδραμούσης. Πρῶτον μὲν γὰρ ἄθροόν τι καὶ ἐπτοημένον ἔστησαν καὶ τὴν δᾷδα σχολαίτερον ἡ μὲν ἐνεχείριζεν, ὁ δ' ὑπεδέχετο καὶ τοὺς ὀφθαλμοὺς ἀτενεῖς ἐπὶ πολὺ κατ' ἀλλήλων πήξαντες, ὥσπερ ἤ που γνωρίζοντες ἢ ἰδόντες πρότερον, ταῖς μνήμαις ἀναπεμπάζοντες, εἶτ' ἐμειδίασαν βραχύ τι καὶ κλεπτόμενον καὶ μόνῃ τῇ διαχύσει τοῦ βλέμματος ἐλεγχόμενον. ἔπειτ' ὥσπερ καταιδεσθέντες τὸ γεγονὸς, ἐπυρρίασαν· καὶ αὖθις, τοῦ πάθους οἶμαι καὶ τὴν καρδίαν ἐπιδραμόντος, ὠχρίασαν· καὶ ἁπλῶς, μυρίον εἶδος ἐν ὀλίγῳ [τῷ χρόνῳ] ταῖς ὄψεις ἀμφοῖν ἐπεπλανήθη καὶ μεταβολὴ παντοία χροιᾶς τε καὶ βλέμματος, τῆς ψυχῆς τὸν σάλον κατηγοροῦσα. Ταῦτα δὲ τοὺς μὲν πολλοὺς, ὡς εἰκὸς, ἐλάνθανεν, ἄλλον πρὸς ἄλλην χρείαν τε καὶ διάνοιαν ὄντας, ἐλάνθανε δὲ καὶ τὸν Χαρικλέα τὴν πάτριον εὐχὴν καὶ ἐπίκλησιν καταγγέλλοντα. Ἐγὼ δὲ πρὸς μίαν τὴν παρατήρησιν τῶν νέων ἠσχολούμην, ἐξ ἐκείνου, Κνήμων, ἐξ οὗπερ ὁ χρησμὸς ἐπὶ Θεαγένει θυομένῳ κατὰ τὸν νεὼν ᾔδετο, πρὸς ὑπόνοιαν τῶν ἐσομένων ἀπὸ τῶν ὀνομάτων κεκινημένος. Ἀλλ' οὐδ' ἀκριβῶς οὐδέν ἔτι τῶν ἑξῆς χρησθέντων συνέβαλον.

ς'. Ἐπεὶ δ' ὀψέ ποτε καὶ ὥσπερ βιαίως τῆς κόρης ἀποσπώμενος ὁ Θεαγένης ὑπέθηκε τὸ λαμπάδιον καὶ τὸν βωμὸν ἀνῆψεν, λέλυτο μὲν ἡ πομπή, πρὸς εὐωχίαν τῶν Θετταλῶν τραπέντων, ὁ δ' ἄλλος δῆμος ἐπ' οἶκον τὸν ἰδίον ἕκαστος ἐχώρησεν. Ἡ Χαρίκλεια δ' ἐφεστρίδα λευκὴν ἐπιβαλομένη, σὺν ὀλίγοις τοῖς συνήθεσιν ἐπὶ τὴν ἐν τῷ περιβόλῳ τοῦ νεὼ καταγωγὴν ὥρμησεν· οὐδὲ γὰρ ᾤκει σὺν τῷ νομιζομένῳ πατρὶ, τῆς ἁγιστείας ἕνεκα παντοίως αὐτὴν χωρίζουσα. Περιεργότερος τοίνυν, ἐξ ὧν ἠκηκόειν τε καὶ ἑωράκειν, γεγονὼς, ἐντυγχάνω τῷ Χαρικλεῖ τοῦτο σπουδάσας. Καὶ ὃς, Εἶδες, ἠρώτα, τὸ ἀγλάϊσμα τοὐμόν τε καὶ Δελφῶν Χαρίκλειαν; Οὐ τὴν πρῶτον, ἔφην, ἀλλὰ καὶ πρότερον πολλάκις [ὁσάκις] δή μοι κατὰ τὸν νεὼν ἐνέτυχεν, οὐχ ὡς ἄν τις ἐκ παρόδου, τοῦτο δὴ τὸ λεγόμενον, ἀλλὰ καὶ συνεύχεταί [οὐκ ὀλιγάκις] καὶ περὶ θείων τε καὶ ἀνθρωπίνων εἴ τί ποτε διαπορήσειεν, ἠρώτησέ τε καὶ ἔμαθε. Τί οὖν δή σοι τὰ νῦν ἔδοξεν, ὦ 'γαθέ, ἆρά τινα τῇ πομπῇ κόσμον ἤνεγκεν; Εὐφήμησον, εἶπον, ὦ Χαρίκλεις, ὥσπερ καὶ τὴν σελήνην εἰ διαπρέπει τῶν ἄλλων ἀστέρων ἠρώτας. Καὶ μὴν ἐπῄνουν τινὲς, εἶπε,

impositis, ut inciperet libationem sacerdos Apollinis et aram succenderet, petebant. Charicles autem libationem quidem ad se pertinere dicebat, aram autem præfectus sacræ legationis, ab æditua face accepta, succendebat. Hanc enim consuetudinem patria sancit lex. Hoc dixit, atque ipse libabat. Theagenes autem facem accipiebat. Sane, ut statuamus, mi Cnemon, et quod divinum quiddam anima cognatumque superiori naturæ, ex operibus et functionibus ejus cognoscimus. Simul enim se invicem intuebantur, tanquam anima sui simile primo congressu cognoscente et ad cognatum præstantia dignitateque par accurrente. Principio igitur repente, quasi consternati constiterunt: et facem hæc quidem lente tradebat, ille autem recipiebat, uno obtutu in sese defixis oculis, non secus atque hi, qui se alicubi antea noverunt, aut viderunt, alter in alterius memoriam redeuntes. Deinde leniter arriserunt et furtim, ita ut risum diffusio tantum vultus redargueret. Postea tanquam illos facti puderet, rubore sunt suffusi; et rursus, cum affectus, ut arbitror, cor pervasisset, expalluerunt. Denique innumeræ species intra exiguum tempus in illorum vultu vagabantur et mutatio omnis generis, tum coloris, tum oculorum, significans animi commotionem. Hæc latebant vulgum, ut consentaneum est, cum alius in aliam rem et cogitationem animum intendisset. Latebant et Chariclem, consuetam precationem et invocationem recitantem. Ego autem soli observationi juvenum vacabam ab illo inde tempore, a quo de Theagene sacrificante in templo oraculum cecinit, ad suspicandum ea, quæ eventura fuerant, ex nominum conjectura commotus. Sed tamen adhuc nihil exacte de iis, quæ in reliqua parte oraculi prædicta fuerant, conjiciebam.

VI. Ceterum postquam sero aliquando et quasi per vim a virgine avulsus Theagenes, facem subjecit et aram succendit, soluta est tandem pompa, Thessalis convivia ineuntibus. Reliqui autem ex populo in suam quisque domum discesserunt. Chariclea quoque, albo pallio sese operiens, cum paucis familiaribus ad conclave suum, quod erat in ambitu templi, contendit. Neque enim habitabat cum credito patre, vitæ sanctioris causa omnino sese separans. Ego igitur curiosior redditus ex his, quæ audieram et videram, obviam venio Charicli, dedita opera. Ille autem, Vidistine, interrogabat, lumen meum et Delphorum, Chariclean? Non nunc primum, inquiebam, sed et antea sæpius illi occurri in templo, et non tantum e diverticulo, ut dicitur, sed et una mecum sacrificavit et de divinis atque humanis rebus, si quid aliquando ambigebat, me interrogavit et ex me didicit. Quæ igitur tibi visa est in præsentia? Num etiam aliquem ornatum pompæ attulit? Bona verba, inquiebam, Charicle: non secus ac si luna stellis ceteris antecellat, interrogas. Atqui laudabant quidam,

καὶ τὸν Θετταλὸν νεανίσκον. Τὰ δεύτερα, ἦν δ' ἐγὼ, καὶ τρίτα νέμοντες, τὴν δὲ κορωνίδα τῆς πομπῆς καὶ ὀφθαλμῶν ἀληθῶς τὴν σὴν θυγατέρα γνωρίζοντες. Ἥδετο τούτοις ὁ Χαρικλῆς, (καί μοι ὁ σκοπὸς ἐκ τῶν ἀληθῶν ἠνύετο, θαρσεῖν μοι τὸν ἄνδρα βουλομένῳ παντοίως) καὶ μειδιάσας, Πορεύομαι νῦν ὡς αὐτὴν, ἔλεγεν. εἰ δέ σοι φίλον, συμπορεύθητι καὶ μή τι πρὸς τῆς ὀχλικῆς ἀηδίας ἐπιτέτριπται, συνεπίσκεψαι. Χαίρων μὲν ἐπένευον, ἐνεδεικνύμην δ' ὡς ἀσχολίας ἄλλης προυργιαίτερον τίθεμαι τὸ κατ' αὑτόν.

Ζ'. Ἐπεὶ δὲ παρεγενόμεθα οὗ κατῄγετο, καταλαμβάνομεν εἰσελθόντες ἐπὶ τῆς εὐνῆς ἀλύουσαν καὶ τοὺς ὀφθαλμοὺς τῷ ἔρωτι διαβρόχους. Κἄπειδὴ τὸν πατέρα τὰ εἰωθότα περιεπτύξατο, πυνθανομένῳ τί πεπόνθοι, τῆς κεφαλῆς ἄλγημα διοχλεῖν ἔλεγεν, ἡδέως τ' ἂν ἠρεμεῖν, εἴ τις ἐπιτρέποι. Πρὸς ταῦτα διαταραχθεὶς ὁ Χαρικλῆς, ὑπεξῄει τε τοῦ θαλάμου σὺν ἡμῖν, ἡσυχίαν ταῖς θεραπαίναις ἐπιτάξας, προελθών τε τῆς οἰκίας, Τί ἄρα τοῦτο, ἔλεγεν, ὦ 'γαθὲ Καλάσιρι; τίς ἡ προσπεσοῦσα τῷ θυγατρίῳ μαλακία; Μὴ θαύμαζε, εἶπον, εἰ τοσούτοις ἐμπομπεύσασα δήμοις, ὀφθαλμόν τινα βάσκανον ἐπεσπάσατο. Γελάσας οὖν εἰρωνικὸν, Καὶ σὺ γὰρ, εἶπεν, ὡς ὁ πολὺς ὄχλος, εἶναί τινα βασκανίαν ἐπίστευσας; Εἴπερ τι καὶ ἄλλο τῶν ἀληθῶν, εἶπον, ἔχει γὰρ οὕτως. Ὁ περικεχυμένος ἡμῖν οὗτος ἀὴρ δι' ὀφθαλμῶν τε καὶ ῥινῶν καὶ ἄσθματος καὶ τῶν ἄλλων πόρων εἰς τὰ βάθη διικνούμενος καὶ τῶν ἔξωθεν ποιοτήτων συνεισφερόμενος, οἷος ἂν εἰσρεύσῃ τοιοῦτο καὶ τοῖς δεξαμένοις πάθος ἐγκατέσπειρεν, ὥστ' ὁπότ' ἂν σὺν φθόνῳ τις ἴδοι τὰ καλὰ, τὸ περιέχον τε δυσμενοῦς ποιότητος ἐνέπλησε καὶ τὸ παρ' αὑτοῦ πνεῦμα πικρίας ἀνάμεστον εἰς τὸν πλησίον διερρίπισε. Τὸ δὲ, ἅτε λεπτομερές, ἄχρις ἐπ' ὀστέα καὶ μυελοὺς αὐτοὺς εἰσδύεται καὶ νόσος ἐγένετο πολλοῖς ὁ φθόνος, οἰκεῖον οὐσία, βασκανίαν, ἐπιδεξάμενος. Ἤδη δὲ κἀκεῖνα σκόπησον, ὦ Χαρίκλεις, ὅσοι μὲν ὀφθαλμίας, ὅσοι δὲ τῆς ἐκ λοιμῶν καταστάσεως ἀνεπλήσθησαν, θιγόντες μὲν οὐδαμῶς τῶν καμνόντων, ἀλλ' οὐδ' εὐνῆς, οὐδὲ τραπέζης τῆς αὐτῆς μετασχόντες, ἀέρος δὲ μόνον ταυτοῦ κοινωνήσαντες. Τεκμηριούτω δέ σοι τὸν λόγον εἴπερ ἄλλο τι καὶ ἡ τῶν ἐρώτων γένεσις, οἷς τὰ δρώμενα τὴν ἀρχὴν δίδωσι καὶ οἷον ὑπήνεμα διὰ τῶν ὀφθαλμῶν τὰ πάθη ταῖς ψυχαῖς εἰστοξεύοντα· καὶ μάλα γ' εἰκότως. Τῶν γὰρ ἐν ἡμῖν πόρων τε καὶ αἰσθήσεων πολυκινητόν τι καὶ θερμότατον οὖσα ἡ ὄψις δεκτικωτέρα πρὸς τὰς ἀπορροίας γίγνεται, τῷ κατ' αὐτὴν ἐμπύρῳ πνεύματι τὰς μεταβάσεις τῶν ἐρώτων ἐπισπωμένη.

Η'. Εἰ δὲ χρή σοι καὶ παραδείγματος ἕνεκα, λόγον τινὰ φυσικώτερον παραθέσθαι, βίβλοις δ' ἱεραῖς ταῖς περὶ ζώων ἀνάγραπτον· ὁ χαραδριὸς τοὺς ἰκτεριῶντας ἰᾶται καὶ ὁ τοῦτο πάσχων, εἰ τῷ ὀρνέῳ προσβλέποι, τὸ δὲ φεύγει καὶ ἀποστρέφεται τοὺς ὀφθαλμοὺς ἐπιμύσαν, οὐ φθονοῦν ὡς οἴονταί τινες, τῆς ὠφελείας, ἀλλ' ὅτι

LIBER III.

inquit, et Thessalum adolescentem. Secundas illi tribuentes, immo et tertias, ego inquam. Ceterum coronidem pompæ et oculum revera tuam filiam agnoscebant. Voluptatem inde capiebat Charicles, (mihi vero ex veris ad scopum iter præparabatur, id præcipue cupienti, ut fidenti animo vir esset) et arridens, Eo nunc ad ipsam, dicebat. Quod si tibi placet, eas una et ne forte aliquid molestiæ ceperit ex turbæ tumultu mecum revisas. Gaudens quidem annuebam, verumtamen præ me ferebam alii occupationi anteferre illius negotium.

VII. Postquam autem pervenimus in ejus cubiculum, ingressi deprehendimus eam in lecto languentem, turbatam et oculos amore madentes. Cumque patrem solito more amplexu excepisset, quærenti quid illi accidisset, dolorem capitis sibi molestum esse dixit, libenterque se quieturam, si liceat. Turbatus his Charicles, exiit e thalamo nobiscum una, ancillis, ut tranquilla essent omnia, imperans, et progressus ante ædes, Quid hoc autem est, bonè Calasiri? dicebat. Quis languor filiolam invasit? Ne mireris, dixi, si, cum in tanta populi frequentia sese ostentarit, attraxerit invidum aliquem oculum. Subridens igitur ironice, Tu quoque, dixit, vulgi more, fascinationem esse aliquam fortasse credis. Ut aliud quidpiam, quod maxime verum sit, inquam : atque hoc ita existit. Hic aër undiquaque nobis circumfusus, per oculos, nares et anhelitum et alios poros intus penetrans, et una secum exteriores qualitates, quibus imbutus est, inferens, qualis influxerit, talem quoque affectum iis, qui illum exceperunt, inseminat. Quamobrem cum aliquis cum invidia res præclaras est intuitus, simul et circumstantem aërem infesta qualitate implevit et spiritum a se amarulentia plenum in id, quod propinquum est, transmittere solet. Ille autem, ut tenuis et subtilis, usque ad ossa ipsa et medullas penetrat : atque ita plerisque fuit invidia morbi causa, qui proprium nomen fascinationis accepit. Jam autem et illa considera, Charicles, quam multi dolorem oculorum et pestis contagionem hauserint, cum haudquaquam attigissent illis morbis laborantes, immo ne lecti quidem, nec mensæ ejusdem, sed tantum aëris fuissent participes. Argumento tibi sit, si quidquam aliud, tum etiam amorum ortus, quibus objecta visa initium et ansam dant et tanquam subvontaneos affectus per oculos in animas adjiciunt. Ac verisimili quidem ratione. Cum enim inter ceteros poros et sensus, qui sunt in nobis, adspectus plurimarum mutationum sit capax et calidissimus, facilius recipit affectiones circumstantes, ferventi spiritu amores, qui transpirant, attrahens.

VIII. Quod si opus est, exempli causa narrationem aliquam tibi ex libris sacris, a naturæ consideratione sumtam, de animalibus proferam. Charadrius ictericis medetur : quæ avis, si istoc morbo laborans aliquis eam conspexerit, fugit et aversatur eum conclusis oculis, non invidentia, ut quidam aiunt, auxilii, sed quod adspiciens ac-

18.

θεώμενος ἕλκειν καὶ μετασπᾶν εἰς αὐτὸν ὥσπερ ῥεῦμα πέφυκε τὸ πάθος· καὶ διὰ τοῦτο ἐκκλίνει καθάπερ τρῶσιν τὴν ὅρασιν. Καὶ ὄφεων δ᾽ ὁ καλούμενος βασιλίσκος, ὅτι καὶ πνεύματι μόνῳ καὶ βλέμματι πᾶν ἀφαυαίνει καὶ λυμαίνεται τὸ ὑποπῖπτον, ἴσως ἀκήκοας. Εἰ δέ τινες καὶ τοὺς φιλτάτους καὶ οἷς εὖνοι τυγχάνουσι καταβασκαίνουσιν, οὐ χρὴ θαυμάζειν. Φύσει γὰρ φθονερῶς ἔχοντες, οὐχ ὃ βούλονται δρῶσιν, ἀλλ᾽ ὃ πεφύκασι.

Θ΄. Πρὸς ταῦτα μικρὸν ἐπιστήσας, Τὸ μὲν ἀπόρημα, ἔφη, σοφώτατα καὶ πιστικώτατα διέλυσας. Εἴτε δὲ καὶ αὐτή πάθους ποτὲ καὶ ἔρωτος αἴσθοιτο, τότ᾽ ἂν ὑγιαίνειν αὐτήν, οὐ νοσεῖν ὑπέλαβον. Οἴσθα, ὡς ἐπὶ τοῦτό σε καὶ παρεκάλεσα. Νῦν δ᾽ οὐδὲν δέος [εἰ] μὴ τοῦτο πέπονθεν ἢ μισόλεκτρος καὶ ἀνέραστος, ἀλλὰ βασκανίαν ἔοικε τῷ ὄντι νοσεῖν καὶ δῆλον ὡς καὶ ταύτην διαλῦσαι βουλήσῃ, φίλος τ᾽ ὢν καὶ τὰ πάντα σοφός. Ἐπηγγελλόμην εἴ τι πάσχουσαν αἰσθοίμην εἰς δύναμιν βοηθήσειν.

Ι΄. Καὶ περὶ τούτων ἔτι διασκοπουμένοις ἡμῖν, ἐφίστατι τις ἐσπουδασμένος καὶ Ὦ 'γαθοί, φησὶν, ὑμεῖς δ᾽ ὥσπερ ἐπὶ μάχην ἢ πόλεμον ἀλλ᾽ οὐκ εὐωχίαν κληθέντες, οὕτω μέλλετε, ἣν παρασκευάζει μὲν ὁ κάλλιστος Θεαγένης, ἐποπτεύει δ᾽ ὁ μέγιστος ἡρώων Νεοπτόλεμος. Δεῦρ᾽ ἴτε, μηδ᾽ εἰς ἑσπέραν τὸ συμπόσιον παρέλκετε, μόνοι τῶν πάντων ἀπολειπόμενοι. Προκύψας οὖν μοι πρὸς τὸ οὖς ὁ Χαρικλῆς, Οὗτος, ἔφη, τὴν ἀπὸ ξύλου κλῆσιν ἥκει φέρων· ὡς λίαν ἀπροσδιόνυσος καὶ ταῦτα ὑποδεδρεγμένος. Ἀλλ᾽ ἴωμεν, ὡς δέος μὴ καὶ πληγὰς ἡμῖν ἐμφορήσῃ τελευτῶν. Σὺ μὲν παίζεις, ἴωμεν δ᾽ οὖν, ἔφην. Ἐπεὶ δ᾽ ἐπέστημεν, αὐτοῦ πλησίον τὸν Χαρικλέα κατέκλινεν ὁ Θεαγένης. ἔνεμε δ᾽ ἄρα τι κἀμοὶ τιμῆς τοῦ Χαρικλέους ἕνεκα. Τὰ μὲν οὖν ἄλλα τῆς εὐωχίας τί ἂν λέγων ἐνοχλοίην, τοὺς παρθενικοὺς χορούς, τὰς αὐλητρίδας, τὴν ἐνόπλιον τῶν ἐφήβων πυρρίχιον ὄρχησιν, τἆλλα οἷς τὸ πολυτελὲς τῶν ἐδεσμάτων ὁ Θεαγένης διήγησεν, εὐόσμιόν τε καὶ ποτιμώτερον τὸ συμπόσιον ἀπεργαζόμενος; ἀλλ᾽ ἃ δὴ μάλιστα σοί τ᾽ ἀκούειν ἀναγκαῖον, ἐμοί τε λέγειν ἤδιον, ἐκεῖν᾽ ἤν. Ὁ Θεαγένης ἀνεδείχνυτο μὲν ἱλαρὸς εἶναι, καὶ φιλοφρονεῖσθαι τοὺς παρόντας ἐδιάζετο, ἡλίσκετο δὲ πρὸς ἐμοῦ τὴν διάνοιαν ὅποι φέροιτο· νῦν μὲν τὸ ὄμμα ἠνεμωμένος, νῦν δὲ βυθιῶν τι καὶ ἀπροφάσιστον ὑποστένων καὶ ἄρτι μὲν κατηφής τε καὶ ὥσπερ ἐπ᾽ ἐννοίας, ἄρτι δ᾽ ἀθρόον ἐπὶ τὸ φαιδρότερον αὐτὸν μεταπλάττων, ὥσπερ ἐν συναισθήσει γιγνόμενος καὶ αὐτὸν ἀνακαλούμενος καὶ πρὸς πᾶσαν μεταβολὴν ῥᾳδίως ὑποφερόμενος. Διάνοια γὰρ ἐρῶντος, ὅμοιόν τι καὶ μεθύοντος, εὐτρεπτόν τε καὶ οὐδεμίαν ἕδραν ἀναγόμενον, ἅτε τῆς ψυχῆς ἀμφοτέροις ἐφ᾽ ὑγροῦ τοῦ πάθους σαλευούσης. Διὸ καὶ πρὸς μέθην ὁ ἐρῶν καὶ πρὸς τὸ ἐρᾷν ὁ μεθύων ἐπίφορος.

ΙΑ΄. Ὡς δὲ καὶ χάσμης ἀδημονούσης ἀνάπλεως ἐφαίνετο, τότε δὴ καὶ τοῖς ἄλλοις τῶν παρόντων κατάδηλος ἦν οὐχ ὑγιαίνων· ὥστε καὶ τὸν Χαρικλέα, καθ-

cersit et trahit ad sese natura morbum, veluti fluxum quemdam; ea de causa declinat adspectum, tanquam ictum. Et quod serpens, qui basiliseus vocatur, solo afflatu et adspectu obvia quæque exsiccet et inficiat, fortasse audisti. Quod si aliqui et carissimos eosque, quibus bene volunt, fascinant, mirum non est. Cum enim natura sint invidi, non hoc quod volunt sed quod a natura est illis insitum, faciunt.

IX. Ad hæc paululum commoratus, Hanc controversiam, inquit, sapientissime et maxime probabilibus argumentis dissolvisti. Utinam autem etiam ipsa desiderium et amorem aliquando sentiret! tunc equidem illam recte valere, non ægrotare, existimarem. Scis, quod hac etiam in re tuam opem imploraverim. Nunc vero nihil minus metuendum est, quam ne hoc illi acciderit, quæ lectum oderit et amorem aversetur, sed fascinatione revera laborare videtur. Neque mihi dubium est quin et hanc dissolvere velis, pro nostra amicitia et sapientia tua omnibus in rebus singulari. Promittebam, si eam ex aliquo laborare sensissem, me pro virili opem laturum.

X. Cumque adhuc de his deliberaremus, accurrit quidam properans, et, O præclari, inquiebat, vos vero tanquam ad prœlium, aut ad bellum, et non ad convivium vocati, ita cunctamini, cum quidem illud apparet optimus Theagenes, præses autem sit illius maximus heros Neoptolemus. Huc ite, neque ad vesperam convivium protrahite, cum soli ex omnibus absitis. Inclinatus igitur Charicles in aurem mihi : Hic, inquit, adest baculo invitans. Quam importunus, præcipue paululum appotus. Sed eamus, metuendum est enim, ne ad extremum plagas nobis inferat. Tu quidem jocaris, eamus tamen, inquiebam. Postquam autem venimus, prope se ipsum collocavit Chariclem Theagenes. Mihi quoque tribuebat aliquid honoris, Chariclis causa. Jam quid tibi molestus sim, narrans reliqua, quæ in convivio fuerunt, choreas virginum, tibicinas, armatam et pyrrhichiam saltationem ephebrorum et alia, cum quibus lautos et opiparos cibos Theagenes temperaverat, familiare et magis aptum compotationi convivium efficiens? sed quæ et te audire inprimis necesse est et mihi narrare jucundum, hæc sic accipe. Theagenes præ se ferebat quidem lætitiam et sibi ipsi vim faciebat, ut humaniter ac festive tractare præsentes videretur ; ceterum a me deprehendebatur, quorsum animo tenderet, cum jam oculos versaret, jam vehementius et sine ulla causa ingemisceret, nunc tristis esset et veluti cogitabundus, mox vultum hilariorem sumeret, tanquam sibi conscius et se ipsum revocans, denique in omnem mutationem facile delaberetur. Mens enim amantis, perinde atque ebrii, flexibilis est et quæ nulla certa sede manere queat, tanquam animo utrisque in humido affectu fluctuante. Proinde et in ebrietatem amans et in amorem ebrius proclivis est.

XI. Postea vero quam oscitatione mœrenti et anxia plenus apparebat, jam et ceteris, qui aderant præsentes, manifestum erat, quod non recte valeret : ut etiam Chari-

LIBER III.

εωρακότα ἀλλ' ἢ τὸ ἀνώμαλον, ἡσυχῇ πρός με εἰπεῖν,
Καὶ τοῦτον βάσκανος εἶδεν ὀφθαλμός· καὶ ταυτόν μοι
δοκεῖ πεπονθέναι τῇ Χαρικλείᾳ. Ταυτὸν, ἔφην ἐγὼ,
νὴ τὴν Ἶσιν· ὀρθῶς μὲν καὶ οὐκ ἀπεικότως, εἴπερ καὶ
5 ἐν τῇ πομπῇ μετ' ἐκείνην διέπρεπε. Ταῦτα μὲν ἡμεῖς.
Ἐπεὶ δὲ τὰς κύλικας ἔδει περιάγεσθαι, προὔπινεν ὁ
Θεαγένης καὶ ἄκων ἑκάστῳ φιλοτησίαν. Ὡς δ' εἰς
ἐμὲ περιῆλθεν, ἔχω τὴν φιλοφρόνησιν, εἰπόντος, ὑπο-
δεξαμένου δ' οὐδαμῶς, ὀξύ τε καὶ διάπυρον ἐνεῖδεν,
10 ὑπεροραθᾶσθαι προσδοκήσας. Συνεὶς οὖν ὁ Χαρικλῆς,
Οἴνου καὶ ἐδεσμάτων, εἶπε, τῶν ἐμψυχομένων ἀπέχεται.
Τοῦ δὲ τὴν αἰτίαν ἐρομένου, Μεμφίτης ἐστὶν, εἶπεν,
Αἰγύπτιος καὶ προφήτης τῆς Ἴσιδος. Ὁ δὲ Θεαγέ-
νης ὡς τὸν Αἰγύπτιον καὶ τὸν προφήτην ἤκουσεν, ἡδο-
15 νῆς τ' ἀθρόον ἐνεπλήσθη καὶ, ὥσπερ οἱ θησαυρῷ τινι
προστυχόντες, ὀρθώσας αὐτὸν, ὕδωρ τ' αἰτήσας καὶ
προπιὼν, Ὦ σοφώτατε, εἶπεν, ἀλλά σύ γε ταύτην
δέχου τὴν φιλοτησίαν, ἣν ἀπὸ τῶν ἡδίστων σοι προὔ-
πιον· καὶ φιλίαν ᾗδ' ἡμῖν ἡ τράπεζα σπενδέσθω.
20 Ἐσπείσθω, ἔφην, καλὲ Θεάγενες, ἐμοὶ καὶ πάλαι οὔ-
σαν πρὸς σὲ καὶ ὑποδεξάμενος ἔπινον. Καὶ τότε μὲν
εἰς ταῦτ' ἔληξε τὸ συμπόσιον καὶ ἀπηλλαττόμεθα ἐπ'
οἶκον τὸν ἴδιον ἕκαστος, πολλά με τοῦ Θεαγένους καὶ
θερμότερα ἢ κατὰ τὴν προϋπάρχουσαν γνῶσίν κατα-
25 σπασαμένου. Ἐπεὶ δ' ἦλθον οὗ κατηγόμην, ἄϋπνος
τὰ πρῶτα διῆγον ἐπὶ τῆς εὐνῆς, ἄνω τε καὶ κάτω τὴν
περὶ τῶν νέων φροντίδα στρέφων καὶ τοῦ χρησμοῦ τὰ
τελευταῖα τί ἄρα βούλοιτο ἀνιχνεύων. Ἤδη δὲ με-
σούσης τῆς νυκτὸς ὁρῶ τὸν Ἀπόλλω καὶ τὴν Ἄρτεμιν,
30 ὡς ᾤμην, (εἴγ' ᾤμην ἀλλὰ μὴ ἀληθῶς ἑώρων) καὶ
ὁ μὲν τὸν Θεαγένην, ἡ δὲ τὴν Χαρίκλειαν ἐνεχείριζεν,
ὀνομαστί τέ με προσκαλοῦντες, Ὥρα σοι, ἔλεγον, εἰς
τὴν ἐνεγκοῦσαν ἐπανήκειν. Οὕτω γὰρ ὁ μοιρῶν ὑπα-
γορεύει θεσμός. Αὐτός τ' οὖν ἔξιθι καὶ τούσδ' ὑποδε-
35 ξάμενος ἄγε συνεμπόρους, ἴσα καὶ παισὶ ποιούμενος,
καὶ ἀνάπεμπε ἀπὸ τῆς Αἰγυπτίων ὅποι τε καὶ ὅπως
τοῖς θεοῖς φίλον.
ΙΒ'. Ταῦτ' εἰπόντες, οἱ μὲν ἀπεχώρησαν, ὅτι μὴ
ὄναρ ἦν ἡ ὄψις ἀλλ' ὕπαρ ἐνδειξάμενοι. Ἐγὼ δὲ τὰ
40 μὲν ἄλλα συνίην ὡς ἑωράκειν, εἰς τίνας δ' ἀνθρώπους
ἢ εἰς τίνα γῆν παραπέμπεσθαι τοὺς νέους τοῖς θεοῖς φί-
λον ἠπόρουν. Καὶ ὁ Κνήμων, Ταῦτα μὲν, ἔφη, ὦ
πάτερ, ἐς ὕστερον αὐτός γ' ἐγνωκὼς ἐρεῖς πρὸς ἡμᾶς·
ἀλλὰ τίνα δὴ τρόπον ἔφασκας ἐνδεδεῖχθαι σοι τοὺς θεοὺς,
45 ὅτι μὴ ἐνύπνιον ἦλθον ἀλλ' ἐναργῶς ἐφάνησαν; Ὃν
τρόπον, εἶπεν, ὦ τέκνον, καὶ ὁ σοφὸς Ὅμηρος αἰνίττε-
ται· οἱ πολλοὶ δὲ τὸ αἴνιγμα παρατρέχουσιν·

Ἴχνια γὰρ μετόπισθε (ὡς ἐκεῖνός που λέγει) ποδῶν ἠδὲ
Ῥεῖ' ἔγνων ἀπιόντος, ἀρίγνωτοί τε θεοὶ περ. [κνημαῶν

50 ἀλλ' ᾗ καὶ αὐτὸς ἔοικα τῶν πολλῶν εἶναι καὶ τοῦτ' ἴσως
ἐλέγχεις, ὦ Καλάσιρι, βουλόμενος, εἴπω ἐπῶν ἐμνημό-
νευσας, ἢν ἔχω τὴν μὲν ἐπιπολῆς διάνοιαν, ὅσα περ
καὶ τὴν λέξιν οἶδα ἐκδιδαχθεὶς, τὴν δὲ συγκατεσπαρμέ-
νην αὐτοῖς θεολογίαν ἠγνόηκα.

---

cles, qui præter varietatem hanc nihil animadverterat,
submisse ad me diceret, Et hunc invidus vidit oculus;
idemque mihi videtur, quod et Chariclew, illi accidisse.
Idem, inquiebam ego, per Isim, nec injuria, quandoqui-
dem in pompa post illam excellebat. Hæc quidem nos.
Ceterum ubi calices circumagi oportuit, propinabat quidem
Theagenes cuique vel invitus, benevolentiæ ergo. Ad me
autem ut pervenit, cum me accipere ab illo officium be-
nevolentiæ dixissem sed poculum non recepissem, acriter
et ardentibus oculis obtuebatur, contemni se existimans.
Quod cum intellexisset Charicles : A vino, inquit, et cibis
animantium abstinet. Illo autem causam interrogante :
Ægyptius est, inquit, Memphites et antistes Isidis. Thea-
genes igitur, cum Ægyptium me esse et antistitem cognovit,
subito ingenti voluptate est affectus et sicuti ii qui in the-
saurum aliquem inciderunt sese erigens, aquam poposcit,
et, cum propinasset, O sapientissime, inquit, accipe hanc
potionem, qua tibi ex iis quæ tibi sunt suavissima propi-
navi et amicitiæ fœdus inter nos hæc mensa faciat. Faciat,
inquam, optime Theagenes, quæ mihi jampridem tecum
intercedit, et recipiens bibebam. Ac tunc quidem in hæc
desiit convivium et discedebamus in suam quisque do-
mum, cum me Theagenes sæpius et calidius quam pro
notitia nostra, amanter et cum osculis complexus esset.
Postquam autem veni eo, quo me recipiebam, insomnis
primum noctem traducebam in lecto, sursum ac deorsum
cogitationem de juvenibus versans et quid vellent extrema
partes oraculi inquirens. Cum autem ad medium noctem
processisset, video Apollinem et Dianam, ut rebar (si qui-
dem rebar et non potius vere videbam) atque ille Theage-
nem, hæc autem Charicleam mihi tradebat et nomine me
compellantes, Tempus est, dicebant, ut in patriam re-
deas : id enim postulat Parcarum lex. Ipse igitur egredere
et hos receptos adjunge tibi comites, in liberorum diligens
loco et deduc ex Ægyptia terra, quo et quomodo diis
placet.

XII. Hæc cum dixisset, illi quidem discesserunt, data
significatione, quod non somnii visio fuisset, sed res ipsa
sic se habuisset. Ego vero alia intelligebam, ita quemad-
modum videram : ceterum ad quos homines, aut ad quam
terram deducendi essent adolescentes, dubitabam. Hæc
quidem, inquit, pater, siquidem ipse postea cognovisti,
deinceps mihi quoque narrabis. Ceterum quonam modo
dicebas, tibi ostensos esse deos, quod non in somniis vene-
rint, sed manifeste apparuerint? Eo modo, inquit, fili,
quem sapiens Homerus quasi ænigmate significat : multi
autem ænigma prætereunt :

Namque pedum (ut alicubi ille dicit) et crurum simul pone
Pei agnovi, remeante. Facile dii agnosci possunt [vestigia

Atqui ipse videor ex multorum numero esse et hujus me
fortasse redarguere volens, Calasiri, horum versuum feci-
sti mentionem, quorum ego sententiam vulgatam teneo, inde
usque ab eo tempore, quo et verba ipsa edoctus sum. Ce-
terum inspersam illis theologiæ doctrinam ignoravi.

ΙΙ´. Μικρὸν οὖν ἐπιστήσας ὁ Καλάσιρις καὶ τὸν νοῦν πρὸς τὸ μυστικώτερον ἀνακινήσας, Θεοὶ καὶ δαίμονες, εἶπεν, ὦ Κνήμων, ἐπιφοιτῶντές τ' εἰς ἡμᾶς καὶ ἀποφοιτῶντες, εἰς ἄλλο μὲν ζῷον ἐπ' ἐλάχιστον, εἰς ἀνθρώπους δ' ἐπιπλεῖστον αὑτοὺς εἰδοποιοῦσι, τῷ ὁμοίῳ πλέον ἡμᾶς εἰς τὴν φαντασίαν ὑπαγόμενοι. Τοὺς μὲν δὴ βεβήλους κἂν διαλάθοιεν, τὴν δὲ σοφοῦ γνῶσιν οὐκ ἂν διαφύγοιεν, ἀλλὰ τοῖς τ' ὀφθαλμοῖς ἂν γνωσθεῖεν ἀτενὲς διόλου βλέποντες καὶ τὸ βλέφαρον οὔ ποτ' ἐπιμύοντες καὶ τῷ βαδίσματι πλέον, οὐ κατὰ διάστησιν τοῖν ποδοῖν οὐδὲ μετάθεσιν ἀνυομένῳ ἀλλὰ κατά τινα ῥύμην ἀέριον καὶ ὁρμὴν ἀπαραπόδιστον τεμνόντων μᾶλλον τὸ περιέχον ἢ διαπορευομένων. Διὸ δὴ καὶ τὰ ἀγάλματα τῶν θεῶν Αἰγύπτιοι τὼ πόδε ζευγνύντες καὶ ὥσπερ ἑνοῦντες ἱστᾶσιν. Ἃ δὴ καὶ Ὅμηρος εἰδὼς, ἅτε Αἰγύπτιος καὶ τὴν ἱερὰν παίδευσιν ἐκδιδαχθεὶς, συμβολικῶς τοῖς ἔπεσιν ἐνατέθετο, τοῖς δυναμένοις συνιέναι γνωρίζειν καταλιπών· ἐπὶ μὲν τῆς Ἀθηνᾶς, « δεινὼ δέ οἱ ὄσσε φάανθεν » εἰπών, ἐπὶ δὲ τοῦ Ποσειδῶνος, τὸ « Ἴχνια γὰρ μετόπισθε ποδῶν ἠδὲ κνημάων Ῥεῖ' ἔγνων ἀπιόντος· » οἷον ῥέοντος ἐν τῇ πορείᾳ. Τοῦτο γάρ ἐστι τὸ ῥεῖ' ἀπιόντος καὶ οὐχ ὥς τινες ἠπάτηνται, ῥᾳδίως ἔγνων ὑπολαμβάνοντες.

ΙΔ´. Ταῦτα μέν, ὦ θειότατε, (με) μεμύηκας, ἔφη ὁ Κνήμων. Αἰγύπτιον δ' Ὅμηρον ἀποκαλοῦντος σοῦ πολλάκις, ὃ τῶν πάντων ἴσως οὐδεὶς ἀκήκοεν εἰς τὴν τήμερον, οὐδ' ἀπιστεῖν ἔχω καὶ σφόδρα θαυμάζων ἱκετεύω, μὴ παραδραμεῖν σε τοῦ λόγου τὴν ἀκρίβειαν. Ὦ Κνήμων, εἰ καὶ ἔξωρον τὸ περὶ τούτων νυνὶ διαλαμβάνειν ἀλλ' ὅμως ἀκούοις ἂν ἐπιτέμνοντος. Ὅμηρος, ὦ φίλε, ὑπ' ἄλλων μὲν ἄλλοθεν ὀνομαζέσθω καὶ πατρὶς ἔστω τῷ σοφῷ πᾶσα πόλις. Ἦν δ' εἰς ἀλήθειαν ἡμεδαπὸς Αἰγύπτιος καὶ πόλις αὐτῷ Θῆβαι αἱ ἑκατόμπυλοί εἰσι κατ' αὐτὸν ἐκεῖνον· πατὴρ δὲ, τὸ μὲν δοκεῖν προφήτης, τὸ δ' ἀψευδὲς Ἑρμῆς, οὗπερ ἦν.ὁ δοκῶν πατὴρ προφήτης· τῇ γὰρ τούτου γαμετῇ τελούσῃ τινὰ πάτριον ἁγιστείαν καὶ κατὰ τὸ ἱερὸν καθευδούσῃ, συνῆλθεν ὁ δαίμων καὶ ποιεῖ τὸν Ὅμηρον, φέροντά τι τῆς ἀνομοίου μίξεως σύμβολον. Θατέρῳ γὰρ τοῖν μηροῖν αὐτόθεν ἐξ ὠδίνων, πολύ τι μῆκος τριχῶν ἐπεπόλαζεν· ὅθεν παρ' ἄλλοις τε καὶ οὐχ ἥκιστα παρ' Ἕλλησιν ἀλητεύων καὶ τὴν ποίησιν ᾄδων, τοῦ ὀνόματος ἔτυχεν, αὐτὸς μὲν τὸ ἴδιον οὐ λέγων ἀλλ' οὐδὲ πόλιν ἢ γένος ὀνομάζων, τῶν δ' ἐγνωκότων τὸ περὶ τὸ σῶμα πάθος εἰς ὄνομα καταστησάντων. Τί δὲ σκοπῶν, ὦ πάτερ, ἐσιώπα τὴν ἐνεγκοῦσαν; Ἤτοι τὸ φυγὰς εἶναι καταιδούμενος, ἐδιώχθη γὰρ ὑπὸ τοῦ πατρὸς, ὅτ' ἐξ ἐφήβων εἰς τοὺς ἱερωμένους ἐνεκρίνετο, ἀπὸ τοῦ κηλῖδα φέρειν ἐπὶ τοῦ μηροῦ, νόθος εἶναι γνωρισθεὶς, ἢ καὶ τοῦτο σοφίᾳ κατεργαζόμενος, κἀκ τοῦ τὴν οὖσαν ἀποκρύπτειν, πᾶσαν αὑτῷ πόλιν πατρίδα μνώμενος.

ΙΕ´. Ταῦτα μὲν εὖ τε καὶ ἀληθῶς μοι λέγειν ἔδοξας, τεκμαιρομένῳ τῆς τε ποιήσεως τοῦ ἀνδρὸς τὸ ἀνειμένον τε καὶ ἡδονῇ πάσῃ σύγκρατον ὡς Αἰγύπτιον,

XIII. Paululum igitur immoratus Calasiris et mentem ad arcanam significationem eruendam excitans : Dii, inquit, et numina, Cnemon, venientia ad nos et a nobis recedentia, in alia animalia rarissime, in homines autem ut plurimum sese transformant, similitudine magis, ut visum insomnii esse opinemur, nobis imponentes. Quamvis igitur profanos homines latuerint, tamen quin a sapiente cognoscantur effugere non possunt : sed ex oculis notari possunt, cum continuo obtutu intueantur et palpebras nunquam concludant et magis etiam ex incessu, qui non ex dimotione pedum, neque transpositione existit, sed ex quodam impetu aërio et vi expedita, findentium magis auras quam transeuntium. Quamobrem statuas quoque deorum Ægyptii ponunt, conjungentes illis pedes et quasi unientes. Quæ etiam Homerus sciens, ut Ægyptius et doctrina sacra instructus, occulte et involute versibus reddidit, relinquens intelligenda iis, qui possent. De Pallade quidem : *Atque truces illi oculi fulsere.* De Neptuno autem : *Namque pedum et crurum simul pone vestigia ῥεῖ' agnovi remeante,* tanquam fluente incessu. Hoc enim est, ῥεῖ' remeante; non ut quidam, *perfacile* agnovi, falso putarunt.

XIV. His quidem me, o divinissime, initiasti, inquit Cnemon. Cum vero sæpe Homerum Ægyptium appelles, quod ad hodiernum usque diem nemo audivit, neque credere non possum et vehementer admirans obsecro, ne prætereas hanc partem orationis inexcussam. Etsi alienum est, Cnemon, ab instituto meo, nunc de his disserere, tamen audies breviter. Homerus ab aliis quidem aliunde nominetur et patria sapienti sit urbs quævis viro. Erat autem revera nostras, Ægyptius et urbs illi Thebæ centiportes, ut ex ipso cognoscere licet; pater autem, opinione hominum, antistes, sed verius, Mercurius. Erat illius existimatus pater antistes, eo quod cum ejus uxore celebrante quædam sacra patria et in templo dormiente, coivit deus et Homerum procreavit, ferentem notam incestæ consuetudinis. In altero enim femore inde usque ab ipso partu, ingens longitudo crinium innatabat. Unde cum inter alios tum inter Græcos oberrans et poëmata canens, nomen est nactus : ipse quidem nomen proprium non dicens, neque patriam aut genus nominans; ceterum iis, qui sciebant illam corporis affectionem, ut in nomen illi verteretur, perficientibus. Quorsum autem spectans, pater, tacebat patriam? Aut quod pudebat illum exsilii : erat enim pulsus a patre, quando ex ephebis inter consecratos recensebatur, ex eo quod notam ferret in corpore, quæ spurium eum argueret, vel hoc etiam consilio fecit, et dum veram celaret, omnem urbem patriam sibi vindicabat.

XV. Hæc quidem recte et vere dicere mihi visus es, facienti conjecturam ex poëmate viri, cum omni voluptate et oblectatione, quasi Ægyptia, temperato, et ex naturæ

LIBER III.

καὶ τὸ τῆς φύσεως ὑπερέχον, ὡς οὐκ ἂν οὕτω τοὺς πάντας ὑπερβαλλόμενον, εἰ μή τινος θείας καὶ δαιμονίας ὡς ἀληθῶς μετέσχε καταβολῆς. Ἀλλ' ἐπεὶ τοὺς θεοὺς Ὁμηρικῶς ἐφώρασας, ὦ Καλάσιρι, τίνα τὰ μετὰ ταῦτα εἰπέ μοι. Τοῖς προτέροις, ὦ Κνήμων, ὅμοια· πάλιν ἀγρυπνίαι καὶ βουλεύματα καὶ νυκτῶν φίλαι φροντίδες. Ἔχαιρον, εὑρηκέναι τι τῶν οὐ προσδοκωμένων ἐλπίζων καὶ εἰς τὴν ἐνεγκοῦσαν ἐπανήξειν προσδοκῶν. ἡνιώμην δὲ, ὅτι ὁ Χαρικλῆς στερήσεται τῆς θυγατρὸς ἐννοῶν. Ἠπόρουν ὅτῳ δεήσει τρόπῳ τοὺς νέους συναγαγεῖν καὶ κατασκευάσαι τὴν ἔξοδον συμφρονεῖν. Τὸν δρασμὸν ἠγωνίων ὅπως μὲν λήσομεν, ὅποι δὲ τραπῶμεν καὶ πότερον διὰ γῆς ἢ θαλαττεύοντες καὶ ἁπλῶς κλύδων μέ τις εἶχε φροντισμάτων, ἄϋπνός τε τὸ λειπόμενον ἐταλαιπώρουν τῆς νυκτός.

ΙϚ'. Οὔπω δ' ἡμέρας ἀκριβῶς ὑποφαινούσης, ἐψόφει θ' ἡ μέταυλος καί τινος ᾐσθόμην καλοῦντος παιδίου. Ἐρομένου δὲ τοῦ ὑπηρέτου τίς ὁ κόπτων τὴν θύραν, καὶ κατὰ ποίαν τὴν χρείαν, Ἀπάγγελλε, εἶπεν ὁ καλῶν, ὅτι Θεαγένης ὁ Θετταλός. Ἥσθην ἐπαγγελθέντα μοι τὸν νεανίαν καὶ εἰσκαλεῖν ἐκέλευον, ἐνδιδόναι μοι ταὐτόματον ἀρχὴν τῶν ἐν χερσὶ βουλῶν ἡγησάμενος· ἐτεκμαιρόμην γὰρ ὅτι με παρὰ τὸ συμπόσιον Αἰγύπτιον καὶ προφήτην ἀκηκοώς, ἥκει σύνεργον πρὸς τὸν ἔρωτα ληψόμενος, πάσχων, οἶμαι, τὸ τῶν πολλῶν πάθος, οἳ τὴν Αἰγυπτίων σοφίαν, μίαν καὶ τὴν αὐτὴν ἠπάτηνται, κακῶς εἰδότες. Ἡ μὲν γάρ τις ἐστὶ δημώδης, καὶ, ὡς ἄν τις εἴποι, χαμαὶ ἐρχομένη, εἰδώλων θεράπαινα καὶ περὶ σώματα νεκρῶν εἰλουμένη, βοτάναις προστετηκυῖα καὶ ἐπῳδαῖς ἐπανέχουσα, πρὸς οὐδὲν ἀγαθὸν τέλος οὔτε αὐτὴ προιοῦσα, οὔτε τοὺς χρωμένους φέρουσα ἀλλ' αὐτὴ τὰ περὶ αὐτὴν ταπολλὰ πταίουσα, λυπρὰ δέ τινα καὶ γλίσχρα ἔστιν ὅτε κατορθοῦσα, φαντασίας τῶν μὴ ὄντων ὡς ὄντων καὶ ἀποτυχίας τῶν ἐλπιζομένων, πράξεων ἀθεμίτων εὑρετὶς καὶ ἡδονῶν ἀκολάστων ὑπηρέτις. Ἡ δ' ἑτέρα, τέκνον, ἡ ἀληθῶς σοφία, ἧς αὕτη παρωνύμως ἐνοθεύθη, ἣν ἱερεῖς καὶ προφητικὸν γένος ἐκ νέων ἀσκοῦμεν, ἄνω πρὸς τὰ οὐράνια βλέπει, θεῶν συνόμιλος καὶ φύσεως κρειττόνων μέτοχος, ἄστρων κινήσιν ἐρευνῶσα καὶ μελλόντων πρόγνωσιν κερδαίνουσα· τῶν μὲν γηΐνων τούτων κακῶν ἀποστατοῦσα, πάντα δὲ πρὸς τὸ καλὸν καὶ τὸ ὠφέλιμον ἀνθρώποις ἐπιτηδεύουσα, δι' ἣν κἀγὼ τῆς ἐνεγκούσης εἰς καιρὸν ἐξέστην, εἴ πῃ καθὼς καὶ πρότερόν ποι διῆλθον τὰ προῤῥηθέντα μοι παρ' αὐτῆς καὶ τὸν τῶν ἐμῶν παίδων κατ' ἀλλήλων πόλεμον περιγράψαιμι. Ταῦτα μὲν οὖν θεοῖς τε τοῖς ἄλλοις καὶ μοίραις ἐπιτετράφθω οἳ τοῦ ποιεῖν τε καὶ μὴ τὸ κράτος ἔχουσιν, οἳ καὶ τὴν φυγήν μοι τὴν ἐκ τῆς ἐνεγκούσης οὐ διὰ ταῦτα πλέον ὡς ἔοικεν ἢ τὴν Χαρικλείας εὕρεσιν ἐπέβαλον. Καὶ τοῦτο μὲν ὅπως, εἴσῃ τοῖς ἑξῆς.

ΙΖ'. Τὸν δὲ Θεαγένην ἐπειδήπερ εἰσῆλθεν ἀσπασάμενον ἀμειψάμενος, ἐμαυτοῦ τε πλησίον ἐπὶ τῆς εὐνῆς ἐκάθιζον καὶ Τί χρέος ὄρθριόν σε ἄγει παρ' ἡμᾶς ἠρώ-

excellentia: quæ certe ita omnes non superaret, nisi e divinis quibusdam revera fundamentis exstitisset. Sed postquam deos Homerice deprehendisti, Calasiri, quid deinceps sit consecutum, mihi expone. Prioribus, Cnemon, similia, rursus insomnia et deliberationes, et amicæ nocti cogitationes. Gaudebam, aliquid me eorum, quæ non cogitabam, invenisse sperans et reditum in patriam exspectans: excruciabar autem, fore, ut Chariclœs filia privaretur, cogitans. Dubitabam, qua ratione juvenes essent una abducendi et quo modo discessum adornarem. De fuga eram sollicitus, quo modo illam clam capessere et quo dirigere deberemus; et utrum terra, an mari: denique procella quædam cogitationum me obruebat et insomne reliquum traducebam noctis.

XVI. Necdum exacte dies illuxerat, perstrepebat ostium atrii et sensi quemdam puerum vocantem. Interrogante autem famulo, quis pulsaret fores et quam ob causam, dixit is qui vocabat, quod Theagenes Thessalus adesset. Delectatus sum nuntio de adolescente, et vocari intro jubebam; offerri mihi ultro initium consilii capiendi, quod præ manibus habebam, existimans. Conjectabar enim, quod cum me in symposio Ægyptium et antistitem esse audisset, veniret adjutorem sibi in amore assumturus, ita, ut plerique, siculi existimo, animo affectus, qui Ægyptiorum sapientiam unam et eandem esse existimant, haud recte judicantes. Est enim quædam vulgata et ut ita dicam humi serpens, quæ simulacrorum ministra est et circa mortuorum corpora volvitur, herbis intabescens et incantationibus dedita, neque ad ullum bonum finem perveniens, neque hos qui illa utuntur deducens, sed in multis etiam ipsa suis rationibus offendens, tristia vero quædam et sordida interdum præstans, nimirum visiones eorum quæ non sunt tanquam essent et frustrationes speratarum actionum, flagitiorum inventrix et profusarum voluptatum ministra. Altera vero, fili, quæ revera sapientia est et a qua illa adulterina degeneravit, quam nos sacerdotes et antistitum genus ab ineunte ætate excolimus, supra res cœlestes contemplatur, deorum convictrix et naturæ præstantioris particeps, astrorum motus scrutans et futurorum præscientiam inde acquirens; ab his quidem terrenis malis remota, omnia vero ad honestatem et utilitatem hominum instituens. Propter quam et ego patria cessi ad tempus, si quo modo, quæ tibi antea narravi, mihi ab ipsa prædicta et bellum illiorum meorum inter sese possem evitare. Sed hæc cum diis aliis, tum Parcis permissa sunto, in quorum, ut hæc faciant, aut non, potestate situm est, qui etiam mihi exsilium non magis propter hæc, ut videtur, quam propter Chariclcæ inventionem, imposuerunt. Id autem quomodo evenerit, ex iis quæ sequentur cognosces.

XVII. Ceterum Theagenem, postquam ingressus est, et salutavit, resalutatum prope me in lecto collocabam, et quæ necessitas tam mane te ad me adducit, interrogabam. Ille

των. Ὁ δὲ τὸ πρόσωπον ἐπιπολὺ καταψήσας, Ἀγωνιῶ μὲν, ἔφη, περὶ τοῦ παντὸς, ἐρυθριῶ δ᾽ ἐκφαίνειν· καὶ ἐσιώπησεν. Ἔγνων οὖν καιρὸν εἶναι τερατεύεσθαι πρὸς αὐτὸν καὶ μαντεύεσθαι δῆθεν, ἅπερ ἐγίγνωσκον. Ἱλαρώτερον οὖν αὐτῷ προσβλέψας, Εἰ καὶ αὐτὸς λέγειν ὀκνεῖς, ἔφην, ἀλλὰ τῇ γ᾽ ἡμετέρᾳ σοφίᾳ καὶ θεοῖς οὐδὲν ἄγνωστον. Καὶ ἐπιστήσας ὀλίγον καὶ ψήφους τινὰς οὐδὲν καταριθμούσας ἐπὶ δακτύλων συνθεὶς, τήν τε κόμην διασείσας καὶ τοὺς κατόχους μιμούμενος, Ἐρᾷς, εἶπον, ὦ τέκνον. Ἀνήλατο πρὸς τὴν μαντείαν. Ὡς δ᾽ ὅτι καὶ Χαρικλείας προσέθηκα, τοῦτ᾽ ἐκεῖνο θεοκλυτεῖν με νομίσας μικροῦ μὲν καὶ προσεκύνει πεσὼν, ἐμοῦ δ᾽ ἐπέχοντος, ἐφίλει πολλὰ τὴν κεφαλὴν προσελθὼν, τοῖς τε θεοῖς ὁμολόγει χάριν, οὐκ ἐσφαλμένος, ὡς ἔλεγεν, ὧν προσεδόκησε, σωτῆρά τέ με γενέσθαι παρεκάλει· μὴ γὰρ ἂν περισωθῆναι, βοηθείας καὶ ταύτης ταχείας ἀποτυχόντα· τοσοῦτον αὐτῷ τὸ κακὸν ἐνσκῆψαι καὶ οὕτως ὑπὸ τοῦ πόθου φλέγεσθαι, πρῶτον καὶ ταῦτα πειρώμενον ἔρωτος. Ὁμιλίας γὰρ ἔτι γυναικὸς ἀπείρατος εἶναι διετείνετο, πολλὰ διομνύμενος· εἰ γὰρ διαπτῦσαι πάσης καὶ γάμον αὐτὸν καὶ ἔρωτας, εἴ τινος ἀκούσειεν, ἕως τὸ Χαρικλείας αὐτὸν ἤλεγξε κάλλος ὅτι μὴ φύσει καρτερικὸς ἦν, ἀλλ᾽ ἀξιεράστου γυναικὸς εἰς τὴν παρελθοῦσαν ἀθέατος. Καὶ ταῦτα λέγων ἐδάκρυεν, ὥσπερ ὅτι πρὸς βίαν ἥττηται κόρης ἐνδεικνύμενος. ἀνελάμβανον οὖν αὐτὸν καὶ Θάρσει, ἔλεγον, ἐπειδήπερ ἅπαξ καταπέφευγας ἐφ᾽ ἡμᾶς. Οὐχ οὕτως ἐκείνη κρείττων ἔσται τῆς ἡμετέρας σοφίας. Ἔστι μὲν αὐστηροτέρα καὶ κατενεχθῆναι πρὸς ἔρωτα δύσμαχος, Ἀφροδίτην καὶ γάμον ἀτιμάζουσα καὶ μέχρις ὀνόματος· ἀλλὰ διὰ σὲ πάντα κινητέον· τέχνη καὶ φύσιν οἶδε βιάζεσθαι. Μόνον εὐθύμει εἶναι καὶ.ὀρηγουμένῳ τὰ δέοντα πείθεσθαι πράττειν. Ἐπηγγείλατο ἅπαντα ποιήσειν, ὡς ἂν ἐγὼ προστάττω, κἂν εἰ ξιφῶν ἐπιβαίνειν κελεύοιμι.

ΙΗ'. Λιπαροῦντος δὴ περὶ τούτων καὶ μισθὸν ἅπασαν ὑπισχνουμένου τὴν οὐσίαν, ἧκόν τις παρὰ τοῦ Χαρικλέους, Δεῖταί σοῦ Χαρικλῆς, ἔλεγεν, ἀφικέσθαι παρ᾽ αὐτόν· ἔστι δὲ πλησίον ἐνταυθοῖ ἐν τῷ Ἀπολλωνίῳ καὶ ὕμνον ἀποθύει τῷ θεῷ, τεταραγμένος τι κατὰ τοὺς ὕπνους. Ἐξανίσταμαι παραχρῆμα καὶ τὸν Θεαγένην ἀποπέμψας ἐπὶ τὸν νεὼν ἀφικόμενος, ἐπὶ θώκου τινὸς καταλαμβάνω τὸν Χαρικλέα καθήμενον, ἄγαν περίλυπον καὶ συνεχῶς ὑποστένοντα. Προσελθὼν οὖν, Τί σύννους καὶ σκυθρωπὸς εἶ, ἠρώτων. Ὁ δὲ, Τί γὰρ οὐ μέλλω, εἰπεν, ὀνειράτων τέ με διαταραξάντων καὶ τῆς θυγατρὸς, ὡς ἐπυθόμην, ἀηδέστερον διατεθείσης καὶ τὴν νύκτα πᾶσαν ἄϋπνον διαγαγούσης; ἐμὲ δὲ λυπεῖ μὲν καὶ ἄλλως οὐχ ὑγιαίνουσα, πλέον δ᾽ ὅτι τῆς κυρίας τοῦ ἀγῶνος εἰς τὴν ἑξῆς ἐνεστηκυίας, ἐν ᾗ τοῖς ὁπλίταις δρομεῦσι δᾷδας ἀναφαίνει καὶ βραβεύει τὴν ζάκορον νόμιμον, δυοῖν θάτερον ἀνάγκη ἢ ταύτην ἀπολειπομένην λυμαίνεσθαι τὸ πάτριον, ἢ καὶ ἄκουσαν ἀφικνουμένην, ἐπιτρίβεσθαι χαλεπώτερον. Ὥστ᾽ εἰ

autem eum diu demulsisset faciem, Anxius sum, inquit, de summa rerum : erubesco autem aperire, et conticuit. Animadverti igitur, tempus esse mentiendi apud ipsum et divinandi ea quæ sciebam. Itaque hilarius eum contuitus, Etiamsi ipse dicere cuncteris, inquam, tamen sapientiæ nostræ et diis nihil est ignotum. Et, cum paululum me erexissem et calculos quosdam nihil numerantes in digitis composuissem, et comam quassissem, afflatos vi numinis imitans, Amas, dixi, o fili. Exsiluit ad illud vaticinium. Postea vero quam et Chariclean addidi, jam tum id me divinitus cognovisse existimans, parum aberat, quin procumbens adoraret. At cum inhiberem, osculabatur sæpe caput accedens, et diis agebat gratias, quod spe sua lapsus non esset, utque illi servator essem precabatur : neque enim se superstitem esse posse, si auxilio, atque hoc ipso celeri destitueretur. Tantum malum se invasisse, atque ita flammis affectus uri, præcipue tum primum amorem sentientem. Consuetudinis enim muliebris expertem se esse dicebat, multis modis jurans : semperque respuisse et conjugia ipsa et amores, si alicujus audisset, quoad illum Chariclæ forma convicisset, quod non naturali abstinentia et robore fuisset præditus, sed usque ad illum diem mulierem amore dignam non vidisset. Et hæc dicens lacrimabat, veluti invitum et per vim a virgine se victum esse declarans. Erigebam illum et consolabar et Esto fidenti anima, dicebam, cum semel ad nos confugeris : non enim erit illa nostra sapientia fortior. Est quidem austerior et difficulter in amorem delabi potest, Venerem et conjugium exosa, vel si nominis tantum. Sed propter te omnia movenda sunt. Ars et naturam frangere potest : tantum confidentem esse oportet et imperanti necessaria parere. Promisit se omnia facturum, sicut ego imperassem, si vel juberem eum ire per gladios.

XVIII. Ita illo obsecrante atque obtestante et præmium omnes suas facultates mihi pollicente, venions quidam a Charicle, Petit a te Charicles, dicebat, ut ad se venias. Est autem hic prope in templo Apollinis et hymno deum placat, propterea quod turbatus est nescio quomodo in somnis. Consurgo subito et Theagene ablegato in templum pervenieris, deprehendo Chariclem sedentem in sella, admodum tristem et continue ingemiscentem. Accedens igitur, Quid ita tristis es et mœrens, interrogabam. Ille autem : Cur enim non debeam esse, cum et insomnia me turbaverint et filia mea, sicuti audivi, ægra sit et totam noctem insomnem duxerit? me vero cum alioqui dolore afficiat illius adversa valetudo, tum præcipue, quod cum sequens sit certamini destinatus dies, quo armatis cursoribus æditaam facem sustollere et præesse legitimum est, alterum ex duobus evenire necesse sit, ut aut absens pervertat ac destruat morem usitatum, aut vel invita veniens gravius etiam affligatur Quamobrem, si quidem prius fieri non potuit, nunc saltem

καὶ μὴ πρότερον ἀλλὰ νῦν γ᾽ ἐπαρχῶν καί τινα προσ-
άγων ἴασιν, δικαίως μὲν ἂν πρὸς ἡμᾶς καὶ φιλίαν τὴν
ἡμετέραν, εὐσεβῶς δὲ πρὸς τὸ θεῖον ποιοίης. Οἶδα
ὡς οὐδὲν ἐργῶδες βουλομένῳ σοι τὸ πρᾶγμα, βασκα-
νίαν, ὡς αὐτὸς ἔφης, ἰάσασθαι· προφήταις μὲν γὰρ καὶ
τὰ μέγιστα κατορθοῦν οὐκ ἀδύνατον. Ὡμολόγουν
ἡμεληκέναι, σοφιστεύων καὶ πρὸς ἐκεῖνον καὶ τὴν
παροῦσαν ἐνδοῦναι παρεκάλουν, ἔχειν γάρ τι συνθεῖναι
πρὸς τὴν ἴασιν. Τὸ δὲ νυνὶ παρὰ τὴν κόρην ἴωμεν,
10 ἔφην, ἐπισκεψόμενοί τ᾽ ἀκριβέστερον καὶ παραμυθη-
σόμενοι πρὸς ὅσον δυνατόν. Ἅμα δὲ, ὦ Χαρίκλεις,
βούλομαί σε καὶ λόγους τινὰς ὑπὲρ ἐμοῦ κινῆσαι πρὸς
τὴν παῖδα καὶ γνωριμώτερον ἀποφῆναι παρακαταθέ-
μενον, ὅπως ἂν οἰκειότερον ἔχουσα πρός με θαρραλεώ-
15 τερον ἰωμενον προσίηται. Γιγνέσθω ταῦτα, ἔφη, καὶ
ἀπίωμεν.
ΙΘ´. Ἐπειδὴ οὖν ἐπέστημεν τῇ Χαρικλείᾳ τὰ μὲν
πολλὰ τί ἄν τις λέγοι. Δεδούλωτο μὲν γὰρ ὁλοσχε-
ρῶς τῷ πάθει καὶ τὴν παρειὰν ἤδη τὸ ἄνθος ἔφευγε
20 καὶ τὸ φλέγον τοῦ βλέμματος καθάπερ ὕδασιν ἐῴκει
τοῖς δάκρυσιν ἀποσβεννυμένῳ. Κατέστελλε δ᾽ οὖν
ὅμως αὑτήν, ἐπειδήπερ ἡμᾶς ἐθεάσατο καὶ πρὸς τὸ σύ-
νηθες βλέμμα καὶ φθέγμα παντοίως ἐπανάγειν ἐβιάζε-
το. Περιβαλὼν δ᾽ αὐτὴν ὁ Χαρικλῆς καὶ μυρία κα-
25 ταφιλήσας καὶ θεραπείας οὐδὲν ἀπολιπὼν, Ὦ θυγάτριον,
ὦ τέκνον, ἔλεγεν, ἐμὲ τὸν πατέρα κρύπτεις ὃ πάσχεις;
καὶ βασκανίαν ὑποστᾶσα σιωπῇς ὥσπερ ἀδικοῦσα καὶ
οὐκ ἠδικημένη παρὰ τῶν κακῶς ἰδόντων σε ὀφθαλμῶν;
ἀλλὰ θάρσει. Παρακέκληται Καλάσιρις ὁ σοφὸς,
30 ἴασιν τινά σοι πορίσασθαι. Δυνατὸς δ᾽ ἀνὴρ, ἄριστος
[ὧν] εἴπερ τις ἄλλος τὴν θείαν τέχνην, ἅτε προφητι-
κὸς τὸν βίον καὶ ἱεροῖς ἐκ παίδων ἀνακείμενος καὶ τὸ μεῖ-
ζον εἰς προσθήκην ἡμῖν ἐς τὰ μάλιστα φίλος. Ὥστ᾽
εἰκότα ἂν ποιοίης, εἰ προσδέχοιό τ᾽ ἀκωλύτως, ἐπᾴδειν
35 τ᾽ ἢ καὶ ἄλλως ἰᾶσθαι βουλομένῳ σαυτὴν παρέχοις,
οὐδ᾽ ἄλλως οὖσα πρὸς τὸ λόγιον γένος ἀπρόσμικτος.
Ἑτοίμα μὲν, ἐπένευσε δ᾽ οὖν ἡ Χαρίκλεια, καθάπερ
ἀσμένη τὴν ἀπ᾽ ἐμοῦ συμβουλὴν προσιεμένη. Καὶ
τότε μὲν ἐπὶ τούτοις ἀπηλλάγημεν, ὑπομνήσαντός με
40 τοῦ Χαρικλέους καὶ ὧν πρότερον παρεκάλεσεν ἐπιμε-
ληθῆναι καὶ φροντίζειν, εἴ πῃ τῇ Χαρικλείᾳ δυναίμην
ἔφεσίν τινα γάμων καὶ ἀνδρῶν ἐμποιῆσαι. Ἀπέπεμ-
πον οὖν εὔθυμον, οὐκ εἰς μακρὰν ἀνυσθήσεσθαι αὐτῷ
τὴν βούλησιν ἐπαγγειλάμενος.

opem illi ferens et adhibens medicamentum aliquod, officium justum erga nos amicitiamque nostram, conjunctum cum pietate erga deum, feceris. Scio, quod minime sit tibi difficile, si modo volueris, fascinationem, ut ipse ais, curare. Antistites enim vel maxima præstare possunt. Fatebar me neglexisse, illi quoque fucum faciens et ut mihi spatium præsentis diei concederet postulabam, quod essem aliquid compositurus in usum medicamenti. Nunc autem ad virginem eamus, inquam, diligentius consideraturi et quoad fieri potest eam consolaturi. Simul vero, Charicles, velim te de me verba aliqua facere apud puellam et me commendatum illi notiorem efficere, ut mihi reddita familiarior, confidentius quoque sanantem admittat. Sit ita, inquit, et abeamus.

XIX. Postquam autem venimus ad Charicleam, multa quidem quid attinet dicere? Succubuerat enim prorsus affectui et ex genis flos jam fugerat et ardor vultus lacrimis tanquam aqua restinctus esse videbatur : tamen sese componebat cum nos vidisset et consuetum vultus habitum omnibus modis revocare conabatur. Complexus autem eam Charicles et multum dissuaviatus et nihil blanditiarum omittens, O filiola, o nata, dicebat, mene patrem celas, ex quo labores? et cum fascinata sis, taces, quasi injuria afficeris et non affecta sis ab oculis, qui te male adspexerunt? Sed bono sis animo. Oratus est enim a me Calasiris hic sapiens, ut tibi sanationis aliquam rationem invenlat : potest autem id præstare, excellit enim, si quisquam alius, in arte divina, tanquam genere vitæ antistes et quod majus est nobis in primis amicus. Quare merito feceris, si illum admiseris absque ullo impedimento, sive incantatione uti, sive alio modo sanare volenti, te ipsam tradens, cum alioqui a sapientum consuetudine non abhorreas. Tacebat quidem, annuebat tamen Chariclea, tanquam libenter consilium de me datum admittens. Et tunc, hisce constitutis, discessimus, reducente mihi in memoriam Charicle, ut ea quæ a me petiisset curarem et cogitarem, quomodo in Chariclea cupiditatem aliquam conjugii et virorum excitarem. Deducebam igitur lætum, cum illius voluntati brevi satisfactum iri promisissem.

ΛΟΓΟΣ ΤΕΤΑΡΤΟΣ.

Τῇ δὲ ὑστεραίᾳ, ὁ μὲν Πυθίων ἀγὼν ἔληγεν, ὁ δὲ τῶν νέων ἐπήχμαζεν, ἀγωνοθετοῦντος, οἶμαι, καὶ βραβεύοντος Ἔρωτος καὶ δι' ἀθλητῶν δύο τούτων οὓς ἐξεύξατο, μέγιστον ἀγώνων τὸν ἴδιον ἀποφῆναι φιλονεικήσαντος. Γίγνεται γάρ τι τοιοῦτον. Ἐθεώρει μὲν ἡ Ἑλλὰς, ἠθλοθέτουν δ' οἱ Ἀμφικτύονες. Ἐπειδὴ τοίνυν τἆλλα μεγαλοπρεπῶς τετέλεστο, δρόμων ἅμιλλαι καὶ πάλης συμπλοκαὶ καὶ πυγμῆς χειρονομία, τέλος ὁ μὲν κῆρυξ, Ἄνδρες ὁπλῖται παριόντων, ἀνεβόησεν. Ἡ ζάκορος δὲ, ἡ Χαρίκλεια, κατ' ἄκρον τὸ στάδιον ἀθρόον ἐξέλαμψεν, ἀφιγμένη καὶ ἄκουσα διὰ τὸ πάτριον, ἢ πλέον, ἐμοὶ δοκεῖν, ὄψεσθαί που τὸν Θεαγένην ἐλπίζουσα, τῇ λαιᾷ μὲν ἡμμένον πυρφοροῦσα λαμπάδιον, θατέρα δὲ φοίνικος ἔρνος προδεδλημένη. Καὶ φανεῖσα πᾶν μὲν τὸ θέατρον ἐφ' αὑτὴν ἐπέστρεψεν. Ἔφθη δὲ τάχ' οὐδεὶς τὸν Θεαγένους ὀφθαλμόν· ὀξὺς γὰρ ὁ ἐρῶν ἰδεῖν τὸ ποθούμενον. Ἐκεῖνος δ' ἄρα καὶ προακηκοὼς τὸ ἐσόμενον, πρὸς μίαν τὸν νοῦν ἡσυχῆ εἶχε τὴν παρατήρησιν· ὥστε οὐδὲ σιωπᾶν ἐκαρτέρησεν ἀλλ' ἠρέμα πρός με, καθῆστο δέ μου πλησίον ἐξεπίτηδες, Αὕτη ἐκείνη, ἔφη, Χαρίκλεια. Καὶ τὸν μὲν ἡρεμεῖν ἐπέταττον.

Β'. Πρὸς δὲ τὴν κλῆσιν τοῦ κήρυκος, παρῄει τις εὐσταλῶς ὡπλισμένος, μέγα τε φρονῶν καὶ μόνος ἐπίδοξος ὡς ἐδόχει καὶ πολλοὺς ἤδη πρότερον ἀγῶνας ἀναδησάμενος, τότε δὲ τὸν ἀνταγωνιούμενον οὐκ ἔχων, οὐδενὸς οἶμαι θαρρήσαντος τὴν ἅμιλλαν. Ἀπέπεμπον οὖν αὐτὸν οἱ Ἀμφικτύονες. Οὐ γὰρ ἐπιτρέπειν τὸν νόμον οὐκ ἀγωνισαμένῳ στέφανον ἀποκληροῦν. Ὁ δὲ καλεῖσθαι τὸν βουλόμενον ὑπὸ τοῦ κήρυκος εἰς τὴν ἀγωνίαν ἠξίου. Ἐπέταττον δὲ ἀθλοθέται καὶ ἀνεῖπεν ὁ κῆρυξ ἥκειν τὸν ἐπελευσόμενον. Ὁ δὲ Θεαγένης, Οὗτος ἐμὲ καλεῖ, πρός με ἔφησεν. Ἐμοῦ δὲ, Πῶς τοῦτο λέγεις, εἰπόντος· Οὕτως, εἶπεν, ὡς ἐσταὶ, ὦ πάτερ· οὐ γάρ τις ἐμοῦ παρόντος καὶ ὁρῶντος, ἕτερος ἐκ τῶν Χαρικλείας χειρῶν τὸ νικητήριον ἀποίσεται. Τὴν δ' ἀποτυχίαν, ἔφην, καὶ τὴν ἐκ ταύτης ἀδοξίαν οὐδαμοῦ τίθεσαι; Καὶ τίς, εἶπεν, οὕτως ἰδεῖν καὶ πλησιάσαι Χαρικλείᾳ μανικῶς ἐσπούδακεν, ὥστε με παραδραμεῖν; τίνα δ' οὕτως ᾗ ὄψις ἐκείνης τάχα καὶ πτερύσαι δύναται καὶ μετάρσιον ἐπισπάσασθαι; οὐκ οἶσθα ὅτι καὶ τὸν Ἔρωτα πτερῶσιν οἱ γράφοντες, τὸ εὐκίνητον τῶν ὑπ' αὐτοῦ κεκρατημένων αἰνιττόμενοι; εἰ δέ τι δεῖ καὶ κόμπου προσεῖναι τοῖς εἰρημένοις, οὐδεὶς εἰς τὴν τήμερον ποσί με παρελθὼν ἐσεμνύνατο.

Γ'. Ταῦτ' εἶπε καὶ ἀνήλατο. Παρελθὼν τ' εἰς μέσους, τό τ' ὄνομα προσήγγελλε καὶ τὸ ἔθνος ἐδήλου καὶ τοῦ δρόμου τὴν χώραν ἐκληροῦτο καὶ τὴν πανοπλίαν ἐνδὺς ἐφειστήκει τῇ βαλδίδι τὸν δρόμον ἀσθμαίνων καὶ τὸ παρὰ τῆς σάλπιγγος ἐνδόσιμον ἄκων καὶ μόγις ἀναμένων· σεμνόν τι θέαμα καὶ περίβλεπτον καὶ οἷον Ὅμηρος τὸν Ἀχιλλέα τὴν ἐπὶ Σκαμάνδρῳ

LIBER QUARTUS.

Postridie vero Pythius quidem agon desinebat, juvenilis autem fervebat, arbitro, ut existimo, et præside Cupidine et per hos duos athletas, quos conjunxerat, maximum certaminum suum ostendere contendente. Accidit enim tale quiddam. Spectabat Græcia, judices autem erant Amphictyones. Postquam igitur alia magnifice peracta sunt, cursus certamina, luctæ consertiones, cæstuum pugnæ, ad extremum præco, Armati prodeant, proclamavit et æditua Chariclea in extremitate stadii statim resplenduit. Venerat enim, quamvis invita, propter morem patrium, vel magis, mea quidem sententia, se visuram alicubi Theagenem sperans, sinistra ferens accensam facem, altera autem ramum palmæ prætendens: et cum comparuisset continuo totum spectantium consessum ad sese convertit. Vel sic tamen nemo Theagenis oculos prævertit. Velox est enim amans ad videndum id, cujus desiderio tenetur. Atqui ille insuper cum audisset antea id, quod erat futurum, in eam solam observationem animo vacabat. Quapropter ne tacere quidem potuit, sed submisse ad me, (sedebat autem proximus mihi dedita opera) Illa ipsa, inquit, Chariclea est. Et hunc quidem quiescere jubebam.

II. Ad edictum autem præconis veniebat quidam eximie armis exornatus et magnos spiritus gerens, solusque inter ceteros clarus, ut putabat, qui in multis jam antea certaminibus coronatus fuerat, tunc autem concertatorem non habebat, nemine, ut existimo, in certamen prodire auso. Remittebant igitur eum Amphictyones. Neque enim lex permittit, ut ei qui non inierit certamen corona decernatur. Ille autem provocari a præcone in certamen eum, qui vellet, postulabat. Imperabant judices, proclamavit præco, ut prodiret aliquis qui certamen inire vellet. Theagenes autem ad me, Hic me vocat, inquit. Me autem, Quomodo hoc dicis, quærente: Sic, ut erit, inquit, pater; neque enim quisquam alius, præsente et vidente me, ex manibus Charicleæ victoriæ præmium auferet. Frustrationem autem, inquam, et ignominiam quæ hanc consequitur, nihil omnino curas? Quis autem, inquit, tanto ardore flagret videndi et appropinquandi Charicleæ, ut me antevertat? cui vero perinde atque mihi adspectus illius alas addere possit et eum in sublime rapere? An nescis, quod Amorem etiam alatum faciunt pictores, agilitatem illorum, qui eo detinentur, quasi ænigmate quodam significantes? Quod si oportet jactationem accedere ad ea quæ dicta sunt, nemo ad hunc usque diem, quod me pedibus præcurrerit, gloriatus est.

III. Hæc dixit et prosiluit ac progressus in medium, nomen edebat et indicabat gentem et locum cursus sortiebatur et, induta tota armatura, stetit ad carceres, studio currendi anhelans et signum tubæ invitus et vix exspectans. Præclarum quoddam erat spectaculum et conspicuum, et quale Homerus, in quo Achilles prœlio ad Scamandrium certat, introducit. Commota enim erat Græcia tota ad illud

μάχην ἀθλοῦντα παρίστησιν. Κεκίνητο μὲν δὴ καὶ
πᾶσα πρὸς τὸ παράδοξον ἡ Ἑλλὰς καὶ Θεαγένει νίκην
ηὔχετο, καθάπερ αὐτός τις ἕκαστος ἀγωνιζόμενος.
Ἐπακτικὸν γάρ τι καὶ πρὸς τῶν ὁρώντων εἰς εὔνοιαν
5 τὸ κάλλος. Κεκίνητο δ᾽ ἡ Χαρίκλεια πρὸς πᾶσαν
ὑπερβολήν· καὶ εἶδον ἐκ πολλοῦ παρατηρῶν παντοίας
μεταβαλλομένην ἰδέας. Ὡς γὰρ εἰς ἀκοὴν πάντων ὁ
κήρυξ τοὺς δραμουμένους κατήγγειλεν, ἀνεῖπέ τε,
Ὅρμενος Ἀρκὰς καὶ Θεαγένης Θετταλός, ἔσχαστο μὲν
10 ἡ ὕσπληξ, τέτατο δ᾽ ὁ δρόμος μικροῦ καὶ τὴν ὀφθαλ-
μῶν κατάληψιν ὑποτέμνων, ἐνταῦθ᾽ οὔτ᾽ ἀτρεμεῖν ἔτι
κατεῖχεν ἡ κόρη ἀλλ᾽ ἐσφάδαζεν ἡ βάσις καὶ οἱ
πόδες ἐσκίρτων, ὥσπερ οἶμαι τῆς ψυχῆς τῷ Θεαγένει
συνεξαιρομένης καὶ τὸν δρόμον συμπροθυμουμένης· οἱ
15 μὲν δὴ θεαταὶ, μετέωρος ἅπας ἐπὶ τὸ μέλλον καὶ
ἀγωνίας ἀνάμεστος, ἐγὼ δὲ καὶ πλέον, ἅτε δή μοι λοιπὸν
ὡς παιδὸς ὑπερφροντίζειν προῃρημένῳ. Οὐδὲν θαυ-
μαστὸν, ἔφη ὁ Κνήμων, ὁρῶντας καὶ παρόντας ἀγωνιᾶν,
ὅτε κἀγὼ νυνὶ περὶ τῷ Θεαγένει δέδια καί σου δέομαι,
20 θᾶττον εἰ νικῶν ἀνηγορεύθη, διελθεῖν.

Δ΄. Ἐπεὶ δὴ μέσον, ὦ Κνήμων, ἠνύετο τὸ στάδιον,
ὀλίγον ἐπιστρέψας καὶ ὑποβλέψας τὸν Ὅρμενον, ἀνα-
κουφίζει τὴν ἀσπίδα πρὸς ὕψος καὶ τὸν αὐχένα δις-
γείρας, τὸ βλέμμα θ᾽ ὅλον εἰς τὴν Χαρίκλειαν τείνας,
25 καθάπερ βέλος ἐπὶ σκοπὸν ἐφέρετο καὶ τοσοῦτον παρέ-
φθη τὸν Ἀρκάδα, ὀργυιῶν πλῆθος, ὃ διαλεῖπον εἰς
ὕστερον ἐμετρήθη. Προσδραμὼν οὖν τῇ Χαρικλείᾳ,
πολύς τ᾽ ἐξεπίτηδες εἰς τὸ στέρνον ἐμπίπτει τοῦ δρόμου
δῆθεν τὴν ῥύμην οὐκ ἐνεγκών· καὶ τὸν φοίνικα κομι-
30 ζόμενος, οὐκ ἔλαθέ με τὴν χεῖρα τῆς κόρης φιλῶν.
Ἀπέσωσας, εἶπεν ὁ Κνήμων, ὅτι καὶ ἐνίκησε καὶ
ἐφίλησεν. Ἀλλὰ τίνα δὴ τὰ ἐξῆς; Οὐ μόνον ἀκουσ-
μάτων ἀκόρεστος ἄρ᾽ ἦσθα, ὦ Κνήμων, ἀλλὰ καὶ
ὕπνῳ δυσάλωτος· ἤδη γοῦν οὐκ ὀλίγης μοίρας τῆς
35 νυκτὸς παρῳχηκυίας, ἀντέχεις ἐγρηγορὼς· καὶ τὴν
διήγησιν μηκυνομένην οὐκ ἀποκναίεις. Ἐγὼ καὶ
Ὁμήρῳ μέμφομαι, ὦ πάτερ, ἄλλων τε καὶ φιλότητος
κόρον εἶναι φήσαντι, πράγματος, ὃ κατ᾽ ἐμὲ κριτὴν
οὐδεμίαν φέρει πλησμονήν, οὔτε καθ᾽ ἡδονὴν ἀνυόμενον,
40 οὔτ᾽ εἰς ἀκοὴν ἐρχόμενον. Εἰ δέ τις καὶ τοῦ Θεαγέ-
νους καὶ Χαρικλείας ἔρωτος μνημονεύοι, τίς οὕτως
ἀδαμάντινος ἢ σιδηροῦς τὴν καρδίαν, ὡς μὴ θέλγεσθαι
καὶ εἰς ἐνιαυτὸν ἀκούων; ὥστ᾽ ἔχου τῶν ἑξῆς. Ὁ μὲν
Θεαγένης, ὦ Κνήμων, ἐστεφανοῦτο καὶ νικῶν ἀνηγο-
45 ρεύετο καὶ παρεπέμπετο ὑπὸ ταῖς πάντων εὐφημίαις,
ἡ Χαρίκλεια δ᾽ ἥττητο λαμπρῶς καὶ δεδούλωτο τῷ
πόθῳ πλέον ἢ πρότερον, αὖθις ἰδοῦσα τὸν Θεαγένην.
Ἡ γὰρ τῶν ἐρωτικῶν ἀντίβλεψις, ὑπόμνησις τοῦ πάσ-
χοντος γίγνεται, καὶ ἀναφλέγει τὴν διάνοιαν ἡ θέα
50 καθάπερ ὕλη πυρὶ γιγνομένη. Κἀκείνη μὲν οἴκαδ᾽
ἐλθοῦσα συνήθη νύκτα ταῖς προτέραις ἤγε δριμυτέραν
διῆγεν, ἐγὼ δ᾽ αὖθις ἄϋπνος ἦν, τήν τε φυγὴν ὅποι
τραπόμενοι λάθοιμεν ἐπισκοπῶν καὶ πρὸς τίνα χώραν
παραπέμποι τοὺς νέους ὁ θεὸς ἐννοῶν. Τὸν μὲν δὴ

factum, quod præter opinionem accidebat et Theageni vic-
toriam precabatur, non secus ac si quilibet certamen iniret.
Magnum enim vim habet etiam ad conciliandam adspicien-
tium benevolentiam, formæ venustas. Commota quoque
fuerat et Chariclea supra modum: et vidi, cum id diu ob-
servarem, subinde in alium atque alium vultum eam com-
mutari. Nam postquam ita, ut exaudirent omnes, præco
cursu certantes nuntiasset, et nomina ipsorum proclamas-
set, Ormenus Arcas et Theagenes Thessalus, apertis carce-
ribus cursus tanta celeritate instituebatur, ut ipsam prope-
modum oculorum aciem falleret. Ibi ne quieta quidem
manere amplius virgo potuit, sed commovebantur illius
gradus et pedes præ exsultatione saliebant, tanquam animo
una cum Theagene sublato et illum in cursu adjuvante: ac
spectatorum quivis pendebat ab eventus exspectatione et
sollicitudinis plenus erat; ego vero etiam magis, qui jam
apud me constitueram, ut illius non secus ac filii curam
susciperem. Nihil mirum est, inquit Cnemon, quod vi-
dentes et præsentes solliciti sunt, nam et ego nunc Theageni
metuo et a te peto ut eo citius an victor renuntiatus fuerit,
exponas.

IV. Confecto jam medio stadio, iste paululum conver-
sus et Ormenum torve contuitus, allevat scutum in altum
et erecto collo et visu prorsus in Charicleam intenso, in
eam ceu sagitta ad scopum ferebatur et tantum anticipa-
vit Arcadem, ut ille multis passibus a tergo relinqueretur :
quod intervallum postea mensum est. Accurrens igitur ad
Charicleam, totus ex industria in illius pectus incidit,
quasi impetum cursus continere non posset et cum pal-
mam auferret, me non latuit, quod virginis manum oscu-
laretur. Beasti, dixit Cnemon, quod et vicit et osculatus
est. Sed quænam deinceps consecuta sunt? Non tantum
audiendo non satiari, Cnemon, sed etiam a somno haud
facile opprimi potes : cum enim jam non parva pars noctis
præterierit, vigilias sustines et ex producta in longum nar-
ratione tædium non contrahis. Ego vero et Homerum
reprehendo, pater, qui cum aliarum rerum tum amoris sa-
tietatem esse dixerit, quæ res, me judice, nullam satieta-
tem admittit, neque cum fruitur quispiam, neque cum
auditi percipit. Quod si ab aliquo Theagenis et Chari-
cleæ amoris fiat mentio, quis est usque adeo adamantino
corde aut ferreo, ut non se oblectet, totum licet audiat
annum? Quam ob rem continua narrationem. Theagenes
quidem, ò Cnemon, coronabatur et renuntiabatur victor,
ac deducebatur omnium gratulationibus, Chariclea vero
plane victa erat et mancipata amori magis quam prius,
cum iterum Theagenem vidisset. Amantium enim mutuus
adspectus, affectus recordatio ac redintegratio est, et in-
flammat mentem conspectus, perinde atque igni lignum
admotum. Atque illa quidem domum veniens, similem no-
ctem prioribus vel etiam acerbiorem traducebat. Ego au-
tem rursus insomnis eram, quonam clandestina fuga ver-
teremur considerans et in quam regionem deus mitti

δρασμὸν ἔγνων κατὰ θάλατταν εἶναι ποιητέον, ἀπὸ τοῦ χρησμοῦ σὺ συνοῖσον λαϐὼν, ἔνθ' ἔφασκεν, αὐτοὺς — κῦμα τεμόντας,

Ἥξεσθ' ἠελίου πρὸς χθόνα κυανέην.

Ε'. Τὸ δ' ὅποι παραπεμπτέον αὐτοὺς, μίαν μόνην λύσιν εὕρισκον, εἴ πῃ δυνηθείην ἐπιτυχεῖν τῆς συνεκτεθείσης τῇ Χαρικλείᾳ ταινίας, ἐν ᾗ τὸ τὸ κατ' αὐτὴν διήγημα κατεστίχθαι ὁ Χαρικλῆς ἀκηκοὼς ἔλεγεν· εἰκὸς γὰρ εἶναι καὶ πατρίδα καὶ τοὺς ὑπονοηθέντας ἤδη παρ' ἐμοῦ γεννήτορας τῆς κόρης ἐνταῦθεν ἐκμαθεῖν καὶ ἴσως ἐκεῖ πέμπεσθαι αὐτοὺς ὑπὸ τῆς εἱμαρμένης. Ὄρθριος γοῦν παρὰ τὴν Χαρίκλειαν ἧκων, ἄλλους τε τῶν οἰκείων καταλαμβάνω δεδακρυμένους καὶ οὐχ ἥκιστα τὸν Χαρικλέα. Πλησιάσας οὖν, τίς ὁ θόρυϐος ἠρώτων. Ὁ δὲ, Ἐπέτεινεν ἡ νόσος, ἔφη, τῆς θυγατρὸς καὶ χαλεπωτέρας ἢ πρότερον πεπείραται τῆς παρηχούσης νυκτός. Ἀνίστω, ἔφην καὶ οἱ λοιποὶ πάντες ἔξιτε. Τρίποδά τις καὶ δάφνην καὶ πῦρ καὶ λιϐανωτὸν παραθέσθω μόνον. Ὀχλείτω δὲ μηδὲ εἷς, ἕως ἂν προσκαλέσωμαι. Προσέταττε ταῦθ' ὁ Χαρικλῆς καὶ ἐγένετο. Κἀπειδὴ σχολῆς ἐλαϐόμην, ἠρχόμην ὥσπερ ἐπὶ σκηνῆς τῆς ὑποκρίσεως καὶ τόν τε λιϐανωτὸν ἐθυμίων καί τινα δῆθεν ψιθύροις τοῖς χείλεσιν κατευξάμενος, τὴν δάφνην ἐκ κεφαλῆς εἰς πόδας ἄνω καὶ κάτω πυκνὰ τῆς Χαρικλείας ἐπεσόϐουν καὶ ὑπνῶδές τι μᾶλλον δὲ γραώδες ἐπιχασμώμενος, ὀψὲ καὶ βραδέως ἐπαυσάμην, πολύν τινα λῆρον ἐμαυτοῦ τε καὶ τῆς κόρης καταχέας. Ἡ δὲ πυκνὰ τὴν κεφαλὴν ἐπέσειε καὶ σεσηρὸς ὑπεμειδία πλανᾶσθαί με τηνάλλως καὶ τὴν νόσον ἀγνοεῖν ἐνδεικνυμένη. Καθεσθεὶς οὖν πλησίον, Θάρσει θύγατερ, ἔλεγον· εὐτελὴς ἡ νόσος καὶ ἰαθῆναι ῥᾳδία· βασκανία σου καθήψατο, τάχα μὲν καὶ δι' ἐπόμπευες, πλέον δ' ὅτε ἐϐράϐευες. Ἐγὼ δὲ καὶ ὑπονοῶ τὸν μᾶλλον βασκήναντα. Θεαγένης ἐστιν, ὁ τὸ ἐνόπλιον δραμών. Οὐκ ἔλαθέ με παρατηρῶν σε πολλάκις καὶ τὸν ὀφθαλμὸν ἰταμώτερον ἐπιϐάλλων. Ἡ δὲ, Ἐκεῖνος μὲν, εἴθ' οὕτως εἶδεν, εἴτε μὴ, πολλὰ χαιρέτω. Τίνων δ' ἐστὶν καὶ πόθεν; ὅτι πολλοὺς ἑώρων περὶ αὐτὸν ἐπτοημένους. Ὡς μὲν Θετταλὸς τὸ γένος, ἔφην, ἔφησε ἀκούσασα καὶ τοῦ κήρυκος δι' αὐτοῦ ἀνηγόρευσεν. Ἀναφέρει δ' αὐτὸν εἰς Ἀχιλλέα πρόγονον καὶ [μοι] ἐπαληθεύειν ἔοικεν, εἰ δεῖ τῷ τε μεγέθει καὶ τῷ κάλλει τοῦ νεανίου τεκμαίρεσθαι πιστουμένῳ τὴν Ἀχίλλειον εὐγένειαν· πλὴν ὅσον οὐχ ὑπέρφρων οὐδ' ἀγήνωρ κατ' ἐκεῖνον ἀλλὰ τῆς διανοίας τὸ ὄγκον ᾐδύτητι καταπραΰνων. Ἀλλὰ καίπερ τοιοῦτος ὢν, πάθοι δριμύτερα ὧν δέδραχε, ἐπίφθονον ἔχων τὸ βλέμμα καί σε τῇ θέᾳ καταϐασκήνας. Ὦ πάτερ, ἔφη, σοὶ μὲν χάρις ὑπεραλγοῦντί τε ἡμέτερα. Τί δὲ καταρᾷ μάτην τῷ τάχ' οὐδὲν ἠδικηκότι; νοσῶ γὰρ οὐ βασκανίαν, ἀλλ' ἑτέραν τινὰ, ὡς ἔοικε, νόσον. Εἶτ' ἀποκρύπτεις, ἔφην, ὦ τέκνον, ἀλλ' οὐχὶ θαρσοῦσα λέγεις, ὅπως ἂν καὶ βοηθείας εὐπορήσαιμεν; οὐχὶ πατήρ εἰμί σοι τὴν ἡλι-

juvenes jubeat, cogitans. Ac fugam quidem per mare intellexi capessendam esse, ex oraculo, id utile fore, conjiciens inde quod dicebat : Salumque ruentes,

Ad solis venient torridum ab igne solum.

V. Ceterum, quo essent deducendi, unam saltem, qua id cognoscerem, viam inveniebam, si quo modo possem adipisci expositam cum Chariclea fasciam, cui narrationem de' rebus, quæ ad eam pertinerent, acu insertam esse, Charicles dicebat se audisse. Consentaneum enim mihi videbatur, quod inde et patriam et parentes puellæ, quos jam suspicabar, essem cogniturus, fortassis etiam, quo fata eos mitti juberent. Mane igitur ad Chariclaeam cum venissem et alios necessarios lacrimantes deprehendo, maxime vero Chariclem. Accedens igitur, Quid iste fert tumultus, interrogabam. Ille autem, Auctus est, inquit morbus filiæ et graviorem hanc, quam antea, noctem experta est. Secede, inquam et reliqui omnes exeatis : tripodem autem quispiam tantum et laurum et ignem ac thus apponat : neque me prius quisquam interturbet, quam advocavero. Quibus a Charicle imperatis, accinxi me, quasi in scena repræsentationem fabulæ inceptans et thus adolebam et quasdam preces susurrans, laurum a capite ad pedes Charicleæ sursum ac deorsum subinde commovebam et somnolenter vel potius aniliter oscitans, tandem desii, cum multas quasdam nugas in me et in puellam effudissem. Illa autem identidem caput commovebat et oro hiante subridebat, operam me ludere et morbum ignorare significans. Assidens igitur propius, Esto bono animo, filia, dicebam : morbus enim levis est et curatu facilis : fascinatio te impertivit haud dubie, cum pompæ interesses; magis vero, cum præesses certamini. Ego autem suspicor, quis te fascinaverit. Theagenes est, qui certavit armato cursu. Neque enim me latuit, quod in te sæpius intentus esset et oculos petulantius injiceret. Illa autem : Ipsum, sive ita me vidit, sive non, multum valere jubeo. Ceterum cujas est et unde oriundus? videbam enim multos illum cum quodam stupore admirantes. Quod Thessalus sit genere, audisti antea ex præcone, quando ipsum renuntiavit. Refert vero Achillem generis auctorem, quod vere sibi sumere videtur, conjecturam facienti ex proceritate et forma, Achillean generositatem confirmante : præterquam quod non est arrogans, neque insolens sicut ille, sed animi fastum suavitate temperat. Quod cum ita sit, tamen acerbiora ipse patiatur, quam intulit, cui invidus est oculus et te adspectu infascians. O pater, inquit, tibi quidem habeo gratiam, quod vicem nostram doles : sed quid frustra imprecaris ei, qui fortasse nos nulla injuria affecit? Neque enim fascinatione laboro, sed alio quodam, ut videtur, morbo. Quid igitur celas, inquam, filia et non potius audacter exponis, quo facilius malo medeamur? An non pater sum tibi ætate, magis vero benevolentia? An non patri tuo notus et iisdem animorum studiis conjunctus? Indica, quo labores : habes me fidum, si velis, etiam

κίαν καὶ πλέον τὴν εὔνοιαν; οὐ πατρὶ τῷ σῷ γνώριμος καὶ ὁμόψυχος; ἔκφαινε ὃ κάμνεις. Ἔχεις ἐν ἐμοὶ τὸ πιστόν, εἰ βούλει καὶ ἐνώμοτον. Λέγε θαρσήσασα, μηδὲ χορήγει τῷ λυποῦντι μέγεθος σιωπῶσα. Πάθος 5 γὰρ ἅπαν τὸ μὲν ὀξέως γιγνωσκόμενον εὐβοήθητον, τὸ δὲ χρόνῳ παραπεμπόμενον ἐγγὺς ἀνίατον. Τροφὴ γὰρ νόσων ἡ σιωπή, τὸ δὲ ἐκλαλούμενον εὐπαραμύθητον.

ϛ΄. Ὀλίγον οὖν ἐπισχοῦσα πρὸς ταῦτα καὶ μυρίας 10 τοῦ νοῦ τροπάς τε καὶ ὁρμὰς ἐκ τῶν ὄψεων ἐμφήνασα, Συγχώρησον, ἔφη, μοι τὸ τήμερον, ἀκούσῃ δ᾿ εἰσαῦθις, εἰ μὴ γνοίης προλαβών, ἅτε μαντικὸς εἶναι βουλόμενος. Ἐξῄειν αὐτόθεν ἀναστάς, ἐνδιδοὺς τῇ κόρῃ διαιτῆσαι ἐν τῷ μεταξὺ τῆς ψυχῆς τὸ αἰδούμενον. Ὁ 15 δὲ Χαρικλῆς ὑπήντα καὶ Τί φράζειν ἔχεις, ἠρώτα. Πάντα δεξιῶς, ἔλεγον, εἰς γὰρ τὴν ὑστεραίαν τοῦ μὲν ὀχλοῦντος πάθους ἀπαλλάξεται. Ἕτερον δέ τι τῶν σοι καθ᾿ ἡδονὴν ὑποστήσεται· κωλύει δ᾿ οὐδὲν καὶ ἰατρόν τινα εἰσκαλεῖν. Ἀπέτρεχον ταῦτ᾿ εἰπών, τοῦ 20 μή τι πλέον τὸν Χαρικλέα πυνθάνεσθαι. Μικρὸν δ᾿ ὅσον τοῦ δωματίου προήκων, ὁρῶ τὸν Θεαγένην αὐτοῦ που περὶ τὸν νεὼν καὶ τὸν περίβολον εἰλούμενον καὶ πρὸς αὑτὸν διαλεγόμενον, ὥσπερ ἀποχρῶν αὐτῷ καὶ μόνον τὴν οἴκησιν τῆς Χαρικλείας περισκοπεῖν. Ἐκτραπό-
25 μενος οὖν παρῄειν, ὥσπερ οὐχ ἑωρακώς. Ὁ δέ, Χαῖρε, εἶπεν, ὦ Καλάσιρι καὶ ἄκουε· σὲ γάρ τοι περιέμενον. Ἀνέστρεφον ἀθρόον καὶ Θεαγένη, ἔλεγον, ὁ καλός, ἀλλ᾿ οὐχ ἑωράκειν. Ποῖος, ἔφη, καλὸς ὁ Χαρικλείᾳ μὴ ἀρεστός; Ἠγανάκτουν ἐγὼ μέχρι τῶν 30 ὄψεων καὶ Οὐ παύσῃ ἔλεγον, ὑβρίζων ἐμέ τε καὶ τὴν ἐμὴν τέχνην, ὑφ᾿ ἧς ἥλωκας ἤδη καὶ ἐρᾷν σου κατηνάγκασται καὶ ὁρᾷν ὥσπερ τινὰ τῶν κρειττόνων εὔχεται; Τί λέγεις, ἔφη, ὦ πάτερ· ὁρᾷν ἐμὲ Χαρίκλειαν; τί οὖν οὐκ ἄγεις ἤδη παρ᾿ αὐτήν; καὶ ἅμα 35 προὐτρεχεν. Ἐπιλαβόμενος οὖν τῆς χλαμύδος, Στῆθι, ἔφην, οὗτος, εἰ καὶ ὀξὺς δραμεῖν. Οὐ γὰρ ἅρπαγμα τὸ πρᾶγμα, οὐδ᾿ εὔωνον, καὶ τῶν ἐν μέσῳ τῷ βουλομένῳ προχείμενον ἀλλὰ πολλῆς μὲν βουλῆς ὥστε πρεπόντως ἀνυσθῆναι, πολλῆς δὲ διασκευῆς ὥστ᾿ 40 ἀσφαλῶς πραχθῆναι, δεόμενον. Ἢ τὸν πατέρα τῆς κόρης ἠγνόηκας, ὡς Δελφῶν ἐστι τὰ πρῶτα; τοὺς δὲ νόμους οὐκ ἐννοεῖς οἳ θάνατον τοῖς τοιούτοις ἐπιβάλλουσιν; Ἐγὼ μέν, εἶπε, καὶ τελευτᾶν οὐ διαφέρομαι, τυχὼν Χαρικλείας, ἀλλ᾿ ὅμως, εἰ δοκεῖ, πρὸς γάμον 45 αἰτῶμεν, τῷ πατρὶ προσιόντες. Οὐ γὰρ δὴ [μὴ] ἀνάξιοί γ᾿ ὄντες τῷ Χαρικλεῖ κηδεύσομεν. Οὐκ ἂν τύχοιμεν, ἔφην, οὐχ ὅτι τῶν κατὰ σέ τι δυνατὸν ἐπιμέμψασθαι, ἀλλ᾿ ὁ Χαρικλῆς ἀδελφῆς αὑτοῦ παιδὶ τὴν κόρην πάλαι κατηγγύησεν. Οἰμώξει, ἔφη. Θεαγένης, ὅς τίς ποτ᾿ 50 ἐστίν. Οὐ γάρ τις, ἐμοῦ ζῶντος, ἕτερος θαλαμεύσει Χαρίκλειαν· οὐχ οὕτως ἥδ᾿ ἡ χεὶρ καὶ ξίφος τοὐμὸν ἀργήσει. Παῦσαι, ἔφην· οὐδενὸς δεήσει τοιούτου· μόνον ἐμοὶ πείθεσθαι καὶ πράττειν ὡς ἂν ὑφηγήσωμαι. Νῦν δ᾿ ἀποχώρει καὶ φυλάττου φαίνεσθαι πλησιάζων,

jurejurando obstrictum. Dic confidenter, neque dolori vires taciturnitate suppedites. Omnis enim affectio quæ cito cognoscitur facile curari potest; sed quæ tempore inveterascit propemodum est insanabilis. Alimentum est enim morborum silentium, sed quod enuntiatur, leniri consolatione facile potest.

VI. Paullulum igitur immorata ad hæc et varias animi inclinationes et affectus vultu declarans, Concede mihi, inquit, hodiernum diem, audies vero postea, nisi ipse antea cognoveris, quandoquidem vaticinandi artis peritum te profiteris. Surrexi illico ac discedens dedi occasionem puellæ, ut interim animi pudorem moderaretur. Charicles autem mihi occurrebat et Quid habes, quod dicas, quærebat. Omnia fausta, dicebam: cras enim dolore, qua illi molestus est, liberabitur. Et aliud quidpiam, ex quo voluptatem magnam percepturus es, inceptabit. Interea nihil vetat, quo minus medicum accersi jubeas. Atque his dictis proripui me, ne plura ex me Charicles sciscitaretur. Et cum paululum tantum progressus essem extra domunculam, video Theagenem ibidem circa templum et ambitum templi obambulantem et secum colloquentem, tanquam bono se affectum putans, si vel habitaculum Chariclæ videret. Deflectens igitur præteribam, quasi illum non conspexissem. Ille autem, Salve, inquit, Calasiri, et audi : te enim exspectabam. Conversus subito, Ecce Theagenem, dicebam, formosum. Non hercle te animadverteram. Qui formosus, inquit, qui Chariclæ non placeam? Simulabam vultu me indignari et Non desines, dicebam, me et artem meam afficere contumelia, a qua jam illa capta et te amare coacta tanquam aliquem præstantiorem videre exoptet? Quid dicis, inquit, pater? videre me Charicleam? Quamobrem igitur non ducis ad ipsam? et simul procurrebat. Apprehendens igitur eum pallio, Sta hic, inquio, etiamsi valeas currendi celeritate. Neque enim est negotium hoc tanquam præda, nec ad consequendum facile et cuivis volenti expositum; sed magno consilio indiget, ut commode perfici, et magno apparatu, ut secure agi possit. An ignoras, quod pater virginis primum dignitatis locum Delphis obtinet? An non legum tibi venit in mentem, quæ capitalem pœnam in tales constituunt? Haud multum quidem refert, inquit, etiamsi moriar, politus Chariclea, sed tamen, si videtur, petamus illam in matrimonium a patre. Neque enim indigni sumus, qui cum Charicle affinitatem contrahamus. Non obtinebimus, inquam, non quod aliquid in te reprehendi possit, sed Charicles sororis suæ filio virginem jam pridem despondit. Plorabit, inquit Theagenes, quicunque tandem sit; neque quisquam alius, me vivo, in thalamos ducet Charicleam : non usque adeo manus hæc et gladius cessabit meus. Desine, inquam : nulla re ejusmodi opus erit : tantum mihi obtempera et fac sicut ego præcepero. Nunc vero discede, et cave, ne me convenire deprehenda-

ἀλλ' ἐφ' ἡσυχίας καὶ μόνος ποιοῦ τὰς ἐντεύξεις. Ἀπῄει κατηφής.

Ζ'. Ὁ δὲ Χαρικλῆς εἰς τὴν ὑστεραίαν ἐντυχὼν, ὁμοῦ τ' εἶδε καὶ προσδραμὼν ἔφίλει πολλὰ τὴν κεφαλήν· Τοῦτο σοφία, τοῦτο φιλία, συνεχῶς ἀναβοῶν. Ἤνυσταί σοι μέγα ἔργον· ἑάλωκεν ἡ δυσάλωτος καὶ νενίκηται ἡ δυσκαταμάχητος· ἐρᾷ Χαρίκλεια. Πρὸς ταῦτ' ἐθρυπτόμην, ἀνέσπων τε τὴν ὀφρῦν καὶ βλακῶδες βαίνων, Εὔδηλον ἦν, ἔλεγον, ὡς οὐδὲ πρὸς τὴν πρώτην ἀνθέξει προσβολὴν ἐμοῦ καὶ ταῦτα μηδενὶ τῶν μειζόνων ὀχλήσαντος. Ἀλλὰ πόθεν, ὦ Χαρίκλεις, ἐρῶσαν ἐγνωρίσατε; Σοὶ πεισθέντες, ἔφη. Τοὺς γὰρ εὐδοκίμους τῶν ἰατρῶν, ὡς αὐτὸς ὑπέθου, παρακαλέσας, ἦγον εἰς τὴν ἐπίσκεψιν, ἀμοιβὴν τὴν προσοῦσαν οὐσίαν ὑπισχνούμενος, εἴ τι δύναιντο ἐπικουρεῖν. Οἱ δὲ, ὡς τάχιστ' εἰσῆλθον, ἠρώτων δ' τι πάσχοι. Τῆς δ' ἀποστρεφομένης, καὶ πρὸς μὲν ἐκείνους οὐδ' ὁτιοῦν ἀποκρινομένης, ἔπος δὲ Ὁμηρικὸν συνεχῶς ἀναβοώσης,

"Ὦ Ἀχιλεῦ Πηλέως υἱὲ, μέγα φέρτατ' Ἀχαιῶν·

ὁ λόγιος Ἀκεστῖνος (οἶσθα δὲ δήπου τὸν ἄνδρα) τῷ καρπῷ τὴν χεῖρα καὶ ἀκούσης ἐπιβαλὼν, ἀνακρίνειν ἀπὸ τῆς ἀρτηρίας ἐῴκει τὸ πάθος, ὥσπερ, οἶμαι, τὰ καρδίας κινήματα μηνυούσης. Οὐκ ὀλίγον τε χρόνον βασανίσας τὴν ἐπίσκεψιν, ἄνω τε καὶ κάτω πολλὰ ἐπιθεωρήσας, Ὦ Χαρίκλεις, ἔφη, περιττῶς ἡμᾶς ἐνθάδ' εἰσκέκληκας· ἰατρικὴ γὰρ οὐδὲν ἂν οὐδαμῶς ἀνύσειε πρὸς ταύτην. Ἐμοῦ δὲ, Ὦ θεοὶ, τί τοῦτο λέγεις, ἀναβοήσαντος, οἴχεται οὖν μοι τὸ θυγάτριον, καὶ ἐλπίδος ἐκτὸς γέγονεν; Οὐ θορύβου δεῖ, φησὶν, ἀλλ' ἄκουε, καὶ παραλαβών με τῆς τε κόρης καὶ τῶν ἄλλων ἄποθεν, Ἡ καθ' ἡμᾶς, ἔφη, τέχνη σώματος πάθη θεραπεύειν ἐπαγγέλλεται, ψυχῆς δ' οὐ προηγουμένως ἀλλὰ τότε μόνον ὅταν συμπάσχῃ μὲν τῷ σώματι κακουμένῳ, συνιοφελῆται δὲ θεραπευομένῳ. Τὸ δὲ τῆς κόρης, νόσος μὲν ἀλλ' οὐ τοῦ σώματος. Οὐ γὰρ χυμῶν τις περιττεύει, οὐ κεφαλῆς ἄλγημα βαρύνει, οὐ πυρετὸς ἀνεφλέγει, οὐκ ἄλλο τι τοῦ σώματος, οὐ μέρος, οὐχ ὅλον νοσεῖ που. Τοῦτο, οὐκ ἄλλο τι, νομιστέον. Ἐμοῦ δὲ λιπαροῦντος καὶ φράζειν εἴ τι κατέμαθεν ἀξιοῦντος· Οὗ γὰρ καὶ παιδὶ νόριμον, ἔφη, ψυχῆς εἶναι τὸ πάθος καὶ τὴν νόσον ἔρωτα λαμπρὸν; ὡς ὁρᾷς ὡς κυλοιδιᾷ μὲν τοὺς ὀφθαλμοὺς καὶ τὸ βλέμμα διέρριπται καὶ τὸ πρόσωπον ὠχριᾷ, σπλάγχνον οὐκ αἰτιωμένη, τὴν διάνοιαν δ' ἀλύει καὶ τὸ ἐπελθὸν ἀναφθέγγεται καὶ ἀπροφάσιστον ἀγρυπνίαν ὑφίσταται καὶ τὸν ὄγκον ἀθρόον καθήρηται; ζητητέος σοι, Χαρίκλεις, ὁ ἰασόμενος (γένοιτο δ' ἂν) μόνος ὁ ποθούμενος. Ὁ μὲν ταῦτ' εἰπὼν ἀπῄει. Πρὸς δὲ δ' ἐγὼ δρομαῖος τὸν ἐμὸν σωτῆρα καὶ θεὸν, ὃν μόνον ἐγὼ εὐεργετῆσαι δύνασθαι κἀκείνη γιγνώσκει. Πολλὰ γοῦν ἐμοῦ δεομένου καὶ ἐξειπεῖν ὅ τι πάσχοι παρακαλοῦντος, ἓν μόνον ἀπεκρίνατο, ὡς ἀγνοεῖ μὲν ὃ πέπονθεν, εἰδέναι δ' ὡς

ris, sed quiete et solus mecum congredere. Abibat subtristis.

VII. Charicles autem postridie mihi factus obviam, quamprimum me vidit, accurrens, multoties caput osculabatur : Tantum valet sapientia, tantum amicitia, continuo exclamans : perfectum est a te magnum opus. Capta est, quæ difficilis captu fuit et victa est, inexpugnabilis antea. Amat Chariclea. Ad hæc jactabundus tollebam supercilia et superbe incedens, Minime dubium erat, dicebam, quod ne primum quidem impetum sustinere posset, cum quidem adhuc nihil efficacius admoverim. Verum unde, Charicle, amantem deprehendistis? Exsequendo id, inquit, quod jusseras. Medicos enim probatæ fidei, quemadmodum admonueras, advocatos in conspectum puellæ ducebam, præmii loco opes, quas haberem, pollicens, si illi adjumento esse possent. Illi autem quamprimum ingressi sunt, interrogabant, ex quo laboraret? Hac vero aversa et illis quidem nil respondente sed carmen Homericum exclamante,

Pelida o cunctis præstantior inter Achivos,

sapiens Acestinus (novisti sane virum) manum carpo etsi invitæ admovens, videbatur ex arteria affectionem judicare, cordis motus, ut existimo, indicante. Cumque non parvo tempore arteriam tentasset et sursum deorsumque sæpius contemplatus esset, O Charicles, inquit, frustra huc nos advocasti. Medica enim nihil in hac profecerit opera. Me vero, o dii, quid dicis; exclamante : perit igitur mihi filiola et jam extra omnem spem salutis posita est. Ne tumultueris utique, inquit, sed audi. Cumque me abduxisset seorsum a puella et ab aliis : Nostra, inquit, ars affecti corporis curationem profitetur, animi vero non principaliter, sed tum tantum, cum corpore afflicto et ipse affligitur; qui idem, illo sanato, simul convalescit. Ceterum puella morbo quidem laborat, sed non corporis. Non enim humor aliquis redundat, non capitis dolor illam gravat, non febris inflammat, non aliud quidquam in corpore, neque pars, neque totum, morbo afficitur. Hoc profecto, neque aliud quidquam, pro vero habendum est. Me autem obsecrante, et ut diceret, si quid intellexisset, postulante : An non, inquit, vel puer intelligere queat, affectum esse animæ et morbum amorem manifestum? An non vides, illi oculos turgescere et vultum turbatum esse et faciem pallere, de corde non conquestam? ad hæc animo errat et quidvis oblatum loquitur et vigilias absque causa sustinet, denique succum corporis et justam amplitudinem subito amisit. Inquirendus est tibi, Charicles, si modo fieri possit, aliquis, qui illam sanet. Præstiterit autem id solus is, cujus desiderio flagrat. Hæc cum dixisset, discedebat. Ad te autem ego cursim abii, meum servatorem et deum, quem solum mederi posse et ego et illa agnoscit. Nam me multis modis petente et ut diceret quo angeretur obsecrante, hoc tantum respondit : se quidem ignorare, quid sibi accidisset, per-

Καλάσιρις ἂν ἰάσαιτο μόνος· καὶ εἰσκαλεῖν σε παρ' αὐτὴν ἱκέτευεν. Ἐξ οὗ δὴ καὶ μάλιστα συνέβαλον ὡς ὑπὸ τῆς σῆς σοφίας ἑάλωκεν. Ἆρ' οὖν ὥσπερ ὅτι ἐρᾷ, πρὸς αὐτὸν ἐγώ, καὶ τίνος, ἔχοις ἂν λέγειν; Οὐ 5 μὰ τὸν Ἀπόλλω, ἔφη· πῶς γὰρ ἄν, ἢ πόθεν τοῦτο εἰδείην; ηὐχόμην δ' Ἀλκαμένους αὐτὴν ἐρᾶν, ᾧ πάντα χρήματα, τοῦ τῆς ἀδελφῆς παιδὸς τῆς ἐμῆς, ὃν πάλαι αὐτῇ νυμφίον, ὅσα γ' εἰς βούλησιν ἥκειν τὴν ἐμήν, κατηγγύησα. Ἐμοῦ δ' εἰπόντος ὡς ἔξεστι πεῖραν 10 λαμβάνειν, εἰσάγοντα παρ' αὐτὴν καὶ δεικνύντα τὸ μειράκιον, ἐπαινέσας ἀπῄει. Καὶ περὶ πληθούσαν ἀγορὰν αὖθίς μοι συντυχών, Ἀνίαρον ἀκούσῃ πρᾶγμα, ἔλεγεν· ἡ παῖς δαιμονᾶν ἔοικεν, οὕτως ἀλλόκοτόν τι τὸ κατ' αὐτήν. Εἰσῆγον, ὡς ἐκέλευσας τὸν Ἀλκαμένη 15 καὶ ἁβρότερον ἐδείκνυον· ἡ δέ, ὥσπερ τὴν Γοργοῦς θεασαμένη κεφαλήν, ἤ τι τῶν ἀτοπωτέρων, ὀξύ τι καὶ μέγα ἀνέκραγε καὶ τὴν ὄψιν πρὸς θάτερα τοῦ οἰκήματος ἀπέστρεψε καὶ τὰς χεῖρας ὡς βρόχον ἐπάγουσα τῷ τραχήλῳ διαχρήσεσθαι ἠπείλει καὶ ἐπώμνυεν, εἰ μὴ θᾶτ-20 τον ἐξίοιμεν. Ἐκείνην μὲν δὴ καὶ λόγου θᾶττον ἀπηλλάγμεν. Τί γὰρ καὶ ἔδει ποιεῖν ἀτοπίαν τοσαύτην ὁρῶντας; σοῦ δ' ἱκέται πάλιν γιγνόμεθα μήτ' ἐκείνην περιιδεῖν ἀπολλυμένην, μήθ' ἡμᾶς τῶν κατ' εὐχὰς ἀποτυγχάνοντας. Ὦ Χαρίκλεις, ἔφην, οὐ διήμαρτες εἰ-25 πὼν δαιμονᾶν τὴν κόρην. Ὀχλεῖται γὰρ ὑπὸ δυνάμεων ἃς αὐτὸς κατέπεμψα καὶ τούτων οὐκ ἐλαχίστων, ἀλλ' ἃς εἰκὸς ἦν ἐκείνην, ἃ μήτ' ἐπεφύκει μήτ' ἐβούλετο καταναγκάσαι πράττειν. Ἀλλά μοι ἀντίθεός τις ἔοικεν ἐμποδίζειν τὴν πρᾶξιν καὶ διαμάχεσθαι πρὸς τοὺς 30 ἐμοὺς ὑπηρέτας. Ὥσθ' ὥρα σοι πάντως ἐπιδεικνύναι μοι τὴν ταινίαν ἣν τῇ παιδὶ συνεκτεθεῖσαν ὑποδεδέχθαι μετὰ τῶν ἄλλων γνωρισμάτων ἔλεγες· ὡς ἔγωγε δέδοικα, μή τινος ἐμπέπλησται γοητείας καὶ μαγγανείας τυγχάνει τραχυνούσης τὴν ψυχὴν ἀνάγραπτος, ἐχθροῦ 35 τινος αὐτὴν ἐξαρχῆς ἀνέραστον ἀποδιῶναι καὶ ἄγονον ἐπιδουλεύσαντος.

Η'. Ἐπῄνει ταῦτα καὶ ᾔκε φέρων οὐ μετὰ πολὺ τὴν ταινίαν· ἐνδοῦναι δέ μοι σχολὴν πρὸς αὐτὸν εἰπών, ὡς εἶχον πειθόμενον, ἐλθών θ' οὗ κατηγόμην, οὐδ' ὅσον 40 ἐλάχιστον ὑπερθέμενος, ἐπελεγόμην τὴν ταινίαν γράμμασιν Αἰθιοπικοῖς, οὐ δημοτικοῖς ἀλλὰ βασιλικοῖς κατεστιγμένην, ἃ δὴ τοῖς Αἰγυπτίων ἱερατικοῖς καλουμένοις ὁμοιοῦνται. Καὶ ἐπερχόμενος τοιάδε ηὕρισκον τὸ γράμμα διηγούμενον· ΠΕΡΣΙΝΑ ΒΑΣΙΛΙΣΣΑ ΑΙΘΙΟ-45 ΠΩΝ, τῇ δ' ἐς δὴ κληθησομένῃ καὶ μέχρι μόνων ὠδίνων θυγατρὶ δῶρον ἔσχατον χαράττω τόνδε τὸν ἔγγραφον θρῆνον. Ἐπάγην, ὃν Κνήμων, ὡς τοῦ Περσίνης ὀνόματος ἤκουσα. Τὰ δ' ἑξῆς ὅμως ἐπελεγόμην, ὄντα τοιάδε· Ὡς μὲν οὐδὲν ἀδικοῦσα, παιδίον, ὅτε σε γενο-50 μένην ἐξεθέμην, οὐδὲ πατέρα τὸν σὸν Ὑδάσπην τὴν σὴν θέαν ἀπεκρυψάμην, ἐπικεκλήσθω μάρτυς ὁ γενεάρχης ἡμῶν Ἥλιος. Ἀλλ' ὅμως ἀπολογοῦμαι πρός τε σέ, ποτε θύγατερ εἰ περισωθείης, πρός τε τὸν ἀναιρησόμενον, εἴ τινά σοι θεὸς ἐπιστήσειε, πρός τ' αὐτὸν ὅλον

LIBER IV. 287

suasum autem habere, quod solus Calasiris sanare posset et ut te ad illam accerserem orabat. Unde conjecturam feci, tua eam sapientia captam esse. An igitur tu, quod amore teneatur, inquam, et cujusnam, dicere audeas? Non, per Apollinem, inquit. Quomodo enim, aut unde hoc scirem? Optarem autem, illam præ omnibus divitiis Alcamenem amare, sororis meæ filium, quem jampridem ipsi, quatenus hoc mei arbitrii est, sponsum designavi. Me autem hortante, ut periculum faceret, introducendo ad illam et ostendendo adolescentem : collaudato consilio, discedebat. Rursus autem meridiano tempore, mihi factus obviam, Audies rem acerbam et molestam, dicebat : filia insanire videtur, adeo innsitatum quiddam ei accidit. Introducebam, sicut jubebas, Alcamenem, et delicatius exornatum ostendebam. Illa autem, tamquam Gorgonis conspecto capite, aut aliqua re adhuc magis formidabili, alta et acuta voce exclamavit, et vultum ad aliam partem conclavis avertit et manus tamquam laqueum collo admovens, se sibi mortem conscituram esse minabatur et jurejurando confirmabat, sese facturam, nisi quamprimum exiremus. Ab illa quidem vel dicto citius discessimus : quid enim faciundum fuit, rem tam prodigiosam videntibus? Tibi autem supplices iterum sumus, neve illam interire, neve nos voto nostro frustrari patiaris. O Charicles, inquam, haud falso dixisti, insanire puellam. Commovetur enim a dæmonibus, quos illi immisi, iisque non minimis, sed qui, ut verisimile erat, illam ad ea facienda, a quibus et natura et animi constitutione abhorrebat, cogerent. Sed mihi videtur contrarius quispiam deus impedire negotium, et meis ministris adversari. Quamobrem tempus est omnino ut mihi fasciam ostendas, quam cum filia expositam, te cum ceteris indiciis recepisse dicebas. Quam metuo, ne præstigiis aliquibus imbuta sit et imposturis exacerbantibus animum picta, dum inimicus aliquis illi statim ab initio, ut aliena ab amore et absque prole totum tempus vitæ degeret, ita insidias struere voluerit.

VIII. Approbabat hæc et paullo post afferebat fasciam. Tempus mihi ab illo dari peto : obsequitur. Ego ad hospitem reversus, ne vel tantillum quidem differens, fasciam perlegi, literis Æthiopicis non vulgaribus, sed regiis, notatam, quæ Ægyptiis sacris cognominatis, sunt similes. Et cum percurrerem, talia quædam inveni scriptum exponere: Persina Regina Æthiopum, quodcumque tandem cognomen habiturae et solis doloribus filiæ, donum ultimum exaro hanc inscriptam lamentationem. Obrigui, Cnemon, postquam nomen Persinæ audivi, attamen ea, quæ sequebantur, legebam, quæ erant talia : Quod ob nullum scelus, filiola, te natam exposui et patrem tuum Hydaspem conspectum tuum celavi, testis mihi sit Sol, auctor nostri generis : verumtamen excusatam iri me tibi cupio, filia, si fortasse superstes manseris et ei qui te sublaturus est, si quem deus adduxerit, ceterisque hominibus, retegens

τὸν τῶν ἀνθρώπων βίον, ἀνακαλύπτουσα τὴν αἰτίαν
τῆς ἐκθέσεως. Ἡμῖν πρόγονοι, θεῶν μὲν Ἥλιός τε
καὶ Διόνυσος, ἡρώων δὲ Περσεύς τε καὶ Ἀνδρο-
μέδα καὶ Μέμνων ἐπὶ τούτοις· οἱ δὴ τὰς βασιλείους
5 αὐλὰς κατὰ καιροὺς ἱδρυσάμενοι ταῖς ἀπὸ τούτων γρα-
φαῖς ἐκόσμησαν. Τὰς μὲν δὴ τῶν ἄλλων εἰκόνας τε
καὶ πράξεις ἀνδρῶσί τε καὶ παριδρόμοις ἐνέγραφον,
τοὺς δὲ θαλάμους τοῖς Ἀνδρομέδας καὶ Περσέως
ἔρωσιν ἐποίκιλλον. Ἐνταῦθά ποθ' ἡμᾶς δεκάτου παρ-
10 ήκοντος ἔτους, ἐξ οὗ με γαμετὴν Ὑδάσπης ἐγνώρισεν,
οὔπω τε παιδῶν ἡμῖν γεγονότων, ἠρεμεῖν τὸ μεσημβρι-
νὸν συνέβαινεν, ὕπνου θερινοῦ κατακλίναντος καί μοι
καὶ προσωμίλει τότε ὁ πατήρ ὁ σός, ὄναρ αὐτῷ τοῦτο
κελεύειν ἐπομνύμενος· ᾐσθόμην τε παραχρῆμα κυοφο-
15 ρήσασα τὴν καταβολήν. Ὁ μὲν δὴ μέχρι τοῦ τόκου
χρόνος, ἑορτὴ πάνδημος ἦν καὶ χαριστήριοι θυσίαι τοῖς
θεοῖς, ὡς τοῦ βασιλέως διάδοχον τοῦ γένους ἐλπίζοντος.
Ἐπειδὴ δέ σε λευκὴν ἀπέτεκον, ἀπρόσφυλον Αἰθιόπων
χροιὰν ἀπαυγάζουσαν, ἐγὼ μὲν τὴν αἰτίαν ἐγνώριζον,
20 ὅτι μοι παρὰ τὴν ὁμιλίαν τὴν πρὸς τὸν ἄνδρα προσέβλε-
ψαι τὴν Ἀνδρομέδαν ἡ γραφὴ παρασχοῦσα καὶ παν-
ταχόθεν ἐπιδείξασα γυμνήν, (ἄρτι γὰρ αὐτὴν ἀπὸ τῶν
πετρῶν ὁ Περσεὺς κατῆγεν) ὁμοειδὲς ἐκείνῃ τὸ σπαρὲν
οὐκ εὐτυχῶς ἐμόρφωσεν. Ἔγνων οὖν ἐμαυτήν τ' ἀπαλ-
25 λάξαι τοῦ μετ' αἰσχύνης θανάτου, (πεπεισμένη τὴν
σὴν χροιὰν μοιχείαν ἐμοὶ προσάψουσαν, οὐ γὰρ πι-
στεύσειν οὐδένα λεγούσῃ τὴν περιπέτειαν), καί σοι τὸ
ἐκ τῆς τύχης ἀμφίβολον χαρίσασθαι, θανάτου προδή-
λου, ἢ πάντως ὀνόματος νόθου προτιμότερον ἡγουμένη·
30 σέ τε τεθνάναι παραχρῆμα πρὸς τὸν ἄνδρα πλασαμένη,
λάθρα καὶ ἀπορρήτως ἐξεθέμην, ὅσον πλεῖστον ἡδυνά-
μην πλούτῳ τῷ περικοῦντι μισθὸν συνεκθεμένη, ἄλ-
λοις τέ σε κοσμήσασα καὶ ταινίᾳ τῇδε καὶ ἐλεεινῷ
διηγήματι τῷ σῷ τε κἀμαυτῆς ἐνειλήσασα, ἣν ἀπὸ
35 δακρύων τῶν ἐπί σοι καὶ αἵματος ἐχάραττον, ὁμοῦ
πρωτοτόκος καὶ πολύθρηνος γενομένη. Ἀλλ', ὦ γλυ-
κεῖα καὶ μέχρις ὥρας θύγατερ, ὅπως, εἰ περιγένοιο,
μεμνήσῃ τῆς εὐγενείας, τιμῶσα σωφροσύνην ἣ δὴ μόνη
γυναικείαν ἀρετὴν χαρακτηρίζει καὶ φρόνημα βασίλειον
40 καὶ πρὸς τοὺς φύντας ἀναφέρον ἀσκοῦσα. Μεμνήσῃ
δὲ πρὸ πάντων τῶν συνεκτεθέντων σοι κειμηλίων, δακ-
τύλιόν τινα ἐπιζητεῖν καὶ σαυτῇ περιποιεῖν, ὃν πατὴρ
ὁ σὸς ἐμοὶ παρὰ τὴν μνηστείαν ἐδωρήσατο, βασιλείῳ
μὲν συμβόλῳ τὸν κύκλον ἀνάγραπτον, λίθῳ δὲ παντάρβῃ
45 καὶ ἀπορρήτῳ δυνάμει τὴν σφενδόνην καθιερωμένον.
Ταῦτά σοι διείλεγμαι, τὸ γράμμα διάκονον εὑραμένη,
τὰς ἐμψύχους καὶ ἐν ὀφθαλμοῖς ὁμιλίας τοῦ δαίμονος
στερήσαντος· τάχα μὲν κωφὰ καὶ ἀνήνυτα, τάχα δέ
ποτε καὶ εἰς δέον ἥξοντα· τὸ γὰρ ἄδηλον τῆς τύχης
50 ἀνθρώποις ἄγνωστον· καὶ ἔσται σοι τὰ τῆς γραφῆς,
(ὦ μάτην ὡραία καὶ ἔγκλημα τὸ κάλλος ἐμοὶ προσά-
ψασα), εἰ μὲν περισωθείης, γνωρίσματα· εἰ δ', ὅπερ
καὶ ἀκοὴν λάθοι τὴν ἐμήν, ἐπιτύμβια καὶ μητρὸς ἐπι-
κήδεια δάκρυα.

causam expositionis. Nobis majores ex diis quidem sunt,
Sol et Bacchus. Porro ex numero heroum, Perseus et
Andromeda et Memnon post hos. Hi igitur, qui regia do-
micilia successu temporis exstruxerunt, picturis ea sum-
tis ab illorum rebus gestis, exornarunt. Atque aliorum
quidem imagines et res gestas in habitaculis virorum et
porticibus depinxerunt; thalamos autem Andromedæ Per-
seique amoribus variarunt. Ibi aliquando nos, decimo jam
elapso anno, postquam me Hydaspes uxorem cognovit,
necdum essent nobis liberi, sub meridiem quiescere con-
tigit, somno æstivo compellente. Tum quoque mecum
rem habuit pater tuus, somnium illi hoc præcipere jurans:
et sensi me continuo gravidam esse. Tempus igitur us-
que ad partum festi publici instar erat et sacrificia gratia-
rum actionis ergo diis fiebant, tanquam rege sperante suc-
cessorem generis. Postquam autem te albam peperi, inu-
sitatum Æthiopibus colorem referentem, ego quidem
causam cognoscebam, quod cum adspectui, in consuetu-
dine cum viro, pictura Andromedam obtulisset et undiqua-
que ostendisset nudam, (tum primum enim eam Perseus
ex rupibus deducebat) similis illi fœtus infeliciter effor-
matus est. Igitur statui et me ipsam liberare ignominiosa
morte, pro certo habens, tuum colorem adulterii crimen
mihi conciliaturum, nec quemquam crediturum esse ca-
sum exponenti; et te fortunæ etsi dubiæ tradere, morti
manifestæ aut omnino spurio nomini præferendam esse
hanc censens: teque mortuam esse continuo apud virum
fingens, clanculum et occulte exposui; quam maximas
opes potui, præmium ei qui te sustulisset una exponens et
cum aliis rebus te ornans, tum hac fascia et miserabili
narratione tuæ meæque conditionis involvens, quam lacri-
mis propter te profusis et sanguine notavi, cum simul
primo enixa essem et in multiplicem luctum incidissem.
Ceterum, o suavium et ad exiguum tempus filia, si super-
stes fueris, memineris præclari tui ortus, colens pudicitiam,
quæ sola muliebris virtutis indicium est et animum regium
parentes imitans habeas. Memineris autem ante omnia, ut
inter pignora tecum exposita, annulum quemdam observes
et tibi vindices, quem pater tuus mihi, cum illi desponsarer,
donavit, regio quidem signo in circulo sculptum, lapide
autem Pantarbe et occulta vi prædito, in pala consecra-
tum. Hæc tecum sum locuta, literis quibus hoc efficerem
usa, cum me numen vivo colloquio et adspectu tuo priva-
verit: quæ ut fortasse muta et irrita, fortasse tamen usui
aliquando erunt. Quid enim fortuna ferat, hominibus
ignotum est. Denique hæc, quæ sunt a me scripta, o ne-
quidquam formosa, quæ nobis crimen forma conciliasti,
siquidem servata fueris, indicia tibi erunt: sin, quod
utinam semper aures meas lateat, sepulcrales matris et
funebres lacrimæ.

LIBER IV.

Θ'. Ταῦτα, ὦ Κνήμων, ὡς ἀνέγνων, ἐγνώριζον μὲν καὶ τὴν ἐκ θεῶν οἰκονομίαν ἐθαύμαζον, ἡδονῆς δ' ἅμα καὶ λύπης ἐνεπλήσθην καὶ πάθος τι καινότερον ὑπέστην, ὁμοῦ δακρύων καὶ χαίρων, διαχεομένης μὲν τῆς ψυχῆς πρὸς τὴν τῶν ἀγνοουμένων εὕρεσιν καὶ τῶν χρησθέντων ἤδη τὴν ἐπίλυσιν, ἀδημονούσης δὲ πρὸς τὴν τῶν ἐσομένων ἔκβασιν καὶ τὸν ἀνθρώπινον βίον οἰκτειρούσης ὡς ἄστατόν τι καὶ ἀβέβαιον καὶ ἄλλοτε πρὸς ἄλλα τρεπόμενον, τότε δ' ὑπερβαλλόντως ἐν ταῖς Χαρικλείας τύχαις γνωριζόμενον. Εἰσῄει γάρ με πολλῶν ἔννοια, τίνων μὲν γενομένη, τίνων δ' ἐνομίσθη, πόσῳ δὲ τῷ μεταξὺ τῆς ἐνεγκούσης ἀπήχθη, κεκλήρωτο δὲ θυγατρὸς ὄνομα νόθου, ἀποβαλοῦσα τὸ γνήσιον Αἰθιόπων καὶ βασίλειον γένος. Ἐπιπολύ τ' ἀμφίβολος εἱστήκειν, τῶν μὲν παρελθόντων οἰκτείρειν ἔχων, τῶν δ' ἐσομένων εὐδαιμονίζειν οὐ θαρσῶν, ἕως τὸν λογισμὸν πρὸς τὸ νῆφον ἀνακαλεσάμενος, ἔγνων μὴ διαμέλλειν, ἀλλ' ἔργου ἔχεσθαι· καὶ παρὰ τὴν Χαρίκλειαν ἐλθών, καταλαμβάνω μόνην, ἀπειρηκυῖαν ἤδη πρὸς τὸ πάθος καὶ τῷ μὲν φρονήματι βιαζομένην ἀναφέρειν, τῷ σώματι δὲ πάντη πεπονημένην, ἐνδόντι πρὸς τὴν νόσον καὶ ἀντέχειν ἀσθενήσαντι πρὸς τὸ δεινόν.

Ι'. Μεταστησάμενος οὖν τοὺς παρόντας καὶ μηδένα διοχλεῖν ἐπιστείλας, ὡς δή τινας εὐχὰς καὶ ἐπικλήσεις τῇ κόρῃ προσάξων, Ὥρα σοι, ἔφην, ὦ Χαρίκλεια λέγειν ὃ πάσχεις, οὕτω γὰρ ὑπέσχου τῇ προτεραίᾳ, καὶ μὴ κρύπτειν ἀνδρὸς, ὅσοί τ' εὔνουν καὶ γνῶναι τὰ πάντα καὶ σιωπήσῃς οὐκ ἀδύνατον. Ἡ δὲ λαβομένη μου τῆς χειρὸς ἐφίλει τε καὶ ἐπεδάκρυε, καὶ Ὦ σοφὲ Καλάσιρι, τοῦτο πρῶτον εὐεργέτησον, ἔλεγεν, ἔασόν με σιωπήσαν δυστυχεῖν, αὐτὸς ὡς βούλει γνωρίσας τὴν νόσον καὶ τὴν γοῦν αἰσχύνην κερδαίνειν κρύπτουσαν, ἃ καὶ πάσχειν αἰσχρὸν καὶ ἐκλαλεῖν αἰσχρότερον. Ὡς ἔμέ γε λυπεῖ μὲν καὶ ἡ νόσος ἀκμάζουσα, πλέον δὲ τὸ μὴ κρατῆσαι τῆς νόσου τὴν ἀρχήν, ἀλλ' ἡττηθῆναι πάθους, ἀπειρημένου μὲν ἐμοὶ τὸν πρὸ τούτου πάντα χρόνον, λυμαινομένου δὲ, καὶ μέχρις ἀκοῆς, τὸ παρθενίας ὄνομα σεμνότατον. Ἐπιρρωννὺς οὖν αὐτήν, Ὦ θύγατερ, ἔφην, δυοῖν ἕνεκεν εὖ ποιεῖς ἀποκρύπτουσα τὰ κατὰ σαυτήν. Ἐγώ τε γὰρ οὐδὲν δέομαι μανθάνειν ἃ πάλαι παρὰ τῆς τέχνης ἔγνωκα, σύ τ' εἰκότα πάσχεις, ἐρυθριῶσαν λέγειν ἃ γυναιξὶ κρύπτειν ὑπρεπέστερον. Ἀλλ' ἐπειδήπερ ἅπαξ ἔρωτος ἐπῄσθου καὶ φανείς σε Θεαγένης ᾕρηκε, (τοῦτο γὰρ ὀμφή μοι θεῶν ἐμήνυσε), σὺ μὲν ἴσθι μὴ μόνη καὶ πρώτη τὸ πάθος ὑποστᾶσα, ἀλλὰ σὺν πολλαῖς μὲν γυναιξὶ τῶν ἐπισήμων, σὺν πολλαῖς δὲ παρθένοις τῶν τἆλλα σωφρόνων. Μέγιστος γὰρ θεῶν ὁ Ἔρως καὶ ἤδη καὶ θεῶν αὐτῶν ποτε κρατεῖν λεγόμενος. Ἐπισκόπει δὲ, ὅπως ἄριστα διαθήσῃ τὰ παρόντα. Ὡς τὸ μὲν ἀπείρατον γενέσθαι τὴν ἀρχὴν ἔρωτος εὐδαίμων οὐ δ' ἀλόντα πρὸς τὸ σῶφρον τὸ βούλημα περιποιῆσαι σοφώτατον. Ὃ δὴ καὶ σοὶ βουλομένῃ πιστεύειν ἔξεστι καὶ τὸ μὲν ἐπιθυμίας αἰσχρὸν ὄνομα διώσασθαι, τὸ δὲ συναφείας ἔννομον συναλλαγμα προελέσθαι καὶ εἰς γάμον τρέψαι τὴν νόσον.

IX. Hæc postquam legi, Cnemon, cognoscebam et deorum gubernationem abmirabar, ac voluptate simul et dolore implebar et affectu quodam novo detinebar, lacrimans simul et gaudens, soluto in lætitiam animo propter eorum quæ antea fuerant ignota inventionem et oraculi mentem nunc patefactam, ceterum anxio de eventu consequentis temporis et humanam vitam miserante, ut rem quamdam instabilem et infirmam, et alias alio inclinantem, tunc autem inprimis ex fortuna Charicleæ cognitam. Subibat enim multarum rerum cogitatio, ex qualibus orta, qualium putaretur, quanto locorum intervallo a patria esset abducta et sortita filiæ adulterinum nomen, amisso nativo Æthiopum et regio genere. Denique diu steti anceps, cum merito sortem illius præteritam miserari possem, futuram autem prædicare et laudare non auderem, donec tandem revocato ad sobrietatem animo, statui non cunctandum esse, sed continuandum inceptum negotium. Et cum ad Charicleam venissem, deprehendo solam jam prorsus affectu fessam et animo quidem eluctari conantem, corpore autem omnino afflictam morboque oppressam, cui magno impetu ingruenti resistere amplius nequivisset.

X. Cum igitur removissem eos qui aderant, et ne quisquam tumultuaretur imperassem, tamquam preces quasdam et invocationes puellæ admoturus : Tempus adest, inquio, Chariclea (sic enim pridie promisisti), dicendi, quo malo afficiaris, neque celandi virum qui tibi bene cupiat, qui etiam te vel tacente omnia scire possit. Illa autem apprehensam meam manum osculabatur et illacrimabat et, O sapiens Calasiri, da mihi hoc, primum dicebat : sine me tacentem infelicem esse : tute ipse, si lubet, morbum exploraveris et hoc saltem lucrifacere quod ea celem quorum me pudet, quæ cum pati turpe, tum enuntiare multo turpius sit. Me autem etsi dolore afficit morbus invalescens, tamen illud magis, quod initio morbum non superarim, sed victa sim ab affectu, qui mihi semper ante hoc tempus odiosus fuit et vel auditu ipso venerandum virginitatis nomen contaminat. Confirmans igitur ipsam, O filia, inquiebam, duabus de causis recte facis, quod premis, quæ te affligunt. Neque enim mihi opus est ut ea cognoscam, quæ jampridem ex arte mihi sunt nota, et non abs re tibi accidit, ut erubescas ea dicere quæ mulieres occultare magis decet. Sed quoniam semel amorem sensisti et Theagenes conspectus te cepit, (hoc enim vaticinium divinum mihi indicavit) tu quidem scito, te non solam, neque primam hunc affectum experiri, sed cum multis illustribus feminis, cum multis quoque virginibus alioqui pudicis. Maximus enim deorum est Amor atque ipsos etiam deos interdum superare dicitur. Ceterum considera, quo pacto optime tuas res in præsentia constituas. Siquidem expertem esse amoris initio, beatitudo quædam est, at ubi captus sis, ad moderationem ut animum revoces, sapientiæ est maximæ. Quod et tibi si credere volueris, licet, cupiditatis nimirum turpe nomen repellere, conjugii autem legitimum vinculum amplecti et in matrimonium vertere morbum.

ΙΑ΄. Ἱδρῶτι πολλῷ διερρεῖτο τούτων εἰρημένων, ὦ Κνήμων, καὶ δὴ παντοία ἦν, χαίρουσα μὲν ἐφ' οἷς ἤκουσεν, ἀγωνιῶσα δ' ἐφ' οἷς ἤλπιζεν, ἐρυθριῶσα δ' ἐφ' οἷς ἑάλωκεν. Οὐκ ὀλίγον οὖν ἐφησυχάσασα χρόνον, Ὦ πάτερ, ἔφη, γάμον ὀνομάζεις καὶ τοῦτον αἱρεῖσθαι προτρέπεις, ὥσπερ δῆλον ὄν, ἢ τὸν πατέρα συνθησόμενον, ἢ τὸν ἐμοὶ πολέμιον ἀντιποιησόμενον. Τὸ μὲν κατὰ τὸν νεανίαν, ἔρρωται ἡμῖν, ἔφην, καὶ πλέον ἢ σὺ τάχα κἀκεῖνος ἑάλωκεν, ἀπὸ τῶν ὁμοίων σοι κεκινημένος. Ὡς γὰρ ἔοικεν, αἱ ψυχαὶ πῶς ὑμῖν ἀπὸ πρώτης ἐντεύξεως, τὰς ἀλλήλων ἀξίας ἐγνώρισαν καὶ πρὸς τὸ ἴσον πάθος κατηνέχθησαν· ἐπέτεινα δ' αὐτῷ κἀγὼ σοὶ χαριζόμενος σοφίᾳ τὴν ἐπιθυμίαν. Ὁ δὲ νομιζόμενός σοι πατήρ, ἄλλον εὐτρεπίζεται νυμφίον, Ἀλκαμένην, ὃν οὐκ ἠγνόηκας. Ἡ δέ, Ἀλκαμένει μὲν, ἔφη, τάφον πρότερον ἢ γάμον τὸν ἐμὸν εὐτρεπιζέτω. Ἐμὲ γὰρ ἢ Θεαγένης ἄξεται, ἢ τὸ τῆς εἱμαρμένης διαδέξεται. Σὺ δ', ὅτι μὴ ἔστι μοι πατὴρ ἀλλὰ νομίζεται Χαρικλῆς, ἱκετεύω, λέγε, πόθεν ἐγνώρισας. Ἐκ ταύτης, ἔφην, ἐπιδείξας τὴν ταινίαν. Ἔσχες δὲ πόθεν καὶ ὅπως; ἐξ οὗ γάρ με κατὰ τὴν Αἴγυπτον παρὰ τοῦ θρεψαμένου λαβών, οὐκ οἶδ' ὅπως δεῦρο ἤγαγεν, ἀφελόμενος εἶχεν ἀποκειμένην ἐν κιστίδι, τοῦ μὴ τὸν χρόνον αὐτῇ λυμαίνεσθαι. Τὸ μὲν ὅπως ταύτην ἐκομισάμην, εἰσαῦθις, ἔφην, ἀκούσῃ, τὸ δὲ παρόν, εἴ τὰ ἐγγεγραμμένα γνωρίζεις, εἰπέ μοι. Τῆς δέ, οὐκ εἰδέναι πόθεν, ὁμολογούσης, Γένος, ἔλεγον, καὶ ἔθνος τὸ σὸν καὶ τύχην φράζει. Ὡς δέ, ἀνακαλύπτειν δ' ἔχω γιγνώσκειν ἱκέτευεν, ἔλεγον ἅπαντα, τήν τε γραφὴν ἐπιὼν ἐν μέρει καὶ πρὸς ἔπος ἑρμηνεύων.

ΙΒ΄. Ὡς δ' ἐγνώρισεν αὑτὴν καὶ τὸ φρόνημα διαναστᾶσα, πλέον τῷ γένει προσέδραμε καὶ Τί οὖν χρὴ ποιεῖν, ἠρώτα, τότ' ἤδη συμβουλῆς τῆς φανερωτέρας ἠργόμην, ἄπανθ' ὡς ἔσχες ἀνακαλύπτων. Ἐγώ, λέγω, ὦ θύγατερ, ἦλθον καὶ εἰς Αἰθίοπας ἐπιθυμίᾳ τῆς παρ' ἐκείνοις σοφίας. Ἐγενόμην καὶ Περσίνῃ τῇ σῇ μητρὶ γνώριμος, οἰκειοῦνται γὰρ ἀεὶ τὸ σοφῶν γένος ἡ βασίλειος αὐλή, καὶ ἄλλως εἶχόν τι καὶ δόξης πλέον, τὴν Αἰγυπτίων σοφίαν προσθήκῃ τῆς Αἰθιόπων ἐκθειάζων. Ἐπεὶ δ' ἀπαίρειν μέλλοντά με οἴκαδ' ᾔσθετο, τὰ κατὰ σὲ μοι πάντα διηγεῖται, τὸ πιστὸν τῆς σιωπῆς ὅρκῳ πρότερον κομισαμένη, καὶ ἔλεγε, τοῖς μὲν ἐγχωρίοις σοφοῖς οὐ θαρρήσειν εἰπεῖν, ἐμὲ δ' ἱκέτευεν ἐρωτᾶν τοὺς θεούς, πρῶτα μὲν εἰ ἐκτεθεῖσα διεσώθης, ἔπειθ' ὅπου γῆς οὖσα τυγχάνεις· οὐ γὰρ πυθέσθαι κατὰ τὸ ἔθνος οὐδεμίαν τοιαύτην, πολλὰ περιεργασαμένη. Ἐμοῦ δ' ἅπαντα μαθόντος ἐκ θεῶν καὶ εἶναί τε καὶ ὅπου φράσαντος, αὖθις ἱκέτευεν ἐπιζητεῖν καὶ προτρέπειν ἥκειν εἰς τὴν ἐνεγκοῦσαν· ἄγονον γὰρ καὶ ἄτεκνον ἐκ τῶν ἐπὶ σοὶ διατελεῖν ὠδίνων, ἑτοίμως τ' ἔχειν, εἴ ποτε φανείης, ὁμολογεῖν τῷ σῷ πατρὶ τὸ συμβεβηκός· εἰδέναι γὰρ αὐτὸν πεισθησόμενον, χρόνῳ τε τῆς συμβιώσεως τὴν ἐπ' αὐτῇ δοκιμασίαν ἔχοντα καὶ τῆς ἐκ παίδων διαδοχῆς τὴν ἐπιθυμίαν ἀπροσδοκήτως λαμβάνοντα.

XI. Sudore multo manabat post hæc dicta, Cnemon, et diversis affectibus movebatur, lætitia ex iis quæ audierat, sollicitudine et anxietate de iis quæ sperabat, denique erubescebat conscientia eorum quæ in ea deprehendissem. Cum igitur non parvo temporis intervallo quievisset : O pater, inquit, matrimonium nominas et hoc amplecti jubes, tamquam manifestum esset, aut patrem assensurum esse, aut inimicum meum illud ambitarum. Quod ad adolescentem attinet, firmum est, inquiebam. Magis etiam ille, quam tu, captus est, simili ratione commotus. Siquidem, ut est consentaneum, animæ utriusque vestrum, primo congressu mutuo æstimare se didicerunt et in parem affectum sunt delapsæ : auxi vero et ego ipse, tibi gratificans, illius cupiditatem. Ceterum qui putatur tuus esse pater, alium tibi parat sponsum, Alcamenem, tibi non ignotum. Illa autem : Alcameni quidem sepulcrum prius quam matrimonium meum paret. Me enim aut Theagenes ducet, aut id quod est fatale excipiet. Tu vero unde cognoveris, quod non sit meus pater sed putetur, Charicles, quæso expone. Ex hac, inquam, tænia, simul eam demonstrans. Unde autem eam adeptus es et quo modo? Postquam enim me in Ægypto a nutritio acceptam, nescio quomodo huc adduxit, abstrahens illam a me, repositam in cistella asservavit, ne temporis injuria corrumperetur. Quomodo recuperaverim, inquam, deinceps audies, in præsentia vero, an ea, quæ illi inscripta sint, scias, dic mihi. At cum illa nescire se confiteretur : Genus, dicebam et gentem et fortunam tuam exponit. Denique ut aperirem illi quæ scirem obscuranti, referebam omnia, alternis scriptum legens et ad verbum interpretans.

XII. Postquam autem unde orta esset agnovit et animum erexit, magis ad genus suum ferebatur et Quid facere oportet, interrogabat. Jam tum consilium manifestius incipiebam, omnia ita ut se habebant retegens. Ego, dicebam, filia, etiam Æthiopes adii, sapientiæ illorum cognoscendæ studio. Fui et matri tuæ Persinæ notus. Semper enim hospitium et receptaculum sapientum generis est aula regia et alioqui consecutus eram aliquantum gloriæ, Ægyptiacæ sapientiæ, accessione Æthiopicæ, majorem addens auctoritatem. Postquam autem me domum discessurum sensit, de te omnia mihi exponit, jurejurando primum fidem silentii a me accipiens et dicebat, sapientibus indigenis dicere se non ausuram fuisse, a me autem petere, ut sciscitem deos, primum, an exposita servata sis, deinde, qua in terra degas ætatem. Neque enim se audire, in gente Æthiopum ullam talem esse, etsi id anxie inquisiverit. Ego autem cum omnia a diis didicissem et superstitem te esse et ubi vitam degeres dixissem, rursus petebat, ut inquirerem et in patriam reverti juberem. Se enim sine prole et liberis, ex dolore quo propter te afficiatur manere, paratamque esse, si quando apparueris, confiteri patri tuo id quod accidit, scireque illi persuasum iri, tum diuturnitate temporis, quo secum vixerit, experimentum de se habentem, tum successionis liberorum, præter opinionem oblatæ, ductum cupiditate ac desiderio.

ΙΒ΄. Ταῦτ᾽ ἐκείνη μὲν ἔλεγε καὶ ποιεῖν ἱκέτευεν, ἐπισκήπτουσά μοι πολλὰ τὸν ἥλιον ὅρκον, ὃν οὐδενὶ σοφῶν ὑπερβῆναι θεμιτόν, ἐγὼ δ᾽ ἥκω τὴν ἐνώμοτον ἱκεσίαν ἐκτελέσων· οὐ διὰ τοῦτο μὲν τὴν ἐπὶ τάδε σπου-
5 δάσας ἄφιξιν, θεῶν δ᾽ ὑποθήκῃ μέγιστον ἐκ τῆς ἄλης τοῦτο κερδήσας, ἐκ πολλοῦ τε, ὡς οἶσθα, προσεδρεύων χρόνου, θεραπείας μὲν τῆς περί σε καὶ πάλαι τῆς πρεπούσης οὐδὲν ἀπολιπών, σιωπῶν δὲ τὰ ὄντα καιροῦ λαβέσθαι καὶ τὴν ταινίαν μηχανῇ τινι κομίσασθαι εἰς
10 πίστιν τῶν πρός σε ῥηθησομένων περιμένων. Ὥστ᾽ ἔνεστί σοι πειθομένῃ δρασμόν τε τὸν ἐνθένδε σὺν ἡμῖν αἱρουμένῃ (πρίν τι καὶ πρὸς βίαν σε τῶν παρὰ γνώμην ὑποστῆναι, τοῦ Χαρικλέους ἤδη σοι τὸν Ἀλκαμένους γάμον ἐσπουδακότος) γένος μὲν καὶ πατρίδα καὶ τοὺς
15 φύντας κομίζεσθαι, Θεαγένει δ᾽ ἀνδρὶ συνεῖναι, ὅποι γῆς καὶ βουλόμεθα συνέπεσθαι παρεσκευασμένῳ, ξένου τε καὶ ὀθνείου γνήσιον καὶ ἄρχοντα βίον ἀνταλλάξασθαι σὺν τῷ φιλτάτῳ βασιλεύουσαν, εἴ τι δεῖ θεοῖς τε τοῖς ἄλλοις καὶ τῷ χρησμῷ τοῦ Πυθίου καταπιστεύειν.
20 Καὶ ἅμα ὑπεμίμνησκον τὸν χρησμὸν καὶ ὅ τι βούλοιτο ἔφραζον. Οὐ γὰρ ἠγνόητο τῇ Χαρικλείᾳ παρὰ πολλῶν καὶ ᾀδόμενος καὶ ζητούμενος. Ἐπάγῃ πρὸς ταῦτα, Κἀπειδὴ θεούς, εἶπεν, οὕτω βούλεσθαι σύ τε φῂς ἐγώ τε πείθομαι, τί χρὴ πράττειν, ὦ πάτερ; Πλάττε-
25 σθαι, εἶπον, ὡς ἐπινεύουσαν τὸν Ἀλκαμένους γάμον. Ἡ δέ, Βαρὺ μέν, ἔφη καὶ ἄλλως αἰσχρόν, τὸ καὶ μέχρις ἐπαγγελίας ἕτερον πρὸ Θεαγένους αἱρεῖσθαι, πλὴν ἀλλ᾽ ἐπεὶ θεοῖς τε καὶ σοί, πάτερ, ἐμαυτὴν ἐπέτρεψα, τίνα σκοπὸν ἔχει τὸ πλάσμα καὶ τίνα τρόπον ὥστε μὴ εἰς
30 ἔργον ἀχθῆναι, διαλυθήσεται; Γνώσῃ τοῖς ἔργοις, ἔφην. Τινὰ προαγορευόμενα μὲν γυναιξὶν ἔστιν ὅτε καὶ ὄκνον ἤνεγκεν, ἐπιτελούμενα δ᾽ ἐκ τοῦ παραχρῆμα, θαρραλεώτερον ἠνύσθη πολλάκις. Ἕπου μόνον ταῖς ἐμαῖς ὑποθήκαις, τά τ᾽ ἄλλα καὶ τὸ παρὸν τῷ Χαρικλεῖ σύν-
35 τρεχε τὰ πρὸς τὸν γάμον, ὡς οὐδὲν ἐκείνου πράξαντος ἄνευ τῆς ἐμῆς ὑφηγήσεως. Ὡμολόγει ταῦτα καὶ τὴν μὲν ἀπολείπω δακρύουσαν.

ΙΔ΄. Ἄρτι δὲ τοῦ δωματίου προελθών, ὁρῶ τὸν Χαρικλέα πρὸς ὑπερβολὴν περίλυπον, καὶ ὅλον τὸν κατηφείας
40 ἀνάπλεων καί Ὦ θαυμάσιε, πρὸς αὐτὸν ἔφην, ὅτε σε ἐχρῆν ἥδεσθαι καὶ χαίρειν, ἀποθύειν τε χαριστήρια τοῖς θεοῖς, ἐπιτυχόντα τῶν πάλαι σοι δι᾽ εὐχῆς καὶ Χαρικλείας ὀψέ ποτε καὶ σὺν τέχνῃ πολλῇ καὶ σοφίᾳ τῇ ἐμῇ πρὸς ἐπιθυμίαν γάμων ἐπικλασθείσης, τότε
45 σκυθρωπὸς καὶ σύννους καὶ μονονοῦ θρηνεῖς, οὐκ οἶδ᾽ ὅ τι πεπονθώς. Καὶ ὅς, Τί δ᾽ οὐ μέλλω, τῆς φιλτάτης μοι τὸν βίον πρότερον κατασυρομένης ἢ πρὸς γάμον, ὡς φῄς, συναφθησομένης, εἴ τι δεῖ προσέχειν ὀνείρασι τοῖς τ᾽ ἄλλοις καὶ οἷς τῆς παρηκούσης
50 ἐξεδειματώθην νυκτός, καθ᾽ ἣν ἀετὸν ᾤμην ἐκ χειρὸς ἀφεθέντα τοῦ Πυθίου καὶ ὀθρόον καταπτάντα, τό τε θυγάτριον ἐκ κόλπων, οἴμοι, τῶν ἐμῶν ἀναρπάσαντα, γῆς ἐπ᾽ ἐσχάτων τι πέρας οἴχεσθαι φέροντα, ζοφώδεσι τισὶν εἰδώλοις καὶ σκιώδεσι πλῆθον, καὶ τέλος οὐδὲ

LIBER IV. 291

ΧΙΙΙ. Hæc illa dicebat et ut facerem obsecrabat, multis modis me per jusjurandum Solis obtestans, quod violare nemini sapientum fas est. Ego autem venio, preces jurejurando firmatas exsecuturus : quamvis non eam ob causam hoc iter susceperim, tamen deorum monitu, maximum ex errore hoc lucrum reportans et jam longo tempore in id intentus, nec quidquam debitæ tibi observantiæ unquam intermittens, tacens autem rem ipsam, ut occasionem nancisci et tæniam arte aliqua fidei faciendæ causa iis quæ tibi dicturus eram adipisci possem, exspectans. Quamobrem licet tibi, si obtemperes et fugam hinc nobiscum capessas, (priusquam aliquid per vim, quod minime velis, sustineas, Charicle tibi jam Alcamenis nuptias apparante summo studio) genus et patriam et parentes recuperare et Theageni viro cohabitare, quascumque in terras volueriums sequi nos parato et pro peregrina et extranea vita, genuinam et quæ tibi principatum defert eligere, una cum carissimo regnanti : si quidem oportet, cum diis et aliis rebus, tum oraculo Apollinis, fidem habere. Et simul revocabam in memoriam oraculum et quid vellet exponebam. Neque enim ignotum fuit Charicleæ, cum alioqui vulgo esset decantatum et illius interpretatio a multis quæsita. His commovebatur. Postquam igitur, inquit, deos ita velle et tu dicis et ego credo, quid est tandem faciendum, pater? Fingendum, aio, quasi approbes Alcamenis nuptias. Grave quidem est, inquit, et alioqui turpe vel nomine tantum alium anteferre Theageni : ceterum quoniam me in deorum potestatem et tuam, pater, tradidi, quemnam finem habet commentum hoc, et quomodo, ne ad rem deducatur, dissolvi possit? Re ipsa cognosces, inquam. Quædam prædicta mulieribus, interdum cunctationem attulerunt, eadem subito agi cœpta, majore cum audacia plerumque peracta sunt. Sequere tantum consilia mea, cum in aliis, tum in præsentia, ut te accommodes ad sententiam Chariclis de nuptiis, tanquam illo nihil acturo sine meo ductu et auspiciis. Promittebat hæc. Atque illam relinquo lacrimantem.

ΧΙV. Vix autem ex ædiculis egressus, Chariclem conspicio tristem admodum et mœrore plenum. Et, O præclare, ad ipsum inquio, quando te oportebat gaudere et lætari et diis sacrificia facere, gratiarum actionis ergo, ea quæ jampridem optabas consecutum, Chariclea sero tandem arte multiplici et sapientia ad cupiditatem nuptiarum inclinata, tum tristis es et mœstus, et tantum non lacrimas, haud scio quem ob casum. Ille autem, Quidni sim? cum sit futurum, ut carissima mihi in vita, fortassis antequam, ut tu ais, nuptiis cum viro conjuncta sit, in alias sedes transferatur ; siquidem fidem habere oportet somniis cum aliis, tum iis, quibus perterrefactus sum hac nocte, qua vidi, aquilam emissam e manibus Apollinis, cum subito devolasset, hei mihi ! ex meo sinu filiolam rapere, ferentem ad extremum nescio quem terræ terminum, tenebricosis quibusdam simulacris et umbrosis plenum :

19

γνῶναι ὅ τί ποτε καὶ δράσειε, τοῦ μεσεύοντος ἀπείρου διαστήματος συνεκδραμεῖν τῇ πτήσει τὴν θέαν ἐνεδρεύσαντος.

ΙΕ΄. Ταῦθ᾽ ὡς εἶπεν, ἐγὼ μὲν ὅπῃ τείνει τὸ ὄναρ συνέβαλλον, ἐκεῖνον δὲ τῆς ἀθυμίας ἀπάγων καὶ ὑποψίας εἶναι πόρρω τῶν ἐσομένων παρασκευάζων, Ἱερεύς, ἔφην, καὶ ταῦτα τοῦ μαντικωτάτου τῶν θεῶν, ὀνειροπολεῖν μοι δοκεῖς οὐκ ἔχειν ἐπιτηδείως, ὅς τῶν ἐνυπνίων τοὺς ἐσομένους σοι τῆς παιδὸς γάμους προμηνυόντων καὶ ἀετὸν μὲν τὸν ληψόμενον νυμφίον αἰνιττομένων, ταῦτα δ᾽ ἔσεσθαι, τοῦ Πυθίου νεύοντος καὶ ὡς ἐκ χειρὸς τὸν συνοικήσοντα προσάγοντος, εὐαγγελιζομένων, ἀγανακτεῖς τὴν ὄψιν καὶ πρὸς τὸ ἄθυμον ἄγεις τὸ ὄναρ. Ὥστε, ὦ Χαρίκλεις, εὔφημον ἔχωμεν στόμα καὶ συντρέχωμεν τῇ βουλήσει τῶν κρειττόνων, πρὸς τὸ πείθειν ἔτι καὶ μᾶλλον τὴν κόρην τραπόμενοι. Τοῦ δ᾽ ἐρομένου τί ἂν πράττων ἔχοι πλέον πειθομένην, Εἴ τι σοι κειμήλιον ἐστὶ πολυτελές, ἔφην, ἐσθὴς διάχρυσος, ἢ ὅρμος ἐρίτιμος, ταῦθ᾽ ὡς ἕδνα παρὰ τοῦ νυμφίου πρόσαγε καὶ δωρούμενος ἐξιλεοῦ τὴν Χαρίκλειαν. Ἀπαραίτητον ἔχει πρὸς γυναῖκας ἴυγγα χρυσὸς καὶ λίθος. Καὶ τἄλλα δέ σοι τὰ πρὸς τὴν πανήγυριν εὐτρεπιστέον. Συνέγειν γὰρ δεήσει τοὺς γάμους, ἕως τὸ κατηναγκασμένον τῆς ἐπιθυμίας ἀμετάβλητον ἔχει παρὰ τῆς τέχνης ἡ κόρη. Μηδὲν ἀπολείπεσθαι νόμιζε τῶν ἐπ᾽ ἐμοὶ φήσας ὁ Χαρικλῆς, ἀπέτρεχεν, ἔργον ἀποφῆναι τοὺς λόγους ὑφ᾽ ἡδονῆς ἐπειγόμενος. Καὶ ἔπραξέ γε, ὡς ὕστερον ἔγνων, ἅπερ ὑπεθέμην, οὐδὲν ὑπερθέμενος, ἐσθῆτά τ᾽ ἄλλην πολύτιμον καὶ δὴ καὶ τοὺς ὅρμους τοὺς Αἰθιοπικοὺς τοὺς συνεκτεθέντας ὑπὸ τῆς Περσίνης εἰς γνωρίσματα τῇ Χαρικλείᾳ, ὡς ἕδνα δῆθεν παρὰ τοῦ Ἀλκαμένους προσκομίσας.

ΙϚ΄. Ἐγὼ δὲ τῷ Θεαγένει συντυχὼν, ποῦ τυγχάνουσιν ἐπιδημοῦντες οἱ τὴν πομπὴν αὐτῷ πληρώσαντες, ἠρώτων. Ὁ δὲ, τὰς μὲν κόρας ἔφασκεν ἐξωρμηκέναι, τοῦ σχολαίτερον βαδίζειν ἕνεκεν προαπεσταλμένας, τοὺς δ᾽ ἐφήβους οὐδὲ φέρειν ἔτι δι᾽ ὄχλου γιγνομένους καὶ πρὸς τὴν ἐπάνοδον τὴν οἴκαδε συνελαύνοντας. Ἅπερ ὡς ἔγνων, παρεγγυήσας τά τ᾽ ἐκείνοις ῥητέα καὶ αὐτῷ πρακτέα καὶ τὸ παρ᾽ ἐμοῦ δοθησόμενον τοῦ καιροῦ καὶ τῆς ὥρας ἐνδόσιμον ἐπιτηρεῖν ἐπιστείλας, τοῦ μὲν ἀπεχώρουν, ἐπὶ δὲ τὸν νεὼν τοῦ Πυθίου τὴν ὁρμὴν ἐποιούμην, τὸν ἅμα τοῖς νέοις δρασμὸν ὑφηγήσασθαι χρηστηρίῳ τὸν θεὸν ἱκετεύσων, ἀλλ᾽ ἦν ἄρα καὶ νοῦ παντὸς ὀξύτερον τὸ θεῖον καὶ τοῖς κατὰ βούλησιν αὐτῷ δρωμένοις ἐπίκουρον γίγνεται καὶ ἄκλητον εὐμενείᾳ πολλάκις φθάνον τὴν αἴτησιν. Ὡς δὴ καὶ τότε πρὸς τὴν οὐδέπω γενομένην πεῦσιν, ἔφη, τὴν ἀπόκρισιν ὁ Πύθιος καὶ τοῖς ἔργοις ἐπεσήμαινε τὴν ὑφήγησιν. Ἐσπουδακότα γὰρ με τὰ φρονιζόμενα καὶ παρὰ τὴν πρόμαντιν, ὡς ἔφην, ἐπειγόμενον, ἀπείχέ τις βοὴ παριόντα· Σὺ σπεῦδε, ὦ γαθέ, ξένων καλούντων. Ἔθυον δ᾽ ἄρα σὺν αὐλήμασιν Ἡρακλεῖ τὴν εὐωχίαν. Ἐπέσχον τὴν ὁρμὴν, ὡς τούτων ἠσθόμην.

denique neque cognosci potuisse, quidnam egisset, infinito intervallo interjecto, ut una cum volatu conspectus effugeret, tanquam ex insidiis efficiente.

XV. Hæc ut dixit, ego quidem quo tenderet somnium conjiciebam, illum vero a consternatione animi abducens, neve quæ futura essent suspicaretur, Sacerdos, inquio, et quidem inter deos vaticiniis clarissimi, non videris mihi in somniis interpretandis recte versari qui, insomnia tibi nuptias filiæ prænuntiantibus et aquilam quidem accepturum sponsum quasi ænigmate significantibus, hæc vero futura, annuente Apolline et tanquam ex manu sua maritum adducente, annuntiantibus, vultu indignationem declares et somnium in deteriorem partem trahas. Quamobrem acquiescamus, o Charicle, et accommodemus nos ad voluntatem numinum, eo magis in id, ut puellæ persuadeamus, incumbentes. Hoc vero interrogante, quid facto opus esset, ut magis obtemperantem puellam haberet : Si forte tibi est, inquio, pretiosi aliquid in reposito, aut vestis auro intertexta, aut monile magno constans, hæc tanquam sponsalia affer a sponso et donis placa Charicleam. Maximam enim vim ad inescandas mulieres habet aurum et lapis. Deinde alia quoque ad hanc celebritatem tibi sunt apparanda. Oportebit enim continuare nuptias, nulla interposita mora, dum adhuc puella cupiditatem arte extortam immutabilem retinet. Nihil me intermissurum esse existima eorum, quæ in me sita sunt, cum dixisset Charicles, discessit, ut quæ dixisset statim præ voluptate effecta daret : et fecit, quemadmodum postea cognovi, ea quæ illi suggesseram nulla dilatione, cum vestem pretiosam, tum monilia Æthiopica, a Persina cum Chariclea indiciorum ergo exposita, veluti sponsalia ab Alcamene adferens.

XVI. Ego autem obvius factus Theageni, ubinam versarentur ii, ex quibus pompa constitisset, interrogabam. Ille autem, virgines quidem dicebat jam egressas esse, ideo quod lentius iter faciant præmissas, ceterum ephebos neque amplius ferre moram, tumultuantes et se ad reditum in patriam congregantes. Quæ ut cognovi et quæ illis dicenda essent ac sibi facienda, utque observaret cum a me daretur signum occasionis et temporis imperari, ab hoc discedebam. Ad templum autem Apollinis contendebam, supplicaturus deo, ut me oraculo de fuga una cum juvenibus facienda edoceret. Sed erat vel quavis cogitatione celerius numen, et iis quæ secundum illius voluntatem fiebant auxiliatur etiam non implorante, benevolentia sæpius preces antevertens : quemadmodum et tunc, nondum sciscitationem factam anticipavit Apollo responsione, reque ipsa significabat suum ductum et voluntatem. Siquidem me sollicitum de iis quæ cogitabam exsequendis et ad vatem ut dixi properantem, cohibuit quædam vox prætereuntem : Properes, o bone, hospites cum te vocent. Celebrabant autem cum cantu tibiarum convivium in honorem Herculis. Cohibui impetum, postquam hæc sensi : neque enim mihi fas erat, divinam vocationem præterire.

LIBER IV.

Οὐδὲ γὰρ ἦν μοι θεμιτὸν ἱερὰν κλῆσιν παραδραμεῖν. Κἀπειδὴ τοῦ λιβανωτοῦ λαβὼν ἀπέθυσα καὶ ὕδατος ἀπέσπεισα, θαυμάζουσι μὲν ἐῴκεσαν τὸ εὐτελὲς τῶν ἐμῶν θυμάτων, ὅμως δ' οὖν καὶ τῆς εὐωχίας συμμε-
5 τέχειν ἠξίουν. Ὑπήκουον καὶ πρὸς τοῦτο· καὶ κατακλιθεὶς ἐπὶ τῆς στιβάδος ἣν μυρρίναι καὶ δάφναι τοῖς ξένοις ἐστρώκεσαν, τῶν τ' ἐξ ἔθους ἀπογευσάμενος, Ἀλλ', ὦ 'γαθοί, πρὸς αὐτοὺς ἔφην, ὑαιτὸς μὲν ἡδίστης οὐκ ἐνδεὴς, ἀκοῆς δ' ἄρα τῆς περὶ ὑμῶν ἀμαθὴς "Ὡσθ'
10 ὥρα λέγειν ὑμῖν, οἵ τινες (καὶ) ὁπόθεν ἐστέ. Δημῶδες γὰρ οἶμαι καὶ τῶν ἀγροικοτέρων, σπονδῶν καὶ τραπέζης κοινωνήσαντας καὶ φιλίας ἀρχὴν ἱεροὺς ἅλας ποιησαμένους, μὴ οὐχὶ καὶ τὴν περὶ ἀλλήλων γνῶσιν ἔχοντας ἀπελθεῖν. Ἔλεγον δὴ οὖν εἶναι Φοίνικες
15 Τύριοι, τέχνην δ' ἔμποροι, πλεῖν δ' ἐπὶ Καρχηδόνα τὴν Λιβύων, ὁλκάδα μυρτοφόρον Ἰνδικῶν τε καὶ Αἰθιοπικῶν καὶ τῶν ἐκ Φοινίκης ἀγωγίμων φέροντες· τὸ δὲ παρὸν Ἡρακλεῖ Τυρίῳ τήνδε νικητήριον ἀποθύειν τὴν εὐωχίαν, τοῦδε τοῦ νεανίου (δείξαντες τὸν προκατα-
20 κείμενον) ἀναδησαμένου τὸν ἀπὸ τῶν παλαιστῶν ἐνθαδὶ στέφανον καὶ νικῶσαν τὴν Τύρον ἐν Ἕλλησιν ἀναγορεύσαντος. Οὗτος γὰρ, ἐπειδὴ Μαλέαν ὑπερβαλόντες, ἀνέμοις τ' ἐναντίοις χρησάμενοι, τῇ Κεφαληναίων προσέσχομεν, ὄναρ αὐτῷ προμαντεύειν τὴν μέλλουσαν
25 πυθιονίκην τὸν πάτριον ἡμῶν τόνδε θεὸν ἐπομνύμενος, ἐκτραπῆναί τε τοῦ προκειμένου πλοῦ καὶ τῇδε κατᾶραι πείσας, ἔργοις ἐπιστώσατο τὴν μαντείαν, καλλίνικος ἡμῖν ὁ τέως ἔμπορος ἀναδειχθείς· καὶ τήνδε τὴν θυσίαν ἄγει τῷ θεῷ τῷ φήναντι νικητήριόν τε καὶ χαριστήριον,
30 ἅμα δὲ καὶ ἐμβατήριον. Εἰς ἕω γὰρ ἀφήσειν, ὦ λῷστε, μέλλομεν, εἰ τὰ ἐκ τῶν ἀνέμων ἡ βουλήσει συμπνεύσειε. Μέλλετε δῆτ' ἀληθῶς; ἔφην. Ναὶ μέλλομεν, ἀπεκρίναντο. Συνέμπορον ἄρ' ἕξετέ με βουλόμενοι, πλοῦς γάρ μοι πρόκειται κατά τι χρέος εἰς
35 Σικελίαν· ἡ δὲ νῆσος, ὡς ἴστε, παράπλους ὑμῖν ἐπὶ τὴν Λιβύων ἐσπουδακόσιν. Εἰ γὰρ βουληθείης, ἔλεγον, ἀγαθὸν οὐδὲν ἀπεῖναι νομιοῦμεν, ἀνδρὶ σοφῷ τε καὶ Ἕλληνι καὶ ὡς δίδωσιν ἡ πεῖρα συμβάλλειν, τάχα που καὶ θεοῖς κεχαρισμένῳ συνόντες. Βουλήσο-
40 μαι, πρὸς αὐτοὺς ἔφην, εἰ μίαν ἐνδοίητε πρὸς παρασκευὴν ἡμέραν. Ἕξεις, ἔφασαν, τὴν αὔριον· μόνον εἰς ἑσπέραν γοῦν ἐπὶ θάλατταν εἶναι. Πολὺ γάρ τι καὶ νύκτες εἰς πλοῦν ἀνύουσι, ἀπογείοις αὔραις ἀκύμονα τὰ σκάφη παραπέμπουσαι. Συνετιθέμην οὕτω ποιή-
45 σειν, ὅρκῳ πρότερον, ὅτι μὴ προανεχθήσονται τὴν ἐπαγγελίαν πιστωσάμενος.

ΙΖ´. Καὶ τοὺς μὲν αὐτοῦ καταλιπὼν πρὸς αὐλοῖς ἔτι καὶ ὀρχήσεσιν ὄντας, ἃς ὑπὸ πηκτίδων ἐπίτροχον μέλος, Ἀσσύριόν τινα νόμον ἐσκίρτων, ἄρτι μὲν κού-
50 φοις ἅλμασιν εἰς ὕψος αἰρόμενοι, ἄρτι δὲ γῇ γῆ συνεχὲς ἐποκλάζοντες καὶ στροφὴν ὁλοσώματον ὥσπερ οἱ κάτοχοι δινεύοντες. Ἀφικόμενος δὲ παρὰ τὴν Χαρίκλειαν ἐπὶ τῶν κόλπων ἔτι τὰ παρὰ τοῦ Χαρικλέους κειμήλια φέρουσάν τε καὶ ἐπισκοποῦσαν καὶ παρὰ τὸν

Postea vero quam accepto thure adolevi et aqua libationes feci, videbantur mirari vilitatem mearum oblationum, ut tamen una párticeps essem convivii, petebant. Obtemperabam et hac in parte, et cum recubuissem in toro, quem myrti et lauri hospitibus straverant, eaque quæ solitus eram degustassem : O præclari, ad ipsos inquam, convivio quidem suavissimo non amplius indigeo, ceterum rerum vestrarum omnino adhuc sum ignarus. Quare tempus est, ut mihi dicatis, qui, et unde sitis. Indecorum enim est et agreste, eos, qui ejusdem libationis et mensæ fuerint participes et sacrum salem initium amicitiæ fecerint, ante, quam de utrisque qui sint constiterit discedere. Dicebant igitur, se esse Phœnices Tyrios, mercaturam facientes; navigare autem Carthaginem, sitam in Africa ; navem magnam onustam Indicis et Æthiopicis et ex Phœnice mercibus, eo ferentes. In præsentia vero Herculi Tyrio pro victoria parta epulationem instituere, quod hic adolescens (ostenso eo qui ante me sedebat) ornatus sit hic corona palæstrica et victricem Tyrum inter Græcos declararit. Hic enim, postquam superata Malea, ventis adversis usi ad Cephalenorum insulam applicabamus, somnium illi prædicere futuram victoriam in Pythiis, per patrium hunc deum jurans, cum nobis ut deflecteremus a proposita navigatione et huc applicaremus persuasisset, re ipsa fidem fecit vaticinio, victor nobis declaratus, qui ad hunc diem mercator fuisset : et hoc sacrificium deo monitori, ob victoriam partam et gratitudinis ergo, simul vero et fausti itineris causa celebrat. Diluculo enim, optime, solvemus, si venti nostræ voluntati adspiraverint. Sic igitur revera statuistis? inquio. Ita omnino, responderunt. Quamobrem comitem me habebitis, si volueritis, mihi enim proposita est navigatio in Siciliam, quadam de causa. Hæc autem insula, ut scitis, præternaviganda vobis est, Africam petentibus. Utinam volueris, dicebant, magno enim bono nos affectos existimabimus, cum viro sapiente et Græco et ut testatur experientia dis grato versantibus. Velim, ad ipsos inquio, si modo mihi unum diem ad apparatum concesseritis. Habebis, inquiunt, crastinum, tantum ut sub vesperam sis ad mare. Noctes enim ad navigandum aptissimæ, auris a terra consurgentibus, tranquille naves deducentes. Paciscebar me ita facturum esse, jurejurando prius, quod non essent ante soluturi, quam promissionem, accepta sponsione.

XVII. Ac hos quidem ibi reliqui, adhuc tibiis ac tripudiis operam dantes, quæ ad fidicularum volubile melos Assyriaca quadam consuetudine tripudiabant, nunc levibus saltibus in altum sublati, nunc ad terram succiduo poplite demissi et toto corpore tanquam numine afflati sese intorquentes. Et cum ad Chariclean venissem, adhuc in sinu pignora a Charicle ferentem et contemplantem et ad Thea-

Θεαγένην μετ' ἐκείνην, ἅ τε δεήσει καὶ ὁπότε πράτ-
τειν ἑκάτερον ὑποθέμενος, οἴκαδ' ἐλθὼν, ἐφήδρευεν
τοῖς ἐσομένοις. Καὶ εἰς τὴν ἑξῆς τοιάδ' ἐγίγνετο.
Ἐπειδὴ μέσαι νύκτες ὕπνῳ τὴν πόλιν ἐβάπτιζον, ἔνο-
πλος κῶμος τὴν οἴκησιν τῆς Χαρικλείας κατελάμβανεν.
Ἐστρατήγει δὲ Θεαγένης τὸν ἐρωτικὸν τοῦτον πόλεμον,
εἰς λόχον ἀπὸ τῆς πομπῆς τοὺς ἐφήβους συντάξας. Οἳ
δὴ μέγα τι ἀθρόον ἐμβοήσαντες καὶ δούπῳ τῶν ἀσπί-
δων τοὺς καταμικρὸν αἰσθομένους ἐμβροντήσαντες,
ὑπὸ λαμπάσιν ἡμμέναις εἰσήλαντο εἰς τὸ δωμάτιον,
τὴν αὔλειον οὐ χαλεπῶς ἐκμοχλεύσαντες, ἅτε τῶν
κλείθρων εἰς ῥᾳδίαν ἄνοιξιν ἐπιμεμοχλευμένων καὶ τὴν
Χαρίκλειαν εὐτρεπῆ καὶ ἅπαντα προειδυῖαν καὶ τὴν
βίαν ἑκοῦσαν ὑφισταμένην ἀναρπάζουσιν, οὐκ ὀλίγα
τῶν ἐπίπλων, ὅσα κατὰ βούλησιν ἦν τῇ κόρῃ, συνεκ-
φορήσαντες. Κἀπειδὴ τῆς οἰκίας ἐκτὸς γεγόνεσαν, οἱ
μὲν τὸν ἐνυάλιον ἀλαλάξαντες καὶ βαρύν τινα πάταγον
ἐκ τῶν ἀσπίδων ἐπικτυποῦντες, διὰ πάσης ἐχώρουν
τῆς πόλεως, εἰς ἄφραστόν τι δεῖμα τοὺς ἐνοικοῦντας
ἐμβαλόντες, ἅτε νυκτός τ' ἀωρίᾳ τὸ φοβερώτεροι δοκεῖν
προειληφότες καὶ τοῦ Παρνασσοῦ πρὸς τὴν βοὴν ὑπό-
χαλκον αὐτοῖς συνεπηχοῦντες. Καὶ οἱ μὲν οὕτω τοὺς
Δελφοὺς διεξῆλθον, ἐπάλληλόν τι Χαρίκλειαν καὶ συ-
νεχὲς ἀναφθεγγόμενοι.

ΙΗ'. Κἀπειδὴ τοῦ ἄστεος ἐκτὸς ἦσαν, ὡς τάχους
εἶχον ἐπὶ τὰ Λοκρῶν ὄρη Οἰταίων ἀφιππεύσαντο.
Ὁ δὲ Θεαγένης καὶ ἡ Χαρίκλεια τὰ προδεδογμένα
πράττοντες, ὑπολείπονται μὲν τῶν Θετταλῶν, ὡς ἐμὲ
δὲ λαθραῖοι καταφεύγουσι καί μου τοῖς γούνασιν ἅμα
προσπεσόντες ἐπιπλεῖστον εἴχοντο, τρόμῳ τε παλλό-
μενοι καὶ σῶζε, πάτερ, συνεχὲς ἐπιφθεγγόμενοι· ἀλλ' ἡ
μὲν Χαρίκλεια, τοῦτο καὶ μόνον, εἰς γῆν τε νεύουσα
καὶ τὴν πρᾶξιν ἄρτι καινοτομουμένην ἐρυθριῶσα, ὁ δὲ
Θεαγένης καὶ ἕτερα προσετέσχηπτε, Σῶζε, λέγων, ὦ
Καλάσιρι, ξένους καὶ ἀπολίδας ἱκέτας, πάντων ἀλλο-
τριωθέντας, ἵν' ἐκ πάντων μόνους ἀλλήλους κερδή-
σωσι· σῶζε τύχης λοιπὸν ἀγώνιμα σώματα καὶ σω-
φρονοῦντας ἔρωτος αἰχμαλώτους, φυγάδας αὐθαιρέτους
μὲν ἀλλ' εὐθύμους καὶ πᾶσαν εἰς σε προσδοκίαν σωτη-
ρίας ἀναρρίψαντας. Συνεχύθην τοῖς εἰρημένοις καὶ νῷ
πλέον ἢ ὀφθαλμοῖς τοῖς νέοις ἐπιδακρύσας καὶ ὅσον
ἐκείνους μὲν ἐλάνθανεν ἐμὲ δ' ἐπεκούφιζεν, ἀνίστων τε
καὶ ἀνελάμβανον. Καὶ χρηστὰς ὑποθεμένους τῶν ἐσο-
μένων τὰς ἐλπίδας, σὺν γὰρ θεῷ τὴν ἀρχὴν ἐπικεχει-
ρῆσθαι, Ἐγὼ μὲν ἐπὶ τὰ ἑξῆς τῆς πράξεως ἄπειμι,
ἔφην, ὑμᾶς δέ με κατὰ χώραν περιμένειν τοῦ μή τισιν
ὀρθῆναι πλείστην ὅσην φροντίδα ἔχοντες. Καὶ εἰπὼν
ἀπέτρεχον. Ἀλλ' ἡ Χαρίκλεια θοιματίου τ' ἐπελαμ-
βάνετο καὶ ἐπεῖχε, καὶ Ὦ πάτερ, ἀδικίας, ἔλεγεν,
ἀρχὴ τοῦτο, μᾶλλον δὲ προδοσίας, εἰ μόνην οἰχήσῃ με
καταλιπών, Θεαγένει τὰ καθ' ἡμᾶς ἐπιτρέψας, οὐδ'
ἐννοήσεις, ὡς ἄπιστον εἰς φυλακὴν ἐραστής, εἰ γένοιτο
τῶν ἐρωτικῶν ἐγκρατὴς καὶ οὐχ ἥκιστα τῶν καταδέε-
σαι δυναμένων μονούμενος. Ἀναφλέγεται γὰρ, ὡς

genem post illam et utrique quæ facienda essent et quando
suggessissem, domum reversus, intentus eram in ea, quæ
erant futura. Sequenti autem die talia accidebant. Cum
nocte intempesta somno urbs immersa esset, globus juve-
num armatus ædes Charicleæ occupabat. Dux autem erat
Theagenes hujus amatorii belli, ex pompa in cohortem
ephebis instructis. Qui subito ingenti clamore edito et so-
nitu scutorum iis qui audirent perterrefactis, cum facibus
accensis irruperunt in domunculam, emota haud difficul-
ter janua, (quod jam antea, ut repagula facile aperiri pos-
sent, præparatum fuerat) Charicleamque instructam et
omnia prævidentem ac vim sponte sustinentem rapiunt,
non paucam supellectilem, quam virgo volebat, simul ef-
ferentes. Postquam autem domo egressi sunt, hi quidem
bellico clamore sublato et horrendum quemdam strepitum
scutis edentes, transibant per totam urbem, in incredibi-
lem quemdam terrorem incolas conjicientes, quod et in-
tempestam noctem ideo, ut formidabiliores viderentur,
elegerant et Parnassus ad illum sonitum, ab ære redditum,
vicissim resonabat. Hoc modo isti, alternis et continuo
Charicleam vocantes, Delphos percurrebant.

XVIII. Postquam autem egressi sunt ex urbe, quanta
celeritate potuerunt, in Locrensium et Œtæos montes
equis avecti sunt. At Theagenes et Chariclea, quæ antea
constituta fuerant, facientes, deserunt Thessalos et ad me
clanculum confugiunt et simul provoluti ad genua, diu am-
plectebantur, trementes et Serva, pater, continue dicentes.
Ac Chariclea quidem hoc solum, etiam demisso in terram
vultu, tamquam recens factum erubescens, Theagenes et
alia me obtestans adjiciebat, Serva, dicens, Calasiri, pere-
grinos et urbe carentes supplices, omnibus privatos, ut ex
omnibus se solos lucrifaciant : serva fortunæ deinceps ad-
dicta corpora, et casto amori mancipata, exsules, volun-
tarios quidem, sed alacres et qui omnem spem salutis in te
collocarunt. Confusus sum his dictis et cum animo magis
quam oculis supra juvenes collacrimassem, ita ut illos la-
toret, meum autem dolorem levaret, erigebam eos et con-
firmabam. Denique bona spe eventus illis proposita, quod
divino auspicio negotium inchoatum esset : Ego quidem ad
reliqua exsequenda, inquam, abeo : vos vero me hoc in
loco opperimini, in id omni cura et diligentia incumbentes,
ne ab aliquibus conspiciamini. Et hoc cum dixissem,
discedebam. Sed Chariclea me veste apprehendebat, ac
retinebat et O pater, injustitiæ, dicebat, initium hoc, vel
magis proditionis, si me sola relicta discedes, Theageni me
concredens, neque cogitabis, quam infidus sit ad custodiam
amator, si in illius potestate fuerit, ut amore perfrui pos-
sit et ii, qui illi pudorem incutere possint, absint. Magis
enim incenditur, ut existimo, cum omni præsidio destitu-

LIBER IV.

οἶμαι, πλέον, ὅταν ἀπρόσμαχον βλέπῃ τὸ ποθούμενον προκείμενον. Ὥστ' οὐ πρότερόν σε μεθήσω πρὶν δή μοι, τῶν τε παρόντων ἔνεκα καὶ ἔτι μᾶλλον τῶν μελλόντων, ὅρκῳ πρὸς Θεαγένην τὸ ἀσφαλὲς ἐμπεδωθείη, 5 ὡς οὔθ' ὁμιλήσει τὰ Ἀφροδίτης πρότερον ἢ γένος τε καὶ οἶκον τὸν ἡμέτερον ἀπολαβεῖν, ἢ εἴπερ τοῦτο κωλύει δαίμων, ἀλλ' οὖν γε πάντως βουλομένην γυναῖκα ποιεῖσθαι, εἰ δὲ μὴ, μηδαμῶς. Ἐμοῦ δὲ τὰ εἰρημένα θαυμάσαντος καὶ οὕτω ποιητέον εἶναι πάντως ἐπικρί-
10 ναντος, τήν θ' ἑστίας ἐσχάραν εἰς βωμὸν ἀνάψαντος καὶ λιβανωτὸν ἐπιθύσαντος, ἐπώμνυεν ὁ Θεαγένης, ἀδικεῖσθαι μὲν φάσκων, εἰ προλήψει τοῦ ὅρκου τὸ πιστὸν τοῦ τρόπου προϋποτέμνεται· οὐ γὰρ ἐπιδείξειν ἔχειν προαίρεσιν φόβῳ τοῦ κρείττονος κατηναγκάσθαι 15 νομιζομένην. Ἐπώμνυ δ' ὅμως, Ἀπόλλω τε Πύθιον καὶ Ἄρτεμιν καὶ Ἀφροδίτην αὐτὴν καὶ Ἔρωτας, ἦ μὴν ἅπαντα οὕτω ποιήσειν ὡς ἠβουλήθη Χαρίκλεια καὶ ἐπέσκηψε.

ΙΘ΄. Καὶ οἱ μὲν ταῦτα καὶ ἕτερ' ἄττα πρὸς τού-
20 τοις ἐπὶ μάρτυσι τοῖς θεοῖς ὡμολόγουν ἀλλήλοις, ἐγὼ δ' ὡς τὸν Χαρικλέα δρομαῖος ἧκων, θορύβου τε πλήρη καὶ ὀδυρμοῦ καταλαμβάνω τὴν οἰκίαν, οἰκετῶν ἤδη παρ' αὐτὸν ἀφιγμένων καὶ τὴν τῆς κόρης ἁρπαγὴν ἐξαγγειλάντων καὶ πολιτῶν εἰς πλῆθος συρρεόντων,
25 καὶ τὸν Χαρικλέα θρηνοῦντα περιεστοιχισμένων, ἀγνοίᾳ τε τῶν γεγονότων καὶ ἀμηχανίᾳ τῶν πρακτέων συνεχομένων. Ἐμβοήσας οὖν, Ὦ δυσδαίμονες, ἔφην, ὑμεῖς δ' ἐνοῖς προσοικότες, ἄχρι τίνος ἄναυδοι καὶ ἄπρακτοι καθεδεῖσθε, ὥσπερ ἅμα τῷ δυστυχεῖν καὶ
30 τοῦ φρονεῖν προσαφῃρημένοι; οὐκ ἐν ὅπλοις ἤδη ἐπιδιώξετε τοὺς πολεμίους; οὐ καταλήψεσθε καὶ τιμωρήσεσθε τοὺς ἐξυβρικότας; καὶ ὁ Χαρικλῆς, Περιττὸν μὲν ἴσως, ἔφη, διαμάχεσθαι πρὸς τὰ παρόντα, συνίημι γὰρ ὡς ἐκ θεῶν μηνίδος ταυτηνὶ τίνω τὴν δίκην, ἣν ἐξ ὧνπερ
35 εἰς τὸ ἄδυτον ἀωρὶ παρελθὼν εἶδον ὀφθαλμοῖς ἃ μὴ θέμις, ὁ θεός μοι προεῖπεν, ἀνθ' ὧν οὐ προσηκόντως εἶδον τῆς τῶν φιλτάτων ὄψεως στερήσεσθαι. Ὅμως δ' οὐδὲν κωλύει καὶ πρὸς δαίμονα φασι μάχεσθαι, εἰ καὶ τίνας χρὴ μεταθεῖν, καὶ τίς ὁ τὸν βαρὺν τοῦτον
40 ἐπενεγκὼν πόλεμον ἐγιγνώσκομεν. Ὁ Θετταλὸς, ἔφην, καὶ παρά σοι θαυμαστὸς ὁν κἀμοὶ φίλον εἰσεποίεις, Θεαγένης ἐστὶ καὶ οἱ σὺν αὐτῷ μείρακες. Οὐκοῦν εὕροις ἄν τινα τούτων κατὰ τὴν πόλιν, οἱ μέχρι τῆσδε τῆς ἑσπέρας ἐπεχωρίαζον. Ὥστ' ἀνίστασο καὶ εἰς
45 βουλὴν κάλει τὸν δῆμον. Ἐγίγνετο ταῦτα. Καὶ δή τε στρατηγοὶ σύγκλητον ἐκκλησίαν ἐκήρυττον σάλπιγγι τὸ κήρυγμα πρὸς τὴν πόλιν ἐπισημαίνοντες καὶ ὁ δῆμος αὐτίκα παρῆν καὶ τὸ θέατρον ἐγίγνετο νυκτερινὸν βουλευτήριον. Ὁ τε Χαρικλῆς εἰς μέσους παρελθὼν,
50 πρὸς οἰμωγήν τ' ἄθροως ἐκίνει τὸ πλῆθος καὶ μόνον ὀφθεὶς, ἐσθῆτά τε μέλαιναν ἀμπεχόμενος καὶ κόνιν τοῦ τε προσώπου καὶ τῆς κεφαλῆς καταχεάμενος, τοιάδ' ἔλεγεν· Ἴσως μὲν, ὦ Δελφοὶ, προσαγγελεῖ βουλόμενον ἐμαυτὸν ἥκειν εἰς μέσους καὶ ταύτην συγκεκληκέ-

tum id, quod expetit, expositum sibi videt. Quamobrem non prius te dimittam, quam mihi tum præsentis temporis, tum magis etiam consequentis gratia, jurejurando Theagenes fidem dederit, quod consuetudinem Veneream non sit mecum ante habiturus, quam genus et domum meam recuperavero, aut si hoc numen prohibuerit saltem, priusquam me sponte consentientem in uxorem acceperit : sin minus, nequaquam. Cumque ego ea, quæ dicta fuerant, miratus, omnino ita faciendum esse decrevissem et domesticum focum in aram succendissem, thusque adolevissem, jurabat Theagenes, injuria se quidem affici dicens, quod anticipatione jurisjurandi fides, quam sponte præstiturus fuisset, præcideretur : neque se nunc ostendere posse, se sponte facere hoc, quod metu numinis effectum videatur, jurabat tamen per Apollinem Delphicum et Dianam et Venerem ipsam et Amores, ita se omnia facturum, sicuti Chariclea vellet et mandavisset.

XIX. Et hi quidem hæc et quædam alia, deos contestati, paciscebantur inter sese. Ego autem ad Chariclem contento cursu veniens, tumoltu plenam et luctu domum deprehendo, cum jam ministri ad ipsum venissent et raptum virginis nuntiassent, et cives frequentes confluerent et Chariclem lugentem circumsisterent, denique inscitia eorum, quæ facta essent et inopia consilii quæ facienda essent, laborarent. Intonans igitur magna voce, O infelices, inquio, quamdiu tandem stupidis haud absimiles, muti et ignavi sedebitis, tanquam una cum adversa fortuna mens etiam vobis erepta sit? An non armati jam persequimini hostes? Non comprehendetis et supplicio afficietis eos, qui vos injuria affecerunt? Charicles autem : Supervacaneum est fortassis, deinceps certare cum præsenti fortuna. Intelligo enim, quod ob iram deorum luo hanc pœnam, quam ab eo tempore, quo intempestive in adytum ingressus vidi quæ fas non fuerat, deus mihi prædixit, propter ea his, quæ animo meo carissima essent, me privatum iri. Attamen nihil impedit, etiam cum diis, ut ajunt, pugnare, si quos persequi oporteat et quis tantam cladem nobis intulerit, cognoscamus. Thessalus, inquio, qui apud te fuit in admiratione, quem etiam mihi amicum fecisti, Theagenes est et ii qui cum eo fuerunt adolescentuli. Horum invenias fortasse aliquem adhuc in urbe, qui usque ad hanc vesperam hic morabantur. Quamobrem surge et in concilium convoca populum. Fiebat ita: duces concionem indicebant, tuba præconium urbi significantes : populus statim aderat : theatrum nocturna curia fiebat. Charicles, in medium progressus, apparens subito omnibus lacrimas excussit, nigra veste indutus : et facie atque capite cinere sparsis, talia dicebat: Fortassis me, o Delphi, meas ipsius rationes exponere volentem, in medium progressum et tantam convo-

ναι τὴν ἐκκλησίαν ἡγεῖσθε, πρὸς τὴν ὑπερβολὴν τῶν ἐμῶν συμφορῶν ἀφορῶντες, ἔχει δ' οὐχ οὕτως, πράττω μὲν γὰρ θανάτου καὶ πολλάκις ἀξίως· τὸ δὲ νῦν, ἔρημος καὶ θεήλατος καὶ μόνη λοιπὸν οἰκία, πάντων ἅμα τῶν φιλτάτων κεκενωμένη μοὶ συνομίλων. Ὅμως δ' οὖν ἥ τε κοινὴ πάντων ἀπάτη καὶ μάταιος ἐλπὶς ἔτι με καρτερεῖν ἀναπείθει, τὴν εὕρεσιν τῆς θυγατρὸς ἐνδεχομένην ὑποτιθεμένη· καὶ ἔτι πλέον ἡ πόλις, ἣν ἰδεῖν πρότερον τιμωρίαν εἰσπεπραγμένην παρὰ τῶν ἐξυβρισάντων ἀναμένω· εἰ μὴ ἄρα καὶ ὑμῶν τὸ φρόνημα τὸ ἐλεύθερον καὶ τὴν ὑπὲρ τῆς ἐνεγκούσης καὶ θεῶν τῶν πατρῴων ἀγανάκτησιν, τὰ Θετταλὰ μειράκια προσαφήρηται. Τὸ γὰρ δὴ πάντων βαρύτατον, ὅτι χορευταὶ παῖδες εὐαρίθμητοι καὶ θεωρίας ὑπηρέται πόλιν οἴχονται τῶν Ἑλληνίδων τὴν πρώτην πατήσαντες καὶ τὸν νεὼν τοῦ Πυθίου τοῦ τιμιωτάτου κτήματος ἀποσυλήσαντες, Χαρικλείας, οἴμοι τῶν ἐμῶν ὀφθαλμῶν. Ὢ τῆς ἀμειλίκτου καθ' ἡμῶν τοῦ δαίμονος φιλονεικίας. Τὴν πρώτην μοὶ καὶ γνησίαν, ὡς ἴστε, θυγατέρα ταῖς νυμφικαῖς λαμπάσι συναπέσβεσε· τὴν μητέρα μοὶ τὴν ἐκείνης, ἐπὶ νεαρῷ τῷ πάθει συναπήγαγεν· ἐμὲ τῆς ἐνεγκούσης ἐξήλασεν. Ἀλλ' ἦν πάντα φορητὰ μετὰ τὴν Χαρικλείας εὕρεσιν. Χαρίκλεια μοὶ βίος ἦν, ἐλπὶς καὶ διαδοχὴ τοῦ γένους· Χαρίκλεια μόνη παραψυχὴ καὶ ὡς εἰπεῖν, ἄγκυρα. Καὶ ταύτην ὑπετέμετο καὶ παρήνεγκεν, ὅ τι ποτ' ἐστὶ τὸ εἰληχός με κλυδώνιον, ἢ δαιμόνιον (οὐχ ἁπλῶς τοῦτο, οὐδ' ὅτ' ἔτυχεν, ἀλλὰ καθ' ὃν εἴωθε καιρὸν ἀωρὶ καὶ ὠμὰ κατ' ἐμοῦ κωμάζειν), ἀπ' αὐτῶν μικροῦ τῶν παστάδων, ἄρτι τῶν γάμων ἅπασιν ὑμῖν προκεκηρυγμένων.

Κ'. Ἔτι λέγοντα καὶ ὅλον εἰς θρῆνον παραφερόμενον, ὁ στρατηγὸς Ἡγησίας ἐπεῖχέ τε καὶ ἐξεκρούετο, καὶ Ὢ παρόντες, ἔφη, Χαρικλεῖ μὲν ἐξέσται νῦν τε καὶ μετὰ ταῦτα θρηνεῖν, ἡμεῖς δὲ μὴ συμβαπτιζώμεθα τῷ τούτου πάθει, μηδὲ λάθωμεν ὥσπερ ῥεύμασιν τοῖς τούτου δάκρυσιν ὑποφερόμενοι καὶ τὸν καιρὸν προϊέμενοι, πρᾶγμα ὃ μεγίστην ἐν ἅπασιν ἔχει καὶ πολέμοις οὐχ ἥκιστα τὴν ῥοπήν. Ὡς νῦν μὲν καὶ ἀπὸ τῆς ἐκκλησίας ἐξιόντων, ἐλπὶς καταληφθῆναι τοὺς πολεμίους, ἕως ῥαθυμοτέραν αὐτοῖς τὴν πορείαν ἡ προσδοκία τῆς ἡμετέρας ἐμποιεῖ παρασκευῆς. Εἰ δ' οἰκτιζόμενοι μᾶλλον δὲ γυναικιζόμενοι, πλείονα τῇ μελλήσει τὴν προτέρησιν αὐτοῖς παρασχοίμεν, οὐδὲν ἀλλ' ἢ καταγελᾶσθαι καὶ ταῦτα πρὸς μειρακίων περιλείπεται· οὓς ἐγὼ φημὶ χρῆναι κελεύσαντας τέως ὅτι τάχιστα καταλαβόντας ἀνασκολοπίσαι καὶ τοὺς ἐξ αὐτῶν ἀτιμῶσαι, διαβιβάσοντας καὶ εἰς τὸ γένος τὴν τιμωρίαν. Τοῦτο δ' ἂν γένοιτο ῥᾳδίως εἰ πρὸς ἀγανάκτησιν κινήσαιμεν Θετταλοὺς, τὴν κατ' αὐτῶν τε τούτων εἴ τινες διαφύγοιεν καὶ τῶν ἐξ αὐτῶν, ἀπειπόντες αὐτοῖς ἐκ ψηφίσματος τὴν θεωρίαν καὶ τὸν ἐναγισμὸν τοῦ ἥρωος, ἐκ τοῦ δημοσίου τοῦ ἡμετέρου τελεῖσθαι τοῦτον ἐπικρίναντες.

ΚΑ'. Ἔτι τούτων ἐπαινουμένων καὶ δόγματι τοῦ δήμου κυρουμένων, Ἐπιχειροτονείσθω, ἔφη ὁ στρα-

casse concionem existimatis, magnitudinem mearum calamitatum intuentes. Sed aliter se res habet. Etsi enim sæpius ea sustineam, quæ vel morte ipsa graviora sint et nunc deserta et divinitus vastata et sola in posterum mihi sit domus, omnibus simul carissimis, in quorum consuetudine et suavitate acquiescebam, orbata, tamen, quæ omnes attingit, frustratio et inanis spes adhuc me sustentat, utque perdurem, excitat, me filiam recuperaturum pollicens, maxime vero urbs, quam victricem, sumta pœna de his, qui illam injuria affecerunt, prius me videre expeto et exspecto. Nisi forte et vobis animum generosum et indignationem pro patria et diis patriis, Thessali adolescentuli abstulerunt. Nam quod est gravissimum, pueri tripudiones pauci et sacræ legationis ministri, abeunt, primaria urbe inter Græcas vastata, et templo Apollinis pretiosissimo thesauro spoliato, hei mihi! ablata e meis oculis Chariclea. O implacabilem numinis erga nos et pertinacem iram. Primam mihi, ut scitis, et genuinam filiam, una cum sponsalibus facibus exstinxit : matrem præ dolore, quam ceperat ex illius morte, simul abduxit : me patria expulit. Sed erant omnia tolerabilia, post Charicleæ inventionem. Chariclea mihi vita erat, spes et successio generis : Chariclea sola solatium et ut ita dicam ancora. Et hanc abrupit et abstulit, quodcumque sit, quod me invasit, tempestas, aut dæmonium, nec quidem simpliciter, neque fortuito, sed quo tempore consuevit intempestive et crudeliter nobis insultare), propemodum ab ipsis thalamis, nuper nuptiis vobis omnibus jam ante denuntiatis.

XX. Adhuc dicentem et totum in luctum a proposito delabentem, dux Hegesias cohibebat et amovebat, et O vos, qui adestis, inquit, Charicli quidem et nunc et postea lugere licebit; nos vero non mergamur hujus dolore, neque inconsiderate illius lacrimis, tanquam aquæ impetu, auferamur, occasionem negligentes, quæ cum omnibus in rebus, tum in bellis maximum momentum habet. Nam nunc nobis, ex concione excuntibus, spes est aliqua hostes posse comprehendi, dum, ut securius iter faciant, efficit nostri apparatus cunctatio. Quod si adhuc miserantes, vel potius muliebri gestu deplorantes, cunctatione majorem illis facultatem ad effugiendum præbuerimus, nihil aliud, nisi ut irrideamur, idque ab adolescentulis, relinquitur. Quos ego aio quamprimum comprehensos, cruci affigi oportere et quosdam ex illis ignominia affici, translata etiam in familiam pœna. Hoc autem facile fieri possit, si ad indignationem commoverimus Thessalos contra hos ipsos, qui effugerint et eorum posteros, interdicentes illis decreto sacra legatione et justis funebribus herois, et ut ærarii publici sumtu hæc fiant decernentes.

XXI. Cum hæc adhuc collaudarentur et decreto populi comprobarentur : Confirmetur suffragiis vestris, inquit dux,

τηγός, εἰ δοκεῖ, κἀκεῖνο, μηκέτι τὴν ζάχορον ἀναφαίνειν τοῖς τὸ ἐνόπλιον τρέχουσιν. Ὡς γὰρ ἔχω συμβαλεῖν, ἐκεῖθεν ἡ ἀρχὴ Θεαγένει τῆς ἀσεβείας ἐξήφθη καὶ τὴν ἁρπαγὴν, ὡς ἔοικεν, ἐκ τῆς πρώτης θέας ἐνεθυμήθη. Καλὸν οὖν περιγράψαι τὸν ἑξῆς χρόνον, τὴν ὁμοίαν τινῶν ἐπιχείρησιν. Ὡς δὲ καὶ ταῦτα μιᾷ ψήφῳ καὶ χειρὶ τῇ πάντων ἐκράτησεν, ὁ μὲν Ἡγησίας ἐδίδου τῆς ἐξόδου τὸ σύνθημα καὶ πολεμικὸν ἡ σάλπιγξ ὑπεσήμαινεν, τὸ δὲ θέατρον εἰς τὸν πόλεμον διελύετο καὶ δρόμος ἀκάθεκτος ἀπὸ τῆς ἐκκλησίας ἐπὶ τὴν μάχην ἠνύετο, οὐ τῆς ἐνόπλου μόνον καὶ ἰσχυούσης ἡλικίας, ἀλλὰ πολλοὶ μὲν παῖδες καὶ ἀμφιβόλως ἔφηβοι τὴν προθυμίαν εἰς ἀκμῆς προσθήκην ποιησάμενοι, τῆς ἐξόδου μετασχεῖν ἐκείνης ἐθρασύνοντο. Πολλαὶ δὲ γυναῖκες ἀνδρειότερον τῆς φύσεως ἐφρόνησαν καὶ τὸ προστυχὸν εἰς ὅπλον ἁρπασάμεναι, μετέθεον ἀνήνυτα καὶ τὸ θῆλυ καὶ οἰκεῖον ἀσθενὲς ὑστερίζουσαι τῶν ἔργων ἐγνώριζον. Εἶδες ἂν καὶ πρεσβύτου πρὸς τὸ γῆρας μάχην, καὶ ὥσπερ ἕλκουσαν τὸ σῶμα τὴν διάνοιαν καὶ ὀνειδίζομένην τὴν ἀσθένειαν ὑπὸ τῆς προθυμίας. Οὕτως ἄρα πᾶσα ἡ πόλις ὑπερήλγησε τὴν Χαρικλείας ἀφαίρεσιν, καὶ ὥσπερ ἑνὶ πάθει κεκινημένη πρὸς τὴν δίωξιν αὐτοβοεὶ καὶ οὐδ᾽ ἡμέραν ἀναμείνασα, πάνδημον αὐτὴν ἐπαφῆκεν.

ΛΟΓΟΣ ΠΕΜΠΤΟΣ.

Αʹ. Ἡ μὲν δὴ πόλις ἡ Δελφῶν ἐν τούτοις ἦν καὶ ἔδρασεν ὅ τι δὴ καὶ ἔδρασεν, οὐ γὰρ ἔχω γιγνώσκειν, ἐμοὶ δὲ τὸν καιρὸν τῆς φυγῆς ἡ ἐκείνων ἐπιδίωξις ἐπέβαλεν, ἀναλαβών τε τοὺς νέους ἦγον ἐπὶ θάλατταν, αὐτῆς ὡς εἶχον τῆς νυκτὸς, ἐνεβίβαζόν τ᾽ εἰς τὴν ναῦν τὴν Φοίνισσαν ἄρτι τὰ πρυμνήσια λύειν μέλλουσαν· καὶ γάρ πως καὶ ὄρθρου λοιπὸν ὑποφαίνοντος οὐδ᾽ ὑπερβαίνειν ᾤοντο τὸν πρός με ὅρκον οἱ Φοίνικες, ἡμέραν [καὶ νύκτα] ἀναμεῖναι μόνον συνθέμενοι. Λίαν οὖν χαίροντες ἥκοντας ἡμᾶς ὑποδέχονται. Καὶ παραχρῆμα λιμένος ἐκτὸς ὑπ᾽ ἐρεσίᾳ τὸ πρῶτον ἀνήγοντο· ὡς δὲ λείου πνεύματος ἐκ γῆς προσπνεομένου κῦμα χθαμαλὸν ὑπέτρεχέ τε καὶ οἷον προσεγέλα τῇ πρύμνῃ, τότε δὴ τὴν ναῦν τοῖς ἱστίοις ὑποφέρειν ἐπέτρεπον. Κιρραῖοι μὲν δὴ κόλποι καὶ Παρνασσοῦ πρόποδες Αἰτωλοί τε καὶ Καλυδώνιοι σκόπελοι μονονοὺ διιπταμένην τὴν ὁλκάδα παρημείβοντο, νῆσοι δ᾽ Ὀξεῖαι καὶ σχῆμα καὶ ὄνομα, θάλαττά τε Ζακύνθιος, ἄρτι πρὸς δύσιν ἡλίου νεύοντος, ἀνεφαίνοντο. Ἀλλὰ τί ταῦτ᾽ ἀωρὶ μηχύνω; τί δὲ λανθάνω ἐμαυτὸν καὶ ὑμᾶς καὶ ἐκτείνω τὴν διήγησιν, εἰς πέλαγος ὄντως ἀφεὶς τὴν ἕξιν; ἐνταῦθά που τὸν λόγον ἐπίσχωμεν, ὀλίγον δὲ καὶ ὕπνου σπάσωμεν. Εἰ γὰρ καὶ λίαν ἄοκνος ὑπάρχεις τὴν ἀκοὴν, καὶ ἐρρωμένως ἀπομάχῃ πρὸς τὸν ὕπνον, ὦ Κνήμων, ἀλλ᾽ ἡγοῦμαί σε λοιπὸν ὀκλάζειν, ἐμοῦ τἀμαυτοῦ [πάθη]

LIBER V.

I. Urbs igitur Delphorum his erat occupata, quicumque tandem successus fuerit, neque enim compertum habeo. Mihi vero occasionem fugae illorum persecutio attulit et assumtos juvenes ducebam ad mare, ut erant, eadem nocte et imponebam in navem Phœniciam, continuo funes solituram. Etenim jam diluculo aliquomodo apparente, non existimabant se amplius jusjurandum mihi datum violaturos Phœnices, diem tantum [et noctem] unam exspectandi mecum pacti. Magno igitur cum gaudio venientes nos recipiunt et statim e portu remigum ope primum in altum provehebantur : deinde postquam placido vento a terra adspirante, fluctus humiles subibant et quasi arridebant puppi, navem velis passis ferri permittebant. Atque ita Cirrhæi sinus et eminentiæ Parnassi, Ætoli et Calydonii scopuli propemodum transvolantem navem prœteribant et insulæ Acutæ figura et nomine, ac mare Zacynthium, sole tum primum ad occasum vergente, apparebant. Sed quid hæc intempestive prodnco? Quid porro mei ipsius et vestri sum oblitus et narrationem extendo, pelago vos deinceps revera committens? Hic reliquum sermonis cohibeamus, vicissimque paullulum somni capiamus. Licet enim minime sis in audiendo tædiosus et fortiter somno repugnes, Cnemon, tamen existimo te jam deinceps labascere, cum ego meas res ad multam

si videtur, et illud, ut non amplius facem accendat æditua his, qui cursu in armis certant. Quantum enim conjicere possum, inde primum Theagenes hoc facinus animo concepit et de hoc raptu, ut videtur, statim primo ejus adspectu cogitavit. Consultius itaque est, ipsam in consequens tempus occasionem talis aliquorum conatus præcidere. Postquam autem et hæc uno calculo et manu omnium obtinuit, Hegesias exitus signum dabat, tuba bellicum canebat, theatrum in bellum dissolvebatur et cursus effusus ex concione in prœlium fiebat, non tantum robustæ et armatæ ætatis, sed etiam multi pueri et vix puberes, promptitudine quod deesset ætati addentes, audebant illius expeditionis esse participes. Multæ quoque mulieres fortiores quam pro natura animos gerebant et eo, quod cuique fuit obvium, armorum loco arrepto, nequidquam insequebantur : successuque frustratæ, femineam suique sexus imbecillitatem cognoverunt. Vidisses et senis cum senectute pugnam et tamquam trahentem corpus animum et illi præ ardore et promptitudine infirmitatem ut probrum objicientem. Tantum omnino dolorem urbs tota cepit ex raptu Charicleæ et tamquam uno affectu commota, ad persecutionem mox, ne diem quidem exspectans, universa sese effudit.

LIBER QUINTUS.

μέχρι πόρρω τῶν νυκτῶν ἀποτείνοντος. Κᾀμὲ δὲ λοιπὸν, ὦ τέκνον, γῆράς τε βαρύνει καὶ ἡ τῶν συμφορῶν ὑπόμνησις παραλύουσα τὴν διάνοιαν εἰς ὕπνον καταφέρει. Ἐπίσχες, εἶπεν ὁ Κνήμων, ὦ πάτερ, οὐχ ὡς ἐμοῦ τὴν διήγησιν ἀποσκευαζομένου, δοκῶ γάρ μοι μηδ' εἰ πολλὰς μὲν νύκτας, πλείους δ' ἡμέρας ἐπισυνάπτοις, τοῦτ' ἄν ποτε παθεῖν, οὕτως ἀκόρεστόν τι καὶ σειρήνιον τὸ κατ' αὐτήν. Ἀλλά με πάλαι θροῦς τις καὶ βόμβος ὄχλου κατὰ τὴν οἰκίαν περιηχεῖ. Καὶ ἦν μὲν οὐκ ἐκτὸς τοῦ θορυβεῖσθαι, σιωπᾶν δ' ἐβιαζόμην, ἐπιθυμίᾳ τῶν ἀεὶ πρὸς σοῦ λεχθησομένων ἑλκόμενος. Ἐγὼ μὲν οὐκ ᾐσθόμην, ἔφη ὁ Καλάσιρις, τάχα μέν που καὶ δι' ἡλικίαν νωθρότερος ὢν τὴν ἀκοήν, (νόσος γὰρ ἄλλων τε καὶ ὤτων τὸ γῆρας) ἴσως δὲ καὶ πρὸς τὴν διήγησιν ἠσχολημένος. Ἔοικε δέ μοι Ναυσικλῆς ἥκειν ὁ τῆς οἰκίας δεσπότης, ἀλλὰ τί ἄρα ποτὲ, ὦ θεοί, διαπεπραγμένος; Ἅπαντα, ὡς ἠβουλόμην, ἔφη ὁ Ναυσικλῆς, ἀθρόον αὐτοῖς ἐπιφανείς, οὐ γάρ μ' ἔλαθες, ὦ 'γαθὲ Καλάσιρι, φροντίζων τὰς ἐμὰς πράξεις καὶ ὥσπερ τῇ διανοίᾳ συνεκδημῶν. Ἀλλὰ σε ἐφώρασα τῷ τ' ἄλλῳ σου περὶ ἐμὲ τρόπῳ καὶ οἷς ἐνταῦθ' εἰσιὼν κατείληφα διαλεγόμενον. Ἀλλὰ τίς ὅδ' ὁ ξένος; Ἕλλην, ἔφη ὁ Καλάσιρις, τὰ δ' ἄλλα εἰσαῦθις ἀκούσῃ. Σὺ δ' εἴ τι σοι κατώρθωται δεξιὸν, ἀπάγγελλε θᾶττον, ὡς ἂν τοῦ χαίρειν γ' ἔχοις κοινωνοῦντας. Ἀλλὰ καὶ ὑμεῖς, εἶπεν ὁ Ναυσικλῆς, εἰς ἕω μαθήσεσθε· τὸ δὴ παρὸν ὑμῖν, ὅτι βελτίονα Θίσβην ἐκτησάμην, ἀπόχρη μαθεῖν, ἐμοὶ γὰρ τὴν ν τ' ἐκ τῆς ὁδοιπορίας καὶ τῶν ἄλλων φροντίδων κάκωσιν, ὕπνῳ βραχεῖ γοῦν ἐστι παραμυθητέον.

Β'. Ὁ μὲν ταῦτ' εἰπὼν ἀπέτρεχεν, ὡς εἰρήκει ποιήσων. Ὁ δὲ Κνήμων αὖος ἐγεγόνει πρὸς τὴν ἀκοὴν τῆς Θίσβης, ὑπό τ' ἀμηχανίας πᾶσαν ἔννοιαν διαπορῶν ἀνέστρεφε, βαρύ τε καὶ συνεχὲς ἐπιστένων, τὸ λειπόμενον ἐταλαιπώρει τῆς νυκτός· ὥστ' οὐδ' ἂν Καλάσιριν ἐλάνθανε τελευτῶν, ὕπνῳ καὶ ταῦτα βαθεῖ κατεσχημένον· ἀλλ' ἀνασχὼν αὐτὸν ὁ πρεσβύτης κἀπὶ τοῦ ἀγκῶνος ἐρείσας, ὅ τι πεπόνθοι διηρώτα καὶ δι' ἣν αἰτίαν οὕτως ἐκτόπως ἀλύοι σχεδὸν ἐν τῶν μεμηνότων οὐκ ἀποδέων. Εἶτ' οὐ μὴ μανῶ, πρὸς αὐτὸν ὁ Κνήμων, Θίσβην ὅτι περίεστιν ἀκηκοώς; Καὶ τίς ἡ Θίσβη, ἔφη ὁ Καλάσιρις καὶ πόθεν γνωρίζεις τ' ἀκούσας καὶ ζῶσαν ἀγγελλομένην φροντίζεις; καὶ δὴ, Τῶν μὲν ἄλλων ἀκούσῃ μετὰ ταῦτα, ὅταν ποτὲ καὶ τἀμαυτοῦ σοι διηγήσομαι· ἐκείνην δ' ἀνῃρημένην τουτοισὶ ἐγὼ τοῖς ὀφθαλμοῖς ἐγνώρισα καὶ παρὰ τοῖς βουκόλοις χερσὶ ταυταισὶ [ταῖς ἐμαῖς] κατέθαψα. Κάθευδε, εἶπεν ὁ Καλάσιρις, ταῦτα δ' ὅπῃ ποτ' ἔσχεν οὐκ εἰς μακρὰν εἰσόμεθα. Οὐκ ἂν δυναίμην, ἔφη, ἀλλὰ σὺ μὲν ἀτρέμας ἔχε σαυτὸν, ἐγὼ δ' οὐκ ἔστιν ὅπως ἂν βιῴην, εἰ μὴ θᾶττον ὑπεξελθὼν, τρόπον ὅν τινα δὴ (ποτε) πολυπραγμονήσαιμι, τίς ποτε πλάνη τὸν Ναυσικλέα κατείληφεν καὶ ὅπως παρὰ μόνοις Αἰγυπτίοις οἱ τεθνεῶτες ἀναβιοῦσιν. Ἐμειδίασε πρὸς ταῦτα μικρὸν ὁ Καλάσιρις καὶ αὖθις ὑπηνέχθη τῷ ὕπνῳ.

noctem produxerim. Et me alioqui, fili, cum senectus gravat, tum calamitatum recordatio, mentem conturbans, in somnum defert. Cohibe, dixit Cnemon, pater, non tanquam me narrationem aversante : nam mihi quidem, etiamsi multas noctes et dies plures conjungas, id accidere non posse videtur, adeo insatiabili quadam suavitate et Sireniis illecebris condita est. Sed me jam pridem murmur quoddam et sonitus tumultus cujusdam circa ædes circumsonat. Et quidem non eram perturbatione vacuus, sed repressi me, cupiditate a te dicendorum illectus. Ego quidem non sensi, inquit Calasiris, tum quod sim vel ob ætatem hebetiori ac languidiori auditu, (senectus enim cum aliarum partium, tum aurium præcipue morbus est) tum fortassis eo quod narrationi animo vacarim. Videtur autem mihi Nausicles venire, ædium dominus, sed quid tandem, o dii, effecit? Omnia, ut voleham, inquit Nausicles, cum subito illis apparuisset. Neque enim me latuit, bone Calasiri, quod sollicitus esses de mea expeditione et tanquam animo una esses. Sed te perspexi, cum alias ex tua erga me observantia et voluntate, tum ex his, de quibus te hic colloquentem ingressus deprehendi. Sed quis est hic hospes? Græcus, inquit Calasiris : cætera vero deinceps audies. Tu vero, si quid a te dextre confectum est, nuntia citius, ut habeas quoque gaudii participes. Sed et vos, inquit Nausicles, diluculo audietis : in præsentia autem vobis, quod meliorem Thisben acquisiverim, scire sufficiat; mihi enim cum ex itinere, tum ex aliis cogitationibus molestia somno brevi utique est lenienda.

II. Hic quidem cum hæc dixisset, discedebat facturus, quæ dixerat. Cnemon autem contristatus, audito Thisbes nomine, præque sollicitudine exsanguis stetit et graviter continueque ingemiscens, reliquum noctis sese discrucians traducebat; ut neque Calasiridem ad extremum lateret, quamvis arctiore somno detentum; sed erigens se senex et cubito innixus, quid illi accidisset interrogabat et quam ob causam tantopere inquietus esset, non multum distans ab insanis. An non merito insaniam, ad ipsum Cnemon, cum, quod Thisbe sit superstes, audierim? Quæ autem est hæc Thisbe, inquit Calasiris, et unde auditam agnoscis et nuntio allato, quod vivat, sollicitus es? Et ille : Alia quidem audies postea, quando tibi et meas res exponam : ceterum illam interfectam hisce oculis ego agnovi, et apud bubulcos hisce meis manibus sepelivi. Dormi, dixit Calasiris; hæc autem quomodo se habeant, non ita multo post cognoscemus. Non potero, inquit. Sed tu quidem quiesce immotus, ego autem haud scio an possim vivere, nisi quamprimum clam egressus, aliquo modo curiosius inquisivero, in quo errore Nausicles versetur et quomodo apud solos Ægyptios mortui reviviscant. Arrisit ad hæc leniter Calasiris et rursus lapsus est in somnum. Cnemon autem

Ὁ δὲ Κνήμων τοῦ δωματίου προήκων ἔπασχε μὲν οἷα εἰκὸς ἦν τὸν νύκτωρ καὶ σκότους καὶ κατ' οἰκίαν ἀγνώστον ἀλύοντα, πλὴν ἀλλὰ πάντα γ' ὑπέμενε τὸ δεῖμα τὸ ἐκ τῆς Θίσβης καὶ τὴν ὑπόνοιαν ἀποδύσασθαι σπεύδων· ἕως ὀψέ ποτε καὶ πολλάκις τοὺς αὐτοὺς ὡς ἄλλοτ' ἄλλους ἀνελίττων τόπους, ᾔσθετο γυναικὸς λαθραῖόν τι καὶ γοερὸν, οἷον ἠρινῆς ἀηδόνος αἴλινον ᾠδὴν ἐν νυκτὶ μυρομένης, ἐπί τε τὸ δωμάτιον ὑπὸ τοῦ θρήνου χειραγωγούμενος ὥρμησε καὶ τοῖς θύραις, καθ' ὃ συνέπιπτον ἀλλήλαις, τὸ οὖς παραθέμενος, ἐπηκροᾶτο καὶ τοιάδε κατελάμβανεν ἔτι θρηνοῦσαν· 'Εγὼ δ' ἡ παναθλία, χεῖρα λῃστρικὴν ἐκπεφευγέναι καὶ μιαιφόνον φόμην θάνατον ἐλπισθέντα διαδεδρακέναι, βιώσεσθαί τε τὸ λειπόμενον ἅμα τῷ φιλτάτῳ, ξένον μὲν καὶ ἀλήτην βίον ἀλλὰ μετ' ἐκείνου γιγνόμενον ἥδιστον. Οὐδὲν γὰρ οὕτως ἐμοὶ χαλεπὸν, ὃ μὴ μετ' ἐκείνου φορητόν. Νυνὶ δὲ μηδέπω κεκορεσμένος (ὁ) ἐμὲ ἐξαρχῆς εἰληχὼς δαίμων, μικρὸν τῶν ἡδέων ὑποθέμενος εἶτ' ἠπάτησε. Δουλείαν ᾤμην ἐκπεφευγέναι, καὶ δουλεύω δὲ πάλιν· δεσμωτήριον, καὶ φρουροῦμαι· νῆσος εἶχέ με καὶ σκότος, ὅμοια τὰ νῦν ἐκείνοις, ἀληθέστερον δ' εἰπεῖν καὶ πικρότερα, τοῦ καὶ βουλομένου καὶ δυναμένου ταῦτα παραμυθεῖσθαι κεχωρισμένου· σπήλαιον ἦν μοι λῃστρικὸν εἰς τὴν παρελθοῦσαν καταγώγιον, ἄδυτον καὶ βάραθρον καὶ τί γὰρ ἀλλ' ἢ τάφος ἡ οἴκησις; ἐπεκούφιζε καὶ ταῦτα παρὼν ὁ πάντων ἐμοὶ φίλτατος. 'Εκεῖ μὲν καὶ ζῶσαν ἐθρήνησε καὶ τεθνεῶσαν, καὶ δουλεύειν, ὡς ἀνηρπασμένην ἐπένθησεν. 'Απεστέρημαι νυνὶ καὶ τούτων. Οἴχεται ὁ κοινωνὸς τῶν δυστυχημάτων καὶ ὡς ἄχθη τὰ πάθη πρός με νεμόμενος. 'Εγὼ δὲ μόνη καὶ ἔρημος, αἰχμάλωτος καὶ πολύθρηνος, τύχης βουκολήμασι πικρᾶς ἐκκειμένη καὶ ζῆν τέως ἀναγομένη, διότι μοι περιεῖναι τὸν γλυκύτατον ἐλπίζω. 'Αλλ', ὦ ψυχὴ ἐμή, ποῦ ποτ' ἄρα τυγχάνεις; τίς δέ σε διεδέξατο τύχη; ἆρα μὴ καὶ αὐτὸς, οἴμοι, δουλεύεις, τὸ μόνον ἐλεύθερον καὶ ἀδούλωτον, πλὴν ἔρωτος, φρόνημα; ἀλλὰ σώζοιό γε μόνον καὶ θεάσαιό ποτε Θίσβην τὴν σήν· τοῦτο γάρ με καλέσεις καὶ μὴ βουλόμενος.

Γ´. Οὐκ ἔτι κατέχειν αὐτὸν ἐκαρτέρησεν ὁ Κνήμων, ὡς τούτων ἤκουσεν, οὐδ' ὑπέμεινε τὴν τῶν ὑπολοίπων ἀκρόασιν, ἀλλ' ἐκ τῶν πρώτων ἕτερα ὑπονοήσας, ἐκ τῶν ἐπὶ τέλους τὴν Θίσβην εἶναι τῷ ὄντι πιστεύσας, ὀλίγον μὲν ἐδέησε κατενεχθῆναι παρ' αὐτὰς σχεδὸν τι ταῖς θύραις. 'Αντισχὼν δὲ χαλεπῶς καὶ δέει τοῦ μὴ πρός τινος ἁλῶναι, (καὶ γάρ ἠεὶ ἀλεκτρυόνες ᾔδη τὸ δεύτερον ᾖδον), ἀπέτρεχε σφαλλόμενος καὶ νῦν μὲν τῷ ποδὶ προσπταίων, νῦν δὲ τοῖς τοίχοις ἄθρουν ἐμπίπτων καὶ ἄρτι μὲν ὑπερθύροις, ἄρτι δὲ σκεύεσιν εἴ πῃ τι τῆς ὀροφῆς ἤρτητο τὴν κεφαλὴν προσαράσσων, ἐπὶ τὸ δωμάτιον οὗ κατήγοντο μετὰ πολλὴν τὴν πλάνην ἀφικόμενος, ἀθρόον ἐπὶ τὴν εὐνὴν καταφέρεται· καὶ αὐτῷ τὸ μὲν σῶμα παλμὸς εἶχε, τῶν δ' ὀδόντων ἀραβος πολὺς ἐγίγνετο. Καὶ τάχ' ἂν καὶ εἰς ἔσχατον ἦλθε κινδύνου, εἰ μὴ θᾶττον ὁ Καλάσιρις αἰσθόμενος,

egressus ex conclavi, passus est utique, quæ consentanea erant, ut qui noctu et in tenebris in ignota domo oberraret, attamen omnia sustinebat, metu propter Thisben et suspicione exonerare se quamprimum properans : donec sero tandem et sæpius iisdem locis tanquam in aliis sese volvens, sensit mulierem clam et lugubriter tanquam vernam lusciniam, lugubri et miserabili cantilena lamentantem, et ad domunculam luctu quasi manu ductus contendit et foribus, qua parte inter se committebantur, aurem admovens, audiebat, talique modo adhuc lamentantem deprehendit : Ego vero misera, ex manibus prædonum me elapsam esse et mortem cruentam exspectatam effugisse arbitrabar et acturam me deinceps cum carissimo erraticam quidem in peregrina terra vitam, sed cum illo suavissimam futuram. Nihil est enim mihi tam molestum, aut grave, quod non cum illo sit tolerabile. Nunc autem nondum satiatum, quod ab initio sortitus sum, numen, cum parum jucundi proposuisset, rursus decepit. Servitutem me effugisse existimabam, at servio rursus; carcerem, et in custodia detinear. Insula me habuit antea et tenebræ: præsens status illi jam est similis, vel, ut verius dicam, etiam acerbior, eo qui hæc consolatione lenire et voluisset et potuisset separato a me et avulso. Antrum prædonum die, qui præcessit, diversorium mihi fuit : infernus et barathrum, denique quid aliud quam sepulcrum illa habitatio? Ceterum et hæc omnium mihi carissimus præsens levabat. Illic et viventem luxit et propter mortuam, ut rebatur, lacrimas profudit et tanquam interfectam deploravit. Nunc et his sum orbata. Perit particeps mearum calamitatum, mecum dolores tanquam onera partiri solitus. Ego autem sola et deserta et captiva et multis modis deploranda relinquor, acerbæ fortunæ arbitrio exposita, et eo tantum vitam retinens, quod superstitem esse carissimum spero. Sed, o anima mea, ubi tandem es? aut quæ te except fortuna? An et ipse, hei mihi! servis, libero animo et servitutis impatiente, præter amoris, prædibitus? Sed superstes sis tantum et conspicias aliquando Thisben tuam. Ita enim me vocabis etiam nolens.

III. Non amplius se continere potuit Cnemon, ut hæc audivit, neque exspectabat, ut reliqua audiret, sed ex primis alia suspicatus, ex his autem quæ sub finem audierat, Thisben esse prorsus statuens, parum aberat quin collaberetur apud ipsas propemodum fores. Ceterum cum vix restitisset, metu ne ab aliquo deprehenderetur, (jam enim galli secundo occinebant) aufugit lapsans, et nunc pedes offendens, nunc vero in parietes subito incidens et jam liminibus superis, jam vasis, sicubi forte laqueari dependebat, caput impingens. Cum autem ad domunculam, ubi diverterant, longum tandem post errorem venisset, continuo in lectum corruit : et ipsius quidem corpus tremor invadebat, dentium autem multa collisio existebat. Et fortasse ad extremum periculum devenisset, nisi statim Calasiris, postquam id sensit, assidue illum fovisset et

ἔθαλπέ τε συνέχων καὶ λόγῳ παντοίως ἀνελάμβανε». Ἐπεὶ δὲ μικρὸν ἀνέπνευσε, τὴν αἰτίαν ἐξεμάνθανεν. Ὁ δὲ, Ἀπόλωλα ἔφη, ζῇ γὰρ ὡς ἀληθῶς ἡ κακίστη Θίσβη. Καὶ εἰπὼν, αὖθις ἐξέθανε.

Δ΄. Καὶ ὁ Καλάσιρις αὖθις πράγματα εἶχεν, ἐπιρρωννύναι πειρώμενος. Ἔπαιζε δ᾽ ἄρα τι τὸν Κνήμωνα δαιμόνιον, ὃ καὶ τἆλλα χλεύῃ ὡς ἐπίπαν τὰ ἀνθρώπεια καὶ παιδιὰν πεποίηται καὶ οὐδὲ τῶν ἡδίστων ἀλύπως μετέχειν ἐπέτρεπεν, ἀλλ᾽ ὅτι μετ᾽ ὀλίγον ἡσθήσεσθαι ἔμελλεν, ἤδη τὸ ἀλγεινὸν ἐπέπλεκε· τάχα μὲν οὕτως ἔθος ὂν αὐτῷ καὶ νῦν ἐπιδεικνύμενος, τάχα δέ που καὶ τῆς ἀνθρώπου φύσεως ἀμιγὲς καὶ καθαρὸν τὸ χαῖρον οὐκ ἐπιδεχομένης. Ὡς δὴ καὶ τότε ὁ Κνήμων ἔφευγέ τε τὰ πάντων μᾶλλον αἱρετὰ καὶ φοβερὰ τὰ ἥδιστα ὑπελάμβανεν. Ἦν γὰρ οὗ Θίσβη τὸ θρηνοῦν γύναιον ἀλλὰ Χαρίκλεια. Γέγονει δὲ τὰ περὶ αὐτὴν ὧδε. Ἐπειδὴ γὰρ ὁ μὲν Θύαμις ἁλοὺς ἐζώγρητο καὶ εἴχετο αἰχμάλωτος, ἡ δὲ νῆσος ἐμεπέπρηστο καὶ τῶν ἐνοίκων κεκένωτο βουκόλων, ὁ μὲν Κνήμων καὶ Θέρμουθις ὁ τοῦ Θυάμιδος ὑπασπιστὴς, ἑῷοι τὴν λίμνην διέπλευσαν, ὅ τι ποτε τὸν λήσταρχον ἔδρασαν οἱ πολέμιοι κατασκοπήσοντες. Ἔσχε τε τὰ κατ᾽ αὐτοὺς ὡς δὴ καὶ εἴρηται. Μόνοι δὲ Θεαγένης καὶ Χαρίκλεια κατὰ τὸ σπήλαιον ὑπελείποντο, τὸ ὑπερβάλλον τῶν παρόντων δεινῶν ἀγαθὸν μέγιστον τιθέμενοι. Τότε γὰρ πρῶτον ἰδίᾳ καὶ παντὸς ἀπηλλαγμένοι τοῦ ὀχλήσαντος, ἀλλήλοις ἐντυχόντες, ἀπαραποδίστων καὶ ὁλοσχερῶν περιπλοκῶν τε καὶ φιλημάτων ἐνεπίμπλαντο καὶ πάντων ἅμ᾽ εἰς λήθην ἐμπεσόντες, εἴχοντο ἐπὶ πλεῖστον ἀλλήλων οἱονεὶ συμπεφυκότες, ἁγνεύοντος μὲν ἔτι καὶ παρθενεύοντος ἔρωτος κορεννύμενοι, δάκρυσι δ᾽ ὑγροῖς τε καὶ θερμοῖς εἰς ἀλλήλους κεραυνύμενοι καὶ καθαροῖς μόνον μιγνύμενοι τοῖς φιλήμασιν. Ἡ γὰρ Χαρίκλεια τὸν Θεαγένην, εἴ τι παρακινοῦντα αἴσθοιτο καὶ ἀνδριζόμενον, ὑπομνήσει τῶν ὅρκων ἀνέστελλεν. Ὁ δ᾽ οὐ χαλεπῶς ἐπανήγετο καὶ σωφρονῶν ῥᾳδίως ἡνείχετο, ἔρωτος μὲν ἐλάττων ἡδονῆς δὲ κρείττων γιγνόμενος. Ἐπεὶ δ᾽ ὀψέ ποτε τῶν πρακτέων εἰς ἔννοιαν ἐλθόντες, δόξαι κόρον ἔχειν ἐβιάσθησαν, ἄρχεται ὁ Θεαγένης λόγων τοιῶνδε· Τὸ μὲν συνεῖναι ἡμᾶς ἀλλήλοις, ὦ Χαρίκλεια καὶ τοῦτ᾽ ἔχειν ὃ πάντων τε προτιμότερον ἐποιησάμεθα καὶ διὸ πάντα ὑπέστημεν, ἡμεῖς τ᾽ εὐχόμεθα, θεοί θ᾽ Ἕλληνιοι παρέχοιεν. Ἐπεὶ δ᾽ ἀστάθμητόν τι ἀνθρώπειον καὶ ἄλλοτ᾽ ἐπ᾽ ἄλλα φερόμενον καὶ πολλὰ μὲν πεπόνθαμεν, πολλὰ δ᾽ ἐλπίζομεν, πρόκειται δ᾽ ἡμῖν κατὰ τὰ συγκείμενα πρὸς Κνήμωνα πάντως ἐπὶ Χέμμιν τὴν κώμην ἐπείγεσθαι καὶ ἄδηλον, ἥτις ἡμᾶς διαδέξεται τύχη, πολὺ δὲ καὶ ἄπειρον, ὡς ἔοικε, διάστημα τῆς ἐλπιζομένης ἡμῖν ὑπολείπεται, φέρε σύμβολά τινα ποιησώμεθα, δι᾽ ὧν ἀπόρρητά τε γνωριοῦμεν παρόντες καὶ εἴ χωρισθῆναί ποτε συμβαίνοι, μαστεύσομεν ἀλλήλους. Ἀγαθὸν γὰρ πλάνης ἐφόδιον, σύνθημα φιλικὸν εἰς ἀνεύρεσιν φυλαττόμενον.

sermone omnino ut ad se rediret effecisset. Utque paullulum respiravit, causam ex eo sciscitabatur. Ille autem : Actum est de me, inquit, vivit enim revera pessima Thisbe. Et cum hæc dixisset, iterum emoriebatur.

IV. Calasiris autem rursus multum negotii habuit, dum bono eum animo esse juberet. Enimvero illudebat plane Cnemoni quoddam numen, quod, ut alioqui ut plurimum res humanas in ludibrii et lusus loco collocat, ita neque tum suavissimis tranquille absque molestia frui permittebat, sed quod gavisurus erat paullo post, casum adversum implicabat : vel quod ea sit ipsius consuetudo, etiam tunc ostendens; vel quod natura humana meram et non temperatam lætitiam capere non possit. Quamobrem Cnemon quoque tum fugiebat ea, quæ illi omnium maxime fuerant expetenda et suavissima formidabilia esse existimabat. Muliercula enim, quæ plorabat, non erat Thisbe, sed Chariclea. Ita autem sese res illius habebant. Postquam Thyamis vivus veneret in hostium potestatem et captivus detinebatur, insula autem incensa fuerat et incolis prædonibus vacua, Cnemon quidem et Thermuthis, scutifer Thyamidis, matutini lacum transmiserunt, qua conditione esset præfectus apud hostes, exploraturi. Talis autem fuit ratio illorum itineris, qualis antea exposita est. Porro soli Theagenes et Chariclea in antro relinquuntur, præsentium calamitatum finem maximum bonum æstimantes. Tum primum enim seorsim, et omni qui obturbare potuisset liberati, secum versantes, non impediti toti se complexibus et osculis explebant et in omnium oblivionem delapsi, in amplexu mutuo diutissime hærebant, veluti in unum corpus coaluissent, casto quidem adhuc et pudico amore se satiantes, lacrimis autem humidis et calidis, purisque tantum mixti osculis. Etenim Chariclea, si quid Theagenem molientem, et decori fines egredientem, senserat, commemoratione jurisjurandi coercebat. Ille autem haud difficulter reduci se in viam patiebatur et ad moderationem revocari, cum amore quidem inferior, voluptate autem superior esset. Ceterum cum sero tandem, quæ essent agenda, cogitarent, necessitate coacti, se satiatos esse statuerunt : et Theagenes ejusmodi orationem exorsus est : Ut mutua consuetudine præsentes fruamur, Chariclea, et hoc consequamur, quod omnibus rebus anteposuimus et propter quod omnia sustinuimus, et nos optamus, et dii Græcanici præbeant. Atqui cum humanarum rerum ratio sit instabilis et alias alio inclinet et multa passi sumus et multa speramus, propositum est nobis etiam, sicuti pacti sumus cum Cnemone, omnino ad Chemmin pagum properare, tum incertum est, quæ nos fortuna sit exceptura et magnum immensumque, ut videtur, intervallum ad terram, quæ speratur a nobis, conficiendum restat : age, notas aliquas componamus, per quas et præsentes arcana cognoscemus et si aliquando ut sejungamur acciderit, absentes nos exquiremus mutuo. Bonum est enim erroris compendium, amicorum tessera, quæ inventionis causa asservatur

Ε'. Ἐπῄνει ταῦθ' ἡ Χαρίκλεια καὶ ἐδόκει ναοῖς ἐπιγράφειν, εἰ χωρισθεῖεν, ἢ ἀγάλμασιν ἐπισήμοις, ἑρμαῖς τε καὶ λίθοις ἐπὶ τριόδων, τὸν μὲν Θεαγένην, ὁ Πυθικὸς, τὴν δὲ Χαρίκλειαν, ἡ Πυθιὰς, ἐπὶ δὲ ξιὰ ἢ ἐπ' ἀριστερὰ πέπορευται, πόλιν ἐπὶ τήνδε ἢ κώμην ἢ ἔθνος, ἡμέραν καὶ ὥραν προσδιορίζοντας. Εἰ δ' εἰς ταὐτὸν γίγνοιντο, ἀρκεῖν μὲν τῷ ἑτέρῳ τὸν ἕτερον καὶ μόνον ὀφθῆναι. Οὐδένα γὰρ χρόνον εἶναι ὃς ἀμαυρῶσαι αὐτοῖς τῶν ψυχῶν τὰ ἐρωτικὰ γνωρί-
10 σματα. Ὅμως δ' οὖν ἡ μὲν Χαρίκλεια τὸν συνεκκείμενον αὐτῇ πατρῷον ἐδείκνυ δακτύλιον· οὐλὴν δ' ἐπὶ τοῦ γόνατος ἐκ θήρας συὸς ὁ Θεαγένης. Ἐκ δὲ λόγων σύμβολα ἡ μὲν λαμπάδα, ὁ δὲ φοίνικα συνετίθεντο. Ἐπὶ τούτοις αὖθις περιέβαλλον ἀλλήλους καὶ
15 αὖθις ἔκλαιον, ὥσπερ ὅρμαι σπονδῶν τῶν δακρύων ἀπάρχοντες καὶ ὅρκια τὰ φιλήματα ποιούμενοι. Τούτων συγκειμένων, ἀνεδύοντο τοῦ σπηλαίου, κειμηλίων μὲν ἄλλων τῶν ἐναποκειμένων οὐδενὸς θιγόντες, τὸν γὰρ ἀπὸ σκύλων πλοῦτον βέβηλον ἐδοκίμαζον, ἃ δ'
20 αὐτοὶ μὲν ἐκ Δελφῶν ἐπήγοντο, οἱ λῃσταὶ δ' αὐτῶν ἀφείλοντο, ταῦτα συνεσκευάζοντο. Ἡ Χαρίκλεια δὲ καὶ μετημφίασεν αὑτὴν, ἐνθεμένη ἐν πηριδίῳ τινὶ τούς θ' ὅρμους καὶ τὰ στέμματα καὶ τὴν ἱερὰν ἐσθῆτα καὶ ὥστε λανθάνειν αὐτούς· καὶ ἄλλα σκεύη τῶν εὐτε-
25 λῶν ἐπιβαλοῦσα, τὸ δὲ τόξον καὶ τὴν φαρέτραν Θεαγένει φέρειν ἐγχειρίσασα, φόρτον ἥδιστον καὶ θεοῦ τοῦ ρατοῦντος ἐκείνου ὅπλον οἰκειότατον. Ἄρτι δὲ τῇ λίμνῃ πλησιάσαντες καὶ σκάφους ἐπιβήσεσθαι μέλλοντες, ἔνοπλον ὁρῶσι πλῆθος ἐπὶ τὴν νῆσον περαιούμενον.
30 Ϛ'. Ἰλιγγιάσαντες οὖν πρὸς τὴν θέαν ἐπιπλεῖστον ἀχανεῖς εἱστήκεσαν, οἷον ἀπαγούντες πρὸς τὴν τύχην, οὕτως ἐπαλλήλως ἐπηρεάζουσαν. Ὀψὲ δ' οὖν ποτε καὶ μονονοὺ προσορμιζομένων ἤδη τῶν ἐπιόντων, ἀποδιδράσκειν ἡ Χαρίκλεια καὶ τῷ σπηλαίῳ κρύπτειν
35 αὑτοὺς εἴ πῃ διαλάθοιεν ἠξίου καὶ ἅμ' ἀπέτρεχε. Ἀλλ' ὁ Θεαγένης ἐπεῖχέ τε καὶ Ἄχρι τίνος, ἔλεγε, φευξόμεθα τὴν πανταχοῦ διώκουσαν εἱμαρμένην; εἴξωμεν τῇ τύχῃ, καὶ χωρήσωμεν ὁμόσε τῷ φέροντι. Κερδήσωμεν ἄλην ἀνήνυτον καὶ πλάνητα βίον καὶ τὴν
40 ἐπάλληλον τοῦ δαίμονος καθ' ἡμῶν πομπείαν. Οὐχ ὁρᾷς ὡς φυγαῖς ἐπισυνάπτειν πειρατηρία καὶ τοῖς ἐκ θαλάττης ἀτόποις τὰ ἐκ τῆς γῆς φιλοτιμεῖται [χαλεπώτερα]; πολέμους ἄρτι, λῃστὰς μετ' ὀλίγον, αἰχμαλώτους, μικρῷ πρόσθεν εἶχεν, ἐρήμους αὖθις ἀπέδειξεν·
45 ἀπαλλαγὴν καὶ φυγὴν ἐλευθέρων ὑπέθετο καὶ τοὺς ἀναιρήσοντας ἐπέστησε. Τοιοῦτον παίζει καθ' ἡμῶν πόλεμον, ὥσπερ σκηνὴν τὰ ἡμέτερα καὶ δρᾶμα πεποιημένος. Τί οὖν οὐχ ὑποτέμνομεν αὐτοῦ τὴν τραγικὴν ταύτην ποίησιν καὶ τοῖς βουλομένοις ἀναιρεῖν ἐγχει-
50 ρίζομεν; μὴ τῇ καὶ ὑπέρογκον τὸ τέλος τοῦ δράματος φιλοτιμούμενος καὶ αὐτόχειρας ἡμᾶς ἑαυτῶν ἐκβιάσηται γενέσθαι.

Ζ'. Τούτοις εἰρημένοις οὐ πᾶσιν ἡ Χαρίκλεια συνετίθετο, τὴν μὲν τύχην ἐν δίκῃ κακηγορεῖσθαι πρὸς αὑ-

V. Collaudabat hæc Chariclea et visum est, si a se invicem separarentur, ut templis aut statuis insignibus, Hermis et lapidibus in triviis, Theagenes quidem *Pythicus*, Chariclea vero, *Pythias* inscriberent, *ad dextram, aut ad sinistram abierit, ad hanc urbem, pagum, aut gentem*, diem insuper et horam exprimentes. Quod si convenirent, sufficere quidem, ut alter ab altero tantum conspiciatur : nullum enim tempus obscurare in illorum animabus amoris signa posse : attamen Chariclea paternum annulum secum expositum ostenderet; cicatricem autem in genu, ex vulnere inflicto a silvestri sue, Theagenes. Porro e condicto tesseras, illa quidem facem, hic autem palmam ut haberet, inter se constituerunt. Mox rursus complectebantur se invicem et rursus plorabant, lacrimas, ut existimo, tanquam libationes fundere incipientes et oscula jurisjurandi loco figentes. His ita inter se constitutis, antro egrediebantur omnino thesauros qui ibi erant reconditi non attingentes; etenim opes ex spoliis partas, impuras ducebant; sed quæ secum ipsi Delphis advexerant, prædones autem eripuerant, ea collecta ad iter secum apparaverant. Chariclea vero etiam vestem mutavit; imposito in sarcinulam quamdam monili et coronis et sacra veste atque, ut occultiora essent, etiam alia supellectili viliori desuper injecta; arcu autem et pharetra Theageni ad ferendum tradita, onere illi suavissimo et armis dei imperium in illum obtinentis propriis. Quamprimum autem lacui appropinquarunt et navigium conscensuri erant, multitudinem armatam ad insulam transmittentem conspiciunt.

VI. Quo formidabili spectaculo vertigine quasi correpti, diu steterant obstupefacti, tanquam præ magnitudine doloris occalluissent ad fortunæ injurias, ita sine intermissione in illos sævientis. Sero igitur tandem et propemodum applicantibus iis qui adveniebant, Chariclea ut refugerent et antro sese absconderent atque ita clam delitescere possent, petebat : simulque ipsa refugiebat. At Theagenes illam retinebat et Quousque tandem, dicebat, fugiemus fatum, quod nos ubique insequitur? Cedamus fortunæ neque opponamus nos impetui qui nos agit. Quid aliud, quam errorem irritum et vitam erraticam et insultum numinis, alium alii succedentem, lucrabimur? An non vides, quemadmodum exsilio conjungere piratarum latrocinia et periculis marinis longe asperiora in continenti, magno studio et contentione conflare nitatur? Bella non ita pridem excitavit, prædones paullo post adduxit : captivos paullo ante detinuit, rursus desertos effecit : liberationem et fugam liberam proposuit, e vestigio interfectores admovit. Tale bellum quasi per lusum contra nos suscepit, nostras rationes non secus quam scenam aut fabulam repræsentans. Cur non igitur præcidimus hoc tragicum ipsius inceptum et nos iis qui volunt interficere tradimus? ne, si forte intolerandum finem fabulæ imponere conetur, nobis ipsis manus afferre cogat.

VII. His dictis non omnibus assentiebatur Chariclea, Fortunam quidem juste ab illo accusari dicens, ceterum

τοῦ φάσκουσα, τὸ δὲ τοῖς πολεμίοις ἑκόντας αὑτοὺς ἐγχειρίζειν οὐκ ἐπαινοῦσα· μὴ γὰρ εἶναι πρόδηλον, ὡς ἀναιρήσουσι λαβόντες. Οὐ γὰρ οὕτω χρηστῷ τῷ δαίμονι προσπαλαίειν, ὡς ταχεῖαν τῶν συμφορῶν ἀπαλλαγὴν συγχωρῆσαι, ἀλλ' ἐνδεχόμενον βουληθῆναι καὶ περισώζειν αὑτοὺς εἰς δουλείαν· ὃ τίνος οὐκ ἂν γένοιτο θανάτου πικρότερον; ὀλεθρίοις βαρβάροις ἐκκεῖσθαι πρὸς ὕβριν ἐπίρρητον καὶ δυσώνυμον, ἣν πάντα τρόπον καὶ ὡς δυνατὸν ἐκκλίνωμεν, ἐπιτυχίας ἐλπίδα τὴν πεῖραν τῶν παρελθόντων ὑποθέμενοι, πολλάκις ἤδη καὶ ἐξ ἀπιστοτέρων περιγενόμενοι. Ποιῶμεν ὡς βούλει, φήσας ὁ Θεαγένης, εἵπετο ἡγουμένῃ, καθάπερ ἑλκόμενος. Οὐ μὴν ἔφθησάν γε πρὸς τὸ σπήλαιον διελθόντες, ἀλλ' ἕως τοὺς κατὰ πρόσωπον ἐπιόντας περιεσκόπουν, ἔλαθον ὑπὸ μοίρας τῶν πολεμίων ἢ κατ' ἄλλο μέρος ἀπέβη τῆς νήσου κατόπιν σαγηνευθέντες. Καὶ οἱ μὲν ἐκπλαγέντες ἔστησαν, ὑποδραμούσης τὸν Θεαγένην τῆς Χαρικλείας, ὡς, εἰ καὶ τεθνάναι δεήσειεν, ἐν χερσὶ ταῖς ἐκείνου γίγνοιτο. Τῶν δ' ἐπελθόντων ἐπανετείναντο μέν τινες ὡς πατάξοντες, ὡς δὲ ἐπιβλέψαντες οἱ νέοι κατηύγασαν τοὺς ἐπιφερομένους, ὤκλαζεν αὐτοῖς ὅ θυμὸς καὶ παρεῖντο αἱ δεξιαί. Τοὺς γὰρ καλοὺς καὶ βαρβάροις χεῖρες, ὡς ἔοικε, δυσωποῦνται καὶ πρὸς τὴν ἐράσμιον θέαν καὶ ἀπρόσφιλος ὀφθαλμὸς ἡμεροῦται.

εʹ. Συλλαβόντες οὖν ἦγον ἐπὶ τὸν ἄρχοντα, λίαν ἐσπουδακότες λαφύρων τὸ κάλλιστον πρῶτοι προσαγαγεῖν. Ἔμελλον δ' ἄρα καὶ μόνον προσφέρειν· ἄλλῳ γὰρ οὐδενὶ τῶν ἄλλων οὐδεὶς ἐπετύγχανεν, ἐκ περάτων καὶ ταῦτα εἰς πέρατα τὴν νῆσον ἐπιδραμόντες καὶ ὡς ἄρχυσι τοῖς ὅπλοις πανταχόθεν πᾶσαν περιβαλόντες· ἡ μὲν γὰρ ἄλλη πυρὶ πρὸς τοῦ προτέρου πολέμου κατανάλωτο, μόνον δὲ λειπόμενον τὸ σπήλαιον ἠγνοεῖτο. Καὶ οἱ μὲν οὕτως ἤγοντο ἐπὶ τὸν πολέμαρχον. Ἦν δ' ἄρα Μιτράνης ὁ φρούραρχος Ὀροονδάτου τοῦ τῷ βασιλεῖ τῷ μεγάλῳ τὴν Αἴγυπτον σατραπεύοντος, ἐπὶ χρήμασι πολλοῖς ὑπὸ Ναυσικλέους, ὡς δεδήλωται, κατὰ ζήτησιν τῆς Θίσβης ἀφιγμένος ἐπὶ τὴν νῆσον. Ὡς οὖν ἀγόμενον πλησίον οἱ περὶ τὸν Θεαγένην ὥρθησαν, θεοὺς σωτῆρας ἐπιβοώμενοι πολλάκις, ἐμποριχόν τι καὶ δραστήριον ἐννοήσας ὁ Ναυσικλῆς, ἐξήλατό τε, καὶ προσδραμών, Αὕτη ἐκείνη Θίσβη κεκραγὼς ἔλεγεν, ἣν ἀφῃρέθην μὲν πρὸς τῶν ὀλεθρίων βουκόλων, ἔχω δὲ διὰ σέ, Μιτράνη καὶ τοὺς θεούς. Ἐδραττετό τε τῆς Χαρικλείας καὶ χαίρειν ὡς ὑπερβολὴν ἐνεδείκνυτο· καὶ τῇ Χαρικλείᾳ Θίσβην ὁμολογεῖν αὐτήν, εἰ βούλοιτο σώζεσθαι, παρεκελεύετο, ἠρέμα καὶ Ἑλληνιστὶ παραφθεγγόμενος, ὡς λανθάνοι τοὺς παρόντας, καὶ τοῦ σοφίσματος ἔτυχεν· ἡ γὰρ δὴ Χαρίκλεια, γλώττης θ' Ἑλληνίδος αἰσθομένη καὶ τι καὶ συνοῖσον ἀνύεσθαι πρὸς τοῦ ἀνδρὸς στοχαζομένη συνώφαινε τὸν σκοπόν· καὶ τῷ Μιτράνῃ πυνθανομένῳ, τίς ποτε καλοῖτο, Θίσβην αὑτὴν ὡμολόγει. Τότε δὴ προσδραμών, ἐφίλει τε πολλὰ τὴν κεφαλὴν τοῦ Μιτράνου καὶ τῆς τύχης ὑπερθαυμάζων, ἐφύσα τὸν βάρβαρον, ὡς ἄλλα τε

hostibus sponte sese tradere, neutiquam consultum esse censens. Neque enim exploratum esse, an sese comprehensos statim interfecturi sint; neque se cum tam benevolo numine luctari, ut celerem calamitatum liberationem concessurum sit, sed fieri posse, ut ipsos etiam reservare servituti velit; quod qua tandem morte non esset acerbius? barbaris sceleratis ac perditis expositum esse ad injuriam indignam et horrendam : quam ut omnibus modis et quoad fieri potest, declinemus, spem successus experimento casuum qui praeterierunt, metiri fas est; cum saepe jam etiam illine unde minus credibile fuerat, superstites evaserimus. Faciamus, ut vis, cum dixisset Theagenes, sequebatur praeeuntem, non secus ac si traheretur. Neque tamen hostes fuga ad antrum anteverterunt, sed dum eos qui a fronte adveniebant circumspicerent, non animadverterunt, se a parte hostium quae in aliam partem insulae descenderat a tergo cinctos et conclusos esse. Et hi quidem perculsi steterunt, confugiente sub Theagenem Chariclea, ut, si etiam mori opus esset, in manibus Theagenis id fieret. Ex his autem qui invadebant intentaverant jam quidam ictum : ceterum postquam adspectu suo juvenes eos, qui irruebant, collustrarunt, concidit illis animus et torpebant dextrae. Formosos etiam barbaricae manus verentur, ut videtur, et ad amabilem adspectum etiam immanis oculus mansuescit.

VIII. Comprehensos igitur ducebant ad ducem, magnopere cupientes spoliorum pulcherrimum in primis adducere. Et quidem hoc unum tantum allaturi fuerant. Neque enim quidquam aliud ullius est adeptus, quamvis omnes oras insulae percurrissent et armis tanquam retibus totam undiquaque circumdedissent. Nam reliqua quidem insula priore bello conflagraverat, praeter antrum quod ignorabatur. Et hi quidem ita ad ducem ducebantur. Is autem erat Mitranes, praefectus excubiarum Oroondatis, satrapiam Aegypti regi magno administrantis, magna summa pecuniae, ut dictum est, a Nausicle conductus, inquisitionis Thisbes gratia ingressus insulam. Postquam igitur Theagenes et Chariclea adducti sunt propius in conspectum, servatores deos saepius invocantes, mercatorio quodam et callido consilio inito Nausicles exsiluit et accurrens, Illa ipsa est Thisbe, magna voce dicebat, qua privatus fueram a perditis praedonibus, nunc autem eam tuo et deorum beneficio recupero, Mitrane. Tum apprehendebat Charicleam, magnopereque se gaudere simulabat : et Charicleam ut se Thisben esse fateretur siquidem salva esse vellet adhortabatur, submisse et Graece illam alloquens, ut lateret id eos, qui aderant. Successitque illi sophisma. Chariclea enim cum sensisset linguam Graecam et aliqui quod esset sibi profuturum a viro agi conjectaretur, accommodabat se quoque et componebat ad scopum, et Mitrani interroganti, quaenam cognominaretur, Thisben se vocari fatebatur. Tunc accurrens ille osculabatur diu Mitranis caput et fortunam ipsius demirans, inflabat barbarum, quod cum alia multa praeclare gessisset in bellis

πλεῖστα κατωρθωκότα ἐν πολέμοις καὶ δὴ καὶ τὴν παροῦσαν στρατείαν εὐδαιμόνως πεποιημένον. Ὁ δὲ γαυνωθεὶς τοῖς ἐπαίνοις καὶ ἅμα τὸ πρᾶγμα οὕτως ἔχειν ὑπὸ τοῦ ὀνόματος ἀπατηθείς, ἐμπέπληκτο μὲν τῆς ὥρας, ἀπ' εὐτελοῦς γὰρ καὶ ταῦτα τῆς ἐσθῆτος οἷον νέφους αὐγὴ σεληναίας διεξέλαμπεν. Ὅμως δ' οὖν τὸ κοῦφον τοῦ φρονήματος ἀπάτης ὀξύτητι συσχεθεὶς καὶ τὸν καιρὸν τῆς μεταμελείας προληφθείς, Ταύτην μὲν ἔφη, σὴν οὖσαν ἀπολαβὼν ἄγε, καὶ εἰπὼν ἐνεχείριζεν, ἀφορῶν τ' εἰς αὐτὴν συνεχῶς καὶ ὅτι ἄκων καὶ προλήψει τοῦ μισθοῦ παραχωροίη τῆς κόρης ἐπισημαίνων, οὑτοσὶ δέ, ὅστις ποτ' ἐστί, λέγων τὸν Θεαγένην, λάφυρον ἡμέτερον ἔστω καὶ ἐπέσθω φρουρούμενος, ἀναπεμφθησόμενος εἰς Βαβυλῶνα· τραπέζῃ γὰρ τῇ βασιλέως διακονεῖν ἐμπρέπει.

Θ'. Τούτων εἰρημένων ἐπεραιοῦντο τὴν λίμνην· καὶ χωρισθέντες ἀλλήλων, ὁ μὲν εἰς τὴν Χέμμιν, ὁ Ναυσικλῆς ἔχων τὴν Χαρίκλειαν ἔρχεται, Μιτράνης δ' ἐφ' ἑτέρας κώμας τῶν ὑπηκόων τραπείς, οὐδὲν ὑπερθέμενος, ἅμα γράμμασι τὸν Θεαγένην πρὸς Ὀροονδάτην ὄντα κατὰ τὴν Μέμφιν ἐξέπεμψεν. Εἶχε δ' ὧδε τὰ ἐπεσταλμένα. ΟΡΟΟΝΔΑΤΗι ΣΑΤΡΑΠΗι ΜΙΤΡΑΝΗΣ ΦΡΟΥΡΑΡΧΟΣ. Ἕλληνα νεανίαν ὑπεραίροντα τὴν ἐμὴν δεσποτείαν καὶ θεῷ βασιλεῖ τῷ μεγίστῳ μόνῳ καὶ φαίνεσθαι καὶ διακονεῖσθαι ἄξιον, αἰχμάλωτον εἰληφώς, πρός σε διεπεμψάμην, ἐκχωρῶν σοι τηλικοῦτο καὶ τοιοῦτο δῶρον τῷ κοινῷ δεσπότῃ προσάγειν, οἷον ἡ βασίλειος αὐλὴ κόσμον οὔτε πρότερον εἶδεν, οὐδ' αὖθις ὄψεται.

Ι'. Ταῦτα μὲν ἐκεῖνος ἐπέστελλεν. Οὔπω δ' ἡμέρας ἀκριβῶς ὑποφαινούσης, ὁ Καλάσιρις ἅμα τῷ Κνήμωνι παρὰ τὸν Ναυσικλέα σπεύδων μαθεῖν τι τῶν ἀγνοουμένων ἔρχεται καὶ πυνθανομένῳ τίνα εἴη διαπεπραγμένος, ἅπαντα ὁ Ναυσικλῆς ἔλεγεν, ὡς ἦλθεν ἐπὶ τὴν νῆσον, ὡς κατέλαβεν ἔρημον, ὡς οὐδενὶ τὰ πρῶτα συνέτυχεν, ὡς ἀπάτῃ τὸν Μιτράνην περιῆλθε καί τινα φανεῖσαν κόρην ὡς Θίσβην ἀπέλαβεν· καὶ ὅτι βέλτιον εἴη διαπεπραγμένος ταύτης ἐπιτυχὼν ἢ ἐκείνην εὑρών· οὐ γὰρ μικρὸν εἶναι τὸ διάφορον ἀλλ' ὅσον ἄν τι γένοιτο θεοῦ πρὸς ἄνθρωπον. Οὕτως οὐκ εἶναι τοῦ κάλλους ὑπερβολήν, οὐδ' αὐτῷ δυνατὸν εἶναι λόγῳ φράζειν καὶ ταῦτ' ἐξὸν παροῦσαν ἐπιδεικνύναι.

ΙΑ'. Ταῦθ' ὡς ἤκουσαν, ὑπόνοιαν εὐθὺς τῶν ἀληθῶν ἐλάμβανον, ἱκέτευόν τε προστάττειν ὡς ὅτι τάχιστα παρεῖναι τὴν κόρην· τὸ γὰρ ἄφραστον κάλλος Χαρικλείας ἐγνώριζον. Ὡς δ' ἤχθη, καὶ τὰ πρῶτα κάτω νεύουσα, καὶ τὸ πρόσωπον εἰς ὀφρῦν σκέπουσα, τοῦ Ναυσικλέους θαρρεῖν παρακελευομένου, μικρὸν ἀνένευσεν, εἶδέ τε καὶ ὤφθη παρ' ἐλπίδας, ὀδυρμὸς ἅπασι τοῦ ἄθρουν ἀνεκινήθη καὶ ὥσπερ ἐξ ἑνὸς συνθήματος ἢ πληγῆς τῆς αὐτῆς ἀνωλόλυξαν, ἥν τ' ἀκούειν ἐπιπλεῖστον, ὦ πάτερ, καὶ ὦ θύγατερ καὶ ἀληθῶς Χαρίκλεια καὶ οὐχὶ Θίσβη τοῦ Κνήμωνος. Ὁ δὲ Ναυσικλῆς ἐνεὸς ἐγεγόνει, τόν τε Καλάσιριν ἐφ' ὅσον περιβαλὼν

LIBER V.

tum præsentem expeditionem prospere suscepisset. Ille autem inflatus laudibus et simul rem ita se habere ex nomine falso existimans, etsi perculsus est forma, quæ ex veste atque hac vili tanquam ex nube lunæ splendor relucebat, tamen cum fraudis celeritate impediretur, quo minus animi levitatem ostenderet et tempus pœnitendi præreptum esset: Hanc igitur, inquit, cum tua sit, recuperatam ducito. Et cum hoc dixisset, tradebat illi in manus, respiciens in illam continuo et quod invitus ac propter præmium ante acceptum cederet de possessione puellæ significans, Hic autem, quicumque tandem est, Theagenem innuens, sit nostrum spolium et sequatur, custodia illi adhibita, mittendus Babylonem. Siquidem ea inest corpori dignitas ut ad mensam regiam stare possit.

IX. His dictis transmittebant lacum et separati a se invicem, Nausicles quidem Chemmin habens Chariclean pervenit, Mitranes vero cum ad alios pagos suæ ditionis deflexisset, nulla mora interposita, Theagenem una cum literis ad Oroondatem, qui tum erat Memphi, misit. Sic autem erat scriptum in literis: *Oroondati Satrapæ, Mitranes Præfectus.* Adolescentem Græcum, præstantiorem quam ut sub meo degat imperio et dignum, qui in dei regis maximi solius conspectu versetur et illi sit ab obsequiis, captum ad te transmisi, concedens tibi ut tantum et tale donum hero communi offeras, quale aula regia nec unquam antea vidit, nec postea conspectura est.

X. Hæc ille quidem per literas significavit. Ceterum cum nondum dies exacte illuxisset, Calasiris cum Cnemone, sperans se aliquid cogniturum quod ignoraret, ad Nausiclem venit. Atque ita quærenti, quid confecisset, omnia Nausicles dicebat, quod venisset ad insulam, quod desertam deprehendisset, quod primum nemo illi obvius fuisset, quod Mitranem fraude circumvenisset, quod quamdam virginem quæ apparuerat tanquam Thisben accepisset et quod melius illi successisset hanc nacto, quam si illam invenisset. Neque enim parvum discrimen esse, sed quantum fieret in comparatione deæ ad hominem. Adeo nullam esse præstantiam formæ, quæ illius pulchritudinem superet, neque se id exponere verbis digne posse, præsertim cum liceat præsentem demonstrare.

XI. Hæc ut audierunt, statim suspicati id quod erat, obnixe orabant, ut quam primum adesse puellam juberet; ineffabilem enim pulchritudinem Charicleæ esse, noverant. Sed postquam est adducta et cum incederet oculis in terram dejectis et facie usque ad supercilia velata, Nausicles ut bono animo esset adhortaretur, paullulum oculos sustulit viditque ac visa est præter omnem spem, repente ploratus ab omnibus simul sublatus est et tanquam ad unum signum aut plagam eandem ejulare cœperunt. Licebatque audire ut plurimum eas voces, o pater, o filia, revera Chariclea, non Thisbe Cnemonis. Nausicles autem præ stupore obmutescebat, cum Calasirim amplexum Cha-

τὴν Χαρίκλειαν ἐδάκρυσεν ἐφορῶν, καὶ τίς ὁ καθάπερ ἐπὶ σκηνῆς ἀναγνωρισμὸς διαπορῶν, ἕως αὐτὸν ὁ Καλάσιρις ἐφ' ὅσον πλεῖστον ἅμα φιλήμασι κατασπασάμενος, ᾿Ω βέλτιστ' ἀνδρῶν, ἔλεγε, σοὶ δ' ἀντὶ τούτων οἱ θεοὶ τοσαῦτα δοῖεν, ὅσα κατὰ γνώμην ὄντα τὴν σὴν εἰς κόρον τελεσθῆναι. Σωτήρ μοι τῆς οὐδαμόθεν ἐλπισθείσης ἔτι θυγατρὸς γέγονας, καὶ δέδωκας ἰδεῖν τὴν ἐμοὶ πάντων ἡδίστην θέαν. Ἀλλ᾽, ὦ θύγατερ, ὦ Χαρίκλεια, Θεαγένην δὲ ποῦ κατέλιπες; ἀνωλόλυξε πρὸς τὴν ἐρώτησιν καὶ διαλιποῦσα μικρόν, Αἰχμάλωτον, εἶπεν, ἄγει λαβὼν ὅστις ποτ' ἐστὶν ὁ κἀμὲ τούτῳ παραδεδωκώς. Ἱκέτευεν οὖν ὁ Καλάσιρις τὸν Ναυσικλέα μηνύειν ἃ γιγνώσκει περὶ Θεαγένους καὶ τίς μὲν ὁ νῦν δεσπόζων, ὅποι δ' ἄγει λαβών. Ἔλεγε πάντα ὁ Ναυσικλῆς, συνεὶς ἐκείνους εἶναι τούτους περὶ ὧν διείλεκτο πολλάκις πρὸς αὐτὸν ὁ πρεσβύτης καὶ ὧν κατὰ ζήτησιν ἀλώμενον ἐν θρήνοις ἐγίγνωσκε. Προσετίθει δέ, μηδὲν αὐτοῖς εἶναι πλέον τῆς γνώσεως, ἀνθρώποις ἀπορουμένοις, τοῦ Μιτράνου θαυμαστὸν εἰ καὶ ἐπὶ πολλοῖς ἂν αἱρησομένου χρήμασιν ἀφεῖναι τὸν νεανίσκον. Ἔστιν ἡμῖν, ἔφη, χρήματα, λάθρα πρὸς τὸν Καλάσιριν ἡ Χαρίκλεια, καὶ ἐπάγγειλε πλῆθος ὁπόσον βούλει. Τὸν ὅρμον, ὃν οἶσθα, διασώζω καὶ ἔχω φέρουσα.

ΙΒ΄. Θαρσήσας οὖν πρὸς ταῦθ᾽ ὁ Καλάσιρις, δεδιὼς δὲ μή τινα λάθῃ τῶν ὄντων ὁ Ναυσικλῆς ὑπόνοιαν, καὶ ὧν ὑπεφέρετο Χαρίκλεια, Ὠ ᾽γαθὲ Ναυσίκλεις, ἔφη, οὐκ ἔστιν ὅτου ἐνδεής ἐστιν ὁ σοφός, ἀλλ᾽ ὕπαρξιν ἔχει τὴν βούλησιν, τοσαῦτα λαμβάνων παρὰ τῶν κρειττόνων, ὅσα καὶ αἰτεῖν οἶδε καλόν. Ὥστε καὶ φράζε μόνον ὅπου ποτ᾽ ἐστὶν ὁ κρατῶν Θεαγένους, ὡς τό γ' ἐκ τῶν θεῶν ἡμᾶς οὐ περιόψεται, ἀλλ᾽ ἐπαρκέσει πρὸς ὅσον ἂν βουληθῶμεν τὸ Περσικὸν θεραπεῦσαι φιλοχρήματον. Ἐμειδίασε πρὸς ταῦθ᾽ ὁ Ναυσικλῆς· καὶ Τότε, ἔφη, πιστεύσω ἐμὲ πιστεύειν δύνασθαί σε καθάπερ ἐκ μηχανῆς ἀθρόον πλουτεῖν, εἴπερ ἐμοὶ προτέρῳ τὰ ὑπὲρ τῆσδε λύτρα καταθοῖο. Πάντως δ᾽ ἐννοεῖς ὡς τὸ Περσικὸν καὶ τὸ ἐμπορικὸν ἐν ἴσῳ φιλοπλούσιον. Οἶδα, εἶπεν ὁ Καλάσιρις, καὶ ἕξεις· τί δ᾽ οὐ μέλλεις, φιλανθρωπίας οὐδὲν ἀπολείπων, ἀλλὰ φθάνων τε τὰς ἡμετέρας παρακλήσεις καὶ τὴν ἀπόδοσιν τῆς θυγατρὸς αὐτεπάγγελτος ἐπινεύων; εὐχῆς δὲ δεῖ μοι πρότερον. Οὐδεὶς φθόνος, ἔφη ὁ Ναυσικλῆς· μᾶλλον δέ, εἰ δοκεῖ, (θύειν γὰρ μέλλω χαριστήρια τοῖς θεοῖς) ἐπεύχου, παρὼν τοῖς ἱεροῖς, θεοῖς, καὶ τὸν πλοῦτον ἡμῖν μὲν αἴτει, σαυτῷ δὲ λάμβανε, Μὴ παῖζε μηδ' ἄπιστος ἔσο, ἔφη πρὸς αὐτὸν ὁ Καλάσιρις, ἀλλ᾽ ἡγοῦ καὶ εὐτρέπιζε τὰ πρὸς τὴν θυσίαν. Ἡμεῖς δὲ παρεσόμεθα πάντων ἡτοιμασμένων.

ΙΓ΄. Ἐποίουν οὕτως, καὶ μετ᾽ οὐ πολὺ παρὰ τοῦ Ναυσικλέους ἧκων τις ἐκάλει σπεύδοντι ἐπὶ τὴν θυσίαν· οἱ δέ, (τὰ πρακτέα γὰρ αὐτοῖς ἤδη συνέκειτο) χαίροντες ἐπορεύοντο, αὐτοὶ μὲν ἅμα τῷ Ναυσικλεῖ καὶ ἄλλῳ πλήθει τῶν κεκλημένων, (δημοτελῆ γὰρ ηὐτρέπιστο τὴν θυσίαν) ἡ Χαρίκλεια δὲ σὺν τῇ θυγατρὶ τοῦ

ricleam, lacrimas non tenentem intueretur et quænam esset tanquam in scena agnitio mutua, ignoraret : donec illum dissuaviatus et amplexus Calasiris allocutus est; Tibi quidem, vir optime, dii tanta largiantur, quanta tuo desiderio et voluntati satisfaciant. Servator meæ filiæ nunquam speratæ exstitisti et effecisti ut fruar conspectu mihi longe omnium jucundissimo. Sed, o filia, o Chariclea, ubinam Theagenem reliquisti? Ploratum sustulit ad interrogationem et parvo spatio intermisso : Comprehensum, inquit, captivum ducit, quicumque tandem est qui et me huic tradidit. Petebat igitur Calasiris a Nausicle, ut indicaret ea quæ de Theagene sciret, quis esset qui in illum imperium haberet et quo illum captum duceret. Dicebat omnia Nausicles, cum intellexisset illos esse hos, de quibus sæpe secum senex collocutus fuisset, quibusque inquirendis oberrare ipsum in luctu sciret. Addebat autem, nihil illis inde accessurum esse præter cognitionem, hominibus inopibus et egentibus; cum mirum sit futurum, si vel magna summa pecuniæ proposita inducat in animum Mitranes, ut dimittat adolescentem. Sunt nobis et pecuniæ, clam ad Calasirim Chariclea, et promitte summam, quantamcunque vis. Monile, quod tute scis, asservo et mecum fero.

XII. Erectus igitur animo ad hæc Calasiris, ceterum metuens, ne aliquam suspicionem rei, ut sese habebat, caperet Nausicles et eorum, quæ Chariclea offerebat : Bone Nausicles, inquit, nunquam sapiens laborat inopia, sed facultates voluntate metitur, tantum accipiens a præstantioribus, quantum petere honestum esse judicat. Quamobrem dic tantum, ubi sit is a quo detineatur Theagenes : siquidem divina beneficentia nobis non deerit, sed suppeditabit, quantum voluerimus, ut avaritiæ Persicæ hac ratione medeamur. Subrisit ad hæc Nausicles et Tunc, inquit, efficies ut credam, te posse repente tanquam ex machina ditescere, si pro hac mihi prius pretium, quo redimatur, deposueris. Omnino autem scis, quod Persicum et mercatorium genus perinde studeat opibus. Scio, dixit Calasiris, et habebis. Ceterum nulla causa quare non habiturus sis quum nullum genus beneficentiæ erga nos intermittas, sed etiam anticipes nostras petitiones et restitutionem filiæ sponte approbes ac denunties : me autem prius precari oportet. Nihil invideo, inquit Nausicles : quin etiam, si ita videtur, (faciam enim rem divinam et diis gratias agam) adesto sacris et precare deos et nobis quidem opes petito, tibi autem accipe. Ne ludas, neque sis tam incredulus, ad ipsum inquit Calasiris; sed incipe et instrue sacrificium, nos autem aderimus omnibus paratis.

XIII. Faciebant ita et paullo post a Nausicle quidam veniens vocabat, ut properarent ad sacrificium. Illi autem (jam enim quæ essent facienda inter illos convenerat) læti ibant, hi quidem una cum Nausicle et reliqua multitudine invitatorum, (publicum enim instruxerat sacrificium,) Chariclea vero cum filia Nausiclis et aliis mulieribus,

LIBER V.

Ναυσικλέους καὶ γυναιξὶ ταῖς ἄλλαις, ὅσαι παρηγοροῦσαι πολλὰ καὶ λιπαροῦσαι, μόγις ἔπεισαν ἅμα βαδίζειν τάχ᾽ οὐκ ἄν ποτε πεισθεῖσαν, εἰ μὴ τῇ προφάσει τῆς θυσίας εἰς τὰς ὑπὲρ Θεαγένους εὐχὰς ἀποχρήσασθαι διενοήθη. Ὡς δ᾽ ἐπὶ τὸν νεὼν τοῦ Ἑρμοῦ παρεγένοντο, (τούτῳ γὰρ ἦγε τὴν θυσίαν Ναυσικλῆς, ὡς ἀγοραίῳ τε καὶ ἐμπορικῷ διαφερόντως τῶν ἄλλων θεῶν αὐτὸν καθοσιούμενος) καὶ τὰ ἱερὰ τάχιστά τε * οὕτω πρὸς βραχὺ τὰ σπλάγχνα ὁ Καλάσιρις ἐπιθεωρήσας καὶ ποικίλην δηλοῦσθαι τῶν μελλόντων συντυχίαν, ἡδέων τε καὶ λυπηρῶν, ταῖς τοῦ προσώπου τροπαῖς ἐμφήνας, ἐπιβάλλει τὼ χεῖρε τοῖς βωμοῖς ἔτι φλεγομένοις καὶ ὡς τῆς πυρᾶς δῆθεν σπασάμενος ἃ πάλαι ἐπεχομίζετο, Ταῦτά σοι, ἔφη, λύτρα Χαρικλείας, ὦ Ναυσίκλεις, οἱ θεοὶ δι᾽ ἡμῶν προσάγουσι. Καὶ ἅμ᾽ ἐνεχείριζε δακτυλίδιόν τινα τῶν βασιλικῶν, ὑπερφυές τι χρῆμα καὶ θεσπέσιον, τὸν μὲν κύκλον ἠλέκτρῳ διάδετον, ἀμεθύστῳ δ᾽ Αἰθιοπικῇ τὴν σφενδόνην φλεγόμενον, μέγεθος μὲν ὅσον ὄμμα παρθενικὸν περιγράφει, κάλλος δὲ μακρῷ τῆς Ἰβηρίδος τε καὶ Βρεττανίδος ὑπερφερούσῃ. Ἡ μὲν γὰρ ἀδρανεῖ τῷ ἄνθει φοινίσσεται καὶ ῥόδῳ προσέοικεν ἐκ καλύκων ἄρτι πρὸς πέταλα σχιζομένῳ καὶ πρῶτον ἡλιακαῖς ἀκτῖσιν ἐρευθομένῳ· ἀμεθύστου δ᾽ Αἰθιοπίδος, ἀκραιφνὴς μὲν καὶ ἐκ βάθους ἐαρινή τις ὥρα πυρσεύεται. Εἰ δὲ κατέχων περιτρέπεις, ἀκτῖνα προβάλλει χρυσῆν, οὐκ ἀμαυροῦσαν τραχύτητι τὴν ὄψιν ἀλλὰ φαιδρότητι περιλάμπουσαν. Οὐ μὴν ἀλλὰ καὶ δύναμις αὐτῇ γνησιωτέρα τῶν ἐκ δύσεων ἐγκαθίδρυται. Οὐ γὰρ ἐπιψεύδεται τὴν προσηγορίαν, ἀλλ᾽ ἀληθῶς ἀμέθυστος τῷ φέροντι γίγνεται, νηφάλιον ἐν τοῖς συμποσίοις διαφυλάττουσα.

ΙΔ΄. Τοιαύτη μὲν καὶ πᾶσα ἡ ἐξ Ἰνδῶν τε καὶ Αἰθιόπων ἀμέθυστος. Ἦν δὲ τότε τῷ Ναυσικλεῖ προσεκόμιζεν ὁ Καλάσιρις, μακρῷ καὶ ταύτας ἐπλεονέκτει. Γραφῇ γὰρ ἔξεστο καὶ εἰς μίμησιν ζώων ἐκοιλαίνετο. καὶ ἦν ἡ γραφή, παιδαρίσκος ἐποίμαινε πρόβατα, χαμαιζήλῳ μὲν πέτρᾳ πρὸς περιωπὴν ἐφεστώς, τὴν δὲ νομὴν τῇ ἀγέλῃ πλαγίοις αὐλήμασι διατάττων. Τὰ δ᾽ ἐπείθετο, ὡς ἐδόκει, καὶ ἠνείχετο, πρὸς τὰ ἐνδόσιμα τῆς σύριγγος ποιμαινόμενα. Εἴπεν ἄν τις αὐτὰ καὶ χρυσοῖς βεβριθέναι τοῖς μαλλοῖς, οὐ τῆς τέχνης τοῦτο χαριζομένης, ἀλλ᾽ οἰκεῖον ἐρύθημα τῆς ἀμεθύστου τοῖς νώτοις ἐπανθιζούσης. Γέγραπτο καὶ ἀρνίων ἁπαλὰ σκιρτήματα καὶ οἱ μὲν ἀγεληδὸν ἐπὶ τὴν πέτραν ἀνατρέχοντες, οἱ δὲ περὶ τὸν νομέα κύκλους ἀγερώχους ἐξελίττοντες, ποιμενικὸν θέατρον ἐπεδείκνυσαν τὸν κρημνόν. Ἄλλοι δ᾽ ὥσπερ ἡλίῳ τῇ φλογὶ τῆς ἀμεθύστου γανύμενοι, ἅλμασιν ἀκρωνύχοις τὴν πέτραν ἐπέξεον. Ὅσοι δ᾽ αὐτῶν πρωτόγονοι καὶ θρασύτεροι [καὶ] ὑπεράλλεσθαι βουλομένοις τὸν κύκλον ἐῴκεσαν, εἰργομένοις δὲ ὑπὸ τῆς τέχνης ὥσπερεὶ μάνδραν χρυσῆν τὴν σφενδόνην αὐτοῖς τε καὶ τῇ πέτρᾳ περιβαλλούσης. Ἡ δ᾽ ἦν πέτρα τῷ ὄντι καὶ οὐχὶ μίμημα. τὸ γὰρ ἄκρον τῆς λίθου μέρος εἰς τοῦτο πε-

quæ varias consolationes adhibentes et obsecrantes, vix illi ut una iret persuaserant : et haud scio an unquam sibi persuaderi passa fuisset, nisi prætextu sacrificii defungi precibus pro Theagene cogitasset. Postquam ad templum Mercurii pervenerunt, (huic enim sacrificium faciebat Nausicles, tanquam forensi et mercatorum præsidi, præ ceteris diis ipsum colens) et sacrificium fiebat, paullulum exta Calasiris contemplatus et varium significari rerum futurarum eventum, jucundarum pariter ac tristium, mutationibus vultus declarans, injicit manus altari adhuc flagranti et tanquam e pyra extraxisset ea, quæ jampridem ipse ferebat, Hoc tibi, inquit, pretium redimendæ Chariclæ, o Nausicles, dii per nos offerunt : et simul tradebat annulum quemdam regium, eximiam rem et divinam, quod ad circulum attinet ex electro confectum, ceterum in pala amethysto Æthiopica relucentem, tanta magnitudine, quantam oculus virginalis circumscribit, pulchritudine autem longe Ibericum et Britannicum superante. Hæc enim inerti et cui nullus adest splendor flore rubet, similisque est rosæ quæ primum ex baccis in folia finditur et tum radiis solis rubescere incipit : at amethystus Æthiopica valde et ex profundo rutilat. Quod si tenens illam circumverses, radium projicit aureum, non obscurantem asperitate visum, sed gratia et puritate singulari illustrantem. Atqui et vis ipsi inest genuina præ occidentalibus. Neque enim falso sibi vindicat appellationem, sed vere arcet ebrietatem ab eo, quo fertur, sobrium illum in conviviis retinens.

XIV. Atque ejusmodi quidem est omnis Indica et Æthiopica amethystus : ceterum illa, quam Nausicli offerebat Calasiris, longe vel has superabat. Pictura enim fuerat exornata et ad imitationem animalium exsculpta. Ac pictura quidem talis erat. Puer pascebat oves, non admodum editæ rupi circumspiciendi causa tanquam speculæ insistens, pascua gregi obliqua tibia distribuens : illæ autem parere videbantur et ad signum ac præcentum fistulæ in pastione perseverare. Dixisset quispiam, eas etiam aurea vellera habere, non arte id gratiæ addente, sed amethysto proprio rubore in tergis illarum rutilante. Depicti erant et agni lascivientes et quidam gregatim cursu petram conscendentes, quidam circa pastorem petulantius sese in orbem intorquentes, pastoralæ theatrum præcipitium repræsentabant ; alii vero in flamma amethysti tanquam in sole lascivientes, salientibus similes saltibus extremam ungulæ partem petræ inscribebant. Nonnulli autem ex ipsis recens nati et ferociores etiam transilire velle circulum videbantur, ceterum ab arte prohiberi, auream palam illis et rupi, tanquam septum, circumdante. Erat autem rupes revera et non imitatio. Cum enim extremam partem lapidis ad hoc ipsum circumscripsisset

20

ρεγράψας ὁ τεχνίτης, ἔδειξεν ἐκ τῆς ἀληθείας, ὃ ἐβούλετο, περίεργον ἡγησάμενος λίθον ἐν λίθῳ σοφίζεσθαι. Τοιοῦτος μὲν (οὖν) ὁ δακτύλιος.

ΙΕ΄. Ὁ δὲ Ναυσικλῆς, ἐκπλαγεὶς 0' ἅμα πρὸς τὸ παράδοξον καὶ πλέον ἡσθεὶς πρὸς τὸ πολύτιμον τῆς λίθου, οὐσίας ὅλης [τὴν λίθον] ἰσοστάσιον κρίνων, Ἐγὼ μὲν ἔπαιζον, εἶπεν, ὦ 'γαθὲ Καλάσιρι, καὶ λόγος ἦν ἄλλως ἡ τῶν λύτρων αἴτησις, σκοπὸς δ᾽ ἀπριάτην σοι λύσασθαι τὴν θυγατέρα. Ἐπεὶ δ᾽ οὐκ ἀπόβλητά ἐστιν, ὡς φατὲ, θεῶν ἐρικυδέα δῶρα, δέχομαι τὴν θεόπεμπτον ταυτηνὶ λίθον, πειθόμενος παρ᾽ Ἑρμοῦ τοῦ καλλίστου καὶ ἀγανωτάτου τῶν θεῶν ἥκειν μοι συνήθως καὶ τόδε τὸ εὕρημα διὰ τοῦ πυρός σοι τῷ ὄντι [τὸ δῶρον] διακονήσαντος· ὁρᾷν γοῦν πάρεστι τῇ φλογὶ περιλαμπόμενον. Καὶ ἄλλως κρίνω κέρδος κάλλιστον, ὃ μὴ ζημιοῦν τὸν παρέχοντα, εὐποριώτερον ἀποφαίνει τὸν λαμβάνοντα. Ταῦτα ὡς εἰπὼν ἐπαύσατο, ἐπὶ τὴν εὐωχίαν αὐτόν τε καὶ τοὺς ἄλλους ἐπέτρεπεν, ἰδίᾳ μὲν ταῖς γυναιξὶ τὴν ἐνδοτέρω τοῦ ἱεροῦ χώραν ἀποκληρώσας, τοὺς δ᾽ ἄνδρας ἐν τῷ προτεμενίσματι κατακλίνας. Ἐπεὶ δ᾽ εὐφροσύνης τῆς ἐκ τῶν ἐδεσμάτων εἰς κόρον ἦσαν, καὶ τοῖς κρατῆρσι αἱ τράπεζαι παρεχώρουν, οἱ μὲν ἄνδρες ἐμβατήρια τῷ Διονύσῳ καὶ ᾖδον καὶ ἔσπενδον, αἱ δὲ γυναῖκες ὕμνον τῇ Δήμητρι χαριστήριον ἐχόρευον. Ἡ Χαρίκλεια δὲ χωρισθεῖσα, τὸ αὑτῆς ἔπραττεν· ηὔχετο Θεαγένην σώζεσθαι, κἀκεῖνον αὐτῇ φυλάττεσθαι.

Ις΄. Τοῦ πότου δὲ λαβρῶς ἤδη βρυάζοντος καὶ ἄλλου πρὸς ἄλλο τι τῶν τερπόντων ἀποκλίναντος, ὕδατος ἀπαραχύτου φιάλην προτείνας ὁ Ναυσικλῆς, Ὦ 'γαθὲ Καλάσιρι, ἔφη, καθαρὰς σοι τὰς νύμφας, οἷς σοι φίλον καὶ ἀκοινωνήτους τοῦ Διονύσου καὶ ἀληθῶς ἔτι νύμφας προπίνομεν· οὐ δ' εἰ λόγοις ἡμῶν οὓς ποθοῦμεν ἀντιπροπίνοις, ἀπὸ καλλίστων ἂν κρατήρων εὐωχοίης. Τὰς μὲν γὰρ γυναῖκας ἀκούεις ὡς διατριβὴν τῷ πότῳ χορείαν ἐστήσαντο· ἡμῖν δ᾽ ἡ σὴ πλάνη κάλλιστ᾽ ἂν, εἰ βουληθείης, τὴν εὐωχίαν παραπέμποι, χοροῦ τε γινομένη καὶ αὐλοῦ παντὸς ἡδίων, ἥν πολλάκις μοι διελθεῖν, ὡς οἶσθα, ὑπερβαλόμενος, ἐπειδή σε τὰ συμβεβηκότα ἐβάπτιζεν, οὐκ ἔστιν ὅπως ἂν ἐς καιρὸν βελτίονα τοῦ παρόντος φυλάξειας, ὅτε σοι τῶν παίδων ἡ μὲν θυγάτηρ ἥδε σώζεται καὶ δρᾶται, ὁ παῖς δ᾽ ὅσον οὐδέπω σὺν θεοῖς ὀφθήσεται καὶ μάλιστα εἴ με μὴ ἀνιάσῃς ὑπερθέμενος καὶ πάλιν τὴν διήγησιν. Ἀλλά σοι πλεῖστ᾽ ἀγαθὰ γένοιτ᾽ ἂν, ὦ Ναυσίκλεις, ὑπολαβὼν ὁ Κνήμων, ὃς ἅπαν μουσικῆς ὄργανον εἰς τὸ συμπόσιον παρακεκληκὼς, ἐκείνων μὲν τὸ παρὸν ὑπερορᾷς καὶ τοῖς δημωδεστέροις ἐκχωρεῖς, πραγμάτων δὲ μυστικῶν ὡς ἀληθῶς καὶ ἡδονῇ θείᾳ τῷ ὄντι συγκράτων, φιληκόως ἔχεις. Καί μοι δοκεῖς καὶ τοῦ δαιμονίου κάλλιστα συνιέναι, τὸν Ἑρμῆν τῷ Διονύσῳ συγκαθιδρύων καὶ λόγων ἡδυσμά τι τῷ πότῳ συναναχέων. Ὡς ἐγώ σου καὶ τὴν ἄλλην μὲν τῆς θυσίας πολυτέλειαν ἔχω θαυμάσας, οὐκ ἔστι δ᾽ ὅπως μᾶλλον ἄν τις τὸν Ἑρμῆν ἱλάσ-

---

artifex, ostendit nativa veritate id, quod volebat; supervacaneum esse existimans lapidem in lapide fingere. Talis igitur erat annulus.

XV. Nausicles autem, percussus novitate rei, magis etiam delectatus lapidis præstantia, facultatibus suis omnibus pretio illum respondere existimans, Ego quidem ludebam, dixit, bone Calasiri et alioqui verba tantum erant, cum redemtionis pretium postularem, animi autem sententia, ut tibi absque eo filiam liberam dimitterem. Enimvero cum non rejicienda sint, ut dicitis, præstantia dona deorum, accipio hunc divinitus missum lapidem, persuasum habens et hoc inventum mihi venire more solito a Mercurio deorum optimo et beneficentissimo, qui tibi omnino donum per ignem subministravit; unde et videre est, eum flamma relucere. Et alioqui judico lucrum esse pulcherrimum, quod cum nulla jactura præbentis, ditiorem efficit accipientem. His dictis, cum consummasset sacrificium, epulas cum aliis una iniit, mulieribus seorsim in interiori templi parte loco attributo, viris autem in vestibulo collocatis. Postquam autem oblectationis ex cibis satietas illos cepit et poculis mensæ cedebant, viri quidem Bacchum invocabant, cum libatione et cantu usitato in ingressu in navem, mulieres autem ad hymnum in honorem Cereris compositum saltabant. Chariclea vero secedens, res suas agebat, orans, ut Theagenes salvus et incolumis sibi servaretur.

XVI. Ceterum jam egregie fervente compotatione et alio ad aliam oblectationem verso, phiala sinceræ aquæ protensa Nausicles, Tibi, o bone Calasiri, inquit, Nymphis, quando ita placet, quibus nihil cum Baccho commune, sed vere adhuc Nymphis, propinamus: tu vero, si vicissim nobis sermonibus, quorum desiderio tenemur, propinaveris, pulcherrimo sane poculis nos oblectaveris. Audis enim, ut mulieres moræ causa et remissionis a potatione choream instituerint; nobis vero tuus error egregie, si volueris, convivium traduxerit, suavior omni chorea ac tibia futurus: cujus narrationem cum antea sæpe, ut scis, distuleris, quoniam te casus tui obruebant, jam certe ad nullum tempus commodius, quam præsens est, eam reservare possis, quando ex liberis filia quidem salva est et conspicitur, filius autem jamjam auxiliantibus diis conspicietur, præsertim si me non affeceris molestia, iterum narrationem differens. At tibi plurima eveniant bona, Nausicles, ex illius sermone ansa arrepta subjecit Cnemon, qui cum omne musicum instrumentum ad convivium advocaris, illa quidem in præsentia negligis et vilioribus concedis, ceterum arcanas res et cum voluptate quadem divina temperatas, aves audire. Et mihi quidem videris numinis vim et naturam optime intelligere, qui Mercurium juxta Bacchum colloces et sermonum oblectationem potationi misceas. Quamobrem etsi reliquum sacrificii splendorem et apparatum juste sum miratus, tamen haud scio an quisquam magis ulla ratione Mercurium placare possit;

σκιτο, ἢ τὸ οἰκειότατον ἐκείνῳ λόγους εἰς εὐωχίαν ἐρα-
νιζόμενος. Ἐπείθετο ὁ Καλάσιρις, ἅμα μὲν τῷ Κνή-
μωνι χαριζόμενος, ἅμα δὲ τὸν Ναυσικλέα τῶν μετὰ
ταῦθ' ἕνεκεν ὑποποιούμενος καὶ ἅπαντ' ἔλεγε· τὰ μὲν
5 πρῶτα καὶ ἤδη λεχθέντα πρὸς Κνήμωνα ἐπιτεμνόμε-
νός καὶ ὡσπερεὶ κεφαλαιούμενος καί τινα καὶ ἑκὼν
ὑπερβαίνων, ὅσα τὸν Ναυσικλέα γιγνώσκειν οὐ συμφέ-
ρειν ἐδοκίμαζε, τὰ δ' ἔτι ἀδιήγητα καὶ ἐχόμενα τῶν
εἰρημένων ἔνθεν ἑλών·
10 ΙΖ'. Ὡς ἐπειδὴ τῆς Φοινίσσης ὁλκάδος ἐπέβησαν,
τοὺς Δελφοὺς ἀποδράντες, τὰ μὲν πρῶτα πλεῖν κατὰ
γνώμην, εὐκραεῖ τῷ πνεύματι καὶ ἐκ νώτων ὑποφερο-
μένους, ἐπεὶ δὲ κατὰ τὸν Καλυδώνιον πορθμὸν γενέ-
σθαι, διαταραχθῆναι σφᾶς οὐ μικρῶς, ταραχώδει τὰ
15 πολλὰ φύσει θαλάσση προστυχόντας. Τοῦ δὲ Κνήμω-
νος μηδὲ τοῦτο παραλιπεῖν ἀξιοῦντος ἀλλὰ φράζειν εἴ
τινα κατα ιεμαθήκοι τῆς ἐπιπολαζούσης τῷ τόπῳ τρα-
χύτητος αἰτίαν· Τὸ πέλαγος, ἔφη, τὸ Ἰόνιον ἐκ πολ-
λῆς εὐρυχωρίας ἐνταῦθα στενούμενον καὶ καθάπερ διὰ
20 στομίου τινὸς εἰς τὸν Κρισσαῖον κόλπον εἰσχεόμενον,
ἐπιμίξαι τε πρὸς τὴν Αἰγαίαν θάλασσαν ἐπειγόμενον,
ὑπὸ τῆς Πελοποννήσου Ἰσθμοῦ τὴν πρόσω φορᾶς ἀνα-
κόπτεται, προμηθείᾳ κρείττονος, ὡς ἔοικεν, ἐπικλῦσαι
τὴν ἀντίθετον προβολῇ τοῦ αὐχένος ἀποτειχιζόμενον,
25 Κἂκ τοῦδε παλιρροίας ὡς τὸ εἰκὸς γινομένης, καὶ περὶ
τόνδε τὸν πορθμὸν πλέον ἢ κατὰ τὸν ἄλλον κόλπον θλι-
βομένης, τοῦ ἐπιρρέοντος ἔτι τῷ ἀναπρέχοντι πολλάκις
ἐμπίπτοντος, βρασμόν τ' ἴσχει τὸ ὕδωρ, καὶ κῦμα
φλεγμαῖνον ἐγείρει πρὸς τῆς ἀντιτυπίας εἰς κλύδωνα
30 κορυφούμενον. Ἐπὶ τούτοις κρότου γενομένου καὶ
ἐπαίνου, τῶν παρόντων ἀληθῆ εἶναι μαρτυρούντων τὴν
αἰτίαν, ὁ Καλάσιρις εἴχετο τῶν ἑξῆς· Ὑπερβαλόντες
δὴ, λέγων, τὸν πορθμὸν καὶ νήσους Ὀξείας ἀποκρύ-
ψαντες, τὴν Ζακυνθίων ἄκραν προσκοπεῖν ἀμφεβάλλο-
35 μεν, ὥσπερ ἀμυδρόν τι νέφος τὰς ὄψεις ἡμῶν ὑποδρα-
μοῦσαν. Καὶ ὁ κυβερνήτης τὸ ἱστίον παραστέλλειν
ἐπέταττεν. Ἡμῶν δὲ πυνθανομένων διότι παραλύοι
τὸ ῥόθιον, τῆς νεὼς οὐριοδρομούσης· Ὅτι, ἔφη, πλη-
σιστίῳ χρώμενοι τῷ πνεύματι, περὶ πρώτην ἂν φυλα-
40 κὴν τῇ νήσῳ προσορμίσαιμεν καὶ δέος προσοκεῖλαι
σκοταίοις τόποις ὑφάλοις τὰ πολλὰ καὶ κρημνώδεσι.
Καλὸν οὖν ἐννυκτερεῦσαι τῷ πελάγει καὶ τὸ πνεῦμα
ὑφειμένοις δέχεσθαι, συμμετρευομένοις ὅσον ἂν γένοιτο
αὔταρκες ἑῴους ἡμᾶς τῇ γῇ προσπελάσαι.
45 ΙΗ'. Ταῦτ' εἶπε μὲν ὁ κυβερνήτης, οὐκ ἐγένετο δέ,
ὦ Ναυσίκλεις, ἀλλ' ἅμ' ἡλίῳ τὴν ἀνίσχειν καὶ ἡμεῖς
ἄγκυραν καθίεμεν· Οἱ δὲ τῆς νήσου περὶ τὸν ὅρμον
οἰκοῦντες, ἀπέχοντα οὐ πολὺ τῆς πόλεως, καθάπερ ἐπί
τι παράδοξον τὴν θέαν τὴν ἡμετέραν συνέρρεον, ἀγά-
50 μενοι μὲν ὡς ἐφαίνοντο καὶ τὸ τῆς ὁλκάδος εὐάγωγον
εἰς κάλλος θ' ἅμα καὶ μέγεθος αἰρόμενος ἐκπεπονη-
μένης, Φοινίκειον τὸ φιλοτέχνημα γνωρίζειν λέγοντες,
πλέον δὲ θαυμάζοντες ὡς παραλόγῳ τῇ τύχῃ χρησά-
μενους, εὔδιόν τε καὶ ἀπήμονα πλοῦν ἐν χειμερίῳ τῇ

LIBER V. 307

quam si narrationum illius inprimis propriam symbolam
in convivium conferat. Parebat Calisiris et cum Cnemoni
gratificans tum Nausiclem sibi propter ea quæ consecutura
erant devinciens, omnia dicebat : prima quidem et quæ jam
Cnemoni exposita fuerant contrahens et præcipua tantum
quasi capita repetens, quædam autem sponte transgrediens,
quæ Nausiclem scire non esse operæ pretium judicabat.
Porro ea, quæ nondum erant narrata et cohærebant cum
his quæ dicta fuerant continuabat, inde inducto exordio :

XVII. Ipsos, cum navem onerariam Phœnicum conscen-
dissent, postquam Delphos effugerunt, primum navigasse
ex sententia, cum secundo vento etiam a tergo impelle-
rentur : at cum ad Calydonium fretum pervenissent, non
mediocriter turbatos esse, cum incidissent in mare natura
turbulentum. Cnemone autem, ut neque hoc prætermit-
teret, petente, sed diceret, si quam causam commotionis
illo in loco existentis investigasset : Pelagus, inquit, Io-
nium, ex magna latitudine ibi in angustias redactum et
tanquam per ostium quoddam sese in sinum Crissæum
infundens et misceri cum mari Ægæo properans, ab Isthmo
Peloponnesiaco inhibetur ac retunditur, providentia numi-
nis fortasse, ne ex adverso sitam terram eluvione obruat,
objecto collo intereclusum. Et inde, ut consentaneum
est, refluxus existat et circa hoc fretum magis quam in
reliquo sinu cogatur et coarctetur, eo quod adhuc influit
in id quod reciprocatur sæpius incidente, bullitionem aqua
efficit et æstum ferventem excitat, ex mutuo conatu et
collisione in fluctum cumulatum. Quæ cum plausu et
laudibus excepta essent, his qui aderant veram esse cau-
sam contestantibus, Calasiris continuabat narrationem :
Cum superassemus, dicens, fretum, et conspectum in-u-
larum Acutarum amisissemus, Zacynthiorum promonto-
rium prospicere nos opinabamur, tanquam obscuram quam-
dam nubem in oculos nostros incurrentem : et gubernator
velum contrahere jubebat. Nobis autem percunctantibus,
quamobrem dissolveret et laxaret impetum, cum navis se-
cundum ventum haberet; Quoniam, inquit, si secundis
auris vela permiserimus, circa primam noctis vigiliam ad
insulam appellemus, cum interim metuendum sit, ne in
tenebris in loca saxis latentibus magna ex parte plena et
prærupta impingamus. Consultum igitur pernoctare
in mari et ventum leviter excipere, ea proportione qua
sufficere possit ut mane ad terram applicemus.

XVIII. Hæc dixit quidem gubernator, ceterum non fie-
bant, Nausicles ; sed una cum oriente sole, nos quoque
ancoram demittebamus. Porro insulæ incolæ, qui habi-
tabant circa portum, non procul distantem ab urbe, ad
spectaculum nostri adventus tanquam novum et inusitatum
quippiam confluebant, admirantes, ut apparebat, habili-
tatem navis onerariæ, ad pulchritudinem simul et altitudi-
nem elaboratæ, Phœnicum industriam et artificii gloriam
vel inde cognosci dicentes; et quod incredibili fortuna usi
essemus, qui tranquillam navigationem et secundam hi-

20.

ὥρᾳ καὶ Πλειάδων ἤδη δυομένων ἀνύσαντας. Οἱ μὲν
οὖν ἄλλοι σχεδόν τι πάντες, ἔτι τῶν πρυμνησίων ἀνα-
πτομένων, ἀπολιπόντες τὴν ναῦν, ἐπὶ τὸ ἄστυ, τὴν
Ζάκυνθον, ἀγοράσοντες ἀνέτρεχον. Ἐγὼ δὲ (τοῦ
κυβερνήτου γὰρ ἀκηκοὼς ἐτύγχανον ὡς χειμαδίῳ χρή-
σονται τῇ νήσῳ) καταγωγὴν σκεψόμενος αὐτοῦ που
περὶ τὴν ἀκτὴν ἠρχόμην· τὴν μὲν ναῦν ὡς ἀπρεπὲς οἰ-
κητήριον διὰ τὴν ναυτικὴν τύρβην, τὴν πόλιν δ' ὡς
οὐκ ἀσφαλὲς διὰ τὴν τῶν νέων φυγὴν, παραιτούμενος.
Ὀλίγον οὖν ὅσον προήκων, ὁρῶ πρεσβύτην ἁλιευτικὴν
πρόσθεν τῶν θυρῶν αὐτοῦ καθήμενον καὶ δικτύου διερ-
ρωγότος βρογχίδας ἀκεόμενον. Πλησιάσας δὲ, Χαῖρε,
εἶπον, ὦ βέλτιστε καὶ φράζε ὅποι τις ἂν τύχοι κατα-
γωγῆς. Ὁ δὲ, Περὶ τὴν πλησίον ἄκραν, ἔφη, χοι-
ράδι πέτρᾳ τῆς προτεραίας ἐνσχεθὲν διεσπάρακται.
Κἀγώ, Τοῦτο μὲν, οὐδὲν ἔφην, ἐδεόμην μαθεῖν· ὅμως
δ' οὖν χρηστῶς ἂν ποιοίης καὶ φιλανθρώπως ἢ αὐτὸς
ὑποδεχόμενος ἢ ἕτερον ὑφηγούμενος. Καὶ ὅς, Οὐκ
αὐτὸς, φησὶν, οὐ γὰρ συνέπλεον, μὴ γὰρ οὕτω ποτὲ
σφαλείη, μηδ' ὑπὸ γήρως πιεσθείη Τυρρηνός, ἀλλ'
ἔστι πταῖσμα τῶν παιδαρίων, ἀπειρίᾳ τῶν ὑφάλων οἳ
μὴ ἐχρῆν τὰ δίκτυα καθορμισάντων. Ὀψὲ δὴ οὖν
ποτε ὡς παχύτερον ἔχει τῆς ἀκοῆς, γεγωνότερον ἐμ-
βοήσας, Χαίρειν κελεύω σοι, ἔφην, καὶ φράζειν ἡμῖν
ξένοις οὖσι καταγωγήν. Ἀλλὰ καὶ αὐτὸς χαίροις ἀπε-
κρίνατο καὶ μένοις εἰ βούλοιο παρ' ἡμῖν, εἰ μή τις
τυγχάνοις τῶν πολυκλίνους οἴκους ἐπιζητούντων, καὶ
θεραπείαν εἰς πλῆθος ἐπαγομένων. Ἐμοῦ δ' εἰπόν-
τος, ὡς παῖδές εἰσί μοι δύο καὶ τρίτος ἐγώ· Χαρίεν,
ἔφη, τὸ σύμμετρον, ἑνὶ γὰρ πλείους ἡμᾶς εὑρήσετε,
κἀμοὶ γὰρ παῖδές εἰσιν ἔτι δύο συσσιτοῦντες, οἱ προγε-
νέστεροι δὲ γήμαντες, οἴκου ἄρχουσι, καὶ τροφὸς ἡ τῶν
παιδίων τετάρτη. ἡ γὰρ μητὴρ αὐτοῖς οὐ πρὸ πολ-
λοῦ τέθνηκεν. Ὥστε, ὦ λῷστε, μὴ μέλλε, μηδ' ἀμ-
φίβαλλε ὡς οὐ χαίροντες ὑποδεξόμεθα ἄνδρα καὶ ἐκ
πρώτης ἐντεύξεως εὐγένειαν ἐμφαίνοντα. Ἔπραττον
οὕτω. Καὶ μετ' οὐ πολὺ σὺν τῷ Θεαγένει καὶ τῇ
Χαρικλείᾳ παρόντα με ἀσμένως ὁ Τυρρηνὸς ὑποδέχεται
καὶ μέρος τὸ ἀλεεινότερον ἀπεκλήρου τῆς οἰκήσεως.
Καί πως οὐκ ἀηδῶς τὴν χειμέριον ὥραν τὰ πρῶτα διη-
νύομεν, τὰ μὲν ἄλλα συνδιημερεύοντες, χωριζόμενοι
δὲ, ὅτε καθεύδειν ἔδει, σὺν τῇ τροφῷ μὲν ἡ Χαρίκλεια,
ἐγὼ δ' ἰδίᾳ καὶ Θεαγένης, ὁ Τυρρηνὸς δὲ σὺν τοῖς αὐ-
τοῦ παισὶ καθ' ἕτερον δωμάτιον ἀναπαυόμενος.
Ἡ τράπεζα δ' ἡμῖν κοινὴ προυτίθετο, τὰ μὲν ἄλλα
ἡμῶν παρεχόντων, τοῦ Τυρρηνοῦ δ' ὄψον ἄφθονον ἐκ
θαλάττης τοὺς ξένους ἑστιῶντος, τὰ μὲν καθ' αὑτοῦ
ἁλιεύοντος, τὰ δὲ καὶ ἡμῶν ἔστιν ὅτε τὴν σχολὴν δια-
τιθεμένων καὶ συνεκπατουμένων τῆς ἄγρας, ἣν ποικίλην
τε καὶ πρὸς πᾶσαν ὥραν ἁρμόδιον ἐξήσκητο. Καὶ ἦν
εὔβολόν τι χρῆμα καὶ πολύθηρον, ὥστε καὶ οἱ πολλοὶ
τὴν ἐμπειρίαν αὐτοῦ τῆς τέχνης, εἰς εὐμένειαν τύχης
προσῆπτον.

ΙΘ΄. Ἀλλ' οὐ γὰρ ἦν, φασί, τοὺς δυστυχοῦντας,

berno tempore et jam occidentibus Pleiadibus, confecisse-
mus. Reliqui igitur omnes, cum adhuc funes religarentur,
relicta nave, ad urbem Zacynthum negotiaturi currebant :
ego vero (audieram enim forte a gubernatore quod in in-
sula essent hibernaturi) ibam quaesiturus alicubi diverso-
rium circa litus; navem, quod esset inconveniens nobis
habitaculum futurum propter turbam nauticam, urbem
autem, quod parum tutum propter fugam juvenum, de-
vitans. Cum igitur paullulum progressus essem video
senem piscatorem, sedentem pro foribus et retis lacerati
nexus reficientem. Accedens igitur propius, Salve, dice-
bam, vir optime et dic ubinam diversorium quispiam adi-
pisci possit? Ille autem, Circa propinquum promontorium,
inquit, saxo latenti hesterno die illisum, laceratum est.
Rursus ego : Hoc quidem cognoscere mea nihil interfuit :
ceterorum officiose feceris et humaniter, si aut ipse me ho-
spitio receperis, aut alterum demonstraris. At ille : Non
ipse, inquit, neque enim una navigabam, (absit enim, ut
ita offendat, aut tantopere a senectute prematur Tyrrhe-
nus) sed est puerorum culpa, qui inscitia saxorum sub
mari latentium, ubi non oportebat, retia tetenderunt.
Sero igitur tandem cum intellexissem, quod hebetiorem
haberet auditum, alta voce intonans, Salvere te jubeo,
dicebam, et ut nobis hospitibus diversorium ostendas,
oro. Sed et ipse vicissim sis salvus, respondit, et maneas
si vis apud nos, nisi forte es aliquis ex eorum numero,
qui domos multis lectis exornatas inquirunt, et servorum
turbam secum adducunt. Ego vero cum dixissem quod
liberi mihi essent duo et ego tertius ; Grata est, inquit,
proportio, uno enim plures nos invenietis. Etenim et
mihi sunt duo filii convictores, (majores autem natu,
ductis uxoribus, sunt ipsi patresfamilias) et quarta nutrix
infantum, siquidem mater ipsis est non ita pridem mortua.
Quamobrem, optime, ne cunctoris, neque dubites, quin
te simus laeti et alacres excepturi, virum etiam ex primo
colloquio generositatis specimen exhibentem. Faciebam
ita et non multo post cum Theagene et Chariclea me ve-
nientem lubens Tyrrhenus excipit, et partem calidiorem
domus nobis attribuit. Saneque non insuaviter hibernum
tempus initio transigebamus, dies quidem simul consu-
mentes, sejunctim autem cum dormiendum fuit, cum nu-
trice quidem Chariclea, ego autem separatim et Theagenes,
Tyrrhenus vero in altero conclavi cum suis liberis requie-
scentes. Mensa nobis etiam communis apponebatur, alia
quidem nobis praebentibus, Tyrrheno vero obsonia affatim
ex mari hospitibus suppeditante, cum partim ipse pisca-
retur, partim nos quoque interdum per otium in captura
adjuvaremus, quam variam et ad omne tempus accommo-
datam instruxerat. Et erat locus jaciendis retibus idoneus
et piscosus, adeo ut plerique, quod capiebat ex arte com-
modum, fortunae benevolentiae referrent acceptum.

XIX. Sed haud fieri potuit, quin, ut dicitur, semel in-

μὴ οὐχὶ πανταχοῦ δυστυχεῖν. Οὐδ' ἐπὶ τῆς ἐρημίας ἀνενόχλητον εἶχεν ἡ Χαρίκλεια τὸ κάλλος, ἀλλ' ὁ Τύριος ἐκεῖνος ἔμπορος ὁ Πυθιονίκης, ᾧ συνεπλεύσαμεν, ἰδίᾳ μοι προσιών, ἠνώχλει πολλάκις καὶ ἀπέκναιε 5 λιπαρῶν καὶ εἰς γάμον ὡς ἂν παρὰ πατρὸς αἰτῶν τὴν Χαρίκλειαν, πολλὰ σεμνύνων αὑτὸν καὶ τοῦτο μὲν γένος ἔνδοξον καταλέγων, τοῦτο δὲ τὸν παρόντα πλοῦτον καταριθμούμενος, τήν θ' ὁλκάδα ὡς ἴδιον αὐτοῦ κτῆμα τυγχάνοι καὶ ὡς τοῦ πλείονος φόρτου τῶν ἀγω- 10 γίμων δεσπόζοι, χρυσοῦ τ' ὄντων καὶ λίθων πολυταλάντων καὶ σηρικῆς ἐσθῆτος. Οὐκ ὀλίγον δ' εἰς εὐδοξίας προσθήκην καὶ τὴν Πυθιονίκην ὠνόμαζεν, ἕτερά τ' αὖ πολλὰ πρὸς τούτοις. Ἐμοῦ δὲ τὴν τε παροῦσαν πενίαν προβαλλομένου καὶ ὡς οὐκ ἄν ποτε χώραν ἄλλην 15 οἰκοῦντι καὶ ἔθνος ὃ τοσοῦτον κεχώρισται τῆς Αἰγυπτίων, ἐκδοῦναι τὸ θυγάτριον αἱρησομένου, Πέπαυσο τούτων, ἔλεγεν, ὦ πάτερ, τὴν μὲν γὰρ προῖκα ἀπέχειν ἡγήσομαι καὶ πολλὰ τάλαντα καὶ πλοῦτον ὅλον τὴν κόρην, ἔθνος δὲ καὶ πατρίδα τὴν ὑμετέραν ἀλλάξομαι, 20 τῆς μὲν ἐπὶ Καρχηδονίους ὁρμῆς ἐκτραπείς, ὑμῖν δὲ σύμπλους, οὗ δὴ καὶ βούλεσθε, γενόμενος.

Κ'. Ὁρῶν δὴ τὸν Φοίνικα μὴ ἀνιέντα ἀλλ' εἰς ὑπερβολήν τε πρὸς τὸ βούλημα θερμαινόμενον καὶ ἡμέραν οὐδεμίαν τοῦ διοχλεῖν μοι περὶ τῶν αὐτῶν ἀπο- 25 λειπόμενον, ἔγνων τὸ παρὸν ὑπερθέσθαι χρησταῖς ἐπαγγελίαις, μὴ καὶ βίαιόν τι κατὰ τὴν νῆσον ὑποσταίημεν καὶ ἅπαντα ποιήσειν ἐλθὼν εἰς τὴν Αἴγυπτον ἐπηγγελλόμην. Οὕτω δέ μου τοῦτον ἐπ' ὀλίγον ἀποσκευασαμένου, κῦμα, φασίν, ἐπὶ κύματι προσέβαλλεν 30 ὁ δαίμων. Ὁ γάρ τοι Τυῤῥηνὸς οὐ πολλαῖς ὕστερον ἡμέραις εἴς τινά με παρηγκωνισμένη ἀκτὴν παραλαβών, Ὦ Καλάσιρι, ἔφη, τὸν Ποσειδῶ σοι τὸν πελάγιον ἐπόμνυμι καὶ τοὺς ἄλλους ἐναλίους θεούς, ἦ μὴν αὐτόν σε ὡς ἀδελφόν, παῖδας δὲ τοὺς σοὺς ἴσα καὶ παι- 35 σὶν ὁρᾶν τοῖς ἐμοῖς. Ἥκω δή σοι φράσων ἐγειρόμενόν τι πρᾶγμα, ἀνιαρὸν μέν, ἀλλ' ἐμοί γε σιωπῆσαι ἀθέμιτον, ἑστίας ἡμῖν τῆς αὐτῆς κεκοινωνηκότι, σοί τε γνῶναι πάντως ἀναγκαῖον. Ναυλοχεῖ τὴν ὁλκάδα τὴν Φοίνισσαν πειρατικῶν ἐργαστήριον κατὰ τὴν περιπτύσ- 40 σουσαν τῆσδε τῆς ἄκρας πλευρὰν ὑποκαθήμενον, σκοποῖς ἀμοιβαδὸν τὸν ἔκπλουν τῆς νεὼς ἐπιτηρούμενον. Ὅρα δὴ οὖν, [φυλάττου] καὶ λογίζου τί ἂν ποιῆς. Σοῦ γὰρ δὴ ἕνεκεν μᾶλλον δὲ θυγατρὸς τῆς σῆς, τὸ οὕτως ἀπηνὲς ἔργον, ἐκείνοις δὲ σύνηθες, διανοοῦνται, 45 Κἀγὼ πρὸς αὐτόν· Σὲ μέν, ἔφην, ἀντὶ τούτων οἱ θεοὶ κατ' ἀξίαν ἀμείψαιντο. Πόθεν δέ, ὦ Τύῤῥηνε, συνείληφας τὴν ἐπιβουλήν; καὶ ὅς, Ἀπὸ τῆς τέχνης, ἔφη, τοῖς ἀνδράσι γνωρίζομαι καὶ ὄψον αὐτοῖς προσκομίζων πλέον ἢ παρὰ τῶν ἄλλων τὸ τίμημα κομίζομαι. Τῇ 50 προτεραίᾳ δὲ κύρτους ἀναλεγομένῳ μοι περὶ τοὺς χρημνοὺς ἐντυχὼν ὁ λήσταρχος, Πότ' ἄρα οἱ Φοίνικες ἐξορμήσειν μέλλουσιν, εἴ γε πέπυσαι, διηρώτα. Κἀγὼ συνεὶς τὴν ἐνέδραν τοῦ ἐρωτήματος, Τὸ μὲν ἀκριβές, ἔφην, ὦ Τραχῖνε, οὐκ ἔχω λέγειν, εἰς ἔαρ δὲ πρῶτον

felices, non semper adversa fortuna laborarent. Neque in solitudine molestiis caruit forma Chariclea, sed Tyrius ille mercator, victor in Pythiis renuntiatus, quocum navigaveramus, seorsim me conveniens sæpius mihi molestus erat, obtundens me precibus, et in matrimonium sibi dari tanquam a patre Charicleam petens, multa de se prædicans et partim genus'illustre exponens, partim præsentes opes enumerans et holcadem quod illius propria possessio esset, quodque majorem partem mercium auri, lapidum multis talentis constantium et serici præ ceteris possideret. Nec parvum momentum ad accessionem splendoris et gloriæ etiam victoriam in Pythiis partam nominabat et alia præter hæc multa. Me vero præsentem inopiam prætendente et id, quod nunquam in animum inducturus essem, ut in alia regione et gente habitanti, quæ tanto intervallo distet ab Ægypto, filiolam meam elocarem : Omittas hæc, pater, dicebat. Dotem quidem me tulisse multorum talentorum et universarum opum, ipsam puellam arbitrabor, gentem vero et patriam vestram cum mea permutabo, deflectens a proposita navigatione versus Carthaginem, vobis autem me comitem quo volueritis adjungens.

XX. Cum igitur viderem Phœnicem non remittere sed et vehementi calore in ea voluntate et proposito persistere leniorem quin de iisdem mihi molestus esset intermittere, statui in præsentia rem blandis pollicitationibus differre, ne aliquid per vim in insula pateremur et omnia me facturum cum venissem in Ægyptum pollicebar. Ita cum hunc paullulum removissem, rursus fluctum, ut aiunt, supra fluctum numen advolvit. Nam Tyrrhenus non multis post diebus, cum me in litus quoddam flexuosum assumsisset : O Calasiri, inquit, per Neptunum juro et alios marinos deos, me et te non secus ac si meus esses frater et tuos liberos perinde atque meos. ferre-iu oculis. Dicturus sum autem tibi negotium quod contra te struitur, molestum quidem et acerbum, ceterum quod et me reticere fas non est, cum iidem Lares fuerint mihi tecum communes et tua scire omnino interest. Insidiantur holcadi Phœniciæ piratæ, sub latere hoc promontorium amplectente delitescentes et speculatoribus per vices egressum navis observantes. Quamobrem caveas et cogites , quidnam tibi faciendum sit. Siquidem propter te, magis autem propter filiam tuam, hoc tam crudele facinus , illis autem usitatum, conceperunt. Ego autem ad ipsum : Tibi quidem dii pro his dignas referant gratias : ceterum unde insidias deprehendisti, Tyrrhene? At ille, Ex arte, inquit, viris sum notus et cum illis obsonia affero majus pretium, quam ab aliis reporto. Itaque heri, cum nassas colligerem circa præcipitia, mecum congressus archipirata, Num audisti, quando Phœnices e portu sunt solituri, quærebat. Ego autem cum intellexissem insidias sermonis, Certi quidem, inquio, quod dicam, habeo nihil, Trachine : ceterum ineunte vere primum illos solutoros puto. Igitur,

ἡγοῦμαι αὐτοὺς ἀφορμήσειν. Ἆρ' οὖν, ἔφη, καὶ ἡ κόρη αὐτοῖς ἡ παρά σοι καταγομένη συμπλεύσεται; Ἄδηλον μὲν, εἶπον, ἀλλὰ τί πολυπραγμονεῖς; Ὅτι αὐτῆς, ἔφη, ἐρῶ μανικῶς, ἅπαξ θεασάμενος· οὐ γὰρ οἶδα προστυχὼν τοιούτῳ κάλλει, πολλὰς καὶ ταῦτα καὶ οὐκ ἐξώρους αἰχμαλωτίδας ᾑρηκώς. Ὑπαγόμενος οὖν αὐτὸν ὥστε πᾶν ἀναπτύξαι τὸ βούλευμα· Τί οὖν, ἔφην, δεῖ σε συμπλέκεσθαι τοῖς Φοίνιξιν ἀλλὰ μὴ ἀναιμωτὶ καὶ πρὸ τῆς θαλάττης ἔχειν, ἐκ τῆς οἰκίας ἁρπάσαντα τῆς ἐμῆς; Σώζεται καὶ παρὰ λῃσταῖς, ἔφη, τι συνειδὸς καὶ πρὸς τοὺς γνωρίμους φιλάνθρωπον. Σοῦ τ' οὖν φείδομαι, μὴ πραγμάτων πειραθείης τοὺς ξένους ἐπιζητούμενος. Ἐγὼ δὲ δι' ἑνὸς ἔργου δύο τὰ μέγιστα προσκτήσασθαι βούλομαι, τόν τε πλοῦτον τῆς νεὼς καὶ τὸν γάμον τῆς κόρης, ὧν θατέρου πάντως ἐστὶν ἀποτυχεῖν κατὰ γῆν ἐπιχειροῦντα τὴν πρᾶξιν. Καὶ ἄλλως οὐδ' ἀκίνδυνον εἴ τι τούτων γίγνοιτο πλησίον τῆς πόλεως, ἐκ τοῦ παραχρῆμα τῆς τ' αἰσθήσεως καὶ τῆς ἐπιδιώξεως ἐσομένης. Πολλὰ δὴ τῆς συνέσεως αὐτὸν ἐπαινέσας, ἐκείνου μὲν ἀπηλλαττόμην, σοὶ δὲ καταμηνύων τὴν σκευωρουμένην πρὸς τῶν ἁλαστόρων ἐπιβουλήν, ἱκετεύω φροντίδα ποιεῖσθαι τοῦ σαυτόν τε καὶ τοὺς σαυτοῦ διασώζειν.

ΚΑ΄. Ἀπῄειν κατηφὴς τούτων ἀκούσας καὶ παντοίας ἔστρεφον παρ' ἐμαυτῷ βουλάς, ἕως ἐκ ταὐτομάτου μοι πάλιν ἐντυχὼν ὁ ἔμπορος καὶ περὶ τῶν αὐτῶν διαλεγόμενος, σκέμματός τινος ἐνδόσιμον παρεῖχεν. Ἀποκρύπτων γὰρ τῶν παρὰ τοῦ Τυρρηνοῦ μηνυθέντων, ἅπερ ἐβουλόμην, ἐκεῖνο μόνον τὸ μέρος ἐξέφαινον, ὡς ἁρπάσαι τις τῶν ἐγχωρίων διανοεῖται τὴν κόρην, πρὸς ὃν οὐκ ἔστιν ἀξιόμαχος ἀντιτάξασθαι. Ἐγὼ δὲ σοὶ μᾶλλον ἂν, ἔφην, ἐλοίμην αὐτὴν κατεγγυῆσαι διά τε τὴν προϋπάρχουσαν γνῶσιν, διά τε τὴν περιουσίαν· καὶ πρὸ πάντων ὅτι τὴν ἡμετέραν εἰκών, εἰ τοῦ γάμου τύχοις, ἔφθης ἐπαγγελλόμενος. Ὥστ' εἴ σοι πάντως φίλον, σπουδαστέον ἡμῖν τὸν ἐνθένδε ἀπόπλουν, πρίν τι καὶ πρὸς τὸ ἀκούσειν προληφθῆναι παθόντας. Ὑπερήσθη τούτων ἀκούσας καὶ εὖ γε, ὦ πάτερ, ἔφη, καὶ ἅμα ἐφίλει προσιὼν τὴν κεφαλήν, ἐπυνθάνετό τε πότ' ἀνάγεσθαι κελεύοιμι, καὶ γὰρ εἰ μηδέπω τῆς ὥρας εἶναι τὰ πλοΐμα, ἀλλ' ὑπάρχειν μεταστησαμένους εἰς ἕτερον ὅρμον, ἐπιβουλῆς τ' ἐκτὸς γενέσθαι τῆς ὑπονοουμένης, καὶ τὸ ἀκριβὲς τοῦ ἔαρος περιμεῖναι. Οὐκοῦν, ἔφην, εἰ δὴ μέλλει τοὐμὸν ἰσχύειν πρόσταγμα, τῆς ἀρχομένης ἂν βουλοίμην ἀποπλεῦσαι νυκτός. Καὶ ὁ μὲν, Οὕτω γενήσεται, εἰπὼν, ἀπεχώρει. Ἐγὼ δ' οἴκαδε ἐλθὼν, πρὸς μὲν τὸν Τυρρηνὸν οὐδὲ ἕν, πρὸς δὲ τοὺς παῖδας ἔφραζον, ὡς μεθ' ἑσπέραν βαθεῖαν αὖθις ἐπιβαίνειν δεήσει τῆς ὁλκάδος. Τῶν δὲ τὸ αἰφνίδιον θαυμαζόντων καὶ τὴν αἰτίαν πυνθανομένων, ὑπερεθέμην εἰσαῦθις ἐρεῖν· νῦν δ' οὕτω πραχθῆναι συμφέρειν ἔλεγον.

ΚΒ΄. Ἐπεὶ δὲ δείπνου πρὸς ὀλίγον μεταλαβόντες εἰς ὕπνον ἐτράπημεν, ὄναρ μοί τις πρεσβύτης ἐφαίνετο, τὰ μὲν ἄλλα κατεσκληκὼς, ἐπιγουνίδα δὲ λείψ-

inquit, et virgo quæ apud te diversatur una cum illis navigabit? Incertum est quidem, dixi, verum cur tam curiose id scrutaris? Quod depereo illam, ita ut vix sim compos mentis, cum semel tantum viderim. Neque me scio unquam incidisse in talem formam, præsertim cum multas et non deformes captivas ceperim. Occulte igitur eum pertrahens eo, ut mihi totius consilii sui rationem explicaret : Quid igitur, inquiebam, te opus est conserere manus cum Phœnicibus et non potius sine sanguine et priusquam conscendant adipisci ex ædibus meis? Servatur, inquit, et apud prædones conscientia quædam et erga notos humanitas. Tua igitur causa parco, ne tibi ea res difficultatem pariat, cum a te hospites amissi reposcerentur : tum una opera duo maximo consequi volo, opes navis, et matrimonium virginis; quorum altero omnino me frustrari necesse est, terra negotium aggredientem : et alioqui neque tutum est, cum, si quid ejusmodi accideret prope sita urbe, continuo et factum sentiretur et persecutio futura esset. Cum igitur eum multis modis ob prudentiam collaudassem, ab illo discedebam. Tibi vero indicans insidias, quas ab his struuntur scelestis hominibus, magnopere oro et obtestor, ut in id curam intendas, quo pacto te ipsum et tuos servare possis.

XXI. Discedebam tristis, cum hæc audissem et varia versabam apud me consilia, donec forte casu mihi obviam factus mercator et de iisdem mecum colloquens, ansam cujusdam consilii præbuit. Occultans enim ex iis, quæ erant indicata a Tyrrheno, quæ volebam, illam tantum partem retegebam, quod quidam indigenarum cogitaret rapere virginem, cui resistere ipse et se opponere non posset. Ego autem tibi potius, inquiebam, mallem ipsam desponsare, tum propter notitiam, quæ mihi tecum jam antea intercedit, tum propter opes tuas; et inprimis quod te in nostra patria habitaturum, si matrimonium consecutus fueris, ante promisisti. Quamobrem si tibi omnino cordi est, propere hinc abnavigemus, priusquam anticipemur, aliquid vel per vim passi. Vehementer me delectatus his auditis et Recte, pater, inquit : simulque accedens caput osculabatur et quærebat, quando solvere juberem? Etsi enim nondum tempestiva esset navigatio, licere tamen in alium portum sese transferentibus, insidias quæ struerentur evitare et verum constantiam operiri. Igitur, inquiebam, siquidem valebit meum imperium, sub initium noctis navigare velim. Et ille quidem, sic futurum cum dixisset, discedebat. Ego autem domum reversus, Tyrrheno quidem nihil, liberis autem dicebam, quod post crepusculum rursus holcadem conscendere oporteat. His autem repentinum illud factum mirantibus et causam quærentibus, distuli, postea me dicturum pollicens : nunc autem conducere ut ita fiat, dicebam.

XXII. Ceterum postquam sumpta cœna modica in somnum lapsi sumus, in somnis mihi apparuit quidam senex, reliquo quidem corpore aridus : verum succincta veste

νον τῆς ἐφ' ἡλικίας ἰσχύος ἀνεσταλμένου ζώματος ὑποφαίνων, κυνῆν μὲν τῆς κεφαλῆς ἐπικείμενος, ἀγχίνουν δ' ἅμα καὶ πολύτροπον περισκοπούμενος καὶ οἷον ἐκ πληγῆς τινος μηρὸν σκάζοντα παρέλκων. Πλησιάσας δὴ μοι καὶ σεσηρός τι μειδιάσας, Ὦ θαυμάσιε, ἔφη, σὺ δὲ μόνος ἐν οὐδενὸς [λόγου] μέρει τέθεισαι τὰ καθ' ἡμᾶς, ἀλλὰ πάντων ὅσοι δὴ τὴν Κεφαλήνων παρέπλευσαν οἶκόν τε τὸν ἡμέτερον ἐπισκεψαμένων καὶ δόξαν γνῶναι τὴν ἡμετέραν ἐν σπουδῇ θεμένων, αὐτὸς οὕτως ὀλιγώρως ἔσχηκας, ὡς μηδὲ τοῦτο δὴ τὸ κοινὸν προσειπεῖν, ἐκ γειτόνων καὶ ταῦτ' οἰκοῦντα. Τοὶ γάρ τοι τούτων ὑφέξεις οὐκ εἰς μακρὰν τὴν δίκην καὶ τῶν ὁμοίων ἐμοὶ παθῶν αἰσθήσῃ, πολλάττῃ θ' ἅμα καὶ γῇ πολεμίοις ἐντυγχάνων. Τὴν κόρην δ' ἣν ἄγεις, παρὰ τῆς ἐμῆς γαμετῆς πρόσειπε, χαίρειν γὰρ αὐτῇ φησι, διότι πάντων ἐπίπροσθεν ἄγει τὴν σωφροσύνην καὶ τέλος αὐτῇ δεξιὸν εὐαγγελίζεται. Ἀνηλάμην ὑπὸ τῆς ὄψεως παλλόμενος· καὶ τοῦ Θεαγένους, ὅ τι πέπονθα, ἐρομένου, Τάχα, ἔφην, ὠψίσθημεν τῆς ἀναγωγῆς καὶ τεθορύβημαι ἀφυπνίσας πρὸς τὴν ἔννοιαν. Ἀλλ' αὐτός τ' ἀνίστω καὶ τὰ ὄντα συσκευάζου, τὴν Χαρίκλειάν τ' ἐγὼ μετελεύσομαι. Παρῆν ἡ παῖς ἐμοῦ τοῦτο σημήναντος. Καὶ ὁ Τυῤῥηνὸς αἰσθόμενος διανέστη, καὶ τὸ γιγνόμενον ἐπυνθάνετο. Κἀγώ, Τὸ μὲν γιγνόμενον ἔστιν, ἔλεγον, ἡ σὴ συμβουλή. Διαβρυάναι πειρώμεθα τοὺς ἐπιβουλεύοντας. Σὺ δ' αὐτός τε σῴζοιο πρὸς τῶν θεῶν, ἀνδρῶν βέλτιστος περὶ ἡμᾶς γεγενημένος καὶ τήνδε δίδου τελευταίαν χάριν· θῦε διαπλεύσας εἰς Ἰθάκην ὑπὲρ ἡμῶν Ὀδυσσεῖ καὶ αἴτει τῆς μηνίδος ἀνεῖναι τῆς καθ' ἡμῶν, ἣν ἀγανακτεῖν ὡς παρεωραμένος τῇδέ μοι τῆς νυκτὸς ἐπιφανεὶς ἐξηγόρευσεν. Ἐπηγγέλλετο ποιήσειν οὕτω καὶ ἄχρι τῆς νεὼς παρέπεμπεν, ἐπιδακρύων τε πλεῖστα καὶ τὸν πλοῦν ἡμῖν ἀπήμονα γενέσθαι καὶ κατὰ νοῦν ἐπευχόμενος. Τί δεῖ μηκύνοντα ἐνοχλεῖν; ἄρτι φωσφόρου διαλάμψαντος ἀνηγόμεθα, πολλὰ μὲν τῶν ναυτῶν τὴν πρώτην ἐναντιουμένων, τέλος δὲ πρὸς τοῦ Τυρίου τοῦ ἐμπόρου πεισθέντων, λῃστρικὴν προαγορευθεῖσαν ἔφοδον διαδιδράσκειν εἰπόντος. Καὶ δ' μὲν ἐλάνθανε τὰ ὄντα ὡς πλάσμα λέγων. Ἡμεῖς δὲ πνεύμασι βιαίοις χρησάμενοι, ζάλης τ' ἀπροσμάχου καὶ κλύδωνος ἀσφάστου πειραθέντες, ἀπολέσθαι τε παρὰ μικρὸν ἐλθόντες, εἰς ἄκραν τινὰ Κρητικὴν προσωκείλαμεν, τῶν τε πηδαλίων θάτερον ἀπεβαλόντες, καὶ τῆς κεραίας τὸ πλεῖστον συντρίψαντες. Ἐδόκει οὖν ἐπισκευῆς τε ἕνεκα τῆς ὁλκάδος καὶ ἡμῶν αὐτῶν ἀναλήψεως, ἡμέρας τινὰς ἐπιμεῖναι ἐν τῇ νήσῳ. Καὶ τούτων οὕτω γενομένων, ὁ πλοῦς ἡμῖν αὖθις παρηγγέλλετο πρώτην ἡμέραν τῆς σελήνης μετὰ τὴν πρὸς ἥλιον σύνοδον ἐπιλαμπούσης. Καὶ ἀναχθέντες ἤδη ζεφύρων ἐαρινῶν ὑπηχούντων ἐφερόμεθα, νύκτα τε καὶ ἡμέραν ἐπὶ τὴν Λιβύων γῆν τοῦ κυβερνήτου τὴν ὁλκάδα χειραγωγοῦντος. Ἔφασκε γὰρ ἐνδέχεσθαι μὲν εὐθυβόλως καὶ διαμπὰξ περαιωθῆναι τὸ πέλαγος τοῦ πνεύματος ἐπιτρέποντος, ἐπείγεσθαι

genu paullulum ostendens, satis apparebat, quæ ipsius ætate vegeta vires fuissent; galerum in capite gerens et sapientiam ac versutiam adspectu declarans et tanquam ex vulnere aliquo femur claudicans post se trahens. Cum igitur ad me propius accessisset, et minaci oris habitu subrisisset : O præclare, inquit, tu vero nullam rationem nostri habuisti, sed solus ex omnibus, quicunque Cephalenen præternavigarunt et nostram domum contemplati sunt, gloriamque nostram cognoscere magni æstimarunt, adeo nos contemsisti, ut neque, quod vulgare est, salutaveris, præsertim in vicinia habitantem. Ac tu quidem horum non multo post lues pœnas et senties eosdem casus et calamitates, quas ego sum expertus, mari ac terra simul in hostes incidens. Virginem vero quam ducis meæ conjugis nomine alloquere. Salutat illam, quod imprimis colat et omnibus rebus anteferat castitatem, finemque illi prosperum ac felicem annuntiat. Proripui me, præ visione tremens et Theagene, quidnam mihi accidisset, quærente, Propemodum, inquiebam, exitum navis e portu neglecimus et expergiscens ea cogitatione sum perturbatus. Sed et ipse surge, ac tuas res collige : Charicleam autem ego accersam. Aderat filia, cum significassem. Tyrrhenus quoque cum sensisset, surrexit et de eo, quod fieret, inquirebat. At ego, Id quod in præsentia fit, tuum consilium est, dicebam : effugere conamur insidiatores. Te vero dii salvum et incolumem conservent, qui optimi viri officio erga nos functus es. Hanc autem da nobis ultimam gratiam : transmittens in Ithacam, sacrifica pro nobis Ulyssi et pete ut iram suam erga nos mitiget qua se commotum esse, tanquam spretum et contemptum, cum nobis hac nocte apparuisset, significavit. Promittebat se ita facturum esse et usque ad navem deducebat, magnam vim lacrimarum profundens et ut nobis navigatio feliciter et ex animi sententia succederet a deo deprecans. Quid multis opus est? Cum primum lucifer illuxisset, in altum provehebamur, initio quidem nautis magnopere contradicentibus ad extremum autem a Tyrio mercatore persuasis, cum, se fugere adventum piratarum sibi prænuntiatum, dixisset. Et illum quidem latebat, quod vera diceret, cum figmento uti voluisset. Nos autem ventis violentis usi, et tempestatem infestam et fluctus horrendos experti et eo propemodum ut non procul ab interitu abessemus pervenientes, ad promontorium quoddam Creticum appulimus, altero clavo amisso et maxima parte antennarum confracta. Visum est igitur, reficiendæ navis causa et nostrum ipsorum recreandorum, dies aliquot in insula commorari. Et his ita factis, navigatio nobis iterum denuntiabatur, ubi primum luna, post conjunctionem cum sole, iterum apparuisset. Et profecti sumus in altum, spirantibus jam Zephyris vernis, ferebamur diem ac noctem, gubernatore ad Africæ terram holcadem dirigente. Dicebat enim, recta, et continuo cursu, vento impellente, pelagus transmitti posse. Accelerare autem se, ut possit continentem attingere, aut por-

δὲ λαβέσθαι τινὸς ἠπείρου καὶ ὅρμου, πειρατικὸν εἶναι
τὸ ἐκ πρύμνης ἀναφαῖνον ἀκάτιον ὑφορώμενος. Ἐξ
οὗ γάρ, ἔφη, τῆς Κρητικῆς ἤραμεν ἄκρας, ἕπεται κατ'
ἴχνος, καὶ ἀπαράλλακτον μεταθέει τὸν ἡμέτερον πλοῦν,
5 ὥσπερ τῆς αὐτῆς ὁρμῆς ἐξηρτημένον, ἐφώρασά τε πολ-
λάκις συμπαραφερόμενον, ἐμοῦ τὴν ναῦν ἐξεπίτηδες
ἔστιν ὅτε τοῦ εὐθέος παρατρέποντος.
ΚΓ΄. Τούτων οἱ μὲν ἐδήχθησαν εἰρημένων καὶ πρὸς
ἄμυναν εὐτρεπίζεσθαι παρῄνουν, οἱ δ' ὀλιγώρως εἶχον,
10 ἔθος εἶναι φάσκοντες ἐν τοῖς πελάγεσιν ἕπεσθαι ταῖς
ὑπερόγκοις ναυσὶ τὰς βραχυτέρας, ὥσπερ ὑπὸ πλείο-
νος ἐμπειρίας ὁδηγουμένας. Ἔτι τούτων ἐπὶ θάτερα
γυμναζομένων, ἦν μὲν ἤδη τῆς ἡμέρας, ὅτε ἀρότρου
βοῦν ἐλευθεροῖ γηπόνος, ὁ δ' ἄνεμος τῆς ἄγαν φορᾶς
15 ὤκλαζε καὶ κατ' ὀλίγον ἐνδιδούς, ἄπρακτός τε καὶ
μαλακὸς τοῖς ἱστίοις ἐνέπιπτε καὶ σοβῶν μᾶλλον ἢ
προωθῶν τὴν ὀθόνην τέλος εἰς γαλήνην ἐξενικήθη, κα-
θάπερ τῷ ἡλίῳ συγκαταδυόμενος, ἢ ἀληθέστερον εἰπεῖν,
τοῖς ἐπιδιώκουσιν ὑπηρετούμενος. Οἱ γὰρ κατὰ τὴν
20 ἄκατον, ἕως μὲν ἡμῖν ὁ πλοῦς ὑπήνεμος ἠνύετο, μα-
κρῄ τῆς ὁλκάδος, ὡς τὸ εἰκός, ἀπελείποντο, μείζοσι
τοῖς ἱστίοις πλέον τὸ πνεῦμα δεχομένης. Ἐπειδὴ δὲ
τὴν θάλατταν ἐστόρεσεν ἡ γαλήνη καὶ τὰς κώπας ἡ
χρεία παρεκάλει, θᾶττον ἡμῖν ἢ ὥστ' εἰπεῖν ἐπέστη-
25 σαν, ἅτ' οἶμαι πρόσκωποί τε πάντες οἱ ἐμπλέοντες καὶ
κοῦφον ἀκάτιον καὶ πρὸς ἐρεσίαν εὐπειθέστερον ἐλαύ-
νοντες.
ΚΔ΄. Ἤδη δὲ πλησιαζόντων, ἀνέκραγέ τις τῶν συμ-
διεξηκότων, ἀπὸ τῆς Ζακυνθίων, Τοῦτ' ἐκεῖνο, ἄνδρες,
30 ἀπολώλαμεν· πειρατικὸς ὁ στόλος. Τραχίνου γνωρίζω
τὴν ἄκατον. Ἐσείσθη πρὸς τὴν ἀγγελίαν ἡ ὁλκάς,
ἔν τε γαλήνῃ κλύδωνος ἐνέπλησε, θορύβοις, ὀλολυγ-
μοῖς, διαδρομαῖς καταγιζομένη· τῶν μὲν εἰς τὰ κοῖ-
λα τῆς νεὼς καταδυομένων, τῶν δὲ πρὸς μάχην ἐπὶ τῶν
35 ἰκρίων ἀλλήλοις παρακελευομένων, τῶν δ' εἰς τὸ σκά-
φος τὸ ὑπηρετικὸν ἄλλεσθαι καὶ διαδρᾶναι βουλευο-
μένων· ἕως ἐν τῷ μέλλειν καὶ ἄκοντας αὐτοὺς προλα-
βὼν ἔστησεν ὁ πόλεμος, τῷ προστυχόντι πρὸς ἄμυναν
ὁπλίσας. Ἐγὼ δὲ καὶ ἡ Χαρίκλεια τῷ Θεαγένει πε-
40 ριφύντες, ὅλον ἐνθουσιῶντα πρὸς τὴν μάχην καὶ ζέοντα
μόλις ἐπείχομεν· ἡ μέν, ἵνα μηδὲ παρὰ τὸν θάνατον,
ὡς ἔφασκε, χωρίζοιτο, ξίφει δ' ἑνὶ καὶ πληγῇ μιᾷ τοῦ
πάθους ὁμοίου κοινωνήσειεν, ἐγὼ δέ, ὡς Τραχῖνον
εἶναι τὸν ἐπιόντα ἔγνων, συνοίσων πρὸς τὰ μέλλοντά τε
45 προμηθούμενος. Ὅπερ δὴ καὶ γενέσθαι συνέβη.
Πλησιάσαντες γὰρ λῃσταὶ καὶ ἐγκάρσιοι παρελαύνοντες,
ἀποπειρώμενοί τε, εἰ πως ἀναιμωτὶ γένοιτο ἐγκρατεῖς
τῆς ὁλκάδος, ἔβαλλον μὲν οὐδέπω, τοῖς δ' εἰς κύκλον
περίπλοις οὐδαμοῦ προβαίνειν ἐπέτρεπον, ἐῴκεσάν τε
50 πολιορκοῦσι καὶ τὴν ναῦν ἐξ ὁμολογίας ἑλεῖν ἐσπουδα-
κόσι. Καὶ Ὦ δυσδαίμονες, ἔφασαν, τί δή ποτε μαί-
νεσθε καὶ πρὸς οὕτως ἄμαχον καὶ ὑπερφέρουσαν ἰσχὺν
ἐναντίας αἴρομενοι χεῖρας, προὔπτον ἀναρριπτεῖτε θά-
νατον; ἔτι φιλανθρωπευόμεθα ὑμᾶς· ἐπιτρέπομεν εἰς τὸ

tum. Piraticum enim navigium esse quod ex puppi appa-
reret suspicabatur. Nam postquam a Cretico promontorio
solvimus, sequitur vestigiis nostris insistens et nusqu(...)
declinans persequitur nostram navigationem, tanquam in
eodem cursu suspensum : deprehendique, illud saepius una
circumvehi, cum ego navem ex industria a recto cursu de-
flecterem.

XXIII. Haec cum dicta essent, quidam commoti sunt et
reliquos adhortabantur, ut se ad defensionem appararent :
quidam vero negligebant, solere, dicentes, in mari breviores
naves, magnas consequi, tanquam majori experientia et
certitudine viam demonstrantes. Cum haec adhuc in
utranque partem disputarentur, erat diei tempus, quo juga
bobus demere solet agricola et ventus jam ex nimio im-
petu languescebat et paullo pos remissus inefficaciter et
molliter in vela incidebat, concutiens magis quam promo-
vens lintea. Ad extremum et in tranquillitatem subsedit,
tanquam una cum sole occidens, vel ut verius dicam per
sequentibus inserviens. Nam hi qui erant in navigio,
quamdiu impulsu venti navigabamus, longe a tergo navis
oneraria, ut est consentaneum, relinquebantur, majoribus
velis plus venti capientibus : ceterum postquam tranquil-
litas mare stravit et necessitas remos advocabat, celerius
quam dici potest supervenerunt, cum ut existimo omnes
remigium officio fungerentur, leveque navigium et ad remi-
gium magis accommodatum impellerent.

XXIV. Cum autem jam in propinquo essent, exclamavit
quidam ex Zacynthiis, qui nobiscum una conscenderant :
Hoc illud est, viri, periimus! piratica est classis : agnosco
Trachini navem. Concussa est ad hunc nuntium holcas et
in tranquillitate tempestate implebatur, tumultu, lamentis
et transcursationibus incitata, aliis in concavas partes na-
vis subeuntibus, aliis sese ad pugnam in tabulatis adhor-
tantibus, quibusdam descendendum esse in scapham et effu-
giendum censentibus : donec interim dum cunctarentur,
vel invitos ipsos anticipans bellum cohibuit, eo, quod ob-
vium fuit cuique, armatos. Ego autem et Chariclea am-
plexi Theagenem, totum aestuantem et ardentem pugnandi
studio, vix cohibuimus : illa quidem, ut neque in morte,
ut dicebat, ab eo separaretur, sed uno gladio et eodem vul-
nere communicatam cum illo calamitatem sustineret; ego
vero, postquam Trachinum esse, qui adveniebat, agnovi,
aliquid, quod esset in posterum profuturum, providens.
Quod et ita evenit. Cum enim appropinquassent piratae
et transversim essent advecti, periculum facientes, si quo
modo incruenti holcadem occupare et in suam potestatem
redigere possent, tela non conjiciebant, sed tantum circum-
navigationibus orbicularibus, nusquam navem progredi
permittebant : denique obsidentibus erant similes et iis qui
pactis ac deditione navem capere omnino cuperent : et O
infelices, dicebant, cur ita amentes estis et contra vires
adeo invictas et longe vestris superiores adversas manus
tollentes, manifestum vobis interitum accersitis? adhuc

ἐφόλκιον εἰσβῆναι καὶ σώζειν αὑτοὺς εἰ βούλεσθε. Οἱ
μὲν ταῦτα προύτεινον. Οἱ δ' ἐπὶ τῆς ὁλκάδος, ἕως
μὲν ἀκίνδυνον μάχην καὶ πόλεμον ἀναίμακτον ἠγωνί-
ζοντο, θρασεῖς τ' ἦσαν καὶ οὐκ ἂν ἔφασαν ἐκστῆναι.
5. ΚΕ΄. Ἐπεὶ δέ τις τῶν ληστῶν ὁ τολμηρότερος ἐναλ-
λάμενος εἰς τὴν ναῦν καὶ παίων τῷ ξίφει τοὺς προστυχόν-
τας, φόνῳ καὶ θανάτῳ κρίνεσθαι τὸν πόλεμον ἐδίδαξεν,
ἐρρήλαντο δὲ καὶ οἱ λοιποὶ πάντες, τότε δὴ μετεμέλοντο
οἱ Φοίνικες καὶ προσπεσόντες ἀπέχεσθαι σφῶν ἱκέτευον,
10 ἐφ' ᾧ τὰ προσταχθησόμενα ποιήσειν. Οἱ δὲ, καίπερ
ἤδη φονῶντες, αἵματος γὰρ ὄψις φρονήματος γίγνεται
στόμωσις, ἐκ προστάγματος τοῦ Τραχίνου, παρ' ἐλπίδα
πᾶσαν ἐφείδοντο τῶν ὑποπεσόντων. Ἐγίγνετο δ'
ἄσπονδος ἐκεχειρία καὶ πόλεμος ἔργοις ὁ χαλεπώτατος,
15 εἰρήνης ὀνόματι νόθῳ παραλυόμενος, συνθήκης βαρυ-
τέρας πλέον ἢ τῆς μάχης ὁριζομένης. Σὺν ἑνὶ γὰρ
χιτωνίσκῳ τῆς ὁλκάδος ἐξίστασθαι προηγορεύετο καὶ
θάνατος τῷ παραβαίνοντι διηπειλεῖτο. Ἀλλ' ἔστιν, ὡς
ἔοικεν, ἀνθρώποις ψυχὴ πάντων προτιμότερον· δι' ἣν
20 καὶ τότε οἱ Φοίνικες ἐλπίδος πλούτου τῆς νεὼς ἀποσυ-
λώμενοι, καθάπερ οὐ στερούμενοι κερδαίνειν δὲ μέλ-
λοντες, ὅστις πρότερος τὸν ἕτερον φθάσας ἐπιβαίη τοῦ
σκάφους, ἠπείγοντο, θᾶττον ἐν τῷ βεβαίῳ τοῦ περιεῖ-
ναι γενέσθαι πᾶς τις ἁμιλλώμενος.
25 ΚϚ΄. Ἐπεὶ δὲ καὶ ἡμεῖς τῷ δόγματι πειθόμενοι
παρῄειμεν, ὁ Τραχῖνος τῆς Χαρικλείας ἐπιλαβόμενος,
Οὐδὲν, ἔφη, πρὸς σὲ ὅδ' ὁ πόλεμος, ὦ φιλτάτη, ἀλλὰ
διὰ σὲ γεγένηται καὶ σοὶ πάλαι καὶ ἐξ οὗ γ' ἀπολελοί-
πατε τὴν Ζακυνθίων, ἕπομαι, τοσοῦτον ἕνεκα σοῦ καὶ
30 πέλαγος καὶ κίνδυνον ἀναδεξάμενος. Ὥστε θάρσει καὶ
ἴσθι δέσποινα σὺν ἡμῖν τῶνδ' ἁπάντων ἐσομένη. Ταῦτ'
ἐκείνου μὲν ἔλεγεν, ἡ δὲ (ἔστι γὰρ (γυνὴ) τι χρῆμα
σοφώτατον καιρὸν διαθέσθαι δραστήριος) ἅμα δέ τι
καὶ τῆς ἐμῆς ὑποθήκης ἀνύουσα, τὸ κατηφὲς τῶν πε-
35 ρικρατῶν τοῦ βλέμματος ἀποσκευασαμένη καὶ πρὸς
τὸ ἐπαγωγότερον ἐκβιασαμένη· Ἀλλὰ θεοῖς μὲν, ἔφη,
χάρις τοῖς τὰ φιλανθρωπότερα περὶ ἡμῶν ἐπὶ νοῦν τὸν
σὸν ἄγουσιν. Εἰ δὲ βούλει με τῷ ὄντι θαρσοῦσαν καὶ
ἔχειν καὶ μένειν, πρώτην δίδου ταύτην αἴσθησιν τῆς
40 σῆς εὐνοίας· ἀδελφὸν τουτονὶ τὸν ἐμὸν καὶ πατέρα πε-
ρίσωζε, μηδ' ἐπίτρεπε τὴν ναῦν ἀπολιπεῖν· ὡς οὐκ ἔστιν
ὅπως βιώσομαι τούτων χωριζομένη. Καὶ ἅμα λέγουσα
τοῖς γόνασι προσέπιπτε καὶ εὔχετο ἐπιπλεῖστον ἱκετεύ-
ουσα, τοῦ Τραχίνου ταῖς περιπλοκαῖς ἐντρυφῶντος καὶ
45 τὴν ὑπόσχεσιν ἐπίτηδες παρέλκοντος. Ὡς δ' ὑπό τε
τῶν δακρύων πρὸς οἶκτον ἤγετο καὶ διὰ τῶν βλεμμά-
των πρὸς τὸ ὑπήκοον ἐδουλοῦτο, τὴν κόρην ἀναστήσας,
Τὸν μὲν ἀδελφὸν, ἔφη, δωροῦμαί σοι καὶ μάλα χαί-
ρων, ὁρῶ γὰρ νεανίσκον ἀνδρίας ἀνάμεστον καὶ βίῳ
50 τῷ ἡμετέρῳ συντελεῖν ἐπιτήδειον. Ὅδε δ' ὁ πρεσ-
βύτης, ἄχθος τηνάλλως, εἰς χάριν μόνην τὴν σὴν παρ-
έστω.
ΚΖ΄. Τούτων καὶ λεγομένων καὶ γιγνομένων, ὁ μὲν
ἥλιος ἀκριβῶς εἰς δυσμὰς περιελθὼν, τὸ μεταίχμιον

ἡμέρας καὶ νυκτὸς σκιόφως ἀπετέλεσεν· ἡ θάλαττα δ' αἰ-
φνίδιον ἐτραχύνετο, τάχα μὲν τροπὴν ἐκ τοῦ καιροῦ
λαβοῦσα, τάχα δέ που καὶ τύχης τινὸς βουλήματι
μεταβληθεῖσα· καὶ βόμβος ἀνέμου κατιόντος ἠκούετο,
5 καὶ ὅσον οὔπω πνεῦμα λάβρον τε καὶ βίαιον αὐτόθεν
ἐμπεσὸν, ἀπροσδοκήτου θορύβου τοὺς λῃστὰς ἐνεπε-
πλήκει, τὴν μὲν ἰδίαν ἄκατον ἀπολιπόντας, κατὰ δὲ
τὴν ὁλκάδα πρὸς τῇ διαρπαγῇ τοῦ φόρτου καταληφθέν-
τας, ὅπῃ τε χρήσονται τῷ μεγέθει τῆς νεὼς ἀπείρως
10 ἔχοντας. Τοιγάρτοι πᾶν μὲν ναυτιλίας μέρος ὑπὸ τοῦ
προστυχόντος ἐσχεδιάζετο. Τέχνην δ' ἄλλος ἄλλην
αὐτοδίδακτος ἐθρασύνετο, τῶν μὲν τὰ ἱστία τεταραγ-
μένως ἀνιμώντων, τῶν δὲ τοὺς κάλως ἀπείρως κατα-
νεμόντων· καὶ ὁ μέν τις τὴν πρώραν ἀδόκιμαστος
15 ἐκληροῦτο, ὁ δὲ τὴν πρύμναν εἶχε καὶ τοὺς αὐχένας.
Οὐχ ἥκιστα γοῦν ἡμᾶς εἰς τὸν ἔσχατον τῶν κινδύνων
ἐνέβαλεν, οὐ τὸ βίαιον τοῦ κλύδωνος, (οὔπω γὰρ ὁλοσ-
χερῶς ἐκτετάρακτο) ἀλλὰ τὸ ἀτεχνον τοῦ κυβερνῶντος,
ἀντισχόντος μὲν ἐφ' ὅσον ἡμερινοῦ φωτὸς ἀπαύγασμα
20 περιέλαμπεν, ἀπειπόντος τοῦ σκότους ἐκνικήσαντος.
Ἤδη δὲ βαπτιζομένων καὶ καταδῦναι μικρὸν ἀπολι-
πόντων, ἐπεχείρουν τὴν πρώτην ἔνιοι τῶν λῃστῶν εἰς
τὴν ἰδίαν αὐτῶν μετεισβαίνειν ἄκατον, ἔπειτ' ἐπεῖχον,
ὑπό τε τοῦ κλύδωνος ἐκκρουόμενοι καὶ τοῦ Τραχίνου
25 πείθοντος ὡς μυρίοις σκάφεσιν εὐπορωτέροις ἐξέσται
γενέσθαι τὴν ὁλκάδα καὶ τὸν ἐνόντα πλοῦτον διασώ-
ζουσι. Καὶ τέλος καὶ τὸ καλῴδιον ἐξ οὗ τῆς νεὼς
ἤρτητο διέκοψεν, ἄλλον χειμῶνα τοῦτον ἐφέλκεσθαι
σφᾶς διατεινόμενος καὶ ἅμα καὶ τοῦ μέλλοντος ἀσφα-
30 λοῦς προνοεῖν ὑφηγούμενος· εἶναι γὰρ ὕποπτον ἀμφο-
τέραις προσπλεῦσαί ποι ταῖς ναυσὶ τῶν ἐμπλευσάντων
θατέρᾳ πάντως ἐπιζητηθησομένων. Ἐδόκει τ' εἶναι
πιθανὸς καὶ δυοῖν δι' ἑνὸς τὸ παρὸν εὐδοκιμεῖν, βρα-
χείας ῥαστώνης αἰσθομένων ἐξ οὗ τὴν ἄκατον ἐχώρισεν·
35 οὐ μὴν παντάπασι τῶν δεινῶν ἀπαλλαγέντων, ἀλλὰ
τρικυμίαις τ' ἐπαλλήλοις ἐλαυνομένων καὶ πολλὰ τῆς
νεὼς ἀποβαλόντων καὶ κινδύνου πᾶν εἶδος ὑφισταμένων,
ἕως ἐκείνης τε τῆς νυκτὸς μόλις διαδραμούσης καὶ πρὸς
τῆς σχομένης ἡμέρας περὶ δείλην ἀκτῇ τινι κατὰ τὸ
40 στόμιον τοῦ Νείλου τὸ Ἡρακλεωτικὸν προσωκείλαμεν
καὶ γῆς Αἰγυπτίας ἀβουλήτως οἱ δυσδαίμονες ἐπιβαί-
νομεν, οἱ μὲν ἄλλοι χαίροντες, ἡμεῖς δ' ἀνιώμενοι καὶ
πολλὰ τῆς σωτηρίας τῇ θαλάττῃ ὀνειδίζοντες, ὡς
ἀνυβρίστου θανάτου φθονησάσῃ καὶ φοβερωτέρᾳ γῇ
45 καὶ προσδοκίᾳ παραδούσῃ, ἀθέσμοις βουλήμασι λῃ-
στῶν ἐκχειμασθέντας. Οἷα γὰρ καὶ ἐπεχείρουν, οὔπω
σχεδὸν τῆς γῆς ἐπιβεβηκότες οἱ ἀλιτήριοι, χαριστήρια
δῆθεν Ποσειδῶνι θύειν βουλέεσθαι φήσαντες, οἶνον μὲν
Τύριον, καὶ ἄλλ' ἄττα τῆς νεὼς ἐξεκόμιζον, βοσκή-
50 ματα δ' ἐκ τῶν πέριξ χωρίων τοὺς ὠνησομένους ἀπέ-
στελλον, ἀργυρίου θ' ὅσον πλεῖστον ἐγχειρίσαντες καὶ
τίμημα τὸ πρῶτον αἰτούμενον διδόναι κελεύσαντες.
ΚΗ´. Ὡς δ' ἐκεῖνοί τε τάχιστα παρῆσαν, ὅλην προ-
βάτων καὶ συῶν ἀγέλην ἐλαύνοντες, οἵ τε κατὰ χώραν

diem et noctem interpositum, opacum reddidit : mare au-
tem repente, seu causa mutationis a tempore accepta, seu
fortunæ alicujus voluntate transmutatum, commovebatur
et murmur descendentis venti exaudiebatur : flatusque
nimius ac violentus irruens, tumultu inopinato et per-
turbatione piratas implebat, cum propriam navem reli-
quissent et in holcade in direptione mercium deprehensi
essent et quonam modo magnitudine navis usuri essent,
ignorarent. Quælibet igitur navigationis pars, a quovis
obvio ex tempore et inconsulte tractabatur et artem alius
aliam, quam nunquam didicerat, proprio marte audacter
aggrediebatur, quibusdam vela tumultuarie remittentibus,
aliis funes imperite distribuentibus. Atque aliquis impe-
ritus proram sortiebatur, alius puppim tenebat et colla.
Præcipue igitur nos in ultimum periculum conjecit, non
vis tempestatis, (nondum enim prorsus fuerat commota)
sed inscitia gubernatoris, qui restiterat quidem, quamdiu
luminaris diurni fulgor lucebat, sed ad extremum succu-
buerat, cum tenebræ superassent. Itaque cum jam mer-
gerentur et non procul abesset, quin deprimerentur, initio
quidam ex piratis conabantur in suam navem transcen-
dere : deinde represserunt sese, excussi a proposito tem-
pestate et Trachini consilio, qui persuadebat illos sexcen-
tis navigiis abundaturos, si holcadem et opes quæ illa
continerentur integras retinerent. Et ad extremum etiam
funem, in quo pendebat, ab holcade abscidit, aliam tem-
pestatem hanc ipsos accersere affirmans et simul securitati
in posterum se prospicere docens. Suspectum enim esse,
applicare aliquo cum utraque nave, cum sit futurum om-
nino, ut de his, qui in altera navigassent, inquiratur.
Videbaturque probabilia dicere et duabus in rebus uno
facto consilium suum probare, cum brevem remissionem
sensissent, postquam acatum separavit : quamvis non om-
nino periculis liberati essent, sed fluctibus continuis sine
intermissione jactarentur et multas navis partes amisis-
sent, denique omnem periculi speciem sustinerent; donec
illa nocte vix elapsa, circa occasum consequentis diei, ad
litus quoddam, juxta ostium Nili, quod Heracleoticum
appellatur, appulimus et in terram Ægyptiam fortuito et
præter nostram voluntatem infelices descendimus : alii
quidem læti, nos autem magno cum dolore et mari sa-
lutis beneficium ut probrum objicientes, quod nobis
mortem omnis expertem injuriæ invidisset et terræ formi-
dabiliori et exspectationi tradidisset, nefario piratarum
arbitrio expositos. Quod cernere licebat ex iis, quæ,
cum nondum in terram propemodum descendissent pia-
cula aggrediebantur. Nam cum se Neptuno sacrificia
gratiarum actionis ergo facturos dixissent, vinum Tyrium
et alia id genus ex nave efferebant : quosdam ad pecudes
in vicinis locis coëmendas dimittebant, cum plurimo ar-
gento, datis mandatis, ut pretium quod primum postula-
retur solverent.

XXVIII. Postquam autem illi statim aderant, totum
ovium et suum agentes gregem, et hi qui manserant iis

μείναντες ὑποδεξάμενοι πυράν τ' ἐξῆπτον καὶ τὰ θύματα δείραντες, ηὐτρέπιζον τὴν εὐωχίαν· ὁ Τραχῖνος ἰδίᾳ με καὶ τῶν ἄλλων εἰς ἀνήκοον παραλαβών, Ὦ πάτερ, ἔφη, θυγατέρα τὴν σὴν ἐμαυτῷ γαμετὴν ἐμνηστευσάμην καὶ τοὺς γάμους, ὡς ὁρᾷς, ἑστιᾶν μέλλω τήμερον, ἑορτῶν τὴν ἡδίστην θυσίᾳ τῇ τῶν θεῶν ἐπισυνάπτων. Ὅπως οὖν μὴ αὐτός τ' ἀνήκοος στυγνότερον συμποσιάζοις, ἥ τε παῖς διὰ σοῦ μαθοῦσα δέξηται χαίρουσα τὸ ἐσόμενον, ἐδικαίωσα προειπεῖν σοι τὴν ἐμαυτοῦ γνώμην, οὐ βεβαιωθῆναι παρὰ σοῦ ταύτην βουλόμενος, ἔχω γάρ μοι κατεγγυῶσαν τὸ βούλημα τὴν ἐξουσίαν, ἀλλ' αἴσιον ἄλλως καὶ εὐπρεπὲς δοκιμάζων, εὐπειθεστέραν ηὐτρεπίσθαι τὴν. νύμφην, διὰ τοῦ φύντος προμαθοῦσαν τὸν γάμον. Ἐπῄνουν τὰ εἰρημένα καὶ χαίρειν ἐνεδεικνύμην, τοῖς τε θεοῖς χάριν ὁμολογεῖν ἥτις μεγίστη, τοῖς ἀνδρὶ τὸν δεσποτεύοντα τῆς θυγατρὸς ἀποφήνασιν.

ΚΘ'. Ἀποχωρήσας δὲ μικρὸν καί τινα τῶν πρακτέων ἔννοιαν ἐπ' ἐμαυτοῦ φροντίσας, ἐπανελθὼν ἱκέτευον σεμνότερον τελεσθῆναι τὰ δρώμενα καὶ θάλαμον ἀποφῆναι τῇ κόρῃ τὴν ὁλκάδα, ἐπεισιέναι δὲ μηδένα, μηδὲ διοχλεῖν κελεύσαντα, ὡς ἂν καὶ κόσμου τοῦ νυμφικοῦ καὶ τῆς ἄλλης εὐπρεπείας ἀπημελημένα κατὰ καιρὸν ἐγγένοιτο. Καὶ γὰρ ἂν εἴη πάντων ἀτοπώτατον, τὴν εὐγενείᾳ καὶ πλούτῳ κομῶσαν καί, τὸ μέγιστον, Τραχίνου γαμετὴν ἐσομένην, μηδ' ἀφ' ὧν ἔξεστιν ἁβρύνεσθαι, εἰ καὶ τὰ λαμπρότερα τῆς γαμηλίου πομπῆς ὁ καιρὸς ἡμᾶς καὶ ὁ τόπος ἀφῄρηται. Διεχεῖτο πρὸς ταῦθ' ὁ Τραχῖνος καὶ χαίρειν οὕτω πράξειν ἐπηγγέλλετο. Καὶ προσέταξεν αὐτίκα πάντα κομισαμένους ὧν χρῄζοιεν τοῦ λοιποῦ τῇ νηὶ μὴ πλησιάζειν. Καὶ οἱ μὲν τὰ ἐντεταλμένα ἔπραττον, ἐξεφόρουν τραπέζας, κρατῆρας, τάπητας, παραπετάσματα, Σιδωνίων ἔργα χειρῶν καὶ Τυρίων, τἆλλα οἷς δεῖπνον ὑπηρετεῖται πάντ' ἀφειδῶς καὶ ἐπὶ τῶν ὤμων ἀκόσμως ἐξετίθεντο πλοῦτον, ὃν πολλοὶ πόνοι καὶ φειδωλοὶ συνήθροισαν, ἀσώτῳ συμποσίῳ τῆς τύχης ἐνυβρίσαι παραδούσης. Ἐγὼ δὲ τὸν Θεαγένην παραλαβὼν καὶ παρὰ τὴν Χαρίκλειαν ἐλθών, εὑρὼν τε δεδακρυμένην, Ὦ θύγατερ, ἔφην, εἰωθότα μέν σοι καὶ οὐ ξένα. Θρηνεῖς δ' οὖν ὅμως, ἃ καὶ πρότερον ἢ τι καινότερον; ἡ δὲ, Πάντα μὲν, ἔφη, πρὸ πάντων δὲ τὰ προσδοκώμενα καὶ τὴν ἐμοὶ Τραχίνου πολεμίαν εὐνοιαν ἣν εἰκὸς ἐκείνῳ τὸν καιρὸν ἐπιτείναι. Φιλεῖ γὰρ εὐημερία παραλόγως ὕβρεως ἔργα προκαλεῖσθαι. Τραχῖνος μὲν οὖν καὶ ὁ Τραχίνου στυγητὸς ἔρως οἰμώξεται, θανάτου μοι προλήψει περιγραφησόμενος. Ἐμὲ δ' ἥ τε σὴ ἔννοια καὶ ἡ Θεαγένους, εἰ πρὸ τοῦ τέλους χωρισθήσομαι, πρὸς θρήνους κατήγαγε. Τὰ ὄντα, ἔφην, εἰκάζεις, ὁ γὰρ Τραχῖνος εἰς γάμον τοὐν αὐτοῦ σε καὶ σοῦ διὰ τῆς θυσίας μετακοιτεῖ τὴν εὐωχίαν, ἐμοὶ ὡς πατρὶ, τὴν βουλὴν ἐξηγόρευσεν, εἰδότι μὲν αὐτοῦ καὶ πάλαι τὴν ἐπί σοι μανιώδη κίνησιν, ἐξ ὧν ὁ Τυρρηνός μοι κατὰ τὴν Ζακυνθίων διείλεκτο, σιωπῶντι δὲ πρὸς ὑμᾶς, ὡς

LIBER V. 315

receptis pyram succendebant, ac victimis excoriatis convivium apparabant; Trachinus, me seorsim, ut alii exaudire non possent, assumto, O pater, inquit, filiam tuam despondi mihi in uxorem et nuptias, ut vides, celebraturus sum hodie, sollemnitatem suavissimam cum sacrificio deorum conjungens. Quamobrem ne et tu ipse, re antea non audita, aliquid tristitiæ aut mæroris in convivio præ te feras et filia a te edocta læto animo accipiat id quod est futurum, statui tibi meam prædicere sententiam : non quod suffragio tuo confirmari illam velim, siquidem non deest mihi potestas, despondens et obligans voluntatem; sed quod alioqui faustum et decorum esse judicem, si majori assensu et alacritate sponsa se præparet, cum a parente nuptias præsciverit. Collaudabam hæc ab illo dicta, gauderemque me assimulabam, et gratias agere diis quam maximas, qui dominum filiæ maritum designassent.

XXIX. Cumque discessissem paullulum et animum intendissem in cogitationem eorum, quæ facienda essent, reversus obsecrabam, ut gravius celebrarentur ea quæ inchoata essent et ut thalamum puellæ holcadem designaret, datis mandatis ne quisquam ingrediatur aut molestus sit; ut etiam ornatus sponsæ convenientis, ac reliqui cultus, ac decoris cura in tempore suscipi possit. Etenim esset omnium absurdissimum, si ea, quæ generis dignitate et opibus efferatur et quod est maximum, Trachini conjux sit futura, neque his, quibus licet, ornaretur, etiamsi nobis splendidiorem pompæ nuptialis apparatum tempus et locus ademissent. Diffusus est gaudio his auditis Trachinus et lubens se ita facturum promittebat; jussitque, ut statim omnibus, quibus illis esset opus, exportatis, deinceps ad navem non appropinquarent. Et hi quidem, quæ fuerant imperata, faciebant : efferebant mensas, pocula, tapetes, aulæa, Sidoniarum manuum et Tyriarum opera et alia quorum in instruendo convivio usus est : omnes denique profuse et sine ullo ordine in humeris exportabant opes, multis laboribus et frugalitate partas, eas profusi convivii petulantiæ tradente fortuna. Ego vero, assumto Theagene, cum ad Chariclean venissem et illam lacrimantem invenissem : O filia, inquam, hæc tibi jam sunt usitata, et non peregrina : attamen luges et haud scio an eadem quæ prius vel etiam aliquid novi. Illa autem, Omnia quidem, inquit, præ omnibus autem ea, quæ exspecto et mihi invisam Trachini benevolentiam, quam consentaneum est illi rationem temporis intendere. Solent enim successus inopinati, ad petulanter agendum provocare. Ceterum Trachinus et Trachini odiosus amor lugebit, qui a me anticipatione mortis evitabitur. Mea autem de te et de Theagene cogitatio, si quidem me a vobis separari ante finem continget, ad luctum deduxit. Rem ipsam, inquam, conjectaris; nam Trachinus in nuptias suas et tuas, post sacrificium, convivium transmutat et mihi ut patri consilium exposuit, jampridem cognitum habenti illius erga te furibundum amorem ex his quæ mecum Tyrrhenus in Zacyntho collo-

ἂν τοῖς μέλλουσιν ἀλγεινοῖς μὴ προκάμνοιτε τὰς γνώμας, ἐνδεχόμενον καὶ διαδρᾶναι τὴν ἐπιβουλήν. Ἐπεὶ δὲ, ὦ παῖδες, πρὸς τοῦτο μὲν ὁ δαίμων ἀντέπραξεν, ἐν αὑτοῖς δὲ τοῖς δεινοῖς ἐμβεβήκαμεν, φέρε τι γενναῖον
5 καὶ ἀπότομον ἐπιχειρήσαντες, ὁμόσε τῇ ἀκμῇ τοῦ κινδύνου χωρήσωμεν, ἢ τὸ εἶναι γενναίως καὶ ἐλευθέρως κατορθώσαντες, ἢ τὸ τεθνάναι σωφρόνως καὶ ἀνδρείως κερδήσαντες.

Λ'. Ὡς δὲ ποιήσειν ὅ τι ἂν κελεύω καθυπέσχοντο,
10 ὑποθέμενος τὸ πρακτέον, ἐκείνους μὲν ἀπολείπω διασκευαζομένους· ἐπὶ δὲ τὸν δευτερεύοντα Τραχίνου λῃστὴν, ἐκαλεῖτο δ' οἶμαι Πέλωρος, ἀφικόμενος, ἔχειν τι φράζειν αὐτῷ κερδαλεώτερον ἔλεγον. Ἐκείνου δ' ἑτοίμως ὑπακούσαντος καὶ τῷ μηδεὶς ἀκροάσεται παρα-
15 γαγόντος, Ἀκούσις ἂν, ἔφην, ὦ τέκνον, ἐπιτετμημένως. Τὸ γὰρ στενὸν τοῦ καιροῦ πολυλογίαν οὐκ ἐπιδέχεται. Ἐρᾷ σου θυγάτηρ ἡ ἐμή· καὶ θαυμαστὸν οὐδέν· ἥττήθη τοῦ βελτίονος. Ὑφορᾶται δὲ τὸν λῄσταρχον, ὡς εἰς γάμον παρασκευάζοντα τὸ συμπόσιον·
20 καὶ γάρ τι καὶ τοιοῦτο ἐνέφηνεν, εὐπρεπέστερον αὐτὴν κοσμηθῆναι προστάξας. Ὅρα δὴ πῶς ἂν τοῦτο διακρούσοιο καὶ σαυτῷ μᾶλλον τὴν παῖδα περιποιήσοιο· φησὶ γὰρ ἀποθανεῖσθαι πρότερον ἢ Τραχίνῳ γημηθήσεσθαι. Καὶ ὅς, Θάρσει, ἔφη, πάλαι γάρ τοι καὶ
25 αὐτὸς τῇ κόρῃ προσπεπόνθως, ἐφοδίου λαβέσθαι τινὸς ηὐχόμην, ὥστ' ἢ παραχωρήσει μοι Τραχῖνος ἑκὼν εἰς τὰ πρωτεῖα τῆς νύμφης, ἃ χρεωστοῦμαι προεμβάτης τῆς ὁλκάδος γεγονὼς, ἢ πικρόγαμος ἔσται πρὸς τῆσδε τῆς δεξιᾶς ἃ προσήκει παθών. Ἀπέτρεχον, τούτων
30 ἀκούσας, ὡς μή τινα ἐγγενέσθαι ὑπόνοιαν καὶ τοὺς παῖδας ἧκον ἐθάρρυνον, ὁδῷ βαδίζειν τὴν σκέψιν εὐαγγελιζόμενος.

ΛΑ'. Ἐδειπνοῦμεν ὀλίγον ὕστερον. Καὶ ὅτε διαβεβρεγμένους ἤδη καὶ πρὸς τὸ ὑβριστικώτερον παραφε-
35 ρομένους ᾐσθόμην, ἠρέμα πρὸς τὸν Πέλωρον, (ἐκείμην δ' αὐτοῦ πλησίον ἐπιτηδεύσας) Εἶδες, ἔφην, ὅπως ἡ κόρη κεκόσμηται; τοῦ δὲ, Οὐδαμῶς, εἰπόντος· Καὶ μὴν ἔξεστιν, εἶπον, εἰ λάθρα παρέλθοις εἰς τὴν ναῦν. Οἶσθα γὰρ ὡς καὶ τοῦτο διεκώλυσεν ὁ Τραχῖνος. Αὐ-
40 τὴν τὴν Ἄρτεμιν ὄψει προκαθημένην. Ἀλλ' ὅπως τὸ παρὸν θεάσῃ σωφρόνως, μὴ σαυτῷ τε κἀκείνῃ θάνατον προξενήσῃς. Ὁ δὲ μηδὲν μελλήσας, ὥς τινος τῶν ἀναγκαίων ἐπείγοντος, ἀνίσταται καὶ λαθὼν εἰστρέχει τ' εἰς τὴν ὁλκάδα καὶ ἰδὼν τὴν Χαρίκλειαν δάφνης τε
45 φέρουσαν ἐπὶ τῆς κεφαλῆς στέφανον, καὶ χρυσοϋφεῖ στολῇ καταυγάζουσαν, (τὴν γὰρ ἐκ Δελφῶν ἱερὰν ἐσθῆτα ἠμφίεστο ὡς ἢ νικητήριον ἢ ἐντάφιον ἐσομένην,) καὶ τἆλλα περὶ αὐτὴν φαιδρυνόμενα καὶ σχῆμα παστάδος· ἀπομιμούμενα, διακαίεται, ὡς εἰκὸς, τῇ
50 θέᾳ, πόθου θ' ὁμοῦ καὶ ζήλου προσπεσόντων καὶ δῆλος ἦν αὐτόθεν ἐπανήκων ἀπὸ τοῦ βλέμματος ἐμμανές τι διανοούμενος. Οὔπω γὰρ σχεδόν τι κατακλινεὶς, Ἐγὼ δὲ, ἔφη, τὸ γέρας τὸ προεμβατήριον τίνος ἕνεκεν οὐχὶ κομίζομαι; Ὅτι, ἔφη ὁ Τραχῖνος, οὐκ ᾔτησας. Ἀλλ'

cutus est, quem celavi ne ob impendentes calamitates animo ante tempus deficeretis, præsertim cum fieri potuerit, ut insidias effugeremus. Ceterum, o liberi, quoniam, quo minus id fieret, deus restitit et in extrema pericula venimus, age, generosum et audax facinus aggressi, contra periculi summum incrementum eamus : ut, aut re bene gesta, nobis generose et libere vivere liceat, aut saltem id, ut caste et fortiter moriamur, in lucro posituri.

XXX. Postquam autem se facturos esse quidquid juberem promiserunt et quid faciendum esset ego docui, illos quidem relinquo sese apparantes. Ad cum autem prædonem, qui secundas post Trachinum tenebat, (vocabatur autem Pelorus, ut opinor,) cum venissem, habere me quidpiam utile, quod cum illo communicarem, dicebam. Cumque ille prompte obtemperasset et eo, ubi nullus exauditurus esset me duxisset; Audias, inquam, fili, breviter : neque enim angustia temporis prolixitatem orationis admittit. Amat te filia mea, nec mirum, siquidem a præstantiore victa est. Suspicatur autem, quod archipirata convivium nuptiarum causa apparet : nam ejusmodi quidpiam significavit, cum, ut elegantius exornetur, imperasset. Quamobrem vide, quomodo id discutere et tibi potius filiam vindicare possis; dicit enim, se prius morituram esse, quam nupturam Trachino. Tum ille, Esto fidenti animo. Nam cum jampridem et ipse affectus sum amore puellæ, optabam, me aditum aliquem ad rem et occasionem nancisci posse. Itaque aut sua sponte mihi sponsam Trachinus cedet, quum nihi qui primus navem conscenderim hoc primarium debeatur donum, aut acerbas sentiet nuptias ab hac dextra quæ convenit passus. Recurrebam, cum hæc audissem, ne aliqua oriretur suspicio et ad liberos veniens, confirmabam eos animo, consilium rectam tenere viam nuntians.

XXXI. Cœnabamus paullo post. Tum ego, quando jam madidos vino et in petulantiam proclives videbam, submisse ad Pelorum, (sedebam autem proxime ipsum dedita opera) Vidistine, inquiebam, quo modo puella exornata est? Hoc vero, Nequaquam, dicente; Atqui licet, dixi, ipsam videre, si clam perveneris ad navem : scis enim, quod et hoc Trachinus prohibuit. Ipsam Dianam sedentem videbis : sed ita, ut in præsentia moderate adspicias, ne et tibi et ipsi mortem concilies. Ille autem nihil cunctatus, tanquam urgente aliquo necessario negotio, surgit et clam incurrit in holcadem. Cumque vidisset Charicleam, coronam ex lauro capite gerentem et auro intexta veste refulgentem, (siquidem sacra veste, Delphis asportata, amicta fuerat, tanquam aut victoriæ ornamento, aut funeri parentationi futura) et alia circa ipsam exornata et speciem thalami nuptialis referentia, incenditur, ut est consentaneum, spectaculo, cum simul desiderium et æmulatio concurrissent. Eratque manifestum indicium in vultu redeuntis, quod infestum quidpiam et furibundum cogitaret. Siquidem cum vixdum accubuisset, Ego vero, inquit, præmium, quod debetur ei, qui primus navem conscendit, quamobrem non reporto? Quoniam, inquit Trachinus, non postulasti : sed ne divisio quidem adhuc

οὐδὲ νέμησις οὐδέπω προὐτέθη τῶν εἰλημμένων. Καὶ δς, Οὐκοῦν αἰτῶ τὴν κόρην τὴν αἰχμάλωτον. Τοῦ Τραγίνου δέ, Παρὰ ταύτην, ὃ βούλει, λάμβανε, εἰπόντος, ὁ Πέλωρος ὑπολαβών, Καταλύεις οὖν τὸν νόμον [τὸν λῃστρικὸν] ὃς τῷ πρώτῳ ἐπιβάντι νηὸς πολεμίας καὶ τὸν ὑπὲρ πάντων ἀγῶνα προκινδυνεύσαντι τὴν κατὰ βούλησιν ἐκλογὴν ἀπένειμεν. Οὐ τοῦτον, εἶπεν ὁ Τραγῖνος, ὦ βέλτιστε, καταλύω ἀλλ' ἑτέρῳ νόμῳ διϊσχυρίζομαι, τοὺς ὑπηκόους εἴκειν τοῖς ἄρχουσι κελεύοντι. Πέπονθα δή τι πρὸς τὴν κόρην καὶ γαμετὴν ἐμαυτῷ λαμβάνων προτιμηθῆναι δικαιῶ· σὺ δέ, εἰ μὴ τὸ κελευόμενον πράττοις, οὐκ εἰς μακρὰν οἰμώξῃ, τῷδε τῷ κρατῆρι βαλλόμενος. Ὁ δὲ Πέλωρος ἀπιδὼν εἰς τοὺς παρόντας, Ὁρᾶτε, ἔφη, τἀπίχειρα τῶν πόνων ; οὕτω καὶ ὑμῶν ἕκαστος τοῦ γέρως ποτὲ στερηθήσεται, καὶ τοῦ τυραννικοῦ τούτου νόμου πειραθήσεται. Τί ἦν ἰδεῖν τὸ ἐντεῦθεν, ὦ Ναυσίκλεις; θαλάττη προσείκασας ἂν τοὺς ἄνδρας αἰφνιδίῳ σπιλάδι κατασεισθέντας, οὕτως ἄλογός τις ὁρμὴ πρὸς ἄφραστον αὐτοὺς ἤγειρε τάραχον, ἅτ' οἴνῳ καὶ θυμῷ κατόχους γεγενημένους.

ΛΒ'. Οἱ μὲν γὰρ ὡς τοῦτον, οἱ δ' ὡς ἐκεῖνον ἀποκλίναντες, οἱ μὲν αἰδεῖσθαι τὸν ἄρχοντα, οἱ δὲ μὴ καταλύεσθαι τὸν νόμον ἐθορύβουν. Καὶ τέλος ὁ μὲν Τραγῖνος ἐπανατείνεται, ὡς τῷ κρατῆρι πατάξων τὸν Πέλωρον. Ὁ δέ, προπαρεσκεύαστο γάρ, ἐγχειριδίῳ φθάνει διελαύνων τὸν μαζόν. Καὶ ὁ μὲν ἔκειτο καιρίαν βεβλημένος, τοῖς λοιποῖς δ' ἄσπονδος ἐκτέτατο πόλεμος· ἔπαιόν τε ξυμπεσόντες ἀλλήλοις ἀφειδῶς, οἱ μὲν ὡς ἐπαμύνοντες τῷ ἄρχοντι, οἱ δ' ὡς τοῦ Πελώρου σὺν τῷ δικαίῳ προασπίζοντες. Καὶ ἦν οἰμωγὴ μία, ξύλοις, λίθοις, κρατῆρσι, δαλοῖς, τραπέζαις, βαλλόντων καὶ βαλλομένων. Ἐγὼ δ' ὡς πορρωτάτω χωρίσας ἐμαυτόν, ἐπί τινος λόφου θέαν ἀκίνδυνον ἐμαυτῷ κατένεμον. Οὐ μὴν οὐδὲ Θεαγένης ἀπόλεμος ἦν, οὐδ' ἡ Χαρίκλεια. Τὰ γὰρ συγκείμενα πράττοντες, ὁ μὲν ξιφήρης θατέρῳ τὰ πρῶτα μέρει συνεμάχει, παντάπασιν ἐνθουσιῶντι προσεοικώς, ἡ δέ, ὡς συνερρωγότα τὸν πόλεμον εἶδεν, ἀπὸ τῆς νεὼς ἐτόξευεν εὔσκοπά τε καὶ μόνου τοῦ Θεαγένους φειδόμενα. Καὶ ἔβαλλεν οὐ καθ' ἓν τῆς μάχης μέρος, ἀλλ' ὅντινα πρῶτον ἴδοι, τοῦτον ἀνήλισκεν, αὐτὴ μὲν οὐχ ὁρωμένη ἀλλὰ ῥαδίως πρὸς τὴν πυρκαϊὰν τοὺς ἐναντίους κατοπτεύουσα. Τῶν δ' ἀγνοούντων τὸ κακὸν καὶ δαιμονίους εἶναι τὰς πληγὰς ἐνίων ὑπονοούντων, ἕως τῶν ἄλλων πεσόντων, μόνος ὁ Θεαγένης ὑπελείφθη τῷ Πελώρῳ μονομαχῶν, ἀνδρὶ τὰ πάντα γενναίῳ καὶ φόνοις ἐγγεγυμνασμένῳ παμπόλλοις, οὐδὲ οὐδὲ τῆς Χαρικλείου τοξείας ἐπαμύνειν ἔτι δυναμένης, ὠδινούσης μὲν εἰς τὴν βοήθειαν, δεδοικυίας δὲ τὴν ἀποτυχίαν αὐτοσχέδιον καὶ ἐν χερσὶ τῆς μάχης αὐτοῖς ὠθουμένης. Οὐ μὴν εἰς τέλος γ' ἀντέσχεν ὁ Πέλωρος. Ὡς γὰρ ἀποροῦσα πρὸς τὴν ἐνεργὸν συμμαχίαν ἡ Χαρίκλεια, λόγον ἐπίκουρον τῷ Θεαγένει διετόξευσεν; Ἀνδρίζου, φίλτατε Βοήσασα·

ἐνταῦθ' ἤδη μακρῷ τὸν Πέλωρον ὑπερεῖχεν ὁ Θεαγένης, ὥσπερ ἰσχὺν αὐτῷ καὶ θάρσος τῆς φωνῆς διακονούσης καὶ ὅτι τῆς μάχης περίεστι τὸ ἔπαθλον μηνυούσης. Ἐγείρας γὰρ τὸ φρόνημα, πολλοῖς ἤδη τοῖς τραύμασι πεπιεσμένον, ἐφήλατό τε τῷ Πελώρῳ καὶ τῇ κεφαλῇ τὸ ἐγχειρίδιον ἐπιβαλὼν, τῆς μὲν ἀπέτυχεν, ἐκείνου μικρὸν ἀποκλίναντος, ἄκρον δὲ τὸν ὦμον παραξέσας, τὴν χεῖρα κατὰ τὴν συμβολὴν τοῦ ἀγκῶνος ἀπέκοπτε. Κἀκ τούτου δ' ὁ μὲν ἐτράπη πρὸς φυγὴν, ὁ δ' ἐδίωκε.

ΛΓ'. Καὶ τὰ μὲν ἄλλα τῶν μετὰ ταῦθ' οὐκ ἔχω λέγειν, πλὴν ὅτι γ' ἐμὲ μὲν ἔλαθεν ἐπανελθὼν, ἐγκαταμείναντα τῷ λόφῳ καὶ οὐ θαρσήσαντα τῆς νυκτὸς ἐπιμίξαι χωρίῳ πολεμουμένῳ, τὴν Χαρίκλειαν δ' οὐδαμῶς. Ἀλλ' εἶδον ἡμέρας γενομένης, τὸν μὲν ἴσα καὶ νεκρῷ κείμενον, τὴν δὲ προσκαθημένην καὶ θρηνοῦσαν καὶ βούλεσθαι μὲν ἐπισφάττειν αὑτὴν ἐνδεικνυμένην, ὑπὸ δ' ὀλίγης ἐλπίδος τοῦ τάχ' ἂν καὶ περιγενέσθαι τὸν νεανίσκον, ἐπεχομένην. Οὐδ' ἔφθην ὁ δυσδαίμων εἰπεῖν τε καὶ μαθεῖν, οὐδ' ἐπικουφίσαι παραμυθίῃ τὴν συμφορὰν, οὐδὲ τὰ ἐνδεχόμενα ἐπιμεληθῆναι, τὰ ἐκ θαλάττης κακὰ τῶν ἐκ γῆς ἀδιαστάτως διαδεξαμένων. Ἄρτι γὰρ ἐμοῦ, ὅτε ἡμέραν εἶδον, τὸν λόφον κατιόντος, λῃστῶν Αἰγυπτίων πλῆθος ἐκ τοῦ ὑπερτείνοντος ὄρους, ὡς ἐῴκει, κατέτρεχεν. Εἶχέ τ' ἤδη τοὺς νέους καὶ ἀπῆγε μικρὸν ὕστερον, ὅσα φέρειν ἠδύνατο τῆς νεὼς ἐπικομιζόμενον. Ἐγὼ δὲ τηνάλλως πόρρωθεν εἱπόμην ὀδυρόμενος τὰς ἐμαυτοῦ τε κἀκείνων τύχας, οὔτ' ἐπαμύνειν ἔχων, οὔτ' ἐπιμίγνυσθαι δοκιμάζων, εἰς ἐπικουρίας (δ') ἐλπίδα ἐμαυτὸν ταμιευόμενος. Οὐ μὴν ἐπήρκεσά γέ ποθεν, ἀπολειφθεὶς μὲν τότε, τοῦ γήρως ἐμποδίσαντος ἐν τοῖς ὀρθίοις συνεκδραμεῖν τοῖς Αἰγυπτίοις, ἐπί τε τοῦ παρόντος εἰς τὴν ἀνεύρεσιν τέως τῆς θυγατρὸς, θεῶν μὲν εὐμενείᾳ, σῇ δὲ, ὦ Ναυσίκλεις, εὐνοίᾳ χρησάμενος, αὐτὸς δ' οὐδὲν ἐρανισάμενος, θρήνων δὲ μόνων τῶν ἐπ' αὐτῇς καὶ ὀδυρμῶν ἀφθόνων χαριζόμενος. Ἐπὶ τούτοις ἐδάκρυε μὲν αὐτὸς, ἐδάκρυον δ' οἱ παρόντες καὶ εἰς θρῆνον ἡδονῇ τινι σύγκρατον μετεβέβλητο τὸ συμπόσιον· ἐπίφορον γάρ τι πρὸς δάκρυον οἶνος· ἕως ὁ Ναυσικλῆς ἐπιθαρρύνων τὸν Καλάσιριν, Ὦ πάτερ, ἔφη, σὺ δ' εἰς τὸ ἑξῆς γοῦν εὔθυμος εἶναι, τὴν μὲν θυγατέρα ἤδη τήνδε κεκομισμένον, τὸν παῖδα δ' ὑπὸ τῆς νυκτὸς μόνης εἰργόμενος. Εἰς ἕω γὰρ ἀφιξόμεθα πρὸς τὸν Μιτράνην καὶ πάντα τρόπον λύσασθαί σοι τὸν ἄριστον Θεαγένην πειρασόμεθα. Βουλοίμην ἂν, εἶπεν ὁ Καλάσιρις. Νῦν δ' ὥρα γε διαλύειν τὸ συμπόσιον. Μνήμη δὲ τοῦ δαιμονίου γενέσθω, καὶ τὰ λυτήρια τῇ σπονδῇ περιαγέσθω.

ΛΔ'. Ἐκ τούτου περιήγοντο μὲν αἱ σπονδαί· διελύετο δὲ τὸ συμπόσιον. Ὁ Καλάσιρις δὲ τὴν Χαρίκλειαν ἐσκοπεῖτο καὶ ὡς τὴν πάροδον τοῦ πλήθους παρατηρῶν οὐκ ἐφεύρισκεν, ὀψέ τινος γυναίου φράσαντος, εἰς τὸ ἄδυτον παρελθὼν, καταλαμβάνει τοῖς ἴχνεσι τοῦ ἀγάλματος προσπεφυκυῖαν καὶ εὐχῆς τε μακρᾷ παρολκῇ

καὶ λύπης προσβολῇ πρὸς ὕπνον βαθὺν ὀλισθήσασαν. Ἐπιδακρύσας οὖν ὀλίγα καὶ πρὸς τὰ βελτίονα τρέψαι τὰ κατ' αὐτὴν ἱκετεύσας τὸν θεόν, ἡσυχῇ τ' ἀφυπνίσας, ᾔγεν εἰς τὴν καταγωγὴν ἐρυθριῶσαν ὡς ἐφαίνετο, διότι λάθοι πρὸς τοῦ ὕπνου κεκρατημένη. Καὶ ἡ μὲν εἰς τὴν γυναικωνῖτιν χωρισθεῖσα, σὺν τῷ θυγατρίῳ τε τοῦ Ναυσικλέους κατακλινεῖσα, τὰς παρούσας ἀγρυπνίᾳ διετίθετο φροντίδας.

arctiorem somnum delapsam. Cum igitur paullulum collacrimasset, et a deo, ut ejus rationes in melius verteret, supplex petiisset, paullatimque ipsam excitasset de somno, ducebat ad conclave erubescentem, ut videbatur, quod esset a somno victa imprudens. Haec igitur cum se in gynaeceo seorsum cum filia Nausiclis ad somnum composuisset, vigilando vacabat curis et cogitationibus, quae illi incumbebant.

ΛΟΓΟΣ ΕΚΤΟΣ.

LIBER SEXTUS.

Α'. Ὁ δὲ Καλάσιρις καὶ ὁ Κνήμων, κατά τι τοῦ ἀνδρῶνος αὐτοὺς ἀναπαύσαντες, ἐπειδὴ τὸ λειπόμενον τῆς νυκτός, βράδιον μὲν ἢ ἐβούλοντο θᾶττον δ' ἢ ᾤοντο διέδραμεν, οἷα δὴ παρά τε τὴν εὐωχίαν καὶ τὸ ἀπρόσκορες μῆκος τῶν διηγημάτων τῆς πλείστης παροιχηκυίας, οὐδ' ἀκριβῶς ἡμέραν ἀναμείναντες, τὸν ὡς Ναυσικλέα παραγίγνονται καὶ φράζειν ὅπου τὸν Θεαγένην διάγειν οἴοιτο καὶ ἄγειν ὡς ὅτι τάχιστα παρεκάλουν. Ὁ δ' ἐπείθετο καὶ ἀναλαβὼν ᾔγεν. Ἡ Χαρίκλεια δὲ πολλὰ συνέπεσθαι ἱκετεύουσα, μένειν κατὰ χώραν ἐβιάσθη, ὡς οὔτε πόρρω που ἀφίξονται καὶ αὐτίκα σὺν τῷ Θεαγένει ἥξουσι διεγγυωμένου τοῦ Ναυσικλέους. Καὶ τὴν μὲν αὐτοῦ καταλείπουσι, λύπης τ' ἐπὶ τῷ χωρισμῷ καὶ χαρᾶς ἐπὶ τοῖς ἐλπιζομένοις ἐν μεταιχμίῳ σαλεύουσαν. Αὐτοὶ δ' ἄρτι τῆς κώμης ἐκτὸς γεγονότες καὶ τὰς ὄχθας τοῦ Νείλου παραμείβοντες, κροκόδειλον ὁρῶσιν ἀπὸ τῶν δεξιῶν ἐπὶ θάτερα διερπύζοντα καὶ τῷ ῥείθρῳ τοῦ ποταμοῦ σὺν ὀξείᾳ τῇ ῥύμῃ καταδυόμενον. Οἱ μὲν δὴ ἄλλοι συνήθως τε καὶ ἀθορύβως τὸ ὀφθὲν ᾖγον· πλὴν ὅσον ὁ Καλάσιρις κώλυμά τι τῶν καθ' ὁδὸν ἐπισημαίνεσθαι προσέλεγεν· ὁ δὲ Κνήμων καὶ σφόδρα ἐπτοεῖτο πρὸς τὴν ὄψιν, οὐδ' ἀκριβῶς αὐτῷ τοῦ ζώου φανέντος ἀλλὰ σκιᾶς αὐτοῦ πλέον χθαμαλῆς ὑποδραμούσης· καὶ ὀλίγον ἔδει καὶ ὑποφεύγειν. Ὁ δὴ Καλάσιρις, ὅσον πλεῖστον τοῦ Ναυσικλέους ἐγγελῶντος, Ὦ Κνήμων, ἔφη, ἐγὼ δ' ᾤμην νύκτωρ σοι μόνον, τὴν δειλίαν ἐνοχλεῖν καὶ πρὸς τοῦ σκότους σοι τὸ ψοφοδεὲς ἐπιγίγνεσθαι, σὺ δ' ἄρα καὶ μεθημέραν ἦσθα λίαν, ὡς ἔοικε, πολυμηδρές· καὶ οὐκ ὀνόματά σοι μόνον ἀκουόμενα, ἤδη δὲ καὶ θεάματα τῶν ἐν ποσὶ καὶ ἀδεῆ τάραχον ἐμβάλλει. Καὶ τίνος θεῶν, ἔφη ὁ Ναυσικλῆς, ἢ τίνος δαιμόνων ἀκούων τὴν ἐπωνυμίαν ὁ χρηστὸς ἡμῶν ὁδὸν ἀνέχεται; Εἰ μὲν καὶ θεῶν, ἀπεκρίνατο, ἢ δαιμόνων, οὐκ ἔχω λέγειν· ἀνθρώπου δέ, καὶ ὁ πλέον ἐστὶ θαυμαστόν, οὐδ' ἀνδρὸς τινος ἢ τῶν ἐπ' ἀνδρίᾳ βεβοημένων ἀλλὰ γυναικὸς καὶ ταύτης νεκρᾶς, ὡς αὐτός φησιν, εἴ τις λέγει τοὔνομα, πέφρικε. Τῆς γοῦν νυκτὸς καθ' ἣν ἀπὸ τῶν βουκόλων ἐπέστης ἀνασώζων ἡμῖν, ὦ 'γαθέ, τὴν Χαρίκλειαν, οὐκ οἶδ' ὅπως ἢ ὅθεν οὐ λέγω, τούτου παρακηκοὼς τοῦ ὀνόματος, οὐδ' ὅσον πρὸς βραχὺ γοῦν ὕπνου μοι μεταλαβεῖν ἐνέδωκε, συνε-

arctiorem somnum delapsam. Cum igitur paullulum collacrimasset, et a deo, ut ejus rationes in melius verteret, supplex petiisset, paullatimque ipsam excitasset de somno, ducebat ad conclave erubescentem, ut videbatur, quod esset a somno victa imprudens. Haec igitur cum se in gynaeceo seorsum cum filia Nausiclis ad somnum composuisset, vigilando vacabat curis et cogitationibus, quae illi incumbebant.

I. Calasiris autem et Cnemon, cum in quadam parte conclavis virilis quievissent, postquam reliquum noctis tardius quidem quam volebant, celerius autem quam existimabant, elapsum est, quod illius maxima pars super convivium et narrationum prolixitatem, insatiabili conditam suavitate, praeterierat; neque exactum diem exspectantes, ad Nausiclem veniunt, et ut exponeret ubi Theagenem degere arbitraretur, atque eo quamprimum duceret, orabant. Atque hic quidem illis morem gerebat et secum sumptos ducebat. Chariclea vero cum multis modis, ut sequeretur, oraret, manere coacta est; Nausicle, quod neque procul essent progressuri et quamprimum cum Theagene redituri, affirmante. Hanc igitur ibi relinquunt, inter maerorem, propter illorum discessum, et laetitiam, propter ea, quae sperabat, fluctuantem. Ipsi vero cum primum e pago egressi essent et ripas Nili praeterirent, crocodilum conspiciunt, qui a dextra parte in alteram reptabat et alveum fluvii concitato impetu subibat. Alii igitur, illo viso, ut consueto minime movebantur; praeterquam quod Calasiris impedimentum quoddam in itinere futurum significari praedicebat. Cnemon autem vehementer etiam fugerat, conspecta perterritus, quamvis non exacte illi animal apparuisset, sed umbra potius tenuis illum subiisset; adeo ut parum abesset, quin refugeret. Calasiris igitur, Nausicle in risum effuso, Cnemon, inquit, putabam ego te nocturnam tantum timiditatem infestare, atque eam tibi ex strepitu quovis in tenebris accidere: tu vero et interdiu nimium es, ut videtur, animosus, et non nomina tantum exaudita, sed jam etiam spectacula vulgaria et cuivis obvia ac minime metuenda, tibi terrorem incutiunt. Cujus autem dei, Nausicles inquit, aut numinis appellationem audiens bonus hic, ferre non potest? Sane si ex diis alicujus, respondit, aut numinibus, non haberem quod dicerem : ceterum ex nomine hominis, quod magis est mirandum; neque viri cujuspiam, aut eorum, qui gloria fortitudinis sunt illustres, sed mulieris et hujus, ut ipse dicit, mortuae, si quis illud commemoret, cohorrescit. Hac enim nocte, qua venisti a praedonibus, incolumem nobis adducens Charicleam, nescio quo pacto, aut unde, hoc, de quo dico, exaudito nomine, ne paullulum quidem somni me capere permisit, confinue prae metu

χὲς ὑπὸ τοῦ δέους ἐκθνῄσκων καί μου πράγματα ἔχοντος ὥστ' ἀναλαβεῖν. Καὶ εἰ μὴ λυπεῖν αὐτὸν ἢ πτοεῖν ἔμελλον, εἶπον ἄν καὶ νῦν τοὔνομα, ὦ Ναυσίκλεις, ὡς ἂν πλέον γελῴης, καὶ ἅμα ἐπῆγε τὴν Θίσβην.

5 Β΄. Καὶ ὁ Ναυσικλῆς ἐγέλα μὲν οὐκέτι, συνεστάλη δὲ πρὸς τὴν ἀκοὴν καὶ σύννους ἐπιπλεῖστον εἱστήκει, διαποροῦν προφάσεως ἐκ ποίας ὁ Κνήμων, ἢ τίνος κοινωνίας, ἢ τί πεπόνθοι πρὸς τοὔνομα τῆς Θίσβης. Ἐξεχάγχασε δὴ πρὸς ταῦθ' ὁ Κνήμων καὶ Ὢ 'γαθὲ
10 Καλάσιρι, ὁρᾷς, εἶπεν, ὅση τις τοῦ ὀνόματος ἡ δύναμις, καὶ ὡς οὐκ ἐμοὶ μόνῳ μορμολύκειον, ὡς αὐτὸς φῄς, ἀλλ' ἤδη καὶ Ναυσικλεῖ γίγνεται; μᾶλλον δὲ καὶ ὁλοσχερὴς γέγονε τοῦ πάθους μετάστασις εἰς τοὔμπαλιν· ἐγὼ μὲν γελῶ, γιγνώσκω γὰρ οὐκέτ' οὖσαν, ὁ δὲ γεννάδας
15 ἡμῖν Ναυσικλῆς ὃς πολλῷ γέλωτι τῶν ἄλλων κατατοιχίζων ἐτύγχανε.... Πέπαυσο, ἔφη ὁ Ναυσικλῆς καὶ ἅλις σοι τῆς εἰς ἐμὲ ἀμύνης, ὦ Κνήμων. Ἀλλὰ πρὸς Ξενίων καὶ Φιλίων θεῶν, πρὸς ἁλῶν καὶ τραπέζης, ὧν, ὡς οἶμαι, φιλανθρώπων ἐν ἡμετέρῳ πεπείρασθε, πόθεν
20 τὸ Θίσβης ὄνομα, εἴτε γνωρίζετε, εἴτε πεφόβησθε, εἴτε παιδιὰν ἐμὲ πεποίησθε, καταμηνύσατε. Καὶ ὁ Καλάσιρις, Σὸς, ἔφη, ὁ λόγος, ὦ Κνήμων, ὃν πολλάκις μοι διελθεῖν, γνώσιν τε τῶν κατὰ σαυτὸν παρασχεῖν ἐπαγγειλάμενος, εἰς δεῦρό τε ποικίλαις ἀεὶ δια-
25 δύσεσιν ὑπερθέμενος, ἐν καιρῷ λέγοις ἂν τὸ παρόν, Ναυσικλεῖ θ' ἅμα τῇδε χαριζόμενος καὶ ἡμῖν τὸν πόνον τῆς ὁδοιπορίας ἐπικουφίζων καὶ τῷ διηγήματι παραπέμπων. Ἐπείθετο ὁ Κνήμων, καὶ ἔλεγεν ἅπαντα, ἐπιτέμνων ὅσα ἤδη τῷ Θεαγένει καὶ τῇ Χαρικλείᾳ
30 προδιηγήσατο, τὴν πατρίδα ὡς Ἀθηναῖος, τὸν πατέρα ὡς Ἀρίστιππος καὶ τὴν Δημαινέτην ὅτι μητρυιὰ γεγόναι διηει καὶ τὸν ἀθέμιτον ἐπ' αὐτῷ τῆς Δημαινέτης ἔρωτα καὶ ὡς ἀποτυγχάνουσα ἐπιβουλεύσειε, διάκονον εἰς τὴν ἐπιβουλὴν καθεῖσα τὴν Θίσβην· προσετίθει καὶ
35 ὃν τρόπον καὶ ὅτι φυγαδευθείη τῆς ἐνεγκούσης ὡς πατραλοίᾳ τοῦ δήμου ταύτην (τὴν) ζημίαν ἐπιθέντος· καὶ ὡς διάγοντι κατὰ τὴν Αἴγιναν, πρῶτα μὲν Χαρίας τις τῶν συνεφήβων τὴν Δημαινέτην ὅτι τέθνηκε καὶ ὅπως ἐξαγγείλειε, τῆς Θίσβης κἀκεῖν τὴν ἐπιβουλὴν
40 συνθείσης, ἔπειτ' Ἀντικλῆς, ὅπως μὲν ὁ πατὴρ δημεύσει τῶν ὄντων ὑποβληθείη, συστάντων ἐπ' αὐτὸν τῶν κατὰ γένος τῇ Δημαινέτῃ προσηκόντων καὶ πρὸς ἐπίνοιαν φόνου τὸν δῆμον κατ' αὐτοῦ κινησάντων· ὅπως δ' ἡ Θίσβη τῶν Ἀθηνῶν ἀπέδρα σὺν τῷ ἐραστῇ τῷ ἐμ-
45 πόρῳ τῷ Ναυκρατίτῃ. Καὶ τέλος ἐπῆγεν (ὁ Κνήμων), ὅτι σὺν τῷ Ἀντικλεῖ κατὰ ζήτησιν τῆς Θίσβης ἐκπλεύσας ἐπὶ τὴν Αἴγυπτον εἰ δή πως ἀνευρῶν, ἀγαγών τ' εἰς τὰς Ἀθήνας, λύσειε μὲν τῷ πατρὶ τὴν συκοφαντίαν, τιμωρήσαιτο δ' ἐκείνην, καὶ πολλοῖς μὲν ἄλλοις κινδύ-
50 νοις, πολλαῖς δὲ τύχαις τοῖς μεταξὺ χρόνοις περιπεσών, ἁλούς δὲ καὶ ὑπὸ καταποντιστῶν, εἶτα πῶς διαδρὰς καὶ Αἰγύπτῳ προσορμισθείς, αὖθις ὑπὸ τῶν βουκόλων ληφθείη [λῃστῶν]· ἔνθα καὶ τὴν πρὸς Θεαγένην καὶ Χαρίκλειαν αὐτῷ γενέσθαι συντυχίαν· καὶ τὴν

emoriens : ut multum negotii habuerim, illo reficiendo : et nisi illum dolore affecturus essem, aut perterrefacturus, et nunc dicerem, Nausicles, nomen, ut rideas magis : simulque Thisben commemorabat.

II. Nausicles autem non amplius ridebat, sed contristatus est cum audisset et diu stetit cogitabundus, hæsitans et quærens apud animum, qua de causa Cnemoni, aut quo commercio, aut quid a Thisbe accidisset. Tum vero miros risus edidit præ nimia lætitia Cnemon et O bone Calasiri, vides, dicebat, quanta sit hujus nominis vis et quod non mihi soli est personæ instar ac terriculi, sed etiam Nausicli nostro? Quin etiam plane mirificam affectus mutationem attulit. Ego enim vicissim rideo : scio enim, non amplius esse superstitem : generosus autem Nausicles qui antea multo risu aliis illudebat.... Desine, inquit Nausicles : satis enim nos ultus es, Cnemon. Sed per hospitii et amicitiæ custodes deos, per sales et mensam, quæ in nostra domo experti estis, ut arbitror, summa voluntate vobis exhibita, unde sit Thisbes nomen, sive scitis, sive me terretis, sive jocum in me composuistis, indicate. Calasiris autem, Tibi jam incumbit, inquit, narratio, Cnemon : quam cum sæpius mihi te expositurum promiseris et communicaturum mecum de rationibus tuis, nihilominus tamen hactenus variis effugiis distuleris, opportune in præsentia institues, Nausicli simul gratificans et nobis molestiam itineris levans, narrationeque amoliens. Morem illis gerebat Cnemon et narrabat omnia compendio, quæ antea Theageni et Chariclææ exposuerat : quod patria Athenæ, quod pater Aristippus, quod Demæneta noverca fuisset. Recensebatque nefandum amorem, quo se Demæneta deperibat et quod, spe lapsa, insidias sibi struxisset, ministra insidiarum Thisbe subornata. Abdebat et modum et quod pulsus esset in exsilium e patria, populo tanquam parricidæ hanc pœnam irrogante : quodque sibi in Ægina degenti, primum Charias unus ex synephebis Demænetam esse mortuam et modum mortis nuntiasset, a Thisbe ipsi quoque structis insidiis ; deinde Anticles, quod pater in calamitatem incidisset, facta bonorum publicatione, cum ii, qui conjunctione sanguinis Demænetam attingebant, in damnationem illius coivissent et populum in eam suspicionem, quod ipse cædem perpetrasset, adduxissent. Denique quo pacto Thisbe fugisset Athenis cum amatore quodam, mercatore Naucratensi. Ad extremum commemorabat Cnemon, quod cum Anticle ad inquisitionem Thisbes navigans in Ægyptum, ut si forte illam ibi invenisset, reducens Athenas, liberaret patrem calumnia et de illa pœnas sumeret; cum in multa alia pericula incidisset et varios casus medio temporis intervallo fuisset expertus, etiam in piratarum potestatem venisset. Deinde, quo modo, cum effugisset et ad Ægyptum rursus appulisset, a prædonibus iterum captus fuerit, atque ibi cum Theagene

LIBER VI.

Θίσβης ἀναίρεσιν ἅμα καταλέγων καὶ τἀπὶ τούτοις ἑξῆς, ἄχρι τῶν γνωριζομένων τῷ τε Καλασίριδι καὶ τῷ Ναυσικλεῖ πάντων.

Γ΄. Ἐφ' οἷς ὁ Ναυσικλῆς μυρίας ἔστρεφε βουλάς, ὁ νῦν μὲν ἐξειπεῖν τὰ ἀμφ' αὑτῷ τε καὶ τῇ Θίσβῃ διανοούμενος, νῦν δ' εἰσαῦθις ὑπερθέσθαι κρίνων. Καὶ τέλος, μόγις ἐπέσχε, τὸ μέν τι αὐτὸς οὕτω δοκιμάζων, τὸ δὲ καὶ ὑπὸ συντυχίας ἑτέρας ἐμποδισθείς. Ἄρτι γὰρ ἑξήκοντά που στάδια διανύσαντες καὶ ἤδη τῇ κώμῃ, 10 καθ' ἣν ὁ Μιτράνης διῆγε, πλησιάζοντες, γνωρίμῳ τινὶ τῶν Ναυσικλέους ἐντυγχάνουσι καὶ ὅποι προθυμοῖτο οὕτως ἐσπουδασμένος ἀνηρώτων. Ὁ δὲ, Ὦ Ναυσίκλεις, ἔφη, τὴν ὁρμὴν ἐκπυνθάνῃ τὴν ἐμήν, ὥσπερ ἀγνοῶν ὅτι μοι τὸ παρὸν πάντα πρὸς ἓνα σπουδάζεται 15 σκοπὸν, ὅπως ἂν Ἰσιάδι τῇ Χεμμίτιδι τὰ προσταττόμενα ὑπηρετοίμην. Ἐκείνῃ γεωργῶ, πάντ' ἐκείνῃ πορίζω· δι' ἐκείνην ἀγρυπνῶ νύκτα τε καὶ ἡμέραν, οὐδὲν ἀπαγορεύω· ἀλλά μοι ζημία καὶ μόχθος, ὃ ἄν μοι ἐπιτάττῃ μέγα ἢ σμικρὸν Ἰσιὰς ἐκείνη. Καὶ νυνὶ δὲ 20 θέω, ὁρνιν τινὰ τοῦτον, ὡς ὁρᾷς, Νειλῷον φοινικόπτερον, τῆς φιλτάτης ἐπίταγμα, κομίζων. Ὣς εὐγνώμονι, ἔφη ὁ Ναυσικλῆς, ἐρωμένῃ συμπέπλεξαι καὶ ὡς μικρὰ λίαν αὑτῆς τὰ ἐπιτάγματα, εἴ γε φοινικόπτερον ἀλλ' οὐκ αὐτόν σοι τὸν φοίνικα τὸν ἐξ Αἰθιόπων ἢ 25 Ἰνδῶν ὡς ἡμᾶς ἀφικνούμενον ὁρνιν ἐπέταττε. Καὶ ὅς, Ταῦτα μὲν ἐκείνη, ἔφη, χλεύην ἐμὲ συνήθως, καὶ τἀμὰ πεποίηται. Ἀλλὰ ποῖ δὴ καὶ ὑμεῖς καὶ ἐπὶ τίνα [τὴν] χρείαν; ὡς δὲ, ὅτι παρὰ τὸν Μιτράνην ἐσπουδάκασιν, ἀπεκρίναντο, Ἀλλὰ μάτην ὑμῖν, ἔφη, καὶ εἰς 30 κενὸν ἡ σπουδὴ, Μιτράνου τὰ νῦν κατὰ χώραν οὐκ ὄντος, ἀλλ' ἐπὶ τοὺς Βήσσαν τὴν κώμην ἐνοικοῦντας βουκόλους ταύτης τῆς νυκτὸς ἐκστρατεύσαντος, ὅτι δὴ τινα νεανίσκον αἰχμάλωτον Ἕλληνα πρὸς Ὀροονδάτην εἰς τὴν Μέμφιν ἀπεσταλκότος, ὡς ἂν ἐκεῖθεν, οἶμαι, 35 βασιλεῖ τῷ μεγάλῳ δῶρον ἀναχθείη, Βησσαεῖς καὶ ὁ τούτων ἔναγχος ἀποδειχθεὶς ἔξαρχος Θύαμις, ἐξ ἐπιδρομῆς ἑλόντες ἔχουσι.

Δ΄. Καὶ ὁ μὲν ἔτι λέγων ἀπέτρεχεν, Ἐμοὶ δ' ἐπὶ τὴν Ἰσιάδα σπευστέον, εἰπών, ἥ πού με νῦν πολλοῖς 40 τοῖς ὀφθαλμοῖς περισκοπεῖ, μὴ δή τί μοι καὶ πρόσκρουσμα ἐρωτικὸν ἡ βραδύτης ἐνέγκῃ. Δεινὴ δ' ἐκείνη ἀπροφασίστους αἰτίας, ἐγκλήματά τε καὶ ἀκκισμοὺς ἀναπλάσαι κατ' ἐμοῦ. Οἱ δὲ, ὡς τούτων ἤκουσαν, ἀχανεῖς ἐπιπλεῖστον εἱστήκεσαν, πρὸς τοῦ ἐκεινίστου 45 τῆς ἀποτυχίας τῶν προσδοκηθέντων. Ἀλλ' ὀψέ ποτ' αὐτοὺς ὁ Ναυσικλῆς ἀνελάμβανεν, ὡς οὐ δέοι (διὰ) τὴν ἐπ' ὀλίγον καὶ πρόσκαιρον ἀποτυχίαν τέλεον ἀπεγνωκέναι· τὸν δ' ἐν χερσὶν ὑποθεμένους, ἀλλὰ νῦν χρῆναι εἰς τὴν Χέμμιν ἐπανιέναι, τῶν δὲ πρακτέων ἐν ἐπισκέ- 50 ψει γενομένους καὶ ὡς πρὸς ἐκδημίαν πλείονα συνεσκευασμένους πρὸς τὴν τοῦ Θεαγένους ἐπιζήτησιν, εἴτε παρὰ τοῖς βουκόλοις εἴτε παρ' ἄλλοις τισὶ [πυνθανόντων] τρέπεσθαι, ἀγαθὴν τῆς ἀνευρέσεως ἐλπίδα πανταχοῦ προβαλλομένους. Ὡς καὶ νῦν οὐκ ἀθεεὶ γενέσθαι δο-

HELIODORUS.

Charicleaque familiaritatem inierit. Simul etiam Thisbes interitum attexebat et reliqua deinceps ordine, usque ad ea quæ erant Calasiridi et Nausicli nota omnia.

III. Quibus auditis, Nausicles multa versabat animo, nunc aperire suas et Thisbes rationes cogitans et rursus differre statuens. Postremo vix sese continuit, partim ipse commodius esse judicans, partim alio casu impeditus. Cum enim circiter sexaginta stadia fuissent emensi et ad pagum, in quo Mitranes habitabat, propius accederent, cuidam, qui fuit Nausicli notus, fiunt obviam et quo contenderet tanto studio rogabant. Ille autem, O Nausicles, inquit, quæris, quo properem? tanquam ignores, quid mihi in præsentia incumbat. A me omnia studia quid diriguntur scopum, ut Isiadis Chemmitensis imperata faciam. Illi colo agrum, illius causa comparo omnia, propter illam noctes diesque insomnes duco, nihil omnino recusans, (quamquam inde nihil præter mulctam et laboris molestiam reportem) quod mihi imperarit, seu magnum, seu parvum fuerit, Isias illa. Et nunc accelero, avem quamdam hanc, ut vides, Niloticam phœnicopterum carissimæ mandato ferens. Quam facilem es, inquit Nausicles, amasiam consecutus et quam exigua sunt illius imperia, quod tibi phœnicopterum et non ipsam phœnicem potius, quæ avis ab Æthiopibus aut Indis huc ad nos pervenit, afferre jusserit! Et ille rursus: Illa quidem, inquit, more solito ex me meisque rationibus lusum facit. Ceterum quo vos vicissim et quam ob causam, iter instituistis? Postquam autem, quod ad Mitranem contenderent, responderunt: Inane est, inquit, et irritum vestrum studium, quod Mitranes in præsentia hic non sit, sed contra incolas Bessæ prædones hac nocte exercitum duxerit. Adolescentem enim quemdam captivum, quem ille Memphim ad Oroondatem miserat, ut inde, uti arbitror, ad regem magnum muneris loco perveniret, Bessaenses et eorum dux declaratus Thyamis, incursione facta, ereptum detinent.

IV. Et ille quidem his dictis abibat, Mihi vero ad Isiadem est properandum, inquiens, quæ me nunc forsitan suis acribus oculis circumspicit, ne mihi aliquam offensam in amore cunctatio afferat. Est autem nimium callida in accusationibus etiam sine causa et criminibus atque insimulationibus contra me fingendis. Illi vero, ut hæc audiverunt, taciti et stupentes diu steterunt, quod præter opinionem spe et exspectatione sua frustrati essent: donec sero tandem ipsos Nausicles revocavit ad sese, admonens, non oportere brevis frustrationis causa et quæ ad tempus tantum accideret, omnem spem eorum, quæ præ manibus essent, abjicere; sed nunc quidem Chemmim redeundum esse et cum consilium perende rei capere, tum peregrinationem, majore viatico instructos, ad inquirendum Theagenem, sive apud prædones, sive apud alios quoscunque illum esse audiverint, suscipere, bonam spem inventionis ubique sibi proponendo. Nam neque nunc absque numine deorum videri factum esse, quod cum in

κεῖν, τὸ δή τινι τῶν γνωρίμων ἐντυχόντας, χειραγω-
γηθῆναι πρὸς τῶν ἀγγελθέντων, ὅπου δεήσει τὸν Θεα-
γένην μαστεύειν, τὴν ὁρμὴν τῆς πορείας, οἷον ἐπὶ
σκοπὸν τὴν βουκολικὴν κώμην τείνοντας.

5 Ε'. Ταῦτα λέγων, οὐ χαλεπῶς ἐπεῖθεν· ἅμα τε,
οἴμαι, καὶ ἑτέρας ἐλπίδος τοῖς ἀγγελθεῖσι συναναφαινο-
μένης καὶ τοῦ Κνήμωνος πρὸς τὸν Καλάσιριν ἰδίᾳ πά-
νυ θαρσεῖν ὡς ὁ Θύαμις περισώσειε τὸν Θεαγένην
διϊσχυριζομένου. Ἐδόκει οὖν ἐπανιέναι, καὶ ἐπανήε-
10 σαν· τήν τε Χαρίκλειαν ἐπὶ τοῖς προθύροις καταλαμβά-
νουσι, πόρρωθεν αὐτοὺς καὶ ἐκ πάντων κλιμάτων πε-
ρισκοποῦσαν. Καὶ ὡς οὐδαμοῦ τὸν Θεαγένην ἑώρα
σὺν αὐτοῖς, διωλύγιόν τι ἀνακωκύσασα, Ἀλλ' ἢ μόνοι
μοὶ, πάτερ, ἔφη, καὶ οἷοί περ ἐντεῦθεν ἐξωρμήκατε,
15 πάλιν ἐπάνιτε· Θεαγένης δ' ἄρ' ὡς ἔοικε τέθνηκεν· εἰ
τι φράζειν ἔχετε, θᾶττον ἐξείπατε, πρὸς θεῶν, μηδ'
ἐπιτείνητέ μοι τὴν συμφορὰν παρολκῇ τῆς ἀγγελίας.
Ἔχει τι φιλάνθρωπον ὀξεῖα δυστυχημάτων δήλωσις,
τὴν ὁμόσε χώρησιν πρὸς τὸ δεινὸν τῇ ψυχῇ καὶ ταχεῖαν
20 ἀπάλγησιν παρασκευάζουσα. Ὑποτεμνόμενος δὴ δυσ-
φοροῦσαν ἄγαν ὁ Κνήμων, Ὡς ἐργῶδές σου τοῦτο, ἔφη,
ὦ Χαρίκλεια, ἐπίφορός πως ἀεὶ τυγχάνεις τῇ χείρονα
μαντεύεσθαι καὶ ψεύδῃ γ' ἅμα, καλῶς κατὰ τοῦτο
ποιοῦσα. Θεαγένης γοῦν ἔστι καὶ σώζεται θεῶν βου-
25 λομένων· καὶ ὅπως καὶ παρὰ τίσιν, ἐπιτεμὼν ἔλεγε.
Καὶ ὁ Καλάσιρις, Οὔπω ποτ' εἶπεν, ἠράσθης ἐξ ὧν
λέγεις, ὦ Κνήμων. Ἢ γὰρ ἂν ἔγνως, ὡς καὶ τὰ ἀδεᾶ
φοβερὰ τοῖς ἐρῶσι καὶ μόνοις ὀφθαλμοῖς μάρτυσι κατα-
πιστεύουσιν ὑπὲρ τῶν παιδικῶν, ἡ δ' ἐκείνων ἀπουσία,
30 δειλία τοῦτ' ἤδη καὶ ἀγωνία ψυχαῖς ἐρωτικαῖς γίγνε-
ται. Αἴτιον δὲ, πεπείκασιν αὐτοὺς, οὐκ ἄλλως πώ-
ποτε σφῶν ἀπολείπεσθαι τοὺς φιλτάτους, μὴ οὐχὶ κωλύ-
ματος ἀηδοῦς προσδιέζοντος. Ὥστε, ὦ φίλος, Χαρί-
κλειά μὲν συγγιγνώσκωμεν, εὖ τὰ ἐρώτων πάθη καὶ
35 ἀκριβῶς νοσούσῃ, αὐτοὶ δ' ἐντὸς θυρῶν γενόμενοι, τῶν
πρακτέων φροντίζωμεν.

C'. Καὶ ἅμα λαβόμενος τῆς χειρὸς μετὰ δή τινος
πατρικῆς θεραπείας εἰσῆγε τὴν Χαρίκλειαν. Ὁ δὲ
Ναυσικλῆς τοὐντεῦθεν ἀνεῖναι τῶν φροντίδων αὐτοὺς
40 βουλόμενος καί τι καὶ ἕτερον πραγματευόμενος, ἐστία-
σίν τε λαμπροτέραν ἢ κατὰ τὸ εἰωθὸς παρεσκεύασε καὶ
μόνοις σὺν τῇ θυγατρὶ τὸ συμπόσιον ἀφῆκεν, ἁβροτέ-
ραν τε τοῦ εἰωθότος ὀφθῆναι τὴν παῖδα καλλωπίσας,
καὶ πολυτελέστερον κοσμήσας. Ἐπειδὴ τῆς εὐωχίας
45 ἱκανῶς ἔχειν ἐδόκει, λόγων πρὸς αὐτοὺς ἄρχεται τοιῶν-
δε· Ἐμοὶ, λέγων, ὦ ξένοι, καὶ θεοὶ μάρτυρες τῶν λε-
χθησομένων, ἤδη μὲν καὶ εἴπερ αὐτοῦ [τῇδε] καὶ παρ'
ἐμοὶ μένοντες ἐθέλοιτε τὸν πάντα διάγειν χρόνον, ἐπὶ
κοινοῖς μὲν τοῖς οὖσι, κοινοὺς δὲ τοῖς φιλτάτοις. Οὐ
50 γὰρ ὡς ἐπιδήμους ξένους, ἀλλὰ φίλους λοιπὸν, εὔνους
τ' ἐμοὶ καὶ γνησίους νενομικὼς, βάρος οὐδ' ὁτιοῦν ἅπαν
τὸ εἰς ὑμᾶς ἐσόμενον ἡγήσομαι, ἕτοιμος δὲ καὶ τοὺς
οἰκείους ἀναζητεῖν ὑμῖν βουλομένοις, τὰ εἰς δύναμιν,
ἕως ἂν παρεῖναί με συμβαίνῃ, συμπράττειν. Ἀλλ'

quemdam ex notis incidissent, iis, quæ nuntiata sunt, quasi manu ducantur eo, ubi Theagenem inquirere oportebit, iter ad prædonum pagum tanquam ad scopum dirigentes. \

V. Hæc cum dixisset, haud difficulter illis persuasit, simul, ut existimo, alia spe ex iis, quæ nuntiata fuerant, elucente et Cnemone seorsim etiam Calasirim bono animo esse, quod Thyamis Theagenem servaturus esset, jubente. Placuit igitur, ut redirent. Reversi Chariclcam in vestibulo deprehendunt, procul et in omnes regiones illorum causa circumspectantem. Cum vero nusquam cum illis Theagenem cerneret, lugubri ploratu edito, An soli, inquit, pater et quemadmodum hinc existis, rursus revertimini? Theagenes vero procul dubio, ut conjicere licet, occubuit? Exponite, per deos, quamprimum, si quid habetis, neque augeatis mihi calamitatem nuntii dilatione. Cum humanitate quadam conjunctum est festinum adversæ fortunæ indicium, ut quod animum ad resistendum magnitudini mali præparet et satietatem doloris cito afferat. Præcedens igitur ejus mœrorem, admodum ægrœ animo, Cnemon : Quæ, malum, est, inquit, ista consuetudo, Chariclea? Proclivis es quodammodo in augurium deteriorum, sed falsorum utique : qua quidem in parte recte facis. Theagenes vero est, et diis volentibus, manet incolumis : et quomodo et apud quos breviter referebat. Calasiris autem, Apparet, te nondum amorem expertum esse, Cnemon, ex iis quæ locutus es, dicebat. Scires enim profecto, quod ei ea, quæ nihil habent periculi, formidolosa amantibus existunt : solisque oculis, in iis, quæ ad amasios pertinent, fidem habent. Illorum vero absentia, metum semper et sollicitudinem in animabus amore captis efficit. Porro in causa est, quod sibi persuaserunt uterque alteri carissimi, nunquam se relicturos esse, nisi illorum conjunctioni aliquod triste obstet impedimentum. Quare, mi Cnemon, Chariclcæ quidem veniam demus, quæ vere exacti amoris affectu laboret : ipsi vero, ingressi ostium, de iis quæ sunt agenda cogitemus.

VI. His dictis, prehensam manu Chariclcam, cum quadam observantia paterna in œdes introduxit. Nausicles autem, recreare illos a curis volens, atque etiam aliquid aliud moliens, convivium splendidius quam solebat, instruxit et solis cum filia symposium concessit, ut delicatior et comptior solito appareret, illam instruens et sumptuosius exornans. Cum autem convivio satis esse oblectatos existimaret, ita ad illos est locutus, Mihi, inquiens, hospites, (dii sunt testes eorum, quæ a me dicentur) præsentia vestra est jucunda, etiamsi hic apud me totum velitis degere tempus, communi jure facultatum et eorum quæ mihi carissima sunt. Cumque vos non in advenarum hospitum loco, sed amicorum in posterum, amantium mei et verorum, habeam, nihil erit mihi oneri, quod in vos collatum fuerit. Quin etiam vobis necessarios vestros inquirere volentibus paratus sum, quoad fieri poterit, quantumque in me situm erit, opem ferre. Ceterum haud dubie ipsi scitis, quod mihi ratio vitæ ad mercaturam est

ἴστε που καὶ αὐτοὶ πάντως, ὅτι μοι βίος ἐστὶν ἐμπορικὸς καὶ ταύτην γεωργῶ τὴν τέχνην καὶ ὡς λαμπροὶ ζέφυροι πάλαι καταπνέοντες, ἀνέῳξαν μὲν εἰς ναυτιλίαν τὴν θάλατταν, τὰ πλόϊμα δὲ τοῖς ἐμπόροις εὐαγγελίζονται. Καί με καθάπερ κήρυγμα ἡ χρεία καλεῖ πρὸς τὴν εἰς Ἕλληνας ἐκδημίαν. Δίκαια τοίνυν ἂν ποιοῖτε, τί ποτε καὶ ὑμῖν βουλομένοις ἐστὶ, κοινούμενοι, ὡς ἂν καὶ αὐτὸς πρὸς τὸν ἡμέτερον σκοπὸν, τὰ κατ' ἐμαυτὸν διαθοίμην.

10 Ζ΄. Μικρὸν δ' ἐφησυχάσας τοῖς εἰρημένοις ὁ Καλάσιρις, Ὦ Ναυσίκλεις, ἔφη, σοὶ μὲν ἐπ' αἰσίοις ὁ ἔκπλους στέλλοιτο καὶ Ἑρμῆς μὲν Κερδῷος, Ποσειδῶν δὲ Ἀσφάλειος, συνέμποροι καὶ πομποὶ γίγνοιντο, πᾶν μὲν ἐπὶ πέλαγος εὔρουν καὶ εὐήνεμον παραπέμποντες, 15 πάντα δ' ὅρμον εὐλίμενον καὶ πᾶσαν πόλιν εὐπρόσοδον καὶ φιλέμπορον ἀποφαίνοντες, οὕτως ἡμᾶς καὶ παρόντας περιέποντι καὶ ἀπιέναι βουλομένους πέμποντι καὶ τοὺς ξενίους τε καὶ φιλίους θεσμοὺς ἀκριβοῦντι. Ἀλλ' ἡμῖν ἀλγεινὸν μὲν ἴσως τὸ χωρίζεσθαι σοῦ καὶ οἰκίας 20 τῆς σῆς, ἣν ἰδίαν ἡμῶν ἡγεῖσθαι παρασκεύασας, ἀναγκαῖον δὲ καὶ ἀπαραίτητον τῆς τῶν φιλτάτων ἀνευρέσεως παντοίως ἀντιλαμβάνεσθαι. Ἐμοὶ μὲν οὕτω καὶ Χαρικλείᾳ ταύτῃ, Κνήμωνι δὲ τίς ποτε ἡ γνώμη καὶ εἴτε συναληπτεύειν ἡμῖν καὶ χαρίζεσθαι ἕτοιμος, εἴτ' 25 ἄλλη πῃ διέγνωκεν, αὐτὸς ἂν λέγοι παρών. Βουλόμενος δὴ ὁ Κνήμων πρὸς ταῦτ' ἀποκρίνασθαι καὶ μέλλων τι ἤδη καὶ φθέγγεσθαι, ἔλυξέ τ' αἰφνίδιον καὶ ἁθρόον αὐτῷ δάκρυ θερμὸν προχυθὲν ἐπεστόμιζε τὴν γλῶτταν· ἕως ὀψέ ποτε τὸ πνεῦμα συλλεξάμενος καὶ 30 ἐπιστενάξας, Ὦ πάσης, ἔφη, τροπῆς ἀνάμεστον καὶ ἀσταθμητότατον τύχης ἀνθρωπίνης κίνημα· ὅσην παλίρροιαν κακῶν, ἐπί τ' ἄλλων δὴ πολλῶν πολλάκις καὶ κατ' ἐμοῦ πεφιλοτίμησαι· γένους μὲν καὶ οἰκίας πατρῴας ἐστέρησας, πατρίδος δὲ καὶ πόλεως καὶ τῶν φιλ- 35 τάτων ἐξένωσας· Αἰγυπτίᾳ με γῇ (πολλὰ τὰ μεταξὺ σιωπῶντα) προσώκειλας· [λῃσταῖς] βουκόλοις παρέδωκας, μικράν τινα χρηστὴν ἐλπίδα ὑπέρηνας, ἀνδρῶν συντυχίαν, δυστυχῶν μὲν καὶ τούτων, πλὴν ἀλλ' Ἑλλήνων, πρυτανεύσασα, μεθ' ὧν τὸ λειπόμενον τοῦ 40 χρόνου βιώσεσθαι ἤλπιζον· καὶ ταύτην, ὡς ἔοικεν, ὑποτέμνῃ τὴν παραμυθίαν. Ποῖ γὰρ τράπωμαι; τί δέ με καὶ χρὴ πράττειν; καταλίπω Χαρίκλειαν, οὔπω Θεαγένην εὑρηκυῖαν; ἀλλὰ δεινὸν, ὦ γῆ, καὶ ἀθέμιτον. Ἀλλ' ἕπεσθαί με χρὴ καὶ συναναζητεῖν; εἰ μὲν ἐπὶ 45 κατορθώσει τῇ εὑρέσει, καλὸν τὸ μοχθεῖν ἐπ' ἐλπίδι τοῦ κατορθώσειν, εἰ δ' ἄδηλον τὸ μέλλον καὶ πλέον τὸ δυσχερὲς, ἄδηλον ποῖ ποτε καὶ στήσεταί μοι τὰ τῆς ἄλης. Τί δ' οὐχὶ συγγνώμην παρ' ὑμῶν τε καὶ θεῶν Φιλίων αἰτήσας, νῦν γοῦν ποτε τὴν ἐπὶ τὴν πατρίδα 50 καὶ τὸ γένος ἐπανόδου μνησθήσομαι, καιροῦ καὶ ταῦτα εἰς καλὸν ἐκ τοῦ θεῶν, ὡς ἔοικε, παρεμπεπτωκότος; καὶ τουτουὶ Ναυσικλέους, ὡς ἔφη, εἰς Ἕλληνας ἀφήσειν μέλλοντος, μὴ δή μοί τι καὶ τοῦ πατρὸς ἐν τούτῳ παθόντος, ἔρημος εἰς τὸ παντελὲς διαδόχου καὶ ἄκληρος

instituta et hanc artem exerceo tanquam agrum. Cum itaque jam Zephyri egregie flantes, ut navigationi mare pateat efficiant et navigandi commoditatem mercatoribus promittant, me quoque negotium tanquam præconium quoddam ad peregrinationem in Græciam evocat. Recte igitur feceritis, si mecum vicissim vestram sententiam communicaveritis, ut et ipse ad scopum vobis propositum, meas rationes constituere possim.

VII. Post hæc dicta paullulum quiescens Calasiris, O Nausicles, inquit, Tu quidem bonis avibus navigationem pares, Mercuriusque lucrum præstans et Neptunus tranquillitatis effector, comites et deductores tibi adsint, teque in omne pelagus latum et tranquillum deducant : omnem portum tutum et omnem urbem accessu facilem et mercatorum studiosam efficiant, quod et præsentes nos tanta benevolentia complexus es et discedere volentes dimittis, hospitii et amicitiæ leges exacte servans. Nobis autem etsi grave et molestum est, a te et domo tua, quam ut nostram esse existimemus effecisti, separari; necessarium est tamen et irrecusabile, ad inquisitionem carissimorum omnino aggredi. Et hæc quidem mea est et Chariclæ sententia. Cnemon autem quid habeat in animo, et sive nobiscum una oberrare et gratificari nobis, sive aliud quidpiam facere statuit, ipse dicat in præsentia. Volens igitur ad hæc respondere Cnemon, et jam jam aliquid prolocuturus, singultivit subito et repente illi calidæ lacrimæ profusæ linguam obstruxere : donec sero tandem spiritu collecto et gemitu edito, O fortunæ, inquit, humanæ omnis mutationis plena et instabilissima ratio, quantum malorum refluxum, cum in aliis multis sæpius, tum in me declarasti ! Genere et domo paterna me privasti, patria et urbe, et mihi carissimis, extorrem egisti : ad Ægyptiam terram (ut multos intercapedinis casus taceam) impegisti, prædonibus tradidisti. Paullulum quidem bonæ spei ostenderas, familiaritatem virorum, etsi calamitosorum, Græcorum tamen, concilians : cum quibus ego me reliquum tempus vitæ transacturum putabam. Sed et hanc, ut videtur, præcidis consolationem. Quo enim vertar? quidve mihi faciendum est? An relinquam Chariclcam, quæ nondum Theagenem invenit? Sed intolerandum, o terra, et nefas factu est. An sequar et una inquiram? Si quidem certa est inventio, præclarum est subire laborem spe felicis exitus : sin inexplorata est futurorum ratio, et major molestia non excipiet, incertum est, quem tandem finem consequetur ille meus error. Quid si a vobis et diis amicitiæ præsidibus, veniam deprecatus, nunc tandem in familiam et patriam reditus mentionem faciam? præsertim cum occasio opportune divina providentia, ut videtur, inciderit, et Nausicles hic, ut ait, in Græciam sit soluturus, ne, vel interim si patri aliquid acciderit, omnino successore orba

21.

ὁ οἶκος ἀπολειφθείη. Καὶ γὰρ καὶ εἰ πένεσθαι μέλλοιμι, σώζεσθαι γοῦν τι λείψανον δι' ἐμοῦ τῷ γένει καλὸν καὶ αὔταρκες. Ἀλλ', ὦ Χαρίκλεια, σοὶ γὰρ προηγουμένως ἀπολογοῦμαι καὶ συγγνώμην αἰτῶ καὶ δέομαι, δός· ἄχρι μὲν τῶν βουκόλων ἔψομαι, μικρὸν ἐπιμεῖναι Ναυσικλέα, κἂν σφόδρα ἐπείγηται, παρακαλέσας· εἰ πώς σε Θεαγένει παρὼν ἐγχειρίσας, χρηστὸς μὲν παρακαταθήκης φύλαξ ἀποδειχθείην, ἐπὶ χρησταῖς δὲ καὶ αὐτὸς ταῖς μελλούσαις ἐλπίσι μετὰ ἀγαθοῦ τοῦ συνειδότος χωριζοίμην. Εἰ δ' ἀποτύγοιμεν, ὃ μὴ γένοιτο, καὶ οὕτω συγγνωστός, ὅτι γε δὴ μόνην σε οὐδὲ τότε κατέλιπον ἀλλ' ἀγαθόν σοι φύλακα καὶ πατέρα Καλάσιριν τουτονὶ παρακαταστήσας. Ἡ δὲ Χαρίκλεια τόν τε Κνήμωνα ἐκ πολλῶν ἤδη συμβαλοῦσα τοῦ Ναυσικλέους ἐπὶ τὸ θυγάτριον ἐπτοημένον, (ὀξὺς γὰρ ὁ ἐρῶν φωρᾶσαι τὸν ἀπὸ τῶν ἴσων παθῶν κεκρατημένον) καὶ τὸν Ναυσικλέα πρὸς τῶν ὑπ' αὐτοῦ λεχθέντων συνεῖσα, ὡς ἀσμένῳ γένοιτ' ἂν τὸ κῆδος καὶ πάλαι τοῦτο πραγματεύεται καὶ τὸν Κνήμωνα ἐμποιρεύεται ποικίλως ἐφελκόμενος, καὶ ἅμα οὐδ' εὐπρεπῆ λοιπὸν τῆς ὁδοῦ κοινωνόν, οὐδ' ἀνύποπτον ἡγουμένη, τὸν Κνήμωνα· Ὡς δὴ σοι φίλον, ἔφη, τῆς μὲν ἐπὶ τοῖς προϋπηργμένοις παρὰ σοῦ χρηστοῖς εἰς ἡμᾶς χάριτος κεχρεωστημένης καὶ ὁμολογουμένης, ἐπὶ δὲ τοῖς λειπομένοις, οὐ πάντως ἐπούσης ἀνάγκης τὰ ἡμέτερα ἐκφροντίζειν, οὐδ' ἀλλοτρίαις τύχαις καὶ ἄκοντα συναποκινδυνεύειν. Ἀλλὰ σὺ μὲν Ἀθήνας τε τὰς σὰς καὶ γένος καὶ οἶκον τὸν σὸν κομίσαιο, Ναυσικλέα τουτονὶ καὶ τὴν δι' αὐτοῦ παραπεσοῦσαν, ὡς φής, πρόφασιν μηδαμῶς παρωσάμενος. Ἐγὼ δὲ καὶ Καλάσιρις πρὸς τὰ συμπίπτοντα μαχεσόμεθα, ἕως ἂν τὸ τέλος τῆς πλάνης εὕρωμεν· εἰ καὶ ἀνθρώπων μηδεὶς συνεφάπτοιτο, θεοὺς συνεμπόρους ἔχειν καταπιστεύοντες.

Η'. Ὑπολαβὼν δὲ πρὸς ταῦθ' ὁ Ναυσικλῆς, Χαρικλείᾳ μέν, ἔφη, κατ' εὐχὰς ἀποβαίη καὶ θεοὶ συνέμποροι κατὰ τῆς αὐτῆς αἰτίοιντο καὶ τοὺς οἰκείους κομίζοιτο, οὕτως οὖσα γενναία μὲν τὸ λῆμα, συνετὴ δὲ τὸ φρόνημα. Σὺ δέ, ὦ Κνήμων, μήτε, εἰ Θίσβην οὐκ ἄγεις εἰς τὰς Ἀθήνας, ἄσχαλλε καὶ ταῦτ' ἔχων ὑπόδικον ἐμὲ τουτονὶ τῆς κατ' ἐκείνην ἁρπαγῆς, καὶ τῆς ἐκ τῶν Ἀθηνῶν ὑπεξαγωγῆς. Ὁ γὰρ ἔμπορος ὁ Ναυκρατίτης, ὁ Θίσβης ἐραστής, οὗτος ἐγώ. Μήτε πενίαν ὀδύρου, πτωχεύσειν ἔτι προσδοκήσας. Εἰ γάρ σοι φίλον, καὶ ἐμοὶ φανείη, χρημάτων τ' εὐπορήσεις συχνῶν, οἶκόν τ' ἀπολήψει καὶ πατρίδα τὴν σήν, ἐμοῦ καταγοντος· γῆμαί τε βουλομένῳ, θυγατέρα ταυτηνὶ τὴν ἐμὴν ἁρμόζω Ναυσίκλειαν, προῖκα ἐπιδοὺς αὐτὸς ἧς πλείστην ὄψην, τὴν παρὰ σοῦ δὲ πάλαι εἰληφέναι κρίνων, ἐξ οὗ γένος καὶ οἶκον καὶ ἔθνος τὸ σὸν ἐγνώρισα. Πρὸς ταῦτ' οὐδὲ πρὸς βραχὺ διαμελλήσας ὁ Κνήμων, ἀλλ' ἃ πάλαι δι' εὐχῆς τε καὶ ἐπιθυμίας εἶχεν, οὐκ ἤλπιζε, ταῦθ' ὑπὲρ εὐχὴν καὶ ἀπροσδόκητα λαμβάνων, Ἅπαντα, ἔφη, δέχομαι, ἃ καταγγέλλεις, ἄσμενος. Καὶ ἅμα τὴν δεξιὰν προτείναντι τὸ θυγά-

et exheres domus relinquatur. Etenim, etiamsi in inopia victurus sim, servari tamen per me aliquas reliquias generis honestum est et propter se expetendum. Sed, o Chariclea, tibi enim me præcipue excusatum velim et a te veniam peto ac deprecor, da mihi hoc beneficium : usque ad prædones sequar, a Nausicle, ut parumper exspectet, etsi nimium properet, impetrans : ut si te forte tradidero in manus Theageni, sedulus depositi custos fuisse declarer : bona quoque spe futurarum rerum, cum bona conscientia factorum, a vobis separer. Sin autem, quod absit, spe lapsi fuerimus, sic quoque veniam merear, neque te solam tum relinquens, sed adhibens tibi Calasirim hunc bonum et custodem et patrem. Chariclea vero, et Cnemonem multis argumentis conjiciens erga Nausiclis filiam commotum esse, (acris enim est amans in deprehendendo eo, qui simili affectui succubuit) et Nausiclem, ex iis, quæ ab eo dicta fuerant, ut affinitas contraheretur jampridem moliri, et Cnemonem variis illecebris allicere, intelligens, simulque ne convenientem quidem itineri comitem, et suspicione vacantem, in posterum futurum Cnemonem existimans, Quemadmodum lubet, inquit. Ac pro officiis quidem antea nobis præstitis habeo tibi gratiam, et debere confiteor : quod autem ad consequens tempus attinet, non omnino incumbit necessitas, ut nostrarum rerum curam suscipias et in aliena fortuna vel invitus una pericliteris. Sed tu quidem Athenas tuas et familiam et domum tuam recuperes, Nausiclem hunc, et occasionem, quæ cum ipso offertur, neutiquam negligens. Ego vero et Calasiris cum iis, quæ acciderint, pugnabimus tamdiu, quoad finem erroris invenerimus; etiamsi nemo hominum adjuvet, deos comites nos habituros esse confidentes.

VIII. Hæc verba Nausicles excipiens, Charicleæ quidem, inquit, ex animi sententia, quæ vult, eveniant et dii comites juxta illius preces adsint et propinquos recuperet, quandoquidem tam excelso animo et prudentia singulari prædita est. Tu vero, Cnemon, quod Thisben Athenas non reducas, non amplius ægre feras, præsertim cum me habeas reum raptus illius et clandestinæ Athenis avectionis. Ille enim mercator Naucratites, Thisbes amator, ego sum. Nec de paupertate queraris, putans fore aliquando tempus ut mendices; nam si tibi perinde atque mihi placebit, et pecuniæ magnam copiam consequeris, et domum et patriam tuam recuperabis, reducente me, denique, si uxorem ducere volueris, hanc meam Nausicleam tibi conjungente et maximam dotem addente et illam, quod a te vicissim exspectandum est, accepisse statuente, postquam genus et familiam tuam cognovi. Ad hæc ne paullulum quidem cunctatus Cnemon, sed, quæ optans antea et expetens non sperabat, ea tum præter spem oblata arripiens, Omnia, inquit, lubens accipio, quæ pro-

LIBER VI.

τριον ὁ Ναυσικλῆς ἐνεχείριζε καὶ κατηγγύα καὶ τὸν ὑμέναιον ᾄδεσθαι πρὸς τῶν οἰκείων ἐγκελευσάμενος, χορείας ἐν πρώτοις ἐξῆρχεν, εἰς αὐτοσχέδιον γάμον τὸ παρὸν συμπόσιον ἀναδείξας. Οἱ μὲν δὴ ἄλλοι πρὸς
5 χοροῖς ἦσαν καὶ τὸν ὑμέναιον ἀπρόσκλητον ἐπὶ τοῖς θαλάμοις ἐκώμαζον καὶ γαμήλιος παννυχὶς τὴν οἰκίαν κατέλαμπεν, ἡ Χαρίκλεια δὲ χωρισθεῖσα μόνη τῶν ἄλλων, ἐπὶ τὸ σύνηθες ἔρχεται δωμάτιον καὶ τὰς θύρας εἰς τἀσφαλὲς ἐπικλεισαμένη, πρὸς οὐδενός τ' ὀχλεῖσθαι
10 καταπιστεύουσα, βάκχιόν τι οἰστρηθεῖσα, τάς τε κόμας ἀφειδῶς λύεται, καὶ θοιμάτιον περιρρηξαμένη, Φέρε, ἔφη, καὶ ἡμεῖς δαίμονι τῷ εἰληχότι χορεύσωμεν κατὰ τὸν ἐκείνου τρόπον· ᾄσωμεν. αὐτῷ θρήνους καὶ γόους ὑπορχησώμεθα, ζόφος δ' ἐπηχείτω καὶ νὺξ ἀλαμ-
15 πὴς ἡγείσθω τῶν δρωμένων, τοῦδε τοῦ λύχνου τῇ γῇ προσαραχθέντος. Οἵας γὰρ δὴ καὶ ἐφ' ἡμῖν τὰς παστάδας ἐπήξατο; οἷον τὸν θάλαμον ἀνέδειξε. μόνην μὲν ἔχει με καὶ ἀνύμφευτον, τοῦ δὲ μέχρις ὀνόματος νυμφίου Θεαγένους, οἴμοι, χηρεύει. Κνήμων γαμεῖ,
20 Θεαγένης δ' ἀλητεύει καὶ ταῦτ' αἰχμάλωτος· ἢ τάχα καὶ δέσμιος. Καὶ ταῦτ' ἂν εἴη τὰ εὐτυχέστερα· σώζοιτο μόνον. Ναυσίκλεια νυμφεύεται κἀμοῦ διέζευκται ἡ μέχρι τῆς παρελθούσης ὁμόκοιτος· Χαρίκλεια δὲ μόνη καὶ ἔρημος. Καὶ οὐ τῶν ἐπ' ἐκείνοις ἡμῖν μέμ-
25 ψις, ὦ τύχη καὶ δαίμονες, ἀλλὰ πράττοιεν κατὰ γνώμην, τῶν δὲ καθ' ἡμᾶς ὅτι μὴ τούτοις ἡμῖν ἐξ ἴσου κέχρησθε. Οὕτω τὸ δρᾶμα τὸ περὶ ἡμᾶς εἰς ἄπειρον ἐμηκύνατε καὶ πᾶσαν λοιπὸν σκηνὴν ὑπερφθέγγεται. Ἀλλὰ τί ταῦτ' ἀωρὶ θεηλατοῦμαι; τελείσθω καὶ τὰ
30 ἑξῆς ὅπῃ τοῖς θεοῖς φίλον. Ἀλλ', ὦ Θεάγενες, ὦ μόνη μοι γλυκεῖα φροντίς, εἰ μὲν τέθνηκας καὶ τοῦτο πεισθείην, (ὃ μή ποτε γνοίην), τότε μὲν σοι συνεῖναι οὐχ ὑπερθήσομαι. Τὸ παρὸν δέ σοι τάσδε ἐπιφέρω γοάς· καὶ ἅμ' ἔτιλλε τὰς τρίχας καὶ ἐπὶ κλίνης ἐπέβαλλε· καὶ
35 τάσδε ἐπιχέω τὰς σπονδὰς ἐκ τῶν σοι φίλων ὀφθαλμῶν καὶ αὐτίκα διάβροχος ἦν ἡ στρωμνὴ τοῖς δάκρυσιν. Εἰ δέ μοι περισώζῃ καλῶς γε ποιῶν, δεῦρο συναναπαύσαι, φίλος, ὄναρ γοῦν ὀφθείς. Φείδου δὲ καὶ τότε, ὦ 'γαθὲ, καὶ φύλαττε νομίμῳ γάμῳ τὴν σὴν παρθένον. Ἰδού σε
40 καὶ περιπτύσσομαι, παρεῖναι καὶ ὁρᾶν ὑποτιθεμένη.

Θ'. Καὶ ἅμα λέγουσα, ῥίπτει κατὰ τῆς κλίνης ἐπὶ πρόσωπον αὐτὴν ἀθρόον καὶ περιχυθεῖσα περιέβαλλε, λύζουσά τε καὶ βρύχιον ἀναστένουσα, ἕως αὐτὴν ὑπὸ τῆς ἄγαν λύπης, ἀχλύς τε καὶ ἴλιγγος ὑποδραμὼν καὶ
45 τὸ νοερὸν τῆς ψυχῆς ζοφώσας πρὸς ὕπνον ἔλαθεν ὑποφέρων καὶ εἰς ἡμέραν ἤδη λαμπρὰν κατέχων. Ὥστε καὶ ὁ Καλάσιρις θαυμάζων καὶ παρά γε τὸ εἰωθὸς οὐχ ὁρωμένην ἐπιζητῶν, ἐπὶ τὸν θάλαμον ἀφικόμενος, ἐπατὶ τε σφοδρότερον τὰς θύρας, καὶ ὀνομαστὶ συνεχῶς
50 Χαρίκλειαν ἀνακαλῶν, ἀφύπνιζεν. Ἡ δὲ πρὸς τὸ αἰφνίδιον τῆς κλήσεως διεταράχθη τε καὶ ὡς κατελήφθη σχήματος ἐπὶ τὰς θύρας ὁρμήσασα, τόν τε μοχλὸν παρήνεγκε, καὶ πρὸς εἴσοδον τῷ πρεσβύτῃ διέστελλεν. Ὁ δὲ, ὡς εἶδε τῆς τε κόμης τὸ ἄτακτον καὶ τὸν χιτῶνα

mittis. Simulque dextram porrigenti, filiam Nausicles tradebat et despondebat; et hymenæum cani a suis jubens, choream primus incipiebat, subitas nuptias ex præsenti convivio efficiens. Alii igitur in cœtu reliquo erant et hymenæum non denuntiatum in thalamis cum saltationibus et cantu celebrabant et nuptiali face tota nocte domus collucebat; Chariclea vero, separata ab aliis, consuetum ingreditur conclave, atque ostium claudens ac muniens, a nulloque se impeditum iri confidens, quasi furore quodam Bacchico percita, capillos, nihil omnino sibi parcens, solvit et turbat, et, veste scissa, Age, inquit, et nos numini, quod res nostras sortitum est, qua postulat ratione, choreas ducamus. Canamus illi ploratus et lamentis tripudiemus: tenebræ autem resonent et nox obruta, hac face terræ impacta, iis quæ agentur præsit. Quem enim etiam nostra causa thalamum exstruxit? qualemve nobis comparavit? Solam et orbatam sponso me iste habet, Theagene, inquam, hei mihi miseræ! qui nomine tantum est sponsus. Cnemon conjugium contrahit, Theagenes vero errat, atque adeo captivus fortassis et vinctus. Atque hic quidem esset benignioris fortunæ casus, si modo maneret incolumis. Nausiclea nubit et a me disjuncta est, usque ad præteritam noctem una cubarat: Chariclea vero sola et deserta. Nec invidemus illorum fortunæ, o fors et numina; quin etiam, ut illis ex animi sententia succedat, optamus; sed ob nostra accusamus vos, quod non æque nobis hæc impertiamini. Sic hunc actum nostrum in immensum produxistis, ut ultra omnes scenas repræsentetur. Sed quid importune de calamitatibus divinitus immissis queror? Perficiantur et reliqua, quousque diis placet. Sed, o Theagenes, o sola mihi cura suavis, si quidem mortuus es et hoc audiero, (quod utinam nunquam resciam!) neque ipsa differam, quin una sim tecum futura. In præsentia vero has tibi perago inferias, (simulaque vellebat crines et in lectum imponebat) et has tibi desuper fundo libationes ex oculis, qui tibi cari sunt; (moxque humectabatur stratum lacrimis.) Si manes incolumis, sicuti merito debes, huc ades, et una requiesce, carissime, in somnis saltem mihi apparens. Parce tamen tum quoque, mi Theagenes, et custodi connubiali lege tuam virginem. Ecce te et amplector adesse te et me intueri existimans.

IX. Atque hæc elocuta, dejicit sese in lectum repente pronam, et circumfusa hærebat in amplexu singultiens atque vehementius ingemiscens: donec illam præ nimio dolore stupor et vertigo subiens et parti animæ intelligenti caliginem quamdam offundens, clam in somnum deduxit et ad diem usque claram detinuit. Quamobrem Calasiris mirans et quod nusquam præter consuetudinem appareret inquirens, ad thalamum venit, pulsansque fores vehementius et nominatim continuo Charicleam compellans, excitavit e somno. Illa vero subita vocatione turbata est et eo habitu, in quo deprehensa fuerat, ad ostium sese proripiens, vectem removit et ad ingressum senis fores aperuit. Ille vero, ut vidit capillos turbatos et vestem scissam circa pectus, adspectumque adhuc fluctuantem, et quo furore,

κατερρωγότα περὶ τοῖς στήθεσι καὶ ὅμμα ἔτι κυμαῖνον, [καὶ τὸ πρὸ τῶν ὕπνων ἐμμανὲς ἐπισημαῖνον] συνίησι μὲν τὴν αἰτίαν, ἀγαγὼν δ' αὖθις ἐπὶ τὴν κλίνην καὶ καθίσας, ἐφεστρίδα τε ἐπέβαλε καὶ πρὸς τὸ εὔσχημον
5 περιστείλας, Τί ταῦτα, ἔφη, Χαρίκλεια; τί λίαν οὕτω καὶ ἄμετρα δυσφορεῖς; τί δ' οὕτως ἐκφρόνως ἧττων γίγνῃ τῶν προσπιπτόντων; οὐδέ σε γνωρίζω τὸ παρὸν, ἀεὶ γενναίαν καὶ σώφρονα τύχας ἐνεγκεῖν τὸ πρόσθεν ἐγνωκώς. Οὐ παύσῃ τῆς ἄγαν ταύτης ἀνοίας; οὐκ
10 ἐννοήσεις, ἄνθρωπος οὖσα, πρᾶγμα ἀστάθμητον καὶ ὀξείας ῥοπῆς ἐφ' ἑκάτερα λαμβάνον; τί σαυτὴν προαναιρεῖς βελτιόνων ἴσως ἐλπίδων; φεῖσαι καὶ ἡμῶν, ὦ τέκνον, φεῖσαι, εἰ μήγε σαυτῆς ἀλλά γε Θεαγένους, ᾧ βίος ὁ σὺν σοὶ μόνος αἱρετὸς καὶ ἐπὶ σοὶ σωζομένη
15 τὸ εἶναι κέρδος. Ἠρυθρία τούτων ἀκούσασα ἡ Χαρίκλεια καὶ πλέον ἐν οἵοις κατείληπτο ἐννοοῦσα, σιωπήσασά τ' ἐπιπλεῖστον, ὡς ἐνέκειτο πρὸς τὴν ἀπόκρισιν ὁ Καλάσιρις· Ἀληθῆ μὲν, ἔφη, ἐπιτιμᾷς, ἀλλ' ἴσως ἐμοὶ συγγνωστά, ὦ πάτερ. Οὐ γάρ με δημώδης,
20 οὐδὲ νεωτερίζουσά τις ἐπιθυμία πρὸς ταῦτ' ἐξάγει τὴν ἀθλίαν, ἀλλὰ καθαρός τε καὶ σωφρονῶν, ἀπείρατου μὲν, ἀλλ' ἐμοί γ' ἀνδρὸς πόθου καὶ τούτου Θεαγένους λυποῦντος μὲν καὶ ὅτι μὴ σύνεστι, πλέον δ' εἰ περίεστιν ἢ μὴ, φοβοῦντος. Ἀλλὰ τούτου γ' ἕνεκα θάρσει,
25 ἔλεγεν ὁ Καλάσιρις, ὡς ὄντος ἐκείνου καί σοι συνεσομένου, θεῶν νευόντων, εἴπερ τι χρὴ τοῖς τε προθεσπισθεῖσι περὶ ὑμῶν πιστεύειν καὶ τῷ διαγγείλαντι χθιζὸν, ὃς εἴληπται ὑπὸ Θυάμιδος, εἰς τὴν Μέμφιν ἀναπεμπόμενος. Εἰ δ' εἴληπται, δῆλον ὡς καὶ σώζεται,
30 φιλίας αὐτῷ πρὸς τὸν Θύαμιν καὶ γνώσεως ὑπαρχούσης. Καιρὸς δὴ, μὴ μέλλειν, ἀλλὰ σπευστέον ὡς ἔνεστιν ἡμῖν τάχους ἐπὶ Βήσσαν τὴν κώμην καὶ ἀναζητητέον, σοὶ μὲν τὸν Θεαγένην, ἐμοὶ δὲ πρὸς τούτῳ καὶ τὸν υἱόν. Οἶσθά που πάντως προακηκοῦϊα, παῖδα
35 ἐμὸν εἶναι τὸν Θύαμιν. Καὶ ἡ Χαρίκλεια γενομένη σύννους, Εἰ μὲν δὴ, ἔφη, παῖς ἐστι σοι Θύαμις καὶ ἔστιν ὁ σὸς, ἀλλὰ μὴ ἑτέρου καὶ ἄλλος, νῦν μὲν δὴ τὰ ἡμέτερα πρὸς κίνδυνον ἐλαύνει τὸν μέγιστον. Θαυμάσαντος δὲ καὶ τὴν αἰτίαν ἐρομένου τοῦ Καλασίριδος·
40 Οἶσθα, εἶπεν, ὡς αἰχμάλωτος ἐλήφθην ὑπὸ τῶν βουκόλων. Ἐκεῖ τοίνυν καὶ τὸν Θύαμιν ὑπηγάγετο πρὸς τὸν κατ' ἐμοῦ πόθον ἡ δυστυχῶς μοι προσεῖναι δοκοῦσα τῶν ὄψεων ὥρα· καὶ δέος, εἰ ἀναζητοῦντες ἐκτύχοιμεν, μὴ ὀρθεῖσαν ἐκείνην εἶναί με ταύτην ὑπομνησθεὶς, τὸν
45 γάμον, ὃν τότε μοι προτεινόμενον παρ' αὐτοῦ διεκρουσάμην ἐπινοίαις, εἰς ἔργον ἄγειν βιάσηται. Καὶ ὁ Καλάσιρις, Μὴ οὕτω μέν ποτε, φησί, ἐπιθυμία κρατήσειεν, ὡς καὶ τὴν πατρῴαν ὄψιν δρωμένην ὑπεροφθῆναι καὶ ὄμματα τοῦ φύντος μὴ καταιδέσαι τὸν παῖδα.
50 (μηδὲ) κολάσαι γε, εἴπερ καὶ ἔστιν, οὐκ ἔννομον ὄρεξιν. Ὅμως δ' οὖν, χωλύει γὰρ οὐδὲν, τί οὐχὶ καὶ μηχανήν τινα πρὸς περιγραφὴν τῶν φοβούντων ἐπινοεῖς; δεινὴ δέ ὡς ἔοικας εἶναι σοφιστεῦσαι κατὰ τῶν ἐπιχειρούντων διαδύσεις τε καὶ ὑπερθέσεις.

antequam in somnum laberetur, agitata esset, satis indicantem, causam intellexit. Cumque illam ad lectum reduxisset et collocatam exornasset, palliumque illi imposuisset : Quid hæc, malum, inquit, Chariclea? Cur tam graviter et absque modo te excrucias? Cur ita, omni abjecta ratione, succumbis casibus? In præsentia te non agnosco, quam semper generosam et modestam antea cognovi. An non ab hac ingenti amentia desines? An non cogitabis, hominem te esse natam, rem instabilem, et levibus momentis ad utramque partem declinantem? Cur te ipsa interimis ante spes fortasse meliores? Parce nobis, nata, parce, inquam, si non tua ipsius causa, saltem Theagenis, cui vita tecum tantum est optabilis, et te superstite in lucro ponitur. Erubuit his auditis Chariclea, maxime cum reputaret ea, in quibus deprehensa fuerat. Cumque diu tacuisset, Calasiride responsionem flagitante : Veras quidem ob causas, inquit, objurgas, pater, sed tamen mihi fortasse condonandas.. Neque enim me pervulgata aut nova quædam cupiditas ad hæc impulit miseram, sed purum et castum utique, quamquam me non attigerit, desiderium, atque hoc ipsum Theagenis, qui me mœrore afficit, quod una mecum non est : ac magis etiam terret, quod, utrum vivat, an non, scire non possum. Quod ad hanc rem attinet, bono animo esto, dicebat Calasiris, tanquam illo superstite et tecum una victuro, diis annuentibus : siquidem oportet iis, quæ sunt de vobis oraculo prædicta, fidem habere atque etiam ei, qui heri, quod a Thyamide, cum Memphim duceretur, captus esset, nuntiavit. Quod si captus est, haud dubie quoque servatur incolumis, cum illi jam amicitia et familiaritas cum Thyamide intercedat. Quocirca non est cunctandum, sed properandum, quantum fieri potest, ad Bessam pagum, et inquirendi, tibi quidem Theagenes, mihi vero insuper filius. Audivisti enim omnino antea, filium meum esse Thyamidem. Tum Chariclea cogitabunda, Siquidem, inquit, filius tibi est Thyamis et est tuus, et non alterius cujuspiam et alius, nunc res nostræ in summum discrimen adducuntur. Mirante et causam quærente Calasiri : Scis, inquit, quod veneram in potestatem prædonum captiva. Ibi igitur et Thyamidem impulerat in amorem mei infausta, qua prædita esse videor, forma : et periculum est, ne, si inquirentes in eum inciderimus, conspectam me, illam ipsam esse recordatus, nuptias, quas aliquando mihi ab illo propositas fallacis eluseram, ad rem deduci cogat. Calasiris autem : Absit, ut tanta sit vis cupiditatis, ut etiam paternum vultum conspectum audeat contemnere et oculos patris non revereatur filius et non reprimat, si quæ est, pravam cupiditatem. Sed tamen quid prohibet, quominus aliquam machinam ad eludenda ea, quæ tibi sunt formidabilia, excogites? Videris autem esse callida, ad excogitanda contra eos, qui te adoriuntur, effugia et dilationes.

Ι΄. Ἀνείθη πρὸς ταῦτα μικρὸν ἡ Χαρίκλεια καὶ Εἰ μὲν ἀληθεύεις, εἶπεν, ἢ παιδιάν με πεποίησαι, παρείσθω τὸ παρόν. Ἐγὼ δὲ τέχνην ἅμα τῇ Θεαγένει μὲν καὶ πρότερον ἐπιχειρηθεῖσαν, ὑπὸ δὲ τῆς τότε τύχης διακοπεῖσαν, εἰσηγήσομαι καὶ νῦν ἐπ' ἀμείνοσι ταῖς τύχαις. Τῆς γὰρ νήσου τῆς βουκολικῆς ἀποδρᾶναι διανοηθεῖσιν, ἐδόκει τὴν ἐσθῆτα μεταμφιασαμένους ἐς τὸ λυπρότατον καὶ πτωχοῖς αὐτοὺς ἀπεικάσαντας, οὕτως ἐπιμίγνυσθαι κώμαις τε καὶ πόλεσιν. Εἰ δὴ 10 συναρέσκει, πλαττώμεθα τὸ σχῆμα καὶ πτωχεύωμεν. Οὕτω γὰρ ἧττόν τ' ἐπιβουλευσόμεθα πρὸς τῶν ἐντυγχανόντων· ἀσφάλεια γὰρ ἐν τοῖς τοιούτοις ἡ εὐτέλεια, καὶ οἴκτου τε μᾶλλον ἢ φθόνου πέλας ἡ πενία, τῆς τε καθημέραν ἀναγκαίου τροφῆς ῥᾷον εὐπορήσομεν, ξένῃ 15 γὰρ ἐν γῇ, τὸ μὲν ὤνιον σπάνιον τοῖς ἀγνοοῦσι, τὸ δ' αἰτούμενον εὐμετάδοτον τοῖς ἐλεοῦσιν.

ΙΑ΄. Ἐπῄνει ταῦθ' ὁ Καλάσιρις καὶ ἔχεσθαι τῆς ὁδοιπορίας ἐπέσπευδε· τοῖς τε περὶ τὸν Ναυσικλέα καὶ Κνήμωνα ἐντυγχάνοντες, τήν τ' ἔξοδον κοινωσάμενοι, 20 εἰς τρίτην ἐξώρμησαν, οὐδ' ὑποζύγιον, καίτοι διδόμενον, οὔτ' ἀνθρώπων οὐδένα συνέμπορον ἀνασχόμενοι· τοῦ τε Ναυσικλέους καὶ Κνήμωνος προπεμπόντων καὶ ἄλλου τῆς οἰκίας πλήθους. Προὔπεμπε δὲ καὶ ἡ Ναυσίκλεια, πολλὰ τὸν πατέρα ἐπιτρέψαι καθικετεύσασα, 25 τῆς νυμφικῆς αἰδοῦς ὑπὸ φίλτρου τοῦ περὶ τὴν Χαρίκλειαν ἐκνικηθείσης. Καὶ ὅσον πέντε σταδίους προελθόντες ἠσπάζοντο τότ' ἀλλήλους τὰ τελευταῖα κατὰ γένος, καὶ τὰς δεξιὰς ἐνέβαλλον, ἐπιδακρύσαντές θ' ὅσον πλεῖστον, καὶ ἐπὶ βελτίοσι χωρισθῆναι ταῖς τύχαις ἐπευ- 30 ξάμενοι, τοῦ Κνήμωνος δὲ καὶ συγγνώμην αἰτοῦντος εἰ μὴ συμπορεύοιτο, νεοπήκτους ἔτι τοὺς θαλάμους ἔχων, ἐπικαταλήψεσθαί τ' εἰ καιρὸς γένοιτο πλαττομένου, διεχωρίσθησαν· οἱ μὲν ἐπὶ Χέμμιν, ἡ Χαρίκλεια δὲ καὶ ὁ Καλάσιρις, πρῶτα μὲν εἰς πτωχικὸν πλάσμα 35 μετημφιέννυντο, ῥάκεσιν αὐτοὺς προηπαρεσκευασμένοις ἐξευτελίσαντες, ἔπειτα δ' ἡ Χαρίκλεια τό τε πρόσωπον ἐνύδριζεν, ἀσφοδάλῳ τ' ἐντρίψει καὶ πηλοῦ καταχρίσει μολύνασα καὶ χρηδέμνου ῥυπῶντος τῷ κρασπέδῳ ἀπὸ μετώπου κατὰ θατέρου τοῖν ὀφθαλμοῖν εἰς ἄτακτον 40 προκάλυμμα ἐπισοδοῦσα· πήραν γ' ὑπὸ μάλης, οὕτωσὶ μὲν ἰδεῖν ψωμῶν τινων καὶ ἀκόλων δῆθεν ταμιεῖον, χρειωδέστερον δὲ τῆς ἱερᾶς ἐκ Δελφῶν ἐσθῆτος καὶ τῶν στεμμάτων, τῶν τε συνεκτεθέντων μητρῴων κειμηλίων καὶ γνωρισμάτων εἰς ὑποδοχὴν, ἐξῆπτο. Ὁ δὲ Κα- 45 λάσιρις τὴν μὲν φαρέτραν τῆς Χαρικλείας τετρυχωμένοις κωδίοις ἐνειλήσας, ὥς δή τι φορτίον ἕτερον, ἐπὶ τῶν ὤμων ἐγκάρσιον ἔφερε· τὸ δὲ τόξον τῆς νευρᾶς παραλύσας, ἐπειδὴ τάχιστα πρὸς τὸ εὐθύτερον ἀνεκάμφθη, βακτηρίαν τοῖν χεροῖν ἐποιεῖτο· πολύς τ' αὐτῇ 50 καὶ βαρὺς ἐμπίπτων καὶ εἴ πῄ τισιν ἐντυγχάνοι προΐδοι, κυφότητά τε πλέον ἐπετήδευεν· ἢ τὸ γῆρας ἐπηνάγκαζε καὶ τοῖν σκελοῖν θατέρου παρευρέτο, πρὸς τῆς Χαρικλείας ἔσθ' ὅτε χειραγωγούμενος.

ΙΒ΄. Κἀπειδὴ τὰ τῆς ὑποκρίσεως αὐτοῖς διηκρίβω-

X. Exhilarata est his paulum Chariclea, et Sive serio dicis, inquit, sive jocaris, mitte ista in praesentia. Ego vero artem, etiam prius cum Theagene compositam, a fortuna vero praecisam, et nunc, quod faustum felixque sit, introducam. Cum enim, ut fugeremus ex insula praedonum, necessitas postularet, placuerat, permutato habitu, pannosos et ad mendicorum similitudinem, versari in pagis et urbibus. Quamobrem, si placet, fingamus hunc habitum et mendicorum personam agamus. Sic et minus erimus obnoxii insidiatorum injuriis : securitas enim in hisce tenuitate comparatur, fereque commiseratione propior est paupertas quam invidiae : et quotidie necessarium victum facilius adipiscemur. Etenim in peregrina terra emturis, ignorantibus loci consuetudinem, omnia carius venduntur; mendicantibus vero dantur facilius ab iis qui eorum miserentur.

XI. Collaudabat haec Calasiris et quamprimum iter ingredi properabat. Itaque cum Nausiclem et Cnemonem accessissent et exitum cum illis communicassent, perendie sunt egressi, neque jumentum ullum, etsi dabatur, neque hominem quemquam comitem sibi adesse patientes, Nausicle et Cnemone deducente et reliqua domus multitudine. Deducebat etiam Nausiclea, multis modis patrem, ut hoc sibi concederet, orans, sponsae convenientem pudorem amore erga Chariclea superante. Ad quinque autem fere stadia progressi, valedicebant sibi invicem ultimo pro sexus ratione et dextras jungebant. Cumque magnam vim lacrimarum profudissent, et ut prospere ac feliciter a se invicem separarentur, precati essent, atque etiam Cnemon veniam, quod una non iret, quod recens illi thalamus esset, peteret, et quod illos esset assecuturus, occasionem nactus, fingeret, digressi sunt a se invicem: hi quidem ad Chemmin; Chariclea vero et Calasiris in mendicorum fictum habitum se transformarunt, pannis sese antea praeparatis, vilibus admodum, operientes. Postea vero Chariclea et faciem conspurcavit, intense fuligine et luto illito contaminans et fasciae veteris oram desuper a fronte demissam circa oculos incomposite loco tegmenti jactari sinens ; porro peram sub ala, eo praetextu, tanquam buccellarum et viatici promptuarium esset, re ipsa vero ad receptaculum sacrae vestis Delphis asportatae et coronarum ac monumentorum, cum illa a matre expositorum, indiciorumque suspendens. Calasiris autem, pharetram quidem Chariclere corrupto corio involvens, tanquam onus aliquod aliud, transversum in humeris ferebat : arcum vero, nervo laxato, postquam celerrime ad rectitudinem rediit, loco baculi sumpsit, totus illi et magno onere incumbens. Et si forte se venturum alicui obviam praeviderat, dedita opera majorem gibbum simulabat, quam senium cogebat, et altero pede claudicabat, a Chariclea interdum manu ductus.

XII. Postquam autem persona ejuscemodi fuerat illis

το, μικρὰ καὶ ἐπισκιώψαντες εἰς ἀλλήλους καὶ ὡς πρέ-
ποι τὸ σχῆμα θάτερος θατέρῳ ἐπιχλευάσας, τόν τ' εἰ-
ληχότα δαίμονα στῆσαι τὰ δεινὰ μέχρι γοῦν τούτων
καὶ ἀρκεσθῆναι παρακαλέσαντες, ἔσπευδον ἐπὶ Βήσσαν
5 τὴν κώμην, οὗ τὸν Θεαγένην καὶ τὸν Θύαμιν ἐλπίσαν-
τες εὑρήσειν, ἀπετύγχανον. Ἄρτι γὰρ τῇ Βήσσῃ περὶ
δύσιν ἡλίου πλησιάζοντες, πλῆθος κειμένων νεκρῶν
ὁρῶσι νεοσφαγῶν, τῶν μὲν πλειόνων Περσῶν εἶναι τῇ
στολῇ τε καὶ καθοπλίσει γνωριζομένων, ὀλίγων δέ τινων
10 ἐγχωρίων. Καὶ πολέμου μὲν εἶναι τὸ δρᾶμα εἴκαζον,
τίνων δὲ καὶ πρὸς τίνας, ἠπόρουν· ἕως ἐπιπαριόντες
τοὺς νεκροὺς καὶ ἅμα περισκοποῦντες, μή πού τις κεῖ-
ται καὶ τῶν οἰκείων, (δειναὶ γὰρ αἱ ψυχαὶ περὶ τοῖς
φιλτάτοις τὰ δεινότερα μαντεύεσθαι) γυναίῳ προστυγ-
15 χάνουσι πρεσβυτικῷ, σώματι τῶν ἐγχωρίων προσπε-
φυκότι καὶ παντοίους ἐγείροντι θρήνους. Ἔγνωσαν
οὖν ἐπιχειρεῖν τι παρὰ τῆς πρεσβύτιδος, εἰ οἷόν τε,
ἐκπυθάνειν. Καὶ παρακαθισάμενοι, πρῶτα μὲν πα-
ραμυθεῖσθαί τε καὶ καταστέλλειν τὸν ἄγαν θρῆνον ἐπει-
20 ρῶντο. Ἔπειτα προσιεμένης, ὅν τινα πενθοίη, καὶ
τίς ὁ πόλεμος ἠρώτων, τοῦ Καλασίριδος πρὸς τὸ γύ-
ναιον αἰγυπτιάζοντος. Ἡ δ' ἔλεγεν ἅπαντα ἐπιτέμ-
νουσα· ἐφ' υἱῷ μὲν εἶναι κειμένῳ τὸ πένθος καὶ ἐπιτε-
τηδευκέναι τὴν εἰς τοὺς νεκροὺς ἄφιξιν, εἴ πῂ τις διαλά-
25 σας τοῦ ζῆν ἀπαλλάξειε, τέως μέντοι τὰ νομιζόμενα
τῷ παιδὶ ἐκ τῶν ἐνόντων, δακρύουσάν τε καὶ θρηνοῦ-
σαν, ἐπιφέρειν.

ΙΓ΄. Τὸν δὲ πόλεμον ἔλεγεν ὧδε. Ἥγετο ξένος
νεανίας τις, κάλλει τε καὶ μεγέθει διαφέρων, ὡς Ὀροον-
30 δάτην τὸν μεγάλου βασιλέως ὕπαρχον, εἰς τὴν Μέμφιν.
Ἀπέσταλτο δ' οἶμαι παρὰ Μιτράνου τοῦ φρουράρχου
ληφθεὶς αἰχμάλωτος, ὥς τι τῶν μεγίστων δώρων, ὡς
φασί. Τοῦτον οἱ τῆς κώμης τῆς ἡμετέρας ταυτησί,
δείξασα τὴν ἐχομένην, ἐπελθόντες ἀφείλοντο, γνωρίζειν
35 εἴτ' οὖν ἀληθεύοντες, εἴτε καὶ πρόφασιν πλάσαντες.
Ὁ δὴ Μιτράνης ταῦτα πυθόμενος καὶ κατὰ τὸ εἰκὸς
ἀγανακτήσας, ἐπιστρατεύει τῇ κώμῃ, δυσὶ ταύταις
πρότερον ἡμέραις. Καὶ (ἔστι γὰρ μαχιμώτατον ἡ
κώμη γένος, βίον ἀεὶ τὴν λῃστείαν πεποιημένοι, καὶ
40 θανάτου παντὸς ὑπερόπται, πολλὰς δὴ διὰ τοῦτο πολ-
λάκις ἄλλας τε κἀμὲ τὸ παρὸν ἀνδρῶν τε καὶ παίδων
χηρώσαντες), ἐπειδὴ τὴν ἔφοδον ἐσομένην ἐτεκμή-
ραντο, προλοχίζουσί τέ τινας ἐνέδρας, καὶ δεξάμενοι
τοὺς ἐναντίους, ἐπικρατέστεροι γίγνονται· οἱ μὲν κατὰ
45 στόμα καὶ ἐκ τοῦ εὐθέος μαχόμενοι, οἱ δὲ κατόπιν ἐκ
τῶν λόχων ἀπροφυλάκτοις σὺν βοῇ τοῖς Πέρσαις ἐπελ-
θόντες· καὶ πίπτει μὲν ὁ Μιτράνης ἐν πρώτοις μαχό-
μενος, πίπτουσι δὲ αὐτῷ σχεδόν τι πάντες, οἷα δὴ
κυκλωθέντες καὶ οὐδὲ φυγῆς τόπον εὑμοιρήσαντες·
50 πίπτουσι δὲ καὶ τῶν ἡμετέρων ὀλίγοι. Καὶ γίγνεται
τῶν ὀλίγων, βαρείᾳ βουλήσει δαίμονος, καὶ παῖς οὑμός,
βέλει Περσικῷ πρὸς τὰ στέρνα, ὡς ὁρᾷς, βληθείς.
Καὶ νῦν ἡ ἀθλία τὸν μὲν θρηνῶ κείμενον, τὸν δ' ἔτι μοι
μόνον παῖδα λειπόμενον, ἔοικα θρηνήσειν, ἐκστρατεύ-

prope assimulata, paucisque scommatibus sese petierunt,
et alter alterius habitum, ut convenit, joco perstrinxit,
a deo, illorum rationes gubernante, ut mala ibi sisteret,
et præteritis esset contentus, deprecati, ad Bessam pagum
properabant : ubi cum Theagenem et Thyamim se inven-
turos fuisse speravissent, optato eventu frustrati sunt.
Propius enim ad Bessam circa solis occasum accedentes,
ingentem stragem recens cæsorum conspiciunt, plurimo-
rum quidem Persarum, qui ex habitu et armatura co-
gnoscebantur, paucorum vero quorumdam etiam indigena-
rum. Et belli quidem esse repræsentationem conjectaban-
tur, ceterum, a quibus et cum quibus gesti, ignorabant :
donec circumeuntes cadavera, simulque circumspicientes,
ne forte aliquis ex propinquis alicubi jaceret, (solent enim
animi de iis, quæ carissima sunt, facile etiam acerbiora
augurari) inciderunt in quamdam vetulam mulierem,
corpori cujusdam indigenæ adhærentem et multiplices
edentem ploratus. Statuerunt igitur conari, aliquid, si
fieri posset, ex anu cognoscere. Et cum propius assedis-
sent, principio quidem consolari et sedare illius vehemen-
tem luctum conabantur : deinde, cum consolationem ad-
mitteret, quem lugeret et quodnam bellum esset gestum,
percontabantur, Calasiride cum muliere, Ægyptiaca lin-
gua loquente. Illa autem dicebat omnia breviter : Propter
filium quidem jacentem se lugere et ex industria ad cada-
vera venisse, ut aliquis armatus decurrens illam occide-
ret : interea vero justa filio pro facultatibus, lacrimantem
et lamentantem, solvere.

XIII. Quod ad bellum attinet, ita narrabat. Deduce-
batur quidam peregrinus adolescens, forma et proceritate
excellens, ad Oroondatem regis magni principem, Mem-
phim. Missus autem fuerat a Mitrane, ut existimo, excu-
biarum præfecto, captus, tanquam maximum quoddam
donum, ut ipsi aiunt. Hunc nostri ex hoc[1] pago (osten-
dens in vicinia situm) advenientes eripuerunt : cognoscere
se ut suum, sive revera, sive prætextum fingentes. Mitranes
igitur cum hæc audisset, ut est consentaneum, iratus, ad-
duxit exercitum contra pagum, ante hoc biduum. Est
autem bellicosissimum genus hominum in hoc pago, sem-
perque prædando vitam agunt et mortem despiciunt om-
nino : multasque propterea sæpius alias et me in præsentia,
viris et filiis orbas reddiderunt. Postquam igitur adven-
tum illius certis argumentis cognoverunt, occupant insidiis
loca quædam occultandis copiis idonea et exceptos hostes
vincunt : pars collatis signis et a fronte prœlium ineuntes,
pars a tergo ex insidiis cum clamore incautos Persas adorti.
Cadit igitur inter primos Mitranes prœlians, cadunt et re-
liqui propemodum omnes cum eo, tanquam circumdati,
neque fugæ patentem locum habentes : cadunt et nostri
pauci. Ex quorum numero, gravi et aspera numinis vo-
luntate, etiam filius meus hic est, qui jaculo Persico, ut
videtis, in pectore vulnus accepit. Et nunc quidem mi-
sera hunc jacentem lugeo : deinceps autem eum, qui mihi
est relictus, luctura videor, quod et ille heri cum reliquis
contra Memphitarum urbem expeditionis fuerit socius.

LIBER VI.

σαντος κἀκείνου τῇ προτεραίᾳ μετὰ τῶν λοιπῶν ἐπὶ τὴν Μεμφιτῶν πόλιν. Ἐπυνθάνετο καὶ τὴν αἰτίαν τῆς ἐκστρατείας ὁ Καλάσιρις· καὶ ἡ γραῦς ἀκηκοέναι παρὰ τοῦ λειπομένου παιδὸς προστιθεῖσα, ἔλεγε, διότι στρα-
5 τιώτας βασιλείους καὶ φρούραρχον μεγάλου βασιλέως ἀνελόντες, ἐπὶ μὴ πεπραγμένοις καλῶς, εἶδον ἐκεῖνο καλῶς, μὴ εἰς μικρὸν αὐτοῖς, ἀλλ' εἰς τὸν περὶ τῶν ὅλων κίνδυνον τὸ πρᾶγμα τελευτήσειν, Ὀροονδάτου τοῦ κατὰ τὴν Μέμφιν ὑπάρχου, πλείστῃ τε
10 χειρὶ πεφραγμένου καὶ αὐτίκα, εἰ πύθοιτο, κατὰ πρώτην ἔφοδον σαγηνεύσοντος τὴν κώμην καὶ πανολεθρίᾳ τῶν ἐνοικούντων τὴν δίκην εἰσπράξοντος. Οἷα δὴ οὖν τὸν περὶ τῶν ὅλων ἀναρριπτοῦντες κίνδυνον, ἔγνωσαν μεγάλα τολμήματα, μείζοσιν, εἰ δύναιντο, ἰάσασθαι,
15 καὶ φθῆναι τὴν Ὀροονδάτου παρασκευὴν, ἀπροσδόκητοί τ' ἐπιπεσόντες ἢ προσανελεῖν κἀκεῖνον εἰ κατὰ τὴν Μέμφιν ὄντα καταλάβοιεν, ἢ εἴπερ ἐκδημῶν τυγχάνοι, πολέμου τινὸς αὐτὸν ὥς φασι. Αἰθιοπικοῦ τανῦν ἀπασχολοῦντος, ῥᾷόν τε τὴν πόλιν παραστήσασθαι τῶν
20 ὑπερμαχομένων ἔρημον καὶ αὐτοί τ' ἐκτὸς κινδύνου γενέσθαι τὸ παρὸν καὶ προσκατορθώσειν τῷ Θυάμιδι λῃστάρχῳ τῷ σφῶν, τὴν τῆς προφητείας ἐξωσμένην, οὗ κατὰ νόμον παρ' ἀδελφοῦ νεωτέρου κατεχομένην, ἀνακομίσασθαι· ἢ εἴπερ καὶ ἀποτυγχάνειν συμβαίνοι,
25 πολέμου γοῦν ἔργον μαχομένους γενέσθαι μηδ' ἄλλως ἁλῶναι καὶ ταῖς Περσικαῖς αἰκίαις καὶ ὕβρεσιν ἐκκεῖσθαι. Ἀλλ', ὦ ξένοι, ποῖ δὴ τὸ νῦν ἀφίξεσθε; Εἰς τὴν κώμην, ὁ Καλάσιρις εἶπεν· ἡ δὲ, Οὐκ ἀσφαλὲς ὑμῖν, ἔφη, τῆς τε ὥρας ἀωρὶ καὶ οὐδὲ γνωριζομένοις,
30 ἐπιμῖξαι τοῖς ὑπολιπομένοις. Ἀλλ' εἰ Καλάσιρις, ἔφη ὁ Καλάσιρις, οὐκ ἀπ' ἐλπίδος ἡμῖν καὶ τὰ τῆς ἀσφαλείας. Οὔ μοι καιρός, ἀπεκρίνατο ἡ πρεσβῦτις, νυκτερινοὺς γάρ τινας ἐναγισμοὺς ἐπιτελέσαι μοι πρόκειται· ἀλλ' εἰ δὴ φορητὸν ὑμῖν, ἐπάναγκες δὲ καὶ μὴ
35 βουλομένοις, αὐτοῦ που καὶ τῶν νεκρῶν ἐν καθαρῷ μικρὸν ἀναχωρήσαντες, τὴν μὲν νύκτα ἐγκαρτερήσατε, τὴν ἕω δ' ὑμῖν πρόξενος ἐγὼ τῆς ἀδείας ξεναγοῦσα γενήσομαι.
ΙΔ'. Ταῦτ' εἰπούσης ὁ Καλάσιρις ἅπαντα πρὸς τὴν
40 Χαρίκλειαν φράσας καὶ παραλαβὼν μεθίστατο. Καὶ μικρὸν ὅσον τοὺς κειμένους ὑπερβαίνει, βουνῷ τινι χαμαιζήλῳ προστυγχάνουσι. Κἀνταῦθα μὲν κατέκλινεν αὐτὸν, τῇ κεφαλῇ τὴν φαρέτραν ὑποθέμενος· ἡ Χαρίκλεια δὲ καθῆστο, τὴν πήραν εἰς καθέδραν ποιη-
45 σαμένη. Ἄρτι δὲ τῆς σεληναίας ἀνισχούσης καὶ φωτὶ λαμπρῷ τὰ πάντα καταυγαζούσης, τρίτῃ γὰρ μετὰ πανσέληνον ἐτύγχανεν, ὁ μὲν Καλάσιρις, οἷα δὴ πρεσβυτικός τε καὶ πρὸς τῆς ὁδοιπορίας κεκοπωμένος, ὕπνῳ κατείχετο, ἡ Χαρίκλεια δ' ὑπὸ τῶν συνεχόντων
50 φροντισμάτων διαγρυπνοῦσα, σκηνῆς τινος οὐκ εὐαγοῦς μὲν ταῖς δ' Αἰγυπτίαις ἐπιχωριαζούσης θεωρὸς ἐγίνετο. Ἡ γὰρ πρεσβῦτις ἀνενοχλήτου καὶ ἀκατόπτου σχολῆς ἐπειλῆφθαι νομίσασα, πρῶτα μὲν βόθρον ὠρύξατο, ἔπειτα πυρκαϊὰν ἐκ θατέρου μέρους ἐξῆψε, καὶ

Quaerebat et causam expeditionis Calasiris. Et anus, audivisse se a filio superstite dicens, narrabat, eos, cum militibus regiis caesis et praefecto cohortium magni regis interfecto, viderent, propter ea, quae perpetrassent, rem non in parvum, sed in ipsum de summa rerum discrimen illis desituram esse, Oroondate principe, qui est Memphi, maximis copiis instructo, et quamprimum audisset, primo adventu cincturo pagum et internecione eorum, qui locum incolunt, injuriam vindicaturo; statuisse, quod semel se in periculum de summa rerum conjecissent, magnos ausus majoribus, si fieri possit, redimere, et antevertere Oroondatis apparatum : existimantes, se, cum inopinato advenerint, aut illum etiam sublaturos esse, si Memphi deprehenderint; aut si absit, bello quodam, ut aiunt, Æthiopico nunc occupatus, et facilius urbem ad deditionem compulsuros, tanquam propugnatoribus desertam et ipsos extra periculum in praesentia futuros, insuperque Thyamidi suo praefecto egregiam navaturos operam et antistiti sacerdotium, quod injuste a fratre natu minore per vim teneretur, cum illo recuperaturos esse. Sin spe frustrari illos accidiret, proeliantes tamen occubituros esse, neque aliter venturos in Persarum potestatem et illorum cruciatibus et ludibriis expositos fore. Ceterum, hospites, quo nunc ibitis? Ad pagum, dixit Calasiris. Illa vero, Non est tutum vobis, inquit, et intempestive et praeterea ignotis, versari inter eos, qui relicti sunt. Sed si nos hospitio exceperis, inquit Calasiris, non desperamus, nos securos fore. Verum temporis ratio non patitur, anus respondit. Siquidem nocturnas quasdam inferias agere constitui. Attamen si ferre potestis, necesse est autem fortasse etiamsi nolitis, alicubi a cadaveribus sejuncti vacno in loco noctem transigatis : diluculo vero, ego vobis securitatis conciliatrix ero hospitio excepti.

XIV. Haec, illa elocuta, Calasiris omnia Chariclea exponens et eam secum assumens, secessit. Cumque paullulum cadavera praetergressi essent, in quemdam tumulum humilem incidunt. Ibi ille quidem recubuit, capiti pharetra supposita : Chariclea vero sedebat, pera loco sellae subjecta, oriente tum primum luna et lumine suo illustrante omnia : tertia enim dies post plenilunium fuerat. Et Calasiridem quidem, ut et alioqui senem et itinere labore fessum, arctior somnus complectebatur : Chariclea vero prae curis, quae illam angebant, pervigilem noctem ducens, scenae cujusdam impiae quidem ceterum indigenis usitatae, spectatrix fiebat. Anus enim, vacationem se, ut a nullo neque interturbari, neque videri posset, nactam esse existimans, primum quidem scrobem fodit, postea rogum ex utraque parte succendit et medium inter utrumque cadaver filii collocans et craterem fictilem ex quodam

μέσον ἀμφοῖν τὸν νεκρὸν τοῦ παιδὸς προθεμένη, κρα-
τῆρά τ' ὀστρακοῦν ἔκ τινος παρακειμένου τρίποδος
ἀνελομένη, μέλιτος ἐπέχει τῷ βόθρῳ καὶ αὖθις ἐξ ἑτέρου
γάλακτος καὶ οἴνον ἐκ τρίτου ἐπέσπενδεν. Εἶτα πέμμα
5 στεάτινον εἰς ἀνδρὸς μίμημα πεπλασμένον, δάφνῃ καὶ
μαράθρῳ καταστέψασα, εἰς τὸν βόθρον ἐνέβαλεν. Ἐφ'
ἅπασι δὲ ξίφος ἀνελομένη καὶ πρὸς τὸ ἐνθουσιῶδες σο-
βηθεῖσα καὶ πολλὰ πρὸς τὴν σεληναίαν βαρβάροις τε
καὶ ξενίζουσι τὴν ἀκοὴν ὀνόμασι κατευξαμένη, τὸν
10 βραχίονα ἐντεμοῦσα καὶ δάφνης ἀκρέμονι τοῦ αἵματος
ἀποψήσασα, τὴν πυρκαϊὰν ἐπεψέκαζεν· ἄλλα τ' ἄττα
τερατευσαμένη, πρὸς τούτοις ἐπὶ τὸν νεκρὸν τοῦ παι-
δὸς προκύψασα καί τινα πρὸς τὸ οὖς ἐπᾴδουσα, ἐξή-
γειρέ τε, καὶ ὀρθὸν ἑστάναι τῇ μαγγανείᾳ κατηνάγκα-
15 ζεν. Ἡ Χαρίκλεια δὴ οὖν οὐδὲ τὰ πρῶτα ἀδεῶς
κατοπτεύουσα, τότε δὴ καὶ ὑπέρριπτε καὶ πρὸς τῶν
γιγνομένων ἀήθων ἐκδειματωθεῖσα, τὸν Καλάσιριν
ἀφυπνιζέ τε καὶ θεατὴν γενέσθαι τῶν δρωμένων πα-
ρεσκεύαζεν. Αὐτοὶ μὲν οὖν, ἅτ' ἐν σκότῳ διάγον-
20 τες οὐχ ἑωρῶντο· κατώπτευον δὲ τὰ ἐν τῷ φωτὶ καὶ
πρὸς τῇ πυρκαϊᾷ ῥᾷον, καὶ τῶν λεγομένων οὐ πόρρω-
θεν ὄντες, ἐπηκροῶντο, τῆς γραὸς ἤδη καὶ γεγωνότερον
ἐκπυνθανομένης παρὰ τοῦ νεκροῦ. καὶ ἦν ἡ πεῦσις,
εἴπερ ὁ ἀδελφὸς μὲν ἐκείνου, παῖς δ' αὐτῆς ὁ λειπόμε-
25 νος, ἐπανήξει περισωθείς. Ὁ δ' ἀπεκρίνατο μὲν
οὐδέν, ἐπινεύσας δὲ μόνον καὶ τῇ μητρὶ τὰ κατὰ γνώ-
μην ἐλπίζειν ἀμφιβόλως ἐνδοὺς, κατηνέχθη τ' ἀθρόον
καὶ ἔκειτο ἐπὶ πρόσωπον. Ἡ δ' ἐπέστρεφέ τε τὸ
σῶμα πρὸς τὸ ὕπτιον, καὶ οὐκ ἀνίει τὴν πεῦσιν, ἀλλὰ
30 βιαιοτέροις ὡς ἐῴκει τοῖς καταναγκης πολλὰ τοῖς ὠσὶν
αὖθις ἐπᾴδουσα καὶ μεθαλλομένη ξιφήρης, ἄρτι μὲν
πρὸς τὴν πυρκαϊὰν, ἄρτι δὲ πρὸς τὸν βόθρον, ἐξήγειρέ
τ' αὖθις καὶ ὀρθωθέντος, περὶ τῶν αὐτῶν ἐξεπυνθάνετο,
μὴ νεύμασι μόνοις ἀλλὰ καὶ φωνῇ τὴν μαντείαν ἀρισή-
35 μως δηλοῦν ἐπαναγκάζουσα. Καὶ τῆς πρεσβύτιδος ἐν
τούτοις οὔσης, ἡ Χαρίκλεια πολλὰ τὸν Καλάσιριν καθ-
ικέτευε, τοῖς γιγνομένοις πλησιάσαντας πυνθάνεσθαί
τι καὶ αὐτοὺς περὶ τοῦ Θεαγένους. Ὁ δὲ παρῃτεῖτο
φάσκων καὶ τὴν θέαν οὐκ εὐαγῆ μὲν κατ' ἀνάγκην
40 δ' οὖν ὅμως γιγνομένην ἀνέχεσθαι· εἶναι γὰρ οὐ
προφητικὸν, οὔτ' ἐπιχαρὲς, οὔτε παρεῖναι ταῖς τοιαῖσδε
πράξεσιν. Ἀλλὰ τὸ μαντικὸν τούτοις μὲν ἐκ θυσιῶν
ἐννόμων καὶ εὐχῶν καθαρῶν παραγίγνεσθαι, τοῖς δὲ
βεβήλοις καὶ περὶ γῆν τῷ ὄντι καὶ σώματα νεκρῶν
45 εἰλουμένοις οὕτως, ὡς τὴν Αἰγυπτίαν ὁρᾶν ἡ τοῦ και-
ροῦ περίπτωσις ἐνδέδωκε.
ΙΕ'. Καὶ ἔτι λέγοντος, ὁ νεκρὸς οἷον ἐκ μυχοῦ τι-
νος, ἢ σπηλαίου φαρυγγώδους βαρύ τι καὶ δυσηχὲς
ὑποτρύζων· Ἐγὼ μὲν, ἔφη, σοῦ τὰ πρῶτα ἐφειδόμην,
50 ὦ μῆτερ, καὶ παρανομοῦσαν εἰς τὴν ἀνθρωπείαν φύσιν,
καὶ τοὺς ἐκ μοιρῶν θεσμοὺς ἐκβιαζομένην καὶ τὰ ἀκί-
νητα μαγγανείαις κινοῦσαν ἠνειχόμην· σώζεται γὰρ ἡ
περὶ τοὺς φύντας αἰδὼς, ἐφ' ὅσον οἶόν τε καὶ ἐν τοῖς
ἀποιχομένοις· ἀλλ' ἐπειδὴ καὶ ταύτην ἀναιρεῖς τὸ κατὰ

tripode, qui juxta aderat, promens, mel in fossam infun-
debat, rursus autem ex altero lac, ex tertio porro vinum
tanquam libationem faciebat : denique pistam quamdam
farinæ massam, ad viri similitudinem effictam, lauro et
marathro coronatam, in fossam injecit. Deinde gladio
sublato, tanquam furore quodam percita, multa ad lunam
peregrinis auditu nominibus precata, brachium incidit et
lauri surculo sanguine absterso, rogum conspergebat : alia-
que multa portenti similia præter hæc faciens, tandem ad
cadaver filii inclinata et quædam illi ad aurem accinens,
excitavit et stare præstigiarum vi coegit. Chariclea vero,
quæ neque antea sine metu et formidine spectabat, tum
quidem et cohorruit et inusitato spectaculo prorsus con-
sternata, Calasiridem de somno excitavit, et ut spectator
esset eorum quæ fiebant effecit. Ipsi igitur ut in tenebris
non conspiciebantur, videbant vero ea, quæ agebantur ad
lucem et ad rogum facilius, atque ea quæ dicebantur quod
non procul aberant exaudiebant, anu jam clarius etiam
cadaver percunctante. Erat autem interrogatio hæc : An
frater quidem illius, filius vero suus superstes, esset salvus
rediturus? Illud autem nihil respondit, sed annuens tantum
et matri spem quamdam successus ex animi sententia
ambigue præbens, collapsum est subito et jacebat pronum.
Illa vero convertit corpus, ut supinum jaceret et non
intermittebat quæstionem, sed vehementius instans, ut
videtur, multa ad aures rursus accinens, et transiliens
armata gladio, nunc ad rogum, nunc ad fossam, excita-
vit rursus, et erectum de iisdem rebus interrogabat, non
nutibus tantum, sed voce etiam, vaticinium manifeste et
perspicue indicare cogens. Interea vero multis modis Ca-
lasiridem orabat Chariclea, ut propius accedentes ad ea,
quæ fiebant et ipsi inquirerent aliquid ab anu de Theagene.
Ille autem recusabat, dicens et spectaculum quidem im-
pium esse sed tamen necessario a se tolerari. Non enim
decere antistites, aut delectari, aut adesse ejusmodi actio-
nibus; sed his vaticinia ex sacrificiis legitimis et procatio-
nibus fieri, sed profanis et revera circa terram et corpora
mortuorum errantibus, ita quemadmodum nunc Ægyp-
tiam petentem ut videremus, casus hujus temporis attulit.

XV. Hæc, illo adhuc dicente, cadaver tanquam ex an-
gulo quodam, aut antro confragoso, grave quiddam et
asperum prorumpens : Ego quidem, inquit, initio tibi par-
cebam, mater, et delinquentem te graviter in naturam
humanam et Parcarum leges violantem, atque ea, quæ
manere debent immota, præstigiis atque incantationibus
moventem, patiebar. Servatur enim et apud mortuos erga
parentes, quoad fieri potest, reverentia. Ceterum postquam

σαυτὴν καὶ ἐλαύνεις οὐκ ἀθεμίτοις μόνον τὴν ἀρχὴν ἐπιχειρήσασα ἀλλ' ἤδη καὶ εἰς ἄπειρον τὸ ἀθέμιτον ἐπεξάγουσα, οὐκ ὀρθοῦσθαι μόνον καὶ νεύειν, ἀλλὰ καὶ φθέγγεσθαι σῶμα νεκρὸν ἐκβιαζομένη, κηδείας μὲν τῆς ἐμῆς ἀμελοῦσα καὶ ταῖς λοιπαῖς ἐπιμίγνυσθαι ψυχαῖς ἐμποδίζουσα, χρείας δὲ μόνης γενομένης τῆς σῆς, ἄκουε ταῦθ' ἃ πάλαι σοι μηνύειν ἐφυλαττόμην· οὐθ' ὁ παῖς σοι περισωθεὶς ἐπανήξει, οὔτ' αὐτὴ τὸν ἀπὸ ξίφους ἐκφεύξῃ θάνατον· ἀλλ' ἀεὶ δὴ τὸν σαυτῆς βίον ἐν οὕτως ἀθέσμοις πράξεσι καταναλώσασα, τὴν ἀποκεκληρωμένην πᾶσι τοῖς τοιούτοις, βιαίαν οὐκ εἰς μακρὰν ὑποστήσῃ τελευτήν· ἥτις πρὸς τοῖς ἄλλοις, οὐδ' ἐπὶ σαυτῆς, τὰ οὕτως ἀπόρρητα καὶ σιγῇ καὶ σκότῳ φαλαττόμενα μυστήρια δρᾶν ὑπέμεινας, ἀλλ' ἤδη καὶ ἐπὶ μάρτυσι τοιούτοις τὰς τῶν κειμένων ἐξορχῇ τύχας· ἑνὶ μὲν προφήτῃ (καὶ τοῦτο μὲν ἔλαττον, σοφὸς γὰρ τὰ τοιαῦτα σιγῇ πρὸς τὸ ἀνεκλάλητον ἐπισφραγίσασθαι καὶ ἄλλως θεοῖς φίλος· τοὺς γοῦν παῖδας εἰς τὸν δι' αἵματος ἀγῶνα καὶ ξιφήρεις καθισταμένους καὶ μονομαχήσειν μέλλοντας, ἀποκωλύσει τε καὶ παύσει φανείς, εἴπερ ἐπισπεύσειεν), ἀλλ' ὃ δὴ βαρύτερον, ὅτι καὶ κόρη τις τῶν ἐπ' ἐμοὶ γίγνεται θεωρὸς καὶ πάντων ἐπακροᾶται, γύναιον ὑπ' ἔρωτος σεσοβημένον, καὶ πᾶσαν, ὡς εἰπεῖν ἐπὶ γῆν ἐρωμένου τινὸς ἕνεκεν ἀλώμενον· ᾧ μετὰ μυρίους μὲν μόχθους, μυρίους δὲ κινδύνους, γῆς ἐπ' ἐσχάτοις ὅροις, τύχῃ σὺν λαμπρᾷ καὶ βασιλικῇ συμβιώσεται. Τούτων εἰρημένων, ὁ μὲν ἔκειτο καταρραγεὶς, ἡ δὲ γραῦς συνεῖσα τοὺς ξένους εἶναι τοὺς κατασκόπους, ὡς εἶχε σχήματος, ξιφήρης τε καὶ ἐμμανὴς ἐπ' αὐτοὺς ἵεται καὶ κατὰ πᾶν μέρος τῶν κειμένων ἐφέρετο, τοῖς νεκροῖς ἐγκεκρύφθαι αὐτοὺς ὑποπτεύουσα, γνώμην τε ποιουμένη, διαχρήσασθαι εἰ ἀνεύροι, ὡς ἐπιβούλους τε καὶ [πρὸς] ἐναντίους τοῖς αὐτῆς μαγγανεύμασι κατασκόπους γεγενημένους, ἕως ἀπερίσκεπτον ὑπὸ θυμοῦ τὴν κατὰ τοὺς νεκροὺς ἔρευναν ποιουμένη, ἔλαθεν ὠρθωμένῳ κλάσματι δόρατος, κατὰ τοῦ βουβῶνος περιπαρεῖσα. Καὶ ἡ μὲν ἔκειτο τὴν ἐκ τοῦ παιδὸς μαντείαν οὕτω παρὰ πόδας ἐν δίκῃ πληρώσασα.

ΛΟΓΟΣ ΕΒΔΟΜΟΣ.

Α'. Ὁ δὲ Καλάσιρις καὶ ἡ Χαρίκλεια παρὰ τοσοῦτον ἐλθόντες κινδύνου, καὶ ἅμα μὲν τῶν παρόντων φόβων ἑαυτοὺς ἐκτὸς ποιούμενοι, ἅμα δὲ τῶν μαντευθέντων ἕνεκεν ἐπισπεύδοντες, τῆς ἐπὶ τὴν Μέμφιν ὁδοῦ σπουδαιότερον εἴχοντο. Καὶ δὴ ἐπλησίαζον τῇ πόλει, τῶν ἐκ τῆς νεκυίας μαντευμάτων ἤδη κατ' αὐτὴν τελουμένων. Ὡς γὰρ ὁ Θύαμις τὸ ἀπὸ τῆς Βήσσης λῃστρικὸν ἐπάγων ἐφίστατο, οἱ μὲν κατὰ τὴν Μέμφιν ὀλίγου ὅσον ἔφθησαν ἐπικλεισάμενοι, στρατιώτου τινὸς τῶν ὑπὸ Μιτράνῃ διαδράντων τὴν κατὰ Βήσσαν μάχην, προϊδόντος τε τὴν ἔφοδον καὶ τοῖς ἐν

et hanc tollis et pergis non contenta nefanda et scelerata actione quam initio es aggressa, in immensum nefandum hoc facinus producere, et non erigi tantum et nutus dare sed etiam loqui corpus mortuum cogis, sepulturam meam negligens et venire in cœtum reliquarum animarum prohibens, privatæ necessitatis causa; audi jam ea, quæ jampridem tibi indicare verebar. Neque filius tuus incolumis redibit : neque ipsa mortem, gladio tibi paratam, effugies; sed quæ tuam vitam semper in tam nefandis actionibus consumseris, violentam mortem, destinatam talibus omnibus, non ita multo post obibis : quæ non sola seorsim, sed in conspectu etiam aliorum, hæc tam arcana et silentio occultanda mysteria agere sis ausa, ac testibus his mortuorum enuntias et prodis fortunas : ex quibus alter est antistes. Et hoc quidem esset levius : scit enim, quæ est ejus sapientia, talia ne evulgentur, silentio apud se obsignata occultare : et alioqui diis est carus, ac filios suos, in cruentum certamen armatos descendentes et monomachia dimicaturos, interventu suo prohibebit et rem componet, si quidem acceleraverit. Sed illud est multo gravius, quod et virgo quædam, horum, quæ hic circa me aguntur, est spectatrix et exaudit omnia : muliercula, inquam, amore concita, et omnem, ut ita dicam, terram, amasii cujusdam causa pererrans : cum quo post infinitos labores et sexcenta pericula, in extremis terræ terminis, tandem in præclara fortuna et regia vitam transiget. His dictis, illud quidem jacebat corruens. Anus vero intelligens, hospites esse eos, qui spectabant, quo fuerat habitu gladio armata et furibunda ad ipsos contendit et per omnes partes jacentium ferebatur, inter cadavera ipsos latitare suspicans ; in animo autem habens interimere, si invenisset, tanquam insidiatores et eos qui speculatores illius præstigiis adversi fuissent: donec, dum incautius præ ira inter cadavera illos inquirere pergit, fragmento hastæ erecto per inguen trajecta est imprudens. Hæc igitur ita jacebat, vaticinium redditum a filio exemplo juste implens.

LIBER SEPTIMUS.

I. Calasiris autem et Chariclea, cum proxime tantum discrimen essent, tum segregantes sese a præsentibus terroribus, tum etiam propter ea, quæ vaticinio prædicta fuerant, accelerantes, iter Memphin festinato continuabant. Et quidem accedebant ad urbem, cum jam ea fierent, quæ mortuus, quem evocaverat mater, prædixerat. Hi enim, qui erant Memphi, paullo ante, quam advenisset prædonum manum Bessa ducens Thyamis, portas clauserant, milite quodam, qui sub Mitrane meruerat et ex prœlio ad Bessam effugerat, adventum illius prævidente et iis qui erant in urbe prænuntiante. Thya-

τῷ ἄστει προμηνύσαντος. Ὁ δὲ Θύαμις περί τι μέ-
ρος τοῦ τείχους τὰ ὅπλα καταθέσθαι κελεύσας, διανέ-
παυέ θ' ἅμα ἐκ συντόνου τῆς ὁδοιπορίας τὸν στρατὸν
καὶ ὡς πολιορκήσων δῆθεν ἐποιεῖτο γνώμην. Οἱ δὲ
κατὰ τὴν πόλιν, πρότερον μὲν ὡς πλῆθος τὸ ἐπιὸν κα-
ταδείσαντες, ἀπὸ δὲ τῆς ἐκ τῶν τειχῶν κατασκοπῆς
ὀλίγους εἶναι τοὺς ἐπελθόντας καταγνόντες, ὥρμησαν
μὲν καὶ αὐτίκα τοὺς ἐγκαταλελειμμένους ὀλίγους εἰς
φρουρὰν τῆς πόλεως τοξότας τε καὶ ἱππέας ἀναλαβόν-
τες καὶ τὸν ἀστυκὸν δῆμον τοῖς προστυχοῦσιν ἐξοπλί-
σαντες, ἐξελθεῖν τε καὶ συμπεσεῖν εἰς μάχην τοῖς
πολεμίοις· πρεσβυτικοῦ δέ τινος καὶ τῶν ἐπὶ δόξης
διακωλύσαντος καὶ ἐκδιδάξαντος, διότι καὶ εἰ τὸν σα-
τράπην Ὀροονδάτην ἀπεῖναι συμβαίνει, τανῦν ἐπὶ τὸν
Αἰθιοπικὸν ἐκστρατεύσαντα πόλεμον, ἀλλ' Ἀρσάκη
γοῦν τῇ ἐκείνου γαμετῇ δίκαιον πρότερον ἀνακοινοῦ-
σθαι τὴν πρᾶξιν, ὡς ἂν μετὰ γνώμης τῆς ἐκείνης τὸ
εὑρισκόμενον κατὰ τὴν πόλιν στρατιωτικὸν, ῥᾷόν τε
συλλαμβάνοι καὶ προθυμότερον.

Β'. Ἐδόκει καλῶς εἰρῆσθαι καὶ ἐπὶ τὰ βασίλεια
πάντες ὥρμησαν, ταῦτ' ἐχόντων εἰς κατοίκησιν τῶν
σατραπῶν, βασιλέως μὴ παρόντος. Ἡ δ' Ἀρσάκη τὰ
μὲν ἄλλα καλή τ' ἦν [καὶ μεγάλη] καὶ συνεῖναι δρα-
στήριος, τό τε φρόνημα ἐξ εὐγενείας ὑπέρογκος καὶ
οἷον εἰκὸς τὴν ἀδελφὴν βασιλέως τοῦ μεγάλου γεγο-
νυῖαν, ἄλλως δὲ τὸν βίον ἐπίμωμος, καὶ ἡδονῆς παρα-
νόμου καὶ ἀκρατοῦς ἐλάττων. Πρὸς γοῦν ἄλλοις καὶ
τῷ Θυάμιδι παραιτία τῆς ἐκ Μέμφεως ποτὲ φυγῆς
ἐγεγόνει. Ἄρτι γὰρ τοῦ μὲν Καλασίριδος διὰ τὰ ἐκ
θεῶν αὐτῷ περὶ τῶν παίδων προθεσπισθέντα, τῆς
Μέμφεως αὐτὸν λάθρα πάντων ἐξοικήσαντος καὶ ἀφα-
νοῦς ὄντος [ἢ] καὶ ἀπολωλέναι δοκοῦντος, τοῦ δὲ Θυά-
μιδος ὡς ἂν πρεσβυτέρου παιδὸς ἐπὶ τὴν προφητείαν
κληθέντος καὶ τὰς εἰσιτηρίους θυσίας πανδημεὶ τελοῦν-
τος, ἐντυχοῦσα κατὰ τὸν νεὼν τῆς Ἴσιδος ἡ Ἀρσάκη
νεανίσκῳ χαρίεντι καὶ ἀκμάζοντι καὶ πρὸς τῆς ἐν χερσὶ
πανηγύρεως πλέον ὡραϊσμένῳ, ὀφθαλμούς τ' ἐπέβαλεν
οὐ σώφρονας καὶ νεύματα τῶν αἰσχροτέρων αἰνίγματα.
Καὶ ταῦθ' ὁ μὲν Θύαμις οὐδὲ κατὰ μικρὸν προσίετο,
φύσει τε καὶ ἐκ παιδείας εὖ πεφυκὼς τά τε σωφροσύ-
νην· καὶ τὰ πρὸς ἐκείνης δρώμενα πόρρω τ' ἦν, ὡς
ἐδράτο, ὑποπτεύειν καὶ τυχὸν ἄλλως πῶς γίγνεσθαι
ὑπετίθετο τῶν ἱερῶν ὅλος γινόμενος. Ὁ γε μὴν ἀδελ-
φὸς αὐτοῦ Πετόσιρις καὶ πάλαι ζηλοτυπίαν ἐπ' αὐτῷ
νοσῶν τῆς ἱερωσύνης, τάς τε προσβολὰς τῆς Ἀρσάκης
παρατηρήσας, ἀφορμὴν εἰς ἐπιβουλὴν ἀδελφοῦ τὴν
ἐκείνης οὐκ ἔννομον πεῖραν ἐποιήσατο. Καὶ τῷ Ὀροον-
δάτῃ λάθρα προσιὼν κατεμήνυεν, οὐ τὴν ἐκείνης ὄρεξιν
μόνον ἀλλ' ἤδη καὶ ὡς ὁ Θύαμις συγκατατίθοιτο προσ-
επιψευδόμενος. Ὁ δὲ ῥᾳδίως ὑποπεισθεὶς ἐξ ὧν τὴν
Ἀρσάκην προϋπώπτευε, τῇ μὲν κατ' οὐδὲν ἠνώχλει,
σαφῆ τ' ἔλεγχον οὐκ ἔχων καὶ ἅμα φόβῳ τε καὶ αἰδοῖ
τῇ περὶ τὸ βασίλειον γένος, εἴ τι καὶ ὑπώπτευεν, ἀνέ-
χεσθαι βιαζόμενος. Τῷ μέντοι γε Θυάμιδι θάνατον

mis igitur, circa quamdam muri partem arma deponere
imperans, simul quiete post continuum laborem itineris
reficiebat exercitum et obsidionem urbis inchoare statue-
bat. Oppidani autem, qui prius metu magnarum copia-
rum adventus consternati fuerant, cum paucos esse ex
muris despicientes cognovissent, extemplo collectis sagit-
tariis et equitibus, qui pauci ad præsidium urbis relicti
fuerant et reliqua multitudine civium armis, quæ cuique
casus obtulerat, instructa, exire ex urbe et cum hostibus
prœlium committere properabant : grandiore quodam et
claro viro contradicente, et docente, etiamsi satrapam Oroon-
datem abesse contigisset, ab Æthiopicum bellum profectum,
attamen ad Arsacen illius conjugem rem prius deferri con-
venire, quod illius consensu milites, qui in urbe reperi-
rentur, faciliùs essent et promtius ad opem ferendam
civitati concursuri.

11. Cumque recte dixisse videretur, contenderunt omnes
ad domicilia regia, in quibus absente rege satrapæ liabi-
tant. Arsace autem erat alioqui formosa [et procera], et
singulari industria in rebus administrandis prædita, atque
animo elato propter ortus sui nobilitatem, quali fuisse
eam quæ soror magni regis nata esset consentaneum est :
ceterum propter voluptatem illicitam ac dissolutam in vita,
culpa et reprehensione non carebat. Inter cetera quoque
et Thyamidi aliqua ex parte causa aliquando exstiterat exsi-
lii, quo Memphi cedere coactus est. Cum enim, simulat-
que Calasiris propter ea quæ illi divinitus de filiis responsa
fuerant, Memphi clam emigrasset, ac nusquam compare-
ret, atque periisse putaretur, illico Thyamis, tanquam
filius natu major, esset ad dignitatem antistitii vocatus et
sacrificia in ingressu celebrarct publice, cum incidisset in
templo Isidis Arsace in adolescentem gratiosum et ætate
florentem atque etiam in illa panegyri magis exornatum,
oculis illum petiit intemperantibus et nutibus turpiorum
rerum involucris. Quæ quidem Thyamis ne paullulum
quidem ad animum admittebat, cum natura ad temperan-
tiam idoneus, tum præclare institutus. Alioqui etiam
quæ ab illa agebantur minime, cur ista ageret suspicaba-
tur : et fortassis aliter quodammodo fieri existimabat, cum
totus esset sacris rebus intentus. Ceterum frater Petosi-
ris, qui et jampridem illi antistitii dignitatem inviderat et
illecebras Arsaces observasset, occasionem ad insidias fra-
tri faciendas, illius illegitimam sollicitationem arripuit.
Et Oroondatem clam accedens, indicavit non illius tantum
cupiditatem, sed insuper, quod Thyamis jam cum illa pa-
cisceretur : falso id adjiciens. Ille autem facile sibi per-
suaderi passus est, propter suspicionem, quam jam antea
de Arsace conceperat : verumtamen molestus illi non fuit,
tum quod manifestum argumentum, quo illam convincere
posset, non haberet, tum quod reverentia generis regii,
etiamsi quid suspicabatur, tolerare hæc cogeretur. Cete-

LIBER VII.

ἐκ προρρήσεως συνεχῶς διαπειλῶν, οὐ πρότερον ἀνῆ-
κεν, ἄχρις οὗ τὸν μὲν ἐφυγάδευσε, τὸν Πετόσιριν δ' εἰς
τὴν προφητείαν ἐγκατέστησεν.

Γʹ. Ἀλλὰ ταῦτα μὲν χρόνοις ἐγεγόνει προτέροις.
5 Τότε δ' οὖν ἡ Ἀρσάκη τοῦ πλήθους ἐπὶ τὴν οἴκησιν
αὐτῆς συρρυέντος καὶ τὴν ἔφοδον τῶν ἐναντίων δηλοῦν-
τος, ἤδη καὶ αὐτὴ προησθημένη καὶ τοῖς οὖσι τῶν
στρατιωτῶν ἐπιτρέψαι συνεξελθεῖν αὐτοῖς αἰτοῦντος,
οὐκ ἂν ἔφη ταῦτα προχείρως οὕτως ἐπιτρέψαι οὔπω
10 μὲν τὸ πλῆθος τῶν πολεμίων ὅσον, οὔπω δ' οἵτινές εἰ-
σιν καὶ πόθεν εἰδυῖα καὶ πρός γε, οὐδὲ τὴν πρόφασιν,
δι' ἣν ἐπεληλύθασι, γιγνώσκουσα. Χρῆναι οὖν, ἄχρι
τῶν τειχῶν διαβῆναι πρότερον καὶ ἅπαντ' ἐκεῖθεν κα-
τοπτεύσαντας καὶ ἄλλους συλλαβόντας, οὕτω τοῖς δυ-
15 νατοῖς καὶ λυσιτελοῦσιν ἐπιχειρεῖν. Ἐδόκει καλῶς
εἰρῆσθαι καὶ ὥρμησαν ὡς εἶχον ἐπὶ τὸ τεῖχος. Ἔνθα
σκηνὴν ἁλουργοῖς καὶ χρυσοῦφέσι παραπετάσμασιν ἐκ
προστάγματος ἡ Ἀρσάκη πηξαμένη, πολυτελῶς θ' αὐ-
τὴν καλλωπίσασα καὶ ἐφ' ὑψηλῆς καθέδρας προκαθί-
20 σασα, τούς τε σωματοφύλακας ἐν ὅπλοις ὑποχρύσοις
περιστήσασα, κηρύκειόν τ' εἰς εἰρηνικῶν διαλέξεων
σύμβολον ἀναδείξασα, τοὺς πρώτους καὶ ἐπιδόξους τῶν
ἐναντίων, πλησίον ἥκειν τοῦ τείχους προὔτρεπεν. Ὡς
δ' ὁ Θύαμις καὶ ὁ Θεαγένης αἱρεθέντες ὑπὸ τοῦ πλή-
25 θους ἀφίκοντο καὶ ἔστησαν ὑπὸ τῷ τείχει τὰ μὲν ἄλλα
ὡπλισμένοι γυμνοὶ δὲ τοῦ κρανίους, ὁ κῆρυξ τάδ' ἔλε-
γεν· Ἀρσάκη λέγει πρὸς ὑμᾶς, Ὀροονδάτου μὲν τοῦ
πρώτου σατράπου γυνή, μεγάλου δὲ βασιλέως ἀδελφή·
τί βουλόμενοι καὶ τίνες ὄντες, καὶ τίνα αἰτίαν ἐπάγον-
30 τες, τὴν ἔφοδον ἐτολμήσατε; οἱ δὲ τὸ μὲν πλῆθος εἶναι
Βησσαέων ἀπεκρίναντο, αὐτὸν δ' ὁ Θύαμις ὅστις εἴη
καὶ ὅτι παρανομηθεὶς ὑπό τ' τἀδελφοῦ Πετοσίριδος καὶ
Ὀροονδάτου, τῆς τε προφητείας ἐξ ἐπιβουλῆς ἀφαι-
ρεθείς, ἐπὶ ταύτην ὑπὸ Βησσαέων κατάγοιτο. Καὶ εἰ
35 μὲν ἀπολαμβάνοι τὴν ἱερωσύνην, εἰρήνην τ' εἶναι καὶ
Βησσαέαις εἰς τὴν οἰκίαν ἐπανιέξειν οὐδενὶ κατ' οὐδὲν
λυμηναμένους· εἰ δὲ μή, πολέμῳ κριτῇ καὶ τοῖς ὅπλοις
ἐπιτρέψειν. Χρῆναι δὲ καὶ Ἀρσάκην εἴπερ τι διανοεῖ-
ται τῶν προσηκόντων, εἰς καιρὸν τῆς εἰς αὐτὴν ἐπιβου-
40 λῆς Πετοσίριδος τὴν ἄμυναν εἰσπραττεσθαι καὶ τῶν
ἀθεμίτων διαβολῶν, ἃς ψευδῶς πρὸς Ὀροονδάτην ποιη-
σάμενος, ἐκείνη μὲν πρὸς τὸν ἄνδρα παρανόμου καὶ
αἰσχρᾶς ἐπιθυμίας ὑποψίαν, αὐτῷ δὲ τῆς ἐκ τῆς πατρί-
δος φυγῆς ἐπιβεβλημένος τυγχάνει. Πρὸς ταῦτα διε-
45 ταράχθη μὲν καὶ σύμπαν τὸ Μεμφιτῶν πλῆθος τόν τε
Θύαμιν ἀναγνωρίζοντες καὶ τῆς ἀπροσδοκήτου φυγῆς
αὐτῷ τὴν αἰτίαν ἐξ ἀρχῇ μὲν καὶ ἡνίκ' ἐγίγνετο ἀγνοή-
σαντες, ἐκ δὲ τῶν λεχθέντων δι' ὑποψίας τ' ἄγοντες
καὶ ἀλήθειαν εἶναι πιστεύοντες.

50 Δʹ. Ἡ δ' Ἀρσάκη πλέον ἢ σύμπαντες συνεχύθη
καὶ τὴν διάνοιαν κλύδωνι φροντισμάτων περιεστοίχιστο,
θυμοῦ μὲν ἐπὶ τὸν Πετόσιριν πεπληρωμένη καὶ πρὸς
τὰ πάλαι συμβάντα τὴν διάνοιαν ἀναπεμπάζουσα, ὅπως
ἂν τιμωρήσαιτο, συνέταττε, τὸν δὲ Θύαμιν ὁρῶσα

rum Thyamidi palam minari mortem non prius destitit, quam illum in exsilium pepulit et fratrem ejus Petosiridem in antistitii dignitate collocavit.

III. Sed hæc quidem temporibus, quæ præcesserant, acciderunt. Tum autem Arsace, cum multitudo ad illius domicilia confluxisset, adventumque hostium, quod et illa præsenserat, nuntiaret et ut imperaret convenire milites qui essent peteret, non ita se facile id permissuram dixit, cum nondum, quantæ sint hostium copiæ, et qui sint hostes et unde, sciret, ad hæc, ne causam quidem propter quam venerint cognovisset. Oportere igitur usque ad muros prius transcendere et illinc omnibus rebus conspectis, aliisque insuper collectis, ad ea, quæ fieri posse, et conducere viderentur aggredi. Recte dixisse visa est : contenderuntque inde recta ad murum. Ibi cum tabernaculum, purpureis auroque intextis intentum velis, Arsaces jussu collocatum esset, ipsaque sumptuose exornata venisset, pro tribunali editiori considens, collocatis circa se satellitibus in armis auro fulgentibus, et caduceo prolato tanquam colloquii pacificatorii symbolo, primos et præcipuos ex hostibus propius ad murum venire jussit. Postquam autem Thyamis et Theagenes electi a multitudine venerunt, et sub muro constiterunt, reliquo corpore armati, ceterum aperto capite, præco hæc dicebat : Arsace, Oroondatis primi satrapæ uxor, soror autem magni regis, quærit ex vobis, qui sitis et quo animo et qua de causa huc venire ausi. Illi autem multitudinem quidem Bessaensium esse responderunt, de se vero Thyamis quis esset exposuit et quod injuria affectus a fratre Petosiride et Oroondate et antistitio per insidias privatus, in pristinam dignitatem a Bessaensibus reduceretur. Quod si sacerdotium recuperaverit, pacem esse et Bessaenses domum reversuros, nullo omnino damno illato: sin minus, bello se judici et armis rem committere statuisse. Merito autem debere et Arsacen, si quid cogitet eorum quæ fieri oporteat, opportune de Petosiride pœnas sumere insidiarum sibi factarum et criminum nefariorum, quorum cum falso illam apud Oroondatam insimulasset et ipsi apud virum illicitæ turpisque cupiditatis suspicionem et sibi exsilium e patria, comparasset. Ad hæc perturbata est tota Memphitarum multitudo, cum et Thyamim cognoscerent et inopinati illius exsilii causam, quam initio tum cum pelleretur ignorabant, ex his quæ dicta fuerant suspicarentur et veram esse crederent.

IV. Arsace autem omnium maxime perturbatione plena erat et tanquam procella cogitationum undiquaque premebatur. Nam ira contra Petosiridem inflammata et ad eorum quæ jampridem acciderant cogitationem animum revocans, quo pacto illum ulcisci posset deliberabat:

καὶ αὖθις τὸν Θεαγένην, διεσπᾶτο τὴν διάνοιαν καὶ ἐμερίζετο εἰς τὴν πρὸς ἑκάτερον ἐπιθυμίαν, ἕρωτα ἐπ' ἀμφοτέροις, τὸν μὲν ἀνανεουμένη, τὸν δὲ δριμύτερον ἄρτι τῇ ψυχῇ καταβαλλομένη, ὥστ' οὐδὲ τοὺς περιεστηκότας ἔλαθεν ἀδημονοῦσα. Πλὴν ἀλλὰ μικρὸν δὴ διαλιποῦσα, καὶ ὥσπερ οἱ ἐξ ἐπιλήψεως αὑτὴν ἀναλαβοῦσα, Πολέμου μὲν, ὦ βέλτιστοι, ἔφη, μανίαν ἐνοσήσατε· πάντες μὲν Βησσαεῖς, οὐχ ἥκιστα δ' ὑμεῖς, ἀκμαῖοι καὶ χαρίεντες οὕτω νεανίαι καὶ εὖ γεγονότες· ὡς γιγνώσκω καὶ εἰκάζειν πάρεστιν, εἰς πρόϋπτον κίνδυνον, ὑπὲρ λῃστῶν καὶ ταῦτα, αὐτοὺς καθέντες, οὐδὲ πρὸς τὴν πρώτην προσβολὴν, εἰ μάχης δεήσειεν, ἀρκέσοντες. Μὴ γὰρ οὕτω τὰ τοῦ μεγάλου βασιλέως ἀσθενήσειεν, ὡς εἰ καὶ τὸν σατράπην ἀπεῖναι συμβαίνει, μὴ διὰ τῶν λειψάνων γοῦν τῆς ἐνταῦθα στρατιᾶς, ἅπαντας ὑμᾶς σαγηνευθῆναι· ἀλλ' οὐδὲν οἶμαι δεῖ τρίβεσθαι τοὺς πολλοὺς καὶ τῆς κατὰ τὴν ἔφοδον προφάσεως ἰδίας τινῶν οὔσης ἀλλ' οὐ δημοσίας οὐδὲ κοινῆς, μὴ οὐχὶ καὶ ἰδίᾳ τὴν ἀμφισβήτησιν κρίνεσθαι καὶ πέρας τὰ ἐκ θεῶν τε καὶ δίκης αὐτῆς ὁρισθησόμενον ἐκδέχεσθαι. Δοκεῖ δή μοι, ἔφη, καὶ προστάττω τοὺς μὲν ἄλλους Μεμφιτῶν τε καὶ Βησσαέων ἡσύχους εἶναι, μηδ' ἀποπροφάσιστον ἀλλήλοις ἐπιφέρειν πόλεμον, τοὺς δὲ τῆς προφητείας ἀμφισβητοῦντας, πρὸς ἀλλήλους μονομαχήσαντας, ἔπαθλον τῷ νικῶντι προθέσθαι τὴν ἱερωσύνην.

Ε'. Ταῦτα τῆς Ἀρσάκης εἰπούσης, οἱ μὲν κατὰ τὴν πόλιν ἅπαντες ἀνεβόησαν καὶ τὰ εἰρημένα ἐπῄνουν· ἅμα μὲν εἰς ὑποψίαν μοχθηρᾶς προαιρέσεως κατὰ τοῦ Πετοσίριδος κεκινημένοι, ἅμα δὲ καὶ τὸν ἐν ὀφθαλμοῖς καὶ ὅσον οὔπω προσδοκώμενον κίνδυνον, αὐτός τις ἕκαστος εἰς τὸν δι' ἑτέρων ἀγῶνα διώσασθαι δοκιμάζων. Οἱ πολλοὶ δὲ Βησσαέων εὔχεσαν οὐκ ἀρεσκομένοις, οὐδ' ἐκδοῦναι Βησσαέων προκινδυνεύειν σφῶν τὸν ἔξαρχον βουλόμενοι, ἄχρις ὁ Θύαμις ἔπεισε συγκαταθέσθαι, τό τ' ἀσθενὲς καὶ τὴν εἰς πολέμους ἀπειρίαν τοῦ Πετοσίριδος καταμηνύων καὶ ὡς ἐκ πολλοῦ τοῦ περιόντος ἔσται αὐτῷ τὰ τῆς μάχης ἐπιθαρρύνων. Ἅπερ, ὡς ἔοικε, καὶ ἡ Ἀρσάκη λαβοῦσα ἐνθύμιον τὴν μονομαχίαν προύθηκεν, ἀνύποπτον αὐτῇ κατορθωθήσεσθαι τὸν σκοπὸν συνορῶσα καὶ ὡς ὁ Πατόσιρις ἀραρότως αὐτῇ δίκην ὀφέλξει πρὸς πολλῷ γενναιότερον τὸν Θύαμιν διαγωνιζόμενος. Ἦν οὖν καὶ λόγου θᾶττον ὁρᾶν τὰ τῆς προστάξεως περαινόμενα, τοῦ Θυάμιδος προθυμίᾳ πάσῃ τὴν πρόκλησιν ἐπισπεύδοντος καὶ τὰ λειπόμενα τῶν ὅπλων ἐν κόσμῳ τῶν γιγνομένων γεγηθότως ἀναλαμβάνοντος· πολλὰ καὶ τοῦ Θεαγένους ἐπιθαρσύνοντος καὶ τό τε κράνος τῇ κεφαλῇ περιτιθέντος, εὔλοφόν τε καὶ ὑπόχρυσον μαρμαρυγῇ πυρσευόμενον καὶ τἆλλα τῶν ὅπλων πρὸς τὰσφαλὲς διαδέοντος· τοῦ δὲ Πετοσίριδος καὶ ὑπ' ἀνάγκης πυλῶν τ' ἐκτὸς ἐκ προστάγματος τῆς Ἀρσάκης ὠθουμένου, πολλὰ τε καὶ εἰς παραίτησιν βοῶντος καὶ πρὸς βίαν ἐξοπλιζομένου. Θεασάμενος δ' αὐτὸν ὁ Θύαμις, Ὤ 'γαθέ, ἔφη, Θεάγενες, οὐχ ὁρᾷς ὅπως τῷ δέει πάλ-

LIBER VII.

λεται ὁ Πετόσιρις; Ὁρῶ, ἔφη. Ἀλλὰ πῶς χρήσῃ τοῖς προκειμένοις; οὐ γὰρ ἁπλῶς πολέμιος ἀλλὰ καὶ ἀδελφὸς ὁ ἐναντίος. Ὁ δὲ, Εὖ λέγεις, εἶπε, καὶ τοῦ σκοποῦ τῆς ἐμῆς διανοίας ἐστοχασμένως. Νικῆσαι δὴ οὖν, θεοῦ νεύοντος, οὐκ ἀποκτεῖναι προῄρημαι. Μὴ γὰρ οὕτω ποτ' ὀργὴ καὶ μῆνις ἐφ' οἷς προπέπονθα κρατήσειεν, ὡς αἵματος αὐταδέλφου καὶ φόνου καὶ μιάσματος ὁμογαστρίου ἀμυναν μὲν ἐπὶ τοῖς παρελθοῦσι, τιμὴν δέ τινα ἐπὶ τοῖς μέλλουσιν ἀλλάξασθαι. Γεν-
10 ναίου τὰ ῥήματα, ἔφη ὁ Θεαγένης, καὶ γνωρίζοντος εὖ τὴν φύσιν. Ἀλλ' ἐμοὶ δῆτα, τί παραφυλάττειν ἐπιστέλλεις; καὶ ὅς, Ὁ μὲν προκείμενος ἀγὼν, εὐκαταφρόνητος· ἀλλ' ἐπειδὴ πολλὰ καὶ παράδοξα πολλάκις αἱ κατ' ἀνθρώπους τύχαι καινουργοῦσιν, εἰ μὲν ἐγκρα-
15 τοίην, συνεισελεύσῃ τ' εἰς τὸ ἄστυ, καὶ συνοικήσεις ἐπὶ τοῖς ὁμοίοις· εἰ δέ τι παρ' ἐλπίδας ἀποβαίνοι, Βησσαέων ἡγήσῃ τούτων, εὔνοιαν πρός σε πολλὴν ἐχόντων καὶ τὸν λῃστρικὸν διαθλήσεις βίον, ἕως ἄν τι τέλος τῶν κατά σε δεξιώτερον ὑποφήνῃ θεός.
20 ϛʹ. Ἐπὶ τούτοις ἠσπάζοντό τ' ἀλλήλους σὺν δάκρυσιν ἅμα καὶ φιλήμασι καὶ ὁ μὲν αὐτοῦ καθῆστο, ὡς εἶχε, περισκοπῶν τὸ μέλλον· καὶ τῇ Ἀρσάκῃ παρεῖχεν οὐκ εἰδὼς ἐντρυφᾶν αὐτοῦ τῇ θέᾳ, παντοίως αὐτὸν περισκοπούσῃ καὶ τοῖς ὀφθαλμοῖς τέως ἀπολαύειν
25 τῆς ἐπιθυμίας ἐπιτρεπούσῃ. Ὁ δὲ Θύαμις ἐπὶ τὸν Πετόσιριν ὥρμησεν. Οὐ μὲν ὑπέστη γ' ἐκεῖνος τὴν ἔφοδον, ἀλλὰ τὴν πρώτην κίνησιν εἰς φυγὴν τραπεὶς ἐπὶ τὰς πύλας ἵετο, εἰσφρῆσαι εἰς τὸ ἄστυ προθυμούμενος. Ἀλλ' ἤνυέ τ' οὐδὲν, ὑπὸ τῶν ἐφεστώτων ταῖς
30 πύλαις ἀποκρουόμενος καὶ τῶν ἐπὶ τοῦ τείχους μὴ παραδέξεσθαι καθ' ὃ μέρος ὁρμήσειεν ἐπικελευομένων. Ἀπεδίδρασκε δὴ ὡς εἶχε τάχους περὶ τὸν κύκλον τοῦ ἄστεος, ἤδη καὶ τὰ ὅπλα ἀποβαλών. Συμπαρέθει δὲ κατόπιν καὶ ὁ Θεαγενὴς, ὑπεραγωνιῶν τε τοῦ Θυάμιδος
35 καὶ τῶν γιγνομένων μὴ πάντα ὁρᾶν οὐ φέρων· οὐ μὴν ἔνοπλός γε, τοῦ μή τινα λαβεῖν ὑπόνοιαν ὡς τῷ Θυάμιδι τοῦ ἔργου συνεφαψόμενος, ἀλλ' ἔνθα καθῆντο τοῦ τείχους ὑπ' ὄψει τῆς Ἀρσάκης τὴν ἀσπίδα καὶ τὸ δόρυ καταθέμενος καὶ ταῦτα περισκοπεῖν αὐτῇ πάλιν ἀνθ'
40 αὑτοῦ παρασχὼν, συμπαρωμάρτει τοῖς δρόμοις, οὐδ' ἁλισκομένου τοῦ Πετοσίριδος, οὔτε καταπολὺ τῇ φυγῇ φθάνοντος ἀλλ' ἀεὶ ληφθησομένῃ προπεποικότος καὶ τοσοῦτον ὑπεκφεύγοντος, ὅσον εἰκὸς ἦν τοῦ ἀνόπλου καθωπλισμένον τὸν Θύαμιν. Ἓξ ἅπαξ μὲν
45 οὖν καὶ δεύτερον οὕτω περιηλάσαν τὸ τεῖχος, ἀλλ' ὅτε δὴ τρέπος αὐταῖς ἠνύετο κύκλος, ἤδη τὸ δόρυ τοῦ Θυάμιδος κατὰ τῶν μεταφρένων τἀδελφοῦ κατασείοντος καὶ μένειν ἢ βεβλῆσεσθαι διαπειλουμένος, ἡ πόλις δ' ὥσπερ ἐκ θεάτρου περιεστῶσα τοῦ τείχους ἠθλοθέτει τὴν θέαν,
50 τότε δὴ πως εἴτε τι δαιμόνιον, εἴτε τύχη τἀνθρώπεια βραβεύουσα, καινὸν ἐπεισόδιον ἐπετραγῴδει τοῖς δρωμένοις, ὥσπερ εἰς ἀνταγώνισμα δράματος ἀρχὴν ἄλλου παρεισφέρουσα καὶ τὸν Καλάσιριν εἰς ἡμέραν καὶ ὥραν ἐκείνην ὥσπερ ἐκ μηχανῆς σύνδρομόν τε καὶ οὐκ εὐτυχῆ

topere præ metu tremat Petosiris? Video, inquit. Ceterum quo modo iis, quæ sunt præ manibus, uteris? Namque enim simplex hostis, sed frater tibi objectus est. Ille autem, Recte dicis, inquit, et proxime scopum meæ mentis attigisti. Ego vero vincere, annuente deo, non interficere, decrevi. Absit enim, ut tantopere ira et indignatio propter ea, quæ antea sum passus, in me effervescat, ut cum sanguine fratris, et germani cæde atque contaminatione vindictam injuriæ præteritæ, honorem autem futurum commutare velim. Generosi hominis verba sunt, inquit Theagenes et naturæ vim egregie intelligentis. Mihi vero quid, ut observem, imperas? Tum ille : Certamen quidem propositum nihil habet periculi, ita ut facile contemni possit : verumtamen quoniam multa, atque ab opinione hominum aliena, sæpius fortunæ humanæ varietas efficit, si victor evasero, una ingredieris urbem et habitabis mecum æquali jure; sin aliquid præter spem acciderit, Bessaensium istorum, qui tibi magnopere favent, dux eris et prædonum vitam ages, donec aliquem finem tuis rationibus deterioribus deus ostenderit.

VI. His ita compositis, complectebantur se mutuo cum lacrimis et osculis. Et hic quidem ibi, quo fuerat habitu, sedebat, circumspiciens id, quod futurum erat; et Arsacæ præbebat, inscius ipse, occasionem voluptatem capiendi ex suo spectaculo, undiquaque illum circumspicienti et oculis tum cupiditate frui permittenti. Thyamis vero ad Petosiridem contendit. Ceterum ille non sustinuit ejus adventum : sed cum illum se aggredi vidisset, in fugam conversus statim ad portam tendebat recipere se in urbem volens. Sed nihil proficiebat, cum ab iis qui ad portas stabant rejiceretur et hi qui erant in muro ad quam partem cursum direxisset, ne a quoquam reciperetur, adhortarentur. Fugiebat igitur, quanta celeritate potuit, in circuitu urbis, jam et abjectis armis. Currebat autem una quoque a tergo Theagenes, propter Thyamidem sollicitus et non contentus sese quin videret omnia quæ fiebant : verum non armatus, ne veniret in suspicionem, quod Thyamidi esset opem laturus; sed ad eam partem muri, ad quam consederat in conspectu Arsaces, scutum et hastam deponens et spectanda illi rursus pro se exhibens, sequebatur illorum cursum, neque adhuc Petosiride capto, neque longe præcurrente, sed jam jam comprehendendo simili et tantum eatenus effugiente, quatenus consentaneum fuerat, armatum Thyamim a tergo inermis relinqui. Semel igitur atque iterum ita decurrerunt circa murum. Sed quando tertium orbem conficiebant, jam hastam Thyamide dorso fratris intentante, et manere nisi vulnus accipere mallet jubente, civitate autem, tamquam ex theatro, judice et arbitra spectaculi constituta : tunc sane seu numen, seu fortuna quædam, gubernans res humanas, nova accessione, tanquam in tragœdia, auxit ea quæ agebantur, quasi æmulatione quadam initium alterius fabulæ afferens ; et Calasiridem die ac hora illa, tanquam ex machina, socium cursus et infelicem spectatorem certaminis liberorum

θεωρὸν τῷ περὶ ψυχῆς ἀγῶνι τῶν παίδων ἐφίστησι, πολλὰ μὲν ἀνατλάντα καὶ πάντα μηχανησάμενον, φυγάς θ' αὑτῷ καὶ ἄλας ξενικὰς ἐπιβαλόντα, εἴ πως ἐκκλίνειε τὴν οὕτως ἀπηνῆ θέαν, ἐκνικηθέντα δ' ὑπὸ τῆς εἱμαρμένης καὶ ἰδεῖν ἃ πάλαι αὐτῷ οἱ θεοὶ προύθέσπισαν συνελαθέντα, πόρρωθεν μὲν τὰ τῆς διώξεως προκατοπτεύσαντα, ἐκ δὲ τῶν πολλάκις προρρηθέντων τοὺς παῖδας εἶναι τοὺς αὐτοῦ συννοήσαντα καὶ συντονωτέροις ἢ καθ' ἡλικίαν δρόμοις ἐπὶ τῷ φθῆναι τὴν εἰς τέλος αὐτῶν συμπλοκὴν καὶ τὸ γῆρας βιασάμενον.

Ζ'. Ὡς δ' οὖν ἐπέστη καὶ πλησίον ἤδη συμπαρέθει, Τί ταῦτα, ὦ Θύαμι καὶ Πετόσιρι, συνεχῶς ἐβόα, τί ταῦτα, ὦ παῖδες, ἀνεκάλει πολλάκις. Οἱ δ' οὐδέπω τὴν πατρῴαν ἀναγνωρίζοντες ὄψιν, τοῦ μὲν ἔτι τοῖς πτωχικοῖς ἠμφιεσμένου ῥάκεσιν, αὐτοὶ δ' ὅλοι τῆς ἀγωνίας ὄντες, ὥς τινα τῶν ἀγυρτῶν ἢ καὶ ἄλλως ἐξεστηκότων παρήμειβον. Τῶν δ' ἐπὶ τοῦ τείχους οἱ μὲν ἐθαύμαζον ὡς ἀφειδοῦντα αὐτοῦ καὶ εἰς ξιφήρεις ἐμβάλλοντα, οἱ δ' ὡς παραπλῆγα καὶ μάτην φερόμενον ἐγέλων. Ἀλλ' ὅτε συνεὶς ὁ πρεσβύτης ὑπὸ τῆς εὐτελείας τοῦ σχήματος αὐτὸν οὐ γνωριζόμενον, ἐγυμνώθη μὲν τῶν ἐπιβεβλημένων ῥακῶν, τὴν δ' ἱερὰν κόμην ἄδετον οὖσαν καθῆκε καὶ τὸ κατ' ὤμων φορτίον καὶ τὴν ἐν χερσὶ βακτηρίαν ἀπορρίψας, ἔστη κατὰ πρόσωπον καὶ ὤφθη γεραρός τε καὶ ἱεροπρεπής, ὑπώκλασέ τ' ἠρέμα, καὶ τὰς χεῖρας ἄμφω εἰς ἱκετηρίαν προτείνας, Ὦ τέκνα, σὺν δάκρυσιν ἀνωλόλυξεν, οὗτος ἐγὼ Καλάσιρις, οὗτος ἐγὼ πατὴρ ὁ ὑμέτερος· αὐτοῦ τε στῆτε καὶ τὴν ἐκ μοιρῶν μανίαν στήσατε, τὸν φύντα καὶ ἔχοντες καὶ αἰδεσθέντες. Τόθ' οἱ μὲν παρείθησαν καὶ κατενεχθῆναι μικρὸν ἀπολιπόντες, προσέπιπτον ἄμφω τῷ πατρὶ καὶ τοῖς γόνασι περιφύντες, πρῶτα μὲν ἀτενέστερον ἐνορῶντες διακριβοῦντο τὸν ἀναγνωρισμόν. Ὡς δ' οὖ φάσμα τὴν ὄψιν ἀλήθειαν δ' ἐγνώρισαν, πόλλ' ἅμα καὶ ἐξ ἐναντίων ἔπασχον. Ἥδοντο ἐπὶ τῷ φύντι σωζομένῳ παρ' ἐλπίδας· ἐφ' ᾗ κατελαμβάνοντο πράξει, καὶ ἠνιῶντο καὶ ἠσχύνοντο· τῆς ἀδηλίας τῶν ἀποδησομένων εἰς ἀγωνίαν καθίσταντο. Καὶ ταῦτ' ἔτι τῶν ἐκ τῆς πόλεως θαυμαζόντων καὶ λεγόντων μὲν οὐδὲν οὐδὲ πράττουσαν, ὥσπερ δ' ἀγνοῶν ὑπ' ἀγνοίας καὶ τοῖς γεγραμμένοις παραπλησίοις, πρὸς μόνην τὴν θέαν ἐπιτοημένων, ἕτερον ἐγίγνετο παρεγκύκλημα τοῦ δράματος. Ἡ Χαρίκλεια κατ' ἴχνος ἐφεπομένη γὰρ τοῦ Καλασίριδος καὶ πόρρωθεν ἀναγνωρίσασα τὸν Θεαγένην, (ὀξὺ γάρ τι πρὸς ἐπίγνωσιν ἐρωτικῆς ἡ ὄψις καὶ κίνημα καὶ σχῆμα πολλάκις μόνον, κἂν πόρρωθεν ᾖ κἂν ἐκ νώτων τῆς ὁμοιότητος τὴν φαντασίαν παρέστησεν), ὥσπερ οἰστρηθεῖσα ὑπὸ τῆς ὄψεως, ἐμμανὴς ἐπ' αὐτὸν ἵεται καὶ περιφῦσα τοῦ αὐχένος ἀπρὶξ εἴχετο καὶ ἐξήρτητο καὶ γοεροῖς τισι κατησπάζετο θρήνοις. Ὁ δὲ, οἷον εἰκὸς, ὄψιν τε ῥυπῶσαν καὶ πρὸς τὸ αἰσχρότερον ἐπιτετηδευμένην ἰδῶν, καὶ ἐσθῆτα τετρυχωμένην καὶ κατερρωγυῖαν, ὥσπερ τινὰ τῶν ἀγειρουσῶν καὶ ἀληθῶς ἀλῆτιν, διωθεῖτο καὶ παρηγκωνίζετο. Καὶ

de vita, constituit. Qui etsi multa perpessus fuerat et multa tentaverat, exsilioque se et secessu in peregrinas terras mulctaverat, ut tam crudele spectaculum evitare posset : tamen fato victus, videre ea, quæ illi jampridem dii oraculo prædixerant, coactus est. Et e longinquo cursum et insectationem prospiciens, ex iis, quæ illi sæpius prædicta fuerant, filios suos esse intellexit : intensiorique cursu, quam alioqui ætas patiebatur, antevertere illorum ultimam manuum consertionem conatus est, etiam vim faciens senectuti.

VII. Postquam igitur supervenit et propius jam una currebat, Quid hoc sibi vult, o Thyami et Petosiri ? continue vociferabatur : quid, malum, hoc amentiæ est, filii, sæpius inclamabat. Illi autem, cum nondum patris vultum agnoscerent, adhuc mendicorum pannis vestiti, et ipsorum animus totus esset in certamine, tanquam aliquem circulatorem, aut alioqui non satis mentis compotem, præteribant. Ex iis vero, qui erant in muro, nonnemo mirabatur, quod sibi non parceret et inter digladiantes sese conjiceret : aliqui vero tanquam amentem et frustra sese medium inferentem, ridebant. Cum igitur senex intellexisset, se propter vilitatem habitus non agnosci, dejecit pannos, quibus desuper erat indutus et sacram comam, cum non esset religata, promisit, et onere quod gerebat in humeris cum baculo quem habebat in manibus abjecto, stetit adversus et facie ipsis apparuit veneranda ac pontifice digna, sensimque se curvavit, et manus supplices protendens, lacrimis obortis, ejulando infit : O filii, en ego sum Calasiris, en ego sum vester pater. Hic jam consistite et furorem qui malo fato exortus est, compescite, cum patrem et habeatis et revereri debeatis. Jam tum languebant, tantumque non collapsi ; provoluti sunt ad genua patris et amplexi, primum defixis oculis intuebantur, examinantes illius agnitionem : deinde, postquam non spectrum esse sed ipsum revera cognoverunt, variis affectibus et inter se contrariis commovebantur. Lætabantur propter parentem, præter spem superstitem conspectum : excruciabantur et erubescebant propter actionem in qua deprehensi fuerant : et erant solliciti ob futurorum incertitudinem. Hæc autem adhuc iis, qui erant in urbe, mirantibus et neque dicentibus quidquam, neque agentibus, verum pæne stupentibus præ inscitia, et pictorum similibus ad solum spectaculum arrectis, alius actus obiter inserebatur fabulæ. Nam Chariclea, vestigiis insequens Calasiridem, cum e longinquo cognovisset Theagenem, (acris est enim in cognoscendo amantium adspectus, et motus tantum sæpe et habitus, quamvis e longinquo, aut etiam a tergo, similitudinis opinionem præbuit) tanquam ictu illius adspectu, furibunda ad ipsum fertur et hærens in amplexu, e collo nulla voce edita pendebat, lugubribusque quibusdam lamentis eum salutabat. Ille autem, ut est verisimile, vultum squalidum et ex industria pollutum videns et vestem vilem ac laceram, veluti aliquam ex circulatricibus et revera vagabundam, repellebat ac rejiciebat : et

LIBER VII.

τέλος ἐπειδὴ οὐ μεθίει, ὡς ἐνοχλοῦσαν καὶ τῇ θέᾳ τῶν ἀμφὶ Καλάσιριν ἐμποδὼν ἱσταμένην καὶ διερράπισεν. Ἡ δὲ, ὦ Πύθιε, ἔφη πρὸς αὐτὸν ἠρέμα, οὐδὲ τοῦ λαμπαδίου μέμνησαι; καὶ τόδ' ὁ Θεαγένης ὥσπερ βέλει τῷ ῥήματι βληθεὶς καὶ τῶν συγκειμένων αὐτοῖς συμβόλων τὸ λαμπάδιον γνωρίσας, ἐνατενίσας τε καὶ ταῖς βολαῖς τῶν ὀφθαλμῶν τῆς Χαρικλείας, ὥσπερ ὑπ' ἀκτῖνος διαττούσης ἐκ νεφῶν καταυγασθεὶς, περιέβαλλέ τε καὶ ἐνηγκαλίζετο· καὶ τέλος (πλῆθος) τὸ πρὸς τῷ
10 τείχει σύμπαν [μέρος] καθ' ὃ προκαθῆστο ἡ Ἀρσάκη διοιδουμένη καὶ οὐκ ἄνευ ζηλοτυπίας ἤδη τὴν Χαρίκλειαν θεωμένη, σκηνογραφικῆς ἐπληροῦτο θαυματουργίας.

Η'. Λέλυτο μὲν ὁ ἄθεσμος ἀδελφῶν πόλεμος καὶ
15 ἀγὼν ὁ δι' αἵματος κριθήσεσθαι προσδοκώμενος, εἰς κωμικὸν ἐκ τραγικοῦ τὸ τέλος κατέστρεφε. Πατὴρ τοὺς παῖδας ξιφήρεις ἐπ' ἀλλήλους καὶ μονομαχοῦντας θεασάμενος καὶ τὸν παρὰ τοσοῦτον τῶν τέκνων θάνατον ἐν ὀφθαλμοῖς τοῖς γεννήσασι δυστυχῆσαι κινδυνεύσας,
20 εἰρήνης αὐτὸς ἐγένετο πρύτανις, διαδραμεῖν μὲν τὸ προωρισμένον ἐκ μοιρῶν ἀδυνατήσας, εἰς καιρὸν δ' ἐπιστῆναι τοῖς ἀποκεκληρωμένοις εὐτυχήσας. Παῖδες τὸν φύντα μετὰ δεκαετοῦς ἄλλης χρόνον ἐκομίζοντο καὶ τὸν αἴτιον τῆς ἐπὶ τῇ προφητείᾳ μέχρις αἵματος στά-
25 σεως, αὐτοὶ μικρὸν ὕστερον κατέστερον καὶ τοῖς τε συμβόλοις τῆς ἱερωσύνης ἀναδοῦντες παρέπεμπον. Ἐφ' ἅπασι δὲ τὸ ἐρωτικὸν μέρος τοῦ δράματος, ἡ Χαρίκλεια καὶ ὁ Θεαγένης, ἐπήκμαζεν, ὡραῖοί καὶ χαρίεντες οὕτω νέοι, παρ' ἐλπίδα πᾶσαν ἀλλήλους ἀπειλη-
30 φότες καὶ πλέον τῶν ἄλλων εἰς τὴν ἐφ' αὑτοὺς θέαν τὴν πόλιν ἐπιστρέφοντες. Ἐξεχύθη γοῦν πᾶσα διὰ πυλῶν καὶ τὸ προκείμενον πεδίον ἐπλήρου διὰ πάσης ἡλικίας· τοῦ μὲν ἐφηβεύοντος τῆς πόλεως, καὶ εἰς ἄνδρας ἄρτι παραλλάττοντος τῷ Θεαγένει προστρέχοντος, τῷ δὲ
35 Θυάμιδι τῆς ἀκμαζούσης ἡλικίας καὶ τοὺς ἄνδρας ὁλοκλήρως πληρούσης καί τι καὶ ἀναγνωρίζειν τὸν Θύαμιν ἐχούσης. Τὸ δὲ παρθενεῦον τοῦ ἄστεως καὶ νυμφῶνας ἤδη φανταζόμενον, τὴν Χαρίκλειαν περιεῖπε· πρεσβυτικὸν δὲ καὶ ἱερὸν ἅπαν γένος ἐδορυφόρει τὸν Καλάσι-
40 ριν· καὶ πομπή τις ἱεροπρεπὴς αὐτοσχέδιος ἐστέλλετο· τοὺς μὲν Βησσαεῖς τοῦ Θυάμιδος ἀποπέμψαντος καὶ χάριν τε τὴν γενομένην ὑπὲρ τῆς προθυμίας ὁμολογήσαντος καὶ βοῦς μὲν ἑκατὸν, χίλια δὲ πρόβατα καὶ δραχμὰς ἑκάστῳ δέκα μικρὸν ὕστερον καὶ εἰς πλήρου-
45 μένην τὴν σελήνην, ἀποστελλεῖν ἐπαγγειλαμένου, τὸν αὐχένα δ' ὑπάγοντος ταῖς χερσὶ τοῦ πατρὸς καὶ τὴν πορείαν ἐπικουφίζοντος καὶ τὴν βάσιν τοῦ πρεσβύτου πρὸς τὸ παρ' ἐλπίδα χαῖρον ἠρέμα παραλυομένην ἐφιδράζοντος. Ἐποίει δὲ ταὐτὸν ἐκ θατέρων καὶ ὁ Πε-
50 τόσιρις, καὶ ὑπὸ λαμπάσιν ἡμμέναις ἐπὶ τὸν νεὼν τῆς Ἴσιδος κατήγετο ὁ πρεσβύτης, ὑπὸ κρότου καὶ εὐφημίᾳ πολλῇ, δορυφορούμενος, πολλῶν ἅμα συρίγγων, καὶ αὐλῶν ἱερῶν ἐπηχούντων, καὶ πρὸς χοροὺς τὸ ἀγέρωχον τῆς ἡλικίας ἐκδακχευόντων. Οὐ μὴν οὐδ' ἡ Ἀρ-

ad extremum, cum non desisteret, tanquam sibi molestæ et spectaculum illud Calasiridis impedienti, etiam alapam inflixit. Illa autem, o Pythie, submisse ad illum, neque faculæ amplius recordaris? Tum Theagenes, verbo illo tanquam jaculo ictus et ex constitutis inter illos tesseris faculam cognoscens, defixisque oculis contuitus et obtutu Charicleæ tanquam ex nubibus radio emicante illustratus, in collum invadebat : postremo tota multitudo ad murum, in quo sederat Arsace tumens et non sine zelotypia jam Charicleam adspiciens, plena erat scenica quadam mirificaque repræsentatione.

VIII. Diremtum est nefarium bellum inter fratres, et certamen, quod cruentum fore putabatur, in comicum finem ex tragico desiit. Pater, filios armatos contra sese, singulari certamine dimicantes conspicatus, qui eo discriminis venerat, ut pæne oculis parentis infelix mors liberorum subjiceretur, ipse pacis fiebat arbiter. Qui effugere quidem fatorum necessitatem non poterat : ceterum tempori ad ea, quæ definita fuerant, veniens, fortunæ successu usus videbatur. Filii parentem post decennalem erroris intercapedinem recuperabant et eum qui fuerat causa propemodum cruentæ propter antistitum seditionis, ipsi paullo post coronabant, sacerdotiique insignibus ornatum deducebant. Inter omnia vero amatoria pars fabulæ, Chariclea et Theagenes, formosi et venusti juvenes, cum præter omnem spem et opinionem se recuperassent, vigebat et magis, quam cetera, urbem ad spectaculum sui convertebat. Effusa namque fuerat per portas et patentem campum frequentia cujuslibet ætatis impleverat : parte civitatis pubere et virilem ætatem tum primum attingente, accurrente ad Theagenem; ad Thyamidem vero, florentis ætatis et exacta maturitate viros constituentis, atque etiam per ætatem Thyamim cognoscentis. Porro virginea urbis portio, de sponso jam cogitans, ad Charicleam adhærescebat. Senile autem et sacrum gentis totum stipabat Calasiridem. Atque ita pompa quædam sacra repente constiterat, cum Thyamis Bessaenses remisisset, gratiasque illis pro navata sibi cupide opera egisset, boves centum, mille vero oves et singulis decem drachmas paullo post ad plepilunium se missurum promittens; cotlum vero manibus patris subjiceret et itineris molestiam levaret, incessumque senis, præ insperato gaudio sensim dissolutum, sustentaret. Faciebat vero idem ex altera parte Petosiris : et cum facibus accensis deducebatur in templum Isidis senex, plausu et gratulationibus stipatus, multis simul fistulis et tibiis sacris resonantibus, et ad tripudia ferventem et vegetam ætatem exsuscitantibus. Porro nec Arsace a tergo relin-

22

σάκη κατόπιν ἐλείπετο τῶν δρωμένων, ἀλλ' ἴδιον δορυ-
φόρημα καὶ πομπείαν καθ' αὑτὴν ὑπέρογκόν τινα σο-
βοῦσα, ὅρμους καὶ πολὺν χρυσὸν ἐνέβαλεν εἰς τὸ Ἴσειον,
οὕτωσὶ μὲν δοκεῖν, διάπερ καὶ ἡ λοιπὴ πόλις, ἐκ μόνου
δὲ τοῦ Θεαγένους τὸν ὀφθαλμὸν ἀναρτήσασα καὶ πλέον
τῶν ἄλλων τῆς ἐκείνου θέας ἐμφρουμένη· οὐ μὴν
ἔχουσά γε καθαρὸν τὸ [εὐθύμημα] ἡδόμενον, ἀλλὰ τὴν
Χαρίκλειαν ὁ Θεαγένης ἐξ ὠλένης χειραγωγῶν καὶ τὴν
ὀχλικὴν ἐπιφορὰν ἀναστέλλων, δριμύ τι τῇ Ἀρσάκῃ
ζηλοτυπίας κέντρον ἐνέβαλεν. Ὡς γοῦν ἐντὸς ἐγεγόνει
τῶν ἀνακτόρων ὁ Καλάσιρις, ῥίπτει μὲν αὑτὸν ἐπὶ
πρόσωπον, τοῖς δ' ἴχνεσι προσφὺς τοῦ ἀγάλματος, ἐφ' ὧν
τ' ἐπὶ πλεῖστον οὕτως ἔχων, ὀλίγου μὲν καὶ ἐκθανεῖν
ἐδέησεν. Ἀναλαβόντων δὲ τῶν περιεστώτων, μόλις
διαναστὰς καὶ σπείσας τε τῇ θεῷ καὶ κατευξάμενος,
ἀφελὼν τῆς ἑαυτοῦ κεφαλῆς τὸν τῆς ἱερωσύνης στέφα-
νον, τὸν παῖδα τὸν Θύαμιν κατέστρεφεν, αὑτός μὲν ἤδη
γηραιός τ' εἶναι πρὸς τὸ πλῆθος εἰπὼν καὶ ἄλλως προο-
ρᾶν τὴν τελευταίαν πλησιάζουσαν, τὸν δὲ παῖδα πρε-
σβύτερον ὄντα τοῦ γένους, χρεωστεῖσθαί τε τὰ σύμ-
βολα τῆς προφητείας ἐκ τοῦ νόμου καὶ ἱκανὸς τ' ἔχειν
ψυχῆς θ' ἅμα καὶ σώματος πρὸς τὰς τῆς ἱερωσύνης
λειτουργίας.

Θ'. Ἐκβοήσαντος δὲ πρὸς ταῦτα τοῦ δήμου, καὶ
συγκατατίθεσθαι διὰ τῶν ἐπαίνων παραδηλοῦντος,
αὐτὸς μὲν τοῦ νεὼ μέρος τι καταλαβών, ὃ δὴ τοῖς προ-
φητεύουσιν ἀποκεκλήρωτο, τούς τε παῖδας ἔχων ἅμα
καὶ τοὺς περὶ τὸν Θεαγένην, ἐγκατέμεινεν· οἱ λοιποὶ
δ' εἰς οἴκησιν ἕκαστος τὴν αὑτῶν ἀπεχώρουν. Ἀπε-
χώρει δὲ καὶ ἡ Ἀρσάκη μόλις μὲν καὶ πολλάκις ἀνα-
στρέφουσα καὶ πλείονι θεραπείᾳ ὄθεν τῇ περὶ τὴν
θεὸν ἐναλύουσα, πλὴν ἀλλ' ἀπεχώρει γ' ὀψέ ποτε, καὶ
θαμὰ πρὸς τὸν Θεαγένην, ἕως ἐξῆν, ἐπιστρέφουσα.
Ἐπεὶ δ' οὖν εἰς τὴν βασίλειον αὐλὴν ἦλθε, διαμπὰξ
ἐπὶ τὸν θάλαμον ἴετο καὶ καταβαλοῦσα αὑτὴν ἐπὶ τῆς
κλίνης, ὡς εἶχε σχήματος, ἔκειτο ἄναυδος· γύναιον
καὶ ἄλλως πρὸς ἄρσενον ἡδονὴν ἐπίφορον, τότε δὲ
πλέον ὑπὸ θέας διαμψὼν τῆς Θεαγένους καὶ τὰς πώποτε
εἰς πεῖραν ἐλθούσας ὄψεις ὑπεραιρούσης, ἀνακαόμε-
νον. Παννύχιος γοῦν ἔκειτο, πυκνὰ μὲν πρὸς ἑκατέ-
ραν πλευρὰν τὸ σῶμα στρέφουσα, πυκνὰ δὲ καὶ βύζιον
ἐπιστενάζουσα καὶ νῦν μὲν ὀρθουμένη, νῦν δ' ὀκλάζουσα
ἐπὶ τῆς στρωμνῆς καὶ τῆς ἐσθῆτος αὑτὴν κατὰ μέρος
ἀπογυμνοῦσα καὶ αὖθις ἀθρόον ἐπὶ τὴν εὐνὴν καταφέ-
ρουσα· καί ποτε καὶ παιδίσκην ἀπροφασίστως προσκα-
λέσασα, αὖθις ἀπέπεμπεν οὐδὲν ἐπιτείλασα. Καὶ
ἁπλῶς εἰς μανίαν ἐλάνθανεν ὁ ἔρως ὑποφερόμενος, ἕως
δή τις πρεσβῦτις, ὄνομα Κυβέλη, τῶν θαλαμηπόλων
καὶ συνήθως τὰ ἐρωτικὰ τῇ Ἀρσάκῃ διακονουμένων,
εἰσδραμοῦσα εἰς τὸν θάλαμον, (ἔλαθε γὰρ αὑτὴ οὐδ'
ὁτιοῦν τῶν γιγνομένων, ἅτε λύχνου φαίνοντος καὶ οἷον
συνεξάπτοντος τῇ Ἀρσάκῃ τὸν ἔρωτα), Τί ταῦτα, ἔλε-
γεν, ὦ δέσποινα; τί σε νέον [ἢ καινὸν] ἀλγύνει πάθος;
τίς πάλιν ὀφθείς, τὴν ἐμὴν διαταράττει τροφίμην; τίς

quebat ea, quæ fiebant; sed suam quoque catervam et co-
mitatum seorsim magno cum fastu ostentans sequebatur:
monilia multumque auri in templum Isidis imposuit, eo
quidem prætextu, quod exemplum reliquæ urbis imitare-
tur; ex solo vero Theagene suspendens oculos, et præ
ceteris illius conspectu perfruens, nec tamen sincera volu-
ptate se oblectabat; sed cum Charicleam Theagenes manu
tenens duceret, turbamque confertam removeret, acrem
quemdam zelotypiæ stimulum Arsacæ infixit. At Calasi-
ris, ut ingressus est interiorem templi partem, procidit in
faciem et cum vestigiis simulacri incubaret, multoque tem-
pore ita maneret, parum aberat, quin moreretur. Revo-
cantibus autem eum ad sese circumstantibus, vix consur-
gens, cum libasset deæ, votaque nuncupasset, demens suo
capiti sacerdotii coronam, filium Thyamidem coronabat,
se jam senem esse ad multitudinem dicens, et alioqui sibi
imminere mortem prospicere; filio vero majori natu et de-
beri insignia antistitii lege, et illum satis habere dotum
animi et corporis ad sacerdotii munia obeunda.

IX. Cum ad hæc populus exclamasset, seque approbare
laudibus et præconiis significasset, ipse templi quamdam
partem occupans, quæ antistitibus est attributa, filios
una secum habens et Theagenem, ibi mansit. Reliqui
vero in suam quisque domum discedebant. Discedebat et
Arsace, vix quidem et sæpius revertens, quasique majori
observantia circa deam immorans : verumtamen discedebat
aliquando, identidem sese ad Theagenem, quamdiu licuit,
convertens. Postquam igitur in regiam aulam est ingressa,
recta ad thalamum ibat et dejiciens sese in lectum, eo ha-
bitu quo fuerat jacebat, nulla voce edita : muliercula alio-
qui proclivis in libidinem, tum vero præcipue conspectu
formæ Theagenis excellentis et reliquas omnes quascunque
antea cognoverat superantis, inflammata. Jacebat igitur
tota nocte, subinde in alterum latus corpus obvertens,
identidemque vehementius ingemiscens, nunc se erigens,
nunc in strato labans et magna ex parte veste sese nudans
et rursus repente in lectum corruens. Aliquando et ancilla
vocata sine causa, nihil dans mandatorum, iterum eam
ablegabat. Denique in furorem illam inscius omnibus in
posterum egisset amor, nisi quædam anus, nomine Cybele,
custos cubilis et rerum Venerearum Arsaces ministra, in-
currisset in thalamum : (neque enim illa clam erat quid-
quam eorum quæ fiebant, tanquam lucente candela et
flammam Arsaces amori addente) Quid hæc, malum, do-
mina? inquiens. Nam quis te novus affectus exercuit?
Cujusnam conspectus meam turbat alumnam? Quis est
adeo insolens atque amens, qui tanta tua forma non ca-
piatur, neque felicitatem ducat esse singularem, tuam

LIBER VII.

οὕτως ἀλαζὼν καὶ ἔκφρων, ὡς τοῦ κατά σε τοσούτου κάλλους μὴ ἡττῆσθαι, μηδ' εὐδαιμονίαν ἡγεῖσθαι τὴν σὴν ἐράσμιον ὁμιλίαν, ἀλλὰ νεῦμα τὸ σὸν καὶ βουλὴν ὑπερφρονεῖν; ἔξειπε μόνον, ὦ γλυκύτατον ἐμοὶ παιδίον·
5 οὐδεὶς οὕτως ἀδαμάντινος, ὡς μὴ τοῖς ἡμετέροις ἁλῶναι θελγήτροις. Ἔξειπε, καὶ οὐκ ἂν φθάνοις ἀνύουσα τὰ κατὰ γνώμην. Ἔργοις δ' οἶμαι πολλάκις τὴν πεῖραν εἴληφας.

Ι'. Ἡ μὲν ταῦτα καὶ ὅμοια ἕτερα κατεπῇδε, πολλὰ
10 τοῖς ὠσὶ τῆς Ἀρσάκης προσκνυζομένη καὶ παντοίαις κολακείαις ἐξειπεῖν τὸ πάθος ἐπαγομένη. Ἡ δὲ, μικρὸν ἐφησυχάσασα, Βέβλημαι, εἶπεν, ὦ μῆτερ, ὡς οὔπω πρότερον· καὶ πολλὰ δὴ πρὸς σοῦ καὶ πολλάκις εὖ παθοῦσα ἐν ὁμοίαις ταῖς χρείαις, οὐκ οἶδα εἰ καὶ
15 νῦν ἔξω κατορθοῦσαν. Ὁ γάρ τοι πόλεμος ὁ πρὸ τῶν τειχῶν τήμερον, ὀλίγου μὲν συγκροτηθεὶς, ἁθρόον δὲ κατασταλεὶς, τοῖς μὲν ἄλλοις ἀναίμακτος ἀπεφάνθη καὶ εἰς εἰρήνην κατέστρεψεν, ἐμοὶ δ' ἀρχή τις ἀληθεστέρου πολέμου καὶ τραῦμα οὐ μέλους μόνον [ἢ μέ-
20 λους], ἀλλὰ καὶ ψυχῆς αὐτῆς γέγονε, τὸν ξένον ἐκεῖνον νεανίαν, τὸν τῷ Θυάμιδι κατὰ τὴν μονομαχίαν παρατεθέντα, οὐκ εὐτυχῶς ἐπιδείξας. Οἶσθά που πάντως, ὃν λέγω· οὐ γὰρ μικρῷ τῷ μέσῳ τοὺς ἄλλους τῷ κάλλει κατήστραπτεν, οὔθ' ὥστε καὶ ἀγροικόν τινα
25 λαθεῖν καὶ τῶν καλῶν ἀνέραστον, μή τι γε δὴ σὲ καὶ τὴν σὴν πολυπειρίαν. Ὥστε, ὦ φιλτάτη, τὸ μὲν βέλος τοὐμὸν ἔγνωκας, ὥρα δέ σοι κινεῖν πᾶσαν μηχανὴν, πᾶσαν πρεσβυτικὴν ἴυγγα καὶ αἱμυλίαν, εἴπερ δὴ βούλει σοι περιεῖναι τὴν τροφίμην· ὡς οὐκ ἔστιν ὅπως
30 βιώσομαι, μὴ πάντως ἐκείνου τυγχάνουσα. Γιγνώσκω, ἔφη, τὸν νεανίαν, ἡ γραῦς. Εὐρὺς τις ἦν τὰ στέρνα καὶ τοὺς ὤμους καὶ τὸν αὐχένα ὀρθιον καὶ ἐλεύθερον ὑπὲρ τοὺς ἄλλους αἴρων καὶ εἰς κορυφὴν τοὺς ἅπαντας ὑπερέχων, γλαυκιῶν τὸ βλέμμα καὶ ἔραστον
35 ἅμα καὶ γοργὸν προσβλέπων, καταβόστρυχός που πάντως ἐκεῖνος, τὴν παρειὰν ἄρτι ξανθῷ τῷ ἰούλῳ περιστέφων, ᾧ γύναιόν τι ξενικὸν οὐκ ἄωρον μὲν ἀλλ' ὡς δ' ἰταμόν, ὡς ἐδόκει, προσδραμὸν αἰφνίδιον περιέφυ καὶ περιπλακὲν ἐξήρτητο. Ἡ οὐ τοῦτον λέγεις, ὦ δέ-
40 σποινα; Τοῦτον, ἔφη, μαμμίδιον· εὖ γάρ με καὶ τὸ παράσημον ὑπέμνησας, τὴν ἀλιτήριον ἐκείνην καὶ τῶν ἀπ' οἰκήματος ἐπὶ μακρῷ καὶ τῶν πολλῶν καὶ ἐπιτηδευομένῳ κάλλει, μέγα φανταζομένην, πλὴν ἀλλ' ἐμοῦ γε δὴ εὐτυχοῦσαν πλέον, ἢ τοιοῦτον κεκλήρωται
45 τὸν ἐρώμενον. Βραχὺ δὴ πρὸς ταῦτα καὶ σεσηρὸς ὑπομειδιάσασα ἡ πρεσβῦτις, Θάρσει, ἔφη, ὦ δέσποινα. Εἰς τὴν τήμερον ἐκείνη καλὴ τῷ ξένῳ νενόμισται· εἰ δέ σοι καὶ τῷ σῷ κάλλει προσχεῖν αὐτὸν ἀνύσαιμι, χρυσᾶ φασι χαλκείων ἀλλάξεται, ὡς ἑταιρίδιον τὸ ἐθε-
50 μενος. Εἰ γὰρ οὕτω ποιήσειας, ὦ Κυβέλιον φίλτατον, δυοῖν δι' ἑνός μοι γενήσῃ νόσων ἰατρός, ἔρωτός τε καὶ ζηλοτυπίας, τοῦ μὲν ἐμπλήσασα, τῆς δ' ἀπαλλάξασα. Καὶ ἡ, Γενήσεται, εἶπεν, τό γ' ἐπ' ἐμοί. Σὺ δέ μοι

Veneream consuetudinem, sed nutum tuum et voluntatem contemnat? Expone mihi tantum, suavissima filiola. Nemo est adeo adamantinus, quin nostris capi possit blanditiis. Expone quamprimum et non frustraberis successu ex animi sententia. Re ipsa vero saepius, ut existimo, id ipsum experta es.

X. Ista quidem haec et alia horum similia accinebat, multum auribus Arsaces abblandiens et variis adulationibus ab illa confessionem affectus flagitans. Illa autem, cum paullulum quievisset, Accepi vulnus, inquit, mater, quantum antea nunquam : cumque multis beneficiis, et saepe sim a te in similibus casibus affecta, haud scio, an nunc sis eadem felicitate rem gestura. Bellum enim, quod ad muros hodie propemodum commissum fuerat, subito vero compositum, aliis quidem incruentum fuit et in pacem desiit; mihi vero initium verioris belli et vulnus non membri tantum, sed etiam ipsius animae, exstitit, cum peregrinum illum adolescentem, qui juxta Thyamim sub monomachiae tempus currebat, infeliciter mihi ostendisset. Scis omnino, mater, quem dicam. Neque enim parvo intervallo reliquorum formam sua, tanquam fulgore quodam, obruebat, adeo ut neque agrestem quemquam et prorsus ab amore pulchritudinis alienum, id latuerit, nedum tuam multiplicem sapientiam latere possit. Quamobrem, carissima, cum vulnus meum cognoveris, tempus est, ut omnem admoveas machinam, omnem anilem fascinum et blanditias, si quidem tuam alumnam superstitem esse volueris. Neque enim ita ratio, quas me possit in vita retinere, nisi omnino illo potita fuero. Novi, inquit anus, adolescentem. Lato fuit pectore et latis humeris, collo erecto et ingenio supra ceteros eminens et ut uno verbo tanquam fastigio rem absolvam, omnes superans; igne micantes habens oculos, amanter et severe simul adspiciens : ille, qui omnino delicate capillum nutrit et genas nunc primum flava lanugine vestit; ad quem muliercula quaedam peregrina, non deformis quidem sed insigniter impudens, ut videbatur, subito accurrens, adhaerens illi, et circumfusa ex illo dependebat. An non hunc dicis, hera? Hunc, inquit, mater. Recte enim mihi et insigne in memoriam reduxisti, os illud impurum et sceleratum, cui forma longo tempore domi asservata, quotidiana tamen et fucata, animos attollit : attamen me longe felicior est, quae ejusmodi nacta sit amasium. Ad haec leviter et ore hiante arridens anus, Adesto animo, et omitte sollicitudinem, inquit, hera : ad hodiernum diem illa est a peregrino formosa habita : si vero effecero, ut te et tuam formam respiciat, aurea, ut aiunt, cum aereis permutabit, illa meretricula petulante et frustra sese jactante, contemta. Si quidem ita facies, Cybelion carissima, duorum pro uno morborum eris mihi curatrix, amoris et zelotypiae; illo quidem implens, hac vero liberans. At illa : Hoc meae curae cogitationique incumbet : tuum est autem, ut te revoces et in praesentia quiescas, neque despondeas ani-

23.

σαυτὴν ἀναλαμβάνειν καὶ τὸ παρὸν ἡσυχάζειν μηδὲ δυσθυμοῦσαν προαποκάμνειν, ἀλλ' εὔελπις εἶναι.

ΙΑ'. Ταῦτ' εἶπε καὶ ἀφελοῦσα τὸν λύχνον, ἐπικλεισαμένη τε τοῦ θαλάμου τὰς θύρας, ἐξώρμησεν. Οὔπω 5 δ' ἀκριβῶς ἡμέρας ἐπηρθημένη, τῶν τε βασιλείων εὐνούχων ἕνα παραλαβοῦσα καὶ ἄλλην θεράπαιναν, ἅμα ποπάνοις καὶ ἑτέροις δή τισι θυμιάμασιν ἕπεσθαι προστάξασα, ἐπὶ τὸ Ἴσειον ἔσπευδεν. Ὡς δὲ τοῖς προθύροις ἐπέστη, θυσίαν ἄγειν τῇ θεῷ λέγουσα ὑπὲρ 10 τῆς δεσποίνης Ἀρσάκης, ἔκ τινων ὀνειράτων τεταραγμένης καὶ ἐξιλεώσασθαι τὰ ὀφθέντα βουλομένης, τῶν νεωκόρων τις διεκώλυέ τε καὶ ἀπέπεμπε, κατηφείας τὰ περὶ τὸ ἱερὸν ἐμπεπλῆσθαι φάσκων· τὸν γὰρ δὴ προφήτην τὸν Καλάσιριν μακροῖς χρόνοις εἰς τὴν οἰκείαν 15 ἐπανήκοντα, ἑστιαθῆναι μὲν λαμπρῶς ἅμα τοῖς φιλτάτοις κατὰ τὴν ἑσπέραν καὶ πρὸς πᾶσαν ἄνεσιν καὶ ψυχαγωγίαν αὑτὸν ἐκδοῦναι, μετὰ δὲ τὴν εὐωχίαν, σπεῖσαί τε καὶ πολλὰ ἐπεύξασθαι τῇ θεῷ καὶ τοῖς παισὶν εἰπόντα ὡς ἄχρι τοῦ παρόντος ὄψονται τὸν πατέρα καὶ πολλὰ 20 ἐπισκήψαντα, τῶν σὺν αὐτῷ νέων Ἑλλήνων ἀφιγμένων, ὡς ἕνι μάλιστα, προνοεῖν, καὶ ἐν οἷς ἂν βουλομένοις αὐτοῖς γίγνηται τὰ δυνατὰ συμπράττειν, κατακλίναντά τ' αὑτὸν καὶ εἴτε διὰ τὸ τῆς χαρᾶς μέγεθος, τῶν πνευματικῶν πόρων εἰς ὑπερβολὴν ἀνεθέντων καὶ 25 χαλασθέντων, οἷα δὴ γηραιοῦ τοῦ σώματος ἀθρόον διαφθαρέντος, εἴτε καὶ θεῶν αἰτήσαντι τοῦτο παρασχομένων, εἰς ἀλεκτρυόνων ᾠδὰς τετελευτηκότα γνωσθῆναι, τῶν παίδων ἐξ ὧν προὔλεγεν ὁ πρεσβύτης, παννύχιον παρατηρούντων· καὶ νῦν, ἔφη, διεπεμψά-30 μεθα τοὺς μετακαλέσοντας τὸ λοιπὸν τῶν κατὰ τὴν πόλιν προφητικῶν τε καὶ ἱερατικῶν γένος, ὡς ἂν τὰ νομιζόμενα ἐπ' αὐτῷ τῆς κηδείας κατὰ τὸν πάτριον νόμον τελοῖεν. Ἀποχωρητέον οὖν ὑμῖν. οὐ γὰρ θέμις μὴ ὅτι γε θύειν ἀλλ' οὐδ' ἐπιβαίνειν τοῦ νεὼ πλὴν τοῖς 35 ἱερωμένοις, ἑπτὰ τούτων ὅλων τῶν ἐχομένων ἡμερῶν. Πῶς οὖν οἱ ξένοι διάξουσιν, ἔφασκεν ἡ Κυβέλη. Καὶ ὅς, Καταγώγιον αὐτοῖς εὐτρεπισθῆναι πλεῖστον καὶ ἔξω που περὶ τὸν νεὼν ἡ τοῦ προφήτη ὁ Θύαμις ἐπέστειλε καὶ ὡς ὁρᾷς, αὐτοί γ' οὗτοι προσίασι, τῷ νόμῳ 40 πειθόμενοι καὶ ἐξοικίζοντες αὐτοὺς τῶν ἱερῶν τὸ παρόν. Ἡ δὲ Κυβέλη τὴν ξυντυχίαν ἅρπαγμα καὶ ὥσπερ ἄγρας ἀρχὴν ποιησαμένη, Οὐκοῦν, ἔφη, ὦ νεωκόρων θεοφιλέστατε, καιρὸς τοὺς τε ξένους καὶ ἡμᾶς εὖ ποιεῖν, μᾶλλον δ' Ἀρσάκην μεγάλου βασιλέως ἀδελφήν· 45 οἶσθα γὰρ ὡς φιλέλλην τ' ἐστὶ καὶ δεξιόν τι χρῆμα περὶ ξένων ὑποδοχήν. Λέγ' οὖν πρὸς τοὺς νέους, ὡς κατὰ τὸ πρόσταγμα τοῦ Θυάμιδος ἐν ἡμετέρῳ τὸ καταγώγιον αὐτοῖς ηὐτρέπισται. Ἐποίησεν οὕτως ὁ νεωκόρος, οὐδὲν τῶν βυσσοδομευομένων ὑπὸ τῆς Κυβέλης 50 ὑποπτήσας, ἀλλ' εὐεργετήσειν τ' οἰόμενος τοὺς ξένους, εἰ πρόξενος αὐτοῖς αὐλῆς σατραπικῆς γένοιτο καὶ ἅμα τοῖς αἰτοῦσι τὴν χάριν ἀβλαβῆ καὶ ταῦτ' οὖσαν καὶ ἀζήμιον καθικετεύσειν. Κατηφεῖς δὴ καὶ δεδακρυμένους πλησιάσαντας τοὺς περὶ τὸν Θεαγένην ἰδὼν ὁ νεωκόρος,

---

mum, antequam ad rem aggrediamur, sed bona spe te sustentes.

XI. Hæc dixit, et ablato lychno atque conclusis thalami foribus abiit. Cum autem vixdum diem sensisset, uno ex regiis eunuchis assumto, præterea pedissequa una cum placentulis et aliis rebus ad sacrificium destinatis, subsequi jussa, ad templum Isidis properabat. Postquam stetit pro foribus, sacrificium se deæ facturam dicens pro domina Arsace, quibusdam insomniis territa et placare visa volente, quidam ex æditius prolibebat et ablegabat, mœstitiæ plenum esse templum referens. Antistitem enim Calasiridem, cum post longum tempus domum rediisset, convivatum esse lautius una cum carissimis sub vesperam et usum esse remissiori ad omnem hilaritatem ac delectationem animo. Post convivium autem libasse et multum supplicasse deæ : cumque filiis dixisset, quod hactenus essent visuri patrem, dedissetque mandata de juvenibus Græcis qui cum eo venerunt, ut illis diligentissime prospicerent, et quibus in rebus opem implorarent, pro virili adjumento essent, cubitum se contulisse. Deinde, seu propter gaudii magnitudinem meatibus spirituum ultra modum solutis et laxatis, tanquam senio confecto corpore subito viribus destituto, seu diis, a quibus hoc petierat, illi præbentibus, circa gallicinium cognitum esse mortuum, filiis propter ea, quæ illis prædixerat pater, tota nocte in illius observationem intentis. Et nunc, inquit, misimus nuntios, accersituros ex urbe reliquum pontificium et sacerdotale genus, ut illi justa funebria secundum legem patriæ persolvant. Discedendum est igitur vobis. Neque enim fas est cuiquam, ingredi templum, nedum mactare quidquam, per hos totos septem dies, præter hos, qui sacerdotio funguntur. Quomodo itaque hospites hoc tempus traducent? quærebat Cybele. Tum ille : Habitaculum illis extra templum adornari jussit novus antistes Thyamis : et vides isti ipsi advenient, dum legi obtemperant, in præsentia e templo emigrantes. Cybele igitur occasionem, quasi ad rapinam et initium aucupii accommodans, Quamobrem, inquit, æditue dis carissime, opportune poteris et hospites et nos beneficio afficere, magis vero Arsacen, regis magni sororem. Scis enim, quantopere Græcis faveat, quantoque studio peregrinos hospitio soleat accipere. Dic igitur juvenibus, quod, jussu Thyamidis, in nostris ædibus habitaculum illis est instructum. Fecit ita ædituus, nihil eorum, quæ Cybele moliebatur, suspicans, sed existimans, se beneficium collaturum esse in hospites ; si illis opera sua satrapicam aulam conciliasset et simul iis, qui petebant, rem gratam, neque cuiquam detrimenti aut periculo allaturam, facturum. Cumque ad Theagenem et Chariclean venisset, mœrore ac lacrimis perditos, Sane haud legitima, inquit, neque ea, quæ patri mores institutæque ferant, præsertim cum sit vobis antea luctu interdictum, facitis, quod antistitem deploratis et lugetis : quem lætitia et gratulationibus prosequendum esse, tanquam meliorem consecutum requiem, et præstantiorem

Οὐκ ἔννομα μὲν ἔφη, οὐδὲ συγκεχωρημένα ἐκ τῶν πατρίων διαπράττεσθε καὶ ταῦτα προαπηγορευμένον ὑμῖν, ὀδυρόμενοι καὶ θρηνοῦντες ἄνδρα προφήτην, ὃν χαίροντας καὶ εὐφημοῦντας ἐκπέμπειν, ὡς τῆς βελτίονος μετειληχότα λήξεως καὶ πρὸς τῶν κρειττόνων κεκλημένον ὅ θεῖος καὶ ἱερὸς παρεγγυᾷ λόγος. Πλὴν ἀλλὰ συγγνωστὰ μὲν ὑμῖν, πατέρα (ὥς φατε) καὶ κηδεμόνα καὶ ἐλπίδα τὴν μόνην ἀποβεβληκόσι. Οὐ μὴν ἀθυμητέα παντάπασιν. Ὁ γὰρ Θύαμις, οὗ τῆς ἱερω-
10 σύνης μόνον τῆς ἐκείνου ἔοικεν εἶναι διάδοχος ἀλλὰ καὶ τῆς περὶ ὑμᾶς διαθέσεως. Τὰ γοῦν πρῶτα προνοηθῆναι ὑμῶν ἐπέστειλε, καὶ καταγώγιον ὑμῖν ηὐτρέπισται λαμπρόν, καὶ οἷον εὔξαιτ᾿ ἄν τις [καὶ] τῶν εὐδαιμόνων καὶ ἐγχωρίων, μήτι γε δὴ ξένων καὶ εὐτε-
15 λέστερον τανῦν πράττειν δοκούντων. Ἕπεσθε δὴ κοινῇ ὑμῶν μητέρα τήνδε νομίσαντες, (δείξας τὴν Κυβέλην), καὶ ξεναγούσῃ πείθεσθε.

ΙΒ'. Ταῦτ᾿ ἐκεῖνος μὲν ἔλεγεν, ἐποίουν δ᾿ οἱ περὶ τὸν Θεαγένην· τὸ μέν τι πρὸς τῶν παρ᾿ ἐλπίδα προσ-
20 πεπτωκότων βεβυθισμένοι τὴν διάνοιαν, τὸ δ᾿ ἀγαπῶντες ὅπου δὴ τὸ παρὸν καταγωγῆς τε καὶ καταφυγῆς τυχεῖν· φυλαξάμενοι ἄν, ὡς τὸ εἰκὸς, εἰ τὸ τραγικὸν τῆς οἰκήσεως καὶ ὑπέρογκον καὶ πρὸς κακοῦ γενησόμενον αὐτοῖς ὑπείδοντο. Νυνὶ δ᾿ ἥ τὰ κατ᾿ αὐτοὺς
25 ἀθλοθετοῦσα τύχη, πρὸς ὀλίγων ὡρῶν μέρος ἀναπαύσασα καὶ εἰς χαρὰν ἐφήμερον ἀνεῖσα, παραχρῆμα τὰ λυποῦντα ἐπισυνῆπτε καὶ δεσμώτας ὥσπερ αὐθαιρέτους τῇ πολεμίᾳ προσῆγε, δι᾿ ὀνόματος φιλανθρώπου ξενίας νέους καὶ ξένους καὶ ἀπείρους τοῦ μέλλοντος
30 αἰχμαλωτίζουσα. Οὕτως ἄρ᾿ ὁ πλανήτης βίος οἷον τυφλότητα τὴν ἄγνοιαν ἐπιβάλλει τοῖς ξενιτεύουσι. Οὗτοι γοῦν ἐπειδὴ τάχιστα παρῆλθον εἰς τὰ σατραπεῖα, προπυλαίοις τ᾿ ἐντυχόντες ὑπαρόχοις καὶ πλέον ἢ κατὰ ἰδιωτικὴν οἴκησιν ἐξῃρημένοις, φαντασίας τε
35 δορυφόρων καὶ κόμπου τῆς ἄλλης θεραπείας ἐμπιπλησμένοις ἐθαύμαζον μὲν καὶ διεταράττοντο, τῆς παρούσης κατ᾿ αὐτοὺς τύχης τὴν οἴκησιν ὑπερέχουσαν ὁρῶντες. Εἴποντο δ᾿ οὖν τῇ Κυβέλῃ πολλὰ προτρεπομένῃ καὶ θαρσεῖν παρακελευομένῃ, καὶ τέκνα συνε-
40 χῶς καὶ φιλτάτους ἀνακαλούσῃ καὶ ὡς εὔθυμα χρὴ προσδοκᾶν τὰ διαδεξόμενα παρεγγυώσῃ. Καὶ τέλος, ἐπειδήπερ αὐτοὺς εἰς τὸ δωμάτιον, οὗ κατήγετο ἡ παρακεχωρηκός πως καὶ ἰδιάζον, ἐγκατέστησε, μεταστησαμένη τοὺς παρόντας καὶ μόνη πα-
45 ρακαθισαμένη, Ὦ τέκνα, ἔλεγε, τῆς μὲν κατειληφυίας ὑμᾶς κατηφείας τὸ παρὸν τὴν αἰτίαν ἔγνων καὶ ὡς ὁ προφήτης ὑμᾶς ὁ Καλάσιρις τελευτήσας λελύπηκεν, ἐν πατρὸς ὑμῖν χώρᾳ γεγονώς. Δίκαια δ᾿ ἂν ποιοῖτε καὶ οἵτινες καὶ πόθεν ἐστὲ λέγοντες· ὅτι μὲν
50 γὰρ Ἕλληνες καὶ τοῦτ᾿ ἔγνων καὶ ὅτι τῶν εὖ γεγονότων, πάρεστι τοῖς δρωμένοις τεκμαίρεσθαι. Βλέμμα γὰρ οὕτω λαμπρὸν καὶ εὐσχήμων ὄψις ἅμα καὶ ἐπέραστος εὐγενείας ἔμφασιν παρίστησιν. Ἀλλὰ τῆς ποίας Ἑλλάδος καὶ πόλεως τίνος καὶ τίνες ὄντες καὶ

statum sortitum, divina et sacra doctrina præcipit. Quamquam vobis quidem venia danda est, qui, ut dicitis, patrem, et patronum, et eum, qui sola spes vestra fuerit, amiseritis: verumtamen non omnino vos despondere animum oportet. Thyamis enim, ut videre est, non tantum in antistitium, sed etiam in studium et benevolentiam erga vos, illi successit, et in primis provideri vobis imperavit : habitaculumque vobis instructum est splendidum, et quale sibi optaret aliquis altioris gradus hominum, et indigenarum, nedum peregrinorum et eorum quorum in præsentia angustæ rationes et humilis fortuna esse videatur. Sequimini igitur hanc, (ostendens Cybelen) communem vestram existimantes esse matrem et excipienti vos parete.

XII. Hæc ille quidem dicebat : faciebat autem Theagenes, vel quod veluti procella quadam eorum, quæ præter spem acciderant, depressus esset, vel quia in tali statu rerum, quodcunque oblatum habitaculum et receptum boni consuleret. Cavisset autem sibi, ut est consentaneum, si, tragicos et intolerabiles casus allaturum esse habitaculum illud et magno malo ipsis futurum, suspicatus fuisset. Tum vero fortuna, illorum rationes gubernans, cum paucarum horarum intervallo illos recreasset ac refecisset, et unius diei tantum spatio lætitia frui permisisset, subito tristia et adversa adjungebat et tanquam sua sponte vincula sibi accersentes, hosti adducebat; prætextu benigni hospitii, juvenes et hospites et ignaros futurorum, captivos efficiens. Sic hercle vita, quæ in errore agitur, inscitiam, tanquam cæcitatis tenebras, offundit iis, qui in peregrinis terris versantur. Hi igitur, cum venissent ad domicilia satrapæ et ingrederentur vestibula magnifica et editiora, quam ut cum privati hominis conditione comparari possent et stipatorum fastu aliorumque aulicorum frequentia repleta, mirabantur ac turbabantur, ædes præsentem illorum fortunam superare videntes. Sequebantur tamen Cybelen, multis modis adhortantem et adesse illos animo jubentem et continuo liberorum et carissimorum nomine illos compellantem et quod exspectare deberent læta, quæ illos essent exceptura, promittentem. Ad extremum, postquam eos in conclave, in quo habitabat anus, separatum et sejunctum a turba, introduxit, remotis arbitris, sola illis assidens, O liberi, dicebat, mœstitiæ, in qua nunc versamini, causam cognovi atque dolorem quem ex antistitis Calasiridis morte merito a vobis culti in parentis loco, accepistis. Æquum est autem, ut præterea mihi qui sitis et unde exponatis. Nam et hoc, quod Græci sitis, cognovi et quod bono genere nati, ex iis, quæ in vobis cernuntur, argumentum capere licet. Vultus enim adeo liberalis et elegans atque liberalis forma, specimen præstantis generis exhibent : sed ex qua Græcia atque adeo urbe sitis, deni-

ὅπως δεῦρο πλανηθέντες ἀφίκεσθε, βουλομένῃ μοι μα-
θεῖν ὑπὲρ συνοίσοντος τοῦ ὑμετέρου κατείπατε, ὡς ἂν
καὶ πρὸς δέσποιναν τὴν ἐμὴν Ἀρσάκην, τὴν τοῦ με-
γάλου μὲν βασιλέως ἀδελφὴν, Ὀροονδάτῃ δὲ τῷ με-
5 γίστῳ σατραπῶν συνοικοῦσαν, φιλέλληνά τε καὶ φίλα-
βρον καὶ ξένων εὐεργέτιν, ἔχοιμι τὰ καθ' ὑμᾶς ἐξαγ-
γέλλειν, ὑπὲρ τοῦ καὶ μετὰ πλείονος ὑμᾶς καὶ τῆς
χρεωστουμένης τιμῆς ὀρθῆναι. Ἐρεῖτε δὲ πρὸς γυ-
ναῖκα οὐ παντάπασιν ἀλλοτρίαν ὑμῖν, εἰμὶ γάρ τοι καὶ
10 αὐτὴ τὸ γένος Ἑλληνὶς καὶ Λεσβία τὴν πόλιν ὑπ' αἰχ-
μαλωσίας μὲν ἀχθεῖσα δεῦρο, πράττουσα δὲ τῶν οἴκοι
βέλτιον, εἰμὶ γὰρ τῇ δεσποίνῃ τὰ πάντα καὶ μόνον
οὐκ ἀναπνεῖ με καὶ ὁρᾷ καὶ νοῦς ἐκείνη καὶ ὦτα καὶ
πάντα τυγχάνω, τοὺς καλοὺς αὐτῇ κἀγαθοὺς γνωρί-
15 ζουσα ἀεὶ καὶ τὸ πιστὸν αὐτῇ διὰ πάντων (τῶν) ἀπορ-
ρήτων φυλάττουσα. Τοῦ δὴ Θεαγένους τὰ εἰρημένα
παρὰ τῆς Κυβέλης τοῖς πεπραγμένοις· τῇ προτεραίᾳ
παρὰ τῆς Ἀρσάκης παράλληλα καθ' αὑτὸν ἀντεξετά-
ζοντος καὶ ὡς ἀτενὲς αὐτῇ καὶ ἰταμὸν, συνεχές τε καὶ
20 τῶν ἀπρεπεστέρων δηλωτικὸν προσέβλεπεν ἐννοοῦντος
καὶ ἀγαθὸν οὐδὲν ἐπὶ τοῖς μέλλουσι καταμαντευομένου,
μέλλοντός τ' ἤδη τι λέγειν πρὸς τὴν πρεσβῦτιν, ἠρέμα
προσκύψασα πρὸς τὸ οὖς ἡ Χαρίκλεια, Τῆς ἀδελφῆς,
ἔφη, μέμνησο, ἐφ' οἷς ἂν λέγῃς.
25 ΙΓ΄. Συνεὶς οὖν τὸ δηλούμενον, Ὦ μῆτερ, ἔφη, τὸ
μὲν Ἕλληνας εἶναι καὶ αὐτή που μαθοῦσα τυγχάνεις.
Ἀδελφοὶ δ' ὄντες πατέρων ὑπὸ λῃσταῖς ἁλόντων, ἐπὶ
ζήτησιν ἐξορμήσαντες, χαλεπωτέραις ἐκείνων ταῖς τύ-
χαις κεχρήμεθα, ὠμοτέροις ἀνδράσι περιπεσόντες καὶ
30 πάντων μὲν τῶν ὄντων, (πολλὰ δ' ἦν), ἀποσυληθέν-
τες, μόλις δ' αὐτοὶ περισωθέντες καὶ κατά τι δεξιὸν
βούλημα δαίμονος τῇ πρὸς τὸν ἥρωα Καλάσιριν συν-
τυχίᾳ χρησάμενοι, ἀφιγμένοι τ' ἐνταῦθα, ὡς τὸ λοιπὸν
τοῦ χρόνου μετ' αὐτοῦ βιωσόμενοι, νῦν ὡς ὁρᾷς πάν-
35 των τούτων ἔρημοι καὶ μόνοι περιλελείμμεθα, τὸν δο-
κοῦντα καὶ ὄντα πατέρα μετὰ τῶν ἄλλων προσαπολω-
λεκότες. Τὰ μὲν δὴ καθ' ἡμᾶς, ταῦτα. Σοὶ δὲ,
πλείστη μὲν χάρις καὶ τῆς νῦν δεξιώσεως καὶ ξεναγίας·
χαρίσαιο δ' ἂν πλέον, εἰ καθ' αὑτοὺς ἡμῖν διάγειν τε
40 καὶ λανθάνειν παράσχοις, τὴν εὐεργεσίαν ἣν ἀρτίως
ἔφασκες καὶ τὸ γνωρίζειν ἡμᾶς πρὸς Ἀρσάκην ὑπερθε-
μένη, μηδ' ἐπεισάγοις οὕτω λαμπρᾷ καὶ εὐδαίμονι
τύχῃ, ξένον καὶ ἀλήτην καὶ στυγνάζοντα βίον. Τὰς
γὰρ δὴ γνώσεις καὶ τὰς ἐντεύξεις ἐκ τῶν ὁμοίων, ὡς
45 οἶσθα, γίγνεσθαι καλόν.

ΙΔ΄. Οὐκ ἐκαρτέρησεν ἡ Κυβέλη τούτων εἰρημένων,
ἀλλὰ καὶ τῇ διαχύσει τοῦ προσώπου κατάδηλος ἐγε-
γόνει σφόδρα ὑπερηθεῖσα πρὸς τὴν ἀκοὴν τῶν ἀδελ-
φῶν, ἐνθυμουμένη μηδὲν κώλυμα μηδ' ἐμπόδιον ἕξειν
50 πρὸς τὰ ἐρωτικὰ τῆς Ἀρσάκης τὴν Χαρίκλειαν· καὶ
Ὦ κάλλιστε νεανιῶν, ἔφη, οὐκ ἂν εἴποις ταῦτα περὶ
τῆς Ἀρσάκης, ἐπειδὰν εἰς πεῖραν ἔλθοις τῆς γυναικός.
Κοινόν τι χρῆμά ἐστι πρὸς πᾶσαν τύχην καὶ πλέον
ἐπίκουρος γίγνεται τοῖς παρ' ἀξίαν ἔλαττον πράττουσι.

Καὶ Περσὶς οὖσα τὸ γένος σφόδρα ἑλληνίζει τὴν γνώμην, χαίρουσα καὶ προσέχουσα τοῖς ἐντεῦθεν, ἦθός τε καὶ ὁμιλίαν τὴν Ἑλληνικὴν εἰς ὑπερβολὴν ἠγάπηκε. Θαρσεῖτ᾽ οὖν, ὡς σὺ μὲν ὅσα εἰς ἄνδρας καθήκει πράξων καὶ τιμηθησόμενος, ἀδελφὴ δ᾽ ἡ σή, συμπαίστριά τε καὶ συνόμιλος ἐσομένη. Ἀλλὰ τίνα ὁμῶν ὀνόματα χρὴ προσαγγέλλειν; ὡς δ᾽ ὅτι Θεαγένην καὶ Χαρίκλειαν ἤκουσεν, αὐτοῦ με περιμένειν εἰποῦσα, ὡς τὴν Ἀρσάκην ἀπέτρεχεν, ἐπιτείλασα πρότερον πρὸς τὴν θυρωρὸν, (ἣν δὲ καὶ αὐτὴ γραῦς) εἴ τις βούλοιτο παρεισιέναι, μηδαμῶς ἐπιτρέπειν, ἀλλὰ μηδ᾽ ἐξιέναι ποι συγχωρεῖν τοῖς νέοις. Τῆς δὲ, Μηδ᾽ ἂν ὁ παῖς ὁ σὸς Ἀχαιμένης παραγένηται, ἐρωτησάσης, ἄρτι γὰρ καὶ μετὰ τὴν σὴν εἰς τὸν νεὼν πρόσοδον ἐξελήλυθεν, ἐναλείψόμενος τὸ ὀφθαλμῷ, οἶσθα γὰρ ὡς φέρει τι μικρὸν ἔτι κακώσεως, Μηδ᾽ ἐκεῖνος, ἀπεκρίνατο, ἀλλ᾽ ἐπικλεισαμένη τὰς θύρας καὶ τὴν κλεῖν αὐτὴ κατέχουσα, φάσκε ἐμὲ κομίζειν. Οὕτως ἐγένετο. Καὶ οὔπω τοι σχεδὸν τῆς Κυβέλης χωρισθείσης, καιρὸν ἡ μόνωσις τῷ Θεαγένει καὶ τῇ Χαρικλείᾳ θρήνων τε καὶ ὑπομνήσεως τῶν καθ᾽ αὑτοὺς ὑπηγόρευεν· ἀπὸ τῶν αὐτῶν τε σχεδόν τι ῥημάτων καὶ νοημάτων ἀπωλοφύροντο· ἡ μὲν, ὦ Θεάγενες, ὁ δὲ, ὦ Χαρίκλεια, συνεχῶς ἐπιστένοντες. Καὶ ὁ μὲν, Τίς ἄρα τύχη πάλιν κατείληφεν ἡμᾶς; ἡ δὲ, Ὁποίοις ποτ᾽ ἄρα συντευξόμεθα πράγμασι; καὶ ἐφ᾽ ἑκάστῳ συνησπάζοντο ἀλλήλους καὶ δακρύσαντες ἀνάπαλιν ἐφίλουν. Καὶ τέλος τοῦ Καλασίριδος ὑπομνησθέντες, εἰς πένθος τὸ ἐκείνου τοὺς θρήνους κατέστρεφον καὶ πλέον ἡ Χαρίκλεια, ἅτε καὶ πλείονι τῷ χρόνῳ, μείζονος τῆς ἀπ᾽ αὐτοῦ σπουδῆς τε καὶ εὐνοίας πεπειραμένη καὶ Ὢ τὸν Καλάσιριν, ἀνεκάλει ἑκκύουσα. Τὸ γὰρ χρηστότατον ὄνομα καλεῖν ἀπεστέρημαι πατέρα, τοῦ δαίμονος πανταχόθεν μοι τὴν τοῦ πατρὸς προσηγορίαν περικόψαι φιλονεικήσαντος. Τὸν μὲν φύσει γεννήσαντα οὐκ ἔγνωκα, τὸν δὲ θέμενον Χαρικλέα, οἴμοι, προδέδωκα· τὸν (δὲ) διαδεξάμενον καὶ τρέφοντα καὶ περισώζοντα ἀπολώλεκα καὶ οὐδὲ θρηνῆσαι τὰ νενομισμένα ἔτι κειμένῳ τῷ πτώματι πρὸς τοῦ προφητικοῦ συγκεχώρημαι. Ἀλλ᾽ ἰδού σοι, τροφεῦ καὶ σῶτερ, προσθήσω δὲ καὶ πάτερ, κἂν ὁ δαίμων μὴ βούληται, ἔνθα γοῦν ἔξεστι καὶ ὡς ἔξεστιν, ἀποσπένδω τῶν ἐμαυτῆς δακρύων καὶ ἐπιφέρω ὅδε ἐκ τῶν ἐμαυτῆς πλοκάμων· καὶ ἅμ᾽ ἀπεσπάραττεν ὡς ὅτι πλείστας τῶν αὑτῆς τριχῶν. Καὶ ὁ μὲν Θεαγένης ἐπεῖχεν, ἐπιλαβόμενος σὺν ἱκεσίαις τῶν χειρῶν, ἡ δ᾽ ἐπετραγῴδει, Τί γὰρ καὶ ζῆν δεῖ ἔτι, λέγουσα, εἰς ποίαν ἀφορῶντας ἐλπίδα; ὁ χειραγωγὸς τῆς ξένης, ἡ βακτηρία τῆς πλάνης, ὁ ἐναγωγὸς τῆς ἐπὶ τὴν ἐνεγκοῦσαν, ὁ τῶν φύντων ἀναγνωρισμὸς, ἡ παραψυχὴ τῶν πλανωμάτων, ἡ εὐπορία καὶ λύσις τῶν ἀπορουμένων, ἡ πάντων τῶν καθ᾽ ἡμᾶς ἄγκυρα Καλάσιρις ἀπόλωλε, τὴν ἀθλίαν ἡμᾶς ξυνωρίδα πηροὺς ὥσπερ τῶν πρακτέων ἐπὶ τῆς ἀλλοδαπῆς καταλιπών. Πᾶσα μὲν ἡμῖν ὁδοιπορία, πᾶσα δὲ ναυτιλία ὑπ᾽ ἀγνωσίας ὑποτέτμηται.

tur. Cumque sit Persis genere, magnopere ingenio Graecos imitatur, gaudens iis et se oblectans, qui inde adveniunt, moresque et consuetudinem Graecorum supra modum amplectitur. Este igitur bono animo, quod sit tuturum, ut tu omnibus dignitatibus, quae ad viros pertinent, orneris; soror autem tua familiaris et convictrix illius sit futura. Ceterum quae vestra nomina illi nuntiari oportet? Cum vero Theagenis et Charicleae audisset, ut ibi illam operirentur dicens, ad Arsacen cucurrit, datis prius mandatis janitrici, (erat autem et ipsa anus) ut neminem ingredi pateretur, atque adeo ne ipsos quidem juvenes quoquam egredi permitteret. Hac vero, Neque si tuus filius Achaemenes advenerit, interrogante, modo enim et post tuum discessum in templum egressus est, ungendorum oculorum gratia, quod aliquantulum adhuc doloris et molestiae sustineat : Neque si ille veniat, respondit; sed, obserata janua et clavem ipsa apud te habens, dic me asportasse. Sicque accidit. Nam cum vixdum Cybele abscessisset, solitudo Theageni et Charicleae luctuum et recordationis suarum calamitatum tempus subministravit : iisdemque propemodum verbis et mente eadem sese deplorabant; illa quidem, o Theagenes, at ille, o Chariclea, identidem ingemiscentes. Et hic : Quaenam fortuna nos rursus invasit? illa autem : In quem rerum statum autem veniemus? et post singula verba amplectebantur se invicem et rursus cum illacrimassent dissuaviabantur : postremo Calasiridis recordati, in illius luctum ploratus conferebant; inprimis autem Chariclea, tanquam majore spatio temporis, magis illius studium et benevolentiam erga se experta. Et O bonum Calasiridem! exclamabat plorans : etenim orbata sum suavissimo nomine, quo minus illum patrem vocare possim, cum numen mihi patris appellationem undiquaque praecidere contendisset. Patrem, qui me procreavit, non agnovi : eum vero, qui me adoptivam filiam fecerat Chariclem, hei mihi! prodidi : porro hunc, qui me recepit et aluit et servavit amisi, et neque lugere funerum ritu ac caerimonia, adhuc jacens cadaver, a coetu prophetico mihi est permissum. Enimvero, nutricie et servator, addam autem et pater, ecce, etiamsi nolit numen, ubi licet et quo modo licet, facio tibi libationes meis lacrimis et addo inferias ex meis capillis. Simulque vellebat plurimos crines : et Theagenes quidem eam reprimebat comprehendens ejus manus supplex. Illa vero lamentabatur nihilominus, Quid enim, dicens, vel vivere jam conducit? In quam spem oculi conjiciendi sunt! Ductor in peregrina terra, bacillus erroris, dux reditus in patriam, parentum notio, solatium in adversis rebus, adjumentum ac depulsio summi discriminis, omnium nostrarum rationum ancora Calasiris periit, nos miserum jugum, quasi caecos inscitia gerendarum rerum, in peregrina terra relinquens. Omne nobis iter, omnis denique navigatio prae

Οἴχεται ἡ σεμνὴ καὶ μείλιχος, ἡ σοφὴ καὶ πολιὰ τῷ
ὄντι φρήν, τῶν εἰς ἡμᾶς εὐεργεσιῶν οὔτ' αὐτὴ τέλος
ἑδραμένη.

ΙΕ'. Καὶ τοιαῦτα καὶ ἕτερα πρὸς τούτοις ἐλεεινῶς
5 ὀδυρομένης καὶ τοῦ Θεαγένους τὰ μὲν συνεξαίροντος
τοῖς παρ' αὐτοῦ τὸν θρῆνον, τὰ δὲ φειδοῖ τῆς Χαρι-
κλείας καταστέλλοντος, ἐφίσταται ὁ Ἀχαιμένης καὶ
τὰς θύρας τοῖς κλείθροις ἀναπειλημμένας καταλαβών,
Τί ταῦτα, τὴν θυρωρὸν ἠρώτα. Ὡς δὲ τῆς αὐτοῦ
10 μητρὸς εἶναι τοὔργον ἔμαθε, προσεστὼς ταῖς θύραις
καὶ τὴν αἰτίαν διαπορῶν, ᾔσθετο τῆς Χαρικλείας ὀδυ-
ρομένης καὶ διακύψας διὰ τῶν ὀπῶν, καθ' ἃς διήνοικτο
τῶν κλείθρων ἡ ἅλυσις εἶδε τὰ γινόμενα καὶ αὖθις τὴν
θυρωρὸν, οἵτινες εἰσὶν οἱ ἔνδον ἠρώτα. Ἡ δὲ, τὰ μὲν
15 ἄλλα οὐκ ἔχειν εἰδέναι ἔλεγεν, ὅτι δὲ κόρη καὶ νεανίας
ξένοι τινές, ὡς ἔχει εἰκάζειν, ἀρτίως παρὰ τῆς αὐτοῦ
μητρὸς ἐσῳκισμένοι. Ὁ δ' αὖθις διακύψας ἐπειρᾶτο
διακριβοῦν τοὺς ὁρωμένους. Τὴν μὲν δὴ Χαρίκλειαν
παντάπασιν ἀγνοῶν, ὅμως τοῦ κάλλους ὑπερεθαύμαζε
20 καὶ τίς ἂν ὀφθείη καὶ ποία, μὴ θρηνοῦσα, ἐνενόει καὶ τὸ
θαῦμα λανθάνον εἰς ἐρωτικὸν πάθος αὐτὸν κατέφερε,
τὸν δὲ Θεαγένην ἀμυδρῶς τε καὶ ἀμφιβόλως γνωρίζειν
ἐφαντάζετο. Καὶ προσκειμένου τῇ σκέψει τοῦ Ἀχαι-
μένους, ἐφίσταται ἀναστρέψασα ἡ Κυβέλη, πάντα
25 μὲν τὰ κατὰ τοὺς νέους ὡς ἐγεγόνει διαγγείλασα, πολλὰ
δὲ τῆς εὐτυχίας τὴν Ἀρσάκην μακαρίσασα, ὑφ' ἧς
αὐτὴ τοσοῦτον ἐκ ταὐτομάτου κατώρθωται, ὃ βουλαῖς
μυρίαις καὶ μηχαναῖς οὐκ ἂν τις ἤλπισεν, ὡς καὶ σύν-
οικον ἔχειν τὸν ἐρώμενον, ἐπ' ἀδείας ὁρῶντα καὶ ὁρώ-
30 μενον. Καὶ πολλοῖς τοιούτοις τὴν Ἀρσάκην φυσήσασα,
μόλις τ' ἐπειγομένην πρὸς τὴν θέαν τοῦ Θεαγένους
ἐπισχοῦσα, καὶ ὡς οὐ βούλοιτο αὐτὴν ὠχριῶσαν καὶ
κυλοιδιῶσαν πρὸς τῆς ἀγρυπνίας ὀφθῆναι τῷ νεανίᾳ,
ἀναπαυσαμένην δὲ τὴν παροῦσαν ἡμέραν καὶ ἀναλα-
35 βοῦσαν τὸ σύνηθες κάλλος.

ΙϚ'. Καὶ πολλοῖς τοιούτοις εὔθυμον αὐτὴν καὶ τῶν
κατὰ γνώμην εὐέλπιν παρασκευάσασα, ἅ τε προσήκει
πράττειν καὶ ὅπως προσφέρεσθαι τοῖς ξένοις παρεγγυή-
σασα, ἐπεὶ δ' οὖν ἐπέστη, Τί πολυπραγμονεῖς, ὦ τέκνον,
40 ἔλεγεν. Ὁ δὲ, Τοὺς ἔνδον, ἔφη, ξένους οἵτινες εἰσὶν, καὶ
πόθεν. Οὐ θέμις, ὦ παῖ, πρὸς αὐτὸν ἡ Κυβέλη, ἀλλ'
ἐχεμύθει καὶ κατὰ σαυτὸν ἔχε καὶ μηδενὶ φράζε, μηδ'
ἐπιμίγνυσο τὰ πολλὰ τοῖς ξένοις. Οὕτω γὰρ δέδοκται
τῇ δεσποίνῃ. Ἐκεῖνος μὲν οὖν ἀπῄει ῥᾷστα τῇ μη-
45 τρὶ πεπεισμένος, συνηθές τι καὶ Ἀφροδίσιον διακόνημα
τῇ Ἀρσάκῃ τὸν Θεαγένην ὑποτοπήσας. Καὶ ἀπιών,
Οὐχ οὗτός ἐστιν, πρὸς αὐτὸν ἔλεγεν, ὃν ἐγὼ πρώην
παρὰ Μιτράνου τοῦ φρουράρχου παραλαβών, ὥστ'
ἄγειν πρὸς Ὀροονδάτην, ἀναπεμφθησόμενον βασιλεῖ
50 τῷ μεγάλῳ, ὑπὸ Βησσαέων τε καὶ Θυάμιδος ἀφῃρέ-
θην, μικροῦ καὶ τὸν περὶ τοῦ ζῆν ὑποστὰς κίνδυνον καὶ
μόνος ἐκ τῶν ἀγόντων διαδρᾶναι δυνηθείς; μὴ ἄρα
σφάλλουσί με οἱ ὀφθαλμοί; ἀλλὰ ῥᾷον ἔχω μὲν καὶ
διαβλέπω σχεδόν τι λοιπὸν συνήθως. Καὶ μὴν καὶ

inscitia præcisa est : atque gravis et blanda, sapiens et cana
revera mens evolavit, beneficiorum erga nos neque ipsa
finem conspiciens.

XV. Cum talia, atque alia præterea, miserabiliter la-
mentaretur, Theagene partim lamentatione suarum rerum
augente hæc, partim se, ut parceret Chariclea, cohibente,
advenit Achæmenes et januam sera firmatam deprehen-
dens, Quid, malum, hæc, ex janitrice quærebat. Cum
vero, matris esse factum, cognovisset, accedens ad fores
et causam perpendens apud animum, sensit Charicleam
lamentantem et inclinans sese, per angustias, per quas
aperitur claustri compages, vidit omnia, quæ fiebant, et
rursus janitricem, quinam essent intus, interrogabat. Illa
autem, aliud quidem se nescire dicebat, præterquam quod
essent virgo et adolescens, peregrini quidam, ut conjectari
licet, nuper ab ipsius matre introducti. Tum ille iterum
sese incurvans, conabatur exactius cognoscere eos, quos
videbat. Et Charicleam quidem, cum omnino non nosset,
propter formam tamen demirabatur : atque adeo, quæ ap-
paritura esset et qualis, nisi mœrore ac luctu conficeretur,
cogitabat ; denique admiratione, in amatorium affectum
clam deferebatur. Theagenem vero obscure et ambigue
se agnoscere opinabatur. Atque ita intento in illam con-
siderationem Achæmene, advenit reversa Cybele, cum
omnia de adolescentibus, quemadmodum gesta fuerant,
nuntiasset et multis modis Arsacen beatam ob fortunæ suc-
cessum prædicasset, a qua illi tantum casu quodam esset
perfectum bonum, quantum sexcentis consiliis et machinis
nemo sperasset conflci potuisse, ut cohabitatorem haheat
amasium, ita ut alter ab altero absque ullo metu conspici
posset. Et cum multis ejusmodi verbis Arsacem inflasset,
properantemque ad adspectum Theagenis, jam ut cohibe-
ret, propterea quod nollet, illam pallertem et turgidis ocu-
lis ex insomnio, præbere se conspiciendam adolescenti, sed
post præsentem diem, cum requievisset, pristinamque
formam recuperasset.

XVI. Ita cum lætam ipsam et bonæ spei de eventu ex
animi sententia plenam effecisset, et tum, quæ facere con-
veniret, tum quomodo hospites accipere, cum illa consti-
tuisset; ut advenit, inquam, et substitit, Quid, ait, ita
curiose rimaris, fili? Ille autem, Eos, qui sunt intus, hos-
pites, qui sint, aut unde, dicebat. Non est fas, inquit ad
eum Cybele; immo id, quod scis, preme silentio et apud
te retine, neque cuiquam narres, neque multum versare
inter hospites. Sic enim dominæ visum est. Ille igitur
abibat, facile matri obtemperans et ad consuetum ac Ve-
nereum ministerium Arsaces Theagenem asservari suspi-
cans. Et discedens, An non hic est, secum loquebatur,
qui mihi nuper, cum eum accepissem a Mitrane præfecto
excubiarum, ut deducerem ad Oroondatem, mittendum
regi magno, a Bessaensibus et Thyamide ereptus est, quando
et de vita propemodum periclitatus sum et solus ex iis,
qui eum ducebant, vix effugere potui? An vero me fallunt
oculi? Atqui melius jam valeo et fere ita quemadmodum

τὸν Θύαμιν ἀκήκοα παρεῖναι τῇ προτεραίᾳ καὶ διαμονομαχήσαντα πρὸς τὸν ἀδελφὸν ἀνακεκομίσθαι τὴν ἱερωσύνην. Οὗτος ἄρ' ἐκεῖνός ἐστιν. Ἀλλὰ τὸ παρὸν σιγητέον τὸν ἀναγνωρισμὸν, ἅμα δὲ παρατηρητέον τίς ποτε ἡ περὶ τοὺς ξένους διάνοια τῆς δεσποίνης. Ὁ μὲν ταῦτα πρὸς αὐτόν.

ΙΖ'. Ἡ δὲ Κυβέλη πρὸς τοὺς νέους εἰσδραμοῦσα, ἴχνη τῶν θρήνων κατέλαβε. Πρὸς γὰρ τὸν ψόφον τῶν θυρῶν ἀνοιγομένων κατέστελλον μὲν αὐτοὺς καὶ πρὸς τὸ σύνηθες σχῆμα καὶ βλέμμα διαπλάττειν ἐσπευδον, οὐ μὴν ἔλαθόν γε τὴν πρεσβύτιν, τῶν δακρύων ἔτι τοῖς ὄμμασιν ἐπιπλανωμένων. Ἀναβοήσασα οὖν, Ὦ γλυκύτατα τέκνα, τί ταῦτ' ἀωρὶ θρηνεῖτε, ἡνίκα προσήκει χαίρειν, ἡνίκ' εὐδαιμονίζειν αὐτοὺς τῆς δεξιᾶς τύχης, Ἀρσάκης τὰ κάλλιστα καὶ τὰ κατ' εὐχὰς ἐφ' ὑμῖν διανοούσης καὶ ὀφθῆναί θ' ὑμᾶς εἰς τὴν ἑξῆς ἐπινευσάσης καὶ τὸ παρὸν πᾶσαν δεξίωσιν καὶ θεραπείαν ὑμῖν ἀποκληρωσάσης; ἀλλ' ἀπορριπτέον μὲν ὑμῖν τοὺς ληρώδεις τούτους καὶ μειρακιώδεις τῷ ὄντι θρήνους, ὁρᾶν δὲ καὶ ῥυθμίζειν αὑτοὺς, εἴκειν τε καὶ ὑπηρετεῖσθαι τοῖς Ἀρσάκης βουλήμασι. Καὶ ὁ Θεαγένης, Μνήμη, ἔφη, ὦ μῆτερ, τῆς Καλασίριδος τελευτῆς εἰς λύπην ἡμᾶς ἀνεκίνησε καὶ τὸ πατρικὸν ἐκείνου περὶ ἡμᾶς βούλημα ἀποδεδηλωκότας εἰς δάκρυα κατήγαγεν. Ὕθλοι, ἔφη, ταῦτα· Καλάσιρις [καὶ] πατήρ τις προσποιητὸς, πρεσβύτης, τῇ κοινῇ φύσει καὶ τῷ χρόνῳ τῆς ἡλικίας εἶξας. Πάντα σοι πάρεστι δι' ἑνός· προστασία, πλοῦτος, τρυφὴ καὶ ἀπόλαυσις τῆς ἐφ' ἡλικίας ἀκμῆς καὶ ἁπλῶς τύχην σαυτοῦ νόμιζε καὶ προσκύνει τὴν Ἀρσάκην. Μόνον ἐμοὶ πείθεσθαι, πῶς μὲν αὐτῇ προσιτέον καὶ ὀπτέον ὅταν τοῦτ' ἐπιτρέψῃ, πῶς δὲ χρηστέον καὶ ὑπουργητέον ὅταν τι προστάττῃ. Τὸ γὰρ φρόνημα, ὡς οἶσθα, μέγα καὶ ὑπέροχον καὶ βασίλειον, νεότητι καὶ κάλλει προσεξαιρόμενον καὶ ὑπεροφθῆναι εἴ τι κελεύοι μὴ ἀνεχόμενον.

ΙΗ'. Πρὸς ταῦτα σιγήσαντος τοῦ Θεαγένους καὶ καθ' αὑτὸν ὡς ἀηδῶν τινων καὶ μοχθηρῶν ἐστι δηλωτικὰ ἐννοοῦντος, ὀλίγον ὕστερον εὐνοῦχοι παρῆσαν, κελεύψαντα μὲν ἤδη τῶν τῆς σατραπικῆς παρέξεις ἐπὶ χρυσῶν σκευῶν κομίζοντες, πᾶσαν δὲ πολυτελείαν καὶ χλιδὴν ὑπεραίροντα καὶ Τούτοις, εἰπόντες, ἡ δέσποινα δεξιοῦται καὶ τιμᾷ τὸ παρὸν τοὺς ξένους καὶ παρατίθεμενοι τοῖς νέοις, παραχρῆμ' ἀπεχώρουν. Οἱ δὲ, ἅμα μὲν τῆς Κυβέλης προτρεπούσης, ἅμα δὲ προυμῶντες, μὴ δοκεῖν ἐνυβρίζειν, ἀπεγεύοντο πρὸς βραχὺ τῶν παρακειμένων. Καὶ τοῦτο καὶ εἰς ἑσπέραν ἐγίγνετο καὶ κατὰ τὰς ἄλλας λοιπὸν ἡμέρας. Τῇδ' οὖν ἑξῆς κατὰ πρώτην που τῆς ἡμέρας ὥραν, οἱ συνήθεις εὐνοῦχοι παρόντες οἷς τὸν Θεαγένην, Μετακέκλησαι, ὦ μακάριε, πρὸς τῆς δεσποίνης, ἔλεγον, καὶ ἡμεῖς σε προστεταγμεθα καὶ ἦκε τῆς εὐτυχίας ἀπολαύσων, ἧς ὀλίγοις δὴ καὶ ὀλιγάκις μεταδίδωσιν. Ὁ δὲ μικρὸν ἐφησυχάσας καὶ οἷον πρὸς βίαν ἑλκόμενος, διανέστη τε καὶ Μόνον δέ με ἥκειν ἐπέσταλται, πρὸς αὐτοὺς ἔλε-

antea consueveram perspicio. Quin etiam Thyamidem audivi hesterno die advenisse et cum singulari certamine cum fratre dimicasset sacerdotium recuperasse. Ille ipse est omnino. Ceterum in praesentia hoc indicium tacendum est, et simul observandum, qui sit animus dominae erga hospites. Hic quidem haec secum.

XVII. Cybele vero, ad juvenes incurrens, vestigia eorum, quae faciebant, deprehendebat. Quamvis enim ad strepitum forium, cum aperirentur, componebant sese, et consuetum vultum et habitum assimulare conabantur, tamen non potuerunt celare anum, oculis adhuc lacrimis innatantibus. Exclamans igitur, O suavissimi liberi, dicebat, quid ita intempestive ploratis, quando gaudere oportebat et gratulari vobis ipsis fortunae dexteritatem, Arsace optima et quae vobis optare possetis cogitante et ut cras in illius conspectum veniatis annuente ac nunc vobis omnia officia humanitatis et omnem observantiam attribuente? Quamobrem abjiciendi sunt vobis isti fatui et pueriles plane fletus, intueri vero vosmetipsos et componere convenit, accedere et obsequi Arsaces voluntati. Theagenes autem, Memoria, inquit, mortis Calasiridis dolorem in nobis excitavit et ad lacrimas nos deduxit, qui illius paternam erga nos voluntatem amiseramus. Nugae sunt, inquit anus, istae: Calasiris, pater fictus, senex, qui communi naturae legi et aetatis tempori cessit. Omnia tibi adsunt per unum hominem, praefectura, divitiae, deliciae et fructus florentis aetatis: denique fortunam tuam esse puta et adora Arsacen. Tantum mihi obtemperate, quomodo illam accedere et adspicere debeatis, quando hoc praeceperit et qua ratione agendum tractandumque sit, si quid imperaverit. Animus enim illius magnus est, ut scis, et excelsus et regius, aetate juvenili et forma insuper elatus, et mollitiem superabant, in aurea supellectili afferentes. Et cum dixissent, His domina honoris causa excipit hospites et apposuissent juvenibus, continuo discedebant. At hi, Cybele quidem hortante, simul vero prospicientes, ne quid officio delaturae viderentur, aliquantulum degustabant ea, quae erant apposita. Atque hoc et vesperi fiebat et reliquis deinceps diebus. Postridie vero fere circiter horam primam diei, iidem eunuchi venientes ad Theagenem, Accersitus es, o nimium felix, a domina, dicebant et jussi sumus, et fruiturus felicitate, quam sane paucis et rariuscule impertiri solet. Ille autem paullulum quievit: deinde tanquam vi traheretur, invitus consurgens, Solumne me venire imperatum est, ad ipsos dicebat, an etiam una mecum sororem

γεν, ἢ καὶ ἀδελφὴν ταυτηνὶ τὴν ἐμήν; τῶν δὲ, ὅτι
μόνον, ἀποκριναμένων, ἐκείνη δὲ καθ' αὑτὴν ὀρθήσε-
σθαι· νυνὶ γὰρ συμπαρεῖναι τῇ Ἀρσάκῃ τῶν ἐν τέλει
τινὰς Περσῶν καὶ ἄλλως ἔθος εἶναι ἀνδράσι μὲν ἰδίᾳ
5 γυναιξὶ δὲ καθ' ἕτερον καιρὸν χρηματίζειν, προκύψας ὁ
Θεαγένης, Οὔτε καλὰ ταῦτα οὔτ' ἀνύποπτα, πρὸς τὴν
Χαρίκλειαν ἠρέμα εἰπών· ἀντακούσας δὲ ὡς δεήσει μὴ
ἀντιβαίνειν, ἀλλὰ συντρέχειν τὴν πρώτην καὶ ἐνδείκνυ-
σθαι ὡς πάντα πρὸς νοῦν τὸν ἐκείνης ποιήσοντα, εἴ-
10 πετο τοῖς ἄγουσι καὶ ὅπως δεήσει τὴν ἔντευξιν ποιεῖσθαι
καὶ τὸν τρόπον τῆς προσηγορίας ὑφηγουμένοις καὶ ὡς
ἔθος προσκυνεῖν τοὺς εἰσιόντας οὐδὲν μὲν ἀπεκρίνατο·
ΙΔ'. εἰσελθὼν δὲ καὶ προκαθημένην ἐφ' ὑψηλοῦ κα-
ταλαβών, ἁλουργεῖ μὲν καὶ χρυσοπάστῳ τῇ ἐσθῆτι
15 φαιδρυνομένην, ὅρμων δὲ πολυτελείᾳ καὶ τιάρας ἀξιώ-
ματι μεγαλαυχουμένην καὶ παντοίᾳ κομμωτικῇ πρὸς
τὸ ἁβρότερον ἐξηνθισμένην, δορυφόρων τε παρεστώτων,
καὶ τῶν ἐπὶ δόξης ἑκατέρωθεν προέδρων παρακαθη-
μένων, οὐκ ἔπτηξε τὸ φρόνημα, ἀλλ' ὥσπερ τῶν συγ-
20 κειμένων αὑτῷ πρὸς τὴν Χαρίκλειαν ὑπὲρ τῆς θερα-
πευτικῆς ὑποκρίσεως ἐπιλελησμένος, ἀντεξανέστη πλέον
εἰς μεγαλοφροσύνην πρὸς τὸ ἀλαζονικὸν τῆς Περσικῆς
θέας. Καὶ οὔτ' ὀκλάσας οὔτε προσκυνήσας ἀλλ' ἀπ'
ὀρθῆς τῆς κεφαλῆς, Χαῖρε, ἔφη, βασίλειον αἷμα, Ἀρ-
25 σάκη. Τῶν δὲ παρόντων ἀγανακτούντων καὶ θροῦν
τινα ὅτι μὴ προσεκύνησε καταστασιαστικὸν τοῦ Θεα-
γένους ὡς τολμηροῦ καὶ θρασέως ἀφέντων, ἡ Ἀρσάκη
μειδιάσασα, Σύγγνωτε, εἶπεν, ὡς ἀπείρῳ καὶ ξένῳ
καὶ τὸ ὅλον Ἕλληνι καὶ τὴν ἐκεῖθεν ὑπεροψίαν καθ'
30 ἡμῶν νοσοῦντι καὶ ἅμα τῆς κεφαλῆς τὴν τιάραν ἀφεῖλε,
πολλὰ τῶν παρόντων κωλυόντων, (τοῦ γὰρ ἀμείβεσθαι
τὸν ἀσπασάμενον σύμβολον τοῦτο πεποίηνται Πέρσαι),
καὶ Θάρσει, ὦ ξένε, εἰποῦσα διὰ τοῦ ἑρμηνέως, (συ-
νεῖσα γὰρ τὴν Ἑλλάδα γλῶτταν οὐκ ἐφθέγγετο) καὶ
35 λέγε, τίνος χρῄζεις ὡς οὐκ ἀποτευξόμενος, ἀπέπεμπε,
νεύματι τοῦτο πρὸς τοὺς εὐνούχους ἐπισημήνασα. Πα
ρεπέμπετο δὲ μετὰ δορυφορίας. Καὶ ὁ Ἀχαιμένης
αὖθις θεασάμενος ἐγνώριζε μὲν ἀκριβέστερον καὶ τῆς
ἄγαν εἰς αὐτὸν τιμῆς τὴν αἰτίαν ὑποπτεύων ἐθαύμα-
40 ζεν, ἐσίγα δ' οὖν ὅμως τὰ δεδογμένα πράττων. Ἡ δ'
Ἀρσάκη τοὺς ἐν τέλει Περσῶν ἑστιάσασα, δῆθεν μὲν
ὡς συνήθως ἐκείνους τιμῶσα, ἀληθέστερον δὲ τὴν πρὸς
Θεαγένην ἔντευξιν εὐωχίαν ἄγουσα, οὐ μοίρας μόνον
κατὰ τὸ εἰωθὸς τῶν ἐδεσμάτων τοῖς περὶ τὸν Θεαγένην
45 ἀπέστελλεν, ἀλλὰ καὶ δάπιδάς τινας καὶ στρωμνὰς
πεποικιλμένας, Σιδονίας τε καὶ Λυδίας ἔργα χειρός.
Συναπέστελλε δὲ καὶ ἀνδράποδα ὑπηρετησόμενα, κό-
ριον μὲν τῇ Χαρικλείᾳ, παιδάριον δὲ τῷ Θεαγένει, τὸ
μὲν γένος Ἰωνικά, τὴν δ' ἡλικίαν ἤδης ἐντός, πολλὰ
50 τὴν Κυβέλην παρακαλέσασα ἐπισπεύδειν καὶ ὡς ὅτι
τάχιστα διανύειν τὸν σκοπόν, (οὐ γὰρ ἔτι φέρειν τὸ
πάθος), οὐδὲν οὐδ' αὐτὴν ἀνιεῖσαν ἀλλὰ παντοίως
ἐκπειρῶσαν τὸν Θεαγένην· προδήλως μὲν γὰρ οὐκ ἐξέ-
φαινε τὸ βούλευμα τῆς Ἀρσάκης, κύκλῳ δὲ καὶ δι'

hanc meam? Cum autem, Solum, respondissent, et illam
seorsim esse venturam; nunc vero adesse Arsacæ quosdam
ex magistratibus Persarum, alioqui moris esse, ut seorsim
cum viris, cum mulieribus autem alio tempore agatur :
inclinans sese Theagenes, Neque honesta hæc sunt, neque
non suspecta, ad Chariclean submisse cum dixisset, ab
illaque vicissim audisset, quod non oporteret contraire, sed
cursum una tenere initio, et præ se ferre voluntatem om-
nia ex illius sententia faciendi, sequebatur præeuntes.
Cumque modum, quo illam oporteret compellare atque
alloqui et quod moris esset adorare ingredientes, docerent,
nihil respondit; XIX. Ceterum ingressus est et illam se-
dentem pro tribunali deprehendens, purpura et auro in-
texta veste exornatam, moniliumque pretio et tiaræ digni-
tate superbientem, ac delicate delibutam et fucatam,
satellitibus adstantibus, et primariis utrinque magistratibus
assidentibus, non consternatus est animo, sed tanquam
eorum, quæ illi fuerant cum Chariclea constituta de assi-
mulata observantia et veneratione, oblitus, magis est
erectus animi magnitudine contra fastum Persici specta-
culi : et neque genu flectens, neque adorans, sed erecto
capite, Salve, inquit, regie sanguis, Arsace. Indignanti-
bus vero iis, qui præsentes aderant, et murmur quoddam
contra Theagenem, tanquam temerarium et audacem,
quod non adorasset, emittentibus, Arsace subridens, Date
veniam, inquit, tanquam ignaro et peregrino et prorsus
Græco et illinc contemtu nostri laboranti. Simul et de
capite tiaram deposuit, multum iis, qui aderant, prohi-
bentibus : hoc enim faciunt Persæ ad reddendam gratiam
ei, qui salutavit. Et cum ad illum, Bono animo esto,
hospes, per interpretem dixisset, (quamvis enim intellige-
bat linguam Græcam, loqui tamen non potuit) et dic, si
qua re indiges, repulsam non passurus, remittebat, in-
nuens eunuchis. Deducebatur vero cum pompa satellitum.
Ibi et Achæmenes, cum illum iterum conspexisset, cogno-
vit exactius : et nimii honoris, qui illi tribuebatur, causam
suspicans, mirabatur, tacebat tamen, ea, quæ decreverat,
faciens. Arsace autem, Persarum magistratibus magnifico
apparatu acceptis, eo prætextu quod id honoris causa
quemadmodum solebat faceret, verius vero propter collo-
quium cum Theagene habitum convivium agitans, non
tantum portiones ciborum, ut consueverat, Theageni mit-
tebat, sed etiam tapetes, et peristromata versicoloria,
Sidoniæ et Lydiæ manus arte elaborata. Mittebat quoque
una et mancipia ab obsequiis futura, ancillam quidem
Chariclæe, puerum vero Theageni, gente Ionica, ætate
vero pubertatem attingentia; multis modis adhortata Cy-
belen ut acceleraret et quamprimum scopum illi proposi-
tum perficeret, (non amplius enim affectum se ferre posse);
neque ipsam quidquam remittentem, sed variis rationibus
circumdantem Theagenem. Ac manifeste quidem non
exponebat Arsaces voluntatem, ceterum circuitione et in-

αἰνιγμάτων εἰς τὸ συνιέναι προσβιβάζουσα· καὶ τήν τε περὶ αὐτὸν φιλοφροσύνην τῆς δεσποίνης μεγαλύνουσα καὶ τὸ κάλλος οὐ τὸ φαινόμενον μόνον ἀλλὰ καὶ τὸ ἐντὸς ἐσθῆτος μετά τινων εὐλόγων προφάσεων ὑπ᾽ ὄψιν 5 ἄγουσα καὶ τὸ ἦθος ὡς ἐρασμία τε καὶ εὐόμιλος καὶ χαίρουσα τοῖς ἁβροτέροις καὶ ἀγερωχοτέροις τῶν νέων καὶ ἄλλως ἀπόπειραν ἐν οἷς διεξῄει λαμβάνουσα, εἰ προστρέχει τοῖς ἐπαφροδίτοις. Καὶ ὁ Θεαγένης τὸ μὲν τῆς φιλοφροσύνης καὶ ὡς φιλέλλην τὸ ἦθος καὶ ὅσα 10 τοιαῦτα συνεπῄνει καὶ χάριν ὡμολόγει, τὰ δ᾽ ἐπαγωγὰ τῶν ἀτοπωτέρων, ὡς ἂν μηδὲ συνιεὶς τὴν ἀρχήν, ἑκὼν ὑπερέβαινε. Πνιγμὸς τοίνυν εἶχε τὴν γραῦν, καὶ οἷον ἔλυζε τὴν καρδίαν, στοχαζομένη μὲν ὡς συνίησι τῆς προαγωγείας, ἀπαυθαδιαζόμενον δὲ καὶ διω- 15 θούμενον ὁρῶσα τὴν πεῖραν καὶ τὴν Ἀρσάκην οὐκ ἔτι φέρειν οἷά τ᾽ ἦν δι᾽ ὄχλου γινομένην καὶ καρτερεῖν οὐκ ἔτι δύνασθαι λέγουσαν καὶ τὴν ἐπαγγελίαν ἀπαιτοῦσαν ἣν ἄλλοτ᾽ ἄλλαις προφάσεσιν ὑπερετίθετο ἡ Κυβέλη· νῦν μὲν βουλόμενον τὸν νεανίαν ἀποδειλιᾶν 20 φάσκουσα, νῦν δ᾽ ἀνωμαλίαν τινὰ προσπεπτωκέναι πλαττομένη.

Κ΄. Καὶ πέμπτης που λοιπὸν καὶ ἕκτης ἡμέρας παρωχηκυίας ἤδη, καὶ τὴν Χαρίκλειαν τῆς Ἀρσάκης ἅπαξ που καὶ δεύτερον προσκεκλημένης καὶ εἰς τὸ τῷ Θεα- 25 γένει κεχαρισμένον μετὰ τιμῆς καὶ φιλοφροσύνης ἑωρακυίας, ἀναγκάζεται καὶ λευκότερον διαλεχθῆναι τῷ Θεαγένει καὶ τὸν ἔρωτα ἀπαρακαλύπτως ἐξηγόρευεν [πολλὰ] καὶ μυρία ἀγαθὰ συγκατατιθεμένῳ διεγγυωμένη καὶ Τίς ἡ ἀτολμία, προστιθεῖσα, τί δὲ τὸ ἀνα- 30 φρόδιτον; νέος οὕτω καὶ κάλος καὶ ἀκμαῖος, γυναῖκα ὁμοίαν καὶ προστετηκυῖαν ἀπωθεῖταί καὶ οὐχ ἅρπαγμα οὐδ᾽ ἕρμαιον ποιεῖται τὸ πρᾶγμα, δέους μὲν οὐδενὸς ἐπόντος τῇ πράξει, μήτ᾽ ἀνδρὸς παρόντος, κἀμοῦ τῆς θρεψαμένης καὶ πάντα ἀπόρρητα διὰ χειρὸς ἐχούσης, 35 τὴν ὁμιλίαν διακονούσης, μήτε σοί τινος ἐπόντος κωλύματος, οὐ νύμφης, οὐ γαμετῆς παρούσης. Καίτοι καὶ τούτων ὑπερεῖδον πολλοὶ πολλάκις, ὅσοι δὴ νοῦν ἔχοντες, τοὺς μὲν οἰκείους ἔγνωσαν οὐδὲν ἐκ τούτου καταβλάψειν, αὐτοὺς δ᾽ ὠφελήσειν, κτήσεως χρημάτων 40 προσγενομένης καὶ τῶν καθ᾽ ἡδονὴν ἀπολαύσεων. Τελευτῶσα δὲ καὶ ἀπειλήν τινα κατεμίγνυ τοῖς λεγομένοις· Αἱ χρησταί, λέγουσα, καὶ φιλόνεοι γυναῖκες, ἀμείλικτοι ἐξουσίαι γίγνονται καὶ βαρυμήνιδες, ἀποτυγχάνουσαι καὶ τοὺς ὑπερόπτας ὡς ὑβριστὰς εἰκότως ἀμύνονται. 45 Ταύτην δέ, ὅτι καὶ Περσὶς τὸ γένος ἐννόει καὶ ὡς βασίλειον αἷμα, τοῦτο δὴ τὸ τῆς σῆς προσρήσεως καὶ ὡς πολλὴν ἐξουσίαν καὶ δύναμιν περιβέβληται ὑφ᾽ ἧς αὐτῇ καὶ τιμῆσαι τὸν εὔνουν καὶ κολάσαι τὸν ἐναντιούμενον ἐπ᾽ ἀδείας· σὺ δὲ καὶ ξένος καὶ ἔρημος καὶ ὁ προστη- 50 σόμενος οὐδείς. Φεῖσαι τὸ μέρος καὶ σαυτοῦ, φεῖσαι κἀκείνης. Ἀξία δ᾽ ἐστὶ παρὰ σοῦ φειδοῦς, εἰς τὰ δίκαια τῶν σῶν πόθων οὕτως ἐκμεμηνυῖα. Εὐλαβήθητι καὶ μῆνιν ἐρωτικήν, φύλαξαι καὶ τὸ ἐκ τῆς ὑπεροψίας νεμεσητόν· πολλοὺς οἶδα μεταμεληθέντας. Πεῖ-

LIBER VII. 347

volucris tectam intelligendam relinquebat, benevolentiam dominæ erga ipsum prædicans et cum pulchritudinem, non apparentem tantum, sed et eam, quæ vestitu contineretur, quibusdam convenientibus occasionibus ob oculos ponens, tum mores, quod essent amabiles et cum quadam facilitate conjuncti et quod delectaretur delicatioribus et valentioribus adolescentibus. Et in summa, experimentum capiebat in iis, quæ narrabat, an Venereis rebus alliceretur. Theagenes autem benevolentiam illius erga se, et quod moribus esset propensis in amorem Græcorum, et quæcunque talia præterea, collaudabat et insuper agebat gratias. Porro illecebras absurdiorum rerum neque intelligens ab initio, sponte præteribat. Angor igitur quidam invasit anum et quasi pungebatur dolore cordis, cum conjectaretur eum intelligere illecebras, fastidire autem et repellere omnes conatus videret et Arsacem non amplius ferre sciret, tumultuantem et non amplius se colibere posse dicentem, et pollicita reposcentem, quæ alias aliis prætextibus Cybele differebat; interdum, quamvis vellet, reformidare adolescentem dicens, interdum vero aliquid incommode cecidisse fingens.

XX. Et cum jam quintus et sextus dies præteriisset, Charicleam Arsace semel atque iterum ad se vocasset et ad gratificandum Theageni honorifice illam accepisset, benevolentiaque singulari fuisset intuita, cogebatur planius colloqui cum Theagene, amoremque aperte exponebat, sexcenta bona, si assentiretur, certo pollicens, et, Quæ, malum, est hæc tergiversatio? addens, quidve adeo alienum a rebus Venereis? adolescens tam formosus et florenti ætate, mulierem similem et amore illius contabescentem repellit, et non prædam ducit et in lucro ponit negotium: præsertim nulla formidine rem consequente, neque viro præsente, et me quæ illam educavi et omnia arcana in potestate habeo, hanc consuetudinem illi procurante? neque, quod ad te attinet, ullo intercedente impedimento, non sponsa, non uxore. Atqui et hæc sæpius multi contemserunt, qui sana mente præditi, domesticis ea re nihil se nocituros intellexerunt, sibi autem profuturos possessione opum et fructu voluptatis in lucro accedente. Ad extremum et minas quasdam immiscebat orationi, Comes, dicens, mulieres, et juvenum cupidæ, implacabiles exsistunt et sævam iram concipiunt, cum sua spe labuntur et contumaces, tanquam eos, a quibus injuria sunt affectæ, merito ulciscuntur. Jam de hac, quod et Persis sit genere, cogita, et regius sanguis, quod tu ipse antea tua confessione testatus es, et quod magnis viribus et potentia sit stipata, qua illi et honore afficere benevolos erga se et punire sibi obsistentes impune liceat. Tu vero et peregrinus et desertus et qui tibi opem ferat nemo est. Parce partim tibi ipsi, partim et illi. Digna vero est, cui a te parcatur, quæ desiderio tui, quo juste potiri debet, tam furiose sit inflammata. Verearis et iram amatoriam: caveto quoque, quæ contemtum sequitur, vindictam. Multos novi quos postea ejusmodi animi pœnituit. Majorem

ραν ἔχω σου μᾶλλον τῶν Ἀφροδίτης. Ἡ πολιὰ θρὶξ, ἣν ὁρᾷς, αὕτη πολλοῖς τοιούτοις ἐνήθλισεν. Ἀλλ' οὕτως ἄτεγκτον καὶ ἀνήμερον οὐκ ἔγνωκα. Καὶ ἀποστρέψασα τὸν λόγον πρὸς τὴν Χαρίκλειαν, (ὑπ' ἀνάγκης γὰρ κἀκείνης εἰς ἐπήκοον ἀπεθ*ρ*ρησηε τὰ τοιαῦτα διαλέγεσθαι) Συμπαρακάλεσον, ἔφη, ὦ θύγατερ, καὶ σὺ, τὸν οὐκ οἶδ' ὅν τινα προσείπω προσηκόντως ἀδελφόν σου τοῦτον. Συνοίσει καί σοι τὸ πρᾶγμα· οὐκ ἔλαττον ἀγαπηθήσῃ· πλέον τιμηθήσῃ· πλουτήσεις εἰς κόρον· γάμον σοὶ προνοήσει λαμπροῦ. Ζηλωτὰ δὲ ταῦτα καὶ εὖ πράττουσι, μήτι γε δὴ ξένοις καὶ ἐν ἐνδείᾳ τὸ παρὸν ἐξεταζομένοις.

ΚΑ΄. Ἡ δὲ Χαρίκλεια σεσηρός τι καὶ κατεσμυγμένον ὑποβλέψασα, Εὔκτον μὲν ἦν, ἔφη, καὶ κάλλιστον, μηδὲν τοιοῦτον ὑποστῆναι τὴν πάντ' ἀρίστην Ἀρσάκην. Εἰ δὲ μὴ, δευτέρα γοῦν ἐγκράτεια φέρειν τὸ πάθος. Ἀλλ' ἐπειδή τι πέπονθεν ἀνθρώπινον καὶ νενίκηται, ὡς σὺ φῂς, καὶ ἥττων ἐστὶ τῆς ἐπιθυμίας, συμβουλεύσαιμ' ἂν καὶ αὐτὴ Θεαγένει τούτῳ τὴν πρᾶξιν εἰ τὰ σφαλὲς αὐτῷ προσείη, μὴ ἀρνείσθαι, μὴ δή τι λάθοι κακὸν αὐτὸς 0' αὑτὸν κἀκείνην ἐργασόμενος εἰ ταῦτ' εἰς φῶς ἔλθοι καὶ γνοίη ποθὲν τὸ παρανόμον τῶν δεδρασμένων ὁ σατράπης. Ἀνήλατο πρὸς τοὺς λόγους ἡ Κυβέλη καὶ περιπτύξασα καὶ φιλήσασα πολλὰ τὴν Χαρίκλειαν, Εὖγε, ἔφη, ὦ τέκνον, ὅτι καὶ γυναῖκα ὁμοίαν σοι τὴν φύσιν ἠλέησας καὶ τῆς ἀσφαλείας τἀδελφοῦ πεφρόντικας. Ἀλλὰ τούτου γ' ἕνεκα θάρρει, ὡς οὐδ' ὁ ἥλιος, τοῦτο δὴ τὸ τοῦ λόγου, γνώσεται. Πέπαυσο τὸ παρὸν, ἔφη ὁ Θεαγένης καὶ ἔνδος ἡμῖν εἰς ἐπίσκεψιν. Ἐξελθούσης δὲ παραχρῆμα τῆς Κυβέλης, Ὦ Θεάγενες, ἔλεγεν ἡ Χαρίκλεια, ὁ μὲν δαίμων τοιαῦθ' ἡμῖν προξενεῖ τὰ εὐτυχήματα, ἐν οἷς πλέον ἐστὶ τὸ κακοῖς πράττειν τῆς δοκούσης εὐπραγίας. Πλὴν ἀλλὰ συνετῶν γ' ἐστὶ καὶ τὰ δυστυχήματα ἐκ τῶν ἐνόντων πρὸς τὸ βέλτιον διατίθεσθαι. Εἰ μὲν οὖν ἔχεις γνώμην καὶ τελείως δρᾶσαι τοὔργον οὐκ ἔχω λέγειν, καίτοι γ' οὐκ ἂν σφόδρα διενεχθεῖσα, εἰ πάντως ἡμῖν ἐν τούτῳ σώζεσθαι ἢ μὴ περιλείπεται. Εἰ δ' εὖ ποιῶν ἄτοπον δοκιμάζεις τὸ αἰτούμενον, ἀλλὰ σύ γε πλάττου τὸ συγκατατίθεσθαι καὶ τρέφου ἐπαγγελίαις τῆς βαρβάρου τὴν ὄρεξιν, ὑπερθέσεσιν ὑπότεμνε τὸ πρὸς ὀξύ τι καθ' ἡμῶν βουλεύσασθαι, ἐφηδύνων ἐλπίδι καὶ καταμαλάττων ὑποσχέσει τοῦ θυμοῦ τὸ φλεγμαῖνον. Εἰκός τινα καὶ λύσιν θεῶν βουλήσει τὸν μεταξὺ χρόνον ἀποτεκεῖν. Ἀλλ', ὦ Θεάγενες, ὅπως μὴ ἐκ τῆς μελέτης εἰς τὸ αἰσχρὸν τοῦ ἔργου κατολίσθῃς. Μειδιάσας οὖν ὁ Θεαγένης, Ἀλλὰ σύ γ' οὐδὲ ἐν τοῖς δεινοῖς, ἔφη, τὴν γυναικῶν ἔμφυτον νόσον ζηλοτυπίας ἐκπέφευγας. Ἐμὲ δ' ἴσθι μηδὲ πλάσασθαι τὰ τοιαῦτα δύνασθαι. Ποιεῖν γὰρ τὰ αἰσχρὰ καὶ λέγειν ὁμοίως ἀπρεπές. Καὶ ἄλλως τὸ ἀπογυῶναι τὴν Ἀρσάκην, αὐτόθεν φέρει τι χαρίεν, τὸ μηκέτι διοχλεῖν ἡμῖν. Εἰ δὲ πάσχειν τι δέοι, φέρειν τὰ προσπίπτοντα ἤδη με πολλάκις ἥ τε τύχη καὶ ἡ γνώμη παρεσκεύασε. Μὴ

experientiam, quam tu, in rebus Venereis consecuta sum. Canus capillus ipse, quem vides, in multis ejusmodi rebus est versatus : sed usque adeo rigidum et asperum neminem unquam cognovi. Denique converso sermone ad Charicleam, (necessitate enim adducta, ausa est audiente illa talia loqui) Adhortare, inquit, filia, tu quoque, nescio quem merito appellem, istum tuum fratrem. Proderit et tibi hæc ipsa res : non pilo minus ab illa amaberis, majores consequeris honores, ditesces ad satietatem usque, de conjugio tibi prospiciet splendido. Hæc vero et felicibus optanda sunt, nedum peregrinis, et egestate in præsentia laborantibus.

XXI. Chariclea vero, torve et ardenter contuita, Optandum quidem, inquit, fuerat et pulcherrimum omni ex parte, optimam Arsacen nihil ejusmodi pati : sin minus, saltem moderate ferre affectum. Verumtamen cum quiddam humanum illi acciderit, et victa est, ut tu dicis, succubuitque cupiditati, consilium dem et ipsa Theageni huic, ut rem non recuset, si tuto id facere possit, ne et sibi per inscitiam et illi mali aliquid accersat, si hæc in lucem prodierint et alicunde cognoverit hoc flagitiosum factum satrapa. Prosiliit ad hæc dicta Cybele, et amplexa et dissuaviata Charicleam, Recte, inquit, facis, filia, quod et mulieris natura tui similis miserta es, et securitati fratris sollicite prospicis. Verumtamen hac de causa non est, quod labores : quod neque sol, ut dici solet, id sit cogniturus. Desine in præsentia, inquit Theagenes et concede nobis deliberandi spatium. Cum vero illico exisset Cybele : O Theagenes, exorsa est Chariclea, numen tales successus nobis conciliat, in quibus plus inest adversæ fortunæ, quam quæ extrinsecus apparet felicitatis. Quod cum ita sit, prudentium tamen est, etiam parum prosperos casus, quatenus fieri potest, in melius convertere. An igitur habeas in animo prorsus perficere hanc rem, dicere non possum : quamvis non admodum repugnem, si omnino in hoc, ut servemur, aut non, momentum consistit. At si, ut fieri debet, ac honestum est, absurdum judicas esse id, quod petitur, finge tu quidem te assentiri et alens promissis barbaræ cupiditatem, dilatione præcide, ne præcipitanter durius aliquid in nos statuat, spe deliniens et molliens pollicitatione iræ incendium. Consentaneum est enim aliquod remedium, deo volante, interjectum tempus pariturum esse. Ceterum, Theagenes, vide, ut ne ex meditatione in turpitudinem rei delabaris. Arridens leniter Theagenes, Sed tu neque in adversis rebus, inquit, mulieribus innatum morbum zelotypiæ effugisti. Me vero scito neque fingere talia posse. Facere enim turpia, ac dicere, æque indecorum est. Et alioqui ut omnino desperet Arsace, hoc ipsum aliquid commodi affert, videlicet ne pergat nobis amplius molesta esse. Si vero pati aliquid oportuerit, ad ferenda ea, quæ accidunt, sæpius jam me et fortuna et animi constitutio præparavit. Ne te lateat,

λαύῃς εἰς μέγα κακὸν ἡμᾶς ἐμβάλλων εἰποῦσα ἡ Χαρίκλεια ἐσιώπησε.

ΚΒ'. Καὶ τούτων ἐν ταύτῃ τῇ σκέψει διαγόντων, ἡ Κυβέλη πάλιν ἀναπτερώσασα τὴν Ἀρσάκην καὶ ὡς τὰ δεξιώτερα χρὴ προσδοκᾶν εἰποῦσα, ἐνδεδεῖχθαι γάρ τι τὸν Θεαγένην τοιοῦτον, ἐπανῆλθεν εἰς τὸ αὐτῆς δωμάτιον. Κᾀκείνην διαλιποῦσα τὴν ἑσπέραν καὶ πολλὰ διὰ τῆς νυκτὸς ὁμόκοιτον οὖσαν ἐξαρχῆς τὴν Χαρίκλειαν παρακαλέσασα συμπράττειν, εἰς ἔω πάλιν 10 ἠρώτα τὸν Θεαγένην, τίνα εἴη τὰ δεδογμένα. Ἀπειπόντος δὴ λαμπρῶς καὶ παντοίως τὸ προσδοκᾶν ἀποφήσαντος, σύννους ἐπὶ τὴν Ἀρσάκην ἀπέδραμεν ἡ Κυβέλη. Καὶ ὡς τὸ ἀπηνὲς παρὰ Θεαγένους ἐξήγγειλε, τὴν γραῦν ἐπὶ κεφαλὴν ἐξωσθῆναι προστάξασα, εἰς 15 δραμοῦσά τ' εἰς τὸν θάλαμον, ἔκειτο ἐπὶ τῆς εὐνῆς αὐτὴν σπαράττουσα. Καὶ ἄρτι τῆς γυναικωνίτιδος ἐκτὸς γεγονυῖαν τὴν Κυβέλην ἰδὼν ὁ υἱὸς Ἀχαιμένης κατηφῆ τε καὶ δεδακρυμένην, Μή τι ἄτοπον, μή τι πονηρόν, ὦ μῆτερ, προσπέπτωκεν, ἠρώτα,. μή τις 20 ἀγγελία τὴν δέσποιναν ἠνίακε; μή τι δυστύχημα ἀπὸ στρατοπέδου προσήγγελται; μή τι καταπονοῦσι κατὰ τὸν ἐνεστῶτα πόλεμον Αἰθίοπες τὸν δεσπότην Ὀροονδάτην; καὶ πολλὰ τοιαῦτ' εἰπὼν ἠρώτα. Ἡ δὲ, Ἀδολεσχεῖς, εἰποῦσα, ἀπέτρεχεν. Ὁ δὲ, οὐδέν τι μᾶλ- 25 λον ἀνίει, ἀλλὰ παρακολουθῶν καὶ τῶν χειρῶν λαβόμενος καὶ κατασπαζόμενος ἐξαγορεύειν πρὸς παῖδα τὸν ἴδιον τὰ λυποῦντα ἱκέτευε.

ΚΓ'. Λαβοῦσα δὴ αὐτὸν καὶ εἴς τι μέρος τοῦ παραδείσου χωρισθεῖσα, Ἄλλῳ μὲν οὐκ ἂν, ἔφη, ἐξεῖπον 30 τά μ' αὐτῆς τε καὶ δεσποίνης κακά. Ἐπεὶ δ' ἐκείνη ἐν τῷ παντὶ σαλεύει κἀγὼ τὸν περὶ τοῦ ζῆν προσδοκῶ κίνδυνον, (οἶδα γὰρ ὡς ἡ Ἀρσάκης ἀνία καὶ μανία εἰς ἐμὲ ἀποσκήψει), λέγειν ἀναγκάζομαι, εἰ δή τινα ἐπικουρίαν τῇ γεννησάσῃ, καὶ εἰς φῶς παραγαγούσῃ καὶ 35 τουτοισὶν ἐκθρεψαμένῃ σε τοῖς μαζοῖς ἐπινοήσειας. Ἐρᾷ τοῦ νέου τοῦ παρ' ἡμῖν ἡ δέσποινα καὶ ἐρᾷ οὐ φορητόν τινα οὐδὲ νενομισμένον ἀλλ' ἀνίατον ἔρωτα, καὶ ὃν εἰς δεῦρο κατορθώσειν ἐγώ τε κἀκείνη μάτην ἠπατώμεθα. Καὶ αὗται ἦσαν αἱ πολλαὶ φιλοφροσύναι 40 καὶ ποικίλαι δεξιώσεις αἱ περὶ τοὺς ξένους. Ἐπεὶ δ' εὐήθης τε καὶ θρασὺς ὢν καὶ ἀπηνὴς ὁ νεανίας ἀπεῖπε τὰ πρὸς ἡμᾶς, οὐδ' ἐκείνην ὤνησε βιωσομένην, κἀμαυτὴν ἀναιρησομένην, ὡς χλευάσασαν ταῖς ἐπαγγελίαις καὶ διαψευσαμένην. Ταῦτ' ἐστιν, ὦ παῖ. Καὶ εἰ 45 μὲν ἔχεις τι βοηθεῖν, σύμπραττε, εἰ δὲ μὴ, τελευτήσασαν τὴν μητέρα κήδευσε. Καὶ ὃς, Μισθὸς δέ μοι τίς ἔσται, ἔφη, ὦ μῆτερ. Οὐ γάρ μοι καιρὸς θρύπτεσθαι πρός σε, οὐδ' ἐκ περιόδων, οὐδὲ κυκλούμενον τοῖς λόγοις τὴν βοήθειαν ἐπαγγέλλεσθαι, πρὸς οὕτως 50 ἀγωνιώσαν καὶ ἐγγὺς λειποψυχοῦσαν. Λέγε, ἔφη, προσδόκα, ἡ Κυβέλη. Ἀρχιοινοχόον μὲν γάρ σε καὶ νῦν εἰς ἐμὴν τιμὴν πεποίηται. Εἰ δέ τι μεῖζον ἀξίωμα περινοεῖς, ἀπάγγελλε. Πλούτου γὰρ οὐδ' ἀριθμὸς ἔσται ὅσον ἂν κομίσαιο, σωτὴρ τῆς ἀθλίας

---

quod in magnum malum nos conjicies, cum dixisset Chariclea, conticuit.

XXII. His autem in harum rerum consideratione versantibus, Cybele, cum rursus Arsacen in bonam spem sustulisset et quod meliora exspectare oporteret dixisset, significasse enim tale quiddam Theagenem, rediit rursus in conclave et intermissa illa vespera, ac multis modis Charicleam, quam sociam lecti initio habuerat, adhortata, ut sibi esset auxilio, mane rursus interrogabat Theagenem, quid statuisset apud animum. Cum autem manifeste recusaret et omnino ne quidquam ejusmodi exspectaret, indicasset, tristis ad Arsacen recurrit Cybele. Postquam autem ferociam Theagenis renuntiavit, Arsace, anu in caput praecipitari jussa, incurrens in thalamum, jacebat in lecto se ipsam lacerans. Vixdum autem conclave muliebre egressam Cybelen conspicatus filius Achaemenes tristem et lacrimantem : Num quid importuni aut molesti, mater, accidit? percunctabatur. Num quod nuntium dominam excruciat? Num aliqua calamitas ex castris renuntiata est? Num hostes sunt superiores in hoc bello Æthiopum domino Oroondate? et multa ejusmodi quaerebat. Illa vero, Nugaris, cum dixisset, recurrit. At ille nihilo magis intermittebat, sed affectans et manus ejus apprehendens et compellans, ut exponeret suo filio ea, quae illam dolore afficerent, supplicabat.

XXIII. Accepto igitur illo a manu, in quamdam partem horti secedens, Alii quidem, inquit, non exposuissem mea et dominæ mala. Postquam vero illa in summum discrimen venit et ego exspecto periculum de vita, (scio enim, quod Arsaces amentia et furor in me sit redundaturus) dicere cogor, si forte aliquam opem ei, quae te genuit et in lucem edidit et his enutrivit uberibus, excogitare possis. Amat adolescentem, qui est apud nos, domina, non tolerando quodam, neque usitato, sed insanabili amore, et quem ego et illa nobis ex sententia eventurum frustra vana spe sperabamus. Hinc erant illa multa humanitatis officia et multiplex benevolentia erga hospites. Ceterum postquam, ut stultus quidam et ferox et intractabilis adolescens, recusavit ea, quæ nos volebamus, neque illam existimo esse victuram et me interfectum iri intelligo ; quæ promissis illam ludibrio habuerim et fefellerim. Hic est status praesentis temporis. Quod si quid habes, quo auxilieris, adsis mihi tua ope: sin minus, mortuae matri justa exsequiarum facito. Ille autem : Praemium autem quod mihi, inquit, erit, mater? Neque enim est tempus, ut apud te me jactem, aut longis ambagibus et circuitu orationis auxilium promittam, usque adeo consternatæ, et propemodum deficienti animo. Omne, quod vis, exspecta, inquit Cybele. Etenim te nunc quoque summum pocillatorem, honoris mei causa constituit. Si vero majorem aliquam dignitatem animo complexus es, enuntia. Opum enim neque numerus erit, quas pro praemio feres,

γενόμενος. Πάλαι ταῦτα, ἔφη, δι' ὑποψίας ἔχων, ὦ
μῆτερ, ἐγὼ καὶ συνιείς, ἐσιώπων τὸ μέλλον ἀπεκδεχό-
μενος. Ἀλλ' οὐδ' ἀξιώματος οὐδὲ πλούτου μεταποιοῦ-
μαι. Τὴν δὲ κόρην, τὴν ἀδελφὴν λεγομένην τοῦ Θεα-
5 γένους, εἴ μοι πρὸς γάμον ἐκδοίη, πάντ' αὐτῇ κατὰ
γνώμην πεπράξεται. Ἐρῶ δὲ, ὦ μῆτερ, τῆς κόρης
οὐχὶ μετρίως. Ὥστ' ἐκ τῶν ἰδίων γιγνώσκουσα τὸ
πάθος ἡ δέσποινα καὶ ὅσον τι καὶ οἷόν ἐστι, δικαίως ἂν
καὶ αὐτὴ συμπράττοι τῷ ταὐτὰ νοσοῦντι καὶ ἄλλως
10 τοσοῦτον κατόρθωμα ἐπαγγελλομένῳ. Μηδὲν ἀμφί-
βαλλε, εἶπεν ἡ Κυβέλη. Ἥ τε γὰρ δέσποινα διώσει
τὴν χάριν ἀνενδοιάστως εὐεργέτῃ σοὶ καὶ σωτῆρι γεγε-
νημένῳ καὶ ἄλλως τάχ' ἂν καθ' αὑτοὺς πείσαιμεν τὴν
κόρην. Ἀλλὰ τίς ὁ τρόπος, εἰπέ, τῆς βοηθείας; Οὐκ
15 ἂν εἴποιμι, ἔφη, πρὶν ὅρκοις ἐμπεδωθῆναί μοι τὴν
ἐπαγγελίαν παρὰ τῆς δεσποίνης. Σὺ δὲ μὴ ἀποπει-
ραθῇς τὴν ἀρχὴν τῆς κόρης, ὁρῶ γάρ πως κἀκείνην
ἄνω τε καὶ μέγα φρονοῦσαν, μὴ καὶ λάθῃς τὸ πρᾶγμα
διαστρέφουσα. Πάντα γενήσεται, εἰποῦσα, εἰσέδρα-
20 μεν εἰς τὸν θάλαμον ὡς τὴν Ἀρσάκην καὶ προσπεσοῦσα
τοῖς γόνασιν, Εὔθυμος ἔσο, ἔφη. Πάντα σοι θεῶν
βουλήσει κατορθοῦται. Τὸν παῖδα μόνον τὸν ἐμὸν
Ἀχαιμένην εἰσκληθῆναι πρόσταξον. Εἰσκεκλήσθω,
εἶπεν ἡ Ἀρσάκη, εἰ μή τι με πάλιν ἀπατᾷν μέλλοις.
25 ΚΔ'. Εἰσῆλθεν ὁ Ἀχαιμένης καὶ πάντα διελθούσης
τῆς πρεσβύτιδος, ἐπώμοσεν ἡ Ἀρσάκη πράξειν τὸν
γάμον τῆς ἀδελφῆς Θεαγένους. Ὁ δ' Ἀχαιμένης,
Δέσποινα, ἔφη, πεπαύσθω λοιπὸν Θεαγένης, δοῦλος
ὢν καὶ θρυπτόμενος κατὰ δεσποίνης ἰδίας. Καὶ, Πῶς
30 τοῦτο λέγεις, ἐρωτησάσης, ἅπαντα ἐξηγόρευσεν· ὡς
πολέμου νόμῳ ληφθείη καὶ γένοιτο αἰχμάλωτος ὁ Θεα-
γένης· ὡς Μιτράνης ἐκπέμψειεν αὐτὸν πρὸς Ὀροονδά-
την, ἀναπεμφθησόμενον βασιλεῖ τῷ μεγάλῳ· ὡς αὐτὸς
ἵνα ἄγοι παραλαβὼν, ἀπολέσειεν, ἔφοδον Βησσαέων
35 καὶ Θυάμιδος καταταλμηθάντων· ὡς μόλις αὐτὸς δια-
δράσειε· καὶ ἐπὶ πᾶσι τὸ γράμμα τοῦ Μιτράνου πρὸς
Ὀροονδάτην προηυτρεπισμένος ἐπεδείκνυ τῇ Ἀρσάκῃ,
καὶ εἰ προσδέοιτο καὶ ἑτέρων ἀποδείξεων, ἕξειν μαρτυ-
ροῦντά καὶ τὸν Θύαμιν. Ἀνέπνει πρὸς ταῦθ' ἡ Ἀρ-
40 σάκη. Καὶ οὐδ' ὅσον μελλήσασα, πρόεισί τε τοῦ θα-
λάμου καὶ εἰς τὸν οἶκον οὗ προκαθημένη χρηματίζειν
εἰώθει παρελθοῦσα, ἄγεσθαι τὸν Θεαγένην ἐκέλευσεν.
Ἐπειδὴ ἤχθη, ἐπηρώτα, εἰ γνωρίζει τὸν Ἀχαιμένην,
ἑστῶτα πλησίον ἐπιδεικνῦσα. Τοῦ δὲ φήσαντος· Οὐ-
45 κοῦν καὶ αἰχμάλωτον ἦγέ σε παραλαβὼν, αὖθις ἠρώ-
τα. Συμφήσαντος δὲ καὶ τοῦτο τοῦ Θεαγένους, Δοῦλος
τοίνυν ἡμέτερος ὢν ἴσθι. Καὶ σὺ μὲν πράξεις τὰ οἰκε-
τῶν, τοῖς ἡμετέροις νεύμασι καὶ ἄκων ἑπόμενος, ἀδελ-
φὴν δὲ τὴν σὴν Ἀχαιμένει τῷδε πρὸς γάμον κατεγγυῶ,
50 ὑπὸ μητρὸς φερομένῳ παρ' ἡμῖν, ὑπέρ τε μητρὸς ἕνεκα
καὶ τῆς ἄλλης αὐτοῦ περὶ ἡμᾶς εὐνοίας· ὑπερθεμένη
τοσοῦτον, ὅσον ἡμέραν προορίσαι καὶ τὰ πρὸς τὴν εὐω-
χίαν λαμπρότερον εὐτρεπισθῆναι. Ὁ δὲ Θεαγένης βέ-
βλητο μὲν ὡς ὑπὸ τρώσεως (ὑπὸ) τῶν λόγων, ἔγνω δ' οὖν

si servator miserœ exstiteris. Jampridem hæc, inquit,
mater, ego suspicans et intelligens, tacebam, id quod
eventurum esset exspectans. Verum neque dignitatem
ullam, neque opes curo : virginem vero, quæ soror Thea-
genis dicitur, si mihi dederit in uxorem, omnia illi ex
animi sententia et belle cadent. Amo autem virginem
haud moderate, mater. Quamobrem ex suis rationibus
privatis cum cognoverit domina affectum, quantus et
qualis sit, juste et ipsa erit adjumento ei, qui eodem
morbo laborat, atque adeo tantum successum promittenti.
Nihil dubites, inquit Cybele. Etenim domina reddet tibi
gratiam, nulla mora interposita, cum hoc beneficio illam
affeceris et servator illius exstiteris. Quin etiam fortassis
nos ipsi virgini privatim persuaserimus. Sed expone, quæ
sit auxilii ratio. Non dicam, inquit, priusquam jureju-
rando fuerit mihi confirmata promissio a domina. Tu vero
nihil coueris efficere principio apud virginem. Video enim
quodammodo, illam quoque magnos et excelsos animos
gerere, ne forte imprudens negotium pervertas. Omnia
futura cum dixisset, incurrit in thalamum ad Arsacen, et
provoluta ad illius genua, Bono animo esto, inquit : omnia
deo volente commode cadunt; filium tantum meum Achæ-
menem vocari intro jube, Accersatur, inquit Arsace, nisi
mihi rursus verba datura es.
XXIV. Ingressus est Achæmenes et cum omnia narras-
set anus, juravit conceptis verbis Arsace, se illum compo-
tem facturam esse nuptiarum sororis Theagenis. Achæ-
menes tum, Domina, inquit, ne Theagenes amplius in
posterum cum sit servus, erga suam dominam petulantius
seso gerat. Quomodo hoc dicis, cum interrogasset, omnia
enarrabat : Quod lege belli fuisset captus, et captivus ab-
ductus Theagenes : quod Mitranes misisset eum ad Oroon-
datem, mittendum deinceps regi magno : quod ipse, inter
ducendum, illum amisisset infesto adventu Bessaensium et
Thyamidis : quod ipse vix effugisset : denique præter om-
nia, literas Mitranis ad Oroondatem in promtu habens,
ostendebat Arsacæ, et si opus esset aliis argumentis, ha-
biturum se vel Thyamin testem. Respiravit ad hæc Ar-
sace et nihil cunctata, thalamo egressa est et in domum, in
qua pro tribunali sedens vacare solebat explicandis consti-
tuendisque rebus, veniens, adduci Theagenen jussit. Ut
est adductus, quærebat, an nosset Achæmenem, proxime
illum adstantem monstrans. Hoc vero affirmante : An
vero, quod et captivum te duxit, rursus interrogabat.
Confitente vero et hoc Theagene : Servum igitur nostrum
te esse scito et tu quidem facies, quæ servi solent, nutibus
nostris vel invitus obtemperans. Sororem vero tuam
Achæmeni huic in uxorem despondeo, qui primas apud
nos obtinet, cum matris causa, tum alioqui propter ipsius
erga nos benevolentiam atque merita; eatenus differens,
quatenus ad diem præfiniendum et reliqua ad convivium
splendidius apparandum instruenda pertinet. Theagenes
autem ictus est quidem, tanquam vulnere, illis verbis :

μὴ ὁμόσε χωρεῖν ἀλλὰ καθάπερ θηρίου τὴν ὁρμὴν ἐκκλῖναι. Καὶ Ὦ δέσποινα, ἔλεγε, θεοῖς χάρις, ὅτι εὐγενείας τὰ πρῶτα ὄντες, ταῦτα γοῦν ὡς ἐν δυστυχήμασιν εὐπραγοῦμεν, τὸ μὴ ἄλλοις σοὶ δὲ δουλεύειν ᾖ καὶ ἀλλοτρίους εἶναι δοκοῦντας καὶ ξένους, οὕτως ἡμέρως τε καὶ φιλοφρόνως ἑώρας. Ἀδελφῆς δὲ τῆς ἐμῆς ἕνεκεν, αἰχμαλώτου μὲν οὐκ οὔσης, οὐδὲ διὰ τοῦτο δούλης, αἱρουμένης δέ σε θεραπεύειν καὶ κεκλῆσθαι τὸ σοὶ καθ' ἡδονὴν βουλευσαμένης, πρᾶττε τοῦθ' ὅπερ ἂν ἔχειν ὀρθῶς δοκιμάζῃς. Ἡ δ' Ἀρσάκη, Κατατάχθω, ἔφη, ἐν τοῖς τραπεζοκόμοις καὶ οἰνοχοεῖν πρὸς Ἀχαιμένους ἐκδιδασκέσθω, πρὸς τὴν βασιλικὴν διακονίαν πόρρωθεν προεθιζόμενος.

ΚΕ'. Ἐξῄεσαν οὖν, σύννους μὲν ὁ Θεαγένης καὶ τῶν πραχθέων εἰς ἐπίσκεψιν τὸ βλέμμα ἐπιστρέφων, ἐγγελῶν δ' ὁ Ἀχαιμένης καὶ τοῦ Θεαγένους καταμωκώμενος, Ὁ σοβαρὸς ἡμῖν ἀρτίως καὶ ὑπερήφανος, ὁ τὸν αὐχένα ἄκαμπτος καὶ μόνος ἐλεύθερος, ὁ τὴν κεφαλὴν νεύειν εἰς τὸ προσκυνεῖν οὐκ ἀνεχόμενος, νῦν που τάχα κλινεῖς, ἢ καὶ κονδύλοις ὑφέξει ταύτην παιδαγωγούμενος. Ἡ δ' Ἀρσάκη τοὺς ἄλλους ἀποπέμψασα, πρὸς μόνην τὴν Κυβέλην, Νῦν μὲν δή, ἔφη, ὦ Κυβέλη, πᾶσα περιῄρηται πρόφασις καὶ λέγε ἐλθοῦσα πρὸς τὸν ὑπερήφανον, ὡς πειθόμενος μὲν ἡμῖν καὶ τὰ κατὰ νοῦν τὸν ἡμέτερον πράττων, ἐλευθερίας τε μεθέξει, καὶ ἀφθόνῳ ἐν εὐπορίᾳ βιώσεται, τοῖς δ' ἐναντίοις ἐπιμένων, ἐρωμένης θ' ὑπερφρανουμένης καὶ δεσποίνης ἅμα ἀγανακτούσης αἰσθήσεται, δουλείαν μὲν τὴν ἐσχάτην καὶ ἀτιμοτάτην ὑπηρετησόμενος, κολάσεως δὲ πᾶν εἶδος ὑποστησόμενος. Ἦλθεν ἡ Κυβέλη καὶ ἀπήγγειλε τὰ παρὰ τῆς Ἀρσάκης· πολλὰ καὶ παρ' αὑτῆς εἰς προτροπὴν τῶν φαινομένων λυσιτελεῖν προστιθεῖσα. Ὁ δὴ Θεαγένης, ὀλίγον ἐπιμεῖναι παρακαλέσας, μόνος τε πρὸς τὴν Χαρίκλειαν ἰδιάσας, Οἴχεται ἡμᾶς, ἔφη, Χαρίκλεια. Πᾶν, τοῦτο δὴ τὸ τοῦ λόγου, πεῖσμα διέρρηκται· πᾶσα ἐλπίδος ἄγκυρα καὶ παντοίως ἀνέσπασται καὶ οὐδὲ μετ' ὀνόματος γοῦν ἐλευθέρου δυστυχοῦμεν ἀλλὰ δοῦλοι γεγόναμεν αὖθις, (καὶ ὅπως προσετίθει) καὶ βαρβαρικαῖς λοιπὸν ἐκκείμεθα αἰκίαις, ἢ πράττοντες τὰ δοκοῦντα τοῖς δεσπόταις, ἢ τοῖς κατακρίτοις ἐναριθμούμενοι. Καὶ ταῦτά κἀν ἔτι φορητά, τὸ δὲ πάντων βαρύτατον, Ἀχαιμένει τῷ Κυβέλης υἱεῖ πρὸς γάμον ἐκδώσειν ἡ Ἀρσάκη σὲ κατεπηγγείλατο. Καὶ τοῦτο μὲν ὅτι μὴ ἔσται, ἢ γιγνόμενον οὐκ ὄψομαι, ξίφους τε καὶ ἀμυντηρίων εὐπορῇ. Τί δὲ χρὴ πράττειν, ἢ τίνα μηχανὴν ἐπινοεῖν, ὥστε διακρούσασθαι τήν τ' ἐμὴν πρὸς Ἀρσάκην καὶ τὴν σὴν πρὸς Ἀχαιμένην ἀπευκτὴν σύνοδον; Μίαν, ἔφη πρὸς αὐτὸν ἡ Χαρίκλεια, κατανεύσας, τὴν ἑτέραν τὴν κατ' ἐμὲ διακωλύσεις. Εὐφήμησον, ἔφη. Μὴ γὰρ οὕτως ἡ δαίμονος τοῦ ἡμετέρου βαρύτης ἰσχύσειεν, ὥστε με τὸν Χαρικλείας ἀπείρατον, ἄλλης ὁμιλίᾳ παρανόμως μιανθῆναι. Ἀλλά τι δραστήριον ἐπινενοηκέναι μοι δοκῶ· (εὑρετὶς ἄρ' ἐστι λογισμῶν ἡ ἀνάγκη.) Καὶ

LIBER VII. 351

statuit tamen non contraire, sed tanquam bestiæ impetum declinare. Et, O domina, dicebat, dis sit gratia, quod, cum alioqui simus bono genere nati, in ceteris calamitatibus hæc nobis bene cadunt, quod non aliis sed tibi servimus, quæ erga eos, qui videntur esse alieni et peregrini, tantam humanitatem et benevolentiam declarasti. Ceterum de sorore mea, quæ cum captiva non sit, proinde neque serva, parata sit tamen ad obsequia tibi præstanda et ea quæ tibi placent facere decreverit, statue id, quod rectum esse judicas. Arsace autem, Collocetur, inquit, in ordine eorum, qui sunt ab obsequiis ad mensam et pocillandi artem ab Achæmene edoceatur, ut ad regium ministerium multo ante assuefiat.

XXV. Exiverunt igitur, tristis quidem Theagenes, et vultu ad deliberationem de iis, quæ agenda essent, composito; ridens vero Achæmenes et Theagenem ludibriis excipiens: Ecce, inquiens, qui nuper fuisti insolens et fastuosus, qui erecto collo et solus liber videbaris et caput submittere ad adorandum indignum judicabas, qualis jam nunc factus inclinabis illud : nisi forte paullo post etiam pugnis illud sis, dum institueris, submissurus. Arsace autem, aliis ablegatis, ad solam Cybelem, Nunc, inquit, Cybele, omnis est sublata excusatio, et dic huic superbo, conveniens illum, quod, si nobis paruerit et arbitratu nostro fecerit, libertatem consequetur et splendide in omnium rerum copia vivet : sin autem in contraria sententia permanserit, et amasiam contemtui habitam et dominam iratam sentiet, extremam servitutem et abjectissimam laturus et suppliciorum omne genus passurus. Venit Cybele, renuntiavitque mandata Arsaces : multa quoque ipsa, quæ videbantur conducere exhortationi ad ea quæ proponebantur addens. Theagenes igitur cum, ut paullulum operiretur, petiisset, solus ad Charicleam seorsim, Actum est de nostris rebus, inquit, Chariclea. Sane omnis rudens, ut dicitur, est ruptus, omnis spei ancora prorsus est evulsa, neque amplius cum nomine libero in calamitatibus versamur, sed in servitutem rursus recidimus, (et qua ratione addebat,) barbaricisque contumeliis et cruciatibus deinceps expositi sumus, vel agentes ea quæ placent his in quorum potestate sumus, vel inter damnatos connumerati. Et hæc quidem adhuc tolerabilia : ceterum, quod omnium gravissimum est, Achæmeni Cybeles filio te in uxorem daturam Arsace promisit. At id quidem ; quod aut non fiet, aut a me non videbitur, manifestum est, quoad vita gladiis et armis ad propugnandum suppeditabit. Verum quid agere oportet, aut quam excogitare machinam, qua et meus cum Arsace et tuus cum Achæmene, detestandus congressus vitari poterit? Unum, inquit ad eum Chariclea, cum comprobaris, alterum, qui ad me pertinet, impedies. Bona verba, inquit. Absit enim, ut tantopere numinis erga nos acerbitas invalescat, ut ego Charicleæ expers, alia consuetudine incesta me polluam. Sed quiddam præsentis consilii invenisse me puto : inventrixque

ἅμα πρὸς τὴν Κυβέλην μεταστάς, Ἀπάγγελλε, εἶπε, τῇ δεσποίνῃ βούλεσθαί με μόνῃ καὶ ἰδίᾳ τῶν ἄλλων ἐντυχεῖν.

ΚϚ΄. Τοῦτ᾽ ἐκεῖνο νομίσασα εἶναι ἡ πρεσβῦτις καὶ ὑποπεπτωκέναι τὸν Θεαγένην, ἀπήγγειλέ τε πρὸς τὴν Ἀρσάκην καὶ μετὰ δεῖπνον ἄγειν τὸν νεανίαν ἀκούσασα, οὕτως ἔπραττε. Καὶ ἡσυχίαν παρασχεῖν τῇ δεσποίνῃ τοὺς παρεδρεύοντας κελεύσασα καὶ μὴ παρενοχλεῖν τοῖς περὶ τὸν θάλαμον, παρεισῆγε τὸν Θεαγένην, τῶν μὲν ἄλλων οἷα δὴ νυκτὸς ὑπὸ σκότους κατεχομένων καὶ λαθεῖν παρεχόντων, μόνου δὲ τὸν θάλαμον λύχνου καταυγάζοντος, καὶ εἰσάγουσα, ὑπέστελλεν αὑτήν. Ἀλλ᾽ ὁ Θεαγένης ἐπεῖχε· Παρέστω καὶ Κυβέλη τὸ παρόν, ὦ δέσποινα, εἰπών, οἶδ᾽ ὡς τὸ πιστὸν ἔχει φυλακῆς τῶν ἀπορρήτων. Καὶ ἅμα τῶν χειρῶν τῆς Ἀρσάκης λαβόμενος, Ὦ δέσποινα, ἔλεγεν, οὔτε πρότερον ἀπαυθαδιαζόμενος πρὸς τὸ βούλημα τὸ σὸν ὑπερεθέμην τὸ κελευόμενον, ἀλλὰ πῶς ἂν ἀσφαλῶς γένοιτο πρυτανευόμενος, νῦν δὲ, ἐπειδή με καὶ δοῦλον τάχα καλῶς ποιοῦσα ἡ τύχη ἀπέφηνε, πολὺ πλέον εἰς πᾶν θ᾽ ἕτοιμος εἴκειν, Ἔν μοι μόνον παρασχέσθαι νεῦσον, καίτοι πολλὰ καὶ μεγάλα ὑποσχομένη, ἄπειπε τὸν γάμον Ἀχαιμένει τὸν Χαρικλείας. Τῶν γὰρ ἄλλων σιωπωμένων, τὴν εὐγενείᾳ τῇ μεγίστῃ κομῶσαν, οἰκοτριβὶ συνοικεῖν, ἀθέμιτον. Ἦ ἐπόμνυμί σοι θεῶν τὸν κάλλιστον ἥλιον καὶ θεοὺς τοὺς ἄλλους, ὡς οὐδ᾽ ὑπείξω τῷ σῷ βουλήματι. Καὶ εἰ γένοιτό τι πρὸς βίαν εἰς τὴν Χαρίκλειαν, ἐπόψει με πρότερον ἐμαυτὸν διαχρησάμενον. Καὶ ἡ Ἀρσάκη, Μὴ ἀπίστει, ἔφη, βούλεσθαί με πάντα σοὶ χαρίζεσθαι· ἥτις χαμαιτυπὴν ἕτοιμος ἐκδιδόναι. Ἀλλὰ προληφθεῖσα ἐπώμοσα ἐκδώσειν Ἀχαιμένει τὴν σὴν ἀδελφήν. Εὖ, ἔφη, ὦ δέσποινα, τὴν ἀδελφὴν τοίνυν ἥτις ἐστίν, ἐκδίδου. Μνηστὴν δὲ τὴν ἐμὴν καὶ νύμφην καὶ τί γὰρ ἄλλο ἢ γαμετὴν, οὔτε θελήσεις εἴ οἶδα, οὔτε θελοῦσα ἐκδώσεις. Πῶς, ἔφη, λέγεις; ὁ δέ, Τὰ ὄντα, ἀπεκρίνατο. Οὐ γὰρ ἀδελφὴν ἔχω τὴν Χαρίκλειαν ἀλλὰ νύμφην ὥσπερ ἔλεγον, ὥστε λελύσθαι μέν σοι τὸν ὅρκον, ἐξεῖναι δὲ, εἰ βούλοιο, καὶ ἄλλην ἔχειν ἀπόδειξιν, τοὺς γάμους ὅταν κρίνῃς ἐμοῦ τε κἀκείνης εὐωχοῦσα. Ὑπεκινήθη μέν, νύμφην οὐκ ἀδελφὴν εἶναι τὴν Χαρίκλειαν οὐκ ἄνευ ζηλοτυπίας ἀκούσασα, πλὴν ἀλλ᾽, Ἔσται οὕτως, εἶπεν ἡ Ἀρσάκη καὶ Ἀχαιμένει ἡμεῖς ἑτέρῳ γάμῳ παραμυθησόμεθα. Ἔσται καὶ τὰ παρ᾽ ἐμοῦ, φησί, πρός σε, ὁ Θεαγένης, τούτων διακριθέντων καὶ ἅμα προσῄει ὡς τὰς χεῖρας φιλήσων. Ἡ δὲ προκύψασα καὶ τὸ στόμα ἀντὶ τῶν χειρῶν προβαλοῦσα ἐφίλησε. Καὶ ἐξῆλθεν ὁ Θεαγένης φιληθείς, οὐ μὴν αὐτός γε φιλήσας. Καὶ τῇ Χαρικλείᾳ, καιροῦ λαβόμενος, ἀπαγγέλλει ἐξεῖπεν, (οὐκ ἄνευ ζηλοτυπίας οὐδ᾽ ἐκείνης ἔνια μανθανούσης) καὶ τῶν ἀτόπων τῆς ἐπαγγελίας τὸν σκοπὸν προσέθηκεν, ὡς πολλὰ δι᾽ ἑνὸς ἀνύοιτο. Ἀχαιμένει (μὲν) γὰρ διασεσθήσεται ὁ γάμος καὶ τῇ κατ᾽ Ἀρσάκην ἐπιθυμίᾳ πρόφασις τὸ παρὸν ὑπερθέσεως ἐπινενόηται, καὶ τὸ δὴ κεφάλαιον, ὡς εἰκὸς τὸν

omnino consiliorum est necessitas.) Simul ad Cybelen secedens, Renuntia dominæ, dicebat, me velle solum cum sola et absque arbitris congredi.

XXVI. Illud esse putans anus et succubuisse Theagenem, recurrit ad Arsacen: et cum jussa esset, ut post cœnam adduceret juvenem, ita faciebat. Nam assidentibus imperans, ut quietem dominæ concederent, et non tumultuarentur circa thalamum, clam introduxit Theagenem, cum reliqua omnia tanquam nocturno tempore tenebris continerentur et occulta esse quævis paterentur, solum autem thalamum lychnus illustraret. Cum autem introduxisset, subducebat sese. Verum Theagenes eam cohibuit: Adsit et Cybele in præsentia, domina, dicens, scio enim, quod singulari fide in asservandis arcanis prædita est: et simul manus Arsaces apprehendens, O domina, dicebat, neque prius eo ut resisterem voluntati tuæ differebam id, quod mihi imperabatur, sed ut securitatem facto providerem; nunc vero postquam me etiam servum tuum largitus quodam beneficio fortuna declaravit, longe promtior sum ad obsequendum tibi omnibus in rebus. Unum mihi tantum te largiturum annue, cum quidem multa et magna promiseris: renuntia nuptiis Chariclæe Achæmeni. Nam ut alia taceam, eam, quæ splendore maximo generis excellit, vernæ cohabitare fas non est. Alioqui juro tibi per deorum pulcherrimum, Solem, et reliquos deos, quod neque morem geram tuæ voluntati, et quod prius, quam aliqua Chariclæe vis allata fuerit, visura sis me mihi ipsi mortem conscivisse. Arsace autem, Haud aliter existimes, inquit, quam me velle tibi omnibus in rebus gratificari, ut quæ parata sim vel me ipsam tibi tradere: sed anticipata juravi, me elocaturam Achæmeni sororem tuam. Bene se res habet, inquit, domina. Sororem igitur meam, quæcunque est, elocato: ceterum eam, quam ego ambio et sponsam meam, denique quid aliud quam uxorem, quod neque voles elocare, satis scio; neque, si velis elocare, poteris. Quomodo, inquit, dicis? At ille, Rem ipsam, respondit. Neque enim sororem habeo Chariclean, sed sponsam, ut dicebam: quamobrem jurejurando soluta es, licet vero tibi, si volueris et aliud habere argumentum, cum convivium nuptiale mihi et illi, quandocunque tibi visum fuerit, instruxeris. Pupugit illam sane, cum sponsam esse Chariclean, non sororem, haud sine zelotypia audivisset. Verumtamen, Fiat, ut postulas, dixit Arsace. Nos autem Achæmenem aliis nuptiis consolabimur. Præstabitur et ista a nobis, inquit Theagenes, postquam hæc irrita sunt facta et simul accedebat tanquam manus osculaturus. Illa vero inclinans sese et os pro manibus objiciens, eum osculata est. Et exiit Theagenes, osculum referens, non vicissim ipse osculatus et Chariclean, nactus occasionem, omnia exposuit, (non sine zelotypia quoque ipsa quædam cognoscente) et miræ promissionis scopum addidit, quod multa per unum sint confecta: Achæmenis disturbatæ nuptiæ: cupiditati Arsaces, prætextus dilationis in præsentia excogitatus: denique, quod caput es

LIBER VII.

Ἀχαιμένην ἅπαντα ταραχῆς ἐμπλήσειν, ἀνιώμενον μὲν ἐφ᾽ οἷς ἀποτυγχάνει προσδοκήσας, ἀγανακτοῦντα δ᾽ ἐφ᾽ οἷς ἠλάττωται παρὰ τῇ Ἀρσάκῃ διὰ τὴν εἰς ἐμὲ χάριν. Οὐ γὰρ δὴ λήσεται αὐτὸν οὐδὲν, τῆς μητρὸς ἐξαγορευούσης, ἣν ἐπίτηδες παρεῖναι τοῖς λεγομένοις προὐνοησάμην, μηνυθῆναί τε ταῦτα τῷ Ἀχαιμένει βουλόμενος καὶ μάρτυρα τῆς ἄχρι λόγων πρὸς τὴν Ἀρσάκην ὁμιλίας ποιούμενος. Ἀρκεῖ μὲν γὰρ ἴσως καὶ τὸ μηδὲν αὐτῷ συνειδότα φαῦλον, εὐμενείᾳ τῇ παρὰ τῶν κρειττόνων ἐλπίζειν, καλὸν δὲ καὶ ἀνθρώπων τοὺς συνόντας πείθοντα, σὺν παρρησίᾳ τὸν ἐπίκαιρον τοῦτον βίον διάγειν. Προσετίθει κἀκεῖνα, ὡς σφόδρα χρὴ προσδοκᾶν καὶ ἐπιβουλεύσειν τῇ Ἀρσάκῃ τὸν Ἀχαιμένην, ἄνδρα δοῦλον μὲν τὴν τύχην, (ἀντίθετον δὲ ὡς ἐπίπαν τῷ κρατοῦντι τὸ κρατούμενον), ἀδικούμενον δὲ καὶ εἰς ὅρκους ἀθετούμενον, ὁρῶντα δὲ καὶ ἄλλους αὑτοῦ προτετιμῆσθαι [πειθόμενον], συνειδότα δὲ τὰ πάντων αἴσχιστα καὶ παρανομώτατα καὶ οὐδὲν εἰς τὴν ἐπιβουλὴν πλάσασθαι δεόμενον, οἷα δὴ πολλοὶ πολλάκις ἀνιαθέντες ἐτόλμησαν, ἀλλὰ καὶ ἐκ τῶν ἀληθῶν ἔχοντα πρόχειρον τὴν ἄμυναν.

KZ′. Τοιαῦτα πολλὰ διελθὼν πρὸς τὴν Χαρίκλειαν καὶ τὰ μέτρια θαρσεῖν παρασκευάσας, εἰς τὴν ἑξῆς ὑπηρετησόμενος ταῖς τραπέζαις, ὑπὸ τοῦ Ἀχαιμένους ἤγετο, προστεταγμένον τοῦτο παρὰ τῆς Ἀρσάκης καὶ ἐσθῆτα Περσικὴν τῶν πολυτελῶν ἀποστειλάσης, ταύτην μετημφιέννυτο καὶ στρεπτοῖς σε χρυσοῖς καὶ περιαυχενίοις λιθοκόλλοις ἑκών τε τὸ μέρος καὶ ἄκων ἐκοσμεῖτο. Καὶ τοῦ Ἀχαιμένους ὑποδεικνύναι τι καὶ ἀφηγεῖσθαι τῶν οἰνοχοϊκῶν πειρωμένου, προσδραμὼν ὁ Θεαγένης ἑνὶ τῶν κυλικοφόρων τριπόδων καὶ φιάλην τῶν πολυτιμήτων ἀνελόμενος, Οὐδέν, ἔφη, δέομαι διδασκάλων, ἀλλ᾽ αὐτοδίδακτος ὑπουργήσω τῇ δεσποίνῃ, τὰ οὕτω ῥᾷστα μὴ θρυπτόμενος. Σὺ μὲν γάρ, ὦ βέλτιστε, ἡ τύχη εἰδέναι τὰ τοιαῦτα καταναγκάζει, ἐμὲ δὲ ἡ φύσις τὰ πρακτέα καὶ ὁ καιρὸς ὑπαγορεύει. Καὶ ἅμα προσέφερε τῇ Ἀρσάκῃ προσηνὲς κεραυάμενος, εὐρύθμως τέ τι καὶ ἄκροις τοῖς δακτύλοις ἐπέχων τὴν φιάλην. Ἐκείνην μὲν οὖν πλέον ἢ πρότερον τὸ πότον ἐξεβάκχευσεν, ἐπιρροφοῦσάν θ᾽ ἅμα καὶ ἀκλινῶς εἰς τὸν Θεαγένην ἐνατενίζουσαν καὶ τοῦ ἔρωτος πλέον ἢ τοῦ κράματος ἕλκουσαν καὶ τὴν φιάλην ἐπίτηδες οὐκ ἐκπίνουσαν ἀλλὰ σὺν τέχνῃ καὶ διὰ μικροῦ λειψάνου τῷ Θεαγένει προπίνουσαν. Ἀντιτέτρωτο δ᾽ ἐκ βατέας ὁ Ἀχαιμένης καὶ ὀργῆς ἅμα καὶ ζηλοτυπίας ἐμπλησθείς, ὡς μηδὲ λανθάνειν τὴν Ἀρσάκην ὑποβλέψαντά τε, καί τι πρὸς τοὺς παρόντας ἠρέμα διαγογγύσαντα. Ἤδη δὲ διαλυομένου τοῦ συμποσίου, Προϊτών αἰτῶ χάριν, ὦ δέσποινα, ἔφη ὁ Θεαγένης, ὑπηρετοῦντά με μόνον ἀμφιέννυσθαι ταύτῃ τῇ στολῇ κέλευσον. Ὡς δ᾽ ἐπένευσεν ἡ Ἀρσάκη, τὰ συνήθη μεταμφιασάμενος ἐξῄει. Συνεξῄει δ᾽ αὐτῷ καὶ ὁ Ἀχαιμένης, πολλὰ τῆς προπετείας τὸν Θεαγένην ὀνειδίζων καὶ ὡς μειρακιώδες εἴη τὸ πρόχειρον καὶ ὡς τὴν μὲν πρώτην ἡ δέσποινα

HELIODORUS.

omnium, effectum, ut Achæmenes omnia tumultu impleat, ægre ferens, quod iis, quæ exspectabat, frustretur et indignans, quod a me superetur apud Arsacem gratia. Neque enim quidquam clam illo futurum esse, matre illi omnia exposituræ, quæ ut adesset præsens iis quæ dicebantur, ex industria provideram, cum volens hæc Achæmeni indicari, tum testem illam consuetudinis ejuscemodi, quæ verbis tantum constaret, faciens. Quamvis enim sufficit fortasse, nullius sceleris sibi conscium, benevolentia numinis confidere : tamen honestum est, id ipsum de se hominibus, cum quibus versaris, persuadentem, tranquille vitam hanc, quæ ad tempus tantum durat, transigere. Addebat et illa, prorsus esse exspectandum, etiam insidias facturum esse Arsacæ Achæmenem, virum conditione servum, (oppositus autem est propemodum in universum id, quod subjectum est, ei, qui imperium in illud obtinet,) injuria præterea affectum et jurejurando fraudatum, videntem quoque, alios sibi honore prælatos esse et conscium omnium flagitiorum ac scelerum et cui nihil ad insidias faciendas comminisci sit opus, quod sæpius multi exacerbati sunt ausi, sed ex veris liceat habere expeditam ultionis rationem.

XXVII. Talia multa cum narrasset Chariclean et ut mediocria speraret adhortatus esset, postridie ducebatur ab Achæmene, ministraturus ad mensam : nam hoc ab Arsace imperatum fuerat : et veste pretiosa Persica, quam miserat, induebatur et aureis torquibus et monilibus gemmis distinctis, partim volens partim et invitus ornabatur. Et cum Achæmenes præmonstrare illi et exponere artem pocillandi inciperet, accurrens Theagenes ad unum tripodem, in quo pocula disposita fuerant et phialam tollens pretiosam, Nihil, inquit, magistris indigeo, sed ipse meo Marte ministrabo dominæ, in tam facilibus rebus nugas has rejicens. Te enim, optime, fortunæ ratio talia scire cogit : mihi vero et natura et tempus ea quæ sint facienda suggerit. Et simul infundens leviter, afferebat Arsacæ, concinno quodam et apto gradu, extremis digitis sublatam tenens phialam. Et hanc quidem magis quam antea illa potio concitavit, sorbentem simul et defixis oculis Theagenem intuentem et amoris plus quam vini haurientem, ac phialam dedita opera non ebibentem, sed arte, parvisque reliquiis Theageni propinantem. Vulnus accepit vicissim altera ex parte Achæmenes, ira simul et æmulatione impletus, ut neque Arsacen id lateret, cum torvis oculis adspexisset, et is qui aderant præsentes quiddam submisse insusurrasset. Cum autem convivium dissolveretur, Primum a te peto beneficium, o domina, inquit Theagenes, inter ministrandum tantum me uti hac stola jube. Postquam annuit Arsace, consuetum habitum recipiens exiit. Exibat una et Achæmenes, multis modis petulantiam Theageni ut probrum objiciens, et quod puerilis esset ejusmodi temeritas, quodque initio domina tanquam

23

τὸν ξένον καὶ ἄπειρον ὑπερεῖδεν, εἰ δ' ἐπιμένοις βλα-
κευόμενος, οὐ χαιρήσεις καὶ ὅτι φίλος ὢν ταῦτα συμ-
βουλεύοι, μᾶλλον δ' ὀλίγον ὕστερον καὶ εἰς γένος συν-
αφθησόμενος καὶ ἀδελφῆς τῆς ἐκείνου καθ' ὑπόσχεσιν
5 τῆς δεσποίνης ἀνὴρ ἐσόμενος. Καὶ πολλὰ τοιαῦτα
ἐκεῖνος μὲν ἔλεγεν. ὁ δὲ, οὐδ' ἀκούοντι προσεοικὼς,
κάτω νεύσας, ἀντιπαρῄει, μέχρις οὗ συνέβαλεν αὐτοῖς
ἡ Κυβέλη, κατευνάσαι τὴν δέσποιναν τὸ μεσημβρινὸν
ἐπειγομένη. Καὶ ἰδοῦσα σκυθρωπὸν τὸν υἱὸν, ἠρώτα
10 τὴν αἰτίαν. Ὁ δὲ, Τὸ ξένον μειράκιον, ἔφη, προστε-
τίμηται ἡμῶν καὶ χθὲς καὶ τήμερον παρεισδεδυκὸς
οἰνοχοεῖν ἐπιτέτραπται, τοῖς ἀρχιτρικλίνοις ἡμῖν καὶ
ἀρχιοινοχόοις πολλὰ χαίρειν φράσαν, ὀρέγει φιάλην καὶ
παρίσταται πλησίον βασιλικοῦ σώματος, τὸ μέχρις
15 ὀνόματος ἀξίωμα ἡμῶν παραγκωνισάμενος. Καὶ τὸ
μὲν τοῦτον τιμᾶσθαι μετέχοντα καὶ τῶν μειζόνων καὶ
κοινωνοῦντα καὶ τῶν ἀπορρητοτέρων, διότι γε κακῶς
ποιοῦντες ἡμεῖς σιωπῶμεν καὶ συμπράττομεν, ἧττόν
ἐστι δεινὸν, καίπερ ὂν δεινὸν, ἀλλ' ἐκεῖνό γ' ἐξῆν, ἄνευ
20 ὕβρεως τῆς εἰς ἡμᾶς τοὺς ὑπουργοὺς καὶ συνεργοὺς τῶν
καλῶν πράξεων τὰ τοιαῦτα γίγνεσθαι.
ΚΗ'. Καὶ περὶ μὲν τούτων δεύτερος λόγος. Τὸ δὲ
παρὸν, ὦ μῆτερ, τὴν μνηστὴν ἐβουλόμην τὴν τὰ
πάντα ἐμοὶ γλυκυτάτην Χαρίκλειαν ἰδεῖν, εἴ πως τὸ
25 δεδηγμένον τῆς ψυχῆς, τῇ θέᾳ τῇ ἐκείνης διαιτῆσαι
δυνηθείην. Καὶ ἡ Κυβέλη, Ποίαν μνηστὴν, ὦ τέκνον;
ἔοικάς μοι τὰ σμικρότατα τῶν κατὰ σαυτὸν ἀγανακτεῖν,
τὰ μείζονα δ' ἀγνοῶν λανθάνειν. Οὐκ ἔτι λαμβάνεις
πρὸς γάμον τὴν Χαρίκλειαν. Τί, ἔφη, λέγεις, ἀνα-
30 βοήσας. Οὐκ εἰμὶ δ' ἄξιος γαμεῖν ὁμόδουλον ἐμαυτοῦ;
διὰ τί, ὦ μῆτερ; Δι' ἡμᾶς, ἔφη, καὶ τὴν ἡμετέραν
παράνομον περὶ Ἀρσάκην εὔνοιάν τε καὶ πίστιν.
Ἐπειδὴ γὰρ ἐκείνην καὶ τῆς αὑτῆς ἀσφαλείας προτι-
μήσαντες καὶ τὴν ἐκείνης ἐπιθυμίαν καὶ τῆς ἡμετέρας
35 σωτηρίας ἐπίπροσθεν ἀγαγόντες, ἅπαντα καθ' ἡδονὴν
συνεπράξαμεν, ἅπαξ που παρεισελθὼν εἰς τὸν θάλαμον
ὁ γεννάδας οὗτος καὶ λαμπρὸς αὐτῇ ἐρώμενος, καὶ
μόνον ὀφθεὶς, ἀναπέπεικε παραβῆναι μὲν τοὺς πρός σε
γεγενημένους ὅρκους, αὑτῷ δὲ κατεγγυᾶν τὴν Χαρί-
40 κλειαν οὐκ ἀδελφὴν ἀλλὰ μνηστὴν εἶναι διατεινόμενος.
Καὶ ἐπήγγελται ταῦτ' ἐκείνῃ, ὦ μῆτερ; Ἐπήγγελται,
παιδίον, ἀπεκρίνατο ἡ Κυβέλη, παρούσης ἐμοῦ καὶ
ἀκουούσης καὶ τοὺς γάμους αὐτῶν ἑστιάσει λαμπρῶς
ὀλίγαις ὕστερον ἡμέραις. Σοὶ δ' ἄλλην συνοικιεῖν
45 [εἶναι] ἀντὶ ταύτης ἐπήγγελτο. Βαρύ τι δὴ πρὸς
ταῦτ' ἀνοιμώξας ὁ Ἀχαιμένης, καὶ τὼ χεῖρε διατρίψας,
Ἐγὼ, ἔφη, πικρογάμους θήσω σύμπαντας· μόνον μοι
σύμπραττε τὴν εἰς χρόνον σύμμετρον τῶν γάμων ὑπέρ-
θεσιν. Καὶ εἴ τις ἐπιζητοίη, κακοῦσθαί με κατ' ἀγρὸν
50 που συμπεσόντα ἀπάγγελλε. Μνηστὴν ὁ γεννάδας
ὀνομάζει τὴν ἀδελφὴν, ὥσπερ οὐ συνιέντων ἐπὶ δια-
κρούσει μόνῃ τῇ ἐμῇ ταῦτα πλάττεσθαι. Εἰ γὰρ περι-
βάλλοι, εἰ γὰρ φιλοίη καθάπερ δὴ καὶ νῦν, εἰ καὶ συγ-
καθεύδοι, καθαρός τις ἔλεγχος ὅτι μὴ ἀδελφῇ, μνηστῇ

in peregrino et ignaro ad factum connixerit. Ceterum si
perrexeris esse ita contumax, haudquaquam gaudebis,
inquiens : et quod ut amicus consilium daret ac paullo
post affinitatis vinculo jungendus et sororis illius juxta
pollicitationem dominae maritus futurus. Et talia multa
hic dicebat, ille autem ne audienti quidem similis, humi
defixos oculos tenens, praeteribat : usque dum forte Cybele
supervenit, deducere cubitum dominam tempore meridiano
accelerans. Et tristem filium conspicata, quaerebat cau-
sam. Ille autem, Peregrinus hic adolescentulus, inquit,
praelatus est nobis, et heri et hodie, se insinuans, jussus
est esse a poculis et nobis architriclinis et summis pocil-
latoribus valedicens porrigit phialam, et assistit proxime
regium corpus, dignitate nostra, quae verbo tenus tantum
jam est dignitas, contemta. Et quod hic quidem honore-
tur et adipiscatur etiam majora, et particeps sit vel magis
arcanorum, quia nos ipsi perversa quadam ratione tacemus
et adjuvamus, minus acerbum est. Ceterum illud utique
licuisset, sine contumelia erga nos ministros et socios ho-
nestarum actionum talia fieri.

XXVIII. Ac de his quidem aliud erit sermonis tempus.
In praesentia vero, mater, sponsam mihi suavissimam
Charicleam videre vellem, si quo modo morsum hunc
animi illius adspectu sanare possim. Et Cybele : Qualem
sponsam, fili? Videris mihi ob minimas molestias indi-
gnari, porro majores offensas ignorare. Iam non accipies
in uxorem Charicleam. Quid dicis, inquit, exclamans.
An non sum dignus, ut ducam conservam meam? Quamob-
rem, mater? Propter nos, inquit, et nostram illegitimam
erga Arsacen benevolentiam et fidem. Postquam enim
illam praeferentes nostrae securitati et illius cupiditati magis
quam nostrae saluti consulentes, omnia illius arbitratu per-
fecimus, semel ingressus in thalamum generosus hic et
praeclarus amasius et tantum conspectus, persuasit, ut
violaret tibi factum jusjurandum et ut sibi Chariclea de-
sponderetur, non sororem sed sponsam suam esse asseve-
rans. Promisit igitur haec illa, o mater? Promisit, fili,
respondit Cybele, praesente me et audiente, et nuptias
illorum splendido apparatu celebrabit paucis post diebus.
Tibi vero aliam se in matrimonium daturam promisit.
Vehementius ad haec ingemiscens Achaemenes et complosis
manibus, Ego, inquit, acerbas omnibus reddam nuptias :
tantum me adjuva in nuptiarum ad tempus conveniens di-
latione. Et si quis inquisierit, graviter me affectum de-
cumbere in agro renuntia. Sponsam generosus nominat
sororem, tanquam intelligi non possit, haec tantum ad
discussionem eorum, quae mihi sunt promissa, fingi.
Quasi vero, etiamsi amplectatur, etiamsi osculetur, sicuti
nunc facit, denique etiamsi una dormiat, manifestum sit
indicium, quod non soror, sed sponsa est. Mihi haec

δ' ἐστίν. Ἐμοὶ μελήσει ταῦτα καὶ ὅρκοις καὶ θεοῖς τοῖς παραβαθεῖσι.

ΚΘ' Ταῦτ' εἶπε καὶ ὑπ' ὀργῆς ἅμα καὶ ζηλοτυπίας καὶ ἔρωτος καὶ ἀποτυχίας οἰστρηθεὶς (ἱκανῶν καὶ ἄλλον τινὰ διαταράξαι [πραγμάτων,] μήτι γε δὴ βάρβαρον) τὴν προσπεσοῦσαν ἔννοιαν ἐπὶ λογισμῷ μὴ διακρίνας, ἐκ δὲ τῆς πρώτης ὁρμῆς κρατύνας, ἑσπέρας ἐπελθούσης, ἵππον τ' Ἀρμένιον, τῶν εἰς πομπὰς καὶ πανηγύρεις τῷ σατράπῃ φατνιζομένων, ὑφελέσθαι δυνηθείς, 10 ἀφιππάσατο ὡς τὸν Ὀροονδάτην κατὰ Θήβας τότε τὰς μεγάλας τὴν ἐπ' Αἰθίοπας συγκροτοῦντα στρατείαν καὶ πᾶν εἶδος πολέμου καὶ χεῖρα παντοίαν ἀθροίζοντα καὶ τὴν ἐπ' αὐτοὺς ἔξοδον ἤδη συσκευαζόμενον.

ΛΟΓΟΣ ΟΓΔΟΟΣ.

Α'. Ὁ γὰρ δὴ βασιλεὺς ὁ Αἰθιόπων ἀπάτῃ περιελη-
15 λυθὼς τὸν Ὀροονδάτην καὶ θατέρου τῶν ἀπάθλων τοῦ πολέμου γεγονὼς ἐγκρατὴς καὶ τὴν πόλιν ἐπίμαχον τὰς Φιλὰς ἀεὶ τυγχάνουσαν ἐκ προλήψεως δή' αὐτῷ πεποιημένος, εἰς πᾶσαν ἀμηχανίαν, ὥστε καὶ κατηπειγμένος ποιεῖσθαι τὴν ἐκστράτειαν καὶ αὐτοσχέδιον τὰ
20 πολλά, κατηνάγκαζεν. Ἡ γὰρ πόλις αἱ Φίλαι, κεῖται μὲν ἐπὶ τῷ Νείλῳ, τῶν ἐλαττόνων καταρρακτῶν ἀνωτέρω μικρόν, Συήνης δὲ καὶ Ἐλεφαντίνης ἑκατόν που τοῖς μεταξὺ σταδίοις διείργεται. Ταύτην ποτὲ φυγάδες Αἰγύπτιοι καταλαβόντες καὶ ἐνοικήσαντες, ἀμ-
25 φίσβολον Αἰθίοψί τε καὶ Αἰγυπτίοις κατέστησαν· τῶν μέν, τοῖς καταρράκταις τὴν Αἰθιοπίαν ὁριζομένων, Αἰγυπτίων δὲ καὶ τὰς Φίλας, κατὰ τὴν προσνοίκησιν τῶν παρ' αὑτῶν φυγάδων, ὡς ἂν δορυαλώτους αὑτοῖς προσνέμειν ἀξιούντων. Συνεχῶς δὴ μεταπιπτούσης
30 τῆς πόλεως καὶ τῶν ἀεὶ προλαβόντων καὶ ἐπικρατούντων γιγνομένης, τότε δ' ὑπὸ φρουρᾶς Αἰγυπτίων τε καὶ Περσῶν κατεχομένης, ὁ τῶν Αἰθιόπων βασιλεὺς πρεσβείαν ὡς τὸν Ὀροονδάτην στείλας, ἐξῇτει μὲν καὶ τὰς Φίλας, ἐξῇτει δὲ καὶ τὰ σμαράγδεια μέταλλα καὶ πάλαι
35 περὶ τούτων ὡς εἴρηται διακηρυκευσάμενος καὶ οὐ τυχών, ὀλίγαις τε προφθῆναι τοὺς πρεσβεύειν ἡμέραις ἐπιτρέψας, ἐφείπετο, πάλαι προπαρεσκευασμένος δῆθεν, ὡς ἐπ' ἄλλον τινὰ πόλεμον, καὶ οὐδενὶ τὴν ὁρμὴν τῆς στρατείας φράσας. Κἀπειδὴ τὰς Φίλας ὑπερβεβη-
40 κέναι τοὺς πρεσβευτὰς εἴκαζεν, ὀλιγωρίαν τοῖς τ' ἐνοικοῦσι καὶ τοῖς φρουροῖς ἐμποιήσαντας καὶ ὡς ὑπὲρ εἰρήνης καὶ φιλίας πρεσβεύσειν ἀπαγγείλαντας, αὐτὸς αἰφνίδιον ἐπιστὰς τήν τε φρουρὰν ἐξήλασε, δύο μέν που καὶ τριῶν ἡμερῶν ἀντισχοῦσαν, πλήθει δὲ τῶν
45 ἐναντίων καὶ μηχαναῖς τειχομάχοις ἐνδοῦσαν καὶ τὴν πόλιν κατέσχεν, οὐδενὶ τῶν ἐνοικούντων λυμηνάμενος. Διὰ ταῦτα δὴ τεταραγμένον καταλαβὼν τὸν Ὀροονδάτην ὁ Ἀχαιμένης, ἅπαντα πεπυσμένον παρὰ τῶν διαδράντων, ἔτι πλέον ἐξετάραξεν ἀπροσδόκητός· τε

LIBER VIII.

erunt curæ et jurijurando ac diis, quorum est religio violata.

XXIX. Hæc dixit et ira simul ac zelotypia amoreque et frustratione percitus, (quæ alioqui et ad alium, nedum ad hominem barbarum perturbandum sufficerent) cogitationem, quæ inciderat, non expendens ratione, sed primo impetu approbans, equum Armenium, qui satrapæ ad pompas et panegyres alebatur, cum illum clam subducere posset, conscendit, ad Oroondatem iter tendens, tum Thebis magnis contra Æthiopem exercitum colligentem et omne genus belli et varias copias congregantem atque exitum contra illum jam adornantem.

LIBER OCTAVUS.

I. Rex enim Æthiopum, cum fraude circumvenisset Oroondatem, et altero belli præmio potitus esset, ac Philas urbem, semper expugnatu facilem, anticipatione sibi subjecisset, ad summam rerum penuriam eum, adeo ut raptim ac tumultuarie magna ex parte expeditionem susciperet, redigebat. Urbs enim Philæ sita est ad Nilum, paullulum supra minores cataractas: a Syene vero et Elephantina centum stadiis circiter distat. Hanc aliquando exsules Ægyptii cum occupassent et incoluissent, ut de illa inter Æthiopes et Ægyptios ambigeretur, effecerunt: illis quidem, Æthiopiam cataractis terminantibus; Ægyptiis vero etiam Philas, quod eas exsules sui incoluissent, tanquam bello partas sibi vindicare volentibus. Cumque continue transiret ab aliis in aliorum ditionem urbs et eorum qui antevertissent ac devicissent esset, tunc vero præsidio Ægyptiorum et Persarum detineretur: Æthiopum rex, in legatione ad Oroondatem, repetebat Philas, reposcebat et smaragdi fodinas. Et cum jampridem hæc denuntiasset, ut dictum est et non obtinuisset, quod postulabat, paucis diebus præcedere legatis jussis, ipse subsequebatur, cum antea omni apparatu se instruxisset tanquam ad aliud quoddam bellum et nemini quo versurus esset molem belli indicasset. Postquam autem Philas superasse legatos conjectabatur, qui negligentia et securitate incolas implebant et tanquam pacis causa et amicitiæ legatione fungerentur nuntiabant: ipse subito adveniens, et præsidium ejecit, quod ultra biduum triduumve multitudinem hostium et machinas, quibus muri oppugnantur, sustinere non poterat; et urbem tenuit, nemini ex incolis ullo damno illato. Propter hæc perturbatum deprehendens Achæmenes Oroondatem et de omnibus ab his qui effugerant edoctum, adhuc magis perturbavit, cum inopinato

23.

καὶ ἀπρόσκλητος ὀφθείς. Καὶ μή τι δεινὸν περὶ τὴν
Ἀρσάκην ἢ τὸν ἄλλον οἶκον γένοιτο πυνθανομένῳ,
γεγονέναι μὲν ὁ Ἀχαιμένης, ἰδίᾳ δὲ φράζειν βούλεσθαι
ἀπεκρίνατο. Κἀπειδὴ τῶν ἄλλων ἐχωρίσθησαν,
5 ἅπαντα κατεμήνυεν· ὡς ὑπὸ Μιτράνου ληφθεὶς αἰχμά-
λωτος ὁ Θεαγένης, ἀπέσταλτο πρὸς Ὀροονδάτην,
δῶρον, εἰ δόξειεν, ὡς βασιλέα τὸν μέγαν ἀναπεμφθη-
σόμενος· (καὶ γὰρ εἶναι τὸ χρῆμα τοῦ νεανίου τῆς
βασιλείας αὐλῆς καὶ τραπέζης ἐπάξιον·) ὡς ὑπὸ Βησ-
10 σαέων ἀφαιρεθείη, προσανελόντων καὶ τὸν Μιτράνην·
ὡς ἀφίκοιτο μετὰ ταῦτ᾽ εἰς τὴν Μέμφιν· παρενείρων
ἅμα τὰ κατὰ τὸν Θύαμιν· καὶ τέλος, τὸν ἐπὶ Θεαγένει
τῆς Ἀρσάκης ἔρωτα καὶ τὸν εἰς τὰ βασίλεια τοῦ Θεα-
γένους εἰσοικισμὸν καὶ τὰς περὶ αὐτὸν φιλοφρονήσεις
15 καὶ τὰς ἐκείνου διακονίας τε καὶ οἰνοχοίας καὶ ὡς
πέπρακται μὲν ἤδη τῶν παρανόμων ἴσως οὐδέν, ἀνθι-
σταμένου τέως τοῦ νεανίου καὶ ἀντέχοντος, δέος δὲ
πραχθῆναι βιασθέντος ἢ καὶ τῷ χρόνῳ τοῦ ξένου πως
ἐνδόντος, εἰ μὴ φθαίη τις αὐτὸν προαναρπάζων ἐκ τῆς
20 Μέμφεως καὶ τὴν ὅλην τοῦ ἔρωτος ὑπόθεσιν τῆς Ἀρ-
σάκης ὑποτεμνόμενος· διὰ γὰρ δὴ ταῦτα καὶ αὐτὸς
ἐπειχθῆναι καὶ λάθρα διαδρὰς ἥκειν μηνυτής, εὐνοίᾳ
τῇ περὶ τὸν δεσπότην, ἀποκρύπτειν τὰ κατὰ τοῦ
δεσπότου μὴ ἐνεγκών.

25 Βʹ. Κἀπειδὴ τούτοις θυμοῦ τὸν Ὀροονδάτην ἐμπε-
πλήκει, καὶ ὅλως πρὸς ἀγανάκτησιν καὶ τιμωρίαν
ἐξῆγε, δι᾽ ἐπιθυμίας αὖθις ἐξέκαε τὰ κατὰ τὴν Χαρί-
κλειαν προστιθεὶς καὶ ἐπὶ μέγα ὥσπερ ἦν ἐξαίρων καὶ
τὸ κάλλος παντοίως ἐκθειάζων καὶ τὴν ὥραν τῆς κόρης,
30 ὡς οὔτ᾽ ὀφθείη πρότερον, οὔτ᾽ αὖθις δυνήσεται· Μικρὰ
νομίζε, λέγων, πάσας σου τὰς παλλακίδας εἶναι παρὰ
ταύτην, οὐ μόνον τὰς κατὰ τὴν Μέμφιν, ἀλλὰ καὶ τὰς
ἑπομένας· καὶ ἄλλα πολλὰ πρὸς τούτοις ὁ Ἀχαιμένης,
ἐλπίζων εἰ καὶ προσομιλήσειεν Ὀροονδάτης τῇ Χαρι-
35 κλείᾳ, μικρῷ γοῦν ὕστερον ἐπὶ μισθῷ τῶν μηνυμάτων
ἐξαιτήσας, πρὸς γάμον ἕξειν. Καὶ ὅλος ἐξηρέθιστο
ἤδη καὶ διακαὴς ἦν ὁ σατράπης, θυμοῦ καὶ ἐπιθυμίας
ἅμα ὥσπερ εἰς ἄρκυς ἐμβεβλημένος καὶ οὐδὲ μικρὸν
ὑπερθέμενος, Βαγώαν τινὰ τῶν πεπιστευμένων εὐνού-
40 χων προσκαλεσάμενος, Ἱππέας τε πεντήκοντα ἐγχει-
ρίσας, εἰς τὴν Μέμφιν ἐξέπεμπεν, ἄγειν ὡς αὐτὸν
Θεαγένην, τε καὶ Χαρίκλειαν ὡς ὅτι τάχιστα, καὶ
οὕπερ ἂν αὐτὸς καταλαμβάνοιτο, ἐπιστείλας.

Γʹ. Ἐνεχείριζε δὲ καὶ γράμμα, τὸ μὲν πρὸς Ἀρσά-
45 κην ὧδε ἔχον· ΟΡΟΟΝΔΑΤΗΣ ΑΡΣΑΚΗι. Θεαγένην
καὶ Χαρίκλειαν, τοὺς αἰχμαλώτους ἀδελφοὺς, βασι-
λέως δὲ δούλους, βασιλεῖ διαπεμφθησομένους ἀπό-
στειλον. Ἀλλ᾽ ἑκοῦσα ἀπόστειλον ἐπεὶ καὶ ἀκούσης
ἀχθήσονται καὶ Ἀχαιμένης πιστευθήσεται. Πρὸς
50 δ᾽ Εὐφράτην τὸν κατὰ τὴν Μέμφιν ἀρχιευνοῦχον,
τοιόνδε. Ὑπὲρ μὲν ὧν οἰκίας τῆς ἐμῆς ὀλιγωρεῖς
εὐθύνας ὑφέξεις. Τὸ παρὸν δὲ τοὺς ξένους Ἕλληνας
[τοὺς αἰχμαλώτους] Βαγώᾳ παράδος ὡς ἐμὲ ἀχθησο-
μένους, ἑκούσης Ἀρσάκης, εἴτ᾽ ἀκούσης· πάντως δὲ

et non advocatus adesset. Extemploque, Ecquid mali
Arsacæ, aut reliquæ domui cecidisset, quærenti : Cecidisse
quidem, ceterum seorsim se velle dicere, respondit.
Postquam alii secesserunt, omnia indicabat : Quomodo a
Mitrane captus esset Theagenes, et ad Oroondatem missus,
ut donum regi magno (si visum fuisset) deinde mitteretur,
(etenim esse adolescentem aula regia et mensa omnino
dignum ;) quomodo a Bessaensibus ereptus esset, qui et
Mitranem præterea interfecissent : quod postea venisset
Memphim; simul renovans et Thyamidis rationes. Ad
extremum, Arsaces amorem erga Theagenem et migratio-
nem Theagenis in regia domicilia et honores illi cum qua-
dam benevolentiæ significatione habitos et illius ministeria
et pocillationes : et quod adhuc fortasse nihil incestæ con-
suetudinis intercessisset, resistente adolescente et repu-
gnante. Metuendum esse tamen, ne adducatur aut vi,
aut alioqui temporis diuturnitati succumbens, nisi aliquis
illum ante Memphi rapiat et totum scopum amori Arsacæ
præcidat. Atque eam ob causam se quoque accelerasse
et clam elapsum venire indicem, benevolentia erga domi-
num, occultare ea quæ contra voluntatem domini fierent
non valentem.

II. Ut hac oratione ira Oroondatem implevit et omnino
indignatione et vindictæ studio effervescentem reddidit ;
rursus eum cupiditate inflammabat, narrationem de Cha-
riclea adjiciens et in summum fastigium sicut erat attollens
et pulchritudinem virginis et formam omnino divinis lau-
dibus ornans, quod nunquam talis fuisset visa, neque ite-
rum videri posset : Flocci faciendas existima, dicens,
omnes tuas pellices præ ipsa, non tantum eas, quæ sunt
Memphi, sed et eas quæ te sequuntur. Et alia multa ad
hæc addebat Achæmenes, sperans, etiamsi rem habuisset
Oroondates cum Chariclea, se tamen illam paullo post,
cum eam pro præmio indiciorum petiisset, in uxorem
accepturum. Iamque prorsus irritatus erat et inflammatus
satrapa, in retia simul iræ et cupiditatis injectus et neque
minima dilatione interposita, Bagoa quodam ex eunuchis,
qui fide apud illum valebat, accersito traditisque illi equi-
tibus quinquaginta, Memphim misit, ut ad se adduceret
Theagenem et Charicleam primo quoque tempore et ubi-
cunque deprehensurus esset, imperans.

III. Dedit et literas; alias ad Arsacen, ejusmodi : *Oroon-
dates Arsacæ* : Theagenem et Charicleam, captivos ger-
manos, regios vero servos, ad regem transmittendos,
mitte. Ac sponte mitte, quoniam et te invita abducentur
et Achæmenis fides apud nos valebit. Ad Euphratem
vero, supremum eunuchum Memphi, tales : Negligentiæ
in curanda mea domo postea reddes rationes. In præ-
sentia vero peregrinos Græcos Bagoæ trade ad me dedu-

παράδος, ἢ αὐτὸς ἴσθι δέσμιος ἀχθῆναι προστεταγμένος, τῆς δορᾶς ἀφαιρησόμενος. Οἱ μὲν δὴ περὶ τὸν Βαγώαν ἐπὶ τὸ προστεταγμένον ἐξώρμησαν, τῶν ἐπεσταλμένων παρὰ τοῦ σατράπου κατασεσημασμένων, ὡς
5 ἂν μᾶλλον πιστεύσειαν οἱ κατὰ τὴν Μέμφιν καὶ θᾶττον τοὺς νέους ἐκδοῖεν. Ἐξώρμησε δὲ καὶ Ὀροονδάτης ἐπὶ τὸν πρὸς Αἰθίοπας πόλεμον, ἕπεσθαι καὶ τὸν Ἀχαιμένην προστάξας, ἠρέμα καὶ οὐκ εἰδότα παραφρουρούμενον, ἕως ἂν τὰ πρὸς αὐτοῦ μηνυθέντα δείξῃ
10 [ἐπαληθεύων]. Κατὰ δὲ τὰς αὐτὰς ἡμέρας καὶ κατὰ τὴν Μέμφιν τοιάδε ἐγένετο. Ἄρτι τοῦ Ἀχαιμένους ἀποδράντος, ὁ Θύαμις ἤδη τὴν προφητείαν ὁλόκληρον ἀναδεδεγμένος καὶ τὰ πρῶτα τῆς πόλεως διὰ τοῦτο φερόμενος, τὰ περὶ τὴν κηδείαν τοῦ Καλασίριδος ἐκτε-
15 λέσας καὶ τὰ νενομισμένα τῷ πατρὶ πάνθ᾽ ἐν ἡμέραις ταῖς τεταγμέναις ἐπενέγκας, ἀναζητήσεως ἔννοιαν τῶν περὶ τὸν Θεαγένην ἐλάμβανεν, ὅτε δὴ διαιτᾶσθαι καὶ τοῖς θύραθεν ἐκ τοῦ προφητικοῦ νόμου διατεταγμένον ἐγένετο. Κἀπειδὴ πολυπραγμονῶν καὶ ἐκπυνθανό-
20 μενος, ἔγνω τοῖς σατραπείοις ἐνῳκισμένους, ὡς εἶχε σπουδῆς, ἐλθὼν ὡς τὴν Ἀρσάκην, ἐξῄτει τοὺς ξένους, ὡς αὐτῷ κατὰ πολλὰ μὲν καὶ ἄλλα προσήκοντας, πλέον δ᾽ ὅτι περ ὁ πατὴρ Καλάσιρις τελευτῶν ἐπέσκηπτε παντοίως προνοεῖν καὶ ὑπερμαχεῖν τῶν ξένων ἐπιστεί-
25 λας· χάριν μὲν ἔχειν ὁμολογῶν, ὅτι τὰς διὰ μέσου τούτας ἡμέρας ὑπεδέξατο νέους καὶ ξένους καὶ Ἕλληνας φιλανθρωπευομένη, καθ᾽ ἃς ἐνδιαιτᾶσθαι τῷ ναῷ τοῖς μὴ ἱερωμένοις ἀπηγόρευτο, δικαιῶν δ᾽ ἀνακομίζεσθαι τὴν αὐτὸς αὑτοῦ παρακαταθήκην. Καὶ ἡ Ἀρ-
30 σάκη, Θαυμάζω σου, ἔφη, χρηστὰ μὲν ἡμῖν καὶ φιλάνθρωπα προσμαρτυροῦντος, ἀπανθρωπίαν δ᾽ αὖθις καταγινώσκοντος, εἰ μὴ δυνησόμεθα ἢ βουλησόμεθα προνοεῖν τῶν ξένων καὶ τὰ πρέποντα αὐτοῖς ἀπονέμειν. Οὐ τοῦτο, εἶπεν ὁ Θύαμις. Καὶ γὰρ ἐν ἀφθονωτέροις
35 τῇδε πλέον ἢ παρ᾽ ἡμῖν οἶδ᾽ ἐσομένους, εἰ καὶ μένειν βουλομένοις ἦν. Νυνὶ δὲ γένους ὄντες τῶν ἐπὶ δόξης, ἄλλως δὲ τύχης ἐπηρείαις ποικίλαις κεχρημένοι καὶ τὸ παρὸν ἀλητεύοντες πάντων ἐπίπροσθεν ποιοῦνται γένος τὸ ἴδιον ἀνακομίσασθαι καὶ εἰς τὴν ἐνεγκοῦσαν ἐπανή-
40 ξειν· ὧν εἰς τὴν σύλληψιν ἐμὲ κληρονόμον ὁ πατὴρ καταλέλοιπεν, ὄντων μοι καὶ ἄλλων φιλίας πρὸς τοὺς ξένους δικαιωμάτων. Εὖ γ᾽ ἐποίησας, ἡ Ἀρσάκη πρὸς αὐτόν, τοῦ μὲν ἐκδυσωπεῖν ἀφέμενος, τὸ δὲ δίκαιον προβαλλόμενος. Πλέον γὰρ τοῦτο μεθ᾽ ἡμῶν
45 ὂν φαίνεται, ὅσῳ καὶ τὸ δεσποτεύειν τοῦ προνοεῖν τηνάλλως, εἰς τὸ ἔχειν ἐπικρατέστερον. Ὁ δὴ Θύαμις Θαυμάσας, Δεσποτεύεις δέ, ἔφη, καὶ τίνων ὅπως; Πολέμου νόμῳ, πρὸς αὐτὸν ἀπεκρίνατο, δούλους τοὺς αἰχμαλώτους ἀναδεικνύντος.
50 Δ᾽. Συνεὶς δὴ οὖν ὁ Θύαμις, ὅτι τὰ περὶ τὸν Μιτράνην ἐθέλοι λέγειν, Ἀλλ᾽, ὦ Ἀρσάκη, ἔφη, οὐ πόλεμος τάδε ἀλλ᾽ εἰρήνη τὸ παρόν. Κἀκεῖνος μὲν δουλοῦν, ἐλευθεροῦν δ᾽ αὕτη πέφυκε. Κἀκεῖνο μέντοι ἐστὶ βούλημα τυραννικὸν, τουτὶ δὲ δόγμα βασιλικόν.

Εἰρήνην δὲ καὶ πόλεμον, οὐχ ἡ τῶν ὀνομάτων ἀξίωσις
ἀλλ' ἡ τῶν χρωμένων διάταξις, ἀληθέστερον γνωρίζειν
πέφυκε. Τὸ μὲν δίκαιον τούτοις τιθεμένη, βέλτιον
ἂν φανείης ὁριζομένη. Τό γε μὴν πρέπον ἢ συμφέρον
5 οὐδ' εἰς ἀμφισβήτησιν καθίσταται. Πῶς γὰρ σοὶ
καλὸν ἢ λυσιτελοῦν νέων καὶ ξένων οὕτως ἐκθύμως
φαίνεσθαί τε καὶ ὁμολογεῖν ἀντεχομένην;
Ε'. Ἐπὶ τούτοις οὐκ ἔτι κατέσχεν ἡ Ἀρσάκη ἀλλ'
ἔπασχεν ὃ δὴ καὶ πάντες ὡς ἐπίπαν οἱ ἐρῶντες. Λαν-
10 θάνειν μὲν οἰόμενοι καὶ ἐρυθριῶσιν, ἁλισκόμενοι δ'
ἀπαναισχυντοῦσιν· ὁ μὲν ἀγνοούμενος ὀκνηρότερος, ὁ
δὲ πεφωραμένος θρασύτερος καθιστάμενος. Ὣς δὴ
κἀκείνη τὸ συνειδὸς τῆς ψυχῆς ἔλεγχος ἐγίγνετο καὶ
τὸν Θύαμιν ὑπωπτευκέναι τι τῶν κατ' αὐτὴν ὑποτο-
15 πήσασα, παρ' οὐδὲν μὲν τὸν προφήτην καὶ τὸ προφη-
τικὸν ἀξίωμα ποιησαμένη, πᾶσαν δὲ γυναικείαν αἰδῶ
παραγκωνισαμένη, Ἀλλ' οὐδὲ τῶν εἰς Μιτράνην, ἔφη,
δεδραμένων ὑμῖν χαιρήσετε, ἀλλ' ἔσται καιρὸς ἐν ᾧ
τοὺς σφαγέας ἐκείνου τε καὶ τῶν σὺν αὐτῷ τὴν δίκην
20 Ὀροονδάτης εἰσπράξεται. Τούσδ' δ' οὐ μεθήσομαι, τὸ
μὲν παρὸν ἐμοὶ δουλεύοντας, ὀλίγον δ' ὕστερον ἀδελφῷ
τῷ ἐμῷ βασιλεῖ τῷ μεγάλῳ, κατὰ νόμον τὸν Περσικὸν
ἀναπεμφθησομένους. Πρὸς ταῦτα ῥητόρευε καὶ δί-
καια καὶ πρέποντα καὶ συμφέροντα μάτην ὁριζόμενος,
25 ὡς οὐδενὸς προσδεῖται ὁ κρατῶν, τὸ βούλημα τὸ ἴδιον
τούτων ἕκαστος ποιούμενος. Καὶ αὐλῆς τῆς ἡμετέρας
ὡς ὅτι τάχιστα καὶ ἑκὼν μεθίστασο, μὴ δὴ λάθης καὶ
ἄκων μεθιστάμενος. Ὁ μὲν οὖν Θύαμις ἐξῄει θεούς
τ' ἐπιμαρτυράμενος καὶ τοσοῦτον ἐπισκήψας, ὡς οὐκ
30 εἰς καλὸν ταῦτα τελευτήσει, κατάδηλα ποιῆσαι πρὸς
τὴν πόλιν καὶ ἐπικαλέσασθαι πρὸς βοήθειαν ἐνθυμού-
μενος. Ἡ δ' Ἀρσάκη, Λόγος οὐδείς, εἰποῦσα, τῆς
σῆς προφητείας, μίαν ὁρᾷ προφητείαν ἔρως τὴν ἐπιτυ-
χίαν, εἰς τὸν θάλαμον τε χωρισθεῖσα καὶ τὴν Κυβέλην
35 προσκαλεσαμένη περὶ τῶν παρόντων διεσκοπεῖτο καὶ
γάρ πως ἤδη καὶ τὸν δρασμὸν τοῦ Ἀχαιμένους οὐ φαι-
νομένου δι' ὑποψίας ἐλάμβανε, τῆς Κυβέλης, εἴποτε
πυνθάνοιτο καὶ ἐπιζητοίη τὸν Ἀχαιμένη, ποικίλας
καὶ ἄλλοτ' ἄλλας προφάσεις ἀναπλαττούσης καὶ πάντα
40 μᾶλλον ἢ τὴν ὡς Ὀροονδάτην ἄφιξιν πιστεύειν πα-
ρασκευαζούσης· πλὴν οὐ πανταπασι τὰ τελευταῖα πει-
θούσης ἀλλ' ἤδη διὰ τὸν χρόνον καὶ ἀπιστουμένης.
Τότε δ' οὖν, Τί ποιήσωμεν, ἔλεγεν, ὦ Κυβέλη; τίς
λύσις ἔσται μοι τῶν περιεστηκότων; ὁ μὲν ἔρως οὐκ
45 ἀνίησιν ἀλλ' ἐπιτείνει πλέον ὥσπερ ὕλῃ τῷ νέῳ λά-
βρως ὑποπιμπράμενος, ὁ δ' ἐστὶν ἀπηνὴς τε καὶ ἀμεί-
λιχος, φιλανθρωπότερος τὰ πρῶτα ἢ νῦν φαινόμενος,
τότε μὲν ἀπατηλαῖς γοῦν ἐπαγγελίαις παρηγόρων νῦν
δὲ παντάπασι περικαλύπτως τὰ πρός με ἀπαγο-
50 ρεύων. Ὁ δή με καὶ διαταράττει μᾶλλον, μὴ δή τι
περὶ Ἀχαιμένους, ὧν ὑπονοῶ, καὶ αὐτὸς πέπυσται
καὶ πλέον ἀποδειλιᾷ τὴν πρᾶξιν. Λυπεῖ δ' ἐπὶ πᾶσιν
Ἀχαιμένης, ὃς νῦν μηνυτὴς ὡς Ὀροονδάτην πεπόρευ-
ται, ἢ πείσων ἴσως, ἢ οὐ πάντως ἄπιστα λέξων.

Denique pacem et bellum, non nominum pondus, sed
ratio et constitutio eorum, qui utuntur, verius judicare
solet. Quamobrem æquitatem, si his assensa fueris,
melius definire videberis : ceterum honestum et utile,
neque in controversiam venit. Quomodo enim honestum
tibi est, aut conducit, juvenes et peregrinos, tam furiose
videri et fateri, te retinere velle?

V. Ad hæc non amplius continuit sese Arsace, sed id
illi accidit, quod omnibus in universum amantibus acci-
dere solet. Cum occultas esse suas rationes putant, eru-
bescunt : cum sunt deprehensi, omnem pudorem amittunt.
Qui latet, cunctantior est : qui deprehensus est, audacior
efficitur. Quemadmodum et illam conscia mens redar-
guebat et Thyamim aliquid suspicatum esse de se existi-
mans, non faciens flocci antistitem et antistitii dignitatem,
omnemque pudorem muliebrem abjiciens, sed neque, in-
quit, ea quæ in Mitranem admisistis vobis condonabuntur.
Ceterum tempus erit, quando de interfectoribus illius et
eorum qui una aderant, Oroondates sumet pœnas. Hos
vero non dimittam, qui in præsentia sunt mea manci-
pia : paullo post vero fratri meo, regi magno, secundum
legem Persicam mittentur. Ad hæc rhetoris partes agas
quantumvis justa et honesta et utilia frustra definiens,
quod nullius indigeat is, qui habet imperium in aliquem,
suum arbitrium quodlibet horum esse statuens : et ex aula
nostra e vestigio sponte discede, ne forte incautius agens,
invitus cedere cogaris. Thyamis igitur deos testes
invocans et tantum affirmans, quod hæc bonum finem non
essent sortitura; indicare urbi et eam in auxilium advo-
care cogitans. Arsace autem, Nihil curo tuum antisti-
tium, cum dixisset; amor solum respicit antistitium,
potiendi solatium : in thalamum secedens et Cybelen ac-
cersens, de præsentibus rationibus deliberabat, etenim
jam aliquo modo et fugam Achæmenis non comparentis in
suspicionem vocabat; Cybele, si quando percunctaretur et
inquireret de Achæmene, varios et alio tempore alios præ-
textus comminiscente et omnia magis, quam ut ad Oroon-
datem eum venturum esse crederet, illi persuadente. Ve-
rumtamen non omnino ad extremum fidem faciebat, sed
jam propter diuturnitatem temporis illi fides non habeba-
tur. Tunc igitur, Quidnam faciemus, dicebat, o Cybele?
Quæ tandem erit ratio, qua me ex iis, quæ circumstant,
extricare possim? Nam amor non remittit quidquam, sed
magis intenditur, tanquam materia a juvene hoc, magno
cum impetu accensus. Ille autem est ferox et intracta-
bilis et qui humanior esse prius, quam nunc, videbatur :
tunc quidem fraudulentis pollicitationibus me consolatus;
nunc autem omnino etiam manifeste nostra recusans pos-
tulata. Quod me magis perturbat, ne forte de Achæmene,
quæ suspicor, ipse quoque audierit, atque ita magis rem
refugiat. Enimvero præ omnibus me angit Achæmenes,
qui nunc index ad Oroondatem profectus est, aut persua-
surus illi fortasse, aut non omnino a vero abhorrentia dictu-

Ὀφθείη μοι μόνον Ὀροονδάτης. Μίαν θεραπείαν καὶ δάκρυον Ἀρσάκειον ἓν οὐχ ὑποστήσεται. Μεγάλην εἰς πειθὼ κέκτηται πρὸς ἄνδρας ἴυγγα τὰ γυναικεῖα καὶ σύνοικα βλέμματα. Ἀλλ' ἐκεῖνο ὑπέρδεινον, εἰ μὴ τυχοῦσα Θεαγένους προληφθείην ὑπὸ τῆς κατηγορίας, ἤ, κἂν οὕτω τύχῃ, τῆς τιμωρίας, εἴ τι πρὶν ἐντυχεῖν μοι, πιστεύσειεν Ὀροονδάτης. Ὥστε, ὦ Κυβέλη, πάντα κίνει, πᾶσαν εὕρισκε μηχανήν, πρὸς ξυροῦ τὴν ἄκραν ἀκμὴν περιεστηκότα ἡμῖν ὁρῶσα τὰ πράγματα καὶ ἅμ' ἐννοοῦσα ὡς οὐκ ἔστιν ὅπως ἐμαυτῆς ἀπογνοῦσα, φείσομαι ἄλλων. Ἀλλὰ πρώτη παραπολαύσεις τῶν τοῦ παιδὸς ἐπιχειρημάτων, ἃ πῶς ἠγνόησας, οὐκ ἔχω συμβαλεῖν. Καὶ ἡ Κυβέλη, Παιδὸς μὲν, ἔφη, τοῦ ἐμοῦ πέρι καὶ πίστεως εἰς σε τῆς ἐμῆς, ὦ δέσποινα, οὐκ ἀληθῆ δοξάζουσα γνώσῃ τοῖς ἔργοις, αὐτὴ δ' οὕτως ὑπτίως προσιοῦσα τῷ σαυτῆς ἔρωτι καὶ τῷ ὄντι μαλακιζομένη, μὴ ἄγε τὴν αἰτίαν ἐπ' ἄλλους τοὺς οὐκ αἰτίους. Οὐ γὰρ ὡς δέσποινα κρατεῖς ἀλλ' ὡς δουλεύουσα θεραπεύεις τὸ μειράκιον. Ἃ παρὰ μὲν τὴν πρώτην ὀρθῶς ἴσως ἐγίγνετο, ἁπαλοῦ τινος ἐκείνου καὶ νέου τὴν ψυχὴν νομισθέντος· Ἐπειδὴ δὲ κατεξανίσταται ὡς ἐρωμένης, λαμβανέτω πεῖραν ὡς δεσποίνης καὶ μαστιγούμενος καὶ στρεθλούμενος ὑποπιπτέτω τοῖς σοῖς βουλήμασι. Πεφύκασι γὰρ οἱ νέοι ῥᾳθυμευόμενοι μὲν ὑπερφρονεῖν, βιαζόμενοι δ' ὑπείκειν. Ὥστε καὶ οὗτος πράξει κολαζόμενος, ἅπερ ἠθέτει κολακευόμενος. Ἀλλὰ δοκεῖς μὲν, εὖ λέγειν, ἡ Ἀρσάκη, πῶς δ' ἂν ἐνέγκαιμι, ὦ θεοί, τοῖς ἐμοῖς ὀφθαλμοῖς, ἢ ξαινόμενον ὁρῶσα τὸ σῶμα ἐκεῖνο, ἢ καὶ ἄλλως κολαζόμενον; Αὖθις αὖ σὺ μαλακίζῃ, ἔφη, ὥσπερ οὐ πρὸς ἐκείνου τε γενησόμενον ὀλίγαις στρεβλώσεσιν ἐλέσθαι τὰ βελτίονα, καὶ σοὶ πρὸς μικρὸν ἀνιαθείσῃ, τυχεῖν τῶν κατὰ γνώμην. Ἔνεστι δέ σοι μηδὲ λυπεῖν τὸν ὀφθαλμόν· τοῖς γιγνομένοις, ἀλλ' Εὐφράτῃ παραδοῦσαν καὶ κολάζειν εἰποῦσαν, ὥς τι πεπλημμεληκότα, μήτ' ἀνιᾶσθαι ὁρῶσαν, (χροῖ γὰρ ὄψεως εἰς τὸ λυπῆσαι κουφότερον), καὶ εἰ μεταβεβλημένον αἰσθοῖ μεθα, πάλιν ἐξελέσθαι ὡς αὐτάρκως ἐπεστραμμένον.

Ϛ´. Ἐπείθετο ἡ Ἀρσάκη, (ἀπελπισθεὶς γὰρ ὁ ἔρως οὐδεμίαν ἔχει φειδὼ τοῦ ἐρωμένου, τρέπεται δὲ φιλεῖ τὴν ἀποτυχίαν εἰς τιμωρίαν), καὶ τὸν ἀρχιευνοῦχον μετακαλεσαμένη, τὰ δεδογμένα προσέταξεν. Ὁ δὲ, καὶ φύσει μὲν τὴν εὐνούχων ζηλοτυπίαν νοσῶν, συμψόμενος δὲ καὶ πάλαι κατὰ τοῦ Θεαγένους ἐξ ὧν ἑώρα τε καὶ ὑπώπτευεν, εὐθὺς ἐν δεσμοῖς εἶχε σιδηροῖς καὶ ἐπίεζε λιμῷ καὶ αἰκίαις, εἰς οἴκημα ζοφῶδες κατακλεισάμενος καὶ εἰδότι μὲν, προσποιουμένῳ δὲ καὶ πυνθανομένῳ δῆθεν τὴν αἰτίαν, οὐδὲν ἀποκρινόμενος· ἐπιτείνων δ' ὁσημέραι τὰ τῆς κολάσεως καὶ πλέον ἢ ἐβούλετο ἡ Ἀρσάκη καὶ ἐντέταλτο τιμωρούμενος, εἰσφοιτᾶν δ' οὐδενὶ παρικεὶς ἢ μόνῃ τῇ Κυβέλῃ, τοῦτο προστεταγμένον. Ἡ δ' ἐφοίτα συνεχῶς καὶ τροφὰς κρύφα παρεισφέρειν ἐνεδείκνυτο, οἰκτείρουσα μὲν δῆθεν καὶ ὑπὸ τῆς συνηθείας ἐπικλωμένη, τὸ δ' ἀληθὲς ἀποπειρωμένη ποίαν

LIBER VIII.

rus. Videam ego modo Oroondatem; unas blanditias et lacrimulam unam Arsaces non sustinebit. Magnam ad faciendam fidem viris habent vim et fasciuum, muliebres et familiares adspectus. At illud est acerbissimum, si, non polita Theagene, antevertat accusatione, aut fortassis etiam pœna, si fidem habuerit indicio Oroondates, priusquam ipsum videro. Quamobrem, Cybele, omnem move lapidem, omnem inveni machinam, videns in extremum periculum res nostras devenisse et simul cogitans quod, cum de me ipsa desperarim haudquaquam aliis sim parsura. Prima siquidem fructum capies ex tui filii conatibus: quos quomodo ignorare potueris, conjectura assequi non possum. Cybele autem: Quod ad filium meum, inquit, attinet et fidem meam erga te, domina, non verate opinari, re ipsa cognosces. Porro cum ipsa iam segniter cures tuum amorem et revera inerti animo sis, non est quod conferas culpam in alios, qui vacui sunt a culpa. Neque enim ut domina imperas, sed ut serva blandiris adolescenti. Quæ initio quidem recte fortasse fiebant, cum tenero et juvenili animo esse putabatur. Postquam vero exsurgit contra amasiam, experiatur te et agnoscat ut dominam, et flagris cæsus ac tormentis excruciatus, supplex tuæ voluntati se subjiciat. Consueverunt enim adolescentes, cum coluntur, despicere: vi autem coacti, cedere. Quamobrem et hic faciet pœnis adactus, quæ antea negabat, blande et leniter tractatus. Videris tu quidem recte dicere, inquit Arsace: ceterum quomodo ferre possem, oculis meis videns illud corpus cædi, aut alio quocunque modo affligi? Rursus, inquit ipsa, mollitie diffluis, quasi non sit futurum, ut et ipse, paucis tormentis adhibitis, meliora amplectatur, et tu paullulum excruciata consequaris omnia ex sententia. Atqui licet neque oculis dolorem accersere ex iis quæ fient, sed illo Euphrati tradito et puniri jusso, tanquam ob aliquod delictum, abesse a spectaculo, quod te dolore afficeret; (auditus enim, adspectu ad commovendum dolorem minus est efficax) et si illum sententiam mutasse senserimus, rursus pœna tanquam resipiscentem eximere.

VI. Passa est isti persuaderi Arsace, (amor enim, ubi desperat, amato nihil parcit et repulsam in vindictam convertere gaudet,) et accersito supremo eunucho, ea quæ decreverat, imperavit. Ille autem et natura eunuchorum zelotypia laborans et jampridem infensus Theageni ob ea quæ videbat et suspicabatur, statim eum in vincula ferrea conjecit et affligebat fame et verberibus, in habitaculo tenebroso conclusum; et scienti quidem, sed tamen assimulanti inscitiam et quærenti causam, nihil respondens, quotidieque pœnas intendens, et magis, quam volebat Arsace ac præceperat, excrucians, neque ullum introgredi sinens, præter solam Cybelen: sic enim imperatum fuerat. Illa vero perpetuo veniebat et alimenta se illi clam inferre simulabat, tanquam miseram illius sortem et propter familiaritatem, quæ sibi cum eo intercesserat deplorans: re ipsa autem, quid haberet animi in præsenti fortuna et si

τινὰ γνώμην ἔχοι πρὸς τὰ παρόντα καὶ εἴπερ ἐνδιδοίη καὶ μαλάσσοιτο πρὸς τῶν στρεβλώσεων. Ὁ δ' ἦν πλέον ἀνὴρ τότε καὶ πλέον ἀπεμάχετο πρὸς τὰς πείρας, τὸ μὲν σῶμα καταπονούμενος, τὴν δὲ ψυχὴν ἐπὶ σω-
5 φροσύνῃ ῥωννύμενος καὶ μεγαλαυχούμενος ἅμα πρὸς τὴν τύχην καὶ γαυριῶν, εἰ λυποῦσα τῷ πλείστῳ μέρει, τῷ καιριωτάτῳ χαρίζοιτο, ἐπιδείξεως ἀφορμὴν τῆς εἰς Χαρίκλειαν εὐνοίας τε καὶ πίστεως παρεσχημένη, μόνον εἰ γιγνώσκει ταῦτα κἀκείνη μέγιστον ἀγαθὸν τιθέ-
10 μενος καὶ συνεχῶς Χαρίκλειαν καὶ φῶς καὶ ψυχὴν ἀνακαλῶν. Ὥστε καὶ ἡ Κυβέλη ταῦθ' ὁρῶσα καὶ παρὰ μὲν τῆς Ἀρσάκης ὡς ἠρέμα βούλοιτο πιέζεσθαι τὸν Θεαγένην ἀκούσασα, οὐ γὰρ ἐς τελευτὴν ἀλλ' εἰς ἀνάγκην παραδεδωκέναι, αὐτὴ δ' εἰς τοὐναντίον ἐπι-
15 τείνειν τὰ τῶν κολάσεων πρὸς τὸν Εὐφράτην ἀπαγγέλλουσα, ὡς ἀνύουσα ᾔσθετο οὐδὲν ἀλλ' ἀπηγόρευτο καὶ αὐτῇ παρ' ἐλπίδας ἡ πεῖρα, συνεῖσα οἷ κακῶν ἦν καὶ νῦν μὲν τὴν ἐξ Ὁροονδάτου τιμωρίαν εἰ πύθοιτο ταῦτα παρὰ Ἀχαιμένους ὅσον οὐδέπω προσδοκῶσα, νῦν δ' ὡς
20 φθήσεται αὐτὴ διαχρωμένη τάχα καὶ ἡ Ἀρσάκη, ὡς παιχθεῖσα εἰς τὴν τοῦ ἔρωτος σύλληψιν, ὁμόσε χωρεῖν ἔγνω τοῖς κατειληφόσι καὶ μέγα τι κακὸν ἐπιτελέσασα ἢ κατορθῶσαι τῇ Ἀρσάκῃ τὰ κατὰ γνώμην καὶ τὸ παρὸν τὸν ἀπ' ἐκείνης προσδοκώμενον διαδῦναι κίνδυνον,
25 ἢ τοὺς ἐλέγχους τῶν πάντων πραγμάτων ἀφανίσαι, θανάτους ἅμα πᾶσιν ἐπινοήσασα. Καὶ πρὸς τὴν Ἀρσάκην ἐλθοῦσα, Μάτην, ἔφη, κάμνομεν, ὦ δέσποινα. Οὐ γὰρ ἐνδίδωσιν ὁ ἀπηνὴς ἐκεῖνος ἀλλ' ἀεὶ γίγνεται καὶ πλέον θρασύτερος, Χαρίκλειαν διὰ στόματος ἔχων
30 καὶ ταῖς ἐκείνης ἀνακλήσεσιν ὥσπερ θεραπείαις παρηγορούμενος. Τελευταίαν οὖν, εἴ δοκεῖ, τὸ τοῦ λόγου, ῥίψωμεν ἄγκυραν καὶ τὴν ἐμποδῶν γιγνομένην ἐκποδῶν ποιησώμεθα. Εἰ γὰρ μάθοι μὴ οὖσαν, εἰκός που καὶ μεταβληθῆναι αὐτὸν πρὸς τὸ βούλημα τὸ ἡμέτερον,
35 ἀπογνόντα τὸν ἐπ' ἐκείνῃ πόθον.

Ζ'. Ἅρπαγμα τὸ ῥηθὲν ἐποιήσατο ἡ Ἀρσάκη καὶ τὴν ἐκ πολλοῦ ζηλοτυπίαν ὀργῇ τῶν εἰρημένων ἐπιτείνουσα, Εὖ λέγεις, ἔφη, καὶ μελήσει μοι προστάξαι τὴν ἀλιτήριον ἀναιρεθῆναι. Καὶ τίς ὁ πεισθησόμενος,
40 ἀπεκρίνατο ἡ Κυβέλη, πάντων γὰρ ἐν ἐξουσίᾳ σοὶ τυγχανούσῃ, τὸ ἀναιρεῖν δίχα κρίσεως τῶν ἐν τέλει Περσῶν, πρὸς τῶν νόμων ἀπηγόρευται. Δεήσει τοίνυν πραγμάτων σοὶ καὶ δυσχερείας, αἰτίας τινὰς καὶ ἐγκλήματα κατὰ τῆς κόρης ἀναπλαττούσῃ καὶ προσέτι
45 (ἔσται) ἄδηλον εἰ πιστευθησόμεθα. Ἀλλ' εἰ δοκεῖ, πάντα γὰρ ὑπὲρ σοῦ καὶ πράττειν καὶ πάσχειν ἕτοιμος, φαρμάκῳ τὴν ἐπιβουλὴν διακονήσομαι καὶ ποτῷ γεγοητευμένῳ τὴν ἀντίδικον ἐκποδὼν ποιήσομαι. Ἐπῄνεσε ταῦθ' ἡ Ἀρσάκη καὶ ποιεῖν ἐκέλευσεν. Ἡ δ' αὐ-
50 τίκα ὥρμησε καὶ καταλαβοῦσα τὴν Χαρίκλειαν ἐν ὀδυρμοῖς καὶ δάκρυσι καὶ τί γὰρ ἀλλ' ἢ πενθοῦσαν καὶ ὅπως [ποικίλως] αὐτὴν ἐξάξει τοῦ βίου διανοουμένην, (ἤδη γὰρ ὑπῄσθητο τὰς ἀμφὶ Θεαγένει τύχας, ποικίλως αὐτὴν καὶ ταῦτα τῆς Κυβέλης τὰ πρῶτα βουκο-

remitteret aliquid et mollior fieret tormentis explorans. Ille autem magis virum se præbebat et tunc præcipue repugnabat conatibus : corpus quidem affligi sinens, ceterum animos castitatis conscientia attollens, glorians in illa fortuna et exsultans, quod cum maximam partem affligeret, præcipuæ præstantissimæque gratificaretur, insuper occasione declarandæ benevolentiæ erga Charicleam oblata : tantum si sciret hæc illa, optime secum agi existimans et continue Charicleam, lucem et animam appellans. Quod cum etiam Cybele videret, et quamvis contra sententiam Arsaces, (ex qua, quod leviter Theagenem affligi vellet, audiebat, ut non ad mortem, sed ad coactionem traditum) ipsa, ut pœnæ intenderentur, Euphrati renuntiaret, neque ita se quidquam proficere sentiret, sed omnino res desperata fuerat et ipsa præter spem experientia edocta, quibus in malis esset, intelligeret : nunc quidem pœnam ab Oroondate, si hæc audisset ex Achæmene, jamjam exspectans, nunc vero, ne antea mortem sibi consciscerot Arsace, tanquam ludibrio habita a se quod attinet ad auxilium ei præstandum in amore hoc, metuens, statuit niti contra ea quæ illi incumbebant et magno quodam malo peracto, aut exsequi ea, quæ Arsace vellet, et in præsentia exspectatum ab illa evitare periculum, aut argumenta omnium negotiorum tollere, necem simul omnibus moliens animo. Atque ita ad Arsacen ingressa, Ludinius, inquit, operam, domina. Neque enim quidquam remittit ferox ille, sed semper audacior efficitur, Charicleam semper in ore habens et illius appellatione tanquam blanditiis se consolans. Ultimam igitur, si placet, ancoram, ut dicitur, jaciamus et eam quæ est impedimento e medio removeamus. Si enim cognoverit eam interiisse, consentaneum est fore ut mutata sententia assentiatur nostræ voluntati, cum prorsus desperaverit de illius amore.

VII. Rapuit id quod dictum fuerat Arsace, cum zelotypiam, qua jampridem laborabat, ira propter ea, quæ dicta fuerant, intendisset, et Recte mones, inquit. Mihi curæ erit, ut jubeam hoc piaculum tolli. Quis autem erit qui obtemperabit, respondit Cybele. Cum enim omnia sint in tua potestate, interimere tamen absque judicio magistratuum Persicorum, legibus est prohibitum. Opus igitur erit, ut laborem et molestiam suscipias in confingendo crimine et accusatione contra puellam. Præterea incertum erit, an simus causam probaturi. Sed si videtur, (omnia enim tua causa et audere et sustinere sum parata) veneno insidias exsequar et potione fuco facto adversariam e medio tollam. Approbavit hæc Arsace, et facere jubebat. Illa autem statim aggressa est facinus : et cum deprehendisset Charicleam in lamentis et lacrimis et quid aliud quam lugentem, ac quomodo e vita migraret cogitantem, (jam enim subsenserat Theagenis fortunam, quamvis Cybele initio varie dolis eam falleret et quod non

λούσης καὶ τοῦ μὴ ὁρᾶσθαι αὐτὸν καὶ μὴ φοιτᾶν συνήθως εἰς τὸ δωμάτιον ἄλλοτ' ἄλλας προφάσεις ἀναπλαττούσης), καὶ Ὦ δαιμονία, φησίν, οὐ παύσῃ σαυτὴν τρύχουσα καὶ καταναλίσκουσα μάτην; ἰδού σοι καὶ Θεαγένης ἀφεῖται καὶ ἥξει τήμερον εἰς ἑσπέραν. Ἡ γὰρ δέσποινα πλημμελήσαντά τι κατὰ τὴν διακονίαν, εἰς βραχὺ παροξυνθεῖσα καὶ καθειρχθῆναι προστάξασα, τήμερον ἀφήσειν ἐπηγγείλατο, ἑορτήν τινα πάτριον εὐωχεῖν μέλλουσα καὶ ἅμα λιπαρηθεῖσα πρὸς ἐμοῦ. Ὥστ' ἀνίστασο καὶ σαυτὴν ἀναλάμβανε καὶ τροφῆς σὺν ἡμῖν γε νῦν ποτε μεταλαβοῦσα. Καὶ, Πῶς ἄν ἔφη, πεισθείην, ἡ Χαρίκλεια, τὸ γὰρ συνεχῶς σε πρός με διαψεύδεσθαι τὸ πιστὸν τῶν παρὰ σοῦ λεγομένων ὑποτέμνεται. Καὶ ἡ Κυβέλη, Θεοὺς, ἔφη, ἐπόμνυμι πάντας, ἦ μὴν λυθήσεσθαί σοι πάντα τήμερον, καὶ πάσης σε φροντίδος ἀπαλλαγήσεσθαι. Μόνον μὴ προαναίρει σαυτὴν, ἡμερῶν ἤδη τοσούτων ἀπόσιτος (οὖσα) ἀλλ' ἀπόγευσαι, εἴκουσα τῶν εἰς καιρὸν ηὐτρεπισμένων. Μόλις μὲν ἐπείθετο δ' οὖν ὅμως ἡ Χαρίκλεια, τὸ μὲν ἀπατηλὸν συνήθως ὑφορωμένη, τοῖς δ' ὅρκοις ἐν μέρει πειθομένη καὶ τὸ ἡδὺ τῶν ἐπαγγελθέντων ἑκοῦσα καταδεχομένη. Ἃ γὰρ ἐπιθυμεῖ ἡ ψυχὴ καὶ πιστεύειν φιλεῖ. Κατακλιθεῖσαι τοίνυν εἰσιώντων. Καὶ τῆς διακονούσης Ἅβρας οἴνου κεκραμένου κύλικας ἐπιδούσης, προτέρᾳ τῇ Χαρικλείᾳ προσφέρειν ἡ Κυβέλη νεύσασα, μετ' ἐκείνην αὐτὴ λαβοῦσα ἔπινε. Καὶ οὔπω τὸ πᾶν ἐκπέποτο καὶ ἰλιγγιᾶν ἐφαίνετο ἡ πρεσβῦτις, τό τε περιττεῦσαν ὀλίγον ἐκχέασα, δριμύ τ' εἰς τὴν θεράπαιναν ἐνεώρα καὶ σπασμοῖς τε καὶ σφακελισμοῖς ὀξυτάτοις ἐπιέζετο.

Η'. Θόρυβός τε κατειλήφει μὲν καὶ τὴν Χαρίκλειαν καὶ ἀναλαμβάνειν ἐπειρᾶτο, κατειλήφει δὲ καὶ τοὺς παρόντας. Τὸ γὰρ κακὸν, ὡς ἐῴκει, τοξεύματος παντὸς ὀξύτερον τῷ φθοροποιῷ δεδευμένον καὶ ἱκανὸν καὶ νέον τινὰ καὶ ἀκμάζοντα διαχρήσασθαι, τότε καὶ πλέον εἰς γηραιὸν σῶμα καὶ ἀπεσκληκὸς ἤδη προσομιλῆσαν ὀξύτερον ἢ ὥστ' εἰπεῖν τῶν καιριωτέρων καθίκετο. Καὶ τό τ' ὄμμα ἡ πρεσβῦτις ἐπίμπρατο καὶ τὰ μέλη τῶν σπασμῶν ἐνδόντων πρὸς τὸ ἀκίνητον παρεῖτο καὶ χροιὰ μελαίνουσα τὴν ἐπιφάνειαν ἐπεσπήλαζεν. Ἀλλ' ἦν, οἶμαι καὶ δηλητηρίου ψυχὴ δολερὰ πικρότερον. Ἡ γοῦν Κυβέλη καὶ ἐκθνήσκουσα οὐ μεθίετο τῶν πανουργημάτων, ἀλλὰ τὰ μὲν νεύμασι τὰ δὲ παραφθεγγομένη, Χαρίκλειαν εἶναι τὴν ἐπιβουλεύσασαν ἐνεδείκνυτο. Καὶ ὁμοῦ θ' ἡ γραῦς ἀπέπνει. Καὶ ἡ Χαρίκλεια δεσμῶτις εἴχετο καὶ παρὰ τὴν Ἀρσάκην αὐτίκα ἤγετο. Τῆς δὲ πυνθανομένης, εἰ καὶ φάρμακον αὐτὴ σκευάσειε καὶ εἰ μὴ βούλοιτο λέγειν τἀληθὲς, κολαστήρια καὶ βασάνους ἀπειλούσης, καινὸν ἦν ἡ Χαρίκλεια τοῖς ὁρῶσι θέαμα. Οὔτε γὰρ κατηφήσασα, οὔτ' ἀγενές τι παθοῦσα, γέλων ἐφαίνετο καὶ χλεύην τὰ παρόντα ποιουμένη, τὸ μὲν ὑπ' ἀγαθοῦ τοῦ συνειδότος τῆς συκοφαντίας ἀφροντιστοῦσα, τὸ δὲ χαίρουσα εἰ Θεαγένους οὐκ ἔτι ὄντος τεθνήξεται καὶ κερδήσει τὸ ἐναγὲς τῆς

appareret, neque veniret solito more in conclave, subinde alios atque alios prætextus fingeret), O misera, dicebat, an non desines te macerare et frustra consumere? Ecce tibi jam et Theagenes emittitur et veniet hodie ad vesperam. Domina enim, quæ ob quoddam illius erratum in ministrandi munere paullulum fuerat commota et concludi jusserat, hodie se illum emissuram promisit, festum quoddam patrium celebratura, simul etiam precibus meis adducta. Quamobrem consurge, ac te recipe, cibum una nobiscum tandem aliquando capiens. Quomodo autem tibi credere debeam, inquit Chariclea. Nam consuetudo tua me continue mendaciis fallendi, fidem iis quæ a te dicentur adimit. Cybele autem, Per deos, inquit, omnes juro, omnino fore, ut omnia tibi sint expedita hodie et ut ab omni cura deinceps vacua sis futura : modo ne te ipsam ante interimas, cum jam tot diebus a cibo abstinueris; sed degusta utique, obediens nobis, ea, quæ nunc tempori sunt parata. Vix sane, sed tamen parebat Chariclea, fraudem quidem usitatam illi suspicans, ceterum jurijurando ex parte assentiens et suavitatem eorum quæ promissa fuerant lubens recipiens. Quæ enim expetit animus, libenter credit. Recumbentes igitur comedebant. Et cum Habræ ministranti et poculis infusum vinum porrigenti, ut prius Chariclex afferret, Cybele nutu significasset, post illam ipsa vicissim accepto poculo bibebat. Necdum erat totum epotum, cum jam æstuare anus videri, et eo quod superfuerat effuso, torvis oculis ancillam intueri et vulsionibus atque inflammationibus acutissimis premi.

VIII. Incessit autem horror et perturbatio Charicleam, quæ erigere illam conabatur, incessit et alios qui aderant præsentes. Malum enim, ut apparebat, omni jaculi impetu celerius est tabifico veneno tincti et vel ad juvenem et florentem ætate interimendum satis virium habet. Tunc autem, cum in senili et jam effœto corpore versaretur, celerius quam dici potest in præstantissimas partes permanabat. Itaque anus oculi incendebantur, membra, vulsionibus remissis, motu omni destituebantur ac dissolvebantur et color niger superficiei cutis inducebatur. Sed erat, ut existimo, vel veneno ipso animus fraudulentus acerbior. Siquidem Cybele, jam efflans animam, dolos non intermittebat, sed partim nutibus, partim interruptis et morientibus vocibus, significabat Charicleam esse, quæ illi struxisset insidias. Itaque anus extremum spiritum edebat et simul Chariclea vincta detinebatur et ad Arsacen continuo ducebatur. Hac vero quærente utrum venenum ipsa parasset et si nollet verum fateri, cruciatus ac tormenta minitante : novum erat Chariclea inspicientibus spectaculum. Neque enim tristis, aut aliquid præ se ferens, aut degenerem animum arguerat, risui videbatur et ludibrio habere præsentia negotia : partim propter conscientiam recte factorum, calumniam negligens; partim gaudens, si Theagene non amplius superstite, esset mori-

πράξεως, ὃ καθ' αὑτῆς ἐγνώκει ποιεῖν ἑτέρων τοῦτο δρασάντων. Καί, Ὦ θαυμασία, ἔφη, εἰ μὲν ζῇ Θεαγένης, καθαρεύω κἀγὼ τοῦ φόνου, εἰ δέ τι πέπονθεν ὑπὸ τῶν σῶν ἀνοσίων βουλευμάτων, οὐδὲν δεῖ σοι
5 τῶν κατ' ἐμοῦ βασάνων· ἔχεις με τὴν φαρμακίδα τῆς καὶ θρεψαμένης σε καὶ πρὸς τὰ κάλλιστα τῶν ἔργων παιδευσαμένης καὶ ἀπόσφαττε μὴ μελλήσασα. Οὐδὲν γὰρ οὕτως ἐφίλει Θεαγένης, ὃ τῶν σῶν ἀνόμων βουλευμάτων ἔννομος ὑπερόπτης.
10 Θ'. Ἐξέμηνε τὰ εἰρημένα τὴν Ἀρσάκην καὶ διαρραπισθῆναι κελεύσασα, Ὡς ἔχει δεσμῶν ἄγετε τὴν ἀλιτήριον καὶ ἐν τοῖς ὁμοίοις ὄντα κατ' ἀξίαν ἐπιδείξαντες τὸν θαυμαστὸν αὐτῆς ἐρώμενον, παντὶ μέλει τὰ δεσμὰ ἐπιβαλόντες, Εὐφράτῃ καὶ ταύτην παράδοτε,
15 φυλαχθησομένην ἐς αὔριον, τήν τε διὰ θανάτου τιμωρίαν ὑπὸ κρίσει τῶν ἐν τέλει Περσῶν ὑφέξουσαν. Ἤδη δ' ἀγομένης, τὸ οἰνοχοῆσαν τῇ Κυβέλῃ παιδισκάριον (ἦν δὲ τῶν Ἰωνικῶν θάτερον τῶν εἰς διακονίαν παρὰ τὴν πρώτην ὑπὸ τῆς Ἀρσάκης τοῖς νέοις δωρηθέντων),
20 εἴτε τι παθὸν εὐνοίᾳ τῇ περὶ τὴν Χαρίκλειαν ὑπὸ συνηθείας τε καὶ συνδιαιτήσεως, εἴτε καὶ δαιμονίᾳ βουλήσει χρησάμενον, ὑπεδάκρυσέ τε καὶ ἐστέναξε. Καί, Ὦ τῆς ἀθλίας, ἔφη, τῆς οὐδὲν αἰτίας. Τῶν δὲ περιεστώτων θαυμασάντων καὶ σαφῶς ὅ τι λέγειν βούλοιτο
25 ἐκφαίνειν ἀναγκαζόντων, αὕτη δεδωκέναι διωμολόγει τῇ Κυβέλῃ τὸ φάρμακον, εἰληφέναι δὲ παρ' αὐτῆς ἐκείνης ἐφ' ᾧ δοῦναι τῇ Χαρικλείᾳ, προληφθεῖσαν δὲ, εἴθ' ὑπὸ θορύβου τῆς κατὰ τὴν πρᾶξιν ἀτοπίας, εἴτε καὶ συγγυθεῖσαν ὑπὸ τῆς Κυβέλης, προτέρᾳ δοῦναι τῇ
30 Χαρικλείᾳ νευούσης, ἐναλλάξαι τὰς κύλικας καὶ τῇ πρεσβύτιδι προσενεγκεῖν ἐν ᾧ ἦν τὸ φάρμακον. Ἤγετο οὖν ἐπὶ τὴν Ἀρσάκην εὐθέως, ἕρμαιον ἁπάντων ποιουμένων, ἐλευθέραν εὑρεθῆναι τῶν ἐγκλημάτων τὴν Χαρίκλειαν. Εὐγενοῦς μὲν ἤθους καὶ ὄψεως καὶ βάρβα-
35 ρον γένος οἶκτος εἰσέρχεται. Καὶ εἰσπούσης ταῦτα τῆς θεραπαινίδος, πλέον ἐγένετο οὐδέν, ἀλλ' ἢ καὶ αὐτὴ συνεργὸς ἔοικεν εἶναι εἰποῦσα ἡ Ἀρσάκη, δεσμεῖσθαι κἀὶ φρουρεῖσθαι εἰς τὴν κρίσιν ἐκέλευσε. Τοὺς δὲ δυνάστας Περσῶν, οἳ τὸ βουλεύεσθαι ὑπὲρ τῶν κοινῶν
40 καὶ δικάζειν τε καὶ τιμωρίας ὁρίζειν τὴν ἰσχὺν εἶχον, ἐπὶ τὴν κρίσιν εἰς τὴν ἑξῆς παρεκάλει διαπέμπουσα. Καὶ ἡκόντων εἰς ἕω καὶ παρακαθημένων, κατηγόρει μὲν ἡ Ἀρσάκη καὶ τὴν φαρμακείαν κατήγγελλεν, ἅπανθ' ὡς εἶχεν ἀπαγγέλλουσα καὶ συνεχὲς ἐπιδακρύουσα τὴν
45 θρεψαμένην καὶ ὡς τὴν πάντων τιμιωτέραν καὶ εὔνουστέραν ἀπολέσειε, μάρτυρας τοὺς δικαστὰς ἐπικαλουμένη, ὡς ξένην ὑποδεξαμένη καὶ πάσης μεταδοῦσα φιλοφροσύνης, τοιαῦτ' ἀντιπάθοι. Καὶ ὅλως ἡ μὲν ἦν πικροτάτη κατήγορος· ἀπελογεῖτο δ' οὐδὲν ἡ Χαρίκλεια ἀλλ'
50 ὡμολόγει καὶ αὖθις τὸ ἔγκλημα καὶ τὸ φάρμακον ὡς δοίη συγκατετίθετο, προστιθεῖσα ὡς καὶ τὴν Ἀρσάκην διεχρήσατ' ἂν ἡδέως εἰ μὴ προείληπται καὶ ἕτερα πρὸς τούτοις, τὴν μὲν Ἀρσάκην ἐκ τοῦ εὐθέως λοιδορουμένη, κἀὶ παντοίως τοὺς δικαστὰς εἰς τὴν τιμωρίαν ἐκκαλου-

tura et quasi in lucro positura, nefarium facinus, quod ipsa in se admittere statuerat, aliis conficientibus. Et, O præclara, inquit, si quidem vivit Theagenes, dico me esse insontem hujus cædis. Sin aliquid illi accidit tuis impiis consiliis, nihil est tibi opus, ut ullis tormentis a me confessionem extorqueas; habes me, quæ sustuli eam, quæ te enutrivit et ad pulcherrima facta instituit, interfice sine ulla cunctatione. Nihil enim tantopere est cordi Theageni, qui tuos sceleratos conatus optimo jure aversatus est.

IX. In furorem verterunt hæc Arsacen et cum illam colaphis cædi jussisset, Ita, quemadmodum est, vinctam ducite, dicebat, piaculum hoc, ut illi ostendatis, in simili statu esse pro dignitate præclarum illius amasium, cuilibet membro vinculis injectis; Euphrati quoque istam tradite, ut custodiatur ad crastinum diem et capitali pœna judicio magistratuum Persicorum damnetur. Cum autem jam duceretur, puella, quæ erat a poculis Cybelæ, (erat autem altera ex Ionicis mancipiis, quæ initio juvenibus in usum obsequii ab Arsace donata fuerant) sive quodam modo commota benevolentia erga Charicleam, propter familiaritatem et consuetudinem, sive divina voluntate impulsa, collacrimavit et vehementius ingemiscens, O miseram, inquit, quæ omnino est a culpa vacua. His vero, qui circumstabant, admirantibus et perspicue quid vellet dicere proferre cogentibus, se dedisse Cybelæ venenum confitebatur et accepisse ab illa ipsa ea conditione ut Chariclæ daret: deinde, seu perturbatione ex re inusitata anticipatam, seu labefactatam a Cybele, quæ ut prius daret Charicleæ innuerat, permutasse pocula et anui obtulisse id, in quo venenum fuerat. Ducebatur igitur recta ad Arsacen, in lucro ponens, si a crimine vacua Chariclea inveniretur. Generosæ enim indolis et vultus commiseratio, etiam barbaricum genus subire solet. Cumque eadem dixisset ancilla, nihil proficiebatur: sed ipsam quoque consciam et adjutricem esse dicens Arsace, in vincula conjici et custodiri ad judicium præcepit: ac primates Persarum, in quorum potestate consilia de republica et judicia et pœnarum determinationes continebantur, nuntiis dimissis, ad judicium in sequentem diem convocabat. Et cum multo mane venientes consedissent, accusabat Arsace veneficii crimine, omnia, ut gesta fuerant, narrans et identidem illacrimans, quod nutricem et eam quæ sibi omnibus rebus fuisset pretiosior et maxima benevolentia erga se præditam, amisisset, provocans ad ipsos judices testes, quod, cum peregrinam recepisset et omnia humanitatis officia illi impertivisset, talibus ab illa injuriis gratiæ loco afficeretur. In summa, illa quidem fuerat acerrima accusatrix: nihil autem respondebat Chariclea, sed rursus etiam confitebatur crimen et quod venenum dedisset affirmabat; addens insuper, quod et Arsacen libenter sustulisset, nisi anticipata fuisset; aliaque præterea, Arsacen directe conviciis onerans et vario modo judices ad pœnam irritans.

μένη. Τὰ γὰρ καθ' αὑτὴν ἅπαντα τῷ Θεαγένει νυκτὸς κατὰ τὸ δεσμωτήριον ἀναθεμένη, τὰ παρ' ἐκείνου τ' ἐν μέρει πυθομένη, συνθεμένη θ' ὡς, εἰ δεήσοι, πάντα θάνατον ἐπαγόμενον αὐθαιρέτως δέχεσθαι καὶ ἀπηλλάχθαι λοιπὸν ζωῆς ἀνιάτου καὶ ἄλης ἀνηνύτου καὶ τύχης ἀσπόνδου, τὰ τελευταῖα δ', ὡς ἐδόκει, κατασπασαμένη, τούς τε συνεκτεθέντας ὅρμους, ἀεὶ μὲν καὶ ἀπορρήτως ἐπιφέρεσθαι προνοουμένη, τότε δὲ τῆς ἐσθῆτος ἐντὸς καὶ ὑπὸ γαστέρα ζωσαμένη καὶ οἷον ἐν-
10 τάφιά τινα ἐπιφερομένη, πᾶν ἔγκλημά τε καὶ θάνατον ἐπαγόμενόν θ' ὡμολόγει καὶ μὴ ἐπαγόμενον ἀνέπλαττεν. Ἐφ' οἷς οἱ δικάζοντες οὐδὲ μελλήσαντες, μικροῦ μὲν ἐδέησαν ὡμοτέρᾳ τε καὶ Περσικῇ τιμωρίᾳ περιβαλεῖν, ἴσως δέ τι πρὸς τὴν ὄψιν καὶ τὸ νέον τε καὶ
15 ἄμαχον τῆς ὥρας παθόντες, πυρὶ καταναλωθῆναι κατέκριναν. Ἥρπαστο οὖν αὐτίκα πρὸς τῶν δημίων καὶ μικρὸν τοῦ τείχους ἐκτὸς ἤγετο, κήρυκος, ὅτι ἐπὶ φαρμάκοις εἰς πυρὰν ἄγοιτο, συνεχὲς ἐκβοῶντος, πολλοῦ καὶ ἄλλου πλήθους ἐκ τῆς πόλεως ἐπακολουθήσαντος·
20 οἱ μὲν γὰρ αὐτόπται ἐγεγόνεσαν ἀγομένης, οἱ δὲ πρὸς τῆς ἀκοῆς τάχιστα κατὰ τὸ ἄστυ διαδραμούσης ἐπὶ τὴν θέαν ἠπείχθησαν. Ἀφίκετο δὲ καὶ Ἀρσάκη καὶ θεωρὸς ἀπὸ τῶν τειχῶν ἐγένετο. Δεινὸν γάρ, εἰ μὴ καὶ τὴν ὄψιν ἐμφορηθείη τῆς εἰς Χαρίκλειαν κολάσεως,
25 ἐποιεῖτο. Κἀπειδὴ [τὴν] πυρκαϊὰν ὡς ὅτι μεγίστην ἔνησαν οἱ δήμιοι καὶ τὴν φλόγα ὑποβαλόντων λαμπρῶς ἐξῆπτο, μικρὸν ἐνδοθῆναι αὐτῇ πρὸς τῶν ἑλκόντων ἡ Χαρίκλεια παρακαλέσασα, καὶ ὡς ἑκοῦσα ἐπιβήσεται τῆς πυρᾶς ἐπαγγειλαμένη, τὰς χεῖρας εἰς οὐρανόν,
30 καθ' ὃ μέρος τὴν ἀκτῖνα ἐπέβαλλεν ὁ ἥλιος ἀνατείνασα· Ἥλιε, ἀνεβόησε καὶ γῆ καὶ δαίμονες, ἐπὶ γῆς τε καὶ ὑπὸ γῆν ἀνθρώπων ἀθεμίτων ἔφοροί τε καὶ τιμωροί, καθαρὰν μὲν εἶναί με τῶν ἐπιφερομένων, ὑμεῖς ἐστε μάρτυρες· ἑκοῦσαν δ' ὑπομένουσαν τὸν θάνατον διὰ τὰς
35 ἀφορήτους τῆς τύχης ἐπηρείας, ἐμὲ μὲν σὺν εὐμενείᾳ προσδέξασθε, τὴν δ' ἀλάστορα καὶ ἀθεμιτουργὸν καὶ μοιχαλίδα καὶ ἐπ' ἀποστερήσει νυμφίου τοῦ ἐμοῦ ταῦτα δρῶσαν Ἀρσάκην, ὡς ὅτι τάχιστα τιμωρήσασθε. Καὶ εἰποῦσα, πάντων ἐκβοώντων τι πρὸς τὰ εἰρημένα καὶ
40 κινούντων τὴν τιμωρίαν εἰς δευτέραν κρίσιν, τῶν μὲν εὐτρεπιζομένων, τῶν δὲ καὶ ὁρμησάντων, ἐπέβη προλαβοῦσα τῆς πυρᾶς καὶ εἰς τὸ μεσαίτατον ἐνιδρυθεῖσα, αὐτὴ μὲν ἐπιπλεῖστον ἀπαθὴς εἱστήκει, περιρρέοντος αὐτῇ μᾶλλον τοῦ πυρὸς ἢ προσπελάζοντος καὶ λυμαι-
45 νομένου μὲν οὐδέν, ὑποχωροῦντος δὲ καθ' ὃ μέρος ὁρμήσειεν ἡ Χαρίκλεια καὶ περιαυγάζεσθαι μόνον καὶ διοπτεύεσθαι παρέχοντος ἐπιμαιδρυνομένης ἐκ τοῦ περιαυγάσματος τὸ κάλλος καὶ ἐν πυρίνῳ θαλάμῳ νυμφευομένης. Ἡ δ' ἄλλοτε ἄλλῳ μέρει τῆς πυρᾶς
50 ἐνήλλετο, θαυμάζουσα μὲν τὸ γιγνόμενον, ἐπισπεύδουσα δὲ πρὸς τὸν θάνατον. Ἤνυε δ' οὐδέν, ὑποχωροῦντος ἀεὶ τοῦ πυρὸς καὶ ὥσπερ ὑποφεύγοντος πρὸς τὴν ἐκείνης ἐφόρμησιν. Οἱ δήμιοι δ' οὐκ ἀνίεσαν ἀλλ' ἐνέκειντο πλέον, (καὶ τῆς Ἀρσάκης νεύμασιν ἀπειλη-

---

Cum enim omnes suas rationes noctu in carcere cum Theagene communicasset, et illius vicissim audivisset, pactaque esset, ut, si oporteret, omne genus mortis, quod decerneretur, sponte adiret, ac discederet e vita molestiarum plena et errore irrito et fortuna implacabili, denique cum illi ultimo, ut est consentaneum, amanter valedixisset, moniliaque cum illa exposita, quæ alioqui semper et occulte ferre ex industria solita fuerat, tum intra vestem utero succinxisset, quasi quædam justa exsequiarum secum ferens; omne crimen, omnemque mortem, cujus insimulabatur, confitebatur et non insimulata nihilominus ipsa comminiscebatur. Quam ob causam judices neque cunctati, parum aberat; quin illam atrociori, et Persico supplicio subjicerent : verumtamen fortasse quodammodo commoti adspectu, ac juvenili et invicta forma, ut igne cremaretur, decreverunt. Rapta est igitur continuo a tortoribus et paullulum extra murum ducebatur, præcone, quod propter veneficium ad rogum duceretur, continue proclamante, et magna multitudine hominum præterea ex urbe sequente. Quidam enim ipsi eam viderant, cum duceretur; quidam vero eo rumore, qui celerrime urbem pervaserat, properabant. Venit autem et Arsace et spectatrix de muro fiebat. Acerbum enim illi esse videbatur, si se adspectu supplicii Charicleæ non exsatiasset. Postquam autem rogum maximum tortores exstruxerunt, et flammis subjectis clare succenderunt, paullulum sibi concedi temporis Chariclea ab his qui trahebant cum petiisset et se sponte rogum consensuram promisisset manibus ad cœlum tensis ubi radios sol expandebat : O sol, exclamavit, et terra, beatique, quicunque supra terram estis et infra terram hominum scelerorum inspectores et vindices, quod sim insons eorum, quorum insimulor, vos estis testes. Sponte autem me laturam mortem, propter intolerabiles fortunæ injurias, benigne clementerque suscipite. De hoc vero piaculo Arsace, quæ se sceleratis factis polluit et adultera est et hæc ut meo sponso me privet facit, quamprimum sumite pœnas. Hæc cum dixisset, omnibus quidam exclamantibus ad ea quæ dicta fuerant et aliis inhibere pœnam ad aliud judicium adornantibus; aliis jam conantibus, prævertens rogum conscendit et in medium sese conferens, diu intacta stetit, circumvagante potius igne, quam appropinquante et nihil nocente, sed cedente in quam partem se Chariclea conjecisset, atque, ut illustraretur tantum, circumstante splendore, magis ob pulchritudinem conspicua et quasi in igneo thalamo nubens, efficiente. Illa autem nunc in hanc, nunc in aliam partem rogi transiliebat, admirans illud quod fiebat et ad mortem accelerans : ceterum nihil proficiebat, semper dante locum igne et tanquam ad illius motum refugiente. Tortores autem non remittebant quidquam, sed magis etiam tum incumbebant, (Arsace quoque nutibus minacibus imperante)

τικοῖς ἐγκελευομένης), ξύλα τ' ἐπιφορτίζοντες καὶ τὴν
ποταμίαν καλάμην ἐπισωρεύοντες καὶ παντοίως τὴν
φλόγα ἐρεθίζοντες. Ὡς δ' ἤνυστο οὐδὲν ἔτι καὶ πλέον
ἡ πόλις ἐκτετάρακτο καὶ δαιμονίαν εἶναι τὴν ἐπικου-
5 ρίαν εἰκάζουσα, Καθαρὸν τὸ γύναιον, ἀναίτιον τὸ γύ-
ναιον, ἀνεβόα καὶ προσιόντες ἀπὸ τῆς πυρᾶς ἀπεσόβουν,
τοῦ Θυάμιδος ἐξάρχοντος καὶ τὸν δῆμον εἰς τὴν βοή-
θειαν ἐπιρρωννύντος· ἤδη γὰρ κἀκεῖνος παραγεγόνει
τῆς ἀπείρου βοῆς τὸ γιγνόμενον μηνυούσης καὶ τὴν
10 Χαρίκλειαν ἐξελέσθαι προθυμούμενοι, πλησιάζειν μὲν
οὐκ ἐθάρσουν, ἐξάλλεσθαι δὲ τῇ κόρῃ τῆς πυρκαϊᾶς
ἐνεκελεύοντο· οὐ γὰρ δὴ δέος τὴν ἐνδιαιτωμένην τῇ
φλογὶ καὶ ἀπολιπεῖν βουλομένην. Ἅπερ ὁρῶσα καὶ
ἀκούουσα ἡ Χαρίκλεια, νομίσασά τε καὶ αὐτὴ πρὸς
15 θεῶν εἶναι τὴν ὑπὲρ αὐτῆς ἄμυναν, ἔγνω μὴ ἀχαρισ-
τεῖν πρὸς τὸ κρεῖττον, ἀρνουμένη τὴν εὐεργεσίαν, ἐξή-
λατό τε τῆς πυρᾶς· ὡς τὴν μὲν πόλιν ὑπὸ χαρᾶς ἅμα
καὶ ἐκπλήξεως μέγα τε καὶ σύμφωνον ἐκβοῆσαι καὶ με-
γάλους τοὺς θεοὺς ἐπικαλεῖσθαι, τὴν δ' Ἀρσάκην μὴ
20 κατασχοῦσαν, καθάλλεσθαί τ' ἀπὸ τῶν τειχῶν, καὶ
διὰ πυλίδος ἐκδραμοῦσαν σὺν πολλῇ δορυφορίᾳ καὶ τοῖς
δυναστεύουσι Περσῶν, ἐπιβάλλειν τ' αὐτὴν τῇ Χαρι-
κλείᾳ τὰς χεῖρας καὶ εἰς τὸν δῆμον ἰταμὸν ἐνορῶσαν,
Οὐκ αἰσχύνεσθε, εἰπεῖν, ἀλιτήριον γύναιον καὶ φαρμα-
25 κίδα καὶ φόνων ἐργάτιν ἐπ' αὐτοφώρῳ ληφθεῖσαν καὶ
ὁμολογήσασαν ἐξελέσθαι τῆς τιμωρίας πειρώμενοι· καὶ
ἅμα μὲν ἀθεμίτῳ γυναίῳ βοηθοῦντες, ἅμα δὲ καὶ νό-
μοις τοῖς Περσῶν καὶ βασιλεῖ τ' αὐτῷ καὶ σατράπαις
καὶ δυνάσταις καὶ δικασταῖς ἀνθιστάμενοι, ὑπὸ τοῦ μὴ
30 ἐμπεπρῆσθαι αὐτὴν ἴσως εἰς ἔλεον ὑπαγόμενοι καὶ
θεοῖς τὸ ἔργον ἐπιγράφοντες; οὐδ' ἐννοήσετε σωφρονή-
σαντες, ὡς τοῦτο καὶ μᾶλλον αὐτῆς βεβαιοῖ τὴν φαρμα-
κείαν, ᾗ τοσοῦτον περίεστι τῆς γοητείας, ὡς καὶ πρὸς
τὴν πυρὸς δύναμιν ἀπομάχεσθαι; συνέλθετε, εἰ δοκεῖ,
35 πρὸς τὸ συνέδριον εἰς αὔριον δημοσίᾳ δι' ὑμᾶς ἐσόμενον
καὶ γνώσεσθε αὐτὴν θ' ὁμολογοῦσαν καὶ ὑπὸ τῶν συνει-
δότων, οὓς ἔχω φρουροῦσα, διελεγχομένην. Καὶ ἅμ'
ἀπῆγεν αὐτὴν τῷ τραχήλῳ προσφῦσα καὶ τοὺς δορυφό-
ρους ἀναστέλλειν τὸν ὄχλον ἐπιτάξασα. Οἱ δὲ τὰ μὲν
40 ἠγανάκτουν καὶ ἀνθίστασθαι διεσκόπουν, τὰ δ' ὑπεῖχον
ἅμα τι καὶ τῇ ὑπονοίᾳ τῆς φαρμακείας ὑπαγόμενοι,
τινὲς δὲ καὶ δέει τῆς Ἀρσάκης καὶ τῆς περὶ αὐτὴν δυ-
νάμεως ἀποτρεπόμενοι. Καὶ ἡ μὲν Χαρίκλεια αὖθις
τῷ Εὐφράτῃ παραδίδοται καὶ αὖθις πλείοσι τοῖς δεσ-
45 μοῖς ἐνεδέδητο, δευτέρᾳ κρίσει καὶ τιμωρίᾳ φυλαττο-
μένη, κέρδος ἐν μέγιστον ὡς ἐν δεινοῖς εὑρισκομένη,
τὸ συνεῖναι Θεαγένει καὶ τὰ καθ' αὑτὴν ἐκδιηγεῖσθαι.
Τῇ μὲν γὰρ Ἀρσάκῃ καὶ τοῦτ' εἰς τιμωρίαν ἐπενενόητο,
ὥσπερ ἐπικερτομούσῃ καὶ πλέον νομιζούσῃ τοὺς νέους
50 ἀνιάσειν, εἰ καθ' ἓν δεσμωτήριον καθειργμένοι, θεαταὶ
γίγνοιντο ἀλλήλων ἐν δεσμοῖς καὶ κολάσεσιν ἐξεταζο-
μένων. Ἤδει γὰρ, ὡς πάθος τοῦ ἐρωμένου τὸν ἐρῶν-
τα πλέον ἢ τὸ ἴδιον ἀλγύνει. Τοῖς δ' ἦν παραψυχὴ
μᾶλλον τὸ γιγνόμενον καὶ τὸ ἐν ὁμοίοις τοῖς πάθεσιν

ligna congerentes et fluviatilem arundinem cumulantes
omni ratione flammam concitantes. Sed nec ita quidquam
proficiebatur, sed magis urbs perturbabatur et divinam
opem esse existimans, Insons est muliercula, crimine va-
cua est muliercula! exclamabat : et accedentes plerique,
tortores a rogo repellebant, Thyamide incipiente, et populo
ad auxilium ferendum, animum addente, (jam enim et
ille advenerat, immenso clamore id, quod fiebat, indi-
cante) et Charicleam eripere cupientes, proxime quidem
accedere non audebant, sed, ut ipsa rogo excederet, puellæ
imperabant. Non enim quidquam periculi esse metuen-
dum ei, quæ in igne versata sit, si eum relinquere volue-
rit. Quæ videns et audiens Chariclea, et ipsa putans se
divino præsidio defensam esse, statuit se non ingratam esse
debere erga numen, nec rejicere beneficium et exsiluit e
rogo : ut urbs præ gaudio simul et stupore magnum cla-
morem et consonantem tolleret, ac magnos deos invocaret;
Arsace vero, non compos sui ipsius, desiliret ex muris, et
per portulam excurrens, cum magna caterva stipatorum
et proceribus Persarum, injiceret ipsa Charicleæ manus et
populum proterve adspiciens, Non pudet vos, diceret,
sceleratam mulierem et veneficam et auctorem cædis in
ipso facinore deprehensam et confessam, conari pœnæ
eripere? cum quidem interim, dum scelestæ mulierculæ
opem fertis, simul Persarum legibus et ipsi regi et satrapis
et proceribus ac judicibus resistatis; inde fortasse, quod
non conflagravit, ad misericordiam errore quodam flexi et
diis eventum illum adscribentes. An non tandem redeun-
tes ad meliorem mentem, intelligetis, quod hoc ipsum
magis illius veneficium confirmet, cui tanta sit præstigiarum
copia, ut etiam ignis viribus repugnare possit? Convenite,
si videtur, in concilium crastino die, quod propter vos pu-
blicum erit : ibi cognoscetis et ipsam confiteri, et a consciis
quos asservo in custodia, convinci. Simulque abducebat
ipsam, collo inhærens et stipatores removere confertos ut
in turba imperans. Illi autem partim indignabantur et re-
sistere cogitabant : partim cedebant, aliquo modo suspi-
cione veneni adducti : quidam etiam metu Arsaces illiusque
potentiæ deterrebantur. Ac Chariclea quidem Euphrati
iterum traditur, rursusque in plura vincula conjiciebatur,
ad secundum judicium et supplicium asservanda, in lucro
maximo in adversis rebus ponens consuetudinem Theagenis
et facultatem rationes suas illi enarrandi. Ab Arsace enim
et hoc ad augendam pœnam excogitatum fuerat, quo ju-
venes, tanquam illis illudens, excruciaret, ut in uno car-
cere conclusi, spectatores essent mutuo suarum calamita-
tum, dum vinculis et cruciatibus affligerentur. Sciebat
enim, quod dolor ejus qui amatur magis amantem quam
suus, excruciat. At vero iis factum hoc, consolationis

ἐξετάζεσθαι κέρδος ἐνόμιζον· εἰ ἔλαττόν τις αὐτῶν κολασθήσεται, νενικῆσθαι ὑπὸ θατέρου καὶ μειονεκτεῖν τῶν ἐρωτικῶν οἰόμενος. Προσῆν δὲ καὶ τὸ προσομιλεῖν ἀλλήλοις καὶ τὸ παρηγορεῖν τε καὶ ἐπιθαρσύνειν εὐγενῶς τε καὶ γενναίως τὰς προσπιπτούσας τύχας καὶ τοὺς ὑπὲρ σωφροσύνης καὶ πίστεως τῆς εἰς ἀλλήλους φέρειν ἀγῶνας.

Ι'. Πολλὰ γοῦν μέχρι πόρρω τῶν νυκτῶν ἀλλήλοις διειλεγμένοι καὶ ὅσ' εἰκὸς τοὺς μετὰ τὴν νύκτα τὴν παροῦσαν ἐντεύξασθαι ἀλλήλοις ἀπεγνωκότας καὶ οἷον ἀλλήλων ἐφ' ὅσον ἔξεστι κορεννυμένους, τέλος καὶ περὶ τῆς κατὰ τὴν πυρκαϊὰν θαυματουργίας ἀνεσκοποῦντο. Καὶ ὁ μὲν Θεαγένης εἰς θεῶν εὐμένειαν τὸ αἴτιον ἀνέφερε, στυγησάντων μὲν τὴν ἄδικον Ἀρσάκης συκοφαντίαν, κατελεησάντων δὲ τὴν ἀθῷον καὶ οὐδὲν αἰτίαν, ἡ Χαρίκλεια δ' ἀμφιβάλλειν ἐῴκει. Τὸ μὲν γὰρ καινουργὸν, ἔφη, τῆς σωτηρίας, δαιμονίᾳ τινὶ καὶ θείᾳ παντάπασιν ἔοικεν εὐεργεσίᾳ, τὸ δ' ἐν τοσούτοις ἐξετάζεσθαι δυστυχήμασιν ἀδιαστάτως καὶ κολάσεσιν αἰκίζεσθαι ποικίλαις τε καὶ ὑπερβαλλόντως, θεηλατουμένων εἶναι καὶ δυσμενείας κρείττονος πειρωμένων· πλὴν εἰ μὴ θαυματοποιΐα τίς ἐστι δαίμονος, εἰς τὰ ἔσχατα μὲν ἐμβάλλοντος, ἐκ δὲ τῶν ἀπόρων διασῴζοντος.

ΙΑ'. Καὶ ἔτι ταῦτα λέγουσα, τοῦ Θεαγένους εὐφημεῖν παρακαλοῦντος καὶ τοῦ εὐσεβεῖν πλέον ἢ σωφρονεῖν ἀντέχεσθαι παραινοῦντος, Ἰλήκοιτε, θεοὶ, ἀνεβόησεν. Οἷον γάρ μοι νῦν ὄναρ (εἴτε καὶ ὕπαρ ἦν) ἐνθύμιον γέγονεν, ὃ τῆς προτεραίας ἰδοῦσα νυκτὸς, τότε μὲν, οὐκ οἶδ' ὅπως, τῆς διανοίας ἀπέδαλον, νυνὶ δέ μοι εἰς μνήμην παραγέγονε. Τὸ δὲ ὄναρ, ἔπος ἦν εἰς μέτρον ἡρμοσμένον. Ἔλεγε δὲ τὸ ἔπος ὁ θειότατος Καλάσιρις, εἴτε καταδαρθεῖν λαθοὺσῃ φανείς, εἴτε καὶ ἐναργῶς ὀφθείς. Εἶχε δ' οἶμαι ὡδέ πως·

Πανταρύην φορέουσα, πυρὸς μὴ τάρδει ἐρωήν.
Ῥηϊδίως Μοίραις καὶ τἀδόκητα πέλει.

Καὶ ὁ Θεαγένης διεσείσθη θ' ὥσπερ οἱ κάτοχοι καὶ ἐφ' ὅσον ἐνεδίδου τὰ δεσμὰ ἀνήλατο, καὶ, Εὐμενείς εἴητε, θεοὶ, ἀνέκραγε, κἀγὼ γάρ τοι ποιητὴς ἐξ ὑπομνήσεως ἀναδείκνυμαι καὶ χρησμὸς δή μοι παρ' ὁμοίου τοῦ μάντεως (εἴτε Καλάσιρις ἦν, εἴτε θεὸς εἰς Καλάσιριν φαινόμενος) πεποίηκε, καὶ λέγειν ἐδόκει τοιάδε·

Αἰθιόπων εἰς γαῖαν ἀφίξεαι ἄμμιγα κούρῃ,
Δεσμῶν Ἀρσακέων αὔριον ἐκπροφυγών.

Ἐμοὶ μὲν οὖν ὅπῃ τείνει τὸ χρήσμιον, ἔχω συμβάλλειν. Γῆν μὲν γὰρ Αἰθιόπων, τὴν τῶν καταχθονίων ἔοικε λέγειν, ἄμμιγα δὲ κούρῃ, τῇ Περσεφόνῃ με συνέσεσθαι, καὶ λύσιν δεσμῶν τὴν ἐνθένδε ἀπὸ τοῦ σώματος ἀπαλλαγήν. Σοὶ δ' ἄρα τί φράζει τὸ ἔπος, οὕτως ἐξ ἐναντίων πρὸς αὐτὸ συγκείμενον; τοὔνομα μὲν γὰρ ἡ πανταρύη πάντα φοβουμένη δηλοῖ. Τὸ παράγγελμα δὲ μὴ δεδοικέναι τὴν πυρὰν ἀξιοῖ. Καὶ ἡ Χαρίκλεια, Ὦ γλυκύτατε, ἔφη, Θεάγενες, ἡ συνήθειά σε τῶν

---

loco potius erat, et in similibus doloribus versari lucrum ducebant; si alteruter ex ipsis minus cruciatuum sustineret, victum se esse ab altero et quasi inferiorem ac languidiorem in amore, existimans. Licebat vero illis versari secum, et mutuo se consolari, confirmareque, ut fortiter et generose fortunam, quæ accidat, et propter pudicitiam et fidem erga se mutuam adita certamina, uterque ferrent.

X. Cum igitur multa usque ad nocturnum tempus inter se colloquerentur ejuscemodi, qualia consentaneum est eos esse locutos, qui post illam noctem amplius de colloquio desperassent et se consuetudine mutua, quoad fieri potuit, exsatiassent : ad extremum in miraculum illud, quod circa rogum accidisset, animum intenderunt. Ac Theagenes quidem deorum benevolentiæ causam acceptam ferebat, qui aversati fuissent injustam Arsaces calumniam et miserti innocentis ac nihil promeritæ : Chariclea vero ambigere videbatur. Nam ista quidem inusitata ratio salutis, inquit, cœlesti et divino quodam beneficio omnino contigisse videtur. Ceterum hujusmodi calamitatibus affligi sine ulla intermissione, ac tormentis cruciari variis ac supra modum, horum esse, qui divinitus affligantur et in majus odium incurrerint. Nisi forte sit aliquod miraculum dei secretius, qui in extrema pericula conjiciat, et ubi nihil spei sit reliquum servet.

XI. Hæc cum adhuc diceret, Theagene ut in bonam partem interpretaretur adhortante, et, ut magis studeret pie sentire quam casta esse, admonente : Propitii nobis estote, dii! exclamavit. Quale enim nunc mihi somnium (seu visum fuit) in mentem venit, quod cum priore nocte vidissem, tunc quidem, nescio quo modo, excideret animo : nunc vero in memoriam illius redii. Somnium vero versus erat, in metri rationem aptatum. Versum autem exposuit divinissimus heros Calasiris sive apparens mihi dormienti sive manifesto visus; cujus talis quædam fuit structura :

Pantarben gestans, flammæ ne metuas vim :
Facilia Parcis sunt et prodigiosa.

Theagenes quoque concussus est, non secus atque ii, qui divino spiritu concitantur, quantumque concedebant vincula, prosiluit, et, Benigni sitis in nos, dii! exclamavit. Nam ego etiam poëta ex recordatione efficior, et oraculum quoddam mihi a simili vate, (seu Calasiris fuit, seu deus aliquis, Calasiridis forma apparens) editum est, videbaturque talia dicere :

Venies ad terram Æthiopum puella comitante,
Arsaces vincla cras effugiens.

Quod quidem ad me attinet, quorsum tendat oraculum, conjicere possum. Terram enim Æthiopum, eorum, qui sub terra ætatem degunt, dicere videtur. Una autem cum puella, id est, cum Proserpina, cohabitaturum : et solutionem ex vinculis, hinc ex corpore discessum. Tibi autem quidnam dicit versus, qui ex contrariis sibi constat? Nam nomen quidem Pantarbe, omnia metuens significat : ceterum promissum vult, non metuendum esse rogum.

Tum Chariclea : Suavium, inquit, meum, Theagenes,

δυστυχημάτων πάντα πρὸς τὸ φαυλότατον νοεῖν τε καὶ εἰκάζειν παρεσκεύασε. Φιλεῖ γὰρ ἄνθρωπος πρὸς τὰ συμπίπτοντα τρέπειν τὴν γνώμην. Χρησοτέρα δ' ἢ ὥς σοι παρίσταται μηνύειν μοὶ τὰ μαντευθέντα φαίνεται. Καὶ ἡ κόρη τάχ' ἂν εἴην ἐγὼ, μεθ' ἧς σε πατρίδος τῆς ἐμῆς Αἰθιοπίας ἐπιβήσεσθαι ἐπαγγέλλεται, Ἀρσάκην καὶ δεσμὰ τὰ Ἀρσάκης ἀποφυγόντα. Τὸ δ' ὅπως, ἡμῖν μὲν οὔτε δῆλα, οὔτ' ἄπιστα, θεοῖς δὲ καὶ δυνατὰ καὶ μελήσει τοῖς καὶ τὰ μαντεύματα φήνασιν. Ἡ γοῦν εἰς ἐμὲ πρόρρησις, ἤδη, ὡς οἶσθα, βουλήματι τῷ ἐκείνων τετέλεσται· κἀὶ ζῶ σοι τὸ παρὸν, ἢ παντοίως ἀπελπισθεῖσα καὶ σωτηρίαν ἐμαυτῆς ἐπαγομένη, τότε μὲν ἠγνόουν, συνίημι δὲ τὸ παρὸν ὡς ἔοικε. Τὰ γὰρ συνεκτεθέντα μοὶ γνωρίσματα καὶ παρὰ τοὺς ἔμπροσθεν ἀεὶ χρόνους ἐπιφέρεσθαι προνοουμένη, τότε καὶ πλέον τῆς κρίσεως μοὶ γεγενημένης, καὶ τῆς τελευταίας προσδοκωμένης, περὶ τῇ γαστρὶ ζωσαμένη κρύφα ἐτύγχανον, εἰ μὲν σωζοίμην, εὐπορίαν βίου καὶ τῶν ἀναγκαίων, εἰ δέ τι πάσχοιμι, καλλωπίσματα ἔσχατα καὶ ἐντάφια γενησόμενα. Ἐν δὴ τούτοις, ὦ Θεάγενες, οὖσιν ὅρμοις ἐριτίμοις καὶ λίθοις πολυτελέσι Ἰνδικοῖς τε καὶ Αἰθιοπικοῖς, ἔστι καὶ δακτύλιος, δῶρον μὲν παρὰ τοῦ πατρὸς τῇ μητρὶ παρὰ τὴν μνηστείαν δοθεὶς, λίθῳ δὲ τῇ καλουμένῃ παντάρβῃ τὴν σφενδόνην διάδετος, γράμμασι δ' ἱεροῖς τισιν ἀνάγραπτος καὶ τελετῆς ὡς ἔοικε θειοτέρας ἀνάμεστος, παρ' ἧς εἰκάζω δύναμίν τινα ἥκειν τῇ λίθῳ πυρὸς φυγαδευτικὴν, ἀπάθειαν τοῖς ἔχουσιν ἐν ταῖς φλογώσεσι δωρουμένην, ἣ κἀμὲ τυχὸν συμβουλήσει θεῶν περιέσωσε. Ταῦτα δ' ἔχω καὶ συμβάλλειν καὶ γιγνώσκειν, ἐξ ὧν ὁ θειότατός μοι Καλάσιρις ὑπετίθετο πολλάκις, ταῦτα καὶ φράζεσθαι καὶ ἐκδιδάχθαι πρὸς τῶν ἐνεστιγμένων τῇ συνεκτεθείσῃ μοὶ ταινίᾳ, νυνὶ δὲ κατὰ γαστέρα τὴν ἐμὴν ἐνειλημένῃ, διηγούμενος. Ταῦτα μὲν εἰκότα καὶ ὄντα πλέον καὶ τοῖς ὑπηγγυημένοις συμβαίνοντα, ἔφη ὁ Θεαγένης· ἐκ δὲ τῶν εἰς αὔριον κινδύνων ποία τις ἄρα παντάρβη καὶ ἄλλη ἐξαιρήσεται; οὐ γάρ που καὶ ἀθανασίαν, (ὡς ὄφελε) κατὰ τὴν πρὸς τὰς πυρκαϊὰς ἀντιπάθειαν ἐπαγγέλλεται, τῆς ἀλδάστορος Ἀρσάκης, ὡς εἰκάζειν ἔνεστί τιν, ἕτερόν που καινότερον τιμωρίας τρόπον τανῦν ἐπινοούσης. Καὶ εἴθε γ' ἅμα κατ' ἀμφοτέρων καὶ θάνατον ἕνα καὶ ἐν ὥρᾳ μιᾷ καταδικάσειεν, ὡς οὐδὲ τελευτὴν ἂν τοῦτ' ἐθέμην, ἀλλὰ πάντων κακῶν ἀνάπαυλαν. Καὶ ἡ Χαρίκλεια, Θάρσει, ἔφη, παντάρβην ἑτέραν ἔχομεν τὰ μεμαντευμένα. Καὶ θεοῖς ἐπανέχοντες, σωζοίμεθά τ' ἂν ἥδιον, καὶ εἰ δέοι, πάσχοιμεν ὁσιώτερον.

ΙΒ'. Οὗτοι μὲν δὴ ταῦτα ἀναθεωροῦντες καὶ νῦν μὲν θρηνοῦντες καὶ πλέον ἀνιᾶσθαι καὶ ἀγωνιᾶν ἅτερος ὑπὲρ θατέρου διεγγυώμενοι, νῦν δὲ τὰ τελευταῖα ἀλλήλοις ἐπισκήπτοντες καὶ ὡς μέχρι θανάτου πιστοὶ τὰ ἐρωτικὰ πρὸς ἀλλήλους ἔσονται, θεούς τε καὶ τὰς παρούσας τύχας ἐπομνύντες, οὕτω διῆγον. Ὁ δὲ Βαγώας καὶ οἱ σὺν αὐτῷ πεντήκοντα ἱππεῖς, νυκτὸς

consuetudo versandi in calamitatibus effecit, ut omnia in deteriorem partem accipias et conjectura interpreteris. Solent enim fere homines ad rationem eorum, quæ accidunt, accommodare animum. Ceterum meliora, quam tu existimas, indicare mihi ea, quæ vaticinio prædicta sunt, videntur, ut puella fortasse sim ego, cum qua te patriam meam Æthiopiam conscensurum esse promissum est, cum Arsacen et illius vincula effugeris. Quomodo autem id sit futurum, neque nobis manifestum est, neque incredibile : dii vero efficere id possunt et curæ erit iis, qui vaticinia reddiderunt. Nam prædictio, quæ ad me pertinet, jam, ut scis, voluntate illorum perfecta est, et vivo in præsentia, de qua jam prorsus desperatum fuerat. Atque adeo cum salutem meam revinctam mecum portarem, tunc quidem ignorabam : nunc vero, ut mihi quidem videtur, intelligo. Cum enim indicia mecum exposita, etiam temporibus quæ præterierunt, gestare ex industria solita fuissem, tunc magis, judicio de me facto, et supremum diem jam adfore putans, occulte utero illa succinxeram, si quidem servarer, victum et res necessarias suppeditatura ; sin aliquid mihi accidisset, ornamenta ultima et justa exsequiarum futura. Inter hæc, Theagenes, quæ sunt monilia magno sumtu constantia, et lapides Indici et Æthiopici valde pretiosi, est etiam quidam annulus, dono datus a patre meo matri, tum cum illi desponderetur, lapidem, qui vocatur Pantarbe, in pala insertum habens et literis quibusdam sacris pictus, denique cærimonia quadam, ut videtur, diviniore plenus, a qua conjector vim aliquam lapidi accedere, quæ ignem depellat, hoc iis, qui illum habent, ut nullo sensu nec detrimento in flamma afficiantur, dono dantem. Quam et me forsitan voluntate divina servavit. Hæc et conjicere possum et scire ex eo, quod divinissimus Calasiris mihi suggessit, cum eadem et dici et doceri iis notis, quibus esset insignita exposita mecum fascia, nunc vero uterum meum obvolvens, sæpius narrare solitus fuerit. Isthæc magis probabilia sunt et vera et cum beneficio quod tibi contigit convenientia, inquit Theagenes : ceterum ex crastini diei periculis quænam alia Pantarbe nos liberabit ? Neque enim utique immortalitatem, (utinam tamen!) ut vim ex antipathia depellendis rogis, promittit ; scelerata Arsace, ut conjecturam facere licet, alium quemdam et magis novum pœnæ modum in præsentia excogitante. Atque utinam simul ambos et uno genere mortis et eadem hora condemnaret! non mortem profecto hunc esse ducerem, sed ab omnibus malis requietem. Chariclea autem, Ades animo, inquit. Pantarben aliam habemus, ea, quæ sunt nobis vaticinio prædicta. Ac diis confidentes, servabimur jucundius et si opus fuerit majore cum pietate patiemur.

XII. Hi quidem, hæc animo secum versantes et nunc lugentes, magisque excruciari et anxium esse alterum alterius causa, quam sua, affirmantes, nunc vero ultimis obtestationibus sese mutuo obstringentes, et quod usque ad mortem servaturi essent sibi fidem in amore, per deos et præsentem fortunam jurantes, ita tempus transigebant.

ἔτι βαθείας ὕπνῳ πάντα ἐχούσης, ἀφικνοῦνται εἰς τὴν Μέμφιν καὶ τοὺς ἐπὶ τῶν πυλῶν ἡσυχῇ διαναστήσαντες καὶ οἵ τινες εἶεν εἰπόντες τε καὶ γνωρισθέντες, ἐπὶ τὰ σατραπεῖα σὺν σπουδῇ καὶ ἀθορύβως εἰσέρχονται. Καὶ τοὺς μὲν ἱππέας ὁ Βαγώας αὐτοῦ κατέλιπε τοῖς σατραπείοις ἐν κύκλῳ περιστήσας, ὡς εἴ τις καὶ γένοιτο ἀντίστασις ηὐτρεπίσθαι πρὸς ἄμυναν, αὐτὸς δὲ κατά τινα παραπυλίδα τοῖς πολλοῖς ἀγνοουμένην ἀσθενεῖς τὰς θύρας ἐκμοχλεύσας καὶ τῷ κατοικοῦντι φράσας 10 θ' αὑτὸν καὶ σιωπᾶν ἐπιστείλας, ὡς τὸν Εὐφράτην ἐμπειρίᾳ καὶ γνώσει τῶν τόπων ἔσπευδεν, ἅμα τι καὶ τῆς σελήνης τότε μικρὸν ὑπαυγαζούσης. Καὶ καταλαβὼν ἐπὶ τῆς εὐνῆς, ἀφύπνισέ τε καὶ θορυβούμενον καὶ τίς οὗτος, βοῶντα, κατέστελλε Βαγώας, ἐγώ, 15 λέγων, ἀλλὰ φῶς ἥκειν πρόσταττε. Προσκαλεσάμενος δή τι παιδάριον τῶν προσεδρευόντων, λύχνον ἅψασθαι τοὺς ἄλλους ἐάσαντα καθεύδειν προσέταττεν. Ἐπειδὴ δ' ἧκεν ὁ παῖς καὶ κατὰ τὴν λυχνοῦχον (τὸν λύχνον) ἐπιθείς, μετέστη, [τοῦτο] ἔλεγεν ὁ Εὐφράτης· 20 Τί ἄρα καινὸν ἀγγέλλει πάθος ἡ αἰφνίδιός σου καὶ ἀπροσδόκητος ἄφιξις; ὁ δὲ, Οὐ πολλῶν, ἔφη, δεῖ λόγων, ἀλλὰ τουτὶ τὸ γράμμα ἀναγίγνωσκε λαβών, καὶ πρό γε τούτου τῆς σφραγίδος τοὐπίσημον ἀναγνώριζε, καὶ ὡς Ὀροονδάτης ἐστὶν ὁ κελεύων πίστευε, καὶ τὰ 25 ἐπεσταλμένα πράττε, νυκτὶ καὶ τάχει συμμάχοις εἰς τὸ λαθεῖν ἀποχρώμενος. Εἰ δὲ καὶ τὰ πρὸς Ἀρσάκην ἐπεσταλμένα λυσιτελὲς ἀποδοῦναι, πρότερον αὐτὸς δοκιμάζε.

ΙΓ΄. Ὑποδεξάμενος οὖν ὁ Εὐφράτης τὰς ἐπιστολάς, 30 καὶ ἀμφοτέρας διελθών, Ἀρσάκη μὲν, ἔφη, ἄλλως τ' οἰμώξει καὶ τὸ παρὸν ἐν ἐσχάτοις διάγει, πυρετοῦ τινος ὥσπερ θηλάτου τῆς προτεραίας ἐνεσκήψαντος καὶ θέρμης ὀξείας ὑποδραμούσης, καὶ εἰς δεῦρο κατεχούσης, ὀλίγας τοῦ περιέσεσθαι τὰς ἐλπίδας ἐνδεικνυμένης. 35 Ἐγὼ δ' ἂν ταῦτ' οὐδὲ ἐρρωμένῃ ἔδωκα, θᾶττον ἂν προαναλούσῃ καὶ ἡμᾶς συναπολεσάσῃ, ἢ ἐχούσῃ τοὺς νέους ἐκδούσῃ. Σὺ δ' εἰς καιρὸν ἥκων ἴσθι καὶ ὑποδεξάμενος ἄγε τοὺς ξένους καὶ τὴν εἰς δύναμιν ἐπικουρίαν σύσπευδε. Καὶ κατελάετε παντοίας ἀθλίους 40 μὲν ὄντας καὶ κακοδαίμονας καὶ μυρίας αἰκίας καὶ κολάσεις, οὔτε ἑκόντος ἐμοῦ κελευομένου δὲ πρὸς Ἀρσάκης, ὑποστάντας, τἆλλα δὲ, ὡς ἔοικεν, εὖ γεγονότας, καὶ ὡς ἡ πεῖρά μοι καὶ τὰ ἔργα παρέστησαν τὰ πάντα σώφρονας. Καὶ ἅμα λέγων, ἦγεν ἐπὶ τὸ δεσμωτή- 45 ριον. Ὁ μὲν δὴ Βαγώας ἰδὼν τοὺς νέους δεσμώτας καὶ ταῦτ' ἤδη καὶ πρὸς τῶν βασάνων τετρυχωμένους, ἐκπέπληκτο τοῦ μεγέθους ἅμα καὶ κάλλους. Οἱ δὲ τοῦτ' ἐκεῖνο εἶναι νομίσαντες καὶ δωρὶ τοὺς περὶ τὸν Βαγώαν ἥκειν τὴν ἐπὶ θανάτῳ [καὶ τὴν τελευταίαν] 50 ἀπάξοντας, εἰς βραχὺ μὲν διεταράχθησαν, εἶτ' ἀνενεγκόντες, ἱλαρῷ καὶ διακεχυμένῳ τῷ βλέμματι, ὅτι ἀφροντιστοῦσι καὶ πλέονα χαίρουσιν, ἐπίδηλοι τοῖς παροῦσιν ἐγίγνοντο. Ἤδη γοῦν τῶν περὶ τὸν Εὐφράτην πλησιαζόντων καὶ ἐπιδραττομένων καὶ ἀπὸ

τῶν ξύλων πρὸς οἷς κατακέκλειστο τὰ δεσμὰ ὑπεκλυόν-
των, ὁ Θεαγένης, Εὖγ' ἡ ἀλάστωρ Ἀρσάκη, ἀνεβόη-
σεν, ὅτι νυκτὶ καὶ ζόφῳ τὰς αὑτῆς ἀθεμίτους πράξεις
ἐπικρύπτειν οἴεται. Δεινὸς δ' ὁ τῆς δίκης ὀφθαλμός,
5 ἐλέγχων καὶ τὰ ἀμήνυτα κρύφια καὶ ἀθέμιτα φωτίζων.
Ἀλλ' ὁμεῖς τὰ προστεταγμένα πράττετε καὶ εἴτε πῦρ,
εἴτε ὕδωρ, εἴτε ξίφος ὥρισται καθ' ἡμῶν, τὸν αὐτὸν
ἅμα καὶ ἕνα θάνατον χαρίσασθε ἀμφοτέροις. Συμπα-
ρεκάλει δὲ ταὐτὰ καὶ ἡ Χαρίκλεια. Ἐπιδακρύσαντες
10 οὖν οἱ εὐνοῦχοι, (συνίεσαν γὰρ ἠρέμα τῶν λεγομένων)
αὐτοῖς δεσμοῖς ὑπεξῆγον.
ΙΔ'. Κἀπειδὴ τῶν σατραπείων ἐκτὸς ἐγεγόνεσαν,
ὁ μὲν Εὐφράτης κατὰ χώραν ἔμενεν, ὁ δὲ Βαγώας καὶ
οἱ ἱππεῖς τῶν πολλῶν δεσμῶν ἐπικουφίσαντες τοὺς
15 νέους καὶ ὅσα φυλάττειν οὐ κολάζειν ἔμελλον ἐγκατα-
λιπόντες, ἐφ' ἵππου θ' ἑκάτερον ἀναθέμενοι καὶ μέσους
εἰς κύκλον περιστοιχισάμενοι, τάχους οὐδὲν ἀνιέντες,
ἐπὶ τὰς Θήβας ἤλαυνον, τὸ δὴ λειπόμενον τῆς νυκτὸς
ἀδιαστάτως ὁδοιπορήσαντες καὶ κατὰ τὴν ἑξῆς ἡμέραν
20 εἰς ὥραν που τρίτην, οὐδαμοῦ γόνυ κάμψαντες, τῆς
θ' ἡλιακῆς ἀκτῖνος τὸν φλογμόν, οἷα δὴ θέρους ὥρα
καὶ κατ' Αἴγυπτον οὐκέτ' ἀνεχόμενοι, πειζόμενοί
θ' ὑπ' ἀγρυπνίας καὶ πλέον τὴν Χαρίκλειαν πρὸς τῆς
συνεχοῦς ἱππηλασίας ἀπειρηκυῖαν ὁρῶντες, ἔγνωσαν
25 αὐτοῦ που κατασκηνώσαντες, πνεῦσαι μὲν αὐτοί,
ἀναπνεῦσαι δὲ καὶ τὴν ἵππον, ἀναψῦξαι δὲ καὶ τὴν
κόρην. Καὶ ἦν γάρ τις ὄχθη καὶ ἄκρα τοῦ Νείλου,
καθ' ἣν τῆς ἐπ' εὐθὺ στάθμης τὸ ὕδωρ ἀναχοπέν, καὶ
πρὸς ἑλιγμὸν ἡμικύκλου ἐκτραπέν, πρός τε τὸ ἀντίθετον
30 τῆς ἐκτροπῆς ἐπιστρέψαν, οἷον Ἠπειρωτικόν τινα
κόλπον ἀπετέλει τὸ περιγραφόμενον, πολλοῦ μὲν λει-
μῶνος οἷα δὴ διαρρεομένου τοῦ παντὸς ἀνάπλεων,
πολλὴν δὲ πόαν καὶ χιλὸν ἄφθονον ἐνδαψιλεύεσθαι
κτήνεσι νομὴν ἀπαυτοματίζοντα· δένδρεσί τε Περσέαις
35 καὶ συκομόροις καὶ ἄλλοις τοῖς Νείλου συννόμοις τε
καὶ φίλοις, ἐπηρεφῆ τε καὶ κατάσκιον. Ἐνταῦθ' ὁ Βα-
γώας ἅμα τοῖς ἀμφ' αὑτὸν ἐνηυλίσατο, σκηνὴν τὰ δέν-
δρα ποιησάμενος, καὶ αὐτός τε σίτου μετέλαβε καὶ
τοῖς περὶ τὸν Θεαγένην μετέδωκε, διωθουμένους καὶ
40 πρῶτα ἐπαναγκάσας. Καὶ ὡς περιττὸν εἴη σιτεῖσθαι
τοὺς αὐτίκα τεθνηξομένους φάσκοντας μετέπειθεν, ὡς
οὐδὲν ἔσται τοιοῦτο, διεγγυώμενος καὶ ὡς οὐκ ἐπὶ θά-
νατον ἄγοιντο δὲ πρὸς τὸν Ὀροονδάτην ἐκδιδάσκων.

ΙΕ'. Ἤδη δὲ τῆς ἄγαν μεσημβρίας χαλώσης οὐκέτι
45 τὴν κορυφὴν ἡλίου, πλαγία δὲ καὶ ἀπὸ τῶν δυσμικω-
τέρων βάλλοντος, τῶν τε περὶ τὸν Βαγώαν εἰς τὴν
πορείαν διασκευαζομένων, ἐφίσταταί τις ἱππεὺς ὑπὸ
συντόνου τῆς ἐλασίας, ὡς ἐδόκει, πνευστιῶν μὲν αὐτός,
ἱδρῶτι δὲ καταρρεόμενον τὸν ἵππον χαλεπῶς ἀνέχων·
50 καὶ πρὸς τὸν Βαγώαν ἰδίᾳ τι φράσας, ἡσύχαζεν. Ὁ δέ,
εἰς βραχὺ κατηφήσας καὶ ἐν συννοίᾳ τῶν ἀπαγγελ-
θέντων γεγονέναι δόξας, Ὦ ξένοι, ἔφη, θαρσεῖτε.
Δίκην ὑμῖν ὑπέσχεν ἡ πολεμία· τέθνηκεν Ἀρσάκη,
βρόχον ἀγχόνης ἁψαμένη, ἐπειδὴ τὴν ὑμετέραν σὺν

ligna, quibus vincula fuerant conclusa, eximente, Thea-
genes, Euge piaculum Arsace! exclamavit. Nocte ac te-
nebris sua nefaria facinora se abscondituram putat : cete-
rum acris est justitiæ oculus in redarguendo et in occultis,
absconditis et nefandis rebus in lucem proferendis. Sed
vos ea, quæ imperata sunt, facite et sive ignis, sive aqua,
sive gladius in nos est decretus, eandem simul et unam
mortem utrique largimini. Petebat hæc eadem quoque
Chariclea. Illacrimantes igitur eunuchi (intellexerant
enim taciti ea quæ dicta fuerant) cum ipsis vinculis eos
educebant.

XIV. Postea vero quam domiciliis satrapæ sunt egressi,
Euphrates eö loci mansit. Bagoas autem et equites,
demto onere vinculorum juvenibus et iis tantum quæ illos
custoditura non cruciatura fuerant relictis, et utroque in
equum sublato, ipsos in medio collocatos in orbem sti-
pantes, quanta celeritate potuerunt Thebas proficisceban-
tur. Cumque, quod superfuerat noctis, sine ulla inter-
missione itineri tribuissent et postridie usque ad horam
fere tertiam nusquam genu flexissent, radiorum solis fer-
vorem, veluti æstivo tempore in Ægypto, non amplius
ferentes et exhausti insomnia, magis vero Charicleam con-
tinua jactatione equitandi defessam videntes, statuerunt
alicubi devertentes recreare sese, reficere et equos et
puellæ respirandi spatium dare. Erat autem ripa quædam
et promontorium Nili, circa quam a recto fluxus perpen-
diculo aqua reciprocata, et in gyrum semicirculi inflexa
et ad oppositum locum deflexionis conversa, tanquam
sinum quemdam Epiroticum efficiebat id, quod circumscri-
bebatur, multa prati herba, ut qui totus esset irriguus,
plenum, multa præterea gramina, pastionem pecudibus et
pascua pinguissima, sponte ferentem, arboribus Persæis
et sycomoris et aliis, quæ Nili societate et alimento gau-
dent, contectum et adumbratum. Ibi Bagoas una cum
his, qui cum eo erant, immoratus est, arboribus tentorii
loco usus : cibumque ipse sumsit et Theageni cum Chari-
clea impertivit est ; renuentes primum cogens et super-
vacaneum esse cibum capere statim morituros dicentibus
persuadens, quod nihil ejuscemodi eventurum esset affir-
mando, et quod non ad mortem sed ad Oroondatem du-
cerentur, edocendo.

XV. Jam autem intenso æstu meridiei relaxato, sole
non amplius vertici imminente, sed in latera et a partibus
occidentalioribus radios conjiciente et Bagoa sese ad iter
apparante, advenit quidam eques, ex celerrimo cursu, ut
videbatur, anhelans ipse, ac sudore manantem equum
ægre sustinens : et cum quiddam seorsim Bagoæ dixisset,
quiescebat. Ille autem, aliquamdiu humi defixo vultu et
quasi cogitatione ea quæ dicta fuerant expenderet, Hos-
pites, inquit, adeste animo : pœnas vobis dedit hostis :
mortua est Arsace, laqueo se suspendens, postquam vos
discessisse nobiscum audivit, et necessariam mortem

LIBER VIII.

ἡμῖν ἔξοδον ἐπύθετο καὶ τὸν ἐξ ἀνάγκης θάνατον αὐθαιρέτως προὔλαβεν, οὐκ ἂν διαδράσασα τὴν ἐξ Ὀροονδάτου καὶ βασιλέως τιμωρίαν, ἀλλ' ἢ σφαγεῖσα, ἢ τῷ λειπομένῳ τοῦ βίου πάντως ἂν ἀσχημονοῦσα. Ταυτὶ 5 γὰρ φράζει καὶ ἐπιστέλλει διὰ τοῦ νῦν ἥκοντος Εὐφράτης. Ὥστε θαρσεῖτε πλέον καὶ θυμὸν ἔχετε ἀγαθὸν, αὐτοὶ μὲν οὐδὲν ἠδικηκότες, ὡς ἀκριβῶς ἔγνων, τὴν δ' ἀδικήσασαν ἐκποδὼν ἔχοντες. Ταῦτ' ἔλεγεν ὁ Βαγώας παραστησάμενος, ἀλλὰ ψελλιζόμενος τὴν 10 Ἑλλάδα φωνὴν καὶ παράσημα τὰ πολλὰ ἐπισύρων· ἔλεγε δ' ἅμα μὲν καὶ αὐτὸς χαίρων, τὸ ἀκόλαστον τῆς Ἀρσάκης καὶ τυραννικὸν ζώσης βαρυνόμενος, ἅμα δὲ τοὺς νέους ἐπιρρωννύς τε καὶ παρηγορούμενος, ἐλπίζων, ὅπερ ἦν, ἐπὶ μέγα παρὰ τῷ Ὀροονδάτῃ καὶ λαμπρῶς 15 εὐδοκιμήσειν, εἰ περισώσειεν αὐτῷ νεανίαν τε, πᾶσαν τὴν ἄλλην τοῦ σατράπου διακονίαν ἐπισκιάσοντα καὶ κόρην ἀπρόσμαχον τε τὸ κάλλος καὶ εἰς γυναῖκα, μετ' Ἀρσάκην ἀπελθοῦσαν, ἐσομένην. Ἔχαιρον δὲ καὶ οἱ περὶ τὸν Θεαγένην τῇ ἀκοῇ, θεούς τε μεγάλους καὶ 20 δίκην ἀνακαλοῦντες, οὐδὲν ἔτι πείσεσθαι δεινὸν ὑπετίθεντο, κἂν εἰ τὰ χαλεπώτατα διαδέχοιτο, τῆς ἐχθίστης κειμένης. Οὕτως ἄρα ἡδύ τι καὶ τὸ ἀπολλύσθαι, ὅταν συμβαίνῃ τοῖς ἐχθροῖς ἐπαπολλυσθαι. Δείλης οὖν ὀψίας ἤδη πρὸς τὸ εὐπνούστερον ἀναχεομένης καὶ 25 πρὸς τὸ βάσιμον τὴν ὁδοιπορίαν ἐπιψυχούσης, ἄραντες ἤλαυνον, αὐτήν τε τὴν ἑσπέραν καὶ τὴν συνεχῆ νύκτα καὶ τῆς συναπτομένης ἡμέρας τὰ ὄρθρια, σπουδὴν ποιούμενοι κατὰ τὰς Θήβας τὸν Ὀροονδάτην εἰ δύναιντο καταλαβεῖν. Οὐ μὴν προὔχώρει γ' αὐτοῖς. 30 ἀλλά τινος τῶν ἀπὸ τῆς στρατιᾶς καθ' ὁδὸν ἐντυχόντος καὶ ὡς ἐξωρμήκοι μὲν τῶν Θηβῶν ὁ σατράπης ἀπηγγείλαντος, αὐτὸς δ' ἀποσταλείη πάντα στρατιώτην ἔνοπλον, καὶ εἰ πρὸς φρουρὰν εἴη καταλελειμμένος, ἐπισπεῦσαι πρὸς τὴν Συήνην κατεπείξων, ἐμπεπλῆ- 35 σθαι γὰρ ἅπαντα θορύβου καὶ δέος εἶναι τὴν πόλιν ἡλωκέναι, τοῦ μὲν σατράπου καθυστεροῦντος, τοῦ δ' Αἰθιοπικοῦ στρατοῦ θᾶττον ἀκοῆς ἐπιβρίσαντος, ἐκτραπεὶς τῶν Θηβῶν ὁ Βαγώας ἐπὶ τὴν Συήνην ἤλαυνεν.
40 Ις΄. Ἤδη δὲ πλησιάζων, Αἰθιοπικῷ περιπίπτει λόχῳ καὶ πλήθει νεολαίας εὐοπλούσης, οἳ προαπεσταλημένοι μὲν ὀπτῆρές τ' ἐσόμενοι, καὶ τἀσφαλὲς τῆς ὁδοιπορίας τῇ παρὰ σφῶν ἀποπείρᾳ πρὸς τὴν ὅλην στρατιὰν βεβαιώσοντες, τότε δ' ὑπὸ νυκτὸς τε καὶ 45 τῆς τῶν ἀπειρίας πορρωτέρω τῶν φιλίων ἢ προσῆκον ἦν φθάναντες, ἀποσφαλέντες, κατά τινα τοῦ ποταμοῦ λόχμην ἐγκαταδύντες, αὐτοῖς θ' ἅμα εἰς φρουρὰν καὶ τοῖς ἐναντίοις εἰς ἐνέδραν, ἄυπνοι τὴν λόχμην ἐπετείγιζον. Ἄρτι δ' ἡμέρας ὑποφαινούσης τὸν Βαγώαν καὶ τὴν 50 σὺν αὐτῷ ἵππον αἰσθόμενοι παριόντα καὶ τὸ πλῆθος ὡς ὀλίγοι διοπτεύσαντες, μικρόν τε παραδραμεῖν ἐνδόντες καὶ ὅτι ἄλλοι μηδένες ἐφέποιντο ἀκριβώσαντες, ἀθρόοι τοῦ ἕλους μετὰ βοῆς ἐκδύντες μετέθεον. Ὁ δὲ Βαγώας καὶ τὸ ἄλλο ἱππικὸν ὑπό τε τῆς ἀπροσδοκήτου

spontanea antevertit. Nam non effugisset ab Oroondate et a rege supplicium, sed aut interfecta fuisset, aut in reliqua vita perpetua ignominiæ nota haudquaquam caruisset. Nunc autem hæc significat et nuntiat Euphrates. Quare confidite et bono este animo, cum nulla injuria ut exacte cognovi quemquam lacessiveritis, ea vero, quæ vos injuria affecit, sublata sit. Hæc dicebat Bagoas adstans, non recte quidem pronuntians linguam Græcam et multa adulterina parum apte coagmentans : dicebat tamen, cum ipse gaudens, propterea quod protervitatem Arsaces tyrannice viventis graviter tulisset; tum etiam juvenes confirmans et consolans. Sperabat enim, quod revera ita se habebat, se apud Oroondatem in magno et amplo honore fore, si servasset ipsi adolescentem incolumem, qui omnem aliam turbam ab obsequiis adumbraturus esset, ac puellam invicta forma, uxorem illius post Arsaces mortem futuram. Gaudebant et Theagenes cum Chariclea illo nuntio, deos magnos et justitiam invocantes. Neque se quidquam acerbi passuros esse deinceps, etiamsi asperrima fortuna illos excepisset, arbitrabantur, inimicissima illis jacente. Sic omnino suave quid est vel perire, dummodo inimicorum internecione pereundum sit. Cum autem jam crepusculo ad leniorem flatum diffunderetur et ad profectionem commoditate auræ invitaret, profecti inde, iter habebant illa ipsa vespera et continua nocte et sequentis diei matutino tempore, accelerantes, ut Thebis Oroondatem, si fieri posset, deprehenderent. Ceterum illis non successit. Sed cum quidam ex exercitu fuisset illis obviam et quod Thebis egressus esset satrapa nuntiasset, quodque ipse missus esset, ut omnes milites armatos, etiam si qui essent in præsidiis relicti, cogeret, et ut Syenen accelerarent hortaretur; omnia enim plena esse tumultu et metuendum ne urbs sit capta, satrapa quidem tardius veniente, Æthiopico autem exercitu tanta celeritate ad vim inferendam uso, ut nuntii famam adventu præverterit : deflectens de itinere Thebas instituto Bagoas, Syenen proficiscebatur.

XVI. Jam autem appropinquans, in Æthiopicas insidias et manum juvenum armatorum incidit, qui missi fuerant, ut essent speculatores et securitatem itineris toti exercitui explorando præstarent, tunc vero propter noctem et inscitiam locorum a suis remotius quam oportebat aberassent, quosdam vepres ad fluvium subeuntes, sinui et sibi præsidii et hostibus insidiarum faciendarum causa, insomnes ad illam veprium quasi munitionem excubabant. Primo itaque diluculo cum sensissent Bagoam et equites cum ipso prætereire, et quod pauci essent dispexissent, paululumque eos præterequitare sivissent et nullos alios subsecuti certo cognovissent, subito ex palude cum clamore egressi, eos insequebantur. Bagoas autem et reliquus equitatus, cum inopinato clamore percussi sunt, tum ut

βοῆς, πτοίας ἐμπέπληστο καὶ ἀπὸ τῆς χροίας Αἰθίοπας εἶναι τοὺς φανέντας γνωρίσαντες καὶ τὸ πλῆθος ὡς ἀπρόσμαχον ἰδόντες, (χίλιοι γὰρ εἰς τὴν κατασκοπὴν ὡπλισμένοι κούφως ἐστάλησαν) οὐδ' ἀκριβῶς τὴν θέαν ἀνασχόμενοι, πρὸς φυγὴν ὥρμησαν, σχολαίτερον τὰ πρῶτα, ἢ ὅσον ἠδύναντο καὶ ὥστε μὴ προὔπτον δρασμὸν ἐμφαίνειν ἀπιόντες. Οἱ δ' ἐπεδίωκον, τοὺς ὅσοι Τρωγλοδύται σφῶν (ἦσαν δ' εἰς διακοσίους) προτέρους ἐπαφέντες. Τρωγλοδύται δὲ, μοῖρα μέν ἐστιν Αἰθιοπικὴ, νομαδική τε καὶ Ἀράβων ὅμορος, δρόμου τ' ὀξύτητα φύσει τ' εὐτυχοῦντες καὶ ἐκ παίδων ἀσκοῦντες. Τὴν μὲν βαρεῖαν ὅπλισιν, οὐδ' ἀρχὴν ἐδιδάχθησαν, ἀπὸ σφενδόνης δὲ κατὰ τὰς μάχας ἀκροβολιζόμενοι, ἢ δρῶσί τι πρὸς ὀξὺ τοὺς ἀνθισταμένους, ἢ καθυπερτέρους αἰσθόμενοι διαδιδράσκουσιν. Οἱ δὲ, ἀπογιγνώσκουσιν αὐτίκα τὴν ἐπιδίωξιν, ἐπτερωμένους τῇ ποδωκίᾳ συνειδότες καὶ εἰς ὀπάς τινας βραχυστόμους καὶ χηραμοὺς κρυφίους πετρῶν καταδυομένους. Οὗτοι δ' οὖν τότε πεζοὶ τοὺς ἱππέας ἔφθανον καί τινας τραυματίας γενέσθαι σφενδονοῦντες ἴσχυσαν. Οὐ μὴν ἐδέξαντό γ' ἀντεφορμήσαντας, ἀλλὰ προτροπάδην εἰς τοὺς ἀπολειφθέντας τῶν φιλίων πολὺ καθυστεροῦντας ἀπεδίδρασκον. Ὁ δὴ καὶ σκοπήσαντες οἱ Πέρσαι καὶ τῆς ὀλιγότητος ὑπεριδόντες, τὴν ἀντεφόρμησιν ἐκθαρσήσαντες, ἀποσκευασάμενοί τ' εἰς βραχὺ τοὺς ἐγκειμένους, τὸν δρασμὸν αὖθις ἐπέσπευδον, τοῖς τε μύωψι τοὺς ἵππους ἐρεθίζοντες καὶ δυνάμεως ὅσον ἦν καὶ τάχους, ἀνέτοις τοῖς χαλινοῖς ἐφιέντες. Οἱ μὲν οὖν ἄλλοι διαδιδράσκουσιν, ἑλιγμόν τινα τοῦ Νείλου καθάπερ ἄκραν ὑποδραμόντες καὶ τῷ προδόλῳ τῆς ὄχθης (τὴν θέαν) τῶν ἐναντίων ἀποκρύψαντες. Ὁ δὲ Βαγώας ἁλίσκεται προσπταίσαντι τῷ ἵππῳ συγκατενεχθεὶς καὶ θάτερον τοῖν σκελοῖν εἰς τἀκίνητον πηρωθείς· ἁλίσκονται δὲ (καὶ) Θεαγένης καὶ Χαρίκλεια, τὸ μέν τι τὸν Βαγώαν ἐγκαταλιπεῖν οὐκ ἐνεγκόντες, ἄνδρα φιλάνθρωπον περὶ αὐτοὺς καὶ ὀφθέντα καὶ ἐλπισθέντα. Παρειστήκεσαν γοῦν ἀποβάντες τῶν ἵππων, ἴσως (οὐκ) ἂν [καὶ] διαφυγόντες, πλέον δ' ἑκόντες ὑποκατακλινόμενοι, τοῦ Θεαγένους πρὸς τὴν Χαρίκλειαν, τοῦτ' ἐκεῖν' εἶναι τὸ ὄναρ εἰπόντος καὶ τοὺς Αἰθίοπας τούτους, ὧν εἰς τὴν γῆν ἀφικέσθαι πεπρωμένον εἶναι ἡμῖν αἰχμαλώτους ἁλόντας. Καλὸν οὖν ἐγχειρίζειν αὐτοὺς καὶ ἐπιτρέπειν ἀδηλοτέρᾳ τύχῃ, τοῦ προδήλου παρὰ Ὀροονδάτῃ κινδύνου.

ΙΖ'. Καὶ ἡ Χαρίκλεια συνίει μὲν λοιπὸν ὑπὸ τῶν εἱμαρμένων χειραγωγουμένη καὶ εὐέλπις ἦν τῶν βελτιόνων, φιλίους μᾶλλον ἢ πολεμίους τοὺς ἐπιόντας ὑποτιθεμένη. Φράζουσα δ' οὐδὲν τῷ Θεαγένει τῶν νοουμένων, ὑπὸ μόνης πείθεσθαι τῆς συμβουλίας ἐνεδείκνυτο. Πλησιάσαντες οὖν οἱ Αἰθίοπες καὶ τὸν μὲν Βαγώαν εὐνοῦχον καὶ ἀπόλεμον ἐκ τῶν ὄψεων γνωρίσαντες, τοὺς δ' ἀόπλους μὲν καὶ δεσμώτας κάλλει δὲ καὶ εὐγενείᾳ διαπρέποντας, ἠρώτων οἵ τινες εἶεν, Αἰγύπτιόν τ' ἀπὸ σφῶν ἕνα [τὸν] καὶ περαΐζοντα τὴν

ex colore Æthiopes esse eos qui erupissent cognoverunt, et multitudini neutiquam se resistere posse viderunt, (mille enim fuerant ad explorandum missi, leviter armati) ne exacte quidem adspectum illorum sustinentes, fugam fecerunt: lentius quidem initio, quam potuissent, et ita, ut non præceps et effusa fuga videretur, discedentes. Hi autem insequebantur, primos emittentes eos, qui inter ipsos Troglodytæ fuerant circiter ducenti. Troglodytæ autem sunt natio Æthiopica, pascuis dedita et Arabibus contermina, qui pernicitatem eximiam et a natura consecuuntur et a pueritia exercent. Ad gravem quidem armaturam prorsus non sunt assuefacti: ceterum funda in prœliis jacentes, aut impressione facta, detrimento aliquo afficiunt resistentes, aut sistentes, aut si senserunt eos esse superiores, refugiunt. At illi statim omnem spem insequendi abjiciunt, valere illos pedum celeritate, et quasdam cavernas angusti aditus et latebras occultas saxorum subire, scientes. Hi igitur tum pedibus equites assequebantur et fundis jacentes quosdam vulnerabant; verumtamen conversorum impetum non exceperunt, sed celerrime ad suos longo spatio a tergo relictos refugiebant. Quo animadverso Persæ et contempta paucitate, ausi sunt acie conversa in illos impetum facere: et pulsis paullulum iis, qui instabant, rursus fugam accelerabant, calcaribus equos concitantes, et quantum illis erat virium et celeritatis, laxatis habenis omne id effundentes. Alii igitur effugiunt, sub verticem quendam Nili, tanquam arcem, cursu sese conjicientes, et tegmento ripæ, ne ab hostibus conspici possent, sese abscondentes. Bagoas autem capitur, cum equo offendente collapsus, altero crure, ut movere illud non posset, luxato. Capiuntur quoque Theagenes et Chariclea, partim relinquere Bagoam indignum judicantes, cujus viri benevolentiam erga se jam perspexerant, atque in posterum sperabant: eamque ob causam adstiterunt illi, desilientes de equis, partim effugere nequeuntes, vel magis etiam sponte se in illorum potestatem dedentes; Theagene ad Charicleam, Hoc illud esse somnium, dicente et Æthiopes hos, in quorum terram nos captivos perventuros esse fatis destinatum est. Consultum est igitur, dedere nos ipsis et committere potius incertæ fortunæ quam certo apud Oroondatem periculo.

XVII. Et Chariclea quidem reliquum intelligebat, cum in rem ipsam serie quadam fatali quasi manu duceretur: et melioris fortunæ spem concipiebat, amicos magis, quam hostes, qui advenirent, existimans; attamen nihil dicens Theageni eorum, quæ cogitabat, se assentiri illius sententiæ tantum significabat. Cum igitur appropinquassent illis Æthiopes et Bagoam quidem eunuchum esse et ignavum de facie cognovissent, hos vero inermes et vinctos, forma et proceritate insignes viderent, quærebant quinam essent; Ægyptio quodam ex suorum numero, et altero,

φωνὴν εἰς τὴν πεῦσιν καθέντες, ὡς ἡ ἀμφοτέρων ἦ θατέρου πάντως συνήσοντας. Οἱ γὰρ ὀπτῆρές τε καὶ σκοποὶ λεγομένων τε καὶ πραττομένων ἀποσταλέντες, ὁμογλώσσους τε καὶ ὁμοφώνους τοῖς τ' ἐγχωρίοις καὶ πολεμίοις ἐπάγεσθαι ὑπὸ τῆς χρείας ἐδιδάχθησαν. Ὡς οὖν ὁ Θεαγένης ὑπό τε συνδιαιτήσεως ἤδη μακρᾶς τῆς Αἰγυπτίας καὶ βραχείας τῆς πεύσεως, τὰ πρῶτα εἶναι τοῦ σατράπου Περσῶν Βαγώαν ἀπεκρίνατο, αὑτὸν δὲ καὶ τὴν Χαρίκλειαν, Ἕλληνας τὸ γένος, Πέρσαις μὲν 10 πρότερον αἰχμαλώτους ἀγομένους, τὸ παρὸν δ' Αἰθίοψιν ὑπὸ χρηστοτέρας ἴσως τύχης ἐγχειριζομένους, ἔγνωσαν φείδεσθαι καὶ ζωγρεῖα λαβόντες ἄγειν καὶ ὡς πρώτην ἄγραν καὶ μεγίστην βασιλεῖ τῷ σφῶν προσάγειν, τῶν μὲν κτημάτων τοῦ σατράπου τὸ τιμιώτατον. Περσῶν 15 γὰρ βασιλείαις αὐλαῖς ὀφθαλμοὶ καὶ ἀκοαὶ τὸ εὐνούχων γένος, οὐ παίδων, οὐ συγγενείας, τὸ πιστὸν τῆς εὐνοίας μετασπώσης ἀλλὰ μόνου τοῦ πιστεύσαντος ἀναρτώσης. Τοὺς δὲ νέους δῶρον τὸ κάλλιστον διακονίᾳ καὶ αὐλῇ τῇ τοῦ βασιλέως ἐσομένους. Ἦγον οὖν αὐτίκα τῶν 20 ἵππων ἐπιβιβάσαντες, τὸν μὲν ὡς τραυματίαν, τοὺς δ' ὡς ὑπὸ τῶν δεσμῶν εἰς τὸ ἐπισπεύδον τῆς πορείας ἰσοταχεῖν ἀδυνατοῦντας. Καὶ ἦν ὥσπερ ἐν δράματι προαναφώνησις καὶ προεισόδιον τὸ γιγνόμενον. Ξένοι καὶ δεσμῶται τὴν σφαγὴν ὀλίγῳ πρόσθεν τὴν αὑτῶν ἐν 25 ὀφθαλμοῖς ταλαντεύσαντες, οὐκ ἤγοντο πλέον ἢ προεπέμποντο, ἐν αἰχμαλώτῳ τύχῃ πρὸς τῶν ὀλίγῳ ὕστερον ὑπηκόων δορυφορούμενοι. Καὶ οἱ μὲν ἐν τούτοις ἦσαν.

qui Persicam linguam callebat, ad percunctandum adhibito, tanquam aut utrumque aut alterum certe intellecturis. Etenim speculatores et exploratores ad ea quæ fiunt et dicuntur cognoscenda missi, ut ejusdem linguæ et sermonis peritos qua indigenæ et hostes utuntur secum ducant, necessitate sunt edocti. Postquam igitur Theagenes longo usu linguæ, ad Ægyptiam et brevem interrogationem, respondit, Bagoam esse præcipuum ab obsequiis Persarum satrapæ, se autem et Charicleam natione Græcos, a Persis quidem primum captos, nunc autem Æthiopibus, fortasse ductu melioris fortunæ, oblatos et traditos : statuerunt illis parcere; et captivos abducere, ut ita primam quasi prædam et maximam regi suo offerrent, pretiosissimum quiddam ex facultatibus satrapæ. Persarum enim regiis aulis oculi sunt et aures eunuchorum genus : qui cum neque liberos neque cognatos habeant, quibus eorum animi devincti esse possint, pendent ex eo solo, qui se illis credidit. Juvenes autem donum pulcherrimum, ad obsequium regis, et ornamentum aulæ futuros existimabant. Deducebant igitur eos statim equis impositos, illum quidem ut saucium, hos vero tanquam vinculis impeditos, festinationi itineris celeritate non futuros pares. Et erat tanquam in actione fabulæ prologus id, quod fiebat. Peregrini et captivi, qui paullo ante suspensi tenebantur metu cædis ob oculos versantis, non ducebantur amplius, sed deducebantur, in captiva fortuna, caterva eorum, qui illis subd ti paullo post futuri erant, stipati. Et hi quidem in tali statu erant.

ΛΟΓΟΣ ΕΝΝΑΤΟΣ.

LIBER NONUS.

Α'. Ἡ δὲ Συήνη λαμπρῶς ἤδη πολιορκίᾳ περιεστοίχιστο καὶ ὥσπερ ἄρκυσιν ἐναπείληπτο τοῖς Αἰθίοψιν. Ὁ μὲν γὰρ Ὀροονδάτης ὅσον οὔπω πλησιάζειν τοὺς Αἰθίοπας αἰσθόμενος καὶ τοὺς Καταράκτας ὑπερβεμένους ἐπὶ τὴν Συήνην ἐλαύνειν, ὀλίγον ἔφθη προεισελάσας εἰς τὸ ἄστυ καὶ τάς τε πύλας ἐπικλεισάμενος καὶ τὰ τείχη βέλεσι καὶ ὅπλοις καὶ μηχανήμασι φραξάμενος, ἐκαραδόκει τὸ μέλλον. Ὁ δὲ τῶν Αἰθιόπων βασιλεὺς Ὑδάσπης, ἐπειδὴ πόρρωθεν εἰσελαύνειν μέλλοντας εἰς τὴν Συήνην τοὺς Πέρσας προκατοπτεύσας, εἶτ' ἐπιδιώξας ὥστε φθῆναι συμβαλὼν κα- 40 θυστέρησεν, ἐπαφῆκε τῇ πόλει τὸν στρατὸν καὶ εἰς κύκλον τῷ τείχει περιχέας, ἀπρόσμαχόν καὶ μόνῃ τῇ θέᾳ προσεκάθητο, μυριάσιν ἀπείροις ἀνδρῶν ὁμοῦ καὶ ὅπλων καὶ ζῴων τὰ Συηναίων πεδία στενοχωρῶν. Ἔνθα καταλαβόντες αὐτὸν οἱ κατάσκοποι τοὺς ἁλόντας προσ- 45 ἦγον. Ὁ δ' ἥδετο μὲν καὶ τῇ ὄψει τῶν νέων, εὐμενὴς αὐτόθεν πρὸς τὰ ἴδια, καὶ οἷον εἰδώς, ὑπὸ τοῦ μαντευτοῦ τῆς ψυχῆς γενόμενος, ἐγάνυτο δὲ πλέον τῷ συμβόλῳ δεσμίων προσαγομένων. Καὶ Εὖγε, ἀνεβόησε, δεσμίους ἡμῖν οἱ θεοὶ τοὺς πολεμίους ἐκ τῶν

L. Syene autem jam prorsus obsidione cincta fuerat et tanquam retibus copiis Æthiopum conclusa. Oroondates enim, cum propemodum accedere Æthiopes sensisset et omissis Cataractis ad Syenen infestis signis contendere : paullulum illos antevertens, ingressus fuit urbem et clausis portis et in muris missilibus et armis, et machinis dispositis, exspectabat id quod futurum erat. Rex autem Æthiopum Hydaspes, cum procul adhuc Persas Syenen esse ingressuros per exploratores cognovisset, atque adeo ea spe, quod illos antevertere posset, in insequendo accelerasset, nihilominus tamen tardius affuisset, exercitum admovit ad urbem, et in orbem muro circumfundens, sine ullo prælio, tantum quasi in spectaculo assidebat, sexcentis myriadibus tam virorum et armorum quam animalium Syenensium campos complens et in angustum redigens. Atque ibi illum speculatores deprehendentes, captivos adducebant. Ille autem cum delectatus est adspectu juvenum, jam inde benevolentia suos, quamquam nescius, animi præsagio quodam complectens : tum lætus accepit omen illud vinctorum adductorum et Euge, exclamavit, vinctos nobis dii hostes ex initiis spoliorum tradunt. Atque

24.

πρωτολείων παραδιδόασι. Καὶ οὗτοι μὲν, ἔφη, πρῶτοι ληφθέντες, εἰς ἀπαρχὴν τοῦ πολέμου σωζέσθωσαν κατὰ τὰς ἐπινικίους θυσίας, ὡς ὁ πάτριος [Αἰθιόπων] βούλεται νόμος, θεοῖς τοῖς ἐγχωρίοις εἰς ἱερουργίαν
5 φυλαχθησόμενοι. Τοὺς δὲ κατασκόπους δώροις ἀμειψάμενος, τούτους τε καὶ τοὺς αἰχμαλώτους εἰς τοὺς σκευοφόρους ἀπέπεμψε, μοῖραν αὐτάρκη τῶν ὁμογλώσσων εἰς τὴν φρουρὰν ἀποκληρώσας, τά τ' ἄλλα σὺν ἐπιμελείᾳ τῇ πάσῃ διάγειν καὶ δίαιταν ἄφθονον παρέ-
10 χειν καὶ παντὸς ἄγους καθαρεύοντας φυλάττειν, οἷον ἱερεῖά τινα ἤδη τρεφομένους ἐπιστείλας καὶ τὰ δεσμά τ' ἀμείβειν καὶ χρυσᾶ ἐπιβάλλειν. Ὅσα γὰρ σίδηρος παρ' ἄλλοις εἰς τὰς χρείας, ταῦτα παρ' Αἰθίοψιν ὁ χρυσὸς νομίζεται.
15 Βʹ. Καὶ οἱ μὲν τὰ προστεταγμένα ἔπραττον καὶ ὡς τῶν προτέρων δεσμῶν παραλύοντες, ἐλπίδα τε διαγωγῆς ἐλευθέρας παραστήσαντες, πλέον παρεῖχον οὐδὲν, χρυσᾶς τὰς ἁλύσεις αὖθις ἐνείροντες, τότ' ἤδη γέλως ἐπῄει τῷ Θεαγένει καὶ Βαβαὶ τῆς λαμπρᾶς, ἔφη, με-
20 ταβολῆς. Ταῦθ' ἡμᾶς ἡ τύχη τὰ μεγάλα φιλανθρωπεύεται, χρυσᾶ σιδηρῶν ἀμείβομεν· καὶ φρουρὰν πλουτοῦντες ἐντιμώτεροι δεσμῶται ἐγεγόναμεν. Ἐμειδία δὲ καὶ ἡ Χαρίκλεια καὶ τὸν Θεαγένην μεταβάλλειν ἐπειρᾶτο τοῖς ἐκ θεῶν προρρηθεῖσι ἐπανέγουσα καὶ
25 χρηστοτέραις ἐλπίσι κατεπάδουσα. Ὁ δ' Ὑδάσπης ἐπειδὴ τῇ Συήνῃ προσέβαλλεν, αὐτοβοεί τε καὶ τείχεσιν αὐτοῖς ἀναρπάσασθαι τὴν πόλιν ἐλπίσας, εἰς μικρὸν ἀπεκρούσθη πρὸς τῶν ὑπερμαχούντων, ἔργῳ τε λαμπρῶς ἀμυναμένων καὶ λόγοις εἰς ὕβριν καὶ παροξυσμὸν
30 ἐπιχλευασάντων, ὀργὴν τὸ πρᾶγμα ποιησάμενος, εἰ τὴν ἀρχὴν ὅλως ἀντιστῆναι διενοήθησαν, ἀλλὰ μὴ παρὰ τὴν πρώτην ἑκοντὶ φέροντες αὑτοὺς ἐνεχείρισαν, ἔγνω μὴ χρονοτριβεῖν τὸν στρατὸν προσκαθήμενος, μήθ' ἑλεπόλεσιν ἀποπειρώμενος, ἐξ ὧν οἱ μὲν ἁλώσεσθαι,
35 δέ που καὶ διαδράσεσθαι ἔμελλον, ἀλλὰ πολιορκίᾳ μεγαλουργῷ καὶ ἀφύκτῳ τὴν πόλιν εἰς ἄρδην καὶ θᾶττον ἐξελεῖν.
Γʹ. Ἔπραττε δὴ οὖν οὕτως. Εἰς μοίρας καταμέμει τοῦ τείχους τὸν κύκλον καὶ δεκάδα ὀργυιῶν δέκασιν
40 ἀνδρῶν ἀποκληρώσας, εὖρός τε καὶ βάθος ὡς ὅτι πλεῖστον ἀφορίσας ὀρύττειν εἰς τάφρον ἐκέλευσεν. Οἱ δ' ὤρυττον, ἄλλοι τὸν χοῦν ἐξεφόρουν, ἕτεροι εἰς ὀφρὺν πρὸς ὕψος ἐσώρευον, τῷ πολιορκουμένῳ τείχος ἕτερον ἀντεγείροντες. Ἐκώλυε δ' οὐδεὶς, οὐδ' ἐνίστατο πρὸς
45 τὴν ἀποτείχισιν, ἐκδραμεῖν τε τῆς πόλεως ἐπὶ μυριοπληθῆ στρατὸν οὐ θαρσῶν καὶ τὰς ἐκ τῶν ἐπάλξεων τοξείας ἀνηνύτους ὁρῶν. Ὁ γὰρ Ὑδάσπης καὶ τούτου προὔνόησε, τὸ μεσεῦον τῶν δύο τειχῶν, ὅσον βολῆς ἐκτὸς εἶναι τοὺς ἐργασομένους συμμετρησάμενος. Ἐπεὶ
50 δὲ τοῦτο καὶ λόγου θᾶττον ἤνυσεν, ἅτε δὴ μυρίας αὐτῷ χειρὸς τὸ ἔργον ἐπισπευδούσης, ἑτέρου τοιοῦδε ἥρχετο. Τοῦ κύκλου μέρος, πλάτος ὅσον ἡμίπλεθρον, ἰσόπεδόν τε καὶ ἄχωστον διαλιπών, κατὰ τὴν ἀπολήγουσαν ἑκατέρωθεν ἄκραν σκέλος ἐκ χώματος ἐπέζευγ-

---

hi quidem, inquit, cum primi sint capti, ad p:imitias belli serventur, incolumes in cum finem ut in sacrificiis triumphalibus sicut recepta moribus et institutis lex postulat, victimae fiant diis patriis, custodiendi. Speculatores autem donis remuneratus, hos ipsos et captivos ad impedimenta remittebat, praesidio firmo ejusdem linguae peritorum attributo et datis mandatis, cum ut omnis cura et diligentia in illorum rationibus adhiberetur et victus splendidus illis suppeditaretur, atque ab omni contaminatione ac macula vacui tanquam victimae quaedam asserverarentur, tum ut vincula permutarentur et aurea illis injicerentur. In quem enim usum apud alios ferrum, in eum apud Æthiopes aurum destinatur.

II. Et hi quidem ea quae fuerant imperata faciebant. Cumque, prioribus vinculis demtis et spe liberae vivendi rationis facta, nihil amplius praeberent, et aureas catenas illis aptarent tunc et risus subiit Theagenem et Papae, inquit, unde tam splendida mutatio? Magnopere nobis profecto fortuna blanditur : aurea cum ferreis permutamus et locupletes custodia redditi majoris pretii vincti exstitimus. Arridebat quoque Chariclea, et Theagenem in aliam sententiam traducere conabatur, tum his, quae a diis praedicta fuerant, erigens, tum melioribus spebus deliniens. Hydaspes vero Syenen aggressus, cum antea statim se cum muris ipsis urbem direpturum sperasset, tum autem propemodum a propugnatoribus rejectus esset et re ipsa strenue impetum hostium propulsantibus et verbis ad contumeliam et irritandos animos illudentibus, ira commotus quod prorsus resistere decrevissent et non statim ab initio ultro se in illius potestatem dedidissent, statuit non terere tempus cum exercitu otiosa cunctatione, neque ejusmodi oppugnationes instituere, quibus quidam capi, quidam autem effugere, possent; sed obsidione magni operis et inevitabili, urbem funditus quamprimum evertere.

III. Faciebat igitur tale opus. Circulum circa murum in portiones divisit et denas orgyias denis attribuens, latitudinemque et profunditatem maximam designans, fodere fossam jussit. Illi vero fodiebant, alii materiam effossam efferebant, alii tumulum in altum aggerebant, alterum murum contra eum qui obsidebatur excitantes. Nemo autem impediebat opus, nec obsistebat, quo minus muri ambitus perficerentur, erumpere ex urbe propter ingentem exercitus multitudinem non audens et missilium usum ex propugnaculis inutilem esse videns, cum medium intervallum inter duos muros Hydaspes tantum ut fieret curasset, ut extra teli jactum essent ii qui operas faciebant. Postquam autem et hoc dicto citius perfecit, utpote ingentibus copiis operi celeriter instantibus, aliud tale incipiebat. Parte circuli latitudine semipletḥri, plana et non accumulata relicta, desinenti ex utraque parte extremitati crus

νύς, ἐπὶ τὸν Νεῖλον εἰς μῆκος ἦγεν, ἀπὸ τῶν ταπεινοτέρων ἀεὶ πρὸς τὰ ὄρθια καὶ μετέωρα σκέλος ἑκάτερον προβιβάζων. Εἴκασεν ἄν.τις μακροῖς τείχεσι τὸ γιγνόμενον, τοῦ μὲν ἡμιπλέθρου τὸ ἴσον πλάτος διόλου φυλάττοντος, μῆκος δὲ τὸ μεταξὺ τοῦ τε Νείλου καὶ τῆς Συήνης ἀπολαμβάνοντος. Ἐπεὶ δὲ συνῆψε τὸ χῶμα ταῖς ὄχθαις, ἐνταῦθα στόμιον τῷ ποταμῷ διατεμὼν, εἰς τὸν ἀπὸ τῶν σκελῶν ὁλκὸν ἀπορροὴν εἰσωχέτευσεν. Οἷα δ' ἐξ ὑπερδεξίων πρὸς χθαμαλώτερον καὶ ἐξ ἀπείρου τῆς κατὰ τὸν Νεῖλον εὐρύτητος στενῷ πορθμῷ τὸ ὕδωρ ἐμπῖπτον καὶ ταῖς χειροποιήτοις ὄχθαις θλιβόμενον, πολύν τινα καὶ ἄφραστον κατὰ μὲν τὸ στόμιον φλοῖσβον, κατὰ δὲ τὸν ὁλκὸν ἐξάκουστον καὶ τοῖς πορρωτάτω πάταγον ἀπετέλει. Ἅπερ ἀκούοντες, ἤδη δὲ καὶ ὁρῶντες οἱ κατὰ τὴν Συήνην καὶ οἳ κακῶν ἦσαν συνιέντες καὶ ὡς ἐπικλυσμός ἐστιν ὁ σκοπὸς τοῦ περιτειχίσματος, οὔτ' ἀποδρᾶναι τὴν πόλιν ἔχοντες, ἅτε τοῦ χώματος καὶ ἤδη πλησιάζοντος τοῦ ὕδατος τὴν ἔξοδον ἀποκλειόντων, οὔτε τὸ μένειν ἀκίνδυνον ὁρῶντες, ἐκ τῶν ἐνόντων πρὸς βοήθειαν τὴν αὑτῶν παρεσκευάζοντο. Καὶ πρῶτον μὲν τῶν κατὰ τὰς πύλας σανιδωμάτων τὰ διεστῶτα θυραλλίδι τε καὶ ἀσφάλτῳ διέφραττον· ἔπειτα τὸ τεῖχος πρὸς ἀσφαλεστέραν ἕδραν διηρειδον, ὁ μέν τις χῶμα, ὁ δὲ λίθους, ὁ δὲ ξύλα καὶ τὸ προστυχὸν ἕκαστος ἐπιφέρων. Καὶ ἦν οὐδεὶς ἡσυχάζων, ἀλλ' ὁμοίως γυνή, παῖς καὶ πρεσβύτης ἔργου εἴχετο. Γένος γὰρ οὐδ' ἡλικίαν ὁ ὑπὲρ ψυχῆς δυσωπεῖται κίνδυνος. Οἱ δυνατώτεροι δὲ καὶ τὸ ἀκμάζον ἐν ὅπλοις, αὐλῶνά τινα στενόν τε καὶ ὑπόγειον ἀπὸ τῆς πόλεως ἐπὶ τὸ χῶμα τῶν πολεμίων διεκναύμενον, ὀρύττειν ἀποκεκλήρωτο.

Δ'. Καὶ δὴ ἤνύετο τοὔργον ὧδε. Φρεατίαν τοῦ τείχους πλησίον εἰς ὀργυιάς που πέντε τὴν κάθετον βαθύναντες καὶ τοὺς θεμελίους ὑποδραμόντες, ἐγκάρσιοι τοὐντεῦθεν ὑπὸ πυρσοῖς ἐπ' εὐθείας τινὰ φέροντα τῶν χωμάτων ὑπόνομον ἐκοίλαινον, τῶν κατόπιν ἀεὶ καὶ δευτέρων παρὰ τῶν προτέρων ἐν τάξει τὸν χοῦν διαδεχομένων καὶ εἴς τι μέρος τῆς πόλεως πάλαι κηπευόμενον ἐκφορούντων καὶ εἰς κολωνὸν ἐγειρόντων. Ταῦτα δ' ἔπραττον, ῥήξεως ἐνδόσιμον τῷ ὕδατι κατὰ τὸ κενόν, εἴ ποτ' ἐπέλθοι, προμηθούμενοι. Ἀλλ' ὅμως ἔφθανε τὰ δεινὰ τὴν προθυμίαν· καὶ δ Νεῖλος ἤδη τὸ μακρὸν χῶμα παραμείψας, ἐπίφορος τῶν κατὰ τὸν κύκλον ἐνέπιπτε, καὶ πανταχόθεν περιρρυεὶς, τὸ μεταίχμιον τῶν τειχῶν ἐλίμναζε. Καὶ νῆσος αὐτίκα ἦν ἡ Συήνη καὶ περίρρυτος ἡ μεσόγαιος τῷ Νειλῴῳ κλύδωνι κυματουμένη. Κατ' ἀρχὰς μὲν δὴ καὶ χρόνον τῆς ἡμέρας ἐπ' ὀλίγον ἀντεῖχε τὸ τεῖχος· ἐπειδὴ δ' ἐπιβρίσαν τὸ ὕδωρ εἰς ἕλος τ' ἔβη διὰ τῶν ἀραιωμάτων τῆς γῆς, οἷς μέλαινα καὶ εὔγειος οὖσα πρὸς τῆς θερινῆς ὥρας κατέχριστο, πρὸς τὰ βάθη κατεδύετο, καὶ τὴν κρηπῖδα τοῦ τείχους ὑπέρεχε, τότ' ἤδη πρὸς ἄχθος ἐνεδίδου τὸ ὑποκείμενον καὶ καθ' ὃ μέρος χαυνούμενον εἶξειε ἐνταῦθα τὸ τεῖχος ὤκλαζε καὶ τῷ σάλῳ τὸν κίν-

LIBER IX.

aggeris conjungens, ad Nilum in longitudinem ducebat, ab humiliori structura in altiorem semper et magis arduam, crus utrumque erigens. Contulisset aliquis longis muris molis illius rationem, cum æqualem latitudinem semiplethri ubique servaret, longitudine vero id quod est inter Nilum et Syenen spatii occuparet. Postquam autem junxit ripis aggerem, deinde ostium flumini aperiens in alveum cruribus interceptum defluentem aquam derivavit. Sicuti igitur ab editiori loco in declivem et ex immensa Nili latitudine in angustum sinum aqua incidens, manuque factis ripis cohibita, ingentem quemdam et ineffabilem cum ad ostium strepitum, tum sonitum in alveo ut vel ab iis qui longissime aberant exaudiri posset, edebat. Quod cum audirent jam et viderent hi qui erant Syenæ et in quanta mala incidissent intelligerent, quod videlicet illius circumvallationis eluvio scopus esset, neque effugere ex urbe possent, aggere et aquæ affluxu exitum intercludente, neque manere tutum esse cernerent, ad opem ferendam sibi, quantum facultatis præsentis status ratio dabat, sese apparabant. Inprimis autem, ubi tabulata circa portas discesserant stupa et bitumine obturabant: deinde murum, ut firmiori in sede maneret, suffulciebat; hic humum, ille lapides, nonnemo ligna et quilibet id quod obvium fuerat aggerens. Denique nemo quiescebat, sed et mulieres et pueri, perinde ac senes, in opus incumbebant. Nullius enim sexus, nec ætatis, opem repudiat periculum de vita. Robustiori autem ætati et vegetæ quæ in armis erat cuniculi cujusdam angusti et subterranei ab urbe ad hostium aggerem agendi negotium datum fuerat.

IV. Et quidem hac ratione opus perficiebatur. Puteum prope murum, fere quinque orgyiarum, recta instar perpendiculi profunditate cum effodissent et fundamenta subiissent, transversim deinceps, facibus accensis, recta ad aggeres ducentem cuniculum agebant, iis qui subsequebantur a tergo et posterioribus semper a prioribus justo ordine humum effossam recipientibus et in quamdam partem urbis jampridem hortis occupatam efferentibus atque in tumulum aggerentibus. Hæc vero faciebant eo consilio, ut, si aqua ad locum illum terra vacuum pervenisset, qua de perruptionem occasionem et aditum haberet. Sed tamen calamitas antevertebat civium promptitudinem. Nilus enim, jam longum ductum aggeris transgressus, impetu in oppidum circuli delabebatur, et undiquaque circumfluens, spatium inter muros interceptum quasi stagnum quoddam efficiebat. Atque ita continuo exsistebat insula Syene et mediterranea urbs circumflua, Nili fluctibus æstuans. Initio quidem et unius diei spatio suffecit sustinendæ moli murus. Ceterum postquam ingruens vis aquæ in altum attollebatur et per fissuras terræ, quæ cum nigra et pinguis esset æstivo tempore discesserat, in profundum penetrabat et fundamenta muri subibat, tum jam ponderi cedebat, subjecta moles et qua parte ob mollitiem et laxitatem terra cessisset, ibi murus inclinabat et vacillatione periculum ruinæ de-

δυνὸν ἐπεσήμαινεν, ἐπάλξεών τε κραδαινομένων καὶ
τῶν ὑπερμαχομένων τῷ βρασμῷ κλονουμένων.

Ι΄. Ἤδη δ᾽ ἑσπέρας ἐπιούσης, καὶ μέρος τι τοῦ
τείχους καὶ μεταπύργιον κατερείπεται· οὐ μὴν ὥστε
χθαμαλωτέραν γενέσθαι τῆς λίμνης τὴν πτῶσιν, οὐδ᾽
ὥστ᾽ εἰσδέξασθαι τὸ ὕδωρ, ἀλλὰ πέντε που πήχεις
ὑπερέχουσαν, ἀπειλουμένην ὅσον οὔπω κατεπτηχέναι
τὴν ἐπίκλυσιν. Ἐφ᾽ οἷς οἰμωγή τε συμμιγὴς τῶν
κατὰ τὴν πόλιν ἐξάκουστος καὶ τοῖς πολεμίοις ἐγίγνετο
10 καὶ χεῖρας εἰς οὐρανὸν αἴροντες, τὴν ὑπολειπομένην
ἐλπίδα, θεοὺς ἐπεβοῶντο σωτῆρας καὶ τὸν Ὀροονδά-
την ἐπικηρυκεύεσθαι πρὸς τὸν Ὑδάσπην ἱκέτευον. Ὁ
δ᾽ ἐπείθετο μὲν, δοῦλος καὶ ἄκων τῆς τύχης γενόμενος,
ἀποτετειχισμένος δὲ τῷ ὕδατι καὶ ὅπως ἄν τινα δια-
15 πέμψαιτο ὡς τοὺς πολεμίους ἀδυνατῶν, ἐπίνοιαν ὑπὸ
τῆς ἀνάγκης ἐδιδάσκετο· γραψάμενος γὰρ ἃ ἐβούλετο
καὶ λίθῳ τὴν γραφὴν ἐναψάμενος, σφενδόνῃ πρὸς τοὺς
ἐναντίους ἐπρεσβεύετο, διαπόντιον τὴν ἱκεσίαν τοξευ-
όμενος. Ἤνυε δ᾽ οὐδὲν, ἐλαττουμένης τοῦ μήκους τῆς
20 βολῆς, καὶ τῷ ὕδατι προσεμπιπτούσης. Ὁ δὲ καὶ αὖ-
θις τὴν αὐτὴν γραφὴν ἐκτοξεύων ἀπετύγχανε, πάντων
μὲν τῶν τοξοτῶν καὶ σφενδονητῶν ἐφικέσθαι τῆς βολῆς
φιλοτιμουμένων, οἷα δὴ τὸν ὑπὲρ ψυχῆς σκοπὸν ἀθλούν-
των, ἁπάντων δὲ τὰ ὅμοια πασχόντων. Τέλος δὲ τὰς
25 χεῖρας εἰς τοὺς πολεμίους ὀρέγοντες τοῖς χώμασιν ἐφε-
στῶτας καὶ θέατρον τὰ πάθη τὰ ἐκείνων ποιουμένους,
ἐλεεινῶς τοῖς σχήμασι τὸ βούλευμα τῶν τοξευμάτων
ὡς δυνατὸν ἔφραζον· νῦν μὲν ὑπτίας προτείνοντες εἰς
ἱκεσίαν ἔμφασιν, νῦν δὲ κατὰ τῶν νώτων πρὸς δεσμῶν
30 περιάγοντες, εἰς δουλείας ἐξομολόγησιν. Ὁ δ᾽ Ὑδάσ-
πης ἐγνώριζε μὲν σωτηρίαν αἰτοῦντας καὶ παρέχειν ἦν
ἕτοιμος, (ὑπαγορεύει γὰρ τοῖς χρηστοῖς φιλανθρωπίαν
πολέμιος ὑποπίπτων), τὸ παρὸν δ᾽ ἀδυνάτως ἔχων,
ἔγνω σαφεστέραν λαβεῖν τῶν ἐναντίων ἀπόπειραν.
35 Καὶ ἦν γὰρ πορθμεῖα τῶν ποταμίων προνυτρεπισμένος,
ἃ κατὰ ῥοῦν τῆς διώρυχος ἐκ τοῦ Νείλου φέρεσθαι
συγχωρήσας, ἐπειδὴ τῷ κύκλῳ τοῦ χώματος προσ-
ηνέχθη, καθελκύσας εἷχε, τούτων δὲ δέκα νεόπηκτα
ἐπιλέξας, τοξότας τε καὶ ὁπλίτας ἐνθέμενος, ἅ τε χρὴ
40 λέγειν ἐπιστείλας, ὡς τοὺς Πέρσας ἐξέπεμπεν. Οἱ
δ᾽ ἐπεραιοῦντο πεφραγμένοι, ὡς εἴ τι καὶ παρ᾽ ἐλπίδας
ἐγχειροῖεν οἱ ἐπὶ τῶν τειχῶν ᾐυτρεπίσθαι πρὸς ἄμυναν.
Καὶ ἦν θεαμάτων τὸ καινότατον, ναῦς ἀπὸ τειχῶν πρὸς
τείχη περαιουμένη, καὶ ναύτης ὑπὲρ μεσογαίας πλοϊ-
45 ζόμενος καὶ πορθμεῖον κατὰ τὴν ἀρόσιμον ἐλαυνόμενον.
Καινουργὸς δ᾽ ὢν ἀεί πως ὁ πόλεμος, τότ᾽ ἔτι καὶ
πλέον καὶ οὐδαμῶς εἰωθὼς ἐθαυματούργει, ναυμάχους
τειχομάχοις συμπλέξας, καὶ λιμναίῳ στρατιώτῃ χερ-
σαῖον ἐφοπλίσας. Οἱ γὰρ δὴ κατὰ τὴν πόλιν τὰ σκάφη
50 καὶ τρὺς ἐμπλέοντας ἐνόπλους τε καὶ καθ᾽ ὃ μέρος κατή-
ρειπτο τὸ τεῖχος ἐπιφερομένους θεασάμενοι, καταπλῆγες
ἄνθρωποι, καὶ πτόας ἤδη πρὸς τῶν περιεχόντων κινδύνων
ἀνάμεστοι, πολεμίους καὶ τοὺς ἐπὶ σωτηρίᾳ τῇ σφῶν
ἥκοντας ὑπετόπαζον· πᾶν γὰρ ὕποπτον καὶ φοβερὸν τὸ

nuntiabat, cum propugnacula quassarentur et propugnato-
res ebullitionis impetu concuterentur.

V. Porro vespera adveniente, jam et quædam pars muri
turribus intercepta corruit, non quidem ita, ut ruina sta-
gno inferior fieret, neque ut aquam recipere posset, sed
ut quinque ulnas utique emineret, minitans propemodum
terrorem eluvionis. Propter quæ comploratio mixta eorum
qui fuerant in urbe, quæ et ab hostibus exaudiri poterat,
oriebatur et manus ad cœlum tendentes, quod spei reli-
quum erat, deos servatores invocabant et Oroondatem, ut
legatos ad Hydaspem de pace acturos mitteret, supplices
orabant. Ille autem parebat quidem, servus fortunæ vel
invitus factus, aquis interclusus et rationis, qua transmit-
tere nuntios ad hostes posset, inops, necessitate est edoc-
tus. Cum enim scripsisset quæ volebat et ad lapidem de-
ligasset, funda ad hostes nuntii loco adjiciebat, supplices
preces trans mare mittens. Ceterum nihil proficiebat,
cum jactus languidior esset quam ut longitudinem æquare
posset et prius in aquam incideret, quam spatium supera-
ret. Ille autem rursus eadem ratione epistolam ejaculatus
spe lapsus est, omnibus sagittariis et funditoribus, tanquam
iis quibus erat de scopo fortunæ contentio, summo studio
trajicere intervallum annitentibus, universis autem eadem
ratione laborantibus. Ad extremum autem manus ten-
dentes ad hostes, qui in munitionibus stabant et theatrum
illorum calamitates faciebant, miserabili gestu, quid sibi
vellent illi jactus, quantum fieri potuit indicabant, nunc
quidem ab anteriore parte manus protendentes in speciem
supplicum, nunc vero post terga ad vincula recipienda
circumducentes ad servitutis confessionem. Hydaspes au-
tem agnoscebat quidem, illos salutem petere et paratus
fuerat illis eam dare: (indicit enim quodammodo præstan-
tibus viris clementiam subjectus hostis), in præsentia vero
cum expeditam rationem nullam haberet, statuit certius
sumere hostium experimentum. Erant autem jam antea
navigia fluviatilia parata, quæ per defluxum fossæ ex
Nilo ferri sinens, postquam ad ambitum aggeris delata
sunt, attracta detinuit. Ex his decem quæ nuper compacta
fuerant cum delegisset, et sagittarios atque armatos in illa
imposuisset et imperasset quæ illos dicere oporteret, ad
Persas emisit. Illi autem transmittebant instructi, ut si
quid vel præter spem tentarent ii, qui erant in muris, ad
ineundum prœlium essent parati. Erat autem inprimis
novum spectaculum, cum navis a muris ad muros trans-
iret et nauta in mediterranea regione navigaret, denique
navigium per locum cultum impelleretur. Cumque sit
novarum rerum auctor semper bellum, tunc maxime mi-
raculum omnino inusitatum introducebat, navales copias
cum iis quæ ex muro depugnabant committens et contra
palustrem militem terrestrem armans. Hi igitur qui erant
in urbe navigia et milites ad eam partem, ubi murus cor-
ruerat, appellere conspicati, homines attoniti et terrore
jam propter circumstantia pericula pleni, etiam eos qui
salutis eorum causa veniebant in suspicionem vocabant,
(siquidem omnia sunt suspecta et formidabilia, quæ in ex-

κατ' ἔσχατον κινδύνου γενόμενον)· ἠκροβολίζοντό τ' ἀπὸ
τῶν τειχῶν καὶ εἰσετόξευον. Οὕτως ἄρα καὶ ἀπεγνω-
κότες αὑτῶν ἄνθρωποι, τὴν ἀεὶ παροῦσαν ὥραν, κέρδος
εἰς ὑπέρθεσιν θανάτου νομίζουσιν. Ἔβαλλον δ' οὐχ
5 ὥστε καὶ τιτρώσκειν, ἀλλ' ὅσον ἀπείργειν τὸν πρόσπλουν
καταστοχαζόμενοι. Ἀντετόξευον δὲ καὶ οἱ Αἰθίοπες
καὶ ἅτ' εὐσκοπώτερά τε βάλλοντες καὶ οὔπω τῆς τῶν
Περσῶν γνώμης συνιέντες, δύο πού τινας καὶ πλείους
διαπείρουσιν, ὥστε τινὰς ὑπ' ὀξείας καὶ ἀπροόπτου τῆς
10 τρώσεως ἐπὶ κεφαλὴν ἀπὸ τῶν τειχῶν εἰς τὸ ἐκτός τε
καὶ τὸ ὕδωρ σφενδονηθῆναι. Καὶ ἂν ἐπὶ πλέον ἐξε-
καύθη τὰ τῆς μάχης, τῶν μὲν σὺν φειδοῖ κωλυόντων
μόνον, τῶν δὲ καὶ σὺν ὀργῇ [τῶν Αἰθιόπων] ἀμυνο-
μένων, εἰ μή τις τῶν ἐπὶ δόξης καὶ πρεσβύτης ἤδη
15 Συηναίων τοῖς ἐπὶ τοῦ τείχους παραγιγνόμενος, Ὦ
φρενοβλαβεῖς, ἔφη, καὶ πρὸς τῶν δεινῶν παραπλῆγες,
οὓς εἰς δεῦρο ἱκετεύοντες καὶ ἐπικαλούμενοι πρὸς βοή-
θειαν διετελοῦμεν, τούτους ἐλπίδος ἐπέκεινα παραγενο-
μένους ἀπείργομεν· οἳ φίλιοι μὲν ἥκοντες καὶ εἰρηνικὰ
20 διαγγέλλοντες, σωτῆρες ἔσονται, πολέμια δὲ διανοού-
μενοι, ῥᾷστα καὶ προσορμισθέντες ἐλαττωθήσονται.
Τί δὲ καὶ πλέον εἰ τούτους διαχρησόμεθα, τοσούτου
νέφους ἐκ γῆς καὶ ὕδατος κεκυκλωμένου τὴν πόλιν ;
ἀλλὰ προσδεχώμεθα καὶ ὅ τι βουλομένοις ἐστὶν ἐκδιδα-
25 κώμεθα. Πᾶσιν εὖ λέγειν ἔδοξεν, ἐπῄνει δὲ καὶ ὁ
Σατράπης. Καὶ τοῦ κατηρειπωμένου τῇδε κἀκεῖσε
μεταστάντες ἐν ἀκινήτοις τοῖς ὅπλοις ἡσύχαζον.

Ϛ'. Ὡς δ' ἐκεινώθη τὸ μεσαπύργιον τῶν ἐφεστώ-
των, ὅ τε δῆμος ὀθόναις κατασείων, ἐπιτρέπειν τὸν
30 ὅρμον ἐνεδείκνυτο, τότε δὴ καὶ οἱ Αἰθίοπες πλησιά-
σαντες ὥσπερ ἀπ' ἐκκλησίας τῶν πορθμείων πρὸς τὸ
πολιορκούμενον θέατρον, τοιάδ' ἔλεγον· Ὦ Πέρσαι
καὶ Συηναίων οἱ παρόντες, Ὑδάσπης ὁ τῶν πρὸς ἀνα-
τολαῖς καὶ δυσμαῖς Αἰθιόπων, νυνὶ δὲ καὶ ὑμῶν βασι-
35 λεύς, πολεμίους τ' ἐκπορθεῖν οἶδε καὶ ἱκέτας οἰκτείρειν
πέφυκε, τὸ μὲν ἀνδρεῖον, τὸ δὲ φιλάνθρωπον δοκιμά-
ζων καὶ τὸ μὲν χειρὸς εἶναι στρατιωτικῆς, τὸ δὲ, ἴδιον
τῆς αὑτοῦ γνώμης. Ἔχων τε τὸ ὁμᾶς εἶναι ἢ μὴ,
κατ' ἐξουσίαν, ἱκέτας γεγενημένος αὐτῶν τὸν ἐκ τοῦ
40 πολέμου πᾶσιν ὁρώμενον καὶ οὐκ ἀμφίβολον κίνδυνον
ἐφ' οἷς ἂν ἄσμενοι τῶν δεινῶν ἀπαλλαγείητε, τὴν αἵ-
ρεσιν, οὐκ αὐτὸς ὁρίζων, ἀλλ' ὑμῖν ἐπιτρέπων. Οὐ
γὰρ τυραννεῖ τὴν δίκην, ἀλλὰ πρὸς τὴν ἀναμέσκετον
διοικεῖ τὴν τῶν ἀνθρώπων τύχην. Πρὸς ταῦτα Συη-
45 ναῖοι μὲν ἀπεκρίναντο, σφᾶς τ' αὐτοὺς καὶ παῖδας καὶ
γυναῖκας ἐπιτρέπειν Ὑδάσπῃ χρῆσθαι πρὸς ὅ τι βαύ-
λοιτο καὶ τὴν πόλιν, εἰ περιγένοιτο, ἐγχειρίζειν ἣν
καὶ νῦν ἐν τῷ ἀνελπίστῳ σαλεύειν, εἰ μὴ φθαίη τις, ἐκ
θεῶν ἢ ἐξ Ὑδάσπου μηχανῇ σωτηρίας. Ὁ δ' Ὀροον-
50 δάτης ἐρωτώμενος ἔφη τοῦ πολέμου μὲν αἴτιον μηδ'
ὅλων ἐκτήσεσθαι καὶ τάς τε Φίλας [τὴν πόλιν] καὶ
τὰ σμαράγδεια μέταλλα παραχωρήσειν, αὑτοῦ δ' ἥξίου
μηδεμίαν ὑποστῆναι ἀνάγκην, μήθ' αὑτὸν μήτε τοὺς
στρατιώτας ἐγχειρίζειν. Ἀλλ' εἰ βούλοιτο Ὑδάσπης

tremo periculo eveniunt) et jaciebant de muris et jacula-
bantur in naves. Sic omnino homines etiam qui de suis
rationibus desperarunt, semper quod superest temporis
ad dilationem mortis, in lucro ponunt. Jaciebant autem
ita dirigentes ictus ut non vulnerarent, sed accessum pro-
hiberent. Jaculabantur autem vicissim Æthiopes, et ut
certiori ictu petentes et nondum animum Persarum intel-
ligentes, continuo duos quosdam ac deinceps plures transfi-
gunt, ut aliqui subito et ex improviso acceptis vulneribus
de muris extrorsum et in aquam in caput devolverentur.
Et quidem magis exarsisset prœlium, iis parcendo tan-
tum prohibentibus, Æthiopibus autem etiam cum ira sese
defendentibus, nisi quidam homo illustris et jam senex ex
Syenæis, intervéniens ad eos qui erant in muro verba fe-
cisset : O amentes, inquiens et prœ calamitatibus obstupe-
facti, quibus hactenus supplices eramus et in auxilium ad-
vocabamus, hos cum præter omnem spem et opinionem
advenissent jam arcemus? qui si amico animo veniunt, ea
quæ ad pacificationem pertinent nuntiantes, servatores
nostri erunt, sin hostilia cogitant, facillime etiamsi appli-
cuerint superabuntur. Enim vero quid lucri erit inde
nobis, etiamsi hos confecerimus, cum tanta nubes terra et
aqua urbem cinxerit? cur autem non potius eos recipimus
et quæ sit illorum sententia cognoscimus? Omnibus in rem
dicere videbatur. Collaudabat autem et Satrapa. Et ex
collapsa muri parte huc atque illuc decedentes immotis ar-
mis quiescebant.

VI. Postquam autem spatium illud inter turres vacuum
fuit propugnatoribus et populus velamentis signum dans
concedere se appulsum significabat, tunc Æthiopes propius
accedentes, tanquam pro concione ex navigiis ad obsessum
theatrum talia dicebant : O Persæ, et Syenenses qui ades-
tis, Hydaspes orientalium et occidentalium Æthiopum, in
præsentia vero et vester rex, cum hostes domare novit,
tum ad misericordiam erga supplices à natura proclivis est,
illud quidem fortitudinis, hoc autem humanitatis, atque
alterum virtutis militum, alterum ipsius proprium decus
esse judicans. Cumque vitæ et necis vestræ illi sit po-
testas, quandoquidem supplices estis, liberat vos omnibus
ob oculos versante et minime dubio belli periculo, condi-
tiones, quibus vellitis hisce calamitatibus liberari, non ipse
proponens, sed vobis, vestro arbitrio eligendas, permit-
tens. Neque enim pro sua libidine tyrannicum quidquam
statuit, sed mansuete et sine invidia gubernat hominum
fortunam. Ad hæc Syenæi quidem responderunt : Se
ipsos et liberos et conjuges dedere in illius potestatem, ut
illis utatur pro arbitrio et urbem illi si mansuerit superstites
traderé, quæ et nunc in extrema desperatione vacillet,
nisi quæ salus, a diis, aut ab Hydaspe missa, excidium
anteverterit. Oroondates autem, ex iis quæ belli causæ
et præmia fuerunt se decessurum esse dixit et dimissurum
Philas urbem et smaragdeas fodinas : ceterum petere, ut
in ipsum nihil durius statuatur, neque se ipse neque milites
dedat. Sed si velit Hydaspes integrum officium humani

ὁλόκληρον ἐπιδείκνυσθαι τὸ φιλάνθρωπον, ἐπιτρέπειν
οὐδὲν λυμαινομένους, οὐδὲ χεῖρας ἀνταίροντας, ἀπο-
χωρεῖν εἰς τὴν Ἐλεφαντίνην· ὡς ἴσον εἶναί οἱ νῦν τ᾽
ἀπολέσθαι καὶ δοκοῦντα περισώζεσθαι, προδοσίας τοῦ
5 στρατιωτικοῦ παρὰ βασιλεῖ τῷ Περσῶν ἁλῶναι· μᾶλ-
λον δὲ καὶ χαλεπώτερον, νῦν μὲν ἁπλοῦ καὶ νενομισμέ-
νου τυχὸν ἐπαχθησαμένου θανάτου, τότε δ᾽ ὠμοτάτου
καὶ εἰς πικροτάτην κόλασιν καινουργουμένου.

Ζ΄. Ταῦτα λέγων, ὑποδεχθῆναι καὶ δύο Περσῶν
10 εἰς τὰ σκάφη παρεκάλει, πρόφασιν ὡς εἰς Ἐλεφαντί-
νην ἀφιξομένους καὶ εἴπερ οἱ κατ᾽ αὐτὴν συνενδοῖεν
εἰς τὸ δουλεύειν, οὐδ᾽ αὐτὸς ἔτι μελλήσων. Ταῦτ᾽
ἀκούσαντες οἱ πρέσβεις ἐπανήεσαν, ἅμα καὶ δύο Περ-
σῶν ἀναλαβόντες καὶ πρὸς τὸν Ὑδάσπην ἅπαντα ἀπήγ-
15 γειλαν. Ὁ δ᾽ ὑπογελάσας καὶ πολλὰ τῆς ἀβελτηρίας
τὸν Ὀροονδάτην ἐπιμεμψάμενος, εἰ περὶ τῶν ἴσων
διαλέγεται, ἄνθρωπος ἐπ᾽ ἄλλῳ καὶ οὐκ ἐν αὑτῷ τὴν
ἐλπίδα τοῦ εἶναι ἢ τεθνάναι σαλεύων· Εὔηθες, ἔφη, τὴν
ἑνὸς ἀνοίαν τοσαύτοις ἐπαγαγεῖν ἀπώλειαν. Καὶ τοὺς
20 τ᾽ ἀπεσταλμένους παρὰ τοῦ Ὀροονδάτου βαδίζειν εἰς
τὴν Ἐλεφαντίνην ἐπέτρεπεν, ὡς οὐδεμιᾶς ὢν φροντί-
δος, εἰ κἀκεῖνοί τι πρὸς ἀντίστασιν βουλεύσειαν. Καὶ
τῶν ἰδίων, τοὺς μὲν ἐμφράττειν τὸ διορυγὲν τοῦ Νείλου
στόμιον, τοὺς δ᾽ ὥσθ᾽ ἕτερον κατὰ τὸ χῶμα ἐκτέμνειν
25 ἀπεκλήρωσεν· ὡς τῆς τ᾽ ἐπιρραῆς κωλυομένης καὶ τῆς
λιμναζούσης πρὸς τῆς ἐκροῆς κενουμένης θᾶττον ἀνα-
ψύξαι τὰ περὶ τὴν Συήνην καὶ εἰς τὸ βάσιμον ἐξικμασ-
θῆναι. Οἱ μὲν δὴ ταῦτα προσταχθέντες, μικρὰ τοῦ
ἔργου κατάρξαντες εἰς τὴν ἑξῆς ἐπιτελέσειν ἔμελλον,
30 ἑσπέρας αὐτίκα καὶ νυκτὸς προσφάτοις τοῖς προστάγμα-
σιν ἐπιγενομένης.

Η΄. Οἱ δὲ κατὰ τὸ ἄστυ τῆς ἐν χερσὶ καὶ δυνατῆς
βοηθείας οὐ μεθίεντο τὴν καὶ παρ᾽ ἐλπίδα ἐνδεχομένην
σωτηρίαν οὐκ ἀπογινώσκοντες. Ἄλλοι τε τὸν ὑπόγειον
35 αὐλῶνα διορύττοντες, ἤδη τοῖς χώμασι πλησιάζειν ἐφ-
κεσαν, τὸ ἀπὸ τοῦ τείχους ἐπὶ τὸ χῶμα ταῖς ὄψεσιν
ὑποπίπτον διάστημα σχοίνῳ κατὰ τὸ ὄρυγμα συμμε-
τραύμενοι· καὶ τῶν πεπτωκότα ἕτεροι τοῦ τείχους ὑπὸ
λαμπτῆρσιν ἀνήγειρον. Ἦν δ᾽ ἡ οἰκοδομὴ ῥᾳδία, τῶν
40 λίθων εἰς τὸ ἐκτὸς κατὰ τὴν πτῶσιν κυλινδηθέντων.
Ἐπεὶ δ᾽ ἀσφαλῶς ἔχειν τὸ παρὸν ᾠήθησαν, οὐδὲ τότ᾽
ἀθρούλως διῆγον, ἀλλὰ κατὰ μέσας που νύκτας μέρος
τι τοῦ χώματος, καθ᾽ ὃ τῆς ἑσπέρας οἱ Αἰθίοπες τοῦ
διορύττειν ἐσήψαντο, (εἴτε τῆς γῆς κατ᾽ ἐκεῖνο χαύνης
45 τε καὶ ἀκράτητου σωρευθείσης εἶξε τὸ ὑποκείμενον διά-
βρογον γεγενημένον, εἴτε καὶ τῶν ὑπορυττόντων συνεν-
δούναι πρὸς τὸ κενὸν τῷ ὑποκειμένῳ παρασχόντων, ἢ
καὶ τοῦ πρὸς βραχὺ διορυγέντος ταπεινοτέρου τῶν ἐρ-
γαζομένων ἐπιλαβόντος, ἐπικλύσεως αὐξομένου διὰ νυκ-
50 τὸς ἐγένετο τοῦ ὕδατος καὶ τοῦ ῥαγέντος ἅπαξ ὁδοποι-
οῦντος ἔλαθε βαθυνόμενον, εἴτε καὶ δαιμονίας ἐπικου-
ρίας θείη τις τὸ ἔργον) παρὰ δόξαν ἐκρήγνυται· καὶ
τοσοῦτος ἦχος καὶ δοῦπος ἀπετελέσθη, διὰ τῆς ἀκοῆς
τὴν διάνοιαν ἐκδειμαίνων, ὡς τὸ μὲν συμβὰν ἀγνοεῖν,

tatis declarare, concedat ut, quum nullum damnum inferretur neque manus contra elevarent, discederent Elephantinam : quod sibi perinde esset nunc mori, atque deinceps superstitem, proditionis exercitus a rege damnari. Quin etiam gravius illud esse futurum et asperius : quandoquidem nunc simplex genus mortis et usitatum fortasse sibi subeundum esset, tunc vero crudelissimum et cum acerbissimo supplicio nova quadam ratione conjunctum.

VII. Hæc cum dixisset, ut duos Persas reciperent in navigia ad sese orabat, eo prætextu quasi Elephantinam essent ituri et siquidem illi qui ibi essent ad deditionem inclinassent, neque se amplius quin idem faciat cunctaturum. Hæc cum audissent præterea legati, redierunt duobus Persis assumtis, ac deinde omnia Hydaspi renuntiarunt. Ille autem cum subrisisset et multis modis ob stoliditatem Oroondatem reprehendisset, quod de conditionibus dissereret, homo, qui non ex se, sed ex altero, utrum illi vivendum an moriendum esset, penderet : Stultum est, inquit, propter unius amentiam, tantam multitudinem internecione delere. Et eos, qui fuerant missi ab Oroondate, Elephantinam ire permisit, tanquam nihil omnino curans, etiamsi illi resistendi consilia quædam inivissent. Ex suis autem, aliis ut ostium Nili fossa deductum obstruerent, aliis ut aliud in aggere exscinderent, negotium dedit : ut ita et influxu prohibito et stagnante aqua effluxu delapsa, celerius exsiccari posset spatium circa Syenen et ad ingressum durari. Atque hi quidem jussa, paullulum modo opus exorsi, postero die exsecuturi fuerant, vespera statim et nocte deinceps iis quæ commemorata sunt mandatis superveniente.

VIII. Porro ii qui erant in urbe obvium et quod haberi poterat auxilium non intermittebant, de salute, quamvis præter spem oblata non desperantes. Et alii subterraneum cuniculum agentes, jam aggeri appropinquare videbantur, intervallo a muro ad aggerem quod oculis erat subjectum, in fossa fune demetientes. Alii murum facibus adhibitis erigebant : facilis autem erat instauratio, lapidibus introrsum in ruinam devolutis. Postquam autem præsentis temporis rationem tutam esse arbitrabantur, neque tum perturbatione caruerunt, sed media nocte pars quædam aggeris, quam sub vesperam Æthiopes perfodere cœperant, (seu quod, terra laxa et minime densa illo loco aggesta, cessit fundamentum humidum redditum, sive his, qui suffodiebant, ut fundamentum propter vacuum spatium inferius desideret et collaberetur, efficientibus : sive in eum locum, ubi angustius fodi cœptum fuerat, aqua post discessum operariorum succedente et noctu aucta, moles dissolvi cœpit, cum id, quod semel perruptum fuerat magis ac magis perforaretur et sensim profundius fieret, sive divino auxilio. quispiam adscribat hoc opus) præter opinionem rumpitur, tantusque sonitus atque strepitus est redditus, auditu mentem perterrefaciens, ut id quod ac-

LIBER IX.

μέρος δὲ τὸ πλεῖστον τῶν τειχῶν καὶ τῆς πόλεως ὑπενηνέχθαι, τούς τε Αἰθίοπας καὶ αὐτοὺς Συηναίους ὑποπτεύειν. Ἀλλ' οἱ μὲν ἐν τῷ ἀσφαλεῖ διάγοντες ἐφ' ἡσυχίας ηὐλίζοντο, ὡς εἰς ἕω τὸ σαφὲς εἰσόμενοι. Οἱ δὲ κατὰ τὴν πόλιν πάντῃ τὸ τεῖχος καὶ εἰς κύκλον περιέθεον, τὸ μὲν καθ' αὑτοὺς ἕκαστος σῶον ὁρῶντες, ἄλλοι δὲ παρ' ἄλλοις γεγενῆσθαι τὸ πάθος εἰκάζοντες, ἄχρι δὴ τὸ ἡμέρας φῶς ἐπιγενόμενον, τὴν ἀχλὺν τῶν ἀμφιβαλλομένων δεινῶν παρέλυσε, τοῦ τε ῥήγματος ἀπόπτου γενομένου καὶ τοῦ ὕδατος ἀθρόον ὑπονοστήσαντος. Ἤδη γὰρ καὶ οἱ Αἰθίοπες τὸ ἐποχετεῦον στόμιον ἔφραττον καὶ καταράκτας τ' ἐκ σανίδων συνηρμοσμένων καθιέντες καὶ ξύλων παχέσι κορμοῖς ἔκτοσθεν διερείδοντες, χοῦν θ' ἅμα καὶ φρυγανίτιδα ὕλην συνδέοντες καὶ πολλαὶ χιλιάδες ἀθρόον, οἱ μὲν ἀπὸ τῆς ὄχθης, οἱ δὲ καὶ ἐκ πορθμείων ἐπιφοροῦντες. Οὕτω μὲν δὴ τὸ ὕδωρ ὑπενόστησεν. Ἦν δ' οὐδ' ὣς πορευτέα παρ' ἀλλήλους οὐδ' ἑκατέροις. Ἰλύος γὰρ βαθείας ἡ γῆ κατάπλεως ἐγεγόνει καὶ τὴν ἐπιφάνειαν ἐξικμάσθαι φαινομένην τέλμα δίυγρον ὑπέτρεχεν, ἵππου θ' ὁμοίως καὶ ἀνδρὸς βάσιν εἰς βυθισμὸν ἐνεδρεῦον.

Θ'. Ἡμέρας μὲν δὴ δύο που καὶ τρεῖς οὕτω διῆγον· ἠνεῳγμέναι μὲν ταῖς πύλαις οἱ Συηναῖοι, ὅπλοις δ' ἀποκειμένοις οἱ Αἰθίοπες τὴν εἰρήνην ἐπισημαίνοντες. Καὶ ἦν τὸ γιγνόμενον ἀναχωγή τις ἀνεπίμικτος· οὔτε φρουρᾶς ἔτι παρ' οὐδετέροις σπουδαζομένης καὶ πλέον τῶν κατὰ τὴν πόλιν εὐπαθείαις αὑτοὺς ἐκδεδωκότων. Καὶ γάρ πως συνέπεσε καὶ τὰ Νειλῷα τότε τὴν μεγίστην παρ' Αἰγυπτίοις ἑορτὴν ἐνεστηκέναι, κατὰ τροπὰς μὲν τὰς θερινὰς μάλιστα καὶ ὅτ' ἀρχὴν τῆς αὐξήσεως ὁ ποταμὸς ἐμφαίνει τελουμένην, ὑπὲρ πάσας δὲ τὰς ἄλλας πρὸς Αἰγυπτίων σπουδαζομένην, δι' αἰτίαν τοιάνδε. Θεοπλαστοῦσι τὸν Νεῖλον Αἰγύπτιοι καὶ κρειττόνων τὸν μέγιστον ἄγουσιν, ἀντίμιμον οὐρανοῦ τὸν ποταμὸν σεμνηγοροῦντες, οἷα δὴ δίχα νεφετῶν καὶ ὑετῶν ἀερίων τὴν ἀρουμένην αὐτοῖς ἀρδοντα καὶ εἰς ἔτος ἀεὶ τεταγμένως ἐπομβρίζοντα. Καὶ ταυτὶ μὲν ὁ πολὺς λεώς. Ἃ δ' ἐκθειάζουσιν, ἐκεῖνα. Τοῦ εἶναι καὶ ζῆν ἀνθρώπους, τὴν ὑγρᾶς τε καὶ ξηρᾶς οὐσίας σύνοδον αἰτίαν μάλιστα νομίζουσι, (τὰ δ' ἄλλα στοιχεῖα τούτοις συνυπάρχειν τε καὶ συναναφαίνεσθαι λέγοντες) καὶ τὴν μὲν ὑγρὰν, τὸν Νεῖλον, θατέραν δὲ τὴν γῆν τὴν αὑτῶν ἐμφαίνειν. Καὶ ταυτὶ μὲν δημοσιεύουσι. Πρὸς δὲ τοὺς μύστας, Ἶσιν τὴν Γῆν καὶ Ὄσιριν τὸν Νεῖλον καταγγέλλουσι, τὰ πράγματα τοῖς ὀνόμασι μεταλαμβάνοντες. Ποθεῖ γοῦν ἀπόντα ἡ θεὸς καὶ χαίρει συνόντι καὶ μὴ φαινόμενον αὖθις θρηνεῖ καὶ ὡς δή τινα πολέμιον τὸν τυφῶνα ἐχθραίνει· φυσικῶν τινων, οἶμαι, ἀνδρῶν καὶ διδασκάλων, πρὸς μὲν τοὺς βεβήλους τὰς ἐγκατεσπαρμένας τούτοις ἐπινοίας μὴ παραγυμνούντων, ἀλλ' ἐν εἴδει μύθου προκατηχούντων, τοὺς δ' ἐποπτικωτέρους καὶ ἀνακτόρων ἐντὸς, τῇ πυρφόρῳ τῶν ὄντων λαμπάδι, φανερώτερον τελούντων.

Ι'. Τοῦτό τοι καὶ ἡμῖν, εὐμένεια μὲν εἴη τῶν εἰρη-

ciderat ignoraretur, ceterum maximam partem murorum abreptam esse et Æthiopes et Syenæi suspicarentur. Et illi quidem cum in tuto degerent, securi sese in castris continebant, diluculo plane quid esset cognituri : hi autem qui erant in urbe undique murum et in orbem circuibant, cum quisque apud sese integrum cerneret, apud alium autem cladem illam accidisse conjectaretur : donec orta lux nebulam calamitatum de quibus ambigebatur dispulit, cum ruptura conspiceretur et aqua subito abscessisset. Jam enim et Æthiopes derivatum ostium obstruebant, cataractas ex tabulis compactas demittentes et lignorum crassis stipitibus extrinsecus fulcientes, simulque humum et sarmenta colligantes, quam deinde multa millia repente partim a ripa, partim navigiis ingerebant. Atque ita tandem abscessit aqua : neutris tamen erat pervium iter ad alteros. Limo enim profundo terra plena fuerat et sub superficie quæ exsiccata esse videbatur, humidum latebat, quod equi æque atque hominis gressui hærenti in profundo insidiabatur.

IX. Dies igitur duos tresve ita tempus transigebant : apertis quidem portis Syenæi, depositis vero armis Æthiopes, pacem significantes. Erant induciæ quædam absque mutua conversatione, neque amplius apud utrosque excubiæ in stationibus habebantur. Quin etiam hi, qui in urbe erant, oblectationibus operam dabant. Etenim quodammodo accidérat, ut tunc quoque Niloa, maximum apud Ægyptios festum, exoriretur : quod quidem circa solstitium æstivum maxime, et quando initium crescendi fluvius ostendit, celebratur et in summo honore præ ceteris omnibus habetur, propter ejuscemodi causam. Deum esse fingunt Nilum Ægyptii et ex numinibus maximum ducunt, æmulum esse Cœli fluvium prædicantes, quod illis absque nivibus et pluviis aëriis arva irriget et quotannis continua serie humectet, tanquam imbre. Et hæc quidem jactantur a vulgo. Quæ vero divinis laudibus ornant, illa sunt : quod humidæ et siccæ substantiæ copulationem , ortus et vitæ hominum causam maxime putant esse, (alia vero elementa cum his una adesse et apparere dicunt) et humidam quidem Nilum, alteram autem terram efficere. Sed hæc pervulgata sunt. Ceterum mysteriorum periti, terram Isim et Nilum Osirin esse affirmant, res nominibus commutantes. Flagrat igitur illius totius desiderio dea et gaudet cum sibi adest et non apparentem rursus luget, atque tanquam aliquod inimicum Typhone odit : viris, ut existimo, in naturalium rerum et divinarum consideratione versantibus, significationes his insperas profanis non detegentibus, ceterum specie fabulæ primum eos erudientibus; porro hæc cognoscendi studiosos, in ipso sacrario ignifera veritatis face manifestius rebus ipsis initiantibus.

X. Et nobis quidem hæc propitio numine dicta sint :

μένων, τὰ μυστικώτερά δ' ἄρρητα σιγῇ τετιμήσθω, τῶν κατὰ Συήνην ἑξῆς περαινομένων. Τῆς γὰρ δὴ τῶν Νειλώων ἑορτῆς ἐνεστηκυίας, οἱ μὲν ἐγχώριοι πρὸς θυσίαις τε καὶ τελεταῖς ἦσαν, τοῖς μὲν σώμασι κάμ-
5 νοντες, ταῖς ψυχαῖς δὲ κἂν περιεστηκόσι δεινοῖς τῆς περὶ τὸ θεῖον εὐσεβείας ἐκ τῶν ἐνόντων οὐκ ἀμνημονοῦντες. Ὁ δ' Ὀροονδάτης μέσας νύκτας ἐπιτηρήσας πρὸς ὕπνον βαθὺν τῶν Συηναίων ἀπὸ τῆς εὐωχίας τετραμμένων ὑπεξάγει τὸν στρατόν, ὥραν τε μίαν καὶ πύλην, καθ'
10 ἣν ἔδει ποιήσασθαι τὴν ἔξοδον, κρύφα τοῖς Πέρσαις προπαραγγείλας. Ἐπέσταλτο δ' ἑκάστῳ δεκαδάρχῃ, ἵππους μὲν καὶ ὑποζύγια κατὰ χώραν ἐᾶν, πρός τε δυσ-χερείας ἀπαλλαγὴν καὶ τοῦ μή τινα πρὸς τὸν τάραχον αἴσθησιν γενέσθαι τῶν δρωμένων, τὰ ὅπλα δ' ἀναλα-
15 βόντας μόνα καὶ δοκίδα ἢ σανίδα πορισαμένους ἐπά-γεσθαι.

ΙΑ'. Ἐπεὶ δ' ἠθροίσθησαν καθ' ἣν προείρητο πύλην, ἐγκάρσια τῷ πηλῷ τὰ ξύλα, ἄπερ ἑκάστη δεκὰς ἐπήχ-θιστο, ἐπιβάλλων καὶ ἀλλήλων ἐχόμενα συντιθείς, τῶν
20 κατόπιν ἀεὶ τοῖς ἡγουμένοις μεταδιδόντων, οἷον διὰ ζεύγματος ῥᾷστά τε καὶ τάχιστα διεβίβασε τὸ πλῆθος. Καὶ λαβόμενος τῆς ἐστερεωμένης, τούς τ' Αἰθίοπας οὐδὲν προειδομένους, οὐδὲ φροντίδα τῆς φυλακῆς πε-ποιημένους, ἀλλ' ἀπρονοήτως καθεύδοντας διαλαθὼν,
25 ἐπὶ τὴν Ἐλεφαντίνην, ὡς δρόμου τ' εἶχε καὶ ἄσθμα-τος, καθ' ἓν τὸν στρατὸν ἦγεν, ἀκωλύτως τ' εἰσέφρησεν εἰς τὴν πόλιν, τῶν ἐκ τῆς Συήνης προαπεσταλμένων δύο Περσῶν (οὕτω πρὸς αὐτοὺς συντεταγμένον) ἐπιτη-ρούντων ὅσαι νύκτες τὴν ἔφοδον, κἀπειδὴ τὸ συγκείμε-
30 νον ἀνεφθέγξαντο σύμβολον, παραχρῆμα τὰς πύλας ἀναπετασάντων. Ἤδη δ' ἡμέρας ὑποφαινούσης, οἱ Συηναῖοι τὸν δρασμὸν ἐγνώριζον, τὰ μὲν πρῶτα κατ' οἶκον τὸν ἴδιον ἕκαστος τοὺς ἐπιξενουμένους Περσῶν οὖν ὁρῶντες, εἶτα καὶ κατὰ συλλόγους συνιστάμενοι
35 καὶ τέλος καὶ τὸ ζεῦγμα ἐποπτεύοντες. Αὖθις οὖν εἰς ἀγωνίαν καθίσταντο καὶ δευτέρων ἀδικημάτων ἔγκλημα προσεδέχοντο βαρύτερον, ὡς ἐπὶ φιλανθρωπίᾳ τοσαύτῃ γεγονότες ἄπιστοι καὶ τὸν δρασμὸν ὡς τοὺς Πέρσαις συνερ-γήσαντες. Ἔγνωσαν οὖν πανδημεὶ τῆς πόλεως ἔξορ-
40 μήσαντες, ἐγχειρίζειν αὑτοὺς τοῖς Αἰθίοψι, καὶ ὅρκοις πιστοῦσθαι τὴν ἄγνοιαν, εἴ πως εἰς ἔλεον ἐπικλασθεῖεν. Ἀθροίσαντες οὖν πᾶσαν ἡλικίαν καὶ κλάδους εἰς ἱκετη-ρίαν ἀναλαβόντες, κηρούς τε καὶ δᾷδας ἀψάμενοι καὶ τὰ ἱερὰ [γένη καὶ] ἕδη τῶν θεῶν ὥσπερ κηρύκεια προ-
45 εβάλλοντο διά τε τοῦ ζεύγματος ὡς τοὺς Αἰθίοπας ἐλ-θόντες ἱκέται, πόρρωθεν γονυπεσοῦντες ἐκάθηντο, καὶ ὑφ' ἓν σύνθημα καὶ φωνῇ γοώδη μίαν ἐλεεινὴν ὀλολυ-γὴν ἱέντες ἱκέτευον. Οἰκτιζόμενοι δὲ πλέον τὰ νεογνὰ τῶν βρεφῶν ἐπὶ γῆς προκαταβάλλοντες φέρεσθαι ὡς
50 ἔτυχε μεθῆκαν, διὰ τῆς ἀνυπόπτου καὶ ἀνυπαιτίου μοίρας τὸ θυμούμενον τῶν Αἰθιόπων προμαλάσσοντες. Τὰ βρέφη δὲ ὑπὸ πτοίας θ' ἅμα καὶ ἀγνοίας τῶν πρατ-τομένων τοὺς μὲν φύντας καὶ τρέφοντας, τάχα που τὴν ἄπειρον ἀποτρεπόμενα βοὴν, ὑπέφευγεν, ἐπὶ δὲ τὴν

ceterum magis arcana alto silentio premantur. Hæc autem, quæ circa Syenen acta sunt, deinceps ordine per-texantur. Siquidem festo Niloorum exorto, indigenæ qui-dem mactationibus victimarum et sacrificiis vacabant, corporibus quidem laborantes, animis vero et in circum-stantibus malis pietatis erga numen, pro facultatibus, haud-quaquam obliti. At Oroondates, observata occasione, media nocte cum Syenæi arcto somno post epulationes premerentur, clam educit exercitum, cum antea et horam unam et portam qua egrediendum esset clanculum Persis indicasset. Imperatum autem fuerat unicuique decurioni ut equos et jumenta relinquerent, ne impedimento essent in itinere, neve aliquo modo ex strepitu sentiri possent ea quæ fierent : ceterum arma tantum acciperent et trabem aut asserem nacti una ferrent.

XI. Postea vero quam congregati sunt ad portam ut edictum fuerat, ligna quæ unaquæque decas bajulaverat luto transversa injiciens, et ita ut inter se cohærerent componens, cum qui a tergo subsequebantur semper præ-cedentibus per manus traderent, tanquam per pontem fa-cillime et celerrime multitudinem traduxit. Terram au-tem attingens et Æthiopes qui nihil ejusmodi suspicaban-tur, neque excubiarum curam amplius habebant sed secure dormiebant, clam præteriens, quanta potuit celeritate et quantum spiritus suppeditabat, Elephantinam exercitum duxit et sine impedimento in urbem est intromissus, cum duo Persæ qui Syene præmissi fuerant, (sic enim conve-nerat) nocturno tempore adventum observarent et post-quam constitutam tesseram pronuntiarunt continuo portas patefacerent. Illucescente vero die, Syenæi primum fugam cognoscebant, ab initio in sua quisque domo Persas qui ab illis hospitio accepti fuerant non videntes, deinde et concilio coacto inquirentes, denique et ex ponte suspicio-nem capientes. Rursus igitur maximus terror eos incessit et secundarum injuriarum crimen gravius exspectabant : quod tantam clementiam experti, parum fidos sese præ-buissent et facultatem fugiendi Persis dedissent. Statue-runt igitur universi urbe exeuntes, tradere sese Æthiopi-bus et jurejurando inscitiam suam confirmare, si quo modo ad misericordiam flecti possent. Congregata igitur omni ætate et ramis ad speciem supplicum declarandam sumtis, ac cereis et facibus accensis, deorum simulacra tanquam caduceos præ se ferentes, ad Æthiopes per pontem cum venissent supplices, a longinquo genibus flexis sedebant et quasi ad unum signum ac vocem, lugubrem et miserabi-lem ejulatum edentes, supplicum gestu culpam depreca-bantur. Denique ad majorem misericordiam captandam, pueros infantes in terram ante se depositos, ferri pro ar-bitrio permiserunt, per ætatem ab omni suspicione et culpa alienam, iram Æthiopum præmollientes. Infantes autem præ consternatione et inscitia eorum quæ fiebant parentes quidem et nutritios, fortasse immenso clamore aversi, re-fugiebant ; ad viam autem quæ ducebat ad Æthiopes qui-

ἄγουσάν ὡς τοὺς πολεμίους τὰ μὲν εἷρπε, τὰ δὲ ψελλι-
ζόμενα τὴν βάσιν καὶ κλαυθμυριζόμενα ἐπαγωγὸν ἐφέ-
ρετο, καθάπερ σχεδιαζούσης ἐν αὑτοῖς τὴν ἱκεσίαν τῆς
τύχης.
5 ΙΒ΄. Ὁ δ᾽ Ὑδάσπης ταῦθ᾽ ὁρῶν καὶ τὴν πάλαι
ἱκεσίαν ἐπιτείνειν αὐτοὺς καὶ εἰς τὸ παντελὲς ἐξομολο-
γεῖσθαι οἰηθείς, ἀποστείλας ἠρώτα, τί βούλοιντο καὶ
ὅπως μόνοι καὶ οὐ μετὰ τῶν Περσῶν ἥκοιεν. Οἱ δὲ
πάντα ἔλεγον, τὸν δρασμὸν τῶν Περσῶν, τὸ αὑτῶν
10 ἀνυπαίτιον, τὴν πάτριον ἑορτήν, καὶ ὡς πρὸς θερά-
πειαν τῶν κρειττόνων ὄντας καὶ πρὸς τῆς εὐωχίας
ὑφυπνωμένους, διαλάθοιεν διαδράντες, ἴσως ἂν καὶ εἰ-
δότων καὶ γυμνῶν τοὺς ἐνόπλους κωλύειν ἀδυνατούν-
των. Ὁ δὴ οὖν Ὑδάσπης, τούτων πρὸς αὑτὸν ἀπαγ-
15 γελθέντων, ὑποτοπήσας ὅπερ ἦν, ἀπάτην τινὰ καὶ
ἐνέδραν πρὸς τοῦ Ὀροονδάτου γενησομένην, τοὺς ἱε-
ρέας μόνους μετακαλεσάμενος καὶ τοῖς ἀγάλμασι τῶν
θεῶν ἃ συνεπήγοντο πρὸς τὸ μᾶλλον καταιδέσαι προσ-
κυνήσας, εἴ τι πλέον ἔχοιεν ἀναδιδάσκειν περὶ τῶν
20 Περσῶν ἐπυνθάνετο καὶ ὅποι μὲν ὥρμησαν, τίνι δὲ
θαρσεῖν ἔχουσιν, ἢ τίσιν ἐπιχειρήσουσιν. Οἱ δὲ τὰ
μὲν ἄλλα ἀγνοεῖν ἔφασαν, εἰκάζειν δὲ εἰς τὴν Ἐλεφαν-
τίνην ὡρμηκέναι, τοῦ πλείστου στρατοῦ κατ᾽ ἐκείνην
συνειλεγμένου καὶ τοῦ Ὀροονδάτου τοῖς τ᾽ ἄλλοις καὶ
25 πλέον τοῖς καταφράκτοις ἱππεῦσι ἐπανέχοντος.
ΙΓ΄. Ταῦτ᾽ εἰπόντων καὶ εἰσιέναι εἰς τὴν πόλιν ὡς
ἰδίαν καὶ μεθεῖναι τῆς κατ᾽ αὐτῶν ὀργῆς ἱκετευόντων,
τὸ μὲν παρελθεῖν αὐτὸς εἰς τὴν πόλιν τὸ παρὸν Ὑδάσ-
πης οὐκ ἐδοκίμαζε· δύο δὲ φάλαγγας ὁπλιτῶν εἰσπέμ-
30 ψας εἰς ἀπόπειράν θ᾽ ὑποπτευομένης ἐνέδρας καὶ εἰ μη-
δόλ εἴη τοιοῦτον εἰς φρουρὰν τῆς πόλεως, τούς τε Συη-
ναίους ἐπὶ χρησταῖς ὑποσχέσεσιν ἀποπέμψας, αὐτὸς
εἰς τάξιν καθίστη τὸν στρατόν, ὡς ἢ δεξόμενος ἐπιόντας
τοὺς Πέρσας ἢ καθυστεροῦσιν ἐπελευσόμενος. Καὶ
35 οὔτω πᾶν διετέτακτο, καὶ σκοποὶ προσελαύνοντες,
ἔφοδον τῶν Περσῶν εἰς μάχην ἐκτεταγμένων ἐμήνυον.
Ὁ γὰρ Ὀροονδάτης τὴν μὲν ἄλλην στρατείαν εἰς τὴν
Ἐλεφαντίνην ἀθροιζεσθαι διατεταγμένος, αὐτὸς δ᾽ ὅτε
τοὺς Αἰθίοπας ἐπιόντας παρ᾽ ἐλπίδα κατώπτευσεν, εἰσ-
40 δραμεῖν σὺν ὀλίγοις εἰς τὴν Συήνην ἀναγκασθεὶς καὶ
τοῖς χώμασιν ἀποτειχισθείς, σωτηρίαν τε καὶ αἰτήσας
καὶ καθ᾽ ὑπόσχεσιν τοῦ Ὑδάσπου λαβών, ἀπιστότατος
ἀνθρώπων γίγνεται, καὶ δύο Περσῶν ἅμα τοῖς Αἰθίοψι
περαιωθῆναι παρασκευάσας δῆθεν ὡς τὴν γνώμην τῶν
45 κατὰ τὴν Ἐλεφαντίνην, ἐφ᾽ οἷς ἂν ἕλοιντο διαλύσασθαι
πρὸς Ὑδάσπην μαθησομένους ἐξέπεμψε, τὸ δ᾽ ἀληθές,
εἰ παρασκευάζεσθαι πρὸς μάχην προαιροῦνται, ὅταν
αὐτὸς ποτε διαδρᾶναι δυνηθῇ. Καὶ τὸ τῆς γνώμης
ἄπιστον εἰς ἔργον ἦγεν· ηὐτρεπισμένους δὲ καταλαβών,
50 ἐξῆγεν, οὐδ᾽ εἰς βραχὺ τὴν ἔφοδον ὑπερθέμενος,
ἀλλὰ τῷ τάχει τὴν παρασκευήν, ὥς ἐδόκει, τῶν ἐναν-
τίων ὑποτεμνόμενος.
ΙΔ΄. Ἤδη γοῦν παραταττόμενος ἑωρᾶτο, κόμπῳ τε
Περσικῷ τὰς ὄψεις προκαταλαμβάνων καὶ ἀργυροῖς τε

dam reptabant, quidam vero balbutientes et ejulantes apto
et illiciente ad misericordiam movendam modo fereban-
tur, tanquam repraesentante in illis supplicem habitum
fortuna.

XII. Hydaspes autem cum haec videret et supplices pre-
ces jampridem significatas augere illos et omnino culpam
confiteri arbitraretur, misso nuntio quaerebat quid vellent
et qui fieret quod soli et non cum Persis venirent? Illi au-
tem omnia exponebant fugam Persarum, suam innocen-
tiam, festum patrium, et quod, se intentis in cultum nu-
minis et post epulationes in somnum versis, clam effugis-
sent; cum forsitan, etiamsi scivissent, nudi tamen armatos
prohibere non potuissent. Hydaspes igitur cum haec illi
renuntiata fuissent suspicatus id quod erat, dolum aliquem
et insidias Oroondatem structurum, solis sacerdotibus ac-
cersitis et simulacris deorum, quae secum una ferebant
majoris auctoritatis causa adoratis, si quid plus de consiliis
Persarum eum docere possent et quorsumnam contende-
rint, aut quo potissimum fidant, quaerebat. Illi autem,
alia quidem sibi ignota esse dicebant, ceterum se conjicere
Elephantinam eos contendisse, ubi maxima pars exercitus
collecta sit et Oroondates cum aliis tum praecipue cata-
phractis equitibus confidat.

XIII. Haec cum dicerent et ut urbem tanquam propriam
ingrederetur, iramque contra illos remitteret supplicarent :
ingredi quidem in urbem in praesentia Hydaspi visum non
est, ceterum duabus phalangibus armatorum immissis ad
explorandas quas suspicabatur insidias, aut si nihil esset
ejuscemodi praesidio urbi futuras et Syenensibus cum benig-
nis promissis dimissis, ipse exercitum in aciem eduxit, aut
excepturus advenientes Persas, aut cunctantes aggressurus.
Necdum totus erat instructus, cum speculatores venientes,
adventum Persarum ad proelium instructorum nuntiabant.
Oroondates enim, cum alium exercitum Elephantinam
convenire jussisset, ipse vero quando Aethiopes praeter opi-
nionem advenire videbat incurrere cum paucis Syenen co-
actus esset et aggeribus interclusus salutem petiisset, ac
promissis Hydaspis impetrasset, perfidia vincebat omnes
homines. Cumque perfecisset, ut duo Persae una cum
Aethiopibus transmitterent, eo praetextu quasi sententiam
eorum qui Elephantinae erant essent exploraturi, quibus
conditionibus vellent cum Hydaspe pacem facere, revera
autem, utrum sese ad bellum apparare statuerent, si ille
aliquo modo effugere posset: fraudulentum propositum re
ipsa exsequebatur. Et cum paratos deprehendisset statim
educebat, ne paullulum quidem quin ad hostes pergeret,
differens, sed in celeritate, ut ita apparatum hostium ut
existimabat praeverteret, omnem spem ponens.

XIV. Jam igitur erat in conspectu acie instructa, fastu
Persico adspectum praeoccupans et argenteis ac deauratis

καὶ ἐπιχρύσοις τοῖς ὅπλοις τὸ πεδίον καταστράπτων. Ἄρτι γὰρ ἀνίσχοντος ἡλίου καὶ τὴν ἀκτῖνα κατὰ πρόσωπον τοῖς Πέρσαις ἐπιβάλλοντος, μαρμαρυγή τις ἄφραστος καὶ εἰς τοὺς πορρωτάτω διερριπίζετο, τῆς
5 πανοπλίας οἰκεῖον σέλας ἀνταυγαζούσης. Τὸ μὲν οὖν δεξιὸν κέρας αὐτῷ Περσῶν τε καὶ Μήδων τὸ γνήσιον ἐπεῖχε, τῶν μὲν ὁπλιτῶν ἡγουμένων, τῶν δ᾽ ὅσοι τοξόται κατόπιν ἐφεπομένων, ὡς ἂν γυμνοὶ πανοπλίας ὄντες, ἀσφαλέστερον βάλλοιεν ὑπὸ τοῖς ὁπλίταις προασ-
10 πιζόμενοι. Τὴν δ᾽ Αἰγυπτίων τε καὶ Λιβύων χεῖρα καὶ τὴν ξενικὴν ἅπασαν, εἰς τὸ ἀριστερὸν κατένεμεν, ἀκοντιστὰς καὶ τούτοις καὶ σφενδονήτας παραζεύξας, ἐκδρομάς τε ποιεῖσθαι καὶ εἰσακοντίζειν ἐκ πλαγίων ὁρμωμένους ἐπιστείλας. Αὐτὸς δὲ τὸ μέσον κατελάμ-
15 βανεν, ἅρματός τε δρεπανηφόρου λαμπροῦ ἐπιβεβηκὼς καὶ ὑπὸ τῆς ἑκατέρωθεν φάλαγγος εἰς ἀσφάλειαν δορυφορούμενος, τοὺς καταφράκτους ἱππέας μόνους αὐτοῦ προὔταττεν, οἷς δὴ καὶ πλέον θαρσήσας, τὴν μάχην ἀπετόλμησε. Καὶ γὰρ ἔστιν ἤδ᾽ ἡ φάλαγξ Περσῶν
20 ἀεὶ τὸ μαχιμώτατον καὶ οἱονεὶ τεῖχος ἀρραγὲς τοῦ πολέμου προβαλλόμενον.

ΙΕ΄. Τρόπος δ᾽ αὐτοῖς πανοπλίας τοιόσδε. Ἀνὴρ ἔκκριτος καὶ σώματος ἰσχὺν ἐπίλεκτος, κράνος μὲν ὑπέρχεται συμφυές τε καὶ μονήλατον καὶ ὄψιν ἀνδρὸς
25 εἰς ἀκρίβειαν ὥσπερ τὰ προσωπεῖα σεσοφισμένον. Τούτῳ δ᾽ ἐκ κορυφῆς εἰς αὐχένα πάντα πλὴν τῶν ὀφθαλμῶν εἰς τὸ διοπτεύειν σκεπόμενος, τὴν μὲν δεξιὰν κοντῷ μείζονι λόγχης ὁπλίζει, τὴν λαιὰν δ᾽ εἰς τὸν χαλινὸν ἀσχολεῖ. κοπίδα δὲ ὑπὸ τὴν πλευρὰν παρηρ-
30 τημένος, οὐ τὰ στέρνα μόνον ἀλλὰ καὶ σῶμα τὸ ἄλλο ἅπαν τεθωράκισται. Ἐργασία δὲ τοῦ θώρακος τοιάδε. Σκυτάλας χαλκᾶς τε καὶ σιδηρᾶς ὅσον σπιθαμιαίας παντοίας εἰς σχῆμα τετράγωνον ἐλάσαντες καὶ ἄλλην ἐπ᾽ ἄλλην κατ᾽ ἄκρα τῶν πλευρῶν ἐφαρμόσαντες, (ὡς
35 τῇ κατωτέρᾳ τὴν ὑπερκειμένην ἀεὶ καὶ τῇ πλαγίᾳ τὴν παρακειμένην κατὰ τὸ συνεχὲς ἐπιβαίνειν) καὶ ῥαφαῖς ὑπὸ τὰς ἐπιπτυχὰς τὴν συμπλοκὴν ἀγκιστρώσαντες, χιτῶνα τινὰ φολιδωτὸν ἀπεργάζονται· προσπίπτοντα μὲν ἀλύπως τῷ σώματι καὶ πάντῃ περιρυόμενον, πε-
40 ριγράφοντα δὲ μέλος ἕκαστον καὶ πρὸς τὸ ἀκώλυτον τῆς κινήσεως συστελλόμενόν τε καὶ συνεκτεινόμενον. Ἔστι γὰρ χειροδυτός, ἀπ᾽ αὐχένος εἰς γόνυ καθειμένος, μόνοις τοῖς μηροῖς καθ᾽ ὧν τῶν ἱππείων νώτων ἐπιβαίνειν ἀνάγκη διαστελλόμενος. Ὁ μὲν δὴ θώραξ τοιοῦτος,
45 ἀντίτυπόν τι βελῶν χρῆμα καὶ πρὸς πᾶσαν τρῶσιν ἀπομαχόμενος. Ἡ κνημὶς δ᾽ ἀπ᾽ ἄκρων ταρσῶν εἰς γόνυ διήκει, συνάπτουσα πρὸς τὸν θώρακα. Παραπλησία δὲ σκευῇ καὶ τὸν ἵππον περιεφράττουσι, τούς τε πόδας κνημῖσι περιδέοντες καὶ προμετωπιδίοις τὴν
50 κεφαλὴν δι᾽ ὅλου σφηκοῦντες, ἐκ νώτων τ᾽ ἐπὶ γαστέρα καθ᾽ ἑκατέραν πλευρὰν, σκέπασμα σιδηρόπλοκον ἀπαιωρήσαντες 0᾽ ἅμα καὶ τῇ λαγαρότητι μὴ ἐμποδίζειν τοὺς δρόμους. Οὕτως ἐσκευασμένος καὶ οἷον ἐμβεβλημένος ἐπιβαίνει τὸν ἵππον, οὐκ αὐτὸς

armis campum tanquam fulgure quodam illustrans. Tum primum enim exoriente sole et radios in adversos Persas conjiciente, fulgor quidam ineffabilis et proprium jubar gravioris armaturæ resplendentis etiam in eos qui longissime aberant projiciebatur. Ac dextrum quidem cornu Persæ et Medi indigenæ tenebant, gravis armaturæ militibus præcedentibus, sagittariis autem a tergo subsequentibus, ut cum graviore armatura carerent tutius jaculari possent armatorum præsidio tecti. Porro Ægyptiorum et Afrorum manum et peregrinam omnem in sinistro collocavit, sagittariis et fundatoribus his quoque adjunctis, quibus ut excursiones facerent et a lateribus facto impetu jacularentur, imperavit. Ipse vero mediam aciem tenebat, curru falcato splendide insidens et ab utraque parte collocata phalange securitatis causa stipatus, cataphractis equitibus tantum ante se instructis : quibus præcipue confisus prœlium committere ausus est. Siquidem est hæc phalanx bellicosissima et tanquam murus belli infractus ante reliquum exercitum objicitur.

XV. Armaturæ autem ratio ipsis talis est. Vir lectus, et robore corporis præstans, galeam sumit cohærentem et compactam, ac faciem viri exacte non secus atque in personis videre est, exprimentem. Hac a vertice usque ad collum totum , præter oculos transpiciendi causa tectus, dextram quidem armat conto majori quam hasta, sinistra autem regendis habenis vacat, gladio vero ad latus suspenso, non tantum pectus sed etiam totum corpus lorica munitum habet. Lorica autem ita conficitur. Laminas æneis et ferreis, quadrangula forma magnitudine palmi ductis, aliam super aliam ad extremitates laterum aptantes, (ut inferiori parte subjectam superimposita, in transversum autem conversa proximam semper continua serie conscendant) et suturis subter commissuras texturam connectentes, tunicam quandam squamatam efficiunt, quæ sine ulla molestia corpori incumbit et undiquaque adhærescit. Circumscribit autem unumquodque membrum et sine ullo impedimento in motu contrahitur et extenditur. Est enim manicata, a collo usque ad genu demissa, in solis femoribus, qua parte tergum equi conscenditur, necessitate ita postulante, discincta. Lorica igitur est talis, tela retondens et omnis generis ictibus resistens. Ocrea vero a summa planta ad genu pertingit, conserta cum lorica. Consimili autem apparatu et equum muniunt, pedes ocreis circumligantes, et frontalibus caput prorsus operientes, a tergo vero, ad ventrem circa utrumque latus tegmentum ferreis nexibus constans suspendentes, ut simul et armet et propter interceptum vacuum spatium cursum minime impediat. Sic instructus et quasi in armaturam injectus, insidet equo,

ἐφαλλόμενος. ἀλλ' ἑτέρων. διὰ τὸ ἄχθος ἀνατιθεμένων. Κἀπειδὰν ὁ καιρὸς ἥκῃ τῆς μάχης, ἀφεὶς τῷ χαλινῷ τὸν ἵππον καὶ μυωπίσας παντὶ τῷ ῥοθίῳ κατὰ τῶν ἐναντίων ἵεται, σιδηροῦς τις ἀνὴρ φαινόμενος, ἢ καὶ σφυρήλατος ἀνδριὰς κινούμενος. Ὁ κοντὸς δὲ τὰ μὲν πρὸς τῇ αἰχμῇ καταπολὺ καὶ εἰς εὐθὺ προβέβληται, δεσμῷ πρὸς τὸν αὐχένα τὸν ἵππιον ἀνεχόμενος, τὸν οὐρίαχον. δὲ βρόχῳ πρὸς τοῖς ἱππείοις μηροῖς ἐξήρτηται, μὴ εἴκων ἐν ταῖς συμβολαῖς ἀλλὰ συνεργῶν τῇ χειρὶ τοῦ ἱππέως, εὐθυνούσῃ μόνον τὴν βολήν, αὐτοῦ δ' ἐπιτείνοντος καὶ πρὸς τὸ σφοδρότερον τῆς τρώσεως ἀντερείδοντος, τῇ ῥύμῃ γοῦν διαπείρει πάντα τὸν ὑποπίπτοντα καὶ μιᾷ πληγῇ δύο που φέρει πολλάκις ἀναρτήσας.

15 Ις'. Τοιοῦτον ἔχων τὸ ἱππικὸν ὁ Σατράπης, καὶ οὕτω τὸ Περσικὸν διατάξας, ἐπῄει ἀντιμέτωπος, κατὰ νώτων ἀεὶ τὸν ποταμὸν ποιούμενος καὶ πλήθει καταπολὺ τῶν Αἰθιόπων λειπόμενος, τῷ ὕδατι τὴν κύκλωσιν ἀπετείχιζεν. Ἀντεπῆγε δὲ καὶ ὁ Ὑδάσπης τοῖς μὲν 20 ἐπὶ τοῦ δεξιοῦ κέρως Πέρσαις τε καὶ Μήδοις τοὺς ἐκ Μερόης ἀντιτάττων ἄνδρας ὁπλομάχους τε καὶ τῆς κατασυστάδην χειρονομίας ἐπιστήμονας, τοὺς δ' ἐκ τῆς Τρωγλοδυτικῆς καὶ τοὺς τῇ κινναμωμοφόρῳ προσοίκους, εὐσταλεῖς τε τὴν ὅπλισιν καὶ ποδώκεις καὶ ταξείαν 25 ἀρίστους, τοῖς κατὰ τὸ λαιὸν τῶν ἐναντίων σφενδονήταις τε καὶ ἀκοντισταῖς παρενοχλήσοντας ἀπεκλήρωσε. Τὸ δὲ μεσεῦον τοῦ Περσικοῦ τοῖς καταφράκτοις μεγαλαυχούμενον καταμαθών, αὐτόν τε καὶ οὓς περὶ αὐτὸν πυργοφόρους ἐλέφαντας ἀντέταξε, τὸ Βλεμμύων καὶ 30 Σηρῶν ὁπλιτικὸν προτάξας καὶ ἃ χρὴ πράττειν παρὰ τὸ ἔργον ἐπιστείλας.

ΙΖ'. Ἀρθέντων δ' ἑκατέρωθεν τῶν σημείων, καὶ τοῦ μὲν Περσικοῦ διὰ σαλπίγγων, ῥόμβοις δὲ καὶ τυμπάνοις τῶν Αἰθιόπων τὴν μάχην ἐπισημαινόντων, ὁ μὲν 35 Ὀροονδάτης ἐμβοήσας, δρόμῳ τὰς φάλαγγας ἐπῆγεν, ὁ δ' Ὑδάσπης τὰ μὲν πρῶτα σχολαίτερον ἀντεπιέναι προσέταττε καὶ βάσιν ἐκ βάσεως ἡσυχῇ παραμείβοντας, τῶν τ' ἐλεφάντων ἕνεκεν, ὅπως ἂν μὴ ἀπολειφθεῖεν τῶν προμάχων καὶ ἅμα τὴν ῥύμην τῶν ἱππέων 40 τῶν μεταξὺ προϋπεκλύων. Ἐπεὶ δὲ βολῆς ἐντὸς ἤδη καθίσταντο καὶ τοὺς καταφράκτους ἐρεθίζοντας τὴν ἵππον εἰς τὴν ἐπέλασιν οἱ Βλέμμυες κατέμαθον, τὰ προτεταγμένα πρὸς τοῦ Ὑδάσπου ἔπραττον καὶ τοὺς Σῆρας ὥσπερ προκάλυμα εἴναι καὶ προασπίζειν τῶν 45 ἐλεφάντων καταλιπόντες, αὐτοὶ πολὺ τῶν τάξεων προπηδήσαντες, ὡς τάχους εἶχον, ἐπὶ τοὺς καταφράκτους ὥρμηκαν, μανίας ἔμφασιν τοῖς ὁρῶσι παριστάντες, οὕτως ὀλίγοι πρὸς πλείονας καὶ ἐπὶ οὕτω πεφραγμένους προσεφορμήσαντας. Οἱ Πέρσαι δὲ πλέον ἢ πρότε- 50 ρον ἐφέντες τοῖς ἵπποις ἐπήλαυνον, ἕρμαιον τὸ ἐκείνων θράσος ποιούμενοι καὶ ὡς αὐτίκα καὶ παρὰ τὴν πρώτην συμβολὴν ἂν ἁρπασάμενοι.

ΙΗ'. Ἰδὼν οἱ Βλέμμυες εἰς χεῖρας ἤδη συμπίπτοντες καὶ μονονοὺ ταῖς αἰχμαῖς ἐγχρίμπτοντες ἀθρόοι καὶ

non ipse insiliens sed aliis propter pondus sustollentibus. Et postquam pugnæ tempus advenit, equo frenum remittens et calcaribus eum concitans omni impetu in hostes fertur, ita ut ferreus vir, aut statua quædam malleis compacta moveri videatur. Contus autem qua parte cuspis est, longe in directum prominet et vinculo ad collum equi sustinetur : porro manubrio nodo ad femora equi annectitur, qui non cedit in conflictu sed adjuvat manum equitis ictum tantum dirigentem ; atque ipso magis intendente et renitendo vehementiorem efficiente ad vulnerandum impetum, transfigit quemlibet obvium et duos uno ictu suspensos fert sæpius.

XVI. Cum igitur talem haberet equitatum Satrapa et sic exercitum Persicum instruxisset, procedebat ad hostes ex adverso. Et a tergo semper fluvium relinquens, quia multitudine longe inferior erat Æthiopibus, aqua tanquam muro quodam objecta quo minus ab hostibus circumveniri posset providebat. Vicissim autem ducebat exercitum Hydaspes ; contra Persas et Medos, qui erant in dextro cornu, milites ex Meroë gravibus armis dimicantes et statariæ pugnæ peritos instruens : porro ex Troglodytica regione et ei tractui vicinos in quo cinnamomum provenit, levi et expedita armatura instructos et singulari pedum celeritate præditos et jaculandi arte præstantes, iis qui in sinistro cornu collocati fuerant negotium facessituros opposuit. Mediam autem aciem Persici exercitus cum elatam esse robore audisset, se illi et elephantos turritos qui circa ipsum erant opposuit, adjunctis Blemmiyum et Serum armatis, et iisdem edoctis quæ illos facere cum ad rem ventum esset oporteret.

XVII. Cum autem signa utrimque concinerent, Persico quidem exercitu tubis, rhombis vero ac tympanis Æthiopibus signum pugnæ dantibus : Oroondates clamore suos adhortatus concitato cursu phalanges ducebat. Hydaspes autem initio tardius obviam procedere jubebat, gradum gradu lente permutantes, hac ratione et elephantis ne desererentur a propugnatoribus prospiciens, et simul impetum equitum qui erant in medio ante conflictum consumens. Cum autem a sese ad teli jactum distarent et cataphractos equos irritare ad invadendum Blemmyes animadverterent, ea quæ imperata fuerant ab Hydaspe faciebant et Seribus ut essent præsidio elephantis relictis, ipsi longe ante ordines prosiliunt et quanta celeritate poterant ad cataphractos contendunt, furoris speciem intuentibus præbentes, quod tam pauci contra plures et ita armatos procurrere auderent. Persæ autem magis etiam tum quam prius citatis equis invehebantur, in lucro ponentes illorum audaciam et eam spem concipientes quasi illos continuo et primo conflictu essent rapturi.

XVIII. Tunc Blemmyes cum jam ad manus venissent, et propemodum in hastis hærerent, subito et ad unum

καθ' ἓν σύνθημα ὑπώκλασάν τε καὶ ὑπεδύοντο τοῖς ἵπποις, γόνυ μὲν θάτερον τῇ γῇ προσερείδοντες, κεφαλὴν δὲ καὶ νῶτα, ταῖς μὲν οὐδὲν ἢ μονονοῦ πατούμενοι. Παράδοξον δ' ἔδρων καὶ ἐλυμαίνοντο τὴν ἵππον ὑπὸ τὴν γαστέρα κατὰ τὴν διεξέλασιν τοῖς ξίφεσιν ἀνακόπτοντες. Ὥστ' ἔπιπτον μὲν οὐκ ὀλίγοι τῶν ἵππων πρὸς τὴν ἀλγηδόνα τὸν χαλινὸν ὑπερορώντων καὶ τοὺς ἀναβάτας ἀποσειομένων οὓς κορμηδὸν κειμένους οἱ Βλέμμυες ὑπὸ τοὺς μηροὺς ἀνέτεμνον. Ἀκίνητος γὰρ Περσῶν κατάφρακτος τοῦ χειραγωγήσαντος ἀμοιρήσας. Ὅσοι δ' ἀτρώτοις τοῖς ἵπποις συνηνέχθησαν, ἐπὶ τοὺς Σῆρας ἐφέροντο. Οἱ δ' ἐπειδὴ μόνον ἐπλησίαζον κατόπιν αὐτοὺς τῶν ἐλεφάντων ὑπέστελλον, ὥσπερ ἐπὶ λόφον ἢ φρούριον τὸ ζῷον καταφεύγοντες. Ἔνθα πολὺς φόνος καὶ ὀλίγου παντελὴς συνέπιπτε τοῖς ἱππεῦσιν. Οἵ τε γὰρ ἵπποι πρὸς τὸ ἀηδὲς τῆς τῶν ἐλεφάντων ὄψεως ἀθρόων παραγυμνωθείσης καὶ τῷ μεγέθει καὶ ξενίζοντι τῆς θέας τὸ φοβερὸν ἐπιφερούσης, οἱ μὲν παλινδρομοῦντες, οἱ δ' ἐν ἀλλήλοις συνταραττόμενοι, τὴν τάξιν τῆς φάλαγγος τάχιστα παρέλυον. Οἵ τ' ἐπὶ τῶν ἐλεφάντων κατὰ τοὺς πύργους ἓξ μὲν ἕκαστον κατειληφότες, δύο δὲ κατὰ πλευρὰν ἑκάστην ἐκτοξεύοντες, τῆς ἐπ' οὐρὰν μόνης εἰς τὸ ἄπρακτον σχολαζούσης, οὕτως δή τι συνεχές τε καὶ ἐπὶ σκοπὸν ὥσπερ ἐξ ἀκροπόλεως τῶν πύργων ἔβαλλον, ὥστ' εἰς νέφους φαντασίαν τὴν πυκνότητα παραστῆναι τοῖς Πέρσαις· καὶ πλέον ὅτε τοὺς ὀφθαλμοὺς μάλιστα τῶν ἐναντίων σκοποὺς οἱ Αἰθίοπες ποιούμενοι, καθάπερ οὐκ ἐκ τῶν ἴσων πολεμοῦντες ἀλλ' εὐστοχίας ἀγώνισμα προθέντες, οὕτως ἀδιαπτώτως ἐτύγχανον· ὥσθ' οἱ διαπεπαρμένοι τοῖς βέλεσιν, ἐφέροντο σὺν οὐδενὶ κόσμῳ διὰ τοῦ πλήθους, καθάπερ αὐλοὺς τοὺς ὀϊστοὺς τῶν ὀφθαλμῶν προβεβλημένοι. Εἰ δέ τινας ὑπὸ ῥύμης τοῦ δρόμου μὴ κατασχεθέντες οἱ ἵπποι καὶ ἄκοντας ὑπεξήγαγον, εἰς τοὺς ἐλέφαντας ἐνέβαλλον. Καὶ οὕτως οἱ μὲν αὐτοῦ κατηναλίσκοντο, ὑπό τε τῶν ἐλεφάντων ἀνατρεπόμενοι καὶ καταπατούμενοι, οἱ δ' ὑπό τε τῶν Σηρῶν ὑπό τε τῶν Βλεμμύων ὥσπερ ἐκ λόχου τοῦ ἐλέφαντος ἐκδρομάς τε ποιουμένων καὶ τοὺς μὲν καὶ τιτρώσκειν εὐστοχούντων, τοὺς δὲ κατὰ συμπλοκὴν ἀπὸ τῶν ἵππων εἰς γῆν ὠθούντων. Ὅσοι δὲ καὶ διεδίδρασκον, ἄπρακτοι καὶ οὐδὲν δράσαντες τοὺς ἐλέφαντας ἀπεχώρουν. Τὸ γὰρ θηρίον πέφρακται μὲν καὶ σιδηρίῳ παραγενόμενον εἰς μάχην καὶ ἄλλως δὲ πρὸς τῆς φύσεως τὴν δορὰν ἐστόμωται, στερεμνίου φολίδος τὴν ἐπιφάνειαν ἐπιτρεχούσης καὶ πᾶσαν αἰχμὴν τῷ ἀντιτύπῳ θραυούσης.

ΙΘ'. Τραπέντων δ' ἅπαξ εἰς φυγὴν τῶν ὑπολειπομένων, αἴσχιστα δὴ πάντων ὁ σατράπης Ὀροονδάτης, τὸ μὲν ἅρμα ἐγκαταλιπών, ἵππου δὲ τῶν Νυσαίων ἐπιβὰς διεδίδρασκεν, ἀγνοούντων ταῦτα τῶν κατὰ τὸ ἀριστερὸν κέρας Αἰγυπτίων τε καὶ Λιβύων καὶ σὺν εὐτολμίᾳ πάσῃ τὴν μάχην συμφερομένων καὶ πασχόντων μὲν πλείονα ἢ δρώντων, καρτερικῷ δὲ λήματι τὰ δεινὰ ὑπομενόντων. Οἱ γὰρ ἐκ τῆς κινναμωμοφόρου

signum subsidunt et equos subeunt, genu quidem altero terræ innixi, caput vero et tergum equis subjicientes sine ullo detrimento, nisi quod calcationem sustinere cogebantur. Ceterum rem incredibilem faciebant et lædebant equos, ventrem illis in transitu suffodientes. Quamobrem cadebant non pauci, equis propter dolorem frenum aspernantibus et sessores excutientibus, quos trunci modo jacentes Blemmyes sub femoribus dissecabant. Immobilis est enim Persarum cataphractus, si ductore careat. Quicunque autem integris equis evaserant, ad Seres ferebantur. Illi autem statim ut appropinquabant post elephantos sese recipiebant, ad animal tanquam ad tumulum aut propugnaculum aliquod confugientes. Ibi magna cædes et propemodum ad internecionem usque accidit equitibus. Equi enim ad inusitatam elephantorum speciem subito nudatam et magnitudinem et novitatem ex conspectu formidinem incutientem, alii retrorsum fugientes, alii inter sese permixti, ordinem phalangis celerrime turbarunt. Et hi, qui erant in elephantis, cum sex singulas turres occuparent et bini ab unoquoque latere jacularentur, sola parte supra caudam vacante, adeo continue et directe ad scopum e turribus tanquam ex arce tela mittebant, ut densitas jaculorum nubis speciem Persis exhiberet: præcipue cum oculos hostium scopos sibi proponentes Æthiopes, tanquam non pari conditione pugnarent sed jaculandi peritiæ certamen inirent, ita scopum collimarent, ut hi qui transfixi fuerant jaculis sine ullo ordine ferrentur per multitudinem, sagittis illis tanquam tibiis ex oculis prominentibus. Quod si aliquos ex impetu cursus, cum sese cohibere non possent, equi vel invitos evexerunt, elephantis objiciebant. Et hi quidem ibi ita consumebantur, cum partim ab elephantis everterentur et protererentur, partim a Seribus et Blemmyibus, tanquam ex insidiis post elephantos locatis excursiones facientibus et alios certo ictu vulnerantibus, alios cominus ex equis in terram dejicientibus, conficerentur. Denique quicunque effugiebant, nullo facinore memorabili edito, nec ullo detrimento elephantis illato, discedebant. Siquidem bellua ferro est munita cum in prœlium descendit : et alioqui etiam naturæ dono soliditate et duritie prædita est, aspera squama superficiem obducente et omnem cuspidem contrario nixu frangente.

XLX. Postremo omnibus qui superfuerant semel in fugam versis, turpissime omnium Satrapa, curru relicto equum Nysæum conscendens profugit, ignorantibus hoc qui in sinistro cornu fuerant Ægyptiis et Afris ac strenue prœlium ineuntibus et plura quidem accipientibus quam inferentibus vulnera ceterum obstinato animo acerba perferentibus. Nam milites ex cinnamomifera regione contra illos instructi vehementer illos prementes, ad inopiam con-

κατ' αὐτοὺς τεταγμένοι δεινῶς πιεζοῦντες, πολλὴν ἀπορίαν παρεῖχον, ἐπιόντας μὲν ὑποφεύγοντες καὶ ἐκ πολλοῦ τοῦ περιόντος φθάνοντες καὶ ἀπεστραμμένοις εἰς τοὐπίσω τοῖς τόξοις καὶ παρὰ τὴν φυγὴν βάλλοντες, ἀναχωροῦσι δ' ἐπιτιθέμενοι καὶ κατὰ τὰ πλάγια οἱ μὲν ταῖς σφενδόναις βάλλοντες, οἱ δὲ μικροῖς μὲν τοῖς βέλεσιν, ἰῷ δὲ δρακόντων πεφαρμαγμένοις εἰστοξεύοντες, ὀξύν τινα καὶ ἀπότομον θάνατον ἐπέφερον. Τοξεύουσι δ' οἱ τῆς κινναμωμοφόρου παίζειν πλέον ἢ σπουδάζειν τὴν τοξείαν ἐοικότες· πλέγμα γάρ τι κυκλοτερὲς τῇ κεφαλῇ περιθέντες καὶ τοῦτο βέλεσι κατὰ τὸν κύκλον περιπείραντες, τὸ μὲν ἐπτερωμένον τοῦ βέλους πρὸς τῇ κεφαλῇ περιτίθενται, τὰς δ' ἀκίδας οἷον ἀκτῖνας εἰς τὸ ἐκτὸς προβέβληνται. Κἀντεῦθεν ἐξ ἑτοίμου παρὰ τὰς μάχας ὥσπερ ἐκ φαρέτρας ἀφαιρῶν ἕκαστος, ἀγέρωχόν τι καὶ σατυρικὸν σκίρτημα λυγιζόμενός τε καὶ καμπτόμενος καὶ τοῖς ἰοῖς ἐστεμμένος, ἀπὸ γυμνοῦ τοῦ σώματος τοῖς ἐναντίοις ἐφίησιν, οὐδὲν σιδήρου πρὸς τὴν αἰχμὴν δεόμενον. Ὀστοῦν γὰρ δράκοντος νωτιαῖον ἀφελὼν, τὸ μὲν ἄλλο εἰς τὸν πῆχυν τοῦ βέλους ἀπευθύνει, τὰ δ' ἄκρα πρὸς τὸ ἀκμαιότατον ἀποξέας, αὐτογλώχινα τὸν ὀϊστὸν ἀπεργάζεται, τάχα που καὶ ἀπὸ τῶν ὀστῶν οὕτω παρωνομασμένον. Χρόνον μὲν δή τινα συνειστήκεσαν οἱ Αἰγύπτιοι καὶ τῷ συνασπισμῷ πρὸς τὴν τοξείαν ἀντεῖχον, φύσει τε τλήμονες ὄντες καὶ πρὸς τὸν θάνατον οὐ λυσιτελῶς μᾶλλον ἢ φιλονεικίας κενοδοξοῦντες, ἴσως δέ που καὶ τιμωρίαν λειποταξίας προορῶντες.

Κ΄. Ἐπεὶ δὲ τούς τε καταφράκτους τὴν μεγίστην τοῦ πολέμου χεῖρά τε καὶ ἐλπίδα νομιζομένους διεφθαρμένους κατέμαθον, τόν τε Σατράπην ἀποδεδρακότα, τούς τε Μήδων καὶ Περσῶν πολυθρυλλήτους ὁπλίτας, οὔτε τι παρὰ τὴν μάχην λαμπρὸν ἀποδεδειγμένους, ἀλλ' ὀλίγα μὲν δράσαντας κατὰ τῶν ἐκ Μερόης, οἳ κατ' αὐτοὺς ἐτάχθησαν, παθόντας δὲ πλείονα καὶ τοῖς λοιποῖς ἐφεπομένους, ἐνδόντες καὶ αὐτοὶ προτροπάδην ἔφευγον. Ὁ δ' Ὑδάσπης, ὥσπερ ἀπὸ σκοπῆς τοῦ πύργου, λαμπρᾶς ἤδη τῆς νίκης θεωρὸς γινόμενος, κήρυκας διαπέμπων εἰς τοὺς διώκοντας, τῶν μὲν φονεύειν ἀπέχεσθαι προηγόρευε, ζῶντας δ' οὓς δύναιντο συλλαμβάνειν καὶ ἄγειν καὶ πρὸ πάντων τὸν Ὀροονδάτην· ὡς δὴ καὶ ἐγένετο. Παρεκτείναντες γὰρ ἐπ' ἀσπίδα τὰς φάλαγγας οἱ Αἰθίοπες καὶ τὸ πολὺ βάθος τῶν τάξεων εἰς μῆκος ἑκατέρωθεν ἐπαναγαγόντες, τάς τε κεραίας ἐπιστρέψαντες, εἰς κύκλωσιν τὸ Περσικὸν συνήλασαν καὶ μίαν μόνον ἀτραπὸν τὴν ἐπὶ τὸν ποταμὸν ἀκώλυτον εἰς φυγὴν τοῖς ἐναντίοις ὑπέλιπον· εἰς ὃν πλείους ἐμπίπτοντες, ὑπό θ' ἵππων καὶ δρεπανηφόρων ἁρμάτων καὶ τοῦ λοιποῦ ταράχου καὶ πλήθους ὠθούμενοι σὺν πολλῷ τῷ θράσει, μετεμάνθανον ὡς τὸ δοκοῦν στρατήγημα τοῦ Σατράπου πρὸς ἐναντίους σφίσιν** ἦν καὶ ἄσκεπτον. Τὸ γὰρ κυκλωθῆναι παρὰ τὴν ἀρχὴν καταδείσας καὶ τὸν Νεῖλον διὰ τοῦτο κατὰ νώτον ποιήσας, ἔλαθεν αὐτῷ τὴν φυγὴν ἀποτει-

silii et desperationem redigebant, refugientes cum illi advenirent et longe præcurrentes, aversisque in tergum arcubus etiam in fuga jaculantes, cedentibus vero instantes et a lateribus alii fundis jacientes, alii parvas quidem sagittas, sed veneno draconum infectas, conjicientes, mortem acutam et celerem iis inferebant. Ludentibus magis similes quam serio rem agentibus regionis cinnamomiferæ incolæ, sagittas jacientes; textura enim quadam rotunda capiti imposita et sagittis in orbem transfixa, partem quidem sagittæ alatam ad caput convertunt, porro spicula tanquam radios extrorsum prominere sinunt. Et inde expedite in prœliis tanquam ex pharetra promens quilibet, strennum quemdam et quasi Satyricum saltum faciens, et sagittis coronatus, nudo corpore in hostes immittit, nihil omnino ferri ad spiculum indigentem. Os enim ex tergo draconis auferens, primum longitudine ulnæ jaculum adæquat, deinde extremitates quam maxime potest expolienda exacuens, sagittam (ὀϊστὸν) nativo cum spiculo efficit, ab ossibus (ὀστῶν) etiam fortasse sic cognominatam. Per aliquod tempus conservarunt ordines Ægyptii et confertim densatis scutis jacula sustinebant, alioqui natura patientes et mortis contemtu non tam utiliter quam ambitiose gloriantes, fortassis etiam pœnam desertorum ordinum prospicientes.

XX. Ceterum postquam cataphractos quod præcipuum robur et belli spes esse existimabatur profligatos esse cognoverunt et Satrapam fugisse et Medicos ac Persicos milites laudatissimos nihil admodum præclari gessisse, sed pauca damna intulisse Meroënsibus contra quos instructi fuerant, plura vero passos esse, ac reliquos fuga subsequi, remiserunt et ipsi contentionem et præcipites fugiebant. Hydaspes autem ex turre, tanquam ex specula, præclaræ victoriæ spectator cum esset, nuntiis dimissis ad eos qui insequebantur ut a cæde abstinerent edixit, sed vivos quos possent caperent et adducerent et ante omnes Oroondatem : quemadmodum et accidit. Expansis enim phalangibus sinistrorsum Æthiopes et magna altitudine ordinum in longitudinem utrimque evoluta, deinde cornibus conversis, in orbem Persicum exercitum compulerunt et unam tantum viam ad flumen patentem fugæ hostibus reliquerunt. In quod cum multi inciderent, ab equis et falcatis curribus et reliquo tumultu ac multitudine compulsi cum magna trepidatione, cognoverunt, quod stratagema quo videbatur esse usus contra hostes Satrapa fuisset ineptum et nulla ratione factum. Siquidem cum initio ne circumdarentur metueret et propterea ita instrueret exercitum, ut a tergo Nilus esset, non animadvertit se sibi fugæ spa-

χίσας. Ἐνταῦθ' οὖν καὶ αὐτὸς ἁλίσκεται καὶ Ἀχαι-
μένους τοῦ Κυβέλης παιδὸς ἅπαντ' ἤδη τὰ κατὰ Μέμ-
φιν πεπυσμένου, καὶ προανελεῖν μὲν τὸν Ὀροονδάτην
παρὰ τὸν θόρυβον ἐπιβουλεύσαντος, (μετέμελε γὰρ
αὐτῷ τῶν κατὰ τῆς Ἀρσάκης μηνυμάτων, τῶν ἐλέγ-
χων προδιεφθαρμένων) τρῶσαι δὲ καιρίαν ἀποτυχόν-
τος, ὑπέσχε γε μὴν αὐτίκα τὴν δίκην πρός τινος τῶν
Αἰθιόπων τόξῳ βληθείς, ἀναγνόντος μὲν τὸν Σατράπην
καὶ περισώζειν, ὡς προστέτακτο, βουλομένου, ἀγα-
νακτήσαντος δὲ τὸ ἄδικον τοῦ ἐγχειρήματος, εἰ τοὺς
ἐναντίους τις ὑποφεύγων χωροίη κατὰ τῶν φιλίων, τὸν
καιρὸν τῆς τύχης εἰς ἐχθροῦ ἄμυναν ὡς ἑῴκει θηρώ-
μενος.

ΚΑ'. Τοῦτον μὲν οὖν ἀχθέντα πρὸς τοῦ ἑλόντος
ὁ Ὑδάσπης ψυχορραγοῦντα θεασάμενος καὶ πολλῷ
αἵματι ῥεόμενον, τοῦτο μὲν ἐπαοιδῇ διὰ τῶν τοῦτο ἔρ-
γον πεποιημένων ἀπέσχε, κρίνας, εἰ δύναιτο, περισώ-
ζειν, ἐπιρρωννύς τε τοῖς λόγοις, Ὦ βέλτιστε, ἔφη, τὸ
μὲν σώζεσθαί σοι, κατ' ἐμὴν ὑπάρξει γνώμην. νικᾶν
γὰρ καλὸν τοὺς ἐχθρούς, ἑστῶτας μὲν ταῖς μάχαις,
πεπτωκότας δὲ, ταῖς εὐποιΐαις. Τί δ' οὖν βουλόμενος
οὕτως ἄπιστος ἀπεδείχθης; ὁ δὲ, Πρός σε, ἔφη, πιστὸς
δὲ πρὸς τὸν ἐμὸν δεσπότην. Καὶ ὁ Ὑδάσπης, Ὑπο-
πεσὼν τοίνυν, τίνα σαυτῷ τιμωρίαν ὁρίζεις, πάλιν
ἠρώτα. Καὶ ὃς, ἣν ἂν, ἔφη, βασιλεὺς οὑμὸς τῶν σῶν
τινα στρατηγῶν φυλάττοντά σοι πίστιν λαβὼν ἀπῄ-
τησεν. Οὐκοῦν, ἔφη ὁ Ὑδάσπης, ἐπῄνεσεν ἄν καὶ
δωρησάμενος ἀπέπεμψεν, εἰ βασιλεύς τίς ἐστιν ἀληθὴς
καὶ μὴ τύραννος, ἐν ἀλλοτρίοις ἐπαίνοις ζῆλον τοῖς
ἰδίοις τῶν ὁμοίων κατασκευαζόμενος. Ἀλλ' ὦ θαυ-
μάσιε, πιστὸς μὲν εἶναι λέγεις, ἀσύνετος δὲ κᾶν αὐτὸς
[μὴ] ὁμολογήσειας, πρὸς τοσαύτας μυριάδας οὕτω πα-
ρατόλμως ἀντιταξάμενος. Οὐκ ἦν ἀσύνετος ἴσως,
ἀπεκρίνατο, τῆς γνώμης ἐστοχάσθαι τοῦ βασιλεύοντος,
μεθ' ἧς ἐκείνου πλέον τιμωρεῖται τοὺς ὁπωσοῦν ἐν πο-
λέμῳ δειλοὺς ἢ τιμᾷ τοὺς ἀνδρείους. Ἔγνων οὖν
ὁμόσε χωρεῖν πρὸς τὸν κίνδυνον καὶ ἤτοι μέγα τι κα-
τορθώσαι καὶ παράδοξον, (τὰ πολλὰ τοῦ πολέμου και-
ροὶ θαυματουργοῦσιν, ἢ διασωθείς, εἰ τοῦτο συμβαίνοι,
χώραν ἀπολογίας ὑπολείπεσθαι, ὡς πάντων τῶν ἐπ'
ἐμοὶ πεπραγμένων.

ΚΒ'. Τοιαῦτ' εἰπὼν καὶ ἀκούσας ὁ Ὑδάσπης ἐπῄνει
τε καὶ εἰς τὴν Συήνην εἰσέπεμπεν, ἐπιμεληθῆναι
αὐτοῦ παντοίως τοῖς ἰατρεύουσιν ἐπιστείλας. Εἰσῄει
δὲ καὶ αὐτὸς ἅμα τοῖς ἐπιλέκτοις τοῦ στρατοῦ, πάσης
μὲν τῆς πόλεως καὶ ἐκ πάσης ἡλικίας προϋπαντώσης,
στεφάνοις δὲ καὶ ἄνθεσιν Νειλῴοις τὴν στρατιὰν βαλ-
λούσης καὶ ταῖς ἐπινικίοις εὐφημίαις τὸν Ὑδάσπην
ἀνυμνούσης. Ἐπεὶ δὲ τειχῶν ἐντὸς εἰσήλασεν ὥσπερ
ἐφ' ἅρματος τοῦ ἐλέφαντος, ὁ μὲν αὐτίκα πρὸς ἱεροῖς
ἦν καὶ θεραπείας τῶν κρειττόνων χαριστηρίοις, τῶν τε
Νειλῴων ἥ τις γένεσις παρὰ τῶν ἱερέων ἐκπυνθανόμε-
νος καὶ εἴ τι [θαύματος ἢ] θεάματος ἄξιον κατὰ τὴν
πόλιν ἐπιδεικνύναι ἔχουσιν. Οἱ δὲ, τήν τε φρεατίαν

tium obstruxisse. Ibi igitur et ipse capitur; cum Acho-
menes, Cybeles filius qui jam omnia quæ acta fuerant
Memphi audierat, in illo tumultu eum dolo interficere
conatus esset, (poenitebat enim illum eorum, quæ de
Arsace indicaverat, argumentis quibus indicia probare po-
tuisset, sublatis) sed tamen spe frustratus letale vulnus illi
non intulisset. Is tamen dedit statim poenas, a quodam
Æthiope ex arcu transfixus, qui agnoverat Satrapam et
servare sicut fuerat imperatum volebat, et indignabatur
scelerato facinori, quod quispiam hostes effugiens, rursus
suos aggrederetur, opportunitatem fortunæ ad ultionem
inimici observans.

XXI. Hunc igitur adductum ab eo qui ceperat, Hy-
daspes deficientem animo conspicatus et multo cruore
manantem, quem quidem incantatio eorum qui hanc
artem exercent inhibuit, cum statuisset servare, si posset,
et confirmasset oratione : Optime, inquit, tibi quidem ut
superstes sis mea voluntate conceditur. Pulchrum est
enim vincere hostes, stantes quidem adhuc proeliis, col-
lapsos autem beneficentia. Quid autem fuit in causa
quod tam perfidus exstitisti? Ille autem, Erga te, inquit,
sed fidus erga meum dominum. Et Hydaspes, Cum igitur
succubueris, quam in te ipsum poenam statuis, rursus
quærebat. Quam vero, inquit, rex meus ab aliquo
tuorum ducum qui tibi fidem servant capto expeteret.
Sane, inquit Hydaspes, collaudaret, et cum donis remit-
teret, siquidem rex verus est, et non tyrannus et studet,
ut sui alienis laudibus incitati similia exempla æmulari
discant. Enimvero, o præclare, fidum te quidem esse
dicis sed quod imprudens fueris, an non ipse fateberis,
qui tot myriadibus temerarie te opponere ausus sis? Non
eram fortassis imprudens, respondit, in conjicienda regia
voluntate, qua ille majoribus poenis afficit timidos et igna-
vos in bellis quam præmiis fortes ac strenuos. Statui
igitur occurrere sponte ipse periculo et aut aliquod magnum
et præter opinionem edere, sicuti multa in bello occasiones
nova et mira faciunt; aut servatus saltem, si hoc acci-
disset, locum excusationi relinquere, tanquam nulla re
ex iis quæ in mea potestate fuissent a me prætermissa.

XXII. Talia cum dixisset et audisset Hydaspes collau-
dabat eum et Syenen misit, datis mandatis ut summam
diligentiam in illo curando medici adhiberent. Ingredie-
batur vero et ipse una cum delectis ex exercitu, tota urbe
omnium ordinum et ætatum frequentia illi obviam pro-
gressa et coronas et flores Nili jaciente in exercitum et
gratulationibus propter victoriam partam Hydaspem col-
laudante. Postquam autem intra muros elephanto tan-
quam curru invectus est, statim in res sacras et cultum
divinum gratiarum actionis ergo animum intendit : quæ
esset origo festorum Nili, et si quid admiratione dignum
in urbe ostendere possent, interrogans. Illi autem puteum
Nilum mensurantem ostenderunt, similem ei qui est Mem-

LIBER IX.

τὸ νειλομέτριον ἐδείκνυσαν, τῷ κατὰ τὴν Μέμφιν παραπλήσιον, συννόμῳ μὲν καὶ ξεστῷ λίθῳ κατεσκευασμένον, γραμμαῖς δ' ἐκ πηχυαίου διαστήματος κεχαραγμένον, εἰς ἃς τὸ ποτάμιον ὕδωρ ὑπὸ γῆς διηθούμενον, 5 καὶ ταῖς γραμμαῖς ἐμπῖπτον, τάς τ' αὐξήσεις τοῦ Νείλου καὶ ὑπονοστήσεις τοῖς ἐγχωρίοις διασημαίνει τῷ ἀριθμῷ τῶν σκεπομένων ἢ γυμνουμένων χαραγμάτων, τὸ ποσὸν τῆς πλημμύρας ἢ τῆς λειψυδρίας μετρουμένων. Ἐδείκνυσαν δὲ καὶ τοὺς τῶν ὡρονομίων 10 γνώμονας, ἀσκίους κατὰ μεσημβρίαν ὄντας, τῆς ἡλιακῆς ἀκτῖνος κατὰ τροπὰς θερινὰς ἐν τοῖς περὶ Συήνην εἰς ἀκρίβειαν κατὰ κορυφὴν ἱσταμένης καὶ τῷ πανταχόθεν περιφωτισμῷ τὴν παρέμπτωσιν τῆς σκιᾶς ἀπελαυνούσης, ὡς καὶ τῶν φρεάτων τὸ κατὰ βάθος ὕδωρ 15 καταυγάζεσθαι διὰ τὴν ὁμοίαν αἰτίαν. Καὶ ταῦτα μὲν ὁ Ὑδάσπης οὐ σφόδρα ὡς ξένα ἐθαύμαζε, συμβαίνειν γὰρ τὰ ἴσα καὶ κατὰ Μερόην τὴν Αἰθιόπων. Ὡς δὲ τὴν ἑορτὴν ἐξεθείαζον, ἐπὶ μέγα τὸν Νεῖλον αἴροντες, Ὧρόν τε καὶ [τὸν] ζείδωρον ἀποκαλοῦντες, Αἰ20 γύπτου θ' ὅλης, τῆς μὲν ἄνω σωτῆρα, τῆς κάτω δὲ καὶ πατέρα καὶ δημιουργόν, νέαν ἰλὺν δι' ἔτους ἐπάγοντα καὶ Νεῖλον ἐντεῦθεν ὀνομαζόμενον, τάς τ' ἐτησίους ὥρας φράζοντα, θερινὴν μὲν ταῖς αὐξήσεσι, μετοπωρινὴν δὲ ταῖς ὑπονοστήσεσι καὶ τὴν ἠρινὴν τοῖς 25 τε κατ' αὐτὸν φυομένοις ἄνθεσι καὶ ταῖς τῶν κροκοδείλων ᾠοτοκίαις καὶ οὐδὲν ἀλλ' ἢ τὸν ἐνιαυστὸν ἀντικρὺς εἶναι τὸν Νεῖλον, τοῦτο καὶ τῆς προσηγορίας ἐκβεβαιουμένης· τῶν γοῦν κατὰ τοὔνομα στοιχείων εἰς ψήφους μεταλαμβανομένων, πέντε καὶ ἑξήκοντα καὶ 30 τριακόσιαι μονάδες, ὅσαι καὶ τοῦ ἔτους ἡμέραι συναχθήσονται· φυτῶν δὲ καὶ ἀνθῶν καὶ ζώων ἰδιότητας καὶ ἕτερα πλείονα τούτοις προστιθέντων· Ἀλλ' οὐκ Αἰγύπτια ταῦτα, εἶπεν ὁ Ὑδάσπης, ἀλλ' Αἰθιοπικὰ τὰ σεμνολογήματα. Τὸν γοῦν ποταμὸν τοῦτον, εἴτε καὶ 35 ὑμᾶς θεὸν καὶ κῆτος ἅπαν τὸ ποτάμιον ἢ Αἰθιόπων δεῦρο παραπέμπουσα, δικαίως ἂν παρ' ὑμῶν τυγχάνοι σεβάσματος, μήτηρ ὑμῖν γενομένη θεῶν. Τοιγαροῦν καὶ σέβομεν, ἔφασαν οἱ ἱερεῖς, ὧν τ' ἄλλων ἕνεκεν καὶ ὅτι σὲ σωτῆρα ἡμῖν καὶ θεὸν ἀνέδειξε.
40 ΚΓ΄. Εὐφήμους εἶναι προσήκειν τοὺς ἐπαίνους ὁ Ὑδάσπης εἰπών, αὐτός τ' εἰς τὴν σκηνὴν ἐλθών, ὁ λειπόμενον τῆς ἡμέρας αὐτὸν ἀνελάμβανε, τοὺς τ' ἐπὶ δόξης Αἰθιόπων καὶ τοὺς κατὰ Συήνην ἱερέας εὐωχῶν καὶ τοῖς ἄλλοις οὕτω ποιεῖν ἐφῆκε, πολλὰς μὲν ἀγέλας 45 βοῶν, πολλὰς δὲ ποίμνας προβάτων, πλείστα δ' αἰγῶν αἰπόλια καὶ συῶν συβόσια καὶ οἴνου πλῆθος τῶν Συηναίων τῇ στρατιᾷ, τὰ μὲν δῶρον, τὰ δὲ πρὸς ἀγορασίαν παρεχόντων. Τῇ δ' ὑστεραίᾳ ἐφ' ὑψηλοῦ προκαθήμενος ὁ Ὑδάσπης, τά θ' ὑποζύγια καὶ ἵππους καὶ 50 ὕλην ἄλλην τήν ἐν λαφύροις, τῶν τε κατὰ τὴν πόλιν καὶ τῶν κατὰ τὴν μάχην ληφθέντων, τῇ στρατιᾷ διένεμε, τὸ πρὸς ἀξίαν τῶν ἑκάστῳ πεπραγμένων ἀνακρίνων. Ὡς δὲ καὶ ὁ ζωγρήσας τὸν Ὀροονδάτην παρῆν, Αἴτησον ὃ βούλει, πρὸς αὐτὸν ἔφη ὁ Ὑδάσπης.

phi, ex æqualiter secto quidem et polito lapide exstructum, lineas vero ulnæ interstitio exsculptas continentem : in quem aqua fluviatilis subterraneo meatu impulsa et in lineas incidens, incrementa Nili et diminutiones indigenis monstrat, numero tectorum aut nudatorum characterum, rationem exundationis aut defectus aquæ mensurantium. Ostenderunt quoque et horoscoporum gnomones, nullam umbram in meridie reddentes; radio solis, solstitio æstivo Syenæ ad amussim vertici imminente et lumine undiquaque circumfuso omnem casum umbræ repellente, adeo ut etiam in puteis aqua in profunditate illuminetur similem ob causam. Et hæc quidem Hydaspes non valde quasi peregrina mirabatur. Accidunt enim eadem Meroë Æthiopum. At cum festum prædicarent et Nilum magnis laudibus attollerent, solem et fertilitatis auctorem appellantes et Ægypti totius, superioris quidem servatorem, inferioris vero patrem et opificem, novum limum (νέαν ἰλὺν) quotannis advolventem, unde et Nilum Græcis esse appellatum et annuas temporis vicissitudines exponentem, æstivam quidem incremento, autumnalem vero decremento, vernam autem floribus qui ex ipso enascuntur, et crocodilorum partu; et nihil aliud esse omnino Nilum quam annum, hoc et appellatione confirmante : literis enim quæ nomine continetur, in calculos distributis, ter centum quinque et sexaginta unitates, quot et dies sunt anni, congregabuntur : denique cum plantarum et florum et animalium proprietates et alia plura his adderent : Atqui non Ægyptiæ sunt hæ tam graves, dixit Hydaspes, sed Æthiopicæ narrationes. Ceterum cum fluvium hunc, seu vestra opinione deum, omnes fluviatiles belluas, Æthiopum terra ad vos deducat, merito a vobis coli debet, quæ vobis deorum mater exsistat. Et quidem colimus, subjecerunt sacerdotes, cum alias ob causas, tum quod nobis servatorem te et deum exhibuit.

XXIII. Moderatas debere esse laudes, Hydaspes cum dixisset, et ipse teutorium ingressus, reliquum diei sibi ad recreationem sumsit, cum primoribus Æthiopum et sacerdotibus Syenensium convivium iniens et reliquis ut idem facerent permisit; multa armenta boum, multos greges ovium et plurimos caprarum et porcorum et maximum numerum vini, Syenensibus exercitui partim dono dantibus, partim venum exponentibus. Postridie autem sedens pro tribunali excelso Hydaspes, jumenta et equos et reliquam prædam, quæ partim in urbe, partim in prœlio collecta fuerat, exercitui distribuit, unicuique pro ratione eorum quæ ab eo gesta fuerant tribuens. Postquam autem et hic qui ceperat Oroondatem aderat; Pete quidvis, inquit ad eum Hydaspes. Ille autem, Non opus est, rex,

Καὶ ὅς, Οὐδὲν αἰτεῖν δέομαι, βασιλεῦ, εἶπεν, ἀλλ' εἰ καὶ σὺ τοῦτο ἐπικρίνειας, ἔχω τὸ αὔταρκες, Ὀροονδάτου μὲν ἀφελόμενος, αὐτὸν δὲ προστάγματι τῷ σῷ διασωσάμενος. Καὶ ἅμ' ἐδείκνυ τὸν ξιφιστῆρα τοῦ Σατράπου λιθοκόλλητόν τε καὶ πολύτιμον καὶ ἐκ πολλῶν ταλάντων κατεσκευασμένον, ὥστε πολλοὺς τῶν περιεστώτων ἐκβοᾶν, ὑπὲρ ἰδιώτην εἶναι καὶ πλέον βασιλικὸν τὸ κειμήλιον. Ἐπιμειδιάσας οὖν ὁ Ὑδάσπης, Καὶ τί ἂν, ἔφη, γένοιτο βασιλικώτερον τοῦ μὴ λειφθῆναι τὴν ἐμὴν μεγαλοψυχίαν τῆς τούτου φιλοπλουτίας; εἶτα καὶ σώματος ἁλόντος τῷ κρατήσαντι σκυλεύειν ὁ πολέμου δίδωσι νόμος. Ὥστ' ἀπίτω λαβὼν καὶ παρ' ἡμῶν, ὃ καὶ ἀκόντων ἔσχεν ἂν ῥᾳδίως ἀποκρύπτων.

ΚΔ'. Μετὰ τοῦτον παρῆσαν οἱ τὸν Θεαγένην καὶ τὴν Χαρίκλειαν ἑλόντες καὶ Ὢ βασιλεῦ, ἔφασαν, ἡμῶν δ' οὐ χρυσὸς, οὐδὲ λίθοι τὰ λάφυρα, πρᾶγμα κατ' Αἰθιοπίαν εὔωνον καὶ σωρηδὸν (ἐν) τοῖς βασιλείοις ἀποκείμενον, ἀλλά σοι κόρην καὶ νεανίαν προσαγηοχότες, ἀδελφοὺς μὲν καὶ Ἕλληνας, μεγέθει δὲ καὶ κάλλει, μετά γέ σε, πάντας ἀνθρώπους ὑπερφέροντας, ἀξιοῦμεν μὴ ἀμοιρῆσαι τῆς παρά σοι μεγαλοδωρεᾶς. Εὖ γε, εἶπεν ὁ Ὑδάσπης, ὑπεμνήσατε, καὶ γὰρ ἐν παρέργῳ τότε καὶ κατὰ Οὔρυβον προσταχθέντας ἐθεασάμην. Ὥστ' ἀγέτω τις ἡκόντων δὲ καὶ οἱ λοιποὶ τῶν αἰχμαλώτων. Ἤγοντο οὖν αὐτίκα, δρομαίου τινὸς ἔξω τειχῶν καὶ εἰς τοὺς σκευοφόρους ἀφιγμένου καὶ τοῖς φυλάττουσιν ἄγειν ὡς βασιλέα τὴν ταχίστην εἰπόντος. Οἱ δὲ μιξέλληνά τινα τῶν φυλάκων, ὅποι τὸ παρὸν ἄγοιεν, ἠρώτων. Ἐκείνου δ' εἰπόντος ὡς βασιλεὺς Ὑδάσπης ἐπισκοπεῖ τοὺς αἰχμαλώτους, Θεοὶ σωτῆρες, ἀνεβόησαν ἅμα οἱ νέοι τοὔνομα τοῦ Ὑδάσπου γνωρίσαντες, εἰς τὴν τότε ὥραν μὴ καὶ ἕτερός ἐστιν ὁ βασιλεύων ἀμφιβάλλοντες. Ὁ οὖν Θεαγένης ἠρέμα πρὸς τὴν Χαρίκλειαν, Ἐρεῖς, ἔφη, δηλονότι, φιλτάτη, πρὸς βασιλέα τὰ καθ' ἡμᾶς. Ἰδοὺ γάρ σοι καὶ Ὑδάσπης, ὃν πατέρα σοὶ γεγενῆσθαι πρός με πολλάκις ἔφραξες, ἡ καὶ Χαρίκλεια, Ὦ γλυκύτατε, ἔφη, τὰ μεγάλα τῶν πραγμάτων, μεγάλων δεῖται κατασκευῶν. Ὧν γὰρ πολυπλόκους τὰς ἀρχὰς ὁ δαίμων καταβέβληται, τούτων ἀνάγκη καὶ τὰ τέλη διὰ μακροτέρων συμπεραίνεσθαι. Ἄλλως τε καὶ ὁ πολὺς χρόνος συνέχεε, ταῦτ' εἰς ὀξὺν καιρὸν ἀνακαλύπτειν οὐ λυσιτελές, τοῦ κεφαλαίου καὶ ταῦτα τῆς ὅλης καθ' ἡμᾶς ὑποθέσεως καὶ ἐξ ἧς ἡ σύμπασα συμπλοκή τε καὶ ἀνεύρεσις ἤρτηται, Περσίνης λέγω μητρὸς τῆς ἐμῆς ἀπολειπομένης. Σώζεσθαι δὲ καὶ ταύτην θεῶν βουλήσει πεπύσμεθα. Ἂν οὖν προθύσηταί τις ἡμᾶς, ὑπολαβὼν ὁ Θεαγένης, ἢ καὶ ὡς αἰχμάλωτον δῶρον παρασχών, τὴν εἰς Αἰθιοπίαν ἡμῖν ἄφιξιν ὑποτέμηται; Μὴ πᾶν τοὐναντίον, ἔφη ἡ Χαρίκλεια. Νυνὶ μὲν γὰρ πρὸς τῶν φυλάκων ἀκήκοας πολλάκις ὡς ἱερεῖα τρεφόμεθα τοῖς κατὰ Μερόην θεοῖς ἐναγισθησόμενοι. Καὶ δέος οὐδὲν δωρηθῆναι ἡμᾶς ἢ προαναιρεθῆναι καθωσιωμένους ἐξ ὑποσχέσεως τοῖς θεοῖς, ἣν παραβαθῆναι

ut quidquam petam, dixit, qui contentus sum futurus eo, quod habeo, si a te mihi adjudicatum fuerit, quod ab Oroondate abstuli : ipsum vero juxta tuum mandatum servavi : et simul ostendebat pugionem Satrapæ, lapillis distinctum magni pretii et multorum talentorum sumtu comparatum, ut multi ex circumstantibus exclamarent, privati hominis fortunam excedere et magis regium thesaurum esse. Arridens igitur Hydaspes, Quid autem, inquit, magis regium esse potest, quam me eam magnitudinem animi conservare, quæ hujus avaritia non inferior sit? Deinde et corpus captivi spoliari victori jus belli concedit. Quamobrem abeat, accipiens id consentientibus nobis, quod vel invitis obtinuisset, haud difficulter absconditum.

XXIV. Post hunc adveniebant hi qui Theagenem et Charicleam ceperant : et O rex, dicebant, nostra vero spolia non aurum, neque lapides sunt, quæ res in Æthiopia exigui sunt pretii et acervatim in regiis domiciliis strata jacent : sed cum tibi virginem et adolescentem adduxerimus, germanos et Græcos, proceritate et forma omnibus hominibus post te antecellentes, petimus, ut simus participes tuæ insignis munificentiæ. Opportune, inquit Hydaspes, reduxistis in memoriam : etenim tum adductos, obiter et tumultuarie contemplatus fueram. Quamobrem adducat eos quispiam : veniant autem et reliqui captivi. Adducebantur igitur continuo, cum quidam cursim extra muros ad impedimenta pervenisset et custodibus ut quamprimum eos ad regem ducerent dixisset. At illi quemdam ex custodibus, qui altero parente Græcus erat, quonam in præsentia ducerentur, interrogabant. Cum autem ille dixisset, quod rex Hydaspes inspecturus esset captivos; Dii servatores! exclamarunt, simulatque nomen Hydaspis cognoverunt juvenes, cum ad eam usque horam, ne alter quispiam regnaret, essent solliciti. Theagenes igitur submisse ad Charicleam : Expones igitur, carissima, regi rationes nostras, siquidem Hydaspes regnat : quem tu patrem tuum fuisse, sæpius mihi dixisti, Chariclea vero, O suavissime, inquit, magna negotia magnis indigent apparatibus. Quorum enim varie intricata initia numen posuit, horum necesse est et fines longioribus ambagibus peragi. Alioquin ea, quæ longum tempus conflavit, brevi temporis momento retegere haudquaquam conducit : præsertim capite et fundamento toto, ex quo prorsus hoc negotium et inventio pendet, Persina, inquam, matre mea, absente; quam etiam superstitem esse, deorum voluntate, audivimus. At si nos ante immolarit aliquis prius, subjiciens Theagenes, aut tanquam donum captivum dans, facultatem quo minus in Æthiopiam perveniamus præciderit? Nihil minus, inquit Chariclea. Nunc enim sæpius a custodibus audivimus, quod alamur victimæ, diis, qui Meroen præsunt, immolandi. Quamobrem non est, quod metuamus, ne aut dono demur, aut ante interimamur, qui sumus ex voto diis consecrati, quod violari a viris pie-

ὑπ' ἀνδρῶν εὐσέβειαν ἐκτετιμηκότων, οὐ θέμις. Εἰ δὲ περιχαρείᾳ τῶν ὅλων ἐνδόντες προχείρως τὰ καθ' αὑτοὺς ἐξαγορεύομεν, τῶν καὶ γνωρίζειν ταῦτα καὶ βεβαιοῦν δυναμένων οὐ παρόντων, μὴ καὶ λάθωμεν τὸν ἀκούοντα παροξύναντες καὶ πρὸς ὀργήν τι δικαίως ἐφιστάμενοι, χλεύην ἂν οὕτω τύχῃ καὶ ὕβριν τὸ πρᾶγμα ἡγησομένους, εἴ τινες αἰχμάλωτοι καὶ δουλεύειν ἀποκεκληρωμένοι, πεπλασμένοι καὶ ἀπίθανοι καθάπερ ἐκ μηχανῆς τῷ βασιλεύοντι παῖδας αὑτοὺς εἰσποιοῦσιν. Ἀλλὰ τὰ γνωρίσματα, ἔφη ὁ Θεαγένης, ἃ φέρειν σε οἶδα καὶ διασώζειν, ὅτι μὴ πλάσμα ἐσμὲν, μηδ' ἀπάτη συλλήψεται. Καὶ ἡ Χαρίκλεια, Τὰ γνωρίσματα, ἔφη, τοῖς γινώσκουσιν αὐτὰ ἢ συνεκθεμένοις ἐστὶ γνωρίσματα τοῖς δ' ἀγνοοῦσιν ἢ μὴ πάντα γνωρίζειν ἔχουσι, κειμήλια τηνάλλως καὶ ὅρμοι, κλοπῆς, ἂν οὕτω τύχῃ, καὶ λῃστείας τοῖς φέρουσιν ὑπόνοιαν προσάπτοντες. Εἰ δὲ δή τι καὶ γνωρίσειεν ὁ Ὑδάσπης, τίς ὅτι καὶ Περσαίνα ἡ δεδωκυῖα, τίς δ' ὅτι καὶ ὡς θυγατρὶ μήτηρ ὁ πείσων ἔνεστιν; ἀναντίρρητον γνώρισμα, ὦ Θεάγενες, ἡ μητρῷα φύσις, ὑφ' ἧς τὸ γεννῶν περὶ τὸ γεννώμενον ἐκ πρώτης ἐντεύξεως φιλόστοργον ἀναδέχεται πάθος, ἀπορρήτῳ συμπαθείᾳ κινούμενον. Τοῦ τ' οὖν μὴ προώμεθα, διότι καὶ τἄλλα γνωρίσματα πίστ' ἂν φανείη.

ΚΕ΄. Τοιαῦτα διαλεγόμενοι, πλησίον ἤδη τοῦ βασιλέως ἦσαν. Συμπαρῆν δὲ καὶ Βαγώας ἀγόμενος. Κἀπειδὴ παραστάντας εἶδεν ὁ Ὑδάσπης, ἀνήλατο πρὸς βραχὺ τοῦ θρόνου καὶ Ἰλήκοιτε θεοί, φήσας, αὖθις ἐπὶ συνοίᾳ αὐτὸν ἥδραζε. Τῶν δ' ἐν τέλει παρεστώτων ὅ τι πεπόνθοι πυνθανομένων, Τοιαύτην, ἔφη, τετέχθαι μοι θυγατέρα τήμερον καὶ εἰς ἀκμὴν τοσαύτην ἥκειν ἀθρόον ᾤμην. Καὶ τὸ ὄναρ ἐν οὐδεμιᾷ φροντίδι θέμενος, νυνὶ πρὸς τὴν ὁμοίαν τῆς δρωμένης ὄψιν ἀνήνεγκα. Τῶν δὴ περὶ αὐτὸν εἰπόντων, ὡς φαντασία τις εἴη ψυχῆς τὰ μέλλοντα πολλάκις εἰδωλοποιοῦσα προτυπουμένης, ἐν παρέργῳ τότε τὸ ὀφθὲν ποιησάμενος, τίνες καὶ ὁπόθεν εἶεν ἠρώτα. Σιωπώσης δὲ τῆς Χαρικλείας καὶ τοῦ Θεαγένους εἰπόντος, ὡς ἀδελφοὶ καὶ Ἕλληνες. Εὖ γε ἡ Ἑλλάς, ἔφη, τά τ' ἄλλα καλοὺς ἐκφαίνει τοσαύτην φέρουσα καὶ γνησία ἡμῖν καὶ εὐσύμβολα εἰς τὰς ἐπινικίους θυσίας τὰ ἱερεῖα παρασχοῦσα. Ἀλλὰ πῶς οὐχὶ καὶ παῖς ἐτέχθη μοι κατὰ τὴν ὄψιν, (γελάσας πρὸς τοὺς παρόντας;) εἴπερ τὸν νεανίαν τοῦτον ἀδελφὸν ὄντα τῆς κόρης καὶ ὁρᾶσθαί μοι μέλλοντα, προεισωλοποιήθηναι ὡς φατὲ διὰ τῶν ὀνειράτων ἐχρῆν; καὶ ἀποστρέψας τὸν λόγον εἰς τὴν Χαρίκλειαν καὶ τὴν φωνὴν ἑλληνίζων, (σπουδάζεται γὰρ ἤδ' ἡ γλῶττα καὶ παρὰ τοῖς Γυμνοσοφισταῖς καὶ βασιλεῦσιν Αἰθιόπων) Σὺ δὲ, ἔφη, ὦ κόρη, τί σιγᾷς, οὐδὲν ἀποκριναμένη πρὸς τὴν πεῦσιν; καὶ ἡ Χαρίκλεια, Πρὸς τοῖς βωμοῖς, ἔφη, τῶν θεῶν, οἷς ἱερεῖα φυλαττόμενοι συνίεμεν, ἐμέ τε καὶ τοὺς ἐμὲ ῥύοντας γνώσεσθε. Καὶ ποῦ γῆς εἰσιν οὗτοι, πρὸς σὺ τὴν ὁ Ὑδάσπης. Ἡ δὲ, Καὶ πάρεισιν, ἔφη, καὶ πάντως ἱερουργουμένοις παρέσονται. Μειδιάσας οὖν αὖθις

tatis studiosissimis fas non est. Enimvero si huic immoderatæ lætitiæ de summa rerum indulgentes, temere rationes nostras exposuerimus, cum hi qui et agnoscere hæc et auctoritate confirmare possent non adsint, periculum est, ne per inscitiam eum qui hæc audiet exacerbemus et iratum nobis merito nostro faciamus, pro ludibrio fortasse et contumelia id habiturum, quod captivi et ad serviendum destinati, fictis et minime probabilibus argumentis tanquam ex composito se regios esse liberos simulare audeant. Sed indicia, inquit Theagenes, quæ te accepisse scio et servare, nobiscum facient, ut non figmento uti, neque fraude videamur. Chariclea autem, Indicia, inquit, iis, qui norunt ea et exposuerunt indicia sunt: at iis qui ignorant aut non omnia nosse possunt thesauri inanes et monilia sunt et fortasse in suspicionem etiam furti et latrocinii eos, qui ferunt, vocant. Atqui, etiamsi quidpiam Hydaspes cognoverit, quisnam est qui quod Persina dederit, quis denique quod mater filiæ persuadere possit? Nota, cui contradici non potest, Theagenes, materna natura est: qua fit ut id quod genuit erga sobolem primo congressu amoris et commiserationis affectum induat, arcana quadam naturæ convenientia permotum. Hæcne igitur negligamus, in quibus est situm, ut et cetera credibilia esse videantur?

XXV. Quæ cum inter se colloquerentur, jam non procul aberant a rege: aderat autem et Bagoas adductus. Postquam autem adstantes vidit Hydaspes, paullulum sese e throno sustulit. Et, Propitii nobis estote, dii! cum dixisset, rursus cogitabundus sedit. Primoribus autem Persarum qui adstabant quid illi accidisset quærentibus, Talem, inquit, mihi hodie filiam natam esse et ad ejusmodi florem subito pervenisse, rebar: cumque nihil omnino somnium antea curassem, nunc simili forma ejus, quam videram, admonitus, in illius memoriam redii. His autem qui circa illum erant quod imaginatio quædam esset animæ, simulacra futurarum rerum sæpius adumbrantis, dicentibus: tum illud visum neglectui habens, qui essent et unde quærebat. Tacente vero Chariclea et Theagene dicente, quod germani essent et Græci : Euge; Græcia! inquit, quæ alioquin bonos et præstantes producis et ingenuas nobis ad faustas victimas ad sacrificia propter victoriam partam celebranda præbuisti. Ceterum cur non et filius mihi in visione illa natus est, (subridens ad præsentes) siquidem adolescentis hujus, fratris puellæ et a me conspiciendi speciem et simulacrum mihi prius in somnis, ut dicitis, offerri oportuit? Postea conversa oratione ad Chariclæam, sermonem Græcum sonans, (est enim in honore hæc lingua apud Gymnosophistas et reges Æthiopum): Tu vero, o virgo, quamobrem taces, neque quidquam ad interrogationem respondisti? Chariclea autem, Ad aras, inquit, deorum, quibus nos victimas servari intelligimus, me et meos parentes cognoscetis. Porro ubinam terrarum sunt hi, ad illam rursus Hydaspes. Illa vero, Et adsunt, inquit, et omnino dum immolabimur

ὁ Ὑδάσπης, Ὀνειρώττει τῷ ὄντι, φησίν, ἡ ὀνειρογενὴς αὕτη μου θυγάτηρ, ἀπὸ τῆς Ἑλλάδος κατὰ μέσην τὴν Μερόην τοὺς φύντας ἀναπεμφθήσεσθαι φανταζομένη. Οὗτοι μὲν οὖν ἀγέσθωσαν ἐπιμελείᾳ καὶ ἀφθονίᾳ τῇ συνήθει, τὴν θυσίαν κοσμήσοντες. Ἀλλὰ τίς οὗτος ὁ πλησίον εὐνούχῳ προσεοικώς; τῶν δή τις ὑπηρετουμένων, Καὶ εὐνοῦχος ἀληθῶς, εἶπεν, ὄνομα Βαγώας, τῶν Ὀροονδάτου κτῆμα τιμιώτατον. Ἐπέσθω, ἔφη, καὶ οὗτος οὐχ ἱερεῖον τῶν δὲ ἱερείων θατέρου τῆς κόρης ταύτης φύλαξ, πολλῆς διὰ τὴν ὥραν προνοίας δεομένης, ὥσθ' ἁγνὴν ἡμῖν ἄχρι καιροῦ τῆς θυσίας φυλαχθῆναι. Ἔχει τι ζηλότυπον ἔμφυτον τὸ εὐνούχων γένος· ὧν γὰρ ἀπεστέρηται τούτων εἰς κώλυμα τοῖς ἄλλοις προβέβληται.

ΚϚ'. Ταῦτ' εἰπὼν τοὺς ἄλλους αἰχμαλώτους παριόντας ἐν τάξει, ἐπεσκόπει τε καὶ ἀνέκρινε, τοὺς μὲν δωρούμενος, οὓς δούλους ἐξαρχῆς ἐγνώριζεν ἡ τύχη, τοὺς δ' εὖ γεγονότας ἐλευθέρους ἀφιείς. Δέκα δὲ νέους καὶ κόρας ἰσαρίθμους τῶν ἐν ἀκμῇ καὶ ὥρᾳ διαπρεπόντων ἐπιλεξάμενος, ἅμα τοῖς περὶ τὸν Θεαγένην, ἐφ' ὁμοίαν τὴν χρείαν ἀνάγεσθαι προσέταττε. Τοῖς τ' ἄλλοις ἅπασιν ὧν ἕκαστος ἐδεῖτο χρηματίσας, τέλος πρὸς τὸν Ὀροονδάτην μετάκλητον καὶ φοράδην ἀχθέντα, Ἐγώ, ἔφη, τὰς αἰτίας τοῦ πολέμου συνηρηκώς, καὶ τὰς ἐξ ἀρχῆς προφάσεις τῆς ἔχθρας, τάς τε Φίλας καὶ τὰ σμαράγδεια μέταλλα ὑπ' ἐμαυτῷ πεποιημένος, οὐ πάσχω τὸ τῶν πολλῶν πάθος, οὐδ' ἐπεξάγω τὴν τύχην πρὸς πλεονεξίαν, οὐδ' εἰς ἄπειρον ἐκτείνω τὴν ἀρχὴν διὰ τὴν νίκην, ἀλλ' ὅροις ἀρκοῦμαι οἷς ἔθετο ἐξαρχῆς ἡ φύσις, τὴν Αἴγυπτον ἀπὸ τῆς Αἰθιοπίας τοῖς καταρράκταις ἀποκρίνασα. Ὥστ' ἔχων δι' ἃ κατῆλθον, ἄνειμι σέβων τὸ δίκαιον. Σὺ δ' εἰ περιγένοιο, τῶν ἐξαρχῆς σατραπεύσεις καὶ ἐπίστελλε πρὸς βασιλέα τῶν Περσῶν, ὡς ἀδελφὸς ὁ σὸς Ὑδάσπης τῇ μὲν χειρὶ κεκράτηκε, τῇ δὲ γνώμῃ πάντα σοι τὰ σὰ μεθῆκε, φιλίαν τε πρὸς βουλόμενον ἀσπαζόμενος χρημάτων ἐν ἀνθρώποις τὸ κάλλιστον καὶ μάχην εἰ αὖθις ἄρχοιο, μὴ παραιτούμενος. Συναιρίους δὲ τοῖσδε, τοὺς τεταγμένους φόρους εἰς δεκάδα ἐτῶν αὐτός τ' ἀφίημι καί σοι ποιεῖν οὕτως ἐντέλλομαι.

ΚΖ'. Τούτων εἰρημένων, ὑπὸ μὲν τῶν παρόντων ἀστῶν θ' ὁμοίως καὶ στρατιωτῶν, εὐφημία τ' ἤρθη καὶ κρότος ἐπὶ πλεῖστον ἐξάκουστος. Ὁ δ' Ὀροονδάτης τὼ χεῖρε προτείνας καὶ τὴν δεξιὰν ἐπὶ θατέραν παραλλάξας, κύψας προσεκύνησε, πρᾶγμα οὐ νενομισμένον παρὰ Πέρσαις, βασιλέα ἕτερον τοῦτον τὸν τρόπον θεραπεύειν. Καὶ Ὦ παρόντες, οὐ δοκῶ μοι, ἔφη, παραβαίνειν τὸ πάτριον εἰ βασιλέα γνωρίζω τὸν σατραπείαν μοι δωρούμενον, οὐδὲ παρανομεῖν, τὸν ἐννομώτατον ἀνθρώπων προσκυνῶν, ἀναιρεῖν μὲν δυνάμενον, τὸ εἶναι δὲ φιλανθρωπευόμενον, καὶ δεσπόζειν μὲν κεκληρωμένον, σατραπεύειν δέ μοι παρεχόμενον. Ἐφ' οἷς, εἰ μὲν περισωθείην, Αἰθίοψί τε καὶ Πέρσαις, εἰρήνην ἐγγυῶμαι βαθεῖαν καὶ φιλίαν ἀΐδιον καὶ Συναιείοις

aderunt. Arridens igitur iterum Hydaspes, Revera, inquit, somniat hæc filia, in somnis nihi nata, imaginans fore, ut ex Græcia in mediam Meroën parentes illius transferantur. Hi igitur ducantur cum diligentia et copia solita, sacrificium exornaturi. Sed quis hic est prope stans eunucho similis? Eunuchum revera esse, nomine Bagoam, quidam ex ministris respondit. Sequatur et hic, inquit, non tanquam victima, sed tanquam alterius victimæ virginis hujus custos, multa cura indigentis ut nobis casta usque ad tempus sacrificii conservetur. Habet quiddam zelotypum eunuchorum genus : quibus est enim ipsum privatum, ad hæc aliis prohibenda objicitur.

XXVI. Hæc cum dixisset, alios captivos ordine advenientes circumspiciebat et recensebat, quosdam dono dans quos servos etiam initio fuisse ostendebat fortuna, bono autem genere natos liberos dimittens. Decem utique juvenes electos et totidem virgines ætatis flore et forma excellentes, una cum Theagene ad eundem usum duci jussit. Denique aliis de iis, quorum quisque indigebat, responsis datis : postremo ad Oroondatem accersitum, et in lectica allatum, Ego, inquit, cum ea, quæ fuerunt belli causæ, et ab initio inimicitiarum prætextus præciderim, Philas et smaragdi metalla obtinens haud ita sum affectus animo ut plerique. Non abutor fortuna, ad cupiditatem plus præ ceteris habendi, neque in immensum prolato imperium propter victoriam : sed contentus sum finibus, quos initio natura posuit, Ægyptum ab Æthiopia cataractis discernens. Quamobrem cum ea obtinuerim quorum causa descendi, revertor colens æquitatem. Tu vero, si superstes manseris, esto satrapa eorum quorum et antea fuisti ; et significa Persarum regi, quod frater tuus Hydaspes manu quidem vicit, animi autem moderatione omnia tua tibi dimisit, amicitiam, si hæc tua voluntas, tecum retinere cupiens, (qua, ut re inter homines pulcherrima, inprimis delectatur) et tamen pugnam, si rursus quidpiam inceperis, non detrectans. Syenæis vero his tributa, quæ alioqui pendere solent, et ipse in decennium dimitto et ut tu idem facias impero.

XXVII. His dictis, a præsentibus quidem civibus perinde ac militibus, gratulatoriæ voces et plausus qui longe exaudiri poterat est sublatus : Oroondates autem manibus protensis et dextra in alteram permutatam transposita, inclinatus adoravit, cum sit res inusitata Persis, regem alterum hoc modo venerari. Et, O vos qui adestis, inquit, non videor mihi violare patria instituta regem agnoscens eum qui mihi satrapiam donavit, neque inique agere, æquissimum omnium hominum adorans, qui mei interimendi potestatem habet, vitam autem mihi clementia singulari largitur, cumque illi jus dominandi competat, mihi ut sim satrapa concedit. Propter quæ, siquidem fuero superstes, Æthiopibus et Persis spondeo, me pacem diuturnam et amicitiam sempiternam, Syenæis autem quæ

τὰ προστεταγμένα ἐμπεδώσειν. Εἰ δέ τι πάθοιμι, θεοί, τῶν εἰς ἐμὲ καλῶν Ὑδάσπην τε καὶ οἶκον τὸν Ὑδάσπου καὶ γένος ἀμείϐοιντο.

sunt imperata præstiturum. Si vero quid mihi acciderit, dii pro beneficiis in me collatis Hydaspem et domum Hydaspis ac genus remunerentur.

ΒΙΒΛΙΟΝ ΔΕΚΑΤΟΝ.

LIBER DECIMUS.

Α΄. Τὰ μὲν δὴ κατὰ Συήνην ἐπὶ τοσόνδε πραχθέντα εἰρήσθω, παρὰ τοσοῦτον μὲν ἐλθοῦσαν κινδύνου, πρὸς τοσαύτην δ᾽ εὐπάθειαν ἀθρόαν δι᾽ εὐνομίαν ἀνδρὸς μεταϐαλοῦσαν, ὁ δ᾽ Ὑδάσπης τὸ πολὺ τοῦ στρατοῦ προεκπέμψας καὶ αὐτὸς ἐπὶ τὴν Αἰθιοπίαν ἐξήλαυνε, πάντων μὲν Συηναίων, πάντων δὲ Περσῶν ἄχρι πλείστου σὺν εὐφημίαις προπεμπόντων. Τὰ μὲν οὖν πρῶτα ἐχώρει τῆς ὄχθης ἀεὶ τοῦ Νείλου καὶ παραποταμίας ἐχόμενος. Ἐπεὶ δ᾽ εἰς τοὺς Καταρράκτας ἀφίκετο, θύσας τῷ Νείλῳ καὶ θεοῖς ἐνορίοις, ἐκτραπεὶς, τῆς μεσογαίας μᾶλλον εἴχετο καὶ εἰς τὰς Φίλας ἐλθὼν, ἡμέρας μέν που δύο διαναπαύει τὸν στρατὸν, αὖθις δὲ τὸ πολὺ τοῦ πλήθους προαποστείλας, προεκπέμψας δὲ καὶ τοὺς αἰχμαλώτους, αὐτὸς ἐπιμείνας, τά τε τείχη τῆς πόλεως ὠχύρωσε καὶ φρουρὰν ἐγκαταστήσας, ἐξώρμησε. Δύο δ᾽ ἱππέας ἐπιλέξας, οὓς ἔδει προλαϐόντας καὶ κατὰ πόλιν ἢ κώμην τοὺς ἵππους ἀμείϐοντας σὺν τάχει τὸ προστεταγμένον ἀνύειν, ἐπιστέλλει τοῖς κατὰ Μερόην, τὴν νίκην εὐαγγελιζόμενος.

Β΄. Πρὸς μὲν τοὺς σοφοὺς (οἱ Γυμνοσοφισταὶ κέκληνται, σύνεδροί τε καὶ σύμϐουλοι τῶν πρακτέων τῷ βασιλεῖ γιγνόμενοι) τοιάδε· ΤΩΙ ΘΕΙΟΤΑΤΩΙ ΣΥΝΕΔΡΙΩΙ, ΒΑΣΙΛΕΥΣ ΥΔΑΣΠΗΣ. Τὴν νίκην ὑμῖν τὴν κατὰ Περσῶν εὐαγγελίζομαι, οὐκ ἀλαζονευόμενος τὸ κατόρθωμα, τὸ γὰρ ὀξύρροπον τῆς τύχης ἱλάσκομαι ἀλλὰ τὴν προφητείαν ὑμῶν, ἀεί τε καὶ τὸ παρὸν ἐπαληθεύουσαν τῷ γράμματι προδεξιούμενος. Ἥκειν οὖν ὑμᾶς εἰς τὸν εἰωθότα τόπον καὶ παρακαλῶ καὶ δυσωπῶ, τὰς εὐχαριστηρίους τῶν ἐπινικίων θυσίας εὐαγεστέρας τῇ παρουσίᾳ τῷ κοινῷ τῶν Αἰθιόπων ἀποφανοῦντας. Πρὸς δὲ τὴν γυναῖκα Περσίναν οὕτω. Νικᾷν ἡμᾶς ἴσθι καὶ δ πρότερόν ἐστι παρά σοι σώζεσθαι. Πολυτελεῖς δὴ τὰς χαριστηρίους ἡμῖν πομπάς τε καὶ θυσίας εὐτρέπιζε καὶ τοὺς σοφοὺς ἅμα τοῖς παρ᾽ ἡμῶν ἐπεσταλμένοις συμπαρακαλέσασα, εἰς τὴν ἀφιερωμένην τοῖς πατρίοις ἡμῶν θεοῖς, Ἡλίῳ τε καὶ Σελήνῃ καὶ Διονύσῳ, πρὸ τοῦ ἄστεος ὀργάδα σύσπευδε.

Γ΄. Τούτων κομισθέντων τῶν γραμμάτων, ἡ μὲν Περσίνα, Τοῦτ᾽ ἦν ἄρα, ἔφη, τὸ ἐνύπνιον ὃ κατὰ τὴν νύκτα ταύτην ἐθεώμην, κύειν τ᾽ οἰομένη καὶ τίκτειν ἅμα, καὶ τὸ γεννηθὲν εἶναί μοι θυγατέρα γάμου παραχρῆμα ὡραίαν· διὰ μὲν τῶν ὠδίνων, ὡς ἔοικε, τὰς κατὰ τῶν πολεμίων ἀγωνίας, διὰ δὲ τῆς θυγατρὸς τὴν νίκην αἰνιττομένου τοῦ ὀνείρατος. Ἀλλὰ τὴν πόλιν ἐπιόντες τῶν εὐαγγελίων ἐμπλήσατε. Καὶ οἱ μὲν πρόδρομοι τὸ προστεταγμένον ἔπραττον καὶ τάς τε

I. De his igitur, quæ Syenæ gesta sunt, hactenus dictum sit : quæ cum in tantum periculum venisset, repente rursus ejusmodi beneficium, unius viri clementia et æquitate, consecuta est. Hydaspes autem, magna parte exercitus præmissa, ipse quoque in Æthiopiam proficiscebatur : Syenæis omnibus, et Persis, longissime cum gratulationibus ac votis pro illius salute, eum prosequentibus. Primum igitur iter faciebat, semper Nili ripas et vicina loca fluvio tenens. Postquam autem Cataractas pervenit, sacrificiis factis Nilo et diis finium præsidibus, deflectens magis per mediterraneum iter tendebat regionem. Et cum Philas venisset, duos here dies exercitui ad quietem et recolligendas vires tribuit. Rursus autem multitudine vulgi præmissa, captivis quoque præmissis ipse commoratus urbis mœnia firmavit et præsidium imposuit. Hoc facto, egressus, duos equites delectos, quos oportebat ipsius adventum antevertere et equis in urbibus et pagis permutandis celeriter imperata conficere, mittit cum literis ad eos qui erant Meroæ, victoriam nuntians.

II. Ad sapientes quidem istos, qui Gymnosophistæ appellantur et assessores consiliariique regii sunt, tales dans : Divinissimo concilio Hydaspes. Victoriam partam de Persis vobis nuntio, non venditans rei bene gestæ successum, siquidem Fortunæ vices et instabilitatem veneror; sed antistitii dignitatem, cum semper tum in præsentia veracem, per literas salutans et appellans. Ut igitur veniatis in consuetum locum et oro, et meo jure impero, sacrificia gratiarum actionis ergo pro victoria parta, graviora præsentia vestra et conspectu Æthiopum communi conventui reddituri. Ad uxorem autem Persinam ejusmodi : Victores nos esse scito et quod te proxime attingit salvos. Quamobrem sumtuosas pompas et sacrificia ut grates diis agamus præparato : et sapientes cum literis nostris coram adhortata, in consecratum diis nostris patriis Soli et Lunæ et Baccho ante urbem campum, una cum illis propera.

III. His literis allatis, Persina continuo, Nimirum id erat, inquit, somnii quod hac nocte videbam, gravidam me esse putans et parere simul et editum fœtum esse meam filiam repente florenti ætate : per dolores, ut videtur, belli certamina, per filiam vero, victoriam significante somnio. Ceterum urbem obeuntes, lætis nuntiis implete. Et præcursores quidem id quod imperatum fuerat facie-

κεφαλὰς τῷ Νειλώῳ λωτῷ καταστέψαντες καὶ φοινίκων πτόρθους ταῖς χερσὶ κατασείοντες, τὰ ἐπισημότερα τῆς πόλεως καθιππεύοντο, τὴν νίκην καὶ μόνῳ τῷ σχήματι δημοσιεύοντες. Ἐμπέπληστο γοῦν αὐτίκα χαρᾶς ἡ Μερόη, νύκτωρ τε καὶ μεθημέραν χοροὺς καὶ θυσίας κατὰ γένη καὶ φρατρίας καὶ ἀγυιὰς τοῖς θεοῖς ἀναγόντων καὶ τὰ τεμένη καταστεφόντων, οὐκ ἐπὶ τῇ νίκῃ τοσοῦτον ὅσον ἐπὶ τῇ σωτηρίᾳ τῇ τοῦ Ὑδάσπου θυμηδούντων, ἀνδρὸς δι' εὐνομίαν θ' ἅμα καὶ τὸ πρὸς τοὺς ὑπηκόους ἵλεών τε καὶ ἥμερον, πατρικόν τινα ἔρωτα τοῖς δήμοις ἐνστάξαντος.

Δ'. Ἡ δὲ Περσίνα, βοῶν τ' ἀγέλας καὶ ἵππων καὶ προβάτων, ὀρύγων τε καὶ γρυπῶν καὶ ἄλλων ζώων παντοίων εἰς τὴν παραίαν ὀργάδα προπέμψασα, (τὰ μὲν ὥστ' ἐξ ἑκάστου γένους ἑκατόμβην εἰς τὴν θυσίαν ηὐτρεπίσθαι, τὰ δὲ ὥστ' εἰς εὐωχίαν εἶναι τοῖς δήμοις,) τέλος καὶ παρὰ τοὺς Γυμνοσοφιστὰς ἐλθοῦσα, οἴκησιν τὸ Πάνιον πεποιημένους, τό τε παρὰ τοῦ Ὑδάσπου γράμμα ἐνεχείριζε καὶ συμπαρεκάλει πεισθῆναί τ' ἀξιοῦντι τῷ βασιλεῖ καὶ δοῦναι καὶ αὐτῇ τὸ μέρος τὴν χάριν, κόσμον τῆς πανηγύρεως τῇ παρουσίᾳ γιγνομένους. Οἱ δὲ, ὀλίγον ἐπιμεῖναι κελεύσαντες καὶ εἰς τὸ ἄδυτον παρελθόντες εὔχεσθαι ὡς ἔθος παρὰ θεῶν τὸ πρακτέον πυθόμενοι, μικρὸν διαλιπόντες, ἐπανῆλθον. Καὶ τῶν ἄλλων σιγώντων, ὁ προκαθηγητὴς τοῦ συνεδρίου Σισιμίθρης, Ὦ Περσίνα, ἔλεγεν, ἡμεῖς μὲν ἥξομεν, οἱ θεοὶ γὰρ ἐπιτρέπουσι, θόρυβον δέ τινα καὶ ταραχὴν προμηνύει τὸ δαιμόνιον, ἐσομένην (μὲν) παρὰ τὰς θυσίας, εἰς ἀγαθὸν δὲ καὶ ἡδὺ τὸ τέλος καταστρέφουσαν· ὡς μέλους μὲν ὑμῶν τοῦ σώματος ἢ μέρους τῆς βασιλείας ἀπολωλότος, τοῦ πεπρωμένου δὲ, τὸ εἰς τότε ζητούμενον ἀναφαίνοντος. Καὶ ἡ Περσίνα, Τά τε φοβερά, ἔφη, καὶ πάντα τὴν πρὸς τὸ κρεῖττον ἕξει μεταβολήν, ὑμῶν παρόντων. Ἀλλ' ὅταν αἴσθωμαι προσάγοντα Ὑδάσπην, σημανῶ πρὸς ὑμᾶς. Οὐδεῖ δεῖ, ἔφη, σημαίνειν, ὁ Σισιμίθρης, ἥξει γὰρ αὔριον ὄρθριος. Καὶ τοῦτό σοι γράμμα μηνύσει μικρὸν ὕστερον. Καὶ ἐγίγνετο οὕτως. Ἄρτι γὰρ ἐπανιούσῃ τῇ Περσίνῃ καὶ τοῖς βασιλείοις προσπελαζούσῃ, γράμμα τοῦ βασιλέως ἱππεὺς ἐνεχείριζε, εἰς τὴν ἑξῆς ἔσεσθαι τὴν παρουσίαν αὐτοῦ σημαῖνον. Κήρυκες οὖν αὐτίκα διήγγελλον τὴν γραφήν, μόνῳ τῷ ἄρρενι γένει τὴν ὑπάντησιν ἐπιτρέποντες, ταῖς γυναιξὶ δ' ἀπαγορεύοντες. Ἅτε γὰρ τοῖς καθαρωτάτοις καὶ φανοτάτοις θεῶν Ἡλίῳ τε καὶ Σελήνῃ τῆς θυσίας τελουμένης, ἐπιμίγνυσθαι τὸ θῆλυ γένος οὐ νενόμιστο, τοῦ μή τινα καὶ ἀκούσιον ποτὲ γενέσθαι μολυσμὸν τοῖς ἱερείοις. Μόνῃ δὲ παρεῖναι γυναικῶν τῇ ἱερείᾳ τῆς Σεληναίας ἐπιτέτραπτο· Καὶ ἦν ἡ Περσίνα· τῷ μὲν Ἡλίῳ τοῦ βασιλέως, τῇ Σεληναίᾳ δὲ τῆς βασιλίδος ἐκ νόμου καὶ ἔθους ἱερουμένων. Ἔμελλε δ' ἄρα ἡ Χαρίκλεια παρέσεσθαι τοῖς δρωμένοις, οὐχ ὡς θεωρός, ἀλλ' ἱερεῖον ἐσομένη τῆς Σεληναίας. Ἀκατάσχετος οὖν ὁρμὴ κατειλήφει τὴν πόλιν· καὶ οὔτε τὴν προηγορευμένην

bant, capitibus Niloo loto redimitis et ramos palmarum manibus concutientes, per præcipuas partes urbis equis vehebantur, famam de victoria vel solo habitu et figura corporis pervulgantes. Impleta igitur erat repente lætitia Meroë, cum noctu et interdiu cœtus et sacrificia in singulis familiis et vicis, ac tribubus, diis celebrarent, ac delubra floribus ornarent, non perinde victoria ut salute Hydaspis, gaudentes, quod is vir æquitate simul et clementia in subditos, ac lenitate, eum affectum animis populi, ut illum in patris loco diligerent, instillaverat.

IV. Persina autem, cum boum greges et equorum et ovium, asinorum silvestrium ac gryphorum et aliorum omnis generis animantium, in sacrum campum exadversum situm præmisisset, partim ut ex quolibet genere hecatombe ad sacrificium appararetur, partim ut in usum convivii publici converterentur : ad extremum ad Gymnosophistas veniens, qui lucum Panis ad habitandum sibi elegerunt, literas ab Hydaspe illis tradebat et adhortabatur ut postulanti regi morem gererent, ac sibi quoque ex parte gratificarentur, et conventui publico præsentia sua ornamento essent. Illi autem, cum eam paullulum commorari jussissent, in adytum ingressi precandi causa, uti solebant, et a diis quid esset agendum, sciscitati, parva mora interposita redierunt. Atque aliis tacentibus, Sisimithres, qui primas tenebat in concilio, O Persina, dicebat, nos quidem veniemus, dii enim præcipiunt. Ceterum, tumultum quemdam et perturbationem fore in sacrificio numen præmonstrat, sed et hunc in bonum et suavem finem desiturum : quod membrum quoddam vestri corporis, aut pars regni perlisset; fatum autem hanc ad hoc usque tempus inquisitam exhiberet. Persina autem, Maxime formidabilia, inquit, planeque omnia in melius mutabuntur, vobis præsentibus. Ego autem cum sensero Hydaspem advenire, vos certiores faciam. Nihil opus est, inquit Sisimithres, ut nos certiores reddas. Cras enim mane veniet et hoc ipsum tibi paullo post literæ significabunt. Atque ita accidit. Nam statim redeunti Persinæ et regia domicilia proxime accedenti, literas regis eques tradebat, postridie adventurum eum significantes. Præcones igitur exemplo rumorem de literis dissipabant, masculis tantum obviam prodeundi facultatem dantes, mulieribus autem exitu interdicentes. Siquidem, cum mundissimis et lucidissimis diis, Soli et Lunæ, sacrificium faciendum esset, misceri femineum genus moris non erat, ne aliqua vel invita contaminatio victimis accideret. Soli autem ex mulieribus sacerdoti Lunæ adesse permissum est. Erat autem Persina : quod Solis quidem sacerdotio rex, Lunæ autem regina moribus et institutis gentis ornarentur. Affutura autem erat et Chariclea his quæ agebantur non tanquam spectatrix sed victima Lunæ futura. Ingens igitur impetus incessit urbem et cum neque indictum diem exspectassent inde usque a vespera transmit-

ἡμέραν ἀναμείναντες, ἀφ' ἑσπέρας ἐπεραιοῦντο κατὰ τὸν Ἀσταβόραν ποταμόν, οἱ μὲν κατὰ τὸ ζεῦγμα, οἱ δὲ πορθμείοις ἐκ καλάμων πεποιημένοις, ἃ δὴ πλεῖστα καὶ κατὰ πολλὰ μέρη τῆς ὄχθης ἐσάλευε, τοῖς πορρω-
5 τέρω τῆς γεφύρας κατοικοῦσιν ἐπιτόμους διακονοῦντα τὰς περαιώσεις· ἔστι δὲ ὀξυδρομώτατα τῆς θ' ὕλης ἕνεκα καὶ ἄχθος πλὴν ὅτι δύο που ἢ τρεῖς ἄνδρας οὐκ ἀνεχόμενα. Κάλαμος γάρ ἐστι δίχα τετμημένος καὶ τομὴν ἑκατέραν σκάφιον παρεχόμενος.
10 Ε'. Ἡ γὰρ δὴ Μερόη μητρόπολις οὖσα τῶν Αἰθιόπων, τὰ μὲν ἄλλα ἐστὶ νῆσος τριγωνίζουσα, ποταμοῖς ναυσιπόροις, τῷ τε Νείλῳ καὶ τῷ Ἀσταβόρᾳ καὶ τῷ Ἀσασόβᾳ περιρρεομένη· τοῦ μὲν κατὰ κορυφὴν ἐμπίπτοντος τοῦ Νείλου καὶ πρὸς ἑκάτερα σχιζομένου· τῶν
15 ἑτέρων δὲ δυοῖν κατὰ πλευρὰν ἑκατέραν θατέρου παραμειβόντων καὶ αὖθις ἀλλήλοις συμπιπτόντων καὶ εἰς ἕνα τὸν Νεῖλον, τό τε ῥεῦμα καὶ τοὔνομα ἐκνικωμένων. Μέγεθος δ' οὖσα μεγίστη καὶ ἤπειρον ἐν νήσῳ σοφιζομένη, (τρισχιλίοις γὰρ τὸ μῆκος, εὖρος δὲ χιλίοις πε-
20 ριγράφεται σταδίοις) ζῴων δὲ παμμεγέθων, τῶν τ' ἄλλων καὶ ἐλεφάντων ἐστὶ τροφός· καὶ δένδρα πλάττουσα, ἢ κατ' ἄλλας φέρειν ἀγαθή. Ἐκτὸς γὰρ ὅτι φοίνικές τε ὑπερμήκεις καὶ τὴν βάλανον εὐδαιμοί τε καὶ ὑπέρογκοι, σίτου τε καὶ κριθῶν στάχυες, τὴν μὲν
25 αὔξησιν ὥστε καὶ ἱππέα πάντα καὶ καμηλίτην ἐστὶν ὅτε καλύπτειν, τὸν δὲ καρπὸν ὥστ' εἰς τριακόσια τὸ καταβληθὲν ἐκφέρειν. Καὶ τὸν κάλαμον φύει τοιοῦτον οἷος εἴρηται.

ϛ'. Τότε δ' οὖν διὰ πάσης νυκτὸς, ἄλλοι κατ' ἄλλο
30 τὸν ποταμὸν διαπερειωθέντες, προσπαντῶντές τε καὶ ἴσα καὶ θεὸν εὐφημοῦντες, ἐδεξιοῦντο τὸν Ὑδάσπην. (Οὗτοι μὲν οὖν καὶ πορρωτέρω, μικρὸν δὲ καὶ πρὸ τῆς ὀργάδος ἐντυχόντες οἱ Γυμνοσοφισταί, δεξιάς τ' ἐνέβαλλον καὶ φιλήμασιν ἠσπάζοντο. Μετὰ δὲ τούτους
35 ἡ Περσίνα τοῦ νεώ τ' ἐν προπυλαίοις καὶ περιβόλων ἐντός. Κἀπειδὴ προσπεσόντες τοὺς θεοὺς προσεκύνησαν καὶ τὰς χαριστηρίους εὐχὰς ὑπὲρ τῆς νίκης καὶ σωτηρίας ἐτέλεσαν, ἐκτὸς περιβόλων ἐλθόντες, ἐπὶ τὴν δημοτελῆ θυσίαν ἐτρέποντο, κατὰ τὴν προηυτρε-
40 πισμένην ἐν τῷ πεδίῳ σκηνὴν προκαθίσαντες, ἣν τέσσαρες ἐπλήρουν νεότμητοι κάλαμοι, σχήματος τετραπλεύρου γωνίαν ἑκάστην ἑνὸς καλάμου δίκην ἐρείδοντος καὶ κατὰ τὰς ἄκρας εἰς ἁψῖδα περιαγομένου καὶ τοῖς ἄλλοις ἅμα φοινίκων ἔρνεσι συμπίπτοντος καὶ
45 τὸ ὑποκείμενον ὀρυφοῦντος. Καθ' ἑτέραν δὲ σκηνὴν πλησίον ἐφ' ὑψηλῆς μὲν κρηπῖδος, θεῶν τε ἐγχωρίων ἀγάλματα καὶ ἡρώων εἰκόνες προὔκειντο, Μέμνονός τε καὶ Περσέως καὶ Ἀνδρομέδας, οὓς γενάρχας αὐτῶν οἱ βασιλεύοντες Αἰθιόπων νομίζουσι. Χθαμαλώτεροι
50 δὲ καὶ οἷον ὑπὲρ κορυφῆς τὰ θεῖα πεποιημένοι, κατὰ τῆς δευτερούσης κρηπῖδος οἱ Γυμνοσοφισταὶ ἐπεκάθηντο. Τούτων ἑξῆς ὁπλιτῶν φάλαγξ εἰς κύκλον περιεστοίχιστο, ταῖς ἀσπίσιν ὠρθωμέναις καὶ ἀλλήλων ἐχομέναις ἐπερειδομένη, τό τε πλῆθος ἐξόπισθεν ἀνα-

tebant Astaboram fluvium, alii per pontem, alii navigiis ex arundine factis, quae plurima et in multis partibus ripae vacillabant his qui longius a ponte habitant compendiosos subministrantes trajectus. Sunt autem celerrima tum propter materiam, tum majus onus quam duos tresve viros non ferunt. Arundo enim in duas partes dissecta, ex qualibet sectione navigiolum praebet.

V. Ceterum Meroë metropolis Æthiopum, insula est alioqui triangulari forma, fluviis quae navibus transiri possunt, Nilo et Astabora et Asasoba circumflua : Nilo quidem in vertice incidente et in utramque partem fisso ; aliis vero duobus in utroque latere se invicem praetereuntibus et rursus secum coëuntibus et in unum Nilum alveum et nomen deferentibus. Cum autem late pateat et continentem in insula demonstret, (tribus enim millibus stadiorum in longitudine, mille autem in latitudine circumscribitur) animalium insignis magnitudinis cum, aliorum elephantorum est altrix : et ut arbores sua sponte fingit, ita aliarum quoque rerum ferax est. Nam praeterquam quod palmae insigni proceritate, et palmulis onustae in ea crescunt, frumenti quoque et tritici spicae proceritate quidem ea sunt, ut equitem omnem interdum et camelo insidentem occultent, fructu autem adeo ubere ut semina terrae mandata trecentuplum ferant : et arundinem procreat qualis jam dicta est.

VI. Tunc igitur tota nocte, cum alius alium fluvium transmisisset, obviam prodeuntes, veluti deum cum praeconiis et gratulationibus Hydaspem excipiebant : hi quidem etiam longius, aliquantum autem ante campum sacrum obviam progressi Gymnosophistae, dextrasque jungebant et salutabant osculis : post hos vero Persina in vestibulo templi et intra ambitum. Postquam igitur submissi deos adorarunt et precibus gratiarum actionis ergo pro victoria et salute finem fecerunt egressi ambitu ad publicum sacrificium convertebantur, in tabernaculo in campo jam antea praeparato considentes, quod quatuor conficiebant recens praecisae arundines, figura quadrilatera, angulum quemlibet una arundine columnae instar fulciente; in summo autem, in formam testudinis adducta, et cum aliis, additis palmarum ramis, juncta subjectum spatium contegente. In altero autem tabernaculo, proxime super alta basi, deorum indigenarum simulacra et heroum imagines proponebantur et Memnonis ac Persei et Andromedae, quos auctores esse sui generis reges Æthiopum existimant. Inferius autem et tanquam supra verticem, numinibus collocatis, in altera basi Gymnosophistae sedebant. Hos deinde phalanx militum in orbem stipaverat, scutis erectis ac densatis innixa et multitudinem a tergo

στέλλουσα καὶ τὸ μέσον ἀνενόχλητον τοῖς ἱερουργουμένοις παρασκευάζουσα. Μικρὰ δὲ δὴ προδιαλεχθεὶς πρὸς τὸν δῆμον ὁ Ὑδάσπης καὶ τήν τε νίκην καὶ τὰ ὑπὲρ τοῦ κοινοῦ κατωρθωθέντα καταγγείλας, ἔχεσθαι
5 τῆς θυσίας τοῖς ἱεροποιοῖς ἐκέλευε. Τριῶν δὴ βωμῶν τῶν πάντων εἰς ὕψος ἠρμένων καὶ τοῖν μὲν δυοῖν κεχωρισμένως Ἡλίῳ τε καὶ Σελήνῃ συνεζευγμένων, τοῦ τρίτου δὲ τῷ Διονύσῳ καθ' ἕτερον μέρος ἰδιάζοντος· τούτῳ μὲν παντοῖα ζῷα ἐπέσφαττον, διὰ τὸ πάνδημον,
10 οἶμαι, τοῦ θεοῦ καὶ πᾶσι κεχαρισμένον, ἐκ ποικίλων τε καὶ παντοίων ἱλασκόμενοι. Ἐπὶ δὲ τῶν ἑτέρων, Ἡλίῳ μὲν τέθριππον λευκὸν ἐπῆγον, τῷ ταχυτάτῳ θεῶν, ὡς ἔοικε, τὸ τάχιστον καθοσιοῦντες, τῇ Σεληναίᾳ δὲ ξυνωρίδα βοῶν, διὰ τὸ περίγειον, ὡς ἔοικε,
15 τῆς θεοῦ, τοὺς γηπονίᾳ συνεργοὺς καθιεροῦντες.

Ζ΄. Καὶ ἔτι τούτων δρωμένων βοή τις ἀθρόον ἠγείρετο συμμιγής τε καὶ ταραχώδης, καὶ οἷα εἰκὸς ὑπὸ πλήθους ἀπείρου ἀνθρώπων συγκλύδων, Τὰ πάτρια τελείσθω, τῶν περιεστώτων ἐκβοώντων, ἡ νενομισ-
20 μένη θυσία λοιπὸν ὑπὲρ τοῦ ἔθνους τελείσθω, αἱ ἀπαρχαὶ τοῦ πολέμου τοῖς θεοῖς προσαγέσθωσαν. Συνεὶς οὖν ὁ Ὑδάσπης ὅτι τὴν ἀνθρωποκτονίαν ἐπιζητοῦσιν, ἣν ἐπὶ ταῖς κατὰ τῶν ἀλλοφύλων νίκαις μόναις ἐκ τῶν ἁλισκομένων ἐπιτελεῖν εἰώθασι, κατασείσας τῇ χειρὶ
25 καὶ αὐτίκα τὸ αἰτούμενον ἔσεσθαι τοῖς νεύμασι σημήνας, τοὺς εἰς τοῦτο πάλαι ἀποκεκληρωμένους αἰχμαλώτους ἄγεσθαι προσέταττε. Ἤγοντο οὖν οἵ τ' ἄλλοι καὶ ὁ Θεαγένης καὶ ἡ Χαρίκλεια τῶν τε δεσμῶν λελυμένοι καὶ κατεστεμμένοι, κατηφεῖς μὲν, οἷα εἰκὸς,
30 οἱ ἄλλοι, ὁ Θεαγένης δ' ἐπ' ἔλαττον, ἡ Χαρίκλεια δὲ καὶ φαιδρῷ τῷ προσώπῳ καὶ μειδιῶντι, συνεχές τε καὶ ἀτενὲς εἰς τὴν Περσίναν ἀφορῶσα· ὥστε κἀκείνην παθεῖν τι πρὸς τὴν ὄψιν καὶ βύθιον στενάξασαν, Ὦ ἄνερ, εἰπεῖν, οἵαν κόρην εἰς τὴν θυσίαν ἐπιλέλεξαι, οὐκ οἶδ'
35 ὁποῖα τοιοῦτον κάλλος· ὡς δὲ καὶ εὐγενὴς τὸ βλέμμα· ὡς δὲ καὶ μεγαλόφρων πρὸς τὴν τύχην· ὡς δ' ἐλεεινὴ τῆς κατὰ τὴν ἡλικίαν ἀκμῆς· εἰ περιεῖναι συνέβαινεν ἡμῖν τὸ ἅπαξ μοι κυηθὲν καὶ κακῶς ἀπολωλὸς θυγάτριον, ἐν ἴσαις που ταύτῃ τοῖς ἔτεσιν ἐξηπλάζετο. Ἀλλ'
40 εἴθε γε, ὦ ἄνερ, ἐνῆν πῶς ἐξελέσθαι τὴν κόρην, πολλὴν ἂν ἔσχον παραψυχήν, διακονουμένης μοι τοιαύτης. Ἴσως δέ που καὶ Ἑλληνίς ἐστιν ἡ ἀθλία, τὸ γὰρ πρόσωπον οὐκ Αἰγυπτίας. Ἑλληνὶς μὲν, ἔφη πρὸς αὐτὴν ὁ Ὑδάσπης καὶ πατέρων οὓς λέξει τὸ παρόν. Δείξει
45 γὰρ οὐκ ἂν ἔχοι πόθεν· καίτοιγε ἐπήγγελτο. Ῥυσθῆναι γε μὴν τῆς θυσίας ἀδύνατον· καίτοι γ' ἐβουλόμην πεπονθώς τι καὶ αὐτός, οὐκ οἶδ' ὅπως καὶ κατελεῶν τὴν κόρην. Ἀλλ' οἶσθα ὡς ἄρρενα μὲν τῷ Ἡλίῳ, θήλειαν δὲ τῇ Σεληναίᾳ προσάγειν τε καὶ ἱερουργεῖν
50 ὁ νόμος βούλεται. Ταύτης δὲ πρώτης αἰχμαλώτου μοι προσαχθείσης καὶ εἰς τὴν νῦν θυσίαν ἀποκληρωθείσης, ἀπαραίτητον ἂν γένοιτο πρὸς τὸ πλῆθος ἡ ὑπέρθεσις. Ἓν μόνον ἂν βοηθήσειεν, εἰ τῆς ἐσχάρας ἣν οἶσθα ἐπιβᾶσα, μὴ ἁγνεύουσά πως τῆς πρὸς ἄνδρας

reprimens, ac medium spatium ab omni tumultu vacuum sacrificantibus conservans. Enimvero cum pauca præfatus esset ad populum Hydaspes et victoriam atque ea quæ pro republica prospere gesta essent enuntiasset, ad sacrificium aggredi, iis ad quos rei divinæ faciendæ cura pertinebat imperabat. Porro cum tres aræ in altum erectæ essent; ac duæ quidem peculiariter Soli et Lunæ conjunctim, tertia vero Bacchi in altera parte separatim collocata esset, huic quidem omnis generis animantia mactabant, propter pervulgatam vim, ut existimo, numinis et omnibus gratificantem, variis et multiplicibus hostiis eum placantes. In aliis vero, Soli quidem quadrigas albas offerebant, deo omnium velocissimo, id quod velocissimum est sacrificantes : Lunæ autem jugum boum, propter vicinitatem terræ, agriculturæ adjutores consecrantes.

VII. Cum hæc adhuc agerentur, clamor subito est subitus, mixtus ac turbulentus, qualem consentaneum est multitudinis hominum confertorum exstitisse, Patria sacra celebrentur, iis qui circumstabant exclamantibus : moribus et institutis receptum sacrificium deinceps pro gente fiat, primitiæ belli deinceps offerantur. Cum igitur intellexisset Hydaspes quod humanam victimam flagitarent, quam ex iis tantum qui in peregrinis bellis capti essent offerre consueverant : manu silentio indicato et statim id quod petebatur consecuturum esse nutibus significatione data, captivos qui ad id ipsum jam pridem destinati fuerant duci imperabat. Ducebantur igitur cum aliis, tum Theagenes et Chariclea, soluti vinculis et coronati : tristes quidem, ut est consentaneum, alii, minus autem Theagenes, at Chariclea læto vultu ac ridenti, perpetuo et uno obtutu Persinam intuens : ut et illa aliquo modo adspectu affice retur et vehementius ingemiscens, O marite, diceret, qualem virginem ad sacrificium delegisti? Haud scio, an viderim talem formam. Quam est generoso et liberali vultu! Quam magno et excelso animo fortunam perfert! Quam ob florem ætatis commiseratione sui commovet animum! Si superesse contigisset semel ex te conceptam et male amissam filiolam, propemodum totidem implevisse annos, quot hæc, deprehenderetur. Sed utinam liceret, marite, aliquo modo liberare hanc : magnam equidem haberem consolationem, hac mihi ministrante. Fortassis autem et Græca est misera : neque enim est Ægyptiæ facies. Græca quidem est, inquit, et parentibus nata quos in præsentia dicet : neque enim ullo modo ostendere poterit, quamvis promiserit. Ut liberetur sane illa a sacrificio fieri non potest, quamvis vellem utique, cum et ipse aliquo modo commovear animo et miserear puellæ. Sed scis, quod masculum quidem Soli, feminam autem Lunæ et offerre et sacrificare lex postulet. Cum autem hæc mihi prima sit adducta captiva et præsenti sacrificio destinata, omnino excusationis locum non haberet apud multitudinem dilatio. Unum tantum illi adjumento esse posset, si postquam focum, ut scis, conscenderit, non se conservasse expertem consuetudinis virorum deprehensa

ὁμιλίας ἐλεγχθείη, καθαρὰν εἶναι τὴν προσκομιζο-
μένην τῇ θεῷ, καθάπερ οὖν καὶ τὸν Ἡλίῳ τοῦ νόμου
κελεύοντος, ἐπὶ δὲ τῆς τοῦ Διονύσου θυσίας ἀδιαφο-
ροῦντος. Ἀλλ' ὅρα, εἰ προσομιλήσασά τῳ φωραθείη
5 πρὸς τῆς ἐσχάρας, μὴ οὐκ εὐπρεπὲς ᾖ τὴν τοιάνδε εἰς
τὸν οἶκον εἰσδέξασθαι. Καὶ ἡ Περσίνα, Φωραθείη,
ἔφη, καὶ σωθείη μόνον. Αἰχμαλωσία καὶ πόλεμος
καὶ τοσοῦτος τῆς ἐνεγκούσης ἐξοικισμὸς ἀνέγκλητον
ποιεῖ τὴν προαίρεσιν· καὶ πλέον ἐπὶ ταύτης, ἐν τῷ
10 κάλλει τὴν καθ' αὑτῆς βίαν, εἰ καί τι τοιοῦτον ὑπέστη,
περιαγούσης.
Η'. Καὶ ἔτι τοιαῦτα λεγούσης καὶ ἅμα ὑποδακρυού-
σης, λανθάνειν τε τοὺς παρόντας πειρωμένης, ἄγεσθαι
τὴν ἐσχάραν ὁ Ὑδάσπης ἐκέλευσε. Παιδάρια τοίνυν
15 ἄνηβα συλλαβόντες ἐκ τοῦ πλήθους οἱ ὑπηρέται, (μό-
νοις γὰρ τοῖς τοιούτοις ἀδλαβῶς θιγγάνειν ἔνεστιν)
ἐκόμιζόν τ' ἐκ τοῦ νεὼ καὶ εἰς μέσους προὐτίθεσαν,
ἐπιβαίνειν ἕκαστον τῶν αἰχμαλώτων κελεύοντες. Τῶν
δὲ, ὅστις ἐπιβαίη, παραυτίκα τὴν βάσιν ἐφλέγετο,
20 οὐδὲ τὴν πρώτην καὶ πρὸς ὀλίγον ψαῦσιν ἐνίων ὑπο-
στάντων, χρυσοῖς μὲν ὀβελίσκοις τῆς ἐσχάρας διαπε-
πλεγμένης, πρὸς τοῦτο δ' ἐνεργείας τετελεσμένης,
ὥστε πάντα τὸν μὴ καθαρὸν καὶ ἄλλως ἐπιορκοῦντα,
καταίθειν· τῶν δὲ ἀναιτίων, ἀλύπως προσίεσθαι τὴν
25 βάσιν. Τούτους μὲν δὴ, τῷ τε Διονύσῳ καὶ ἄλλοις
θεοῖς ἀπεκλήρουν, πλὴν δύο που καὶ τριῶν νεανίδων,
αἳ τῆς ἐσχάρας ἐπιβᾶσαι παρθενεύειν ἐγνωρίσθησαν.
Θ'. Ἐπεὶ δὲ καὶ Θεαγένης ἐπιβὰς καθαρεύων ἐφαί-
νετο, θαυμασθεὶς πρὸς ἁπάντων, τά τ' ἄλλα τοῦ με-
30 γέθους καὶ κάλλους καὶ ὅτι περ οὕτως ἀκμαῖος ἀνὴρ,
ἀπείρατος εἴη τῶν Ἀφροδίτης, πρὸς τὴν ἡλιακὴν
ἱερουργίαν ηὐτρεπίζετο, καλά, λέγων ἠρέμα πρὸς τὴν
Χαρίκλειαν, ταπίχειρα παρ' Αἰθίοψι τῶν καθαρῶς
βιούντων, θυσίαι καὶ σφαγαὶ τὰ ἐπᾶθλα τῶν σωφρο-
35 νούντων· ἀλλ', ὦ φιλτάτη, τί οὐχὶ φράζεις σαυτήν;
ποῖον ἀναμενεῖς ἔτι καιρόν, ἢ τίς, ἕως ἂν ἀποδειροτο-
μήσῃ τις, λέγε, ἱκετεύω καὶ μήνυε τὴν σαυτῆς τύχην,
ἴσως μὲν κἀμὲ περισώσεις, ἥτις ποτ' εἴης γνωρισθεῖσα
καὶ ἐξελίνασα. Εἰ δ' ἄρα μὴ τοῦτο, σύ γε μὴν
40 προδήλως διαδράσῃ τὸν κίνδυνον. Αὐτάρκες δὲ τοῦτό
μοι μαθόντι καὶ τελευτᾶν. Ἡ δὲ, Πλησίον ἄγων,
εἰποῦσα καὶ νῦν ταλαντεύει τὰ καθ' ἡμᾶς ἡ μοίρα,
μηδὲ κελεύσαι τοὺς ἐπιτεταγμένους ἀναμείνασα, ἐνέδυ
τε τὸν ἐκ Δελφῶν ἱερὸν χιτῶνα ἐκ πηριδίου τινὸς
45 ὃ ἐπεφέρετο προκομίσασα, χρυσοϋφῆ τ' ὄντα καὶ ἀκτῖσι
κοκκοβαφέσι κατάπαστον· τήν τε κόμην ἀνεῖσα, καὶ
οἷον κάτοχος φανεῖσα προσέδραμέ τε, καὶ ἐφήλατο τῇ
ἐσχάρᾳ καὶ εἱστήκει πολὺν χρόνον ἀπαθὴς, τῷ τε
κάλλει τότε πλέον ἐκλάμποντι καταστράπτουσα, πε-
50 ρίοπτος ἐφ' ὑψηλοῦ πᾶσι γεγενημένη, καὶ πρὸς τοῦ
σχήματος τῆς στολῆς, ἀγάλματι θεοῦ πλέον ἢ θνητῇ
γυναικὶ προσεικαζομένη. Θάμβος γοῦν ἅμα πάντας
κατέσχε. Καὶ βοὴν μίαν ἄσημον μὲν καὶ ἄναρθρον,
δηλωτικὴν δὲ τοῦ θαύματος, ἐπήχησαν τῶν τ' ἄλλων

fuerit : cum lex mundam esse eam, quæ offertur deæ
sicuti et Soli jubeat, de Bacchi vero sacrificiis sit indif-
ferens. Ceterum vide, si commercium habuisse cum viris
deprehensa fuerit, ne haud deceat talem in ædes recipere.
Tum Persina : Deprehendatur et servetur tantum. Capti-
vitas et bellum et extorris vita a sediibus patriis tam remota
vacuum a culpa facit propositum : præcipue in hac, quæ
cum forma vim contra se ipsa, etiamsi quid ejusmodi
passa sit, circumferat.

VIII. Hæc adhuc dicente et simul illacrimante, cela-
reque id eos qui aderant conante, afferri focum Hydaspes
jussit. Collectis igitur pueris impuberibus ex multitudine
ministri (solis enim ejusmodi sine ullo detrimento attingere
licet) efferebant e templo et in medio collocarunt, con-
scendere quemlibet captivum jubentes. Atque ex his qui-
cunque conscenderant statim in planta adurebantur, cum
ne primum quidem et ad exiguum tempus, contactum
quidam sustinuissent : aureis quidem verubus foco inter-
texto, porro ad eam efficaciam elaborato, ut quemlibet
immundum et alioqui eum qui pejerasset adureret; at
contra eorum qui secus ætatem egissent, sine ullo detri-
mento gressum admitteret. Quamobrem hos Baccho et
aliis diis destinabant, præter duas forte aut tres virgines,
quæ cum focum conscendissent virginitate salva esse de-
prehensæ sunt.

IX. Postquam autem et Theagenes cum conscendisset
mundus esse apparuit, omnium admiratione exceptus,
cum propter proceritatem et pulchritudinem, tum eo quod
vir adeo florenti ætate rerum venerearum expers esset,
ad Solis sacrificium instruebatur. At ille submisse ad
Chariclean : Pulchra apud Æthiopes præmia munde vi-
ventium, sacrificia et mactationes eorum qui castitatem
servant brabia! Sed, o mea Chariclea, cur non te jam
aperis? Quale tempus adhuc expectabis? An illud demum,
cum aliquis jugulum feriet? Dic, obsecro, et indica tuam
fortunam. Forsitan et me, quæ sis cognita, servabis et
deprecaberis : sin minus, et tu utique dubio procul peri-
culum effugies; quo cognito, vel mori mihi optabile est.
Illa autem, Prope adest certamen, cum dixisset et sors
rationum nostrarum nunc vacillat : ne imperio quidem
eorum, quibus erat id negotii datum, exspectato, induit
sacram vestem Delphicam, ex quadam sarcinula quam
secum ferebat deprontam, intextam auro et radiis cocco
tinctis variatam. Deinque cum comam solvisset et tan-
quam furore afflata visa esset, accurrit et insiluit in focum,
stetitque longo tempore illæsa, pulchritudine magis tum
etiam relucente refulgens, et omnium oculis ex alto ex-
posita, atque a figura stolæ simalacri deæ magis quam
mortalis mulieris similis. Stupor igitur omnes cepit : et
clamorem unum obscurum et inarticulatum, admirationis
indicem, ediderunt, cum alia suspicientes, tum quod for-
mam plus quam humanam et venustatem florentis ætatis

ἀγασθέντες καὶ πλέον ὅτι κάλλος οὕτως ὑπὲρ ἄνθρωπον καὶ τὸ ὥριον τῆς ἀκμῆς ἄθικτον ἐγείρει καὶ ἔχειν ἐνεδείκνυτο σωφροσύνην πλέον τῇ ὥρᾳ κοσμουμένην. Ἐλύπει μὲν οὖν καὶ ἄλλους τῶν ὄχλων, ἁρμόδιος τῇ θυσίᾳ φανεῖσα καὶ δεισιδαιμονοῦντες, ὅμως ἥδιστ᾽ ἂν εἶδον ἔκ τινος μηχανῆς περισωθεῖσαν. Πλέον δ᾽ ἠνία τὴν Περσίνην, ὥστε καὶ εἰπεῖν πρὸς τὸν Ὑδάσπην, Ὡς ἀθλία καὶ δυστυχὴς ἡ κόρη σὺν πολλῷ (πόνῳ) καὶ οὐκ εἰς καιρὸν τῇ σωφροσύνῃ σεμνυνομένη καὶ θάνατον τῶν πολλῶν τούτων ἐπαίνων ἀλλαττομένη. Ἀλλὰ τί ἂν γένοιτο, ἔφη, ὦ ἄνερ; ὁ δέ, Μάτην, ἔφη, μοι ἐνοχλεῖς καὶ οἰκτίζῃ τὴν οὐ σωζομένην ἀλλὰ θεοῖς, ὡς ἔοικε, διὰ τὸ ὑπερβάλλον τῆς φύσεως ἀρχῆθεν φυλαττομένην. Καὶ ἀποστρέψας τὸν λόγον πρὸς τοὺς Γυμνοσοφιστάς, Ἀλλ᾽ ὦ σοφώτατοι, ἔφη, πάντων ηὐτρεπισμένων, τί οὐ κατάρχετε τῶν ἱερῶν; καὶ ὁ Σισιμίθρης, Εὐφήμησον, ἀπεκρίνατο (ἑλληνίζων), ὥστε μὴ τὸ πλῆθος ἐπαΐειν,) ἱκανῶς γὰρ καὶ μέχρι τούτων ὄψιν τε καὶ ἀκοὴν ἐχράνθημεν· ἀλλ᾽ ἡμεῖς μὲν εἰς τὸν νεὼν μεταστησόμεθα, θυσίαν οὕτως ἔκθεσμον τὴν δι᾽ ἀνθρώπων οὔτ᾽ αὐτοὶ δοκιμάζοντες, οὔτε προσίεσθαι τὸ θεῖον νομίζοντες. Ὡς εἴθε γ᾽ ἦν καὶ τὰς διὰ τῶν ἄλλων ζῴων θυσίας κεκωλῦσθαι, μόναις ταῖς δι᾽ εὐχῶν καὶ ἀρωμάτων καθ᾽ ἡμέτερον νόμον ἀρκουμένων. Σὺ δ᾽ ἐπιμένων, (ἐπάναγκες γὰρ βασιλεῖ καὶ ἀκρίτῳ ἔστιν ὅτε πλήθους ὁρμὴν θεραπεύειν) ἐπιτέλει τὴν οὐκ εὐαγῆ μὲν ταύτην θυσίαν, διὰ δὲ τὸ προκατειλημφὸς τοῦ Αἰθιοπικοῦ νόμου πάτριον, ἀπαραίτητον· καθαρσίων εἰσαῦθις δεησόμενος, ἴσως δὲ καὶ οὐ δεησόμενος. Οὐ γάρ μοι δοκεῖ λαβεῖν τέλος ἥξειν ἥδ᾽ ἡ θυσία τοῖς τ᾽ ἄλλοις ἐκ τοῦ θείου συμβόλοις τεκμαιρομένῳ καὶ τῷ περιλάμποντι φωτὶ τοὺς ξένους, ὑπερμαχεῖν τινα τῶν κρειττόνων διασημαίνοντι.

Γ΄. Καὶ ταῦτ᾽ εἰπών, ἅμα καὶ τοῖς ἄλλοις συνέδροις ἀνίστατο, καὶ πρὸς τὴν μετάστασιν ἐρρυθμίζετο. Ἀλλ᾽ ἥ γε Χαρίκλεια καθήλατο τε τῆς ἐσχάρας καὶ προσδραμοῦσα προσπίπτει τοῖς γόνασι τοῦ Σισιμίθρου, τῶν ὑπηρετῶν παντοίως ἐπεχόντων καὶ τὴν ἱκεσίαν παραίτησιν εἶναι τοῦ θανάτου νομιζόντων καὶ Ὦ σοφώτατοι, ἔλεγε, μικρὸν ἐπιμείνατε. Δίκη γάρ μοι καὶ κρίσις πρόκειται πρὸς τοὺς βασιλεύοντας. Ὑμᾶς δὲ μόνους καὶ τοῖς τοσούτοις δικάζειν πυνθάνομαι καὶ τὸν περὶ ψυχῆς ἀγῶνά μοι διαιτήσατε. Σφαγιασθῆναι γάρ με θεοῖς οὔτε δυνατὸν οὔτε δίκαιον μαθήσεσθε. Προσήει δὲ ἅμα μενοῦν τὰ εἰρημένα. Καὶ Ὦ βασιλεῦ, ἔφασαν, ἀκούεις τῆς προκλήσεως καὶ ἣν προΐσχεται ἡ ξένη; γελάσας οὖν ὁ Ὑδάσπης, Καὶ ποία δίκη, φησίν, ἢ πόθεν ἐμοὶ καὶ ταύτῃ; προφάσεως δ᾽ ἐκ ποίας, ἢ ποίων ἴσως ἀναφαινομένης; καὶ ὁ Σισιμίθρης, Αὐτά, ἔφη, δηλώσει τὰ λεχθησόμενα. Καὶ οὐκ ἂν δόξειεν, ὁ Ὑδάσπης ἔφη, τὸ πρᾶγμα οὐ κρίσις ἀλλ᾽ ὕβρις, εἰ πρὸς τὴν αἰχμάλωτον, βασιλεὺς ὤν, διαδικάσομαι; Τὰς ὑπεροχάς, ὦ Ὑδάσπη, οὐ δυσωπεῖται τὸ δίκαιον, ἀπεκρίνατο πρὸς αὐτὸν ὁ Σισιμίθρης, ἀλλ᾽ εἷς ἐστιν ὁ βασι-

intactam attolleret, ac declararet, se habere pudicitiam forma cumprimis exornatam. Angebat igitur et alios in turba, quod ad sacrificium aptam et idoneam esse constitisset et quamvis superstitione laborarent, libentissime tamen vidissent illam aliqua ratione servatam. Ceterum magis excruciabat Persinam, ut etiam ad Hydaspem diceret : Quam misera et infelix est hæc puella, multo studio et haud opportune pudicitiam venditans et mortem cum hisce multis laudibus commutans! Sed quidnam fieret, inquit, o vir? At ille, Frustra, inquit, molesta es et misereris ejus quæ servari non potest; sed diis, ut videtur, propter naturæ præstantiam inde usque ab initio custoditur. Denique sermone converso ad *Gymnosophistas*, Sed, o sapientissimi, inquit, cum omnia sint parata, cur non rem sacram incipitis? Sisimithres autem, Absit, inquit, (Græce loquens, ne multitudo exaudiret.) Satis enim jam vel hisce adspectum et auditum polluimus. Sed nos quidem in templum secedemus, sacrificium adeo nefandum, quod humanis victimis constat, neque ipsi probantes, neque deum admittere existimantes. Atque utinam licuisset et illa sacrificia quæ aliarum victimarum mactatione constabant prohibere, cum sola quæ precibus et odoramentis fiunt nostro judicio sufficiant. Tu vero manens (necesse est enim aliquando ut rex vulgi temerariis studiis serviat), fac hoc immundum quidem sacrificium, ceterum propter inveteratam consuetudinem et Æthiopum institutis confirmatam inexcusabile : ita tamen, ut tibi expiatione postea sit opus futurum, aut etiam non futurum. Neque enim mihi videtur ad finem perventurum esse hoc sacrificium, cum ex aliis numinis ostentis conjecturam facienti et ex lumine circumfuso peregrinis ac numen aliquod eos defendere significante.

X· Et hæc cum dixisset, una cum aliis assessoribus surrexit et ad secessionem sese apparabat. Tum vero Chariclea desiluit e foco et accurrens provoluta est ad genua Sisimithris, ministris omnino prohibentibus et illum supplicem habitum deprecationem esse mortis existimantibus et O sapientissimi, dicebat, paulum commoramini. Siquidem causa mihi agenda est et judicio decertandum cum rege ac regina : vos vero solos etiam tantis jus dicere audio. Adeste igitur et certaminis de vita estote judices. Ut mactær enim diis neque fieri potest, neque justum esse cognoscetis. Admiserunt libenter ea quæ dicta fuerunt et O rex, dixerunt, audisne provocationem et ea quæ peregrina prætendit? Arridens igitur Hydaspes, At vero quale judicium est, inquit, aut unde mihi cum hac? denique qua de causa, quove jure exoritur? Tum Sisimithres : Ea ipsa, quæ dicentur, indicabunt. Atqui, num negotium hoc judicium est non injuria potius videbitur, si cum captiva ego qui sum rex in judicium descendero? Fastigia dignitatis non respicit æquitas, respondit Sisimithres : sed is regnat in judicio, qui probabilioribus vincit rationibus. Sed cum indigenis, inquit, et non cum peregrinis, con-

LIBER X.

λεύων ἐν ταῖς κρίσεσιν, ὁ τοῖς εὐλογωτέροις κρατῶν. Ἀλλὰ πρὸς τοὺς ἐγχωρίους, ἔφη, καὶ οὐ πρὸς τοὺς ξένους δικάζειν ὑμᾶς τοῖς βασιλεύουσι ὁ νόμος ἐφίησι. Καὶ ὁ Σισιμίθρης, Οὐ τοῖς προσώποις, ἔφη , μόνον τὰ δίκαια γίγνεται ἰσχυρὰ παρὰ τοῖς σώφροσιν, ἀλλὰ τοῖς τρόποις. Δῆλον μὲν , εἶπεν , ὡς οὐδὲν ἐρεῖ σπουδαῖον, ἀλλ' ὅπερ ἴδιον τῶν τὰ τελευταῖα κινδυνευόντων, λόγων ματαίων ἔσται πλάσματα πρὸς ὑπέρθεσιν. Λεγέτω δ' οὖν ὅμως, ἐπειδὴ βούλεται ὁ Σισιμίθρης.

ΙΑ΄. Ἡ δὲ Χαρίκλεια καίπερ οὖσα εὔθυμος διὰ τὴν προσδοκωμένην τῶν περιεστηκότων λύσιν , πλέον ἐγεγόνει περιχαρής , ὡς τοῦ Σισιμίθρου τοὔνομα ἐπήκουσεν, ἣν γὰρ οὗτος ὁ τὴν ἀρχὴν ἐκτεθεῖσαν ἀνελόμενος καὶ τῷ Χαρικλεῖ παρακαταθέμενος , ἔτεσι δέκα πρότερον, ὅτ' εἰς τοὺς Καταδούπους ἐστάλη τῶν σμαραγδείων μετάλλων ἕνεκεν ὡς τὸν Ὀροονδάτην πρεσβεύων, τότε μὲν εἰς τῶν πολλῶν Γυμνοσοφιστῶν τυγχάνων, τὸ παρὸν δὲ πρόεδρος ἀναδεδειγμένος. Τὴν μὲν οὖν ὄψιν τἀνδρὸς οὐκ ἀνέφερεν ἡ Χαρίκλεια, νέα κομιδῇ καὶ ἑπταέτις χωρισθεῖσα, τοὔνομα δ' ἀναγνοῦσα, περιχαρὴς ἐγεγόνει πλέον , συνήγορόν τε καὶ σύνεργον ἔσεσθαι πρὸς τὸν ἀναγνωρισμὸν ἐλπίσασα. Τὰς δὲ χεῖρας εἰς τὸν οὐρανὸν ἀνατείνασα καὶ βοῶσα ἐξάκουστον, Ἥλιε, γενάρχα προγόνων ἐμῶν, ἔλεγε, θεοί τ' ἄλλοι καὶ ἥρωες γένους ἡμετέρου καθηγεμόνες· ὑμεῖς ἐστέ μοι μάρτυρες, ὡς οὐδὲν ἐρῶ ψεῦδος· ὑμεῖς δὲ καὶ συλλήπτορες εἰς τὴν κρίσιν τὴν νυνὶ προκειμένην, εἰς ἣν τῶν προσόντων μοι δικαίων ἐντεῦθεν ἄρξομαι. Ξένους, ὦ βασιλεῦ ἢ ἐγχωρίους ἱερουργεῖσθαι ὁ νόμος κελεύει; τοῦ δὲ, Ξένους, εἰπόντος· Οὐκοῦν ὥρα σοι, ἔφη , ζητεῖν ἑτέρους εἰς τὴν θυσίαν, ἐμὲ γὰρ ἡμεδαπήν τε καὶ ἐγχώριον οὖσαν εὑρήσεις.

ΙΒ΄. Τοῦ δὲ θαυμάζοντος καὶ πλάττεσθαι λέγοντος, ἡ Χαρίκλεια, Τὰ μικρότερα, ἔφη, θαυμάζεις, τὰ μείζονα δ' ἔστιν ἕτερα. Οὐ γὰρ ἐγχωρος μόνον, ἀλλὰ καὶ γένους τοῦ βασιλείου τὰ πρῶτα καὶ ἐγγύτατα. Καὶ αὖθις τοῦ Ὑδάσπου διαπτύοντος ὡς φληνάφους τοὺς λόγους, Παῦσαι, εἶπεν, ὦ πάτερ, θυγατέρα τὴν σὴν ἐκπαυλίζων. Ὁ δὴ βασιλεὺς τοὐντεῦθεν οὐχ ὑπερορῶν τὰ λεγόμενα μόνον ἀλλ' ἤδη καὶ ἀγανακτῶν ἐφαίνετο, χλεύην τὸ πρᾶγμα καὶ ὕβριν ποιούμενος. Καὶ, Ὦ Σισιμίθρη, καὶ οἱ λοιποί, ἔλεγεν, ὁρᾶτε οἷον περιέστη τὰ τῆς ἀνεξικακίας; ἦ γὰρ οὐκ ἀντικρυς μανίαν ἡ κόρη νοσεῖ, παρατόλμοις πλάσμασι τὸν θάνατον πειρωμένη διώσασθαι; θυγατέρα ἐμὴν ὥσπερ ἐπὶ σκηνῆς ἐξ ἀπόρων αὑτῇ καὶ οἷον ἐκ μηχανῆς ἀναφαίνουσα, τοῦ μηδεπώποτε, ὡς ἴστε, παιδίου γονὴν εὐτυχήσαντος, ἅπαξ δέ που μόνον, ὁμοῦ τ' ἀκηκοότος καὶ ἀποβαλόντος. Ὥστ' ἀγέτω τις, μηδ' ἐπιπλέον ἐπινοείσθω τῇ θυσίᾳ τὴν ὑπέρθεσιν. Οὐκ ἄξει οὐδείς, ἀνεβόησεν ἡ Χαρίκλεια, τέως ἂν μὴ τοῦτο κελεύωσιν οἱ δικάζοντες. Σὺ δὲ δικάζῃ τὸ παρόν, οὐ ψῆφον φέρεις. Ξενοκτονεῖν ἴσως , ὦ βασιλεῦ, ὁ νόμος ἐπιτρέπει, τεκνοκτονεῖν δ' οὔθ' οὗτος, οὔθ' ἡ φύσις σοί, πάτερ, ἐφήσει. Πατέρα γάρ

troversias regum judicandi facultatem vobis lex dat. Sisimithres autem, Non vultu, inquit, tantum, justa apud moderatos ponderantur, sed potius justitia. Manifestum est quidem, dixit, quod nihil dicet serii , sed quod iis qui in extremo versantur periculo peculiare est, inanium verborum figmenta ad dilationem proferet : attamen dicat, quandoquidem ita Sisimithri placet.

XI. Porro Chariclea , cum alioqui esset fidenti animo propter liberationem ex circumstantibus periculis, quam exspectabat; tum inprimis exhilarata est, postquam Sisimithris nomen audivit. Is enim erat, qui initio expositam sustulerat et Charicli tradiderat ante decennium, cum ad Oroondatem de smaragdinis fodinis legatus mitteretur. At tum adhuc unus ex vulgo Gymnosophistarum erat : ceterum in praesentia praefectus ceterorum declaratus fuerat. Faciem igitur viri non recordabatur Chariclea, cum admodum adolescentula et annos septem nata ab illo separata esset : verum nomen agnoscens, magis laetabatur, advocatum illum sibi et adjutorem ea in parte ut agnosceretur fore sperans. Manus igitur in coelum tendens , cum exclamasset ita ut exaudiri posset, Sol , auctor generis majorum meorum, dicebat et alii dii ac heroës majores nostri , vos eritis testes quod nihil falsi dicam : vos quoque auxilio vestro mihi in hoc judicio aderitis, ad quod cum justam causam afferam, inde summam exordium. Peregrinosne rex, an indigenas, lex mactari jubet? Hoc vero, Peregrinos, dicente; Igitur tempus est, inquit, ut alios ad sacrificium inquiras : nam me et vestratem et indigenam reperies.

XII. Hoc autem mirante et fingere eam dicente, Chariclea, Minora, inquit, miraris : sunt autem alia majora. Neque enim indigenam tantum, sed etiam genus regium in primis et proxime attingentem. Rursus Hydaspe contemnente et aversante verba illa tanquam frivola ; Desine, inquit, pater, filiam tuam elevare et aversari. Tum igitur rex non despicere tantum, sed etiam indignari, ludibrium esse et injuriam rem illam ducens et, O Sisimithre ac reliqui, dicere, videte quousque tandem abutatur mea nimia patientia? An non plane amentia laborat puella, quae insigni audacia conficitis mendaciis, mortem depellere conetur, filiam meam tanquam in scena se esse , desperatione quadam asseverans et tanquam ex composita machinatione proferens, qui nunquam, ut scitis, in procreatione sobolis successus usus sim, semel tantum simul et audierim et amiserim. Quamobrem ducat eam aliquis, ne amplius excogitet sacrificio dilationem. Nemo ducet, exclamavit Chariclea, nisi jusserint judices. Tu vero in praesentia judicaris, non sententiam fers. Peregrinos quidem, rex, mactari fortasse lex permittit ; liberos autem mactare, neque haec, neque natura ipsa, pater, concedit ; patrem enim te hodie dii meum, etiamsi neges, declara-

σε τήμερον οἱ θεοὶ καὶ ἀρνούμενον ἀναδείξουσι. Πᾶσα
δίκη καὶ κρίσις, ὦ βασιλεῦ, δύο τὰς μεγίστας ἀπο-
δείξεις οἶδε, τάς τ' ἐγγράφους πίστεις καὶ τὰς ἐκ μαρ-
τύρων βεβαιώσεις, ἄμφω σοί, τοῦ θυγάτηρ ὑμετέρα
5 εἶναι, παρέξομαι· μάρτυρα μὲν οὐχ ἕνα τῶν πολλῶν
ἀλλ' αὐτόν γε δὴ τὸν δικάζοντα προκαλουμένη, (με-
γίστη δ', οἶμαι, τῷ λέγοντι πίστις, ἡ τοῦ διαιτῶντος
γνῶσις,) γράμματα δὲ τάδε, τύχης τῆς ἐμῆς γνωρίσ-
ματα καὶ διηγήματα, προϊσχομένη.
10 ΙΓ'. Καὶ ἅμα λέγουσα, τὴν συνεκτεθεῖσαν αὐτῇ
ταινίαν ὑπὸ τῇ γαστρὶ φέρουσα, προὔφερέ τε καὶ ἀνει-
λήσασα, τῇ Περσίνῃ προσεκόμιζεν. Ἡ δὲ, ἐπειδὴ
τὸ πρῶτον εἶδεν, αὖός τε καὶ ἀχανὴς ἐγεγόνει καὶ χρό-
νον ἐπιπλεῖστον τὰ ἐγγεγραμμένα τῇ ταινίᾳ καὶ τὴν
15 κόρην αὖθις ἐν μέρει περιεσκόπει, τρόμῳ τε καὶ παλμῷ
συνείχετο καὶ ἱδρῶτι διερρεῖτο, χαίρουσα μὲν ἐφ' οἷς
εὕρισκεν, ἀμηχανοῦσα δὲ πρὸς τὸ τῶν παρ' ἐλπίδας ἄπι-
στον, δεδοικυῖα δὲ τὴν ἐξ Ὑδάσπου τῶν φανερουμένων
ὑποψίαν τε καὶ ἀπιστίαν, ἢ καὶ ὀργὴν, ἂν οὕτω τύχῃ,
20 καὶ τιμωρίαν. Ὥστε καὶ τὸν Ὑδάσπην ἐνορῶντα εἰς τὸ
θάμβος καὶ τὴν συνέχουσαν ἀγωνίαν, Ὦ γύναι, εἰπεῖν,
τί ταῦτα; [ἢ] τί πέπονθας πρὸς τὴν δεικνυμένην γρα-
φήν; ἡ δὲ, Ὦ βασιλεῦ, εἶπε, καὶ δέσποτα καὶ ἄνερ,
ἄλλο μὲν οὐδὲν ἂν εἴποιμι πλέον, λαβὼν δ' ἀναγίνωσκε.
25 Διδάσκαλός σοι πάντων ἡ ταινία γενήσεται. Καὶ ἐπι-
δοῦσα, αὖθις ἐσιώπα, κατηφήσασα. Δεξάμενος γοῦν
ὁ Ὑδάσπης καὶ πλησίον παρεῖναι καὶ συνεπιλέγεσθαι
τοὺς Γυμνοσοφιστὰς παρακαλέσας, ἐπῄει τὴν γραφήν,
πολλὰ μὲν αὐτὸς θαυμάζων, πολλὰ δὲ καὶ τὸν Σισιμί-
30 θρην ἐκπεπληγμένον καὶ μυρίας τροπὰς τῆς διανοίας ἐκ
τῶν ὄψεων ἐμφαίνοντα ὁρῶν, συνεχές τ' εἰς τὴν ται-
νίαν καὶ τὴν Χαρίκλειαν ἀτενίζοντα. Καὶ τέλος,
ἐπειδὴ τὴν ἔκθεσιν ἐδιδάχθη καὶ τὴν αἰτίαν τῆς ἐκθέ-
σεως ὁ Ὑδάσπης, Ἀλλ' ὅτι μὲν ἐτέχθη μοὶ κόρη τις,
35 ἔφη, γιγνώσκω, καὶ ὡσπερανεὶ δὲ τότε πυθόμενος, ὡς
δ' αὕτη Περσίνα λέγει ἐκτεθεῖσθαι νυνὶ μανθάνω. Τίς
δ' ὁ ἀνελόμενος, καὶ διασώσας, καὶ διαθρέψας, τίς δ' ὁ
διακομίσας εἰς Αἴγυπτον; οὐ καὶ αἰχμάλωτος εἴληπται;
καὶ πόθεν ὅλως ὅτι αὐτὴ ἐκείνη καὶ μὴ διέφθαρται καὶ
40 τὸ ἐκτεθὲν, τοῖς δὲ γνωρίσμασιν ἐπιτυχών τις ἀποκέ-
χρηται τοῖς ἐκ τῆς τύχης; μή τις δαίμων ἡμῖν ἐπι-
παίζει καὶ ὥσπερ προσωπείῳ τῇ κόρῃ ταύτῃ περι-
θεὶς, ἐντρυφᾷ τῇ ἡμετέρᾳ περὶ τεκνοποιίαν ἐπιθυμίᾳ καὶ
νόθον ἡμῖν καὶ ὑποβολιμαῖον εἰσποιεῖ διαδοχὴν, καθά-
45 περ νέφει τῇ ταινίᾳ τὴν ἀλήθειαν ἐπισκιάζων;
ΙΔ'. Ἐπὶ τούτοις ὁ Σισιμίθρης, Τὰ μὲν πρῶτα,
ἔφη, τῶν ζητουμένων ἔχει σοὶ λύσιν. Ὁ γὰρ ἀνελό-
μενος ἐκτεθεῖσαν καὶ ἀναθρέψας λάθρα καὶ εἰς Αἴγυ-
πτον κομίσας ὅτε με πρεσβευτὴν ἔστειλας, οὗτος εἰμὶ
50 ἐγώ, καὶ ὡς οὐ θεμιτὸν ἡμῖν τὸ ψεῦδος, οἶσθα προλα-
βών. Γνωρίζω καὶ τὴν ταινίαν τοῖς βασιλείοις Αἰθιό-
πων γράμμασιν ὡς ὁρᾷς κεχαραγμένην καὶ οὐ παρέ-
χουσαν ἀμφιβολίαν ἀλλαχόθεν συντετάχθαι, Περσίνης
δ' αὐτοχειρίᾳ κατεστίχθαι παρὰ σοὶ μάλιστα γνωρίζο-

bunt. Omnis causa, quæ in judicium venit, duobus
maximis et præcipuis argumentis niti consuevit : scilicet
probationibus quæ scriptis continentur et testium confir-
mationibus. Utrumque tibi, ut filia vestra esse declarer,
exhibeo : ad testem quidem non aliquem ex vulgo sed
ipsum judicem, provocans; (maximum autem ei qui dicit,
credo, ad fidem faciendam adjumentum est, judicis scien-
tia) scripta vero hæc, meæ et vestræ fortunæ narrationes
proponens.

XIII. Simulatque hæc dixit, illico expositam secum
fasciam, quam sub utero gestabat, proferebat et evolu-
tam, Persinæ offerebat. Illa vero, ut primum vidit, stu-
pida et muta reddita est, diuque admodum ea quæ erant
inscripta fasciæ et puellam vicissim contemplatur et hor-
rore ac tremore detinebatur sudoreque manabat, gaudens
quidem iis quæ comperiebat, anxia vero casu inopinato et
haud facile cuiquam credibili : denique metuens Hydaspis,
si hæc patefierent, suspicionem et incredulitatem, aut
iram fortassis etiam et pœnam : ut et Hydaspes intuens
stuporem et angorem animi continuum, O mulier, dixerit,
quid hoc est? An aliquid tibi accidit ab hac exhibita scrip-
tura? Illa autem, O rex, inquit, et domine ac marite, ni-
hil hoc amplius habeo, quod dicam, nisi ut acceptam le-
gas. Interpretis vice in omnibus fungetur apud te fascia.
Utque tradidit, iterum tacebat tristis. Cum igitur acce-
pisset Hydaspes et Gymnosophistas ut accederent et una
legerent advocasset, recensebat scriptum, multum ipse
mirans, Sisimithrem quoque perculsum et sexcentas men-
tis mutationes vultu declarantem, ac defixis oculis tæniam
et Charicleam adspicientem, intuens. Ad extremum,
postquam de expositione et causa expositionis edoctus est :
Quod quidem mihi puellula quædam, inquit, nata sit,
scio et cum mortuam esse tum audissem, quemadmodum
et ipsa Persina mihi narrabat, expositam esse nunc co-
gnosco. Ceterum quis est, qui illam sustulit, servavit,
enutrivit? aut quis est, qui transportavit in Ægyptum?
Nonne hæc bello capta est? Denique unde omnino conje-
cturam facere licet, quod illa ipsa sit et non interierit id
quod expositum fuerat, aliquis autem cum incidisset in
hæc indicia, abutatur fortuna? Nosne decipiat aliquid nu-
men et huic puellæ impositis, tanquam persona, illudat
nostræ liberorum procreandorum cupiditati et supposititiam
adulterinamque sobolem nobis in successionem asserat, ve-
ritatem hac fascia quasi adumbrans?

XIV. Ad hæc Sisimithres, Prima quidem, inquit, eorum
de quibus ambigis tibi explicari possunt. Ego enim sum,
qui expositam sustuli et clanculum educavi et in Ægyptum
transtuli, quando me legatum eo miseras. Quod autem
mentiri nobis fas non sit, ipse jam antea nosti. Agnosco
autem et fasciam, regis Æthiopum literis insignitam, ne-
que præbentem ullam ambigendi conjecturam quod alibi
sit composita; cum quod Persinæ manu notata sit, vel a
te inprimis cognosci possit. Sed erant et alia una exposita

μένην. Ἀλλ' ἦν καὶ ἕτερα συνεκτεθέντα γνωρίσματα, ὅθεν τὰ παρ' ἐμοῦ τῷ γ' ὑποδεξαμένῳ τὴν κόρην, ἀνδρὶ Ἕλληνί τε, καὶ ὡς ἐφαίνετο, καλῷ τε καὶ ἀγαθῷ. Σώζεται καὶ ταῦτα, ἔφη ἡ Χαρίκλεια, καὶ ἅμ' ἐπεδείκνυ τοὺς ὅρμους. Πλέον ἡ Περσίνα ἰδοῦσα κατεπλάγη. Καὶ πυνθανομένου τοῦ Ὑδάσπου, τίνα ταῦτα εἴη καὶ εἴ τι πλέον ἔχοι ἐκδιδάσκειν, ἀπεκρίνατο οὐδὲν, ἢ ὅτι γνωρίζει μὲν, κατ' οἶκον δὲ ταῦτ' ἐξετάζειν καλόν. Αὖθις οὖν ἀδημονῶν ὁ Ὑδάσπης ἐφαίνετο. Καὶ ἡ Χαρίκλεια, Ταῦτα μὲν ἂν εἴη τῆς μητρὸς τὰ γνωρίσματα. Σὸν δὲ ἴδιον, ὅδ' ὁ δακτύλιος. Καὶ ἐδείκνυ τὴν παντάρβην. Ἐγνώρισεν ὁ Ὑδάσπης, δεδωκὼς δῶρον τῇ Περσίνῃ παρὰ τὴν μνηστείαν. Καὶ, Ὦ βελτίστη, ἔφη, τὰ μὲν γνωρίσματα ἐμὰ, σὲ δὲ ἐμὴν οὖσαν τούτοις κεχρῆσθαι καὶ μὴ ἄλλως ἐπιτυχοῦσαν, οὐδέπω γνωρίζω. Πρὸς γὰρ τοῖς ἄλλοις καὶ χροίᾳ ξένη τῆς Αἰθιοπίδος λαμπρύνῃ. Καὶ ὁ Σισιμίθρης, Λευκὴν, ἔφη, κἀγὼ τότ' ἀνειλόμην, ἣν ἀνειλόμην, ἄλλως τε καὶ τῶν ἐτῶν ὁ χρόνος συμβαίνει πρὸς τὴν παροῦσαν τῆς κόρης ἡλικίαν, ἑπτακαίδεκά που τῶν πάντων, ταύτῃ τε καὶ τῇ ἐκθέσει πληρουμένων. Ἐμοὶ δὲ καὶ τῶν ὀφθαλμῶν τὸ βλέμμα προΐσταται καὶ τὸν ὅλον τῆς ὄψεως χαρακτῆρα καὶ τὸ ὑπερφυὲς τῆς ὥρας ὁμολογοῦντα τοῖς τότε τὰ νυνὶ φαινόμενα γνωρίζω. Ταυτὶ μὲν ἄριστα, ὦ Σισιμίθρη, πρὸς αὐτὸν ὁ Ὑδάσπης, καὶ ὡς ἂν τις ἐκθυμότατα συνηγορῶν μᾶλλον ἢ δικάζων. Ἀλλ' ὅρα μὴ μέρος τι λύων, ἕτερον ἀνακινεῖς ἀπόρημα, δεινόν τε καὶ οὐδαμῶς ἀπολύσασθαι τὴν ἐμὴν συμβιοῦσαν εὔπορον. Λευκὴν γὰρ, πῶς ἂν Αἰθίοπες ἀμφότεροι παρὰ τὸ εἰκὸς ἐτεκνώσαμεν; ὑποβλέψας οὖν ὁ Σισιμίθρης, καί τι καὶ εἰρωνικὸν ὑπομειδιάσας, Σὺ μὲν οὐκ οἶδα, ἔφη, ὅ τι πάσχεις, ἀπὸ τρόπου τοῦ σοῦ τὸ παρὸν συνηγορίαν ἡμῖν ὀνειδίζων, ἣν οὐκ ἂν ἐν φαύλῳ ποιησαίμην, δικαστὴν γὰρ ὁρίζομεν γνήσιον, τὸν τοῦ δικαίου συνήγορον. Τί δὲ οὐχὶ σοὶ μᾶλλον ἢ τῇ κόρῃ συνηγορῶν φανήσομαι; πατέρα σὲ αὐτὸ τοῦτο θεοῖς ἀναδεικνὺς καὶ ἣν σπαργάνων περιέσωσα ὑμῖν θυγατέρα, ταύτην καὶ νῦν ἀνασωζομένην ἐπ' ἀκμῆς, οὐ περιορῶν· ἀλλὰ σὺ μὲν ἃ βούλει γίγνωσκε περὶ ἡμῶν, οὐδένα ὑπόλογον τούτου ποιουμένων. Οὐ γὰρ πρὸς τὴν ἑτέρων ἀρέσκειαν βιοῦμεν, τὸ δ' αὐτὸ καλὸν τε κἀγαθὸν ζηλοῦντες αὐτοὺς πείθειν ἀγαπῶμεν. Τῆς γε μὴν κατὰ τὴν χροίαν ἀπορίας φράζει μέν σοι καὶ ἡ ταινία τὴν λύσιν, ὁμολογούσης ἐν αὐτῇ ταυτησὶ τῆς Περσίνης, ἐσπακέναι τινὰ εἴδωλα καὶ φαντασίας ὁμοιότητος ἀπὸ τῆς κατὰ τὴν Ἀνδρομέδαν πρός σε ὁμιλίας ὁρωμένης. Εἰ δ' οὖν καὶ ἄλλως πιστώσασθαι βούλει, πρόκειται τὸ ἀρχέτυπον ἐπισκοπεῖν τὴν Ἀνδρομέδαν, ἀπαράλλακτον ἐν τῇ γραφῇ καὶ ἐν τῇ κόρῃ δεικνυμένην.

ΙΕ'. Ἐκόμιζον ἀράμενοι τὴν εἰκόνα προσταχθέντες οἱ ὑπηρέται καὶ πλησίον τῆς Χαρικλείας ἀντεγείραντες, τοσοῦτον ἐκίνησεν παρὰ πάντων κρότον καὶ θόρυβον, ἄλλων πρὸς ἄλλους, ὅσοι κατὰ μικρὸν συνίεσαν τὰ λε-

---

indicia, tradita a me illi qui receperat puellam, homini Græco et ut videbatur probo et honesto. Servantur et hæc, inquit Chariclea : simulque ostendebat monilia. Quibus visis, Persina magis est exanimata et quærente Hydaspe quænam essent et si quid præterea sciret, nihil respondit, præterquam quod nosset quidem, ceterum domi hæc examinare et scrutari optimum esset. Rursus igitur angi Hydaspes videbatur. At Chariclea, Hæc quidem sint materna indicia, tuum vero proprium, hic annulus est : ostendebatque pantarben. Agnovit Hydaspes : dederat enim illum dono Persinæ, sub desponsationem et Optima, inquit, indicia quidem mea sunt sed te, ut meam, his usam esse et non aliquo alio modo ea nactam, nondum agnosco. Nam præter alia et colore peregrino et insitato in terra Æthiopica, reluces. Sisimithres autem, Alba, inquit, et ea fuit quam sustuli : alioqui et annorum tempus convenit cum præsenti ætate puellæ, cum decem et septem fere annos hæc et expositionis tempus, impleverit. Porro et oculorum adspectus mecum facit et totam vultus effigiem et excellentem formam quæ nunc apparet, convenire cum ea quam tum cernebam agnosco. Hæc quidem optime dixisti, Sisimithre, ad illum Hydaspes, et magis, ut aliquis patronus summum studium ad causam afferens quam judex. Sed vide, ne ex aliqua parte dubitationem eximens, aliam quæstionem moveas, cum arduam tum haud facile conjugem meam culpa liberaturam. Qui enim albam, cum simus ambo Æthiopes, procreavimus, nequaquam consentaneo rationi modo? Limis igitur eum contuitus Sisimithres et ironice subridens, Tibi quidem, inquit, nescio, quid accidat, qui contra tuum ingenium in præsentia, patrocinium nobis ut probrum objicis, quod ego mihi haudquaquam negligendum esse duco. Judicem enim legitimum definimus eum, qui æquitatis patronus est. Ceterum cur non potius tibi, quam puellæ, patrocinari videbor? cum te patrem deorum auxilio fretus declarem et quam vobis ab incunabilis servavi filiam, eam et nunc salvam in flore ætatis non negligam? Sed tu quidem, ut vis, statue de nobis, qui hæc facimus flocci. Neque enim ad aliorum arbitrium vivimus, sed meram honestatem et æquitatem sectantes, nobis ipsi satisfacere cupimus. Quod ad quæstionem de colore attinet, hujus explicationem ipsa tibi fascia exponit : Persina ipsa quoque confitente, se scilicet attraxisse quædam simulacra et imaginationes similitudinis in tuo concubitu, ex conspectu Andromedæ. Quod si alioqui omnino id comprobari vis, ad manum est exemplar quod contempleris Andromedam, quæ perinde in virgine atque in pictura ostenditur, ita ut nullum sit discrimen.

XV. Afferebant sublatam imaginem ministri quibus hoc imperatum erat, et cum eam proxime Charicleam erexissent, tantum excitavit inter omnes plausum ac tumultum, cum alii aliis qui paullulum tantum intellexerant ea quæ

γόμενα καὶ πραττόμενα διαδηλούντων καὶ πρὸς τὸ ἀπηκριβωμένον τῆς ὁμοιότητος σὺν περιχαρείᾳ ἐκπλαγέντων, ὥστε καὶ τὸν Ὑδάσπην οὐκ ἔτι μὲν ἀπιστεῖν ἔχειν, ἐφεστάναι δὲ πολὺν χρόνον ὑφ' ἡδονῆς ἅμα καὶ θαύματος ἐχόμενον. Ὁ δὲ Σισιμίθρης, Ἓν ἔτι λείπεται, ἔφη, περὶ βασιλείας γὰρ καὶ τῆς κατ' αὐτὴν γνησίας διαδοχῆς ὁ λόγος καὶ πρό γε πάντων, ἀληθείας αὐτῆς. Γύμνωσον τὴν ὠλένην, ὦ κόρη. Μέλανι σπιλώματι τὸ ὑπὲρ πῆχυν ἐσπίλωτο. Οὐδὲν ἀπρεπὲς γυμνούμενον, τὸ τῶν φύντων καὶ γένους μαρτύριον. Ἐγύμνωσεν αὐτίκα ἡ Χαρίκλεια τὴν λαιὰν καὶ ἦν τις ὥσπερ ἐβένου περίδρομος ἐλέφαντα τὸν βραχίονα μιαίνων.

ΙϚ'. Οὐκ ἔτι κατεῖχεν ἡ Περσίνα, ἀλλ' ἀθρόον τ' ἀνήλατο τοῦ θρόνου, καὶ προσδραμοῦσα περιέβαλέ τε καὶ περιφῦσα ἐδάκρυσε καὶ πρὸς τὸ ἀκατάσχετον τῆς χαρᾶς, μυκηθμῷ τινι προσεοικὸς ἀνωρύετο· ὑπερβολὴ γὰρ ἡδονῆς καὶ θρῆνόν ποτ' ἀποτίκτειν φιλεῖ· μικρόν τ' ἔδει συγκατενεχθῆναι τῇ Χαρικλείᾳ. Ὁ δ' Ὑδάσπης ἠλέει μὲν τὴν γυναῖκα ὀδυρομένην ὁρῶν, καὶ πρὸς συμπάθειαν ἐκάμπτετο τὴν διάνοιαν, τὸ ὄμμα δ' οἱονεὶ κέρας ἢ σίδηρον εἰς τὰ ὁρώμενα τείνας, εἰστήκει πρὸς τὰς ὠδῖνας τῶν δακρύων ἀπομαχόμενος καὶ τῆς ψυχῆς αὐτῷ πατρικῷ τε πάθει καὶ ἀνδρείῳ λήματι κυματουμένης, καὶ τῆς γνώμης ὑπ' ἀμφοτέρων στασιαζομένης, καὶ πρὸς ἑκατέρου καθάπερ ὑπὸ σάλου μετασπωμένης, τελευτῶν ἡττήθη τῆς τὰ πάντα νικώσης φύσεως καὶ πατὴρ οὐκ εἶναι μόνον ἐπείθετο ἀλλὰ καὶ πάσχειν ὅσα πατὴρ ἠλέγχετο· καὶ τὴν Περσίναν συγκατενεχθεῖσαν τῇ θυγατρὶ καὶ συγκαταπεπλεγμένην ἀνεγείρων, οὐκ ἔλαθε καὶ τὴν Χαρίκλειαν ἐναγκαλιζόμενος καὶ δακρύων ἐπιρροῇ πατρικὰ πρὸς αὐτὴν σπενδόμενος· οὐ μὴν εἰς τὸ παντελές γ' ἐξεκρούσθη τῶν πρακτέων, ἀλλ' ὀλίγον ἐπιστάς, τόν τε δῆμον κατοπτεύσας ἀπὸ τῶν ἴσων παθῶν κεκινημένον καὶ πρὸς τὴν σκηνοποιΐαν τῆς τύχης ὑφ' ἡδονῆς θ' ἅμα καὶ ἐλέου δακρύοντας, ἤχῃ δέ τινα θεσπεσίαν ἄχρις αἰθέρος αἴροντας καὶ οὔτε κήρυκος σιγὴν ἐπιτάττοντος ἐπαίοντας, οὔτε τὸ βούλημα τοῦ ταράχου προδήλως ἐμφαίνοντας, τὴν χεῖρα προτείνας καὶ κατασείσας, ἡσυχίαν τό τοῦ δήμου κλυδώνιον κατέστελλε καὶ Ὦ παρόντες, ἔλεγεν, οἱ μὲν θεοὶ πατέρα με, ὡς ὁρᾶτε καὶ ἀκούετε, πάσης ἐπέκεινα προσδοκίας ἀνέδειξαν καὶ θυγατὴρ εἶναί μοι ἥδ' ἡ κόρη πολλαῖς ταῖς ἀποδείξεσι γνωρίζεται. Ἐγὼ δὲ τοσαύτην ὑπερβολὴν ποιοῦμαι τῆς εἰς ὑμᾶς τε καὶ τὴν ἐνεγκοῦσαν εὐνοίας, ὥστε μικρὰ φροντίσας καὶ γένους διαδοχῆς καὶ πατρικὰς ἀνακλήσεως, ἃ δὴ πάντα μοι διὰ τῆσδε ἔμελλεν ἔσεσθαι, θεοῖς ἱερουργεῖν ὑπὲρ ὑμῶν ἐπείγομαι. Ὁρῶ μὲν γὰρ ὑμᾶς δακρύοντας καὶ ἀνθρώπινόν τι πάθος ἀναδεδειγμένους καὶ ἐλεοῦντας μὲν τὴν ὡραίαν τῆς κόρης, ἐλεοῦντας δὲ καὶ τὴν ἐμοὶ μάτην προσδοκηθεῖσαν τοῦ γένους διαδοχήν, ὅμως δ' οὖν ἀνάγκη καὶ ὑμῶν ἴσως μὴ βουλομένων, τῷ πατρίῳ πείθεσθαι νόμῳ, τῶν ἰδίων λυσιτελῶν τὸ τῆς πατρίδος

dicerentur et fierent significarent, et propter exactam similitudinem, cum quadam laetitia exanimarentur : ut et Hydaspes non amplius diffidere posset, sed diu staret immotus, laetitia simul et admiratione detentus. Sisimithres autem, Unum adhuc desideratur, inquit, de regno enim et illius legitima successione agitur et ante omnia de veritate ipsa. Nuda brachium, virgo : nigra nota pars supra cubitum maculata fuerat. Nihil dedecoris affert, nudatum parentum et generis testimonium. Nudavit statim Chariclea sinistram et erat quasi ebenus quaedam in circuitu brachium tanquam ebur maculans.

XVI. Non amplius sese continuit Persina sed repente de throno desiluit, amplexaque lacrimabat et propter magnitudinem gaudii quod reprimere non poterat, mugitus cujusdam similem ejulatum edebat. Etenim excellentia gaudii etiam luctum interdum gignere solet : parumque aberat quin una cum Chariclea collaberetur. At Hydaspes miserabatur quidem mulierem, cum illam lugere videret et ad similem affectum animo flectebatur : sed oculis, tanquam cornu aut ferro, in ea quae cernebantur defixis, constiterat, doloribus lacrimarum repugnans. Cumque ipsi anima, cum patrio affectu, tum virili spiritu, effervesceret et mens in utramque partem tanquam fluctu traheretur, ad extremum tamen superatus est a natura quae vincit omnia : et quod pater esset non tantum persuaderi sibi patiebatur, sed etiam ita ut pater afficiebatur animo et Persinam collapsam una cum filia ac perculsam erigens, visus est etiam Charicleam amplecti et lacrimarum affluxu, quasi quibusdam libationibus, paternum cum illa foedus facere. Neque tamen omnino excussus est iis quae agenda fuerant : sed paululum commoratus et populum conspicatus aequali affectu commotum, et ob fortunae mirificum casum, tanquam in scena exhibitum, prae voluptate simul et commiseratione flentem, et ingentem clamorem ad coelum tollentem, et neque praecones silentium imperantes audientem quid velint talem turbam facientes, manifesto indicantem manu protensa silentium denuntians, commotionem vulgi in tranquillitatem composuit. Et, O vos qui adestis praesentes dicebat : me quidem dii patrem, ut videtis et auditis, praeter omnem exspectationem declararunt et quod filia mea sit haec virgo multis argumentis constat. Ego vero tanta sum erga vos et patriam benevolentia praeditus, ut haud multum curans et generis successionem et patris appellationem, quae omnia mihi per hanc eventura fuerant, diis eam sacrificare pro vobis properem. Etsi autem vos lacrimare video et indicium dare quod humano quodam affectu commoti sitis, denique miserari puellae immaturam ad moriendum aetatem, miserari quoque meam nequidquam exspectatam generis successionem, tamen necesse est, me vel vobis nolentibus, patrio obtemperare instituto, utilitati patriae potius quam privatis commodis,

ἐπίπροσθεν ποιούμενον. Εἰ μὲν γὰρ τοῖς θεοῖς οὕτω φίλον ὥστε παρέχεσθαί θ' ἅμα καὶ ἀφαιρεῖσθαι, (τοῦτο γὰρ ἤδη καὶ πάλαι πέπονθα γεννηθείσης καὶ πάσχω τὸ παρὸν εὑρεθείσης) οὐκ ἔχω λέγειν, ὑμῖν δὲ καταλείπω
5 σκοπεῖν, οὐδ' εἴπερ ἦν ἐξώκισαν τῆς ἐνεγκούσης ἐπὶ πέρατα γῆς ἔσχατα, αὖθις δὲ θαυματουργοῦντες ἐν αἰχμαλώτῳ τύχῃ φέροντες ἐνεχείρισαν, ταύτην αὐτοὶ πάλιν ἱερουργουμένην προσδέξονται. Καὶ ἦν ὡς πολέμιον οὐκ ἀνεῖλον καὶ αἰχμάλωτον γενομένην οὐκ
10. ἐλυμηνάμην, ταύτην θυγατέρα φανεῖσαν ἐναγίζειν, ὡς καὶ ὑμῖν ὄντος κατὰ βούλησιν τοῦ πράγματος, οὐχ ὑπερθήσομαι, οὐδὲ πείσομαι ὃ καὶ ἄλλῳ πάσχοντι πατρὶ συγγνωστὸν ἴσως ἂν ἦν, οὐδ' ὀκλάζω, οὐδ' εἰς ἱκεσίαν τρέπομαι, συγγνώμην δοῦναι καὶ ἀφοσιώσασθαι
15 τὸ παρὸν πρὸς τὸν νόμον, τῇ φύσει πλέον καὶ τοῖς ἐκ ταύτης πάθεσι προσθέμενος, ὡς ἐξὸν καὶ ἑτέρῳ τρόπῳ θεραπεύειν τὸ θεῖον. Ἀλλ' ὅσῳ συμπάσχοντες ἡμῖν οὐ λελήθατε καὶ ὡς ἴδια τὰ ἡμέτερα πάθη περιαλγοῦντες, τοσούτῳ κἀμοὶ προτιμότερα τὰ ὑμέτερα, ὀλίγον
20 μὲν τῆς ἀκληρίας λόγον ποιουμένῳ, ὀλίγον δὲ τῆς ἀθλίας ταυτησὶ Περσίνης κατοδυρομένης, πρωτοτόκου θ' ἅμα καὶ ἀγόνου καθισταμένης. Ὥστε, εἰ δοκεῖ, παύσασθε μὲν δακρύοντες καὶ ἡμᾶς κατοικτιζόμενοι μάτην, τῆς δὲ ἱερουργίας ἐχώμεθα. Σὺ δὲ, ὦ θύγατερ,
25 (πρῶτα γάρ σε καὶ ὕστατα τὸ ποθητὸν ὄνομα τοῦτο προσφθέγγομαι) ὦ μάτην μὲν ὡραία, μάτην δ' ἀνευραμένη τοὺς γεννήσαντας· ὦ τῆς ἀλλοδαπῆς βαρυτέραν τὴν πατρίδα δυστυχήσασα, ὦ σωτηριώδους μὲν τῆς ξένης, ἐπ' ὀλέθρῳ δὲ πειρωμένη τῆς ἐνεγκούσης· μή
30 μοι σύγχει τὸν θυμὸν ὀδυρομένη, ἀλλὰ τὸ ἀνδρεῖον ἐκεῖνό σου φρόνημα καὶ βασίλειον, νῦν, εἴπερ ποτὲ καὶ πρότερον, ἐπιδείκνυσο καὶ ἕπου τῷ γεννήσαντι, νυμφοστολῆσαι μὲν οὐ δυνηθέντι, οὐδ' ἐπὶ παστάδας καὶ θαλάμους ἀγαγόντι, πρὸς δὲ θυσίαν κοσμοῦντι καὶ δᾷδας
35 οὐ γαμηλίους ἀλλ' ἐπιβωμίους ἅπτοντι καὶ τὴν ἄμαχον ταύτην τοῦ κάλλους ἀκμὴν ἀνθ' ἱερείου προσάγοντι. Ὑμεῖς δ' ἰλήκοιτε θεοὶ τῶν εἰρημένων καὶ εἰ δή τι πρὸς τοῦ πάθους νικώμενος οὐκ εὐαγὲς ἐφθεγξάμην, ὁ τέκνον ὁμοῦ καλεσάμενος καὶ τεχνοκτόνος γινόμενος.
40 ΙΖ'. Καὶ ταῦτ' εἰπὼν, ὁ μὲν ἐπέβαλε τῇ Χαρικλείᾳ τὰς χεῖρας, ἄγειν μὲν ἐπὶ τοὺς βωμοὺς καὶ τὴν ἐπ' αὐτῶν πυρκαϊὰν ἐνδεικνύμενος, πλείονι δ' αὐτὸς πυρὶ τῷ πάθει τὴν καρδίαν ὑμυχόμενος, καὶ τὴν ἐπιτυχίαν τῶν ἐνηδρευμένων τῇ δημηγορίᾳ λόγων ἀπευχόμενος. Τὸ
45 δὲ πλῆθος τῶν Αἰθιόπων ἐσείσθη πρὸς τὰ εἰρημένα καὶ οὐδὲ πρὸς βραχὺ τῆς Χαρικλείας ἀγομένης ἀνασχόμενοι, μέγα τι καὶ ἄθροον ἐξέκραγον, Σῶζε τὴν κόρην ἀναβοῶντες, σῶζε τὸ βασίλειον αἷμα, σῶζε τὴν ὑπὸ θεῶν σωθεῖσαν. Ἔχομεν τὴν χάριν. Πεπλήρωταί
50 ἡμῖν τὸ νόμιμον. Ἐγνωρίσαμέν σε ὡς βασιλέα· γνωρίζε καὶ σὺ σαυτὸν ὡς πατέρα. Ἰλήκοιεν οἱ θεοὶ τῆς δοκούσης παρανομίας· πλέον παρανομήσαιμεν ἀνθιστάμενοι τοῖς ἐκείνων βουλήμασι. Μηδεὶς ἀναιρείτω τὴν ὑπ' ἐκείνων περισωθεῖσαν. Ὁ τοῦ δήμου πατὴρ, γί-

---

consulentem. Et quidem utrum hoc diis ita placeat ut simul præbeant et auferant, (id enim jampridem expertus sum, cum esset nata et nunc experior postquam inventa est) dicere non possum, vobis considerandum relinquo, neque an, quam extorrem egerint patria procul ad ultimos terræ fines et rursus mirabili casu in captiva fortuna offerentes tradiderint, eandem rursus mactari sint admissuri. Et, quam ut hostem non sustuli et captivam nullo detrimento affeci, eam filiam cognitam sacrificare, siquidem vestra voluntas ita fert, non cunctabor, neque affectui succumbam, quod alii patri fortasse condonandum esset, nec frangar animo, nec deprecabor ut veniam detis et hoc officium in præsentia naturæ præ lege tribuatis, eo plus erga illam affectui dantes, quod alio quoque modo liceat placare numen. Sed ut vos, quod æque atque ego animo afficeremini, significationem dedistis et nostros casus non secus ac privatos doluistis, ita et a me vestræ rationes longe meis anteponuntur, parum curante hanc calamitatem, haud multum quoque hanc miseram Persinam lugentem, quæ simul et primi fœtus parens et prorole orba reddita est. Quamobrem, si videtur, desinite a lacrimis et nostri inutili commiseratione : ad sacrificium autem aggrediamur. Tu vero, filia, (primum enim te hoc suavi nomine et ultimum alloquor) o nequidquam formosa et quæ frustra parentes invenisti, quæ in patriam aliena terra longe graviorem infeliciter incidisti et peregrinam quidem salutarem, patriam autem perniciosam experta es, ne mihi animum lugubri fletu perturbes, sed si unquam antea magnos illos spiritus nec regios ostendisti, nunc præcipue attolle et sequere parentem qui te quidem nuptiali stola ornare non potuit, nec in thalamos ducit sed ad sacrificium instruit et faces non nuptiales sed ad usum sacrificii destinatas accendit et invictam hanc pulchritudinem pro victimis offert.
Vos autem, dii, propitii estote iis quæ dicta sunt et si quid præterea affectui victus parum pie aut religiose sum locutus, qui simul filiam vocarim et interfector illius exsistam.
XVII. Et hæc cum dixisset, injiciebat Chariclæ manus, ducere eam ad aras et pyram, quæ desuper erat assimilans, vehementius tamen igne pectora ejus ardebant, eventum verborum, quos pro concione fecerat, ut ao in animos audientium insinuaret, deprecans. Multitudo autem Æthiopum concussa est ad ea quæ dicta fuerant et ne paullulum quidem duci Charicleam sustinens, magnum clamorem quemdam et subitum edidit, Serva virginem, vociferans, serva regium sanguinem : serva eam, quam diis salvam esse voluerunt. Habemus gratiam. Impletum est nobis id quod legibus debebatur. Agnovimus te ut regem, agnosce te tu quoque ut patrem : propitii sint dii huic, ut videtur, delicto. Magis peccabimus, resistentes illorum voluntati. Nemo interficiat ab illis conservatam. Qui es pater populi,

γνου καὶ κατ' οἶκον πατήρ. Καὶ μυρίας ἐπὶ τούτοις
καὶ ὁμοίας φωνὰς ἱέντες, τέλος καὶ ἔργῳ τὸ κωλύειν
ἐπεδείκνυντο, προϊστάμενοί τε καὶ ἀνθιστάμενοι καὶ
διὰ τῶν ἄλλων θυσιῶν ἱλάσκεσθαι τὸ θεῖον αἰτοῦντες.
Ὁ δ' Ὑδάσπης ἑκών τε καὶ χαίρων προσίετο τὴν ἧτ-
ταν, τὴν εὐκτὴν ταυτηνὶ βίαν αὐθαίρετος ὑπομένων καὶ
τοὺς δήμους ἐπαλλήλοις ταῖς ἐκβοήσεσι χρονιώτερον
ἐντρυφῶντας καὶ ταῖς εὐφημίαις ἀγερωχότερον ἐπισκιρ-
τῶντας ὁρῶν, τοῖς μὲν ἐμφορηθῆναι τῆς ἡδονῆς ἐνεδί-
10 δου, καταστα λῆναί ποτε πρὸς ἡσυχίαν ἑκόντας ἀνα-
μένων.

ΙΗ'. Αὐτὸς δὲ πλησιαίτερον τῇ Χαρικλείᾳ παρα-
στάς, Ὦ φιλτάτη, ἔλεγεν, ἐμὴν μὲν εἶναί σε θυγατέρα,
τά τε γνωρίσματα ἐμήνυσε καὶ ὁ σοφὸς Σισιμίθρης
15 ἐμαρτύρησε καὶ τὸ τῶν θεῶν εὐμενὲς πρὸ πάντων ἀνέ-
δειξεν. Ἀλλ' οὑτοσὶ τίς ποτ' ἐστὶν ὁ σοὶ μὲν ἅμα
συλληφθείς, καὶ εἰς τὰς ἐπινικίους σπονδὰς τοῖς θεοῖς
συμφυλαχθείς, νυνὶ δὲ τοῖς βωμοῖς εἰς τὴν ἱερουργίαν
προσιδρυμένος; καὶ πῶς αὐτὸν ἀδελφὸν ὠνόμαζες, ὅτε
20 μοι τὸ πρῶτον κατὰ τὴν Συήνην προσήχθητε; οὐ γὰρ
δήπου καὶ οὗτος ἡμέτερος υἱὸς εὑρεθήσεται, ἅπαξ γὰρ
Περσίνα καί σε μόνην ἐκυοφόρησε. Καὶ ἡ Χαρίκλεια
σὺν ἐρυθήματι κατανεύσασα, Τὸν μὲν ἀδελφὸν ἐψευ-
σάμην, ἔφη, τῆς χρείας τὸ πλάσμα συνθείσης, ὅστις
25 δ' ἐστὶν ἀληθῶς, αὐτὸς ἂν λέγοι βέλτιον, ἀνήρ τε γὰρ
ἐστι καὶ ἐμοῦ τῆς γυναικὸς εὐθαρσέστερον ἐξαγορεύειν
οὐκ αἰσχυνθήσεται. Καὶ ὁ Ὑδάσπης μὴ συλλαβὼν
τὸν νοῦν τῶν εἰρημένων, Σύγγνωθι, ἔφη, θυγάτριον,
κατερυθριάσασα δι' ἡμᾶς παρθενικῆς αἰδοῦς ἀνοίκειον
30 πεῦσιν ὑπὲρ νεανίου σοὶ προσαγαγόντας. Ἀλλὰ σὺ
μὲν κατὰ τὴν σκηνὴν ἅμα τῇ μητρὶ κάθησο, ἐνευφραί-
νεσθαί τέ σε παρέχουσα, πλέον ἢ ὅτε σ' ἔτικτες ὠδί-
νουσῃ, τῇ ἐπὶ σοὶ τὸ παρὸν ἀπολαύσει καὶ τοῖς κατὰ
σαυτὴν διηγήμασι παρηγοροῦσα. Ἡμῖν δὲ τῶν ἱερείων
35 μελήσει, τῆς ἀντί σου σφαγιασθησομένης ἅμα τῷ νεα-
νίᾳ παντοίως εἴ τινα εὑρωμεν ἀνταξίαν ἐπιλεχθείσης.

ΙΘ'. Καὶ ἡ Χαρίκλεια μικρὸν μὲν ἐξωλόλυξε, πρὸς
τὴν δήλωσιν τῆς τοῦ Θεαγένους σφαγῆς ἐκτραχυνθεῖσα·
μόγις δ' οὖν τὸ συμφέρον τιθεμένη καὶ πρὸς τὸ ἐκμανὲν
40 τοῦ πάθους διὰ τὸ χρειῶδες ἐγκαρτερήσασα βιασαμένη,
πάλιν ὑφεῖρπε τὸν σκοπόν. Καὶ Ὦ δέσποτα, ἔλεγεν,
ἀλλ' οὐδὲ κόρην μὲν ἴσως ἔτ' ἐρχῇ σε ἐπιζητεῖν, ἅπαξ
τοῦ δήμου τὸ ἱερεῖον τὸ θῆλυ δι' ἐμοῦ συγχωρήσαντος.
Εἰ δ' οὖν προσφιλονεικοίη τις, ἄρτιον καὶ ἐξ ἑκατέρου
45 γένους ἐπιτελεῖσθαι τὴν ἱερουργίαν, ὥρα σοὶ μὴ κόρην
μόνην, ἀλλὰ καὶ νεανίαν ἄλλον ἐπιζητεῖν, ἢ μὴ τοῦτο
ποιοῦντα μηδὲ κόρην ἄλλην ἀλλ' ἐμὲ πάλιν σφαγιάζειν.
Τοῦ δέ, Εὐφήμησον, εἰπόντος, καὶ τὴν αἰτίαν, διότι
τοῦτο λέγει, πυνθανομένου· Ὅτι, ἔφη, ἐμοὶ καὶ ζῶντι
50 συζῆν καὶ θνήσκοντι συντεθνάναι τῷ ἀνδρὶ τῷδε πρὸς
τοῦ δαιμονίου καθείμαρται.

Κ'. Πρὸς ταῦθ' ὁ Ὑδάσπης, οὔπω τῶν ὄντων ἐπή-
βολος γιγνόμενος, Ἐπαινῶ μέν σε τῆς φιλανθρωπίας,
ὦ θύγατερ, ἔφη, ξένον καὶ Ἕλληνα καὶ ἥλικα καὶ

esto et domi tuæ pater. Et sexcentas ad hæc et his similes
voces, proferebant. Ad extremum et re ipsa se prohibere
declarabant, opponentes se et obsistentes, aliis sacrificiis
placari numen postulantes. Hydaspes autem ultro et lætus
patiebatur se hac in parte superari, optatam hanc vim
sponte sustinens et populum continuis exclamationibus
diutius indulgentem et gratulationibus insolentius lasci-
vientem videns, huic quidem voluptate se implendi facul-
tatem dedit, exspectans ut aliquando sua sponte conquie-
sceret.

XVIII. Ceterum cum proxime Charicleam adstitisset,
Carissima, dicebat, quod tu quidem mea sis filia, tum in-
dicia ostenderunt, tum sapiens Sisimithres testatus est, et
ante omnia deorum benevolentia declaravit. Sed iste quis
tandem est, qui una tecum captus ad sacra diis facienda
ob partam victoriam servatus, nunc aris ut mactetur admo-
tus est? Et quomodo illum fratrem nominabas, quando in
conspectum meum Syenæ primum adducti estis? Neque
enim utique et ipse filius noster esse reperietur, semel enim
Persina et te solam enixa est. Chariclea autem, humi de-
fixis oculis cum rubore, Fratrem quidem, inquit, eum esse
mentita sum, necessitate commentum suppeditante, qui
autem sit revera, ipse melius exponet, vir enim est et con-
fidentius me muliere narrare non reverebitur. Hydaspes
autem cum non intellexisset sententiam dictorum, Da,
inquit, veniam, filiola, quæ per nos ruhore suffusa es,
alienam a virginali pudore quæstionem de adolescente tibi
proponentes. Sed tu quidem in tabernaculo una cum ma-
tre sede, majorem lætitiam illi nunc afferens, quam cum
te peperit doloribus cruciata, tuæ præsentiæ fructu et illam
de tuis rebus narratione consolans. Nobis autem sacrificia
curæ erunt, delecta omnino ea, si quam invenerimus ido-
neam, quæ pro te una cum adolescente mactetur.

XIX. Chariclea vero parum abfuit, quin ejulatum ederet
significatione mactationis Theagenis commota: vix tamen,
utilitati serviens, et furibundo affectu necessitate postu-
lante represso, rursus occulte adrepebat ad scopum et
O domine, dicebat, sed neque puellam fortasse te amplius
inquirere oportuit, cum tibi semel populus feminei sexus
victimam per me remiserit. Quod si quis contendat par et
ex utroque sexu sacrificandum esse, non puella tantum
sed et adolescens alius tibi inquirendus est: aut nisi hoc
feceris, nec puella alia, sed ego iterum mactanda sum.
Di meliora, subjiciente et causam quamobrem hoc diceret
quærente; Quod, inquit, et cum vivo hoc viro me vivere
et cum moriente una mori divinitus est constitutum.

XX. Ad hæc Hydaspes, cum nondum rem ipsam conji-
ceret, Laudo quidem, inquit, tuam hanc humanitatem,
filia, quæ peregrinum et Græcum et æqualem, unaque

συναιχμάλωτον καὶ συνήθειαν πρός σε τὴν ἐκ τῆς ἐκδημίας κεκτημένον, χρηστῶς κατελεοῦσαν καὶ περισώζειν ἐπινοοῦσαν, ἀλλ' οὐκ ἔστιν ὅπως ἂν ἐκεῖνος ἐξαιρεθείη τῆς ἱερουργίας. Ἄλλως τε γὰρ οὐκ εὐαγὲς παντάπασι περιγραφῆναι τὸ πάτριον τῆς τῶν ἐπινικίων θυσίας· καὶ ἅμα οὐδ' ἂν ὁ δῆμος ἀνάσχοιτο, μόλις καὶ πρὸς τὴν ἐπί σοι συγχώρησιν θεῶν εὐμενείᾳ κινηθείς. Ἡ δὴ οὖν Χαρίκλεια, Ὦ βασιλεῦ, ἔφη, πατέρα γάρ σε καλεῖν τάχα οὐκ ἐγγίγνεται, εἰ μὲν δὴ θεῶν εὐμενείᾳ σῶμα τοὐμὸν περισέσωσται, τῆς αὐτῆς ἂν γένοιτο εὐμενείας καὶ τὴν ἐμὴν ἐμοὶ περισῶσαι ψυχήν, ἣν ἀληθῶς εἶναί μοι ψυχὴν ἐπικλώσαντες ἴσασιν. Εἰ δὲ τοῦτ' ἀδούλητον Μοίραις εὑρίσκοιτο καὶ δεήσοι πάντως τὰ ἱερεῖα κοσμῆσαι σφαγιασθέντα τὸν ξένον, ἓν γοῦν μοι χαρίσασθαι νεῦσον· αὐτήν με κέλευσον αὐτουργῆσαι τὸ θῦμα καὶ τὸ ξίφος ὡς κειμήλιον δεξαμένην, περίβλεπτον ἐπ' ἀνδρείᾳ παρ' Αἰθίοψιν ἀναδειχθῆναι.

ΚΑ'. Διαταραχθεὶς δὲ πρὸς ταῦθ' ὁ Ὑδάσπης, Ἀλλ' οὐ συνίημι, ἔφη, τὴν πρὸς τἀναντία σου τῆς γνώμης μεταβολήν, ἀρτίως μὲν ὑπερασπίζειν τοῦ ξένου πειρωμένης, νυνὶ δ' ὡς πολεμίου τινὸς αὐτόχειρα γενέσθαι παρακαλούσης. Ἀλλ' οὐδὲ σεμνόν τι καὶ ἐπίδοξον, ὅσα γε πρός σε καὶ τὴν σὴν ἡλικίαν, ἐνορῶ τῇ πράξει. Καὶ τούτου δ' ὄντος, τὸ δυνατὸν οὐκ ἔστι· μόνοις γὰρ τοῖς ἱερωμένοις τῷ τε Ἡλίῳ καὶ τῇ Σεληναίᾳ πρὸς τῶν πατρῴων ἀποκεκλήρωται ἥδε πρᾶξις καὶ τούτοις οὐ τοῖς τυχοῦσιν, ἀλλὰ τοῦ μὲν γυναικί, τῆς δ' ἀνδρὶ συνοικούσης· ὥσθ' ἡ κατά σε παρθενία κωλύει τὴν οὐκ οἶδ' ὅπως γιγνομένην αἴτησιν. Ἀλλὰ τούτου γ' ἕνεκεν οὐδὲν ἐμπόδιον, ἔφη ἡ Χαρίκλεια, λάθρα καὶ παρὰ τὸ οὖς τῇ Περσίνῃ προσκύψασα· ἔστι γὰρ κἀμοί, μῆτερ, ὁ τοὔνομα τοῦτο πληρῶν, εἰ καὶ ὑμεῖς βουληθείητε. Βουλησόμεθα, εἶπεν ἡ Περσίνα μειδιάσασα, καὶ αὐτίκα μάλα ἐκδώσομεν, θεῶν νευόντων, σοῦ τε καὶ ἡμῶν ἄξιον ἐπιλεξάμενοι. Καὶ ἡ Χαρίκλεια γεγωνότερον, (Οὐδὲ δεῖ ἐπιλέγειν, ἔφη, τὸν ὄντα ἤδη.

ΚΒ'. Καὶ λέγειν τι φανερώτερον μελλούσης, (τολμᾶν γὰρ τὸ κατεπεῖγον καὶ τὴν αἰδῶ τὴν παρθένιον παρορᾶν τὸ ἐν ὀφθαλμοῖς ὁρώμενον τοῦ κινδύνου τῷ Θεαγένει κατηνάγκαζεν), οὐκ ἔτι κατασχὼν ὁ Ὑδάσπης, Ὦ θεοί, ἔφη, ὡς κακὰ τοῖς καλοῖς ἐοίκατε μιγνύναι, καὶ τὴν παρ' ἐλπίδας μοι δωρηθεῖσαν πρὸς ὑμῶν εὐδαιμονίαν, τὸ μέρος κωλύειν· θυγατέρα μὲν ἀπροσδόκητον ἀλλὰ παράφρονα [πως] ἀναδείξαντες. Πῶς γὰρ οὐ παραπλῆγος τὸ νόημα, τῆς ἀλλόκοτα ῥήματα προϊεμένης· ἀδελφὸν ὠνόμαζε τὸν μὴ ὄντα· τὸν ὄντα ὅστις ἐστὶν ὁ ξένος ἐρωτωμένη, ἀγνοεῖν ἔλεγεν· αὖθις ἐξῄτει περισώζεσθαι ὡς φίλον, τὸν ἀγνοούμενον. Ἀδύνατον δ' εἶναι μαθοῦσα τὴν αἴτησιν, αὐτὴ καταθύειν ὡσανεὶ πολεμιώτατον ἱκέτευε. Καὶ τοῦθ' ὡς οὐ θεμιτὸν λεγόντων, μιᾷ μόνῃ καὶ ταύτῃ ὑπάνδρῳ τῆς τοιᾶσδε θυσίας καθωσιωμένης, ἄνδρα ἔχειν ἐμφαίνει, ὅντινα οὐ προστιθεῖσα. Πῶς γὰρ τόν γε μηδ' ὄντα, μηδὲ γεγενῆσθαι αὐτῇ διὰ τῆς ἐσχάρας ἀποδειχθέντα· εἰ μὴ

HELIODORUS.

LIBER X. 401

captum et cui tecum familiaritas ex peregrinatione intercesserit, officiose miserearis et servare cogites. Sed handquaquam eximi potest sacrificio : alioqui nec pietas et religio patitur, ut omnino circumscribatur patrium institutum, de sacrificio ob victoriam partam faciendo. Deinde nec populus ferret, qui vix ut tibi veniam daret deorum clementia permotus est. Chariclea igitur, O rex, inquit, patrem enim te appellare fortasse non licet : siquidem deorum clementia corpus meum servatum est, ejusdem sit clementiæ, meam quoque servare animam, quam vere mihi esse animam ii qui hoc fatali quadam necessitate sanxerunt sciunt. Sin hoc irretractabile Parcis inventum fuerit et oportebit omnino exornare sacrificium mactatum peregrinum, unum tantum te mihi largiturum esse promitte. Ipsam me jube mactare victimam et gladio tanquam carissimo quodam et pretiosissimo accepto pignore, conspicuam apud Æthiopes fortitudinis gloria effici.

XXI. Perturbatus hisce Hydaspes, Sed non intelligo, inquit, hanc tuæ mentis in contrariam sententiam mutationem, quæ nuper defendere peregrinum conabaris, nunc autem non secus atque hostem aliquem, manu tua tollere expetis. Atqui neque honesti quidquam, aut gloriosi, quod ad te ætatemque tuam attinet, in actione ista inesse video. Verum fac esse : facultas tamen deest. Solis enim sacerdotio Solis et Lunæ fungentibus, patriis institutis datum est hoc negotium : nec iis quibuscunque, sed illi quidem, uxori; huic autem, viro cohabitanti. Quod cum ita sit, tua virginitas impedit hanc, quæ unde oriatur haud scio, petitionem. Enimvero hac de causa nullum est impedimentum, inquit Chariclea, pressa voce et ad aurem Persinæ se inclinans : est enim et mihi, mater, is qui nomen hoc implet, siquidem id vestra voluntas feret. Feret, inquit Persina, arridens leniter et statim te elocabimus, diis annuentibus eo quem te et nobis dignum elegerimus. Chariclea autem clarius, Nihil opus est, inquit, eligere eum, qui jam est.

XXII. Cumque jam quidpiam planius dictura esset, (addebat enim audaciam imminens periculum Theageni atque ob oculos versans et pudorem virgineum seponere ac negligere cogebat) non amplius ferens Hydaspes, O dii, inquit, quam mala bonis miscere videmini et præter spem a vobis mihi donatam felicitatem aliqua ex parte impedire ! qui mihi filiam non exspectatam quidem, sed amentem quodammodo, ostendistis. An non enim fatuæ mens esse declaratur in ea, quæ absurdas voces edit? Fratrem nominabat eum, qui non erat. De peregrino, qui adest præsens, quisnam esset, cum interrogaretur, ignorare se dicebat. Rursus studebat servare tanquam amicum cum, quem nōn norat. Cum se obtinere non posse petitionem intellexisset, ut ipsa mactaret tanquam inimicissimum obsecrabat. Cum tam neque hoc facere fas esse diceremus, uni tantum et ei conjugi, tali sacrificio nuncupato; virum se habere prætexit, non addens quem. Quomodo enim eum habere possit, quem neque esse, neque fuisse illi unquam per focum constiterit? Nisi forte in hac sola fallit, id quod

26

ἄρα παρὰ ταύτῃ μόνῃ ψεύδεται μὲν τὸ παρ' Αἰθίοψιν
ἀψευδὲς τῶν καθαρευόντων πειρατήριον καὶ ἐπιβᾶσαν
ἄφλεκτον ἀποπέμπεται καὶ παρθενεύειν νόθως χαρίζε-
ται· μόνῃ δ' ἔξεστι φιλίως καὶ πολεμίους τοὺς αὐτοὺς
5 ἐν ἀκαρεῖ καταλέγειν, ἀδελφοὺς δὲ καὶ ἄνδρας τοὺς μὴ
ὄντας ἀναπλάττειν. Ὥστε, ὦ γύναι, σὺ μὲν εἰς τὴν
σκηνὴν εἴσιθι καὶ ταύτην κατάστελλε πρὸς τὸ νηφά-
λιον, εἶθ' ὑπό του θεῶν τοῖς ἱερείοις ἐπιφοιτήσαντος
ἐκβακχευομένη, εἴτε καὶ δι' ὑπερβολὴν χαρᾶς τῶν
10 ἀνελπίστως εὐτυχηθέντων, τὸν νοῦν παραφερομένη.
Ἐγὼ δὲ τὴν ὀφείλουσαν τοῖς θεοῖς ἀντὶ τῆσδε σφαγια-
σθῆναι, καὶ ζητεῖν καὶ ἀνευρεῖν τινι προστάξας, ἕως
ἂν τοῦτο γίγνηται, εἰς τὸ χρηματίσαι ταῖς ἐκ τῶν
ἐθνῶν ἡκούσαις πρεσβείαις καὶ δῶρα τὰ ἐπὶ τοῖς ἐπινι-
15 κίοις προσκομιζόμενα παρ' αὐτῶν ὑποδέξασθαι, τρέ-
ψομαι. Καὶ ταῦτ' εἰπὼν, καὶ τῆς σκηνῆς πλησίον
ἐφ' ὑψηλοῦ προκαθίσας, ἥκειν τοὺς πρεσβευτὰς, καὶ
εἴ τινα ἐπικομίζοιντο δῶρα, προσάγειν ἐκέλευσεν. Ὁ
δὴ οὖν εἰσαγγελεὺς Ἁρμονίας, εἰ πάντας ἅμα ἢ ἐν μέ-
20 ρει καὶ ἔθνους ἑκάστου κεκριμένους καὶ δὴ εἰ καὶ ἰδίᾳ
προσάγειν κελεύοι διηρώτα.

ΚΓ'. Τοῦ δ' ἐν τάξει καὶ διῃρημένως εἰπόντος, ὡς
ἂν καὶ τῆς πρὸς ἀξίαν ἕκαστος μεταλάβοι τιμῆς, πάλιν
ὁ εἰσαγγελεὺς, Οὐκοῦν, ἔφη, ὦ βασιλεῦ, πρῶτος ἀδελ-
25 φοῦ τοῦ σοῦ παῖς ἥξει Μερόηβος, ἀρτίως μὲν ἥκων,
ἀπαγγελθῆναι δὲ αὐτὸν πρὸ τῆς παρεμβολῆς ἀναμένων.
Εἶτ', Ὦ νωθέστατε καὶ ἠλίθιε, πρὸς αὐτὸν ὁ Ὑδάσπης,
οὐ παραχρῆμα ἐμήνυες, οὐ πρεσβευτὴν ἀλλὰ βασιλέα
τὸν ἀφιγμένον ἐπιστάμενος καὶ τοῦτον ἀδελφοῦ παῖδα
30 τοῦ ἐμοῦ, τελευτήσαντος μὲν οὐ πρὸ πολλοῦ, πρὸς ἐμοῦ
δ' εἰς τὸν ἐκείνου θρόνον ἐνιδρυθέντα καὶ ἀντὶ παιδὸς
ἐμοὶ γιγνόμενον. Ἐγίγνωσκον ταῦτα, εἶπεν, ὦ δέσ-
ποτα, ὁ Ἁρμονίας, ἀλλὰ καιροῦ στοχάζεσθαι πρὸ
πάντων ἐγίγνωσκον, πράγματος τοῖς εἰσαγγελεῦσιν,
35 εἴπερ τινὸς ἄλλου, δεομένου προνοίας. Σύγγνωθι οὖν
εἴ πρὸς τὰς βασιλίδας σε κοινολογούμενον, ἀπασχο-
λῆσαι τῶν ἡδίστων ἐφυλαξάμην. Ἀλλὰ νῦν γοῦν
ἡκέτω, τοῦ βασιλέως εἰπόντος, ἀπέτρεχέ θ' ὁ προσ-
ταχθεὶς καὶ αὐτίκ' ἐπανῄει κατὰ τοῦ προστάγματος.
40 Καὶ ὤφθη ὁ Μερόηβος, ἀξιοπρεπές τι νεανίου χρῆμα,
τὴν μὲν ἡλικίαν ἄρτι τὸν μείρακα παραλλάττων, δε-
κάδα δ' ἐτῶν πρὸς ἑβδομάδι πληρῶν, μεγέθει δὲ τοὺς
παρόντας σχεδὸν ἅπαντας ὑπερκύπτων, λαμπροῦ μὲν
δορυφορήματος ὑπασπιστῶν προπομπεύοντος, τοῦ δὲ
45 περιεστῶτος Αἰθιοπικοῦ στρατοῦ θαυμασμῷ θ' ἅμα καὶ
σεβασμῷ πρὸς τὸ ἀκούσιον τὴν πάροδον διαστέλλοντος.

ΚΔ'. Οὐ μὴν οὐδ' ὁ Ὑδάσπης ἐπὶ τῆς καθέδρας
ἐπαρτέρησεν ἀλλ' ὑπήντα τε καὶ μετὰ πατρικῆς τῆς
φιλοφροσύνης περιπτυξάμενος, πλησίον θ' αὑτοῦ καθί-
50 σας, ὦ παῖ, τά τ' ἐπινίκια συνεορτάσων καὶ τὰ γαμή-
λια θύσων. Οἱ γὰρ πατρῷοι καὶ γενάρχαι θεοί τε καὶ
ἥρωες, ἡμῖν μὲν θυγατέρα, σοὶ δὲ νύμφην, ὡς ἔοικεν,
ἐξευρήκασιν. Ἀλλὰ τῶν τελειοτέρων αὖθις ἀκουσό-

μενος, εἴ τι μὲν βούλει χρηματίσαι τῷ ἔθνει τῆς ὑπὸ σοὶ βασιλείας, ἀπάγγελλε. Ὁ δὴ Μερόηβος πρὸς τὴν ἀκοὴν τῆς νύμφης, ὑφ' ἡδονῆς θ' ἅμα καὶ αἰδοῦς, οὐδ' ἐν μελαίνῃ τῇ χροίᾳ διέλαθε φοινιχθείς, οἱονεὶ πυρὸς 5 πρὸς αἰθάλην τοῦ ἐρυθήματος ἐπιδραμόντος. Καὶ μικρὸν ἐφησυχάσας, Οἱ μὲν ἄλλοι, ἔφη, ὦ πάτερ, τῶν ἡκόντων πρεσβέων τοῖς ἐκ τῆς αὐτῶν ἐξαιρέτοις ἕκαστος τὴν σὴν περίβλεπτον νίκην στέφοντες ξενιοῦσιν, ἐγὼ δέ σε τὸν ἐν πολέμοις γεννάδα καὶ ἀριστέα διαφα-
10 νέντα, προσφόρως τε καὶ ἀπὸ τῶν ὁμοίων δωρήσασθαι δικαιώσας, ἄνδρα σοι προσκομίζω, πολέμων μὲν καὶ αἱμάτων ἀθλητὴν ἀνανταγώνιστον, πάλην δὲ καὶ πυγμὴν τὴν ἐν κόνει καὶ σταδίοις ἀνυπόστατον. Καὶ ἅμα νεύσας ἥκειν ὑπεδείκνυ τὸν ἄνδρα.
15 ΚΕ'. Καὶ ὃς προσελθὼν εἰς μέσους προσεκύνει τὸν Ὑδάσπην τοσοῦτος τὸ μέγεθος καὶ οὕτως ὑγύγιος ἄνθρωπος, ὥστε τὸ γόνυ τοῦ βασιλέως φιλῶν, μικροῦ φανῆναι τοῖς ἐφ' ὑψηλοῦ προκαθημένοις ἐξισούμενος. Καὶ μηδὲ τὸ κελευσθῆναι ἀναμείνας, τὴν ἐσθῆτα
20 ἀποδὺς, γυμνὸς εἱστήκει, πάντα τὸν βουλόμενον ὅπλων τε καὶ [γυμνῶν] χειρῶν εἰς ἅμιλλαν προκαλούμενος. Ὡς δ' οὐδεὶς παρῄει, πολλάκις τοῦ βασιλέως διὰ κήρυκος προτρεψαμένου, Δοθήσεται σοι καὶ παρ' ἡμῶν, ἔφη ὁ Ὑδάσπης, ἰσοστάσιον τὸ ἔπαθλον. Καὶ εἰπὼν,
25 ἐλέφαντα πολυετῆ καὶ παμμεγέθη προσκομισθῆναι αὐτῷ προσέταττεν. Ὡς δ' ἤχθη τὸ ζῷον, ὁ μὲν ὑπεδέχετο ἄσμενος, ὁ δὲ δῆμος ἀθρόον ἐξεβάκχευσε, τῷ ἀστεϊσμῷ τοῦ βασιλέως ἡσθέντες καὶ τὴν δόξασαν αὐτῶν ὑποκατάκλησιν τῷ ἐπιτωθασμῷ τῆς κατ' ἐκείνου
30 μεγαλαυχίας παρηγορηθέντες. Μετὰ τούτων οἱ Σηρῶν προσήγοντο πρεσβευταὶ, τῶν παρ' αὐτοῖς ἀραχνίων νήματα καὶ ὑφάσματα, τὴν μὲν φοινικοβαφῆ, τὴν δὲ λευκοτάτην ἐσθῆτα προσκομίζοντες.
ΚϚ'. Καὶ τούτων τῶν δώρων ὑποδεχθέντων καὶ
35 ἀφεθῆναι αὐτοῖς τῶν πάλαι τινὰς ἐν δεσμωτηρίῳ κατακρίτων ἀξιωσάντων, ἐπινεύσαντος τοῦ βασιλέως, οἱ Ἀράβων τῶν εὐδαιμόνων προσῄεσαν καὶ φύλλου τε τοῦ θυώδους καὶ κασίας καὶ κινναμώμου καὶ τῶν ἄλλων οἷς ἡ Ἀραβία γῆ μυρίζεται, ἐκ πολλῶν ταλάντων
40 ἑκάστου, τὸν τόπον εὐωδίας ἐμπλήσαντες· παρῄεσαν μετὰ τούτους οἱ ἐκ τῆς Τρωγλοδυτικῆς, χρυσόν τε τὸν μυρμηκίαν καὶ γρυπῶν ξυνωρίδα χρυσαῖς ἀλύσεσιν ἡνιοχουμένην προσκομίζοντες. Ἐπὶ τούτοις ἡ Βλεμμύων παρῄει πρεσβεία, τόξα τε καὶ βελῶν ἀκίδας ἐκ
45 δρακοντείων ὀστῶν εἰς στέφανον περιπλέξασα καὶ Ταῦτά σοι, ἔλεγον, ὦ βασιλεῦ, τὰ παρ' ἡμῶν δῶρα, πλούτου μὲν τοῦ παρὰ τῶν ἄλλων λειπόμενα, παρὰ δὲ τὸν ποταμὸν ὑπὸ σοι μάρτυρι κατὰ Περσῶν εὐδοκιμήσαντα. Πολυτελέστερα μὲν οὖν, ἔφη ὁ Ὑδάσπης,
50 τῶν πολυταλάντων ξενίων, ἅ γε καὶ τἆλλα νυνί μοι προσκομίζεσθαι γέγονεν αἴτια. Καὶ ἅμ' εἴ τι βούλοιντο ἀπαγγέλλειν ἐπέτρεπε. Καὶ μειωθῆναι αὐτοῖς ἐκ τῶν φόρων αἰτησάντων, τὸ σύμπαν εἰς δεκάδα ἐτῶν ἀφῆκε.

quid forte agere vis cum gente, quae tuo regno subjecta est, indica. Meroebus autem, audita sponsae mentione, prae voluptate simul et pudore, ne in nigro quidem colore celare potuit, quod erubuisset, tanquam igne ad fuliginem rubore accurrente : parvoque spatio intermisso, Alii quidem, inquit, pater, legati qui adveniunt praecipuis rebus ex sua quisque regione tuam praeclaram victoriam ornantes te munerabuntur, ego vero te qui strenuus in bellis exstitisti et maximis rebus gerendis praecipuum virtutem declarasti, cum convenienti et simili donario munerandum esse aequum judicarim, virum tibi offero, gladiatorem in bellis et sanguine adeo exercitatum ut neminem sit habiturus qui se illi opponere possit, lucta autem et caestuum pugna in arena et stadiis adeo validum ut illius robur a nemine sustineri queat. Et simul innuens ut veniret vir significabat.

XXV. Ille autem progressus in medium, adorabat Hydaspem, tanta proceritate et prisca illa statura homo, ut cum genu regis oscularetur propemodum eos qui in alto loco sedebant adaequare videretur. Et ne imperio quidem exspectato, exuta veste nudus stetit, omnem, qui vellet, seu cum armis, seu [nudis] manibus, ad certamen provocans. Cum autem nemo progrederetur, quamvis rex saepius per praeconem denuntiasset Hydaspes, Dabitur, inquit, tibi quoque a nobis aequale praemium. Et cum dixisset, elephantem multorum annorum et insignis magnitudinis offerri ipsi jussit. Postquam autem adductum est animal, ille quidem accipiebat lubens. At populus subito concitus miros risus edidit urbanitate regis delectatus, et post submissionem ac dedecus, ut videbatur, ex irrisione ipsius jactantiae solatium capiens. Post hunc et Serum adducebantur legati, aranearum qui sunt apud illos stamina et texturas, vestem alteram purpureo colore tinctam, alteram candidissimam afferentes.

XXVI. His donis receptis, cum ut dimitterentur illis quidam qui jampridem damnati in carcere detinebantur petiissent et rex annuisset : Arabum felicium legati accedebant et folii odoriferi et casiae et cinnamomi et aliorum aromatum quae Arabia fert, dona multorum talentorum ex quolibet genere offerebant, odore fragrantissimo locum implentes. Aderant post hos ex Troglodytica regione, aurum formicinum et gryporum jugum quod aureis habenis regebatur, offerentes. Deinde Blemmyum adveniebat legatio, arcus et jaculorum spicula ex draconum ossibus, in coronam implicata gerens et, Haec tibi, dicebat, o rex, a nobis afferuntur dona, divitiis quidem allatis ab aliis inferiora, ceterum apud fluvium contra Persas, ut tu ipse testis esse potes, comprobata. Pretiosiora igitur sunt, inquit Hydaspes, quam multis talentis constantia xenia, quae ut alia quoque nunc mihi offerantur in causa esse dicimus : simulque, si quid postularent, exponere jubebat. Cumque sibi minui et allevari tributum petiissent, totum in decennium remisit.

26.

ΚΖ'. Καὶ πάντων σχεδὸν τῶν κατὰ πρεσβείαν ἀφιγμένων ὀφθέντων καὶ τοῖς ἴσοις ἑκάστους ἢ φιλοτιμοτέροις τοὺς πλείστους ἀμειψαμένου τοῦ βασιλέως, τελευταῖοι παρῆσαν οἱ Ἀξιομιτῶν πρεσβευταί, φόρου μὲν οὐκ ὄντες ὑποτελεῖς, φίλοι δ' ἄλλως καὶ ὑπόσπονδοι καὶ τὸ ἐπὶ τοῖς κατωρθωμένοις εὐμενὲς ἐνδεικνύμενοι, δῶρα καὶ οὗτοι προσήγαγον, ἄλλα τε καὶ δὴ καὶ ζῷου τινὸς εἶδος ἀλλοκότου θ' ἅμα καὶ θαυμασίου τὴν φύσιν, μέγεθος μὲν, εἰς καμήλου μέτρον ὑψούμενον, χροίαν δὲ καὶ δορὰν παρδάλεως φολίσιν ἀνθηραῖς ἐστιγμένον. Ἦν δ' αὐτῷ τὰ μὲν ὀπίσθια καὶ μετὰ κενεῶνας χαμαιζηλά τε καὶ λεοντώδη, τὰ δ' ὠμιαῖα καὶ πόδες πρόσθιοι καὶ στέρνα, πέρα τοῦ ἀναλόγου τῶν ἄλλων μελῶν ἐξανιστάμενα. Λεπτὸς ὁ αὐχὴν καὶ ἐκ μεγάλου τοῦ λοιποῦ σώματος εἰς κύκνειον φάρυγγα μηκυνόμενος. Ἡ κεφαλὴ τὸ μὲν εἶδος καμηλίζουσα, τὸ δὲ μέγεθος, στρουθοῦ Λιβύσσης εἰς διπλάσιον ὀλίγον ὑπερφέρουσα καὶ ὀφθαλμοὺς ὑπογεγραμμένους βλοσυρῶς σοβοῦσα. Παρήλλακτο καὶ τὸ βάδισμα χερσαίου ζῴου καὶ ἐνύδρου παντὸς ὑπεναντίως σαλευόμενον, τῶν σκελῶν οὐκ ἐναλλὰξ ἑκατέρου καὶ παρὰ μέρος ἐπιβαίνοντος, ἀλλ' ἰδίᾳ μὲν τοῖν δυοῖν καὶ ἅμα τῶν ἐν δεξιᾷ, χωρὶς δὲ καὶ ζυγηδὸν τῶν εὐωνύμων σὺν ἑκατέρᾳ τῇ ἐπαιρομένῃ πλευρᾷ μετατιθεμένων. Ὅλκην δ' οὕτω τὴν κίνησιν καὶ τίθασον τὴν ἕξιν, ὥσθ' ὑπὸ λεπτῆς μηρίνθου, τῇ κορυφῇ περιελιχθείσης, ἄγεσθαι πρὸς τοῦ θηροκόμου καθάπερ ἀφύκτῳ δεσμῷ τῷ ἐκείνου βουλήματι ὁδηγούμενον. Τοῦτο φανὲν τὸ ζῷον, τὸ μὲν πλῆθος ἅπαν ἐξέπληξε καὶ ὄνομα τὸ εἶδος ἐλάμβανεν, ἐκ τῶν ἐπικρατεστέρων τοῦ σώματος αὐτοσχεδίως πρὸς τοῦ δήμου καμηλοπάρδαλις κατηγορηθέν· ταράχου γε μὴν τὴν πανήγυριν ἐνέπλησε.

ΚΗ'. Γίγνεται γάρ τι τοιοῦτο. Τῷ βωμῷ τῆς μὲν Σεληναίας παρειστήκει ταύρων ξυνωρὶς, τοῦ δ' Ἡλίου, τέτρωρον ἵππων λευκῶν εἰς τὴν ἱερουργίαν ηὐτρεπισμένον. Ξένου δὴ καὶ ἀήθους καὶ τότε πρῶτον ἀλλοκότου ζῴου φανέντος, οἱονεὶ πρὸς φάσμα διαταραχθέντες, πτοίας τ' ἐνεπίμπλαντο καὶ τῶν κατεχόντων τὰ δεσμὰ σπαράξαντες, τῶν τε ταύρων ἕτερος, ὁ μόνος, ὡς ἔοικε τὸ θηρίον κατωπτευκὼς καὶ δύο τῶν ἵππων εἰς φυγὴν ἀκατάσχετον ὥρμησαν, διεκπεσεῖν μὲν τὸν περίβολον τοῦ στρατοῦ μὴ δυνάμενοι, πυκνῷ τῷ συνασπισμῷ τῶν ὁπλιτῶν εἰς κύκλον τετειχισμένον, φερόμενοι δ' ἀτάκτως καὶ τὸ μεσαῖον ἅπαν δρόμοις σοβούμενοι ἐξελίττοντες, τό τε προστυχὸν ἅπαν εἴτε σκεῦος εἴτε ζῷον ἀνατρέποντες· ὥστε καὶ βοὴν αἴρεσθαι συμμιγῆ πρὸς τὸ γιγνόμενον, τὴν μὲν ὑπὸ δέους οἷς προσεπελάσειαν, τὴν δ' ὑφ' ἡδονῆς οἷς καθ' ἑτέρους ἐναλλόμενοι, τέρψιν τε καὶ γέλωτα τὴν τῶν ὑποπιπτόντων συντριβὴν παρεῖχον. Ἐφ' οἷς οὐδ' ἡ Περσαΐνα καὶ ἡ Χαρίκλεια μένειν ἐφ' ἡσυχίας κατὰ τὴν σκηνὴν ἐκαρτέρησαν, ἀλλὰ τὸ καταπέτασμα μικρὸν παραστείλασαι, θεωροὶ τῶν δρωμένων ἐγίγνοντο. Ἐνταῦθ' ὁ Θεαγένης, εἴτ' οὖν οἴκοθεν ἀνδρείῳ τῷ λήματι κι-

XXVII. Post autem quam propemodum omnes qui legatione fungebantur in conspectum venerunt et singulos paribus, plurimos autem amplioribus donis rex remuneratus est, ultimi aderant Axiomitarum legati qui quidem non pendebant tributum, sed alioqui erant socii et foederati. Quamobrem de rebus prospere ac feliciter gestis gratulantes, hi quoque dona adducebant, cum alia, tum animantis cujusdam speciem, inusitata simul et admiranda natura, magnitudine quidem instar cameli, colore autem et cute pardalis maculis floridis distincta ac maculata. Erat autem ipsi posterior pars et quæ ventre inferior humilis et leonina, porro armi et pedes anteriores et pectus supra proportionem aliorum membrorum erectum : gracile collum et ex magno corpore reliquo, in cygni subtile guttur productum : caput autem forma quidem cameli, magnitudine autem, struthii Lybici caput paullo plus quam duplo superans et oculos tanquam pictos horribiliter versans. Immutatum etiam habuit incessum, omnino terrestri animali et aquatico contraria ratione vacillans, cruribus non permutanter, nec alternis incedentibus, sed seorsum et simul duobus in dextra parte, sigillatim autem et conjunctim sinistris, simul moto utroque latere sese transponentibus. Porro adeo habile ad motum et mansuetum ac cicur, habitu ex assuefactione comparato, ut gracili funiculo vertici circumducto a magistro regeretur, tanquam inevitabile vinculum ejus voluntatem ducem sequens. Hoc animal cum apparuisset, multitudinem quidem totam perculit et nomen a figura sortitum est, a præcipuis corporis partibus ex tempore a populo Camelopardalis nominatum : tumultu autem et perturbatione panegyrim implevit.

XXVIII. Accidit enim tale quiddam. Aræ Lunæ adstabat jugum boum, Solis autem quadrigæ equorum alborum ad mactationem præparatorum. Porro cum peregrinum et inusitatum et tunc primum monstrosum animal apparuisset, tanquam spectro perturbati, terrore impleti sunt et eorum qui tenebant vinculis ruptis, ex tauris alter qui solus ut videtur animal conspexerat et duo equi in fugam effusam sese concitarunt, perrumpere quidem septum exercitus nequeuntes, cum confertim densatis scutis milites tanquam murum in circuitum duxissent, currentes autem sine ordine et spatium medium præcipiti cursu oberrantes et quodvis obvium medio in aditum sive vas, seu animal evertentes : ita ut clamor mixtus tolleretur ob id quod fiebat, partim præ metu ab his ad quos delati fuerant, partim præ voluptate ab illis, quibus dum in alios insilirent delectationem et risus materiam ex conculcatione cadentium præbebant. Quamobrem ne Persina quidem et Chariclea manere quietæ et intra tabernaculum sese continere potuerunt, sed velamine paullulum amoto spectatrices eorum quæ fiebant exsistebant. Ibi Theagenes, seu proprio et virili spiritu incitatus, sive etiam divinitus immisso impetu usus et custodes qui illi adstiterant dis-

νούμενος, εἴτε καὶ ἔκ του θεῶν ὁρμῇ χρησάμενος, τούς τε παρεστῶτας αὐτῷ φύλακας πρὸς τῆς καταλαβούσης ταραχῆς διεσκεδασμένους θεασάμενος, ὠρθώθη τ' ἀθρόον καὶ εἰς γόνυ πρὸς τοῖς βωμοῖς πρότερον ὀκλάζων καὶ 5 τὴν ὅσον οὐδέπω σφαγὴν ἀναμένων καὶ σχίζαν τῶν ἐπικειμένων τοῖς βωμοῖς ἀναρπάζει καὶ τῶν οὐ διαδράντων ἵππων ἑνὸς λαβόμενος, τοῖς τε νώτοις ἐφίππταται καὶ τῶν αὐχενίων τριχῶν ἐπιδραξάμενος καὶ ὡς χαλινῷ τῇ χαίτῃ χρώμενος, μυωπίζει τε τῇ πτέρνῃ 10 τὸν ἵππον καὶ ἀντὶ μάστιγος τῇ σχίζῃ συνεχῶς ἐπισπέρχων, ἐπὶ τὸν διαδράντα τῶν ταύρων ἤλαυνε. Τὰ μὲν δὴ πρῶτα φυγὴν εἶναι τοῦ Θεαγένους τὸ γενόμενον οἱ παρόντες ὑπελάμβανον καὶ σὺν βοῇ μὴ ξυγχωρεῖν διεξελάσαι τὸ ὁπλιτικὸν ἕρκος, τῷ πλησίον ἕκαστος ἐνε- 15 κελεύετο. Προϊόντος δὲ τοῦ ἐγχειρήματος, ὅτι μὴ ἀποδειλίασις ἦν μηδ᾽ ἀπόδρασις τοῦ σφαγιασθῆναι μετεδιδάσκοντο. Καταλαβὼν γὰρ ὡς ὅτι τάχιστα τὸν ταῦρον, ἐπ᾽ ὀλίγον μὲν κατ᾽ οὐρὰν ἤλαυνεν, ὑπονύττων θ᾽ ἅμα καὶ εἰς ὀξύτερον δρόμον τὸν βοῦν ἐρεθίζων. Καὶ 20 ὅποι δὴ καὶ ὁρμήσειε τρεπομένῳ συνεφείπετο, τάς ἐπιστροφάς τε καὶ ἐκβολὰς πεφυλαγμένως ἐκκλίνων.

ΚΘ'. Ὡς δ᾽ εἰς συνήθειαν τῆς τ᾽ ὄψεως τῆς αὐτοῦ καὶ τῆς πράξεως ἐνεβίβασεν, ἀντίπλευρος ἤδη παρίππευε, χρωτί τε χρωτὸς ἐπιψαύων καὶ ἱππείῳ ταύριον 25 ἄσθμα καὶ ἱδρῶτα κεραννύων καὶ τὸν δρόμον οὕτως ὁμότροπον ῥυθμίζων, ὡς καὶ συμφυεῖς εἶναι τὰς κορυφὰς τῶν ζῴων τοὺς πορρωτέρω φαντάζεσθαι καὶ τὸν Θεαγένην λαμπρῶς ἐκθειάζειν, ξένην τινὰ ταύτην ἱπποταύρου ξυνωρίδα ζευγνύμενον. Τὸ μὲν δὴ πλῆθος ἐν τούτοις 30 ἦν· ἡ Χαρίκλεια δ᾽ ὁρῶσα, τρόμῳ καὶ παλμῷ συνείχετο, τὸ τ' ἐγχείρημα ὅ τι καὶ βούλοιτο διαπορούσα καὶ εἴ τι σφάλμα συμβαίη, τὴν ἐκείνου τρῶσιν ὡς ἰδίαν σφαγὴν ὑπεραγωνιῶσα· ὥστε μηδὲ τὴν Περσίναν λαθεῖν, ἀλλ᾽, Ὦ τέκνον, εἰπεῖν, τί μοι πέπονθας; προ- 35 κινδυνεύειν ἔοικας τοῦ ξένου. Πάσχω μὲν οἱ καὶ αὐτὴ καὶ οἰκτείρω τῆς νεότητος, διαδοῦναί γε μὴν τὸν κίνδυνον εὔχομαι καὶ φυλαχθῆναι τοῖς ἱεροῖς, ὡς ἂν μὴ ταντάπασιν ἀτέλεστα ἡμῖν τὰ πρὸς τοὺς θεοὺς ἐγκαταλειφθείη. Καὶ ἡ Χαρίκλεια, Γελοῖον, ἔφη, τὸ εὔχε- 40 σθαι μὴ ἀποθανεῖν ἵνα ἀποθάνῃ. Ἀλλ᾽ εἰ ἄρα σοι δύνατόν, ὦ μῆτερ, περίσωζε τὸν ἄνδρα ἐμοὶ χαριζομένη. Καὶ ἡ Περσίνα πρόφασιν οὐ τὴν οὖσαν ἀλλ᾽ ἐρωτικὴν ἄλλως ὑποτοπήσασα· Οὐ δυνατὸν μέν, ἔφη, τὸ περισώζειν, ὅμως δ᾽ οὖν τίς σοι κοινωνία πρὸς τὸν 45 ἄνδρα, δι᾽ ὃν οὕτως ὑπερφρονίζεις, θαρσοῦσα ὡς πρὸς τὴν μητέρα λοιπὸν ἐξαγόρευσον· κἄν τι νεώτερον κίνημα καὶ παρθένῳ μὴ πρέπον, ἡ μητρῷα φύσις τὸ θυγατρὸς καὶ τὸ θῆλυ συμπαθὲς τὸ πταίσμα τῷ γυναικείῳ οἶδεν ἐπισκιάζειν. Ἐπιδακρύσασα οὖν ἐπὶ 50 πλεῖστον ἡ Χαρίκλεια, Καὶ τοῦτο, ἔφη, δυστυχῶ πρὸς τοῖς ἄλλοις, ὅτι καὶ τοῖς συνετοῖς ἀσύνετα φθέγγομαι καὶ λέγουσα τὰς ἐμαυτῆς συμφοράς, οὔπω λέγειν νομίζομαι. Πρὸς γυμνῇ δὲ λοιπὸν καὶ ἀπαρακάλυπτον χωρεῖν τὴν ἐμαυτῆς κατηγορίαν καταναγκάζομαι.

persos propter tumultum exortum conspicatus, erexit se subito, cum antea ad aram genibus incumberet, et mactationem singulis momentis exspectaret, lignumque fissum quorum magnus numerus in ara jacebat, arripit, et ex equis qui non effugerant unius dorsum occupat et apprehensis crinibus ad collum propendentibus jubaque tanquam freno utens, calcaneoque quasi calcaribus equum urgens et loco flagri, ligno fisso continue concitans, taurum, qui effugerat, agebat. Initio fugam esse Theagenis, ii qui aderant suspicabantur : et clamore ne sineret illum extra septum armatorum evehi quilibet alterum quem proxime adstiterat cohortabatur. Procedente conatu, quod non formido esset, neque fuga mactationis, edocebantur. Assecutus enim celerrime taurum, aliquamdiu a cauda detentum egit, pungens simul et ad celeriorem cursum bovem incitans : quo se autem concitasset conversum sequebatur, gyrationes et exitus angustos caute declinans.

XXIX. Postquam autem illi notum et familiarem conspectum sui actionemque ipsam reddidit, jam ad latus adequitabat, cute cutem attingens, et anhelitum taurinum ac sudorem equestri miscens et cursum ita aequali celeritate moderans, ut hi qui longius aberant coaluisse vertices animalium opinarentur et Theagenem aperte divinis laudibus extollerent, qui peregrinum quoddam ex equo et tauro jugum confecisset. Multitudo quidem his vacabat. Chariclea vero intuens, horrore et tremore detinebatur, cum quorsum tenderet conatus ignoraret et de illius volumine, si forte lapsus contingeret, non secus ac de sua mactatione esset sollicita : ut neque Persina clam id esset, sed, O filia, diceret, quidnam tibi accidit? Videris pro peregrino periclitari. Etiam ipsa aliquo modo commoveor et miseret me illius juventutis. Effugere illum etiam periculum opto, et conservari sacris, ne omnino imperfectus nobis cultus divinus relinquatur. Chariclea vero, Ridiculum est, inquit, optare ut non moriatur, eam ob causam ut moriatur. Sed si id a te praestari potest, mater, serva virum mihi gratificans. Persina autem causam non veram sed alioqui amatoriam suspicata, Etsi haudquaquam, inquit, servare illum possim, tamen quae tibi cum viro consuetudo intercedat propter quam tantopere tibi est curae, audacter jam deinceps matri expone; etiamsi sit juvenili commotio et virginitati non conveniens, materna natura filiae et femineus sexus muliebrem lapsum quo cognatione quadam afficitur, adumbrare novit. Cum igitur summo cum dolore collacrimasset Chariclea, Et in hoc, inquit, praeter cetera sum infelix, quod etiam ab his qui singulari prudentia sunt praediti, dum loquor, haud intelligor et cum calamitates meas exponam nondum eas narrare existimor : denique ad nudam deinceps et apertam accusationem mei venire cogor.

Λ'. Ταῦτ' εἶπε καὶ βουλομένη τὰ ὄντα ἀνακαλύ-
πτειν, αὖθις ἐξεκρούσθη βοῆς πολυηχεστάτης πρὸς τοῦ
πλήθους ἀρθείσης. Ὁ γὰρ δὴ Θεαγένης ὅσον εἶχε
τάχους ἐφεὶς τῷ ἵππῳ χρήσασθαι καὶ προφθάσαντα
5 μικρὸν τὰ στέρνα τῇ κεφαλῇ τοῦ ταύρου παρισῶσαι,
τὸν μὲν ἄνετον φέρεσθαι μεθήσαι μεθαλλόμενος, ἐπιρ-
ρίπτει δ' αὐτὸν τῷ αὐχένι τοῦ ταύρου καὶ τοῖς κέρασι
τὸ αὐτοῦ πρόσωπον κατὰ τὸ μεταίχμιον ἐνιδρύσας,
τοὺς πήχεις δ' οἱονεὶ στεφάνην περιθεὶς καὶ εἰς ἅμμα
10 κατὰ τοῦ ταυρείου μετώπου τοὺς δακτύλους ἐπιπλέξας,
τό θ' ὑπόλοιπον αὐτοῦ σῶμα παρ' ὤμον τοῦ βοὸς τὸν
δεξιὸν μετέωρον καθεὶς, ἐκκρεμὲς ἐφέρετο, πρὸς βραχὺ
μὲν τοῖς ταυρείοις ἅλμασιν ἀναπαλλόμενος. Ὡς δ' ἀγ-
χόμενον ἤδη πρὸς τοῦ ὄγκου καὶ χαλῶντα τοῦ ἄγαν
15 τόνου τοὺς τένοντας ᾔσθετο καὶ καθ' ὃ μέρος ὁ Ὑδά-
σπης προὐκαθέζετο, περιελθόντα, παραφέρει μὲν εἰς
τοὔμπροσθεν καὶ προβάλλει τῶν ἐκείνου σκελῶν τοὺς
αὐτοῦ πόδας, ταῖς χηλαῖς δὲ συνεχῶς ἐναράντων,
τὴν βάσιν ἐνήδρευεν. Ὁ δὲ τὴν ῥύμην τοῦ δρόμου
20 παραποδιζόμενος καὶ τῷ σθένει τοῦ νεανίου βριθόμενος
τά τε γόνατα ὑποσκελίζεται καὶ ἄθρουν ἐπὶ κεφαλὴν
σφενδονηθεὶς, κύμβαχος τ' ἐπ' ὤμους καὶ νῶτα ῥιπι-
σθεὶς, ἥπλωτο ὕπτιος ἐπιπλεῖστον, τῶν μὲν κεράτων
τῇ γῇ προσπεπηγότων καὶ εἰς τὸ ἀκίνητον τῆς κεφα-
25 λῆς ῥιζωθείσης, τῶν σκελῶν δ' ἄπρακτα σκαιρόντων
καὶ εἰς κενὸν ἀερονομούντων καὶ τὴν ἧτταν δηλούντων.
ἐπέκειτο δ' ὁ Θεαγένης ταῖν χεροῖν, τὴν λαιὰν μόνην
εἰς τὸ ἐπερείδειν ἀπασχολῶν, τὴν δεξιὰν δ' εἰς οὐρανὸν
ἀνέχων καὶ συνεχὲς ἐπισείων, εἴς τε τὸν Ὑδάσπην
30 καὶ τὸ ἄλλο πλῆθος, ἱλαρὸν ἀπέβλεπε, τῷ μειδιάματι
πρὸς τὸ συνήδεσθαι δεξιούμενος καὶ τῷ μυκηθμῷ τοῦ
ταύρου καθάπερ σάλπιγγι τὸ ἐπινίκιον ἀνακηρυττό-
μενος. Ἀντήχει δὲ καὶ ἡ τοῦ δήμου βοὴ, τρανὸν μὲν
οὐδὲν εἰς τὸν ἔπαινον διαρθροῦσα, κεχηνόσι δ' ἐπι-
35 πολὺ τοῖς στόμασιν, ἐξ ἀρτηρίας μόνης τὸ θαῦμα ἐξε-
φώνει, χρόνιόν τε καὶ ὁμότονον εἰς οὐρανὸν ἀναπέμ-
πουσα. Κελεύσαντος οὖν τοῦ βασιλέως, ὑπηρέται
προσδραμόντες, οἱ μὲν τὸν Θεαγένην προσῆγον ἀναστή-
σαντες, οἱ δὲ τοῦ ταύρου τοῖς κέρασι καλωδίου βρόχον
40 ἐπιβαλόντες, εἰκόν τε κατηφιῶντα καὶ τοῖς βωμοῖς
αὖθις τοῦτόν τε καὶ τὸν ἵππον συλλαβόντες προσεδέσ-
μευον. Καὶ τοῦ Ὑδάσπου μέλλοντός τι πρὸς τὸν
Θεαγένην λέγειν τε καὶ πράττειν, ὁ δῆμος ἅμα μὲν
ἡσθεὶς τῷ νέῳ καὶ ἐξ οὗπερ τὸ πρῶτον ὤφθη προσπα-
45 θῶν, ἅμα δὲ καὶ τῆς ἰσχύος ἐκπλαγεὶς, πλέον δέ τι καὶ
πρὸς τὸν Αἰθίοπα ἀθλητὴν τὸν Μεροήβου ζηλοτυπία
δηχθεὶς, Οὗτος τῷ Μεροήβου ζευγνύσθω, πάντες ὁμο-
θυμαδὸν ἀνεβόησαν· ὁ τὸν ἐλέφαντα λαβὼν, τῷ τὸν
ταῦρον ἑλόντι διαγωνιζέσθω, συνεχὲς ἐξεφώνουν καὶ
50 ἐπιπλεῖστον ἐγκειμένων, ἐπένευσέ θ' ὁ Ὑδάσπης καὶ
ἤγετο εἰς μέσους ὁ Αἰθίοψ, ὑπέροπτόν τι καὶ ἀσοβαρὺν
περισκοπῶν, ὁλκά τε βαίνων καὶ πλατυνόμενος ἐναλ-
λὰξ τοῖς ἀγκῶσι τοὺς πήχεις ὑποσοεῖων.

ΛΑ'. Κἀπειδὴ τοῦ συνεδρίου πλησίον ἐγεγόνει,

XXX. Hæc dixit et cum vellet rem ipsam aperire,
rursus est excussa, clamore maximo a multitudine sub-
lato. Theagenes enim, cum permisisset equo quanta ce-
leritate posset uti et præcurrentem aliquantum, pectus
capiti taurino adæquare, hunc quidem liberum ferri sivit
desiliens, injicit autem se in collum tauri et in medium
spatium inter cornua facie collocata, ulnis vero tanquam
corona circumpositis, ac digitis in taurina fronte in nodum
complicatis, ac reliquo corpore juxta dextrum armum
bovis demisso, dependens ferebatur, ita ut paullulum
taurinis saltibus concuteretur. Postquam autem jam fati-
gatum nimio pondere et languefactos esse illi musculos
ex nimia intensione sensit, atque id loci in quo sedebat
Hydaspes prætereuntem, obvertit eum in anteriorem par-
tem et illius cruribus suos pedes objicit, ungulis eos con-
tinue impingens et gressum bovis implicans. Ille autem
in impetu cursus impeditus et robore juvenis gravatus,
evertitur, ac repente in caput devolutus et erectis pedibus
in scapulas ac deorsum projectus, diu resupinus porrecti·n
jacuit, cornibus terræ infixis, et capite quasi radicato ut
moveri non posset, cruribus autem nequidquam salien-
tibus et iuanem aërem findentibus et cladem languore
testantibus. Incumbebat vero Theagenes, sola sinistra
manu ad deprimendum vacans, dextram autem in cœlum
tendens et quatiens, et in Hydaspem et reliquam multi-
tudinem exporrecta fronte intuebatur, risu illos ad oblecta-
tionem provocans et mugitu tauri tanquam tuba celebri-
tatem victoriæ denuntians. Resonabat autem ex adverso
et populi clamor, perspicuum quidem nihil et articulatum
in laudem proferens, sed hianti ore ut plurimum ex arteria
sola sonos admirationis indices edens, diuque communi
consensu eum ad cœlum ferens. Jussu igitur regis mi-
nistri accurrentes, alii Theagenem erectum adducebant,
alii cornibus tauri laqueo restis injecto, ducebant tristem
ac demissum et aris rursus hunc et equum comprehensum
alligabant. Et cum Hydaspes aliquid cum Theagene lo-
cuturus esset et acturus, populus tum delectatus adoles-
cente et inde usque ab initio cum primum visus est,
singulariter erga illum affectus, tum roboris admiratione
stupefactus, magis autem Æthiopi athletæ Meroebi invi-
dens ac æmulans, Hic cum Meroebi pugile jungatur, com-
muni consensu exclamavit : is, qui elephantem accepit,
decertet cum eo, qui taurum cepit, continue pronun-
tiabat. Cumque diu incumberet, annuit Hydaspes : du-
cebaturque exemplo in medium Æthiops, superbe truci-
busque oculis circa se omnia lustrans ac lente incedens et
dilatans sese, ac per vicissitudinem cubitis ulnas in·o-
lenter quatiens.

XXXI. Postea vero quam prope concilium constitit,

LIBER X.

πρὸς τὸν Θεαγένην βλέψας ὁ Ὑδάσπης καὶ ἑλληνίζων, Ὦ ξένε, ἔφη, τούτῳ σε χρὴ διαγωνίσασθαι· ὁ δῆμος κελεύουσι. Γιγνέσθω τὸ δοκοῦν, ὁ Θεαγένης ἀπεκρίνατο. Ἀλλὰ τίς ὁ τρόπος τῆς ἀγωνίας; Πάλης, εἶπεν ὁ Ὑδάσπης. Καὶ ὅς, τί δ' οὐχὶ ξιφήρης καὶ ἐνόπλιος, ἵνα τι μέγα ῥέξας ἢ παθὼν, ἐμπλήσω Χαρίκλειαν, τὴν σιωπᾶν εἰς δεῦρο τὰ καθ' ἡμᾶς καρτεροῦσαν, ἢ καὶ εἰς τέλος, ὡς ἔοικεν, ἡμῶν ἀπεγνωκυῖαν. Καὶ ὁ Ὑδάσπης, Τί μὲν βούλεταί σοι ἐπὶ τὸ παραπλέκειν ὄνομα
10 Χαρικλείας αὐτὸς ἂν γιγνώσκοις· παλαίειν δ' οὖν σε καὶ οὐ ξιφήρη πυκτεύειν χρεών, αἷμα γὰρ ἐκχεόμενον πρὸ τοῦ καιροῦ τῆς θυσίας ὀφθῆναι οὐ θεμιτόν. Συνεὶς οὖν ὁ Θεαγένης ὅτι δέδοικεν ὁ Ὑδάσπης μὴ προαναιρεθῇ τῆς θυσίας, Εὖ ποιεῖς, ἔφη, τοῖς θεοῖς με φυλάττων,
15 οἷς καὶ μελήσει περὶ ἡμῶν. Καὶ ἅμα κόνιν ἀνελόμενος, καὶ ὤμους τε καὶ πήχεσιν ἔτι πρὸς τῆς βοηλασίας ἱδρῶτι νενοτισμένοις ἐπιχεάμενος, τήν τε μὴ προσιζήσασαν ἀποσεισάμενος, προβάλλει τ' ἐκτάδην τὼ χεῖρε, καὶ τοῖν ποδοῖν τὴν βάσιν εἰς τὸ ἑδραῖον διερει-
20 σάμενος, τήν τε ἰγνύην σιμώσας καὶ ὤμους καὶ μετάφρενα γυρώσας καὶ τὸν αὐχένα μικρὸν ἐπικλίνας, τό θ' ὅλον σῶμα σφηκώσας, εἱστήκει τὰς λαβὰς τῶν παλαισμάτων ὠδίνων. Ὁ δ' Αἰθίοψ ἐνορῶν, ἐμειδία τε σεσηρὸς καὶ εἰρωνικοῖς τοῖς νεύμασιν ἐκφαυλίζειν ἐῴκει
25 τὸν ἀντίπαλον, ἀθρόον τ' ἐπιδραμὼν, τόν τε πῆχυν τῷ αὐχένι τοῦ Θεαγένους, ὥσπερ τινὰ μοχλὸν ἐπαράσσει καὶ βόμβου πρὸς τῆς πληγῆς ἐξακουσθέντος, αὖθις ἐθρύπτετο καὶ ἐπεγέλα βλακῶδες. Ὁ δὲ Θεαγένης, οἷα δὴ γυμνασίων ἀνὴρ καὶ ἀλομφῆς ἐκ νέων ἀσκητής, τήν τ' ἐναγώ-
30 νιον Ἑρμοῦ τέχνην ἠκριβωκὼς, εἶκεν τὰ πρῶτα ἔγνω καὶ ἀπόπειραν τῆς ἀντιθέτου δυνάμεως λαβόντα, πρὸς μὲν ὄγκον οὕτω πελώριον καὶ θηριώδης τραχυνόμενον, μὴ ὁμόσε χωρεῖν, ἐμπειρίᾳ δὲ τὴν ἄγροικον ἰσχὺν κατασοφίσασθαι. Αὐτίκα γοῦν ὀλίγον ὅσον ἐκ τῆς γῆς κραδαν-
35 θεὶς, πλέον (ἢ) ὡς εἶχεν ἀλγεῖν ἐσκήπτετο καὶ τοῦ αὐχένος θάτερον μέρος ἔκδοτον εἰς τὸ παίεσθαι προϋβάλλετο. Καὶ τοῦ Αἰθίοπος αὖθις πλήξαντος ἐνδοὺς τῇ πληγῇ μικρῷ καὶ καταφέρεσθαι ἐπὶ πρόσωπον ἐγχριμπτίζετο. ΛΒʹ. Ὡς δὲ καταγνοὺς καὶ ἀποθαρσήσας ὁ Αἰθίοψ
40 ἀφυλάκτως ἤδη τὸ τρίτον ἐπεφέρετο καὶ τὸν πῆχυν αὖθις ἀνατείνας κατασείειν ἔμελλεν, ὑπεισηλθέ τ' ἀθρόον ὁ Θεαγένης ἐκ κυρφὸς τὴν καταφορὰν ἐκκλίνας, πήγει τε τῷ δεξιῷ τὸν ἐκείνου λαιὸν βραχίονα προσανασείλας, ἔρριπισέ τε τὸν ἀντίπαλον ἄμματι, καὶ τῇ πα-
45 ταφορᾷ τῆς ἰδίας αὐτοῦ χειρὸς εἰς κενὸν ἐνεχθείσης πρὸς τὸ ἔδαφος ἐπισπασθέντα καὶ ὑπὸ τὴν μασχάλην ὑποδὺς, τοῖς τε νώτοις περιεχεῖτο καὶ παχεῖαν τὴν γαστέρα χαλεπῶς ταῖς χερσὶ διαζώσας, τὴν βάσιν κατὰ τὰ σφυρὰ καὶ ἀστραγάλους τῇ πυκνῇ σφοδρῶς
50 καὶ ἐπαλλήλως ἐκμοχλεύσας, εἰς γόνυ τ' ὀκλάσαι βιασάμενος, ἀμφιβαίνει τοῖς ποσὶ καὶ τοῖς κατὰ τοὺς βουβῶνας τὰ σκέλη καταπείρας, τούς τε καρποὺς οἷς ἐπερειδόμενος ὁ Αἰθίοψ ἀνεῖχε τὰ στέρνα ἐκκρουσάμενος καὶ τοῖς κροτάφοις εἰς ἅμμα τοὺς πήχεις περιάγων,

Theagenem contuitus Hydaspes, Græco sermone, Peregrine, inquit, cum hoc te inire certamen populus jubet. Fiat id, quod illi placet, Theagenes respondit. Sed quæ ratio est certaminis? Luctæ, inquit Hydaspes. At ille, cur non potius gladiorum, inquit, et armorum, ut aliquo præclaro facinore edito aut cadens, impleam Chariclean, quæ hactenus rationes nostras tacere sustinuit, vel ad extremum, ut videtur, nos valere jussit. Quid hoc sibi, inquit Hydaspes, velit, quod nomen Chariclæe admisceas, et habeas in ore, ipse scies : at luctari et non digladiari te oportet. Siquidem sanguinem effusum ante sacrificium conspici fas non est. Cum igitur intellexisset, quod metueret Hydaspes ne interficeretur ante sacrificium : Recte facis, inquit, quod me diis conservas, quibus etiam res nostræ curæ erunt : simulque sumto pulvere, et humeris atque ulnis adhuc a bovis circumactione sudore madentibus insperso, eoque qui non adhæserat excusso, objicit porrectim manus, et pedibus in vestigio firmiter defixis et poplite inflexo incurvatoque, humeris parteque inter scapulas contorta et collo aliquantum inclinato, denique toto corpore contracto stabat, prehensiones luctarum cupide exspectans. Æthiops autem intuens, hiante ore ridebat et ironicis gestibus insultare adversario videbatur. Tum repente incursione facta, cubitum tanquam vectem aliquem collo Theagenis impingit : a qua plaga ingenti sonitu exaudito, rursus exsultabat et stolide insuper ridebat. At Theagenes, ut vir in gymnasiis et unctionibus ab ineunte ætate exercitatus, et certandi arte Mercurii exacte instructus, cedere initio. statuit et experimento virium adversarii sumto, tam terribili impetui et fero non resistere, sed agreste robur arte eludere. Statim igitur cum paullulum tantum a terra commotus esset, magis se dolere quam revera dolebat simulabat et colli alteram partem expositam ad ictum excipiendum objiciebat. Cumque Æthiops iterum feriisset, cedens plagæ, propemodum se collabi in faciem fingebat.

XXXII. At postquam in contentum illius adductus Æthiops et animatus, incaute jam tertio irruebat et cubitum rursus sublatum impacturus erat, subiit repente Theagenes, inflexione corporis impetu declinato et dextro cubito sinistro illius brachio sursum impulso ac remoto, projecit adversarium nodo implicitum, atque etiam suæ manus impulsu frustra incitato in solum abreptum, et sub axillam illius se conjiciens, circumdabatur tergo, crassoque ventre difficulter manibus cincto, gressum circa talos et malleolos calcanee magna vi et nulla intermissione facta demolitus et in genua procumbere cogens, circumdat pedibus et partibus circa inguina pressis, cruribus ac palmis quibus innitens Æthiops pectus attollebat excussis, cubitos nodi instar circum tempora ductos, ad tergum et humeros retrahens, ventrem illius in terram

ἐπί τε τὰ μετάφρενα καὶ ὤμους ἀνέλκων, ἐφαπλῶσαι τῇ γῇ τὴν γαστέρα κατηνόγκασε. Μιᾶς δὴ οὖν βοῆς ἐπὶ τούτοις καὶ γεγωνοτέρας ἢ τὸ πρότερον ὑπὸ τοῦ πλήθους ἀρθείσης, οὐδ᾽ ὁ βασιλεὺς ἐκαρτέρησεν ἀλλ᾽
5 ἀνήλατό τε τοῦ θρόνου καὶ Ὦ τῆς ἀνάγκης, ἔλεγεν, οἷον ἄνδρα καταθύειν ὑπὸ τοῦ νόμου πρόκειται· καὶ ἅμα προσκαλεσάμενος, Ὦ νεανία, πρὸς αὐτὸν ἔφη, στεφανωθῆναι μέν σε καὶ ἐπὶ ταῖς θυσίαις, ὡς ἔθος, ἀπόκειται· στεφανοῦ δ᾽ οὖν καὶ νῦν τὴν ἐπίδοξον μὲν
10 ταύτην, ἀνόνητον δέ σοι καὶ ἐφήμερον νίκην. Κἀπειδή μοι τοῦ προχειμένου καὶ βουλομένῳ ῥύσασθαί σε οὐ δυνατόν, ὅσα γοῦν ἐφεῖται, παρέξομαι· καὶ εἴ τι γιγνώσκεις ἔτι σε ζῶντα ἦσαι δυνάμενον, αἴτησον. Καὶ ἅμα λέγων, χρυσοῦν τε καὶ λιθοκόλλητον τῷ Θεαγένει
15 στέφανον ἐπέθηκε καί τι καὶ ἐπιδακρύων οὐκ ἐλάνθανεν. Ὁ δὴ Θεαγένης, Οὐκοῦν αἰτήσω, ἔφη, καὶ δέομαι δὸς ὑποσχόμενος, εἰ τὸ διαδρᾶναί με τὴν ἱερουργίαν πάντως ἄφυκτον, ἱερουργηθῆναι χειρὶ γοῦν τῆς εὑρημένης σοὶ νυνὶ θυγατρὸς κέλευε.
20 ΛΓ΄. Δηχθεὶς δὴ πρὸς τὸ εἰρημένον ὁ Ὑδάσπης, καὶ πρὸς τὸ ὅμοιον τῆς Χαρικλείας προκλήσεως τὸν νοῦν ἀναπέμπων, οὐ δοκιμάζων δ᾽ ἐν συνέχοντι τῷ καιρῷ τὸ ἀκριβὲς ἀνιχνεύειν, Τὰ δυνατά, εἶπεν, ὦ ξένε, καὶ αἰτεῖν ἐπέτρεψα καὶ δώσειν ἐπένευσα.
25 Γεγαμῆσθαι οὖν χρῆναι τὴν σφαγιάζουσαν, οὐ παρθενεύουσαν, ὁ νόμος διαγορεύει. Ἀλλ᾽ ἔχει ἄνδρα καὶ αὐτὴ, πρὸς αὐτὸν ὁ Θεαγένης. Φληναφῶντος, εἶπεν ὁ Ὑδάσπης, καὶ τῷ ὄντι θανατῶντος οἱ λόγοι. Γάμου καὶ ἀνδρὸς ὁμιλίας ἀπείρατον τὴν κόρην ἡ ἐσχάρα διέ-
30 δειξε· πλὴν εἰ Μερόηδον ἄνδρα τοῦτον λέγεις, οὐκ οἶδ᾽ ὅθεν ἐγνωκὼς, οὔπω μὲν ἄνδρα νυμφίον δὲ πρὸς ἐμοῦ μόνον ὠνομασμένον. Ἀλλ᾽ οὐδ᾽ ἐσόμενον πρόσθεν, εἶπεν ὁ Θεαγένης, εἴ τι ἐγὼ τοῦ Χαρικλείου φρονήματος ἐπῄσθημαι καί μοι ὡς θύματι μαντευομένῳ πιστεύειν
35 ἔσται δίκαιον. Πρὸς ὃ ὁ Μερόηβος, Ἀλλ᾽ οὐ ζῶντα, εἶπεν, ὦ βέλτιστε, τὰ θύματα, σφαγέντα δὲ καὶ ἀνατμηθέντα τὴν ἀπὸ τῶν σπλάγχνων σημείωσιν τοῖς μαντικοῖς ὑποδείκνυσιν. Ὥστ᾽ ὀρθῶς ἔλεγες, ὦ πάτερ, θανατῶντος παραφθέγγεσθαι τὸν ξένον. Ἀλλὰ
40 τοῦτον μὲν, εἰ κελεύοις, ἀγέτω τις ἐπὶ τοὺς βωμοὺς, σὺ δὲ, εἴ τι λείπεται διοικησάμενος, ἔχου τῆς ἱερουργίας. Καὶ ὁ μὲν Θεαγένης ἤγετο οἱ προστέτακτο, ἡ Χαρίκλεια δ᾽ ἐπὶ τῇ νίκῃ μικρὸν ἀναπνεύσασα καὶ τὰ βέλτιστα ἐλπίσασα, πάλιν ἀγομένου πρὸς θρήνοις
45 ἦν. Καὶ τῆς Περσίνης πολλὰ παρηγορούσης καὶ εἰκὸς σωθῆναι τὸν νέον, εἴ μοι καὶ τὰ λειπόμενα καὶ σαφέστερα τῶν κατὰ σαυτὴν ἐξαγορεύειν βούλοιο, λεγούσης, ἡ μὲν Χαρίκλεια βιασθεῖσα καὶ τὸν καιρὸν οὐκ ἐνδιδόντα ὑπέρθεσιν ὁρῶσα, πρὸς τὰ καιριώτερα τῶν
50 διηγημάτων ὥρμησεν. Ὁ δ᾽ Ὑδάσπης, εἴ τινες ὑπολείπονται τῶν πρεσβευσάντων τοῦ εἰσαγγελέως ἐπυνθάνετο. Ὁ δ᾽ Ἁρμονίας, Οἱ ἐκ Συήνης, ἔφη, μόνοι, βασιλεῦ, γράμματα μὲν Ὀροονδάτου καὶ ξένια κομίζοντες, ἄρτι δὲ καὶ πρὸ βραχέως ἐπελθόντες.

porrexit. Una igitur voce ob hoc factum et clariore quam antea a multitudine edita, neque rex sese cohibere potuit, sed exsiluit e solio et O necessitatem odiosam, dicebat : qualem virum mactare lege cogimur ! et simul cum eum advocasset, O adolescens , ad ipsum inquit, ut coroneris etiam ad sacrificiis, sicuti moris est, adhuc restat : vel maxime autem hæc præclara quidem et illustris sed inutilis tibi et diurna victoria coronam meretur. Ceterum postquam id ut te ex præsenti statu liberem, etiamsi velim, præstari a me non potest, quantum conceditur, præstabo et si quid nosti quo te adhuc viventem juvare possim, postulato. Simulque cum his dictis auream et lapidibus distinctam coronam Theageni imposuit. Nec non animadversus est, quod lacrimaret. Theagenes autem, igitur postulabo, inquit et peto a te, ut hoc des mihi precibus, quandoquidem promisisti, si mactationem omnino evitare non possum, saltem manu tuæ quæ nunc inventa est filiæ me mactari jube.

XXXIII. Morsus hoc dicto Hydaspes, et ad similitudinem Chariclæe precationis animum referens, ceterum non judicans operæ pretium esse e vestigio rem ad amussim inquirere : Ea quæ fieri possunt inquit, hospes, et petere te jussi et daturum me esse pollicitus sum. Porro nuptam esse viro, non virginem quæ mactet lex diserte jubet. Sed et ipsa habet virum, ad illum Theagenes. Delirantis, inquit, hominis, ac revera animum despondentis et præbentis se morti, verba ista sunt. Matrimonii et consuetudinis cum viro expertem esse virginem, focus declaravit. Nisi forte Meroebum hunc virum dicas, nescio unde edoctus, nondum quidem virum, sed sponsum a me nominatum. Sed neque futurum statue, dixit Theagenes, si quid ego de Chariclæe animo sensi et si mihi ut victimæ divinanti credere justum erit. Ad hæc Meroebus : Sed non vivæ, inquit, præclare, victimæ sed mactatæ et resectæ, extis significationem haruspicibus exhibent. Quamobrem recte dixisti, pater, despondentem animum inepte et nihil ad rem loqui peregrinum. Sed hunc quidem, si jubes, ducat aliquis ad aras. Tu vero cum absolveris si quid adhuc restat, ad sacrificium aggrodere. Et Theagenes quidem ducebatur eo, quo imperatum fuerat. At Chariclea quæ ob victoriam aliquantum respiraverat et meliora speraverat, rursus cum duceretur in luctu erat. Et Persina multifariam consolante et consentaneum esse quod possit servari juvenis, si mihi reliqua et manifestiora de te narrare volueris, dicente, Chariclea tempus dilationem haud concedere videns, ad narrationes istas, quibus rei cardo inerat aggressa est. Hydaspes autem, si qui adhuc ex iis qui legatione fungerentur reliqui essent, ex internuntio quærebat. Harmonias vero, Soli Syenenses , inquit, rex , literas Oroondatis et xenia afferentes : nuper autem et momento ante venerunt.

ΛΔ΄. Ἡκόντων οὖν καὶ οὗτοι, τοῦ Ὑδάσπου φήσαντος, παρῆσαν καὶ τὸ γράμμα ἐνεχείριζον. Καὶ ἀνειλήσας διήρχετο καὶ ἦν τοιόνδε. ΒΑΣΙΛΕΙ ΦΙΛΑΝ-ΘΡΩΠΩι ΚΑΙ ΕΥΔΑΙΜΟΝΙ ΤΩι ΑΙΘΙΟΠΩΝ ΥΔΑΣΠΗι ΟΡΟΟΝΔΑΤΗΣ Ο ΜΕΓΑΛΟΥ ΒΑΣΙΛΕΩΣ ΣΑΤΡΑΠΗΣ. Εἰ νικῶν κατὰ τὴν μάχην, πλέον γνώμῃ ἐνίκησας καί μοι σατραπείαν ὅλην ἑκὼν παρεχώρησας, οὐκ ἂν θαυμάσαιμι τὸ παρόν, εἰ βραχεῖαν αἴτησιν ἐπινεύσειας. Κόρη τις ἀγομένη πρός με ἀπὸ τῆς Μέμφεως, τοῦ πολέμου γέγονε πάρεργον. καὶ ὅτι αἰχμάλωτος ἐκ σοῦ προστάγματος εἰς Αἰθιοπίαν ἐπέμφθη, πρὸς τῶν σὺν αὐτῇ γεγονότων καὶ διαδράντων τὸν τότε κίνδυνον ἐπυθόμην. Ταύτην αἰτῶ λυθῆναί μοι δῶρον, ἐφιέμενος μὲν καὶ αὐτὸς τῆς παιδὸς, πλέον δὲ περιποιῆσαι τῷ πατρὶ βουλόμενος, πολλὴν ἀληθέντι γῆν καὶ κατὰ ζήτησιν τῆς θυγατρὸς ἐν Ἐλεφαντίνῃ τῷ φρουρίῳ κατὰ τὸν πόλεμον καταληφθέντι, καὶ ἐπισκοποῦντί μοι μετὰ ταῦτα τοὺς περισωζομένους ὀφθέντι καὶ ἐκπεμφθῆναι πρὸς τὸ σὸν ἥμερον ἀξιώσαντι. Ἔχεις αὐτόθι μετὰ τῶν ἄλλων πρεσβέων τὸν ἄνδρα, ἱκανὸν μὲν ἐξ ἤθους τὴν εὐγένειαν ἐμφῆναι, ἱκανὸν δὲ καὶ ἐξ ὄψεως δυσωπῆσαι. Χαίροντά μοι τοῦτον, ὦ βασιλεῦ, ἀντίπεμψον, πατέρα μὴ μόνον ὀνομαζόμενον ἀλλὰ καὶ γεγενημένον. Ταῦθ᾽ ὡς ἀνέγνω, Τίς οὖν τῶν παρόντων ὁ τὴν θυγατέρα ἐπιζητῶν ἐπηρώτησε. Ὑποδειξάντων δέ τινα πρεσβύτην, Ὦ ξένε, πρὸς αὐτὸν ἔφη, πάντ᾽ αἰτοῦντος Ὀροονδάτου ποιεῖν ἕτοιμος. Ἀλλὰ δέκα μὲν ἀχθῆναι μόνας αἰχμαλώτους ἐκέλευσα νεανίδας. Μιᾶς δὲ τέως, ὅτι μὴ ἔστι σὴ θυγάτηρ, ἐπεγνωσμένης, τὰς ἄλλας ἐπισκόπησον καὶ γνωρίζων εἰ εὕροις λάμβανε. Προκύψας ἐφίλει τοὺς πόδας ὁ πρεσβύτης. Καὶ ἀχθείσας τὰς κόρας ὡς ἐπισκοπῶν τὴν ἐπιζητουμένην οὐχ εὕρισκεν, αὖθις κατηφήσας, Ὦ βασιλεῦ, οὐδεμία τούτων ἐστίν, ἔλεγε. Τὴν γνώμην, ἔφη ὁ Ὑδάσπης, τὴν ἐμὴν ἔχεις. Μέμφου δὲ τὴν τύχην, εἰ τὴν ἐπιζητουμένην οὐχ εὑρίσκεις. Ὅτι γὰρ ἄλλη μήτ᾽ ᾔχθη παρὰ ταύτας, μήτ᾽ ἔστι κατὰ τὸ στρατόπεδον, ἔξεστι σοὶ περισκοποῦντι πεισθῆναι.

ΛΕ΄. Ῥαπίσας οὖν τὸ μέτωπον ὁ πρεσβύτης καὶ ἐπιδακρύσας, ἀνανεύσας τε καὶ περιαθρῶν ἐν κύκλῳ τὸ πλῆθος, ἀθρόον ὥσπερ τις ἐμμανὴς ἐξέδραμε, καὶ τοῖς βωμοῖς προσελθών, τοῦ τε τριβωνίου (τοῦτο γὰρ ἔτυχεν ἀμπεχόμενος) τὸ κράσπεδον εἰς βρόχον περιειλήσας, ἐπιβάλλει τῷ αὐχένι τοῦ Θεαγένους καὶ εἶλκεν, ἐξάκουστα βοῶν, Ἔχω σε δ᾽ παλαμναῖε λέγων καὶ ἀλιτήριε. Καὶ τῶν φρουρούντων ἀντέχειν καὶ ἀποσπᾶν βιαζομένων, ἀπρὶξ ἐχόμενος καὶ οἱονεὶ συμπεφυκώς, ἀγαγεῖν εἰς τὸ πρόσωπον τοῦ Ὑδάσπου καὶ τῶν συνέδρων, ἐξενίκησε καὶ Ὦ βασιλεῦ, ἔλεγεν, οὗτος ὁ τὴν ἐμὴν θυγατέρα συλαγωγήσας· οὗτός ἐστιν ὁ τὴν οἰκίαν εἰς ἀπαιδίαν ἐρημώσας καὶ ἐκ μέσων τῶν τοῦ Πυθίου βωμῶν τὴν ἐμὴν ψυχὴν ἀναρπάσας καὶ νῦν ὡς εὐαγὴς τοῖς τῶν θεῶν βωμοῖς προσκαθήμενος. Ἐσείσθησαν πρὸς τὰ γιγνόμενα σύμπαντες, τὰ μὲν ῥήματα

XXXIV. Accedant igitur hi quoque, Hydaspes cum dixisset, aderant et literas tradebant, quas evolutas legebat. Erant autem ejuscemodi. *Clementi et beato Æthiopum regi Hydaspi, Oroondates, magni regis Satrapa.* Cum vincens proelio, magis animi celsitudine viceris et mihi satrapiam totam tua sponte concesseris, haud mirum sit missa, ex his qui una cum ipsa fuerunt et tum periculum effugerunt audivi. Hanc oro mihi dimitti muneris loco, cum ipsius puellae causa, tum praecipue patris, cui illam servare velim: qui multum terrae pererravit et dum filiam inquireret, Elephantinae in arce, sub belli tempus detentus, a me contemplante hoc tempore eos qui superfuissent ex proelio conspectus est et ut mitteretur ad tuam clementiam petiit. Habes ibi una cum aliis legatis virum talem, ut vel solis moribus generositatem declarare possit: et dignum, ut vel vultu tantum et facie a te quod petit impetret. Laetum mihi hunc, o rex, remitte, qui pater non modo nominatur sed etiam exstitit. Haec ut legit: Quis igitur est ex his qui adsunt qui filiam inquirit, percunctatus est. Et cum ostendissent quemdam senem: O hospes, ad illum inquit, omnia petente Oroondate lubens faciam: sed decem tantum adolescentulas captivas duci jussi. Cum vero unam filiam tuam non esse cognitum sit, reliquas contemplare et si agnitam inveneris accipe. Procumbens senex osculabatur pedes et cum adductas singulas contemplans, eam quam inquirebat non invenisset; rursus tristis, Nulla ex his est, rex, dicebat. Studium meum, inquit Hydaspes, agnoscis tibi non deesse. Fortunam autem accusa, si eam quam inquiris non invenis. Nam quod neque alia venit praeter has, neque ulla est in castris amplius, circumspicere tibi licet, ut hoc persuasum tibi sit.

XXXV. Cum feriisset frontem senex et collacrimasset, faciem attollens et multitudinem in orbem circumspiciens, repente tanquam furiosus excurrit: cumque accessisset ad aras et pallii (hoc enim forte indutus erat) oram restis instar contorsisset, injicit collo Theagenis, et trahebat, clamans ita ut exaudiri posset, Te teneo, o conscelerate, dicens, et exsecrande. Cumque custodes resistere et avellere niterentur, firmiter haerens et tanquam in unum corpus cum illo coaluisset, ut eum duceret in conspectum Hydaspis et concilii, obtinuit. Et O rex, dicebat, hic est qui meam filiam tanquam praedator mihi eripuit, hic est, qui domum solitariam et liberis orbam reddidit et ex mediis Apollinis aris animam meam rapuit, ac nunc tanquam pius aliquis deorum aris assidet. Commoti sunt omnes ad ea quae fiebant, verba quidem qui ea in-

οἱ συνιέντες, τὰ δρώμενα δὲ οἱ λοιποὶ θαυμάζοντες.

ΛϚ΄. Καὶ τοῦ Ὑδάσπου σαφέστερον λέγειν ὅ τι βούλοιτο κελεύοντος, ὁ πρεσβύτης (ἦν δ᾽ ἄρα Χαρικλῆς) τὰ μὲν ἀληθέστερα τοῦ γένους τῆς Χαρικλείας ἀπέκρυπτε, μή πως ἄρα καὶ κατὰ τὴν φυγὴν ἐκείνης τὴν αἰδῶ προαφανισθείσης, πόλεμον καθ᾽ αὑτοῦ πρὸς τῶν ἀληθῶς γεννησάντων ἐπισπάσηται διευλαβούμενος, ἐξετίθετο δ᾽ ἐπιτέμνων ἃ μηδὲν ἔβλαπτε καὶ ἔλεγεν· Ἦν μοι θυγάτηρ, ὦ βασιλεῦ, τίς μὲν τὴν φρόνησιν καὶ οἵα τὸ εἶδος θεασάμενοι μόνον, ἐπαξίως ἄν με λέγειν ἐπιστεύσατε. Ἦν δ᾽ οὖν παρθενευομένη καὶ ζάκορος τῆς ἐν Δελφοῖς Ἀρτέμιδος. Ταύτην ὁ θαυμάσιος οὗτος Θετταλὸς ὢν τὸ γένος καὶ εἰς Δελφοὺς τὴν ἐμὴν πόλιν ὥς τι πάτριον ἐπιτελέσων, ἀρχιθέωρος ἀφιγμένος, ἔλαθεν ἐκ τῶν ἀδύτων αὐτῶν τὴν κόρην ἀποσυλήσας, [καὶ ἀδύτων τοῦ Ἀπόλλωνος.] Διὸ καὶ εἰς ὑμᾶς ἀσεβεῖν δικαίως ἂν νομισθείη, τὸν πάτριον ὑμῶν θεὸν Ἀπόλλωνα, τὸν αὐτὸν ὄντα καὶ Ἥλιον καὶ τὸ ἐκείνου ἱερὸν τέμενος βεβηλώσας· συνεργοῦ δ᾽ αὐτῷ πρὸς τὴν ἐναγῆ ταύτην πρᾶξιν ψευδοπροφήτου τινὸς Μεμφίτου γεγονότος, ἐπειδὴ κατὰ τὴν Θετταλίαν μεταθέων καὶ παρ᾽ Οἰταίων ὄντων αὐτοῦ πολιτῶν ἐξαιτῶν οὐδαμῶς εὕρισκον, ἔκδοτον ἐκείνων τοῦτον καὶ εἰς σφαγὴν ὅπου ποτ᾽ ἂν εὑρίσκηται, ὡς ἀλάστορι παραχωρησάντων, ὁρμητήριον εἶναι τῆς φυγῆς τὴν Καλασίριδος Μέμφιν εἰκάσας καὶ εἰς ταύτην ἀφικόμενος, καὶ τὸν μὲν Καλάσιριν, ὡς ἐχρῆν, τεθνηκότα καταλαβών, παρὰ Θυάμιδος δὲ τοῦ ἐκείνου παιδὸς ἅπαντα τὰ περὶ τὴν θυγατέρα ἐκδιδαχθεὶς τά τ᾽ ἄλλα καὶ ὅτι πρὸς Ὀροονδάτην εἰς τὴν Συήνην ἀπέσταλτο καὶ τοῦ μὲν Ὀροονδάτου καὶ τῆς Συήνης ἀποτυχών, ἦλθον γὰρ κἀκεῖσε, κατὰ δὲ τὴν Ἐλεφαντίνην ὑπὸ τοῦ πολέμου καταληφθείς, ἥκω τανῦν ἐνταῦθα, καὶ γίγνομαι ἱκέτης οὕτως ὡς ἡ ἐπιστολὴ διηγήσατο. Τὸν ἀποσυλήσαντα ἔχεις· τὴν θυγατέρα ἐπιζήτησον ἐμέ τε πολυπήμονα ἄνθρωπον εὐεργετῶν καὶ σαυτῷ χαριζόμενος, εἰ τὸν πρεσβεύοντα ὑπὲρ ἡμῶν σατραπῶν ὀφθεὶς αἰδούμενος.

ΛΖ΄. Καὶ ὁ μὲν ἐσιώπησεν, ἐπιθρηνῶν γοώδες τοῖς εἰρημένοις, ὁ δ᾽ Ὑδάσπης πρὸς τὸν Θεαγένην, Τί, ἔφη, πρὸς ταῦτ᾽ ἐρεῖς; ὁ δὲ, Ἀληθῆ, ἔφη, πάντα τὰ κατηγορηθέντα. Λῃστής ἐγὼ καὶ ἅρπαξ καὶ βίαιος καὶ ἄδικος περὶ τοῦτον ἀλλ᾽ ὑμέτερος εὐεργέτης. Ἀπόδος οὖν, ἔφη, τὴν ἀλλοτρίαν, ὁ Ὑδάσπης, διὰ τὸ προκαθοσιώσασθαι τοῖς θεοῖς, τὴν ἐκ τῆς θυσίας ἐπίδοξον, οὐ τὴν ἐκ τῆς τιμωρίας σφαγὴν ἔνδεξιν ὑφέξων. Ἀλλ᾽ οὐχ ὁ ἀδικήσας, εἶπεν ὁ Θεαγένης, ἀλλ᾽ ὁ τἀδίκημα ἔχων ἀποδοῦναι δίκαιος. Ἔχεις δ᾽ αὐτός. Ἀπόδος, εἰ μὴ τὴν θυγατέρα Χαρίκλειαν καὶ οὗτος ὁμολογήσειεν. Οὐκέτι καρτερεῖν οὐδεὶς ἠνέσχετο ἀλλ᾽ ἅμα πάντων σύγχυσις ἐγίγνετο. Σισιμίθρης δ᾽ ἐπιπολὺ διαρκέσας καὶ πάλαι τὰ λεγόμενα καὶ πραττόμενα γνωρίζων, εἰς τὸ ἀκριβὲς δὲ περιελθεῖν τὰ φανερούμενα πρὸς τοῦ κρείττονος ἀναμένων, προσέδραμέ τε καὶ τὸν Χαρικλέα περιεπτύσσετο καὶ, Σώζεταί σοι ἡ νομισθεῖσα

telligebant, rem ipsam quæ cernebatur, reliqui admirantes.

XXXVI. Et cum Hydaspes planius, quidnam vellet, dicere juberet; senex (erat autem Charicles) veriora de genere Chariclew occultabat : id veritus, ne illa in fuga forte et itinere jam antea corrupta, bellum sibi cum veris parentibus accerseret. Exponebat autem compendio ea quæ nihil nocebant, ac dicebat, Erat mihi filia, rex, quam si quali animi indole et forma fuisset tantum conspexissetis, justam causam habere me quamobrem dicam crederetis. Erat, inquam, in virginitate ætatem degens et ministra, quæ Delphis colitur, Dianæ. Hanc præclarus iste Thessalus genere, cum Delphos meam urbem, quasi patrium quoddam sacrum celebraturus, præfectus legationis constitutus venisset, clam ex adytis ipsis abstulit. Quamobrem et erga vos merito deliquisse existimari debet, qui patrium vestrum deum Apollinem, qui idem est cum Sole, et illius lucum profanavit. Porro quoniam quidam falsus antistes Memphiticus, socius hujus sceleratæ actionis exstiterat : cum essem in Thessalia deposcens ab Œtæis ejus civibus, nec usquam invenirem, illis mihi hunc interficiendum ubivis locorum inveniretur, tanquam pestem dedentibus ; asylum fugæ Calasiridis Memphim esse certis conjecturis suspicatus, eo cum pervenissem, Calasiridem quidem, ut oportuit, mortuum deprehendo : a Thyamide autem ejus filio de omnibus quæ ad filiam attinebant et inter reliqua quod Syenen ad Oroondatem missa esset, certior factus ; Oroondate etiam Syenæ frustratus, (nam illuc quoque veneram) Elephantinæ autem bello detentus, venio huc in præsentia supplex, quemadmodum in epistola narratur. Furem itaque tenes, filiam meam quære et in me calamitosum hominem beneficium conferens et te ipso rem dignam faciens, si deprecatorem Satrapam nobis non aspernari videberis.

XXXVII. Et ille quidem tacuit, lugubres fletus ad ea quæ dixerat addens. Hydaspes autem ad Theagenem, Quid dices ab hæc, inquit. Ille autem, Vera, inquit, sunt omnia, quæ in accusatione commemorata sunt. Prædæ ego sum et raptor et grassator et iniquus quod ad hunc attinet : ceterum in vos beneficus. Redde igitur, inquit Hydaspes, alienam, propterea quod diis antea devotus sis, mactationem sacrificii illustrem non supplicii justam perlaturus. Sed non is, qui injuriam fecit, dixit Theagenes, sed qui injuriæ fructum habet, reddere juste debet. Cum igitur tu ipse habeas redde : siquidem hanc tuam filiam esse Charicleam et ipse fatebitur. Nemo amplius sese continere poterat sed simul omnium confusanea commotio exsistebat. Sisimithres vero, cum diu se continuisset, jampridem ea quæ dicebantur et fiebant sciens, certam autem ut ad exactam et certam cognitionem pervenirent ea quæ sensim patefiebant exspectans, accurrebat et Chariclem amplectebatur. Et, Salva est adoptiva tua et a nobis tibi quondam

καὶ παρ' ἡμῶν ἐγχειρισθεῖσά ποτε θυγάτηρ, ἔλεγε, θυγάτηρ ἀληθῶς οὖσα καὶ εὑρεθεῖσα ὧν γιγνώσκεις.

ΛΗ'. Καὶ ἡ Χαρίκλεια τῆς σκηνῆς ἐξέδραμε, καὶ πᾶσαν τὴν ἐκ φύσεως καὶ ἡλικίας αἰδῶ παραγκωνισα-
5 μένη, βάκχιόν τι καὶ ἐμμανὲς ἐφέρετο καὶ τοῖς γόνασι τοῦ Χαρικλέους προσπεσοῦσα, Ὦ πάτερ, ἔλεγεν, ὦ τῶν φύντων οὐκ ἔλαττον ἐμοὶ σεβάσμιε· τιμώρησαί ὡς βούλει τὴν ἀθέμιτον ἐμὲ καὶ πατραλοίαν κἂν εἰς βούλημά τις ἀναφέρῃ θεῶν κἂν εἰς διοίκησιν ἐκείνων τὰ δεδρασμένα,
10 μὴ προσέχων. Ἡ Περσίνα δὲ καθ' ἕτερον μέρος τὸν Ὑδάσπην ἐνηγκαλίζετο καὶ Πάντα οὕτως ἔχειν, ἄνερ, πίστευε, πρὸς αὐτὸν ἔλεγε καὶ νυμφίον εἶναι τοῦ θυγατρίου τὸν Ἕλληνα τουτονὶ νεανίαν ἀληθῶς γίγνωσκε, ἄρτι μοι ταῦτ' ἐκείνης καὶ μόλις ἐξαγορευσάσης. Ὁ δῆ-
15 μος ἑτέρωθεν σὺν εὐφήμοις ταῖς βοαῖς ἐξεχόρευε, πᾶσα ἡλικία καὶ τύχη συμφώνως τὰ γιγνόμενα θυμηδοῦντες, τὰ μὲν πλεῖστα τῶν λεγομένων οὐ συνιέντες, τὰ ὄντα δ' ἐκ τῶν προγεγονότων ἐπὶ τῇ Χαρικλείᾳ συμβάλλοντες, ἢ τάχα καὶ ἐξ ὁρμῆς θείας ἢ σύμπαντα ταῦτ' ἐσκηνογρά-
20 φησεν εἰς ἐπίνοιαν τῶν ἀληθῶν ἐλθόντες, ὑφ' ἧς καὶ τἀναντιώτατα πρὸς συμφωνίαν ἡρμόζετο, χαρᾶς καὶ λύπης συμπεπλεγμένων, [γέλωτι δακρύων κεραννυμένων· τῶν στυγνοτάτων εἰς ἑορτὴν μεταβαλλομένων·] γελώντων ἅμα τῶν κλαιόντων καὶ χαιρόντων τῶν θρηνούντων,
25 εὑρισκόντων οὓς μὴ ἐζήτουν καὶ ἀπολλύντων οὓς εὑρηκέναι ἐδόκουν· καὶ τέλος τῶν προσδοκηθέντων φόνων, εἰς εὐαγεῖς θυσίας μεταβαλλομένων. Τοῦ γὰρ Ὑδάσπου πρὸς τὸν Σισιμίθρην, Τί χρὴ δρᾶν, ὦ σοφώτατε, εἰπόντος, ἀρνεῖσθαι τὴν τῶν θεῶν θυσίαν οὐκ εὐσεβές, σφα-
30 γιάζειν τοὺς παρ' αὐτῶν δωρηθέντας οὐκ εὐαγές· ἐπινοητέον ἡμῖν τί πρακτέον.

ΛΘ'. Ὁ Σισιμίθρης οὐχ ἑλληνίζων, ἀλλ' ὥστε καὶ πάντας ἐπαίειν αἰθιοπίζων, Ὦ βασιλεῦ, εἶπεν, ἐπισκιάζονται, ὡς ἔοικεν, ὑπὸ τῆς ἄγαν χαρᾶς καὶ οἱ συνε-
35 τώτατοι τῶν ἀνδρῶν. Σὲ γοῦν καὶ πάλαι συμβαλεῖν ἐχρῆν, ὅτι μὴ προσίενται οἱ θεοὶ τὴν εὐτρεπιζομένην θυσίαν, νῦν μὲν τὴν πανόλβιον Χαρίκλειαν ἐξ αὐτῶν σοι τῶν βωμῶν θυγατέρα ἀναδείξαντες καὶ τὸν ταύτης τροφέα, καθάπερ ἐκ μηχανῆς, ἐκ μέσης τῆς Ἑλλάδος ἐνταῦθ'
40 ἀναπέμψαντες, αὖθις τὴν πτοίαν καὶ τὸν τάραχον τοῖς προσθωμίοις ἵπποις καὶ βουσὶν ἐπιβαλόντες καὶ τὸ διακοπτέεσθαι τὰ τελεώτερα νομιζόμενα τῶν ἱερείων συμβαλεῖν παρέχοντες, νῦν τὴν κορωνίδα τῶν ἀγαθῶν καὶ ὥσπερ λαμπάδιον δράματος τὸν νυμφίον τῆς κόρης του-
45 τονὶ τὸν Ἕλληνα νεανίαν ἀναφήναντες. Ἀλλ' αἰσθανώμεθα τοῦ θείου θαυματουργήματος καὶ συνεργοὶ γιγνώμεθα τοῦ ἐκείνων βουλήματος καὶ ἐχώμεθα τῶν εὐαγεστέρων ἱερῶν, τὴν δι' ἀνθρώπων θυσίαν καὶ εἰς τὸν ἑξῆς αἰῶνα περιγράψαντες.

50 Μ'. Ταῦτα τοῦ Σισιμίθρου λαμπρῶς τε καὶ εἰς ἐπήκοον ἁπάντων ἐκβοήσαντος· ὁ Ὑδάσπης τὴν ἐγχώριον γλῶτταν καὶ αὐτὸς συνείς, τῆς τε Χαρικλείας καὶ τοῦ Θεαγένους ἐπιδεδραγμένος· Οὐκοῦν, ὦ παρόντες, ἔλεγε, θεῶν νεύματι τούτων οὕτω διαπεπραγμένων, τὸ ἀντι-

tradita filia, dicebat : revera inventa et cognita filia eorum, quos tu ipse scis.

XXXVIII. Et Chariclea e tabernaculo procurrebat, et neglecto naturæ omni ac ætatis pudore, Bacchico quodam et furenti impetu furebatur et ad genua Chariclis provoluta, O pater, dicebat, non minus mihi quam qui me procrearunt observande : ulciscere me, ut vis, injustam istam et parricidam, nec eam ipsam excusationem, quod fortasse id deorum voluntati quispiam tribuere possit et illorum gubernationi ea quæ facta sunt adscribere, auscultans. Persina autem in altera parte Hydaspeu amplectebatur et Omnia ita se habere credas, mi vir, ad ipsum dicebat. Sponsum esse filiolæ Græcum hunc juvenem, omnino scito, quæ modo vix illa mihi patefecit. Populus itidem alia ex parte, gratulatoriis clamoribus gestiebat. Omnium ætatum et ordinum homines communi consensu ob ea, quæ fiebant, lætabantur : plurima quidem eorum quæ dicebantur non intelligentes, rem ipsam ex his quæ præcesserant Charicleæ rationibus, conjicientes : fortassis etiam divino quodam impulsu, qui ut omnia hæc mirifice caderent tanquam in scena effecit, ad animadvertendam veritatem adducti. A quo et maxime contraria ad convenientiam aptabantur, cum gaudium et mœror inter se connexa essent, [lacrimæ risu miscerentur, tristissima in solemnitatem festi commutarentur :] ridentibus simul his qui plorabant et gaudentibus his qui lugebant, cum invenirent eos quos non quærebant et amitterent quos se inventuros esse existimabant ; et ad extremum exspectatis cædibus in pia sacrificia transmigrantibus. Cum enim Hydaspes ad Sisimithrem, Quid facere oportet, o sapientissime, dixisset : recusare deorum sacrificium impium est : mactare eos, qui ab illis sunt donati, religio. Excogitandum est nobis quid faciendum sit.

XXXIX. Sisimithres non Græca lingua, sed ut omnes exaudire possent Æthiopica, O rex, dixit, offunditur caligo, ut videtur, etiam sapientissimis viris præ nimia voluptate. Te igitur vel jam pridem conjicere oportuit, deos non admittere sacrificium quod apparabatur, qui jam ex omni parte beatam Charicleam ex ipsis aris filiam tuam esse declararunt et hujus nutricium, tanquam ex machina e media Græcia huc accersiverunt ; jam terrorem et perturbationem equis et bobus qui ad aram stabant incutientes, et fore ut quæ majores hostiæ esse creduntur rejicerentur, significantes : nunc tanquam bonorum coronidem et tanquam facem fabulæ, sponsum puellæ hunc Græcum juvenem ostenderunt. Enimvero admittamus ad animum hæc divina miranda facta et adjutores simus illorum voluntati et continuemus magis pia sacrificia , hostias humanas et in consequentem ætatem rejicientes.

XL. Hæc cum Sisimithres clare et ita ut ab omnibus exaudiri possent intonasset ; Hydaspes cum et ipse linguam genti vernaculam intelligeret, Chariclea et Theagene apprehensi : Igitur vos, qui adestis, dicebat, cum hac ita deorum nutu et voluntate peracta sunt, resistere fas non est.

βαίνειν ἀθέμιτον. "Ωσθ' ὑπὸ μάρτυσιν αὐτοῖς τε τοῖς
ταῦτα ἐπικλώσασι καὶ ὑμῖν ἀκόλουθα ἐκείνοις φρονεῖν
ἐνδεικνυμένοις, ξυνωρίδα ταύτην γαμηλίοις νόμοις ἀνα-
δείκνυμι καὶ συνεῖναι δεσμῷ παιδογονίας ἐφίημι. Καὶ
5 εἰ δοκεῖ, βεβαιούτω τὰ δόξαντα ἡ θυσία καὶ πρὸς τὰ
ἱερὰ τραπώμεθα.
  ΜΑ΄. Τούτοις εἰρημένοις ἐπευφήμισεν ὁ στρατὸς καὶ
κρότον τῶν χειρῶν ὡς ἐπιτελουμένοις ἤδη τοῖς γάμοις
ἐπεκτύπησαν. Καὶ πλησιάσας τοῖς βωμοῖς ὁ Ὑδάσπης,
10 καὶ μέλλων ἀπάρχεσθαι τῶν ἱερείων, Ὦ δέσποτα, εἶπεν,
Ἥλιε, καὶ Σελήνη δέσποινα, εἰ μὲν δὴ ἀνὴρ καὶ γυνὴ
Θεαγένης τε καὶ Χαρίκλεια βουλήμασιν ὑμετέροις ἀνε-
δείχθησαν, ἔξεστιν αὐτοῖς ἄρα καὶ ἱερατεύειν ὑμῖν.
Καὶ ταῦτ' εἰπὼν, τήν τ' αὐτοῦ καὶ τὴν τῆς Περσίνης
15 μίτραν, τὸ σύμβολον τῆς ἱερωσύνης ἀφελὼν, τὴν μὲν
τῷ Θεαγένει τὴν αὐτοῦ, Χαρικλείᾳ δὲ τὴν Περσίνης,
ἐπιτίθησιν. Οὗ γεγονότος, ἐνθύμιον τοῦ χρησμοῦ τοῦ
ἐν Δελφοῖς ὁ Χαρικλῆς ἐλάμβανε καὶ τοῖς ἔργοις βε-
βαιούμενον τὸ πάλαι παρὰ τῶν θεῶν προαγορευθὲν ηὕρι-
20 σκεν, ὁ τοὺς νέους ἔφραζεν ἐκ τῶν Δελφῶν διαδράντας

   Ἵξεσθ' ἠελίου πρὸς χθόνα κυανέην·
  Τῇ παρ' ἀριστόβιον μέγ' ἀέθλιον ἐξάψονται
  Λευκὸν ἐπὶ κροτάφων στέμμα μελαινομένων.

Στεφθέντες οὖν οἱ νέοι λευκαῖς ταῖς μίτραις, τὴν θ' ἱερω-
25 σύνην ἅμα τῷ Ὑδάσπῃ ἀναδησάμενοι καὶ τὴν θυσίαν
αὐτοὶ καλλιερήσαντες, ὑπὸ λαμπάσιν ἡμμέναις, αὐλῶν
τε καὶ συρίγγων μελῳδίαις, ἐφ' ἅρματος ἵππων, ὁ μὲν
Θεαγένης ἅμα τῷ Ὑδάσπῃ, ὁ Σισιμίθρης δὲ καθ' ἕτερον
ἅμα τῷ Χαρικλεῖ, βοῶν δὲ λευκῶν ἡ Χαρίκλεια σὺν τῇ
30 Περσίνῃ, σὺν εὐφημίαις καὶ κρότοις καὶ χοροῖς, ἐπὶ τὴν
Μερόην παρεπέμποντο, τῶν ἐπὶ τῷ γάμῳ μυστικωτέ-
ρων κατὰ τὸ ἄστυ φαιδρότερον τελεσθησομένων.
  Τοιόνδε πέρας ἔσχε τὸ σύνταγμα τῶν περὶ Θεαγένην
καὶ Χαρίκλειαν Αἰθιοπικῶν· ὃ συνέταξεν ἀνὴρ Φοῖνιξ
35 Ἐμεσηνός, τῶν ἀφ' Ἡλίου γένος, Θεοδοσίου παῖς
Ἡλιόδωρος.

  Εἴληφε τέρμα βίβλος Ἡλιοδώρου.

Quamobrem testibus iis ipsis qui hæc fatis destinarunt et vo-
bis qui illorum ductum animorum assensu sequi videmini,
par hoc solemnibus nuptiis coalescere declaro : et mutua
consuetudine frui procreationis liberorum vinculo conjun-
ctos permitto. Et si videtur, confirmet hæc quæ decreta
sunt sacrificium et ad rem sacram vertamur.

XLI. Hæc dicta approbavit exercitus et plausum mani-
bus edidit quasi nuptiæ jam celebrarentur. Appropin-
quans itaque aris Hydaspes et jam rem divinam incepturus,
O domine Sol, dicebat et Luna domina, siquidem
conjuges Theagenes et Chariclea vestra voluntate declarati
sunt, licet illis sane et sacra vobis facere. Et hæc cum
dixisset, sua et Persinæ mitra, nota sacerdotii, demta,
alteram Theageni quæ sua erat, alteram Charicleæ quæ
Persinæ imponit. Quod cum factum esset, oraculi quod
illi redditum fuerat Delphis Charicles recordatus est et re
ipsa perfectum esse id quod jam pridem a diis prædictum
fuerat, comperit, quod juvenes dicebat, postquam fugis-
sent Delphis,

    Venturos solis torridum ab igne solum
    Magna ubi præcipuæ virtutis præmia tandem
    Temporibus fuscis candida serta gerant.

Coronati igitur juvenes albis mitris, et simul sacerdotio
sententiaque Hydaspis ornati, cum sacrificium ipsi rite pere-
gissent, cum facibus accensis et tibiarum ac fistularum con-
centu, in curribus equorum quidem junctorum, Theagenes
una cum Hydaspe, Sisimithres vero cum Charicle seorsim,
boum autem alborum Chariclea et Persina, cum gratula-
tionibus, plausu ac tripudiis, Meroën deducebantur, ut
reliqua quæ ad nuptias pertinent magis arcana, in urbe
majore cum solemnitate celebrarentur.

Talem finem sortita est confectio de Theagene et Cha-
riclea Æthiopicarum narrationum : cujus auctor est vir
Phoenix Emesenus, ex genere Solis, Theodosii filius, He-
liodorus.

  Æthiopicæ historiæ Heliodori finis.

CHARITON.

ΧΑΡΙΤΩΝΟΣ
ΑΦΡΟΔΙΣΙΕΩΣ
ΤΩΝ ΠΕΡΙ ΧΑΙΡΕΑΝ
ΚΑΙ ΚΑΛΛΙΡΡΟΗΝ.

CHARITONIS
APHRODISIENSIS
DE CHÆREA
ET CALLIRRHOE.

ΛΟΓΟΣ ΠΡΩΤΟΣ.

LIBER PRIMUS.

Α'. Χαρίτων Ἀφροδισιεὺς, Ἀθηναγόρου τοῦ ῥήτορος ὑπογραφεὺς, πάθος ἐρωτικὸν ἐν Συρακούσαις γενόμενον διηγήσομαι. Ἑρμοκράτης, ὁ Συρακοσίων στρατηγὸς, οὗτος ὁ νικήσας Ἀθηναίους, εἶχε θυγατέρα Καλλιρ-
5 ρόην τοὔνομα, θαυμαστόν τι χρῆμα παρθένου καὶ ἄγαλμα τῆς ὅλης Σικελίας. ἦν γὰρ τὸ κάλλος οὐκ ἀνθρώπινον ἀλλὰ θεῖον, οὐδὲ Νηρηΐδος ἢ νύμφης τῶν ὀρειῶν ἀλλ' αὐτῆς Ἀφροδίτης παρθένου. Φήμη δὲ τοῦ παραδόξου θεάματος πανταχοῦ διέτρεχε καὶ μνη-
10 στῆρες κατέρρεον εἰς Συρακούσας, δυνασταί τε καὶ παῖδες τυράννων, οὐκ ἐκ Σικελίας μόνον, ἀλλὰ καὶ ἐξ Ἰταλίας καὶ Ἠπείρου καὶ ἐθνῶν τῶν ἐν Ἠπείρῳ. Ὁ δ' Ἔρως ζεῦγος ἴδιον ἠθέλησας συλλέξαι. Χαιρέας γάρ τις ἦν μειράκιον εὔμορφον, πάντων ὑπερέχον, οἷον
15 Ἀχιλλέα καὶ Νιρέα καὶ Ἱππόλυτον καὶ Ἀλκιβιάδην πλάσται καὶ γραφεῖς δεικνύουσι, πατρὸς Ἀρίστωνος, τὰ δεύτερα ἐν Συρακούσαις μετὰ (τὸν) Ἑρμοκράτην φερομένου. Καί τις ἦν ἐν αὐτοῖς πολιτικὸς φθόνος, ὥστε θᾶττον ἂν πᾶσιν ἢ ἀλλήλοις ἐκήδευσαν. Φιλό-
20 νεικος δ' ἐστὶν ὁ Ἔρως καὶ χαίρει τοῖς παραδόξοις κατορθώμασιν. ἐξήτησε δὲ τοιόνδε τὸν καιρόν. Ἀφροδίτης ἑορτὴ δημοτελὴς καὶ πᾶσαι σχεδὸν αἱ γυναῖκες ἀπῆλθον εἰς τὸν νεών.— Τέως δὲ μὴ προϊοῦσαν τὴν Καλλιρρόην προήγαγεν ἡ μήτηρ, τοῦ Ἑρμοκράτους κε-
25 λεύσαντος προσκυνῆσαι τὴν θεόν. τότε δὲ Χαιρέας ἀπὸ τῶν γυμνασίων ἐβάδιζεν οἴκαδε στίλβων ὥσπερ ἀστήρ. ἐπήνθει γὰρ αὐτοῦ τῷ λαμπρῷ τοῦ προσώπου τὸ ἐρύθημα τῆς παλαίστρας ὥσπερ ἀργύρῳ χρυσός. Ἐκ τύχης οὖν περί τινα καμπὴν στενωτέραν συναν-
30 τῶντες περιέπεσον ἀλλήλοις, τοῦ θεοῦ πολιτευσαμένου τήνδε τὴν (συνοδίαν) ἵν' ἑκάτερος τῷ ἑτέρῳ ὀφθῇ· ταχέως οὖν πάθος (ἐρω)τικὸν ἀντέδωκαν ἀλλήλοις....
Ὁ μὲν οὖν Χαιρέας οἴκαδε μετὰ τοῦ τραύματος ἀπῄει καὶ ὥσπερ τις (ἀρισ)τεὺς ἐν πολέμῳ τρωθεὶς καιρίαν
35 τοῦ κάλλους (τῇ εὐ)γενεί(ᾳ) συνελθόντος. καὶ καταπεσεῖν μὲν αἰδούμενος στῆναι δὲ μὴ δυνάμενος. Ἡ δὲ παρθένος τῆς Ἀφροδίτης τοῖς ποσὶ προσέπεσε καὶ καταφιλοῦσα, σύ μοι, δέσποινα, εἶπεν, δὸς ἄνδρα τοῦτον ὃν ἔδειξάς. Νὺξ ἐπῆλθεν ἀμφοτέροις δεινή. τὸ γὰρ πῦρ ἐξε-
40 κάετο. Δεινότερα δ' ἔπασχεν ἡ παρθένος διὰ τὴν σιωπήν,

I. Chariton Aphrodisiensis, Athenagoræ rhetori a manu, amatorium Syracusis casum narrabo. Hermocrates Syracusanorum Prætor, victor ille Atheniensium, filiam habebat nomine Callirrhoën, puellam admirabilem et totius Siciliæ decus. Illi enim divina sane, non humana, neque Nereidis aut montanæ alicujus nymphæ, sed Veneris ipsius, adhuc virginis, species contigerat. Fama rari spectaculi quaquaversum discurrebat, ut proci Syracusas undecunque confluerent, reges et tyrannorum filii non Siculi modo sed et Itali et Epirotæ et ex gentibus Epiroticis. Amor vero singulare par matrimonio jungere cupiebat. Chæreas enim erat quidam juvenis pulcher, omnium præstantissimus, qualem Achillem et Nireum et Hippolytum et Alcibiadem fingunt statuarii et poëtæ. Pater illi erat Ariston, Syracusis secundas tenens, Hermocrate primas tenente. Eratque adeo inter illos contentio quædam civilis, ut cum alio quovis potius quam secum invicem affinitatem contrahere vellent. Amor autem contentione gaudet et mirabilibus successibus; quærebatque talem occasionem. Veneris publicum erat festum, omnes fere mulieres templa adibant. Huc usque non adeuntem Callirrhoën produxit mater, Hermocrate jubente ut deam adoraret. Ibi Chæreas relicto gymnasio domum redibat stellæ instar coruscans, decus addebat enim nitori vultus palæstræ rubor, ut argento aurum. Forte sic occurrunt sibi in angustæ cujusdam viæ flexu, gressus eorum ita moderate deo ut uterque alterum conspiceret. Mox vulnera vicissim dabant et accipiebant...... pulchritudine et nobilitate junctis. Chæreas quidem domum abit cum vulnere, et tanquam heros in bello letali vulnere accepto, accidere reverebatur, stare non poterat. Puella vero ad Veneris pedes provoluta eosque osculata : Tu mihi hunc virum des, quem ostendisti! Gravis utrique nox supervenit. Gliscebat enim intus ignis, qui vehementius puellam premebat quia

αἰδουμένη κατάφωρος γενέσθαι. Χαιρέας δὲ νεανίας
εὐφυὴς καὶ μεγαλόφρων ἤδη τοῦ σώματος αὐτῷ φθί-
νοντος, ἀπετόλμησεν εἰπεῖν πρὸς τοὺς γονεῖς ὅτι ἐρᾷ
καὶ οὐ βιώσεται τοῦ Καλλιρρόης γάμου μὴ τυχών.
5 Ἐστέναξεν ὁ πατὴρ ἀκούσας καὶ οὐχ δή μοι, τέκνον·
δῆλον γάρ ἐστιν, ὅτι Ἑρμοκράτης οὐκ ἂν δοίη σοὶ τὴν
θυγατέρα τοσούτους ἔχων μνηστῆρας πλουσίους καὶ
βασιλεῖς. οὔκουν οὐδὲ πειράσαι σε δεῖ, μὴ φανερῶς ὑβρι-
σθῶμεν. Εἶθ' ὁ μὲν πατὴρ παρεμυθεῖτο τὸν παῖδα,
10 τῷ δ' ηὔξετο τὸ κακόν, ὥστε μηδ' ἐπὶ τὰς συνήθεις
προϊέναι διατριβάς. Ἐπόθει δὲ τὸ γυμνάσιον Χαι-
ρέαν, καὶ ὥσπερ. Ἐρήμιον . . . ην η . . ἐφίλει
γὰρ αὐτὸν ἡ νεολαία. Πολυπραγμονοῦντες δὲ τὴν αἰτίαν
ἔμαθον τῆς νόσου, καὶ ἔλεος πάντας εἰσήει μειρακίου
15 καλοῦ κινδυνεύοντος ἀπολέσθαι διὰ πάθος ψυχῆς εὐφυοῦς.
Ἐνέστη νόμιμος ἐκκλησία. Συγκαθεσθεὶς οὖν ὁ δῆμος
τοῦτο πρῶτον καὶ μόνον ἐβόα· καλὸς Ἑρμοκράτης,
μέγας στρατηγός, σῷζε Χαιρέαν. Τοῦτο πρῶτον τῶν
τροπαίων. Ἡ πόλις μνηστεύεται τοὺς γάμους σήμερον
20 ἀλλήλων ἀξίως. Τίς ἀνὴρ μηνύσειε τὴν ἐκκλησίαν
ἐκείνην, ἧς ὁ Ἔρως ἦν ὁ δημαγωγός; ἀνὴρ δὲ φιλόπα-
τρις Ἑρμοκράτης ἀντειπεῖν οὐκ ἠδυνήθη τῇ πόλει
δεομένῃ. Κατανεύσαντος δ' αὐτοῦ πᾶς ὁ δῆμος ἐξε-
πήδησε τοῦ θεάτρου, καὶ οἱ μὲν νέοι ἀπῄεσαν ἐπὶ
25 Χαιρέαν, ἡ βουλὴ δὲ καὶ οἱ ἄρχοντες ἠκολούθουν Ἑρ-
μοκράτει. Παρῆσαν δὲ καὶ αἱ γυναῖκες αἱ Συρακο-
σίων ἐπὶ τὴν οἰκίαν νυμφαγωγοῦσαι. Ὑμέναιος ᾔδετο
κατὰ πᾶσαν τὴν πόλιν· μεσταὶ δ' αἱ ῥύμαι στεφάνων,
λαμπάδων· ἐρραίνετο τὰ πρόθυρα οἴνῳ καὶ μύροις.
30 Ἥδιον ταύτην τὴν ἡμέραν ἤγαγον οἱ Συρακόσιοι τῆς
τῶν ἐπινικίων. Ἡ δὲ παρθένος, οὐδὲν εἰδυῖα τούτων,
ἔρριπτο ἐπὶ τῆς κοίτης ἐγκεκαλυμμένη, κλαίουσα καὶ
σιωπῶσα. Προσελθοῦσα δ' ἡ τροφὸς τῇ κλίνῃ, Τέκνον,
εἶπα, διανίστασο, πάρεστι γὰρ ἡ εὐκταιοτάτη πασῶν
35 ἡμῖν ἡμέρα. Ἡ πόλις σε νυμφαγωγεῖ.

Τῆς δ' αὐτοῦ λύτο γούνατα καὶ φίλον ἦτορ

οὐ γὰρ ᾔδει, τίνι γαμεῖται· ἄφωνος εὐθὺς ἦν καὶ σκότος
αὐτῆς τῶν ὀφθαλμῶν κατεχύθη καὶ ὀλίγου δεῖν ἐξέ-
πνευσεν. ἐδόκει δὲ τοῦτο τοῖς ὁρῶσιν αἰδώς. Ἐπεὶ
40 δὲ ταχέως ἐκόσμησαν αὐτὴν αἱ θεραπαινίδες, τὸ πλῆθος
ἐπὶ τῶν θυρῶν ἀπέλιπον· οἱ δὲ γονεῖς τὸν νυμφίον εἰσή-
γαγον πρὸς τὴν παρθένον. Ὁ μὲν οὖν Χαιρέας προσ-
δραμὼν αὐτὴν κατεφίλει, Καλλιρρόη δὲ γνωρίσασα
τὸν ἐρώμενον, ὥσπερ τι λύχνου φῶς ἤδη σβεννύμενον
45 ἐπιχυθέντος ἐλαίου, πάλιν ἐξέλαμψε καὶ μείζων ἐγί-
νετο καὶ κρείττων. Ἐπεὶ δὲ προῆλθεν εἰς τὸ δημό-
σιον, θάμβος ὅλον τὸ πλῆθος κατέλαβεν, ὥσπερ
Ἀρτέμιδος ἐν ἐρημίᾳ κυνηγέταις ἐπιστάσης. Πολλοὶ
δὲ τῶν παρόντων καὶ προσεκύνησαν· πάντες δὲ Χαι-
50 ρέαν μὲν ἐθαύμαζον, Καλλιρρόην δ' ἐμακάριζον. Τοιοῦ-
τον ὀμνύουσι ποιηταὶ τὸν Θέτιδος γάμον ἐν Πηλίῳ γεγο-
νέναι· πλὴν καὶ ἐνταῦθά τις εὑρέθη βάσκανος δαίμων,
ὥσπερ ἐκεῖ φασὶ τὴν Ἔριν.

nemini indicare audebat, deprehendi verens. Chæreas ju
venis dexter et magna spirans, vulnere jam tabefactus audet
tandem apud parentes amorem suum fateri, et quod vivere
porro nequeat, si Callirrhoës nuptiis exciderit. Ingemuit
ad hæc Ariston, et Peristi ergo, mi fili, ait. Qui enim
tibi suam daret Hermocrates filiam, cui præsto sunt tot
proci divites et reges? Igitur ne tentes quidem, ut fru-
strati risum de nobis ne faciamus. Dein pater demulcere
quidem filium; at malum huic crescere, ut nec consueta
frequentaret loca et exercitia. Desiderabat Chæream
gymnasium, ejus absentia quasi desolatum; juventus
enim illum amabat. Sollicite igitur indagantes hi compe-
ribant morbi causam, et miserabantur omnes pulchrum
juvenem ob animi nobilis affectionem de extremis pericli-
tantem. Erat stata concio. Facto itaque consessu, populus
hoc primum et solum clamat: Optime Hermocrates,
maxime imperator, serva Chæream. Illustrissimum hoc
erit inter tua tropæa. Civitas tota nuptias has conciliare
vult, utrisque dignas. Quis concionem illam describat,
cujus coactor erat Cupido? Patriæ sic, quam amabat,
precibus repugnare nescius Hermocrates, assentitur. Quo
facto, populus statim theatro prosilit, et juvenes quidem
ad Chæream accurrunt; Senatus autem et Archontes se-
quuntur Hermocratem. Aderant quoque Syracusanæ spon-
sam in sponsi domum deducturæ. Hymenæus per totam
urbem resonabat; pleni corollis angiportus tædisque; sparsa
vino et unguentis limina. Diem istum Syracusani hila-
riorem agebant, quam quo Athenienses profligaverant.
Omnium interim ignara, quæ gerebantur, cubabat in lecto
puella, operto capite, lacrymans, taciturna. Cui nutrix
torum aggressa: Surge, ait, filia; dies enim omnium nobis
exoptatissima illuxit. Urbs sponsam te deducet.

Illi autem pectus solvi, atque labascere crura,

ignaræ scilicet, cui nuberet, hærere vox faucibus, oculi
caligare; tantum non exspirare. Videbatur hic spectan-
tibus pudor esse. Interim famulæ sponsam propere co-
munt et ornant; turba ad fores manere jussa. E continenti
vero ceteri cum sponso adveniunt, eumque introducunt
ad virginem. Hanc ille accurrens invadit osculis: illa
vero, agnito amante, ut flamma lampadis jam emortua
oleo superinfuso, refulgebat, majorque et præcellentior
evadebat. Progrediente vero in publicum, stupore et sacro
quasi horrore corripitur omnis multitudo, uti fit, quum
Diana in desertis nemorum penetralibus derepente venato-
ribus apparet. Multi adorabant quoque: omnes Chæream
quidem admirabantur, sed Callirrhoën beatam prædica-
bant. Tales poëtæ nuptias Thetidis in monte Pelio canunt.
Verum tamen, ut ibi Discordia, sic etiam hic invidus
quidam deus deprehensus est.

Β΄. Οἱ γὰρ μνηστῆρες ἀποτυχόντες τοῦ γάμου λύπην ἐλάμβανον μετ' ὀργῆς. Τέως οὖν μαχόμενοι πρὸς ἀλλήλους, ὡμονόησαν τότε. Διὰ δὲ τὴν ὁμόνοιαν, ὑβρίσθαι δοκοῦντες, συνῆλθον εἰς βουλευτήριον κοινόν. Ἐστρατολόγει δ' αὐτοὺς ἐπὶ τὸν κατὰ Χαιρέου πόλεμον ὁ φθόνος. Καὶ πρῶτος ἀναστὰς νεανίας τις Ἰταλιώτης, υἱὸς τοῦ Ῥηγίνων τυράννου, τοιαῦτ' ἔλεγεν· Εἰ μέν τις ἐξ ἡμῶν ἔγημεν οὐκ ἂν ὠργίσθην, ὥσπερ ἐν τοῖς γυμνικοῖς ἀγῶσιν ἕνα (ἀεὶ) δεῖ νικῆσαι τῶν ἀγωνισαμένων· ἐπεὶ δὲ παρευδοκίμησεν ἡμᾶς ὁ μηδὲν ὑπὲρ γάμου πονήσας, οὐ φέρω τὴν ὕβριν. Ἡμεῖς δ' ἐτάθημεν αὐλείοις θύραις προσαγρυπνοῦντες καὶ κολακεύοντες τίτθας καὶ θεραπαινίδας καὶ δῶρα πέμποντες τροφοῖς πόσον χρόνον δεδουλεύκαμεν; καὶ τὸ πάντων χαλεπώτατον ὡς ἀντεραστὰς ἀλλήλους ἐμισήσαμεν. Ὁ δὲ πόρνος καὶ πένης, καὶ μηδενὸς κρείττων βασιλέων ἀγωνισαμένων αὐτὸς ἀκονιτὶ τὸν στέφανον ἤρατο. Ἀλλ' ἀνόνητον αὐτῷ γενέσθω τὸ ἆθλον καὶ τὸν γάμον θάνατον τῷ νυμφίῳ ποιήσωμεν. Πάντες οὖν ἐπῄνεσαν, μόνος δ' ὁ Ἀκραγαντίνων τύραννος ἀντεῖπε. Οὐκ εὐνοίᾳ δέ, εἶπε, τῇ πρὸς Χαιρέαν κωλύω τὴν ἐπιβουλήν, ἀλλ' ἀσφαλεστέρῳ τῷ λογισμῷ· μέμνησθε γάρ, ὅτι Ἑρμοκράτης οὐκ ἔστιν εὐκαταφρόνητος· ὥστ' ἀδύνατος ἡμῖν πρὸς αὐτὸν ἡ ἐκ τοῦ φανεροῦ μάχη. κρείττων δ' ἡ μετὰ τέχνης. καὶ γὰρ τὰς τυραννίδας πανουργίᾳ μᾶλλον ἢ βίᾳ κτώμεθα· χειροτονήσατέ με τοῦ πρὸς Χαιρέαν πολέμου στρατηγόν. Ἐπαγγέλλομαι διαλύσειν τὸν γάμον. Ἐφοπλιῶ γὰρ αὐτῷ ζηλοτυπίαν, ἥτις σύμμαχον λαβοῦσα τὸν ἔρωτα μέγα τὸ κακὸν ἀναπράξεται. Καλλιρρόη μὲν οὖν εὐσταθὴς καὶ ἄπειρος κακοήθους ὑποψίας, ὁ δὲ Χαιρέας, οἷα δὴ γυμνασίοις ἐντραφεὶς καὶ νεωτερικῶν ἁμαρτημάτων οὐκ ἄπειρος, δύναται ῥᾳδίως ὑποπτεύσας ἐμπεσεῖν εἰς νεωτερικὴν ζηλοτυπίαν. ἔστι δὲ καὶ προσελθεῖν ἐκείνῳ ῥᾷον καὶ λαλῆσαι. Πάντες ἔτι λέγοντος αὐτοῦ τὴν γνώμην ἐπεψηφίσαντο, καὶ τὸ ἔργον ἐνεχείρισαν, ὡς ἀνδρὶ πᾶν ἱκανῷ μηχανήσασθαι. Τοιαύτης οὖν ἐπινοίας ἐκεῖνος ἤρξατο.

Γ΄. Ἑσπέρα μὲν ἦν, ἧκε δ' ἀγγέλλων τις, ὅτι Ἀρίστων, ὁ πατὴρ Χαιρέου, πεσὼν ἀπὸ κλίμακος ἐν ἀγρῷ, πάνυ ὀλίγας ἔχει τοῦ ζῆν τὰς ἐλπίδας. Ὁ δὲ Χαιρέας ἀκούσας, καίτοι φιλοπάτωρ ὤν, ὅμως ἐλυπήθη πλέον ὅτι ἔμελλεν ἀπελεύσεσθαι μόνος. οὐ γὰρ οἷόν τ' ἦν ἐξάγειν ἤδη τὴν κόρην. Ἐν δὲ τῇ νυκτὶ ταύτῃ φανερῶς μὲν οὐδεὶς ἐτόλμησεν ἐπικωμάσαι· κρύφα δὲ καὶ ἀδήλως ἐπελθόντες σημεῖα κώμου * ἦσαν καὶ κατέλιπον· ἐστεφάνωσαν τὰ πρόθυρα, μύροις ἔρραναν, οἴνου πηλὸν ἐποίησαν. δᾷδας ἔρριψαν ἡμικαύστους. Διέλαμψεν ἡμέρα, καὶ πᾶς ὁ παριὼν ἐφειστήκει κοινῷ τινι πολυπραγμοσύνης πάθει. Χαιρέας δέ, τοῦ πατρὸς αὐτοῦ ῥᾷον ἐσχηκότος, ἔσπευδε πρὸς τὴν γυναῖκα. ἰδὼν δὲ τὸν ὄχλον πρὸ τῶν θυρῶν, τὸ μὲν πρῶτον ἐθαύμασεν, ἐπεὶ δ' ἔμαθε τὴν αἰτίαν, ἐνθουσιῶν εἰστρέχει. Καταλαβὼν δὲ τὸν θάλαμον ἔτι

κεκλεισμένον, ἤρασσε μετὰ σπουδῆς. ἐπεὶ δ' ἀνέῳγεν
ἡ θεραπαινὶς, ἐπιπεσὼν τῇ Καλλιρρόῃ, τὴν ὀργὴν με-
τέβαλεν εἰς λύπην, καὶ περιρρηξάμενος ἔκλαε. Πυν-
θανόμενος δὲ τί γέγονεν, ἄφωνος ἦν οὔτ' ἀπιστεῖν οἷς
5 εἶδεν, οὔτε πιστεύειν οἷς οὐκ ἤθελε, δυνάμενος. Ἀπο-
ρουμένου δ' αὐτοῦ καὶ τρέμοντος ἡ γυνὴ μηδὲν ἐπι-
νοοῦσα τῶν γεγονότων, ἱκέτευεν εἰπεῖν τὴν αἰτίαν τοῦ*,
ὁ δ' ὑφαίμοις τοῖς ὀφθαλμοῖς, καὶ τραχεῖ τῷ φθέγματι·
κλάω, φησὶ, τὴν ἐμαυτοῦ τύχην, ὅτι μου ταχέως ἐπε-
10 λάθου. καὶ τὸν κῶμον ὠνείδισεν. Ἡ δὲ, οἷα θυγάτηρ
στρατηγοῦ καὶ φρονήματος πλήρης, πρὸς τὴν ἄδικον
διαβολὴν παρωξύνθη. Καὶ, οὐδεὶς ἐπὶ τὴν πατρῴαν
οἰκίαν ἐκώμασεν, εἶπε, τὰ δὲ σὰ πρόθυρα συνήθη τυ-
γὸν ἐστι τοῖς κώμοις. καὶ τὸ γεγαμηκέναι σε λυπεῖ
15 τοὺς ἐραστάς. Ταῦτ' εἰποῦσα ἀπεστράφη καὶ ἐγκα-
λυψαμένη δακρύων ἀφῆκε πηγάς. εὔκολοι δὲ τοῖς ἐρῶ-
σιν αἱ διαλλαγαὶ καὶ πᾶσαν ἀπολογίαν ἡδέως ἀλλήλων
προσδέχονται· μεταβαλλόμενος οὖν ὁ Χαιρέας ἤρξατο
κολακεύειν, καὶ ἡ γυνὴ ταχέως αὐτοῦ τὴν μετάνοιαν
20 ἠσπάζετο. Ταῦτα μᾶλλον ἐξέκαυσε τὸν ἔρωτα καὶ οἱ
ἀμφοτέρων αὐτῶν γονεῖς μακαρίους αὐτοὺς ὑπελάμβα-
νον τὴν τῶν τέκνων ὁρῶντες ὁμόνοιαν.

Δ'. Ὁ δ' Ἀκραγαντῖνος, διαπεπτωκυίας αὐτῷ τῆς
πρώτης τέχνης, ἥπτετο λοιπὸν ἐνεργεστέρας κατα-
25 σκευῆς τι τοιοῦτον. Ἦν αὐτῷ παράσιτος στωμύλος
καὶ πάσης χάριτος ὁμιλητικῆς ἔμπλεως. τοῦτον ἐκέ-
λευσεν ὑποκριτὴν ἔρωτος γενέσθαι. τὴν ἅβραν γὰρ
τῆς Καλλιρρόης καὶ τιμιωτάτην τῶν θεραπαινίδων προσ-
εποιεῖτο φιλεῖν. πολὺς οὖν ἐνέκειτο, πλὴν ὑπηγάγετο
30 τὴν μείρακα μεγάλαις δωρεαῖς, τῷ τε λέγειν ἀπάγ-
ξεσθαι μὴ τυχὼν τῆς ἐπιθυμίας. Γυνὴ δ' εὐάλωτόν
ἐστιν, ὅταν ἐρᾶσθαι δοκῇ. Ταῦτ' οὖν προκατασκευα-
σάμενος ὁ δημιουργὸς τοῦ δράματος, ὑποκριτὴν ἕτερον
ἐξηῦρεν, οὐκέτι ὁμοίως εὔχαριν, ἀλλὰ πανοῦργον καὶ
35 ἀξιόπιστον λαλῆσαι. Τοῦτον προδιδάξας ἃ χρὴ πράτ-
τειν καὶ λέγειν, ὑπέπεμψεν ἀγνῶτα τῷ Χαιρέᾳ. Προσ-
ελθὼν δ' ἐκεῖνος αὐτῷ περὶ τὰς παλαίστρας ἀλύοντι,
κἀμοὶ, φησὶν, υἱὸς ἦν, ὦ Χαιρέα, σὸς ἡλικιώτης, πάνυ
σε θαυμάζων καὶ φιλῶν, ὅτ' ἔζη. τελευτήσαντος
40 δ' αὐτοῦ, σὲ υἱὸν ἐμαυτοῦ νομίζω, καὶ γὰρ εἶ κοινὸν
ἀγαθὸν πάσης Σικελίας εὐτυχῶν. Δὸς οὖν μοι σχο-
λάζοντα σεαυτὸν καὶ ἀκούσῃ μεγάλα πράγματα ὅλῳ
τῷ βίῳ σου διαφέροντα. Τοιούτοις ῥήμασιν ὁ μιαρὸς
ἐκεῖνος ἄνθρωπος τοῦ μειρακίου τὴν ψυχὴν ἀνακου-
45 φίσας, καὶ μεστὸν ποιήσας ἐλπίδος, καὶ φόβου καὶ
πολυπραγμοσύνης δεομένου λέγειν ὤκνει καὶ προεφα-
σίζετο μὴ εἶναι τὸν καιρὸν ἐπιτήδειον τὸν παρόντα,
δεῖν δ' ἀναβολῆς καὶ σχολῆς μακροτέρας. Ἐνέκειτο
μᾶλλον ὁ Χαιρέας, ἤδη τι προσδοκῶν βαρύτερον.
50 Ὁ δ' ἐμβαλὼν αὐτῷ τὴν δεξιὰν, ἀπῆγεν εἴς τι χωρίον
ἠρεμαῖον, εἶτα συναγαγὼν τὰς ὀφρῦς καὶ ὅμοιος γενό-
μενος λυπουμένῳ, μικρὸν δέ τι καὶ δακρύσας· Ἀηδῶ
μὲν, εἶπε, ὦ Χαιρέα, σκυθρωπόν σοι πρᾶγμα μηνύων,
καὶ πάλαι βουλόμενος εἰπεῖν ὤκνουν· ἐπεὶ δ' ἤδη φα-

cilla aperuerat, incidens in Callirrhoën, iram convertit in
tristitiam, vestibusque dilaniatis, plorat; sciscitans quid
actum obmutuit neque diffidere habens, quæ videbat, neque
credere, quæ nolebat. Uxor, eorum, quæ acciderant,
penitus ignara, trepidantem et perplexum supplex rogat,
velit dicere, (quid sibi offecerit.) Ille vero sanguine
plenis oculis et aspera voce : Sortem deploro meam, ait,
et quod tam cito mei oblita sis. Simulque de comessa-
tione exprobrat. Illa, ut filia Prætoris, et spiritus gerens
haud parvos, ad tam iniquam exacerbata invidiam : Nemo,
ait, ad domum patris mei adiit comessator : hæc vero li-
mina forsan assueta jam comessationibus. Nuptiæ nostræ
urunt amatores. His dictis aversa operto capite lacry-
marum remisit scaturigines. Facile autem est amantibus
in gratiam redire secum, omnemque libenter accipiunt
vicissim excusationem. Mutata igitur mente Chæreas illi
blandiri; illa sine mora pœnitentiam ejus admittere. Sic
acrius exarsit amor, et beatos se reputabant utriusque pa-
rentes, perspecta liberorum suorum concordia.

IV. Agrigentinus autem, dilapsa sibi prima ista machi-
natione, quod supererat, efficaciores alias instruebat. Erat
illi parasitus, facetus homo, omniumque gratiarum plenus,
quæ faciunt et continent consuetudinem. Illic amantis
mimum facere jussus, pedissequam Callirrhoës et inter
ancillas ejus primam loco adortus, amare simulabat, cui
persuadere instabat et difficulter, multis tamen muneribus
puellam superat, et eo quod vitam resti finire velle diceret,
nisi votis potiretur. Fœmina vero, ubi putat amari, facile
expugnatur. His præparatis, alterum sibi comparabat
histrionem editor hujus ludi, non æque, atque iste, ve-
nustulum, sed vafræ hominem malitiæ, qui ficto candore
fidem et confidentiam tibi disserens extorserit. Hunc, quæ
facere quæque dicere oporteret edoctum, submittit igno-
tum Chæreæ; quem adortus ille circa palæstras otio obam-
bulantem : Et mihi erat filius, inquit, æqualis ille tuus,
tui ille tantus admirator et amicus, quamdiu vixit, mortuo
autem illo, filium te meum reputo. Es enim, dum tibi
bene sit, commune Siciliæ bonum. Vacuum ergo te mihi
da, et audies magnas res, quas omnis tuæ vitæ interest
non ignorasse. Sic dejectam de constantia sua juvenis
mentem quum levem fecisset et ventosam, et spe et timore
atque intempestiva sedulitate replesset istud scelus, nostro
rogante dicere tergiversabatur, tempus præsens minus
opportunum caussatus, opus esse potioris otii et moræ
majoris. Quo Chæreas instare magis, jam exspectans
aliquid gravius. Dextra igitur sua prehensum seducit
illum in locum solitarium, et caperata fronte simulans
afflictum, quin et sublacrymans : Invitus ego quidem tibi,
ait, indico triste negotium, et quamvis dudum promere
voluerim, adhuc id facere refugi. Quando vero nunc

νερῶς ὑβρίζῃ καὶ θρυλεῖται πανταχοῦ τὸ δεινόν, οὐχ
ὑπομένω σιωπᾶν· φύσει τε γὰρ μισοπόνηρός εἰμι καὶ
σοὶ μάλιστα εὔνους. Γίνωσκε τοίνυν μοιχευομένην
σου τὴν γυναῖκα καὶ ἵνα τούτῳ πιστεύσῃς, ἕτοιμος
5 ἐπ' αὐτοφώρῳ τὸν μοιχὸν δεικνύειν.

"Ως φάτο· τὸν δ' ἄχεος νεφέλη ἐκάλυψε μέλαινα,
Ἀμφοτέρῃσι δὲ χερσὶν ἑλὼν κόνιν αἰθαλόεσσαν
Χεύατο κακκεφαλῆς, χάριεν δ' ᾔσχυνε πρόσωπον.

Ἐπὶ πολὺ μὲν οὖν ἀχανὴς ἔκειτο, μήτε τὸ στόμα,
10 μήτε τοὺς ὀφθαλμοὺς, ἐπᾶραι δυνάμενος, ἐπεὶ δὲ φωνὴν
οὐχ ὁμοίαν μὲν, ὀλίγην δὲ συνελέξατο· Δυστυχῇ μὲν,
εἶπεν, αἰτῶ παρὰ σοῦ χάριν, αὐτόπτης γενέσθαι τῶν
ἐμῶν κακῶν, ὅμως δὲ δεῖξον ὅπως εὐλογώτερον
ἐμαυτὸν ἀνέλω. Καλλιρρόης γὰρ καὶ ἀδικούσης φεί-
15 σομαι. Προσποίησαι, φησὶν, ὡς εἰς ἀγρὸν ἀπιέναι·
βαθείας δ' ἑσπέρας παραφύλαττε τὴν οἰκίαν. ὄψει
γὰρ εἰσιόντα τὸν μοιχόν. Συνέθετο ταῦτα, καὶ ὁ μὲν
Χαιρέας πέμψας, (οὐ γὰρ αὐτὸς ὑπέμεινεν οὐδ' εἰσελ-
θεῖν,) Ἄπειμι, φησὶν, εἰς ἀγρόν. Ὁ δὲ κακοήθης
20 ἐκεῖνος καὶ διάβολος συνέταττε τὴν σκηνήν. Ἑσπέρας
οὖν ἐπιστάσης ὁ μὲν ἐπὶ τὴν κατασκοπὴν ἦλθεν, ὁ δὲ
τὴν ἕδραν τῆς Καλλιρρόης διαφθείρας ἐνέβαλεν εἰς τὸν
στενωπὸν, ὑποκρινόμενος μὲν τὸν λαθραίοις ἔργοις ἐπι-
χειρεῖν προαιρούμενον, πάντα δὲ μηχανώμενος ἵνα μὴ
25 λάθοι· κόμην εἶχε λιπαρὰν καὶ βοστρύχους μύρων
ἀποπνέοντας, ὀφθαλμοὺς ὑπογεγραμμένους, ἱμάτιον
μαλακὸν, ὑπόδημα λεπτόν· δακτύλιοι βαρεῖς ὑπέστιλ-
βον. εἶτα πολὺ περιβλεψάμενος τῇ θύρᾳ προσῆλθε,
κρούσας δ' ἐλαφρῶς τὸ εἰωθὸς ἔδωκε σημεῖον. Ἡ δὲ
30 θεράπαινα, καὶ αὐτὴ περίφοβος, ἠρέμα παραινοίξασα
καὶ λαβομένη τῆς χειρὸς, εἰσήγαγε. Ταῦτα θεασά-
μενος Χαιρέας οὐκέτι κατέσχεν ἀλλ' εἰσέδραμεν ἐπ' αὐ-
τοφώρῳ τὸν μοιχὸν ἀναιρήσων. Ὁ μὲν οὖν παρὰ τὴν
αὔλειον θύραν ὑποστὰς, εὐθὺς ἐξῆλθεν. Ἡ δὲ Καλ-
35 λιρρόη ἐκάθητο ἐπὶ τῆς κλίνης ζητοῦσα Χαιρέαν καὶ
μηδὲ λύχνον ἅψασα διὰ τὴν λύπην· ψόφου δὲ ποδῶν
γενομένου, πρώτη τοῦ ἀνδρὸς ᾔσθετο τὴν ἀναπνοὴν καὶ
χαίρουσα αὐτῷ προσέδραμεν. Ὁ δὲ φωνὴν μὲν οὐκ
ἔσχεν ὥστε λοιδορήσασθαι, κρατούμενος δ' ὑπὸ τῆς
40 ὀργῆς ἐλάκτισε προσιοῦσαν. Εὐστόχως οὖν ὁ ποὺς
κατὰ τοῦ διαφράγματος ἐξαχθεὶς ἐπέσχε τῆς παιδὸς τὴν
ἀναπνοήν. ἐρριμμένην δ' αὐτὴν αἱ θεραπαινίδες
βαστάσασαι κατέκλιναν ἐπὶ τὴν κοίτην. Καλλιρρόη
μὲν οὖν ἄφωνος καὶ ἄπνους ἔκειτο νεκρᾶς εἰκόνα πᾶσι
45 παρέχουσα.

Ε'. Φήμη δὲ, ἄγγελος τοῦ πάθους, καθ' ὅλην τὴν
πόλιν διέτρεχεν, οἰμωγὴν ἐγείρουσα διὰ τῶν στενωπῶν
ἄχρι τῆς θαλάττης, καὶ πανταχόθεν ὁ θρῆνος ἠκούετο,
καὶ τὸ πρᾶγμα ἐῴκει πόλεως ἁλώσει. Χαιρέας δὲ,
50 ἔτι τῷ θυμῷ ζέων, δι' ὅλης νυκτὸς, ἀποκλείσας ἑαυτὸν,
ἐβασάνιζε τὰς θεραπαινίδας, πρώτην δὲ καὶ τελευταίαν
τὴν Ἄβραν. ἔτι δὲ καομένων καὶ τεμνομένων αὐ-
τῶν, ἔμαθε τὴν ἀλήθειαν. Τότε ἔλεος αὐτὸν εἰσῆλθε
τῆς ἀποθανούσης καὶ ἀποκτεῖναι μὲν ἑαυτὸν ἐπεθύμει,

palam illuderis, et malum per omnium increbuit ora,
tacere porro non sustineo. Nam et mali cujusvis osorem
natura me finxit, et tui maximopere studiosum. Scito
igitur, uxorem tuam moechari. Quod quo credas, en pa-
ratus sum adulterum tibi sub ipso flagitii momento sistere.

Dixit : at is, nigra quasi nube doloris amictus,
Ambabus furvam circum accumulare favillam
In caput, et vultus olim fœdare venustos.

Diu jacebat intercepto sermone, neque os attollere, neque
oculos, valens. Ut tandem ipsi non quidem solita, aliqua
tamen, rediit vox : Gratiam te rogo, ait Chæreas, mise-
ram quidem illam, ut efficias me meorum malorum spec-
tatorem, sed ostende tamen : quo me meliore jure jam de
medio tollere queam. Nam Callirrhoæ quidem vel in me
injuriæ parcam. Finge, ait alter, rus abire : profunda
autem vespera observa domum ; videbis enim intrantem
moechum. His condictis, Chæreas quidem misso nuntio
rus abire significat ; ipse enim, ut domum rediret a se non
poterat impetrare. Nebulo autem iste et concordiæ tur-
bator scenam interim instruebat ; vesperaque facta con-
tendebat ad perficiendum drama, quando simul corruptor
ancillæ istius Callirrhoës in angiportum se conjicit, simu-
lans quidem hominem, cui clandestina moliri et tenebris
digna sedet ; omnia tamen eo comparaverat, ut ne lateret.
Illi coma nitida, cincinni unguento fragrantes, oculi picti,
vestitus mollis, calceatus tenuis ; annuli ponderosi per te-
nebras micabant. Sic multum et sollicite quaquaversum
circumspectans ad fores accedit, et suspensa manu pro more
pulsatis consuetum edit signum, ipsa quoque ancilla per-
quam timida sine crepitu et adaperta modo janua prehen-
sum manu intromittit. Quo viso Chæreas se non amplius
continere, sed intro currere, ut in ipso opere corruptorem
trucidaturus. Alter vero, cum substitisset ad vestibuli
januam, statim exiit. Callirrhoë interim toro residebat,
Chæream desiderans, et præ mœrore ne lucernam quidem
accendi passa ; strepituque pedum facto prima sentiebat
animam viri sui, et occurrebat illi læta. Ille autem, voce,
qua eam increparet, defectus, iracum impotens prope
accedentem calce ferit. Pes directe contra diaphragma
puellæ impactus spiritum illi intercludebat. . Prostratam
tollunt, lectoque reponunt ancillæ. Sic sine voce, sine
vita jacebat porrecta Callirrhoë, mortuæ speciem omnibus
exhibens.

V. Fama casus nuntia totam urbem pervagata gemitus
excitabat et ejulationes per angiportus ad mare usque,
haud secus ac si urbs ipsa capta foret. Chæreas interim
ira fervidus adhuc, clausa domo, tormentis in ergastulo
per totam noctem in ancillas inquirebat, et earum quidem
primam pariter atque ultimam istam pedissequam ; quæ
dum uruntur adhuc et secantur, comperta veritate, mise-
ricordia mortuæ ductus ipse semet occidere ruebat ; nisi

27.

Πολύχαρμος δ' ἐκώλυε, φίλος ἐξαίρετος τοιοῦτος οἷον
Ὅμηρος ἐποίησε Πάτροκλον Ἀχιλλέως. Ἡμέρας δὲ
γενομένης, οἱ ἄρχοντες ἐκλήρουν δικαστήριον τῷ φο-
νεῖ, διὰ τὴν πρὸς Ἑρμοκράτην τιμὴν ἐπισπεύδοντες
5 τὴν κρίσιν. Ἀλλὰ καὶ ὁ δῆμος ἅπας εἰς τὴν ἀγορὰν
συνέτρεχεν, ἄλλων ἄλλα κεκραγότων. Ἐδημοκόπουν
δ' οἱ τῆς μνηστείας ἀποτυχόντες καὶ ὁ Ἀκραγαντῖνος
ὑπὲρ ἅπαντας, λαμπρός τε καὶ σοβαρός, οἷον διαπρα-
ξάμενος ἔργον ὃ μηδεὶς ἂν προσεδόκησε. Συνέβη δὲ
10 πρᾶγμα καινὸν καὶ ἐν δικαστηρίῳ μηδεπώποτε πραχ-
θέν· ῥηθείσης γὰρ τῆς κατηγορίας ὁ φονεὺς, μετρηθέν-
τος αὐτῷ τοῦ ὕδατος, ἀντὶ τῆς ἀπολογίας αὐτοῦ κατη-
γόρησε πικρότερον καὶ πρῶτος τὴν καταδικάζουσαν
ψῆφον ἤνεγκεν, οὐδὲν εἰπὼν τῶν πρὸς τὴν ἀπολογίαν
15 δικαίων, οὐ τὴν διαβολὴν, οὐ τὴν ζηλοτυπίαν, οὐ τὸ
ἀκούσιον, ἀλλ' ἐδεῖτο πάντων· Δημοσίᾳ με καταλεύ-
σατε. Ἀπεστεφάνωσα τὸν δῆμον. Φιλάνθρωπόν ἐστιν,
ἂν παραδῶτέ με δημίῳ. Τοῦτ' ὤφειλον ἂν παθεῖν,
εἰ καὶ θεραπαινίδα Ἑρμοκράτους ἀπέκτεινα. Τρόπον
20 ζητήσατε κολάσεως ἀπόρρητον. Χείρονα δέδρακα
ἱεροσύλων καὶ πατροκτόνων. Μὴ θάψητέ με. Μὴ
μιάνητε τὴν γῆν, ἀλλὰ τὸ ἀσεβὲς καταποντώσατε
σῶμα. Ταῦτα λέγοντος θρῆνος ἐξερράγη, καὶ πάντες
ἀφέντες τὴν νεκρὰν τὸν ζῶντα ἐπένθουν. Ἑρμοκρά-
25 της συνηγόρησε Χαιρέᾳ πρῶτος. Ἐγὼ, φησίν, ἐπί-
σταμαι τὸ συμβὰν ἀκούσιον ὄν. βλέπω τοὺς ἐπιβου-
λεύοντας ἡμῖν. οὐκ ἐφησθήσονται δυσὶ νεκροῖς, οὐδὲ
λυπήσω τεθνεῶσαν τὴν θυγατέρα. Ἤκουσα λεγούσης
αὐτῆς πολλάκις, ὅτι αὑτῆς μᾶλλον θέλει Χαιρέαν ζῆν.
30 Παύσωμεν οὖν τὸ περισσὸν δικαστήριον ἐπὶ τὸν ἀναγ-
καῖον ἀπίωμεν τάφον. Μὴ παραδῶμεν χρόνῳ τὴν
νεκρὰν, μηδ' ἄμορφον τῇ παρολκῇ ποιήσωμεν τὸ σῶμα.
Θάψωμεν Καλλιρρόην ἔτι καλήν. Οἱ μὲν οὖν δικασ-
ταὶ τὴν ἀπολύουσαν ψῆφον ἔθεσαν.
35 ϛ'. Χαιρέας δ' οὐκ ἀπέλυεν ἑαυτὸν ἀλλ' ἐπεθύμει
θανάτου καὶ πάσας ὁδοὺς ἐμηχανᾶτο τῆς τελευτῆς.
Πολύχαρμος δ' ὁρῶν ἄλλως ἀδύνατον ἑαυτῷ τὴν σω-
τηρίαν· Προδότα, φησί, τῆς νεκρᾶς, οὐδὲ θάψαι Καλ-
λιρρόην ὑπομενεῖς; ἀλλοτρίαις χερσὶ τὸ σῶμα πιστεύεις;
40 καιρός ἐστί σοι νῦν ἐνταφίων ἐπιμελεῖσθαι πολυτελείας
καὶ τὴν ἐκκομιδὴν κατασκευάσαι βασιλικήν. Ἔπει-
σεν οὗτος ὁ λόγος· ἐνέβαλε γὰρ φιλοτιμίαν καὶ φρον-
τίδα. Τίς ἂν οὖν ἀπαγγεῖλαι δύναιτο κατ' ἀξίαν τὴν
ἐκκομιδὴν ἐκείνην; κατέκειτο μὲν Καλλιρρόη νυμφι-
45 κὴν ἐσθῆτα περικειμένη καὶ ἐπὶ χρυσηλάτου κλίνης
μείζων τε καὶ κρείττων, ὥστε πάντες εἴκαζον αὐτὴν
Ἀριάδνῃ καθευδούσῃ. Προῆεσαν δὲ τῆς κλίνης πρῶ-
τοι μὲν οἱ Συρακοσίων ἱππεῖς, αὐτοῖς ἵπποις κεκοσμη-
μένοι, μετὰ τούτους ὁπλῖται φέροντες σημεῖα τῶν
50 Ἑρμοκράτους τροπαίων, εἶθ' ἡ βουλὴ καὶ ἐν μέσῳ τῷ
δήμῳ πάντες Ἑρμοκράτην δορυφοροῦντες. Ἐφέρετο
δὲ καὶ Ἀρίστων, ἔτι νοσῶν, θυγατέρα καὶ κυρίαν Καλ-
λιρρόην ἀποκαλῶν. Ἐπὶ τούτοις αἱ γυναῖκες τῶν πο-
λιτῶν μελανείμονες, εἶτα πλοῦτος ἐνταφίων βασιλικός.

Polycharmus intercessisset, singularis amicus nostri, qua-
lem Homerus Achillis Patroclum cecinit. Altero mane
Archontes quæstionem suscipiebant in homicidam, et ur-
gebant negotium Hermocratis reverentia. Omnis populus
in forum concurrebat, alius alia clamantes. Maxime as-
sentabantur populo elusi proci, et præ ceteris Agrigentinus
ille, splendidus incedens et superbus, ut qui confecerit quod
nemo exspectasset. Accidebat autem novum quid et in
foro nunquam antea visum. Accusatione nempe dicta,
et admensa reo aqua, ipse in se, omissa omni defensione,
acerbe invectus condemnantem primus tulit calculum, et
missis justis excusationis titulis, quod calumnia delusus,
quod æmulus, quod invitus fecerit, omnes hoc modo suppli-
cabat : Communi me suffragio manuque lapidate , obsecro-
Populo huic coronam abstuli. Nimis benigne mecum agetis,
si carnifici tradideritis. Id vel ancilla Hermocratis peremta
meruissem. Novum exquirite supplicium. Scelestiora
sacrilegis et parricidis perpetravi. Ne me sepelite, velim ,
ne polluite terram, sed æquore impium corpus mergite.
Ejulatum hæc audientibus excutiebant, luctusque transfe-
rebatur omnis a mortua in vivum. Primus Hermocrates
patrocinari reo. Novi, ait, præter voluntatem, quidquid
id est, accidisse. Coram video nobis insidiatos. At non
illætabuntur duobus funeribus, neque mortuam ego filiam
contristabo, quam sæpius audivi dicere, vitam Chæreæ
sua sibi cariorem esse. Abjecto itaque supervacaneo judi-
cio, ad necessarias accingamur exsequias. Ne tempori
mortuam tradamus, neque faciamus mora corpus minus
formosum. Pulchram adhuc sepeliamus Callirrhoen. Ju-
dices itaque calculum ferebant absolventem.

VI. Chæreas sibi non item, sed mortis avidus, fati
omnes vias tentabat. Polycharmus ergo videns, se non posse
vivum illum servare : Non differs saltem mori , ait, dum
Callirrhoën sepelias, o mortuæ proditor? Alienis manibus
cadaver accredis? Jam tempus erat splendida tymbi orna-
menta et exsequias curare regias. Approbavit hanc illi sen-
tentiam, eoque ambitionem et curam indidit. Quis jam digne
funus illud enunciet ? Callirrhoë stola, qua sponsa fuerat
induta, recumbebat super lecto solidi auri, viva major et
pulchrior, adeo ut omnes Ariadnæ dormienti compararent.
Lectum præibant primi quidem equites Syracusani, ipsis
cum suis equis ornati. Sequebatur gravis armatura victo-
riarum Hermocratis monumenta præferens. Succedebat
Senatus, et in medio populo omnes Hermocratem stipantes.
Ariston quoque æger adhuc portabatur, Callirrhoën iten-
tidem filiam atque dominam compellans. Ibant porro
civium uxores pullatæ; tum divitiæ sepulcrales plane re-

LIBER I.

Πρῶτος μὲν ὁ τῆς φερνῆς χρυσός τε καὶ ἄργυρος, ἐσθήτων κάλλος καὶ κόσμος, (συνέπεμψε δὲ (καὶ) Ἑρμοκράτης πολλὰ ἐκ τῶν λαφύρων), συγγενῶν τε δωρεαὶ καὶ φίλων, τελευταῖος δ' ἐπηκολούθησεν ὁ Χαιρέου πλοῦτος· ἐπεθύμει γάρ, εἰ δυνατὸν ἦν, πᾶσαν τὴν οὐσίαν συγκαταφλέξαι τῇ γυναικί. Ἔφερον δὲ τὴν κλίνην οἱ Συρακοσίων ἔφηβοι, καὶ ἐπηκολούθει τὸ πλῆθος. Τούτων δὲ θρηνούντων μάλιστα Χαιρέας ἠκούετο.

Ἦν δὲ τάφος μεγαλοπρεπὴς Ἑρμοκράτους πλησίον τῆς θαλάσσης, ὥστε καὶ τοῖς πόρρωθεν πλέουσι περίβλεπτος εἶναι· τοῦτον. ὥσπερ θησαυρὸν ἐπλήρωσεν ἡ τῶν ἐνταφίων πολυτέλεια. Τὸ δὲ δοκοῦν εἰς τιμὴν τῆς νεκρᾶς γεγονέναι μειζόνων πραγμάτων ἐκίνησεν ἀρχήν.

Ζ'. Θήρων γάρ τις ἦν, πανοῦργος ἄνθρωπος, ἐξ ἀδικίας πλέων τὴν θάλασσαν καὶ λῃστὰς ἔχων ἐφορμοῦντας τοῖς λιμέσιν. Ὄνομα πορθμίου πειρατήριον. συγκροτῶν οὗτος τῇ ἐκκομιδῇ παρατυχών, ἐπωφθάλμησε τῷ χρυσῷ· καὶ νύκτωρ κατὰ κλίνης οὐκ ἐκοιμᾶτο λέγων πρὸς ἑαυτόν· Ἀλλ' ἐγὼ κινδυνεύω μαχόμενος τῇ θαλάσσῃ καὶ τοὺς ζῶντας ἀποκτείνων ἕνεκα λημμάτων μικρῶν, ἐξὸν πλουτῆσαι παρὰ μιᾶς νεκρᾶς· ἀνερρίφθω κύβος· οὐκ ἀφήσω τὸ κέρδος. Τίνας δ' οὖν ἐπὶ τὴν πρᾶξιν στρατολογήσω; σκέψαι, Θήρων, τίς ἐπιτήδειος, ὧν οἶδα. Ζηνοφάνης ὁ Θούριος; συνετὸς μὲν, ἀλλὰ δειλός. Μένων ὁ Μεσήνιος; τολμηρὸς μὲν, ἀλλὰ προδότης. Ἐπεξιὼν δὲ τῷ λογισμῷ καθέκαστον, ὥσπερ ἀργυρογνώμων, πολλοὺς ἀποδοκιμάσας, ὅμως ἔδοξε τινὰς ἐπιτηδείους. Ἕωθεν οὖν διατρέχων εἰς τὸν λιμένα, ἕκαστον αὐτῶν ἀνεζήτει. Εὗρε δ' ἐνίους μὲν ἐν πορνείοις, τοὺς δ' ἐν καπηλείοις, οἰκεῖον στρατὸν τοιούτῳ στρατηγῷ. Φήσας οὖν ἔχειν τι διαλεχθῆναι πρὸς αὐτοὺς ἀναγκαῖον, κατόπιν τοῦ λιμένος ἀπήγαγε καὶ τούτων ἤρξατο τῶν λόγων· Ἐγὼ θησαυρὸν εὑρὼν ὑμᾶς κοινωνοὺς εἱλόμην ἐξ ἁπάντων· οὐ γάρ ἐστιν ἑνὸς τὸ κέρδος, οὐδὲ πόνου πολλοῦ δεόμενον, ἀλλὰ μία νὺξ δύναται ποιῆσαι πάντας ἡμᾶς πλουσίους. Οὐκ ἀπείρος δ' ἐσμὲν τοιούτων ἐπιτηδευμάτων, ἃ παρὰ μὲν τοῖς ἀνοήτοις ἀνθρώποις ἔχει διαβολὴν, ὠφέλειαν δὲ τοῖς φρονίμοις δίδωσι. Συνῆκαν εὐθὺς ὅτι λῃστείαν, ἢ τυμβωρυχίαν, ἢ ἱεροσυλίαν καταγγέλλει. Καὶ Παῦσαι, ἔφασαν, (ὡς) πεπεισμένων ἤδη, καὶ μόνον μήνυε τὴν πρᾶξιν καὶ τὸν καιρὸν μὴ παραπολλύωμεν. Ὁ δὲ Θήρων ἔνθεν ἑλὼν Ἑωράκατε, φησί, χρυσὸν καὶ ἄργυρον τῆς νεκρᾶς. οὗτος ἡμῶν τῶν ζώντων ὅτι ἀληθέστερος γένοιτ' ἄν. Δοκεῖ δή μοι νυκτὸς ἀνοῖξαι τὸν τάφον, εἶτ' ἐνθεμένους τῷ κέλητι, πλεύσαντας ὅποι ποτ' ἂν φέρῃ τὸ πνεῦμα, διαπωλῆσαι τὸν φόρτον ἐπὶ ξένης· Ἤρεσε. Νῦν μὲν οὖν, ἐφη, τρέπεσθε ἐπὶ τὰς συνήθεις διατριβάς· βαθείας δ' ἑσπέρας ἕκαστος ἐπὶ τὸν κέλητα κατίτω κομίζων οἰκοδομικὸν ὄργανον. Οὗτοι μὲν δὴ ταῦτ' ἔπραττον.

Η'. Τὰ δὲ περὶ Καλλιρρόην δευτέραν ἄλλην ἐλάμβανε παλιγγενεσίαν, καὶ τινος ἀνέσεως ταῖς ἀπολειφθείσαις ἀναπνοαῖς ἐκ τῆς ἀσιτίας ἐγγενομένης, μόγις

giæ : primo quidem loco aurum et argentum dotale, dein vestes pulcherrimæ et mundus; dein quas commiserat Hermocrates multas, manubias; amicorum hinc et affinium munera; ultimo denique Chæreæ opulentia, cupidi, si posset, vel omnem suam uxori concremare substantiam. Tum lectum portabant Syracusanorum puberes. Claudebat agmen cætera promiscua multitudo, in qua Chæreas maxime lugens audiebatur. Habebat autem Hermocrates magnificum ad mare sepulcrum, quod vel procul navigantium feriret oculos. Replevit hoc, ceu ærarium, feralis opulentia. Quod vero tum videbatur in honorem mortuæ factum, majoris id momenti res concitavit.

VII. Nam Theron erat aliquis, homo nefandus, injusti lucri cupiditate mare navigans, et piratas habens portubus subsidentes, nomine collegii vectorii piraticum cogens. Is cum interesset funeri, conjecerat oculos in aurum; noctuque pervigil decumbens ita se compellat : Ego vero tot cum periculis mari conflictor, et vivos occido, parvi lucelli gratia, qui semel ab una mortua possim ditescere Jacta sit alea. Neutiquam dimisero prædam. Quos autem mihi facinoris hujus adscisco satellites? Dispice, Theron, quis eorum, quos nosti, idoneus? Zenophanes Thurius, sagax quidem, sed timidus. Meno Messenius audax, sed proditor. Ita secum singulos percensens, ut argenti explorator, multos quum improbasset, aliquos tamen aptos judicabat. Mane ergo de navi in portum transcurrens, eorum unumquemque indagabat et inveniebat partim in lupanari, partim in popinis; dignum istoc imperatore exercitum. Quos ad communem de re necessaria deliberationem excitatos et seductos post portum sic alloquitur : Præ aliis omnibus ego vos inventi thesauri participes elegi. Neque enim unius hominis est lucrum, neque multo labore indiget; sed una nox omnes ditare nos poterit. Etiam imperiti non sumus talium facinorum, quæ apud stultos quidem audiunt male, prudentibus autem ferunt compendia. Continuo illi intelligentes aut latrocinium denunciare, aut violationem sepulcri, aut sacrilegium : Noli suadere, inquiunt, quibus jam persuasisti. Modo negotium indica. Tempori parcamus. Vidistis, inde Theron occipit, vidistis aurum et argentum mortuæ. Ea vivis nobis justiore titulo cesserit. Hinc suadeo de nocte sepulcrum aperire; impositamque scaphæ mercem, quo nos cunque terrarum ventus detulerit, peregre distrahere. Placuit. Vos interim, pergebat, ad consueta deversoria et negotia redite. Profunda vero vespera ad scapham quisque instrumento fabrili armatus deveniat. Hæc illi moliti.

VIII. Callirrhoë interim iterato quasi partu post sepultos manes in lucem eniti, et, accedente superstitibus adhuc animabus per inediam aliqua relaxatione, vix et pedetentim re-

καὶ κατ' ὀλίγον ἀνέπνευσεν· ἔπειτα κινεῖν ἤρξατο κατὰ μέλη τὸ σῶμα. διανοίγουσα δὲ τοὺς ὀφθαλμοὺς αἰσθησιν ἐλάμβανεν ἐγειρομένης ἐξ ὕπνου καὶ ὡς συγκαθεύδοντα Χαιρέαν ἐκάλεσεν. Ἐπεὶ δ' οὔθ' ὁ ἀνὴρ, οὔθ'
5 αἱ θεραπαινίδες ἤκουον, πάντα δ' ἦν ἐρῆμα καὶ σκότος, φρίκη καὶ τρόμος τὴν παῖδα κατελάμβανεν, οὐ δυναμένην τῷ λογισμῷ συμβαλεῖν τὴν ἀλήθειαν. Μόλις δ' ἀνεγειρομένη στεφάνων προσήψατο καὶ ταινιῶν, ψόφον ἐποίει χρυσοῦ τε καὶ ἀργύρου· πολλὴ δ' ἦν ἀρω-
10 μάτων * εὐνή. Τότ' οὖν ἀνεμνήσθη τοῦ λακτίσματος καὶ τοῦ δι' ἐκεῖνο πτώματος. μόγις τε τὸν ἐκ τῆς ἀγωνίας ἐνόησε τάφον· ἔρρηξεν οὖν φωνὴν, ὅσην ἐδύνατο, Σώζετε. βοηθεῖτε. Ἐπεὶ δὲ πολλάκις αὐτῆς κεκραγυίας οὐδὲν ἐγίνετο πλέον, ἀπήλπισεν ἔτι τὴν
15 σωτηρίαν καὶ ἐνθεῖσα τοῖς γόνασι τὴν κεφαλὴν ἐθρήνει λέγουσα· Οἴμοι τῶν κακῶν· ζῶσα κατώρυγμαι, μηδὲν ἀδικοῦσα καὶ ἀποθνήσκω θάνατον μακρόν. Ὑγιαίνουσάν με πενθοῦσι. Τίνα τις ἄγγελον πέμψει; ἄδικε Χαιρέα, μέμφομαί σε, οὐχ ὅτι με ἀπέκτεινας, ἀλλ'
20 ὅτι με ἔσπευσας ἐκβαλεῖν τῆς οἰκίας. Οὐκ ἔδει σε ταχέως θάψαι Καλλιρρόην οὐδ' ἀληθῶς ἀποθανοῦσαν. Ἀλλ' ἤδη τάχα τι βουλεύῃ περὶ γάμου. Κἀκείνη μὲν ἐν ποικίλοις ἦν ὀδυρμοῖς.

Θ'. Ὁ δὲ Θήρων, φυλάξας αὐτὸ τὸ * μεσονύκτιον,
25 ἀψοφητὶ προσῄει τῷ τάφῳ, κούφως ταῖς κώπαις ἁπτόμενος τῆς θαλάσσης. Ἐμβαίνων δὲ πρῶτον ἐπέταξε τὴν ὑπηρεσίαν (τὸν τρόπον) τοῦτον. Τέσσαρας μὲν ἀπέστειλεν ἐπὶ κατασκοπὴν, εἰ τινες προσίοιεν εἰς τὸν τόπον, εἰ μὲν δύναιντο, φονεύειν· εἰ δὲ μὴ, συνθήματι
30 μηνύειν τὴν ἄφιξιν αὐτῶν. πέμπτος δ' αὐτὸς προσῄει τῷ τάφῳ· τοὺς δὲ λοιποὺς, ἦσαν γὰρ οἱ σύμπαντες ἑκκαίδεκα, μένειν ἐπὶ τοῦ κέλητος ἐκέλευσε καὶ τὰς κώπας ἔχειν ἐπτερωμένας ἵνα, ἐάν τι αἰφνίδιον συμβαίνῃ, ταχέως τοὺς ἀπὸ γῆς ἁρπάσαντες ἀποπλεύσω-
35 σιν. Ἐπεὶ δὲ μοχλοὶ προσηνέχθησαν καὶ σφοδροτέρα πληγὴ πρὸς τὴν ἀνάρρηξιν τοῦ τάφου, τὴν Καλλιρρόην κατελάμβανεν ὁμοῦ πάντα, φόβος, χαρά, λύπη, θαυμασμὸς, ἐλπὶς, ἀπιστία. Πόθεν ὁ ψόφος; ἆρά τις δαίμων κατὰ νόμον κοινὸν τῶν ἀποθνησκόντων ἐπ' ἐμὲ
40 παραγίνεται τὴν ἀθλίαν; ἢ ψόφος οὐκ ἔστιν ἀλλὰ φωνὴ καλούντων με τῶν ὑποχθονίων πρὸς αὑτούς; τυμβωρύχους μᾶλλον εἰκὸς εἶναι· καὶ γὰρ τοῦτό μου ταῖς συμφοραῖς προσετέθη, πλοῦτος ἄχρηστος νεκρῷ. Ταῦτα ἔτι λογιζομένης αὐτῆς, προὔβαλε τὴν κεφαλὴν ὁ λῃ-
45 στὴς καὶ κατὰ μικρὸν εἰσεδύετο. Καλλιρρόη δ' αὐτῷ προσπεσοῦσα, βουλομένη δεηθῆναι· κἀκεῖνος φοβηθεὶς ἐξεπήδησε, τρέμων δὲ πρὸς τοὺς ἑταίρους ἐφθέγξατο· Φεύγωμεν ἐντεῦθεν· δαίμων γάρ τις φυλάττει τὰ ἔνδον καὶ εἰσελθεῖν ἡμῖν οὐκ ἐπιτρέπει. Κατεγέλασε
50 Θήρων, δειλὸν εἰπὼν καὶ νεκρότερον τῆς τεθνεώσης. Εἶτ' ἐκέλευσε ἄλλον εἰσελθεῖν. Ἐπεὶ δ' οὐδεὶς ὑπέμενεν, αὐτὸς εἰσῆλθε προβαλλόμενος τὸ ξίφος. Λάμψαντος δὲ τοῦ σιδήρου, δείσασα ἡ Καλλιρρόη, μὴ φονευθῇ, πρὸς τὴν γωνίαν ἐξέτεινεν ἑαυτὴν, κἀκεῖθεν ἱκέτευε,

spirare; dein movere singula per membra corpus; palpebris denique diductis sensum sui somno evigilantis percipere; Chæream vocare quasi accubantem. Quum vero neque maritus, neque ancillæ audirent, omniaque deserta essent et tenebricosa, inhorrescere puella et contremiscere, quid de se factum exputare plane impotens. Erecto vix tandem corpore, corollas et tænias contrectans, et crepitum attacti auri et argenti percipiens, et accumulatus erat * multo aromate torus; sic demum recordari calcem illictam; et casum inde suum cœpit. Vix tandem sibi reddita ex animi summo angore agnoscere sepulcrum, rumpere protinus vocem quam potuit maximam. Subvenite. Succurrite. Sæpius autem clamanti quum nihilo plus fieret, desperare porro de salute sua cœpit, et dejecto intra genua capite, sic lamentari: Heu mihi malorum! viva defossa sum, innoxia. Morior morte longa. Valentem me lugent. Quem quis nuntium miserit! inique Chærea, incuso te, non quod occidisti, sed quod ejicere domo tam properasti. Non debueras Callirrhoën confestim tumulare, ne quidem vere mortuam. Sed forte jamdudum cogitas de novis nuptiis.

IX. Interea, dum illa varia lamentatur, Theron, mediam servans noctem, sine strepitu accedit ad conditorium, summum remis radens mare; et ministeria in terram egressus sic ordinat. Quatuor emissi speculatum, jussique occidere, quisquis illuc accederet; si nequirent, signo saltem constituto edito accedentes prodere. Ipse cum quatuor aliis aggrediebatur tumulum. Cæteris mandatum erant autem omnes omnino sedecim, in celoce manere, remis erectis et in navigationem aptatis, quo ad subitum quemvis casum ex continente se corripientes actutum au fugerent. Callirrhoën vero, vectes admotos sentientem, et ictus validiores revellendo conditorio impactos, simul omnia invadunt: timor, gaudium, tristitia, admiratio, spes, diffidentia. Unde iste strepitus? Dæmonumne quispiam inferorum, communi defunctorum lege, ad me tendit, miseram? Atqui strepitus non est, sed clara vox inferorum in suam ditionem me evocantium. Quin sepulcrorum perfossores rectius videntur esse. Nam et hoc additum meis calamitatibus, opes cadaveri inutiles. Hæc illa volutare adhuc, quum latro unus projectum per foramen caput sensim inserebat; quem adorta Callirrhoë, volens obsecrare. Ille vero territus resilire et sodales pavore tremens hortari. Fugiamus hinc, amici. Genius aliquis intus posita servat, neque permittit nobis introitum. Irrisum hominem Theron imbellem objurgat, et ipsa mortua magis axanimem; aliumque jubet penetrare. Sed quum negarent omnes, ipse projecto gladio irrepit. Micante autem ferro, verita, ne periret, Callirrhoe in angulum extendebat se, vocemque mittebat inde supplex exilem.

LIBER I.

λεπτὴν ἀφεῖσα φωνήν· Ἐλέησον, ὅστις ποτ' εἶ, τὴν
οὐκ ἐλεηθεῖσαν ὑπ' ἀνδρός, οὐδὲ γονέων· μὴ ἀποκτεί-
νῃς ἣν σέσωκας. Μᾶλλον ἐθάρσησεν ὁ Θήρων, καὶ
οἷα δεινὸς ἀνὴρ ἐνόησε τὴν ἀλήθειαν. Ἔστη δὲ σύν-
5 νους καὶ τὸ μὲν πρῶτον ἐβουλεύσατο κτείναι τὴν γυ-
ναῖκα, νομίζων ἐμπόδιον ἔσεσθαι τῆς ὅλης πράξεως.
ταχεῖα δὲ διὰ τὸ κέρδος ἐγένετο μετάνοια καὶ πρὸς
αὐτὸν εἶπεν· Ἔστω καὶ αὕτη τῶν ἐνταφίων μέρος·
πολὺς μὲν ἄργυρος ἐνταῦθα, πολὺς δὲ χρυσός, τούτων
10 δὲ πάντων τὸ τῆς γυναικὸς τιμιώτερον κάλλος. Λα-
βόμενος οὖν τῆς χειρὸς ἐξήγαγεν αὐτήν. Εἶτα καλέ-
σας τὸν συνεργόν· Ἰδού, φησίν, ὁ δαίμων, ὃν ἐφοβοῦ.
καλός γε λῃστὴς φοβηθεὶς καὶ γυναῖκα. Ὑμεῖς μὲν
οὖν φυλάττετε ταύτην· θέλω γὰρ αὐτὴν ἀποδοῦναι τοῖς
15 γονεῦσιν. Ἡμεῖς δ' ἐκφέρωμεν τὰ ἔνδον ἀποκείμενα,
μηκέτι μηδὲ τῆς νεκρᾶς αὐτὰ τηρούσης.

Ι'. Ἐπεὶ δ' ἐνέπλησαν τὸν κέλητα τῶν λαφύρων,
ἐκέλευσεν ὁ Θήρων τὸν φύλακα μικρὸν ἀποστῆναι μετὰ
τῆς γυναικός. Εἶτα βουλὴν προέθηκε περὶ αὑτῆς.
20 Ἐγένοντο δ' αἱ γνῶμαι διάφοροι καὶ ἀλλήλαις ὑπεναν-
τίαι. Πρῶτος γάρ τις εἶπεν· Ἐφ' ἕτερα μὲν ἤλθομεν,
ὦ συστρατιῶται, βέλτιον δὲ τὸ παρὰ τῆς τύχης ἀπο-
βέβηκε· χρησώμεθα αὐτῷ· δυνάμεθα γὰρ ἀκινδύνως εἰρ-
γάσθαι· δοκεῖ δή μοι τὰ μὲν ἐντάφια κατὰ χώραν ἐᾶν,
25 ἀποδοῦναι δὲ τὴν Καλλιρρόην ἀνδρὶ καὶ πατρί, φήσαντας,
ὅτι προσωρμίσθημεν τῷ τάφῳ κατὰ συνήθειαν ἁλιευ-
τικήν, ἀκούσαντες δὲ φωνὴν ἠνοίξαμεν κατὰ φιλανθρω-
πίαν, ἵνα σώσωμεν τὴν ἔνδον ἀποκεκλεισμένην. Ὁρ-
κίσωμεν δὲ τὴν γυναῖκα πάντα ἡμῖν μαρτυρεῖν. Ἡδέως
30 δὲ ποιήσει, χάριν ὀφείλουσα τοῖς εὐεργέταις, δι' ὧν
ἐσώθη. Πόσης οἴεσθε χαρᾶς ἐμπλήσομεν τὴν ὅλην
Σικελίαν; πόσας ληψόμεθα δωρεάς; ἅμα δὲ καὶ πρὸς
ἀνθρώπους δίκαια καὶ πρὸς θεοὺς ὅσια ταῦτα ποιή-
σομεν. Ἔτι δ' αὐτοῦ λέγοντος, ἕτερος ἀντεῖπεν·
35 Ἄκαιρε καὶ ἀνόητε, νῦν ἡμᾶς κελεύεις φιλοσοφεῖν;
ἆρά γε τὸ τυμβωρυχεῖν ἡμᾶς ἐποίησε χρηστούς· ἐλεή-
σομεν ἣν οὐκ ἠλέησεν ἴδιος ἀνήρ, ἀλλ' ἀπέκτεινεν· οὐ-
δὲν γὰρ ἠδίκηκεν ἡμᾶς· ἀλλ' ἀδικήσει τὰ μέγιστα.
Πρῶτον μὲν γάρ, ἂν ἀποδῶμεν αὐτὴν τοῖς προσήκου-
40 σιν, ἄδηλον, ἣν ἕξουσι γνώμην περὶ τοῦ γεγονότος,
καὶ ἀδύνατον μὴ ὑποπτευθῆναι τὴν αἰτίαν, δι' ἣν ἤλθο-
μεν ἐπὶ τὸν τάφον. Ἐὰν δὲ καὶ χαρίσωνται τὴν τι-
μωρίαν ἡμῖν οἱ τῆς γυναικὸς συγγενεῖς, ἀλλ' οἱ Ἄρ-
χοντες καὶ ὁ δῆμος οὐκ ἀφήσει τυμβωρύχους
45 ἄγοντας καθ' αὑτῶν τὸ φορτίον. Τάχα δέ τις ἐρεῖ,
λυσιτελέστερον εἶναι, πωλῆσαι τὴν γυναῖκα. τιμῆς
γὰρ εὑρήσειν διὰ τὸ κάλλος. Ἔχει δὲ καὶ τοῦτο κίν-
δυνον. ὁ μὲν γὰρ χρυσὸς οὐκ ἔχει φωνήν, οὐδ' ὁ
ἄργυρος ἐρεῖ, πόθεν αὐτὸν εἰλήφαμεν. ἔξεστιν ἐπὶ
50 τούτοις πλάσασθαι καὶ διήγημα. Φορτίον δ' ἔχον
ὀφθαλμούς τε καὶ ὦτα καὶ γλῶσσαν τίς ἂν ἀποκρύψαι
δύναιτο; καὶ γὰρ οὐδὲ ἀνθρώπινον τὸ κάλλος, ἵνα λά-
θωμεν. ὅτε δούλην ἐροῦμεν εἶναι αὐτὴν ἰδὼν τούτῳ πισ-
τεύσει; φονεύσωμεν οὖν αὐτὴν ἐνθάδε, καὶ μὴ περιά-

Miserere, quisquis es, cujus neque maritus, neque parentes, miserti sunt. Ne perimas, quam servasti magis. Theroni sic animus rediit, qui, ut sagax homo sibique semper praesens, confestim intellecta re, cogitabundus haesitabat; et primum quidem volebat occidere mulierem, ratus illam totius molitionis impedimentum fore. Mox tamen ob lucrum mutato consilio, ipse sic ad se : Sit et ipsa mundi feralis accessio, ait. Abunde argenti, abunde auri. Sed pretiosior tamen his omnibus forma mulieris. Manu itaque prehensam extrahit, vocatoque sodali : En tibi genium, ait, quem verebaris. Egregium illum mihi latronem, qui vel mulierem pavet Servate hanc vos quidem ; volo enim parentibus reddere. Nos autem efferamus intus sita, quae vel ipsa mortua non amplius custodit.

X. Onerato sic lembo, Theron parum secedere cum muliere custodem jubet, de qua proponit consultationem. Alii alia sentire et adversa sibi. Primus enim quis : Ob aliud quidem venimus, ait, commilitones : Fortuna vero spe quid melius instituit. Quo utamur velim. Sic enim, quidquid fecimus, fecisse indemnes et sine periculo poterimus. Inferias loco suo sinamus, sic mihi videtur; reddamus marito patrique Callirhoëi, praefati, appulisse ad conditorium pro more piscatorum, et audita voce, instinctu humanitatis admonitos aperuisse, ad servandam intus conclusam. Sacramento mulierem obstringamus omnia nobis contestari. Libenter autem faciet hanc gratiam, quibus et ipsa tantum debet, benefactoribus, quorum ope faucibus Orci erepta est. Quanto, putatis, gaudio totam Siciliam replebimus? Quot et quae feremus munera? Etiam eadem opera et jus adversum homines et fas adversum deos servaverimus. Intempestive et stolide, sic increpat alter adhuc disserentem, philosophari nunc nos jubes? Itane nos violatio sepulcrorum sanctos probosque effecerit? Miserebimur scilicet, cujus neque ipse maritus : imo quam peremit. At nunquam nos laesit? Laedet nimirum, sed sic, ut pessumdet. Primum quidem si gentilibus illam restitueremus, obscurum, quid illi hoc de facinore sentient. Fieri sane nequit ut in caussae suspicionem non incurramus, quapropter sepulcrum attentaverimus. Dein, etiamsi illi de poena nobis gratificentur, gentiles puta : atqui Archontes et populus non dimittent sepulcrorum perfossores, qui sarcinam hanc ipsorum oculis audacter ingerant. Forte quis dicet, expedire mulierem vendi. Invenīet enim pretium ob formam. Sic dicet : atqui etiam hoc periculo non caret. Aurum quidem mutum est, neque argentum crepabit, unde et qui ad nos devenerit. Licet hanc in rem fabulam confingere. At sarcinam, et oculis et auribus et lingua instructam, quis amabo abscondat? neque enim humana est forma, ut quasi servam venditantes queamus fallere; quis id credat spectator? hoc ergo ipso in loco confodiamus, ne-

γοιμεν καθ' αὑτῶν τὸν κατήγορον. Πολλῶν δὲ τούτοις
συντιθεμένων, οὐδετέρᾳ γνώμῃ Θήρων ἐπεψήφισε. Σὺ
μὲν γάρ, εἶπε, κίνδυνον ἐπάγεις, σὺ δὲ κέρδος ἀπολ-
λύεις. Ἐγὼ δ' ἀποδώσομαι τὴν γυναῖκα μᾶλλον ἢ
5 ἀπολέσω. πωλουμένη μὲν γὰρ σιγήσει διὰ τὸν φό-
βον· πραθεῖσα δὲ κατηγορείτω τῶν μὴ παρόντων.
οὐδὲ γὰρ ἀκίνδυνον βίον ζῶμεν. Ἀλλ' ἐμβαίνετε.
Πλέωμεν. Ἤδη γάρ ἐστι πρὸς ἡμέραν.
ΙΑ'. Ἀναχθεῖσα δ' ἡ ναῦς ἐφέρετο λαμπρῶς. οὐδὲ
10 γὰρ ἐβιάζοντο πρὸς κῦμα καὶ πνεῦμα, τῷ μὴ προκεῖ-
σθαί τινα πλοῦν ἴδιον αὐτοῖς. ἀλλὰ πᾶς ἄνεμος οὔριος
αὐτοῖς ἐδόκει καὶ κατὰ πρύμναν εἰστήκει. Καλλιρ-
ρόην δὲ παρεμυθεῖτο Θήρων, ποικίλαις ἐπινοίαις πει-
ρώμενος ἀπατᾶν. Ἐκείνη δ' ᾐσθάνετο τὰ καθ' ἑαυτὴν
15 καὶ ὅτι ἄλλοις ἑσώθη· προσεποιεῖτο δὲ μὴ νοεῖν, ἀλλὰ
πιστεύειν, δεδοικυῖα μὴ ἄρα καὶ ἀνέλωσιν αὐτὴν, ὡς
ὀργιζομένην. Εἰποῦσα δὲ μὴ φέρειν τὴν θάλασσαν,
ἐγκαλυψαμένη καὶ δακρύσασα· Σὺ μέν, ἔφη, πάτερ,
ἐν ταύτῃ τῇ θαλάσσῃ τριακοσίας ναῦς Ἀθηναίων κα-
20 τεναυμάχησας, ἥρπασε δέ σου τὴν θυγατέρα κέλης
μικρός καὶ οὐδέν μοι βοηθεῖς. Ἐπὶ ξένην ἄγομαι γῆν
καὶ δουλεύειν με δεῖ τὴν εὐγενῆ. Τάχα δ' ἀγοράσει
τις τὴν Ἑρμοκράτους θυγατέρα δεσπότης Ἀθηναῖος·
πόσῳ μοι κρεῖττον ἦν ἐν τάφῳ κεῖσθαι νεκράν. Πάν-
25 τως ἂν μετ' ἐμοῦ Χαιρέας ἐκηδεύθη· νῦν δὲ καὶ ζῶντες
καὶ ἀποθανόντες διεζεύχθημεν. Ἡ μὲν οὖν ἐν τοιού-
τοις ἦν ὀδυρμοῖς, οἱ δὲ λῃσταὶ νήσους μικρὰς καὶ πό-
λεις παρέπλεον, οὐ γὰρ ἦν τὰ φορτία πενήτων, ἐζή-
τουν δὲ πλουσίους ἄνδρας. ὡρμίσαντο δὴ καταντικρὺ
30 τῆς Ἀττικῆς ὑπό τινα χηλήν. Πηγὴ δ' ἦν αὐτόθι
πολλοῦ καὶ καθαροῦ νάματος καὶ λειμὼν εὐφυής.
Ἔνθα τὴν Καλλιρρόην προαγαγόντες φαιδρύνεσθαι καὶ
ἀναπαύεσθαι κατὰ μικρὸν ἀπὸ τῆς θαλάσσης ἠξίω-
σαν, διασώζειν θέλοντες αὐτῆς τὸ κάλλος. μόνοι
35 δ' ἐβουλεύοντο, ὅποι χρὴ τὸν στόλον ὁρμίσαι, καί τις
εἶπεν· Ἀθῆναι πλησίον, μεγάλη καὶ εὐδαίμων πόλις.
ἐκεῖ πλῆθος μὲν ἐμπόρων εὑρήσομεν, πλῆθος δὲ πλου-
σίων. ὥσπερ γὰρ ἐν ἀγορᾷ τοὺς ἄνδρας, οὕτως ἐν
Ἀθήναις τὰς πόλεις ἔστιν ἰδεῖν. Ἐδόκει δὴ πᾶσι κα-
40 ταπλεῖν εἰς Ἀθήνας· οὐκ ἤρεσκε δὲ Θήρωνι τῆς πόλεως
ἡ παριεργία. Μόνοι γὰρ ὑμεῖς οὐκ ἀκούετε τὴν πολυ-
πραγμοσύνην τῶν Ἀθηναίων. Δῆμός ἐστι λάλος καὶ
φιλόδικος, ἐν δὲ λιμένι μυρίοι συκοφάνται πεύσονται
τίνες ἐσμέν, καὶ πόθεν ταῦτα φέρομεν τὰ φορτία.
45 ὑποψία καταλήψεται πονηρὰ τοὺς κακοθεῖς. Ἄρειος
πάγος εὐθὺς ἐκεῖ καὶ ἄρχοντες τυράννων βαρύτεροι.
μᾶλλον Συρακοσίων Ἀθηναίους φοβηθῶμεν. Χωρίον
ἡμῖν ἐπιτήδειόν ἐστιν Ἰωνία, καὶ γὰρ πλοῦτος ἐκεῖ
βασιλικὸς, ἐκ τῆς μεγάλης Ἀσίας ἄνωθεν ἐπιρρέων καὶ
50 ἄνθρωποι τρυφῶντες καὶ ἀπράγμονες· ἐλπίζω δέ τινας
αὐτόθεν εὑρήσειν καὶ γνωρίμους. Ὑδρευσάμενοι δὲ
καὶ λαβόντες ἀπὸ τῶν παρουσῶν ὁλκάδων ἐπισιτισμὸν,
ἔπλεον εὐθὺ Μιλήτου. Τριταῖοι δὲ κατήχθησαν εἰς
ὅρμον, ἀπέχοντα τῆς πόλεως σταδίους ὀγδοήκοντα,

que nostrum ipsi nobiscum circumvectemns indicem et
accusatorem. Multi huic adstipulabantur sententiæ, The-
ron autem neutri. Tu enim, ajebat, discrimen arcessis, tu
vero lucrum abjicis et perdis. Ego mulierem vendidero
potius, quam perdidero. Interea enim, dum venditur,
tacebit metu. Vendita vero deferat absentes licet. Neque
enim plane periculis immunem vitam ducimus. Sed in-
scendite navem; abeamus in mare. Jam dies appropinquat.
XI. Sic solutus celox ibat splendide. Nam, cum certam
suæ navigationi plagam non destinassent, neque adversum
ventos, neque adversum fluctus, luctabantur, sed ventus
illis secundus et a puppi urgens quicunque tandem habe-
batur. Callirrhoën autem mulcebat Theron, variis dolis
tentans decipere. Illa vero, licet intelligens fraudes in
caput suum structas, aliisque se servatam, fingebat tamen
nihil mali suspicari, sed omnia credere, verita, ne sic tol-
lerent ut iratam. Operto autem capite, quasi ferre ne-
quiret mare, et lacrymans : O pater, ait, Atheniensium tu
quidem trecentas naves in hoc eodem mari confligens
destruxisti : filiæ vero tuæ non succurris, quam vilis
myoparo rapit. Peregre abducor, servire me oportebit,
nobilem; forte et Atheniensium aliquis emet herus filiam
Hermocratis. Quanto mihi expediverat mortuæ in se-
pulcro jacere. Sane Chæreas aliquando lateri meo fuisset
adjunctus. Nunc et vivi et mortui separati sumus. In his
talibus illa planctibus erat, latrones autem, prætermissis
parvis insulis et oppidis, merces enim hæ pauperum non
erant, sed divites quærebant emtores, e regione Atticæ sub
aliquam crepidinem, sævienti pelago objectam, se cum
nave subducebant; ubi scaturigo limpidi rivi uberrima et
luxuriantes erant campi. Ibi productam Callirrhoën sordes
abluere et a jactatione maris, etiamsi paullum modo, re-
quiescere jubebant, volentes ipsi pulchritudinem conser-
vare. Tum soli secum deliberabant, quo dirigere et
appellere cursum oporteret. Athenis, dicit aliquis, non
multum absumus. Urbs est magna et beata. Ibi merca-
torum abunde, abunde divitum. Ut alibi viros in foris
confluere, sic integras ibi Græciæ urbes simul videre est.
Visum sic fuit omnibus Athenas pergere. Theroni autem
displicebat urbis nimia rimandi et sciendi omnia sedulitas.
Vos soli scilicet non audivistis, neque nostis, gentem cir-
cumspectatricem, ineptæ et molestæ de rebus omnibus
sollicitam. Populus est garrulus et rixosus, et in portu sy-
cophantarum nubes. Sciscitabuntur, qui simus, et unde
hæc onera afferamus. Mala malignos invadet suspicio.
Statim aderit Areopagus, et Archontes tyrannis ipsis sæ-
viores. Vel nostris Syracusanis magis extimescamus Athe-
nienses. Ionia nostra est regio. Nam et ibi sunt opes re-
giæ, de magna Asia defluentes, hominesque lauti et incurii,
et litium o-ores. Notos ibi quoque, quod spero, quosdam
offendemus. Haustis igitur in navigationem aquis, et victu
a præsentibus onerariis comparato, recta Miletum tende-
bant, tertioque die post in stationem subibant octoginta

LIBER I.

εὐφυέστατον εἰς ὑποδοχήν. Ἔνθα δὴ Θήρων κώπας ἐκέλευσεν ἐκφέρειν καὶ μονὴν ποιεῖν τῇ Καλλιρρόῃ καὶ πάντα παρέχειν εἰς τρυφήν. Ταῦτα δ' οὐκ ἐκ φιλανθρωπίας ἔπραττεν, ἀλλ' ἐκ φιλοκερδείας, ὡς ἔμπορος μᾶλλον ἢ λῃστής.

ΙΒ΄. Αὐτὸς δὲ διέδραμεν εἰς ἄστυ παραλαβὼν δύο τῶν ἐπιτηδείων. εἶτα φανερῶς μὲν οὐκ ἐβούλετο ζητεῖν τὸν ὠνητήν, οὐδὲ περιβόητον τὸ πρᾶγμα ποιεῖν, κρύφα δὲ καὶ διὰ χειρὸς ἔσπευδε τὴν πρᾶσιν. Δυσδιάθετον δ' ἀπέβαινεν· οὐ γὰρ ἦν τὸ κτῆμα πολλῶν, οὐδ' ἑνὸς τῶν ἐπιτυχόντων ἀλλὰ πλουσίου τινὸς καὶ βασιλέως, τοῖς δὲ τοιούτοις ἐφοβεῖτο προσιέναι. Γινομένης οὖν διατριβῆς μακροτέρας, οὐκέτι φέρειν ὑπέμενε τὴν παρολκήν. Νυκτὸς δ' ἐπελθούσης καθεύδειν μὲν οὐκ ἐδύνατο, ἔφη δὲ πρὸς αὐτόν· Ἀνόητος, ὦ Θήρων, εἶ, ἀπολέλοιπας γὰρ ἤδη τοσαύταις ἡμέραις ἄργυρον καὶ χρυσὸν ἐν ἐρημίᾳ, ὡς μόνος λῃστής. οὐκ οἶδας, ὅτι τὴν θάλασσαν καὶ ἄλλοι πλέουσι πειραταί. Ἐγὼ δὲ καὶ τοὺς ἡμετέρους φοβοῦμαι, μὴ καταλιπόντες ἡμᾶς ἀποπλεύσωσιν. οὐ δήπου γὰρ τοὺς δικαιοτάτους ἐστρατολόγησας, ἵνα σοι τὴν πίστιν φυλάττωσιν, ἀλλὰ τοὺς πονηροτάτους ἄνδρας, ὧν ᾔδεις. Νῦν μὲν οὖν, εἶπεν, ἐξ ἀνάγκης κάθευδε, ἡμέρας δ' ἐπιστάσης διαδραμὼν ἐπὶ τὸν κέλητα ῥῖψον εἰς θάλασσαν τὴν ἄκαιρον καὶ περιττήν σοι γυναῖκα καὶ μηκέτι φορτίον ἐπάγου δυσδιάθετον. Κοιμηθεὶς δ' ἐνύπνιον εἶδε, κεκλιμένας τὰς θύρας. ἔδοξεν οὖν αὐτῷ τὴν ἡμέραν ἐκείνην ἐπισχεῖν. Οἷα δ' ἀλύων ἐπί τινος ἐργαστηρίου καθῆστο, ταραχώδης παντάπασι τὴν ψυχήν. Ἐν δὲ τῷ μεταξὺ παρῄει πλῆθος ἀνθρώπων, ἐλευθέρων τε καὶ δούλων, ἐν μέσοις δ' αὐτοῖς ἀνὴρ ἡλικίᾳ καθεστὼς, μελανειμονῶν καὶ σκυθρωπός· ἀναστὰς οὖν ὁ Θήρων, (περίεργον γὰρ ἀνθρώπου φύσις,) ἐπυνθάνετο ἑνὸς τῶν ἐπακολουθούντων· Τίς οὗτος; ὁ δ' ἀπεκρίνατο· Ξένος εἶναί μοι δοκεῖς, ἢ μακρόθεν ἥκεις, ὃς ἀγνοεῖς Διονύσιον πλούτῳ καὶ γένει καὶ παιδείᾳ τῶν ἄλλων Ἰώνων ὑπερέχοντα, φίλον τοῦ μεγάλου βασιλέως. Διὰ τί τοίνυν μελανειμονεῖ; Τέθνηκε γὰρ αὐτοῦ ἡ γυνὴ ἧς ἤρα. Ἔτι μᾶλλον εἴχετο τῆς ὁμιλίας ὁ Θήρων, εὑρηκὼς ἄνδρα πλούσιον καὶ φιλογύναιον. οὐκέτ' οὖν ἀνῆκε τὸν ἄνδρα ἀλλ' ἐπυνθάνετο· Τίνα χώραν ἔχεις παρ' αὐτῷ; κἀκεῖνος ἀπεκρίνατο· Διοικητής εἰμι τῶν ὅλων, τρέφω δ' αὐτῷ καὶ τὴν θυγατέρα, παιδίον νήπιον, μητρὸς ἀθλίας πρὸ ὥρας ὀρφανόν. Θήρων· Τίς καλῇ; Λεωνᾶς. Εὐκαίρως, φησίν, ὦ Λεωνᾶ, σοι συνέβαλον. Ἔμπορός εἰμι καὶ πλέω νῦν ἐξ Ἰταλίας. ὅθεν οὐδὲν οἶδα τῶν ἐν Ἰωνίᾳ. Γυνὴ δὲ Συβαρῖτις, εὐδαιμονεστάτη τῶν ἐκεῖ, καλλίστην ἅβραν ἔχουσα διὰ ζηλοτυπίαν ἐπώλησεν, ἐγὼ δ' αὐτὴν ἐπριάμην. σοὶ οὖν γενέσθω τὸ κέρδος, εἴτε σεαυτῷ θέλεις τροφὸν καταγαγεῖν τοῦ παιδίου, πεπαίδευται γὰρ ἱκανῶς, εἴτε καὶ ἄξιον ὑπολαμβάνεις χαρίσασθαι τῷ δεσπότῃ. Λυσιτελεῖ δέ σοι μᾶλλον ἀργυρώνητον ἔχειν αὐτήν, ἵνα μὴ τῇ τροφίμῃ σου μητρυιὰν ἐπαγάγηται. Τούτων

stadiis ab urbe distantem, a natura recipiendis unice navibus editam. Ibi Theron subduci remos jubet, et Callirrhoæ mansionem fieri et suppeditari omnia vel ad luxum usque. Humanitas ea non erat, sed lucri cupido, ut mercatoris magis, quam latronis.

XII. Ipse autem cum duobus amicorum discurrit in urbem; ubi palam quidem nolebat emtorem quærere, aut rem divulgare, clam vero et sub manu urgebat venditionem. Sed difficilius, quam vellet, extrudebat mercem suam venalem. Neque enim pro plebe, neque obvio quovis, erat, sed beati negotium, aut regis cujusdam. Tales autem adire metuebat. Ergo nimis protracta commoratione, ferre ampliorem moram, et nocte superveniente dormire impotens, sic ipse ad se : Stultus es, Theron, ait, tamdiu jam reliquisti in solitudine sine præsidio aurum et argentum tuum, tamquam solus esses pirata. Ignoras, alios quoque mare pervagari tui similes. Imo nostros quoque timeo, ne, nobis relictis, cum nave abeant. Neque enim profecto viros conscripsisti summæ probitatis et justitiæ, qui fidem tibi servent integram, sed bipedum, quos nosti nequissimos. Nunc ergo quidem dormi necessario. Illucescente vero die, hinc in navem facto discursu, abjice mari mulierem intempestivam et supervacaneam, neque tecum amplius circumvectita mercem difficulter collocandam. Sic sopitus in somnio videt domus fores sibi occlusas. Statuit igitur illam adhuc diem se cohibere. Quum itaque vagus erraret, sedebat ad officinam, mente mire jactata; transibat interea magna hominum et ingenuorum et servorum turba, medium stipantium virum, ætatis consistentis, pullatum, tristem; suaque levatus sede, quæ hominum indoles est aliena scire avida, rogat asseclarum quemdam : Quis iste? Hospes mihi videris, respondet rogatus, aut ex longinquo venire, qui Dionysium ignoras, omnibus Ionibus genere, divitiis et sapientiæ cultura antepollentem, magni regis amicum. Quid ergo pullatus? Mortua enim ipsi est uxor eximie amata. Eo magis Theron assectari colloquium, invento homine opulento et mulieroso : neque amittere porro hominem, sed rogare : Quem tu apud eum locum tenes? Dispensator sum cunctarum opum et alumnus filiæ ejus, puellæ infantis, quam misera mater ante tempus deseruit. Qui vocaris? Theron. Qui tu? Leonas. Tempore igitur in te incidi, Leona. Venio ex Italia mercator; quo factum, ut Ionicarum rerum nihil norim. Ancillam vero pulcherrimam, quam mulier Sybaritis, omnium ibi beatissima, habebat at vendidit ob æmulationem, illam ego emi; et cedet tibi compendio, sive tu ipse tibi servare velis nutriculam puellæ, et sane literis et artibus ingenuis satis instructa est : sive etiam illam censes hero gratificari. Ut herus autem aliquam habeat pretio redemtam tibi magis expedit; ne forte alumnæ tuæ novercam superinducat. Non ingrata hæc audienti accidebant Leo-

ὁ Λεωνᾶς ἤκουσεν ἀσμένως, καὶ Θεός μοί τις, εἶπεν, εὐεργέτην σε κατέπεμψεν· ἃ γὰρ ὠνειροπόλουν, ὕπαρ μοι δεικνύεις· ἀλλὰ τοίνυν εἰς τὴν οἰκίαν καὶ φίλος ἤδη γίνου καὶ ξεῖνος. Τὴν δὲ περὶ τῆς γυναικὸς αἵρεσιν ἡ ὄψις κρινεῖ, πότερον δεσποτικόν ἐστι τὸ κτῆμα ἢ καθ' ἡμᾶς.

ΙΓ'. Ἐπεὶ δ' ἧκον εἰς τὴν οἰκίαν, ὁ μὲν Θήρων ἐθαύμαζε τὸ μέγεθος καὶ τὴν πολυτέλειαν· ἦν γὰρ εἰς ὑποδοχὴν τοῦ Περσῶν βασιλέως παρεσκευασμένη. Λεωνᾶς δ' ἐκέλευσε περιμένειν αὐτὸν περὶ τὴν θεραπείαν τοῦ δεσπότου πρῶτον (ὄντα). Ἔπειτα ἐκεῖνον λαβὼν ἀνήγαγεν εἰς τὴν οἴκησιν τὴν ἑαυτοῦ, σφόδρα ἐλευθέριον οὖσαν, ἐκέλευσε δὲ παραθεῖναι τράπεζαν. Καὶ ὁ Θήρων, οἷα πανοῦργος ἄνθρωπος καὶ πρὸς πάντα καιρὸν ἁρμόσασθαι δεινός, ἥπτετο τροφῆς καὶ ἐφιλοφρονεῖτο ταῖς προπόσεσι τὸν Λεωνᾶν, τὰ μὲν ἁπλότητος ἐνδείξει, τὸ δὲ πλέον κοινωνίας πίστει. Μεταξὺ δὲ ὁμιλία περὶ τῆς γυναικὸς ἐγίνετο πολλὴ, καὶ ὁ Θήρων ἐπῄνει τὸν τρόπον μᾶλλον τῆς γυναικὸς ἢ τὸ κάλλος, εἰδὼς ὅτι τὸ μὲν ἄδηλον συνηγορίας ἔχει χρείαν, ἡ δ' ὄψις αὑτὴν συνίστησιν. Ἀπίωμεν οὖν, ἔφη Λεωνᾶς, καὶ δεῖξον αὐτήν. Ὁ δὲ, Οὐκ ἐνταῦθά ἐστιν, ἀπεκρίνατο· διὰ γὰρ τοὺς τελώνας περιέστημεν τὴν πόλιν, ἀπὸ ὀγδοήκοντα δὲ σταδίων τὸ πλοῖον ὅρμεῖ. καὶ τὸν τόπον ἔφραζεν. Ἐν τοῖς ἡμετέροις, φησί, χωρίοις ὡρμίσασθε. Καὶ τοῦτο βέλτιον ἤδη τῆς τύχης ἡμᾶς ἀγούσης ἐπὶ Διονύσιον. Ἀπίωμεν οὖν εἰς τὸν ἀγρόν, ἵνα καὶ ἐκ τῆς θαλάσσης αὑτοὺς ἀναλάβητε, ἡ γὰρ πλησίον ἔπαυλις κατεσκεύασται πολυτελῶς. Ἥσθη μᾶλλον ὁ Θήρων, εὐκολωτέραν ἔσεσθαι τὴν πρᾶσιν οὐκ ἐν ἀγορᾷ νομίζων ἀλλ' ἐν ἐρημίᾳ, καὶ Ἔωθεν, φησίν, ἀπίωμεν, σὺ μὲν εἰς τὴν ἔπαυλιν, ἐγὼ δ' εἰς τὴν ναῦν, κἀκεῖθεν ἄξω τὴν γυναῖκα πρός σε. Συνέθεντο ταῦτα καὶ δεξιὰς ἀλλήλοις ἐμβαλόντες ἀπηλλάγησαν. Ἀμφοτέροις δ' ἡ νὺξ ἐδόκει μακρά, τοῦ μὲν δὴ σπεύδοντος ἀγοράσαι, τοῦ δὲ πωλῆσαι. Τῇ δ' ὑστεραίᾳ ὁ μὲν Λεωνᾶς παρέπλευσεν εἰς τὴν ἔπαυλιν, ἅμα καὶ ἀργύριον κομίζων ἵνα προκαταλάβῃ τὸν ἔμπορον, ὁ δὲ Θήρων ἐπὶ τὴν ἀκτὴν καὶ σφόδρα ποθοῦσιν ἐπέστη τοῖς συνεργοῖς, διηγησάμενος δὲ τὴν πρᾶξιν αὐτοῖς, Καλλιρρόην κολακεύειν ἤρξατο· Κἀγώ, φησι, θύγατερ, εὐθὺς μὲν ἠθελόν σε πρὸς τοὺς σοὺς ἀπαγαγεῖν· ἐναντίου δ' ἀνέμου γενομένου, διεκωλύθην ὑπὸ τῆς θαλάσσης· ἐπίστασαι δὲ, πόσην σου πεποίημαι πρόνοιαν, καὶ τὸ μέγιστον, καθαρὰν ἐτηρήσαμεν· τοῦ μὲν δὴ ἀπολήψεταί σε Χαιρέας, ὡς ἐκ θαλάμου τοῦ τάφου σωθεῖσαν δι' ἡμᾶς. Νῦν μὲν οὖν ἀναγκαῖόν ἐστιν ἡμῖν μέχρι Λυκίας διαδραμεῖν, οὐκ ἀναγκαῖον δὲ καὶ σὲ μάτην ταλαιπωρεῖν· ἀλλὰ ταῦτα χαλεπῶς ναυτιῶσαν· ἐνταῦθα δὲ δὴ παραθήσομαί σε φίλοις πιστοῖς, ἐπανιὼν δὲ παραλήψομαι καὶ μετὰ πολλῆς ἐπιμελείας ἄξω λοιπὸν εἰς Συρακούσας. Λάβε τῶν σῶν ὅ τι δ' ἂν θέλῃς· σοὶ γὰρ καὶ τὰ λοιπὰ τηροῦμεν. Ἐπὶ τούτῳ πρὸς αὐτὴν ἐγέλασε

nati; et : Deus aliquis beneficus, ait, te huc demisit. Quæ enim somnium mihi portendebat, ea tu mihi clara luce exhibes. Domum ergo veni, et amicus atque hospes esto nobis. De muliere vero quid optandum sit, herilis illa supellex, an nobis digna sit, adspectus decernet.

XIII. Theronem, ut intraverat, admirantem domus magnitudinem et splendorem, erat enim recipiendo Persarum regi parata, Leonas primum exspectare se in heri ministerio occupatum jubet; dein prehensum ab suum ducit contubernium vel ingenuo homini maxime decorum. Afferri jussa mensa, Theron, ut vafer omnisque loci atque temporis homo, positorum non abstemius, neque parcus, Leonati frequentioribus caliciibus amicitiam approbat, partim ostentatione simplicitatis, partim, idque magis, fidei consuetudinis parandæ. Multum interea de muliere sermonis, cujus indolem Theron magis, quam formam, laudabat, bene gnarus, rem non visam opus habere patrocinio, sed coram conspectam se ipsam commendare. Quin abimus ergo, quin videmus, ait Leonas. Verum illa non hic est, alter ait; nam propter vectigalium redemptores circa urbem procul substitimus, et navis abhinc octoginta stadiis quiescit. Simulque describit locum. Vos in agris nostris constitistis. Tanto melius; ipsa fortuna nos ad Dionysium ducente. Abeamus igitur rus, ut vos e mari recipiatis. Nam villa ibi prope structa est magnifice. Eo magis gaudere Theron, in solitudine faciliorem reputans venditionem, quam in foro; et : Crastino mane ibimus, ait, tu in villam, ego ad navem, et inde mulierem adducam ad te. Hæc stipulati dextris junctis discedunt. Utrique secuta nox longa visa est, isti quidem emere, huic autem vendere properanti. Leonas altero die navicula litus legens villam petit; argento simul instructus, quo mercatorem occuparet. Theron suos in litore opprimit ministros et satellites, multum desideratus, expositaque iis sua negotiatione Callirrhoën palpare cœpit; et : Ego te, filia, statim volui ad tuos reducere, ait, sed oborto adverso vento, mare prohibuit. Ipsa vero nosti, quantam tui curam fecerim. Quod rei caput est, incontaminatam te servavimus. Chæreas expertem injuriæ te recipiet, ex sepulcro per nos servatam, ut ex toro geniali. Nunc igitur necesse quidem nobis est Lyciam usque transire, non item tibi ærumnis frustra affligi, et id quidem graviter nauseanti. Deponam te hic apud amicos fideles, et redux adsumam, multaque porro cum cura ducam Syracusas. Sume tuorum quidquid velis. Reliqua enim tibi servabi-

LIBER I.

Καλλιρρόη, καίτοι σφόδρα λυπουμένη (ὅτι) παντελῶς αὐτὴν ἀνόητον ὑπελάμβανεν. Ἡ δὲ πωλουμένη ἠπίστατο, τῆς δὲ πάλαι εὐγενείας τὴν πρᾶσιν εὐτυχεστέραν ὑπελάμβανεν, ἀπαλλαγῆναι θέλουσα ληστῶν, καὶ Χάριν σοι, φησὶν, ἔχω, πάτερ, ὑπὲρ τῆς εἰς ἐμὲ φιλανθρωπίας· ἀποδοῖέν δὲ, ἔφη, πᾶσιν ὑμῖν οἱ θεοὶ τὰς ἀξίας ἀμοιβάς. Χρήσασθαι δὲ τοῖς ἐνταφίοις δυσοιώνιστον ὑπολαμβάνω. Πάντα μοι φυλάξατε καλῶς· ἐμοὶ δ' ἀρκεῖ δακτυλίδιον μικρὸν, ὃ εἶχον καὶ νεκρά.
10 Εἶτα συγκαλυψαμένη τὴν κεφαλήν· Ἄγε με, φησὶν, ὦ Θήρων, ὅποι ποτὲ θέλεις. πᾶς γὰρ τόπος θαλάσσης καὶ τάφου κρείσσων.
ΙΔ'. Ὡς δὲ πλησίον ἐγένετο τῆς ἐπαύλεως ὁ Θήρων, ἐστρατήγησέ τι τοιοῦτον. Ἀποκαλύψας τὴν Καλλιρ-
15 ρόην καὶ λύσας αὐτῆς τὴν κόμην, διανοίξας τὴν θύραν, πρώτην ἐκέλευσεν εἰσελθεῖν. Ὁ δὲ Λεωνᾶς καὶ πάντες οἱ ἔνδον ἐπιστάσης αἰφνίδιον κατεπλάγησαν, οἱ μὲν δοκοῦντες θεὰν ἑωρακέναι, καὶ γὰρ ἦν τις λόγος, ἐν τοῖς ἀγροῖς Ἀφροδίτην ἐπιφαίνεσθαι. Καταπεπληγμέ-
20 νων δ' αὐτῶν, κατόπιν ὁ Θήρων ἑπόμενος προσῆλθε τῷ Λεωνᾷ, καὶ Ἀνάστα, φησὶ, καὶ γενοῦ περὶ τὴν ὑποδοχὴν τῆς γυναικός. αὕτη γάρ ἐστιν, ἣν θέλεις ἀγοράσαι. Χαρὰ καὶ θαυμασμὸς ἐπηκολούθησε πάντων. Τὴν μὲν οὖν Καλλιρρόην ἐν τῷ καλλίστῳ τῶν οἰκη-
25 μάτων κατακλίναντες, εἴασαν ἡσυχάζειν· καὶ γὰρ ἐδεῖτο πολλῆς ἀναπαύσεως ἐκ λύπης καὶ καμάτου καὶ φόβου. Θήρων δὲ τῆς δεξιᾶς λαβόμενος τοῦ Λεωνᾶ· Τὰ μὲν παρ' ἐμοῦ σοι, φησὶ, πιστῶς πεπλήρωται, σὺ δ' ἔχε μὲν ἤδη τὴν γυναῖκα, φίλος γὰρ
30 εἶ λοιπὸν, ἧκε δὲ εἰς ἄστυ καὶ λάμβανε τὰς καταγραφὰς καὶ τότε μοι τιμήν, ἣν θέλεις, ἀποδώσεις. Ἀμείψασθαι δὲ θέλων ὁ Λεωνᾶς· Οὐμενοῦν, φησὶν, ἀλλὰ καὶ ἐγώ σοι τὸ ἀργύριον ἤδη πιστεύω πρὸ τῆς καταγραφῆς. Ἅμα δὲ καὶ προκαταλαβεῖν ἤθελε, δεδιὼς,
35 μὴ ἄρα μεταθῆται. πολλοὺς γὰρ ἐν τῇ πόλει γενέσθαι τοὺς ἐθέλοντας ὠνεῖσθαι. Τάλαντον οὖν ἀργυρίου προκομίσας ἠνάγκαζε λαβεῖν· ὁ δὲ Θήρων ἀκκισάμενος λαμβάνει. Κατέχοντος δ' ἐπὶ δεῖπνον αὐτὸν τοῦ Λεωνᾶ, καὶ γὰρ ἦν ὀψὲ τῆς ὥρας, Βούλομαι, φησὶν,
40 ἀφ' ἑσπέρας εἰς τὴν πόλιν πλεῦσαι, τῇ δ' ὑστεραίᾳ ἐπὶ τῷ λιμένι συμβαλοῦμεν. Ἐπὶ τούτοις ἀπηλλάγησαν. Ἐλθὼν δ' ἐπὶ τὴν ναῦν ὁ Θήρων ἐκέλευσεν ἑρμυμένους τὰς ἀγκύρας ἀνάγεσθαι τὴν ταχίστην, πρὶν ἐκπύστωσις γενέσθαι. Καὶ οἱ μὲν ἀπεδίδρασκον ἔνθα
45 τὸ πνεῦμα ἔφερε, μόνη δὲ Καλλιρρόη γενομένη ἤδη μετ' ἐξουσίας τὴν ἰδίαν ἀπωδύρετο τύχην· Ἰδοὺ, φησὶν, ἄλλος τάφος, ἐν ᾧ Θήρων με κατέκλεισεν, ἐρημότερος ἐκείνου μᾶλλον. πατὴρ γὰρ μοι ἂν ἐκεῖ προσῆλθε καὶ μήτηρ, καὶ Χαιρέας ἐπέσπεισε δακρύων· ᾐσθόμην
50 ἂν καὶ τεθνεῶσα. Τίνα δ' ἐνταῦθα καλέσω; γινώσκεις, Τύχη βάσκανε, διὰ γῆς καὶ θαλάσσης τῶν ἐμῶν κακῶν οὐκ ἐπληρώθης, ἀλλὰ πρῶτον μὲν τὸν ἐραστήν μου σὺ φονέα ἐποίησας· Χαιρέας, ὁ μηδὲ δοῦλον μηδέποτε πλήξας, ἐλάκτισε καιρίως ἐμὲ τὴν φιλοῦσαν.

mus nos. Irridebat apud se Callirrhoë dictis, licet gravi dolore saucia, quod plane demens ipsa existimaretur. Bene sciebat se vendi, cupidā tamen evadere latrones, venditionem libertate pristina et claritate natalium reputabat feliciorem, et : Gratiam tibi novi, pater, ait, bene volenti. Reddant vobis omnibus dii dignas vices. Uti quidem sepulcralibus, ominosum est. Omnia modo mihi bene servate. Unus mihi sufficit annellus parvus, quem et moriens gestabam. Sic obvoluto capite duc me, Theron, ait, quorsum lubet. Omnis enim locus mari et sepulcro potior.

XIV. Ut vero prope a villa aberant, talem Theron astutiam comminiscitur. Velum aufert Callirrhoae, solvitque comam, et priorem jubet illam per apertas sua manu fores introire. Sic Leonas et qui intus erant omnes apparitione subita perculsi, pars etiam putantes, deam esse. Erat enim in isto tractu multus rumor, Venerem interdum apparere. Secutus a tergo Theron perplexos adit, et ad Leonatem conversus : Surge, ait, et accinge te accipiendæ mulieri. Hæc enim est, quam emere cupis. Gaudium et admiratio omnium dicta sequitur, et Callirrhoën quidem in pulcherrimo cubiculo sinunt compositam requiescere : nec parva sane opus habebat requie et refectione ex tristitia, lassitudine, et metu. Theron autem dextra prehenso Leonati : Meas quidem, ait, partes fideliter executus sum ; tu vero habeto tibi mulierem jam. Amicus enim certe es. Veni autem in urbem, et accipe tabulas, et tunc mihi da pretium, quod velis. Nequaquam, ait Leonas, par pari referre ambitiosus ; sed et ego jam ante tabulas signatas accredo tibi pecuniam. Simul autem volebat hominem occupare, ne retractaret forte veritus. Sciebat enim in urbe multos emturientes. Talentum igitur argenti in medium prolatum obtrudit, quod Theron, specie recusantis, quod flagrantissime cupiebat, post longam altercationem, invitus nempe et coactus, accipit, et retinere volenti ad cœnam Leonati, serum enim diei erat : Hac ipsa vespera, ait, urbi adnavigare volo. Cras in portu contractum perficiemus. Hac conditione diremti sunt. Theron autem ut venit ad navem, altum petere quam celerrime revulsis ancoris jubet, antequam agnosceretur. Et sic illi quidem, quo ferebat ventus, aufugere. Callirrhoë vero solitudinem nacta libere jam fortunam deplorare suam. En alius, ait, tumulus, quo me Theron conclusit, illo priore multo desertior. Illuc enim pater accessisset et mater, et Chæreas lacrymas libasset. Sensissem id quamvis mortua. Hic vero quemnam invocabo ? Nosti tu, Fortuna invida, malis terra marique non expleta meis ; sed primo quidem amatorem meum homicidam fecisti. Chæreas, qui neque servum cecidit unquam, calce letali me feriit amantem.

Εἶτά με τυμβωρύχων χερσὶ παρέδωκας κἀὶ ἐκ τάφου προήγαγες εἰς θάλασσαν καὶ τῶν κυμάτων τοὺς πειρατὰς φοβερωτέρους ἐπέστησας. Τὸ δὲ περιβόητον κάλλος εἰς τοῦτ᾽ ἐκτησάμην, ἵν᾽ ὑπὲρ ἐμοῦ Θήρων 5 ὁ λῃστὴς μεγάλην λάβῃ τιμήν. Ἐν ἐρημίᾳ πέπραμαι καὶ οὐδ᾽ εἰς πόλιν ἠνέχθην, ὡς ἄλλη τις τῶν ἀργυρωνήτων· ἐφοδήθης γάρ, ὦ Τύχη, μή τις ἰδὼν εὐγενῆ δόξῃ. Διὰ τοῦτο ὡς σκεῦος παρεδόθην οὐκ οἶδα τίσιν, Ἕλλησιν ἢ Βαρβάροις, ἢ πάλιν λῃσταῖς. Κόπτουσα 10 δὲ τῇ χειρὶ τὸ στῆθος, εἶδεν ἐν τῷ δακτυλίῳ τὴν εἰκόνα τὴν Χαιρέου καὶ καταφιλοῦσα· Ἀληθῶς ἀπόλωλα[ς], ὦ Χαιρέα, φησί, τοσούτῳ διαζευχθεῖσ(α) πάθει. Καὶ σὺ μὲν πενθεῖς καὶ μετανοεῖς καὶ τάφῳ κενῷ παρακάθησαι, μετὰ θάνατόν μοι τὴν σωφροσύνην μαρτυρῶν, 15 ἐγὼ δέ, ἡ Ἑρμοκράτους θυγάτηρ, ἡ σὴ γυνή, δεσπότῃ σήμερον ἐπράθην. Τοιαῦτ᾽ ὀδυρομένῃ μόλις ὕπνος ἐπῆλθεν [αὐτῇ].

ΛΟΓΟΣ ΔΕΥΤΕΡΟΣ.

Α΄. Λεωνᾶς δὲ κελεύσας Φωκᾷ τῷ οἰκονόμῳ πολλὴν ἐπιμέλειαν ἔχειν τῆς γυναικός, αὐτὸς ἔτι νυκτὸς ἐξῆλθεν 20 εἰς τὴν Μίλητον, σπεύδων εὐαγγελίσασθαι τῷ δεσπότῃ τὰ περὶ τῆς νεωνήτου, μεγάλην οἰόμενος αὐτῷ φέρειν τοῦ πένθους παραμυθίαν. Εὗρε δ᾽ ἔτι κατακείμενον τὸν Διονύσιον. ἀλύων γὰρ ὑπὸ τῆς λύπης οὐδὲ προῄει τὰ πολλά, καίτοι ποθούσης αὐτὸν τῆς πατρίδος, ἀλλὰ 25 διέτριβεν ἐν τῷ θαλάμῳ, ὡς ἔτι παρούσης αὐτῷ τῆς γυναικός. Ἰδὼν δὲ τὸν Λεωνᾶν ἔφη πρὸς αὐτόν· Μίαν ταύτην ἐγὼ νύκτα μετὰ τὸν θάνατον τῆς ἀθλίας ἡδέως κεκοίμημαι· καὶ γὰρ εἶδον αὐτὴν (ὄναρ) ἐναργῶς μείζονά τε καὶ κρείττονα γεγενημένην, καὶ ὡς ὕπαρ 30 μοι συνῆν. Ἔδοξα δ᾽ εἶναι τὴν πρώτην ἡμέραν τῶν γάμων καὶ ἀπὸ τῶν χωρίων μου τῶν παραθαλαττίων αὐτὴν νυμφαγωγεῖν, σοῦ μοι τὸν ὑμέναιον ᾄδοντος. Ἔτι δ᾽ αὐτοῦ διηγουμένου, Λεωνᾶς ἀνεβόησεν· Εὐτυχὴς εἶ, δέσποτα, καὶ ὄναρ καὶ ὕπαρ. Μέλλεις ἀκούειν 35 ταῦτα, ἃ τεθέασαι. καὶ ἀρξάμενος αὐτῷ διηγεῖται. Προσῆλθέ μοί τις ἔμπορος πιπράσκων γυναῖκα καλλίστην, διὰ δὲ τοὺς τελώνας ἔξω τῆς πόλεως ὥρμισε τὴν ναῦν πλησίον τῶν σῶν χωρίων. Κἀγὼ συνταξάμενος ἀπῆλθον εἰς ἀγρόν. Ἐκεῖ δὲ συμβαλόντες 40 ἀλλήλοις ἔργῳ μὲν τὴν πρᾶσιν ἀπηρτίχαμεν· ἐγώ τε γὰρ ἐκείνῳ τάλαντον δέδωκα· δεῖ δὲ ἐνταῦθα γενέσθαι νομίμως τὴν καταγραφήν. Ὁ δὲ Διονύσιος τὸ μὲν κάλλος ἡδέως ἤκουσε τῆς γυναικός, ἥν γὰρ φιλογύνης ἀληθῶς, τὴν δὲ δουλείαν ἀηδῶς. ἀνὴρ γὰρ βασιλικός, 45 διαφέρων ἀξιώματι καὶ παιδείᾳ τῆς ὅλης Ἰωνίας, ἀπηξίου κοίτην θεραπαινίδος, καὶ Ἀδύνατον, εἶπεν, ὦ Λεωνᾶ, καλὸν εἶναι σῶμα μὴ πεφυκὸς ἐλεύθερον. Οὐκ ἀκούεις τῶν ποιητῶν, ὅτι θεῶν παῖδές εἰσιν οἱ καλοί, πολὺ δὲ πρότερον ἀνθρώπων εὐγενῶν; σοὶ δὲ

LIBER SECUNDUS.

I. Muliere vero curis Phocæ villici multum commendata, Leonas ipse illa eadem de nocte Miletum festino gradu tendit, grata hero de recens emta nuntiaturus, magnamque, ut rebatur, allaturus ejus luctui medicinam. Sed decumbentem adhuc offendit. Jactatus enim et in diversa tractus mœrore Dionysius, patria quamvis illum desiderante, raro prodibat, hærens in conclavi, ceu præsente adhuc uxore. Leonati tandem, ut vidit : Hanc ego solam noctem, ait, post fata miseræ cum voluptate dormivi. Clare enim illam (in somno) vidi et majorem factam, et pulchriorem, et, ut vigili, mihi consuescebat. Videbar mihi primam celebrare nuptiarum diem, eamque sponsam ducere domum, e maritimo meo prædio adductam, te hymenæum mihi præcinente. Leonas, adhuc illo disserente : Et somnians, here, felix es, et vigil, exclamat. Audies, quæ vidisti. Et inde ortus illi exponit : Mercator ad me venit mulierem vendens pulcherrimam. Sed propter publicanos extra urbem apud prædium tuum navem stabiliverat. Condicto ego die et tempore rus abeo, ubi vicissim pacti, re ipsa confecimus emtionem et venditionem; nam ego quidem illi talentum dedi. Superest, ut hic tabulæ secundum leges consignentur. Libenter quidem Dionysius audiebat mulieris pulchritudinem; erat enim sane mulierum amantior; at ægre servitutem. Vir enim regii spiritus, et totius Ioniæ cum dignitate, tum animi cultura, primus, ancillæ torum adspernabatur, et : Fieri nequit, o Leona, ait, pulchrum esse corpus non ingenuum natum. Nonne didicisti a poëtis pulchros esse deorum liberos, quidni multo certius sint ingenuorum hominum?

ἤρεσεν ἐπ' ἐρημίας. συνέκρινας γὰρ αὐτὴν τοῖς ἀγροί- κοις. Ἀλλ', ἐπείπερ ἐπρίω, βάδιζε εἰς τὴν ἀγοράν. Ἄδραστος δὲ, ὁ ἐμπειρότατος τῶν νόμων, διοικήσει τὰς καταγραφάς. Ἔχαιρεν ὁ Λεωνᾶς ἀπιστούμενος· τὸ 5 γὰρ ἀπροσδόκητον ἔμελλε τὸν δεσπότην μᾶλλον ἐκ- πλήσσειν. Παριὼν δὲ τοὺς Μιλησίων λιμένας ἅπαντας, καὶ τὰς τραπέζας καὶ τὴν πόλιν ὅλην, οὐδαμοῦ Θήρωνα εὑρεῖν ἠδύνατο. Ἐμπόρους ἐξήταζε καὶ πορθμεῖς. ἐγνώριζε δ' οὐδείς. Ἐν πολλῇ τοίνυν ἀπορίᾳ γενό- 10 μενος, κωπήρεις λαβὼν παρέπλευσεν ἐπὶ τὴν ἀκτὴν, κἀκεῖθεν ἐπὶ τὸ χωρίον. Οὐκ ἔμελλε δὲ εὑρήσειν τὸν ἤδη πλέοντα. Μόλις οὖν καὶ βραδέως ἀπῆλθε πρὸς τὸν δεσπότην. Ἰδὼν δ' αὐτὸν ὁ Διονύσιος σκυθρω- πὸν, ἤρετο, τί πέπονθεν. ὁ δέ φησιν· Ἀπολώλεκά 15 σου, ὦ δέσποτα, τάλαντον. Συμβαῖνον, εἶπε ὁ Διονύ- σιος, ἀσφαλέστερόν σε τοῦτο πρὸς τὰ λοιπὰ ποιήσει. Τί δ' ὅμως συμβέβηκε; μήτι ἡ νεώνητος ἀποδέδρακεν; οὐκ ἐκείνη, φησὶν, ἀλλ' ὁ πωλήσας. Ἀνδραποδιστὴς ἄρ' ἦν καὶ ἀλλοτρίαν σοι πέπρακε δούλην διὰ τοῦτ' ἐπ' ἐρη- 20 μίας. Πόθεν δ' ἔλεγε τὴν ἄνθρωπον εἶναι; Συβαρῖτιν ἐξ Ἰταλίας, πραθεῖσαν ὑπὸ δεσποίνης κατὰ ζηλοτυ- πίαν. Ζήτησον Συβαρῖτιν εἴ τινες ἐπιδημοῦσιν· ἐν δὲ τῷ μεταξὺ ἐκεῖ κατάλιπε τὴν γυναῖκα. Τότε μὲν οὖν ὁ Λεωνᾶς ἀπῆλθε λυπούμενος, ὡς οὐκ εὐτυχούσης 25 πραγματείας αὐτῷ γεγενημένης. Ἐπετήρει δὲ καιρὸν ἀναπεῖσαι τὸν δεσπότην ἐξελθεῖν εἰς τὰ χωρία, λοιπὸν μίαν ἔχων ἐλπίδα τὴν ὄψιν τῆς γυναικός.

Β'. Πρὸς δὲ τὴν Καλλιρρόην εἰσῆλθον αἱ ἄγροικοι γυναῖκες, καὶ εὐθὺς ὡς δέσποιναν ἤρξαντο κολακεύειν. 30 Πλαγγὼν δὲ, ἡ τοῦ οἰκονόμου γυνή, ζῶον οὐκ ἄπρα- κτον, ἔφη πρὸς αὐτήν· Ζητεῖς μὲν, ὦ τέκνον, πάντως τοὺς ἑαυτῆς· ἀλλὰ καλῶς καὶ ἐνθάδε νόμιζε σούς. Διονύσιος γὰρ, ὁ δεσπότης ἡμῶν, χρηστός ἐστι καὶ φιλάνθρωπος. εὐτυχῶς σε ἤγαγεν ὁ ἀγαθὸς ὁ θεὸς 35 οἰκίαν. ὥστε ἐν πατρίδι διάξεις. Ἐκ μακρᾶς οὖν θαλάσσης ἀπόλουσαι τὴν ἄσιν. ἔχεις θεραπαινίδας. Μόλις μὲν καὶ μὴ βουλομένης προήγαγε δ' ὅμως εἰς τὸ βαλανεῖον. Εἰσελθοῦσαι δ' ἠλειφάς τε καὶ ἀπέσμηξαν ἐπιμελῶς καὶ μᾶλλον ἀποδυσαμένης κατεπλάγησαν. 40 Ὥστ' ἐνδεδυμένης αὐτῆς θαυμάζουσαι τὸ πρόσωπον ὡς θεῖον πρόσωπον ἔδοξαν ἰδεῖν· καὶ γὰρ χρὼς λευκὸς ἔστιλψεν εὐθὺς μαρμαρυγῇ τινι ὁμοίος ἀπολάμπων. Τρυφερὰ δὲ σάρξ, ὥστε δεδοικέναι, μὴ καὶ ἡ τῶν δακτύλων ἐπαφὴ μέγα τραῦμα ποιήσῃ. Ἡσυχῇ δὲ 45 διελάλουν πρὸς ἀλλήλας· Καλὴ μὲν ἡ δέσποινα ἡμῶν, καὶ περιβόητος· ταύτης δ' ἂν θεραπαινὶς ἔδοξεν. Ἐλύπει τὴν Καλλιρρόην ὁ ἔπαινος καὶ τοῦ μέλλοντος οὐκ ἀμάντευτος ἦν. Ἐπεὶ δ' ἐλέλουτο καὶ τὴν κόμην συνεδέσμουν, καθαρὰ αὐτῇ προσήνεγκαν ἐσθῆτας· 50 ἡ δ' οὐ πρέπειν ἔλεγε ταῦτα τῇ νεωνήτῳ. Χιτῶνά μοι δότε δουλικόν. καὶ γὰρ ὑμεῖς ἐστέ μου κρείτ- τονες. Ἐνεδύσατο μὲν οὖν τι τῶν ἐπιτυχόντων· κἀκεῖνο δ' ἔπρεπεν αὐτῇ καὶ πολυτελὲς ἔδοξε καταλαμ- πόμενον ὑπὸ κάλλους. Ἐπεὶ δ' ἠρίστησαν αἱ γυναῖ-

ibi ista placuit in solitudine; comparasti namque rusticis illis. Sed quandoquidem emisti, abi in forum. Adrastus, legum consultissimus, tabularum consignationem admi- nistrabit. Gaudebat Leonas, fidem sibi non haberi. Inspe- ratum enim eo magis perculsurum. Sed, omnes perva- dens Milesiorum portus et trapezitarum mensas, et totam urbem, nusquam inveniebat Theronem. Mercatorum vectorumque nemo, quos explorabat diligenter, hominem noverat. Hæsitabundus igitur, quid faceret, correpta actuaria, terram legens ad litus, inde ad prædium vehitur. Sed nusquam homo, medio jam mari oberrans. Vix tan- dem et tarde redit ad herum. Herus, ut mæstum vidit, quæ passus foret, rogat. Ille : Perdidi tibi, here, ait, talentum. Hic te casus in posterum reddet cautiorem. Nihilominus eloquere, quid contigit. Nonne recens emta se fuga subtraxit? Non illa, sed venditor, Plagiarius itaque fuit, ideoque remotis arbitris servam tibi vendidit alienam. Unde autem illam dixit esse? Sybaritidem dixit esse, ex Italia, venditam a domina, æmulationis caussa. Quære igitur si qui adsint Sybaritæ. Interim ibi linque mulie- rem. Sic tristis tum quidem abibat Leonas, inauspicata sibi negotiatione facta. Servabat tamen opportunum tempus, quo rus exire persuaderet hero, reliquam habens unam spem, mulieris adspectum.

II. Interea frequentare rusticæ Callirrhoën, et statim ut dominam ambire et blandiri. Uxor autem villici, Plan- gon, animal non hebes, neque rebus gerendis inidoneum : Sine dubio quidem requiris tuos, filia, ait illi. Sed et recte hic tuos reputaveris. Dionysius enim, dominus noster, est bonus et humanus vir. In bonam domum bene te feliciterque deduxit deus, ubi, ut in patria, degas. Ablue ergo tibi sordes longa contractas navigatione. Vix tandem et reluctantem protrahit tamen ad balneum. Ubi ingressæ diligenter illam et unguunt et tergunt, magisque stupent spoliatam vestibus, adeo ut, cujus amictæ vultum fuerant admiratæ, eum divinum appellarent, postquam nudam conspexerant. Cutis enim candida splendebat, ru- borem fulgori cuidam similem repercutiens; et caro tam delicata, ut vel digitorum attactu magnum fore vulnus metuerent, et submissa voce inter se ajebant : Domina nostra quidem pulchra erat, eaque pollebat laude, sed huic tamen ancillata fuisset. Angebant præconia Calli- rhoën futura facile præsagientem. Ut igitur lavit et comas religaverunt et nitidas vestes attulerunt, quas illa nimis decoras recens emtæ caussata : Quin mihi tunicam rusti- cam datis, ait. Vel vos estis me potiores. Indutæ sic ali- quid tum forte occurrens, et bene sedebat, et dives atque splendidum videbatur, ut a pulchritudine irradiatum. Con-

κες, λέγει ἡ Πλαγγών· Ἐλθὲ πρὸς τὴν Ἀφροδίτην καὶ εὖξαι περὶ σαυτῆς. ἐπιφανὴς δέ ἐστιν ἐνθάδε ἡ θεὸς καὶ οὐ μόνον οἱ γείτονες, ἀλλὰ καὶ οἱ ἐξ ἄστεος παραγινόμενοι θύουσιν αὐτῇ· μάλιστα δ' ἐπήκοος Διο-
5 νυσίῳ. ἐκεῖνος οὐδέποτε παρῆλθεν αὐτήν. Εἶτα διηγοῦντο τῆς θεοῦ τὰς ἐπιφανείας καί τις εἶπε τῶν ἀγροίκων· Δόξεις, ὦ γύναι, θεασαμένη τὴν Ἀφροδίτην εἰκόνα βλέπειν σεαυτῆς. Ἀκούσασα δ' ἡ Καλλιρρόη δακρύων ἐπλήσθη καὶ λέγει πρὸς ἑαυτήν· Οἴμοι τῆς
10 συμφορᾶς, καὶ ἐνταῦθά ἐστιν Ἀφροδίτη θεὸς ἡ ἐμοὶ τῶν πάντων κακῶν αἰτία. πλὴν ἄπειμι, θέλω γὰρ αὐτὴν πολλὰ μέμψασθαι. Τὸ δ' ἱερὸν πλησίον ἦν τῆς ἐπαύλεως παρ' αὐτὴν τὴν λεωφόρον. Προσκυνήσασα δ' ἡ Καλλιρρόη καὶ τῶν ποδῶν λαβομένη τῆς Ἀφρο-
15 δίτης· Σύ μοι, φησί, πρώτη Χαιρέαν ἔδειξας· συναρμόσασα δὲ καλὸν ζεῦγος οὐκ ἐτήρησας. καίτοι γε ἡμεῖς σε ἐκοσμοῦμεν. Ἐπεὶ δ' οὕτως ἐβουλήθης, μίαν αἰτοῦμαί παρὰ σοῦ χάριν· μηδενί με ποιήσῃς μετ' ἐκεῖνον ἀρέσαι. Πρὸς τοῦτ' ἀνένευσεν ἡ Ἀφροδίτη.
20 μήτηρ γάρ ἐστι τοῦ Ἔρωτος καὶ πάλιν ἄλλον ἐπολιτεύετο γάμον, ὃν οὐδὲ αὐτὸν ἔμελλε τηρήσειν. Ἀπαλλαγεῖσα δ' ἡ Καλλιρρόη λῃστῶν καὶ θαλάσσης, τὸ ἴδιον κάλλος ἀνελάμβανεν, ὥστε θαυμάζειν τοὺς ἀγροίκους καθ' ἡμέραν εὐμορφοτέρας αὐτῆς βλεπομένης.
25 Γ'. Ὁ δὲ Λεωνᾶς, καιρὸν ἐπιτήδειον εὑρών, Διονυσίῳ λόγους προσήνεγκε τοιούτους· Ἐν τοῖς παραθαλασσίοις, ὦ δέσποτα, χωρίοις οὐ γέγονας ἤδη χρόνῳ πολλῷ καὶ ποθεῖ τὰ ἐκεῖ τὴν σὴν ἐπιδημίαν. Ἀγέλας σε δεῖ καὶ φυτείας θεάσασθαι, καὶ ἡ συγκομιδὴ
30 τῶν καρπῶν ἐπείγει. Χρῆσαι καὶ τῇ πολυτελείᾳ τῶν οἰκιῶν, ἃς, σοῦ κελεύσαντος, ᾠκοδομήσαμεν· οἴσεις δὲ καὶ τὸ πένθος ἐλαφρότερον ἐκεῖ, περισπώμενος ὑπὸ τῆς τῶν ἀγρῶν ἀπολαύσεως καὶ διοικήσεως. Ἐὰν δέ τινα ἐπαινέσῃς ἢ βουκόλον, ἢ ποιμένα, δώσεις αὐτῷ τὴν
35 νεώνητον γυναῖκα. Ἤρεσε τῷ Διονυσίῳ ταῦτα καὶ προεῖπε τὴν ἔξοδον εἰς τὴν ἡμέραν. Παραγγελίας δὲ γενομένης, παρεσκεύαζον ἡνίοχοι μὲν ὀχήματα, ἱπποκόμοι δὲ ἵππους, ναῦται δὲ πορθμεῖα. Φίλοι παρεκαλοῦντο συνοδεύειν, καὶ πλῆθος ἀπελευθέρων. Φύ-
40 σει γὰρ ἦν ὁ Διονύσιος μεγαλοπρεπής. Ἐπεὶ δὲ πάντ' ηὐτρέπιστο, τὴν μὲν παρασκευὴν καὶ τοὺς πολλοὺς ἐκέλευσε διὰ θαλάσσης κομίζεσθαι, τὰ δ' ὀχήματα ἐπακολουθεῖν, ὅταν αὐτὸς προέλθῃ, πενθοῦντί τε γὰρ μὴ πρέπειν πομπήν. Ἅμα δὲ τῇ ἕῳ, πρὶν αἰσθέσθαι
45 τοὺς πολλούς, ἵππῳ ἐπέβη, πέμπτος δέ· εἰς ἦν ἐν αὐτοῖς καὶ ὁ Λεωνᾶς. Ὁ μὲν οὖν Διονύσιος ἐξήλαυνεν εἰς τοὺς ἀγρούς, ἡ δὲ Καλλιρρόη, τῆς νυκτὸς ἐκείνης θεασαμένη τὴν Ἀφροδίτην, ἠβουλήθη καὶ πάλιν αὐτὴν προσκυνῆσαι· καὶ ἡ μὲν ἑστῶσα ηὔχετο, Διονύσιος δὲ,
50 ἀποπηδήσας ἀπὸ τοῦ ἵππου, πρῶτος εἰσῆλθεν εἰς τὸν νεών. Ψόφου δέ ποθεν αἰσθομένη Καλλιρρόη πρὸς αὐτὸν ἐπεστράφη. θεασάμενος οὖν ὁ Διονύσιος ἀνεβόησεν· Ἵλεως εἴης, ὦ Ἀφροδίτη, καὶ ἐπ' ἀγαθῷ μοι φανείης. Καταπίπτοντα δ' αὐτὸν ἤδη Λεωνᾶς ὑπέ-

fecto tandem mulieribus prandio, hortatur nostram Plangon, Venerem adeat faciatque pro se vota. Esse ibi deæ præsentissimum numen ; cui non vicinia tantum, sed et confluentes illuc urbani sacrificent. Favere præcipue Dionysio, ut qui nunquam insalutatam transeat. Totus denique cœtus prædicare deæ apparitiones, et una inter cæteras simplicior rustica : Tu, dea conspecta, ait, tuam reputato videre imaginem. Inundant dicta Callirrhoën lacrymis, eaque ad se : Heu mihi calamitatis, ait, etiam hic dea Venus est, omnium mihi malorum caussa. Adibo tamen; incusabo enim et expostulabo de multis. Erat autem fanum prope villam, ad ipsam publicam viam. Venerata itaque deam et amplexata pedes Callirrhoë : Tu mihi prima Chæream ostendisti, ait, sed quod composueras pulchrum par, diremisti eadem, quamvis studiose te cultu demeruimus. Quandoquidem vero sic tibi placuit, hanc a te unicam rogo gratiam, fac post illum nemini me placere. Dea renuit : mater enim est Cupidinis. Alterumque denuo meditabatur conjugium, neque hoc constanter servatura. Interim Callirrhoë mari et piratis erepta suam resumere speciem, ut in dies pulchriorem factam homines rustici mirarentur.

III. Leonas autem tempus commodum nactus his Dionysium verbis aggreditur : Jam dudum in campis tuis maritimis, here, non fuisti. Atqui tuum illi desiderant oculum, greges oportet cum cultis satisque inspicere. Urget frugum comportatio. Utere tandem et splendore domuum, quas tuo tibi jussu nos exstruximus. Multo levius ibi luctum ; ab agrorum oblectamentis et administratione distractus, feres. Ubi quem laudes aut bubulcum, aut opilionem, recens emtam ei contubernalem dabis. Placuit, et indicta dies profectioni ; qua circum nuntiata, currus parare aurigæ, equos agasones, nautæ vectorias naviculas, amici evocari ad comitandum, et libertorum omnis grex. Dionysius enim ex indole sua splendidus erat. Concinnatisque omnibus, apparatum quidem cæterum turbamque advehi per mare jubet, vehicula autem se prius egressum sequi. Lugentem nempe non decere splendidam processionem. Sic mane, antequam vulgus et comitum turba sentiret, equo conscenso, quatuor stipatus amicis, quorum Leonas erat unus, rus abit. Eadem illa nocte Callirrhoë Venerem viderat. Decreverat igitur deam venerari. Dum itaque illa stabat in templo precans, equo descendens Dionysius primus intrat fanum : percepto autem pedum strepitu, sese convertit ad ipsum Callirrhoë ; eamque videt Dionysius, visaque proclamat : Propitia quæso sis mihi, Venus, et in bonum apparueris. Jam prolapsurum subjecta manu continuit Leonas. Ne conturberis,

LIBER II.

λαβε καὶ Λύτη, φησὶν, ὦ δέσποτα, ἡ νεώνητος· μη-
δὲν ταραχθῇς. Καὶ σὺ δὲ, ὦ γύναι, πρόσελθε τῷ
κυρίῳ. Καλλιρρόη μὲν οὖν πρὸς τοὔνομα τοῦ κυρίου
πηγὴν ἀφῆκε δακρύων, κάτω κύψασα, ὀψὲ καταμαν-
5 θάνουσα τὴν ἐλευθερίαν· ὁ δὲ Διονύσιος, πλήξας τὸν
Λεωνᾶν· Ἀσεβέστατε, εἶπεν, ὡς ἀνθρώποις διαλέγῃ
τοῖς θεοῖς. Σὺ ταύτην λέγεις ἀργυρώνητον καὶ ὡς
οὐχ εὗρες τὸν πιπράσκοντα; οὐκ ἤκουσας οὐδ' Ὁμήρου
διδάσκοντος ἡμᾶς·
10   Καί γε οἱ θεοὶ ξείνοισιν ἐοικότες ἀλλοδαποῖσιν
     Ἀνθρώπων ὕβριν τε καὶ εὐνομίην ἐφορῶσι.
* * * * * * * * * *
τὸ γοῦν λοιπὸν παῦσαί μου καταγελῶν καὶ θεὸν εἶναι
νομίζων τὴν οὐδὲ ἄνθρωπον εὐτυχῆ. Λαλούσης δ' αὐ-
15 τῆς ἡ φωνὴ τῷ Διονυσίῳ θεία τις ἐφάνη. μουσικὸν
γὰρ ἐφθέγγετο καὶ ὥσπερ κιθάρας ἀπεδίδου τὸν ἦχον.
Ἀπορηθεὶς οὖν καὶ ἐπὶ πλέον ὁμιλεῖν καταιδεσθεὶς,
ἀπῆλθεν εἰς τὴν ἔπαυλιν, φλεγόμενος ἤδη τῷ ἔρωτι.
Μετ' οὐ πολὺ δ' ἧκεν ἐξ ἄστεος ἡ παρασκευὴ, καὶ τα-
20 χεῖα φήμη διέδραμε τοῦ γεγονότος. Ἔσπευδον οὖν
πάντες τὴν γυναῖκα ἰδεῖν· προσεποιοῦντο δὲ πάντες
τὴν Ἀφροδίτην προσκυνεῖν. Αἰδουμένη δ' ἡ Καλ-
λιρρόη τὸ πλῆθος οὐκ εἶχεν ὅ τι πράξειε. πάντα γὰρ
ἦν αὐτῇ ξένα καὶ οὐκ ἔβλεπεν οὐδὲ τὴν συνήθη Πλαγ-
25 γόνα, ἀλλ' ἐκείνη περὶ τὴν ὑποδοχὴν ἐγίνετο τοῦ
δεσπότου. Προκοπτούσης δὲ τῆς ὥρας καὶ μηδενὸς
ἥκοντος εἰς τὴν ἔπαυλιν, ἀλλὰ πάντων ἑστώτων ἐκεῖ
καὶ κεκλημένων, συνῆκε Λεωνᾶς τὸ γεγονὸς καὶ ἀφι-
κόμενος εἰς τὸ τέμενος. ἐξήγαγε τὴν Καλλιρρόην. Τότε
30 δ' ἦν ἰδεῖν, ὅτι φύσει γίνονται βασιλεῖς, ὥσπερ ἐν τῷ
σμήνει τῶν μελισσῶν. Ἠκολούθουν γὰρ ἅπαντες,
καθάπερ ὑπὸ τοῦ κάλλους δεσποίνης κεχειροτονημένη.
Ἡ μὲν οὖν ἀπῆλθεν εἰς τὴν οἰκησιν τὴν συνήθη.
Δ'. Διονύσιος δ' ἐτέτρωτο μὲν, τὸ δὲ τραῦμα πε-
35 ριστέλλειν ἐπειρᾶτο· οἷα δὲ πεπαιδευμένος ἀνὴρ καὶ
ἐξαιρέτως ἀρετῆς ἀντιποιούμενος, μήτε τοῖς οἰκέταις
ἐθέλων εὐκαταφρόνητος δοκεῖν, μήτε τοῖς μειρακιώδης τοῖς
φίλοις, διεκαρτέρει παρ' ὅλην τὴν ἑσπέραν, οἰόμενος
μὲν λανθάνειν, κατάδηλος δὲ γινόμενος ἐκ τῆς σιωπῆς.
40 Μοῖραν δέ τινα λαβόμενος ἀπὸ τοῦ δείπνου· Ταύτην,
φησὶ, κομισάτω τις τῇ ξένῃ. μὴ εἴπῃς τε δὲ, παρὰ
τοῦ κυρίου, ἀλλ' ὅτι παρὰ Διονυσίου. Τὸν μὲν οὖν
πότον περιήγαγεν ἐπὶ πλεῖστον· ἠπίστατο γὰρ ὅτι οὐ
μέλλει καθεύδειν· ἀγρυπνεῖν· οὐκ ἐβούλετο μετὰ τῶν
45 φίλων. Ἐπεὶ δὲ προέκοπτε τὰ τῆς νυκτὸς, ἀναλύσας,
ὕπνου μὲν οὐκ ἐλάμβανεν, ὅλος δ' ἦν ἐν τῷ τῆς Ἀφρο-
δίτης ἱερῷ καὶ πάντων ἀνεμιμνήσκετο, τοῦ προσώπου,
τῆς κόμης, πῶς ἐπέστρεψε, πῶς ἐνέβλεψε, τῆς φωνῆς,
τοῦ σχήματος, τῶν ῥημάτων. ἐξέκαιε δ' αὐτὸν καὶ
50 τὰ δάκρυα. Τότ' ἦν ἰδεῖν ἀγῶνα λογισμοῦ καὶ πά-
θους. Καίτοι γὰρ βαπτιζόμενος ὑπὸ τῆς ἐπιθυμίας
γενναῖος ἀνὴρ ἐπειρᾶτο ἀντέχεσθαι. καθάπερ δ' ἐκ
κύματος ἀνέκυπτε λέγων πρὸς ἑαυτόν· Οὐκ αἰσχύνῃ,
Διονύσιε, ἀνὴρ ὁ πρῶτος τῆς Ἰωνίας ἕνεκεν ἀρετῆς τε

ait, here. Hæc est illa recens emta. Quin tu, mulier, ad
dominum accedis? Ad domini vocabulum lacrymarum la-
ticem effudit Callirrhoë dejecto vultu, sero libertatem de-
discens. Dionysius autem objurgato excussa palma Leo-
nati : Propudium, ait, tune diis, ut hominibus, colloqueris?
tune hanc pretio ais emtam, ejusque venditorem nusquam
reperisse? nonne vel ab Homero didicisti nos docente,
quod :

   Divi se hospitibus peregrinis assimilantes,
   Quæ pia, quæ faciant mortales impia, spectant.
* * * * * * * * * *

At in posterum! Desine quæso, ait Callirrhoë, mihi illu-
dere, et deam reputare, quæ neque felix homo sim. Sic
loquentis vox divina videbatur Dionysio. Musicum enim
quid sonabat, et reddebat quasi citharæ sonum. Turba-
tus igitur et pudore prohibitus mulieri colloqui diutius, abit
in villam, amore jam flagrans. Non multo post adveniebat
ex urbe reliquus apparatus et multitudo, inter quos cito
facti fama dilabitur. Ergo omnes properant mulierem vi-
dere, par caussam tamen omnes adorandæ Veneris. Re-
verita turbam Callirrhoë, quid ageret, non habebat, utpote
cui peregrina erant omnia, Plangone etiam familiari non
comparente, ut circa herum excipiendum occupata. Jam-
que procedente ultra, quam par erat, tempore, quum nemo
in prædium adesset, sed omnes ibi starent, et tanquam
incantationis quadam vi defixi essent, intelligit rem Leonas,
et accurrens inde Callirrhoën educit. Videre tum erat nasci
reges, ut in apum examine. Sequebantur enim omnes ut
dominam a pulchritudine datam et nuncupatam. Sic illa
quidem assolitum abit in contubernium.

IV. Vulneratus autem Dionysius celare plagam tentabat,
et ut vir literis bonisque moribus imbutus, et virtutis se-
ctator egregiæ, tota illa vespera perdurabat, et servis sui
facere contemtum, et amicis opinionem juvenilis et lascivi,
sic declinans. Fallere tamen, quamvis sibi videretur, ne-
quibat, ut quem silentium proderet. Cœnæ quoque par-
tem sumebat; et : Hanc quis, ait, hospitæ nostræ ferat;
ne autem dicatis velim ab hero, sed a Dionysio. Compo-
tationem quoque diu protrahebat; certus enim dormire
non posse, saltem pervigilare cum amicis volebat. Sera
jam nocte, soluto tandem convivio, ut surrexerat, somnum
quidem non capiebat, totus autem erat in fano Veneris,
omniumque reminiscebatur, vultus, comæ, conversionis,
adspectus, vocis, habitus, sermonum. Accendebant autem
etiam lacrymæ. Tum videre erat rationis et affectus
luctam. Fortis enim vir, quamvis a libidine mersitatus,
contra tamen tenere nitebatur, et, ut e fluctibus emer-
gens, ipse sic ad se : Nonne te pudet, Dionysie, Ioniæ
primum gloria et virtute, quem satrapæ mirantur, et re-
ges, et urbes, pueruli instar te gerere? semel contemplatus
amas, et id quidem lugens, nondum justis apud miseram

καὶ δόξης, ὃν θαυμάζουσι σατράπαι καὶ βασιλεῖς καὶ πόλεις, παιδαρίου πράγματα πάσχων· ἅπαξ ἰδὼν ἐρᾷς, καὶ ταῦτα πενθῶν, πρὶν ἀφοσιώσασθαι τοὺς τῆς ἀθλίας δαίμονας. τούτου γ' (ἕνεκεν) ἧκες εἰς ἀγρὸν,
b ἵνα μελανείμων γάμους θύσῃς, καὶ γάμους δούλης, τάχα δὲ καὶ ἀλλοτρίας; οὐκ ἔχεις γὰρ αὐτῆς οὐδὲ τὴν καταγραφήν. Ἐφιλονείκει δ' ὁ Ἔρως βουλευομένου καλῶς, καὶ ὕβριν ἐδόκει τὴν σωφροσύνην τὴν ἐκείνου. διὰ τοῦτο ἐπυρφόρει σφοδρότερον ψυχὴν ἐν ἔρωτι φι-
10 λοσοφοῦσαν. Μηκέτ' οὖν φέρων μόνος αὐτῷ διαλέγεσθαι, Λεωνᾶν μετεπέμψατο. Κληθεὶς δ' ἐκεῖνος συνῆκε μὲν τὴν αἰτίαν, προσεποιεῖτο δ' ἀγνοεῖν καὶ ὥσπερ τεταραγμένος· Τί, φησίν, ἀγρυπνεῖς, ὦ δέσποτα; μή τις πάλιν σε λύπη κατείληφε τῆς τεθνηκυίας γυναικός;
16 Γυναικὸς μὲν, εἶπεν ὁ Διονύσιος, ἀλλ' οὐ τῆς τεθνηκυίας. Οὐδὲν δὲ ἀπόρρητόν ἐστί μοι πρὸς σὲ δι' εὔνοιάν τε καὶ πίστιν. Ἀπολώλεκας, ὦ Λεωνᾶ. Σύ μοι τῶν κακῶν αἴτιος. Πῦρ ἐκόμισας εἰς τὴν οἰκίαν, μᾶλλον δ' εἰς τὴν ἐμὴν ψυχήν. Ταράσσει δέ με καὶ
21 τὸ ἄδηλον τὸ περὶ τῆς γυναικός. Μῦθόν μοι διηγῇ ἔμπορον πτηνὸν, ὃν οὐκ οἶδας οὐδ' ὁπόθεν ἦλθεν, οὐδ' ὅποι πάλιν ἀπῆλθεν. Ἔχων δέ τις τοιοῦτον κάλλος ἐν ἐρημίᾳ πιπράσκει [καὶ] ταλάντου τὴν τῶν βασιλέως χρημάτων ἀξίαν; δαίμων σέ τις ἐξηπάτησεν. Ἐπίστησον
25 οὖν καὶ ἀναμνήσθητι τῶν γενομένων. Τίνας εἶδες; τίνι ἐλάλησας· εἰπέ μοι τἀληθές. Οὐ πλοῖον ἐθεάσω. Οὐκ εἶδον, δέσποτα, ἀλλ' ἤκουσα. Τοῦτ' ἐκεῖνο, μία Νυμφῶν, ἢ Νηρηΐδων, ἐκ θαλάσσης ἀνελήλυθε. καταλαμβάνουσι δὲ καὶ δαίμονας καιροί τινες εἱμαρμένης
30 ἀνάγκην φέροντες ὁμιλίας μετ' ἀνθρώπων· ταῦθ' ἡμῖν ἱστοροῦσι ποιηταί τε καὶ συγγραφεῖς. Ἡδέως δ' ἂν ἔπειθεν αὐτὸν ὁ Διονύσιος ἀποσεμνύνειν τὴν γυναῖκα καὶ σεβασμιωτέρας ἢ κατ' ἄνθρωπον ὁμιλίας. Λεωνᾶς δὲ, χαρίσασθαι τῷ δεσπότῃ βουλόμενος, εἶπε·
35 Τίς μέν ἐστι, δέσποτα, μὴ πολυπραγμονῶμεν· ἄξω δ' αὐτὴν, εἰ θέλεις, πρὸς σὲ, καὶ μὴ ἔχε λύπην. Ἀποτυγχάνεις ἐν ἔρωτος ἐξουσίᾳ. Οὐκ ἂν ποιήσαιμι, φησὶν ὁ Διονύσιος, πρὶν μαθεῖν, τίς ἡ γυνὴ καὶ πόθεν. ἔωθεν οὖν πυθώμεθα παρ' αὐτῆς τὴν ἀλήθειαν.
40 Μεταπέμψομαι δ' αὐτὴν οὐκ ἐνθάδε, μὴ καί τινος βιαιοτέρου λάβωμεν ὑποψίαν, ἀλλ', ὅπου πρῶτον αὐτὴν ἐθεασάμην, ἐπὶ τῆς Ἀφροδίτης γενέσθωσαν ἡμῖν οἱ λόγοι.

Ε'. Ταῦτ' ἔδοξε, καὶ τῇ ὑστεραίᾳ ὁ μὲν Διονύσιος
45 παραλαβὼν φίλους τε καὶ ἀπελευθέρους καὶ τῶν οἰκετῶν τοὺς πιστοτάτους, ἵν' ἔχῃ καὶ μάρτυρας, ἧκεν εἰς τὸ τέμενος, οὐκ ἀμελῶς σχηματίσας ἑαυτὸν, ἀλλὰ κοσμήσας ἠρέμα τὸ σῶμα, ὡς ἂν ἐρωμένῃ μέλλων ὁμιλεῖν. Ἦν δὲ καὶ φύσει καλός τε καὶ μέγας καὶ
50 μάλιστα πάντων σεμνὸς ὀφθῆναι, Λεωνᾶς δὲ παραλαβὼν τὴν Πλαγγόνα, καὶ μετ' αὐτῆς τὰς συνήθεις τῇ Καλλιρρόῃ θεραπαινίδας, ἧκε πρὸς αὐτὴν καὶ λέγει· Διονύσιος ἀνὴρ δικαιότατός ἐστι καὶ νομιμώτατος. Ἧκε τοίνυν εἰς τὸ ἱερὸν, ὦ γύναι, καὶ πρὸς αὐτὸν

manes persolutis. Ideo nempe rus venisti, ut pullatus nuptialia sacra celebres, sed cum serva, sedæum aliena, si contingat, uxore. Neque enim ejus habes tabulas. Cupido tamen cum bene consulente contendere, suamque reputare injuriam istius temperantiam; eo violentius torrere animam in amore philosophantem. Ille igitur soliloquii porro impatiens Leonam arcessit, qui vocationis intelligit quidem caussam, dissimulat tamen, et ut turbatus : Quid vigilas, ait, here? num te quis iterum dolor invadit mulieris defunctæ? Mulieris quidem, sed non defunctæ illius. Apud te, cui faveo et confido, nihil tacitum mihi est. Perdidisti, Leona; tu mihi malorum caussa. Ignem in domum meam intulisti, imo vero in pectus. Turbat me quoque mulieris ignorantia. Fabulam mihi narras, volucrem mercatorem, quem non nosti, unde venerit, neque quo rursus abierit. Talem vero mihi quis pulchritudinem dominus in deserto vendat talento, quæ Persarum regis opes valet. Atqui te deorum aliquis decepit. Fige modo mentem, actorumque renova memoriam. Quosnam vidisti? cui locutus es? dic mihi, sed verum. Navem certe non vidisti. Non vidi, here, sed audivi. Id ipsum est, quod suspicor et prædixi. Adscendit una Nympharum, aut Nereïdum, de mari. Sed et dæmonas occupant stata fati tempora, necessitatem illis humanæ consuetudinis imponentia, ut nobis ligatæ solutæque orationis scriptores narrant. Libenter persuasisset homini Dionysius, magnificare feminam, et deprædicare, ut sanctioris, quam quæ mortali generi congrueret, societatis. Leonas autem hero gratificari cupiens : Quæ quidem illa sit, here, ait, ne multum et anxie quæramus. Ego vero illam huc, nisi nolis, adducam. Neque doleas, quasi excidas amoribus, quos in potestate habes. Non fecerim, ait Dionysius, antequam mulierem, quænam sit, et unde, intellexero. Cras verum ex ea sciscitemur. Huc autem non accessam, ne violentioris cujusdam conatus ipsi suspicionem moveamus. Sed, ubi primo illam vidi, sub oculis et arbitrio Veneris fiat nobis colloquium.

V. Sic visum, posteroque die Dionysius, assumtis amicis et libertis, servorumque fidissimis, quo testes etiam haberet, adibat templum, habitu corporis non neglectim concinnato, sed et adornato non nihil in speciem, ut qui vellet amatæ confabulari, et de cætero natura pulcher esset, et procerus et omnium maxime venerabilis adspectu. Leonas autem cum Plangone et reliquis familiaribus Callirrhoæ ancillabus hanc adit et tali sermone invadit : Dionysius est vir, æqui, si quis alius, legumque rigidus custos. Huic ergo, mulier, in fano dices, sed verum quænam tandem sis. Nullo enim merito carebis auxilio. Tantum

εἰπὲ τὴν ἀλήθειαν, τίς οὖσα τυγχάνεις. οὐ γὰρ ἀτυχήσεις οὐδεμιᾶς δικαίας βοηθείας. Ἀλλὰ μόνον ἁπλῶς αὐτῷ διαλέγου, καὶ μηδὲν ἀποκρύψῃς τῶν ἀληθῶν. τοῦτο γὰρ αὐτὸν ἐπικαλέσεται μᾶλλον (πρὸς) τὴν εἰς
5 σε φιλανθρωπίαν. Ἄκουσα μὲν οὖν ἐβάδιζεν ἡ Καλλιρρόη, θαρροῦσα δ' ὅμως διὰ τὸ ἐν ἱερῷ γενήσεσθαι τὴν ὁμιλίαν αὐτοῖς. Ἐπεὶ δ' ἧκεν, ἔτι μᾶλλον αὐτὴν ἐθαύμασαν ἅπαντες. Καταπλαγεὶς οὖν ὁ Διονύσιος ἄφωνος ἦν. Οὔσης δ' ἐπιπλεῖστον σιωπῆς, ὀψέ ποτε
10 καὶ μόλις ἐφθέγξατο. Τὰ μὲν ἐμὰ δῆλά σοι, γύναι, πάντα. Διονύσιός εἰμι, Μιλησίων πρῶτος, σχεδὸν δὲ καὶ τῆς ὅλης Ἰωνίας, ἐπ' εὐσεβείᾳ καὶ φιλανθρωπίᾳ διαβόητος. Δίκαιόν ἐστι καὶ σὲ περὶ αὑτῆς εἰπεῖν ἡμῖν τὴν ἀλήθειαν· οἱ μὲν γὰρ πωλήσαντές σε Συβα-
15 ρῖτιν ἔφασαν, κατὰ ζηλοτυπίαν ἐκεῖθεν πραθεῖσαν ὑπὸ δεσποίνης. Ἠρυθρίασεν ἡ Καλλιρρόη καὶ κάτω κύψασα ἠρέμα εἶπεν· Ἐγὼ νῦν πρῶτον πέπραμαι· Σύβαριν δ' οὐκ εἶδον. Ἔλεγόν σοι, φησὶ Διονύσιος, ἀποβλέψας πρὸς τὸν Λεωνᾶν, ὅτι οὐκ ἔστι δούλη· μαν-
20 τεύομαι δὲ, ὅτι καὶ εὐγενής. Εἰπόν μοι, γύναι, πάντα, καὶ πρῶτόν γε τοὔνομα τὸ σόν. Καλλιρρόη, φησίν. Ἤρεσε Διονυσίῳ καὶ τοὔνομα. Τὰ δὲ λοιπὰ ἐσιώπα. Πυνθανομένου δὲ λιπαρῶς· Δέομαί σου, φησὶν, ὦ δέσποτα, συγχώρησόν μοι τὴν ἐμαυτῆς τύχην
25 σιωπᾶν. Ὄνειρος ἦν τὰ πρῶτα καὶ μῦθος, εἰμὶ δὲ νῦν, ὃ γέγονα, δούλη καὶ ξένη. Ταῦτα λέγουσα ἐπειρᾶτο μὲν λανθάνειν, ἐλείβθεν δ' αὐτῆς τὰ δάκρυα κατὰ τῶν παρειῶν. Προήχθη δ' ὁ Διονύσιος κλάειν καὶ πάντες οἱ περιεστηκότες. Ἔδοξε δ' ἄν τις καὶ τὴν
30 Ἀφροδίτην αὐτὴν σκυθρωποτέραν γεγονέναι. Διονύσιος δ' ἐνέκειτο ἔτι μᾶλλον πολυπραγμονῶν, καὶ Ταύτην αἰτοῦμαι παρά σου χάριν πρώτην. Διήγησαί μοι, Καλλιρρόη, τὰ σεαυτῆς. Οὐ πρὸς ἀλλότριον ἐρεῖς· ἔστι γάρ τις καὶ τρόπου συγγένεια. Μηδὲν φο-
35 βηθῇς, μηδ' εἰ πέπρακταί σοί τι δεινόν. Ἠγανάκτησεν ἡ Καλλιρρόη πρὸς τοῦτο, καὶ Μή με ὕβριζε, εἶπεν. οὐδὲν γὰρ σύνοιδα ἐμαυτῇ φαῦλον. Ἀλλ' ἐπεὶ σεμνότερα τὰ τῆς τύχης ἐστὶ τῆς παρούσης, οὐ θέλω δοκεῖν ἀλαζών, οὐδὲ λέγειν διηγήματα ἄπιστα
40 τοῖς ἀγνοοῦσιν. οὐ γὰρ μαρτυρεῖ τὰ πρῶτα τοῖς νῦν. Ἐθαύμασεν ὁ Διονύσιος τὸ φρόνημα τῆς γυναικὸς, καὶ Συνίημι, φησίν, ἤδη, κἂν μὴ λέγῃς. εἰπὲ δ' ὅμως. οὐδὲν γὰρ περὶ σεαυτῆς ἐρεῖς τηλικοῦτον, ἡλίκον ὁρῶμεν. Πᾶν ἐστί σου σμικρότερον λαμπρὸν διήγημα.
45 Μόλις οὖν ἐκείνη τὰ καθ' ἑαυτὴν ἤρξατο λέγειν. Ἑρμοκράτους εἰμὶ θυγάτηρ, τοῦ Συρακοσίων στρατηγοῦ. Γενομένην δέ με ἄφωνον ἐξ αἰφνιδίου πτώματος ἔθαψαν οἱ γονεῖς πολυτελῶς. ἤνοιξαν τυμβωρύχοι τὸν τάφον. εὗρον κἀμὲ πάλιν ἐμπνεύσουσαν. ἤνεγκαν
50 ἐνθάδε καὶ Λεωνᾷ με τουτωὶ παρέδωκα Θήρων ἐπ' ἐρημίας. Πάντ' εἰποῦσα μόνον Χαιρέαν ἐσίγησεν. Ἀλλὰ δέομαί σου, Διονύσιε· Ἕλλην γὰρ εἶ καὶ πόλεως φιλανθρώπου καὶ παιδείας μετείληφας· μὴ γένῃ τοῖς τυμβωρύχοις ὅμοιος, μηδ' ἀποστερήσῃς με πα-

CHARITON.

τρίοδος καὶ συγγενῶν. Μικρόν ἐστί σοι πλουτοῦντι σῶμα ἐᾶσαι· τὴν τιμὴν οὐκ ἀπολέσεις, ἐὰν ἀποδῷς με τῷ πατρί. Ἑρμοκράτης οὐκ ἔστιν ἀχάριστος. Τὸν Ἀλκίνοον ἀγάμεθα δὴ καὶ πάντες φιλοῦμεν, ὅτι
5 εἰς τὴν πατρίδα ἀνέπεμψε τὸν ἱκέτην. Ἱκετεύω δὲ κἀγώ. Σῶσον αἰχμάλωτον ὀρφανήν. Εἰ δὲ μὴ δύναμαι ζῆν ὡς εὐγενής, αἱροῦμαι θάνατον ἐλεύθερον. Τούτων ἀκούων ἔκλαε, προφάσει μὲν Καλλιρρόην, τὸ δ' ἀληθὲς ἑαυτόν. Ἠσθάνετο γὰρ ἀποτυγχάνων τῆς
10 ἐπιθυμίας· Θάρρει δέ, ἔφη, Καλλιρρόη, καὶ ψυχὴν ἔχε ἀγαθήν· οὐ γὰρ ἀτυχήσεις ὧν ἀξιοῖς. Μάρτυν καλῶ τὴν Ἀφροδίτην. Ἐν δὲ τῇ μεταξὺ θεραπείᾳ ἕξεις παρ' ἡμῖν δεσποίνης μᾶλλον, ἢ δούλης. Καὶ ἡ μὲν ἀπῄει πεπεισμένη μηδὲν ἄκουσα δύνασθαι παθεῖν.
15 Ϛʹ. Ὁ δὲ Διονύσιος λυπούμενος ἧκεν εἰς οἶκον τὸν ἴδιον καὶ μόνον καλέσας Λεωνᾶν· Κατὰ πάντα, φησίν, ἐγὼ δυστυχής εἰμι, καὶ μισούμενος ὑπὸ τοῦ Ἔρωτος. Τὴν μὲν γαμετὴν ἔθαψα· φεύγει δὲ ἡ νεώνητος, ἣν ἤλπιζον ἐξ Ἀφροδίτης εἶναί μοι τὸ δῶρον, καὶ ἀνέ-
20 πλαττον ἐμαυτῷ βίον μακάριον ὑπὲρ Μενέλεων τὸν τῆς Λακεδαιμονίας γυναικός. Οὐδὲ γὰρ τὴν Ἑλένην εὔμορφον οὕτως ὑπολαμβάνω γεγονέναι. Πρόσεστι δ' αὐτῇ καὶ ἡ τῶν λόγων πειθώ. Βεβίωταί μοι. Τῆς αὐτῆς ἡμέρας ἀπαλλαγήσεται Καλλιρρόη μὲν ἐντεῦθεν,
25 ἐγὼ δὲ τοῦ ζῆν. Πρὸς τοῦτ' ἀνέκραγεν ὁ Λεωνᾶς· Μὴ σύ γε, ὦ δέσποτα, μὴ καταράσῃ σεαυτοῦ. κύριος γὰρ εἶ σὺ καὶ ἐξουσίαν ἔχεις αὐτῆς, ὥστε καὶ ἑκοῦσα καὶ ἄκουσα ποιήσει τὸ σοὶ δοκοῦν. ταλάντου γὰρ αὐτὴν ἐπριάμην. Ἐπρίω σύ, τρισάθλιε, τὴν εὐγενῆ;
30 οὐκ ἀκούεις Ἑρμοκράτην τὸν στρατηγὸν τῆς πολλῆς Σικελίας, ἐγκεχαραγμένον ᾧ βασιλεὺς ὁ Περσῶν θαυμάζει καὶ φιλεῖ, πέμπει δ' αὐτῷ κατ' ἔτος δωρεάς, ὅτι Ἀθηναίους κατεναυμάχησε, τοὺς Περσῶν πολεμίους; ἐγὼ τυραννήσω σώματος ἐλευθέρου, καὶ
35 Διονύσιος, ὁ ἐπὶ σωφροσύνῃ περιβόητος, ἀκούσας ὑβριῶ, ἣν οὐκ ἂν ὕβρισεν οὐδὲ Θήρων ὁ λῃστής; Ταῦτα μὲν οὖν εἶπε πρὸς τὸν Λεωνᾶν· οὐ μὴν οὐδ' ἀπεγίνωσκε πείσειν. φύσει γὰρ εὐέλπις ἐστιν ὁ ἔρως, θαρρεῖ δὲ τῇ θεραπείᾳ κατεργάσασθαι τὴν ἐπιθυμίαν.
40 Καλέσας οὖν τὴν Πλαγγόνα· Δέδωκάς μοι, φησίν, ἤδη πεῖραν ἱκανὴν τῆς ἐπιμελείας. Ἐγχειρίζω δέ σοι τὸ μέγιστον καὶ τιμιώτατόν μου τῶν κτημάτων, τὴν ξένην. Βούλομαι δ' αὐτὴν μηδενὸς σπανίζειν, ἀλλὰ προϊέναι μέχρι τρυφῆς. Κυρίαν ὑπολάμβανε, θερά-
45 πευε, καὶ κόσμει καὶ ποίει φίλην ἡμῖν. Ἐπαίνει με παρ' αὐτῇ πολλάκις καὶ οἷον ἐπίστασαι διηγοῦ. Βλέπε, μὴ δεσπότην εἴπῃς. Συνῆκεν ἡ Πλαγγὼν τῆς ἐντολῆς· φύσει γὰρ ἦν ἐντρεχής. αἴφνης δὲ βαλοῦσα πρὸς τὸ πρᾶγμα τὴν διάνοιαν, εἴδε τὸ πρὸς τοῦτο. Παραγενο-
50 μένη, τοίνυν πρὸς τὴν Καλλιρρόην, ὅτι μὲν κεκέλευσται θεραπεύειν αὐτήν, οὐκ ἐμήνυσεν, ἰδίαν δ' εὔνοιαν ἐπεδείκνυτο· καὶ τὸ ἀξιόπιστον ὡς σύμβουλον ἤθελεν ἔχειν.

Ζʹ. Συνέβη δέ τι τοιόνδε. Διονύσιος ἐνδιέτριβε τοῖς χωρίοις, προφάσεις μὲν ἄλλοτ' ἄλλας, τὸ δὲ δὴ ἀληθές,

neque me patria prives atque consanguineis. Diviti tibi mancipiis parum est corpus unum dimittere. Nam pretium quidem non perdes, ubi me patri reddas. Hermocrates ingratus non est. Exosculamur sane et amamus omnes Alcinoum ideo, quod in patriam remisit supplicem Ulyxem. At ego tibi quoque supplicor. Serva captam ab hoste, orbam. Ingenuae vivere ni liceat, opto mortem liberam. Flet ad haec Dionysius, specie quidem Callirrhoën, re vera se ipsum. Intelligebat enim, votis se excidisse. At tu confide modo, Callirrhoë, ait, bonoque sis animo; non enim carebis, quae rogas. Testor Venerem, quam vides. Interim apud nos cultum habebis herae magis, quam servae. Sic abit illa certa spe freta, quod citra voluntatem pati quidquam non possit.

VI. Dionysius autem, afflictus aegritudine, solumque sevocans Leonatem : Omnino infelix ego sum, et Cupidini exosus, ait. Condidi uxorem. Jam recens emta me adspernatur, quam ego donum Veneris habere sperabam, vitam mihi jam effingens beatiorem illa Menelai, Lacaenae mariti. Nego namque, Helenam fuisse tam formosam, atque Callirrhoë. Suada etiam ejus ore loquitur. Actum est de vita mea. Eodem die, quo Callirrhoë nos, ego vitam deseram. Non tu certe, here, ait Leonas. Ne te devoveas, tu enim dominus ejus es, et velit nolit illa, faciet tamen, quod tibi videbitur. Talento enim illam emi. Emistine tu nobilem et ingenuam, miser! ignoras Hermocratem, Siciliae paene totius praetorem, quem rex Persarum magni facit et amat, magnificenter inter de imperio bene meritos relatum, quem missis in annos ornat muneribus, eo quod Athenienses, suos hostes, mari contudit. Egone saeviam tyrannus in liberum corpus, et Dionysius ille de continentia celebratus, insultabo improbus et contumeliosus, cui ne Thero quidem pirata? Haec ille quidem ad Leonatem, non desperabat tamen exorare mulierem. Amor enim ex indole sua bene sperat. Confidebat cultura et officiis cupita conficere. Vocat itaque Plangonem, eique : Dedisti mihi jam, ait, curae tuae documentum, sed sufficiens. Nunc commendo tradoque tibi in manus, quod opum mearum facio maximi, habeoque carissimum, extraneam istam, quam nulla indigere re, sed vel ad luxum usque procedere, volo. Heram reputato; cole, et ambi, et orna, et fac nobis amicam; lauda me saepius apud illam, et depinge, qualem nosti. Vide, ne dominum nomines. Assequebatur statim mandata Plangon, acris et velox ingenio mulier : statim, ubi mente concepisset negotium, quid agendum esset, perspiciebat. Itaque Callirrhoën beneficiis et officiis omne genus accumulat, id herili de mandato se facere minime prae se ferens, sed quasi de sua comitatis penu promeret, ut, si quando quid suaderet, candoris et benevolentiae fidem, simul et obsequium, inveniret.

VII. Accidit interim tale quid. Dionysius ruri haerebat, alia caussatus ex aliis, vere tamen uniceque ideo, quod

LIBER II.

οὔτε ἀπαλλαγῆναι τῆς Καλλιρρόης δυνάμενος, οὔτε ἐπάγεσθαι θέλων αὐτήν· ἔμελλε γὰρ περιβόητος ὀφθεῖσα ἔσεσθαι καὶ τὸ κάλλος ὅλην τὴν Ἰωνίαν δουλαγωγήσειν, ἀναβήσεσθαί τε τὴν φήμην καὶ μέχρι τοῦ μεγάλου
5 βασιλέως. Ἐν δὲ τῇ μονῇ πολυπραγμονῶν ἀκριβέστερον τὰ περὶ τὴν κτῆσιν, ἐμέμψατό που καὶ τὰ περὶ τὸν οἰκονόμον Φωκᾶν. τὸ δὲ τῆς μέμψεως οὐ πέραιτέρω προῆλθεν, ἀλλὰ μέχρι ῥημάτων· εὗρε δὲ καιρὸν ἡ Πλαγγών, καὶ περίφοβος εἰσέδραμε πρὸς τὴν Καλ-
10 λιρρόην, σπαράσσουσα τὴν κόμην ἑαυτῆς· λαβομένη δὲ τῶν γονάτων αὐτῆς· Δέομαί σου, φησίν, κυρία, σῶσον ἡμᾶς. τῷ γὰρ ἀνδρί μου χαλεπαίνει Διονύσιος. Φύσει δ' ἐστὶ βαρύθυμος, ὥσπερ καὶ φιλάνθρωπος. Οὐδεὶς ἂν ῥύσαιτο ἡμᾶς, ἢ μόνη σύ. παρέξει γάρ
15 σοι Διονύσιος ἡδέως αἰτουμένῃ χάριν πρώτην. Ὤκνει μὲν οὖν ἡ Καλλιρρόη βαδίσαι πρὸς αὐτόν. λιπαρούσης δὲ καὶ δεομένης, ἀντειπεῖν οὐκ ἠδυνήθη, προηνεχυριασμένη ταῖς εὐεργεσίαις ὑπ' αὐτῆς. Ἵν' οὖν μὴ ἀχάριστος δοκῇ· Κἀγὼ μὲν, φησίν, εἰμὶ δούλη καὶ
20 οὐδεμίαν ἔχω παρρησίαν, εἰ δ' ὑπολαμβάνεις δυνήσεσθαί τι κἀμέ, συνικετεύειν ἑτοίμη· γένοιτο δ' ἡμᾶς τυχεῖν. Ἐπεὶ δ' ἦλθον, ἐκέλευσέν ἡ Πλαγγὼν τὸν ἐπὶ ταῖς θύραις εἰσαγγεῖλαι πρὸς τὸν δεσπότην, ὅτι Καλλιρρόη πάρεστιν. Ἐτύγχανε δὲ Διονύσιος ἐρριμ-
25 μένος ὑπὸ λύπης. ἐτετήκει δ' αὐτῷ καὶ τὸ σῶμα. Ἀκούσας οὖν, ὅτι Καλλιρρόη πάρεστιν, ἄφωνος ἐγένετο, καί τις ἀχλὺς αὐτοῦ κατεχύθη πρὸς τὸ ἀνέλπιστον. Μόλις δ' ἀνενεγκὼν Ἡκέτω, φησί. Στᾶσα δ' ἡ Καλλιρρόη πλησίον, καὶ κάτω κύψασα, πρῶτον
30 μὲν ἐρυθήματος ἐνεπλήσθη, μόλις δ' ὅμως ἐφθέγξατο· Ἐγὼ Πλαγγόνι ταυτηῒ χάριν ἐπίσταμαι· φιλεῖ γάρ με ὡς θυγατέρα. Δέομαι δή σου, κύριε, μὴ ὀργίζου τῷ ἀνδρὶ αὐτῆς, ἀλλὰ χάρισαι τὴν σωτηρίαν. Ἔτι δὲ βουλομένη λέγειν οὐκ ἠδυνήθη. Συνεὶς οὖν ὁ Διο-
35 νύσιος τὸ στρατήγημα τῆς Πλαγγόνος· Ὀργίζομαι μέν, εἶπε, καὶ οὐδεὶς ἂν ἀνθρώπων ἐρρύσατο μὴ ἀπολέσθαι Φωκᾶν καὶ τὴν Πλαγγόνα τοιαῦτα πεπραχότας· χαρίζομαι δ' αὐτοὺς ἡδέως σοὶ καὶ γινώσκετε ὑμεῖς, ὅτι διὰ Καλλιρρόην ἐσώθητε. Προσέπεσεν αὐτοῦ τοῖς γόνασιν
40 ἡ Πλαγγών, καὶ Διονύσιος ἔφη· Τοῖς Καλλιρρόης προσπίπτετε γόνασιν, αὕτη γὰρ ὑμᾶς ἔσωσεν. Ἐπεὶ δ' ἡ Πλαγγὼν ἐθεάσατο τὴν Καλλιρρόην χαίρουσαν καὶ ὑφόδρα ἡδομένην ἐπὶ τῇ δωρεᾷ· Σὺ οὖν, εἶπε, χάριν ὁμολόγησον ὑπὲρ ἡμῶν Διονυσίῳ, καὶ ἅμα ὤθη-
45 σεν αὐτήν. Ἡ δὲ τρόπον τινὰ καταπεσοῦσα περιέπεσε τῇ δεξιᾷ τοῦ Διονυσίου. Κἀκεῖνος, ὡς δῆθεν ἀπαξιῶν. τὴν χεῖρα δοῦναι, προσαγόμενος αὐτὴν κατεφίλησεν. εἶτ' εὐθὺς ἀφῆκε, μὴ καί τις ὑποψία γένηται τῆς τέχνης.
50 Η'. Αἱ μὲν οὖν γυναῖκες ἀπῄεσαν, τὸ δὲ φίλημα Διονυσίου, καθάπερ ἰὸς, εἰς τὰ σπλάγχνα κατεδύετο καὶ οὔθ' ὁρᾷν ἔτι, οὔτ' ἀκούειν ἐδύνατο, πανταχόθεν δ' ἦν ἐκπεπολιορκημένος, οὐδεμίαν εὑρίσκων θεραπείαν τοῦ ἔρωτος· οὔτε διὰ δώρων, ἑώρα γὰρ τῆς γυναικὸς τὸ

neque posset abstrahi a Callirrhoë, neque tamen illam secum vellet in urbem educere: Ibi enim conspecta non poterat non inclarescere, totamque mancipare sua pulchritudine Ioniam. Quin rumor ad magnum usque regem pervasurus erat. Itaque cessans manensque Dionysius, dum possessionum suarum singulas rimatur diligentius, forte etiam in Phoca villico quidquam reprehendit. Sed illa quidem objurgatio ultra verba non processerat. Plango tamen, arrepta inde occasione, accurrit ad Callirrhoën trepida, rumpens et evellens sibi crines, amplexaque ejus genua : Obsecro te, domina, ait, serva nos. Nam viro meo succenset Dionysius. Est autem ex indole sua non minus irarum gravis, quam humanitatis dives. Discrimini nos, nisi tu sola, nemo eripiat. Primam enim tibi gratiam libenter præstet Dionysius roganti. Adire cessabat et verebatur Callirrhoë; instanti tamen et obsecranti modis omnibus negare non audebat, supplici collatis in se beneficiis obstricta; et, ut ingratæ declinaret invidiam, sic ait : Et ego æque sum serva, et omni defecta profandi audacia. Quod si tamen etiam me valere non nihil putas, parata sum preces quoque meas supplici commodare. Modo dii votis nos bare velint. Ut accesserant, jubet Plangon janitorem Callirrhoës præsentiam intro nuntiare ad herum, qui tum forte mœrore prostratus jacebat tabidus et enectus corpore. Audito ille Callirrhoës adventu plane obmutuit, et ad insperatum nuntium caligine quadam fuit involutus. Vix tandem intervallo revalescente spiritu refectus : Iniret, ait. Callirrhoë primo quidem, ut adstitit propius, dejecit oculos et toto vultu erubuit : dein, sed ægre, sic profatur : Ego Plangoni huic gratiam novi. Amat enim me, ut filiam. Rogo itaque te, here, ne viro ejus irascaris, sed dona potius salutem. Ulterius proloqui volentem vox deserit. Dionysius statim Plangonis artes intelligebat, et : Stomachor equidem, ait, Phocamque et Plangonem talia ausos mortalium nemo servaverit ab exitio. Tibi vero lubenter illos dono. At vos sciatis velim, quod per Callirrhoën servemini. Procidit ad heri genua Plango, cui Dionysius : Quin ad Callirrhoës genua potius procumbitis. Hæc enim vos servavit. Plangon lætantem conspicata Callirrhoën eoque munere vehementer delectatam : Gratas ergo pro nobis Dionysio refer, ait, simulque impellit Callirrhoën, quæ quodammodo prolapsa amplexabunda ad manum Dionysii accidit. Ille vero, quasi manum dare dedignatus, admotam propius Callirrhoën osculatur, mox remittit, ne fieret artis hujus aliqua suspicio.

VIII. Sic discedebant mulieres. Osculum autem illud in Dionysii viscera velut venenum irrepebat, ut neque videret amplius, neque audiret, undecunque obsessus et expugnatus ab amore, cujus remedium quærenti nullum occurrebat. Nam neque muneribus proficiebat, viso magno

28.

μεγαλόφρον· οὔτε δι' ἀπειλῆς, ἢ βίας, πεπεισμένος, ὅτι θάνατον αἱρήσεται θᾶττον, ἢ βιασθήσεται. Μίαν οὖν βοήθειαν ὑπελάμβανεν τὴν Πλαγγόνα, καὶ μεταπεμψάμενος αὐτὴν Τὰ μὲν πρῶτά σοι, φησίν, (εὖ) 5 ἐστρατήγηται, καὶ χάριν ἔχω τοῦ φιλήματος· ἐκεῖνο δέ με σέσωκεν, ἢ ἀπολώλεκε. σκόπει οὖν πῶς γυνὴ γυναικὸς περιγένῃ, σύμμαχον ἔχουσα κἀμέ. Γίνωσκε δ' ἐλευθερίαν σοι προκειμένην τὸ ἆθλον, καὶ ὃ πέπεισμαί σοι πολὺ ἥδιον εἶναι τῆς ἐλευθερίας, τὸ ζῆν 10 Διονύσιον. Κελευσθεῖσα δ' ἡ Πλαγγὼν πᾶσαν πεῖραν καὶ τέχνην προσέφερεν· ἀλλ' ἡ Καλλιρρόη πανταχόθεν ἀήττητος ἦν καὶ ἔμενε Χαιρέᾳ μόνῳ πιστή. Κατεστρατηγήθη ὑπὸ τῆς τύχης, πρὸς ἣν μόνην οὐδὲν ἰσχύει λογισμὸς ἀνθρώπου. φιλόνεικος γὰρ ἡ δαίμων, καὶ 15 οὐδὲν ἀνέλπιστον παρ' αὐτῇ. Καὶ τότ' οὖν πρᾶγμα παράδοξον, μᾶλλον δ' ἄπιστον, κατώρθωκεν. ἄξιον δ' ἀκοῦσαι τὸν τρόπον. Ἐπεβούλευσεν ἡ τύχη τῇ σωφροσύνῃ τῆς γυναικός· ἐρωτικὴν γὰρ ποιησάμενοι τὴν πρώτην σύνοδον τοῦ γάμου Χαιρέας καὶ Καλλιρρόη, 20 παραπλησίαν ἔσχον ὁρμὴν πρὸς τὴν ἀπόλαυσιν ἀλλήλων. Ἰσόρροπος δ' ἐπιθυμία τὴν συνουσίαν ἐποίησεν οὐκ ἀργήν. Ὀλίγον οὖν πρὸ τοῦ πτώματος ἡ γυνὴ συνέλαβεν. ἀλλὰ διὰ τοὺς κινδύνους καὶ τὴν ταλαιπωρίαν τῶν ὕστερον, οὐ ταχέως συνῆκεν ἐγκύμων γε- 25 νομένη· τρίτου δὲ μηνὸς ἀρχομένου, προέκοπτεν ἡ γαστήρ· ἐν δὲ τῷ λουτρῷ συνῆκεν ἡ Πλαγγών, ὡς ἂν ἤδη πεῖραν ἔχουσα τῶν γυναικείων. Εὐθὺς μὲν οὖν ἐσίγησε διὰ τὸ πλῆθος τῶν θεραπαινίδων· περὶ δὲ τὴν ἑσπέραν σχολῆς γενομένης, παρακαθίσασα ἐπὶ τῆς 30 κλίνης· Ἴσθι, φησίν, ὦ τέκνον, ὅτι ἐγκύμων ὑπάρχεις. Ἀνέκλαυσεν ἡ Καλλιρρόη, καὶ ὀλολύζουσα καὶ τίλλουσα τὴν κεφαλήν· Ἔτι καὶ τοῦτό μου, φησί, ταῖς συμφοραῖς, ὦ Τύχη, προστέθεικας, ἵνα καὶ τέκω δούλον. Τύπτουσα δὲ τὴν γαστέρα, εἶπεν· Ἄθλιον πρὸ τοῦ 35 γεννηθῆναι γέγονας. Ἐν τάφῳ καὶ χερσὶ λῃστῶν παρεδόθης. Εἰς ποῖον πάρεργη βίον; ἐπὶ ποίαις ἐλπίσι μέλλω σε κυοφορεῖν, ὀρφανὲ καὶ ἄπολι καὶ δοῦλε. Πρὸ τῆς γενέσεως πειράθητι θανάτου. Κατέσχε δ' αὐτῆς τὰς χεῖρας ἡ Πλαγγών, ἐπαγγειλαμένη τῆς ὑστεραίας εὐκο- 40 λωτέραν αὐτῇ ἔκτρωσιν παρασκευάσειν.

Θ'. Γενομένη δὲ καθ' ἑαυτὴν ἑκατέρα τῶν γυναικῶν ἰδίους ἐλάμβανε λογισμούς· ἡ μὲν Πλαγγών, ὅτι καιρὸς ἐπιτήδειος πέφηνεν εἰς τὸ κατεργάσασθαι τὸν ἔρωτα τῷ δεσπότῃ, συνήγορον ἔχουσα τὸ κατὰ γαστρός· εὕρηται 45 πειθοῦς ἐνέχυρον· νικήσει σωφροσύνην γυναικὸς μητρὸς φιλοστοργία. Καὶ ἡ μὲν πιθανῶς τὴν πρᾶξιν συνετίθει. Καλλιρρόη δὲ τότε μὲν ἐβουλεύετο φθεῖραι, λέγουσα πρὸς ἑαυτήν· Ἀλλ' ἐγὼ τέκω δεσπότῃ τὴν Ἑρμοκράτους ἔκγονον καὶ προενέγκω παιδίον, οὗ μη- 50 δεὶς οἶδε πατέρα. Τάχα δ' ἐρεῖ τις τῶν φθονούντων· Ἐν τῷ λῃστηρίῳ Καλλιρρόη συνέλαβεν. Ἀρκεῖ μόνῃ ἐμὲ δυστυχεῖν. Οὐ συμφέρει σοι, παιδίον, εἰς βίον ἄθλιον παρελθεῖν, ὃν ἔδει καὶ γεννώμενον φυγεῖν. Ἄπιθι ἐλεύθερος, ἀπαθὴς κακῶν. Μηδὲν ἀκούσῃς τῶν

mulieris animo; neque minis; mortem enim citius, quam vim, admissuram illam cognoverat. Solam itaque reputans opem superesse Plangonem, arcessit, et : Prima quidem illa pulchra calliditate perfecisti, Plangon, ait, et habeo tibi gratiam osculi, quod aut heavit me, aut perdidit. Vide ergo, qui mulier mulierem circumvenias et debelles, in societatem certaminis me quoque assumto. Præmium tibi propositum scito libertatem esse, et quam cariorem tibi libertate novi, vitam Dionysii. Jussa sic Plangon omnes Callirrhoæ dolos machinasque admovet. At illa vinci et expugnari nulla ex parte poterat. Tam manebat soli Chæreæ fida. Succubuit tamen, sed Fortunæ artibus illusa, contra quam nulla valet humana ratio. Est enim illa dea perquam contentiosa. Nihil ab illa non exspectes. Hinc mirum non est, si et tunc rem confecerit positam ultra omnem exspectationem; imo ultra omnem fidem. Dignum vero est accipere, qua id ratione. Insidiabatur Fortuna mulieris pudicitiæ. Nam quum in nuptiis prima vice convenirent Chæreas et Callirrhoë amore fervidi, prope parem utrinque attulerant impetum ad mutuam sui fruitionem, feceratque cupido æqualis commercium non inefficax. Mulier igitur paulo ante fatalem istum casum utero conceperat. Verum propter discrimina secutasque post ærumnas non statim sensit se gravidam. Sed tertio ineunte mense adolescebat venter, idque Plangon, utpote rerum harum haud inexperta, in lavatione animadvertit, tum quidem se comprimens ob ancillarum turbam, facta vero sub vesperam solitudine, et otio assidens super torum : Scito, inquit, mea filia, quod utero geras. Proclamare ad hæc Callirrhoë, ejulare, crines evellere. Etiam hoc cæteris meis malis apposuisti, Fortuna, ut servum pariam; percussoque ventre : Fœtus, ait, vel ante partum miselle. Fuisti in sepulcro ; cessisti piratarum manibus. In quam nunc vitam prodis? quas ego te in spes gestabo? orbe patre, et patria exsul, et serve. Antequam nascaris, i, mortem experire. Sed cohibuit sævientes manus Plangon, altero die faciliorem expedire velle fœtus excussionem pollicita.

XIX. Seorsim factæ mulieres propria sibi et diversa quæque secum volutare animis. Plango quidem, opportunum se sibi nunc dare tempus hero amorem conficiendi, ut quæ ventris illam conditionem nacta sibi patrocinantem, invenisset certam persuadendi viam atque rationem. Evincet nimirum matris in fœtum affectus conjugalem castimoniam. Sic illa negotium mente confingebat, speciose hercle. Callirrhoë vero principio de necando fœtu deliberabat his se verbis compellans : Ego vero domino pariam Hermocratis nepotem, et luci exponam infantem, cujus nemo patrem novit! imo dicet forte quis invidus : Conceplt inter piratas Callirrhoë. Sufficit, me solam infelicem esse. Non expedit tibi, parvule, in vitam prodire miseram, quam fugere vel natum oportebat. Abi liber,

περὶ τῆς μητρὸς διηγγμάτων. Πάλιν δὲ μετενόει καί πως ἔλεος αὐτὴν τοῦ κατὰ γαστρὸς εἰσῄει. Βουλεύῃ τεκνοκτονῆσαι, πασῶν ἀσεβεστάτη, καὶ Μηδείας λαμ- βάνεις λογισμούς. Ἀλλὰ καὶ τῆς Σκυθίδος ἀγριωτέρα
5 δόξεις. Ἐκείνη μὲν γὰρ ἔχθρον εἶχε τὸν ἄνδρα, σὺ δὲ τὸ Χαιρέου τέκνον θέλεις ἀποκτεῖναι καὶ μηδὲ ὑπό- μνημα τοῦ περιβοήτου γάμου καταλιπεῖν. Τί δ᾽, ἂν υἱὸς ᾖ; τί δ᾽, ἂν ὅμοιος τῷ πατρί; τί δ᾽, ἂν εὐτυχέστε- ρος ἐμοῦ; μήτηρ ἀποκτείνῃ τὸν ἐκ τάφου σωθέντα καὶ
10 λῃστῶν; πόσων ἀκούομεν θεῶν παῖδας καὶ βασιλέων, ἐν δουλείᾳ γεννηθέντας, ὕστερον ἀπολαβόντας τὸ τῶν πατέρων ἀξίωμα; τὸν Ζῆθον, καὶ τὸν Ἀμφίονα, καὶ Κῦρον. Πλεύσῃ μοι καὶ σὺ, τέκνον, εἰς Σικελίαν· ζητήσεις πατέρα καὶ πάππον, καὶ τὰ τῆς μητρὸς αὐτοῖς
15 διηγήσῃ. Ἀναχθήσεται στόλος ἐκεῖθεν ἐμοὶ βοηθῶν. Σὺ, τέκνον, ἀλλήλοις ἀποδώσεις τοὺς γονεῖς. Ταῦτα λογιζομένῃ δι᾽ ὅλης νυκτὸς ὕπνος ἐπῆλθε πρὸς ὀλίγον. Ἐπέστη δ᾽ αὐτῇ εἰκὼν Χαιρέου,

  Πάντ᾽ αὐτῷ [ὁμοία], μέγεθός τε καὶ ὄμματα κάλ᾽ εἰκυῖα,
20 Καὶ φωνὴν, καὶ τοῖα περὶ χροΐ εἵματα ἔστο.

Ἑστὼς δὲ Παρατίθεμαί σοι, φησίν, ὦ γύναι, τὸν υἱόν. Ἔτι δὲ βουλομένου λέγειν, ἀνέθορεν ἡ Καλλιρρόη, θέλουσα αὐτῷ περιπλακῆναι. Σύμβουλον οὖν τὸν ἄνδρα νομίσασα, θρέψαι τὸ παιδίον ἔκρινε.
25 Ι'. Τῆς δ᾽ ὑστεραίας ἐλθούσῃ Πλαγγόνι τὴν αὐτῆς γνώμην ἐδήλωσεν. Ἡ δὲ τὸ ἄκαιρον τῆς βουλῆς οὐ παρέλαβεν, ἀλλ᾽ Ἀδύνατόν ἐστί σοι, φησὶν, ὦ γύναι, τέκνον θρέψαι παρ᾽ ἡμῖν. ὁ γὰρ δεσπότης ἡμῶν, ἐρωτικῶς σου διακείμενος, ἄκουσαν μὲν οὐ βιάσεται
30 δι᾽ αἰδῶ καὶ σωφροσύνην· θρέψαι δὲ παιδίον οὐκ ἐπι- τρέψει διὰ ζηλοτυπίαν, ὑβρίζεσθαι δοκῶν. Ἡ τὸν μὲν ἀπόντα περισπούδαστον ὑπολαμβάνεις, ὑπερορᾷς δὲ παρόντος αὐτοῦ. Κρεῖττον οὖν μοι δοκεῖ πρὸ τοῦ γεννηθῆναι τὸ παιδίον ἢ γεννηθὲν ἀπολέσθαι. Κερ-
35 δανεῖς γὰρ ὠδῖνας ματαίας καὶ κυοφορίας ἄχρηστον. Ἐγὼ δὲ σε φιλοῦσα συμβουλεύω τἀληθῆ. Βαρέως ἤκουσεν ἡ Καλλιρρόη καὶ προσπεσοῦσα τοῖς γόνασιν αὐτῆς ἱκέτευεν, ὅπως συνεξεύρῃ τινὰ τέχνην, δι᾽ ἧς τὸ παιδίον θρέψει. Πολλὰ τοίνυν ἀρνησαμένη, δύο
40 καὶ τρεῖς ἡμέρας ὑπερθεμένη τὴν ἀπόκρισιν, ἐπειδὴ μᾶλλον ἐξέκαυσεν αὐτὴν πρὸς τὰς δεήσεις, ἀξιοπιστο- τέρα γενομένη, πρῶτον μὲν αὐτὴν ἐξώρκισε μηδενὶ κατειπεῖν τὴν τέχνην· ἔπειτα συναγαγοῦσα τὰς ὀφρῦς καὶ τρίψασα τὰς χεῖρας· Τὰ μεγάλα, φησὶ, τῶν πραγ-
45 μάτων, ὦ γύναι, μεγάλαις ἐπινοίαις κατορθοῦται, κἀγὼ διὰ τὴν εὔνοιαν τὴν πρὸς σὲ, προδίδωμι τὸν δεσπότην· ἴσθι τοίνυν, ὅτι δεήσει δυοῖν θἀτέρου, ἢ παν- τάπασιν ἀπολέσθαι τὸ παιδίον, ἢ γεννηθῆναι πλουσιώ- τατον Ἰώνων, κληρονόμον τῆς λαμπροτάτης οἰκίας.
50 καὶ σὲ τὴν μητέρα ποιήσει μακαρίαν. Ἑλοῦ δὲ, πότερον θέλεις. Καὶ Τίς οὕτως, εἶπεν, ἀνόητος, ἵνα τεκνοκτονίαν ἀντ᾽ εὐδαιμονίας ἕληται· δοκεῖς δέ μοί τι ἀδύνατον καὶ ἄπιστον λέγειν· ὥστε σαφέστερον αὐτὸ δήλωσον. Ἤρετο γοῦν ἡ Πλαγγών· Πόσον δοκεῖς

inexpertus malorum. Relationum de matre nihil quid- quam audias. Rursus autem commiseratio latentis inter viscera oneris subibat mutatam mentem. Deliberas infan- tem tuum occidere, sceléstissima omnium, et Medeæ capis consilia. Quinimo vel illa Scythide merito videaris tru- culentior. Nam illa virum habebat inimicum. Tu vero Chæreæ opus vis occidere, et omne monumentum decan- tati conjugii exscindere. Quid si masculum parias? quid si patri similem? quid si felicior me fuerit? mater occidat servatum ex sepulcro et piratis! quot novimus deorum re- gumque filios, in servitute natos, patrum postea dignita- tem recuperasse? Amphionem et Zethum; item Cyrum. Etiam tu mihi, fili, olim navi Siciliam repetes, exquires patrem et avum, iisque matris expones casus. Inde opi- tulatum mihi solvet expeditio nautica. Tu, fili, parentes sibi invicem restitues. Hæc volventi per totam noctem somnus tandem sensim obrepit :

Ast illi in somnis adstare videtur imago,
Quæ pulchris oculis, habitu quæ corporis omni,.
Voce quoque et nota referebat veste maritum.

et : Pignus, ait, apud te filium depono, uxor. Adjicere plura pergente Chæreа, subsiliit ex somno Callirrhoë, in amplexus ejus ruens. Decrevit ergo fœtum servare et alere, sic rata maritum consulere.

X. Mane autem facto, adeunti Plangoni hanc suam sen- tentiam exponit. Illa vero intempestivum non admisit consilium, sed : Ut apud nos parvulum alas, mulier, ait, id fieri nequit. Nam herus, amator tui, non quidem coget invitam, præ verecundia et moderatione; non tamen per- mittet item. nutrire parvulum præ æmulatione, ratus affici contumelia. Quippe absentem omni studio et reverentia dignum putas; hic autem præsentem aspernaris. Censeo itaque, fœtum nondum natum melius, quam editum, elidi. Hac enim ratione partus dolores frustraneos et inu- tilem gestationem compendi facies. Ego tui amans vera et recta suadeo. Ægre hæc audit Callirrhoë, genubusque Plangonis advoluta obtestatur, secum junctis invenire stu- diis rationem velit, qua servet alatque fœtum. Hæc, ut etiam atque etiam negaverat, rejectoque post. duos vel tres dies responso, magis ad preces nostram accenderat, jam majorem nacta confidentiam et auctoritatem, primum jurejurando obstringit, ut nollet apud quemquam hanc manifestare fallaciam. Dein adducto supercilio, manibus- que, ut anxii et lugentes solent, confrictis : Magnæ rerum, ait, o mea, magnis ausibus perficiuntur. Ego, quæ mea est in te propensio, etiam herum prodo. Oportebit itaque alterutrum, ne nescias velim; aut perire infantem, aut Ionum nasci ditissimum, splendidissimæ domus hæredem, teque matrem facere beatam. Elige jam, quod velis. Et : Quis tandem adeo foret amens, ait Callirrhoë, ut infanti- cida malit, quam beatus, esse. Videris autem mihi dicere, quod neque fieri potest, neque credi. Quapropter clarius expone. Quantum igitur putas elapsum esse temporis a conceptu in hunc diem, interrogat Plango. Duos menses,

χρόνον ἔχειν τῆς συλλήψεως. Ἡ δὲ, δύο μῆνας, εἶπεν.
Ὁ χρόνος οὖν ἡμῖν βοηθεῖ. Δύνασαι γὰρ δοκεῖν ἑπτα-
μηνιαῖον ἐκ Διονυσίου τετοκέναι. Πρὸς τοῦτ' ἀνέ-
κραγεν ἡ Καλλιρρόη· Μᾶλλον ἀπολέσθω. Καὶ
5 ἡ Πλαγγὼν κατειρωνεύσατο αὐτῆς. Καλῶς, ὦ γύναι,
φρονεῖς, βουλομένη μᾶλλον ἐκτρῶσαι. τοῦτο πράτ-
τωμεν. ἀκινδυνότερον γὰρ ἢ ἐξαπατᾶν δεσπότην.
Πανταχόθεν ἀπόκοψόν σου τὰ τῆς εὐγενείας ὑπομνή-
ματα. Μηδ' ἐλπὶς ἔστω σοι πατρίδος. Συνάρμοσαι
10 τῇ παρούσῃ τύχῃ καὶ ἀκριβῶς γενοῦ δούλη. Ταῦτα
τῆς Πλαγγόνος παραινούσης, οὐδὲν ὑπώπτευε Καλ-
λιρρόη, μείραξ εὐγενὴς καὶ πανουργίας ἄπειρος δου-
λικῆς· ἀλλ' ὅσῳ μᾶλλον ἐκείνη τὴν φθορὰν ἔσπευδε,
τοσούτῳ μᾶλλον αὐτὴ τὸ κατὰ γαστέρος ἠλέει, καὶ Δός
15 μοι, φησί, καιρὸν εἰς σκέψιν. περὶ τῶν μεγίστων
γάρ ἐστιν ἡ αἵρεσις, ἢ σωφροσύνης, ἢ τέκνου. Πάλιν
τοῦτ' ἐπήνεσεν ἡ Πλαγγών, ὅτι μὴ προπετῶς αἱρεῖται
τὸ ἕτερον. πιθανὴ γὰρ εἰς ἑκάτερον ἡ ῥοπή· τὸ μὲν
γὰρ ἔχει πίστιν γυναικός, τὸ δὲ μητρὸς φιλοστοργίαν.
20 Καιρὸς δ' οὐκ ἔστιν ὅμως μακρᾶς ἀναβολῆς, ἀλλὰ τῆς
ὑστεραίας δεῖ πάντως θατέρου ἔχεσθαι, πρὶν ἔκπυστόν
σου τὴν γαστέρα γενέσθαι. Συνέθεντο ταῦτα καὶ
ἀπηλλάγησαν ἀλλήλων.

ΙΑ'. Ἀνελθοῦσα δ' εἰς τὸ ὑπερῷον ἡ Καλλιρρόη,
25 καὶ συγκλείσασα τὰς θύρας, τὴν εἰκόνα Χαιρέου τῇ
γαστρὶ προσέθηκε καὶ Ἰδού, φησί, τρεῖς γεγόναμεν,
ἀνήρ, καὶ γυνή, καὶ τέκνον. Βουλευσώμεθα περὶ τοῦ κοινῇ
συμφέροντος. Ἐγὼ μὲν οὖν πρώτη τὴν ἐμὴν γνώμην
ἀποφαίνομαι· Θέλω γὰρ ἀποθανεῖν Χαιρέου μόνου
30 γυνή. Τοῦτό μοι καὶ γονέων ἥδιον καὶ πατρίδος καὶ
τέκνου, πεῖραν ἑτέρου ἀνδρὸς μὴ λαβεῖν. Σὺ δέ,
παιδίον, ὑπὲρ σεαυτοῦ τί αἱρῇ; φαρμάκῳ τελευτῆσαι,
πρὶν τὸν ἥλιον ἰδεῖν καὶ μετὰ τῆς μητρὸς ἐρρίφθαι,
τάχα δὲ μηδὲ ταφῆς ἀξιωθῆναι, ἢ ζῆν καὶ δύο πατέρας
35 ἔχειν, τὸν μὲν Σικελίας, τὸν δὲ Ἰωνίας πρῶτον; ἀνὴρ
δὲ γενόμενος γνωρισθήσῃ ῥᾳδίως ὑπὸ τῶν συγγενῶν.
Πέπεισμαι γάρ, ὅτι ὁμοιόν σε τέξομαι τῷ πατρί. Καὶ
καταπλεύσεις λαμπρὸς ἐπὶ τριήρους Μιλησίας. Ἡδέως
δ' Ἑρμοκράτης ἔκγονον ἀπολήψεται, στρατηγεῖν ἤδη
40 δυνάμενον. Ἐναντίαν μοι φέρεις, τέκνον, ψῆφον καὶ
οὐκ ἐπιτρέπεις ἡμῖν ἀποθανεῖν. Πυθώμεθα σοῦ καὶ
τοῦ πατρός. Μᾶλλον δ' εἴρηκεν. αὐτὸς γάρ μοι πα-
ραστὰς ἐν τοῖς ὀνείροις· Παρατίθεμαί σοι, φησί, τὸν
υἱόν. Μαρτύρομαί σε, Χαιρέα, σύ με Διονυσίῳ νυμ-
45 φαγωγεῖς. Ταύτην μὲν οὖν τὴν ἡμέραν καὶ τὴν νύκτα
ἐν τούτοις ἦν τοῖς λογισμοῖς καὶ οὐ δι' αὑτὴν ἀλλὰ διὰ
τὸ βρέφος ἐπείθετο ζῆν. Τῆς δ' ὑστεραίας ἐλθοῦσα
ἡ Πλαγγὼν πρῶτον μὲν καθῆστο σκυθρωπὴ καὶ σχῆμα
συμπαθὲς ἐπεδείξατο. σιγὴ δ' ἦν ἀμφοτέρων. Ἐπεὶ
50 δὲ μακρὸς ἐγίνετο χρόνος, ἡ Πλαγγὼν ἐπύθετο· Τί
σοι δέδοκται; τί ποιοῦμεν; καιρὸς γὰρ οὐκ ἔστι τοῦ
μέλλειν. Καλλιρρόη δ' ἀποκρίνασθαι μὲν ταχέως οὐκ
ἐδύνατο, κλάουσα καὶ συνεχομένη, μόλις δ' εἶπε· Τὸ
τέκνον με προδίδωσιν, ἀκούσης ἐμοῦ· σὺ πρᾶττε τὸ

ait. Hoc nobis tempus favet. Videri enim poteris ex Dio-
nysio septimestrem partum edere. Imo pereat potius,
exclamat ad hæc Callirrhoë. Plango ad illam dissimula-
tione usa ait : Sapis nempe, mulier, quandoquidem mavis
elidere. Hoc agamus. Minus enim periculosum est, quam
herum decipere. Undecunque præcide tibi nobilitatis notas
et memoriam. Nulla supersit patriæ spes. Accommoda
te præsenti fortunæ, et bona fide servam fac. Callirrhoë,
bene nata juvenis, et servilis imperita nequitiæ, Plango-
nem sic hortantem non suspicatur cavillari; sed quanto illa
corrumpendum urgebat fœtum, tanto hæc miserari magis.
Da mihi tempus ad deliberandum, ait. Est enim optio
maximorum, aut pudicitiæ, aut infantis. Et hoc laudabat
Plango, quod neutrum præcipiti consilio eligeret. Spe-
ciosa enim esse in utramque partem momenta. Illud, ait,
uxoris habet fidem, hoc maternum amorem. Attamen
longæ moræ tempus non est; sed postero ad summum die
oportet alterutri concedere, antequam de graviditate tua
emanet. Constitutis his, secessum est.

XI. Et Callirrhoë quidem in cœnaculum digressa supe-
rius, obseratis foribus, ventri suo Chæreæ imaginem ad-
ponit, et : En! tres sumus, ait, maritus, uxor et infans.
Deliberemus de communi bono. Ego meam primo loco
sententiam enuntiabo. Volo itaque mori Chæreæ solius
uxor. Hoc et parentibus et patria et fœtu gratius est mihi,
alterum virum non experiri. Tu vero, infans, quid eligis
tibi? Perire veneno, nec solem vidisse, et cum matre
abjectus jacere, forte etiam sepulcro non dignandus. An
vivere et duos habere patres, unum Siciliæ principem,
alterum Ioniæ? factusque vir agnosceris facile a consan-
guineis. Nam, ut certe mihi persuasum est, similem te
patri enitar. Splendideque super triremi Milesia deveheris
in patriam. Hermocrates quoque cum gaudio recipiet
nepotem imperatoriis jam artibus idoneum. En calculum
adversum me tulisti, infans, neque permittis nobis mori.
Audiamus nunc et rogemus patrem quoque tuum. Atqui
jam dixit. Nam in somnio mihi adstans : Puerum, aje-
bat, apud te, mea uxor, in pignus depono. Tuam fidem,
Chærea. Tu me Dionysio sponsam adducis. Illam itaque
diem et noctem in his erat ratiociniis, et non sui, sed
fœtus caussa persuaderi sibi patiebatur, ut viveret. Altero
autem die adit Plangon, et primum quidem muta mœsta sedebat
habitumque præferebat condolentis. At rupto tandem
post longum intervallum silentio : Quæ tibi mens sedet,
interrogat. Quid agimus? locus enim moræ amplius non
est. Promte respondere non poterat Callirrhoë præ la-
crymis et animi anxietate. Vix tandem tamen : Infans
me prodit invitam, ait. Fac tu, quod conducit. Vereor
interim, ne, etiamsi contumeliam sustinuero, fortunam

σύμφερον· δέδοικα δὲ, μὴ, κἂν ὑπομείνω τὴν ὕβριν, Διονύσιός μου καταφρονήσῃ τῆς τύχης καὶ παλλακὴν μᾶλλον ἢ γυναῖκα, νομίσας, οὐ θρέψῃ τὸ ἐξ ἄλλου γεννώμενον, κἀγὼ μάτην ἀπολέσω τὴν σωφροσύνην.
5 Ἔτι λεγούσης ἡ Πλαγγὼν ὑπολαβοῦσα· Ἔγωγε,φησὶ, περὶ τούτων προτέρα σοῦ βεβούλευμαι· σὲ γὰρ τοῦ δεσπότου μᾶλλον ἤδη φιλῶ. Πίστευε μὲν οὖν Διονυσίου τῷ τρόπῳ· χρηστὸς γάρ ἐστιν. Ἐξορκιῶ δ' ὅμως αὐτὸν, κἂν δεσπότης ᾖ. Δεῖ πάντα ἡμᾶς ἀσφαλῶς
10 πράττειν. Καὶ σὺ, τέκνον, ὅμως ἀντιπίστευσον. Ἄπειμι δ' ἐγὼ τὴν πρεσβείαν κομίζουσα.

ΛΟΓΟΣ ΤΡΙΤΟΣ.

Α'. Διονύσιος δ' ἀποτυγχάνων τοῦ Καλλιρρόης ἔρωτος, μηκέτι φέρων, ἀποκαρτερεῖν ἐγνώκει καὶ διαθῆκας ἔγραφε τὰς τελευταίας, ἐπιστέλλων, πῶς ταφῇ.
15 Παρεκάλει δὲ Καλλιρρόην ἐν τοῖς γράμμασιν, ἵν' αὐτῷ προσέλθῃ κἂν νεκρῷ. Πλαγγὼν δ' ἐβούλετο μὲν εἰσελθεῖν πρὸς τὸν δεσπότην, διεκώλυσε δ' αὐτὴν ὁ θεράπων κεκελευσμένος μηδένα δέχεσθαι Μαχομένων δ' αὐτῶν πρὸς ταῖς θύραις, ἀκούσας ὁ Διονύσιος ᾔρετο, τίς ἐνο-
20 χλοίη. Τοῦ δὲ θεράποντος εἰπόντος, ὅτι Πλαγγών· Ἀκαίρως μὲν, εἶπε, πάρεστιν, οὐκέτι γὰρ οὐδὲ ὑπόμνημα τῆς ἐπιθυμίας ἤθελεν ἰδεῖν, κάλεσον δ' ὅμως. Ἀνοίξασα δ' ἐκείνη τὰς θύρας· Τί μαστρύχῃ, φησὶν, ὦ δέσποτα, λυπῶν σεαυτὸν, ὡς ἀποτυγχάνων. Καλ-
25 λιρρόη γάρ σε ἐπὶ τὸν γάμον παρακαλεῖ. Λαμπρειμόνει, θῦς, προσδέχου νύμφην, ἧς ἐρᾷς. Ἐξεπλάγη πρὸς τὸ ἀνέλπιστον ὁ Διονύσιος καὶ ἀχλὺς αὐτοῦ τῶν ὀφθαλμῶν κατεχύθη. Παντάπασι δ' ὢν ἀσθενὴς φαντασίαν παρέσχε θανάτου. Κωκύσασα δ' ἡ Πλαγγὼν
30 συνδρομὴν ἐποίησε καὶ ἐφ' ὅλης τῆς οἰκίας ὡς τεθνεὼς ὁ δεσπότης ἐπενθεῖτο. Οὐδὲ Καλλιρρόη τοῦτο ἤκουσεν ἀδακρυτί. Τοσαύτη ἦν, ὥστε κἀκείνη Διονύσιον ἔκλαε τὸν ἄνδρα. Ὀψὲ δὲ καὶ μόλις ἐκεῖνος ἀνανήψας, ἀσθενεῖ φωνῇ· Τίς με δαιμόνων, φησὶν, ἀπατᾷ, βουλόμε-
35 νος ἀναστρέψαι τῆς προκειμένης ὁδοῦ; ὕπαρ, ἢ ὄναρ ταῦτ' ἤκουσα; θέλει μοι Καλλιρρόη γαμηθῆναι, ἡ μὴ θέλουσα μηδ' ὀφθῆναι; Παρεστῶσα δ' ἡ Πλαγγών, Παῦσαι, φησὶ, μάτην ὑεαυτὸν ὀδυνῶν καὶ τοῖς ἰδίοις ἀγαθοῖς ἀπιστῶν· οὐ γὰρ ἐξαπατῶ μου τὸν δεσπότην,
40 ἀλλ' ἔπεμψέ με Καλλιρρόη πρεσβεῦσαι περὶ γάμων. Πρέσβευε τοίνυν, εἶπεν ὁ Διονύσιος, καὶ λέγε αὐτὰ τὰ ἐκείνης ῥήματα. Μηδὲν ἀφέλῃς, μηδὲ προσθῇς, ἀλλ' ἀκριβῶς μνημόνευσον. Ἐγώ, φησὶν, οἰκίας οὖσα τῆς πρώτης ἐν Σικελίᾳ, δεδυστύχηκα μὲν, ἀλλ' ἔτι τὸ
45 φρόνημα τηρῶ· πατρίδος, γονέων ἐστέρημαι, μόνην οὐκ ἀπολώλεκα τὴν εὐγένειαν. Εἰ μὲν οὖν ὡς παλλακὴν θέλει με Διονύσιος ἔχειν καὶ τὰς ἰδίας ἀπολαύειν ἐπιθυμίας, ἀπάγξομαι μᾶλλον ἢ ὕβρει δουλικῇ παραδώσω τὸ σῶμα, εἰ δὲ γαμετὴν κατὰ νόμους, κἀγὼ

---

meam Dionysius aspernetur, et, magis pellicem ratus, quam uxorem, nolit ex altero satum alere, adeoque ego, ut vacuam rem, impendero pudicitiam. Jam ego in longius, quam tu ipsa, ait interrumpens Plangon, his de rebus cogitavi prospexique. Magis enim te, quam herum, amo. Crede modo Dionysii indoli. Bonus est et probus. Nihilominus tamen sacramento illum obligabo, etiamsi dominus est. Oportet omnia tuto peragere. Tu modo invicem mihi fidem habeto. Ego vero nunc legationem perlatum discedo.

LIBER TERTIUS.

I. Interim Dionysius impatientia lataе, ut rebatur, ab amata Callirrhoë repulsае, mortem decreverat inedia persequi, scriptisque jam tabulis et de sui funeris mandaverat exsequiis, et Callirrhoën fuerat hortatus, ut ad se vel mortuum adiret. Jam servus, neminem jussus admittere, Plangonem quoque repellebat, quum aditum ad herum rogaret. Rixantium itaque ante fores percepto strepitu, Dionysius auctorem requirit, et a janitore doctus Plangonem esse: Intempestive quidem adest, inquit, nam cupidinis sui ne monumentum quidem videre porro cupiebat: Voca tamen. Plangon, ut aperuerat fores: Here, ait, quid maceras te lancinasque tristitia, quasi repulsus, quum Callirrhoë te ad suas nuptias invitet. Vestes indue splendidas. Sacra fac atque epulas. Quam amas, excipe sponsam. Externari ad insperatum nuntium Dionysius, et ut offusa nube oculis animoque caligare. Jamque macer jejunio et debilis speciem mortui exhibere. Acutis autem Plangon clamoribus totam concitabat familiam, trepidam et discurrentem. Jam tota domo herus quasi defunctus plorabatur. Ne Callirrhoë quidem id sine lacrymis audiebat. Tanta vis erat luctus, ut et haec, ceu maritum futurum, defleret Dionysium. Vix tandem et tardo sibi redditus : Quis me deorum, ait exili voce, volens a proposita via deducere, decipit? vigil audivi, an somnians? vultne mihi Callirrhoë nubere, quae ne oculos quidem meos subire vult? Desine tamdem, here, ait adstans Plangon, desine te affligere ipse, tuisque diffidere bonis. Etenim herum meum non decipio, sed misit me Callirrhoë de nuptiis internuntiam. Officio tuo itaque, ait Dionysius, fungere legata, et ipsa ejus verba exhibe, neque mutila, neque adaucta, sed exacte et bona fide redde. Callirrhoë ait, sic Plangon narrabat: Ego sum primo loco in Sicilia nata, quamvis adversam fortunam experta, fastigio tamen isto animus non descendit. Parentes illa mihi patriamque abstulit; solum non potuit auferre natalium splendorem. Quod si ergo Dionysius loco pellicis habere destinat, suamque modo satiare libidinem, resti potius, quam servili contumeliae, corpus tradam. Si vero legitimam poscit conju-

γενέσθαι θέλω μήτηρ, ἵνα διάδοχον ἔχῃ τὸ Ἑρμοκρά-
τους γένος. Βουλευσάσθω περὶ τούτου Διονύσιος, μὴ
μόνος, μηδὲ ταχέως, ἀλλὰ μετὰ φίλων καὶ συγγενῶν,
ἵνα μή τις ὕστερον εἴπῃ πρὸς αὐτόν· Σὺ θρέψεις παιδία
5 ἐκ τῆς ἀργυρωνήτου καὶ καταισχυνεῖς σου τὸν οἶκον.
Εἰ μὴ θέλει πατὴρ γενέσθαι, μηδ' ἀνὴρ ἔστω. Ταῦτα
τὰ ῥήματα μᾶλλον ἐξέκαυσε Διονύσιον καί τινα ἔσχεν
ἐλπίδα κούφην ἀντερᾶσθαι δοκῶν. Ἀνατείνας δὲ τὰς
χεῖρας εἰς τὸν οὐρανόν· Εἰ γὰρ ἴδοιμι, φησὶν, ὦ Ζεῦ
10 καὶ Ἥλιε, τέκνον ἐκ Καλλιρρόης. Τότε μακαριώτερος
δόξω τοῦ μεγάλου βασιλέως. Ἀπίωμεν πρὸς αὐτήν.
Ἄγε με, Πλαγγόνιον φιλοδέσποτον.

Β΄. Ἀναδραμὼν δ' εἰς τὰ ὑπερῷα, τὸ μὲν πρῶτον
ὥρμησε τοῖς Καλλιρρόης γόνασι προσπεσεῖν, κατέσχε
15 δ', ὅμως ἑαυτὸν καὶ καθεσθεὶς εὐσταθῶς· Ἦλθόν σοι,
φησὶν, ὦ γύναι, χάριν γνῶναι περὶ τῆς ἐμαυτοῦ σω-
τηρίας. Ἄκουσαν μὲν γὰρ οὐκ ἔμελλόν σε βιάσεσθαι,
μὴ τυχὼν δὲ, ἀποθανεῖν διεγνώκειν. Ἀναβεβίωκα
διά σε. Μεγίστην δέ σοι χάριν ἔχων ὅμως τι καὶ μέμ-
20 φομαι· σὺ γὰρ ἠπίστησας, ὅτι ἔξω σε γαμετὴν παίδων
ἐπ' ἀρότῳ κατὰ νόμους Ἑλληνικούς. Εἰ γὰρ μὴ
ἤρων, οὐκ ἂν ηὐξάμην τοιούτου γάμου τυχεῖν. Σὺ
δ', ὡς ἔοικε, μανίαν μου κατέγνωκας, εἰ δόξω δούλην
τὴν εὐγενῆ καὶ ἀνάξιον υἱὸν ἐμαυτοῦ τὸν Ἑρμοκράτους
25 ἔκγονον. Βούλευσαι, λέγεις. Βεβούλευμαι. Φοβῇ φί-
λους ἐμοὺς, ἢ φιλτάτη πάντων. Τολμήσει δέ τις
εἰπεῖν ἀνάξιον ὃν ἐξ ἐμοῦ γεννώμενον, κρείττονα τοῦ
πατρὸς ἔχων τὸν πάππον. Ταῦθ' ἅμα λέγων καὶ δα-
κρύων προσῆλθεν αὐτῇ. Ἡ δ' ἐρυθριάσασα ἠρέμα
30 καταφιλήσασα αὐτὸν καὶ Σοὶ μὲν, εἶπε, πιστεύω, Διο-
νύσιε, ἀπιστῶ δὲ τῇ ἐμῇ τύχῃ, καὶ γὰρ πρότερον
ἐκ μειζόνων ἀγαθῶν δι' αὐτὴν κατέπεσον. Φοβοῦμαι,
μὴ οὐδέπω μοι διήλλακται. Σὺ τοίνυν, καίπερ ὢν
χρηστὸς καὶ δίκαιος, μάρτυρας ποίησαι τοὺς θεοὺς,
35 οὐ διὰ σαυτὸν, ἀλλὰ διὰ τοὺς πολίτας καὶ συγγενεῖς,
ἵνα μή τις ἔτι κακοηθέστερον εἰς ἐμὲ τί συμβουλεῦσαι
δυνηθῇ, γινώσκων ὅτι ὀμώμοκας. Εὐκαταφρόνητόν
ἐστι γυνὴ μόνη καὶ ξένη. Ποίους, φησὶ, θέλεις ὅρκους
θεῶν; ἕτοιμος γὰρ ὀμνύναι, εἰ δυνατὸν, εἰς τὸν οὐρανὸν
40 ἀναβὰς καὶ ἁψάμενος αὐτοῦ τοῦ Διός. Ὅμοσόν μοι,
φησὶν, τὴν θάλασσαν τὴν κομίσασάν με πρός σε καὶ
τὴν Ἀφροδίτην τὴν δείξασάν μέ σοι καὶ τὸν Ἔρωτα
τὸν νυμφαγωγόν. Ἤρεσε ταῦτα καὶ ταχέως ἐγένετο
μὲν οὖν ἐρωτικὸν πάθος. Ἔσπευδε δὲ καὶ ἀναβολὴν
45 οὐκ ἐπέτρεπε τοῖς γάμοις. Πείσαι γὰρ δύσκολον
ἐξουσίαν ἐπιθυμίας. Διονύσιος δὲ, ἀνὴρ πεπαιδευ-
μένος, κατείληπτο μὲν ὑπὸ χειμῶνος καὶ τὴν ψυχὴν
ἐβαπτίζετο, ὅμως δ' ἀνακύπτειν ἐβιάζετο, καθάπερ ἐκ
τρικυμίας, καὶ τότε οὖν ἐπέστησε τοιοῦ-
50 τοις λογισμοῖς· Ἐν ἐρημίᾳ μέλλω γαμεῖν ὡς ἀληθῶς
ἀργυρώνητον. Οὐχ οὕτως εἰμὶ ἀχάριστος, ἵνα μὴ
ἑορτάσω τοὺς Καλλιρρόης γάμους. Ἐν τούτῳ πρώτῳ
τιμῆσαί με δεῖ τὴν γυναῖκα. Φέρει δέ μοι ἀσφάλειαν
καὶ πρὸς τὰ μέλλοντα. Πάντων γὰρ πραγμάτων

LIBER III.

ὀξύτατός ἐστιν. ἡ φήμη, δι' ἀέρος ἄπεισιν ἀκωλύτους ἔχουσα τὰς ὁδοὺς, διὰ ταύτην οὐδὲν δύναται παράδοξον λαθεῖν· ἤδη τρέχει φέρουσα τὸ καινὸν εἰς Σικελίαν διήγημα· Ζῆ Καλλιρρόη, καὶ τυμβωρύχοι διορύξαντες
5 τὸν τάφον ἔκλεψαν αὐτὴν, καὶ ἐν Μιλήτῳ πέπραται. Καταπλεύσουσιν ἤδη τριήρεις Συρακοσίων καὶ Ἑρμοκράτης στρατηγὸς ἀπαιτῶν τὴν θυγατέρα. Τί μέλλω λέγειν; Θήρων μοι πέπρακε. Θήρων δὲ ποῦ; καὶ, κἂν πιστεύσω τὴν ἀλήθειαν, ὑποδοχεύς εἰμι λῃστοῦ.
10 Μελέτα, Διονύσιε, τὴν δίκην. Τάχα δ' ἐρεῖς αὐτὴν ἐπὶ τοῦ μεγάλου βασιλέως. Ἄριστον οὖν τότε λέγειν· Ἐγὼ γυναῖκα ἐλευθέραν ἐπιδημήσασαν, οὐκ οἶδ' ὅπως, ἥκουσα· ἐκδομένην ἑαυτὴν ἐν τῇ πόλει φανερῶς κατὰ νόμους ἔγημα. Πείσω δὲ ταύτῃ μᾶλλον καὶ τὸν πεν-
15 θερὸν, ὡς οὐκ ἀνάξιός εἰμι τῶν γάμων. Καρτέρησον, ψυχὴ, προθεσμίαν σύντομον, ἵνα τὸν πλείω χρόνον ἀπολαύσῃς ἀσφαλοῦς ἡδονῆς. Ἰσχυρότερος γενήσομαι πρὸς τὴν κρίσιν, ἀνδρὸς, οὐ δεσπότου, νόμῳ χρώμενος. Ἔδοξεν οὕτως καὶ καλέσας Λεωνᾶν· Ἄπιθι,
20 φησὶν, εἰς τὴν πόλιν καὶ μεγαλοπρεπῶς ἑτοίμασον τὰ πρὸς τὸν γάμον. Ἐλαυνέσθωσαν ἀγέλαι. Σῖτος καὶ οἶνος διὰ γῆς καὶ θαλάσσης κομιζέσθω. Δημοσίᾳ τὴν πόλιν εὐωχῆσαι προῄρημαι. Πάντα διατάξας ἐπιμελῶς τῆς ὑστεραίας αὐτὸς μὲν ἐπ' ὀχήματος ἐποιεῖτο
25 τὴν δὲ Καλλιρρόην, οὐδέπω γὰρ ἐβούλετο δεικνύναι πολλοῖς, ἐκέλευσε περὶ τὴν ἑσπέραν διὰ πορθμείου κομισθῆναι μέχρι τῆς οἰκίας, ἥτις ἦν ἐπ' αὐτοῦ τοῦ λιμένος τοῦ Δοκίμου λεγομένου. Πλαγγόνι δὲ τὴν ἐπιμέλειαν αὐτῆς ἐνεχείρισε. Μέλλουσα τοίνυν ἀπαλ-
30 λάσσεσθαι τῶν ἀγρῶν ἡ Καλλιρρόη, τῇ Ἀφροδίτῃ πρῶτον ἐπηύξατο καὶ εἰσελθοῦσα εἰς τὸν νεὼν, πάντας ἐκβαλοῦσα, ταῦτ' εἶπε πρὸς τὴν θεόν· Δέσποινα Ἀφροδίτη, μέμψωμαί σοι δικαίως, ἢ χάριν γνῶ; σύ με οὖσαν παρθένον ἔζευξας Χαιρέᾳ καὶ νῦν μετ' ἐκεῖνον
35 ἄλλῳ με νυμφαγωγεῖς. Οὐκ ἂν ἐπείσθην σὲ ὀμόσαι καὶ τὸν σὸν υἱὸν, εἰ μή με προύδωκε τοῦτο τὸ βρέφος, δείξασά τὴν γαστέρα. Ἱκετεύω δέ σε, φησὶν, οὐχ ὑπὲρ ἐμαυτῆς, ἀλλ' ὑπὲρ τούτου. Ποίησόν μου λαθεῖν τὴν τέχνην. Ἐπεὶ τὸν ἀληθῆ τοῦτο πατέρα οὐκ ἔχει, δοξάτω
40 Διονυσίου παιδίον, τραφὲν γὰρ κἀκεῖνον εὑρήσει. Βαδίζουσαν δ' αὐτὴν ἀπὸ τοῦ τεμένους ἐπὶ τὴν θάλασσαν ἰδόντες οἱ ναῦται δείματι κατεσχέθησαν, ὡς τῆς Ἀφροδίτης αὐτῆς ἐρχομένης ἵν' ἐμβῇ· καὶ ὥρμησαν ἀθρόοι προσκυνῆσαι. Προθυμίᾳ δὲ τῶν ἐρεσσόντων λόγου θᾶτ-
45 τον ἡ ναῦς κατέπλευσεν εἰς τὸν λιμένα. Ἅμα δὲ τῇ ἕῳ πᾶσα ἦν ἡ πόλις ἐστεφανωμένη. Ἔθυεν ἕκαστος πρὸ τῆς ἰδίας οἰκίας, οὐκ ἐν μόνοις τοῖς ἱεροῖς. Λογοποιοὶ δ' ἦσαν, τίς ἡ νύμφη. Τὸ δὲ δημωδέστερον πλῆθος ἀνεπείθετο, διὰ τὸ κάλλος καὶ τὸ ἄγνωστον τῆς γυναικὸς,
50 ὅτι Νηρηὶς ἐκ θαλάσσης ἀναβέβηκεν, ἢ ὅτι θεὰ πάρεστιν ἐκ τῶν Διονυσίου κτημάτων. Τοῦτο γὰρ οἱ ναῦται διελάλουν. Μία δὲ πάντων ἦν ἐπιθυμία Καλλιρρόην θεάσασθαι καὶ περὶ τὸ ἱερὸν τῆς Ὁμονοίας ἠθροίσθη τὸ πλῆθος, ὅπου πάτριον ἦν τοῖς γαμοῦσι τὰς νύμφας

securitatem in futura. Fama rerum omnium citissima est et penetrantissima. Aërem pervadit, viis quaqua patentibus. Per eam nihil potest fallere paulo insolentius. Jam currit in Siciliam perlatum hanc fabulam. Vivit Callirrhoë, sepulcro effracto prædones illam furati, Miletum vendiderunt. Jam adveniunt Syracusanæ triremes, et imperator ipse Hermocrates filiam repetitum. Quid tum dicam? Thero mihi vendidit. At Thero ubi terrarum? Finge, etiam accredi mihi, quod res est, sum tamen prædonis receptator. Meditare jam, Dionysi, tuam caussam. Forte illa tibi etiam apud magnum regem erit peroranda. Tunc itaque dicere optimum erit : Ego, ut audivi, mulierem ingenuam nescio quo casu huc delatam, secundum leges uxorem duxi sua se sponte nuptui elocantem. Hac etiam ratione socero magis persuasero gener indignus non esse. Obdura, meum cor, terminum perexiguum, quo diuturnius certam tutamque voluptatem percipias. Ad litem firmior ero, mariti, non heri, legibus usus. Sic visum. Vocatur Leonas. Abi in urbem, et magnifice, quidquid nuptiæ requirunt, instrue. Compelluntor armenta. Convehitor terra marique frumentum et vinum. Totam urbem publice decrevi epulis excipere. Rebus omnibus ordinatis, ipse postero die urbem petiit curru. Callirrhoën vero, nondum enim censebat in vulgus ostentare, Plangonis curæ commissam, circa vesperam lembo subvehi jubet usque ad domum suam, quæ portum, cui nomen Docimos, proxime tangebat. Sic itaque rure discessura Callirrhoë prius vota Veneri facit, et ingressa fanum, urbe publice decrevi epulis excipere. Rebus omnibus turbatis; qui aderant, omnibus, deam sic alloquitur : Succenseamne tibi, domina Venus, an grates habeam? tu me Chæreæ virginem conjugasti. Nunc alteri post eum sponsam concilias. Non eo equidem compulsa fuissem, per te tuumque filium juro, nisi fœtus hic, simulque monstrabat ventrem, me prodidisset. Pro hoc tibi supplico, non pro me. Fac artes meas fallere. Fac, quandoquidem verum patrem non habet, Dionysii opus videatur. Nam istum quidem adultus invenies. Digressam sane mare versus nautæ conspicati stupebant, quasi Venus ipsa veniret inscensum, factoque agmine adoraturi ruebant. Remigum autem diligentia lembus in portum dicto citius devenit. Ut inalbescebat altera dies, tota urbs erat in coronis. Non in templis tantum quisque, sed et ante fores domuum, victimas jugulare. Variæ per plebem de sponsa fabulæ discursitare. Vulgi fæx pulchritudine et ignorantia mulieris, Nereidem adscendisse pelago, aut ipsam adesse deam e Dionysii campis rebatur. Sic enim inter se jactabant nautæ. In visendi studio conspirabant omnes, et ad templum Concordiæ confluxerant, ubi patrio Milesiis more

παραλαμβάνειν. Τότε πρῶτον ἐκοσμήσατο μετὰ τὸν τάφον. κρίνασα γὰρ ἅπαξ γαμηθῆναι καὶ πατρίδα καὶ γένος τὸ κάλλος ἐνόμισεν. Ἐπεὶ δ' ἔλαβε Μιλησίαν στολὴν καὶ στέφανον νυμφικὸν, ἀπέβλεψεν εἰς τὸ πλῆθος. Πάντες οὖν ἀνεβόησαν· Ἡ Ἀφροδίτη γαμεῖ. Πορφυρίδας ὑπεστρώννυον καὶ ῥόδα καὶ ἴα, μύρον ἔρραινον βαδιζούσης, οὐκ ἀπελείφθη ἐν ταῖς οἰκίαις οὐ παιδίον, οὐ γέρων, ἀλλ' οὐδ' ἐν αὐτοῖς τοῖς λιμέσι· μέχρι κεράμων ἀνέβη τὸ πλῆθος στενοχωρούμενον. Ἀλλ' ἐνεμέσησε καὶ ταύτῃ τῇ ἡμέρᾳ πάλιν ὁ βάσκανος δαίμων ἐκεῖνος. Ὅπως δὲ, μικρὸν ὕστερον ἐρῶ. Βούλομαι δ' εἰπεῖν πρῶτον τὰ γενόμενα ἐν Συρακούσαις κατὰ τὸν αὐτὸν χρόνον.

Γ'. Οἱ μὲν γὰρ τυμβωρύχοι τὸν τάφον περιέκλεισαν ἀμελῶς, οἷα δὴ σπεύδοντες ἐν νυκτί. Χαιρέας δὲ, φυλάξας αὐτὸ τὸ περίορθρον, ἧκεν ἐπὶ τὸν τάφον προφάσει μὲν στεφάνους καὶ χοὰς ἐπιφέρων, τὸ δ' ἀληθὲς γνώμην ἔχων ἑαυτὸν ἀνελεῖν. οὐ γὰρ ὑπέμενε Καλλιρρόης ἀπεζεῦχθαι· μόνον δὲ τὸν θάνατον τοῦ πένθους ἰατρὸν ἐνόμιζε. Παραγενόμενος δ' εὗρε τοὺς λίθους κεκινημένους καὶ φανερὰν τὴν εἴσοδον. Ὁ μὲν οὖν ἰδὼν ἐξεπλάγη καὶ ὑπὸ δεινῆς ἀπορίας κατείχετο τοῦ γεγονότος χάριν. Ἄγγελος δὲ φήμη ταχεῖα Συρακοσίοις ἐμήνυσε τὸ παράδοξον. Πάντες οὖν συνέτρεχον ἐπὶ τὸν τάφον, ἐτόλμα δ' οὐδεὶς ἔνδον παρελθεῖν, πρὶν ἐκέλευσεν Ἑρμοκράτης. Ὁ δ' εἰσπεμφθεὶς πάντ' ἀκριβῶς ἐμήνυσεν. Ἄπιστον ἐδόκει τὸ μηδὲ τὴν νεκρὰν κεῖσθαι. Τότ' οὖν ἠξίωσε Χαιρέας αὐτὸς, ἐπιθυμίᾳ τοῦ πάλιν Καλλιρρόην ἰδεῖν κἂν νεκράν. Ἐρευνῶν δὲ τὸν τάφον, οὐδὲν εὑρεῖν ἠδύνατο. Πολλοὶ μετ' αὐτὸν εἰσῆλθον ὑπ' ἀπιστίας. ἀμηχανία δὲ κατέλαβε πάντας, καί τις εἶπεν (παρ)εστώς· Τὰ ἔντεχνα σεσύληται, τυμβωρύχων τὸ ἔργον. ἡ νεκρὰ δὲ ποῦ; Λογοποιίαι πολλαὶ καὶ διάφοροι τὸ πλῆθος κατεῖχον. Χαιρέας δ' ἀναβλέψας εἰς τὸν οὐρανὸν καὶ τὰς χεῖρας ἀνατείνας· Τίς ἄρα θεῶν, ἀντεραστής μου γενόμενος, Καλλιρρόην ἀπενήνοχε καὶ νῦν ἔχει μεθ' αὑτοῦ μὴ θέλουσαν, ἀλλὰ βιαζομένην ὑπὸ κρείττονος μοίρας. Διὰ τοῦτο καὶ αἰφνιδίως ἀπέθανεν, ἵνα μὴ νοήσῃ. Οὕτω καὶ Θησέως Ἀριάδνην ἀφείλετο Διόνυσος καὶ Σεμέλην ὁ Ζεύς. Μὴ γὰρ οὐκ ᾔδειν, ὅτι θεὰν εἶχον γυναῖκα καὶ κρείττων ἦν, ἢ καθ' ἡμᾶς. Ἀλλ' οὐκ ἔδει ταχέως αὐτὴν, οὐδὲ μετὰ τοιαύτης προφάσεως, ἐξ ἀνθρώπων ἀπελθεῖν. Ἡ Θέτις θεὰ μὲν ἦν, ἀλλὰ Πηλεῖ παρέμεινε καὶ υἱὸν ἔσχεν ἐκεῖνος ἐξ αὐτῆς, ἐγὼ δ' ἐν ἀκμῇ τοῦ ἔρωτος ἀπελείφθην. Τί πάθω; τί γένωμαι δυστυχής; ἐμαυτὸν ἀνέλω; καὶ μετὰ τίνος ταφῶ; ταύτην γὰρ εἶχον ἐλπίδα τῆς συμφορᾶς· εἰ θάλαμον μετὰ Καλλιρρόης κοινὸν οὐκ ἐτήρησα, τάφον αὐτῇ κοινὸν εὑρήσω. Ἀπολογοῦμαί σοι, δέσποινα, τῆς ἐμῆς ψυχῆς. Σύ με ζῆν ἀναγκάζεις· ζητήσω γάρ σε διὰ γῆς καὶ θαλάσσης, κἂν εἰς αὐτὸν ἀναβῆναι τὸν ἀέρα δύνωμαι. Τοῦτο δέομαί σου, γυνή, σύ με μὴ φύγῃς. Θρῆνον τὸ πλῆθος ἐξέρρηξεν ἐπὶ τούτοις καὶ πάντες ὡς

sponsas accipiebant ducturi. Tum primo, post sepulturam, sese ornavit Callirrhoë. Quippe ubi decreverat nupsisse semel, patriæ et generis claritudinem loco omnis pulchritudinis habuerat. Stola Milesia, et corona, solemni sponsis, induta ut oculos convertit ad turbam : Venus nubit, conclamatur. Purpurei substrati panni, rosæque ut violæ, et sparsa unguenta qua procedit. Nemo domi residere, non parvulus, non senex, non in ipsis quidem portubus. In arctum compulsi tectorum in ipsas tegulas evaserant. Verum et illam ipsam diem deus aliquis invidus oculis adspiciebat non æquis. Qui vero id, paullo post dicam, ubi prius, quæ in Sicilia circa idem tempus contigerunt, exposuero.

III. Effractum nempe conditorium prædones, ut per tenebras et festini, neglectim obturaverant. Chæreas itaque, ut illuc ipso servato diluculo venit, corollas in speciem et inferias afferens, ea vero mente, ut ibi se confoderet, invalidus Callirrhoës desiderium ferre, et unam luctus medelam mortem reputans, motos lapides patulumque videt introitum. Cohorret ad spectaculum, rerumque gestarum fixus et perplexus hæret imperitia. Veloci fama motæ statim Syracusæ, omnesque ad sepulcrum conciti. Sed ante jussum Hermocratis intrare nemo audet. Immissus quis tandem singula exacte refert. Fidem modo non inveniebat, ipsam mortuam abesse. Tunc itaque Chæreas ipse censet subire, visendæ iterum suæ, etiamsi mortuæ, desiderio. Rimatus autem totum sepulcrum invenire nusquam poterat. Eum incredulí multi sequuntur. Sed ignari rerum omnium et consiliorum inopes pendebant. Adstans inter cæteros aliquis : Funebris mundus raptus est, ait, violatoribus sepulcrorum imputate facinus. At ubi mortua? Multi et varii sermones serebantur a plebe. Chæreas autem, palmis ad cœlum sublatis : Quis mihi tandem deorum, ait, rivalis factus Callirhoën abstulit, et solus nunc tenet, sed invitam, et coactam vi majore. Ideoque, ne sentiret, subito vivis excessit. Sic Theseo opulenta Bacchus Ariadnen ademit, et Jupiter Semelen. Atqui ignorabam, deam me habere in matrimonio, et nobiliorem toris mortalium. Attamen tam repente non oportebat, neque per talem caussam, ex hominibus abire. Thetis etiam erat dea, Peleo tamen constanter adhæsit, et filium quoque dedit. Ego vero in ipso amoris flore et vigore desertus sum. Quid agam? quid me fiet misero? ipse me tollam. At quicum jacebo? illa adhuc superstite, sola hac spe solabar meam calamitatem, fore, ut, quando communem torum non servassem, olim tamen commune conditorium essem inventurus. Innocentis animæ meæ, domina, rationem tibi reddo. Tu me vivere cogis. Quæram te per mare, per terras, etiam, si possem, in cœlum irem. Id unum, uxor, rogo te, fugere me nolis. Erupit ad hæc in fletus omnis co-

ἄρτι τεθνεῶσαν Καλλιρρόην ἤρξαντο θρηνεῖν. Τριήρεις εὐθὺς κατεσπῶντο καὶ τὴν ζήτησιν πολλοὶ διενέμοντο. Σικελίαν μὲν γὰρ αὐτὸς Ἑρμοκράτης ἠρεύνα, Χαιρέας δὲ Λιβύην. εἰς Ἰταλίαν τινὲς ἐξεπέμποντο 5 καὶ ἄλλοι περαιοῦσθαι τὸν Ἰόνιον ἐκελεύσθησαν. Ἡ μὲν οὖν ἀνθρωπίνη βοήθεια παντάπασιν ἦν ἀσθενής. Ἡ τύχη δ' ἐφώτισε τὴν ἀλήθειαν, ἧς χωρὶς ἔργον οὐδὲν τέλειον. Μάθοι δ' ἄν τις ἐκ τῶν γενομένων. Πωλήσαντες γὰρ οἱ τυμβωρύχοι τὸ δυσδιάθετον φορτίον, τὴν γυναῖκα, 10 Μίλητον μὲν ἀπέλιπον, ἐπὶ Κρήτης δὲ τὸν πλοῦν ἐποιοῦντο, νῆσον ἀκούοντες εὐδαίμονα καὶ μεγάλην, ἐν ᾗ τὴν διάπρασιν τῶν φορτίων ἤλπισαν ἔσεσθαι ῥᾳδίαν. Ὑπολαβὼν δ' αὐτοὺς ἄνεμος σφοδρός, εἰς τὸν Ἰόνιον ἐξέωσεν κἀκεῖ λοιπὸν ἐπλανῶντο ἐν ἐρήμῳ θα-
15 λάσσῃ. βρονταὶ δὲ καὶ ἀστραπαὶ καὶ νὺξ μακρὰ κατελάμβανε τοὺς ἀνοσίους, ἐπιδεικνυμένης τῆς προνοίας, ὅτι τότε διὰ Καλλιρρόην ηὐπλόουν. Ἐγγὺς γινομένους ἑκάστοτε τοῦ θανάτου ταχέως οὐκ ἀπήλλαττεν ὁ θεὸς τοῦ φόβου, μακρὸν αὐτοῖς ποιῶν τὸ ναυάγιον.
20 Γῇ μὲν οὖν τοὺς ἀνοσίους οὐκ ἐδέχετο. θαλαττεύοντες δὲ πολὺν χρόνον, ἐν ἀπορίᾳ κατέστησαν τῶν ἀναγκαίων, μάλιστα δὲ τοῦ ποτοῦ, καὶ οὐδὲν αὐτοὺς ὠφέλει πλοῦτος ἄδικος, ἀλλὰ διψῶντες ἀπέθνησκον ἐν χρυσῷ. Βραδέως μὲν οὖν μετενόουν ἐφ' οἷς ἐτόλμησαν, σφ' οὐ-
25 δὲν ὄφελος, ἐγκαλοῦντες ἀλλήλοις. Οἱ μὲν οὖν ἄλλοι πάντες ἔθνησκον ὑπὸ δίψης, Θήρων δὲ καὶ ἐν ἐκείνῳ τῷ καιρῷ πανοῦργος ἦν. ὑποκλέπτων γὰρ τοῦ ποτοῦ καὶ τοὺς συλληστὰς ἐλῄστευεν. Ὦετο μὲν οὖν τεχνικόν τι πεποιηκέναι. τὸ δ' ἄρα τῆς προνοίας ἔργον
30 ἦν βασάνοις καὶ σταυρῷ τὸν ἄνδρα τηροῦσης. Ἡ γὰρ τριήρης ἡ Χαιρέαν κομίζουσα πλανωμένη τῷ κέλητι περιπίπτει καὶ τὸ μὲν πρῶτον ὡς πειρατικὸν ἐξένευσεν. Ἐπεὶ δ' ἀκυβέρνητος ἐφάνη, πρὸς τὰς τῶν κυμάτων ἐμβολὰς εἰκῇ φερόμενος, ἐκ τῆς τριήρους τις ἀνέκρα-
35 γεν· Οὐκ ἔχει τοὺς ἐμπλέοντας, μὴ φοβηθῶμεν ἀλλὰ πλησιάσαντες ἱστορήσωμεν τὸ παράδοξον. Ἤρεσε τῷ κυβερνήτῃ. Χαιρέας μὲν γὰρ ἐν κοίλῃ νηὶ ἐγκεκαλυμμένος ἔκλαεν. Ἐπεὶ δ' ἐπλησίασαν, τὸ μὲν πρῶτον τοὺς ἔνδον ἐκάλουν, ὡς δ' ὑπήκουεν οὐδείς, ἀνέβη τις
40 ἀπὸ τῆς τριήρους. εἶδε δ' οὐδὲν ἕτερον ἢ χρυσὸν καὶ νεκρούς. ἐμήνυσε τοῖς ναύταις. εὐτυχεῖς ἐνόμιζον ἑαυτούς, ὡς ἐν θαλάσσῃ θησαυρὸν εὑρόντες. Θορύβου δὲ γενομένου, Χαιρέας ἤρετο, τίς ἡ αἰτία. μαθὼν οὖν καὶ αὐτὸς ἐβουλήθη τὸ καινὸν θεάσασθαι.
45 ἐπιγνοὺς δὲ τὰ ἐντάφια, περιερρήξατο καὶ μέγα καὶ διωλύγιον ἀνεβόησεν· Οἴμοι, Καλλιρρόη· ταῦτά ἐστι τὰ σά. Στέφανος οὗτος, ὃν ἐγώ σοι περιέθηκα. Τοῦθ' ὁ πατήρ σοι δέδωκε, τοῦθ' ἡ μήτηρ. Αὕτη στολὴ νυμφική. Τάφος σοι γέγονεν ἡ ναῦς. Ἀλλὰ τὰ μὲν
50 σὰ βλέπω, σὺ δὲ ποῦ; μόνη τοῖς ἐνταφίοις ἡ νεκρὰ λείπει. Τούτων ἀκούσας ὁ Θήρων, ἔκειτο ὅμοιος τοῖς νεκροῖς, καὶ γὰρ ἦν ἡμιθνής· πολλὰ μὲν οὖν ἐβουλεύσατο [τὸ] μηδ' ὅλως φωνὴν ἀφεῖναι, μηδὲ κινεῖσθαι, τὸ γὰρ μέλλον οὐκ ἦν ἀπρόσρατον αὐτῷ, φύσει δὲ φι-

---

rona, et ut modo mortuam Callirrhoën lugebant. Statim deducuntur triremes, multique partiuntur quaerendi labores. Hermocrates ipse Siciliam scrutatur. Libyam Chaereas. Alii in Italiam missi. Alii Ionium jussi trajicere. Humanae hae opes, sed debiles illae. Fortuna vero, sine qua perfectum nihil est, ut ex decursu rerum quis discat, rem in clara luce collocavit. Post venditam nimirum suam mercem difficulter collocandam, mulierem puta, missa Mileto, Cretam vela dabant impii, qua in insula, magna et beata, ut cognoverant, facilem sperabant reliquarum mercium fore distractionem. At depulsos a proposito cursu ventus vehemens in desertum illud pelagus Ionium deturbavit, quo desolati porro oberrabant scelerati, fulminibus obruti, atque tonitrubus, et nocte longa, per id commonstrante providentia, quod ob Callirrhoën olim secundum cursum habuissent. Redactos licet ad Orci confinia deus tamen metu isto non liberavit subito; lentum enim ipsis naufragium intentabat. Terra respuebat impios, diuque jactatos salo, tandem necessariorum penuria oppugnat, praecipue potus; neque juvabant opes scelestae, sed inter aurum siti deficiebant, resipiscentes, sed sero, ab impiis ausis, quae sibi, quum non prodesset amplius, invicem exprobrabant. Omnes enim siti periere. Solus Thero vel in tali tempestate non exuebat vetus illud et versutum ingenium nequam. Suffuratus enim aquas praedones collegas ipse praedabatur, sibique placebat tam eleganti bus strophis. Numine dei illins haec fiebant quod tormentis et cruci hominem servabat. Nam quae Chaeream vehebat triremis temere circumvaga incidit in celocem, quem primo, ceu piraticum, devitat. Ut autem apparuit ex undarum arbitrio pelli ei jactari gubernatore carentem, exclamat aliquis e triremi : Vectores non habet. Ne metuamus. Sed accedamus propius, quid hic monstri lateat excussuri. Placuit gubernatori consilium. Nam Chaereas quidem sub constrato navis operto capite plorabat. Ut prope ventum, et vectores evocati non responderunt, transcendit aliquis, qui, praeter aurum et mortuos quum nihil videret, nautis indicat. Hi quum laetantes, et ob inventum scilicet in mari thesaurum felices sibi visi, tumultuarentur, caussam sciscitatur Chaereas, et edoctus ipse quoque novum videre casum avebat. Sed agnitis confestim Libitinae spoliis, laceratque vestes, magnumque et acutum : Heu mihi ! clamat, Callirrhoë, haec tua sunt. Haec corona, quam ego tibi imposui, hoc pater dedit, hoc mater. Haec stola genialis. Sepulcrum tibi navis evasit. At tua quidem video, tu vero ubi es? funeralibus sola mortua deficit. Thero tam inexspectato ictus sermone sanguinem amiserat, mortuisque sodalibus jacebat similis, et quamvis post maturam deliberationem destinasset plane vocem non mittere, motum non prodere; futurum enim

λόζιφόν ἐστιν ἄνθρωπος καὶ οὐδ' ἐν ταῖς ἐσχάταις συμ-
φοραῖς ἀπελπίζει τὴν πρὸς τὸ βέλτιον μεταβολήν, τοῦ
δημιουργήσαντος θεοῦ τὸ σόφισμα τοῦτο πᾶσιν ἐγκα-
τασπείραντος, ἵνα μὴ φύγωσι βίον ταλαίπωρον. Κατε-
χόμενος οὖν τῷ δίψει, ταύτην πρώτην ἀφῆκε φωνήν·
Ποτόν. Ἐπεὶ δ' αὐτῷ προσηνέχθη καὶ πάσης ἔτυχεν
ἐπιμελείας, παρακαθεσθεὶς αὐτῷ ὁ Χαιρέας ἤρετο·
Τίνες ἐστέ; καὶ ποῖ πλεῖτε; καὶ πόθεν ταῦτα; καὶ τί
τὴν κυρίαν αὐτῶν πεποιήκατε; Θήρων δ' ἐμνημόνευεν
ἑαυτοῦ πανοῦργος ἄνθρωπος καὶ Κρής, εἶπεν, εἰμί.
πλέω δ' εἰς Ἰωνίαν. ἀδελφὸν ἐμαυτοῦ ζητῶ στρα-
τευόμενον. κατελείφθην ὑπὸ τῶν ἐπὶ τῆς νεὼς ἐν
Κεφαληνίᾳ. ταχείας δὲ τῆς ἀναγωγῆς γενομένης,
ἐκεῖθεν ἐπέβην τοῦδε τοῦ κέλητος παραπλέοντος εὐκαί-
ρως. ἐξαισίοις δὲ πνεύμασιν ἐξεώσθημεν εἰς ταύτην
τὴν θάλασσαν, εἶτα γαλήνης μακρᾶς γενομένης, δίψει
πάντες ἀνῃρέθησαν, ἐγὼ δὲ μόνος ἐσώθην ὑπὸ τῆς
ἐμῆς εὐσεβείας. Ἀκούσας οὖν ὁ Χαιρέας ἐκέλευσεν
ἐξάψαι τὸν κέλητα τῆς τριήρους, ἕως εἰς τοὺς Συρακο-
σίων λιμένας κατέπλευσε.

Δ΄. Προεπεδήμησε δ' ἡ φήμη, φύσει μὲν οὖσα ταχεῖα,
τότε δὲ μᾶλλον σπεύσασα μηνῦσαι πολλὰ παράδοξα
καὶ καινά. Πάντες οὖν ἐπὶ τὴν θάλασσαν συνέτρεχον,
καὶ ἦν ὁμοῦ πάθη ποικίλα, κλαόντων, θαυμαζόντων,
πυνθανομένων, ἀπιστούντων· ἐξέπληττε γὰρ αὐτοὺς
τὸ καινὸν διήγημα. Ἰδοῦσα δ' ἡ μήτηρ τὰ ἐντάφια
τῆς θυγατρὸς ἀνεκώκυσεν· Ἐπιγινώσκω πάντα. σύ,
τέκνον, μόνη λείπεις. Ὦ καινῶν τυμβωρύχων. Τὴν
ἐσθῆτα καὶ τὸν χρυσὸν φυλάξαντες, μόνην ἔκλεψάν μου
τὴν θυγατέρα. Συνήχησαν δ' αἰγιαλοὶ καὶ λιμένες
κοπτομέναις ταῖς γυναιξὶ καὶ γῆν καὶ θάλασσαν ἐνέ-
πλησαν οἰμωγῆς. Ἑρμοκράτης δ' ἔφη, στρατηγικὸς
ἀνὴρ καὶ πραγμάτων ἐπιστήμων· Οὐκ ἐνταῦθα χρὴ
ζητεῖν, ἀλλὰ νομιμωτέραν ποιεῖσθαι τὴν ἀνάκρισιν.
Ἀπίωμεν εἰς τὴν ἐκκλησίαν. Τίς οἶδεν εἰ χρεία γέ-
νοιτο καὶ δικαστῶν. Οὔπω πᾶν εἴρητο ἔπος, καὶ
ἤδη μεστὸν ἦν τὸ θέατρον. Ἐκείνην τὴν ἐκκλησίαν
ἤγαγον καὶ γυναῖκες. Ὁ μὲν οὖν δῆμος μετέωρος
καθῆστο, Χαιρέας δὲ πρῶτος εἰσῆλθε μελανείμων,
ὠχρός, αὐχμῶν, οἷος ἐπὶ τὸν τάφον ἠκολούθησε τῇ
γυναικί, καὶ ἐπὶ μὲν τὸ βῆμα οὐκ ἠθέλησεν ἀναβῆναι,
κάτω δέ που στὰς τὸ μὲν πρῶτον ἐπὶ πολὺν ἔκλαε χρό-
νον καὶ φθέγξασθαι θέλων οὐκ ἠδύνατο. Τὸ δὲ πλῆ-
θος ἐβόα· θάρσει καὶ λέγε. Μόλις οὖν ἀναβλέψας·
Ὁ μὲν παρών, εἶπε, καιρὸς οὐκ ἦν δημηγοροῦντος
ἀλλὰ πενθοῦντος, ἐγὼ δ' ὑπὸ τῆς ἀνάγκης καὶ λέγω
καὶ ζῶ, μέχρις ἂν ἐξεύρω Καλλιρρόης τὴν ἀναίρεσιν.
Διὰ τοῦτο δ' ἐντεῦθεν ἐκπλεύσας οὐκ οἶδα, πότερον
εὐτυχῆ τὸν πλοῦν ἢ δυστυχῆ πεποίημαι. πλοῖον γὰρ
ἐθεασάμην ἐν εὐδίᾳ πλανώμενον, ἰδίου χειμῶνος γέ-
μον, καὶ βαπτιζόμενον ἐν γαλήνῃ. θαυμάσαντες ἤλ-
θομεν πλησίον. Ἔδοξα τὸν τῆς ἀθλίας μου γυναικὸς
τάφον ἰδεῖν, πάντα ἔχοντα τὰ ἐκείνης, πλὴν ἐκείνης.
Νεκρῶν μὲν ἦν πλῆθος, ἀλλοτρίων δὲ πάντων. Ὅδε

illi obscurum esse non poterat; attamen, ut est homo vitae amantissimus, et ne in ultimis quidem miseriis desperat rerum in melius conversionem, idque sapientissimo opificis dei consilio, qui id omnibus, ne vitam fugerent aerumnosam, indidit : exustus siti primam hanc rumpit vocem : Potum. Affertur potus, caeteramque omnem curam nanciscitur homo. Refectum rogat assidens Chaereas : Quinam estis? et quo navigatis? et unde haec? et quid de domina eorum fecistis? Theron ad haec astutus nequam et ingenii sui non oblitus : Cretensis ego sum, ait. Sed in Ioniam navigans, ut ibi fratrem meum militantem requirerem, a vectoribus repente portu Cephaloniae solventibus desertus fui. Inde in hunc celocem inscendi, qui tum commodum praeternavigabat. Saevis autem procellis in hoc mare sumus excussi, quas secuta diuturnae maris ventorumque tranquillitas omnes peremit. Mea me solum servavit pietas. Auditis his, alligari celocem triremi Chaereas jubet, donec in Syracusanos portus devenisset.

IV. Fama vero, natura velox, tunc solito diligentius annuntiare multa mira et nova festinaverat, omnesque ad mare, affectuum omne genus pleni, confluxerant plorantes, admirantes, sciscitabundi, diffidentes. Percusserat enim rei novitas omnium animos. Mater autem Callirrhoës ad mundi funebris conspectum, singula integra et illibata agnoscens atque percensens, flebili voce exclamat: Tu sola dees, filia, o novi moris atque ingenii latrones! solam meam furati filiam, vestem et aurum servarunt. Litora et portus referebant planctus mulierum, terraque et mare ejulationibus implebantur. Hermocrates autem, vir summo quondam functus imperio, rerumque multarum subactus usu : Non hic oportet inquisitionem facere tumultuariam, ait, sed legitime magis et ordine. Quis dixerit, an non judicibus quoque hac in re opus habituri simus. Dum loquitur adhuc, jam refertum erat concione theatrum, cui affluentes quoque mulieres interfuere. Sedebat populus exspectatione sublimis. Primus intrat Chaereas, pullatus, pallidus, squalidus, ut funus uxoris fuerat prosecutus, et suggestum conscendere recusans humi consistit, diuque plorat, interceptam vocem prorumpere gestiens. Jussus tandem a multitudine adscendere et loqui, oculis humo aegre sublatis : Hoc quidem non perorandi tempus, ait, sed lugendi, erat. Ego vero vivo et peroro ex eadem necessitate, donec invenero, quis quare Callirrhoën abstulerit. Nescio proinde, auspicatum habuerim, an minus, cursum, quem nuper hinc digressus cum triremi mea institui. Navem enim vidi puro caelo errantem, et tranquillo mari procellis, sed suis, obrutam et colluctantem. Mirati propius accedimus, visusque mihi sum miserae meae uxoris adspicere sepulcrum omnia habens, nisi eam. Mortuorum erat abunde, sed qui nos non tangunt.

δέ τις ἐν αὑτοῖς ἡμιθνὴς εὑρέθη. Τοῦτον ἐγὼ μετὰ
πάσης ἐπιμελείας ἀνεκτησάμην καὶ ὑμῖν ἐτήρησα.
Μεταξὺ δ' οἰκέται δημόσιοι τὸν Θήρωνα δεδεμένον εἰς
τὸ θέατρον ἦγον μετὰ πομπῆς ἐκείνῳ πρεπούσης.
6 ἐπηκολούθει γὰρ αὐτῷ τροχὸς, καταπέλτης καὶ πῦρ
καὶ μάστιγες, ἀποδιδούσης αὐτῷ τῆς προνοίας τὰ ἔπα-
θλα τῶν ἀγώνων. Ἐπεὶ δ' ἐν μέσῳ ἔστη, τῶν
ἀρχόντων εἰς ἀνέκρινεν αὐτόν· Τίς εἶ; Δημήτριος,
εἶπε. Πόθεν; Κρής. Τί οἶδας; εἶπέ. Πρὸς ἐμαυ-
10 τοῦ ἀδελφὸν πλέων εἰς Ἰωνίαν, ἀπελείφθην νεὼς, εἶτα
κέλητος ἐπέβην παραπλέοντος. Τότε μὲν οὖν ὑπελάμ-
βανον, ἐμπόρους εἶναι, νῦν δὲ τυμβωρύχους. Θα-
λαττεύοντες δὲ χρόνον μακρὸν, οἱ μὲν ἄλλοι πάντες
διεφθάρησαν ἀπορίᾳ τοῦ ποτοῦ, μόγις δ' ἐγὼ σέσωσμαι
15 διὰ τὸ μηδὲν ἐν τῷ βίῳ δεδρακέναι πονηρόν. Μὴ οὖν
ὑμεῖς, ὦ Συρακόσιοι, δῆμος ἐπὶ φιλανθρωπίᾳ περι-
βόητος, γένεσθέ μοι καὶ δίψους καὶ θαλάσσης ἀγριώ-
τεροι. Ταῦτα λέγοντος οἰκτρῶς ἔλεος εἰσῆλθε τὰ
πλήθη, καὶ τάχ' ἂν ἔπεισεν, ὥστε κἂν ἐφοδίων τυχεῖν,
20 εἰ μὴ δαίμων τις τιμωρὸς Καλλιρρόης ἐνεμέσησεν
αὐτῷ τῆς ἀδίκου πειθοῦς. Ἔμελλε γὰρ τὸ σχετλιώ-
τατον ἔσεσθαι πάντων πραγμάτων, πεισθῆναι Συρα-
κοσίους, ὅτι μόνος ἐσώθη δι' εὐσέβειαν ὁ μόνος σωθεὶς
δι' ἀσέβειαν, ἵν' ἐπιπλέον κολασθῇ. Καθεζόμενος οὖν
25 ἐν τῷ πλήθει τις ἁλιεὺς ἐγνώρισεν αὐτὸν καὶ ἡσυχῆ
πρὸς τοὺς καθεζομένους εἶπε· Τοῦτον ἐγὼ καὶ πρότερον
εἶδον περὶ τὸν λιμένα τὸν ἡμέτερον στρεφόμενον. Τα-
χέως οὖν ὁ λόγος εἰς πλείονας διεδόθη καί τις ἐξεβόησε·
Ψεύδεται. Πᾶς οὖν ὁ δῆμος ἐπεστράφη, καὶ προσέ-
30 ταξαν οἱ ἄρχοντες καταβῆναι τὸν πρῶτον εἰπόντα.
Ἀρνουμένου δὲ Θήρωνος, ὁ ἁλιεὺς μᾶλλον ἐπιστεύθη.
Βασανισταὶ εὐθὺς ἐκάλουν καὶ μάστιγες προσεφέροντο
τῷ δυσσεβεῖ. Καόμενος δὲ καὶ τεμνόμενος ἀντεῖχεν
ἐπὶ πλέον καὶ μικροῦ δεῖν ἐνίκησε τὰς βασάνους, ἀλλὰ
35 μέγα τὸ συνειδὸς ἑκάστῳ καὶ παγκρατὴς ἡ ἀλήθεια,
μόλις μὲν γὰρ καὶ βραδέως, ἀλλ' ὡμολόγησεν ὁ Θή-
ρων. Ἤρξατο οὖν διηγεῖσθαι· Πλοῦτον θαπτόμενον
ἰδὼν συνήγαγον λῃστάς. Ἠνοίξαμεν τὸν τάφον. Εὕ-
ρομεν ζῶσαν τὴν νεκράν. Πάντα συλήσαντες ἐνεθή-
40 καμεν τῇ κέλητι. Πλεύσαντες εἰς Μίλητον μόνην
ἐπωλήσαμεν τὴν γυναῖκα, τὰ δὲ λοιπὰ διεκομίζομεν
εἰς Κρήτην. Ἐξωσθέντες δ' εἰς τὸν Ἰόνιον ὑπ' ἀνέ-
μων ἃ κεπόνθαμεν καὶ ὑμεῖς ἑωράκατε. Πάντ' εἰ-
πὼν, μόνον τοὔνομα οὐκ ἐμνημόνευσε τοῦ πριαμένου.
45 Ῥηθέντων δὲ τούτων, χαρὰ καὶ λύπη πάντας εἰσῆλθε·
χαρὰ μὲν, ὅτι ζῇ Καλλιρρόη, λύπη δὲ, ὅτι πέπραται.
Θήρωνι μὲν οὖν θανάτου ψῆφος ἠνέχθη, Χαιρέας
δ' ἱκέτευε μηδέπω θνήσκειν τὸν ἄνθρωπον. Ἵνα μοι,
φησὶν, ἐλθὼν μηνύσῃ τοὺς ἀγοράσαντας. Λογίσασθέ
50 μου τὴν ἀνάγκην· συνηγορῶ τῷ πωλήσαντί μου τὴν
γυναῖκα. Τοῦθ' Ἑρμοκράτης ἐκώλυσε γενέσθαι, Βέλ-
τιον εἰπὼν, ποιήσασθαι τὴν ζήτησιν ἐπιπονωτέραν ἢ
λυθῆναι τοὺς νόμους. Δέομαι δ' ὑμῶν, ἄνδρες Συρα-
κόσιοι, μνησθέντας στρατηγίας τῆς ἐμῆς καὶ τροπαίων

Solus inter eos hic nescio quis inventus est extremos ducere spiritus. Quem ego omni cura recuperatum vobis servavi. Interim lictores Theronem vinctum in theatrum perducebant. Decorus hominem comitatus excipiebat, rota, et catapulta, et ignis, et flagra. Ita providentia ipsi præmia laborum scilicet tributura erat. Coram Archontibus autem deductum unus interrogat : Quis es? Demetrius. Unde? Cretensis. Quid nosti? Ad meum fratrem mari contendens in Ioniam a navi desertus sum. Celocem igitur prænavigantem inscendi, tum quidem mercatores opinatus, nunc autem sepulcrorum violatores. Mari diu vagati ceteri omnes perierunt, ego solus supero, ideo quod plane nullius mihi perpetrati mali sum conscius. Vos ergo, viri Syracusani, ob humanitatem celeberrimi, ne, quæso, sitis pontoque et siti mihi sæviores. Flebili voce prolata hæc tantum non omnes fregerant in misericordiam, aberatque parum, quin suada sua imposuisset, imo et viatico abiisset instructus. Verum deus aliquis ultor Callirrhoës, improbam facundiam successum habere stomachatus, intervenit, ne rerum omnium accideret indignissima, id est, ne persuaderetur Syracusanis, hominem evasisse solum ob pietatem, qui solus ob impietatem evaserat, ut gravius quam ceteri puniretur. Sedens igitur in turba piscator aliquis agnoscit hominem et submissis ad proximos prodit susurris : Hunc ego circa portum nostrum dudum vidi et novi circulantem. Sermo hic rapide diditur inter plures, et : Mentitur, exclamat unus. Conversus omnis ad clamorem populus, et qui primus hominem nosse dixerat, is surgere sede sua et in medium prodire jussus. Negare tum Thero. Piscatori majorem fidem habebant. Archontes vocare tortores. Afferri flagra piaculo. Ustus ille et sectus diu contra tenere. Parum quoque aberat, quin tormenta evicisset pervicacia. Verum conscientia apud unumquemque multum valet, et veritas omnia vincit. Nam, licet ægre et tarde, confessus tamen est Thero, sic tandem orsus eloqui : Conspectis opibus in tumulum congestis, coëgi latrones, Effregimus sepulcrum. Invenimus mortuam viventem. Omnia prædati imposuimus celoci. Miletum perreximus, ibique solam vendidimus mulierem. Reliqua vehebamus in Cretam transportare. Sed a ventis in Ionium mare proturbati, quæ passi fuerimus et vos vidistis. Exponebat omnia præter solum nomen emtoris. Nuntiata ea omnes lætitia et dolore affecerunt; lætitia, quod Callirrhoë viveret, dolore, quod esset vendita. Thero interim morti adjudicatus, ne statim plecteretur, Chæreas deprecabatur, ut mihi jam, sic prætendebat, emtores indicet. Videte, quo redactus sim necessitatis. Uxoris meæ mangoni patrocinor. Sed Hermocrates intercedebat : Vel mediocrior fiat et impeditior inquisitio. Præstat id, quam leges solvi. Vos autem, viri Syracusani, rogo, memores imperii mei atque tropæorum, debitas mihi grates in

ἀποδοῦναί μοι τὴν χάριν τὴν εἰς θυγατέρα. Πέμψατε πρεσβείαν ὑπὲρ αὐτῆς. Τὴν ἐλευθέραν ἀπολάβωμεν. Ἔτι λέγοντος, ὁ δῆμος ἀνεβόησε· Πάντες πλεύσωμεν· ἐκ δὲ τῆς βουλῆς ὑπέστησαν ἐθελονταὶ τὸ πλεῖστον μέ-
5 ρος. Ὁ δ' Ἑρμοκράτης· Τῆς μὲν τιμῆς, ἔφη, χάριν ἐπίσταμαι πᾶσιν, ἀρκοῦσι δὲ πρεσβευταί, δύο μὲν ἀπὸ τοῦ δήμου, δύο δ' ἀπὸ τῆς βουλῆς. Πλεύσεται δὲ Χαιρέας πέμπτος αὐτός. Ἔδοξε ταῦτα καὶ ἐκυρώθη. Διέλυσέ τ' ἐπὶ τούτοις τὴν ἐκκλησίαν· ἀπαγομένῳ δὲ
10 Θήρωνι μέγα μέρος τοῦ πλήθους ἐπηκολούθησεν. Ἀνεσκολοπίσθη δὲ πρὸ τοῦ Καλλιρρόης τάφου καὶ ἔβλεπεν ἀπὸ τοῦ σταυροῦ τὴν θάλασσαν ἐκείνην, δι' ἧς αἰχμάλωτον ἔφερε τὴν Ἑρμοκράτους θυγατέρα, ἣν οὐκ ἔλαβον οὐδ' Ἀθηναῖοι.
15 Ε'. Τοῖς μὲν οὖν ἄλλοις ἅπασιν ἐδόκει περιμένειν τὴν ὥραν τοῦ πλοῦ καὶ ἔαρος ὑπολάμψαντος ἀνάγεσθαι. Τότε γὰρ ἔτι χειμὼν εἱστήκει καὶ παντάπασιν ἀδύνατον ἐδόκει τὸν Ἰόνιον περαιοῦσθαι. Χαιρέας δ' ἔσπευσεν, ἕτοιμος ὢν διὰ τὸν ἔρωτα, ζεύξας σχε-
20 δίαν εἰς τὸ πέλαγος ἑαυτὸν ἀφεῖναι τοῖς ἀνέμοις φέρεσθαι. Οὔκουν οὐδ' οἱ πρέσβεις ἤθελον βραδύνειν, ὑπ' αἰδοῦς, τῆς τε πρὸς ἐκεῖνον καὶ μάλιστα πρὸς Ἑρμοκράτην, ἀλλ' ἡτοιμάζοντο πλεῖν. Συρακόσιοι δὲ δημοσίᾳ τὸν στόλον ἐξέπεμψαν, ἵνα καὶ τοῦτ' εἰς
25 ἀξίωμα προστεθῇ τῆς πρεσβείας. Καθείλκυσαν οὖν ἐκείνην τὴν τριήρη τὴν στρατηγικήν, ἔχουσαν ἔτι τὰ σημεῖα τῆς νίκης. Ἐπεὶ δ' ἧκεν ἡ κυρία τῆς ἀναγωγῆς ἡμέρα, τὸ πλῆθος εἰς τὸν λιμένα συνέδραμεν, οὐκ ἄνδρες μόνον, ἀλλὰ καὶ γυναῖκες καὶ παῖδες, καὶ ἦσαν
30 ὁμοῦ εὐχαί, δάκρυα, στεναγμοί, παραμυθία, φόβος, θάρσος, ἀπόγνωσις, ἐλπίς. Ἀρίστων δὲ, ὁ Χαιρέου πατήρ, ἐσχατογήρως καὶ νοσῶν, φερόμενος, περιέρυ τῷ τραχήλῳ τοῦ παιδὸς καὶ ἀνακρεμάμενος αὐτοῦ τοῦ τραχήλου, κλάων ἔλεγε· Τίνι με καταλείπεις, ὦ τέ-
35 κνον, ἡμιθνῆτα πρεσβύτην; ὅτι μὲν γὰρ οὐκέτι σε ὄψομαι, δῆλον. Ἔτι μεῖνον δὲ κἂν ὀλίγας ἡμέρας, ὅπως ἐν ταῖς χερσὶ ταῖς σαῖς ἀποθάνω. Θάψον δέ με καὶ ἄπιθι. Ἡ δὲ μήτηρ τῶν γονάτων αὐτοῦ λαβομένη· Ἐγὼ δέ σου δέομαι, φησὶν, ὦ τέκνον, μή με
40 ἐνταῦθα καταλίπῃς ἔρημον, ἀλλ' ἐμβαλοῦ τριήρει φορτίον κοῦφον. Ἂν δ' ὦ βαρεῖα καὶ περιττή, ῥίψατέ με εἰς τὴν θάλασσαν, ἣν σὺ πλέεις. Ταῦτα λέγουσα περιέρρηξε τὸ στῆθος καὶ προτείνουσα τὰς θηλάς· Τέκνον, φησὶ,

45   τάδ' αἴδεο καί μ' ἐλέησον
Αὐτήν, εἴ ποτέ τοι λαθικηδέα μαζὸν ἐπέσχον.

Κατεκλάσθη Χαιρέας πρὸς τὰς τῶν γονέων ἱκεσίας καὶ ἔρριψεν ἑαυτὸν ἀπὸ τῆς νεὼς εἰς τὴν θάλασσαν, ἀποθανεῖν θέλων, ἵνα φύγῃ δυοῖν θάτερον, ἢ τὸ μὴ ζητεῖν
50 Καλλιρρόην, ἢ τὸ λυπῆσαι τοὺς γονεῖς. Ταχέως δ' ἀπορρίψαντες οἱ ναῦται μόλις αὐτὸν ἀνεκούφισαν. Ἐνταῦθ' Ἑρμοκράτης ἀπεσκέδασε τὸ πλῆθος καὶ ἐκέλευσε τῷ κυβερνήτῃ λοιπὸν ἀνάγεσθαι. Συνέβη δέ τι

filiam meam impendite. Mittite quæso pro ea legationem. Ingenuam recuperemus. Adhuc loquente, populus exclamat : Omnes, si opus, iverimus. Plurimique senatorii ordinis sua sponte in se suscipiebant. Quibus Hermocrates : Honoris equidem gratiam novi vobis omnibus. Sed sufficiunt legati duo de populo, totidemque de senatu. Quintus navigabit cum his Chæreas. Sententia placuit et rata habetur, et dimissa super his pactis concione, abductus inter magnam comitantium catervam Thero suffigitur palo coram tumulo Callirrhoës, prospiciens de cruce mare illud, per quod captivam duxerat Hermocratis filiam, quam neque Athenienses ceperant.

V. Cæteris autem omnibus sedebat expectare reseratum pelagus, et vere demum adventante navim in fluctus dare. Perstabat enim tunc bruma, nullaque humana vi pervadi posse videbatur Ionium mare. Chæreas autem paratus et accinctus properabat, amore stimulante, instructa modo tumultuaria rati solus in pontum se ventis ferendum permittere. Tum ergo neque ipsi legati ultra cessare, verecundia et ejus, et Hermocratis maxime; sed parare abitum, Syracusanis, quo plus accederet legationi dignitatis, illam publico nomine et sumtu expedientibus, deducta triremi illa prætoria, victoriæ insignibus adhuc superba. Jam venerat stata dies discessui. Jam in portum omnis multitudo non viri tantum, sed et fœminæ et pueri confluxerant. Simul inveniebantur vota, lacrymæ, gemitus, consolatio, metus, confidentia, desperatio, spes. Ariston aderat, Chæreæ pater, ob decrepitum senium et ægritudinem non suis illuc pedibus allatus, filiique collo inhærens et suspensus : Cui me relinquis, ait lacrymans, mi fili, senem jam enectum? palam enim est, me rursus oculos tuos non visurum. Mane adhuc vel pauculos dies, ut inter manus tuas exspirem. Tum sepeli me, et abi tandem. Mater etiam, prehensis filii genubus : Ne me quæso, fili, ait, hic desertam relinquas, sed impone triremi, levem sarcinam. Si gravis atque impedimento fuero, abjicite me in mare, quod tu navigas. Lacerato quoque inter verba sinu, et protensis uberibus :

Hæc tibi si quondam lacrymas inhibentia parvo
Porrexi, reverere velim, miseræreque nostrum.

Infractus ad has parentum supplicationes præcipitem se de navi in mare dat, ne scilicet aut Callirrhoës requisitionem hinc omitteret, aut illinc tristitia parentes maceraret. Sed subito se in mare præcipitantes nautæ extractum vix sublevabant. Tum discussa plebe Hermocrates, gubernatorem sine mora navem in altum dare jubet. Eodem tempore facinus amicitiæ non degeneris editum. Polycharmus,

καὶ ἄλλο φιλίας ἔργον οὐκ ἀγεννές. Πολύχαρμος γάρ, ἑταῖρος τοῦ Χαιρέου, παρατυχὰ μὲν οὐκ ὤφθη ἐν τῷ μέσῳ, ἀλλὰ καὶ πρὸς τοὺς γονεῖς ἔφη· Φίλος μὲν, φίλος Χαιρέας, οὐ μὴν ἄχρι τούτου γε ὥστε καὶ περὶ τῶν
5 ἐσχάτων αὐτῷ συγκινδυνεύειν. διόπερ, ἕως ἀποπλεῖ, ὑπεκστήσομαι. Ἡνίκα δ' ἀπεσάλευσε τῆς γῆς τὸ πλοῖον, ἀπὸ τῆς πρύμνης αὐτοὺς ἀπησπάσατο, ἵνα μηκέτι αὐτὸν δύνωνται κατασχεῖν. Ἐξελθὼν δὲ τοῦ λιμένος Χαιρέας καὶ ἀποβλέψας εἰς τὸ πέλαγος· Ἄγε
10 με, φησὶν, ὦ θάλασσα, τὸν αὐτὸν δρόμον, ὃν καὶ Καλλιρρόην ἤγαγες. Εὔχομαί σοι, Πόσειδον, ἢ κἀκείνην μεθ' ἡμῶν, ἢ μηδὲ ἐμὲ χωρὶς ἐκείνης ἐνταῦθα. Εἰ μὴ γὰρ δύναμαι τὴν γυναῖκα τὴν ἐμὴν ἀπολαβεῖν, θέλω κἂν δουλεύειν μετ' αὐτῆς.
15 ϛ'. Πνεῦμα δὲ φορὸν ὑπέλαβε τὴν τριήρη καὶ ὥσπερ κατ' ἴχνος τοῦ κέλητος ἔτρεχεν. Ἐν δὲ ταῖς ἴσαις ἡμέραις εἰς Ἰωνίαν ἧκον καὶ ὥρμισαν ἐπὶ τῆς αὐτῆς ἀκτῆς ἐν τοῖς Διονυσίου χωρίοις. Οἱ μὲν οὖν ἄλλοι κεκμηκότες, ἐκβάντες εἰς τὴν γῆν, περὶ τὴν
20 ἀνάληψιν ἠπείγοντο τὴν ἑαυτῶν, σκηνάς τε πηγνύμενοι καὶ παρασκευάζοντες εὐωχίαν, Χαιρέας δὲ μετὰ Πολυχάρμου περινοστῶν· Πῶς νῦν, φησὶ, Καλλιρρόην εὑρεῖν δυνάμεθα; μάλιστα μὲν γὰρ φοβοῦμαι, μὴ Θήρων ἡμᾶς διεψεύσατο καὶ τέθνηκεν ἡ δυστυχής. Εἰ δ' ἄρα
25 καὶ ἀληθῶς πέπραται, τίς οἶδεν, ὅποι. πολλὴ γὰρ ἡ Ἀσία. Μεταξὺ δ' ἁλιόντες περιέπεσον τῷ νεῷ τῆς Ἀφροδίτης. Ἔδοξεν οὖν αὐτοῖς προσκυνῆσαι τὴν θεόν. καὶ προσδραμὼν τοῖς γόνασιν αὐτῆς Χαιρέας· Σύ μοι, δέσποινα, πρώτην Καλλιρρόην ἔδειξας ἐν τῇ σῇ ἑορτῇ.
30 Σὺ καὶ νῦν ἀπόδος, ἣν ἐχαρίσω. Μεταξὺ ἀνακύψας εἶδε παρὰ τὴν θεὸν εἰκόνα Καλλιρρόης χρυσῆν, ἀνάθημα Διονυσίου·

Τοῦ δ' αὐτοῦ λύτο γούνατα καὶ φίλον ἦτορ.

Κατέπεσεν οὖν σκοτοδινιάσας. Θεασαμένη δ' αὐτὸν ἡ
35 ζάκορος ὕδωρ προσήνεγκε καὶ ἀνακτωμένη τὸν ἄνθρωπον εἶπε· Θάρρει, τέκνον καὶ ἄλλους πολλοὺς ἡ θεὸς ἐξέπληξεν. ἐπιφανὴς γάρ ἐστι καὶ δείκνυσιν ἑαυτὴν ἐναργῶς. Ἀλλ' ἀγαθοῦ μεγάλου τοῦτ' ἔστι σημεῖον. Ὁρᾷς εἰκόνα τὴν χρυσῆν; αὕτη δούλη μὲν ἦν, ἡ δ'
40 Ἀφροδίτη πάντων ἡμῶν κυρίαν πεποίηκεν αὐτήν. Τίς γάρ ἐστιν; ὁ Χαιρέας εἶπεν· Αὕτη ἡ δέσποινα τῶν χωρίων τούτων, ὦ τέκνον, Διονυσίου γυνὴ, τοῦ πρώτου τῶν Ἰώνων. Ἀκούσας δ' ὁ Πολύχαρμος, οἷα δὴ σωφρονῶν αὐτὸς, οὐδὲν εἴασεν ἔτι τὸν Χαιρέαν εἰπεῖν,
45 ἀλλ' ὑποβαστάσας ἐξήγαγεν ἐκεῖθεν, οὐ βουλόμενος ἐκπύστους γενέσθαι, τίνες εἰσί, πρὶν ἅπαντα βουλεύσασθαι καλῶς καὶ συντάξαι πρὸς ἀλλήλους. Ὁ δὲ Χαιρέας τῆς ζακόρου παρούσης οὐδὲν εἶπεν ἀλλ' [ἅμα] ἐσίγησεν ἐγκρατῶς, πλὴν ὅσον αὐτομάτως ἐξεπήδησαν
50 αὐτοῦ τὰ δάκρυα. πόρρω δ' ἀπελθὼν, ἐπὶ γῆς μόνος ἔρριψεν ἑαυτὸν καὶ Ὦ θάλασσα, φησὶ, φιλάνθρωπε, τί με διέσωσας, ἢ ἵν' εὐπλοήσας ἴδω Καλλιρρόην ἄλλου γυναῖκα; τοῦτ' οὐκ ἤλπισα γενέσθαι ποτὲ, οὐδ'

LIBER III.

amicus Chaereae, dum haec aguntur et parantur, in publicum non prodierat; imo suis parentibus quoque dixerat: Amicus, non nego, amicus est Chaereas; verum non eo usque, ut extrema quoque cum illo discrimina subire par sit. Devitabo igitur ejus oculos, dum a terra solvit. At ille ipse Polycharmus, quum jam aestus navim a continente subduceret, procul e puppi suos valere jubebat, ne retinere ipsum hoc modo possent. Sic egressus portu Chaereas et in pelagus prospiciens : Duc me, o mare, ait, qua Callirrhoën via. Te autem, Neptune, precor, aut illam huc nobiscum, aut si illa mihi carendum sit neque me referto. Nam si non potero meam uxorem recuperare, vel cum ea servire malim.

VI. Excepit vero triremem ventus secundus, ut vestigia celocis piratici quasi relegeret, parique dierum numero in Ioniam perveniret, atque illo ipso litore appelleret in campis Dionysii. Caeteri excenderunt in terram, laboribus fractum et fessum corpus compactis tabernaculis epulisque instructis reficere properantes. At Chaereas omnia cum Polycharmo perlustrans : Qui jam poterimus invenire Callirrhoën? ait. Primo enim et praecipuo loco vereor, ne nos Thero mendaciis circumvenerit, et misera illa non exstet amplius. Si vero revera vendita est, quis novit ubi et quo? vasta enim est Asia. Sic vagantes incidunt in fanum Veneris, visoque deam adorare, Chaereas ad ejus genua provolutus : Tu mihi prima Callirrhoën ostendisti, domina, in tuo festo. Tu nunc quoque redde donum, quod sponte obtulisti. Finitis post preces ut surgit, caputque tollit et oculos, videt ad deae latus auream Callirrhoës imaginem, Dionysii donarium. Tum illi

Pectoris et genuum lapsare, liquescere, solvi
Robur.

Concidit igitur caliginosa correptus vertigine. Videt id anus aedítua, frigidaque adspersa hominem ad se revocat, et : Bono sis animo, fili, ait. Etiam alios multos perculit dea. Est enim illustris signisque claris se monstrat. Sed id quidem indicium magni boni est. Vides imaginem hanc auream? Foemina haec serva quidem erat, sed Venus eam nostrum omnium fecit dominam. Quaenam igitur est? Est horum agrorum domina, Dionysii uxor, primi inter Iones. Plura dicere Chaeream, his auditis, non sinebat Polycharmus, ut vir sapiens et temperans, cautusque futurorum, sed implicitis sublatum brachiis inde extrahit, ignorari volens omnino res suas, donec pulchre deliberassent, et ordinassent omnia. Chaereas itaque nihil ultra dixerat, Veneris sacerdote praesente, sed virili se continentia compresserat, nisi quod lacrymae sua sponte genis excíderant. Verum ubi longius discesserat, loco omnibus aliis praeter Polycharmum vacuo se prosternit humi, et : O humanum nimis mare, ait, cur servasti me? an ut secundum emensus curriculum Callirrhoën in alterius conjugis amplexu viderem? hoc non speraveram unquam fore, ne post

ἀποθανόντος Χαιρέου. Τί ποιήσω δυστυχής; παρὰ
δεσπότου μὲν γὰρ ἤλπιζόν τε κομίσασθαι καὶ τοῖς λύ-
τροις ἐπίστευον, ὅτι πείσω τὸν ἀγοράσαντα. Νῦν δ᾿
εὑρηκά σε πλουσίαν, τάχα καὶ βασιλίδα. Πόσῳ δ᾿ ἂν
5 εὐτυχέστερος ὑπῆρχον, εἴ σε μοιχεύουσαν εὑρήκειν.
Εἴπω Διονυσίῳ προσελθών, Ἀπόδος μοι τὴν γυναῖκα;
τοῦτο δὲ λέγει τίς γεγαμηκότι; ἀλλ᾿ οὐδ᾿, ἂν ἀπαν-
τήσω, δύναμαί σοι προσελθεῖν. Ἀλλ᾿, οὐδὲ τὸ κοινό-
τατον, ὡς πολίτης, ἀσπάσασθαι. Κινδυνεύσω τάχα
10 καὶ ὡς μοιχὸς τῆς ἐμῆς γυναικὸς ἀπολέσθαι. Ταῦτ᾿
ὀδυρόμενον παρεμυθεῖτο Πολύχαρμος.

Ζ΄. Ἐν δὲ τῷ μεταξὺ Φωκᾶς, ὁ οἰκονόμος Διονυ-
σίου, θεασάμενος τριήρη ναύμαχον, οὐκ ἀδεὴς καθει-
στήκει. Ναύτην δέ τινα ὑποχωρισάμενος μανθάνει
15 παρ᾿ αὐτοῦ τὴν ἀλήθειαν, τίνες εἰσὶ καὶ πόθεν καὶ διὰ
τίνα πλέουσι. Συνῆκεν οὖν, ὅτι μεγάλην συμφορὰν ἡ
τριήρης αὕτη κομίζει Διονυσίῳ καὶ οὐ βιώσεται Καλ-
λιρρόης ἀποσπασθείς. Οἷα δὲ φιλοδέσποτος ἐθελήσας
προλαβεῖν τὸ δεινὸν καὶ σβέσαι πόλεμον, μέγαν μὲν,
20 οὐ κοινὸν δὲ, ἀλλὰ τῆς Διονυσίου μόνης οἰκίας, διὰ
τοῦτ᾿ ἀφιππευσάμενος εἴς τι φρουρίον βαρβάρων, ἀνήγ-
γειλεν· Ὅτι τριήρης πολεμία λανθάνει, τάχα μὲν ἐπὶ
κατασκοπήν, τάχα δὲ καὶ διὰ λῃστείαν, ὑφορμοῦσα,
συμφέρει δὲ τοῖς βασιλέως πράγμασιν, ἀνάρπαστον
25 αὐτὴν γενέσθαι, πρὶν ἀδικεῖν. Ἔπεισε τοὺς βαρβά-
ρους καὶ συντεταγμένους ἤγαγεν. Ἐπιπεσόντες οὖν
μέσῃ νυκτὶ καὶ πῦρ ἐμβαλόντες τὴν μὲν τριήρη κατέ-
φλεξαν, ὅσους δὲ ζῶντας ἔλαβον, δήσαντες εἰς τὸ φρου-
ρίον ἀνήγαγον. Νεμέσεως δὲ τῶν αἰχμαλώτων γενο-
30 μένης, ἱκέτευσαν Χαιρέας καὶ Πολύχαρμος ἑνὶ δεσπότῃ
πραθῆναι. Καὶ ὁ λαβὼν αὐτοὺς ἐπώλησεν εἰς Κα-
ρίαν. Ἐκεῖ δὲ πέδας σύροντες παχείας εἰργάζοντο τὰ
Μιθριδάτου. Καλλιρρόη δ᾿ ὄναρ ἐπέστη, Χαιρέας
δεδεμένος καὶ θέλων αὐτῇ προσελθεῖν, ἀλλὰ μὴ δυνά-
35 μενος. Ἀνεκώκυσε δὲ μέγα καὶ βαθυλύγιον ἔν τοῖς
ὕπνοις· Χαιρέα, δεῦρο. Τότε πρῶτον Διονύσιος ἤκου-
σεν ὄνομα Χαιρέου. Καὶ τῆς γυναικὸς οὖν ταραχθεί-
σης ἐπύθετο· Τίς, ὃν ἐκάλεις; Προδοῦσα δ᾿ αὐτῇ τὰ
δάκρυα καὶ τὴν λύπην οὐκ ἠδυνήθη κατασχεῖν, ἀλλ᾿
40 ἔδωκε παρρησίαν τῷ πάθει. Δυστυχής, φησίν, ἄν-
θρωπος, ἐμὸς ἀνὴρ ἐκ παρθενίας, οὐδ᾿ ἐν τοῖς ὀνείροις
εὐτυχής. εἶδον γὰρ αὐτὸν δεδεμένον. Ἀλλὰ σὺ μὲν,
ἄθλιε, τέθνηκας ζητῶν ἐμέ, δηλοῖ γὰρ θανάτου σου
τὰ δεσμά, ἐγὼ δὲ ζῶ καὶ τρυφῶ, κατάκειμαι δ᾿ ἐπὶ
45 χρυσηλάτου κλίνης μετ᾿ ἀνδρὸς ἑτέρου. Πλὴν οὐκ εἰς
μακρὰν ἀφίξομαι πρὸς σέ. Εἰ καὶ ζῶντες ἀλλήλων
οὐκ ἀπελαύσαμεν, ἀποθανόντες ἀλλήλους ἕξομεν. Τού-
των τῶν λόγων ἀκούσας ὁ Διονύσιος ποικίλας ἐλάμβανε
γνώμας. Ἥπτετο μὲν γὰρ αὐτοῦ ζηλοτυπία, διότι
50 καὶ νεκρὸν ἐφίλει Χαιρέαν, ἥπτετο δὲ καὶ φόβος μὴ
ἑαυτὴν ἀποκτείνῃ, ἐθάρρει δ᾿ ὅμως ὅτι ὁ πρῶτος ἀνὴρ
ἐδόκει τεθνηκέναι τῇ γυναικί. Μὴ γὰρ ἀπολείψειν
αὐτὴν Διονύσιον, οὐκ ὄντος ἔτι Χαιρέου. Παρεμυ-
θεῖτο τοίνυν ὡς δυνατὸν μάλιστα τὴν γυναῖκα καὶ ἐπὶ

Chæreæ quidem fata. Quid agam, miser? ab hero te spe-
rabam ferre, pretioque redemtionis confidebam posse em-
torem in rem meam pellicere. Nunc autem inveni te divi-
tem, et forte reginam. O quanto ego eram felicior, si te vel
adulteram deprehendissem. Siccine Dionysium aggrediar?
Redde mihi uxorem. Sed ne occurrens quidem in via po-
tero ad te accedere. Imo, quod cuivis alii, mihi non lice-
bit, civi civem salutare. Quid? quod periclitabor forte
ceu adulter meæ uxoris perire. Sic lamentantem Poly-
charmus tamen consolatur.

VII. Interim Phocas, villicus Dionysii, conspecta non
sine pavore triremi bellica, discit a nauta, quem blandi-
ditiis illectum sibi conciliaverat, et qui sint, et unde, et quid
disignent, intelligitque, triremem istam hero suo magnum
malum importare, ut qui vitam a Callirrhoë separem tole-
rare posse censendus non esset. Occupare itaque studens
calamitatem, et exstinguere bellum, non quidem magnum,
neque commune urbi, sed herili domui proprium, utpote
amans heri mancipium, propere ad castrum aliquod, a
barbaris custoditum, adequitat, nuntiatque, latere sub
aggeribus mari objectis triremem hostilem, fors caussa spe-
culandi, fors et prædandi. Regis interesse illam diripi
priusquam hostes vim inferant. Ut facile decepit barbaros,
ipse conglobatos in agmen ducit eo loci, ubi media de nocte
securos adorti et navem injecto comburunt igne, et vinctos
abducunt in castellum, quotquot vivos ceperant. Ibi
Chæreas et Polycharmus non distrahi, sed uni hero vendi,
facta captivorum partitione, supplices orant. Obtemperans
igitur, qui tulerat eos de præda, vendit in Cariam, ubi
ponderosas post se trahentes miseri pedicas, Mithridatis
agros colebant. Hoc se Chæreas habitu per quietem Cal-
lirrhoæ sistit, accedere quidem cupiens, sed prohibitus.
Exclamat illa in somnis magna et acuta voce: Chærea,
huc veni. Tum primum audito Chæreæ nomine Dionysius
consternatam rogat uxorem, Quis esset, quem vocaverit?
Prodebant illam lacrymæ, neque mæstitiam premere po-
terat, sed concessa affectui audacia: Homo miser, ait,
meus virgineus. Ne quidem in somnis felix. Vidi enim
illum catenis oneratum. At tu quidem miser obiisti me
quærens. Nam hæc vincula mortem significant. Ego vere
et vivo, et luxor, et in aurea sponda cum alio marito de-
cumbo. At non multo post ad te veniam. Etiamsi usu
nostrum vivi caruimus, tenebimus tamen nos mortui. His
auditis, variæ cogitationes mentem Dionysii subiere. Pun-
gebat namque æmulum, quod vel mortuum illa Chæream
diligeret; angebat et metos, ne suis illa se manibus peri-
meret. Interim bene sperabat, quandoquidem prior ma-
ritus uxori ipsi videbatur decessisse. Non enim illam
Dionysium desertuntam, Chærea non superstite porro.
Consolatur ergo quibus maxime poterat modis uxorem,

πολλὰς ἡμέρας παρεφύλαττε, μὴ ἄρα τι δεινὸν ἑαυτὴν ἐργάσηται. Περιέσπασε δὲ τὸ πένθος ἐλπὶς τοῦ τάχα ζῆν ἐκεῖνον καὶ ψευδόνειρον αὐτὴν γεγονέναι· τὸ δὲ πλεῖον ἡ γαστήρ. Ἑβδόμῳ γὰρ μηνὶ μετὰ τοὺς γάμους υἱὸν ἔτεκε, τῷ μὲν δοκεῖν ἐκ Διονυσίου, Χαιρέου δὲ ταῖς ἀληθείαις. Ἑορτὴν μεγίστην ἤγαγεν ἡ πόλις καὶ πρεσβεῖαι ἀφίκοντο πανταχόθεν Μιλησίοις συνηδομένων, ὅτι τὸ γένος αὔξει τὸ Διονυσίου. Κἀκεῖνος ὑπὸ τῆς χαρᾶς πάντων παρεχώρησε τῇ γυναικὶ, καὶ δέσποιναν αὐτὴν ἀπέδειξε τῆς οἰκίας. Ἀναθημάτων ἐνέπλησε τοὺς ναούς, πανδημεὶ τὴν πόλιν εἱστία θυσίαις.

Η'. Ἀγωνιῶσα δὲ Καλλιρρόη, μὴ προδοθῇ τὸ ἀπόρρητον αὐτῆς, ἠξίωσεν ἐλευθερωθῆναι Πλαγγόνα, τὴν μόνην αὐτῇ συνειδυῖαν, ὅτι πρὸς Διονύσιον ἦλθεν ἐγκύμων· ἵνα μὴ μόνον ἐκ τῆς γνώμης, ἀλλὰ καὶ ἐκ τῆς τύχης, ἔχῃ τὸ πιστὸν παρ' αὐτῆς. Ἀσμένως, εἶπεν ὁ Διονύσιος, ἀμείβομαι Πλαγγόνα διακονίας ἐρωτικῆς. Ἄδικον δὲ ποιοῦμεν, εἰ τὴν (μὲν) θεραπαινίδα τετιμήκαμεν, οὐκ ἀποδώσομεν δὲ τὴν χάριν τῇ Ἀφροδίτῃ, παρ' ᾗ πρῶτον ἀλλήλους εἴδομεν. Κἀγὼ, φησὶν ἡ Καλλιρρόη, σοῦ θέλω μᾶλλον. Ἔχω γὰρ αὐτῇ μείζονα χάριν. Νῦν μὲν οὖν λεχὼ ἔτι εἰμὶ, περιμείναντες δ' ὀλίγας ἡμέρας ἀσφαλέστερον ἄπιμεν εἰς τοὺς ἀγρούς. Ταχέως δ' αὐτὴν ἀνέλαβεν ἐκ τοῦ τόκου καὶ κρείττων ἐγένετο καὶ μείζων, οὐκέτι κόρης ἀλλὰ γυναικὸς ἀκμὴν προσλαβοῦσα. Παραγενομένων δ' αὐτῶν εἰς τὸν ἀγρὸν, μεγαλοπρεπεῖς θυσίας παρεσκεύασε Φωκᾶς. Καὶ γὰρ πλῆθος ἐπηκολούθησεν ἐξ ἄστεος. Καταρχόμενος οὖν ὁ Διονύσιος ἑκατόμβης· Δέσποινα, φησὶν, Ἀφροδίτη, σύ μοι πάντων ἀγαθῶν αἰτία. Παρὰ σοῦ Καλλιρρόην ἔχω, παρὰ σοῦ τὸν υἱόν. Καὶ ἀνήρ εἰμι διὰ σὲ, καὶ πατήρ. Ἐμοὶ μὲν ἤρκει Καλλιρρόη καὶ πατρίδος μοι καὶ γονέων γλυκυτέρα, φιλῶ δὲ τὸ τέκνον, ὅτι μοι τὴν μητέρα βεβαιοτέραν πεποίηκεν. Ὅμηρον ἔχω τῆς εὐνοίας τῆς πρὸς αὐτήν. Ἱκετεύω σε, δέσποινα, σῶζέ ἐμοὶ μὲν Καλλιρρόην, Καλλιρρόῃ δὲ τὸν υἱόν. Ἐπευφήμησε τὸ πλῆθος τῶν περιεστηκότων καὶ οἱ μὲν ῥόδοις, οἱ δ' ἴοις, οἱ δ' αὐτοῖς στεφάνοις ἐφυλλοβόλησαν αὐτοῖς, ὥστε πλησθῆναι τὸ τέμενος ἄνθῶν. Διονύσιος μὲν οὖν πάντων μὲν ἀκουόντων εἶπε τὴν εὐχήν, Καλλιρρόη δὲ μόνη ἠθέλησε πρὸς τὴν Ἀφροδίτην λαλῆσαι. Πρῶτον μὲν οὖν τὸν υἱὸν εἰς τὰς ἀγκάλας ἐνέθηκε. Καὶ ὤφθη θέαμα κάλλιστον, οἷον οὔτε ζωγράφος ἔγραψεν, οὔτε πλάστης ἔπλασεν, οὔτε ποιητὴς ἱστόρησε μέχρι νῦν. Οὐδεὶς γὰρ αὐτῶν ἐποίησεν Ἄρτεμιν, ἢ Ἀθηνᾶν, βρέφος ἐν ἀγκάλαις κομίζουσαν. Ἔκλαυσεν ὑφ' ἡδονῆς Διονύσιος ἰδὼν καὶ ἡσυχῇ τὴν Νέμεσιν προσεκύνησε. Μόνῃ δὲ Πλαγγόνα προσμεῖναι κελεύσας, τοὺς λοιποὺς προέπεμψεν εἰς τὴν ἔπαυλιν. Ἐπεὶ δ' ἀπηλλάγησαν, στᾶσα πλησίον τῆς Ἀφροδίτης καὶ ἀνατείνασα χερσὶ τὸ βρέφος· Ὑπὲρ τούτου σοι, φησὶν, ὦ δέσποινα, γινώσκω τὴν χάριν· ὑπὲρ ἐμαυτῆς γὰρ οὐκ οἶδα. Τότ' ἄν σοι καὶ περὶ ἐμαυτῆς ἠπιστά-

CHARITON.

multosque in dies, ne sibi forte manus ipsa truculentas inferret, oculis curiosis servabat. Luctum quoque mulieri distrahebat spes, forte vivere Chaeream, falsaque specie per somnum objecta se fuisse delusam. Magis autem venter. Septimo namque post nuptias mense puerum edidit, opinione quidem Dionysio satum; verus autem pater Chaereas erat. Maxima festivitate celebrare hos natales tota urbs, et undecumque confluere legati Milesiis incrementum domus Dionysii gratulantium. Ipse ille prae gaudio uxori cedebat omnibus, eamque matrem familias nuncupabat. Templa donariis implebat, sacris factis totam urbem et viritim quosque lautis epulis excipiebat.

VIII. Callirrhoë vero, ne quando secretum suum proderetur incerta et verita, rogat censetque, Plangonem libertate donari. Erat enim illa sola conscia, gravidam fuisse, quum Dionysio primum conjungeretur; ut non tantum ex animi benevolentia, sed et ex conditionis melioris beneficio obligatam sibi haberet. Libenter illam, ait Dionysius, pro ministerio amatorio remunerabor. Inique autem facimus, si, honorata serva, Veneri debitas grates non rependamus, apud quam nos primum vidimus. Atqui ego te magis volo. Majorem illi ego gratiam debeo, quam tu. Nunc autem puerpera adhuc sum. Post paucos dies tutius in agrum abeamus. Brevi se Callirrhoë ex partus doloribus et noxiis recipiebat, et pulchrior evaserat atque fortior; jam non amplius puella, sed mulieris maturum robur nacta. Ut rus itaque venerant, magnificas iis epulas, multo quippe comitatu stipatis, apparuerat. Phocas Dionysius ibi, libatione facta, immolationem hecatombes auspicatur: et, Domina Venus, ait, omnia mea bona tibi debeo. Abs te Callirrhoën habeo, abs te filium; per te et vir sum, et pater. Mihi quidem suffecisset Callirrhoë, patriaque et parentibus dulcior, amo tamen puerulum, quod matrem mihi certiorem fecit. Obsidem habeo affectus ejus erga me. Supplicor itaque, domina, serva mihi quidem Callirrhoën, huic vero filium. Preces bonis verbis, faustisque prosequitur acclamationibus adstans corona, et hi rosis, illi violis, alii sertis integris, obruunt conjuges, ut totum fanum floribus scateret. Dionysius vota clare dixerat, at omnibus possent exaudiri. Callirrhoë vero sola Venerem alloqui volebat. Primum ergo suum filium deae ulnis imponebat, spectaculum pulcherrimum, neque fictum usquam, neque pictum, neque scriptum in poëmate; nullus enim horum artificum Dianam, aut Minervam, fecit, quae ulnis infantem gestaret. Dionysio lacrymas excutiebat spectaculi voluptas, ut tacite Nemesin deprecaretur, caeterisque in villam praemissis, solam Plangonem Callirrhoae praesto manere jubet. Ut jam omnes discesserant, nostra propius aggressa Venerem, manibusque protendens infantulum: Pro hoc tibi gratiam novi, Dea Venus, ait. Nam pro me novi nullam. Tum

29

μὴν γάριν, εἴ μοι Χαιρέαν ἐτήρησας. Πλὴν εἰκόνα
μοι δέδωκας ἀνδρὸς φιλτάτου καὶ ὅλον οὐκ ἀφείλου μου
Χαιρέαν. Δὸς δή μοι γενέσθαι τὸν υἱὸν εὐτυχέστερον
μὲν τῶν γονέων, ὅμοιον δὲ τῷ πάππῳ. Πλεύσαι δὲ
καὶ οὗτος ἐπὶ τριήρους στρατηγικῆς, καί τις εἴποι,
ναυμαχοῦντος αὐτοῦ· Κρείττων Ἑρμοκράτους ὁ ἔκγο-
νος. Ἡσθήσεται μὲν γὰρ καὶ ὁ πατὴρ, ἔχων τῆς
ἀρετῆς διάδοχον, ἡσθησόμεθα δὲ οἱ γονεῖς αὐτοῦ καὶ
τεθνεῶτες. Ἱκετεύω σε, δέσποινα, διαλλάγηθί μοι
λοιπόν. Ἱκανῶς γάρ μοι δεδυστύχηται. Τέθνηκα,
ἀνέζησα, λελήστευμαι, πέφευγα, πέπραμαι, δεδού-
λευκα. Τίθημι δὲ καὶ τὸν δεύτερον γάμον ἔτι μοι
τούτων βαρύτερον. Ἀλλὰ μίαν ἀντὶ πάντων αἰτοῦμαι
χάριν παρὰ σοῦ, καὶ διὰ σοῦ παρὰ τῶν ἄλλων θεῶν,
σῶζέ μου τὸν ὀρφανόν. Ἔτι βουλομένην λέγειν ἐπέσχε
τὰ δάκρυα.

Θ´. Μικρὸν οὖν διαλιποῦσα καλεῖ τὴν ἱέρειαν.
Ἡ δὲ πρεσβῦτις ὑπακούσασα· Τί κλάεις, εἶπεν, ὦ παι-
δίον, ἐν ἀγαθοῖς τηλικούτοις; ἤδη γὰρ καὶ σὲ ὡς θεὰν
οἱ ξένοι προσκυνοῦσι. Πρώην ἦλθον ἐνθάδε δύο νεα-
νίσκοι καλοὶ παραπλέοντες. Ὁ δ᾽ ἕτερος αὐτῶν θεα-
σάμενός σου τὴν εἰκόνα, μικροῦ δεῖν ἐξέπνευσεν. Οὕτως
ἐπιφανῆ σε ἡ Ἀφροδίτη πεποίηκεν. Ἔπληξε τὴν
καρδίαν τῆς Καλλιρρόης τοῦτο καὶ ὥσπερ ἐμμανὴς
γενομένη, στήσασα τοὺς ὀφθαλμοὺς, ἀνέκραγε· Τίνες
ἦσαν οἱ ξένοι; πόθεν ἔπλεον· τί σοι διηγοῦντο; Δείσασα
δ᾽ ἡ πρεσβῦτις τὸ μὲν πρῶτον ἄφωνος εἱστήκει, μόλις
δ᾽ ἐφθέγξατο· Μόνον εἶδον αὐτοὺς, οὐδὲν ἤκουσα. Πο-
ταποὺς εἶδες; ἀναμνήσθητι τὸν χαρακτῆρα αὐτῶν.
Ἔφρασεν ἡ γραῦς οὐκ ἀκριβῶς μὲν, ὑπώπτευσε δ᾽ ὅμως
ἐκείνη τὴν ἀλήθειαν. Ὁ γὰρ βούλεται τοῦθ᾽ ἕκαστος
καὶ οἴεται. Βλέψασα δὲ πρὸς Πλαγγόνα, δύναται,
φησίν, ὁ δυστυχὴς Χαιρέας πλανώμενος ἐνθάδε πα-
ρεῖναι. Τί οὖν, [ἐγένετο] ζητήσωμεν αὐτὸν, ἀλλὰ
σιγῶσαι. Ἀφικομένη τοίνυν πρὸς Διονύσιον, τοῦτο
μόνον εἶπεν, ὅπερ ἤκουσε παρὰ τῆς ἱερείας. Ἠπί-
στατο γὰρ, ὅτι φύσει περίεργός ἐστιν ὁ ἔρως, κἀκεῖνος
δ᾽ ἑαυτὸν πολυπραγμονήσει περὶ τῶν γεγονότων. Ὅπερ
οὖν καὶ συνέβη. Πυθόμενος γὰρ ὁ Διονύσιος εὐθὺς
ἐνεπλήσθη ζηλοτυπίας καὶ πόρρω μὲν ἦν τοῦ Χαιρέαν
ὑποπτεύειν, ἔδεισε δ᾽ ἄρα, μή τις λανθάνῃ κατὰ τοὺς
ἀγροὺς ἐπιβουλὴ μοιχική. Πάντα γὰρ ὑποπτεύειν
αὐτὸν καὶ δεδιέναι τὸ κάλλος ἀνέπειθε τῆς γυναικός.
Ἐφοβεῖτο δ᾽ οὐ μόνον τὰς παρ᾽ ἀνθρώπων ἐπιβουλὰς,
ἀλλὰ προσεδόκα τάχα αὐτῇ καταβήσεσθαι καὶ θεὸν ἐξ
οὐρανοῦ ἀντεραστήν. Καλέσας τοίνυν Φωκᾶν διη-
ρεύνα· Τίνες εἰσὶν οἱ νεανίσκοι καὶ πόθεν; ἆρά γε πλού-
σιοι καὶ καλοί; διὰ τί δὲ τὴν ἐμὴν Ἀφροδίτην προσε-
κύνουν; τίς ἐμήνυσεν αὐτοῖς; τίς ἐπέτρεψεν; Ὁ δὲ
Φωκᾶς ἀπέκρυπτε τὴν ἀλήθειαν, οὐ Διονύσιον δεδοικώς,
γινώσκων δὲ ὅτι Καλλιρρόη καὶ αὐτὸν ἀπολεῖ καὶ τὸ
γένος αὐτοῦ, πυθομένη περὶ τῶν γεγονότων. Ἐπεὶ
οὖν ἔξαρνος ἦν ἐπιδεδημηκέναι τινὰς, οὐκ εἰδὼς ὁ Διο-
νύσιος τὴν αἰτίαν, ὑπώπτευσε, βαρυτέραν ἐπιβουλὴν

sane novissem, si mihi Chæream servasses. Interim dediisti imaginem viri amicissimi, neque totum abstulisti Chæream. Da vero mihi filium aliquando fieri parentibus quidem feliciorem, avo autem similem. Et hic naviget, atque nautica prœlia edente dicat quis, avo Hermocrate nepotem fortiorem esse et potiorem. Sic et pater meus lætabitur, virtutis hæredem nactus, et nos parentes vel mortui gaudebimus. In posterum, obsecro, domina, mecum in gratiam redi. Abunde jam malorum perpessa sum. Obii, revixi, latronibus cessi, patria excidi, vendita fui, servii, et, quod omnibus illis reputo mihi luctuosius, altero marito juncta sum. Hanc unam pro illis omnibus a te rogo gratiam, et per te a reliquis diis, servare mihi hunc orbum velis. Ultra nitentem proloqui intercipiunt lacrymæ.

IX. Nec post longam tamen moram vocat sacerdotem, quæ intrans, ait : Quid ploras in tantis bonis, filia? nam vel advenæ ceu deam te venerantur. Nuper ingressi fuerant huc duo pulchri juvenes præternavigantes, quorum unus, visa tua imagine, parum aberat, quin exspiraret. Tam te Venus illustrem fecit. Territa per hos sermones, et tamquam lymphata, fixis oculis acre tuens, exclamavit : Quinam erant illi advenæ? unde navigabant? quid narrabant tibi? Hærebat pavida sacerdos, hiscere non ausa, et voce defecta, vix tandem : Nihil audivi, ait, tantum eos vidi. Ex habitu, quem vidisti, unde gentium esse colligis eos? revoca tibi in mentem vultus et lineamenta juvenum. Exponebat anus, non exacte quidem; Callirrhoë tamen inde, quod res erat, suspicabatur. Nam quod quisque vult, illud opinatur. Et ad Plangonem conversa : Quid si miser Chæreas hic adesset errabundus : quid igitur? illum quæramus, sed sine tumultu. Ut itaque redierat ad Dionysium Callirrhoë, id solum effert, quod a sacerdote audiverat. Amorem enim sciebat ex indole sua nimis esse curiosum, et Dionysium per se suique gratia hujus eventi examen sollicitum instituturum. Id quod et accidit. Nam Dionysius, simulatque intelligebat, turgere æmulatione, et quamvis a Chæreæ suspicione longe abesset, ne qua tamen se falleret in agris adulteri molitio, maxime verebatur. Pulchritudo mulieris ipsum pavere et suspecta habere omnia cogebat. Neque solas hominum extimescebat insidias, sed et ex ipso cœlo descensurum forte aliquem sibi rivalem exspectabat. Arcessitum itaque Phocan diligenter interrogat : Quinam ergo fuerunt juvenes? et unde? an divites et pulcri? et quare meam Venerem adorarunt? et quis illam illis ibi esse indicavit? quis permisit? At Phocas occultabat veritatem, non quod Dionysium verebatur sed paratum sibi sciens totique suo generi interitum a Callirrhoë, si quid illa rerum gestarum resciisceret. Quum itaque pervicaci constantia negaret, peregrinos huc appulsos, Dionysius caussam cœpit habere suspectam, quasi graviores in caput suum struerentur insidiæ; et ira can-

καθ' ἑαυτοῦ συνίστασθαι. Διοργισθεὶς οὖν μάστιγας ᾔτει καὶ τροχὸν ἐπὶ Φωκᾶν καὶ οὐ μόνον ἐκεῖνον ἀλλὰ καὶ τοὺς ἐν τοῖς ἀγροῖς ἅπαντας συνεκάλει μοιχείαν πεπεισμένος ζητεῖν. Αἰσθόμενος δὲ Φωκᾶς, οἷ κα-
5 θέστηκε δεινοῦ καὶ λέγων καὶ σιωπῶν· Σοί, φησὶ, δέσποτα, ἐρῶ μόνῳ τὴν ἀλήθειαν. Ὁ δὲ Διονύσιος πάντας ἀποπέμψας· Ἰδοὺ, φησὶ, μόνοι γεγόναμεν, μηδὲ ἔτι ψεύσῃ, λέγε τἀληθὲς κἂν φαῦλον ᾖ. Φαῦλον μὲν, εἶπεν, οὐδέν ἐστιν, ὦ δέσποτα, μεγάλων γὰρ
10 ἀγαθῶν φέρω σοι διηγήματα. Ἐπεὶ δὲ σκυθρωπότερά ἐστιν αὐτοῦ τὰ πρῶτα, διὰ τοῦτο μηδὲν ἀγωνιάσῃς, μηδὲ λυπηθῇς, ἀλλὰ περίμεινον, ἕως οὗ πάντα ἀκούσῃς. χρηστὸν γὰρ ἔχουσι τὸ τέλος. Μετέωρος οὖν ὁ Διονύσιος πρὸς τὴν ἐπαγγελίαν γενόμενος καὶ ἀναρτήσας ἑαυτὸν
15 τῆς ἀκροάσεως· Μὴ βράδυνε, φησὶν, ἀλλ' ἤδη διηγοῦ. Τότ' οὖν ἤρξατο λέγειν· Τριήρης ἐνθάδε κατέπλευσεν ἐκ Σικελίας καὶ πρέσβεις Συρακοσίων παρὰ σοῦ Καλλιρρόην ἀπαιτούντων. Ἐξέθανεν ὁ Διονύσιος ἀκούσας καὶ νὺξ αὐτοῦ τῶν ὀφθαλμῶν κατεχύθη, φαντασίαν γὰρ
20 ἔλαβεν ὡς ἐφεστηκότος αὐτῷ Χαιρέου καὶ Καλλιρρόην ἀποσπῶντος. Ὁ μὲν οὖν ἔκειτο καὶ σχῆμα καὶ χρῶμα νεκροῦ ποιήσας, Φωκᾶς δ' ἐν ἀπορίᾳ καθειστήκει, καλέσαι μὲν οὐδένα θέλων, ἵνα μή τις αὐτῷ μάρτυς γένηται τῶν ἀπορρήτων, μόλις δὲ καὶ κατ' ὀλίγον αὐτὸς
25 τὸν δεσπότην ἀνεκτήσατο· Θάρρει, λέγων, Χαιρέας τέθνηκεν· ἀπόλωλεν ἡ ναῦς. οὐδείς ἐστι φόβος. Ταῦτα τὰ ῥήματα ψυχὴν ἐνέθηκε Διονυσίῳ καὶ κατ' ὀλίγον πάλιν ἐν ἑαυτῷ γενόμενος ἀκριβῶς ἐπυνθάνετο πάντα, καὶ Φωκᾶς διηγεῖτο τὸν ναύτην, τὸν μηνύ-
30 σαντα, πόθεν ἡ τριήρης καὶ διὰ τίνα πλέουσι καὶ τίνες οἱ παρόντες τὸ στρατήγημα τὸ ἴδιον ἐπὶ τοῖς βαρβάρους, τὴν νύκτα, τὸ πῦρ, τὸ ναυάγιον, τὸν φόνον, τὰ δεσμά. Καθάπερ οὖν νέφος, ἢ σκότος, ἀπεκάλυψε τῆς ψυχῆς Διονύσιον καὶ περιπτυξάμενος Φωκᾶν· Σὺ,
35 φησὶν, εὐεργέτης ἐμὸς, σὺ κηδεμὼν ἀληθὴς καὶ πιστότατος ἐν τοῖς ἀπορρήτοις. Διὰ σὲ Καλλιρρόην ἔχω καὶ τὸν υἱόν. Ἐγὼ μὲν οὐκ ἄν σοι προσέταξα Χαιρέαν ἀποκτεῖναι, σοῦ δὲ ποιήσαντος οὐ μέμφομαι. Τὸ γὰρ ἀδίκημα φιλοδέσποτον, τοῦτο μόνον ἀμελῶς ἐποίη-
40 σας, οὐκ ἐπολυπραγμόνησας, πότερον ἐν τοῖς τεθνηκόσι Χαιρέας ἐστὶν, ἢ ἐν τοῖς δεδεμένοις. Καὶ δεῖ ζητῆσαι τὸν νεκρόν. Καὶ γὰρ ἐκεῖνος ἂν ἔτυχε τάφου, κἀγὼ βεβαιότερον ἔσχον τὸ θαρρεῖν. Οὐ δύναμαι δὲ νῦν ἀμερίμνως εὐτυχεῖν διὰ τοὺς δεδεμένους. Οὐδὲ
45 γὰρ ταῦτ' ἴσμεν, ὅποι τις αὐτῶν ἐπράθη.

Ι΄. Προστάξας δὲ Φωκᾶς τὰ μὲν ἄλλα τῶν γεγονότων φανερῶς διηγεῖσθαι, δύο δὲ ταῦτα σιγᾶν, τὸ ἴδιον στρατήγημα, καὶ ὅτι ἐκ τῆς τριήρους τινὲς ἔτι ζῶσι, παραγίνεται πρὸς Καλλιρρόην σκυθρωπός· εἶτα συγκαλέσας
50 πεισθέντας τοὺς ἀγροίκους, ἵν' ἡ νυκτὶ πυθομένη τὰ συμβάντα βεβαιοτέραν ἤδη λάβῃ περὶ Χαιρέου τὴν ἀπόγνωσιν. Ἐλθόντες δὲ διηγοῦντο· πάντες δ' ἤδεσαν· Ὅτι βάρβαροι ποθὲν λῃσταὶ νυκτὸς καταδραμόντες ἐνέπρησαν Ἑλληνικὴν τριήρη, τῆς προτέρας

dens rutam et flagra postulat in Phocam, neque in hunc solum, sed et omnes agri operæ convocatæ; ut qui certo crederet, se in adulterium inquirere. Intelligens ergo Phocas, ubi versetur discriminis, sive eloqueretur, sive premeret rem; Soli tibi, ait, here, verum dicam. Dimissis omnibus: En, ait, soli sumus. Cave mihi porro mendacii quidquam. Dic verum, etiam si malum sit. Malum quidem, here, nullum est. Imo bona ingentia tibi commemoraturus sum. Quandoquidem vero illa narrationis initia tetrica sunt, non propterea commovearis, quæso, neque mœrorem concipias, sed exspecta, donec totum negotium ceperis. Habet enim bonum finem. Sublimis ad hæc promissa Dionysius auribus ab ore narraturi pendebat. Ne cessa, inquit, sed actutum expone. Occepit igitur Phocas : Triremis huc appulit ex Sicilia, et Syracusanorum legati, Callirrhoën a te repetituri. Emori ad hæc Dionysius et oculis nocte suffusis caligare. Imaginabatur enim sibi, jam præsentem instare Chæream, et abstractam Callirrhoën rapere : mortuoque plane non dispar et habitu et colore jacebat. Id quod Phocan in magnam conjecit perturbationem et consilii inopiam. Nam advocare quemquam non audebat, ne quis ipsi testis et arbiter secretorum fieret. Ut ægre tandem et per gradus heri jam fugientes revocaverat spiritus : Confide modo, ait, here. Chæreas mortuus est. Periit navis. Nullus hic timori locus. Hæc verba Dionysio rursus indiderunt animam, ut sibi redditus diligenter porro singula requireret, Phocas illi nautam memorat, cujus indicio didicerat, unde et qui essent advenæ, et qua venissent destinatione; item artes, quibus imposuisset præsidio barbaro; noctem, ignem, naufragium, cædem, vincula. Sic Dionysius ab animo suo ceu nubem, aut tenebras, discussit, et amplexatus Phocan : Tu benefactor es meus, ait, tu verus tutor et fidissimus in rebus, quas vulgari fas non est. Per te Callirrhoën habeo, et filium. Non ego equidem te Chæream cæde aggredi jussissem; at quum feceris tamen, non reprehendo. Iniquitas enim hæc amoris in herum opus fuit. Hoc solum negligenter fecisti, quod, sitne mortuos inter, an captivos, Chæreas, anxia cura non indagasti. Etiam, si certo noveras, esse mortuum, oportuerat tamen cadaver tollere. Tum enim et illi supremus honos contigisset, et mihi firmiore ulla tale confidentia. Nunc autem plene frui meis bonis et sine sollicitudine propter captivos nequeo. Ignoramus enim, quo eorum quisque venditus sit.

X. Postquam itaque Phocan jusserat reliqua omnia palam narrare præter hæc duo, dolum suum, et quod vivi supersint aliqui de trireme, ipse fronte austera tristique Callirrhoën adit; tum rusticos rerum gnaros advocat, quo ipsa, interrogando et audiendo totum edocta casum, pleniorem porro de Chærea desperationem animo indueret. Ut advenerunt, omnes ceu rem notissimam narrant : Barbari unde unde latrones, noctu facto incursu, triremem pridie ad istud litus appulsam accenderunt. Postero mane

29.

ὁρμισθεῖσαν ἐπὶ τῆς ἀκτῆς· καὶ μεθ᾽ ἡμέραν εἴδομεν αἵματι μεμιγμένον ὕδωρ καὶ νεκροὺς ὑπὸ τῶν κυμάτων φερομένους. Ἀκούσασα ἡ γυνὴ τὴν ἐσθῆτα περιερρήξατο· κόπτουσα δὲ τοὺς ὀφθαλμοὺς καὶ τὰς παρειάς, 5 ἀνέδραμεν εἰς τὸν οἶκον, ὅπου τὸ πρῶτον εἰσῆλθε πραθεῖσα. Διονύσιος δ᾽ ἐξουσίαν ἔδωκε τῷ πάθει, φοβούμενος, μὴ γένηται φορτικὸς, ἂν ἀκαίρως παρῇ. Πάντας οὖν ἐκέλευσεν ἀπαλλαγῆναι, μόνην δὲ προσεδρεύειν Πλαγγόνα, μή τι ἄρα δεινὸν αὐτὴν ἐργάσηται.
10 Καλλιρρόη δ᾽ ἠρεμίας λαβομένη, χαμαὶ καθεσθεῖσα καὶ κόνιν τῆς κεφαλῆς καταχέασα, τὰς κόμας σπαράξασα, τοιούτων ἤρξατο γόων· Ἐγὼ μὲν προαποθανεῖν ἢ συναποθανεῖν ηὐξάμην σοι, Χαιρέα. Πάντως δέ μοι κἂν ἐπαποθανεῖν ἀναγκαῖον. Τίς γὰρ ἔτι λείπεται
15 ἐλπὶς, ἐν τῷ ζῆν με κατέχουσα. Δυστυχοῦσα μέχρι νῦν ἐλογιζόμην· ὄψομαί ποτε Χαιρέαν καὶ διηγήσομαι αὐτῷ, πόσα πέπονθα δι᾽ ἐκεῖνον. Ταῦτά με ποιήσει τιμιωτέραν αὐτῷ. Πόσης ἐμπλησθήσεται χαρᾶς, ὅταν ἴδῃ τὸν υἱόν. Ἀνόνητά μοι πάντα γέγονε, καὶ τὸ
20 τέκνον ἤδη περισσόν. Προσετέθη γάρ μου τοῖς κακοῖς ὀρφανός. Ἄδικε Ἀφροδίτη, σὺ μόνη Χαιρέαν εἶδες, ἐμοὶ δ᾽ οὐκ ἔδειξας αὐτὸν ἐλθόντα. Λῃστῶν χερσὶ παρέδωκας τὸ σῶμα τὸ καλόν. Οὐκ ἠλέησας τὸν πλεύσαντα διὰ σέ. Τοιαύτῃ θεῷ τις ἂν προσεύχοιτο,
25 ἥτις τὸν ἴδιον ἱκέτην ἀπέκτεινας. Οὐκ ἐβοήθησας ἐν νυκτὶ φοβερᾷ φονευόμενον ἰδοῦσα πλησίον σου μειράκιον καλὸν, ἐρωτικόν. Ἀφεῖλου σου τὸν ἡλικιώτην, τὸν πολίτην, τὸν ἐραστὴν, τὸν ἐρώμενον, τὸν νυμφίον. Ἀπόδος αὐτοῦ μοι κἂν τὸν νεκρόν. Τίθημι, ὅτι ἐγε-
30 νήθημεν ἡμεῖς ἀτυχέστατοι πάντων. Τί δὲ καὶ ἡ τριήρης ἠδίκησε καὶ βάρβαροι κατέκαυσαν αὐτὴν, ἧς οὐκ ἐκράτησαν οὐδ᾽ Ἀθηναῖοι. Νῦν ἡμῶν ἀμφοτέρων οἱ γονεῖς τῇ θαλάσσῃ παρακάθηνται, τὸν ἡμέτερον κατάπλουν περιμένοντες, καὶ ἥτις ἂν ναῦς πόρρωθεν ὀφθῇ,
35 λέγουσι· Χαιρέας Καλλιρρόην ἄγων ἔρχεται. Τὴν κοίτην ἡμῖν εὐτρεπίζουσι τὴν νυμφικὴν, κοσμεῖται δὲ θάλαμος, οἷς ἴδιος οὐδὲ τάφος ὑπάρχει. Θάλασσα μιαρά, σὺ καὶ Χαιρέαν εἰς Μίλητον ἤγαγες φονευθῆναι καὶ ἐμὲ πραθῆναι.

ΛΟΓΟΣ ΤΕΤΑΡΤΟΣ.

40 Α΄. Ταύτην μὲν οὖν τὴν νύκτα Καλλιρρόη διῆγεν ἐν θρήνοις, Χαιρέαν ἔτι ζῶντα πενθοῦσα. Μικρὸν δὲ καταδραθοῦσα ὄναρ ἑώρα λῃστήριον βαρβάρων πῦρ ἐπιφέροντας, ἐμπιπραμένην δὲ τριήρη, Χαιρέᾳ δὲ βοηθοῦσαν ἑαυτήν. Ὁ δὲ Διονύσιος ἐλυπεῖτο μὲν,
45 ὁρῶν τρυχομένην τὴν γυναῖκα, μὴ ἄρα τι καὶ τοῦ κάλλους αὐτῇ παραπόληται εἰς τὸν ἴδιον ἔρωτα, λυσιτελεῖν δὲ ὑπελάμβανε, τὸν πρότερον ἄνδρα βεβαίως αὐτὴν ἀπογνῶναι. Θέλων οὖν ἐνδείξασθαι στοργὴν καὶ μεγαλοψυχίαν, ἔφη πρὸς αὐτήν· Ἀνάστηθι, ὦ γύναι,

vidimus inquinatum sanguine mare, et jactata fluctibus cadavera. Ad hæc Callirrhoë sævis manibus lacerare vestes, oculosque et genas plangere, et adscendere in conclave, quo primum post venditionem deducta fuerat. Affectui cursum liberum dabat Dionysius, importunus fieri veritus, si intempestive adesset, jubetque omnes abire, solam assidere Plangonem, ne quod sibi forte malum inferret Callirrhoë. Quæ nacta secessum, humi desidens, aggesto in caput pulvere, passosque laniata capillos, instaurat tales querimonias: Ego equidem optabam tua præcedere fata, Chærea, vel ea comitari. Nunc autem mortuus, quandoquidem aliter fieri nequit, morte assectandus es. Nam quæ, amabo, spes superat, in vita me retinens? Hucusque reputabam in miseriis meis: Videbo tandem aliquando Chæream, et narrabo, quot et quanta propter eum passa fuerim. Illa me cariorem ipsi facient. Quanto plenus gaudio exsultabit ad filii conspectum? Omnes hæ meæ cogitationes in vanum abierunt. Jam puer supervacaneus et molestus est. Orbus enim reliquis meis malis adjectus est. Iniqua Venus! Tu sola Chæream vidisti, mihi vero non monstrasti præsentem et tantam viam emensum. Latronum manibus tradidisti pulchrum corpus, ejus non miserta, qui se tui caussa mari credidit. Tali quis deæ vota feceri! quæ ipsa tuum supplicem occidisti. Non tulisti suppetias in horribili nocte, quum jam videres prope te obtruncandum pulcherrimum juvenem amoris plenum? abstulisti mihi æqualem, civem, amantem, redamatum, sponsum. Redde mihi nunc vel mortui corpus. Concessero, nos omnium fuisse natos infelicissimos. Quid offecit tibi triremis? ut barbari eam concremarent; quam ne Athenienses quidem in suam potestatem redegerunt. Nunc utriusque nostrum parentes mari assident, adventum nostrum operientes, et quæcunque navis procul compareat, dicunt: Chæreas Callirrhoën adducens venit. Torum nobis parant genialem; thalamus ornatur, quibus jacere in suis sepulcris non contigit. Scelestum mare, tu et Chæream Miletum duxisti, ut ferro caderet, et me, ut vænirem.

LIBER QUARTUS.

1. Noctem illam sic quidem inter fletus transigebat Callirrhoë, Chæream adhuc vivum lugens. Paullum dein connivens in somnum videt agmen latronum barbarorum cum igni accurrens, et conflagrantem triremem, se autem Chæreæ opitulantem. Dolore autem Dionysium afficiebat, quod videret, uxorem corpus adeo suum afflictare, et verebatur, ne quid inde pulchritudini, amoris sui damno, decederet; rebusque suis conducere putabat, si prioris illa mariti spem prorsus in perpetuum abjiceret. Monstraturus itaque simul egregium suum uxoris amorem, et animi

LIBER IV. 453.

καὶ τάφων κατασκεύασον τῷ ταλαιπώρῳ. Τί τὰ μὲν ἀδύνατα ἀπεύδεις, ἀμελεῖς δὲ τῶν ἀναγκαίων; νόμιζε, ἐφεστηκότα σοι λέγειν αὐτόν·

Θάπτε με, ὅττι τάχιστα πύλας Ἀίδαο περήσω.

5 καὶ γὰρ εἰ μὴ τὸ σῶμα εὕρηται τοῦ δυστυχοῦς, ἀλλὰ νόμος οὗτος ἀρχαῖος Ἑλλήνων, ὥστε καὶ τοὺς ἀφανεῖς τάφοις κοσμεῖν. Ἔπεισε ταχέως, τὸ γὰρ πρὸς ἡδονὴν εἶχεν ἡ συμβουλία. Φροντίδος οὖν ἐμπεσούσης, ἐλώφησεν ἡ λύπη, καὶ διαναστᾶσα τῆς κλίνης κατεσκόπει
10 χωρίον, ἐν ᾧ ποιήσει τὸν τάφον. Ἤρεσε δ᾽ αὐτῇ πλησίον τοῦ νεὼ τῆς Ἀφροδίτης, ὥστε καὶ τοὺς αὖθις ἔχειν ἔρωτος ὑπόμνημα. Διονύσιος δ᾽ ἐφθόνησε Χαιρέᾳ τῆς γειτνιάσεως καὶ τὸν τόπον τοῦτον ἐφύλαττεν ἑαυτῷ. Θελῶν οὖν ἅμα καὶ τριθῇ ἐγγενέσθαι τῇ
15 φροντίδι· Βαδίζωμεν, ὦ γύναι, φησίν, εἰς ἄστυ, κἀκεῖ πρὸ τῆς πόλεως· ὑψηλὸν καὶ ἀρίδηλον κατασκευάσωμεν τάφον·

Ὥς κεν τηλεφανὴς ἐκ ποντόφιν ἀνδράσιν εἴη.

καλοὶ δὲ Μιλησίων εἰσὶ λιμένες, εἰς οὓς καθορμίζονται
20 καὶ Συρακόσιοι πολλάκις. Οὐκοῦν οὐδὲ παρὰ τοῖς πολίταις ἀκλεᾶ τὴν φιλοτιμίαν ἕξεις. Ὁ λόγος ἤρεσε Καλλιρόῃ, καὶ τότε μὲν ἐπέσχε τὴν σπουδήν, ἐπειδὴ δ᾽ ἦκεν εἰς τὴν πόλιν, ἐπί τινος ὑψηλῆς ἠϊόνος οἰκοδομεῖν ἤρξατο τάφον, πάντα ὅμοιον τῷ ἰδίῳ τῷ ἐν Συ-
25 ρακούσαις, τὸ σχῆμα, τὸ μέγεθος, τὴν πολυτέλειαν, καὶ οὗτος δέ, ὡς ἐκεῖνος, ζῶντος. Ἐπεὶ δ᾽ ἀφθόνοις ἀναλώμασι καὶ πολυχειρίᾳ ταχέως τὸ ἔργον ἠνύσθη, τότ᾽ ἤδη καὶ τὴν ἐκκομιδὴν ἐμιμήσατο τὴν ἐπ᾽ αὐτῷ. Προηγγέλλετο μὲν γὰρ ἡμέρα ῥητή. Συνῆλθε δ᾽ εἰς
30 ἐκεῖνον οὐ μόνον τὸ Μιλησίων πλῆθος, ἀλλὰ καὶ τῆς Ἰωνίας σχεδὸν ὅλης. Παρῆσαν δὲ καὶ δύο σατράπαι κατὰ καιρὸν ἐπιδημοῦντες, Μιθριδάτης ὁ ἐν Καρίᾳ καὶ Φαρνάκης δ᾽ ὁ Λυδίας. Ἡ μὲν οὖν πρόφασις ἦν, τιμῆσαι Διονύσιον, ἡ δ᾽ ἀλήθεια, Καλλιρόην ἰδεῖν.
35 Ἦν δὲ καὶ κλέος μέγα τῆς γυναικὸς ἐπὶ τῆς Ἀσίας πάσης καὶ ἀνέβαινεν ἤδη μέχρι τοῦ μεγάλου βασιλέως ὄνομα Καλλιρόης, οἷον οὐδ᾽ Ἀριάδνης, οὐδὲ Λήδας. Τότε δὲ καὶ τῆς δόξης εὑρέθη κρείττων. Προῆλθε γὰρ μελανείμων, λελυμένη τὰς τρίχας, ἀστράπτουσα δὲ τῷ
40 προσώπῳ, καὶ παραγυμνοῦσα τοὺς βραχίονας ὑπὲρ τὴν Λευκώλενον καὶ Καλλίσφυρον ἐφαίνετο, τὰς Ὁμήρου. Οὐδεὶς μὲν οὖν οὐδὲ τῶν ἄλλων τὴν μαρμαρυγὴν ὑπήνεγκε τῷ κάλλους, ἀλλ᾽ οἱ μὲν ἀπεστράφησαν, ὡς ἀκτῖνος ἡλιακῆς ἐμπεσούσης καὶ προσεκύνησαν.
45 Ἔπαθον τι καὶ παῖδες. Μιθριδάτης δὲ, ὁ Καρίας ἔπαρχος, ἀχανὴς κατέπεσεν, ὥσπερ τις ἐξ ἀπροσδοκήτου σφενδόνῃ βληθεὶς καὶ μόλις αὐτὸν οἱ θεραπευτῆρες ὑποβαστάζοντες ἔφερον. Ἑπόμενος δ᾽ εἴδωλον Χαιρέου πρὸς τὴν ἐν τῷ δακτυλίῳ σφραγίδα διατυπωθέν.
50 Καλλίστην δ᾽ οὖσαν τὴν εἰκόνα προσέβλεψεν οὐδείς, Καλλιρόης παρούσης, ἀλλ᾽ ἐκείνη μόνη τοὺς ἁπάντων ἐδημαγώγησεν ὀφθαλμούς. Πῶς ἄν τις διηγήσαιτο κατ᾽ ἀξίαν τὰ τελευταῖα τῆς πομπῆς; ἐπεὶ γὰρ ἐγέ-

celsitudinem; Surgo, ait, o mea, miserēque para sepulcrum. Quid urges adeo, quae fieri nequeunt, negligis, quae necesse est? Cogita, adstantem illum tibi dicere:

Me sepeli, portas Plutonis ut ocyus intrem.

Etiamsi corpus miseri non fuit inventum, attamen haec antiqua Graecorum lex est, etiam non comparentes tumulis honorare. Facile fuit persuadere. Nam consilium erat per se non injucundum. Ea subnata occupatione, relevatus non parum sedatusque fuit moeror. Illa enim, relicto toro, locum faciendo tumulo circumspiciebat, et placebat prope fanum Veneris fieri, ut id hoc alterum quoque haberet amoris monumentum. Sed Dionysius invidebat istam Chaereae vicinitatem, ut qui sibi locum servabat; et, protrahere quoque mulieri cupiens occupationem: In urbem redeamus, ait, o mea, ibique ante moenia sublime struamus et late conspicuum cenotaphium:

Quod procul et nautas feriat cursuque moretur.

Pulchri sunt Milesiorum portus, ubi saepius quoque subeunt tui Syracusani. Habebis ita ambitionem apud cives quoque non ingloriam. Placuit consilium Callirrhoae, sepositaque tum cura istac, ut rediit in urbem, aedificare in editiore quodam litore monumentum instituebat, exacte simile suo Syracusis, et habitu formaque, et magnitudine, et splendore. Hoc etiam, ut illud, vivo sacrum. Citoque perfecto opere, quandoquidem nullis parcebatur sumtibus, et frequens incumbebat operarum manus, ipsum jam Chaereae funus imitatione referri. Indicta dies religioni destinata. Confluxerunt eo tempore et Milesiorum populus et Ioniae fere totius multitudo. Etiam aderant duo satrapae, tum forte Mileti degentes, Mithridates Cariae, Pharnaces Lydiae, per caussam cohonestandi Dionysii, sed mens eorum erat Callirrhoen videre, foeminam nominis non in Asia minore tantum, sed jam apud magnum regem celeberrimi, quale quid neque Ariadnae, neque Ledae, contigit. Sed vicit adspectus opinionem et spem. Prodibat enim pullata, solutis capillis, oculis quasi fulgurans, brachiis non omnino quidem nudis, ut celebratas candidis cubitis, et pedibus pulchris apud Homerum deas superaret. Nemo sane caeterorum fulgur pulchritudinis ferebat, sed partim avertebant vultum, ut solemus illapso solis radio, partim humi figebant adorantes. Ipsi pueri se moveri sentiebant. Mithridates vero, Cariae praefectus, procidebat, vocis et sensuum inops:

Librata ceu quem funda saxo percutit
Non cogitantem.

Vix illum manibus pedibusque sublatum ministri a corporis cura et custodia ferebant. Pompam vero Chaereae praecedebat imago, efficta ad illam in annuli pala, quam, utut pulcherrimam, nemo tamen, dum aderat Callirrhoë, respiciebat; adeo omnium illa oculos in una se, quasi fascinis illectos, fixerat. Quomodo quis extrema pompae

νοντο τοῦ τάφου πλησίον, οἱ μὲν κομίζοντες τὴν κλίνην
ἔθηκαν, ἀναβᾶσα δ' ἐπ' αὐτὴν ἡ Καλλιρρόη Χαιρέᾳ
περιεχύθη καὶ καταφιλοῦσα τὴν εἰκόνα· Σὺ μὲν ἔθα-
ψας ἐμὲ πρῶτος ἐν Συρακούσαις, ἐγὼ δ' ἐν Μιλήτῳ
σὲ πάλιν. Μὴ γὰρ μεγάλα μόνον, ἀλλὰ καὶ παρά-
δοξα δυστυχοῦμεν· ἀλλήλους ἐθάψαμεν. Οὐκ ἔχει
δ' ἡμῶν οὐδέτερος οὐδὲ τὸν νεκρόν. Τύχη βάσκανε,
καὶ ἀποθανοῦσιν ἡμῖν ἐφθόνησας κοινὴν γῆν ἐπιθέσθαι
καὶ φυγάδας ἡμῶν ἐποίησας καὶ τοὺς νεκρούς. Θρῆ-
νον ἐξέρρηξε τὸ πλῆθος καὶ πάντες, οὐχ ὅτι τέθνηκε,
Χαιρέαν ἠλέουν, ἀλλ' ὅτι τοιαύτης γυναικὸς ἀφήρητο.
Β'. Καλλιρρόη μὲν οὖν ἐν Μιλήτῳ Χαιρέαν ἔθαπτε,
Χαιρέας δ' ἐν Καρίᾳ δεδεμένος εἰργάζετο. Σκάπτων
δὲ, τὸ σῶμα ταχέως ἐξετρυχώθη. Πολλὰ γὰρ αὐτὸν
ἐβάρει, κόπος, ἀμέλεια, τὰ δεσμὰ καὶ τούτων μᾶλλον
ὁ ἔρως. Ἀποθανεῖν δὲ βουλόμενον αὐτὸν οὐκ εἴα λεπτή
τις ἐλπὶς, ὅτι τάχα ποτὲ Καλλιρρόην ὄψεται. Πολύ-
χαρμος οὖν, ὁ συναλοὺς αὐτῷ φίλος, βλέπων Χαιρέαν
ἐργάζεσθαι μὴ δυνάμενον, ἀλλὰ πληγὰς λαμβάνοντα
καὶ προπηλακιζόμενον αἰσχρῶς, λέγει πρὸς τὸν ἐργο-
στόλον· Χωρίον ἡμῖν ἀπομέρισον ἐξαίρετον, ἵνα μὴ
τὴν τῶν ἄλλων δεσμωτῶν ῥᾳθυμίαν ἡμῖν καταλογίζῃ.
Τὸ δ' ἴδιον μέτρον αὐτοὶ ἀποδώσομεν πρὸς ἡμέραν.
Πείθεται καὶ δίδωσιν. Ὁ δὲ Πολύχαρμος, οἷα δὴ
νεανίας ἀνδρικὸς τὴν φύσιν καὶ μὴ δουλεύων ἔρωτι,
χαλεπῷ τυράννῳ, τὰς δύο μοίρας αὐτὸς σχεδὸν εἰργά-
ζετο μόνος, πλεονεκτῶν ἐν τοῖς πόνοις ἡδέως, ἵνα πε-
ρισώσῃ τὸν φίλον. Καὶ οὗτοι μὲν ἦσαν ἐν τοιαύταις
συμφοραῖς, ὀψὲ μεταμανθάνοντες τὴν ἐλευθερίαν. Ὁ
δὲ Μιθριδάτης, ὁ σατράπης, ἐπανῆλθεν εἰς Καρίαν,
οὐ τοιοῦτος, οἷος εἰς Μίλητον ἐξῆλθεν, ἀλλ' ὠχρός τε
καὶ λεπτὸς, οἷα δὴ τραῦμα ἔχων ἐν τῇ ψυχῇ θερμόν
τε καὶ γλυκύ. Τηκόμενος δ' ὑπὸ τοῦ Καλλιρρόης
ἔρωτος πάντως ἂν ἐτελεύτησεν, εἰ μὴ τοιάδέ τινος
ἔτυγχανε παραμυθίας. Τῶν γὰρ ἐργατῶν τινες, τῶν
ἅμα Χαιρέᾳ δεδεμένων, ἓξ καὶ δέκα δ' ἦσαν τὸν ἀρι-
θμὸν ἐν οἰκίσκῳ σκοτεινῷ καθειργμένοι, νύκτωρ δια-
κόψαντες τὰ δεσμὰ, τὸν ἐπιστάτην ἀπέσφαξαν, εἶτα
δρασμὸν ἐπεχείρουν. Ἀλλ' οὐ διέφυγον, οἱ γὰρ κύνες
φυλάσσοντες ἐμήνυσαν αὐτούς. Ψωραθέντες οὖν ἐκεί-
νης τῆς νυκτὸς ἐδέθησαν ἐπιμελέστερον ἐν ξύλῳ πάν-
τες. Μεθ' ἡμέραν δ' ὁ οἰκονόμος ἐμήνυσε τῷ δεσπότῃ
τὸ συμβάν. Κἀκεῖνος, οὐδ' ἰδὼν αὐτοὺς, οὐδ' ἀπο-
λογουμένων ἀκούσας, εὐθὺς ἐκέλευσε τοὺς ἓξ καὶ δέκα
τοὺς ὁμοσκήνους ἀνασταυρῶσαι. Προήχθησαν οὖν
πόδας τε καὶ τραχήλους συνδεδεμένοι, καὶ ἕκαστος
αὐτῶν τὸν σταυρὸν ἔφερε. Τῇ δ' ἀναγκαίᾳ τιμωρίᾳ
καὶ τὴν ἔξωθεν φαντασίαν καθύβρισαν προσέθηκαν οἱ
κολάζοντες εἰς φόβου παράδειγμα τοῖς ὁμοίοις. Χαι-
ρέας μὲν οὖν ἀπαγόμενος ἐσίγα, Πολύχαρμος δὲ τὸν
σταυρὸν βαστάζων· Διὰ σὲ, φησὶν, ὦ Καλλιρρόη,
ταῦτα πάσχομεν. Σὺ πάντως ἡμῖν τῶν κακῶν αἰτία.
Τοσοῦτον δὲ τὸν λόγον ὁ οἰκονόμος ἀκούσας, ἔδοξεν
εἶναί τινα γυναῖκα τὴν συνειδυῖαν τοῖς τετολμημένοις

digne exsequatur? nam ut venerant prope sepulcrum, po-
nebant lectum, qui portaverant; in quem escendit Callir-
rhoë, totamque se super imaginem effudit, et osculis con-
fixit. Tu me quidem prior Syracusis extulisti. At ego te
invicem Mileti. Nos non magnas tantum, sed et permiras
atque insolitas experti sumus calamitates. Unus alterum
sepelivimus, et neuter alterius habet vel exuvias. Livida
Fortuna, vel mortuis invidisti communem terram insper-
gere. Etiam reliquias nostras fecisti exsules. Erupit ad
hæc in lamentationes promiscua multitudo, et Chæream,
non quod obiisset, sed quod tali spoliatus esset uxore,
miserabantur.

II. Itaque Chæream Callirrhoë quidem Mileti sepeliebat.
In Caria vero ille catenatus opus faciebat. At terram fo-
diendo corpus ejus conficiebatur subito, ut quem multa
gravarent; immanis labor, incuria corporis, compedes, et
amor omnium maxime. Nam vel mori cupientem, non
sinebat tamen tenuis aliqua spes revisendæ forte Callir-
rhoës. Amicus ergo Polycharmus, captivitatis socius,
eum videns labori imparem, ideoque plagis obteri et indi-
gnissimis haberi modis, operum dispensatori ait: Assigna
nobis distinctam agri partem, ne reliquorum catenariorum
pigritia et nobis imputetur. Nos tibi pensum nostrum in
dies absolutum dabimus. Annuit precibus et assignat. Tum
Polycharmus, juvenis firmus et robustus, neque crudelis-
simi tyranni, Amoris, mancipium, portiones fere duas ipse
solus perficiebat, laborum avarus, et in his amicum, quo
conservaret, anteire contendens. Et hi quidem cum his
calamitatibus conflictabantur, sero libertatem dediscere
coacti. Redit interea in Cariam Mithridates satrapa, non
qualis Miletum discesserat, sed pallidus et macer, ut fervi-
dum, sed dulce, sub pectore vulnus habens; planeque
periisset liquefactus desiderio Callirrhoës, nisi tale quid
ipsi solamen obvenisset. Detinebantur in eodem cum
Chærea tenebricoso carcere pariter vincti coloni, numero
omnes sedecim. Ruptis illi de nocte vinculis magistrum
suum occidunt, fugamque moliuntur, sed inauspicato. Nam
proditi canum vigilantia ex fuga retrahuntur. Totum
dein istud contubernium per istam noctem diligentius in
codice vinciuntur. De die villicus herum de casu instruit.
Ille neque visos, neque auditos homines, sed sub eadem
omnes caussa obrutos, statim in crucem agi jubet illos
sedecim contubernales. Sic producti uni omnes catenæ
colla pedesque inserti, suam sibi quisque crucem portabat.
Plane in ostentationem terroris ejusdem farinæ servulis,
necessaria huic castigationi tortores horribilem externum
adspectum circumdederant. Raptus itaque ad supplicium
Chæreas quidem tacebat, Polycharmus autem crucem
bajulans: Propter te, ait, hæc omnia patimur, Callirrhoë.
Tu nobis omnium malorum caussa. Tantum verborum
audiens villicus putabat, esse aliquam mulierem ausorum
consciam. Ut igitur et hæc puniretur, et insidiarum in-

LIBER IV.

Ὅπως οὖν κἀκείνη κολασθῇ καὶ ζήτησις γένηται τῆς ἐπιβουλῆς, ταχέως τὸν Πολύχαρμον ἀποῤῥήξας τῆς κοινῆς ἁλύσεως πρὸς Μιθριδάτην ἤγαγεν. Ὁ δ' ἐν παραδείσῳ τινὶ κατέκειτο μόνος ἀλύων καὶ Καλλιρρόην ἀναπλάττων ἑαυτῷ τοιαύτην, ὁποίαν εἶδε πενθοῦσαν. ὅλος δ' ὢν ἐπὶ τῆς ἐννοίας ἐκείνης καὶ τὸν οἰκέτην ἀηδῶς ἐθεάσατο. Τί γάρ, φησίν, παρενοχλεῖς; Ἀναγκαῖον, εἶπεν, ὦ δέσποτα. Τὴν γὰρ πηγὴν ἀνεύρηκα τοῦ μεγάλου λήματος, καὶ οὗτος ὁ κατάρατος ἄνθρωπος ἐπίσταται γυναῖκα μιαρὰν συμπράξασαν τῷ φόνῳ. Ἀκούσας οὖν ὁ Μιθριδάτης συνήγαγε τὰς ὀφρῦς καὶ δεινὸν βλέπων· Λέγε, φησί, τὴν συνειδυῖαν καὶ κοινωνὸν ὑμῖν τῶν ἀδικημάτων. Ὁ δὲ Πολύχαρμος ἔξαρνος ἦν εἰδέναι, μηδὲ γὰρ ὅλως τῆς πράξεως κεκοινωνηκέναι. Μάστιγες ᾐτοῦντο καὶ πῦρ ἐφέρετο καὶ βασανιστηρίων ἦν παρασκευή. Καί τις ἤδη τοῦ σώματος ἁπτόμενος αὐτοῦ· Λέγε, φησί, τοὔνομα τῆς γυναικός, ἣν αἰτίαν ὡμολόγησας εἶναί σοι τῶν κακῶν. Καλλιρρόην εἶπεν ὁ Πολύχαρμος. Ἔπληξε τοὔνομα Μιθριδάτην, καὶ ἀτυχῇ τινὰ ἔδοξεν ὁμωνυμίαν ἔχειν ἐκείνη γυναῖκα. Οὐκ ἔτι οὖν προθύμως ἐξελέγχειν ἤθελε, δεδοικώς, μὴ καταστῇ ποτ' εἰς ἀνάγκην ὑβρίσαι τὸ ἥδιστον ὄνομα. Τῶν δὲ φίλων καὶ τῶν οἰκετῶν εἰς ἔρευναν ἀκριβεστέραν παρακαλούντων· Ἡκέτω, φησί, Καλλιρρόη. Παίοντες οὖν τὸν Πολύχαρμον ἠρώτων· Τίς ἐστι καὶ πόθεν ἄξουσιν αὐτήν; Ὁ δ' ἄθλιος ἐν ἀμηχανίᾳ γενόμενος, καταψεύσασθαι μὲν οὐδεμιᾶς ἤθελε· Τί δὲ μάτην, εἶπε, θορυβεῖσθε ζητοῦντες τὴν οὐ παροῦσαν. Καλλιρρόης ἐγὼ Συρακοσίας διηγούμενα, θυγατρὸς Ἑρμοκράτους τοῦ στρατηγοῦ. Ταῦτ' ἀκούσας Μιθριδάτης ἐρυθήματος ἐνεπλήσθη καὶ ἱδρου τὰ ἔνδον καί που καὶ δάκρυον αὐτοῦ μὴ θέλοντος προέπεσεν, ὥστε καὶ τὸν Πολύχαρμον διασιωπῆσαι, καὶ πάντας ἀπορεῖν τοὺς παρόντας. Ὀψὲ δὲ καὶ μόλις ὁ Μιθριδάτης συναγαγὼν ἑαυτό· Τί δὲ σοί, φησί, πρᾶγμα πρὸς Καλλιρρόην ἐκείνην, καὶ διὰ τί, μέλλων ἀποθνήσκειν, ἐμνημόνευσας αὐτῆς; ὁ δ' ἀπεκρίνατο· Μακρός ὁ μῦθος, ὦ δέσποτα, καὶ πρὸς οὐδὲν ἔτι χρήσιμός μοι. Οὐκ ἐνοχλήσω δέ σε ληρῶν ἀκαίρως, ἅμα δὲ καὶ δέδοικα μή, ἐὰν βραδύνω φθάσῃ με ὁ φίλος. Θέλω δ' αὐτῷ καὶ συναποθανεῖν. Ἐπεκλάσθησαν αἱ ὀργαὶ τῶν ἀκουόντων καὶ ὁ θυμὸς εἰς ἔλεον μετέπεσε. Μιθριδάτης δ' ὑπὲρ πάντας συνεχύθη καὶ Μὴ δέδιθι, φησίν, οὐ γὰρ ἐνοχλήσεις μοι διηγούμενος, ἔχω γὰρ ψυχὴν φιλάνθρωπον. Λέγε πάντα θαρρῶν καὶ μηδὲν παραλίπῃς, Τίς εἶ καὶ πόθεν, καὶ πῶς ἦλθες εἰς Καρίαν καὶ διὰ τί σκάπτεις δεδεμένος; μάλιστα δέ μοι διήγησαι περὶ Καλλιρρόης καὶ τίς ὁ φίλος.

Γ'. Ἤρξατο οὖν ὁ Πολύχαρμος λέγειν· Ἡμεῖς, οἱ δύο δεσμῶται, Συρακόσιοι γένος ἐσμέν. Ἀλλ' ὁ μὲν ἕτερος νεανίσκος πρῶτος Σικελίας δόξῃ τε καὶ πλούτῳ, καὶ εὐμορφίᾳ ποτέ, ἐγὼ δ' εὐτελὴς μέν, συμφοιτητής δ' ἐκείνου καὶ φίλος. Καταλιπόντες οὖν τοὺς γονεῖς

---

dagaretur origo, divulsum propere de communi catena Polycharmum rapit ad herum : qui in paradiso quodam corpore inquies, et animo æstuans, procumbebat, Callirrhoën imaginatione sibi fingens, qualem in luctu viderat; totusque hærens in illa imagine et contemplatione, servum quoque cum tædio videbat. Quid enim interpellas occupatum? ait. Atqui opus erat, here. Inveni scilicet fontem tam atrocis facinoris, et exsecrabile hoc caput scelestam mulierem novit, quæ ministerium suum huic facinori commodavit. Mithridates, ad hæc contracta in rugas fronte, et torvum tuens : Dic, ait, consciam et administram vobis scelerum. Negat scire Polycharmus et pernegat; neque enim sibi quidquam et isti facinori commune esse. Postulari tum flagra, afferri ignis, parari fidiculæ. Jam corpore quis correpto : Ain tu mulieris nomen, quam modo confitebaris malorum tibi caussam esse? Callirrhoën, dicebat Polycharmus. Percussit Mithridatem hoc nomen, et infelici cuidam mulieri commune esse hoc nomen cum illa putabat; neque amplius æque promtus erat ad inquirendum, metuens, ne ad necessitatem contumelia suavissimum nomen afficiendi redigeretur. Amicis autem et domesticis ad rigidius examen instigantibus : Veniat huc Callirrhoë, ait, Tundentes igitur et ferientes Polycharmum : Quænam est? rogabant; et, unde eam arcessere debent? Miser ille, quid diceret, quidve taceret, nesciens, neque fœminam quampiam mendacio incusandam censens : Quid vero tandem, ait, tumultuamini, quærentes non præsentem? Callirrhoën ego commemoravi Syracusanam, Hermocratis prætoris filiam. Mithridates ad hæc verba rubore perfunditur et sudore intus diffluebat. Imo nolenti quoque lacrymæ excidebant : ut vel ipse Polycharmus obmutesceret, et præsentes omnes ignari et turbati hæsitarent. Vix tandem se colligens Mithridates, Quid vero tibi est cum illa Callirrhoë, et quare constitutus in mortis vicinia commemorasti? Longa, here, fabula, neque mihi porro proficua; neque te morabor intempestive garrulus; simul vereor, ne cunctantem amicus in crucis obeundo supplicio me præverrat, quem ad inferos comitari volo. Infractæ audientium iræ, et mutatus in misericordiam fervor cecidit. Præ cæteris confusus Mithridates : Ne timeas, ait. Me non morabaris exponens. Animus mihi lenis et benignus contigit. Confisus omnia, nihil mittens, aut celans, profitere : Quis sis, et unde. Et qui veneris huc. Et quare terram foderis præferratus. In primis narra mihi de Callirrhoë, et quis ille tuus amicus.

III. Nos duo nexi, sic loqui Polycharmus occipit, gente Syracusani sumus. Alter quidem juvenis Siciliæ primus, et dignitate, et opibus, et olim pulchritudine. Ego vero plebeius quidem, illius tamen sodalis et amicus. Relictis et patria et parentibus, mari nos damus, ego quidem illius

ἐξεπλεύσαμεν τῆς πατρίδος, ἐγὼ μὲν δι' ἐκεῖνον, ἐκεῖνος
δὲ διὰ γυναῖκα Καλλιρρόην τοὔνομα, ἣν, δόξας ἀπο-
τεθνηκέναι, ἔθαψε πολυτελῶς, τυμβωρύχοι δὲ ζῶσαν
εὑρόντες εἰς Ἰωνίαν ἐπώλησαν. Τοῦτο γὰρ ἡμῖν ἐμή-
νυσε δημοσίᾳ βασανιζόμενος Θήρων ὁ λῃστής. Ἔπεμ-
ψεν οὖν ἡ πόλις (ἢ) Συρακοσίων τριήρη καὶ πρέσβεις,
τοὺς ἀναζητήσοντας τὴν γυναῖκα. Ταύτην τὴν τριήρη
νυκτὸς ὁρμοῦσαν ἐνέπρησαν βάρβαροι καὶ τοὺς μὲν
πολλοὺς ἀπέσφαξαν, ἐμὲ δὲ καὶ τὸν φίλον δήσαντες
ἐπώλησαν ἐνταῦθα. Ἡμεῖς μὲν οὖν σωφρόνως ἐφέρο-
μεν τὴν συμφοράν. Ἕτεροι δέ τινες τῶν ἡμῖν συνδε-
δεμένων, οὓς ἀγνοοῦμεν, διαρρήξαντες τὰ δεσμά, φόνον
εἰργάσαντο καὶ σοῦ κελεύσαντος, τὴν ἐπὶ τὸν σταυρὸν
ἠγόμεθα πάντες. Ὁ μὲν οὖν φίλος οὐδ' ἀποθνήσκων
ἐνεκάλει τῇ γυναικί, προήχθην δ' αὐτῆς μνημονεῦσαι
καὶ τῶν κακῶν αἰτίαν εἰπεῖν ἐκείνην, δι' ἣν ἐπλεύσα-
μεν. Ἔτι λέγοντος αὐτοῦ, Μιθριδάτης ἀνεβόησε·
Χαιρέαν λέγεις. Τὸν φίλον, εἶπεν ὁ Πολύχαρμος·
ἀλλὰ δέομαί σου, δέσποτα, κέλευσον τῷ δημίῳ μηδὲ
τοὺς σταυροὺς ἡμῶν διαζεῦξαι. Δάκρυα καὶ στεναγμὸς
ἐπηκολούθησε τῷ διηγήματι καὶ πάντας ἔπεμψε Μι-
θριδάτης ἐπὶ Χαιρέαν, ἵνα μὴ φθάσῃ τελευτήσας.
Εὗρον δὲ τοὺς μὲν ἄλλους ἀνῃρημένους, ἄρτι δ' ἐκεῖ-
νον ἐπιβαίνοντα τοῦ σταυροῦ. Πόρρωθεν οὖν ἐκεκρά-
γεσαν ἄλλος ἄλλο τι· Φεῖσαι, κατάβηθι, μὴ τρώσῃς,
ἄφες. Ὁ μὲν οὖν δήμιος ἐπέσχε τὴν ὁρμήν. Χαι-
ρέας δὲ λυπούμενος κατέβαινε τοῦ σταυροῦ, χαίρων
γὰρ ἀπηλλάσσετο βίου πονηροῦ, καὶ ἔρωτος ἀτυχοῦς.
Ἀγομένῳ δ' αὐτῷ Μιθριδάτης ἀπήντησε καὶ περιπτυ-
ξάμενος εἶπεν· Ἀδελφὲ καὶ φίλε, μικροῦ με ἐνέδρευ-
σας ἔργον ἀσεβὲς ἐργάσασθαι διὰ τὴν ἐγκρατῆ μὲν
ἀλλ' ἄκαιρόν σου σιωπήν. Εὐθὺς οὖν προσέταξε τοῖς
οἰκέταις ἄγειν ἐπὶ λουτρὰ καὶ τὰ σώματα θεραπεῦσαι,
λουσαμένοις δὲ περιθεῖναι χλανίδας Ἑλληνικὰς πολυ-
τελεῖς. Αὐτὸς δὲ γνωρίμους ἐς τὸ συμπόσιον παρεκά-
λει καὶ ἔθυε Χαιρέου σωτήρια. Πότος ἦν μακρὸς καὶ
ἡδεῖα φιλοφρόνησις καὶ θυμηδίας οὐδὲν ἐνέδει. Προ-
κοπτούσης δὲ τῆς εὐωχίας, θερμανθεὶς Μιθριδάτης οἴνῳ
καὶ ἔρωτι· Μὴ γὰρ τὰ δεσμὰ καὶ τὸν σταυρὸν ἐλεῶ
σου, Χαιρέα, φησίν, ἀλλ' ὅτι τοιαύτης γυναικὸς ἀφῃ-
ρέθης. Ἐκπλαγεὶς οὖν ὁ Χαιρέας ἀνέκραγε· Ποῦ γὰρ
σὺ Καλλιρρόην εἶδες τὴν ἐμήν; Οὐκέτι σήν, εἶπεν ὁ
Μιθριδάτης, ἀλλὰ Διονυσίου τοῦ Μιλησίου νόμῳ γα-
μηθεῖσαν. Ἤδη δὲ καὶ τέκνον ἐστὶν αὐτοῖς. Οὐκ
ἐκαρτέρησεν ὁ Χαιρέας ἀκούσας, ἀλλὰ τοῖς γόνασι
Μιθριδάτου προσπεσών· Ἱκετεύω σε, πάλιν, ὦ δέσποτα,
τὸν σταυρόν μοι ἀπόδος. Χεῖρόν με βασανίζεις, ἐπὶ
τοιούτῳ διηγήματι ζῆν ἀναγκάζων. Ἄπιστε Καλ-
λιρρόη, καὶ πασῶν ἀσεβεστάτη γυναικῶν. Ἐγὼ μὲν
ἐπράθην διὰ σὲ καὶ ἔσκαψα καὶ σταυρὸν ἐβάστασα καὶ
δημίου χερσὶ παρεδόθην, σὺ δ' ἐτρύφας καὶ γάμους
ἔθυες, ἐμοῦ δεδεμένου. Οὐχ ἤρκεσεν, ὅτι γυνὴ γέγο-
νας ἄλλου, Χαιρέου ζῶντος, γέγονας δὲ καὶ μήτηρ.
Κλάειν ἤρξαντο πάντες καὶ μετέβαλε τὸ συμπόσιον εἰς

caussa, ille vero uxoris suæ, cujus nomen est Callirrhoë;
quam ille mortuam arbitratus sumtuoso funere extulit, sed
tumulorum perfossores inventam vivam in Joniam vendi-
derunt, ut latro Theron indicavit nobis publice tortus.
Hanc repetitum misit Syracusana respublica, cum legatis
triremem, quam in statione sua quietam noctu accende-
runt barbari, plurimisque occisis, me et amicum huc ven-
diderunt vinctos. Fortiter et moderate tulimus hanc
calamitatem; alii autem, nescimus qui, communes nostri
carceris incolæ, ruptis vinculis, perpetrarunt cædem;
adeoque tuo jussu modo nos omnes ducebamur ad crucem.
Meus interim amicus ne moriens quidem incusabat uxorem
suam; ego vero dolore stimulatus acerbo, malorum om-
nium caussam appellavi eam, cujus gratia huc navigavi-
mus. Adhuc loquente Mithridates exclamat : Chæream
ais. Respondet Polycharmus : Amicum aio. At ego te,
here, obsecro, jubeas, ut carnifex cruces nostras ne separet.
Narrationem lacrymæ gemitusque sequuntur, totumque
simul cœtum versus Chæream Mithridates dimittit, ne
auxilium votaque sua mortuus præverteret. Chæream
modo in crucem vident ire, reliquis jam exstinctis facino-
rosis. Clamant igitur e longinquo alii aliud : Parce. De-
scende. Ne vulnera. Sine. Carnifex igitur vim abstinet,
et descendit Chæreas de cruce, non sine dolore. Gaude-
bat enim vita ærumnosa et amore infelici defungi. Adve-
nienti in tanta deducentium corona occurrit Mithridates,
et complexus eum : Frater, ait, et amice, parum aberat,
quin constanti quidem tuo, sed intempestivo tamen silen-
tio ad impium facinus me, structis quasi insidiis, illexisses.
Jussi confestim servi juvenes ad balnea ducere, et curare
corpora, et lotis injicere pretiosa Græca pallia. Et ipse
sacra ob servatum Chæream, convocatis sodalibus, facie-
bat. Diu protracta compotatio. Comis officii et volupta-
tis nihil quidquam desideratum. Jam provecta epularum
hilaritate, incalescente vino et amore Mithridates, et : Me
vero non compedum tuorum, ait, non crucis miseret,
Chærea, sed quod uxore tali spoliatus es. Perculsus his
verbis Chæreas : Ubi tu vero vidisti meam Callirrhoën ? ait.
Non amplius tuam, sed Dionysii Milesii legitimam uxorem.
Habent jam puerum illi. Non duravit ad hunc nuntium
noster, sed provolutus ad Mithridatis genua : Obsecro, ait,
here, redde mihi crucem. Pejus me torquebis, si post
hanc narrationem me vivere cogas. Perfida Callirrhoë,
et omnium mulierum scelestissima! ego venditus fui tua
caussa, terram fodi, gessi furcam, cessi carnifici. Tu
vero luxuriabaris interim et nuptias celebrabas, quum ego
sub catenis gemerem. Non sufficiebat alteri nupsisse,
vivo Chærea, etiam mater debebas fieri. Plorare omnes,
et convivium in triste argumentum relabi. Solus in his

LIBER IV.

σκυθρωπὴν ὑπόθεσιν. Μόνος ἐπὶ τούτοις Μιθριδάτης ἔγαιρεν, ἐλπίδα τινὰ λαμβάνων ἐρωτικὴν, ὡς δυνάμενος ἤδη καὶ λέγειν καὶ πράττειν τι περὶ Καλλιρρόης, ἵνα δοκῇ φίλῳ βοηθεῖν. Ἄρτι μὲν οὖν, ἔφη, νὺξ γάρ
6 ἐστιν, ἀπίωμεν, τῇ δ' ὑστεραίᾳ νήφοντες βουλευώμεθα περὶ τούτων. δεῖται γὰρ ἡ σκέψις σχολῆς μακροτέρας. Ἐπὶ τούτοις ἀναστὰς διέλυσε τὸ συμπόσιον καὶ αὐτὸς μὲν ἀνεπαύετο, καθάπερ ἦν ἔθος αὐτῷ, τοῖς δὲ Συρακοσίοις νεανίσκοις θεραπείαν τε καὶ οἶκον ἐξαίρε-
10 τον ἀπέδειξε.

Δ'. Νὺξ ἐκείνη φροντίδων μεστὴ πάντας κατελάμβανε καὶ οὐδεὶς ἐδύνατο καθεύδειν. Χαιρέας μὲν γὰρ ὠργίζετο, Πολύχαρμος δὲ παρεμυθεῖτο, Μιθριδάτης δ' ἔχαιρεν, ἐλπίζων, ὅτι καθάπερ ἐν τοῖς ἁγῶσι τοῖς
15 γυμνικοῖς, ἔφεδρος μὲν ὢν μεταξὺ Χαιρέου τε καὶ Διονυσίου, αὐτὸς ἀκονιτὶ τὸ ἆθλον, Καλλιρρόην, ἀποίσεται. Τῆς δ' ὑστεραίας προτεθείσης τῆς γνώμης, ὁ μὲν Χαιρέας εὐθὺς ἠξίου βαδίζειν εἰς Μίλητον καὶ Διονύσιον ἀπαιτεῖν τὴν γυναῖκα. Μὴ γὰρ ἂν μηδὲ
20 Καλλιρρόην ἐμμένειν ἰδοῦσαν αὐτόν. Ὁ δὲ Μιθριδάτης· Ἐμοῦ μὲν ἕνεκα, φησὶν, ἄπιθι, βούλομαι γάρ σε μηδεμίαν ἡμέραν ἀπεζεῦχθαι τῆς γυναικός. Ὄφελον μηδὲ Σικελίας ἐξήλθετε, μηδὲ συνέβη τι δεινὸν ἀμφοῖν. Ἐπεὶ δ' ἡ φιλόκαινος τύχη δρᾶμα σκυθρωπὸν ὑμῖν
25 περιτέθεικε, βουλεύσασθαι δεῖ περὶ τῶν ἑξῆς φρονιμώτερον. Νῦν γὰρ σπεύδεις πάθει μᾶλλον ἢ λογισμῷ μηδὲν τῶν μελλόντων προορώμενος. Μόνος καὶ ξένος εἰς πόλιν ἀπέρχῃ τὴν μεγίστην καὶ ἀνδρὸς πλουσίου καὶ πρωτεύοντος ἐν Ἰωνίᾳ θέλεις ἀποσπάσαι γυναῖκα,
30 ἐξαιρέτως αὐτῷ συναχθεῖσαν, ποίᾳ δυνάμει πεποιθώς; μακρὰν Ἑρμοκράτης σου καὶ Μιθριδάτης, οἱ μόνοι σύμμαχοι, πενθῆσαι δυνάμενοί σε μᾶλλον ἢ βοηθῆσαι. Φοβοῦμαι καὶ τὴν τύχην τοῦ τόπου. Δεινὰ μὲν ἐκεῖ πέπονθας ἤδη· δόξει δέ σοι τὰ τότε φιλανθρωπότερα·
35 Τότε Μίλητος ἦν. Ἐδέθης μὲν, ἀλλ' ἔζησας. Ἐπράθης, ἀλλ' ἐμοὶ, νῦν δὲ, ἂν αἴσθηται Διονύσιος ἐπιβουλεύοντα τοῖς γάμοις αὐτοῦ, τίς σε θεῶν δυνήσεται σῶσαι; παραδοθήσῃ γὰρ ἀντεραστῇ τυράννῳ. Καὶ τάχα μὲν οὐδὲ πιστευθήσῃ Χαιρέας εἶναι. Κινδυνεύ-
40 σεις δὲ μᾶλλον, κἂν ἀληθῶς εἶναί σε νομίσῃ. Σὺ μόνος ἀγνοεῖς τὴν φύσιν τοῦ ἔρωτος; ὅτι οὗτος ὁ θεὸς ἀπάταις χαίρει καὶ δόλοις; δοκεῖ δέ μοι πρῶτον ἀποπειραθῆναί σε τῆς γυναικὸς διὰ γραμμάτων, εἰ μέμνηταί σου καὶ Διονύσιον θέλει καταλιπεῖν, ἢ
45 . Κείνου βούλεται οἶκον ὀφέλλειν, ὅς κεν ὀπυίῃ.

ἐπιστολὴν γράψω αὐτῇ· λυπηθῇτω, χαρήτω, ζητησάτω, καλεσάτω. Τῆς δὲ τῶν γραμμάτων διαπομπῆς ἐγὼ προνοήσομαι. Βάδιζε καὶ γράφε. Πείθεται Χαιρέας καὶ μόνος ἐπ' ἐρημίας γενόμενος ἤθελε γράφειν,
50 ἀλλ' οὐκ ἠδύνατο, δακρύων ἐπιρρεόντων καὶ τῆς χειρὸς αὐτοῦ τρεμούσης. Ἀποκλαύσας δὲ τὰς ἑαυτοῦ συμφορὰς, μόλις ἤρξατο τοιαύτης ἐπιστολῆς· Καλλιρρόῃ Χαιρέας. Ζῶ καὶ ζῶ διὰ Μιθριδάτην, τὸν ἐμὸν

εὐεργέτην, ἐλπίζω δὲ καὶ σόν. Ἐπράθην γὰρ εἰς Καρίαν ὑπὸ βαρβάρων, οἵτινες ἐνέπρησαν τριήρη τὴν καλὴν, τὴν στρατηγικὴν, τὴν τοῦ σοῦ πατρός. Ἐξέπεμψε δ' ἐπ' αὐτῆς ἡ πόλις πρεσβείαν ὑπὲρ σοῦ. Τοὺς μὲν οὖν ἄλλους πολίτας οὐκ οἶδ' ὅ τι γεγόνασιν, ἐμὲ δὲ καὶ Πολύχαρμον, τὸν φίλον, ἤδη μέλλοντας φονεύεσθαι σέσωκεν ἔλεος δεσπότου. Πάντα δὲ Μιθριδάτης εὐεργετήσας, τοῦτό με λελύπηκεν ἀντὶ πάντων, ὅτι μοι τὸν σὸν γάμον διηγήσατο. Θάνατον μὲν γὰρ, ἄνθρωπος ὢν, προσεδόκων, τὸν δὲ σὸν γάμον οὐκ ἤλπισα. Ἀλλ' ἱκετεύω, μετανόησον. Κατασπένδω τούτων μου τῶν γραμμάτων δάκρυα καὶ φιλήματα. Ἐγὼ Χαιρέας εἰμὶ ὁ σὸς, ἐκεῖνος ὃν εἶδες παρθένος εἰς Ἀφροδίτην βαδίζουσα, δι' ὃν ἠγρύπνησας. Μνήσθητι τοῦ θαλάμου καὶ τῆς νυκτὸς τῆς μυστικῆς, ἐν ᾗ πρῶτον σὺ μὲν ἀνδρὸς, ἐγὼ δὲ γυναικὸς πεῖραν ἐλάβομεν. Ἀλλ' ἐζηλοτύπησα. Τοῦτ' ἴδιόν ἐστι φιλοῦντος. Δέδωκά σοι δίκας. Ἐπράθην, ἐδούλευσα, ἐδέθην. Μή μοι μνησικακήσῃς τοῦ λακτίσματος τοῦ προπετοῦς. Κἀγὼ γὰρ ἐπὶ σταυρὸν ἀνέβην διὰ σὲ, σοὶ μηδὲν ἐγκαλῶν. Εἰ μὲν οὖν ἔτι μνημονεύσειας, οὐδὲν ἔπαθον. εἰ δ' ἄλλο τι φρονεῖς, θανάτου μοι δώσεις ἀπόφασιν.

Ε'. Ταύτην τὴν ἐπιστολὴν ἔδωκεν Ὑγίνῳ, τῷ πιστοτάτῳ, ὃν καὶ διοικητὴν εἶχεν ἐν Καρίᾳ τῆς ὅλης οὐσίας· παραγυμνώσας αὐτῷ καὶ τὸν ἴδιον ἔρωτα. Ἔγραψε δὲ καὶ, αὐτὸς πρὸς Καλλιρρόην, εὔνοιαν ἐπιδεικνύμενος αὐτῇ καὶ κηδεμονίαν, ὅτι δι' ἐκείνην Χαιρέαν ἔσωσε, καὶ συμβουλεύων μὴ ὑβρίσαι τὸν πρῶτον ἄνδρα, ὑπισχνούμενος αὐτὸς στρατηγήσειν, ὅπως ἀλλήλους ἀπολάβωσιν, ἂν καὶ τὴν ἐκείνης προσλάβῃ ψῆφον. Συνέπεμψε δὲ τῷ Ὑγίνῳ τρεῖς ὑπηρέτας καὶ δῶρα πολυτελῆ καὶ χρυσίον συχνόν. Εἴρητο δὲ πρὸς τοὺς ἄλλους οἰκέτας, ὅτι πέμπει ταῦτα Διονυσίῳ, πρὸς τὸ ἀνύποπτον. Κελεύει δὲ τὸν Ὑγῖνον, ἐπειδὰν ἐν Πριήνῃ γένηται, τοὺς μὲν ἄλλους αὐτοῦ καταλιπεῖν, μόνον δ' αὐτὸν, ὡς Ἴωνα, καὶ γὰρ ἑλληνίζε τῇ φωνῇ, κατάσκοπον εἰς τὴν Μίλητον πορευθῆναι. Εἶτ', ἐπειδὰν μάθῃ, πῶς ἂν χρήσαιτο τοῖς πράγμασι, τότε τοὺς ἐκ Πριήνης εἰς Μίλητον ἀπαγαγεῖν. Ὁ μὲν οὖν ἀπῄει καὶ ἔπραττε τὰ κεκελευσμένα, ἡ τύχη δ' οὐχ ὅμοιον τῇ γνώμῃ τὸ τέλος ἐβράβευσεν, ἀλλὰ μειζόνων πραγμάτων ἐκίνησεν ἀρχήν. Ἐπειδὴ γὰρ Ὑγῖνος εἰς Μίλητον ἀπηλλάγη, καταλειφθέντες οἱ δοῦλοι, τοῦ προεστηκότος ἔρημοι, πρὸς ἀσωτίαν ὥρμων, ἔχοντες χρυσίον ἄφθονον. Ἐν πόλει δὲ μικρᾷ καὶ περιεργίας Ἑλληνικῆς πλήρει ξενικὴ πολυτέλεια τοὺς πάντων ἐπέστρεψεν ὀφθαλμούς· ἀγνωστοι γὰρ ἄνθρωποι καὶ τρυφῶντες ἔδοξαν αὐτοῖς, μάλιστα μὲν λῃσταὶ, δραπέται δὲ πάντως. Ἧκεν οὖν εἰς τὸ πανδοκεῖον ὁ στρατηγὸς καὶ διερευνήσαντος ἔφη χρυσίον καὶ κόσμον πολυτελῆ. Φώρια δὲ νομίσας, ἀνέκρινε τοὺς οἰκέτας, Τίνες εἶεν καὶ πόθεν ταῦτα. Φόβῳ δὲ βασάνων κατεμήνυσαν τὴν ἀλήθειαν, ὅτι Μιθριδάτης, ὁ Καρίας ὕπαρχος, δῶρα πεπόμφει Διονυσίῳ, καὶ ἐπιστολὰς

triremem illam pulchram, illam prætoriam, illam tui patris. De cæteris civibus quid factum sit, non novi. Me vero et amicum Polycharmum ex ipsis Orci faucibus extraxit heri misericordia. Mithridates vero, quum cætera omnia pulchre et benigne fecisset, hoc solo, sed omnium maximo, vulnere me afflixit, quod tuas mihi narravit nuptias. Mortem equidem exspectabam, qui mortalis sum : sed tuas cum alio viro nuptias nullo modo metuebam. Verum rogo supplex : resipisce. Litteras has irrigo meis lacrymis osculisque. Chæreas tuus ego sum : ille, quem virgo videbas in Veneris templum procedens : propter quem noctes insomnes egisti. Memento thalami, et noctis illius mysticæ, in qua primum tu viri, ego fœminæ, gustum habuimus. Atqui æmulatione peccavi. Hoc proprium est amantis. Dedi tibi pœnas. Venditus fui, servii, traxi catenas. Ne mihi calcis præpetis et inconsideratæ memoriam serves tenacem nimis et indelebilem. Et ego tui caussa in crucem ivi, nihil incusans tamen. Quod si ergo memor adhuc es mei, nihil accidit mali. Si vero secus sentis, pronuntias mihi feralem sententiam.

V. Hanc Mithridates epistolam Hygino, servo fidelissimo, tradidit, quem et administratorem omnium in Caria fortunarum suarum habebat et secreti sui amoris conscium fecerat. Ipse etiam Mithridates ad Callirrhoën literas dabat, quibus suam erga ipsam benevolentiam curamque in servato a se propter eam Chærea indicabat, primumque virum non insuper habere suadebat; vel exercitum, si opus, ducere velle, quo conjuges sui copiam rursus reciperent ; modo illa calculum suum non negaverit. Hygino tres servos addit, et munera ingentis pretii, et magnam auri vim. Cæteris servis dictum, hæc Dionysio mitti, ne suspecti forent, aut ipsi suspicarentur. Hyginus vero jussus, ut Prienen esset ventum, relictis ibi comitibus, solus, ut Ion, nam Græce callebat, Miletum tendere speculator, et, postquam viderit, quid agendum, et qui tractandum negotium, tum demum Priene reliquos Miletum abducere. Abit et mandata perficit. Fortuna vero exitum opinioni congruum non contribuit, sed majorum rerum movit initia. Miletum enim digresso Hygino, servi Prienæ relicti sine magistro lurcari cœperant, auro abundantes. Barbarus ille luxus in urbe parva Græcæque curiositatis oculos in se convertit omnium; et deliciantes ignoti homines videbantur ipsis maxime quidem latrones; minimum sine dubio servi fugitivi. Prætor itaque hospitium ingressus, omnibus diligenter excussis, auri vim mundumque pretiosissimum reperit. Quæ reputans ille latrocinia esse, servos rogat, quinam essent, et unde illa? Metu tormentorum illi Mithridatem, Cariæ præfectum, Dionysio hæc dona mittere produnt, literasque ostendunt.

ἐπεδείκνυσαν. Ὁ δὲ στρατηγὸς τὰ μὲν γράμματα οὐκ ἔλυσεν· ἦν γὰρ ἔξωθεν κατασεσημασμένα, δημοσίοις δὲ παραδοὺς ἅπαντα μετὰ τῶν οἰκετῶν ἔπεμψε πρὸς Διονύσιον, εὐεργεσίαν εἰς αὐτὸν κατατίθεσθαι
5 νομίζων. Ἐτύγχανε μὲν οὖν ἑστιῶν τοὺς ἐπιφανεστάτους τῶν πολιτῶν καὶ λαμπρὸν τὸ συμπόσιον ἦν. Ἤδη δέ που καὶ αὐλὸς ἐφθέγγετο καὶ δι' ᾠδῆς ἠκούετο μέλος. Μεταξὺ δ' ἐπέδωκέ τις αὐτῷ τὴν ἐπιστολήν· Στρατηγὸς Πριηνέων, Βίας, εὐεργέτῃ Διονυσίῳ χαίρειν. Δῶρα
10 καὶ γράμματα, κομιζόμενά σοι παρὰ Μιθριδάτου, τοῦ Καρίας ὑπάρχου, δοῦλοι πονηροὶ κατέφθειρον, οὓς ἐγὼ συλλαβὼν ἀνέπεμψα πρὸς σέ. Ταύτην τὴν ἐπιστολὴν ἐν μέσῳ τῷ συμποσίῳ Διονύσιος ἀνέγνω, καλλωπιζόμενος ἐπὶ ταῖς βασιλικαῖς δωρεαῖς. Ἐντεμεῖν δὲ τὰς
15 σφραγῖδας κελεύσας, ἐντυγχάνειν ἐπειρᾶτο τοῖς γράμμασιν. Εἶδεν οὖν· Καλλιρρόῃ Χαιρέας. Ζῶ.

Τοῦ δ' αὐτοῦ λύτο γούνατα καὶ φίλον ἦτορ.

εἶτα σκότος τῶν ὀφθαλμῶν αὐτοῦ κατεχύθη. καὶ μέντοι λιποθυμήσας, ὅμως ἐκράτησε τὰ γράμματα,
20 φοβούμενος ἄλλον αὐτοῖς ἐντυχεῖν. Θορύβου δὲ καὶ συνδρομῆς γενομένης, ἐπηγέρθη, καὶ συνεὶς τὸ πάθος, ἐκέλευσε τοῖς οἰκέταις μετενεγκεῖν αὐτὸν εἰς ἕτερον οἰκίσκον, ὡς δῆθεν βουλόμενος ἠρεμίας μετασχεῖν. Τὸ μὲν οὖν συμπόσιον σκυθρωπῶς διελύθη. φαντασία
25 γὰρ ἀποπληξίας αὐτοὺς ἔσχε. Διονύσιος δὲ, καθ' ἑαυτὸν γενόμενος, πολλάκις ἀνεγίνωσκε τὰς ἐπιστολάς. Κατελάμβανε δ' αὐτὸν πάθη ποικίλα, θυμὸς, ἀθυμία, φόβος, ἀπιστία. Ζῆν μὲν οὖν Χαιρέαν οὐκ ἐπίστευε, τοῦτο γὰρ οὐδ' ὅλως ἤθελε, σκῆψιν δὲ μοιχικὴν ὑπε-
30 λάμβανε Μιθριδάτου διαφθεῖραι θέλοντος Καλλιρρόην ἐλπίδι Χαιρέου.

Ϛ´. Μεθ' ἡμέραν οὖν τήρησιν ἐποιεῖτο τῆς γυναικὸς ἀκριβεστέραν, ἵνα μή τις αὐτῇ προσέλθῃ, μηδ' ἀπαγγείλῃ τι τῶν ἐν Καρίᾳ διηγημάτων. Αὐτὸς δ' ἄμυναν
35 ἐπενόησε τοιαύτην. Ἐπεδήμει κατὰ καιρὸν ὁ Λυδίας καὶ Ἰωνίας ὕπαρχος Φαρνάκης, καὶ τῶν μεγίστων εἶναι δοκεῖ τῶν ὑπὸ βασιλέως καταπεμπομένων ἐπὶ θάλατταν. Ἐπὶ τοῦτον ἦλθεν ὁ Διονύσιος, ἦν γὰρ αὐτῷ φίλος, καὶ ἰδιολογίαν ᾐτήσατο. Μόνος, ἱκετεύω
40 σε, φησίν, ὦ δέσποτα, βοήθησόν μοι καὶ σαυτῷ. Μιθριδάτης γὰρ, ὁ κάκιστος ἀνδρῶν καί σοι φθονῶν, ξένος μου γενόμενος ἐπιβουλεύει μου τῷ γάμῳ καὶ πέπομφε γράμματα μοιχικὰ μετὰ χρυσίου πρὸς τὴν γυναῖκα τὴν ἐμήν. Ἐπὶ τούτοις ἀνεγίνωσκε τὰς ἐπι-
45 στολὰς καὶ διηγεῖτο τὴν τέχνην. Ἄσμενος ἤκουσε Φαρνάκης τῶν λόγων· τάχα μὲν καὶ διὰ Μιθριδάτην, ἐγεγόνεισαν γὰρ αὐτοῖς οὐκ ὀλίγα προσκρούσματα διὰ τὴν γειτνίασιν· τὸ δὲ πλέον διὰ τὸν ἔρωτα. Καὶ γὰρ αὐτὸς ἐκάετο τῆς Καλλιρρόης καὶ δι' αὐτὴν ἐπεδήμει τὰ
50 πολλὰ Μιλήτῳ, καλῶν ἐπὶ τὰς ἑστιάσεις Διονύσιον μετὰ τῆς γυναικός. Ὑπέσχετο οὖν βοηθήσειν αὐτῷ κατὰ τὸ δυνατὸν καὶ γράφει δι' ἀπορρήτων ἐπιστολῆς· Βασιλεῖ βασιλέων, Ἀρταξέρξῃ, σατράπης Λυδίας καὶ

Quas prætor non solvit, obsignatas quippe, sed apparitoribus traditas cum servis et muneribus Dionysio mittit; hoc beneficio, ceu deposito pignore, futuram hujus benevolentiam sibi obligaturus. Commodum Dionysius civium nobilissimos vocaverat, splendidumque erat convivium. Jam strepere tibiæ, jam audiri vocale carmen, quum literas illi quis tradit : Prætor Prienensium, Bias, patrono Dionysio salutem. Munera cum literis per Mithridatem, Cariæ præfectum, tibi destinata servi nequam hic lacerabant; quos ego comprehensos ad te porro misi. Hanc epistolam in medio convivarum recitabat Dionysius, haud parum ob regalia munera sibi plaudens. Cæteras quoque legere cupidus incidi jubet signa, videtque : Callirrhoæ Chæreas. Vivo.

Tunc illi genuum rigidi flaccescere nervi, Caligare oculi, trepidumque liquescere pectus.

Pertinaciter nihilominus literas continebat manibus, utut animo delinquens, metu, ne quis alius legeret. Emoto ad hæc et concurrente omni familiaque et convivio, excitatus ipse et intelligens suam animi perturbationem, transferri vult in aliud cubiculum, ut solitaria quiete frui cupidus. Hoc modo, sed tristi, convivium fuit dissolutum. Putabant enim omnes, subito sanguinis ictu correptum esse. Ille vero sibi redditus in vacuo sæpius relegebat epistolas, variis interim exercitus animi æstibus. Modo excandescere, modo dejici animo, modo metuere, modo non credere. Non credebat omnino, Chæream vivere; nolebat enim id, et plane exsecrabatur. Sed suspicabatur insidias Mithridatis, Callirrhoën adulterio corrumpere studentis.

VI. Apponebat itaque conjugi interdiu custodiam diligentiorem, ne quis aut accederet, aut referret omnino quid e Caria; ipse vero se hoc modo vicissim ulcisci excogitabat. Mileti agebat opportune isto tempore Lydiæ et Ioniæ præfectus, Pharnaces, eorum habitus maximus, quos Persarum rex ad oram maritimam solet mittere. Hunc adit Dionysius, ut amicus, et admitti rogat in colloquium secretius. Solus soli : Rogo te, ait, domine, succurre non mihi magis, quam tibi. Pessimus virorum et invidus tibi, Mithridates, jure hospitii susque deque habito, insidiatur meo matrimonio, aurique vim et literas corruptrices uxori meæ misit. Simul protrahit literas et legit, et explicat artes. Libenter hæc audiebat Pharnaces, et ob Mithridatem, si velis. Dissidebant enim et sæpe collidebantur ob ditionum viciniam. Magis tamen ob amorem. Nam et ille Callirrhoæ amore flagrabat, plurimumque degebat Mileti, ad epulas vocans cum uxore Dionysium. Huic igitur ille pro virili adjutorem se pollicetur, et epistolam, scribit arcanam : Regum regi, Artaxerxi, satrapa Lydiæ

Ἰωνίας, Φαρνάκης, ἰδίῳ δεσπότῃ χαίρειν. Διονύσιος ὁ Μιλήσιος δοῦλός ἐστι σὸς ἐκ προγόνων, πιστὸς καὶ πρόθυμος εἰς τὸν σὸν οἶκον. Οὗτος ἀπωδύρατο πρός με, ὅτι Μιθριδάτης, ὁ Καρίας ὕπαρχος, ξένος αὐτῷ γενόμενος διαφθείρει αὐτοῦ τὴν γυναῖκα. Φέρει δὲ μεγάλην ἀδοξίαν εἰς τὰ σὰ πράγματα, μᾶλλον δὲ ταραχήν. Πᾶσα μὲν γὰρ παρανομία σατράπου μεμπτή, μάλιστα δ' αὕτη. Καὶ γὰρ ὁ Διονύσιός ἐστι δυνατώτατος Ἰώνων καὶ τὸ κάλλος τῆς γυναικὸς περιβόητον, ὥστε τὴν ὕβριν μὴ δύνασθαι λαθεῖν. Ταύτην τὴν ἐπιστολὴν κομισθεῖσαν ὁ βασιλεὺς ἀνέγνω τοῖς φίλοις καὶ τί χρὴ πράττειν, ἐβουλεύετο. Γνῶμαι δ' ἐρρήθησαν διάφοροι· τοῖς μὲν γὰρ Μιθριδάτῃ φθονοῦσιν, ἢ τὴν σατραπείαν αὐτοῦ μνωμένοις, ἐδόκει μὴ περιορᾶν ἐπιβουλὴν εἰς γάμον ἀνδρὸς ἐνδόξου, τοῖς δὲ ῥᾳθυμοτέροις τὰς φύσεις, ἢ τιμῶσι τὸν Μιθριδάτην, εἶχε δὲ πολλοὺς .. προεστηκότας, οὐκ ᾔρεσκεν ἀνάρπαστον ἐκ διαβολῆς ποιεῖν ἄνδρα δόκιμον. Ἀνωμάλων δὲ τῶν γνωμῶν γενομένων, ἐκείνης μὲν τῆς ἡμέρας οὐδὲν ἐπεκύρωσεν ὁ βασιλεύς, ἀλλ' ὑπερέθετο τὴν σκέψιν, νυκτὸς δ' ἐπελθούσης, ὑπεδύετο αὐτὸν μισοπονηρία μὲν διὰ τὸ τῆς βασιλείας εὐπρεπές, εὐλάβεια δὲ περὶ τοῦ μέλλοντος. Ἀρχὴν γὰρ ἔχειν τὸν Μιθριδάτην καταφρονήσεως. Ὥρμησεν οὖν καλεῖν ἐπὶ τὴν δίκην αὐτόν. Ἄλλο δὲ πάθος παρῄνει, παραπέμπεσθαι καὶ τὴν γυναῖκα τὴν καλήν. Σύμβουλοι (δὲ νὺξ) καὶ σκότος ἐν ἐρημίᾳ γενόμενοι καὶ τούτου τοῦ μέρους τῆς ἐπιστολῆς ἀνεμίμνησκον βασιλέα. Προσηρέθιζε δὲ καὶ φήμη, Καλλιρρόην τινὰ καλλίστην ἐπὶ τῆς Ἰωνίας εἶναι. Καὶ τοῦτο μόνον ἐμέμφετο βασιλεὺς Φαρνάκην, ὅτι οὐ προσέγραψεν ἐν τῇ ἐπιστολῇ τοὔνομα τῆς γυναικός. Ὅμως δ' ἐπ' ἀμφιβόλῳ τῷ τάχα καὶ κρείττονα τυγχάνειν τῆς φημιζομένης ἑτέραν, ἔδοξε καλέσαι καὶ τὴν γυναῖκα. Γράφει δὲ καὶ πρὸς Φαρνάκην· Διονύσιον, ἐμὸν δοῦλον, Μιλήσιον, πέμψον· πρὸς δὲ Μιθριδάτην· Ἧκε ἀπολογησόμενος, ὅτι οὐκ ἐπεβούλευσας γάμῳ Διονυσίου.

Ζ'. Καταπλαγέντος δὲ τοῦ Μιθριδάτου καὶ ἀποροῦντος τὴν αἰτίαν τῆς διαβολῆς, ὑποστρέψας ὁ Ὑγῖνος ἐδήλωσε τὰ πεπραγμένα περὶ τοὺς οἰκέτας. Προσδοθεὶς οὖν ὑπὸ τῶν γραμμάτων, ἐβουλεύετο μὴ βαδίζειν ἄνω, δεδοικὼς τὰς διαβολὰς καὶ τὸν θυμὸν τοῦ βασιλέως· ἀλλὰ Μίλητον μὲν καταλαβεῖν καὶ Διονύσιον ἀνελεῖν, τὸν αἴτιον, Καλλιρρόην δ' ἁρπάσας, ἀποστῆναι βασιλέως. Τί γὰρ σπεύδω, φησί, παραδοῦναι δεσπότου χερσὶ τὴν ἐλευθερίαν; τάχα δὲ καὶ κρατήσεις ἐνθάδε μένων. Μακρὰν γάρ ἐστι βασιλεὺς καὶ (φαυλοὺς) ἔχει στρατηγούς. Εἰ δὲ καὶ ἄλλως ἀθετήσειεν, οὐδὲν δυνήσῃ χεῖρον παθεῖν. Ἐν τοσούτῳ δὲ σὺ μὴ προδῷς δύο τὰ κάλλιστα, ἔρωτα καὶ ἀρχήν. Ἐντάφιον ἔνδοξον ἡ ἡγεμονία καὶ μετὰ Καλλιρρόης θάνατος ἡδύς. Ἔτι ταῦτα βουλευομένου καὶ παρασκευαζομένου πρὸς ἀπόστασιν, ἧκέ τις ἀγγέλλων ὡς Διονύσιος ἐξώρμηκε Μιλήτου καὶ Καλλιρρόην ἐπάγεται.

et Ioniæ, Pharnaces, suo domino salutem. Dionysius Milesius servus tuus a majoribus inde tibi fidelis et erga domum tuam officiorum promtus. Ille cum lacrymis apud me exposuit, uxorem suam a Cariæ præfecto, Mithridate, eoque hospite suo nuper facto, corrumpi. Id quod magnam tuis rebus creat ignominiam, imo potius turbas. Omnis enim iniquitas satrapæ digna vituperio, sed hæc maxime. Nam et Dionysius potentissimus Ionum est, et forma mulieris celeberrima, ut latere nequeat contumelia. Allatam hanc epistolam rex amicis prælegit, et sententias imperat. Sed discessum est in diversa. Nam qui Mithridati male volebant, invidi, aut ejus præfecturam procabantur, suadebant nullo modo connivere ad insidias illustris viri conjugio structas. Qui vero lenioris erant indolis, aut Mithridatem in honore habebant, erant autem multi præpollentes : illi non probabant, probum virum per calumnias de medio submoveri. Igitur illa die, quandoquidem sententiæ secum adversa fronte pugnarent, rex decernebat nihil, sed rejiciebat in aliud tempus. Secuta vero nocte regem partim subibat odium nequitiæ in viro, qui decus et honorem regiæ dignitatis tueri debebat : partim de futuris metus atque circumspectio. Sic enim Mithridati impune contemnendi initium dari. Impetum igitur capiebat evocandi Mithridatis ad caussam dicendam. Alius vero animi motus hortabatur, pulchram illam fœminam simul evocare. Consultores igitur (nox) et tenebræ secretum nacti, illam de mulieris forma literarum particulam regi repræsentabant inculcabantque. Præterea quoque jamdudum sparsus in aula rumor de pulcherrima quadam apud Iones Callirrhoë stimulabat, idque solum in Pharnace reprehendebat rex, quod mulieris nomen literis non consignasset. At quoniam dubitari posset, sitne etiam alia celebrata ista multo pulchrior, in omnem eventum placuit, etiam mulierem excire. Scribit ergo Pharnaci : Dionysium Milesium, servum meum, mitte. Mithridati vero : Veni caussam dicturus, quod Dionysii matrimonio non feceris insidias.

VII. Dum territos Mithridates, et in quem calumniæ caussam conjiciat dubius fluctuat, redux Hyginus, quid factum sit de servis, exponit. Proditus igitur ab literis maturo consilio decernebat, ad regem non ascendere; cujus æque noverat iram atque calumniarum vires : sed Miletum occupare; occidere Dionysium, turbarum caussam : rapere Callirrhoën : itaque demum a rege deficere. Quid enim heri manibus libertatem tradere ruo? Forsan eris superior, ubi domi manseris. Rex enim longe abest : et habet malos belli duces. Aut si aliquid aliud contumeliæ in te decernat, nihil pejus poteris pati. Quidquid sit, tu interim pulcherrima duo ne prodas : amorem et dominatum. Principatus splendidus in sepulcro titulus, et cum Callirrhoë mori, dulce est. Hæc agitanti et paranti defectionem nuntiatur Dionysius exiisse Mileto et Callir-

LIBER IV.

Τοῦτο λυπηρότερον ἤκουσε Μιθριδάτης, ἢ τὸ πρόσταγμα τὸ καλοῦν ἐπὶ τὴν δίκην. Ἀποκλαύσας δὲ τὴν ἑαυτοῦ συμφοράν· Ἐπὶ ποίαις, φησὶν, ἐλπίσιν ἔτι μένω; προδίδωσί με πανταχόθεν ἡ τύχη. Τάχα γὰρ ἐλεήσει 5 με βασιλεὺς μηδὲν ἀδικοῦντα, εἰ δ' ἀποθανεῖν δεήσεις, πάλιν ὄψομαι Καλλιρρόην. Κἂν ἐν τῇ κρίσει Χαιρέαν ἔξω μετ' ἐμαυτοῦ καὶ Πολύχαρμον, οὓ συνηγόρους μόνον, ἀλλὰ καὶ μάρτυρας. Πᾶσαν οὖν τὴν θεραπείαν κελεύσας συνακολουθεῖν, ἐξώρμησε Καρίας, 10 ἀγαθὴν ἔχων ψυχὴν ἐκ τοῦ μηδὲν ἀδικεῖν ἂν δόξαι. Ὥστε οὐδὲ μετὰ δακρύων προέπεμψαν αὐτὸν, ἀλλὰ μετὰ θυσιῶν καὶ πομπῆς. Ἕνα μὲν οὖν στόλον τοῦτον ἐκ Καρίας ἔστελλεν ὁ Ἔρως, ἐξ Ἰωνίας δ' ἐνδοξότερον ἄλλον. ἐπιφανέστερον γὰρ καὶ βασιλικώτερον ἦν τὸ 15 κάλλος.. Προέτρεχε γὰρ τῆς γυναικὸς ἡ φήμη, καταγγέλλουσα πᾶσιν ἀνθρώποις, ὅτι Καλλιρρόη παραγίνεται, τὸ περιβόητον ὄνομα, τὸ μέγα τῆς φύσεως κατόρθωμα·

Ἀρτέμιδι ἰκέλη, ἢ χρυσείῃ Ἀφροδίτῃ.

20 Ἐνδοξοτέραν αὐτὴν ἐποίει καὶ τὸ τῆς δίκης διήγημα. Πόλεις ἀπήντων ὅλαι καὶ τὰς ὁδοὺς ἐστενοχώρουν οἱ συντρέχοντες ἐπὶ τὴν θέαν. Ἐδόκει δὲ τοῖς πᾶσι τῆς φήμης ἡ γυνὴ κρείττων. Μακαριζόμενος δὲ Διονύσιος ἐλυπεῖτο καὶ δειλότερον αὐτὸν ἐποίει τῆς εὐτυχίας 25 τὸ μέγεθος. (ἄτε) γὰρ πεπαιδευμένος ἐνεθυμεῖτο, ὅτι φιλόκαινός ἐστιν ὁ Ἔρως. Διὰ τοῦτο καὶ τόξα καὶ πῦρ ποιηταί τε καὶ (πλ)άσται περιτεθείκασιν αὐτῷ, τὰ κουφότατα καὶ στῆναι μὴ θέλοντα. Μνήμη δ' ἐλάμβανεν αὐτὸν παλαιῶν διηγημάτων, ὅσαι μεταβολαὶ 30 γεγόνασι τῶν καλῶν γυναικῶν. Πάντ' οὖν Διονύσιον ἐφόβει, πάντας ἔβλεπεν ὡς ἀντεραστάς, οὐ τὸν ἀντίδικον μόνον, ἀλλ' αὐτὸν τὸν δικαστήν, ὥστε καὶ μετενόει, προπετέστερον Φαρνάκῃ ταῦτα μηνύσας·

ἐξὸν καθεύδειν τήν τ' ἐρωμένην ἔχειν.

35 Οὐ γὰρ ὅμοιον, ἐν Μιλήτῳ φυλάττειν Καλλιρρόην καὶ ἐπὶ τῆς Ἀσίας ὅλης. διεφύλαττε δ' ὅμως τὸ ἀπόρρητον μέχρι τέλους, καὶ τὴν αἰτίαν οὐχ ὡμολόγει πρὸς τὴν γυναῖκα, ἀλλ' ἡ πρόφασις ἦν, ὅτι βασιλεὺς αὐτὸν μεταπέμπεται, βουλεύσασθαι θέλων περὶ τῶν ἐν Ἰωνίᾳ 40 πραγμάτων. Ἐλυπεῖτο δὲ Καλλιρρόη, μακρὰν στελλομένη θαλάσσης Ἑλληνικῆς. Ἕως γὰρ τοὺς Μιλησίων λιμένας ἑώρα, Συρακούσας ἐδόκει ἐγγὺς τυγχάνειν. μέγα δ' εἶχε παραμύθιον καὶ τὸν Χαιρέου τάφον ἐκεῖ.

rhoën secum ducere. Mithridatem id multo magis affligit, quam epistola, qua ad caussam dicendam vocatus fuerat. Qua confisus ego spe, ait, deplorans suas miserias, diutius demoror! ubique me Fortuna prodit. Fortasse me innocentem rex miserabitur. Quod si vero mori oporteat, Callirrhoën tamen iterum videbo. Vel in ipso judicio Chæream mecum habebo, et Polycharmum, non patronos tantum, sed et testes. Evocato igitur et comitari jusso omni ministerio, egreditur Caria, bona cum spe, quandoquidem nemini videri posset injuriam fecisse. Adeoque Cares non lacrymis abeuntem, sed victimis et splendido deductu, prosequebantur. Unum hoc agmen Amor e Caria mittebat, alterum vero splendidius ex Ionia. Illustrior enim et magis regia pulchritudo erat. Fama mulierem præcurrebat, omnibus et ubique nuntians, Callirrhoën venire, decantatissimum nomen, artificis naturæ magnum illud magisterium,

Auratæ Veneri similem pulchræve Dianæ.

Rumor etiam judicii subeundi celebriorem reddebat. Integræ urbes obviam ire, et concurrentium ad spectaculum agmina oppiere vias. Omnes mulierem opinione et fama pulchriorem existimare. Sed illa quidem præconia et invidiosæ laudes angebant Dionysium, et magnitudo felicitatis faciebat timidiorem. Doctrinæ enim minime expers vir cogitabat perpetuam Cupidinis nova molientis inconstantiam, cui propterea tam poëtæ, quam statuarii, duo rerum omnium levissima, et stare atque reprimi negantia, sagittas et ignem, attribuerint. Memoria quoque subibat veterum fabularum, quot et quæ pulchrarum mulierum vices et fata fuerint. Terrebant hæc omnia Dionysium : adspiciebat omnes tanquam rivales, non adversarium modo, sed et ipsum judicem : et poenitentia inconsideratæ apud Pharnacem delationis ducebatur, qui tranquillo potuerit inter amplexus amatæ conjugis recubare. Plane enim aliud esse, Mileti servare Callirrhoën, atque per totam Asiam. Nihilominus secretum usque ad supremum finem constanter tegebat, caussa profectionis mulieri non indicata, sed simulabat, regem se evocasse ad communem de rebus Ioniæ deliberationem. Callirrhoë tamen ægre ferebat, a Græco mari tam longe abstrahi. Donec enim videbat Milesios portus, credebat, prope a Syracusis abesse. Magnum quoque ibi solamen Chæreæ monumentum habebat.

ΛΟΓΟΣ ΠΕΜΠΤΟΣ.

Α'. Ὡς μὲν ἐγαμήθη Καλλιρρόη Χαιρέᾳ, καλλίστῃ γυναικῶν ἀνδρὶ καλλίστῳ, πολιτευσαμένης Ἀφροδίτης τὸν γάμον καὶ ὡς δι' ἐρωτικὴν ζηλοτυπίαν Χαιρέου πλήξαντος αὐτὴν ἔδοξε τεθνάναι, ταφεῖσαν δὲ πολυτελῶς, εἶτ' ἀνανήψασαν ἐν τῷ τάφῳ, τυμβωρύχοι νυκτὸς ἐξήγαγον ἐκ Σικελίας, πλεύσαντες δ' εἰς Ἰωνίαν ἐπώλησαν Διονυσίῳ καὶ τὸν ἔρωτα τὸν Διονυσίου καὶ τὴν Καλλιρρόης πρὸς Χαιρέαν πίστιν καὶ τὴν ἀνάγκην τοῦ γάμου διὰ τὴν γαστέρα καὶ τὴν Θήρωνος ὁμολογίαν καὶ Χαιρέου πλοῦν ἐπὶ ζήτησιν τῆς γυναικός, ἅλωσίν τ' αὐτοῦ καὶ πρᾶσιν εἰς Καρίαν μετὰ Πολυχάρμου τοῦ φίλου καὶ ὡς Μιθριδάτης ἐγνώρισε Χαιρέαν μέλλοντα ἀποθνήσκειν καὶ ὡς ἔσπευδον ἀλλήλοις ἀποδοῦναι τοὺς ἔρωτας, φωράσας δὲ τοῦτο Διονύσιος ἐξ ἐπιστολῶν διέβαλεν αὐτὸν πρὸς Φαρνάκην, ἐκεῖνος δὲ πρὸς βασιλέα, βασιλεὺς δ' ἀμφοτέρους ἐκάλεσεν ἐπὶ τὴν κρίσιν, ταῦτα ἐν τῷ πρόσθεν λόγῳ δεδήλωται. τὰ δ' ἑξῆς νῦν διηγήσομαι. Καλλιρρόη μὲν γὰρ μέχρι Συρίας καὶ Κιλικίας κούφως ἔφερε τὴν ἀποδημίαν, οὐ γὰρ Ἑλλάδος ἤκουε φωνῆς καὶ θάλατταν ἔβλεπεν τὴν ἄγουσαν εἰς Συρακούσας. Ὡς δ' ἧκεν ἐπὶ ποταμὸν Εὐφράτην, μεθ' ὃν ἤπειρός ἐστι μεγάλη ἀφετήριον εἰς τὴν βασιλέως γῆν τὴν πολλήν, τότ' ἤδη πόθος αὐτὴν ὑπεδύετο πατρίδος τε καὶ συγγενῶν, ἀπογνοῦσα τῆς εἰς τοὐμπαλιν ὑποστροφῆς. Στᾶσα δ' ἐπὶ τῆς ᾐόνος καὶ πάντας ἀναχωρῆσαι κελεύσασα πλὴν Πλαγγόνος, τῆς μόνης πιστῆς, τοιούτων ἤρξατο λόγων· Τύχη βάσκανε καὶ μιᾶς γυναικὸς προσφιλονεικοῦσα πολέμῳ, σύ με κατέκλεισας ἐν τάφῳ ζῶσαν κἀκεῖθεν ἐξήγαγες, οὐ δι' ἔλεον ἀλλ' ἵνα λῃσταῖς με παραδῷς. Ἐμερίσαντό μου τὴν φυγὴν θάλασσα καὶ Θήρων. Ἡ Ἑρμοκράτους θυγάτηρ ἐπράθην, καὶ τὸ τῆς δουλείας μοι βαρύτερον, ἀφιλήθην, ἵνα, ζῶντος Χαιρέου, ἄλλῳ γαμηθῶ. Σὺ δὲ καὶ τούτων ἤδη μοι φθονεῖς. Οὐκέτι γὰρ εἰς Ἰωνίαν με φυγαδεύεις. Ξένην μέν, πλὴν Ἑλληνικὴν ἐδίδως γῆν, ὅπου μεγάλην εἶχον παραμυθίαν, ὅτι θαλάσσῃ παρακάθημαι. Νῦν δ' ἔξω με τοῦ συνήθους ῥίπτεις ἀέρος καὶ τῆς πατρίδος ὅλῳ διορίζομαι κόσμῳ. Μίλητον ἀφείλου μου πάλιν, ὡς πρότερον Συρακούσας. Ὑπὲρ τὸν Εὐφράτην ἀπάγομαι καὶ βαρβάροις ἐγκλείομαι μυχοῖς ἡ νησιῶτις, ὅπου μηκέτι θάλασσα. Ποίαν ἔτ' ἐλπίσω ναῦν ἐκ Σικελίας καταπλεύσας; ἀποσπῶμαι καὶ τοῦ σοῦ τάφου, Χαιρέα. Τίς ἐπενέγκῃ σοι χοάς, δαῖμον ἀγαθέ; Βάκτρα μοι καὶ Σοῦσα λοιπὸν οἶκος καὶ τάφος. Ἅπαξ, Εὐφρᾶτα, μέλλω σε διαβαίνειν. Φοβοῦμαι γὰρ οὐχ οὕτως τὸ μῆκος τῆς ἀποδημίας, ὡς, μὴ δόξω κἀκεῖ καλή τινι. Ταῦθ' ἅμα λέγουσα τὴν γῆν κατεφίλησεν. εἶτ' ἐπιβᾶσα τῆς πορθμίδος διεπέρασεν. Ἦν μὲν οὖν καὶ Διονυσίῳ χορηγία πολλή, πλουσιώτατα γὰρ ἐπεδείκνυτο τῇ γυναικὶ τὴν παρασκευήν, βασιλικωτέ-

LIBER QUINTUS.

I. Quomodo jam Callirrhoë Chæreæ nupta fuerit, pulcherrima mulierum virorum pulcherrimo, administrante has nuptias Venere, et quomodo ictu æmuli Chæreæ exanimata fuerit visa, splendideque sepulta; dein sibi redditam sepulcro noctu latrones extraxerint, et abductam e Sicilia trajecto pelago in Ioniam vendiderint Dionysio, hujusque amores, et fœminæ erga Chæream fidem, et coactas ob plenum ventrem nuptias, et Theronis confessionem et Chæreæ institutam repetendæ uxoris ergo navigationem, ejusque cum Polycharmo captivitatem, et in Cariam venditionem, et qui Chæream Mithridates agnoverit, jamjam morti tradendum, et qua ratione disparatos amantes jungere sibique reddere studuerit, et ut, eo deprehenso per epistolas, Dionysius Carem apud Pharnacen detulerit, hic porro apud regem, rex denique ambos exciverit ad caussam dicendam : superiore narratione declaratum est. Jam ad reliqua exponenda accedo. Callirrhoë Syriam et Ciliciam usque non graviter ferebat iter. Audiebat enim Græcum sermonem, et mare videbat adhuc, quo Syracusas itur. Ubi vero ad Euphraten pervenit, post quem vasta est terra continens, et late in amplam regis ditionem promissa, tum demum patriæ et affinium sentit desiderium, ut reditum desperans. Igitur in ripa stans, omnibus præter solam fidam Plangonem secedere jussis, loqui sic occipit : Invida Fortuna et nimis contentiose uni mulieri oppugnandæ inhærens : tu me tumulo inclusisti, et extraxisti, non miserta, sed ut piratis traderes. Fugam meam mare et Thero partiti sunt. Hermocratis ego filia vendita fui, et, quod ipsa servitute mihi gravius, amata, ut, spirante adhuc Chærea, nuberem alteri. Jam tu et illud mihi conjugium invides. Non amplius me in Ioniam in exsilium mittis. Olim peregrinam dabas terram, sed Græcam tamen, ubi magno mihi solatio erat vicinia maris. Nunc extra consuetum aërem me abjicis, et a patria orbe toto discriminor. Rursus Miletum aufers, ut ante Syracusas. Ultra Euphraten abrepta barbararum terrarum recessibus includor insulana, ubi non amplius mare. Qui ergo navem e Sicilia porro exspectem? etiam a sepulcro tuo, Chærea, abstrahor. Quis vobis inferias tulerit, boni manes? Bactra mihi reliquum et Susa domus erunt et sepulcrum. Semel Euphraten transibo. Timeo namque non tam itineris longum spatium, quam ne videar et ibi cuiquam pulchra. His dictis osculata terram transmittit fluvium conscensa rate. Dionysius quidem hoc iter frequenti comitatu et opiparæ supellectilis adparatu faciebat, hac pompa uxori sese jactare studens. Magis tamen ipso rege non indignam reddebat profectionem indigenarum, quos transibant, comitas. Unus populus ad alterum deducebat abeuntes, et satrapa proximo

LIBER V.

ῥᾷν δὲ τὴν ὁδοιπορίαν αὐτοῖς παρεσκεύασεν ἡ τῶν ἐπιχωρίων φιλοφρόνησις· δῆμος παρέπεμπεν εἰς δῆμον καὶ σατράπης παρεδίδου τῷ μεθ' αὑτὸν, πάντας γὰρ ἐδημαγώγει τὸ κάλλος. Καὶ ἄλλη δέ τις ἐλπὶς ἔθαλπε τοὺς βαρβάρους, ὅτι ἥδ' ἡ γυνὴ μέγα δυνήσεται, καὶ διὰ τοῦτο ἕκαστος ἔσπευδε ξένια διδόναι, ἢ πάντως τινὰ χάριν εἰς αὐτὴν ἔχειν ἀποκειμένην. Καὶ οἱ μὲν ἦσαν ἐν τούτοις.

Β'. Ὁ δὲ Μιθριδάτης δι' Ἀρμενίας ἐποιεῖτο τὴν πορείαν σφοδροτέραν, μάλιστα μὲν δεδοικὼς μὴ καὶ τοῦτο αἴτιον αὐτῷ γένηται πρὸς βασιλέως, ὅτι κατ' ἴχνος ἐπηκολούθει τῇ γυναικὶ, ἅμα δὲ καὶ σπεύδων προεπιδημῆσαι καὶ συγκροτῆσαι τὰ πρὸς τὴν δίκην. Ἀφικόμενος οὖν εἰς Βαβυλῶνα, βασιλεὺς γὰρ αὐτόθι διέτριβεν, ἐκείνην μὲν τὴν ἡμέραν ἡσύχασε παρ' ἑαυτῷ, πάντες γὰρ οἱ σατράπαι σταθμοὺς ἔχουσιν ἀποδεδειγμένους, τῇ δ' ὑστεραίας ἐπὶ θύρας ἐλθὼν τὰς βασιλέως, ἠσπάσατο μὲν Περσῶν τοὺς ὁμοτίμους, Ἀρταξάτην δὲ τὸν εὐνοῦχον ὃς μέγιστος ἦν παρὰ βασιλεῖ καὶ δυνατώτερος πρῶτον μὲν δώροις ἐτίμησεν, εἶτα· Ἀπάγγειλον, εἶπε, βασιλεῖ· Μιθριδάτης, σὸς δοῦλος, πάρεστιν ἀπολύσασθαι διαβολὴν Ἕλληνος ἀνδρὸς καὶ προσκυνῆσαι. Μετ' οὐ πολὺ δ' ἐξελθὼν ὁ εὐνοῦχος ἀπεκρίνατο· Ὅτι ἐστὶ βασιλεῖ βουλομένῳ Μιθριδάτην μηδὲν ἀδικεῖν· κρινεῖ δὲ, ἐπειδὰν καὶ Διονύσιος παραγένηται. Προσκυνήσας οὖν ὁ Μιθριδάτης ἀπηλλάττετο. Μόνος δὲ γενόμενος ἐκάλεσε Χαιρέαν καὶ ἔφη πρὸς αὐτόν· Ἐγὼ κρίνομαι, καὶ ἀποδοῦναί σοι θελήσας Καλλιρρόην ἐγκαλοῦμαι· τὴν γὰρ σὴν ἐπιστολὴν, ἣν ἔγραψας πρὸς τὴν γυναῖκα, Διονύσιος ἐμὲ φησὶ γεγραφέναι καὶ μοιχείας ἀπόδειξιν ἔχειν ὑπολαμβάνει, πέπεισται γὰρ σὲ τεθνάναι, καὶ πεπεῖσθαι μέχρι τῆς δίκης, ἵν' αἰφνίδιον ὀφθῇς. Ταύτην ἀπαιτῶ σε τῆς εὐεργεσίας τὴν ἀνταμοιβήν· ἀπόκρυψον σεαυτὸν, μήτ' ἰδεῖν Καλλιρρόην, μήτ' ἐξετάσαι τι περὶ αὐτῆς, καρτέρησον. Ἄκων μὲν, ἀλλ' ἐπείθετο Χαιρέας καὶ λανθάνειν μὲν ἐπειρᾶτο, ἐλείβετο δ' αὐτοῦ τὰ δάκρυα κατὰ τῶν παρειῶν. Εἰπὼν δέ· Ποιήσω, δέσποτα, ἃ προστάττεις ἀπῆλθεν εἰς τὸ δωμάτιον, ἐν ᾧ κατήγετο μετὰ Πολυχάρμου τοῦ φίλου καὶ ῥίψας ἑαυτὸν εἰς τὸ ἔδαφος, περιρρηξάμενος τὸν χιτῶνα,

Ἀμφοτέραις χερσὶ περιελὼν κόνιν αἰθαλόεσσαν
Χεύατο κακκεφαλῆς, χάριεν δ' ᾔσχυνε πρόσωπον.

εἶτ' ἔλεγε κλάων· Ἐγγύς ἐσμεν, ὦ Καλλιρρόη καὶ οὐχ ὁρῶμεν ἀλλήλους. Σὺ μὲν οὖν οὐδὲν ἀδικεῖς, οὐ γὰρ οἶδας ὅτι Χαιρέας ζῇ, πάντων δ' ἀσεβέστατος ἐγώ, μὴ βλέπειν σε κεκελευσμένος, καὶ ἐπὶ τοσοῦτον φιλόζωος μέχρι τοσούτου φέρω τυραννούμενος. Σοὶ δ' εἴ τις τοῦτο προσέταξεν, οὐκ ἂν ἔζησας. Ἐκείνου μὲν οὖν παρεμυθεῖτο Πολύχαρμος. Ἤδη δὲ καὶ Διονύσιος πλησίον ἐγένετο Βαβυλῶνος καὶ φήμη προκατελάμβανε τὴν πόλιν, ἀπαγγέλλουσα πᾶσιν, ὅτι παραγίνεται γυνὴ, κάλλος οὐκ ἀνθρώπινον ἀλλά τε θεῖον, ὁποίαν ἐπὶ

deinceps tradebat. Omnes enim effascinatos ducebat regebatque pulchritudo. Barbaros etiam fovebat alia spes, fore, ut hæc mulier aliquando multum posset. Quisquis igitur laborabat aut hospitio excipere, aut saltem beneficium aliquod in illam collatum habere, ceu benevolentiæ depositum. In his illi erant.

II. Mithridates autem iter per Armeniam faciebat citatius, maxime quidem metu, ne et hoc inter crimina sihique noxium foret apud regem, quod secutus e vestigio mulierem fuisset. Simul tamen et prior adesse festinabat, ut, quæcunque caussæ suæ instruendæ necessaria et utilia futura erant, compararet. Ut igitur Babylonem venerat, rex enim ibi tum versabatur, illo quidem se die apud se continuit. Habet enim unusquisque satrapa suum sibi assignatum deversorium. Altera autem die aulam ingressus primum illustres suique loci viros salutavit: Homotimi illi appellantur: dein Artaxaten Eunuchum, qui et honoratissimus apud regem erat, et plurimum pollebat. Cui muneribus conciliato: Refer, ait, regi; Mithridates, tuus servus Græci criminationem dilutum teque adoratum adest. Paullo post egressus eunuchus referebat: Et rex vult Mithridaten nihil quidquam prævaricari, sententiam pronuntiabit illi Dionysius quoque adfuerit. Adorat Mithridates, et abit, redditusque solitudini Chæream vocat, et: accusant me, ait, atque criminantur, quod reddere tibi Callirrhoën volui : literas nempe, quas ad uxorem tuam exarasti, Dionysius ait me scripsisse, et habere putat evidens adulterii argumentum. Firmiter enim illi persuasum est, te obiisse; et id sibi persuadeat ad diem usque judicii, ut tu derepente tum compareas. Hoc a te beneficiorum meorum hostimentum reposco. Delitesce, et perdura neque videre Callirrhoën, neque de ea quidquam inquirere. Ægre quidem, sed tamen obtemperat Chæreas, et quamvis tegere secretiores animi sensus niteretur, lacrymis tamen per genas manantibus proditus: Faciam, ait, quæ jubes, here. Sed simul digressus ad cubiculum, ubi divertebat cum amico Polycharmo, humi decumbere, lacerare vestes,

In caput ambabus nigram inde atque inde favillam
Congerere, et vultus amens fœdare venustos.

Et plorans ait : Tam prope sumus, Callirrhoë, neque tamen nos videmus. Tu quidem nihil peccas. Nescis enim, Chæream vivere. Ego vero scelestissimus, quod jussus te non adspicere, pareo. Eo usque tyrannidem fero, imbellis, vitæ amans. Tibi vero si quis illud imposuisset, vita emigrasses. Illum blandis contra verbis Polycharmus levat. Jam et Dionysius Babylone non multum aberat. Jam fama præoccupaverat urbem, advenire mulierem, formæ non humanæ, sed divinæ, qualem In terris aliam sol non collustret. Et quum natura barbari in fœminas

γῆς ἄλλην ἥλιος οὐχ ὁρᾷ. Φύσει δέ ἐστι τὸ βάρβαρον γυναιμανές, ὥστε πᾶσα οἰκία καὶ πᾶς στενωπὸς ἐπεπλήρωτο τῆς δόξης. Διέβαινε δ' ἡ φήμη μέχρις αὐτοῦ τοῦ βασιλέως, ὥστε καὶ ἤρετο Ἀρταξάτην, τὸν
5 εὐνοῦχον, εἰ πάρεστιν ἡ Μιλησία. Διονύσιον δὲ καὶ πάλαι μὲν ἐλύπει τὸ περιβόητον τῆς γυναικός, οὐ γὰρ εἶχεν ἀσφάλειαν, ἐπεὶ δ' εἰς Βαβυλῶνα ἔμελλεν εἰσιέναι, τότ' ἤδη καὶ μᾶλλον ἐνεπίμπρατο, στενάξας δ' ἔφη πρὸς ἑαυτόν· Οὐκέτι ταῦτα Μίλητός ἐστι, Διονύ-
10 σιε, ἡ σὴ πόλις· κἀκεῖ δὲ τοὺς ἐπιβουλεύοντας ἐφυλάττου. Τολμηρὰ καὶ τοῦ μέλλοντος ἀπροόρατε, εἰς Βαβυλῶνα Καλλιρρόην ἄγεις, ὅπου Μιθριδάται τοσοῦτοι; Μενέλαος ἐν τῇ σώφρονι Σπάρτῃ τὴν Ἑλένην οὐκ ἐτήρησεν, ἀλλὰ παρευδοκίμησε καὶ βασιλέα βάρβαρος
15 ποιμήν· πολλοὶ Πάριδες ἐν Πέρσαις. Οὐχ ὁρᾷς τοὺς κινδύνους, οὐ τὰ προοίμια; πόλεις ἡμῖν ἀπαντῶσι καὶ θεραπεύουσι σατράπαι. Σοβαρωτέρα γέγονεν ἤδη, καὶ οὔπω βασιλεὺς ἑώρακεν αὐτήν. Μία τοίνυν σωτηρίας ἐλπίς, διακλέψαι τὴν γυναῖκα, φυλαχθήσεται
20 γάρ, ἂν δυνηθῇ λαθεῖν. Ταῦτα λογισάμενος ἵππου μὲν ἐπέβη, τὴν δὲ Καλλιρρόην εἴασεν ἐπὶ τῆς ἁρμαμάξης καὶ συνεκάλυψε τὴν σκηνήν. Τάχα δ' ἂν καὶ προεχώρησεν, ὅπερ ἤθελεν, εἰ μὴ συνέβη τι τοιοῦτον.

Γ΄. Ἧκον παρὰ Στάτειραν, τὴν γυναῖκα τὴν βασι-
25 λέως, τῶν ἐνδοξοτάτων Περσῶν αἱ γυναῖκες καί τις εἶπεν ἐξ αὐτῶν· Ὦ δέσποινα, γύναιον Ἑλληνικὸν ἐπιστρατεύεται ταῖς ἡμετέραις οἰκίαις, ὃ καὶ πάλαι μὲν πάντες ἐθαύμαζον ἐπὶ τῷ κάλλει, κινδυνεύει δ' ἐφ' ἡμῶν ἡ δόξα τῶν Περσίδων γυναικῶν καταλυθῆναι. Φέρ' οὖν
30 σκεψώμεθα, πῶς μὴ παρευδοκιμηθῶμεν ὑπὸ τῆς ξένης. Ἐγέλασεν ἡ βασίλισσα ἀπιστοῦσα τῇ φήμῃ, ἅμα δ' εἶπεν· Ἀλαζόνες εἰσὶν Ἕλληνες καὶ πτωχοὶ καὶ διὰ τοῦτο τὰ μικρὰ θαυμάζουσι μεγάλως. οὕτως φημίζουσι Καλλιρρόην καλήν, ὡς καὶ Διονύσιον πλούσιον. Μία τοίνυν ἐξ
35 ἡμῶν, ἐπειδὰν εἰσίῃ, φανήσω μετ' αὐτῆς, ἵν' ἀποσβέσῃ τὴν πενιχράν τε καὶ δούλην. Προσεκύνησαν πᾶσαι τὴν βασιλίδα καὶ τῆς γνώμης ἀπεθαύμασαν καὶ τὸ μὲν πρῶτον ὡς ἐξ ἑνὸς στόματος ἀνεβόησαν· Εἴθε δυνατὸν ἦν ὀφθῆναί σε, δέσποινα. Εἶτα διεσχίσθησαν αἱ γνῶμαι
40 καὶ τὰς ἐνδοξοτάτας ὠνόμαζον ἐπὶ κάλλει. Χειροτονία δ' ἦν, ὡς ἐν θεάτρῳ καὶ προεκρίθη Ῥοδογύνη, θυγάτηρ μὲν Ζωπύρου, γυνὴ δὲ Μεγαβύζου, μέγα τι χρῆμα καὶ περιβόητον, οἷον τῆς Ἰωνίας Καλλιρρόη, τοιοῦτο τῆς Ἀσίας ἡ Ῥοδογύνη. Λαβοῦσαι δ' αὐτὴν αἱ γυ-
45 ναῖκες ἐκόσμουν, ἑκάστη τι παρ' αὑτῆς συνεισφέρουσα εἰς κόσμον. Ἡ δὲ βασιλὶς ἔδωκε περιβραχιόνια καὶ ὅρμον. Ἐπεὶ τοίνυν εἰς τὸν ἀγῶνα καλῶς αὐτὴν κατεσκεύασαν, ὡς δῆθεν εἰς ἀπάντησιν Καλλιρρόης, παρεγίνετο. Καὶ γὰρ εἶχε πρόφασιν οἰκείαν, ἐπειδὴ ἦν
50 ἀδελφὴ Φαρνάκου, ὃς γράψαντος βασιλεῖ περὶ Διονυσίου. Ἐξεχεῖτο δὲ πᾶσα Βαβυλὼν ἐπὶ τὴν θέαν καὶ τὸ πλῆθος ἐστενοχώρει τὰς πύλας. Ἐν δὲ τῷ περιφανεστάτῳ παραπεμπομένη βασιλικῶς ἡ Ῥοδογύνη περιέμενεν. Εἱστήκει δ' ἁβρὰ καὶ θρυπτομένη καὶ ὡς

insaniant, omnes domus, omnes angiportus rumore pleni erant. Ad ipsum ille quoque regem pervaserat, ex eunucho Artaxate sciscitantem : Num adesset Milesia. At ista fœminæ celebritas jamdudum pupugerat Dionysium, qui bonis ideo suis tuto nequibat frui. Sed magis pungebat hominem, quin urebat potius, quod deberet Babylonem adire. Non hic porro, Dionysie, tua patria Miletus; sic ille gemebundus ad se. Jam ibi metuebas insidiatores. Nunc autem ipse Babylonem Callirrhoën ducis, ubi tot sunt Mithridates, temerarie atque futurorum male provide. In casta illa Lacedæmone Menelaus Helenam non servavit integram. Sed barbarus pastor etiam rege magis placuit. Multi Parides sunt apud Persas. Non vides pericula, non præludia? Integræ nobis occurrunt urbes : satrapæ officiis colunt. Hæc jam facta ferocior. Atqui rex illam nondum vidit. Una superat spes salutis, mulierem occultare. Servabitur enim, si latere poterit. Hæc ratiocinatus secum, ipse sejugem equum conscendit, quo solus veheretur : Callirrhoën autem in curru reliquit, velisque tabernaculum, quo sedebat, occlusit. Forte quoque consilium feliciter cessisset, nisi tale quid intervenisset.

III. Ad Statiram, quæ erat regis uxor, convenerant illustrissimorum Persarum conjuges. O domina, ait una de medio, Græcula nostris inimica domibus adventat. Illam diu est quod omnes admirati sunt. Nostris jam diebus nostraque culpa Persidum gloria minitatur occidere. Agedum rationem circumspiciamus, quæ possit efficere, ut gloria et plausus formæ nostræ non obscuretur ab ista alienigena. Risit ad hæc regina, famæ diffidens, et : Vani sunt Græculi, atque mendici. Propterea res etiam parvi momenti stupent. Callirrhoën sic prædicant pulchram, ut Dionysium divitem. Una itaque nostrum, quando illa urbem intrabit, se monstret, pauperculam et servam obscuraturam. Adorant omnes reginam, et de sapientia admiratæ exclamant uno ore : Utinam te, regina, in publico liceret conspici. Discordes dein præstantissimas nominant atque celeberrimas formas, itumque in suffragia, ut in theatro, et electa Rhodogune, Zopyri filia, Megabyzi uxor insignis et notæ pulchritudinis exemplar, ut in Ionia Callirrhoë, sic in Asia Rhodogune. Hanc aggressæ mulieres sumtam seorsim ornabant, mundi quæque sui aliquid conferentes, dum regina armillas et torques dabat. Pulchre sic instructa et parata certamini, præsto erat ad Callirrhoën, si dis placet, excipiendam. Singularem quoque et domesticam habebat caussam. Erat nempe soror Pharnacis ejus, qui ad regem scripserat de Dionysio. Omnis ad spectaculum effundi Babylon, ut urbis portæ multitudine obstruerentur. Rhodogune basilice deducta et stipata

LIBER V.

προκαλουμένη. πάντες δ' εἰς αὐτὴν ἀπέβλεπον καὶ διελάλουν πρὸς ἀλλήλους· Νενικήκαμεν· ἡ Περσὶς ἀποσβέσει τὴν ξένην. Εἰ δύναται, συγκριθήτω· μαθέτωσαν Ἕλληνες, ὅτι εἰσὶν ἀλαζόνες. Ἐν τούτῳ δ' ἐπῆλθεν ὁ Διονύσιος καὶ μηνυθέντος αὐτῷ, τὴν Φαρνάκου συγγενίδα παρεῖναι, καταπηδήσας ἐκ τοῦ ἵππου προσῆλθεν αὐτῇ φιλοφρονούμενος. Ἐκείνη δ' ὑπερυθριῶσα· Θέλω, φησί, τὴν ἀδελφὴν ἀσπάσασθαι. Καὶ ἅμα τῇ ἁρμαμάξῃ προσῆλθεν. Οὔκουν δυνατὸν ἦν 10 αὐτὴν ἔτι μένειν κεκαλυμμένην, ἀλλ' ὁ Διονύσιος μὲν ἄκων καὶ στένων ὑπ' αἰδοῦς τὴν Καλλιρρόην προελθεῖν ἠξίωσεν. Ἅμα δὲ πάντες οὐ μόνον τοὺς ὀφθαλμοὺς ἀλλὰ καὶ τὰς ψυχὰς ἐξέτειναν καὶ μικροῦ δεῖν ἐπ' ἀλλήλους κατέπεσον, ἄλλος πρὸ ἄλλου θέλων ἰδεῖν, καὶ 15 ὡς δυνατὸν ἐγγυτάτω γενέσθαι. Ἐξέλαμψε δὲ τὸ τῆς Καλλιρρόης πρόσωπον καὶ μαρμαρυγή κατέσχε τὰς ἁπάντων ὄψεις, ὥσπερ ἐν νυκτὶ βαθείᾳ πολλοῦ φωτὸς αἰφνιδίον φανέντος. Ἐκπλαγέντες δ' οἱ βάρβαροι προσεκύνησαν καὶ οὐδεὶς ἐδόκει Ῥοδογύνην παρεῖναι. 20 Συνῆκε δὲ καὶ ἡ Ῥοδογύνη τῆς ἥττης, καὶ μήτε ἀπελθεῖν δυναμένη, μήτε βλέπεσθαι θέλουσα, ὑπέδυ τὴν σκηνὴν μετὰ τῆς Καλλιρρόης, παραδοῦσα αὐτὴν τῷ κρείττονι φέρειν. Ἡ μὲν ἁρμάμαξα προῄει συγκεκαλυμμένη, οἱ δ' ἄνθρωποι, μηκέτι ἔχοντες Καλλιρρόην 25 ὁρᾶν, κατεφίλουν τὸν δίφρον. Βασιλεὺς δ' ὡς ἤκουσεν, ἀφῖχθαι Διονύσιον, ἐκέλευσεν Ἀρταξάτην τὸν εὐνοῦχον ἀπαγγεῖλαι πρὸς αὐτόν· Ἐχρῆν μέν σε κατηγοροῦντα ἀνδρὸς ἀρχὴν μεγάλην πεπιστευμένου μὴ βραδύνειν. Ἀφίημι δέ σοι τὴν αἰτίαν, ὅτι μετὰ γυ- 30 ναικὸς ἐβάδιζες. Ἐγὼ δὲ νῦν μὲν ἑορτὴν ἄγω καὶ πρὸς ταῖς θυσίαις εἰμί. Τριακοστῇ δ' ὕστερον ἡμέρᾳ ἀκροάσομαι τῆς δίκης. Προσκυνήσας ὁ Διονύσιος ἀπηλλάγη.

Δ'. Παρασκευὴ οὖν ἐντεῦθεν ἐγίνετο ἐπὶ τὴν δίκην 35 παρ' ἑκατέρων, ὥσπερ ἐπὶ πολεμῶν τὸν μέγιστον. Ἐσχίσθη δὲ τὸ πλῆθος τῶν βαρβάρων καὶ ὅσον μὲν ἦν σατραπικὸν Μιθριδάτῃ προσέθετο· καὶ γὰρ ἦν ἀνέκαθεν ἐκ Βάκτρων, εἰς Καρίαν δ' ὕστερον μετῳκίσθη. Διονύσιος δὲ τὸ δημοτικὸν εἶχεν εὔνουν· ἐδόκει γὰρ ἀδι- 40 κεῖσθαι παρὰ τοὺς νόμους, εἰς γυναῖκα ἐπιβουλευθεὶς καὶ ὅ μεῖζόν ἐστι, τοιαύτην. Οὐ μὴν οὐδ' ἡ γυναικωνῖτις ἡ Περσῶν ἀμέριμνος ἦν, ἀλλὰ καὶ ἐνταῦθα διῃρέθησαν αἱ σπουδαί. Τὸ μὲν γὰρ αὐτῶν ἐπ' εὐμορφίᾳ μέγα φρονοῦν ἐφθόνει τῇ Καλλιρρόῃ καὶ ἤθε- 45 λεν αὐτὴν ἐκ τῆς δίκης ὑβρισθῆναι, τὸ δὲ πλῆθος ταῖς οἰκείαις φθονούσαις τὴν ξένην εὐδοκιμῆσαι συνηύχοντο. Τὴν νίκην δ' ἑκάτερος αὐτῶν ἐν ταῖς χερσὶν ἔχειν ὑπελάμβανε. Διονύσιος μὲν θαρρῶν ταῖς ἐπιστολαῖς αἷς ἔγραψε Μιθριδάτης πρὸς Καλλιρρόην ὀνόματι Χαι- 50 ρέου, ζῆν γὰρ οὐδέποτε Χαιρέαν προσεδόκα, Μιθριδάτης δὲ Χαιρέαν ἔχων δεῖξαι, πέπειστο ἄγνωστος εἶναι μὴ δύνασθαι. Προσεποιεῖτο δὲ δεδιέναι καὶ συνηγόρους παρεκάλει, ἵνα διὰ τὸ ἀπροσδόκητον λαμπροτέραν τὴν ἀπολογίαν ποιήσηται. Ταῖς δὲ τριάκοντα ἡμέραις

Chariton.

in loco maxime conspicuo præstolabatur, stans delicatula, sibique placens et quasi provocans. Omnes in eam respicere et disserere inter se : Vicimus. Persis peregrinam obscurabit. Contendat modo, si potest. Græci nunc discant, quam ventosi sint. Interim Dionysius adest, et edoctus adesse sororem Pharnacis, ex equo desiliens adit, amicam ostensurus benevolentiam. Illa vero suppudibunda : Sororem salutare volo, ait, currumque una invadit. Neque igitur illa amplius residere poterat intra vela, et adactus verecundia Dionysius eam, invitus licet et gemens, hortatur prodire. Omnes tum non oculos tantum sed et animos intendebant, et tantum non sese humo proruebant, unus avidus præ altero videre, et esse quam proximus. Emicabat tum Callirrhoës vultus, et fulgor omnium præstringebat oculos, ut si densa nocte subito lux ingens appareat. Adeo barbari perculsi, ut nullus non adoraret, nullus crederet Rhodogunen amplius adesse; quæ et ipsa se victam agnovit, et neque potens recedere, neque tamen conspici volens, cum Callirrhoë subrepit in tabernaculum, ferendam se victrici tradens. Sic tectus procedebat currus, quem turba, Callirrhoë nimirum e conspectu sublata, osculis prosequebatur. Rex, advenisse Dionysium ubi audiit, Artaxaten eunuchum hæc illi renuntiare jubet. Oportuerat quidem te, accusatorem viri, cui magnum dominatum concredidi, non cessasse. Remitto tamen tibi culpam hanc, quandoquidem cum uxore viam fecisti. Ego vero nunc quidem festos dies celebro, sacrisque faciundis cum maxime distineor. Trigesimo vero abhinc die liti tuæ vacabo. Adorat Dionysius et abit.

IV. Inde se utraque pars, ceu ad maximum bellum, comparare. Barbarorum vero multitudo scindebatur, et quidquid erat de præfectorum genere, aut clientela, id omne Mithridati se adjungebat. Bactrianus enim erat a majoribus inde, nuper demum in Cariam trajectus. Plebem vero faventem habebat sibi Dionysius. Vir enim insidiis ob uxorem appetitus, eamque talem, quod majus, injuriam vitra leges videbatur passus esse. Quid? quod neque fremines Persarum cœtus quietus erat, sed harum quoque diversa studia. Pars enim, quæ de forma superbiebat, Callirrhoæ invidens optabat, aliquam ex illa lite contumeliam ipsi obtingere. Promiscua vero multitudo, domesticis malevola, placere peregrinam et ferre palmam vovebat. Utrinque in manibus victoriam teneri creditum. Dionysius enim literis confidebat, quas Mithridates ad Callirrhoën Chæreæ nomine dedisset. Nam Chæream vivere nullo modo credebat. Mithridati contra, qui Chæream habebat producere, certum erat et persuasum, mali sibi accidere nihil posse. Timorem interim simulabat, et advocatos conciebat, ut nempe ex eventu insperato defen-

30

Πέρσαι καὶ Περσίδες οὐδὲν ἕτερον διελάλουν ἢ τὴν δίκην ταύτην. Ὥστε, εἰ χρὴ τἀληθὲς εἰπεῖν, ὅλη ἡ Βαβυλὼν δικαστήριον ἦν. Ἐδόκει δὲ πᾶσιν ἡ προθεσμία μακρὰ καὶ οὐ τοῖς ἄλλοις μόνον ἀλλὰ καὶ αὐτῷ 5 τῷ βασιλεῖ. Ποῖος ἀγὼν Ὀλυμπικὸς, ἢ νύκτες Ἐλευσίνιαι προσδοκίαν τοσαύτην ἔσχον σπουδῆς; ἐπεὶ δ' ἧκεν ἡ κυρία τῶν ἡμερῶν, ἐκαθέσθη βασιλεύς. Ἔστι δ' οἶκος ἐν τοῖς βασιλείοις, ἐξαίρετος ἀποδεδειγμένος εἰς δικαστήριον, μεγέθει καὶ κάλλει διαφέρων· ἔνθα 10 μέσος μὲν ὁ θρόνος κεῖται βασιλεῖ, παρ' ἑκάτερα δὲ τοῖς φίλοις καὶ τοῖς ἀξιώμασι καὶ ταῖς ἀρεταῖς ὑπάρχουσιν ἡγεμόνες ἡγεμόνων. Περιεστᾶσι δὲ κύκλῳ τοῦ θρόνου λοχαγοὶ καὶ ταξίαρχοι καὶ τῶν βασιλέως ἐξελευθέρων τὸ ἐντιμότατον. Ὥστε ἐπ' ἐκείνου τοῦ συν-
15 εδρίου καλῶς ἂν εἴποι τις·

Οἱ δὲ θεοὶ πὰρ Ζηνὶ καθήμενοι ἠγορόωντο.

παράγονται δὲ οἱ καθεζόμενοι μετὰ σιγῆς καὶ δέους. Τότ' οὖν ἔωθεν μὲν πρῶτος ἧκε Μιθριδάτης, δορυφορούμενος ὑπὸ φίλων καὶ συγγενῶν, οὐ πάνυ τι λαμπρός, 20 οὐδὲ φαιδρός, ἀλλ', ὡς ὑπεύθυνος, ἐλεεινός. Ἐπηκολούθει δὲ καὶ Διονύσιος, Ἑλληνικῷ σχήματι, Μιλησίαν στολὴν ἀμπεχόμενος, τὰς ἐπιστολὰς τῇ χειρὶ κατέχων. Ἐπεὶ δ' εἰσήχθησαν, προσεκύνησαν. Ἔπειτα βασιλεὺς ἐκέλευε τὸν γραμματέα τὰς ἐπιστολὰς ἀνα-25 γνῶναι, τήν τε Φαρνάκου καὶ ἣν ἀντέγραψεν αὐτός, ἵνα μάθωσιν οἱ συνδικάζοντες, πῶς εἰσῆκται τὸ πρᾶγμα. Ἀναγνωσθείσης δὲ τῆς ἐπιστολῆς, ἔπαινος ἐξερράγη πολὺς, τὴν σωφροσύνην καὶ δικαιοσύνην θαυμαζόντων τὴν βασιλέως. Σιωπῆς δὲ γενομένης, ἔδει μὲν ἄρξα-30 σθαι τοῦ λόγου Διονύσιον, ὃν κατήγορον καὶ πάντες εἰς ἐκεῖνον ἀπέβλεψαν. Ἔφη δὲ Μιθριδάτης· Οὐ προλαμβάνω, φησί, δέσποτα, τὴν ἀπολογίαν, ἀλλ' οἶδα τὴν τάξιν· δεῖ δὲ πρὸ τῶν λόγων ἅπαντας παρεῖναι τοὺς ἀναγκαίους εἰς τῆς δίκης· ποῦ τοίνυν ἡ γυνή, περὶ 35 ἧς ἡ κρίσις; ἔδοξας δ' αὐτὴν ἀναγκαίαν διὰ τῆς ἐπιστολῆς καὶ ἔγραψας παρεῖναι. καὶ πάρεστι. Μὴ οὖν Διονύσιος ἀποκρυπτέτω τὸ κεφάλαιον καὶ τὴν αἰτίαν ὅλου τοῦ πράγματος. Πρὸς ταῦτ' ἀπεκρίνατο Διονύσιος· Καὶ τοῦτο μοιχοῦ, παραγ είς ὄχλον ἀλ-40 λοτρίαν γυναῖκα, οὐ θέλοντος ἀνδρός, οὔτε ἐγκαλοῦσαν, οὔτε ἐγκαλουμένην αὐτήν. Εἰ μὲν οὖν διεφθάρη, ὡς ὑπεύθυνον ἔδει παρεῖναι· νῦν δὲ σὺ ἐπεδούλευσας ἀγνοούσῃ καὶ οὔτε μάρτυρι χρῶμαι τῇ γυναικί, οὔτε συνηγόρῳ. Τί οὖν ἀναγκαῖον παρεῖναι τὴν κατ' οὐδὲν 45 μετέχουσαν τῆς δίκης; Ταῦτα δικανικῶς μὲν εἶπεν ὁ Διονύσιος, πλὴν οὐδένα ἔπειθεν. Ἐπεθύμουν γὰρ πάντες Καλλιρρόην ἰδεῖν. Αἰδουμένου δὲ κελεῦσαι βασιλέως, πρόφασιν ἔσχον οἱ φίλοι τὴν ἐπιστολήν. Ἐκλήθη γὰρ ὡς ἀναγκαία. Πῶς οὖν ἄτοπον, ἔφη 50 τις, ἐξ Ἰωνίας μὲν ἐλθεῖν, ἐν Βαβυλῶνι δ' οὖσαν ὑστερεῖν; Ἐπεὶ τοίνυν ὡρίσθη καὶ Καλλιρρόην παρεῖναι, οὐδὲ αὐτῇ προειρηκὼς ὁ Διονύσιος, ἀλλὰ μέχρι παντὸς ἀποκρυψάμενος τὴν αἰτίαν τῆς εἰς Βαβυλῶνα ὁδοῦ,

sionem sui faceret eo splendidiorem. Persæ et Persides per illos triginta dies nihil aliud inter se, quam caussam istam, crepabant, et si verum volumus, universa Babylon nihil, quam tribunal, erat, omnibusque videbatur nimis diu rejectus terminus, non reliquis tantum, sed et ipsi quoque regi. Qui ludus unquam Olympicus, quæ noctes Eleusiniæ tantam habuerunt studiorum exspectationem? Ut tandem venit condicta dies, consedit rex in illa aulæ camara, quæ soli reddendo juri destinata pariter amplitudine atque splendore excellit; in cujus medio regi solium jacet; ad utrumque latus protensis subselliis amicorum, quos aut dignitas, aut virtus, ducum duces fecit. Solium cingunt centuriones et tribuni, et honestissimi libertorum regiorum, ut merito quis de consessu illo dixerit,

Cœtus ibi superum medio Jove sermocinatur.

Consessores cum silentio et reverentia introducuntur. Illuc mane primus aderat Mithridates, cognatos et amicos secum trahens, non admodum splendidus, neque hilaris vultu, sed, ut reus, adspectu miserabili. Sequebatur Dionysius habitu Græco, Milesia stola, literas manibus tenens. Intromissi regem adorabant, qui scribam legere jubet epistolas Pharnacis et responsoriam suam, quo assessores judicii scirent, qua ratione iis introducta foret. Lectis regis literis, erupit multus plausus temperantiam atque justitiam principis admirantium. Facto silentio, Dionysium quidem oportuerat occipere sermonem, ut accusatorem, et omnes profecto respiciebant eum. Mithridates tamen sic ordiebatur: Non præcipio meam defensionem, domine. Novi omnino ordinem. Oportet autem, antequam ulterius verba fiant, omnes in hanc cognitionem adesse necessarios. Ubinam vero mulier, de qua nunc igitur, qua tu judicasti, domine, opus esse, quam comparere jussisti, quæ et adest in urbe? Dionysius itaque ne caput et caussam rei occulat. Respondet Dionysius : Et hoc quoque mœchi est, alienam uxorem in turbam producere, invito viro, quæ neque ipsa accusat, neque vicissim accusatur. Si corrupta omnino fuisset, adesse ream oportebat. Jam vero tu ignoranti insidiatus es. Neque teste utar uxore, neque patrona. Ergo quomodo necesse fit adesse mulierem, caussæ totius expertem? Hæc subtiliter quidem et speciose Dionysius ex fori usu disserebat, verum non persuadebat. Omnes enim Callirrhoën avebant videre. Rex quum præ verecundia nollet imperare mulieris præsentiam, caussabantur amici literas, quibus, ut necessaria, fuerat excita. Qui ergo non foret absurdum, dicebat aliquis, ex Ionia quidem advenire, præsentem vero Babylone, desiderari. Ut autem decretum, etiam Callirrhoën comparere, Dionysius, qui nihil apud eam hac de re monuerat, sed ad illum usque diem suppresserat veram itineris Babylonici ratio-

φοβηθεὶς αἰφνίδιον εἰσαγαγεῖν εἰς δικαστήριον, οὐδὲν εἰδυῖαν, εἰκὸς γὰρ ἦν καὶ ἀγανακτῆσαι τὴν γυναῖκα ὡς ἐξηπατημένην, εἰς τὴν ὑστεραίαν ὑπερέθετο τὴν δίκην. Καὶ τότε μὲν οὕτως διελύθησαν.

5 Εʹ. Ἀφικόμενος δὲ εἰς τὴν οἰκίαν ὁ Διονύσιος, οἷα δὴ φρόνιμος ἀνὴρ καὶ πεπαιδευμένος, λόγους τῇ γυναικὶ προσήνεγκεν ὡς ἐν τοιούτοις πιθανωτάτους, ἐλαφρῶς τε καὶ πράως ἕκαστα διηγούμενος. Οὐ μὴν ἀδακρυτί γ᾽ ἤκουεν ἡ Καλλιρρόη, πρὸς τοὔνομα δὲ τὸ 10 Χαιρέου πολλὰ ἀνέκλαυσε καὶ πρὸς τὴν δίκην ἐδυσχέραινε· Τοῦτο γάρ, φησί, μόνον ἔλιπέ μου ταῖς συμφοραῖς, εἰσελθεῖν εἰς δικαστήριον. Τέθνηκα καὶ κεκήδευμαι, τετυμβωρύχημαι, πέπραμαι, δεδούλευκα, ἰδού, Τύχη, καὶ κρίνομαι. Οὐκ ἤρκει σοι διαβαλεῖν 15 ἀδίκως με πρὸς Χαιρέαν, ἀλλ᾽ ἔδωκάς μοι παρὰ Διονυσίῳ μοιχείας ὑπόθεσιν. Τότε μου τὴν διαβολὴν ἐπόμπευσας τάφῳ, νῦν δὲ βασιλικῷ δικαστηρίῳ. Διήγημα καὶ τῆς Ἀσίας καὶ τῆς Εὐρώπης γέγονα. Ποίοις ὀφθαλμοῖς ὄψομαι τὸν δικαστήν; οἵων ἀκοῦσαί με δεῖ 20 ῥημάτων; κάλλος ἐπίβουλον, εἰς τοῦτο μόνον ὑπὸ τῆς φύσεως δοθέν, ἵνα μου πλησθῇ τῶν διαβολῶν. Ἑρμοκράτους θυγάτηρ κρίνεται καὶ τὸν πατέρα συνήγορον οὐκ ἔχει. Οἱ μὲν γὰρ ἄλλοι, ἐπὰν εἰς δικαστήριον εἰσίωσιν, εὔνοιαν εὔχονται καὶ χάριν. ἐγὼ δὲ φοβοῦ-25 μαι, μὴ ἀρέσω τῷ δικαστῇ. Τοιαῦτ᾽ ὀδυρομένην τὴν ἡμέραν ὅλην ἀθύμως διήγαγε καὶ μᾶλλον ἐκείνης Διονύσιος. Νυκτὸς δ᾽ ἐπελθούσης, ὄναρ ἔβλεπεν αὑτὴν ἐν Συρακούσαις παρθένον εἰς τὸ τῆς Ἀφροδίτης τέμενος εἰσιοῦσαν, κἀκεῖθεν ἐπανιοῦσαν ὁρῶσαν Χαιρέαν 30 καὶ τὴν τῶν γάμων ἡμέραν· ἐστεφανωμένην τὴν πόλιν ὅλην καὶ προπεμπομένην αὐτὴν ὑπὸ πατρὸς καὶ μητρὸς εἰς τὴν οἰκίαν τοῦ νυμφίου. Μέλλουσα δὲ καταφιλεῖν Χαιρέαν ἐκ τῶν ὕπνων ἀνέθορε καὶ καλέσασα Πλαγγόνα, Διονύσιος γὰρ ἔφθη προεξαναστάς, ἵνα μελε-35 τήσῃ τὴν δίκην, τὸ ὄναρ διηγεῖτο. Καὶ ἡ Πλαγγὼν ἀπεκρίνατο· Θάρρει, δέσποινα, καὶ χαῖρε· καλὸν ἐνύπνιον εἶδες· πάσης ἀπολυθήσῃ φροντίδος. Ὥσπερ γὰρ ὄναρ ἔδοξας, οὕτως καὶ ὕπαρ. Ἄπιθι εἰς τὸ βασιλέως δικαστήριον ὡς ἱερὸν Ἀφροδίτης, ἀναμνήσθητι 40 σαυτῆς, ἀναλάμβανε τὸ κάλλος τὸ νυμφικόν. Καὶ ταῦθ᾽ ἅμα λέγουσα ἐνέδυ καὶ ἐκόσμει τὴν Καλλιρρόην. Ἡ δ᾽ αὐτομάτως ψυχὴν εἶχεν ἱλαράν, ὥσπερ προμαντευομένη τὰ μέλλοντα. Ἕωθεν οὖν ὠθισμὸς ἦν περὶ τὰ βασίλεια καὶ μέχρις ἔξω πλήρεις οἱ στενωποί. 45 Πάντες γὰρ συνέτρεχον, τῷ μὲν δοκεῖν ἀκροαταὶ τῆς δίκης, τὸ δ᾽ ἀληθὲς Καλλιρρόης θεαταί. Τοσούτῳ δ᾽ ἔδοξε κρείττων ἑαυτῆς, ὅσῳ τὸ πρότερον τῶν ἄλλων γυναικῶν. Εἰσῆλθεν οὖν εἰς τὸ δικαστήριον, οἵαν ὁ θεῖος ποιητὴς τὴν Ἑλένην ἐπιστῆναί φησι τοῖς ἀμφὶ Πρίαμον
50 Πάνθοον ἠδὲ Θυμοίτην δημογέρουσιν.

ὀφθεῖσα δὲ θάμβος ἐποίησε καὶ σιωπήν.

Πάντες δ᾽ ἠρήσαντο παραὶ λεχέεσσι κλιθῆναι.

καὶ εἴγε Μιθριδάτην ἔδει πρῶτον εἰπεῖν οὐκ ἂν ἔσχε

nem, veritus uxorem ignaram rerum omnium derepente ad tribunal rapere; par enim erat, ut illusam, stomachari et ægre ferre; rejiciebat ergo judicium in alterum diem. Sic discessum tum quidem.

V. At Dionysius, ut domum venit, vir quippe prudens et literatus, sermones admovebat uxori pro temporum ratione maxime plausibiles et persuadentes, animo facili atque composito singula quævis effatus. Audit Callirhoë, non tamen sine lacrymis, et ad nomen Chæreæ sæpius plorans gemensque, et ad litis mentionem fremens : Hoc unum scilicet, ait, deerat meis miseriis, etiam ad judicem rapi. Mortua fui, elata, egesta tumulo a latronibus, vendita, serva facta. En, Fortuna, judicium nunc subeo. Iniquam de me opinionem insinuare Chæreæ, non sufficiebat tibi. Etiam apud Dionysium argumentum stupri ciebat tibi. Illam sepulcro, hanc regio tribunali ceu triumphans ostendisti calumniam. Europæ atque Asiæ fabula evasi. Quibus judicem oculis adspiciam? quæ audire me verba oportebit? Insidiosa est forma, ideo tantum a natura tributa, ut calumniis in me tu te satiares. Hermocratis filia judicatur, et patrem advocatum non habet. Cæteri tribunalis, quod ingrediuntur, benevolentiam sibi et favorem precantur. Ego vero metuo, ne placeam judici. Hæc lamentans gemensque totum diem dejecto transegit animo. Superveniente vero nocte per somnum videt, se Syracusis virginem Veneris intrare templum, et inde reducem videre Chæream; et nuptiarum diem, totamque urbem in coronis, seque a patre et matre in domum sponsi deductam. Sed cum in eo esset, ut oscularetur Chæream, somno subsiluit excussa, vocatque Plangonem. Nam Dionysius prior surrexerat, ut caussam suam meditaretur. Eique narrat insomnium : cui Plango : Bono sis animo, domina, inquit, et læto, pulchrum vidisti insomnium. Curam omnem abjice. Ut enim per somnium tibi visa es videre, sic experrectæ erunt omnia. Abi ad regis tribunal, haud secus, atque ad Veneris templum. Memor esto tui. Resume, quam sponsa habebas, formam. Et simul induit et comit Callirrhoën. Quæ secreto quodam instinctu et sponte sua erectiorem habebat animum, ceu futuri præsaga. Mane ad regiam erat sese protrudentium concursus; pleni usque ad exteriora anime omnes aditus et viæ. Omnes caussam audire velle videbantur, sed revera Callirrhoën videre cupiebant. Neque fallebat illa spem; imo tantum aberat, ut potius, quanto nuper alias omnes, tanto hodie se ipsam vinceret. Plane ut divinus vates Helenam supervenire facit Priamo,

Panthooque, et Thymœtæ concionantibus,

sic illa tribunal intrat, et visa stuporem facit atque silentium.

Tunc optat sibi quisque torum, hæc solamina noctis.

Et si primus loqui debuisset Mithridates, vocem non in-

φωνήν. "Ὥσπερ γὰρ ἐπί τι τραῦμα ἐρωτικὸν, τὴν πα-
λαιὰν ἐπιθυμίαν, σφοδροτέραν αὖθις ἐλάμβανε πληγήν.

ϛ. Ἤρξατο δὲ Διονύσιος τῶν λόγων οὕτως· Χάριν
ἔχω σοι τῆς τιμῆς, βασιλεῦ, ἣν ἐτίμησας κἀμὲ καὶ
5 σωφροσύνην καὶ τοὺς πάντων γάμους. Οὐ γὰρ πε-
ριτιδὲς ἄνδρα ἰδιώτην ἐπιβουλευθέντα ὑπὸ ἡγεμόνος,
ἀλλ' ἐκάλεσας, ἵν' ἐπ' ἐμοῦ μὲ ἐκδικήσῃς τὴν ἀσέλ-
γειαν καὶ ὕβριν, ἐπὶ τῶν ἄλλων δὲ κωλύσῃς. Μείζο-
νος δὲ τιμωρίας ἄξιον τὸ ἔργον γέγονε καὶ διὰ τὸν
10 ποιήσαντα. Μιθριδάτης γὰρ, οὐκ ἐχθρὸς ὢν, ἀλλὰ
ξένος ἐμὸς καὶ φίλος, ἐπίβουλος ἐμοί, καὶ οὐκ εἰς ἄλλο
τι τῶν κτημάτων, ἀλλ' εἰς τὸ τιμιώτερον ἐμοὶ σώματός
τε καὶ ψυχῆς, τὴν γυναῖκα. Ὃν ἐχρῆν, εἰ καί τις
ἄλλος ἐπλημμέληκεν εἰς ἡμᾶς, αὐτὸν βοηθεῖν, εἰ καὶ
15 μὴ δι' ἐμὲ τὸν φίλον, ἀλλὰ διὰ σὲ τὸν βασιλέα. Σὺ
γὰρ ἐνεχείρισας αὐτῷ τὴν μεγίστην ἀρχὴν, ἧς ἀνάξιος
φανεὶς, κατῄσχυνε, μᾶλλον δὲ προὔδωκε, τὸν πιστεύ-
σαντα τὴν ἀρχήν. Τὰς μὲν οὖν δεήσεις τὰς Μιθρι-
δάτου καὶ τὴν δύναμιν καὶ τὴν παρασκευὴν, ὅσῃ χρῆται
20 πρὸς τὸν ἀγῶνα, ὅτι οὐκ ἐξ ἴσου καθεστήκαμεν, οὐδ'
αὐτὸς ἀγνοῶ. Θαῤῥῶ δὲ, βασιλεῦ, τῇ σῇ δικαιοσύνῃ
καὶ τοῖς γάμοις καὶ τοῖς νόμοις, οὓς ὁμοίως ἐν πᾶσι
τηρεῖς. Εἰ γὰρ μέλλεις αὐτὸν ἀφιέναι, πολὺ βέλτιον
ἦν μηδὲ καλέσαι. Τότε μὲν γὰρ ἐφοβοῦντο πάντες,
25 ὡς κολασθησομένης τῆς ἀσελγείας, ἐὰν εἰς κρίσιν
εἰσέλθῃ· καταφρονήσει δὲ λοιπὸν, ἐὰν κριθεὶς παρὰ
σοὶ μὴ κολασθῇ. Ὁ δ' ἐμὸς λόγος σαφής ἐστι καὶ
σύντομος. Ἀνήρ εἰμι Καλλιῤῥόης ταύτης. Ἤδη
δ' ἐξ αὐτῆς καὶ πατὴρ, γήμας, οὐ παρθένον, ἀλλ' ἀνδρὸς
30 προτέρου γενομένην, Χαιρέου τοὔνομα, πάλαι τεθνεῶ-
τος, οὗ καὶ τάφος ἐστὶ παρ' ἡμῖν. Μιθριδάτης οὖν
ἐν Μιλήτῳ γενόμενος καὶ θεασάμενός μου τὴν γυ-
ναῖκα διὰ τὸ τῆς ξενίας δίκαιον, τὰ μετὰ ταῦτα οὐχ
ἔπραξεν οὔθ' ὡς φίλος, οὔθ' ὡς ἀνὴρ σώφρων καὶ
35 κόσμιος, ὁποίους σὺ βούλει εἶναι τοὺς τὰς σὰς πό-
λεις ἐγκεχειρισμένους, ἀλλ' ἀσελγὴς ὤφθη καὶ τυραν-
νικός. Ἐπιστάμενος δὲ τὴν σωφροσύνην καὶ φιλαν-
δρίαν τῆς γυναικὸς, ἐλπίζων μὴ ἢ χρήμασι πεῖσαι
αὐτὴν ἀδύνατον ἔδοξε, τέχνην δ' ἐξεῦρεν ἐπιβουλῆς, ὡς
40 ᾤετο, πιθανωτάτην. Τὸν γὰρ πρότερον αὐτῆς ἄνδρα,
Χαιρέαν, ὑπεκρίνατο ζῆν καὶ πλάσας ἐπιστολὰς ἐπὶ
τῷ ὀνόματι τῷ ἐκείνου πρὸς Καλλιῤῥόην ἔπεμψε διὰ
δούλων. Ἡ δὲ σὴ τύχη, βασιλεῦ, ἀξίων ὄντα κα-
τέστησε καὶ πρόνοια τῶν ἄλλων θεῶν φανερὰς ἐποίησε
45 τὰς ἐπιστολάς. Τοὺς γὰρ δούλους μετὰ τῶν ἐπιστο-
λῶν ἔπεμψε πρὸς ἐμὲ Βίας, ὁ στρατηγὸς Πριηνέων·
ἐγὼ δὲ φωράσας ἐμήνυσα τῷ σατράπῃ Λυδίας καὶ
Ἰωνίας, Φαρνάκῃ, ἐκεῖνος δὲ σοί. Τὸ μὲν διή-
γημα εἴρηκα τοῦ πράγματος, περὶ οὗ δικάζεις· αἱ
50 δ' ἀποδείξεις ἄπυκτοι. Δεῖ γὰρ δυοῖν θάτερον, ἢ Χαι-
ρέαν ζῆν, ἢ Μιθριδάτην ἠλέγχθαι μοιχόν. Καὶ γὰρ
οὐδὲ τοῦτο δύναται λέγειν, ὅτι τεθνηκέναι Χαιρέαν
ἠγνόει. Τούτου γὰρ ἐν Μιλήτῳ παρόντος, ἐχώσαμεν
ἐκείνῳ τὸν τάφον, καὶ συνεπένθησεν ἡμῖν. Ἀλλ' ὅταν

venisset. Nam super vulnus illud antiquum, puta cupidi-
nem, multo violentiore plaga tum contundebatur.

VI. Verum Dionysius occupat loqui : Gratiam de honore
habeo tibi, rex, quo et me affecisti, et castimoniam, et
omnium conjugia. Privatum enim hominem a duce insi-
diis appetitum non insuper habuisti, sed accivisti, ut pro
me quidem meaque in caussa pœnam sumeres de petulantia
et insultandi lascivia, pro aliis autem in futurum contu-
meliam arceres. Majorem vero sibi pœnam depostulat
hoc facinus ob auctorem. Mithridates enim, non hostis
ille meus, sed hospes, sed amicus, mihi insidiatur, non
ob aliud quid opum mearum, sed ob id, quod anima mihi
et corpore carius, ob uxorem; quem oportebat etiam, si
quis alius in nos peccasset, vindicasse, idque, si non meam
in gratiam, sane tui caussa, rex. Tu enim illi maximum
commendasti imperium, quo indignus deprehensus modo,
fœdavit, imo prodidit eum, qui concredidit. Flagita-
tiones equidem Mithridatis et potentiam et apparatum,
quibus utitur ad præsens discrimen, neque ipse ego ignoro,
neque quod in his æquales non simus. Sed confido tamen
tua justitia, rex, et sanctitate matrimonii, et legibus, quas
pariter omnibus custodis. Nam si velis ipsum dimittere,
satius fuerat non evocasse. Nuper timebant omnes,
quandoquidem puniendam exspectabant lasciviam, modo
ille coram judice comparuerit. Quando vero judicatus a
te non etiam puniatur, tum contemtui eris de reliquo.
Caussa et oratio mea brevis est et perspicua. Callirrhoës
maritus ego sum; et jam ex illa pater; quam duxi, non
virginem, sed antea nuptam cuidam Chæreæ, dudum fatis
functo, cujus et monumentum est apud nos. Mithridates
ergo, postquam Mileti vidit pro hospitii jure meam uxo-
rem, non juste, quæ post egit, neque ut amicus, neque
ut vir temperans et honestus; quales tu desideras eos,
quorum in manus urbes tuas tradis; sed petulans depre-
hensus est, et tyrannum agitans. Nam quum fœminæ
castimoniam et in virum amorem nosset, eamque verbis,
aut opibus, expugnare posse diffideret, artes invenit ve-
terator, ut putabat, pulcherrimas. Finxit, priorem mari-
tum, Chæream, vivere, literasque supposuit ejus nomine,
suosque per servos misit ad Callirrhoën. Tua vero For-
tuna, rex, sic meritum adjuvit, deorumque providentia
detexit epistolas. Bias enim, prætor Prienensium, servos
cum literis ad me misit. Flagrans igitur ego delictum
deprehendens, ad Pharnacen, Ioniæ Lydiæque præfectum,
detuli, ille porro ad te. Rationem totius rei, de qua
judex sedes, exposui, et invictæ sunt meæ demonstra-
tiones. Unum enim de duobus oportet : aut Chæream
vivere, aut Mithridatem argui corruptelæ. Nam dicere
nequit, Chæreæ mortem ignorasse. Ipso enim Mileti præ-
sente, congessimus homini tumulum, et exsequias ipse

μοιχεῦσαι θέλῃ Μιθριδάτης, ἀνίστησι τοὺς νεκρούς. Παύσομαι, τὴν ἐπιστολὴν ἀναγνούς, ἣν οὗτος διὰ τῶν ἰδίων δούλων ἔπεμψεν εἰς Μίλητον ἐκ Καρίας. Λέγε λαβών· Χαιρέας ζῶ. Τοῦτο ἀποδειξάτω Μιθριδάτης καὶ ἀφείσθω. Λόγισαι δὲ, βασιλεῦ, πῶς ἀναίσχυντός ἐστι μοιχὸς, ὅπου καὶ νεκροῦ καταψεύδεται. Ταῦτ' εἰπὼν ὁ Διονύσιος παρώξυνε τοὺς ἀκούοντας καὶ εὐθὺς εἶχε τὴν ψῆφον. Θυμωθεὶς δ' ὁ βασιλεὺς εἰς Μιθριδάτην πικρὸν καὶ σκυθρωπὸν ἀπέβλεψε.

Z'. Μηδὲν οὖν καταπλαγεὶς ἐκεῖνος Δέομαί σου, φησί, βασιλεῦ, δίκαιος γὰρ εἶ καὶ φιλάνθρωπος, μὴ καταγνῷς μου, πρὶν ἀκούσης τῶν λόγων ἑκατέρωθεν, μηδ' ἄνθρωπος Ἕλλην, πανούργως συνθεὶς κατ' ἐμοῦ ψευδεῖς διαβολὰς, πιθανώτερος γένηται παρὰ σοὶ τῆς ἀληθείας. Συνίημι δὲ, ὅτι βαρεῖ με πρὸς ὑποψίαν τὸ κάλλος τῆς γυναικὸς, οὐδενὶ γὰρ ἄπιστον φαίνεται, θελῆσαί τινα Καλλιρρόην διαφθεῖραι, ἐγὼ δὲ καὶ τὸν ἄλλον βίον ἔζησα σωφρόνως καὶ πρώτην ταύτην ἔσχηκα διαβολήν. Εἰ δέ γε καὶ ἀκόλαστος καὶ ἀσελγὴς ἐτύγχανον, ἐποίησεν ἄν με βελτίω τὸ παρὰ σοῦ τοσαύτας πόλεις πεπιστεῦσθαι. Τίς οὕτως ἐστὶν ἀνόητος, ἵν' ἕληται τὰ τηλικαῦτα ἀγαθὰ μιᾶς ἡδονῆς ἕνεκεν ἀπολέσαι καὶ ταύτης αἰσχρᾶς; εἰ δ' ἄρα τι καὶ συνῄδειν ἐμαυτῷ πονηρὸν, ἐδυνάμην καὶ παραγράψασθαι τὴν δίκην. Διονύσιος γὰρ οὐχ ὑπὲρ γυναικὸς ἐγκαλεῖ, κατὰ νόμους αὐτῷ γαμηθείσης, ἀλλὰ πωλουμένην ἡγόρασεν αὐτήν. Ὁ δὲ τῆς μοιχείας νόμος οὐκ ἔστιν ἐπὶ δούλων. Ἀναγνώτω σοι πρῶτον τὸ γραμματεῖον τῆς ἀπελευθερώσεως, εἶτα τότε γάμον εἰπάτω. Γυναῖκα τολμᾷς ὀνομάζειν, ἣν ἀπέδοτό σοι ταλάντου Θήρων ὁ λῃστής, κἀκεῖνος ἁρπάσας ἐκ τάφου; ἀλλὰ, φησίν, ἐλευθέραν οὖσαν ἐπριάμην, Οὐκοῦν ἀνδραποδιστής εἶ σὺ καὶ οὐκ ἀνήρ; πλὴν ὡς ἀνδρὶ νῦν ἀπολογήσομαι. Γάμον νόμιζε τὴν πρᾶσιν καὶ προῖκα τὴν τιμήν. Μιλησία σήμερον ἡ Συρακοσία δοξάτω. Μάθε, δέσποτα, ὅτι οὔτε Διονύσιον ὡς ἄνδρα, οὔτε ὡς κύριον, ἠδίκηκα. Πρῶτον μὲν γὰρ οὐ γενομένην, ἀλλ' ὡς μέλλουσαν μοιχείαν ἐγκαλεῖ καὶ πρᾶξιν οὐκ ἔχων εἰπεῖν ἀναγινώσκει γραμματεῖα κενά. Τὰς δὲ τιμωρίας οἱ νόμοι τῶν ἔργων λαμβάνουσι. Προφέρεις ἐπιστολήν. Ἐδυνάμην εἰπεῖν· οὐ γέγραφα. Χεῖρα ἐμὴν οὐκ ἔχεις. Καλλιρρόην Χαιρέας ζητεῖ. Κρινέτω τοίνυν μοιχείας ἐκεῖνον. Ναὶ, φησίν· ἀλλὰ Χαιρέας μὲν τέθνηκε, σὺ δ' ὀνόματι τοῦ νεκροῦ τὴν γυναῖκά μου διέφθειρας. Προκαλῇ με, Διονύσιε, πρόκλησιν οὐδαμῶς σοι συμφέρουσαν. Μαρτύρομαι· φίλος εἰμί σου καὶ ξένος. Ἀπόστηθι τῆς κατηγορίας. Συμφέρει σοι. Βασιλέως δεήθητι παραπέμψαι τὴν δίκην. Παλινῳδίαν εἰπέ· Μιθριδάτης οὐδὲν ἀδικεῖ· μάτην ἐμεμψάμην αὐτόν. Ἂν δ' ἐπιμείνῃς, μετανοήσεις. Κατὰ σαυτοῦ τὴν ψῆφον οἴσεις. Προλέγω σοι, Καλλιρρόην ἀπολέσεις. Οὐκ ἐμὲ βασιλεὺς ἀλλὰ σὲ μοιχὸν εὑρήσει. Ταῦτ' εἰπὼν ἐσίγησεν. Ἅπαντες δ' εἰς Διονύσιον ἀπέβλεψαν θέλοντες μαθεῖν, αἱρέσεως αὐτῷ προτε-

quoque prosecutus est. Sed quando nuptas tentat Mithridates, mortuos suscitat. Desinam, postquam literas, quas ille servorum ope Miletum e Caria misit, recitavero. Tene, scriba, et recita : Chaereas vivo. Hoc commonstret, et absolutus esto. Simul cogita, rex, quam impudenter ille sit mendax; quandoquidem de mortuis quoque falsa comminiscitur. His verbis stimulabat audientes Dionysius, et omnium statim ferebat suffragia. Rex autem plenus ira Mithridaten acerbo et minace vultu respiciebat.

VII. Iste vero nihil conterritus : Rogo te, rex, ait, justus enim et humanus es, ne me, inaudita altera parte, condemnes, neque Graeculus vafre consutis, sed injuriosis in me sycophantiis apud te persuadere valentior sit, quam veritas. Intelligo, pulchritudinem foeminae suspicione me gravare. Absurdum namque nemini videtur, corrumpere quem voluisse Callirhoën. Ego vero et reliquam vitam caste atque temperanter exegi, et primam hanc tuli calumniam. Etiam, si perditus et lascivus ex indole mea forem, sane me ad meliorem frugem redegissent tot urbes, quarum tu mihi curam injunxisti. Quis est tam demens, ut malit propter unam voluptatem, eamque turpem, tanta bona perdere? et, si tandem nequitiae mihi forem conscius, possem exceptione declinare judicium. Nam Dionysius caussam non agit uxoris, legitime sibi desponsatae, sed venditam emit illam. Atqui leges corrupti conjugii non tangunt servas. Recitet ille tibi prius tabulas manumissionis, et tum demum conjugium appellet. Tune uxorem audes dicere, quam Thero pirata talento tibi vendidit, sepulcro egestam? Atqui liberam emi, ait : itane plagiarius es potius quam maritus? Attamen me nunc quasi apud maritum culpa exluam. Puta, redemtionem nuptias esse, puta, pretium esse dotem. Milesia nunc videatur, quae Syracusana est. Me Dionysio neque marito, neque hero, fecisse contumeliam, scias velim, domine. Primum enim corruptelae criminatur me non jam perfectae, sed tentatae, et cum non habeat ostendere facta, recitat vanas et nil probantes literas. Atqui leges facta puniunt. Epistolam producis? Possem dicere : Non scripsi. Manum meam non habes. Callirhoën quaerit Chaereas. Illum corruptionis postula. Nae, ait, tu Chaereae nomine meam corrumpis. Provocas me, Dionysie, ad rem tibi nullo modo proficuam. Obtestor te ipsum. Amicus et hospes tuus sum. Desiste ab accusatione. Roga regem, ut differat et abrumpat litem. Recanta opprobria. Dic : Mithridates est innocens. Frustra culpavi. Quod si vero persistas, poenitebit. Ipse calculum contra te feres. Praedico tibi, Callirhoën perdes. Non me rex moechum, sed te, inveniet. His dictis desiit. Omnes respicere Dionysium, scire cupidi, proposita optione, accusationem abjiceretne, an

Οείσης, πότερον ἀφίσταται τῆς κατηγορίας ἢ βεβαίως
ἐμμένοι. Τὸ γὰρ αἰνιττόμενον ὑπὸ Μιθριδάτου τί
ποτ' ἦν, αὐτοὶ μὲν οὐ συνίεσαν, Διονύσιον δ' ὑπελάμ-
βανον εἰδέναι. Κἀκεῖνος δὲ ἠγνόει, μηδέποτ' ἂν ἐλπί-
σας, ὅτι Χαιρέας ζῇ. Ἔλεγεν οὖν· Εἰπὲ, φησὶν, ὅ τι
ποτὲ καὶ θέλεις· οὐδὲ γὰρ ἐξαπατήσεις με σοφίσμασι
καὶ ἀξιοπίστοις ἀπειλαῖς, οὐδ' εὑρεθήσεταί ποτε Διονύ-
σιος συκοφαντῶν. Ἔνθεν ἑλὼν ὁ Μιθριδάτης φωνὴν
ἐπῆρε, καὶ ὥσπερ ἐπὶ θειασμόν· Θεοὶ, φησὶ, βασί-
λειοι, ἐπουράνιοί τε καὶ ὑποχθόνιοι, βοηθήσατε ἀνδρὶ
ἀγαθῷ, πολλάκις ὑμῖν εὐξαμένῳ δικαίως καὶ θύσαντι
μεγαλοπρεπῶς. Ἀπόδοτέ μοι τὴν ἀμοιβὴν τῆς εὐσε-
βείας συκοφαντουμένῳ. Χρήσατέ μοι, κἂν εἰς τὴν
δίκην, Χαιρέαν. Φάνηθι, δαῖμον ἀγαθέ. Καλεῖ σε
ἡ σὴ Καλλιρρόη. Μεταξὺ δ' ἀμφοτέρων, ἐμοῦ τε
καὶ Διονυσίου στὰς, εἰπὲ βασιλεῖ, τίς ἐστιν ἐξ ἡμῶν
μοιχός.

Η'. Ἔτι δὲ λέγοντος, οὕτω γὰρ ἦν διατεταγμένον,
προῆλθε Χαιρέας αὐτός. Ἰδοῦσα δ' ἡ Καλλιρρόη
ἀνέκραγε· Χαιρέα, ζῇς; καὶ ὥρμησεν αὐτῷ προσδρα-
μεῖν. Κατέσχε δὲ Διονύσιος, καὶ μέσος γενόμενος οὐκ
εἴασεν ἀλλήλοις περιπλακῆναι. Τίς ἂν φράσοι κατ'
ἀξίαν ἐκεῖνο τὸ σχῆμα τοῦ δικαστηρίου; ποῖος ποιητὴς
ἐπὶ σκηνῆς παράδοξον μῦθον οὕτως εἰσήγαγεν; ἐδόξει
ἂν ἐν θεάτρῳ παρεῖναι μυρίων παθῶν πλήρει. Πάντ' ἦν
ὁμοῦ· δάκρυα, χαρὰ, θάμβος, ἔλεος, ἀπιστία, εὐχαί.
Χαιρέαν ἐμακάριζον, Μιθριδάτῃ συνέχαιρον, συνελυ-
ποῦντο Διονυσίῳ, περὶ Καλλιρρόης ἠπόρουν. Μάλιστα
γὰρ ἦν ἐκείνη τεθορυβημένη καὶ ἄναυδος εἰστήκει,
μόνον ἀναπεπταμένοις τοῖς ὀφθαλμοῖς εἰς Χαιρέαν
ἀποβλέπουσα. Ἐδόκει δ' ἂν μοι καὶ βασιλεὺς τότε
θέλειν Χαιρέας εἶναι. Συνήθης μὲν οὖν καὶ πρόχειρος
πᾶσι τοῖς ἀντεραστοῖς πόλεμος. ἐκείνους δὲ καὶ
μᾶλλον (πρὸς) ἀλλήλους ἐξῆψε φιλονεικίαν τὸ ἆθλον
βλεπόμενον· ὥστε, εἰ μὴ διὰ τὴν αἰδῶ τὴν πρὸς βασι-
λέα, κἂν χεῖρας ἀλλήλοις προσέβαλλον. Προῆλθε δὲ
μέχρι ῥημάτων. Χαιρέας μὲν ἔλεγε· Πρῶτός εἰμι
ἀνήρ. Διονύσιος δὲ, Ἐγὼ βεβαιότερος. Μὴ γὰρ
ἀφῆκα τὴν γυναῖκα; Ἀλλ' ἔθαψας αὐτήν. Δεῖξον
γάμου διάλυσιν. Τὸν τάφον ὁρᾷς. Ἐμοὶ πατὴρ ἐξέ-
δωκεν. Ἐμοὶ δὲ ἑαυτήν. Ἀνάξιος εἶ τῆς Ἑρμο-
κράτους θυγατρός. Σὺ μᾶλλον ὁ παρὰ Μιθριδάτῃ δε-
δεμένος. Ἀπαιτῶ Καλλιρρόην. Ἐγὼ δὲ κατέχω.
Σὺ τὴν ἀλλοτρίαν κρατεῖς. Σὺ τὴν σὴν ἀπέκτεινας.
Μοιχέ. Φονεῦ. Ταῦτα πρὸς ἀλλήλους μαχόμενοι.
Οἱ δ' ἄλλοι πάντες ἤκουον οὐκ ἀηδῶς. Καλλιρρόη
μὲν εἱστήκει κάτω βλέπουσα καὶ κλάουσα, Χαιρέαν
φιλοῦσα, Διονύσιον αἰδουμένη. Βασιλεὺς δὲ, μετα-
στησάμενος ἅπαντας, ἐβουλεύετο μετὰ τῶν φίλων,
οὐκέτι περὶ Μιθριδάτου, λαμπρῶς γὰρ ἀπελογήσατο,
ἀλλὰ εἰ χρὴ διαδικασίαν προθεῖναι περὶ τῆς γυναικός.
Καὶ τοῖς μὲν εἰκὸς, μὴ δικαστικὴν εἶναι τὴν κρίσιν·
Τῆς μὲν γὰρ Μιθριδάτου κατηγορίας εἰκότως ἤκου-
σας, σατράπης γὰρ ἦν, τούτους δ' ἰδιώτας πάντας

urgeret constans. Ipsi enim nesciebant quidem id, quod
obscuris verbis Mithridates adumbraverat, Dionysium vero
putabant intelligere. At ille æque ignorabat, ut qui nun-
quam credidisset, Chæream vivere. Dic, quidquid velis,
ait. Neque enim versutiis, neque minis probabilibus,
impones mihi. Nunquam sycophanta deprehendetur Dio-
nysius. Mithridates inde orsus altius extollit vocem, et
quasi sacris operaturus et numine plenus : Dii regales, ait,
superi et inferi pariter, succurrite viro bono, qui sæpius
vobis vota puris manibus et sacra splendidissima fecit.
Reddite mihi sycophantiis lacessito meæ pietatis hostimen-
tum. Commodate mihi, vel in hanc modo litem, Chæ-
ream. Apparete, optimi manes. Etiam Callirrhoë vos
vocat. Stans nunc in medio amborum, meique et Dio-
nysii, mœchus quis nostrum sit, regi indicato.

VIII. Loquebatur adhuc, quum Chæreas ipse prodit :
Sic enim condictum antea fuerat. Ad cujus conspectum
Callirrhoë exclamat : Chærea, vivis? ruitque ad ipsum
accurrere. Sed obstitit medius inter illos intercedens et
amplexus impedīt Dionysius. Quis illam digne tribunalis
faciem eloquatur? quis unquam poëtarum tam miram et
insolitam fabulam produxit in scenam? Credidisses ibi
theatrum videre, mille contrariis agitatum affectibus.
Erat ibi promiscue omnes animorum motus spectare. Ibi
lacrymæ, ibi gaudium, stupor, commiseratio, diffidentia,
vota. Chæream beatum prædicabant. Gratulabantur Mi-
thridati. Condolebant Dionysio. De Callirrhoë hærebant,
qoid dicerent, aut facerent. Illa enim ante alios externata
obmutuerat. Tantum totam oculorum aciem avide in Chærea
defigebat. Crediderim ego quidem, vel regem tunc optasse
Chæream esse. Omnibus quidem rivalibus promtum est
et consuetum digladiari. Nostris autem magis accendebat
intestinam contentionem præsens et coram positum certa-
minis præmium. Sane, ni regis obfuisset reverentia, ma-
nus quoque conseruissent. Sed tantum ultra verba non
progressi jurgium. Ego sum prior maritus. Sed ego con-
stantior. Meamne abjeci? Imo sepelivisti. Divortium
commonstra. Viden' sepulcrum. Mihi pater collocavit.
At illa se mihi. Indignus es Hermocratis filia. Tu magis,
catenatum Mithridatis mancipium. Repeto Callirrhoën.
At ego teneo. Alienam tenes. Tu vero tuam occidisti.
Mœche. Homicida. Hæc illi invicem jactare convicia. Cal-
lirrhoë interim fixis humi stat oculis, funditque lacrymas,
amans Chæream, verecundans Dionysium. Rex autem,
omnibus foras submotis, cum amicis deliberat, non de Mi-
thridate porro : ille caussam suam splendide peroraverat.
Sed num oporteat definientem sententiam ferre de muliere,
cujus sit? Erant, qui ad regem spectare id negarent.
Audivisti Mithridatis caussam, idque merito. Erat enim
satrapa. Sed hi omnes privati sunt homines. Plurimi

εἶναι. Οἱ δὲ πλείονες τἀναντία συνεβούλευον, καὶ διὰ τὸν πατέρα τῆς γυναικὸς, οὐκ ἄχρηστον γενόμενον τῇ βασιλέως οἰκίᾳ, καὶ ὅτι οὐκ ἔξωθεν ἐκάλει τὴν κρίσιν ἐπ' αὐτὸν, ἀλλὰ σχεδὸν μέρος οὖσαν, ἧς ἐδίκαζεν ἤδη. Τὴν γὰρ ἀληθεστάτην αἰτίαν οὐκ ἤθελον ὁμολογεῖν, ὅτι τὸ τῆς Καλλιρρόης κάλλος δυσαπόσπαστον τοῖς ὁρῶσι. Πάλιν οὖν προσκαλεσάμενος οὓς μετεστήσατο· Μιθριδάτην μὲν, εἶπεν, ἀφίημι, καὶ ἀπίτω, δῶρα τῆς ὑστεραίας παρ' ἐμοῦ λαβὼν, ἐπὶ τὴν σατραπείαν τὴν ἰδίαν· Χαιρέας δὲ καὶ Διονύσιος λεγέτωσαν ἑκάτερος, ἅπερ ἔχει δίκαια περὶ τῆς γυναικός. Προνοείσθαι γάρ με δεῖ τῆς θυγατρὸς Ἑρμοκράτους, τοῦ καταπολεμήσαντος Ἀθηναίους, τοὺς ἐμοί τε καὶ Πέρσαις ἐχθίστους. Ῥηθείσης δὲ τῆς ἀποφάσεως, Μιθριδάτης μὲν προσεκύνησεν, ἀπορία δὲ τοὺς ἄλλους κατέλαβεν. Ἰδὼν δ' ὁ βασιλεὺς ἀμηχανοῦντας αὐτούς· Οὐκ ἐπείγω, φησὶν, ὑμᾶς, ἀλλὰ συγχωρῶ παρασκευασαμένους ὑμᾶς ἐπὶ τὴν δίκην ἥκειν. Δίδωμι δὲ πέντε ἡμερῶν διάστημα. Ἐν δὲ τῷ μεταξὺ Καλλιρρόης ἐπιμελήσεται Στάτειρα, ἡ ἐμὴ γυνή. Οὐ γάρ ἐστι δίκαιον μέλλουσαν αὐτὴν κρίνεσθαι περὶ ἀνδρὸς, μετ' ἀνδρὸς ἥκειν ἐπὶ τὴν κρίσιν. Ἐξῄεσαν οὖν τοῦ δικαστηρίου οἱ μὲν ἄλλοι πάντες σκυθρωποὶ, μόνος δὲ Μιθριδάτης γεγηθώς. Λαβὼν δὲ τὰ δῶρα καὶ τὴν νύκτα καταμείνας, ἕωθεν εἰς Καρίαν ὥρμησε, λαμπρότερος, ἢ πρόσθεν.

Θ'. Τὴν δὲ Καλλιρρόην εὐνοῦχοι παραλαβόντες ἤγαγον πρὸς τὴν βασιλίδα, μηδὲν αὐτῇ προειπόντες. Ὅταν γὰρ πέμψῃ βασιλεὺς, οὐκ ἀπαγγέλλεται. Θεασαμένη δ' αἰφνίδιον ἡ Στάτειρα τῆς κλίνης ἀνέθορε, δόξασα Ἀφροδίτην ἐφεστάναι, καὶ γὰρ ἐξαιρέτως ἐτίμα τὴν θεόν. Ἡ δὲ προσεκύνησεν. Ὁ δ' εὐνοῦχος, νοήσας τὴν ἔκπληξιν αὐτῆς· Καλλιρρόη, φησὶν, αὕτη ἐστί. Πέπομφε δ' αὐτὴν βασιλεὺς, ἵνα παρὰ σοὶ φυλάττηται μέχρι τῆς δίκης. Ἀσμένη τοῦτο ἤκουσεν ἡ Στάτειρα καὶ πᾶσαν ἀφεῖσα γυναικείαν φιλονεικίαν, εὐνουστέρα τῇ Καλλιρρόῃ διὰ τὴν τιμὴν ἐγένετο. Ἡγάλλετο γὰρ τῇ παρακαταθήκῃ. Λαβομένη δὲ τῆς χειρὸς αὐτῆς· Θάρρει, φησίν, ὦ γύναι, καὶ παῦσαι δακρύουσα. Χρηστός ἐστι βασιλεύς. Ἕξεις ἄνδρα, ὃν θέλεις. Ἐντιμότερον μετὰ τὴν κρίσιν γαμηθήσῃ. Βάδιζε δὲ καὶ ἀναπαύου νῦν, κέκμηκα γὰρ, ὡς ὁρῶ, καὶ ἔτι τὴν ψυχὴν ἔχεις τεταραγμένην. Ἡδέως ἡ Καλλιρρόη τοῦτ' ἤκουσεν. ἐπεθύμει γὰρ ἠρεμίας. Ὡς οὖν κατεκλίθη καὶ εἴασεν αὐτὴν ἡσυχάζειν, ἀφαμένη τῶν ὀφθαλμῶν· Εἴδετε, φησὶ, Χαιρέαν ὑμεῖς ἀληθῶς; ἐκεῖνος ἦν Χαιρέας ὁ ἐμὸς ἢ καὶ τοῦτο πεπλάνημαι; τάχα γὰρ Μιθριδάτης διὰ τὴν δίκην εἴδωλόν ἐπεμψε. Λέγουσι γὰρ, ἐν Πέρσαις εἶναι μάγους. Ἀλλὰ καὶ ἐλάλησε καὶ πάντ' εἶπεν, ὡς εἰδώς. Πῶς οὖν ὑπέμεινέ μοι μὴ περιπλακῆναι; μηδὲ καταφιλήσαντες ἀλλήλους διελύθημεν. Ταῦτα διαλογιζομένης, ἠκούετο ποδῶν ψόφος καὶ κραυγαὶ γυναικῶν. Πᾶσαι γὰρ συνέτρεχον πρὸς τὴν βασιλίδα, νομίζουσαι πολλὴν ἐξου-

---

contrarium consuadebant, cum ob patrem fœminæ, Hermocratem, qui non inutilis regiæ domui quondam fuerat, tum quod rex non alienam ad se traheret caussam, sed ejus, quam modo expediverat, continentem quasi partem. Nolebant nempe veram caussam fateri, quod nimirum ægre a forma Callirrhoës contemplanda divellebantur. Tum revocari, qui paullo ante fuerant remoti; et rex : Mithridatem equidem absolvo, ait, et cras onustus muneribus meis in præfecturam suam abeat. Chæreas vero et Dionysius, quibus sibi quisque titulis mulierem vindicent, eloquuntur. Curam enim habere me decet filiæ Hermocratis illius, qui Athenienses bello fregit, hostes mihi Persisque infestos et exosos. Pronuntiata sententia, Mithridates regem adorat. Cæteros inopes consilii, stupentesque et æstuantes quum videt rex : Non urgeo, ait, sed permitto vobis accinctis et paratis ad dicendam caussam huc redire. Hanc in rem do quinque dies. Interim Callirrhoës curam habebit uxor mea, Statira. Nam iniquum foret, illam, cujus maritus controversus est, cum alterutro marito in judicium comparere. Sic reliqui omnes tristi austeroque vultu de tribunali discedebant; solus Mithridates gaudebat; qui, donis acceptis, eaque adhuc nocte Babylone exacta, postero mane Cariam repetebat, splendidior, quam nuper.

IX. Callirrhoën autem eunuchi, a rege traditam sibi, ad reginam deducebant, non ante monitam. Rex enim præuntiare, si mittat, non solet. Ad subitum conspectum lecto Statira subsilit, Venerem apparere putans, quam deam cultu peculiari prosequebatur. Callirrhoë vero reginam adorat. Eunuchus errorem et consternationem intelligens : Hanc, ait, rex tibi mittit, ut apud te usque ad judicii diem custodiatur. Libenter id audiebat Statira, omnique abjecta muliebri contentione, ob acceptum illam a rege honorem fiebat benevolentior. Illo namque deposito vehementer sibi placebat plaudebatque; manuque ejus prehensa : Confide, ait, o mea, et siste lacrymas. Rex bonus est et benignus. Habebis maritum, quem cupis. Majore cum gloria post judicium nubes. Nunc autem i, requiesce. Defatigata namque es, ut video, mentemque nondum habes tranquillam. Non invitæ id accidebat Callirrhoæ, ut quietis percupidæ. Postquam itaque toro reposita et permissa tranquillitati atque solitudini fuit : Vere, ait, tangens oculos, vere vidistis Chæream? eratne meus ille Chæreas? an et in hoc illusa fui? Mithridates enim forte spectrum, ad faciendam sibi favorabiliorem caussam, immisit. Magos enim in Persis aiunt esse. Attamen et locutus est, et sic omnia, ut conscius sibi. Qui ergo sustinuit me non amplecti? ne osculo quidem, inverem impertito discessimus. Interea, dum illa hæc apud se volutat, audiri pedum strepitus, et mulierum clangor. Omnes nimirum ad reginam concurrebant,

σίαν ἔχειν Καλλιρρόην ἰδεῖν. Ἡ δὲ Στάτειρα εἶπεν·
Ἀφῶμεν αὐτήν. διάκειται γὰρ πονήρως. ἔχομεν
δ' ἡμέρας καὶ βλέπειν καὶ ἀκούειν καὶ λαλεῖν. Αὐ-
πούμεναι δ' ἀπήεσαν καὶ τῆς ὑστεραίας ἔωθεν ἀφικ-
5 νοῦνται. Καὶ τοῦτο πάσαις ταῖς ἡμέραις ἐπράττετο
μετὰ σπουδῆς, ὥστε πολυανθρωποτέραν γενέσθαι τὴν
βασιλέως οἰκίαν. Ἀλλὰ καὶ ὁ βασιλεὺς πρὸς τὰς γυ-
ναῖκας εἰσῄει συνεχέστερον, ὡς δῆθεν πρὸς Στάτειραν.
Ἐπέμπετο δὲ Καλλιρρόῃ δῶρα πολυτελῆ καὶ παρ' οὐ-
10 δενὸς ἐλάμβανε, φυλάττουσα τὸ σχῆμα γυναικὸς ἀτυ-
χούσης, μελανείμων, ἀκόσμητος, καθημένη. Ταῦτα
καὶ λαμπροτέραν αὐτὴν ἀπεδείκνυε. Πυθομένης δὲ
τῆς βασιλίδος, ὁπότερον ἄνδρα βούλοιτο μᾶλλον, οὐδὲν
ἀπεκρίνατο, ἀλλὰ μόνον ἔκλαυσε. Καλλιρρόη μὲν
15 ἐν τούτοις ἦν, Διονύσιος δ' ἐπειρᾶτο μὲν φέρειν τὰ
συμβαίνοντα γενναίως, διά τε φύσεως εὐστάθειαν καὶ
διὰ παιδείας ἐπιμέλειαν, τὸ δὲ παράδοξον τῆς συμφο-
ρᾶς καὶ τὸν ἀνδρεῖον ἐκστῆσαι δυνατώτατον ὑπῆρχεν.
Ἐξεκάετο γὰρ σφοδρότερον ἢ ἐν Μιλήτῳ. Ἀρχόμενος
20 γὰρ τῆς ἐπιθυμίας, μόνου τοῦ κάλλους ἐραστὴς ἦν·
τότε δὲ πολλὰ προσεξῆπτε τὸν ἔρωτα, συνήθεια καὶ
τέκνων εὐεργεσία καὶ ἀχαριστία καὶ ζηλοτυπία καὶ
μάλιστα τὸ ἀπροσδόκητον.

Ι'. Ἐξαίφνης οὖν ἀνεβόα πολλάκις· Ποῖος οὗτος
25 ἐπ' ἐμοῦ Πρωτεσίλεως ἀνεβίω; τίνα τῶν ὑποχθονίων
θεῶν ᾐσέβησα, ἵνα εὕρω μοι νεκρὸν ἀντεραστήν, οὗ
τάφον ἔχω; δέσποιν' Ἀφροδίτη, σύ με ἐνήδρευσας, ἣν
ἐν τοῖς ἐμοῖς ἱδρυσάμην, ᾗ θύω πολλάκις. Τί γὰρ
ἔδειξάς μοι Καλλιρρόην, ἣν φυλάττειν οὐκ ἔμελλες; τί
30 δὲ πατέρα ἐποίεις τὸν οὐδ' ἄνδρα ὄντα; Μεταξὺ δὲ
περιπτυξάμενος τὸν υἱὸν ἔλεγε κλάων· Τέκνον ἄθλιον,
πρότερον μὲν εὐτυχῶς δοκοῦν μοι γεγονέναι, νῦν
δ' ἀκαίρως. Ἔχω γάρ σε μητρὸς κληρονομίαν καὶ
ἔρωτος ἀτυχοῦς ὑπόμνημα. Παιδίον μὲν εἶ, πλὴν οὐ
35 παντελῶς ἀναίσθητον, ὧν ὁ πατήρ σου δυστυχεῖ.
Κακὴν ἀποδημίαν ᾔλθομεν. Οὐκ ἔδει Μίλητον κατα-
λιπεῖν. Βαβυλὼν ἡμᾶς ἀπολώλεκε. Τὴν μὲν πρώτην
δίκην νενίκημαι· Μιθριδάτης μου κατηγόρει. Περὶ
δὲ τῆς δευτέρας μᾶλλον φοβοῦμαι. Οὐδὲ γὰρ μείων
40 ὁ κίνδυνος. Δύσελπιν δέ με πεποίηκε τῆς δίκης τὸ
προοίμιον. Ἀκρίτως ἀφῄρημαι γυναικὸς καὶ περὶ τῆς
ἐμῆς ἀγωνίζομαι πρὸς ἕτερον. Καὶ, τὸ τούτου χαλε-
πώτερον, οὐκ οἶδα, Καλλιρρόη τίνα θέλει. Σὺ δέ,
τέκνον, ὡς παρὰ μητρός, δύνασαι μαθεῖν. Καὶ νῦν
45 ἄπελθε καὶ ἱκέτευσον ὑπὲρ τοῦ πατρός. Κλαῦσον,
καταφίλησον, εἰπέ· Μῆτερ, ὁ πατήρ μου φιλεῖ σε.
Ὀνειδίσῃς δὲ μηδέν. Τί λέγεις, παιδαγωγέ; οὐδεὶς
ἡμᾶς ἐᾷ τοῖς βασιλείοις εἰσελθεῖν; ὦ τυραννίδος δεινῆς.
Ἀποκλείουσιν υἱόν, πρὸς μητέρα πατρὸς ἥκοντα πρεσ-
50 βευτήν. Διονύσιος μὲν οὖν διέτριβεν, ἄχρι τῆς κρί-
σεως, μάχην βραβεύων ἔρωτος καὶ λογισμοῦ. Χαι-
ρέαν δὲ πένθος κατεῖχεν ἀπαρηγόρητον. Προσποιη-
σάμενος οὖν νοσεῖν, ἐκέλευσε Πολυχάρμῳ παραπέμψαι
Μιθριδάτην, ὡς εὐεργέτην ἀμφοῖν. Μόνος δὲ γενό-

arbitratæ, multam illic contemplandæ Callirrhoës sibi li-
bertatem fore. Statira vero : Sinamus eam, ait. Male
habet. In solidos dies licet nobis eam videre, audire,
alloqui. Tum tristes illæ abeunt. Sed postero statim
mane aderant, ita singulis diebus continuantes, ut multo,
quam ante, celebrius esset palatium. Ipse quoque rex
frequentius invisebat ad mulieres, officium scilicet Statiræ
exhibens. Missa quoque Callirrhoæ splendida munera,
quæ tamen omnium illa constanter recusabat, habitum
servans miseræ, pullata, sine ornatu desidens. Quod lu-
culentius ejus formam ostendebat. Roganti aliquando re-
ginæ, quem maritum præferret, nihil respondet, tantum
plorans. In his Callirrhoë. Dionysius autem ferre quidem
generoso spiritu casum et indolis propria quadam con-
stantia, et honesti studio nitebatur. Sed erat tanta, tam
insolens, tam insperata afflictio, ut neminem non posset
facili negotio, quamvis fortem virum, de statu dejicere.
Sane acrius, quam Mileti, exardebat. Nam initio cupi-
ditatis, amator formæ solius erat. Tum vero multa amoris
ignem auxerant, consuetudo, affectio in liberos benefica,
timor, ne forte ingrata foret, ne forte alium præferret,
æmulatio. Quæ omnia nec opina rei novitate intende-
bantur.

X. Proinde ille sæpius exclamabat subito : Qualis hic
meis diebus revixit Protesilaus. Quem inferorum deorum
offendi, ut mortuum invenirem mihi rivalem, cujus ego
sepulcrum habeo. Insidiata es mihi, domina Venus, quam
in agris ipse meis dedicavi, quam hostiis sæpissime ve-
neror. Quid attinebat, Callirrhoën monstrasse, quam
servare non sedebat? quid patrem facere, qui neque ma-
ritus est? Simul amplexatus puerum hæc cum lacrymis
effundit : Miselle infans, qui videbaris olim omine fausto
editus, nunc parum opportune videris. Habeo namque
te matris hereditatem, et inauspicati amoris monumentum.
Infans es; quidni? sed omni tamen sensu non cares eorum,
quæ patrem tuum adversa premunt. Mala ave iter in-
gressi sumus. Non oportuerat Miletum reliquisse. Per-
didit nos Babylon. Priore causa cecidi. Mithridates me
arguebat. De altera magis timeo.. Neque enim minus pe-
riculum, et male sperare jubet judicii prœmium. Uxor
indemnato aufertur; et de mea cum alio decertans peri-
clitor, et, quod illo pejus, quem Callirrhoë cupiat, nescio.
Tu fili, ut a matre, discere id potes. I nunc et supplica
pro patre, plora, fige oscula, dic : Mater mea, pater meus
te amat. At cave convicii et exprobrationis quidquam.
Quid ais, pædagoge? nemone nos in regiam admiserit?
o sævam tyrannidem! excludunt filium, qui ad matrem
tendit patris internuntius. Durabat in his Dionysius usque
ad judicii diem, judex in certamine amoris et rationis se-
dens, palmam potiori assignaturus. Chæream vero obsi-
debat luctus insolabilis. Ficto itaque morbo, Polychar-
mum jubet abeunti Mithridati comitem ire, communi
nempe patrono, sibique jam, permissus in vacuo, restim

μένος ἦψε βρόχον, καὶ μέλλων ἐπ' αὐτὸν ἀναβαίνειν·
Εὐτυχέστερον μὲν, εἶπεν, ἀπέθνησκον, εἰ ἐπὶ τὸν
σταυρὸν ἀνέβαινον, ὃν ἔπηξέ μοι κατηγορία ψευδὴς ἐν
Καρίᾳ δεδεμένῳ. Τότε μὲν γὰρ ἀπηλλαττόμην ζωῆς
5 ἠπατημένος ὑπὸ Καλλιρρόης φιλεῖσθαι, νῦν δ' ἀπολώ-
λεκα οὐ μόνον τὸ ζῆν, ἀλλὰ καὶ τοῦ θανάτου τὴν πα-
ραμυθίαν. Καλλιρρόη μὲν ἰδοῦσα οὐ κατεφίλησεν.
Ἐμοῦ παρεστῶτος, ἄλλον ᾐδεῖτο. Μηδὲν δυσωπείσθω.
Φθάσω τὴν κρίσιν. Οὐ περιμενῶ τέλος ἄδοξον. Οἶδα,
10 ὅτι μικρὸς ἀνταγωνιστής εἰμι Διονυσίου, ξένος ἄνθρω-
πος καὶ πένης καὶ ἀλλότριος ἤδη. Σὺ μὲν εὐτυχοίης,
ὦ γύναι· γυναῖκα γάρ σε καλῶ, κἂν ἕτερον φιλῇς.
Ἐγὼ δ' ἀπέρχομαι καὶ οὐκ ἐνοχλῶ τοῖς σοῖς γάμοις.
Πλούτει, καὶ τρύφα καὶ τῆς Ἰωνίας ἀπόλαυε πολυτε-
15 λείας. Ἔχε, ὃν θέλεις. Ἀλλὰ νῦν ἀληθῶς ἀποθα-
νόντος Χαιρέου, αἰτοῦμαί σε, Καλλιρρόη, χάριν τελευ-
ταίαν. Ὅταν ἀποθάνω, πρόσελθέ μου τῷ νεκρῷ καὶ
εἰ μὲν δύνασαι κλαῦσον, τοῦτο γὰρ ἐμοὶ καὶ ἀθανασίας
γενήσεται μεῖζον· εἰπὲ δὲ προσκύψασα τῇ στήλῃ,
20 κἀνήρ καὶ βρέφος, ὁρῶ, οἴχῃ, Χαιρέα, νῦν ἀληθῶς.
Νῦν ἀπέθανες. Ἐγὼ γὰρ ἔμελλον ἐπὶ βασιλέως αἱ-
ρεῖσθαί σε. Ἀκούσομαί σου, γυνή. Τάχα καὶ πι-
στεύσω. Ἐνδοξότερόν με ποιήσεις τοῖς κάτω δαί-
μοσιν.
25 Εἰ δὲ θανόντων περ καταλήθοντ' εἰν ἀΐδαο,
Αὐτὰρ ἐγὼ κἀκεῖθε φίλης μεμνήσομαί σου.

Τοιαῦτ' ὀδυρομένῳ κατεφίλει τὸν βρόχον. Σύ μοι, λέ-
γων, παραμυθία καὶ συνή(γορος·) διὰ σὲ νικῶ. Σύ με
Καλλιρρόης μᾶλλον ἐστέρησας. Ἀναβαίνοντος αὐτοῦ
30 καὶ τῷ αὐχένι περιάπτοντος, ἐπέστη Πολύχαρμος
ὁ φίλος καὶ ὡς μεμηνότα κατεῖχε, λοιπὸν μηκέτι πα-
ρηγορεῖν δυνάμενος. Ἤδη δὲ καὶ ἡ προθεσμία τῆς
δίκης καθειστήκει.

ΛΟΓΟΣ ΕΚΤΟΣ.

Α'. Ἐπεὶ δ' ἔμελλε βασιλεὺς τῇ ὑστεραίᾳ δικάζειν,
35 πότερον Χαιρέου γυναῖκα Καλλιρρόην εἶναι δεῖ ἢ Διο-
νυσίου, μετέωρος ἦν πᾶσα Βαβυλὼν καὶ ἐν οἰκίαις τε
πρὸς ἀλλήλους, καὶ ἐν τοῖς στενωποῖς οἱ ἀπαντῶντες
ἔλεγον· Αὔριον τῆς Καλλιρρόης οἱ γάμοι. Τίς εὐτυ-
χέστερος ἆρα; Διήσχιστο δὲ ἡ πόλις, καὶ οἱ μὲν Χαι-
40 ρέᾳ σπεύδοντες ἔλεγον· Πρῶτος ἦν ἀνήρ, παρθένον
ἔγημεν, ἐρώσαν ἐρῶν. πατὴρ ἐξέδωκεν αὐτῷ. Πα-
τρὶς ἔθαψε. Τοὺς γάμους οὐκ ἀπέλιπεν, οὐκ ἀπε-
λείφθη. Διονύσιος δ' οὐκ ἔπρασεν, οὐκ ἐγήμεν. Λῃ-
σταὶ ἐπώλησαν. Οὐκ ἐξὸν δὲ τὴν ἐλευθέραν ἀγοράσαι.
45 Οἱ δὲ Διονυσίῳ σπεύδοντες ἀντέλεγον. Πάλιν ἐξήγαγε
πειρατῶν παρ' οὐδὲν μέλλουσαν φονεύεσθαι. Τάλαν-
τον ἔδωκεν ὑπὲρ τῆς σωτηρίας αὐτῆς. Πρῶτον ἔσω-
σεν εἶτ' ἔγημε. Χαιρέας δὲ γήμας ἀπέκτεινε. Μνη-
μονεύειν ὀφείλει Καλλιρρόη τοῦ γάμου. Γνωστὸν δὲ

religat, in quem jamjam arrepens : Felicius equidem, ait, tum fuissem mortuus, quum in crucem ibam, quam in Caria vincto mihi iniqua pangebat accusatio. Tunc enim vita excessissem, opinione amantis me Callirrhoës delusus. Nunc autem perdidi non vitam modo, sed et mortis consolationem. Callirrhoë me visum non adiit, non osculata est. Me adstante, alium est reverita. Nulla in posterum retineatur verecundia. Præveniam judicium. Non exspectabo finem inglorium. Novi me parvum et imparem Dionysii adversarium, peregrinum hominem et pauperem, et alienum jam. Tibi quidem bene sit, uxor mea : uxorem enim voco, licet alium ames. Ego vero discedam nuptias tuas non interpellaturus. Opibus afflue, luxuriare, fruere deliciis, et splendore Ioniæ. Tene, quem cupis. Unam te, Callirrhoë, gratiam rogo Chæreas vere jam moribundus ultimam : ut decessero, accede cadaveri, et, si quidem potes, plora; hoc immortalitate majus mihi fiet. Saltem dic proclivis ad columellam et maritus et infans, video nunc tandem vere, Chærea, excessisti, nunc mortuus es. Ego vero te apud regem judicem electura maritum eram. Audiam tuam vocem, uxor, forte et credam. Apud inferos deos gloriam tu mihi et auctoritatem conciliabis.

Et licet exstinctos obliviscantur in Orco ,
Hic quoque ego caræ fuero memor usque maritæ.

Hæc lamentatus osculabatur restim. Tu mihi consolatio, tu mihi patronus. Tua ope vinco. Tu me magis, quam Callirrhoë, amasti. Jam arrepentem, jam illigantem nodo cervices, Polycharmus opprimit, et continet, ut insanum, demulcere et consiliis regere porro impar. Jam dicta quoque judicio dies instabat.

LIBER SEXTUS.

1. Pridie ergo, quam sententia regis aut Chæreæ addicenda esset uxor Callirrhoë, aut Dionysio, tota Babylon incerta spe pendebat, domique pariter inter se, atque foris obvii per vias dicebant : Cras Callirrhoës erunt nuptiæ : quis tandem fortunatior amborum? Scissa vero erat urbs. Chæreæ studiosi priorem fuisse maritum dicebant. Virginem duxit, amantem amans. Pater illi collocavit. Patria illam sepeliit. Non deseruit nuptias, non desertus fuit. Dionysius non emit. Non duxit uxorem. Latrones vendiderunt. Atqui non licet ingenuam emere. Contra qui cum Dionysio faciebant : Piratis eam eripuit, gladio subtractam cervicibus tantum non incumbenti. Talentum dedit pro ejus salute. Servavit primum, dein toro recepit. At Chæreas ductam occidit. Meminisse meminerit Callirrhoë, par est. Adest etiam Dionysio unum, cuivis notum, certamque victoriam spondens argumentum : com-

Διονυσίῳ πρόσεστιν εἰς τὸ νικᾶν, ὅτι καὶ τέκνον ἔχουσι κοινόν. Ταῦτα μὲν οὖν οἱ ἄνδρες. Αἱ δὲ γυναῖκες οὐκ ἐρρητόρευον μόνον, ἀλλὰ καὶ συνεθούλευον, ὡς παρούσῃ· Καλλιρρόη, μὴ παρῇς τὸν παρθένιον. Ἑλοῦ τὸν πρῶτον φιλήσαντα, τὸν πολίτην, ἵνα καὶ τὸν πατέρα ἴδῃς. Εἰ δὲ μὴ, ζήσεις ἐπὶ ξένης, ὡς φυγάς. Αἱ δ' ἕτεραι· Τὸν εὐεργέτην ἑλοῦ, τὸν σώσαντα, μὴ τὸν ἀποκτείναντα. Τί δέ; ἂν πάλιν ὀργισθῇ Χαιρέας· πάλιν τάφος. Μὴ προδῷς τὸν υἱόν. Τίμησον τὸν πατέρα τοῦ τέκνου. Τοιαῦτα διαλαλούντων ἦν ἀκούειν, ὥστ' εἶπεν ἄν τις, ὅλην Βαβυλῶνα εἶναι δικαστήριον. Νὺξ ἐκείνη τελευταία πρὸ τῆς δίκης ἐφειστήκει. Κατέκειντο δ' οἱ βασιλεῖς οὐχ ὁμοίους λαμβάνοντες λογισμούς, ἀλλ' ἡ μὲν βασιλὶς ηὔχετο, ἡμέραν γενέσθαι τάχιον, ἵν' ἀποθῆται τὴν παρακαταθήκην, ὡς φορτίον. Ἐβάρει γὰρ αὐτὴν τὸ κάλλος τῆς γυναικὸς ἀντισυγκρινόμενον ἐγγύς. Ὑπώπτευε δὲ καὶ βασιλέως τὰς πυκνὰς εἰσόδους καὶ τὰς ἀκαίρους φιλοφροσύνας. Πρότερον μὲν γὰρ σπανίως εἰς τὴν γυναικωνῖτιν εἰσῄει. Ἀφ' οὗ δὲ Καλλιρρόην εἶχεν ἔνδον, συνεχῶς ἐφοίτα. Παρεφύλαττε δ' αὐτὸν καὶ ἐν ταῖς ὁμιλίαις ἡσυχῇ Καλλιρρόην ὑποβλέποντα, καὶ τοὺς ὀφθαλμοὺς κλέπτοντας μὲν τὴν θέαν, αὐτομάτως δ' ἐκεῖ φερομένους. Στάτειρα μὲν οὖν ἡδεῖαν ἡμέραν ἐξεδέχετο, βασιλεὺς δ' οὐχ ὁμοίαν, ἀλλ' ἠγρύπνει δι' ὅλης νυκτός,

Ἄλλοτ' ἐπὶ πλευρᾶς κατακείμενος, ἄλλοτε δὲ πρηνής,

ἐννοούμενος καθ' αὑτὸν καὶ λέγων· Πάρεστιν ἡ κρίσις. Ὁ γὰρ προπετὴς ἐγὼ σύντομον·ἔδωκα προθεσμίαν. Τί οὖν μέλλομεν πράττειν ἕωθεν; ἄπεισι Καλλιρρόη λοιπὸν εἰς Μίλητον, ἢ εἰς Συρακούσας. Ὀφθαλμοὶ δυστυχεῖς. Μίαν ὥραν ἔχετε λοιπὸν ἀπολαῦσαι τοῦ καλλίστου θεάματος. Εἶτα γενήσεται δοῦλος ἐμοῦ εὐτυχέστερος ἐμοῦ. Σκέψαι, τί σοι πρακτέον ἐστίν, ὦ ψυχή. Κατὰ σαυτὴν γενοῦ. Σύμβουλον οὐκ ἔχεις ἄλλον. Ἔρωτος σύμβουλός ἐστιν αὐτὸς ὁ ἔρως. Πρῶτον οὖν ἀπόκριναι σεαυτῷ· τίς εἶ; Καλλιρρόης ἐραστὴς ἢ δικαστής; μὴ ἐξαπάτα σεαυτόν. Ἀγνοεῖς μὲν, ἀλλ' ἐρᾷς. Ἐλεγχθήσῃ δὲ μᾶλλον, ὅταν αὐτὴν μὴ βλέπῃς. Τί οὖν; σεαυτὸν θέλεις λυπεῖν; Ἥλιος, προπάτωρ σὸς, ἐξεῖλέ σοι τοῦτο τὸ ζῷον, κάλλιστον, ὧν αὐτὸς ἐφορᾷ. Σὺ δ' ἀπελαύνεις τὸ δῶρον τοῦ θεοῦ. Πάνυ γοῦν ἐμοὶ μέλει Χαιρέου καὶ Διονυσίου, δούλων ἐμῶν ἀδόξων, ἵνα βραβεύω τοὺς ἐκείνων γάμους, καὶ ὁ μέγας βασιλεὺς ἔργον διαπράττωμαι προμνηστρίας γραΐδος. Ἀλλ' ἔφθην ἀναδέξασθαι τὴν κρίσιν καὶ πάντες τοῦτ' ἴσασι. Μάλιστα δὲ Στάτειραν αἰδοῦμαι. Μήτ' οὖν δημοσίευε τὸν ἔρωτα, μήτε τὴν δίκην ἀπαρτίζε. Ἀρκεῖ σοι Καλλιρρόην κἂν βλέπειν· ὑπέρθου τὴν κρίσιν. Τοῦτο γὰρ ἔξεστι καὶ ἰδιώτῃ δικαστῇ. Β'. Ἡμέρας οὖν φανείσης, οἱ μὲν ὑπηρέται τὸ βασιλικὸν ἡτοίμαζον δικαστήριον· Τὸ δὲ πλῆθος συνέτρεχεν ἐπὶ τὰ βασίλεια, καὶ ἐδονεῖτο πᾶσα Βαβυλών. Ὥσπερ δ' ἐν Ὀλυμπίοις τοὺς ἀθλητὰς ἔδει θεάσασθαι

munem habent infantem. Sic inter se viri. Mulieres autem non tantum faustis adhortationibus animum firmabant, sed et consilia dabant, ut præsenti, Callirrhoæ. Ne tu virgineum spernas, dicebant hæ : primus amator, isque civis, tibi potior esto. Sic enim patrem revises. Sin minus, peregre vives, ut proscripta. Illæ vero : Præfer sospitatorem tuum, percussorem minime. Quid si iterum Chæreas excandescat! tum iterum tumulus. Ne prodas filium. Honora patrem infantis. Sic illæ inter se strepere. Dixerit quis, cunctam Babylonem forum et curiam esse. Nox ultima, decretoriæ diei proxima, supervenit, qua decumbebant reges, non iisdem occupati cogitationibus. Nam regina quidem ocyus optabat illucescere, ut deposito isto, ceu onere, se levaret. Forma nimirum mulieris gravabat suæ ex vicino facile comparanda. Præterea regis quoque frequentes accessus et intempestiva officia suspecta habebat. Antea namque raro comparuerat in gynæconitide; sed ex quo Callirrhoën intus habuerat, creberrime. Observaverat quoque eadem, regem in colloquiis familiaribus sæpe clandestinis et furtivis oculorum vibraminibus Callirrhoën stringere; et oculos furari quidem adspectum, sua sponte tamen et hero quoque suo non sentiente illuc delabi. Gratum ergo sibi diem Statira præstolabatur. Rex non item sibi. Insomnis enim ille noctem

Nunc pronus recubans, nunc in latus, egerat omnem,

stimulatus cogitationibus, seque perpetim ipse admonens : Adest peremtorius dies. Præceps enim ego terminum dedi tam brevem. Quid cras mane faciemus! jam Callirrhoë aut Miletum discedet, aut Syracusas. Unam adhuc superstitem habebis particulam temporis, ad fruitionem pulcherrimi spectaculi; post quam servus meus erit me felicior. Vide, quid agendum tibi sit, mi anime! ipse tibi præsens et paratus esto. Alium non habes auctorem. Amoris auctor ipse amor est. Primo loco responde mihi, quis es? Callirrhoës amator, an judex? ne re ipse decipias. Amas, etiamsi nescis. Magis adhuc convinceris, quando fœmina in conspectum tuum non venerit. Quid igitur ipse te torquebis? Sol, auctor tui generis, hoc eximium tibi destinavit et selegit animal, omnium, quæ adspicit, pulcherrimum. Tu vero dei munus rejicis. Curæ nempe cordique tibi sunt Chæreas, et Dionysius, vilia ista mea mancipia, ut de nuptiis discoptantes ego diriman, et præmium potiori assignem. Ille ego magnus rex officium lenæ vetulæ faciam! atque recepi jam in me caussæ cognitionem, idque omnes sciunt. Quod vero maximum est, Statiram verecundor. Ne tu itaque aut divulga amorem, aut finem impone liti. Vel adspectus tibi Callirrhoës sufficit. Ulterius protrahe sententiam pronuntiare. Id vero vel plebeio judici licet.

II. Ut illuxit, parare ministri regii coelum. Concurrere ad palatium omnis turba. Tota Babylon emoveri, utque in Olympicis ludis athletas cum stipatu ad stadium accedentes videre est, sic et hos. Nam Dionysium hones-

παραγινομένους ἐπὶ τὸ στάδιον μετὰ πραπομπῆς, οὕτω δὴ κἀκείνους. Τὸ μὲν δοκιμώτατον Περσῶν πλῆθος παρέπεμπε Διονύσιον, ὁ δὲ δῆμος Χαιρέαν. Συνευχαὶ δὲ καὶ ἐπιβοήσεις μυρίαι τῶν σπευδόντων ἑκατέροις, ἐπευφημούντων· Σὺ κρείττων· Σὺ νικᾷς. Ἦν δὲ τὸ ἆθλον οὐ κότινος, οὐ μῆλα, οὐ πίτυς, ἀλλὰ κάλλος τὸ πρῶτον, ὑπὲρ οὗ δικαίως ἂν ἤρισαν καὶ θεοί. Βασιλεὺς δὲ καλέσας τὸν εὐνοῦχον Ἀρταξάτην, ὃς ἦν αὐτῷ μέγιστος· Ὄναρ μοί, φησίν, ἐπιστὰν βα-
10 σίλειοι θεοὶ θυσίαν ἀπαιτοῦσι καὶ δεῖ με πρῶτον ἐκτελέσαι τὰ τῆς εὐσεβείας. Παράγγειλον οὖν τριάκοντα ἡμερῶν ἱερομηνίαν ἑορτάζειν πᾶσαν τὴν Ἀσίαν, ἀφειμένην δικῶν τε καὶ πραγμάτων. Ὁ δὲ εὐνοῦχος τὸ προσταχθὲν ἀπήγγειλε. Πάντα δ' εὐθὺς μεστὰ θυόντων ἐστεφανωμένων. Αὐλὸς ἤχει καὶ σύριγξ ἐκελάδει
15 καὶ ᾄδοντος ἠκούετο μέλος. Ἐθυμιᾶτο πρόθυρα, καὶ πᾶς στενωπὸς συμπόσιον ἦν.

Κνίσση δ' οὐρανὸν ἷκεν ἑλισσομένη περὶ καπνῷ.

βασιλεὺς δὲ μεγαλοπρεπεῖς θυσίας παρέστησε τοῖς βωμοῖς. Τότε πρῶτον καὶ Ἔρωτι ἔθυσε καὶ πολλὰ παρ-
20 εκάλεσεν Ἀφροδίτην, ἵν' αὐτῷ βοηθῇ πρὸς τὸν υἱόν. Πάντων δ' ἐν θυμηδίαις ὄντων, μόνοι τρεῖς ἐλυποῦντο, Καλλιρρόη, Διονύσιος καὶ πρὸ τούτων Χαιρέας. Καλλιρρόη δ' οὐκ ἠδύνατο λυπεῖσθαι φανερῶς ἐν τοῖς βασιλείοις, ἀλλ' ἡσυχῇ καὶ λανθάνουσα ὑπέστενε καὶ τῇ
25 ἑορτῇ κατηρᾶτο. Διονύσιος δ' ἑαυτῷ, διότι Μίλητον κατέλιπε. Φέρε, φησίν, ὦ τλῆμον, τὴν ἑκούσιον συμφοράν. Ἑαυτῷ γὰρ αἴτιος τούτων. Ἐξῆν σοι Καλλιρρόην ἔχειν καὶ Χαιρέαν ζῶντος. Σὺ ἦς ἐν Μιλήτῳ κύριος καὶ οὐδ' ἡ ἐπιστολὴ Καλλιρρόῃ τότε, σοῦ μὴ
30 θέλοντος, ἐδόθη. Τίς ἂν εἶδε; τίς ἂν προσῆλθε; φέρων δὲ σεαυτὸν εἰς μέσους ἔρριψας τοὺς πολεμίους. Καὶ εἴθε σεαυτὸν μόνον. Νῦν δὲ καὶ τὸ τῆς ψυχῆς σου τιμιώτερον κτῆμα. Διὰ τοῦτο πανταχόθεν σοι πόλεμος κεκίνηται. Τί δοκεῖς, ἀνόητε; Χαιρέαν ἀν-
35 τίδικον ἔχεις. Κατεσκεύασας σεαυτῷ δεσπότην ἀντεραστήν. Νῦν βασιλεύς· καὶ ὀνείρατα βλέπει καὶ ἀπαιτοῦσιν αὐτὸν θυσίας, οἷς καθ' ἡμέραν θύει. ὦ τῆς ἀναισχυντίας. Παρέλκει τις τὴν κρίσιν, ἔνδον ἔχων ἀλλοτρίαν γυναῖκα· καὶ ὁ τοιοῦτος εἶναι λέγει δικαστής.
40 Τοιαῦτα μὲν ὠδύρετο Διονύσιος, Χαιρέας θ' οὐχ ἥπτετο τροφῆς, οὐδ' ὅλως ἤθελε ζῆν. Πολυχάρμου δὲ τοῦ φίλου κωλύοντος αὐτὸν ἀποκαρτερεῖν· Σύ μοι πάντων, εἶπε, πολεμιώτατος ὑπάρχεις φίλου σχήματι. Βασανιζόμενον γάρ με κατέχεις, καὶ ἡδέως κολαζόμε-
45 νον ὁρᾷς. Εἰ δὲ φίλος ἧς, οὐκ ἂν ἐφθόνεις μοι τῆς ἐλευθερίας ὑπὸ δαίμονος κακοῦ τυραννουμένῳ. Πόσους μου καιροὺς εὐτυχίας ἀπολώλεκας· μακάριος ἦν, εἰ ἐν Συρακούσαις θαπτομένῃ Καλλιρρόῃ συνετάφην· ἀλλὰ καὶ τότε σύ με βουλόμενον ἀποθανεῖν ἐκώλυσας καὶ
50 ἀφείλου καλῆς συνοδίας. Τάχα γὰρ οὐκ ἂν ἐξῆλθε τοῦ τάφου καταλιποῦσα τὸν νεκρόν. Εἰ δ' οὖν, ἐκείμην ταύτῃ μετὰ ταῦτα κερδήσας, τὴν πρᾶσιν, τὸ

tissimus Persarum quisque comitabatur: populus autem Chæream. Innumera vota et faustæ acclamationes alterutri parti studentium applaudebant: Tu potior. Tu vincis. Præmium vero non erat oleaster, non pomum, non pinus, sed forma prima, ob quam vel dii merito litigaverint. At rex, eunucho Artaxate, quem maximi præ omnibus faciebat, vocato: Per somnum, ait, apparuerunt mihi subito dii regales victimam a me reposcentes. Oportet nos prius pietati in deos satisfacere. Significa itaque triginta dierum festiva per omnem Asiam sacra, omniumque et litium et negotiorum justitium. Eunuchus mandata significat. Statim omnia plena sacrificantium in coronis; sonare tibia, fistula tinnire, audiri vocale carmen, tura in atriis fumare, angiportus omnis esse convivium,

Densum inter fumum superas it nidor in auras;

Rex regias ad aram statuere victimas; et tum primum Cupidini inter alios facere, multumque rogare Venerem, vellet apud filium gnavam sibi operam præstare. Omnes esse in voluptatibus, soli tres lugere, Callirrhoë, Dionysius, et maxime Chæreas. Callirrhoë quidem præ se ferre dolorem non poterat in aula, sed clam taciteque congemiscebat, festumque diris exsecrabatur omnibus; se autem Dionysius, eo quod Miletum reliquisset. Patienter, ajebat, ferto malum, quod tu tibi sponte accessivisti. Etiam vivo Chærea, licebat Callirrhoën tenere. Mileti sane dominus eras, neque, te nolente, literæ pervenissent ad Callirrhoën. Quis vidisset? quis accessisset? Ipse tu dedita opera in medios hostes te conjecisti, et utinam te solum. Nunc autem et quod anima tua tibi carius possides. Ob illud undecunque tibi nunc bellum coit. Quid ais, stulte? Chæream habes adversarium. Dominum quoque rivalem fecisti. Nunc rex in insomnia videt, et quibus quotidie facit, illi nunc ab eo victimas deposcunt. O impudentiam! alienam quis uxorem apud se tenens judicium protrahit, et talis se judicem jactat! Hæc lamentari Dionysius. Chæreas autem et nutrimento abstinebat, et omni modo negabat vivere. Et prohibenti mortem inedia persequi Polycharmo: Tu mihi, ait, amici specie omnium es hostis maximus. Nam detines me inter tormenta, et cum voluptate vides affligi. At si amicus fores, libertatem non invideres mihi sub maligni nescio cujus dei tyrannide tam indigne exercito. Quot mihi beatitatis occasiones perdidisti? beatus ego, si sepultus Syracusis sepultæ accubuissem Callirrhoæ: verum et tum quoque me inhibuisti mori cupientem et pulchro viæ ad inferos comitatu privasti. Forte enim exire sepulcro illa et deserere defunctum noluisset. Etiamsi reliquisset illa, cubarem sane nunc, compendifactis secutis illis, venditione hac, latronum agmine, compedibus, et

ληστήριον, τὰ δεσμά, τὸν τοῦ σταυροῦ χαλεπώτερον
βασιλέα. ὢ θανάτου καλοῦ, μεθ' ὃν ἤκουσα τὸν δεύ-
τερον Καλλιρρόης γάμον. Οἶον πάλιν καιρὸν ἀπώλε-
σάς μου τῆς ἀποκαρτερήσεως, τὸν μετὰ τὴν δίκην.
ἰδὼν Καλλιρρόην οὐ προσῆλθον, οὐ κατεφίλησα. Ὦ
καινοῦ καὶ ἀπίστου πράγματος. Κρίνεται Χαιρέας, εἰ
Καλλιρρόης ἀνήρ ἐστιν. Ἀλλ' οὐδὲ τὴν ὁποίαν δήποτε
κρίσιν ὁ βάσκανος δαίμων ἐπιτρέπει τελεσθῆναι. Καὶ
ὄναρ καὶ ὕπαρ οἱ θεοί με μισοῦσι. Ταῦτα λέγων
ὥρμησεν ἐπὶ ξίφος. Κατέσχε δὲ τὴν χεῖρα Πολύχαρ-
μος καὶ μονανουχὶ δήσας παρεφύλαττεν αὐτόν.
Γ΄. Βασιλεὺς δὲ, καλέσας τὸν εὐνοῦχον, ὃς ἦν αὐτῷ
πιστότατος ἁπάντων, τὸ μὲν πρῶτον ᾐδεῖτο κἀκεῖνον.
ἰδὼν δ' αὐτὸν Ἀρταξάτης ἐρυθήματος μεστὸν καὶ βουλό-
μενον εἰπεῖν· Τί κρύπτεις, ἔφη, δέσποτα, δοῦλον σὸν, εὔ-
νουν σοι καὶ σιωπᾶν δυνάμενον; τί τηλικοῦτον συμβέβηκε
δεινόν; ὡς ἀγωνιῶ, μή τινα ἐπιβουλήν... (ἐπιβουλὴν)
εἶπε βασιλεὺς καὶ μεγίστην, ἀλλ' οὐχ ὑπ' ἀνθρώ-
πων, ἀλλ' ὑπὸ θεοῦ. Τίς γάρ ἐστιν Ἔρως, πρότερον
ἤκουον ἐν μύθοις τε καὶ ποιήμασιν, ὅτι κρατεῖ πάν-
των τῶν θεῶν καὶ αὐτοῦ τοῦ Διός· ἠπίστουν δ' ὅμως,
ὅτι δύναταί τις παρ' ἐμοὶ ἐμοῦ γενέσθαι δυνατώτερος.
Ἀλλὰ πάρεστιν ὁ θεός. Ἐνδεδήμηκεν εἰς τὴν ἐμὴν
ψυχὴν πολὺς καὶ σφοδρός, ἐρῶ..... (δει)νὸν μὲν ὁμο-
λογεῖν, ἀληθῶς δ' ἑάλωκα. Ταῦθ' ἅμα λέγων ἐνε-
πλήσθη δακρύων, ὥστε μηκέτι δύνασθαι προσθεῖναι
τοῖς λόγοις. Ἀποσιωπήσαντος δὲ, εὐθὺς μὲν Ἀρταξά-
της ἠπίστατο, πόθεν ἐτρώθη· οὐδὲ γὰρ πρό(τερον) ἀνύ-
ποπτος ἦν, ἀλλ' ᾐσθάνετο μὲν τυφομένου τοῦ πυρός,
ἔτι γε μὴν οὐδ' ἀμφίβολον ἦν οὐδ' ἄδηλον, ὅτι, Καλ-
λιρρόης παρούσης, οὐκ ἂν ἄλλου τινὸς ἠράσθη. Προσ-
εποιεῖτο ὅμως ἀγνοεῖν καὶ Ποῖον, ἔφη, κάλλος δύναται
τῆς σῆς κρατῆσαι δέσποτα ψυχῆς, ᾧ τὰ καλὰ πάντα
δουλεύει; χρυσός, ἄργυρος, ἐσθής, ἵπποι, πόλεις, ἔθνη,
καλαὶ μὲν μυρίαι γυναῖκες, ἀλλὰ καὶ Στάτειρα καλ-
λίστη τῶν ὑπὸ τὸν ἥλιον, ἧς ἀπολαύεις μόνος. Ἐξουσία
δ' ἔρωτα καταλύει· πλὴν εἰ μή τις ἐξ οὐρανοῦ κατα-
βέβηκε τῶν ἄνωθεν, ἢ ἐκ θαλάττης ἀναβέβηκεν ἄλλη
Θέτις. Πιστεύω γάρ, ὅτι καὶ θεοὶ τῆς σῆς ἐρῶσι συν-
ουσίας. Ἀπεκρίνατο βασιλεύς· Τοῦτ' ἴσως ἀληθές
ἐστιν, ὃ λέγεις, ὅτι θεῶν τίς ἐστιν ἥδ' ἡ γυνή· οὐδὲ
γὰρ ἀνθρώπινον τὸ κάλλος· πλὴν οὐχ ὁμολογα. Προσ-
ποιεῖται δὲ Ἑλληνὶς εἶναι Συρακοσία. Καὶ τοῦτο
δὲ τῆς ἀπάτης ἐστὶ σημεῖον. Ἐλεγχθῆναι γὰρ οὐ
βούλεται, πόλιν εἰποῦσα οὐ μίαν τῶν ὑφ' ἡμᾶς, ἀλλ'
ὑπὲρ τὸν Ἰόνιον καὶ τὴν πολλὴν θάλασσαν τὸν περὶ
αὑτῆς μῦθον ἐκπέμπει. Προφάσει δὲ δίκης ἦλθεν ἐπ'
ἐμὲ καὶ ὅλον τὸ δρᾶμα τοῦτο ἐκείνη κατεσκεύασε.
Θαυμάζω δέ σε, πῶς ἐτόλμησας Στάτειραν λέγειν κα-
λίστην ἁπασῶν, Καλλιρρόην βλέπων. Σκεπτέον οὖν,
πῶς ἂν ἀπαλλαγείην τῆς ἀνίας. Ζήτει πανταχόθεν,
εἴ τι ἄρα δυνατόν ἐστιν εὑρεῖν, φάρμακον. Εὕρηται,
φησί, φάρμακον, βασιλεῦ, καὶ παρ' Ἕλλησι καὶ βαρ-
βάροις τοῦτο, ὅπερ ζητεῖς. Φάρμακον γὰρ ἕτερον

qui cruce acerbior est, rege. Pulchra mors, post auditas
Callirrhoës nuptias. Jam post litem, quam rursus mihi
mortis occasionem corrupisti! Vidi Callirhoën, et non
adii, non osculatus fui. Rem novam, rem incredibilem!
ambigitur, judicatur, Chæreas Callirrhoës maritus sit,
necne. At illam quoque cognitionem, qualemcunque etiam,
finiri non sinit invida sors. Die noctuque juxta deos ira-
tos habeo. Iam ruebat his dictis in ensem. Sed prehen-
sam dextram vi Polycharmus continuit, et dehinc servavit
illum tantum non in vinculis.

III. Rex interim accessit fidelissimum suum eunuchum :
sed et hunc verecundatur primo. Videns itaque Artaxa-
tes pudore plenum et cunctantem proloqui : Quid celas,
ait, here, tuum servum, qui et bene tibi vult, et commissa
fideliter retinere novit? quod tibi grande malum accidit?
adeo vereor ne quis insidias... (Insidias), ait rex, easque
maximas, sed non ab homine, sed a deo. Quid Cupido sit,
prius equidem noveram ex utriusque orationis scriptori-
bus, illum in omnes deos imperium exercere, etiam in
ipsum Iovem. Quod tamen aliquis me potior esse possit
apud me, diffidebam. Verum præsto adest deus : diver-
tit in animam meam multus et vehemens. Amo.... Grave
quidem fateri ; si tamen dicendum, quod res est, captus
sum. Dum loquitur, adeo lacrymis obundatur, ut finem
imponere sermoni nequiret. Statim ut ille ad silentium
redactus, intelligebat eunuchus, unde vulneratus esset ;
neque enim antea a suspicione hac remotus erat, sed sen-
tiebat quidem adhuc flammantes ignes ; quum neque du-
bium esset, neque obscurum, Callirrhoë præsente fieri non
posse, ut alterius in amorem rex inciderit. Fingebat ta-
men ignorare, et : Quænam forma, ait, here, tuum man-
cipare posset animum, cui pulchra omnia serviunt? aurum,
argentum, vestes, equi, urbes, gentes, multæque pulchræ
mulieres, sed omnium sub sole pulcherrima, Statira, qua
frueris solus. Quam concupiscere si te non admodum
sentis, id sane mirum non est. Facultas cupidinem tollit ;
nisi forte superorum e cœlo quædam descendit, aut altera
ponto Thetis emersit. Credo enim, et deos tuam appetere
consuetudinem. Hoc forte verum dicis, ait rex, fœminam
hanc esse deam aliquam ; non enim in ea humana pulchri-
tudo. Sed hæc inter se non consentiunt ; se fingit esse
Græcam Syracusis. Et hoc est fraudis indicium statim.
Falsi nempe cavet argui, urbem nostri quamdam imperii
non citans ; sed fabulam suam ultra Ionium pelagus et vasti
maris spatia remittit. Venit ad me judicii specie. At to-
tum actum illa sola composuit. Miror autem, qui Stati-
ram dicere omnium pulcherrimam sustineas, quum Cal-
lirrhoën coram vides. Videndum, quomodo liberer hac
ægritudine. Quære undecunque, si potest inveniri, auxi-
lium. Auxilium, quod quæris, inveniri potest, here, æque
apud Græcos, atque apud Barbaros. Aliud amoris auxilium
non est, quam ipsum, quod amas, corpus. Hoc sine du

LIBER VI.

Ἔρωτος οὐδέν ἐστι, πλὴν αὐτὸς ὁ ἐρώμενος. Τοῦτο δ' ἄρα καὶ τὸ ᾀδόμενον λόγιον ἦν· Ὅτι ὁ τρώσας αὐτὸς ἰάσεται. Κατῃδέσθη βασιλεὺς τὸν λόγον, καὶ Μὴ σύ γε, ἔφη, τοιοῦτο μηδὲν εἴπῃς, ἵνα γυναῖκα ἀλλοτρίαν διαφθείρω. Μέμνημαι νόμων, οὓς αὐτὸς ἔθηκα. Δικαιοσύνης, ἣν ἐν ἅπασιν ἀσκῶ, μηδεμίαν μου καταγνῷς ἀκρασίαν. Οὐχ οὕτως ἑαλώκαμεν. Δείσας Ἀρταξάτης, ὡς εἰπών τι προπετὲς, μετέβαλε τὸν λόγον εἰς ἔπαινον. Σεμνῶς, ἔφη, διανοῇ, βασιλεῦ. Μὴ 10 τὴν ὁμοίαν τοῖς ἄλλοις ἀνθρώποις θεραπείαν τῷ Ἔρωτι προσαγάγῃς, ἀλλὰ τὴν κρείττονα καὶ βασιλικὴν, ἀνταγωνιζόμενος ἑαυτοῦ. Δύνασαι γάρ, ὦ δέσποτα, σὺ μόνος κρατεῖν καὶ θεοῦ. Ἄπαγε δὲ τὴν σεαυτοῦ ψυχὴν εἰς πάσας ἡδονάς. Μάλιστα δὲ κυνηγεσίοις ἐξαι-15 ρέτως χαίρεις. Οἶδα γάρ σε ὑφ' ἡδονῆς διημερεύοντα ἄβρωτον, ἄποτον. Ἐν θήρᾳ δ' ἐνδιατρίβειν, ἢ τοῖς βασιλείοις καὶ ἐγγὺς εἶναι τοῦ πυρός.

Δ'. Ταῦτ' ἤρεσε καὶ θήρα κατηγγέλλετο μεγαλοπρεπής. Ἐξήλαυνον ἱππεῖς κεκοσμημένοι καὶ Περσῶν 20 οἱ ἄριστοι καὶ τῆς ἄλλης στρατείας τὸ ἐπίλεκτον. Πάντων δ' ὄντων ἀξιοθεάτων, διαπρεπέστατος ἦν αὐτοῖς ὁ βασιλεύς. Καθῆστο γὰρ ἵππῳ Νισαίῳ καλλίστῳ καὶ μεγίστῳ, χρύσεον ἔχοντι χαλινὸν, χρύσεα δὲ φάλαρα καὶ προμετωπίδια καὶ προστερνίδια. Πορφύραν 25 δ' ἠμφίεστο Τυρίαν, τὸ δ' ὕφασμα Βαβυλώνιον καὶ τιάραν ὑακινθινοβαφῆ. Χρύσεον δὲ ἀκινάκην ὑπεζωσμένος δύο ἄκοντας ἐκράτει. Καὶ φαρέτρα καὶ τόξον αὐτῷ παρήρτητο, Σηρῶν ἔργον πολυτελέστατον. Καθῆστο δὲ σοβαρός. Ἔστι γὰρ ἴδιον ἔρωτος τὸ φιλό- 30 κοσμον. Ἤθελε δὲ μέσος ὑπὸ Καλλιρρόης ὁραθῆναι. Καὶ διὰ τῆς πόλεως ἁπάσης ἐξιὼν περιέβλεπεν, εἴ που κἀκείνη θεᾶται τὴν πομπήν. Ταχέως δ' ἐνεπλήσθη τὰ ὄρη βοώντων, θεόντων, κυνῶν ὑλακοῦντων, ἵππων χρεμετιζόντων, θηρῶν ἐλαυνομένων. Ἡ σπουδὴ καὶ 35 ὁ θόρυβος ἐκεῖνος αὐτῶν ἐξέστησεν ἄν καὶ τὸν ἔρωτα, τέρψις γὰρ ἦν μετ' ἀγωνίας καὶ χαρὰ μετὰ φόβου καὶ κίνδυνος ἡδὺς, ἀλλὰ βασιλεὺς οὔθ' ἵππον ἔβλεπε, τοσούτων ἱππέων αὐτῷ παραθεόντων, οὔτε θηρίων τοσούτων διωκομένων, οὔτε κυνὸς ἤκουε, τοσούτων ὑλακ- 40 τούντων, οὔτ' ἀνθρώπων, πάντων βοώντων. Ἔβλεπε δὲ Καλλιρρόην μόνην, τὴν μὴ παροῦσαν, καὶ ἤκουεν ἐκείνης, τῆς μὴ λαλούσης. Συνεξῆλθε γὰρ ἐπὶ τὴν θήραν ὁ Ἔρως αὐτῷ, καὶ, ἅτε δὴ φιλόνεικος θεός, ἀντιταττόμενον ἰδὼν καὶ βεβουλευμένον, ὡς ᾤετο, καλῶς, 45 εἰς τοὐναντίον τὴν τέχνην περιέτρεψεν αὐτῷ καὶ δι' αὐτῆς τῆς θεραπείας ἐξέκαυσε τὴν ψυχὴν, ἔνδον παρὼν καὶ λέγων· Οἷον ἦν ἐνθάδε Καλλιρρόην ἰδεῖν, κνήμας ἀνεζωσμένην καὶ βραχίονας γεγυμνωμένην, πρόσωπον ἐρυθήματος, στῆθος ἄσθματος πλῆρες. Ἀληθῶς

50 Οἵη δ' Ἄρτεμις εἶσι κατ' οὔρεος ἰοχέαιρα,
Ἢ κατὰ Τηΰγετον περιμήκετον, ἢ Ἐρύμανθον,
Τερπομένη κάπροισι καὶ ὠκείης ἐλάφοισι.

Ταῦτ' ἀναζωγραφῶν καὶ ἀναπλάττων ἐξεκάετο σφόδρα.

* * * * *

bio decantatum illud oraculum : Eundem sanaturum, qui vulnerarat. Verecundia regem impiet' hic sermo; et : Tunc mihi, ait, tale quidquam suadere ausis, ut alienam uxorem corrumpam. Legum, quas ipse tuli, memini, memini justitiæ, quam in omnibus rebus exerceo, nec putes me tam intemperantem esse. Non adeo capti et victi tenemur. Pavidus Artaxates, ac si quid incogitantius dixisset, mutat in laudes sermonem. Graviter digneque tua persona sentis, domine. Ne tu Cupidini medicinam adhibeas, quam aliis homines, sed meliorem et regiam, ipse te ei adversarium opponens. Potes namque tu solus vel hunc deum vincere. Animum remitte in omnes voluptates. Maxime autem et eximie gaudes venatione. Memini, te præ studio et delectatione solidos dies sine cibo, sine potu, transigere in venatione. Venationi autem inhærere præstat, quam regiæ, et prope ignem esse.

IV. Consilium placuit. Indicta venatio magnifica. Exire super equis equites ornati, et nobilissimi Persarum, et reliqui exercitus pars lectissima; omnes adspectu digni, sed eminebat rex, considens equo Nisæo maximo pariter et pulcherrimo, aureo fræno, aureis phaleris, frontalibus itidem et pectoralibus superbo, purpura indutus Tyria, Babylonici operis, et tiara coloris hyacinthini. Latus succingebat aureus acinaces; manus tenebat duo spicula; appendebat pharetra cum arcu, Sericum opus pretiosissimum; sedebatque ferociens nonnihil. Et id amori proprium, cultu corporis placere sibi. Etiam volebat a Callirrhoë medius in stipantium turba conspici, et per totam urbem, dum exit, respicit, an et illa conductum videret. Montes exemplo pleni clamantium, canum latratu, hinnitu equorum, feris agitatis. Talis tumultus et studium alii cuivis vel amorem excussisset : erat enim delectatio cum sollicitudine, gaudium cum timore, et periculum jucundum. Rex autem neque videbat equum, tot equilibus præcurrentibus; neque feram, tot exagitatis; neque canem audiebat, tot latrantibus; neque hominem, tot vociferantibus. Solam videbat absentem, et audiebat non loquentem Callirrhoën : Amor enim cum ipso venatum exierat; et, ut deus rixosus, quum videret adversarium gradu ad prœliandum composito, cuique pulchre omnia scilicet consulta forent et destinata, invertebat hujus artes, et abutens ipsa medicina, in præcordiisque residens, animam magis accendebat, hæc insusurrans : Quam pulchrum fuerat et hic Callirrhoën videre ad tibias usque succinctam, nudatam brachiis, vultum rubore plenum, pectus anhelantis.

Haud secus ac nemorum quæ perlustrare recessus,
Scandere quæ montes amat, et tractare sagittas,
Cynthia, quum sævos Erymantho Taygetove
Urget ovans apros, cervisque timentibus instat.

Talem sibi mente depingens atque effingens vehementer incalescebat.

* * * * *

Ταῦτα λέγοντος Ἀρταξάτης ὑπολαβών· ʼΕπιλέλησαι, φησί, δέσποτα, τῶν γεγονότων. Καλλιρρόη γὰρ ἄνδρα οὐκ ἔχει, μένει δ᾽ ἡ κρίσις, τίνι ὀφείλει γαμηθῆναι. Μέμνησο οὖν, ὅτι χήρας ἐρᾷς. Ὡς μήτε 5 τοὺς νόμους αἰδοῦ, κεῖνται γὰρ ἐπὶ τοῖς γάμοις, μήτε μοιχείαν, δεῖ γὰρ πρῶτον εἶναι ἄνδρα τὸν ἀδικούμενον, εἶτα τὸν ἀδικοῦντα μοιχόν. Ἤρεσεν ὁ λόγος τῷ βασιλεῖ, πρὸς ἡδονὴν γὰρ ἦν, καὶ προσλαβόμενος ὑπὸ χεῖρα τὸν εὐνοῦχον κατεφίλησε, καὶ Δικαίως ἄρα σε 10 ἐγώ, ἔφη, πάντων προτιμῶ. Σὺ γὰρ εὐνούστατος καὶ φύλαξ ἀγαθὸς ἐμοί. Ἄπιθι δέ, καὶ Καλλιρρόην ἄγε. Δύο δέ σοι προστάσσω, μὴ ἄκουσαν, μήτε φανερῶς. Θέλω γάρ σε καὶ πεῖσαι καὶ λαθεῖν. Εὐθὺς οὖν ἀνακλητικὸν τῆς θήρας σύνθημα διεδόθη καὶ πάντες 15 ἀνέστρεφον. Βασιλεὺς δ᾽ ἀνηρτημένος ταῖς ἐλπίσιν εἰσήλαυνεν εἰς τὰ βασίλεια χαίρων ὡς τὸ κάλλιστον θήραμα θηράσας. Καὶ Ἀρταξάτης δ᾽ ἔχαιρε νομίζων πρὸς ὑπηρεσίαν ὑπεσχῆσθαι, βραβεύσειν δὲ λοιπὸν ἅρμα βασιλικόν, χάριν εἰδότων ἀμφοτέρων αὐτῷ, Καλ20 λιρρόης δὲ μᾶλλον· (ἐπίστευε γὰρ τὴν πρᾶξιν ῥᾳδίαν, ὡς εὐνούχος, ὡς δοῦλος, ὡς βάρβαρος. Οὐκ ᾔδει δὲ φρόνημα Ἑλληνικὸν εὐγενὲς καὶ μάλιστα τὸ Καλλιρρόης τῆς σώφρονος καὶ φιλάνδρου.

Ε΄. Καιρὸν οὖν ἐπιτηρήσας ἧκε πρὸς αὐτὴν καὶ 25 μόνης λαβόμενος· Μεγάλων, εἶπεν, ἀγαθῶν, ὦ γύναι, θησαυρόν σοι κεκόμικα. Καὶ σὺ δὲ μνημόνευέ μου τῆς εὐεργεσίας. Εὐχάριστον γὰρ εἶναί σε πιστεύω. Πρὸς τὴν ἀρχὴν τοῦ λόγου Καλλιρρόη περιχαρὴς ἐγένετο, φύσει γὰρ ἄνθρωπος, ὃ βούλεται, τοῦτο καὶ οἴεται, 30 τάχ᾽ οὖν ἔδοξεν ἀποδίδοσθαι Χαιρέᾳ καὶ ἔσπευδε τοῦτ᾽ ἀκοῦσαι, καὶ τῶν εὐαγγελίων ἀμείψασθαι τὸν εὐνοῦχον ὑπισχνουμένη. Πάλιν δ᾽ ἐκεῖνος ἀναλαβὼν ἀπὸ προοιμίων ἤρξατο· Σύ, γυνή, κάλλος μὲν θεῖον εὐτύχησας, μέγα δέ τι ἀπ᾽ αὐτοῦ καὶ σεμνὸν οὐκ ἐκαρπώσω. Τὸ 35 διὰ γῆς πάσης ἔνδοξον καὶ περιβόητον ὄνομα μέχρι σήμερον οὐχ εὗρεν οὔτ᾽ ἄνδρα κατ᾽ ἀξίαν, οὔτ᾽ ἐραστήν, ἀλλ᾽ ἐνέπεσεν εἰς δύο, νησιώτην πένητα, καὶ ἕτερον δοῦλον βασιλέως. Τί σοι γέγονεν ἐκ τούτων μέγα καὶ λαμπρόν; ποίαν χώραν ἔχεις εὔφορον; ποῖον κόσμον 40 πολυτελῆ; τίνων πόλεων ἄρχεις; πόσοι δοῦλοί σε προσκυνοῦσι; γυναῖκες Βαβυλώνιαι θεραπαινίδας ἔχουσι πλουσιωτέρας σου. Πλὴν οὐκ ἠμελήθης εἰς πάντα, ἀλλὰ κήδονταί σου θεοί. Διὰ τοῦτό σε ἐνθάδε ἤγαγον, πρόφασιν εὑρόντες τὴν δίκην, ἵνα σε ὁ μέγας βασιλεὺς 45 θεάσηται. Καὶ τοῦτο πρῶτον εὐαγγέλιον ἔχεις· ἡδέως σε εἶδε. Κἀγὼ δ᾽ αὐτὸν ἀναμιμνήσκω, καὶ ἐπαινῶ σε παρ᾽ ἐκείνῳ. Τοῦτο γὰρ προσέθηκεν. Εἴωθε γὰρ πᾶς δοῦλος, ὅταν διαλέγηταί τινι περὶ τοῦ δεσπότου, εἰς ἑαυτὸν συνιστᾶν, ἴδιον ἐκ τῆς ὁμιλίας γνώμενος 50 κέρδος. Καλλιρρόη δ᾽ εὐθὺς τὴν καρδίαν ἐπλήγη, ὥσπερ ὑπὸ ξίφους, τοῦ λόγου. Προσεποιεῖτο δὲ μὴ συνιέναι καὶ Θεοί, φησίν, ἵλεω βασιλεῖ διαμένοιεν, σοὶ δ᾽ ἐκεῖνος, ὅτι ἐλεεῖτε γυναῖκα δυστυχῆ. Δέομαι, θᾶττον ἀπαλλαξάτω με τῆς φροντίδος, ἀπαρτίσας τὴν

LIBER VI.

κρίσιν, ἵνα μηκέτι ἐνοχλῶ μηδὲ τῇ βασιλίδι. Δόξας δ' ὁ εὐνοῦχος, ὅτι ἀσαφῶς εἴρηκεν ὃ ἤθελε καὶ οὐ νενόηκεν ἡ γυνὴ, φανερώτερον ἤρξατο λέγειν. Αὐτὸ τοῦτο εὐτύχηκας, ὅτι οὐκ ἔτι δούλους καὶ πένητας ἔχεις 5 ἐραστὰς ἀλλὰ τὸν μέγαν βασιλέα, τὸν δυνάμενόν σοι Μίλητον αὐτὴν καὶ ὅλην Ἰωνίαν καὶ Σικελίαν καὶ ἄλλα ἔθνη μείζονα χαρίσασθαι. Θῦε δὲ τοῖς θεοῖς, καὶ μακάριζε σεαυτὴν, καὶ* νύττε ὅπως ἀρέσεις μᾶλλον αὐτῷ, καὶ ὅταν πλουτήσῃς ἐμοῦ μνημόνευε. Καλλιρρόη μὲν 10 τὸ μὲν πρῶτον ὥρμησεν, εἰ δυνατὸν, καὶ τοὺς ὀφθαλμοὺς ἐξορύξαι τοῦ διαφθείροντος αὐτήν. Οἷα δὲ γυνὴ πεπαιδευμένη καὶ φρενήρης, ταχέως λογισαμένη καὶ τὸν τόπον καὶ τίς ἐστιν αὐτὴ καὶ τίς ὁ λέγων, τὴν ὀργὴν μετέβαλε καὶ κατειρωνεύσατο λοιπὸν τοῦ βαρ-15 βάρου. Μὴ γὰρ οὕτω, φησὶ, μαινοίμην, ἵν' ἐμαυτὴν ἀξίαν εἶναι πεισθῶ τοῦ μεγάλου βασιλέως. Εἰμὶ δὲ θεραπαινίσιν ὁμοία Περσίδων γυναικῶν. Μὴ σὺ, δέομαί σου, μνημονεύσῃς ἔτι περὶ ἐμοῦ πρὸς τὸν δεσπότην. Καὶ γὰρ, ἂν ἐν τῷ παραυτίκα μηδὲν ὀργισθῇ, 20 μετὰ ταῦτά σοι χαλεπανεῖ, λογισάμενος, ὅτι τὸν γῆς ἁπάσης κύριον ὑπέρριψας Διονυσίου δούλῳ. Θαυμάζω δὲ, πῶς συνετώτατος ὑπάρχων, ἀγνοεῖς τὴν βασιλέως φιλανθρωπίαν, ὅτι οὐκ ἐρᾷ δυστυχοῦς γυναικὸς ἀλλ' ἐλεεῖ. Παυσώμεθα τοίνυν λαλοῦντες, μὴ καὶ τῇ βα-25 σιλίδι τις ἡμᾶς διαβάλῃ. Καὶ ἡ μὲν ἀπέδραμεν, ἔστη δ' ὁ εὐνοῦχος ἀχανής. Οἷα γὰρ ἐν μεγάλῃ τυραννίδι τεθραμμένος, οὐδὲν ἀδύνατον ὑπελάμβανεν, οὐ βασιλεῖ μόνον, ἀλλ' οὐδ' ἑαυτῷ.

ϛ'. Καταλειφθεὶς οὖν καὶ μηδὲ ἀποκρίσεως κατα-30 ξιωθεὶς, ἀπηλλάττετο μυρίων παθῶν μεστός. Ὀργιζόμενος μὲν Καλλιρρόῃ, λυπούμενος δ' ἐφ' ἑαυτῷ, φοβούμενος δὲ βασιλέα. Τάχα γὰρ οὐδὲ πιστεύσειν αὐτὸν, ὅτι ἀτυχοῖς μὲν, ἀλλὰ διελέχθη, δόξει δὲ κατα- προδιδόναι τὴν ὑπηρεσίαν χαριζόμενος τῇ βασιλίδι. 35 Ἐδεδοίκει δὲ, μὴ καὶ πρὸς ἐκείνην Καλλιρρόη κατείπῃ τοὺς λόγους. Στάτειραν δὲ βαρυθυμοῦσαν μέγα τι βουλεύσειν αὐτῷ κακὸν, ὡς οὐχ ὑπηρετοῦντι μόνον ἀλλὰ καὶ κατασκευάζοντι τὸν ἔρωτα. Καὶ ὁ μὲν εὐνοῦχος ἐσκέπτετο, πῶς ἂν ἀσφαλῶς ἀπαγγείλῃ βα-40 σιλεῖ περὶ τῶν γεγονότων. Καλλιρρόη δὲ καθ' ἑαυτὴν γενομένη ταῦτα φησίν· Ἐγὼ προεμαντευόμην, Ἔχω σε μάρτυν, Εὐφρᾶτα. Προεῖπον, ὅτι οὐκέτι σε διαβήσομαι. Ἔρρωσο, πάτερ καὶ σὺ, μῆτερ, καὶ Συρακοῦσαι πατρίς. Οὐκέτι γὰρ ὑμᾶς ὄψομαι. Νῦν ὡς 45 ἀληθῶς Καλλιρρόη τέθνηκα. Ἐκ τοῦ τάφου μὲν ἐξῆλθον, οὐκ ἐξάξει δέ με ἐντεῦθεν λοιπὸν οὐδὲ Θήρων ὁ λῃστής. Ὦ κάλλος ἐπίβουλον, σύ μοι πάντων κακῶν αἴτιον. Διὰ σὲ ἀνῃρέθην, διὰ σὲ ἐπράθην, διὰ σὲ ἔγημα μετὰ Χαιρέαν, διὰ σὲ εἰς Βαβυλῶνα ἤχθην, 50 διὰ σὲ παρέστην δικαστηρίῳ. Πόσοις με παρέδωκας; λῃσταῖς, θαλάττῃ, τάφῳ, δουλείᾳ, κρίσει. Πάντων δέ μοι βαρύτατος ὁ ἔρως ὁ βασιλέως. Καὶ οὔπω λέγω τὴν τοῦ βασιλέως ὀργήν. Φοβερωτέραν ἡγοῦμαι τὴν τῆς βασιλίδος ζηλοτυπίαν ἣν οὐκ ἤνεγκε Χαιρέας,

tione; ut ne porro cuiquam, praecipue reginae, molesta sim. Visus sibi parum clare sensus animi sui exposuisse, fœminamque non percepisse, sic perspicue magis occipit eunuchus loqui : Id ipsum tibi, fœmina, fortunae beneficio contigit, quod non pauperes, non servos habeas porro amatores, sed ipsum magnum regem, qui tibi possit et Miletum, et omnem Ioniam, Siciliamque insimul et alias majores dare nationes. Sacra redde diis, ipsaque te beatam praedica et instiga ut magis regi magisque placendum. Dives autem facta, rogo, ut mei rationem habeas. Callirrhoë primo quidem vel oculos, si pote, corruptori eruisset; verumtamen ut rerum gnara animumque regere sciens fœmina, ut secum reputaverat, quo loco esset, et quae esset ipsa, et quis dicens, iram extemplo in barbari irrisionem demutat : Adeo non insaniam, ait, ut magno me rege dignam arbitrer, quae Persidum ancillis nihil praesto. Non tu, quaeso rogoque, amplius apud herum mei memoriam injicias. Nam, licet in praesentia tibi non succenseat, in posterum tamen sane desaeviet in te, quando apud se perpenderit, quod tu totius terrarum orbis dominum Dionysii servae subjeceris. Etiam miror, qui sapientissimus tu mortalium regis humanitatem ignores. Non amat infelicem fœminam, sed miseratur. Abrumpamus itaque colloquium, ne nos apud reginam quis calumnietur. Aufugitque his dictis, et stantem relinquit mutum et excordem. Educatus enim ille in magna tyrannide nihil opinabatur esse, quod rex, quin quod ipse, nequiret conficere.

VI. Desertus igitur et ne responso quidem dignus habitus, multorum plenus affectuum abibat, iratus partim Callirrhoae, partim sua quoque caussa tristis. Etiam regem verebatur. Forsan enim illum nolle credere, quod hac de re, quamvis citra successum, egerit. Sine omni dubio potius illum sibi persuasurum, ab eunucho gratificaturo reginae ministerium proditum fuisse. Timebat tandem, ne sermones suos apud Statiram Callirrhoë referret, eaque gravi percita iracundia magnum ipsi eunucho malum machinaretur, ut qui non in amore minister modo, sed etiam instigator esset regi. Dispicit itaque secum, qui tandem tuto de rebus gestis ad herum renuntiet. Callirrhoë autem apud se sola : Id ego praesagiebam, ait, tuam fidem, Euphrates. Praedixi, me non rursus te fore transituram. Vale, pater, et tu mater, et Syracusae patria, valete. Vos non revisam. Nunc revera Callirrhoë tandem obiit. E sepulcro quidem evasi, sed hinc me non extrahet unquam ne Thero quidem latro. O insidiosa pulchritudo! tu mihi malorum omnium caussa. Propter te occisa fui, propter te vendita, propter te alteri juncta, propter te Babylonem abrepta, propter te coram tribunali steti. Quot me generibus rerum commisisti; latronibus, mari, servituti, judicio, et omnium gravissimo, amori regis. De cujus ira nihil adhuc dum commemorabo. Saeviorem reginae reputo et extimesco aemulationem : quam non tulit Chaereas, vir,

ἀνὴρ Ἕλλην. Τί ποιήσει γυνὴ καὶ δέσποινα βάρβαρος; ἄγε δὴ, Καλλιρρόη, βούλευσαί τι γενναῖον, Ἑρμοκράτους ἄξιον. Ἀπόσφαξον σεαυτήν, ἀλλὰ μήπω. Μέχρι γὰρ νῦν ὁμιλία πρώτη καὶ παρ' εὐνούχου, ἂν δὲ βιαιότερόν τι γένηται, τότε ἐστί σοι καιρὸς ἐπιδεῖξαι Χαιρέᾳ παρόντι τὴν πίστιν. Ὁ δ' εὐνοῦχος, ἐλθὼν πρὸς τὸν βασιλέα, τὴν μὲν ἀλήθειαν ἀπέκρυπτε τῶν γεγονότων, ἀσχολίαν δ' ἐσκήπτετο καὶ τήρησιν ἀκριβῆ τῆς βασιλίδος, ὥστε μηδὲ δύνασθαι τῇ Καλλιρρόῃ προσελθεῖν· Σὺ δ' ἐκέλευσάς μοι, δέσποτα, προνοεῖσθαι τοῦ λαθεῖν. Ὀρθῶς δὲ προσέταξας. Ἀνείληφας γὰρ τὸ σεμνότατον πρόσωπον τοῦ δικαστοῦ καὶ θέλεις παρὰ Πέρσαις εὐδοκιμεῖν. Διὰ τοῦτό σε πάντες ὑμνοῦσιν. Ἕλληνες δ' εἰσὶ μικραίτιοι καὶ λάλοι· Περιϐόητον αὐτοὶ ποιήσουσι τὴν πρᾶξιν, Καλλιρρόη μὲν ὑπ' ἀλαζονείας ὅτι αὐτῆς βασιλεὺς ἐρᾷ, Διονύσιος δὲ καὶ Χαιρέας ὑπὸ ζηλοτυπίας. Οὐκ ἔστι δ' ἄξιον οὐδὲ τὴν βασιλίδα λυπῆσαι, ἣν εὐμορφοτέραν ἐποίησεν ἡ δίκη δόξαι. Ταύτην δὲ παρέμισγε τὴν παλινῳδίαν, εἴ πως ἀποστρέψαι δύναιτο τὸν βασιλέα τοῦ ἔρωτος, καὶ ἑαυτὸν ἐλευθερῶσαι διακονίας δυσχεροῦς.

Ζ'. Παραυτίκα μὲν οὖν ἔπεισε, πάλιν δὲ νυκτὸς γενομένης ἀνεκάετο καὶ ὁ ἔρως αὐτὸν ἀνεμίμνησκεν οἵους μὲν ὀφθαλμοὺς ἔχει Καλλιρρόη; πῶς δὲ καλὸν τὸ πρόσωπον; τὰς τρίχας ἐπῄνει, τὸ βάδισμα, τὴν φωνήν. Οἵα μὲν εἰσῆλθεν εἰς τὸ δικαστήριον; οἵα δ' ἔστη; πῶς ἐλάλησε; πῶς ἐσίγησε; πῶς ᾔδετο; πῶς ἔκλαυσε; Διαγρυπνήσας δὲ τὸ πλεῖστον μέρος καὶ τοσοῦτον καταδραθὼν, ὅσον καὶ ἐν τοῖς ὕπνοις Καλλιρρόην ἰδεῖν, ἕωθεν καλέσας τὸν εὐνοῦχον· Ἄπιθι, φησί, καὶ παραφύλαττε δι' ὅλης τῆς ἡμέρας. Πάντως γὰρ καιρὸν εὑρήσεις, κἂν βραχύτατον, ὁμιλίας λανθανούσης. Εἰ γὰρ ἤθελον φανερῶς καὶ βίᾳ περιγενέσθαι τῆς ἐπιθυμίας, εἶχον δορυφόρους. Προσκυνήσας ὁ εὐνοῦχος ὑπέσχετο. Οὐδενὶ γὰρ ἔξεστιν ἀντειπεῖν, βασιλέως κελεύοντος. Εἰδὼς δὲ, ὅτι Καλλιρρόη καιρὸν οὐ δώσει, διακρούσεται δὲ τὴν ὁμιλίαν, ἐξεπίτηδες συνοῦσα τῇ βασιλίδι, τοῦτο δὲ θεραπεῦσαι θέλων ἔτρεψε τὴν αἰτίαν οὐκ εἰς τὴν φυλαττομένην ἀλλ' εἰς τὴν φυλάττουσαν. Κἂν σοι δοκῇ, φησίν, ὦ δέσποτα, μετάπεμψαι Στάτειραν, ὡς ἰδιολογήσασθαί τι βουλόμενος πρὸς αὐτήν· ἐμοὶ γὰρ ἡ ἐκείνης ἀπουσία Καλλιρρόης ἐξουσίαν δώσει. Ποίησον οὕτως, εἶπε βασιλεύς. Ἐλθὼν δὲ Ἀρταξάτης καὶ προσκυνήσας τὴν βασιλίδα· Καλεῖ σε, φησίν, ὦ δέσποινα, ἀνήρ. Ἀκούσασα ἡ Στάτειρα προσεκύνησε καὶ μετὰ σπουδῆς ἀπῄει πρὸς αὐτόν. Ὁ δ' εὐνοῦχος ἰδὼν τὴν Καλλιρρόην μόνην ἀπολελειμμένην, ἐμβαλὼν τὴν δεξιὰν, ὡς δή τις φιλέλλην καὶ φιλάνθρωπος, ἀπήγαγε τοῦ πλήθους τῶν θεραπαινίδων. Ἡ δ' ἠπίστατο μὲν καὶ εὐθὺς ὠχρά τ' ἦν καὶ ἄφωνος, ἠκολούθει δ' ὅμως. Ἐπεὶ δὲ κατέστησαν μόνοι, λέγει πρὸς αὐτήν· Ἑώρακας τὴν βασιλίδα, πῶς ἀκούσασα τὸ βασιλέως ὄνομα προσεκύνησε καὶ τρέχουσα ἄπεισι. Σὺ δὲ, ἡ δούλη, τὴν εὐτυχίαν οὐ φέρεις, οὐδ' ἀγαπᾷς,

Græcus. Quid jam faciet mulier, et hera barbara! Agedum, Callirrhoë, destina nobile facinus, Hermocrate dignum. Confode te. Sed nondum. Colloquium nunc modo fuit, et id eunuchi ministerio. Si quid autem fiat violentius, erit tibi tunc tempus, præsenti Chæreæ tuam in ipsum fidem ostendendi. Interim eunuchus apud regem gestorum occultare veritatem et caussari occupationes, acresque reginæ excubias, quæ minus tutum iter et patens ad Callirrhoën darent. Tu vero mihi, rex, curam latendi injunxeras. Idque recte et sapienter. Induisti nempe venerabilem personam judicis, et placere Persarum opinioni laboras, eoque te nomine celebrant omnes. At Græci minuta quævis incusant et garriunt. Illi, si quid tentares, different statim; Callirrhoë quidem vanitate, quod a rege fuisset amata; Dionysius autem et Chæreas æmulatione. Neque etiam par est, reginam macerare, quam judicium pulchriorem fecit. Sic hanc admiscebat retractationem, si forte regem posset ab amore avertere, seque difficili ministerio exonerare.

VII. Persuasit sane tum quidem : sed superveniente nocte, rex iterum exardebat a Cupidine monitus : Quales habet oculos Callirrhoë! quam pulchrum os! Laudabat comam, incessum, vocem. Ut intravit curiam, ut adstitit, ut locuta fuit, ut tacuit, ut gravisa fuit, ut ploravit! Sic insomnis tota fere nocte, et tantillum modo sopitus, ut videret in somnio Callirrhoën, mane vocat experrectus eunuchum, et : Abi, ait, totoque die diligenter observa. Nam sine dubio tempus invenies vel brevissimum clandestini colloquii. Quod si etiam palam frui vellem cupitis et vi, præsto sane sunt satellites. Eunuchus adorato regi pollicetur. Nemini nempe licet, jubenti regi contradicere. Quum vero Callirrhoën sciret ansam non daturam, sed perpetuo ad reginæ latus opera data adhærendo aditum omnem fore elusuram, huic ut occurreret malo, caussam vertit, non in custoditam, sed in custodem. Si tibi videtur, ait, here, arcesse Statiram, ut qui velis cum illa secreto agere. Copiam Callirrhoës mihi dabit ejus absentia. Ita fac, ait rex. Aggressus igitur adoratam reginam Artaxates : Vir te vocat, ait, o hera. Surrexit adorans Statira et abiit. Eunuchus ut solam relictam vidit Callirrhoën, arripiens ejus dexteram, ut Græcorum amans et humanus vir, ab ancillarum turba seduxit. Illa, quamvis jam sciret negotium, pallida et voce destituta, tamen sequi. Ut in vacuo erant constituti, his illam verbis invadit : Reginam, ait, vidisti, quomodo, regis audito nomine, adorarit et e vestigio abierit. Tu vero serva tuam felicitatem ferre nescis, neque contenta es magnique facis, quod te invitet et hortetur, qui jubere possit. Verum ego, te enim in honore habeo, apud herum insaniam tuam non accusavi, quin e contrario aliquid de te pollicitus sum. En duas tibi vias! utram sequi vis? utramque monstrabo. Obsecuta regis voluntati dona feres pulcherrima, et virum,

ὅτι σὲ παρακαλεῖ κελεῦσαι δυνάμενος. Ἀλλ' ἐγώ, τιμῶ γάρ σε, πρὸς ἐκεῖνον οὐ κατ(ηγόρη)σα τὴν μανίαν τὴν σήν, τοὐναντίον δὲ, ὑπεσχόμην ὑπέρ σου. Πάρεισιν οὖν σοι δύο ὁδοί. Ὁποτέραν βούλει τρέπεσθαι; μηνύσω δ' ἀμφοτέρας· πεισθεῖσα μὲν βασιλεῖ δῶρα λήψη τὰ κάλλιστα καὶ ἄνδρα, ὃν θέλεις, οὐ δήπου γὰρ σε αὐτὸς μέλλει γαμεῖν ἀλλὰ πρὸς καιρὸν αὐτῷ χάριν δώσεις. Εἰ δὲ μὴ πεισθῇς, ἀκούεις ἃ πάσχουσιν οἱ βασιλέως ἐχθροί, μόνοις γὰρ τούτοις οὐδ' ἀποθανεῖν 10 θέλουσιν ἔξεστι. Κατεγέλασε Καλλιρρόη τῆς ἀπειλῆς καὶ ἔφη· Οὐ νῦν πρῶτον πείσομαί τι δεινόν. Ἔμπειρός εἰμι τοῦ δυστυχεῖν. Τί με δύναται βασιλεὺς, ὧν πέπονθα, διαθεῖναι χαλεπώτερον; ζῶσα κατεχώσθην. Παντὸς δεσμωτηρίου τάφος ἐστὶ στενώτερος. Λῃστῶν 15 χερσὶ παρεδόθην. Ἄρτι τὸ μέγιστον τῶν κακῶν πάσχω· παρόντα Χαιρέαν οὐ βλέπω. Τοῦτο τὸ ῥῆμα προὔδωκεν αὐτήν. Ὁ γὰρ εὐνοῦχος, δεινὸς ὢν τὴν φύσιν, ἐνόησεν, ὅτι ἐρᾷ. Ὦ, φησί, πασῶν ἀνοητοτάτη γυναικῶν, τοῦ βασιλέως τὸν Μιθριδάτου δοῦλον 20 προτιμᾷς; Ἠγανάκτησε Καλλιρρόη, Χαιρέου λοιδορηθέντος, καὶ Εὐφήμησον, εἶπεν, ἄνθρωπε. Χαιρέας εὐγενής ἐστι, πόλεως πρῶτος, ἣν οὐκ ἐνίκησαν οὐδ' Ἀθηναῖοι, οἱ ἐν Μαραθῶνι καὶ Σαλαμῖνι νικήσαντες τὸν μέγαν σου βασιλέα. Ταῦθ' ἅμα λέγουσα δακρύων 25 πηγὰς ἀφῆκεν. Ὁ δ' εὐνοῦχος ἐπέθετο μᾶλλον, καὶ Σεαυτῇ, φησί, τῆς βραδύτητος αἰτία γίνῃ. Πῶς οὖν εὐμενῆ τὸν δικαστὴν ἕξεις; ἢ σχεῖν κάλλιον, ἵνα καὶ τὸν ἄνδρα κομίσῃ. Τάχα μὲν οὐδ' ἂν Χαιρέας γνοίη τὸ πραχθὲν, ἀλλὰ καὶ γνοὺς οὐ ζηλοτυπήσει τὸν κρείτ-
30 τονα. Δόξει δέ σε τιμιωτέραν, ὡς ἀρέσασαν βασιλεῖ. Τοῦτο δὲ προσέθηκεν, οὐχὶ δι' ἐκείνην ἀλλὰ καὶ αὐτὸς οὕτω φρονῶν. Καταπεπλήγασι γὰρ πάντες οἱ βάρβαροι καὶ θεὸν φανερὸν νομίζουσι τὸν βασιλέα. Καλλιρρόη δὲ καὶ αὐτοῦ τοῦ Διὸς οὐκ ἂν ἠσπάσατο γάμους, 35 οὐδ' ἀθανασίαν προετίμησεν ἂν ἡμέρας μιᾶς τῆς μετὰ Χαιρέου. Μηδὲν οὖν ἀνύσαι δυνάμενος ὁ εὐνοῦχος· Δίδωμί σοι, φησίν, ὦ γύναι, σκέψεως καιρόν. Σκέπτου δὲ μὴ περὶ σεαυτῆς μόνης, ἀλλὰ καὶ Χαιρέου κινδυνεύοντος ἀπολέσθαι τὸν οἴκτιστον μόρον. Οὐ γὰρ ἀνέ-
40 ξεται βασιλεὺς ἐν ἔρωτι παρευδοκιμούμενος. Κἀκεῖνος μὲν ἀπηλλάγη, τὸ δὲ τελευταῖον τῆς ὁμιλίας ἥψατο Καλλιρρόης.

Η'. Πᾶσαν δὲ σκέψιν καὶ πᾶσαν ἐρωτικὴν ὁμιλίαν ταχέως μετέβαλεν ἡ τύχη, καινοτέραν εὑροῦσα πραγ-
45 μάτων ὑπόθεσιν. Βασιλεῖ γὰρ ἦκον ἀπαγγέλλοντες, Αἴγυπτον ἀφεστάναι μετὰ μεγάλης παρασκευῆς. Τὸν μὲν γὰρ σατράπην τὸν βασιλικὸν τοὺς Αἰγυπτίους ἀνῃρηκέναι, κεχειροτονηκέναι δὲ βασιλέα τῶν ἐπιχωρίων, ἐκεῖνον δ' ἐκ Μέμφεως ὁρμώμενον διαβεβηκέναι 50 μὲν Πηλούσιον, ἤδη δὲ Συρίαν καὶ Φοινίκην καταντρέχειν, ὡς μηκέτι τὰς πόλεις ἀντέχειν, ὥσπερ χειμάρρου τινὸς, ἢ πυρὸς αἰφνιδίου ἐπιρρυέντας αὐταῖς. Πρὸς δὲ τὴν φήμην ἐταράχθη μὲν ὁ βασιλεὺς, κατεπλάγησαν δὲ Πέρσαι. Κατήφεια δὲ πᾶσαν ἔσχε

CHARITON.

LIBER VI. 481

quem cupis. Neque enim ille sane te vult uxorem ducere; sed ad tempus illi modo gratificaberis. Sin renuas, audis, quæ regis hostes patiuntur. Illis solis desiderata mors negatur. Irridet minas Callirrhoë : Non nunc primum, ait, malum aliquod patiar. Perita jam sum calamitatum. Qui me poterit rex gravius, quam fui, mulcare? Viva defossa fui. Atqui tumulus quovis carcere angustior est. Inter manus latronum fui. Jam modo patior maximum malorum : Chæream præsentem non video. Hoc verbum eam prodebat. Eunuchus jam illam amare sensit, subtilis et acer ingenio : O tu, ait, omnium mulierum stolidissima, regi præfers Mithridatis servum. Ringi Callirrhoë ad Chæreæ opprobrium. Bona verba, mi homo. Chæreas ingenuus est, primus civitatis, quam non vicerunt neque ipsi Athenienses, qui magnum tuum regem Marathone et ad Salaminem ceciderunt. Hæc dicens lacrymarum fontem effundit. Contra acrius urget eunuchus, et : Ipsa tibi caussa tarditatis es : ait. Qui enim benevolum habebis judicem tu, cui pulchrius erat, benevolum habere, quo et maritum recuperares? fortasse neque Chæreas sciat acta ; et, si sciat, non adversabitur æmulus potiori. Quin et honestiorem te habebit, ut quæ regi placuerit. Id addebat non istius caussa, sed quod ipse sic sentiebat. Cum stupore admirantur nempe omnes barbari, deumque præsentem reputant regem. Callirrhoë vero ne Jovis quidem nuptias acceptasset, neque prætulisset immortalitatem unius diei cum Chærea consuetudini. Videns itaque, nihil apud mulierem proficere : Deliberationis do tibi tempus, ait. Simul tamen teneas velim, non soli tibi, sed et Chæreæ, prospiciendum esse. Qui sane, ut excruciatus modis miserrimis interest, in periculo est. Rex enim non patietur in amore sibi alium præferri. Sic abit, ultima colloquii verba aculeum in Callirrhoës pectore relinquens.

VIII. Sed omnem subito deliberationem et negotiationem amatoriam abrupit Fortuna et alio convertit, invento novarum rerum et occupationum argumento. Nuntii namque regi veniebant, Ægyptum multo atque terribili apparatu defecisse; illos enim occidisse constitutum a rege satrapam, et de indigenis quemdam regem suum elegisse; illum dudum pervasisse Pelusium, et jam cæde ac rapinis per omnem volitare Syriam et Phœnicen. Durare contra non amplius posse urbes, ut hyberni torrentis violentia, vel ignis impetu, in se irruente. Hanc ad famam turbari rex, percelli Persæ, tota Babylon dejicere vultus, et atro dubia pendere metu. Tum famigeratores et haru-

31

Βαβυλῶνα. Τότε καὶ ὄναρ βασιλέως λογοποιοὶ καὶ μάντεις ἔφασκον τὰ μέλλοντα προειρηκέναι. Θυσίας γὰρ ἀπαιτοῦντας τοὺς θεοὺς κίνδυνον μὲν ἀλλὰ καὶ νίκην προσημαίνειν. Πάντα μὲν τὰ εἰωθότα συνέβαινε ὁ καὶ, ὅσα εἰκὸς ἐν ἀπροσδοκήτῳ πολέμῳ, καὶ ἐλέγετο καὶ ἐγίνετο. κίνησις γὰρ μεγάλη Ἀσίαν κατέλαβε. Συγκαλέσας οὖν ὁ βασιλεὺς Περσῶν τοὺς ὁμοτίμους καὶ ὅσοι παρῆσαν ἡγεμόνες τῶν ἐθνῶν, μεθ' ὧν εἰώθει τὰ μεγάλα χρηματίζειν, ἐβουλεύετο περὶ τῶν καθε-
10 στηκότων καὶ ἄλλος ἄλλο τι παρῄνει. Πᾶσι δ' ἤρεσκε τὸ σπεύδειν καὶ μηδεμίαν ἡμέραν, εἰ δυνατόν, ἀναβάλλεσθαι, δυοῖν ἕνεκεν· ἵνα καὶ τοὺς πολεμίους ἐπίσχωσι τῆς πρὸς τὸ πλεῖον αὐξήσεως καὶ τοὺς φίλους εὐθυμοτέρους ποιήσωσι, δείξαντες αὐτοῖς ἐγγύθεν τὴν βοήθειαν.
15 Βραδυνόντων δὲ, εἰς τοὐναντίον ἅπαντα χωρήσειν. Τοὺς μὲν γὰρ πολεμίους καταφρονήσειν, ὡς δεδιότων, τοὺς δὲ οἰκείους ἐνδώσειν, ὡς ἀμελουμένους. Εὐτύχημα δὲ μέγιστον βασιλεῖ γεγονέναι τὸ μήτ' ἐν Βάκτροις, μήτ' ἐν Ἐκβατάνοις, ἀλλ' ἐν Βαβυλῶνι κατειλῆφθαι,
20 πλησίον τῆς Συρίας. Ἐκβὰς γὰρ τὸν Εὐφράτην εὐθὺς ἐν χερσὶν ἕξει τοὺς ἀφεστῶτας. Ἔδοξεν οὖν τὴν μὲν ἤδη περὶ αὐτὸν δύναμιν ἐξάγειν. διαπέμψαι δὲ πανταχόσε κελεύσοντα τὴν στρατιὰν ἐπὶ ποταμὸν Εὐφράτην ἀθροίζεσθαι. Ῥᾴστη δ' ἐστὶ Πέρσαις ἡ πα-
25 ρασκευὴ τῆς δυνάμεως. Συντέτακται γὰρ ὑπὸ Κύρου, τοῦ πρώτου Περσῶν βασιλεύσαντος, ποῖα μὲν τῶν ἐθνῶν εἰς πόλεμον ἱππέας καὶ πόσους τὸν ἀριθμὸν δεῖ παρέχειν, ποῖα δὲ πεζὴν στρατιὰν καὶ πόσην, τίνας δὲ τοξότας καὶ πόσα ἑκάστους ἅρματα ψιλά τε καὶ δρε-
30 πανηφόρα καὶ ἐλέφαντας ὁπόθεν καὶ πόσους καὶ χρήματα παρ' ὧν τινων [ποῖα] καὶ πόσα. Τοσούτῳ δὲ παρασκευάζεται χρόνῳ πάντα ὑπὸ πάντων, ὅσῳ καὶ εἷς ἀνὴρ παρεσκεύασεν.
Θ'. Τῇ δὲ πέμπτῃ τῶν ἡμερῶν μετὰ τὴν ἀγγελίαν
35 ἐξήλαυνε Βαβυλῶνος ὁ βασιλεὺς, κοινῷ παραγγέλματι πάντων αὐτῷ συνακολουθούντων, ὅσοι τὴν στρατεύσιμον εἶχον ἡλικίαν. Ἐν δὲ τούτοις ἐξῆλθε καὶ Διονύσιος. Ἴων γὰρ ἦν καὶ οὐδενὶ τῶν ὑπηκόων μένειν ἐξῆν. Κοσμησάμενος δ' ὅπλοις καλλίστοις καὶ ποιή-
40 σας στῖφος οὐκ εὐκαταφρόνητον ἐκ τῶν μεθ' ἑαυτοῦ, ἐν τοῖς πρώτοις καὶ φανερωτάτοις κατέταξεν ἑαυτὸν καὶ δῆλος ἦν πράξων τι γενναῖον. Οἷα δὴ καὶ φύσει φιλότιμος ἀνὴρ καὶ οὐ πάρεργον τὴν ἀρετὴν τιθέμενος, ἀλλὰ τῶν καλλίστων ἄξιον. Τότε δὲ καὶ ἐλπίδος εἶχέ
45 τι κούφης, ὅτι (ἣν) χρήσιμος ὢν ἐν τῷ πολέμῳ φανῇ, λήψεται παρὰ τοῦ βασιλέως καὶ δίχα κρίσεως ἆθλον τῆς ἀριστείας, τὴν γυναῖκα. Καλλιρρόην δὲ ἡ μὲν βασιλὶς οὐκ ἤθελεν ἐπάγεσθαι, διὰ τοῦτ' οὐδ' ἐμνημόνευσεν αὐτῆς πρὸς βασιλέα, οὐδ' ἐπύθετο, τί κελεύει
50 γενέσθαι περὶ τῆς ξένης, ἀλλὰ καὶ Ἀρταξάτης κατεσιώπησεν· ὡς δῆτα μὴ θαρρῶν, ἐν κινδύνῳ τοῦ δεσπότου καθεστηκότος, παιδιᾶς ἐρωτικῆς μνημονεύειν. Τὸ δ' ἀληθὲς, ἄσμενος ἀπηλλαγμένος καθάπερ ἀγρίου θηρίου. Ἐδόκει δὲ μονονουχὶ χάριν ἔχειν τῷ πολέμῳ

spices etiam regis somnia prædixisse futuros eventus volebant. Nam postulatis victimis deos portendisse quidem periculum imminens, sed et eodem victoriam quoque. Omnia solita fieri tum dicique et agi, quæ par est in bello subitaneo, et Asia tota mire conquassari. Rex igitur principes Persarum convocat, et quidquid aderat tum in curia nationibus præfectorum, quibuscum solebat de magnis rebus agere. Deliberatur de præsentibus. Alius alia suadet. Id unum placet omnibus, festinare, neque unicum, si pote, protrahere diem, duplici fine : ut et inimicarum virium inhiberent incrementa, et, ostensis e propinquo suppetiis, amicos facerent alacriores. In contrarium, si tardent Persæ, omnia cessura. Hinc enim hostem quasi meticulosos contempturum ; illinc amicos, tanquam sui ratio non habeatur, remissuros. Accidisse vero regi nunc opportunissimum, quod non Bactris, neque Ecbatanis, sed Babylone, sit occupatus hoc nuntio, prope Syriam. Rebelles enim mox inter manus habiturum, Euphrate trajecto. Visum itaque copias, quæ jam ad manum erant, educere ; at et reliquum exercitum quaquaversus emittere, qui apud Euphratem coire jubeant. Facillimum autem Persis est cogere copias. Jam a Cyro, primo eorum rege, constituta est promulgata, quæ nationes equitatum debeant et quam numerosum bello suppeditare ; quæ peditatum et quantum ; quæ sagittarios et quot ; quique currus, nudos juxta et falcatos : unde elephantes et quot numero, et opes a quibus [quales] et quantas. Eodem in spatio temporis omnia ab universis illis comparantur, in quanto unus aliquis sibi comparare possit.

IX. Quinto jam die post allatum nuntium Babylone discessit rex, omnibus in universum sequi jussis et sequentibus, qui annos militares habebant. Inter eos Dionysius etiam exibat. Erat enim Ion ; et nemini subditorum, aut clientum, fas erat restitare. Indutus ille pulcherrimis armis, et coacto de suo comitatu agmine non contemnendo, primos inter et illustrissimos se collocabat, et nobile quid meditari satis prodebat, utpote vir et ex indole sua ambitiosus, et bellicam virtutem nulli rei postponens, sed inter pulcherrima animi decora habens. Spem quoque levem quamdam fovebat, fore, ut in bello visus non inutilis, etiam sine cognitione præmium virtutis uxorem a rege ferret. Callirrhoën vero regina quidem secum trahere nolebat ; quapropter neque mentionem ejus faciebat apud regem, neque, quid de peregrina fieri vellet, interrogabat. Artaxates etiam reticebat, ut non audens scilicet herum in discrimine versantem ludicri amatorii commonefacero, sed vera suberat caussa, quod gauderet in sinu, se ceu a fera quadam bestia liberatum esse ; tantum non bello gratiam habere videbatur, sie cupidinem regis ab inertia

διακόψαντι τὴν βασιλέως ἐπιθυμίαν ὑπ' ἀργίας τρεφομένην. Οὐ μὴν Καλλιρρόης ἐπελέλητο βασιλεύς, ἀλλ' ἐν ἐκείνῳ τῷ ἀδιηγήτῳ ταράχῳ μνήμη τις αὐτὸν εἰσῆλθε τοῦ κάλλους. Ἡδεῖτο δ' εἰπεῖν τὸ περὶ αὐτῆς, μὴ δόξῃ παιδαριώδης εἶναι πανrάπασιν, ἐν πολέμῳ τηλικούτῳ γυναικὸς εὐμόρφου μνημονεύων. Βιαζομένης δὲ τῆς ὁρμῆς, πρὸς μὲν Στάτειραν αὐτὴν οὐδὲν εἶπεν, ἀλλ' οὐδὲ πρὸς τὸν εὐνοῦχον, ἐπειδὴ αὐτῷ συνῄδει τὸν ἔρωτα, ἐπενόησε δέ τι τοιοῦτο. Ἔθος ἐστὶν αὐτῷ τε βασιλεῖ καὶ Περσῶν τοῖς ἀρίστοις, ὅταν εἰς πόλεμον ἐξίωσιν, ἐπάγεσθαι καὶ γυναῖκας· καὶ τέκνα καὶ χρυσὸν καὶ ἄργυρον καὶ ἐσθῆτα καὶ εὐνούχους καὶ παλλακίδας καὶ κύνας καὶ τραπέζας καὶ πλοῦτον πολυτελῆ καὶ τρυφήν. Τὸν οὖν ἐπὶ τούτων διάκονον καλέσας ὁ βασιλεὺς, πολλὰ πρῶτον εἰπὼν καὶ τὰ ἄλλα διατάξας, ὡς ἕκαστον ἔδει γενέσθαι, τελευταίας ἐμνημόνευσε Καλλιρρόης, ἀξιοπίστῳ τῷ προσώπῳ, ὡς οὐδὲν αὐτῷ μέλον. Κἀκεῖνο, φησὶ, τὸ γύναιον τὸ ξένον, περὶ οὗ τὴν κρίσιν ἀνεδεξάμην, σὺν ταῖς ἄλλαις γυναιξὶν ἀκολουθείτω. Καὶ Καλλιρρόη μὲν οὕτως ἐξῆλθε Βαβυλῶνος, οὐκ ἀηδῶς, ἤλπιζε γὰρ καὶ Χαιρέαν ἐξελεύσεσθαι. Πολλὰ μὲν οὖν φέρειν καὶ πόλεμον ἄδηλα καὶ μεταβολὰς τοῖς δυστυχοῦσι βελτίονας, τάχα δὲ καὶ τὴν δίκην ἕξειν τέλος ἐκεῖ ταχείας εἰρήνης γενομένης.

ΛΟΓΟΣ ΕΒΔΟΜΟΣ.

Α΄. Πάντων δ' ἐξιόντων μετὰ βασιλέως ἐπὶ τὸν πόλεμον τὸν πρὸς τοὺς Αἰγυπτίους, Χαιρέα παρήγγειλεν οὐδείς. Βασιλέως γὰρ δοῦλος οὐκ ἦν, ἀλλὰ τότε μόνος ἐν Βαβυλῶνι ἐλεύθερος. Ἔχαιρε δὲ, ἐλπίζων, ὅτι καὶ Καλλιρρόη μενεῖ. Τῆς οὖν ὑστεραίας ἦλθεν ἐπὶ τὰ βασίλεια, ζητῶν τὴν γυναῖκα. Κεκλεισμένα δ' ἰδὼν καὶ πολλοὺς ἐπὶ θύραις τοὺς φυλάσσοντας, περιῄει τὴν πόλιν ὅλην ἐξερευνώμενος, καὶ συνεχῶς, καθάπερ ἐμμανὴς, Πολυχάρμου τοῦ φίλου πυνθανόμενος· Καλλιρρόη δὲ ποῦ; τί γέγονεν; οὐ δήπου γὰρ καὶ αὐτὴ στρατεύεται. Μὴ εὑρὼν δὲ Καλλιρρόην ἐξῄει Διονύσιον, τὸν ἀντεραστὴν καὶ ἦκεν ἐπὶ τὴν οἰκίαν τὴν ἐκείνου. Προῆλθεν οὖν τις, ἀνοῖξαι ἄνειρος καὶ εἶπεν, ἅπερ ἦν δεδιδαγμένος. Θέλων γὰρ ὁ Διονύσιος ἀπελπίσαι Χαιρέαν τὸν Καλλιρρόης γάμον, καὶ μηκέτι (ἐπι)μένειν τὴν δίκην, ἐπενόησέ τι στρατήγημα τοιοῦτον. Ἐξιὼν ἐπὶ τὴν μάχην κατέλιπε τῷ Περσῶν, χρείαν ἔχων συμμάχων, πέπομφε Διονύσιον ἀθροῖσαι στρατιὰν ἐπὶ τὸν Αἰγύπτιον, καὶ, ἵνα πιστῶς αὐτῷ καὶ προθύμως ἐξυπηρετῆται, Καλλιρρόην ἀπέδωκε. Ταῦτ' ἀκούσας Χαιρέας ἐπίστευσεν εὐθύς· εὐεξαπάτητον γὰρ ἄνθρωπος δυστυχῶν. Καταρρηξάμενος οὖν τὴν ἐσθῆτα καὶ σπαράξας τὰς τρίχας, τὸ στέρνον ἅμα παίων ἔλε-

---

LIBER SEPTIMUS.

I. Chæream autem nemo evocaverat, quum reliqui omnes regem adversus Ægyptios profectum secuti essent. Regis enim subditus non erat, sed tum solus tota Babylone homo liber, et gaudebat, Callirrhoën etiam ibi permansuram sperans. Altero itaque die ad aulam, requirens uxorem, accedit ; qua clausa conspecta, multisque ad fores custodibus, urbem totam circuit perscrutans, et amicum Polycharmum perpetuo, tamquam furibundus, compellat : At Callirrhoë ubi est? quid evasit? non enim illa quoque, puto, militat. Quum non inveniret Callirrhoën, quærit rivalem Dionysium, ejusque adit ad diversorium. Prodit aliquis, quasi in aliis occupatus, et, ut narrat antea doctus, respondet. Dionysius nempe Chæream præscindere penitus uxoris recuperandæ omnem spem, et abire hominem ante cognitionem cupiens, tales excogitarat dolos. In bellum iturus reliquerat, qui Chæreæ diceret hæc : Persarum rex, indigus belli auxiliis, misit Dionysium ad copias contra Ægyptum conscribendas ; cui, ut fidele præstaret et alacre domino ministerium, Callirrhoën reddidit. Statim fidem auditis adhibet Chæreas. Est enim facillimum homini misero imponere. Vestesque sibi lacerans et scindens comas pectusque plangens : Infida Babylon, ait, hospita pessima, mihi quoque deserta. O pulchrum judicem. Leno alienæ uxoris evasit. In bello

31.

γεν· Ἄπιστε Βαβυλών, κακὴ ξενοδόχε, ἐπ' ἐμοῦ δὲ καὶ ἐρήμη; ὦ καλοῦ δικαστοῦ. προαγωγὸς γέγονεν ἀλλοτρίας γυναικός. Ἐν πολέμῳ γάμοι. Καὶ ἐγὼ μὲν ἐμελέτων τὴν δίκην καὶ πάνυ ἐπεπείσμην δίκαια 5 ἐρεῖν. Ἐρήμην δὲ κατεκρίθην καὶ Διονύσιος νενίκηκε σιγῶν. Ἀλλ' οὐδὲν ὄφελος αὐτῷ τῆς νίκης. Οὐ γὰρ ζήσεται Καλλιρρόη παρόντος διαζευχθεῖσα Χαιρέου. Καὶ τὸ πρῶτον ἐξηπάτησεν αὐτὴν τῷ δοκεῖν ἐμὲ τεθνηκέναι. Τί οὖν ἐγὼ βραδύνω καὶ οὐκ ἀποσφάξω 10 πρὸ τῶν βασιλείων ἐμαυτόν, προχέας τὸ αἷμα ταῖς θύραις τοῦ δικαστοῦ; γνώτωσαν Πέρσαι καὶ Μῆδοι, πῶς βασιλεὺς ἐδίκασεν ἐνταῦθα. Πολύχαρμος δ' ἰδὼν ἀπαρηγόρητον αὐτῷ τὴν συμφορὰν καὶ ἀδύνατον σωθῆναι Χαιρέαν· Πάλαι μέν, ἔφη, παρεμυθούμην σε, 15 φίλτατε καὶ πολλάκις ἀποθανεῖν ἐκώλυσα, νῦν δέ μοι δοκεῖς καλῶς βεβουλεῦσθαι. Καὶ τοσοῦτον ἀποδέω τοῦ σε κωλύειν, ὥστε καὶ αὐτὸς ἤδη συναποθανεῖν ἕτοιμος. Σκεψώμεθα δὲ θανάτου τρόπον, ὅστις ἂν γένοιτο βελτίων. Ὃν γὰρ σὺ διανοῇ, φέρει μέν τινα 20 φθόνον βασιλεῖ καὶ πρὸς τὸ μέλλον αἰσχύνην, οὐ μεγάλην δ' ἐκδικίαν ὧν πεπόνθαμεν. Δοκεῖ δέ μοι τὸν ἅπαξ ὡρισμένον θάνατον ὑφ' ἡμῶν εἰς ἄμυναν καταχρήσασθαι τοῦ τυράνου. Καλὸν γὰρ, λυπήσαντας αὐτὸν ἔργῳ ποιήσαι μετανοεῖν. Ἔνδοξον καὶ τοῖς 25 ὕστερον ἐσομένοις διήγημα καταλείποντες, ὅτι δύο Ἕλληνες ἀδικηθέντες ἀντελύπησαν τὸν μέγαν βασιλέα, καὶ ἀπέθανον, ὡς ἄνδρες. Πῶς οὖν, εἶπε Χαιρέας, ἡμεῖς οἱ μόνοι καὶ πένητες καὶ ξένοι τὸν κύριον τηλικούτων καὶ τοσούτων ἐθνῶν καὶ δύναμιν ἔχοντα, ὅσην 30 ἑωράκαμεν, λυπῆσαι δυνάμεθα; τοῦ μὲν γὰρ σώματος αὐτῷ φυλακαὶ καὶ προφυλακαί. Κἂν ἀποκτείνωμες δέ τινα τῶν ἐκείνου, κἂν ἐμπρήσωμέν τι τῶν ἐκείνου κτημάτων, οὐκ αἰσθήσεται τῆς βλάβης. Ὀρθῶς ἄν, ἔφη Πολύχαρμος, ταῦτ' ἔλεγες, εἰ μὴ πόλεμος ἦν. 35 Νῦν δ' ἀκούομεν, Αἴγυπτον μὲν ἀφεστάναι, Φοινίκην δ' ἑαλωκέναι, Συρίαν δὲ καταρρέχεσθαι. Βασιλεῖ δ' ὁ πόλεμος ἀπαντήσει καὶ πρὸ τοῦ διαβῆναι τὸν Εὐφράτην. Οὐκ ἐσμὲν οὖν οἱ δύο μόνοι. Τοσούτους δὲ ἔχομεν συμμάχους, ὅσους ὁ Αἰγύπτιος ἄγει, τοσαῦτα 40 ὅπλα, τοσαῦτα χρήματα, τοσαύτας τριήρεις. Χρησώμεθα ἀλλοτρίᾳ δυνάμει πρὸς τὴν ὑπὲρ ἑαυτῶν ἄμυναν. Οὕτω πᾶν εἴρητο ἔπος, καὶ Χαιρέας ἀνεβόησε· Σπεύδωμεν, ἀδίωμεν, δίκας ἐν τῷ πολέμῳ λήψομαι παρὰ τοῦ δικαστοῦ.

45 Β'. Ταχέως τοίνυν ὁρμήσαντες ἐδίωκον βασιλέα, προσποιούμενοι ἐθέλειν ἐκείνῳ συστρατεύεσθαι. Διὰ γὰρ ταύτης τῆς προφάσεως ἤλπιζον ἀδεῶς διαβήσεσθαι τὸν Εὐφράτην. Κατέλαβον δὲ τὴν στρατιὰν ἐπὶ τῷ ποταμῷ καὶ προσμίξαντες τοῖς ὀπισθοφύλαξιν ἠκολού- 50 θουν. Ἐπεὶ δ' ἧκον εἰς Συρίαν, ηὐτομόλησαν πρὸς τὸν Αἰγύπτιον. Λαβόντες δ' αὐτοὺς οἱ φύλακες ἐξήταζον, τίνες εἶεν. Σχῆμα γὰρ πρεσβευτῶν οὐκ ἔχοντες ὑπωπτεύοντο κατάσκοποι μᾶλλον. Ἔνθα καὶ παρεκινδύνευσαν, εἰ μὴ εἷς γέ τις Ἕλλην, ἐκεῖ κατὰ τύχην

nuptiæ. Ego meam caussam meditabar, et firmiter persuasum habebam, justa et æqua me luculenter dicturum. Nunc absens ego condemnatus sum, et tacitus desertoque vadimonio vicit Dionysius. At victoria non fruetur. Callirrhoë vitam non tolerabit, a præsente et superstite Chærea divulsa. Olim illam decepit modo, quod crederet me mortuum. Quid igitur cesso, et non potius me jugulo coram regia, meumque sanguinem ante judicis fores effundo? Persæ cum Medis agnoscant, quam inique rex judicaverit. Polycharmus autem quum videt, hominem a tristi consilio arceri et servari nulla ratione, nulla oratione, posse : Olim quidem te ait, amicissime, blandis verbis leniebam, et sæpe prohibui mori. Nunc autem pulchrum mihi cepisse consilium videris, et tanto absum, ut intercedam, ut jam paratus sim potius tibi commori. Mortis modo genus quod sit optimum, dispiciamus. Nam quam tu meditaris mortem, illa regi quidem facit invidiam et in posterum turpitudinem. Verum nos ita parum fuerimus ulti, quæ passi sumus. Suaderem semel decretam nobis mortem in tyranni vindictam impendere. Pulchrum nempe, si multis gravibusque cladibus hominem probe multatam ad pœnitentiam ipso facto redegerimus. Decantandam quoque sic posteris historiam relinquemus : Duo Græci a magno rege iniquum passi judicium, postquam huic multa vicissim damna intulissent, ut viri fortes occubuerunt. Qui ergo nos soli, Chæreas ait, nos pauperes, nos extorres, tot tantarumque gentium dominum, copilsque præditum et viribus, quantas vidimus, vexare poterimus? cui corpus quidem tot stipatores, tot excubitores protegunt. Si quem vero tandem ejus comitum occidamus, aut ædium aliquam incendamus, damnum non sentiet. Recta diceres, ait Polycharmus, nisi bellum esset. Nunc autem audimus, Ægyptum defecisse, teneri Phœnicen, incursari Syriam. Etiam ante trajectum Euphratis regi bellum occurret. Nos ergo duo soli non sumus, sed quot Ægyptius ducit, tot commilitones habemus, tot tela, tanta opum præsidia, tot triremes. Utamur alienis copiis in nostram ultionem. Nondum omnem absolverat sermonem Polycharmus, quum clara voce Chæreas : Abeamus, ait, properemus. In bello jus a judice meo sumam.

II. Sectantur itaque regem impetu rapido, fingentes in aciem sequi. Sperabant enim, hac caussa tuto posse Euphraten transire. Deprehendunt exercitum apud fluvium, et sequuntur, extremi agminis custodibus immixti. Sed in Syriam delati transfugiunt ad Ægyptium. Apprehensos excubiæ rogant, quinam sint? Legatorum enim speciem quum non facerent, speculatorum magis de se suspicionem injiciebant. Et incurrissent procul dubio in periculum, nisi Græcus aliquis ibi tum forte præsens inventus eorum sermonem intellexisset. Adduci tum ad regem

LIBER VII.

εὑρεθεὶς, συνῆκε τῆς φωνῆς. Ἠξίουν δ' ἄγεσθαι πρὸς τὸν βασιλέα, ὡς μέγα ὄφελος αὐτῷ κομίζοντας. Ἐπεὶ δ' ἤχθησαν, Χαιρέας εἶπεν· Ἡμεῖς Ἕλληνες ἐσμὲν Συρακόσιοι, τῶν εὐπατριδῶν. Οὗτος μὲν οὖν εἰς Βαβυ-
5 λῶνα, φίλος ἐμὸς ὤν, ἦλθε δι' ἐμὲ, ἐγὼ δὲ διὰ γυναῖκα, τὴν Ἑρμοκράτους θυγατέρα, εἴ τινα Ἑρμοκράτην ἀκούεις στρατηγὸν, Ἀθηναίους καταναυμαχήσαντα. Ἐπένευσεν ὁ Αἰγύπτιος, οὐδὲν γὰρ ἔθνος ἄπυστον ἦν τῆς Ἀθηναίων δυστυχίας, ἣν ἐδυστύχησαν ἐν τῷ πολέμῳ
10 τῷ Σικελικῷ. Τετυράννηκε δ' ἡμῶν Ἀρταξέρξης· καὶ πάντα διηγήσαντο· φέροντες οὖν ἑαυτοὺς δίδομέν σοι φίλους πιστοὺς, δύο τὰ προτρεπτικώτατα εἰς ἀνδρείαν ἔχοντες, θανάτου καὶ ἀμύνης ἔρωτα. Ἤδη γὰρ ἐτεθνήκειν, ὅσον ἐπὶ ταῖς συμφοραῖς, λοιπὸν δὲ ζῶ
15 εἰς μόνον τὸ λυπῆσαι τὸν ἐχθρόν.

Μὴ μὰν ἀσπουδεί γε καὶ ἀκλειῶς ἀπολοίμην,
Ἀλλὰ μέγα ῥέξας τι καὶ ἐσσομένοισι πυθέσθαι.

Ταῦτ' ἀκούσας ὁ Αἰγύπτιος ἥσθη καὶ τὴν δεξιὰν ἐμβαλών· Εἰς καιρὸν ἥκεις, φησίν, ὦ νεανία, σεαυτῷ τε
20 κἀμοί. Παραυτίκα μὲν οὖν αὐτοῖς ἐκέλευσεν ὅπλα δοθῆναι καὶ σκηνήν. Μετ' οὐ πολὺ δὲ καὶ ὁμοτράπεζον ἐποιήσατο Χαιρέαν, εἶτα καὶ σύμβουλον. Ἐπεδείκνυτο γὰρ φρόνησίν τε καὶ θάρσος, μετὰ τοῦτο δὲ καὶ πίστιν, οἷα δὴ καὶ φύσεως ἀγαθῆς καὶ παιδείας
25 οὐκ ἀπρονοήτος. Ἐπήγειρε δὲ μᾶλλον αὐτὸν καὶ διαπρεπέστερον ἐποίησεν ἡ πρὸς βασιλέα φιλονεικία καὶ τὸ δεῖξαι θέλειν, ὅτι οὐκ ἦν εὐκαταφρόνητος, ἀλλ' ἄξιος τιμῆς. Εὐθὺς οὖν ἔργον ἐπεδείξατο μέγα. Τῷ μὲν Αἰγυπτίῳ τὰ μὲν ἄλλα προκεχωρήκει ῥᾳδίως καὶ
30 κύριος ἐγεγόνει τῆς Κοίλης Συρίας ἐξ ἐπιδρομῆς, ὑποχείριος δ' ἦν αὐτῷ καὶ Φοινίκη, πλὴν Τύρου. Τύριοι δὲ φύσει γένος ἐστὶ μαχιμώτατον καὶ κλέος ἐπ' ἀνδρείᾳ θέλουσι κεκτῆσθαι, μὴ δόξωσι καταισχύνειν τὸν Ἡρακλέα, φανερώτατον θεὸν παρ' αὐτοῖς καὶ ᾧ
35 μόνῳ σχεδὸν ἀνατεθείκασι τὴν πόλιν. Θαρροῦσι δὲ καὶ ὀχυρότητι τῆς οἰκήσεως. Ἡ μὲν γὰρ πόλις ἐν θαλάσσῃ κατῴκισται, λεπτὴ δ' εἴσοδος, αὐτὴν συνάπτουσα τῇ γῇ, κωλύει τὸ μὴ νῆσον εἶναι. Ἔοικε δὲ νηῒ καθωρμισμένῃ καὶ ἐπὶ γῆς τεθεικυίᾳ τὴν ἐπιβά-
40 θραν. Πανταχόθεν οὖν αὐτοῖς τὸν πόλεμον ἀποκλεῖσαι ῥᾴδιον. τὴν μὲν πεζὴν στρατιὰν ἐκ τῆς θαλάσσης, ἀρκούσης αὐτῇ πύλης μιᾶς, τὸν δὲ ἐπίπλουν τῶν τριηρῶν τείχεσιν ὀχυροῖς ᾠκοδομημένης τῆς πόλεως καὶ λιμέσι κλειομένης, ὥσπερ οἰκίας.
45 Γ΄. Πάντων οὖν τῶν πέριξ ἑαλωκότων, μόνοι Τύριοι τῶν Αἰγυπτίων κατεφρόνουν, τὴν εὔνοιαν καὶ πίστιν τῷ Πέρσῃ φυλάττοντες. Ἐπὶ τούτῳ δυσχεραίνων ὁ Αἰγύπτιος, συνήγαγε βουλήν. Τότε πρῶτον Χαιρέαν παρεκάλεσεν εἰς τὸ συμβούλιον καὶ ἔλεξεν
50 ὧδε· Ἄνδρες σύμμαχοι, δούλους γὰρ οὐκ ἂν εἴποιμι τοὺς φίλους, ὁρᾶτε τὴν ἀπορίαν, ὅτι, ὥσπερ ναῦς ἐπὶ πολὺ εὐπλοήσασα, ἐναντίῳ ἀνέμῳ λαμβανόμεθα καὶ Τύρος ἢ παγγάλεπος κατέχει σπεύδοντας ἡμᾶς. Ἐπεί-

petunt, ut magnum ipsi compendium afferentes. Ut adducti: Nos Graeci sumus, ait Chaereas, iique patricii Syracusani. Hic meus amicus meam in gratiam Babylonem adiit, ego vero in gratiam uxoris, filiae Hermocratis, si quem nosti Hermocratem praetorem, qui navali proelio Athenienses debellavit. Affirmat Aegyptius. Nulla enim natio de calamitate non inaudiverat, quae Athenienses afflixerat in bello Siculo. Verum tyrannus in nos saeviit Artaxerxes. Omniaque deinceps enarrabant. Ultro itaque nos damus tibi fideles amicos, habentes duo maxima fortitudinis incitamenta, mortis et vindictae cupidinem. Nam quantum quidem ad miserias meas, jam dudum obierim, vivoque tantum, ut hostem meum affligam.

Sed neque nomen iners, neque vile jacebo; sed, aetas
Ultima quae celebret, moriens monumenta relinquam.

Gavisus his Aegyptius, protensa dextra: Tempore venis, ait, et tibi, juvenis, et mihi; jubetque armis instrui et tentorio. Non multo quoque post convivam adhibuit, tandem et consiliarium. Prudentiam nempe et audaciam prae se ferebat; praetereaque fidem, ut et bonam nactus indolem, et cultura ingenii non destitutus. Maxime suscitabat eum et eminentiorem faciebat adversus regem contentio, et cupido ostentandi se talem, qui insuper haberi, aut irritari temere, non debeat, sed qui honorem mereatur. Et statim edebat magnum facinus. Aegyptio nimirum caetera facile processerant. Jam tenebat ex incursione totam Syriam; jam Phoenice potiebatur, praeter Tyrum. Tyrii natura sunt strenui, et gloriam laborant acquirere, ne indigni videantur Hercule, illustrissimo apud eos deo, et cui soli fere sacram fecerunt urbem suam. Etiam loci sui munitissimi praesidio confidebant. Urbs enim in mari condita; quam tenuis aliqua continenti nectit taenia, vetatque insulam esse; atque navi similis videtur, quae appulsa projecit nauticum in terram pontem. Illis itaque facile, arcere bellum, undecunque tandem veniat. Peditatum excludunt sufficiente unica propter mare porta; triremium vero incursum moenibus; urbe nimirum robustissimis munimentis quam plurimis exaedificata, et portubus clausa, domus instar.

III. Hinc Tyrii, quod modo dixi, caeteris circa omnibus potitos jam Aegyptius soli contemnebant. Quod aegre ferens Aegyptius consilium cogit, primaque vice Chaeream quoque illic adsciscit. Ibi: Commilitones, ait, neque enim servos dixero: videte, ubi simus angustiarum. Ut adverso vento navis post secundum diu cursum, sic nos deprehensi attinemur. Tyrus illa obstinata et contumax nos moratur festinantes. Urget etiam rex, ut audimus,

γεται δὲ καὶ βασιλεύς, ὡς πυνθανόμεθα. Τί οὖν χρὴ πράττειν; οὔτε γὰρ ἐλεῖν Τύρον ἔνεστιν, οὔτε ὑπερβῆναι. Καθάπερ δὲ τεῖχος, ἐν μέσῳ κειμένη τὴν Ἀσίαν ἡμῖν πᾶσαν ἀποκλείει. Δοκεῖ δέ μοι τὴν ταχίστην ἐντεῦθεν ἀπιέναι, πρὶν ἢ τὴν Περσῶν δύναμιν τοῖς Τυρίοις προσγενέσθαι. Κίνδυνος δὲ καταληφθεῖσιν ἡμῖν ἐν τῇ πολεμίᾳ. Τὸ δὲ Πηλούσιον ὀχυρόν, ἔνθα οὔτε Τυρίους, οὔτε Μήδους, οὔτε πάντας ἀνθρώπους ἐπιόντας δεδοίκαμεν. Ψάμμος τε γὰρ ἀδιόδευτος καὶ εἴσοδος ὀλίγη
10 καὶ θάλασσα ἡμετέρα καὶ Νεῖλος Αἰγυπτίοις φιλῶν. Ταῦτ' εἰπόντος λίαν εὐλαβῶς σιωπὴ πάντων ἐγένετο καὶ κατήφεια. Μόνος δὲ Χαιρέας ἐτόλμησεν εἰπεῖν· Ὦ βασιλεῦ, σὺ γὰρ ἀληθῶς βασιλεύς, οὐχ ὁ Πέρσης, ὁ κάκιστος ἀνθρώπων· λελύπηκάς με σκεπτόμενος περὶ
15 φυγῆς ἐν ἐπινικίοις. Νικῶμεν γάρ, ἂν θεοὶ θέλωσι καὶ οὐ μόνον Τύρον ἕξομεν, ἀλλὰ καὶ Βαβυλῶνα. Πολλὰ δ' ἐν πολέμῳ καὶ τὰ ἐμπόδια γίνεται, πρὸς ἃ δεῖ μὴ παντάπασιν ἀποκνεῖν, ἀλλ' ἐγχειρεῖν προβαλλομένους ἀεὶ τὴν ἀγαθὴν ἐλπίδα. Τούτους δ' ἐγώ σοι τοὺς Τυ-
20 ρίους, τοὺς νῦν καταγελῶντας, γυμνοὺς ἐν πέδαις παραστήσω. Εἰ δ' ἀπιστεῖς, ἐμὲ προθυσάμενος ἀπέρχου. Ζῶν γὰρ οὐ κοινωνήσω φυγῆς. Ἂν δὲ καὶ πάντως θέλῃς, ὀλίγους ἐμοὶ κατάλιπε τοὺς ἑκουσίως μενοῦντας. νῦν δ' ἐγὼ Πολύχαρμός τε μαχησόμεθα. Σὺν γὰρ θεῷ
25 εἰλήλουθμεν. Ἠθέλησαν πάντες μὴ συγκαταθέσθαι τῇ Χαιρέου γνώμῃ. Βασιλεὺς δέ, θαυμάσας αὐτοῦ τὸ φρόνημα, συνεχώρησεν ὁπόσαν βούλεται τῆς στρατιᾶς ἐπίλεκτον λαβεῖν. Ὁ δ' οὐκ εὐθὺς εἵλετο, ἀλλὰ καταμίξας ἑαυτὸν εἰς τὸ στρατόπεδον καὶ Πολυχάρμῳ
30 κελεύσας τὸ αὐτὸ πρῶτον ἀνηρεύνα, εἴ τινες εἶεν Ἕλληνες ἐν τῷ στρατοπέδῳ. Πλείονες μὲν οὖν εὑρέθησαν οἱ μισθοφοροῦντες. Ἐξελέξατο δὲ Λακεδαιμονίους καὶ Κορινθίους καὶ τοὺς ἄλλους Πελοποννησίους. Εὗρε δὲ καὶ ὡς εἴκοσι Σικελιώτας. Ποιήσας οὖν τριακοσίων
35 τὸν ἀριθμόν, ἔλεξεν ὧδε· Ἄνδρες Ἕλληνες, ἐμοὶ τοῦ βασιλέως ἐξουσίαν παρασχόντος ἐπιλέξασθαι τῆς στρατιᾶς τοὺς ἀρίστους, εἱλόμην ὑμᾶς, καὶ γὰρ αὐτὸς Ἕλλην εἰμί, Συρακόσιος, γένος Δωριεύς. Δεῖ δ' ὑμᾶς μὴ μόνον εὐγενείᾳ τῶν ἄλλων, ἀλλὰ καὶ ἀρετῇ, δια-
40 φέρειν. Μηδεὶς οὖν καταπλαγῇ τὴν πρᾶξιν, ἐφ' ἣν ὑμᾶς παρακαλῶ, καὶ γὰρ δυνατὴν εὑρήσομεν καὶ ῥᾳδίαν, δόξῃ μᾶλλον, ἢ πείρᾳ δύσκολον. Ἕλληνες ἐν Θερμοπύλαις τοσοῦτοι Ξέρξην ὑπέστησαν. Τύριοι δ' οὐκ εἰσὶ πεντακόσιαι μυριάδες, ἀλλὰ ὀλίγοι καὶ κα-
45 ταφρονήσει μετ' ἀλαζονείας, οὐ φρονήματι μετ' εὐβουλίας χρώμενοι. Γνώτωσαν οὖν, πόσον Ἕλληνες Φοινίκων διαφέρουσιν. Ἐγὼ δ' οὐκ ἐπιθυμῶ στρατηγίας, ἀλλ' ἕτοιμος ἀκολουθεῖν, ὅστις ἂν ὑμῶν ἄρχειν θέλῃ. Πειθόμενον γὰρ εὑρήσει, ἐπεὶ καὶ δόξης οὐκ ἐμῆς ἀλλὰ
50 κοινῆς ὀρέγομαι. Πάντες ἐπεβόησαν· Σὺ στρατήγει βουλόμενος. Ἔφη· Στρατηγῷ καὶ τὴν ἀρχήν μοι ὑμεῖς δεδώκατε. Διὰ τοῦτο πειράσομαι πάντα πράττειν, ὥστε ὑμᾶς μὴ μετανοεῖν τὴν πρὸς ἐμὲ εὔνοιάν τε καὶ πίστιν ᾑρημένους. Ἀλλ' ἔν τε τῇ παρόντι σὺν θεοῖς

Quid igitur oportet facere? nam Tyrum neque capere datum nobis est, neque, omissa ea, ultra tendere : nam ut murus in medio interpositus omni nos Asia excludit. Mihi videtur hinc quantocyus recedendum, antequam Persicæ copiæ cum Tyriis conjungantur; adeoque nos in hostili solo deprehensi periclitemur. Pelusium vero probe munitum est, ubi neque Tyrios, neque Medos, neque omnes omnino homines, timemus. Desertum arenosum hosti officit, et aditus exilis; et mare quoque nostrum, et amicus Ægyptiis Nilus. His dictis, omnes cauti timidique conticescere vultuque prodere tristitiam. Solus Chæreas dicere ausus : O rex, ait ; vere enim tu rex es, non ille Persarum, mortalium nequissimus. Affligis me, quando in medio triumpho fugam circumspicis. Vincemus sane, diis propitiis, et non Tyrum modo, sed etiam Babylonem, habebimus. Multa vero in bello occurrunt obstacula, ad quæ non confestim oportet animum despondere, sed operi admovere manum, semper munitos bona spe. Hos autem ego tibi Tyrios, qui nunc irrident, nudos sistam in compedibus. Si diffidis, macta me prius; tum abi. Vivus enim fugæ non particeps fiam. Aut si certum est abire tibi, saltem paucos relinque mihi sua sponte mansuros. Ego et Polycharmus avemus strenue pugnare. Venimus enim cum deo. Tum omnes consilio Chærea non accedere verecundati. Rex etiam admiratus hominis spiritus, quantum vellet copiarum selectarum concessit. Ille autem non temere assumsit, sed castrorum adiit vias et tabernacula, cum Polycharmo idem facere jusso, et primum explorabat, si qui essent in castris Græci. Complures inveniri mercenarii, quorum Spartanos tantum et Corinthios et alios Peloponnesios seligebat. Etiam viginti ferme Siculos inveniebat. Confectum sic agmen tercentum hominum his alloquitur verbis : Viri Græci, quum rex facultatem mihi dederit de suis copiis optimos seligendi, selegi vos. Namque et ego Græcus sum, patria Syracusanus quippe, et gente Doriensis. Oportet autem vos, non generis tantum nobilitate, sed et virtute, ceteris barbaris præstare. Itaque vestrum nemo molimina, ad quæ vos evoco, extimescat. Inveniemus illa neque supra vires humanas, neque omnino difficilia. Difficilia sane magis opinione, quam experientia. Tot ad Thermopylas Græci Xerxen sustinuerunt: Atqui Tyrii non æque sunt quingentæ myriades. Pauci sunt, et vanitate pleni hostem despiciunt, non animis excelsis, non prudentibus consiliis utuntur. Cognoscant igitur, quantum Græci Phœnicibus antecellant. Non ego tamen ductum ambio, paratus sequi, quisquis vestrum præire velit, ille me dicto obedientem deprehendet. Nam non meam, sed communem gloriam desidero. Imo in volentes duc; acclamabant omnes. Hic Chæreas : Belli dux sum et vos dedistis mihi imperium. At ego propterea sic annitar omnia facere, ut vos non pæniteat benevolam mentem et fiduciam in me concepisse, sed ut tam in præsentia, bonis cum diis, admirabiles omnibus gloriamque et

ἔνδοξοι καὶ περίβλεπτοι γενήσεσθε καὶ πλουσιώτατοι τῶν συμμάχων, εἴς τε τὸ μέλλον ὄνομα καταλείψετε τῆς ἀρετῆς ἀθάνατον καὶ πάντες ὁμνήσουσιν, ὡς τοὺς μετὰ Μιθριδάτου τριακοσίους, ἢ τοὺς μετὰ Λεωνίδου, οὕτως καὶ τοὺς μετὰ Χαιρέου ἀνευφημήσουσιν. Ἔτι λέγοντος, πάντες ἀνέκραγον· Ἡγοῦ. Καὶ πάντες ὥρμησαν ἐπὶ τὰ ὅπλα.

Δ΄. Κοσμήσας δ᾽ αὐτοὺς ὁ Χαιρέας ταῖς καλλίσταις πανοπλίαις, ἤγαγεν ἐπὶ τὴν βασιλέως σκηνήν. Ἰδὼν δ᾽ ὁ Αἰγύπτιος ἐθαύμασε καὶ ἄλλους ὁρᾶν ὑπελάμβανεν, οὐ τοὺς συνήθεις. Ἐπηγγείλατο δ᾽ αὐτοῖς μεγάλας δωρεάς. Ταῦτα μὲν, ἔφη Χαιρέας, πιστεύομεν. Σὺ δ᾽ ἔχε τὴν ἄλλην στρατιὰν ἐν τοῖς ὅπλοις. Καὶ μὴ πρότερον ἐπέλθῃς τῇ Τύρῳ, πρὶν κρατήσωμεν αὐτῆς καὶ ἀναβάντες ἐπὶ τὰ τείχη καλῶμέν ὑμᾶς. Οὕτως, ἔφη, ποιήσειαν οἱ θεοί. Συνεσπειραμένος οὖν ὁ Χαιρέας ἐκείνους ἤγαγεν ἐπὶ τὴν Τύρον, ὥστε πολὺ ἐλάττονας δόξαι, ὡς καὶ ἀληθῶς

Ἀσπὶς ἄρ᾽ ἀσπίδ᾽ ἔρειδε, κόρυς κόρυν, ἀνέρα δ᾽ ἀνήρ.

καὶ τὸ μὲν πρῶτον οὐδὲ καθεωρῶντο ὑπὸ τῶν πολεμίων. Ὡς δ᾽ ἐγγὺς ἦσαν βλέποντες αὐτοὺς ἀπὸ τῶν τειχῶν ἐσήμαινον τοῖς ἔνδον, πᾶν μᾶλλον ἢ πολεμίους εἶναι προσδοκῶντες. Τίς γὰρ ἂν καὶ προσεδόκησε, τοσούτους ὄντας ἐπὶ τὴν δυνατωτάτην πόλιν παραγίνεσθαι, πρὸς ἣν οὐδέποτ᾽ ἐθάρρησεν ἐλθεῖν οὐδὲ πᾶσα ἡ τῶν Αἰγυπτίων δύναμις; ἐπεὶ δὲ τοῖς τείχεσιν ἐπλησίαζον, ἐπυνθάνοντο, τίνες εἶεν, καὶ τί βούλοιντο. Χαιρέας δ᾽ ἀπεκρίνατο· Ἡμεῖς Ἕλληνες μισθοφόροι παρὰ τοῦ Αἰγυπτίου τὸν μισθὸν οὐκ ἀπολαμβάνοντες, ἀλλὰ καὶ ἐπιβουλευθέντες ἀπολέσθαι, πάρεσμεν πρὸς ὑμᾶς, μεθ᾽ ὑμῶν ἀμύνεσθαι θέλοντες τὸν κοινὸν ἐχθρόν. Ἐμήνυσέ τις ταῦτα τοῖς ἔνδον καὶ ἀνοίξας τὰς πύλας προῆλθεν ὁ στρατηγὸς μετ᾽ ὀλίγων. τοῦτον πρῶτον Χαιρέας ἀποκτείνας, ὥρμησεν ἐπὶ τοὺς ἄλλους·

Τύπτε δ᾽ ἐπιστροφάδην. Τῶν δὲ στόνος ὤρνυτ᾽ ἀεικής.

ἄλλος δ᾽ ἄλλον ἐφόνευεν, ὥσπερ λέοντες εἰς ἀγέλην βοῶν ἐμπεσόντες ἀφύλακτον. Οἰμωγὴ δὲ καὶ θρῆνος κατεῖχε τὴν πόλιν ἅπασαν, ὀλίγων μὲν τὸ γινόμενον ὁρώντων, πάντων δὲ θορυβουμένων. Καὶ ὄχλος ἄτακτος ἐξεχεῖτο διὰ τῆς πύλης, βουλόμενος θεάσασθαι τὸ συμβεβηκός. Τοῦτο μάλιστα τοὺς Τυρίους ἀπώλεσεν. Οἱ μὲν γὰρ ἔνδοθεν ἐξελθεῖν ἐβιάζοντο, οἱ δ᾽ ἔξω, παιόμενοι καὶ κεντούμενοι ξίφεσι καὶ λόγχαις, εἴσω πάλιν ἔφευγον. Ἀπαντῶντες δ᾽ ἀλλήλοις ἐν στενοχωρίᾳ πολλὴν ἐξουσίαν παρεῖχον τοῖς φονεῦσιν. Οὔκουν οὐδὲ τὰς πύλας δυνατὸν ἦν κλεῖσαι, σεσωρευμένων ἐν αὐταῖς τῶν νεκρῶν. Ἐν δὲ τῷ ἀδιηγήτῳ τούτῳ ταράχῳ μόνος ἐσωφρόνησε Χαιρέας. Βιασάμενος γὰρ τοὺς ἀπαντῶντας, καὶ εἴσω τῶν πυλῶν γενόμενος, ἀνεπήδησεν ἐπὶ τὰ τείχη, δέκατος οὐτὸς καὶ ἄνωθεν σήμαινε καλῶν τοὺς Αἰγυπτίους. Οἱ δὲ λόγου θᾶττον παρῆσαν καὶ Τύρος ἑαλώκει. Τύρου δ᾽ ἁλούσης, οἱ μὲν ἄλλοι πάντες ἑώρταζον, μόνος δὲ Χαιρέας οὔτ᾽ ἐθυ-

opibus onusti præ reliquis commilitonibus fiatis, quum in futurum virtutis relinquatis immortale nomen, et omnium ore, quemadmodum illa cum Miltiade manus, vel trecenti cum Leonida concelebrantur, sic trecenti cum Chærea in perpetuum decantentur. Adhuc disserentem ducere jubebant omnes, et omnes ad arma ruebant.

IV. Chæreas autem illos plena pulcherrimaque armatura instructos excultosque ad prætorium adducit. Rex vero obstupescebat ad adspectum, aliosque putabat, non consuetos, videre, magnaque spe munerum erigebat. Cui Chæreas : Hoc quidem persuasissimum habemus, ait : tu vero ceteras in armis habeto copias, neque prius accedito Tyrum, quam nos, urbe capta, de mœnibus vos advocemus. Sic, ait rex, dii velint et jubeant. Chæreas itaque conglobatum agmen adversus Tyrum ducit, ut multo pauciores viderentur. Et quam verissime

Parmam parma, virum vir, cristam crista premebat.

Sane primum ab hostibus ne conspiciebantur quidem. Propius factos ut vident tandem, de muris excubiæ significant urbanis, nihil minus quam illos hostes esse arbitratæ. Quis enim unquam exspectarit, tantillam manum tentare potentissimam urbem, quam invadere ne tota quidem Ægyptus ausa fuerat. Rogantur, ut aberant a muris proxime, quinam essent, et quid sibi vellent? Nos Græci sumus, respondet Chæreas, mercenarii, quibus non modo stipendia negavit Ægyptius, sed et exitium molitus est. Adsumus igitur communem hostem vobiscum ulturi. Intus hæc renuntiata, reseratæ fores; prodit cum paucis Tyrius prætor. Quem primum obtruncat Chæreas, tum cæteros adortus

Cædibus hinc illinc mactat lugubre gementes.

Et alii alios trucidant, ut leones in incustoditum vaccarum gregem illapsi. Tota urbs lamentationibus et funestis clangoribus occupari, paucis nempe casum videntibus, omnibus autem tumultuantibus ; effundique per portas incondita turba, visendi studio. Id quod maxime perdidit Tyrum. Nam ex urbe confluentes foras omni vi nitebantur : contra qui foris, concisi gladiis, hastisque confossi, recipere se in urbem non minore molimine laborabant. Sic arietantes utrique multam sui copiam dabant percussoribus; neque igitur portas claudere poterant, cadaveribus illic in cumulum aggestis. Has inter ineffabiles turbas solus non turbatus, neque dejectus ratione, Chæreas, dissipatis occurrentibus quibusque, intra portas perrumpit, et conscendens mœnia cum decimo, indeque datu signo, ut ex editiore loco, advocent Ægyptios, qui dicto citius aderant. Sic capta Tyrus. Capta vero Tyro, cæteri quidem omnes festum agere diem. Solus Chæreas neque sacra facere, neque

σεν, οὔτ᾽ ἐστεφανώσατο. Τί γάρ μοι ὄφελος ἐπινι-
κίων, ἂν σύ, Καλλιρρόη, μὴ βλέπῃς; οὐκέτι στεφα-
νώσομαι μετ᾽ ἐκείνην τὴν γαμήλιον νύκτα. Εἴτε γὰρ
τέθνηκας, ἀσεβῶ, εἴτε καὶ ζῇς, πῶς ἑορτάζειν δύνα-
μαι δίχα σοῦ, κατακειμένης ἂν ἐν τοιούτοις; Βασιλεὺς
δ᾽ ὁ Περσῶν, διαβὰς τὸν Εὐφράτην, ἔσπευδεν ὡς τά-
χιστα τοῖς πολεμίοις συμμίξαι. Πυθόμενος γάρ, Τύ-
ρον ἑαλωκέναι, ὑπὲρ Σιδῶνος ἐφοβεῖτο καὶ τῆς ὅλης
Συρίας, ὁρῶν τὸν πολέμιον ἀντίπαλον ἤδη. Διὰ τοῦτ᾽
10 ἔδοξεν αὐτῷ μηκέτι μετὰ πάσης τῆς θεραπείας ὁδεύειν,
ἀλλ᾽ εὐζωνότερον, ἵνα μηδὲν ἐμπόδιον ᾖ τῷ τάχει,
Παραλαβὼν δὲ τῆς στρατιᾶς τὸ καθαρώτατον, τὴν
ἄχρηστον ἡλικίαν αὐτοῦ κατέλιπε μετὰ τῆς βασιλίδος
καὶ τὰ χρήματα καὶ τὰς ἐσθῆτας, καὶ τὸν πλοῦτον τὸν
15 βασιλικόν. Ἐπεὶ δὲ πάντα θορύβου καὶ ταραχῆς
ἐπέπληστο καὶ μέχρις Εὐφράτου τὰς πόλεις κατειλή-
φει· ὁ πόλεμος, ἔδοξεν ἀσφαλέστερον εἶναι, τοὺς κατα-
λειπομένους εἰς Ἄραδον ἀποθέσθαι.

Εʹ. Νῆσος δ᾽ ἐστὶν αὕτη ἀπέχουσα τῆς ἠπείρου
20 σταδίους τριάκοντα, παλαιὸν ἱερὸν ἔχουσα Ἀφροδίτης.
ὥσπερ οὖν ἐν οἰκίᾳ, μετὰ πάσης ἀδείας καὶ γυναῖκες
ἐνταῦθα διῆγον. Θεασαμένη δὲ Καλλιρρόη τὴν Ἀφρο-
δίτην, στᾶσα καταντικρύ, τὸ μὲν πρῶτον ἐσιώπα καὶ
ἔκλαεν, ὀνειδίζουσα τῇ θεῷ τὰ δάκρυα. Μόλις δ᾽ ὑπε-
25 φθέγξατο· Ἰδοὺ καὶ Ἄραδος, μικρὰ νῆσος ἀντὶ τῆς
μεγάλης Σικελίας καὶ οὐδεὶς ἐνταῦθα ἐμός. Ἀρκεῖ,
δέσποινα. Μέχρι ποῦ με πολεμεῖς; εἰ καὶ ὅλως σοι
προσέκρουσα, τετιμώρησαί με, εἰ καὶ νεμεσητὸν ἔδοξέ
μοι τὸ δυστυχὲς κάλλος ὀλέθρου μοι γέγονεν αἴτιον.
30 Ὁ μόνον ἐλίπέ μου ταῖς συμφοραῖς, ἤδη καὶ πολέμου
πεπείραμαι. Πρὸς τὴν σύγκρισιν τῶν παρόντων ἦν
μοι καὶ Βαβυλὼν φιλάνθρωπος. Ἐγγὺς ἐκεῖ Χαιρέας
ἦν. Νῦν δὲ πάντως τέθνηκεν. Ἐμοῦ γὰρ ἐξελθούσης,
οὐκ ἂν ἔζησεν. Ἀλλ᾽ οὐκ ἔχω, παρὰ τίνος πύθωμαι,
35 τί γέγονε. Πάντες ἀλλότριοι, πάντες βάρβαροι, φθο-
νοῦντες, μισοῦντες, τῶν δὲ μισούντων χείρονές οἱ φι-
λοῦντες. Σύ μοι, δέσποινα, δήλωσον, εἰ Χαιρέας ζῇ.
Ταῦτα λέγουσα ἔτι ἀπῄει. Ἐπιστᾶσα δὲ Ῥοδογούνη,
Ζωπύρου μὲν θυγάτηρ, γυνὴ δὲ Μεγαβύζου, καὶ πατρὸς
40 καὶ ἀνδρὸς Περσῶν ἀρίστων. αὕτη δ᾽ ἦν ἡ Καλλιρ-
ρόῃ ἀπαντήσασα πρώτη Περσίδων, ὅτ᾽ εἰς Βαβυλῶνα
εἰσῄει. **** Ὁ δ᾽ Αἰγύπτιος, ἐπειδήπερ ἤκουσε βασι-
λέα πλησίον ὄντα καὶ παρεσκευασμένον κατὰ γῆν καὶ
κατὰ θάλασσαν, καλέσας Χαιρέαν, εἶπε· Τὰ μὲν πρῶτά
45 σου τῶν κατορθωμάτων ἀμείψασθαι καιρὸν οὐκ ἔσχον·
σὺ γάρ μοι Τύρον ἔδωκας. Περὶ δὲ τῶν ἑξῆς παρα-
καλῶ, μὴ ἀπολέσωμεν ἕτοιμα ἀγαθά, ὧν κοινωνόν σε
ποιήσομαι. Ἐμοὶ μὲν γὰρ ἀρκεῖ Αἴγυπτος, σοὶ δὲ
γενήσεται κτῆμα Συρία. Φέρ᾽ οὖν σκεψώμεθα, τί
50 ποιητέον. Ἐν ἀμφοτέροις γὰρ τοῖς στοιχείοις ὁ πό-
λεμος ἀκμάζει. Σοὶ δὲ ἐπιτρέπω τὴν αἵρεσιν· εἴτε
τῆς πεζῆς θέλεις στρατηγεῖν, εἴτε τῆς ναυτικῆς δυνά-
μεως. Οἴομαι δέ, οἰκειότερόν σοι εἶναι τὴν θάλασσαν.
Ὑμεῖς γὰρ οἱ Συρακόσιοι καὶ Ἀθηναίους κατεναυμα-

coronam sumere. Quorsum enim insignia mihi triumpha-
lia? nisi tu videas, Callirrhoë. Non amplius post illam
nuptialem noctem coronam capiti inducam. Nam sive
mortua es, lætarer impius; sive adhuc vivis, qui possum
sine te convivari, quæ forsan in tantis et talibus es malis?
Interim Persarum rex, trajecto Euphrate, quantocyus cum
hoste manus conserere festinabat. Accepto namque nun-
tio captæ Tyri, Sidoni metuebat, totique Syriæ, videns,
hostem viribus jam paribus in pugnam progressurum.
Quapropter ire, non cum impedimentis, sed expeditior,
statuit, ne quid obstaret properanti. Adsumta igitur exer-
citus lectissima parte cæteram inhabilem ætatem ibi loci
cum regina relinquebat, nec non et opes, et vestes, et cul-
tum omnem regium. Quia vero tumultu et confusione
compleverat omnia bellum, et urbes ad Euphraten usque
corripuerat, tutius fuit visum, relictos in Arado deponere.

V. Insula hæc est triginta stadiis a continente remota,
ubi vetustum Veneris templum, quo mulieres, velut domi,
liberæ tutæque versabantur. Venerem conspicata Callir-
rhoë, stans ex adverso, primum quidem silebat, et plora-
bat, in opprobrium deæ lacrymas objectans. Tandem
tamen hæc edit submissa voce : En etiam Aradus, parva
insula, pro magna Sicilia. Et nemo ibi meus. Jam suffi-
cit, domina. Quousque me tandem oppugnas! etiam, si
te gravissime offendissem, pœnarum tamen a me satis
exegisti. Etiam si infelix mea forma invidiam merito
movisse visa fuit, exitii caussa mihi evasit. Etiam bellum
experta nunc sum, quod meis calamitatibus solum deerat.
Babylon, si cum præsentibus componatur, etiam humana
fuit erga me. Ibi propinquus erat Chæreas. Nunc autem
sine dubio mortuus est. Nam post egressum Babylone
meum, vitam ulterius, ut videtur, non toleravit. Sed
a quo discam, quid ille evaserit, non habeo. Omnes
alieni, omnes barbari, invidi, osores, et qui amant, oso-
ribus pejores. Tu mihi, domina, num Chæreas vivat,
indica. Abeuntem inter hæc opprimit Rhodogune, Zo-
pyri filia, Megabyzi uxor, optimorum inter Persas et patris
et mariti; illa ipsa, quæ Babylonem intranti Callirrhoæ
Persidum prima obviam iverat. **** Ægyptius autem ut
audiverat, regem prope abesse, terraque marique paratum,
vocato Chæreæ sic ait : Priora quidem egregiæ tuæ vir-
tutis facinora decoris honorare præmiis nondum vacavit.
Tyrum nempe tu mihi dedisti. Quod vero futura spectat,
ne parata et patentia bona, quorum te participem faciam,
amittamus. Mihi nimirum Ægyptus sufficit, tibi vero
Syria cedet in ditionem. Age itaque videamus, quid factu
opus. Nam bellum in utroque elemento fervet. Tibi
autem optionem permitto, sive terrestribus, sive maritimis,
præesse copiis velis. Puto tamen, mare tibi convenien-
tius, et familiare magis esse. Vos enim Syracusani pugna

χήσατε. Σήμερον δ' ἀγών ἐστί σοι πρὸς Πέρσας, τοὺς ὑπ' Ἀθηναίων νενικημένους. Ἔχεις τριήρεις Αἰγυπτίας, μείζονας καὶ πλείονας τῶν Σικελικῶν. Μίμησαι τὸν κηδεστὴν Ἑρμοκράτην ἐν τῇ θαλάσσῃ. Χαιρέας
5 δ' ἀπεκρίνατο· Πᾶς ἐμοὶ κίνδυνος ἡδύς. Ὑπὲρ σοῦ δ' ἀναδέξομαι τὸν πόλεμον καὶ πρὸς τὸν ἔχθιστον μοι βασιλέα. Δὸς δέ μοι μετὰ τῶν τριηρῶν καὶ τοὺς τριακοσίους τοὺς ἐμούς. Ἔχε, φησί, καὶ τούτους καὶ ἄλλους, ὅσους ἂν θέλῃς. Καὶ εὐθὺς ἔργον ἐγίνετο
10 ὁ λόγος. κατήπειγε γὰρ ἡ χρεία. Καὶ ὁ μὲν Αἰγύπτιος ἔχων τὴν πεζὴν στρατιὰν ἀπήντα τοῖς πολεμίοις, ὁ δὲ Χαιρέας ναύαρχος ἀπεδείχθη. Τοῦτο πρότερον ἀθυμοτέρους ἐποίησε τοὺς πεζοὺς, ὅτι μετ' αὐτῶν οὐκ ἐστρατεύσατο Χαιρέας, καὶ γὰρ ἐφίλουν αὐτὸν
15 ἤδη καὶ ἀγαθὰς εἶχον ἐλπίδας ἐκείνου στρατηγοῦντος. Ἔδοξεν οὖν ὥσπερ ὀφθαλμὸς ἐξῃρῆσθαι μεγάλου σώματος. Τὸ δὲ ναυτικὸν ἐπήρθη ταῖς ἐλπίσι καὶ φρονήματος ἐνεπλήσθησαν, ὅτι τὸν ἀνδρειότατον καὶ κάλλιστον εἶχον ἡγούμενον. Ὀλίγον τ' ἐπένθουν, ἢ οὐδέν,
20 ἀλλὰ ὥρμηντο καὶ τριήραρχοι καὶ κυβερνῆται καὶ ναῦται καὶ στρατιῶται πάντες ὁμοίως, τίς προθυμίαν ἐπιδείξεται Χαιρέᾳ πρῶτος. Τῆς δ' αὐτῆς ἡμέρας καὶ κατὰ γῆν καὶ κατὰ θάλασσαν ἡ μάχη συνήφθη. Χρόνον μὲν οὖν πολὺν ἀντέσχεν ἡ πεζὴ στρατιὰ τῶν Αἰγυπτίων
25 Μήδοις τε καὶ Πέρσαις, εἶτα πλήθει βιασθέντες ἐνέδωκαν. Καὶ βασιλεὺς δ' ἔφιππος διώκων. Σπουδὴ δ' ἦν τοῦ Αἰγυπτίου καταφυγεῖν εἰς Πηλούσιον, τοῦ δὲ Πέρσου θᾶττον καταλαβεῖν. Τάχα δ' ἂν καὶ διέφυγεν, εἰ μὴ Διονύσιος ἔργον θαυμαστὸν ἐπεδείξατο. Καὶ ἐν
30 (μὲν) τῇ συμβολῇ ἠγωνίσατο λαμπρῶς, ἀεὶ μαχόμενος πλησίον βασιλέως, ἵνα αὐτὸν βλέπῃ, καὶ πρῶτος ἐτρέψατο τοὺς καθ' αὑτόν. Τότε δὲ τῆς φυγῆς μακρᾶς οὔσης καὶ συνεχοῦς ἡμέρας τε καὶ νυξὶν, ὁρῶν ἐπὶ τούτοις λυπούμενον βασιλέα· Μὴ λυποῦ, φησὶν, ὦ δέσποτα.
35 κωλύσω γὰρ ἐγὼ τὸν Αἰγύπτιον διαφυγεῖν, ἄν μοι δῷς ἱππεῖς ἐπιλέκτους. Ἐπῄνεσε βασιλεὺς καὶ δίδωσιν. Ὁ δὲ πεντακισχιλίους λαβὼν συνῆψε σταθμοὺς δύο ἡμέρᾳ μιᾷ καὶ νυκτὸς ἐπιπεσὼν τοῖς Αἰγυπτίοις ἀπροσδοκήτως, πολλοὺς μὲν ἐζώγρησε, πλείονας δ' ἀπέ-
40 κτεινεν. Ὁ δ' Αἰγύπτιος ζῶν καταλαμβανόμενος ἀπέσφαξεν ἑαυτὸν καὶ Διονύσιος τὴν κεφαλὴν ἐκόμισε πρὸς βασιλέα. Θεασάμενος δ' ἐκεῖνος· Ἀναγράφω σε, εἶπεν, εὐεργέτην εἰς τὸν οἶκον τὸν ἐμὸν καὶ ἤδη σοι δίδωμι δῶρον τὸ ἥδιστον, οὗ μάλιστα πάντων αὐτὸς ἐπιθυ-
45 μεῖς, Καλλιρρόην γυναῖκα. λέρκυια τὴν δίκην ὁ πόλεμος. Ἔχεις τὸ κάλλιστον ἆθλον τῆς ἀριστείας. Διονύσιος δὲ προσεκύνησε καὶ ἰσόθεον ἔδοξεν ἑαυτὸν, πεπεισμένος ὅτι βεβαίως ἤδη Καλλιρόης ἀνήρ ἐστι.

ϛʹ. Καὶ ἐν μὲν τῇ γῇ ταῦτ' ἐπράσσετο. ἐν δὲ τῇ
50 θαλάσσῃ Χαιρέας ἐνίκησεν, ὥστε μηδὲ ἀντίπαλον αὐτῷ γενέσθαι τὸ πολέμιον ναυτικὸν, οὔτε γὰρ τὰς ἐμβολὰς ἐδέξαντο τῶν Αἰγυπτίων τριηρῶν, οὔθ' ὅλως ἀντίπρῳροι κατέστησαν, ἀλλ' αἱ μὲν εὐθὺς ἀνετράπησαν, ἃς δὲ καὶ πρὸς τὴν γῆν ἐξενεχθείσας ἐζώγρησεν αὐτάν-

navali debellastis Athenienses quoque. Hodie vero tibi res est cum Persis, quos Athenienses vicerunt. Habes triremes Ægyptias majores et plures, quam Siculæ sunt. Imitare socerum Hermocratem in mari. Cui Chæreas: Omne me periculum juvat: pro te vero etiam bellum contra exosissimum mihi regem suscipiam. Modo da mihi cum navibus meos quoque trecentos. Et hos, ait Ægyptius, et quotquot velis alios habeto. Dictumque statim res secuta est. Negotium enim urgebat: adeoque cum terrestri manu Ægyptius obviam ibat hostibus : at Chæreas navarchus declarabatur. Id ipsum omnium primum terrestres copias perculit nonnihil, et languidas fecit, quod Chæream, amores suos, non haberent commilitonem, quo constituto duce bene sperabant. Oculus ita quasi videbatur excussus magno corpori. Navales contra spe crescebant et spiritibus inflatæ, quod fortissimo uterentur et pulcherrimo duce. Et paullum modo secessum dolebant, vel potius nihil, imo ruebant et trierarchi et gubernatores et nautæ et milites pariter omnes, quis Chæreæ primus ardorem audendi et obsequii alacritatem suam commonstraret. Uno illo tum et eodem die terra marique pugnatum est. Illic diu quidem sustinebat Ægyptiorum peditatus Medos pariter ac Persas. Verum multitudine tandem cesserunt obruti. Illos vero rex Persarum cum equitatu suo persequitur. Contentio ibi utrimque erat, Ægyptio quidem in Pelusium se recipere, Persæ vero occupare et intercipere fugientem. Ille forsan evasisset quoque, nisi Dionysius, qui in toto reliquo conflictu splendide proximeque semper a rege, ut conspiceretur, pugnaverat, et primus sibi objectos in fugam conjecerat, nisi, inquam, ille virtutis egregium specimen tunc exhibuisset. Nam fuga quum diuturnior esset, dieque et noctu continens, regi, quem propterea videbat afflictum, sic ait : Ne doleas, here. Nam Ægyptius ne effugiat, si equitatum mihi selectum dederis, efficiam. Laudat rex et dat quinque millia, quibuscum ille bidui iter uno die confecit, noctuque irruit, et improvisus, in Ægyptios, multisque vivis captis eos, sed pluribus cæsis, profligavit. Caput Ægyptii, qui vivus deprehensus ipse manus intulerat sibi, Dionysius ad Persam pertulit. Quod ille conspicatus, Dionysio ait : Ego te benefactorem meæ domus in annales regios referri jubebo, donumque tibi jam exhibeo, quod omnium maxime cupis, Callirrhoën uxorem. Bellum dirremit litem. Habes pulcherrimum virtutis præmium. Dionysius adorat regem, seque jam diis parem reputat, certa persuasione, fore, ut securus porro et constans Callirrhoës maritus existat.

VI. Hæc in continenti gesta. Mari vero Chæreas tam præclare vicerat, ut hostium navales copiæ ne prodire quidem ad contentionem æquales potuerint. Nam neque impetus Ægyptiarum triremium excipiebant aut sustinebant, neque omnino consistebant adversæ proris; sed partim ex invasione prima in fugam convertebantur, partim illisæ

δρους. Ἐνεπλήσθη δ' ἡ θάλασσα ναυαγίων Μηδικῶν. Ἀλλ' οὔτε βασιλεὺς ἐγίνωσκε τὴν ἧτταν τὴν ἐν τῇ θαλάσσῃ τῶν ἰδίων, οὔτε Χαιρέας τὴν ἐν τῇ γῇ τῶν Αἰγυπτίων. Ἐνόμιζε δ' ἑκάτερος κρατεῖν ἐν ἀμφο-
5 τέροις. Ἐκείνης οὖν τῆς ἡμέρας, ἧς ἐναυμάχησε, καταπλεύσας εἰς Ἄραδον ὁ Χαιρέας, τὴν μὲν νῆσον ἐκέλευσε περιπλέοντας ἐν κύκλῳ παραφυλάττειν, ὡς αὐτοὺς ἀποδώσοντας λόγον τῷ δεσπότῃ. Κἀκεῖνοι τοὺς μὲν εὐνούχους καὶ θεραπαινίδας καὶ πάντα τὰ
10 εὐωνότερα σώματα συνήθροισαν εἰς τὴν ἀγορὰν, αὕτη γὰρ εὐρυχωρίαν εἶχε. Τοσοῦτο δ' ἦν τὸ πλῆθος, ὥστε οὐ μόνον ἐν ταῖς στοαῖς, ἀλλὰ καὶ ὑπαίθριοι διενυκτέρευσαν. Τοὺς δ' ἀξιώματός τι μετέχοντας εἰς οἴκημα τῆς ἀγορᾶς εἰσήγαγον, ἐν ᾧ συνήδως οἱ Ἄρχοντες ἐχρη-
15 μάτιζον. Αἱ δὲ γυναῖκες χαμαὶ ἐκαθέζοντο περὶ τὴν βασιλίδα καὶ οὔτε πῦρ ἀνῆψαν, οὔτε τροφῆς ἐγεύσαντο. Πεπεισμέναι γὰρ ἦσαν ἑαλωκέναι μὲν βασιλέα καὶ ἀπολωλέναι τὰ Περσῶν πράγματα, τὸν δ' Αἰγύπτιον πανταχοῦ νικᾶν. Ἡ νὺξ ἐκείνη καὶ ἡδίστη καὶ χαλε-
20 πωτάτη κατέσχεν Ἄραδον. Αἰγύπτιοι μὲν γὰρ ἔχαιρον ἀπηλλαγμένοι πολέμου καὶ δουλείας Περσικῆς, οἱ δ' ἑαλωκότες Περσῶν δεσμὰ καὶ μάστιγας καὶ ὕβρεις καὶ σφαγὰς προσεδόκων, τὸ φιλανθρωπότατον δὲ, δουλείαν. Ἡ δὲ Στάτειρα, ἐνθεῖσα τὴν κεφαλὴν εἰς τὰ
25 γόνατα Καλλιρρόης, ἔκλαεν. Ἐκείνη γὰρ, ὡς ἂν Ἑλληνὶς, καὶ πεπαιδευμένη καὶ οὐκ ἀμελέτητος κακῶν, παρεμυθεῖτο μάλιστα τὴν βασιλίδα. Συνέβη δέ τι τοιοῦτον. Αἰγύπτιος στρατιώτης, ὁ πεπιστευμένος φυλάττειν τοὺς ἐν τῷ οἰκήματι, γνοὺς, ἔνδον εἶναι τὴν
30 βασιλίδα, κατὰ τὴν ἔμφυτον Ὀρησκείαν τῶν βαρβάρων πρὸς τοὔνομα τὸ βασιλικὸν, ἐγγὺς μὲν αὐτῇ προσελθεῖν οὐκ ἐτόλμησε, στὰς δὲ παρὰ τῇ θύρᾳ κεκλεισμένῃ· Θάρρει, δέσποινα, εἶπε, νῦν μὲν γὰρ οὐκ οἶδεν ὁ ναύαρχος, ὅτι καὶ σὺ μετὰ τῶν αἰχμαλώτων ἐνταῦθα κατε-
35 κλείσθης, μαθὼν δὲ προνοήσεταί σου φιλανθρώπως. Οὐ μόνον γὰρ ἀνδρεῖος, ἀλλὰ καὶ γυναῖκα ποιήσεται. φύσει γάρ ἐστι φιλογύναιος. Ταῦτ' ἀκούσασα ἡ Καλλιρρόη μέγα ἀνεκώκυσε καὶ τὰς τρίχας ἐσπάραττε λέγουσα· Νῦν ἀληθῶς αἰχμάλωτός εἰμι. Φόνευσόν
40 με μᾶλλον, ἢ ταῦτ' ἐπαγγέλλου. Γάμον οὐχ ὑπομένω. Θάνατον εὔχομαι. Κεντείτωσαν, καὶ καέτωσαν, ἐντεῦθεν οὐκ ἀναστήσομαι. Τάφος ἐμὸς ἔσται. οὗτος ὁ τόπος. Εἰ δὲ, ὡς λέγεις, φιλάνθρωπός ἐστιν ὁ στρατηγὸς, ταύτην μοι δότω τὴν χάριν· ἐνταῦθά με ἀπο-
45 κτεινάτω. Δεήσεις αὐτῇ πάλιν ἐκεῖνος προσέφερεν. Ἡ δ' οὐκ ἀνίστατο, ἀλλ' ἐγκεκαλυμμένη πεσοῦσα ἐπὶ τῆς γῆς ἔκειτο. Σκέψις προὔκειτο τῷ Αἰγυπτίῳ, τί καὶ πράξειε. Βίαν μὲν γὰρ οὐκ ἐτόλμα προσφέρειν, πεῖσαι δὲ πάλιν οὐκ ἐδύνατο. Ἀπόρως ὑποστρέψας
50 προσῆλθε τῷ Χαιρέᾳ σκυθρωπός. Ὁ δ' ἰδών· Τοῦτ' ἄλλο, φησὶν, ἦν. Κλέπτουσί τινές τὰ ἐμὰ κάλλιστα τῶν λαφύρων, ἀλλ' οὐ χαίροντες αὐτὸ πράξουσι. Ὡς οὖν εἶπεν ὁ Αἰγύπτιος· Οὐδεμιᾷ γέγονε κακόν, δέσποτα, τὴν γὰρ γυναῖκα, ἣν εὗρον ἐν πλαταίαις τε-

quoque in terram cum ipsis hominibus ostium arbitrio cedebant. Scatebat autem mare Medici naufragii documentis. Verum neque rex suorum per mare cladem, neque Chæreas Ægyptiorum per terram noverat, sed utrobique dominari uterque reputabat. Eodem adhuc, quo pugnatum, die Chæreas classe provectus, Aradum undique navibus cingere, et observare suos jubet, ut hero rationem rerum omnium reddituros. Eunuchos igitur, ancillas et vilia cætera corpora in forum sat spatiosum, eaque tanta copia compellebant, ut non sub porticibus modo, sed et sub dio, pernoctandum illis esset. Digniores autem in domum cogebant in foro exstructam, qua ad res gerendas convenire solebant Archontes. Ibi mulieres humi circa reginam sedebant, neque foco accenso, neque cibo gustato, ut quæ certe crederent, regem captum, Persarumque res funditus eversas esse, et Ægyptium ubique victorem agere. Aradum illa nox et suavissima et gravissima eadem obruit. Nam Ægyptii quidem de bello confecto et excussa servitute Persica lætabantur : captivi vero Persæ compedes et flagra et contumelias et cædes opperiebantur, aut, si benigne secum ageretur, servitutem. Statira, dejecto intra genua Callirrhoës capite, plorabat. Hæc enim maxime reginam consolabatur, ut Græca, et sapientiæ præceptis instructa, neque hospes in calamitatum palæstra. Accidit ergo tale quid. Ægyptius miles, cui custodia deductorum in istam domum fuerat mandata, gnarus, reginam intus esse, pro barbaris insita regii nominis veneratione, propius illi non audebat accedere, sed stans ad clausas fores : Confide, ait, domina. Navarchus nunc quidem ignorat, te cum captivis hic inclusam, quando vero didicerit, humanus et benignus habebit tui curam. Non ille solummodo fortis est bellator, sed et mulierum amator ex indole sua, te faciet uxorem. Ad hæc cum ingenti ejulatu comas evellens sibi Callirrhoë : Nunc demum, ait, vere captiva sum. Occide me potius, quam ut talia nunties. Nuptias non perferam. Opto mortem. Confodiant, et comburant, ut libet, hinc ego non surgam. Hic locus mihi tumulus erit. Si, ut ais, humanus est imperator, hanc faciat quæso gratiam : occidat me hic loci. Miles admovebat alteras preces : illa vero non surgebat, sed obvoluta sternitur humi procumbens. Jam deliberandum erat militi, quid ageret. Nam afferre vim non audebat, neque tamen poterat fœminam pellicere. Redit igitur tristis ad Chæream. Hic vero i li : En rursus aliud, ait. Manubiarum mearum pulcherrimas quidam furantur. Atqui non impune fecerint. Miles contra : Nulli malum accidit, domine. Mulier nempe, quam in plateis sedentem inveni, mecum ad te negat ire, sed humi prostrata gladium poscit, et mortem sectatur. Ridens ad hæc Chæreas : Rustice, si quis unquam fuit mortalium, ait, ignoras, qui mulier tractetur; blandis con-

ταγμένην, οὐ βούλεται ἐλθεῖν, ἀλλ' ἔρριπται χαμαί, ξίφος αἰτοῦσα, καὶ ἀποθανεῖν βουλομένη. Γελάσας ὁ Χαιρέας εἶπεν· Ὦ πάντων ἀνθρώπων ἀφυέστατε, οὐκ οἶδας, πῶς μεθοδεύεται γυνὴ, παρακλήσεσιν, ἐπαίνοις, ἐπαγγελίαις, μάλιστα δὲ, ἂν ἐρᾶσθαι δοκῇ. Σὺ δὲ βίαν ἴσως προσῆγες καὶ ὕβριν. Οὐ, φησὶ, δέσποτα. Πάντα δὲ ταῦτα, ὅσα λέγεις, πεποίηκα ἐν διπλῷ μᾶλλον. Καὶ γάρ σου κατεψευσάμην, ὅτι ἕξεις αὐτὴν γυναῖκα. Ἡ δὲ πρὸς τοῦτο μάλιστα ἠγανάκτησεν. Ὁ δὲ Χαιρέας· Ἐπαφρόδιτος ἄρα, φησὶν, εἰμὶ, καὶ ἐράσμιος, εἰ, καὶ πρὶν ἰδεῖν, ἀπεστράφη με καὶ ἐμίσησεν. Ἔοικε δὲ φρόνημα εἶναι τῆς γυναικὸς οὐκ ἀγεννές. Μηδεὶς αὐτῇ προσφερέτω βίαν, ἀλλ' ἐᾶτε διάγειν, ὡς προῄρηται. Πρέπει γάρ μοι σωφροσύνην τιμᾶν. Καὶ αὐτὴ γὰρ ἴσως ἄνδρα πενθεῖ.

solationibus, encomiis, promissis, maxime opinione amoris sui. Tu vero forte vim attulisti, aut petulantiam. Non, here, dicebat, sed omnia, quæ dicis, duplo feci potius. Namque te quoque confinxi mendacium, quod uxorem illam ducere velles. Ad quod illa præcipue indignata est. Venustus ergo, Chæreas ait, sum et amabilis, quando etiam ante conspectum aversata me fuit. Sed videtur in muliere non degeneris animi celsitudo esse. Nemo vim inferat illi, sed sinite, ut velit, agere. Decet enim me temperantiam colere. Forte etiam illa virum luget.

ΛΟΓΟΣ ΟΓΔΟΟΣ.

Α΄. Ὡς μὲν οὖν Χαιρέας, ὑποπτεύσας Καλλιρρόην Διονυσίῳ παραδεδόσθαι, θέλων ἀμύνασθαι βασιλέα, πρὸς τὸν Αἰγύπτιον ἀπέστη καὶ ναύαρχος ἀποδειχθεὶς ἐκράτησε τῆς θαλάσσης, νικήσας δὲ κατέσχεν Ἄραδον, ἔνθα βασιλεὺς καὶ τὴν γυναῖκα τὴν ἑαυτοῦ καὶ πᾶσαν τὴν θεραπείαν ἀπέθετο καὶ Καλλιρρόην, ἐν τῷ πρόσθεν λόγῳ δεδήλωται. Ἔμελλε δ' ἔργον ἡ τύχη πράττειν, οὐ μόνον παράδοξον, ἀλλὰ καὶ σκυθρωπὸν, ἵν' ἔχων Καλλιρρόην Χαιρέας ἀγνοήσῃ, καὶ τὰς ἀλλοτρίας γυναῖκας ἀναλαβὼν ταῖς τριήρεσιν ἀπάγῃ, μόνην δὲ τὴν ἰδίαν ἐκεῖ καταλίπῃ, οὐχ ὡς Ἀριάδνην καθεύδουσαν, οὐδὲ Διονύσῳ νυμφίῳ, λάφυρον δὲ τοῖς ἑαυτοῦ πολεμίοις. Ἀλλ' ἔδοξε τόδε δεινὸν Ἀφροδίτῃ. Ἤδη γὰρ αὐτῷ διηλλάττετο, πρότερον ὀργισθεῖσα χαλεπῶς διὰ τὴν ἄκαιρον ζηλοτυπίαν, ὅτι δῶρον παρ' αὐτῆς λαβὼν τὸ κάλλιστον, οἷον οὐδὲ Ἀλέξανδρος ὁ Πάρις, ὕβρισεν εἰς τὴν χάριν. Ἐπεὶ δὲ καλῶς ἀπελογήσατο τῷ Ἔρωτι Χαιρέας, ἀπὸ δύσεως εἰς ἀνατολὰς διὰ μυρίων παθῶν πλανηθεὶς, ἠλέησεν αὐτὸν Ἀφροδίτη καὶ, ὅπερ ἐξ ἀρχῆς δύο τῶν καλλίστων ἥρμοσε ζεῦγος, γυμνάσασα διὰ γῆς καὶ θαλάσσης, πάλιν ἠθέλησεν ἀποδοῦναι. Νομίζω δὲ καὶ τὸ τελευταῖον τοῦτο σύγγραμμα τοῖς ἀναγινώσκουσιν ἥδιστον γενήσεσθαι. Καθάρσιον γάρ ἐστι τῶν ἐν τοῖς πρώτοις σκυθρωπῶν. Οὐκέτι λῃστεία καὶ δουλεία καὶ δίκη καὶ μάχη καὶ ἀποκαρτέρησις καὶ πόλεμος καὶ ἅλωσις, ἀλλ' ἔρωτες δίκαιοι ἐν τούτῳ, νόμιμοι γάμοι. Πῶς οὖν ἡ θεὸς ἐφώτισε τὴν ἀλήθειαν καὶ τοὺς ἀγνοουμένους ἔδειξεν ἀλλήλοις λέξω. Ἑσπέρα μὲν ἦν, ἔτι δὲ πολλὰ τῶν αἰχμαλώτων κατελέλειπτο. Κεκμηκὼς οὖν ὁ Χαιρέας ἀνίσταται, ἵνα διατάξηται τὰ πρὸς τὸν πλοῦν. Παριόντι δ' αὐτῷ τὴν ἀγορὰν ὁ Αἰγύπτιος ἔλεξεν· Ἐνταῦθά ἐστιν ἡ γυνὴ, δέσποτα, ἡ μὴ βουλομένη προσελθεῖν, ἀλλ' ἀποκαρτεροῦσα. Τάχα δὲ σὺ πείσαις αὐτὴν ἀναστῆναι. Τί γάρ σε δεῖ καταλείπειν

LIBER OCTAVUS.

I. Quomodo itaque Chæreas, suspicatus, Callirrhoën esse Dionysio traditam, ultionis cupidine defecerit ad Ægyptium, et navarchus constitutus maris imperium fuerit nactus, et Aradum victor occupaverit, ubi rex et uxorem suam et omne ministerium, et ipsam quoque Callirrhoën deposuerat, in prioribus est expositum. Jam fortuna non mirum modo quid et præter opinionem, sed et lugubre, parabat, ut scilicet, habens Callirrhoën, ignoraret habere Chæreas, receptasque suis triremibus alienas uxores abduceret, solam suam ibi relinqueret, non ut Ariadnen dormientem, neque sponso Baccho, sed spolium suis inimicis. Verum durum hoc Veneri visum, quæ nunc tandem Chæreæ reconciliari cœperat, ipsi prius ob intempestivam æmulationem infesta; ut ingrato nempe, et in munus injurio, quod ab ejus manibus acceperat pulcherrimum, et quale ne Alexander ille quidem, cognomine Paris, tulerat. Quum vero Chæreas pulchre Cupidini, subductis exacte rationibus, satisfecisset, ab occidente in orientem per innumeros casus et errores actus, miserata eum Venus, pulcherrinum duorum par, quod ipsa dudum copulaverat, postquam terra bene exercuerat et mari, tandem sibi reddere volebat. Ego vero puto, librum hunc ultimum lectoribus fore jucundissimum. Est enim tristium, quæ in præcedentibus, quasi expiatio. Non amplius latrocinium, non servitus, non coram judice lis, non rixa, non in mortem obduratio, non bellum, non captivitas; sed sancti amores legitimaque nuptiæ in hoc inveniuntur. Veritatem igitur antea tectam et obscuram ut collustraverit dea, sibique monstraverit ignotos invicem, ego dicam. Erat vespera, multumque rerum captivarum nondum triremibus impositum. Defatigatus itaque Chæreas ad ea, quæ classis abitum spectabant, disponenda surgit. Transeunti autem forum Ægyptius : Hic, ait, here, mulier est, quæ certa mortis destinatione venire in navem nolebat. Fortasse tamen illi tu persuaseris, ut surgat. Quare enim

τὸ κάλλιστον τῶν λαφύρων; συνεπελάβετο καὶ Πολύ-
χαρμος τοῦ λόγου, βουλόμενος ἐμβαλεῖν αὐτὸν, εἴ πως
δύναιτο, εἰς ἔρωτα καινὸν καὶ Καλλιρρόης παραμύθιον.
Εἰσέλθωμεν, ἔφη, Χαιρέα. Ὑπερβὰς οὖν τὸν οὐδὸν
καὶ θεασάμενος ἐρριμμένην καὶ ἐγκεκαλυμμένην, εὐθὺς
ἐκ τῆς ἀναπνοῆς καὶ τοῦ σχήματος ἐταράχθη τὴν ψυχὴν
καὶ μετέωρος ἐγένετο. Πάντως δ' ἂν καὶ ἐγνώρισεν,
εἰ μὴ σφόδρα πέπειστο, Καλλιρρόην ἀπειληφέναι Διο-
νύσιον. Ἠρέμα δὲ προσελθὼν, Θάρρει, φησὶν,
ὦ γύναι, ἥτις ἂν ᾖς, οὐ γάρ σε βιασόμεθα. Ἕξεις
δ' ἄνδρα, ὃν θέλεις. Ἔτι λέγοντος, ἡ Καλλιρρόη,
γνωρίσασα τὴν φωνὴν, ἀπεκαλύψατο καὶ ἀμφότεροι
συνεβόησαν· Χαιρέα· Καλλιρρόη. Περιχυθέντες δ' ἀλ-
λήλοις, λιποψυχήσαντες ἔπεσον. Ἄφωνος δὲ καὶ
ὁ Πολύχαρμος τὸ πρῶτον εἱστήκει πρὸς τὸ παράδοξον.
Χρόνου δὲ προϊόντος· Ἀνάστητε, εἶπεν, ἀπειλήφατε
ἀλλήλους. Πεπληρώκασιν οἱ θεοὶ τὰς ἀμφοτέρων
εὐχάς. Μέμνησθε δὲ, ὅτι οὐκ ἐν πατρίδι ἐστὲ, ἀλλ' ἐν
πολεμίᾳ γῇ καὶ δεῖ ταῦτα πρότερον οἰκονομῆσαι κα-
λῶς, ἵνα μηδεὶς ἔτι ὑμᾶς διαχωρίσῃ. Τοιαῦτ' ἐμ-
βοῶντος, ὥσπερ τινὲς ἐν φρέατι βαθεῖ βεβαπτισμένοι
μόλις ἄνωθεν φωνὴν ἀκούσαντες, βραδέως ἀνήνεγκαν.
Εἶτ' ἰδόντες ἀλλήλους καὶ καταφιλήσαντες, πάλιν πα-
ρείθησαν καὶ δεύτερον καὶ τρίτον τοῦτο ἔπραξαν, μίαν
φωνὴν ἀφιέντες· Ἔχω σε, εἰ ἀληθῶς εἶ Καλλιρρόη· εἰ
ἀληθῶς εἶ Χαιρέας. Φήμη δὲ διέτρεχεν, ὅτι ὁ ναύαρ-
χος εὕρηκε τὴν γυναῖκα. Οὐ στρατιώτης ἔμεινεν ἐν
σκηνῇ, οὐ ναύτης ἐν τριήρει, οὐ θυρωρὸς ἐν οἰκίᾳ.
Πανταχόθεν συνέτρεχον λαλοῦντες· Ὢ γυναικὸς μα-
καρίας, εἴληφε τὸν εὐμορφότατον ἄνδρα. Καλλιρρόης
δὲ φανείσης, οὐδεὶς ἔτι Χαιρέαν ἐπῄνεσεν, ἀλλ' εἰς
ἐκείνην πάντες ἀφεώρων, ὡς μόνης οὔσης. Ἐβάδιζε
δὲ σοβαρὰ, Χαιρέου καὶ Πολυχάρμου μέσην αὐτὴν
δορυφορούντων. Ἄνθη καὶ στεφάνους· ἔβαλλον αὐτοῖς
καὶ οἶνος καὶ μύρα πρὸ τῶν ποδῶν ἐχεῖτο καὶ πολέμου
καὶ εἰρήνης ἦν ὁμοῦ τὰ ἥδιστα, ἐπινίκια καὶ γάμοι.
Χαιρέας δ' εἰθισμένος μὲν ἐν τριήρει καθεύδειν καὶ νυκτὸς
καὶ μεθ' ἡμέραν πολλὰ πράττων. τότε δὲ Πολυ-
χάρμῳ πάντα ἐπιτρέψας, αὐτὸς, οὐδὲ νύκτα περιμείνας,
εἰσῆλθεν εἰς θάλαμον τὸν βασιλικόν. Καθ' ἑκάστην
γὰρ πόλιν οἶκος ἐξαίρετος ἀποδείκνυται τῷ μεγάλῳ βα-
σιλεῖ. Κλίνη μὲν ἔκειτο χρυσήλατος, στρωμνὴ δὲ
Τυρία πορφυρᾶ, ὕφασμα Βαβυλώνιον. Τίς ἂν φράσειε
τὴν νύκτα ἐκείνην, πόσων διηγημάτων μεστὴ, πόσων
δὲ δακρύων ὁμοῦ καὶ φιλημάτων; πρώτη μὲν ἤρξατο
Καλλιρόη διηγεῖσθαι, πῶς ἀνέζησεν ἐν τῷ τάφῳ, πῶς
ὑπὸ Θήρωνος ἐξήχθη, πῶς ἔπλευσε, πῶς ἐπράθη.
Μέχρι τούτων Χαιρέας ἀκούων ἔκλαεν. Ἐπεὶ δ' ἧκεν
εἰς Μίλητον τῷ λόγῳ, Καλλιρόη μὲν ἐσιώπησεν αἰ-
δουμένη, Χαιρέας δὲ τῆς ἐμφύτου ζηλοτυπίας ἀνεμνή-
σθη. Παρηγόρησε δ' αὐτὸν τὸ περὶ τοῦ τέκνου διή-
γημα. Πρὶν δὲ πάντα ἀκοῦσαι· Λέγε μοι, φησὶ, πῶς
εἰς Ἄραδον ἦλθες καὶ ποῦ Διονύσιον καταλέλοιπας καὶ
τί σοι πέπρακται πρὸς βασιλέα. Ἡ δ' εὐθὺς ἀπώ-

pulcherrimum inter spolia relinqueres. Operam quoque
suam his verbis commodabat Polycharmus, amori novo,
si pote, illum implicare, et amissæ Callirrhoës solatium
exhibere volens. Introëamus, ait, Chærea. Superato li-
mine ut prostratam vidit noster et opertam, statim ex re-
spiratione et habitu movebatur et pendebat animo : agno-
visset sane confestim Callirrhoën, nisi certæ fuisset per-
suasionis, Dionysium eam tulisse. Leni igitur suspensoque
pede aggressus : Confide, ait, quæcunque tandem sis,
mulier. Non enim tibi vim inferemus. Habebis virum,
quem cupis. Adhuc loquebatur, quum, agnita familiari
sibi voce, Callirrhoë se retegit : et utrinque conclamant :
Chærea! Callirrhoë! et deficientes in mutuis amplexibus
humi procumbunt. Polycharmus quoque primum inex-
spectata rei mirabilis novitate, obmutuerat. Interjecto
aliquo tempore : Surgite, ait. Vosmet invicem recupe-
rastis. Adimplerunt amborum vota dii. Mementote, vos
non in patria, sed in hostili solo esse, et oportere hæc prius
bene firmiterque strui et componi, ne quis porro separare
vos queat. Hæc illo qua vi poterat inclamante, quasi qui
profundo mersi puteo vocem ex alto allabentem audiunt,
vix et tarde se recolligunt, tumque rursus post mutuos in-
tuitus et oscula deficiunt, iterumque et tertia quoque vice
continuant, unam hanc edentes vocem : Teneo te, es vere,
es Callirrhoë? Es vere, es Chæreas? Fama statim dima-
navit, navarchum recuperasse suam uxorem. Tum non
miles in tentorio manere, non in triremi nauta, non domi
janitor : undecumque confluere strepentes : O beatam
mulierem : recepit formosissimum virum. Verum ipsa
conspecta Callirrhoë, nemo Chæream laudabat amplius,
sed in eam defixis omnes oculis, quasi sola adesset, re-
spiciebant. Sublimis vero vultu inter Chæream et Poly-
charmum stipantes gradiebatur media. Flores et corollæ
sparsæ euntibus, vinumque et unguenta ante pedes effusa ;
bellique et pacis simul aderant suavissima, ovationes nempe
de hostibus devictis et nuptiarum concelebratio. Consue-
verat alias in triremi dormire Chæreas, et noctu dieque
se multis occupare negotiis. Tunc autem Polycharmo
permittebat omnia, et ne quidem exspectata nocte, tha-
lamum regium intrat. Regi nempe peculiaris in unaquaque
urbe domus est assignata. In ea lectus ex auro, stragula
Tyriæ purpuræ, Babylonici operis. Quis illam noctem
enuntiet, quot plena fuerit confabulationum, quot lacry-
marum simul et suaviorum. Callirrhoë nempe narrare
occipiebat prima, quomodo revixerit in sepulcro, quo-
modo fuerit a Therone extracta, quomodo navigaverit,
quomodo vænierit. Chæreas plorabat hactenus audiens.
Ut autem illa sermone Miletum devenerat, pudenter tace-
bat, et Chæreas insita sua æmulatione stimulatus est,
attamen narrationede filio leniebatur, et antequam audiisset
omnia : Dic mihi, ait, quomodo venisti Aradum, et ubi
reliquisti Dionysium, et quid cum rege tibi acciderit. Asse-
verabat illa statim jurejurando, se post judicium non vi-

μνυτο, μὴ ἑωρακέναι Διονύσιον μετὰ τὴν δίκην, βασιλέα δ' ἐρᾶν μὲν αὐτῆς, μὴ κεκοινωνηκέναι δ' αὐτῷ, μηδὲ μέχρι φιλήματος. Ἄδικος οὖν, ἔφη Χαιρέας, ἐγὼ καὶ ὀξὺς εἰς ὀργὴν, τηλικαῦτα δεινὰ διατεθεικὼς βασιλέα μηδὲν ἀδικοῦντά σε. Σοῦ γὰρ ἀπαλλαγεὶς εἰς ἀνάγκην κατέστην αὐτομολίας. Ἀλλ' οὐ κατῄσχυνά σε. πεπλήρωκα γῆν καὶ θάλασσαν τροπαίων. Καὶ πάντα ἀκριβῶς διηγήσατο, ἐναβρυνόμενος τοῖς κατορθώμασιν. Ἐπεὶ δ' ἅλις ἦν δακρύων καὶ διηγη-
10 μάτων, περιπλακέντες ἀλλήλοις

Ἀσπάσιοι λέκτροιο παλαιοῦ θεσμὸν ἴκοντο.

Β'. Ἔτι δὲ νυκτὸς κατέπλευσέ τις Αἰγύπτιος, οὐ τῶν ἀφανῶν. Ἐκβὰς δὴ τοῦ κέλητος μετὰ σπουδῆς ἐπυνθάνετο, ποῦ Χαιρέας ἐστίν. Ἀχθεὶς οὖν πρὸς
15 Πολύχαρμον, ἑτέρῳ μὲν οὐδενὶ ἔφη τὸ ἀπόρρητον δύνασθαι εἰπεῖν, ἐπείγειν δὲ τὴν χρείαν, ὑπὲρ ἧς ἀφῖκται. Καὶ ἐπὶ πολὺ μὲν ἀνεβάλετο Πολύχαρμος τὴν πρὸς Χαιρέαν εἴσοδον, ἐνοχλεῖν ἀκαίρως οὐ θέλων. Ἐπεὶ δ' ὁ ἄνθρωπος κατήπειγε, παρανοίξας τοῦ θαλάμου τὴν
20 θύραν, ἐμήνυσε τὴν σπουδήν. Ὡς δὲ στρατηγὸς ἀγαθὸς Χαιρέας, Κάλει, φησί. Πόλεμος γὰρ ἀναβολὴν οὐ περιμένει. Εἰσαχθεὶς δ' ὁ Αἰγύπτιος, ἔτι σκότους ὄντος, τῇ κλίνῃ παραστάς, Ἴσθι, φησὶν, ὅτι βασιλεὺς ὁ Περσῶν ἀνήρηκε τὸν Αἰγύπτιον, καὶ τὴν στρατιὰν
25 τὴν μὲν εἰς Αἴγυπτον πέπομφε καταστησομένην τὰ ἐκεῖ, τὴν δὲ λοιπὴν ἄγει πᾶσαν ἐνθάδε καὶ ὅσον οὔπω παρέστιν. Πεπυσμένος γὰρ Ἄραδον ἑαλωκέναι, λυπεῖται μὲν καὶ περὶ τοῦ πλούτου παντὸς, ὃν ἐνθάδε καταλέλοιπεν, ἀγωνιᾷ δὲ μάλιστα περὶ [τῆς] Στατείρας
30 τῆς γυναικός. Ταῦτ' ἀκούσας Χαιρέας ἀνέθορε. Καλλιρρόη δὲ αὐτοῦ λαβομένη, Ποῖ σπεύδεις; εἶπε, πρὶν βουλεύσασθαι περὶ τῶν ἐφεστηκότων. Ἂν γὰρ τοῦτο δημοσιεύσῃς, μέγαν πόλεμον κινήσεις σεαυτῷ, πάντων ἐπισταμένων, ἤδη καὶ καταφρονούντων. Πάλιν δὲ ἐν
35 χερσὶ γενόμενοι πεισόμεθα τῶν πρότερον βαρύτερα. Ταχέως ἐπείσθη τῇ συμβουλῇ καὶ ἐκ τοῦ θαλάμου προῆλθε μετὰ τέχνης. Κρατῶν γὰρ τῆς χειρὸς τὸν Αἰγύπτιον, συγκαλέσας τὸ πλῆθος· Νικῶμεν, ἄνδρες, εἶπε, καὶ τὴν πεζὴν στρατιὰν τοῦ βασιλέως. Οὗτος
40 γὰρ ἀνὴρ τὰ εὐαγγέλια ἡμῖν φέρει καὶ γράμματα παρὰ τοῦ Αἰγυπτίου. Δεῖ δὲ τὴν ταχίστην ἡμᾶς πλεῖν, ἔνθα ἐκεῖνος ἐκέλευσε. Συσκευασάμενοι οὖν πάντες ἐμβαίνετε. Ταῦτ' εἰπόντος, ὁ σαλπιστὴς τὸ ἀνακλητικὸν εἰς τὰς τριήρεις ἐσήμαινε. Λάφυρα δὲ καὶ αἰχμα-
45 λώτους τῆς προτεραίας ἦσαν ἐντεθεικότες καὶ οὐδὲν ἐν τῇ νήσῳ καταλέλειπτο, πλὴν εἰ μή τι βαρὺ καὶ ἄχρηστον. Ἔπειτα ἔλυον τὰ ἀπόγεια καὶ ἀγκύρας ἀνῄρουν καὶ βοῆς καὶ ταραχῆς ὁ λιμὴν πεπλήρωτο καὶ ἄλλος ἄλλο τι ἔπραττε παρών. Χαιρέας δ' εἰς τὰς
50 τριήρεις σύνθημα λεληθὸς τοῖς τριηράρχοις δέδωκεν ἐπὶ Κύπρου κρατεῖν, ὡς δῇτ' ἀναγκαῖον, ἔτι ἀφύλακτον οὖσαν, αὐτὴν προκαταλαβεῖν. Πνεύματι δὲ φορῷ χρησάμενοι τῆς ὑστεραίας κατήχθησαν εἰς Πάφον,

disse Dionysium. A rege quidem amari, verum cum illo ne oscula quidem communicasse. Iniquus igitur ego sum, ait Chaereas, et praeceps irarum, qui tam graviter afflixerim regem in te nunquam injurium. Abstractus enim a te ad transfugii necessitatem fui redactus; attamen te non dehonestavi. Implevi terram et mare tropaeis. Simul exacte narrabat omnia placens sibi gloriansque suis egregie factis. Ut lacrymarum et fabularum cepit satietas,

Antiqui cupide renovarunt foedera lecti.

II. Adhuc nox erat, quum Aegyptius quidam non ignobilis appellit cum celoce, et egressus diligenter atque trepide, ubinam Chaereas esset, interrogat. Adductus ad Polycharmum, negabat significare posse, nisi Chaereae, rem non temere vulgandam. Necessitatem interim urgere, cujus caussa advenerit. Diu quidem tum cessabat Polycharmus ad Chaeream introire, ut qui praeter tempus interpellare nollet. Importunius autem quum instaret alter, paullum adaperta janua Polycharmus aliquem de re magna et urgente cum ipso agere velle indicat. Vocare Chaereas jubet, bonus imperator. Bellum namque moram non pati. Introductus adhuc obscura nocte Aegyptius, adstans lecto : Scito, ait, quod rex Persarum sustulerit Aegyptium, et partem exercitus in Aegyptum miserit, ut res ibi ordinet : partem vero ducat huc reliquam, adfuturus tantum non e vestigio. Nam Aradi cognita occupatione, dolet quidem ob caeteras ibi depositas suas opes, maxime tamen aestuat et timet de uxore sua Statira. Subsilit ad haec Chaereas. Quem retinens Callirrhoë : Quo properas, ait, antequam de praesentibus deliberaveris? id enim si publicaveris, ipse tibi magnum concitaveris bellum, omnibus ubi intellexerint, te contemturis. Denuo redacti in captivitatem multo, quam ante, graviora patiemur. Obtemperat sine mora consilio Chaereas, et cum astutia prodit e conclavi. Manu namque tenens Aegyptium convocatae turbae; Vincimus, ait, o mei, regis quoque terrestres copias. Vir enim, quem videtis, bonum nobis affert nuntium, et Aegyptii literas. Oportet autem quantocyus eo navigare, quo ille jussit. Omnes igitur vasa colligite et inscendite. Quibus dictis, tubicen in triremes receptui cecinit, in quas jam praecedente die spolia cum captivis comportaverant, nihilo in insula relicto, nisi quod ponderosum nimis et inutile foret. Tum solvi funes, tum revelli ancorae, tum clamore portus et tumultu reboare, tum alius aliud agere. Chaereas autem progressus ad triremes mandatum clam dabat versus Cyprum viam tenere, quasi necesse esset adhuc incustoditam insulam occupare. Secundo usi vento Paphium altero die veniunt, ubi tem-

ἔνθα ἐστὶν ἱερὸν Ἀφροδίτης. Ἐπεὶ δ' ὡρμίσαντο, Χαιρέας, πρὶν ἐκβῆναί τινα τῶν τριηρῶν, πρώτους ἐξέπεμψε τοὺς κήρυκας, εἰρήνην καὶ σπονδὰς τοῖς ἐπιχωρίοις καταγγεῖλαι. Δεξαμένων δ' αὐτὸν, ἐξεβίβασε τὴν δύναμιν ἅπασαν εἰς γῆν καὶ ἀναθήμασι τὴν Ἀφροδίτην ἐτίμησε. Πολλῶν δ' ἱερείων συναχθέντων, εἱστίασε τὴν στρατιάν. Σκεπτομένου δ' αὐτοῦ περὶ τῶν ἑξῆς, ἀπήγγειλαν οἱ ἱερεῖς, οἱ αὐτοὶ δ' εἰσὶ καὶ μάντεις· "Ὅτι καλὰ γέγονε τὰ ἱερεῖα. Τότε οὖν θαρρήσας ἐκάλεσε τοὺς τριηράρχας καὶ τοὺς Ἕλληνας τοὺς τριακοσίους καὶ ὅσους τῶν Αἰγυπτίων εὔνους ἑώρα πρὸς αὐτόν, καὶ ἔλεξεν ὧδε · Ἄνδρες συστρατιῶται καὶ φίλοι, κοινωνοὶ μεγάλων κατορθωμάτων. Ἐμοὶ καὶ εἰρήνη καλλίστη καὶ πόλεμος ἀσφαλέστατος, μεθ' ὑμῶν, πείρα γὰρ μεμαθήκαμεν, ὅτι ὁμονοοῦντες ἐκρατήσαμεν τῆς θαλάσσης. Καιρὸς δ' ὀξὺς ἐφέστηκεν ἡμῖν εἰς τὸ βουλεύσασθαι περὶ τοῦ μέλλοντος ἀσφαλῶς. Ἴστε γὰρ, ὅτι ὁ μὲν Αἰγύπτιος ἀνῄρηται μαχόμενος, κρατεῖ δὲ βασιλεὺς ἁπάσης τῆς γῆς. Ἡμεῖς δ' ἀπειλήμμεθα ἐν μέσοις τοῖς πολεμίοις. Εἶτ' οὖν συμβουλεύει τις ἡμῖν ἀπιέναι πρὸς τὸν βασιλέα καὶ εἰς τὰς ἐκείνου χεῖρας φέροντας αὑτοὺς ἐμβαλεῖν. Ἀνεβόησαν εὐθὺς, ὡς πάντα μᾶλλον ἢ τοῦτο ποιητέον. Ποῖ τοίνυν ἄπιμεν; πάντα γάρ ἐστιν ἡμῖν πολέμια καὶ οὐκέτι οὐδὲ τῇ θαλάττῃ προσήκει πιστεύειν, τῆς γῆς κρατουμένης ὑπὸ τῶν πολεμίων. Οὐ δήπου γ' ἀναπτῆναι δυνάμεθα. Σιωπῆς ἐπὶ τούτοις γενομένης, Λακεδαιμόνιος ἀνὴρ, Βρασίδου συγγενής, κατὰ μεγάλην ἀνάγκην τῆς Σπάρτης ἐκπεσὼν, πρῶτος ἐτόλμησεν εἰπεῖν· Τί δὲ ζητοῦμεν, ποῖ φύγωμεν βασιλέα; ἔχομεν γὰρ θάλασσαν καὶ τριήρεις. Ἀμφότερα δ' ἡμᾶς εἰς Σικελίαν ἄγει καὶ Συρακούσας, ὅπου οὐ μόνον Πέρσας οὐκ ἂν δείσαιμεν, ἀλλ' οὐδ' Ἀθηναίους. Ἐπῄνεσαν πάντες τὸν λόγον. Μόνος Χαιρέας προσεποιεῖτο μὴ συγκατατίθεσθαι, τὸ μῆκος τοῦ πλοῦ προφασιζόμενος, τὸ δ' ἀληθὲς ἀποπειρώμενος, εἰ βεβαίως αὐτοῖς δοκεῖ. Σφόδρα δ' ἐγκειμένων καὶ πλεῖν ἤδη θελόντων· Ἀλλ' ὑμεῖς μὲν, ἄνδρες Ἕλληνες, βουλεύεσθε καλῶς καὶ χάριν ὑμῖν ἔχω τῆς εὐνοίας τε καὶ πίστεως. Οὐκ ἐάσω δὲ ὑμᾶς μετανοῆσαι, θεῶν ὑμᾶς προσλαμβανομένων. Τοὺς δ' Αἰγυπτίους, πολλοὶ γάρ εἰσιν, [οὓς] οὐ προσήκει ἄκοντας βιάζεσθαι. Καὶ γὰρ γυναῖκας καὶ τέκνα ἔχουσιν οἱ πλείους, ὧν οὐκ ἂν ἡδέως ἀποσπασθεῖεν. Κατασπαρέντες οὖν εἰς τὸ πλῆθος διαπυνθάνεσθαι ἑκάστου σπεύσατε, ἵνα μόνον τοὺς ἑκόντας παραλάβωμεν. Ταῦτα μὲν, ὡς ἐκέλευσεν, ἐγίνετο.

Γ'. Καλλιρρόη δὲ, λαβομένη Χαιρέου τῆς δεξιᾶς, μόνον αὐτὸν ἀπαγαγοῦσα· Τί, ἔφη, βεβούλευσαι, Χαιρέα; καὶ Στάτειρα ἄγεις εἰς Συρακούσας καὶ Ῥοδογύνην τὴν καλήν; Ἠρυθρίασεν ὁ Χαιρέας καὶ Οὐκ ἐμαυτοῦ, φησίν, ἕνεκα ἄγω ταύτας, ἀλλά σοι θεραπαινίδας. Ἀνέκραγεν ἡ Καλλιρρόη· Μὴ ποιήσειαν οἱ θεοὶ τοσαύτην ἐμοὶ γενέσθαι μανίαν, ὥστε τὴν τῆς Ἀσίας βασιλίδα δούλην ἔχειν, ἄλλως τε καὶ ξένην

plum Veneris erat. Ut appulerant, mittit Chærreas, antequam exscenderent, præcones, pacem et fœdus indigenis annuntiatum. Qui cum illum recepissent, totum exercitum in terram exponit, eumque, post ornatam donariis a se Venerem, coactis multis victimis splendide excipit. Secum autem deinceps agenda volutanti sacerdotes iidemque vates litare hostias nuntiant. Qua ille relatione erectus triremium præfectis, suisque trecentis Græcis, et quotquot Ægyptiorum norat sibi benevolos, ad se convocatis hæc ait : Viri commilitones, et participes magnarum rerum, sed bene et cum gloria gestarum. Ego vobiscum agere et pacem decore, et bellum tuto profecto possum. Experimento namque didicimus, per concordiam mari nos fuisse superiores. Jam vero subito nos de futura securitate deliberandi tempus invasit. Nam scire vos velim, Ægyptium in pugna cecidisse, et Persarum regem tota continente dominari, adeoque in mediis hostibus nos esse deprehensos. Ergo sive quis abire suadet ad regem, et sponte dare nos in ejus manum. Cuncti statim sublato clamore facienda potius omnia, quam hoc, affirmabant. Quo evademus igitur, quibus omnia sunt inimica? Subvolare in cœlum sane non possumus. Facto ad hæc silentio, Lacedæmonius aliquis, Brasidæ propinquus, temporum acerbitate patria exsul, primus loqui sic ausus est : Quid vero quærimus, ait, ubi regem effugiamus? mare sane et triremes habemus. Utraque nos in Siciliam et Syracusas ducunt, ubi non Persas modo non timemus, sed ne quidem Athenienses. Laudabant omnes consilium. Chæreas non assentientem fingebat, navigationis longinquitatem caussatus ; sed eo ipso volebat tantum pertentare mentes, num serio sic decernerent. Quum autem instarent vehementer, et jam flagitarent abitum : Vos quidem, ait, viri Græci, pulchre statuitis, et gratiam vobis habeo benevolentiæ atque fidei, diique si vos in suam curam tutelamque recipiant, pœnitere non sinam. Ægyptios autem, multi enim sunt, invitos cogere non decet. Habent plurimi uxores et liberos, a quibus libenter non abstrahantur. In vulgus itaque dimissos ire jubeatis, qui singulos perrogent ; ut solos voluntarios adsciscamus. Ut jusserat, ita factum.

III. Callirrhoë vero dextra prehensum seducit Chæream, et : Quid statuisti, Chærea, inquit. Etiam Statiram Syracusas duces, et pulchram Rhodogunen ? Non mea caussa, sed tibi servas illas abducam, ait rubore suffusus Chæreas. Exclamat Callirrhoë: Dii ne fecerint, ut reginam Asiæ mihi servam habere insaniam, eamque hospitii lege mihi sacratam. Illam, si gratificari mihi cupis, remitte regi, quæ me, ut fratris uxorem nacta, sic custodivit.

LIBER VIII.

γεγενημένην. Εἰ δέ μοι θέλεις χαρίζεσθαι, βασιλεῖ πέμψον αὐτήν. Καὶ γὰρ αὕτη μέ σοι διεφύλαξεν ὡς ἀδελφοῦ γυναῖκα παραλαβοῦσα. Οὐδέν ἐστιν, ἔφη Χαιρέας, ὃ, σοῦ θελούσης, οὐκ ἂν ἐγὼ ποιήσαιμι. σὺ 5 γὰρ κυρία Στατείρας καὶ πάντων τῶν λαφύρων καὶ πρὸ πάντων τῆς ἐμῆς ψυχῆς. Ἥσθη Καλλιρρόη καὶ κατεφίλησεν αὐτόν. Εὐθὺς δ' ἐκέλευσε τοῖς ὑπηρέταις ἄγειν αὐτὴν πρὸς Στάτειραν. Ἐτύγχανε δ' ἐκείνη μετὰ τῶν ἐνδοξοτάτων Περσίδων ἐν κοίλῃ νηΐ, ὅλως
10 οὐδὲν ἐπισταμένη τῶν γεγενημένων, οὐδ' ὅτι Καλλιρρόη Χαιρέαν ἀπείληφε, πολλὴ γὰρ ἦν παραφυλακὴ καὶ οὐδενὶ ἐξῆν προσελθεῖν, οὐκ ἰδεῖν, οὐ μηνῦσαί τι τῶν πραττομένων. ὡς δ' ἧκεν ἐπὶ τὴν ναῦν, τοῦ τριηράρχου δορυφοροῦντος αὐτήν, κατάπληξις εὐθὺς ἦν πάν-
15 των καὶ ταραχὴ διαθεόντων. Εἶτά τις ἡσυχῇ πρὸς ἄλλον ἐλάλησεν· Ἡ τοῦ ναυάρχου γυνὴ παραγίνεται. Μέγα δὲ καὶ βύθιον ἀνεστέναξεν ἡ Στάτειρα καὶ κλάουσα εἶπεν· Εἰς ταύτην με τὴν ἡμέραν, ὦ Τύχη, τετήρηκας, ἵν' ἡ βασιλὶς ἴδω κυρίαν, πάρεστι γὰρ
20 ἴσως ἰδεῖν οἵαν παρείληφε δούλην. Ἤγειρε θρῆνον ἐπὶ τούτοις καὶ τότ' ἔμαθε, τίς αἰχμαλωσία σωμάτων εὐγενῶν. Ἀλλὰ ταχεῖαν ἐποίησεν ὁ θεὸς τὴν μεταβολήν. Καλλιρρόη γὰρ εἰσδραμοῦσα περιεπλάκη τῇ Στατείρᾳ· Χαῖρε, φησίν, ὦ βασίλεια. Βασιλὶς γὰρ
25 εἶ καὶ ἀεὶ διαμενεῖς. Οὐκ εἰς πολεμίων χεῖρας ἐμπέπτωκας, ἀλλὰ τῆς σοι φιλτάτης, ἣν εὐηργέτηκας. Χαιρέας, ὁ ἐμὸς, ἐστὶ ναύαρχος. Ναύαρχον δ' Αἰγυπτίων ἐποίησεν αὐτὸν ὀργὴ πρὸς βασιλέα, διὰ τὸ βραδέως ἀπολαμβάνειν ἐμέ. Πέπαυται δὲ καὶ διήλ-
30 λακται καὶ οὐκέτι ὑμῖν ἐστι πολέμιος. Ἀνίστασο δὲ, φιλτάτη, καὶ ἄπιθι χαίρουσα. Ἀπόλαβε καὶ σὺ τὸν ἄνδρα τὸν σεαυτῆς. Ζῇ γὰρ βασιλεὺς κἀκείνῳ σε Χαιρέας πέμπει. Ἀνίστασο καὶ σὺ, Ῥοδογύνη, πρώτη μοι φίλη Περσίδων καὶ βάδιζε πρὸς τὸν ἄνδρα τὸν σεαυτῆς καὶ
35 ὅσας ἡ βασιλὶς ἂν ἄλλας θέλῃ καὶ μέμνησθε Καλλιρρόης. Ἐξεπλάγη Στάτειρα τούτων ἀκούσασα τῶν λόγων καὶ οὔτε πιστεύειν εἶχε, οὔτ' ἀπιστεῖν. Τὸ δ' ἦθος Καλλιρρόης τοιοῦτον ἦν, ὡς μὴ δοκεῖν εἰρωνεύεσθαι ἐν μεγάλαις συμφοραῖς. Ὁ δὲ καιρὸς ἐκέλευε ταχέως πάντα
40 πράττειν. Ἦν οὖν τις ἐν Αἰγυπτίοις Δημήτριος, φιλόσοφος, βασιλεῖ γνώριμος, ἡλικίᾳ προήκων, παιδείᾳ καὶ ἀρετῇ τῶν ἄλλων Αἰγυπτίων διαφέρων. Τοῦτον καλέσας Χαιρέας εἶπεν· Ἐγὼ ἐβουλόμην μετ' ἐμαυτοῦ σε ἄγειν, ἀλλὰ μεγάλης πράξεως ὑπηρέτην σε ποιοῦ-
45 μαι. Τὴν γὰρ βασιλίδα τῷ μεγάλῳ βασιλεῖ πέμπω διὰ σοῦ. Τοῦτο δὲ καὶ σὲ ποιήσει τιμιώτερον ἐκείνῳ καὶ τοὺς ἄλλους διαλλάξει. Ταῦτ' εἰπὼν στρατηγὸν ἀπέδειξε Δημήτριον τῶν ὀπίσω κομιζομένων τριηρῶν. Πάντες γὰρ ἤθελον ἀκολουθεῖν Χαιρέᾳ καὶ προετίμων
50 βασιλίδος καὶ τέκνων. Ὁ δὲ μόνας εἴκοσι τριήρεις ἐπελέξατο, τὰς ἀρίστας καὶ μεγίστας, ὡς ἂν ὑπὲρ τὸν Ἰόνιον μέλλων περαιοῦσθαι καὶ ταύταις ἐνεβίβασεν Ἕλληνας μὲν ἅπαντας, ὅσοι παρῆσαν, Αἰγυπτίων δὲ καὶ Φοινίκων ὅσους ἔμαθεν εὐζώνους. Πολλοὶ καὶ

Nihil est, quod volenti tibi non fecerim, ait Chaereas. Tu Statirae domina, tu manubiarum, tu prae omnibus animae quoque meae. Gavisa Callirrhoë, virumque deosculata, statim a ministris ad Statiram duci vult, quae cum nobilissimis Persidum in cava nave residebat, ignara rerum omnium, etiam quod Callirrhoë Chaeream recuperasset, ut quas adire, aut videre, aut gestorum facere certiores, nemini per acres custodias liceret. Ut venit ad navem, trierarcho praeeunte, statim consternatio erat et tumultus omnium discursitantium. Inter caetera quis submissa voce alteri uxorem navarchi venire nuntiabat; quo percepto Statira ex imo pectore graviter suspiravit, et : In hanc me diem, Fortuna, servasti, ait plorans, ut dominam regina videam. Forsan adest, ut, qualem acceperit ancillam, cernat. Post quae suscitavit planctum, et qualis ingenuorum corporum sit captivitas, tum condidicit. Sed brevi deus mutavit rerum faciem. Callirrhoë namque ingressa navem accurrit, et circumvoluta Statirae : Regina, salve, ait. Regina enim es, et semper manes. Non in hostium, sed in amicissimae tuamque benevolentiam expertae, manus incidisti. Chaereas meus est navarchus, quo in gradu constituit illum ira, ideo, quod tarde me reciperet, adversus regem concepta. Sed ira resedit nunc, et ipse reconciliatus, et vobis non amplius hostis est. Itaque surge, amicissima, et hilaris abi. Recupera tu quoque maritum tuum. Rex enim vivit, et illi te mittit Chaereas. Surge tu quoque, Rhodogune, prima mihi Persidum amica, et abi ad maritum tuum, et quotquot alias regina velit, et memores estote Callirrhoës. Extra se rapitur ad hos sermones Statira, neque credere habens, neque diffidere. Is tamen erat Callirrhoës animi character, ut in magnis eventibus cavillari non videretur. Tempus quoque praesens cito peragi volebat omnia. Erat tum inter Aegyptios aliquis Demetrius philosophus, regi familiaris, aetate provectus, et doctrinarum atque virtutis studio caeteris Aegyptiis antecellens. Hunc vocat Chaereas, et : Ego te quidem mecum sumere volebam, ait; nunc autem te magni negotii faciam administrum. Reginam per te magno regi mittam. Hoc et illi te faciet cariorem, et reliquos in gratiam reducet. His dictis praetorem triremium, quae patriam repetebant, eum designat. Nam voluerant quidem omnes Chaeream sequi, quem praeferebant vel patriae quisque suae, vel liberis. At ille tamen solas viginti triremes optimas sibi deligit maximasque, ut cui pelagus Ionium foret trajiciendum. Illis imponit Graecos omnes, quotquot inter copias aderant, et Aegyptiorum atque Phoenicum quos cognoverat strenuos et robustos. Multi quo-

Κυπρίων ἐθελονταὶ ἐνέθησαν. Τοὺς δ' ἄλλους πάντας ἔπεμψεν οἴκαδε, διανείμας αὐτοῖς μέρη τῶν λαφύρων, ἵνα χαίροντες ἐπανίωσι πρὸς τοὺς ἑαυτῶν, ἐντιμότεροι γενόμενοι. Καὶ οὐδεὶς ἠτύχησεν οὐδενός, αἰτήσας παρὰ Χαιρέου. Καλλιρρόη δὲ προσήνεγκε τὸν κόσμον ἅπαντα τὸν βασιλικὸν Στατείρᾳ. Ἡ δ' οὐκ ἐδουλήθη λαβεῖν, ἀλλά, Τούτῳ, φησί, (σὺ) κοσμοῦ. Πρέπει γὰρ τοιούτῳ σώματι κόσμος βασιλικός. Δεῖ γὰρ ἔχειν σε, ἵνα καὶ μητρὶ χαρίσῃ καὶ πατρίοις ἀναθήματα θεοῖς. Ἐγὼ δὲ πλείω τούτων καταλέλοιπα ἐν Βαδυλῶνι. Θεοὶ δέ σοι παρέχοιεν εὔπλοιαν καὶ σωτηρίαν καὶ μηδέποτε διαζευχθῆναι Χαιρέου. Πάντα πεποίηκας εἰς ἐμὲ δικαίως. Χρηστὸν ἦθος ἐπεδείξω καὶ τοῦ κάλλους ἄξιον. Καλήν μοι βασιλεὺς ἔδωκε παρακαταθήκην.

Δ'. Τίς ἂν φράσειε τὴν ἡμέραν ἐκείνην, πόσας ἔσχε πράξεις, πόσα πάθη διάφορα, εὐχομένων, συντασσομένων, χαιρόντων, λυπουμένων, ἀλλήλοις ἐντολὰς διδόντων, τοῖς οἴκοι γραφόντων. Ἔγραψε δὲ καὶ Χαιρέας ἐπιστολὴν πρὸς βασιλέα τοιαύτην· Σὺ μὲν ἔμελλες τὴν δίκην κρίνειν, ἐγὼ δ' ἤδη νενίκηκα παρὰ τῷ δικαιοτάτῳ δικαστῇ. Πόλεμος γὰρ ἄριστος κριτὴς τοῦ κρείττονός τε καὶ χείρονος. Οὗτός μοι Καλλιρρόην ἀποδέδωκεν, οὐ μόνον τὴν γυναῖκα τὴν ἐμήν, ἀλλὰ καὶ τὴν σήν. Οὐκ ἐμιμησάμην δέ σου τὴν βραδύτητα, ἀλλὰ ταχέως σοι μηδὲ ἀπαιτοῦντι Στάτειραν ἀποδίδωμι καθαρὰν καὶ ἐν αἰχμαλωσίᾳ μείνασαν βασιλίδα. Ἴσθι δέ, οὐκ ἐμέ σοι τὸ δῶρον ἀλλὰ Καλλιρρόην ἀποστέλλουσαν. Ἀνταπαιτοῦμεν δέ σε χάριν, Αἰγυπτίοις διαλλαγῆναι. πρέπει γὰρ βασιλεῖ, μάλιστα πάντων ἀνεξικακεῖν. Ἕξεις δὲ στρατιώτας ἀγαθοὺς φιλοῦντάς σε. τοῦ γὰρ ἐμοὶ συνακολουθεῖν, ὡς φίλοι, παρὰ σοὶ μᾶλλον εἵλοντο μένειν. Ταῦτα μὲν ἔγραψε Χαιρέας, ἔδοξε δὲ καὶ Καλλιρρόῃ δίκαιον εἶναι καὶ εὐχάριστον, Διονυσίῳ γράψαι. Τοῦτο μόνον ἐποίησε δίχα Χαιρέου. εἰδυῖα γὰρ αὐτοῦ τὴν ἔμφυτον ζηλοτυπίαν, ἐσπούδαζε λαθεῖν. Λαβοῦσα δὲ γραμματίδιον ἐχάραξεν οὕτως· Καλλιρρόη Διονυσίῳ εὐεργέτῃ χαίρειν. Σὺ γὰρ εἶ, ὁ καὶ λῃστείας καὶ δουλείας με ἀπαλλάξας. Δέομαί σου μηδὲν ὀργισθῇς. εἰμὶ γὰρ τῇ ψυχῇ μετὰ σοῦ διὰ τὸν κοινὸν υἱόν, ὃν παρακατατίθημί σοι ἐκτρέφειν τε καὶ παιδεύειν ἀξίως ἡμῶν. Μὴ λάβῃ δὲ πεῖραν μητρυιᾶς. Ἔχεις οὐ μόνον υἱόν, ἀλλὰ καὶ θυγατέρα. Ἀρκεῖ σοι δύο τέκνα. Ὃν γάμῳ ζεῦξον, ὅταν ἀνὴρ γένηται καὶ πέμψον αὐτὸν εἰς Συρακούσας ἵνα καὶ τὸν πάππον θεάσηται. Ἀσπάζομαί σε, Πλαγγών. Ταῦτά σοι γέγραφα τῇ ἐμῇ χειρί. Ἔρρωσο, ἀγαθὲ Διονύσιε καὶ Καλλιρρόης μνημόνευε τῆς σῆς. Σφραγίσασα δὲ τὴν ἐπιστολὴν, ἀπέκρυψεν ἐν τοῖς κόλποις καὶ ὅτ' ἔδει λοιπὸν ἀνάγεσθαι καὶ ταῖς τριήρεσι πάντας ἐμβαίνειν, αὐτὴ χεῖρα δοῦσα τῇ Στατείρᾳ εἰς τὸ πλοῖον εἰσήγαγε. Κατεσκεύακει δὲ Δημήτριος ἐν τῇ νηὶ σκηνὴν βασιλικήν, πορφυρίδα καὶ χρυσοϋφῇ Βαδυλώνια περιθείς. Πάνυ δὲ κολακευτικῶς καταχλίνασα

que Cyprii sua sponte inscendebant. Cæteros omnes domum remittit, spoliorum quemque particula divitem, ut læti reverterentur ad suos præmiis et honore aucti. Nemo sane petitis a Chærea excidebat. Callirrhoë quoque mundum omnem regium reginæ conferebat, renuenti tamen, et : Hoc tu te orna, dicenti; tale corpus regius mundus decet. Habere quoque debes, unde matri gratificeris, et patriis donaria diis. Ego plura his Babylone reliqui. Dii tibi secundum cursum salvumque dent, et nunquam a Chærea separari. Æqua mecum et justa fecisti omnia. Indolem animi bonam formamque dignam tua commonstrasti. Pulchrum mihi depositum rex dedit.

IV. Quis illam diem dixerit, quot habuerit actiones, quam sibi diversa studia, voventium, valedicentium, lætantium, tristium, mandata mutua dantium, literas item ad in patria relictos exarantium! Chæreas inter cæteros hanc ad regem dedit : Tu meditabaris litem disceptare. Ego vero jam vici sub justissimo judice. Bellum est optimus judex melioris et deterioris juris. Illud mihi non meam tantum uxorem, Callirrhoën, sed et tuam, dedit. Tarditatem vero tuam imitatus non sum, sed cito Statiram, etiam non reposcenti, puram et vel in captivitate reginam reddo. Scito tamen, non me tibi, sed Callirrhoën, donum mittere, pro quo redhostimentum id rogamus, ut cum Ægyptiis in gratiam redeas. Regem nempe, si quem alium, injuriæ acceptæ non esse memorem decet. Habebis milites tui amantes. Nam apud te manere, quam ut amici me comitari, maluerunt. Hæc quidem Chæreas scripsit. Sed Callirrhoë quoque censuit, Dionysio gratiarum actionem perscribere. Hoc unicum clam Chærea fecit, ut quem insitæ gnara æmulationis, latere studebat; et sic exarat : Callirrhoë Dionysio patrono salutem. Tu enim es, qui et latrocinio et servituti me eripuisti. Ne quæso irascaris. Nam animo sum tecum propter communem filium, quem fidei tuæ alendum docendumque condigne nobis committo. Ne experientiam subeat novercæ velim. Habes non modo filium, sed et filiam. Sufficiunt tibi duo liberi. Illum, ut vir evaserit, uxori junge, et mitte Syracusas, ut avum quoque videat. Saluto te, Plangon. Hæc mea manu scripsi. Vale, bone Dionysie, et tuæ Callirrhoës memento. Epistolam obsignatam sinu recondit, et quum oporteret tandem abire, et omnes in triremes inscendere, Statiram, ipsa manu prehensam, in navem introducit, in qua Demetrius tentorium regium purpureis velis et auro textis Babylonicis circumdatum præparaverat.

LIBER VIII.

αὐτὴν Καλλιρρόη· Ἔρρωσό μοι, φησὶν, ὦ Στάτειρα
καὶ μέμνησό μου καὶ γράφε μοι πολλάκις εἰς Συρακού-
σας. ῥᾴδια γὰρ πάντα βασιλεῖ. Κἀγὼ δέ σοι χάριν
εἴσομαι παρὰ τοῖς γονεῦσί μου καὶ τοῖς θεοῖς τοῖς Ἕλλη-
5 νικοῖς. Συνίστημί σοι τὸ τέκνον μου, ὃ καὶ σὺ ἡδέως
εἶδες. Νόμιζε ἐκεῖνο παραθήκην ἔχειν ἀντ᾽ ἐμοῦ.
Ταῦτα λεγούσης, δακρύων ἐνεπλήσθη καὶ γόον ἤγειρε
ταῖς γυναιξίν. Ἐξιοῦσα δὲ τῆς νεὼς ἡ Καλλιρρόη,
ἠρέμα προσκύψασα τῇ Στατείρᾳ καὶ ἐρυθριῶσα, τὴν
10 ἐπιστολὴν ἐπέδωκε καὶ, Ταύτην, εἶπε, δὸς Διονυσίῳ
τῷ δυστυχεῖ, ὃν παρατίθημι σοί τε καὶ βασιλεῖ. Πα-
ρηγορήσατε αὐτόν. Φοβοῦμαι, μὴ ἐμοῦ χωρισθεὶς
ἑαυτὸν ἀνέλῃ. Ἔτι δ᾽ ἂν ἐλάλουν αἱ γυναῖκες καὶ
ἔκλαον καὶ ἀλλήλας κατεφίλουν, εἰ μὴ παρήγγειλαν οἱ
15 κυβερνῆται τὴν ἀναγωγήν. Μέλλουσα δ᾽ ἐμβαίνειν
εἰς τὴν τριήρη ἡ Καλλιρρόη τὴν Ἀφροδίτην προσεκύ-
νησε. Χάρις σοι, φησὶν, ὦ δέσποινα, τῶν παρόντων.
Ἤδη μοι διαλλάττῃ. Δὸς δέ μοι καὶ Συρακούσας
ἰδεῖν. μεγάλη μὲν ἐν μέσῳ θάλασσα καὶ ἐκδέχεταί με
20 φοβερὰ πελάγη, πλὴν οὐ φοβοῦμαι, σοῦ μοι συμπλεού-
σης. Ἀλλ᾽ οὐδὲ τῶν Αἰγυπτίων οὐδεὶς ἐνέβη ταῖς
Δημητρίου ναυσὶν, εἰ μὴ πρότερον συνετάξατο Χαιρέα
καὶ κεφαλὴν καὶ χεῖρας αὐτοῦ κατεφίλησε. Τοσοῦ-
τον ἵμερον πᾶσιν ἐνέθηκε. Καὶ πρῶτον ἐκεῖνον εἴασεν
25 ἀναχθῆναι τὸν στόλον, ὡς ἀκούεσθαι μέχρι πόρρω τῆς
θαλάσσης ἐπαίνους μεμιγμένους εὐχαῖς.

Ε΄. Καὶ οὗτοι μὲν ἔπλεον, βασιλεὺς δ᾽ ὁ μέγας,
κρατήσας τῶν πολεμίων, εἰς Αἴγυπτον μὲν ἐξέπεμπε
τὸν καταστησόμενον τὰ ἐν αὐτῇ βεβαίως, αὐτὸς δ᾽
30 ἔσπευδεν εἰς Ἄραδον πρὸς τὴν γυναῖκα. Ὄντι δ᾽ αὐτῷ
περὶ Χίον καὶ Τύρον καὶ θύοντι τῷ Ἡρακλεῖ τὰ ἐπι-
νίκια, προσῆλθέ τις ἀγγέλλων· Ὅτι Ἄραδος ἐκπεπόρ-
θηται καί ἐστι κενή. πάντα δὲ τὰ ἐν αὐτῇ φέρουσιν
αἱ ναῦς τῶν Αἰγυπτίων. Μέγα δὴ πένθος κατηγγειλε
35 βασιλεῖ, ὡς ἀπολωλυίας τῆς βασιλίδος. Ἐπένθουν δὲ
Περσῶν οἱ ἐντιμότατοι, Στάτειραν

Πρόφασιν σφῶν δ᾽ αὐτῶν κῆδε᾽ ἕκαστος,

ὁ μὲν γυναῖκα, ὁ δ᾽ ἀδελφήν, ὁ δὲ θυγατέρα. πάντες
δέ τινα, ἕκαστος οἰκεῖον. Ἐκπεπλευκότων δὲ τῶν
40 πολεμίων, ἄγνωστον ἦν, διὰ ποίας θαλάσσης. Τῇ
δευτέρᾳ δὲ τῶν ἡμερῶν ὤφθησαν αἱ Αἰγυπτίων ναῦς
προσπλέουσαι. Καὶ τὸ μὲν ἀληθὲς ἄδηλον ἦν, ἐθαύ-
μαζον δ᾽ ὁρῶντες καὶ ἔτι μᾶλλον ἐπέτεινεν αὐτῶν τὴν
ἀπορίαν σημεῖον ἀρθὲν ἀπὸ τῆς νεὼς τῆς Δημητρίου
45 βασιλικὸν, ὅπερ εἴωθεν αἴρεσθαι μόνου πλέοντος βα-
σιλέως. Τοῦτο δὲ ταραχὴν ἐποίησεν, ὡς πολεμίων
ὄντων. Εὐθὺς δὲ θέοντες ἐμήνυον Ἀρταξέρξῃ. Τάχα
δή τις εὑρεθήσεται βασιλεὺς Αἰγυπτίων. Ὁ δ᾽ ἀνέ-
θορεν ἐκ τοῦ θρόνου καὶ ἔσπευδεν ἐπὶ τὴν θάλασσαν
50 καὶ σύνθημα πολεμικὸν ἐδίδου. Τριήρεις μὲν γὰρ
οὐκ ἦσαν αὐτῷ· πᾶν δὲ τὸ πλῆθος ἕστησεν ἐπὶ τοῦ
λιμένος παρεσκευασμένον εἰς μάχην. Ἤδη δέ τις καὶ
τόξον ἐνέτεινε καὶ λόγχην ἔμελλεν ἀφιέναι, εἰ μὴ συν-

In illa ut Callirrhoë reginam tenerrimis cum blanditiis lecto reposuerat : Vale, ait, o Statira, meique memento; et Syracusas scribe sæpius. Omnia enim regi facilia. Ego tibi apud parentes quoque meos gratiam novero, et apud Græcos deos. Commendo tibi filium meum, quem et tu libenter videbas. Pro me illum habere depositum reputato. Hæc dicens Callirrhoë lacrymis obundatur, et ejulatum apud mulieres excitat, et jam egrediens e nave, versus Statiram leviter sese inclinans et erubescens, epistolam tradit. Hanc, ait, exhibe infelici Dionysio, quem tuæ pariter et regis fidei committo. Consolamini ipsum. Vereor, ne sese de vita, sejunctus a me, tollat. Forsan adhuc loquerentur mulierculæ, et plorarent, et partirentur invicem oscula, nisi gubernatores exitum e portu imperassent. Jam inscensura Venerem adorat Callirrhoë : Gratia tibi sit, domina, de præsentibus, ait. Jam mihi reconciliata es. Da quoque nunc Syracusas videre. Intercedit quidem vastum mare, et æquora tremenda manent atque excipiunt. Non timeo tamen, te mihi socia navigationis. Ægyptiorum nemo naves ingrediebatur Demetrii prius, quam hic Chæreæ valedixisset, caput manusque deosculatus. Tantum sui desiderium noster omnibus indiderat. Hanc ergo primam sivit Chæreas in fluctus referri classem, inter laudes votis mixtas, longo per mare tractu exaudiendas.

V. Et hi quidem navigabant, rex autem, victis hostibus, in Ægyptum miserat, qui statum illius regionis ordinaret. Ipse vero Aradum properabat ad uxorem. Sed versanti circa Chium et Tyrum, et Herculi ob victoriam obtentam sacrificanti, advenit nuntius, Aradum hostili manu devastatam et evacuatam esse, omniaque naves Ægyptiorum asportare. Nuntius ille tristissimus advenit regi , ut perdita regina; tristissimus et reliquis Persarum proceribus, qui Statiram specie lugebant, suos revera quisque necessarios, hic uxorem, ille sororem, alter filiam, omnes omnino affinem. Post egressum vero inimicarum navium ignorabatur, per quodnam illæ mare iter haberent. Altero die autem conspectæ quidem naves Ægyptiorum accedentes, sed quarum obscura erat destinatio. Videntes admirabantur, sed magis intendebat incertitudinem vexillum regium e nave Demetrii sublatum, quod tantum solet, quando rex navigat, extolli. Id faciebat perturbationem, tanquam hostes adessent. Accurrunt statim et nuntiant Artaxerxi. Forsan, aiunt, invenietur aliquis rex Ægyptiorum. Ille subito desilire de solio, ad litus festinare, conflictui dare signum. Triremes enim non quidem ipsi ad manus : sed ordinavit copias in portu ad prœlium accinctas. Jam quis

ἧκε Δημήτριος καὶ τοῦτο ἐμήνυσε τῇ βασιλίδι. Ἡ
δὲ Στάτειρα προελθοῦσα τῆς σκηνῆς ἔδειξεν ἑαυτήν.
Εὐθὺς οὖν τὰ ὅπλα ῥίψαντες προσεκύνησαν. Ὁ δὲ
βασιλεὺς οὐ κατέσχεν, ἀλλά, πρὶν καλῶς τὴν ναῦν
5 καταχθῆναι, πρῶτος εἰσεπήδησεν εἰς αὐτήν. Περι-
γυθεὶς δὲ τῇ γυναικί, ἐκ τῆς χαρᾶς δάκρυα ἀφῆκε καὶ
εἶπε· Τίς ἄρα μοι θεῶν ἀποδέδωκέ σε, γυνὴ φιλτάτη.
Ἀμφότερα γὰρ ἄπιστα καὶ ἀπολέσθαι βασιλίδα καὶ
ἀπολομένην εὑρεθῆναι. Πῶς δέ σε, εἰς γῆν καταλι-
10 πών, ἐκ θαλάσσης ἀπολαμβάνω; Στάτειρα δ' ἀπε-
κρίνατο· Δῶρον ἔχεις με παρὰ Καλλιρρόης. Ἀκούσας
δὲ τοὔνομα βασιλεύς, ὡς ἐπὶ τραύματι παλαιῷ πληγὴν
ἔλαβε καινήν. Βλέψας δ' εἰς Ἀρταξάτην τὸν εὐνοῦ-
χον· Ἄγε με, φησί, πρὸς Καλλιρρόην, ἵν᾿ αὐτῇ χάριν
15 γνῶ. Εἶπεν ἡ Στάτειρα. Μαθήσῃ πάντα παρ᾿ ἐμοῦ.
Ἅμα δὲ προῄεσαν ἐκ τοῦ λιμένος εἰς τὰ βασίλεια.
Τότε δὲ πάντας ἀπαλλαγῆναι κελεύσασα καὶ μόνον τὸν
εὐνοῦχον παρεῖναι, διηγεῖτο τὰ ἐν Ἀράδῳ, τὰ ἐν Κύ-
πρῳ καὶ τελευταίαν ἔδωκε τὴν ἐπιστολὴν τὴν Χαιρέου.
20 Βασιλεὺς δ' ἀναγινώσκων μυρίων παθῶν ἐπληροῦτο.
Καὶ γὰρ ὠργίζετο διὰ τὴν ἅλωσιν τῶν φιλτάτων καὶ
μετενόει διὰ τὸ παρασχεῖν αὐτομολίας ἀνάγκην, καὶ
χάριν δ' αὐτῷ πάλιν ἠπίστατο, ὅτι Καλλιρρόην μηκέτι
δύναιτο θεάσασθαι. Μάλιστα δὲ πάντων φθόνος ἥπ-
25 τετο αὐτοῦ καὶ ἔλεγε· Μακάριος Χαιρέας, εὐτυχέστε-
ρος ἐμοῦ. Ἐπεὶ δ᾿ ἅλις ἦν τῶν διηγημάτων, Στά-
τειρα εἶπε· Παραμύθησαι, βασιλεῦ, Διονύσιον. Τοῦτο
γάρ σε παρακαλεῖ Καλλιρρόη. Ἐπιστραφεὶς οὖν
ὁ Ἀρταξέρξης πρὸς τὸν εὐνοῦχον· Ἐλθέτω, φησί,
30 Διονύσιος. Καὶ ἦλθε ταχέως, μετέωρος ταῖς ἐλπίσι.
Τῶν γὰρ περὶ Χαιρέαν ἠπίστατο οὐδέν, μετὰ δὲ τῶν
ἄλλων γυναικῶν ἐδόκει Καλλιρρόην παρεῖναι καὶ βα-
σιλέα καλεῖν αὐτόν, ἵν᾿ ἀποδῷ τὴν γυναῖκα, γέρας τῆς
ἀριστείας. Ἐπεὶ δ' εἰσῆλθε, διηγήσατο αὐτῷ βασι-
35 λεὺς πάντα τὰ γεγενημένα. Ἐν ἐκείνῳ δὲ τῷ καιρῷ
φρόνησιν Διονύσιος ἐπεδείξατο καὶ παιδείαν ἐξαίρετον.
Ὥσπερ γάρ τις, κεραυνοῦ πεσόντος πρὸ τῶν ποδῶν
αὐτοῦ, μὴ ταραχθείη, κἀκεῖνος, ἀκούσας λόγων σκηπ-
τοῦ βαρυτέρων, ὅτι Χαιρέας Καλλιρρόην εἰς Συρακού-
40 σας ἀπάγει, ὅμως εὐσταθὴς ἔμεινε καὶ οὐκ ἔδοξεν
ἀσφαλὲς αὐτῷ τὸ λυπεῖσθαι, σωθείσης τῆς βασιλίδος.
Ὁ δ' Ἀρταξέρξης· Εἰ μὲν ἐδυνάμην, ἔφη, Καλλιρρόην
ἄν ἀπεδώκά σοι, Διονύσιε, πᾶσαν γὰρ εὔνοιαν εἰς ἐμὲ
καὶ πίστιν ἐπεδείξω. Τούτου δ' ὄντος ἀμηχάνου,
45 δίδωμί σοι πάσης Ἰωνίας ἄρχειν καὶ πρῶτος εὐεργέ-
της εἰς οἶκον βασιλέως ἀναγραφήσῃ. Προσεκύνησεν
ὁ Διονύσιος καὶ χάριν ὁμολογήσας ἔχειν, ἔσπευδεν
ἀπαλλαγῆναι καὶ δακρύων ἐξουσίαν ἔχειν. Ἐξιόντι
δ᾽ αὐτῷ Στάτειρα τὴν ἐπιστολὴν ἡσυχῇ δίδωσιν.
50 Ὑποστρέψας δὲ καὶ κατακλείσας ἑαυτόν, γνωρίσας τὰ
Καλλιρρόης γράμματα, πρῶτον μὲν τὴν ἐπιστολὴν κατε-
φίλησεν, εἶτ᾿ ἀνοίξας τῷ στήθει προσετίθει, ὡς ἐκείνην
παροῦσαν καὶ ἐπὶ πολὺν χρόνον κατεῖχεν, ἀναγινώ-
σκειν μὴ δυνάμενος διὰ τὰ δάκρυα. Ἀποκλαύσας

arcum tendere, jam librare hastam, nisi rem Demetrius
intellexisset, et significasset reginæ. Statira sic progressa
de tentorio se monstrat. Quam, projectis actutum armis,
adorant. Etiam rex non continebat se, quin primus in-
siliret in navem, etiam nondum exacte appulsam, et cir-
cumfusus uxori lacrymas mitteret. Quis te mihi tandem
deorum reddidit, amicissima uxor? ait. Utrumque enim
fidem superat, et amissam fuisse reginam, et, quæ amissa
erat, rursus inventam. Et quomodo te in terra relictam
e mari recupero? Donum me habes a Callirrhoë, respon-
det Statira. Id auditum nomen recenti vulnere super an-
tiquum illud regem feriebat, ut diceret conversis ad Artaxa-
ten eunuchum oculis : Duc me ad Callirrhoën, ut ipsi
gratias agam. Cui vero Statira : Disces a me omnia, re-
spondet. Et simul e portu progrediuntur in palatium. Ibi
regina, ut omnes abesse, præter eunuchum, jusserat, quæ
in Arado, quæ in Cypro acciderant, exponit, tandemque
tradit epistolam Chæreæ regi. A cujus ille lectione in-
numeris affectibus fuit agitatus. Irascebatur ob captos
amicissimos. Detumescebat ideo, quod ipse necessitatem
imposuisset transfugii. Rursus gratiam Chæreæ noverat,
ob quem adspicere amplius Callirrhoën nequiret. Invidia
maxime tangebat illum. Beatus Chæreas, ajebat, me fe-
licior. Ut satis fabularum fuit, Statira consolandum esse
regi Dionysium monebat. Id enim Callirrhoën ab ipso
postulare. Tum conversus ad eunuchum Artaxerxes : Ut
veniat Dionysius, ait. Et continuo venit spe sublimis.
Nam rerum Chæreæ ignorantissimus, putabat, Callirrhoën
adesse cum aliis mulieribus, seque a rege accersi, ut præ-
mium virtutis uxorem reciperet. Rex autem ingresso to-
tam rem exposuit. Ibi prudentiam et sapientiam suam singu-
larem prorsus monstrabat Dionysius. Quemadmodum enim
procidente quis ante suos pedes fulmine non percellatur;
sic et ille, verbis fulmine gravioribus auditis : Chæreas
Callirrhoën Syracusas abducit, tamen constans permansit,
et tutum sibi mœrorem, servata regina, non esse reputa-
vit. Redderem tibi libenter Callirrhoën, Dionysie, sic ait
rex, modo possem. Omnem enim benevolentiam erga me
fidemque tuam ostendisti. Sed quum fieri hoc nulla ra-
tione possit, præficio te toti Ioniæ, primusque benefactor
domus regiæ scriberis. Adorabat Dionysius, et gratiam
professus habere, properabat abire et lacrymandi liberta-
tem nancisci. Sed exeunti Statira tacite porrigit episto-
lam. Ut rediit domum, et seclusus agnovit manum Cal-
lirrhoës, primum osculatur epistolam, dein apertam apponit
pectori, diuque ibi retinet, ut illam ipsam præsentem.
Sed legere non valebat ob lacrymas. Quibus tandem ali-
quando siccatis, exorsus lectionem osculatur principio
Callirrhoës nomen. Ut deinde venit ad verba : Dionysio
patrono et benefactori : Hei mihi, non amplius marito.
Tu enim patronus et benefactor meus. Quid enim di-
gnum hoc nomine feci tibi? De epistola maxime placebat

LIBER VIII.

δὲ, μόλις ἀναγινώσκειν ἤρξατο καὶ πρῶτόν γε Καλλιρρόης τοὔνομα κατεφίλησεν. Ἐπεὶ δ' ἦλθεν εἰς τό· Διονυσίῳ εὐεργέτῃ· Οἴμοι, φησὶν, οὐκέτ' ἀνδρί. Σὺ γὰρ εὐεργέτης ἐμός. Τί γὰρ ἄξιον ἐποίησά σοι; 5 Ἤσθη δὲ τῆς ἐπιστολῆς τῇ ἀπολογίᾳ καὶ πολλάκις ἀνεγίνωσκε τὰ αὐτά. Ὑπεδήλου γὰρ, ὡς ἄκουσα αὐτὸν καταλίποι. Οὕτω κοῦφόν ἐστιν ὁ ἔρως καὶ ἀναπείθει ῥᾳδίως ἀντερᾶσθαι. Θεασάμενος δὲ τὸ παιδίον καὶ πήλας ταῖς χερσίν· Ἀπελεύσῃ ποτέ μοι καὶ σὺ, 10 τέκνον, πρὸς τὴν μητέρα καὶ γὰρ αὐτὴ τοῦτο κεκέλευκεν. Ἐγὼ δ' ἔρημος βιώσομαι, πάντων αἴτιος ἐμαυτῷ γενόμενος· Ἀπώλεσέ με κενὴ ζηλοτυπία καὶ σὺ, Βαβυλών. Ταῦτ' εἰπὼν συνεσκευάζετο τὴν ταχίστην καταβαίνειν εἰς Ἰωνίαν, μέγα νομίζων παραμύθιον, 15 πολλὴν ὁδὸν καὶ πόλεων ἡγεμονίαν καὶ τὰς ἐν Μιλήτῳ Καλλιρρόης οἰκήσεις.

ϛ'. Τὰ μὲν οὖν περὶ τὴν Ἀσίαν ἐν τούτοις ἦν, ὁ δὲ Χαιρέας ἤνυσε τὸν πλοῦν εἰς Σικελίαν εὐτυχῶς. Εἰστήκει γὰρ ἀεὶ κατὰ πρύμναν (ὁ ἄνεμος) καὶ ναῦς ἔχων 20 μεγάλας ἐπελαγίζετο, περιδεῶς ἔχων, μὴ πάλιν αὐτὸν σκληροῦ δαίμονος προσβολὴ καταλάβῃ. Ἐπεὶ δ' ἐφάνησαν Συρακοῦσαι, τοῖς τριηράρχαις ἐκέλευσε κοσμῆσαι τὰς τριήρεις καὶ ἅμα συντεταγμέναις πλεῖν. καὶ γὰρ ἦν γαλήνη. Ὡς δ' εἶδον αὐτοὺς οἱ ἐκ τῆς πό- 25 λεως, εἶπέ τις· Πόθεν τριήρεις προσπλέουσι; μή τι Ἀττικαί; φέρε οὖν μηνύσωμεν Ἑρμοκράτει. Καὶ ταχέως ἐμήνυε· Στρατηγέ, βουλεύου, τί ποιήσεις. Τοὺς λιμένας ἀποκλείσωμεν, ἢ ἐπαναχθῶμεν; οὐ γὰρ ἴσμεν, εἰ μείζων ἕπεται στόλος, πρόδρομοι δ' εἰσὶν αἱ βλεπό- 30 μεναι. Καταδραμὼν οὖν ὁ Ἑρμοκράτης ἐκ τῆς ἀγορᾶς ἐπὶ τὴν θάλασσαν, κωπήρες ἐξέπεμψε πλοῖον ἀπαντᾶν αὐτοῖς. Ὁ δ' ἀποσταλεὶς ἐπυνθάνετο, πλησίον ἐλθὼν, τίνες εἴησαν. Χαιρέας δ' ἐκέλευσεν ἀποκρίνασθαί τινα τῶν Αἰγυπτίων· Ἡμεῖς ἐξ Αἰγύπτου 35 πλέομεν ἔμποροι, φορτία φέροντες, ἃ Συρακοσίους εὐφρανεῖ. Μὴ ἀθρόοι τοίνυν εἰσπλεῖτε, φησὶν, ἕως ἂν γνῶμεν, εἰ ἀληθεύετε. οὐ γὰρ πρότερος γὰρ οὐ βλέπω ναῦς ἀλλὰ μακρὰς καὶ ὡς ἐκ πολέμου τριήρεις. ὥστε αἱ μὲν πλείους ἔξω τοῦ λιμένος μετέωροι μεινάτωσαν, 40 μία δὲ καταπλευσάτω. Ποιήσομεν οὕτως. Εἰσέπλευσεν οὖν τριήρης ἡ Χαιρέου πρῶτη. Εἶχε δ' ἐπάνω σκηνὴν συγκεκαλυμμένην Βαβυλωνίοις περιπετάσμασιν. Ἐπεὶ δὲ καθωρμίσθη, πᾶς ὁ λιμὴν ἀνθρώπων ἐνεπλήσθη. Φύσει μὲν γὰρ ὄχλος ἐστὶ περίεργόν τι 45 χρῆμα, τότε δὲ καὶ πλείονας εἶχον αἰτίας τῆς συνδρομῆς. Βλέποντες δ' εἰς τὴν σκηνὴν, ἔνδον ἐνόμιζον οὐκ ἀνθρώπους, ἀλλὰ φόρτον εἶναι πολυτελῆ. Καὶ ἄλλος ἄλλο τι ἐμαντεύετο, πάντα δὲ μᾶλλον, ἢ τἀληθὲς εἴκαζον. Καὶ γὰρ ἦν ἄπιστον, ὡς ἀληθῶς ἤδη 50 πεπυσμένων αὐτῶν, ὅτι Χαιρέας τέθνηκε, ζῶντα δόξαι καταπλεῖν καὶ μετὰ τοσαύτης πολυτελείας. Οἱ τε τοῦ Χαιρέου γονεῖς οὐδὲ προῄεσαν ἐκ τῆς οἰκίας. Ἑρμοκράτης δ' ἐπολιτεύετο μὲν ἀλλὰ πενθῶν καὶ τότε εἰστήκει μὲν, λανθάνων δέ. Πάντων δ' ἀπορούντων καὶ

excusatio, et eadem saepe verba relegebat. Significabant nempe quodammodo, illam invitam discessisse. Tam levis res amor est, et cito persuadet amantibus redamari. Contemplatus quoque filium manibus sublatum vectitabat. Tu mihi quoque, fili, ait, aliquando ad matrem abibis. Sic enim illa jussit, ego vero vivam solitarius, omnium istorum ipse mihi causa factus. Vana me aemulatio et tu Babylon pessumdederunt. Post quae quantocyus parabat in Ioniam descendere, magnum reputans solamen, multiplex iter, et urbium imperium, et Callirrhoës Mileti olim habitationes.

VI. Haec in Asia gerebantur. Interim Chaereas navigationem feliciter conficiebat in Siciliam, secundo enim vento semper utebatur, et cum magnis navibus sese alto credebat, multo tamen cum timore, ne in se duri cujusdam dei impetus ingrueret. Syracusis autem conspectis, ut ornent triremes jubet praefectos, et agminatim navigetur. Erat nempe tranquillitas. Urbani ut vident eas, dicebat aliquis: Unde triremes adveniunt? suntne Atticae? agedum indicemus Hermocrati. Et mox significat. Delibera, praetor, quid ages. Portusne claudamus, an occurramus in altum? Nescimus enim, an major classis sequatur, et praeviae hae modo sint visae. Propere decurrit Hermocrates ad mare de foro, et actuariam navem mittit iis obviam. Missus, ut prope venit: Quinam forent, interrogat. Respondet Aegyptiorum unus, Chaereae jussu: Nos ex Aegypto navigamus mercatores, cum merchibus, quae laetitiam Syracusanis afferent. Ergo ne confertim, ille ait, intro navigate. Naves enim video, non onerarias, sed longas, et quasi bellicas triremes. Adeoque caeterae omnes extra portum procul in salo maneuto, una vero intro navigei. Sic faciemus. Intrat itaque prima Chaereae triremis, super constrato tentorium velis Babylonicis circumamictum gerens. Quae ut appulit, totus portus hominibus impletus est. Nam per se plebs est res valde curiosa, rerumque novarum sedula; tunc autem plures habebant concursus rationes. Ad tentorii adspectum, merces intus esse pretiosas, conjiciebant, aliusque aliud quid augurabatur, sed omnes alia omnia potius, quam verum. Absonum enim erat, putare illos, qui certo audiverant obiisse Chaerean, eundem vivum cum navibus tantaque magnificentia in patriam redire. Chaereae parentes ne domo quidem prodierant. Hermocrates aderat quidem, ut magistratus in rector rerum gerendarum, sed in luctu; adstabat quidem, sed latens. Omnes autem quum dubii oculis eodem de-

τοὺς ὀφθαλμοὺς ἐκεῖ τετακότων, αἰφνίδιον εἰλκύσθη τὰ
παραπετάσματα. Καὶ ὤφθη Καλλιρρόη μὲν ἐπὶ χρυ-
σηλάτου κλίνης ἀνακειμένη, Τυρίαν ἠμπεχομένη πορ-
φύραν, Χαιρέας δ' αὐτῇ παρακαθήμενος, σχῆμα ἔχων
5 στρατηγοῦ· Οὔτε βροντή ποτε οὕτως ἐξέπληξε τὰς ἀκοὰς,
οὔτε ἀστραπὴ τὰς ὄψεις τῶν ἰδόντων, οὔτε θησαυρὸν εὑ-
ρών τις χρυσίου τοσοῦτον ἐξεβόησεν, ὡς τότε τὸ πλῆθος,
ἀπροσδοκήτως ἰδὸν θέαμα λόγου κρεῖττον. Ἑρμοκρά-
της δ' ἀνεπήδησεν ἐπὶ τὴν σκηνὴν, καὶ περιπτυξάμενος
10 τὴν θυγατέρα, εἶπεν· Ζῇς, τέκνον, ἢ καὶ τοῦτο πεπλά-
νημαι. Ζῶ, πάτηρ, νῆν ἀληθῶς, ὅτι σε τεθέαμαι.
Δάκρυα πᾶσιν ἐχεῖτο μετὰ χαρᾶς. Μεταξὺ δὲ Πολύχαρ-
μος ἐπικαταπλεῖ ταῖς ἄλλαις τριήρεσιν. Αὐτὸς γὰρ ἦν
πεπιστευμένος τὸν ἄλλον στόλον ἀπὸ Κύπρου, διὰ τὸ
15 μηκέτι Χαιρέαν ἄλλῳ τινὶ σχολάζειν δύνασθαι, πλὴν
Καλλιρρόῃ μόνῃ. Ταχέως δ' ὁ λιμὴν ἐπληροῦτο καὶ
ἦν ἐκεῖνο τὸ σχῆμα τὸ μετὰ τὴν ναυμαχίαν τὴν Ἀττι-
κήν. Καὶ αὗται γὰρ αἱ τριήρεις ἐκ πολέμου κατέ-
πλεον ἐστεφανωμέναι, χρησάμεναι Συρακοσίῳ στρα-
20 τηγῷ. Συνεμίχθησαν δὲ αἱ φωναὶ τῶν ἀπὸ τῆς θα-
λάσσης τοὺς ἀπὸ γῆς ἀσπαζομένων καὶ πάλιν ἐκείνων
τοὺς ἐκ θαλάσσης. Εὐφημίαι τε καὶ ἔπαινοι καὶ
συνευχαὶ πυκναὶ παρ' ἀμφοτέρων πρὸς ἀλλήλους.
Ἧκε δὲ καὶ ὁ Χαιρέου πατὴρ, λιποψυχῶν ἐκ τῆς
25 παραδόξου χαρᾶς. Ἐπεκελεύοντο δ' ἀλλήλοις συνέ-
φηβοι καὶ συγγυμνασταὶ, Χαιρέαν ἀσπάσασθαι θέλον-
τες, Καλλιρρόην δ' αἱ γυναῖκες. Ἔδοξε δ' ἔτι καλ-
λίων αὐταῖς Καλλιρρόη γεγονέναι, ὥστ' ἀληθῶς εἶπες
ἂν, αὐτὴν ὁρᾶν τὴν Ἀφροδίτην ἀναδυομένην ἐκ τῆς
30 θαλάσσης. Προσελθὼν δὲ Χαιρέας τῷ Ἑρμοκράτει
καὶ τῷ πατρί· Παραλάβετε, ἔφη, τὸν πλοῦτον τοῦ
μεγάλου βασιλέως. Καὶ εὐθὺς ἐκέλευσεν ἐκκομί-
ζεσθαι ἀργύριον καὶ χρυσὸν ἀναρίθμητον, εἶτ' ἐλέ-
φαντα καὶ ἤλεκτρον καὶ ἐσθῆτα καὶ πᾶσαν ὕλης
35 τέχνης τε πολυτέλειαν ἐπέδειξε Συρακοσίοις καὶ κλί-
νην καὶ τράπεζαν τοῦ μεγάλου βασιλέως. Ὥστ' ἀνε-
πλήσθη πᾶσα ἡ πόλις, οὐχ ὡς πρότερον, ἐκ τοῦ πολέ-
μου Σικελικοῦ, πενίας Ἀττικῆς, ἀλλὰ, τὸ καινότατον
ἐν εἰρήνῃ, λαφύρων Μηδικῶν.
40 Ζ'. Ἀθρόον δὲ τὸ πλῆθος ἀνεβόησεν· Ἀξιοῦμεν εἰς
τὴν ἐκκλησίαν. Ἐπεθύμουν γὰρ αὐτοὺς καὶ ἰδεῖν καὶ
ἀκοῦσαι. Λόγου δὲ θᾶττον ἐπληρώθη τὸ θέατρον ἀν-
δρῶν τε καὶ γυναικῶν. Εἰσελθόντος δὲ μόνου Χαιρέου,
πᾶσαι καὶ πάντες ἐπεβόησαν· Καλλιρρόην παρακάλει.
45 Ἑρμοκράτης δὲ καὶ τοῦτο ἐδημαγώγησεν, εἰσάγων καὶ
τὴν θυγατέρα. Πρῶτον οὖν ὁ δῆμος, εἰς τὸν οὐρανὸν
ἀποβλέψας, εὐφήμει τοὺς θεοὺς καὶ χάριν ᾐπίστατο
μᾶλλον ὑπὲρ τῆς ἡμέρας ταύτης ἢ τῆς τῶν ἐπινικίων.
Εἶτα ποτὲ μὲν ἐσχίζοντο καὶ οἱ μὲν ἄνδρες ἐπῄνουν
50 Χαιρέαν, αἱ δὲ γυναῖκες Καλλιρρόην, ὁτὲ δ' αὖ πάλιν
ἀμφοτέρους κοινῇ. Καὶ τοῦτ' ἐκείνοις ἥδιον ἦν. Καλ-
λιρρόην μὲν οὖν, ὡς ἂν ἐκ πλοῦ καὶ ἀγωνίας, εὐθέως
ἀσπασαμένην τὴν πατρίδα ἀπήγαγον ἐκ τοῦ θεάτρου,
Χαιρέαν δὲ κατεῖχε τὸ πλῆθος, ἀκοῦσαι βουλόμενον

fixis hærerent, conspecti sunt, subito levatis velis, tam
Callirrhoë super aureo toro reposita, et Tyriam purpuram
induta, quam Chæreas ipsi assidens habitu imperatorio.
Neque tonitru sic aures unquam perculit, neque fulgur
oculos videntium, neque invento quis auri acervo tam
exclamavit, ut tum plebs, viso spectaculo, quod omnem
sermonem superat. Hermocrates autem exsiliit in tento-
rium, et amplexus filiam: Vivis, ait, o mea? an etiam
hoc illudor? Vivo, pater, nunc revera, quandoquidem te
video. Lacrymæ cum gaudio fluebant omnibus. Interim
succedebat Polycharmus cum triremibus intro navigans,
cui classem omnem a Cypro Chæreas, nonnisi Callirrhoë
vacare valens, commendaverat. Brevi replebatur portus,
eratque eadem species, ac post navalem cum Atheniensi-
bus pugnam. Nam hæ triremes quoque coronatæ sub
duce Syracusano ex bello redibant. Mixtæ voces e mari
salutantium eos, qui in terra erant, et horum vicissim
salutantium eos, qui e mari adveniebant. Densa bona
verba, et præconia, et communia vota ab utrisque. Ve-
niebat etiam Chæreæ pater, ob insperatum gaudium animo
delinquens. Se invicem excitabant juvenes, qui cum
Chærea adoleverant, et gymnasia frequentaverant, cupidi
eum salutare. Similiter cum mulieribus erga Callirrhoën
comparatum erat. Hæc etiam pulchrior illis videbatur
evasisse, ut vere diceres videre Venerem e salo emergen-
tem. Invadit Chæreas Hermocratem et patrem, et: Ac-
cipite, ait, magni regis opes. Aurique statim et argenti
tantam jussit efferri copiam, ut enumerari non posset;
porro ebur, et electrum, et vestes, et omnem materiæ
artisque magnificentiam ostendit Syracusanis, et lectum
mensamque magni regis. Adeoque plena fiebat urbs tota,
non, ut ante ex bello, paupertate Attica, sed, quod inau-
ditum et mirabilissimum sit, in pace manubiis Medicis.

VII. Turba vero una omnis confertim voce clamabat:
Habeamus, concionem. Cupiebant nempe et videre et au-
dire. Plenum dicto citius theatrum virisque et mulieri-
bus, omnesque illi et illæ, quum solus intrasset Chæreas,
etiam ut Callirrhoë accersetur, magna voce hortabantur.
Hermocrates sane, pro popularitate sua, etiam in hoc pal-
patus est vulgo, quod filiam in theatrum induceret. Tum
primum quidem populus, oculis in cœlum fixis, prædicabat
deos, gratiamque norat magis hujus, quam triumphalis diei.
Dein nunc scindebantur, ut viri Chæream laudarent, fœ-
minæ Callirrhoën, nunc rursus utrosque simul celebrarent.
Idque ambobus erat gratius. Callirrhoën quidem, ut e
navigatione miraque variorum affectuum vicissitudine de-
lassatam, statim, postquam patriam salutaverat, domum

πάντα τὰ τῆς ἀποδημίας διηγήματα. Κἀκεῖνος ἀπὸ τῶν τελευταίων ἤρξατο, λυπεῖν οὐ θέλων ἐν τοῖς πρώτοις καὶ σκυθρωποῖς τὸν λαόν. Ὁ δὲ δῆμος ἐνεκελεύετο· Ἐρωτῶμεν, ἄνωθεν ἄρξαι, πάντα ἡμῖν λέγε,
b μηδὲν παραλίπῃς. Ὤκνει Χαιρέας, ὡς ἂν ἐπὶ πολλοῖς τῶν οὐ κατὰ γνώμην συμβάντων αἰδούμενος. Ἑρμοκράτης δ' ἔφη· Μηδὲν αἰδεσθῇς, ὦ τέκνον, κἂν λέγῃς τι λυπηρότερον, ἢ μικρότερον ἡμῶν. Τὸ γὰρ τέλος, λαμπρὸν γενόμενον, ἐπισκοτεῖ τοῖς προτέροις
10 ἅπασι. Τὸ δὲ μὴ ῥηθὲν ὑπόνοιαν ἔχει χαλεπωτέραν ἐξ αὐτῆς τῆς σιωπῆς. Πατρίδι λέγεις καὶ γονεῦσιν, ὧν ἰσόρροπος ἡ πρὸς ἀμφοτέρους ὑμᾶς φιλοστοργία. Τὰ μὲν οὖν πρῶτα τῶν διηγημάτων ἤδη καὶ ὁ δῆμος ἐπίσταται, καὶ γὰρ τὸν γάμον ὑμῶν αὐτὸς ἔζευξε. Τὴν
15 τῶν ἀντιμνηστευομένων ἐπιβουλὴν εἰς ψευδῆ ζηλοτυπίαν, ἀκαίρως ἔπληξας τὴν γυναῖκα, πάντες ἔγνωμεν, καὶ ὅτι δόξασα τεθνάναι πολυτελῶς ἐκηδεύθη. Σὺ δὲ εἰς φόνου δίκην ὑπαχθεὶς, σεαυτοῦ κατεψηφίσω, συναποθανεῖν θέλων τῇ γυναικί. Ἀλλ' ὁ δῆμός σε ἀπέ-
20 λυσεν, ἀκούσιον ἐπιγνοὺς τὸ συμβάν. Τὰ δὲ τούτων ἐφεξῆς [ἡμῖν ἀπάγγειλον], ὅτι Θήρων ὁ τυμβωρύχος, νυκτὸς τὸν τάφον διασκάψας, Καλλιρρόην, ζῶσαν εὑρών, μετὰ τῶν ἐνταφίων ἀνέθηκε τῷ πειρατικῷ κέλητι καὶ εἰς Ἰωνίαν ἐπώλησε, σὺ δὲ κατὰ τὴν ζήτησιν τῆς
25 γυναικὸς ἐξελθών, αὐτὴν μὲν οὐχ εὗρες, ἐν δὲ τῇ θαλάσσῃ τῷ πειρατικῷ πλοίῳ περιπεσών, τοὺς μὲν ἄλλους λῃστὰς τεθνεῶτας κατέλαβες ὑπὸ δίψους, Θήρωνα δὲ μόνον ἔτι ζῶντα εἰσήγαγες εἰς τὴν ἐκκλησίαν, κἀκεῖνος μὲν βασανισθεὶς ἀνεσκολοπίσθη, τριήρη δ' ἐξέπεμψεν ἡ
30 πόλις καὶ πρεσβευτὴν ὑπὲρ Καλλιρρόης, ἑκούσιος δὲ συνεξέπλευσέ σοι Πολύχαρμος ὁ φίλος, ταῦτ' ἴσμεν· σὺ δ' ἡμῖν διήγησαι τὰ μετὰ τὸν ἔκπλουν συνεχθέντα τὸν σὸν ἐντεῦθεν. Ὁ δὲ Χαιρέας ἔνθεν ἑλὼν διηγεῖτο· Πλεύσαντες τὸν Ἰόνιον ἀσφαλῶς, εἰς χωρίον κατήχθη-
35 μεν ἀνδρὸς Μιλησίου, Διονυσίου τοὔνομα, πλούτῳ καὶ γένει καὶ δόξῃ πάντων Ἰώνων ὑπερέχοντος. Οὗτος δέ, ὁ παρὰ Θήρωνος Καλλιρρόην ταλάντου πριάμενος. Μὴ φοβηθῆτε. Οὐκ ἐδούλευσεν. Εὐθὺς γὰρ τὴν ἀργυρωνήτην αὑτοῦ δέσποιναν ἀπέδειξε καὶ ἐρῶν αὐ-
40 τῆς βιάσασθαι οὐκ ἐτόλμησε τὴν εὐγενῆ, πέμψαι δὲ πάλιν εἰς Συρακούσας οὐχ ὑπέμεινεν, ἧς ἤρα. Ἐπεὶ δ' ᾔσθετο Καλλιρρόη κύουσαν ἑαυτὴν ἐξ ἐμοῦ, σῶσαι τὸν πολίτην ὑμῖν θέλουσα, ἀνάγκην ἔσχε Διονυσίῳ γαμηθῆναι, σοφιζομένη τοῦ τέκνου τὴν γονήν, ἵνα ἐκ
45 Διονυσίου δόξῃ γεγεννηκέναι καὶ τραφῇ τὸ παιδίον ἐπαξίως. Τρέφεται γὰρ ὑμῖν, ἄνδρες Συρακόσιοι, πολίτης ἐν Μιλήτῳ, πλουσίου ὑπ' ἀνδρὸς ἐνδόξου. Καὶ γὰρ ἐκείνου τὸ γένος ἔνδοξον Ἑλληνικόν. Μὴ φθονήσωμεν αὐτῷ μεγάλης κληρονομίας.
50 Η'. Ταῦτα μὲν οὖν ἔμαθον ὕστερον. τότε δὲ καταχθεὶς ἐν τῷ χωρίῳ, μόνην εἰκόνα Καλλιρρόης θεασάμενος ἐν ἱερῷ, ἐγὼ μὲν εἶχον ἀγαθὰς ἐλπίδας, νύκτωρ δὲ Φρύγες λῃσταὶ, καταδραμόντες ἐπὶ θάλασσαν, ἐνέπρησαν μὲν τὴν τριήρη, τοὺς δὲ πλείστους κατέσφα-

deducunt. Chæream vero detinebat concio, totam itineris et absentiæ rationem scire cupida. Incipiebat igitur ille a postremis, nolens populum recitatione priorum casuum, sed tristium, affligere. Populus autem instabat : Rogatus a principio ordiri. Dic nobis omnia. Prætermitte nihil. Chæreas pudore multorum, quæ præter voluntatem ipsi evenerant, cessare. Sed Hermocrates : Pudore hic opus non est, fili, etiamsi dicas aliquid tristius, aut humilius. Finis enim splendidus factus ista priora omnia obumbrat. Etiam quod indictum ex ipso silentio suspicionem habet graviorem. Patriæ dicis et parentibus, quorum æqualis in ambo vos est animi propensio. Primos quidem eventus jam novit populus. Nuptias enim ipse vestras junxit. Rivalium in procando tuorum insidias, per quas injecta tibi æmulatione vana intempestive uxorem feriisti, omnes novimus, et quod illa mortua habita splendide fuerit sepulta, tuque auctor cædis dictus te ipse condemnaveris, cupidus uxori commori, populus autem te absolverit, facto agnito involuntario. Etiam quæ deinceps consecuta, [nobis annuntiata :] ut Thero sacrilegus, effracto noctu monumento, Callirrhoën inventam vivam cum mundo et gaza sepulcrali piratico celoci imposuerit, et in Ioniam vendiderit, tu vero egressus ad requirendam uxorem, ipsam quidem non inveneris, sed incidens in mari in piraticum navigium cæteros latrones siti exstinctos deprehenderis præter Theronem, quem vivum introduxisti in concionem, ubi tortus ille tandem palo suffixus est, urbs deinde triremem emisit et legationem pro Callirrhoë, et sponte tibi præstitit comitatum Polycharmus enaviganti : hæc omnia novimus. Tu vero narra nobis, quæ post tuam hinc enavigationem acciderunt. Narrabat inde orsus Chæreas sic : Trajecto feliciter Ionio, appulimus in agros viri Milesii, Dionysii nomine, opibus, et genere, et gloria omnibus Ionibus antecellentis. Hic erat ille, qui talento Callirrhoën a Therone redemerat. Ne timeatis, illa non serviit. Nam statim venalitiam suam fecit heram, eamque amator noluit quidem vi cogere, rursus tamen amatam remittere in Siciliam a se non impetravit. Quum vero sentiret Callirrhoë se de me gravidam, cupiens servare vobis civem, necesse habuit Dionysio nubere, falsam astute confingens pueri generationem, ut ipsa videretur ex Dionysio concepisse, et infans condigne educaretur. Civis enim vobis, viri Syracusani, Mileti dives, altus a viro illustri, crescit. Nam ei quoque genus illustre Græcum. Ne magnam illi hæreditatem invideamus.

VIII. Hæc ego postea didici facta. Sed ut eo regrediar, appulsus in agro istoc, Callirrhoës imagine tantum in templo quodam conspecta, habebam bonam spem, verum latrones noctu devolantes ad mare triremem incenderunt, occiderunt plurimos, et me cum Polycharmo vinctum in

ξαν, ἐμὲ δὲ καὶ Πολύχαρμον δήσαντες, ἐπώλησαν εἰς Καρίαν. Θρῆνον ἐξέρρηξεν ἐπὶ τούτοις τὸ πλῆθος. Εἶπε δὲ Χαιρέας· Ἐπιτρέψατε ἐμοὶ τὰ ἑξῆς σιωπᾶν, σκυθρωπότερα γάρ ἐστι τῶν πρώτων. Ὁ δὲ δῆμος ἐξεβόησε· Λέγε πάντα. Καὶ ὃς ἔλεγεν· Ὁ πριάμενος ἡμᾶς, δοῦλος Μιθριδάτου, στρατηγοῦ Καρίας, ἐκέλευσε σκάπτειν [ὄντας] πεπεδημένους. Ἐπεὶ δὲ τὸν δεσμοφύλακα τῶν δεσμωτῶν ἀπέκτεινάν τινες, ἀνασταυρωθῆναι πάντας ἡμᾶς Μιθριδάτης ἐκέλευσε. κἀγὼ μὲν ἀπηγόμην, μέλλων δὲ βασανίζεσθαι Πολύχαρμος εἶπέ μου τοὔνομα καὶ Μιθριδάτης ἐγνώρισε. Διονυσίου γὰρ ξένος γενόμενος ἐν Μιλήτῳ, Χαιρέου θαπτομένου παρῆν. Πυθομένη γὰρ Καλλιρρόη τὰ περὶ τὴν τριήρη καὶ τοὺς λῃστάς, κἀμὲ δόξασα τεθνάναι, τάφον ἔχωσέ μοι πολυτελῆ. Ταχέως οὖν ὁ Μιθριδάτης ἐκέλευσε καθαιρεθῆναί με τοῦ σταυροῦ, σχεδὸν ἤδη πέρας ἔχοντα καὶ ἔσχεν ἐν τοῖς φιλτάτοις. Ἀποδοῦναι δέ μοι Καλλιρρόην ἔσπευδε καὶ ἐποίησέ με γράψαι πρὸς αὐτήν. Ἀμελείᾳ δὲ τοῦ διακονουμένου, τὴν ἐπιστολὴν ἔλαβεν αὐτὴς Διονύσιος. Ἐμὲ δὲ ζῆν οὐκ ἐπίστευσεν, ἐπίστευσε δὲ Μιθριδάτην ἐπιβουλεύειν αὐτοῦ τῇ γυναικί. Καὶ εὐθύς, αὐτῷ μοιχείαν ἐγκαλῶν, ἐπέστειλε βασιλεῖ. Βασιλεὺς δ' ἀνεδέξατο τὴν δίκην καὶ πάντας ἐκάλεσε πρὸς αὑτόν. Οὕτως ἀνέβημεν εἰς Βαβυλῶνα. Καὶ Καλλιρρόην μὲν Διονύσιος ἄγων, περίβλεπτον ἐποίησε κατὰ τὴν Ἀσίαν ὅλην θαυμαζομένην, ἐμὲ δὲ Μιθριδάτης ἐπήγαγετο. Γενόμενοι δ' ἐκεῖ μεγάλην ἐπὶ βασιλέως δίκην εἴπομεν. Μιθριδάτην μὲν οὖν εὐθὺς ἀπέλυσεν, ἐμοὶ δὲ καὶ Διονύσιῳ διαδικασίαν περὶ τῆς γυναικὸς ἐπήγγειλε, Καλλιρρόην παραθέμενος ἐν τῷ μεταξὺ Στατείρᾳ τῇ βασιλίδι. Ποσάκις, ἄνδρες Συρακόσιοι, δοκεῖτε, θάνατον ἐβουλευσάμην, ἀπεζευγμένος τῆς γυναικός, εἰ μή με Πολύχαρμος ἔσωσεν, ὁ μόνος ἐν πᾶσι φίλος πιστός. Καὶ γὰρ βασιλεὺς ἠμελήκει τῆς δίκης, ἔρωτι Καλλιρρόης φλεγόμενος. Ἀλλ' οὔτ' ἔπεισεν οὐδ' ὕβρισεν. Εὐκαίρως δ' ἡ Αἴγυπτος ἀποστᾶσα βαρὺν ἐκίνησε πόλεμον, ἐμοὶ δὲ μεγάλων ἀγαθῶν αἴτιον. Καλλιρρόην μὲν γὰρ ἡ βασιλὶς ἐπήγετο, ψευδῆ δ' ἀκούσας ἀγγελίαν ἐγώ, φήσαντός τινος, ὅτι Διονυσίῳ παρεδόθη, θέλων ἀμύνασθαι βασιλέα, πρὸς τὸν Αἰγύπτιον αὐτομολήσας, ἔργα μεγάλα διεπραξάμην. Καὶ γὰρ Τύρον, δυσάλωτον οὖσαν, ἐχειρωσάμην αὐτὸς καὶ ναύαρχος ἀποδειχθεὶς κατεναυμάχησα τὸν μέγαν βασιλέα καὶ τὸν πλοῦτον, ὃν ἑωράκατε, βασιλεὺς ἀπέθετο. Ἐδυνάμην οὖν καὶ τὸν Αἰγύπτιον ἀποδεῖξαι πάσης τῆς Ἀσίας δεσπότην, εἰ μὴ χωρὶς ἐμοῦ μαχόμενος ἀνῃρέθη. Τὸ δὲ λοιπὸν ὑμῖν ἐμοῦ ἐποίησα τὸν μέγαν βασιλέα, τὴν γυναῖκα δωρησάμενος αὐτῷ καὶ Περσῶν τοῖς ἐντιμοτάτοις μητέρας τε καὶ ἀδελφὰς καὶ γυναῖκας καὶ θυγατέρας πέμψας. Αὐτὸς δ' Ἕλληνας τοὺς ἀρίστους, Αἰγυπτίων τε τοὺς θέλοντας, ἤγαγον ἐνθάδε. Ἐλεύσεται καὶ ἄλλος στόλος ἐξ Ἰωνίας

Cariam vendiderunt. Erupit ad hæc in lamentationes corona. Tum Chæreas : Permitte mihi, ait, tacere, quæ deinceps acciderunt. Sunt enim his primis multo tristiora. Sed populus magno clamore poscebat omnia. Sic ergo noster continuat : Qui nos emerat servus Mithridatis, Cariæ præfecti, jussit catenatos terram fodere. Quia vero custodem carceris de nexis quidam occiderant, jussit Mithridates omnes nos in crucem agi. Jam ducebar, jam in subeundo eram supplicio, quum Polycharmus meum nomen extulit, quod agnovit Mithridates. Nam hospes Dionysii factus Mileti interfuerat meo funeri. Edocta nempe de triremi et latronibus, et arbitrata me obiisse, Callirrhoë tumulum ibi mihi splendidum egessit. Mithridates itaque celeriter tolli de cruce me jubet, tantum non in extremo vitæ confinio hærentem, habuitque postmodum in amicissimis; et studiosus Callirrhoën mihi reddere permovit, ut ad eam scriberem. Sed incuria epistolam deferentis accepit eam Dionysius. Isque me vivere non credidit, sed contra credidit, uxori suæ Mithridaten insidiari, eumque statim literis apud regem insimulavit adulterii. Rex omnes ad se, suscepta cognitione, excivit. Sic adscendimus Babylonem. Dionysius quidem Callirrhoën, secum ducens, tota Asia celebrari et decantari ob formam fecit. Me vero Mithridates secum trahebat. Ibi ut fuimus, magnam sub rege judice caussam dixinus. Mithridatem quidem rex statim absolvebat : inter me vero et Dionysium promisit se cogniturum de uxoris possessione. Callirrhoën interim apud Statiram reginam deponit. Quoties putatis, viri Syracusani, me mortem mihi paravisse, ab uxore sejugem, nisi me Polycharmus, solus inter omnes fidus amicus, servasset. Nam et rex negligebat dijudicationem, amore Callirrhoës accensus; verum neque permovit, neque contaminavit. Interim opportune deficiens Ægyptus grave bellum movit; cui tamen magna bona debeo. Callirrhoën enim regina secum duxit. Ego vero falsa cujusdam relatione deceptus, Dionysio traditam eam perhibentis, ulcisci regem cupidus transfugi ad Ægyptium. Ubi magnas res gessi, et Tyrum urbem expugnatu difficilem, ipse cepi, et constitutus navarchus mari magnum regem devici, et Arado potitus fui, ubi reginam cum opibus, quas vidistis, rex deposuerat. Potuissem vero Ægyptium facere totius Asiæ dominum, nisi pugnans ille seorsim a me cecidisset. Ego tum vobis benevolum porro feci regem, redonata uxore, et remissis Persarum nobilissimo cuique suis aut matribus, aut sororibus, aut uxoribus, aut filiabus. Græcorum autem optimos et Ægyptiorum voluntarios huc adduxi. Veniet et alia vestra

ὑμέτερος. Ἄξει δ' αὐτὸν ὁ Ἑρμοκράτους ἔκγονος. Εὐχαὶ παρὰ πάντων ἐπὶ τούτοις ἐπηκολούθησαν. Καταπαύσας δὲ τὴν βοὴν Χαιρέας εἶπεν· Ἐγὼ καὶ Καλλιρρόη χάριν ἔχομεν ἐφ' ὑμῶν Πολυχάρμῳ τῷ φίλῳ, καὶ γὰρ εὔνοιαν ἐπεδείξατο καὶ πίστιν ἀληθεστάτην πρὸς ἡμᾶς, κἂν ὑμῖν δοκῇ, δῶμεν αὐτῷ γυναῖκα τὴν ἀδελφὴν τὴν ἐμήν. Προῖκα δ' ἕξει μέρος τῶν λαφύρων. Ἐπευφήμησεν ὁ δῆμος· Ἀγαθῷ ἀνδρὶ, Πολυχάρμῳ, φίλῳ πιστῷ, ὁ δῆμός σοι χάριν ἐπίσταται. Τὴν πατρίδα εὐηργέτηκας. Ἄξιος Ἑρμοκράτους καὶ Χαιρέου. Μετὰ ταῦτα πάλιν Χαιρέας εἶπε· Καὶ τούσδε τοὺς τριακοσίους, Ἕλληνας ἄνδρας, στρατὸν ἐμὸν ἀνδρεῖον, δέομαι ὑμῶν, πολίτας ποιήσατε. Πάλιν ὁ δῆμος ἐπεβόησεν· Ἄξιοι μεθ' ἡμῶν πολιτεύεσθαι. Χειροτονείσθω ταῦτα. Ψήφισμα ἐγράφη καὶ εὐθὺς ἐκεῖνοι καθίσαντες, μέρος ἦσαν τῆς ἐκκλησίας. Καὶ Χαιρέας δ' ἐδωρήσατο τάλαντον ἑκάστῳ. Τοῖς δ' Αἰγυπτίοις ἀπένειμε χώραν Ἑρμοκράτης, ὥστ' ἔχειν αὐτοὺς γεωργεῖν. Ἕως δ' ἦν τὸ πλῆθος ἐν τῷ θεάτρῳ, Καλλιρρόη, πρὶν εἰς τὴν οἰκίαν εἰσελθεῖν, εἰς τὸ τῆς Ἀφροδίτης ἱερὸν ἀφίκετο. Λαβομένη δ' αὐτῆς τῶν ποδῶν καὶ ἐπιθεῖσα τὸ πρόσωπον καὶ λύσασα τὰς κόμας, καταφιλοῦσα· Χάρις σοί, φησὶν, Ἀφροδίτη. Πάλιν γάρ μοι Χαιρέαν ἐν Συρακούσαις ἔδειξας, ὅπου καὶ παρθένος εἶδον αὐτὸν, σοῦ θελούσης. Οὐ μέμφομαί σοι, δέσποινα, περὶ ὧν πέπονθα. Ταῦτα εἵμαρτό μοι. Δέομαί σου, μηκέτι με Χαιρέου διαζεύξῃς, ἀλλὰ καὶ βίον μακάριον καὶ θάνατον κοινὸν κατάνευσον ἡμῖν. Τοσάδε περὶ Καλλιρρόης συνέγραψα.

30   Χαρίτωνος Ἀφροδισιέως τῶν περὶ Χαιρέαν καὶ Καλλιρρόην

Η λόγων τέλος.

classis ex Ionia, quam ducet Hermocratis nepos. Sequobantur hæc verba universorum vota, cum ingenti clamore. Quem ut sedaverat Chæreas : Ego, ait, et Callirrhoë coram vobis gratiam habemus amico Polycharmo. Nam benevolentiam et fidem sincerissimam erga nos ostendit, et, si vobis videtur, in matrimonium demus ipsi meam sororem, dotemque habeat partem manubiarum. Acclamavit bona verba : Populus bono viro Polycharmo, amico fido, gratiam tibi novit. Patriam beneficiis demeruisti, dignus Hermocrate et Chærea. Post hæc Chæreas : Hos trecentos, ait, fortem meum exercitum, rogo vos, cives facitote. Iterum annuit cum clamore populus : Digni sunt, qui eadem nobiscum civitate utantur. Itur in suffragia. Scriptum decretum. Et ex continenti trecenti illi considentes pars erant concionis, a Chærea talento quisque donatus. Ægyptiis vero Chæreas agrum dabat colendum. Interim, dum in theatro est multitudo, Callirrhoë, priusquam domum intraret, in templum Veneris contenderat, ejusque pedes amplexa, et innisa vultu, comisque solutis, osculata : Venus, ait, tibi gratia. Rursus enim Chæream mihi Syracusis ostendisti, ubi etiam virgo illum tua voluntate videbam. Non incuso te, domina, propter ea, quæ passa fui. Erant illa mihi destinata. Porro ne me divelias a Chærea, precor, vitamque nobis felicem, et mortem annue communem. Tantum de Callirrhoë conscripsi.

Charitonis Aphrodisiensis librorum octo de Chærea et Callirrhoë finis.

ANTONIUS DIOGENES.

ΑΝΤΩΝΙΟΥ ΔΙΟΓΕΝΟΥΣ
ΤΩΝ
ΥΠΕΡ ΘΟΥΛΗΝ
ΑΠΙΣΤΩΝ
ΛΟΓΟΙ Δ' ΚΑΙ Κ'.

Α'. Ἀνεγνώσθησαν Ἀντωνίου Διογένους τῶν ὑπὲρ Θούλην ἀπίστων λόγοι εἴκοσι τέσσαρες. Δραματικὸν οἱ λόγοι, σαφὴς ἡ φράσις καὶ οὕτω καθαρά, ὡς ἐπ' ἔλαττον εὐκρινείας δεῖσθαι καὶ τότε κατὰ τὰς ἐκτροπὰς τῶν διηγημάτων, ταῖς δὲ διανοίαις πλεῖστον ἔχει τοῦ ἡδέος, ἅτε μύθων ἐγγὺς καὶ ἀπίστων ἐν πιθανωτάτῃ πλάσει καὶ διασκευῇ ὕλην ἑαυτῇ διηγημάτων ποιουμένη.

Β'. Εἰσάγεται τοίνυν ὄνομα Δεινίας κατὰ ζήτησιν ἱστορίας ἅμα τῷ παιδὶ Δημοχάρῃ ἀποπλανηθεὶς τῆς πατρίδος, καὶ διὰ τοῦ Πόντου καὶ ἀπὸ τῆς κατὰ Κασπίαν καὶ Ὑρκανίαν θαλάσσης πρὸς τὰ Ῥιπαῖα καλούμενα ὄρη καὶ τοῦ Τανάϊδος ποταμοῦ τὰς ἐκβολὰς ἀφιγμένοι, εἶτα διὰ τὸ πολὺ τοῦ ψύχους ἐπὶ τὸν Σκυθικὸν ἐπιστραφέντες Ὠκεανὸν, καὶ δὴ καὶ εἰς τὸν ἑῷον ἐμβαλόντες, καὶ πρὸς ταῖς τοῦ ἡλίου ἀνατολαῖς γεγονότες, ἐντεῦθέν τε κύκλῳ τὴν ἐκτὸς περιελθόντες θάλασσαν ἐν χρόνοις μακροῖς καὶ ποικίλαις πλάναις· οἷς συνεφάπτονται τῆς πλάνης Καρμάνης καὶ Μηνίσκος καὶ Ἄζουλις. Γίγνονται δὲ καὶ ἐν Θούλῃ τῇ νήσῳ, ἐνταῦθα τέως σταθμὸν ὥσπερ τῆς πλάνης τινὰ ποιούμενοι.

Γ'. Ἐν ταύτῃ τῇ Θούλῃ Δεινίας κατ' ἔρωτος νόμον ὁμιλεῖ Δερκυλλίδι τινὶ καλουμένῃ, ἥτις γένει μὲν ὑπῆρχε Τυρία τῶν κατὰ τὴν πόλιν εὐπατριδῶν, ἀδελφῷ δὲ συνῆν ὄνομα Μαντινίᾳ· ταύτῃ Δεινίας ὁμιλῶν ἀναμανθάνει τήν τε τῶν ἀδελφῶν πλάνην καὶ ὅσα Παάπις τις, ἱερεὺς Αἰγύπτιος, τῆς πατρίδος αὐτοῦ λεηλατηθείσης καὶ παροικήσας Τύρον καὶ φιλοξενηθεὶς ὑπὸ τῶν τεκόντων τοὺς ἀδελφοὺς Δερκυλλίδα καὶ Μαντινίαν καὶ δόξας τὰ πρῶτα εὔνους εἶναι τοῖς εὐεργέταις καὶ ὅλῳ τῷ οἴκῳ, μετὰ ταῦτα ὅσα κακὰ τόν τε οἶκον καὶ αὐτοὺς καὶ αὐτῶν γονέας εἰργάσατο, ὅπως εἰς Ῥόδον ἀπὸ τῆς κατὰ τὸν οἶκον συμφορᾶς σὺν τῷ ἀδελφῷ ἀπήχθη κἀκεῖθεν εἰς Κρήτην ἐπλανήθη, εἶτα εἰς Τυρρηνοὺς κἀντεῦθεν εἰς Κιμμερίους οὕτω καλουμένους, καὶ ὡς τὰ ἐν Ἅιδου παρ' αὐτοῖς ἴδοι καὶ πολλὰ τῶν ἐκεῖ μάθοι, διδασκάλῳ χρωμένη Μυρτοῖ, θεραπαινίδι οἰκείᾳ, πάλαι τὸν βίον ἀπολιπούσῃ καὶ ἐκ τῶν νεκρῶν τὴν δέσποιναν ἀναδιδασκούσῃ.

Δ'. Ταῦτα τοίνυν ἀπάρχεται Δεινίας διηγεῖσθαι Κύμβᾳ τινὶ ὀνόματι ἐξ Ἀρκαδίας πατρίδος, ὃν στείλειε τὸ κοινὸν τῶν Ἀρκάδων ἐς Τύρον, αἰτούμενοι Δεινίαν

ANTONII DIOGENIS
LIBRI XXIV
DE INCREDIBILIBUS
QUÆ ULTRA THULEM
INSULAM SUNT.

I. Lecti sunt Antonii Diogenis libri XXIV de incredibilibus quæ ultra Thulen insulam sunt. Dramatici sunt et dictio ipsa ita clara, ita pura ut minus egeat perspicuitate nisi aliquando in narrationum diverticulis; sententiis plurimum jucunditatis inest, quippe ad fabulas accedit elocutio et incredibilium narrationum sylvam sibi suppeditat cum verisimili fictione et apparatu.

II. Inducitur itaque Dinias quidam nomine ad investigandas res novas simul cum filio Demochare patria relicta errans, qui per Pontum et a Caspio et Hyrcanio mari ad Rhipæos, ut vocantur, montes et Tanaïs fluminis ostia delati, deinde propter ingens frigus ad Scythicum conversi Oceanum atque hinc ad Orientalem tendentes ad solis orientis partes venerunt : inde circulo facto exterius mare longo tempore variisque erroribus circumierunt : errorum socii fiunt Carmanes, Meniscus et Azulis. Pervenient etiam ad Thulen insulam ibique stationem errorum quamdam constituunt.

III. In hac insula cum Dercyllide quadam Dinias consuetudinem habet, quæ genere Tyria claris in ea urbe natalibus orta, cum fratre Mantinia ibi versabatur. Cum illa igitur Dinias consuetudinem habens, ejus audit fratrisque jactationes et quanta mala Paapis quidam, Ægyptius sacerdos, intulerit. Ille enim vastata ejus patria Tyrum migrans et hospitio acceptus a parentibus horum fratrum Mantiniæ et Dercyllidis, benevolus primum in bene de se meritos et familiam universam videbatur, sed postea ingentibus malis familiam et hos et eorum parentes affecit. Narrat deinde quomodo post familiæ calamitates una cum fratre Rhodum abducta sit, inde in Cretam errore delata fuerit, hinc ad Tyrrhenos, inde ad Cimmerios quos nominant, utque apud hos inferos spectarit, multaque quæ ibi sunt didicerit, Myrto magistra usa, sua pedisequa, quæ olim vita abiisset et a morte dominam doceret.

IV. Hæc itaque narrare incipit Dinias Cymbæ cuidam nomine, Arcadi, quem commune Arcadum miserat Tyrum Diniam rogantes ut ad ipsos in patriam suam rediret. A

πρὸς αὐτούς τε καὶ πατρίδα ἐπαναζεῦξαι. Ἐπεὶ δὲ
αὐτὸν τὸ βάρος τοῦ γήρως ἐκώλυεν, εἰσάγεται διη-
γούμενος ἅπερ τε αὐτὸς κατὰ τὴν πλάνην ἐθεάσατο
ἢ καὶ ἄλλων θεασαμένων ἀκήκοε, καὶ ἃ Δερκυλλίδος
5 ἐν Θούλῃ διηγουμένης ἀνέμαθε· λέγω δὴ τήν τε προει-
ρημένην πλάνην αὐτῆς καὶ ὅπως μετὰ τὴν ἐξ Ἅιδου
αὐτῆς ἀναχώρησιν σὺν Κηρύλλῳ καὶ Ἀστραίῳ, ἤδη
τοῦ ἀδελφοῦ διασπασθεῖσα, ἐπὶ τὸν Σειρήνης ἀφίκοντο
τάφον, καὶ ὅσα πάλιν αὐτὴ [ἐξ] Ἀστραίου λέγοντος
10 ἤκουσε περί τε Πυθαγόρου φημὶ καὶ Μνησάρχου, οἷά
τε Φιλώτιδος αὐτὸς Ἀστραῖος ἤκουσε καὶ τὸ κατὰ τοὺς
ὀφθαλμοὺς αὐτοῦ μυθῶδες θέαμα, καὶ ὅσα αὖθις Δερ-
κυλλὶς ἐπὶ τὴν οἰκείαν ἐπανιοῦσα πλάνην ἀπήγγειλεν,
ὡς περιπέσοι ἀνθρώπων πόλει κατὰ τὴν Ἰβηρίαν, οἳ
15 ἑώρων μὲν ἐν νυκτί, τυφλοὶ δὲ ὑπὸ ἡμέρα ἑκάστη
ἐτύγχανον, καὶ ὅσα ἐκεῖ Ἀστραῖος αὐλῶν τοῖς πολε-
μίοις ἐκείνων εἰργάσατο, καὶ ὡς ἀφεθέντες εὐμενῶς
ἐκεῖθεν, περιπεπτώκασι τοῖς Κελτοῖς, ἔθνει ὠμῷ καὶ
ἠλιθίῳ, ἵπποις τε αὐτοὺς ἐξέφυγον, καὶ ὅσα αὐτοῖς
20 περὶ τῆς κατὰ τὴν χρόαν τῶν ἵππων ἐναλλαγῆς ἐγε-
γόνει, ὅπως τε κατὰ τοὺς Ἀκυτανοὺς ἐγένοντο, καὶ
οἵας ἐκεῖ τιμῆς ἀπέλαυσαν Δερκυλλίς τε καὶ Κήρυλλες
καὶ ἔτι μᾶλλον Ἀστραῖος τῇ περὶ τοὺς ὀκείους ὀφθαλ-
μοὺς αὐξομειώσει, τὰς σεληνιακὰς σημαίνων αὐξομειώ-
25 σεις, καὶ λύων ἔριδος περὶ τῆς ἀρχῆς τοὺς ἐκεῖ βασι-
λεῖς, οἳ δύο ὄντες κατὰ τὰ τοιαῦτα τῆς σελήνης πάθη
ἀλλήλων ἀντικαθίσταντο διάδοχοι, δι' ἃ καὶ ὁ ἐκεῖ
δῆμος τοῖς περὶ Ἀστραῖον ἔχαιρον.

Εʹ. Ἐντεῦθεν ἐπιμυθεύεται, ὅπως τά τε ἄλλα Δερ-
30 κυλλὶς εἶδέ τε καὶ ὑπήνεγκε, καὶ ὡς ἐν Ἀρτάβροις
ἤχθη, οὗ γυναῖκες μὲν πολεμοῦσιν, ἄνδρες δὲ οἰκου-
ροῦσι καὶ τὰ γυναικῶν ἐπιμελοῦνται· ἐπὶ τούτοις, οἷα
κατὰ τοὺς Ἀστύρους τὸ ἔθνος αὐτή τε καὶ Κηρύλλῳ
συνεκύρησε, καὶ ἔτι ὅσα ἰδίως Ἀστραίῳ συνηνέχθη,
35 καὶ ὡς παρ' ἐλπίδας πάσας τοὺς ἐν Ἀστύροις συχνοὺς
κινδύνους ἐκπεφευγότες, Κήρυλλος σὺν Δερκυλλίδι τὴν
δίκην ὅμως, ἣν ἀδικήματος παλαιοῦ ὠφλήκως ἐτύγ-
χανεν, οὐκ ἀπέφυγεν, ἀλλὰ παρὰ δόξαν πᾶσαν, ὡς
ἐσώθη τῶν κινδύνων, οὕτω καὶ ἐκρεουργήθη· μετὰ
40 ταῦτα, οἷα κατὰ τὴν Ἰταλίαν καὶ Σικελίαν πλανωμένη
ἐθεάσατο, καὶ ὡς ἐν Ἔρυκι γενομένη πόλει Σικελίας
συλλαμβάνεται καὶ πρὸς Αἰνησίδημον, ἐτυράννει δὲ
τότε Λεοντίνων οὗτος, ἀπάγεται· ἐν ᾧ πάλιν Παάπιδι
τῷ τρισαλιτηρίῳ περιπίπτει τῷ τυραννοῦντι συνόντι,
45 καὶ τῆς ἀπροσδοκήτου συμφορᾶς ἀνέλπιστον εὑρίσκει
παραμυθίαν, τὸν ἀδελφὸν Μαντινίαν, ὃς πολλὰ πλα-
νηθεὶς καὶ πολλῶν ἀπιστοτάτων θεαμάτων περί τε
ἀνθρώπους καὶ ἕτερα ζῶα, περί τε αὐτὸν ἥλιον καὶ
σελήνην καὶ φυτὰ καὶ νήσους μάλιστα ἐξηγητὴς αὐτῇ
50 καταστάς, ὕλην ἄφθονον παρέσχε μυθοποιίας ἀπαγγέλ-
λειν ὕστερον τῷ Δεινίᾳ, ἅπερ αὐτὸς συνείρων εἰσά-
γεται, διηγούμενος τῷ Ἀρκάδι Κύμβᾳ.

Ϛʹ. Ἔπειτα, ὡς λαβόντες Μαντινίας καὶ Δερκυλλὶς
ἐκ Λεοντίνων τὸ Παάπιδος πηρίδιον μετὰ τῶν ἐν αὐτῷ

quoniam ipsum gravis senii aetas prohibebat, narrans in-
ducitur quaeque ipse in erroribus viderat et ab aliis con-
specta acceperat et quae a Dercyllide in Thule narrata di-
dicerat; supra dictum, inquam, ejus errorem utque post
suum illa reditum ab inferis, cum Ceryllo et Astraeo (jam
enim a fratre segregata erat) ad Sirenes venerit sepulcrum,
et quae rursus ex Astraei sermone cognoverit de Pythagora
nempe et Mnesarcho : qualia vicissim Astraeus ex Philo-
tide didicerit, et ipsius oculorum miras mutationes, et
quaecunque rursus Dercyllis ad suos reversa errores re-
tulerit, ut in hominum civitatem inciderit in Iberia qui
noctu quidem viderent, interdiu autem quotidie caecuti-
rent. Quae ibi Astraeus tibia canens hostibus eorum fe-
cerit; utque benevole inde missi in Celtas inciderint, gen-
tem immanem et stolidam, quos equis ipsi effugerint;
quaeque in mutato equorum colore acciderint : ut hinc ad
Aquitanos penetrarint quantoque ibi honore fruiti sint
Dercyllis et Ceryllus et hoc amplius Astraeus, quod oculo-
rum suorum incremento atque decremento, Lunae quoque
designaret alternationes, quodque contentionem dirimeret
quae erat inter reges illius regionis de principatu, qui duo
numero, juxta tales lunae vicissitudines invicem succede-
bant in imperio, quare Astraeo ejusque sociis populus
valde delectabatur.

V. Inde praeterea narrat, Dercyllidem tum alia vidisse
et pertulisse, tum ut ad Artabros pervenerit, ubi feminae
bellum gerunt viri autem domum custodiunt et muliebria
obeunt officia; quae item apud Asturorum gentem ipsi Ce-
rylloque contigerint et insuper quae Astraeo privatim acci-
derint : utque praeter omnem spem frequentia apud Asturos
pericula cum effugissent Ceryllus cum Dercyllide, poenam
tamen ille, quam improbitatis olim causa commeritus
esset, non effugerit, sed ut inopinato pericula haec evaserit,
ita etiam tandem excarnificatum esse. Refert postea
quaenam per Italiam et Siciliam oberrans illa viderit. Ut
in Eryce Siciliae civitate comprehensa ad Aenesidemum qui
tunc tyrannus erat Leontinorum, adducta fuerit : ubi
rursus in P. apidem, sceleratissimum illum hominem apud
regem degentem, incidit reperitque nec opinato calamitatis
inexspectatae solatium, Mantiniam fratrem, qui diu jacta-
tus, multa et maxime incredibilia ipsi commemoravit, quae
tum in hominibus et caeteris animantibus, tum circa solem
ipsum et lunam plantasque et insulas potissimum spectarat,
uberemque adeo fabularum materiem praebent, quas Di-
niae illa in posterum narraret, quae omnia ipse inducitur
connexuisse et Cymbae Arcadi retulisse.

VI. Addit dehinc, ut Mantinias cum Dercyllide, Paa-
pidis pera cum libris herbarumque arcula sublata, Rhe-

βιβλίων καὶ τῶν βοτανῶν τὸ κιβώτιον, ἀπαίρουσιν εἰς Ῥήγιον κἀκεῖθεν εἰς Μεταπόντιον, ἐν ᾧ αὐτοὺς Ἀστραῖος ἐπικαταλαβὼν μηνύει, κατὰ πόδας διώκειν Παάπιν, καὶ ὡς συναπαίρουσιν αὐτῷ ἐπὶ Θρᾷκας καὶ Μασσα-
5 γέτας πρὸς Ζάμολξιν τὸν ἑταῖρον αὐτοῦ ἀπιόντι, ὅσα τε κατὰ ταύτην τὴν ὁδοιπορίαν ἴδοιεν, καὶ ὅπως ἐντύχοι Ἀστραῖος Ζαμόλξιδι, παρὰ Γέταις ἤδη θεῷ νομιζομένῳ, καὶ ὅσα εἰπεῖν αὐτῷ δεηθῆναι Δερκυλλίς τε καὶ Μαντινίας. Ἀστραῖον ὑπὲρ αὐτῶν ἠξίωσαν, καὶ
10 ὡς χρησμὸς αὐτοῖς ἐκεῖθεν ἐξέπεσεν, ἐπὶ Θούλην εἶναι πεπρωμένον ἐλθεῖν, καὶ ὡς ἐς ὕστερον καὶ πατρίδα ὄψονται, πρότερον ἀλλὰ τε ἐκταλαιπωροῦντες καὶ δίκην τῆς ἐς τοὺς τοκέας ἀνοσιότητος, εἰ καὶ ἄκοντες ἥμαρτον, τινύντες· τῷ τὸν βίον αὐτοῖς εἰς ζωὴν καὶ θάνατον δια-
15 μερισθῆναι καὶ ζῆν μὲν ἐν νυκτί, νεκροὺς δὲ ἐν ἑκάστῃ εἶναι ἡμέρᾳ· εἶτα ὡς τοιούτους χρησμοὺς λαβόντες ἀπαίρουσιν ἐκεῖθεν, τὸν Ἀστραῖον σὺν Ζαμόλξιδι λείποντες ὑπὸ Γετῶν δοξαζόμενον, καὶ ὅσα περὶ βορρᾶν αὐτοῖς τεράστια ἰδεῖν καὶ ἀκοῦσαι συνηνέχθη.
20 Ζ΄. Ταῦτα πάντα Δεινίας κατὰ Θούλην ἀκούσας διηγουμένης Δερκυλλίδος, εἰσάγεται νῦν ἀπαγγέλλων τῷ Ἀρκάδι Κύμβᾳ· ἐπὶ τούτοις καὶ ὡς Παάπις διώκων κατ' ἴχνη τοὺς περὶ Δερκυλλίδα ἐπέστη αὐτοῖς ἐν τῇ νήσῳ· καὶ τὸ πάθος ἐκείνος τέχνῃ μαγικῇ ἐπέθηκε,
25 θνῄσκειν μὲν ἡμέρας, ἀναβιώσκειν δὲ νυκτὸς ἐπιγινομένης, καὶ τὸ πάθος αὐτοῖς ἐνέθηκεν ἐμπτύσας αὐτῶν κατὰ τὸ ἐμφανὲς τοῖν προσώποιν· καὶ ὡς Θρουσκανός τις Θουλίτης, ἐραστὴς διάπυρος Δερκυλλίδος, ἰδὼν πεσοῦσαν τῷ ἐκ Παάπιδος πάθει τὴν ἐρωμένην καὶ
30 ὑπεραλγήσας ἁθρόον τε ἐπιστάς, παίει ἐκ τοῦ αἰφνιδίου τὸν Παάπιν καὶ ἀναιρεῖ τοῦτο μόλις ὑπὸ μυρίων κακῶν τέλος εὐράμενον· καὶ ὡς Θρουσκανός, ἐπεὶ Δερκυλλὶς ἔκειτο δοκοῦσα νεκρά, ἑαυτὸν ἐπικατασφάττει. Ταῦτα πάντα καὶ τούτων ἕτερα πολλὰ παραπλήσια, τήν τε
35 ταφὴν αὐτῶν καὶ τὴν ἐκεῖθεν ὑπαναχώρησιν καὶ τοὺς ἔρωτας Μαντινίου, καὶ ὅσα διὰ τοῦτο συνέβη, καὶ ἕτερα ὅμοια κατὰ Θούλην τὴν νῆσον Δεινίας μαθὼν μυθολογούσης Δερκυλλίδος εἰσάγεται νῦν συννφαίνων τῷ Ἀρκάδι Κύμβᾳ. Καὶ συμπληροῦται Ἀντωνίῳ
40 Διογένει ὁ εἰκοστὸς τρίτος λόγος τῶν ὑπὲρ Θούλην ἐπιγραφομένων ἀπίστων, καίτοι μηδὲν ἢ βραχέα κατ' ἀρχὰς περὶ Θούλης τῆς συγγραφῆς ὑποδηλωσάσης.

Η΄. Ὁ δὲ εἰκοστὸς τέταρτος λόγος εἰσάγει Ἄζουλιν διηγούμενον, κἀκεῖθεν Δεινίαν τοῖς ἔμπροσθεν αὐτῷ
45 μυθολογηθεῖσι πρὸς Κύμβαν συνείροντα τὰ Ἀζουλίδος, ὡς κατανοήσαι τῆς γοητείας τὸν τρόπον, καθ' ὃν Παάπις ἐγοήτευσε Δερκυλλίδα καὶ Μαντινίαν, νυκτὶ μὲν ζῶντας, ἐν ἡμέρᾳ δὲ νεκροὺς εἶναι· καὶ ὡς ἀπήλλαξεν αὐτοὺς τοῦ πάθους, τόν τε τρόπον τῆς τιμωρίας ταύτης
50 καὶ δὴ καὶ τῆς ἰάσεως, ἐκ τοῦ πηρίδιου ἀνευρὼν τοῦ Παάπιδος, ὃ συνεπεφέροντο Μαντινίας καὶ Δερκυλλίς· οὐ μόνον δέ, ἀλλ' εὗρε καὶ ὅπως Δερκυλλὶς καὶ Μαντινίας ἀπαλλάξειαν μεγάλου κακοῦ τοὺς τοκέας κειμένους, οὓς ὑποθήκαις Παάπιδος, ὡς ἂν ἐπὶ τῷ ἐκείνων συμφέ-

gium e Leontinis trajecerint indeque Metapontum ubi eos Astræus assecutus, Paapin e vestigio sequi significarit, utque una profecti sint cum illo ad Thraces et Massagetas, ubi Zamolxis ejus socius erat tendente : quidque in hoc itinere conspexerint, et quomodo Astræus in Zamolxidem inciderit, apud Getas jam pro deo cultum, quæque dicere ipsum et rogare pro se Astræum jusserint Dercyllis et Mantinias: ut ibi illis oraculum datum sit in Thulen insulam ire in fatis esse, tandem etiam patriam visuros, et alia tamen prius passos et impietatis in parentes, tametsi deliquissent inviti, pœnis datis : vitam nimirum ipsis cum morte alternis vicibus commutatum iri et noctu quidem victuros, interdiu vero semper mortuos futuros; (Refert) deinde hoc audito illos inde discessisse Astræo, qui apud Getas in existimatione erat, cum Zamolxide relictis, quæ item ad Boream videre monstruosa atque audire ipsis contigerit.

VII. Quæ omnia Dinias in Thule ex Dercyllide narrante audita nunc inducitur referre Arcadi Cymbæ; ad hæc ut Paapis Dercyllidem persecutus e vestigio in ea insula iis supervenerit et arte sua magica id injunxerit ut morerentur quidem interdiu, nocte vero accedente reviviscerent, hoc malum iis injungens hoc modo ut publice in illorum faciem conspueret. Porro Thruscanum quemdam Thule oriundum, Dercyllidem depereuntem viso amatam Paapidis malis artibus concidere, ingentem adeo cepisse dolorem ut repente Paapidem invadens subito percusserit et interfecerit cui post ingentia mala talis exitus acciderit : Thruscanum tamen postquam Dercyllis mortuæ similis jaceret, insuper semet ipsum interfecisse. Hæc igitur omnia et alia id genus multa, ut eorum sepulturam et tumulo reditum, amores Mantiniæ, quæque propterea acciderant et alia ejusmodi fabulosa cum Dinias in Thule insula Dercyllide referente, cognovisset, inducitur eadem nunc continua oratione enarrans Arcadi Cymbæ. Atque hic finis est tertii et vigesimi libri Antonii Diogenis qui inscribitur *Incredibilia de Thule*, quum nihil aut pauca initio de Thule in hoc opere memoriæ prodita sint.

VIII. Quartus vero et vicesimus liber inducit Azulin narrantem et inde etiam Diniam ad ea quæ antea Cymbæ retulisset, Azulidis gesta contexentem. Quomodo nimirum præstigiarum illarum rationem deprehenderit; qua Paapis Dercyllidem et Mantiniam fascinaverat ut nocte viverent, interdiu morerentur; quomodo isto morbo eos liberaverit tum modum hujus pœnæ infligendæ, tum ejus curandæ ex perula Paapidis doctus, quam secum attulerant Mantinias et Dercyllis; neque hoc solum verum et illud repperit quomodo Dercyllis et Mantinias parentes jacentes ingenti malo liberare possent : hos enim illi ex Paapidis præscripto, quasi hoc ipsis profuturum esset, diro

ρόντι, αὐτοὶ ἐλυμήναντο, ἴσα κεῖσθαι νεκροῖς μακρὸν χρόνον κατεργασάμενοι· εἶτα ὡς ἐκεῖθεν Δερκυλλὶς ἅμα Μαντινίᾳ ἐπὶ τὴν πατρίδα ἔσπευδον ἐπὶ τῇ τῶν τεκόντων ἀναβιώσει καὶ σωτηρίᾳ.

5 Θ´. Δεινίας δὲ ἅμα Καρμάνῃ καὶ Μηνίσκῳ, ἀποχωρισθέντος αὐτοῖς Ἀζουλίδος, πρὸς τὰ ὑπὲρ τὴν Θούλην τὴν πλάνην ἐξέτεινον· καθ᾽ ἣν πλάνην τὰ ὑπὲρ τὴν Θούλην ἄπιστα θεάσασθαι νῦν ἀπαγγέλλων εἰσάγεται Κύμβᾳ, ἐκεῖνα λέγων ἰδεῖν, ἃ καὶ οἱ τῆς ἀστροθεάμονος
10 τέχνης σπουδασταὶ ὑποτίθενται, οἷον ὡς ἐστὶν ἐνίοις δυνατὸν κατὰ κορυφὴν τὴν ἄρκτον εἶναι καὶ τὴν νύκτα μηνιαίαν καὶ ἔλαττον δὲ καὶ πλέον καὶ ἑξαμηνιαίαν δὲ καὶ τὸ ἔσχατον ἐνιαυσιαίαν· οὐ μόνον δὲ τὴν νύκτα ἐπὶ τοσοῦτον παρατείνεσθαι, ἀλλὰ καὶ τὴν ἡμέραν ταύταις
15 συμβαίνειν ἀνάλογον· καὶ ἕτερα δὲ ἀπαγγέλλει ἰδεῖν ὅμοια· καὶ ἀνθρώπους δὲ ἰδεῖν καὶ ἕτερά τινα τερατεύεται, ἃ μηδεὶς μήτε ἰδεῖν ἔφη, μήτε ἀκοῦσαι, ἀλλὰ μηδὲ φαντασίαις ἀνετυπώσατο· καὶ τὸ πάντων ἀπιστότατον, ὅτι πορευόμενοι πρὸς βορρᾶν ἐπὶ σελήνην, ὡς
20 ἐπί τινα γῆν καθαρωτάτην, πλησίον ἐγένοντο, ἐκεῖ τε γενόμενοι ἴδοιεν, ἃ εἰκὸς ἦν ἰδεῖν τὸν τοιαύτην ὑπερβολὴν πλασμάτων προαναπλάσαντα· εἶτα καὶ ὡς ἡ Σιβύλλα τὴν μαντικὴν ἀπὸ Καρμάνου ἀνέλαβε· μετὰ δὲ ταῦτα, ὅτι εὐχὰς ἰδίας ἕκαστος ηὔξατο, καὶ τοῖς μὲν
25 ἄλλοις ἑκάστῳ συνέπεσεν, ὥσπερ ηὔξατο· αὐτὸν δέ φησιν ἐκεῖνον ἀφυπνώσαντα εἰς Τύρον εἰς τὸν τοῦ Ἡρακλέος νεὼν εὑρεθῆναι, ἐκεῖθέν τε ἀναστάντα τήν τε Δερκυλλίδα καὶ τὸν Μαντινίαν ἀνευρεῖν εὖ πεπραχότας, καὶ τούς τε γονεῖς τοῦ μακροῦ ἀπαλλάξαντας ὕπνου, μᾶλλον
30 δὲ ὀλέθρου, καὶ τἄλλα εὐδαιμονοῦντας.

Ι´. Ταῦτα Κύμβᾳ Δεινίας διεμυθολόγησε, καὶ κυπαριττίνας δέλτους προσενεγκὼν ἐγγράψαι ταύτας Ἐρασινίδῃ Ἀθηναίῳ συνεκόμενον τῷ Κύμβᾳ, ἣν γὰρ τεχνίτης λόγων, παρεκελεύσατο· ὑπέδειξε δὲ αὐτοῖς
35 καὶ τὴν Δερκυλλίδα· αὕτη γὰρ καὶ τὰς κυπαριττίνας δέλτους ἤνεγκε, προστέταξέ τε τῷ Κύμβᾳ, δίχα ταῦτα τὰ διαμυθολογηθέντα ἀναγράψασθαι, καὶ θατέραν μὲν τῶν δέλτων αὐτὸν ἔχειν, τὴν ἑτέραν δέ, καθ᾽ ὃν ἀποβιῴη καιρόν, τὴν Δερκυλλίδα πλησίον τοῦ τάφου κι-
40 βωτίῳ ἐμβαλοῦσαν καταθεῖναι.

ΙΑ´, Ὁ γοῦν Διογένης, ὃ καὶ Ἀντώνιος, ταῦτα πάντα Δεινίαν εἰσαγαγὼν πρὸς Κύμβαν τερατευσάμενον, ὅμως γράφει Φαυστίνῳ, ὅτι τε συντάττει περὶ τῶν ὑπὲρ Θούλην ἀπίστων, καὶ ὅτι τῇ ἀδελφῇ Ἰσι-
45 δώρᾳ φιλομαθῶς ἐχούσῃ τὰ δράματα προσφωνεῖ· λέγει δὲ ἑαυτόν, ὅτι ποιητής ἐστι κωμῳδίας παλαιᾶς, καὶ ὅτι, εἰ καὶ ἄπιστα καὶ ψευδῆ πλάττοι, ἀλλ᾽ οὖν ἔχει περὶ τῶν πλείστων αὐτῷ μυθολογηθέντων ἀρχαιοτέρων μαρτυρίας, ἐξ ὧν σὺν καμάτῳ ταῦτα συναθροί-
50 σειε. Προτάττει δὲ καὶ ἑκάστου βιβλίου τοὺς ἄνδρας, οἳ τὰ τοιαῦτα προαπεφήναντο, ὡς μὴ δοκεῖν μαρτυρίας χρησεύειν τὰ ἄπιστα.

ΙΒ´. Ἐπιστολὴν μὲν οὖν κατ᾽ ἀρχὰς τοῦ βιβλίου γράφει πρὸς τὴν ἀδελφὴν Ἰσιδώραν, δι᾽ ἧς εἰ καὶ τὴν

affecerunt malo, ut enim per longum tempus mortuorum instar jacerent fecerant. Accedit huc ut Dercyllis et Mantinias in patriam properarint ut parentibus vitam salutemque redderent.

IX. Dinias simul cum Carmane et Menisco, separato ab ipsis Azulide, ultra Thulen oberravit; quo quidem in errore, quæ supra Thulen incredibilia viderit, nunc inducitur referre Cymbæ ea nimirum a se conspecta esse dicens, quæ et studiosi artis astrorum docent, qualia sunt ista; habitare posse quosdam sub polo arctico et noctem inveniri unius mensis aliamque qua breviorem, qua longiorem, et sex etiam mensium nec tamen ultra unius anni spatium. Neque vero noctem solum eo usque produci sed et diem etiam noctibus his proportione respondere : aliaque id genus a se viva nuntiat. Homines conspexisse se et quædam alia fabulatur, qualia neminem vidisse ajebat neque de quibus fama audiverit quis, sed ne mente quidem effinxerit. Quod omnium maxime omnem excedit fidem, Boream versus ad lunam profecti tanquam ad purissimam quamdam terram accesserunt, ibique viderunt quæ vidisse par eum est qui antea hujusmodi nugas supra fidem confinxerit : Ad hæc et Sibyllam vaticinandi artem a Carmine didicisse tradit, ac post illa preces quemque suas fudisse et ut optarant, res dein singulis cecidisse; se enim e somno excitatum Tyri in Herculis templo repertum esse : unde cum surrexisset Dercyllidem et Mantiniam repperisse prosperis rebus utentes, quum parentes e longo illo sive somno, sive potius interitu excitassent et cæteroquin beatam vitam agere.

X. Hæc Cymbæ Dinias fabulosa narravit, prolatisque cypressinis tabulis, inscribere eas jubet Erasinidem Atheniensem, Cymbæ comitem, litterarum peritum. Ostendit iis et Dercyllidem, quæ cypressinas tabulas attulerat, Cymbæque negotium dedit ut duplici exemplo iis hactenus narrata inscriberentur; et alteram quidem tabellarum ille penes se haberet, alteram vero Dercyllis cum e vita discessisset, capsulæ impositam prope tumulum collocaret.

XI. Diogenes igitur qui etiam Antonius (vocatur) hasce omnes prodigiis similes fabulas Diniam inducit Cymbæ narrantem, Faustino tamen scribit, de incredibilibus se quæ ultra Thulen essent scribere et Isidoræ sorori litteris strenue operam danti has fabulas dedicare. Veteris præterea comœdiæ poëtam se profitetur : ac licet incredibilia et falsa finxerit, habere tamen de plurimis rebus a se narratis testimonia antiquiorum e quorum scriptis cum labore hæc collegerit. Initio singulorum librorum laudat viros, qui talia literis mandaverant, ne testibus carere incredibilia ista viderentur.

XII. Operis initio igitur epistolam ad Isidoram sororem scribit, qua licet dedicasse hoc illi volumen ostendat, Ba-

DE INCREDIBILIBUS QUÆ ULTRA THULEN INSULAM SUNT.

προσφώνησιν αὐτῇ τῶν συγγραμμάτων δείκνυται πεποιημένος, ἀλλ᾽ οὖν εἰσάγει Βάλαγρον πρὸς τὴν οἰκείαν γυναῖκα, Φίλαν τοὔνομα, γράφοντα· θυγάτηρ δὲ ἦν Ἀντιπάτρου αὕτη· ὅτι τῆς Τύρου ὑπὸ Ἀλεξάνδρου τοῦ βασιλέως Μακεδόνων εἰς ἅλωσιν ἐλθούσης καὶ πυρὶ τὰ πλεῖστα δαπανηθείσης, στρατιώτης ἧκε πρὸς Ἀλέξανδρον, ξένον τι καὶ παράδοξον λέγων μηνύειν, εἶναι δὲ τὸ θέαμα τῆς πόλεως ἔξω. Ὁ δὲ βασιλεὺς, Ἡφαιστίωνα καὶ Παρμενίωνα συμπαραλαβών, εἵποντο τῷ στρατιώτῃ καὶ καταλαμβάνουσιν ὑπογείους λιθίνους σοροὺς, ὧν ἡ μὲν ἐπεγέγραπτο, Λυσίλλα ἐβίω ἔτη πέντε καὶ τριάκοντα· ἡ δὲ, Μνάσων Μαντινίου ἐβίω ἔτη ἓξ καὶ ἑξήκοντα ἀπὸ ἑνὸς καὶ ἑβδομήκοντα· ἡ δὲ, Ἀριστίων Φιλοκλέους ἐβίω ἔτη ἑπτὰ καὶ τεσσαράκοντα ἀπὸ δυοῖν καὶ πεντήκοντα· ἄλλη δὲ, Μαντινίας Μνάσωνος ἔτη ἐβίω δύο καὶ τεσσαράκοντα καὶ νύκτας ἑξήκοντα καὶ ἑπτακοσίας· ἑτέρα δὲ, Δερκυλλὶς Μνάσωνος ἐβίω ἔτη ἐννέα καὶ τριήκοντα καὶ νύκτας ἑξήκοντα καὶ ἑπτακοσίας· ἡ δὲ ἕκτη σορὸς, Δεινίας Ἀρκὰς ἐβίω ἔτη πέντε καὶ εἴκοσι καὶ ἑκατόν. Τούτοις διαποροῦντες πλὴν τῆς πρώτης σοροῦ, σαφὲς γὰρ τὸ ἐκείνης ἐπίγραμμα, ἐντυγχάνουσι παρὰ τοίχῳ κιβωτίῳ μικρῷ (ἐκ) κυπαρίττου πεποιημένῳ, ᾧ ἐνεγέγραπτο· ὦ ξένε, ὅστις εἶ, ἄνοιξον, ἵνα μάθῃς, ἃ θαυμάζεις. Ἀνοίξαντες οὖν οἱ περὶ Ἀλέξανδρον τὸ κιβώτιον, εὑρίσκουσι τὰς κυπαριττίνας δέλτους, ἃς, ὡς ἔοικε, κατέθηκε Δερκυλλὶς κατὰ τὰς ἐντολὰς Δεινίου. Ταῦτα Βάλαγρον εἰσάγει τῇ γυναικὶ γράφοντα, καὶ ὅτι τὰς κυπαριττίνας δέλτους μεταγραψάμενος διαπέμψειε τῇ γυναικί. Καὶ λοιπὸν εἰσβάλλει ἐντεῦθεν ὁ λόγος εἰς τὴν τῶν κυπαριττίνων δέλτων ἀνάγνωσιν καὶ γραφὴν, καὶ πάρεστι Δεινίας Κύμβᾳ διηγούμενος, ἅπερ προείρηται. Οὕτω μὲν οὖν καὶ ἐπὶ τούτοις ἡ τῶν δραμάτων πλάσις τῷ Ἀντωνίῳ Διογένει ἐσχημάτισται.

ΙΙ´. Ἔστι δ᾽, ὡς ἔοικεν, οὗτος χρόνῳ πρεσβύτερος τῶν τὰ τοιαῦτα ἐσπουδακότων διαπλάσαι, οἷον Λουκιανοῦ, Ἰαμβλίχου, Ἀχιλλέως Τατίου, Ἡλιοδώρου τε καὶ Δαμασκίου· καὶ γὰρ τοῦ περὶ ἀληθῶν διηγημάτων Λουκιανοῦ καὶ τοῦ περὶ μεταμορφώσεων Λουκίου πηγὴ καὶ ῥίζα ἔοικεν εἶναι τοῦτο· οὐ μόνον δὲ, ἀλλὰ καὶ τῶν περὶ Σινωνίδα καὶ Ῥοδάνην, Λευκίππην τε καὶ Κλειτοφῶντα, καὶ Χαρίκλειαν καὶ Θεαγένην, τῶν τε περὶ αὐτοὺς πλασμάτων καὶ τῆς πλάνης, ἐρώτων τε καὶ ἁρπαγῆς καὶ κινδύνων ἡ Δερκυλλὶς καὶ Κήρυλλος καὶ Θρουσκανὸς καὶ Δεινίας ἐοίκασι παράδειγμα γεγονέναι.

ΙΔ´. Τὸν χρόνον δὲ, καθ᾽ ὃν ἤκμασεν ὁ τῶν τηλικούτων πλασμάτων πατὴρ ὁ Διογένης Ἀντώνιος, οὔπω τι σαφὲς ἔχομεν λέγειν· πλὴν ἔστιν ὑπολογίσασθαι, ὡς οὐ λίαν πόρρω τῶν χρόνων τοῦ βασιλέως Ἀλεξάνδρου. Μνημονεύει δ᾽ οὗτος ἀρχαιοτέρου τινὸς Ἀντιφάνους, ὃν φησι περὶ τοιαῦτά τινα τερατολογήματα κατεσχολακέναι. Ἔστι δὲ ἐν αὐτοῖς καὶ μάλιστα,

lagrum nihilo minus quémdam uxori suæ Philæ nomine scribentem inducit hæc (Phile autem erat Antipatri filia) : Tyro capta ab Alexandro Macedonum rege et igne plurima devastante, venisse ad Alexandrum militem, qui se mirum quid præterque opinionem indicandum habere diceret, esse enim quid extra oppidum spectatu dignum. Regem itaque cum Hephæstione et Parmenione sociis militem secutum invenisse subterranea silicernia ex lapide facta, quorum aliud sic esset inscriptum *Lysilla vixit annos* XXXV, alterum *Mnason Mantiniæ F. Vixit annos* LXVI de LXXI. Alius titulus erat *Aristion Philoclis F. Vixit annos.* XLVII de LII. Alius rursus sic inscriptus lapis *Mantinias Mnasonis F. annos vixit* XLIII, *noctesque* DCCLX. Item alius, *Dercyllis Mnasonis F. annos vixit* XXXIX, *noctesque* DCCLX. Sextum silicernium sic inscriptum *Dinias Arcas vixit annos* XXV *et* C. His lectis dum animi pendent, præterquam in primo silicernio, cujus intelligi poterat titulus ad parietem incidunt in arculam e cupresso factam, cui hoc inscriptum, *Hospes, quisquis es, aperi ut discas quæ mira tibi videntur.* Aperta igitur ab Alexandri sociis arcula, cuparissinas invenirunt tabellas, quas, ut par est, Dercyllis ibi Diniæ mandato collocarat. Hæc uxori scribentem Balagrum inducit, quodque cuparissinas istas tabulas transcriptas conjugi suæ miserit. Atque tum fertur oratio ad cupressinarum lectionem et scriptionem et adest Dinias narrans Cymbæ, quæ jam ante dicta sunt. Ad hunc modum et de his rebus dramatis fictio est ab Antonio Diogene composita.

XIII. Est autem, uti videtur, ipse tempore prior iis qui talia fingere studuerunt , ut Luciano , Lucio, Jamblicho, Achille Tatio, Heliodoro et Damascio; nam et verarum historiarum Luciani et transformationum Lucii fons hic et radix esse videtur. Quum et eorum quæ de Sinonide et Rhodane, de Leucippe et Clitophonte, de Chariclea et Theagene, deque fictis eorum rebus, erroribus, amoribus, raptu atque periculis composita sunt Dercyllis et Ceryllus et Thruscanus ac Dinias exemplum præbuisse censeri merito queant.

XIV. Quo tempore floruerit talium fabularum auctor, Diogenes ille Antonius nondum certo dicere possum. Illud tantum conjicere licet, non ita diu post Alexandri regis tempora. Meminit item de Antiphane quodam se antiquiore quem hujusmodi prodigiosis narrationibus operam dedisse ait. Ex his vero potissimum, ut e cæteris

ὡς ἐν τηλικούτοις πλάσμασί τε καὶ μυθεύμασι, δύο τινὰ θηρᾶσαι χρησιμώτατα· ἓν μὲν, ὅτι τὸν ἀδικήσαντά τι, κἂν μυριάκις ἐκφυγεῖν δόξῃ, εἰσάγει πάντως δίκην δεδωκέναι· καὶ δεύτερον, ὅτι πολλοὺς ἀναιτίους, ἐγγὺς μεγάλου γεγονότας κινδύνου, παρ᾽ ἐλπίδας δείκνυσι πολλάκις διασωθέντας.

hujus farinae fabulis et fictis narrationibus duplex parari utilitas eaque summa potest. Primum quidem, quod, etsi qui injusti quidpiam admiserunt sexcenties effugere videantur, omnino tamen inducit poenas dedisse: dein quod multos insontes in ingens fere incidentes periculum, praeter spem ostendit saepe servari.

JAMBLICHI DRAMA.

ΙΑΜΒΛΙΧΟΥ ΔΡΑΜΑΤΙΚΟΝ.

JAMBLICHI DRAMA.

Α΄. Ἀνεγνώσθη Ἰαμβλίχου δραματικὸν, ἔρωτας ὑποκρινόμενον· ἔστι δὲ τῇ αἰσχρολογίᾳ τοῦ μὲν Ἀχιλλέως τοῦ Τατίου ἥττον ἐκπομπεύων, ἀναιδέστερον δὲ μᾶλλον ἢ ὁ Φοῖνιξ Ἡλιόδωρος προσφερόμενος· οἱ γὰρ τρεῖς οὗτοι σχεδόν τι τὸν αὐτὸν σκοπὸν προθέμενοι ἐρωτικῶν δραμάτων ὑποθέσεις ὑπεκρίθησαν, ἀλλ᾽ ὁ μὲν Ἡλιόδωρος σεμνότερόν τε καὶ εὐφημότερον, ἥττον δὲ αὐτοῦ ὁ Ἰάμβλιχος, αἰσχρῶς δὲ καὶ ἀναιδῶς ὁ Ἀχιλλεὺς ἀποχρώμενος· καὶ ἥ γε λέξις αὐτῷ ῥέουσα καὶ μαλακή, καὶ ὅσον αὐτῆς ὑπόκροτον, οὐ πρὸς τόνον τινὰ, ἀλλ᾽ ἐπὶ τὸ γαργαλίζον, ὡς ἄν τις εἴποι, καὶ βλακώδες παρακεκίνηται. Ὁ μέντοι Ἰάμβλιχος, ὅσα γε εἰς λέξεως ἀρετὴν καὶ συνθήκης καὶ τῆς ἐν τοῖς διηγήμασι τάξεως, κἂν τοῖς σπουδαιοτάτοις τῶν πραγμάτων, ἀλλ᾽ οὐχὶ παιγνίοις καὶ πλάσμασιν ἄξιος τὴν τῶν λόγιων τέχνην καὶ ἰσχὺν ἐπιδείκνυσθαι.

Β΄. Εἰσὶ δὲ αὐτῷ πεποιημένα τοῦ δράματος πρόσωπα Σινωνὶς καὶ Ῥοδάνης, καλὴ καὶ καλὸς τὴν ὄψιν, ἐρῶντες ἀλλήλων καὶ δὴ καὶ νόμῳ γάμου ζευγνύμενοι, καὶ Γάρμος βασιλεὺς Βαβυλῶνος, τῆς αὐτοῦ γυναικὸς θανούσης εἰς ἔρωτα ἀναπτόμενος Σινωνίδος καὶ πρὸς γάμον ἄγειν ἐπειγόμενος· ἀνάνευσις Σινωνίδος καὶ δεσμὰ, χρυσῷ τῆς ἁλύσεως διαπεπλεγμένης, καὶ Ῥοδάνης διὰ τοῦτο, Δάμα καὶ Σάκα τῶν βασιλικῶν εὐνούχων τὴν πρᾶξιν ἐπιτραπέντων, ἐπὶ σταυροῦ ἀναρτώμενος· ἀλλ᾽ ἐκεῖθεν καθαιρεῖται σπουδῇ Σινωνίδος, καὶ φεύγουσιν ἄμφω, ὁ μὲν τὸν σταυρὸν, ἡ δὲ τὸν γάμον. Καὶ περιτέμνεται ὑπὸ τοῦ Σάκα καὶ Δάμας τὰ ὦτα, καὶ τὰς ῥῖνας καὶ ἐπὶ τὴν τούτων ἀποστέλλονται ζήτησιν, καὶ δίχα μερισθέντες ἐπὶ τὴν ἔρευναν τρέπονται.

Γ΄. Καταλαμβάνονται σχεδόν τι παρά τινα λειμῶνα οἱ περὶ Ῥοδάνην ὑπὸ τοῦ διώκοντος Δάμα· ἁλιεὺς δ᾽ ἦν, ὃς τοὺς ποιμένας ἐμήνυσεν, οἳ στρεβλούμενοι τὸν λειμῶνα μόλις δεικνύουσιν, ἐν ᾧ καὶ χρυσὸν Ῥοδάνης εὑρήκει, τῆς πηγῆς τὸν λέοντος ὑποδηλούμενον τῷ ἐπιγράμματι, καὶ τράγου τι φάσμα ἐρᾷ Σινωνίδος, ἐξ ἧς αἰτίας καὶ οἱ περὶ Ῥοδάνην τοῦ λειμῶνος ἀπαίρουσι. Δάμας δὲ τὸν ἀπὸ τοῦ λειμῶνος τῆς Σινωνίδος στέφανον εὑρὼν, πέμπει Γάρμῳ παραμύθιον. Φεύγοντες δὲ οἱ περὶ Ῥοδάνην ἐντυγχάνουσιν ἐπὶ καλύβης γραΐ τινι γυναικὶ, καὶ κρύπτονται ὑπ᾽ ἄντρῳ, ὃ διαμπερὲς ἦν ὀρωρυγμένον ἐπὶ σταδίους τριάκοντα· λόχμῃ δὲ τὸ στόμα ἐβέβυστο. Καὶ οἱ περὶ τὸν Δάμαν ἐφίστανται, καὶ ἀνακρίνεται ἡ γραῦς, καὶ ξίφος γυμνὸν ἰδοῦσα ἐξέψυξεν· οἱ δὲ τοῦ Ῥοδάνους ἵπποι καὶ τῆς

I. Lectum est Jamblichi drama amores repræsentans: qui Achille Tatio minus turpia dicendo gaudet, sed longe impudentius quam Phœnix Heliodorus ea profert: hi enim tres eodem fere sibi proposito scopo amatoriorum dramatum argumenta tractarunt: attamen Heliodorus gravius et decentius, minus vero decenter quam hic Jamblichus, obscæna vero et inverecunda oratione Achilles utitur; cujus etiam fluxa et mollis dictio est et si quid in ea plausibile, non ad firmitatem (et rigorem) sed ad titillationem quamdam, ut sic loquar, atque lasciviam distortum est. Jamblichus autem, quod ad dictionis virtutem et compositionem et narrationum ordinem attinet, dignus erat cui rhetoricam suam artem et facultatem vel in maxime seriis rebus ne dicam in tam ludicris his et fictis ostenderet.

II. Personæ dramatis sunt illi Sinonis et Rhodanes, pulchra uterque forma invicem amantes et etiam conjugii lege juncti. Garmus, Babyloniæ rex amissa conjuge Sinonidis amore captus uxorem ducere eam maturabat: renuit Sinonis et vincitur, torque ex auro contexto, et Rhodanes propterea (Damæ et Sacæ eunuchis regiis commisso negotio) cruci affigitur. Sed inde studio Sinonidis liberatur; uterque fugiunt, alter crucem altera nuptias. Idcirco præcidunturt Sacæ et Damæ aures naresque, ad eos quærendos mittuntur, et in duas partes divisi abeunt ad eos investigandos.

III. Fere apud pratum quoddam Sinonis et Rhodanes deprehenduntur ab insequente Dama; piscator enim quidam pastores indicavit, qui torti pratum illud vix ostendunt, in quo et aurum Rhodanes invenerat, inscriptione columnæ cui leo insidebat ostensum; et hirci quoddam spectrum Sinonidem amat, quomobrem Rhodanes cum illa ex prato excedunt. Damas vero in prato repertam Sinonidis coronam solatio Garmo mittit. Illi fugientes incidunt in vetulam quamdam ad tugurium quoddam cujusdam abscondunt in antro, per stadia continua triginta effossum, dumeto fauces erant obstructæ. Damas instat et interrogatur anus quæ stricto viso gladio, exanimata est. Rhodanis et Sinonidis equi, quibus vehebantur, capiuntur;

33.

Σινωνίδος, οἷς ἐπωχοῦντο, συλλαμβάνονται, καὶ περι-
καθίσταται στρατὸς τὸ χωρίον, ἐν ᾧ Σινωνὶς καὶ Ῥο-
δάνης ἀπεκρύπτετο, καὶ καταρρήγνυταί τινος τῶν πε-
ριπόλων ἀσπὶς ἐκ χαλκοῦ τοῦ ὀρύγματος ὕπερθεν, καὶ
5 τῷ διακενῷ τοῦ ἤχου τῶν κεκρυμμένων μήνυσις γίγνε-
ται, καὶ περιορύσσεται τὸ ὄρυγμα, καὶ πάντα Δάμας
βοᾷ· καὶ γίγνεται τοῖς ἔνδον συναίσθησις, καὶ φεύ-
γουσιν ὑπὸ τοῖς τοῦ ἄντρου μυχοῖς, καὶ διεκπίπτουσι
πρὸς τὴν ἑτέραν αὐτοῦ ὀπήν· καὶ μελιττῶν ἀγρίων
10 σμήνη ἐκεῖθεν ἐπὶ τοὺς ὀρύσσοντας τρέπεται, καταρρεῖ
δὲ τοῦ μέλιτος καὶ ἐπὶ τοὺς φεύγοντας· αἱ δὲ μέλισσαι
καὶ τὸ μέλι ἐξ ἑρπετῶν πεφαρμακευμέναι τροφῆς, αἱ
μὲν κρούσασαι τοὺς ἐπὶ τὸ ὄρυγμα ἠκρωτηρίαζον, οὓς
δὲ καὶ ἀπέκτειναν. Τῷ δὲ λιμῷ κρατούμενοι οἱ περὶ
15 Ῥοδάνην διαλιχμησάμενοι καὶ τὰς γαστέρας καταρ-
ρυέντες, πίπτουσι παρὰ τὴν ὁδὸν ὡσεὶ νεκροί.

Δ΄. Φεύγουσιν ὁ στρατὸς τῷ τῶν μελισσῶν πο-
λέμῳ πονούμενοι, καὶ τοὺς περὶ Ῥοδάνην ὅμως διώ-
κουσι, καὶ οὓς ἐδίωκον ὁρῶντες ἐρριμμένους παρέτρε-
20 χον, νεκρούς τινας ὡς ἀληθῶς ὑπολαμβάνοντες. Ἐν
τούτῳ τῷ ἄντρῳ κείρεται τοὺς πλοκάμους ἡ Σινωνίς,
δι᾿ οὗ ὕδωρ αὐταῖς ἀνιμήσονται· καὶ τοῦτο εὑρὼν ἐκεῖσε
Δάμας πέμπει τῷ Γάρμῳ, σύμβολον τοῦ ἐγγὺς εἶναι
κἀκείνους συλλαβεῖν. Ἐρριμμένων δὲ παρὰ τὴν ὁδὸν
25 τοῦ τε Ῥοδάνους καὶ τῆς Σινωνίδος, ὁ στρατὸς παρερ-
χόμενος ὡς ἐπὶ νεκροῖς κατὰ τὸ πάτριον ἔθος οἱ μὲν
χιτωνίσκους ῥίπτοντες ἐκάλυπτον, ἄλλοι δὲ ἄλλο τι
τῶν προσόντων καὶ κρεῶν δὲ μέρη καὶ ἄρτου ἐπέρ-
ριπτον· καὶ οὕτω παρῆλθεν ὁ στρατός. Οἱ δὲ τῷ
30 μέλιτι καρωθέντες μόλις ἀνίστανται, κοράκων μὲν τῶν
περὶ τὰ κρέα διεριζόντων Ῥοδάνην, ἐκείνου δὲ Σινω-
νίδα διαναστήσαντος. Ἀναστάντες οὖν πορεύονται
τὴν ἐναντίαν τραπόμενοι τῷ στρατῷ, ἵνα μᾶλλον λά-
θοιεν μὴ ὄντες οἱ διωκόμενοι· καὶ εὑρόντες ὄνους δύο
35 ἐπέδησάν τε καὶ τὰ φορτία ἐπέθεντο, ἃ συνεκεχόμιστο
αὐτοῖς ἀφ᾿ ὧν ὡσεὶ νεκροῖς ἐπέρριψεν ὁ στρατός.

Ε΄. Εἶτα καταίρουσιν εἰς πανδοχεῖον, καὶ φεύγουσιν
ἐκεῖθεν, καὶ περὶ πλήθουσαν ἀγορὰν εἰς ἄλλον σταθμὸν
καταλύουσι. Καὶ γίγνεται τὸ πάθος τῶν ἀδελφῶν,
40 καὶ κατηγοροῦνται φόνου, καὶ ἀφίενται τοῦ πρεσβυτέ-
ρου τῶν ἀδελφῶν, ὃς ἀνῃρήκει φαρμάκῳ τὸν ὕστερον
κατηγορήσαντος μέν, τῇ δὲ οἰκείᾳ ἀναιρέσει ἀθωώσαν-
τος· καὶ λανθάνει Ῥοδάνης ἀνελόμενος τὸ φάρμακον.
Καταίρουσιν εἰς οἴκημα λῃστοῦ τοὺς παροδίτας λη-
45 στεύοντος καὶ τούτους ἑαυτῷ ποιουμένου τραπέζας.
Καὶ στρατιωτῶν ὑπὸ τοῦ Δάμα σταλέντων, ἐπεὶ ὁ
λῃστὴς συνείληπτο, πῦρ ἐμβάλλεται εἰς τὴν οἰκίαν,
καὶ περιλαμβάνονται τῷ πυρί, καὶ διαφεύγουσι μόλις
τὸν ὄλεθρον τῶν ὄνων σφαγέντων καὶ τῷ πυρὶ εἰς δίο-
50 δον ἐπιτεθέντων. Καθορῶνται νύκτωρ ὑπὸ τῶν τὸ
πῦρ ἐμβαλόντων, καὶ ἐπερωτηθέντες, τίνες εἶεν, εἴδωλα
τῶν ὑπὸ τοῦ λῃστοῦ ἀναιρεθέντων ἀπεκρίνοντο, καὶ
τῇ ὠχρότητι καὶ λεπτότητι τῆς ὄψεως καὶ τῇ ἀτονίᾳ
τῇ φωνῆς ἔπεισάν τε τοὺς στρατιώτας καὶ ἐδειμάτωσαν.

locum in quo Sinonis et Rhodanes se abscondunt exercitus
cingit, et disrumpitur cujusdam qui custos erat loci æneus
clypeus in superiori defossi antri parte et per vacuum echo
resonantis, indicium fit latere nonnullos. Itaque fossa
circumfoditur et Damas per omnes partes clamat, ut qui
intus erant, audiverint atque ad speluncæ penetralia fugiant
et ad alterum ejus foramen delapsi effugiant. Apum
agrestium examen hinc fodientes invadunt, mel defluit
etiam in fugitivos. Apes ipsæ ac mel serpentum esu ve-
neno infecta erant; inde quos illæ ad fossam pupugerunt,
partim labefactarunt, partim occiderunt. Fame coacti
Rhodanes et Sinonis linxerunt mel et ventris profluvium
passi, ad viam concidunt veluti mortui.

IV. Exercitus fugit apum bello pressi, et Rhodanem et
Sinonidem tamen persequuntur, at dum prostratos quos
insequebantur vident, prætereunt, cadavera quædam re-
vera esse putantes. In hoc antro crines attonsa est Si-
nonis, quibus aquam sibi haurirent, quos repertos ibi Dama
Garmo misit, signum prope abesse illos ut jamjam cape-
rentur. Stratis igitur juxta viam Rhodane et Sinonide
præterit exercitus mortuos illos censens et patrio more
alii quidem vestes projicientes operiebant, alii vero aliud
quid eorum quæ ad manum erant, et carnium ac panis
frusta objecerunt et sic transiit exercitus. Hi, ob mellis
esum veterno capti, ægre surgunt, dum corvi de carne
inter se pugnantes Rhodanem et hic Sinonidem assurgere
cogunt. Excitati adeo aliam quam exercitus viam in-
grediuntur, quo minus ii esse, qui quærebantur, agnosce-
rentur. Inventis asinis duobus conscendent et onera impo-
nunt quæ secum attulerant ex iis rebus quas velut mortuis
exercitus adjecerat.

V. Hinc in diversorium se recipiunt et ipsa meridie in
aliud diversorium concedunt. Accidit interea fratrum ca-
lamitas, cædisque accusati post liberantur, fratrum enim
major natu, qui minorem veneno sustulerat, manus sibi
inferendo omni eos rursus crimine liberarat. Rhodanes
inscius venenum hinc secum aufert; subeuntque post hæc
latronis domum qui in viatores grassabatur quos et sibi
epulandos adponebat. Missi huc a Dama milites, latrone
comprehenso, ignem in ejus domum conjecerunt, quo
igne et illi comprehensi, vix perniciem evaserunt per ju-
gulatos et in ignem conjectos asinos transitu sibi parato.
Videntur noctu ab iis qui ignem injecerant, interrogati
quinam essent, umbras se esse eorum quos latro ille ju-
gulasset, respondent : pallore et macie vultus et vocis re-
missione militibus persuaserunt iisque terrorem incusserunt.

ϛ'. Καὶ φεύγουσι πάλιν ἐκεῖθεν, καὶ καταλαμβάνουσι κόρην ἐπὶ ταφὴν ἀγομένην, καὶ συρρέουσιν ἐπὶ τὴν θέαν· καὶ Χαλδαῖος γέρων ἐπιστὰς κωλύει τὴν ταφήν, ἔμπνουν εἶναι τὴν κόρην ἔτι λέγων· καὶ ἐδείχθη οὕτως. Χρησμῳδεῖ δὲ καὶ τῷ Ῥοδάνει, ὡς βασιλεύσοι. Καταλιμπάνεται κενὸς ὁ τῆς κόρης τάφος, καὶ πολλὰ τῶν πέπλων, ἃ ἔμελλεν ἐπικαίεσθαι τῷ τάφῳ, ἔτι τε σιτία καὶ ποτά· καὶ οἱ περὶ Ῥοδάνην τούτοις εὐωχοῦνται, καὶ λαμβάνουσί τινα καὶ τῶν ἀμφίων, 10 καὶ καθεύδουσιν ἐν τῷ τῆς κόρης τάφῳ. Οἱ δὲ τὸ πῦρ τῇ τοῦ λῃστοῦ οἰκίᾳ ἐμβαλόντες, ἡμέρας ἐπιλαβούσης ἠπατημένους ἑαυτοὺς ἐγνωκότες, ἐδίωκον κατ' ἴχνη Ῥοδάνους καὶ Σινωνίδος, συνεργοὺς αὐτοὺς εἰκάζοντες εἶναι τοῦ λῃστοῦ· ἰχνηλατήσαντες δὲ μέχρι τοῦ τάφου, 15 καὶ ἐνιδόντες αὐτοὺς ἐγκειμένους μὲν τῷ τάφῳ, ἀκινητίζοντας δὲ ἅτε ὕπνῳ καὶ οἴνῳ πεπεδημένους, ἔδοξαν νεκροὺς ὁρᾶν καὶ κατέλιπον ἀπορούμενοι, ὅτι ἐκεῖ τὰ ἴχνη ἔφερεν.

Ζ'. Ἀπαίρουσιν ἐκεῖθεν οἱ περὶ Ῥοδάνην, καὶ πε-
20 ρῶσι τὸν ποταμὸν, γλυκύν τε ὄντα καὶ διαυγῆ καὶ βασιλεῖ Βαβυλωνίων εἰς πόσιν ἀνακείμενον. Καὶ πιπράσκει Σινωνὶς τὰ ἱμάτια, καὶ συλλαμβάνεται ὡς τάφον συλήσασα, καὶ ἀναφέρεται εἰς Σόραιχον, ὃς ἦν Σοραίγου τοῦ τελώνου υἱός, ἐπίκλην δὲ αὐτῷ δίκαιος.
25 Καὶ βουλεύεται πέμπειν αὐτὴν ἐπὶ βασιλέα Γάρμον διὰ τὸ κάλλος, καὶ κιρνᾶται διὰ τοῦτο τὸ τῶν ἀδελφῶν φάρμακον Ῥοδάνει καὶ Σινωνίδι· αἱρετώτερον γὰρ αὐτοῖς ὁ θάνατος ἢ Γάρμον ἰδεῖν. Μηνύεται Σοραίχῳ διὰ τῆς θεραπαινίδος, ἅπερ εἰς ἔργον ἔμελλε χωρεῖν
30 Ῥοδάνει καὶ Σινωνίδι. Καὶ λαθὼν ὁ Σόραιχος τὸ τοῦ θανάτου μὲν φάρμακον κενοῖ, πληροῖ δὲ τὴν κύλικα ὑπνωτικοῦ φαρμάκου, καὶ πιόντας καὶ ὑπνοῦντας λαβὼν ἐφ' ἁρμαμάξης ἤλαυνε πρὸς βασιλέα. Πλησιαζόντων δέ, Ῥοδάνης ἐνυπνίῳ δειματοῦται καὶ βοᾷ καὶ
35 ἐξανιστᾷ Σινωνίδα· ἣ δὲ ξίφει αὐτῆς τὸ στέρνον πλήττει. Καὶ ἀναπυνθάνεται τὰ κατ' αὐτοὺς ἅπαντα Σόραιχος, καὶ λαθόντες πίστεις ἐπαγγέλλουσι, καὶ λύει αὐτούς, καὶ ὑποδείκνυσι τὸ τῆς Ἀφροδίτης ἱερὸν ἐν τῇ νησῖδι, ἐν ᾧ ἔμελλε καὶ τὸ τραῦμα ἡ Σινωνὶς θεραπευθήσεσθαι.
40 Η'. Ὡς ἐν παρεκβολῇ δὲ διηγεῖται καὶ τὰ περὶ τοῦ ἱεροῦ καὶ τῆς νησῖδος, καὶ ὅτι ὁ Εὐφράτης καὶ ὁ Τίγρις περιρρέοντες αὐτὴν ποιοῦσι νησῖδα, καὶ ὅτι ἡ τῆς ἐνταῦθα Ἀφροδίτης ἱέρεια τρεῖς ἔσχε παῖδας, Εὐφράτην καὶ Τίγριν καὶ Μεσοποταμίαν, αἰσχρὰν τὴν ὄψιν
45 ἀπὸ γενέσεως, ὑπὸ δὲ τῆς Ἀφροδίτης εἰς κάλλος μετασκευασθεῖσαν, δι' ἣν καὶ ἔρις τριῶν ἐραστῶν γίγνεται καὶ κρίσις ἐπ' αὐτούς. Βόχορος ὁ κρίνων ἦν, κριτῶν κατ' ἐκείνους καιροὺς ἄριστος· ἐκρίνοντο δὲ καὶ ἤριζον οἱ τρεῖς, ὅτι τῷ μὲν ἡ Μεσοποταμία τὴν φιάλην, ἐξ
50 ἧς ἔπινεν, ἔδωκε, τῷ δὲ τὸν ἀπὸ τῆς κεφαλῆς ἐξ ἀνθέων ἀφελομένη στέφανον περιέθηκε, τὸν δὲ ἐφίλησε. Καὶ τοῦ φιληθέντος κρίσει νικήσαντος, οὐδὲν ἔλαττον αὐτοῖς ἡ ἔρις ἤκμαζεν, ἕως ἀλλήλους ἀνεῖλον ἐρίζοντες.

Θ'. Λέγει οὖν ὡς ἐν παρενθήκῃ περὶ τοῦ τῆς Ἀφροδί-

VI. Inde rursus fugientes incidunt in puellam forte ad sepulcrum elatam : una sequuntur ad spectandum. Chaldæus senex superveniens sepeliri puellam vetat, vivere enim puellam affirmabat, ut res ipsa declaravit. Rhodani idem vaticinio prædixit fore ut rex esset aliquando. Tumulus puellæ inanis deseritur; multa ibi veste, quæ in funeribus exurenda fuerat, relicta, cum cibis et potu : Rhodanes et Sinonis affatim vescuntur, raptisque quibusdam indumentis dormiunt in puellæ sepulcro. At qui latronis domo ignem injecerant die adveniente deceptos se animadvertentes e vestigio persequebantur Rhodanem et Sinonidem, socios illos esse latronis rati. Igitur ad sepulcrum per vestigia delati, cum eos in sepulcro jacere quidem viderent sed nil moveri, somno enim et vino sepulti erant, cadavera se videre putabant et intactos eos reliquerunt, animo hæsitantes, nam vestigia eo ducebant.

VII. Discedunt Rhodanes eum socia inde, trajiciunt flumen, cujus aqua dulcis et limpida regi Babyloniorum ad potum destinata erat. Sinonis vendit vestimenta, quasi sepulcrum compilasset prehenditur et ad Soræchum Soræchi publicani filium trahitur, cui cognomen Justi. Hic constituit mittere eam ob pulchritudinem regi Garmo : qua de causa miscent fratrum istud venenum Rhodanes et Sinonis; mors enim dulcior illis videbatur quam Garmum videre. Soræcho ancilla significat quid Rhodanes et Sinonis molirentur. Clam igitur Soræchus mortiferum illud venenum abjicit, impletque somnifero potu calicem, quo hausto somno captos deprehendens, in vehiculo ad regem ducit. Dum propius accedunt, Rhodanes somnio diro perterrita clamat et excitat Sinonidem quæ gladio pectus suum vulnerat. Cuncta quæ ad eos spectarent percunctatur Soræchus, hi fide data narrant, quo facto liberantur ab illo, qui etiam ostendit Veneris fanum in insula, ubi vulnus Sinonidis sanetur.

VIII. A re proposita digrediens narrat de delubro et de insula, quam Euphrates et Tigris circumfluentes efficiunt. Veneris ibi sacerdoti tres erant liberi Euphrates et Tigris et Mesopotamia, forma deformis hæc genita, sed a Venere pulcra reddita, ut de ipsa lis exorta sit inter tres amantes de qua judicium fit. Bochorus judex legitur judicum illis temporibus optimus. Contendebant et litigabant hi tres, propterea quod huic quidem Mesopotamia poculum dederat unde bibere solebat, alterum capiti suo direpto florido serto coronaverat, tertium osculata erat; qui osculum acceperat vicit causam; nihilominus tamen contentio vigebat donec certantes se invicem interfecissent.

IX. Narrat igitur veluti digrediens de Veneris fano,

της ιερού, και ως ανάγκη τας γυναίκας εκείσε φοιτώσας
απαγγέλλειν δημοσία τα εν τω ναώ αυταίς δρώμενα
όνειρα· εν ώ και τα περί Φαρνούχου και Φαρσίριδος
και Τανάϊδος, αφ' ου και Τάναϊς ο ποταμός, λεπτο-
5 μερώς διεξέρχεται, και ότι τα περί τον τόπον και την
χώραν του Τανάϊδος τοις κατοικούσιν Αφροδίτης μυ-
στήρια Τανάϊδος και Φαρσίριδος εισίν. Εν δε τη
προειρημένη νησίδι ρόδων εντραγών ο Τίγρις τελευτά·
κανθαρίς γαρ τοις του ρόδου φύλλοις έτι συνεπιτυγχά-
10 νοις ούσιν υπεκάθητο· και η του παιδός μήτηρ ήρωα
πείθεται γενέσθαι τον υιόν εκμαγεύσασα.
Ι'. Και διεξέρχεται ο Ιάμβλιχος μαγικής είδη,
μάγον ακρίδων και μάγον λεόντων και μάγον μυών·
εξ ου καλείσθαι και τα μυστήρια από των μυών·
15 πρώτην γαρ είναι την των μυών μαγικήν. Και μά-
γον δε λέγει χαλάζης και μάγον όφεων και νεκυομαν-
τείας και εγγαστρίμυθον, ον και φησιν ως Έλληνες
μεν Ευρυκλέα λέγουσι, Βαβυλώνιοι δε Σακχούραν
αποκαλούσι. Λέγει δε και εαυτόν Βαβυλώνιον είναι ο
20 συγγραφεύς και μαθείν την μαγικήν, μαθείν δε και την
Ελληνικήν παιδείαν και ακμάζειν επί Σοαίμου του
Αγαιμενίδου του Αρσακίδου, ος βασιλεύς ην εκ πατέ-
ρων βασιλέων, γέγονε δε όμως και της συγκλήτου
βουλής της εν Ρώμη, και ύπατος δε, είτα και βασι-
25 λεύς πάλιν της μεγάλης Αρμενίας· επί τούτου γούν
ακμάσαι φησίν εαυτόν. Ρωμαίων δε διαλαμβάνει
βασιλεύειν Αντωνίνον· και ότε Αντωνίνος, φησίν, Ουή-
ρον τον αυτοκράτορα και αδελφόν και κηδεστήν έπεμψε
Βολογαίσω τω Παρθυαίω πολεμήσοντα, ως αυτός τε
30 προείποι και τον πόλεμον, ότι γενήσεται και όποι τε-
λευτήσοι, και ότι Βολόγαισος μεν υπέρ τον Ευφράτην
και Τίγριν έφυγεν, η δε Παρθυαίων γη Ρωμαίοις
υπήκοος κατέστη.
ΙΑ'. Αλλ' ό γε Τίγρις και Ευφράτης οι παίδες εμ-
35 φερείς αλλήλοις ήσαν και Ροδάνης αμφοτέροις. Του
δε παιδός, ώσπερ έφημεν, τω ρόδω τελειωθέντος,
Ροδάνης προς την νησίδα άμα Σινωνίδι περαιούται,
και βοά η μήτηρ τον τεθνηκότα αυτής υιόν αναβιώναι,
εις τον Ροδάνην ορώσα, και Κόρην αυτώ εκείθεν
40 έπεσθαι· συνυποκρίνεται Ροδάνης ταύτα, της των
γησιωτών κατεντρυφών ευηθείας. Μηνύεται Δάμα
τα περί Ροδάνην, και όσα Σόραιχος περί αυτούς έπραξε·
μηνυτής δ' ην αυτός ο ιατρός, ον ο Σόραιχος κρύφα
πέμψας το της Σινωνίδος εθεράπευσε τραύμα. Συλ-
45 λαμβάνεται διά τούτο Σόραιχος και άγεται επί Γάρ-
μον· αποστέλλεται και αυτός ο μηνυτής γράμμα Δάμα
επιφερόμενος προς τον της Αφροδίτης ιερέα, εφ' ω
συλλαβείν τους περί Σινωνίδα. Διαβαίνει τον ποτα-
μόν ο ιατρός της ιεράς εαυτόν ως έθος εξαρτήσας κα-
50 μήλου, το δε γράμμα τω δεξιώ παρενθείς των ώτων·
και τέλος ο μηνυτής εναποπνίγεται τω ποταμώ, δια-
βαίνει δε προς την νησίδα η κάμηλος, και πάντα μαν-
θάνουσιν οι περί Ροδάνην, το του Δάμα γράμμα των
ώτων ανελόμενοι της καμήλου.

utque necesse fuerit matronas eo accedentes publice enun-
tiare, quae in delubro ipsis visa essent insomnia. Ubi et
de Pharnucho, et Pharsiride et Tanaide (unde et Tanais
flumen) accurate refert et mysteria Veneris circa Tanai-
dem habitantibus hujus esse Tanaïdis et Pharsiridis. In
insula supra memorata rosas edens Tigris diem obiit : nam
cantharis rosae foliis invicem adhuc implicatis subsederat;
pueri mater per incantamenta credit filium heroem esse
factum.

X. Jamblichus magicae artis species tradit, magum enim
esse locustarum, leonum et murium; atque inde etiam
mysteria dicta esse από των μυών, id est a muribus, cum
murium ars magica prima sit. Magum quoque grandinis
et magum serpentum et divinationem e mortuis et ven-
triloquum esse affirmat, quem Graeci dixerint Eury-
clem, Babylonii Sacchuram. Se quoque Babylonium esse
narrat auctor et artem magicam didicisse, tum et Graecis
disciplinis studuisse et floruisse temporibus Soaemi Achae-
menidis filii, Arsacae nepotis, qui rex erat regio genere
oriundus, lectus erat tamen et Romanus senator et creatus
consul, deinde rursus erat rex Armeniae Magnae : hujus
igitur aetate se floruisse tradit. Romanis imperare Anto-
ninum refert, qui cum Verum Imperatorem, fratrem et
generum mitteret ad bellum gerendum cum Vologaeso
Parthorum rege, tum praedixit auctor et bellum hoc ori-
turum esse et quem finem habiturum esset; Vologaesus
autem ultra Euphratem et Tigrin fugit : Parthorum re-
gio Romanis subacta est.

XI. Tigris et Euphrates pueri similes invicem erant et
Rhodanes utrique. Puero illo, ut diximus, per rosam
enecto, Rhodanes in insulam cum Sinonide trajicit, et
clamat mater Rhodanem adspiciens filium suum mortuum
revixisse et Proserpinam illum inde (ex Orco) sequi ; dis-
simulat haec Rhodanes, insulanorum simplicitatem ludifi-
cans. Quae Rhodani et Sinonidi accidissent et quae So-
raechus cum illis gessisset Damae nuntiantur, index fuit
medicus ille quem Soraechus ut Sinonidis vulnus curaret,
clam submiserat. Propterea capitur Soraechus et ad Gar-
mum adducitur. Mittitur et ipse index Damae litteras
secum ferens ad Veneris sacerdotem cum hoc mandato ut
Rhodanes et Sinonis prehenderentur. Medicus trajicit flu-
vium, ut mos fert, sacrae camelo semet appendens litteras-
que dextrae auri imponit. Verum delator iste flumine mergi-
tur, camelus ad insulam adnatat, Rhodanes omnia comperit
sublata e cameli aure Damae epistola.

DRAMA.

ΙΒ΄. Φεύγουσιν ἐκεῖθεν διὰ τοῦτο, καὶ συναντῶσιν ἀγόμενον Σόραιχον ἐπὶ Γάρμον, καὶ καταλύουσιν ἅμα ἐν πανδοχείῳ. Καὶ τῇ τοῦ χρυσίου ἐπιθυμίᾳ νύκτωρ ἀναπείθει Ῥοδάνης, καὶ ἀναιροῦνται οἱ Σοραίχου φύ-
5 λακες, καὶ φεύγει σὺν αὐτοῖς Σόραιχος, ἀμοιβὴν εὑρὼν τῆς προϋπαρξάσης εὐεργεσίας. Συλλαμβάνει Δάμας τὸν τῆς Ἀφροδίτης ἱερέα, καὶ ἀνακρίνεται περὶ Σινωνίδος, καὶ τέλος κατακρίνεται δήμιος γενέσθαι ἀντὶ ἱερέως ὁ πρεσβύτης· καὶ τὰ περὶ τὸν δήμιον ἔθη καὶ
10 νόμιμα. Συλλαμβάνεται Εὐφράτης, ὅτι ὁ πατὴρ καὶ ἱερεὺς, ὡς Ῥοδάνην αὐτὸν ὑπολαβὼν, οὕτως ἐπεκάλει· καὶ φεύγει Μεσοποταμία ἡ ἀδελφή. Καὶ πρὸς τὸν Σάκαν ἀπάγεται Εὐφράτης, καὶ ἀνακρίνεται περὶ Σινωνίδος· ὡς γὰρ Ῥοδάνης ᾐτάζετο. Καὶ ἀποστέλλει
15 Σάκας πρὸς Γάρμον, ὅτι Ῥοδάνης συνείληπται καὶ Σινωνὶς συλληφθήσεται. Ὁ γὰρ Εὐφράτης ὡς Ῥοδάνης κρινόμενος ἔφη τὴν Σινωνίδα συλλαμβανομένου αὐτοῦ πεφευγέναι, Σινωνίδα καλεῖν κἀκεῖνος ἐκβιαζόμενος τὴν ἀδελφὴν Μεσοποταμίαν.
20 ΙΓ΄. Ὅτι οἱ περὶ Ῥοδάνην καὶ Σινωνίδα φεύγοντες ἅμα Σοραίχῳ καταίρουσιν εἰς γεωργοῦ· τῷ δ᾽ ἦν κόρη θυγάτηρ καλὴ τὴν ὄψιν, ἄρτι χηρωθεῖσα καὶ τῇ πρὸς τὸν ἄνδρα εὐνοίᾳ τὰς τρίχας περικειραμένη. Πέμπεται αὐτῇ τῆς ἁλύσεως τῆς χρυσῆς ἀπεμπολῆσαι, ἣν οἱ
25 περὶ Ῥοδάνην ἐκ τῶν δεσμῶν ἐπεφέροντο, καὶ ἄπεισι πρὸς τὸν χρυσοχόον ἡ τοῦ γεωργοῦ θυγάτηρ. Καὶ ἰδὼν ἐκείνος τήν τε ὄψιν τῆς κόρης καλὴν καὶ τῆς ἁλύσεως τὸ μέρος, ἧς αὐτὸς ἐργάτης ἐτύγχανε, καὶ τὴν κόμην περιῃρημένην, ὑπονοεῖ Σινωνίδα εἶναι, καὶ πέμ-
30 ψας πρὸς Δάμαν καὶ λαβὼν φύλακας, ἀπερχομένην ἐφύλαττε κρύφα. Ἡ δὲ ὑπονοήσασα τὸ πραττόμενον, φεύγει εἰς ἔρημον κατάλυμα, ἐν ᾧ καὶ τὰ περὶ τῆς κόρης τῆς ἐπικαλουμένης Τροφίμης, καὶ τοῦ δούλου τοῦ ἐραστοῦ καὶ φονέως, καὶ τοῦ κόσμου τοῦ χρυ-
35 σοῦ, καὶ αἱ ἐκθεσμοὶ τοῦ δούλου πράξεις, καὶ τὸ ἑαυτὸν ἐπισφάξαι, καὶ τὸ αἱματωθῆναι τὴν τοῦ γεωργοῦ θυγατέρα τοῖς τοῦ ἑαυτὸν διαχρησαμένου αἵμασι, καὶ ὁ τῆς κόρης διὰ ταῦτα φόβος καὶ ἡ φυγή, καὶ ἡ ἔκστασις τῶν φυλάκων καὶ φυγὴ, καὶ ἡ πρὸς τὸν πα-
40 τέρα τῆς κόρης ἄφιξις καὶ διήγησις τῶν συγκυρησάντων, καὶ φυγὴ ἐκεῖθεν τῶν περὶ Ῥοδάνην, καὶ πρὸ τούτων γράμμα πρὸς Γάρμον τοῦ χρυσοχόου, ὅτι Σινωνὶς εὕρηται· καὶ ἦν πίστις ἡ ἐξωνηθεῖσα ἅλυσις πεμπομένη καὶ τὰ ἄλλα, ἃ περὶ τὴν τοῦ γεωργοῦ θυ-
45 γατέρα ὑπωπτεύετο.

ΙΔ΄. Ῥοδάνης ἀπιὼν ἐφ᾽ ᾧ φεύγει, φιλεῖ τὴν κόρην τοῦ γεωργοῦ, καὶ ἀνάπτεται εἰς ὀργὴν Σινωνὶς διὰ τοῦτο, εἰς ὑπόνοιαν μὲν πρῶτον ἀφιγμένη τοῦ φιλήματος, ἔπειτα καὶ ἀπὸ τῶν τοῦ Ῥοδάνους χειλέων ἀφε-
50 λομένη τὸ αἷμα, ὃ φιλήσας αὐτὴν περιεκέχριστο, εἰς ἰσχυρὰν πίστιν καταστᾶσα. Ζητεῖ διὰ τοῦτο Σινωνὶς τὴν κόρην ἀνελεῖν, καὶ ὑποστρέφειν πρὸς αὐτὴν ἠπείγετο καθάπερ τις ἐμμανής· καὶ συνέπεται Σόραιχος, ἐπεὶ μὴ κατασχεῖν τῆς μανιώδους ὁρμῆς ἴσχυε.

XII. Quare inde in fugam se conjiciunt et occurrunt Soræcho ad Garmum ducto et una in diversorio divertunt. Noctu auri cupiditate persuadet Rhodanes; Soræchi custodes interficiuntur, fugit cum illis Soræchus, hanc remunerationem suæ beneficentiæ nactus. Damas prehendit Veneris sacerdotem et de Sinonide sciscitatur et tandem damnatur senex ut pro sacerdote carnifex fieret; mores et consuetudines carnificis narrantur. Prehenditur Euphrates quoniam pater idemque sacerdos, illum pro Rhodane habens, hoc nomine appellabat. Fugit soror Euphratis Mesopotamia. Ad Sacam Euphrates adducitur, de Sinonide interrogatur, pro Rhodane enim examinabatur. Certiorem facit Garmum Sacas, captum esse Rhodanem, fore ut jamjam Sinonis caperetur. Euphrates enim quasi Rhodanes esset in judicio respondet Sinonidem dum ipse caperetur, fugisse, coactus nimirum ipse Sinonidem appellare sororem suam Mesopotamiam.

XIII. Rhodanes et Sinonis una cum Soræcho in fugam versi agricolæ tugurium subeunt; huic erat filia pulchra forma, nuper vidua et viri desiderio crines attonsa. Hæc torquem illum aureum vendere mittitur, quem e vinculis Rhodanes et Sinonis attulerant, abitque ad aurifabrum agricolæ puella: Videns ille puellæ venustatem et torquis partem quam ipse fabricasset, et comam ejus detonsam, suspicatur esse Sinonidem, mittit ad Damam assumtisque custodibus abeuntem clam observat. Illa quid ageretur suspicata confugit in desertum domicilium, ubi et illa de puella Trophima dicta, et de servo amante et homicida et de ornatu aureo sermo injicitur et de nefandis servi facinoribus, quodque se ipse interfecerit, agricolæque puella sanguine illius qui se ipsum interfecerat foedaretur, quæ propterea metu percussa est et fugit: hinc custodum metus et fuga, pullæ adventus ad patrem, enarratio eorum quæ acciderant, fuga ex hoc loco Rhodanis et Sinonidis, et ante hæc quod litteræ ad Garmum regem missæ essent de reperta Sinonide; cujus rei testimonium torques ille emptus qui ad eum mittebatur tum et reliqua quæ de rustici filia suspicatus erat.

XIV. Rhodanes abiens eo consilio ut fugeret, osculatur agricolæ filiam, ira incenditur Sinonis propterea, dum primum basium datum esse suspicabatur, dein vero firmo testimonio id credens, quando a Rhodanis labiis detersit sanguinem quo puellam osculando tincta erant. Ideo interimere vult Sinonis puellam et redire ad illam festinat furentis instar; Soræchus sequitur eam, cujus furibundum impetum refrenare non poterat.

ΙΕ'. Καὶ καταίρουσιν εἰς πλουσίου τινὸς, τὸ ἦθος δὲ ἀκολάστου, Σήταπος αὐτῷ ὄνομα, ὃς ἐρᾷ τῆς Σινωνίδος καὶ πειρᾷ· ἡ δὲ ἀντερᾶν ὑποκρίνεται, καὶ μεθυσθέντα τὸν Σήταπον κατ' αὐτὴν τὴν νύκτα καὶ τὴν ἀρχὴν τοῦ ἔρωτος ἀναιρεῖ ξίφει. Καὶ ἀνοῖξαι κελεύσασα τὴν αὔλειον, καὶ τὸν Σόραιχον ἀγνοοῦντα τὸ πραχθὲν καταλιποῦσα, ἐπὶ τὴν τοῦ γεωργοῦ κόρην ἠλαύνετο. Σόραιχος δὲ τὴν ἔξοδον αὐτῆς μαθὼν ἐδίωκεν ὀπίσω, καὶ καταλαμβάνει ἔχων μεθ' ἑαυτοῦ καὶ τῶν Σητάπου δούλων, οὓς ἦν μισθωσάμενος, ἵνα κωλύσῃ τὴν σφαγὴν τῆς τοῦ γεωργοῦ κόρης· καταλαβὼν δὲ ἀναλαμβάνει εἰς τὴν ἁρμάμαξαν, παρεσκεύαστο γὰρ καὶ τοῦτο, καὶ ἀπελαύνει ὀπίσω. Ὑποστρεφόντων δὲ αὐτῶν οἱ τοῦ Σητάπου θεράποντες, ἐπεὶ τὸν δεσπότην ἀνῃρημένον ἐθεάσαντο, ἀπήντησαν ὠργισμένοι, καὶ συλλαβόντες Σινωνίδα καὶ δήσαντες ἦγον ἐπὶ Γάρμον ὡς ἀνδροφόνον κολασθησομένην· καὶ Σόραιχος ἦν ἄγγελος Ῥοδάνει τῶν κακῶν, κόνιν τε κατὰ τῆς κεφαλῆς πασάμενος καὶ τὸν κάνδυν περιερρηγμένος· καὶ Ῥοδάνης ἀναιρεῖν ἑαυτὸν ὁρμᾷ, ἀλλ' ἐκώλυε Σόραιχος.

ϛ'. Ὁ δὲ Γάρμος Σάκα δεξάμενος γράμμα, ὅτιπερ Ῥοδάνης συνείληπται, καὶ παρὰ τοῦ χρυσοχόου, ὅτι Σινωνὶς ἔχεται, ἐχαίρέ τε καὶ ἔθυε καὶ τοὺς γάμους ἡτοίμαζε, καὶ κήρυγμα ἥπλωτο πανταχοῦ πάντας δεσμώτας λύεσθαι καὶ ἀφίεσθαι. Καὶ Σινωνὶς ὑπὸ τῶν Σητάπου θεραπόντων δέσμιος ἀγομένη τῷ κοινῷ τοῦ κηρύγματος λύεται καὶ ἀφίεται. Δάμαν δὲ κελεύει Γάρμος παραδοθῆναι θανάτῳ, καὶ παραδίδοται δημίῳ, ὃν αὐτὸς ἀπὸ ἱερέως εἰς τὸν δήμιον μετέστησεν· ἐδυσχέραινε δὲ τῷ Δάμᾳ ὁ Γάρμος, ὅτι παρ' ἄλλοις Ῥοδάνης, ὡς ἐνόμιζε, καὶ Σινωνὶς συνεσχέθησαν. Διάδοχος δὲ Δάμα ὁ ἀδελφὸς καθίσταται Μόνασος.

ΙΖ'. Διάληψις περὶ Βερενίκης, ἥτις ἦν θυγάτηρ τοῦ βασιλέως Αἰγυπτίων, καὶ τῶν ἀγρίων αὐτῆς καὶ ἐκθέσμων ἐρώτων, καὶ ὅπως Μεσοποταμίᾳ συνεγένετο, καὶ ὡς ὕστερον ὑπὸ Σάκα συνελήφθη Μεσοποταμία, καὶ πρὸς Γάρμον ἅμα τῷ ἀδελφῷ Εὐφράτῃ ἀπάγεται. Γράμμα δεξάμενος Γάρμος παρὰ τοῦ χρυσοχόου ὡς Σινωνὶς διαπέφευγε, προστάσσει ἐκεῖνόν τε ἀναιρεθῆναι καὶ τοὺς ἐπὶ φυλακῇ ταύτης καὶ ἀγωγῇ σταλέντας αὐταῖς γυναιξὶ καὶ τέκνοις ζῶντας κατορυχθῆναι.

ΙΗ'. Ὑρκανὸς κύων ὁ τοῦ Ῥοδάνους, εὑρὼν ἐν ἐκείνῳ τῷ ἀποτροπαίῳ καταγωγίῳ τὰ σώματα τῆς τε δυστυχοῦς κόρης καὶ τοῦ παλαμναίου καὶ δυσέρωτος δούλου, κατέφαγε πρῶτον τὸ τοῦ δούλου, ἔπειτα κατὰ μικρὸν καὶ τῆς κόρης· καὶ ἐφίσταται τῷ τόπῳ ὁ τῆς Σινωνίδος πατήρ, καὶ τὸν κύνα ὡς εἴη Ῥοδάνους εἰδὼς καὶ τὴν κόρην ἡμίβρωτον ἰδὼν σφάζει μὲν ὡς ἐπὶ Σινωνίδι τὸν κύνα, ἀναρτᾷ δὲ καὶ ἑαυτὸν βρόχῳ, καταχώσας τὸ ὑπόλοιπον τῆς κόρης σῶμα καὶ ἐπιγράψας αἵματι τοῦ κυνός· ἐνθάδε κατάκειται Σινωνὶς ἡ καλή. Παραγίνονται τῷ τόπῳ Σόραιχος καὶ Ῥοδάνης, καὶ τόν τε κύνα ἐσφαγμένον τῷ τάφῳ ἰδόντες, τόν τε πα-

XV. Divertunt in domo divitis cujusdam hominis sed lascivi, cui Setapi nomen, qui Sinonidis amore capitur eamque sollicitat; illa redamare simulat et ebrium Setapum ipsa nocte, in amoris initio, gladio interficit. Januam domus sibi aperiri dein jubet, Soræchoque relicto rei gestæ ignaro ad rustici puellam ruebat. Soræchus, exitu illius cognito pone sequitur et deprehendit adductis secum nonnullis Setapi servis quos mercede conduxerat ut agricolæ filiæ cædem prohiberet : deprehensam carpento imponit, nam et hoc sibi paraverat, et retro revertitur. Redeuntibus illis Setapi servi interfectum dominum videntes, irati occurrunt, et captam Sinonidem vinculis impositis ad Garmum veluti homicidam pœnas daturam ducunt. Soræchus Rhodani malorum nuntius fit, pulvere caput aspersus et veste scissa : Rhodanes se ipse interimere properat, quod prohibet Soræchus.

XVI. Garmus acceptis Sacæ literis de capto Rhodane et ab aurifabro de Sinonide prehensa, gaudebat et sacrificabat et nuptias parabat et edicto jussum est ut omnes vincti solvantur et dimittantur. Sinonis a Setapi servis in vincula ducta, edicto, quod ad omnes pertinebat, solvitur et dimittitur. Damam occidi Garmus jubet traditurque illi quem ipsemet ex sacerdote carnificem creaverat. Iratus erat autem Damæ Garmus, quod apud alios, ut putabat, Rhodanes et Sinonis constricti tenerentur. Damæ succedit frater ejus Monasus.

XVII. Narratio de Berenice, quæ erat Ægyptiorum regis filia, deque immani ejus et incesto amore et quomodo cum Mesopotamia consuetudinem habuerit, hæc autem dein a Saca prehensa sit et adducta ad Garmum simul cum fratre Euphrate. Ab aurifabro literis acceptis Garmus, aufugisse Sinonidem, illum interfici jubet, illosque qui ad eam custodiendam et adducendam missi essent una cum uxoribus et liberis vivos defodi.

VIII. Rhodanis canis, Hyrcanus, repertis in sacro isto diversorio cadaveribus miseræ illius puellæ et servi infelicis et perdite amantis, primum servi dein et paulatim puellæ corpus devorat : advenit ad eum locum Sinonidis pater, canemque hunc Rhodanis esse sciens puellamque semesam animadvertens, canem quasi Sinonidem ulturus mactavit et se ipse laqueo suspendit, terra operto reliquo puellæ corpore et canis sanguine titulo inscripto : *hic sita est pulchra Sinonis*. Ad eum locum veniunt Soræchus et Rhodanes, visoque cane ad tumulum interfecto, et pa tre Sinonidis suspenso, sepulcrique titulo, Rhodanes vulnus

τέρα τῆς Σινωνίδος ἀνηρτημένον, τό τε τοῦ τάφου ἐπίγραμμα, ὁ μὲν Ῥοδάνης πρώτην πληγὴν ἑαυτῷ ἐπενεγκὼν προςέγραφε τῷ ἰδίῳ αἵματι ἐπὶ τῷ τῆς Σινωνίδος ἐπιγράμματι· καὶ Ῥοδάνης ὁ καλός· ὁ δὲ Σόραιχος βρόχῳ ἑαυτὸν ἐξῆπτεν. Ἐν ᾧ δὲ καὶ τὴν τελευταίαν πληγὴν ὁ Ῥοδάνης ἐπάγειν ἤρχετο, ἡ τοῦ γεωργοῦ θυγάτηρ ἐπιστᾶσα μέγα ἐβόα· οὐκ ἔστι Σινωνίς, ὦ Ῥοδάνη, ἡ κειμένη· καὶ δραμοῦσα κόπτει τε τὸν βρόχον Σοραίχου καὶ τὸ ξίφος ἀφαιρεῖται Ῥοδάνους, καὶ πείθει μόλις διηγησαμένη τά τε περὶ τὴν δυστυχῇ κόρην καὶ περὶ τοῦ χρυσίου τοῦ κατορωρυγμένου, καὶ ὡς ἐπὶ τῷ ἀναλαβεῖν τοῦτο ἥκοι.

ΙΘ΄. Ἡ δὲ Σινωνὶς ἀπολυθεῖσα τῶν δεσμῶν ἐπὶ τὴν οἰκίαν ἔφθη τοῦ γεωργοῦ, ἔτι κατὰ τῆς κόρης ἐπιμαινομένη. Μὴ εὑροῦσα δὲ αὐτὴν ἐπηρώτα τὸν πατέρα· ὁ δὲ τὴν ὁδὸν ἔφραζε, καὶ αὐτὴ ἐδίωκεν ὀπίσω, γυμνώσασα τὸ ξίφος. Ὡς δὲ κατέλαβεν ἐρριμμένον μὲν τὸν Ῥοδάνην, ἐκείνην δὲ μόνην παρακαθημένην καὶ τὸ τραῦμα τοῦ στήθους παραψήχουσαν· ὁ Σόραιχος γὰρ ἐπὶ ζήτησιν ἰατροῦ ἐξῄει· ὀργῆς τε καὶ ζηλοτυπίας μᾶλλον ἐμπίπλαται καὶ ὁρμᾷ κατὰ τῆς κόρης. Ὁ δὲ Ῥοδάνης ὑπὸ τῆς βίας κρείττων τοῦ τραύματος γεγονὼς ὑπήντα καὶ ἐκώλυε τὴν Σινωνίδα, τὸ ξίφος ἁρπάσας ἀπ' αὐτῆς. Ἡ δὲ ὑπ' ὀργῆς ἐκπηδήσασα τοῦ καταγωγίου καὶ δρόμῳ χρωμένη μανιώδει, τοῦτο πρὸς Ῥοδάνην εἰποῦσα ἀπέρριψε μόνον· καλῶ σε σήμερον εἰς τοὺς Γάρμου γάμους. Σόραιχος δὲ παραγενόμενος καὶ μαθὼν ἅπαντα παρηγορεῖ μὲν Ῥοδάνην, καὶ ἰατρεύσαντες τὸ τραῦμα ἀπολύουσι μετὰ τῶν χρημάτων τὴν κόρην πρὸς τὸν πατέρα.

Κ΄. Ἄγεται πρὸς Γάρμον Εὐφράτης ὡς Ῥοδάνης καὶ ὡς Σινωνὶς Μεσοποταμία· ἄγεται καὶ Σόραιχος καὶ ὁ ἀληθὴς Ῥοδάνης. Καὶ διαγνοὺς ὁ Γάρμος, μὴ εἶναι Σινωνίδα τὴν Μεσοποταμίαν, δίδωσι Ζοβάρᾳ παρὰ ποταμὸν Εὐφράτην καρατομῆσαι, ἵνα μή, φησί, καὶ ἑτέρα τις τοῦ τῆς Σινωνίδος ἐπιβατεύοι ὀνόματος. Ὁ δὲ Ζοβάρας, ἀπὸ πηγῆς ἐρωτικῆς πιὼν καὶ τῷ Μεσοποταμίας ἔρωτι σχεθείς, σώζει τε ταύτην καὶ πρὸς Βερενίκην Αἰγυπτίων ἤδη, ἅτε τοῦ πατρὸς τελευτήσαντος, βασιλεύουσαν, ἐξ ἧς ἣν καὶ ἀφελόμενος, ἄγει· καὶ γάμους Μεσοποταμίας ἡ Βερενίκη ποιεῖται, καὶ πόλεμος δι' αὐτὴν Γάρμῳ καὶ Βερενίκῃ διαπειλεῖται. Εὐφράτης δὲ παραδίδοται τῷ πατρὶ ὡς δημίῳ, καὶ ἀναγνωσθεὶς σώζεται, καὶ πληροῖ μὲν αὐτὸς τὰ τοῦ πατρὸς ἔργα, ὁ δὲ πατὴρ οὐ μιαίνεται τοῖς ἀνθρώπων αἵμασιν· ὕστερον δὲ ὡς τοῦ δημίου κόρη ἐξέρχεται τοῦ οἰκήματος καὶ διασώζεται. Ἐν ᾧ καὶ περὶ τῆς συγκαθευδούσης τῷ δημίῳ, τά τε περὶ αὐτὴν ἔθη τε καὶ νόμιμα, καὶ περὶ τῆς τοῦ γεωργοῦ θυγατρός, ὅπως ἀνάσπαστος γίγνεται, ἐπεὶ Σινωνὶς τῷ Συρίας βασιλεῖ γαμηθεῖσα ἔσχεν ἰσχὺν τὴν ὀργὴν ἐπ' αὐτῇ πληρῶσαι· καὶ ὡς δημίῳ ταύτην συγκαθεύδειν καταδικάζει· καὶ ὅτι συνεκαθεύδησεν ἐν τῷ τοῦ δημίου περιβόλῳ εἰσελθοῦσα τῷ Εὐφράτῃ ὃς καὶ ἀντ' αὐτῆς εἰς τὸ ἐκείνης

JAMBLICHI DRAMA.

sibi infligens, suo sanguine Sinonidis titulo adscripsit: et *Rhodanes pulcher:* Soræchus laqueo caput inserit. Dum ultimum Rhodanes vulnus sibi inferre parat, agricolæ filia superveniens magna voce clamat: non est Sinonis, quæ hic jacet: decurrens discindit laqueum Soræchi et Rhodani gladium ademit, et vix persuadet narrans illa quæ de infelici puella et de auro defosso accidissent, ad quod recipiendum ipsa venisset.

XIX. Sinonis vinculis soluta ad agricolæ domum fugit, furore adhuc in ejus filiam agitata: quam non reperit parentemque de ea percunctatur; ille viam monstrat, ipsa stricto gladio insequitur. Ubi deprehendit Rhodanem prostratum, illam autem solam adsidentem pectorisque vulnus ei foventem, nam Soræchus medicum accersitum ierat, ira et zelotypia magis fervet et in puellam cum impetu ruit. At Rhodanes collectis ad eam violentiam nonnihil a vulnere viribus, accurrit et avertit ab illa Sinonidem, gladio illi erepto. Illa præ ira e diversorio exiliens et cursu furibundo utens hoc solum Rhodani dictum objecit: *hodie te ad Garmi nuptias invito.* Soræchus adveniens intellecta re omni, consolatur Rhodanem, curataque plaga cum pecunia puellam ad matrem remittunt.

XX. Ad Garmum ducitur Euphrates quasi esset Rhodanes et pre Sinonide Mesopotamia. Cognito Garmus Mesopotamiam non esse Sinonidem tradidit Zobaræ ad flumen Euphratem capite truncandam, ne qua, inquit, alia Sinonidis nomen falso usurpet. Zobaras bibens ex fonte amatorio et Mesopotamiæ amore captus, servavit eam et ad Berenicem Ægyptiorum jam reginam, patre mortuo, a qua eam quoque abduxerat, reduxit, Mesopotamiæ nuptias Berenice facit, et propter illam Garmus et Berenice bellum invicem minantur. Euphrates parenti suo ut carnifici traditur, agnitus servatur, parentis officio ipse fungitur, itaque pater humano sanguine non contaminatur: postea ut carnificis filia carcere egreditur et liber fit. Ibidem et de carnificis concubina, ejusque legibus ac moribus et de agricolæ filia ut vi abrepta fuerit, postquam Sinonis cum rege Syriæ nupta potestatem nacta esset illam ulciscendi: utque in septum carnificum introiens cum Euphrate concubuerit:

πρόσωπον ὑποκριθεὶς ἐξῆλθε τοῦ περιβόλου, καὶ ἐκείνη ἀντὶ τοῦ Εὐφράτου τὸ ἔργον ἔπραττε τοῦ δημίου.

ΚΑ'. Καὶ ταῦτα μὲν ὧδε προΰβαινε, παραδίδοται δὲ καὶ Σόραιχος ἐπὶ τῷ ἀνασταυρωθῆναι· ὁ δὲ τόπος ὥριστο, ἔνθα Ῥοδάνης καὶ Σινωνὶς τὰ πρῶτα ηὐλίσαντο, ἐν τῷ λειμῶνι καὶ ἐν τῇ πηγῇ, ἐν οἷς καὶ τῷ Ῥοδάνει τὸ κεκρυμμένον ἐπεφώρατο χρυσίον, ὃ καὶ ἀπαγομένῳ ἐπὶ τὸν σταυρὸν Σοραίχῳ μηνύει. Καὶ Ἀλανῶν στρατὸς ἀπόμισθος Γάρμῳ γεγονὼς καὶ ἀπεχθανόμενοι περὶ τὸν χῶρον, ἐν ᾧ Σόραιχος ἔμελλεν ἀνασταυροῦσθαι, διατρίβουσιν· οἳ καὶ ἀπελάσαντες τοὺς Σόραιχον ἄγοντας ἔλυσαν. Ὁ δὲ τὸ μηνυθὲν χρυσίον εὑρὼν καὶ τέχνῃ τινὶ καὶ σοφίᾳ ἐκ τοῦ ὀρύγματος ἀνιμώμενος, τοὺς Ἀλανοὺς ἔπεισεν, ὡς ὑπὸ θεῶν ταῦτά τε καὶ τὰ ἄλλα ἐκδιδάσκοιτο. Καὶ κατὰ μικρὸν ἐθίσας εἵλκυσεν ὥστε σφῶν ἡγεῖσθαι βασιλέα, καὶ πολεμεῖ στρατῷ Γάρμου καὶ νικᾷ. Ἀλλ' ὕστερον ταῦτα, ὅτε δὲ Σόραιχος ἐπὶ τὸν σταυρὸν ἐπέμπετο, τότε καὶ Ῥοδάνης ὑπ' αὐτοῦ Γάρμου ἐστεφανωμένου καὶ χορεύοντος ἐπὶ τὸν πρότερον σταυρὸν πάλιν ἤγετο καὶ ἀνεσταυροῦτο, καὶ Γάρμος μεθύων ἅμα καὶ χορεύων περὶ τὸν σταυρὸν σὺν ταῖς αὐλητρίσιν ἔχαιρέ τε καὶ εὐφραίνετο.

ΚΒ'. Ἐν ᾧ δὲ ταῦτα ἐπράττετο, Σάκας πρὸς Γάρμον γράμμα πέμπει, ὡς Σινωνὶς τῷ Σύρων βασιλεῖ, μειρακίῳ ὄντι, γαμεῖται· καὶ Ῥοδάνης ἄνωθεν ἔχαιρε, Γάρμος δὲ ἑαυτὸν ἀνελεῖν ὥρμησεν. Ἐπισχὼν δὲ κατάγει Ῥοδάνην ἄκοντα τοῦ σταυροῦ, θανεῖν γὰρ μᾶλλον ᾑρεῖτο, καὶ κοσμεῖ στρατηγικῶς, καὶ πέμπει τοῦ πολέμου, ὃν πρὸς τὸν τῶν Σύρων ἀνεκίνει βασιλέα, στρατηγὸν ὡς ἐραστὴν κατὰ τοῦ ἀντεραστοῦ, καὶ φιλοφρονεῖται ὑπούλως, καὶ γράμμα κρύφιον γράφει τοῖς ὑποστρατήγοις, εἰ νίκη γένηται καὶ συλληφθῇ Σινωνὶς, ἀναιρεθῆναι Ῥοδάνην. Ῥοδάνης δὲ καὶ νικᾷ, καὶ τὴν Σινωνίδα ἀπολαμβάνει, καὶ βασιλεύει Βαβυλωνίων· καὶ τοῦτο χελιδὼν προμηνύει· ταύτῃ γὰρ, ὅτε παρῆν Γάρμος καὶ συνεξέπεμπε Ῥοδάνην, ἀετὸς ἐδίωκε καὶ ἰκτῖνος· ἀλλὰ τὸν μὲν ἀετὸν ἐξέφυγεν, ὁ δὲ ἰκτῖνος ταύτην ἥρπασεν. Ἐν οἷς ὁ ις' λόγος.

JAMBLICHI DRAMA.

qui in ejus vultum assimulatus, e septo egreditur, quando illa pro Euphrate carnificis officio fungebatur.

XXI. Hæc quidem ita gesta sunt. Cruci traditur etiam Soræchus; locus definitur, ubi Rhodanes et Sinonis primum degerant, in prato et ad fontem, in quibus a Rhodane absconditum aurum inventum erat, quod nunc quoque abducto ad crucem Soræcho indicat. Alanorum exercitus, cui stipendia non erant data ideoque irati, versantur in loco ubi Soræchus cruci affigendus erat; abactis Soræchi custodibus, illum liberant. Ille reperto, quod monstratum erat aurum, arte quadam et astu e fossa extraxit, Alanisque persuasit se diis hæc et alia edoctum scire. Paulatim autem eos adsuefaciens eo pertraxit ut illum pro rege suo agnoscerent bellumque cum Garmi exercitu gesserit ac vicerit. Hæc postea facta sunt; quando vero Soræchus ad crucem ducebatur, eodem tempore et Rhodanes ab ipso Garmo coronato et saltante ad priorem illam crucem rursus ductus est ac affixus. Garmus ebrius simul et saltans circum crucem cum tibicinis gaudebat et animo lætabatur.

XXII. Dum hæc fiunt, Sacas Garmo epistolam mittit, Sinonidem cum Syriæ rege, juvene, nupsisse; Rhodanes pendens gaudebat, Garmus se ipse interficere properabat. Se cohibens tamen deducit invitum Rhodanum a cruce, mori malebat enim, paludamento ornat, ducemque belli quod adversus Syriæ regem movebat mittit, tanquam amantem adversus rivalem, et benigne sed simulate excipit, clandestinas litteras legatis ejus mittens (in quibus hoc mandatum) ut Rhodanem interficerent victoria parta et Sinonide prehensa. Rhodanes victor recuperat Sinonidem et regnum accipit Babyloniæ, quod hirundo augurio portenderat; Garmo enim præsente cum is Rhodanem mitteret aquila et milvus hanc persequebantur, aquilam ista effugit, milvus eam rapuit. De his (agit) liber decimus sextus.

ΕΥΜΑΘΙΟΥ ΦΙΛΟΣΟΦΟΥ
ΤΟ ΚΑΘ' ΥΣΜΙΝΗΝ ΚΑΙ ΥΣΜΙΝΙΑΝ
ΔΡΑΜΑ.

EUMATHII PHILOSOPHI
DE HYSMINES ET HYSMINIÆ AMORIBUS
FABULA.

COLLATIS PARISINIS, VATICANIS ET MONACIBUS
CODICIBUS, RECOGNOVIT, EMENDAVIT, LATINE VERTIT
PHILIPPUS LE BAS.

PRÆFATIO.

De Eumathio sive Eustathio (nam de vero auctoris nomine viri docti dubitant) et de ejus libri historia litteraria disserendi non est hic locus. Adeat lector, qui de his quæret, notitiam quam interpretationi vernaculo sermone multis abhinc annis a me conscriptæ et vulgatæ (1) præfixi, et præsertim F. Osanni, viri eruditissimi, *Prolegomena ad Eustathii Macrembolitæ de Amoribus Hysminiæ et Hysmines drama ab se edendum*, Gissæ, MDCCCLV, 4°.

Quibus autem auxiliis adjutus fuerim ad sanandum editionis Gaulminianæ contextum paucis exponam. Codices tredecim ipse contuli, Romanos scilicet quinque et Parisinos octo. Imo trium Monacensium Variantes lectiones in usus meos enotatas summa liberalitate mecum communicavit vir doctissimus et amicissimus Io. Geor. Krabinger, cui, illius gratia Vaticana et Parisina Synesii manuscripta exemplaria conferendo, paria paribus referre mihi contigit. Quin etiam codicem Ambrosianum Mediolani inspexi; septemdecim igitur codices mihi subsidio fuerunt, quorum descriptio sequitur.

VATICANI.

A. — CXIV forma quarta, charta bombycina, litteris minutissimis multisque compendiis scriptus, quem ad sæculum XII Amatius referebat, ego autem sæculo XIII antiquiorem non existimo.

---

(1) Aventures de Hysminé et Hysminias par Eumathe Macrembolite, traduites du Grec, avec des remarques par Ph. Le Bas, Paris, J. S. Merlin, 1828. (T. XIV de la Collection des Romans grecs.)

B. — CLXV, forma quarta, chartaceus, sæculo XVI exaratus, olim Alexandri Petavii, Pauli filii, deinde Christinæ reginæ.

C. — MCCCL, forma maxima, chartaceus, olim Fulvii Orsini, e n° CXIV, sæc. XVI exscriptum.

BARBERINI.

D. — CLXV, formæ quartæ, bombycinus, litteris minutissimis et compendiariis, ineunte sæc. XIII exaratus, sed mutilus. Incipit p. 9 editionis Gaulminianæ, l. 17, φρέαρ ὡς εἰς πήχεις ; desinit p. 285, l. 2, καὶ ἵνα τὰν μέσῳ παρῶ.

E. — CCCCIII, forma quarta, chartaceus, ex D exscriptus; initium non desideratur, sed desinit p. 250 ed. Gaulm., l. 20, συμπλακήσομαί σοι παρθένε.

MEDIOLANENSIS.

F. — B, CLV (in parte superiori Ambrosianæ Bibliothecæ), chartaceus, formæ maximæ, ann. 1545 a Valeriano quodam foroliviensi, canonico congregationis Sancti Salvatoris, parum emendate scriptus.

PARISINI.

G. — 2915, forma octava minore, a. 1364 exaratus. Ad finem desiderantur nonnulla folia quibus continebantur a p. 326, l. 10, ἀλλ' ὁ κῆρυξ ἀναστὰς (IX, 3) usque ad p. 330, l. 13, ἱστῶσί μου κατὰ μέτωπον (IX, 5), a p. 366, l. 16, οὐδ' ἐν χείλεσι παραμυθεῖται (X, 3) usque ad p. 373, l. 10, καί φησιν (X, 6); et a p. 425, l. 19, ἡ κόρη μετ' αἰδοῦς (XI, 12) usque ad p. 430, l. 21, ἡλίου δ' ἀνίσχοντος (XI, 15).

H. — 2914, chartaceus, forma octava minore, a. 1443 exaratus, si catalogo Codicum Manuscriptorum Bibliothecæ regiæ fides, cujus rei autem nullum indicium occurrit in codice, qui ineunte sæculo XV scriptus videtur. Folia autem 1-4 et 11-13 manus recentioris sunt et quidem indoctæ; charta etiam in hac codicis parte recentior est. Eumathii opus foliis 114 continetur, quorum ordo haud semel perturbatur. In hoc codice qui nullam librorum divisionem exhibet, lacunam deprehendes a p. 278, l. 9, ταραττόμενον τὸ πολίχνιον (VIII, 2) usque ad p. 282, l. 9, τοῖς βαρβάροις συνανεκλίθησαν (VIII, 4).

I. — 2907, chartaceus, forma quarta, sæculo XV exaratus (minime autem XVI, quod asserit catalogus cod. mss. Bíbl. reg.) et notæ satis bonæ.

K. — 2897 (Cod. Telleriano-Remensis, 49), chartaceus, formæ maximæ, sæculo XVI scriptus. In fronte legitur : « De Vaticana Bibliotheca descripti ex recentiori exemplari et cum pervetustiore collati quam diligentissime. » Qui recentior Vaticanus dicitur, est C; qui autem vetustior, A. — Hujus codicis lectiones sæpissime commemorat Boissonadius v. cl. in doctissimis librorum a se editorum commentariis.

L. — 2895, chartaceus, forma maxima, sæculo XVI exaratus, quem inter Parisienses optimum declarat Osannus (*Auct. Lex. gr.* p. 140), quem vero A, G et H posthabendum arbitror.

M. — 583, chartaceus, in quo permulta opuscula continentur sæc. XVI et XVII exarata et ab erudito quodam ad usum suum collecta, inter quæ exstant duo Eumathiani operis fragmenta, scilicet p. 166 et 167 quæ in Gaulm. edit. occurrunt a p. 213, l. 19, ἄνθρακας εὑρίσκω, usque ad p. 226, l. 17, οὐκ ἄκαιρον, et f° 168 et 169 quæ a p. 9, l. 17, φρέαρ ὡς εἰς πήχεις usque ad p. 32, l. 7, ἐπὶ τὸν ὕπνον ἐτράπημεν leguntur.

N. — *Suppl.* 157, chartaceus, formæ quartæ, descriptus Romæ, ex Vaticano CXIV, a Joanne a Sancta Maura Cyprio, patricio Nicosiensi, a. 1589.

O. — *Suppl.* 208, chartaceus, forma quarta minore, a Jacobo Seguier Romæ, ut videtur, exaratus. Longi Pastoralia continet et Eumathii libros I-IV ex Vaticano A descriptos.

MONACENSES.

P. — CXVI, chartaceus, in-folio, sæc. XVI. Vid. Ign. Hardt *Catalogus codicum manuscriptorum græcorum Bibliothecæ regiæ Bavaricæ*, t. I, p. 511.

Q. — CCCCV, chartaceus, in-folio, sæc. XV. Vid. *ibid.* t. V, p. 250.

R. — CCCCLX, chartaceus, in-folio, sæc. XV. Vid. *ibid.* t. V, p. 432.

Cavendum est autem ne eadem omnibus istis codicibus fides

adhibeatur. Antiquissimum et, ni fallor, præstantissimum, Vaticanum scilicet, quem littera A signavi, et unde fluxerunt C K O N, ante omnes secutus sum. Ad cæteros tantummodo confugi, ubi nihil ille boni suppeditabat. Gaulminianum igitur contextum nusquam immutavi nisi veteribus exemplaribus fretus, exceptis quibusdam locis, ad quos sanandos propriis conjecturis uti coactus sum. De his breviter exponam.

IV, 8. Καὶ τοιόνδε ὁ ἀγρότης ἔχει. Sic correxi vulgatam καὶ τόξον ὁ ἀγρ. ἔχει. Nam arcus homini falce ad fœnum secandum instructo prorsus inutilis est, BLPQ καὶ τόξονδε, unde emendationem meam deduxi.

IV, 14. Vulgo legitur εἰ δὲ κεκρυμμένοι πένητες τοῖς περὶ τὴν γῆν ἐκάθηντο χάσμασι καὶ εἰ τούτοις ἐσκόρπιζεν, ὁ τεχνίτης οὐκ ἀφῆκεν ὁρᾷν, in quibus non ferri potest inepta lectio πένητες quam codices omnes tuentur, quod jam ipse viderat in notis suis Gaulminus, qui ὄρνιθες legendum esse judicabat. Correxi, audacius fortasse, κεκρυμμένα πετηνὰ quæ sensus requirebat, ratus vocem πένητες ortam esse ex metathesi elementorum ν et τ. Quin etiam confundi possunt α et ες. Vid. Bast *Comm. palæogr.* p. 765. Cæterum Eumathius non semel poeticas voces solutæ orationi miscet. Vid. Boissonade ad Choricium p. 139.

V, 9. Vulg. Καί σοι χάρις Ξενίῳ Διΐ. Correxi καὶ Ξενίῳ Διΐ, invitis codd.

Ibid. Gaulm. et K σὺν Ὑσμίνῃ καὶ σὺν ὅσοι. B. H. σὺν ὅσοις G L P Q R καὶ ξὺν ὅσοις. Leg. ξὺν Ὑσμίνῃ καὶ ὅσοι, subaud. τοῖς ἄλλοις quod habes infra V, 15.

10. Gaulm. et codd. Καλλισθένης. Corr. Κρατισθένης et infra 11 et 12; VI, 2 et 12.

15. Gaulm. et I σὺν Σωσθένει καὶ Πανθίᾳ καὶ ὅσοις τούτοις ἐξ Αὐλικώμιδος εἵποντο. B D G H P R καὶ τοῖς ὅσοις. L N καὶ τοῖς ὅσοι. Q καὶ τοῖς ἄλλοις ὅσοις. Leg. καὶ τοῖς ἄλλοις ὅσοι.

VI, 8. Gaulm. καταδήσεται χάριτας. Dissentiunt codd. : καταδέσηται L, Q; καταδέσεται H; καταδαίσεται G; καταιδαίσεται P, Q; κατεδέσεται A, K, N; καταιδέσεται I, quod receperim nisi sensus exposceret quæ scripsi καταδήσει τὰς χάριτας.

— 12. Gaulm. ὡς ὅλαις ἡ κόρη τοῦτο χερσὶν ὑποδέξαιτο, ὡς εὐχαριστήσοι τῷ σχήματι. Dedi ὑπεδέξατο, præeuntibus H I P Q R, et εὐχαρίστησε quo ducebat L, in quo legitur εὐχαριστῆσαι.

— Ibid. Gaulm. ἐπὶ τὴν Αὐλίκωμὶν συγκαλέσοιτο. L. προσανακαλέσοιτο. Unde correxi προσανεκαλέσατο.

VII, 1. Gaulm. Καὶ τὰ θύματα περὶ τὴν Ἱσμίνην. Καὶ πάλιν ἐγὼ θύσων ὅλον ἑαυτὸν ᾗ θῦμα τὴν Ἱμίνην λαβεῖν. Addidi ἐπιθυμῶν, ex quo penderet λαβεῖν quodque fortasse evanuit propter similitudinem vocum θύματα, θύσων, θῦμα.

— 8. Gaulm. ἐκ πρῴρης. Correxi hic et VIII, 4, πρῴρας, sed vulgata retineri potest; nam sæpe ἰωνίζει Eumathius.

— 9. Ναῦς μοι παστάς, καὶ κῦμα τάφος, καὶ πνεύματος ἦχος ὑμέναιος. Pro τάφος corr. θαλαμός. Cf. 19. θαλαμός σοι καὶ τάφος ἡ θάλασσα.

VIII, 3. Gaulm. et codd. ὁ μὲν οὖν δὴ πυθμὴν τῆς τριήρους καὶ νεανίσκους καὶ τοὺς ἄνδρας ἐδέχετο. Inserui τοὺς ante νεανίσκους.

— 14. Vulg. Εἰ δὲ καὶ στεφάνων δάφνης παρθενικῆς στέφανον ἐκ ῥόδων ἐρωτικόν. Inserui ἐκ ante δάφνης et correxi παρθενικῶν, quod requirebant sequentia.

— Ibid. Vulg. καὶ χεῖρα δεσπότου κτήσῃ διδάσκαλον. Feci ut, mutato tantum ordine verborum, constaret iambus, quem sic constituerat Gaulm. κτήσῃ δὲ χεῖρα δεσπότου διδάσκαλον.

IX, 1. Gaulm. et A C D E H I K N Q καὶ βωμὸν Ἀρτέμιδος παρθένου κόσμον ἔχουσα κεφαλήν. B G L P R κεφαλῇ. Corr. κεφαλαῖον.

— 7. Vulg. ἱστῶσί μου κατὰ μέτωπον. Corr. ἱστῶσί μοι.

— 8. Vulg. ὁμοιόδουλος. Lege ὁμόδουλος, quod sæpe occurrit in Eumathio. Vid. 7 et passim.

— 9. Vulg. οὐ πιστεύειν τοῖς γράμμασιν, οὐ συνεχωρούμην τοῖς γράμμασι καὶ τοῖς πράγμασι πιστεύειν ἐθέλων οὐ συνεχωρούμην τοῖς γράμμασι. Leg. οὐ πιστεύων vel οὐ πιστεύειν ἐθέλων.

— 16. Gaulm. et I ἡ δ' αὖ· οὐ τοῦ νῦν ἐστι ταῦτα καίρου. A. B. G. H I K L N P Q ἡ δ' αὖ· μ' οὐ τοῦ νῦν κ. τ. λ. R. μοῦ. Leg. ἡ δ' αὖ· ἀλλ' οὐ κ. τ. λ.

X, 17. Gaulm. ἄρχης ἀπ' ἄκρης καὶ μέχρις αὐτῆς. Codd. καὶ μέχρις ἄκρης αὐτῆς τελευτῆς. Inserui τῆς ante τελευτῆς, suadente Boissonadio ad Philostr. Epist. p. 153.

XI, 4. Gaulm. τέχνης ζωγράφου et sic cæteri codd., præter B in quo manus recentior correxit τέχνης, quod secutus sum.

— 12. Vulg. εἰπεῖν δ' αἰσχύνη. Corr. αἰσχύνῃ.

— 13. Vulg. καὶ πρὸς τὴν θάλασσαν ἠλιγγίων. Scr. ἰλιγγίων. Vid. Jacobs ad Achill. Tat. p. 565.

— 21. Gaulm. Ἀλλὰ κατέψευσμαι τὸ κυρύκιον· Ἔρωτα παῖδα Διὸς ἀντηλλαξάμην πατρὸς· καὶ Ζεὺς οὐ καταστερίσει τὰ καθ' ἡμᾶς. A H Ἀλλ' ὤ. G Ἀλλ' οὐ. B Ἀλλ' εἰ. L. Ἀλλ' ἢ et correxit ad marg. εἰ quod recepi. Imo καὶ addidi ante Ἔρωτα et delevi ante Ζεύς.

— 22. Gaulm. εἰ οὐ καταστερίσει καὶ τὰ καθ' ἡμᾶς ἡ Ποσειδῶν καταστηλογραφήσει τοῖς ὕδασιν, ἢ Γῆ μὴ καταφυτουργήσει τοῖς φυτοῖς καὶ τοῖς ἄνθεσιν, ἀλλ' ὡς κ. τ. λ. Delevi καὶ ante τὰ καθ' ἡμᾶς, mutato ἢ in εἰ quod dant plerique codices, et iteravi οὐ post vocem Ποσειδῶν, praevio A.

Quod ad versionem latinam attinet, Gaulminianam, elegantem quidem, sed plerumque infidelissimam, refingendam esse duxi, servatis tantum quæ servari poterant. Contextum autem quem nulla nisi librorum divisione distinxit Gaulminus, per paragraphos sive sectiones minores partitus sum, ut minus tædium faceret græculus noster legentibus, data identidem interquiescendi occasione.

Operam omnem dedi ut omnia quam accuratissime typis describerentur; si quid me fugit, ignoscas, lector benevole. Vale, nostrisque conatibus feliciter utere.

ΕΥΜΑΘΙΟΥ

ΦΙΛΟΣΟΦΟΥ

ΤΟ ΚΑΘ' ΥΣΜΙΝΗΝ

ΚΑΙ ΥΣΜΙΝΙΑΝ

ΔΡΑΜΑ.

EUMATHII

PHILOSOPHI

DE HYSMINES

ET HYSMINIÆ

AMORIBUS.

ΒΙΒΛΙΟΝ ΠΡΩΤΟΝ.

1. Πόλις Εὐρύκωμις καὶ τἆλλα μὲν ἀγαθὴ, ὅτι καὶ θαλάσσῃ στεφανοῦται, καὶ ποταμοῖς καταρρεῖται, καὶ λειμῶσι κομᾷ, καὶ τροφαῖς εὐθηνεῖται παντοδαπαῖς, τὰ δ' εἰς θεοὺς εὐσεβὴς, καὶ ὑπὲρ τὰς χρυσᾶς Ἀθήνας, 5 ὅλη βωμὸς, ὅλη θῦμα, θεοῖς ἀνάθημα· προκηρύσσει τὰς ἑορτὰς, πανηγύρεις ἄγει, θύει τὰ πρόσφορα καὶ Διῒ καὶ τοῖς ἄλλοις θεοῖς. Παρὰ δὴ ταύτῃ τῇ Εὐρυκώμιδι, καιρὸς Διασίων καὶ κλῆρος ἐπὶ τοὺς κήρυκας· καὶ τοῦτο γὰρ ἔθος τῇ πόλει καὶ νόμος ἔγγραφος, ἂν καιρὸς πα-
10 νηγύρεως ἱερᾶς, κλῆρος ἐπὶ τοὺς ἄζυγας τῶν προὐ- χόντων τῆς πόλεως· καὶ πρὸς ὃν ὁ κλῆρος ἐκπέσοι, κῆρυξ στέλλεται τῇ λαχούσῃ, πρότερον ἐστεφανωμένος τῆς δάφνης.

2. Κλῆρος οὖν ἐπ' ἐμὲ, καὶ στεφανίτης ἐγὼ, κάλ-
15 λιστέ μοι Χαρίδημε, καὶ κῆρυξ ἱερὸς ἐς Αὐλίκωμιν· πρόειμι τοῦ ἱεροῦ περιεστεμμένος δαφνίνῳ τὴν κεφα- λὴν, ἱερῷ χιτῶνι, ἀρβύλῃ σεμνῇ· δέχεται με τὸ παρε- στὼς προπομπῇ λαμπρᾷ λαμπάδων, δᾴδων, προπεμ- πτηρίων ᾠδῶν, ὅλης ἱερᾶς προπομπῆς. Ὀρθὴ γοῦν
20 ἡ πόλις, καὶ πᾶν τὸ ταύτης περὶ ἐμέ· ὁ μὲν ἀσπάζεται, ὁ δὲ περιπτύσσεται, ἄλλος ὀρχεῖταί μου πρὸ ποδῶν, καὶ κατ' ἄλλον ἄλλος τὸν θρίαμβον ἐξυφαίνει μοι· εἴποις ἂν ἰδὼν ποταμὸν ἐριβρύχειν καὶ πολυρρόων περιρρέειν με τὸν κήρυκα. Ἓν στόμα πάσῃ τῇ πόλει, « Ὁ κῆρυξ
25 Ὑσμινίας, καὶ κῆρυξ οὐκ ἐς τυχοῦσαν, ἀλλ' ἐς Αὐλί- κωμιν. »

3. Ἥκω τοίνυν ἐπ' αὐτήν· τί γὰρ δεῖ τἀν μέσῳ φι- λοσοφεῖν; ὦ 'γαθὲ, ἥκω κῆρυξ, καὶ δέχομαι παρ' αὐ- τοῖς οὐχ ὡς κῆρυξ, ἀλλ' ὡς θεός· συντρέχει τὸ πλῆθος,
30 κυμαίνει τὰς ἀγυιὰς, μυρρίναις τὴν ὁδόν μοι καταπά- σουσιν, ὀδμαῖς τὸν ἀέρα θολοῦσι, καταβρέχουσι τὸ παρεστῶς ῥόδων σταλαγμοῖς· ἐμὲ δὲ περιϊστᾶσι, καὶ λαμπρόν τινα χορὸν τοῦτον ἑλίσσουσιν, οἷον καὶ Σω- κράτην οἱ ζηλωταὶ περιεστήκεσαν· ἐφέλκονταί με
35 πάντες πρὸς ἑαυτοὺς, εὐτυχίαν ἡγούμενοι πρὸς ὃν κα- ταλύσαιμι, ὡς ὑπὲρ μεγάλων ἐκ μεγάλης στελλόμενον κήρυκα· νικᾷ Σωσθένης, καὶ ἅρμα φέρων, ἀνάγει καὶ περὶ τὴν οἰκίαν μετάγει με καὶ μάλα φιλοτίμως φιλο- φρονεῖ καὶ περὶ τὸν κῆπον εἰσάγει με.

LIBER PRIMUS. [G. 1—7.]

1. Urbs Eurycomis ceterum nobilis est, quia mari cingi- tur, fluviis alluitur, pratis virentibus circumdatur, ac de- liciis omnimodis affluit. Quod autem ad Deos attinet pietate et illustres Athenas superat, tota in aris, tota in sacrificiis, Diis quasi donarium consecratur. Dies sacros edicit, pa- negyres celebrat, Jovi ceterisque numinibus rite rem facit. In hac civitate Diasiorum tempore caduceatores sortiri mos est; hæc enim consuetudo scripta pariter lege rata est, cœ- libes urbis præcipuos, adventante sacræ panegyris tem- pore, sortiri : ille autem, cui sors obtigerit, lauro primum coronatus mittitur ad eam urbem quam sors illi tribuerit.

2. Sors igitur me contigit, confestimque coronatum, sacrum me caduceatorem, formosissime Charideme, ad Au- licomidenses allegant. Itaque templo egressum lauri corona sacraque veste nec non et venerando cothurno insignem, adstans me excepit populus, lampadibus, tædis, et canti- bus prosequutus abeunti sacrum veluti comitatum instruxit. Erecta igitur urbs, et ex omni circa me illius frequentia hic salutat, hic amplectitur, alius saltationem ante pedes explicat, et quo quisque potest honore triumphantem colit. Ego caduceator fragosa videbar undosi fluminis cir- cumitione vallari. Una vox eademque totius urbis sonat, Hysminiam caduceatorem non in exiguam aliquam civi- tatem, sed Aulicomidem ire.

3. Quam tandem perveni. Ea porro, quæ medio tem- pore acciderunt, remetiri opus non est. Aulicomidem, amice, caduceator ingressus, non ut caduceator, sed ut numen exceptus sum. Concurrit multitudo, quæ vicos ornat, myrtis viam sternit, unguentis aerem inficit, rosa- ceaque aqua adstantes conspergit. Me circumdant et splen- dido illo choro involvunt quo Socratem sectatores sui cir- cumdabant; omnes scilicet enixe ad se trahunt; felicem illum existimant, apud quem diverterem, magnæ urbis caduceator, magnarum ergo rerum missus. Vicit tandem Sosthenes, currique ad ædes ductum, honorifice ac cu- miter habuit : hortum demum succedere voluit.

4. Ὁ δὲ μεστὸς ἦν χαρίτων καὶ ἡδονῆς, πλήρης φυτῶν, ὅλως ἀνθέων μεστός· αἱ κυπάριττοι στοιχηδόν, αἱ μυρρίναι κατὰ στέγην συνηρεφεῖς· αἱ ἄμπελοι. βοστρυχοῦνται τοῖς βότρυσι· τὸ ἴον προπηδᾷ τῶν φύλλων, καὶ μετ' ὀδμῆς ὡραΐζει τὴν ὄψιν· τῶν ῥόδων τὸ μὲν προκύπτει τῆς κάλυκος, τὸ δ' ἐγκυμονεῖται, ἄλλο προκέκυφεν· ἔστι δ' ὃ καὶ πεπανθὲν κατὰ γῆν ἐρρύη. Τὸ κρίνον κοσμεῖ τὸν κῆπον, ἡδύνει τὴν ὄσφρησιν, τὸν θεατὴν ἐφέλκεται, καὶ πρὸς τὸ ῥόδον ἐρίζει· οὐ δ' ἂν εἰ δικαστὴς καθίσῃς αὐτῶν, οὐκ οἶδ' ᾧ τὴν νικῶσαν ἀποχαρίσῃ. Ταῦτ' ἰδών, τὸν Ἀλκινόου κῆπον ἐδόκουν ὁρᾶν, καὶ μῦθον οὐκ εἶχον τὸ παρὰ τοῖς ποιηταῖς σεμνολογούμενον πεδίον Ἠλύσιον· δάφνη γὰρ καὶ μυρρίνη, καὶ κυπάριττος καὶ ἄμπελοι, καὶ τἆλλα τῶν φυτῶν, ὅσα τὸν κῆπον ἐκόσμει, ἢ μᾶλλον ὁ Σωσθένους ἔφερε κῆπος, ἐφαπλοῦσι τοὺς κλάδους ὡς χεῖρας, καὶ ὥσπερ χορὸν συστησάμενα κατορορφοῦσι τὸν κῆπον· ἐς τοσοῦτον δὲ τῷ ἡλίῳ παραχωροῦσι προκύψαι τὴν γῆν, ἐς ὅσον ὁ ζέφυρος πνεύσας τὰ φύλλα διέσεισεν. Ἐγὼ δ' εἶπον ἰδών· « Χρυσέαν ἐπλέξω μοι τὴν σειράν, Σώσθενες. »

5. Φρέαρ ὡσεὶ πήχεις ὀρώρυκτο τέσσαρας· σφενδόνη τὸ σχῆμα τοῦ φρέατος κιονοειδῆς αὐλὸς περὶ τὸ μεσαίτατον κέντρον λόγον ἐπέχων πρὸς τὸ τοῦ φρέατος κύκλωμα· λίθος ἦν ὁ αὐλός, καὶ λίθος ἑκατοντάχρους. Ἐκ Θετταλῆς λίθου φιάλη περὶ τὴν κορυφὴν τοῦ αὐτοῦ, καὶ ἐπὶ ταύτῃ κατάχρυσος ἀετὸς ἀποπτύων τοῦ στόματος. Ἡ φιάλη τὸ ὕδωρ ἐδέχετο· ὁ ἀετὸς ἐξέτεινε τὸ πτερόν, ὡς δοκεῖν ἐθέλειν λελοῦσθαι τοῖς ὕδασιν· ἀρτιτόκος αἲξ τοὺς ἐμπροσθίους ὀκλάσασα τῶν ποδῶν πίνει τοῦ ὕδατος· αἰπόλος τῇ θηλῇ παρακάθηται, ψαύει τῶν οὐθάτων. Καὶ ἡ μὲν πίνει τοῦ ὕδατος, ὁ δ' ἀμέλγει γάλα λευκόν· καὶ ὅσον αὕτη προσκέχηνε τῷ ποτῷ, ὁ αἰπόλος οὐκ ἀνανεύει τῆς ἀμολγῆς, τὸ δ' ὑπὸ τὴν θηλὴν ποιμενικὸν κισσύβιον οὐκ ἀσφαλῶς ὀγυρωθὲν τὴν περὶ τὸν πυθμένα ὀπήν, οὐκ ἐπέχει τὴν ἐκ τῆς θηλῆς ἐκροήν. Καὶ λαγωὸς τῷ κύκλῳ συνεφιζάνει, καὶ τῷ δεξιῷ τῶν ἐμπροσθίων ποδῶν ἀνορύττων, ὥσπερ τὸ στόμα, πηγὴν ὕδατος, ἐκεῖθεν ἀναστομοῖ, καὶ ὅλην καταβρέχει τὴν γένυν. Συνεπεκάθητο δὲ τῷ φρέατι περὶ τὸ στεφάνωμα καὶ χελιδών, καὶ ταὼς, καὶ περιστερά, καὶ τρυγών, καὶ ἀλεκτρυών, ἃ πάνθ' Ἡφαιστος ἐχαλκούργησε, καὶ Δαιδάλου χεὶρ ἐτεχνούργησεν· ὕδωρ ἐξεχεῖτο τῶν χειλέων αὐτῶν, ὃ μετὰ ψόφου ῥέον φωνὴν τοῖς ὀρνισιν ἐχαρίζετο. Ἐψιθύριζε καὶ τὰ πέταλα τῶν θύρων τῷ ζεφύρῳ ἀνακρουόμενα· εἶπες ἂν ἀκούσας ἡδὺ μελίζεσθαι τὰ πτηνά. Τὸ δέ γε κατάρρεον ὕδωρ διειδὲς ὂν πρὸς τὰς τῶν λίθων χροιὰς μετεβάλλετο. Τὸν τοῦ φρέατος πυθμένα νησιώτης ἐκόσμει λίθος, λευκὸς μέν, ἀλλ' ὑπεμελαίνετο κατὰ μέρη· καὶ τὸ μελάνωμα τέχνην ἀπεμιμεῖτο ζωγράφου, ὡς ἐντεῦθεν δοκεῖν τὸ ὕδωρ κινεῖσθαι διηνεκῶς, καὶ κατακυματοῦσθαι, καὶ οἷον ἀνακυρτοῦσθαι· τὰ κύκλωθεν ἐκόσμει τοῦ φρέατος λίθος Χῖος, ὁ ἐκ Λακαίνης, καὶ Θετταλὸς ἑτέρωθεν, καὶ μέσον πολύχρους τις, καὶ οἷον ἑκατοντά-

4. Ille autem gratiarum voluptatisque locus erat; nam arborum copia refertus florum varietate abundabat : hinc cypressorum ordines et myrti, usum tecti præstantes; hinc et racemis crinitæ vites; ac erumpentes foliis violæ præter odoris fragrantiam oculos recreabant : etiam rosæ, quarum illa e caliculo jam tum prominebat, illa folia nondum expansa non parturiverat, illius jam decidua marcebant. Lilia hortum decorant, nares permulcent, spectantem morantur; tibi autem, si eorum sederes judex, dubium maneret, cui victoriam largireris. Hæc cernens, Alcinoi hortum inspicere mihi videbar, et quæcumque de Elysio poetarum carminibus magnifice celebrantur habenda non duxi; lauri enim, myrti, cypressi, vites præter maximam plantarum diversitatem, quibus ornator hortus, aut potius quas Sosthenis hortus habet, ramis veluti manibus expansis hortum tamquam choro instituto florida concameratione tegunt : tantum autem solis radios admittunt, quantum leniter flans zephyrus contextas frondes concutiendo dimovet. Ego autem hæc videns dixi : « O « Sosthenes, aurea me catena ligasti. »

5. Fons ad quatuor aut circiter cubitos effossus fundæ figuram exhibet : in medio tubus columnæ formam gerens centri rationem ad putei ambitum servat. Lapideus est tubus, ex lapide multicolore; cujus in vertice phiala ex Thessalico lapide, cui inaurata insidens aquila, ore lymphas ejaculatur, expansis alis, quasi lavandi studio gestiret. Proxima est recens a partu capra, quæ anterioribus inclinatis pedibus ex aqua bibit, cujus ad mammas assidet caprarius et ubera mulget. Et hæc quidem aquam haurit, ille autem lac candidum expromit; quantumque capra aquis inhiet, ideo a mulgendo caprarius non cessat, sed pastoralis mulctri uberibus suppositi pars infima quæ non stricte clauditur mammarum effluvium non coercet. Ibidem et lepus circulo assidens dextro anteriorum pedum sibi aquarum fontem secundum magnitudinem oris fodit, totas ex potu maxillas madidus. Videas et ad fontis coronam hirundinem pavonemque et columbam cum turture et gallo gallinaceo, quæ omnia fabricatus erat Vulcanus, et perfecerat Dædali manus. Quæ autem ab horum rostris aqua cadit, mox cum strepitu fluens vocem avibus tribuebat. Arborum folia vento trepidantia submurmurabant ; quæ audiens volucres suaviter dixisses modulari. Aqua vero perspicua quæ diffluit lapidum colores admittebat. Fundum insularis ornabat albus quidem lapis sed nigricantibus maculis distinctus et pictoris artem nigredo imitabatur, ita ut indesinenter inde aqua moveri videretur vibrarique in lenes fluctus et quasi curvari. Decorabatur ambitus Chio marmore Laconicoque et Thessalico, ac pars media alio

χρους, ἐναλλὰξ ἀλλήλοις προσαρμοζόμενοι. Καὶ ἦν θέαμα καινὸν, καὶ ὅλον χάριτος, καὶ φρέαρ οὕτω ποικίλον, καὶ πτηνὰ τὸ ὕδωρ ἐκπτύοντα, καὶ Θετταλὴ φιάλη· καὶ κατάχρυσος ἀετὸς πηγὴν φέρων ἐν στόματι.

6. Κλίναι κύκλωθεν στοιχηδὸν, οὐκ ἀπὸ ξύλων, οὐκ ἐξ ἐλέφαντος, ἀλλ' ἐκ λίθων λαμπρῶν· Θετταλαὶ τὴν βάσιν, τὰς πλευρὰς Χαλκίτιδι λίθῳ περικοσμούμεναι. Ἡμισφαίρια περὶ τὰς κλίνας ὑπέκειτο· ἃ πάνθ' ὁ τεχνίτης ἐκ Πεντελῆς ἐλάξευσεν ἐς ποδὸς ἀνάπαυλαν· τὰς κλίνας μυρρίναι πανταχόθεν περιέσκεπον εὐφυῶς ἀνατεταμέναι, πρὸς ἀλλήλας συνδούμεναι, καὶ οἷον πρὸς ὄροφον ἀπευθυνόμεναι.

7. Ταῦτα δὴ ταῦτα, μὰ Δί', ὁρῶν, ὅλην τὴν ὄψιν ἀπεθέμην τοῖς θεάμασι, μικροῦ δεῖν καὶ ἄφωνος εἱστήκειν· ὁ δὲ Σωσθένης πρός μέ φησιν· « Ἀπόθου τὸν πρεσβευτὴν, ἀπόθου τὸν κήρυκα, σὺν ἡμῖν ἀνακλίθητι. » Ἀποθέμενος οὖν τὸν στέφανον, καὶ τὸν κηρύκειον χιτῶνα, καὶ τὸ ἱερὸν πέδιλον, ἀνακέκλιμαι. Συνανακέκλιται δέ μοι καὶ Κρατισθένης ἀδελφιδοῦς ἐμὸς, ἄλλος αὐτὸς (οὕτω γὰρ ἐγὼ τὸν φίλον ὁρίζομαι), ἐξ Εὐρυκώμιδος συνεκπλεύσας μοι. Ἀνακεκλίμεθα τοίνυν ἐγώ τε, καὶ Κρατισθένης, καὶ Σωσθένης, καὶ Πανθία γυνὴ.

8. Καὶ τὰ περὶ τροφὰς καὶ τρυφὰς τί δεῖ κατὰ μέρος καὶ πολυκρινεῖν; Ὑσμίνη παρθένῳ τῇ θυγατρὶ Σωσθένης οἰνοχοεῖν ἐγκελεύεται· ἡ δ' ἀνεζώσατο τὸν χιτῶνα, ἐγύμνωσε τὼ χεῖρε μέχρις ἀγκῶνος, τὴν περὶ ταύτας ὀθόνην μηρίνθῳ λεπτῇ περὶ τὸν τράχηλον ἀναδήσασα, καὶ παρακαθίσασα τῇ περιστερᾷ τὰς χεῖρας ἐνίπτετο· τοῦ στόματος τοῦ πτηνοῦ καθυπουργοῦντος τῷ λειτουργήματι. Εἶτά τι σκεῦος ἀργύρεον ἀναλαβομένη, περὶ τὸ ῥάμφος ἄγει τοῦ ἀετοῦ, καὶ περὶ μόνην ῥοπὴν ἐπλήρωσεν ὕδατος· οὕτω κατὰ χρουνῶν τὸ ὕδωρ κατέβρει. Καὶ περὶ τὸ σκεῦος ἐντίθησι τὰ ἐκπώματα, καὶ καταπλύνασα ταῦτα λίαν ἐπιμελῶς τε καὶ φιλοκάλως, γίνεται πρὸς τῷ λειτουργήματι. Ἔπιε μὲν οὖν ὁ Σωσθένης· οὐκ ἔπειθε γάρ με αὐτοῦ προπιεῖν. Εἶτα καὶ ἡ Πανθία συνέπιεν· ἐμὲ δὲ τρίτον εἶχεν ἡ πόσις. Ἧκεν οὖν ἡ παρθένος, καὶ παραθεμένη μοι τὸ ποτήριον, « Χαίροις, » ὑπεψιθύρισεν. Ἐγὼ δ' ἀκούσας οὐδὲν εἶπον, ἀλλ' ἔπιον μεθ' ἡδονῆς ὅσης, ὅτι καὶ τὸ ἔκπωμα μάλα τερπνὸν, καὶ τὸ ὕδωρ διειδὲς καὶ ψυχρὸν, καὶ τὸ πόμα μάλα γλυκὺ, ὧν τί γένοιτ' ἂν ἡδύτερον ἀνδρὶ διψῶντι καὶ καυματουμένῳ καὶ ζέοντι; Καὶ μετ' ἐμὲ Κρατισθένης πίνει τοῦ νέκταρος· οὕτω γὰρ ἐγὼ τὸν ἐξ Αὐλικωμίδος οἶνον καλῶ.

9. Μικρὸν προσαναίχομεν ταῖς τροφαῖς πυκναῖς οὔσαις καὶ πολυτελέσι τὰ μάλιστα· καὶ πάλιν ἐπίνομεν. Ἧκεν οὖν ἡ παρθένος καὶ ἐπ' ἐμὲ, καὶ μάλα βραχείᾳ φωνῇ, « Ἔχεις, φησὶν, ἐξ ὁμωνύμου παρθένου τὴν κύλικα. » Καὶ τὸν πόδα ταύτης ἐπὶ τὸ ἐμὸν ἐπιτέθεικε, καὶ προσεπέθλιβεν ἐφ' ὅσον ἐγὼ τοῦ πόματος ἔπινον· ἐγὼ δ' ἠρυθρίων, νὴ τοὺς θεούς, καὶ τάχα ἂν καὶ ἀπέσκωψα πρὸς αὐτὴν, εἰ μὴ τύχῃ γενέσθαι τὸ πρᾶγμα νενόμικα· πάλιν οὖν ἐτρεφόμεθα, καὶ πάλιν ἐπίνομεν.

multicolore et quasi sexcento colore, alternatim et per vices mutuo conjunctis. Ita jucundum oculorum spectaculum fuit fons tam eleganti variaque perfectus arte, evomentes aquam volucres, et Thessalica phiala cum aurata ave, quæ fontem ore ferebat.

6. Lecti in circuitu ordine positi, non lignei, aut eburnei, sed ex splendidis lapidibus fuere. Thessalico marmore basis, Chalcidico latere exornantur. Lectis subjacebant semicirculi quos omnes artifex ex Pentelico sculpserat ad pedum quietem paratos. Extensæ peritissime myrti connexæque inter se et quasi in tectum directæ undique lectos circum tutantur.

7. Hæc omnia, per Jovem, conspiciens, oculisque omnino in hæc spectacula defixis, pæne obmutueram, cum me Sosthenes his verbis alloquitur : « Depone legationis insignia « caduceatoremque exue et mensæ nobiscum accumbas. » Corona igitur et caduceatoris veste, sacroque cothurno depositis, mensæ accumbo, simulque accumbit et Cratisthenes, consobrinus meus, mihique tanquam alter idem (sic enim amicum definio), qui mecum ex Eurycomide navigarat. Accumbimus igitur ego et Cratisthenes, Sosthenesque et Panthia uxor ejus.

8. Eduliorum cupediorumque copiosa fercula dinumerare quid juvat? Hysminem filiam virginem Sosthenes vinum præbere jussit. Illa vestem succincta, manusque ad cubitum nuda, linteum quod eas circumdabat tenui funiculo cervici alligavit, columbæque propinqua assidens manus lavit, volucris ore ad hanc rem usa. Mox argenteum vas sublatum aquilæ rostro supposuit, totumque unica decidentis aquæ bulla replevit, tanto cum impetu scaturientis instar fontis liquor affluebat. Postquam proxima vasi pocula statuit, ea diligenterque et eleganter abluit, et ad ministerium parata constitit. Primus Sosthenes bibit, nec enim ut præbiberem persuadere potuit. Subsequuta est Panthia; mihi antem, tertio enim bibendum erat, virgo accedens poculum præbuit, ieniterque, « Salvus esto, » insusurravit. Ego autem hoc audiens, tacui, sed maxima cum voluptate bibi, quoniam jucundo poculo, frigidaque et perspicua aqua, et suavissimi vini haustu eximie delectabar, quibus quid dulcius accidat sitienti homini, et ardore succenso ac æstuanti? Cratisthenes ultimus nectar bibit, sic enim Aulicomidis vinum appello.

9. Ut aliquandiu copiosos et opipares admodum deglutivimus cibos, rursus excepere pocula. Ad me igitur Hysmine venit, tenuique et admodum deminuta voce infit : « Habes ab ejusdem nominis virgine poculum, » et cum dicto pedem meum suo imposito tamdiu pressit, quamdiu ego bibi. Erubui, per deos, dictoque fortasse eam insectatus essem, nisi tota res fortuito accidisse mihi visa esset. Iterum igitur ad cibos revertimur, et iterum bibimus.

Ἧκεν ἡ κόρη, κιρνῶσά μοι προὔτεινε τὸ ποτήριον· ἐγὼ δ' ἐξέτεινα τὴν χεῖρα λαβεῖν, καὶ τῆς μὲν κύλικος ἐλαβόμην, ἡ δ' οὐκ ἀπεσπᾶτο τῶν τῆς παρθένου χειρῶν· ἡ γάρ μοι παρθένος καὶ παρετίθετο τὸ ποτήριον, καὶ παρακατεῖχεν αὐτὸ, καὶ τῷ μὲν σχήματι παρετίθετο, τῇ δὲ ἀληθείᾳ κατεῖχεν αὐτό. Ἔρις οὖν ἐν χερσὶ, καὶ χεὶρ παρθένου κόρης νικᾷ χεῖρα κήρυκος παρθένου. Ἐγὼ δ' αἰσχυνθεὶς τὴν ἧτταν, εἶπον πρὸς τὴν παρθένον γλώσσῃ κήρυκος, ἐλευθέρᾳ φωνῇ, παρθένῳ ψυχῇ· 10 « Οὐ βούλῃ μοι δοῦναι; τί δὲ ἄρα βούλῃ; » Ἡ δὲ συναρπάζει τῷ λόγῳ τὴν χεῖρα τῆς κύλικος, ὅλη δ' ἔντρομος ἐγεγόνει, καὶ τὴν παρειὰν ὑπὲρ τὴν φύσιν ἠρυθρίωτο, τοὺς ὀφθαλμοὺς ὅλους ἀφῆκε τῇ γῇ, καὶ ἦν ὡς ἐκ κεραυνοῦ βληθεῖσά τινος, καὶ ὅλην ἐπὶ τοῦ προσώπου 15 φέρουσα τὴν αἰδῶ.

10. Πανθία πρὸς τὴν κόρην ἄγει τοὺς ὀφθαλμοὺς, ὅλους θυμοῦ, ὅλους ζήλου, καὶ πλήρεις αἵματος· εἰσβάλλει τούτους ἐπὶ τὴν κορυφὴν τῆς παιδὸς, ἐπὶ τὰς χεῖρας, ἐπὶ τοὺς πόδας, ἐπὶ τὸν τράχηλον· ὅλην ἔχει 20 τοῖς ὀφθαλμοῖς τὴν κόρην, καθ' ὅλης θυμοῦται, καθ' ὅλης ὀργίζεται, ἐρυθραίνεται τὴν παρειάν· ὃ καὶ παράδοξον μοι δοκεῖ, θυμοῦ τικτόμενον ἐρευθος· ὠχρίᾳ πάλιν ὡς τοῦ παντὸς ἐρυθήματος καθ' ὅλου τοῦ τῆς Ὑσμίνης προσώπου καταῤῥυέντος. Ὁ δέ γε Σωσθένης δριμὺ πρὸς τὴν παρθένον ἰδὼν καὶ αὐτὸς, καὶ κινήσας τὴν κεφαλὴν, ἐκεῖθεν εὐθὺς ἀφαρπάζει τοὺς ὀφθαλμοὺς, καί φησι· « Διασίων καιρὸς, κατατρυφή-« σωμεν τὰ Διάσια· ὅλοι γενώμεθα τῆς ἑορτῆς, ὅλοι « τῆς πανηγύρεως. Ζεὺς παρὰ τῇ τραπέζῃ, καὶ Διὸς 30 « ὁ κῆρυξ, ὅτι καὶ ὁ κῆρυξ οὗτος Διὸς, » τῇ χειρί με παραδεικνύς. Καὶ ὁ Κρατισθένης, ἐγγύς μου παρακαθήμενος, πλήττει με σιγῇ τῇ χειρὶ, τῷ ποδὶ τὸν πόδα προσεπιθλίβει μου, καὶ, « Σίγα, » φησί μοι τῷ ψιθυρίσματι. Ἐγὼ δέ τις γενοίμην οὐκ εἶχον· ἠρυ-35 θρίων, ἐσίγων, ὠχρίων, ἐδειλίων, ὑπέτρεμον, ᾐσχυνόμην ἐμαυτὸν, τὸν Σωσθένην, τὴν Πανθίαν, τὴν κόρην, τοὺς παρεστῶτας, καὶ τὸν ἐμὸν Κρατισθένην. Τοὺς ὀφθαλμοὺς ἐπὶ τὴν τράπεζαν ἐπεπήγειν, ἀπαλλαγῆναι ταύτης ηὐχόμην.

40 11. Ἡ κόρη καὶ πάλιν ἐκίρνα τῷ πατρὶ κελευσθεῖσα, καὶ μετὰ πατέρα Σωσθένην, καὶ μετὰ μητέρα Πανθίαν ἦκε πρός με τὸν κήρυκα· ὁ δὲ Σωσθένης πρός μέ φησιν· « Ὑσμινία κῆρυξ, πόμα σοι τοῦτο τῆς ἑορτῆς, « καὶ πίθι τὸν Δία τιμῶν, καὶ χαῖρε. Χαῖρε τρυφῶν, 45 « χαῖρε πίνων, χαῖρε κηρύσσων Διάσια. » Ἐγὼ δ', « Ἀντίχαιρε, Σώσθενες, εἶπον, οὕτω ποικίλως ἡμᾶς φι-« λοφρανούμενος καὶ πολυτελῶς. » Ἡ δὲ κόρη παρίστατο, τῇ μὲν χειρὶ τῇ χειρί μου παρατιθεμένη τὸ ἔκπωμα, τοὺς δ' ὀφθαλμοὺς ὅλους τοῖς ὀφθαλμοῖς μου συμπλέκουσα. 50 Προτείνω τὴν χεῖρα λαβεῖν, ἡ δὲ τὸν δάκτυλον ἐπιθλίβει μου, καὶ ὀλιβοῦσα στένει, καὶ φύσημα λεπτὸν ὡς ἐκ καρδίας φυσᾷ. Ἐγὼ δ' ἐσίγων τῷ Κρατισθένει πειθόμενος· καὶ οὕτω κατελύετο τὸ συμπόσιον.

12. Ἦγον οὖν ἡμᾶς ἐπὶ τὸ δωμάτιον Σωσθένης,

Accessit virgo, mixtoque potu obtulit poculum quod ut arriperem manum protendi; et quidem arripui, sed virgo suis avelli manibus non sinebat; nam mihi puella et poculum præbebat et retinebat, et gestus quidem præbentis fuit, revera autem non demittebat. Ortum est inter nostras manus certamen, vicitque intactæ puellæ manus intacti caduceatoris manum. Puduit me superatum, virginemque caduceatoris lingua, libera voce, casto animo, interrogavi : « Nonne vis mihi poculum dare? aut quid tibi vis? » Illa, his dictis, confestim manum a poculo abstinuit pavida, genis plus solito rubentibus, demissisque in terram oculis, stabatque veluti gravi tonitru tacta, verecundo vultum rubore suffusa.

10. Panthia defixis in puellam luminibus, ira, indignatione, sanguine suffusis, puellæ caput, manus, pedes, cervicem intuita, totam denique percurrens, illi succensebat et irascebatur. Erubuit primo totis genis, ita ut, quod mihi insolens visum est, ruborem iracundia pareret : mox autem palluit, ita ut omnis ille rubor in virginis faciem transcurrisse videretur. At Sosthenes acri virginem obtutu defigens, et caput quassans, oculis inde statim aversis, hæc addidit : « Diasiorum tempus est, quæ jucunde nobis « peragenda; nos in festum, nos in panegyrim totos conferamus, urget præsentia Jovis, qui his epulis adest, nam « Jovis hoc convivium et hic caduceator, » me digito monstrans. Cratisthenes interim mihi proximus, pedem suum meo imponens, meque manu tacite pulsans, silere jubet submurmurans. Ego quis aut unde essem nesciebam ; ita tantum rubor, pallor, timor, pudorque et tremor subierant, pudor propter me, propter Sosthenem, Panthiam, puellam, adstantes, meumque etiam Cratisthenem. Itaque destinato contuitu mensam intuebar, ab illa discedere cupidus.

11. Virgo iterum jussa patri vinum præbuit, post patrem Sosthenem Panthiæ matri; postque matrem Panthiam, accedit ad me caduceatorem. Tum vero Sosthenes : « Hys-« minia, Jovis caduceator, festi tibi Jovisque poculum hoc « est; tu modo inter epulas et pocula hilaris esto ; hilaris « esto nobis Diasia nuntians. — Et tu quoque, mi Sos-« thenes, subjeci, qui nos adeo abundanter splendideque « excepisti. » Adstabat autem puella poculum mihi porrigens, oculos meos oculis suis totos complexa. Prætendo manum ad accipiendum, at illa digitum premit simulque ingemiscit, tenuem imo de pectore spiritum ducens. Ego autem Cratistheni obsequutus tacui, finemque hunc convivium habuit.

12. Nos igitur ad cubiculum ducunt Sosthenes, Panthia

Πανθία, παρθένος Ὑσμίνη, καὶ θεράπαιναι τρεῖς· ἡ μὲν ἐκ τοῦ φρέατος ὕδωρ ἔφερεν, ἡ δέ τι σκεῦος ἀργύρεον ἐπ' ὤμων ἀνεῖχεν, ἡ δὲ τρίτη λίνον κατὰ χιόνα λευκόν. Ἐπέθημεν τοῦ δωματίου, καὶ Σωσθένης μοι, « Χαίροις, » εἰπὼν, σὺν τῇ Πανθίᾳ ᾤχετο. Ἐγὼ δὲ καὶ Κρατισθένης ἀνεκεκλίμεθα περὶ κλίνας ὅτι λαμπρῶς ἐσταλμένας καὶ μαλακῶς. Ὑπέθηκε τὸ σκεῦος περὶ τὸν σκίμποδα κλίνης ἐμῆς ἡ τοῦτο κατέχουσα· ἡ ἑτέρα τὸ ὕδωρ ἐπέβαλεν· ἡ δὲ παρθένος Ὑσμίνη ὀκλάσασα τὼ πόδε καὶ λαβομένη μου τῶν ποδῶν ἐκπλύνει τῷ ὕδατι (καὶ τοῦτο γὰρ τοῖς κήρυξιν ἀφωσίωται)· συνέχει τούτους, κατέχει, περιπλέκεται, θλίβει, ἀψοφητὶ φιλεῖ, καὶ ὑποκλέπτει τὸ φίλημα· καὶ τέλος ἀμύττουσα τοῖς ὄνυξι γαργαλίζει με. Ἐγὼ δὲ τἄλλα σιγῶν καὶ φέρων ἄκων ἀνεκάγχασα· ἀνένευσεν ἡ κόρη, καὶ ἀτενῶς ἰδοῦσά με, μικρὸν ἐμειδίασε, καὶ πάλιν κατένευσε, κἂν ἐγὼ τοῖς ἔρωσιν οὐκ ἐπένευον· ἀπομάσσει μου τοὺς πόδας, τὸ μάκτρον ἐκ τῶν τῆς θεραπαινίδος ἀνελομένη χειρῶν· ἡ δὲ, « Χαίροις, εἰποῦσά μοι, κῆρυξ, » ᾤχετο.

13. Ἐγὼ δὲ περὶ τὸν ὕπνον ἐτραπόμην εὐθὺς, καρηβαρήσας καὶ τροφῇ καὶ πόσει καὶ πόνοις τοῖς τοῦ κηρύγματος. Περὶ δὲ τρίτην φυλακὴν τῆς νυκτὸς ὁ καλὸς Κρατισθένης ἐξυπνίζει με λέγων· « Οὐ χρὴ παννύχιον « εὕδειν ἄνδρα κήρυκα. » Ἐγὼ δ' ἀπεσπώμην τῶν ὕπνων, αἰδοῖ καὶ φιλίᾳ πειθόμενος· οἱ δ' οὐκ ἀπεσπῶντό μου τῶν ὀφθαλμῶν· τροφὴ γὰρ καὶ πόσις καὶ κόπος ὕπνου πηγή. « Τί δὲ φῇς, ὦ Κρατίσθενες, εἶπον, τί μου « τῶν βλεφάρων τὸν γλυκὺν ἀποσπᾷς ὕπνον; » Ὁ δὲ τὰ περὶ τράπεζαν ἐζήτει μαθεῖν, καὶ πῶς ἀνεκάγχασα, καὶ τὴν ἐμὴν ἐλοιδόρει γλῶτταν, « Γλώσσης, τοι, λέγων, « φειδωλῆς θησαυρὸς ἐν ἀνθρώποισιν ἄριστος, « πλείστη δέ τε χάρις κατὰ μέτρον ἰούσης. »

14. Ἐγὼ δὲ πρὸς αὐτόν· « Τἄλλα μὲν τοῦ δείπνου, « Κρατίσθενες, οἶσθα, καὶ συνανακλινόμενος ἡμῖν καὶ « πίνων τοῦ νέκταρος, τὰ δὲ περὶ τὴν κόρην τοιαῦτα· « πρῶτόν μοι φέρουσα τὸ πόμα, « Χαίροις, » ὑπεψιθύ- « ρισε· δεύτερον, « Ἐξ ὁμωνύμου παρθένου χειρῶν δέ- « χου, φησὶ, τὸ ποτήριον », ἠρέμα δὲ καὶ τοῦτο, καὶ « τὴν ἀκοὴν ὑποκλέπτουσα· ἐς ὅσον δ' ἐγὼ ἔπινον, αὐτὴ « τῷ ποδὶ τὸν πόδα μου κατεπέθλιβε· τρίτον ἔφερέ μοι « τὸ πόμα, καὶ διδοῦσα πάλιν ἐπάχει· ἐγὼ δ' ὅπερ ἀκή- « κοας εἴρηκα, τὰ δ' ἐφεξῆς οἶδας, τὸν τῆς Πανθίας « θυμὸν, τὴν ὀργὴν τοῦ πατρὸς, τὴν τῆς κόρης κίνη- « σιν, τὴν αἰδῶ τῆς παρθένου, τὴν σιγὴν, τὴν ἔκπλη- « ξιν, τὸ ἐρύθημα, καὶ τἄλλα πάνθ' ὁπόσα πέπονθεν, « ὡς ἐκ κεραυνοῦ βληθεῖσά τινος· πρὸς ἃ δὴ πάντα, νὴ « τὸ σεμνὸν τοῦτο κηρύκειον, ᾐσχυνόμην αὐτὸς, καὶ « μᾶλλον τὴν σὴν ἐπιτίμησιν, ἥτις με σιγᾶν ἐπετρέ- « ψατο. Τέταρτον ἐπίνομεν σωτῆρι Διΐ, καὶ πάλιν « Ὑσμίνη τὸν ἐμὸν ἐπέθλιβε δάκτυλον. Ταῦτα τὰ « τῆς τραπέζης· τὰ δὲ τῆς κλίνης ὁποῖα; νίπτει μου « τοὺς πόδας, περιπλέκεται, θλίβει τοὺς δακτύλους, « φιλεῖ, καὶ φιλοῦσα κλέπτει τὸ φίλημα, καὶ τέλος

Hysmine puella et ancillæ tres, quarum altera hanstam ex fonte aquam ferebat, altera sublatum in humeros argenteum vas, tertia linteum candidissimum. Mox cubiculum subivimus, et, « Vale » dicto, Sosthenes ac Panthia recesserunt. Ego autem et Cratisthenes sumptuosis mollibusque collocati lectulis decubuimus. Mox ancilla vas quod ferebat in lecti scabello posuit; altera autem aquam infudit. Hysmine autem, flexis geniculis, pedes meos prehendit et lavit (nam hoc caduceatoribus religionis ergo tribuitur); illos continet detinet, complectitur, premit, tacite osculatur, oscula furtim decerpens et denique unguium titillatione leviter corradit. Ego ad cætera tacitus omniumque patiens, invitus tamen ad hæc in risum erupi. Respexit ad risum Hysmine, intentisque in me defixa oculis aliquantulum subrisit; mox autem illos demisit quamvis tot amoris indiciis non annueram, statimque accepto ex ancillæ manibus linteo pedes detersit, ac recessit salutem caduceatori precata.

13. Ego autem cibo potuque ac sacri ministerii laboribus gravatus nec mora in profundam quietem sepultus sum. Formosus Cratisthenes circa tertiam vigiliam noctis me somno excussit, his verbis increpans:
Legatum totam per noctem ducere somnos non decet.
Ego pudori et amicitiæ obsequutus somnis excutior, qui tamen omnino ex oculis non excussi sunt; cibi enim potusque et defatigatio somni fons. Atque ille quidem ea, quæ in convivio acciderant, risusque causam quærens nimiam loquendi petulantiam arguebat, hoc dicto
Optimus est homini thesaurus lingua modesta,
Maximaque illius est gratia pauca loquentis.

14. Ego autem, « Cætera, inquam, non ignoras, quia « una nobiscum accubuisti et ex nectare bibisti; quæ vero « ad puellam spectant te docebo. Primum poculum cum « præbuit, « Salvus sis, caduceator » submurmurat. Mox, « Ab ejusdem nominis virgine secundum habeas, » inquit, « adeo deminuta voce, ut auditum falleret; tamdiuque « pedem meum suo imposito pressit, quamdiu bibi. Ter- « tio poculum quidem præbere videbatur, sed tamen reti- « nebat; itaque illa, quæ audivisti, exciderunt. Reliqua « tu nosti, Panthiæ indignationem Sosthenisque iram, « capitis motum, puellæ pudorem, silentium, consterna- « tionem, ruborem, et singula, quæ veluti fulmine « tacta perpessa est; quorum omnium et maxime objurga- « tionis tuæ, quæ silentium imperavit, testor sacrum « meum ministerium, me pudebat. Quartum bibimus « Jovi Servatori, rursusque Hysmine digitum meum pres- « sit. Atque hæc sunt, quæ in convivio evenerunt; quæ « vero circa lectulum? Hysmine pedes meos lavit, com- « plexa est, digitos pressit, furtivaque ingessit oscula, tan- « dem pedum solum unguibus leniter carpsit, unde, ut au- « disti, in risum erupi. — O te felicem, exclamavit Cra-

« ἀμύττει τὸ πέλμα μου τοῦ ποδός· ὅθεν, ὡς ἤκουσας,
« ἀνεκάγχασα. » Καὶ ὁ Κρατισθένης, « Ὦ τῆς εὐτυχίας,
« ἀνακέκραγε· παρθένος ἐρᾷ σου, καὶ παρθένος οὕτω
« καλή· σὺ δ᾽ οὐκ ἀντερᾷς; » Ἐγὼ δὲ, « Καὶ τί τοῦτο ἐρᾶν »,
5 εἴρηκα. Καὶ πάλιν ὁ Κρατισθένης μέγα ἀνακέκραγεν.
« Ἡράκλεις, τῆς ἀτοπίας, τῆς ἠλιθιότητος· ἀλλ᾽ ἵλεώς
« σοι Ἔρως, μήτηρ Ἀφροδίτη, καὶ Ἴυγγες ἐρωτικαί. »
Ἐγὼ δὲ, « Τίνες οὗτοι, πρὸς τὸν Κρατισθένην φημὶ, τίς δὲ
« μοι τούτων διδάσκαλος; » Ὁ δέ μοι, « Φύσις ς ζώων
10 « ἀδίδακτοι. » Πάλιν οὖν ἐπὶ τὸν ὕπνον ἐτράπημεν.

« tisthenes, puella te amat et quidem pulcherrima puella :
« tu autem non redamas ? — Quidnam vero est amare ? »
subjeci. « Hercules, respondit ille, o insulsitatem , o sim-
« plicitatem ! at tibi Amor Venusque mater et omnes Cupi-
« dinum illecebræ faveant. » Ego iterum ad Cratisthe-
nem : « Quænam ista sunt, quis mihi illorum magister futu-
rus est ? » At Cratisthenes, « Animantia, inquit, ea, quæ ab
natura illis insita sunt, ab ullo non docentur. » Confes-
timque, his dictis, oculos iterum in quietem flexinus.

ΒΙΒΛΙΟΝ ΔΕΥΤΕΡΟΝ.

LIBER SECUNDUS.

1. Τῇ δ᾽ ὑστεραίᾳ πάλιν ἐπὶ τὸν κῆπον γενόμενοι, τοὺς ὀφθαλμοὺς ταῖς χάρισιν ἐτρεφόμεθα, τὴν ἡδονὴν μεθέλκοντες ἐπὶ τὰς ψυχάς· ἦν γὰρ ἀγαθῶν χωρίον ὁ κῆπος, καὶ θεῶν δάπεδον, καὶ ὅλως χάρις καὶ ἡδονή, τέρψις ὀφθαλμῶν, καρδίας παραψυχή, παραμυθία ψυχῆς, μελῶν ἄνεσις, ἀνάπαυλα σώματος· τὰ μὲν περὶ τὸν κῆπον, ὅσα καὶ οἷα· τὸ δέ γε θριγγίον, ἄλλο τεράστιον, τοσοῦτον αἰρόμενον ὕψος, ὅσον ἀνεπίβατα τὰ τῷ κήπῳ τηρεῖν καὶ ὀφθαλμοῖς καὶ ποσὶ, πάντοθεν
20 κατεγραπτοῦτο χειρὶ ζωγράφου σοφῇ.

2. Παρθένοι τέτταρες ἐγεγράφατο στοιχηδόν· ἡ πρώτη λαμπρῶς τὴν κεφαλὴν ἐστεφάνωτο· λίθοι περὶ τὸν στέφανον μάλα τηλαυγεῖς, πῦρ ἀπαστράπτοντες, καὶ φῶς ἀπαυγάζοντες, ὑδάτων μεστοί. Εἴποις ἂν με-
25 μίχθαι τὰ ἄμικτα, ὕδωρ καὶ πῦρ ἐν λίθῳ, καὶ ἄμφω τερπνὰ καὶ ἄμφω χαρίεντα· τὸ μὲν κυματοῦται τῷ ἐρυθήματι, τὸ δ᾽ ἀντιστράπτει· οὕτως ὁ τεχνίτης ἀκριβῶς τὴν φύσιν τῶν λίθων ἀπεμιμήσατο· μάργαροι περικυκλοῦσι τοὺς λίθους, κατὰ χιόνα λευκοί, σφαιροει-
30 δεῖς τὸ σχῆμα, τὸ μῆκος ὑπὲρ τὰς φύσεις αὐτῶν· οἷς ἐγὼ τοὺς ὀφθαλμοὺς ὅλους ἀπόδους, εἶπον μετὰ θάμβους καὶ ἡδονῆς· « Χάλαζα καὶ ἄνθρακες πυρός. » Ὁ δὲ Κρατισθένης (παρῆν γὰρ καὶ αὐτὸς) ἀνεκάγχασέ μου τῇ παραχρήσει τοῦ ῥήματος. Ὁ πλόκαμος εὐφυῶς περὶ
35 τοὺς ὤμους ἥπλωται τῆς παρθένου, καὶ βοστρυχοῦται μὲν ὡς εἰκός· ὑποχρυσίζει δὲ τὸ βοστρύχωμα. Ὁρμίσκος περὶ τὸν τράχηλον τῆς παρθένου ἐξ ἀργυρίου μετὰ στιγμάτων χρυσίου· βακχίνους ὁ πόρπαξ αὐτῷ. Χεῖρες τῇ παρθένῳ λευκαὶ καὶ ὄντως παρθενικαί· ἡ δεξιὰ
40 ταθεῖσα καὶ αὖ κυρτωθεῖσα, τῆς κεφαλῆς ἥψατο τῷ δακτύλῳ, καὶ τοῦ περὶ τὸ μέτωπον ἄνθρακος· ἡ δὲ λαιὰ σφαιρίδιόν τι κατέχει περιτερπές. Ὁ δεξιὸς ποὺς ἀσάνδαλος τῇ παρθένῳ· τὸν γάρ τοι λαιὸν ἐπεκάλυπτε τὸ χιτώνιον. Ὅλος ὁ χιτὼν ἀκαλλὴς καὶ οἷον ἀγροι-
45 κιώτερος· τὸν γὰρ πάντα κόσμον περὶ τὴν κεφαλὴν τῆς κόρης ὁ τεχνίτης ἐκένωσε, τὰ δ᾽ ἄλλ᾽ ὡς ἔτυχε κατεπέχρωσε.

3. Ἡ μετ᾽ αὐτὴν παρθένος καὶ τὴν τάξιν δευτέρα,

1. Sequenti die rursus hortum ingressi , ad amœnitates ejus oculos vertimus maximam animo voluptatem percipientes. Erat enim veluti bonorum omnium locus, deorum sedes, gratiis voluptateque affluens, oculorum voluptas, cordis levamen, animi solatium, membrorum recreatio, corporis requies. Quæ quidem ad hortum spectant, ita se habent; murus autem quo cingebatur erat et ipse aliud miraculum : ad tantam altitudinem erectus, quanta sufficeret ad oculos gressusque arcendum ab omnibus, quæ in horto erant, ex omni parte decorabatur perita pictoris manu.

2. Inter cætera virgines quatuor ordine sequentes obtutibus se meis objecere. Primæ splendida corona caput cingebatur; corona gemmis radiat, quæ igneum coruscantes, humidum tamen fulgorem jaculantur. Affirmes mixta esse quæ misceri nequeunt, liquorem scilicet ignemque in eadem gemma, sed perbelle simul ac lepide : namque ut ille rubore nativo fluctuat, sic alius luce propria adverse fulgurat ; adeo pictor lapidum naturam perfecte imitatus est. Lapides cinguntur unionibus nivis instar candidis , rotundis figura , magnitudinis insolitæ. Ego autem, defixis in hoc spectaculum oculis, reique miraculo ac voluptate perculsus, grandinem ignisque carbones conjunctos exclamavi. Cratisthenes (aderat enim et ille) vocabuli abusu in risum erupit. Crines virginis undanter in humeris puellæ fluentes atque in cincinnos, ut decet, distincti, subflavi auri colorem referunt. Collum virginis torques argentea coronat, quam auri maculis distinctam hyacinthina fibula subnectit. Virginis manus candidissimæ ac vere puellares : expansa dextera rursusque curvata caput suspensumque fronti carbunculum digito tractat; læva globulum elegantem gestat. Dextrum pedem sine calceo virgo porrigit, alterum enim vestis occulit. Illepida ac ruris plenior tunica : nam pictor omnem ornatum in virginis caput impenderat, reliquas corporis partes obviis coloribus pinxit.

3. Secundæ virgini, quæ ordine sequebatur, militaris forma

ὅλη στρατιώτης, πλὴν τοῦ προσώπου, εἰ μὴ ὅτι καὶ τοὺς ὀφθαλμοὺς ἀγριωτέρους ἢ κατὰ παρθένον ἰδεῖν. Κόρυς περιαστράπτει τὴν κεφαλὴν, καὶ ταύτην κατακοσμεῖ. Θυρεὸς τὸ στέρνον, φολιδωτὸς χιτὼν τὸ μεταφρενον, μίτρα τὴν ζώνην, τὸν ταρσὸν, τὴν χεῖρα καὶ τἄλλα τῶν μελῶν στρατιωτικῶς κατεπέφρακτο. Ἡ χεὶρ κατὰ δρῦν παχεῖα· οἱ δέ γε δάκτυλοι πρὸς τὸ παρθενικὸν ἐγεγράφατο. Ἐν ὅσοις τῶν μελῶν ἐγυμνοῦτο, ὅλη παρθένος ἦν ὁ στρατιώτης· ἐν ὅσοις δὲ κατεπέφρακτο, ὅλον στρατιώτην τὴν παρθένον ἑώρας. Ἀσπὶς τῇ λαιᾷ τῇ παρθένῳ, εἰ δέ γε βούλει, τῷ στρατιώτῃ· τῇ δ' αὖ ἑτέρα δολιχὸν ἔγχος, γραφεῖον Ἄρεος.

4. Ἡ μετ' αὐτὴν ὅλη παρθένος, ὅλη σεμνὴ τὴν ὄψιν, τὸ σχῆμα, τὸν χιτῶνα, τὸ πέδιλον, ἐστεφανωμένη τὴν κεφαλὴν, οὐκ ἐκ λίθων κατὰ τὴν πρώτην, οὐκ ἐκ μαργάρων κατὰ τὴν ἐξ ἀρχῆς, ἀλλ' ὅλοις φύλλοις, ἀλλ' ὅλοις ἄνθεσι. Ῥόδον οὐκ εἶχεν ὁ στέφανος, ἢ λαθομένου τοῦ τεχνίτου, ἢ τῶν χρωμάτων ἡττωμένων τῆς τοῦ ῥόδου βαφῆς. Ὁ πλόκαμος τῇ κόρῃ κατεχεῖτο μικρὸν, καὶ αὖ περὶ τὸν στέφανον ἀνεδέδετο. Λευκὴ καλύπτρα περὶ τὴν κεφαλὴν καὶ τὰ περὶ τὸ μέτωπον κατεκάλυπτεν. Ἀραχνιώδης ὁ χιτὼν τῇ παρθένῳ, τὸ χρῶμα λευκὸς, ποδήρης τὸ σχῆμα, καὶ ὅλως πλατύς. Ἡ δεξιὰ τῶν χειρῶν δεξιῶς ἐπικειμένη τῷ στήθει, τὸν ὁμώνυμον καταχαλύπτει μαζόν· οἱ δάκτυλοι τὸν λαιὸν ὅλον περικαλύπτουσι κατεπικείμενοι, καὶ φυλάσσοντες· ἄμαζον εἴποις ἰδὼν γεγράφθαι τὴν κόρην. Ἡ δ' ἑτέρα ἔχει τὸ χιτώνιον ἀνέχει πρὸ τῶν μερῶν· ὁ γὰρ βορρᾶς ἐδόκει πνεῖν κατὰ μέτωπον, καὶ τὸ πολὺ τοῦ χιτῶνος περὶ τὴν πτέρναν ἐξέχυσεν· οὕτως ἡ κόρη σεμνὴ, καὶ τὸ πνεῦμα θρασὺ, καὶ λεπτὸν τὸ χιτώνιον· διὰ γὰρ τοὶ παρθενικῆς ἁπαλόχροος οὐ δίεισιν αἰθρηγενέτης βορρᾶς. Ὁ δεξιὸς τῶν ποδῶν περὶ θάτερον στρέφεται, καὶ κατεπίκειται, καὶ συμπλέκεται, μηρὸς ἐν μηρῷ, καὶ ὅλως ποὺς ἐν ποδὶ, ἵνα μὴ τῷ λεπτῷ τοῦ χιτῶνος τὸ σῶμα διαφωτίζηται. Μέλαν τὸ πέδιλον τοῖν ποδοῖν, καὶ ἀσφαλῶς ἐσκευασμένον, καὶ μὴ κατὰ παρθένον ἠμφιεσμένον.

5. Ἡ τετάρτη καὶ τελευταία ἐξ ἄρτι ῥαγέντος νέφους ἀποβρύημαι δοκεῖ, καὶ ὡς ἐξ οὐρανοῦ διακύπτει· καὶ ὅλη αἰθερίος, τὸ σχῆμα σεμνή, χαρίεσσά μοι τὸ πρόσωπον· ἐρυθρὸς ὁ χιτὼν, ἀλλ' ἔχει τι καὶ λευκότητος· εἰ δὲ τοῦ σώματός ἐστί τι λευκὸν, καὶ διαβρεῖ τὸν χιτῶνα, ὁ τεχνίτης οὐκ ἀφῆκεν ὁρᾶν. Θρὶξ πᾶσα εὐφυῶς συνῆπται πρὸς τὸ μετάφρενον. Τοὺς ὀφθαλμοὺς ὅλους ἔχει πρὸς οὐρανόν. Στάθμη καὶ φλὸξ ταῖν χεροῖν, ἡ μὲν ἐπὶ δεξιᾷ, ἡ δ' ἐπ' ἀριστερᾷ. Τὼ πόδε καὶ μέχρι κνημῶν ἐξέφυγεν ὁ χιτών.

6. Οὕτω μὲν οὖν εἶχον αἱ γυναῖκες· τὸ δὲ περὶ ταύτας δρᾶμα καὶ τίνες αὗται μαθεῖν ἐξητοῦμεν φιλοπονώτερον· γράμματα τοίνυν ὁρῶμεν ὑπὲρ τὰς κεφαλὰς τῶν φιλοσόφων, ἃ πάντ' ἦσαν ἰάμβειον ἓν εἰς τέσσαρα τετμημένον, καὶ ταῖς παρθένοις τὰς κλήσεις ἀφοσιούμενον· τὸ δ' εἶχεν οὕτως·

Φρόνησις, Ἰσχὺς, Σωφροσύνη, καὶ Θέμις·

fuit, si vultum excipias; oculi tamen ultra quam virginem decet ferociores. Fulgurans galea caput ornat, pectus scuto tegitur, squammea tunica dorsum, militari cingula ilia; palma cæterum, manus ac reliquum corpus armis circumdata. Manus quidem roboris instar durissimæ, digitis autem pictor virginalem naturam servaverat. Denique si ad illa membra spectes, quæ armis nuda pictor exhibuit, dicas quidem: nihil aliud est miles præter virginem; sin autem ad ea quæ armis instruuntur: nihil aliud est virgo præter militem. Atque hæc virgo, vel si placet, miles, læva clypeum sustinet, dextra longissimam hastam, Martis stylum.

4. Tertiæ autem virgineæ omnino facies, venerabilis aspectus, habitus, tunica, calceusque; caput non gemmis aut unionibus ut prima cingebatur, foliis autem et floribus. Rosam tamen nullam habuit corona, sive illius non meminit pictor, sive ille color, quo rosa purpurat, a reliquis victus est. Crinem tantisper vagum coronæ nodus adstrinxerat. Album capitis tegmen frontis partem tegit. Arachnea puellæ vestis, candida colore, forma talaris et amplissima. Dextra pectori dextere imposita; cognominem mammam operiunt digiti, lævam uti circumtegunt et custodiunt; dicas illam sine mammis pictam fuisse. Sinistra vestem circa femora coercet: etenim adversus boreas maximam partem circa calcanea effusam perflat. Tanta est virginis dignitas, venti audacia, tunicæ subtilitas. Non tamen per delicatum virginis corpus flabat sereni auctor boreas. Pes dexter lævo retortus impositusque et implicitus, et femori femur, et pes pedi ne tenuitate nimia vestis corpus in lucem proferretur. Nigræ illius soleæ et solidissimæ, sed virgini minus convenientes.

5. Quarta et ultima ex nube paulo ante disrupta, decidua videtur; nam adhuc ex cœlo veluti despicit. Itaque tota cœlestis habitu venerabilis vultuque formosa. Rubram vestem induturi, quæ tamen subalbescit: an autem corporis candor vestem irradiet, id pictor videre non permisit. Coma decore in tergo colligitur. Oculos in cœlum conversos habet. Stateram flammamque manibus ambabus gestat, illam dextera, hanc autem sinistra. Pedes tibiarum tenus effugit tunica.

6. Ita fœminæ se habebant. Quænam autem essent et quid ipsæ effingerent discere accuratius cupiebamus. Literas ergo super illarum capita exaratas videmus, iambum nempe, qui, in quatuor divisus, nomina sua tribuebat virginibus et sic se habebat.

Prudentia, Virtus, Temperantia et Themis.

Ἐντεῦθεν ἐφιλοσοφοῦμεν τὰ περὶ τῶν γυναικῶν σχή-
ματα, καὶ τὰ, μέχρι τοῦ γ' ἐφ' ἡμῖν, καταλαμβάνομεν
ἀκατάληπτα, τὸν λαμπρὸν στέφανον τῆς πρώτης παρ-
θένου, τοὺς περὶ τὸν στέφανον λίθους, τοὺς μαργά-
ρους, τὸν περὶ τὴν δέρην χρυσὸν, τὸν ἄργυρον, τὸν ὑά-
κινθον, τὸ σχῆμα τῆς δεξιᾶς, μονονοὺ λεγούσης, ὡς
ἐνταῦθα τὸν ὄλβον ἔχω περὶ τὴν κεφαλήν· τὸ περὶ τὴν
λαιὰν σφαιρίδιον ὡς ξυνέχει τὸ πᾶν, καὶ τὸ τοῦ χιτῶνος
ἀνεπικόσμητον, ὡς τἄλλα πλὴν τῆς κεφαλῆς ἀκοσμήτως
ἡ φρόνησις ἔσταλται· τὸ στρατιωτικὸν σχῆμα τῆς μετ'
αὐτὴν, τὴν ἐν στρατιώτῃ παρθένον, καὶ αὖ τοὐναντίον
τὴν ὅλην στρατιῶτιν, τὴν ὅλην παρθένον· ἀνδρεία γὰρ
ὡς τῇ φύσει στρατιώτης καὶ τῇ κλήσει παρθένος· ὅθεν
ἐν οἷς μὴ περιφράττοιτο στρατιωτικῶς, ὅλη παρθένος
ἐστὶ καὶ κλήσει καὶ σώματι· ἐν οἷς δὲ τὴν ἰσχὺν ὑπαι-
νίττοιτο, ὅλη στρατιώτις ἡ παρθένος ἐστὶ, καὶ ὡς ἐν
τῇ φύσει ὁ ζωγράφος τὴν κλῆσιν παρεφυλάξατο, οὕτω
κἂν τῇ κλήσει τὴν φύσιν ὅλην ὑπεχρωμάτισε· τῆς ἑτέ-
ρας καὶ τρίτης τὸν ἐξ ἀνθέων στέφανον, τὸν ἐξ ἀμα-
ράντων φυτῶν, τὴν συστολὴν τοῦ πλοκάμου, τὴν κα-
λύπτραν τῆς κεφαλῆς, τὴν περιστολὴν τῶν στέρνων,
τὴν φυλακὴν τῶν μαστῶν, τὸν ἐπὶ τῷ μηρῷ μηρὸν,
τὴν καὶ μέχρι πνεύματος σωφροσύνην, καὶ τἄλλα πάνθ'
ὅσα πανευπρῶς τῇ φίλῃ μου παρθένῳ προσήρμοσε.
Περιπτύσσομαί σου τὴν χεῖρα, γραφεῦ· ἀσπάζομαι
τὴν γραφίδα· χάριν ὁμολογῶ σοι πρός γε τοῖς ἄλλοις,
ὅτι κἀν τῷ στεφάνῳ τῆς ἐμῆς παρθένου τὸ ῥόδον συνέ-
πλεξας· οὐδὲν κοινὸν σωφροσύνῃ καὶ ῥόδῳ αἰσχρῶς
βαρέντι, κἀκ τῆς αἰδοῦς ἐρυθριωμένῳ τὸ πρόσωπον.
Τῆς τετάρτης τὸ διακύπτον ἐξ οὐρανοῦ, τὸ αἰθέριον,
τὸ ἀπερικάλυπτον, τὸ λαμπρὸν τοῦ προσώπου, τὰ
τῆς δίκης ζυγὰ, καὶ τἄλλ' ὁπόσα προσφόρως ὁ τεχ-
νίτης τῇ Θέμιδι προσεφήρμοσε· δικαιοσύνη γὰρ ἐξ οὐ-
ρανοῦ διακύπτει, καὶ ταλαντεύει τὰς κρίσεις, καὶ πρὸς
οὐρανὸν ἀπευθύνει τοὺς ὀφθαλμοὺς, καὶ οὐδὲν ἀνθρώ-
πινον ἔχει.

7. Μετάγομεν τοὺς ὀφθαλμοὺς ἐπὶ τὴν μετὰ τὰς
παρθένους γραφὴν, καὶ δίφρον ὁρῶμεν ὑψηλὸν, καὶ
λαμπρὸν, καὶ ὄντως βασιλικόν. Κροίσου δίφρος βασιλεῖ-
νος ἢ πολυχρύσου Μυκήνης τυράννου τινός. Ἐν τῷδ'
ἐπεκάθητο μειράκιον τερατῶδες, γύμνωσιν παντελῆ
καθ' ὅλου φέρον τοῦ σώματος· πρὸς ὃ βλέπων ᾐσχυνό-
μην αὐτὸς, καὶ τοῦ ἔπους ἐμνήσθην, ὡς

Τὸ μὴ φρονεῖν... κάρτ' ἀνώδυνον κακόν.

Τόξον καὶ πῦρ περὶ τὼ χεῖρε τοῦ μειρακίου, φαρέτρα
περὶ τὴν ὀσφὺν καὶ σπάθη ἀμφίκοπος· τὸ πόδε μὴ
κατ' ἄνθρωπον ἦν τῷ μειρακίῳ, ἀλλ' ὅλον πτερόν· τὰ
δέ γε περὶ τὴν κεφαλὴν, οὕτω τερπνὸν τὸ μειράκιον,
ὑπὲρ μειράκιον πᾶν, ὑπὲρ πᾶσαν παρθένον, ἑώων ἄγαλμα,
εἰδώλων Διὸς, ὅλος κεστὸς Ἀφροδίτης, ὅλος Χαρίτων
λειμὼν, ὅλος ἡδονή. Ἂν Θέτιδος γάμος, ἂν Ἥρα περὶ
τὸν γάμον, ἂν Ἀφροδίτη, ἂν Ἀθηνᾶ, ἂν καὶ τοῦτο τὸ
μειράκιον, ἂν Ἔρις ἐγκυκᾷ τὸ συμπόσιον, ἂν μᾶλλον

Inde autem de earum habitu disserimus et corumque antea nos fugerant, rationem assequuti sumus, splendidæ scilicet quam prima virgo gerit coronæ, gemmarumque ac unionum quæ coronam exornant, argentei monilis aureis distincti maculis, et hyacinthinæ fibulæ, dexteræ nutus quo dicere videtur: Omnes hic in capite divitias meas porto: globi quem in læva gerit eam universi dominam esse indi- cantis, sine ornatu vestis cætera præter caput Prudentiæ esse inornata significantis; nec nos fugit militare secundæ schema quod in milite virginem, et vice versa in virgine militem ostendit: etenim Fortitudo natura miles, ap- pellatione virgo est; itaque qua sine militaribus armis est, puellam nomine ac specie refert; qua autem forti- tudinem exhibet, militem omnino virgo præbet: ita cum natura pictor nomen servavit et cum nomine naturam coloribus expressit. Tertiæ etiam intelligimus quid sibi velint floribus perpetuoque virentibus foliis corona, contractæ, ne vagæ fluitent, comæ, velatum caput, oper- tum pectus, mammarum custodia, implicitum femori femur, et contra ipsius venti impetum castitas, ac cætera, quæ carissimæ mihi virgini aptissime accommodata sunt. Am- plector manum tuam, pictor, exosculor penicillum, gra- tiamque plurimam habeo tum multorum ergo, sed præ- cipue quia virginis coronæ rosam nullam attexuisti. Nihil enim commune castitati cum rosa, turpiter sanguine tincta et præ pudore etiamnum rubenti. Nec non et mente per- cipimus cur quarta, de cœlo prospiciat, cœlestis, intecta, radianti vultu, cur justi et æqui stateram cæteraque gestet quæ Themidi pictor optime tribuit: Justitia enim de cœlo prospicit judicandæ trutinatur, ad cœlum lumina dirigit et nihil humani habet.

7. His inspectis convertimus oculos ad picturam quæ virgines excipit currumque videmus excelsum, splen- didumque et vere regalem. Crœsi aut opulentæ Mycenes tyranni currum illum dixisses. In hoc curru vehebatur puer ad miraculum formosus et omnes corporis partes nu- datus. Ut vidi, ut erubui, ut veriverbium illud succurrit:

Desipere maximum sine dolore est malum.

Arcum ignemque manibus sustinet, dependet lateri pharē- tra et anceps gladius: pedes pueri non uti vulgi hominum, sed alarum remigio instructi: totius capitis eximia forma puerorum virginumque omnium longe superat, nempe Deorum simulacrum, Jovis imago, Veneris cestus, Gra- tiarum pratum adeoque ipsissima Voluptas erat. Quod si iterum nuberet Thetis, adessentque Juno, Minerva, Ve- nusque et iste puer, si convivium Discordia turbaret, po- mumque pulchrioris formæ præmium, et Paris judex

πλάττῃ, ἂν τὸ μῆλον ζητῇ λαβεῖν τὴν καλήν, ἂν Πάρις κριτής, ἂν τὸ μῆλον ἆθλον τοῦ κάλλους, ἔχεις ; ὦ μειράκιον, τοῦτο. Καὶ πρὸς τὸν Κρατισθένην εἶπον· «Ὡς ἄρα χεὶρ ζωγράφου καινόν τι χρῆμα· τὰ ὑπὲρ τὴν « φύσιν τερατουργεῖ, καὶ πλάττει τὸν λογισμὸν, καὶ « τὰ πλάσματα τεχνουργεῖ. Εἰ δέ γε βούλει, φιλοσο- « φήσωμεν τὸ μειράκιον.

8. « Ἀγχίθυροι ταῖς ἀρεταῖς αἱ κακίαι, καὶ ταύταις « παραπεπήγασι. Πρὸς τοῦτο δὴ τὸ γνωμάτευμα τὸ « μειράκιον ἀναπέπλασται, καὶ τέχνη τὸ πλάσμα πρὸς « φύσιν μετήγαγεν. Ἔχω σου, τεχνῖτα, τὸ αἴνιγμα, « ἔχω σου τὸ δρᾶμα· εἰς αὐτόν σου βάπτω τὸν νοῦν· κἂν. « Σφὶγξ γένῃ, Οἰδίπους ἐγώ· κἂν ὡς ἐκ Πυθικῆς ἐσχά- « ρας καὶ τρίποδος αἰνιγματωδῶς ἀποφοιβάζῃς λοξὰ, « πρόσπολος ἐγώ σοι, καὶ διασαφῶ τὰ αἰνίγματα. »

9. Τὰ δ' ἐφεξῆς ὁποῖα ; Ὅλος στρατὸς παρεστήκει τῷ μειρακίῳ, ὅλαι πόλεις, χορὸς ξύμμικτος ἀνδρῶν, γυναικῶν, πρεσβυτῶν, μειρακίων, παρθένων, γραῶν. Βασιλεῖς, τύραννοι, δυνάσται, κρατοῦντες γῆς, ὡς δοῦλοι παρίστανται, οὐκ ἶσα καὶ βασιλεῖ, ἀλλ' ἶσα θεῷ, καὶ γυναῖκες δύο ταῖς χερσὶν ἀλλήλαις ξυνδούμεναι, τὸ μῆκος ὑπὲρ γυναῖκας, ὑπὲρ τὸν Ἰαπετὸν χρόνον, καιναὶ τὴν ὄψιν, καιναὶ τὴν ῥυτίδα, καιναὶ τὸ σχῆμα, καιναὶ τὴν χροιάν. Καὶ ἡ μὲν ἡλιοειδὴς καὶ ὅλη λευκή, λευκὴ τὴν τρίχα, λευκὴ τοὺς ὀφθαλμούς, λευκὴ τὸ χιτώνιον, τὸ πρόσωπον, τὼ χεῖρε, τὼ πόδε, τὰ πάντα λευκή· ἡ δ' ἑτέρα μέλαινα, τὰ πάντα, καὶ τρίχα, καὶ κεφαλήν, καὶ τὸ πρόσωπον, χεῖρας καὶ πόδας, καὶ τὴν χροιὰν ἅμα καὶ τὸ χιτώνιον. Ἶσαι τὴν ἡλικίαν, διάφοροι τὴν χροιάν· ἶσαι τὴν ῥυτίδα, τὸ γένος διάφοροι· ἡ μὲν γὰρ ὡς ἐξ Ἀχαΐδος καλλιγύναικος, ἡ δ' ὡς ἐκ κεκαυμένης Αἰθιοπίας. Παρίσταται καὶ πλῆθος πτηνῶν, καὶ φέρον ἐλεύθερον τὸ πτερόν, καὶ ὡς δοῦλον παρίσταται. Ὅλον γένος Ἀμφιτρίτης νεπόδων δουλογραφεῖται τῷ μείρακι· καὶ θὴρ βασιλεὺς θηρίων μετὰ παντὸς θηρὸς ὁμοδούλως παρίσταται.

10. Ἐγὼ δὲ πρὸς τὸν Κρατισθένην· « Πῶς δ' οὐ πτερύσσεται τὸ πτηνὸν ἀνέτῳ πτερῷ, ἀλλὰ δουλογραφεῖ- « ται καινῶς οὕτω καὶ ὑπὲρ τὴν φύσιν ; Θὴρ λέων ὠμη- « στής, βασιλεὺς θηρίων, δοῦλος τῷ μείρακι, καὶ ταῦτα « γυμνῷ, ὃν φρίασει καὶ θὴρ καὶ ὅλος ὁπλίτης. Ὄνυξ « ὀξὺ πού, καὶ βλοσυρὸν ὄμμα καὶ λιάιον στέρνον, καὶ « πρὸ πάντων τὸ φρικτὸν καὶ ἄγριον βρύχημα ; Φρα- « .ιτὸν γένος (παρίσταται γὰρ καὶ τοῦτο), καὶ πᾶς βα- « σιλεὺς, πᾶς δυνάστης, πᾶς τύραννος οὐκ ἀρκεῖ πρὸς « μόνον μειράκιον ὅλον γυμνόν; Ἀλλὰ καὶ ἰχθὺς, καὶ « πᾶς θαλάσσιος θὴρ τί μοι φρίασει τοῦ μειρακίου ; τὸ « πῦρ, ἀλλὰ πάλιν ὅλας ἔχει θαλάσσας, ὅλον βυθόν, « πολέμιον πυρός· τὸ τόξον, τὸ πτερόν; εἶτ' οὐκ ἀμ- « βλύνεται τῷ βυθῷ; Βαβαί μοι τῶν γυναικῶν, βαβαὶ « τοῦ θαύματος, βαβαὶ τῆς ἡλικίας, βαβαὶ τῶν ῥυτί- « δων, βαβαὶ τοῦ σχήματος, τῆς δουλοπρεπείας. Ὢ « Ζεῦ καὶ θεοί, ὡς ἀληθῶς τέρας ἡ γραφή, νοῦ πλά-

---

foret, tibi puer, contingeret. Tunc Cratisthenem sic alloqutus sum : « Mira prorsus res est ars pictoris, qui multa « supra rerum naturam prodigiosa procreat, imaginesque « animo conceptas postmodum coloribus exprimit. Verum, « si permittis, disseramus de puero.

8. « Proxima virtutibus vitia sunt ac pæne adhærentia. « Ad hanc sapientissimam sententiam puer ille fictus est, « naturæque figmentum ars aptavit. Intelligo ænigma « tuum, pictor ; fabulam tuam teneo, animumque in mentem tuam immergo : si Sphinx es, Œdipus sum ; si velut « ex Pythio altari et tripode vaticinaris, ego sacerdos « ambages tuas resolvam. »

9. Quid deinde? Toti exercitus puerum cingebant, totæ urbes, commixtaque turba virorum, mulierum, senum, puellarum, vetularum. Reges, tyranni, dynastæ, terrarum domini, servorum ritu eum circumstant, non secus ac regem sed perinde ac deum; adstant et feminæ duo manibus inter se connexis, staturæ plusquam femineæ, ætatis ante Japeti tempora; insolens utriusque facies, insolens rugositas, insolens habitus et insolens color. Prima solaribus radiis splendet et candet, candida crines, candida oculos, candida vestem, vultum, manus, pedes, omnino candida; secunda autem omnino nigret et crines, et caput, et vultum, manusque et pedes colorem simul et vestem. Ambarum eadem ætas, dissimilis color ; eadem rugositas, dissimilis patria : prima etenim ex Achaia orta videtur, quæ formosis mulieribus abundat ; secunda ex torrido Æthiopiæ solo. Adstat et alitum turba, et quamvis alas liberas ferentes, servorum instar adstant. Omne genus Amphitrites piscium pueri servitio se adscribit; adstat et leo ferarum dominus cum feris omnibus conservitii compos.

10. Ego autem ad Cratisthenem conversus, « Cur, in-« quam, alites libero volatu inde non avolant, sed sic in-« solenter et contra naturam servitio se adscribunt. Leo, « fera crudelis, ferarum rex, pueri vel nudi servus est, « quem reformidat, quamvis fera et armis instructus. Quo « recesserunt ungues, truculenta luminum acies, villosum « pectus, et ante omnia terribilis feroxque rugitus? Nonne « cataphractorum genus (nam et id etiam adstat) reges, dy-« nastæ, tyranni soli puero, vel ex omni parte nudo, suffi-« ciunt? At pisces et inmania cete quid mihi de puero refor-« midant ? ignem? sed tota maria habent, totos gurgites igui « infensos; arcum pennarumque vim? nonne undis hebeta-« tur? Papæ mulierum ! papæ miraculi ! papæ provectæ « ætatis ! papæ rugositatis ! papæ habitus servitutis ! o Jupiter diique, quam vere portentosum pictura, animi fig-

« σμα, καὶ χειρὸς ζωγράφου τεχνούργημα. Ἀλλ' ἴδωμεν,
« εἰ δοκεῖ, καὶ τὰ ὑπὲρ τὴν τοῦ μειρακίου κεφαλὴν γε-
« γραμμένα ἰαμβεῖα οὕτως ἔχοντα·

Ἔρως τὸ μειράκιον ὅπλα, πῦρ φέρον,
5   Τόξον, πτερόν, γύμνωσιν, ἰχθύων βέλος. »

11. Καὶ ὁ Κρατισθένης· « Οὐκέτι σοι τὰ τῶν ἐμῶν
« ἀμάρτυρα λόγων. Τίς Ἔρως ἠρώτας· ἰδού μοι, βλέ-
« πεις αὐτόν· ἀλλ' εὐμενής σοι τὰ εἰς πεῖραν ἴκοιτο ! »
Ἐγὼ δὲ πρὸς αὐτόν· « Σύ μοι τὰ περὶ τὴν γραφὴν
10 « φιλοσόφει, καὶ τῇ γραφῇ προσαρμόττε τὸ ἐπίγραμ-
« μα. » Ὁ δὲ Κρατισθένης· « Ὁ Ἔρως γυμνός, ὁπλοφό-
« ρος, πυρφόρος, τοξότης, πτερωτός· ὅπλα φέρει κατ'
« ἀνδρῶν, πῦρ κατὰ γυναικῶν, τόξα κατὰ θηρῶν,
« κατὰ πτηνῶν τὸ πτερόν, τὴν γύμνωσιν κατὰ τῶν ἐν
15 « θαλάσσῃ· καὶ καθ' ὅλης αὐτῆς, ἡμέρα καὶ νύξ, ὡς
« ὁρᾷς, δουλεύει τῷ Ἔρωτι· αὗται γὰρ αἱ γυναῖκες,
« ἃς σὺ θαυμάζεις ὁρῶν. » Ἐγὼ δὲ πρὸς τὸν Κρα-
τισθένην· « Μηδὲ γινώσκοιτό μοι ! »

12. Ἧκεν ὁ Σωσθένης· καὶ περὶ τὸ δεῖπνον ἀνακε-
20 κλίμεθα· καὶ πάλιν ἡ παρθένος ἐπὶ τῷ λειτουργήματι·
καὶ πάλιν τοὺς ὀφθαλμοὺς ἐπ' ἐμέ, καὶ κατὰ μέτω-
πον στᾶσά μου, καὶ τὸν τράχηλον ἠρέμα μικρὸν ὑπο-
κλίνασα, καθυπακλέπτει μοι τὸ προσκύνημα, καὶ τοὺς
δακτύλους ἐπιθεῖσα τῷ χείλει σιγᾶν ἐπιτρέπεται. Ἐγὼ
25 δὲ πρὸς τὸν Κρατισθένην· « Ὁρᾷς; τί ταῦτα ; » Ὁ δέ
μοι, « Σίγα, » φησίν. Ἧκεν ἡ κόρη κιρνῶσα· καὶ, « Χαί-
ροις, συνωνύμέ μοι·κήρυξ, » ὑπεψιθύρισε· καὶ μετ' ἐμὲ
τῷ Κρατισθένει κιρνῶσα φησίν, εἴ τι δεῖ φωνὴν ἐκεῖνο
καλεῖν τὸ ψιθύρισμα· « Ὀφείλω σοι χάριτας. »

30 13. Τροφαὶ καὶ πάλιν ἐπὶ τὴν τράπεζαν, οὐκ ἐξ
ἀγρῶν, οὐκ ἐκ θαλάσσης ἁπλῶς, ὡς οἶδε τρυφᾷν
ἠπειρώτης ἀνὴρ καὶ παράλιος, ἀλλ' ὅσας χεὶρ καὶ
τέχνη μαγείρων ἐσκεύασεν, ὡς ἰχθὺς ἐξ ἀγροῦ, καὶ
ὡς ἐκ θαλάσσης ταῶν· οὕτω πολυτελὲς ἡμῖν τὸ δεῖπ-
35 νον, οὕτω λαμπρόν, οὕτω χάριεν, ὡς ἡδύναι καὶ ὀφθαλ-
μοὺς καὶ λαιμόν. Καὶ πάλιν ἐπίνομεν, τροφὴ γὰρ
πολυτελεστέρα ζητεῖ καὶ πόσιν ἀνάλογον, καὶ πάλιν ἡ
κόρη κιρνῶσα προσκρούφῃ μου τοῦ ποτηρίου, καὶ δι-
δοῦσα πάλιν φησὶ τῇ συνήθει φωνῇ· « Ὡς τὴν κλῆσιν
40 « ἐκ τύχης, οὕτως ἐξ ἔρωτος τὴν πόσιν κοινοῦμαί σοι. »
Ἱκανῶς οὖν τῆς τραπέζης καταπρυφήσαντες, καὶ τρο-
φαῖς ποικίλαις καὶ παντοδαποῖς καρυκεύμασι, καὶ πό-
σει, καὶ πολυειδέσι ποπάνοις, λύομεν τὸ συμπόσιον· καὶ
ὁ Σωσθένης φησίν·

45   Νὺξ ἤδη τελέθει· ἀγαθὸν καὶ νυκτὶ πιθέσθαι.

« Καὶ τὰ πρόσφορα τῇ νυκτὶ χαρισώμεθα· » καὶ, « Χαί-
« ροις, » εἰπών μοι, ξὺν τῇ Πανθίᾳ ᾤχετο.

14. Ἡ γοῦν Ὑσμίνη προσκόψαι τὸν πόδα ὑποκρι-
θεῖσα, καὶ Σωσθένους πατρὸς καὶ μητρὸς Πανθίας
50 μικρὸν ἐλθοῦσα δευτέρα, « Χαίροις, » εἰποῦσα, καὶ
« Πείσθητι τῷ πατρί, » ᾤχετο καὶ αὐτή. Ἐγὼ δὲ καὶ
Κρατισθένης ἀνακλιθέντες τὰ περὶ τὸ δεῖπνον καὶ τὴν

« mentum, et pictoris manus artificium ! Verum inspicia-
« mus, si lubet, pueri capiti superscriptos iambos sic ha-
« bentes :

Cupido puer hic, quem vides, flammas ferens
Alas, sagittam, piscium, nudus, necem.

11. Tum Cratisthenes, « Non amplius, inquit, apud te
« testimoniis sermones mei indigebunt. Tu me quis sit
« Amor interrogabas; en ecce, eum vides : utinam ex-
« perto tibi faveat! » Subjeci ego : « De pictura mihi dis-
« sere et picturæ verba epigrammatis accommoda. » Tum
ille : « Amor nudus, armiger, ignifer, arcitenens, aliger :
« armis homines, igne mulieres, arcu feras, pennis volu-
« cres, nuditate æquoris incolas superat; et pro se quæque,
« dies et nox, ut vides, Amori serviunt: eæ enim sunt
« mulieres quas videns miraris. » Ego autem ad Cratisthe-
nem conversus : « Utinam illum nunquam noverim ! »

12. Ad hæc venit Sosthenes : nos prandio accubuimus,
et iterum paratur ad ministerium puella, et iterum, inten-
tis in me oculis, mihi adversa stetit, summissa leviter cer-
vice furtim me salutavit, et appositis ori digitis silentium
imperavit. Ego autem ad Cratisthenem conversus : « Vi-
« desne? quid hoc sibi vult ? » At ille, « Tace, » inquit. Con-
festim puella vinum præbuit, ac, « Salve, ejusdem mecum
« nominis caduceator, » insusurravit ; mox Cratistheni
vinum ministrans tenui voce, si modo vox fuit, « Gratias,
inquit, tibi debeo. »

13. Epuliis interea non solum terra marique quæsitis
excipimur, quibus deliciari solet continentis incola et maris
accola, verum quas manus et ars coquorum parat, uti piscis
ex terra, ex mari pavo petitus videretur : adeo sumptuo-
sum est convivium, adeo splendidum, adeo suave ad ocu-
lorum gulæque voluptatem. Et iterum bibitur : sumptuo-
siores enim cibi potum congruentem requirunt ; et iterum
puella vinum præbuit, prælibatumque tradens solita voce
infit : « Idem nomen fortuna, idem per me poculum
« amor tribuit. » Cum satis igitur mensæ indulsimus, post
multiplices cibos, varia condimenta et pocula, placentas-
que multiformes, de cœna surgimus ; et tunc Sosthenes :

Nox venit interea, nobis et nocte fruendum est.

« Tribuamus nocti quæ nocti conveniunt. » Et « Vale »
dicto, cum Panthia discessit.

14. Hysmine autem, offendisse pedem simulans, pau-
lumque pone patrem Sosthenem et Panthiam matrem
morata, « Salve, inquit, et patri morem geras ; » et tunc
ipsa discessit. Ego autem et Cratisthenes lectulo redditi,
de his, quæ in convivio acciderant, et de puella sermonem

κόρην ἀνεκοινούμεθα· ὡς προσκυνεῖ με κλέπτουσα τὸ προσκύνημα· ὡς ἐπιτίθησι τοὺς δακτύλους τῷ στόματι, σιγᾷν ἐπιτρέπουσα· ὡς διδοῦσά μοι τὸ ποτήριον, « Χαίροις, συνώνυμέ μοι κήρυξ, » ὑπεψιθύρισεν· ὡς κιρνῶσα προεξερρόφησεν· ὡς εἶπε πάλιν ἐπὶ τῷ δευτέρῳ μοι πύματι· « Καὶ τὴν πόσιν ἐξ ἔρωτος, ὡς « καὶ τὴν κλῆσιν ἐκ τύχης κοινοῦμαί σοι· » καὶ τέλος τὸ περὶ τὸν πόδα πλάσμα, καὶ τὸ « Πείσθητι τῷ πα- « τρί. » Καὶ ὁ Κρατισθένης· « Ἔρως ὅλην σοι τὴν παρ-
10 « θένον ἐξέκαυσεν· Ἔρως ἐξετυράννησεν· ἐρώσης ταῦτα « ψυχῆς καὶ γλώσσης πυρπολουμένης ἐξ ἔρωτος· « σὺ δὲ μέχρι πότε λειποταξίας κριθήσῃ τῷ Ἔρωτι; « Ποῦ δὲ καὶ φύγῃς αὐτόν; εἰς οὐρανόν; ἀλλὰ φθάνει « σε τῷ πτερῷ· ἐς θάλατταν; ἀποδύσῃ δὲ τὸν χιτῶνα;
15 « ἐς τὸν βυθόν; ὁ δέ σοι προαπεδύσατο· κατὰ γῆν; « τῷ τόξῳ σε φθάνει. Εἶδες τὸν Ἔρωτα; εἶδες τὸ « πῦρ, τὰ τόξα, τὴν γύμνωσιν, τὸ πτερόν; Εἶτα σὺ « μόνος ἐλεύθερος ἔρωτος; σὺ μόνος; » Ἐγὼ δὲ πρὸς τὸν Κρατισθένην· « Ἔα με σωφρονεῖν, ὦ 'γαθέ· τοὺς
20 « γὰρ σώφρονας

Θεοὶ φιλοῦσι, καὶ στυγοῦσι τοὺς κακούς. »

Καὶ σιγήσαντες περὶ τὸν ὕπνον ἐτράπημεν.

agitavimus : uti furtim me salutavit; ut adpositis ori digitis silentium imperavit; uti poculum præbens : « Salve « ejusdem mecum nominis caduceator, » insusurravit ; uti vinum liquans tantillum labellis minuit, secundumque poculum ministrans dixit : « Ut nomen fortuna, sic et poculum « amor per me tribuit »; uti denique offensum pedem simulans, » Patri morem geras », imperavit. Tum Cratisthenes , « Amor, inquit, puellam tibi totam accendit, Amor puel- « lam subjugavit ; amantis hæc omnia mentis et linguæ « amore flagrantis ; tu vero usque diu Cupidinis desertor « insimulaberis? Quo illum fugies ? in cœlos? at præpeti- « bus pennis antevertet; in mare? tunicamne exues? in « profundum? ille autem ocius se exuit;· in terram ? arcu « te prævertit. Vidistine Amorem , ignem , arcum, nudita- « tem, pennas ? Tune solus liber, ab Amore, tune solus? » Ad hæc ego, « Permitte, inquam, mihi bonam mentem ; « etenim

Dii malos odere, sed bonos amant. »

Et facto silentio, somno concessimus.

ΒΙΒΛΙΟΝ ΤΡΙΤΟΝ.

1. Καὶ δή με περὶ μέσην τὴν νύκτα κατακοιμώμενον ἐνύπνιον ἦλθεν ὄνειρος μάλα φοβερός· ὁρῶ γὰρ
25 περὶ τὸ δωμάτιον εἰσιὸν πλῆθος οὐκ εὐαρίθμητον, ὄχλον ξύμμικτον, ἀνδρῶν, γυναικῶν, νεανίσκων, παρθένων. Λαμπαδηφόροι πάντες τὴν δεξιάν, τὴν γάρ τοι λαιὰν περὶ τὸ στῆθος εἶχον δουλοπρεπῶς. Καὶ μέσον τὸ περὶ τὸ τοῦ κήπου θριγγίον μειράκιον, τὸν γεγραμ-
30 μένον Ἔρωτα, τὸν βασιλέα, τὸν φοβερὸν ἐκεῖνον, ἐπὶ χρυσοῦ καὶ πάλιν δίφρου καθήμενον· ὡς ἐκ βροντῆς δέ μοι κατερράγη φωνή · « Πρὸς ἡμᾶς τὸν δυνάστην, « τὸν ἐλεύθερον, τὸν μὴ φρίσσοντά μου τὸ βέλος, τὸν « μὴ φοβούμενον τὸ πτερόν, τὸν ὀλοιδορούντα τὸ πῦρ,
35 « μὴ τὸν αἰσχυνόμενόν μου τὴν γύμνωσιν, τὸν ὡς μειρακιάν- « με κατεμπωκώμενον, τὸν ἀσπαζόμενον τὸν ζωγράφον « εἰ τὸ ῥόδον βδελύσσεται, τὸν τὴν ἐμὴν φίλην Ὑσμί- « νην αἰσχύνοντα, ἣν καὶ ὡς πόρπηνα θεοὶ φιλοῦσι. » Ἐγὼ δ' εἰλκόμην ἐλεεινῶς, ὅλος ἔντρομος, ὅλος ἄφωνος,
40 ὅλος νεκρός, καὶ κατὰ γῆν κείμενος. « Φεῖσαι, βασι- « λεῦ, » ἀκούω φωνῆς, καὶ μικρὸν πρὸς ἐμαυτὸν γεγονώς, καὶ τοὺς ὀφθαλμοὺς ἀνατείνας, ὁρῶ τὴν Ὑσμίνην ἐστεφανωμένην ῥόδῳ τὴν κεφαλήν, ῥόδον τῇ δεξιᾷ φέρουσαν, τῇ λαιᾷ τῶν ποδῶν ἐχομένην τοῦ βασιλέως,
45 καὶ, « Φεῖσαι, λέγουσα, Ὑσμινίου, φεῖσαι δι' ἐμέ, « βασιλεῦ· ἐγώ σοι τοῦτον δουλογραφήσω.» Καὶ πρὸς τὴν παρθένον ὁ βασιλεύς· « Διὰ σὲ καὶ ὠργίσθην,

LIBER TERTIUS.

Circa mediam noctem dormienti mihi insomnium valde terribile apparuit : vidi enim cubiculum ingressam innumeram multitudinem, commixtam turbam hominum, mulierum, adolescentum, ac virginum. Singuli dextra tædas gerebant, læva pectori servilem in modum apposita. Omnium in medio puer ille in horti muro depictus, Amor, rex ille formidandus, aureo insidens currui ; vox autem mihi quasi fulmen intonuit : « Ad nos potentem illum liberum , « teli mei intrepidum, pennarum securum, igni etiam in « sultantem, quem nuditatis meæ puduit, qui puerum ludi- « brio habuit, qui pictorem, quia rosam aversatus est, lauda- « vit, qui carissimam mihi Hysminen aspernatus est, quem « dii ut castum diligunt. » Ego vero misere trahebar mutus, mortuo similis et humi jacens , dum audita vox est, dicens : « Parce ei, rex! » et, collecto aliquantum animo , sublatisque oculis , Hyminen rosa caput coronatam adspexi, dextra rosam ferens, læva dei pedes amplexa, et, « Parce, rex, inquiebat, Hysminiæ, parce saltem mea « causa ; ego illum in numerum servorum tuorum adscri- « bam. » Tunc virginem Amor sic adloquutus est : « Prop- « ter te illi iratus, cum illo propter te in gratiam redeo. »

« διὰ σὲ καὶ διαλλάσσομαι. » Ἡ δ' εὐθὺς λαβομένη μου τῆς χειρὸς ἐξανέστησε, θαῤῥεῖν ἐπιτρέψασα. Καλεῖ με τοίνυν ὁ βασιλεὺς τῇ χειρὶ καὶ στεφανοῖ μου ῥόδῳ τὴν κεφαλήν· τὸ δὲ παρεστὸς ἅπαν ἠλάλαζεν, ἐκροτάλιζεν, ὠρχεῖτο, « Ὁμόδουλος Ὑσμινίας, λέγον, ἡμῖν ὁ « θρασὺς, ὁ παρθένος, ὁ τὴν καλὴν Ὑσμίνην αἰσχύ- « νας. » Ὁ δὲ βασιλεὺς Ἔρως πρὸς τὴν Ὑσμίνην εἰπὼν, « Ἔχεις τὸν ἐραστήν, » ἀπέπτη μου τῶν ὀφθαλμῶν, ὅλος περὶ μέσην μου τὴν καρδίαν πεσών.

2. Συναπέπτη δέ μου καὶ ὁ ὕπνος εὐθὺς, καὶ τεθορυβημένος ὅλος, ἀνεκάθισα τῆς στρωμνῆς, καὶ ἤμην ὅλος ἐξεστηκώς, ὅλος ὅλον κατὰ νοῦν ἑλίττων τὸν ὄνειρον. Πυκνὸν κατεπάλλετό μοι τὸ περικάρδιον, καὶ τὸ ἆσθμα ἐπείγετο. Καὶ πρὸς τὸν Κρατισθένην ἔλεγον· « Ὦ Κρατίσθενες, ὦ Κρατίσθενες ! » Ὁ δ' ἀνεπήδησε τῆς στρωμνῆς· ἐγὼ δὲ πάλιν εἶπον· « Ὀλώ- « λειν, Κρατίσθενες ! » Ὁ δ' ἀσανδάλῳ ποδὶ πρὸς τὴν ἐμὴν ἐπεπήδησα κλίνην, καὶ τῆς δεξιᾶς με χειρὸς προσλαβόμενος, « Τί πάσχεις, ὁ καλὸς Ὑσμινίας, » φησίν, Ἐγὼ δὲ ἐσίγων· ὁ δέ μοι δακρύσας φησίν· « Ὑσμινία, « τί πάσχεις ; Ὑσμινία, σιγᾷς ; » Ἐγὼ δ'· « Ὀλώ- « λειν, εἶπον, Κρατίσθενες· Ὑσμίνη μ' ἀπόλλυσιν, « Ὑσμίνη με σώζει· ὅλην φαρέτραν Ἔρως ἐξεκένωσέ « μου κατὰ ψυχῆς, ὅλην μου τὴν καρδίαν ἐνέπρησεν. « Εἴ σοι παρῆν ἰδεῖν, εἶδες αὐτὸν ξὺν αὐτοῖς ὅπλοις, « ξὺν αὐτῇ φαρέτρᾳ, ξὺν ὅλῳ περὶ τὴν ἐμὴν εἰσδύντα « ψυχήν. Οὐκέτι Διασίων κῆρυξ ἐγώ, οὐκέτι θεράπων Διός, οὐκέτι παρθένος· πόλεμος ἐπὶ τὴν « ἐμὴν ἐῤῥάγη καρδίαν ἐξ Ἔρωτος καὶ Διός. Ὁ μὲν οὖν « Ζεὺς ὡς ἐξ οὐρανοῦ μεγάλα βροντᾷ καὶ καταβροντᾷ· « ὁ δ' ὡς ἀπὸ γῆς ὅλης ἐλεπόλεις κινεῖ καὶ κατασείει « μου τὴν ἀκρόπολιν· ὁ μὲν ὡς ἐκ νεφῶν ἀστραπο- « βολεῖ, ὁ δ' ὅλους κρατῆρας πυρὸς ὡς ἀπὸ γῆς ὑπα- « νάπτει μου. Πόλις ἐγώ, καὶ πόλις Διός· ἀλλ' « Ἔρως πολιορκεῖ με, καὶ πρὸς αὐτὸν ὅλον μεθέλκε- « ται. Διὸς ἐγὼ πηγὴ, μεστὴ χαρίτων παρθενι- « κῶν· ἀλλ' Ἔρως πρὸς πηγὴν Ἀφροδίτης μετο- « χετεύει με. Διασίων κῆρυξ ἧκον ἐξ Εὐρυκωμίδος, « καὶ νῦν Ἀφροδισίων εἰμὶ Αὐλικωμίδος· ἐκ δάφνης « τότε, καὶ νῦν ἐκ ῥόδων στεφανοῦμαι τὴν κεφαλήν. « Τίς οὖν οὕτω θρασὺς τὴν ψυχὴν, στεῤῥὸς τὴν καρ- « δίαν, καὶ τὸ στέρνον σιδήρεος, ὡς καὶ πρὸς μάχην « ἀντέχειν θεῶν, καὶ ὅλους φέρειν αὐτοὺς πολιορκοῦν- « τας καὶ πλήσσοντας ; Οὐκ ἔχω σθένειν, Κρατί- « σθενες. »

3. Ὁ δὲ, « Πῶς οὕτω, φησὶν, ἐξ ὅλου παρθένου καὶ « κήρυκος Διὸς καὶ ὅλου σώφρονος ὅλως ἀναπνεῖς μοι « τὸν Ἔρωτα, μύστης αὐτόματος γεγονὼς καὶ ὅλος « διδάσκαλος ; » Ἐγὼ δὲ πρὸς τὸν Κρατισθένην· « Ἔρως αὐτός με μυσταγωγεῖ, Ἔρως αὐτὸς μετα- « πλάττει με· χεὶρ Ἔρωτος τὴν ἐμὴν τα[ύ]την κε- « φαλὴν ἐστεφάνωσε καὶ μετεστεφάνωσε. » Καὶ τὰ περὶ τὸν ὕπνον ἐξηγούμην αὐτῷ, τὴν προπομπὴν τοῦ θεοῦ, τὸ ποικίλον τῆς προπομπῆς, τὰς ἐν

Illa confestim jacentem dextra corripuit et erexit, securoque animo esse jussit. Tum me rex manus nutu vocatum rosa coronavit ; exclamavit autem quæ aderat turba, plauseque excitato saltavit jactabunda dicens : « Conservus nobis « Hysminia, audax ille castusque, qui formosam Hysminen sprevit. » Rex autem omnium, Amor, ad Hysminen conversus dixit : Habes amatorem tuum, » et ex oculis avolavit media totus in præcordia delapsus.

2. At subito mihi simul avolavit somnus. Ego autem perturbatus super lectulum sedi, externatusque animo insomnium revolvebam. Saliebat mihi crebro pericardium, spiritusque inhibebatur. Et ad Cratisthenem clamavi : « Cratisthenes, Cratisthenes ! » Exsiliit ille lectulo ; et ego iterum clamavi : « Perii, Cratisthenes ! » Ille autem ad lectum meum nudis pedibus insiluit : manuque prehensa, « Quid habet formosus Hysminias, » inquit? Tacebam ego, ille lacrymans : « Quid habes, Hysminia ? Hysminia, siles ? » Tunc ego, « Perii, inquiebam, Cratisthenes ; Hysmine « me perdit, eademque salutem præstat. Amor vacuam sa- « gittarum pharetram fecit crebris quæ in me jaculatus « est missilibus, adeoque pectus meum cæco igne combus- « sit. Utinam potuisses eum videre, armis pharetraque et « igne suo instructum, animam meam penetrantem ! Non « amplius ego Diasiorum caduceator, non Jovis famulus , « non castus ferar : Jovis et Cupidinis bellum in corde « meo exoritur. Jupiter ingenti fragore cœlo tonat et « intonat ; Amor autem e terra quibus potest machinis ar- « cem meam concutit et quassat. Ille ut ex nubibus « fulgurat ; hic autem quasi ab terræ visceribus igneos cra- « teras excitat. Urbs ego sum , Jovis urbs ; eam autem « Amor expugnat, tolamque sibi vindicat. Ego Dialis fons « virgineis irriguus gratiis, quem Amor in Veneris fontem « derivavit. Diasiorum caduceator ex Eurycomide veni, « Aphrodisiorum autem ex Aulicomide revertar, lauro pri- « mum, nunc rosis caput redimitus. Quis adeo forti animo « firmoque corde et ferreo pectore præditus , qui pugnan- « tibus diis resistere audeat , oppugnantesque ac irruen- « tes sustinere ? Adeo valere non possum , Cratisthenes. »

3. Ille autem. « Quo modo , inquit , qui nuper pudici- « tia et castitate insignis, ipsiusque Jovis caduceator, nunc « solum Amorem spiras, a te ipso ejus sacris initiatus « et ipse tibi magister ? » Ego autem Cratistheni : « Amor « ipsemet me initiat , pristinam mentem mutat , Amoris- « que manus meum hoc caput , mutata corona , corona- « vit. » Et illi somnii visa ordine refero, dei comitatum, comitatusque varietatem, gestatas manibus tædas, insidentem currui deum , conceptam adversus me iram

χερσὶ λαμπάδας, τὸν ἐπὶ δίφρου θεὸν, τὸν ἐπ' ἐμὲ
θυμὸν, τὴν ὡς ἐξ οὐρανοῦ καταῤῥαγεῖσαν φωνὴν, τὸν
ἐμὸν ἑλκυσμὸν, τὴν ἐμὴν πάθησιν, τὴν τῆς Ὑσμίνης
φωνὴν, τὴν ὑπὲρ ἐμοῦ πρεσβείαν, τὴν τοῦ θεοῦ συγ-
5 γνώμην, καὶ ἐπὶ πᾶσι τούτοις τὸν στέφανον. Ὁ δ',
« Οὐδὲν καινὸν, φησὶ, πέπονθας· ἐρᾷς, οὐ μόνος ἐρᾷς,
« ἀλλὰ ξὺν πολλοῖς τῶν βροτῶν· καὶ τὰ πρὸς ἔρωτος
« εὐτυχεῖς, ἐρωμένην ἔχων οὕτω καλὴν, καὶ ὅλην
« ἐρῶσαν, καὶ ὑπηρέτην τὸν Ἔρωτα. Καλὸν δέ σοι
10 « καὶ ὕπνου τυχεῖν· ὀφθαλμοὶ γὰρ ἐξ ἔρωτος ἄγρυπ-
« νοι ἀνελέγχουσι ψυχὴν ἐρῶσαν, καὶ ὥσπερ γλῶσσα
« φιλοκέρτομος οὐκ οἶδε κρύπτειν μυστήριον, οὕτως
« ὀφθαλμὸς ὕπνου στερηθεὶς φωτίζει τὸν ἔρωτα. »
   4. Ὁ οὖν Κρατισθένης εὐθὺς ὑπνώττων ἀνέρεγχεν,
15 ἐμοῦ δὲ τοὺς ὀφθαλμοὺς ὁ Ὕπνος ἐξέφυγεν,

  Ἐρωτοβλήτους γὰρ μάλα τι φεύγειν φιλεῖ.

Καὶ ἐδόκουν, νὴ τοὺς θεοὺς, ὅλας ὀρύττεσθαι τὰς
πλευράς· καὶ, νὴ τὸν Ἔρωτα, τὴν στρωμνὴν ἀκάν-
θινον εἶχον, καὶ ὡς ἐπὶ πυρᾶς ὀπτούμενος πυκνὰ στρε-
20 φόμενος ἦν, ὥσπερ τι θῦμα καινὸν ἐξωπτημένος τῷ
Ἔρωτι. Τὴν ἡμέραν ἐπεθύμουν ἰδεῖν· ὠνειροπόλουν
τὴν τράπεζαν καὶ τὴν Ὑσμίνην· κιρνῶσαν, « Ἂν θλίψῃ,
λέγων, τὸν δάκτυλον, ἀντιθλιβήσεται γεννοιότερον.
« Ἀλλ' ἔθλιψε χθές! ναὶ θλιβέτω, καὶ πάλιν· ἂν θλίψῃ,
25 « θλιβήσεται· εἰ δ' οὐ θλίψει, θλιβήσεται. Ἂν τὸν
« πόδα ἐπιθήσῃ μου τῷ ποδὶ, τοῖν ποδοῖν ἐγὼ προσε-
« πιθήσω τὸν ἕτερον· ἂν Χαίροις εἴπῃ, ἑκατοντάκις
« Χαῖρε ἀκούσει· ἂν τὸ προσκύνημα κλέψῃ, προσκυ-
« νηθήσεται φανερῶς· ἂν προεκροφῇ μου τοῦ ποτηρίου,
30 « ὅλην ἐκροφήσω τὴν κόρην αὐτός· ἂν ἐπέχῃ τὴν κύ-
« λικα, καὶ τὴν χεῖρα ταύτης τῷ ποτηρίῳ ξυνεφελκύ-
« σομαι· ἂν τοὺς πόδας ξυνέχῃ, καὶ ξυνέχουσα θλίβῃ,
« καὶ θλίβουσα φιλῇ, καὶ φιλοῦσα κλέπτῃ τὸ φίλημα,
« ξυνέξω κἀγὼ, καὶ θλίψω, καὶ θλίψω φιλήσω· πλὴν
35 « οὐχ ὑποκλέψω τὸ φίλημα. Ἂν γαργαλίσῃ μου τὸν
« πόδα, καταγαργαλίσω τὴν κόρην αὐτός· καὶ πείσω
« ταύτην ἐξ ἡδονῆς ἀνακαγχάσαι καὶ ἔρωτος. Ἂν μετὰ
« τὸ δεῖπνον ἀλγήσῃ τὸν πόδα, ἂν δευτέρᾳ τοῦ πατρὸς
« καὶ τῆς μητρὸς ἐξερχομένη μονωθῇ, ἐπιλάβωμαι
40 « τοῦ πληγέντος ποδὸς, καταφιλήσω τὸ τραῦμα, τὴν
« πληγὴν πολυπραγμονήσω, ζητήσω τὰ πρόσφορα
« φάρμακα, κατεπιθήσω ταῦτα, τὴν οὐλὴν καταμα-
« λάξω πᾶσαν ἰατρικῶς, ἐπιστημονικῶς ἀνερευνήσω,
« καὶ ὅλην ἰάσομαι. Οὐκέτι τὸν θυμὸν ὑφέξω τῷ Ἔρω-
45 « τος, οὐκέτι κατονειδισθήσομαι τὸν παρθένον, οὐκ-
« έτι τὸν σώφρονα κατειρωνευθήσομαι, καὶ τἄλλ'
« ὁπόσα, νὴ τὸν Ἔρωτα, πέπονθα. Ἂν τὰ πρόσφορα
« τῇ νυκτὶ ζητήσῃ, συγκοιμηθήσομαι τῇ παρθένῳ,
« καὶ νήδυμον τὸν ὕπνον ἀνακηρύξω ποιητικῶς.
50 « Ἤδη δέ μοι τοῖς ὀφθαλμοῖς σπένδεται, καὶ ἤδη κοι-
« μῶμαι. »
   5. Ἄμα γοῦν ἐγὼ περὶ τὸν ὕπνον καὶ ἡ κόρη περὶ
ἐμὲ, καὶ προφθάνει τὴν ἡμέραν καὶ τὸ δεῖπνον ἡ νὺξ,

erumpentem velut a cœlo vocem, raptationem meam, et
quæcumque passus eram, Hysmines verba, preces mei
causa effusas, exoratamque e numinis pacem, et super hæc
omnia impositam capiti meo coronam. « Nihil accidit tibi
« novi, respondit Cratisthenes : amas, nec solus amas,
« sed cum mortalium pluribus, etiam in amore tuo felix,
« dominam adeo formosam mutuoque amantem nactus,
« imo ipsum Amorem famulum. Expedit tamen et somno
« frui; nam vigiles oculi amantem animum produnt, utque
« dicax lingua mysteria celare non potest, ita oculis somni
« expers amantem declarat. »
   4. Cratisthenes igitur subito obdormiens iterum stertere
cœpit; verum ab oculis meis recedebat somnus, nam

  Amore captos somnus usque defugit.

Et per deos, videbar penitus transadigi costas, perque
Amorem, stratum obsitum spinis incubare, et tanquam
super rogum assarer, creberrime toro revolvebar quasique
insolens victima Amori exusta. Diem videre exoptabam;
animo convivium fingebam et Hysminen vinum miscen-
tem. « Si digitum, inquiebam, presserit, fortius vice sua
« premetur. Verum heri pressit : esto, prematur; et si
« iterum presserit, premetur; sive non presserit, premetur
« tamen. Si pedem pedi meo imposuerit, alterum pedem
« pedibus ejus imponam; si salvere semel jusserit, cen-
« ties illam salvere jubebo; si clam salutaverit, palam
« salutabitur; si poculum prælibarit, uno haustu puellam
« ipsam ebibam; si calicem retinuerit, manum ejus cum
« poculo contraham; quod si pedes meos retinere, reten-
« tosque premere et pressos basiare, basiansque basia
« furari pergat, retinebo et ego illam premamque et
« pressam basiabo nisi quod suavium non suffurabor. Si
« pedem meum titillaverit, puellam et ego titillabo, illam-
« que ad id adducam ut præ voluptate ac amore in risum
« effundatur. Si post cœnam pedem doluerit, si post pa-
« trem et matrem egrediens sola remanserit, accipiam of-
« fensum pedem, vulnusque deosculabor et vulneri dili-
« genter inspecto aptissima medicamenta inquiram impo-
« namque, et cicatricem fovebo, medici instar, solerterque
« exquisitam, totam sanabo. Non amplius Amoris iram
« experiar, non amplius castitatem mihi objicient, non
« amplius temperantiam cavillabuntur cæteraque, Amo-
« rem testor, quæ passus sum non experiar. Si nocturnas
« voluptates quæsierit, cum puella cubitum concedam, dul-
« cemque somnum poetico more denuntiabo. Sed jam
« luminibus meis infunditur sopor, jamque obdormio. »
   5. At inter dormiendum circa puellam animus versatur;
sicque diem ac convivium nox præcessit : et omnia, quæ

καὶ πάνθ' ὅσα ἐζήτουν ἰδεῖν, παθεῖν τε καὶ δράσαι, ταῦθ' ὡς ἐν κατόπτροις τοῖς ὀνείροις καὶ εἶδον καὶ ἔπαθον· οὗ γάρ μοι καὶ τὸ δράσαι τὸ δαιμόνιον ἐχαρίσατο. Ὅλον δεῖπνον ἀναπλάττει μοι τὸ ἐνύπνιον, καὶ ξυνήθως ἐδόκουν ἀνακεκλίσθαι, καὶ τὴν κηρὸν κιρνῶσαν ὁρῶ. Εἰ μὲν οὖν Σωσθένης καὶ Πανθία προέπιον, ἀκριβῶς οὐκ οἶδα, νὴ τὸν ἐν ὕπνοις Ἔρωτα· πρὸς ἐμὲ δ' ἧκεν ἡ κόρη κιρνῶσα, καὶ ὅλην αὐτὴν τοῖς ὀφθαλμοῖς μου κατέπινον, ὅλην ἐξερρόφουν τὴν κόρην, ὅλην πρὸς τὴν ψυχὴν μετεβίβαζον. Ἡ δέ μοι, « Λάβε, φησί, τὸ ποτήριον. » Ἐγὼ δὲ πάλιν ἀτενῶς ἑώρων αὐτήν· ἐκτείνω δ' ὅμως τὴν χεῖρα λαβεῖν, καὶ τῆς παρθένου θλίβω τὸν δάκτυλον, καὶ τὸν πόδα τῷ ποδί μου προσεπιδιλίδω, « Χαίροις, » ὑποψιθυρίσας τῇ κόρῃ λεπτόν, καὶ οἷον ἐκείνη προσεψιθύριζεν· ἡ δ' οὐδ' ἀντεῖπεν, οὐδ' ἀντέδρασεν, ἀλλ' ὡς ἐξ αἰδοῦς ἠρυθραίνετο. Τροφαὶ ποικίλαι συνήθεις περὶ τὴν τράπεζαν· ἐγὼ δ' ὡς ἀληθῶς ἐτίμων τὸν ὄνειρον, καὶ ὅλος κατ' ὄνειρον ἐτρεφόμην· τροφὴ δέ μοι καὶ πόσις καὶ ὀφθαλμοὶ καὶ ψυχὴ Ὑσμίνη παρθένος, πρὸς ἣν καὶ μόνην ἀτενέστερον ἔβλεπον. Ἧκε πάλιν ἡ κόρη προτεινομένη τὸ ἔκπωμα· πότου γὰρ ἐκάλει καιρός· ἐγὼ δὲ λαθὼν καὶ μικρὸν ἐκροφήσας, τὸ πᾶν ἀντιδέδωκα πρὸς τὴν παρθένον εἰπών· « Κοινοῦμαί σοι τὸ ποτήριον. » Ἐγὼ δὲ πάλιν ἀτενῶς ἑώρων αὐτήν. Καὶ τέλος εἶχε τὸ δεῖπνον, ὅ μοι καθ' ὕπνους ὄνειρος ἐρωτικῶς ἡτοιμάσατο, ἢ μᾶλλον Ἔρως ἐν ὀνείροις ἐσκεύασε. Καὶ ἡμεῖς περὶ τὸ δωμάτιον, καὶ Σωσθένης καὶ Πανθία ξυνήθως ἡμῶν ἀπηλλάττοντο· ἐγὼ δὲ καὶ Κρατισθένης ἀνακεχλίμεθα. Καὶ δὴ τὴν Ὑσμίνην ὁρῶ περὶ τὴν ἐμὴν κλίνην, ἣν μηδὲν αἰδεσθεὶς ὅλην ἐφέλκομαι τῇ χειρί, καὶ τῇ κλίνῃ παρακαθίζω· Ἔρως γὰρ ἀναιδείας πατήρ. Ἡ δ' αἰδεῖται μὲν ὡς παρθένος, καὶ τὴν μὴ πειθομένην τὰ πρῶτα καθυποκρίνεται, νικᾶται δ' ὅμως ὡς παρθένος ἀνδρός, ὅτι καὶ πρὸ τῆς ἐμῆς ταύτης χειρὸς ἐξ Ἔρωτος ἥττηται.

a. Καὶ ἡ μὲν τοὺς ὀφθαλμοὺς ἐπὶ τὴν γῆν ἐπαττάλευσεν, ἐγὼ δὲ τοὺς ἐμοὺς ὅλους ἐπὶ τὸ τῆς κόρης ἀνεσκολόπισα πρόσωπον· ἦν γὰρ πλῆρες φωτός, πλῆρες χάριτος, πλῆρες ἡδονῆς· ὀφρὺς μέλαινα, ἶρις τὸ σχῆμα, ἣ κατὰ σελήνην μηνοειδής. Ὄμμα μέλαν, γοργὸν καὶ μάλα φαιδρόν· ὁ κύκλος αὐτῷ κατὰ μέρος ὀξύνετο· καὶ ἦν τὸ σχῆμα τοῖς ὀφθαλμοῖς κιονοειδές, μᾶλλον δὲ κυκλοειδές. Ἡ περὶ τὴν βλεφαρίδα θρὶξ παντελῶς ἐμελαίνετο· καὶ ἦν ὁ τῆς κόρης ὀφθαλμὸς ὄντως Ἔρωτος κάτοπτρον. Παρειὰ λευκή, τὸ λευκὸν ἄκρατον, ἐς ὅσον οὐκ ἠρυθραίνετο, τὸ μέσον ἐρύθρῳ, ἐρυθρὸν διεσπασμένον καὶ οἷον διεσπαρμένον, οὐχ οἷον πλάττει χεὶρ, καὶ τέχνη βάπτει, καὶ ὕδωρ ἐκπλύνει. Τὸ στόμα συμμέτρως διέρρηκται· τὸ πολὺ τῆς σαρκὸς τῶν χειλέων διέρριπται, καὶ ἄμφω τὼ χείλη φοινίσσεται· εἴποις ἂν ἰδὼν ῥόδον ἐκθλίψαι τὴν κόρην τοῖς χείλεσι. Χορὸς ὀδόντων λευκός, συστοιχίαν φέρων εὐάρμοστον, καὶ πρὸς τὸ χεῖλος ἀνάλογον, ὡς παρθένου τοῖς χείλεσιν οἰκουρούμενοι. Ὅλον τὸ πρόσωπον κύκλος ἀνεπι-

videre, pati, agere gestiebam, ea per somnium tanquam in speculo vidi et passus sum; solidam enim auferre voluptatem numinis invidia non concessit. Omnem convivii apparatum somnium mihi effingit et pro consuetudine accumbere videbar et puellam vinum miscentem cerno. Utrum vero Sosthenes ac Panthia primi biberint, id vero (Amorem, qui in somnis visus est, testor) non novi; sed tandem accessit ad me Hysmine propinans et illam totam oculis ebibi, totam puellam exhansi, totamque in animam transferebam. Illa autem, « Accipe, inquit, poculum; » sed ego iterum destinato contuitu eam inspiciebam, protensa tamen manu illud excipiens digitum puellæ premo, imo pedem pede fortius premens puellæ, ut salveret, tenui voce et quali ipsa susurravit, insusurrans; illa autem neque dicto neque facto respondit, sed præ pudore erubuit. Interea consueta dape mensæ opipare constructæ sunt; ego autem somnium quam verissime honore prosequebar totus ad eum intentus : etenim epularum, merique, oculorum præterea ac animæ locum obtinebat Hysmine virgo, in quam et solam inconnivo obtutu hærebam defixus. Iterum venit puella poculum præferens; nam tempus bibendi aderat, egoque acceptum labellis tantillum minuens reddidi, dicens : « Poculi te participem facio. » Et iterum inconnivo obtutu in eam defixus hærebam. Hunc finem habuit convivium, quod dormienti mihi somnus amatorie aut potius Amor in somnis paravit. Et nos iterum in cubiculo, Sosthenesque ac Panthia pro consuetudine discesserunt ; ego autem et Cratisthenes cubitum concessimus. Ecce autem Hysminen, lectulo meo proximam video, manuque, excusso omni pudore, ad me traho et acclinem collocavi; Amor enim impudentiæ pater est. Puduit illam uti virginem, primumque se invitam ac reluctantem cogi simulavit; mox tamen puella victa est a viro, ante me namque et illam Amor vicerat.

6. At illa oculos terræ defixos continuit, ego autem meos in puellæ vultum intentos : erat enim luminis plenus, plenusque venustatis, et voluptatis plenus : nigrum supercilium, iridis formam aut crescentis lunæ figuram referens. Oculus niger sed acer, hilarisque valde oculus, cujus ambitus in acutum partim desinit ; universa oculorum forma coni figura aut potius rotunda. Nigri prorsus ciliorum pili, merumque Amoris speculum totus oculus fuit. Candidæ genæ, qua parte purissimum candorem rubor nullus vitiat ; nam meditullium rubet, sed rubore separato, ac pæne dimensum sparso, atque ille rubor non manu fictitius, non arte fucatus, qui aut noctu marcet, aut aqua tollitur. Os moderate patulum ; ambo que non carnosa admodum purpurantia labra, quibus, si videas, puellam rosas pressisse affirmes. Dentium chorus candidus aptissimum ordinem præbens, ac labris convenientissimum, puellæque labellis veluti septo tutus tectusque. Denique tota facies circulus per-

σφαλής· ἡ ῥὶν κέντρου λόγον ἐπέχει τὸ κύκλωμα, καὶ, εἰ μὴ φρίσσω τὸν Ἔρωτα, καὶ μᾶλλον ἐκ τῆς πείρας, εἶπον ἄν, ἀλλὰ σιγήσω τὸ ἐφεξῆς, ἵνα μὴ καὶ πάλιν καταβροντήσῃ με τὸ μειράκιον.

5 7. Ἅπτομαι τῆς χειρός, ἡ δ' ἐπιχειρεῖ συναναγεῖν ταύτην καὶ περικαλύπτειν εἰς τὸ χιτώνιον· ἀλλ' ὅμως κἂν τούτῳ νικῶ. Ἐφέλκομαι ταύτην περὶ τὸ χεῖλος, καταφιλῶ, καὶ κατοδάκνω πυκνά· ἡ δ' ἀντεφέλκεται, καὶ ὅλη συστέλλεται. Περιπτύσσομαι καὶ ὅλον τὸν τρά-
10 χηλον, καὶ τὰ χείλη τοῖς χείλεσιν ἐπιτίθεμαι, καὶ φιλημάτων πληρῶ, καὶ καταστάζω τὸν ἔρωτα· ἡ δ' ἐπιπλαττομένη συναγαγεῖν αὐτὰ, δάκνει μου τὸ χεῖλος ἐρωτικῶς, καὶ ὑποκλέπτει τὸ φίλημα. Τοὺς ὀφθαλμοὺς καταφιλήσα, καὶ ὅλον εἰς τὴν ψυχὴν ἀνιμησάμην τὸν
15 ἔρωτα· ὀφθαλμὸς γὰρ ἔρωτος πηγή. Γίνομαι καὶ περὶ τὸ στέρνον τῆς κόρης· ἡ δ' ἀντέχεται μάλα γενναίως, καὶ ὅλη συστέλλεται, καὶ ὅλῳ σώματι περιτειχίζει τὸν μαζὸν, ὡς πόλιν ἀκρόπολις, καὶ χερσὶ, καὶ τραχήλῳ, καὶ πώγωνι τοὺς μαστοὺς καταφράττει καὶ πε-
20 ριφράττει· καὶ κάτωθεν μὲν ἀνέρει τὰ γόνατα, ὡς ἐξ ἀκροπόλεως δὲ τῆς κεφαλῆς ἀκροβολίζει τὸ δάκρυον, μονονοὺ λέγουσα, « Ἢ φιλῶν μαλαχθῇ μοι τοῖς δά- « κρυσιν, ἢ μὴ.φιλῶν ὀκνήσει τὸν πόλεμον. » Ἐγὼ δὲ μᾶλλον τὴν ἧτταν αἰδούμενος, ἀντέχομαι βιαιότε-
25 ρον, καὶ μόλις νικῶ, καὶ νικῶν ἡττῶμαι, καὶ ὅλος ἀμβλύνομαι· ἅμα γὰρ ἡ χεὶρ περὶ τὸν τῆς κόρης μαστὸν, καὶ χαυνότης ὅλη περὶ τὴν ἐμὴν καρδίαν ἐπέδρευσεν· ἤλγουν, ἠθύμουν, καινόν τινα τρόμον ἔτρεμον, ἡμβλυνόμην τὴν ὄψιν, ἐμαλθακιζόμην τὴν ψυχὴν, τὴν
30 ἰσχὺν ἐχαυνούμην, ἐνωθρευόμην τὸ σῶμα, ἐπείγετό μοι τὸ ἄσθμα, πυκνὸν κατεπάλλετό μοι τὸ περικάρδιον, καί τις ὀδύνη γλυκάζουσα κατεπέδραμέ μου τὰ μέλη, καὶ οἷον ὑπεαργάλισε, καὶ ὅλον με κατέσχεν ἄρρητος ἔρως ἀνεκλάλητος, ἄφραστος· καί τι πέ-
35 πονθα, νὴ τὸν Ἔρωτα, οἷον οὐδέποτε πέπονθα. Ἐδυὺς οὖν ἐξέπτη μου τῶν χειρῶν ἡ κόρη, ἢ μᾶλλον εἰπεῖν οἰκειότερον ἐκεῖναι νωθρῶς οὕτω καὶ μαλακῶς τῆς κόρης ἐξέπεσον· ἐξέπτη δέ μου καὶ ὁ ὕπνος εὐθὺς ἐκ τῶν ὀφθαλμῶν, καὶ ἠνιώμην, νὴ τὸν Ἔρωτα,
40 οὕτω καλὸν ἀπολέσας ὄνειρον, καὶ τῆς ἐμῆς φίλης Ὑσμίνης ἀποσπασθεὶς, καὶ ἤθελον πάλιν ὑπνοῦν, καί τι πάσχειν ἐρωτικὸν ἐξήτουν, οἷον κἂν ὕπνους ἔπαθον.

8. Ἐπεὶ δ' οὐ συνεχωρούμην τῷ Κρατισθένει καὶ τῷ καιρῷ, γίνομαι πάλιν περὶ τὸν κῆπον· πρὸ γὰρ
45 τῆς θύρας ἦν τοῦ δωματίου. Καὶ ἤμην ὅλος ἐωνημένος τῇ κόρῃ, καὶ ψυχὴν, καὶ σῶμα, καὶ ὀφθαλμοὺς, καὶ ὅλος ἐκδεδακχευμένος ἐξ ἔρωτος. Ἧκω τοίνυν περὶ τὸν γεγραμμένον Ἔρωτα· καὶ πρῶτα μὲν προσκυνῶ, τοῦτο δὴ τὸ δουλοπρεπές, εἶτα καὶ λοιδοροῖ
50 τὸν ζωγράφον, ὅτι μὴ καὶ τὴν Ὑσμίνην τῷ χορῷ τῶν δούλων παρθένων ἐγράψατο, παρθένον οὕτω καλὴν, οὕτως ὡραίαν, οὕτω πνέουσαν ἔρωτος, οὕτω φιλοῦσαν τὸν Ἔρωτα, καὶ φιλουμένην ἐξ Ἔρωτος· τοὺς ὀφθαλμοὺς ὅλους τείνω πρὸς τὴν γραφὴν, καί φημι πρὸς

fectissimus ac emendatissimus fuit; cujus centrum nares. Plura dicerem, nisi Amoris, quem expertus sum, metus prohiberet; sed cetera tacitus omittam, ne iterum contra me puer sua tonitrua agat.

7. Arripio Hysmines manum, et quamvis illam sibi habere ac veste operire pugnaret, victor tandem evasi. Illam labris meis admotam basiis ac morsiunculis implevi; illa autem reluctata curvatum, quanto potuit nisu, corpus contraxit. Ego cervicem amplexus, labia labiis imprimo, basiisque merum amorem stillantibus impleo; illa labia comprimere simulans, labrum mihi mordet amatorie, furtiveque basiat. Ego illius oculos deosculor totumque in animi mentem amorem exantlo : oculi enim amoris fons. In virginis pectus effusus sum, illa autem fortissime repugnat seque in unum cogit et toto corpore ubera tutatur, ut urbem arx solet, manibus etiam cerviceque et mento mammas communit et circummunit; et infra pressa cohibet genua, utque ex arce ab oculis lacrymas jaculatur, tantum non dicens : « Aut amans meis fletibus mitescet, aut non amans « segnius hanc pugnam pugnabit. » Ego, quem vinci pudet, acrius insto, tandemque vinco victorque profligor totusque hebetor : etenim uti primum puellæ ubera manus pressit, cordis me deliquium invasit; dolebam, despondebam animum, insolita trepidatione trepidabam, hebetesque versabam oculorum visus; emolliebatur animus, elanguescebant vires, torpebat corpus, inhibebatur flatus, saliebat crebro pericardium et nescio quis dulcifer dolor omnia membra pervaserat et, ut ita dicam, titillabat, meque totum vis amoris incubuit, quæ neque dici neque narrari potest; adeoque, Amorem testor, passus sum quod alias nusquam. Brevi igitur e manibus meis evasit puella, aut potius illæ, in segnitiem mollitiemque versæ, a puella exciderunt, et ex oculis meis subito somnus evanuit, et ego, per Amorem, lamentabar, amisso tam pulchro insomnio, sicque a carissima Hysmine avulsus oculos rursus in quietem flectere tentabam, et tale quidpiam experiri cupiebam, quale antea dormiens expertus fueram.

8. Sed cum per Cratisthenem tempusque hoc non licuit, iterum ambulor in horto, qui cubiculi nostri januæ proximus, confestimque virgini animum corpusque et oculos comparatus, totusque, amore impellente, debacchatus, ad deum, Amorem scilicet, in horto depictum, accessi, illumque primum, ut servum decet, veneratus, pictorem ideo injuriis lacessivi quod Hysminen virginum servarum turbæ non adscripsisset, virginem adeo pulchram, adeo formosam, ipsumque Amorem adeo spirantem, et Amorem adeo amantem, et ab Amore redamatam. Igitur oculos in picturam conversus, Amorem sic alloquutus sum :

τὸν Ἔρωτα· « Τῆς ἐξουσίας σού εἰμι, βασιλεῦ. Οὐκ-
« έτι παλιννοστήσω πρὸς Εὐρυκώμιδα· οὐκέτι προσ-
« πόλοις Διὸς συνταχθήσομαι· ἔχει με πολίτην Αὐ-
« λίκιωμις ἐξ ἐρωτικῶν γραφῶν πολιτογραφούμενον. »
9. Καὶ ὁ Κρατισθένης· « Εἶτ᾽ οὐκ αἰδῇ τὸ κηρύκειον;
« οὐκ αἰδῇ τὰ Διάσια, ὧν κῆρυξ ἦλθες ἐπ᾽ Αὐλικώ-
« μιδα; οὐκ αἰδῇ τὸν Θεμιστέα πατέρα τὸν σὸν, καὶ
« τὴν τῶν πολλῶν ἐτῶν κληροῦχον Διάντειαν; Μή
« μοι δυσερως εἴης. Καλὴ μὲν Ὑσμίνη καὶ λίαν καλή,
10 « καὶ νέμεσις οὐδεμία

Τοιῇδε ἀμφὶ γυναικὶ πολὺν χρόνον ἄλγεα πάσχειν·

« ἀλλ᾽ ὁ πατὴρ ἐπὶ σοὶ τὰς ἐλπίδας σαλεύει· σὲ γή-
« ρως ἔχει βακτηρίαν, καὶ ψύχους θέρμην, καὶ καύ-
« ματος ζέφυρον. Εἶτ᾽ οὐκ ἐλεεῖς τὴν μητέρα, ἥτις σοι
15 « πνεῖ καὶ λαλεῖ, καί σοι γέγηθε, καὶ τῶν τοῦ γήρως
« κακῶν ἐπιλήθεται. Μὴ πρὸς θεῶν, Ὑσμινία, μὴ
« πρὸς Διὸς, οὗ κῆρυξ ἥκεις ἐξ Εὐρυκωμιδος· μὴ πρὸς
« Ἔρωτος, οὗ δοῦλος ἐν Αὐλικωμιδι γέγονας· φεῖσαι
« πατρὸς πολιᾶς· φεῖσαι δακρύων μητρός· φεῖσαι πα-
20 « τρίδος ἡμῶν, ἡλικιωτῶν, φίλων· φεῖσαι θιάσου λαμ-
« προῦ· φεῖσαι λαμπρᾶς ἀγορᾶς· φεῖσαι προπεμπτη-
« ρίων ᾠδῶν, ἃς ὁ πατήρ σοι καὶ πατρὶς ξυνεπλέ-
« ξατο. Ἀναλόγισαι τὸν πατέρα οἷον οἰμώξεται·
« ἀναλόγισαι τὴν μητέρα οἷον κόψεται, οἷον θρηνήσει,
25 « ὄντως ἐλεεινὸν, ὄντως ἄγριον, καὶ οἷον τρυγὼν ἐπὶ
« νεοττοῖς ὀλλυμένοις. Οὐ νέκταρ Ὑσμίνη σοι
« κατεκέρασεν, οὐκ ἐξ Αὐλικωμιδος οἶνον, ἀλλ᾽ οἷον
« Ἑλένη λάθικηδὲς φάρμακον. Ἐπελάθου πατρὸς,
« μητρὸς, πατρίδος, ἡλικιωτῶν, ἑταίρων, οὕτω λαμ-
30 « πρᾶς ἀγορᾶς, καὶ τὸ δὴ μεῖζον, ἱεροῦ Φιλίου Διός;
« Ὦ πάντα κακαὶ γυναῖκες, καὶ κατὰ τὸν σοφόν,

ἐσθλ᾽ ἀμηχανώτατοι,
Κακῶν δὲ πάντων τέκτονες σοφώταται.

« Εἶτ᾽ Ὀδυσσεὺς ἐκεῖνος οὐ κήρυξ ἦν, ἀλλὰ δοῦλος,
35 « ἀλλὰ ξένος, ἀλλὰ πλανώμενος· ὁ δὲ καπνὸν πατρί-
« δος, οὐ μόνον ἐλευθερίας, ἀλλὰ καὶ θεώσεως αὐτῆς
« τιμιώτερον ἔκρινε· σὺ δ᾽ ἔρωτος πυρὶ καὶ δούλος
« γίνη, καὶ τὸ σὸν ἀπεμπολᾷς μοι κηρύκειον. » Κἀγὼ
πρὸς τὸν Κρατισθένην, « Ἰδοὺ Σωσθένην, καὶ σίγα,
40 « μή μοι καταθριαμβεύσῃς τὸν ἔρωτα. » Καὶ ὁ Σωσθέ-
νης· « Τὰ μὲν δὴ πρὸς τὴν ἑορτὴν εὖ διεθέμεθα· και-
« ρὸς δὲ δείπνου, καὶ περὶ τὸ δεῖπνον γενώμεθα. »
10. Ἐπὶ τὸν συνήθη γοῦν καὶ πάλιν τόπον ἀνακε-
κλίμεθα, καὶ πάλιν ἐπίνομεν· ὀλίγος γάρ μοι λόγος
45 τροφῆς, οὐχ ὅτι πόσις μοι προτιμοτέρα τροφῆς, ἀλλ᾽
ὅτι μοι παρθένος οἰνοχοεύει, καὶ παρθένος Ὑσμίνη
γλυκυτέρα καὶ νέκταρος. Καὶ πάλιν Ὑσμίνη κιρνᾷ,
καὶ πάλιν ἐραστὴς ἐγὼ, καὶ πάλιν ἀνάπτω τὸν ἔρωτα·
ὥσπερ γὰρ ἄνεμος ἐν καλάμῃ καὶ χόρτῳ ἀνάπτει πῦρ
50 μαραινομένοις, οὕτω· ὀφθαλμὸς ἐν ἐρῶσιν ἀνάπτει
τὸν ἔρωτα. Πάλιν Ὑσμίνη πυρπολεῖ με κατὰ ψυχῆς·
πάλιν ὅλους εἰς ἑαυτὴν ἐφέλκεται μου τοὺς ὀφθαλμούς·

« Tui juris factus, regum maxime. Non amplius Eurycomi-
« dem rediho; non Jovis famulis annumerabor : habet me
« civem suum Aulicomis in suas tabulas ex Amoris ta-
« bulis relatum. »

9. « At tu, inquit Cratisthenes, caduceatoris munus
« non revereris nec Diasia, quorum nuntius venisti, ne-
« que Themisteum patrem, nec tot annos sortitam ma-
« trem Dianteam? Absit, quæso, a te infelicis amoris
« eventus. Pulchra omnino Hysmine est, immo pul-
« cherrima, nec est quod quis invideat propter mulierem

Tam pulchram assidue longos tolerare labores;

« sed in capite tuo spes patris fluctuat, te unum senectutis
« suæ baculum habet, tu frigentem recalfacis, tu æstuan-
« tem, ceu zephyrus, refrigeras. Præterea non te matris
« miseratio subit, quæ te unum spirat, te unum loquitur, te
« uno gaudet et propter te senectutis mala obliviscitur?
« Te per deos oro, Hysminia, te per Jovem, cujus ca-
« duceator venisti, te per Amorem, cujus Aulicomide
« servus factus es, parce cano parentis capiti, parce ma-
« tris fletibus, parce communi patriæ, æqualibus, amicis,
« parce thiaso illustrique concioni, ac cantibus, quibus te
« abeuntem pater et patria complexi sunt. Veniant in
« mentem tuam patris fletus, veniant matris planctus, lu-
« ctusque miserabiles et feri, quales turturis amissos fœ-
« tus querentis. Non tibi nectar Hysmine miscuit, non
« Aulicomidense vinum, sed Helenæ remedium curarum
« oblivionem inducens. Obliviscere igitur patris, matris,
« patriæ, æqualium, sociorum, illustrissimæque concionis,
« imo et templi Jovis, amicitiæ præsidis. O malæ ex omni
« parte mulieres, vere secundum sapientis dictum

Et impotentes perficere aliquid boni
Omnisque artifices callidissimæ mali,

« At Ulysses ille non caduceator, sed servus, sed hospes,
« sed erro erat, qui Ithacæ fumum libertati, etiam divi-
« nitati præferendum censuit; tu vero Amoris igni ser-
« vus addictus et ministerium tuum venumdas. » Ego
autem Cratistheni : « Ecce Sosthenem : sileas, ne amo-
« rem meum traducas. » Et Sosthenes quidem : « Omnia,
inquit; quæ ad festi celebritatem pertinent, recte dispo-
« sita sunt, cibi sumendi hora est, ideo mensæ accum-
« bamus. »

10. Igitur solito loco discumbimus et iterum bibimus :
vescendi namque cupido mihi minima erat; neque tamen
cibo potiorem potum ducebam, sed quia virgo ministra-
bat vinum, Hysmine virgo et ipso nectare dulcior. Et
rursus Hysmine miscet, et rursus ego amator, et rursus
amore accensus : uti enim marcescere in palea fœnoque
ventus, sic oculus in amantibus ignes accendit. Rursus
itaque Hysmine animum meum urit, rursusque in se ocu-
los meos attrahit. Et iterum Amorem video, ejus tela
timeo, metuo ignem arcumque reformido, et servitium

πάλιν τὸν Ἔρωτα βλέπω, τὰ βέλη φρίσσω, τὸ πῦρ φοβοῦμαι, δειλιῶ τὸ τόξον, καὶ τὴν δούλωσιν κατασπάζομαι. Ἡ τράπεζα ποικίλλεται ταῖς τροφαῖς· ἡ χείρ μοι περὶ ταύτας, ὀφθαλμοὶ πρὸς Ὑσμίνην, καὶ ὁ νοῦς μου πρὸς ἔρωτα, οὕτω μοι τὰ μέλη διέσπασται, καὶ μέρη διέσπαρται· τὸ περὶ τὴν τράπεζαν ποικίλον τοὺς δακτύλους ἐφέλκεται, ἡ πόσις τὰ χείλη, τοὺς ὀφθαλμοὺς τῆς Ὑσμίνης τὸ χαρίεν, καὶ ὁ Ἔρως τὸν νοῦν, ἢ τἀληθέστερον εἰπεῖν, ἅπανθ' ἡ κόρη, καὶ χεῖρας, καὶ χείλη, καὶ ὀφθαλμοὺς, καὶ τὸν νοῦν. Οὕτως ἐγὼ δουλογραφοῦμαι τῷ Ἔρωτι καινήν τινα δούλωσιν, καὶ ἣν οὐδεὶς οὐδέπω δεδούλωται, οὐ μόνον σώματος, ἀλλὰ καὶ ψυχῆς.

amplector. Instruuntur interea mensæ variis dapibus; manus eis admoveo, intentiores autem oculorum acies in Hysminen, mensque mea in Amorem; ita varias per curas divisa corporis membra versabantur digitos multiplices mensarum cibi ad se trahunt, labia potus, oculos que Hysmines veneres et mentem Amor, atque verius loquar, omnia, manus, labia, oculos mentemque, virgo sibi habebat. Ita insolitam Amori servio servitutem, quam nunquam alius, non solum animo, sed etiam corpore illi mancipatus.

ΒΙΒΛΙΟΝ ΤΕΤΑΡΤΟΝ.

LIBER QUARTUS.

1. Κιρνᾷ μὲν οὖν ἡ κόρη ξυνήθως· ἐγὼ δ' ἀσυνήθως πίνω, καὶ πίνων οὐ πίνω, καὶ μὴ πίνων πίνω τὸν ἔρωτα. Πίνει μὲν οὖν Σωσθένης, καὶ τρίτος ἐγώ, ὅτι μοι καὶ ἡ Πανθία προέπιε, καὶ πίνων τὸν πόδα θλίβω τῆς κόρης, πόδα κατεπιθεὶς τὸν ἐμόν· ἡ δὲ σιγῶσα τῇ γλώττῃ, τῷ σχήματι λαλεῖ, καὶ λαλοῦσα σιγᾷ, δάκνει τὸ χεῖλος ἐρωτικῶς, καὶ τὴν ἀλγοῦσαν καθυποκρίνεται, συνέχει τὴν ὀφρὺν, στυγνάζει τὸ πρόσωπον, καὶ οἷον ὑποστενάζει λεπτόν· ἐγὼ δ' ἀλγῶ τὴν ψυχὴν ἐκ μόνου τοῦ σχήματος, καὶ τὸν μὲν πόδα τοῦ ποδὸς εὐθὺς ἀφαρπάζω τῆς κόρης, τῇ χειρὶ δ' ἀντιπαρέχω τὸ ἔκπωμα. Περὶ μὲν οὖν τῶν ἐν τῇ τραπέζῃ τρυφῶν Κρατισθένης φιλοσοφείτω, καὶ εἴ τις περὶ τὴν τράπεζαν ἕτερος· ἐμοὶ δὲ καὶ τράπεζα, καὶ τροφὴ, καὶ πόσις, καὶ τἄλλ' ὁπόσα περὶ τὴν τράπεζαν, Ὑσμίνη παρθένος· ἧς καὶ πάλιν κιρνώσης θλίβω τὸν δάκτυλον· ἡ δ' ἀλγοῦσα καθυποψιθυρίζει λεπτόν. καὶ ἦν τὸ ψιθύρισμα μεστὸν ἡδονῆς, καὶ στάζον ἐξ ἔρωτος.

2. Μετὰ δὲ τρίτον πότον καὶ τέταρτον καὶ πολυτελεῖς τὰς τροφὰς ἐλύετο τὸ συμπόσιον· καὶ ὁ Σωσθένης φησίν· « Ὑσμινία κήρυξ, τρεῖς ταύτας ἄγεις σήμερον « ἡμέρας εἰς τὴν ἡμετέραν ἐξ Εὐρυκωμίδος, ἃς ὁ παρ' « ἡμῖν νόμος εἰς φιλοφροσύνην καὶ σέβας ἀφοσιοῦται « κήρυξ καὶ κηρύγματος· ξυνήθως οὖν καὶ πάλιν ξὺν « τῷ καλῷ τούτῳ παιδὶ (τὸν Κρατισθένην διεκνύς), « ἀνακλίθητι· τῇ δ' ὑστεραίᾳ τὴν ἐπ' Εὐρυκωμίδα « βαδιοῦμεν θύσοντες Σωτῆρι Διί. » Ταῦτ' εἶπε, καὶ ἡμῶν ἀπηλλάγη τὸ σύνηθες, « Χαίροις » μ' εἰπών· ἐγὼ δ' ἐδόκουν, νὴ τοὺς θεοὺς, εἰς Ἅδου μετακεκλῆσθαι· καὶ ἤδη χρυσοῦ, κατὰ τὴν ποίησιν, ἐγευόμην Ἀΐδαο, καὶ πρὸς τὸν Κρατισθένην εἶπον· « Τί μοι φησί « Σωσθένης; Ὑσμίνη περὶ ταυτηνὶ τὴν Αὐλίκωμιν, « ἐγὼ δ' εἰς Εὐρύκωμιν; οὐ μὰ τὸν ἐν τῷ κήπῳ θεόν· « ξὺν Ὑσμίνῃ θανοῦμαι, ξὺν Ὑσμίνῃ καὶ ζήσομαι. »

3. Καὶ τὴν Ὑσμίνην περὶ τὸν κῆπον εἶδον ὅλην

1. Vinum igitur more solito puella miscet : ego tamen non ut solebam bibi, etenim bibens bibere mihi non videor, et non bibens, amorem bibo. Bibit ergo primus Sosthenes, et tertius ego; nam præbibit mihi Panthia, bibensque pedem puellæ meo pede clam imposito compressi; illa autem lingua tacens gestu loquitur, sieque loquuta tamen siluit ; etenim labellum amatorie mordens, seque dolere simulans, supercilium contrahit vultumque ad tristitiam componit, et tenue suspirium ducit; ego vero, vel ex solo gestu angor animo, pedemque confestim a puellæ pede abstraho et manu poculum vicissim præbeo. Cæterum mensæ opiparos cibos Cratisthenes, aut si quis alius mensæ adfuit, edisserat : mihi namque mensæ, cibi, potusque ac cæterorum quæ mensæ apposita sunt Hysmine loco puella fuit; cujus iterum propinantis digitum pressi : illa levissimo susurro, quique voluptatis plenus amorem stillaret, « Doleo, » inquit.

2. Interim post tertium quartumque potum et opiparas epulas, convivium finem habuit. At Sosthenes, « Hys« minia, inquit, tertia dies agitur, postquam Aulicomi« dem venisti: totum vero istud triduum caduceatori et « ministerii ejus honori lex apud nos tribuit; facesse igitur « cubitum pro consuetudine cum formoso isto juvene, « (Cratisthenem indicans); cras Eurycomidem Jovi Li« beratori sacrificaturi properabimus. » Hæc loquutus, « Vale » dicto discessit. Ego autem, deos testor, ad Plutonis sedes vocari videbar, atque, uti poetice loquar, frigidum Erebum gustavi, et ad Cratisthenem conversus, « Quid, inquiebam, Sosthenes dixit? Hysmine in hac « Aulicomide manebit, ego vero Eurycomidem redibo? « Nequaquam per Amorem qui in horto pictus est. Cum « Hysmine moriar et cum Hysmine vivam. »

3. Et subito Hysminen in horto inspexi amoris œstro

σεσοβημένην ἐξ ἔρωτος· εὐθὺς δὲ ὅλον τὸν κῆπον τοῖς ὀφθαλμοῖς μου συναγαγών, ἢ μᾶλλον ὅλους περὶ τὸν κῆπον κατασκορπίσας αὐτοὺς, καὶ ὅλον κατασκοπήσας αὐτὸν, καὶ μόνην τὴν Ὑσμίνην ἰδὼν, ἐγγύς που ταύ-
5 της γενόμενος, καὶ « Χαίροις » εἰπὼν, ἐφειλκυσάμην τοῦ χιτωνίου· ἡ δ' ἐσίγα καὶ μόνον τὰ πρῶτα ἀντέτεινεν, ὡς δὲ καὶ χειρὸς ἡπτόμην, « Αἰδέσθητι, φησί, τὸ κη-
« ρύκειον. » Ὡς δὲ καὶ φιλεῖν ἤθελον, « Αἰδέσθητι μᾶλ-
« λον· εἴτ' οὐκ αἰδῇ τὸν ἐκ δάφνης στέφανον, εἶπε, καὶ
10 « τὸ ἱερὸν πέδιλον; » Ὡς δ' οὐ κατεδυσωπούμην, ἀλλ' ὅλος ἤμην περὶ τὸ φίλημα. « Τί δέ σοι κέρδος, εἶπεν, ἐκ
« τοῦ φιλήματος; » Ἐγὼ δὲ πρὸς τὴν κόρην μεθ' ἡδονῆς·

Ἔστιν κἂν κενεοῖσι φιλάμασιν ἁδέα τέρψις.

Ἡ δ' ὑποσεσηρυῖα μικρόν, « Χθὲς τὸν παρθένον ἐπλάτ-
15 « τους, φησίν, ὑπεκρίνου τὸν σώφρονα, καὶ νῦν κα-
« ταῤῥητορεύεις τὸν ἔρωτα. » Ἐγὼ δ' οὐδὲν εἰπὼν τὴν χεῖρα φιλῶ, καὶ φιλῶν στένω, καὶ στένων ἐδάκρυσα. Ἡ δέ μοι φησίν· « Τί τυγχάνεις θρηνῶν; » Ἐγὼ δ'·
« Ὅτι γλώσσῃ μόνῃ τοῦ μέλιτος γεύομαι· ὡς γάρ με
20 « Σωσθένης πατὴρ εἰς Εὐρυκώμιδα ξυνεφέλκεται. » Ἡ δ', « Ἀλλὰ κἀμὲ, » φησί. Καὶ τὴν χεῖρα ἀφαρπάξασα, μακρὰν ἀπεπήδησεν.

4. Ἐγὼ δ' ὡς ἐν ὑποπτέρῳ ποδὶ περὶ τὴν κλίνην γενόμενος, ὑπεκρινόμην ὑπνοῦν· ψόφος γὰρ ἡμᾶς ὡς ἐκ
25 ποδὸς ξυνετάραξεν. Ἧκεν οὖν ὁ Κρατισθένης τῆς ξυνηρεφοῦς ἀναστὰς μυῤῥίνης εἰς ἣν ἐπεκάθητο, καὶ τὸν πόδα μου θλίβων, φησίν· « Ἕως πότε τὸν βαθὺν τοῦτον
« ὕπνον ὑπνοῖς; Ὑσμίνη περὶ τὸν κῆπον, σὺ δὲ οὕτως
« ἀνακεκλιμένος ὑπνοῖς; » καὶ λέγων ἐγέλασεν. Ἐγὼ
30 δὲ, « Τί γελᾷς; » εἶπον. Ὁ δ'· « Ὅτι σε ψόφος θεραπαινίδος ποδὸς χειρὸς ἐρωμένης δεσποίνης ἐστέρησε,
« καὶ θήρας οὕτω καλῆς ἀνεμωλίων φόβητρον. » Ἐγὼ δὲ κατεφίλησα τὸν Κρατισθένην, εἰπών· « Σύγχαιρέ
« μοι, Κρατίσθενες· ξὺν ἡμῖν ἡ παρθένος ἐς Εὐρυκώ-
35 « μιδα. » Καὶ δὴ περὶ τὸν κῆπον γενόμενος, τὴν Ὑσμίνην ἐζήτουν καὶ πάλιν ἰδεῖν· ὡς δ' οὐκ εἶχον ὁρᾷν (ᾤχετο γάρ), ἐνεκαρτέρουν τῷ κήπῳ, τὴν παρθένον ἐνοπτριζόμενος· ὁ δέ γε Κρατισθένης μετάγει μου τοὺς ὀφθαλμοὺς ἐπὶ τὰς ἐν τῷ κήπῳ γραφάς, καὶ
40 μετὰ τὸν ἐμὸν Ἔρωτα τὸν ἐφ' ὑψηλοῦ τοῦ δίφρου καθήμενον, ἄνδρας ἀλλοφύλους, ἀλλογλώσσους, ἀλλογενεῖς, ὅλους ἄλλους ἐξ ἄλλων καὶ τὸ πολίτευμα.

5. Ὁ μὲν γὰρ στρατιώτης ἦν, στρατιώτης τὸ σχῆμα, στρατιώτης τὸ βλέμμα, στρατιώτης τὸ μέγεθος, ὅλος
45 στρατιωτικῶς κατεπέφρακτο, τὴν κεφαλήν, τὼ χεῖρε, τὸ μετάφρενον, τὸ μέτωπον, τὸ στέρνον, τὴν ὀσφῦν, καὶ μέχρι ποδῶν· οὕτως ὁ τεχνίτης τὸν σίδηρον εἰς πέταλα ἐξυφήνατο, ἢ μᾶλλον ταῖς βαφαῖς τὸν σίδηρον ἐμιμήσατο· οὕτω καὶ μέχρις ὀνύχων αὐτῶν τὸ στρα-
50 τιωτικὸν κατέφραξε. Φαρέτρα περὶ τὴν ὀσφύν, καὶ σπάθη ἀμφίκωπος· δολιχὸν ἔγχος περὶ τὴν δεξιάν· ἀσπὶς ἐξήρτητο τῆς λαιᾶς· τοῖν δέ γε ποδοῖν οὕτως εὐ-

percilam; statimque totum oculis hortum complexus, aut potius totos oculos per hortum dispergens, illumque totum speculatus Hysminenque solam videns, illiusque in conspectu adstans, « Salve », dixi, ac veste eam attraxi. Illa quidem tacuit et primum solummodo reluctata est; manu autem prehensa, « Reverere, inquit, caduceatoris « ministerium. » Ut vero osculum intentavi, « Reverere « magis, inquit; tibi nulla reverentia laureæ et sacri cal-« ceamenti? » Sed ego nullo pudore afficiebar tutusque in basium ruebam. « Quid demum tibi lucri ex basio? » infit Hysmine. Subjeci ego cum gaudio :

At vel inane mihi decerpere grata voluptas.

Illa tantillum subridens, « Heri, inquit, tu virgineum « pudorem fingebas, teque pudicum simulabas, et nunc « oras amoris causam. » Ego tacitus, dexteram osculor et osculatus lacrymas effudi. Illa autem mihi, « Cur la-« crymas effundis » inquit? Ego vero : « Mellis gustum lingua « tantum percipio; tuus enim pater Sosthenes me Euryco-« midem ire jubet. — Et me pariter, » respondit, subreptaque manu celeriter aufugit.

4. Ego perniciter lectulo redditus sonitum fingebam; namque sonitus aures pedum pulsu increpans nos conturbaverat. Cratisthenes ex umbrosa, propter quam sedebat, myrto surgens, et pede pedem meum premens, « Quous-« que, inquit, tam altum soporem flabis? Hysmine in « horto spatiatur, et tu sic supinus dormis? » et talia fatus risit. « Quid rides? » inquam. « Rideo, respondit ille, « quia tibi carissimæ dominæ manum, pulchramque adeo « prædam, strepitus pedis ancillæ, et inane terriculum « abstulit. » Ego autem Cratisthenem deosculatus sum dicens : « Gaude mecum Cratisthenes; puella nobiscum « Eurycomidem veniet. » Et iterum intra hortum me agens Hysminem oculis quærebam : utque eam videre non poteram (nam abscesserat), in horto tamen morabar illam velut in speculo intuens; sed Cratisthenes oculos meos convertit in horti picturas, et, post Amorem meum excelso currui insidentem, homines videmus patria linguaque et genere diversos, omninoque habitu et vitæ genere inter se differentes.

5. Primus miles erat, miles habitu, miles oculis, miles proceritate, cataphractus militariter caput, manus, interscapulum, frontem, pectus, lumbosque, et ad pedes usque : usque adeo pictor ferrum in laminas detexuerat, aut potius ferrum coloribus imitatus fuerat; usque adeo unguium tenus militem armis instruxerat. Illa cingitur pharetra et ancipiti gladio; longam hastam dextera, clypeum læva sustinet; pedes adeo ad veritatem adducti, tantaque arte

φωῶς εἶχε καὶ τεχνικῶς, ὡς εἴποις ἰδὼν κινεῖσθαι τὸν ἄνθρωπον.

6. Ὁ μετ' αὐτὸν ὅλος ἦν ἀγροικικῶς ἐσταλμένος καὶ ὅλος ποιμήν, ἀπερικάλυπτον εἶχε τὴν κεφαλὴν, ἀκόσμητον τὴν τρίχα τῆς κεφαλῆς καὶ τοῦ πώγωνος, τὸ χεῖρε μέχρις ἐπ' ἀγκῶνος γυμνώ. Μέχρι γονάτων ὁ ζωγράφος τὸν χιτῶνα κατέλυσε· τὰ δ' ἐφεξῆς ἀφῆκεν ἀπερικάλυπτα. Λάσιον τὸ στέρνον ἀνδρὶ, καὶ ὅσα τῶν μελῶν οὐκ ἐπεκαλύφθησαν ὡς ἐν χιτῶνι τοῖς χρώ-
10 μασι. Τὸ σκέλος παχὺ, καὶ ὅλως κατ' ἄνδρας ἁδρόν. Διδυμοτόκος αἲξ πρὸ τῶν ποδῶν τοῦ ποιμένος ὠδίνουσα γέγραπται· ὁ δὲ γίγας οὗτος ποιμὴν μαιεύει τὴν αἶγα, καὶ τὸ μὲν πρωτότοκον ἔχει, τὸ δ' ὑποδέχεται· καὶ τὴν σύριγγα ποιμενικῶς ἁρμοσάμενος, ἐπιτόκιον ᾄδει,
15 καὶ οἷον καταδυσωπεῖ τὸν Πᾶνα τὰς αἶγας πυκνῶς εὐτοκεῖν.

7. Εἶτα λειμὼν κατάκομος ἄνθεσι, καί τις ἀνὴρ κατὰ μέλιτταν ἐπὶ τοῖς ἄνθεσιν ἐμετάλλευεν· οὐ κατὰ φυτηκόμον ἐγέγραπτο, κατ' ἄνδρα δὲ μᾶλλον πολυτελῆ
20 καὶ πολυόλβον, καὶ ὅλον βλάκα, καὶ ὅλον χαρίεντα· ἢ γάρ τοι περὶ τὸ πρόσωπον χάρις αὐτοῦ πρὸς τὸ τοῦ λειμῶνος κάλλος ἀντήριζεν. Ἡ θρὶξ περὶ τοὺς ὤμους ἐξήπλωτο, φιλοτίμως καταβοστρυχουμένη, καὶ λίαν ἐπιμελῶς. Ἄνθεσι τὴν κεφαλὴν ἐστεφάνωτο, καὶ ῥόδα
25 κατεπεχεῖτο τῷ βοστρυχώματι. Ποδήρης ὁ χιτὼν τούτῳ, καὶ οἷον κατάχρυσος, καὶ ὡς ἐξ ἀνθέων κατάστικτος, καὶ ὅλος ἠνέμωτο. Πλήρεις εἶχε τὰς χεῖρας ἀνθέων, καὶ ῥόδων καὶ τῶν ἄλλων φυτῶν, ὅσα καθηδύνει τὴν ὄσφρησιν. Ἐσανδαλοῦτο τὼ πόδε· οὐδὲ γὰρ οὐδὲ τοῦτο
30 τὸ μέρος εἶχεν ἀπερικόσμητον· καὶ ἦν ὁ λειμὼν τοῖς ἐν ποσὶ σανδαλίοις ὡς ἐν κατόπτροις παραδεικνύμενος· οὕτως ὁ ζωγράφος καὶ μέχρι ποδῶν καὶ πεδίλου τὸν ἄνδρα κατεχαρίτωσεν.

8. Πεδίον χλοηφόρον μετὰ τὸν κῆπον ὁ τεχνίτης ἐξή-
35 πλωσεν· ἄνδρα δ' ἐν μέσῳ κατεζωγράφησε, καὶ πάντα κατ' ἀγρότην ἐσκευασμένον, ἐστεφανωμένον τὴν κεφαλὴν, οὐκ ἐξ ἀνθέων, οὐκ ἐκ ῥόδων, ἀλλ' ἐκ λίνου λεπτοῦ, ὃν χεὶρ ὑφαίνει, καὶ τέχνη πλέκει· καὶ τοιόνδε ὁ ἀγρότης ἔχει. Τὸν δὲ βόστρυχον οὐδὲ μέχρις ὤμων ὁ τεχνί-
40 της ἐφήπλωσεν, οὐδὲ αὐτῶν ὅλον περικαλύπτειν ἀφῆκε τὸν τράχηλον. Τὸ χιτώνιον ἀκαλλῶς κατ' ἀγρότην ἐσκεύασε καὶ ὅλον ἀγροικικόν. Τὼ πόδε κατ' ἄμφω μέχρι γονάτων ἐγύμνωσεν, καὶ ἄμφω τὼ χεῖρε πρὸς ἓν ἀφώρισε δρέπανον, ὅ τι καὶ τὸ σχῆμα καὶ τὸ μῆκος
45 ὑπὲρ τὸ δρέπανον. Χόρτον τίλλειν ὁ γεγραμμένος ἀγρότης ἔργον εἶχεν, ἐπιμελέστατον· τοὺς ὀφθαλμοὺς ἐπεπήγει τῷ χόρτῳ, καὶ ὅλος ἦν πρὸς τῷ λειτουργήματι.

9. Γηπόνος ὁ μετ' αὐτὸν παρὰ μέσους κεκυφὼς τοὺς
50 ἀστάχυας, δρέπανον ἔχει τῇ δεξιᾷ, τῇ δὲ λαιᾷ συλλέγει τὰ δράγματα· ἐπέχει τοὺς καρποὺς τῶν πόνων, θερίζει τὰ ἀμοιβαῖα τῶν καμάτων, καὶ τῶν σπερμάτων τρυγᾷ τὰ γεώργια. Ἐπικάλυμμα φέρει τῇ κεφαλῇ, πῖλον, ἀσκητὸν καθ' Ἡσίοδον· οὐ γὰρ γυμνῇ ταύτῃ δοκεῖ

efficti, ut hominem intuitus prorsus illum moveri affirmasses.

6. Secundus rustice omnino vestitus et pastor; intectum illi caput, inornati capitis barbaeque crines, manus ad cubitum usque nudae. Tunica genuum tenus; caetera solverat pictor, caetera intecta praebuerat. Villosum homini pectus, et reliqua quae coloribus uti veste tecta non erant. Crus crassum virili robore validum. Ante pedes pastoris capella quae binos parturit foetus, picta est; procerus ille pastor obstetricatur, et jam primogenitum capellae tenet alterumque excipit; jamque fistulam parans carmen meditatur quod parturientibus capellis occini solet, et a Pane frequentes ac felices caprarum partus exorare videtur.

7. Tertio loco pratum floribus luxuriabat, in quo vir quidam ut apis flores investigabat; ille autem non hortulani ad instar pictus fuerat, verum divitis hominis beatique; delicatus admodum, admodumque venustus; vultus enim veneres prati venustatem aemulabantur. Capilli humerum per utrumque immissi diligenterque et accuratissime cincinnati. Coronatum floribus caput; sparsae per crines rosae. Talaris vestis, quam tenui auro, ut videbatur, floribusque intextam ventus omnino reflabat. Manus floribus plenae rosisque et caeteris plantis quae naris olfactum permulcent. Sandaliis pedes vincti, nec enim hanc corporis partem inornatam habebat, et pratum sandaliis quibus pedes induebantur velut speculo remittebatur, ita pictor ad pedes usque et calceamentum viro gratificatus fuerat.

8. Proximum horto campum viridi herba vernantem pictor expanderat. Illius in medio virum pinxerat rustice prorsus vestitum, coronatum caput non floribus rosisque, sed tenui lino quod manu netur et arte texitur, sicque rusticus habet. Capillos, ut nec ad humeros diffundantur, nec etiam totam cervicem pererrent. Vestis, uti rusticum decet, illepida, et omnino rustica. Pedes ad genua nudi; ambabus autem falcem tenet quae videlicet formaque et mole falcem superat. In foeno secando pictus rusticus occupatissimus, oculos foeno totus intendit, totusque incumbit operi.

9. Sequebatur agricola in segetes pronus; falcem dextera gestat, leva colligit manipulos: hoc laborum praemium obtinet, hanc demerit aerumnarum vicem, hos sementis fructus percipit. Pileo caput tegitur affabre facto, ut loquitur Hesiodus; nec enim nudo capite aestum to-

τὴν θέρμην ἀνέχεσθαι. Τὸν πάντα χιτῶνα παρὰ τὴν ὀσφὺν διεζώσατο, καὶ τὸ πᾶν τοῦ σώματος πλὴν τῆς αἰδοῦς ἐξεγύμνωσεν.

10. Ὁ μετ' αὐτὸν ἤδη λελουμένος ἐγέγραπτο· ἀνὴρ πρὸ τῶν πυλῶν εἱστήκει τοῦ βαλανείου, ὀθόνῃ τὴν αἰδῶ περιστέλλων, τὰ δ' ἄλλα φέρων ἀπερικάλυπτα πάντως· ἐξ ἱδρῶτος κατερρεῖτο καὶ κατεβρέχετο. Εἴποις ἰδὼν ἀσθμαίνειν τὸν ἄνθρωπον, καὶ οἷον ἐκλελύσθαι τῷ καύματι· οὕτως ὁ τεχνίτης καὶ τὰς φύσεις αὐτὰς ἀπεμιμεῖτο τοῖς χρώμασιν. Τῇ δεξιᾷ τῶν χειρῶν ἔκπωμα κατεῖχε κωνοειδές, ὃ τῷ στόματι φέρων τῆς ὀπῆς ἀνερρόφα τοῦ πόματος· τῇ δ' αὖ γε λαιᾷ τὴν ὀθόνην ἀνεῖχε περὶ τὸν ὀμφαλόν, μή πως ἐκρυεῖσα τὸ πᾶν ἐκκαλύψῃ τοῦ σώματος.

11. Μετὰ δὴ τοῦτον τὸν ἐκ βαλανείου, τὸν λελουμένον, τὸν καυματούμενον, ἀνήρ τις ἐγέγραπτο, ὅλον ἀνεζωσμένος περὶ τὴν ὀσφὺν τὸ χιτώνιον, ὅλῳ τῷ ποδὶ γυμνός, καὶ ὅλην οἴνου πηγὴν ἀναστομῶν πρὸ ποδῶν. Τὴν τρίχα πᾶσαν εὐφυῶς ξυνῆκται πρὸς τὸ μετάφρενον. Ἄμπελον ἡ λαιὰ τῶν χειρῶν ἐμιμεῖτο, καὶ βότρυν εἶχε τοῖς δακτύλοις ὡς κλάδοις ἀπαιωρούμενον· ἡ δεξιὰ τὸν βότρυν ἐτρύγα, καὶ τῷ στόματι κατὰ ληνὸν παρετίθετο, καὶ τοῖς ὀδοῦσιν ὡς ποσὶν ἐναπέθλιβε· καὶ ἦν ὁ γεγραμμένος ἀνὴρ ἄμπελος καὶ τρυγητής, καὶ ληνὸς καὶ οἴνου πηγή.

12. Ὁ μετ' αὐτὸν νεανίσκος νῦν πρώτως ἤνθει τὸν ἴουλον, τὴν κεφαλὴν μὴ φέρων· ἀπερικάλυπτον, ἀλλ' ἐκ τινος ἀραχνώδους λίνου περικαλύπτων καὶ τὴν κεφαλὴν καὶ τὸν βόστρυχον. Λευκὸν αὐτῷ τὸ χιτώνιον, ὃ τὰς χεῖρας συνέχει, καὶ ταύταις κεκόλληται· καὶ μέχρι δακτύλων ἐκκεχυμένον αὐτῶν, στενοῦται μὲν περὶ τὴν ὀσφύν, τὸ δ' ἐφεξῆς ἀνέτως ἔκχεῖται καὶ οἷον ἠνέμωται. Μέχρι γονάτων ὁ τεχνίτης τοὺς πόδας τῷ νεανίσκῳ κατεπεδίλωσεν. Ὁ δ' οἰκίσκους φέρων στρουθῶν πλάττει φυτόν, δόλον πλέκει κατὰ πτηνῶν, καὶ περιεργάζεται τὸ πτερόν, δόλον λειμῶνα φυτεύει, στρουθοὺς τῷ λειμῶνι παραπετάννυσι, λεπτῇ μηρίνθῳ τούτους ἀντικαθέλκων πυκνά. Τὸν δόλον οὐ συνορᾷ τὸ πτηνόν, τὴν μηχανὴν οὐκ οἶδε· βλέπει τὸν λειμῶνα μόνον, τοὺς ἐκ μηρίνθῳ παραπετομένους στρουθούς, τοὺς ἐν οἰκίσκοις ἡδὺ μελιζομένους καὶ χαρίεν· γίνεται πρὸς τῷ λειμῶνι, πρὸς τοῖς στρουθοῖς, καὶ τῷ δόλῳ ξυνέχεται· ὁ δὲ τὸν δόλον ξυσκευασάμενος ἐξευτῆς ξυνέχει καὶ φράττει, καὶ τῆς εὐηθείας καταγελᾷ.

13. Μετὰ δὴ ταῦτα ζεῦγος βοῶν ἄροτρον φέρον ἐγέγραπτο, καί τις ἀνὴρ ἀροτρεύς, ᾧ φαῦλα μὲν ὁ τεχνίτης ὑπέρραψε πέδιλα, φαῦλα δὲ καὶ τἄλλα τὰ περὶ τὸ σῶμα κατεζωγράφησε, φαῦλον τὸν χιτῶνα καὶ ὅλον διερρωγότα· καὶ τοῦτο γὰρ ἐτεχνουργήθη τοῖς χρώμασι. Φαῦλον τὸ τῆς κεφαλῆς περικάλυμμα, ἐξ ἐρίου τάχα συμπιληθέν. Μέλαν οὐ κατ' Αἰθίοπα κατεχρώσθη τὸ πρόσωπον, ἀλλ' οἷον ἥλιος μεταχρώννυσι. Ἡ θρὶξ ὀλίγη πρὸς τὸ μετάφρενον· τὴν γὰρ πᾶσαν τὸ τῆς κεφαλῆς ἐπεκάλυπτε κάλυμμα· πώγων καθειμένος καὶ

lerare posse videtur. Cincta circum ilia tunica; reliquæ corporis partes, pube excepta, nudæ.

10. Deinde vir lotus pictus fuerat; jam ante balinei fores sabano id quo viri sumus tectus, cætera intectus utique; sudore diffluebat et madebat. Hominem intuitus anhelare ac æstu nimio dissolvi affirmes; tam eleganter pictor naturam coloribus imitabatur. Dextra poculum in coni figuram tenet, illudque ori admovens per foramen bibit; læva autem linteum circa umbilicum coercet, ne forte decidens corpus omne detegat.

11. Qui autem hominem ex balineo egredientem lavatumque et æstuantem sequebatur, vir quidam depictus fuerat, succinctus circa ilia tunicam, nudus pedes, et ante pedes vini fontem aperiens. Crines apte per dorsum contracti. Vitem imitabatur læva, cujus ab digitis velut ab ramis pendentem dextra uvam carpit, quam ori veluti prelo admotam, mox dentibus, uti pedibus fieri solet, exprimebat: ita pictus ille vir vinea, vindemiator, prelumque ac vini fons erat.

12. Proximus illi juvenis, cujus nunc primum lanugo florebat, cujus caput non erat intectum, sed araneoso quodam lino caput cincinnosque tegebatur. Candida illi vestis, quæ totas manus continet, illisque adhæret, et quæ ad digitos effusa pressule circa ilia coarctatur; cætera diffluunt et vento agitari videntur. Usque ad genua pictor juvenis pedes calceavit. Ille autem passerum caveas fert, vimina concinnat, dolum contexit avibus, quas diligenter observat, per totum pratum vimina infigit, passeresque expandit, quos tenui funiculo ligatos frequenter retrahit. Nescia fraudis volucris non animadvertit dolum; prati amœnitatem, spatiantes in eo passeres, qui funiculo ligantur, aliosque in caveis dulce suaviterque cantillantes inspiciens, statim ad pratum passeresque advolat doloque capitur; qui autem dolum concinnavit auceps, captos retinet, et vecordiam irridet.

13. Deinde boves sub jugum aratrum trahentes picti fuerant, quos arator moderatur, cui viles artifex calceos consuit, vilia et cætera quæ ad corpus spectant pictor expressit, vilemque et laceram tunicam; nam et hoc etiam coloribus arte effinxerat. Vile et capitis tegmen ex mollitia densataque lana. Niger vultus, non ut Æthiopis, sed qualis torridis solibus coloratur. Crines non multi, retro penduli, omnem enim cæsariem capitis tegmen operiebat; barba demissa densaque. Dextra aratrum continet, quo

ὅλος βαθύς. Ἡ δεξιὰ τῶν χειρῶν ὅλη κατέχει, καὶ πρὸς γῆν ἐμβάλλει τὸ ἄροτρον, ἡ δέ γε λαιὰ βουπλῆγα φέρει, γηπόνων ἀνδρῶν γραφεῖον, ὃ βάπτεται μὲν βοῶν αἵμασι, καλλιγραφεῖ δὲ τῇ γῇ.

14. Ὁ μετ' αὐτὸν κατ' αὐτὸν τὸ σχῆμα, τὸν χιτῶνα, τὸ πέδιλον, καὶ τὸ τῆς κεφαλῆς περικάλυμμα, καὶ ὅσα περὶ τὸ σῶμα· τὸ γάρ τοι σῶμα διήλλακται· τὸ μέλαν· τοῦ προσώπου μέλαν μὲν, ἀλλ' οὐχὶ κατ' ἐκεῖνον, ὥσπερ οὐδὲ κατὰ τὸν ἐν τῷ κήπῳ γεγραμμένον λευκόν· ἀλλ' ὅσον ἐκείνου μελάντερον, τοσοῦτον τούτου λευκότερον. Ἡ θρὶξ ἀτάκτως πλὴν μέχρις ὤμων ἐξήπλωτο· ὁ πώγων μὴ κατ' ἐκεῖνον ἐκκεχυμένος, ἀλλὰ ξυνῆκται καὶ οἷον ξυνέσταλται. Τῆς μὲν τῶν χειρῶν τῆς λαιᾶς ἐξῆπται κανοῦν· ἡ δ' αὖ ἑτέρα τὸν ἐν τούτῳ σῖτον ἐξῆγε, καὶ περὶ τὴν γῆν κατεσκόρπιζεν· εἰ δὲ κεκρυμμένα πετηνὰ τοῖς περὶ τὴν γῆν ἐκάθηντο χάσμασι, καὶ εἰ τούτοις ἐσκόρπιζεν, ὁ τεχνίτης οὐκ ἀφῆκεν ὁρᾶν.

15. Μετὰ δὴ τούτους νεανίσκος ἐγέγραπτο σφριγῶν τὸ σῶμα καὶ τὸ βλέμμα θρασὺς, ὅλος περὶ θήρας ἐπτοημένος καὶ κυνηγέσια, ἡμαγμένος τὰς χεῖρας, καὶ οἷον θωΰσσων κυσί· χεὶρ γὰρ ζωγράφου καὶ τέχνη κἂν τἄλλα σαφῆ, φωνῆς ἥττᾶται, καὶ μόνην ταύτην οὐκ οἶδε μιμεῖσθαι τοῖς χρώμασι. Τὸν πάντα βόστρυχον πρὸς ἓν ξυνῆγε καὶ ξυνεδέδετο· καὶ τὸ χιτώνιον εὐφυῶς συγκεκόλληται τῇ σαρκὶ, καὶ οἷον ταύτῃ ξυνέρραπται, ὃ μέχρι γονάτων ὁ τεχνίτης ἐξέχυσε. Τὰ δ' ἐφεξῆς μέχρι δακτύλων αὐτῶν διερρωγώς τις πέπλος ξυνέσφιγγε, καὶ μήρινθος κατὰ κιττὸν ξυνεπλέκετο. Λαγωὸς τῆς λαιᾶς ἐπηώρητο τῶν χειρῶν· τῇ γάρ τοι δεξιᾷ τοὺς κύνας ὑπέσαινεν· οἱ δ' ὅλοι πρὸ ποδῶν ἐκυλινδοῦντο τοῦ νέα νίσκου, καὶ οἷον ξυνέπαιζον.

16. Τέλος κρατῆρες πυρὸς ἐγεγράφατο, καὶ φλὸξ ὡς ἀπὸ γῆς, μέχρις ἐς αὐτὸν οὐρανὸν, ὡς μηδ' ἔχειν μαθεῖν, εἴτ' ἀπ' αἰθέρος ἐς γῆν ἐκχεῖται τὸ πῦρ, εἴτ' ἀπὸ γῆς ἐξήπτεται πρὸς οὐρανόν. Καί τις ἀνὴρ ἑκατονταπέμπελος παρακάθηται τῇ φλογὶ, ὅλος ῥυτὶς, ὅλος πολιὰ· καὶ τὴν κεφαλὴν καὶ τὸν πώγωνα, διηθέραν ἐνδεδυμένος ἐκ κεφαλῆς ἐς ὀσφὺν, τὰ δ' ἄλλα γυμνὸς, τὸ χεῖρε, τὼ πόδε, καὶ τὸ πολὺ τῆς γαστρός. Ἐκτεταμένας εἶχε τὰς χεῖρας, καὶ οἷον μεθεῖλκε τὴν φλόγα καὶ ὅλην μετερρίπιζε, καὶ ὅλην μαστῆγε πρὸς ἑαυτόν.

17. Ταῦθ' ὁρῶμεν, καὶ τοῖς παραδόξοις ἐξαπληττόμεθα, καὶ τί βούλεται τὰ γεγραμμένα σφόδρα ἐκμαθεῖν ἐδεόμεθα, καὶ μάλλον ὁ Κρατισθένης· ἐμὲ γὰρ ὁ τῆς Ὑσμίνης ἔρως ὅλον μεθεῖλκε πρὸς ἑαυτόν· τὰ δ' ἄλλα πάντα καὶ τὰ περὶ τὸν κῆπον τερπνὰ, τερπνά μοι πρὶν Ὑσμίνην ἰδεῖν, ἢ μᾶλλον πρὶν Ὑσμίνης ἐκκαυθῆναι τῷ ἔρωτι. Ἐγὼ μὲν τοίνυν τοῖς ὀφθαλμοῖς μετάγω περὶ τὴν Ὑσμίνην ἐνοπτριζόμενος· ὁ δέ γε Κρατισθένης ὑπὲρ τὰς κεφαλὰς τῶν γεγραμμένων ἀνδρῶν ἰαμβεῖον ἐν ὁρᾷ γεγραμμένον· τὸ δ' εἶχεν οὕτως·

Τοὺς ἄνδρας ἀθρῶν, τὸν χρόνον βλέπεις ὅλον.

---

terram premit; læva boum stimulum gestat, qui aratoribus pro stylo est; atque ille boum sanguine tinctus terram cruore describit.

13. Sequentis similis forma fuit, similis vestis, calceus, pileus, omnisque ornatus; diversum tamen corpus; nigra, sed non ea nigredine qua præcedentis, facies, neque candida, ut illius, qui in horto depictus est, verum quantum illo nigrior, tantum illo candidior. Coma sine lege nisi usque ad humeros effusa : barbitium non ut proximi prolixum, sed in unum collectum adstrictumque. Læva canistrum pendet, unde triticum acceptum dextera terræ credit; quod utrum pennigeris, si modo hiantibus terræ rimis occuluntur, distribuat, pictor oculis arbitrari non permiserat.

15. Illos adolescens excipit vivido corpore vividisque oculis audaciam ex omni parte spirans; at ille venationi perdite incumbens et venaticis curis, respersis cruore manibus, canes hortari videtur; nam pictoris manus et ars, alias peritissima, in voce vincitur illamque solummodo coloribus exprimere non potest. Crines in unum conglobatos nodus adstrinxerat; vestis membris pressule adhæret, his velut adsuta; illam ad genua pictor effuderat. Cæteram lacero panno ad usque digitos tecta, tortilique in modum hederæ fune adstricta. Læva leporem sustinet, dextra canibus blanditur; at illi adolescentis propter pedes volutati colludere videbantur.

16. Ultimo loco ignis crateres depicti fuerant, et flamma quasi ex terra usque ad cœlum ipsum erumpens, ita ut dubium sit utrum cœlitus in terras demittatur ignis, an in cœlos ab terra accensus feratur. Vir senio confectus, adeoque ut videatur jamdudum in eo esse ut efferatur, igni assidet, rugis obsitus, omninoque caput et barbam canus; pellis capite ad ilia eum occupat; cætera nudus est, manus pedesque ac magnam ventris partem. Extensæ autem manus, et flammam ad se trahere adeoque excitare et trahere videtur.

17. Horum adspectu et rerum novitate in stupore attoniti scire ardebamus, quid illa pictura sibi vellet, Cratisthenes præcipue : nam me Hysmines amor totum ad se trahebat; ac cætera quidem in horto placuerant, ante quam Hysminen vidissem, aut potius antequam Hysmines amore conflagrarem. Itaque circumferebam per hortum oculos Hysminem velut in speculo intuens; Cratisthenes interea inscriptum capiti pictorum hominum iambum videt qui sic habebat:

Hos intuenti totus annus cernitur.

18. Ἐντεῦθεν καταφιλοσοροῦμεν τὰ σχήματα τῶν γεγραμμένων ἀνδρῶν.

Στρατιώτης ὁ πρῶτος τὸν καιρὸν τοῦ χρόνου παραδεικνύς, ὅτε πᾶς ἐκστρατεύει στρατιώτης ἀνὴρ ὅλοις ὅπλοις καταφραξάμενος ἑαυτόν.

Ὁ μετ' αὐτὸν αἰπόλος, καὶ ἡ αἲξ ἡ περὶ τοῖς ποσὶ τίκτουσα, καὶ σύριγξ οἷον αὐλοῦσα, τὸν καιρὸν ἐκφαίνει, καθ' ὃν ποιμὴν ἐκ χειμῶνος ἐξάγει τὸ ποίμνιον, καὶ καθ' ὃν τίκτουσιν αἶγες, καὶ σύριγξ ἁρμόττεται.

Ὁ γεγραμμένος λειμών, ὁ ῥόδοις κομῶν καὶ θάλλων τοῖς ἄνθεσιν, ὁ μέσος κατηνθισμένος ἀνήρ, τὸν καιρὸν εἰκονίζει τοῦ ἔαρος.

Τὸ χλοηφόρον γεγραμμένον πεδίον, ὁ τὸν χόρτον τίλλων ἀγρότης, τὸν καιρὸν παρίστησιν ἐμφανῶς, καθ' ὃν ὁ χόρτος πεπαίνεται, καὶ τὴν ἐκτομὴν ἀπαιτεῖ.

Ὁ μέσον ἀσταχύων ἀνήρ, ὁ τὸ δρέπανον ἔχων καὶ θερίζων τὸν ἀσταχυν, τὸν καιρὸν τοῦ θέρους σοι καταζωγραφεῖ.

Ὁ λελουμένος ἀνήρ, ὁ γυμνός, ὁ πίνων, ὁ καυματούμενος, τὴν θέρμην ἐμφαίνει σοι τοῦ καιροῦ, τὴν ἐπιτολὴν τοῦ κυνός, ὅθεν τὸ σῶμα καταξηραίνεται.

Ὁ τὸν βότρυν τρυγῶν, τὸν καιρὸν τῆς τρύγης σοι παριστᾷ, καὶ τὸ πεπανθῆναι τοὺς βότρυας.

Ὁ μετ' αὐτὸν ἰξευτὴς ὑπαινίττεταί σοι τὸν χρόνον, καθ' ὃν τὰ πτηνὰ τὸν χειμῶνα φρίσσει, καὶ μεταίρει πρὸς τὸ θερμότερον.

Ὁρᾷς τὸν γηπόνον ἐπ' ἄροτρον; οὗτός ἐστιν ὁ καιρός, ὃν καί τίς σοφὸς ἐκ τῶν πληϊάδων ἐς ἄροτρον ἠκριβώσατο.

Ὁ μετ' αὐτὸν σκορπίζων τὸν σῖτον, σπορεύς ἐστι, καὶ τὸν τοῦ σπόρου καιρὸν καθυποφαίνει τῷ ζωγραφήματι.

Ὁρᾷς τὸν ἐν μέσῳ κυνῶν νεανίσκον, τὸν τὸν λαγωὸν φέροντα, τὸν τοὺς κύνας καθυποσαίνοντα; τὸν τῆς θήρας καιρόν σοι παρίστησιν· ἐπειδὴ γὰρ συνῆπται ταῖς ἀποθήκαις καὶ σῖτος, καὶ οἶνος, καὶ τἄλλ' ὁπόσα συναγαγεῖν ἀγαθόν, ἀλλὰ δὴ καὶ τὰ περὶ τὸ μέλλον ἑξῆς εὖ διετέθη γεωργικῆς καὶ γηπονικῆς, ἀνέσει καὶ θήραις καιρὸς ἀφωσίωνται.

Ὁ πολιὸς οὗτος ἀνήρ, ὁ τῇ ἑστίᾳ ἐμπελαδὸν παρακαθήμενος, τὸ δριμὺ τοῦ χειμῶνος καθυποφαίνει σοι, οὐχ ἧττον δὲ καὶ τὸ γήρως ψυχρόν· ὁ γάρ τοι χειμὼν διὰ κόρης ἁπαλόχροος οὐ διάησι, τροχαλὸν δὲ γέροντα τίθησιν.

19. Οὕτω τοίνυν καταφιλοσοφήσαντες τὴν γραφήν, περὶ τὸ δωμάτιον ἀνεχωροῦμεν· ὕπνου γὰρ ἐκάλει καιρός. Καὶ ὁ μὲν Κρατισθένης περὶ τὴν κλίνην ἐγένετο, ἐγὼ δ' ἐνεκαρτέρουν τῷ κήπῳ, τὴν Ὑσμίνην ἐθέλων ἰδεῖν, καὶ ὅλους πρὸς τὴν πύλην εἶχον τοὺς ὀφθαλμούς· νοῦς γὰρ ἔρωτι τρωθεὶς ὅλον κατὰ νοῦν ἀναπλάττει τὸν ἔρωτα, καὶ τοὺς ὀφθαλμοὺς μετάγει περὶ τὸ κλάσμα, καὶ ὅλον ὁρᾶν δοκεῖ τὸ πλαττόμενον· οὕτω πῦρ ἔρωτος πεσὸν ἐς ψυχήν, καὶ τὰς φύσεις αὐτὰς με-

18. Inde super pictorum hominum habitu disserere cœpimus.

Miles primus opportunum anni tempus designat, quo milites in expeditionem ducuntur, omnibus armis protecti.

Secundus opilio, capraque ante pedes ejus parturiens, et fistula quasi resonans, tempestatem eam denotat qua gregem, hieme dilapsa, pastor educit, qua capellæ pariunt, qua fistula paratur.

Luxurians rosis pratum floribusque pullulans, ejusque in medio floribus conspersus juvenis, veris tempus figurat.

Viridis campus, occupatusque in secando fœno rusticus tempus manifesto demonstrat quo maturum fœnum demeti postulat.

Vir medias inter segetes falcem gestans operæque messoriæ incumbens, æstivum tempus ad verum depingit.

Sequens ex balineis nudus, bibensque ac æstuans, urentemque aeris sævitiam ortumque caniculæ ostendit, unde corpora exsiccari solent.

Septimus uvas carpens opportunitatem tibi vindemiæ et uvarum maturitatem exhibet.

Qui sequitur auceps hoc anni tempus indicat, quo volucres hiemem timentes ad loca calidiora fugam instruunt.

Adspicis aratro incumbentem agricolam : tempestas illa est, quam quidam doctus Pleiadum ab ortu arationi tribuit.

Qui agricolam excipiens frumentum serit, seminator est et sationis tempus subindicat.

Quem vides medios inter canes adolescens leporem gestans et canes blandiens, venationis tibi tempus exprimit, postquam scilicet reposita in horrea seges, vinumque ac omnia quæ colligere expedit, recondita sunt, futuri etiam cura, quantum ad rem rusticam et agriculturam spectat, recte habita, tum demum otio ac venationibus tempus addicitur.

Canus ille senex largissimo foco proximus assidens, hiemis asperitatem subostendit, non secus ac senectutis frigiditatem; namque

Non perflant teneræ per vivida membra puellæ,
Sed senis incurvant borea in lumina corpus.

19. Ita his omnibus explicatis cubiculum contendimus, somni enim tempus nos vocabat. Jam se lectulo Cratisthenes collocaverat : ego autem in horto remansi, Hysminen videre cupiens et oculos in portam contuitu pertinaci intendebam : animus enim amore saucius, amorem suum in se, figuli more, fingit, oculosque ad objectum, quod fingit, confert, prorsusque rem fictam sibi cernere videtur : usque adeo amoris ignis mentem invadens, ipsas rerum

ταπλάττει καὶ μεθαρμόζεται. Καὶ ὁ Κρατισθένης τῆς κλίνης ἀναστὰς μεθέλκεταί με περὶ τὸ δωμάτιον, νὺξ δ᾽ ἤδη τελέθει, λέγων, ἀγαθὸν καὶ νυκτὶ πιθέσθαι.

20. Ἐγὼ δὲ πρὸς αὐτόν· «Νῦν τὰς γραφὰς ὅλας «ἀνεμετροῦμεν τοῖς ὀφθαλμοῖς, τὰς ἐπιγραφὰς ἑωρῶ-«μεν, καὶ ταύτας ταῖς γραφαῖς προσηρμόττομεν, καὶ «θέρει μὲν καὶ ψύχει, καὶ ἔαρι, καὶ τοῖς πᾶσιν ἁπλῶς «καιρὸς ἀφωσίωται· Ἔρως δ᾽ οὐ περιγέγραπται τῇ «γραφῇ, οὐ πρὸς καιρὸν τῇ τέχνῃ μετεχρωμάτισται· πάν-«τως ὅτι παντὶ καιρῷ μεθαρμόζεται.» Ὁ δὲ Κρατι-σθένης· «Ἰσχυρῶς σε καταπαγιδεύω τοῖς χείλεσι, καὶ «τοῖς σοῖς τὴν νικῶσαν ἔχω προβλήμασιν· ἐγγὺς γὰρ «ἡ γραφή, καὶ ἀπαράγραπτος ὁ γραφεύς· θέρει γὰρ «καὶ ψύχει καὶ ἔαρι καιρὸς ἀφωσίωται κατά γε τὴν «γραφὴν καὶ τὸν λόγον τὸν σόν, ἔρωτι δὲ οὐδαμῶς· ἂν «δ᾽ ὑπὲρ τὰ ἐσκαμμένα πηδᾷ, τυραννὶς τὸ πρᾶγμα· ἂν «καταδυναστεύσας πολλάκις ἐκράτησε παρ᾽ ἡμῖν, οὐ «νόμος τὸ σπάνιον, ἡ γάρ τοι τοῦ ζωγράφου γραφὶς «Ἑρμοῦ μοι ἀκόντιον· ὅλη κατεστομωμένη τοῖς ἐκ «τῶν γεγραμμένων προβλήμασιν.» Ἐγὼ δὲ πρὸς τὸν Κρατισθένην· «Ἀλλ᾽ αὐταῖς σοι ταῖς τῶν χρωμάτων «βαφαῖς ἐκθηλυνθήσεται τὸ ἀκόντιον· Ἔρως γὰρ «προσγέγραπται βασιλεύς, καὶ πᾶσα φύσις ἀνδρῶν «ὡς δούλη παρίσταται, ἄνδρες δὲ πάντως καὶ οἷς «τοὺς καιροὺς ὁ γραφεὺς μεθηρμόσατο· εἰ γοῦν τὸ «πᾶν καὶ καθόλου δουλοῦται τῷ Ἔρωτι, πῶς τὸ με-«ρικὸν εὐφυγῇ τὴν δούλωσιν; Εἰ δὲ καὶ τὸν σχῆμα «καιροῦ καὶ διάστημα ἐξ ἡμέρας καὶ νυκτὸς ὡς ἐξ «ὕλης τὴν σύστασιν ἔσχηκεν, αὗται δὲ δουλοῦνται «κατὰ τὴν γραφὴν καὶ τὸ σὸν μυσταγώγημα, εὔδη-«λον ὡς καὶ τὸ ἐκ τούτων καὶ δι᾽ αὐτῶν καὶ ὅλον ἐν «ὕλαις αὐταῖς οὐκ ἀποφύγῃ τὴν δούλωσιν, ἀλλ᾽ ἄκον «συνδουλαγωγηθήσεται.» Ταῦτ᾽ εἶπον, καὶ τὸν Κρατισθένην εὐθὺς κατεφίλησα, «Νικῶ σε, λέγων, «Κρατίσθενες.» Ὁ δ᾽· «Ἔστω, νενίκηκας· γενώμεθα «περὶ τὸ δωμάτιον.»

21. Καὶ γεγονότες ἀνακεκλίμεθα. Καί τις ψόφος περὶ τὸν κῆπον γενόμενος, τῆς κλίνης μ᾽ ἀνέπασε· καὶ περὶ τὸ φρέαρ τὴν Ὑσμίνην ὁρῶ, πρὸς ἣν κατεπέτασα, καὶ τοῦ ποδὸς ἐμνήσθην τοῦ Ἔρωτος, ὅτι μὴ κατ᾽ ἄν-θρωπον ἦν, ἀλλ᾽ ὅλον πτερόν· καὶ τὸν ζωγράφον τῆς γραφῆς ἐμακάριζα· Ἔρως γὰρ καὶ τοῖς ἐμοῖς τούτοις πόδας ἐπτέρωσε· καὶ μηδὲν αἰδεσθεὶς ὅλαις χερσὶ τὴν κόρην κατεφίλησα κατασχών. Ἡ δ᾽ ἐξ αἰδοῦς καὶ θάμ-βους, «Τί πάσχεις;» ἀνέκραξε. Ἐγὼ δ᾽, «Οὐδέν, εἶ-πον, ἄλλο πλὴν ἐπιχέω τὴν πικρὰν κύτραν καὶ γλυ-«κυτάτην μοι πάθησιν. Καὶ πάλιν κατεφίλουν αὐ-τήν, καὶ πάλιν ξυνέσφιγγον, καὶ ὅλην εἷλκον πρὸς ἐμαυτόν, καὶ πρὸς τὴν ψυχὴν μετεβίβαζον, καὶ τοῖς δακτύλοις κατέθλιβον, καὶ ὅλην κατέδακνον, καὶ ὅλην ἀνεβρόφων τοῖς χείλεσι, καὶ ὅλος ὅλην ὡς κιττὸς ξυν-εῖχον κυπάρισσον· ξυνεπλεκόμην τῇ κόρῃ, ξυνερριζού-μην αὐτῇ, καὶ τὴν φύσιν ἐζήτουν κοινώσασθαι, καὶ

EUMATH.

EUMATHII LIB. IV.

naturas transformat et transmutat. Me autem Cratisthe-nes lecto surgens in cubiculum reluctantem trahit dicens: Nox venit et dulci juvat indulgere sopori.

20. «Mi Cratisthenes, subjeci ego, ecce modo picturas «illas omnes oculis arbitrati sumus; inspectas etiam in-«scriptiones illis adaptavimus, et hiemi quidem ac æstati «verique et cæteris anni tempestatibus definitum proprium «tempus fuit; Amor vero neque pictus est, neque ullum «illi tempus hæc pictura tribuit; quia profecto omni tem-«pori convenit.» Tunc Cratisthenes, «Te labris tuis «fortiter irretitum teneo atque omnino secundum ea, quæ «proposuisti, vinco; ecce enim picturam, nec aspernandum «pictorem; æstati, hiemi ac veri suum tempus additum «est secundum picturam et ratiocinationem tuam, amori «vero nullum; nam si ultra fossam limitem salit, tyrannis «est: quod si nos sæpiuscule oppressos subegit, ex his, «quæ raro accidere solent, jura non constituuntur; mihi «enim certe pictoris stylus Mercurii jaculum est; omnem «ab illis, quæ in hac proposuit, aciem suam habet.» Ego vero, «Sed tibi tamen, inquam, hujus jaculi vis «iisdem ipsis picturis hebescet: Amor enim rex pingitur, «cujus ad obsequium omnis hominum natura parata «adest; at illi, quibus tempora pictor attribuit, homi-«nes sunt. Si igitur universa Amori serviunt, quo-«modo singula servitutem effugient? Præterea si tempo-«ris partes et intervalla in dies noctesque divisa ex his «tanquam ex materia componuntur, illæ dies scilicet nox-«que, secundum picturam doctrinamque tuam illi parent, «prorsus liquido patet non futurum esse ut omnia, quæ «ex illis, per illas aut in illis totis sunt, servitutem ef-«fugiant, sed etiam invita servitutis consortium subeant. Hæc effatus Cratisthenem amplexus sum: «Vici te, mi «Cratisthenes,» inquam. «Esto, infit, vicisti; sed in «cubiculum pergamus.»

21. Statimque cubiculo et lectulo redditi sumus. Ortus interea strepitus in horto, strato me excussit; Hysminen-que fonti vicinam intuens, ad eam advolavi et Amoris pedum, quos non hominum instar, sed alatos habet, recordatus sum, pictorisque industriam laudavi: nam et pedibus meis Amor addidit alas, confestimque deposito pu-dore ambabus puellam detinens suaviari occœpi. Illa præ pudore, metuque ac admiratione, «Ecquid caussaris,» exclamat? «Nihil, inquam, præter amarum et dulcissi-«mum Amoris morbum.» Rursusque constrictam attrahe-bam et me et velut animæ in partem deducebam et premebam digitis, totamque mordebam et totam labiis sorbillabam, totusque totam ut hedera cupressum cir-cumcingebam, conjungebar puellæ, iisdem cum ea ra-dicibus adhærebam, imo hoc mihi erat in votis, proprias

ἤθελον ὅλην καταφαγεῖν, καὶ ὅλην αὐτὴν κατερεύγεσθαι· ὅλην ἦγον περὶ τὸ χεῖλος, καὶ ὡς ἐκ σίμβλου τοῦ χείλους τῆς κόρης μέλι γλυκάζον ἐτρύγων τοῖς χείλεσιν.

22. Ἡ δέ μοι γενομένη περὶ τὸ στόμα, δάκνει μου τὰ χείλη, καὶ τοὺς ὀδόντας αὐτῆς ὅλους τοῖς ἐμοῖς κατεφύτευσε χείλεσι· καί μοι περὶ τὴν ψυχὴν ἐβλάστησαν ἔρωτες, καὶ γιγάντων παλαμναιότεροι. Ἐγὼ δ' ἀλγήσας, ξυνέσχον αὐτὰ, καὶ οἷον ἐστέναξα· ἡ δ', « Ἡσμίνη, 10 « σᾶς τὰ χείλη; φησίν· ἀλλ' ἤλγησα κἀγὼ τὴν ψυχήν, « ὅτε μου ταῦτα καὶ σὺ τὸν ἔρωτα προπετῶς ἐπὶ τῆς « τοῦ πατρὸς τραπέζης ἐξεφαυλίσατε. « Καὶ πρὸς τὴν κόρην ἐγώ· « Ἰδού μοι τἄλλα τῶν μελῶν καὶ θλιβέ « σθωσαν· τὰ δέ μοι τιμάσθω καθυπουργοῦντά μοι τοῖς 15 « φιλήμασιν. Εἰ δέ μοι κέντρον φέρεις ὡς μέλιττα, καὶ « φυλάττεις τὸ σίμβλον, καὶ πλήττεις τὸν τοῦ μέλιτος « τρυγητήν, ἐγκαρτερήσω τῷ σίμβλῳ, τὸν ἐκ τοῦ κέν- « τρου πόνον ὑφέξω, καὶ τρυγήσω τοῦ μέλιτος· οὐ γάρ « με στερήσει πόνος γλυκύτητος μέλιτος, ὥσπερ οὐδ' 20 « ἄκανθα ῥόδου τοῦ ῥόδου κωλύσει με. » Καὶ πάλιν ἐφίλουν αὐτὴν, καὶ πάλιν ξυνέθλιβον, καί τι δρᾷν ἐπιχείρουν ἐρωτικώτερον. Ἡ δ', « Ἀλλ' οὐκ ἔσται σοι τοῦτο, « νὴ τὴν Ὑσμίνην, » φησίν. Ἐγὼ δ', « Ἀλλ' οὐκ ἀνήσω, « νὴ τὸν Ὑσμινίαν, » ἀντέλεγον.

25 23. Καὶ ἦν ἔρις παρ' ἡμῖν Σωφροσύνης καὶ Ἔρωτος, εἰ μή τις Αἰδὼ τὴν Σωφροσύνην ἐκείνην ἐθέλει καλεῖν· ὁ μὲν γὰρ ὡς ἀπὸ γῆς μοι κρατῆρας ἀνῆπτε πυρός, ἡ δ' ὡς ἐξ οὐρανοῦ τὴν κόρην ἐψέκαζεν· ὁ μὲν ὅλας ἐξεκένου φαρέτρας, ἡ δ' αἰδοῦς τῇ παρθένῳ ἀσπὶς ἑπτα- 30 βόειος· ὁ μέν μοι τὴν ἐν χερσὶ λαμπάδα κατ' ὀφθαλμῶν ἀνῆψεν ἐρωτικῶς, καὶ τὴν φλόγα πρὸς τὴν ψυχὴν μετερρίπιζεν, ἡ δ' ὅλας πηγὰς δακρύων ἐκ τῶν τῆς κόρης ὀφθαλμῶν ἀνεστόμωσεν. Ἀλλ' ὕδωρ Αἰδοῦς Ἔρωτος πῦρ οὐ κατέκλυσεν, ἀλλ' ἤδη στεφανίτης ἐγὼ, καὶ Σωφρο- 35 σύνης Ἔρως ἐκράτησεν ἂν, εἰ μή τις περὶ τὴν πύλην γενόμενος, τῆς δυστυχίας! τὴν Ὑσμίνην ἐξῄτει. Πρὸς δ σφόδρα καταθορυβηθέντες ἡμεῖς, ἀπ' ἀλλήλων ᾠχόμεθα· καὶ ἡ μὲν παρθένος (εἰρήσθω γὰρ καὶ πάλιν· οὕτω γὰρ Σωφροσύνη δοκεῖ καὶ δαίμοσιν) ἐπὶ τῷ 40 φρέατι γέγονε· καὶ ἦν τοῖς περὶ τοῦ φρέατος τὸ στεφάνωμα παρακαθημένη πτηνοῖς, καὶ τούτοις προσπαίζουσα.

24. Ἐγὼ δὲ περὶ τὸ δωμάτιον γεγονὼς, ἀνεκεκλίμην ὕπνου, καὶ ὅλον τὸν ὑπνοῦντα καθυπεκρινόμην σοφῶς, 45 ἐαυτὸν μεταπλάττων ἐξ αἰδοῦς καὶ φόβου καὶ ἔρωτος. Τὸ κηρύκειον ᾐσχυνόμην, τὸν ἐκ δάφνης στέφανον, τὸ ἱερὸν πέδιλον, τὸν σεμνὸν χιτῶνα, καὶ τὰ Διάσια· τὸν Σωσθένην ἐφοδούμην, καὶ τὴν Πανθίαν καὶ ὅλην Αὐλίκωμιν· καὶ μᾶλλον ἐμαυτοῦ τὴν Ὑσμίνην ᾐλέουν ἐξ 50 ἔρωτος. Ὁ δὲ καλὸς Κρατισθένης τῆς κλίνης ἀναστὰς, καὶ περὶ τὸν κῆπον γενόμενος, καὶ μήτε τὴν Ὑσμίνην ἰδὼν, μήτε τινὸς περὶ τὴν οἰκίαν ἀκούσας φωνῆς (ἦν γὰρ πάνθ' ὁρῶν τὰ γινόμενα), πρός με ἦκε λέγων· « Μηδέν σοι τοῦ πλάσματος. » Ἐγὼ δ' ὅλως ἀνέστην

naturæ vices communicare, ardebamque illam totam comedere totamque illam eructare. Ad labra illam admovens, ex labris puellæ tanquam ex alveari mei labra mea colligebant.

22. Illa autem ori meo pariter osculum conlabellans, admorsis labellis dentium vestigia inseruit et plures amores in anima pullularunt gigantibus ipsis crudeliores. Ego autem contraxi labra et suspirium duxi; at illa, « Dolent tibi labella, inquit; sed et mihi animus doluit, « quum amorem meum tu et illa in convivio patris te- « mere fastidistis. » Puellæ autem ego, « Ecce, inquam, « cætera membra mihi premantur; tibi modo labra in « pretio sint quæ mihi oscula ministrant. Si mihi aculeum « fers velut apis, alvearequo custodis, et mellis furem « vulneras, insistam tamen alveari, mellisque ergo spi- « culi dolorem sustinebo et mel colligam; nec enim a « dulcedine mellis me labor arcebit, uti nec a rosa spina « deterrebit. » Et iterum illam suaviabar et iterum comprimebam et ultimi amoris voto obsequi conabar. Illa autem, « Hoc tibi, inquit, per Hysminen non succedet. — Sed nec ego per Hysminiam remittam, » vicissim inquiebam.

23. Ita inter nos certamen ortum est Castitatis et Amoris, nisi quis satius duxerit Castitati Pudoris nomen indere. Ille enim igneos crateras velut ab intimis terræ visceribus accendebat, illa autem deciduo cœlitus rore virginem spargebat; ille totam pharetram vacuam fecit, illa autem virgini septemplicis clypei instar; ille flagrantis tædæ, quam manibus quatiebat, inque oculos, ut Amorem decet, ignem intentabat, flammamque, ut animum incenderet, ventillabat; illa autem lacrymarum fontes ex oculis puellæ recludebat. Neque tamen hæc Pudoris unda Amoris ignem obruit, et jam ego victor coronatus ferebar; jam Pudicitiam superabat Amor, quum quis ad januam, o me infelicem, devenit, qui Hysminen quærebat. Conturbati hoc strepitu ambo ab invicem discessimus, et virgo (ita enim vocetur, quando Castitati diisque sic visum est) ad fontem tetendit, proximaque sedit volucribus quæ fontis coronam decorant, et illis colludens.

24. Ego vero cubiculo redditus cubitum festinus concessi, dormientem probe mentitus, totumque me dissimulans metu, verecundia et amore. Pudebat me propter caduciferi ministerium, lauri coronam, sacrum calceamentum, venerandamque vestem ac Diasia; Sosthenem vero, Panthiam, ac universam Aulicomidem timebam. Hysmines autem præ amore potius quam mei ipsius miseratio incesserat. Verum formosus Cratisthenes lecto surgens in hortum regressus est; quum neque Hysminen vidisset, nec, cujusquam vocem juxta domum intellexisset (singula enim inspexerat), ad me venit dicens : « Frustra dissimulas. »

ὑπότρομος· καὶ ὁ Κρατισθένης· « Τῆς δειλίας τοῦ κήρυ-
« κος ! » Ἐγὼ δ᾽ ὅλως καὶ πάλιν ἥμην ὑπότρομος, καὶ
τὴν Ὑσμίνην ἐζήτουν ἰδεῖν, λέγων· « Ὠλώλειν, Κρα-
τίσθενες. » Καὶ ὁ Κρατισθένης, « Σίγα, φησὶ, καὶ περὶ
τὸν ὕπνον γενώμεθα·

Σοφὸν γάρ ἐστι κἂν κακοῖς ἃ δεῖ φρονεῖν. »

25. Κἀγὼ δ᾽ ἐσίγων μὲν, ἀλλά μου τοὺς ὀφθαλμοὺς
καὶ ὁ ὕπνος ἐμίσησε, καὶ δυσωπούμενος ἐξέφυγε, καὶ
ἤμην ὅλος ἄγρυπνος, ὅλος ὅλας ἀναπλάττων ὑποθέσεις
τῷ λογισμῷ, καὶ τέλος· « Ὡς οὐκέτι τὴν καλὴν Ὑσμί-
« νην καταφιλήσω, οὐκέτι καταθλίψω τοὺς δακτύλους
« ἐρωτικῶς, οὐκέτι κατὰ κιττὸν ξυμπλακήσομαι, οὐ-
« κέτι νέκταρ, ἀλλὰ κόνδυ πικρίας κατακεράσομαι,
« οὐκέτι τρυγήσω τοῦ μέλιτος, οὐκέτι κέντρῳ πληγή-
« σομαι, οὐκέτι ῥοφήσω τὴν κόρην τοῖς χείλεσιν, ἃ
« πάντα σπουδάζον ἐρωτικῶς ἔπαιζον. » Ταῦτ᾽ ἐπλατ-
τόμην ἐς νοῦν, καὶ τὸ δάκρυον κατὰ ποταμοὺς τῶν
ὀφθαλμῶν ἐξεχεῖτό μοι, ὁμοῦ κατακλύσαν τοὺς λογισμοὺς
ἐναπέπνιξε, καὶ καταμεθύσαν μ᾽ εἰς ὕπνον ἀπήγαγεν.

Surrexi pavidus, et iterum Cratisthenes : « O timidum ca-
duceatorem ! » Ego autem, toto rursus corpore trepidans
Hysminen intueri ardebam, dicens : « Perii, Cratisthenes ! »
At ille « : Taceas somno indulgeamus, nam

Vere sapiens est qui vel in malis sapit. »

25. Silui, sed oculos meos et somnus oderat, et reveritus
fugiebat, insomnemque totam noctem ducebam, per varia
consilia animum versans, et denique : « Non deinceps Hys-
« mines oscula libabo, non digitos premam, non hedera-
« ceos intimabo amplexus ; non ultra nectaris poculum,
« sed amaroris praebebitur ; non amplius mel colligam,
« non posthac aculeo pungar, nec labellis puellam sitien-
« ter sorbillabo, quas omnes nequitias serio lusi. » Haec
animus revolvebat, dum lacrymae fluminis instar ex oculis
mihi prorumpentes submersa consilia strangulant meque
inebriantes in quietem flectunt.

ΒΙΒΛΙΟΝ ΠΕΜΠΤΟΝ.

LIBER QUINTUS.

1. Καὶ δή με κατακοιμώμενον ὅλος χορὸς ὀνείρων
περιεστοίχισε, καί μοι ξυνέπαιζε, καὶ μετέπαιζεν ὅσα
παίζουσιν ὄνειροι. Ὁ μέν μοι τὴν Ὑσμίνην ὑπεζωγράφει
ξυμπαίζουσαν, φιλουμένην, φιλοῦσαν, δακνομένην
ἐρωτικῶς, ἀντιδάκνουσαν, ὅλην ξυμπλεκομένην μοι,
καὶ καταπλεκομένην ἐξ ἔρωτος. Ὁ δέ μοι καὶ συνανέ-
κλινε ταύτην, καὶ στρωμνὴν ἐρωτικῶν χαρίτων ὑπέ-
στρωσε, φιλημάτων, γαργαλισμάτων, θλίψεων σαρκῶν,
ξυμπλοκῶν χειλέων, περιπλοκῶν χειρῶν, ποδῶν ἐμ-
πλοκῶν, καὶ τῶν ἄλλων μελῶν. Ὁ δέ τις αὐτῶν ὅλον
βαλανεῖον ἐδημιούργησε, καί μοι τὴν Ὑσμίνην συνέ-
λουσε, καὶ πάσας ἐρωτικῶς ἐξεκένωσε χάριτας· περὶ τὸ
στῆθος τῆς κόρης ὅλον μού μοι τὸ στόμα ξυνέρραψε
τοῖς ὀδοῦσι δάκνον, τοῖς χείλεσιν ἐκμυζῶν, καὶ τῇ
γλώσσῃ μεταβιβάζον εἰς τὴν ψυχὴν τὸν λωτόν· ἃ
πάνθ᾽ ἡ κόρη περὶ τὸν ἐμὸν ἀνατέτραπται τράχηλον
καὶ θέλων παίζειν ἐρωτικῶς, τὸ λουτρὸν ἐξεπύρωσε· καί
με καταδιψήσας, καὶ τεχνικῶς κατακαυματώσας, τοὺς
μαστοὺς τῆς κόρης κρουνούς μοι παρεῖχε γλυκάζοντας·
οὓς τῷ στόματι παραθέμενος, τῆς ψυχῆς μοι τὸ καῦμα
κατέψυχε, ψυχρὰν ἡδονὴν πηγάζων γλυκυτέραν καὶ
νέκταρος· καὶ τέλος ταῖς ἀλλήλων ὠλέναις ἡμᾶς κα-
τεκοίμησεν.

2. Ἄλλος παστάδα κατέπηξε, νυμφοστολήσας ταύτην
λαμπρῶς, καὶ φιλοτίμως νυμφαγωγήσας, καὶ ξυστεφα-
νώσας μοι τὴν Ὑσμίνην μεγαλοπρεπῶς, ξυνεκάθισε,
καὶ τράπεζαν παρετίθετο, καὶ τὸν ὑμέναιον ᾖδε, καὶ

1. Postquam ego quieti concessi, totus somniorum chorus
me circumcinxit ; colludebatque et mutatis in novas ima-
gines formis, ut ludere solent somnia, illudebat. Aliud
mihi Hysminen suppingebat basiatam et basiantem, amatorie-
que morsam et remordentem, totamque me complexam et,
Amore impellente, amplexam. Aliud autem eam mihi ac-
cumbentem fingebat, stratumque substraverat me Amo-
rum lubentiis intextum ; basiis, titillationibus, mutuis
compressionibus corporum, labiorum conjunctionibus, pe-
dum caeterorumque membrorum connexionibus. Aliud
autem balineum fabricavit et lavatum mecum duxit Hys-
minen et omnes Cupidinum venustates ex amoris pharetra
deprompsit ; nam puellae pectori os meum consuit dentibus
mordens labiisque sugens et lingens totum in animum
meum traduxit, quae omnia puella ad cervicem meam
convertebat Hysmine ; mox autem amoris lusus ludens
ecce repente balineum incendit, mihique sitienti et his
artibus conflagrato virginis ubera, suavissimo lacte scatu-
rientia praebuit, confestimque ori admovit frigidissimam
voluptatem ipso nectare dulciorem instillans ; et denique
mutuo ulnarum ambitu alligatos consopivit.

2. Aliud vero geniale lectum compegit Hysminenque
splendide nuptiali mundo exornatam sponsarumque more
ad me ductam et decentissimo coronamine mecum cinctam
juxta me sedentem collocavit. Tum mensam apponit,

τοὺς ἔρωτας ἔπλαττε περὶ τὴν τράπεζαν ὀρχουμένους
καὶ παίζοντας ὅσα παίζουσιν ἔρωτες.

3. Ὁ δέ μοι πλάττει τὸν κῆπον παλαμναιότατος
ὄνειρος, καὶ τὴν Ὑσμίνην εἰσάγει, κἀμὲ τῆς κλίνης
5 ἀνίστησι, καὶ περὶ τὴν κόρην ἐξάγει, καὶ καθυπουρ-
γεῖ μοι τὸν ἔρωτα. Κἀγὼ τὴν παρθένον ἐφέλκομαι τὰ
πρῶτα μὴ θέλουσαν, συνέχω, θλίβω, δάκνω, φιλῶ,
περιπλέκομαι, καί τι δρᾶν ἐθέλων ἐρωτικώ·ερον, οὐ
συνεχωρούμην τῇ κόρῃ, καὶ πρὸς ἔριν μετάγω τὸν
10 ἔρωτα. Καὶ ἐν μέσοις τούτοις ἡ τῆς κόρης μήτηρ ἐφί-
σταται, καὶ τοῦ πλοκάμου λαβομένη τὴν κόρην, ὡς ἐκ
λείας ἐφέλκεται λάφυρον, λοιδοροῦσα τῇ γλώττῃ, καὶ
πλήττουσα τῇ χειρί. Ἐγὼ δ᾽ ὥσπερ κατακεραυνωθεὶς,
ὅλος ἤμην ἐμβρόντητος· ἀλλ᾽ ὁ πάντων ὀνείρων ἀγριώ-
15 τερος ὄνειρος οὔτ᾽ ἐμ᾽ ἀφῆκεν ἀναισθητεῖν, καὶ τὴν τῆς
Πανθίας γλῶσσαν εἰς Τυρσηνικὴν μετεχάλκευσε σάλ-
πιγγα, καταπραγῳδοῦσαν τὰ κατ᾽ ἐμὲ, καὶ καταλοιδο-
ροῦσάν μου τὸ κηρύκειον, « Βαβαὶ τῆς σκηνῆς, τῆς
« ὑποκρίσεως, λέγουσα, Ζεῦ καὶ θεοί· ὁ κῆρυξ, ὁ
20 « παρθένος, ὁ τῆς δάφνης ἐστεφανωμένος, ὁ τὰ Διάσια
« φέρων εἰς Αὐλικώμιδα, ὁ παρ᾽ ἡμῖν ἴσα καὶ θεῷ φιλο-
« τίμως φιλοφρονούμενος, μοιχὸς, ἀκόλαστος, βιαστής,
« δεύτερος Πάρις ἐς Αὐλικώμιδα, κατασυλᾷ μου τὸν
« θησαυρὸν, ἀνορύττει μου τὸ κειμήλιον· ἀλλ᾽ ἔχω σε
25 « λῃστὴν, τὸν τοιχωρύχον, τὸν ἀλιτήριον, τὸν ἀπο-
« συλῶντα τὰ κάλλιστα. Μητέρες ὅσαι παρθενικοὺς
« θησαυροὺς κατορύττεσθε, καὶ περὶ τὴν φυλακὴν
« ἀγρυπνεῖτε τῶν θησαυρῶν, ἰδοὺ τὸν ἐπίβουλον ἔχω,
« τὸν τῷ τῆς δάφνης στεφάνῳ κατακρυπτόμενον, τῷ
30 « σεμνῷ χιτῶνι, τῷ ἱερῷ πεδίλῳ, καὶ τῷ κηρύγματι·
« ὅλην ἐνδεδυμένον τὴν λεοντῆν, ὅλην ὑποπλαττόμενον
« τὴν σκηνήν. Οἷς ὁ γλυκὺς ἀντιπνεύσας τῆς σωφροσύνης
« ζέφυρος, ἐλέγχει τὸν δόλον, ἀπογυμνοῖ τὸ κρυπτόμε-
« νον· καὶ νῦν οὐκέτι κῆρυξ ὁ κῆρυξ, ἀλλ᾽ ἅρπαξ, ἀλλὰ
35 « λῃστὴς, ἀλλὰ τύραννος. Λάϊνον τῷ τυράννῳ τὸν χι-
« τῶνα, γυναῖκες, ἐξυφηνώμεθα· καταζωγραφήσωμεν τὴν
« σκηνήν· τὴν ὑπόκρισιν τεχνουργήσωμεν, καὶ στηλι-
« τεύσωμεν τῷ χιτῶνι τὸν τύραννον, ἵν᾽ ᾖ τοῦτο γυναιξὶ
« κόσμος, παρθενίοις τεῖχος, καὶ στέφανος Αὐλικωμίδος.

40 Τί δ᾽ οὐ γυναῖκες εἶλον Αἰγύπτου τέκνα;

« Πολυμήστωρ δ᾽ οὐκ ἐκ γυναικὸς ἐξεκόπη τοὺς ὀφθαλ-
« μούς; »

4. Ταῦτ᾽ εἶπε, καὶ στρατὸν καθώπλισε γυναικῶν,
καὶ παντελῶς κατεδάχχευσε, καὶ κατ᾽ ἐμῆς σκηνῆς
45 ἐξεστράτευσεν· ἐγὼ δ᾽ ἐξεθαμβήθην ὁρῶν, καὶ πρὸς
τὸν Κρατισθένην ἔλεγον· « Ὀλώλειν, Ὀλώλειν, Κρα-
« τίσθενες! » Ὁ δέ μου τῇ γλώσσῃ καταθορυβηθεὶς ἀνί-
σταται τῆς στρωμνῆς, πλήσσει τῇ χειρί, καὶ τὸν
μὲν ὄνειρον τῆς ψυχῆς, τὸν δ᾽ ὕπνον ἀποσπᾷ μου τῶν
50 ὀφθαλμῶν. Ἐγὼ δ᾽ ἐδόκουν, νὴ τοὺς θεοὺς, ἔτι τὰς γυναῖ-
κας ὁρᾶν, καὶ πρὸς τὸν Κρατισθένην ἔλεγον· « Ἀπολώ-
« λαμεν, ἀπολώλαμεν· Πανθία στρατεύει, γυναῖκες, τὸ
« στράτευμα. Ζεὺς δὲ πρῶτος κατεστρατήγησεν, οὗ τὸ

---

hymenæum canit et Amores fingit circum mensam saltantes omniaque colludentes quæ ludere Amores solent.

3. Aliud autem et illud somniorum scelestissimum mihi hortum effingit in quem Hysminen intromittit meque lecto excitatum ad illam ducens amori meo sedulam operam præstitit. Ego primum virginem invitam attraho, contineo-que et premo et mordeo et basio et circumplector; mox solidiorem auferre voluptatem conabar, sed quia per illam minus licebat, amorem illum in contentionem traduco. Proximat interim puellæ mater, quæ crine prehensam trahens, tanquam raptum ex præda spolium, lingua objurgat, et manibus ferit. Ego autem veluti fulguritus in stuporem attonitus steti; verum illud somniorum omnium sævissimum somnium nec me sensus impotem manere permisit : etenim Panthiæ linguam in Tyrrhenam utique tubam mutavit, quæ fraudem meam manifestam faceret, ac ministerium meum differret. « Papæ, inquiebat illa, quæ scena, quæ dissimulatio ? O Jupiter diique omnes, ecce illum
« castissimum caduceatorem, qui quum Jovis solemnia
« nuntiaturus Aulicomidem venisset a nobis veluti deorum
« aliquis splendide exceptus et habitus, mœchus, luxu-
« riosus virginibus vim infert, alterque Aulicomidi Paris
« thesaurum meum rapit, divitias prædatur; sed teneo
« te latronem, parietum perfossorem, sceleratum, opum
« mearum raptorem. Vos advoco, matres omnes, quæ-
« cumque virginum filiarum custodiam pervigiles obitis,
« ecce teneo insidiatorem, lauri corona, veneranda veste,
« calceoque sacro dissimulatum; en uti leoninam indutus
« histrioniam agit. His autem artibus dulcis castitatis
« zephyrus afflans, dolum arguit et occultam fraudem
« nudat; et jam non caduceator ille caduceator, sed raptor,
« sed latro, sed tyrannus appellandus est. Agite, mu-
« lieres, lapideam tunicam tyranno illi intexentes, tra-
« gœdiam ad vorum exprimamus, callideque histrionis
« agamus partes et tyrannum tunica lapidea indutum in-
« fami columnæ alligemus ut id sit ad mulierum decus,
« virg'nium tutelam, et Aulicomidis perennem gloriam.

An non mulieres filios neci tuos,
Ægypte, tradiderunt,

« et Polymestoris femina oculos eruit ? »

4. His dictis mulierum exercitum armis instruit debacchantemque in caput meum convertit. Ego autem ea visione tremefactus, « Perii, perii, Cratisthenes, » exclamavi. Ille vero hac voce conturbatus lecto exsiliit, meque manu prehendens somnium ex animo, ex oculis soporem excussit. Ego tamen per deos mulieres adhuc intueri existimabam, iterumque, ad Cratisthenem conversus : « Perimus, perii-
« mus, dixi; Panthia feminarum exercitum adversus me
« ducit; sed Jup'ter, cujus ministerium mentitus sum,

« κηρύκειον κατέψευσμαι. » Καὶ ὁ Κρατισθένης· « Ἔτι δοκεῖς ὀνειρώττειν μοι. »

5. Ἐγὼ δὲ πρὸς αὐτόν·

Ἀποπέμπομαι ἔννυχον ὄψιν·

5 καὶ τὰ περὶ τοὺς ὕπνους ἐξηγούμην αὐτῷ, ὅσα μου κατέπαιζον ὄνειροι, ὅσα με κατεγλύκαινον, ὅσα μου πρὸς ἡδονὴν κατεπλάττοντο, καὶ τέλος τὸν κῆπον, τὴν Ὑσμίνην, τὴν σωφροσύνην αὐτῆς, τὴν ἐμὴν βίαν, τὴν ἔριν, καὶ τὴν ἐπὶ τούτοις τῆς Πανθίας ἐπέλευ-
10 σιν, τὸν ἑλκυσμὸν τῆς κόρης, τὴν κατ' ἐμοῦ μηχανήν, τὴν καταδρομήν, τὴν ὕβριν, καὶ ἐπὶ πᾶσι τὸ τῶν γυναικῶν στράτευμα· « πρὸς ὃ δὴ σφόδρα κατα-
« θορυβηθεὶς τὴν ψυχήν, σὲ τὸν καλὸν Κρατισθένην
« μετεπικαλούμην πυκνά· καὶ δέδοικα, μὴ τὸ μέλλον
15 « μοι τὸ δαιμόνιον ἐν ὀνείροις ὑπεζωγράφησεν· εἴθισται
« γὰρ τούτῳ προκηρύσσειν ἐν ὕπνοις τὰ μέλλοντα. »
Καὶ ὁ Κρατισθένης· « Μεθημερινὴ φροντίς ἐστιν ὄνειρος· ταῦτά σοι καθυπέστρεψεν, ὅθ' ὁ περὶ τὴν κλίνην
« ψόφος ὑμᾶς ἀπ' ἀλλήλων διέσπασεν· ἀλλ' ἤδη τὸν
20 « Σωσθένην ὁρῶ πρὸς ἡμᾶς ἐρχόμενον σπουδαιότερον. »
Ἐγὼ δ', « Ὀλώλει, » ὑπεψιθύρισα.

6. Ἧκεν ὁ Σωσθένης, καὶ περὶ τὴν πύλην τοῦ δωματίου γενόμενος, « Ὑσμινία κήρυξ, φησίν, ἰδού σοι
« πᾶσα πόλις Αὐλίκωμις πρὸ πυλῶν· πάντες σε ζητοῦσι
25 « τὸν κήρυκα· τὴν κεφαλὴν στεφανώθητι, τῷ χιτῶνι καὶ
« τῷ πεδίλῳ κατακοσμήθητι, ὅλον περιδύθητι τὸ κηρύ-
« κειον, ἵνα σε καὶ Ποσειδῶν αἰδέσθῇ, καὶ πνεῦμα θύσῃ
« Διὶ μεταγον πρὸς Εὐρυκώμιδα. » Ἐγὼ δ' ἀλλὰ κἂν
ἐδεδοίκειν, κἂν ἔφριττον, κἂν χρωματισμὸν τὰ τοῦ
30 Σωσθένους εἶχον, ἐνεδυσάμην τὸν κήρυκα· καὶ περὶ
τὸν κῆπον γενόμενος, χορὸν ὁρῶ παρθένων οὐκ εὐαρίθμητον, ὃν δὴ πάντα, καὶ χιτῶν ἐκόσμει περικαλλής,
καὶ στέφανος ἐκ δάφνης τὴν παρθενίαν παραδεικνύς·
εἶδον οὖν, καί, νὴ τὸν Ἔρωτα, τοῖς ἔργοις αὐτὴν ὁρῶ
35 ἐδόκουν τὸν ὄνειρον· καὶ μικροῦ δεῖν καὶ αὐτὴν τὴν
ψυχὴν ἀφεφύσησα, εἰ μὴ τὴν Ὑσμίνην εἶδον ἐν μέσῳ
κατὰ σελήνην ἐν ἄστρασι, τἆλλα μὲν κατακεκοσμημένην βασιλικῶς, τὴν δὲ κεφαλὴν ἐκ δάφνης ἐστεφανωμένην παρθενικῶς. Ὅλην τοίνυν ἀτενῶς τὴν κόρην ἰδών,
40 καὶ τὴν κεφαλὴν ὑπεκκλίνας, ὑπέκλεψα τὸ προσκύνημα·
ἡ δέ, καθυποκριθεῖσα τὸν χιτῶνα διακοσμεῖν, ἀντιπροσεκύνησε φανερώτερον, καὶ λίαν ἐρωτικὸν ἐμειδίασε,
καί μου τὴν ψυχὴν ὅλην ἡδονῆς ἐπλήρωσεν ἀρρήτου
καὶ χάριτος, καὶ θάρρους ἐνέπλησεν.

45 7. Ἧκω περὶ τὴν πύλην τοῦ κήπου, καὶ πᾶσαν ὁρῶ
τὴν Αὐλίκωμιν, ποικίλην μοι τὴν προπομπὴν ἐξυφαίνουσαν, ᾠδαῖς, κυμβάλοις, λαμπάσι, πασταῖς, ῥόδοις,
ἄνθεσιν, ὕμνοις, ἀλαλαγαῖς, καὶ πᾶσιν ἄλλοις, ὅσα μὴ
κήρυξιν, ἀλλὰ θεοῖς ἀφωσίωται. Καὶ ἵνα μὴ δοκῶ σοι
50 δοξομανεῖν κατὰ μέρος καταρρητορεύων τῷ λόγῳ τὴν
προπομπήν, οὕτω τὴν καλὴν ἐξῆλθον Αὐλίκωμιν, τὴν
τῆς Ὑσμίνης πατρίδα, τὴν καλλιγύναικα, ὡς Ὀλυμπιονίκης καὶ νικήσας τὸ πένταθλον, καί, ἵνα τἀν μέσῳ
παρῶ, περὶ τὴν ἐμὴν ἥκω Εὐρύκωμιν.

« primus in me agmina instruit. — Tu quidem, inquit Cra-
« tisthenes, adhuc somniare mihi videris. »

5. Ego autem subjeci :

« Discutio ex oculis cæcæ phantasmata noctis ; »

statimque singula, quæ dormienti acciderant, narravi, quibus me luserant somnia, uti inani edulcaverant gaudio, et quæ cætera meæ delectationis causa finxerant; tandemque hortum, Hysminen, ejus castitatem, vim meam, rixam, ultimo Panthiæ adventum, virginis raptationem, quibus machinis, quo impetu, quibus injuriis adorta, et super omnia, qua feminarum acie, « cujus intuitu trepidus formosum Cratisthenem iterumque iterumque appellaveram; ideoque timeo, inquam, ne venturam sortem mihi
« in somniis suppinxerit; sic enim amat ventura prænuntiare » Ad hæc Cratisthenes : « Quæ de luce curavimus,
« ea revocant somnia. Hoc tibi succurrit, ex quo vos in-
« vicem auditus circa januam strepitus divisit. Verum
« ecce Sosthenes, qui ad nos festinus properat. — Perii, »
inquam subsusurrans.

6. Venit Sosthenes et cubiculi januam proximans : « Hys-
« minia caduceator, exclamat, universa Aulicomis limen tuum obsidet, omnes te caduceatorem quærunt. Tu
« modo coronam cinge, sacrum calceamentum, vestemque
« ac cætera caduceatoris ornamenta sume, uti tibi Neptunus
« felices ventorum animas im ttat quæ te Eurycomidem
« reducant. » Ego vero quamvis metuens et trepidans, etsi
etiam Sosthenis verba in speciem ficta suspicio esset, solennia
tamen ministerii indutus, horto me reddidi : statimque innumerum puellarum chorum video, quas exornabat splendidum amicimen, et lauri coronam, virginitatis indicium. Uti
vidi, uti, Amorem testor, somnia mea eventum suum esse
consecuta putavi : itaque pæne animam efflavissem nisi se
meis oculis obtulisset Hysmine puellarum in medio, velut
inter ignes luna minores, regio ornatu, et laureata, uti
virginem decuit. Ego intentis oculis illam intuens inclinatoque leniter capite furtim salutavi ; illa autem vestem
componere simulans, multo apertius me salutavit et amatorium subridens, animum ineffabili voluptate gratiaque et
audacia implevit.

7. Accessi horti januam, totamque Aulicomidem video
multifariam mihi pompam subtexentem cantibus, cymbalis,
lampadibus tapetibus, rosis, floribus, hymnis et acclamationibus cæterisque honoribus prosequentem, qui non
modo caduceatoribus, sed diis ipsis consecrantur. Et ne tibi
gloriæ ad insaniam cupidus videar, si verbis hanc pompam exponere tentaverim. sic, relicta Aulicomide, Hysmines
patria, quæ formosis mulieribus nobilis est, tanquam Olympionices et quinquertio, utque omittam ea quæ interim
gesta sunt, tandem Eurycomidem meam veni.

8. Καὶ πάλιν ἡ πόλις ὀρθὴ, καὶ πάλιν ὄχλος ἐπὶ τὸν κήρυκα, καὶ πάλιν ἔρις ἐν πόλεσι· δοκεῖ γάρ μοι πόλις Εὐρύκωμις, πατρὶς ἐμὴ, πρὸς αὐτὴν ἐρίζειν Αὐλίκωμιν, τὴν τῆς Ὑσμίνης πατρίδα, καὶ μὴ παραχωρεῖν τῶν πρωτείων τῆς προπομπῆς. Οὕτω τοίνυν, οὕτω λαμπρῶς, οὕτω φιλοτίμως, οὕτω βασιλικῶς ἐπ' αὐτὸν βωμὸν ἥκω ξενίου Διός· καί μοι ξυνείπετο πᾶν τὸ ξυνεκπλεῦσαν ἐξ Αὐλικώμιδος. Ἀλλ' ὁμῶς πατὴρ Θεμιστεὺς καὶ μήτηρ Διάντεια ἐν μέσῳ λαμπρῷ θεάτρῳ καὶ μέσοις ὄχλοις περιχυθέντες, περιπτύσσονται, παραπλέκονται, ξυμπλέκονται, τοῖς ἐξ ἡδονῆς με καταβρέχουσι δάκρυσι, καί με περὶ τὸν οἶκον μετάγουσιν.

9. Ἐγὼ δ' ἄλλα τε καὶ τὸν Σωσθένην εἶπον ὅτι με λαμπρῶς μάλα καὶ φιλοτίμως ἐς Αὐλίκωμιν ἐφιλοφρονήσατο. Πείθεταί μου τῷ λόγῳ πατὴρ Θεμιστεύς· καὶ πρὸς αὐτὸν γεγονὼς, « Χαίροις Σώσθενες, « εἶπε, καί σοι χάρις καὶ Ξενίῳ Διΐ τῆς φιλοφρο- « σύνης τοῦ κήρυκος. » Καὶ τοῦτον ξὺν ἡμῖν ἐπὶ τὴν ἡμετέραν οἰκίαν μετήγαγε, ξὺν αὐτῇ Πανθίᾳ, ξὺν Ὑσμίνῃ, καὶ ὅσοι τῇ Σωσθένει πρὸς Εὐρύκωμιν ἐξ Αὐλικώμιδος ξυμπεπλεύκασιν· ἥκομεν οὖν περὶ τὴν οἰκίαν, καὶ τράπεζα παρετίθετο, καὶ ἡμεῖς ξυνανεκλινόμεθα· ἐκ μὲν τοῦ μέρους τῆς· περὶ τὸν κῆπον τραπέζης πλευρᾶς, πατὴρ ἐμὸς Θεμιστεὺς, μήτηρ Διάντεια, καὶ τρίτον ἐγώ. ὅλον ἀποθέμενος τὸ κηρύκειον· ἐκ θατέρου δὲ Σωσθένης πατὴρ Ὑσμίνης, Πανθία μήτηρ· μετὰ δὲ τὴν μητέρα τὴν Ὑσμίνην ἡ τάξις ἐκάθισεν· ἐγὼ γοῦν κατ' ἐμαυτὸν τὴν τάξιν ἐπῄνεσα, καὶ ταύτης ἐμαυτὸν ἐμακάρισα, τὸ πρᾶγμα χρίνας οἰωνῶν αἰσιώτατον, καὶ ἀπ' αὐτῆς, ὅ φασι, γραμμῆς εὐτυχεῖν ἐδόκουν τὸν ἔρωτα.

10. Ποτοῦ γοῦν ἐκάλει καιρὸς, καὶ παρὰ Σωσθένει καὶ Θεμιστεῖ, πατράσιν ἡμῶν, ὑπέπαιζεν ἔρις μικρὸν, οὐχ ὡς παίζουσιν ἔριδες, ἀλλ' ὡς οἶδε παίζειν ἐν ᾗ ῥοῦσι φρόνησις. Προπίνει γοῦν Σωσθένης ἡττώμενος, καὶ Θεμιστεὺς νικῶν μετ' αὐτόν· νίκη γὰρ παρ' αὐτοῖς, ἡ παραφρονοῦσιν ἧττα λογίζεται, καὶ μετ' αὐτοὺς αἱ γυναῖκες τιμῶσαι σιγὴν, ὅτι καὶ κόσμος ταῖς γυναιξὶ τὸ σιγᾶν. Μετὰ γοῦν τὴν Πανθίαν καὶ τὴν ἐμὴν μητέρα Διάντειαν, ἧκε φέρων ἐπ' ἐμὲ Κρατισθένης τὸ ἔκπωμα· τούτῳ γὰρ ὁ πατὴρ οἰνοχοεῖν ἐγκελεύεται. Ἐγὼ δὲ λαβὼν, μικρὸν ἐξερρόφησα· εἶθ' ὡς ἐκ μεταμέλου πρὸς τὸν δόντα ἀντιδέδωκα, καταλοιδορήσας αὐτῷ τῆς ἀταξίας καὶ τῆς εὐταξίας συγχύσεως· ἡ γὰρ τάξις τῇ κατὰ μέτωπον μου παρθένῳ προπιεῖν ἐγχρίσαιο. Ὁ δὲ πεισθεὶς πρὸς αὐτὴν ἐκόμισε τὸ ποτήριον· ἡ δ' ὅλαις ταῖς χερσὶν ὑπεδέξατο, κἂν ὡς παρθένος ἄκροις δακτύλοις ἐδέξατο· καὶ τὸν νοῦν ὅλον καταλαβοῦσα τοῦ δράματος, εὐχαριστεῖ μοι τῷ σχήματι, μικρὸν τὴν κεφαλὴν ἐρωτικῶς ὑποκλίνασα, οἷον κυπάριττος ἀνεμουμένη μικρὸν ἐξ εὐκραοῦς ζεφύρου λεπτόν· καὶ ἦν σχῆμα χαρίτων μεστὸν καὶ εἴδωλον Ἔρωτος. Οὕτως ἐκοινούμεθα τὸ ποτήριον, καὶ ἦμεν ὅλοι ξυμπίνοντες, καὶ λίαν ἐρωτικῶς καταπίνοντες· οὕτω τὰ χείλη παραδό-

8. Tum vero rursus arrecta civitas, et rursus populi frequentis turba caduceatori obviam occurrit, rursusque civitatibus rivalitas: nam patria mea, Eurycomis, cum Aulicomide, Hysmines patria, certabat, primas comitatus et pompae cedere nescia. Ita igitur splendide honorificeque et regaliter ad Jovis hospitalis aram deductus sum, insequentibus omnibus qui mecum navigaverant. Themisteus autem pater et Diantea mater medio in theatri splendore mediaque in turba in amplexus osculaque et complexus effusi, me promicantibus gaudio lacrymis madefacientes domum deduxerunt.

9. Ego inter alia, quam magnifice Sosthenes exceptum me Aulicomide habuisset, patri recitavi. Obsequitur meis verbis pater Themisteus et illum accedens, « Salvus sis, « inquit, Sosthenes; nos tibi gratiam et Jovi Hospitali habe- « mus comitatis quæ caduceatorem excepisti. » Atque e vestigio eum nobiscum domum nostram succedere voluit una cum Panthia Hysmineque et omnibus qui cum Sosthene ex Aulicomide Eurycomidem navigaverant. Ingressis statim apposita est mensa; et nos accubuimus, ex ea quidem parte qua in hortum prospectus erat. Themisteus, pater meus, ac Diantea mater, egoque depositis caduceatoris insignibus; ex adverso Sosthenes Hysmines pater, Diantea mater, ac post matrem Hysmine. Laudavi ordinem convivii tacitus, inque felicitatis parte posui, et fausti ominis loco accepi, ab ipsa, uti vulgo dicitur, linea faventiam amoris expertus.

10. Bibendi tempus erat; jamque patres nostri Sosthenes ac Themisteus placide contendebant, non autem ut contendunt rixatores, sed qua decet prudentia senes. Victus Sosthenes primus bibit, ab illo Themisteus victor, vincere enim apud sapientes quod apud insipientes cedere est; ab illis mulieres, sed cum silentio, silere enim mulieribus est decori et ornamento. Ad me tandem Cratisthenes venit: illum enim pater vinum præbere jusserat. Ego accepti poculi tantillum sorbillans, mox veluti pœnituisset, præbenti reddidi, etiam increpans, quod imposite ordinem convivii turbasset: etenim virgo, quæ mihi adversa sedebat, prima, ordine favente, bibere debuit. Persuasus Cratisthenes puellæ calicem ingerit; illa autem confestim ambabus suscipiens, quamvis, ut virginem decet, summis digitis accipiens, subitoque rei gestæ consilium assequuta, gestu gratiam habuit, summisso paulum, ex amantium more, capite, veluti cupressus, quæ blando zephyrorum flatu leviter agitatur: tot gestus ille Veneres exhibuit; visusque mihi est merum amoris exemplar. Ita communis poculi participes eramus prorsusque combibentes, et amatorie admodum ebibentes. Ita labia præter

ξως ἀνακεκράμεθα, ὅλον ἐρώτων ἐρατὸν ὀπὸν ἀμελγό-
μενοι, καὶ ὅλοις ἀλλήλους τοῖς ὀφθαλμοῖς μεθέλκοντες
ἐπὶ τὰς ψυχάς.

11. Ποτοῦ καὶ πάλιν καιρός· καὶ πάλιν Κρατισθένης
5 κιρνᾷ· καὶ πάλιν Σωσθένης προπίνει, καὶ μετ' αὐτὸν
ὁ πατήρ, καὶ Πανθία ξυνήθως καὶ μήτηρ Διάντεια·
καὶ μετ' αὐτὴν Ὑσμίνη παρθένος ἔρωτος πνέουσα· ἡ
δὲ κατὰ παρθένον ἄκροις δακτύλοις δεξαμένη τὸ ἔκ-
πωμα, καὶ τοῖς χείλεσι παρθενικῶς προσεγγίσασα, καὶ
10 μόνον γευσαμένη τοῦ πόματος, καὶ ὅλον ἀντιδέδωκε τὸ
ποτήριον, παρθενικῆς αἰδοῦς καθυπουργησάσης τῷ πλά-
σματι. Καὶ πρὸς τὸν Κρατισθένην ἐγὼ (οὐδὲ γὰρ οὐδ'
ἐμὲ τὸ πλάσμα διέλαθεν, ὅλην ἀτενῶς ὁρῶντα τὴν
κόρην, ὅλην εἰκονίζοντα κατὰ νοῦν, καὶ ὅλην ἀναπλατ-
15 τόμενον· ἐμὲ δ' ἐξεπύρωσε τὸ κηρύκειον, καὶ διψηλό-
τατον ἔθηκε)· « Καί μοι παράσχου τὸ ἔκπωμα. » Ὁ
δὲ (ἀλλὰ τί γὰρ ἄλλο ποιεῖν ἔμελλε;) παρετίθετο·
καὶ, νὴ τὸν Ἔρωτα, τὴν κόρην ἐδόκουν πίνειν αὐ-
τήν· τὰ χείλη ταύτης κατεφίλουν ἐρωτικῶς, καὶ φι-
20 λῶν ὑπέκλεπτον τὰ φιλήματα· ὑπηρέτην εἶχον τὸ
ἔκπωμα, τῆς ἐμῆς φίλης. Ὑσμίνης τὰ χείλη διακομί-
ζον μοι. Ἐξερρόφουν τοῦ πόματος· καὶ, νὴ τοὺς θεοὺς,
τοιοῦτον εἰς αὐτὴν κατέρρει μου τὴν ψυχὴν, οἷον ἐν
ὀνείροις ἀπὸ μαστῶν ἐξερρόφησα· καὶ περιεργότερον
25 ὅλον ἔβλεπον τὸ ποτήριον, μή τι τοῦ χείλους τῆς κό-
ρης τῷ χείλει τοῦ ποτηρίου κεκόλληται. Ἡ δ' ὁρῶσά
μου καὶ τὸ σχῆμα καὶ τὸ βλέμμα καὶ τὴν μεθ' ἡδονῆς
τοῦ πόματος ἀναρρόφησιν, ἐρωτικῶς ἐμειδίασε· καὶ
Χάριτας ὅλας ὡς ἐν κατόπτροις ὑπεζωγράφησε τοῖς
30 ὀφθαλμοῖς, καὶ ὅλον τὸν Ἔρωτα.

12. Μετὰ γοῦν δὴ πολυτελεῖς τὰς τροφὰς, αἷς μέχρι
χειρὸς καὶ στόματος ἐνετρύφων (ὀφθαλμοὺς γάρ μοι
καὶ ὅσον αἰσθητικώτερον ἡ παρθένος ἔρωτι ἐξωνήσατο,
καὶ ταύτῃ δουλεύουσιν), ὁ Κρατισθένης καὶ πάλιν
35 ἐπὶ τῷ λειτουργήματι, καὶ μετὰ πατέρας καὶ μητέρας
ἡμῶν ἐπὶ τὴν κόρην ἧκε κιρνῶν· ἡ δ' ἀλλὰ καὶ πάλιν
μικρὸν ἐκροφήσασα, πρὸς τὴν μητέρα φησὶ παρθενικῇ
τῇ φωνῇ, καὶ οἷαν ἐκ ζεφύρου πίτυς ὑπεψιθύρισεν ἂν·
« Μῆτερ, οὐκ ἐθέλω πιεῖν, » Ἡ δὲ Πανθία πρὸν τὸν
40 Κρατισθένην φησί· « Τέκνον, λαβοῦ τὸ ποτήριον. » Ὁ δ' ἐκ
τῶν χειρῶν τῆς κόρης ἀνελόμενος, ταῖς ἐμαῖς παραστί-
θησιν· ἐγὼ δὲ πάλιν ἐδόκουν ὅλην τὴν κόρην λαβεῖν, καὶ
ὅλην αὐτὴν ἐκροφᾶν· καὶ εἶχον τὸ ἔκπωμα φιλημάτων
γέμον, καὶ διακομίζον φιλήματα, καὶ κατεφίλησα τὰ
45 φιλήματα. Καὶ ἦν μοι νέκταρ τὸ πόμα, οἷον Ἀφ-
ροδίτη κιρνᾷ, καὶ πίνουσιν Ἔρωτες, τὸ δ' ἔκπωμα κά-
τοπτρον, ὅλην αὐτὴν τὴν κόρην σὺν αὐταῖς χάρισι,
σὺν αὐταῖς ἡδοναῖς μεταβιδάζον μου περὶ τὴν ψυχήν.

13. Καὶ μετὰ πολυτελεῖς τὰς τροφὰς, καὶ πόσεις,
50 καὶ τἄλλ' ὁπόσα κοσμοῦσι ξυμπόσια, κατελύετο τὸ
συμπόσιον· καὶ πατὴρ ἐμὸς Θεμιστεὺς καὶ μήτηρ Διάν-
τεια Σωσθένην καὶ Πανθίαν καὶ τὴν καλὴν Ὑσμίνην
ἐπὶ τὸ δωμάτιον ἄγουσιν, ὃ τούτοις ἀφώριστο· καὶ
οὕτως ἀπ' ἀλλήλων ᾠχόμεθα, μητρὸς ἐμῆς Διαντείας

solitum miscebantur, dulces amorum succos exsugentes,
totosque nos mutuis obtutibus invicem in animas admi-
simus.

11. Iterum bibendi tempus et iterum Cratisthenes mi-
scet; et iterum primus Sosthenes bibit, mox pater ac Pan-
thia de more et Diantea mater ; demum Hysmine acceptum
summis digitis, virginum more, poculum labris verecunde
admovit, vixque degustatum plenum reddidit, solito vir-
ginum pudore ad dissimulationem usa. Et ego ad Cra-
tisthenem conversus (namque me non latuerat figmentum,
qui defixis oculis puellam intuebar, illiusque imaginem
in animo effingebam, illamque totam plasmabam; quem-
que caduceatoris ministerium exusserat et valde siticulo-
sum fecerat) : « Tu mihi poculum ministra. » Ille autem
(quid enim egisset?) illud præbet et, Amorem testor,
puellam ipsam mihi dat bibendam, ejusque labella
amatorio osculo basio et basians oscula subfuror, calicem
ministrum nactus qui carissimæ Hysmines labia deferret.
Itaque poculum exsorbui et, per deos, tale quid animum
affecit quale in somnis ex mammis ejus exsorbueram ; et
curiosius inquirebam, si poculi labro impressa labello-
rum vestigia manerent. Illa gestum adspectumque et vini
cum voluptate haustum contemplata amatorie subrisit,
Gratiasque omnes ac ipsum Amorem oculis tanquam in
speculo ad vivum expressit.

12. Post igitur sumptuosas ciborum cupedias, quibus
ore manuque indulsi (oculos enim et cætera corporis
membra acutiori sensu prædita, Amore velut empta sibi-
que in servitutem asserta habebat puella), iterum Cratis-
thenes bibere ministrat et post patres matresque puellæ
accedens vinum præbuit; illa autem iterum aliquan-
tulum exsorbuit et ad matrem conversa virginali voce et
haud secus ac si, spirante zephyro, pinus submurmurasset,
« Mater, bibere nolo, » inquit. Panthia vero Cratisthenem
alloquens, « Mi fili, accipe poculum, » ait. Ille autem
exceptum e manibus puellæ meis tradidit ; ego vero to-
tam accipere puellam rebar totamque exsorbere ; et certe
plenum basiorum poculum nactus basia ad me traduxi ,
ipsisque labiorum vestigiis os applicui. Nempe mihi vi-
num nectar erat, sed quale Venus miscere et Cupidines
bibere amant; poculum vero speculi loco fuit, quod puel-
lam cum ipsis gratiis cumque voluptatibus ipsis in animam
deferebat.

13. Postquam sumptuosis exempta fames epulis et
poculis cæterisque omnibus quæ convivia exornant, con-
vivio finis impositus est; et pater meus Themisteus ac
mater Diantea, Sosthenem, Panthiam ac formosam Hys-
minen ad cubiculum quod illis destinatum fuerat duxerunt
sicque invicem discessimus; prius tamen Diantea mater

περιπλακείσης τῇ κόρῃ, καὶ φιλημάτων πληρωσάσης τὸ πρόσωπον. Ἐγὼ δ' ἀλλ' ἐφθόνουν τὴν μητέρα, καὶ, νὴ τοὺς θεούς, τὴν φύσιν ἐζήτουν ἀλλάξασθαι· ἐπεὶ δὲ τοῦτο μὴ παρῆν, τὰ χείλη τῆς μητρὸς κατεφίλησα κατάφιλῶν τεχνικῶς τῆς κόρης τὸ πρόσωπον, καὶ εἶχον τὴν μητέρα καθυπουργοῦσαν εἰς ἔρωτα, μετακομίζουσάν μοι φιλήματα. Περὶ μὲν οὖν δὴ πατρὸς ἐμοῦ καὶ μητρὸς ἀκριβῶς οὐκ οἶδα πῶς περὶ τὴν παρθένον εἶχον, καὶ πῶς αὐτῆς ἀπηλλάττοντο· ἐγὼ δὲ μόνοις ἀπεσπώμην ποσί· τὴν γάρ μοι ψυχὴν καὶ ὀφθαλμοὺς καὶ τὸν νοῦν ὡς παρακαταθήκην ἀφῆκα τῇ κόρῃ, καὶ οἷον ἐγέγγυον.

14. Καὶ περὶ τὴν κλίνην γενόμενος μυρίοις κατετυραννούμην τοῖς λογισμοῖς, τὴν ψυχὴν ἐπολιορκούμην, καὶ τῶν ὀφθαλμῶν ἡρπαζόμην τὸν ὕπνον, ὡς λάφυρον· Τὴν Αὐλικώμιν τῆς φιλοξενίας ἐθαύμαζον, ἣ καὶ μέχρι ποδῶν ἐπεκτείνει τὸ ξένιον· « Παρ' ἡμῖν δ' οὐδὲ μέχρι « χειρῶν, οἷς βωμὸς Ξενίου Διός, οἷς ἑορτὴ τὰ Διά- « σια· ἵνα τί γὰρ μὴ κἀγὼ πλύνω τοὺς πόδας τῆς « κόρης, ὡς αὐτὴ τοὺς ἐμοὺς φιλοτίμως κατέπλυνεν; « ἵνα τί μὴ κατ' ἐκείνην φιλήσω κἀγώ, καὶ θλίψω, « καὶ καταμαλθακίσω ταύτην ἐρωτικῶς, ὅσα με τότε « κατεμαλθάκισεν; » Οὕτω κατετυραννούμην ἐξ ἔρωτος, καὶ τὸ πολὺ τῆς νυκτὸς λογισμοῖς παρεμέτρου μὴν ἐρωτικοῖς· καὶ ὕπνον εἶχον καὶ ἡδονὴν τὸ περὶ τὴν κόρην διασκοπεῖν ἀγρύπνως. Ἀλλ' ὁ Κόπος εἰς ὕπνον ἀνθεῖλκε τοὺς ὀφθαλμούς, καὶ ἦν ἀγὼν παρ' ἐμοὶ καὶ Κόπου καὶ Ἔρωτος, οἱ δ' ὀφθαλμοί μου μέσον ὡς πόλις πολιορκουμένη. Ὁ μὲν οὖν βαρὺς Κόπος τὸν ὕπνον ὡς ἐκ μηχανῆς τινος ἐπὶ τοὺς ὀφθαλμοὺς ἠκροβόλιζεν· ὁ δ' Ἔρως τοῖς ἀλλεπαλλήλοις τῶν ἐννοιῶν ὅλους καταφραξάμενός μου τοὺς ὀφθαλμούς, πρὸς τοὺς ἀκροβολισμοὺς ἀπεμάχετο, καὶ Κόπος μετὰ πολλὰς κονίστρας ἐκράτησε, καὶ τὴν νίκην ὑπέκλεψεν, ὡς ἐξ ὀπῆς τινος ὕπνον λεπτὸν τοῖς ὀφθαλμοῖς ἐμβαλών.

15. Περὶ δὲ τὴν τρίτην φυλακὴν τῆς νυκτὸς πατὴρ ἐμὸς Θεμιστεὺς καὶ μήτηρ Διάντεια σὺν Σωσθένει καὶ Πανθίᾳ, καὶ ταῖς ἄλλαις ὅσαι τούτοις ἐξ Αὐλικωμίδος εἴποντο, περὶ τὸν βωμὸν σὺν αὐτοῖς ἐγένοντο θύμασι, θύσοντες Σωτῆρι Διΐ, καὶ τὰ πρόσφορα λειτουργήσοντες· Ὑσμίνη δὲ μόνη περὶ τὸ δωμάτιον καταλέλειπται, ὅτι μηδὲ προσῆκον παρθένοις ἀνδρῶν ἐναντίον χωρεῖν. Ἐγὼ δ' (οὐδὲ γὰρ ἠγνόησα τὸ γινόμενον) περὶ τὴν κλίνην ἐγενόμην τῆς κόρης εὐθύς, καὶ κοιμωμένην αὐτὴν κατεφίλησα. Ἡ δὲ ἐκπλαγεῖσα τῷ παραδόξῳ τοῦ πράγματος, τῆς στρωμνῆς ἀνεπήδησε, « Βαβαὶ τοῦ « θαύματος! » λέγουσα. Κἀγὼ ξυνέσχον εἰπών· « Μὴ « δείδιθι, δέσποινα· Ὑσμινίας ἐγώ· » καὶ λέγων ἐφίλησα. Ἡ δ', « Ἀλλὰ ποῦ μοι πατὴρ καὶ μήτηρ, » ἐζήτει μαθεῖν· ἐγὼ δ', « Εἰς βωμὸν Ξενίου Διός· ὡς θύσωσιν, « εἴρηκα, ἡμεῖς δὲ οὐ θύσομεν Ἔρωτι; θύσωμεν πάν- « τως καὶ παρθενίαν αὐτήν, καὶ ὅλους αὐτούς· » καὶ περιπλακεὶς τὴν κόρην, καὶ ταύτην καταφιλῶν ἀνεκλίθην ἐρωτικῶς.

mea, virginem amplexa erat et vultum ejus repleverat osculis. Ego autem invidebam matri et, per deos, virile secus in muliebre commutare praeoptavi; sed cum spes decoraret, matris labia suaviatus, puellae vultum per fraudem osculabar; sic amori meo mater inserviebat, sic Hysmines ad me basia deferebat. Cæterum quo adversus virginem animo pater materque se habuerint et ab illa discesserint, certo non novi; ego vero solum inde pedibus abstractus, animum, mentem oculosque veluti in deposito, aut idonei fidejussoris loco reliqui.

14. Tunc lecto compositus innumeris cogitationibus cruciabar, obsidebatur mens et ob oculos somnus quasi praeda rapiebatur. Mirabar Aulicomidis summam erga hospites reverentiam quam ad pedes usque extendit : « Apud nos, in « quiebam, quibus et Jovis Hospitalis ara et Diasia festum « est , nec ad manus usque; cur enim puellae pedes , ut illa « meos, honoris ergo non lavabo? cur non osculabor, ut « osculata est? cur non leviter premam? cur molliter, ut « amantem decet, non fovebo? » Ita gravem dominum Amorem expertus, maximam noctis partem, his amatoriis cogitationibus occupatus, insomnem perduxi, mihique somnus ac voluptas vigilanti fuit de virgine cogitare. Oculos tamen Fatigatio in somnum trahebat, adeoque Amoris ac Fatigationis certamen erat, oculis interim obsessae civitatis ad instar in medio stantibus. Tandem, velut ex machina, somnum in oculos gravis. Fatigatio ejaculata est; verum Amor alternis curarum motibus marcidis succurreus luminibus, velitationes istas cohibuit, donec Fatigatio, post ingens certamen, superior discessit et, victoriam dissimulans, quasi ex apertura quadam tenuem somni nebulam oculis injecit.

15. Circa tertiam ferme vigiliam noctis pater meus Themisteus ac Diantea mater cum Sosthene ac Panthia, cæterisque qui cum illis Aulicomide venerant, ad Jovis aram profecti sunt victimas ducentes, scilicet Jovi Salutari rem facturi, meritisque honoribus illum colere parati; sola autem Hysmine, quoniam virgines in conspectum hominum prodire indecorum est, in cubiculo relinquitur. Ego vero (neque enim hoc me fugiebat) statim ad virginis lectulum accurrens, dormienti suavium impressi. Exsiluit attonita rei miraculo Hysmine, « Papæ! » exclamans. Sed ego illam continui dicens : « Nihil timeas, domina, Hysminias ego « sum, » et cum dicto iterum basium pepigi. Illa autem de patre ac matre, ubinam essent, quaesivit. « Sacrifica- « turi, inquiebam, ad Jovis hospitalis aram properant, nos « Amori non sacrificabimus? immo vero, pudoremque « nostrum et nosmet ipsos. » Confestimque virginis in amplexum effusus amatorie oscula collabellavi.

16. Ἡ δ' ἀντεφίλει μὲν, ἀλλ' ὡς παρθένος ἐξ αἰδοῦς ὑπέκλεπτε τὰ φιλήματα. Ἐγὼ δ' ἐφίλουν ἐρωτικώτερον, καὶ τοῖς ὀδοῦσι δάκνων, τροφὴν ἐτρεφόμην ἐρωτικὴν, οἵαν Ἀφροδίτη τοῖς ἐρασταῖς παρατίθεται. Ἡ δ' ὑπεστέναζε λεπτὸν ἀφροδίσιον, καὶ τὸ λεπτὸν ἐρωτικὸν ὑποστέναγμα ὅλην ἡδονὴν ἐς αὐτήν μοι μέσην ἐστάλαζε τὴν ψυχήν. Ὅλην ἀνεπλεκόμην τὴν κόρην, ὡς ἄμπελον, καὶ τοὺς ὀμφακίζοντας τῶν βοτρύων ἐκθλίβων τῷ στόματι, νέκταρ ἐξερρόφουν τοῖς χείλεσιν, οἷον ἀποθλίβουσιν ἔρωτες· καὶ τοῖς δακτύλοις ἀπέθλιβον, καὶ τοῖς χείλεσιν ἔπινον, ἵνα τὸ πᾶν ὡς εἰς πίθον, ψυχὴν τὴν ἐμὴν, ἐκθλιβῇ μοι τοῦ νέκταρος· οὕτως ἀκόρεστος ἐγὼ τρυγητής. Ἡ δ' ἀντεφίλει καὶ κατεφίλει με, καὶ κατὰ κιττὸν ἀνεπλέκετο· καὶ οὕτως ἡμᾶς μυρίαι περιεγόρευον Χάριτες. Μετὰ γοῦν δὴ συχνὰς περιπλοκὰς καὶ φιλήματα καὶ τἆλλ' ὁπόσα παίζειν διδάσκουσιν Ἔρωτες, ὅλον ἐπεχείρουν καταρροφῆσαι τὸν ἔρωτα, καὶ μηκέτι παίζειν, ἀλλὰ σπουδάζειν ἐρωτικῶς, ὡς μὴ κορῶναι κρώζοιεν ἐν ἀνεπιξέστῳ τῷ δώματι.

17. Ἡ δ' ἀλλὰ καὶ λίαν ἀντέτεινε, καὶ χερσὶ καὶ ποσὶ καὶ γλώσσῃ καὶ δάκρυσιν, « Ὑσμινία, λέγουσα, « φεῖσαι παρθενίας ἐμῆς· μὴ πρὸ τοῦ θέρους ἐκτίλῃς « τοὺς στάχυας· μὴ τὸ ῥόδον τρυγήσῃς πρὸ τοῦ προ- « κύψαι τῆς κάλυκος· μὴ τὴν σταφυλὴν ὀμφακίζου- « σαν, μή πως ἀντὶ νέκταρος ὄξος ἐκθλίψῃς ἐξ ὄμφα- « κος. Σὺ θερίσεις τὸν ἄσταχυν, ἀλλ' ὅταν λευκανθῇ « σοι τὸ λήϊον· σὺ τὴν ῥοδωνιὰν ἀπανθίσεις, ἀλλ' ὅταν « πεκανθὲν τὸ ῥόδον προκύψῃ τῆς κάλυκος· σὺ τὴν « σταφυλὴν τρυγήσεις, ἀλλ' ὅταν ἴδῃς τὸν βότρυν « ὑπερπερκάσαντα. Ἐγώ σοι φύλαξ ἀκοίμητος, ἀπα- « ρεγχείρητος αἱμασιὰ, καὶ φραγμὸς ἀνείσβατος. Τί « σοι κέρδος ἀποσυλῆσαί με τὸ σεμνόν; Παρθένος ἦλθον « εἰς Εὐρυκώμιδα · τί σοι κέρδος ἀπάρθενον παλινο- « στῆσαί με πρὸς Αὐλικώμιδα; Ἐρῶ σου, κήρυξ, οὐχ « ὑποκρύπτω τὸν ἔρωτα· βάλλομαι τὴν ψυχὴν, τὸ « βέλος ὁμολογῶ· πυρπολοῦμαι τὰ σπλάγχνα, καὶ τὸ « πῦρ οὐκ ἀρνήσομαι· πλὴν οὐχὶ καὶ προδώσω τὰ « κάλλιστα· τὴν παρθενίαν φυλάξω, καί σοι ταύτην « παραφυλάξομαι. »

18. Ταῦτ' ἔλεγεν ἡ κόρη, καὶ κατὰ ποταμοὺς ἀπέρρει καὶ κατεχέουο τὰ δάκρυα. Ἐγὼ δὲ πρὸς αὐτήν· « Ἐπὶ σοὶ βίβλῳ κατεμυήθην τὸν Ἔρωτα· διὰ σὲ « Φιλίου Διὸς ἀντηλλαξάμην Ἔρωτα τύραννον· διὰ « σὲ δοῦλος ἐξ ἐλευθέρου γεγένημαι. Οὐδεί μοι πατὴρ, « οὐ πατρὶς, οὐ μήτηρ, οὐ θησαυρὸς, ὅν μοι πολὺν « ἐπεθησαύρισεν ὁ πατὴρ, οὐδ' ἄλλο τῶν ὄντων οὐδέν· « ξὺν σοὶ θανοῦμαι. » Καὶ περιπλακείς αὐτὴν κατεφίλησα, καί μοι τῶν ὀφθαλμῶν ἐπέρρει τὸ δάκρυον, καὶ περιπλακέντες τοῖς δάκρυσιν ἐβρεχόμεθα.

19. Μεθ' ἱκανὸν Ὑσμίνη μου τοὺς ὀφθαλμοὺς κατεφίλει, καὶ φιλιγσά φησιν· « Ὑσμινία, τοῦτό σοι λοί- « σθιον φίλημα· ἐγὼ γὰρ ξὺν πατρὶ καὶ μητρὶ μετὰ « τρίτην ἡμέραν παλινοστήσω πρὸς Αὐλικώμιδα· σὺ « δ' ἔσῃ πρὸς Εὐρυκώμιδα πατρίδα τὴν σὴν, καί σοι

16. Illa autem osculis allubescebat, sed præ pudore, ut virginem decet, basia suffurabatur. Ego pertinacius suavia ingerebam, morsicationemque dentibus instruens, amatorium cibum sumpsi, qualem amantibus Venus parat. Illa autem gemuit tenue quid amatorium, levisque suspiritus ille merum amorem stillans meraciorem medio animo voluptatem ingessit. Itaque virgini tamquam viti adhærens, immaturas uvas ore pressi, nectarque quale Cupidines exprimunt, labellis exsuxi; et digitis exprimebam et bibebam labellis, uti vere nectaris fluenta quasi in dolium, scilicet animam meam, exprimerentur; adeo ego insatiabilis eram vindemiator. Illa autem oscula regerebat ingeminabatque et hederæ instar adhærescebat; sicque nos cingebat innumerus Gratiarum chorus. Post autem crebros amplexus, crebrasque basiationés, omnesque lusus quos Amor ludere docet, solidam voluptatem haurire aggressus sum, nec amplius colludere sed serio incumbere labori, ne cornices in imperfecta domo crocitarent.

17. Illa vero valde repugnabat manibus pedibusque, verbis etiam et lacrymis, « Hysminia, inquiens, parce « virginitati meæ; ne ante ætatem spicas mete; ne rosam, « antequam e calyculo emicet, decide; ne immaturam « uvam decerpe, ne pro mero acetum ex acerba expri- « mas. Tu spicas metes, sed quum jam tibi messis « flavescet; tu rosam decides, sed quum jam e calyculo « emicuerit; tu uvas, cum nigrescere cœperint, decerpes. « Ego tibi pervigil custos, inaccessum sepimentum, maceria « insuperabilis ero. Quid tantum lucri accedet, si pudici- « tiam meam imminueris? Ego Eurycomidem virgo deveni: « quid tibi lucri si imperfectæ virginitatis Aulicomi- « dem redierim? Amo te, caduceator, nec amorem oc- « culo, nam et animo saucia, vulnus fateor, et quam « totis visceribus flammam concepi, non abnego: non « ideo tamen quæ mihi pulcherrima sunt prodam; sed « virginitatem custodiam illamque tibi asservabo. »

18. Hæc effata, puella lacrymas fluminis in modum effudit. Ego vero, « A te, inquiebam, veluti libro Amoris sa- « cris initiatus sum; tua causa, relicto Jove Amicitiæ præ- « side, gravem herum Amorem expertus sum; tu me ex « libero servum fecisti. Propter te patrem, patriam, « matrem, congestasque a patre divitias, cætera denique « flocci pependi; tecum igitur moriar. » Et illam amplexus basiis implevi, et loquentis ab ore lacrymæ fluebant quibus inter mutuos complexus cadentibus irrigabamur.

19. Paululum quievit Hysmine, et mox in oculos prona basia iteravit et basians, « Hysminia, inquit, ultimum « hoc suavium tibi præbeo; etenim cum patre et matre « Aulicomidem post tertium diem revertar; tu autem Eu- « rycomide, in tua patria, remanebis, et tibi pater alterius

« κόρην ἑτέραν ὁ πατὴρ εἰς γάμον ἀγάγηται· καὶ σὺ
« μὲν θύσεις τοὺς γάμους, τῆς ἐμῆς φίλης ταύτης
« Ὑσμίνης λαθόμενος, καὶ φιλημάτων ἐρωτικῶν, καὶ
« τῶν ἄλλων τούτων περιπλοκῶν, ὧν πάντων ἐς κενὸν
5 « ὡς ἐν ὀνείροις κατετρυφήσαμεν· ἐγὼ δ' οὐδ' ἐν Ἀΐδαο
« λήσομαι φιλίας τῆς σῆς, Ὑσμινία γλυκυτάτε, καί
« σοι φυλάξω τὴν παρθενίαν ἀπαρεγχείρητον· οὐδὲ
« γὰρ οὐδ' αὐτοῦ Διὸς φίλημα τοῖς σοῖς κατεπιθήσω
« φιλήμασιν, οὐ μὰ τὸν φοβερὸν Ἔρωτα, ὅς με ταῖς
10 « σαῖς ταύταις χερσὶν ὡς ὄρνιν παρέθετο. »
20. Ταῦτ' εἶπε, καὶ περὶ τὸ στέρνον τοὐμὸν ὅλον
κατεπιθεῖσα τὸ πρόσωπον, κατέβρεχέ με τοῖς δάκρυσιν.
Ἐγὼ δὲ πρὸς αὐτήν·« Ὑσμίνη παρθένε, μέλημα ἐμὸν,
« φῶς ἐμῶν ὀφθαλμῶν, πηγή μοι στάζουσα μέλιτος,
15 « ὄμβρε χαρίτων· σὺ μὲν φιλοῦσα, λοίσθιον λέγεις τὸ
« φίλημα· ἐγὼ δ' ὁ σὸς ἐραστὴς καὶ δοῦλος ἐξ ἔρωτος,
« ξὺν σοὶ θανοῦμαι. Καί σοι τὴν παρθενίαν ἀντιφυ-
« λάξομαι· οὐκ ἀποσυλήσει ταύτην. Οὐκ ἐξουσία πα-
« τρὸς, οὐ μητρὸς πειθὼ ἐς γάμον ἀγάγωνται, οὐδ' εἰ
20 « τὴν Ἀφροδίτην ἀγάγωνται, οὐ μὰ Δία, πατέρα θεῶν
« πάντων, οὐ κῆρυξ· ἧκον εἰς Αὐλικώμιδα, πατρίδα
« τὴν σὴν, καὶ δοῦλος τῶν σῶν χαρίτων ἐς τὴν ἐμὴν
« ταύτην Εὐρύκωμιν ἀνθυπέστρεψα. » Καὶ δὴ, τῆς
ἡμέρας διαγελώσης, καταφιλήσας τὴν κόρην, ἐξῆλθον
25 τοῦ δωματίου, καὶ περὶ τὴν ἐμὴν ἐγενόμην κλίνην, ὡς
ἐν ὑποπτέρῳ ποδὶ, καὶ τοῖς ὕπνοις ἐσπεισάμην εὐθὺς,
ὡς εἰ περὶ τὴν κλίνην εὗρον αὐτούς.

« puellæ nuptias conciliabit : quas tu celebrabis, meique,
« tuæ carissimæ Hysmines, oblitus, dulciumque osculo-
« rum ac exterorum amplexuum quibus nos frustra velut
« in somnis inebriati sumus; ego vero, ne quidem apud
« inferos amicitiæ tuæ immemor, Hysminia dulcissime,
« illibatam tibi virginitatem meam servabo, adeoque Jovis
« ipsius oscula osculis tuis non anteferam, non per me-
« tuendum Amorem, qui me tuis istis manibus veluti
« captam avem tradidit. »
20. Talia dicenti, pronoque in pectus meum vultu, et
illud lacrymis riganti, respondebam : « Hysmine virgo,
« mea cura, meorum lumen oculorum, fons merum mel
« stillans, gratiarum imber, tu me exosculata ultimum hoc
« basium fore dixisti; sed ego et tui amans et servus,
« sic enim voluit Amor, tecum moriar. Ego ex æquo vir-
« ginitatem custodiam ; nec illa fraudaberis. Non po-
« testas patris, non persuasiones matris, ad conjugium
« inducent, non si ipsissimam Venerem mihi destinaverint,
« non per Jovem deorum omnium patrem, cujus caducea-
« tor Aulicomidem, patriam tuam, veni, et in hanc meam,
« Eurycomidem gratiarum tuarum servus redii. » Jamque
arridente luce, ego puellam exosculatus e cubiculo illius
exterminatus ad lectulum festinanti vestigio regressus
sum, statimque somno libavi, quasi ipsum in lecto in-
venissem.

BIBΛION EKTON.

1. Ὁ μὲν οὖν ἐμὸς πατὴρ Θεμιστεὺς ξὺν Σωσθένει
καὶ μητράσιν ἡμῶν ἐπανῆκον ἐκ τοῦ βωμοῦ Ξενίῳ Διῒ
30 τὰ πρόσφορα θύσαντες· καί μοι Διάντεια μήτηρ περὶ
τὴν κλίνην γενομένη τὴν ἐμὴν, ἐξυπνίζει με, λέγουσα·
« Τέκνον Ὑσμινία, καιρὸς ἀρίστου, οὐ δ' οὐκέτι τὸν
« ὕπνον ἀπώσῃ τῶν ὀφθαλμῶν; Ἀνάστηθι, καὶ περὶ τὸ
« δεῖπνον γενώμεθα· σὸς γὰρ πατὴρ Θεμιστεὺς ἀνα-
35 « κέκλιται σὺν Σωσθένει καὶ τοῖς ὅσους τὸ δεῖπνον
« καλεῖ. » Ξὺν αὐτῇ γοῦν μητρὶ περὶ τὴν τράπεζαν
γεγονότες συνήθως ἀνακεκλίμεθα· καὶ πάλιν Ὑσμίνη
μου κατὰ μέτωπον ὅλον τοῖς ὀφθαλμοῖς ἀποστάζουσά
μοι τὸν ἔρωτα· ἐγὼ γοῦν ἀτενῶς τὴν κόρην ἰδὼν, καὶ
40 περὶ τὴν τράπεζαν κεκυφὼς αὐτὴν προσεκύνησα κα-
θυποκλέπτων ἐρωτικῶς τὸ προσκύνημα· ἡ δ' ἀνθυ-
πέκλεψεν, ὡς εἰκὸς, τὸν τράχηλον παρθενικῶς ὑποκλί-
νασα. Τροφαῖς πολυτελέσιν ἡ τράπεζα ξυνήθως κατα-
κεκόσμηται, καὶ Κρατισθένης κιρνᾷ. Σωσθένης προπί-
45 νει, Θεμιστεὺς μετ' αὐτὸν, καὶ ξυνήθως ἡμεῖς.
2. Καὶ ὁ Σωσθένης φησί· « Σὺ μὲν ἡμᾶς φιλοφρο-
« νούμενος, Θεμιστεῦ, Ξενίῳ Διῒ τὴν φιλοφροσύνην,
« οὐχ ἡμῖν ἀφωσίωσας· καί σε τῆς οὕτω λαμπρᾶς τρα-

LIBER SEXTUS.

1. Themisteus igitur pater meus cum Sosthene et matribus
nostris ab Jovis Hospitalis ara, re pro ritu facta, regressus
est; statimque Diantea mater ad lectum accedens me ex-
pergefecit, « Hysminia, inquiens, jentaculi hora est ; tu
« autem somnum ex oculis nondum excuties ? Surge modo,
« et nos epulis accumbamus : jam enim pater tuus cum
« Sosthene ac cæteris convivis discubuit. » Itaque cum
matre mensæ accessi et pro more recubuimus. Et mihi
iterum ex adverso collocata erat Hysmine, oculis mihi in-
stillans amorem. Ego igitur puellam intenta adspiciens acie,
curvatus in mensam, salutavi, amatorie salutationem dissi-
mulans; quam, inclinato collo, more virginum, dissimulans
et ipsa regessit. Interim mensa dapibus largiter instructa,
et vinum Cratisthenes præbebat. Primus Sosthenes, ab
illo Themisteus bibit ; nos deinde quo solebamus ordine.

2. Tum vero Sosthenes Themisteum sic interpellat :
« Tu quidem, Themisteu, comitatem istam, qua nos exci-
« pis, nequaquam nobis, sed Hospitali Jovi consecrasti ;

« πέζης καὶ τῆς ἄλλης πολυτελοῦς δεξιώσεως Ζεὺς
» πατὴρ ἀντιδεξιώσαιτο, φιλότιμόν σοι δεῖπνον ἑτοι-
« μασάμενος ἐν Ἠλυσίῳ πεδίῳ καὶ μακάρων νήσῳ,
« ξυνανακεκλιμένῳ τοῖς ἥρωσιν. Ἐγὼ δέ σε καταδυσωπῶ
5 « σὺν ἡμῖν γενέσθαι πρὸς τὴν ἡμετέραν Αὐλίκωμιν,
« σὺν αὐτῇ Διαντείᾳ καὶ τῷ καλῷ τούτῳ κήρυκι (τῇ
« χειρί με παραδεικνύς)· Ὑσμίνης γὰρ τῆς ἐμῆς
« ταύτης φίλης παιδὸς θῦσαι τοὺς γάμους βουλόμεθα·
« καιρὸς δ' ἡμῖν τῆς τῶν γάμων τελετῆς ἀφωσίωται τὰ
10 « Διάσια, ἃ νῦν δὴ θύοντες ἐπαναζεύξομεν εἰς Αὐλίκω-
« μιν, εἰ δοκεῖ Σωτῆρι Διΐ. Παῖς δ', ᾧ γε τὰ τῆς ἐμῆς
« ταύτης Ὑσμίνης λέκτρα προσαφωσίωται, ξυμπα-
« τριώτης ἐξ Αὐλικωμιδὸς ὑπερχειλῆ τὸν τῆς εὐδαι-
« μονίας τριπλοῦν κρατῆρα κεκεραχὼς· τὰς μὲν δὴ
15 « ψυχικὰς ἀρετὰς ἀπαράμιλλος, τὰ δὲ περὶ τὸ σῶμα
« πρὸς τὴν ψυχὴν ἐρίζει καὶ φιλονεικεῖ μὴ δεύτερα
« φαίνεσθαι· τὰ δ' ἐκτὸς τῇ ψυχῇ καὶ τῷ σώματι συν-
« εκχεῖται, καὶ οἷον συγκέκραται. Τοιοῦτον ἐγὼ τὸν
« γάμον τῇ φίλῃ μοι ταύτῃ παιδὶ καὶ Ζεὺς πρότερον
20 « ἀφωσίωσεν· εἰ δέ μοι καὶ σὺ συνεκπλεύσεις εἰς Αὐ-
« λικώμιδα σὺν Ὑσμινίᾳ καὶ τῇ τούτου μητρί, εὐτυ-
« χεστέρους ἡγοῦμαι τοὺς γάμους. » Ὁ δ' ἐμὸς πατὴρ
« Θεμιστεύς, « Νῦν Διός, φησί, τράπεζα, καὶ Δια-
« σίων καιρός, καὶ τῷ καιρῷ καὶ τῇ τραπέζῃ τὰ πρόσ-
25 « φορα θύσωμεν· τὰ δ' ἄλλα Διὸς ἐν γούνασι κεῖται. »

3. Ταῦθ' ὁ Σωσθένης, ταῦθ' ὁ πατήρ· ἐγὼ δέ, νὴ
τοὺς θεούς, ὅλῳ τῷ νῷ τὴν αἴσθησιν συναφῄρημαι, καὶ
ἥμην ὡς ἀνδριὰς ἐπὶ τῆς τραπέζης καθήμενος, ὅλος
ἀναίσθητος, τοὺς ὀφθαλμοὺς ἔχων ἀτενῶς ἐπὶ τὸ τῆς
30 κόρης βλέποντας πρόσωπον· ἡ δὲ παρθένος δακρύων
πληρωθεῖσα τοὺς ὀφθαλμούς, καὶ παρειὰν συλλαβοῦσα
τῇ δεξιᾷ, συνέσπα τὰς ὀφρῦς, καὶ πικρὸν ὑπεστέναξε,
καὶ πρὸς τὴν Πανθίαν φησί· « Γλυκεῖα μῆτερ, ἀλγέω
« τὴν κεφαλήν. » Ἡ δὲ πρὸς αὐτήν· « Γενοῦ περὶ τὸ
35 « δωμάτιον. » Εὐθὺς οὖν ἐξαιρέστη τῆς τραπέζης,
καὶ περὶ τὸ δωμάτιον γέγονεν. Ἡ γοῦν μοι μήτηρ πρὸς
τὴν Πανθίαν φησί· « Τίς τὴν καλὴν ταύτην κόρην
« ἐβάσκηνεν; » Ἡ δ', « Ἡ γλῶσσα, φησί, τοῦ πα-
« τρός, ὅτι γάμων ἐμνήσθη τῆς κόρης, οὖς μέχρι καὶ
40 « δεῦρο μὴ μαθεῖν τὴν κόρην ἐφυλαττόμεθα· παρθένος
« γάρ ἐστι καὶ σεμνή. »

4. Τὰ δ' ἐφεξῆς τῆς τραπέζης ἀναισθήτως εἴχον· ὡς
γὰρ ἔκ τινος ἀστραπηδόλου σκηπτοῦ τῶν τοῦ Σωσθένους
ῥημάτων ὅλην ὑπερράγην τὴν κεφαλήν· εἰ μὲν οὖν
45 ἔφαγον, ἀκριβῶς, νὴ τὴν φοβερὰν τοῦ Σωσθένους, οὐκ
οἶδα, φωνήν. Ὁ δὲ καλὸς Σωσθένης, ὁ παρ' ἡμῖν τὸν γά-
μων κόσμον ὑφάνας τῆς θυγατρός, καὶ πάλιν φησί· « Ἰκα-
« νῶς τῆς τραπέζης ἡμῖν, Θεμιστεῦ, ἅλις τοῦ ποτοῦ.
« καὶ τῶν περὶ τὴν τράπεζαν ποικίλων τρυφῶν· εἰ
50 « βούλει δέ, καὶ περὶ τὸν ὕπνον γενώμεθα· ἢ γὰρ δὴ
« νὺξ καὶ πάλιν ἡμᾶς συγκαλεῖται περὶ τὸν βωμὸν καὶ
« τὰ θύματα. »

5. Οὕτως οὖν κατελύετο τὸ συμπόσιον, κἀγὼ τῇ
ξυνήθει μοι κλίνῃ ξυνήθως ἀνακλιθεὶς ὅλως εὐθὺς ἐρ-

« ille tibi gratiam referat lautissimæ mensæ tuæ, omnis-
« que splendidi apparatus quo nos excipis, in Elysio aut
« beatorum insulis accumbenti heroibus convivium in-
« struens. Cæterum te precor et obsecro, uti cum uxore
« tua et formoso isto caduceatore (me digito demonstrans)
« in urbem nostram Aulicomin succedas: etenim carissimæ
« istius Hysmines nuptias sacrificare nobis in animo est
« et nuptiarum celebrationi Diasiorum tempus constitutum
« est, quibus nunc peractis statim domum itionem para-
« bimus, quam bene vortat Sospitator Jupiter. Juvenis
« autem cui Hysmines istius meæ jugalis lectus devove-
« tur compatriota nobis, Aulicomide oriundus, triplicem
« felicitatis cratera et quidem exundantem miscuit; cæte-
« rum omnibus animi dotibus nulli secundus, quibuscum
« virtutes corporis contendere videntur, cedere nesciæ:
« ita externa corporis et animi bona permixta velut æqua-
« bili temperamento confusa sunt. Tale dilectissimæ
« meæ isti filiæ ego primusque Jupiter connubium de-
« stinavit, quod tamen si mecum navigaveris, comitante
« Hysminia et matre ejus, felicius videbitur. — Jovis hoc
« convivium est, respondit pater meus Themisteus, nosque
« Diasia agimus; et mensæ et diebus festis debitum hono-
« rem præstare decet; cætera Jovis in genibus sunt. »

3. Hæc Sosthenes, illa pater altercantur. Ego, per
deos, sensibus deperditis, extra terminum mentis meæ
positus, mensæ accumbebam, statuæ instar, animique im-
pos inconnivo in virginis vultum obtutu fixus; Hysmine
vero plenis lacrymarum oculis, dextraque sustinens genas
et supercilia contrahens, cruciabile imo de pectore suspi-
rium duxit, matremque alloquuta, « Mater, inquit, mihi
« condolet caput. » Illa autem, « Redde te cubiculo, »
ait. Itaque perniciter mensa surgens, in illud recta ire
perrexit. Tum mater mea Diantea, ad Panthiam conversa,
« Quis virginem, inquit, fascinavit? — Lingua patris,
« respondit Panthia, quæ nuptiarum admonuit; quarum
« uti ne nomen quidem sciret, ad hoc usque temporis di-
« ligenter cavimus; virgo enim et pudica est. »

4. Cætera, quæ in convivio subsequuta sunt, non per-
cepi; ita Sosthenis verbis, tanquam sideris procella, per-
fractum corruerat caput; immo utrum aliquid manduca-
verim, per timendam illam Sosthenis vocem, non novi.
Verum bonus Sosthenes, qui nuptias, quas obitura erat
Hysmine, nos docuerat, « Themisteu, inquit, jam satis
« mensis accubuimus, jam satis vino et cibis agminatim
« ingestis indulsimus; nos demum dormitum, si per te
« licet, concedamus; nox enim iterum ad aras et sacri-
« ficia nos convocat. »

5. Ita soluto convivio me consueto lectulo reddidi, et
subito ultra somnum lumina mihi rapiuntur; dormientis

παυζόμην παρὰ τὸν ὕπνον τοὺς ὀφθαλμούς, καὶ ἤμην
ὑπνῶν, τῷ παραδόξῳ τὴν ψυχὴν καταθορυβηθεὶς τοῦ
ἀκούσματος, καὶ ὅλον τῇ θλίψει τὸν νοῦν καταβαπτι-
σθείς. Πάλιν οὖν ὁ ξυνήθης τῶν θυμάτων καιρός, καὶ
5 πάλιν Θεμιστεύς μοι πατήρ, καὶ μήτηρ Διάντεια ξὺν
Σωσθένει καὶ Πανθίᾳ περὶ τὸν βωμὸν διανυκτερεύουσι·
καὶ πάλιν ἐγὼ κλίνης τῆς ἐμῆς ἀναστάς, περὶ τὴν κλί-
νην ἥκω τῆς κόρης, ἣν ὁ καλὸς Σωσθένης εἰς αὐτὴν
Αὐλίκωμιν ἐνυμφεύσατο, καὶ πάλιν τὴν κόρην φιλῶ.
10 Ἡ δ᾽ ὅλην τὴν στρωμνὴν καταβρέχει τοῖς δάκρυσιν·
ἐγὼ δὲ πάλιν λέγω φιλῶν· « Ὑσμίνη, τί πάσχεις; »
ἡ δ᾽, « Ἡ γλῶσσα, φησὶν, τοῦ πατρός μ᾽ ἀπόλλυσιν. »
  6. Ἐγὼ δὲ πρὸς αὐτήν· « Σὺ τὰ περὶ τὸν ἐμὸν ἐνω-
« πτρίζου γάμον, καὶ κόρην ἑτέραν κατεμνηστεύου
15 « μοι· καὶ ἀναμνηστείας ἐκρινόμην σοι τῶν πολλῶν
« τούτων χαρίτων ἐρωτικῶν, ὃν ὑπερχειλές μοι κεκέ-
« ρακας τὸ ποτήριον· ἐγὼ δ᾽ ἀλλ᾽, ὦ γλυκυτάτη παρ-
« θένε, γλυκυτέρα καὶ μέλιτος, θεούς σοι διεμαρτυρά-
« μην αὐτούς, μὴ καταψεύσασθαί σου τὸν ἔρωτα, μὴ
20 « καταπροέσθαι σου τὴν φιλίαν, μηδ᾽ ὁτιοῦν τῶν ὄν-
« των ἀγάπης τῆς σῆς ἀνταλλάξασθαι· ἀλλὰ νῦν σὸς
« πατήρ, ὁ σεμνὸς τὰ πάντα Σωσθένης, ἐς Αὐλίκωμιν
« ἐπήξατό σοι παστάδα, ἔδνα πολλά σοι προσαφώρισε,
« καὶ νυμφίον ἡτοίμασε, καί σε νυμφαγωγήσει λαμ-
25 « πρῶς, καὶ φιλοτίμως νυμφοστολήσει. Ἐγὼ δὲ ὁ σὸς
« ἐραστής, οὐδὲ γὰρ αἰσχύνομαί σου τὸν ἔρωτα, παρ-
« θενικῷ στεφάνῳ τὴν κεφαλὴν ἀναδήσομαι, καὶ παρὰ
« Περσεφόνῃ καὶ τοῖς ἐν ᾅδῃ φιλοτίμως καὶ πολυτελῶς
« νυμφαγωγηθήσομαι, λαμπράν μοι παστάδα πηξα-
30 « μένοις παρθενικήν· σὺ δ᾽ ἀφιλίας ἐρωτικῆς κριθήσῃ,
« χάρισιν ἐρωτικαῖς κατηγορουμένη καὶ στίγμασι τού-
« τοις, ἃ πάντ᾽ ἐξ ἐμῶν καὶ χειρῶν καὶ χειλέων καθ᾽
« ὅλου φέρεις τοῦ σώματος. Καὶ σὲ μὲν Πλοῦτος κατα-
« κοσμήσει πολυτελῶς, ἐμὲ δὲ Πλούτων νυμφαγωγήσει
35 « περιφανῶς. Ἀλλ᾽ ὦ φιλημάτων ἐκείνων, ὧν εἰς κενὸν
« ἐτρυφήσαμεν! ὦ θλίψεων σαρκῶν, ἃς μάτην κατω-
« δυνήθημεν! ὦ συμπλοκῶν καὶ περιπλοκῶν, αἷς ἀνω-
« φελῶς ἐνεπλάκημεν! ὦ κακοῖς ἰδόντες ὀφθαλμοῖ, καὶ
« διὰ τοῦτο θρηνοῦντες ἀγέλαστα! Αὕτη μοι χεὶρ ὑπη-
40 « ρέτησέ μοι πρὸς ἔρωτα, καὶ νῦν καθυπηρετήσει πρὸς
« φάγανον, ὃ κατ᾽ ἐμῆς ταύτης ὠθήσω ψυχῆς. »
  7. Ταῦτ᾽ εἶπον, καὶ τὴν κόρην περιπλακεὶς κατεφί-
λησα, « Ὄντως σοι, λέγων, τοῦτο λοίσθιον φίλημα·
« τέλος δέχῃ δὴ τῶν ἐμῶν προσφθεγμάτων. Καὶ σὺ μὲν
45 « εἰς Αὐλίκωμιδα, πατρίδα τὴν σήν, ἐπὶ λαμπρῷ νυμφίῳ
« παλινοστήσεις νύμφη λαμπρά· καὶ σοὶ τὸν ὑμέναιον
« βασιλικῶς καταπάσονται, ἐγὼ δ᾽ ἐς Ἅδου φοιτήσω,
« καὶ ὅλον χορὸν Ἐρινύων συναγαγών, ὅλον καταρα-
« γῳδήσω μου τὸ δυστύχημα· καὶ σοὶ μὲν ὁ καλὸς
50 « Σωσθένης ἐπιθαλάμιον ᾄσει, ἐμοὶ δ᾽ ὁ πατὴρ ἐπι-
« τύμβιον· ὁ μὲν σὸς πατὴρ ἐπὶ σοί, γλυκεῖα νύμφη,
« καὶ γλυκὺ μελῳδήσει μελῴδημα, ὁ δ᾽ ἐμὸς ἐλεεινὸς
« Θεμιστεὺς ἐπὶ νεκρῷ παιδὶ γοερὸν ἀνακρούσεται·
« ὁ μὲν ᾆσμα χορεύσει γαμήλιον, ὁ δ᾽ ἐμὸς ἀθλιώτα-

enim mens rei quam audieram miraculo conturbabatur,
animumque tristitia et anxietudo immergebant. Solitum
autem sacrificiorum tempus redit, Themisteusque ac Dian-
tea cum Sosthene ac Panthia Jovis ad aram pervigilium
agunt. Ego lectulo surgens, et ad virginem, quam Auli-
comide bonus Sosthenes desponderat, perniciter evolans,
illi iterum oscula libo. Illa uberibus lacrymis lectum rigat,
et ego iterum oscula ingero dicens : « Quid pateris, mea
Hysmine ? — me patris, inquit, lingua perdidit. »

6. Excepi ego : « Age vero, Hysmine, tu modo quasi
« in speculo videbas matrimonium quod me adeptum
« iri tibi fingebat animus, et aliam mihi puellam des-
« pondebas, meque insinuabas de oblivione tot amato-
« riarum blanditiarum quibus redundans mihi poculum
« miscuisti ; at ego coram te, dulcissima melleque dul-
« cior virgo, deos testes advocabam, quod , amorem
« tuum nequaquam mentitos, contemptui nunquam ha-
« biturus essem, nec tua caritate quidquam potius exi-
« stimaturus : nunc vero pater tuus, gravissimus ille
« Sosthenes, Aulicomide nuptialem torum compegit, jam-
« que statuit dotem et maritum paravit, teque sponsalibus
« munditiis sollicite exornatam splendido apparatu ad
« sponsum deducet. Ego autem amator tuus quem amoris
« tui non pudet, apud Persephonen et deos inferos vir-
« gineam coronam redimitus sollicite splendideque sponsus
« deducar, qui mihi virgineum torum splendide compingere
« curabunt; tu vero de violato amore in judicium vo-
« caberis, accusantibus te amatoriis blanditiis sigillisque ,
« quæ toto corpore impressa meis de labellis manibusque
« gestas. Te Plutus sumptuose exornabit, me autem spon-
« sum Pluto manifesto deducet. O quæ frustra libavimus
« oscula ! o quos inutiles intimavimus compressus, cum hæ-
« rentia pressim doluere membra ! o complexus amplexus-
« que quibus nos incassum implicuimus ! o scævam oculo-
« rum sortem, qui inaccessæ formositatis admirationi obtutus
« suos admoverunt, perpetuo luctu ideo torquendi ! Ipsa
« autem manus amori famulata ensi famulabitur, quem
« per medium corpus transadiget.

7. His dictis virginem complexus et illi osculum pan-
gens, " Vere, inquam, supremum istud osculum, et novis-
« sima verba accipe. Tu Aulicomidem in patriam tuam, ad
« formosum conjugem, formosior sponsa redibis, tibi, regio
« more, hymenæum canent; ego autem ad Ditem commeabo
« et omnem Erinnyum chorum conducens infortunii mei
« scenam remetiar ; tibi nuptiale carmen bonus Sosthenes,
« mihi letale pater meus occinet, tibi, dulcis sponsa, dulce
« melos pater tuus modulabitur, mihi autem extincto mise-
« randus Themisteus flebiles elegos substrepet ; ille chorum
« ducens nuptiale carmen personabit, alter autem, patrum

« τὸς πάντων πατὴρ ἐλεεινὸν μονῳδήσει καὶ πικρὸν
« ἐξιτήριον. »
    8. Ταῦτ' ἔλεγον, καὶ τὴν κόρην ὅλην τοῖς δάκρυσιν
ἔβρεχον. Ἡ δ', « Ὤλεσάς με, φησὶν, Ὑσμινία γλυκύ-
5 « τατε. Σύ μοι πατρὶς, καὶ πατὴρ, καὶ παστὰς, καὶ
« νύμφιος, καὶ δεσπότης ἐξ ἔρωτος· ἀλλ', ὦ τῇδέ μου
« γλῶσσαν ἐπέχει τὸ δάκρυον, μή σοι στόμα πατρὸς
« τὰς περὶ τὸ στόμα τοῦτο τοὐμὸν ὅλας ἐρωτικὰς κα-
« ταθήσει τὰς χάριτας, ἃς εἰς κενὸν ἡμεῖς ἐρωτικῶς
10 « ἀντεπαίζομεν· μή σοι τὸ μέλι τρυγήσει τοῦ στόμα-
« τος, ὃ μάτην ἡ φιλεργὸς ἐγώ σοι κατεπόνησα μέ-
« λιττα· μὴ οὕτω παμφάγον ἔσται σοι στόμα πατρὸς,
« ὡς τοσαῦτα καταφαγεῖν ἀφροδίσια, ὅσα μάτην ἡμεῖς
« κατεπαίζομεν, ἢ μᾶλλον ἐν ἡμῖν κατέπαιζον Ἔρω-
15 « τες. Ὑσμινία, σὺ τὴν ἐμὴν ταύτην Ὑσμίνην ἐρω-
« τικῶς κατεκήπευσας· σύ μοι καὶ φραγμὸν περιέθου
« τῷ κήπῳ, μὴ χεὶρ ὁδοιποροῦντος τρυγήσῃ με. Θανεῖν
« ἐθέλεις, ἀλλὰ συναποτίθημι τῷ λόγῳ καὶ τὴν ψυχήν·
« καὶ συνθανοῦμαί σοι, ὥσπερ καὶ ζῶντι συζήσομαι.
20 « Καὶ δὴ ξυμπλέκομαί σοι καὶ περιπλέκομαι· καὶ τὸ
« ζώσιμον ὅλον κοινοῦμαί σοι, ὥσπερ καὶ τὸ θανάσι-
« μον ζητῶ συμμερίσασθαι. » Καὶ λέγουσα ξυνεπλέ-
κετο, καὶ ξυμπλεκομένῃ μοι πηγὰς δακρύων εἶχε τοὺς
ὀφθαλμοὺς, καὶ ὅλον με κατεπέκλυζεν.
25   9. Ἐγὼ δ', « Εἰ βούλει, φημὶ, καὶ τῆς ἐμῆς Εὐρυ-
« κόμιδος, καὶ τῆς σῆς Αὐλικόμιδος ἀποβάντες ἐφ'
« ἑτέραν μετάγωμεν· καὶ πατρίδας, καὶ τεκόντας,
« καὶ θησαυροὺς, καὶ τἄλλα τὰ κατ' οἴκους λαμπρὰ
« φιλίας ἐρωτικῆς καὶ τοῦ συνοικεῖν ἀλλήλοις ἀνταλλα-
30 « ξώμεθα. Ἔρως δ' ἡμῖν ἔσται καὶ πατρὶς, καὶ το-
« κεῖς, καὶ τὰ κατ' οἴκους πολυτελῆ, καὶ τροφὴ, καὶ
« πόσις, καὶ ἔνδυμα. » Ἡ δ' ὡς εἰς παστάδα μετα-
κεκλιμένη βασιλικὴν, ὑπολαβοῦσά φησιν· « Ἔχεις με
« τὴν σὴν Ὑσμίνην, καὶ μετακόμιζε· σὺν σοὶ θανοῦ-
35 « μαι. » Καὶ τῆς κλίνης ἀναστᾶσα συνείπετο, μᾶλ-
λον δὲ ἐφείλκετό με προτρέχουσα. Ἐγὼ δὲ, « Ἀλλ'
« οὐκέτι, φημὶ, διαπεκόσμηται τὰ τοῦ πράγματος. »
Ἡ δ' ἀλλ' οὐκ ἤθελεν ἀποσπασθῆναί μου τῶν χειρῶν.
Μόλις οὖν ὅλους θεοὺς αὐτῇ διαμαρτυράμενος, τῶν τῆς
40 Ὑσμίνης ἀπεσπάσθην χειρῶν, καὶ περὶ τὴν ἐμὴν ἐγενό-
μην κλίνην, τὸ πρᾶγμα διακοπών. Ἐπεὶ δὲ ὑπνοῦν οὐ
συνεχωρούμην τοῖς πράγμασιν, ἀναστὰς τῆς κλίνης
καὶ λαμπρῶς διακοσμησάμενος, ἐς ἱερὸν ἀφικόμην
Ξενίου Διὸς, ὅπου καὶ Θεμιστεύς μοι πατὴρ καὶ μήτηρ
45 Διάντεια καὶ Σωσθένης καὶ Πανθία προσανεῖχον τοῖς
θύμασι.
    10. Μετὰ γοῦν πολλὰ τῶν θυμάτων, ἃ καὶ πατὴρ
ἐμὸς καὶ Σωσθένης ἔσπεισαντο, Σωσθένης καὶ Πανθία
ὅλας ἐς οὐρανὸν τὰς χεῖρας ἀράμενοι, καὶ θερμὰ τῶν
50 ὀφθαλμῶν καταστάζοντες δάκρυα, « Ζεῦ πάτερ, ἔλε-
« γον, ἐπιθαλαμιόν σοι τοῦτο τὸ θύμα ὑπὲρ ἡμετέρας
« Ὑσμίνης παιδὸς, ἧς ἤδη τοὺς γάμους τελέσαι βου-
« λόμεθα. » Ταῦτ' ἔλεγον, καὶ θύματα τῇ πυρᾷ κα-
τετίθεντο· μέγας δ' ἀετὸς ἐκ νεφῶν ἀνακλάγξας καὶ

» infelicissimus, lugubri monodia et amara nænia meum
« funus prosequetur. »
    8. Hæc dicenti uberibus lacrymis perfusa virgo sic ta-
men respondit : « Pol me perdidisti, dulcissime Hysminia.
« Tu mihi patria es, tu pater, et torus et sponsus : sic voluit
« Amor, dominus; At, eheu ! loquentis vocem assiduus
« fletus interrumpit, nec verba ore paterno edita cohibe-
« bunt amatorias illas blanditias quas ori meo libasti, nec
« lusus quem amatorie sed in vanum lusimus; nec tibi mel
« ex ore eripiet quod ego apis studiosa tibi incassum sti-
« pavi; non adeo vorax os patris mei ut tot et tantos
« venereos lusus devoret, quos nos frustra lusimus, seu
« potius in nobis luserunt Amores. Hysminia, tu Hys-
« minen istam, horti instar excoluisti; tu horto sæpem
« circumdedisti, ne manus viatoris uvas tuas carperet.
« Tibi mori in animo est; at ego animam cum verbis
« tuis pariter depono : tecum moriar haud secus ac te-
« cum vivente vivere amem. Ecce te complector et am-
« plector et tecum quicquid vitæ in me est communico,
« haud secus ac mortem tuam participare quæro. » Hæc
effata, me complectebatur, et complexa ex oculis, ut ex
fontibus, lacrymas effundebat.
    9. Ego autem, « Si tibi placet, inquam, Eurycomide
« mea et Aulicomide tua in externas oras migremus, et
« patriam, parentes, thesauros cæteraque domestica com-
« moda, amore et individuo consortio mutemus. Amor
« nobis patriæ, parentum, splendidorum supellectilium,
« cibi, potus, vestium vices implebit. » Hysmine confe-
stim, velut in regio toro recubans, « Me tuam Hysminen
« habes, inquit; me tecum abducito; tecum moriar; »
lectoque surgens sequebatur, immo trahens præibat. Ego
vero, « Nondum omnia, inquam, profectioni necessaria pa-
« rata sunt. » Illa autem manum meam dimittere nolebat.
Vix itaque deos omnes testatus evasi; meque lectulo col-
locans, per varias curas rem illam versabam; quæ cum
somnum impedirent, statim grabatulo emersus et splen-
didam vestem indutus ad Jovis Hospitalis ivi, ubi Themi-
steus pater et mater Diantea simul cum Sosthene ac Pan-
thia rem faciebant.
    10. Jam multimodis litaverant Sosthenes et Panthia, cum
uterque, ad cœlum porrectis in preces manibus, ubere cum
fletu in verba hæc erupit : « Jupiter pater, hoc tibi pro Hys-
« mine nostra conjugale sacrificium esto, cujus mox nuptias
« perficere volumus. » Vix ea fati, victimam igni impo-
suerunt; ingens autem aquila ex nubibus clangore magno

μετὰ ῥοίζου καταχυθεὶς, ἥρπασέ τε τὸ θῦμα, καὶ τοὺς περὶ τὸν βωμὸν διεσπάραξεν. Ὁ μὲν οὖν δὴ Σωσθένης ὅλος ἦν ἐκπεπληγμένος καὶ ἐνεὸς ἑστώς· ἡ δέ γε Πανθία κατὰ γῆν πεσοῦσα, καὶ τὴν πολιὰν τίλλουσα καὶ
5 ψιλοῦσα τὴν κεφαλὴν, « Ζεῦ πάτερ, φεῖσαι τῆς ἐμῆς « πολιᾶς, ἔλεγε, φεῖσαι νεότητος θυγατρός· αὕτη μοι « παραμύθιον, αὕτη μοι παραψυχὴ, αὕτη μοι τοῦ γέ- « νους ἐλπίς· ταύτῃ γέγηθα, καὶ τῶν τοῦ γήρως κακῶν « ἐπιλήθομαι· ἀπ' ἐμῆς οὖν, ἀπ' ἐμῆς ταύτης παιδὸς
10 α τὸν ἀπαίσιον τοῦτον ὄρνιν πέμψον. Ζεῦ Πάτριε, μὴ « μου τοὺς ὀφθαλμοὺς ἐκκόψῃς· μή μου τὸν λύχνον « σβέσῃς· μή μου πρόρριζον τὸν στάχυν ἐκτίλῃς· μή « μοι τοῦ γένους παντὸς ἀποκείρῃς τὸν βόστρυχα. « Ὦ δειλαία μῆτερ ἐγὼ, ὦ δειλαία τῶν θυμάτων, δει-
15 « λαία τῶν οἰωνῶν· καλλίπαις ἥκων ἐξ Αὐλικωμίδος, « πατρίδος ἐμῆς, καὶ νῦν ἀθλιόπαις ἐν Εὐρυκωμιδί. « Ὡς παρθένον τὴν ἐμὴν Ὑσμίνην ἐνυμφοστόλησα, « καὶ νῦν ὡς νεκρὰν ἀποδύρομαι, καὶ ζῶσαν θρηνῶ. « Ὑσμίνη μοι φῶς ἐξαπερρύης τῶν ὀφθαλμῶν· οὐκ
20 « ἐπιθαλάμιον, ἀλλ' ἐπιθανάτιον ᾄδω σοι· οὐκ ἐπιγα- « μηλίοις, ἀλλ' ἐπιτυμβίοις σπένδομαί σοι χοαῖς, καὶ, « κατὰ τὴν παροιμίαν, ἄνθρακας εὑρίσκω τοὺς θησαυ- « ρούς. »

11. Ταῦτ' ἔλεγεν ἡ Πανθία, καὶ τὸν βωμὸν ἐπλήρου
25 θρήνων καὶ κωκυτῶν, τὴν παρειὰν αὐλακίζουσα, διαρρήσσουσα τὴν ἐσθῆτα, λίθῳ πλήττουσα τὸ στέρνον, καὶ τὴν κεφαλὴν καταρράσσουσα. Τὸ μὲν οὖν δὴ πλῆθος (οὐδὲ γὰρ ἀπὸ δρυὸς, οὐδ' ἀπὸ πέτρας) τοῖς τῆς Πανθίας κατεθρύπτετο καὶ θρήνοις καὶ στεναγμοῖς, καὶ ἦν
30 ἐξ ἀνδρῶν καὶ γυναικῶν ξύμμικτος ἡ βοή· αἱ μὲν γὰρ δὴ γυναῖκες τῇ Πανθίᾳ ξυνεθρήνουν καὶ ξυνεκόπτοντο, οἱ δ' ἄνδρες ἐξεπλήττοντό τε καὶ κατεπλήττοντο· καὶ οἱ μὲν ἀπαίσιον κατεφιλοσόφουν τὸν οἰωνὸν, οἱ δ' αἰ- σιώτατον· ἦσαν δὲ καὶ παρ' οἷς καὶ τὸ πρᾶγμα τυχηρὸν
35 ἐλογίζετο· οὕτω μὲν οὖν τὸ πλῆθος ὡς καὶ τὴν γλῶτταν καὶ τὴν γνώμην εἶχον ξύμμικτον καὶ διάφορον. Μήτηρ δέ μοι Διάντεια σὺν πατρὶ Θεμιστεῖ τὴν Πανθίαν περιχυθέντες περὶ τὴν ἡμετέραν εἶλκον οἰκίαν, καὶ ταῦτα μὴ θέλουσαν· ἐγὼ δὲ καὶ Κρατισθένης (παρὴν γὰρ
40 καὶ αὐτὸς) τὸν Σωσθένην μεθείλκομεν, καὶ περὶ τὴν οἰκίαν γεγόναμεν, καὶ πρὸ τῶν πυλῶν τὴν Ὑσμίνην δακρύουσαν εὕρομεν· προδραμοῦσα γάρ τις παιδίσκη, ταύτῃ τὸ πᾶν ἀνεξίδαξε. Καὶ πάλιν θρῆνος ἦρτο καὶ κωκυτός· ἡ μὲν γὰρ δὴ μήτηρ ὡς ἐπὶ θυγατρὶ ὀκνούσῃ
45 τὸν θρῆνον ἐξήγειρεν, ἡ δέ γε θυγάτηρ ἐπὶ μητρὶ θρηνούσῃ πικρὸν ἀντῳδύρετο. Καί μοι πατὴρ Θεμιστεὺς καὶ μήτηρ Διάντεια περὶ τὸ δωμάτιον τὰς γυναῖκας εἰσάγουσι, τὸν κοπετὸν κατευνάζουσι.

12. Ἐγὼ δὲ καὶ Κρατισθένης περὶ τοὐμὸν γεγονότες
50 δωμάτιον, τὰ μετὰ τὴν Αὐλίκωμιν ἐκοινούμεθα· ὡς ἐπὶ τὸ δεῖπνον κατὰ μέτωπόν μου τὴν Ὑσμίνην ἡ τάξις ἐκάθισεν, ὡς ἔγωγε τὸ πόμα λαβὼν καὶ μόνον ἐγγίσας τοῖς χείλεσι, πρὸς τὸν δόντ' ἀντιδέδωκα, τὴν Ὑσμίνην εἰπὼν ὀφείλειν μου προπιεῖν, καὶ ὁ Κρατι-

et impetu erumpens exta abripuit omnesque aris adstantes conturbavit. Stetit igitur Sosthenes exterritus et amens ; Panthia vero humi prostrata, manibus caniciem trahens et caput denudans clamabat : « Jupiter pater, miserere cani- « tiei meæ et juventutis filiæ : hæc mihi solatium et « levamen, generisque spes; mihi gaudium est in quo « omnium senectutis malorum obliviscor : a mea igitur « filia infelicissimum illud omen procul averte. Jupiter « Patrie, ne tu mihi eruas oculos, ne lumen meum exstin- « guas, ne aristam radicitus evellas, ne universæ familiæ « decus abscindas. O me infelicem matrem, infelicem « propter sacrificium, propter omen infelicem ! Aulico- « mide, ex patria mea, pulchræ puellæ mater veni, nunc « Eurycomide mater miseranda adsum. Ecce virginem « Hysminen quidem meam quam nuptiali mundo ornare « parabam, nunc uti fato functam lugeo et viventem defleo. « Occidisti, Hysmine, lumen oculorum meorum; non « hymenæum tibi sed lugubrem næniam cantabo. Non « tibi facio nuptiali latice, sed manibus tuis inferias pro- « fundo, et ita, quod reriverbio jactatur, carbones thesauri « loco inveni. »

11. Hæc dicens Panthia luctu gemituque aram implevit, continuoque genas radens, ac vestem scindens, et infesto lapide pectus verberans, solo caput applausit. Hoc Panthiæ luctu gemituque attrita fuit populi multitudo (nec enim ex quercu aut lapide fuit), confususque hominum et mulierum clamor exortus est : mulieres enim cum Panthia lugere et manibus pectora tundere; homines autem territos et conterritos stare, modo dirum omen, modo faustissimum arbitrari ; erant et quibus res fortuito accidisse videbatur : ita tantæ multitudinis uti varii sermones, sic diversa et commista sententia fuit. Diantea vero mater cum patre Themisteo Panthiam amplexi domum invitam reluctantemque traxerunt ; ego vero et Cratisthenes, qui aderat, Sosthenem abstraximus et ædibus proximantes, Hysminen ante januam lacrymantem offendimus : eam enim præcurrens ancilla rem totam edocuerat. Exinde redintegratus luctus; mater enim tanquam si filia mortua esset lacrymas excitabat; filia vero lacrimabundam matrem imitabatur. Itaque Themisteus pater et mater Diantea planctu, uti poterant, sedato, illos cubiculo reddiderunt.

12. Ego quoque cum Cratisthene in cubiculum meum irrupi. Ibi demum singula, quæ post Aulicomidem relictam mihi evenerant, recensuimus : ut in convivio adversa Hysmine collocata fuit, ut acceptum poculum extremis labellis continens Cratistheni reddidi, Hysminen prima bibere debuisse dictitans; ut idem Cratisthenes (hic

σθένης (οὗτος γὰρ ἐξ ἐπιταγῆς τοῦ πατρὸς ᾠνοχόευε) πρὸς τὴν Ὑσμίνην ἐκόμισεν, ὡς ὅλαις ἡ κόρη τοῦτο χερσὶν ὑπεδέξατο, ὡς εὐχαρίστησε τῷ σχήματι, ὡς ἐπὶ δευτέρῳ πόματι Κρατισθένης τὴν κόρην μου προ-
5 κιρνᾷ, ὡς αὕτη μικρὸν ἐκροφήσασα, τὸ πᾶν ἀντιδέδωκε, κἀγὼ τὴν διψῶντα σχηματισάμενος, τῶν τοῦ Κρατισθένους μεθειλκυσάμην χειρῶν τὸ ποτήριον, καὶ τἄλλ' ὁπόσα ξυμπίνοντες ἐρωτικῶς κατεπαίζομεν· τὴν τῶν πατέρων καὶ τῶν μητέρων ἡμῶν πρὸς τὸς βωμὸν
10 ἐπὶ θύμασιν ἀναχώρησιν, καὶ τὰ περὶ τὴν κλίνην τῆς κόρης ἡμέτερα παίγνια, καὶ τὰς ξυνθήκας ὅσας ἐρωτικῶς ξυνεθέμεθα, τὴν ἐπὶ τῷ δευτέρῳ δείπνῳ τοῦ Σωσθένους γλῶτταν, ὡς θύσει τοὺς γάμους τῇ θυγατρί, ὡς τὸν ἐμὸν πατέρα κἀμὲ πρὸς αὐτοὺς τοὺς γάμους
15 ἐπὶ τὴν Αὐλίκωμιν προσαγεκαλέσατο, τὴν ἡμετέραν ἐπὶ τῷ παραδόξῳ τοῦ ῥήματος ἔκπληξιν, καὶ τἄλλ' ὁπόσα περὶ τὴν τράπεζαν, τὴν ἐπὶ δευτέροις τούτοις θύμασι τοῦ Σωσθένους καὶ τῆς Πανθίας πρὸς τὸν βωμὸν ἀγρύπνησιν, τὴν μόνωσιν τῆς παρθένου, τὰ
20 περὶ τὴν κλίνην ταύτης ἡμέτερα δάκρυα, καὶ τέλος τὰς ξυνθήκας ἃς ξυνεθέμεθα θεοὺς αὐτοὺς διαμαρτυράμενοι.

13. Καὶ ὁ Κρατισθένης· « Αἰσιώτατόν σοι τὸν οἰω-
« νὸν προμαντεύομαι, τῷ δ' ἐπ' Αὐλίκωμιν τῆς Ὑσμί-
25 « νης νυμφίῳ καὶ λίαν ἀπαισιώτατον· Εἰ γοῦν καὶ Ζεὺς
« αὐτὸς σὴν ἁρπαγὴν ὑπαινίττεται, καὶ οἷον ταύτην
« κατεπισκήπτει σοι, τί μέλλεις; τί δ' ἀναδύῃ; » Ἐγὼ
δὲ πρὸς αὐτόν· « Ἐν ξυμφοραῖς, κατὰ τὴν τραγῳδίαν,
« φίλοι σαφέστατοι· καί μοι διασκόπησον τὰ τοῦ πράγ-
30 « ματος. » Καὶ ὁ Κρατισθένης· « Ἐγώ σοι καθυπηρε-
« τήσω τῷ δράματι. » Καί, « Χαίροις » εἰπὼν μοι, περὶ τὴν διασκευὴν τοῦ πράγματος ᾤχετο· κἀγὼ περὶ τὸ δωμάτιον γέγονα.

14. Ἔνθα μοι πατὴρ καὶ μήτηρ ξὺν Σωσθένει καὶ
35 Πανθίᾳ, καὶ τῇ κόρῃ, τὰ περὶ τὸν βωμὸν καὶ τὸ θῦμα διελογίζοντο, καὶ τῆς παρθένου πρὸς τὴν μητέρα λεγούσης ἀκήκοα· « Ἱκανά σοι, μῆτερ, κατευνάσαι τῆς
« ψυχῆς τὸ κλυδώνιον, τὰ παρὰ Θεμιστέως καὶ Διαν-
« τείας εἰρημένα σοι, μὴ πιθανότητος ἀλλ' ἀληθείας
40 « ἐχόμενα· σὺ δ' ἵνα τί καὶ πάλιν οὕτως ὅλη γίνῃ τοῦ
« πράγματος, καὶ ὅλην ἑαυτῇ καταθρύπτεις τοῖς ὀδυρ-
« μοῖς; Ζεὺς ἀνανεύει τὸν γάμον, οὐ βούλεται νυμφα-
« γωγηθῆναί με· τοῦτο φῇς τὸν ἀετὸν ὑπαινίττεσθαι
« τῆς τοῦ Διὸς προμηθείας, τῆς τούτου φιλανθρωπίας.
45 « Σὺ δ' εἰ βούλει νυμφαγωγηθῆναί με, καί μοι τελε-
« σθῆναι τὸν γάμον, ἀπαίσιον· Τί, μῆτερ, θρηνεῖς
« ἀφ' οὕτω καλῷ Διὸς οἰωνῷ; » Καί μοι πατὴρ Θεμιστεὺς τὴν παρθένον ἐπῄνεσε λέγων· « Εὖγέ σοι τῆς
« συνέσεως, κόρη, καὶ τῆς γλώσσης ὑπέρευγε. » Καὶ
50 πρὸς τὸν Σωσθένην φησίν· « Εἰ δοκεῖ, γενώμεθα καὶ
« περὶ τὴν τράπεζαν· Διασίων καιρός, σεβασθῶμεν
« τὴν ἑορτήν, ἵν' ᾖ καὶ Ζεὺς ἡμῖν εὐμενέστερος. Με-
« τάσχωμεν τροφῆς, συμμετάσχωμεν ὕπνου· ἤδη καὶ
« νὺξ ἐγγὺς ὁ τῶν θυμάτων καιρός, ἐπὶ τὸν βωμὸν

enim patris jussu vinum praebebat,) ad Hysminen detulerit; ut illa ambabus excipiens gestu nutuque gratiam habuerit; uti secundam potionem sibi a Cratisthene postea traditam tantillum minuens totam reddiderit, quam ego, silibundum me fingens, ex manibus Cratisthenis corripui, et caetera quae compotantes amatorie lusimus. Nec omisimus parentum, uti sacrificarent, abscessum, liberiores juxta puellae lectulum jocos, et in quae amoris pacta convenimus; uti secundo convivio Sosthenes de nuptiis filiae nos monuit, ad easque patrem meum et me Aulicomidem advocavit; quantum inopinato sermone perculsi exhorruimus; mox secundum sacrificium, Sosthenis et Panthiae pervigilium in templo, puellae solitudinem, lacrymas nostras ad ejus lectulum, et quae demum pacta, numinibus invocatis, pacti sumus.

13. Tum Cratisthenes: « Faustissimum hoc augurium
« tibi vaticinor, sed illi qui Aulicomide vivit, Hysmines
« sponso, saevissimum. Si Jupiter raptum indicat, et tibi
« quodam modo jubet, quid moras nectis? quid times?
« — Mi Cratisthenes, respondi, in adversis, si tragico
« credimus, probantur amici; itaque tibi negotii totius cura
« incumbit. — Curabo, subjecit ille, operamque dramati
« polliceor. » Statimque vale dicto ad ejus apparatum festinavit, et cum me cubiculo immisi.

14. Ibi pater et mater, cum Sosthene Panthiaque et puella reputabant ea, quae ad aras inter sacrificandum acciderant, virginemque audivi matri dicentem: « Sufficiunt, mater, ea quae a Themisteo et Diantea dicta
« sunt, non solum verisimilia, sed vera, ad sedandos
« anxiae mentis tuae multiplices fluctus; quid igitur rursus
« per has curas animum versas? quid intempestivo te luctu
« crucias? Jupiter hoc matrimonium non probat, illud
« obire me renuit; hoc enim aquilam dialis providentiae,
« suique erga homines amoris indicium significaro dicis.
« Si tu vis me nubere et mihi has nuptias perfici, id infaustum erit. Quid, mater, luges in tam pulchro Jovis
« augurio? » Laudavit puellae verba Themistheus pater meus et prudentiam : « Macta esto prudentia et verbis, o
« Hysmine » Et ad Sosthenem conversus : « Quin etiam, si
« tibi videtur, mensis accumbamus: adest Diasiorum tempus, omni cultu festum prosequamur, uti propitius magis
« Jupiter faveat. Nunc cibus sumendus, et deinde somno
« indulgeamus, nam ingruit nox, et sacrificiorum hora
« quae nos ad aras vocat. » Ad haec Panthia, « Non am-

« ἡμᾶς συγκαλούμενος. » Ἡ δὲ Πανθία φησίν· « Οὐκέτι
« γένωμαι περὶ τὸν βωμὸν, οὗ θῦμα θύσω λαμπρὸν
« ὑψιπέτῃ ἀετῷ· ἅλις μοι τῶν θυμάτων, ἅλις μοι τῶν
« ὀρψίων, κόρος μοι τῆς ἀπευκταίας ταύτης οἰωνοσκο-
5 « πίας· κἂν ὁ θηριώδης ἐκεῖνος ἀετὸς καὶ ἀπαίσιος οὐκ
« ἐκορέσθη τοῖς θύμασιν, οὗτος ἀετὸς ἐκεῖνος, ὃς Προ-
« μηθέως ὀρύττει πλευρὰν, ὃς ὅλον ἧπαρ κατέφαγε,
« καὶ τὴν ἐμὴν ὅλην ταύτην γαστέρα παντελῶς κατο-
« ρώρυχεν καὶ τὰ σπλάγχνα κατεδηδόκει μου. » Καὶ
10 ὁ Σωσθένης· « Μὴ τὴν γλῶτταν προπετῶς οὕτω κίνει
« καὶ ἀναιδῶς, μή σοι καὶ Ζεὺς χολωθῇ. Πεισθῶμεν τῷ
« Θεμιστεῖ. » Καὶ πρὸς τὸν Σωσθένην ἡ Πανθία
φησί·

Σὺ μαλθακίζου, τὴν δ' ἐμὴν αὐθάδειαν
15   Ὀργῆς τε θρασύτητα μὴ 'πίπλησσέ μοι·

« ὅλα γὰρ τὰ σπλάγχνα μου καταπίμπραμαι. »

15. Μετὰ γοῦν δὴ πολλὰ τἂν μέσῳ, τράπεζα παρ'
ἡμῖν αὐτοσχέδιος εἰς τὸ δωμάτιον, τὰ δὲ περὶ τροφὰς
καὶ πόσεις ἀφιλότιμα καὶ λίαν ἀνέορτα. Παρὰ δὴ
20 μέσῃ ταύτῃ τῇ τραπέζῃ πάλιν ὁ καλὸς ἧκε Κρατισθέ-
νης, καὶ σὺν ἡμῖν κατεκλίθη κατὰ τὴν γῆν καὶ κατὰ
τοὺς λίθους, οἷς μάλα τηλαυγέσιν ἐκεκόσμητο τὸ δω-
μάτιον. Καὶ τέλος τὰ περὶ τὴν τράπεζαν καὶ δεῖπνον
ἐλάμβανεν, εἴ γε δεῖ τράπεζαν καὶ δεῖπνον ἐκεῖνα κα-
25 λεῖν· καὶ πάλιν ἐμὸς πατὴρ Θεμιστεὺς πρὸς τὴν Παν-
θίαν φησίν· « Ὡς μήτηρ μὲν σὺ, καὶ μήτηρ φιλόπαις,
« οὐχ ἧττον δὲ καὶ καλλίπαις· εἰρήσθω γὰρ, τἀληθὲς
« οὐκ ἀρνήσομαι. Ὡς δὲ καὶ γυναιξὶ δεινὸν, κατὰ
« τὴν τραγῳδίαν, αἵ δι' ὠδίνων γοναὶ, ὅλαι μητέ-
30 « ρες συμμαρτυρήσουσιν· ὅτι δ'

Ἀπλοῦς ὁ λόγος τῆς ἀληθείας ἔφυ,

« οἴδασι πάντες καὶ σύ· ἐπὶ γοῦν σῇ θυγατρὶ νυμφαγω-
« γουμένῃ πάντως τὰ θύματα τέθυται, ἃ πάντα Διὸς
« ἀετὸς ἀνηρείψατο. Εἰ μὲν οὖν ἀπαίσιος ὁ ἀετὸς καὶ τὸ
35 « σημεῖον οὐκ ἀγαθὸν, οὐκ ἀκριβὴς οἰωνοσκόπος ἐγώ·
« εἰ δ' ἀπαισιώτατόν σοι τὸ πρᾶγμα δοκεῖ, καὶ ὄντως
« ἐστὶν ἀπαισιώτατον, τοῦτο μᾶλλον ἡμῖν αἰσιώτατον·
« εἰ μὲν γὰρ μετὰ τὸν νυμφῶνα τὸ θῦμα, καὶ Ζεὺς
« ἀνανεύει τοὺς γάμους, καὶ τῷ ἀετῷ τὴν ἀνάνευσιν
40 « ὑπαινίττεται, οὐκ ἄκαιρόν σοι τὸ δάκρυον· τῷ γὰρ
« τοι Ἐπιμηθεῖ τὸ μεταμέλειν ἀνωφελὲς ἀφωσίωται.
« Εἰ δέ σοι πρὸ τοῦ γάμου τὸ θῦμα, καὶ ζητεῖς τὸ μέλ-
« λον μαθεῖν, καὶ Ζεὺς οὐκ ἐπιτρέπει τοὺς γάμους,
« καὶ λίαν εὐμενής σοι τῆς προμηθείας θεὸς, καὶ περὶ
45 « τὸ θυγάτριον εὐτυχεῖς, τί γοῦν ἐφ' οὕτω καλῷ Διὸς
« οἰωνῷ θρῆνον ἐγείρεις καὶ κωκυτὸν, εὐχαριστήριόν
« τι μᾶλλον θῦμα περιφανὲς ὀφείλουσα Σωτῆρι Διΐ,
« καὶ σῶστρα ταύτης τῆς σῆς θυγατρός; Μὴ γοῦν τῷ
« ῥυσαμένῳ σε καὶ κλύδωνος καὶ ἀδικίαν ἐπι-
50 « ἐγκαλέσῃς, ὅτι σοι τὸ ζῆν ἐχαρίσατο. »

16. Μόλις οὖν τοῖς τοῦ πατρὸς τούτοις λόγοις πει-
σθεῖσα Πανθία, καὶ μικρὸν ἀνενεγκοῦσα τῆς οἰμωγῆς,
ἀνακεκλίσθαι ξυνέθετο, καὶ πάλιν ἐπαγρυπνῆσαι τοῖς

« plius, inquit, ad aras ibo : non sublime advolanti
« aquilæ splendida sacra præbebo. Satis mihi sacrificio-
« rum, satis luctuum : jam sævæ istius aruspicinæ sa-
« tietas est; quod si ferox diraque illa volucris sacrificiis
« non satiatur, illa certo ipsissima est, quæ Promethei
« latus aduncis lacerans unguibus, jecur dilaniat, nam et
« ventris mei intima effodit, et viscera depascitur. » Et
tunc Sosthenes, « Abstineas, inquit, tam temere invere-
« cundeque verba profundere, ne succenseat Jupiter. Pa-
« reamus modo Themistheo. » Tunc Panthia ad Sosthe-
nem :

Tu mitis esto, neve pertinaciam,
Iramque mentis objice asperam mihi ;

« nam totis visceribus ardeo. »

15. Post multa ultro citroque dicta, extemplo mensa in
cubiculum allata est, et certe fercula vinumque ac omnia
sine apparatu minus festo conveniebant. Aderat et huic
mensæ et nobiscum humi accubuit formosus Cratisthenes
super splendidos lapides, quibus decenter stratum cubiculi
solum erat. Tandem mensa prandiumque, si quidem
illa his nominibus vocare licet, finem habuerunt. Tum
rursus Themisteus Panthiam sic compellat : « Tu te ma-
trem ostendisti imo matrem filiæ amantissimam, et vero-
« formosissimæ, nam veritatem, quam negare piaculum
« sit, fateri placet. Præterea, et omnes matres testantur,

Quam fœminis sit per dolores gignere
Sævum,

i tragœdiæ fidem habemus,

Et veritatis simplicia quam verba sint,

« tecum omnes norunt : tu propter igitur filiæ nuptias rem
« sacram perfecisti, quam omnem Jovis aquila diripuit.
« Utrum infausti quidpiam portendit, et omen malum sit,
« ego haud diserte vaticinabor; etenim si pessimum augurium
« videtur, et revera est, eo magis, quantum ad te pertinet,
« faustum habendum est; certe enim si post obitum, invito
« Jove, matrimonium sacrificavisses quod aquila tibi a Jove
« minus probari significaret, omnino non intempestive
« lacrymis indulgeres? nam Epimetheo inutiliter post
« eventum sapere concessum est a diis. Quod si ante
« connubium sacrificasti, casusque futuros rescire aves,
« et Jupiter nuptiis non assentitur, tibi propitius provi-
« dentia sua Jupiter favet, et quod ad filiam attinet, bea-
« ta es; quid ergo propter tam felix Jovis augurium luctum
« et ejulatum excitas, quum gratias agere satius est, deoque
« palam sacrificium liberationis filiæ tuæ debes? Noli igitur
« injustitiæ accusare eum, qui te et ab tempestate et ab
« igne eripuit, ideo quod vitam tibi largitus est. »

16. Vix istis sermonibus patris fidem habens, luctuum-
que paululum desinens Panthia, lectulo se tradere, rursus-
que in templo pervigilium agere consensit, et ita discessum

θύμασιν, καὶ οὕτως ἀπ' ἀλλήλων ᾠχόμεθα. Ὁ γοῦν Κρατισθένης ξὺν ἐμοὶ γενόμενος παρὰ τὸ δωμάτιον, πρός μέ φησιν· « Οὐκέτι σοι καιρὸς ἀναβολῆς· πάντα « γάρ σοι Ζεὺς σὺν ἡμῖν εὖ διέθετο, καὶ ναῦς ἡτοί-
5 « μαστο περὶ Συρίαν ἀπαίρουσα· καί μοι ξεῖνος πάτριος « Σύριος, ὃς ὑμᾶς ξεναγωγήσει καὶ φιλοτίμως καθυ-
« ποδέξεται. » Καὶ πρὸς τὸν Κρατισθένην ἐγώ· « Εἴπερ « οὐ κατέψευσαι τὴν φιλίαν, καὶ τὸν σὸν Ὑσμινίαν « φιλεῖς, καὶ ἄλλον κρίνεις σαυτὸν, συνεκπλεύσεις
10 « ἡμῖν. » Ὁ δέ μοί φησιν· « Ἐμοὶ δ' οὔποτε κατὰ νοῦν « γέγονε μὴ ξυνεκπλεῦσαι, μὴ ξυμπονῆσαί σοι, μὴ « ξυμπαθεῖν καὶ ὑπερπαθεῖν· χάρις δ' ἔστω σοι, τὸ « μηκέτι πρὸς ἀναβολὰς χωρεῖν μοι τοῦ πράγματος. » Ἐγὼ δὲ πρὸς αὐτόν· « Σὺ μὲν εἰ βούλει, γενοῦ μοι περὶ
15 « τὴν θάλατταν, καὶ τὰ περὶ τὴν ναῦν διακόσμησον· « ἐγὼ δ', ἡνίκα θυμάτων καιρὸς, καὶ Σωσθένης καὶ « Πανθία περὶ τὸν βωμὸν καὶ τὰ θύματα ξὺν τοξεύσιν « ἐμοῖς, περὶ τὴν κόρην γενόμενος, τὸ πᾶν ἐκκαλύψω « τοῦ δράματος. Σὸν δ' ἔργον ἔσται διασκοπεῖν τὸν και-
20 « ρὸν, καὶ ἡμᾶς περὶ τὸν λιμένα καὶ τὴν ναῦν συγκα- « λέσασθαι. »

17. Ὁ μὲν οὖν δὴ Κρατισθένης ἐξῆλθε τοῦ δωματίου, ἐγὼ δ' ὅλος ἐπὶ τὴν κλίνην ἀνακλιθεὶς, ὅλας εἶχον λογισμῶν θαλάσσας ἐπικλυζούσας μου τὴν ψυχήν, καὶ
25 ὡς ναῦς ἐν σάλῳ κατεκυματούμην καὶ κλύδωνι, ἠνιώμην, ἔχαιρον, ἐδειλίων, ἐθάῤῥουν, ὅλος ἤμην ἡδονῆς καὶ φόβου μεστός· τὸ μὲν γὰρ ἐπιτυχεῖν σφόδρα μου κατέσαινε τὴν ψυχὴν, τὸ δ' ἀποτυχεῖν καὶ λίαν κατέσειεν.

30 18. Ἐν μέσοις δὴ τούτοις τοῖς κύμασιν, ἐν ὅλαις θαλάσσαις καὶ κλύδωσι, ὕπνος μου τοὺς ὀφθαλμοὺς περικέχυται, καὶ πλῆθος οὐκ εὐαρίθμητον ὁρῶ περὶ τὸ δωμάτιον νεανίσκων καὶ παρθένων ἐστεφανωμένων ῥόδῳ τὰς κεφαλὰς, τὰς χεῖρας ξυνδουμένων ἀλλήλοις
35 οἷα σειρᾶν, καὶ μέλος ᾀδόντων οἷον Σειρῆνες ᾄδουσι· καὶ ἦν τὸ μέλος Ἔρωτος ὕμνος καὶ Ἀφροδίτης ἐγκώμια· τὸ δ' ᾆσμα καθ' ὑμέναιον ᾔδετο, καὶ οἷον ἐπὶ παστάσιν ᾄδουσιν Ἔρωτες. Τὸ μὲν οὖν δὴ πλῆθος ᾖδε τὸ μέλος, καί μοι τὴν ψυχὴν ἡδονῆς ἐπλήρου καὶ χάριτος ἐρωτι-
40 κῆς, καὶ ἤμην ὅλος ἔρως ὡς ἐκδεβακχευμένος ἐξ ἔρωτος. Ἐν μέσῳ τούτῳ τῷ συμμίκτῳ χορῷ τῷ λαμπρῷ, τῷ χαρίεντι, ἐν μέσοις στεφάνοις, ἐν μέσαις ᾠδαῖς, ἐν μέσοις ἐρωτικοῖς μελῳδήμασιν ἐγὼ καὶ πάλιν ἐκεῖνον τὸν ἐφ' ὑψηλοῦ τοῦ δίφρου καθήμενον Ἔρωτα βασιλι-
45 κῶς ἐσταλμένον, καὶ τὴν Ὑσμίνην τῆς χειρὸς μεθελκόμενον· ἐγὼ δ' ὅλως ἐξεθαμβήθην ὑπὸ τῆς ὄψεως καί μοί φησιν· « Ὑσμινία, ἰδοὺ τὴν Ὑσμίνην ἔχεις, » καὶ τὴν χεῖρα ταύτης τῇ δεξιᾷ μου χειρὶ παραθεὶς, ἀπέπτη μου τῶν ὀφθαλμῶν, καὶ τοὺς ὕπνους ξυμμεθελκόμενος.

est. Cratisthenes igitur cubiculo mecum redditus, « Rumpe « moras, inquit; omnia enim Jupiter tibi recte industria mea « disposuit; et navis, quæ mox in Syriam solvet, parata « est; et ego patrium hospitem Syrum habeo, apud « quem hospitabimini et qui vos splendide excipiet. — Mi « Cratisthenes, subjeci ego, si amicitiam non fingis, si « Hysminiam tuum diligis, si alium te ipsum existimas, « nobiscum navigabis. » Respondit ille : « Numquam mihi « in animo fuit non tecum navigare, non eosdem labores « exantlare, non eademque tecum omnia, majoraque « etiam pati; gratiamque tibi habeo, quod mihi in mora non « sis. » Ego autem, « Accede igitur mihi ad mare, in- « quam, si libet, omniumque curam habeas; ego vero « cum sacrificandi tempus aderit, Sosthenesque et Panthia « in sacrificando cum parentibus meis occupati erunt, vir- « ginem conveniam totiusque rei scenam illuminabo. Tibi « autem curæ erit temporis momenta arbitrari, nosque « opportune ad portum ac navem vocare. »

17. Sosthenes igitur cubiculo egressus est, ego autem lectulo me commisi, multiplici curarum salo animum inundante; ut enim fluctibus et tempestate navis agitatur, sic diversæ mentis variis jactabar discursibus, modo tristitia, gaudio, metu, confidentia agitatus, et modo voluptate ac timore plenus; nam uti voti compotem fieri me summopere oblectabat, ita in vado hærere valde me terrebat.

18. Dum hoc curarum æstu stringebar, in his cogitationum fluctibus et tempestatibus oculos somnus circumfundit, nec mora, cum innumeram adolescentum virginumque multitudinem redimitorum rosis tempora cubiculum meum stipantem video, omnes mutuo manuum vinculo connexos, carmen cantantes quod Sirenes cantant; eratque carmen Amoris hymnus, et Veneris laudes; cantumque hymenæi ad instar ciebant et qualem Amores ad thalamum cantare solent. Multitudo igitur carmen cantabat et animum implebat voluptate amatorioque lepore. Et eram totus amor, quasique amore debacchatus. Hujus in medio commixtæ splendidæque et venustæ turbæ, mediis in coronis cantibusque et modulaminibus, Amor excelso insidens currui, regioque habitu, Hysminen manu trahens, se mihi videndum præbuit, mirantique et oculorum aciis in illum attentius conferenti, « Hysminia, inquit, Hysmi- « nen habes, » et cum dicto, illa in dextram tradita, procul ex oculis somnosque secum trahens evolavit.

ΒΙΒΛΙΟΝ ΕΒΔΟΜΟΝ.

LIBER SEPTIMUS.

1. Οὕτω μὲν οὖν μοι τὴν Ὑσμίνην Ἔρως παρέσχετο, καὶ μεθ' ὕπνους ὅλην ἐδόκουν ἔχειν αὐτήν, καὶ ὅλον ἑώρων τὸν Ἔρωτα. Ἐπεὶ δὲ καὶ θυμάτων καιρός, καὶ πάλιν Σωσθένης καὶ Πανθία σὺν τῇ μητρί μου καὶ πατρὶ Θεμιστεῖ, τὴν περὶ τὸν βωμὸν ἐστέλλοντο καὶ τὰ θύματα περὶ τὴν Ὑσμίνην· καὶ περὶ τὴν Ὑσμίνην πάλιν ἐγὼ θύσων ὅλον ἐμαυτόν ἢ θῦμα τὴν Ὑσμίνην λαβεῖν ἐπιθυμῶν. Καὶ πάλιν φιλῶ ξυμπλεκόμενος, καὶ πάλιν ἀντιφιλοῦμαι καταπλεκόμενος. Καὶ πρὸς τὴν κόρην φημί· « Ἔρως τῇ χειρί μου ταύτῃ σε « παρατίθησι, καὶ Ζεὺς σὴν ἁρπαγὴν ὑπαινίττεται. » Ἡ δέ μοί φησι· « Σὺ δ' οὔτε Διὸς αἰνίγμασι πείθῃ, « καὶ τὴν ἐξ Ἔρωτος παρακαταθήκην οὐκ ἐθέλεις « τηρεῖν. Εἶδες τὸ θῦμα, τὸν ἀετόν· σὺ δὲ τὸν Δία « βούλει κατὰ μέτωπον στῆναί σοι, καὶ κατὰ στόμα « λαλῆσαί σοι; Καὶ πρὸς τὴν παρθένον ἐγώ· « Νῦν « ἐν ὀνείροις εἶδον τὸν Ἔρωτα τῇ χειρί σε κατέ- « χοντα, καὶ πρὸς τὴν ἐμὴν ταύτην παρατιθέμενον « δεξιάν. » Ἡ δέ μου τὴν δεξιὰν κατεφίλησεν, ἐγὼ δὲ καὶ τὴν ἑτέραν εὐθύς· καὶ ἦμεν πάλιν καταφιλοῦντες ἐρωτικῶς.

2. Ἡ δέ μοι κόρη φησίν· « Καλὰ μὲν, Ὑσμινία, καὶ τὰ φιλήματα, καὶ λίαν καλὰ καὶ γέμοντα χά- ριτος, ἀλλ' ἤδη πέρας ἔχει τὰ θύματα, καὶ πάλιν Ὑσμίνη πρὸς Αὐλικωμίδα· πρὸς δὲ ταυτηνὶ τὴν Εὐρύκωμιν ὁ καλὸς Ὑσμινίας μοι σύ, ὁ τῶν χαρί- των λειμών, τὸ τῶν ἐρώτων σίμβλον, ὁ τῆς ἐμῆς Ὑσμίνης δεσπότης. Ἀλλ' ὦ φῶς ἐμῶν ὀφθαλμῶν, ὦ καρδίας παραψυχὴ καὶ ψυχῆς πιραμύθιον, μή σοι λήθης πόμα κεράσοι, μὴ χρόνος, μὴ πραγμάτων μεταβολαί, μή, τοῦτο δὴ τὸ καὶ θανάτου πικρότε- ρον, παρθένος ἐξ Εὐρυκωμίδος. » Καὶ πάλιν ἐφίλει, καὶ πάλιν ἐδάκρυεν.

3. Ἐγὼ δ' ὅλην περιπλακεὶς τὴν κόρην καὶ ὅλον καταφιλήσας ἐρωτικῶς, « Τὸν Κρατισθένην, εἶπον, « οὐκ ἀγνοεῖς, τὸν ξυνεκπλεύσαντά μοι πρὸς τὴν πατρίδα « τὴν σὴν τὴν Αὐλίκωμιν; οὗτός μοι συμπατριώτης, « ἀδελφιδοῦς ἐμός, ἄλλος αὐτός. » Ἡ δέ μοί φησι. « Καὶ καθυπηρέτησα τούτῳ, καὶ τῇ χειρὶ ταύτῃ κε- « κέρακα. — Οὗτος δ', ἐγὼ πρὸς αὐτήν, καὶ ναῦν « ἡτοίμασε, καὶ τὰ περὶ τὴν ἡμετέραν φυγὴν διεκόσμησε « καὶ συνεκπλεύσει οὗτος ἡμῖν, καὶ ὅλῳ καθυπηρετή- « σει τῷ δράματι. » Καὶ ἡ κόρη τὸ στόμα μου κατεφί- λησε λέγουσα· « Καταφιλῶ σου τὸ στόμα καὶ τὴν γλῶσ- « σαν ἀσπάζομαι τὴν καλήν μοι ταύτην ἀγγελίαν « ἀγγέλλουσαν. »

4. Καὶ πάλιν πρὸς τὴν παρθένον ἐγώ· « Ἰδοὺ καὶ « Ζεὺς καὶ μέγας Ἔρως αὐτὸς τῇ χειρί μου ταύτῃ σε « παρατίθησι· τί γοῦν μὴ τὴν βότρυν τρυγῶ πεπαν- « θέντα καὶ ὅλον ὑποπερκάσαντα; τί μὴ τὸν στάχυν « θερίζω κεχυρότα πρὸς γῆν; Καί τι δρᾶν ἐπεγεί-

1. Ita mihi Hysminen Amor tradidit, quam somno recussus etiam habere, ipsumque Amorem oculis arbitrari videbar. Venit interim sacrorum hora, rursusque Sosthenes ac Panthia cum matre mea et Themisteo patre ad aras, ut pro Hysmine operarentur, profecti sunt; et ego rursus ad Hysminen, aut totum me sacrificaturus, aut illam victimam accepturus. Statimque eam complexus deosculor et me complexa deosculatur. Tunc puellam affatus : « Amor, inquam, te in has manus tradidit, et Jupiter « ipse raptum omine firmavit. — Tibi vero, respondit illa, « neque Diali augurio obtemperas, neque depositum ama- « torium servare cupis. Vidisti sacrificium, et aquilae « prodigium ; tune Jovem coram te stare exoptas, et ore « tibi loqui? » Et ego ad virginem conversus, » Prorsus « ego, inquam, in somnis Amorem vidi, qui te manu quum « teneret, in hanc meam dextram te tradidit. » Prona autem in eam Hysmine suavium impressit , in alteram autem ego basia statim regessi et amatorie vicissim mutua oscula libavimus.

2. Virgo autem sic loquuta est : « Dulcia, Hysminia, quae « pangis basia, imo dulcissima et Venere plena, sed jam sa- « crorum finis, jamque Aulicomidem reditura sum; tuque in « ista Eurycomide mihi manebis, pulcher Hysminia , tu « Hysmines tuae dominus, Charitum pratum, examen Cu- pidinum. Sed o meorum oculorum lumen, o cordis refri- « gerium et solatium animi, ne tibi oblivionis poculum « misceat tempus, aut rerum versabiles motus, aut, quod « ipsa morte amarius esset, virgo ex Eurycomide. » Rursusque mihi oscula impressit , et iterum lacrymas effudit.

3. Ego autem eam complexus suaviisque dulcissimis ingestis, « Tune, inquam, Cratisthenem novisti qui mecum « ad patriam tuam navigavit ? ille eadem oriundus patria, « consobrinus meus, et mihi quasi alter ego. » Illa vero, « Et illi, inquit, ministravi et hac manu vinum miscui. « — Is, inquam, et navem paravit omniaque fugae neces- « saria adornavit; ipse nobiscum navigabit et rebus nostris invigilabit. » Et suaviata est loquentis os virgo dicens : « Osculor istud os et istam linguam, et illum qui « tam lepidum mihi nuntium nuntiavit.»

4. Et ego iterum virginem alloquens, « Ecce, inquam, « pridem est quum Jupiter Amorque omnipotens te in « meam convenire manum voluerunt; quid igitur matu- « ram suoque livore pubescentem uvam decerpere, quid « spicam ubertate incurvescentem demetere obstat? » Et

ρουν ἐρωτικώτερον, καὶ ὅλος ἤμην ἐπὶ τῷ ἐγχειρή- ματι, θλίβων, φιλῶν, ξυμπλεκόμενος, θρασυτέραν ἔχων τὴν χεῖρα, καὶ τἄλλα πράττων ὅσα καθυπηρε- τοῦσι πρὸς ἔρωτα. Τὴν δ' Ὑσμίνην οὐκ ἔπειθον,
5 « Οὐ πείσαις, οὐδ' ἢν πείσῃς με, λέγουσαν, οὐδὲ « γὰρ κλέψω τὸν γάμον, ὅν μοι Ζεὺς ἐχαρίσατο.

5. Ταῦθ' ἡμεῖς ἐρωτικῶς ἐμαχόμεθα, καὶ παίζον- τες ἐσπουδάζομεν· καὶ ὁ Κρατισθένης περὶ τὴν πύλην γενόμενος, « Ὑσμινία, » φησίν· ἐγὼ δὲ πρὸς τὴν κόρην,
10 « ὁ Κρατισθένης, » φημί· τὴν γὰρ ἀκοὴν ὅλην εἶχον ἀπηωρημένην τῆς τοῦ Κρατισθένους φωνῆς· καὶ ὀφ- θαλμοὶ μέν μοι καὶ χεῖρες πρὸς τὴν παρθένον, ὁ δέ γε νοῦς πρὸς αὐτόν. Καὶ σὺν τῇ παρθένῳ τῆς κλίνης ἀνέ- στημεν ἐξ αἰδοῦς καὶ χαρᾶς· καὶ περὶ τὴν πύλην γε-
15 νόμενοι, « Χαίροις, » τῷ Κρατισθένει φαμέν· ὁ δὲ, « Οὐχ ἕδρας, φησὶ, καιρός· περὶ τὸν λιμένα γενώ- -α μεθα, τῆς νεὼς ἐπιβῶμεν, ἀποδῶμεν τῆς Εὐρυχώ- « μιδος. »

6. Ταῦτ' εἶπε, καὶ κατήρχετο τῆς ὁδοῦ, καὶ ἡμεῖς
20 ξυνειπόμεθα· καὶ δὴ περὶ τὸν λιμένα γενόμενοι, καὶ τὰς χεῖρας ὅλας πρὸς αὐτὸν ἀνατεινάμενοι τὸν λαμ- πρὸν οὐρανὸν, « Ζεῦ πάτερ, ἐλέγομεν, σοὶ καὶ τοῖς « σοῖς αἰγίγμασι καθυπείξοντες ταύτην στελλόμεθα. « Σὸς παῖς ἡμᾶς Ἔρως πολιορκεῖ, καὶ πατρίδος ἡμῶν
25 « ἐφέλκεται λάφυρον. Σὺ δ', ὦ Πόσειδον, ἐκ μετα- « φρένου πνεῦσον, μὴ κατὰ μέτωπον· μὴ πρὸς πνεῦμα « πανευδίοις ἀντιπνεύσοις Διὸς, μὴ πρὸς Ἔρωτος ζέ- « φυρον, οἷς ἡμεῖς εὐκραῶς περὶ τὸν λιμένα γεγόνα- « μεν. »

30 7. Ταῦτ' εἰπόντες καὶ τῆς νεὼς ἐπιβάντες, ἐξουρίας ἐπλέομεν· ὁ γὰρ δὴ τὰ πρῶτα γλυκὺς Ποσειδῶν, ὅλος ἀπὸ πρύμνης ἐξέπνευσε· καὶ τὸ ἱστίον κατακυρτώσας, καὶ πτερώσας τὴν ναῦν, μεθ' ἡδονῆς ἡμᾶς μετεκόμιζεν. Ἐγὼ δ' εἶχον κλίνην τὴν ναῦν, καὶ στρωμνὴν τῆς
35 παρθένου τὰ γόνατα, καὶ ὅλος ἀνακλιθεὶς οὕτως ἡδέως ὕπνωττον, ὡς οὐδέποτε, νὴ τὸν Ἔρωτα· ἡ δέ μοι παρ- θένος κατεπιθεῖσά μοι τὸ στόμα τῷ στόματι καὶ τοῖς ὀφθαλμοῖς καὶ τοῖς χείλεσιν, ἀψοφητὶ κατεφίλει με, καὶ ἦν ἡ ναῦς παρ' ἡμῖν καὶ παστὰς καὶ κλίνη, καὶ
40 στρωμνὴ καὶ δωμάτιον. Οὕτως Ἔρως εἰς ψυχὴν ἐμπεσὼν καὶ ὅλην καταδουλώσας αὐτὴν, τῶν μὲν ἄλ- λων πάντων πείθει καταφρονεῖν, ὅλην δὲ πρὸς ἑαυτὸν μεθαρμόζεται.

8. Οὕτω μὲν οὖν εἶχε τὰ τῆς νυκτός· ἐπεὶ δ' ὑπὲρ
45 γῆν ὁ ἥλιος γέγονε, καὶ νὺξ οὐδαμοῦ, πνεῖ καὶ Ποσει- δῶν κατὰ μέτωπον, καὶ ὅλος ἐκ πρώρας ἡμῖν κατ- αντίκρυς ἀντιπνεῖ, καὶ ὅλην τὴν ναῦν φιλονεικεῖ κατα- δῦσαι τοῖς κύμασι, καὶ ὅλην εἰς βυθὸν ἀγαγεῖν ξὺν αὐτοῖς πλωτῆρσι, ξὺν αὐτῷ φόρτῳ, ξὺν αὐτοῖς σύμβολοις
50 Ἔρωτος, ἃ, μεστὰ μέλιτος ἐρωτικοῦ, τὴν καλὴν εἶχεν Ὑσμίνην καὶ τὸν Ὑσμινίαν ἐμέ, κἂν Ποσειδῶν ἀντὶ μέλιτος ἀψινθίου πληροῦν ἀντεμάχετο. Ἀλλ' ὦ κλύ- δωνος ἐκείνου καὶ ναυαγίου διπλοῦ! Ἡ μὲν ναῦς ταῖς τῶν πνευμάτων ἀντιπνοίαις κατεῤῥιπίζετο, καὶ τοῖς

cum dicto solidiorem auferre voluptatem tentabam totusque incoepto incumbebam; jamque inter compressiones amplexusque et basia audacior facta erat manus, et caetera quae ad Amorem prosunt tentabam. Hysminen autem non persuasi. « Non me persuadebis quamvis persuadeas, in- « quit; neque fraudabo matrimonium, quod mihi Jupiter « largitus est. »

5. Hanc pugnam amatorie pugnabamus, immo serio ludebamus, quum ad januam adstans Cratisthenes, « Hys- « minia, » inquit. Ego autem puellam alloquutus, « Adest « Cratisthenes, » inquam. Etenim aures meae de Cratisthe- nis voce pendebant, oculos autem et manus ad virginem in- tendebam, occupata circa illum mente. Itaque ego et virgo inter gaudium pudoremque lecto excussi, illum salvere jus- simus. « Sedendi tempus minime est, respondit ille : pro- « peremus ad portum, statim, conscensa navi, Euryco- « midem relicturi. »

6. Dixit, et nos praeeuntem sequuti sumus; et ubi ad por- tum venimus, tunc manus ad caeruleum coelum tendentes, « Jupiter pater, inquiebamus, nos ominibus tuis obtempe- « rantes hanc agitamus fugam. Ecce quos Amor, filius « tuus, obsedit, tanquam spolium patria avertit. Tui au- « tem, Neptune, venti nos a puppi prosequantur, nec « nobis adversi obluctentur. Ne molles Jovis auras et » Amorum zephyros, quorum opera portu nunc prospere « potimur, repellere videaris. »

7. His dictis, navem conscendimus, quae prosperum primo cursum tenuit; etenim suavis Neptuni ventus a puppe flans velum incurvavit, navemque velut alarum remigio subvehens cum voluptate nos ferebat. Mihi lecti loco navis, stragulaeque virginis genua erant, in quibus re- cumbens dulces ut quum maxime, Amorem obtestor, som- nos carpebam. Virgo autem, ori, oculisque et labiis os suum imponens, me sine murmure deosculabatur, et erat nobis navis pro thalamo, toroque, stragulaque ac cubiculo. Ita quum illapsus Amor mentem sibi subesse cogit, cae- tera omnia contemnere docet et ad normam suam accom- modat.

8. Haec de nocte gesta sunt; verum ubi sol terris illuxit et nox undique refugit, ex adverso nobis ventum immittit Neptunus, qui nos a prora feriens contra debacchatur jamque navem fluctibus obruere et in maris profundum trahere certabat cum vectoribus, onere, sacroque Amorum alveari, quod, puro Cupidinum melle plenum, formosam Hysminen ferebat et me Hysminiam, quamvis Neptunus satageret illud absinthio pro melle implere. Sed proh foeda tempestas duplicis naufragii periculum ostendens! Navis enim ven-

37.

κύμασιν ἐπεκλύζετο, καὶ ἡμεῖς πάντες καὶ πρὸ τοῦ βυθοῦ τὴν ψυχὴν ἀπεφυσῶμεν τοῖς κύμασι, καὶ ἤδη ταύτην ἀπετιθέμεθα.

9. Ἡ δέ μοι παρθένος ὅλην ἑαυτὴν ἀπαιωρήσασα τῷ τραχήλῳ μου, ὀδυνηρότερον ἄλλο καὶ βιαιότερον ἐξήγειρέ μοι κλυδώνιον, ὅλας θαλάσσας δακρύων ἐκκενοῦσα τῶν ὀφθαλμῶν, καὶ ὅλον με κατακλυδωνίζουσα καὶ τῇ γλώσσῃ, καὶ τῇ περιπλοκῇ, καὶ τοῖς δάκρυσιν, « Ὑσμινία, λέγουσα, σῶζον Ὑσμίνην τὴν σήν· « πνεῦμα θρασὺ τῆς σῆς χειρὸς ἀφαρπάζει με· ἀπηνὲς « πνεῦμα σήν με λαμπάδα ταύτην ἐρωτικὴν ἀποσθέν- « νυσι· μέγα κῦμα θαλάσσης πῦρ ἐρωτικὸν ἐπικλύσαι « φιλονεικεῖ. Οὐ πατήρ, οὐ μήτηρ, οὐ πατρίς, οὐ τὰ « κατ' οἶκον λαμπρά, σῆς με φιλίας ἐστέρησε, καὶ « νῦν πνεῦμα καὶ κῦμα τῆς σῆς χειρὸς ἀφαρπάζει με. « Ἔρως ἀλλήλους ἡμᾶς ἐδουλογράφησε, καὶ Ζεὺς ἐν « θύμασι τὴν ἁρπαγὴν ὑπηινίξατο· ὁ δέ γε θρασὺς καὶ « ἄγριος Ποσειδῶν ὄρη κυμάτων ἐγείρει, καὶ πρὸς « αἴνιγμα Διὸς ἀντιπνεῖ, καὶ ὅλον δουλογραφεῖον « ἐρωτικὸν ἐκπλύνει τοῖς κύμασιν. Ἔφυγον τὸν πα- « τέρα, τὸ δὲ ναυάγιον οὐκ ἐξέφυγον· ἔλαθον τὴν « μητέρα, σὲ δέ, Πόσειδον, οὐ διέλαθον. Ἀλλ', ὦ « μῆτερ, νῦν προσφορώτατόν σοι τὸ δάκρυον· παρθέ- « νος τῶν σῶν ἀπεσυλήθην χειρῶν, καὶ παρθένος ἐς « Ἅδου μετακομίζομαι. Τοῦτό σοι καὶ ὁ ἀετὸς ὑπηνίτ- « τετο. Ναῦς μοι παστάς, κῦμα θάλαμος, καὶ « πνεύματος ἦχος ὑμέναιος, καὶ ἡ νύμφη παρθένος « ἐγώ. Ἀλλ', ὦ καινῆς ταύτης παστάδος! ὦ γάμου « πικροῦ! ὦ φυγῆς ὀλίας ἡμῶν! Καπνὸν φεύγοντες « εἰς πῦρ ἐμπεπτώκαμεν, καὶ πυρὶ τυραννούμενοι, « θαλάσσαις κατακλυζόμεθα. Ὦ τύχης ἡμῖν ἀπηνὲς « πνευούσης καὶ ἀγρίου, καὶ θανατούσης ἡμᾶς καὶ πυρὶ « καὶ τοῖς ὕδασι!

10. Ταῦτ' ἔλεγεν ἡ κόρη, καὶ τοὺς μὲν ὀφθαλμοὺς πρὸς τὰ τῆς θαλάσσης εἶχεν ἐρίζοντας κύματα, τὴν δὲ γλῶσσαν πρὸς τὸν βιαιότερον ἦχον τοῦ πνεύματος, καὶ πρὸ κλυδωνίου καὶ βυθοῦ καὶ θαλάσσης ὅλην μου κατεκλυδώνιζε τὴν ψυχήν. Ἐγὼ δὲ πρὸς αὐτήν· « Ὑσ- « μίνη παρθένε, ταύτην γάρ σοι τὴν κλῆσιν τὸ δαι- « μόνιον ἐχαρίσατο, εἰς κενὸν ἡμῖν καὶ φυγὴ καὶ τἄλλ' « ὁπόσα μάτην ἐμελετήσαμεν· ἐμέ δ' ὄντως Ἔρως « κατέπαιζε, καὶ τοὺς ὀνείρους, οὕς μοι κατέπλαττεν, « ὄντως ὀνείρους ὁρῶ καὶ ὕπνους σαφεῖς· ὅλους γὰρ « κρατῆρας πυρός, οὕς διὰ αὐτήν μοι μέσην καρδίαν « ἐξέκαυσε, κῦμα θαλάσσης κατασθέσαι φιλονεικεῖ. « Ἀλλὰ κἂν ὅλας θαλάσσας ἐξερεύξωμαι, οὐ κατα- « σθέσω τὴν φλόγα, ἣν περὶ τὴν ἐμὴν ταύτην ψυχὴν « Ἔρως ἐξ ὕλης Ὑσμίνης ἀνέφλεξε. Καὶ συμπλακη- « σομαί σοι, παρθένε, καὶ τοῖς κύμασι συστεφανωθή- « σομαι, ὑγράν σοι παστάδα πηξάμενος. Ἴσως καὶ « Ποσειδῶν ἐλεήσει τὴν ξυμπλοκήν. Ὄντως ναῦς αὕτη « νεκροπομπὸς ἐς Ἅδου μετακομίζουσα, ὄντως παστὰς « Ἀφροδίτης καὶ Περσεφόνης νυμφῶν, ὄντως μυθευο- « μένη Σειρήν. »

torum reflatibus jactata fluctibus immergebatur, et nos omnes, antequam gurgite immergeremur, animam fluctibus exhalabamus jam pridem depositam.

9. Virgo præterea collo meo ambabus implexa alio me violentiori magisque molesto æstu vexabat; etenim lacrymarum mare oculis fundens, verba inter et amplexus, suis me fletibus obruebat, « Hysminia, clamans, libera Hysminen « tuam, quam sævissimo audacissimi venti turbine e ma- « nibus tuis raptum iri vides. Immitis ille ventus me « tuam amoris facem exstinguit; immensus maris fluctus « amoris flammam immergere certat. Quam nec pater, « nec mater, nec patria, nec domesticæ fortunæ tua defrau- « daverant amicitia, illam modo ventus et æstus e mani- « bus tuis abripient. Amor nos invicem in servitutem asse- « ruit, et Jupiter ipse, dum res illi fieret, raptum subin- « dicavit; audax autem et sævus Neptunus aquarum montes « excitat Jovisque augurio pugnat, et amatoriæ servitutis « instrumentum fluctibus delet. Patrem fugere potui, nau- « fragium non effugi; matrem latui, te autem, Neptune, « nullo modo latere potui. Sed, o mater, nunc te quam « maxime decet lacrymas effundere : virgo ex manibus tuis « erepta sum et nunc virgo ad inferos transvehor. Hæc « tibi aquila significabat. Mihi pro geniali lecto navis, « pro thalamo unda, pro solenni hymenæi acclamatione « fluctuum sonitus est; ego autem virgo sponsæ vices « præsto. Sed, o insolentem thalamum! o amaras nu- « ptias! o miseram fugam nostram! Prorsus fumum fu- « gientes in ignem incidimus, a quo pessime excepti demum « fluctibus obruimur. O fortunam nobis sæve et atrociter « debacchantem, nosque morti, igne et fluctibus, traden- « tem!

10. Sic fatur puella, reluctantibus adversus fluctus maris oculis, linguaque adversus vehementiorem venti strepitum, meumque, ante tempestatem marisque æstus, animum immerserat. Respondebam tamen : « Hysmine « virgo (nec enim hanc appellationem tibi numen invidit), « decolavit spes fugæ, et quæcunque cogitavimus irrita « cedunt. Amor me ludum fecit, et somnia, quæ mihi « finxit, nugæ prorsus ac vera somnia fuerunt; igneos enim « crateras quos medio in corde mihi accendit, maris fluctus « restinguere satagunt. At quamvis maria omnia effun- « dam, non restinguam flammam quam Amor ex Hysmine « nutrimentum igni ministrante accendit. Et te complec- « tar, virgo, et tecum fluctibus coronabor, humido tibi « thalamo compacto. Forte et Neptunum complexus nostri « miserebit. Reipsa navis est cymba quæ mortuos ad « Plutoniam domum deducit, reipsa Veneris et Proserpinæ « thalamus, reipsa Siren adeo decantata. »

11. Ἡ δέ μοι κόρη φησί· « Παρὰ μητρὸς κατεπεγείρεταί μοι τὸ κλυδώνιον· χεῖρες μητρὸς ἐς οὐρανὸν αἰρόμεναι πρὸς βυθὸν ὠθοῦσιν ἡμᾶς, καὶ ὅλους καταποντίζουσιν. Ὦ γλῶσσα μητρὸς ἡμᾶς κατακλύζουσα! ὦ χεῖρες ἐκείνης ὅλας θαλάσσας ταύτας ταράττουσαι! ὦ ζέσις ψυχῆς ἐκείνης τὰς ἡμετέρας ταύτας παντελῶς καταψύχουσα! ἤδη γὰρ Ἄϊδαο, κατὰ τὴν ποίησιν, γευόμεθα κρυεροῦ. Ἀλλ', ὦ μῆτερ, ἐπίσχες τὴν γλῶσσαν, ἵνα καὶ Ποσειδῶν τὸ κλυδώνιον· σύσχες τὰς χεῖρας, ἵνα τῶν κυμάτων ἀπολυθῶμεν ἡμεῖς· φεῖσαι τῶν ἡμετέρων ψυχῶν· στῆσον τὸ δάκρυον, ἵν' ἐξάξῃς ἡμᾶς ἀπὸ ζάλης, ἀπὸ κυμάτων, ἀπὸ σάλου καὶ κλύδωνος. » Καὶ πρός με φησίν· « Ἰδού μοι τὰ τῶν συνθηκῶν πέρας δέχεται· σὺν σοὶ θανοῦμαι, τοῦτό μοι παραμύθιον· οὕτω μοι καὶ τὸ ζῆν ποθεινόν, καὶ τὸ θανεῖν οὐκ ἀνέραστον. Οὕτω μὲν οὖν ἡμεῖς καὶ πρὸ τοῦ θανάτου συναποθνήσκομεν, καὶ τὰς ψυχὰς πρὸς Ἅδην μεταδιδάζομεν, καὶ παρθένους ἐφυσῶμεν αὐτάς, ἐλευθέρας ἐξ ἀρετῆς καὶ δούλας ἐξ ἔρωτος, καὶ δοχεῖα μεστὰ τῶν ἔρωτος.

12. Ὁ δέ γε κυβερνήτης φησίν· « Ἄνδρες συμπλωτῆρες, ἄνδρες συγκλυδωνιζόμενοι καὶ συναποθνήσκοντες, τὸ πνεῦμα θρασύ, τὸ κῦμα πυκνόν, μέχρι νεφῶν ἀνυψούμενον. Τὸ ἱστίον διέρρηκται, τὸ σκάφος ὑδάτων θαλάσσης μεστόν, ἐμοὶ δ' οὐκέτι σθένος ἀντέχειν πρὸς τοσοῦτον ὄγκον θαλάσσης καὶ βιαιότατον πνεῦμα καὶ πνευμάτων ἀντίπνοιαν. Ἅλις μοι τῶν ναυαγημάτων. Ὅλος καθ' ἡμῶν Ποσειδῶν. Τί μή, κατὰ τὸν νηΐτην νόμον, χοὰς ἱκετηρίους σπενδόμεθα; καὶ κλῆρος ὁ νόμος, καὶ τὸ θῦμα κληρούμεθα; » Ταῦθ' ὁ κυβερνήτης ἔλεγε, καὶ λέγων ἐδάκρυεν· ἡμεῖς δ' ἐπὶ τὸν κλῆρον, κακῷ τὸ κακὸν θεραπεύοντες. Καὶ κλῆρος ἐπὶ τὴν Ὑσμίνην θανάτου, καὶ καινὸν πῦρ καὶ ἱερεὺς καὶ βωμὸς αὐτοσχέδιοι· ἡ θάλασσα πῦρ, καὶ τὸ κῦμα βωμός, καὶ ἱερεὺς ὁ καλὸς κυβερνήτης, ὁ τὸν νηΐτην νόμον τιμῶν, θῦμα δὲ (ἀλλὰ μή μοι, καρδία, ῥαγῇς) Ὑσμίνη παρθένος, ἣν ὅλην ξυμπλακεὶς καὶ περιπλακεὶς ὁ πολύτλας ἐγὼ πρὸς τὸν τοῦ σκάφους καταθέδην πυθμένα.

13. Ὁ δέ γε Κρατισθένης κατεδυσώπει τὸ ναυτικόν, « Φείσασθε, λέγων, κάλλους παρθενικοῦ καὶ νεότητος. » Ἀλλ' ἡ, κατὰ τὴν τραγῳδίαν,

Καὶ πυρὸς κρείττων ἀναρχία ναυτική

μικροῦ δεῖν καὶ τὸν Κρατισθένην παρεδίδου τοῖς κύμασι, καὶ τὴν Ὑσμίνην ἀπέσπα μου τῶν χειρῶν. Ὁ δέ γε κυβερνήτης ἐν ἀλλοτρίαις φιλοσόφων ξυμφοραῖς ἀπεφοίβαζε· « Καὶ Χρυσηΐς ἀπεσπᾶτο χειρῶν Ἀγαμέμνονος βασιλέως· ἀλλὰ καὶ μῆνις Ἀπόλλωνος ἐλάσσετο, καὶ λιμοῦ στρατὸς ἀπηλλάσσετο· τοίνυν καὶ ταύτην ἡμεῖς τῷ ἡμετέρῳ θεῷ καταθύσωμεν, καὶ ὅλην τοῖς κύμασι καταδύσωμεν, καὶ ψυχὰς ἡμετέρας ἀπὸ κλύδωνος σώσωμεν. »

11. Puella autem : « Hæc a matre, inquit, contra nos excitata tempestas insurgit ; matris protensæ ad cœlum manus nos in profundum æquor submergunt. O matris linguam nos submergentem! o matris palmas maria omnia conturbantes! o animæ illius furorem qui prorsus animas nostras frigore solvit! nam, ut poetæ loquuntur :

Orci jam gelidas ore bibimus aquas.

Sed, o mater, cohibe linguam, ut et Neptunus tempestatem cohibeat ; contine manus, ut fluctibus liberemur. Parce vitæ nostræ, et lacrymas siste, ut nos ab æstu, fluctibus, salo et jactatione eripias. » Et me alloquens : « Jam pacta nostra, inquit, finem accipiunt : tecum moriar, hocque saltem solatium mihi erit ; nempe quocum vivere dulce fuit, cum illo mori non injucundum est. Ita ante mortem commorimur, qui piorum sedibus animas restituimus virgineasque illas exhalamus, virtute quidem sua liberas, sed ab Amore domitas, et omnium quæ fundit Amor receptacula. »

12. Interim gubernator, « Viri, inquit, qui simul navigatis, fluctibusque jactati et morituri simul , incubuit mari violentior ventus ; furit crebra procella, et ad nubes usque tollitur. Jam, disrupto velo, plena mari scapha mergitur, nec tot et tantis aquarum molibus violentissimisque ventis et adversis ingruentium ventorum flaminibus resistere posthac valeo. Jam satis mihi naufragiorum. Totus contra nos Neptunus. Cur, secundum nauticas leges , solita supplicum libamina non fundimus? cur de sorte non lex est ? cur victimam non sortimur ? » Hæc gubernatore, lacrymis obortis, dicente, nos omnes malum malo, quod dicitur, sanantes, sortem occepimus. Cecidit sors mortifera super Hysminen, statimque insolens ignis sacerdosque et ara ex tempore parantur : mare ignis fuit, fluctus ara, sacerdos optimus ille gubernator, qui nauticam legem tuetur ; victima autem (ne tu, cor meum, rumparis) Hysmine virgo quam complexus et amplexus, ipse infelicissimus, navis me fundo credidi.

13. Interea Cratisthenes precibus omnes nautas fatigabat : « Parcite, dicens, virginis formæ ætatique. » Verum ut tragicus dixit,

Nautica vel igne fortior licentia,

Cratisthene pæne fluctibus mandato, Hysminen manibus meis avulsit. At gubernator in alienis calamitatibus philosophatus, tanquam Deo plenus, ita disseruit : « Et Chryseis Agamemnoni regi erepta Apollinis iram placavit, et ab exercitu pestem propulsavit. Nos pariter hac victima deo nostro faciamus et animas nostras a tempestate liberemus. »

14. Ταῦθ' ὁ μεγαλίστωρ κυβερνήτης ἐφ' ὑψηλοῦ καθήμενος ἐρητόρευεν· ἀλλ' οὐκ ἀπεσπᾶτό μου τῶν χειρῶν ἡ παρθένος· ἢ τὰν, ἢ ἐπὶ τὰν, ἐν ἀσπίδι γνωματευομένου μου, κατὰ Λάκαιναν· καὶ ἦν ὅλος ἄρης ἡ ναῦς, καὶ κλύδων πολυειδής. Ὁ μὲν δὴ τῆς θαλάσσης σάλος ἐφιλονείκει τὴν ναῦν εἰς βυθὸν καὶ πυθμένα θαλάσσης καταγαγεῖν· τὸ δέ γε ναυτικὸν ἐκ τοῦ πυθμένος τοῦ σκάφους καὶ χειρῶν τούτων ἐμῶν τὴν κόρην μεθείλκετο· αἱ δέ μου χεῖρες κατὰ τὴν Ἀβραδάτου τῇ κόρῃ συνείποντο, καὶ ὅλος ἐγὼ συμμεθειλκόμην τοῖς ἕλκουσι, καὶ κατεδυσωποῦμεν συμπαραδοῦναί με τῷ βυθῷ, καὶ συνθῦσαι τοῖς κύμασιν. Οἱ δ' ἐλεοῦντες ἐπείθοντο, ἢ μᾶλλον ἠλέουν μὴ πείθοντες· ἀλλ' ὁ τὰ πάντα σοφὸς κυβερνήτης καὶ πάλιν κατεφιλοσόφει, καὶ πάλιν κατεργητόρευε, « Ποσειδῶν, λέγων, τὴν κόρην ζητεῖ· ἐπὶ ταύτην δ κλῆρος· αὕτη θῦμα καὶ λύτρον τῶν ἡμετέρων « ψυχῶν· ἀποσπαθήτω τῶν τούτου χειρῶν, διαρραγήτω « τῶν ὠλενῶν, παραδοθήτω τῷ βυθῷ καὶ τοῖς κύμασι. »

15. Ἡ τοίνυν παρθένος ἀποσπᾶταί μου τῶν χειρῶν, ἀποδύεται τὸν χιτῶνα, καὶ ταῖς τοῦ κυβερνήτου χερσὶ γυμνὴ παρατίθεται· ὁ δὲ τὰ πάντα σοφὸς καὶ κυβερνήτης καὶ ἱερεὺς καὶ θύτης καινός, τὴν κόρην λαβὼν, καὶ ὅλους τοὺς ὀφθαλμοὺς τοῖς κύμασιν ἐμβαλὼν, « Τοῦτό σοι θῦμα, δέσποτα Ποσείδων, καὶ λύτρον, » εἰπὼν, (ἀλλὰ μή μοι τὸ τῶν ὀδόντων ἕρκος ἐκφύγῃς, ψυχὴ), τῆς νεὼς τὴν κόρην ἐξεσφενδόνησεν, καὶ ὅλην ἀφῆκε τοῖς κύμασιν· ἐγὼ δ' ὅλην τὴν φωνὴν καὶ αὐτὴν τὴν ψυχὴν συναφῆκα τῇ κόρῃ, καὶ ὅλην τὴν ναῦν ἐφιλονείκουν κατακλύσαι τοῖς δάκρυσιν, « Ὑσμίνη, λέγων, Ὑσμίνη. »

16. Ἡ δ' ὅλον ὥσπερ καταπιοῦσα τὸν κλύδωνα, καὶ ὅλας ἐξερευξαμένη θαλάσσας, καὶ ὥσπερ τις ἄμπωτις ὅλους ἀνέμους καταρροφήσασα, νηνεμίαν τῇ θαλάσσῃ παρέσχε, καὶ γαληνὴν ἐκ σάλου καὶ κλύδωνος· ἐμὴν δὲ ψυχὴν ὅλην κατεκύκα, καὶ ὅλην ἐτάραττε· καὶ τὸ μὲν δὴ ναυτικὸν σὺν τῷ κυβερνήτῃ ἐγλυκάζον ἔαρ ἐδρέποντο, καὶ ἡδονῆς ποτήριον ἔπινον ἐξ οὕτω πικροτάτου καὶ σάλου καὶ χειμῶνος καὶ κλύδωνος· ἐγὼ δὲ κόνδυ πικρίας, καὶ ἀψινθίου θαλάσσας ὅλας ἐμπεπωκὼς, καὶ ὅλας τοῦ στόματος ἐκκενῶν καὶ αὐτῶν ὀφθαλμῶν, ὅλην ἥμην κατακλυδωνίζουν τὴν ναῦν, καὶ ἄλλον σάλον ἐγείρων καὶ δεύτερον κλύδωνα· ὃν δὴ μὴ φέρων ὁ κυβερνήτης, ἀλλ' οἰωνὸν οὐκ ἀγαθὸν τὸν θρῆνον ἡγούμενος, περί τὴν χέρσον ἄγει τὴν ναῦν, καί με τῆς νεὼς ἐξεφόρτωσεν.

17. Ἐγὼ δὲ τῇ ψάμμῳ καὶ τῇ θαλάσσῃ παρακαθήμενος, ὅλην ἐξετραγῴδουν τὴν συμφορὰν, χοὰς ἐπιτυμβίους τῇ κόρῃ κατασπενδόμενος, « Ὑσμίνη, λέ- « γων, Ὑσμίνη, φῶς ἀπορρύεν μου τῶν ὀφθαλμῶν, « ὄρνις ἀποπτᾶσά μου τῶν χειρῶν· (ὢ ναυαγίου πι- « κροῦ καὶ κλύδωνος!) καὶ σὺ μὲν ἀπήχθης τῷ σάλῳ « καὶ τῷ ῥοθίῳ τοῦ κλύδωνος, ἐμοῦ δὲ καταβάπτισας « τὴν ψυχὴν ὅλαις θαλάσσαις κωκυτῶν περικλύσασα· « καὶ σὺ μὲν παρθένον ψυχὴν ἐφύσησας, ὅλη στεφανω-

14. Virgo interea nequaquam ex manibus meis eripiebatur. Nam *aut illam, aut cum illa*, clamabam ad Hysminen referens quam de scuto Lacæna protulerat sententiam ; et sic tota navis pugna erat ac multiplici tempestate jactabatur. Inde fervens æstu pelagus gurgitis profundo demersam navem absorbere certabat ; inde nautarum turba Hysminen ex manibus meis navisque fundo trahebat. Verum ego virgini adhærens, tanquam Abradatas Panthiæ, trahentesque tractus et ipse sequebar, hoc saltem precatus, uti me pariter profundo committerent, victimæque instar fluctibus immitterent. Jamque illos mei misertos persuasum iri credebam, imo tantum miserantes non persuadebantur ; ipse vero omnia doctus gubernator iterum philosophatus nautas sic alloquutus est : « Neptunus, inquit, vir- « ginem petit ; hæc sorte designata est ; hæc hostia, et vitæ « nostræ redemptio est ; itaque hujus a manibus brachiis- « que per vim avulsa fluctibus marique tradatur. »

15. Nec mora, quum abrepta virgo vestem exuta et nuda gubernatoris manibus traditur ; ille autem omnia sciens gubernator, sacerdos popæque insolens puellam prehendit et oculis fluctus emensus, « Hanc tibi, inquit, victimam, do- « mine Neptune, redemptionis nostræ pretium tradimus. » Et hæc dicens (ne dentium septo mihi effugias, anima), puellam ex nave jaculatus in mare præcipitem immisit. Ego autem, hærente voce, quasi cum puella depositus anima, navem lacrymis obruere conabar, Hysmines nomen ingeminans.

16. Illa interea tamquam epota omni aqua, absorptoque mari ac velut reciproco æstu subsidente, ventos inanimes exspirare fecit, subitaque tranquillitas post fœdam tempestatem repente fluctibus reddita fuit ; turbata autem mens animi tanto malo fluctuabat, dum nautæ cum gubernatore dulciferum ver quasi decerpebant et voluptatis poculo se proluebant ex tam sævis translati fluctibus, tempestatibus et æstu ; ego autem exhausto amaritudinis scypho totoque absinthii mari, quod ore oculisque postmodum redderem, navem inundaturus, alios æstus aliasque aquarum moles excitabam. Non tulit hæc gubernator, sed infestum sibi et suis omen arbitratus navi ad littus appulsa, me exoneravit.

17. Tum vero in littore maris sedens infortunium quod acciderat cruciabili voce repetens, ferales puellæ inferias libabam, « Hysmine, inquiens, Hysmine, lumen oculorum « meorum evanescens, avis e manibus avolans, (o nau- « fragium acerbum et miserandam tempestatem : o nau- « fragio serenitatem vel mihi acerbiorem !) tu salo et « furentium undarum impetu abrepta es, meum autem « animum luctus fluctibus submersum obruisti. Tu castis- « simum spiritum lacrymis coronata exhalasti : meo capiti

« θεῖσα τοῖς δάκρυσιν, ἐμοῦ δὲ τὴν κεφαλὴν καὶ τὴν
« ψυχὴν ἐλεεινῶς ἐστεφάνωσαν ὀδύναι καὶ γόοι καὶ
« δάκρυα· θάλαμός σοι καὶ τάφος ἡ θάλασσα, καὶ θα-
« λαμηπόλος ἐγώ· ἀλλ᾽ οὐκ ἐπιθαλάμιον ᾄσω σοι, οὐκ
5 « ἐπικροτήσω γαμήλια, ἀλλ᾽ ὡς ἐν κενηρίῳ τῇ ψάμμῳ,
« πικρὰς ἐπιθανατίους πλέξω σοι τὰς ᾠδὰς, καὶ ὅλον
« χόρον Νηρηΐδων συγκαλεσάμενος ὅλον κατατραγῳ-
« δήσω μου τὸ δυστύχημα· ὦ κῦμα θαλάσσης ὅλην
« μου καταπικραῖνον τὴν αἴσθησιν! ὦ κλύδων ὅλον
10 « νυμφῶνα καὶ νύμφην αὐτὴν κατεπικλύσας τοῖς κύμα-
« σιν! ὦ δυστυχημάτων ἐμῶν! ὦ τύχης ὅλης ἀντι-
« πνεούσης ἡμῖν! ὦ φαρέτρης ἐκείνης, ἥν μοι κατὰ
« καρδίας Ἔρως ἐκένωσε! φεῦ ἀφροδισίου πυρὸς, οὗ
« μοι κρατῆρας ὅλους Ἔρως ἀνῆκε κατὰ ψυχῆς! ἀλλ᾽,
15 « ὦ βασιλεῦ Ἔρως, πάντων θεῶν βιαιότερε, ὦ ψυχὰς
« κατατυραννῶν, ὦ βέλος πέμπων, καὶ τοῖς ὀφθαλ-
« μοῖς ξυνεφελκόμενος τὰς ψυχὰς, ὦ σπλάγχνα φλέ-
« γων, καὶ ὅλας καρδίας καταπιμπρῶν· ὦ βασιλεῦ
« ὀνείρων, εἰ δ᾽ οὐχὶ πάντων, ἀλλὰ μόνον ψευδῶν, οὗτος
20 « ὁ θρασὺς ἐλέγχει σε Ποσειδῶν· ὁπλίτην εἶδόν σε,
« καὶ τοῖς βέλεσι τέτρωμαι· πυρφόρον, καὶ ὅλην τὴν
« ψυχὴν καταπέφλεγμαι· πτερωτὸν, καὶ τὸ πτερὸν οὐκ
« ἐξέφυγον. Ἀλλ᾽ ἤδη σοι καιρὸς καὶ τῇ γυμνώσει
« τοῦ σώματος χρήσασθαι καθ᾽ ὅλης Ἀμφιτρίτης, κατὰ
25 « τοῦ Ποσειδῶνος αὐτοῦ· οὗτοι τὴν παρακαταθήκην,
« ἥν μοι παρέθου, βασιλεῦ, σεσυλήκασι· τὴν σὴν
« Ὑσμίνην, ἥν μοι παρέθου ταύτῃ τῇ δεξιᾷ, οὗτοί
« με τὸν θησαυρὸν εἰλήϊσαντο· σὺ δ᾽ ἀλλ᾽ ἀπόθου τὰ
« τόξα καὶ τὸ πῦρ καὶ τὸ πτερόν· εἰ δὲ μὴ βούλει,
30 « περίθου καὶ κατάβηθι πρὸς βυθὸν, καί μοι τὴν Ὑσμί-
« νην ἀνάγαγε, τὴν Ὑσμίνην, ἧς μόνης ἐπιμνησθείς,
« ὅλα πυρπολοῦμαι τὰ σπλάγχνα, καὶ ὅλην τὴν ψυχὴν
« κατακαίομαι· ἀλλ᾽ ὦ τῶν ἐν ὀνείροις τερπνῶν, τῶν
« φιλημάτων, τῶν ξυμπλοκῶν, τῶν περιπλοκῶν, καὶ
35 « τῶν ἄλλων πάντων ἐρωτικῶν! βαβαὶ τῶν ὀνείρων, οἷς
« ἠνδραπόδισμαι! ὄνειροι πάντες μοι ὕπνοι [καὶ] ὄντως
« κατάγελως· ὦ Ζεῦ θεῶν ἀληθέστατε, ὄντως σὺς οἰω-
« νὸς ἐκεῖνος ἀπαισιώτατος ὅλον μοι τὸ μέλλον τοῦτο
« καθαρῶς αἰνιττόμενος· ἰδοὺ γὰρ Ὑσμίνη παρθένος
40 « ἐλεεινῶν μοι τούτων χειρῶν βιαίως ἀπέσπασται· ἀλλ᾽,
« ὦ κόρη, τῶν συνθηκῶν σοι κατέψευσμαι· σὺν σοὶ
« τεθνάναι καὶ θεοὺς αὐτοὺς διεμαρτυράμην σοι, καὶ
« σοι τοῦτο τὸ θανάσιμον συμμερίσασθαι· σὺν δέ σε μὲν
« σκότος καλύπτει, καὶ κῦμα πρότερον ἐλεεινῶς συγκα-
45 « τέκλυσεν, ἐγὼ δὲ φῶς ὁρῶ, καὶ τοῖς κύμασι παρα-
« κάθημαι· σὺ μὲν πρὸς ᾅδην, ἐγὼ δὲ πρὸς γῆν· μέ-
« μυκέ σου τὸ στόμα· τὸ στόμα, τὸ σίμβλον τοῦ μέλιτος, τὸ δ᾽
« ἐμὸν τοῦτο στόμα πλατυνθὲν ἐξ ὀδύνης, καταπραγῳ-
« δήσει σοι τὸ ἐξιτήριον, καὶ ὡς ἐκ κέντρου στῆς μελίσ-
50 « σης πληγεὶς, φλεγμαίνει τοῖς πάθεσι· καὶ σὺ μὲν
« ἀμνηστείας ἴσως ἐπεκαλέσεις ἡμῖν, ἡμεῖς δέ σου
« τὴν μνήμην ὥσπερ συμψυχώσαντες ἑαυτοῖς, ξὺν αὐτῇ
« τῇ ψυχῇ καὶ ταύτην φυσήσομεν, ἢ μᾶλλον καὶ μέ-
« χρις ᾅδου συγκαταγάγωμεν, καὶ μέχρι τοῦ τῆς

« et animo dolores, gemitus et lacrymæ pro corona sunt ;
« tibi thalamus mare, idemque sepulcrum fuit, afque ego
« minister thalami ; sed neque epithalamium tibi cantabo
« neque nuptiali carmini applaudam, sed in arena tanquam
« inani in tumulo tibi ferales nænias incassum pertexens,
« et invocato toto Nereidum choro, infortunium meum
« narrabo. Ah sævos maris fluctus, qui sensus luctus
« amarore cumularunt ! ah tempestatem, quæ nuptiale
« cubiculum et nuptam simul aquis obruit ! ah calamita-
« tis casus adversæque fortunæ ! o pharetram, cujus
« omnia tela consumpsit amor ! ah cæcum Veneris ignem,
« quem in ima præcordia totos Amoris crateras accendit.
« O rex Amor deorum potentissime, qui animis imperas,
« et tela mitis, qui oculorum illicio mortalium mentes
« trahis, et adustis visceribus corda in cineres redigis.
« O somniorum princeps, si non omnium, falsorum sal-
« tem. Ita ergo audax ille Neptunus te flocci facit. Tu
« armatus mihi visus es , statimque telo tuo percussus sum.
« Tu facem gestabas ; subitoque tota anima exarsit. Tu
« alatus, nec præpetes alas effugere potui. Jam nuditate
« tui corporis contra Amphitriten et Neptunum ipsum
« opus est. Illi depositum, quod mihi, o rex, commise-
« ras, rapuit ; ille Hysminen tuam, quam in dextram
« istam convenire jusseras, illi thesaurum meum, prædati
« sunt. » Tu arcum ignem alasque depone. aut si non pla-
« cet, induas et profundo te crede, Hysminenque reducem
« mihi siste, Hysminen illam, ad cujus solum nomen re-
« diit illa cura, quæ viscera accendit et animum totum
« consumit. O jucunda quæ in somnis sensimus, oscula,
« amplexusque, ac cæteras amoris blanditias. O somnia
« quæ me Amori mancipârunt. Verum illa nugæ, omnia-
« que somnia erant admodum ridicula. O Jupiter deorum
« verissime, illa funestissima volucris tua hos futuros ca-
« sus manifeste indicavit. Ecce virgo Hysmine manibus
« ab miserandis istis avulsa est. Sed ego, puella, pactam
« fidem violavi, qui eadem morte me periturum et fati
« consortium habiturum deos testes advocaveram. Nunc
« te Orci tenebræ tegunt, postquam te fluctus miserabili
« immerserunt. Ego autem lucem video, et juxta mare
« sedeo. Tu Orco tradita est et ego in terra. Obmutuit
« clausum os tuum Cupidinum melle, dum ego tristissimum
« vitæ exitum tibi repetam hianti deductoque ore, quod
« velut apis aculeo percussum calamitatibus intumescit.
« Interea me madidæ memoriæ insimulabis ; ego antem
« tui recordationem simulque quasi mutuo nexu conje-
« ctans exhalabo seu potius ad inferos usque, ac ipsum

« λήθης κρατῆρος αὐτοῦ θρηνοῦντες πικρὸν, ἐλεεινὸν,
« ἀναπόνιπτον. » Ταῦτ' ἔλεγον, καί μου τῶν ὀφθαλ-
μῶν ἀπέρρει τὸ δάκρυον, καὶ κατὰ θάλατταν ἐξεχεῖτο,
καὶ πυκνῶς κατεχυματοῦτο, καὶ ὅλον με κατεπέ-
κλυζεν.

18. Ἐν μέσοις δὴ τούτοις ὕπνος λαθὼν ἐμπίπτει μου
τοῖς ὀφθαλμοῖς, καί με πρὸς ἑαυτὸν ὅλον ἐφέλκεται·
καὶ πάλιν Ἔρως ἐφίσταται διὰ νυκτὸς ὑπνουμένῳ μοι.
Καὶ ἦν Ἔρως ὄντως ἐκεῖνος ὁ γεγραμμένος ἐν Αὐλικώ-
μιδι, καί μοί φησιν· « Ὑσμινία, χαίροις· » ἐγὼ δέ,
« Ἀλλ' οὐ χαρτὰ πάσχω· τὴν γάρ μου παρακαταθή-
« κην, ἣν ταῖς χερσί μου ταύταις παρέθου, τὴν σὴν
« Ὑσμίνην καὶ παρθένον ἐμήν, οὗτος θρασὺς Ποσειδῶν
« ἐλεεινῶν τούτων ἐμῶν ἀγρίως ἀφαρπάζει χειρῶν,
« ὅλην κινήσας θάλασσαν, ὅλον ἐγείρας κλυδώνιον.
« Ἀλλ', ὦ βασιλεῦ Ἔρως, ὅλον σοι γένος Ἀμφιτρίτης
« εἶδον δουλογραφούμενον, καί σου φρίττον τὴν γύμ-
« νωσιν· ὦ βασιλεῦ, ἐκ βυθοῦ καὶ θαλάσσης τὴν Ὑσμί-
« νην ἀνάγαγε, παρθένον οὕτω καλήν, οὕτως ὡραίαν,
« οὕτω πνέουσαν ἔρωτος, καί σοι δουλογραφουμένην,
« καί με δουλογραφοῦσαν τὸν ἐραστήν. Σοῖς τετρωμέ-
« νοι βέλεσι, βασιλεῦ, πατρίδων ἡμῶν μετανάσται
« γεγόναμεν· σῷ πυρπολήθεντες τὰ σπλάγχνα πυρί,
« βασιλεῦ, νύκτας ὅλας ἄυπνους ἰαύσαμεν. Σῇ δυνάμει
« θαρρήσαντες, βασιλεῦ, θαλάσσης ἐπέβημεν, πελά-
« γους κατετολμήσαμεν. Ἀλλ', ὦ τῆς σῆς δυναστείας,
« εἶτ' οὖν ἐμῆς δυστυχίας! ὅλον Ποσειδῶν ἐγείρει
« κλυδώνιον, ὅλον βυθὸν κατὰ θαλάσσης κινεῖ, ὅλην
« τὴν ναῦν φιλονεικεῖ καταβαπτίσαι τοῖς κύμασι, καὶ
« τὴν Ὑσμίνην (ἦς φεῖσαι, βασιλεῦ Ἔρως), ὅλῃ θρα-
« σείᾳ χειρί, βαβαί, τούτων τῶν ἐμῶν ἀθλίων ἀφαρ-
« πάζει χειρῶν. Ἀλλ', ὦ πάντως Ἔρως κρατῶν, τὴν
« Ὑσμίνην παράσχου μοι, τὴν Ὑσμίνην ἣν αὐτὸς
« ἐδώρησάς μοι. »

19. Ὃδ' ἐπτερύξατο τοῖν ποδοῖν, καὶ κατὰ μέσα
πελάγη γενόμενος, ἐμπίπτει τοῖς κύμασι, καὶ χωρεῖ
πρὸς βυθόν, καὶ μετ' οὐ πολὺ πάλιν ἐφίσταται, τὴν
Ὑσμίνην ἀνέχων πρὸ τῶν χειρῶν, καὶ ὡς ἐκ θαλάσ-
σης ὑγρὰν καὶ λελουμένην ταῖς Χάρισι καὶ ταῖς ἐμαῖς
ταύταις χερσὶ παρατίθεται· ἐγὼ δ', ὡς τὴν Ὑσμίνην
λαβών, ὑφ' ἡδονῆς ἐξανέστην τῶν ὕπνων. Τὰ δ' ἦσαν
πάντα καὶ πάλιν ὄνειροι δουλεύοντες Ἔρωτι.

« nunquam diluendo luctu mecum feram. » Talia dice-
bam et fluebant loquentis ab oculis lacrymæ, quæ tam-
quam aliud mare crebris me velut fluctibus totum inunda-
bant.

18. Interim tacitus adrepens somnus et oculis incumbens
me totum ad se trahit, iterumque per noctem dormienti
mihi Amor adstat. Et erat quidem Amor ille Aulicomide
depictus et mihi dixit : « Salve, Hysminia; » ego autem,
« Ego quidem, inquam, non jucunda patior; depositum
« enim tuum, quod manibus istis meis commiseras, Hys-
« minen tuam virginemque meam, audax Neptunus ex
« miserandis manibus meis crudeliter eripuit, commoto mari
« excitataque tempestate. Atqui, o rex Amor, totum
« Amphitritis genus tibi parens nuditatemque tuam timens
« inspexi : o rex, ex maris profundo Hysminen retrahe,
« virginem tam elegantis maturæque formæ, amorem adeo
« spirantem, quæ tibi servitium detulit, neque amantem
« servorum tuorum numero adscripsit. Nos tuis saucii
« telis, patria protelati vivimus; nos tuo ardentes igne vis-
« cera, o rex, totas noctes insomnes duximus. Tuis viribus
« freti, o rex, mare conscendimus, et undarum pericula
« sprevimus. Ab impotentem potentiam tuam, aut potius
« infortunium meum! Neptunus tempestatem excitat,
« vortices vi suscitat, navem undis obruere conatur, et
« Hysminen (cui parce, o rex Amor), audaci manu ex mi-
« serandis istis manibus meis eripuit. Itaque, o Amor, tu,
« qui omnibus dominaris, Hysminen mihi redde, Hysmi-
« nen quam ipse dedisti mihi. »

19. Nec mora, ille, alatis plantis, medium mare occu-
pans, et fluctibus se præcipitem immisit et ad undarum
profundum penetravit; statimque resurgens Hysminen manu
prehensam duxit, illamque adhuc madentem et quasi Gra-
tiarum balineo recreatam, iterum manibus meis tradidit;
ego vero vix eam receperam cum subito excussi præ gaudio
quietem. Ea autem omnia nihil erant præter somnia Amori
iterum inservientia.

ΒΙΒΛΙΟΝ ΟΓΔΟΟΝ.

1. Οὕτω μὲν οὖν μεθ' ἡδονῆς καὶ χαρᾶς ἀναστὰς τῶν
ὕπνων, ὅλοις τοῖς ὀφθαλμοῖς τὴν Ὑσμίνην ἐζήτουν
ἰδεῖν· ἡ δ' ἦν οὐδαμοῦ. Πλῆθος οὖν ὁρῶ παρὰ τῇ ψάμ-
μῳ, πλῆθος δ' οὐκ εὐαρίθμητον Αἰθιόπων, ἀγρίων
ἀνδρῶν, οὓς ἰδὼν, νὴ τὴν πικρὰν τῶν ἐμῶν δυστυχη-
μάτων θάλασσαν, ὅλος ἐξανέστην εὐθύς, καὶ ἤθελον

LIBER OCTAVUS.

1. Ita cum gaudio et voluptate somnio emersus Hysminen
acri obtutu aspicere quærebam; sed nullibi erat. Tamen
innumeram Æthiopum multitudinem (est autem crudele hoc
hominum genus) oculis arbitratus sum, quos videns, per
amara illa quæ me, maris instar, obruunt infortunia, subito
steti, somniumque videre cupiebam, sed verissima visio

ὄναρ ἰδεῖν· τὸ δ᾽ ὕπαρ ἦν· δρῶσι γάρ με καὶ μεθέλκονται τῶν τριχῶν, καὶ περὶ τὴν τριήρη βαρβαρικῶς, ὥσπερ τι θήραμα, φέρουσι· παρῆν γὰρ ὥσπερ ἀπῃωρημένη τῆς γῆς ἐν πασσάλοις καὶ πείσμασι· καὶ περὶ τὸν
5 τῆς τριήρους κατάγοντες πυθμένα, τῇ κώπῃ παρακαθίζουσιν. Ἐπεὶ δ᾽ ἀποβῶσι τῆς γῆς, ὅλα συναγαγόντες τὰ πείσματα, κώπαις πτεροῦσι τὴν ναῦν, ὅσαις αἱ τριήρεις αὐχοῦσι πυκναῖς· καὶ περὶ λιμένα γενόμενοι νήνεμον καὶ λίαν εὐάγκαλον, ἐλλιμενίζουσι τὴν τριή-
10 ρη· καὶ μικρὸν μετασχόντες τροφῆς καὶ ποτοῦ (τὸ δ᾽ ἦν ἄρτος καὶ ὕδωρ τούτοις ἐπιφερόμενα), πρὸς ὕπνον ἐτράπησαν, περὶ πρῷραν καὶ πρύμνην ἀνυστάκτους ἀφοσιωσάμενοι φύλακας.

2. Περὶ δὲ τρίτην φυλακὴν τῆς νυκτὸς ἀναστάντες
15 τῶν ὕπνων, κώπαις πάλιν πτεροῦσι τὴν ναῦν καὶ τοῦ λιμένος ἐξάγουσι· καὶ περί.τι γεγονότες πολίχνιον, καὶ σιγῇ τὴν ναῦν προσορμίσαντες, καὶ τῶν χειρῶν ταῖς μέντοι λαιαῖς ἀσπίδας λαβόμενοι, ταῖς δ᾽ αὖ ἑτέραις δεξιοῖς σπασάμενοι φάσγανα, καὶ ὅλους ἑαυτοὺς τοῖς
20 ὅπλοις καταφραξάμενοι, ὡς μέλισσαι κηρίον, ὅλον ἐπεκύκλωσαν τὸ πολίχνιον· καὶ θοροῦν ἐγείραντες βαρβαρικόν τε καὶ ἄσημον, ἀόπλοις ὁπλῖται, κοιμωμένοις ἄγρυπνοι κατεπέθεντο, σφάττοντες, ἁρπάζοντες, ὡς θῆρες, ἀγρίως, ἅπαν κατασπαραττόμενοι τὸ πολίχνιον,
25 καὶ πᾶν τὸ προστυχὸν καταληϊζόμενον ξὺν αὐταῖς γυναιξί, ξὺν αὐταῖς παρθένοις, νεανίσκοις, ἀνδράσιν, ὅσους μὴ πρὸς Ἅδην βαρβαρικὴ ἐπεβίβασε μάχαιρα. Περὶ γοῦν τὴν τριήρη πᾶν τὸ ληϊσθὲν συναγαγόντες οἱ πειραταί, καὶ τούτοις κατεπιβάντες αὐτοί, μακρὰν
30 τοῦ λιμένος ἀπέβησαν.

3. Καὶ περὶ μέσα πελάγη γενόμενοι, καὶ ὡς ἐν θεμελίοις τοῖς καλωδίοις ὅλην τὴν τριήρη κατεπηξάμενοι, τὰ σκῦλα μερίζονται· τούτων δ᾽ ὅσον ἐν ἀνδράσιν, ὅσον ἐν νεανίσκοις, ὅσον ἐν παρθένοις καὶ γυναιξίν, ἀπε-
35 δύετο. τὸν χιτῶνα, καὶ ἣν ἀπερικάλυπτον καὶ μέχρις αἰδοῦς, καὶ γύμνωσιν καθόλου φέρον τοῦ σώματος. Ὁ μὲν οὖν δὴ πυθμὴν τῆς τριήρους τοὺς νεανίσκους καὶ τοὺς ἄνδρας ἐδέχετο, τὰς δὲ γυναῖκας αἰσχύνῃ καὶ βαρβαρική τις ἀσέλγεια· παρθένους γάρ, οὐκ οἶδ᾽ ὅπως ἢ
40 τίνι νόμῳ βαρβαρικῷ, καὶ χιτὼν διερρωγώς τις ἐπεδιδύσκετο, καὶ χεὶρ αὐθάδης οὐκ ἐπετίθετο, οὔτε τι βαρβαρικὸν ἐπὶ ταύταις αἰσχρῶς κατεπράττετο.

4. Οὕτω τοίνυν τὰ μὲν περὶ τὰς γυναῖκας αἰσχρῶς· τὰ δ᾽ ἄλλ᾽ ἀκόσμως οἱ βάρβαροι διακοσμησάμενοι,
45 περὶ τὸ δεῖπνον ἐτιμήκησαν· καὶ ἦν ἡ τράπεζα τούτοις πολυτελής, οὐχ ὡς πρὸ μικροῦ βαρβαρικὴ καὶ παντελῶς ἀφιλότιμος. Τοῖς οὖν ἀνδράσιν, ὡς εἴρηται, τῆς τριήρους ὁ πυθμὴν ἀφώσιωται, ταῖς δέ γε παρθένοις ὁ περὶ τὴν πρῷραν τόπος ἀφώρισται· αἱ γάρ τοι
50 γυναῖκες τοῖς βαρβάροις αἰσχρῶς περὶ τὸ δεῖπνον συνανεκλίθησαν. Μετὰ γοῦν δὴ πολυτελεῖς, ὡς εἴρηται, τὰς τροφάς, καὶ τὴν αἰσχρὰν ἐκείνην καὶ ὅλην αἵματος τράπεζαν, τοὺς μὲν νεανίσκους (ὀλίγοι δ᾽ οὗτοι) ταῖς κώπαις παρακαθίζουσιν· ὅσοι δ᾽ ὑπερβεβήκασι τούτους,

erat. Nam me conspectum crinibus trahentes, immaniter, tamquam praedam nacti, in triremem deducunt; illa enim aderat quasi sublimis clavis et rudentibus suspensa, meque ejus fundo creditum ad remum collocarunt. Postquam, cunctis rudentibus collectis, a terra solvissent, statim remis, quantiscunque triremes superbiunt, navem quasi alis instruunt; portum deinde capacemque et a vento tutum intrantes triremem littori appellunt; mox minimo cibo potuque recreati, pane scilicet et aqua, in somnum lapsi sunt, relictis qui insomnes essent ad proram et puppem custodibus.

2. Circa autem tertiam vigiliam noctis, excusso somno, instructam navem remis iterum solvunt et ad oppidulum silentio appulsi, clypeo laeva sumpto, enseque alia manu dextere nudato, et armis omnibus instructi, velut alveare solent apes, oppidulum corona cinxerunt; et mox, excitato barbarico et incondito tumultu, armati inermes, somnolentos vigiles invaserunt, trucidantes, rapientes, tanquam belluae immaniter totum oppidulum discerpentes, direptis omnibus quae obvia fuerunt, mulieribus ipsis et virginibus, adolescentibus et viris quicumque barbarorum gladiis vitam Orco non reddiderant. Collecta igitur in triremem omni praeda, piratae navem et ipsi conscendentes procul a portu recesserunt.

3. Ubi autem in altum pervenerunt, funibus navem, quasi in fundaminibus, firmant, et tunc demum spolia dividunt; ex iis autem viros, adolescentes, virgines, mulieres vestibus exuunt, spoliatorumque ad pubem usque corpora nuda omnino exhibebant. Adolescentes igitur et viros navis fundus, mulieres autem probrum et barbarorum libido excepit; virgines enim, nescio qua de causa aut cujus barbaricae legis ergo, laceram indutae tunicam vim nullam expertae sunt, neque adversus illas foedum quidpiam et immane consultum est.

4. Quum adversus mulieres ita turpiter se gessissent, reliquis indecore compositis, prandio concesserunt; erat autem illis exquisita mensa nec ut prius barbarico more et illiberaliter instructa. Hominibus, ut dictum est, in triremis fundo, virginibus in prora locus constitutus erat; mulieres enim turpiter accubuere barbaris. Illi autem post exquisitos, ut dictum est, cibos turpemque et cruentatam mensam, adolescentes (illi autem erant pauci) ad remum collocarunt, omnibus aetate provectioribus (o cru-

βαϐαὶ τῆς τῶν βαρϐάρων ἀμειλίκτου ψυχῆς, ξίφους γεγόνασι παρανάλωμα, καὶ τὰς κεφαλὰς ἐλεεινῶς εἰς θάλασσαν ἐξεσφενδονήθησαν· αἱ δέ γε γυναῖκες αἰσχρῶς τοῖς βαρϐάροις συνανεκλίθησαν· καὶ ἦν ἡ τριήρης παν-
5 δοχεῖον, πλήρης αἰσχρότητος, καὶ συμπόσιον αἵματος.
6. Οὕτω μὲν οὖν εἶχε τὰ τῆς νυκτός· ἐπεὶ δὲ νὺξ οὐδαμοῦ (ἥλιος γὰρ ὑπὲρ γῆν, καὶ τὸ ζητούμενον φῶς ἡμῖν προσεγέλα, καὶ ἦν ἡμέρα τὸ φῶς), ὡς ἐκ παστάδος ἀνέστη τὸ βάρϐαρον, καὶ ἦν ὅλον μεθύον ταῖς
10 ἡδοναῖς, καὶ βαρϐάρῳ φωνῇ καταγλωσσαλγοῦν καὶ οἶον διαλεγόμενον. Μετὰ γοῦν δὴ πολύν τινα θροῦν, ὅσον τὸ ναυτικὸν ἐγείρει, καὶ μᾶλλον τὸ βάρϐαρον, ᾠδή τις ἀλλόθρους καὶ ἄσημος ἱστίῳ λευκῷ τὴν τριήρη κατε- πεκόσμησε, καὶ τὸ πνεῦμα πνεύσαν ἐκ πρύμνης ὅλον
15 τὸ ἱστίον ἐκύρτωσε, καὶ ἦν ἡ τριήρης ὡς ἵππος εἰς πεδίον κροαίνουσα.

6. Καὶ ἵνα τἀν μέσῳ παρῶ, ὅσα τὸ βάρϐαρον κα- τεκώμαζεν, ὅσα ταῖς γυναιξὶν ἀπηνῃδεύετο, καὶ τἆλλ᾽ ὁπόσα βαρϐαρικῶς καὶ ἀσέμνως ἐστέλλετο, εὐφόρῳ τῷ
20 πνεύματι, περὶ τὴν Ἀρτυκώμιν ἐγενόμεθα, καὶ πλῆ- θος ἐξ Ἀρτυκωμίδος δρῶμεν περὶ τὴν ἤπειρον. Καὶ μετὰ πολλὰς μὲν δὴ τὰς σπονδὰς, ἃς οἶδε τὸ βάρϐαρον σπένδεσθαι, καὶ ὅσας πειρᾶται πρὸς ἠπειρώτας βαρ- ϐαρικῶς διαλλάσσονται, δέχεται μὲν ἡ τριήρης ὁμή-
25 ρους τινὰς, ἡ δ᾽ ἤπειρος τὸν τῆς τριήρους φόρτον ὅσον ἐκ τοῦ πολιχνίου τὸ βάρϐαρον ἐληΐσατο· καὶ ἦν περὶ τὴν ψάμμον πανήγυρις αὐτοσχέδιος. Ὅσον μὲν οὖν ἐν ἀργύρῳ καὶ χρυσῷ καὶ χαλκῷ καὶ σιδήρῳ καὶ χιτωνί- σκοις καὶ τοῖς ἄλλοις, ὅσα βαρϐαρικὴ καταληΐζεται
30 χεὶρ, τῆς τριήρους ἐξεφορτοῦτο, καὶ ὅλον διεπιπράσκετο· τὸ δ᾽ ὅσον τῆς λείας ἐν ἀνθρώποις ἡμῖν, τῆς τριήρους οὐ μετεκομίσθη περὶ τὴν ἤπειρον, ἀλλ᾽ ἐν αὐτῇ τῇ τριήρει κατεπιπράσκετο.

7. Καὶ γυναικῶν μὲν καὶ νεανίσκων αἰχμαλώτων
35 ἡμῶν ὀλίγος τοῖς ἐξ Ἀρτυχωμίδος λόγος, ἢ μᾶλλον οὐδείς· τὸ πᾶν δ᾽ ἐκεχήνει περὶ τὴν τῶν παρθένων κτῆ- σιν· αἱ δ᾽ ἦσαν πολλοὶ τοῖς βαρϐάροις τιμώμεναι, καὶ πολλοὶ τοῖς ἐξ Ἀρτυκωμίδος κτώμεναι, μετὰ μέν τοί γε τόξου καὶ πηγὴν τῆς Ἀρτέμιδος, ἣν Ἀρτύκωμις
40 φέρει· Ῥῆνον ποταμὸν Κελτικοῖς· ἱερὸν γὰρ ἐν Ἀρτυ- κώμιδι περιφανὲς τῆς Ἀρτέμιδος, οὗ μέσον χρυσοῦν Ἀρτέμιδος εἴδωλον, τόξον τεῖνον ταῖν χεροῖν, τοῖν δέ γε ποδοῖν πηγὰς βλύζον κατὰ ποταμὸν ῥεούσας ἐριϐρύ- χην καὶ πολυχεύμονα. Ταύτας δὴ τὰς πηγὰς ἀνακα-
45 γλάζειν εἴποις ἰδών· ἃ δὴ, καὶ τόξον καὶ πηγὴ, παρθένον ἐλέγχουσι, καὶ παρθενικὴν ἀποσύλησιν· εἰ γάρ τις περὶ παρθένου διψυχεῖ καὶ ζητήσει τὸν ἔλεγχον, ἐπὶ τὴν πηγὴν τὴν παρθένον ἐμϐάλλουσι, τῆς δάφνης αὐτὴν στεφανώσαντες· εἰ μὲν οὖν ἡ τὴν πηγὴν εἰσδῦσα παρ-
50 θένος τὴν παρθενίαν οὐκ ἐψευσται καὶ τὸ σεμνὸν οὐκ ἀποσεσύληται, τὸ τόξον Ἄρτεμις οὐ τείνει, τὸ ὕδωρ ἠρεμεῖ, καὶ ἡ παρθένος κούφως τοῖς ὕδασι φέρεται, τῷ τῆς δάφνης στεφάνῳ κατακεκοσμημένη τὴν κεφαλήν· εἰ δ᾽ Ἀφροδίτης πνεῦμα παρθενικὴν λαμπάδα κατέσϐε-

deles barbarorum animos!) gladio consumptis, quorum capita miserabiliter fluctibus mandata sunt, dum feminæ turpiter barbaris accumberent: ita triremis turpitudine plenum meritorium et sanguinem aculatum convivium fuit.

5. Sic se nox habuit. Ubi autem nox consumpta est (sol enim terras lustrabat exoptatumque lumen, scilicet dies, nobis arridebat), barbari velut nuptiali lecto emersi nimiaque jam voluptate ebrii, multa barbara inter se lo- quacitate colloquuti sunt. Post immane murmur et quale ac quantum nautica seu potius barbarica multitudo exci- tare amat, triremem cantus quidam insolens et in- conditus candido velo exornat, quod statim stantes a puppe venti incurvant visaque est navis tanquam equus pedibus solum quassans.

6. Ut autem omittam quæ barbari comissati sunt, quæ cum mulieribus per summam impudentiam luserunt, cætera prætereа, quæ, ut barbaros decuit, indecore composita sunt, tandem Artycomidem secundo vento ap- pulsi sumus, magnumque ex Artycomide mortalium in lit- tore numerum videmus. Ibi post illas, quas barbari et piratæ cum incolis libationibus barbarice pacisci solent inducias, recepit obsides triremis, terra autem triremis onus quod ex oppidulo barbari diripuerant; statimque subita in arena fori species conspecta est. Exonerata igitur nave omni auri, argenti, ærisque et ferri ac vestium cæteraque quam barbarica manus prædatur supellectili, singula pre- tio cesserunt; quodcumque autem prædæ ex nobis homi- nibus constabat ex trireme in littus non delatum est, sed in nave emebatur.

7. Nostri quidem, mancipiorum, mulierumve, juve- numve, vile apud Artycomidis incolas pretium aut potius nullum; omnes enim virginum auctioni tantum inhiabant, quas barbari plurimi faciebant, et non nisi immani ære Ar- tycomidis incolæ parabant, maxime post Dianæ arcum, et fontem, quem Artycomis jactat sibi esse quod Celtis flumen Rhenus; etenim nobilis illa civitas est clarissimo Dianæ templo, cujus in medio imago Dianæ aurea manibus arcum intendens conspicitur, ex pedibus autem effundens fontes fluminis instar fluentes fragore magno exundantis, quos qui- dem ebullire affirmares, oculis illos arbitratus. Hæc autem, scilicet arcus et fontes, virginem virginalemque scrobem ef- fossam indicant: nam quum quis de virginis pudicitia dubi- tat, et certiorem se esse cupit, lauro coronatam virginem fonti mandat: quod si fonti immissa virgo pudicam se non mentita est, nullusque castitatem ejus imminuerit, arcum non tendit Diana, quiescit aqua, molliterque undis virgo in- natat lauro caput redimita; si vero Veneris flatus virgineam tædam exstinxit, latitansque Amor virgineum florem subfura-

σε, καὶ λαθὼν Ἔρως ὅλην τὴν παρθενίαν ὑπέκλεψε, τείνει τὸ τόξον Ἄρτεμις, παρθένος θεὸς, κατὰ τῆς μὴ παρθένου, τῆς ἐψευσμένης αὐτὴν, καὶ βάλλειν δοκεῖ κατὰ τῆς κεφαλῆς· ἡ δὲ φρίσσει τὸ βέλος, τὴν κεφαλὴν 5 ἐν τοῖς ὕδασιν ὑποκρύπτεται, καὶ τὸ ὕδωρ ἀνακαχλάζον ἀφαιρεῖται τὸν στέφανον. Πᾶν οὖν ὅσον τοῖς βαρβάροις ἐδασμολογήθη παρθενικὸν, ἐκ δάφνης στεφανωθὲν, τῇ πηγῇ κατεβάπτετο· καὶ ὅσον μὲν οὐ κατέδυ τὴν κεφαλὴν, ὅσον οὐκ ἀφηρέθη τὸν στέφανον, ἠργυ- 10 ρολογήθη πολλοῦ· ὅσον δὲ τὴν παρθενίαν κατέψευστο, τὴν τριήρη κατεκληρώσατο καὶ ταῖς γυναιξὶ συνηρίθμητο, καὶ χρυσοῦ χαλκὸν ἀντηλλάξατο, τοῦ τῆς δάφνης παρθενικοῦ στεφάνου παστάδα βαρβαρικήν.

8. Οὕτω μὲν οὖν εἶχε τὰ περὶ τὴν Ἀρτύκωμιν, καὶ 15 οὕτω τῆς τριήρους ἐξεφορτώθη τὰ λάφυρα· καὶ πάλιν ἡ τριήρης τοῖς συνήθεσι κατεπτεροῦτο πτεροῖς, καὶ πάλιν τὸ βάρβαρον ἐφ' ἑτέραν ἐστέλλετο· καὶ ἡμεῖς δοῦλοι βαρβάρων ἐξ ἐλευθέρων εἰλκόμεθα. Περὶ δὲ τρίτην ἡμέραν ἐπί τινα λιμένα καταίρομεν ἕτερον, καὶ τὴν 20 τριήρη περὶ τὴν ἤπειρον μεθελκυσάντων ἡμῶν, καὶ ὅλην ταύτην ἐξαψαμένων τοῖς πείσμασιν, ὅλον τῆς νεὼς ἐξέπτη τὸ βάρβαρον, καὶ περὶ τὴν ψάμμον ἐγένετο, καὶ τὰς γυναῖκας ξυμμεθειλκύσατο, καὶ ὅλην σκηνὴν ἐγγὺς κυμάτων ἐπήξατο, καὶ λαμπρὰν ἡτοιμάσατο 25 τράπεζαν. Καὶ μετὰ δὴ πολλὰς τὰς τροφὰς καὶ πόσεις καὶ βαρβαρικά τινα παίγνια, καὶ τἄλλ' ὁπόσα βαρβαρικῶς καὶ ἀσέμνως ταῖς γυναιξὶ κατεχρήσατο, ξὺν αὐταῖς γυναιξὶ πρὸς ὕπνον ἐτράπη τὸ βάρβαρον, ὅλαις ἡδοναῖς καταβαπτισθὲν τὴν ψυχὴν, καὶ ὅλοις καταμε- 30 θύσαν τοῖς ἔρωσιν.

9. Οὕτω μὲν οὖν εἶχε τὸ βάρβαρον· ἡμεῖς δ' ἐκ πυθμένος τοῦ σκάφους, τῇ μέθῃ τῶν βαρβάρων θαρρήσαντες, ἑαυτοὺς ἀνηγάγομεν, καὶ μυρίοις κατετυραννούμεθα λογισμοῖς, ἢ τῆς τριήρους ἀποβῆναι περὶ τὴν 35 ἤπειρον, ἢ σὺν αὐτῇ τριήρει τὰς χεῖρας τῶν βαρβάρων φυγεῖν, ἢ τοῖς ὅπλοις Ἑλληνικῶς καθοπλίσασθαι, ὅσα τριήρης φέρει πολλὰ, καὶ τοῖς βαρβάροις καταπιθέσθαι, καὶ νικᾶν ἢ πίπτειν μαχομένους ἡμᾶς. Ταῦθ' ἡμεῖς, καὶ στρατὸς ὁπλίτης περὶ τὴν ἤπειρον τοῖς βαρβάροις 40 κατετίθεται, ὅλοις ὑπνοῦσιν, ὅλοις καταδεδακχευμένοις ἐξ οἴνου καὶ ἔρωτος· καὶ τὸ μὲν βάρβαρον ἅπαν ἄλλο κατεληΐζετο· ἡμεῖς δ' Ἑλληνικὴν βαρβαρικῆς δουλείας ἀντηλλασσόμεθα, καὶ δοῦλοι πάλιν ἐκ δούλων γεγόναμεν, καὶ βαρβάροις δεσπόταις ὄντες ὁμό- 45 δουλοι, καὶ αὐτοῖς δεσπόταις συναιχμαλωτιζόμενοι ὁμογλώττοις Ἕλλησιν ἐδουλογραφούμεθα. Καὶ περὶ μέσην ἀγορὰν καὶ πόλιν Δαφνήπολιν, πόλιν Ἀπόλλωνος ἱεράν, στρατηγὸς καὶ στρατὸς ἐφ' ἡμῖν θριαμβεύει τὰ ἐπινίκια, καὶ ἡ πόλις κροτεῖ καὶ ἀλαλάζει χαρμό- 50 συνα· καὶ πάντες ἡμεῖς ἡ λεία· τὸ λάφυρον, ἐλεεινῶς ἀφειλκόμεθα μέχρις Ἀπόλλωνος ἱεροῦ, ὃ δὴ θαῦμα φέρει πόλις Δαφνήπολις.

10. Ἅμα γοῦν τὸ πᾶν περὶ τὸν βωμόν· κἀγὼ τοὺς πόδας περιχυθεὶς τοῦ θεοῦ, καὶ ὅλους πλύνων τοῖς δά-

tus est, statim intendit arcum Diana, virgo et dea, in illam quae, non ipsa virgo, virginem se mentita est, sagittamque contra illius caput emittere videtur; illa autem sagittam reformidans caput in aquis abscondit et unda ebulliens coronam aufert. Omnes igitur quae barbarorum mancipia factae erant, lauro coronatae, fonti immissae sunt; quae autem caput non absconderunt et quibus non erepta fuit corona, illae magna pecunia venditae sunt; quae autem virginitatem mentitae sunt triremi redditae inter mulieres annumeratae sunt, aurum aere, quod dicitur, virgineam lauri coronam barbaris amplexibus permutantes.

8. His igitur Artycomide gestis et spoliis exonerata trireme, iterum solito alarum remigio instruitur triremis, et iterum alio properant barbari; nos autem barbarorum servi ex liberis trahimur. Tertia die in alium delati portum, appulsa terrae rudentibusque firmata trireme, omnes nave egressi barbari invaserunt littus, et secum mulieres traxerunt, statutoque proxime fluctus tentorio, prandium opipare apparaverunt. Immodice estur ac potatur, tandemque post barbara ludorum oblectamenta, in quibus feminis barbarice et indecore abusi sunt, cum feminis ipsis somno se tradiderunt, animum voluptatibus immersi et amoribus ebrii.

9. Ita igitur barbari habuerunt; nos autem navis e fundo, eorum ebrietate audaciores facti, nosmetipsos subduximus, et innumeris consiliis jactabamur, incerti an e navi in terram fugeremus, aut cum ipsa trireme e manibus barbarorum evaderemus, aut armis, quibus probe instructa erat triremis, Graecorum more, armati illos invaderemus, vincere rati aut saltem pugnando cadere. Dum haec animis agitamus, alius exercitus omnes barbaros dormientes meroque ac venere sepultos invasit cepitque; nos autem Graeca servitus post barbaram excepit, ex servis iterum servos, conservosque dominorum, et simul cum dominis ipsis Graecorum eadem ac nos lingua utentium. Mox per medium forum et Daphnipolim, urbem Apollini sacram, dux ipse et exercitus de nobis triumphat inter victoriae cantus, dum civitas plausus miscet et laetas voces; nos autem victoris praeda spoliaque misere ad Apollinis templum, quo urbs Daphnipolis illustris est, tracti sumus.

10. Statim igitur omnes circum aram effusi; ego autem numinis pedes amplexus lacrymisque ubertim manantibus

κρυσι, « Σὺ στῆσον, Ἄπολλον, εἶπον, τὸν κλύδωνα,
« συμπαθὲς εὔδιον ἀντιπνεύσας τοῖς ἐμοῖς δυστυχήμασι.
« Διὸς κῆρυξ σοῦ πατρὸς ἥκον ἐξ Εὐρυκωμίδος ἐς Αὐ-
« λίκωμιν, ἐκ δάφνης ταύτης τῆς σῆς τὴν ἐμὴν ταύτην
5 « αὐλίαν στεφανωθεὶς κεφαλήν· ἀλλ' Ἔρως, σὸς ἀδελ-
« φὸς, ῥόδοις ταύτην ἀντεστεφάνωσεν· οὗτός μοι τὴν
« παρθενίαν ἐσύλησεν, ἢ μᾶλλον ἐρωτικῶς ἀντηλλά-
« ξατο, Ὑσμίνην παρθένον ἀθλίαις ταύταις ἀντιπαρα-
« θείς μοι χερσὶν, ἣν καὶ Ποσειδῶν παρθένον ἀνήρ-
10 « πασεν ἐξ ἐμῶν τούτων ἀθλίων χειρῶν καὶ μέσης
« ψυχῆς, ὅλῳ πνεύματι πνεύσας, ὅλη θαλάσσῃ καὶ
« κλύδωνι· σὺ δέ μοι στῆσον τὸν κλύδωνα, καὶ τὴν
« Ὑσμίνην παράθου μοι τῇ χειρὶ, ἢ κἀμὲ πρὸς αὐτὴν
« Ὑσμίνην ὅλον μετάγαγε. Δοῦλος ἀντ' ἐλευθέρου
15 « γεγένημαι, καὶ τρίδουλος ἀντὶ κήρυκος, Ἔρωτι δου-
« λογραφηθεὶς τὰ πρῶτα, καὶ βαρβάροις τούτοις, τοῦτο
« τὸ δεύτερον, καὶ τρίτον τοῖς ἐκ τῆς σῆς ταύτης
« Δαφνηπόλεως Ἕλλησι. »

11. Ταῦτ' ἔλεγον, καὶ τοῖς αἰχμαλώτοις συνεφειλ-
20 κόμην περὶ δάφνην καὶ τρίποδα· καὶ χρησμὸς με καὶ
κλῆρος πάλιν δουλογραφεῖ· καὶ πάλιν τρίδουλος καὶ
δοῦλος ἐγὼ, καὶ τῷ δεσπότῃ περὶ τὴν οἰκίαν μεθέλκο-
μαι, ᾧ χρησμὸς καὶ κλῆρος τὴν ἐμὴν ἐχαρίσατο δού-
λωσιν· ἡ δέ μοι δεσπότις φησί·

25 Τίς, πόθεν, εἰς ἀνδρῶν, πόθι τοι πόλις, ἠδὲ τοκῆες;

Ἐγὼ δ', « Ἀλλ', ὦ δέσποινα, δοῦλος σός· τὰ δ' ἄλλα
« ζητοῦσα μαθεῖν, ὅλον δρᾶμα ζητεῖς καὶ ὅλον τραγῴ-
« δημα. Παράδειγμα Τύχης ἐγὼ, νερτέρων σκιὰ,
« δαιμόνων παίγνιον, Ἐριννύων τράπεζα. » Καὶ λέγων
30 τοὺς ὀφθαλμοὺς ἐπεπήγειν τῇ γῇ, καὶ ὅλην τοῖς δάκρυ-
σιν ἔβρεχον. Ἡ δ', « Ἀλλ' ἐπίσχηπτε, λέγουσα, μὴ
« φείσῃ μηδενὸς, ἀλλὰ πάντ' ἐκκάλυπτε λέγων. »
Ἐμοῦ δ' ἐπέλιπεν ἡ φωνὴ, καὶ ἡ γλῶσσα ἐπείχετο,
καί μου τῶν ὀφθαλμῶν τὰ ποταμοὺς ἀπέῤῥει τὸ
35 δάκρυον. Ὁ δέ μου δεσπότης (παρῆν γὰρ καὶ αὐ-
τὸς), « Καιρὸς ἀρίστου, φησὶν, ἀνακλιθῶμεν ἐπὶ τὸ
« δεῖπνον, καὶ περὶ τράπεζαν καὶ μέσας τροφὰς τῇ
« γλώσσῃ τοῦ δούλου καιρὸν χαρισώμεθα. »

12. Τοίνυν παρετίθετο τράπεζα, καὶ οἱ δεσπόται μὲν
40 ἀνεκλίνοντο, ἐγὼ δὲ παρειστήκειν δουλοπρεπῶς· καὶ
πάλιν ἡ δεσπότις πρός με ἔφησιν· « Ἰδού σοι καιρὸς
« κατὰ μέρος ἡμῖν τῇ γλώσσῃ καταζωγραφῆσαι τὰ
« σά. » Ἐγὼ δὲ καὶ μόνον ἐπιμνησθεὶς, ἐλεεινὸν ἐβρυ-
χησάμην ἐγκάρδιον, πολλὰ δὲ τῶν ὀφθαλμῶν κατεπέ-
45 σταξα δάκρυα, « Φείσασθε, λέγων, δεσπόται, δυστυ-
« χημάτων ἐμῶν, μὴ τὴν τράπεζαν εἰς κοπετὸν μετα-
« βάλλω, καὶ πένθους ὑμῖν κρατῆρα κεράσωμαι. »
Καὶ λέγων οὐκ ἔπειθον, καὶ μὴ πείθων,

Αἶ! αἶ! τὸ δοῦλον ὡς κακὸν πεφυκέναι,
50 φημὶ,
Τολμᾷ δ' ἃ μὴ χρὴ τῇ βίᾳ νικώμενον.

13. « Ἐμοὶ πατρὶς πόλις Εὐρύκωμις, πατὴρ Θεμι-

rigans, « Apollo, inquiebam, te hanc tempestatem sistere, te
« mei misertum leni zephyrorum anima calamitates meas
« temperare decet. Ego Jovis patris tui nuntius Eurycomide
« Aulicomidem veni, hac tua lauro infelicissimum caput
« redimitus, quod Amor contra, frater tuus, rosa coro-
« navit : illo me virginitate spoliavit aut potius illam ama-
« toriis commutavit nequitiis, Hysminen virginem mise-
« ris istis manibus tradens, quam intactam Neptunus
« manibus a meis medioque e pectore raptam, ventorum
« velut agmine facto, totoque mari et stridentibus undis
« abstulit; te autem, hac tempestate sedata, aut Hysmi-
« nen mihi restituere, aut me ad illam abducere oportet.
« Ego ex libero servus, immo ter servus e x præcone fa-
« ctus sum, Amori primum servus addictus, secundo
« barbaris, tertio denique Græcis istius urbis Daphnipolis
« tuæ civibus. »

11. Hæc dicens cum reliquis mancipiis ad laurum tri-
podemque ductus sum; mox oraculum et sortes iterum me
servum autumant, rursusque servus, ac tertio servire jus-
sus, dominum, cui servitutis meæ obsequium sors et ora-
culum tribuerant, ad ædes sequutus sum ; statimque ingres-
sum hera interrogavit :

Quis sim, qua patria, quisnamque parentibus ortus.

Ego autem, « Servus tuus sum, inquam, o domina ; cæ-
« tera si scire quæris, drama, imo tragœdiam postulas. In
« me quid possit Fortuna deprehendis. Ego larvale simu-
« lacrum, deorum ludibrium, et Eumenidum mensa sum. »
Hæc dicens, solo, quod lacrymis madebat, fixos oculos te-
nebam. Illa autem, « Perge, inquit, nulla reticeas, cunc-
« taque mihi expande. » Mihi autem vox deficit et lingua
detinetur, ex oculisque quasi flumina lacrymæ exundant.
Herus vero, qui aderat, « Prandii, inquit, tempus est :
« decumbamus mensæ et inter epulas temporis aliquid
« istius servi narrationibus dabimus. »

12. Apposita est itaque mensa, et domini accubuerunt;
ego autem ut servum decuit, adstiti ; iterumque domina,
« En tibi, inquit, tempus adest res tuas nobis per partes
« verbis depingendi. » Ego vero ut primum harum memini,
crucibilem imo de pectore suspiritum ducens, ubertimque
ex oculis manantibus lacrymis, « Parcite, inquam , do-
« mini, infortuniis meis, ne , convivii lætitia in luctum
« versa, tristitiæ poculum omnibus propinem. » Quum
his verbis non persuasissem,

Conditio servi nempe semper pessima est
inquam,

Quæ non oportet, victa per vim sustinet.

13 « Mihi patria Eurycomis, pater Themisteus et Diantea,

« στεὺς καὶ μήτηρ Διάντεια· εἰ δ' εὐτυχοῦντες, εἰ τὰ
« πρῶτα φέροντες τῶν ἐν Εὐρυκώμιδι, οὐκ ἐμόν ἐστι
« λέγειν. Καιρὸς Διασίων τῇ πόλει, καὶ πανήγυρις
« λαμπρὰ τὰ Διάσια· ἐγὼ δὲ δάφνῃ στεφανωθεὶς,
6 « χιτῶνι κατακοσμηθεὶς, ἀρβύλῃ σεμνῇ, καὶ ὅλον πε-
« ριϊδυθεὶς τὸ κηρύκειον, κήρυξ ἧκον ἐς Αὐλικώμιδα·
« καί μου τὸν στέφανον Ἔρως ἐσύλησεν, Ὑσμίνη παρ-
« θένῳ περικαλλεῖ, Σωσθένους θυγατρί, τὰ πρῶτα τῶν
« ἐπ' Αὐλικώμιδι φέροντος, ἀγκίστρῳ χρησάμενος·
10 « καὶ δοῦλος Ἀφροδίτης εἰς τὴν ἐμὴν Εὐρύκωμιν ἀν-
« θυπέστρεψα ξὺν αὐτῇ παρθένῳ, καὶ τῷ ταύτης πα-
« τρί. Τὰ δ' ἐφεξῆς ὁποῖα; Σωσθένης, πατὴρ Ὑσμίνης,
« ἐν μέσῃ τραπέζῃ καὶ δείπνῳ πολυτελεῖ, γάμον ἕτε-
« ρον κηρύσσει τῆς θυγατρός· ὃν ἡδέως φεύγοντες
15 « ἡμεῖς, πικρῶς ἁλισκόμεθα, εἰς πῦρ ἐκ καπνῶν ἐμ-
« πεσόντες, κἀξ ὄμβρων εἰς θάλασσαν. Ναῦς ὑπηρέτις
« ἡμῖν τῇ φυγῇ, πρὸς ἣν Ποσειδῶν ἀντιπνεῖ, καὶ θῦμα
« ζητεῖ, καὶ τὸ θῦμα κληρούμεθα, καὶ ἣν ὁ κλῆρος
« ἐπὶ τὴν Ὑσμίνην πεσών. Ἡ δέ μου τῶν χειρῶν ἔλεει-
20 « νῶς ἐκσπασθεῖσα, κατὰ κυμάτων ὠθεῖται, καὶ τὸ
« μὲν ναυτικὸν ἐξάγει τοῦ κλύδωνος, ἐμὲ δ' εἰς μέσας
« θαλάσσας ἐμβάλλει καὶ κλύδωνα, καὶ θρῆνον, καὶ
« κωκυτόν· ἃ δὴ μὴ φέρον τὸ ναυτικὸν, τῆς νεὼς περὶ
« τὴν χέρσον ἐκσφενδονᾷ με, καὶ τὸ βάρβαρον τοῦτο,
25 « τὸ νῦν συναιχμάλωτον, αἰχμαλώτοις ἄγει με· ὅθεν
« ἐκ σῆς ταύτης πάλιν ᾐχμαλωτίσθην χειρὸς, δοῦλος ἐκ
« δούλου γενόμενος καὶ τρίδουλος ἀντὶ κήρυκος. »
14. Ταῦτ' ἔλεγον, καὶ κατεβρεχόμην τοῖς δάκρυσιν·
ἡ δέ μοι δεσπότις φησίν· « Ὅλον δρᾶμα τὰ κατὰ σέ,
30 « καὶ ὄντως τραγῴδημα· τὰ δ' εἰς δεσπότας ἡμᾶς,
« εὐτυχεῖς. » Ἐγὼ δὲ, Ὅτι δεσπότας ἔχω μᾶλλον
« δυστυχῶ, πρὸς τὴν δέσποιναν ἔλεγον·

Ὅστις γὰρ οὐκ εἴωθε γεύεσθαι κακῶν,
Φέρει μὲν, ἀλγεῖ δ' αὐχέν' ἐντιθεὶς ζυγῷ.

35 Καὶ ὁ δεσπότης φησίν· « Εἰ μέν σοι πατρὶς περιφανὴς,
« καὶ γένος λαμπρὸν, καὶ τὰ κατ' οἴκους πολυτελῆ,
« νῦν τούτων ἔχεις οὐδέν· δοῦλος γὰρ εἶ καὶ δοῦλος
« ἡμῶν. Εἰ δὲ καὶ σωφροσύνῃ καὶ παρθενίας Ἀφρο-
« δίτην ἀντηλλάξω καὶ Ἔρωτα, καὶ δὲ καὶ στεφάνων
40 « ἐκ δάφνης παρθενικῶν στέφανον ἐκ ῥόδων ἐρωτικὸν,
« μή σοί γε τὸ ἀπὸ τοῦδε· ἀλλὰ κτῆσαι τὸ σῶφρον καὶ
« τὸ φιλόσωφρον ἀγάπησον, ἵνα μὴ τὴν σωφροσύνην ἐξ
« ἔργων μάθῃς αὐτῶν,

Καὶ χεῖρα κτήσῃ δεσπότου διδάσκαλον. »

45 15. Ταῦθ' ὁ δεσπότης· ἐγὼ δ' ἐσίγων, ὡς τοὺς ὀφ-
θαλμοὺς εἶχον ὁρῶντας εἰς γῆν, καὶ ὅλους δακρύων
μεστούς. Καὶ οὕτω πέρας τὰ τῆς τραπέζης ἐδέχετο· καὶ
ὁ τῶν Διασίων κῆρυξ Ὑσμινίας ἐγὼ καὶ τῆς δάφνης
στεφανωθεὶς, ὁ λαμπρῶς τὸ πρῶτον πλεύσας ἐξ Εὐρυ-
50 κώμιδος, ὁ περὶ τὴν Αὐλίκωμιν βασιλικῶς ἐφ' ἅρματος
ἱππασάμενος, ὁ πολυτελῶς ἐπὶ τῆς τοῦ Σωσθένους
λαμπρᾶς τραπέζης ἀνακλιθεὶς, ἐπὶ δουλικῆς τραπέζης
νῦν ἀνακέκλιμαι. σὺν ὁμοδούλων χορῷ, καὶ τὰ τῶν
δούλων ὑπηρετῶ, καὶ ὅλως δοῦλός εἰμι, καὶ ὅλην δου-

« mater : an divites et in civitate sua primi, dicere non
« meum est. Diasiorum, quæ splendida celebritate pera-
« guntur, tempus erat : ego laurea coronatus, sacra veste
« ornatus, calceumque venerandum et omnia denique præ-
« conis insignia indutus, caduceator Aulicomidem veni ; et
« Amor mihi coronam prædatus est, Hysmine, formosis-
« sima virgine, et Sosthenis, viri inter suos nobilissimi, filia,
« velut illicio usus ; itaque Veneri mancipatus in meam
« Eurycomidem reversus sum cum puella ejusque patre.
« Cætera quænam subsequuta sunt ? Sosthenes, Hysmines
« pater, medio in prandio et inter copiosa fercula aliud
« filiæ connubium nunciavit ; nos illud læti fugientes acer-
« bissimam in servitutem incidimus, ex fumo in ignem, et
« ex imbre in mare. Navis fugientibus nobis ministra,
« quam Neptunus adversa tempestate agitavit ; mox victi-
« mam quærit, victimam sortimur, et sors super Hysmi-
« nen cadit. Illa autem misere a manibus meis avulsa
« fluctibus mandatur, et nautas quidem iratis fluctibus
« subducit, me autem medio mari tempestatique et lacry-
« mis et gemitibus immergit ; quorum autem impatiens
« nautica plebes e nave in terram me jaculatur, et barbari
« illi, qui nunc conceptivi mihi sunt, captivum me ab-
« ducunt, usque iterum manibus tuis prædæ cessi, ser-
« vus ex servo terque servus ex caduceatore. »

14. Hæc cum lacrymis dicta danti, « Vere, respondit
« domina, quidquid tibi accidit, drama et tragœdiam
« censere potuisti, hoc solo felix, quod nos heros nactus
« es. — Immo, inquam, infelix ; etenim

Gustare nulla quisquis assuevit mala,
Fert, sed dolet, cervice supposta jugo. »

Excepit dominus : « Quamvis patria nobilis, splen-
« didum genus, et plurima domi ac pretiosa supellex est,
« nulla tamen horum nunc habes ; servus enim es et servus
« noster. Sed, quod castitati et pudicitiæ Veneris Amo-
« risque lubentias, et rosarum Amoris coronamina virgi-
« neo lauro prætulisti, neque illud proderit ; itaque mo-
« deatus esto, et modestiam ama, ne factis ipsis temperan-
« tiam discas,

Manusque herilis te doceat modestiam. »

15. Ad hæc domini verba tacui, fixis in terram oculis
lacrymarumque plenis. Soluto convivio, ego, qui laureatus
splendide Eurycomide primum navigaveram, qui Auli-
comidem curru regaliter ingressus, sumptuosis Sosthenis
epulis accubueram, servili accumbo mensæ cum conser-
vorum choro, servorum ministerium præstans, et ex omni
parte servus, immo ipsissimam servitutem indutus, servile-
que obsequium fingens, omnibus, Jupiter diique omnes,

λείαν ἐνδέδυμαι, καὶ ὅλην δουλοπρέπειαν ὑποκρίνομαι, ὅλον ἀποδυθεὶς, ὦ Ζεῦ καὶ θεοὶ, τὸ κηρύκειον καὶ ὅλον τὸ ἐλεύθερον. Οὕτω μὲν οὖν εἶχε τὰ κατ' ἐμὲ, καὶ οὕτως ἐδούλευον· ἀλλ' οὐδ' ἐν μέσοις οὕτω δεινοῖς Ὑσμίνης λήθην, παρθένου φίλης ἐμῆς, ἔπαθον, οὐ νὴ τὸν φοβερὸν Ἔρωτα, τὴν τοσούτων δυστυχημάτων πηγήν.

16. Ὁ τῶν Διασίων ἧκε καιρὸς, καὶ, κἂν Δαφνηπολις οὗ τιμᾷ τὰ Διάσια, κἂν οὐκ ἄγῃ πανήγυριν, ἀλλ' ἐμὲ οὗ διέλαθε, καὶ τὴν μνήμην ἀνῆψε, καὶ τὸν θρῆνον ἐξήγειρεν· ἀλλ' ἤ μοι Τύχη καὶ τούτων ἐφθόνησεν. Ἐθρήνουν, ἀλλὰ τὸν θρῆνον ὑπέκλεπτον· ἐδάκρυον, καὶ τοὺς ὀφθαλμοὺς ὑπεκρυπτόμην τῶν δεσποτῶν· τὴν ψυχὴν εἶχον καὶ φωνὴν καὶ γλῶσσαν καὶ δάκρυα. Δοῦλος ὁ κῆρυξ ἐλεεινολογούμενος, ὅλην ἀνεπλαττόμην τῷ νῷ τὴν Εὐρύκωμιν, τὴν Αὐλίκωμιν, τὸ κηρύκειον, τὸν τοῦ Σωσθένους κῆπον, τὸ περὶ τὸν κῆπον φρέαρ, τὰ παρὰ τούτῳ πτηνὰ, τὸν κατάχρυσον ἀετὸν, τὴν φιάλην καὶ πάντ' ἐκεῖνα τὰ κατ' αὐτὸ, τὴν Ὑσμίνην κιρνῶσαν, ἐρωτικῶς μοι προσπαίζουσαν, τοῖς ποσί μου συμπαίζουσαν, ταῖς κύλιξι καταπαίζουσαν, καὶ τἄλλ' ὁπόσα τότε (βαβαὶ τῶν ὡς ἐν ὀνείροις ἐρωτικῶν ἡδονῶν) κατεπαίζομεν· καὶ ἐπὶ πᾶσι τούτοις, « Ὑσμίνη « μοι φίλη, » λεπτὸν ἐψιθύριζον. Οἷς μέσοις ἡ δεσπότις αἴφνης ἐφίσταται καί φησι· « Τί τοσοῦτον καταβ« πτίζῃ τοῖς δάκρυσιν; ἰδού σοι ἔχεις Ὑσμίνην ἐμὲ, « δέσποιναν σὴν καὶ δούλην ἐξ ἔρωτος. » Ἐγὼ δ' οὐδὲν εἰπὼν εὐθὺς ἀπεπήδησα, καὶ μόνης Ὑσμίνης ἐτίμων τὸν ἔρωτα, καὶ ὅλην ἐνοπτριζόμενος αὐτήν.

17. Ὅσα μὲν οὖν μοι συνέπαιζεν ἡ δεσπότις ἐρωτικῶς, καὶ κατεπετίθετο συνεχῶς, καὶ ὅσα παρὰ τῷ δεσπότῃ κατελοιδόρει μου, καὶ ὅσα με κατηπειλεῖτο καὶ χειρὶ καὶ γλώσσῃ καὶ κεφαλῇ, οὐ τῆς ἐμῆς ἂν εἴη ταῦτα γλώσσης λαλεῖν, ἵνα μὴ λαθὼν Ἔρως τῇ γλώσσῃ καταπορνεύσῃ μου τὴν ψυχὴν, ἢ καὶ τὴν γλῶσσαν αὐτὴν, ἣν Ὑσμίνη φυλάξω παρθένον μεστὴν χαρίτων ἐρωτικῶν καὶ μέλιτος Ἀφροδίτης, οὗ κατακόρως ἡμεῖς τῇ γλώσσῃ μόνῃ κατετρυφήσαμεν.

18. Καιρὸς οὖν ἑορτῆς, καὶ λαμπρὰ πανήγυρις Δαφνηπόλει τῇ πόλει, καὶ παρθένου Δάφνης φυγὴ, τὰ τῆς ἑορτῆς· καὶ φύσις ὁμωνύμου φυτοῦ, ἐπὶ πᾶσιν Ἀπόλλωνος ἑορτὴ καὶ πανήγυρις· παρθένος γὰρ ἡ Δάφνη, καὶ παρθένου καλὴ ταύτης Ἀπόλλων ἐρᾷ, καὶ ἡ παρθένος φρίσσει τὴν συμπλοκὴν τοῦ θεοῦ, καὶ ἀνανεύει τὸν ἔρωτα, τὴν Γῆν δυσωπεῖ· ἡ δ' ἐλεεῖ τὴν κόρην, καὶ φεύγουσαν κρύπτει, καὶ παρθένον τηρεῖ, καὶ φυτὸν ὁμώνυμον ἀντιδίδωσιν· Ἀπόλλων τοῦ φυτοῦ στεφανοῦται, καὶ παραμυθεῖται τὸν ἔρωτα. Παρὰ γοῦν δὴ τῇ Δάφνῃ βωμὸς καὶ πόλις ὁμώνυμος, Ἀπόλλωνος ὁ βωμὸς, καὶ ἡ πόλις Δαφνηπολις.

19. Ταῦτα δὴ ταῦτα. Πανήγυρις Δαφνηπόλεως, καὶ κήρυκες στεφανῖται χρησμῷ λαμβάνοντες τὸ κηρύκειον· Ἀπόλλων χρησμοδοτεῖ, καὶ κήρυκα τὸν ἐμὸν δεσπότην ἀνηγόρευσεν, καὶ κήρυκα λαμπρὸν εἰς Ἀρτύκωμιν.

præconii et libertatis insignibus amissis. Sic se res meæ habebant, sicque serviebam, sed mediis in infortuniis non, per metuendum Cupidinem, tot et tantorum malorum meorum fontem, Hysmines, puellæ mihi dilectissimæ, oblivio mentem ceperat.

16. Interea Diasiorum tempus instabat; et quamvis Daphnipolis Diasia non agit, neque solenni pompa celebrat, non me tamen fugit et accensa recordatione mens luctum excitavit; sed Fortunæ sævitas et invidia hæc omnia mihi præripuit. Flebam, sed lacrymas furabar; flebam, sed oculi dominorum adspectum cavebant : ita animum vocemque et linguam et lacrymas compescebam. Obversabantur mente servi, infelicissimi præconis, cum Eurycomide Aulicomis, præconium, Sosthenis hortus, horti fons, fontis aves, aurea aquila, phiala omniaque illa quibus fons decorabatur, vinum fundens Hysmine mihi amatorie, alludens, colludens pedibus, poculis deludens et cetera omnia quibus (proh! amatoriæ quas velut in somniis libavimus voluptates) nos delusimus; et inprimis Hysminen carissimam voce tenui vocabam. Interea domina ex improviso adstans, « Ecce tibi, inquit, habes me Hysminen, dominam « tuam, sed Amori obsequentem. » Ego tacitus subito evolavi et solius Hysmines amorem venerabar illamque animo semper intuebar.

17. Cætera, quibus mihi domina amatorie colluderet, quibus me nequitiis urgeret assidue, quibus ad dominum calumniis insimularet, quæ ipsa manuum capitisque gestu minaretur, dissimulabo silentio, ne furtim adrepens Amor linguæ opera mentem corrumpat, aut saltem ipsam linguam, quam Hysminæ virgini custodiam amoris plenam blanditiarumque et Veneris mellis, quo sola lingua ad satietatem delectati sumus.

18. Interea festi dies aderant et urbi Daphnipoli splendida panegyris apparatur. Virginis Daphnes fuga in hoc festo effingitur; et puella in ejusdem nominis arborem mutata præsertim in Apollinis festo et panegyri celebratur, virgo etenim Daphne et virgo pulcherrima; illam Apollo deperibat, et virgo numinis complexus reformidans Terram supplex invocat, quæ miserta puellam fugientem occulit, et servato Daphnæ virginitatis honore arborem cognominem insequenti deo reddidit; laurea se coronat Apollo et amorem suum solatur. Proximum igitur arbori Phœbi templum, civitasque de virginis nomine Daphnipolis dicta.

19. Hæc festo causam præbuere. Daphnipoli panegyris, et coronati caduceatores acceptum oraculo præconium, eoque tempore hero meo caduceatori Artycomidem ire contigit. Ille statim lauro coronatus per medium forum

Ὁ δὲ στεφανοῦται τῆς δάφνης, διὰ μέσης ἀγορᾶς πομπεύει λαμπρῶς, διὰ μέσου θριαμβεύει θεάτρου· καὶ πλῆθος περὶ τὸν κήρυκα, καὶ προπομπὴ λαμπρὰ καὶ ποικίλη, καὶ τἄλλ' ὁπόσα κἀμὲ κατέπαιζε τὸ κη-
5 ρύκειον· ὧν πάντων μεμνημένος ἐγὼ, μέσῳ λαμπρῷ θεάτρῳ καὶ λαμπρᾷ τελετῇ πλήρει χαρίτων καὶ ἡδονῆς, θρήνων ἐπληρούμην καὶ κωκυτῶν, καὶ ὡς ἐν κεραυνῷ τῇ μνήμῃ τὴν ψυχὴν ὅλην κατεκεραυνοβολούμην πυκνά. Οὕτω τοίνυν, οὕτω λαμπρῶς, οὕτω πολυτελῶς
10 καὶ φιλοτίμως ὁ κῆρυξ καὶ δεσπότης ἐμὸς περὶ τὴν οἰκίαν ἐγένετο, δάφνης ἐστεφανωμένος, χιτῶνι κεκοσμημένος λαμπρῷ καὶ πεδίλῳ σεμνῷ. Μετὰ γοῦν δὴ τὴν λαμπρὰν ἐκείνην πομπὴν, ἣν κἀγώ ποτε (βαβαὶ τῆς τύχης!) ἐπόμπευον εἰς Εὐρύκωμιν, ὁ κῆρυξ σὺν αὐτῇ
15 μοι δεσποίνῃ περὶ λαμπρὰν ἀνακέκλιται τράπεζαν, δάφνης τὴν κεφαλὴν ἐστεφανωμένος, καὶ κῆρυξ ὢν ἐκ κορυφῆς καὶ μέχρι ποδῶν.

20. Περὶ δὲ μέσην τὴν τράπεζαν ἡ δεσπότις φησί· « Κῆρυξ, σὴν μὲν ταύτην ἐμὴν κεφαλὴν Ἀπόλλων
20 « λαμπρῶς ἐστεφάνωσε, κήρυκά σε λαμπρὸν στειλά-
« μενος ἐς Ἀρτύκωμιν, καὶ κήρυκά λαμπρᾶς Ἀπόλ-
« λωνος ἑορτῆς· καί σοι τὰ περὶ τὴν ὁδὸν εὖ διάθοιτο.
« Δοῦλος δ' οὗτος ἡμῶν, ὃν αἴχμή σοι καὶ γενναία χεὶρ
« ἐλῄσατο, μή σοι συνέψοιτο πρὸς Ἀρτύκωμιν· δοκεῖ
25 « γάρ μοι καὶ τῷ νῷ συνετὸς, καὶ τῇ γλώσσῃ σοφὸς,
« καὶ ὅλον συνέχων τὸ ἐπισκύνιον, καὶ συνεχῶς θρηνῶν
« καὶ κοπτόμενος· δέδοικα γοῦν, μή τί σοι νεανιεύση-
« ται τῶν οὐκ ἀγαθῶν, ὅτι καὶ τὸ δοῦλον τοῖς δεσπόταις
« πολέμιον. » Καὶ ὁ δεσπότης φησίν· « Ἀλλὰ, κατὰ
30 τὴν τραγῳδίαν,

Χρηστοῖσι δούλοις συμφοραὶ τῶν δεσποτῶν
Κακῶς πίπτονται καὶ φρενῶν ἀνθάπτεται. »

Ἡ δ', « Ἀλλὰ χρηστοῖς φησὶν ἡ τραγῳδία· ὁ δὲ καὶ « κήρυξ γεγονέναι τερατολογεῖ, καὶ γένος καὶ πατρίδα
35 « λαμπρολογεῖ, καὶ ἀλλάττα πολλὰ λαμπρῶς κατα-
« γλωσσαλγεῖ. »

21. Καὶ ὁ δεσπότης πρός μέ φησιν· « Εἰ κῆρυξ, ὡς « εἴρηκας, γέγονας, οὕτω δὴ καὶ σὺ κατ' ἐμὲ τὴν κε-
« φαλὴν ἐστεφάνωσας. » Ἐγὼ δὲ, « Ἀλλὰ σύ μοι,
40 « δέσποτα κῆρυξ, φεῖσαι γλώττης ἐμῆς οὕτω προπετῶς
« κινουμένης καὶ ἀναιδῶς. Ἀληθῶς καὶ τοὺς πόδας
« κεκόσμημαι, καὶ ποδήρη χιτῶνα τουτουῒ λαμπρότε-
« ρον περιβέβλημαι, ὅτι καὶ κῆρυξ Διὸς πατρὸς ἀν-
« δρῶν τε θεῶν τε· σὺ δέ μοι σύγγνωθι, δέσποτα. »
45 Καὶ πρὸς τὴν δεσπότιν ὁ δεσπότης φησίν· « Ἴσως ποτ'
« ἦν ὁ κῆρυξ οὗτος ἐλεύθερος ὢν, καὶ βάρβαρος χεὶρ εἰς
« δουλείαν μετήγαγε

Τύχη (γὰρ) τὰ θνητῶν πράγματ', οὐκ εὐβουλία.

« Εἰ γοῦν μοι συνέψοιτο πρὸς τὴν Ἀρτύκωμιν, ἴσως
50 « οὐκ ἀσυντελὴς ἔσται μου τῷ κηρύγματι. » Ταῦτα εἶπε, καὶ τῆς τραπέζης ἀνέστη, καὶ πρὸς τὸ λειτούργημα γέγονεν. Καὶ πάλιν ἡ πόλις ὀρθὴ, καὶ πάλιν προπομπὴ, καὶ πάλιν πανήγυρις, καὶ πάλιν ᾠδαὶ, καὶ τἄλλ' ὁπόσα κοσμοῦσι τοὺς κήρυκας.

splendido agmine stipatus et per medium theatrum triumphantis instar incessit, frequentis populi circulo septus et illustri comitatu, his denique omnibus, quae meum quoque aliquando luserant praeconium; quorum hoc temporis momento recordatus medio in theatro et inter gratas festi et publicae laetitiae voces luctu lamentoque implebar; et mens memoria, veluti gravi tonitru procellaque sideris percussa corruerat. Sic igitur, tam illustri, tam sumptuoso, tam nobili apparatu, caduceator, herus meus, domum ducitur, laurea redimitus, splendida tunica et venerando calceo exornatus. Post igitur illustrem illum comitatum quo et ego quondam (papae reciprocas sortis vices!) Eurycomidem perveneram, caduceator cum domina splendidae mensae accubuit lauro tempora redimitus omnibusque praeconii ornamentis instructus, et caduceator a capite ad pedes usque factus.

20. Medias inter epulas domina sic infit : « Caduceator, tuum hoc meum caput Apollo splendide lauro « coronavit, qui te praeconem splendidum Artycomidem « misit, et splendidi Apollinis festi praeconem : faxit ille « tibi prosperum iter. Ne autem servus ille noster, quem « cuspis et generosa manus rapuit, te sequatur Artycomi- « dem; nam mihi videtur animi prudens et linguae par- « cus, sed supercilia semper contrahit et indesinenter « lacrymatur et pectus contundit : itaque me metus incessit, ne cujusquam tibi illaetabilis causam praebeat, « quoniam infestum dominis est omne servorum genus.
« — At nescis illud tragoediae, inquit dominus :

Haec magna servis optimis calamitas,
Cum res heriles pessime afflictae cadunt. »

Illa autem : « De bonis tragoedia loquitur : verum ille se « caduceatorem fuisse jactat, et genere ac patria gloriatur, « illustria multa denique mala loquacitate praedicat. »

21. Tunc conversus ad me herus : « Tu quoque aliquando « caduceator fuisti et tu sic caput coronasti? » Ego autem, « Parce, o, inquam, domine caduceator, parce meae « linguae si quid temerarie aut ultra modestiam protulerit. « Ego certe sacro calceo ornatus talaremque ista tua splen- « didiorem tunicam indutus, Jovis hominumque deorum- « que parentis caduceator fui. A te autem, domine, venia « sit dicto. » Conversus autem ad dominam herus, « Fortasse, inquit, quondam caduceator fuit quum liber es- « set, et a barbaris in servitutem postea abductus fuit :

Humana fingunt Fata, non prudentia.

« Itaque si me sequetur Artycomidem, fortasse meo prae- « conio non inutilis erit. » His dictis, coena perfunctus munus suum obire pergit. Et rursus arrecta civitas illum comitatu prosequuta, et rursus panegyris, et rursus cantus et haec omnia quae caduceatorum honori dantur.

ΒΙΒΛΙΟΝ ΕΝΝΑΤΟΝ.

1. Οὕτω τοίνυν, οὕτω λαμπρῶς τὴν πρὸς τὴν Ἀρτύκωμιν ἐστελλόμεθα. Καὶ περὶ ταύτην ὁ κῆρυξ ἐγένετο· καὶ πάλιν λαμπρὰ προπομπὴ, καὶ πάλιν ὄχλος καὶ θρίαμβος, κόσμος ἀγυιῶν, καλλώπισμα ἀγορῶν, παρθένων στεφάνωμα· παρὰ γὰρ δὴ τοῦτο τὸ μέρος Ἀρτύκωμις εὐτυχεῖ, παρθενίαν τιμῶσα, καὶ βωμὸν Ἀρτέμιδος παρθένον κόσμον ἔχουσα κεφαλαῖον. Κυμβάλων πλῆθος καταθέλγον τὴν ἀκοὴν, παστάδων καλλωπισμὸς ἡδύνων τοὺς ὀφθαλμοὺς, ῥόδων σταλαγμοὶ, καὶ πᾶς εὐώδης καπνὸς εὐφραίνων τὴν ὄσφρησιν, καὶ πλῆθος ῥητόρων λαμπρὸν ὑφαῖνον τὸν εἰσιτήριον.

2. Ὁ μὲν οὖν δὴ δεσπότης ἐμὸς, ἐν μέσῃ ταύτῃ λαμπρᾷ προπομπῇ καὶ ποικίλῳ θριάμβῳ καὶ πολυτελεῖ, καὶ οἷον Ἀπόλλων αὐτὸς ἐθριάμβευσεν ἂν, μακρὰ βιβὰς ᾤδευεν, οἷον ὑπερνεφέλῳ τῷ ὀχήματι, ὀφρὺν ἐπαίρων μέχρις ἐς αὐτὸν οὐρανόν· ἐμὲ δ᾽ ἡ μνήμη μέχρις ἐς αὐτὸν Ἅδου κατῆγε πυθμένα, καὶ τοὺς ὀφθαλμοὺς ἐπλήρου δακρύων ἐς αὐτήν μου μέσην σταζόντων ψυχήν. Οἱ τῆς Ἀρτυκώμιδος προὔχοντες ζητοῦσι ξενίσαι τὸν κήρυκα, καὶ ὅλον ἕκαστος πρὸς ἑαυτὸν ἀνθέλκεται, καὶ μεθέλκεται, καὶ καινή τις ἔρις καὶ φιλοξενίας ἀγών· εἴποι τις ἰδών·

    ἀγαθὴ δ᾽ ἔρις ἥδε βροτοῖσι.

3. Σώστρατος νικᾷ τὸν ἀγῶνα, καὶ ἅρμα φέρων ἀνάγει, καὶ περὶ τὴν οἰκίαν μετάγει τὸν κήρυκα, καὶ φιλοφρονεῖται τοῦτον φιλοτιμώμενος, ὅσα καὶ Σωσθένης Ὑσμινίαν ἐμὲ, πλὴν Ὑσμίνης, πολυτελῶς ἐφιλοφρονήσατο· ἃ πάντα μέσης ἥπτετό μου ψυχῆς, καὶ λήθης πύχομην κρατῆρα πιεῖν. Ὅλον ὁ κῆρυξ ἀπετίθετο τὸ κηρύκειον, καὶ τράπεζα πολυτελὴς παρετίθετο, καὶ παρθένος Ῥοδόπη Σωστράτου θυγάτηρ οἰνοχοεύει, καλὴ μὲν κατὰ παρθένον ἁπλῶς, πρὸς δέ γε τὴν ἐμὴν ἐκείνην Ὑσμίνην, ὡς πρὸς Ἀφροδίτην μύρμιξ, ὡς πρὸς ἐλέφαντα κώνωψ, ὡς ἀστὴρ πρὸς φωσφόρον, τοῦτον τὸν γίγαντα. Τρυφαὶ ποικίλαι περὶ τὴν τράπεζαν, ὅσαις οἶδε καὶ Σωσθένης φιλοφρονεῖσθαι τοὺς κήρυκας.

4. Ἐπὶ δὴ τούτοις πᾶσιν ὀφθαλμὸς ἥλατό μου ὁ δεξιὸς, καὶ ἦν μοι τὸ σημεῖον ἀγαθὸν, καὶ τὸ προμάντευμα δεξιώτατον. Εἰ μὲν οὖν ὁ τῆς Ἀρτυκώμιδος οἶνος ἡδὺς κατὰ τὸν τῆς Αὐλικώμιδος, οὐκ οἶδα, νὴ τοὺς θεούς. Σώστρατος δ᾽ οὐκ ἔσχε κατὰ Σωσθένην Ὑσμίνην οἰνοχοεύουσαν, ὅθεν ἡττᾶται Σωσθένους, καί μου τὸ κηρύκειον τοῦ δεσπότου τοσοῦτον φιλοτιμότερον, ὅσον καὶ δυστυχέστερον. Μετὰ γοῦν τὰς ἐν τῇ τραπέζῃ τρυφὰς, καὶ τὸ τοῦ συμποσίου πολυτελὲς καὶ λίαν φιλότιμον, Ῥοδόπη κιρνᾷ κρατῆρα τῆς ἑορτῆς. Ὁ μὲν οὖν δὴ κῆρυξ, καὶ τῇ τύχῃ δεσπότης ἐμὸς, ἐφ᾽ οὕτω πολυτελοῦς τραπέζης ἀνακεκλιμένος λαμπρῶς, ἔπινεν, ὡς οἶμαι, μεθ᾽ ἡδονῆς, ἐγὼ δ᾽ ὁ ποτὲ κῆρυξ, ὁ λαμ-

LIBER NONUS.

1. Ita nos splendido apparatu Artycomidem profecti sumus. Statim quum ad illam pervenit caduceator, et iterum illustris comitatus et iterum multitudo et triumphus, viarum ornamenta, platearum cultus, et virginum coronamina ; ex hac enim parte maxime felix Artycomis censetur, quia virginitatem honore prosequitur, et Dianæ virginis eram præcipuum urbis decus possidet. Undique innumera cymbala aures mulcentia, porticorum ornatus oculos recreantes, rosarum sparsiones, et fragrans ardentium aromatum fumus; præter ingentem rhetorum, qui ingredientem laudabant, turbam.

2. Hoc in splendido comitatu, hoc in vario et sumptuoso triumpho, herus meus, haud secus ac si ipse triumpharet Apollo, pleno gradu incedebat, quasi curru ultra nubes vectus, ad cœlos usque in arduum elatus supercilium; me autem memoria usque in Plutonis gurgitem trahebat, plenis lacrymarum, quæ in mediam usque animam stillabant, oculis. Interim Artycomidis præcipui caduceatorem hinc inde ad se trahentes et distrahentes, hospitio excipere satagebant, novaque orta est contentio et hospitalitatis certamen. Quod videns dixisses :

    Optima terrigenis talis contentio res est.

3. Victor tandem Sostratus caduceatorem curru ad ædes ductum honore multo excipit, et eo prorsus modo, quo me Hysminiam quondam Sosthenes, si Hysmineu demas, sumptuose exceperat : cujus rei recordatio animum accendebat et exoptabam oblivionis poculum exsorbere. Tandem, depositis ab hero præconii insignibus, sumptuosum convivium paratum est, et Rhodope virgo, Sostrati filia, vinum ministrabat, pulchra quidem, sed tantum quod ad virginem attinet, sed quæ Hysminæ æque ac Veneri similis, elephanti culex, soli, illi giganti, stella comparari potest. Cæterum multo varioque mensa luxu, et quali caduceatores Sosthenes excipere amat, diffluebat.

4. Mihi inter hæc omnia dexter crebro saliit oculus, quod mihi faustum omen erat et felicissimum augurium dabat. Itaque utrum generosum Artycomidis vinum, et quale Aulicomidis nectar, per deos nescio. Sostratus longe ab Sosthene superabatur, quod Hysminen, quæ vinum funderet, pariter non haberet; unde mihi præconium domini præconio tanto magis honorificum, quanto magis calamitosum contigit.° Post igitur mensæ delicias conviviique luxus et munificentiam, festi poculum Rhodope miscet. Tunc caduceator idemque, Fortuna volente, dominus meus tam sumptuose mensæ splendide accumbens, ut mihi quidem videbatur, cum voluptate bibit; ego autem olim caduceator, et qui ab Sosthene honorifice exceptus

πράς ἐπανακεκλιμένος τραπέζης, ὁ τῷ Σωσθένει φιλο-
τίμως φιλοφρονούμενος, ὁ τὴν Ὑσμίνην ἔχων οἰνο-
χοεύουσαν, ἣν καὶ μόνον ἰδεῖν εὐτυχές, ἔργα τὰ τῶν
δούλων ὑπέχω, καὶ ὅλος δοῦλός εἰμι· καὶ, εἰ μὴ κατε-
5 λύετο τὸ συμπόσιον, τάχα ἂν ὅλως ὑπ᾿ ἄλγους κατερ-
ράγην αὐτός. Ἀλλ᾿ ὁ κῆρυξ ἀναστὰς τῆς τραπέζης ἐπὶ
τὸ δωμάτιον γέγονε, καὶ παρὰ κλίνη λαμπρᾷ μαλακῶς
ἀνακέκλιται, οἵαν κἀμοί ποτε Σωσθένης ὑπέστρωσεν.
4. Ἡ τοῦ Σωστράτου θυγάτηρ, κατὰ τὴν ἐμὴν
10 Ὑσμίνην, ἦκε τοὺς πόδας ἐκπλῦναι τοῦ κήρυκος, καὶ
τρεῖς παιδίσκαι παρείποντο καθυπηρετοῦσαι τῷ λει-
τουργήματι. Ἔνιπτε μὲν οὖν ἡ Ῥοδόπη, ἐγὼ δὲ τὰ
περὶ τοὺς ἐμοὺς ἀναλογιζόμενος πόδας ἔκ τε χειρῶν
καὶ χειλέων τῆς ἐμῆς ἐκείνης Ὑσμίνης χαριεντίσματα,
15 πνεῦμά τι μέγα, καὶ λίαν ὀδυνηρὸν ἐξ ἐμῶν μέσων
ἐγκάτων ἀνέσπασα, καὶ δακρύων ἐπληρώθην τοὺς ὀφ-
θαλμούς· καὶ θεραπαινὶς ἡ τῶν ποδῶν τὸ μάκτρον
ἀνέχουσα πρὸ χειρῶν, μικρὸν ὑπεστέναξεν, ὥσπερ
μιμουμένη τὸ τῆς ἠχοῦς ὑστερόφωνον, καὶ οἷον Ὑσμίνη
20 λεπτὸν ὑπεστέναξεν, ὅτε τῷ ποδί μου τὸν πόδα ταύτης
ἐπὶ τῆς τοῦ Σωσθένους τραπέζης ἐπέθλιψα. Εἶδον
οὖν ἀτενῶς εἰς αὐτὴν, καὶ, νὴ τὴν Ἀφροδίτην, τὴν Ὑσ-
μίνην ἐδόκουν ὁρᾶν· ἡ δ᾿ ἀντέβλεπεν ἀτενέστερον.
5. Ἐπεὶ δ᾿ ἡ τοῦ Σωστράτου θυγάτηρ ἀπονιψαμένη
25 τοὺς πόδας τοῦ κήρυκος ᾤχετο, καὶ αἱ θεραπαινίδες
παρείποντο, συνῴχετο ταύτῃ, καὶ ἦν ὡς Ὑσμίνην
ἑώρων αὐτός. Ἐγὼ δ᾿ ὅλην τὴν νύκτα κατετυραννούμην
τοῖς λογισμοῖς, « Ἆρ᾿ ἦν Ὑσμίνη; λέγων πρὸς ἐμαυ-
« τόν· ἀλλ᾿ ἐκ χειρῶν ἀπεσπάσθη τούτων ἐμῶν, καὶ
30 « χερσὶ κυβερνήτου δημίου πρὸ τούτων ἐμῶν ἐλεεινῶν
« ὀφθαλμῶν ἐξεσφενδονήθη τοῖς κύμασιν. Ἀλλὰ Ζεὺς,
« ἀλλ᾿ Ἔρως τὴν κόρην ἐρρύσαντο, καὶ παντελῶς ἔχει
« ταύτην Αὐλίκωμις· οὐδὲ γὰρ ἐπὶ κακῷ καὶ δουλείᾳ
« ταύτην ἐσώσαντο. » Ταῦτα καθ᾿ ἑαυτὸν ἔλεγον καὶ
35 ὅλην αὐτὴν ἀνεπλαττόμην τῷ νῷ, καὶ λογισμοῖς ποι-
κίλοις ὅλην τὴν νύκτα παραμετρούμενος, τῆς στρωμνῆς
ἀνέστην, μηδὲ μέχρι βλεφάρων τοῖς ὕπνοις σπεισά-
μενος.
6. Ἡμέρα γοῦν καὶ τοῖς κατὰ νύκτα κακοῖς μεῖζον
40 μοι προσεπιπίπτεται τὸ κακὸν, καὶ κατὰ διαδοχήν μοι
τὸ δυστυχές· πάλιν Ὑσμινίας ἐγὼ τὰ τῶν δούλων
ὑπέχω, καὶ πάλιν δουλεύω, καὶ ὅλος δοῦλος καὶ τρί-
δουλος· δοῦλος Ὑσμίνης ἐξ Ἔρωτος, δοῦλος λογισμῶν
ἐκ τῶν ὀφθαλμῶν, καὶ δοῦλος ἐκ τύχης τοῦ κήρυκος.
45 Τράπεζα καὶ πάλιν πολυτελὴς, καὶ πάλιν ὁ κῆρυξ τῷ
Σωστράτῳ συνανακλίνεται· καὶ πάλιν Ῥοδόπη κιρνᾷ,
καὶ πάλιν κατ᾿ ἐμῆς ψυχῆς ἡ μνήμη στρατεύεται, καὶ
ταύτην ὅλην πολιορκεῖ, καὶ πρὸς τὴν Αὐλίκωμιν ἄγει,
πρὸς τὴν Ὑσμίνην μεθέλκεται, καὶ ὅλον ἀναπλάττει
50 μοι τὸ κηρύκειον.
7. Ἐν μέσοις τούτοις τῇ δεσποτίδι ἡ παιδίσκη καὶ
πάλιν ὑπηρετεῖ, καὶ πάλιν ἐγὼ τὴν παιδίσκην ὁρῶ,
καὶ πάλιν τὴν Ὑσμίνην βλέπειν δοκῶ· ἡ δ᾿ ἀτενέσ-
τερον ἀντιβλέπει με, καὶ τοὺς ὀφθαλμοὺς πληροῦται

EUMATH.

sumptuosae pariter mensae accubueram, qui Hysminen,
quam tantum intueri felicitas est, vinum mihi propinantem
habueram, servorum opera sustinebam, prorsus eo tem-
pore servus; et nisi soluto convivio discessum foret, actu-
tum dolore disruptus interiissem. Verum herus mensa
surgens, et cubiculo suo redditus, eximio molliter in
lecto, qualem mihi quoque Sosthenes aliquando parave-
rat, decubuit.
4. Sostrati filia, velut olim mea Hysmine, praecenis
pedes lavatura, sequentibus, quae ad hoc ministerium illam
adjuvarent, tribus ancillis, accessit. Lavit igitur Rhodope,
dum ego revocatas in memoriam circa pedes meos Hys-
mines manuum et labiorum blanditias mente reputans,
magno et cruciabili suspiritu mediis e visceribus ducto,
lacrymis oculos implevi; tum famula, quae linteum ad
abstergendos pedes ferebat, paululum ingemuit veluti quae
imaginem ultimas voces reddentem imitatur, et quale
Hysmine ingemuit quum illius pedem meo imposito Sosthe-
nis in mensa compressi. Itaque defixis in illam oculis
ipsissimam, per Venerem, Hysminen inspicere mihi visus
sum et ipsa me attentius respexit.

5. Sed cum Sostrati filia, nitidis jam caduceatoris pedi-
bus, recessit et famulae eam insecutae sunt, cum illa abs-
cessit, et ego stabam quasi Hysminen ipsam vidissem.
Tota autem nocte ratiociniis oppressus sum , « An ipsa
« Hysmine erat? tacitus apud me inquiebam; sed mani-
« bus meis per vim avulsa, mox carnificis gubernatoris
« manibus ante hos infelices oculos in mare emissa est.
« A Jove autem Amoreque sospitatam puellam Aulico-
« mis nunc certissime detinet; nec enim, ut suo damno
« serviret, illam servaverunt. » Haec ego mecum, illam-
que totam animo fingens, et variis ratiociniis totam noc-
tem emensus, nequidem usque ad palpebras somno in-
dulgere potui.

6. Oborta die, nocturnis malis aliud gravius accidit, et
sibi invicem succedunt infortunia; namque ego Hysminias
rursus opera servorum sustinebam et prorsus servus,
immo ter servus : Hysmines servus Amoris impulsu, ra-
tiociniorum servus oculorum ludibrio, et sortis injuria
caduceatoris servus. Rursus procurans largiter epulis,
et rursus caduceator cum Sostrato accubuit; et rursus
Rhodope vinum praebet, et rursus animum meum oppugnat
praeteritarum rerum recordatio et obsidione cingit, modo
me Aulicomidem ducens et ad Hysminen trahens, modo
mihi praeconii memoriam refricans.

7. Inter haec omnia famula iterum ad obsequium do-
minae stat, et iterum famulam intueor et Hysminen
iterum inspicere mihi videor; illa etiam attentius me
respicit et lacrymis oculi tumescunt. Ego vero a mensa

38

δακρύων. Ἐγὼ δ᾽ ὑπεκστὰς τῆς τραπέζης, δάφνῃ παρακαθίζω συνηρεφεῖ (ἐγγὺς γὰρ παραδείσου τὰ τῆς τραπέζης ὁ Σώστρατος ἡτοιμάσατο)· καὶ δακρύων τοὺς ὀφθαλμοὺς πληρωθεὶς, καὶ βύθιον στενάξας ἐλεεινὸν, » « Φείσαί μου, Ζεῦ, εἶπον, στῆσόν μου τὴν μακρὰν
« πλάνην, τὸν βαρύν μοι κλύδωνα καταπράϋνον.
« Ἰδού με καὶ πάλιν καταπαίζουσιν οἱ δαίμονες, πλάτ-
« τουσι τὴν Ὑσμίνην, κοσμοῦσιν ἐρωτικῶς, ἑστῶσί
« μοι κατὰ μέτωπον, καί με κατατυραννοῦσι καὶ τοῖς
10 « ὀφθαλμοῖς καὶ τοῖς λογισμοῖς. » Ταῦτ᾽ ἔλεγον, καί τις ἐπιστᾶσά μοι παιδίσκη φησίν· « Ἐξ Ὑσμίνης παρ-
« θένου σῆς ἐρωμένης, καὶ νῦν ἐμῆς ὁμοδούλου τοῦτό
« σοι τὸ ἐπιστόλιον· » καί μου τῇ χειρὶ παραθεῖσα, δρομαίως ᾤχετο. Τοῦτο δ᾽ ἐγὼ λαβὼν, ἀνέπτυξα σύν-
15 τρομος· τὸ δ᾽ εἶχεν οὕτως·

8. Ὑσμίνη παρθένος Ὑσμινίᾳ τῷ ἐραστῇ χαίρειν. « Ὑσμινία Θεμιστείδη, ἴσθι, ὡς Ὑσμίνην τὴν σὴν
« δελφὶν θαλάσσης ἐῤῥύσατο, καὶ πηγὴ καὶ τόξον Ἀρ-
« τέμιδος, παρθένου θεᾶς, παρθένον σοι ταύτην παρε-
20 « φυλάξαντο· σὺ δὲ μὴ λήθην νοσήσῃς, μήτε τῶν ἐπ᾽
« Αὐλικώμιδος, τῆς ἐμῆς πατρίδος, πολλῶν χαρίτων
« ἐρωτικῶν, μήτε τῶν ἐπ᾽ Εὐρυκώμιδος, πατρίδος τῆς
« σῆς, μηδ᾽ ὅτι διὰ σὲ καὶ πατρίδος καὶ τεκόντων καὶ
« τῶν κατ᾽ οἶκον λαμπρῶν πάντων κατεφρόνησα, θα-
25 « λάσσης καὶ κυμάτων κατετόλμησα, διὰ σὲ θανάτου
« γευσαμένη πικροῦ, καὶ τέλος αἰχμάλωτος καὶ δούλη
« νῦν, ὡς ὁρᾷς, καὶ ἐπὶ πᾶσι τὴν παρθενίαν ἀπαρεγ-
« χείρητος· καὶ νῦν ὁμόδουλός σοι ἐπὶ Δαφνήπολιν
« συνεκπλεύσω σοι. Ἔῤῥωσο, καὶ τὰς συνθήκας
30 « ἀπαρεγχειρήτους τηρῶν σωφρόνως ἀντιπαρθένευε. »

9. Οὕτω μὲν οὖν εἶχε τὸ ἐπιστόλιον, οὗ πιστεύων τοῖς γράμμασιν, οὐ συνεχωρούμην τοῖς πράγμασι, καὶ τοῖς πράγμασι πιστεύειν ἐθέλων οὐ συνεχωρούμην τοῖς γράμμασι· τὸ μὲν γὰρ δὴ γράμμα πείθειν ἐμάχετο
25 τὴν παιδίσκην Ὑσμίνην εἶναι, καὶ τῆς Ὑσμίνης τὸ ἐπιστόλιον· ὅλον γὰρ δρᾶμα τὸ καθ᾽ ἡμᾶς ἀνεπλάτ-
τετο· τὸ δὲ τοῦ πράγματος καινὸν καὶ ὑπέρμεγα οὐ συνεχώρει μοι πιστεύειν τῷ γράμματι. Δὶς οὖν καὶ τρὶς τὴν ἐπιστολὴν ἀναγνοὺς, καὶ ὅλην καταφιλήσας
40 αὐτὴν, ἐξανέστην τῆς δάφνης, καὶ περὶ τὴν τράπεζαν γεγονὼς, τὴν ὡς Ὑσμίνην παιδίσκην ἀτενέστερον ἔβλεπον, καὶ ὅλην περιεργαζόμην αὐτήν· ἡ δ᾽ ἀντι-
βλέπουσα, τοὺς ὀφθαλμοὺς ἐπληροῦτο δακρύων.

10. Καὶ οὕτω κατελύετο τὸ συμπόσιον· καὶ κῆρυξ
45 ὁ δεσπότης ἐμὸς σὺν δούλοις ἡμῖν ἐπὶ τὸ δωμάτιον γέ-
γονεν, Ὑσμίνη δ᾽ ὡς δούλη τῇ Ῥοδόπῃ συνείπετο· καὶ οὕτω πάλιν ἀπ᾽ ἀλλήλων ᾠχόμεθα. Καὶ πάλιν πυκνοὶ λογισμοὶ τὴν ψυχήν μου κατεμερίζοντο, καὶ πάλιν ἀναπτύξας τὸ γράμμα, κατὰ Λάκαιναν κύνα
50 καὶ νοῦν καὶ λέξιν ἀνώρυττον, καὶ ὅλον κατιχνηλάτουν τὸ ἐπιστόλιον. Ὁ μὲν οὖν δὴ κήρυξ καὶ δεσπότης ἐμὸς ἀνακεκλιμένος κλίνῃ λαμπρᾷ καὶ μαλακῶς ἐσταλ-
μένῃ, καὶ ὅλος κατὰ κήρυκα ὢν καὶ μέχρι κλίνης αὐ-
τῆς, τοῖς ὕπνοις ἐσπείσατο· ἐγὼ δὲ σὺν ὁμοδούλοις

discedens, umbrosæ lauro assideo, horto enim vicinas epulas Sostratus paraverat. Ibi plenis lacrymarum oculis et medullitus ingemens, « Tum demum, o Jupiter, inquiebam, « parce, longumque hunc meum errorem sistens, gravem « malorum tempestatem seda. Ecce me rursus numina « deludunt, Hysminen mihi fingunt, exornantque amato-
« rie et videndam objiciunt, meque oculis et ratiociniis « cruciant. » Talia dicenti ancilla quædam adstans, « Hys-
« mines, inquit, virginis quam diligis, et nunc meæ con-
« servæ, hoc epistolium tibi; » statimque, illa reddita, celeri gradu gressum acceleravit. Ego acceptam epistolam aperui, quæ sic habebat :

8. « Hysmine virgo Hysminiæ amatori salutem. Hysmi-
« nia Themistei, scito Hysminen tuam maris ex periculis « a delphino liberatam, et Dianæ, virginis deæ, fontis « arcusque beneficio, virginem tibi conservatam; tu « autem ne oblivionis morbo labores, neque obliviscere « tot amatorias blanditias quas Aulicomide, in mea pa-
« tria, et Eurycomide tua miscuimus, meque tui causa, « patriam parentesque ac domestica commoda sprevisse, « maris etiam tulisse fluctus audacter, et tui causa, amara « degustata morte, nunc captivam ac servam, ut vides, « esse, inprimisque servata virginitate, tecum una Daphni-
« polim navigaturam. Vale, et pacti conventi memor vir-
« ginitatem pariter tuere. »

9. Ita se habebat epistolium. Ego autem quum litteris fidem adhibere vellem, factis non assentiebar, quumque factis fidem vellem adhibere non assentiebar litteris. Et littera quidem persuadere conabatur Hysminen servam esse, quæ scripserat, negotia enim nostra exprimebat; sed insolens facti novitas fidem minus facto adstruebat. Itaque quum lectam ter quaterque epistolam exosculatus, relicta lauro, mensæ proximum me stitissem, famulam illam haud secus ac si Hysmine fuisset, oculis in eam confuitu pertinaci intentis, curiosius inspexi, dum illa flentibus ubertim oculis pariter me respexit.

10. Et sic finem habuit convivium; et caduceator, herus meus, magna stipante caterva servorum, cubiculo se reddidit; Hysmine autem similiter Rhodopen, ut ancillam decuit, secuta est; nosque ita separati discessimus. Tunc iterum fluctuans animi mens scindebatur in multiplices curas, rursusque, Lacænæ, quod dicitur, canis ad instar, apertæ verba et sententiam epistolæ venaticæ captabam. Dum pulcherrimo in lecto caduceator, dominus meus, et molliter strato recubans, caduceatorisque etiam in lecto partes servans, somno indulgeret, me quidem humi cum

κατὰ δούλους ἀνακλιθεὶς κατὰ γῆν, τοῖς λογισμοῖς οὐ συνεχωρούμην ὑπνοῦν· καὶ ἦν μοι τὰ τῆς νυκτὸς ὡς ἡμέρα πρὸς ὕπνον καὶ γρήγορσιν.

11. Τῇ δ' ὑστεραίᾳ ὅλον ὁ κῆρυξ περιθέμενος τὸ κηρύκειον, καὶ ὅλος κῆρυξ γενόμενος, ἐπὶ τὸ ἱερὸν ἐγένετο τῆς Ἀρτέμιδος· ἐγὼ δὲ περὶ τὸ δωμάτιον καταλέλειμμαι, καὶ τῇ πύλῃ παρακαθίσας, καὶ τὴν ἐπιστολὴν ἀναπτύξας, ὅλως τοῖς γράμμασι κατεπεπήγειν τοὺς ὀφθαλμοὺς, καὶ ὅλον τὸ γράμμα τοῖς δάκρυσιν ἔπλυνον· ἡ δὲ τοῦ Σωστράτου Ῥοδόπη περὶ τὸν κῆπον γενομένη (πρὸ γὰρ τῆς πύλης ἦν, ᾗ παρεκαθήμην αὐτὸς), καί με βρεχόμενον ἰδοῦσα τοῖς δάκρυσιν, καὶ οἷον κατελεήσασα, « Τί πάσχεις, τέκνον; » φησίν. Ἐγὼ δὲ, « Οὐδὲν ἄλλο, δέσποινα, πρὸς αὐτήν, ἀλλ' ἢ δοῦλος ἐξ ἐλευθέρων εἰμί, καὶ δούλιον ἦμαρ βλέπων, πάσχω « κακῶς. » Ἡ δέ μοι καὶ γένος ἐζήτει μαθεῖν καὶ πατρίδα, καὶ ὅπως δοῦλος ἐξ ἐλευθέρων γεγένημαι. Κἀγὼ πρὸς αὐτήν· « Ἀλλὰ προτρέχει μοι τῆς φωνῆς « ὀδυρμὸς καὶ προπηδᾷ τοῦ λόγου τὸ δάκρυον, δέ- « σποινα, καὶ κατεπικλύζει μου τὴν γλῶσσαν, καὶ « κατακλυδωνίζει μου τὴν ψυχήν, καὶ ὅλην ἐπέχει « μου τὴν φωνὴν, καὶ θέλει μὲν ἡ γλῶσσα λαλῆσαι « καὶ τὸ συμβὰν διηγήσασθαι, ἐπέχεται δὲ ὑπὸ τῆς « πικρίας, τῷ γὰρ τοῦ πάθους τυραννεῖται δεσμῷ· εἰ « γὰρ τὴν ἐν κακῷ τύχην ἐθέλεις ἰδεῖν, ὅλος ἐν σώ- « ματί σοι παρίσταμαι, ὅλον ἐνδεδυμένος τὸ δυστυχὲς, « καὶ πρὸς ὅλην ἀπευκταίαν τύχην μεταπλασθεὶς, καὶ « στήλη δυστυχίας γενόμενος. »

12. Ἡ δέ γε Ῥοδόπη μᾶλλον ἐζήτει τὰ κατ' ἐμέ, καὶ οἷον κατεδυσώπει ταῦτα μαθεῖν. Κἀγὼ πρὸς αὐτήν· « Εὐρύκωμίς μοι πατρὶς, πατὴρ Θεμιστεὺς καὶ « μήτηρ Διάντεια, τἄλλα μὲν εὐτυχεῖς, πλὴν ἐμοῦ « τούτου παιδὸς, ὃν Ἔρως καὶ Τύχη καὶ Ποσειδῶν ἐξ « εὐτυχοῦντος δυστυχῆ, δοῦλον ἐξ ἐλευθέρου καὶ τρί- « δουλον ἀντὶ κήρυκος φέρουσι. Διασίων καιρὸς, καὶ « κῆρυξ ἐγὼ, καὶ κῆρυξ οὐκ ἐς τυχοῦσαν, ἀλλ' ἐς Αὐ- « λίκωμιν. Ὅπως μὲν οὖν μοι κατέπαιζε τὸ δαιμόνιον, « λαμπράς μοι προπομπὰς ὑφαίνων καὶ θριάμβους πο- « λυτελεῖς, περιττὸν ἂν εἴη καὶ λέγειν. Κῆρυξ ἐς « Αὐλίκωμιν ἥκω, καὶ τῷ Σωσθένει φιλοφρονοῦμαι, « ἀνδρὶ τὰ πρῶτα τῶν ἐπ' Αὐλικώμιδι φέροντι. Τῷ δ' « ἦν παρθένος θυγάτηρ, μαίευμα Χαρίτων, Ἀφροδίτης « κεστὸς, δέλεαρ ἐρωτικὸν, καὶ παγὶς Ἔρωτος ἄφυ- « κτος. Ταύτῃ δὴ ταύτῃ τῇ θυγατρὶ τοῦ Σωσθένους « ὅλη συνανεκράθην ἐρωτικῶς, κἂν οὐδέν τι τῆς παρ- « θενίας ἐλυμηνάμεθα. Γάμον ἕτερον ὁ πατὴρ κη- « ρύσσει τῆς θυγατρὸς, ὃν δὴ, μηδὲ μέχρις αὐτῆς ἀκοῆς « ἀνεχόμενοι, φεύγομεν τὸν γάμον, καὶ τὸν γάμον « ὠνούμεθα. Ναῦς ὑπηρετεῖ τῇ φυγῇ, καὶ Ποσειδῶν « ἐν κλύδωνι καὶ χεὶρ κακοῦ κυβερνήτου τὴν καλὴν « ἐκείνην παρθένον ἀθλίων τούτων ἁρπάζει χειρῶν. »

13. Ταῦτ' εἶπον, καὶ ὅλος ὀλιγωθεὶς τὴν ψυχὴν, καὶ ὅλος ἄφωνος γεγονὼς κατὰ γῆν ἐλεεινῶς ἐπεπτώκειν. Αἱ δὲ περὶ τὴν Ῥοδόπην περιχυθεῖσαί με, καὶ ὅλον

conservis, pro servorum more cubantem, variae cogitationes dormire non sinebant; et nox quasi dies erat, quod ad somnum et vigiliam attinet.

11. Postridie autem caduceator sacra ministerii sui vestimenta indutus, omnique caduceatoris cultu ornatus ad Dianae ivit; ego autem domi relictus, quum pro foribus excubans apertae iterum epistolae litteris, quas fletibus rigabam, oculos adfixissem, Rhodope, Sostrati filia, quae in horto erat (is autem portae, cui assidebam, proximus) madentes lacrymis genas inspiciens, et quasi mei miserta, « Quid caussaris, puer? » inquit. Ego vero, « Nihil « aliud, inquam, domina, nisi quod ex libero servus sum, « et dum servitutis lucem aspicio, male mecum agitur. » Tum illa genus et patriam scire, ac quomodo liber in servum evasissem doceri avebat. Ad haec ego : « Prae- « currunt vocem gemitus et verba lacrymae, o domina, « quae loquentis linguam inundant animumque flebili dilu- « vio immergunt et vocem cohibent. Et cupit quidem « lingua profari casusque meos narrare, cohibetur autem « amaritudine : vinculis enim doloris opprimitur. Si au- « tem ipsam rerum humanarum sortem cum omni malo- « rum turba videre lubido est, jam ego tibi integram illam « sistam, omne infortunium indutus, exsecrandaeque sortis « speciem prae me ferens et quasi stans infelicitatis mo- « numentum, execrandam sortem indutus. »

12. Rhodope vero magis ac magis fata mea cognoscere cupiebat, meque ut ea narrarem exorabat. Ego autem, « Eurycomis, inquam, mihi patria est, Themisteus pater « et Diantea mater; caetera felices, si hoc orbi filio vixis- « sent, quem Amor, Fortuna, Neptunusque ex felice in- « felicem, servum ex libero, et ex caduceatore ter qua- « terque servum raptant. Instantibus Diasiis ego caducea- « tor forte missus sum non in aliquam ignobilem urbem, « sed Aulicomidem. Supervacuum esset referre, quibus « me ludibriis numen traduxerit; quam splendidam pom- « pam, quos sumptuosos triumphos mihi intexuerit. Cadu- « ceator Aulicomidem profectus, a Sosthene, qui primas « in civitate obtinebat, benigne exceptus sum. Huic « virgo filia, Gratiarum partus, Veneris merum cingu- « lum, Amoris illicium, Cupidinum inextricabilis plaga « fuit. Cum illa Sosthenis filia individua Amoris societate « conjunctus sum sine ulla mutuae pudicitiae offensa. In- « terim pactum alterius connubii pater nuntiat; quod ne « auditu quidem ferentes, aliud fuga occupavimus. Navis, « quae se obtulerat, fugientibus favet, sed Neptunus, orta « tempestate, et gubernatoris manus formosam illam virgi- « nem a miseris istis manibus avulsit. »

13. Vix ea fatus eram, quum, tota mente imminuta, et penitus obmutescens miserabiliter in terram cecidi. Statim me circumdantes Rhodopes ancillae sublevatum

συσχοῦσαί με, καὶ περὶ τὸ δωμάτιον ἀγαγοῦσαί με, περὶ τὴν τοῦ δεσπότου μου κλίνην τοῦ κήρυκος ἀνακλίνουσι· καὶ ἡ Ῥοδόπη τῇ κλίνῃ παρακαθίσασα ἥπτετό μου τῶν χειρῶν, ἀπεμάσσετο τοὺς ἱδρῶτας, ἐδάκρυεν, ὅλον ἐκοινοῦτό μοι τὸ δυστύχημα, τὴν ψυχὴν ἀνεκτᾶτό μου τὰς ῥῖνας μυρίζουσα· ὑγράν μοι χεῖρα κατεπετίθει τῷ στέρνῳ, καί μοι τὸ περικάρδιον ἔψυχεν. Καὶ τέλος τὰς θεραπαινίδας κατασκορπίσασα, πλὴν τῆς ὡς παιδίσκης Ὑσμίνης, καὶ ὅλον συναγαγοῦσά με κατεφίλησε, καὶ φιλήσασα δακρύων ἐπληρώθη τοὺς ὀφθαλμοὺς, καὶ στενάζουσα βύθιον, « Ὦ « Τύχη, φησὶ, μεταπλάττουσα τὰν βίῳ καὶ φύσεις « ἀλλάττουσα, ὦ παῖ Διὸς, τύραννε Ἔρως, ψυχὰς « κατατυραννῶν, τὸ ἐλευθέριον ἀφαιρούμενος καὶ τὴν « δουλείαν ἀντιδιδοὺς. » Καί μου τὴν κλῆσιν ἐζήτει μαθεῖν. Ἐγὼ δέ· « Ἀλλ' ὦ δέσποινα, καὶ ταύτην τὸ « δαιμόνιον προσαφήρηται· οὐδὲ γὰρ οὐδ' αὐτῆς ἐρείσατό μοι τῆς κλήσεως, ἀλλ' ὡς ἐξ ἐλευθέρου δοῦλον « εἰργάσατο, καὶ τὸ πικρὸν τῆς δουλείας τοῦ τῆς ἐλευ« θερίας ἀντιδέδωκε μέλιτος, καὶ σκότος φωτὸς ἀντεισ« ήγαγεν· οὕτω καὶ κλήσεως Ἑλληνικῆς βαρβαρικὴν « μοι κλῆσιν ἀντεπιτέθεικεν, Ἀτράκην ἀνθ' Ὑσμι« νίου μετακαλέσαν με· καὶ νῦν ὅλος δοῦλός εἰμι καὶ « κλήσει καὶ πράγματι. »

14. Ταῦτ' εἶπον, καὶ τὴν ὡς παιδίσκην Ὑσμίνην ὁρῶ ὅλην καταθρηνοῦσαν, καὶ ὅλην καταδακρύουσαν· καὶ ἡ Ῥοδόπη, « Τί πάσχεις, παιδίσκη; φησίν. Ἡ δέ, « Αὐτοκασίγνητός μοι, φησὶν, ὁ νεανίσκος, ὦ δέσ« ποινα· » καὶ περιπλακεῖσά με κατεφίλει, καὶ ὅλον με συνεπλέκετο. Κἀγὼ δ' ἀντεφίλουν περιπλακείς· « Ὑσμίνη, λέγων, κασίγνητε· » ἡ δ'· « Αὐτοκασίγνη« τε. » Καὶ πάλιν ἐφίλει με. Μόλις οὖν ἀλλήλων ἡμεῖς ἀπεπλάκημεν, τὸ πλάσμα πιστούμενοι· καὶ ἡ Ῥοδόπη συνανεπλάκη μοι, καὶ κατεφίλησε λέγουσα· « Φιλῶ σε τῆς στοργῆς, καὶ τῆς φιλαδελφίας ἀσπάζο« μαι. » Παιδίσκη δέ τις περὶ τὸ δωμάτιον γενομένη φησί· « Σὸς πατὴρ, δέσποινα, Σώστρατος καὶ κήρυξ « δεσπότης τοῦδε τἀνδρὸς ἐπανήκουσι τοῦ βωμοῦ. » Ἡ μὲν οὖν Ῥοδόπη περὶ τὸν οἴκον ἐγένετο, τῆς ὡς ἐμῆς ἀδελφῆς Ὑσμίνης καὶ δούλης αὐτῆς ἑπομένης δουλοπρεπῶς. Ἐκ δὲ τῆς κλίνης ἐγὼ κατὰ γῆν καὶ κατὰ λίθους, ὡς εἰκὸς, κατακέκλιμαι.

15. Ἧκεν ὁ δεσπότης· ἀνέστην ἐγὼ, καὶ ὁ μὲν τὰ τῶν δεσποτῶν, ἐγὼ δὲ τὰ τῶν δούλων ὑπέχω. Τράπεζα καὶ πάλιν πολυτελὴς, καὶ πάλιν ὁ κήρυξ καὶ δεσπότης ἐμὸς ἐπὶ τὴν τράπεζαν, καὶ πάλιν ὑπὸ τὸν δεσπότην ἐγὼ, καὶ ὅλος ὑπὸ τὸν κήρυκα. Καὶ πάλιν ἡ Ῥοδόπη κιρνᾷ· πάλιν ἐγὼ τῇ δάφνῃ παρακαθίζω. Καὶ χαίρω μὲν τὴν Ὑσμίνην ὡς Ὑσμίνην ὁρῶν, ἀλλ' ὀδυνῶμαι τὴν ψυχὴν, καὶ ὅλον πολιορκοῦμαι τὸν νοῦν, καὶ λογισμοῖς ποικίλοις καταμερίζομαι, οἷς μέσοις ἡ τοῦ Σωσθένους θυγάτηρ, ἡ τῆς Ῥοδόπης ἐκ τύχης δούλη, κἀμοῦ δεσπότις ἐξ ἔρωτος, καὶ νῦν ἐκ πλάσματος ἀδελφὴ, Ὑσμίνη, τὸ φῶς μοι τῶν ὀφθαλμῶν, ἥν-

me et cubiculo redditum, in lectulo caduceatoris, domini mei, collocarunt; cui assidens ipsa Rhodope manus meas prehendit sudoremque abstersit et, tamquam infortunii mei particeps, collacrymans, exerrantem animum nares inungendo revocabat; quin et humida pectori superposita manu, cor meum frigore recreabat. Ancillas denique hinc inde præter Hysminen inter varia ministeria dividit, meque ad se trahens deosculatur deosculataque lacrimis implentur oculi, et ex imo pectore gemitus ducens : « O Fortunæ, « inquit, versabiles motus, res humanas rerumque natu« ras inmutantes! o Jovis fili, Amor tyranne, in animas « tyrannice sæviens, qui libertatis ablatæ loco servitutem « imponis! » Tunc et nomen meum quæsivit. Ego autem, « Hoc ultimum, o domina, respondi, numinis invidia « abstulit; neque etenim ipsi appellationis vocabulo pe« percit, sed me servum ex libero fecit, et pro libertatis « dulcedine servitutis amaritudinem, pro luce tenebras « retribuit; sicque græci nominis loco barbaricum nomen « imponens, Atracem me, qui Hysminias vocabar, appella« vit; et nunc verbo factoque servus omnino factus. »

14. Hæc dicendo, totam in luctum solutam perfusamque lacrymis ancillam Hysminen video; et Rhodope, « Quid « pateris, inquit, ancilla? » Illa autem : « Frater meus « iste juvenis, o domina, » et me circumplexa, deosculabatur arctiusque complectebatur. Et ego illam amplexus mutuis osculis deosculabar, « Hysmine soror, » dicens; et illa, « Hysminia frater, » ingeminans iterum iterumque deosculabatur. Vix ab invicem separati mendacio fidem fecimus; et Rhodope me pariter amplexa deosculata est dicens : « Tu mihi carus es ob illam pietatem, et « te ob amorem quo germanam prosequeris diligo. » Interim ancilla in cubiculum veniens, dixit : « Sostratus, pater « tuus, et caduceator, istius hominis dominus, ab ara re« duces accedunt. » Statimque Rhodope horto se reddidit, subsequente serviliter, quasi germana mea credebatur, illius autem serva erat, Hysmine. Ego vero me lecto attollens, humi lapides super, ut decebat, accubui.

15. Ut venit dominus, celeriter surrexi, et ille dominum agebat, ego servum. Jamque, iterum instructo dapsili convivio, iterum mensis accubuit caduceator et dominus meus, egoque proximus domino, proximus caduceatori, ad ministerium stabam. Iterum Rhodope vina miscet, et iterum laurum prope assideo. Ibi quod Hysminen ut Hysminen intueor gaudeo, sed discruciatur animus mensque obsessa tenetur et ipse varias in sententias discindor, quibus in mediis Sosthenis filia, Rhodopes serva per sortis injuriam, et domina mea per Amorem, nunc per ludum soror, Hysmine lumen oculorum meorum, quam

ἐμοὶ Ἔρως ἐδουλογράφησεν εἰς Ἀρτύκωμιν, ἥκει περὶ τὴν δάφνην, ἐγγύς μου παρακαθίζει, ἀνυποστόλως φιλεῖ, φιλοῦσα γελᾷ, καὶ γελῶσά φησιν· « Ὡς ἀδελ-
« φόν σε φιλῶ, καὶ ὡς ἐραστὴν περιπλέκομαι· ἀλλ'
5 « οὐκ ἐμάν σοι τοῦτο τὸ φίλημα· οὐχ ὡς ἐξ ἐρωμένης
« ἐμοῦ πρὸς ἐμὸν ἐραστὴν, οὐδ' ὡς ἐξ ἀδελφῆς πρὸς
« κασίγνητον, ἐκ δούλης δὲ πρὸς δεσπότιδος ἐραστήν.
« Ἐρᾷ σου Ῥοδόπη, δεσπότις ἐμή· μαστροπὸς ἐγώ,
« καὶ ἀποστολιμαῖον τὸ φίλημα· σὺ δέ μοι μὴ τύχαις
10 « ἀντιμετρήσαις τὸν ἔρωτα, μὴ τὴν ἐλευθερίαν μετα-
« διώκων, τῷ τῆς ἐλευθέρας Ῥοδόπης ἔρωτι δουλωθῆς,
« καὶ δουλωθῆς τὴν ψυχήν, φεύγων δούλωσιν σώμα-
« τος. Μή μου τῆς σῆς Ὑσμίνης ἀποβουκολήσῃς τὸν
« ἔρωτα· εἰ γάρ μου τὸ τοῦ προσώπου κάλλος ἀπερρύη
15 « κατὰ ῥόδον Λοκρὸν, ἀλλά μοι τὸ τῆς παρθενίας κάλ-
« λος ἀμάραντον· κἂν δουλεύω τῷ σώματι, κατ'
« οὐδὲν τῆς ψυχῆς ἐλυμηνάμην τὸ ἐλευθέριον· εἰ δὲ
« καὶ δούλη διὰ σὲ, καὶ πρὸ δούλης αἰχμάλωτος, καὶ
« πρὸ τῆς τῶν βαρβάρων χειρὸς ἐξεσφενδονήθην εἰς
20 « θάλασσαν, οὐ τῆς ἐμῆς ἂν εἴη γλώττης ταῦτα λα-
« λεῖν. »
16. Ταῦτά μοι περιπαθῶς Ὑσμίνη σὺν δάκρυσιν ἔλεγεν· ἐγὼ δὲ πρὸς αὐτήν· « Ὑσμίνη, » καὶ λέγων ἐφίλησα, καὶ φιλήσας ἐδάκρυσα, καὶ δακρύσας,
25 « Ὑσμίνη, πάλιν φημί, δοῦλος ἐγὼ διὰ σὲ, καὶ χαίρω
« κοινούμενός σοι τὸ δούλιον· ὅτι σοι καὶ τὸ ἐλευθέριον
« ἐκοινωσάμην ἐρωτικῶς, καὶ δοῦλος ξὺν Ὑσμίνῃ
« θανεῖν εὐξαίμην, ἢ μετὰ Ῥοδόπης ἐλεύθερος ἀθα-
« νατίζεσθαι. Τίς δέ σε βυθοῦ καὶ θαλάσσης ἀνήγαγε;
30 « τίς σε περὶ ταύτην μετήγαγε τὴν Ἀρτύκωμιν; »
« Ἡ δ' αὖ· « Ἀλλ' οὐ τοῦ νῦν ἐστι ταῦτα καιροῦ·
« Ὑσμίνη δ' ἐγὼ καὶ ζῶσα, κἂν αἰχμάλωτος διὰ σὲ,
« καὶ δούλη νῦν, ὡς ὁρᾷς· ἡ δέ μου δεσπότις, κἂν
« δεσπότις ἐστίν, ἀλλ' ἔπαθεν ἐρωτικῶς, καὶ δούλη
35 « σοι πρὸς ἔρωτα γέγονε, καί μοι τὰ τοῦ πάθους
« θαρρεῖ, δούλης Ὑσμίνης σε τὸν ἀδελφὸν Ὑσμινίαν
« ἐρωτικῶς ζητοῦσα· καὶ δεσπότις οὖσα, δουλεύει
« τοῖς Ἔρωσι.
17. Ταῦτ' εἶπε, καὶ πάλιν ἐφίλει με, καὶ πάλιν,
40 « Οὐκ ἐμά σοι ταῦτα, φησί, τὰ φιλήματα, Ῥοδόπης
« δὲ τῆς ἐμῆς δεσποίνης, ἧ δουλοπρεπῶς καθυπηρετῶ,
« διακομίζω σοι τὰ φιλήματα. » Κἀγὼ πρὸς αὐτήν·
« Ὄντως Ὑσμίνη σύ· καταφιλῶ σου τὰ χείλη, κἂν
« ὁμοδούλου, κἂν ἀδελφῆς, κἂν ἐρωμένης ὥσι· καὶ
45 « φιλῶ τὰ φιλήματα, πλὴν οὐχ ὡς Ῥοδόπης φιλή-
« ματα, ἀλλ' ὡς ταύτης Ὑσμίνης, ἥν μοι Ζεὺς ἐμνη-
« στεύσατο, ἣν βασιλεὺς Ἔρως ἀντιπαρέθετό μου
« ταύτῃ τῇ δεξιᾷ, ἣν Ποσειδῶν ἐδεσπάσατο, καὶ νῦν
« πάλιν Ἔρως ἀντιπαρατίθησι βασιλεύς. Ῥοδόπη δ' ἐρ-
50 « ρέτω, καὶ ὁ Ῥοδόπης ἔρως, καὶ εἴ τινα παρθένον ἄλ-
« λην Ὑσμινίᾳ τούτῳ τῷ σῷ καταπαίζουσιν Ἔρωτες. »
18. Ἡ δέ μοί φησι· « Κἂν μὴ φιλῇς, κἂν ἀπαναίνῃ
« τὸν ἔρωτα, κἂν τὰς συνθήκας τηρῇς, ἀλλὰ πλάττου
« μοι τὸν φιλοῦντα, καὶ τὸν ἐραστὴν ὑποκρίνου μοι· καὶ

Amor Aulicomide mihi mancipavat, ad laurum. accedit, et, proxime sedens, me libere osculatur, inter oscula ridet, et ridens dicit : « Ego te ut fratrem osculor, et ut amatorem « complector; tamen illa quae tibi libo oscula non mea « sunt : non a me, amanti tua, tibi amatori meo, sed a « me sorore fratri, a me serva dominae amatori dantur. « Te amat Rhodope, domina mea. Ego autem lena, et « missile hoc suavium. Cave ne amorem fortuna deme- « tiaris, et, libertatem appetens, liberae Rhodopes amore « servus fias, servitium corporis dum fugis. Ne meum « Hysmines tuae amorem respuas; si enim vultus pul- « chritudo, tamquam Locrensis rosa, emarcuit, superest « haud imminuta castitatis pulchritudo; si corpore servio, « manet incorrupta animi libertas. Caetera, utrum tua « causa serva, ante servitutem captiva, immo ante diras « barbarorum manus fluctibus mandata sim, exponere « lingua mea respuit. »

16. Talia cum fletibus et cordolio loquebatur; et ego illam affatus, « Hysmine, » inquam, et dicens exosculatus sum, et exosculatus flevi, et flens, « Hysmine, inquam ite- rum, ego tua causa servus, tamen socia servitute gaudeo, « quoniam et communis in amore nostro libertas fuit, et « mihi tecum servo vita defungi potius est, quam cum « Rhodope liber immortalitate donari. Sed dic age, quis te « e profundo pelagi eduxit et huc Artycomidem deduxit? » Illa autem : « At non hujus temporis haec narratio est : « ego quidem sum Hysmine, et vivo, quamvis captiva tua « causa, et nunc serva, ut vides. Domina autem mea, « quamvis domina, amore percellitur et serva tua amo- « ris ergo facta, me aestus sui consciam fecit; te Hysmines « servae fratrem Hysminiam deperit, et, vel domina, Cupi- « dinibus servit. »

17. Haec effata, iterum me osculata est, et iterum, « Non « mea sunt, inquit, illa basia, sed Rhodopes dominae, « cujus mandata capesso serviliter, haec ad te basia de- « fero. » Ego autem : « Tu vero Hysmine es; labia tua « deosculor, etsi conservae, etsi sororis, aut dominae sint; « et oscula deosculor, non autem Rhodopes, sed istius « Hysmines quae ab Jove mihi desponsa est, quam rex « Amor in manum convenire voluit, quam in undas attraxit « Neptunus et iterum rex Amor mihi obviam praestitit. « Rhodope cum amore suo valeat, et si quam aliam vir- « ginem propter Hysminiam tuum ludos Cupidines fa- « ciunt. »

18. Illa autem, « Etsi non ames, subjicit, etsi pacti te- « nax illius amorem rejicias, illam tamen, quaeso, amare « simula, et amatorem, si me amas, finge : forte enim.

« Ἴσως οὐκ εἰς κενὸν ἡμῖν οὐδ' ἀσυντελῆ τὰ τοῦ πλάσ-
« ματος προσγενήσεται· εἰ μὴ γὰρ οὐδὲν ἕτερον, ἀλλ'
« ἀνυποστόλως, ὡς δούλη, συνομιλήσω σοι, ὡς ἀδελφῇ
« συμπλακήσομαι, καὶ ὡς μαστροπὸς διακομίσω σοι τὰ
5 « φιλήματα. » Ἐγὼ δὲ πρὸς αὐτήν· « Ὡς οὐ καταψεύ-
« σομαί σου τὸν ἔρωτα, καὶ τὰς πολλὰς ἐκείνας συνθήκας
« ἀπαρεγχειρήτους παραφυλάξομαι, καὶ θεοὶ ἐπιμάρ-
« τυρες ἔστωσαν· ἰδοὺ δὲ καθυπηρετῶ σοι τῷ πλά-
« σματι, καὶ τὸν ἀδελφὸν ὑποκρίνομαι, τὸν δὲ σὸν ἐρα-
10 « στὴν ἀποπλάττομαι, καὶ τὸν τῆς Ῥοδόπης ἐραστὴν
« καταπλάττομαι. Σὺ δὲ διακόμιζέ μοι φιλήματα, καὶ
« εἴ τι τούτων ἐστὶν αἱρετικώτερον ἕτερον· ἐγὼ δ' ἐν
« σοῖς τούτοις χείλεσι, καὶ ὅσοις ἄλλοις τρυγᾶται βότρυς
« ἐρωτικός, τὴν Ῥοδόπην φιλήσω, καὶ ὅλην ταύτην
15 « κατατρυγήσω τὴν ἄμπελον, τῆς σῆς ταύτης Ὑσμί-
« νης τὴν παρθενίαν φυλάττων ἀσύλητον, καὶ μέχρι
« φιλημάτων ἀπαρεγχείρητον. » Καὶ περιπλακεὶς,
καὶ ὅλην τὴν Ὑσμίνην καταφιλῶν, « Οὐ σοὶ ταῦτα,
λέγω, δίδωμι τὰ φιλήματα, τῇ δὲ σῇ δεσποίνῃ Ῥο-
20 « δόπῃ τοῖς σοῖς με τούτοις χείλεσι μεταπέμπο-
« μαι. »

19. Ἡ δ' ὥσπερ μετακομίσουσα τῆς δάφνης ἀπέ-
δραμε, καὶ περὶ τὴν Ῥοδόπην ἐγένετο, καὶ ἦν κα-
ταψιθυρίζουσα. Κἀγὼ τῆς δάφνης ἀνέστην, πρότερον
25 καταμακαρίσας αὐτήν, δάφνην ὀνομάζων ὄντως χρυ-
σῆν, Ἀπόλλωνος σπέρμα, ᾠδίνημα γῆς, μνήμην Ἀφρο-
δίτης, καὶ παραμυθίαν Ἔρωτος. Ἡ μὲν οὖν Ῥοδόπη
τὴν Ὑσμίνην εἶχε μέσον ὅρον πρὸς ἔρωτα, καὶ μέσῃ
ταύτῃ συνάγειν ἐδόκει τὸν ἔρωτα. Ἐγὼ δ' ὅλον ἔρωτα
30 εἶχον αὐτῆς, καὶ περὶ μέσην μου τὴν ψυχὴν τὸν τῆς
Ὑσμίνης ὅλον συνήγαγον ἔρωτα.

20. Οὕτω μὲν οὖν μοι τὰ τῆς τραπέζης εἶχεν ἐρω-
τικῶς, καὶ οὕτω κατελύετο τὸ συμπόσιον· καὶ κῆρυξ
μὲν ὁ δεσπότης ἐμὸς περὶ τὸ δωμάτιον γέγονεν, καὶ ἦν
35 ἀνακεκλιμένος, καὶ τοῖς ὕπνοις ὡς ἐκ πολυτελοῦς τρα-
πέζης εὐθὺς κατεσπένδετο. Ἐγὼ δὲ περὶ τὸν κῆπον
ἐγεγόνειν· καὶ πάλιν Ὑσμίνη καθυπηρετεῖ τῇ δεσποίνῃ
πρὸς ἔρωτα, καὶ πάλιν ἧκε περὶ τὸν τῆς δεσπότιδος
ἐραστήν· πάλιν τὸν ἀδελφὸν περιπλέκεται, πάλιν φι-
40 λεῖ, πάλιν μαστροπεύει, πάλιν διακομίζει φιλήματα.
Κἀγὼ δ' ἀντιφιλῶ, περιπλέκομαι, τὸν ἀδελφὸν ὑποκρί-
νομαι, τὸν τῆς Ῥοδόπης ἐραστὴν κατασχηματίζομαι,
καὶ ἀντιπέμπω φιλήματα, τὴν Ὑσμίνην ὡς δούλην
ὑπηρετοῦσαν ἔχω, καὶ ὅλον φανερῶς καθυποκλέπτω
45 τὸν ἔρωτα.

21. Ἡ δέ μοί φησιν· « Ἐκ Ῥοδόπης δεσποίνης
ἐμῆς τοῦτό σοι τὸ ἐπιστόλιον, « καὶ τῇ χειρί μου
»παρέδετο. Ἐγὼ δὲ πρὸς αὐτήν· « Ὑσμίνη, σὲ
« μόνην δεσπότιν ἐξ Ἔρωτος κέκτημαι· σοῖς μόνοις
50 « ἔρωσι πέπραμαι· τῇ γραφίδι δεδουλογράφημαι,
« καὶ δοῦλος Ἔρωτος γίνομαι· καί μοι τὸ δουλογρα-
« φεῖον γλυκύπικρον, ἀναπόνιπτον. Σοὶ νίτρῳ τὸ κη-
« ρύκειον ἀπονένιμμαι· σοὶ τοιχωρύχῳ τὴν παρθενίαν
« ὅλην ἀποσεσύλημαι· ἑλεπόλει σῇ τὴν πατρίδα

« non irritus nec inutilis nobis cedet hic lusus; et si nihil
« aliud, id saltem lucri habebimus, ut fratrem soror amplecti,
« ut serva tecum libere versari, ut, lenocinio destinata,
« missilia deferre basia possim. » Ego autem : « Ut amorem
« tuum non prodam, et violanda nunquam pacta summa
« fide tuebor, di testes mihi adsint; ecce autem tuo fig-
« mento inserviam et fratrem tuum simulabo, immo,
« amatorem tuum deponens, Rhodopes amatorem esse
« fingam. Tu modo basia mihi, et si quid aliud exquisitius
« refer; ego autem in te tuisque labellis et aliis corporis tui
« partibus, in quibus Amoris uva decerpitur, Rhodopen
« deosculabor, totaque viti potiar non imminutam et, ex-
« ceptis basiis, intactam servans pudicitiam Hysmines. » Et
cum dicto ejus in amplexum effusus osculum dedi, « Non
« hæc, inquiens, basia tibi libo, sed dominæ tuæ, Rhodopæ,
« et me tuis ad illam labellis deferendum trado. »

19. Illa autem quasi delatura ad dominam e lauro pernici
se fuga proripit et ad Rhodopen confugit, confestimque ali-
quid submurmurat. Ego quoque laurum reliqui, beatam
illam dicens, auream prorsus Apollinis arborem, terræ par-
tum, Veneris monumentum, Amoris solamen. Illa igitur
Rhodope Hysminen intermedium sibi limitem ad amorem
fecerat, illiusque interventu amorem contrahere videbatur.
Mihi autem totus amor Hysmines fuit, quem totum com-
pleta hoc igne præcordia contrahebant.

20. His amoribus convivium impendimus; quo soluto,
caduceator, herus meus, cubiculo redditus, et lecto recu-
bans, statim, ut a dapsili cœna, somno indulsit. Ego autem
in hortum regressus sum et iterum Hysmine, dominæ
amori obsequium sistit, et iterum ad dominæ amatorem
venit; iterum fratrem complectitur, iterum deosculatur,
iterum lenæ ministerio fungitur, iterumque oscula defert.
Et ego oscula regero, illam complector, fratrem mentitus,
amatorem Rhodopes simulo, et basia remitto, et Hys-
minen quasi inservientem dominæ ancillam habeo et to-
tum amorem aperte subfuror.

21. Illa autem, « A Rhodope, inquit, domina mea, tibi
« mittitur hoc epistolium, » et statim illud in manus meas
tradidit. Ego vero, « Hysmine, subjeci, te solam dominam
« ex Amore teneo : tuis solis amoribus venundatus sum, tuo
« stylo in servitutem assertus sum et servus Amoris fio;
« sed mihi, asseri in servitutem, dulcamarum, quod nun-
« quam diluere tentem. Tu quidem nitrum es quo præ-
« conium dilui ; tu effractarii instar totam meam pudicitiam

« πᾶσαν ξὺν αὐτοῖς τοξεύαιν ἀφήρημαι· τοίνυν αἰχ-
« μάλωτος καὶ δοῦλος νῦν, ὡς ὁρᾷς, ἃ πάντα χαίρω
« πάσχων, ὅτι σε τὴν ἐμὴν Ὑσμίνην Ἔρως μοι πάλιν
« ἐξ Ἅδου καινῶς ἀνεσώσατο· Τὸν δέ γε πρὸς Ῥοδόπην
5 « ἔρωτα καὶ μέχρι πλάσματος ὀκνῶ καὶ σκηνῆς· σοὶ
« γὰρ, Ὑσμίνη, μόνῃ καὶ χάριτι σαῖς ὅλους ἐχαρι-
« σάμην τοὺς ὀφθαλμούς. » Ἡ δέ μοί φησι· « Κἂν ἐρω-
« τος γέμῃ σοι τὰ φιλήματα, κἂν ὡς σίμβλον φέρῃς
« τὸ στόμα, κἂν στάζῃ μοι μέλιτος, ἀλλ᾽ οὐ γλώσσῃ
10 « μόνῃ τὸν ἔρωτα σέβομαι, ὅτι καὶ κέρδος μισῶ ζη-
« μίας μοι πρόξενον· σὺ μὲν γὰρ ἐκ κήρυκος κἀξ
« ἐλευθέρου δοῦλος καὶ δυστυχής· ὅτι δὲ δούλη κἀγὼ,
« τοῦτο πάντως ὁρᾷς· εἰ δ᾽ ἐξ ἐλευθέρων, εἰ δ᾽ ἐξ εὐ-
« τυχῶν, σῆς γλώττης ἔσται τοῦτο λαλεῖν. Ῥοδόπη δὲ
15 « δεσπότις ἐμὴ καὶ σώζειν δυναμένη καὶ τὴν ἐλευθε-
« ρίαν ἀποχαρίσασθαι. »
22. Κἀγώ φημι πρὸς αὐτήν· « Κἂν φύσει τὸ θῆλυ
« θερμότερον, κἂν φύσει τρεπτὸν, ἀλλὰ κατὰ τὴν
« τραγῳδίαν,

20   Ὅταν ἐς εὐνὴν ἠδικημένη κυρῇ,
     Οὐκ ἔστιν ἄλλη φρὴν μιαιφονωτέρα. »

Ἡ δ᾽ ἀλλὰ μικρὸν ὑποσσηρυῖα τὴν παρειὰν, « Μα-
« κάριόν μοι, φησὶ, τὸ τῶν ἀνδρῶν ἄτρεπτον, καὶ
« πρὸς ἔρωτος θέρμην ψυχρότερον·

25   Τί δή με λυπεῖ τοῦθ᾽, ὅταν λόγῳ θάνω,
     Ἔργοις δὲ σωθῶ, κἀξενέγκωμαι κλέος; »

ΒΙΒΛΙΟΝ ΔΕΚΑΤΟΝ.

1. Ταῦτα δὴ ταῦτ᾽ εἶπε περιπαθῶς, καὶ περιπλα-
κεῖσά με κατεφίλησεν, « Ὑσμινία, λέγουσα, σῶσον
« Ὑσμίνην τὴν σὴν, καὶ πρὸ ταύτης σὲ τὸν ἐμὸν Ὑσ-
30 « μινίαν· » καὶ πάλιν ἐφίλει με, καὶ φιλοῦσά κατε-
δυσώπει με, « Πείσθητι, λέγουσα, καὶ τὸν ἐραστὴν
« ὑποκρίθητι, μή μοι δοκῆς ὑποκρίνεσθαι τῷ μὴ θέ-
« λειν ὑποκεκρίσθαι τὸν ἔρωτα. » Πείθομαι τοίνυν καὶ
ἀναπτύσσω τὸ ἐπιστόλιον. Τὸ δ᾽ εἶχεν οὕτως·
35 2. « Ῥοδόπη παρθένος, Σωστράτου θυγάτηρ, Ὑσ-
« μινία τῷ ἐραστῇ χαίρειν. Ὑσμινία, ὡς μὲν εὐ-
« δαίμων ἐγὼ καὶ πατρίδι καὶ γένει καὶ τοῖς ἄλλοις,
« ὅσοις θεωρεῖται τὸ εὔδαιμον, ἐκ πολλῶν ἔχεις μα-
« θεῖν· μᾶλλον δ᾽ αὐτή σοι παριστῶσι τὰ πράγμα-
40 « τα. Ὡς δ᾽ ὅλον τὸν ἐμὸν ὀφθαλμὸν ἐφυλαξάμην ἀπαρεγχείρη-
« μέχρις αὐτῶν ὀφθαλμῶν ἐφυλαξάμην ἀπαρεγχείρη-
« τον, Ἀρτέμιδος πηγὴ καὶ τόξον ἔλεγχός μοι σαφέ-
« στατος. Σὺ δὲ καὶ δοῦλος ὢν (ἀλλὰ μή μοι νεμέσα
« τῷ ῥήματι) πηγαῖς Ἀφροδίτης ὅλην μου κατεπέ-
45 « ξευσας· κἂν γοῦν παρθένος ἐγὼ, κἂν εὐτυχὴς, κἂν
« περίδοξος, ἀλλὰ πάντα ταῦτα σῆς φιλίας ἐρωτικῆς
« ἀνταλλάσσομαι, καὶ πατρίδος ταύτης ἐμῆς περιφα-

« spoliasti, tua helepoli mihi patria cum parentibus ipsis
« erepta est; igitur et captivus, et servus sum, ut vides:
« quæ perpessu aspera lætus exantlavi, quia te meam Hys-
« minen Amor ex Plutonis sedibus salvam eripuit. Cæte-
« rum illum Rhodopes simulatum quamvis et fictum amo-
« rem respuo quia in te solam, Hysmine, tuosque lepores
« oculos intendere mihi suave est. — Quamvis, respondit
« Hysmine, Amoris plena sint, quæ pangis, basia, et sua-
« vissimam os mollis copiam stillet, non lingua tantum Amo-
« rem veneror, quia lucrum, quod post modo damnum
« parit, odio est; tu enim ex caduceatore quidem et libero
« servus et infelix, sed ego pariter serva, ut omnino vides;
« an ingenuis et felicibus orta, tuum est dicere. Rhodope
« autem hera mea salutis auctor esse, et libertatem, si
« velit, restituere potest. »

22. « Equidem, inquam, hoc a natura muliebre secus
« habet, ut ardentius virili leviusque sit; sed, si tragico
« credimus,

  Affecta lecti quum fides injuria est,
  Non alia fertur mens mihi crudelior.

Risit, subductis minimum genis, Hysmine, et, « Beatam
« me, dixit, propter hominum constantiam et frigidiores
« adversus Amoris ardores sensus:

  Perire verbis non dolet multum mihi,
  Dum facto et opere salva gloriam feram. »

LIBER DECIMUS.

1. Hæc effata cum affectu in collum involat, et oscula-
tur, « Hysminia, inquiens, cura ut salva sit Hysmine tua,
« tuque, mi Hysminia, ante ipsam; » rursusque basium
libans, cum osculo preces quoque adjecit: « Præbe te
« morigerum, inquiebat, et amatorem simula, ne fingere
« videaris, dum te ficturum esse negas. » Parui itaque,
et apertam epistolam inspexi, quæ sic habebat:
2. « Rhodope virgo, Sostrati filia, Hysminiæ amatori
« salutem. Hysminia, felicem me esse generis et patriæ
« ergo omniumque, in quibus felicitas sita videtur, non
« ignoras, vel ipsa rerum momenta dubitare non sinunt.
« Porro quo castitatem studio ad oculos usque illibatam
« custodiverim, Dianæ fons et arcus argumenta tibi cer-
« tissima sunt. At tu servus (nec ideo succensere debes)
« animam meam totam Veneris fontibus obruisti et Amoris
« sagittis transfixisti; itaque quamvis sim et felix virgo
« et illustris, his omnibus amorem tuum antefero, immo.

« νοῦς Ἀρτυκώμιδος τὴν, ἣν οὐκ εἶδον, Εὐρύκω-
« μιν, ἐλευθερίαν σοι χαριζομένη ἐξ ἁδροῦ βαλαντίου,
« καὶ χειρὸς ταύτην ἐμῆς, ἢ τὴν ἐπιστολὴν ἐγχαράτ-
« τει σοι. Ὑσμίνην δὲ, παιδίσκην ἐμὴν καὶ σὴν ἀδελ-
« φὴν, ἐλευθέραν ἔχεις ἐκ τούτου τοῦ γράμματος,
« τὸν τῆς Ῥοδόπης γάμον δουλείας ἀνταλλασσόμενος.
« Ἔρρωσο. »

3. Οὕτω τοίνυν ἐχουσαν ἀναγνοὺς τὴν ἐπιστολὴν,
πρὸς τὴν Ὑσμίνην φημί· « Ὅσα σοι δοκεῖ πρὸς χάριν
« Ῥοδόπης εἰπεῖν, ὡς ἐξ ἐμῆς ταῦτα φάθι φωνῆς. Εἰ
« δὲ καὶ φιλεῖσθαι ζητεῖ, κατάφιλησον, καὶ μετάθου
« φιλήματα ὅσα τῶν ἐμῶν τούτων χειλέων ἔχεις πολ-
« λὰ στόματι παρατεθειμένα τῷ σῷ· εἰ δ' οὐ μόνοις
« ἀρκεῖται φιλήμασιν, οὐδ' ἐν χείλεσι παραμυθεῖται
« τὸν ἔρωτα, κατὰ δὲ τὰς τῶν φοινίκων θηλείας,
« πτόρθον ἐξ ἄρρενος φοίνικος περὶ μέσην αὐτὴν ζη-
« τεῖ τὴν ψυχὴν, καταπράξομαί σοι, καὶ τοῦτο τῇ Ῥο-
« δόπῃ διαπεμπόμενος. »

4. Ταῦτα πρὸς τὴν Ὑσμίνην ἐγὼ, καὶ πάλιν περι-
πλακεὶς αὐτὴν κατεφίλησα· καὶ ἡ μὲν περὶ τὴν Ῥο-
δόπην ἐξέδραμεν, ἐγὼ δ' εἰσέδραμον περὶ τὸ δωμάτιον,
καὶ δουλικῶς κατακλιθεὶς περὶ γῆν, ἐσπεισάμην τοῖς
ὕπνοις, πεισθεὶς τῇ νυκτί. Καὶ πάλιν καθ' ὅλους
αὐτοὺς τὴν Ὑσμίνην ἐδόκουν ὁρᾶν, καὶ ταύτῃ συνέ-
παιζον· ὥσπερ γὰρ νοῦς πεινῶντος ἄρτον φαντάζε-
ται, καὶ ὕδωρ ὄνειροι τῷ διψῶντι, οὕτως ἐρώσῃ ψυχῇ
πάντα πρὸς ἔρωτα μεταπλάττεται, καὶ διαλογισμοὶ,
καὶ τὰ καθ' ὕπνους φαντάσματα. Παρῆκεν ἡ νὺξ,
ὕπνοι παρείποντο τῇ νυκτὶ, καὶ τοῖς ὕπνοις οἱ ὄνει-
ροι. Καὶ πάλιν ἧκε τὸ φῶς, καὶ τὸ γλυκὺ τῆς ἡμέρας
ἐγέλασε· τῆς στρωμνῆς ἀνέστην ἐγὼ, περὶ τὸν δεσ-
πότην ἐγενόμην, καὶ ἤμην ὑπηρετῶν.

5. Ἐφίσταται Σώστρατος, καί φησιν· « Ἰδού σοι,
« κήρυξ, πᾶσα πόλις Ἀρτυκωμις πρὸ πυλῶν ξυνεκ-
« πλεῦσαι ζητοῦσά σοι πρὸς Δαφνήπολιν· σὺ δέ μοι
« περιδύθητι τὸ κηρύκειον, καὶ ὅλος κῆρυξ γενοῦ. » Στε-
φανοῦται τὴν κεφαλὴν ὁ κῆρυξ, τῷ χιτῶνι καὶ τῷ πε-
δίλῳ κατακοσμεῖται, καὶ ὅλον περιθέμενος τὸ κηρύκειον,
ἔξεισι τοῦ δωματίου. Καὶ πάλιν ἡ πόλις ὀρθὴ, καὶ πάλιν
ὀρχεῖται τὸ πλῆθος, καὶ τὸν προπεμπτήριον λαμπρὸν
ὑφαίνει τῷ κήρυκι, ὅπου καὶ τὸν εἰσιτήριον πολυτελεῖ
προεξύφανε· καὶ ἵνα τἀν μέσῳ παρῶ, τῆς νεὼς ἐπι-
βάντες, ἐκεῖθεν ἀπέπλευμεν, καὶ περὶ τὴν Δαφνήπολιν
ἐγενόμεθα.

6. Ὁ μὲν οὖν δὴ κῆρυξ καὶ δεσπότης ἐμὸς ξὺν τοῖς
ἐξ Ἀρτυκώμιδος ξυνεκπλεύσασιν, ἐπὶ τῷ τοῦ Δαφνίου
βωμῷ, κατὰ τὸ εἰθισμένον τοῖς κήρυξι γέγονεν· ἐγὼ δὲ
ξὺν ὅσοι τῷ κήρυκι ξυνεπλεύσαμεν, περὶ τὴν οἰκίαν
τοῦ δεσπότου γεγόναμεν· καὶ πάλιν ἡ δεσπότις ἐπ'
ἐμὲ τὸν δοῦλον οἰστρηλατουμένη, καὶ οἷον ἐκβεβακ-
χευμένη τοῖς ἔρωσιν· ὅθεν ἀναιδῶς περιπλακεῖσά με
φιλεῖν ἀπεμάχετο. Ἐγὼ δ' ὅλον ἐξ αἰδοῦς κατεκαλυ-
ψάμην τὸ πρόσωπον, καὶ ἠσχυνόμην, νὴ τοὺς θεοὺς, καὶ
τὴν καταταραννοῦσάν μου δέσποιναν, καὶ τὴν δούλην

« patria mea, clarissima Artycomide, extorrem vivere pla-
« cet, illamque, quam nunquam vidi, Aulicomidem jre,
« libertate prius tibi magnis pecuniis redempta, etiam
« manu propria, quæ istam tibi exaravit. Hysminen vero,
« ancillam meam, et sororem tuam, hac epistola liberam
« habes, Rhodopes nuptiis servitutem mutans. Vale.

3. Perlecta, quæ sic se habebat, epistola, « Tu, inquam
ad Hysminen, quæ tibi dicenda videbuntur, ea vel ut a me
« dicta illi referes. Quod si et basia quærit, tu illa pan-
« ges, et tot ac tanta, quanta ex labellis meis suavia in os
« tuum deposita servas, repones; adeoque si oscula sola
« sibi non sufficere dicet, neque magnum in suaviis amo-
« ris solatium putet, sed, quod de femina palma jactatur,
« ramum ex mare palma, qui ad intimam usque animam
« penetret, quærit, illud ego prius in te experiar, ita de-
« mum ad Rhodopen missurus. »

4. Hæc ego ad Hysminen, et iterum illius in amplexum
effusus basium pangebam; illa autem ad Rhodopen
celeriter recurrit, dum ego in cubiculum reversus, et
humi pro more servorum recumbens, somno, nocti obse-
quutus, libavi. Verum in somniis Hysminen intueri et
simul colludere videbar; etenim velut esurientis animus
panem cogitat, et aqua sitienti semper somnium est, sic
amanti ad amorem omnia, etiam sermones, et in somniis
simulacra effinguntur. Interim nox, sequunturque noctem
somni, et somnos somnia. Jamque albescente luce, et
suaviter ridente die, ego lecto festinanter surgens ad obse-
quium domino constiti, et ministerium meum præstiti.

5. Adfuit et Sostratus, et dixit : « Caduceator, tota
« Artycomis ad januam stat, cum te Daphnipolin navi-
« gare gestiens, tu itaque, caduceatoris vestes indue,
« et totus caduceator esto. » Statim igitur coronatus, sacra
veste et sacro calceo ornatus, ac cætera, caduceatoris
indutus vestimenta, cubiculo egressus est. Tum rursus
arrecta civitas, et saltantis populi tripudia, quibus a se
tota civitas splendidissimum discessum parat, et qualem
antea ingressum paraverat; adeoque, ut ea, quæ in me-
dio acciderunt, prætermittamus, nave conscensa, inde
solventes Daphnipolin pervenimus.

6. Confestim caduceator, dominus meus, comitantibus
qui ex Artycomide simul navigarant, omnibus, ad Da-
phnæi Apollinis, ut caduceatoribus moris est, ivit; ego autem
cum cæteris, qui cum caduceatore navigaverant, domini
ædibus me reddidi; et ibi me servum ardet domina
quasi amore insaniens. Igitur impudenter me amplexa de
osculo pugnabat. Me autem vultum præ verecundia tegen-
tem, per deos, pudebat, et dominæ, quæ in me tyrannidem
exerceret, et Hysmines servæ, præter illud quod castitati
metuebam. Domina vero veste apprehensum, trahebat,

Ὑσμίνην, καὶ τὴν σωφροσύνην αὐτήν. Ἀλλ' ἡ δεσπότις ἐφείλκετό με τοῦ χιτωνίου· ἐγὼ δ' ὁ δοῦλος οὗ μεθειλκόμην ἑλκόμενος, ἀλλ' ὅλος ἀντέτεινον· καὶ ἦν ἀγὼν παρὰ δεσποίνῃ καὶ δούλῳ καινός· ὁ μὲν γὰρ δὴ
5 δοῦλος ἐγὼ τὴν σωφροσύνην ἐλευθέραν ἐφιλονείκουν τηρεῖν, ἡ δέ μου δεσπότις κατεδουλοῦτο τοῖς Ἔρωσι, καὶ ὅλον ἤθελεν ἀπεμπολῆσαι τὸ ἐλευθέριον. Ἀλλά τις ἐπανῆκεν ἐκ τοῦ βωμοῦ, καί φησιν· « Ὁ δεσπότης, ὦ « δέσποινα, » καὶ ξὺν τῷ λόγῳ περὶ τὴν πύλην ὁ δε-
10 σπότης ἐγένετο, τῶν δὲ ταύτης χειρῶν ὡς ἐκ βαρβάρων ἀπηλλαττόμην αὐτός. Καὶ τοῦ ἔπους ἐμνήσθην, καὶ τοῦτο προσφόρως κατὰ τὴν τραγῳδίαν ἔλεγον·

Ὦ πῶς ποτ', ὦ δέσποινα ποντία Κύπρι,
Βλέπουσιν εἰς πρόσωπα τῶν ξυνευνετῶν.

15 7. Ἧκεν ὁ κήρυξ· ξυνείπετο Σώστρατος καὶ θυγάτηρ Σωστράτου τῇ τῆς Ὑσμίνης ἀνεχομένῃ χειρί. Φιλοτιμοτάτη παρετίθετο τράπεζα· λαμπρῶς ὁ κῆρυξ καὶ πολυτελῶς ἀνεκλίνετο, πρότερον ὅλον ἀποδυθεὶς τὸ κηρύκειον, καὶ ἡ δεσπότις ἀναιδῶς κατεφίλει τὸν κή-
20 ρυκα, καὶ τούτῳ ξυνανεκλίνετο· καὶ Σώστρατος Ῥοδόπῃ ξυνανεκλίνετο. Καὶ ἦν τὸ δεῖπνον πολυτελές· καὶ δεσπόταις μὲν ἐμοῖς καὶ Σωστράτῳ, υἱῷ τῆς Ῥοδόπης πατρί, δοῦλος Ὑσμινίας ἐγὼ κιρνᾶν ἐγκελεύομαι· Ὑσμίνη δὲ τῇ Ῥοδόπῃ πρὸς πόσιν ὑπηρετεῖ, ἵνα μηδὲ
25 μέχρι κύλικος καὶ χειρὸς τὸ σεμνὸν τῆς παρθενίας καταμολύνηται. Οὕτως ἐρωτικῶς ἡμεῖς ἀνεκράθημεν, καὶ τὸ φίλιον ὅλον ἐκοινωσάμεθα, ὡς κοινώσασθαι καὶ τὸ δούλειον, καὶ πρὸς ἓν καθυπηρετῆσαι λειτούργημα.

8. Ἡ μὲν οὖν ἐμὴ δεσπότις τοῖς Ἔρωσι δουλογραφη-
30 θεῖσα, τῇ κύλικί μοι προσεφίαλε καὶ κατέπαιζεν, ἢ μᾶλλον αὐτὴν ἐν ἐμοὶ καὶ κύλικιν αὐταῖς κατέπαιζον Ἔρωτες· νῦν μὲν γὰρ ἐπέθλιβέ μου τὸν δάκτυλον, νῦν δ' ὅλην τὴν χεῖρα τῇ κύλικι ξυνεφείλκετο, καὶ ἀλλάττα κατέπαιζεν, ᾗ τοῖς Ἔρωσι κατεπαίζετο· ὧν δὴ πάντων
35 ὡς ἐκ πυρὸς φεύγων αὐτός, Ὑσμίνῃ τῇ συνοινοχευούσῃ συνέπαιζον, τῶν τῆς δεσποίνης παιγνίων τὰ τῆς δούλης ἀνταλλαττόμενος, οἷς ἡ Ῥοδόπη συνένευε, καὶ τῇ δούλῃ παίζειν ἐπένευε, καὶ κατ' ὀλίγον διὰ ταύτης ἐδόκει παίζειν αὐτῇ· πρὸς ἃ δὴ βλέπων αὐτός, τὴν Ῥοδόπην
40 μᾶλλον δούλην εἶχον Ὑσμίνης, ὡς καὶ καθυπηρετοῦσαν εἰς ἔρωτα· καὶ οὕτως ἐν παιδιαῖς, ἐν ἔρωσιν, ἐν πολυτελέσι τρυφαῖς κατεπλύετο τὸ συμπόσιον, καὶ ἡμῖν ἐλύετο τὰ τοῦ λειτουργήματος.

9. Ἡ μὲν οὖν Ὑσμίνη τῇ Ῥοδόπῃ παρείπετο, καὶ
45 ταύτῃ συνῴχετο, ἄμφω γεγόνασι περὶ τὸ δωμάτιον, ὃ τῷ Σωστράτῳ δεσπότης ἐμὸς ἀφωσίωσε, λαμπρῶς καὶ πολυτελῶς διακοσμησάμενος· ἐγὼ δὲ σὺν ὁμοδούλων χορῷ περὶ τὸ τῶν δούλων ἐγενόμην δωμάτιον, καὶ ἥμην συγκατακεκλιμένος τοῖς δούλοις, καὶ
50 συνδειπνῶν, καὶ τέλος ὑπνῶν. Περὶ δὲ τρίτην φυλακὴν τῆς νυκτὸς Σώστρατος σὺν Ῥοδόπῃ καὶ δεσπόταις ἐμοῖς ἐπὶ τὸν βωμὸν διανυκτερεύουσιν, Ὑσμίνη δὲ κἀγὼ τοῖς δεσπόταις κατὰ δούλους ἑπόμενοι σὺν αὐ-

ego autem servus non cedebam, immo pertendebam; ita novum insolensque inter dominam et servum exortum certamen est : ego enim servus castitatem servare contendebam, dum Amoribus prorsus manipata domina, quidquid ingenui mihi restabat, sibi comparare tentaret. Commodo autem ex ara rediens aliquis, « Domina, inquit, dominus accedit », et cum dicto dominus ad januam erat. Itaque ejus e manibus, velut ex barbaris, liberatus sum. Et aptissime illud ex tragœdia retuli :

Quomodo aliquando, nata mare, potens Venus,
Vultum mariti sustinent istæ sui.

7. Adfuit interim caduceator, subsequebantur Sostrato et Sostrati filia, quæ Hysmines manibus innitebatur. Apposita statim regalis cœna est, et splendide sumptuoseque, depositis prius omnibus ministerii insignibus, herus accubuit, et cum illo domina, quæ caduceatorem inverecunde osculabatur; post illos demum Sostratus simul cum Rhodope. Sumptuosum autem erat convivium, et dominis meis et Rhodopes patri ego, servus Hysminias, vinum præbere jussus sum; ad dominæ autem pedes Hysmine Rhodopæ vina ministrabat, ut in præbendo etiam poculo poculum usque et manum castitatis jura integra servarentur. Ita nos amatorie commixti fuimus et amorem inter nos communicavimus, ut pariter servitutem communicaremus et uni ministerio inserviremus.

8. Domina igitur prorsus, Amoribus mancipata, poculo, poque e manibus accipiebat meis, alludebat et illudebat, aut potius ipsam, si verum fateamur, in me poculisque ludebant Amores. Etenim modo digitum comprimens, modo manum totam cum poculo trahens, aliisque modis ludebat, aut ab Amoribus ludebatur ; quæ singula velut ignem fugiens, mox cum Hysmine, quæ pariter vinum fundebat, ludebam : ita dominæ lusibus ancillæ potiores lusus existimabam, quod advertit Rhodope, atque ut Hysmine colluderet annuit, et quasi ipsa per illam ludere videbatur ; quæ singula intuitus, Rhodopen Hysmines potius servam credidi, quippe quæ suam illi ad amorem operam præstabat. Ita inter lusus amoresque et sumptuosas delicias soluto convivio, nobis quoque ministerium finiit.

9. Hysmine igitur Rhodopen sequuta cum illa simul abiit, amboque in cubiculum, quod Sostrato patri splendidum dominus destinaverat et sumptuose ornaverat, secesserunt; ego autem cum grege conservorum in cubiculum nostrum omnium profectus cum illis accubui, et post concœnationem obdormivi. Circa vero tertiam noctis vigiliam Sostratus cum Rhodope dominisque ad aram noctem totam transacturi evigilarunt, Hysmine autem et ego, ut servum

586 ΕΥΜΑΘΙΟΥ ΒΙΒΛ. Ι. [G. 378—38b.]

τοῖς δεσπόταις περὶ τὸν βωμὸν καὶ τρίποδα καὶ δάφνην γεγόναμεν.

10. Θροῦς ἦν ἐν βωμῷ καὶ ἄσημος βοή, καὶ σύμμικτος θόρυβος· καὶ θρῆνος ἦρτο καὶ κωκυτός· Θεμιστεὺς δέ μοι πατὴρ καὶ Σωσθένης, Ὑσμίνης πατήρ, τῶν θρήνων ἐξάρχουσιν, αἱ δέ γε μητέρες ἡμῶν καὶ λίθον, δ φασι, τὸν ἀπὸ γραμμῆς κινοῦσι πρὸς δάκρυον, τί μὲν οὐ λέγουσαι, τί δ' οὐ πράττουσαι, τῶν ὅσα πρὸς οἶκτον ἐφέλκουσι, τῶν ὅσα κινοῦσι πρὸς ἔλεον, ἐλεειναὶ τὸ
10 σχῆμα, τὴν γλῶσσαν ἐλεεινότεραι, ἀλκυόνος πολυπενθέστεραι, ἀηδόνος θρηνητικώτεραι, αὐτῆς Νιόβης μιμούμεναι τὸ πολύδακρυ, πρὸς θρῆνον ἐρίζουσαι, καὶ ἄμφω νικῶσαι, καὶ ἄμφω νικώμεναι, ἄμφω διαρρήσσουσαι τὰς ἐσθῆτας, ἄμφω τὰς παρειὰς αὐλα-
15 κίζουσαι, ἄμφω καταπαταγοῦσαι τὰ στέρνα, ἄμφω τὸν τῆς κεφαλῆς ἀποκειρόμεναι βόστρυχον πενθίμῳ κουρᾷ, καὶ ἄμφω κόνιν καταπαττόμεναι· ἡ μὲν γὰρ δὴ μήτηρ ἐμή, « Ἄπολλον, Ἄπολλον, » ἐβόα περιπαθῶς, οἷον κορυβαντιῶσα τοῖς θρήνοις καὶ καταβεβακχευμένη τοῖς
20 δάκρυσιν, « Ὠλώλειν, Φοῖβ' Ἄπολλον· τοῦ παντός μοι
« γένους ἀπεκειράμην τὸν βόστρυχον. Λειμών μοι
« παῖς εὐανθής, καὶ φυτηκόμος ἐγώ, ἀλλ' ὅλον αὐτὸν
« ξὺν αὐτοῖς φυτοῖς, ξὺν αὐτοῖς ἄνθεσιν ἀπεσυλήθην
« ἐλεεινῶς.· Πηγή μοι στάζουσα μέλιτος ὁ καλὸς
25 « ἐκεῖνός μοι παῖς, ἣν ὅλην ἀφήρημαι· καὶ αὖος ὅλη
« γεγόναμαι, καὶ ἀψινθίου σίμβλον εἰμί, ὅλη καταπικρανθεῖσα τῇ συμφορᾷ. Εὐάγκαλός μοι λιμὴν Ὑσ-
« μινίδος ὁ παῖς, κἀγὼ δ' ὡς ναῦς ἐν λιμένι νηνεμίαν
« ἦγον, καὶ ἤμην ἀκύμαντος· νῦν δ' ὁ λιμὴν οὐ-
30 « δαμοῦ, κἀγὼ δ' ὡς ναῦς ἐν πελάγει μέσῳ κατα-
« κλυδωνιζομένη τοῖς κύμασιν. Ἥλιον εἶχον τὸν παῖδα,
« καὶ νῦν, τοῦ παιδὸς κρυβέντος, ἀνήλιος ἡ μήτηρ ἐγώ·
« καὶ κίμμερα τῆς ποτέ μοι πανηλίου πολυπράτου
« ἐκείνης Εὐρυκώμιδος ἀνταλλάσσομαι· ἀστήρ μοι
35 « παῖς ἐκεῖνος περιφανής, ἀλλ' ἀπεκρύβη, καὶ νὺξ
« ἀφεγγὴς τὴν μητέρα με κατεκάλυψεν· φῶς ἦν μοι
« παῖς ἐκεῖνος, ἀλλ' ἀπεσβέσθη, καὶ νῦν ἐν σκότει
« πορεύομαι. Ζεύς, σὸς πατήρ, Ἄπολλον, δάφνης
« στεφανώσας αὐτόν, κήρυκα πέμπει λαμπρὸν εἰς
40 « Ὀλλυμένην Αὐλίκωμιν· καὶ ἦν μοι τὸ μακάριον τῇ
« μητρὶ μέχρις ἐς αὐτὸν οὐρανόν, νῦν δέ μοι τὸ δυστυ-
« χὲς μέχρις ἐς αὐτὰς Ἄδου πύλας. Φυγὰς ὁ κῆρυξ,
« ὁ δεσπότης δραπέτης, ὁ παρθένος αἰχμάλωτος Ἔρω-
« τος· καὶ ἐπὶ πᾶσιν ἄπαις καθορηνῶ τὸν παῖδα,
45 « καὶ τὴν μητέρα μᾶλλον καθορηνῶ. Ἀλλ', ὦ παῖ
« καὶ κῆρυξ καὶ δέσποτα, πῶς σε θρηνήσω; πῶς σε
« καταστεφανώσω τοῖς δάκρυσιν; ὡς νεκρόν; ἀλλ'
« ἴσως Ζεὺς τῇ μητρί μοι ταύτην τῇ σῇ τὸν παῖδα
« παρεφυλάξατο· καὶ ζῇς μὲν ἴσως, ἀλλ' ἴσως αἰχμά-
50 « λωτος, καὶ δουλεύεις βαρβάροις ὁ φιλέλλην, ὁ
« κῆρυξ, ὁ δεσπότης πολλοῖς. Ἀλλ', ὦ τρίπους, καὶ
« δάφνη, καὶ ἐπὶ πᾶσιν, Ἄπολλον χρησμῳδέ, δέξαι
« μου ταύτας χοάς, καὶ ἐπὶ τούτοις καὶ πρὸ τούτων
« τὸ δάκρυον, καί γε τὰ παρὰ τὸν παῖδά μοι χρη-

decet, dominos comitati, ad aram laurumque et tripoda cum dominis pervenimus.

10. Tum murmur ad aras et inconditam vocem confusumque tumultum sentimus; tum planctus gemitusque oritur, Themisteusque, pater meus, et Sosthenes, Hysmines parens, lessum occipiunt, dum et matres nostræ lapidem, quod dicitur, a linea ad lacrymas movent, horum omnium, quæ ad commiserationem trahunt aut ad misericordiam movent quid non dicentes ? quid non facientes? miserabiles ipso habitu, sermone etiam magis, alcyonis dolorem et Philomelæ planctum superare, Niobes etiam imitari lacrymas videbantur; ambo etenim de luctu certantes, ambo victrices victæque, ambo veste disrupta, genas radentes, ambo pectora tundentes, ambo crinem, quo lugentes solent modo, sparso etiam cinere sordentes, posuerant; præcipue mater mea, « Apollo, Apollo, » inquiebat mentis inops et quasi præ nimio luctu furibunda, et præ lacrymis debacchata, « perii, Phœbe Apollo, totius
« generis mihi crinis abscissus est. Floridi prati loco,
« lilius fuit, quod ego curabam, sed illud totum cum plan-
« tis prorsus et floribus misere mihi abreptum e t. Fons
« mihi erat formosus ille filius, merum mel stillans, quo
« jam sublato, sicco et arida facta sum, merum absinthii
« alveare, et malorum amaritudine obruor. Tutissi-
« mus portus Hysminias mihi erat, cujus in recessu, tam-
« quam in portu quiescens navis, nullo salo jactabar,
« nullis fluctibus agitabar; nunc autem nullibi locorum
« ille portus, sed in medio velut mari fluctibus agitata
« feror. Ego solis instar puerum meum habebam ; nunc,
« illo obtecto, sine sole mater ego jaceo, tenebras illa
« quondam amabili et suavissima Eurycomide permutans ;
« sidus mihi olim lucidissimum puer ille, sed occidit,
« meque tenebrosa nox obtexit; lumen meum erat puer
« ille, sed, illo exstincto, in tenebris ambulo. Tuus, o
« Apollo, genitor lauro illum coronatum, caduceatorem,
« diram Aulicomidem proficisci jussit; et tum mihi feli-
« citas illa ad cœlum usque extollebatur, nunc vero contra
« ad ipsas usque Erebi portas infortunium meum dilabi-
« tur. Nempe alicubi exsulat ille, qui caduceator ; qui
« dominus fuit, servus est; et qui castissimus quondam,
« nunc Amori mancipatur ; et quod omnibus malis cumulum
« addit, ego filio orba, filium fleo atque adeo matrem
« magis defleo. Verum, o fili, et domine, et caduceator,
« quomodo te lugebo? quibus te lacrymis coronabo ? ut mor-
« tuum ? sed fortasse Jupiter mihi matri isti filium servavit,
« et fortasse vivis, sed fortasse captivus, et qui Græcus ac
« Græcorum amantissimus semper fuisti, immo caduceator
« et dominus, nunc barbaro servis. O tripus, o fatidica
« laurus! et ante omnia, o Apollo vates, accipe hæc li-
« bamina, et has insuper lacrymas, atque mihi de nato

« σμοδότει· καὶ εἴη μοι τὸ χρησμῴδημα μὴ ἀπευ-
« κταῖον, ἀλλ' εὐκταιότατον. Ἀπόλλων ἀκερσεκόμη,
« τὴν ἐμὴν ἐλεεινῶς κεκαρμένην ἐλέησον κεφαλήν·
« Δάφνιε Ἄπολλον, Ὑσμινίου φεῖσαι παιδός, σῆς
5 « δάφνης λαμπρῶς ποτὲ περιεστεμμένου τὴν κεφα-
« λὴν, καὶ νῦν τὴν ἐμὴν ταύτην οἰκτρὰν κεφαλὴν
« Ἅδου κυνέη κατακαλύπτοντος. »
  ια. Ταῦτα δὴ ταῦτα Διάντεια, μήτηρ ἐμὴ, καὶ λίαν
ἐλεεινῶς κατετραγῴδει, καὶ κατὰ θάλατταν κατεκυ-
10 ματοῦτο τοῖς δάκρυσι, καὶ ὅλον τὸ ἱερὸν κατεπέκλυ-
ζεν· ἡ δέ γε τῆς ἐμῆς Ὑσμίνης μήτηρ Πανθία πικρὸν
ἀντωδύρετο, « Οἴμοι! τέκνον Ὑσμίνη, λέγουσα συνε-
χῶς, ὁλωλάς μοι τούτων ἀθλίων χειρῶν, καί με τὴν
« σὴν μητέρα διώλεσας. Ὡς ὄρνις εὔπτερος ἐπτερύξω,
15 « καί μου τούτων ἐλεεινῶν ἀπέπτης χειρῶν. Ἀλλ' ὦ
« πτερύξεως ἐκείνης ἀγρίας, ἥ μου τὸν λύχνον ἀπέ-
« σβεσε. Θάλαμός μοι σὺ καὶ χάλκεος παρθενών·
« ἀλλ' ὦ μοι, τέκνον Ὑσμίνη, ξὺν αὐτῷ θαλάμῳ, ξὺν
« αὐτῷ παρθενῶνι, σὲ τὴν παρθένον ἀφήρημαι. Ὑψί-
20 « κομος κυπάριττος Ὑσμίνη μοι σὺ, ἣν περὶ μέσην
« ἐκηπευσάμενη ψυχὴν, λιπαίνουσα δρόσῳ παρθενικῇ
« καὶ τοῖς ἄλλοις καλοῖς· ἀλλ' ἐξ Εὐρυκώμιδος πνεύ-
« σας τυφὼν ἀνέσπασε πρόρριζον. Οὐ κηρῢξ ἦν ἐκεῖ-
« νος, ἀλλ' ἄγριος θὴρ, ὃς τὴν ἐμὴν Ὑσμίνην ἐλεεινῶν
25 « τούτων χειρῶν καὶ μέσων ἀφήρπασεν ἀγκαλῶν, καὶ
« ὅλον μου τὸ κειμήλιον ἀπεσύλησεν, ἐθέρισέ μου
« τὸν ἄσταχυν, τὸν βότρυν ἐτρύγησε, καὶ τὴν ῥοδω-
« νιᾶν ἀπηνθίσατο. Στεφανίσης ἐκείνως ὁ θὴρ ἧκεν εἰς
« Αὐλικώμιδα, καί μου τὴν κεφαλὴν ἀφῆκεν ἀπε-
30 « ρικόσμητον, ἀφελόμενός μου τὸν στέφανον· ὅλον
« τὸν παρθένον ἐσχημάτισατο, καὶ τὴν ἐμὴν παρ-
« θένον δολίως ξυνεφειλκύσατο· ἐπεμψέ μοι
« κατὰ ψυχῆς, καὶ νῦν ἐς βάθος ὀδυνῶμαι τὰ σπλάγ-
« χνα. Κηφὴν ἐξ Εὐρυκώμιδος ἀπηνὴς τὴν ἐμὴν
35 « ἀνεῖλεν Ὑσμίνην, τὴν γλυκεῖάν μου μέλιτταν,
« καί μου τὴν ψυχὴν ὅλην ἀψίνθιας ἐπλήρωσεν.
« Μέγας ἄγριος ἀετὸς τὰς ἐπὶ σοὶ θυσίας, θυγάτριον,
« ἐξ αὐτῶν μου χειρῶν καὶ μέσης πυρᾶς ἀνηρεί-
« ψατο, καὶ ἦν μοι τὸ σημεῖον οὐκ ἀγαθὸν καὶ
40 « τὸ προμάντευμα ἀπαισιώτατον. Καὶ νῦν εἰς ἔργον
« ἀπέβη τὰ τοῦ Διὸς οἰωνίσματα· πηγή μοι γλυκά-
« ζουσα σὺ, τὸ πικρόν μοι τοῦ γήρως καταγλυκά-
« ζουσα· ἀλλ' ὀχετηγός τις ἐξ Εὐρυκώμιδος εἰς ἑτέ-
« ραν ἀμάραν μετάγει σε, καὶ ἡ ψυχή μου διψᾷ σε,
45 « καὶ ὡς καλίρροον πηγὴν ἐπιζητεῖ σε τὸ στόμα μου.
« Ἀλλ', ὦ τέκνον Ὑσμίνη, πῶς σε θρηνήσω; πῶς
« ἐλεεινῶς ἀποκλαύσομαι; ὡς νεκράν; ἀλλὰ ποῖ τέ-
« θαψαι γῆς; τίς σε τάφος καλύπτει, καὶ ὅλην τὴν
« τῶν χαρίτων κατακαλύπτει πηγήν; Ἀλλ' ἐφείσατό
50 « σου τῆς νεότητος θάνατος· καὶ τίς ἔχει σε τόπος
« ἐθέλω μαθεῖν, τὴν ἐμὴν Ὑσμίνην, μου τὴν παρθένον,
« τὴν καλλιπάρθενον. Ἀλλ' ὁ τύραννος ἐκεῖνος, ἀλλ' ὁ
« θρασὺς, ἀλλ' ὁ τὸ κηρύκειον καταπαίζων, καὶ ὅλον
« κατεψευσμένος αὐτὸ, τὴν σὴν παρθενίαν σεσύληκεν.

« oraculum redde, sitque mihi hoc oraculum non infau-
« stum, sed faustissimum. Intonse Apollo, miserere mei
« intonsi capitis; Daphnææ Apollo, parce Hysminiæ filio,
« qui tua quondam lauro caput splendide coronatus nunc
« meum miserandum caput Orci galea tegit. »

11. Hæc et alia Diantea mater, mea, miserabili clamore
jactans lacrymarum undis mergebatur et templum totum
inundabat. Verum et Hysmines mater Panthia amarum
etiam, tanquam responsans, plangebat. « Hei mihi, Hy-
« smine filia, continuo clamans, quæ infelices manus
« meas fugiens periisti, et me matrem tuam perdidisti.
« Ut avis rapida aliis te instruxisti et ex his manibus misere
« evolasti. Ah crudele alarum remigium, quod lumen
« meum exstinxit! Tu mihi thalamus et æreum virginum
« conclave eras; et tamen, o filia mea Hysmine, cum ipso
« thalamo et ipso virgineo conclavi tu virgo mihi erepta
« es. Te excelsam cupressum putabam, quam in media
« colueram anima virgineoque rore et cæteris culturæ
« modis fecundabam; at spicans ab Eurycomide turbo
« radicibus avulsam abstulit. Caduceator sine dubio ille
« non fuit, sed immanis bellua, quæ Hysminen meam
« e miseris his manibus et mediis amplexibus abripuit,
« omnem meum thesaurum spoliavit, spicas meas messuit,
« vindemiam decerpsit, et rosarium floribus orbum reli-
« quit. Coronata illa fera Aulicomidem venit, et, sublata
« mihi corona, mox caput inornatum deseruit; et virgini-
« tatem simulans virginem meam per fraudem abduxit; te-
« lum in pectus meum misit et nunc intimis visceribus læsa
« doleo. Truculentus fucus Aulicomide advolans apem mel-
« litissimam Hysminen meam rapuit, et animam meam ab-
« sinthio implevit. Dira illa et immanis aquila, quæ, quum
« pro te diis rem faceret, victimam a manibus ipsis mediis-
« que ab ignibus rapuit, jam tum malum omen et infeli-
« cissimum præsagium fuit. Nunc sæva Jovis auguria even-
« tum suum habuere: tu mihi, suavissime fons, qui senec-
« tutis amarorem dulcem faciebas, nescio quis canalis ex
« Eurycomide in alium aquæductum te derivat, et te anima
« mea sitit, ac tanquam pulcherrimum fontem te os
« meum quærit. O filia Hysmine, quo te lucta, quibus
« lacrymis miserabiliter prosequar? an ut mortuam? at
« ubi terrarum sepultam? qui te tumulus et tegit amœnum
« Gratiarum fontem contegit? Sed forsitan juventuti tuæ
« mors pepercit; at si ita est, quis te Hysminen meam, vir-
« ginem virginum pulcherrimam, terrarum locus detineat
« scire aveo. Prorsus ille tyrannus scelere et audacia
« conflatus, qui caduceatoris ministerium ludibrio habi-
« tum mentitus est, ille virginitatem tuam rapuit. O

« Ὦ δεινῆς ἀωρίας, ὦ δυστυχίας ἐμῆς, ὦ φυλακῆς
« ἀφυλάκτου · ὦ δολίου θηρὸς ἐκείνου δολίως κλέπτον-
« τος καὶ ἀγρίως ἁρπάζοντος. Ἀλλ', ὦ λαλοῦσα πηγή,
« καὶ πρόμαντι δάφνη, καὶ ἐπὶ πᾶσι Φοῖβ' Ἄπολλον,
« δέξαι μου ταύτας ἀθλίας χοάς, ἃς σπένδεταί σοι
« Πανθία, μήτηρ ἀθλία, ὑπὲρ Ὑσμίνης, ἀθλίας παι-
« δός. »

12. Ταῦθ' αἱ μητέρες περιπαθῶς καὶ λίαν ὀδυνηρῶς
ἀπωδύροντο· οἱ δέ γε πατέρες ὀδυνηρότερον ξυνεπήχουν
καὶ ξυνεκόπτοντο, « Ὦ παῖδες, ὀλώλατε, λέγοντες,
« ἡμεῖς δ' ὑμῖν ξυνολώλαμεν. Ἔρως ἐστράτευσε καθ'
« ὑμῶν, καὶ τὰς ὑμῶν καρδίας ἐπολιόρκησεν· Ἔρως τὴν
« ἐν ὑμῖν πορφύραν τῆς παρθενίας ἐσύλησε, καὶ κατὰ
« κόχλον ἡμεῖς ἀπερράχθημεν. Ἔρως τὴν ὑμετέραν
« ῥοδωνιὰν ἀπηνθίσατο, καὶ τὰς ὑμετέρας ψυχὰς ὅλας
« ἀνέπρησε καθ' αἱμασιάν· Ἔρως ἀφροδισίῳ πυρὶ
« τὴν τῆς νεότητος θέρμην ὑμῶν ἐξεπύρωσε, καὶ γε-
« ραιὰ σπλάγχνα πατέρων ἡμῶν ἐς βάθος κατέκαυσε,
« καὶ ἡμᾶς ἀπηνθράκωσεν. Ἔρως, ὁ Διὸς παῖς, ἐκστρα-
« τεύει κατὰ τοῦ πατρὸς ἐν μέσῃ πανηγύρει, Διὸς ἐν
« μέσῃ τελετῇ, καὶ Διασίοις αὐτοῖς, καὶ λάφυρον ἁρ-
« πάζει τὸν κήρυκα, τὴν παρθενίαν λήζεται, καὶ ὅλον
« τὸν παρθενῶνα πολιορκεῖ, καὶ τὰς ἡμετέρας ὅλας
« κατασκυλεύει ψυχάς. Ἐκ δάφνης ταύτης, Ἄπολλον,
« δάφνης τῆς σῆς, παίδων ἡμῶν κατεστεφανώσαμεν
« κεφαλάς, ἀλλ' Ἔρως ταύτας ἀπεστεφάνωσε, καὶ
« σποδῷ τὰς τῶν πατέρων ἡμῶν κατεστεφάνωσε κε-
« φαλάς. Ἄπολλον, Ἄπολλον, τὰς ἡμετέρας ταύτας
« ἐλέησον πολιάς, καὶ τοῖς πατράσι συμμετάσχου κατὰ
« πατραλοίου παιδός· δέξαι ταύτας ἱκετηρίους χοάς, ἃς
« σπένδονταί σοι πατέρες ὑπὲρ παίδων ὀλλυμένων οἴ-
« κτρως ἐν ἔαρος ἀκμῇ, ἐν ἀτρυγήτῳ λειμῶνι καὶ
« μέσῃ νεότητι. »

13. Ταῦθ' οἱ πατέρες, ταῦθ' αἱ μητέρες ἡμῶν· τό
τέ γε παρεστὸς ἅπαν ᾔλγησε τὴν ψυχήν, δακρύων
ἐμεστώθη τοὺς ὀφθαλμούς, ἐκώκυσεν ὀλολύγιον. Ἐγὼ
δὲ περὶ τὴν Ὑσμίνην ἐλθών, μεθειλκυσάμην αὐτὴν τῆς
χειρός, « Ὑσμίνη, λέγων, ὁρᾷς; » Ἡ δὲ, « Ἀλλ' οὐ
« περιπτυξόμεθα τὰς μητέρας; » φησίν. Ἐγὼ δὲ, « Ἀλλ'
« ἐπίσχες, εἶπον, ἐγκαρτερήσωμεν τῷ χρησμῷ. »
Καὶ δὴ κατακαχλάζει τὸ ὕδωρ, ὁ τρίπους ἠχεῖ, δάφνη
μαντικὴ κατασείεται, καὶ οἷον ὅλη κατανεμοῦσθαι
δοκεῖ. Ἐνθουσιῶσιν οἱ πρόσπολοι, καὶ Φοῖβος μαντεύε-
ται, καὶ χρησμοδοτεῖ, καὶ φοιβάζει, καὶ καταφοιβάζει
τὰ μέλλοντα· καὶ ἦν ὁ χρησμός, τοὺς παῖδας ἡμᾶς
τοῖς τοκεῦσιν ἀποδιδοὺς καὶ κατεπισκήπτων τὸν γάμον·
πρὸς δ δὴ ψρίσσει τὸ παρεστώς, αἱ μητέρες θρηνοῦσιν
ἐξ ἡδονῆς, οἱ πατέρες ὀρχοῦνται πρὸ τοῦ βωμοῦ, καὶ
ἡμεῖς ταῖς χερσὶν ἀλλήλους ξυνδούμενοι πρὸ τῶν τοῦ
Φοίβου ποδῶν κυλινδούμεθα· περιτρέχουσιν ἡμᾶς αἱ
μητέρες, ἁρπάζουσι, συμπλέκουσι, περιπλέκονται,
φιλοῦσι, θρηνοῦσι, καὶ ξυνέχουσιν ἀναπόσπαστα· καὶ
μεθέλκονται τοὺς παῖδας ἡμᾶς οἱ πατέρες, ἑτέρωθεν
ὅλην ἡμῖν ξυμμεριζόμενοι τὴν ψυχήν. Παιανίζουσι γα-

« crudelem intempestivitatem ; o infelicitatem meam! o
« custodiam incustoditam! o dolosam belluam, quae Hy-
« sminen meam verbis astute clepsit, et ferociter rapuit.
« O argute fons, fatidica laurus, tripusque et prae caeteris
« Phoebe Apollo, accipe haec misera libamina quae tibi
« profundit Panthia, misera mater, pro Hysmine, misera
« filia. »

12. Haec dum matres vehementer commotae et dolentes
lugebant, patres nostri gravius etiam consona voce cla-
mantes et plangentes, « O filii, inquiebant, vos nobis
« periistis nosque vobiscum periimus. Amor contra vos
« pugnans, expugnatis pectoribus vestris, castitatis etiam
« vestrae purpuram rapuit , et nos tanquam concha fracti
« sumus. Amor rosarium vestrum floribus spoliavit, ani-
« mos vestros sepis instar adussit ; Amor juventutem
« vestram, venereo igne fervidam combussit, et senilia pa-
« trum vestrorum viscera penitus adussit , nosque ipsos in
« cineres redegit. Amor, Jovis filius, patri adversatus in
« medio festo, celebritatem inter et Diasia, praeconem tan-
« quam praedam rapit, virginitatemque ejus abreptam prae-
« datur, immo toto parthenone oppugnato, animos nostros
« funditus exspoliat. Nos ista lauro, o Apollo, lauro
« tua filiorum nostrorum capita coronavimus, sed coronas
« istas Amor abstulit, et capita nostra patrum cinere co-
« ronavit. Apollo, Apollo, tu istius senectutis nostrae mi-
« sertus, patri contra illum parricidam puerum auxilio
« esto, et supplices, quas tibi libamus, inferias pro fato
« fanctis in aetatis flore filiis et nondum matura juventute
« accipe. »

13. Ista patres, ista matres vix effati erant, cum moe-
stissima, quae aderat, turba, oculis lacrymarum plenis
sonorum et altum ingemuit. Ego autem ad Hysminen
accedens, taciteque illam manu trahens, « Hysmine, in-
« quiebam, tune omnia vides ? — At matres, respondit
« illa, non amplectemur ? » Ego vero : « Contine te, oracu-
« lum exspectemus.» Ecce autem subito leni cum undarum
cachinno tripodis sonus auditur, et ipsa fatorum conscia
laurus quasi vento agitata moveri videtur. Tunc furore
divino accenduntur sacerdotes, Phoebus ipse vaticinatur
et futura non ambigue nuntiat ; et redditum oraculum fuit,
quod parentibus restitutos nos in manum convenire jube-
ret; horruit autem ad hoc oraculum quae aderat multitudo,
matresque nostrae prae voluptate lugebant, saltantibus ante
aram patribus; et nos interea, manibus invicem complicatis,
ad dei genua effusos accurrentes rapiebant matres, et inam-
plexus ac complexus ruentes, nos deosculantur lugentes et
detinent, ita ut a se avelli non paterentur ; et nos con-
trahebant ex alia parte patres totam animam nobis dividi-
dentes. Paeana canunt gratias agentes, hymnisque grates

ριστήρια, ὑμνοῦσιν εὐχαριστήρια, κροτοῦσι σωτήρια· χαίρει τὸ πλῆθος, εὐλογεῖ τὸν Ἀπόλλωνα, καὶ τῆς δάφνης ἡμεῖς στεφανούμεθα.

14. Κῆρυξ δ', ὁ ποτὲ δεσπότης ἐμὸς, καὶ Σώστρατος,
5 Ῥοδόπης πατὴρ, ἡμῖν ἐπιτίθενται· διαρρήσσουσι τοὺς στεφάνους, ἀφειδῶς τὴν γλῶσσαν προπέμπουσιν, ἀπαίσια κινοῦντες αὐτήν· τὸν ἱερέα κακολογοῦσι, καὶ δημηγοροῦσι τὰ καθ' ἡμᾶς, ὡς ἐκ βαρβαρικῶν χειρῶν ἡμᾶς ἀπεσπάσαντο νόμῳ στρατιωτικῷ δουλογραφηθέντας αὐ-
10 τοῖς· ὁ δέ γε στεφανῶν ἡμᾶς ἱερεύς φησι πρὸς αὐτούς·
« Εὖγε τῆς νομοθεσίας ὑμῖν, ὡς δουλαγωγεῖτε τοὺς
« Ἕλληνας, ὑπάρευγε τῆς εὐσεβείας, ὣ, δουλογρα-
« φεῖτε τοὺς κήρυκας. Ἀπόλλων χρησμοδοτεῖ, καὶ τοῖς
« ἐλευθέροις ἀφοσιοῦται τὸ ἐλεύθερον, οἷς νόμος Ἑλ-
« λήνων πρότερον καὶ φύσις αὐτὴ τὴν ἐλευθερίαν ἀπε-
« χαρίσατο· ἀντιχρησμοδοτεῖτε δ' ὑμεῖς, ἀντινομοθε-
« τεῖτε, τοὺς ἐλευθέρους καταδουλούμενοι. » Οἱ δὲ,
« Οὐχ ἡμεῖς, φασὶν, ἀντινομοθετοῦμεν, ἀλλ' αἰχμῇ καὶ
« νόμῳ τούτους ἐδουλογράφησε στρατιωτικός. » Καὶ δὴ
20 μεθεῖλκον ἡμᾶς, ἡμεῖς δ' οὐκ ἀπεσπώμεθα τῶν τοῦ Φοίβου ποδῶν.

15. Καὶ πάλιν αἱ μητέρες ἐθρήνουν, οἱ πατέρες κατεδυσώπουν καὶ γλώσσῃ καὶ δάκρυσι· καὶ ὁ ἱερεὺς ταῖς χερσὶν ἀπεμάχετο, καὶ πείθειν οὐκ ἔχων ἀπέστε-
25 φανώθη τὴν κεφαλὴν, ἀπεδύσατο τὸν χιτῶνα, καὶ τὴν ἀρδύλην ἀπέθετο, καὶ ἀναβὰς ἐπ' ὀκρίβαντος Στεντόρειον πρὸς τὸ πλῆθός φησιν· « Τί μάτην ὁ πολὺς ἄνθρω-
« πος ἐπὶ τὸν τοῦ Δαφνίου ξυντρέχεις βωμόν; τί κα-
« ταδυσωπεῖς τὸν Ἑκηβόλον χρησμοδοτημάτων; Φοίβ'
30 « Ἄπολλον, ἅλις σοι τῶν προμαντευμάτων, ἅλις σοι τῶν
« στεφανωμάτων. » Πρὸς δὴ τὸ πλῆθος καταθορυβηθὲν, θρασύνεται κατὰ τῶν ἁρπαζόντων ἡμᾶς· οἱ δ' εὐθὺς τῶν τοῦ Φοίβου ποδῶν ἐφάπτονται ξὺν ἡμῖν, ὡς τὸν περὶ ψυχῆς τρέχοντες, καταδυσωποῦσι τὸν ἱερέα, ἱλάσκον-
35 ται τὸν Ἀπόλλωνα, « Σύγγνωθι, λέγοντες, Ἄπολλον,
« καὶ φρενὸς καὶ γλώσσης ἡμῖν. » Ἡμᾶς ἐλευθέρους ἀνακηρύττουσι, τὰς ἑαυτῶν φιλοτιμούμενοι ζητοῦντες ψυχάς. Στεφανούμεθα πάλιν ἡμεῖς, ἐλευθερίαν ἐπιγραφόμεθα, καὶ τοῖς τοκεῦσιν ἀποδιδόμεθα· οἱ δ' ὅλοι πληρωθέντες
40 ἡδονῆς καὶ χαρᾶς, σῶστρα θύουσιν ὡς ἐπαναβιοῦσι παισὶν· ᾄδουσιν ἀναγώγια, καὶ χορεύουσιν ἐπινίκια. Ξυνορχούμεθα τούτοις ἡμεῖς, καὶ παιανίζομεν ἐλευθέριον ἡλίκον οἷον ἐράσμιον.

16. Καλεῖ καὶ δείπνου καιρὸς, καὶ τῷ ἱερεῖ ξενιζό-
45 μεθα, ᾧ ἦν τὸ δεῖπνον φιλοτιμότατον. Ἡ μὲν οὖν Ὑσμίνη τοὺς ὀφθαλμοὺς αὐτῆς ἐξ αἰδοῦς ἀφῆκε τῇ γῇ, καὶ ταῖς τροφαῖς οὐ προσεῖχεν οὐδὲ μέχρι χειρῶν αὐτῶν· ἐγὼ δ' ὡς τις Ὀλυμπιονίκης ἐξ ἡδονῆς καὶ χαρᾶς ὀφθαλμοὺς μὲν καὶ χεῖρας εἶχον ἐπὶ τὴν τράπεζαν,
50 στόμα δὲ καὶ λαιμὸν ἐχαρισάμην τοῖς βρώμασι, καὶ ὅλῳ τῷ νῷ τὸν γάμον ἐπωπτριζόμην αὐτόν. Μετὰ γοῦν δὴ ποικίλας καὶ πολυτελεῖς τὰς τροφὰς, ὁ ἱερεὺς ἀναστὰς τῆς τραπέζης, καὶ τὸν χιτῶνα διαζωσάμενος, καὶ γυμνώσας τὼ χεῖρε, πρὸς πότον ἡμῖν ὑπηρέτησε,

solvunt et pro salute nostra plaudunt; denique plebs tota Apollinem laudibus prosequitur et nos lauro coronamur.

14. Verum caduceator, quondam herus meus, et Sostratus, Rhodopes pater, in nos irruunt; coronas dilacerant, temeraria pleraque et ominosa etiam effutientes, ipsum ultimum conviciis sacerdotem lacessunt et res nostras populo narrare exorsi sunt : ut nempe barbarorum e manibus ereptos et militari lege servos factos possiderent. Verum ad hæc nos iterum coronans, sacerdos, « O pulchram, inquit,
« legem vobis qui Græcos in servitutem redigitis! o
« spectatæ pietatis homines qui caduceatores servos facitis.
« Vaticinatur Apollo et liberis libertatem asserit quibus
« lex Græcorum et ipsa natura libertatem prius largita
« erat; vos contra altero vestro oraculo et altera lege
« servos esse qui liberi sunt jubetis. — Nos vero, respon-
« debant illi, legem novam non ferimus, sed bello et belli
« jure nobis servi effecti sunt. » Et cum dicto nos trahebant, nos autem a Phœbi genibus avelli non patiebamur.

15. Et iterum matres lacrymabantur et patres verbis et lacrymis supplices auxilium petebant; ipse autem sacerdos manibus repugnabat : sed quum persuadere non posset, deposita corona, tum demum sacra veste et calceo sacro exutus, suggestu conscenso, alta et Stentorea voce populum sic aloquitur : « Quid frustra tanta multitudo ad
« hanc aram concurris; quid a deo qui longe jaculatur
« oracula suppliciter rogas? Satis oraculorum tibi, Phœbe
« Apollo, satis coronarum est. » Commotus ad illa populus contra raptores nostros audacior factus est. Itaque illi statim dei ad pedes nobiscum effusi, sacerdotem, quasi in vitæ periculo constituti, precantur, Apollinem invocant, dicentes: « Parce, Apollo, et menti et linguæ nostræ. » Nos liberos esse jubent, liberas esse animas suas rogantes. Rursus igitur coronati oliparasque facti parentibus redditi sumus, qui statim lætitia et gaudio pleni pro salute natorum quasi virbiorum numini faciunt; nos reduces cantibus, omniumque victores choreis excipiunt. Et nos cum illis saltamus dulcissimumque restitutæ libertatis pæana canimus.

16. Vocat interim prandii hora, nosque hospitio exceptos sacerdos splendidissimo convivio tractavit. Hysmine quidem, defixis præ pudore in terram oculis, cibos ne manibus quidem attingere ausa est; ego contra, quasi Olympionica, præ gaudio et lætitia oculos quidem et manus ad mensam intendebam sed etiam convivii cibis et ore et gula indulgebam, et animo, quasi in speculo, mihi effingebam nuptias. Post diversas opiparasque epulas, surgens mensa sacerdos, cincta veste, nudatisque aliquantum brachiis, poculum nobis præbuit dicens : « Hoc est poculum Servatoris

« Τοῦτο πόμα, λέγων, Σωτῆρος Ἀπόλλωνος. » Πίνουσι μὲν οὖν οἱ πατέρες ἡμῶν, καὶ μετ᾽ αὐτοὺς αἱ μητέρες, « Χάρις σοι, λέγοντες, Ἀπολλον, τῆς καλῆς ταύτης « παρακαταθήκης, ἣν παρακατέθου τοὺς παῖδας 5 « ἡμῖν. » Καὶ μετ᾽ αὐτοὺς ἡμῖν ἐκοινώσατο τὸ ποτήριον, « Ἀπόλλων, λέγων, ὑμῖν κοινοῦται τὸ πόμα, « ὃς καὶ τὸν γάμον ἐπισκήπτει χρησμοδοτῶν, δωρεῖται « τὸ ἐλευθέριον, καὶ ὅλον κοινοῦται τὸ ζώσιμον. »

17. Ταῦτ᾽ εἰπὼν, συνανεκλίθη· καὶ πάλιν, « Ἡμῖν, 10 φησὶν, Ὑσμινία νυμφίε (ταύτην γάρ σοι τὴν κλῆσιν « Ἀπόλλων φοιβάζων ἀπεχαρίσατο), μὴ φείσῃ λέγων τὰ « καθ᾽ ὑμᾶς ἀρχῆς ἀπ᾽ ἄκρης, καὶ μέχρις ἄκρης « αὐτῆς τῆς τελευτῆς. » Ἐγὼ δὲ πρὸς αὐτόν· « Ὅλους « ἀνάπτεις μοι κρατῆρας αὐτοὺς πυρὸς, καὶ μυρμηκιὰν 15 « μοι τραγῳδημάτων ἀναστομοῖς. » Ὁ δὲ, « Ἀλλὰ μὴ « φείσῃ μοι, φησὶ, πρὸς Ἀπόλλωνος, μηδενὸς, πρὸς « ἐλευθερίας αὐτῆς καὶ νυμφῶνος, ὅν σοι λαμπρὸν Ἀπόλ- « λων ἐνυμφοστόλησεν. » Ἐγὼ δὲ πρὸς αὐτόν· « Σύγ- « γνωθι, δέσποτα· ὅλην γὰρ ἐξ αἰδοῦς κατατεθορυβημένος 20 « εἰμὶ τὴν ψυχὴν, καὶ ὅλον τεταραγμένος τὸν νοῦν· ἐς « νέωτα δέ σοι τὰ τῆς διηγήσεως ἀποταμιεύσομαι. »

18. Πείθω τὸν ἱερέα, καὶ λύεται τὸ συμπόσιον, καὶ ἡμεῖς γινόμεθα παρὰ τὰ δωμάτια· Θεμιστεῖ γάρ μοι πατρὶ καὶ μητρὶ Διαντείᾳ κἀμοὶ δωμάτιον ἓν ὁ ἱερεὺς 25 ἀφωσίωσε, καὶ κλίνας τρεῖς παρὰ τούτῳ λαμπρὰς ὑπεστρώσατο, αἷς ἡμεῖς ἀνακλιθέντες, πρὸς ὕπνον ἐτράπημεν· Σωσθένει δὲ καὶ Πανθίᾳ καὶ τῇ τούτων Ὑσμίνῃ παιδὶ, δωμάτιον ἕτερον. Καὶ οὕτως ἡμεῖς ἀπ᾽ ἀλλήλων γενόμενοι, τὴν νύκτα παρεμετρήσαμεν.

ΒΙΒΛΙΟΝ ΕΝΔΕΚΑΤΟΝ.

30 1. Τῇ δ᾽ ὑστεραίᾳ πάλιν ἐπὶ τὸν βωμὸν γενόμενοι, δάφνης ἐστεφανωμένοι τὰς κεφαλὰς, ἐπανηγυρίζομεν ἐλευθέρια, ἐπαιανίζομεν ἐπινίκια, ἐπεκροτοῦμεν σωτήρια, ὅλας ἑκατόμβας Ἀπόλλωνι θύοντες· τὸ δέ γε πλῆθος, ὅσον εἶχεν οὐκ εὐαρίθμητον ὁ βωμὸς, πρὸς ἡμᾶς 35 εἶχε τοὺς ὀφθαλμοὺς, καὶ τοῖς δακτύλοις παρεσημαίνετο· καὶ ἦν τὸ καθ᾽ Ὑσμίνην καὶ Ὑσμινίαν ἡμᾶς ἀνὰ πᾶσαν γλῶσσαν διήγημα κείμενον· καὶ ἦν Ἀπόλλων ἐφ᾽ ἡμῖν εὐλογούμενος.

2. Πάλιν οὖν ἀρίστου καιρὸς, καὶ πάλιν δεῖπνον ὁ 40 ἱερεὺς λαμπρὸν ἑτοιμάζεται, καὶ πάλιν ἡμᾶς φιλοφρονεῖται πολυτελῶς. Ἐπεὶ δὲ πέρας ἔχει τὰ τῆς τραπέζης, ὁ τὸ δεῖπνον ἑτοιμασάμενος ἱερεὺς τὰ καθ᾽ ἡμᾶς ζητεῖ καὶ πάλιν μαθεῖν, καὶ ἦν μεταστάθεις ἐγκείμενος· ἐγὼ δ᾽ ἀλλὰ, κἂν ᾐσχυνόμην, κἂν ὤκνουν, κἂν ἔφριττον, 45 ἀλλ᾽ ἄκων ἀπεδυσάμην πρὸς τὴν διήγησιν, καὶ ἡ φωνή μου ἐπέλειπε, καὶ ἡ γλῶσσα ἐπείχετο· ἄρχομαι δ᾽ ὅμως λεπτῇ τῇ φωνῇ·

3. « Πατὴρ μέν μοι Θεμιστεὺς οὗτος, καὶ μήτηρ « Διάντεια, οὓς σὺ ξενίζεις φιλοτιμότατα, πόλις δ᾽

« Apollinis. » Primi bibunt patres nostri, secundæque ab illis matres, « Gratias agimus, o Apollo, dicentes, ob « pulchrum istud filiorum apud nos depositum. » Nobis tertio poculum sacerdos cum hoc dicto tradidit : « Apollo « inter vos hoc esse poculum commune vult, qui et vobis « oraculo nuptias imperat, et, libertate restituta, totum « vitæ curriculum commune esse jubet. »

17. Hæc effatus accubuit, iterumque ad me conversus, « Hysminia sponse, inquit (tibi enim hoc nomen vaticinio « suo deus tribuit), non negabis, ut puto, rerum tuarum « arrationem a prima repetitam origine ad finem usque « pertexere. » Ego autem, « Tu sopitos ignes, inquam, « suscitas, innumerosque jubes renovare dolores. — Te « tamen per Apollinem, respondit ille, obtestor, ne quid- « quam sileas, per libertatem tuam et nuptias, quas tibi « tam splendide numen paravit. » Ego vero, « Parce, « domine, inquam, quia pudore conturbatur animus, ter- « ritaque mens hæret : in crastinum tibi integram narra- « tionem servabo. »

18. Persuasus est sacerdos, et, ita finito convivio, nos cubiculis reddidimus, quorum alterum Themisteo patri matrique et mihi, in eoque tres lecti splendide parati erant, in quibus recubantes somno concessimus ; alterum vero Sostheni pariter et uxori Hysminæque. Ita discreti separatique noctem dimensi sumus.

LIBER UNDECIMUS.

1. Sequenti die, quum iterum ad Apollinis aram tempora lauro redimiti venissemus, libertatem restitutam celebravimus, victoriæ pæana cantavimus, et servatori deo plaudentes exactam hecatomben Apollini mactavimus; turba autem, quæ sine numero ad aras præsens aderat, inconnivo in nos defixa obtutu, digito monstrabat; et nostra omnium in ore historia erat, et in nobis Apollo utique laudabatur.

2. Iterum cibi capiendi hora venit, iterumque parato sacerdos opiparo convivio sumptuose nos' excepit. Circa finem, sacerdos, qui convivium paraverat, iterum omnia quæ ad nos spectant scire cupiens, me acriter ut res nostras exordiar urget; ego autem, quamvis me puderet, ideoque tardior et timidior subsisterem, invitus tamen ad illarum narrationem, deficiente pæne voce et hærente ad fauces lingua, me comparavi, initium tenui voce sic exorsus :

3. « Pater mihi Themisteus ille, quem vides, et Diantea « mater, quos tu benigne et honorifice hospitio excipis,

« Εὐρύκωμίς μοι πατρὶς, παρ' ἧ βωμὸς Ξενίου Διὸς,
« καὶ τελετὴ τὰ Διάσια. Καὶ κήρυξ ἐγὼ κληρούμε-
« νος τὸ κηρύκειον, καὶ κήρυξ οὐκ ἐς τυχοῦσαν, ἀλλ'
« ἐς Αὐλίκωμιν, στεφανοῦμαι τῆς δάφνης. Ἥκω
5 « περὶ τὴν κληρωθεῖσάν μοι πάντως πολυτελῶς, ὅτι
« καὶ Διὸς τὸ κηρύκειον, καὶ Διασίων ὁ κῆρυξ ἐγώ. Τῷ
« Σωσθένει ξενίζομαι τούτῳ, πολυτελῶς ὑποδέχομαι,
« φιλοφρονοῦμαι λαμπρῶς· εἰσάγει με περὶ τὸν κῆπον·
« ἐν μέσῳ τούτῳ τὰ τῆς τραπέζης μοι παρατίθεται·
10 « ἐγγύς μοι τοῦ λειμῶνος τὰ τῆς στρωμνῆς ἑτοιμάζεται·
« Ὑσμίνη ταύτῃ τῇ θυγατρὶ Σωσθένης οὗτος, ὁ ταύ-
« της πατὴρ, οἰνοχοεῖν ἐγκελεύεται· ἡ δ' οἰνοχοεύει
« τῷ πατρὶ πειθομένη.
4. « Τέλος ἔχει τὰ τῆς τραπέζης, καὶ νίπτει μου
15 « τοὺς πόδας Ὑσμίνη, παρθένους πόδας παρθένοις
« χερσίν. Ἀνακλίνομαι τῇ στρωμνῇ κατὰ παρθένον,
« ἀνέτως τοῖς ὕπνοις σπενδόμενος. Ἀνίσταμαι μεθ'
« ἡμέραν, γίνομαι περὶ τὸν κῆπον, θαυμάζω τοῦτον
« τῆς τῶν φυτῶν συστοιχίας καὶ τῶν ἄλλων καλῶν,
20 « περὶ δὲ τοῦ κήπου θριγγίον μεταξυ τοὺς ὀφθαλμοὺς,
« καὶ μετὰ δή τινας γραφὰς, θρόνον χρυσοῦν γεγραμ-
« μένον ὁρῶ, μειράκιον ἐπὶ τῷ θρόνῳ ὁπλοφόρον,
« γυμνὸν, πυρφόρον, τὼ πόδε πτερωτὸν, ἐκ κεφαλῆς
« καὶ μέχρι ποδῶν χαρίεν τὸ πρόσωπον. Τούτῳ δὴ
25 « τούτῳ τῷ μειρακίῳ δουλοπρεπῶς παρειστήκεισαν
« βασιλεῖς, δυνάσται καὶ τύραννοι, θῆρες καὶ θηρῶν
« βασιλεῖς, ἅπαν γένος πτηνῶν, ἅπαν γένος θαλάσσης,
« καὶ φασματώδεις δύο γυναῖκές τινες, ὑπὲρ γυναῖκας
« τὸ μῆκος, τὴν ῥυτίδα πέμπελοι καὶ τριπέμπελοι. Ἡ
30 « μὲν λευκὴ τὰ πάντα, τὸ πρόσωπον, τὴν τρίχα καὶ
« τὸ χιτώνιον, χεῖρας καὶ πόδας, καὶ τἄλλα τοῦ σώ-
« ματος· ἡ δὲ τὰ πάντα μέλαινα, τὴν ὄψιν, τὰς
« χεῖρας, καὶ μέχρι ποδῶν ἐκ κεφαλῆς, καὶ μέχρις
« ὀνύχων αὐτῶν. Ἃ δὴ κατεθορυβήθην ἰδὼν, καὶ νοῦ
35 « πλάσμα, καὶ τέχνην ζωγράφου, τὴν καινὴν ταύτην
« ἐλογιζόμην γραφήν. Ἀλλ' ἦν ὑπὲρ τὴν τοῦ μειρακίου
« κεφαλὴν ἰαμβεῖα, Ἔρωτα λέγοντα τὸν γεγραμμένον
« εἶναι, τὸν ἐπὶ δίφρου καθήμενον, πάντων κρατοῦντα
« βασιλικῶς. Ἐγὼ δ' οὐ μόνον ἐκακολόγησα τὴν γρα-
40 « φὴν, ἀλλὰ καὶ πρὸς αὐτὸν τὸν Ἔρωτα σωφρόνως
« ἀπέσκωψα.
5. « Ὁ δ' ἐφίσταται διὰ νυκτὸς ὑπνουμένῳ μοι, καὶ
« τὰ καθ' ἡμέραν κατονειδίζει με· καὶ τέλος ἐμπίπτει
« μου τῇ ψυχῇ, καὶ συνδουλογραφεῖ με τοῖς δούλοις
45 « αὐτοῦ, ἀντὶ κήρυκος, ἀντὶ παρθένου, πρὸς ὅλον
« ἐραστὴν μεταπλάττων με· καὶ τῇ χειρί μου ταύτῃ
« τῇ δεξιᾷ τὴν Ὑσμίνην μου ταύτην πρραθεὶς, ἀπέ-
« πτη μου τῶν ὀφθαλμῶν, συμμεθελκυσάμενος καὶ
« τοὺς ὕπνους, καὶ τὴν παρθενίαν, καὶ τὸ κηρύκειον.
50 « Καὶ ἤμην ἐραστὴς ὁ κῆρυξ, καὶ ὁ παρθένος ἀπάρθε-
« νος, ὁ δὴν κατεπόρνευον τὴν Ὑσμίνην καὶ ὀφθαλ-
« μοῖς, καὶ γλώσσῃ, καὶ νεύμασι, μεταπλάττων καὶ
« ταύτην εἰς Ἔρωτα. Καὶ οὕτως ἐξ Αὐλικωμίδος πα-
« λινοστῶ πρὸς Εὐρύκωμιν, ὅλῳ τῷ τῆς Ὑσμίνης

« urbs Eurycomis patria, in qua Jovis Hospitalis celebre
« templum et Diasia festum. In hac urbe sorte caducea-
« toris ministerium adeptus non in exiguam civitatem, sed
« in Aulicomidem, laurea coronatus sum. In illam, quæ
« mihi contigerat, urbem veni, magno et splendido appa-
« ratu, ut et Jovis præconium et Diasiorum præconem de-
« cuit. Ibi me hospitio exceptum Sosthenes splendide et
« humaniter habet, me in hortum deducit, cujus in medio
« cœna mihi apponitur; proxime pratum etiam lectum
« parat et Hysminen filiam (iste enim Hysmines pater)
« vinum nobis præbere jubet. Illa patri paret, et vina
« ministrat.
4. « Finito convivio, pedes meos, et castos quidem
« pedes, castis manibus lavat. Ego cubili redditus, statim,
« ut nondum amantem decet, somno indulgeo. Redeunte
« die, surgo, in hortum incedo et ibi fruticum ordines,
« plurimaque alia mirabundus, tandem oculis septum
« usurpans, post aliquas picturas aureum tronum depi-
« ctum aspicio et puerum trono insidentem, nudum,
« arma et faculam tenentem, alatis pedibus, et a capite ad
« pedes formosum. Huic autem puero adstabant quod-
« cunque ad obsequium parati reges, principes, et tyranni,
« feræ præterea, ferarumque reges, præter omne volucrum
« genus, et universum genus piscium ; proxime insolentis
« formæ mulieres duæ, proceræ supra mulierum vulgus
« et rugarum sulcis senioque immo trisenio confectæ.
« Prima prorsus alba vultu, crine, veste, manibus pedi-
« busque ac cæteris corporis partibus; altera autem totam
« corporis compagem nigerrima, et manus et cætera a
« capite usque ad pedes. Quæ videns conturbatus sum, et
« ingenii figmentum, aut pictoris artificium, insolentem pi-
« cturam suspicatus sum. Verum super pueri caput iambici
« versus exarati Amorem ibi descriptum docebant, qui
« currui insidens omnibus regia potestate imperaret. Ego
« autem, non solum contempta conviciis pictura, dicteriis
« etiam, ut castum decuit, Amorem lacessivi.
5. « At ille dormienti per noctem mihi apparens,
« exprobratis quæ toto die dixeram singulis, tandem in-
« timo pectoris, penetrali sese insinuans, de caduceatore
« pudicoque in amatorem mutatus servorum numero
« adscripsit, traditaque in hanc dextram manum Hys-
« mine, somnos et castitatem et sacrum ministerium
« secum auferens, evolavit. Et ego caduceator et castus,
« amator et sine castitate evasi, oculis, lingua nutuque
« Hysminen depudicans parem in amorem transformo. Ita
« ex Aulicomide Hysmines amori mancipatus Eurycomi-

« δουλογραφούμενος ἔρωτι· ἡ δ' ἀλλ' οὐδ' αὐτὴ καὶ
« πῦρ καὶ πτερὸν καὶ τόξον ἐξέφυγεν Ἔρωτος, καὶ
« γλῶσσαν ἐμὴν πιθανολογοῦσαν ὅσα παιδεύουσιν
« Ἔρωτες.

6. « Ἤρων οὖν Ὑσμίνης, εἰ δ' ἀντηρώμην, αὕτη
« λεγέτω. Καὶ τὸν γάμον ἀλλήλοις ἐμνηστευόμεθα,
« ὃν κλέψαι θέλων αὐτὸς (εἰρήσθω γὰρ τἀληθὲς) οὐ
« συνεχωρούμην τῇ κόρῃ. Σωσθένης οὗτος, ὁ ταύτης
« πατὴρ, ἐν μέσῃ τραπέζῃ καὶ δείπνῳ πολυτελεῖ γά-
« μον ἕτερον κηρύσσει τῆς θυγατρὸς, ὃν δὴ ζητοῦμεν
« φυγεῖν, καὶ τῇ φυγῇ καθυπηρετεῖ Κρατισθένης καὶ
« ναῦς, ἧς ἐπιβάντες, τῆς ἐμῆς ἀπέβημεν Εὐρυκώμι-
« δος. Εὐφόρου τυγχάνομεν πνεύματος, καὶ χαίρομεν
« φεύγοντες.

7. « Ἀλλὰ κυκᾷ τὴν θάλασσαν Ποσειδῶν, ἴσα καὶ
« ὄρεσιν ἐγείρει τὰ κύματα, τὴν ναῦν καταδῦσαι φι-
« λονεικεῖ, λύτρον δ' κυβερνήτης τυθῆναι νομοθετεῖ.
« Κληρούμεθα τοῦτο, καὶ ἦν ὁ κλῆρος, φεῦ! ἐπὶ τὴν
« Ὑσμίνην πεσών· ἐκσφενδονᾶται τοίνυν ἐπὶ τὴν θά-
« λασσαν, καὶ νηνεμίαν εὐθὺς τῇ θαλάσσῃ χαρίζεται.
« Τὸ δ' ἐφεξῆς, ἀναβιοῦσαν ταύτην ὁρῶ, πῶς δ', οὐκ
« οἶδα, νὴ τὸ φρικτὸν ἐκεῖνο κλυδώνιον, νὴ τὸν Πο-
« σειδῶνα, καὶ τὴν πικρὰν δουλείαν, νὴ τὸν Ἀπόλ-
« λωνα, καὶ τὸ τῆς ἐλευθερίας γλυκύ. Ἐγὼ δ' ὅλην τὴν
« ναῦν κατεκλύκων τοῖς ὀδυρμοῖς, καὶ τοῖς δάκρυσι
« κατεπέκλυζον· δ' μὴ φέρων ὁ κυβερνήτης μηδ'
« ὅλον τὸ ναυτικὸν, μετάγουσι περὶ τὴν ψάμμον τὸ
« σκάφος, καί με τῆς νεὼς ἀποτίθενται. Κἀγὼ δ', ὡς
« ἐν κενηρίῳ τῇ ψάμμῳ, τὰς τῶν δακρύων χοὰς κα-
« τεσπενδόμην τῇ κόρῃ.

8. Καὶ τριήρης ἄφνης ἐφίσταται, πλήρης βαρ-
« βάρων ἀγρίων ἀνδρῶν, οἳ κατὰ θῆρας ἀπηνῶς μοι
« κατεπιτίθενται, ἀγρίως αὐτῶν ἐφέλκονταί με τῶν
« τριχῶν, εἰσάγουσι περὶ τὴν τριήρη, καὶ τῇ κώπῃ
« παρακαθίζουσι. Καὶ μετὰ δεῖπνον βαρβαρικὸν
« ἐκεῖθεν ἀπαίρουσι, κατεπιτίθενταί τινι πολιχνίῳ,
« τοῦτο καταλῄζονται, καὶ σκύλων πληροῦσι τὴν
« ναῦν· τοὺς μὲν οὖν δὴ νεανίσκους ταῖς κώπαις πα-
« ρακαθίζουσι, τοὺς δ' ὑπεραναβεβηκότας αὐτοὺς
« ἔργον μαχαίρας τεθείκασι, καὶ τῇ θαλάσσῃ παρα-
« δεδώκασιν· οὐκ εὐαρίθμητον γὰρ ὅσον ἐν ἀνθρώποις
« ἡ βάρβαρος χεὶρ ἐκ τοῦ πολιχνίου κατελῄσατο·
« ὅσον δ' ἐν γυναιξὶν, ἀκολάστως ἐχρήσαντο· ταῖς
« παρθένοις γὰρ οὐδὲ μέχρις ἁφῆς βαρβαρικῶς ἐνεα-
« νιεύσαντο.

9. « Καὶ οὕτω περὶ τὴν Ἀρτυκώμιν ἐγενόμεθα, καὶ τὸ
« βάρβαρον βαρβαρικάς τινας σπονδὰς ἐσπείσατο τοῖς ἐξ
« Ἀρτυκώμιδος· καὶ οὕτω πλὴν ἀνθρώπων πᾶν ἐξεφορ-
« τώθη τὸ λῃσθέν· τὸ μὲν οὖν ἐν παρθένοις ἐξ ἀνθρώ-
« πων ἡμῶν ἠργυρολογήθη πολλῆς, πρότερον τῇ τῆς
« Ἀρτέμιδος ἐμβεβλημένον πηγῇ, ἡμῶν δὲ νεανίσκων
« καὶ γυναικῶν λόγος οὐδεὶς τοῖς ἐξ Ἀρτυκώμιδος. Καὶ
« πάλιν ἡ τριήρης εἶχεν ἡμᾶς, ἣν λύσαντες τοῦ λι-
« μένος ἐξάγομεν, καὶ πρὸς λιμένα μετάγομεν ἕτερον,

« dem redii ; sed neque illa pennas ignemque et Amoris
« arcum ac linguam præterea meam singula, quæ docent
« Amores, ad persuasionem apte dicentem effugit.

6. « Amabam igitur puellam, an pariter amatus, ipsa
« dicat. Sed et post nuptias inter nos conciliatas, robus-
« tam voluptatem mihi, uti verum dicam, subripere vo-
« lenti, per Hysminen non licuit. Dum hæc aguntur,
« Sosthenes iste, virginis pater, medias inter opiparæ cœnæ
« delicias matrimonium aliud filiæ nuntiat, quod nos fu-
« gere tentamus, et ad fugam instruendam nobis Cratisthe-
« nes succurrit, et navis, quam conscendentes ex Eury-
« comide discessimus. Mox adflante secundo vento, læti
« fugimus.

7. « At subito mare conturbat Neptunus et navem
« submergere enititur, et victimam quæ cæteros redimeret
« deo sacrificandam esse gubernator edixit. Illam sorti-
« mur, et cecidit super Hysminen sors, quæ statim in mare
« præceps deturbata tranquillitatem undis reddidit. De
« cæteris, quæ subsequuta sunt, viventem rursus illam
« adspicio, sed qua ratione, per tinnendam illam tempe-
« statem Neptunumque et acerbam servitutem, per
« Apollinis ipsius numen et libertatis dulcedinem, ignoro.
« At ego totam interea navem infelici turbabam gemitu,
« lacrymisque inundabam; quod non ferens cum reliqua
« nautarum turba gubernator, appulsa ad littos scapha, me
« nave exonerant. Ibi in arena, velut in vacuo tumulo,
« ferales lacrymarum inferias puellæ libabam.

8. « At me subito triremis superveniens barbaris homini-
« bus plena invasit, et ferino prorsus more arreptum crini-
« bus in triremem tractum ad remos collocarunt. Mox,
« finito barbarico prandio, inde solventes, oppidulum
« quoddam invadunt, et, illo direpto, navem spoliis implent,
« juvenibus ad remos sedere jussis, cæteros provectioris
« ætatis et exoleti floris occisos in mare præcipites dant ;
« innumera etenim hominum multitudo, quos, barbarorum
« manus ex hoc oppidulo rapuerat ; mulieribus autem,
« quotcumque fuerunt, ad libidinum suarum flagitia usi
« sunt ; nam adversus virgines ne tactu quidem, uti de
« barbaris suspicari promptum, insolenter se gesserunt.

9. « Ita urbem Artycomidem venimus, statimque pactis
« barbaricis quibusdam induciis, navem omnibus, quæ-
« cunque diripuerant, spoliis exonerarunt. Virgines quot-
« quot inter nos homines erant, Dianæ fonti primo credita,
« magno distractæ sunt ; de nobis autem adolescentibus
« feminisque ne quidem ullus Artycomidis incola quæsi-
« vit. Ita rursus triremi redditi sumus, quam paulo
« post solutam et abductam in alium portum appulimus,

« ὅπου τὸ βάρβαρον, τὴν τριήρη τοῖς πείσμασι κατα-
« πηξάμενον, περὶ τὴν ἤπειρον γέγονε, καὶ τὰς γυ-
« ναῖκας συμμεθειλκύσατο. Μετὰ γοῦν δὴ πολυτελεῖς τι-
« νὰς τροφὰς καὶ πόσεις, ἃς ἐξ Ἀρτυκώμιδος ἡ τριήρης
5 « εἶχε πολλὰς, ἀσέμνως ταῖς γυναιξὶ τὸ βάρβαρον κα-
« τεχρήσατο, καὶ τοῖς ὕπνοις ἐσπείσατο, καταδεδακ-
« χευμένον καὶ οἴνῳ καὶ ἔρωτι. Ἐν μέσοις δὲ τούτοις
« ὕπνοις καὶ ἔρωσιν, ἢ μᾶλλον ἀκολάστῳ γνώμῃ βαρ-
« βαρικῇ, τὸ τῆς Δαφνηπόλεως ταύτης ἐφίσταται στρα-
10 « τιωτικὸν, ὑπνοῦσι τοῖς βαρβάροις κατεπιτίθεται, συ-
« νέχει τούτους, σφάττει, καταληΐζεται, καὶ ἡμᾶς αὐτοῖς
« συλληΐζεται. Ἐπὶ δὴ τούτοις καὶ ἐφ' ἡμῖν ἐν μέσῃ ταύτῃ
« τῇ πόλει πομπεύει τὸ στρατιωτικὸν, καὶ τέλος ἡμᾶς
« χρησμῷ καταδουλοῦται καὶ κλήρῳ καταμερίζεται.
15 « Δουλογραφοῦμαι πάλιν ἐγὼ, καὶ δούλειος καλεῖ με
« ζυγὸς ἐς ταύτην τὴν Δαφνήπολιν.

10. « Ἀλλ' ἥκει καιρὸς ὁ παρὼν, καιρὸς Ἀπόλλωνος
« ἑορτῆς, καὶ λαμπρὰ τελετὴ τὰ τῆς ἑορτῆς καὶ πα-
« νήγυρις· καὶ κληροῦται κήρυξι τὸ κηρύκειον, καὶ
20 « δεσπότης ἐμὸς, ὃ χθές μοι τὸν τῆς ἐλευθερίας διαρ-
« ρηξάμενος στέφανον, κήρυξ ἐς Ἀρτυκωμιν στέλλεται.
« Γίνεται περὶ τὴν κληρωθεῖσαν ἕπομαι τῷ δεσπότῃ
« κατὰ δοῦλον ἐγώ. Φιλοφρονούμεθα τῷ Σωστράτῳ,
« τῷ τῆς Ῥοδόπης πατρὶ, τῷ χθὲς ἀφελομένῳ τὸν
25 « τῆς Ὑσμίνης στέφανον. Ταύτης δὲ τῆς Ῥοδόπης
« δούλην τὴν Ὑσμίνην ὁρῶ, τὸν ἀδελφὸν ὑποκρίνομαι·
« ἡ δ' ὅλην μοι τὴν ἀδελφὴν κατασχηματίζεται, καὶ φι-
« λοῦμεν, δρώσης καὶ Ῥοδόπης αὐτῆς. Εἰ δ' ἐρᾷ μου
« Ῥοδόπη καὶ τὴν ἐμὴν ἀδελφὴν ταύτην Ὑσμίνην καὶ
30 « δούλην αὐτῆς ὑπερέτιν ἔσχε πρὸς ἔρωτα, Ὑσμίνη λε-
« γέτω. Τὰ δὲ περὶ τὸν βωμὸν, καὶ μᾶλλον οἶδας ἡμῶν
« ἀκριβέστερον, τὰ τῶν μητέρων δάκρυα, τὴν τῶν
« πατέρων γλῶσσαν ἐλεεινολογουμένην τὰ καθ' ἡμᾶς,
« τὸν χρησμὸν, τὴν τῶν παίδων ἀνεύρεσιν, τὸν τῆς
35 « ἐλευθερίας στέφανον, τὴν ἀνασπασθεῖσαν, τὴν ἀποστε-
« φάνωσιν, τὴν σὴν μακαρίαν ἐκείνην φωνὴν καὶ βοὴν,
« τὸν τῆς ἐλευθερίας ἡμέτερον στέφανον, καὶ τἆλλ'
« ὁπόσα περὶ τὸν μέγαν τοῦτον τῆς ἐλευθερίας βωμόν. »

11. Ταῦτ' εἰπόντι, « Χαίροις, » ὁ ἱερεύς μοί φησι,
40 καὶ πρὸς τὴν Ὑσμίνην μετάγει τοὺς ὀφθαλμοὺς,
« Παρθένε, λέγων, Ὑσμίνη, τὰ μὲν δὴ περὶ τουτονὶ
« τὸν νυμφίον τὸν σὸν ἔχω μαθὼν ἀπὸ στόματος αὐ-
« τοῦ· σὺ δέ μοι τὴν μηνοειδῆ ἀνακύκλωσον, ἵν' ὁλό-
« φωτον εἴη μοι τὸ διήγημα. » Ἡ δὲ πρὸς αὐτόν·
45 « Φεῖσαι γλώσσης ἐμῆς, πρὸς Ἀπόλλωνος Σωτῆρος·
« γλώσσῃ γὰρ παρθενικῇ αἰδώς τοι προκαθῆται, μηδὲ
« γὰρ οὕτω πάντολμος εἴην, ὡς τὸν πατέρα μὴ φρίτ-
« τειν, καὶ τὴν μητέρα περιφρονεῖν· σιγὴ γὰρ παρ-
« θένοις κόσμος, καὶ γλώσσης φειδώ. »

50 12. Ταῦτα μὲν οὖν ἡ κόρη μετ' αἰδοῦς πρὸς αὐτόν·
ὁ δὲ τὰ πάντα καλὸς ἱερεύς, « Παρθένε τέκνον, φησὶν,
« Ἀπόλλων σοι μὲν ἐλευθερίαν χαρίζεται, καὶ τὸν
« καλὸν τοῦτον Ὑσμινίαν ἐπινυμφεύει σοι· σὺ δ' οὐδ'
« αὐτὸ δὴ τὸ κατὰ σὲ δρᾶμα θύσεις Ἀπόλλωνι, ἵν'

« Ibi, illa probe rudentibus firmata, in terram cum mulie-
« ribus descendentes barbari, post opiparas epulas et
« compotationes quibus ex Artycomide advectis triremis
« abundabat, feminis etiam per summam turpitudinem
« abusi, mero et venere debacchantes, somno indulserunt.
« Somnos inter et libidines barbaros aucupati hujus urbis
« Daphnipoleos milites invadunt, comprehendunt, occi-
« dunt, diripiunt, nosque simul captivos abducunt. Per me-
« diam urbem celebri triumpho et pompa illos nosque si-
« mul circumfert exercitus, et tandem, oraculo permittente,
« in servitutem sorte divisos adsciscunt. Ita secundo ser-
« vus factus sum, meque in hanc istam Daphnipolin servile
« jugum vocat.

10. « Interim tempus Apollinis festi incidit, et splen-
« dida celebritas illustrisque conventus imminebat ; ca-
« duceatores sortiuntur, et herus meus, is qui heri liberta-
« tis coronam mihi disrupit, caduceator Artycomidem
« mittitur. In urbem sorte concessam venit, et ego, ut
« servum decet, herum subsequutus sum. Ibi a Sostrato
« illo, Rhodopes patre, qui heri Hysmines coronam per
« vim abstulit, humaniter excepti sumus. Rhodopes
« autem servam Hysminen intuitus, me illius fratrem
« simulo, et illa sororem pariter fingit, et, etiam in-
« spiciente Rhodope, amamus. An vero me deperiret
« Rhodope, et sororis Hysmines, famulae suae, uteretur
« opera, ut amorem suum mihi notum faceret, Hysmine
« ipsa dicat. Caetera, quae circa aram contigerunt, tu
« melius et accuratius tenes, matrum lacrymas et paren-
« tum, quibus infelicem nostram sortem miserabantur,
« verba, oraculum, pignora sua inventa, libertatis im-
« positas avulsasque coronas, beatam orationem tuam et
« vociferationem, restitutam nobis coronatis libertatem,
« aliaque quae ad maximam illam libertatis aram contige-
« runt. »

11. Haec effatum sacerdos quum me valere jussisset,
conversis ad Hysminen oculis, « Hysmine puella, inquit,
« ego sponsi tui casus omnes ejus ab ore didici : tu modo
« dimidiae tantum lunae orbem integrum perfice, uti luci-
« dam ex omni parte totius historiae narrationem teneam. »
Ad haec Hysmine : « Parce, precor, linguae, per Apollinem
« Servatorem ; nam et virgineam vocem verecundia cohi-
« bet, neque ego tam projectae audaciae unquam fuerim,
« uti patrem non reformidem et matrem despiciam. De-
« nique virginibus tacere ac sermonum procaciam fugere
« ornatui semper fuit. »

12. Haec et talia sacerdoti pudibunda Hysmine responde-
rat, quum optimus contra sacerdos, « Filia, inquit, post
« libertatem restitutam tibi etiam pulchrum Hysminiam
« despondet Apollo ; tu vero non Apollini vovebis histo-
« riam tuam ut hanc narrationem perennes et con-

« εἴη τὸ διήγημα διαιωνίζον καὶ φθόνον τὸ τερατούρ-
« γημα, ὃ μέγας οὗτος Ἀπόλλων οὕτω καινῶς ἐφ'
« ὑμῖν φοιβάζων τερατουργεῖ; » Ἡ δ' ἐσίγα, καὶ μόνον
ἐδάκρυεν· ὁ δέ γε Σωσθένης ἀτενῶς ἰδὼν πρὸς αὐτὴν,
καὶ δεινὸν τοῖς ὄμμασιν ἐμβαλὼν, καὶ βλοσυρῶς αὐτὴν
ὑποβλέπων, « Οὐ γλώσσης σιγῇ, φησὶν, τῆς σωφροσύ-
« νης ὅρος ἐστὶν, ἀλλ' ἔργων κοσμιότης καὶ ἤθους εὐ-
« πρέπεια. Σοὶ δ' αἰδὼς μὲν οὐκ ἦν πραττούσῃ κακῶς·
« εἰπεῖν δ' αἰσχύνῃ. Ἐμοὶ δ' εὐκταιότατον, Ἄπολλον,
10 « αἰδεῖσθαι ταύτην πράττειν, μᾶλλον ἢ λαλεῖν. » Πρὸς
ἃ δὴ, νὴ τοὺς θεοὺς, ἠρυθρίων αὐτὸς, καὶ ὀλίγου δεῖν
ἐπεφραττόμην τὰ ὦτα, καὶ ἄλλος ἤμην Πρωτεὺς μυ-
ρίοις τοῖς χρώμασιν ἀλλαττόμενος, πάνυ γε δυσχεραίνων
τοῖς σκώμμασι τοῦ πατρός. Πρὸς ὃν ὁ ἱερεύς· « Πέ-
15 « παυσο, Σώσθενες, μὴ καὶ ἀναστῆναι πείσῃς τὴν
« κόρην· αἰδὼς γὰρ ταῖς ἐλέγχοις ἐστὶ, πρᾶξις δ' οὐχ
« ἔτεκεν αὐτήν. » Καὶ πρὸς τὴν παρθένον φησί· « Μὴ
« φείσῃ μοι λέγουσα. »
13. Ἡ δὲ περιῤῥεομένη πυκνοῖς ἱδρῶσι καὶ δάκρυσι,
20 καὶ τῇ γλώσσῃ διαμαρτάνουσα, καὶ τὴν φωνὴν παρα-
κοπτομένη τῷ ἄσθματι, καὶ ὅλους τοὺς ὀφθαλμοὺς ἀτε-
νῶς τῇ γῇ προσερείδουσα, « Τὰ μὲν δὴ μέχρι νηὸς καὶ
« θαλάσσης καὶ κλύδωνος εἴρηται, φησὶ, τῷδε τἀνδρί·
« ἐπεὶ δ' ἐξεσφενδονήθην εἰς θάλασσαν, δελφῖν ἐπὶ
25 « νῶτόν με δέχεται, τοῖς κύμασι κυβιστῶν, καὶ ὅλος
« κούφως νηχόμενος. Ἐγὼ δ' ἐπενηχόμην μὲν γυμνὴ
« τῷ θηρί, καὶ τοῖς κύμασιν ἐκυκώμην, καὶ πρὸς τὴν
« θάλασσαν ἰλιγγίων, καὶ πρὸς τὸν τοῦ θηρὸς φόβον
« τὴν ψυχὴν ἐσπαραττόμην αὐτήν· εἶχον ὡς σωτῆρα
30 « τὸν θῆρα, καὶ τὸν ὑπηρέτην ἐλογιζόμην ἐχθρόν·
« ἔφριττον τὸν σωτῆρα, τὸν ἐχθρὸν ἐφίλουν, καὶ ὡς
« μὲν σωτῆρι συνεπλεκόμην αὐτῷ· ἐπεὶ δὲ θὴρ ὁ σω-
« τὴρ, ἐζήτουν φυγεῖν, ἀλλ' οὐκ ἐθάῤῥουν τοῖς κύμασι,
« καὶ ἤμην καταχλυδωνιζομένη καὶ λογισμοῖς καὶ
35 « κύμασι καὶ θηρί.
14. « Ἐπεὶ δ' ἤδη τὴν ψυχὴν ἀπεψύσων τοῖς κύ-
« μασι, καὶ δὴ μειράκιον ἐφίσταταί μοι γυμνὸν, ἐπὶ
« δελφῖνος ἐστὸς, καὶ χεῖρά μοι προτείνει, καὶ λαβὸν,
« ἐπὶ τὴν χέρσον ἐξάγει με, καὶ πτερυξάμενον τοῖν
40 « ποδοῖν (ἦν γὰρ πτερωτὸ τὼ πόδε) μοῦ ἀπέπτη τῶν
« ὀφθαλμῶν. Ἐγὼ δὲ ἀλλ', « Ὦ μῆτερ, » παρακαλου-
« μένη τοῖς κύμασιν, « Ὦ μῆτερ, μῆτερ, » σὺν δάκρυ-
« σιν ἔλεγον· Μετὰ γοῦν δή τινας ἡμέρας, ὧν ἀκριβῶς
« οὐκ οἶδα τὸν ἀριθμόν, ναῦν τινὰ παραθέουσαν ὁρῶ,
45 « πρὸς ἣν ἐκτείνω τὼ χεῖρε, τῷ σχήματι δυσωπῶ, καὶ
« παρακαλῶ τῇ φωνῇ. Ταύτῃ ἀνάγουσιν οἱ πλωτῆρες
« περὶ τὴν γῆν, καί με τῆς χέρσου λαμβάνουσι, καὶ
« ἐμβιβάσαντες τῇ νηί· καὶ πάσχουσι τὴν ψυχὴν, διεῤ-
« ῥωγός τι ῥάκος ὑπενδιδύσκουσι, καὶ τροφήν μοι
50 « ξυμπαθῶς παρατίθενται, ὅλον κοινούμενοι τὸ δυ-
« στυχές.
15. « Τὴν νύκτα γοῦν ὅλην οὐρίῳ πλέοντες πνεύ-
« ματι, ἔτι μικρὸν ὑποφαινομένης τῆς γῆς, οὐ σφόδρα
« βιαίως ἠγόμεθα· ἡλίου δ' ἀνίσχοντος τὸ κῦμα ηὔξά-

« summentur miracula illa quæ tam inusitata et insolita
« circa vos edito oraculo magnus ille Apollo effecit? »
Tacebat illacrymans illa, quum Sosthenes, defixis in eam
oculis, torvaque tuens et limis suspicatus, « Nequaquam,
« inquit, linguæ silentium castitatis argumentum est,
« sed modesta opera, optimique mores. Te tuorum ope-
« rum, quum male faceres, non pudnit; nunc illorum
« recitationis pudet? At mihi, Apollo, optandum illud
« fuisset, uti quæ referre illa timet, facere timuisset. »
Erubui ad ista, per deos, et occlusis parum abfuit auribus,
varios, tanquam aliquis Proteus, subinde colores mu-
tando, moleste prorsus patris jocos ferens, illis successe-
bam. Ad hunc sacerdos, « Desine, inquit, Sosthenes,
« ne virginem inde discedere cogas; nam et reprehensio-
« nem sequitur pudor, quem tamen res ipsa non meretur. »
Statimque ad puellam conversus, « Ne ideo a narrando ces-
« ses, » inquit.

13. Illa multo sudore fletuque diffluens, titubante lingua
et interrupto ob lacrymas flatu, morantibus tellure oculis
sic incepit : « Omnia, quæ ad noctem usque et tempesta-
« tem acciderunt, vobis hoc a viro narrata sunt; cæterum
« postquam in mare præcipitem me dederunt, leviter adna-
« tans delphin dorso me suscepit agiles per undas saltus
« subinde vibrans et lævissime natans. Ego nuda natanti
« belluæ insidebam et aquarum spectaculo turbata, ocu-
« lorumque vertigine ad maris adspectum correpta, præ
« nimio piscis timore varias in cogitationes scindebar;
« adeoque piscem, quem salutis auctorem habebam,
« quamvis inservientem mihi, tamen inimico contra me
« animo reputabam ; quem liberatorem metuebam, illum
« inimicum amabam, et quasi servatorem amplectebar; sed
« quum bellua esset delphin qui me servaverat, fugiendi
« viam quærebam; irato autem me committere mari non
« audebam, et reciproco curarum undarumque fluctuans
« æstu, præter varias de delphino cogitationes, his
« omnibus agitata hærebam.

14. « Jamque mediis aquis spiritum exhalaturæ puer
« delphino nudus insidens adstitit, qui protensa manu me
« captam, moxque in terram deductam relinquens, sta-
« tim alarum (alas enim in pedibus habebat) remigio
« usus, ab oculis subitus evolavit. At ego juxta fluctus
« sedens, « Mater, o mater », ingeminabam lacrymans.
« Post aliquot dies, quorum ego numerum non teneo, na-
« vem occurrentem intuita, manibus ad illam expansis,
« supplici etiam gestu et voce vocavi. Navigantes, illa ce-
« leriter in terram appulsa, exceptam me statim et navi
« impositam commiseratione, ut videbatur, ducti, la-
« ceris quibusdam pannis induerunt, appositis etiam cum
« condolescentia cibis, miseriæ meæ participes facti.

15. « Tota nocte propitio vento navigavimus, jamque ad
« terram quæ paululum apparebat leviter ferebamur, quum,
« oriente sole, subito crescunt undæ, venti ingruunt,

EUMATHII LIB. XI.

« νέτο, καὶ ὁ ἄνεμος ἐπεδίδου, καὶ κατερράγη τὸ
« κέρας· καὶ ὁ κυβερνήτης ἐζήτει τὴν γῆν, ἐκφεύγων
« τὸν κλύδωνα· ἀλλ' ἔλαθεν εἰς πῦρ ἐμπεσὼν, ἐκφυγὼν
« τὸν καπνόν· ἅμα γὰρ τῇ γῇ προσορμίζει τὴν ναῦν,
5 « καὶ θηρσὶν ἀνθρώποις ἡμᾶς παραδίδωσιν· ἦν γὰρ
« παρὰ τῷ λιμένι τριήρης, καὶ περὶ τῇ ψάμμῳ πλῆ-
« θος ἀνδρῶν, τοὺς ὀφθαλμοὺς ἀγρίων, μεμελανωμέ-
« νων τὰς ὄψεις, παλαμναιοτάτων τὰς χεῖρας, θηρίων
« ὅλων μᾶλλον ἢ ἀνδρῶν, οἳ συνέχουσι πάντας ἡμᾶς,
10 « καὶ σφάττουσι τοὺς ἄνδρας ἀνηλεῶς, καὶ χαίρουσι
« τῷ θηράματι. Ἐμὲ δ' οὐκ οἶδ' ὅπως περὶ τὸν τοῦ σκά-
« φους πυθμένα κατάγουσι, ποδοκάκην ἐνθέντες μοι
« τοῖς ποσί. Καὶ μεθ' ἡμέραν ἐκείνην ἐστείλαντο τὴν
« ὀθόνην, παραδόντες τὸ σκάφος τῷ πνέοντι· καὶ δι'
15 « ὅλης ἐκείνης νυκτὸς ἐφερόμεθα προσηνῶς· εὐθέῳ τῷ
« πνεύματι, ἐπεὶ δ' ὁ λαμπρὸς ἐξέλαμψεν ἥλιος, κα-
« θορῶμεν τὴν γῆν, καὶ πόλις παρὰ τῇ γῇ.
16. « Ἀποβάντες γοῦν τῆς τριήρους οἱ πειρᾶται, καὶ
« τοῖς πολίταις σπεισάμενοι, ἐξάγουσι τὸν φόρτον
20 « τοῦ σκάφους, κἀμὲ συνεξάγουσι, καὶ περί τινα λαι-
« τάγουσί με πηγήν, καὶ δάφνῃ με στεφανώσαντες,
« ἐπιρρίπτουσι τοῖς ὕδασι, καὶ μεθ' ὥραν πάλιν ἐξά-
« γουσι, καὶ δουλογραφοῦσί με τῇ Ῥοδόπῃ, μεθ' ἧς
« τὸν μέγαν τοῦτον βωμὸν τῆς ἐλευθερίας κατέλαβον,
25 « δέσποιναν ἔχουσα ταύτην ἐκ θαλάσσης, καὶ τύχης,
« καὶ δουλογραφείου βαρβαρικοῦ. »
17. Ταῦτα καὶ τῆς ἐμῆς Ὑσμίνης εἰπούσης, τέλος
τὸ δεῖπνον ἐδέχετο, καὶ τοῖς ὕπνοις ὡς ἐκ πολυτελοῦς
τραπέζης εὐθὺς ἐσπεισάμεθα. Ἐπεὶ δὲ νὺξ οὐδαμοῦ,
30 ἥλιος γὰρ ὑπὲρ γῆν, καὶ ἡμεῖς τοῖς ὕπνοις ἀπεσπεισά-
μεθα, καὶ στρωμνῆς ἀνέστημεν ἕκαστος. Ἐπεὶ δὲ πέ-
ρας λάβοι καὶ τὰ τῆς ἑορτῆς, ἀπαίρομεν ἐκ Δαφνηπό-
λεως ἐς Ἀρτύκωμιν, ὡς χρυσὸν ἐν πυρί, τὴν Ὑσμίνην
ἐν πηγῇ καὶ τόξοις ἀργυρογνωμονήσοντες. Περὶ τὴν
35 πηγὴν γινόμεθα τῆς Ἀρτέμιδος, καὶ πᾶσα πόλις
καὶ κώμη σὺν ἡμῖν συντρέχει, καὶ τὸ τῆς Ἀρτυκώ-
μιδος γίνεται πρὸς τῇ πηγῇ, πρὸς τοῖς τόξοις. Τὴν
Ὑσμίνην ὁρᾷ ἐστεφανωμένην, τὴν Ἄρτεμιν καταδυσω-
πεῖ, ἐλεεῖ τὴν κόρην, περὶ τὴν παρθένον δυψυχεῖ,
40 ἀπιστεῖ τῇ σεμνότητι, καὶ φρίσσει τὸν ἔλεγχον. Ἐγὼ
δ' εἰστρέχειν ὁρῶν περὶ τὸ τόξον, καὶ τὴν πηγὴν, καὶ
τὸν στέφανον, ὅλους ἔχων τοὺς ὀφθαλμοὺς πρὸς τὴν
κόρην, καὶ βλέπων ἐδάκρυον, καὶ πρὸς τὴν ψυχὴν
κατεπολιορκούμην τοῖς λογισμοῖς. Ὑσμίνη μοι στεφα-
45 νοῦται· τὸ παρεστὸς ἀλαλάζει· ἐμβάλλεται τῇ πηγῇ.
Τὸ πλῆθος σιγᾷ, καὶ θροῦς οὐδαμοῦ· τὸ τόξον ἠρεμεῖ,
τὸ ὕδωρ ἀτρεμεῖ· καὶ ἡ παρθένος οὐδὲν τοῖς ὕδασιν
ἐπινήχεται. Χαίρει τὸ πλῆθος, ἐξ ἡδονῆς ὀρχεῖται, χά-
ριεν κροτεῖ, καὶ ἀλαλάζει Σωτήριον, καὶ, « Παρθένος
50 ἡ κόρη, » κηρύσσει Στεντόρειον. Ἐγὼ δ' ὅλην ὑφ'
ἡδονῆς ἐκκέχυμαι τὴν ψυχήν.
18. "Ἐκβάλλεται τῆς πηγῆς ἡ παρθένος (οὐ δυψυχήσει
γὰρ ἔτι περὶ τὴν κλῆσιν οὐδείς·) ἡ μήτηρ αὐτὴν περι-
πτύσσεται, τῷ πατρὶ μεθ' ἡδονῆς εὐλογεῖται, καὶ περὶ

« et, disrupta antenna, gubernator qua poterat arte tem-
« pestatem effugere et ad terram appellere conatur; sed
« miserum latuit quod a fumo fugiens in flammam inci-
« derat; namque vix appulsa triremis ferinis hominibus
« nos tradit; etenim altera in portu triremis hominum-
« que in littore multitudo visa est, qui truculentis oculis
« et nigerrima facie, crudelibus belluarum potius quam
« virorum manibus, postquam nos omnes captivos deti-
« nuissent, homines singulos per summum scelus truci-
« dant et capta præda gaudent. Solam me, sed nescio
« quomodo, in navis fundo, insertis in lignum pedibus, de-
« ducunt. Postridie vela pandunt, navem ventis permit-
« tunt et tota nocte leviter dulci zephyrorum anima feri-
« mur; verum ubi solis jubar illuxit, proxima terra
« conspecta est et in terra civitas.
16. « Ibi descensu facto, post inducias cum incolis pac-
« tas, piratæ me quoque cum cæteris mercibus exonera-
« tam ductamque ad fontem et lauro coronatam aquis
« permiserunt, ac post circiter horam inde extractam
« Rhodope venditam manciparunt, a qua demum magnam
« libertatis aram accessi, experta prius dominam Rhodopen,
« maris sortisque et barbaricæ venditionis injuria. »
17. Vix ea Hysmine effata erat, quum soluto convivio,
uti post opiparas epulas mos est, somno concessimus.
Jamque, lapsa nocte, quum sol super terram lucere cœpit,
somno excusso, stratis omnes exsiliimus. Finita autem ce-
lebritate, Daphnipoli solventes Artycomidem venimus,
fonte Dianæ arcuque Hysmines castitatem, ut igne au-
rum, probaturi. Jamque nos fonti proximi stamus et civitas
simul universa, cum circumjacentibus pagis, concurrit, et
quæ Artycomidis sunt ad fontem et arcum iterantur. Coro-
natam Hysminen inspiciunt, deam precabundi et puellæ mi-
serti dubio de rei eventu animo pendent, ac de integra
diffidentes ne experimento redarguatur pavent. Ego vero,
defixis in arcum fontemque et coronam oculis, ubertim la-
crymans diversis sublude cogitationibus oppugnabar. Hys-
mine interim coronata, acclamante multitudine, fonti per-
mittitur. Tunc altum populi silentium nullumque murmur
fuit; quievit tacitus arcus, leniterque silentibus undis
virgo innatavit. Exsultat plebes, præ gaudio lætas agitat
choreas, lepide plaudit et salvæ virgini acclamat, mox
Stentorea voce integram et castissimam esse virginem de-
clarat. Ego autem toto præ voluptate in lætitiam effuso
animo hærebam.
18. Emergit fonte virgo (neque enim quisquam de ap-
pellatione illa dubitabit); illius mater in amplexus ruens,
laudato, qui talem filiam genuisset, patre, ad Dianæ venit;

τὴν Ἄρτεμιν ἐπιγίνεται· ἐπιστεφανοῦται τὸ ἐπινίκιον, « Ἡ παρθένος, παρθένος. » Περὶ τὴν κόρην οὐκ ἔστιν ὁ διψυχῶν. Καὶ οὕτως ἐξ Ἀρτυκωμίδος γινόμεθα περὶ τὴν Αὐλίκωμιν, καὶ θύομεν τοὺς γάμους πολυτελῶς, ἐν 5 μέσῳ τῷ τοῦ Σωσθένους κήπῳ, ἐν ἐκείνῃ πολυτελεῖ τραπέζῃ καὶ φρέατι, οἷς πρῶτον ἐρωτικὴν παστάδα κατεπηξάμεθα.

19. Ὀρθὴ γοῦν πᾶσα πόλις Αὐλίκωμις, ὑμνοῦσα, κροτοῦσα, χαίρουσα, ὀρχουμένη πρὸ τῆς παστάδος, 10 πρὸ τοῦ νυμφῶνος, πρὸ τῶν νυμφίων ἡμῶν, ᾠδὴν ὑμέναιον ᾄδουσα, ἐπιθαλάμιον ἀλαλάζουσα, καὶ λαμπρὸν ἀγαλλομένη γαμήλιον. Τίς οὖν οὕτω καὶ τὴν μοῦσαν ἡδὺς, καὶ τὴν φωνὴν μεγαλόφωνος, καὶ τὴν γλῶτταν ἀττικευομένην ἔχων ὡς τὰ πολλὰ, καὶ κομ-15 ψευομένη ὑπόσεμνα, ὡς καταζωγραφεῖν τῷ λόγῳ τοὺς γάμους, καὶ ὅλους αὐτοὺς διαγράφεσθαι; Θεῶν ἦν ὄντως ἐκείνη παστὰς, Ἥρας γάμος, Ἀφροδίτης νυμφών. Ἐγὼ δ' ἔχαιρον οὕτω λαμπρῶς καὶ λίαν φιλοτίμως νυμφοστολούμενος, καὶ μᾶλλον ὅτι καὶ τὴν Ὑσμίνην Ἔρως 20 συνενυμφοστόλησέ μοι πολυτελῶς, βασιλικῶς συνεκάθισε, καὶ μεγαλοπρεπῶς μοι ξυνεστεφάνωσεν. Ἀλλ' ηὐχόμην πέρας τὰ τῆς τραπέζης εὑρεῖν, καὶ, νὴ τὸν Ἔρωτα, τὴν ἡμέραν ἐμίσησα, τὴν νύκτα ζητῶν, καὶ τὸ τῆς κωμῳδίας μικρὸν ὑπαλλάξας, ὑπεψιθύρισα·

25 Ὦ Ζεῦ βασιλεῦ, τὸ χρῆμα τῆς ἡμέρας ὅσον.

20. Οὕτω μὲν οὖν σοι τὰ τῶν γάμων καὶ ὑπὲρ τὴν Ὁμήρου μεγαλοφωνίαν, ὑπὲρ πᾶσαν μοῦσαν, ὑπὲρ πᾶσαν γλῶσσαν κατεστομωμένων ῥητορικῶς. Ἀλλ', ὦ Ζεῦ, οὗ κῆρυξ ἧκον ἐς ταυτηνὶ τὴν Αὐλίκωμιν, ὦ τύ-30 ραννε Ἔρως, οὗ δοῦλος ἐξ Αὐλικωμίδος ταύτης ἐς τὴν ἐμὴν ἐπανῆκον Εὐρύκωμιν, ὦ Πόσειδον ὁ ταυτηνὶ τὴν Ὑσμίνην λύτρον λαβὼν, ὦ μέγ' Ἀπόλλον ἐλευθερίαν ἡμῖν χαρισάμενος, ὦ τόξον Ἀρτέμιδος, καὶ πηγὴ τὴν παρθένον ἐλέγχουσα, μὴ βυθὸς ἀμνηστίας κατεπικλύσῃ 35 ταῦτα τὰ καθ' ἡμᾶς, μὴ ῥυτὶς, μὴ χρόνος μακρὸς, μὴ λήθης κρατὴρ ἐν Ἅδου κιρνώμενος.

21. Ἀλλ', ὦ Ζεῦ, εἰ τὸ τῶν Διοσκούρων θαυμάζων φιλάδελφον, ἐν οὐρανῷ τὴν μνήμην φυλάττεις ἀθάνατον, ἐξ ἐκείνους ἡμῖν τὸ φιλάδελφον ὅλον κοινωσαμέ-40 νοις τὸ ζώσιμον. Εἰ τὸν πολὺν Ἡρακλῆν τῶν πολλῶν ἐλέησας ἐκείνων δρόμων καὶ περιδρόμων, ἐν οὐρανῷ τὴν μνήμην ἀπαθανατίζεις αὐτῷ, ἡμεῖς οὐκ αἰχμάλωτοι καὶ δοῦλοι καὶ πλανῆται, καὶ ἐπὶ πᾶσι τὴν παρθενίαν ἀπαρεγχείρητοι; Ἀλλ' εἰ κατέψευσμαι τὸ κηρύ-45 κειον καὶ Ἔρωτα παῖδα Διὸς ἀντηλλαξάμην πατρὸς, καὶ Ζεὺς οὐ καταστερίσαι τὸ καθ' ἡμᾶς, καὶ τὴν ἐν οὐρανῷ μνήμην οὐκ ἐπινεύσει χαρίσασθαι, σὺ δ' ἀλλ', ὦ Πόσειδον, εἰ τὸν Ἴκαρον ἐλεεῖς, καὶ σώζεις τούτῳ τῇ θαλάσσῃ τὴν μνήμην ἀθάνατον, τῷ πελάγει τὴν κλῆσιν 50 ἐξ αὐτοῦ χαριζόμενος, ἡμῖν οὐ περισώσεις τὴν μνήμην ἐξ ἡμετέρων ἐκείνων τεράτων κλῆσιν τῇ θαλάσσῃ δωρούμενος, καὶ τὰ καθ' ἡμᾶς ἐν ὕδατι καταζωγραφῶν,

et ibi coronatur, consonante victoriali cantu : « Virgo, vere virgo. » Nullus est qui de puella dubitet. Ita Artycomide discedentes Aulicomidem venimus, et ibi celebratas magnifice nuptias perfecimus medio in Sosthenis horto, circa sumptuosam illam mensam, fontemque, ubi primum nuptias invicem amantes contraximus.

19. Arrecta igitur tota civitas festis cantibus plausuque et lætitia personabat, geniali coram thalamo et cubiculo et sponsis nobis tripudians, acclamans nobis audientibus crepitu musico hymenæum, splendidas denique nuptias lætissima instruens. Quis tam musarum dono suavis, quis tam magnificæ reperietur eloquentiæ, quis adeo leporis attici disertus, summoque verborum ornatu præditus, qui illas nuptias verbis describere et ad vivum effingere possit? Prorsus deorum genialis lectus, aut Junonis nuptiæ, Venerisque thalamus videbatur. Mihi tam splendide, tam honorifice Hysminen ducenti suboriebatur gaudium, præcipue quod Hysminen Amor ad me sumptuose deductam, et mecum regaliter sedere jussam, simul magnifice coronatam tradiderit. Sed et convivio finem imponi desiderabam, lucemque, Amorem testor, exosus, et noctem cupidissimis exspectans votis, illud, quod in comœdia jactatur, leviter immutatum submurmurabam :

O Jupiter, quam hæc longa perdurat dies !

20. Ita igitur supra grande Homeri eloquium, supra musas omnes omnemque eloquentiæ ingeniique aciem nuptiæ nostræ celebratæ sunt. Verum, o Jupiter, cujus caduceator Aulicomidem veni, o domine Amor, cujus servus ex Aulicomide in patriam reversus sum, tu Neptune, qui pro liberatione navigii Hysminen excepisti, tuque maxime Apollo, qui libertatem nobis restituisti, vosque Dianæ fons et arcus, qui virginem illibatam ostendistis, ne profundo submersa oblivionis pelago singula, quæ nobis acciderunt, rugosa vetustas ævique longioris caries deleat, sed ne ipsa lethæa quæ mortui potant oblivia.

21. At tu, Jupiter, si in Castoribus fraternum amorem miratus, æternam in cœlis illorum memoriam servas, supra illorum memoriam nostram qui communione vitæ jungimur amorem perenna. Si innumeros Herculis misertus cursus recursusque, illius in cœlis recordationem æternas, nonne nos quoque captivi servique et exsules, non immino inter hæc omnia castitate fuimus? Quod si sacrum ministerium mentitus Jovem patrem contra filium Amorem permutaverim, ideoque res nostras in astra referri mnemosynonque in cœlo tribuere Jupiter abnuit, tu Neptune, si misertus Icari, denominato de illius nomine freto æternitati eum commendasti, nonne tu memoriam nostram, de prodigiis nostris nomen largitus mari et in pelago ea quasi describens, ad ultimos usque sæculorum

καὶ μέχρις ἐσχάτων τηρῶν ἀναπόνιπτα; Καὶ ναὶ πάντως. Ἀλλ' αἰδῇ τὴν ἧτταν, καὶ δέδοικας, μὴ τὰ καθ' ἡμᾶς καταζωγραφῶν, στηλογραφήσῃς τὰ κατὰ σοῦ.

22. Σὺ δ', ὦ Γῆ μῆτερ, εἰ τὴν Δάφνην φεύγουσαν 5 ἐλεεῖς, καὶ κρύπτεις, καὶ σώζεις, καὶ φυτὸν ὁμώνυμον αὐτομάτως γεννᾷς εἰς μνήμης συντήρησιν, εἰ τὸν Ὑάκινθον ἐξ ὁμωνύμου φυτοῦ φυλάττεις ἀθάνατον, ἡμῖν οὐ συντηρήσεις τὴν μνήμην; φυτὰ δ' οὐκ ἀναδώσεις ὁμώνυμα, στήλας ἀθανάτους τῶν καθ' Ὑσμίνην ταύτην 10 καὶ τὸν Ὑσμινίαν ἐμέ, ὅλον δρᾶμα τὸ καθ' ἡμᾶς τοῖς φυτοῖς καταζωγραφοῦσα καὶ καταστηλιτεύουσα, καὶ τοῖς μεθ' ἡμᾶς φυλάττουσα τὴν μνήμην ἀθάνατον; Ἀλλ' ἐνοσίγαιος ὁ Ποσειδῶν, ἀλλ' ἐνοσίχθων, καὶ καταδρυχήσεταί σε, μῆτερ, λεόντειον, καὶ κατακυκήσει σε τὴν 15 μητέρα στηλογραφοῦσαν τὰ καθ' ἡμᾶς, καὶ τὴν ἐξ Ἔρωτος καταφαυλίζουσαν ἧτταν αὐτοῦ. Φιλομήτωρ δ' ἐγὼ, καὶ τιμῶ τὴν μητέρα, καὶ κήδομαι τῆς μητρός. Τοίνυν εἰ Ζεὺς οὐ κατατερίσει τὰ καθ' ἡμᾶς, εἰ Ποσειδῶν οὐ καταστηλογραφήσει τοῖς ὕδασιν, εἰ Γῆ μὴ καταφυ- 20 τουργήσει τοῖς φυτοῖς καὶ τοῖς ἄνθεσιν, ἀλλ', ὡς ἐν ἀμαράντοις ξύλοις καὶ λίθοις ἀδάμασιν, Ἑρμοῦ γραφίδι καὶ μέλανι καὶ γλώσσῃ πῦρ πνεούσῃ ῥητορικὸν τὰ καθ' ἡμᾶς στηλογραφηθήσεται. Καί τις τῶν ὀψιγόνων κατορθοτορεύσει ταῦτα, καὶ ὡς ἀθανάτῳ στήλῃ 25 τοῖς λόγοις ἀνδριάντα χαλκουργήσει κατάχρυσον.

23. Ὅσον μὲν οὖν ἐν ἀνθρώποις ἐρωτικώτερον, τῶν πολλῶν ἐρωτικῶν χαρίτων ἡμᾶς ἀποδέξεται· καὶ ὅσον παρθενικὸν καὶ σεμνότερον, τῆς σωφροσύνης ἀγάσεται. Ὅσον δὲ ἐκ τύχης αἰχμάλωτον καὶ δοῦλόν ἐστι, καὶ οὕτω 30 τῆς ἐλευθερίας ἡμᾶς ἀποδέξεται καὶ θάρσος λάβῃ κατὰ ψυχήν· ὅσον δὲ συμπαθέστερον, ἐλεήσει τῶν δυστυχημάτων ἡμᾶς· καὶ οὕτως ἡμῖν ἔσται τὰ τῆς μνήμης ἀθάνατα· ἡμεῖς δὲ καταχαριτώσομεν τὴν γραφήν, καὶ ὅλην τὴν βίβλον κατακοσμήσομεν, καὶ χάρισιν ἐρωτι- 35 καῖς καὶ τοῖς ἄλλοις ὅσα βίβλους κοσμοῦσι καὶ τοὺς λόγους καταχαλλύνουσι· κλῆσις δ' ἔστω τῇ βίβλῳ, τὸ καθ' Ὑσμίνην δρᾶμα καὶ τὸν Ὑσμινίαν ἐμέ.

fines indelebilem servabis? Hoc profecto tuum est. Sed victum te puderet, metuisque ne, nostra exprimendo, tua quoque notiora facias.

22. Tu igitur omnium parens Tellus, si fugientis Daphnes miserta, occultasti illam et salvasti, et sponte tua cognominem plantam produxisti quae memoriam beneficii tui conservaret; si Hyacinthum immortalem cognomine planta reddidisti, an et nostri memoriam non conservabis nec de nomine nostro dictae plantae gignentur, aeterna Hysmines et Hysminiae rerum monumenta, in qui bus casus nostros effingens et inscribens perennitati commendabis? Verum Enosigaeus Neptunus, verum terram quatiens, et in te leonino rugitu fremens, irruet, et te parentem omnium, historiam nostram conservantem, praeterea illum ob Amoris victoriam aspernatam obruet. Et tamen ego communis matris amantissimus cultor et observantissimus sum. Ideo si neque Jupiter res nostras in astra referet, neque Neptunus mari inscribet, neque ipsa plantis Tellus et floribus aeternas efficiet, saltem Mercurii stylo, atramentoque et igneae eloquentiae flammam spirante lingua descriptae, tanquam perituris numquam tabulis et adamantinis saxis fixa manebunt. Certe posteriorum aliquis disertissime singula explicando, tanquam immortali columnae, ita verbis suis auream statuam superstruet.

23. Quantum igitur est inter homines amantiorum nos ob tot et tanta Amoris beneficia obvio plausu excipiet; similiter quantum pudicorum erit et castorum temperantiae ergo mirabundi laudabunt. Sed et sortis injuria captivorum et servorum quantum erit, hi pariter omnes nos ob restitutam libertatem laeti excipient et animum redintegrabunt; denique quibus ad misericordiam promptior est animus, prorsus ob infortunia miserebuntur: atque ita immortalitati memoria nostra sacrabitur, nos autem scripturam librumque venustiorem faciemus Amorum gratiis, caeterisque quibus libros exornant sermone sque decorant; libello autem nomen sit Amorum Hysmines Hysminiaeque historia.

EROTICAM

DE

APOLLONIO TYRIO

FABULAM

EX CODICE PARISINO EMENDATIUS

EDIDIT

ET PRÆFATIUNCULA NOTULISQUE

INSTRUXIT

J. LAPAUME LINGONENSIS

RHETHORICEN ANTEA PROFESSUS IN CÆSAREO VERSALIARUM LYCEO
LAUREAMQUE ADEPTUS LITTERATORUM MAGISTRALEM

PRÆFATIUNCULA.

I.

In Cæsareo Parisiorum museo, latinus quidam incerti auctoris asservatur Codex qui, si ad artem respexeris voluminis exarandi et apificandi, intra quartum et decimum quidem sæculum subsistet; si autem verba attenderis et rem, ætatis sibi longe remotioris fidem faciet. Is nimirum liber, romano licet sermone perscriptus, in veteri quodam totus est opere vertendo ex alia lingua, quam, multis iisque gravissimis de causis, græcam esse nemo inficias ierit. Meram enim et vividam Græcitatem, hunc apud nostrum, quisquis est, interpretem, redolent tibi cum plurimæ voces vocumve juncturæ, tum etiam agentium seu personarum mores, loci, præsertimque dominantia nomina.

Sexcenties ergo noster, dum prudens solœcizantis latine speciem præ se gerit, reipsa græcissat inter vertendum; et linguæ Latii, tanquam de industria, negligens aut oblitus, verbum saltem verbo satagit reddere, fidæque oppido curiositati inservire destinat. Culpam ideo vitet, imo laudem mereat, si quid insolentius hic aut illic minus apte dixerit, quoad spectetur et conferatur Tulliana illa in verbis serendis genuina concinnitas.

Græcos alioqui et pene Cecropios mores huic eroticæ nostræ de Apollonio Tyrio Μυθοποιίᾳ afflictos esse evincetur, si quis Gymnasium, Ganeamque et Neptunalia cum æde Artemidis, et cætera reputabit quæ passim legentibus occurrent.

Ubique jam Asiæ aut Helladis, nunc Antiochiæ, nunc Tyri, Tarsive, Mitylenæ, aut Ephesi, non sine festiva quadam et legitima mobilitate scenæ, res agitur, ita videlicet ut quæ græce scripta morataque est fabula, ea nc aliter habitare et apud exteras gentes tanquam exulare dicatur.

Fabulæ autem hujusce amatoriæ nostræ Protagonista, haud temere ac fortuito nuncupatur Apollonius, quippe cui Apollo vates et augur egregiam impertierit sagacitatem illam, quæ proxime ad divinationem accedit, et solvendis Antiochi regis ænigmatibus

adhibetur. Medico jam ei qui, multis ante Andream Vesalium annis, sopitam modo, non extinctam, in Apollonii uxore suscitat ac refovet vitam, nomen est Ceramoni, puta mortis debellatori, cum nil aliud vox ea significet, ducta a græca Κηραμύντης, id est ὁ ἀποτρέπων συμφοράν, ὄλεθρον, θάνατον, ὁ ἀλεξίκακος. Rex adeo Mitylenæ, qui in foro ubi Tarsiam piratæ sub corona venalem exposuerant, Lenonio leponi adversatur, dum certatim et auctiori usque pretio virginem uterque vult emptam sibi, justo et suo vere nomine dictus est Antinagoras, seu qui certatim et unde doleat alteri, aliquid in foro emit, ut monent radices ἀγοράω et ἀντί cum epenthesi videlicet τοῦ Ν ἐφελκυστικοῦ. Quemadmodum autem puellarum custos ille, in lustro Mitylenensi, ironice et per antiphrasim dicitur Amiantus, tanquam corruptelæ nescius, ab α priv. atque μιαίνω, sic teterrimum istud hominum par, cui Tarsia erat a parente commissa, aptum apprime et moribus suis consonum nomen obtinet, cum vir hinc, Strongulio, græce Στρογγυλίας, ου, ἄνθρωπος κοντόχονδρος, ὁλοστρόγγυλος, illinc mulier, Dionysias, seu vinosa, vocitetur.

Alias hic attingere supersedeo dominantes etiam sive κυρίους et eadem e græca penu depromptas appellationes, quales sunt Andronius, Antiochus, Archistratus et Archistratis uxor, Hellanicus, Lycoris, Philothemia, Tarsia, Thaliarchus et Theophilus. Quas si quis pronunciaverit, hujus statim etiam aliud agentis sese menti offerent Ἀνδρώνιος, Ἀντίοχος, Ἀρχίστρατος, et Ἀρχίστρατις, Ἑλλήνικος dorice Ἑλλάνικος, Αὔκωρις, Φιλόθεμις, Ταρσία, Θαλίαρχος et Θεόφιλος.

II.

Christiano autem viro, tanquam auctori, imputandum esse Apollonii MS., fabulamve, quarto et decimo sæculo, e græco versam in latinum sermonem, satis superque testantur, præter Angelum a quo nunciatur Antiochus fato functus, nuncupatæ hic Domino, Vivo Deo illic, utrobique scilicet J. C. D. N., adjurantis Tarsiæ preces.

Hunc porro Christianum scriptorem, Κοινοβιώταν egisse patet ex illa celebratissima salutandi, Reverende, Mi Reverendissime, formula quam passim noster interjecit interpres.

Ejusdem latinitas, quam cave ne pro novicia sumas, tibi quintum

PRÆFATIUNCULA.

sapit sæculum; et quin depravati ac lascivientis eloquii nonnihil ex eversi Romanorum imperii labe contraxerit, fieri non potuit.

Quinto quidem prius sæculo, nullam omnino, in qualibet conscriptam lingua, græcæ Apollonii fabulæ versionem est inveniri. Sed exinde astrictam orationem dicas et prosam inter se certare, utra non contemnendum Heliodori Longique æmulum significantius interpretetur.

Primum igitur, habita saltem temporum ratione, locum obtinebit versio quædam politicis versibus composita. Quæ tota ἀελπίστως perierat, ut pote cujus auctor nec qui nec quo tempore aut nomine vixerit, ulli omnium palam fiat; ni V. CC., Cambius ille nostras, aliquantulum ejus reliquiarum, paucillas nempe et dijectas voces immenso suo quasi hospitio infirmæ et infimæ græcitatis excepisset.

Duodecimo jam sæculo, quo tempore politici illi versus quos, annorum septima et decima adhuc centuria, excerpsit Cambius, multis in cœnobiis asservati, nonnusquam et legerentur, latinis versibus, non dico Apollonii τὴν μυθοποιίαν, sed politicos incerti metaphrastæ στίχους, expressit sacerdos quidam, Godefridus a Viterbio.

Quarto et decimo deinde sæculo, Godefridi hexametros Anglus nomine Gower in modum redegit poematii cui titulus: *Confessio amantis*. Et ducentos post annos, adeo sunt sua fata libellis, e *Confessione* seu commentario *amantis*, tanquam signum quoddam ex indigesta rudique marmoris mole, exprimebat suam Periclem, alter ille temporum nostrorum Æschylus, cui nomen est Shakspeario. Nam si qui, auctore Schlegelio quem, dubium ea de re, Dryden impugnat imo expugnat, hanc fabulam demptam volunt ex operibus poetæ, illis profecto e mente excidit non aliunde ortam Romeum et Juliolam, quam e græca quoque μυθιστορία, ex Ephesiis videlicet fabulis Xenophontis, nisi quod, ut Romeus et Juliola Abrocomæ Anthiæque, ita Apollonii Pericles locum insedit.

Sed apud Shakspearium, Gowerum, Godefridum a Viterbio, incertumque politicorum versuum auctorem, nil aliud mihi extat aut apparet, quam multiplex quædam, plus minus variegata, quasi dicas plus minus infida, πρωτοτύπου prosæ μετάφρασις. Et quod pronum atque in aperto semper erit prosæ, prosam quasi ad calcem vel ad amussim premere aut dirigere, ideo tantum honoris tantumque

σπουδῆς ac pretii nostro accedat oportet Cæsareæ bibliothecæ Codici, quem, si mens ingeniosa monachi, ut e græco in latinum verteretur Apollonii opus, centum jam ab annis fere compositum, quinto forsitan sæculo excogitavit, monachi rursus solertior dextra quarto et decimo sane descripsit atque miniavit.

Ut ut sese habeat res, sexti ac decimi certe sub finem sæculi, anno videlicet M DLXXXXV, Augustæ Vindelicorum, e prælis in lucem exiit, edente Welsero, latina quædam pedestri sermone expressa Apollonii fabula, cui titulus: *Narratio eorum quæ contigerunt Apollonio Tyrio*.

Cui autem libuerit æstimare quanta, ob ipsum Welserum, utilitatis fiat accessio illi Codici nostro, quantamque ideo opportunitatis auctionem capturus sit, a me vere princeps editus liber, is volumen perlegat Augustæ Vindelicorum, idque nostra cum editione ex illo Codice ducta comparet.

Welserus enim, etsi ex membranis vetustissimis a se in medium afferri Apollonium profiteatur, seu male oculus hæserit in legendo, aut in capiendo mentis acumen, gratis dum immutat, assuit aut recidit, æque auctorem deturpat gratis; nec per eum stat quin in tam sui dissimili Apollonio ipsum quæramus Apollonium.

Vindelicorum tamen Augustæ, ibi dum degeret Welserus, multæ magnæque, in SS. Udalrici et Afræ cœnobio, ei suppetebant opes, quibus ad intelligenda transcribendave antiqua rei literariæ monimenta, juvaretur.

Tunc etiam temporis, inter Manuelis Eugenici libros, Constantinopolitana receperat bibliotheca græcam fabulam Apollonii qui casus ipse suos retulit. Nam, ut scriptum reliquit Welserus, « hujus « profecto Apollonii credenda est (historia) ».

Viennæ, cæterum, opus idem tunc extitisse liquet ex ipso Cæsareæ bibliothecæ catalogo, cui manet inscriptum. In universum autem æstimanti, Apollonius, id est quilibet latitare monachus maluit ψευδωνύμως sub hac falsi nominis umbra, ut pro velo erat alii Philoponus, Theodulus alii, dignus admodum videbitur, qui jam Heliodorum inter et Longum medius assideat. Si non episcopus evasit, ut prior; nec ab episcopo, ejus, ut amborum, fabula e græco est in gallicum sermonem versa, at, illæsa semper gravitate morum et sanctimonia, facete, lepide ac festive lectorem pariter

delectat atque monet. His adde quod præstantissimo omnium recentioris ævi poetarum materiam præbuit, in qua ingenii vires exerceret.

Etenim, ut apud nos Daphnidem et Chloam exceperunt Paulus ac Virginiola — de Annella autem et Lubino tacere lubet —, sic ab Apollonio et Archistratide, tanquam ab avorum legitima quadam stirpe, profecti sunt recta Heloisa, Abelardus et cum Julia amasius ejus nomine S. *preux*.

Iidem igitur qui nil adhuc Longi novimus, præter nomen et librum Longi, Apollonii jam tenebimus, sin minus verum nomen et patriam, cum utrumque sit ψευδώνυμον, at certe librum et tempus libri; exitum nempe quarti post Christum natum sæculi.

Eo faustiorem Apollonius fortunam, pene dixi Apollinem, expertus est quam Aristides, cujus fabulas græcas latinam in prosam deduxit Sisenna, quod carminibus vicissim græcis, romanis ac britannis diverse interpretantium, ortum et famam dedit.

Libellus vero Noster, ut paucis finiam, eo maxime tot ab operibus id genus distat, quod moribus ac religioni consulit, nedum vel minime noceat; graphiceque et scenice, summus ad imum, prodocet quam juste Deus unicuique nostrum provideat. Quamobrem auctori ejus Apollonio, qui suos ipse casus enarravit, liberum fuit atque ab omni temeritate solutum, Ephesiæ in templo Artemidis deponere et proprie consecrare alterum e voluminibus quæ paria omnino et vere gemina confecerat.

III.

Quidquid est in rebus humanis imum et summum, altissime seu dejiciatur aut rursus evehatur mortale corpus, cunctas demum, in utramque partem, fortunæ vices unus, vivendo, continuavit, miscuit, exhausit Apollonius ille noster, suæ ipsius fabulæ scriptor simul et actor. Nam, juvante Deo, nec officiente fors est sua ipsius solertia et mentis industria, supremos attigerat honores, absolutamque felicitatem, unde mox in humillima et ærumnosissima quæque, tanquam in procellosum et importuosum mare, deturbatus, nunquam non incontaminatus exstitit, rerum adversarum usque et vere immersabilis undis. Uxorem etenim Apollonius duxit avitis editam regibus puellam, quæ illum ex omnibus ob eximias ingenii et

animi dotes, selegerat. Paulo post cum ea solvit e portu, regnum sibi
hæredis nomine excepturus. Sed inter navigandum enixa est Archi-
stratis; statimque suspenso venarum pulsu per frigoris intempe-
riem, torpet, riget; et, quod speciem præbet emortuæ, emortuam
habent, sepeliunt; atque projiciunt in mare loculum, qui mox,
submovente fluctu, oræ Mitylenorum allabitur. Tarsiam interea,
recens editam, curandam tradit Apollonius Dionysiadi, apud quam
ineuntis quatuordecim primos ætatis annos exigat. Brevi autem, eje-
ctum in oram, ut Ceramo medicus loculum prospexit, vadit, arcam
jubet recludi, et in ea mulierem videt, supremos quæ non afflarat
dum spiritus. En sopitam in ea, tanquam igniculum suppositum
cineri, suscitat vitam; et quam extinctam putares, ea confestim
ante ἀσύλους aras, in intactæ sacrarium Artemidis se recipit. Interim
adolescebat Tarsia in domo Dionysiadis, cui erat et ipsi filia. Hæc
eo gravius in amicula ferebat ingenii formæque nitorem ac præ-
stantiam, quod malignam ipsi et laute novercam naturam esset
experta. Immotum igitur stat animo Dionysiadis necari Tarsiam.
Sed quum jam in eo erat puella, ut a Theophilo, proh! falsam nominis
fidem, interficeretur, piratæ accurrere, rapere, raptamque in foro
vicinæ urbis venalem statuere cœpti sunt. Puella nunc utrius futura
sit, contendunt inter se Lenonius quidam, ut satis nomen innuit,
leno, et hujus regionis rex Antinagoras. Lenoni Tarsia heu! dura
auctionum sorte obtigit. Sed nihil est ejus cur timeas illibato pu-
dicitiæ flori. Nam media in corruptela, incorrupta deget; atque e
sordibus existet intacta, rosæ similis dumorum quam nulla nimirum
manus carpit, et cui suæ pro vallo sunt spinæ, ut ipsa cecinit :

« Ut rosa de spinis . . . .
. . . . manibus violarier ulli. »

Subito autem in oram Mitylenæ hiems denuo projicit Apollonium,
qui, dolore confectus, jurat non barbam, non capillos sese jam
esse recisurum. Conjugem videlicet tunc habet mortuam, cum
tamen vivit Ephesi, ubi sacra fert Artemidis, casta et intemerata
sacerdos; filiam adeo tunc habet mortuam, cum tamen vivit in
eadem atque ipse civitate, Mitylenæ, ubi Veneri litare constantius
recusat. Victus tandem partim instantium amicorum precibus,
partim communi omnium gaudio, nam aderant Neptunalia, suis se
comitibus tradit deducendum et oblectandum. Exuit ergo paulisper

squalorem, tenebras, luctum; et dum huc et illuc urbis ingreditur, mox cantus audit et carmina puellæ cujus tot sunt ænigmata quot voces. Apollonius tunc conjicit, capit et: Meum, ecce meum, exclamat, sanguinem! meam, ex me natam, Tarsiam! Et ambo una tendunt Ephesum, ubi suam Apollonio uxorem, suam Tarsiæ matrem Artemis servabat et tuebatur.

Quodsi in his omnibus Dei Vivi fulgide apparet providens misericordia, ejusdem non minus justitiam declarant non modo cœlitus interempti Antiochus et filia, quorum portentosos amplexus disjunxit fulmen ac fregit; sed etiam Dionysias et Strongulio, lapidibus obruti a plebe, et Lenonius leno, qui vivus arsit et combustus est.

Legentem rursus non mediocriter juvabit, si Hellanicum, pauperculum hunc piscatorem, qui naufrago nudoque injecerat Apollonio laceræ lænæ suæ partem, viderit magnifice donatum a sceptucho nostro haud immemori, cui deinceps Antiochia, Tyrus, Cyreneque regnantur.

IV.

Respicienti autem ad diversos, pro ratione temporum ac locorum, hominum mores, proderit obiter notare, hunc apud Apollonium nostrum cum et alia, tum quæ dicta sunt de proficiscendi literis, gallice *passe-port* seu *congé;* de peculiari vestitu quem quis, Arionis in modum, induebat, tragicam comicamve personam acturus; de sublatorum in crucem servorum dirumpendis cruribus; de præbenda uxoribus a viris dote, et de multis aliis rebus id genus, quas longius est recenseri.

Sed finem facienti liceat mihi iterum asseverare hunc nostrum Lutetiæ membraneum, ob amissum scilicet et plane desperatum πρωτότυπον Apollonii librum, ob deletam imo ejusdem in versus politicos translationem, paucissimis tamen exceptis vocibus, quæ Cambii nostratis in glossarium tanquam in portum emerserant, jam vetustissimum omnium et ideo fidissimum evasisse, licet quinto Reparatæ Salutis sæculo compositus, quarto, non prius, et decimo, latinis his literis quæ sequentur, sit commendatus.

Quamobrem non nullius fore utilitatis autumo, si emendatius jam nunc ex codice Parisino editum, Præfatiunculaque et Notulis

auctum de meo, in vernaculam aliquando nostram traduxero, et
κριτικῇ commentatione præmuniero opus in quo suos ipse, quarto
exeunti sæculo, Apollonius casus pedestri Græcorum sermone enar-
ravit; si uno verbo, totius per me licuerit ut Europæ res litteraria in-
tegram sibi sinceramque vindicet aliquando fabulam quam hactenus,
mancam frustamque, et quod pejus est, multis numeris mendosam
ac nodosam, haud immerito omisit aut flocci fecit.

Præfabar Versaliis pridie nonas Augusti, anno † MDCCCLV.

J. LAPAUME.

NOTULÆ.

Tria genera sunt vocum quæ, apud nostrum Apollonii interpretem, spectandæ videntur. Primum genus est græcarum vocum quas romanis, tanquam toga, literis vestivit; secundum, latinarum quas ad insolentiam significandi detorsit; tertium vero, latinarum rursus quas negligentius aut etiam minus commode usurpavit, sive effinxerit eas, seu tantum composuerit prodigialiter.

A.

Operæ igitur pretium erit, notari sexcentas, græcitatis ergo: habet

Paginæ 611 linea 25 habet, ad dextram : *In imaginem mortis viderent*, ut moris est apud Græcos ὁράω εἰς τι, quod, velit nolit, summus apud nos scribendi idemque agendi magister sic est imitatus : « Quand je *regarde aux affaires de l'Europe...* » .— Guizot.
Pagin. 612 lin. 39, ad sinistram : Scias *quia*; græce est εἰδὼς ὅτι.
Ejusdem l. 2, ad dextr. : Ait *ad* semetipsum; græce est εἶπε πρὸς ἑαυτόν.
Ejusdem l. 13, ad sinistr. : Audi *quia*; græce est ἀκουσον ὅτι.
Pag. 614 l. 22, ad sin. : *Tribonario* circumdatum; græce est τριβωνάριον, seu τριβώνιον, ductum a τρίβω, gallice râpé (vêtement), *usé jusqu'à la corde*.
Ejusdem l. 26, ad sin. : *Cui miserearis*; græce est σπλαγχνίζεσθαι et συμπαθεῖν τινί, gallice s'attendrir en *faveur de* qq.
Ejusdem l. 4, ad dextr. : Percinctum *sabano*; græce est σάβανον aut σεβένιον, qua ægyptiaca voce significabatur hispida quædam ad usum lavantium vestis : Πεστεμάλι τοῦ λουτροῦ ἀπὸ χονδρόπανον, gallice *vêtement de bain en étoffe grossière*.
Ejusdem l. 10, ad dextr. : Liquore *palladio*; græce est παλλάδιος;. Palladis nempe seu Minervæ oleum, quo liquore perungi solebant lavantes juxta et athletæ.
Ejusdem l. 20, ad dextr. : *Ad* suos ait; græce, πρὸς τοὺς ἑαυτοῦ εἶπε.
Ejusdem l. 23, ad dextr. : Accepto *ceromate*; græce est κηρώματος. Κήρωμα, πᾶν ὅ τι εἶνε καμωμένον ἀπὸ ἢ ἀλειμμένον με κηρί, quale est, plus minus, apud nos τὸ *cérat*.
Pag. 615 l. 26, ad sin. : Miserereris *illi*; sicut vulgatissimum τὸ miserere *nobis*, referatur ad græcismum συμπαθεῖν αὐτῷ.
Ejusdem l. 15, ad dextr. : Scies *quare*; sic vertitur γνώσει ὅτι.
Pag. 616 l. 7, ad sin. : Jubet eum *cœta* digna requiescere. Sub hoc *cœta* latitat, veriusve emergit τὸ κοίτη, dorice κοίτα.
Ejusdem l. 22, ad sin. : Juro *quia*; versio est Juncturæ ὤμοσα ὅτι.
Ejusdem l. 41, ad sin. : Petentibus *nobis....nos* crucias; hic schema est compositionis, usurpatissimum apud Græcos, quibus Ἀνακολουθία vulgo appellatur.
Ejusdem l. 35, ad dextr. : *Naufragium passus es*; ut apud Græcos, apertissima illa translatio, εὐπλοίας τυχεῖν, Soph. Œdip. Tyr. v. 431, significabat τὸ rem bene gessisse, ita τὸ ναυαγεῖν de his erat in usu, quibus res minus fauste cesserat. In nostra etiam Gallorum lingua invaluit, simili prorsus sententia, mos vocis illius æquæ, *réussir*; Italis est *riuscire*, quasi rursus uscire,

denuo in ostium *ire*, seu portum ingredi, surgir au port, *aboutir*. Rursus per τὸ *échouer* non modo innuimus *naufragium pati*, sed etiam inanem ubivis operam navare, incassum cuilibet incumbere remo, nequidquam e quacunque navi inimicum imbrem *exantlare*.
Paginæ 617 linea 3 habet, ad sinistram : Dixi vobis *quod*; sic vertitur ὑμῖν εἶπον ὅτι.
Paginæ 618 linea 19 habet, ad dextram : Astutiam et *apodixin*; græce est ἀπόδειξιν, quæ vox hoc loco idem valet atque τὸ κατόρθωσιν.
Paginæ 619 linea 29, ad sin. : *Sine solo* patria; ingeniose designatur pontus, cui apud Græcos nomen adjicitur ἄπατος, ἀτρύγητος.
Paginæ 620 linea 29, ad sin. : Villicus *aporiatus*; accipe ἄπορος, seu inops consilii, egenus omnium.
Ejusdem l. 37, ad dextr. : *Amiante*, vade; quasi dicatur incorrupte, satiusve incorruptibilis ; Ἀμίαντος a μιαίνω.
Paginæ 621 linea 47, ad dextr. : Confiteor *quod*; græce est ὡμολόγησα ὅτι.
Sequentis paginæ linea 20 habet, ad sinistram : Crede *quia*; πίστευσον ὅτι.
Pag. 622 l. 6, ad sin. : *Abremovit* barbam; binæ hic προθέσεις *ab* et *re*, unde insolentius conflatur vox abremovit, memoriam tibi refricent τοῦ ὑπεξαίρομαι, in quo sic dividas licet : ὑπὸ-ἐξ-αίρομαι.
Paginæ 623 linea 6, ad sin. : Disce *quod*; μάθησον ὅτι.
Ejusdem l. 15, ad sin. : Spero enim *quia*; ἐλπίζω γὰρ ὅτι.
Paginæ 627 linea 45 habet, ad dextram : Hic est *paranymphus* meus; scite admodum Apollonius vetulum piscatorem qui eum tanquam deduxit ad sponsam, vocat τὸν αὐτοῦ παρανύμφρον, puta amasio συνοδεύοντα εἰς τῆς νύμφης, ut qui ad nuptiarum curam genero adjungatur.

B.

Jam attendas velim plurimas quæ secuturæ sunt voces, ob insolentiam significandi.

Paginæ 611 linea 7 habet, ad sinistram manum : Cum magnitudine *pollicitationis* currebant; quo in loco τὸ pollicitationis idem sonat quod apud nos τὸ *dot* (sponsalia). Nam a viris olim dos mulieribus, non a mulieribus, ut nunc increbruit, viris afferebatur.
Pag. 615 l. 2, ad sin. : Infertur *gustatio*; gallice est *le goûter*; τὸ πρόγευμα.
Ejusdem l. 4, ad sin. : *Ministeria* intuens; gallice est *les services de table*.
Ejusdem l. 18, ad dextr. : Induit *statum*; gallice est *un costume*.
Ejusdem l. 37, ad dextr. : *Argenti pondera* XL; XL livres *d'argent*.
Pag. 617 l. 22, ad dextr. : Data *profectoria*; supple vocem epistola seu charta, et ambas intellige *passe-port*.
Ejusdem l. 46, ad dextr. : *Chartis* plumbeis; accipe hic *feuilles* de plomb, ut dicunt *feuilles de tôle*.
Pag. 619 l. 19, ad sin. : Reversa de *auditorio*, græce est

ἀκροατήριον, gallice *l'école*, *audiendi* nimirum locus.
Pag. 620 l. 23, ad dextr.: Intrat in *salutatorium*; gallice est *le parloir*.
Pag. 621 l. 17, ad sin. : Quomodo tecum *novicia ?* Verba quemadmodum ficta modo dixeris novicia, sic interpreti nostro novicia nuncupatur, puella gallice *nouvellement débarquée*. Inde etiam τὸ *une novice* ou Agnès apud nos originem duxit.
Pag. 622 l. 39, ad dextr. : *Causam* tam vilem inter nos non invenisti quam me; τὸ causam attendas, quæso; siquidem hic idem sonat atque *creaturam*, gallice *un être*; et apud Italos parce deductum est in vocem *cosa*, quæ gentilit τὸ *chose*.
Pag. 623 l. 28, ad sin. : Est enim *scholastica* et suavissimi sermonis ; hic scholastica idem est atque literata, exculta, erudita, ut sonat apud Anglos τὸ *Scholar*. Scholastica igitur, latum mare, distat a græco σχολαστικός, stolidus nempe ac stupidus in nugis et quisquiliis.
Ejusdem l. 38, ad sin. : Hæc est *pietatis causa*; c'est là une *chose* pieuse, une *Œuvre de charité*. Nam τὸ charitas, id est nostra christianorum pietas, nomen obtinet, non, ut placebat nudius tertius probatissimo scriptori, a Tullianis illis *carus* et *caritas*, quibus videlicet manifestiori et arctiori necessitudine consentiunt caro, carnalitas et gallice chère, chair et caresser, sed a græco χάριτος, χάρις. Unde fit ut nobis, quotquot gentilitati non inservimus, per h repræsentari oporteat charus et charitas. Næ, iterum atque iterum sit dictum, Charitas nobis defluxit a χαίρω, gaudere; et ideo duplex significat gaudium, quorum est unum dantis, alterum accipientis. Quid luculentius addam? Χάρις, ubi gaudium est τοῦ διδόντος, peculiari vocabulo dicitur etiam εὐεργεσία; sed χάριτι, si gaudium est τοῦ λαμβάνοντος, nomen accrescit εὐγνωμοσύνη. Sic utrimque subest gaudium, puta utrimque spirat et viget *charitas*, cujus spuriam, non germanam, sororem si qui impensius collaudant et attollunt caritatem, ipsi viderint, nec ipsis unquam vel minimum ab ea doluerit.
Pag. 625 l. 26, ad dextr. : Ad forum *abauris* ducitur; τὸ abauris aureum verbum est, etsi fictum nuper et novicüs annumerandum. Abauris autem, græce ἄωτος (sans oreilles), mire prorsus nostro consonat *essorillé*, cujus e visceribus mihi sane, non dicam libet, sed licet extrahere singula é-aurillé, é-s-orillé, jam, ubi de more Italorum consonans erit duplicata, *essorillé*. Permultis abhinc annis in Gallia sic vocabantur homines pessimi, quibus δῆμος; carnifex aures avulserat in foro d cto, non sine causa, *le guillori*, quasi *arrache-oreilles*, juxta fidem ipsarum verbi radicum : *guille* (avellere, ducitur, ut de William fit Guillaume et vice versa) atque *ori*, latine, auri, auris.
Paginæ 627 linea 7 habet, ad dextram : *Depost*; mediæ et infimæ latinitatis est τὸ *depost*, italice *dapoi*, gallice *de-puis*.

Γ.

En tibi denique multæ prodibunt voces, ob negligentiam incuriamve dignæ quæ notentur.

Paginæ 616 linea 31 habet, ad sin.: In valetudinem *incucurrisse*; obsoleta vox incucurrisse, nisi Catonis linguam et Ennii ames oculitus, ad communuem et usitalam *incurrisse* tibi strenue recidatur, qualis legitur in linea 19 paginæ 619, ad sinistram manum.
Paginæ 618 linea 29, ad dextr. : Adoptavit eam *ut filiam suam*; auctor sim demas τὸ *ut*, per quod solœcizatur.
Ejusdem paginæ linea 40, ad dextr. : *In* amissa deflebam *conjuge*.

Ejusdem l. 40, ad dextr. : *In* reservata mihi filia consolabar; hoc minus latine expressum, si libet emendari, sat erit expungas τὸ *in*.
Pag. 619 l. 35, ad sin.: Haberet *ad* obsequium; pessimæ latinitatis est *habere ad*; et *obsequias* anteposuerim τῷ barbaro isti, certe longe aliud sonanti, *obsequium*, *cultum* nempe et *observantiam*.
Ejusdem l. 11, ad dextr.: *Nutrix in gremio puellæ* deposuit spiritum; displicet sane, fatebor enim, nutrix in gremio puellæ; nam aliter sese res habet ubique gentium et temporum. Siquidem gremium est matris seu nutricis, genibus et intra sinus vestis exterioris (gallice *giron*) alumnum refoventis; sed, mehercle, gremium nusquam nec unquam fuit aut erit puellulæ vetulam et jam jam morituram anum amplexantis.
Ejusdem l. 24 ad dextr. : Laudabant eam *vehementer*; τὸ vehementer jonctum cum laudabant, explauseram, nisi vertisset τὸ δεινῶς ἐπῄνεσαν.
Ejusdem l. 38, ad dextr.: De *medio nostri*; Ædepol, solœcismus iste defieri magis quam defendi potest.
Pag. 620 l. 23, ad dextr.: Perducitur *in* domum; τὸ *in* opipare solœcizantis est.
Pag. 621 lin. 13, ad sin.: *Ne alicui* narres, mendum est, loco τοῦ *ne cui*.
Ejusd. pag. lin. 40, ad dextr.: Ut vidit *a longe*; versio est mendosa, τοῦ adverbii πόῤῥωθεν, quasi πόῤῥω, et θεν cujus perperam τὸ *a* vicem explet.
Pag. 623 l. 4, ad dextr. : *Sordium* conscia non sum; τὸ sordium sit tibi pro spondæo, per schema συναλοιφὴν aut κρᾶσιν.
Ejusdem l. 42, ad sin. : X sestertia *auri* et XX *aureos*; satius erat, mobile bis usurpari, aut bis fixum, hocce modo : sestertia *aurea* et nummos *aureos*, vel sestertia *auri*, *aurique* nummos.
Pag. 624 l. 11, ad sin.: *Oræ* semper vicina; eradendum duxi et commutandum τὸ *ripæ*, ut pote cui, metrorum causa, nullus esset in versu locus.
Ejusdem l. 38, ad sin.: Flammæ per *tubulos* (*tubes* apud nos) surgunt; absurdum erat legi, ut habet MS., *tabulas*. Hic enim qui non virgula, sed τῷ ᾳ cadit, sensu cadat necesse est.
Ejusdem l. 17 ad dextr.: *Nulla est* peregrina; omisi τὸ iterum *mihi*, ut sex videlicet mensuris, *ne più ne meno*, fulciatur tanquam pedibus hexameter.
Pag. 625 l. 23, ad dextr. : Leno, *de quo* se vindicet; τῷ vindicare se *de* alqo. nonnihil subest solœcismi.
Ejusdem l. 31, ad dextr.: *Impediebatur loqui*; — latine forsan?
Ejusdem l. 38, ad dextr. : *Ut ergo plenius*; præstiterit dixisse, *quo plenius*.
Mihi nunc, sub finem, liceat afferre in medium alia quædam longe majora vocabula, quippe quæ plus factura sint ad reconditiorem nostri operis captum. Huc accedant igitur, inter alia :
E paginæ 613 linea 32, ad sin. : *Reverendissime*; quæ vox, græce σεβαστότατε, librario nostro et interpreti, cœnobiotæ (κοινοβιώτῃ) nimirum, multa recursabat scribentive aut enuncianti.
E paginæ 620 linea 8, ad sin.: *Dominum* mihi testari et precari permittas; hic τὸ *Dominum* valet J. C. - D. N.
Ex ejusdem linea 49, ad dextr.: Per *Deum Vivum*; accipe hic eumdem illum J. C. - D. N.
E paginæ 626 linea 35, ad sin.: Vidit in somno *Angelum*; christiani sane est viri angelum induci, et partes suas in opere sic mandari cœlesti cuidam nuncio, Γαβριὴλ sit aut frater ejus Ῥαφαήλ.

J. L.

EROTICA

DE APOLLONIO TYRIO

FABULA.

CAP. I.

Fuit quidam rex in civitate Antiochia, nomine Antiochus. Habuit ex amissa conjuge filiam speciosissimam, in qua natura nihil erravit. Quæ cum ad nubilem pervenisset ætatem, et species pulchritudinis ei cresceret, multi eam in matrimonium postulabant, et cum magnitudine pollicitationis currebant*. Sed cum pater deliberaret cuidam potentissimo filiam suam in matrimonium dare, cogente iniqua libidinis flamma, incidit filiæ suæ amorem; cœpitque eam amplius diligere quam patrem oportebat. Qui, cum luctaretur cum furore, pugnabat cum dolore: pudor vincit amorem.

CAP. II.

Quadam die, luce prima vigilans, irrupit cubiculum filiæ suæ; famulos suos longius sequi jussit, quasi cum filia sua aliquod secretum colloquium haberet; et stimulante cupidinis igne, filiæ suæ nodum virginitatis erupit, perfectoque scelere evasit cubiculum filiæ suæ. Quæ, scelesti patris impietate polluta, cum vellet celare, in pavimentum guttæ sanguinis ceciderunt. Et cum puella, quid faceret, cogitaret, nutrix ejus subintroivit. Quam ut vidit flebili vultu, hortata est et ait: Quid tibi vultus turbatur et animus? Puella ait: Chara nutrix, modo in hoc cubiculo duo nobilia nomina perierunt. Nutrix ait: Cur hoc dicis? Puella ait: Quia, ante legitimarum nuptiarum diem, sævo scelere violata sum. Nutrix ait: Et quis tanta audacia regis virginem, regni thorum, ausus est violare, nec timuit regem? Puella ait: Impietas fecit hoc scelus. Nutrix ait: Cur ergo non indicas patri tuo? Puella ait: Et ubi est pater? Si intelligis, nomen patris periit in me. Itaque, ne hoc pateat mei genitoris scelus, et patris macula in gentibus innotescat, mortem peto; mortis mihi remedium placet. Nutrix, ut audivit puellam mortis sibi remedium quærere, blandis sermonibus cohortata est, et colloquio revocavit ad vitam. Patris sui voluntati satisfacere conabatur.

CAP. III.

Inter hæc rex impiissimus, simulata mente, ostendebat se civibus suis pium genitorem. Intra domesticos vero parietes maritum se suæ filiæ lætabatur. Et, ut semper impie filia sua frueretur, ad expellendos petitores, novum genus nequitiæ excogitavit. Quæstionem proponebat, dicens: Si quis vero quæstionis meæ solutionem invenerit, filiam meam in matrimonium accipiet; qui autem non invenerit, decollabitur. Jam plurimi undique reges, undique principes patriæ, propter incredibilem speciem puellæ, morti se proponebant. Et si quis, prudentia litterarum, quæstionis solutionem non invenisset, decollabatur; et caput ejus in portæ fastigio ponebatur, ut advenientes in imaginem mortis viderent*, et conturbarentur, ne ad talem conditionem accederent.

CAP. IV.

Sed, cum tantas crudelitates exerceret rex Antiochus, interposito brevi temporis spatio, quidam juvenis Tyrius, princeps patriæ suæ, locuples valde, Apollonius nomine, confidens in abundantia litterarum, navigans attigit Antio-

chiam; ingressusque ad regem salutavit : Ave, rex. Et ut vidit, rex quod videre nolebat, ad juvenem ait : Salvi sunt nupti parentes tui? Juvenis ait : Ultimam significaverunt diem. Rex ait :
5 Ultimum nomen reliquerunt. Juvenis ait : Nam præterierunt dies suos. Rex ait : Ita est; et ait ita. Juvenis ait : Regis gener esse opto; in matrimonium filiam tuam peto. Rex, ut audivit quod audire nolebat, irato vultu respiciens ju-
10 venem, ait : Nosti filiæ meæ nuptiarum conditionem? Respondet : Novi; et ad portam civitatis vidi. — Quia quæstio conditionis in porta civitatis scripta erat. — Rex indignatus ait : Audi quia* ignoras quæstionem. Scelere vehor; materna
15 carne utor; quæro fratrem meum, matris meæ virum, nec invenio. Juvenis, audita quæstione, paululum secessit a rege; et, dum scrutatur scientiam, luctatur cum sapientia. Favente Deo, invenit nodum quæstionis; et reversus, ait regi :
20 Bone rex, proposuisti quæstionem; audi ejus solutionem. Quod dixisti scelere vehor, non es mentitus : te ipsum respice. Quod enim dixisti materna carne vescor, nec hoc es mentitus : filiam tuam intuere. Rex, ut audivit quæstionis
25 solutionem juvenem exsolvisse, timens ne scelus suum patefieret, irato vultu eum respiciens ait : Longe es, juvenis, a quæstione mea; tu erras. Nihil dicis; decollari merueras; sed habeas XXX dierum spatium; recogita tecum, et cum rever-
30 sus fueris et quæstionis meæ solutionem inveneris, accipies filiam meam in matrimonium. Sin aliter, legem agnosces.

CAP. V.

Juvenis itaque conturbatus, accepto comitatu, navem ascendit, tendens in patriam suam Ty-
35 rum. Sed, post discessum Apollonii, rex Antiochus vocavit dispensatorem suum Thaliarchum, cui ait : Thaliarche, secretorum meorum fidelissime minister, scias quia* Tyrius Apollonius invenit quæstionis meæ solutionem. Ascende
40 ergo confestim navem ad persequendum juvenem. Et cum veneris Tyrum, quære inimicum ejus, qui ferro aut veneno interimat eum; et reversus cum fueris, statim libertatem accipies. Thaliarchus, assumens pecuniam simulque venenum se-
45 cum, petiit patriam innocentis. Apollonius parvo tempore attigit patriam suam; et introiens domum suam, aptatoque scrinio codicillorum suo-

rum, cum non invenisset aliud nisi quod cogitaverat, ait ad* semetipsum : Quid agis, Apolloni? Quæstionem regis solvisti, filiam ejus non accepisti; ideoque dilatus es, ut neceris. Et exiens foras, naves multo frumento onerari præ- 5 cepit. Sed multo pondere auri et argenti vesteque copiosa et paucis comitantibus fidelissimis servis, hora noctis tertia, navem ascendit, tradiditque se alto pelago.

CAP. VI.

Altera die, in civitate sua quæritur et non 10 invenitur. Fit mœror ingens, quod amantissimus princeps patriæ nusquam comparuit; sonat planctus per totam civitatem. Tantus vero circa eum civium amor erat, ut multo tempore tonsuræ cessarent, publica spectacula tollerentur, 15 balnea clauderentur. Non templa neque tabernacula quisquam ingrediebatur. Et, dum hæc Tyri geruntur, supervenit Thaliarchus dispensator, qui ad necandum eum a rege missus fuerat. Et videns omnia clausa, ait cuidam puero : Si va- 20 leas, indica mihi quæ sit causa, quod civitas hæc in luctu moretur? Cui ait puer : Hominem improbum video, qui scit et interrogat; quis enim nescit? Ideo enim civitas hæc in luctu moratur, quod pater hujus, princeps Apollonius, 25 ab Antiocho rege reversus, subito nusquam comparuit. Dispensator autem, ut vidit, gaudio plenus, rediit ad navem; et certa navigationis die pervenit Antiochiam; et ingressus ad regem ait : Lætare, domine mi rex; Apollonius, timens 30 regni tui vires, nusquam comparuit. Rex ait : Fugere quidem potest, sed perfugere non potest. Continuo autem hujuscemodi edictum proposuit rex Antiochus, dicens : Quicumque Tyrium Apollonium, contemptorem regni mei, vivum 35 exhibuerit, accipiet L. talenta auri; qui vero caput ejus attulerit, centum accipiet. Hoc edicto proposito, non tantum inimici ejus, sed etiam amici ejus, cupiditate ducti, ad persequendum juvenem properabant. Quæritur ergo Apollonius 40 per terram, per montes, per sylvas et per universas indagines, et non invenitur.

CAP. VII.

Tunc rex jussit classes navium præparari; sed moras facientibus, qui classi navium insistebant, jam Apollonius medium maris umbilicum tene- 45

bat, et respiciens ad eum, gubernator ait: Domine Apolloni, numquid de arte mea aliquid vereris? Respondit Apollonius: Ego quidem de arte tua non vereor; sed de arte Antiochi regis vereor. Intra itaque interiora pelagi; rex enim longam habet manum; quod vult facere, perficiet; et vereor ne me persequatur. Gubernator ait: Arma paranda nobis; littus Tarsi, Tarsum petamus; Tarsi est nobis ventus tranquillus. Apollonius ait: Eamus. Et sic, Deo gubernante, applicuit Apollonius.

CAP. VIII.

Et, dum ambularet in littore, visus est a quodam cive suo, Hellanico nomine, qui eodem supervenerat; et accedens ad eum, Hellanicus ait: Ave, domine Apolloni. At ille, salutatus, fecit sicut, potens, consueverat facere : sprevit hominem. Et indignatus: Ave, inquit, Apolloni rex; te saluto; et despicere noli paupertatem honestis moribus decoratam; et audi forsitan quod nescis: Proscriptus es. Apollonius ait: Et patriæ principem quis potuit proscribere? Hellanicus ait: Rex Antiochus. Apollonius ait: Qua ex causa? Hellanicus ait: Quare, quod pater est, esse voluisti. Et quanti sum proscriptus? Hellanicus senex ait: Ut quicumque te vivum exhibuerit, accipiat L talenta auri; si quis vero caput tuum ei obtulerit, centum accipiat. Itaque, moneo te, fuge; præsidium manda. Dixit et sine mora discessit. Tunc jussit Apollonius rogatum senem revocari protinus; et jussit centum talenta auri ei dari. Cui ait: Reverendissime*, exemplo pauperum accipe, quia mereris; et puta te mihi caput a cervicibus amputasse, et pertulisse gaudium regi. Ecce habes pretium C talenta, et manus puras a sanguine innocentis. Cui senex ait: Absit, domine, ut hujus rei causa præmium accipiam. Apud enim bonos homines amicitia non comparatur pecunia, sed innocentia.

CAP. IX.

Et valedicens ei, recessit; et respiciens Apollonius vidit ad se venientem notum sibi hominem, mœsto vultu, dolentem, nomine Strongulionem. Accessit ad eum et ait: Ave, Strongulio. Et ille repondit: Ave, domine Apolloni. Quid itaque his in locis, turbata mente, moraris? Apollonius ait: Rex Antiochus expulit me a regno, et proscriptionem meam C jussit, et ei se daturum quicumque meum caput ipsi obtulerit, eo quod filiam ejus, imo adulteram detexerim, quam quasi conjugem in matrimonium sumpsit. Et ob hoc, si fieri potest, in patria vestra volo latere. Strongulio ait: Domine Apolloni, civitas nostra parva est, et nobilitatem tuam non potest sustinere. Præterea duram famem, sævamque patimur sterilitatem annonæ; nobis ulla spes salutis non est; sed crudelissima mors ante oculos nostros est. Cui Apollonius ait: Strongulio, mi reverendissime, age ergo Deo gratias, quod me profugum finibus vestris applicuit. Dabo ergo civitati vestræ centum millia frumenti modiorum, si fugam meam celaveritis. Strongulio, ut audivit, prostratus pedibus, ait: Domine Apolloni, si esurienti civitati subveneris, non solum fugam tuam celabunt; sed, si necesse fuerit, pro salute tua gladio dimicabunt.

CAP. X.

Ascendit itaque Apollonius tribunal in foro; et cunctis civibus præsentibus dixit: Cives Tarsi, quos annonæ caritas opprimit, ego Apollonius Tyrius replebo. Credo enim vos hujus beneficii memores, si fugam meam celaveritis. Scitote me legibus Antiochi regis esse fugatum; sed, vestra fidelitate favente, huc sum directus. Dabo itaque centum millia modiorum, eo pretio quo sum in patria mea mercatus, singulos modios æreis VIII. Hoc itaque audito, cives Tarsi, qui modium singulis aureis mercabantur, hilares effecti, clamoribus gratias agentes, certatim frumenta portabant. Tunc Apollonius, ne, deposita regia dignitate, mercatoris magis quam donatoris partes videretur assumere, pretium quod accepit, civitatis utilitatibus redonavit. Cives vero tanta beneficia ejus ex ære collato repræsentarunt. Bigam enim in foro statuerunt, in qua stans, dextra manu fruges tenens, sinistro pede modium calcat; et in basi ejus scripserunt: CIVITAS. TARSUS. TYRIO. APOLLONIO. DONVM. DEDIT. EO. QVOD. CIVITATEM. A. SÆVA. FAME. LIBERAVERIT. LIBERALITATE. SVA.

CAP. XI.

Interpositis deinde mensibus paucis, adhortante Strongulione et Dionysiade conjuge ejus, ad Pentapolitanorum marinam navigare propo-

suit, ut illic lateret, eo quod illic benignius agere affirmarent. Cum ingenti igitur honore a civibus deductus est ad mare; valedicens Apollonius omnibus, ascendit ratem. Sed tribus die-
5 bus noctibusque, ventis prosperis navigavit; subitoque mutata est pelagi fides. Concitata tempestas pulsat mare et sidera cœli. Tunc sibi unusquisque rapit tabulam, et mortem moratur. Et in tali caligine tempestatis perierunt universi.
10 Apollonius solus, tabulæ beneficio, in Pentapolitanorum littora pulsus est. Stans vero Apollonius in littore nudus, et intuens tranquillum mare, ait : Neptune, fraudator hominum, deceptor innocentium, an, Antiocho rege crudelior,
15 propter hoc me reservasti, ut inopem et egenum rex crudelissimus persequatur facilius? Quo itaque ibo? Quam partem petam? Aut quis ignotus dabit auxilium vitæ?

CAP. XII.

Et hæc ad semetipsum locutus, subito animad-
20 vertit, et vidit quemdam piscatorem, grandi sacco ac sordido tribonario * circumdatum. Et, cogente necessitate, prosternens se ad pedes hujus, profusisque lacrymis, ait : Miserere, quisquis es ; nudo succurre et naufrago, non hu-
25 milibus natalibus genito. Et ut scias cui * miserearis, ego sum Apollonius Tyrius, patriæ meæ princeps ; aut in compositione es calamitatis meæ, qui modo genibus tuis provolutus, deprecor vitam. Piscator, ut vidit speciosum juvenem pe-
30 dibus suis provolutum, misericordia motus, tenuit manum ejus, et duxit eum intra tectum paupertatis suæ, posuitque epulas quas habere potuit. Et, quo plenius pietati suæ satisfaceret, exuit se tribonario, et in duas partes incidit
35 æquales; deditque unam juveni, dicens : Tolle quod habeo, et vade in civitatem ibi ; forsitan qui misereatur tui invenies ; et si non inveneris, huc revertere. Paupertas, quæcumque fuerit, sufficiet nobis; mecum piscaberis ; illud tamen
40 admoneo, ut, si quando, Deo favente, dignitati tuæ redditus fueris, ne despicias dimidium tribonarii mei. Apollonius ait : Si non memor fuero tui, iterum naufragium patiar, nec tui similem inveniam, qui mei misereatur. Et hæc dicens,
45 per demonstratam sibi viam iter carpens, portas civitatis intravit.

CAP. XIII.

Et, dum secum cogitaret unde auxilium peteret vitæ suæ, prospiciens puerum nitidum per plateam currentem, oleo unctum, percinctum sabano *, ferentem lusus juveniles ad gymnasium pertinentes, maxima voce dicentem : Audite, 5 cives ; audite, peregrini, liberi et ingenui ; abit. qui vult, gymnasium petat. Apollonius, hoc audito, exuens se tribonario, ingreditur lavacrum, utitur liquore palladio * ; et dum, exercens, singulos intuetur, parem sibi quærit et non invenit, 10 subito Archistratus, rex totius illius regionis, cum turba famulorum ingressus, dum cum servis lusum pilæ exerceret, volente Deo, misit se Apollonius regi. Et, cum currentem sustulit pilam, subtili velocitate percussam, ludenti remisit regi 15 remissamque rursus velocitate percussit, nec cadere pilam passus est. Et notavit rex velocitatem juvenis ; sed, quia sciebat se in pilæ lusu minime parem habere, ad * suos ait : Famuli, recedite a palladio ; hic enim juvenis, ut suspicor, mihi 20 comparandus est. Apollonius, ut audivit a rege laudari, constanter accessit ad regem ; et accepto ceromate *, docta manu circumfricuit eum tanta subtilitate, ut multum ei proficeret. Deinde in solo gratissime fovit; et exeuntis manu officia 25 reddidit, et discessit.

CAP. XIV.

Rex ad amicos suos, post discessum juvenis, ait : Juro per communionem salutis, amici, me nunquam melius lavisse quam hodie, beneficio nescio cujus adolescentis. Et respiciens ad 30 unum de famulis, ait rex : Juvenis ille, qui mihi officium fecit, unde, quis est? Famulus vero secutus est juvenem; viditque cum sordido tribonario coopertum; et reversus ad regem, ait : Juvenis ille naufragus est. Rex ait : Tu, unde scis ? Famulus 35 ait : Illo tacente, habitus indicat. Rex ait : Vade celerius, et dic ei : Rogat te rex ad cœnam. Apollonius, ut auditum est, adquievit; et, reducente famulo, pervenit ad regem. Famulus vero, prius ingressus ad regem ait : Naufragus adest; 40 sed abjecto habitu introire confunditur. Statim rex jussit eum dignis vestibus indui, et ingredi ad cœnam.

CAP. XV.

Ingressus itaque Apollonius triclinium, contra

regem, assignato loco, discubuit. Infertur gustatio *, deinde coena regalis. Apollonius, cunctis epulantibus, non epulabatur; sed aurum, argentum, vestes immensas regis, ministeria * dum flens cum dolore intuetur, quidam senex invidus, juxta regem discumbens, vidit juvenem cutiose singula respicientem, et ait regi : Bone rex, ecce homo cui tu benignitatem animi tui ostendisti, fortunæ tuæ invidus est. Rex ait : Male suspicaris; nam juvenis iste non invidet; sed plurima se perdidisse testatur. Tunc rex, hilari vultu respiciens Apollonium, ait : Juvenis, epulare nobiscum, et meliora de Deo spera.

CAP. XVI.

Et, cum hortaretur juvenem, introivit filia regis, jam adulta virgo, et dedit osculum patri, deinde discumbentibus amicis. Quæ, dum singulos oscularetur, pervenit ad naufragum et rediit ad patrem, et ait : Bone rex et pater optime, quis est ille juvenis qui, contra te, honorato discumbit loco, et flebili vultu nescio quid dolet ? Rex ait : Is in gymnasio mihi gratissime officium fecit; propterea illum ad coenam rogavi; quis autem, aut unde sit, nescio. Sed si scire vis, interroga illum; decet ejus te omnia scire; forsitan, cum cognoveris unde sit, misereberis illi *. Hortante itaque patre, puella pervenit ad juvenem; et verecundo sermone sic aggreditur eum, dicens : Licet taciturnitas tua sit tristior, generositas tamen nobilitatem ostendit. Si vero molestum non est, indica mihi nomen et casus tuos, Apollonius ait : Si nomen quæris, Apollonius; si opes, in mari perdidi; si vero nobilitatem, Tyri reliqui, ultra Tarsum. Puella ait : Apertius mihi indica, ut intelligam. At ille universos casus suos exposuit; finitoque sermonis colloquio, fundere lacrymas coepit. Quem ut vidit rex flentem, respiciens filiam suam, ait : Nata dulcis, peccasti; quia, dum nomen et casus scire voluisti adolescentis, veteres ei renovasti dolores. Peto itaque, dulcis filia, ut quidquid volueris, juveni dones. Puella, ut audivit a patre suo sibi ultro promissum, quod ipsa præstare volebat, respiciens juvenem, ait : Apolloni, jam noster es; depone mœrorem, et, quia patris mei indulgentia permittit, locupletabo te. Apollonius cum gemitu et verecundia gratias egit. Rex, gavisus ob tantam filiæ suæ benignitatem, sic ait ad eam :

Nata dulcissima, sine salvum habeas; defer tibi lyram, et aufer juveni dolorem, et exhilara convivium.

CAP. XVII.

Puella vero jussit sibi deferri lyram; et, ubi accepit, cum omni dulcedine vocis chordarum miscuit sonos. Omnes laudare cœperunt et dicere: Non potest melius, non potest dulcius aliquis sonare. Apollonius vero tacebat. Rex ait : Apolloni, non bonam rem facis; omnes filiam meam in arte musica laudant; tu solus tacendo vituperas. Apollonius ait : Bone rex, si permittis, dicam quod sentio. Filia tua in artem musicam modo incedit; nondum didicit. Denique jube mihi tradi lyram, et scies quare * nescit filia tua. Rex Archistratus ait : Apolloni, intelligo te in omnibus esse locupletem ; et jussit ei tradi lyram. Et egressus foras Apollonius induit statum * ; et corona caput decoravit, et accipiens lyram, introivit triclinium. Et ita stetit, ut eum non Apollonium, sed Apollinem existimarent. Atque ita, silentio facto, arripit plectrum, animumque arti accommodat. Miscetur vox cantus modulata cum chordis ; et discumbentes una cum rege, magna voce, laudare cœperunt. Post hæc, deponens lyram, induit statum comicum, et inauditas actiones expressit, atque mirabiliter placuit. Deinde induit tragicum, et nihilominus mirabiliter placet. Puella, ut vidit juvenem omnium studiorum arte cumulatum, incidit amorem ejus ; finitoque convivio, puella respiciens patrem, ait : Chare genitor, promiseras mihi paululo ante, ut quidquid voluissem, de tuo, Apollonio darem. Rex ait : Et promiseram et promitto. Puella, intuens Apollonium ait : Apolloni, magister, accipe ex indulgentia patris mei auri talenta CC, argenti pondera * quadraginta, vestem copiosam, et servos XX. Et ad famulos ait : Afferte, præsentibus amicis, quod Apollonio magistro meo promisi, et in triclinio ponite. Et, jussu roginæ, allata sunt omnia. Laudant omnes liberalitatem puellæ ; peracto convivio, levaverunt se omnes ; et valedicentes regi et reginæ, discesserunt. Ipse quoque Apollonius ait : Bone rex, miserorum misericors, et tu, regina amatrix studiorum, valete. Et respiciens ad famulos, quos illi regina donaverat, ait : Tollite, famuli, hæc quæ regina donavit; eamus et hospitalia quæramus.

CAP. XVIII.

Puella, timens ne amatum suum non videret, respexit ad patrem, et ait : Bone rex et pater optime, placet tibi ut Apollonius, hodie a nobis 5 locupletatus, abscedat; et quod illi donasti, malis hominibus rapiatur? Rex ait : Benedicis dicens, dulcis filia; et confestim jubet eum cœta * digna requiescere. Sed puella Archistrati, amore incensa, inquietam habuit noctem ; vigetque in 10 pectore vulnus ; verba, cantusque retinet Apollonii, et sonos veri amoris. Vigilans ergo prima luce, irrupit cubiculum patris sui, seditque supra thorum ejus. Pater, ut vidit filiam suam, ait : Nata dulcis, quid est quod præter consue- 15 tudinem tuam vigilasti? Puella ait : Hesterna studia me excitaverunt. Peto itaque, pater charissime, ut me hospiti nostro, studiorum gratia, tradas. Rex gaudio plenus jussit ad se venire juvenem. Cui ait : O Apolloni, studiorum tuo- 20 rum felicitatem filia mea a te discere concupiscit. Itaque, si desiderium natæ meæ adimpleveris, juro per regni mei vitam quia *, quidquid tibi mare abstulit, ego tibi restituam in terris. Apollonius, hoc audito, cœpit docere puellam sicut 25 ipse didicerat.

CAP. XIX.

Interposito autem brevi tempore, cum non posset puella ratione ulla amoris sui vulnus tolerare, simulata infirmitate, cœpit jacere. Rex 30 autem, ut vidit filiam suam subitaneam in valetudinem incucurrisse *, sollicitus, adhibuit medicos. At illi, tentantes venas, tangunt singulas partes corporis; sed ægritudinis nullas causas inveniunt. Rex, post paucos dies, tenens Apol- 35 lonii manum, forum civitatis ingreditur. Et dum cum eo deambularet, ecce juvenes nobilissimi tres qui, per longum tempus, filiam ejus in matrimonium petierant, una voce salutaverunt regem. Quos ut vidit, rex subridens ait : Quid est quod 40 una voce me pariter salutastis? Unus ex illis ait : Petentibus nobis * filiam tuam in matrimonium, sæpius nos differendo crucias ; propter quod hodie simul venimus, locupletes, bonis natalibus geniti. Itaque de tribus unum elige, quem vis 45 habere generum. Et rex ait : Non apto tempore interpellastis; filia enim mea studiis vacat, et præ amore studiorum imbecillis jacet. Sed ne videar vos sæpius differre, scribite in codicillis nomina vestra, et dotis quantitatem. Rex, acceptis codicillis, annulo sigillavit; et dedit Apollonio, dicens : Sine, hos codicillos perfer discipulæ tuæ. Hic enim locus te desiderat.

CAP. XX.

Apollonius, codicillis acceptis, petiit domum 5 regiam, et introivit cubiculum. Puella, ut vidit quem diligebat, ait : O magister, quid est quod singularis cubiculum introivisti? Apollonius ait : Domina, sume hos codicillos, quos pater tuus tibi transmisit, et lege. Puella, acceptis codicillis, 10 legit tria nomina petitorum; sed non elegit ejus quem volebat. Lectis itaque codicillis, et respiciens Apollonium, ait puella : Magister, non te dolet quod ego nubo? Apollonius ait : Imo et gratulor quod, abundantia litterarum, et studiorum 15 percepta disciplina, me volente nubis. Puella ait : Magister, si me amares, doleres. Et hæc dicens, tanti amoris audacia scripsit ; et signatos codicillos juveni tradidit, isque pertulit in forum et tradidit regi. Scripsit ei sic : Bone rex et pater 20 optime, quoniam clementiæ tuæ indulgentia permittit mihi ut rescribam, nunc rescribo. Illum volo conjugem, qui naufragium passus est, et a fortuna deceptus est in mari. Et, ne mireris quod pudica virgo tam impudenter 25 scripserim, quod præ pudore narrare non potui, id per ceram mandavi, quæ pudorem non habet.

CAP. XXI.

Et rex, perlectis codicillis, ignorabat de quo naufrago diceret; et, respiciens tres juvenes, 30 ait : Quis vestrum naufragium passus est? Unus ex illis, nomine Andronius, ait : Ego. Alius ait illi : Tace; in morbo te consumas; nec sanus sis, nec salvus. Mecum litteras didicisti; portas civitatis nusquam, sine me, exiisti : naufragium * 35 ergo passus es. Rex, cum invenisset quæ naufragium diceret, respiciens Apollonium, ait : Tolle hos codicillos et lege; potest enim fieri ut, quod non intelligo, tu intelligas, qui interfuisti. Apollonius, acceptis codicillis, veloci 40 ter pertransiit ; et, cum sensit se amari, erubuit. Rex apprehendit Apollonii manum, paululumque ab illis discedens, ait : Apolloni, invenisti naufragum? Bone rex, inquit Apollonius, si permittis ut dicam, inveni. Et, his dictis, 45 rex vidit faciem ejus roseo rubore perfusam et erubescentem; intellexit dictum, et ait : Gaudio

sum plenus, Apolloni; et quod filia mea cupit; mea voluntas est. Et respiciens ad juvenes illos, ait : Certe dixi vobis quod * non apto tempore interpellastis. Sed cum tempus nubendi advene-
5 rit filiæ meæ ; mittam ad vos; et dimisit eos a se. Ipse apprehendens Apollonii manum, non jam ut hospitis, sed ut generi, introivit in domum reginæ.

CAP. XXII.

10 Et, relicto Apollonio, intrat rex solus ad filiam suam, et ait : Nata dulcis, quem tibi conjugem elegisti? Puella vero prostravit se pedibus sui patris, et ait : Pater piissime, quia cupis audire desiderium filiæ tuæ, amo naufragum, a fortuna
15 deceptum; sed ne pietatem tuam ambiguitate sermonum detineam, Tyrium præceptorem meum ; cui si me non tradideris, perdes filiam tuam. Rex vero, filiæ suæ lacrymas sustinere non valens, motus pietate, ait ad eam : Ego, dulcis-
20 sima filia, amando factus sum pater. Diem ergo nuptiarum sine mora statuam. Postera vero die, vocavit amicos urbium vicinarum ditionis regni sui, et potentes; quibus convenientibus ait : Amici, quare vos vocaverim in unum, discite.
25 Sciatis filiam meam velle nubere Apollonio præceptori suo. Peto itaque ut omnium lætitia sit, quod filia mea virum prudentem sortita est. Et hæc dicens, diem nuptiarum indicit. Numerantur dies ; convivia prolixa tenduntur, et celebrantur
30 nuptiæ regiæ dignitatis. Ingens inter conjuges amor vivo affectu ; incomparabilis dilectio, inaudita lætitia.

CAP. XXIII.

Interpositis autem diebus et mensibus, puella
35 cum haberet ventriculum deformatum, sexto mense, æstivo tempore, dum spatiantur in littore, vident navem speciosissimam; et dum eam mirantur, laudant. Agnovit eam Apollonius esse de patria sua ; et conversus ad gubernatorem, ait :
40 Dic mihi, si vales , unde venias. Et gubernator ait : Tyro. Apollonius ait : Patriam meam nominasti. Gubernator ait : Ergo Tyrius es tu? Apollonius ait : Tu dixisti. Gubernator ait : Noveras aliquem principem illius patriæ? Apol-
45 lonius ait : Quemdam me ipsum. Gubernator ait : Sicubi illum videris, dic illi : Lætare et gaude. Rex enim Antiochus, fulmine percussus, arsit cum filia sua. Opes igitur regiæ et regnum

Antiochiæ Apollonio reservantur. Apollonius, his auditis, gaudio plenus, respiciens conjugem suam , ait : Quod aliquando naufrago credidisti, modo comprobas. Peto itaque, chara conjux, ut permittas me ad regnum percipiendum ambulare. 5 Puella , ut audivit, profusis lacrymis, ait : Rare conjux, si in longo itinere esses, ad partum meum festinare debueras. Nunc autem , cum sis præsens, disponis me derelinquere? Sed si jubes, pariter navigemus. Et pervenit ad patrem suum, 10 et ait : Chare genitor, lætare et gaude. Rex enim Antiochus periit. Dum enim concubuit cum filia sua, Deus percussit eum fulmine. Opes autem regni et diadema conjugi meo reservantur. Permitte ergo ut navigem cum eo ; et libentius me 15 permittas : unam dimittis, recipies duas.

CAP. XXIV.

Rex exhilaratus jussit navem produci in littus, et omnibus bonis impleri. Præterea nutricem ejus, Lycoridem nomine, et obstetricem peritis- 20 simam, propter partum ejus, simul navigare præcepit. Et , data profectoria *, deduxit eos ad littus; osculatus est filiam et generum, et ventum prosperum optabat. Et ascenderunt navem cum multa familia , multoque apparatu. Vento 25 itaque flante, se commiserunt alto pelago. Qui dum, per aliquot dies, variis ventorum flatibus jactantur, septima contingente luce , enixa est puella, sævo ore ventorum flantium congelato sanguine, conclusoque spiritu, defunctæ repræ- 30 sentans effigiem. Subito exclamavit familia; cucurrit Apollonius, et vidit conjugem suam exanimem jacentem. Scindit a pectore vestem; unguibus primas adolescentiæ genas discerpit, et lacrymas fundit, jactans se super caput ejus , 35 et ait : Chara conjux , et Archistrati regis unica filia, quid dicam regi patri tuo, qui me naufragum suscepit? cum hæc et similia diceret, introivit ad eum gubernator, et ait : Domine, tu quidem pie facis, sed navis mortuum non suffert. Jube 40 ergo corpus in pelagum mitti. Apollonius ait, indignatus : Quid narras, pessime homo? Hoc vobis placet, ut corpus istud in pelagum mittam, quod me suscepit naufragum et peregrinum? Inter hæc vocavit fabros navales, et jubet aptari 45 tabulas, et fieri loculum amplissimum , chartis * plumbeis circumdari foramina, et rimas diligenter picari præcepit. Quo facto , regalibus orna-

mentis decoratam puellam in loculo composuit cum multo fletu, deditque osculum. CC. XX sestertia auri subter caput ejus posuit, et codicillos scripsit. Deinde jussit infantem diligenter nutriri, ut vel in malis haberet jucundum solatium, et pro filia vel neptem ostenderet regi. Et sic jussit in mare mitti loculum. Cum magno igitur luctu et clamore missum est a familia.

CAP. XXV.

Tertia vero die, jactum est in littus Ephesiorum, non longe a praedio cujusdam medici, nomine Ceramonis*. Qui die illa, ambulans in littore, vidit loculum fluctibus expulsum, jacentem in ripa. Et ait discipulis suis : Tollite cum diligentia loculum istum, et ad villam proferte; et ita fecerunt. Medicus vero leviter aperuit, et vidit puellam regalibus ornamentis decoratam, et speciosam valde et falsa morte occupatam. Et stupens ait: Quas putamus lacrymas hanc puellam parentibus reliquisse? Et videns sub capite ejus pecuniam positam, et codicillos scriptos, ait : Videamus quid desideret dolor. Quos cum resignasset, invenit scriptum ita : Quicumque hunc loculum inveneris, habebis XX sestertia auri. Peto itaque ut dimidiam partem habeas, dimidiam vero funeri eroges. Hoc enim corpus multas reliquit lacrymas. Quod si aliud feceris quam dolor desiderat, ultimus tuorum decedas; nec sit qui corpus tuum sepulturae commendet. Perlectis vero codicillis, ad famulos ait : Praestemus corpori quod dolor imperat; juro autem per spem vitae meae me amplius erogaturum in hoc funere. Et jubet instrui rogum. Dum ergo sollicite rogum instruit, supervenit discipulus medici, aspectu adolescens, sed ingenio senex. Hic, cum vidisset corpus speciosum super rogum positum, ait : Magister, hoc novum funus. Ceramo ait : Bene venisti hac hora ; te exspectavi. Tolle ergo ampullam unguenti; et quod supremum est defunctae beneficium, superinfunde sepulturae. Et perveniens juvenis ad corpus puellae, detrahit a pectore vestes, fundit unguenti liquorem per artificium; artificiosa manu tractat; praecordia sentit, tentat tepidum corpus, et obstupuit. Palpat venas et indicia rimatur narium, labia labiis probat, sentit spiramento gracilem vitam cum morte luctantem, et ait famulis suis : Supponite faculas per quatuor angulos lentas. Quibus suppositis,

puella teporata; coagulatus sanguis liquefactus est. Quod ut vidit juvenis, ait magistro suo : Magister, peccasti. Nam haec quam putas mortuam, vivit; et faculas, ut facilius credas, ego illi statim adbibebo; viribus spiritum clausum patefaciam. Et, his dictis, pertulit puellam in cubiculum, et posuit in lectum suum, et calefecit oleum, et madefecit lanam, funditque super pectus puellae. Sanguis qui intus frigore coagulatus fuerat, accepto tepore, liquefactus est ; et coepit spiritus perclusus per medullas discurrere. Venis itaque patefactis, aperuit oculos, et recepit spiritum, quem jam perdiderat. Leni et balbutienti sermone ait : Rogo te, quisquis es, ne contingas aliter quam contingi oportet regis filiam et regis uxorem. Juvenis, ut vidit quod magister suus fallebat, quod in arte non vidit, gaudio plenus, vadit ad magistrum suum et ait : Veni, magister, et accipe discipuli tui astutiam et apodixin*. Et , ut vidit puellam vivam quam putabat mortuam, respiciens discipulum suum, ait : Amo curam et prudentiam tuam; probo artem, laudo diligentiam ; et audi , discipule. Nolo te artis beneficium existimes perdidisse; accipe pecuniam; haec enim puella multam pecuniam in meas aedes pertulit secum. Et jussit salubribus cibis vesci, et fomentis recreari. Sed, post paucos dies, ut cognovit eam regio genere ortam, adhibitis amicis, adoptavit eam ut * filiam suam. Rogat autem cum lacrymis ne ab aliquo contaminetur ; inter sacerdotes Dianae feminam cum feminis misit. Ibi omne genus castitatis inviolabiliter observatur.

CAP. XXVI.

Inter haec Apollonius, cum ingenti luctu, gubernante Deo, applicuit Tarso, et descendit rate, et petiit domum Strongulionis et Dionysiadis. Quos cum salutasset, omnes casus suos coepit exponere illis dolenter. Quantum, inquit, in * amissa conjuge flebam, tantum in * reservata mihi filia consolabar. Tunc Apollonius, intuens Strongulionem et conjugem ejus Dionysiadem, ait : Sanctissimi hospites, post amissam conjugem charam, mihi reservatum regnum recipere nolo, neque ad socerum reverti, cujus in mari perdidi filiam; sed potius agam mercatoris opera. Commendo itaque vobis filiam meam, ut cum filia vestra Philothemia nutriatur; quam ut bono et

simplici animo suscipiatis peto, et ut nomine patriæ vestræ cognominetis Tarsiam. Præterea nutricem uxoris meæ, nomine Lycoridem, quæ cura sua custodiat puellam, vobis relinquo. Hæc ut dixit, tradidit infantem, deditque aurum multum et argentum, ac vestes pretiosissimas; et juravit se non barbam nec capillos capitis nec ungues detonsurum, nisi prius filiam suam nuptui traderet. At illi stupentes quod tali sacramento se obligasset, cum magna fide se puellam educaturos promittunt. Apollonius vero, commendata filia, navem ascendit; alta pelagi subiit, ignotasque et longinquas petiit Ægypti regiones.

CAP. XXVII.

Interea puella Tarsia, ut facta est quinquennis, traditur scholis; deinde studiis liberalibus vacat, una cum filia eorum Philothemia. Cumque ad quatuordecim annos pervenisset, reversa de auditorio*, invenit nutricem suam Lycoridem subitaneam valetudinem incurrisse. Et sedens juxta eam super thorum, casus infirmitatis ejus exquirit; cui nutrix ait : Audi, domina, morientis amiculæ verba suprema, pectorique tuo commenda; et dixit: Domina Tarsia, quis tibi pater, aut mater atque patria? Puella ait : Patria, Tarsus; Strongulio, pater; Dionysias, mater. Nutrix cum gemitu ait : Audi, domina Tarsia, natalium tuorum originem, ut scias quid post mortem meam agere debeas. Tibi, sine solo* patria; mater, Archistrati regis filia. Quæ, cum te enixa esset, statim percluso spiritu, ultimam vitæ finivit diem; et eam pater tuus Apollonius, effecto loculo, cum ornamentis regalibus et XX sestertiis auri, in mare misit, ut quocumque fuisset delata, haberet* in supremis ad obsequium funeris sui; quo delata itaque sit, ipsa sibi testis est navis. Nam rex Apollonius Tyrius pater tuus, amissam conjugem lugens, te in cunabulis posuit. Quo tantum solatio recreatus, applicuit Tarso, commendavitque te cum magna pecunia vesteque copiosa Strongulioni et Dionysiadi uxori ejus, hospitibus suis; notum faciens barbam capillosque capitis et ungues non detonsurum, nisi te prius nuptui traderet. Cum suis igitur ascendit ratem; et, ut ad nubiles tuos annos annua vota persolvat, se remeaturum esse promittit. Sed pater tuus, qui tanto tempore nec scripsit, nec salutis suæ nuntios misit, forsitan periit. Nunc ergo moneo te, ne, casu aliquo, hospites tui, quos tu parentes appellas, tibi aliquam injuriam faciant. Pergas ad forum, ibique invenias statuam patris tui in biga stantem; ascende in eam, et statuam ipsius comprehende, et casus tuos desuper omnibus expone; et cives, memores patris tui, injuriam tuam vindicabunt. Puella ait : Chara nutrix, si prius senectuti tuæ aliquid naturaliter accidisset, quam hæc referres, ego originem natalium meorum nescivissem. Et, cum hæc diceret, nutrix in gremio* puellæ deposuit spiritum. Exclamavit virgo; cucurrit familia, et corpus nutricis sepelitur; et, jubente Tarsia, in littore monumentum ejus fabricatum est. Et, post paucos dies, puella, deposito luctu, rediit ad studia liberalia; et, reversa de auditorio, non prius cibum sumebat, quam nutricis suæ monumentum visitaret; et se rens ampullam vini ingrediebatur, et ibi manes parentum suorum invocabat.

CAP. XXVIII.

Dum hæc aguntur, quadam feriata die, Dionysias cum filia sua et cum Tarsia per publicam transibat viam. Et videntes cives Tarsiam speciosam, et ornatam melius, laudabant eam vehementer*; et omnes dicebant : Felix pater, cui Tarsia filia est! Illa autem, quæ adhæret lateri ejus, turpis est, et dedecus. Dionysias, ut audivit Tarsiam laudari, et filiam suam vituperari, conversa in furorem, et singula secum cogitans, ait : Pater ejus, ex quo hinc profectus est, anni sunt XV; et non venit ad recipiendam filiam suam; credo mortuum esse; aut in pelago periit, et nutrix ejus mortua est. Neminem habeo æmulum; tollam hanc de medio, et ornamentis ejus filiam meam ornabo. Et jussit venire villicum suburbanum, nomine Theophilum. Quæ ait : Theophile, si vis libertatem accipere, Tarsiam tolle de medio nostri*. Villicus ait : Quid peccavit innocens virgo? Et scelerata mulier ait : Negare mihi non potes; fac quod jubeo; sin aliter, me sentias iratam. Interfice eam, et mitte corpus ejus in mare; et, cum nuntiaveris factum, præmium cum libertate accipies. Villicus libertate seductus cum dolore discedit; et pugionem acutissimum præparavit; et celans latere suo, abiit ad nutricis Tarsiæ monumentum. Puella rediens de studiis, solito more, tulit ampullam vini et coronam; et venit ad monumentum, et omnes casus suos exposuit. Et exiens foras villicus, im-

petu facto adversus puellam, crines ejus apprehendit, et traxit ad littus. Et dum vellet eam interficere, ait puella : Theophile, quid peccavi, ut de manu tua moriar? Villicus ait : Tu nihil peccasti, sed pater tuus Apollonius, qui te cum magna pecunia et ornamentis regalibus reliquit. Et puella lacrymans ait illi : Peto, domine, ut, si jam nulla spes est vitæ meæ, Dominum * mihi testari et precari permittas. Villicus ait : Testare; Deus enim scit me coactum hoc esse facturum scelus.

CAP. XXIX.

Sed cum puella Deum precaretur, subito piratæ apparuerunt; et videntes puellam sub jugo mortis stare, exclamaverunt dicentes : Crudelissime barbare, parce, tu qui ferrum tenes. Hæc enim præda nostra est, non tua victima. Villicus, vocibus piratarum territus, fugit post monumentum. Et piratæ applicantes ad littus, tulerunt virginem et alta pelagi petierunt. Villicus, post moram, exiit; et videns puellam raptam a morte, gratias egit Deo, quod non fecisset scelus; et reversus ad sceleratam mulierem, ait : Quod præcepisti, domina, factum est; comple quod promisisti. Et scelerata mulier ait : Quid narras, latro pessime? homicidium fecisti, et libertatem quæris! Revertere in villam, et opus tuum fac, ne iratum dominum et dominas sentias. Villicus aporiatus * ibat; et elevans manum ad Dominum : Domine, tu scis quia non feci istud scelus; esto judex in hac causa. Et rediit ad villam. Postera vero die, prima luce, scelerata mulier, admissum facinus insidiis et fraude volens celare, famulos misit ad vocandos amicos. Qui venientes consederunt. Tunc scelerata mulier lugubribus vestibus circumdata, laniatis crinibus, nudo et livido pectore affirmans dolores, exiit de cubiculo, et fictas fundens lacrymas, ait : Amici fidelissimi, scitote Tarsiam Apollonii filiam hesterna die, subitaneo dolore stomachi, in villa suburbana esse defunctam, meque eam honestissimo funere extulisse. Omnes vero, ex animatione sermonum et ex habitu, et lugubribus vestibus et fallacibus lacrymis seducti, crediderunt. Postera die, placuit universis patriæ principibus ob merita et beneficia Apollonii, filiæ ejus in littore fieri tumulum ex ære collato, non longe a monumento Lycoridis nutricis ejus. Scriptum est in titulo sic : TARSIÆ. VIRGINI. APOLLONII. FI-

LIÆ. PRO. BENEFICIO. PATRIS. EIVS. EX. ÆRE. COLLATO. DONVM. DEDERVNT.

CAP. XXX.

Interea piratæ, quæ Tarsiam rapuerunt, devenerunt in civitatem Mitylenen. Deponitur Tarsia venalis, et inter cætera mancipia proponitur. Et videns eam leno, Lenonius nomine, cupidissimus, nec vir nec femina, contendere cœpit, ut eam emeret. Sed Antinagoras, princeps civitatis ejusdem, intelligens nobilem et speciosam puellam, obtulit pro ea X sestertia aurea. Leno ait : Ego dabo XX. Antinagoras obtulit XXX; leno XL; Antinagoras L; leno LX, Antinagoras obtulit LXX; leno LXXX; Antinagoras obtulit LXXXX; leno dat C, dicens : si quis superdederit, ego X superdabo. Tunc Antinagoras ait : Ego, si cum isto lenone contendero, ut unam emam, plures venditurus sum. Sed permittam eum emere; et cum eam in lupanari statuerit, intrabo prior, et ego eripiam virginitatem ejus, et erit mihi perinde ac si eam comparassem. Adducitur puella lenoni; numeratur pecunia; perducitur in * domum, intrat in salutatorium *, ubi leno Priapum ex auro et gemmis habebat, et ait Tarsiæ : Adora numen præsentissimum. Puella ait : Nunquam adoravi tale numen; numquid civis Lampsacenus es tū? Leno ait : Quare? Puella ait : Quia Lampsaceni cives Priapum colunt. Leno ait : Ignoras, misera, quia in domum incidisti lenonis et avari? Puella, ut audivit, toto corpore contremuit; et prostrata pedibus ejus, dixit : Miserere, domine; succurre virginitati meæ; et rogo ne velis hoc corpus meum sub tam turpi titulo prostituere. Leno ait : Leva te; misera, nescis quia apud tortorem et lenonem nec preces nec lacrymæ valent? Et vocavit ad se custodem puellarum, et ait : Amiante *, vade ad cellam ubi Briseis stetit; et ista puella ornetur diligenter, et titulus scribatur. Qui Tarsiam devirginare voluerit, dimidiam auri libram dabit; postea singulis aureis populo patebit. Et fecit custos Amiantus sicut jussit dominus ejus. Tertia vero die, Tarsia, antecedentibus turbis et symphoniacis, ducitur ad lupanar. Sed Antinagoras rex prior affuit; et velato capite lupanar ingreditur. Introivit in cellam et sedit super lectum puellæ, et ostium clausit. Puella procidens ad pedes ejus, ait : Miserere mei, domine; per juventutem tuam et per Deum vivum * te adjuro, ne

velis me sub hoc turpi titulo violare. Contine impudicam libidinem, et casus infelicissimæ virginis audi, et natalium meorum originem. Cui cum universos casus suos exposuisset, confusus
5 et pietate plenus, stupuit vehementer et ait : Erige te sine metu; homines enim sumus; habeo et ego filiam tibi similem, de qua similes casus possum metuere. Et dedit XL aureos in manu virginis, dicens : Ecce habes, domina Tarsia,
10 amplius quam virginitas tua venalis posita est. Dic advenientibus similiter, quousque liberere. Puella, lacrymis profusis ait : Ago, domine, pietati tuæ gratias; et rogo ne alicui* narres quod a me audivisti. Antinagoras ait : Si hæc narra-
15 vero, filia mea, cum ad tuam venerit ætatem, pœnam similem patiatur: Et cum lacrymis discessit; et occurrit illi collega ejus, qui ait : Quomodo tecum novicia*? Antinagoras ait : Non potest melius. Cum magno igitur affectu usque ad lacry-
20 mas, subsecutus est eum Antinagoras, ad videndum exitum rei. Juvenis ut intravit, solito more, puella ostium clausit. Cui juvenis ait : Si valeas, indica mihi quantum dederit tibi juvenis qui adintravit. Puella ait : Quaterdenos aureos. Juve-
25 nis ait : Non illum puduit; homo dives non grande fecerat si libram auri tibi dedisset. Sed, ut scias meum animum esse meliorem, tolle libram integram auri. Antinagoras audiebat, et dicebat : Quo plus dabis, eo plus plorabit. Puella
30 autem, acceptis aureis, prostravit se ad pedes ejus; et, similiter expositis casibus suis, confudit juvenem et avertit a libidine. Aporiatus denique juvenis ait : Alleva te, domina; et nos homines sumus, casibus subjacentes. Puella ait :
35 Ago, domine, pietati tuæ gratias; et peto ne cui narres quod audiisti. Et exiens foras invenit Antinagoram ridentem, et ait illi : Magnus homo es; non habuisti cui propinares lacrymas tuas nisi mihi? Et ut admirationem providerent, ta-
40 centes cœperunt aliorum exitus exspectare. Et tanquam insidiantibus illis occulto aspectu, omnes qui intrabant dabant pecuniam. Et revertens Tarsia dicebat lenoni : Ecce virginitatis meæ pretium. Et aiebat leno : Quanto te melius est
45 hilarem esse et non lugentem! Sic ergo age ut meliores pecunias tecum afferas. Sed cum puella quotidie de lupanari reversa diceret : Ecce quod potuit virginitas; hoc audito, leno vocavit villicum puellarum custodem, et ait : An existimas

tam negligentem me esse, ut nesciam Tarsiam virginem esse? Si ergo virgo tantum affert, quantum dabit mulier! Duc ergo eam in cubiculum tuum, et rumpe nodum virginitatis ipsius. Cum eam in cubiculum suum villicus duxisset, ait ad 5 eam : Dic mihi, adhuc virgo es? Tarsia dixit : Quamdiu Deus vult, virgo sum. Villicus ait : Unde ergo tantam pecuniam, istis diebus, attulisti? Puella prostravit se pedibus ejus et ait : Domine, subveni captivæ, regis filiæ; ne velis 10 me violare. Et cum ei casus suos omnes exponeret, motus misericordia, dixit : Nimis avarus est leno; itaque nescio an possis ita virgo perseverare. Puella ait : Dabo opera studiis liberalibus eruditæ, similiter et lyræ pulsum modu- 15 lantis. Jube ergo crastina die in frequenti loco scamna disponi; et facundia oris mei, populo merebor; et casus omnes meos exponam; et quoscumque nodos quæstionis proposuerit, solvam, et hac arte ampliabo pecuniam. Quod cum fecis- 20 set villicus, omnis ætas populi ad videndum eam cucurrerunt.

CAP. XXXI.

Puella vero ut vidit ingentem populum ingredientem, facundia oris sui studiorumque abun- 25 dantia et genio confisa, quæstiones sibi proponi jubet et acceptas cum favore solvit. Fit ingens clamor; et tantus circa eam civium concursus excrevit, ut viri ac feminæ quotidie infinitam pecuniam conferrent. Antinagoras autem, prin- 30 ceps civitatis, memor integerrimæ ejus virginitatis, diligebat eam haud secus ac unicam filiam suam, ita ut villico illi multa donaret. Et quotidie virgo, ob misericordiam populi, magnam afferebat pecuniam in sinum lenonis 35

CAP. XXXII.

Inter hæc, Apollonius venit Tarsum, XV annis transactis, et operto capite, ne a quodam deformis aspiceretur. In domum pergebat Strongulionis. Quem ut vidit Strongulio a longe*, per- 40 rexit prior rapidissimo cursu domum. Et dixit Dionysiadi uxori suæ : Certe dixeras Apollonium naufragum periisse. Et ait : Crudelissima et pessima mulier, ecce venit Apollonius ad filiam suam repetendam. Quid dicemus patri 45 suo de ea cujus nos fuimus parentes? Scelerata mulier ait : Miser conjux, confiteor quod*, dum

nostram diligo filiam, perdidi alienam. Accepto itaque consilio, indue te lugubribus vestibus et fictis lacrymis : dicam eam stomachi dolore defecisse; cum nos tali habitu viderit, credet. Dum hæc dicerent, intravit Apollonius domum eorum; revelavit caput, et abremovit * barbam, adaperuit comam a fronte. Et ut vidit eos lugubribus vestibus indutos et mœrentes, ait : Hospites fidelissimi, si tamen in vobis adhuc permanet hoc nomen, quid, in adventu meo, funditus lacrymas? Et ait scelesta mulier : Utinam ad aures tuas alius pertulisset, non ego, aut conjux meus! Nam Tarsia, filia tua, subitaneo dolore defecit. Apollonius, toto corpore tremens, depalluit, diuque confixus stetit; restitutoque spiritu, malam mulierem intuens ait : Dionysias, Tarsia, filia mea, ut fingis, ante paucos dies decessit; sed non pecunia, vestes, ornamenta perierunt. At illi proferunt omnia et dicunt : Crede nobis quia * cupimus filiam tuam incolumem regnare, sicut hæc omnia damus. Et ut scias nos non mentiri, habemus hujus rei testimonium. Cives enim, memores beneficiorum tuorum, ex ære collato, proximo littore, filiæ tuæ monumentum fecerunt, quod potes videre. Apollonius, hoc audito, credens eam defunctam, ad famulos ait : Tollite hæc omnia et ferte in navem; ego vado ad monumentum filiæ meæ. At ubi venit, legit titulum, dicens : CIVES. TARSENSES. TARSIÆ. APOLLONII. FILIÆ. EX. ÆRE. COLLATO. OB. BENEFICIVM. EIVS. MONVMENTVM. FECERVNT. Perlectoque titulo, stupenti mente constitit. Et cum non fleret, iratus maledixit oculis suis, et ait : O crudelissimi oculi, potuistis titulum natæ meæ legere et non potuistis lacrymas fundere? Væ mihi misero! Puto, filia mea vivit. Et veniens ad navem, ait ad suos : Projicite me in sentinam navis; cupio enim in undis efflare spiritum, cum in terris lucem habere non licuerit.

CAP. XXXIII.

Et dum prosperis navigat ventis, Tyrum reversurus, mutata fide pelagi, per diversa maris discrimina jactatus, omnibus Deum rogantibus, ad Mitylenen civitatem devenit. Gubernator cum omnibus plausum dedit. Apollonius ait : Quid sonus hilaritatis aures meas percussit? Gubernator ait : Gaude, Apolloni; scias enim hodie Neptunalia esse. Apollonius ingemuit et ait : Ergo omnes diem festam celebrent præter me. Et vocans dispensatorem suum, ait : Ne, non lugens, sed avarus videar, sufficiat servis meis ad pœnam, quod me tam infelicem sortiti sunt dominum; dona ergo X aureos pueris, ut emant, si quid volunt, et diem festam celebrent; me autem veto a quoquam vocari. Quodsi quis servorum meorum fecerit, crura ejus frangentur; liber si fuerit, malum libertatis accipiet. Mirati sunt omnes quod se ita obligasset. Dispensator vero, quæ necessaria erant, emit, et reliit ad navem; et ornato navigio, læti discubuerunt omnes.

CAP. XXXIV.

Sed, dum epularentur, Antinagoras rex, qui Tarsiam ut filiam suam diligebat, deambulans et navium celebritatem considerans, vidit navem Apollonii cæteris navibus pulchriorem et ornatiorem, et ait ad suos : Ecce illa navis mihi placet, quam video paratam. Nautæ audientes navem suam laudari, dicunt : Invitamus te, princeps magnifice, si dignum ducis. Antinagoras descendens libenti animo discubuit; et posuit X aureos in mensa et ait : Ecce ne me gratis invitaveritis. Omnes ergo una voce dixerunt : Bene nos accepisti, Domine. Antinagoras videns omnes unanimes discumbentes, nec inter eos majorem esse, ait : Quid omnes sic licentiose discumbitis? Quis est dominus navis? Gubernator ait : Navis dominus in luctu moratur, sub sentina. In tenebris enim destinavit mori; in mari conjugem perdidit, et in terris filiam. Antinagoras autem ad unum de servis, Ardelionem nomine, ait : Dabo tibi duos aureos; descende et dic ei : Rogat te Antinagoras, princeps hujus civitatis, ut procedas de tenebris ad lucem. Juvenis ait : De duobus aureis, quatuor dare volo, et cruribus frangi nolo. Nam si possum de duobus pedibus quatuor habere, causam * tam vilem inter nos non invenisti quam me. Quære alium qui eat, quare jussit ut, qui eum appellaverit, crura illius frangantur. Antinagoras ait : Hanc legem vobis statuit, non mihi quem ignorat. Ego descendam ad eum; indicate mihi nomen illius. Famuli dixerunt : Tyrius Apollonius. Antinagoras, audito nomine, ait intra se : Et Tarsia patrem Apollonium nominabat. Et demonstrantibus pueris, pervenit ad eum. Quem ut vidit barba capiteque squalidum et sordidum, in tenebris jacentem,

summa voce ait : Ave, Apolloni. Apollonius putans se ab aliquo suorum appellatum, contempsit; et horrido vultu eum respiciens, vidit ignotum sibi hominem honesto cultu decoratum, et furorem silentio texit. Cui Antinagoras ait : Scio te mirari quod ignotus tuo te nomine salutavi. Disce ergo quod* princeps sum hujus civitatis, Antinagoras nomine; descendi in littus, ad naves considerandas; et inter caeteras naves vidi navem tuam decenter ornatam, et laudavi aspectum ejus. A nautis vero tuis rogatus, libenti animo discubui, et inquisivi dominum navis. Qui dixerunt te in luctu morari, quod et video; prosit ergo quod veni : procede de tenebris ad lucem. Discumbe et epulare paululum ; spero enim quia * Deus dabit tibi post ingentem luctum laetitiam ampliorem. Apollonius luctu fatigatus levavit caput suum et dixit : Quis es, domine? Vade, discumbe et epulare cum his perinde ac cum tuis. Ego autem, graviter afflictus calamitatibus meis, non solum non epulari, sed ne quidem vivere volo. Antinagoras confusus, ascendens in navem et discumbens, ait : Non potui suadere domino vestro ut ultro ad lucem exiret. Quid faciam ut revocem eum a proposito mortis? Et ait : Bene mihi venit in mentem; vade, puer, ad Lenonium lenonem, et dic illi ut mittat ad me Tarsiam. Est enim scholastica*, et suavissimi sermonis, et nimio decore conspicua. Potest igitur exhortari ne talis vir moriatur.

CAP. XXXV.

Leno, quum audiisset et contemnere non potuisset, licet nolens, misit eam. Et veniente Tarsia, dixit Antinagoras : Dulcis nata, hic est ars studiorum tuorum necessaria, ut consoleris hujus navis dominum, sedentem in tenebris, conjugem lugentem et filiam; et autor sis ei ut ad lucem exeat. Haec est pietatis causa * pro qua Deus fit hominibus propitius. Accede ergo, et suade illi ut ad lucem prodeat; forsitan Deus vult eum per nos vivere. Si hoc potueris facere, dabo tibi decem sestertia argenti * et XX aureos ; et XXX diebus, redimam te a lenone, ut possim virginitatem tuam servare. Audiens puella constanter ivit ad hominem ; et submissa voce salutavit eum, dicens : Saluto te, quicumque es; salve, laetare et gaude. Non enim aliqua polluta ad consolandum te venit, sed innocens virgo, quae virginitatem meam, inter naufragia castitatis, inviolabiliter servo. Et his carminibus coepit, modulata voce, cantare :

« Per sordes gradior, sed sordium * conscia non sum ;
Sic rosa de spinis, nescit violarier ullis.
Corripit et raptor gladii ferientis ab ictu;
Tradita lenoni, non sum violata pudore.
Vulnera cessassent animi, lacrymaeque deessent,
Nulla etenim melior, si nossem certa parentes.
Unica regalis generis sum stirpe creata ;
Ipsa, jubente Deo, laetari credo aliquando.
Fige modo lacrymas, curam dissolve molestam,
Redde polo faciem, mentemque ad sidera tolle :
Nam Deus est hominum plasmator, rector et auctor ;
Non sinet has lacrymas casso finire labore. »

Haec verba audiens Apollonius levavit caput; et videns puellam ingemuit, et ait : Heu me miserum! Quamdiu contra pietatem luctabor? Erigens ergo se ait ad eam : Ago prudentiae tuae et nobilitati maximas gratias, et consolationi tuae vicem rependo. Memor ero tui, si mihi laetari licuerit; regni mei te viribus relevabo; et forsitan, ut dicis, regiis ortam natalibus te parentibus repraesentabis. Nunc accipe CC aureos; et perinde ac si me ad lucem reduxeris, laeta discede. Nolo enim ut me ulterius appelles ; et recentis luctus renovata crudelitate tabesco. Et acceptis CC aureis, puella abiit. Et ait ad eam Antinagoras : Quo vadis, Tarsia? sine effectu laborasti? non potuisti facere misericordiam et subvenire homini interficienti se? Cui ait Tarsia : Omnia quaecumque potui, feci ; et dedit mihi CC aureos, et rogavit me ut discederem ab eo, asserens se renovato dolore cruciari. Et ait Antinagoras : Ego dabo tibi CCCC aureos; tantum descende, et refunde ei hos CC quos tibi dedit ; et dic ei : Ego salutem tuam quaero, non pecuniam. Et descendit Tarsia, et sedit juxta eum et ait : Jam, si in hoc squalore permanere destinasti, permitte me tecum in his tenebris miscere sermonem. Si enim parabolarum mearum nodos solveris, vadam; sin alias, refundam tibi pecuniam, et abscedam. Apollonius, ne pecuniam reciperet, et cupiens a prudente puella audire sermonem, ait : Licet in malis nulla cura suppetat, nisi flendi et lugendi, tamen, ut ornamento laetitiae ne caream, dic quae interrogatura es, et discede. Precor enim ut fletibus meis spatium tribuas; et ait Tarsia :

« Est domus in terris clara quae voce resultat,

Ipsa domus resonat, tacitus sed non sonat hospes;
Ambo tamen currunt, hospes simul et domus una. »

Et ait : Si rex es, ut asseris, in patria tua, regi convenit prudentiorem esse; solve mihi quæstionem, et vadam. Agitans vero Apollonius caput, ait : Ut scias me non esse mentitum, dicam : Domus in terris resonat, unda est; hospes hujus domus, piscis est, qui simul cum domo sua currit.

Tarsia iterum dixit :

« Dulcis amica, oræ * semper vicina profundæ,
Suave canit Musis nigro perfusa colore. »
« Nuntia sum linguæ, digitis signata magistri. »

Apollonius ait : Dulcis amica dicitur, quæ cantus suos mittit ad cœlum. Canna est ripæ vicina quia juxta flumina sedes habet; est ergo hæc nigro perfusa colore. Nuntia linguæ est vox, quæ per eam transit.

Tarsia ait :

« Longa feror, velox formosæ filia sylvæ,
Innumera pariter comitum stipante caterva;
Curro vias multas, vestigia nulla relinquo. »

Apollonius dixit : O si mihi lætum liceret ostendere tibi quæ ignoras ! Tamen ne ideo tacere videar, ut pecuniam recipiam, respondeo quæstionibus tuis : miror enim te tam tenera ætate hujus esse prudentiæ. Nam longa arbor est navis; fertur ventis, stipata undarum catervis; vias multas currit, sed vestigia nulla relinquit. Tarsia, inflammata prudentia solutionis, ait ad eum :

« Per totas ædes innoxius introit ignis;
Est calor in medio magnus, quem nemo veretur :
Namque est nuda domus; nudus sed convenit hospes. »

Apollonius dixit :

« Si luctum ponas, insons intrabis in ignes. »

Intrarem in balneum, ubi et hinc et inde flammæ per tubulos * surgunt. Nuda domus, quia nil intus habet præter sedilia, ubi nudus hospes suaviter sedet.

Tarsia ait :

« Mucro mihi geminus; ferro conjungitur uno;
Cum vento luctor; cum gurgite pugno profundo;
Scrutor aquas medias; ipsas quoque mordeo terras. »

Apollonius ait : Quæ me sedentem in hac nave continet, anchora est. Illa vero gemino ferro conjungitur; cum vento luctatur et pugnat cum gurgite profundo, mediasque rimas terræ morsu tenet.

Tarsia ait :

« Ipsa gravis non sum, sed aquæ mihi pondus inhæret;
Viscera tota tument, patulis diffusa cavernis;
Intus lympha latet, quæ se non sponte profundit. »

Tarsia ait :

« Non sum cincta comis, et non sum nuda capillis;
Intus enim mihi sunt crines, quos non videt ullus;
Meque manus mit tunt, manibusque remittor in auras. »

Apollonius respondit : Hanc ego in Pentapoli naufragus habui ducem, ut ejus amicus efficerer. Nam semper est quæ non est cincta comis et non est nuda capillis; intus plena est; hæc manibus missa, manibus et remittitur.

Tarsia iterum ait :

« Nulla mihi certa est, nulla * est peregrina figura;
Fulgur inest intus, radianti luce coruscans,
Quod nihil ostendit, nisi quod se viderit ante. »

Apollonius respondit : Nulla certa figura speculo inest, quia imitatur aspectus; nulla peregrina figura, quia, quod contra se habet, ostendit.

Tarsia ait :

« Quattuor æquales currunt ex arte sorores,
Vincere certantes, cum sit labor omnibus unus;
Et properant pariter, neque se contingere possunt. »

Apollonius respondit : Quatuor similes sorores æqualis formæ et habitus, rotæ sunt; quatuor quæ ex arte currunt, quasi certantes; et cum sint prope, nulla nullam potest contingere parem.

Tarsia ait :

« Nos sumus ad cœlum qui tendimus; alta petentes,
Et simul hærentes per nos committuntur ad auras,
Concordi fabrica quos unus tenet ordo. »
« Quicumque alta petunt, per nos mittuntur ad auras. »

Apollonius respondit : Gradiscali sunt gradus; uno constant ordine; æquales mansiones habent; quicumque alta petunt, per eos committuntur ad auras. Et his dictis, misit se Tarsia super Apollonium, et strinxit manibus, complexavitque eum, et dixit : Quid te tantis malis affligis! Exaudi vocem meam, et deprecantem respice virginem, quia tam prudentem virum mori velle nefas est. Si conjugem desideras, quære : tibi Deus restituet; si filiam, salvam et incolumem invenies; præsta petenti, quod precibus rogo. Et tenens ejus luridas vestes, ad lucem cona-

batur attrahere. Apollonius, ira conversus, surrexit et calce eam percussit; et impulsa virgo cecidit; et de genu ejus cœpit sanguis effluere.

CAP. XXXVI.

Sed et puella cœpit flere et dicere : O ardua cœlorum potestas! Cur me innocentem tantis calamitatibus subjacere permittis, atque, ab ipsis cunabulis nativitatis meæ, tantis miseriis fatigari? Nam, ut nata fui inter fluctus maris et procellas, mater mea algoribus constricta mortua est, et mortuæ sepultura negata est in terra. Et ornata a patre meo missa est in loculum cum XX sestertiis auri, et Neptuno tradita est; et Strongulioni et Dionysiadi impiis a patre sum derelicta, cum ornamentis et vestibus pro quibus usque ad mortem perveni. Nam jussa sum decollari a servo ejus; et piratæ supervenientes rapuerunt me; et in hanc urbem lenoni distracta sum. Deus, redde me Tyrio Apollonio, patri meo, qui, dum matrem meam lugeret, Strongulioni et Dionysiadi impiis me dereliquit. Apollonius hæc signa audiens, exclamavit voce magna, et ait cum lacrymis : Currite, famuli; et anxietati meæ finem imponite. Audientes denique clamorem, cucurrerunt omnes servi; cucurrit etiam Antinagoras, civitatis suæ princeps. Et descendentes invenerunt Apollonium super collum Tarsiæ flentem et dicentem : Hæc est filia mea, quam lugeo, cujus causa redivivas lacrymas et renovatos luctus assumpseram. Nam ego sum Apollonius Tyrius, qui te commendavi Strongulioni et Dionysiadi impiis. Dic mihi, quomodo dicta est nutrix tua? Et illa dixit : Lycoris. Apollonius autem vehementissime clamare cœpit et dicere : Tu es filia mea. Et illa dixit : Si Tarsiam quæris, ego sum. Tunc erigens se, projectis vestibus lugubribus, induit se vestem mundam; et apprehendens eam osculabatur et flebat. Vidensque eos Antinagoras utrosque in amplexu cum lacrymis inhærentes, et ipse flebat, et narrabat ei qui puella in lupanari posita universa narrasset, et quid tunc temporis esset ex quo a piratis abducta et distracta fuisset. Et mittens se Antinagoras ad pedes Apollonii ait : Per Deum vivum, qui te patrem restituit filiæ, ne alium virum tradas Tarsiæ. Nam et ego princeps sum hujus civitatis, et ope mea virgo permansit, et me ducem ac patrem agnovit. Apol-

lonius ait : Qui ergo huic tantæ pietati et bonitati ego possum esse contrarius? Imo opto, quia notum feci non me depositurum luctum, ni prius filiam meam nuptui tradidero. Hoc tantum rogo, ut filia mea de hoc lenone vindicetur, quem sustinuit inimicum.

CAP. XXXVII.

His auditis, Antinagoras citius cucurrit ad curiam. Et convocatis magnatibus omnium civitatum, exclamavit voce magna, dicens : Currite, cives piissimi, subvenite civitati, ne pereat propter unum infamem. At ubi dictum est, et Antinagoras princeps hac voce in foro clamavit, concursus ingens factus est; et tanta commotio populi fuit, ut in domo sua nec vir nec femina remansisset. Omnibus autem currentibus magna voce dixit : Cives Mityleni, sciatis Tyrium Apollonium regem magnum advenisse; et classes navium cum exercitu proximantes reversuræ sunt in civitatem, lenonis causa, quia Tarsiam filiam ejus emit, constituique in lupanari. Ut ergo salvetur civitas, deducatur ad eum leno, de quo* se vindicet; et non tota civitas pereat. His auditis, qui in civitate Mitylena erant, comprehenderunt lenonem; et vinctis a tergo manibus, ad forum * abautis ducitur. Fit tribunal ingens; et Apollonius indutus regia veste, tonso capite, omnique deposito squalore, et diademate cincto, cum filia sua tribunal ascendit; et tenens eam in amplexu, coram omni populo, lacrymis impediebatur loqui *. Antinagoras vix manu imperat plebi ut taceat. Quibus, silentio facto, ait : Cives Mityleni, quos pristina miseratio, nunc repentina pietas eduxit in unum, videtis Tarsiam a patre suo hodie cognitam, quam cupidissimus leno, ad nos spoliandos, usque depressit; quæ, vestra pietate, virgo permansit. Ut* ergo plenius pietati vestræ gratias referam, natæ ejus procurate vindictam. Et omnes una voce proclamaverunt, dicentes : Leno vivus ardeat; et bona ejus puellæ adjiciantur.

CAP. XXXVIII.

Adducitur leno ignibus; et villicus ejus Amiantus cum universis puellis et facultatibus traditur Tarsiæ. Et ait Tarsia villico : Dono tibi vitam, quia beneficio tuo et civium tuorum, virgo per-

mansi. Et donavit X talenta auri et libertatem. De cunctis puellis coram se repræsentatis dixit: Quidquid, de corpore vestro, illi contulistis hactenus, vobis habete; et quia serviistis mecum, liberæ estote. Et erigens se Apollonius citius cives alloquitur, dicens: Gratias pietati vestræ refero, venerandi et piissimi cives, quorum longa fides præbuit pietatem, quietam vitam tribuit, salutem exhibuit, gloriam paravit. Vestrum est, quod virginitas nullum sustinuit bellum; vestrum est, quod paternis amplexibus unica filia restituta est. Pro hoc ergo vestro tanto munere ad instaurandam civitatem vestram, dono vobis L pondera auri. Quod cum dixisset, in præsentia dari jussit. Tunc omnes cives fuderunt ei statuam auream ingentem in puppe navis stantem, et conculcantem caput lenonis; et filiam ex ære, inauratam, a dextro brachio ejus sedentem; et in basi scripserunt titulum:

TYRIO. APOLLONIO
INSTAVRATORI. MŒNIVM. NOSTRORVM
ET
TARSIÆ. SANCTISSIMÆ. VIRGINI. FILIÆ
EJVS
VNIVERSVS. POPVLVS. MITYLENORVM
OB. NIMIVM. AMOREM
AETERNVM. DECVS. MEMORIAE
DEDIT

CAP. XXXIX.

Intra paucos vero dies, tradidit Apollonius filiam suam in conjugium Antinagoræ cum ingenti lætitia totius civitatis. Et cum eo et cum filia sua volens Apollonius Tarsum petere, transeundo in patriam suam, eadem nocte vidit in somno angelum * a quo audiit: Apolloni, Ephesum iterum transi; et intra templum Dianæ, cum filia et genero; et casus tuos omnes expone per ordinem. Et postea exibis inde cum gaudio magno; et sic venies Tarsum, filiamque tuam vindicabis innocentem. Apollonius expergefactus, quod in somno viderat, indicat filiæ et genero. Ipsi vero dixerunt: Fiat quod tibi videtur. Et ascendit navem, et omnes cum eo; et tulerunt aurum et argentum, et ornamenta multa, et pretiosissimas gemmas secum; et jussit gubernatori Ephesum patere; et felici cursu perveniunt Ephesum. Descendens itaque Apollonius cum suis de nave in civitatem intravit, et templum Dianæ quæsivit, in quo conjux Archistratis, quam Apollonius per XVI annos pro mortua lugebat, et principatum tenebat super omnes sacerdotes. Rogat sibi aperiri sacrarium, ut oret. Et dicit maxima omnium sacerdotum: Sustine paululum, donec dominæ referam. Et ingressa sacrarium, dixit ad eam: Sanctissima et sacratissima sacerdotum nostrarum, domina Archistratis, venit huc rex nescio quis cum filia et genero suo, cum multa dote; et postulat ut faciem tuam videat. Hoc audito, Archistratis jussit parari sedile suum in templo; et ipsa ornavit se gemmis et regalibus ornamentis; et capiti suo diadema imposuit, et in vestitu purpureo venit constipata catervis, seditque super sedili in templo. Erat enim specie decora; et ob nimium castitatis amorem, referebant omnes nullam tam gratam esse Dianæ ullius patriæ.

CAP. XL.

Quæ cum rediisset, jussit venire regem. Quam videns Apollonius cum filia et genero cucurrit ad pedes ejus. Tantus enim pulchritudinis ejus eminebat splendor, ut ipsa earum dea esse videretur; et, aperto sacrario, oblatisque muneribus Archistrati, Apollonius cœpit, in conspectu Dianæ, casus suos exponere, dicens: Ego rex natus sum, et Tyrius Apollonius nominatus. Cum vero ad omnem scientiam pervenissem, nec aliqua ars esset quæ a nobilioribus exercetur, quam nescio aut nescirem, regi Antiocho quæstionem persolvi, ut filiam ejus in matrimonium acciperem. Sed ille fœdissima re sauciatus, qui ante pater natura fuerat constitutus, per impietatem conjux effectus est filiæ suæ. Proinde machinabatur me occidere. Quem dum fugi, naufragium passus fui. Cyrenen devolutus sum, in civitatem ubi rex Archistratus morabatur; a quo gratissime sum susceptus, et tanta benevolentia cumulatus, ut filiam ejus mererer accipere. Cum qua cum desiderassem properare ad patriam, ad regnum percipiendum, hanc filiam meam quam coram te, magna dea Diana, repræsentari jussisti, postquam in mari peperit, spiritum emisit; sunt enim XVI anni. Quam ego regali indui habita, et in loculo posui. Et XX sestertia auri sub capite locavi, ut apud quemcumque inventa fuisset, monumento sepeliretur; et fi-

liam meam nutriendam nequissimis hominibus commendavi. Et in Ægypti partibus XX annis fui. Advenienti vero ut filiam meam peterem, dixerunt eam esse defunctam. Et dum, redivivo luctu, lugubribus involverer, mori cupienti filiam meam reddidisti. Cum hæc et similia narraret, levavit se Archistratis uxor ipsius, et ruit in amplexum ejus. Apollonius vero, non putans esse conjugem suam, repulit eam a se, et illa, cum lacrymis, voce magna clamavit, dicens : Ego sum conjux tua Archistratis, regis Archistrati filia. Et mittens se iterum in amplexum ejus, osculabatur eum; et cœpit dicere : Tu es Tyrius meus Apollonius; tu es magister meus. Ego sum conjux tua, quam a patre accepisti, Archistrato rege; tu es naufragus quem adamavi, non causa libidinis, sed scientiæ. Mi rare vir, dic ubi sit filia mea. Et ostendit ei Tarsiam et ait : Hæc est. Et flebant omnes invicem præ gaudio.

CAP. XLI.

Sonat per totam Ephesum Tyrium regem Apollonium uxorem suam Archistratim cognovisse, quam sacerdotem sibi habebant. Fit Apollonio convivium; lætantur omnes. Archistratis vero constituit sacerdotem quam habebat post se in templo priorem; et cum omnibus, Ephesiorum gaudio et lacrymis, cum marito et filia et genero, navem ascendit. Et inæstimabilia pondera auri secum tulerunt; et valedicentes omnibus, cœperunt navigare. Gubernante Domino*, venit Tyrius Apollonius in civitatem Antiochiam, ubi fuerat illi regnum reservatum. Et volentibus omnibus, accepit regnum. Deinde perrexit Tyrum, in patriam suam, et gaudet cum civibus suis, et constituit in loco suo Antinagoram generum suum. Et cum genero et filia et conjuge sua, et cum exercitu regio navigans, venit Tarsum; et jussit statim comprehendi Strongulionem et Dionysiadem conjugem ejus, et adduci coram omnibus civibus vinctos. Quibus perspectis, Apollonius ait : Cives Tarsi beatissimi, numquid Apollonius Tyrius alicui vestrum exstitit ingratus? At illi omnes una voce dixerunt : Te regem et patrem patriæ diximus. Propter te optamus mori libenter. Per te enim periculosam famem effugimus, et statua a nobis testatur. Et ait Apollonius : Commendavi filiam meam Strongulioni et Dionysiadi uxori ejus, eamque mihi reddere noluerunt. Scelerata mulier ait : Bone domine, numquid non tu ipse titulum monumenti ejus legisti? Domina Tarsia, nata dulcis, si quis tamen apud inferos sensus, relinque tartaream domum, et genitoris tui vocem exaudi.

CAP. XLII.

Puella depost* tribunal, regio habitu circumdata, capite velato processit; et, revelata facie, mulieri dixit : Dionysias, ave; saluto enim te ab inferis revocata. Mulier scelerata toto corpore contremuit : mirantur cives et gaudent. Et jussit Tarsia venire Theophilum, villicum, cui ait : Theophile, ut possit tibi ignosci, clara voce responde. Quis me interficienda te obligavit sibi? Respondet villicus : Dionysias, domina mea. Tunc omnes cives rapuerunt Strongulionem et Dionysiadem, et extra civitatem lapidaverunt eos. Et cum vellent Theophilum occidere, Tarsiæ interventu, non tangitur. Ait enim : Ni iste, ad obtestandum et orandum Deum, moræ mihi spatium tribuisset, malo me vestra pietas non defendisset. Quem, manus jussu, abire incolumem, collata libertate, præcepit; et occisorum filiam Philothemiam secum Tarsia tulit. Apollonius vero dat lætitiam populo, et vovet munera. Instaurantur muri et turres ; et moratus est ibi sex mensibus. Deinde navigavit cum suis ad civitatem marinam Pentapolim. Et ingreditur ad regem Archistratum. Coronatur civitas; pongntur organa. Gaudet in ultimo senectutis suæ rex Archistratus, videns filiam et maritum, et neptem cum marito qui tanquam filii venerant; et osculo eos suscipit, cum quibus jugiter uno anno lætus perdurat.

CAP. XLIII.

Post hæc, perfecta ætate, moritur in manibus eorum, dimittens medietatem regni Apollonio et medietatem filiæ suæ. His omnibus peractis, dum deambularet Apollonius juxta mare, vidit piscatorem a quo fuerat naufragus susceptus; et jussit eum comprehendi et ad palatium duci. Videns piscator se ad palatium vinctum duci, putabat se occisum iri. Et ubi ingressus est palatium, Apollonius coram conjuge sua jussit eum adduci, et ait : Domina regina, hic est paranymphus* meus, qui mihi opem naufrago dedit ; et, ut ad te venirem, ostendit iter. Et dixit ei benignissime : Vetule, ego sum Tyrius Apollonius,

cui tu dimidium tribonarium dedisti tuum; et donavit ei CC sestertia argenti, et servos et ancillas, et vestes; et fecit eum comitem usque dum vixit. Hellanicus vero, qui ei de Antiocho nun-
5 tiaverat, Apollonio procedenti obtulit se, et ait: Domine rex, memor esto Hellanici servi tui; et apprehensa manu, Apollonius erexit eum, et osculari coepit; fecitque eum divitem et comitem et ornavit. His expletis, genuit de conjuge sua filium, quem in loco avi sui Archistrati constituit regem; et ipse cum conjuge sua vixit bene, annis septuaginta quatuor. Tenuit vero regnum Antiochiæ, Tyri et Cyrenensium; quiete vixit et 5 feliciter. Casus igitur suos ipse descripsit, et duo volumina fecit, unum in templo Dianæ Ephesiorum, alterum bibliothecæ suæ.

INDEX HISTORICUS.

PRÆMONITUM.

Fictionem omnem pessumdat τὸ ἀπίθανον. Quæ ut credibilior fiat, neu vagetur in vano, poetæ locis eam, temporibus atque moribus certis cognitisque accommodant. Multa igitur in iis quoque quas nunc edimus fabulis fictis reperiuntur ad historiam, mythologiam, geographiam, rerum naturam, religiones, litteras et mores pertinentia, studiosis antiquitatis cognitu perutilia. Hæc sunt quæ ab inventis *Romanensium* quos vocamus poetarum separare conati, in *historicum* indicem collecta quam potuimus plenissime proponimus, addito scriptoris cujusque nomine: *Parth.*, Parthenii; *Ach.*, Achillis Tatii; *L.*, Longi; *X.*, Xenophontis Ephesii; *H.*, Heliodori; *C.*, Charitonis; *AD.*, Antonii Diogenis; *J.*, Iamblichi; *E.*, Eumathii; *Ap.*, Apollonii Tyrii.

F. D.

A.

Abradatas (*Xenophontis*), *E.* 566, 9.
Academia : in ea puteus (βόθρος) in quem polemarchi heroibus ἐναγίζουσιν, *H.* 237, 25.
Acamas, a Laodice amatus, quomodo ex ea genuerit Munitum, *Parth.* 14, 16 *seqq*.
Achæmenides, *J.* 518, 22.
Achæus, puer pulcher ab Hipparino tyranno amatus; ejus historia, *Parth.* c. 24, p. 18.
Achaia, *cum epitheto Homerico* καλλιγύναικα, *E.* 531, 31.
Achaicus populus, *Parth.* 17, 13.
Achilles pulcher, *C.* 415, 15. Lesbum diripiens, *Parth.* 16, 29 *seqq.*, quosnam interfecerit, 17, 3 *seqq*. In Lesbo inscius interfecit Telamonis filium Trambelum, eique multum deplorato magnum tumulum struxit, *Parth.* 19, 12 *seqq*. Methymnam obsidentis in amorem incidit Pisidice, *Parth.* 16, 35 *seqq*. Quomodo eam tractaverit, 39 *seqq*. Briseidem amat, *Ach.* 32, 33. Achillem heroem qua ratione sibi vindicent Ænianes, *H.* 269, 4-19.
Achilles muliebri habitu pictus, *Ach.* 95, 13 *seqq*.
Achilles hymno celebratur, *H.* 271, 11 *seqq*.
Achillidæ inter Ænianes, *H.* 268, 50 *seqq*.
Acrotatus, regis filius, a Chilonide Cleonymi uxore perdite amatus, et redamans, *Parth.* 17, 41.
Admetus Pherenses δεκατεύει, *Parth.* 6, 38.
Adonis : sponsa Adonidi ornata quo habitu, *Ach.* 59, 48 *seqq*.
Æacida (Achilles), *Parth.* 17, 8. Æacidæ, *ib.* 19, *H.* 269, 9.

Ægæum mare, *H.* 307, 21.
Ægialus, rex Cauni, filiam Hilebiam in matrimonium dat Lyrco, *Parth.* 3, 18 *seqq.*; postea eidem infensus, *p.* 4, 13 *seqq*.
Ægina, *H.* 234, 17; 237, 6; 251, 31; 320, 37.
Ægyptii, natura patientes et mortis contemptum præ se ferentes, *H.* 383, 25 *seq*. Ægyptiorum hominum ingenium pusillanimitate et superbia mixtum, *Ach.* 76, 36-39. Ægyptiorum sapientia duplex, una vulgaris et δημώδης, altera vere sapientium et prophetarum, *exacte describuntur prior H.* 279, 27-36, altera *ib.* 36-47.
Ægyptiorum sacri libri solis προφητικοῖς legendi, *H.* 264, 7 *seq*. Eorum libri sacri de animalibus, *H.* 275, 50 *seq.*, *unde quædam excerpuntur* de charadrio ictericis medente, et *fortasse* basilisco serpente, *ib. l.* 51-276, 5. Ægyptiorum litteræ hieraticæ, *H.* 287, 42.
Ægyptiorum sapientiam ἐκθειάζειν προσθήκη Æthiopicæ, *H.* 290, 39. Ægyptii sapientes ante cœnam libant diis, *H.* 260, 3. Ægyptii quare deos conjunctis et quasi unitis pedibus duobus repræsentent, *H.* 278, 10-15. Ægyptiæ mulieris ἐπῳδὴ contra vesparum et apium morsus, *Ach.* 41, 40 *seq*. Ægyptiaca incantatio, ἴυγξ, *H.* 208, 18.
Ægyptiorum defectio ab Artaxerxe, *C.* 481, 46 *seqq*.
Ægyptius mare, *X.* 190, 21.
Ægyptus; miri ejus dii, pyramides, syringes, *H.* 263, 47 *seqq*. Αἰγύπτιον ἄκουσμα καὶ διήγημα πᾶν Ἑλληνικῆς ἀκοῆς ἐπαγωγότατον, *ib.* 53. Ægyptus κυαναὔλαξ in oraculo, *H.* 263, 28; et κυανέη χθών, *ib.* 269, 53. Ibi rates lacuum, λιμναῖα σκάφη, quales, *H.* 245, 29 *seq*.
Ægyptus Superior, *X.* 209, 28. Ægypti regio ad ostia Nili Βουκόλια dicta palus, vita et mores latronum,

qui βουκόλοι dicti, per singula *describuntur H.* 228, 28-229, 28. Iidem latrones, βουκόλοι, Ægypti τῶν παραλίων incolæ, *describuntur Ach.* 61, 9 *seqq.*, *memorantur ib.* 59, 4, ποιμένες *dicti a Xenophonte*, p. 207, 24. Apud βουκόλους paludes ex Nili inundatione, et quomodo illi eas navigent, *Ach.* 74, 44-52. Apud eos parvæ insulæ papyris refertæ, *ib. l.* 53 *seqq.* Quomodo in iis degant et se tueantur βουκόλοι, *Ach.* 75, 1-15. In eadem βουκόλων regione specus subterraneus arte factus *describitur H.* 243, 25-40. Ipsi βουκόλοι, gens infida, *H.* 256, 11, capillis longis, in frontem coactis et super humeros sparsis utuntur, quare, *H.* 258, 21-28. Unde feris sunt simillimi, *H.* 261, 7-9. Βουκόλοι virgines immolant deo in propitiationem, *Ach.* 62, 22; id sacrificium *describitur* 63, 37 *seqq.*; in fine victimæ partibus vescuntur, *ib. l.* 54 *seq.* Βουκόλων urbs (Nicochis?) deleta, *Ach.* 78, 22. Βουκόλων rex, *Ach.* 61, 21. Ægyptii latrones, *H.* 225, 36; 318, 23; nigri, 227, 15. Ægypti satrapa, a Magno Rege missus, *H.* 261, 15; 266, 45; 302, 3b; Memphi habitans, *H.* 324, 30; 329, 9. Ægypti satrapa (sive præfectus), *Ach.* 74, 4. Ægypti præfectus, *X.* 207, 52; 209, 8 *et* 20; 210, 1, 8; 213, 27; 214, 47. Ægyptiaca lingua, *H.* 238, 37; 328, 22. Ægyptiaca gleba quovis telo perniciosior, *Ach.* 62, 38 *seqq.* Ægyptiacæ plantæ, *H.* 265, 31. Ægyptii canes quales, *X.* 211, 2. Ægyptii boves; *vide* Nilotici. Ægyptus *memoratur X.* 188, 45; *Ap.* 619, a, 13; 627, a, 2.

Æneas, pater Cyzici, *Parth.* 19, 37.

Ænianes, Thessalicæ gentis nobilissimi et plane Græci, ab Hellene Deucalionis orti, ad Maliacum sinum, *H.* 268, 36-40. Eorum metropolis Hypata, *ib.* 41. Cur in honorem Neoptolemi Delphos mittant theoriam ἐναγισμοῦ quavis panegyri Pythica, *ib.* 44 *seqq.*; 269, 15 *seqq.* 40. Ejus theoriæ ἀρχιθέωρος, *H.* 268, 33.

Ænigmata *versibus scripta multa*, *Ap.* 623 *extr.*, 624.

Æolus rex in insula Meligunide hospitio excipit et admiratur Ulyssem, qui cum filia ejus Polymela concumbit; quod pater quum sero rescierit, valde irascitur, *Parth.* c. 2, p. 4. Ejus filius Diores, *Parth.* 4, 36.

Aeropes furtum, *Ach.* 32, 31.

Æsculapii donum φάρμακον, *Ach.* 77, 46.

Æstas. Voluptates æstivæ, *L.* 163, 1 *seqq.* Æstatis descriptio, *L.* 139, 10 *seqq.*

Æthiopes nigri, *H.* 288, 18; 397, 17, 29; 403, 4. Aliquis niger κατ' Αἰθίοπα, *E.* 542, 51. Æthiops νόθος seminiger, *Ach.* 61, 13. Æthiopes orientales et occidentales, *H.* 375, 33 *seq.* Æthiopum patrii dii, Sol, Luna, Bacchus, *H.* 389, 39. Æthiopici heroes Memnon, Perseus, Andromeda, *H.* 391, 47 *seq.* Æthiopiæ regum πρόγονοι : Sol, Bacchus, Perseus, Andromeda, Memnon, qui regia struxerunt et suarum rerum picturis exornarunt, *H.* 288, 2 *seqq.* Æthiopum rex Solis sacerdos, regina Lunæ, *H.* 390, 49-51; 401, 25-28. Quare horum deorum sacris interdictum sit ceteris præter sacerdotem Lunæ mulieribus, *H.* 390, 43 *seqq.* Æthiopum rex *memoratur H.* 261, 21; 355, 14. Æthiopes rhombis et tympanis pugnæ signum dant, *H.* 381, 33 *seq.* Æthiopum regis exercitus ingens, *H.* 371, 42 *seq.* Primos captivos, ut primitias belli, in victoria immolant, *H.* 372, 2 *seqq.*; 386, 47 *seqq.*; 387, 40; 388, 5, 18 *seqq.* De solis autem victoriis, quas de hostibus reportarunt, immolant homines ex captivis ad hoc destinatis, *H.* 392, 22 27; Soli quidem purum juvenem, Lunæ virginem, *ib.* 48 *seqq.*; 393, 2. Æthiopicæ litteræ aliæ demoticæ, aliæ regiæ, similes hieraticis Ægyptiorum, *H.* 287, 41 *seqq.*; 396, 52. Æthiopes piratæ, ferum genus, *E.* 568, 47 *seqq.* — Æthiops, elephanti ductor, *Ach.* 70, 42; pro flagello gerit ferream πέλεκυν, *ib.* 44.

Æthiopia, *H.* 389, 8; *X.* 208, 21, 23; flagrans, *E.* 531, 32. Æthiopiæ finis naturalis Cataractæ minores Nili, *H*, 355, 26; 388, 29-31. Æthiopiæ montes, *X.* 208, 25. Ex his montibus, Libyæ extremis, descendit Nilus, *H.* 264, 9. Qnare Æthiopia, unde Nilus, Ægyptiis habeatur deorum mater, *H.* 365, 35 *seqq.* In Æthiopia vile aurum et lapides pretiosi, *H.* 386, 17 *seq.* Magna ibi auri copia, *H.* 372, 12 *seqq.* Æthiopicæ plantæ, *H.* 265, 31. Æthiopicæ merces, *H.* 293, 16. Æthiopici lapides, *H.* 366, 22. Æthiopica amethystus, *H.* 305, 18. Æthiopica avis phœnix, *Ach.* 68, 26, 33, 52.

Ætna : ibi degebat Daphnis, *Parth.* 20, 11.

Ætolici scopuli, *H.* 297, 39.

Æthra, post captam Trojam, educavit Munitum, *Parth.* 14, 33.

Αἰδώς. *Vide* Pudor.

Agamemno, *E.* 565, 48, cœlesti erat pulchritudine, *Ach.* 32, 42 *seqq.* Chryseidem amat, *Ach.* 32, 32. A Clytæmnestra occisus, *ib.* 39.

Agrigenti tyranni, *C.* 417, 20.

Alanorum exercitus mercede stipendia faciens regi Babyloniæ, *J.* 522, 9, 14.

Alastor, ex Nelidis, sponsus Harpalyces, cujus pater jam ductam ei eripuit, *Parth.* 12, 15 *seqq.*

Alcibiades pulcher a fictoribus pictoribusque positus, *C.* 415, 15.

Alcinoe, filia Polybi Corinthii, uxor Amphilochi Dryantis filii; ejus historia, *Parth.* c. 27, p. 19.

Alcinous (Homericus), *C.* 434, 4. Alcinoi hortus, *E.* 524, 11.

Alcmenen causa Juppiter ἔκλεψε τρεῖς ὅλους ἡλίους, *Ach.* 55, 7. Alcmenam ab Jove amatam manebat luctus et fuga, *Ach.* 54, 34.

Alexander (Paris), Priami filius : ejus matrimonium prius cum Œnone fatidica, Cebrenis filia, et mortis genus *narratur Parth.* c. 4, p. 5. Pater Corythi ex Œnone, *Parth.* 22, 1 ; sed secundum Nicandrum ex Helena, *ib.* 5 *seqq.*

Alexander (Magnus) Tyrum cepit et incendit, *AD.* 511, 4 *seqq.* Alexandri dictus locus Alexandriæ, *Ach.* 79, 41. Alexander (Ætolus); versus triginta quattuor ex ejus « Apolline », *Parth.* 13, 7 *seqq.*

Alexandria, magna urbs Nili, *Ach.* 52, 41. Quæ *describitur Ach.* 79, 33-80, 9. *Memoratur X.* 205, 36, *etc.*

Alphei et Arethusæ amor, *Ach.* 38, 21-30.

Amethystus Æthiopica, *H.* 305, 18, pulchior Ibericâ et Britannicâ, *ib.* 20. Quæ genera amethysti *describuntur et comparantur ib.* 21-29. Vere est ἀμέθυστος, quippe homines sobrios in conviviis servans, *ib.* 30 *seq.*

Amicus, ἄλλος αὐτός, *E.* 525, 20.

Amor, filius Jovis, *E.* 596, 45 ; maximus deorum eorumque sæpe victor, *H.* 289, 47. Amor imperium habet in deos omnes et Jovem ipsum, *C.* 476, 20 *seq.* Amoris pueri venustissima *descriptio*, *L.* 144, 1-145, 2. Ejus summa potentia *exponitur ib.* 145, 6-28. Amor quomodo fictus cernatur, *C.* 461, 26-28. Amor cur alatus pingatur, *H.* 282, 42 *seq.* Amor alatus cum pharetra et face, *Ach.* 28, 44. Amor sagittarius matris jussa exsequitur, *Ach.* 123, 35 *seqq.* Amoris arma et potentia, *E.* 567, 15-23, 29. Amoris currui insidentis cum ingenti comitatu pictura *describitur E.* 530, 40-532, 18 ; 533, 12-18; 591, 22-41. Amoris habitus, *L.* 133, 12 *seq.*, et habitus militaris, *Ach.* 40, 51 *seq.* Amoris arma, *E.* 533, 29 *seqq.*; 534, 23 *seqq.*; 539, 1 *seqq.* Amoris templum sive simulacrum, *X.* 133, 27. Amor deus φιλόνεικος et superbis inexorabilis, *ib.* 32 ; αὐτοδίδακτος, αὐτοσχέδιος σοφιστής, *Ach.* 34, 4 ; 94, 44 ; magnos fa-

INDEX HISTORICUS.

ciens sophistas, *L.* 172, 52; ἀναιδείας πατήρ, *E.* 536, 32. Amor νυμφαγωγός, *C.* 440, 43. Amor Ποιμήν, *L.* 179, 31. Amores varie ludentes circa Venerem, *X* 187, 27-30. — Quibus signis cognoscatur amor, *H.* 286, 42-47.
Amphictyones judicant, ἀθλοθετοῦσι, ludis Pythicis, *H.* 282, 6, 28.
Amphilochus, Dryantis filius, maritus Alcinoes, *Parth.* 19, 22.
Amphion in servitute natus, *C.* 437, 12.
Amphitrite, uxor Neptuni, *Ach.* 87, 23; *E.* 567, 24, 568, 15. Amphitritæ νέποδες, *E.* 531, 35.
Amyclas, pater Daphnes, *Parth.* 13, 43.
Anchises bubulcus a Venere amatus, *L.* 172, 46.
Andriscus in primo libro Naxiacorum *excerpitur Parth.* c. 9, *p.* 9 *et* 10. Idem in secundo libro Ναξιακῶν *excerptus Parth.* c. 19, *p.* 16.
Andromeda a Perseo servata, pictura Euanthis, *accurate descripta Ach.* 59, 18-60, 26. Andromedæ pictura in regia, *H.* 397, 47 *seqq. Vide* Æthiopes, Perseus.
Anni laborum per singulos menses pictura allegorica *singulatim describitur E.* 540, 43-544, 45.
Antheus, Halicarnassensis, ex regio genere; ejus historia, *Parth.* c. 14, *p.* 12.
Antheus, filius regis urbis Assesi et Hellamenes, *Parth.* 13, 13 *et* 36.
Anthippe, Chaonis; ejus historia, *Parth.* c. 32, *p.* 21.
Antileo; narratur ejus amor in Hipparinum, quo amore a tyranno liberata est Heraclea urbs, *Parth.* c. 7, *p.* 7 *et* 8.
Antiochia urbs, *X.* 197, 5; *Ap.* 611, a, 1; b, 30, *etc*; 627, a, 30 *seqq.*
Antipater (Macedo), Philæ pater, Balagri socer, *AD.* 511, 4.
Antiphanes [comicus] τερατολόγος a Diogene memoratur, 511, 52 *seq.*
Antoninus Imperator Verum mittit contra Vologæsum Parthum, *J.* 518, 23 *sqq.*
Aper : vulnus ex apri morsu quale, *Ach.* 106, 41-46.
Apis : ejus templum Memphi celeberrimum, *X.* 214, 25; ubi Apis vaticinatur consulentibus, *ib.* 26, quomodo, *ib.* 27-30.
Apollo, *H.* 229, 42. Ei arcus et pharetra ὅπλον οἰκειότατον, *H.* 301, 25 *seq.* Apollo χρησιμῳδός, *E.* 586, 52. Apollinis fatidici fanum Colophone, *X.* 186, 37 *seq.* Apollo oraculum dans ad fontem Daphnæ, *E.* 588, 41-45. *Adde* Daphnius. Apollo Daphnen amat et Leucippum perdit, *Parth.* 14, 1 *seqq.* Apollo Daphnen persequens, *Ach.* 30. 45 *sqq.;* lauro coronatus, *ib.* 47. Apollinis ara, templum, oraculum et festum Daphnæ, *E.* 571, 47 *sqq.;* 574, 40-50; 593, 17 *sqq.;* caduceatores, κήρυκες, ejus festi, *ib.* 574, 52 *seqq.* Apollo amavit Branchum caprarium, *L.* 172, 47. Apollo Laomedonti serviens, *L.* 171, 24. Apollinis ira (in Iliade), *E.* 565, 49. Apollo idem qui Sol, *H.* 410, 18. Apollo Σωτήρ, *E.* 590, f; 593, 45. — *Adde* Ephesus.
Apollo inscriptum carmen Alexandri Ætoli, *Parth.* 13, 8.
Apollodorus, titulus operis Euphorionis, *Parth.* 19, 36.
Apollonium (Apollinis templum Delphis), *H.* 280, 39.
Apollonius Rhodius in Καύνῳ *excerpitur Parth.* c. 1, *p.* 3 *et* 4. Idem in eodem libro *excerptus Parth.* c. 11, *p.* 11. Idem in libro primo Argonauticorum *excerptus Parth.* c. 28, *p.* 20.
Apriate, puella Lesbica; ejus historia, *Parth.* c. 26, *p.* 19.
Apterus, unus ex Cretensium principibus, cui desponsata Cydonis filia, *Parth.* 22, 12. Lycastum, qui hanc vitiaverat, ex insidiis interficit et Termera ad Xanthum fugit, *ib.* 25 *sqq.*

Aquitani, *AD.* 508, 21. Apud eos duo reges mutuis vicibus regnantes, *ib.* 26.
Arabes Felices : apud eos thus, casia, cinnamomum, *H.* 403, 37 *sqq.*
Aradus, *C.* 488, 18, insula triginta stadiis remota a continente, cum vetusto templo Veneris, *ib.* 19 *seq.*, 25. *Memoratur præterea C.* 490, 6, 20; 492, 51; 493, 26; 497, 30, 32.
Arcadia, *AD.* 507, 41· Τὸ κοινὸν τῶν Ἀρκάδων, *ib.* 42.
Arcas, *H.* 283, 9.
Ἀρχιευνοῦχος, *H.* 356, 50; 359, 41.
Ἀρχιοινοχόοι, ἀρχιτρίκλινοι Persarum, *H.* 354, 12 *seq.*
Areopagus, *C.* 424, 45.
Aretadas *excerptus Parth.* c. 13, *p.* 12.
Arethusæ et Alphei amor, *Ach.* 38, 21-30.
Areus vicus, Ἄρεια κώμη Ægypti, *X.* 213, 9 *et* 21.
Arganthone, Cia, pulchra mulier; ejus historia, *Parth.* c. 36, *p.* 2.
Argivi, *Parth.* 12, 23; 17, 23.
Argo, *Parth.* 20, 2.
Argos, *Parth.* 12, 7 *et* 20; *X.* 212, 14.
Ariadne, *C.* 453, 37. Ariadne Theseo adempta a Baccho, *C.* 442, 40. Ariadne dormiens, *L.* 167, 46; *C.* 420, 47; et sponsus Bacchus, *C.* 491, 26 *seq.*
Arion a delphino servatus, *Ach.* 100, 50.
Aristo, Œtæorum præfectus; ejus uxoris historia, *Parth.* c. 25, *p.* 18.
Aristocritus « de Mileto » *excerptus Parth.* c. 11, *p.* 11.
Aristodemus Nysæensis in primo libro Historiarum *excerpitur Parth.* c. 8, *p.* 8 *et* 9.
Aristophanis comici lectione imbutus sacerdos Dianæ Ephesiæ, *Ach.* 120, 9. Aristophanes *citatur E.* 596, 25, *et suppresso nomine E.* 563, 5.
Aristoteles *excerptus Parth* c. 14, *p.* 12.
Armenia, *C.* 463, 9. Armeniæ Magnæ rex Sοæmus, *J.* 518, 25.
Armenii equi, ad pompas et festa nutriti, *H.* 355, 8 *seq.*
Arsacides, *J.* 518, 22.
Artabri, apud quos mulieres bellant, viri οἰκουροῦσι, *AD.* 508, 30 *sq.*
Artaxerxes rex, *C.* 459, 53.
Arundo ingens Meroæ *describitur H.* 391, 3-9, 27, 41-45.
Asasobas. *Vide* Astaboras.
Asclepiades Myrleanus in libro primo Bithyniacorum *excerptus Parth.* c. 35, *p.* 22.
Asia, *C.* 447, 26, *fortasse Minor*, *ut X.* 183, 12; 201, 34.
Assaon, secundum nonnullos pater Niobes; ejus historia, *Parth.* c. 33, *p.* 21.
Assesus; ejus urbis rex pater Anthei, *Parth.* 13, 13.
Assyrium mare, *Ach.* 27, 1.
Assyrius modus volubilis πηκτίδων ad saltationem, *H.* 293, 48 *seq.*
Astaboras et Asasobas, fluvii navigabiles Meroen cingentes, et conjuncti in Nilum incidentes, *H.* 391, 2 *et* 12-17.
Astarte dicta a Sidoniis Phœnicum dea, *Ach.* 27, 10. *Vide* Tyrii.
Astræus apud Getas in magna existimatione, Zamolxidis amicus, *AD.* 509, 17 *seq.*
Astyri populus, *AD.* 508, 33 *sqq.*
Athenæ, urbs magna et dives, *C.* 424, 36-39. Athenæ aureæ, *E.* 523, 4. Ibi βουλὴ ἡ ἄνω (Areopagus), *H.* 230, 33.
Athenagoras rhetor, cujus ὑπογραφεὺς Charito, *C.* 415, 1.
Athenienses πολυπράγμονες, garruli, φιλόδικοι, *C.* 424, 42 *seq.* Delphos mittunt ἱερομνήμονας, *H.* 263, 14.

Athenienses a Syracusanis victi, *C.* 415, 4 : quæ clade Sicula populis omnibus nota, *C.* 485, 9 *seq.* — Atheniensis, *H.* 230, 22 *et* 33.
Attica, *H.* 235, 39 ; *C.* 424, 30. — Atticus πεζομάχος strenuus, *H.* 250, 21.
Augurium, *J.* 522, 36-39.
Auroræ cubile canunt cicadæ, *Ach.* 37, 26.
Aurum apud Æthiopes in vulgari usu, ut apud alios ferrum, *H.* 372, 12 *sq.*
Autumnus *describitur L.* 142, 41 *seqq.*
Aves hibernæ *enumerantur L.* 156, 39 *seqq.*
Axiomitæ, Æthiopum amici, non tributarii, *H.* 404, 4 *sq.*; apud eos camelopardalis, *ib.* 7 *seqq.*

B.

Babylon, *C.* 463, 14, 51 ; 464, 8, 12, 51 *etc.*; *J.* 515, 20. Est sedes Magni Regis, *H.* 303, 14.
Babylonii quid faciant in itinere mortuorum cadavera offendentes, *J.* 516, 25-29. Babylonia σκηνή in thalamo nuptiali (tapetibus pictis structa), *X.* 187, 27. Babylonia tapetia, *C.* 499, 42. Babylonium textum, *C.* 477, 50 ; 492, 41 ; χρυσοϋφές, *ib.* 496, 53. Babyloniæ vestes, *X.* 196, 27. — Babylonius Iamblichus, 518, 19.
Bacchæ saltantes, *L.* 167, 49.
Bacchiadæ fortes, βριαροί,,*Parth.* 13, 18.
Bacchicus furor, *H.* 325, 10.
Bacchus, ex Atheniensium fabula, olim ab Icario exceptus, *Ach.* 39, 40. Bacchus quomodo Tyriis primis, a bubulco exceptus, vinum ostenderit, ex Tyriorum traditione *narratur Ach.* 39, 31-40, 11. Bacchi προτρυγαίου festum apud Tyrios, *Ach.* 39, 31. Bacchi festum vindemia, vini natales, *L.* 143, 10. Baccho in convivio canunt et libant viri, Cereri mulieres, *H.* 306, 23 *seq.* Bacchus fabulas et comœdias amat, *H.* 260, 48. Baccho omnis generis animalia sacrificant Æthiopes, διὰ τὸ πάνδημον τοῦ θεοῦ, *H.* 392, 8 *seqq.*; 393, 3, 25. Bacchi sacrum hieme, *L.* 137, 52 ; 158, 15 *et* 35. Bacchus, libertatis pater, *Ach.* 115, 20 *seq.* Bacchus imberbis, *L.* 16, 46 ; Satyris superior, *ib.* 47. Bacchus Ariadnen Theseo abripuit, *C.* 442, 40. Bacchi filius Staphylus, *Parth.* 3, 30. Bacchi templum et ara, cum Bacchicis picturis, quæ enumerantur, *L.* 167, 43 *sqq.* Bacchus poculo insculptus, *Ach.* 40, 22. — *Vide* Æthiopes.
Bactra, *C.* 462, 45 ; 465, 38 ; 482, 18.
Balagrus (dux Alexandri Magni), maritus filiæ Antipatri Philæ, in obsidione Tyri, *AD.* 511, 2 *seqq.*
Barbari natura sunt superstitiosi, *X.* 207, 12.
Basilus, filius Lyrci et Hemitheæ, et regni successor, *Parth.* 4, 19.
Bellerophon ; ex ejus posteris Xanthius et Leucippus, *Parth.* 6, 1.
Bellum : πόλεμος καινουργὸς ἀεί, *H.* 374, 46.
Berenice, Ægyptiorum regis filia ; ejus amores feri et incesti, *J.* 520, 34-36 ; postea regina, 521, 39 *seqq.*
Berytus urbs, *Ach.* 52, 34 ; cum portu, *ib.* 37.
Bessa, vicus, *H.* 321, 31 ; 326, 32 ; 328, 4, 7 ; 331, 46.
Bessaenses, latrones, *H.* 321, 35 ; 333, 31, 35 ; 334, 8, 22, 33, *etc.*
Bithyniaca scripsit Asclepiades Myrleanus, *Parth.* 22, 11.
Blemmyes, hoplitæ, *H.* 381, 30, 42, 53, *etc.*; corum sagittæ ex draconum ossibus, *H.* 403, 44 *seq.*
Bœotia, *Parth.* 21, 34.
Boreale sub polo cœlum *describitur :* Ursa in vertice, nox per mensem, per sex menses, denique per annum producta, atque itidem dies ; luna propinqua, *AD.* 510, 9-20.

Bos natare scit, *L.* 141, 47 ; perit tamen in aqua, si ungulæ decidunt, *ib.* 49. Hinc multi maris loci « Bospori » dicti, *ib.* 51.
Bosporus. *Vide* Bos.
Βουκόλοι. *Vide* Ægyptus.
Branchus caprarius ab Apolline amatus, *L.* 172, 47.
Brasidas Lacedæmonius, *C.* 494, 28.
Bretannus Celta, pater Celtines, *Parth.* 20, 23.
Briseis, *Ach.* 32, 33.
Britannica amethystus, *H.* 303, 20 *seqq.*
Bybastus urbs, in qua Staphylus, Bacchi filius, *Parth.* 3, 30.
Byblinum vinum, *Ach.* 39, 35.
Byblis, filia Mileti ; ejus historia, *Parth. c.* 11, *p.* 11.
Byblis fons, ortus ex lacrymis Byblidis, *Parth.* 11, 33.
Byzantii. Lex apud eos : si quis virginem vitiasset, nulla alia pœna teneri quam ut ducat uxorem, *Ach.* 44, 38 *seqq.* Oraculum iis datum, initio belli cum Thracibus, de Hercule Tyrio placando, *ib.* 45 *seqq.* In bello Thracibus superiores discesserunt ob ἐπιφάνειαν Dianæ Ephesiæ, *Ach.* 111, 49 *seqq.* Victores, eo bello profligato, theorias mittunt ad Herculem Tyrium et Dianam Ephesiam, *Ach.* 127, 12 *seqq.*
Byzantium, *Ach.* 29, 18 *et* 47 ; *X.* 210, 5, 20, 26. A Thracibus bello infestatum, *Ach.* 29, 51.

C.

Cadmus Tyrius : ex eo Bacchus, *Ach.* 39, 32. Cadmus et Harmonia ex Bœotia discedunt, *Parth.* 21, 34.
Caduceatores, κήρυκες, in Diasiis, *E.* 523, 8 *seqq.* Iis lavantur pedes ab iis ad quos missi sunt, *E.* 527, 7-11.
Calceamentum sacrum, ἱερὸν πέδιλον, caduceatoris Diasiorum, *E.* 540, 10 ; 546, 47 ; 548, 30 ; 573, 5 (ἀρθύλη).
Calchus, regulus Daunius ; ejus historia, *Parth. c.* 12, *p.* 11.
Calculus per digitos, *H.* 280, 7 *seq.*
Calydonium fretum, *H.* 307, 13, in quo mare turbulentum, *ib.* 14 *seq.*: cujus rei causa physica *exponitur ib.* 18-30. Calydonii scopuli, *H.* 297, 40.
Camelopardalis, Axiomitarum regionis animal , *describitur H.* 404, 7-31.
Camelus sacra Tigrim et Euphratem trajiciens ex insula Veneris, atque eo rediens, *J.* 518, 48 *seqq.*
Campus sacer, ὀργάς, in quem animalia sacrificanda prius mittebantur, *H.* 390, 14 *seq.*
Candaules ab uxore occisus, *Ach.* 32, 35.
Canes Ægyptii, magni et terribiles, *X.* 211, 2.
Cappadocia, *X.* 200, 10 *et* 21.
Cappadocum lingua, *X.* 200, 26.
Caprarii habitus, *L.* 171, 21 *seqq.* *Vide* Pastor.
Capros (?), Κάπρος (*al.* Κράγος) Ὑλγενές, *Parth.* 11, 13.
Caria, *C.* 448, 41 ; 454, 14 ; 468, 1, 24. Cariæ satrapa, *C.* 453, 32, 45, *etc.* Caria sacra balnea, *ex poeta Parth.* 11, 13. Caricam naviculam habent Tyrii piratæ, ne barhari videantur, *L.* 140, 42.
Carthago Libyum, *H.* 293, 15 *seq.* — Carthaginienses, *H.* 309, 20.
Casius. *Vide* Juppiter.
Caspium mare, *AD.* 507, 10.
Cassamenus, Thrax, Naxo profectus multas Græciæ regiones populatur ; ejus amor Pancratûs, *Parth. c.* 19, *p.* 16.
Castalia, *H.* 263, 20.
Catadupa Nili, *H.* 395, 65. Ibi sacerdotes, *H.* 264, 36 ; 267, 38. *Forma* Κατάδουποι, *ib.* 265, 15.
Cataphracti viri et equi et eorum pugnandi rationis *accuratissima descriptio* (*medii ævi Equites prorsus referens*), *H.* 380, 22-381, 14.

INDEX HISTORICUS. 633

Catarractæ Nili ultra Syenen, *H*. 371, 32; 389, 12. Catarractæ minores Nili, *H*. 355, 21, ab Æthiopibus pro limite Æthiopiæ habebantur, *ib*. 26.
Catena aurea, *proverbialiter*, *E*. 524, 20.
Caunia (Cauni regio), *Parth*. 4, 20.
Caunus, Mileti filius; ejus historia, *Parth*. c. 11, *p*. 11.
Caunus urbs, a Cauno, Mileti filio, condita et appellata, *Parth*. 11, 5 *et* 22. Cauni urbis rex Ægialus, *Parth*. 3, 18; 4; 13. — Καύνου κτίσις, liber Apollonii Rhodii, *Parth*. 11, 1; qui *citatur* « Καύνῳ » *Parth*. c. 1.
Cavaras, nomen Galli potentis, qui Erippen abduxerat, *Parth*. c. 8 *in inscriptione*, *p*. 8.
Cebren, pater Œnones, in Ida, *Parth*. 5, 14, 30.
Celæno, mater Tragasiæ, uxoris Mileti , *Parth*. 11, 8.
Celtæ, *Parth*. 20, 22; populus ferus et stultus, *AD*. 508, 18. *Vide* Celtus.
Celtine, Bretanni in Celtis filia; ejus historia, *Parth*. c. 30, *p*. 20:
Celtus, filius Herculis ex Celtine Bretanni filia, unde appellati Celtæ, *Parth*. 20, 30.
Cenotaphiorum antiquus ritus apud Græcos , *C*. 453, 6.
Centaurorum et Lapitharum pugna, *H*. 272, 1.
Cephalenes, *H*. 311, 7.
Cephalenia, *C*. 444, 13. Cephalenæorum regio, *H*. 293, 23.
Cephalo Gergithius in Troicis *excerpitur Parth*. c. 4, *p*. 5. Idem *excerptus Parth*. c. 34 , *p*. 22.
Cercasori, vici Ægyptiaci, situs *describitur Ach*. 74, 13 *seqq*.
Ceres, *L*. 171, 9. Cereri hymnum saltant mulieres in convivio, Baccho canunt et libant viri, *H*. 306, 23 *seq*.
Chalcidicus lapis, *E*. 525, 7.
Chaldæus, *J*. 517, 3.
Chaones, *Parth*. 21, 4. Regis sui filium Cichyrum honorantes urbem Cichyrum condunt, *ib*. 20 *seqq*.
Charito Aphrodisiensis, Athenagoræ rhetoris ὑπογραφεύς , *C*. 415, 1.
Chemmis, vicus ad Nilum in colle munitus, dives, hominibus frequens , *H*. 255, 52 *seqq*.; stadiis ferme centum a palude Βουκόλων ad meridiem distans, *H*. 257, 1 *seqq*.; 258 , 30. *Memoratur H*. 300 , 47; 321, 49; 327, 33. Chemmitis, *H*. 321, 15.
Chilonis, uxor Cleonymi Laconis ex regio genere , ejus historia, *Parth*. c. 23, *p*. 17.
Chium vinum ex Lacæna (vite), *Ach*. 39, 36.
Chius Glaucus, *Ach*. 40, 16. Chius lapis, *E*. 524, 53. (Chius) insula, sub Œnopione, feris infestata pacatur ab Orione, *Parth*. 16, 18. Chius (*vox depravata*) et Tyrus, *C*. 497, 31.
Chloe, nomen pastorale, *L*. 133, 11.
Chryseis, *Ach*. 32, 32; *E*. 565, 48.
Cicada capta, ad canendum inclusa, *L*. 136, 6.
Cichyrus, Chaonum regis filius, imprudens occidit Anthippen, *Parth*. 21, 11 *seqq*. Cujus de ea nece valde dolentis in honorem eo in loco condunt urbem Cichyrum, *ib*. 20 *seqq*.
Cilices mercatores , *X*. 198, 41. Apud piratas Cilices Marti sacrum fit hostiis humanis, quomodo, *X*. 199, 21-29 ; 202, 24.
Cilicia, *X*. 198, 44; 199, 15, 18, *etc*.; *C*. 462, 19. In Cilicia magistratus eligitur paci servandæ præpositus, εἰρήνης προεστώς, ἀρχων τῆς εἰρήνης τῆς ἐν Κιλικία, *X*. 199, 31; 206, 10.
Cimmerii, apud quos Infera spectari possunt, *AD*. 507, 34 *seq*.
Cinnamomifera regio, *H*. 382, 54. Cinnamomiferæ regionis sagittarii, reticulato tegmine capitis pro pharetra utentes et ex osse (ὀστῷ) tergi draconis sagittam (ὀϊστόν)

parantes, *describuntur H*. 383, 2-23. *Vide* Troglodytice.
Circe , quomodo Calchum, regulum Daunium, amatorem tractaverit, *Parth*. c. 12, *p*. 11.
Cirrha, *H*. 263, 4.
Cirrhæi sinus, *H*. 397, 38.
Cius; ibi aliquamdiu degit Rhesus, *Parth*. 22, 30 *seqq*.
Cladis in Ægypti paludibus *descriptio Ach*. 76, 6-33.
Cleoboea, aliis Philæchme, uxor Phobii; ejus historia, *Parth*. c. 14, *p*. 12.
Cleonymus Lacon ex regio genere , Chilonidis maritus, quare , post multa pro Lacedæmoniis præclare gesta , in Epirum abierit ad Pyrrhum eumque ad Peloponnesum invadendam excitaverit, *Parth*. c. 23, *p*. 17 *et* 18.
Climatis orientalis et meridionalis limes, *H*. 264, 11.
Clite, Κλείτη, uxor Cyzici , Æneæ filii; ejus historia, *Parth*. c. 28, *p*. 19.
Clitus, procus Pallenes , quomodo ea sit potitus, *Parth*. 7, 8-31.
Clymenus, Argivus, Telei filius, Epicastes maritus, pater Idæ, Theragiri, Harpalyces; ejus historia, *Parth*. c. 13, *p*. 12.
Clytæmnestra occidit Agamemnonem, *Ach*. 32, 39.
Cnidus, *X*. 189, 50.
Codrus. Codro nobilior, *proverb*., *Ach*. 100, 37.
Cœlesyria, *C*. 485, 30.
Colophon, ab Epheso octoginta stadiorum διάπλῳ distat , *X*. 186, 38. Ibi fanum Apollinis, *ib*. 37.
Comœdia *citatur E*. 596, 24.
Concordiæ, Ὁμονοίας, templum Mileti, *C*. 441, 53; in quo sponsas accipiebant ducturi, *ib*. 54 *seq*.
Conops, servi nomen, *Ach*. 47, 51.
Κόπος (Fatigatio) *describitur E*. 552, 26-35.
Coptus, urbs Ægypti Æthiopiæ vicina , *X*. 208, 20; 209, 42; 213, 17, 52. Per eam multi transeunt in Æthiopiam vel Indiam profecturi, *X*. 208, 22 *seqq*.
Corinthii, *C*. 486, 33. Corinthius Polybus, *Parth*. 19, 21. Corinthius Periander, *Parth*. 14, 37.
Corinthus, *Parth*. 13, 17; *X*. 212, 15.
Cornelius. *Vide* Gallus.
Corythus, Alexandri et Œnones filius; ejus historia, *Parth*. c. 34 , *p*. 22. Secundum Nicandrum , Alexandri filius ex Helena , non ex Œnone, *p*. 22, 7 *seqq*.
Cos, *X*. 189, 48.
Creta, *Parth*. 22, 11; *Ach*. 27, 16; *X*. 218, 51; 219, 4, *H*. 311, 43; 312, 3; *C*. 445, 42; *AD*. 507, 31; insula dives et magna, *C*. 443, 10. In eam proficiscuntur Thessali, Admeti regis tempore, *Parth*. 6, 31 *coll*. 38. Creticæ urbes in Cydonem insurgunt, *Parth*. 22, 14.
Cretinæeum , locus in agro Ephesino , quo habitatum concessit Leucippus, *Parth*. 6, 33.
Crissæus sinus, *H*. 263, 4; 307, 20.
Crocodilus *describitur Ach*. 79, 1-31. Habet tot dentes, quot dies anni , *ib*. 27. Crocodilus a dextra ad sinistram natans est mali ominis, *H*. 31. Ibi 29 secta navigia.
Crœsus auxilia contra Cyrum contracta habet, *Parth*. 17, 30. Ejus filia Nanis Sardium arcem Cyro prodit, *ib*. 27 *seqq*. Crœsi currus, *E*. 530, 39. Crœso opulentior, *proverbiale*, *Ach*. 100, 37.
Crux profana, *O*. 454, 45 *seqq*.; 456, 20 *seqq*., 50. Quali modo noxii in Ægypto cruci suffigantur, *X*. 208, 34 *seqq*.
Cursus armati certamen in Pythicis; ejus *descriptio*, *H*. 282, 46-283, 30, 44 *seqq*.
Cyanippus, filius Pharacis Thessali, maritus Leuconēs, venationi vehementer deditus, quomodo uxorem perdiderit et se ipse occiderit, *narratur Parth*. c. 10, *p*. 10.
Cydon, pater Eulimenes , quam Aptero Cretensi despon-

dit, *Parth.* 22, 11 *seqq.* Adversus eum insurgunt Creticae urbes, *ib.* 14. Oraculum quale ei datum fuerit, *ib.* 15 *seqq.* Quid imperarit in filia immolanda, *ib.* 23 *seq.*
Cyprus, *X.* 218, 51; 219, 5; *C.* 493, 50, 496, 1; 500, 14. Cyprus anguifera, *Parth.* 12, 12. Cyprii boves deformes, *Ach.* 46, 11.
Cyrene, *Ap.* 626, b, 37.
Cyrus in servitute natus, *C.* 447, 13. Primus Persarum rex, quae de exercitu per imperium cogendo constituerit, *C.* 482, 25-33. Sardium arcem capit per proditionem Nanidis, filiae Croesi, *Parth.* c. 22, *p.* 17.
Cyzicus, Aeneae filius; duplex de eo historia, *Parth.* c. 28, *p.* 19.

D.

Daedali manus, *proverbialiter*, *E.* 524, 42.
Daemonium homines ludificans, *H.* 300, 7-13.
Danaen ab Jove amatam manebat arca et mare, *Ach.* 54, 34; 55, 5.
Daphne, Amyclae filia; ejus historia, *Parth.* c. 15, *p.* 13.
Daphnes Apollini amatae mythus, *E.* 574, 40-50. Daphne, persequente Apolline, in laurum mutata, *Ach.* 30, 42 *seqq.*, beneficio Telluris, quae eam suscepit, *E.* 597, 4 *seqq.*
Daphnepolis, Apollini sacra, *de qua multa E.* 571, 47 *seqq.*, *haud dubie est* Daphne Syriae. Ibi festum Apollinis ad aram Daphnae amatae proximam, *E.* 574, 39 *seqq.* Nulla ibi Diasia, *ib.* 9.
Daphnis, Mercurii filius in Sicilia natus; ejus historia, *Parth.* c. 29, *p.* 20. Daphnis, nomen pastorale, *L.* 132, 25.
Daphnius (Apollo), *E.* 584, 46; 587, 4; 589, 28.
Dardanum oppidum, *Parth.* 14, 26.
Daunii : eorum regulus Calchus, *Parth.* 11, 36, 37. Daunii invadunt insulam Circes, *Parth.* 12, 3.
Delium templum suburbanum Naxi, *Parth.* 9, 22.
Delphi, *H.* 252, 50, urbs Graeca, cujus laus *celebratur H.* 262, 52-263, 3, 7-23, 40-45. Ei Parnassus imminet ut acropolis, *H.* 263, 9. Delphicus populus tubae sono ad comitia (σύγκλητον ἐκκλησίαν) convocatus, *H.* 295, 46. Delphi peregrino, si cui intranti deus statim respondet, in area templi habitare concedunt, et publicis eum sumptibus sustentant, *H.* 263, 34-39. Donaria Delphici templi expilavit Phayllus, *Parth.* 18, 33. Templum ibidem Minervae Προνοίας, *ib.* 36.
Delta Aegypti, *Ach.* 68, 14 *et* 17.
Delus : ibi agones musici et gymnici, ad quos theoriam mittunt Ephesii, *H.* 240, 9 *seq.*
Demetrius philosophus Aegyptius, *C.* 495, 40 *seqq.*
Deucalion, Hellenis pater, *H.* 268, 39.
Deus adversarius, ἀντίθεος, *H.* 287, 28.
Dia, *Parth.* 11, 12.
Diana, *H.* 225, 42; *E.* 579, 6; virgo, virginibus praesidens dea, virginum tutela, *Ach.* 69, 14; 104, 12; 116, 17 *sq.* Per eam juvenis jurat virgini, *Parth.* 9, 31. Dianae templum Delphis, *H.* 272, 26. Dianae Delphicae ζάκορος, *H.* 410, 12; cujus vestis sacra qualis, *H.* 316, 44-48; 393, 44-46. Hujus ζακόρου in festa pompa procedentis *descriptio*, *H.* 272, 30-273, 6. Eadem Delphis facem extollit armatis cursoribus, eorumque agoni praeest, *H.* 280, 50-52; 297, 1 *et* 2; sinistra facem, dextra palmae ramum praetendens, *H.* 282, 10-15. Eadem innupta manet virgo, venationi dedita, *H.* 267, 54 *seq.*; 269, 39. Dianae sacerdotes feminae castitatem servant, *Ap.* 618, b, 31-33. — Dianae Ephesiae sacerdos lauro cinctus, *Ach.* 111, 42. Ejusdem Magnae deae sacerdos femina castitatem servat, *Ap.* 626, 18 *scq.*, 43. Dianae festum Ephesi,

in quo puellarum et epheborum pompa per stadia septem ad templum procedit, *X.* 183, 37-184, 4. In qua multitudine juvenili sponsae et sponsos quaeri mos erat, *ib.* 7 *seqq.* Ordo pompae *exponitur ib.* 10 *seqq.* Quae pompam ducebat, ea instar Dianae exornata erat, canibus comitantibus, *ib.* 20-31. Dianae ἱερομηνία Ephesi per integram noctem in vino celebratur, *Ach.* 96, 2 *seq.*; pervigilium *dicta ib.* 49; 97, 6. — Diana cur amaverit Daphnen, *Parth.* 13, 48. Diana quomodo Rhodopen virginem, venationum sociam, quae Euthynico se dederat, puniverit, *Ach.* 123, 18-54. Diana venatoribus apparens, *C.* 416, 48. — Diana Scythica Tauris, *Ach.* 114, 43. — Dianae fons, Rhenus, ibique statua Dianae aurea, virginitatis puellarum index quomodo, *E.* 570, 39-571, 13; 595, 35, 38 *seqq.*; 596, 33 *seq.* — *Adde* Byzantii.
Diasia, festum Jovis, *E.* 523, 8; 526, 27-30, 44 *seq.* Iis noctu fit Jovi, *E.* 559, 52 *sq.*; 556, 4; 562, 39. Diasiorum caduceator, κῆρυξ, Jovis θεράπων, *E.* 534, 27, 38; 538, 6, 17, cum laurea corona et sacro πεδίῳ, *E.* 540, 9, 10; 546, 46 *seqq.*; 548, 20, 29 *seqq.*; 572, 4; 573, 4-7. Quo ille venit, festum triduanum agitur, *E.* 539, 34-37; reduce ad suos, fit Jovi Σωτῆρι, *ib.* 40.
Δίκης ὀφθαλμός, *H.* 368, 4 *seq.*
Didymei (Apollonis) oraculum, *Parth.* 3, 25.
Dii quibus signis agnoscantur, quando humana forma induti ad nos veniunt, *H.* 278, 1-23. Dii ἕστιοι, *H.* 245, 2. Dii ξένιοι καὶ φίλιοι, *H.* 320, 18. Dii φίλιοι, *H.* 323, 49. Diis νυχίοις τὰ κοιταῖα libandum est, *H.* 273, 39 *seq.*, in quibus Mercurio, *ib.* 46. Dii ἐνόριοι (finium praesides), *H.* 389, 13.
Dimoetas, frater Troezenis; ejus historia, *Parth.* c. 31, *p.* 20.
Diodorus Elaites in Elegiis *excerptus Parth.* c. 15, *p.* 13.
Diogenes Antonius se veteris comoediae poetam dicit, 510. 46. Ἄπιστα sua se hausisse profitetur ex veteribus, quorum nomina singulis libris praeposuit, 510, 47 *seqq.*
Diognetus, dux Erythraeorum, socius Milesiorum, quos prodit ob amorem Polycrites, et interficitur, *Parth.* c. 9, *p.* 9 *et* 10.
Diomedes Rhesum interficit, *Parth.* 22, 12. Diomedes et Acamas Helenam repetitum missi, *Parth.* 14, 15.
Diores, Aeoli filius, sororem Polymelam in matrimonium ducit, *Parth.* 4, 26.
Dioscuri φιλάδελφοι, *E.* 596, 37.
Docimus portus Mileti, *C.* 441, 28.
Dorienses sunt Syracusii, *C.* 486, 38.
Dryapes nymphae, *L.* 154, 54; 162, 30.
Dryas, procus Pallenes, quo astu effectum sit ut succumberet Clito, *Parth.* 7, 8-24.
Dryas, pater Amphilochi, *Parth.* 19, 23.

E.

Ecbatana, *C.* 482, 19.
Echenais nympha amabat Daphnidem, ejus consiliis non obsequentem, *Parth.* 20, 12 *seqq.*
Echeneis, fons in Lelegum finibus, *Parth.* 11, 21.
Echion, pater Epirus, *Parth.* 21, 23.
Echo sive vocis imago *describitur L.* 162, 2-12, 18 *seqq.* Erho nympha, *L.* 145, 23; cujus fabula *narratur L.* 162, 29-49.
Elaites Diodorus, *Parth.* 13, 43.
Elea regio in Peloponneso, *Parth.* 13, 49.
Elephantine, *H.* 355, 22; 376, 3, 10, 21; 378, 25; 379, 22, 38, 45; 409, 16; 410, 32.
Elephantis descriptio et historia naturalis, *Ach.* 70, 23 *seqq.* De odore aromatico quem exhalat quaestio, *Ach.* 70, 51-71, 33. Elephas, quanquam cute praeditus cuspides adversas frangente, ad pugnam ferro munitur, *H.*

INDEX HISTORICUS.

382, 23 *seqq*. Elephantes turriti in pugna, *H*. 381, 29;
382, 13 *seq*., 21 *seqq*. Elephantos formidant equi, *H*.
382, 15 *seqq*. Hippopotamus dici potest elephas Ægypti,
Ach. 70, 16.
Eleus fluvius (Alpheus), *Ach*. 88, 21.
Eleusiniæ noctes, *C*. 466, 5.
Elysius campus a poetis celebratus, *E*. 524, 12. Ibi et in μακάρων insula sunt heroes, *E*. 555, 3.
Emesenus Heliodorus, *H*. 412, 35.
Ephebi pompam equestrem ducentes *describuntur H*. 271, 32 *seqq*.
Ephesia (Ephesi regio), *Parth*. 6, 33.
Ephesii, *H*. 240, 4; *Ap*. 618, a, 10.
Ephesus, *X*. 183, 1, *et sæpe in Xenophonte*, *Ach*. 85, 26; 86, 15 *et* 32; 87, 41; *Ap*. 626, a, 35, 45 *seqq*. Ibi Dianæ templum agris propinquum, *Ach*. 112, 8. Hoc templum ingredi non licebat olim matronis ingenuis, sed solis viris, virginibus, et servabus fugitivis. Matrona ingressa morte plectebatur, *ib*. 9 *seqq*. Disceptatio cum hero servæ fugitivæ, quæ deæ serva addicebatur, si herus injuste egerat, *ib*. 13 *seqq*. In luco post templum Dianæ est spelunca mulieribus inaccessa, virginibus patens; in ea suspensa syrinx, *Ach*. 116, 31-34, ab ipso Pane confecta et ibi deposita; qui deus speluncam postea Dianæ donavit, ea conditione, ut solæ virgines intrent, *Ach*. 117, 30-35. Hinc in ea spelunca fit probatio virginitatis, *quæ explicatur ib*. 35-51. Templum Dianæ *memoratur etiam Ap*. 626, a, 36; b, 2; 628, b, 7. Ephesi ad sacerdotium Dianæ et Apollinis, lege jubente, admoventur nobilissimi et ἀμφιθαλεῖς, *H*. 240, 5 *seq*. Honor est annuus, et per theoriam Deli deponitur, *ib*. 7-11. Per tempus θεωρίας Dianæ supplicia omnia suspenduntur, donec sacrificiis defuncti fuerint οἱ θεωροί, *Ach*. 111, 45 *seq*. — *Adde Judicia*, Lex.
Epicaste, uxor Clymeni, *Parth*. 12, 7.
Epicureorum monumentum in horto suburbano Athenarum, *H*. 236, 46.
Epimelides nymphæ, *L*. 155, 1.
Epimetheus, *E*. 560, 41.
Epiro, filia Echionis, cum Cadmo et Harmonia secedens ex Bœotia, deinde mortua sepeliebatur in querceto apud Chaonas: unde regioni, secundum nonnullos, accessit nomen Epiri, *Parth*. 21, 23-27.
Epirus, *Parth*. 18, 2; *C*. 415, 12. *Vide* Epiro. Ibi oraculum (Dodonæum), *Parth*. 4, 40.
Equus generosus in pompa *describitur H*. 272, 9-17. Equi formidant elephantos, *H*. 382, 15 *seqq*. Equi Armenii, *H*. 355, 8.
Eresius Phanias, *Parth*. 7, 32.
Eriphyles monile, *Ach*. 32, 30, in templo Minervæ Προνοίας Delphico positum, a Phayllo ablatum, *Parth*. 18, 30 *seqq*. Ipsius Eriphylæ sors, *ib*. 35 *seqq*.
Erippe, Xanthi Milesii uxor, ab Aristodemo Gythymia vocata; ejus historia, *Parth*. c. 8, *p*. 8 *et* 9.
Eris in nuptiis Thetidis, *C*. 416, 53; convivium turbans, *E*. 530, 53. Ejus malum, *ib. et* 531, 1, 2.
Erythia, *Parth*. 20, 21.
Erythræi, socii Milesiorum contra Naxios, duce Diogneto, *Parth*. 9, 23.
Euanthes pictor: ejus tabulæ duæ Pelusii in Jovis Casii dedicatæ *accurate describuntur, Andromeda, Ach*. 59, 17-60, 26; Prometheus, 60, 27-54.
Eulimene, Cydonis filia; ejus historia, *Parth*. c. 35, *p*. 22.
Euippe, Tyrimnæ filia; ejus historia, *Parth*. c. 3, *p*. 4, 5.
Euopis, filia Trœzenis, uxor Dimœtæ; ejus historia, *Parth*. c. 31, *p*. 20.
Euphrorion (ἐν) Ἀπολλοδώρῳ *excerptus Parth*. c. 28,

p. 19. Idem (ἐν) Θρᾳκί *excerptus Parth*. c. 13, *p*. 17, *et* c. 26, *p*. 19.
Euphrates, *C*. 462, 22, 40, 46; 482, 20, 23; 484, 37, 48, *etc*. Euphrates et Tigris insulam efficientes, *J*. 517, 41.
Euripides *suppresso nomine citatus E*. 530, 44; 533, 20, 21; 538, 32, 83; 543, 22; 547, 6; 548, 40; 549, 4; 560, 14 *sq*., 28 *sq*., 31; 563. 16; 572, 59, 61; 573, 34, 44; 575, 31, 32, 48; 583, 20, 21; 585, 13, 14.
Europa (terra), *Parth*. 5, 23.
Europa, *C*. 467, 18; a Jove rapta, *Ach*. 46, 19. Europæ raptæ pictura *multis describitur Ach*. 27, 13 *seq*.
Euryalus, filius Ulyssis ex Euippe Tyrimnæ filia, quomodo perierit, *Parth*. 5, 1 *seqq*. Sophoclis fabula, *ibid*.
Eurycles Græcis dicitur engastrimythus, *J*. 518, 18.
Euthynicus, juvenis Ephesius, venationis studiosissimus, irata Venere in Rhodopidis amorem incidit, *Ach*. 123, 28-53.

F.

Fabula de leone, culice et araneo, in qua leonis et culicis faceta descriptio, *Ach*. 48, 36-49, 24. Fabula de leone, elephante et culice, *Ach*. 48, 12-31.
Fama, filia Calumniæ, *Ach*. 99, 40 *seqq*. Famæ ala celerrima, *Ach*. 113, 37.
Faustinus, cui Antonius Diogenes librum suum mittit, 510, 43.
Flores qui sint veris πρωτοφορήματα, *L*. 159, 2.
Fons amatorius, *J*. 521, 37.
Fortuna dea, Τύχη, *Ach*. 71, 54; 73, 19 *et* 29; 77, 10, *etc*.; βάσκανος, *C*. 427, 5; 454, 7; φιλόκαινος, *C*. 457, 24.
Frumentum ingens Meroæ, *H*. 391, 24-27.
Furia, *H*. 248, 26; 252, 21; 234, 42. (Furiæ) *descriptio, Ach*. 29, 37 *seqq*. Furiæ, *E*. 556, 48. Furiarum epulum, Furiarum mensa, *proverbialiter, Ach*. 82, 2; *E*. 572, 29.

G.

Galli gallinacei qua causa mane canant, *H*. 237, 51 *seqq*.
Galli. Gallicus sacrificii ritus, *Parth*. 9, 11 *seqq*. Gallorum incursiones per Ioniam Asiæ, *Parth*. 8, 9. Mileti per Thesmophoria festum mulieres multas abducunt, *ib*. 10 *seqq*. Eorum hospitalitas (φιλοξενία), *ib*. 26. Nobilissimum factum Galli principis, *ib*. *p*. 8, 26-9, 17.
Gallus. Cornelius Gallus, poeta Romanus: huic Parthenius suam collectionem ἐρωτικῶν παθημάτων mittit et inscribit, *Parth*. 3.
Ganymedes pastor, Phrygius juvenis, a Jove raptus, cujus in cœlo fit pocillator, *L*. 172, 48; *Ach*. 54, 36 *seqq*. 45, 49 *seqq*.
Gergithius. *Vide* Cephalo.
Geryonis boves, *Parth*. 20, 22.
Getæ, *AD*. 509, 7, 18.
Glauci Chii crater, *Ach*. 40, 16.
Gorgonis caput terribile, *H*. 287, 16; scutum Persei, *Ach*. 60, 13 *seqq*. Gorgonis caput in clypeo Minervæ, *H*. 272, 3.
Græca lingua etiam apud Gymnosophistas et Æthiopum rege in honore est, *H*. 387, 47 *sq*. Græcus vestitus, *H*. 258, 39 *et* 48; splendidus, *ib*. 49.
Græcanici dii, Ἑλλήνιοι, *H*. 260, 9; 300, 43; *C*. 497, 4.
Græcum mare, *C*. 461, 41.
Gratiæ, *E*. 553, 15; 568, 39. Χαρίτων λειμών, *proverbialiter*, *E*. 530, 50; *item* Χαρίτων μαίευμα, *E*. 579, 42.
Gymnasium balneo junctum, *Ap*. 614, b, 4-27.
Gymnosophistæ, *H*. 391, 33, 51; 394, 15; 396, 28; qui Meroæ in Panio habitabant, *H*. 390, 17 *seq*.; Æthiopum regi σύνεδροι *et* σύμβουλοι, *H*. 389, 23 *seq*. Gymnosophistæ non victimis sed solis precibus et odoramentis

sacrum faciunt, *H.* 394, 23 *seq.* Græcæ linguæ student, *H.* 387, 47. Unum ex eorum præceptis, *H.* 266, 22 *seqq.*

Gynæcei alicujus dispositio, et custodia per noctem, *Ach.* 47, 34-51.

Gythymia. *Vide* Erippe.

H.

Hæro, Αἰρώ, filia Œnopionis et Helices nymphæ; ejus historia, *Parth.* c. 20, *p.* 16.

Halicarnassus, *Parth.* 12, 29.

Haloeus Thessalus, maritus Iphimedæ, pater Pancratûs, *Parth.* 16, 12.

Harmonia. *Vide* Cadmus.

Harpalyce, filia Clymeni et Epicastes; ejus historia, *Parth.* c. 13, *p.* 12.

Hasta, Martis stilus, *E.* 529, 12.

Hecate invocata ad magicum opus, *Ach.* 65, 22.

Hecatombam deducens pompa *describitur H.* 270, 20 *seqq.*; ipsa hecatomba, *H.* 273, 51-274, 7.

Hegesippus in Milesiacis *excerptus Parth.* c. 16, *p.* 14.

Idem in Παλληνιακοῖς *excerpitur Parth.* c. 6, *p.* 6 *et* 7.

Helena, *Parth.* 22, 2; *C.* 434, 21; a Paride rapta, *C.* 464, 13 *seqq.*, a Græcis per legatos repetitur, *Parth.* 14, 15. Helenæ nuptiæ Trojæ excidium, *Ach.* 32, 36. Helenam duxit Paris, *Parth.* 5, 28. Helena secundum Nicandrum mater Corythi, *Parth.* 22, 5 *seqq.*

Helicaon, frater Hicetaonis, *Parth.* 17, 6.

Helice nympha, ex Œnopione mater Hærûs, *Parth.* 16, 15.

Heliodorus, Theodosii filius, Phœnix Emesenus, ex Solis prosapia, 412, 36.

Heliopolis, *Ach.* 68, 15. Eo venit phœnix, ibique sepelitur hæc Solis avis, *Ach.* 68, 45 *et* 52.

Hellamene, mater Anthei ex rege Assesi, *Parth.* 13, 36.

Hellanicus in Troicis *excerptus Parth.* c. 34, *p.* 22.

Hellen, Deucalionis filius: ab hoc Æniaπes, *H.* 268, 39.

Hemithea, Staphyli filia, Bybasti cum Lyrco concumbit et ex eo gravida fit, *Parth.* 4, 1 *seqq.*

Hephæstio (Alexandri amicus), *AD.* 511, 9.

Heraclea, urbs Italiæ, *Parth.* 7, 32; ejus tyrannus (Archelaus), *ib.* 40, quomodo interfectus et respublica instaurata, *ib.* 47 *seqq.* Lex Heracleæ obtinens de ovibus agendis, *Parth.* 8, 7.

Heracleoticum ostium Nili, *H.* 225, 4; 246, 13; 314, 40.

Hercules, ex Erythia redux, in Celtis Bretanni filiam Celtinen compressit : unde natus Celtus, *Parth.* c. 30, *p.* 20. Hercules Omphalæ venditus per Mercurium, Jovis jussu, *Ach.* 41, 27. Hercules per ignem in cœlum abiit, *Ach.* 55, 4; immortalis, *E.* 596, 40. Hercules Argivus, *Ach.* 59, 24, aquilam occidens Promethei jecus vorantem, pictura Euanthis, *ib. et* 60, 28-54. — Hercules Tyrius, *Ach.* 44, 50 *et* 53. Herculi celebratum convivium cum tibiarum cantu, *H.* 292, 53, a Tyriis nautis, 293, 14 *seqq.*, ad faustum iter obtinendum, *ib.* 30. Herculis festum, Ἡράκλεια, Tyri celebratum, *Ach.* 112, 29. — *Jusjurandum*, per Herculem, *Ach.* 89, 47.

Hermæ in triviis, *H.* 301, 3.

Hermesianax *excerptus Parth.* ç. 22, *p.* 17. Idem in Leontio *excerpitur Parth.* c. 5, *p.* 6.

Hermocrates, prætor Syracusanorum, victor Atheniensium, *C.* 415, 3 *seq.*; 485, 6 *seq.*; qui trecentas naves Atheniensium destruxit in pugna navali, *C.* 424, 19. Huic, Siciliæ maximæ partis prætori, Persarum rex quotannis munus mittere ob Athenienses devictos *dicitur a Char.* 434, 30-34. Hermocratis sepulcrum ad mare, a navigantibus procul conspectum, *C.* 421, 9 *seq.*

Hermupolis Ægypti, *X.* 208, 13.

Heroes ubi post mortem versentur, *E.* 555, 34. *Vide* Academia.

Hesiodus *citatur H.* 234, 32; *E.* 541, 54. *Sine nomine citatur Ach.* 32, 19 *seq.*; *E.* 527, 31-33; 544, 29, 41, 44 *seq.*; 553, 19. Hesiodi cornix annosa, *Ach.* 70, 29.

Hicetaon, filius Lepethymni et Methymnæ, ab Achille in Lesbo interfectus, *Parth.* 17, 4 *seqq.*

Hiems *describitur L.* 155, 48 *seqq.*

Hilebia, Εἰλεβίη, Ægiali regis Cauni filia, Lyrco nupta, nullos ex ea liberos suscipienti, *Parth.* 3, 19 *seqq.* Constans ejus fidelitas in maritum, *p.* 4, 17.

Hipparinus, puer formosus Heracleæ in Italia; ejus historia, *Parth.* c. 7, *p.* 7 *et* 8.

Hipparinus, Syracusarum tyrannus; ejus historia, *Parth.* c. 24, *p.* 18.

Hippocles Nelida, *Parth.* 13, 9.

Hippocrates *suppresso nomine citatus E.* 528, 9.

Hippolytus, *H.* 231, 21; pulcher, *C.* 415, 15; amore Phædræ occubuit, *Ach.* 32, 39.

Hippopotamus, quem Ægyptii vocant Nili equum, *describitur Ach.* 69, 35-46. Ejus mores, et quomodo capiatur, *Ach.* 70, 1-16. Est quasi elephas Ægyptius, secundum ab Indico locum obtinens, *ib.* 16.

Histrionum gladius in manubrium condens ferrum, *Ach.* 66, 22-31; *ib.* 46-67, 3.

Homerus : ejus μεγαλοφωνία, *E.* 596, 27. Homeri poemata in theatris recitant, heroica armatura induti, *Ach.* 66, 11 *seqq.* Homeri pugna apri cum leone canitur a puella ad citharam, *Ach.* 39, 15. Homerus Ægyptius, *H.* 269, 2, et sacra doctrina institutus, symbolice nonnunquam loquitur, *H.* 278, 15 *sqq.*; et esse Ægyptium Thebanum, Mercurii filium, argumentis *demonstratum it Heliodorus* 278, 30-279, 3. Homeri versus de raptu Ganymedis, *Ach.* 54, 30; de Thraciis equis, *Ach.* 46, 16. Alii ejus versus *citantur H.* 260, 1; 272, 25; 277, 48; 278, 19 *sqq.*; 282, 52; 283, 37; 286, 20; *C.* 420, 2; 431, 10 *seq.*; 453, 41; 467, 50, 52. *Sine nomine poeta citatur H.* 234, 41; 257, 11; 306, 1; 398, 22; *C.* 416, 36; 419, 6-8; 437, 19 *seq.*; 446, 45 *seq.*; 447, 33; 453, 4 *et* 18; 457, 45; 459, 17; 461, 19; 463, 42 *seq.*; 466, 16; 473, 25 *seq.*; 474, 26; 475, 17; 477, 50-52; 485, 16 *seq.*, 486, 24 *seq.*; 487, 19, 25; 493, 11; 497, 37; *E.* 527, 24; 529, 32; 532, 45; 535, 49; 538, 11, 28, 35; 539, 43; 545, 3; 548, 35; 554, 5; 555, 25; 557, 5; 566, 25; 570, 15 *seq.*; 572, 25; 576, 23; 558, 28; 559, 47; 565, 7, 8; 579, 15; 587, 2, 7; 589, 29.

Ὁμόνοια. *Vide* Concordia.

Horæ (Ὥραι), pulchræ, *L.* 166, 47.

Horti (παραδείσου) *descriptio, L.* 167, 15-168, 3; *itemque L.* 143, 43-53. Horti (κήπου) *descriptio, E.* 524, 1-19; 528, 11 *seqq.*

Hospitis peregrini receptio *describitur H.* 259, 24-35.

Hyacinthus in plantam mutatus, *E.* 597, 6 *seq.* Flores hyacinthi, *H.* 265, 43-45.

Hymenæus quali modo canitur ad ipsas fores thalami, *L.* 179, 38 *seq.*

Hypata, Ænianum metropolis, unde dicta sit ambigitur, *H.* 268, 41-44.

Hypsicreon Milesius; ejus uxor Neæra adultera Naxum abit; pace non dedita, maritus bellum movet Milesiorum contra Naxios, *Parth.* c. 18, *p.* 15 *et* 16.

Hypsipylus *in loco corrupto Parth.* 17, 7.

Hyrcanium mare, *AD.* 507, 11.

Hyrcanus, *canis nomen, J.* 520, 43.

Hyrieus, pater Orionis, *Parth.* 16, 16.

I.

Iacchum canere et εὐάζειν, *L.* 158, 37.
Iamblichus Babylonius Antonino et Vero Parthici belli exitum prædicit, *J.* 518, 27-33.
Iapetus : Ἰαπετὸς χρόνος, *E.* 531, 22.
Iason et Argonautæ inscientes occiderunt Cyzicum, *Parth.* 20, 2 *seqq.*
Iberia ; ibi civitas cujus incolæ noctu vident, cæci interdiu, *AD.* 508, 14 *seq.*
Ibericus fluvius magnus, cujus undæ citharæ sonum edunt, *Ach.* 45, 29-35. Iberica amethystus, *H.* 305, 20 *seqq.*
Icarius, ex Atheniensium fabula, olim Bacchum excepit, *Ach.* 39, 40.
Icarus, *E.* 596, 48 ; per mare, cui nomen dedit, immortalis, *ib.* 48-50.
Icarus insula; ejus vinum, *Ach.* 39, 37.
Ida mons, *Parth.* 5, 13, 18.
Idas, filius Clymeni, *Parth.* 12, 8.
Illyris regio, *Parth.* 6, 43.
Inachus, rex Argorum, mittit qui filiam suam, Io, a prædonibus ablatam quærerent, *Parth.* 3, 13 *seqq.*
Incantatio sanguinem ex vulnere fluentem sistens, *H.* 384, 16.
Indi prorsus nigri, *Ach.* 61, 12, *quibus ibi opponitur* Αἰθίοψ νόθος. Indi victi a Baccho, *L.* 167, 47. Indæ mulieres ex arboribus vestes texunt, *Ach.* 59, 52 *seq.*
India, soli proxima, calidiore luce fruitur; inde Indis corpus ferrei coloris, *Ach.* 71, 7-10 ; ubi nigra rosa Indorum *describitur lin.* 11-20. India aurifera, *Ach.* 45, 36. Ἰνδική, *X.* 208, 23. Indicæ rex aliquis, *X.* 207, 4. Indicus elephas, *Ach.* 70, 17. Indicæ plantæ, *H.* 265, 30. Indici lapides, *H.* 366, 21. Indica amethystus, *H.* 305, 32. Indica aromata, *Ach.* 70, 52. Indicæ merces, *H.* 293, 16.
Io Argiva, Inachi filia, a prædonibus abducta, *Parth.* 3, 12.
Iones, *Ach.* 100, 28 ; *H.* 240, 4. Iones dispersi, in Caunum collecti a Cauno, Mileti filio, *Parth.* 11, 6. Iones τρυφῶντες καὶ ἀπράγμονες, *C.* 424, 48 *seq.*
Ionia, *X.* 183, 5; *Ach.* 122, 32; *C.* 428, 45 ; 431, 54, *etc.*; 502, 54 ; dives, *C.* 424, 48. Ionia a Galiis vastata, *Parth.* 8, 9.
Ionium mare, *H.* 307, 18; *C.* 443, 5, 14 ; 445, 42 ; 446, 18.
Iphimeda, uxor Haloei Thessali, *Parth.* 16, 12-
Ἰσχύς. *Vide* Robur.
Isidora, soror Antonii Diogenis, *AD.* 510, 44, 54.
Isis Ægyptia, *H.* 225, 42 ; σεμνή, *X.* 186, 49. Isis sive Tellus, amat et absentem luget Osirin, id est Nilum, *H.* 377, 44 *seqq.* Isidis templum in Catadupis, *H.* 267, 7 et 13. Isidis templum Memphi, *H.* 238, 4-9 ; 214, 12 ; 332, 35 ; *X.* 209, 34 ; Ἴσειον, *H.* 330, 9 ; 340, 8. Isidi sacra ipsa urbs Memphis, *X.* 208, 16. Isidis propheta, *H.* 262, 13, cui coma sacra, intonsa, *H.* 336, 22. Ἐμψύχων et vini abstinens vivit Isidis propheta, *H.* 277, 10-12. Ex lege in prophetia succedit filius major, *H.* 338, 20. Pars templi prophetis attributa, *ib.* 26 *seq.* Mortuo propheta, per septem dies templum ἄβατον aliis præter sacerdotes, *H.* 340, 35. Lege sacra vetitum ut propheta ploretur, quippe meliorem sortem nactus, *H.* 341, 1 *seqq.*; 343, 38 *seq.* Isidi dedicata sive sacra virgo, *X.* 207, 14, 19. *Jusjurandum,* per Isidem, *H.* 277, 4. — Isidis templum Alexandriæ, *Ach.* 86, 10 ; 93, 36 ; item Rhodi, *X.* 221, 31, 37, 40.
Isthmus Peloponnesi, *H.* 307, 22.

Italia, *Parth.* 8, 21; *C.* 415, 12; 425, 46; 443, 4; *X.* 210, 6 ; 215, 6, 20 , 37, *etc.*; *AD.* 508, 40.
Italiota (Rheginensis), *C.* 417, 7.
Ithaca, *Parth.* 5, 2; *H.* 311, 29.
Itys (iusciniarum cantus), *L.* 159, 8.

J.

Judicia. Ephesi πρόεδρος in capitalium causarum judicio ex lege habebat συμβούλους ἐκ γεραιτέρων, *Ach.* 111, 27 *seqq.*; 121, 5; vel παρέδρους, *ib.* 111, 31; 119, 7, 17 *seq.*, 22 ; 120, 49, *etc.*
Juno, *Ach.* 54, 50. Ei sacra Samos, *X.* 189, 27. Junonis nuptiæ, *proverbialiter*, *E.* 530, 51; 596, 17.
Juppiter a capra nutritus, *L.* 136, 41. Juppiter ob mulierem mugiit, saltavit Satyrus, se fecit aurum, *Ach.* 54, 47 *seqq.* Mercurium jussit Herculem vendere Omphalæ, *Ach.* 41, 27. Jovis προμηθεία, *E.* 559, 44; 560, 44. Jovis Μειλιχίου et Jovis Οὐρανίου templa Alexandriæ, *Ach.* 80, 17. Jovis Casii, dei fatidici , statua in Pelusio *describitur Ach.* 59, 9 *seqq.*; ejus templum, *ib.* 16 *seqq.* Juppiter Ἑταιρεῖος, *Parth.* 15, 42. Juppiter Ἱκέσιος, *H.* 259, 37. Juppiter Ξένιος, *Parth.* 12, 35 ; 13, 22 ; 15, 43 ; *H.* 259, 33, 36 ; *Ach.* 44, 15 ; 65, 3 ; 67, 12 ; *E.* 550, 7, 17 ; 552, 18, 50 ; 554, 29, 47 ; 557, 44 ; 591, 1. Juppiter Πάτριος, *E.* 558, 10. Juppiter Σωτήρ, *L.* 175, 18 ; *E.* 560, 47. Jovi Σωτήρι bibero, *E.* 527, 50. Jovi Σωτήρι sacrificabatur in fine Diasiorum, *E.* 539, 40 ; 552, 40 ; 555, 11. *Vide* Diasia. Juppiter Φίλιος, *E.* 538, 30 ; 553, 43. Εἴδωλον Διός, *proverbialiter dictum,* *E.* 530, 50.
Justitiæ (Θέμιδος) statua allegorica *describitur E.* 529, 38-47 ; 530, 30-36.

L.

Lacænæ dictum : ἢ τάν, ἢ ἐπὶ τάν, *E.* 566, 3, 4. Lacæna canis, *E.* 578, 49. Lacæna (vitis) in Chio, *Ach.* 39, 36.
Lacedæmon, *C.* 480, 32.
Laconica, *Parth.* 13, 46. Laconicus lapis, *E.* 524, 52.
Lampsaceni colunt Priapum, *Ap.* 620, b, 28.
Lampetus heros in Lesbo interfectus ab Achille, *Parth.* 17, 3.
Laodice Troica ; ejus historia, *Parth. c.* 16, *p.* 14.
Laodicea Syriæ, *X.* 208, 5 ; 210, 13.
Laomedonti serviens Apollo, *L.* 171, 24.
Lapis insularis, *E.* 524, 48. *Vide* Chalcidicus, Chius, Laconicus, Pentelicus, Thessalicus.
Lapitharum et Centaurorum pugna, *H.* 272, 1.
Larissa, filia Piasi, Cyzici uxor secundum nonnullos, *Parth.* 19, 38.
Latona περὶ καλλιτεκνίας contendit cum Niobe eamque punit, *Parth.* 21, 31 *seqq.*
Laurea corona virginea, rosea amoris, *E.* 573, 40, *et alibi apud eumdem.* Laurea corona caduceatoris Diasiorum, *E.* 540, 9 ; 546, 46 ; 548, 20, 29 ; 572, 4.
Leda, *C.* 453, 37.
Leleges : in eorum regione Caunus condita, *Parth.* 11, 21. Lelegea vestis, *Parth.* 13, 35.
Lesbus insula, *Parth.* 19, 1 ; *X.* 201, 36 ; 222, 43. Ibi lucus Nympharum, qui, cum tabula picta ibi consecrata, *describitur L.* 131, 1-12. Lesbus ab Achille direpta, *Parth.* 19, 12 ; 16 , 29 *seqq. Vide* Trambelus. — Lesbius, *H.* 342, 10. Lesbia vitis, valde humilis, *describitur L.* 143, 5-9. Lesbium vinum, ἀνθοσμίας, *L.* 170, 19.
Leonidæ trecenti, *C.* 478, 4.
Leontini, *AD.* 508, 54. Eorum tyrannus, *ib.* 43.

Leontium, titulus carminis Hermesianactis, *Parth.* 6, 1.
Leonto, urbs Ægypti, *X.* 208, 18.
Lepethymnus, ex Methymna pater Hicetaonis et Helicaonis, *Parth.* 17, 4.
Leucippus, Œnomai filius, ejus historia, *Parth. c.* 15, *p.* 13.
Leucippus, Xanthii filius, ex Bellerophontis prosapia; ejus historia, *Parth. c.* 5, *p.* 6.
Leucone, uxor Cyanippi, in Thessalia; ejus historia, *Parth. c.* 10, *p.* 10.
Leucophrye, Mandrolyti filia, Leucippi amore cives prodit, *Parth.* 6, 35.
Lethe : λήθης κρατὴρ ἐν "Αδου κιρνώμενος, *E.* 506, 36.
Lex : ὁ νήττης νόμος, lex nautica in tempestate, *E.* 565, 30 *seqq.* Lex Ephesia : qui se ipse cædis accusaret, morte esse puniendum, *Ach.* 111, 33.
Libri in initiationibus : ἐπὶ σοὶ βιβλίῳ κατεμυήθην τὸν Ἔρωτα, *E.* 553, 42.
Libya, *C.* 443, 4.
Libyca palus condens aurum, quod extrahunt Libycæ virgines, quomodo, *Ach.* 45, 35-47.
Libyes, *H.* 311, 51 ; 380, 10 ; 382, 51.
Licymnius Chius, poeta lyricus, *excerptus Parth. c.* 22, *p.* 17.
Locrensium montes, *H.* 294, 26. Locrensis rosa, *E.* 581, 15.
Lucta *accurate describitur H.* 407, 15-408, 2.
Luctus publicus *describitur Ap.* 612, b, 15-18. Luctus vehemens *pingitur E.* 586, 7 *seqq.*
Lunæ Æthiopes sacrificant boum jugum, quare, *H.* 392, 14 *seq.;* 404, 34. *Vide* Æthiopes. Lunæ porta Alexandriæ, *Ach.* 79, 37.
Lupus : ad lupos capiendos fossæ deprimuntur et lignis frondibusque teguntur, *L.* 134, 19 *seqq.*
Lycastus amat Eulimenen, Cydonis filiam, *Parth.* 22, 11. Quare eam ab se corruptam palam professus fuerit, *ib.* 20 *seqq.* Ab Aptero per insidias occiditur, *ib.* 26.
Lycia, *X.* 197, 48 ; *C.* 426, 48.
Lycii, *Parth.* 6, 4.
Lycurgus vinctus, *L.* 167, 46.
Lycurgus Spartiata amatus Apollini Delphico, qui intranti statim responderit, *H.* 263, 36.
Lydiæ satrapa, *C.* 453, 33. Lydiæ et Ioniæ satrapa, *C.* 459, 35 *seq.;* 53 *seq.* ; maximus eorum qui a Rege mittuntur ἐπὶ θάλατταν, *ib.* 36 *seq.* Lydiæ mulieres ebur inficientes, *Ach.* 30, 13: Lydica tapetia et stragula, *H.* 346, 46. — Lydiaca scripsit Xanthus, *Parth.* 21, 28.
Lyrâ canentis ornatus, *Ap.* 615, b, 18 *seq.*
Lyrcus, Phoronei filius : ejus historia, *Parth. c.* 1, *p.* 3 *et* 4. Nicænetus « ἐν τῷ Λύρκῳ » *excerptus Parth. c.* 1.

M.

Magi locustarum, leonum, murium, *J.* 518, 13. Magi grandinis, serpentium, divinationis ex mortuis, engastrimythi, *ib. lin.* 15-19.
Malea, *H.* 293, 22.
Maliacus sinus, *H.* 268, 40 ; 269, 5.
Mandrolytus, pater Leucophryes, *Parth.* 6, 35.
Marathonia pugna, *C.* 481, 23.
Mare : per mare *juratur X.* 191, 3 ; *C.* 440, 41.
Margaritæ præstantes, *H.* 265, 39-41.
Maroneum vinum, in Thracia, *Ach.* 39, 36.
Mars et Venus amantes, *X.* 187, 32-34. Martis simulacra apud Cilices piratas, *X.* 199, 22. Ejus sacri ritus crudeles, *ib.* 13-28 ; 202, 24. Martis stilos hasta, *E.* 539, 12.
Marsyas suspensus, *L.* 169, 41. Marsyas a bori alligatus fingitur a κοροπλάθοις, *Ach.* 63, 50.

Massagetæ , *AD.* 509, 4.
Massilia, *Parth.* 8, 23.
Mazacus, Cappadociæ urbs magna et pulchra, *X.* 200, 21 *et* 28.
Medea Scythica, τεκνοκτόνος, *C.* 437, 3 *seq.*
Medi, *C.* 484, 11 ; 486, 8 ; 489, 25 ; *H.* 380, 6 ; 381, 20 ; 383, 32.
Mel novum insanire facit, *L.* 139, 53. Mel ἐξ ἑρπετῶν τροφῆς venenatum et ventris profluvium efficiens, *J.* 516, 12 *seqq.*
Meliæ. *Vide* Nymphæ.
Melignnis insula, in qua ventorum rex Æolus, *Parth.* 4, 24.
Melissus, ex Pirene pater filii (Actæonis), *Parth.* 13, 15 *seqq.*
Memnon. *Vide* Æthiopia.
Memphis, *Ach.* 74, 15 ; *H.* 303, 21 ; 331, 42, 47, *etc.*; sedes satrapæ Ægypti, *C.* 481, 49 ; *H.* 328, 30 ; 329, 9, 17 ; qui, absente rege, ipse in regia habitabat, *H.* 332, 21 *seq.* Urbs Isidi sacra, *X.* 208, 15 *seq.*; 209, 33. Ibi Isidis et Apidis templa, *X.* 214, 12 et 25. Ibi propheta Isidis, ὁ ἐν Μέμφει προφήτης, sacerdotio hereditario fungens, *H.* 238, 40 *seq.*; 246, 22 ; 261, 40 *seq.*; 262, 13. Memphis habebat puteum νειλομέτριον, *H.* 385, 1.
Menandri versus *suppresso nomine citatus C.* 461, 34.
Mende Ægypti , *X.* 208, 16.
Menelaus Helenæ maritus, *C.* 434, 20 ; 464, 13. Nili fossam fecit, *X.* 208, 14.
Menesthius , filius Sperchei et Polydoræ Pelei filiæ , cum Achille in Trojana expeditione, dux principis partis Myrmidonum, *H.* 269, 9-13.
Mensis : mensium anni duodecim pictura allegorica *describitur E.* 540, 43-544, 45.
Mercurius Jovis jussu Herculem vendidit Omphalæ, *Ach.* 41, 27. Mercurii filius Daphnis Siculus, *Parth.* 20, 8.
Mercurii filius Homerus , *H.* 278, 35. Mercurio Lesbii in convivio libant ex ultimo cratere, *L.* 178, 12 *coll.* 5. Mercurii est ars ἐναγώνιος, *H.* 407, 30. Mercurio veloci carus Anthus, *Parth.* 13, 19. Mercurius dens forensis et ἐμποριχός, *H.* 305, 5-7 ; 306, 14 *seqq.* Mercurius κερδῷος, *H.* 323, 12. Mercurius λόγιος , *H.* 306, 51 *seq.*; 307, 1. Ἑρμοῦ γραφίς, *E.* 597, 21. Mercurius præsertim invocatur a cubitum euntibus, ut εὐόνειρον nootem præstet, *H.* 273, 46. Ἑρμοῦ ἀκόντιον, *proverbialiter dictum* , *E.* 545, 20. — Philetas in libro « Ἑρ « μῇ » *excerptus Parth. c.* 2, *p.* 4.
Meroe, *H.* 386, 52 ; 388, 3 ; 389, 22 ; 390, 5. Est metropolis Æthiopum : ejus situs, forma, magnitudo, præterea arborum, frumenti, arundinis in ea ingens amplitudo *describitur H.* 391, 10-28. Meroæ item ut Syenæ (*quod vide*) sol examussim in vertice , *H.* 385, 17. Ibi in Panis luco habitabant gymnosophistæ , *H.* 390, 17 *seq.* Meroæ erant viri gravis armaturæ et statariæ pugnæ scientes, *H.* 381, 21 *seq.*; 383, 35.
Messenius (Messanius Siculus), *C.* 421, 25.
Metapontum, Μεταπόντιον, *A D.* 509, 2.
Methymna, ex Lepethymno mater Hicetaonis , *Parth.* 17, 5.
Methymna urbs, *L.* 150, 11 ; 151, 34 ; 155, 39. Methymna ab Achille obsessa et a Pisidice prodita, *Parth.* 16, 32 *seqq.*; 17, 15 *seqq.*
Methymnæi , *L.* 146, 38 ; 147, 11, *etc.*; 155, 19 *seqq.*
Milesia (regio Mileti), *Parth.* 8, 13.
Milesii sub imperio Phobii Nelidæ, *Parth.* 12 , 30; deinde Phrygii, *Parth.* 13, 5. Milesii Naxum acriter obsidentes qua ratione perierint *narratur Parth. c.* 9, *p.* 9 *et* 10. Milesii ab Hypsicreonte , injuriam passo, permoti ut Naxiis bellum inferrent, *Parth.* 16, 5. Milesii quo-

INDEX HISTORICUS.

modo celebrent Thargelia, *Parth.* 9, 44 *seq.* — Milesius Hypsicreon, *Parth.* 15, 34.
Miletus condidit urbem Œcusium, et e Tragasia, Celænûs filia, genuit Caunum et Byblidem, *Parth.* 11, 1 *et* 7 *seqq.*
Miletus urbs, *C.* 424, 53; 428, 20; ibi portus multi, *C.* 429, 6; quorum unus Docimus dictus, *C.* 441, 28. Mileti nuptiæ fiebant in Ὁμονοίας templo, *C.* 441, 53 *seqq.* Ibidem Thesmophoria celebrantur in loco qui non procul abest ab urbe, *Parth.* 8, 10. Ex hoc loco per invasionem Galli multas mulieres abduxerunt, *ib.* 12 *seqq.* Μιλησίδες virgines, *Parth.* 11, 32. — De Mileto urbe exstabat liber Aristocriti, *Parth.* 11, 1. Milesiacarum rerum scriptores; *ex his excerptum Parth. c.* 14, *p.* 12. Milesiaca scripsit Hegesippus, *Parth.* 14, 13.
Minerva, *E.* 530, 52. *Vide* Panathenæa. Minervæ Προνοίας templum Delphis, *Parth.* 18, 30. Minervæ (Ἐργάνης) ira et vindicta pro mercede textrici conductæ non soluta, *Parth.* 19, 23 *et* 27 *seqq.* Minervæ tibia, *Ach.* 117, 1. *Jusjurandum* Νὴ τὴν Ἀθηνᾶν, *Ach.* 40, 47.
Mithridatæ (*an* Miltiadæ?) trecenti vel Leonidæ, *C.* 487, 4.
Mitra, sacerdotii symbolum, *H.* 412, 15; alba, *ib.* 24.
Mnesarchus, *AD.* 508, 10.
Mœro ἐν ταῖς Ἀραῖς (Exsecrationibus) *excerpta Parth. c.* 27, *p.* 19.
Morbus sacer, ἡ ἐκ θεῶν καλουμένη νόσος, *X.* 216, 21.
Mors, Θάνατος, deus, *X.* 205, 31.
Mortuis κατὰ νόμον κοινὸν παραγίνεσθαί τις δαίμων *dicitur C.* 422, 39.
Munitus, Acamantis filius ex Laodice, ab Æthra enutritus, quomodo obierit, *Parth.* 14, 33 *seqq.*
Murenæ et viperæ amor *describitur Ach.* 38, 31-48.
Muri (Ὀριγγίου) statuis et picturis ornati, qui hortum cingebat, *descriptio*, *E.* 528, 17-532, 17; 540, 43-543, 42.
Musæ, *L.* 162, 33, 36, 44.
Mycenes πολυχρύσου tyrannus, *E.* 530, 40.
Myrleanus Asclepiades, *Parth.* 22, 11.
Myrmidones, *H.* 269, 12.
Mysteria unde dicta, *J.* 518, 14 *seq.*
Mytilene, urbs Lesbi, *paucis describitur L.* 131, 22-25. Ejus urbis acta valde amœna et instructa, *L.* 146, 41 *seqq. Memoratur urbs L.* 167; 5; 172, 11; 173, 43; *Ap.* 620, b, 5; 622, a, 42; 626, b, 17, 23.
Mytilenæi, *L.* 155, 16 *seqq.*

N.

Nanis, Crœsi filia; ejus historia, *Parth. c.* 22, *p.* 17.
Naucratia, *H.* 251, 33.
Naucralites mercator, *H.* 250, 54; 320, 45; 324, 42.
Naufragium. *Vide* Tempestas.
Nautarum κελευστοῦ cantilena, *L.* 161, 52; 162, 5.
Naviculæ ex magnæ arundinis internodio structæ, duos vel tres homines recipientes, *H.* 391, 3-9.
Navis soluta portu egrediens *describitur Ach.* 52, 45-52.
Navium zonæ, ζωστῆρες, *H.* 225, 12. Naves puras esse debere ab aphrodisiis, dicunt nautici viri, *Ach.* 87, 33.
Naxius Promedon, *Parth.* 15, 34.
Naxus insula, *Parth.* 15, 47, antiquitus vocata Strongyle, *Parth.* 16, 8 *et* 9. Ex hac insula profecti piratæ Thraces, *ibid.* Quare Naxii a Milesiis bello impetiti, *ibid. l.* 1 *seqq.* Ara in Naxiorum Prytaneo, *ib.* 2. Naxii a Milesiis urbe inclusi et obsessi quomodo servati fuerint *narratur Parth. c.* 9, *p.* 9 *et* 10. — Naxiaca scripsit Andriscus, *Parth.* 9, 18.

Neæra, uxor Hypsicreontis Milesii, ejus historia, *Parth., c.* 18, *p.* 15.
Neanthes « in secundo libro » *excerptus Parth. c.* 33, *p.* 21.
Necromantiæ magici ritus *describuntur H.* 329, 52-331, 27.
Nelida, *Parth.* 13, 9 *et* 34. Nelidæ, *Parth.* 12, 15 *et* 30.
Nemesis, *C.* 449, 49.
Neoptolemus, Achillis filius, ad aras Pythii Apollinis ab Oreste dolo occisus: cujus causa Pythica quaque τετραετηρίδι Ænianes theoriam Delphos mittunt, *H.* 268, 45 *seqq.*; 269, 16 *seqq.*, 40. Neoptolemus maximus heros, *H.* 276, 23, hymno celebratur, *H.* 271, 11 *seqq.*
Neptunalia Mytilenæ, *Ap.* 622, a, 46 *seqq.*
Neptunus, *Ach.* 58, 46; *C.* 447, 11; *H.* 314, 49; *E.* 549, 27; 563, 25, 31, 45, 51, *etc.*; *Ap.* 614, a, 13. Neptunus πελάγιος *H.* 309, 32. Neptunus ἀσφάλειος, *H.* 323, 13 Neptunus ἐνοσίγαιος, ἐνοσίχθων, *E.* 597, 13. Neptuni cetum, *Ach.* 59, 25.
Nereis, *C.* 415, 7; 432, 28; 441, 50. Nereides, *E.* 567, 7. Nereidum chorus, *Ach.* 87, 22.
Nereus et Nereides, *H.* 271, 12.
Nicænetus poeta, quæ de Cauno et Byblide narret; ejus versus, *Parth. c.* 11, *p.* 11, 2 *seqq.* Idem in Λύρκῳ *excerptus Parth. c.* 1, *p.* 3 *et* 4.
Nicander in libro De poetis *excerpitur Parth. c.* 4, *p.* 5. Ejus versus tres, *Parth.* 22, 5 *seqq.*
Nicandra, textrix ab Alcinoe condûcta et fraudata; hanc quomodo ulta fuerit Minerva (Ἐργάνη), *Parth.* 19, 25 *seqq.*
Nicochis, vicus major βουκόλων, *describitur Ach.* 75, 9-15.
Niloa, maximum apud Ægyptios festum, circa solstitium æstivum, quando Nilus exundare incipit, *H.* 377, 28-32; 378, 3-6; 384, 52. Quare hoc habeatur festorum maximum, *H.* 377, 33 *seqq.*
Nilotici sive Ægyptii boves *describuntur Ach.* 46, 7-19. Nilotica lotus, *H.* 390, 1. Nilotici flores, *H.* 384, 47.
Nilus ultra Thebas Ægyptias descendens, post Memphin in tria flumina dividitur, Delta efficiens, ubi fluminum illorum quodque in alia multa et magna flumina finditur, *Ach.* 74, 13-25. Nili fontes, augmenti causæ, et natura aquæ *disseruntur H.* 264, 1-31, *quæ* ex sacris libris *petita dicuntur l.* 6. Nili aqua suavissima *describitur Ach.* 78, 34-43. Quomodo ex Nilo bibant Ægyptii, *ib.* 44-54. Nilus ζείδωρος, Horus, ab νέᾳ ἰλύϊ dictus, anni vicissitudinum index, ipso nomine ejus 365 dies indicante per litterarum vim, veniens ex Æthiopia, Ægyptiis deorum matre, *H.* 385, 18-37. Nilus habetur deorum maximus et quasi Cœlum ab Ægyptio populo, quare, *H.* 377, 33-43. Mysteriorum peritis est Osiris, ab Iside amatus, *ib. l.* 44 *seqq.* Nilo sacrificatur, *H.* 389, 13. Nili miracula *describuntur Ach.* 74, 26-46. Paludes facit in partibus τῶν βουκόλων, *ib. l.* 43 *seqq.* In ripis Nili multæ naviculæ præsto sunt transvectionis mercedem dantibus, *H.* 259, 19 *seqq.* Quomodo quæque Nili fossa aggere instructa sit, quo rupto campus inundatur, *Ach.* 75, 50 *seqq.* Magna et lata fossa apud βουκόλους, *Ach.* 75, 3. Nili locus, ubi fluvius in gyrum se flectens quasi sinum quendam in continenti terra efficit, *describitur H.* 368, 27-36. Arbores quædam Nilo gaudentes, *ib. l.* 34 *seq.* Nili ad Meroen cursus qualis, *H.* 391, 13-17. Syenæ puteus, similis Memphitæ, νειλομέτριον, *describitur H.* 385, 1-9. Nili ostia, ἐκβολαί, *X.* 207, 22; 209, 5 *et* 12. Nili ostium Heracleoticum, *H.* 225, 4. Nili ostium Παραιτίων (*scrib.* Paræetonion), *X.* 207, 22. Nili fossa a Menelao facta ad Schediam, *X.* 208, 14. Nilus εὐστάχυς *dictus* in oraculo *H.* 263, 26. *Præterea memoratur H.* 259, 9, 9; *C.* 486, 10; *X.* 186, 49.

640 INDEX HISTORICUS.

Niobe a nonnullis non Tantali, sed Assaonis filia, uxor autem Philotti dicta; ejus secundum hos historia, *Parth.* c. 33, p. 21. Niobes fabula, *Ach.* 64, 6 *seq.*; *E* 580, 11.
Nireus, *C.* 415, 15.
Nisæus equus, *C.* 477, 22. Nysæi (*scrib.* Nisæl) equi, *H.* 382, 49.
Nucëria, Νουκέριον Italiæ, *X.* 216, 48 ; 217, 47.
Nympha, *C.* 432, 28. Nympharum cultus, *L.* 143, 27 *seqq.* Nympharum habitus *describitur L.* 132, 30-34 ; 150, 1 *seqq.* Nympharum antrum, *L.* 132, 29 *et* 34-40. Nympha montium, *C.* 415, 8. Nymphæ Ἕλειοι (paludum), *L.* 162, 30. Nymphæ ἐφυδριάδες, *Parth.* 13, 30. Nymphæ Epimelides, *L.* 155, 1. Nymphæ Μελίαι, *L.* 162, 29.

O.

Oceanus Scythicus, inde Orientalis, *AD.* 507, 13 *seq.*
Oculus, ἔρωτος πηγή, *E.* 537, 15. Oculus dexter excussus in somnis significat mortem patris, *H.* 255, 28 *seqq.* Oculum maleficum, βάσκανον, revera esse *demonstratur H.* 275, 21-276, 19.
Odomantes, Thraciæ populus, cujus rex Sithon, *Parth.* 6, 39.
Œeusinm, urbs a Mileto condita, *Parth.* 11, 7.
Œdipus, *E.* 531, 13.
Œnomaus, pater Leucippi, *Parth.* 13, 50.
Œnone, Cebrenis filia; ejus historia, *Parth.* c. 4, p. 5. Mater Corythi ex Alexandro, *Parth.* 22, 1.
Œnopion, pater Hærûs ex Helice nympha; ebrius quomodo ultus sit Orionem filiæ vim inferentem, *Parth.* c. 20, p. 16.
Œta mons, *H.* 268, 43.
Œtæi, *H.* 410, 22. Œtæorum montes, *H.* 294, 26. Œtæorum præfectus Aristo, *Parth.* 18, 26.
Olympia, *C.* 474, 53.
Olympici ludi, *Ach.* 38, 27. Olympicus agon, *C.* 466, 5.
Olynthus, urbs Thraciæ, *Parth.* 14, 35.
Omphalæ venditus Hercules, *Ach.* 41, 27.
Oraculum, *Parth.* 22, 16 *seqq.*
Orci galea, *Ach.* 60, 13.
Orestes Neoptolemum dolo occidit ad aras Pythii Apollinis, *H.* 268, 48.
Orion, Hyriei filius, Hærûs amore (Chium) insulam pacat feris infestatam; occæcatus a puellæ patre ebrio, *Parth.* c. 20, p. 16.
Ὀξεῖαι insulæ et figurâ et nomine, *H.* 297, 41; 307, 33.

P.

Palæstina, *Ach.* 84, 16.
Pallene, filia Sithonis, regis Odomantum ; ejus historia, *Parth.* c. 6, p. 6 *et* 7.
Palma, φοῖνιξ : de amore palmarum maris et feminæ fabula rusticorum, *Ach.* 38, 5 *seqq.*; *ad quam respicit Eumath.* 584, 15 *sqq.* Palmæ quales Meroœ, *H.* 391, 23 *seqq.*
Palumbis, φάττα, prius virgo boves pascens; ejus metamorphoseos fabula *narratur L.* 140, 24-39.
Pamphylia, *X.* 201, 53.
Pan, *L.* 136, 43; *E.* 541, 15; deus φιλοκάρθενος, *Ach.* 124, 20. Pan amabat Syringem virginem ; cujus fugientis capillos quum corripere vellet, arundines in manu habebat, unde quomodo musicum instrumentum concinnaverit, *Ach.* 117, 12-30; 124, 20 *seqq.* Id deponit in spelunca, quam postea Minervæ Ephesiæ donavit, *Ach.* 117, 30 *seqq.* Quomodo ea syrinx in antro virginitatis probationem agat, *ib. l.* 35-51. Idem amor Syringis capras pascentis, metamorphosis virginis, et musici instrumenti inventio *narratur L.* 153, 28-42; 154, 18-24. Pan amabat Pityn, *L.* 145, 22; 154, 53. Pan et Pitys, cantilena, *L.* 140, 28 *seq.* Pan sub pinu dedicatus, *L.* 150, 12 *seq.*, quo habitu, *ib. l.* 28-30. Bacchi comes, fistula canens in petra, *L.* 168, 1 *seqq.* Pan cum Amore et Nymphis, *L.* 131, 15. Pan cur iratus sit Echoni nymphæ, *L.* 162, 38 *seqq.* Grex Pani sacer, *L.* 168, 22. Relicto rure, Pau multa bella gessit, *L.* 150, 15 *seq.* Panis φανάσματα, Panici terrores, *L.* 161, 22, *quorum per hanc paginam exemplum fictum describitur.* Pan Στρατιώτης, *L.* 179, 32.
Panathenæis magnis Athenienses Minervæ navem in terra pompatice ducunt ; pæan canitur et pompa agitur a juvenibus in chlamyde et corona, *H.* 231, 13 *seqq.* In iis πότος πάνδημος, *H.* 231, 25.
Pancrato, Haloei filia, Thessala, a duobus Thracibus impense amata, *Parth.* c. 19, p. 16.
Panium sive Panis lucus, Meroœ, in quo Gymnosophistæ habitabant, *H.* 390, 17 *seq.*
Pantarbes lapis, *H.* 288, 44; ignem exstinguens, *H.* 365, 35; 366, 23 *seqq.*
Paphia, *H.* 271, 14.
Paphus, *C.* 493, 52; ibi templum Veneris, *C.* 494, 1.
Parætion (Paraetonion) ostium Nili, *X.* 207, 22.
Parcæ, Μοῖραι, *Ach.* 29, 24; *H.* 258, 5; 261, 49; 262, 30, *etc.*
Paris, *E.* 548, 23; judex, *E* 530, 2; Helenæ raptor, *C.* 464, 15. Ἀλέξανδρος ὁ Πάρις, *C.* 491, 31. *Vide* Alexander.
Parmenio, *AD.* 511, 9.
Parnassus, *H.* 294, 21; Delphis urbi imminet, *H.* 263, 9. Parnassi πρόποδες, *H.* 297, 39.
Parthicum bellum Antonini et Veri, *J.* 518, 27 *seqq.*
Pastor. Varia genera cantus syringis, quibus utuntur pastores et caprarii, τὸ νόμιον etc., *enumerantur L.* 171, 40-48.
Pastores, Βουκόλοι. *Vide* Ægyptus.
Patroclus : Πάτροκλον πρόφασιν *proverbialiter, Ach.* 53, 42.
Peleus, Thetidis deæ maritus, *H.* 269, 6; *C.* 442, 44 ; pater Polydoræ, *H.* 269, 11. Peleus hymno celebratur, *H.* 271, 4, 11 *seqq.*
Pelides (Achilles), *Parth.* 17, 3 *et* 22.
Pelium, *C.* 416, 51.
Peloponnesii, *C.* 486, 33.
Peloponnesus, *Parth.* 13, 47 ; 18, 2. Peloponnesus et circumjacentes insulæ a Thracibus piratis, Naxo profectis, infestatæ, *Parth.* 16, 10.
Pelusium, urbs Ægypti, *X.* 207, 26 ; 213, 34 ; *Ach.* 59, 5; *C.* 481, 50; 489, 27. Ejus situs, *C.* 486, 7-10. Ibi Jovis Casii statua et templum, *Ach.* 59, 9 *seqq.* — Pelusiotæ, *X.* 207, 47 ; 208, 28.
Penelope, Ulyssis uxor; quo ejus astu perierit Euryalus, *Parth.* 5, 4 *seqq.* Penelope pudica, *Ach.* 32, 37.
Pentapolis, *Ap.* 614, a, 20; 624, b, 11. Pentapolitanorum civitas marina, *Ap.* 613, b, 48 ; 627, b, 27.
Pentelicus lapis, græce dictus Πεντελῆς, *E* 525, 9.
Pentheus discerptus, *L.* 107, 47. Penthei reliquias ad Chaones fert Ἠπειρώ, *Parth.* 21, 35.
Periander Corinthius; cujus et matris ejus historia, *Parth.* c. 17, p. 14.
Perinthus, urbs Thraciæ vicina, urbium illic facile princeps, *X.* 200, 38-41. Byzantio propinqua, *X.* 201, 6.
Persæ. Persarum reges in bellum exituri quid de more faciant, *C.* 483, 9-16. *Vide* Cyrus. Persæ tubis classicum canunt, *H.* 381, 33. Persarum in acie firmissimum sunt cataphracti equites et currus falcati, *H.* 380, 15 *seqq. Vide* Cataphractus. Persicus cataphractus pedes immobilis, nisi ab aliquo ducatur, *H.* 382, 10. Persarum rex, *C.* 426, 9 ; Cyrus, *Parth.* 17, 26. Persarum aulis oculi et aures eunuchi, *H.* 371, 15. Persarum ὁμότιμοι, *C.* 482, 7. Persarum magi, *C.* 471, 49. Τὸ ἀλαζονικὸν τῆς

INDEX HISTORICUS.

Περσικῆς θέας, *H.* 346; 22. Κόμπος Περσικός, *H.* 379, 53 *seqq.* Persæ tiaram deponunt resalutantes προσκυνοῦντα, H. 346, 30 *seqq.*

Persica lingua, *H.* 270, 54. Persica avaritia, *H.* 304, 32, 37.

Perseus, Danaæ ex Jove filius, *Ach.* 55, 6; Argivus, *Ach.* 59, 24. Perseus Andromedam servans, pictura Euanthis, *ib. et* 60, 8 *seqq.* Perseus et Andromeda, heroes πρόγονοι regum Æthiopiæ, *H.* 288, 3; eorum amores in thalamis regiæ picti, *ib.* 8 *seqq.*, *ubi* nuda Andromeda, *l.* 21 *seqq. Vide* Æthiopes.

Perseus, Philobies maritus, Dardani præfectus, Laodices precibus commotus quid instituerit, *Parth.* 14, 19 *seqq.*

Piasus, pater Larissæ, quacum rem habuit, *Parth.* 19, 39.

Pilæ lusus, *Ap.* 614, b, 13-22.

Piræeus, *B.* 234, 16.

Piratæ: apud eos lex, capiendam navem qui primus sit ingressus, is ut quicquid velit de præda sibi eligat, *H.* 317, 4-7. Piratæ πορφυρεῖς (purpuram colligentes) in insula Pharo, *Ach.* 83, 3.

Pirene, fontis nympha; ex ea Melissus genuit filium (Actæonem), *Parth.* 13, 15 *seqq.*

Pisidice Methymnæa, regis filia; ejus historia, *Parth. c.* 21, *p.* 16.

Pitys (Pinus). *Vide* Pan.

Phædræ amor perdidit Hippolytum, *Ach.* 32, 39.

Phanias Eresius *excerpitur Parth. c.* 7, *p.* 7 *et* 8.

Pharax, pater Cyanippi, Thessalus, *Parth.* 10, 26.

Pharnuchus, *J.* 518, 3.

Pharus insula, *Ach.* 78, 27; 80, 30; 81, 9; 125, 21; *describitur Ach.* 82, 16-26. Huic insulæ στρατηγός præficitur, *ib. l.* 37, *etc.* — Pharius, *H.* 261, 34.

Phayllus tyrannus; ejus historia, *Parth. c.* 25, *p.* 18.

Pheræ sub Admeto, *Parth.* 6, 38.

Philæ, urbs paullo supra minores Catarractas Nili sita, centum fere stadiis distans Syene et Elephantine. Ex quo ab exsulibus Ægyptiis occupata, semper Æthiopicane an Ægyptiaca sit urbs, in ancipiti erat, *H.* 355, 20-31. Quare Philæ urbs semper ἐπίμαχος, *H.* 355, 17. *Memoratur H.* 375, 51; 388, 25; 389, 14.

Phile, Antipatri filia, uxor Balagri, *AD.* 511, 3.

Philetas in Ἑρμῆ *excerptus Parth. c.* 2, *p.* 4.

Philobie, uxor Persei, *Parth.* 14, 19.

Philoctetes sagitta vulnerat Paridem, *Parth.* 5, 31.

Philomelæ mensa, *Ach.* 32, 30. *Vide* Procne.

Philotis, *AD.* 508, 11.

Philottus, secundum nonnullos Niobes maritus, in venatione periit, *Parth.* 21, 30 *seqq.*

Philtrum ἄκρατον insaniam affert, *Ach.* 77, 6.

Phobius, filius Hippoclis Nelidæ, *Parth.* 13, 9.

Phobius, Nelida, Cleobœæ maritus, imperat Milesiis, *Parth.* 12, 31. Quare imperio cesserit Phrygio, *Parth.* 13, 4 *seqq.*

Phœnice, *X.* 190, 38; 191, 34; 198, 9; *C.* 481, 50; 484, 35; 485, 31.

Phœnices piratæ, *X.* 190, 33.

Phœniciæ mercea, *H.* 293, 17.

Phœnicopterus, Nilotica avis, *H.* 321, 20.

Phœnix avis ex Æthiopia vel India in Ægyptum veniens, *H.* 321, 24; avis Æthiopica; ejus descriptio, fabula et sepulturæ ritus, *Ach.* 68, 25-54. Eo patris sepulcrum ferente in bellum non exeunt Ægyptii, *ib. l.* 21 *seq.*

Phoroneus, Lyrcei pater, *Parth.* 3, 14.

Φρόνησις. *Vide* Prudentia.

Phrygia Magna, *X.* 201, 52.

Phrygii latrones, *C.* 501, 53.

Phrygius Milesiis imperans post Phobium, *Parth.* 13, 5.

Phthia, regio circa Maliacum sinum, *H* 269, 6 *seq.*; patria Achillis, *Parth.* 17, 19.

Phthiota Achilles, *H.* 269, 3.

Phylarchus *excerptus Parth. c.* 25, *p.* 18. Idem in libro XV *excerptus Parth. c.* 15, *p.* 13.

Pleiadum occasus hibernus, *H.* 308, 1.

Pluto, Ἀϊδωνεύς, *Ach.* 121, 20.

Plutus et Pluto *oppositi E.* 556, 33 *seqq.*

Poeta qui Λέσβου κτίσιν scripsit; ejus carminis versus viginti duo, *Parth.* 17, 1 *seqq.* — Anonymi poetæ versus *citantur E.* 535, 16.

Polemarchus (magistratus). *Vide* Academia.

Polybus Corinthius, pater Alcinoes, *Parth.* 19, 21.

Polycles, frater Polycrites, unus ex præfectis urbis Naxi, *Parth.* 10. 10.

Polycrite, virgo relicta in Delio templo Naxi; ejus historia, *Parth. c.* 9, *p.* 9 *et* 10.

Polydora, filia Pelei, mater Menesthii, *H.* 269, 11.

Polymela, Æoli filia; ejus historia, *Parth. c.* 2, *p.* 4

Polymestor, *E.* 548, 41.

Pompa theorica Delphis cum hecatombe *accurate describitur H.* 270, 21-274, 36.

Pontus (provincia), *X.* 200, 11; *AD.* 507, 10.

Priami filius Alexander, *Parth.* 5, 13.

Priapum Lampsaceni colunt, *Ap.* 620, b, 28. Priapi statua in salutatorio Ienonis, *ibid.* 24.

Priene, *C.* 458, 34, 39; urbs parva, græcæ curiositatis plena, *ib. l.* 45. Prienensium στρατηγός, *C.* 459, 8; 468, 46.

Procnes, Philomelæ et Terei fabula repræsentata in tabula picta, *quæ describitur Ach.* 80, 39-81, 8. Eadem fabula *multis explicatur Ach.* 81, 26-82, 11. Jugulatio filii, *Ach.* 32, 31.

Promedon Naxius, amicus Hypsicreontis Milesii, cujus uxor eum ad adulterium adigit et in Naxum sequitur, *Parth.* 15, 34 *seqq.*

Prometheus animalia finxit, *Ach.* 48, 12 *et* 17 *seqq.* Catenis alligatus, ab Hercule aquilam occidente liberandus, pictura Euanthis, *accurate descripta Ach.* 59, 18 *seqq.*; 60, 28-54. Promethei aquila, *E.* 560, 6 *seq.* Πρόνοια. *Vide* Minerva.

Propheta Isidis aquam bibit, prorsus abstemius, *H.* 306, 31 *seqq.* Prophetis Isiacis interdictum ritibus magicis et necromanticis vel spectandis, *H.* 330, 39 *seqq.* Propheta a puero sacris incumbens, *H.* 281, 32.

Proserpina, *H* 365, 47; Κόρη, *J.* 518, 39. Proserpinæ thalamus, *E.* 546, 53.

Protesilaus redivivus, *C.* 472, 25.

Proteus Pharius, in varias se formas mutans, *H.* 261, 34 *seq.*; *E.* 594, 12.

Prytaneum Naxiorum, *Parth.* 16, 2.

Proverbia et locutiones proverbiales: ἔλαφος ἀντὶ παρθένου, *Ach.* 95, 35. Ἐκ κυνὸς, οὐ λύκου στόματος, *L.* 138, 46. Βοῦς ἐν αὐλίῳ καταλείπομαι, *L.* 173, 13. Δεύτερος πλοῦς, *H.* 236, 6. Ἰλιόθεν με φέρεις, *H.* 258, 51. Εἶπον ἂν καὶ τοῖσδε τοῖς καλάμοις, *H.* 259, 7. Οὐδὲν πρὸς τὸν Διόνυσον, etc., *H.* 261, 32. Τοῖς ἐμοῖς κατ' ἐμοῦ χρᾶται πτεροῖς, *H.* 268, 8. Κατόπιν ἑορτῆς ἥκων, *H.* 270, 16. Ἐκ παρόδου, *H.* 274, 48. Τὴν ἀπὸ ξύλου κλῆσιν φέρει, *H.* 276, 27. Οὐκ ἔστι τοὺς δυστυχοῦντας μὴ οὐ πάντα δυστυχεῖν, *H.* 308, 54 *seqq.* Κῦμα ἐπὶ κύματι, *H.* 309, 29. Χρυσᾶ χαλκείων, *H.* 339, 49. Οὐδ' ὁ ἥλιος γνώσεται, *H.* 348, 28. Πᾶν πεῖσμα διέρρηκται, *H.* 351, 36. Τελευταίαν ῥίψωμεν ἄγκυραν, *H.* 360, 32. Ὁ τρώσας αὐτὸς ἰάσεται, *C.* 472, 2. Ἀπὸ γραμμῆς, *E.* 550, 30. Ἄνθρακας τοὺς θησαυρούς, *E.* 558, 22. Λίθον ἀπὸ γραμμῆς κινῶ, *E.* 586, 7. Ἀρχῆς ἀπ' ἄκρης, *E.* 590, 12. *Alia proverbia in suis vocabulis referuntur.*

Prudentia (Φρόνησις): ejus statua allegorica *describitur E.* 528, 21-47; 530, 3-10.

INDEX HISTORICUS.

Pudor, Αἰδώς, *E.* 546, 26, 33; παῖς ἐλέγχων, *E.* 594, 16.
Puellæ pulchræ *descriptio*, *E.* 536 37 — 537, 3. Puellarum pompam ducentium et canentium *descriptio*, *H.* 270, 41 *seqq.*
Pulvere faciem et caput conspergunt gravi calamitate afflicti, *H.* 295, 52.
Purpuræ inventio apud Tyrios *narratur Ach.* 43, 36-44, 2.
Putei (φρέατος) artibus ornati *descriptio*, *E.* 524, 54-525, 4.
Pyrrha, mater Neoptolemi, *H.* 271, 18.
Pyrrhum, Epiri regem, adit Cleonymus ad expeditionem in Peloponnesum suscipiendam exhortaturus, *Parth.* 18, 1 *seqq.*
Pythagoras, *A D.* 508, 10.
Pythia, *H.* 263, 25. Pythica afflatio, *H.* 263, 12. Pythium templum, *H.* 263, 44; frequentissima ibi sacrificia, *ib. l.* 40 *seqq.* Ibi sapientes philosophantur, *ib. l.* 42 *et* 45 *seqq.* Pythia ara, *E.* 531, 13. Pythius Apollo, *H.* 260, 10. Pythius sacerdos ἀωρί in adytum progressus, ab Apolline punitur, *H.* 295, 35. Pythicus ἀγών quavis τετραετηρίδι celebratur, *H.* 263, 45. Pythiorum ludorum ultimo die cursus, lucta, pugilatus, *H.* 282, 1, 7 *seq.* Judicant Amphictyones, *ib. l.* 6.
Pythonis adytum Delphis, *H.* 252, 48, 50, 52.

R.

Rex apium, *C.* 431, 30 *seq.*
Rhegium, *A D.* 509, 2. Rhegii urbis tyranni, *C.* 417, 7.
Rhenus, Celticus fluvius, Dianæ fons, *E.* 570, 39 *seqq.;* ibi qualis fiat de virginitate puellarum exploratio, *E.* 570, 45-571, 13.
Rhesus multas regiones obiit et vectigales sibi reddidit, *Parth.* 22, 28. Apud Cium quo artificio Arganthonen venatricem in amorem sui pellexerit, *ib. l.* 30 *seqq.* Quæ eum prohibere studuit a Trojana expeditione, *p.* 23, 5 *seqq.* In qua pugnans ad flumen, quod nunc ab illo Rhesus vocatur, a Diomede interficitur, *ib. l.* 11 *seqq.*
Rhipæi montes, *A D.* 507, 12.
Rhodopes tumulus, parva insula prope Tyrum, statio navalis, *Ach.* 46, 47 *seqq.*
Rhodopis virgo, venatrix, a Diana in fontem Stygem mutata, quare, *Ach.* 123, 18-54.
Rhodus, insula magna et pulchra, *X.* 189, 50 *seq.*; 215, 53; 218, 51; 219, 7, *etc. A D.* 507, 81. Ibi Solis templum, *X.* 190, 11; 219, 22; et festum, *X.* 220, 21.
Rhodi est Isidis templum, *X.* 221, 31, 37, 40.
Rhœo, filia Staphyli, Lyrcum amat, et rixatur cum sorore Hemithea, *Parth.* 4, 4.
Robur, Ἰσχύς: ejus statua allegorica *describitur*, *E.* 528, 48-529, 12; 530, 10-18.
Rosæ laus ex cantilena *excerpta*, *Ach.* 39, 17-28. Rosa nigra Indorum *describitur Ach.* 71, 11-20. *Vide* Locrensis.
Ruris dii, Ceres, Bacchus, Pan, Nymphæ, *L.* 171, 9.

S.

Sacchuras Babyloniis dicitur engastrimythus, *J.* 518, 18.
Sacerdotis coma demissa sacro ritu, πρὸς τὸ ἱερώτερον, *H.* 258, 36.
Sacra domestica, *X.* 194, 13.
Sacrificium domesticum : cui adhibetur tripus, laurus, ignis, thus, *H.* 284, 18, 22 *seqq.*
Salaminia pugna, *C.* 481, 23.
Saltatio mimica ἐπιλήνιος, *L.* 154, 8-14.

Samos, Junoni sacra insula, *X.* 189, 26 *seqq.* — Samius Xanthus, *Parth.* 19, 23.
Sarapta, vicus maritimus Tyriorum, *Ach.* 46, 41; 47, 19.
Sardes a Cyro obsessæ, earumque arx per proditionem capta, *Parth.* 17, 25 *seqq.*
Satrapas Magni Regis alium regem præter hunc προσκυνεῖν nefas, *H.* 388, 45 *seqq.*
Saturnius oculus, Κρόνιον ὄμμα (Saturni stella illucens), *H.* 261, 47.
Satyri, comites Bacchi, *L.* 167, 49; Bacchabus insilientes, *L.* 143, 17.
Scamander; ad Scamandrum pugna Achillis, *H.* 282, 52 *seqq.*
Scellis, Thrax, Naxo profectus multas Græciæ regiones populatur; ejus amor Pancratûs, *Parth. c.* 19, *p.* 16.
Schedia Ægypti, *X.* 208, 13; 213, 25.
Scrinium codicillorum, *Ap.* 612, a, 48, *de diagrammate chaldaico*, *ut videtur.*
Scythica nix, *L.* 156, 47.
Selenes tauro insidentis pictura *descripta Ach.* 30, 9 *seqq.*
Semele, Jovis amica, deflagrata, *Ach.* 54, 35; 55, 2; ab Jove abrepta, *C.* 442, 40. Semele pariens, *L.* 167, 46.
Sepultura pastoralis *describitur L.* 142, 9-16.
Serapidis, qui Græcis Juppiter, ἱερομηνία cum facium gestatione Alexandriæ celebrata, *Ach.* 80, 10-16.
Seres et apud eos araneorum stamina et texta, *H.* 403, 30 *seqq.* Seres hoplitæ, inter Æthiopes, *H.* 381, 30, 44; 382, 12, 37. Sericum opus pharetra et arcus, *C.* 477, 28.
Sibylla vates a Carmane Jocta, *A D.* 510, 23.
Siceliotæ, *C.* 484; *X.* 211, 44.
Sicilia, *Parth.* 4, 22; *X.* 211, 31; *C.* 415, 6, 11, *etc.*; insula magna et opulenta, *X.* 213, 42 *seqq.*; in παράπλῳ Libyæ, *H.* 293, 35. In Sicilia Daphnis, *Parth.* 20, 8.
Siculum mare, *Parth.* 4, 23. Siculus fons (Arethusa), *Ach.* 38, 22. Siculus fons, in quo aqua igni mixta, *describitur Ach.* 45, 23-29. Sicula regina Daphnidem amans, *Parth.* 20, 17. Siculus pastor, *L.* 153, 26. Bonm Siculorum cornua tenuia, *Ach.* 46, 11. — Sicula, Σικελικά, scripsit Timæus, *Parth.* 20, 8.
Sidon, *Ach.* 52, 33; 84, 3; *C.* 488, 8; urbs maritima Phœnicum, *Ach.* 27, 1. Ejus portuum descriptio, *ibid. l.* 3 *seqq.* Sidoniorum dea Astarte, *Ach.* 27, 10. Sidonia tapetia, *H.* 315, 33; 346, 46.
Simias Rhodius *excerptus Parth. c.* 33, *p.* 21.
Siren, *H.* 241, 6; *E.* 564, 54. Sirenes, *Ach.* 32, 21; 6', 39; 99, 42; *E.* 561, 35. Sirenes sepulcrum, *A D.* 508, 8.
Sithon, rex Odomantum in Thracia, pater Pallenes, quomodo collocaverit filiam pulcherrimam, a plurimis amatam, *Parth. c.* 6, *p.* 6 et 7.
Sithonius puer (Itys?), *Parth.* 11, 29.
Smaragdi virides, *H.* 265, 41-43. Smaragdi fodinæ, *H.* 375, 52; 388, 26; in confiniis Æthiopiæ et Ægypti, quas uterque populus sibi vindicabat, *H.* 267, 22; de iis usque litigantes, *H.* 355, 34 *seq.*
Smyrna, *Ach.* 105, 40 *et* 43; 110, 22.
Socmnus, Achæmenidæ filius, Arsacidæ nepos, rex Babylonis et Armeniæ Magnæ, senator et consul Romanus, sub Antonino et Vero, *J.* 518, 21 *seqq.*
Socrates dictatoribus circumdatus, *E.* 523, 34.
Sol, Θεῶν κάλλιστος, *H.* 352, 25. Ejus templum, festum et pompa Rhodi, *X.* 190, 11; 220, 21. Sol, « qui Ægyptum tenes et per quem terra et mare hominibus ap-

INDEX HISTORICUS.

paruit, » *aliquis precatur* X. 208 , 42 *seq*. Solis prosapia, *H.* 412, 35. Sol γενεάρχης sive γενάρχης regum Æthiopiæ, *H.* 287, 52; 288, 2; 395, 24. Ei Æthiopes sacrificant equos candidos, quare, *H.* 392, 12 *seqq.;* 404, 35. Per solem jusjurandum nemo sapientum (Æthiopiæ) negligit , *H.* 291, 2 *seq. Vide* Æthiopes. Sol , προπάτωρ regis Persarum, *C.* 474, 39. Solis porta Alexandriæ, *Ach.* 79, 33 *et* 36.

Somnus adducitur φαρμάκῳ quodam capiti illito, quantum est orobi granum, oleo prius subacto, *Ach.* 73, 45 *seqq*. Somni fons τροφὴ καὶ πόσις καὶ κόπος , *E.* 527, 27.

Sophocles in Euryalo *excerpitur Parth.* c. 3 , p. 4. *Citatur poeta suppresso nomine E.* 583, 25, 26.

Σωφροσύνη , *E.* 546, 25, 39. *Vide* Temperantia.

Sparta , *C.* 494, 29 ; σώφρων, *C.* 464, 13.

Spartiata Lacedæmonius, *X.* 211, 45.

Sperchius, pater Menesthei , *H.* 269, 10.

Sphinx , *E.* 531, 13.

Staphylus , Bacchi filius, Bybasti qua arte effecerit ut una ex filiabus , Hemithea , prolem ex Lyrco conciperet , *Parth.* 3, 30 *seqq*. Altera ejus filia Rhœo, p. 4, 4.

Stentor : Στεντόρειον (Stentorea voce) , *E.* 589, 26 ; 595, 50.

Sthenobœæ calumnia, *Ach.* 32, 31.

Strongyle , antiquius nomen Naxi , *Parth.* 16, 8.

Struthiocamelus, στρουθὸς Λίθυσσα , *H.* 404, 17.

Styx , fons sacer Ephesi , *Ach.* 123, 1, quomodo ortus sit *multis narratur ib. l.* 18-54. In eam descendunt quæ pudicitiæ violatæ arguuntur ; fons culpam sive innocentiam indicat , *Ach.* 124, 1-9 ; 39-45.

Susa , *C.* 462, 45.

Sybaris , *C.* 433, 12.

Sybaritæ , *C.* 429, 22. Sybaritis (mulier), *C.* 425, 47 ; 429, 20.

Syene , *H.* 355, 22; 369, 34 , 38 ; 371, 29, 34, *etc*. Posita in solo inferiore quam Nilus , *H.*, 373, 9 *seqq. Vide* Nilus. Syenæ ex gnomone et puteis ad fundum illuminatis intelligitur solem æstivo solstitio examussim vertici imminere , *H.* 385, 9-15.

Συμβόλων (eorum quæ in via vel alibi nobis occurrunt, conspiciuntur vel audiuntur) interpretes quid de fabulis pictis dicant, *Ach.* 81, 12 *seqq*.

Syracusæ , urbs magna et pulchra , *X.* 211, 32 ; 212, 44 ; *C.* 415, 2, 10, 17, *etc.* Syracusanorum tyrannus Hipparinus, *Parth.* 18, 7. Syracusis festum Veneris δημοτελές , *C.* 415, 22.

Syria , *X.* 193, 51 ; 195, 38 ; 196, 25, *etc.*; *C.* 462, 19 ; 481, 50; 482, 20 ; 484, 36, 50 *etc. E.* 561, 5. Syriæ rex, *J.* 521, 50 ; 522, 25, 30.

Syrinx virgo , capras pascens, amata a Pane, et in instrumentale musicum mutata, *L.* 153, 28-42 ; 154, 18-24. *Vide* Pan. In spelunca luci Dianæ Ephesiæ suspensa syrinx virginitatis probatrix, *Ach.* 117, 30-51. Syringis accurata *descriptio* et cum tibia *comparatio, Ach.* 116, 38-117, 11; *ib. l.* 29-29.

T.

Tænia virginis vice funis fungitur, *L.* 134, 48 *seq*.

Tanais fluvius, *Parth.* 7, 1. Unde ei nomen, *J.* 518, 4 *seqq*. Tanaidis et Pharsaridis sunt quæ ab accolis celebrantur mysteria Veneris, *ib. l.* 5-7. Tanaidis ostia, *A D.* 507, 12.

Tantalus , parter Niobes, *Parth.* 21, 29. Tantali cibus, *Ach.* 90, 32. Tantali poculum, *Ach.* 54, 7.

Tarentum , urbs Italiæ, *X.* 215, 23 ; 217, 53.

Tarsus, urbs Ciliciæ, *X.* 199, 39 *et* 42: 202, 45, *etc. Ap.* 613, a , 8 *sq.* ; b, 24 ; 618, b, 36; 626, 33, 38.

Tauri, ubi Dianæ humano sanguine sacrum fit, *Ach.* 114, 42 *et* 45.

Tauromenium in Sicilia, *X.* 215, 32; 217, 33.

Telamon, pater Trambeli , *Parth.* 19, 1 *et* 18.

Teleos , Argivus, pater Clymeni, *Parth.* 12, 7.

Tellus, Γῆ, recondit cantica Echonis nymphæ, dum cantaret occisæ, *L.* 162, 42 *seqq*. Tellus mater Daphneu fugientem supplicem recipit et servat, *E.* 574, 45 *sq.*; 597, 4 *seq*.

Temperantia, Σωφροσύνη : ejus statua allegorica *describitur E.* 529, 13-37; 530, 19-29.

Tempestas in mari et naufragium *describitur uberrime Ach. lib.* III *init., p.* 56-58.

Tereus. *Vide* Procne. Terei mensam canunt hirundines, *Ach.* 37, 27.

Termera , *Parth.* 22, 27.

Thamyras , Thrax excæcatus, *Parth.* 20, 19.

Thargelia Milesiorum , *Parth.* 9, 44.

Thebæ Ægyptiæ, *Ach.* 74, 14. Thebæ Magnæ, *H.* 262, 43 ; 355, 10; ἑκατόμπυλοι, patria Homeri, *H.* 278, 33.

Thebani a Phœnicibus orti, *Ach.* 27, 2.

Θέμις. *Vide* Justitia.

Themistocles , ex juvene ἀκολάστῳ vir factus virtute et sapientia eximius, *Ach.* 126, 50 *sq*.

Theocritus *poeta suppresso nomine citatur E.* 540, 13 ; 576, 38.

Theodosius, pater Heliodori, 412, 35.

Theogenes *excerptus , fortasse* ἐν Παλληνιακοῖς , *Parth. c. 6, p.* 6 *seq*.

Theophrastus in libro primo τῶν Πρὸς τοὺς καιροὺς *excerptus Parth. c.* 18, *p.* 15. Idem in libro quarto ejusdem operis *citatur Parth. c.* 9, *p.* 9.

Theoria. *Vide* Pompa. In theoria Delphis sacerdos Apollinis σπονδὴν facit , ἀρχιθέωρος autem aram incendit face a ζακόρῳ Dianæ sumpta , *H.* 274, 4-7.

Theragrus, filius Clymeni, *Parth.* 12, 8.

Thermopylarum pugna, *C.* 486, 43.

Theseus , *H.* 231, 22. Theseo abrepta Ariadne a Baccho , *C.* 442½, 40.

Thesmophoria Milesiorum, *Parth.* 8, 10.

Thessali : eorum pars nobilissima et ἑλληνικωτάτη Ænianes, *H.* 268, 38. Thessali Ænianibus cesserunt ἐναγισμὸν Neoptolemi, *H.* 269, 17. Thessali (*ut videtur* Pheræuses ab Admeto δεκατευθέντες) in Cretam proficiscuntur duce Leucippo, *Parth.* 6, 31 *coll.* 37. Thessalarum artes magicæ et philtra, *Ach.* 91, 1; 94, 19.

Thessalia , *Parth.* 10, 26 ; *H.* 410, 21. Thessalia a piratis direpta , *Parth.* 16 , 10. Thessalici equi, *H.* 271, 41 *seqq*. Thessalicus lapis, *E.* 524, 25, 53; 525, 6. Θεσσαλίζω linguâ, *Parth.* 18, 21.

Thetis, *C.* 476, 39; ex Maliaco sinu nupsit Peleo , *H.* 269, 5 *seq*.; *C.* 442, 44. Thetidis nuptiæ in Pelio , a poetis celebratæ, in quibus Eris intervenit, *C.* 416, 51-53 ; *E.* 530, 51. Mater Achillis , *Parth.* 17, 18. Thetis hymno celebratur, *H.* 271, 3, 11 *seqq*.

Thraces, *Parth.* 7, 30 ; *A D.* 509, 4. Thraces Byzantium infestant, *Ach.* 29, 51.

Thracia , *Parth.* 16, 7. Ibi Maronea vitis, *Ach.* 39, 36. — Thracicus, *H.* 262, 3.

Thrax , Θρᾷξ, titulus libri Euphorionis , *Parth.* 12, 7 ; 19, 11.

Thule insula, *AD.* 507, 19, 21, *etc.*

Thurius (homo), *C.* 421, 24.

Tibicina : quid in ea habeatur indecorum , *H.* 251, 3-6.

Tigris et Euphrates insulam efficientes, *J.* 517, 41.

Timæus (ἐν) Σικελικοῖς *excerptus Parth. c.* 29 , p. 20.

Torquendi sontes instrumenta, *C.* 445, 5, 32 *seq.*; 451, 1; 455, 15 *seq*.

43.

Tragasia, Celænûs filia, uxor Mileti, *Parth.* 11, 8.
Tragœdia *citatur E.* 559, 28; 560, 29; 565, 44; 575, 30-33; 583, 19 *seqq.*; 585, 12 *seqq.*
Trambelus, Telamonis filius; ejus història, *Parth.* c. 26, p. 19. Heroum Trambeli in Lesbo, *ib. l.* 20.
Tripodes χυλικοφόροι, *H.* 353, 31.
Trivium. Lapides et Hermæ in triviis, *H.* 301, 3.
Troades, *Parth.* 14, 28.
Trœzen, frater Dimœtæ, pater Euopidis, *Parth.* 20, 32 *seqq.*
Troica scripsit Hellanicus, *Parth.* p. 22, 1. Item Troica scripsit Cephalo Gergithius, *Parth.* 5, 13.
Trojanum bellum, *Parth.* 22, 6 *seqq.* Troja capta, *Parth.* 14, 34. Trojæ exidium, *Parth.* 4, 25. Spolia Trojana, *ib. l.* 32.
Troglodytæ, pars Æthiopum nomadica, Arabibus contermina, cursu excellentes et funda, *H.* 370, 8 *seqq.*
Troglodytice et Cinnamomifera regio, ubi expedita militia et sagittarii, *H.* 381, 23 *seq.* Ibidem χρυσός μυρμηκίας et grypes, *H.* 403, 41-43.
Trophonium antrum θεοφωνεῖν facit subeuntes, *H.* 252, 48.
Tyndaris (Helena), *Parth.* 22, 10.
Typhonem odit Isis ut inimicum : physicus mythus, *H.* 377, 47 *seqq.*
Tyrii bellicosissimi, ut quorum deus illustrissimus Hercules, *C.* 485, 31 *seqq.* Tyrii Bacchum, ob Cadmi mythum, suum sibi deum vindicant, *Ach.* 39, 31 *seqq.* Hunc bubulco Tyrio, qui se exceperit, vinum primum ostendisse narrant, ex ipsisque ad reliquos homines vinum pervenisse, *Ach.* 39, 39 *seqq.* Apud Tyrios festum Bacchi προτρυγαίου, *Ach.* 39, 31. Tyrii Veneris (Astartes) peplum tingunt ea purpura, quam olim pastoris canis invenerat, *Ach.* 43, 85. Tyriorum nautarum saltatio, *H.* 293, 48-52. Tyrii piratæ, *L.* 140, 41.
Tyrimmas in Epiro familiari hospitio excipit Ulyssem, qui ejus filiam Euippen vitiat, *Parth.* 4, 40 *seqq.*
Tyrus, *Ach.* 29, 14 *et* 20; *AD.* 507, 23, 27, 41; *Ap.* 612, a, 36, 42, *etc.* Urbis situs *describitur C.* 485, 36-44. Tyrus in oraculo per ambages significata, *Ach.* 44, 47 *seqq.*; in cujus explicatione multa de ejus situ *referuntur, Ach.* 45, 1 *seqq.*, et de loco sacro, muro circumdato, in quo oleis adnascitur ignis, *ib. l.* 11-18. Tyrii Herculis templum, *AD.* 510, 26; *C.* 497, 31. In suburbio Tyri habitant piratæ, *X.* 191, 34. Tyrus ab Alexandro capta, *AD.* 511, 4 *seqq.* — Tyria purpura, *C.* 492, 41; 477, 25; 560, 3. Tyria tapetia, *H.* 315, 33.
Tyrrheni, *AD.* 507, 53. Tyrrheni nautæ transformati a Baccho, *L.* 167, 48. Tyrrhenica tuba, *E.* 548, 16.
Tyrrhenum mare, *Parth.* 4, 22.

U.

Ulysses, *E.* 538, 34. Circes in eum amor, *Parth.* 11, 38. Ulysses apud Æolum in insula Meligunide; ejus amores cum Polymela, Æoli filia, *narrantur Parth.* c. 2, p. 4. Post procorum occisionem, Ulysses in Epirum profectus consultum, vitiat Tyrimmæ hospitis filiam Euippen, ex eaque generat Euryalum. Hunc puberem a matre in Ithacam missum, Penelopes astu circumventus, sua manu occidit, non multo post ipse ab alio filio interfectus, *Parth.* c. 3, p. 4 *et* 5. Ulyssi heroi sacra fiunt a præternavigantibus Cephaleniam, Zacynthum et Ithacam, *H.* 311, 6 *seqq.*, 29 *seq.*

Unguentum mortuis superfusum in funere, *Ap.* 618, a, 39.

V.

Veneralia, Ἀφροδίσια, *E.* 534, 39.
Venti noctu a terra flant, ἀπόγειοι, *H.* 293, 43.
Venus, *Ach.* 47, 29; *E.* 528, 7; 530, 52; 553, 34; 554, 20: maris filia, *Ach.* 87, 13; dea γαμήλιος, *ib. l.* 14. *Vocatur* patria Cypriorum dea, *X.* 219, 6. Venus virgo, *C.* 415, 8. Venus ἄασε Methymnam, amorem funestum injiciens filiæ ejus, *Parth.* 17, 7. Per Veneris iram Leucippus amat sororem, *Parth.* 6, 6. Quomodo Venus ulta fuerit contemptum Rhodopidis et Euthynici, Dianæ et venationi unice deditorum, *Ach.* 123, 24-53. Venus credebatur apparere ἐπιφανής in agris prope Miletum, *C.* 427, 19; 430, 2-8, 53; 447, 37. Venus amavit Anchisen bubulcum, *L.* 172, 46. Venus pomum accepit in certamine pulchritudinis, *L.* 166, 52. — Veneris templum antiquum in Arado insula, *C.* 488, 20. Veneris mysteria celebrata in regione circa Tanain sunt Tanaidis et Pharsiridis, *J.* 518, 5-7. Veneris templum in insula quam circumfluunt Euphrates et Tigris, *J.* 517, 38, 41 *seqq.*; 54 *seqq.* : quæ ibi lex de insomniis, *J.* 518, 1 *seqq.* — Αἱ εἰς Ἀφροδίτην πωλούμεναι (meretrices), *Ach.* 55, 10. Ἀφροδίτης ἀκμή, *ib. l.* 23; τέρμα, *ib. l.* 28; Ἀφροδίτη ἀργή, *ib. l.* 39, *etc.* Veneris cestus, *E.* 530, 50; 579, 42; *proverbialiter, ut apud eundem* mel Veneris, 574, 37; Veneris νυμφών, 596, 17; Veneris thalamus, 564, 53; Veneris fons, 534, 37. Venus nectar temperans Amoribus, *E.* 551, 46.
Ver *describitur L.* 133, 41 *seqq.*
Verus Imperator, frater et κηδεστής ab Antonino mittitur contra Vologæsum Parthum, *J.* 518, 27 *seqq.*
Vinum inferiæ, *Ap.* 619, b, 18, 44.
Viperæ et muræenæ amor *describitur Ach.* 45, 31-48.
Vologæsus Parthus, quo eventu pugnaverit contra Verum imperatorem, *J.* 518, 28-33;
Vulcanus artifex, *E.* 524, 41. « Vulcanus habens Minervam, » in oraculo *Ach.* 44, 49; quid sibi velit, *Ach.* 45, 11-18.

X.

Xanthius, ex prosapia Bellerophontis, Leucippi pater, *Parth.* 6. 1; quomodo a filio interfectus, *ib. l.* 17-30.
Xanthus, urbs Lyciæ prope mare, *X.* 197, 48; 215, 47.
Xanthus. Ad Xanthum Termera post cædem commissam fugit Apterus, *Parth.* 22, 27.
Xanthus, homo nobilis et dives Mileti, quanta fecerit ut recuperaret Erippen uxorem indignissimam, *narratur Parth.* c. 8, p. 8 *et* 9.
Xanthus Samius, ab Alcinoe, uxore Amphilochi, perdite amatus, *Parth.* 19, 23 *seqq.*
Xanthus in Lydiacis *excerptus Parth.* c. 33, p. 21.

Z.

Zacynthium mare, *H.* 297, 42.
Zacynthus urbs, *H.* 308, 3 *seq.* Zacynthiorum promontorium, *H.* 307, 34. Portus ab urbe non procul, *ib. l.* 47 *seq.*
Zamolxis, apud Getas deus habitus, *AD.* 509, 7.
Zephyrus, *Ach.* 39, 25.
Zethus in servitute natus, *C.* 437, 12.
Zona virginalis, duos dracones imitans, *describitur H.* 272, 33-49.

ROMANCIERS BYZANTINS

ΝΙΚΗΤΟΥ ΤΟΥ ΕΥΓΕΝΕΙΑΝΟΥ

ΤΩΝ ΚΑΤΑ ΔΡΟΣΙΛΛΑΝ ΚΑΙ ΧΑΡΙΚΛΕΑ

ΒΙΒΛΙΑ Θ.

NICETÆ EUGENIANI

DROSILLÆ ET CHARICLIS

RERUM

LIBRI IX.

NUNC INTEGROS EDIDIT

IO. FR. BOISSONADE.

PRÆFATIO.

Nicetas Eugenianus sæculo, ut videtur, duodecimo scripsit versibus iambicis politicis de Drosillæ ac Chariclis rebus narrationem, cujus quam nunc offero collectionis Didotianæ emptoribus, editio non fuit ad exemplar prioris exacta a me anno 1819 curatæ. Etenim emendata magis ac lacunosa minus invenietur. In hac recensione magno mihi fuit usui Philippus Bassus, collega doctissimus et amicissimus, qui a gravioribus studiis non otio se recreat ac quiete, sed laboribus aliis, levioribus quidem, eruditis tamen. Quas inter relaxationes, quæ delassarent alios, numeranda Eumathii Gallica conversio cum notis; editio Theodori Prodromi mythistoriæ de Rhodantes ac Dosiclis amore, quam Nicetas sibi proposuit imitandam, ad codices sedulo recensita; et Nicetæ ipsius conversio Gallica cum commentario docto ac laborioso, locorumque multorum correctionibus supplementisque ex codicibus Vaticano et Urbinate studiose ac diligenter collectis. Nicetæ conversio Gallica pars debuit esse collectionis similium libellorum à bibliopola Parisino inchoatæ, ac typis descripta fuit anno 1841. Sed quacumque de causa negotium processu sperato caruit et volumina latent adhuc suppressa. Quum valde quererer de viro clarissimo quod tamdiu utilem librum teneret, sibi sic nobisque invidente, aurem præbuit facilem, ac mira benignitate volumen rarissimum mecum communicavit, quo ut vellem uterer; atque sum usus ad emendationem Nicetæ. Igitur ut editor gratias ago Philippo Basso, quum ejus ope potuerim edendo auctori prodesse. Sed critici lectores quibus mutationum rationes debui exponere querentur, idque merito se meas frustra quæsivisse annotationes; quibus reponam collectionem Didotianam commentarios non admittere, scilicet destinatam extemporali lectioni, non studio philologico. Bassum

igitur rogo ut sinat tandem conversionem Nicetæ Gallicam adjunctasque notas, in publicum prodire ac per hominum ora ferri. Sic utilem se præbebit litteris græcis quas amat, ac lectoribus sedulis qui ne Nicetam quidem negligentius legunt, nempe persuasi Plinium Majorem sapienter dixisse, « Nullum esse librum tam malum, ut non aliqua parte prodesset ». Illis non erit inutilis editio princeps quam amplis notis instruxi; nec sine fructu consulent Bibliothecam Græcam, t. VII, p. 749; Levequeum, Notitiarum Manuscriptorum volumine sexto; Villoisonum, Animadversionibus in Longum; Corayum, Prolegomenis ad Heliodorum, et in Wolfii Analectis, t. I, p. 408; Relationem Diarii Græci Ἑρμοῦ Λογίου an. 1819, p. 848; Millerum, v. doctiss., in Diario eruditorum an. 1855, Martio mense, p. 194.

ΤΩΝ ΚΑΤΑ ΔΡΟΣΙΛΛΑΝ ΚΑΙ ΧΑΡΙΚΛΕΑ.

ΒΙΒΛΙΟΝ ΠΡΩΤΟΝ.

ΥΠΟΘΕΣΙΣ ΤΟΥ ΟΛΟΥ ΒΙΒΛΙΟΥ.

Αὐτοῦ Δροσίλλης ἀλλὰ καὶ Χαρικλέους
φυγή, πλάνη· κλύδωνες· ἁρπαγαί· βίαι·
λῃσταί· φυλακαί· πειρᾶται· λιμάγχόναι·
μέλαθρα δεινὰ καὶ κατεζοφωμένα,
ἐν ἠλίῳ λάμποντι μεστὰ τοῦ σκότους·
κλοιὸς σιδηροῦς ἐσφυρηλατημένος·
χωρισμὸς οἰκτρὸς δυστυχὴς ἑκατέρων·
πλὴν ἀλλὰ καὶ νυμφῶνες ὀψὲ καὶ γάμοι.

ΒΙΒΛΙΟΝ ΠΡΩΤΟΝ.

Νῦν τοῦ φεραυγοῦς ἀστεράρχου φωσφόρου
ἐκ τοῦ κάτω φάναντος ἡμισφαιρίου,
ἐξ ὠκεανοῦ τῶν ῥοῶν λελουμένου,
καὶ γῆς τοσαύτης ἐκταθείσης εἰς πλάτος
5 ἀναδραμόντος τοὺς κορυφαίους τόπους,
Πάρθοι προσεμπίπτουσι Βάρζῳ τῇ πόλει,
οὐχ ὡς κατ' αὐτῆς συγκροτήσοντες μάχην,
οὐδ' ὡς βαλοῦντες ῥιψεπάλξιδας λίθους
ἐκ πετροπομπῶν εἰς τὸ τεῖχος ὀργάνων,
10 οὐδ' ὡς κατασπάσοντες ἐκ τῶν ὑψόθεν
πέτραις, χελώναις καὶ κριοῖς χαλκοστόμοις
(οὐκ ἦν γὰρ εὐάλωτος αὐτοῖς ἡ πόλις,
κρημνοῦ περισφίγγοντος αὐτὴν κυκλόθεν),
ἀλλ' ὡς ἀφαρπάσοντες ἄνδρας Βαρζίτας
15 οὓς ἐκτὸς ἂν λήψοιντο τῶν ὁρισμάτων,
καὶ πᾶσαν αὐτῶν τὴν τυχοῦσαν οὐσίαν.
Καὶ γοῦν ὑφαπλωθεῖσα καὶ τεταμένη
τῶν τῆς πολίχνης τειχέων ἀποστάδην
ὑπουργικὴ χεὶρ Παρθικῆς φυλαρχίας
20 αἰφνηδὸν ἐσκύλευε τοὺς πέριξ τόπους·
οἱ Βάρβαροι δὲ συνδραμόντες αὐτίκα
λείαν Μυσῶν ἔθεντο τὰ πρὸς ταῖς πύλαις.
Τοὺς μὲν γὰρ ἐσπάθιζον ἄνδρας ἀθλίους
οὓς ἀντιπίπτειν ἔβλεπον πειρωμένους·
25 τοὺς δὲ προῆγον δεσμίους κρατουμένους.
Πᾶν συγκατέκλων δένδρον ἐξ ἀπληστίας,
καίτοι βρίθον βλέποντες ἐξ εὐκαρπίας.
Τὴν αἶγα, τὴν βοῦν συγκαθήρπαζον τότε,
ἢ μὴ τὸ τεῖχος εἰσδραμεῖν ἐπεφθάκει.
30 Γυναῖκας εἷλκον αἳ συνεῖλκον τὰ βρέφη·
ὤμωζον αὐτῶν αἱ ταλαῖναι μητέρες,

DROSILLÆ ET CHARICLIS RERUM

LIBER PRIMUS.

ARGUMENTUM TOTIUS OPERIS.

Hic insunt Drosillæ atque Chariclis
fuga erroresque; procellæ, rapinæ, violentiæ,
prædones, carceres, piratæ, dira jejunia;
domus horridæ, ac tenebris
solis sub meridiani splendore
caligantes; collare ferratum;
amborum separatio miseranda, infelix;
at tandem thalami et nuptiæ.

LIBER PRIMUS.

Jam rex splendidus astrorum dieique parens ex infere Titan emerserat hemisphærio, oceani fluentis prolutus, et telluris in tam vastam extensæ latitudinem ardua cursu loca superaverat;

quum Parthi Barzo urbi accursu propinquant, non quam vi oppugnarent, nec e tormentis longe saxa rotantibus in muros missuri molares cum propugnaculorum ruina, nec ut testudinibus æratisque arietibus summas detergerent pinnas (urbs enim undique rupibus cincta anfractu celsiore disciscis, non erat facile expugnabilis; sed ut Barzitas homines extra limites deprehensos raperent, bonaque illorum forte obvia.

Itaque procul ab oppiduli mœnibus explicati dispalatique Parthici exploratores exercitus, momento temporis parvi, loca vastavere vicina;

ac repente una omnes Barbari concursantes proxima portis quæque Mysorum prædam fecerunt.

Miseros enim ense necabant viros, qui obsistere conabantur; cæteros ante se agebant onustos vinculis.

Arborem quamque immane furentes confringebant, etsi fructuum viderent inclinatam pondere.

Capellas vaccasque corripiebant, quæ muros ingredi non potuerant.

Trahebantur mulieres, quæ et ipsæ trahebant puellulos;
flebant matres infortunatæ;

καὶ συνεμινύριζον αὐταῖς τὰ βρέφη·
οὐκ ἀπομαστεύειν γὰρ εἶ/ον εὐκόλως·
τῶν οὐθάτων γὰρ ἡ βρεφοτρόφος ῥύσις
35 εἰς αἱματοστάλακτον ὄμβρον ἐτράπη.
Ἐκεῖ στάχυς ἐτμᾶτο καὶ πρὸ τοῦ θέρους,
τὴν ἵππον ὡς θρέψαιτο τὴν τῶν Βαρβάρων·
καὶ βότρυς ἁδρὸς ἐθλίβη πρὸ τῆς τρύγης,
ὄνυξιν ἵππων συμπατηθεὶς ἀθλίως,
40 λεηλατούντων τὴν περίχωρον κύκλῳ
Πάρθων ἀπηνῶν, δυσμενῶν, ἀλλοθρόων.
Τί γοῦν ἐφεξῆς; Οἱ μὲν ἐκτὸς τειχέων
ὅσοι φυγεῖν ἴσχυσαν ἐκ ξίφους τέως,
ἐλευθέρους πρὶν ἐντιθέντες αὐχένας
45 ζεύγλῃ βαρείᾳ δυσχεροῦς ὑπουργίας,
τὴν σφῶν κακίστην ἐξεδάκρυον τύχην·
οἱ δ᾽ ἐντὸς αὐτῶν εἰσρυέντες τειχέων,
τὴν Παρθικὴν μάχαιραν ἐκπεφευγότες,
πρὸς τὴν ἐφ᾽ ὕψους ἀσφαλῆ τείχους βάσιν
50 ἀναδραμόντες, τοῖς ἀπεξενωμένοις
ξυμπατριώταις ἀντεπέστενον μέγα,
« Τίς βάσκανος, » λέγοντες « ἀγρία Τύχη
« καὶ νῦν διεσπάσατο τοὺς ὁμογνίους;
« Φεῦ! τίς Ἐριννύς, τίς Ἀλάστωρ, τίς Τύχη
55 « δουλοῖ κακούργοις Βαρβάροις ἐλευθέρους!
« Ποίοις ἀπ᾽ αὐτῶν ἐνστενάξει τις μέγα;
« τοῖς συσφαγεῖσι; τοῖς ἁλοῦσι δεσμίοις;
« χήραις γυναιξί; ταῖς ἀνάνδροις παρθένοις;
« ἀπειροκάκῳ τῇ βρεφῶν ὁμηγύρει;
60 « ἡμῖν ἑαυτοῖς; ὦ κακῶν συγκυρμάτων! »
Οὕτωι μὲν οὕτω τοῖς πόνοις ἐκαρτέρουν,
καὶ θρῆνος ἦρτο συμμιγής, βαρύς, μέγας,
ἀνδρῶν, γυναικῶν, παρθένων, μειρακίων.
Τὸ Βάρβαρον δὲ συλλογῆς οὐκ ἠμέλει·
65 πρὸς ἁρπαγῆς γὰρ ἠσχολεῖτο φροντίδας.
Ἀνὴρ γὰρ ἐχθρός, βαρβαρόφρων, ὠμόνους,
ἀντὶ τρυφῆς εἴωθεν ἡγεῖσθαι πάσης
ἀνδρας σκυλεύειν μηδὲν ἠδικηκότας.
Τοὺς γοῦν ἁλόντας συμπεδήσαντες, μόλις
70 ἀπεῖδον ὀψὲ πρὸς τροφήν τε καὶ πόσιν.
Τούτοις συνῆν θήραμα καὶ τοῦτο ξένον,
οἷς καὶ συνεξέσφιγκτο δεσμοῖς ἀλύτοις
καὶ συγκατεστέναζε τοῖς πεδουμένοις,
καλὸς Χαρικλῆς καὶ Δρόσιλλα καλλίων.
75 Καὶ δὴ συνιζήσαντες ἐν πεδιάδι
πρκειμένης ἥπτοντο τῆς ἐδητύος.
Λειμὼν γὰρ ἦν ἥδιστος αὐτῆς ἐν μέσῳ,
οὗ γύροθεν μὲν ἦσαν ὡραῖαι δάφναι
καὶ κυπάριττοι καὶ πλάτανοι καὶ δρύες,
80 μέσον δὲ δένδρα τερπνὰ καὶ καρποφόρα.
Πόα τε κρίνων καὶ πόα τερπνῇ ῥόδων
πολλὴ παρῆν ἐκεῖσε, λειμῶνος μέσον·
αἱ κάλυκες δὲ τῶν ῥόδων κεκλεισμέναι,
ἤ, μᾶλλον εἰπεῖν, μικρὸν ἀνεῳγμέναι,
85 ταύτην ἐθαλάμευον ὥσπερ παρθένον.

adflebant matribus puelluli ubertate lactei roris carentes : mammarum enim alimentarius liquor in sanguineas guttas converterat.

Ante aestatem spica demetebatur, quae barbarorum aleret equitatum ; et ante vindemiam spissa premebatur uva ungulis equorum foede calcata, dum totam circa regionem popularentur Parthi crudeles, infensis animis et barbara lingua.

Quid insuper addam? Extra muros si quibus vitare gladium adhuc valuerant, cervicem nuper liberam jugo inserentes gravi molestae servitutis, sortem deplorabant tristissimam.

Verum intra muros qui se receperant, effugerantque Parthicum ensem, tutam conscendentes muri summitatem, abactis in exilium civibus alta voce adgemebant, dicentes :

« Quis invidus saevusque daemon nos nunc divisit congeneres? Heu! quae Furia, malus quis Genius, quae Fortuna liberos homines servos facit pessimorum Barbarorum? Quibus ex illis graviter ingemiscendum erit? « orcisis? an captis vinctisque? viduis conjugibus? an virginibus innuptis? infantium turbae adhuc calami- « tatum insciae? an nobismetipsis? oh casus moestissi- « mos! »

Sic illi durabant malis; et tollebatur gemitus promiscuus, gravis, ingens, virorum, mulierum, virginum juvenumque.

Verum Barbari, rapinae intenti, praedae colligendae curam neutiquam omittebant.

Hostis enim saevus, crudelis, dulci ante alias voluptate fruitur, quum homines bonis exuit prorsus immeritos.

Ergo, captivis una devinctis, sero tandem ad cibum potumque divertebantur.

Aderat captivorum par, praeda insignis, insolubilibus, ut caeteri, catenis una constrictum, utque caeteri, flens gemensque, pulcher Charicles et Drosilla pulchrior.

Consederant autem Barbari in campi planitie, et adpositos carpebant cibos.

Hujus autem in medio pratum erat amoenissimum, quod circum cingebant laetae laurus, cupressi, platani, quercus; quas inter surgebant arbores venustae frugiferaeque ; et in prato medio multa erant lilia, herbaeque roseae plurimae.

Clausi, vel potius semhiantes papillati rosarum calyces, florem quasi virgunculam thalami septis intercludebant.

Τούτου δὲ πάντως αἰτίαν λογιστέον
θερμαντικὴν ἀκτῖνα τὴν τοῦ φωσφόρου·
ὅταν γὰρ αὕτη, καὶ καλῶς οὕτως ἔχῃ,
μέσον καλύκων φλεκτικῶς ἐπεισθάλῃ,
90 γυμνοῦσιν αὗται τὴν ῥοδόπνοον χάριν.
Καὶ νᾶμα πηγιμαῖον ἦν ἐκεῖ ῥέον,
ψυχρὸν, διειδὲς, καὶ γλυκάζον ὡς μέλι·
κίων δέ τις ἀνεῖχε τῆς πηγῆς μέσον,
ἔσωθεν οὕτω τεχνικῶς γεγλυμμένος·
95 σωλῆνι μακρῷ δῆθεν ἐξεικασμένος,
δι' οὗ τὸ ῥυτὸν ὑπανήγετο τρέχον·
πλὴν ἀετός τις, ταῦτο προσδεδεγμένος,
(χαλκοῦς γὰρ ἦν ἄνωθεν ἑστὼς εὐτέχνως),
ἐξῆγε τοῦ στόματος αὖ καταρρέον.
100 Λευκῶν δὲ πετρῶν τῆς καλῆς πηγῆς μέσον
ἀγαλμάτων ἕστηκεν εὐξέστων κύκλος·
οἱ δ' ἀνδριάντες ἦσαν ἔργα Φειδίου,
καὶ Ζεύξιδος πόνημα καὶ Πραξιτέλους,
ἀνδρῶν ἀρίστων εἰς ἀγαλματουργίαν.
105 Τῷ δεξιῷ δὲ τοῦ παραδείσου μέρει
ἔξωθεν αὐτῶν τῶν ξυλίνων θριγγίων,
βωμὸς κατεσκεύαστο τῷ Διονύσῳ,
οὗ τὴν ἑορτὴν εἶχον ἄνδρες Βαρζίται·
καθ' ἣν τὸ πλῆθος τῶν ἀθέσμων Βαρβάρων
110 ἄφνω παρεισέρρευσε τοῖς ἐγχωρίοις,
φυλακτικῶν ἔξωθεν οὖσι τειχέων
ὁμοῦ μετ' αὐτῶν τῶν γυναικῶν καὶ τέκνων,
καὶ τὴν ἑορτὴν τοῦ θεοῦ Διονύσου
ἐκεῖ τελοῦσι, καὶ συνεστιωμένοις
115 σκηνορραφικῶν ἔνδοθεν στεγασμάτων·
δι' ἣν ἡ ἑορτὴ καὶ Δρόσιλλα παρθένος,
σὺν ταῖς κατ' αὐτὴν καὶ κόραις καὶ παρθένοις,
τὸ τεῖχος ἤδη τῆς πολίχνης ἐξέδυ,
χοροῦ καλὴν τόρνωσιν ἐνστησαμένη.
120 Ὡς οὐρανὸς γὰρ ἦν ἔναστρος ἡ κόρη,
χρυσοῦν φαεινὸν λευκοπόρφυρον φάρος,
πρὸς τὴν ἑορτὴν δῆθεν, ἠμφιεσμένη·
εὔρυθμος ἥβην· λευκόχειρ, κρυσταλλόχειρ·
χείλη, παρειὰς ἐξέρυθρος ὡς ῥόδον·
125 ὀφθαλμὸς αὐτῆς εὐπερίγραφος, μέλας·
πυρσὴ παρειά, ῥὶς γρυπή· στιλπνὴ κόμη,
ναὶ καὶ γλιδῶσα καὶ διευθετισμένη·
κάλυξ τὰ χείλη, σίμβλον ἀνεῳγμένον,
θυμῆρες ἐκρέοντα τοῦ λόγου μέλι·
130 γῆς ἄστρον ἐξαστράπτον, οὐρανοῦ ῥόδον·
εὔρυθμος ὁ τράχηλος ἐκτεταμένος·
τὰ πάντα τερπνά· κυκλοειδεῖς ὀφρύες·
καὶ πυρσὸν αἰγλήεντα λευκερυθρόχρουν
αἱ τῶν παρειῶν ἐξέπεμπον λαμπάδες·
135 χιὼν δὲ τἆλλα τοῦ προσώπου τῆς κόρης·
ὁ βόστρυχος χρύσειος· αἱ πλοκαμίδες
ξανθαί, μελιχραί, χρυσοειδεῖς, κοσμίαι,
τεταμέναι τε καὶ πνέουσαι τοῦ μύρου·
ἡ γνάθος, ὁ τράχηλος ἐστιλβωμένα·

LIBER I.

Quod quidem calidis Luciferi radiis effici omnino credendum est.

Quando enim, idque apto tempore, ardentem vim inediis inspirant calathis, angusto jam nudatur galero rosarum suavespirantium honos.

Nec non hic fluebant fontani latices, frigidi, vitrei, et veluti mella dulces.

Columna surgebat medio fontis meditullio, intus arte summa sculptoris hocce elaborata modo :

longo nimirum erat tubo similis, per quem rapido unda motu sursum elata, ab aquila excipiebatur, quae aenea superne stabat artificiosissime, cujusque manabat ab ore.

Pulchri simul fontis medio in orbem stabant dispositae statuae e lapide albo affabre politae, Phidiae manus, laborque Zeuxidis et Praxitelis, virorum statuariae peritissimorum.

In dextra horti parte, extra lignea septa, ara Baccho instructa fuit, cujus festum celebrabant Barzitae, quum nefariorum multitudo Barbarorum subitis fluctibus populares oppressit, extra moenium custodiam versantes una cum conjugibus liberisque, et Bacchi dei solemnia illic agentes, simulque vescentes sub tegmine tentoriorum.

Haec propter solemnia Drosilla virgo, una cum puellis virginibusque coaetaneis, oppiduli muros liquerat pulchrum chori orbem instaurans.

Coelo stellis pellucenti similis se ferebat puella, distinctam auro, splendidam, albopurpurascentem, ut in festo die, vestem induta;

statura, commoda, candidis, crystallinis manibus, labellis genisque rosarum colore rubentibus; oculis nigris concinnoque orbe circumscriptis; genis rubeis; naso paululum inflexo; comis nitidis, luxuriantibus, et apte dispositis ;

labia dixeris rosarum calycem, alveare apertum, dulce fundens mel loquelae;

scintillans erat terrae sidus, coeli rosa;

Concinnum collum et procerum ; nihil non fuit amabile ;

supercilia belle sinuabantur, et genarum lampades flamma praefulgebant splendida, subalbescente simulque rubescente;

caeteras vultus virginei partes nix tegebat ;

Aurea fuit coma, flavi cincinni, mellei, aurei, decori, prolixi et unguenta fragrantia spirantes; splendebant malae collumque;

ΒΙΒΛΙΟΝ Α.

140 τὸ χεῖλος αὐτῆς νέκταρ ἦν ἀποῤῥέον·
τὸ στέρνον ἄλλην εἶχεν ὀρθρίαν δρόσον·
ἥβης τὸ μέτρον ὡς κυπάριττος νέα·
εὔτορνος ἡ ῥίς· τῶν ὀδόντων ἡ θέσις,
ὡς σύνθεσίς τις μαργάρων λευχαχρόων·
145 τὰ κυκλοειδῆ τόξα τὰ τῶν ὀφρύων
ὡς τόξον ἦν ἔρωτος ἐγκεχαρμένου·
ἔοικεν ὡς ἔμιξε γάλα καὶ ῥόδα,
καὶ συνδιεχρώσατο, καθὰ ζωγράφος,
ταύτης τὸ σῶμα λευχέρυθρον ἡ φύσις.
150 Θάμβημα δ' ἄρ' ἦν συγχορευούσαις κόραις
λειμῶνος ἐντὸς τοῦ νεῲ Διονύσου.
Οἱ δάκτυλοι δὲ καὶ τὰ τῶν ὤτων ἄκρα
ἄνθρακας εἶχον, ὡς τὸ πῦρ ἀνημμένους,
χρυσῷ καθαρῷ συμπεπηγότας λίθους·
155 ἤστραπτον αὐτῆς χεῖρες ἐκ τοῦ χρυσίου,
ναὶ μὴν σὺν αὐταῖς ἀργυροσκελεῖς πόδες·
οὕτω τοσαύτην ἡ Δρόσιλλα παρθένος
καινὴν ἐπηυτύχησε καλλονῆς χάριν.
Ἐπεὶ δὲ μακροῖς τοῖς πότοις ἐνετρύφων
160 καὶ μέχρι δυσμῶν καὶ βαθείας ἑσπέρας,
οἱ δυσμενεῖς χαίροντες ἐξηρπαγμένων,
(τὸ Βάρβαρον φύσει γὰρ ἐγχαίρει μέθαις,
φιλεῖ δὲ τρυφαῖς ἐκδίδοσθαι καὶ πότοις,
καὶ μᾶλλον εἴπερ εὐχερῶς ἀφαρπάσοι,
165 ἀλλοτρίαν ὕπαρξιν εὑρὸν ἀθρόαν),
ἐκ τῆς τραπέζης ἐξανέστησαν μόλις
ἐφ' ᾧ τραπῆναι καὶ πρὸς ὕπνον αὐτίκα.
Ὁ γοῦν Κρατύλος (τοῦτο γὰρ ὁ Παρθάναξ)
τῆς συνθολούσης μικρὸν ἐκνήψας μέθης
170 τῷ Λυσιμάχῳ ταῦτα φησι σατράπῃ·
« Ἡμεῖς μὲν ἤδη καὶ πότου καὶ σιτίων
« ἐλάβομεν νῦν, ἀλλὰ καὶ μέθης, κόρον,
« ἢ καὶ τὸν ὕπνον ἐντίθησι ταῖς κόραις·
« καιρὸς τὸ λοιπὸν συγκλιθῆναι, σατράπα,
175 « πρὸς ὕπνον ἡμᾶς τῇ τρυφῇ δεδωκότας.
« Σὺ γοῦν, ἀληθῶς φιλάγρυπνε καρδία,
« μὴ συγκαθευδήσειας ἐξ ἡμῶν μόνος·
« λαβὼν δὲ σὺν σοὶ καὶ στρατοῦ τοὺς ἐκρίτους,
« ἵππευε κύκλῳ τῶν ἁλόντων δεσμίων,
« τηρῶν, φυλάσσων, προσκοπῶν, περιτρέχων,
180 « μήπως ἀποδράσαιεν ἐν λεληθότι,
« καὶ μικρὸν ἡμῖν ἐμπαράσχοιεν γέλων,
« ἢ καὶ νεανικόν τι δράσαιεν τάχα
« εἰς τοὺς ὑφ' ἡμᾶς ἡδέως κοιμωμένους. »
185 Τοιοῦτον ἐξ ἄνακτος ἀλγεινὸν λόγον
ὁ Λυσίμαχος σατράπης δεδεγμένος,
ἤδη τὸν ὕπνον ἐκτινάξας μακρόθεν,
εἰς φυλακὴν ἔσπευδε τῶν κρατουμένων.
Ἐπεὶ δ' ὁ λαμπρὸς ἥλιος διφρηλάτης
190 ἁπανταχοῦ γῆς τὴν ἑαυτοῦ λαμπάδα
ἐξῆπτε, φαιδρὰς δεικνύων τὴν ἡμέραν,
ἀνίσταται μὲν εὐθέως ὁ Παρθάναξ,
καὶ Λυσίμαχον τῆς φυλακῆς θαυμάσας,

e labiis nectar defluebat, et pectus alio rore madebat matutino;

statura fuit cupresso par novellæ, naso bene tornato, dentibus albarum instar margaritarum dispositis; incurvos superciliorum arcus arcum esse putaveris Amoris, sed lætabundi.

Natura videbatur lacte rosisque commixtis virginis, velut pictor, candidoruseum coloravisse corpus.

Stupor itaque puellis erat, quæ simul cum ea in prato Dionysiaci templi choros nectebant.

Digiti et imæ auriculæ carbunculis radiabant, fulgentibus ut ignis, auroque puro coalitis.

Et auro micabant brachia, crurum quoque pedes argenteorum.

Adeo præstanti novoque pulchritudinis dono Drosilla virgo fuerat a natura prædita.

At postquam rapinarum læti se longo Barbari potui immerserunt ad solis occasum altamque vesperam, (Barbarum enim genus ebrietate gaudet, amatque se potui dare et deliciis, præsertim quum facili conatu alienas magnasque copias prædatum est), tandem relictis surrexere mensis, ut somno se statim traderent.

Igitur Cratylus (hoc enim erat Parthorum regulo nomen) ab ebrietatis perturbatione paulisper recreatus, his Lysimachum satrapam verbis alloquitur :

« Vini jam et ciborum cepimus satietatem, nec non et
« ebrietatis quæ somnum infundit oculis.

« Demum est tempus, satrapa, somnum post has delicias
« carpere.

« Tibi quidem, o cor vere vigilacissimum, uni omnium
« nunc non erit dormiendum :

« at, delectis omni ab ordine compertæ fortitudinis
« militibus, cum eis captivos circum equita servans,
« observans, invigilans, discurrens, ne forsan clam aufu-
« giant nosque faciant parum ridentes, vel quid audacius
« moliantur nostros adversus milites dulci pressos sopore. »

Auditis satrapa Lysimachus reguli non jucundis vocibus, jam excusso somnolentiæ torpore ad custodiam se captivorum adcinxit.

At postquam fulgidus sol curru invectus totas undique terras accensa lampade illustravit, splendidum ostendens diem, extemplo consurgit Parthorum dux, et Lysimachum curæ miratus egregiæ,

LIBER I.

λαμπροῖς τὸν ἄνδρα δεξιοῦται τοῖς λόγοις,
195 πολλὰς πρὸς αὐτὸν ἐκτελῶν ὑποσχέσεις·
ναὶ μὴν σὺν αὐτῷ καὶ τὸ τῆς λείας πλέον
αὐτοῖς παρασχεῖν τοῖς ὑπ' αὐτὸν ἐξέφη·
« τοὺς γὰρ πονοῦντας ὑπὲρ ἄλλους τι πλέον
« καὶ δωρεῶν χρὴ δεξιοῦσθαι μειζόνων. »
200 Τοσαῦτα λέξας, ἐξανέστη τῆς κλίνης·
ἀνίσταται δὲ καὶ τὸ Βάρβαρον φῦλον
οὐ βραδέως ἕτοιμον ἀνθυποστρέφειν.
Καὶ δὴ συνάξαν τὰ διεσκορπισμένα,
τὴν αἶγα, τὴν βοῦν, τοὺς ἁλόντας δεσμίους,
205 αὐτῇ κελεύσει τοῦ κρατοῦντος Κρατύλου,
ἰθυτενῶς ἤλαυνε πρὸς τὴν πατρίδα.
Φθάσαντες οὖν ἐκεῖσε πεμπταίῳ φάει,
εἰς φυλακὴν ἔδοντο τοὺς κρατουμένους,
μίξαντες αὐτοὺς τοῖς προεγκεκλεισμένοις
210 ἐκ πρωτολείας αἰχμαλώτοις ἀθλίοις·
οἳ καὶ φυλακῆς ἔνδον ἐμβεβλημένοι,
χαμαὶ πεσόντες καὶ κλιθέντες εἰς γόνυ,
τὴν σφῶν ἀπωδύροντο δυσμενῆ τύχην,
μόνους ἐμακάριζον, αἵνων ἠξίουν
215 οὓς ἔργον εἰργάσατο τὸ ξίφος φόνου,
τούτων καλοῦντες τὴν σφαγὴν εὐεργέτιν·
ψυχὴ γὰρ ἀνέραστός ἐστι τοῦ βίου
λύπαις ἀμέτροις ἐρπεσοῦσα πολλάκις.
Τὴν δὲ Δρόσιλλαν δυστυχῶς, δυσδαιμόνως
220 διαζυγεῖσαν ἐκ παλαμναίας τύχης
τοῦ μέχρι φωνῆς νυμφίου Χαρικλέος
ἡ τῆς Χρυσίλλης εἶχε γυναικωνῖτις·
γυνὴ γὰρ ἡ Χρύσιλλα Πάρθου Κρατύλου.
Ὁ γοῦν Χαρικλῆς ἔνδον ἐγκεκλεισμένος
225 τῆς φυλακῆς, ὡς εἶπον, ἤρξατο στένειν.
Καὶ· « Τίς Ἐρινὺς, Ζεῦ Ὀλύμπιον κράτος,
« Δρόσιλλαν ἐξήγαγεν ἐκ τῆς ἀγκάλης
« τῆς τοῦ τοσαῦτα δυστυχοῦς Χαρικλέος; »
εἰπὼν Χαρικλῆς, μεῖζον ἀντεκεκράγει·
230 « Ὤμοι, Δρόσιλλα ! ποῦ πορεύῃ ; ποῦ μένεις ;
« ποίαις ἐτάχθης δουλικαῖς ὑπουργίαις ;
« ἀνῃρέθης πρός τινος ἐχθρῶν ἀγρίων ;
« ἢ ζῇς ἀμυδρῶς, ὡς σκιὰ κινουμένη ;
« κλαίεις ; γελᾷς ; ὅλωλας ; ἐρρύσθης φόνου ;
235 « χαίρεις ; θλίβῃ ; δέδοικας, οὐ φοβῇ ξίφος ;
« ἀλγεῖς ; κροτῇ ; πέπονθας, οὐ πάσχεις φθόρον ;
« τίνος μετέρχῃ λέκτρον ἀρχισατράπου ;
« ποῖός τις ἐχθρός νῦν φανείς σοι δεσπότης
« ἐκ δακτύλων σῶν τὸν κρατῆρα λαμβάνει ;
240 « ἢ πού σε, πολλῆς ἐμφορουμένος μέθης,
« τυχὸν πατάξει βαρβαρώδει κονδύλῳ
« πταίουσαν, οὐχ ἑκοῦσαν· αἲ αἲ σοι τύχης !
« ἢ καὶ Κρατύλος οὗτος ὀφθαλμὸν λίχνον
« ἐπεμβαλεῖ σοι, καὶ φθονήσει τοῦ γάμου·
245 « πρὸ τοῦ τυχεῖν δὲ, τῆς Χρυσίλλης ὁ φθόνος
« διαφθερεῖ σκύφῳ σε δηλητηρίου.
« Ὦ τοῦ Διὸς παῖ, Διόνυσε, πῶς πάλαι

honorificis satrapam verbis excipit, multa ipsi pollicitus, et insuper addens majorem quoque prædæ partem ejus datum iri militibus :

« nam qui majores quam cæteri labores toleraverunt, « majoribus quam cæteri donis afficere æquum est. »

His dictis e lectulo surrexit, et reliqui statim consurgunt Barbari, jam ad abeundum alacres.

Atque coactis dispersim vagantibus capellis et bobus, captivisque simul, recta in patriam tendunt iter, jubente duce Cratylo :

quo quum pervenissent quinta post luce, captivos in vincula conjecerunt, datos in societatem captivis aliis miseris, qui, prædationum anteriorum pars eximia, jam pridem in carcere gemebant.

Conjecti in custodiam et humi jacentes, genibusve innixi, crudele lugebant fatum, illos solos felices clamantes, laudantesque solos, quos gladius peremerat, et pro benefici > cædem illis fuisse dicebant

et enim animus immensis sæpe oppressus doloribus vitam fastidit.

Drosillam autem quam misere infortunateque atrox Fortuna divulserat a Charicle, sponso quidem, sed nomine tenus, Chrysillæ, Cratylo Partho nuptæ, gynæceo tenebatur.

Charicles igitur, quem dixi modo carcere clausum, ingemere cœpit : .

« Jupiter, Olympica potestas, quæ Erinnys Drosillam
« ab ulnis eripuit Chariclis infelicissimi ? »
Moxque altius etiam inclamans :

« Hei mihi ! Drosilla, quo vadis ? ubi manes ? quibus
« damnata es servilibus operibus ?
« an aliquis te sævorum interemit hostium ? an languidam trahis vitam, tenuis ad umbræ modum ? lugesne ?
« ridesne ? periistine ? Salvane es a cæde ? gaudesne ? mœ« stane es ? timesne vel non times gladium ? dolesne ? ver-
« berarisne ? passane es, patirisne vim ?
« Cujus lectum subiisti archisatrapæ ? Quis hostium, jam
« tibi factus herus, e manu tua poculum prehendit ?

« Ah ! forte multo impletus mero pugnis te cædet bar-
« baris, peccantem, sed invitam. Hei tibi, fatum crudele !
« vel etiam Cratylus ille devorantes oculos injiciet tibi, et
« nostris invidebit nuptiis ?

« Sed antequam te potiatur, Chrysillæ zelotypia poculo
« te necabit lethali.

« O nate Jove, Bacche, cur dudum

ΒΙΒΛΙΟΝ Α.

« τὸν τῆς Δροσίλλης ἀνθυπέσχου μοι γάμον,
« ἐπεί σε πολλαῖς ὑπὲρ αὐτῆς θυσίαις
250 « ἐδεξιούμην τὸν κακάγγελον τότε ;
« Ἆρ' οὖν ἔχεις ἔννοιαν ἐν τῇ καρδίᾳ
« καὶ σύ, Δρόσιλλα, τοῦ φίλου Χαρικλέος,
« θρηνοῦντος, οἰμώζοντος, ἐγκεκλεισμένου ;
« Ἦ μὴν λέλησαι τοῦ θεοῦ Διονύσου,
255 « καὶ τῆς δι' αὐτοῦ πρὸς Χαρικλῆν ἐγγύης,
« ἐκ τῶν ἀναγκῶν ἐμποδών σοι κειμένων,
« τῆς αἰχμαλώτου συμφορᾶς καὶ τοῦ πάθους. »
Οὕτω Χαρικλεῖ πρὸς Δρόσιλλαν ἀσχέτως
πολύστονον πλέκοντι τὴν τραγῳδίαν
260 ἐφίσταταί τις ἀγαθὸς νεανίας,
τὸν φθόγγον ἡδύς, εὐγενὴς τὴν ἰδέαν,
συναιχμάλωτος, συμφυλακίτης, ξένος,
καὶ συγκαθεσθεὶς πλησίον Χαρικλέος
παρηγορεῖν ἔσπευδε συμπεπονθότα,
265 λέγων· « Χαρίκλεις, λῆξον ὀψὲ τῶν γόων·
« ἐμοὶ λόγον δὸς, ἀνταπόκρισιν λάβε,
« ὡς ἂν τὸ πλεῖστον τῆς ἀθυμίας βάρος
« ἐκ προσλαλιᾶς κουφίσης αὐθαιρέτου·
« λύπης γάρ ἐστι φάρμακον πάσης λόγος,
270 « ψυχὴ δὲ πάντως οὐκ ἂν ἄλλως ἰσχύσοι
« πῦρ ἐξανάψθὲν θλίψεων κατασβέσαι,
« εἰ μὴ πρὸς ἄλλον ἐξαγάγῃ τὸ θλίβον,
« παρηγορεῖν ἔχοντα τοὺς λυπουμένους. »
« Καλῶς λέγεις, Κλέανδρε· » Χαρικλῆς ἔφη·
275 « πλὴν ἀλλὰ νῦν πρόσρησις ἡ σὴ καὶ μόνη
« ἀρκεῖ τὰ πολλὰ πάθων μου κοιμίσαι.
« Ἐπεὶ δὲ καὶ νὺξ ἀντεπῆλθεν, ὡς βλέπεις,
« καὶ νυκτὶ πεισθῆναί με, φιλότης, πρέπει,
« ἕα με λοιπὸν ἠρεμοῦντα συγκλίναι,
280 « εἴ πως βραχὺν τὸν ὕπνον ὀφθαλμοῖς λάβω,
« λήθην μικρὰν σχὼν τῶν ἐμῶν παθημάτων.
« Ἐς αὔριον δὲ, νυκτὸς ἐκχωρησάσης,
« ἐπακροάσῃ συμφορῶν Χαρικλέος. »
Οὕτως τραπέντος πρὸς ὕπνον Χαρικλέος,
285 Δρόσιλλα πικρῶς ἐστέναξεν ἐκ βάθους
ἐν παρθενῶνι τῆς Χρυσίλλης κειμένη·
οὐ γὰρ κατασχεῖν ἠδυνήθη τὴν κόρην
νήδυμος ὕπνος ἐκχυθεὶς κατ' ὀμμάτων·
« Ψυχὴ φίλη, » λέγουσα « Χαρίκλεις ἄνερ,
290 « ἄνερ Χαρίκλεις, μέχρι γοῦν φωνῆς μόνης,
« σὺ μὲν καθυπνοῖς τῆς φυλακῆς εἰς μέρος
« Δρόσιλλαν εἰς νοῦν οὐδὲ μικρὸν εἰσφέρων,
« ἀλλ' ἀμελήσας ἐκ κακῶν προκειμένων
« καὶ τῆς προβάσης ἐγγύης αὐθαιρέτου,
295 « καὶ τοῦ θεοῦ με τοῦ συνάψαντος πάλαι
« σοὶ τῷ Χαρικλεῖ, πλὴν ὑποσχέσει μόνῃ·
« ἀλλ' ἡ Δρόσιλλα πολλὰ τοῦ Χαρικλέος
« καταστενάζει δακρύων πληρουμένη,
« καὶ μέμφεταί σε, καὶ πρὸ τοῦ τὰ τῆς Τύχης,
300 « ἀμνημονοῦντα τῆς προηγγυημένης.
« Κἂν γὰρ τοσοῦτον ἡ παλαμναία Τύχη

« Drosillæ nuptias mihi vicissim pollicitus es, quum mul-
« tis olim pro Drosilla sacrificiis ornarem te malorum præ-
« nuntium?

« Et tu, Drosilla, servasne in animo memoriam Chari-
« clis amici, lugentis, plorantis, captivi?

« Oblita es profecto Bacchi, et fidei quam, parario deo,
« Charicli dederas, in hisce quæ te premunt necessitudini-
« bus, captivitate et infortunio.

Talibus Charicles indesinenter Drosillam alloquebatur
vocibus, multa gemens, quum illi ante oculos se offert
juvenis optimus, dulciloquus, adspectu nobilis, socius
captivitatis, carceris ejusdem habitator, hospes, qui Cha-
ricli propius adsidens, ægrum æger ipse solari conabatur :

« Charicles », ait, » desine tandem querelarum.

« Tecum fabulari me sinas, vicissimque responde, ut pla-
« cito colloquio levius tibi fiat doloris onus.

« Est enim sermo mœstitiæ remedium, animusque non
« aliter possit ardentem doloris ignem restinguere, quam
« si alteri mala aperiat, dolentem qui valeat consolari. »

Cui Charicles : « Bene mones, Cleander; cetero, jam
« sola hæc adlocutio tua non minimam malorum partem
« sopivit.

« Sed, vides enim, nox præcipitat ; et, amice, me nocti
« credere æquum est.

« Sinas ergo mea me placide reclinare membra, si forte
« brevem oculis admittam somnum, parvaque dolorum
« fruar oblivione.

« Cras autem, ubi nox diei decesserit, disces Chariclis
« infortunia. »

Ergo Charicles somnos petivit.

Drosilla interea in cubiculo Chrysillæ recubans amaros
alto de corde gemitus edidit ; nam dulcis sopor puellæ oculis
superfusus erat, nequicquam.

« O cara anima! » inquiebat « o Charicles conjux! o con-
« jux Charicles, at solo nomine tenus !

« tu quidem carceris in parte dormis, Drosillæ ne minime
« quidem memor, sed oblitus, ob mala præsentia, sponsionis
« etiam illius qua lubentes alter alteri juncti sumus, ac dei
« qui olim me tibi Charicli propriam dicavit, duntaxat qui-
« dem pollicitus.

« At Drosilla, oculos referta lacrymis, multa propter Cha-
« riclem ingemiscit, et te culpat, ac prius Fortunæ sævitiam,
« quod conjugis tibi sponsæ non serves memoriam.

« Quamvis enim sævo contra te, Charicles, duello pugnet

LIBER I.

« ἀντιστρατεύῃ δυστυχῶς σοι, Χαρίκλεις,
« ἢ καὶ πρὸ σοῦ μοι τῇ Δροσίλλῃ παρθένῳ,
« ὡς τὴν ἀδιάρρηκτον ἀλληλουχίαν
305 « ἡμῶν διασπᾷν καὶ μερίζειν εἰς δύο. —
« (Τί γὰρ, Τύχη βάσκανε, μὴ κόρον δέχῃ
« τῇ προφθασάσῃ ποικίλῃ περιστάσει
« καὶ τῇ κατασχούσῃ με νῦν τιμωρίᾳ,
« ἀλλ' ἐκτὸς ἐγκλείεις με τοῦ Χαρικλέος;
310 « Ὑπὲρ τὸ φῶς μοι τῆς φυλακῆς τὸ σκότος,
« εἰ συγκαθῆσθαι Χαρικλεῖ κατεκρίθην,
« καὶ χθὲς σὺν αὐτῷ τὴν φυλακὴν εἰσέδυν.)
« Ἐχρῆν, Χαρίκλεις, κἂν τοσοῦτον ἡ Τύχη
« ἀντιστρατεύῃ, πρὸς διάστασιν φίλων,
315 « καὶ μηχανᾶται συμμερισμὸν τῶν δύο,
« ἀγωνίᾳ δὲ φεῦ! διασπᾷν εἰς τέλος
« τοὺς εἰς ἓν ἐμπνέοντας ἀλληλεγγύως,
« μὴ καταπίπτειν, μηδὲ λήθῃ διδόναι,
« ἀλλὰ πρὸς αὐτὴν τὴν παλαμναίαν Τύχην
320 « ἀλκὴν μεγίστην ἐνδιδύσκεσθαι πλέον.
« Σὺ δ' ἀλλ' ἐφυπνοῖς, καὶ Δροσίλλας λανθάνῃ·
« ἡ δὲ στενάζει, καὶ θεοὺς μαρτύρεται
« διαρραγῆναι μηδαμῇ Χαρικλέος.
« Κισσὸς γὰρ εἰς δρῦν δυσαποσπάστως ἔχει·
325 « ἐθίζεται γὰρ συμπλοκαῖς ταῖς ἐκ νέου,
« καὶ σωματοῦται, καὶ δοκεῖ πεφυκέναι
« ἐν σῶμα, διπλῆν τὴν ἐνέργειαν φέρον·
« οὕτω Δρόσιλλα πρὸς Χαρικλῆν νυμφίον
« ἐν σῶμα καὶ φρόνημα καὶ ψυχὴ μία·
330 « κἂν χθὲς, τραπέζης κειμένης, ὁ Κρατύλος
« ἔκδηλος ἦν ἔρωτα δεινὸν ἐκτρέφων,
« καὶ βάσκανόν μοι βλέμμα δεικνύειν θέλων.
« Ὤμοι, Χαρίκλεις, κλῇσις ἡ φιλητέα,
« πῶς αἱ καθ' ἡμᾶς συμφοραὶ σχοῖεν τέλος;
335 « Ὡς νῦν ἐγὼ, σοῦ κἂν διῄρημαι, κρίνω
« μικρὸν παρηγόρημα τὸ βλέπειν μόνον
« καὶ τὴν φυλακὴν ἧς κατεκλείσθης ἔσω·
« ναὶ τοῦτο μικρὸν, καὶ τὸ πάντως εἰδέναι
« ποῦ νῦν διάγεις, ποῦ καθεύδεις, ποῦ κάθῃ!
340 « Ἄφες τὸν ὕπνον, εἴπερ ὑπνώττειν ἔχεις·
« γνῶθι Δρόσιλλαν· σὲ στενάζει, σὲ κλαίει·
« σύγκλαιε, συστέναζε, συγκατηρία.
« Ἤπου, Χαρίκλεις, οὐκ ἀπὸ δρυῶν ἔφυς,
« καὶ σὲ στενάζειν ὑπνοῶ καὶ δακρύειν,
345 « καὶ μὴ διυπνώττειν σε νυξὶν ἐν μέσαις,
« πολλὰ Δροσίλλης παρθένου μεμνημένον.
« Ὦ δεῦρο! μακρὸν, Ὕπνε, συγκάτασχέ με,·
« εἴ που φανεὶς ὄνειρος ἐγκαθηδύνει,
« ἐμοὶ παριστῶν τὸν φίλον Χαρικλέα·
350 « οἱ γὰρ ποθοῦντες ἢ φιλοῦντες πολλάκις
« θέλουσιν, οὗ βλέπειν ἀλλήλους ὕπαρ,
« ἐν τοῖς ὀνείροις συλλαλεῖν καὶ μηδ' ὑπνέειν. »
Οὕτω λεγούσης τῆς Δροσίλλης παρθένου,
καὶ νυκτερινὸν ἐκτραγῳδούσης γόον,
355 τοῖς αἰχμαλώτοις ἀντεπῆλθεν ἡμέρα,
τοῖς ἐν φυλακῇ δυστυχῶς κεκλεισμένοις,

« atrox Fortuna, quæ prius contra me Drosillam virginem
« pugnavit, ut indissolubilem nostram utriusque copulam
« divellat rescindatque bifariam. —

« Quid enim, invida Fortuna, non satiata es præterita-
« rum varietate calamitatum et his quibus nunc premor an-
« gustiis, sed me procul a Charicle seclusam tenes?

« Carceris tenebræ mihi luce cariores ipsa, si cum Chari-
« cle includi me jussissent, et heri cum ipso carceris ostium
« subiissem! — oportuit, Charicles, etsi Fortuna tam valide
« nos aggrediatur, et alterum divellat ab altera, conciturque
« omnino nos distrahere, qui data vicissim fide in unum
« conspiramus;

« oportuit non cedere malis nec oblivioni mentes tra-
« dere, sed contra ipsam atrocissimam Deam fortitudinem
« induere maximam.

« At tu dormis, Drosillæ oblitus, longam gementis
« noctem, testantisque Deos nunquam a Charicle se posse
« divelli.

« Hedera quercui tenacibus adhæret brachiis; longa enim
« consuetudine et nexu diuturno in ipsius fere corpus con-
« vertit et unum e duobus fieri videtur, duplici vi præditum;

« sic Drosilla cum Charicle sponso corpus unum habet,
« animam unam unamque mentem:
« et tamen heri, positis mensis, Cratylus funestum alere os
« amorem non celavit, diro me cupiens fascinare oculo.

« Hei mihi, Charicles! o Charicles! dulce nomen! quæ-
« nam finis erit nostris concessa malis?

« A te nunc separata, parvum duco solatiolum videre
« saltem quo es inclusus carceris, parvum et nosse ubi
« nunc agis, ubi dormis, ubi sedes.

« Ah! excute somnum, dormire si potis es.
« Drosillam reputa, quæ te luget, deflet te: fle cum ipsa,
« cum ipsa geme, sis cum ipsa mœstus.
« Profecto, Charicles, duro non es robore natus, et te
« gemere credo plorareque, nec per medias stertere noctes
« ob plurimam Drosillæ virginis memoriam.

« Huc ades, Somne, meque diutine totam habe, si forsan
« me recreet insomnium mihi meum Chariclem ostendens.

« Etenim sæpe qui cupiunt vel amant, quum se interdiu
« videre nequeant, in somnis conloqui solent et aura simul
« frui ætheria. »

Dum talia dicebat, et nocturna gemitus ore tragico fun-
debat Drosilla virgo, captivis illuxit dies in carcere misere
conclusis,

κἂν καὶ τὸ ταύτης ὡς βαθύτατον σκότος
κατακρατοῦν ἦν καὶ γνοφοῦν τὴν ἡμέραν.

adeo tamen profundo ut densissimæ tenebræ diei vincerent facem et obscurarent.

ΒΙΒΛΙΟΝ ΔΕΥΤΕΡΟΝ.

Τῆς ἡμέρας δὲ θᾶττον ἀντιλαμψάσης,
καὶ τοῦ γίγαντος καὶ φεραυγοῦς ἡλίου
ἐκ τῶν στενωπῶν τῆς φυλακῆς νυγμάτων
ἀκτῖνα μικρὰν ἐμβαλόντος τοῖς ἔσω,
5 εὐθὺς Χαρικλῆς ἐξανίσταται μόνος·
ἰδὼν δὲ πάντας βαθέως κοιμωμένους,
μέγα στενάξας ἐκ μυχοῦ τῆς καρδίας,
ἔφησεν· « Ἄνδρες συμπεφυλακισμένοι,
« ἐοικὸς ὑμῖν ἐστὶν ὑπνοῦν εἰσέτι·
10 « ὧν καὶ γὰρ οὐ κατέσχε καρδίας πλάτος
« τὸ δριμὺ φίλτρον, οὐδ' ὁ τοῦ πάθου πόνος,
« ὧν οὐ κατεκράτησε τῆς ψυχῆς ἔρως,
« τί καινὸν, εἰ τὸν ὕπνον ἀσπάζοισθέ μοι
« ἐκ νυκτὸς ἀρχῆς ἄχρι φωτὸς ἡλίου;
15 « Ὁ γὰρ Ἔρως εἴωθε νύκτωρ τὸ πλέον
« ἀναπτεροῦσθαι τοῖς ἐρῶσιν εἰσρέων,
« ψυχῆς ἐρώντος ἐνσχολαζούσης τότε
« ὅλης ἐκείνῳ δῆθεν ἀνακειμένης.
« Ὡς ὤφελες γοῦν εὐσθενῶς ἔχων, Ἔρως,
20 « ποιεῖν ἐρᾶν μὴ τοὺς χαμαὶ κινουμένους!
« ποιῶν δὲ πάντως, καὶ τυχεῖν πῶς οὐ δίδως,
« πολλῶν δὲ πολλοὺς ἀξιοῖς παθημάτων,
« ἕως τυχεῖν γένοιτο τοῦ ποθουμένου; »
Οὕτω Χαρικλῆς, καθ' ἑαυτὸν ἠρέμα
25 θρηνῶν, κατεστάλαξε ῥεῖθρα δακρύων·
πολύδακρυς γὰρ γίνεται πάντως Ἔρως
ψυχαῖς ἐπαχθὴς ἐμπεσὼν τεθλιμμέναις.
Ἀλλ' οὐκ ἔλαθε τὸν Κλέανδρον δακρύων.
Προσέρχεται γοῦν ἐξαναστὰς εὐθέως
30 ὅπου Χαρικλῆς εἶχε τὴν γῆν ὡς κλίνην,
καὶ « Χαῖρε, » φησὶ « συμφυλακίτα ξένε.
« Λέγοις ἂν ἡμῖν τὰ προϋπεσχημένα,
« τὰς σὰς, Χαρίκλεις, συμφορὰς καὶ τοὺς πόνους·
« ἐνταῦθα δ' αὐτὸς, συγκαθεσθεὶς ἐγγύθεν,
35 « τὰς ἀκοὰς διδοίμι τῇ τραγῳδίᾳ.
« Καὶ γὰρ σὺ σαυτὸν κουφιεῖς στεναγμάτων
« ἐμοὶ παριστῶν δῆλα τὰ θλίβοντά σε,
« καὶ τὸν Κλέανδρον τὸν συνεγκεκλεισμένον
« ἐλαφρυνεῖς με τῶν ἐμῶν παθημάτων·
40 « οὐ γάρ μόνος σὺ τὴν φυλακὴν εἰσέδυς.
« Εἰ καὶ πρὸ ταύτης αἰχμάλωτος ἐσχέθης,
« ψυχὴν ἔχων ἔρωτι πυρπολουμένην,
« οὐδ' ὁ Κλέανδρος ἀνέραστος ἐσχέθη,
« οὐ τὴν φυλακὴν δυστυχῶς προεισέδυ
45 « ἐρωτικῶν ἄμοιρος ἐννοημάτων,
« καὶ συμφορῶν ἄγευστος, αἷς παίει Τύχη
« ἐρωτικοῖς σε συμπλακέντα δικτύοις.
« Ἀλγεῖς; συναλγῶ. Δακρύεις; συνδακρύω.

LIBER SECUNDUS.

At non multo post luce splendescente, et sole gigante lucifero per angustas custodiæ rimas tenuem usque in interiora radium immittente, continuo Charicles surgit ex omnibus unus, quos alto cernens demersos somno, gravem imis e præcordiis gemitum trahens,

« Viri, » inquit « vinculorum socii, vos adhuc dormire
« par est :
« quorum enim corda non invasit acer amor, nec solli-
« cita cupido, quorum non regnat animorum filius Ve-
« neris, quid mirum si somno indulgetis a prima noctis
« umbra usque ad solis jubar?

« Amor enim noctu solet plerumque grandioribus alis
« amantium illabi animis, tunc per hæc quietis otia ipsi
« prorsus patentibus.

« Oh! utinam, Amor tam strenuis præditus viribus, ho-
« munculos humi reptantes ab igne tuo siveris esse im-
« munes! sed quum uras omnes, cur non das omnibus esse
« felicibus, at multos multis premis doloribus, donec desi-
« derium potiri denique possint? »

Sic Charicles secum summissa voce gemens mittebat rivos lacrimarum :
gaudet enim ploratibus Amor, fessis incumbens gravior animis.

At lacrimans Cleandrum non latuit, qui protinus surgens ad eam carceris partem accessit, ubi Charicli solum erat pro lectulo; et « Salve » ait « hospes, captivitatisque socie.

« Narra quæ es pollicitus modo, Charicles, tuas ærumnas
« laboresque tuos.

« Hic te propter considens, aures præbebo historiæ lu-
« ctuosissimæ.

« Etenim temet curis oppressum levabis ipse, dicens quo
« pereas malo; meaque Cleandro mihi infortunia facies le-
« viora, hujus tecum participi carceris.

«. Non enim solus huc fuisti conjectus.

« Si, et ante hæc vincula, tulisti alia, amoris flamma præ-
« cordia torridus,

« nec Cleander fuit amore vacuus, nec carcerem miser
« ingressus est te prior, amatoriarum expers cogitationum,
« aut ingustatis ærumnis quibus ferit Fortuna Amoris irre-
« titum te laqueis.

« Doles? condoleo; fles? adfleo tibi.

LIBER II.

« Ποθεῖς; ποθῶ, καὶ ταῦτα καλὴν παρθένον,
50 « Καλλιγόνην μοι τὴν προεξηρπαγμένην. »
« Κλέανδρε, σῶπερ τληπαθοῦς μοι καρδίας, »
ἔφη Χαρικλῆς « τίς σε τῶν Ὀλυμπίων
« θεῶν ἀφῆκεν εἰς ἐμὴν εὐθυμίαν ;
« Λέγοις τὰ σαυτοῦ τληπαθήματα, λέγοις.
55 « Λέγειν χρεών σε τὸν προεγκεκλεισμένον,
« ἔπειτα κἀμὲ συμπεφυλακισμένον. »
« Ἐγὼ, Χαρίκλεις, Λέσβον ἔσχον πατρίδα·
« σεμνῶν προῆλθον κοσμίων φυτοσπόρων,
« μητρὸς Κυδίππης καὶ πατρὸς Καλλιστία.
40 « Σύνεγγυς ἦν μοι παρθένος Καλλιγόνη,
« τὴν ἀρρένων μὲν ὄψιν εὐλαβουμένη,
« μυχαιτάτῳ δὲ θαλάμῳ φρουρουμένη.
« Ταύτης τὸ κάλλος (οὐ γὰρ ἴσχυον βλέπειν)
« ἐκ τῶν ὑπ' αὐτὴν ἐξεμάνθανον κλύων.
65 « Οὐκ αἰσχύνη μοι ταῦτα, Χαρίκλεις, λέγειν
« πρὸς τὸν νοσοῦντα ταυτοπαθῆ μοι νόσον.
« Ἐπεὶ δὲ δώροις δεξιῶν δι' ἀγγέλων
« Καλλιγόνην κατεῖδον ὀψὲ καὶ μόλις
« ἐκ θυρίδων ἄπλαστον ἐκκρεμωμένην,
70 « ταύτης ἑάλων ἁπαλῆς οὔσης ἔτι,
« οὕτως ἐχούσης τοῦ προσώπου τῆς θέας,
« ὡς μακρὸς ἐξήγγειλε τῆς φήμης λόγος.
« Βαβαί! μὰ τὴν Ἔρωτος ὁπλοποιίαν,
« φεῦ! φεῦ! μὰ τὰς Χάριτας, ἰδὼν ἂν ἔφης,
75 « καὶ σὺ, Χαρίκλεις, τὴν Δρόσιλλαν οὐ βλέπων,
« μητρὸς Σελήνης, πατρὸς Ἡλίου τέκνον.
« Τὰς τῶν ὁρώντων ἐξελίθου καρδίας,
« ὁδοιποροῦντας ἐξεθήρευε πλέον·
« οὐκ ἔβλεπε βλέποντας ἐξ ἀπλαστίας,
80 « ἀλλ' ἔφλεγε ξύμπαντας ἐξ εὐμορφίας.
« Παῖς ἦν ἐκείνη, παῖς ἁπαλή, παρθένος·
« πρὶν δυσκινήτους ἐκ χρόνων ἀμετρίας
« γέροντας εἷλκε πρὸς ἔρωτα τῇ θέα,
« οὐ πῦρ μόνον πνέοντας εὐζώνους νέους.
85 « Ἔρωτος ἦν ἄγαλμα, τέκνον Ἡλίου,
« φέρουσα πατρὸς ἐμφερείαν Ἡλίου,
« ἢ καὶ πρὸς αὐτὸν ἀντερίζουσα πλέον.
« Ἔμελλες, ὦ γέννημα θηρίων Ἔρως,
« ἐμὴν πατάξαι καὶ σπαράξαι καρδίαν·
90 « γάλα λεαίνης ἐξεμύζησας ἄρα,
« καὶ μαστὸν ἄρκτων ἐξεθήλασας τάχα.
« Ὡς εἶδον οὖν, ἔπαθον εἰς ψυχὴν μέσην·
« ἔτρυχεν, ἐστρόβει με δυστυχὴς πόθος·
« ἐδαλλόμην, ἔπιπτον, ἐσπαρασσόμην·
95 « οὐ γὰρ συνεῖχεν ἄγριος πόθος μόνον,
« (ἢ μᾶλλον αὐτὸς ἦν κατατρύχων Ἔρως)
« στοργῇ δὲ πολλῇ παιδικῆς ἀπλαστίας·
« καὶ τῶν ἐκείνης οἶκτος αἰωρημάτων.
« Ἦν, εὐσθενὴς ὢν ἐκ φιλήματος μόνου,
100 « ἀντιστρατεύειν ταῖς Ἔρωτος σφενδόναις·
« οὐκ ἤθελον σχεῖν ἐξ ἐκείνης τῆς κόρης
« οὐδὲν πλέον τι τοῦ φιλήματος τότε,

« Cupis? cupio, idque virginem pulchram, Calligonen
« mihi jam ante præreptam. »

« Cui Charicles : « Cleandre, miseræ mihi servator animæ,
« Olympiorum quis te Deorum misit qui me recreares? Sed
« narres tua, tua narres infortunia.

« Narrare te priorem æquum est qui prior inclusus in
« carcere fuisti; me deinde, carceris tui socium. »

— « Lesbos, o Charicles, mihi est patria. « Ab illustribus
ornatisque originem parentibus duco, matre Cydippe,
« patreque Callistia.

« Vicinam habui virginem Calligonen, quæ caute viro-
« rum vitabat oculos, in interiore ædium parte seclusa.

« Quam esset pulchra (ipse enim videre non poteram) ex
« ejus didici famulabus.

« Fateri me talia non pudet te palam, Charicles, qui
« simili morbo laboras.

« Donis dextroque internunciorum usus ministerio, tan-
« dem ha! tandem vidi Calligonen, simplicem munditiis, e
« fenestra exstante corpore prospectantem.

« Ut vidi, ut me cepit virguncula, non minus formosa
« quam dudum fama prædicaverat.

« Papæ! per Amoris arma, ah! per Gratias, dixisses eam
« intuitus, ipse tu, Charicles, si non coram Drosilla fuis-
« set, matre Luna, Soleque patre natam.

« Spectantium corda vertebat in lapides; transeuntes
« venabatur inprimis ; non cernebat cernentes præ modesta
« simplicitate, sed omnes incendebat pulchritudine. »

« Erat Calligone puella, puella tenera, et virgo : quæ il-
« los ipsos, quos longa ætas fecerat dudum lentos et iner-
« tes, trahebat senes conspectu suo ad amorem, non juve-
« nes tantum alacres et fervidos.

« Amoris erat imago, Solis filia, Soli similis patri, vel cum
« illo decertatura.

« Destinaveras, Amor, ferina proles, meum verberare
« cor et discerpere : profecto lac leænæ suxisti ; ac forte
« tibi admoverunt ursæ ubera.

« Ut ergo vidi, ut media doluerunt præcordia! Conte-
« rebat me versabatque huc illuc triste desiderium.

« Verberabar; concidebam; dilacerabar.

« Non enim duntaxat me tenebat crudele desiderium,
« sed potius ipse Veneris me torquebat filius, et multus
« animo inerat amor puellaris simplicitatis, multus ex re-
« cordatione tantæ miserationis in illo de fenestra prospectu.

« Poteram, sumptis ex basio unico viribus, Dei juculatio-
« nibus resistere ;

« volebamque a virgine nihil basio majus tunc capere,

ΒΙΒΛΙΟΝ Β.

« καὶ τοῦτο πάντως φίλτρον ἐξ οἴκτου μόνου.
« Τοίνυν προσεῖπον, οὐδὲ γὰρ ἠνεσχόμην·
105 « Ἔργου πάρεργον μεῖζον, ὦ κόρη, βλέπω·
« χείλη φιλεῖν σου μεῖζον ἢ λείχειν μέλι.
« Ἀλλ' ἐθροήθη καὶ μικροῖς ἡ παῖς λόγοις·
« ἐρωτικῶν γὰρ ἀδαὴς ἦν εἰσέτι.
« Εὐθὺς μὲν οὖν κέκρυπτο (φεῦ μοι τῆς φρίκης!)
110 « τὰς παρειὰς τῶν ἑαυτῆς δουλίδων
« ἔτυπτεν ἐγγελῶσα· καὶ γὰρ αἰσχύνῃ
« κατέσχεν αὐτήν· οὐ γὰρ εἶχεν ὃ δράσοι
« ἡ νηπιόφρων, ἀπαλόχροος κόρη.
« Εἰώθασι γὰρ ὠχρίαν προσλαμβάνειν
115 « αἱ μὴ βλέπεσθαι προσδοκῶσαι παρθένοι,
« ὅταν τις αὐταῖς ἀπροόπτως ἐγγίσῃ
« καὶ προσλαλήσῃ μᾶλλον ἀξυμφωράτως.
« Ἐντεῦθεν ἐλθὼν εἰς τὸν οἰκεῖον δόμον,
« ἐμαυτὸν ἐκδίδωμι τῷ κλινιδίῳ,
120 « ἀδρὰν λαβὼν ἔρωτος ἀνθρακουργίαν
« (δι' ὀμμάτων γὰρ ὁδὺς Ἔρως τὴν καρδίαν,
« οὗ μέχρι ταύτης ἵσταται, φλέγειν θέλων,
« μέλη δὲ πάντα πυρπολεῖ περιτρέχων),
« καὶ καθ' ἑαυτὸν ἐτραγῴδουν ἠρέμα·
125 « Μηδεὶς πτοείσθω, κἂν πεφαρμακευμένα
« τὰ τοῦ πόθου βέλεμνα τὰ ξιφηφόρα·
« τὴν γὰρ φαρέτραν τῶν βελῶν πληρουμένην
« ὅλην καθ' ἡμῶν ἐκκενοῖ μανεὶς Ἔρως.
« Μὴ δειλιάτω τῶν πτερύγων τὸν κρότον·
130 « Ἔρως γάρ, ὥσπερ ἐμπεσὼν ἐν ἰξῷ,
« τῇ καρδίᾳ μου συγκρατεῖται καὶ μένει.
« Ἔρως, Ἔρως δείλαιε, πῦρ πνέων Ἔρως,
« ἂν εἶδες ἐξευθέντα τὸν στέρνου τόπον,
« οὐκ ἂν κατάπτας ἀμφεκολλήθης, τάλας.
135 « Πανδαμάτωρ, πάντολμε, παντάναξ Ἔρως,
« ποινηλατεῖς πικρῶς με μὴ πταίσαντά σοι·
« οὐ χεῖρα κόπτεις, οὐδὲ συντέμνεις πόδας,
« οὐδ' ἐξορύττεις τὰς κόρας τῶν ὀμμάτων,
« αὐτὴν διϊστεύεις δὲ καρδίαν μέσην,
140 « καὶ θανατοῖς με· δυσμενές, βριαρόχειρ,
« σφάττεις, φονεύεις, πυρπολεῖς, καταφλέγεις,
« πλήττεις, ἀναιρεῖς, φαρμακεύεις, ἐκτρέπεις·
« τῆς ἰσχύος σοῦ, πτηνοτοξοπυρφόρε!
« Οὕτως ἐγὼ δείλαιος ἐξεκοπτόμην.
145 « Πλὴν φάρμακόν τι συννοῶ μου τῆς νόσου,
« μήνυμα γραπτὸν ἀντιπέμψαι τῇ κόρῃ·
« ὑπέτρεχον γὰρ συλλογισμοί με ξένοι,
« ὡς τυχὸν ἀντέπαθε καὶ Καλλιγόνη,
« ἰδοῦσα τὸν Κλέανδρον ὡραϊσμένον.
150 « Μὴ γάρ, Χαρίκλεις, τὸν λαλοῦντα κερτόμει,
« βλέπων ἀμαυρωθέντα τῇ περιστάσει,
« ὁρῶν σκοτεινὸν καὶ κατηοθολωμένον,
« ἐν πηλοφύρτῳ φυλακῇ κεκλεισμένον·
« ψυχῆς γὰρ ἐντὸς θλίψεσι στροβουμένης,
155 « καὶ τῶν ἱμερτῶν ἔκπαλαι στερουμένης,
« πάντως ἀνάγκη σῶμα συμπάσχειν ὅλον. »

« hocque amatorium donum ejus misericordiæ duntaxat
« acceptum referre.
« Hanc ergo sic allocutus sum (tenere enim me non po-
« tui) : O virgo, aliquid cerno extra opus ipso melius
« opere : labia osculari tua dulcius quam mel lingere.
« Sed conturbata fuit valde puella paucis his verbis,
« quippe quæ amoris adhuc erat inexperta.
« Continuo velavit faciem (hei mihi! quantum expave-
« scebam!) et subridens servularum genas percutiebat.
« Pudor enim eam angebat, quæ nescieret quid ageret,
« puella parum per ætatem prudens, ac tenellula.

« Quippe virgines, quæ se conspici posse non putant,
« pallescere solent, si forte quis ipsis improvisus adsit,
« etiamque necopinato conloqui audeat.

« Hinc regrediens ad propria tecta gradum, lectulo me
« composui, torridis ustus amoris carbonibus ; (per oculos
« enim Amor ad intima delapsus præcordia, non hic con-
« sistit, latius incendium commovere cupiens, sed mem-
« bris omnibus ignem implicat, totum pererrans corpus);
« ac talia mecum voce summissa querebar : Metuat nemo
« venenata acutaque desiderii tela ; pharetræ enim plenæ
« sagittis totum in nos pondus consumit amens Amor.

« Expavescat nemo alarum strepitum : Amor enim,
« velut in visco delapsus, corde meo tenetur, manetque.

« Amor, improbe Amor, ignem spirans Amor, si cogno-
« visses viscatum hunc esse præcordiorum locum, non huc
« devolans te irretivisses, miselle.

« Oh! qui cuncta domas, nihil non audes, omniumque
« regnas, Amor, quam dure me castigas, qui in te non pec-
« caverim! Non amputas manum, non truncas pedes, non
« effodis oculorum pupillas ; at cor ipsum jaculo petis me-
« dium, meque exanimas ; crudelis, centimanus alter
« Briareus, trucidas, mactas, incendis, uris, verberas,
« occidis, venenas, deturbas.
« Oh! vim ingentem tuam, metuende puer alis, arcu,
« tæda!

« Sic ego miser angebar, quum remedium morbi invenire
« mihi visus sum, nempe si per litteras amorem virgini
« significarem.

« Mentem enim subibant cogitationes miræ : Calligonen
« forte, conspecto pulchro Cleandro, fuisse et ipsam amore
« perculsam.

« At noli, Charicles, ridere me talia de me dicentem;
« nam quem cernis Cleander acerbo est casu confectus,
« squalidus, lurore deformis, cœnoso inclusus carcere.

« Animum enim intus quum torquet dolor ob amissum
« dudum desiderium nitens, corpus una totum torqueri
« omnino necesse est. »

« Ὡς εὖ λέγεις, Κλέανδρε! » Χαρικλῆς ἔφη.
« Θάλλει νέου πρόσωπον, ὡραῖον μένει,
« ψυχῆς ἀφορμὰς χαρμονῆς κεκτημένης. »
160 « Γράψας τὸ λοιπὸν, ἐξέπεμψα συντόμως, »
Κλέανδρος ἀντέφησε, » πρὸς Καλλιγόνην,
« πειρώμενος σχεῖν πίστιν ἐκ τῶν πραγμάτων,
« εἴπου τι συμπέπονθε ʽκαὶ Καλλιγόνη. »
« Ἀλλ᾽ ὡς ὄναιο τοῦ πόθου Καλλιγόνης, »
165 ὁ Χαρικλῆς ἔλεξε τῷ ξένῳ πάλιν,
« Κλέανδρε, τούτων μηδὲν ἄρρητον λίπῃς,
« ὧν γεγραφὼς ἔπεμψας πρὸς τὴν παρθένον. »
« Ἄκουε λοιπὸν » ὁ Κλέανδρος ἀντέφη.
« Τῆς σῆς ἐγὼ, παῖ παγκάλη, μεμνημένος
170 « θέας ἱμερτῆς ἣν ἰδὼν κατεπλάγην,
« χθὲς ἐντυχὼν Χάρωνι, μικρὸν ἠρόμην,
« καί σε πρὸ ἡμῶν, ὥσπερ εἶπεν, εἰδότι·
« Ἆρ᾽, ὦ χαρᾶς ἄμοιρε, δυσμενὲς Χάρον,
« καὶ τὴν φερίστην ἐν κόραις Καλλιγόνην
175 « σὺν τοῖς καθ᾽ ἡμᾶς δυστυχῶς ἀφαρπάσεις,
« καὶ κάλλος αὐτὸ τὸ προτεθρυλλημένον
« διαφθερεῖς, καὶ κύκλα τοξεύοντά με
« τῶν ὀμμάτων τοιαῦτα φεῦ! διασπάσεις;
« ἢ πρὸς τὸ κάλλος συσταλῇ ἀποβλέπων;
180 « Οὕτω μὲν αὐτὸς εἶπον· ἀλλ᾽ ὁ γεννάδας,
« ὁ τρισθενής, Ναὶ, φησὶ δύσμορος Χάρων·
« καὶ διατείνας εὐθὺς ἀνταπεκρίθη·
« Αἲ! αἲ! κακῶν κάκιστε, τί δράσεις, Χάρων!
« Τί λοιπόν; ἀμφίνευσον, ὦ Καλλιγόνη.
185 « Ἔχεις με τὸν Κλέανδρον ἐξαιτοῦντά σε. »
« Μικρὸν τὸ γράμμα, μηχανῆς δ᾽ ὅλως γέμον, »
ὁ Χαρικλῆς ἔφησεν ἠκουτισμένος,
« ὅπως θανάτου καὶ Χάρωνος ἡ κόρη
« λαβοῦσα νοῦν κλίναντα τὰς ἐπηρμένας,
190 « ἐπικλινὴς γένοιτο τῷ γράψαντί σοι.
« Τί λοιπὸν εἰς Κλέανδρον ἡ Καλλιγόνη
« ἀντεῖπεν, ἀντέγραψεν, εἰδὼς εὖ, λέγοις. »
« Οὐδὲν, Χαρίκλεις, ὡς ἔοικεν, ἡ κόρη,
« ἢ μὴ τὸ γράμμα τοῦτο προσδεδεγμένη,
195 « ἢ παισὶ συμπαίστορσιν ἀσχολημένη.
« Καὶ δευτέρας οὖν συλλαβῆς ἄκουέ μου. »
« Ἀλλ᾽, ὦ φίλε Κλέανδρε, μηδὲ τῆς τρίτης
« ἐμοὶ φθονήσῃς συλλαβῆς πρὸς τὴν κόρην, »
ἔφη Χαρικλῆς. Ὁ Κλέανδρος ἀντέφη.
200 « Ἄκουε ταύτης οὐ φθονῶ σοι, Χαρίκλεις·
« κουφίζομαι γὰρ προσλαλῶν σοι τῆς νόσου.
« Μῦθον τὸ Σειρήνειον ἐννοῶ μέλος,
« ἀφ᾽ οὗ τὸ σὸν πρόσωπον εἶδον, παρθένε.
« Αὐχεῖς, ἰδού, τὸ κάλλος ὑπὲρ τὸν λόγον·
205 « διδοῖς ἐμοὶ τὸ φίλτρον ὑπὲρ τὴν φύσιν·
« λιθοῦσα πλήττεις· οὐδὲ γὰρ φεύγειν δίδως.
« Ξανθὸν τὸ πλέγμα· δῦθι, χρυσᾶ, γῆν πάλιν.
« Λαμπρὸν τὸ βλέμμα· χαῖρε, λαμπρότης λίθων.
« Τὸ χρῶμα λευκόν· ἔρρε, μαργάρων χάρις·
210 « τῆς σῆς γὰρ αὐτὸς φωσφορούσης, Παρθένε,

« O quam dicis apte, Cleander! » Charicles infit.
« Juvenis viri vultus floret pulcherque manet, dum ha-
« bet animus laetitiae causas. »

Contra Cleander : « Ergo quam scripseram, Calligonae
« statim misi epistolam, experiri cupiens an revera Calli-
« gone et ipsa amaret. »

Tum Charicles rursus : « Sic dulci fruaris Calligones
« amore, Cleander; horum nil linquas indictum, quae scri-
« pta puellae misisti. »

Cui Cleander : « Accipe igitur : Tui, puella formosis-
« sima, aspectus jucundi memor, qui me cernentem per-
« culit, heri Charontem obvium, qui te, ut dixit, jam ante
« me fama noverat, paulum interrogavi :

« O gaudia inexperte, Charon, et corde nimis fero, num
« et praestantissimam inter puellas Calligoneu cum aequali-
« bus aliis rapies miserabiliter, corrumpesque pulchritudi-
« nem illam famigeratissimam?
« Num avelles heu! orbes illos oculorum qui me tot sagit-
« tis vulnerarunt? an te cohibebis, hanc formam intuitus?

« Sic ego : at ille fortis, et robustissimus tristissimusque
« Charon, Nae, inquit. Cui vicissim ego contenta voce :
« Ha! ha! improbos ante improbior omnes, quid ages,
« Charon! Jam quid superest? Annue, Calligone.
« En adest tibi te supplice voce deprecans Cleander. »

His auditis, « Parva quidem, » Charicles ait, « epistola ;
« sed qua arte referta tota fuit, ut virgo de morte cogitans
« et Charone, quae cogitatio superbas deprimit, tibi faveret
« autori epistolae.

« Jam quid Calligone Cleandro vel voce viva vel calamo
« responderit, doceas me tu qui novisti. »
— « Nihil, Charicles, ut videtur, puella responderit, sive
« epistolam hanc non acceperit, vel potius habuerit puel-
« labus conversari aequalibus.
« Accipe igitur et epistolam secundam. »
— « Nec tertiam, carum caput, mihi invideas, » Chari-
cles inquit.
Cui contra Cleander : « Audias : hanc tibi, Charicles,
« non invideo : nam conloquens tecum sentio me a morbo
« levari.
« Ex quo vultum adspexi tuum, Virgo, fabula videtur
« canentium Sirenum concordia. Pulchrior es quam ut id
« voce possim exprimere; mihi majus infudisti philtrum,
« quam ut id ferre natura valeat. Quos percutis, vertis in
« lapides ; nequoquam enim das effugere.
« Flava est coma : aurum, rursus terram subi.
« Fulget oculus : vale, lapidum pretiosorum fulgor.
« Alba est cuticula : vale, nitor margaritarum.
« Adspectus enim illius tui, Virgo, solis instar splendidi,

ΒΙΒΛΙΟΝ Β.

« Θέας ἐκείνης πανταχοῦ μεμνημένος,
« τοῦ δυσμενοῦς Ἔρωτος οὗ κατισχύω
« τοὺς ἄνθρακάς μοι τοὺς ἀναφθέντας σβέσαι.
« Καὶ νοῦς μὲν αὐτὸς ἐξελίττει τὴν θέαν,
215 « ἀνιστορῶν ἣν εἶχεν, ὡς εἶδον πάλαι·
« ἀλλ' ἔνδον αὐτῆς τῆς ταλαίνης καρδίας
« Ἔρως ὁ πικρὸς, ὁ δρακοντώδης γόνος,
« ἑλίσσεταί μοι λοξοειδῶς, ὡς ὄφις,
« καὶ στέρνα μοι καὶ σπλάγχνα φεῦ! κατεσθίει.
220 « Σὸν ἔργον ἐστὶ καταπαῦσαι τὴν νόσον.
« Τοὺς ἄνθρακας σβέννυε, καὶ δρόσιζέ με.
« καὶ τὸν δράκοντα τὸν περιπλακέντα μοι
« ταῖς σαῖς ἐπῳδαῖς ἐξαπόσπα, Παρθένε. »
« Ναὶ, ναὶ, φίλε Κλέανδρε, » Χαρικλῆς ἔφη,
225 « ἀλόντος αὐτὰ, καὶ παθούσης καρδίας,
« ἔπαθες, ὡς φής· ἐξ ἐμαυτοῦ μανθάνω.
« Τὸν τῶν βροτῶν τύραννον αὐτοδεσπότην
« Ἔρωτα, τὸν τοσαῦτα συντήξαντά με,
« δεσμῆσαν αὐτὸ τῶν Χαρίτων τὸ στίφος,
230 « ταῖς εὐπροσώποις καλλοναῖς τῶν παρθένων
« τὸν δεσπότην δίδωσιν ὡς ὑπηρέτην.
« Ἡ Παφίη δὲ πανταχοῦ πλανωμένη,
« καὶ λύτρα δῶρα προσφέρουσα μυρία,
« ζητεῖ τὸ τέκνον πολλὰ ποτνιωμένη·
235 « καὶ, κἂν τις αὐτὸν εὑρεθῇ λῦσαι θέλων,
« οὐ δραπετεύει· καὶ γὰρ ὡς ὑπηρέτης
« τὸ προσμένειν ἔμαθεν ἐκ τῶν Χαρίτων. »
« Ἄκουσον » ὁ Κλέανδρος εἶπε » καὶ τρίτης
« ἡμῶν, Χαρίκλεις, συλλαβῆς πρὸς τὴν κόρην.
240 « Ἐκ σοῦ, σελήνη, καὶ τὸ φῶς δοκῶ βλέπειν.
« Σοὶ συγκινοῦμαι, συμμένω, σοὶ συμπνέω.
« Σὺ χαρμονή μοι, καὶ σὺ θλίψεως βέλος·
« Σὺ καὶ νόσος μοι, καὶ σὺ φάρμακον νόσου.
« Σὺ φροντὶς εἶ, καὶ θᾶττον ἄφροντις βίος.
245 « Σὺ καὶ νεκροῖς ζωοῖς με· τὸ πρᾶγμα ξένον·
« καὶ ζῶντα νεκροῖς· θαῦμα ! Καὶ γὰρ ἡ φύσις
« κεστοὺς ὅλους λαβοῦσα πρὸς τὴν σὴν πλάσιν
« ἀγαλματοῖ σε λευκερυθροφωσφόρον.
« Ὢ ποῖον ἄστρον λαμπρὸν οὕτω καὶ μέγα,
250 « Μῆτερ Σελήνη, φωσφόρος, φυτοσπόρος,
« ἐν τοῖς καθ' ἡμᾶς ἐξεγέννησας χρόνοις!
« Νοσεῖς; νοσῶ· χαίρεις δέ; συγχαίρω μέγα·
« ἀλγεῖς; συναλγῶ· δακρύεις; συνδακρύω.
« Ἓν τοῦτο πικρὸν, ἓν τὸ δάκνον, τὸ τρύχον·
255 « ἀφ' οὗ γὰρ ἴδον, ἐξετοξεύθη τάλας,
« ἀεὶ δέ μοι σὺ πετροκάρδιος μένεις·
« οὐ φάρμακον γὰρ ἐμπαρέσχες αὐτίκα
« τῇ καρδίᾳ μου τῇ τετραυματισμένῃ,
« καὶ νῦν σαπέντος τοῦ πεπληγότος τόπου
260 « ἐκφύντες οἱ σκώληκες ἐσθίουσί με·
« οὕτως ἀεὶ τὸ τόξον ἐκτείνων Ἔρως
« σφάττει, φονεύει, τραυματοῖ, ξαίνει, θλίβει,
« κεντεῖ, τιτρώσκει, θανατοῖ, τέμνει, τρύχει.
« Ἔγγισον, ἴδε καρδίαν πεπληγμένην

« ubique mecum memoriam ferens, crudelis Amoris non
« valeo carbones intus accensos restinguere.
« Et ipsa mens adspectum illum tuum versat usque, in-
« vestigans curiosa qualem te tunc viderim.
« Quin etiam intus, cordis medio miselli, acer Amor;
« viperina proles se obliquis, ut serpens, contorquet spiris,
« et pectus mihi visceraque heu! depascitur.

« Tuum est emendare morbum
« Carbones extingue, meque rore madefacias et serpen-
« tem mihi circumplicatum, Virgo, tuis avelle cantami-
« nibus. »
— « Næ! Cleander carissime, » Charicles ait, « næ!
« ista sunt amantis, animique non impatientis.
« Passus es quæ narras; ex me credere disco.
« Mortalium tyrannum sine lege regnantem, quique tam
« multis me contabefecit languoribus, Amorem vinctum
« olim Gratiarum chorus formosis virginibus servum tra-
« didit, dominus qui fuerat.

« Paphie autem ubique cursitans, et grandia redemptio-
« nis dona proferens, puerum quærit multa quærens.
« Et si quis forte illum solvere voluerit, haud fugit.
« Etenim ex Gratiis didicit manere ut servus. »

— « Audi, » Cleander inquit, « et tertia quæ fuerit mea
« ad Calligonen epistola.
« Ex te, o Luna, lucem videre mihi videor.
« Tecum una moveor, una maneo, una spiro tecum.
« Tu mihi es gaudium, tuque telum doloris; tu mihi
« morbus, tuque remedium morbi.
« Tu cura es, et mox vitæ quies.
« Tu mortuum me vivificas, heu prodigium rei! et vi-
« vum enecas, mirabile dictu! Etenim Natura, ad te for-
« mandum cestis sumptis omnibus, finxit te candidam simul
« ac roseam luciferamque.
« Oh! quale hoc astrum tam splendidum et magnum,
« Luna mater, lucifera, prolifica, in his nostris peperisti
« temporibus!
« Ægrotas? ægroto. Gaudesne? Congaudeo valde.
« Dolesne? condoleo. Plorasne? apploro tibi.
« Unum hoc acerbum est, unum hoc me mordet et an-
« git : ex quo te vidi, misellus sagitta fui transfixus; tu
« vero in corde scopulos usque geris.
« Non enim remedium statim præbuisti quo sanaretur
« pectus saucium; et nunc e putrescente vulnere enati
« vermes me peredunt :
« adeo Amor semper arcum intendens jugulat, mactat,
« vulnerat, laniat, premit, pungit, ferit, enecat, secat,
« cruciatque.
« Huc ades; adspice cor vulneratum,

285 « καὶ στέρνον αὐτὸ καιρίως βεβλημένον.
« Ἔνσταξον εἰς τὸ στέρνον γλυκεῖαν δρόσον,
« ὡς οἶνον, ὡς ἔλαιον εἰς τὸ τραῦμά μου·
« τοὺς κρυσταλώδεις ὧδε δακτύλους φέρε,
« ὅλης ἐφάπτου τῆς παθούσης καρδίας·
270 « τὸ λεπτοϋφὲς ἐξυφάπλου μοι φάρος,
« τοὺς ἑλκεσιτραφεῖς δὲ δακνοκαρδίους
« σκώληκας ἁδροὺς θᾶττον ἐκκάθαιρέ μοι·
« οὕτως ὄναιο τῆς ἐμῆς σωτηρίας,
« οὕτως ὀναίμην σῆς τόσης εὐποιΐας.
275 « Ποίησον οὕτως· ἅμ' ὑπὸ χλαῖναν μίαν
« γενοίμεθα ζέοντι καρδίας πόθῳ ,.
« ἐπαινετὴν πλέξαντες ἀλληλουχίαν. »
« Ἀλλ', ὦ Χαρίκλεις, εἰ δοκεῖ, σιγητέον·
« εἰ δ' οὖ, τετάρτη συλλαβῇ δὸς ὠτίον. »
280 « Λέγοις ἂν, ὦ Κλέανδρε, » Χαρικλῆς ἔφη.
« Ἄκουε λοιπὸν ῥημάτων κατωδύνων
« ὅσα προσεξέπεμψα τῇ Καλλιγόνῃ, »
Κλέανδρος εἰπὼν, ἤρχε τῆς τραγῳδίας·
« Χρυσοῦν δέχου τὸ μῆλον οὐ γεγραμμένον,
285 « ὃ σῶμα συμπᾶν εὐφυὲς Καλλιγόνη,
« κἂν ἐγράφη δὲ, πρὸς σὲ ποία τις ἔρις ;
« Δέχου, καλὴ, τὸ μῆλον, ὡς καλὴ μόνη·
« τῶν παρθένων γὰρ ἐν χοροῖς σὺ καλλίων·
« συμμαρτυρεῖ καὶ Μῶμος αὐτὸς, ἀτρέμας
290 « ἰδὼν σὺν ἡμῖν εἰς πανήγυριν πάλαι
« ἄνω πατοῦσαν καὶ προκύπτουσαν κάτω·
« καὶ γὰρ τὸ χεῖλος ἐνδακὼν κατεπλάγη.
« Μὴ σφόδρα μοι σύναγε τὰς ὀφρῦς ἄνω·
« ἐκ τῶν Ἔρωτος ἐξετάκην φαρμάκων,
295 « ἐκ τῶν ἐκείνου κατεκαύθην ἀνθράκων.
« Ἐξ ἡλίου φλέγοντος ὡς ὁδοιπόρος
« ὡς σκιερόν τι δένδρον ἐξεύρηκά σε·
« ὡς κισσὸς εἰς δρῦν συμπλακείην παννύχως.
« Εἰπεῖν δέον με τὴν ἀλήθειαν· ὅσον
300 « χειμῶνός ἐστι κρεῖττον ἐκκριτως ἔαρ,
« στρουθῶν ἀηδὼν, μῆλον ἡδὺ βραβύλων,
« ὅσον γυναικῶν τριγάμων ἢ παρθένος·
« τοσοῦτο τὸ πρόσωπον, ἡ σκιὰ μόνη
« ἔθελξε τὸν χθὲς ἀτενῶς βλέψαντά σε !
305 « Ἡ Κύπρις, ὡς ἔοικεν, αὐτή, Παρθένε,
« τὰς χεῖρας εἰς τὸν κόλπον ἐντέθεικέ σου,
« καὶ πᾶσα Χάρις ἐξεκαλλώπισέ σε.
« Ἐμοὶ λογισμὸς ἦλθε μὴ σὺ Πανδώρα,
« ἣν εἰσάγει τις μυθικὴ πλαστουργία.
310 « Καὶ γοῦν ἐκείνην μῦθος αὐτὸς εἰσάγει·
« ὅμως ἐναργῶς τῆς ἀληθείας λόγος
« ἡμῖν παριστῶν ὡς ἄγαλμα δεικνύει
« ἡλιοειδὲς καὶ κατηστερισμένον,
« τὴν παρθένον σε, τὴν καλὴν Καλλιγόνην. »
315 « Οὕτω, Χαρίκλεις, οὐδαμῇ στέργειν ἔχων,
« γραφὰς παρεξέπεμπον ἀλληλοδρόμους.
« Τί γοῦν ; ὁ τάλας ἀντεμηνύθην μόλις
« ἐλθεῖν πρὸς αὐτοὺς παρθενῶνας ἐννύχως,

« pectusque letali perfossum ictu.
« Instilla dulcem in pectore rorem, qui sit pro vino et
« oleo vulneri meo. Huc admove digitos crystallinos, cor-
« que alte ægrum contrecta.

« Tenuissimum explica linteum, vermibusque sine mora
« vulnus purges qui, ulceribus innutriti meis, meum sca-
« turientes cor mordent.
« Sis felix, precor, ob servatam mihi vitam ! Sim ego
« felix tanto tuo beneficio !
« Sic age : una sub uno ambo palliolo, ferventi animi cu-
« pidine calentes, invidendum nectamus conjugium ».
« Sed tacendum, Charicles, tibi si videbitur ; si vero non,
« quartæ præsta epistolæ auriculam. »

— « Illam recita, Cleander, » Charicles ait.
« Audi ergo mœstissima verba quæ Calligonæ misi, »

Cleander infit, cœpitque tristem recitare epistolam : « Au-
« reum accipe pomum, sed non inscriptum, o totum for-
« mosissima corpus, Calligone ; ac si foret inscriptum, quæ
« jam posset de te nasci contentio ?
« Accipe, o pulchra, pomum accipe, quæ sola pul-
chra es.
« Etenim inter choros virginum tu pulchrior ante alias.
« Testatur et ipse Momus qui te dudum nostris in cœ-
« tibus attentus silensque conspexit nunc superbius ince-
« dentem, nunc demissam oculos : labia enim præ admi-
« ratione momordit.
Oh ! ne contracta tollas supercilia! me Amoris venena ta-
« befaciunt; ejus ego aduror carbonibus.
« Ut viator, sole torrente, te, quasi arborem umbrosam,
« inveni.
« Utinam tota tibi nocte hærerem, hedera velut ilici !
« Vera me loqui oportet : quantum hieme præstat ver,
« luscinia passeribus, quanto præ prunis est pomum sua-
« vius, quantum mulieribus ter nuptis virgines; tantum
« vultus tuos, tantum umbra tui sola pellexit heri me fixis
« te tuentem oculis !

« Venus, ut videtur, ambas ipsa manus, o Virgo, in
« sinus demisit tuos, Gratiarumque chorus te certatim
« exornavit.
« Mihi venit in mentem te forsan esse Pandoram illam,
« nobis quam fabulæ fingunt.
« Atqui illam ipsa fabula creavit ; sed perspicua claraque
« veritas nobis te, virgo, pulchram te, Calligone, sistit,
« miraculum solis æmulum orbeque stellato dignum ».

« Sic, o Charicles, non jam ferre valens amorem, cre-
« bras mittebam epistolas.
« Quid igitur ? Tandem misero mihi significatum est posse
« me noctu ad ipsum adire parthenona

« ἐν οἷς διημέρευεν ἡ γλυκυτάτη.
320 « Καταλαβούσης τοιγαροῦν τῆς ἑσπέρας,
« ἀναλαβὼν κίθαριν ἠργυρωμένην,
« ἐπεκρότουν κρούσμασι καλλιστοκρότοις,
« καὶ συγκροτῶν ᾠδευον εἰς Καλλιγόνην,
« καὶ (τῶν Ὀλυμπίων γὰρ ὑπερεφρόνουν)
325 « τοιῶνδε τερπνῶν ᾀσμάτων ἀπηργμένος·
« Λαμπὰς σελήνης φωταγώγει τὸν ξένον.
« Ἡ Νιόβη κλαίουσα λίθος εὑρέθη,
« μὴ καρτεροῦσα τὴν στέρησιν τῶν τέκνων·
« Πανδίονος δὲ θυγάτηρ παιδοκτόνος
330 « ἐξωρνεώθη, πτῆσιν αἰτησαμένη.
« Λαμπὰς σελήνης, φωταγώγει τὸν ξένον.
« Ἐγὼ δ᾽ ἔσοπτρον εὑρεθείην, Ζεῦ ἄναξ,
« ὅπως ἀεὶ βλέπῃς με σύ, Καλλιγόνη !
« Χιτὼν γενοίμην χρυσόπαστος, ποικίλος,
335 « ὅπως ἔχω σου θιγγάνειν τοῦ σαρκίου!
« Λαμπὰς σελήνης, φωταγώγει τὸν ξένον.
« Ὕδωρ φανείην, ὡς προσώπου πᾶν μέρος
« σχοίην ἀλείφειν εὐτυχῶς καθ᾽ ἡμέραν!
« Μύρον γενοίμην, ὡς ἐπιχρίειν ἔχω
340 « χείλη, παρειάς, χεῖρας, ὄμματα, στόμα !
« Λαμπὰς σελήνης, φωταγώγει τὸν ξένον.
« Τί μοι μεγίστων καὶ τυχεῖν μὴ ῥᾳδίων ;
« Ἥρκει γενέσθαι χρύσεόν με βλαυτίον,
« καὶ καρτερεῖν με συμπατούμενον μόνον
345 « τῇ λευκοτάρσῳ τῶν ποδῶν σου συνθέσει.
« Λαμπὰς σελήνης, φωταγώγει τὸν ξένον.
« Ζεὺς ἀντὶ πυρὸς ἐμπαρέσχε τῷ βίῳ
« πῦρ ἄλλο δεινόν, τῆς γυναικὸς τὴν πλάσιν.
« Ὡς εἴθε μὴ πῦρ, μὴ γυναικεῖον φύλον
350 « κατῆλθεν εἰς γῆν καὶ προῆλθεν εἰς βίον !
« Λαμπὰς σελήνης, φωταγώγει τὸν ξένον.
« Τὸ πῦρ γὰρ αὐτό, κἂν ἀναφθείη, πάλιν
« καὶ συντόμως σχοίη τις ἐγκατασβέσαι·
« γυνὴ δὲ πῦρ ἄσβεστον ἐν ψυχῇ φέρει,
355 « ἂν κάλλος εὐπρόσωπον ὡραῖον φέρῃ.
« Λαμπὰς σελήνης, φωταγώγει τὸν ξένον.
« Τυχὸν γὰρ οὓς ἔσωσεν ἀνδρία μάχης,
« ὧν μὴ κεφαλὴν ἐξέκοψεν ἡ σπάθη,
« οὓς μὴ κλινήρεις ἀπέδειξεν ἡ νόσος,
360 « οὓς δραστικὴ χεὶρ ἐρρύσατο κινδύνων·
« Λαμπὰς σελήνης, φωταγώγει τὸν ξένον.
« οὓς οὐ κατειργάσαντο κύκλοι πραγμάτων,
« οὓς δεσμὸς οὐ κατέσχεν, οὐ κλοιῶν βάρος·
« ἀεὶ δὲ χωρὶς τῆς τρυχούσης φροντίδος
365 « ζῶσι Κρονικὸν καὶ τὸν εὔθυμον βίον·
« Λαμπὰς σελήνης, φωταγώγει τὸν ξένον.
« τούτους γυνὴ λαλοῦσα χαρμονῆς χάριν
« ταῖς ἐξ ἐκείνης ἀστραπαῖς σελασφόροις,
« ἄνθος κατατρύχουσα σαρκίου νέου,
370 « ὡς ἐν κεραυνῷ πρηστικῷ καταφλέγει.
« Λαμπὰς σελήνης, φωταγώγει τὸν ξένον.
« Σῶν χειλέων κάμινος ἐξῆπται μέσον,

« quem habitabat puella dulcissima.
« Ergo adveperascente, cithara sumpta argentea, nervos-
« que argutissimis impellens pulsibus, ad Calligonen ten-
« debam iter, dulces has, deorum Olympiorum spretor,
« orsus cantilenas :

— « Lunæ tæda, præbe lumen eunti :

— « Lugens Niobe fuit in lapidem versa, quum libero-
« rum non ferret exitium ; nataque Pandione, interfecto
« filio, in avem convertit, alas quum sibi dari flagitasset.

— « Lunæ tæda, præbe lumen eunti.
— « Utinam speculum fiam, Juppiter Deorum rex, ut me
« usque aspicias, Calligone! Utinam tunica, auro inter-
« texta variaque, ut tuam queam cuticulam contingere !

— « Lunæ tæda, præbe lumen eunti.
— « Utinam aqua fiam, vultus ut partes omnes quotidie
« possim abluere feliciter ! Utinam unguentum, ut ungere
« valeam labia, genasque, et manus, oculos, osque !

— « Lunæ tæda, præbe lumen eunti.
— « Magna nec facile adquirenda quid mihi sunt opus ?
« satis fuerit aureum me fieri sandalium, candidis calcan-
« dum calcibus !

— « Lunæ tæda, præbe lumen eunti.
— « Pro igne succedaneum Juppiter vitæ dedit humanæ
« ignem alium terribilem, fœminam.
« Utinam ignis ille, utinam fœmineum genus numquam
« in terras descendisset vitamque fuisset ingressum !

— « Lunæ tæda, præbe lumen eunti.
— « Ignis enim, flagrans licet, rursus ac facile a quoquam
« restinguetur.
« At fœmina ignem in animo secum fert inexstinguibi-
« lem, si vultu prædita sit pulchro formosoque.

— « Lunæ tæda, præbe lumen eunti.
— « Continuo enim quos e prælio virtus salvos eduxit,
« quorum capiti pepercit ensis, quos lectulo non applicuit
« morbus, quos manus feliciter audax eripuit periculis ;

— « Lunæ tæda, præbe lumen eunti.
— « Quos non oppresserunt rerum vicissitudines, non
« constrinxerunt vincula, nec collarium pondus ; qui et
« curis procul molestis Saturniam degunt tranquillamque
« ætatem ;

— « Lunæ tæda, præbe lumen eunti.
— « Illos fœmina, inter garriendum animi causa, corn-
« scis quæ vibrat fulguribus, cutis corrupto flore juvenili,
« fulminis quasi vi torrentis, incendit.

— « Lunæ tæda, præbe lumen eunti.
— « Labiorum medio tuorum caminus flagrat,

« Καλλιγόνη, θάμβημα τοῖς ἰδοῦσί σε ,
« ὁμοῦ κατ' αὐτὸ πῦρ φέρουσα καὶ δρόσον,
375 « τῇ μὲν καλοῦσα , τῷ δ' ἀποτρέπουσά με.
« Λαμπὰς σελήνης, φωταγώγει τὸν ξένον.
« Αὕτη τὸν ἐμβλέψαντα μακρόθεν φλέγει·
« τὸν δὲ προσεγγίσαντα τῷ στόματί σου ,
« ἢ καὶ τυχόντα τοῦ φιλήματος μόνου
380 « ψυχρᾷ ψεκάδι δεξιοῦται καὶ δρόσῳ.
« Λαμπὰς σελήνης , φωταγώγει τὸν ξένον.
« Ὢ πῦρ δροσίζον ! Ὢ φλογίζουσα δρόσος !
« Ἀλλὰ φλεγέντα καὶ πεπυρπολημένον
« ἐξ ἄνθρακος , σῶν χειλέων παρηγόρει
385 « διδοῦσα τὴν σὴν εἰς ἀνάψυξιν δρόσον.
« Λαμπὰς σελήνης , φωταγώγει τὸν ξένον.

ΒΙΒΛΙΟΝ ΤΡΙΤΟΝ.

« Οὕτω μελίζων, ὡς ἀηδὼν εἰς ἔαρ,
« προσῆλθον, εὗρον, εἶδον αὐτὴν τὴν κόρην ,
« καὶ, Χαῖρε , φησὶν, ὦ καθ' ὕπνους νυμφίε ,
« ἐμοῦ προαρπάσασα τὴν ὁμιλίαν.
5 « Ἔρως ἐπιστὰς τῇ πρὸ τῆς χθὲς ἑσπέρᾳ ,
« ἐμοὶ συνῆψέ σε, Κλέανδρε , πρὸς γάμον ,
« ὡς εἶπε, προσχὼν οἷς ἐπένθεις δακρύοις.
« Καὶ σκεπτέον σοι , ναὶ , Κλέανδρε, σκεπτέον ,
« πῶς τῶν καθ' ἡμᾶς ἀσφαλῶς φροντιστέον.
10 « Ἐγὼ γὰρ οὐ πῦρ, οὐ θάλασσαν, οὐ ξίφος ,
« πρὸς τὴν Κλεάνδρου δειλιάσαιμι σχέσιν·
« οὓς γὰρ θεὸς συνῆψε , τίς διασπάσει ;
« Τούτων ἀκούσας , ὦ Χαρίκλεις , τῶν λόγων ,
« Καλλιγόνη, σύγχαιρε, λοιπὸν ἀντέφην·
15 « καὶ δεῦρο , δεῦρο πρὸς τὸν ἀγχοῦ λιμένα ,
« ὅπως ἀποπλεύσωμεν ἄμφω Λεσβόθεν ,
« Ἔρωτι δόξαν τῷ τυράννῳ , Παρθένε.
« Οὐκοῦν ἑαυτοὺς ἐμβαλόντες εἰς σκάφος
« (οὐ γὰρ βραδύνειν ἐμμανεὶς Ἔρως θέλει),
20 « καὶ πέντε συμπλεύσαντες ἡμερῶν πλόον
« τοῦ φωσφόρου κλίναντος ἄρτι πρὸς δύσιν ,
« ξαὶ πνευσάσης λαίλαπος ὠλεσικάρφου ,
« ἀκοντὶ ἐξήχθημεν εἰς Βάρζον πόλιν ,
« ἧς καὶ προσωρμίσθημεν ἐν τῷ λιμένι ,
25 « μόλις φυγόντες τὴν ἀνάγκην τῆς ζάλης.
« Οὕτω τυχὸν δὲ, δυσμενεῖς Πάρθοι τότε
« σφοδρῶς ἐληΐζοντο κύκλῳ τὴν πόλιν·
« τοὺς Βαρζίτας γὰρ ζημιοῦσι πολλάκις
« ἄφνω παρεμπίπτοντες ἠμελημένοις·
30 « οἳ συλλαβόντες πάντας ἡμᾶς ἀθρόως
« τοὺς τῆς θαλάσσης ἐκφυγόντας τὸ στόμα ,
« Καλλιγόνην, Κλέανδρον, ἄλλους ἐμβάτας,
« τὴν φορταγωγὸν ἐξέκαυσαν ὁλκάδα.
« Καλλιγόνη γοῦν ἐγκρυβεῖσα μυρρίναις
35 « (συνηρεφεῖς γὰρ ἦσαν ἀγχοῦ λιμένος)
« τὴν Παρθικὴν ἔφυγεν ἀγερωχίαν.

LIBER III.

« Calligone, spectantibus te miraculum cunctis, qui simul
« habet ignem roremque, altero me alliciens, repellens al-
« tero.
— « Lunæ tæda, præbe lumen eunti.
— « Eminus spectantem urit; eum vero qui ad os acces-
« sit tuum, vel fuit osculum tantummodo potitus, frigi-
« dula recreat gutta et amœno rore.

— « Lunæ tæda , præbe lumen eunti.
« Oh flamma plena roris! Oh ros flammæ plene!
— « At crematum adustumque carbonibus solari ne ne-
« ges, e labellis rore tuis in meum fuso refrigerium.

— « Lunæ tæda , præbe lumen eunti.

LIBER TERTIUS.

« Talia lyra modulans, ut verno luscinia tempore, ibam ;
« et virginem reperi vidique : et , O salve , dixit occupans
« præloqui, o insomniorum meorum sponse !

« Nudius tertius Amor, adstans mihi vesperi , te mihi,
« Cleander, connubio junxit, tuis , ut aiebat, permotus
« lacrymis.
« Adverte , Cleander, adverte, quæso , qui res nostræ
« in tuto statui queant.
« Ego etenim, nec ignem, nec maria, nec ensem metuam
« amoris Cleandrei causa.
« Quos enim junxit deus, quis divellet?
« Quibus auditis, Chariclés, ego contra : Salve tu quo-
« que, Calligone! et portus mecum quære vicinos, ambu-
« que a Lesbo procul solvamus, quando quidem , o Virgo,
« ita visum est Amori mortalium tyranno.

« Igitur nos navi credidimus ; nullas enim moras permit-
« tit amens Amor : et quum per continuos quinque dies na-
« vigassemus , sole jam ad occasum vergente , tempestas
« ingruit atrox, invitique ad Barzum urbem accedimus por-
« tumque subimus, vix procellæ devitata sævitia.

« At tunc forte urbis confinia vastabant crudeles Parthi,
« quibus usitatum est inopinis excursibus imprudentes Bar-
« zitas invadere.

« E maris faucibus vix elapsos nos omnes comprehen-
« dunt, Calligonen, Cleandrum, vectores cœteros, one-
« rariamque qua vecti eramus navem concremant.

« Calligone quidem, myrteto latens (nam prope portum
« spissæ myrti creverant), Parthicam effugit violentiam.

ΒΙΒΛΙΟΝ Γ.

« Ἐγὼ δὲ μέχρι τῆς παρούσης ἡμέρας,
« ἀφ' οὗπερ αὐτῆς, ὦ θεοί! διεζύγην,
« εἰρκτὴν κατοικῶ τὴν καταζοφωμένην,
40 « διττὴν πεπονθὼς συμφορὰν βαρυτάτην·
« Καλλιγόνης γὰρ ἐστέρημαι παρθένου,
« καὶ νῦν παρ' ἐχθροῖς εἰμὶ δυσμενεστάτοις.
« Σὺ γοῦν, Χαρίκλεις, ὡς ὑπέσχου, μοι λέγοις,
« τὸν σὸν πονηρὸν καὶ πολύδακρυν βίον. »
45 « Ποιεῖς μὲν ὄντως οὐκ ἀδακρύτως λέγειν,
« Κλέανδρε, τὰ τρύχοντα καὶ θλίβοντά με, »
ἔφη Χαρικλῆς τοῦ λαλεῖν ἀπηργμένος·
« ὅμως ἐπειδὴ καρδίαν ἐλαφρύνει
« τὸ τοὺς κατ' αὐτὴν ἐξερεύγεσθαι πόνους,
50 « Κλέανδρε, πρόσχες· οὐ κατοκνῶ γὰρ λέγειν.
« Μήτηρ μὲν μοι Κρυστάλη, πατὴρ Φράτωρ,
« οὐκ ἐκ γενάρχων ἀκλεῶν, πατρὶς Φθία·
« ἤδη δέ, τὸν μείρακα τῆς ἥβης νόμον,
« ἡλικιούμην εὐγενῶς τεθραμμένος·
55 « μείραξι συνέχαιρον οἷς προσωμίλουν,
« ἵππευον, ἀμφέπαιζον, ὡς νέοις νόμος,
« λαγὼς ἐθήρων, εὐφυῶς ἱππηλάτουν·
« συμπαίστορας γὰρ εἶχον εὐγενεστάτους.
« Ἐρωτικῶς δ' οὖν οὐκ ἔπαθον εἰσέτι·
60 « οὔπω γένυν ἴουλος ὑπεζωγράφει.
« Διονύσου δὲ τῆς ἑορτῆς ἐνστάσης,
« συνεξεληλύθειμεν ἡδονῆς χάριν
« βωμὸν παρ' αὐτόν, ὃς παρ' αὐτῇ τῇ Φθίᾳ
« ἔξωθεν ὠρόφωτο πλαξὶν εὐχρόοις.
65 « Ἦν οὖν κατ' αὐτὸ τοῦ θεοῦ τὸ χωρίον
« ἀεὶ τὸ δένδρον οἷον ἀνθοῦν εἰς ἔαρ,
« βρίθόν τε καρπῷ καὶ τεθηλὸς φυλλάσιν·
« καὶ γὰρ ποταμὸς ἐκρέει Μελιρρόας,
« ἰδεῖν μὲν ἡδὺς καὶ πεπόσθαι βελτίων·
70 « οἱ πλείονες δὲ τὸν γλυκὺν Μελιρρόαν
« καλοῦσι Θρεψάγρωστιν ἄνδρες βουκόλοι
« ὅσοι βόας νέμουσιν ἐν τῷ χωρίῳ,
« ὡς ἡσυχῇ ῥέοντα τῆς ὄχθης ἔσω.
« Οὐ γὰρ χιὼν λυθεῖσα γεννῶσα τρέφει,
75 « οὐδ' ἐξ ὄρους προίεισι πολλὴ πλημμύρα,
« καὶ τὰς ἀρούρας τῇ ῥοῇ παρασύρει·
« μόνος γὰρ οὗτος ἐν ποταμοῖς τῆς Φθίας
« ἴσως ἀεὶ ῥεῖ καὶ περιῤῥέει κύκλῳ.
« Εὐδαιμονεῖ δὲ πᾶς νομεύς, πᾶς ἀγρότης
80 « ὃν ἔσχεν ἐντὸς τῶν ἑαυτοῦ ῥευμάτων.
« Ἐκ δ' οὐρανοῦ κάτεισιν ἡδίστη δρόσος,
« ἀφ' ἧς συνεστὼς ἐστὶν ἐξ ἴσου ῥέων.
« Τούτου παρ' ὄχθαις χρῆμα χρυσῆς πλατάνου
« ἐν θαλεραῖς ἔθαλλε χρυσαῖς φυλλάσιν.
85 « Οὐδὲν πρὸς αὐτήν ἐστιν ἐν παραθέσει
« ἡ Ξερξικὴ πλάτανος ἡ θρυλλουμένη·
« τὸ μὲν γὰρ ἀκρόπρεμνον ἐγγὺς αἰθέρος,
« τὰ φύλλα δ' ἐσκίαζε τὴν γῆν τὴν πέριξ,
« ὅσην συνέσχεν ἡ Μελιρρόου ῥύσις.
90 « Ἐκρεῖ δὲ πηγὴ ῥιζόθεν τῆς πλατάνου,

« At ego ad hunc usque diem, ex quo fui ab ipsa heu!
« disjunctus, in carcere degi tenebricoso, duplici gravissi-
« maque oppressus calamitate : quippe qui Calligone pri-
« vatus sum virgine, nuncque hostibus sum præda imma-
« nissimis.

« Atqui tu, Charicles, narra, nam pollicitus es, lacry-
« mosa vitæ tuæ infortunia. »
Cui Charicles rursus : « Jubes me, Cleandre, narrationem
« vere lacrymosam incipere malorum quæ me premunt et
« angunt : attamen, quoniam narrata animi mala animum
« levant, Cleandre, advertas : dicere enim neutiquam
« gravabor.

« Mater mihi fuit Crystale, pater, Phrator, atavis ambo
« non tenuibus editi ; patria Phthia.

« Jam vero, ut ferebant instituta juventutis, prima in-
« genuis ætas studiis innutriebatur : cum juvenibus ami-
« cis me oblectabam, equitabam, ludebam, ut huic æta-
« tulæ est mos;
« lepores venabar, apte utebar equis : socios enim ludo-
« rum habebam juvenum generosissimos.
« Amoris autem ignium adhuc eram expers, quippe qui
« nondum lanugine malas pingebar.
« Festo autem Bacchi redeunte die, voluptatis causa
« conveneramus ad aram, quæ non procul a Phthia
« marmore pulchre vario structa surgebat.

« Illo in agro, qui Dei sacer erat, arbor usque florebat
« quasi vere medio, fructu gravis foliisque decora : fluvius
« enim hic fluit Melirrhoas, visu jucundus, jucundior potu.

« Plerisque vero bubulcis qui boves his in locis pascunt,
« dulcis Melirrhoas dicitur Threpsagrostis, quod lenibus
« intra ripas undis impellatur.

« Non enim solutis est generatus pastusque nivibus : non
« montibus ex altis abundanti flumine decurrit inundans,
« agrosque eversos trahit.
« Solus inter Phthiæ amnes æqualibus semper vadis fluit
« et circumfluit;
« beati pastores omnes, omnes agricolæ benignus quos
« includit liquor.
« Cœlitus depluit ros dulcissimus, qui fluctus parit
« æquali motu currentes.
« Hujus in ripa platanus aurea surgebat, aureis vegetis-
« que ornata foliis;
« cui nequaquam est comparanda Xerxis platanus illa
« celeberrima.

« Summo enim cacumine æthera tangit, foliaque vicinis
« præbebant umbram locis quæ Melirrhoæ unda cingebat.
« Ex radicibus platani fons scaturit,

« οἵαν ἐοικός ἐστιν ἐντεῦθεν ῥέειν.
« Ἡ γῆ δ' ἐπανθεῖ, καὶ τὰ θρέμματα τρέφει
« τῇ πλησμονῇ τε τῆς βορᾶς καὶ τῷ κόρῳ,
« καὶ τῷ ῥοθίῳ τοῦ καλοῦ Μελιρρόου·
95 « μεθύσκεται γὰρ ἡ μηκὰς αἴξ εἰ πίοι,
« χλωραῖς τ' ἐπεσκίρτησε πολλάκις πόαις.
« Νεωκόρος δὲ πρὸς θεοῦ τεταγμένος
« μένει φυλάσσων, ἀγρυπνῶν ἀκαμάτως,
« τὴν ἱερὰν πλάτανον ἐξ ὁδοιπόρων
100 « μὴ ποῦς πρὸς αὐτὴν ἴταμὸς προσεγγίσῃ.
« Συνέδραμον οὖν πάντες ἔξω τῆς Φθίας
« πρὸς τὴν ἑορτὴν τοῦ θεοῦ Διονύσου,
« ἄνδρες, γυναῖκες, παρθένοι, νεανίαι,
« μείρακες ἄλλοι, καὶ νεάνιδες κόραι.
105 « Ἐγὼ θεωρῶν ἀμύητος ἦν ἔτι
« ἐρωτικῶν δήπουθεν ἐκτοξευμάτων.
« Ὡς εἴθε τηνικαῦτα μὴ συνεξέδυν
« τοῖς γνησίοις μείραξι τῆς Φθίας πύλης!
« Προσῆλθομεν δὲ συννεανίαι φίλοι
110 « τῷ τοῦ τόπου φύλακι καὶ τῆς πλατάνου,
« καὶ δῶρα δόντες ἕδραν ἔσχομεν ξένην,
« καὶ καρδίας τύραννον ἢ ποινηλάτιν
« τῆς παρθενικῆς καλλονῆς θεωρίαν.
« Ἔλωθε καὶ γὰρ ὁ βριαρόχειρ Ἔρως
115 « ὁ πρεσβύτης παῖς, τὸ πρὸ τοῦ Κρόνου βρέφος,
« ὡς ἐκ θυρίδων ἐμπεσὼν δι' ὀμμάτων,
« τὰ σπλάγχνα πιμπρᾷν καὶ φλέγειν τὴν καρδίαν,
« καὶ νεκρὸν ὥσπερ τὸν ποθοῦντα δεικνύειν.
« Καὶ γοῦν ὑπὸ πλάτανον αὐτὴν αὐτίκα
120 « ἡλικιώταις συγκαθήμενος φίλοις,
« τρυφῆς μετεῖχον ποικιλοψαρτυμάτων,
« ἀμφαγνοῶν δύστηνος οἷς γένοιτό μοι
« τὴν τηλικαύτην χαρμονὴν καὶ τὸν γέλων
« εἰς δακρύων ῥοῦν συμπεριστῆναι τέλος.
125 « Ὅμως πάλιν ἔγκαιρον οἷς συνετρύφων·
« τοιοῦτόν ἐστιν ἀγνοοῦσα καρδία,
« κακὸν τὸ μέλλον ἐν χαρᾷ καθημένη.
« Γελωτοποιῶν ἠκροώμην ῥημάτων
« ἐρωτικῶν, μᾶλλον δὲ τερπνῶν ᾀσμάτων.
130 « Ὁ μὲν γὰρ αὐτῶν τῶν συνεστιωμένων
« τοιούσδε τυχὸν ἐξέπεμπε τοὺς λόγους,
« πρὸς τὰς ἐκεῖσε συνδραμούσας παρθένους,
« ἢ πρὸς γυναικῶν ποικίλας ὁμηγύρεις
« ἐκεῖθεν ἔνδεν τὴν ὁδὸν ποιουμένας·
135 « Χθὲς εἶχε πῦρ δίψης με, καὶ λαβὼν ὕδωρ,
« (τυχὸν γὰρ οὕτω τὴν ὁδὸν διηρχόμην),
« ὡς ἄμβροτον ῥοῦν ἐξέπινον εἰς κόρον.
« Μέμνησο τῆς χθές· σὺ γὰρ ἡ διδοῦσά μοι.
« Ἀλλ' ὁ πτερωτός, ὁ θρασύσπλαγχνος μένος
140 « Ἔρως δυσαντίβλεπτος, ὁπλοτοξότης,
« κώνωψ φανεὶς ὤλισθεν ἔνδον τοῦ σκύφου·
« ὃν καὶ πεπωκώς, γαργαλίζομαι τάλας
« ἐκ τῶν πτερύγων ἔνδοθεν τῆς καρδίας,
« καὶ μέχρι τοῦ νῦν (τῆς ὀδύνης! τοῦ πόνου!)

« qualem inde scaturire par est.
« Terra autem floribus luxuriatur, pecudesque alit pa-
« scuorum ubertate mira saturos undisque pulchri Melir-
« rhoæ.
« Nam capella inebriatur, si biberit, et sæpe viridibus
« lascivior insultat herbis.
« Ædituus autem ab ipso constitutus Deo, custodit, in-
« defesse vigilans, a prætereuntibus sacram platanum, ne
« forte pede injurioso ad eam accedant propius.
« Ergo concurrebant omnes ex Phthia ad festum Bacchi,
« viri, mulieres, virgines, juvenes, puelli et puellæ.
« Ille ego quem nondum Amoris jacula tetigerant, spe-
« ctatum processi.
« Oh! utinam tunc amicis cum juvenibus ex urbe non
« fuissem egressus!
« Accessimus autem ego et juvenes amici ad loci plata-
« nique custodem;
« ac, dato munere, sedem habuimus commodissimam,
« unde pulchras cernere erat virgines animorum reginas vel
« carnifices.
« Solet enim Briareiis Amor præditus brachiis, senex ille
« puer, Saturnoque senior ipso, per oculos quasi per fene-
« stras illapsus, viscera adurere, cor incendere, et amantem
« fere enecare.
« Tegmine sub platani statim æquales inter sodales recu-
« bans, ciborum egregia arte conditorum deliciis me refi-
« ciebam, ignarus heu! miser, gaudium hoc tantum risus-
« que in lacrimarum rivos denique conversum iri.
« Interea tamen cum sociis me voluptati dabam.
« Adeo in gaudium effusam mentem malum latet futu-
« rum! Faceta auscultabam dicta et amatoria, potiusque
« suaves cantilenas.
« Ex discumbentibus enim unus aliquis tales temere mit-
« tebat affatus virginibus huc concursantibus, vel mulie-
« rum variis cœtibus hinc inde prætereuntium:
« Heri angebat fauces sitis ignea, et sumpta aquula
« (nam tunc ibam forte via publica), nectar ut divinum ad
« satietatem usque ebibi.
« Hesterni sis diei memor: namque tu dedisti.
« Sed alatus, et nimis fero corde deus, Amor quem con-
« tra nemo potest intueri, pharetratus Amor, versus in cu-
« licem incidit in calycem, et hausi:
« jamque intus titillat alis misero mihi pectus, et usque-
« dum, proh dolor laborque!

145 « κνήθει με, καὶ δάκνει με, καὶ κακῶς ἔχω.
« Τέως μαλαχθεὶς οὗτος ὀψὲ καὶ μόλις,
« ὁ τῶν βροτῶν τύραννος αὐθάδης Ἔρως,
« πέμπει με πρὸς σὲ τὴν ἰάσουσαν, μόνην
« τὸ τραῦμα καὶ τὸ δῆγμα καὶ τὴν καρδίαν·
150 « πέμπει με, καὶ δέχου με ταῖς σαῖς ἀγκάλαις,
« οὐδὲν ξένον ποιοῦσα· ναὶ δέχου, δέχου.
« Ἄλλος μετ' αὐτὸν ἀντέφησεν εὐθέως·
« Ἰού! Τί ταῦτα; Τὴν κατάστερον κόρην
« τὴν πολλὰ βακχεύουσαν ἐν κάλλει πάλαι,
155 « ὡς ἡ Λαῒς τὸ πρῶτον ἡ Κορινθία,
« τρύχει νόσος δύστηνος. Ὢ κακὴ νόσος!
« Ἡ δ' εὐτραφὴς σάρξ, ὡς ὁρῶ, κατεστάλη.
« Μὴ τοῦτο, μὴ, μὴ τοῦτο! ῥῶσιν, σάρξ, λάβε·
« ὄλοιτο πᾶσα τηκτικὴ καχεξία·
160 « οὐ γὰρ γυναικὸς σάρξ τις ὄλλυται μία·
« ἀλλ' οὖν σὺν αὐτῇ καὶ φίλων πληθὺς πόση!
« Ἐντεῦθεν ἄλλην ἄλλος ἰδὼν ἀντέφη·
« Νεύεις κάτω, ποδοῦσα καὶ ποθουμένη,
« ὁδοιπορούντος τοῦ φιλοῦντος πολλάκις,
165 « καὶ στέρνα καὶ πρόσωπον ἐγκρύπτειν θέλεις,
« ζώνην δὲ τὴν σὴν ἀκρολυτεῖς ἀθρόον,
« καὶ τῶν ποδῶν σου τοῖς ἁπαλοῖς δακτύλοις
« τὴν προστυχοῦσαν ἐγχαράττεις γῆς κόνιν·
« αἰδοῦς τὰ σεμνὰ ταῦτα, πλὴν οὐ συμφέρει.
170 « Οὐκ οἶδεν αἰδὼ Κύπρις, οὐδ' Ἔρως ὄκνον·
« εἰ γοῦν θέλεις τοσαῦτα τὴν αἰδὼ σέβειν,
« ἐμοὶ χαρίζου κἂν τὸ νεῦμά σου μόνον.
« Τορὸν δὲ πάλιν ἄλλος ἀντεκεκράγει·
« Ὡς εὐχαριστῶ τῇ πολιᾷ μυρία!
175 « Καλῶς δικάζει καὶ καλῶς πάντα κρίνει,
« Ἀρωγός ἐστι τῆς Κύπριδος, ὡς βλέπω,
« ποινηλατοῦσα τὰς σοβαρὰς πρὸς πόθον.
« Ἡ γαυριῶσα βοστρύχων εὐκοσμία
« ὁρᾷ τὸ μακρὸν πλέγμα νῦν διαρρέον·
180 « εἰς λευκὸν ἐτράπη δὲ τὸ ξανθὸν πάλαι.
« Ἡ τὰς ὀφρῦς ὑψοῦσα καὶ διηρμένη·
« ἀφῆκε πᾶσαν ἄρτι τοῦ κάλλους χάριν·
« ὁ μαστὸς ἕστως ὄρθιος πρὶν τῆς κόρης
« ὑπεκλίθη· καθεῖλεν αὐτὸν ὁ χρόνος·
« γηραλέαν τὸ φθέγμα φεῦ! σοί, πρεσβῦτις·
185 « τὸ πρὶν δροσῶδες χεῖλος, ὡς αὐαλέον!
« πέπτωκεν ὀφρὺς, ἦλθεν εἰς ἀηδίαν·
« τὸ πᾶν δέ σοι παρῆλθε τοῦ κάλλους, γύναι.
« Τί λείπεταί σοι; δεῦρο μαστρόπευέ μοι.
« Ὕβριζες· ὑβρίσθητι νῦν, τρισαθλία.
190 « Παρέτρεχές με· συμπαραστρέχω δέ σε.
« Ἔπληττες, οἶδας· ἀντιπλήττου καιρίως.
« Ἀλγεῖς; πραΰλογον. Δυσφορεῖς; ἐδυσφόρουν.
« Παθοῦσα καὶ μαθοῦσα νῦν, τὸ τοῦ λόγου,
195 « δίδασκε πάσας τὰς προλοίπους παρθένους
« ὑποκλίνεσθαι τοῖς ἐρῶσι ταχέως. »
« Ὤμοι, Χαρίκλεις, οἷος ἄρτι μοι γέλως
« ἐκ σῶν μελιχρῶν ἦλθε διηγημάτων! »

« radit me, me commordet, et male me habeo.
« Tandem vix emollitus ferox ille mortalium tyrannus me
« ad te mittit, quæ una potes curare vulnus, et cor morsu
« saucium ;
« mittit me ; admittas me tuum in gremium, durius nihil
meditata : næ, admittas me ».
« Post hunc alius statim insequutus est ;
« Heu? quid hoc est rei ? Cœlestem puellam, egregia du-
« dum ferocientem pulchritudine.
« Lais ut olim Corinthia, tristis urget morbus. Ah mor-
« bum crudelem !
« Nitida quæ fuit, cutem jam esse video marcidam : absit,
oh ! absit ! firmitatem assume, cutis.
« Pereat, qua attenuaris, habitudo prava humorum.
« Non enim muliercula corpusculum unius disperit, sed
« simul dispereunt amici, heu ! quam plurimi. »
« Tunc alius alia conspecta cecinit :
« Oculos dejicis decoros, o tu quæ amas et amaris, si forte
« transierit amator, pectusque et vultum abscondere tentas,
« et zonæ nodum contrectas unguiculis, tenellisque pedum
« digitis terræ lineas inscribis varias. Sancti hæc sunt signa
« pudoris ? sed cui bono ? Pudorem Cypris non novit, nec
« timorem Amor.

« Quod si adeo pudori litare velis, me saltem nutu tuo
« beare digneris.

« At rursus alius clara voce inclamavit :
« oh ! quantas canæ refero senectæ grates ! Optime judicat
« omnia æstimatque.
« Veneri, nunc video, auxiliatrix adest, castigans si quæ
« fuerunt in amorem ferociores.
« Quæ cincinnorum gloriabatur elegantia, longos nunc
« videt defluere capillos, et in album mutatur quod olim
« flavum fuit.
« Quæ supercilia tollebat altius, jam omnem amisit pul-
« critudinis gratiam.
« Papillæ quæ rectæ olim stabant, pendent pannosiores :
eas longinquius tempus inclinavit.
« Anicula, heu ! senile quantum vox tua sonat ! Roscidum
« nuper labellum quam est aridum ! Supercilium decidit,
« jamque displicet nimis. Abiit, mulier, quidquid tibi fuit
« formosi. Quid nunc tibi reliquum est ? Exerce mihi le-
« noniam artem. Contumeliose me habuisti ; contumeliose
« nunc habetor, fœmina ter misera.
« Me propter superbo gressu incedebas ; ego nunc te
« propter pari cum superbia. Me cruciabas, nostin ? jam
« cruciare letaliter.
« Doles ? dolui prius ; Fers gravia ? et ipse tuli.
« Malis tuis edocta, quod aiunt, reliquas omnes, mone vir-
« gines ut sine mora faciles amatoribus se præbeant. »
— « Ah ! Charicles ! quam suavem mihi risum dulcis
« hæc tua narratio movet ! »

LIBER III.

Κλέανδρος εἶπεν. « Ὦ κακῶν προχειμένων !
200 « Πλὴν ἀλλὰ καί σε μειδιῶντα νῦν βλέπω·
« καί τοι προεῖπας ἐν καταρχῇ τοῦ λόγου
« τὰ κακὰ σαυτὸν οὐκ ἀδακρύτως λέγειν. »
« Ἐῶ » Χαρικλῆς εἶπε « τὸν πολὺν λόγον
« ὃν εἶπεν ἄλλος συμποτῶν μοι γνησίων. »
205 « Μὴ, πρὸς Δροσίλλης ! » ὁ Κλέανδρος ἀντέφη.
« Ἄκουε λοιπὸν ῥημάτων μελιρρόων.
« Φιλεῖς τὸν ἀνδρόθηλυν, ὡς ἠκηκόειν,
« μαινὰς, σοβὰς, τάλαινα, πρέσβα παρθένε.
« Θάρρει τὰ γαστρὸς, οὐ γὰρ ἐγκύμων γένῃ,
210 « κἂν καὶ μετ᾽ ἀνδρῶν συγκλιθῇς μυρίων·
« κἂν Ἡρακλεῖ γὰρ συγκαθευδήσῃς, γύναι,
« κἂν καὶ Πριήπῳ τῷ φιλοίφῳ τοῦ μύθου.
« Ἄπαις, πολύπαις οὖσα τὸν χρόνον πάλαι,
« ἄπαις μενεῖς· καλεῖ γὰρ ὁ Πλούτων κάτω.
215 Παύθητι κουρίζουσα· ναυστόλου, γύναι.
« Ἐξεῖπε ταῦτα καὶ πρὸς ἄλλην αὐτίκα·
« Βαβαί ! παλαιὸς ὡς διέψευσται λόγος !
« Τρεῖς φησὶ τὰς Χάριτας, ἀλλ᾽ ὁ σὸς, Κόρη,
« ὀφθαλμὸς εἷς Χάριτας αὐχεῖ μυρίας.
220 « Αἶ, αἶ ! τεφροῖς με τῇ καμίνῳ τοῦ πόθου,
« καὶ πυρπολεῖς τὰ σπλάγχνα καὶ τὴν καρδίαν.
« Ὦ μιαρὰ παῖ, τοῦτο πολλῆς ἀγάπης ;
« Μὴ τὰς ὀφρῦς ἔπαιρε · τὴν Κύπριν τρέμε·
« σύννευε τοῖς φιλοῦσι· μέτρια φρόνει.
225 « Κόρης ἀπειλὰς δῆθεν ἐκτινακτρίας
« αὐταγγέλους Κύπριδος ἔγνων πολλάκις,
« τῶν σχημάτων δὲ τὴν πολύτροπον πλάσιν
« καὶ τὴν σιωπὴν, ἀνθυπόσχεσιν ξένην.
« Καὶ πρὸς σὲ ταῦτα τὴν ἀμείλιχον βλέπει
230 « σημεῖά μοι κάλλιστα. Χαῖρε, καρδία !
« Φεῦ ! σῆς ἱμερτῆς προσλαλιᾶς, Παρθένε !
« Ἀποστροφὴ σὴ δυσπαράκλητος τάχα
« καὶ πέτραν αὐτὴν συγκινήσει πρὸς πόνον.
« Τί γοῦν πάθῃ τις ; Ἀλλ᾽ ὁ τοξεύων Ἔρως,
235 « τὴν πλῆξιν αὐτὸς ἐξῇ μοι καὶ μόνος !
« Σοὶ καὶ θαλασσῶν ἐκπεράσω πλημμύραν,
« καὶ πῦρ διέλθω, τοῦ προσελθεῖν σοι χάριν.
« Δὸς χαροπόν μοι νεῦμα, καὶ τὸ πᾶν ἔχω.
« Μὴ πλῆττε, μὴ σύντριβε (κέρδος οὐκ ἔχεις)
240 « πρὸς τὰς Ἔρωτος λαβυρινθιώδεις πάγας.
« Οὕτως ἀπαγγείλαντος αὐτοῦ τῷ τέως,
« ἄλλος πρὸς ἄλλην ἄλλον ἀντέφη λόγον·
« Βαρύνεται σὸν ὄμμα τοῦ πάθου γέμον,
« πολλὴ δ᾽ ἀμαυροῖ τὰς παρειὰς ὠχρότης.
245 « Ἔοικας ὕπνων ἐνδεὴς εἶναι, γύναι.
« Εἰ μὲν παλαίστραις ὡμίλησας παννύχοις,
« ὡς εὐτυχὴς ἐκεῖνος, ὄλβιος, μάκαρ,
« ὁ δὲ χεῖρας αὐτὰς ἐμβαλῶν σαῖς ὠλέναις !
« Εἰ δὲ πρὸς ἧπαρ πῦρ βαλὼν Ἔρως φλέγει,
250 « εἴης πρὸς ἡμᾶς μᾶλλον ἐκκεκαυμένη.
« Σὺ νῦν Ἀχιλλεύς· Τήλεφον βλέπεις, γύναι·
« ναὶ, παῦσον, ὡς ἔτρωσας, ἥπατος πόνους·

Cleander inquit. Oh instantes calamitates!
« Attamen et te nunc quoque subridentem video, etsi
« dixeras initio sermonum te sine lacrimis tua non posse
« mala narrare. »
Cui Charicles : « Omitto alia prolixiora quæ dixit con-
« vivarum amicorum alius. »
« Ne, per Drosillam, omittas, » Cleander ait.
« — Accipe igitur reliqua hæc mellita dicteria.
« Audivi te virum quemdam amare vix virum, mœnas,
« insana, misera, anilis virgo.
« Ne ventri metuas ; non enim fies gravida, etsi te sex-
« centi inierint viri : etsi cum ipso dormieris Hercule, vel
« cum fabuloso illo libidinosoque Priapo.
« Tot olim liberorum mater, jam nullos, nullos jam pa-
« ries liberos. Te Pluto vocat in Tartara.
« Desine juventam affectare, mulier, cymbulamque in-
« gredere. »
« Et statim his aliam verbis compellavit : Papæ ! Quam
« mendax est fabula vetus ! Tres narrat esse Gratias ; sed
« ocellorum unus, virgo, tuorum decies millenas continet
« gratias.
« Ah ! ah ! cupidinis igne me vertis in cinerem, et viscera
« cremas pectusque.
« O mala puella ! amanti optime hoccine redditur pretii ?
« Ne supercilia tollas fastuosior ; time Venerem ; amatori-
« bus adnuas blande, et modesto sis animo.
« Non equidem nescius sum minas sæpe puellæ vel fa-
« stidiosissimæ Veneris esse prænuntias, variosque motus et
« inquietos, ipsumque silentium miram quamdam esse ad-
« sensionem.
« Ad te, crudelis mulier, lepide capite nuto nictoque
« oculis.
« Salve, corculum ! Adloquium tuum, ah ! virgo, quam
« expetendum ! Odium tuum, quod vix novi qui procurem,
« lapidi ipsi sensum dabit ad dolorem ! Quid agam igitur ?
« At, o sagittifer Amor, unus solusque vulnus sana quod
« fecisti ! Vastos tranabo marium tractus, per ignes vestigia
« feram, ad te adeundi caussa. Cæruleis adnue mihi ocel-
« lis, et votorum fiam compos.
« Ne me ferias, ne contritum me plagis Amoris impedias
« inextricabilibus : nil tibi fecisse proderit.
« His dictis, alius ad aliam alia direxit verba :
« Oculi tui gravantur cupidine pleni, multusque pallor
« genas obscurat tuas.

« Videris, mulier, caruisse somno.
« Si luctæ vacasti pernocti, ille oh ! quam felix, fortu-
« natus, invidendusque, cujus fuerunt brachia collo nexa
« tuo !
Quod si tuum igne feriens jecur Amor te incendit, meo
« præsertim igne flagres ! Achilles novus, mulier, Tele-
« phum cernis.
« Næ seda, quæ vulnerasti, jecinoris dolores

ΒΙΒΛΙΟΝ Γ.

« εἰ δ' οὐκ ἀρεστὸν, ἄλλο βάλλε μοι μέρος,
« τὸ δ' ἧπαρ ἄφες, ἀλλὰ καὶ τὴν καρδίαν.
255 « Τοιαῦτα προσπαίζουσι τοῖς νεανίαις
« ἐφίσταταί τις τῶν συνήθων ἡλίκων,
« Βαρβιτίων, ἄριστος εἰς εὐφωνίαν,
« ὃς καὶ προσεῖπεν, ἐγκαθεσθεὶς πλησίον·
« Ἀεὶ τὸ φιλοῦν αὐτόκλητον, φιλότης.
260 « Καλῶς δὲ συνθεὶς τὴν ἀνὰ χεῖρας λύραν,
« καὶ πρὸς τὸ πλήττειν εὐφυῶς καθαρμόσας,
« ἔρωτος ᾖσεν ᾆσμα τερπνὸν, ἡδύνον·
« Φίλεε Βαρβιτίωνα, εὔχροε πότνια Μυρτώ.
« Ἡ Ῥοδόπη ποτ' ἄτιζε τὰ Κύπριδος ἀφρογενείης
265 « καί ῥ' ἐς ὅλους λυκάβαντας ἐπήνεε συμβιοτεύειν
« Ἀρτέμιδι, ποθέουσα κύνας, ἐλάφους τε καὶ ἵππους,
« τοξοφόρος δονάκεσσιν ἀν' οὔρεα μακρὰ βιβῶσα.
« Φίλεε Βαρβιτίωνα, εὔχροε πότνια Μυρτώ.
« Ἡ Κύπρις ἐστύγνασε· τὸν υἱέα τῇδ' ἐποτρύνει
270 « τόξ' ὤμοισιν ἔχοντα, καὶ ἀντίον ὅπλισεν αὐτῆς.
« Ἡ Ῥοδόπη πρὸς ἔλαφον ὀρεινόμον ἔγχος ἐνώμα·
« ἐς Ῥοδόπην ὁ Κύπριδος ἀγάστονα τόξα τιταίνει.
« Φίλεε Βαρβιτίωνα, εὔχροε πότνια Μυρτώ.
« Ἤυξεεν, ἀλλ' ἐβέβλητο· ταχύτερον ἔγχος Ἔρωτος.
275 « Ἤλγεεν ὦμον ἔλαφος, ἐπέτρεχεν ἐς μέσον ὕλης·
« ἐς κραδίην Ῥοδόπη δὲ καὶ ἐς φρένας ἤλγεεν αὐτὰς,
« ἔνθ' ὅλοὸν καὶ ἄτλητον Ἔρως ἐπέπηξε βέλεμνον.
« Φίλεε Βαρβιτίωνα, εὔχροε πότνια Μυρτώ.
« Ἤλγεεν, ἐστονάχιζεν, ἐπεὶ πόθῳ ἤλασεν ἔμπης.
280 « Εὐθύνικον φιλέεσκε· βεβλημένος ἦν δὲ καὶ αὐτός.
« Παῖς γὰρ ὅδ' ὠΐστευσε, καὶ ἐς πόθων ἤλασεν αὐτῆς·
« ἀλλήλους ἐσέδρακον, Ἔρως δ' ἄρα πῦρ ὑπανῆπτεν.
« Φίλεε Βαρβιτίωνα, εὔχροε πότνια Μυρτώ.
« Ἔργον δ' ἐκτετέλεστο, καὶ ἐς πόθων ἤλυθον ἄμφω·
285 « παρθενίην δ' ἀπέειπεν ἀτλητον Ἔρωτος ἀνάγκη.
« Φείδεο καὶ σὺ Κύπριδος· ἔγνως ῥά ἐ ὁμβριμόθυμον·
« μηδὲ λόγοις ἀνάνευε λυγιζομένη παρ' ἐμεῖο.
« Φίλεε Βαρβιτίωνα, εὔχροε πότνια Μυρτώ. »
« Ἥδυνας ἡμᾶς, προσφιλὲς Βαρβιτίων,
290 « Ἔφημεν εὐθύς· ἀλλ' ἐφαπτου κειμένης
« τῆς τῶν συνήθων ποικίλης πανδαισίας.
« Ἔφαγε πεισθεὶς, μέχρις ἦλθεν εἰς κόρον
« καὶ δεύτερον γοῦν εὖ διαθεὶς τὴν λύραν,
« τὴν δεξιὰν ἤρεισεν εἰς γῆν ὀλένην
295 « (λαιὸς γὰρ αὐτὸς εἰς τὸ πλήττειν ἐξέφυ),
« καὶ τερπνὸν ᾖσε καὶ μελίφθογγον μέλος·
« Ἦν ποθέω τίς ἔδρακεν; ἀειδέ μοι, ὦ φίλ' ἑταῖρε.—
« Παρθενικὴ, χαρίεσσα, ἐπήρατος ἦν ποτε Σύριγξ
« κούρη, ψυχοδάμεια, εὔχροος, ἀργυρόπεζα.
300 « Πὰν ἐσιδὼν ἐσέδραμεν ἑνὶ κραδίῃσι πατάσσων.
« Ἐσθλὴ πρόσθε πέφευγε, διώκεθ' ὄπισθεν ἀμείνων.
« Ἦν ποθέω τίς ἔδρακεν; ἀειδέ μοι, ὦ φίλ' ἑταῖρε.
« Ἐν λειμῶνι Σύριγξ δὲ προέδραμεν ἐς καλαμῶνα·
« γαῖα δ' ὑπὸ στέρνοισιν ἐδέξατο παρθένον αὐτήν.
305 « Αὐτὰρ ὁ Πὰν μεμάνητο· Σύριγγα γὰρ ὤλεσε
[κούρην.

« si vero tibi non libuerit, saltem aliam corporis ferias
« partem, sed cordi parcas et jecori. »
« Juvenibus talia dicacule ludentibus supervenit æqua-
« lium quidam amicorum, Barbitio, canendi peritissimus,
« qui prope adsidens,

« Semper, inquit, amice, amicus venit invocatus: et apte
« concinnans quam manibus ferebat lyram, et ad digitorum
« pulsum egregie disponens, amatorium carmen suave dul-
« ceque cecinit :

« Barbitionem ama, formosa dilectaque Myrto.
— « Rhodope olim neglexit Veneris leges, et per longos
« annos solam cum Diana vitam vivere statuit, canibus et
« equis gaudens cervisque, cum arcu et sagittis per altos
gradiens montes.

— « Barbitionem ama, formosa dilectaque Myrto.
— « Venus ægre tulit, et in hanc filium incitavit, filium
« sagittiferum, et adversus Rhodopen ipsum instruxit
« armis. Illa cervam silvicultricem jaculo petebat : in Rho-
« dopen Veneris filius crudelem intendit arcum.

— « Barbitionem ama, formosa dilectaque Myrto.
— « Gloriabatur elata nimis, at vulnus sensit. Jaculum
« Amoris fuit ocius. Cervæ doluit humerus, et in medium
« nemus se corripuit ; at Rhodope cor doluit ac præcordia,
« in quibus letale et intolerandum Amor infixit jaculum.

— « Barbitionem ama, formosa dilectaque Myrto.
— « Indoluit ; ingemuit, quippe quæ tota præda cupidi-
« nis amabat Euthynicum. Erat et ipse vulneratus. Et
« enim ille puer eum ferierat, et in virginem incenderat.
« Se invicem conspexerunt, Amorque flammam excitavit.

« Barbitionem ama, formosa dilectaque Myrto.
— « Opus ergo consummatum est, et ambo pari fuerunt
« contacti desiderio. Et Amoris vi coacta, vale dixit virgi-
« nitati permolestæ. » « Et tu Venerem noli provocare,
« nimirum nosti quam sit gravis : a me flexa meas nec
« respue preces.

— « Barbitionem ama, formosa dilectaque Myrto.
— « Cui nos extemplo, suaviter, care Barbitio, canti-
lena nos affecit tua ; sed adpositos tange cum amicis cibos.

« Audiit non invitus, quumque illum satietas edendi cepit,
« rursus dispositis lyræ nervis, et dexteriore terram pre-
« mens cubito (nam læva chordas numerabat), dulce ce-
« cinit mellitumque carmen :
« Quam amo quis vidit? Narra sis, amice, mihi.
— « Syrinx fuit olim virgo, gratiosa, amabilis, tenera,
« amimorum domina, formosa, pulcrisque decora pedibus.
« Pan vidit hanc, et adcurrit corde palpitante. Virgo fu-
git velox, insequitur velocior deus.
— « Quam amo quis vidit? Narra sis, amice mihi.
— « Pratense Syrinx venit ad arundinetum, terraque
« aperto sinu virginem admisit.
Pan furit amens amissa Syringe puella.

LIBER III.   21

« Φυλλάδος ἐμπῆς ἥψατο καὶ καλάμους διέτμηξεν.
« Ἣν ποθέω τίς ἔδρακεν; ἄειδέ μοι, ὦ φίλ' ἑταῖρε.
« Κηροχύτους δ' ἐπέπηξε, συνήρμοσε χείλεσιν
                                          [ἐσθλοῖς,
« φίλεεν ἠδ' ἄμπνυτο · πνοῇ δὲ κάλαμον ἐσῆλθε,
310 « καὶ μέλος ἡδὺ σύριζε, τὸ φάρμακόν ἐστιν ἐρώτων.
« Καὶ σὺ μισεῖς στέργοντα, καὶ οὐ ποθέοντα πο-
                                          [θεῖς με.
« Ἣν ποθέω τίς ἔδρακεν; ἄειδέ μοι, ὦ φίλ' ἑταῖρε,
« Σχέτλιος ὅσσ' ἐμόγησα! τί τὸν φιλέοντ' ἀποβάλλῃ;
« Ὡς ὄφελος μοι κάλαμος, ἢ δὲ δάφνη τεθαλυῖα,
315 « καὶ σὺ ἔῃς, κυπάριττε τανύσκιε, ὑψικάρηνε,
« τὴν ποθ' ὁ Φοῖβος ἔνυττε μιγήμεναι οὐκ ἐθέλου-
                                          [σαν! —
« Ἣν ποθέω τίς ἔδρακεν; ἄειδέ μοι, ὦ φίλ' ἑταῖρε.
« Καί ποτ' ἐμὸν νόον ἄλγε' ἔχοντα βαρύστονα τέρ-
                                          [πων,
« σαρκοφόροις δονάκεσσι διαμπερὲς ἐκροτάλιζον
320 « ἢ στέφανον φορέων σε, πυρὸς δρόσον εἶχον ἔρωτος.
« τοίη ἐμὰς κύκλωσε περὶ φρένας ἔσχεν ἐρωή.
« Ἣν ποθέω τίς ἔδρακεν; ἄειδέ μοι, ὦ φίλ' ἑταῖρε.
« Τοσαῦτον ᾄσας, ἐξανέστη τοῦ τόπου,
« καὶ, Δεῦτε, φησί, τὰς χορευτρίας κόρας
325 « ἴδωμεν αὐτοῖς ἐμπλακείσας δακτύλοις,
« καὶ κύκλον εὐκίνητον ἐκπονουμένας.
« Εἰπών, ὁπαδοὺς εἶχε τοὺς νεανίας
« καὶ πρῶτον ἄλλων τὸν λαλοῦντά σοι ξένον,
« τὸν ἐν τοσούτοις τοῖς κακοῖς Χαρικλέα.
330 « Τί γὰρ παθεῖν μου τὴν τάλαιναν καρδίαν
« δοκεῖς, φίλε Κλέανδρε συμφυλακίτα,
« ἐρωτικῶν πληγεῖσαν ἐξ ἀκουσμάτων;
« Ὤδευον οὖν, ἔμπροσθεν ἔτρεχον τότε,
« ὡς ἂν στάσιν σχῶ δεξιὰν πρὸς τὸ βλέπειν
335 « τὰς τηνικαῦτα συγχορευούσας κόρας.
« Ἐκεῖ σελήνην εἶδον ἐν τῇ γῇ κάτω,
« κύκλῳ μετ' αὐτῶν ἀστέρων φορουμένην·
« τοῦτο Δρόσιλλα συγχορευούσαις κόραις.
« Καὶ τοὺς ἐρῶντας ἄχθος, ἄλγος λαμβάνειν
340 « γνοὺς ἐξ ἐκείνων τῶν προηγνωρισμένων,
« Καλὴν μὲν οὖν, Δρόσιλλα, πρὸς νοῦν ἀντέφην,
« εἰ μὴ Χαρικλεῖ νῦν κατέστης εἰς θεάν·
« ἐπεὶ δὲ τοῦτο τοῦ θεοῦ Διονύσου
« θέλημα, (τί; Κλέανδρε, μὴ συνδακρύῃς.)
345 « οὐ μέμψις ἐν σοὶ τληπαθοῦντα, Παρθένε,
« τὸν ἐκ θεοῦ σοι νυμφίον Χαρικλέα,
« καὶ καρτερῆσαι κἂν φυγήν, κἂν κινδύνους,
« κἂν ἁρπαγὴν σήν, πρὶν τυχεῖν σου τοῦ γάμου·
« καὶ πᾶν τι δεινὸν ἀλλ' ὃ συγκλώσει μοι
350 « μιτὸς πονηρὸς ἐξ ἀλάστορος Τύχης.
« Τοσαῦτα λέξας καθ' ἑαυτὸν ἠρέμα,
« πάλιν ὁρμήσας εἰς τὸ πατρῷον πέδον,
« ἀπεῖδον εἰς ἄγαλμα τοῦ Διονύσου,
« ῥίψας δ' ἐμαυτὸν εἰς ἐκείνου τοὺς πόδας
355 « πνέοντα νεκρόζωον, ἀνεκεκράγειν·

« At folia contrectavit, calamosque secuit.
— « Quam amo quis vidit? Narra sis, amice, mihi.
— « Ac ceræ compagine inter se junctos, doctis admovit
« labiis, osculatusque insufflavit; flatusque calamum perer-
« rans suavem effecit sonum, quod est amoris remedium.

« Et tu odisti amatorem me tuum, nec amantem re-
« damas.
— « Quam amo quis vidit? Narra sis, amice, mihi.
— « Ah! miserum me! Quanta tuli mala! Cur amantem
« respuis? Oh! utinam mihi calamus viridans laurus hæcce,
« tuque etiam fieres cupressus umbrosa altaque; illa in-
« quam, cui Phœbus quondam molestius instabat neganti
« concubitum.
— « Quam amo quis vidit? Narra sis, amice, mihi.
— « Et animum meum doloribus vexatum flebilibus mul-
« cens, calamis usque luderem animatis, vel tua coronatus
« fronde Amoris ignes restinguerem.
« Adeo meum circa pectus sævit vis acrior!
— « Quam amo quis vidit? Narra sis, amice, mihi.

— « His dictis, e loco surrexit, et, Huc, adeste, inquit:
« saltantes spectemus puellas, nexis invicem junctas digi-
« tis, et elegantem choro exhibentes orbem.

« Insequuntur loquentem juvenes, et ante alios ille ego
« Charicles qui tecum fabulor tantisque versor in malis.

« Quo enim affectam fuisse modo,
« Cleandre, care vinculorum socie, miseram putas men-
« tem, amatoriis perculsam cantiunculis?
« Ibam ergo, alios præcurrens, ut aptum mihi seligerem
« locum unde saltantes possem spectare virgines.

« Tunc lunam vidi in terra cum ipsis astris choreas insti-
« tuentem:
« talis enim visa est Drosilla saltantes inter puellas.
« Quumque, ex illis quæ modo audiveram, probe nossem
« quam valde crucientur amantes:
« Sors, mecum dixi, fuerat melior, si te, Drosilla,
« Charicles nunc non adspexisset.
« At quoniam ita voluit Bacchus (quid? Cleandre, nc
« complores), æquum est pro te dura pati Chariclem,
« quem tibi Deus dat sponsum, et tolerare fugam atque
« pericula, tuique raptum corporis, antequam dulci frua-
« tur hymenæo, ceteraque omnino mala quæ tristi crudelis
« Fortuna filo mihi perneverit.

« His mecum tacite dictis, patrios per campos rapidis
« retro gressibus ibam;
« conspectaque Bacchi statua, ad hujus pedes provolu-
« tus, nec adhuc mortuus, nec jam vivens, inclamavi:

ΒΙΒΛΙΟΝ Γ'.

« Ὦ παῖ Διὸς, νῦν θυσιῶν μεμνημένος
« καὶ λιβανωτοῦ τοῦ πάλαι τεθυμένου,
« ἀρωγὸς ἐλθὲ τῆς Δροσίλλης εἰς γάμον
« ἐμοὶ Χαρικλεῖ τῷ νεαλεῖ πρὸς πόθον·
360 « κἂν γοῦν τυχεῖν γένοιτο τοῦ ποθουμένου,
« οὐκ ἀμελήσω πλειόνων σοι θυμάτων.
« Ἐξῆλθον, ὦ παῖ Διόνυσε, σὴν χάριν,
« καὶ πικρὸν ἦλθον ἀντικερδάνας βέλος·
« τὸ πῦρ γὰρ ἐντὸς βόσκεται τὴν καρδίαν,
365 « ὃ σβεννύει φίλημα πάντως, οὐχ ὕδωρ.
« Οὕτως ἐπειπὼν τῷ θεῷ Διονύσῳ,
« εἰς ἁρπαγὴν ἕτοιμος ἦν τῆς παρθένου,
« ἧς καὶ τυχεῖν ἔσπευδον ἀμφιδεξίως,
« καὶ τοὺς ὀπαδοὺς εὐφυῶς λεληθέναι.
370 « Ἐπεύχεται γὰρ ἡ φιλοῦσα καρδία
« καταλαβεῖν τάχιστα καθ' ἣν ἡμέραν
« κατατρυφᾶν δύναιτο τοῦ φιλουμένου.
« Γνοὺς οὖν τὸ πρᾶγμα καὶ σκοπήσας τὸ θράσος,
« ὡς οὐκ ἂν ἄλλως εὐχερῶς ἀκωλύτως
375 « τὸ πᾶν ἀπαρτίσαιμι τοῦ σκοπουμένου,
« εἰ μὴ συνίστωρ ἡ κόρη γένοιτό μοι,
« δῆλον καθιστῶ τὸν πόθον τῇ παρθένῳ,
« ἀνακαλύπτω τὸν σκοπὸν, τὸ πρακτέον,
« καὶ τὴν κατὰ νοῦν ἁρπαγὴν προμηνύω.
380 « Αὕτη προλαμβάνουσα τὴν ἐσταλμένην,
« (γυνὴ γὰρ ἦν πρὸς ταῦτα δεξιωτάτη),
« ἄλλῳ κατηγγύητο τοῖς γάμου νόμοις,
« εἶπε πρὸς αὐτὴν ἡ κόρη μετὰ πόνου.
« Πρὸς δευτέραν οὖν μηχανὴν ἀποβλέπω,
385 « δι' ἧς, συνεργοῖς τοῖς φίλοις κεχρημένος,
« ἀκινδύνως λάβοιμι τὴν ἐρωμένην.
« Ἀλλ' ἥδε προφθάνουσα ταῦτα καὶ πάλιν,
« ψυχῆς παθούσης ὑπέδειξεν ἐμφάσεις,
« δι' ἀγγέλου μοι δῆθεν ἀντεσταλμένης·
390 « τὰ κρυπτὰ μηνύουσα καρδίας πάθη,
« ὡς εἶδεν, ὡς ἔπαθεν εὐθὺς ἐξ ἴσου,
« ὡς ἀντετρώθη τῇ Χαρικλέος θέᾳ,
« καὶ προσλαβεῖν θέλει με τοῖς γάμου νόμοις.
« Ὡρισμένον γοῦν ἀντεμήνυσα χρόνον,
395 « καθ' ὃν συνέλθω πρὸς λόγους τῇ παρθένῳ.
« Προσῆλθον, εὗρον, εἶδον αὐτὴν ἀσμένως·
« λόγους δεδωκὼς, ἀντεδεξάμην λόγους·
« ὅρκοις συνεσχέθημεν ἀλληλεγγύοις·
« ὁ Διόνυσος ἐμπεδῶν ἦν τοὺς λόγους,
400 « ληφθεὶς παρ' ἡμῶν ταῖς ἐνόρκοις ἐγγύαις·
« καὶ μέχρις αὐτοῦ τοῦ Δράκοντος λιμένος
« (οὕτω γὰρ ὠνόμαστο τοῖς ἐγχωρίοις),
« μετὰ Δροσίλλης ἔδραμον τῆς παρθένου,
« καὶ ναῦν ἀποπλεύσουσαν εἰσδεδορκότες,
405 « λύουσαν ἤδη τοὺς ἐπὶ πρώρας κάλως,
« ταύτης ἑαυτοὺς ἔνδον ἐντεθεικότες,
« ἐναυστολοῦμεν οὐριοδρομικώτατος
« ὑπὸ προπομπῇ τῷ θεῷ Διονύσῳ·
« αὐτὸς γὰρ ἦν μοι νυμφαγωγῶν τὴν κόρην,

« Jove nate, nunc sacrificiorum memor et thuris quo
« te olim frequentavi, ades, et Charicli mihi, amoris
« novitio consule, Drosillæ nuptias optanti.

« Quod si mihi detur cupito potiri, pluribus non omit-
« tam te muneribus ornare.

« Te propter, Bacche juvenis, ex urbe sum egressus,
« et pietatis præmium vulnus grave accepi;

« intus enim flamma cor depascitur, quam exstinguet
« osculum, non aquarum vis.

« Atque ita Baccho adprecatus, rapiendam virginem
« animo destinabam, putans et me posse dextre rem pera-
« gere, comitesque ejus callide latere.

« Optat enim omnis amans illum statim occupare diem
« quo possit plene desiderio suo caro potiri.

« Re igitur perpensa probe, audaciaque hoc consilio ma-
« ture considerato, quum intelligerem me non posse facile
« et expedite quod meditabar perficere, nisi conscia facti
« ipsa virgo foret,

« amorem 'Drosillæ meum significo, aperio consilium,
« quidque sit agendum declaro, et simul quam mente agito
« rapinam.

« Admissæ, quam miseram, mulierculæ ad hæc officia
« dexterrimam, dixit, nec sine suspiriis, alteri se jam de-
« sponsam esse conjugii ritibus.

« Ad aliam igitur artem confugi, si forte amicorum
« usus auxilio possim tute amatam rapere.

« At Drosilla consilium hoc rursus antevertens, per
« nuntiam scilicet vicissim missam mihi signa dedit animi
« amantis, tacitaque detexit pectoris sui mala :
« ut viderit, ut perierit ocius ;

« ut viso Chariele pariter acceperit vulnus ; ut me sibi
« stabili velit connubio jungere.

« Horam inde constitui qua possem cum ea sermocina-
« rier.

« Veni, inveni, vidi Drosillam libens, mutuorumque
« inter sermonum vices, mutuis nos invicem constrinxi-
« mus juratisque sponsionibus, quas firmavit Bacchus,
« cujus numen rite contestabamur ;

« et ad portum usque Draconis (nam sic incolæ illum
« nomine celebrant), cum Drosilla aufugi,

« navemque mox vela daturam conspicati, jamque
« proræ laxantem rudentes, conscendimus, ac felicissime,
« duce et auspice Baccho, navigamus.

« Ipse enim mihi puellæ nuptias conciliaverat, noctu

LIBER IV. 23

410 « ἐμοὶ παραστὰς τῇ καθ' ὕπνους ἐμφάσει,
« πρὸ τοῦ προβῆναι τοὺς μετ' ἀλλήλων λόγους.

« in somnis visus, antequam inter nos sermones confer-
« remus. »

BIBΛION TETAPTON.

« Ὡδοιποροῦμεν τοιγαροῦν δι' ὁλκάδος
« ὑγρὰν θαλάσσης λειοκύμονος τρίβον,
« ἐς ἥλιον τέταρτον ἄχρις ἑσπέρας·
« καὶ θροῦς ἐρετμοῦ ληστρικῆς ναυαρχίας
5 « εὐθυπλοοῦσιν ἐμπεσών, ἐπεκτύπει
« καὶ τὸν λογισμόν, οὐ γὰρ ἀκοὰς μόνον,
« τῶν ἐντὸς ἡμῶν ᾗσπερ εἶπον ὁλκάδος.
« Τῆς ἑσπέρας γοῦν πανταχοῦ γνοφουμένης
« τῷ γῆν ὑπελθεῖν τὸν γίγαντα φωσφόρον,
10 « οὐκ εἴχομεν σφᾶς ἐντρανέστερον βλέπειν·
« ἀλλ' οἵδε συννεύσαντες εἰς μείζω δρόμον,
« καὶ χεῖρας ἐκτείναντες ἀλλὰ καὶ πόδας,
« ὡς τὰς τριήρεις εὐδρομώτερον τρέχειν,
« κωπηλατοῦντες ἦσαν ἐξ ὅλου σθένους,
15 « τὴν τῆς θαλάσσης συρραπίζοντες ῥάχιν
« γυμναῖς πρὸς εὔπλουν εὐσθενούσαις ὠλέναις,
« καὶ τῇ καθ' ἡμᾶς ἐγγίσαντες ὁλκάδι
« τὰ σφῶν ἑαυτῶν ἐξεγύμνωσαν ξίφη.
« Οἱ γοῦν σὺν ἡμῖν, ὡς ἄριστοι ναυτίλοι,
20 « καίτοι πρὸς αὐτοὺς τοὺς θρασεῖς ξιφηφόρους
« πενιχρὸν ὄντες εὐαρίθμητον στίφος,
« ἀναλαβόντες ἀνδρικῶς τὰς ἀσπίδας,
« τούτοις ξιφηφοροῦσιν ἀντεναυμάχουν·
« ἔσφαττον, ἐσφάττοντο, μὴ πεφρικότες
25 « τὴν τῶν τοσούτων πειρατῶν ἀμετρίαν·
« τὸ τῆς θαλάσσης ἐξεπορφύρουν ὕδωρ,
« καὶ μέχρι νυκτὸς ἀντέπιπτον εὐστόχως.
« Ἀλλ' ὀψὲ τὴν ναῦν ἑλκύσαντες ἐκ μέσου,
« καὶ συμπεσόντων ἐν μάχῃ τῶν πλειόνων,
30 « εἰς χέρσον ἐξέδωκαν ἠσθενηκότες,
« ἣν καὶ λιπόντες ἔμπλεων βαρυμάτων,
« τοῦ κυριαρχήσαντος ἠρεμωμένοι,
« ἔφευγον εἰς φάραγγας, εἰς ὄρη μέσα.
« Τούτοις φυγῇ ζητοῦσι τὴν σωτηρίαν
35 « κἀγὼ συνεκβὰς ἐκ μάχης τραυματίας,
« μετὰ Δροσίλλης παρθένου, συνειπόμην.
« Ἔσπευδον, εἶχον, εἷλκον αὐτὴν τὴν κόρην,
« ἐχειραγώγουν εἰς ἐπικρήμνους τόπους,
« ἕως συνηράρειαν εὑρόντες κλάδων
40 « ταύτῃ συνιζήσαμεν ἐγκεκρυμμένοι.
« Ἐς αὔριον δὲ λαμψάσης τῆς ἡμέρας,
« ὄρους ὑπερκύψαντες, εἴδομεν κάτω
« πυρκαϊὰν εἰς ὕψος ἐκτεταμένην·
« εἰκάζομεν δὲ πυρπολεῖν τὴν ὁλκάδα
45 « λῃστὰς ἐκείνους ἁρπαγαῖς ἐφησμένους,
« φόρτου κενὴν ξύμπαντος ἐξειλκυσμένην.
« Ὡς γοῦν ἐκεῖθεν ἔνθεν ἠπορημένοι
« τὰς φωταγωγοὺς ἐξετείνομεν κόρας,

LIBER QUARTUS.

« Ergo humidos placidi æquoris fluctus rate secuimus,
« ad quartæ lucis vespertinum tempus.

« Ecce piraticæ classis remi sonitu magno nostrum per
« cellunt animos, non aures tantum, qui isto vecti quo
« dixi navigio recta faciebamus iter. Jamque giganteo qui
« cælum cursu metitur, lucifer terram subierat;
« et vespera tota late loca tenebrante, non poteramus
« piratas probe cernere.

« At illi majore nisu cursum properantes, manibusque
« pedibusque egregie protensis ut velocius triremes vola-
« rent, remos summa vi agitabant,
« marisque dorsum verberabant simul nudis validisque
« lacertis ;

« et mox nostræ propiores naviculæ, enses vagina denu-
« darunt.

« Itaque nostri homines, nautæ fortissimi, quamvis
« numero pauci imparesque audacium piratarum multitu-
« dini, arreptos viriliter clypeos hostium gladiis oppo-
« nebant :
« necabant, necabantur, non veriti turbam prædonum
« infinitam.

« Rubescebat æquor sanguine, et ad noctem usque for-
« titer restiterunt ;
« tunc denique navem e medio conflictu subtractam ad
« littus applicuerunt, jam prorsus invalidi, majori parte
« suorum inter pugnandum amissa, hanceque mercium
« plenam relinquentes, præfecto ipso orbati per convalles
« aviaque montium dilabuntur.

« Quos fuga sibi quærentes præsidium ego e prælio sau-
« cius, relicta nave, cum Drosilla virgine insequebar.

« Properabam ; tenebam, trahebam puellam, manu ad
« loca præalta versus eam ducebam,
« donec reperto loco densis ramorum tegminibus um-
« broso, latentes una consedimus.

« At quum postera lux cœlo affulsit, de summo monte
« prospectantes, cernimus infra vastæ molis ignem,

« conjicimusque prædones rapinæ lætos incendio navem
« nostram delere, quam mercibus vacuam in solum traxe-
« rant.

« Deinde quum huc illuc dubii oculorum aciem intendere-

ΒΙΒΛΙΟΝ Δ.

« εὔπυργον ὕψος καθορῶμεν εὐθέως,
50 « ἰσχνῶς, ἀμυδρῶς· ἣν γὰρ ἡμῶν μακρόθεν.
« Ἄμφω δὲ συνδραμόντες ὡς πρὸς τὴν πόλιν,
« ὀψὲ προσηγγίσαμεν αὐτῇ καὶ μόλις,
« ἐκ φωτὸς ἀρχῆς ἄχρις αὐτῆς ἑσπέρας·
« ἣν καὶ συνεισέδυμεν ἐκπεφευγότες
55 « τὴν ἐν θαλάσσῃ λῃστρικὴν ἀστοργίαν·
« κἂν καὶ Χαρικλῆν, ὡς Κλέανδρον, ἡ πόλις
« ἔμελλε χερσὶ Παρθικαῖς δεδωκέναι,
« καὶ τοὺς θαλασσῶν ἐκφυγόντα κινδύνους,
« πόνων ἀνάγκαις ἐμβαλεῖν με δευτέραις
60 « μετὰ Δροσίλλης, ὦ θεοί! τῆς φιλτάτης.
« Τῶν γὰρ κατοίκων ἐξιόντων τὴν πόλιν,
« αὖθις συνεξέδυμεν, ἐκτελουμένης
« λαμπρᾶς ἑορτῆς τῶν Διὸς γενεθλίων.
« Τὸ Παρθικὸν δὲ δυσμενέστατον φῦλον
65 « οὐκ οἶδ' ὅθεν προσῆλθε· πλὴν συλλαμβάνει,
« καὶ τῆς ἑαυτοῦ μέχρι πατρίδος φέρον,
« εἰς τὴν φυλακὴν τὴν παροῦσαν εἰσάγει. »
Τοιοῖσδε πολλοῖς ἀσχολούμενοι λόγοις
ἀλληλοπενθεῖς ἦσαν οἱ νεανίαι,
70 Κλέανδρος ἅμα καὶ Χαρικλῆς οἱ ξένοι.
Ὁ βάρβαρος δὲ Κρατύλος μετ' ὀφρύος
αὐτῇ Χρυσίλλῃ συγκαθεσθεὶς εἰς ἕω,
εἶχε πρὸς αὐτῷ καὶ τὸν υἱὸν Κλεινίαν·
καὶ τοὺς ἁλόντας αἰχμαλωσίας νόμοις
75 ἐκ τῆς φυλακῆς ἐγκελεύεται φέρειν.
Ἔστησαν ἐξαχθέντες οἱ φυλακῖται.
Ἔπαθεν εἰς τὸ στέρνον ἡ τοῦ Βαρβάρου
γυνὴ Χρύσιλλα τὸν Χαρικλῆν ἀθρόον
ἰδοῦσα, καὶ πληγεῖσα τῷ πόθου βέλει.
80 Ἦν γὰρ ἄχνους τις, χρυσόθριξ, ἐρυθρόχρους,
πλατὺς τὰ νῶτα, ξανθοβόστρυχον κόμην
ἔχων φθάνουσαν ἄχρι καὶ τῆς ὀσφύος·
χεῖρας δὲ λεπτὰς εἶχε λευκοδακτύλους,
καὶ τοὺς ἀμέτρως ἐκχυθέντας ἀστέρας
85 κάλλει καλύπτων καὶ προσώπου λαμπάσιν.
Ἑστηκότας γοῦν εἰσορῶν ὁ Παρθάναξ,
οὓς μὲν μερίζει τοῖς ὑπ' αὐτοῦ σατράπαις,
« Μέγιστα δῶρα τῆς συνεργούσης τύχης
« δέξασθε, » φάσκων « Παρθικὴ φυλαρχία· »
90 οὓς δὲ προπέμπει φῶς ἐλεύθερον βλέπειν·
ἄλλους πρὸς εἰρκτὴν δυστυχῶς ἀντιστρέφει,
δώροις ὅπως λυθεῖεν ἐκ γεννητόρων·
πολλοὺς δὲ καὶ δίδωσι μοῖραν τῷ ξίφει,
δεκτὸν νομίζων αἷμα θῦμα τῶν ξένων
95 θεοῖς συνεργοῖς εἰς τὸ πᾶν σωτηρίοις·
χαρίζεται δὲ τὸν Χαρικλῆν Κλεινίᾳ,
οὐχ ὡς ἐκείνου τοῦτον αἰτησαμένου
(ὁ νοῦς γὰρ αὐτοῦ τὴν Δρόσιλλαν ἐσκόπει
πασῶν γυναικῶν οὖσαν εὐειδεστέραν,)
100 ὡς ἐκ πατρὸς δὲ δῶρον εἰς υἱὸν μέγα·
ἦν γὰρ ἁπάντων τῶν προεγκεκλεισμένων
ὡραῖος ἰδεῖν, τῶν καλῶν δὲ καλλίων.

« mus, summitatem quamdam turribus munitam videmus,
« sed fere per nebulam : nam procul remota fuit.
« Et ambo ad hanc urbem cursu tendentes, longumque
« ob orto mane ad usque vesperam iter emensi, læti
« tandem muris succedimus, devitato piratico furore.

« At urbs illa Chariclem, ut te, Cleandre, manibus debuit
« tradere Parthicis, et, cum carissima heu ! Drosilla, me
« maris elapsum periculis, diræ iterum injicere malorum
« procellæ.

« Etenim quum cives ex urbe essent egressi, Jovis Na-
« talia solemni festo celebraturi, egressi sumus et ipsi.

« Parthorum vero gens crudelissima, nescio unde impetu
« facto, nos corripuit, inque suam abductos regionem hoc
« inclusit carcere. »

Talibus Cleander et Charicles longiuscule sermonibus in-
dulgentes, suam vicissim sortem deplorabant.

At mane Barbarus Cratylus, Chrysillæ adsidens, fero-
cior vultu,
filiumque Cliniam sibi habens ad latus, captivos ad se
ex carcere trahi de more jubet.

Qui quum adstarent, Barbari conjux Chrysilla, conspecto
Chariclo, statim cupidinis telo pectus vulnerata fuit.
Charicles enim genas glabellus erat, spectandus flavis ca-
pillis, roseoque colore; latus humeros ;
et aurei crinini globi ad lumbos usque demissi pende-
bant.

Manus erant modicæ, albique digiti ;
et pulchritudine vultusque splendore innumeras quibus
spargitur cœlum stellas obscurabat.

Quos adstantes intuens Parthorum rex, alios satrapis
dividit suis, et
« accipite » ait « Parthi, pretiosa fortunæ faventis
« dona » ;
alios jubet abire liberos ;
carceri alios mœstiter reddit quos parentum caritas donis
redimeret ;
multos gladio necandos tradit, ratus hospitum sanguinem
acceptum fore Diis, quorum ope domum redierat inco-
lumis :
Cliniæ autem Chariclem dono dedit, non petenti quidem

(nam Cliniæ mens in Drosilla hærebat omnium pulcher-
rima fœminarum) ;
sed qui magnum esset patris filio donum.

Etenim omnes inter captivos spectabilis ore, pulchris erat
pulchrior ipsis.

Τοσαῦτα πράξας, ἐξανέστη τοῦ θρόνου
καὶ τοῖς θεοῖς ἔθυσε λαμπρὰς θυσίας.
105 Τετρωμένος γοῦν ἐς μέσην τὴν καρδίαν
ὁ Κλεινίας παῖς βαρβάρου τοῦ Κρατύλου,
(καὶ γὰρ ἑάλω τῆς ἁλούσης παρθένου)
τοιαῦτα πολλὰ καὶ τοσαῦτα καὶ τόσα
ἐψιθύριζεν, ἐτραγῴδει τῷ πάθει·
110 « Δεινὸν πόθος πᾶς· ἂν δὲ καὶ φιλουμένης,
« διπλοῦν τὸ δεινόν· εἰ δὲ καὶ κόρης νέας,
« τριπλοῦν τὸ κέντρον· εἰ δὲ καὶ κάλλους γέμει,
« πλεῖον τὸ δεινόν· εἰ δὲ πρὸς γάμον φέρει,
« πῦρ ἔνδον αὐτὴν βόσκεται τὴν καρδίαν.
115 « Οὐκ ἔστιν ἰσχὺς ἐκφυγεῖν τὸν τοξότην,
« τὸν πυρφοροῦντα καὶ τὸν ἐπτερωμένον·
« τῷ γὰρ πτερῷ φθάνει με, τῷ πυρὶ φλέγει,
« τῇ τοξικῇ βάλλει δὲ κατὰ καρδίας.
« Μῦθος δοκεῖ μοι νέκταρ ἡ θεῶν πόσις
120 « πρὸς σὸν γλυκασμὸν, κρυσταλόστερνε ξένος.
« Εἰ γάρ σε περκάζουσαν ἄμπελον βλέπω,
« τὸ στέρνον ἐκθλίψει τίς ὡς γλυκὺν βότρυν,
« ἢ γλεῦκος ἡδὺ νεκταρῶδες ἐκχύσει,
« ἢ μυελὸν μέλιτος εὐωδέστατον;
125 « Λειμὼν δοκεῖ μοι σὸν πρόσωπον, Παρθένε,
« δούλη Χρυσάλλης μητρὸς εὐειδεστάτη·
« τὸ χρῶμα τερπνὸν οἷον αὐτοῦ ναρκίσου·
« ἄνθος παρειῶν ὡς ἐρυβρόχρουν ῥόδον·
« ὡς κυαναυγὲς ἴον ὀφθαλμοὶ δύο·
130 « οἱ βόστρυχοί σου, κισσὸς ἐμπεπλεγμένος.
« Ὢ ! πῶς ἀφέλκω τὰς κόρας τῶν ὀμμάτων
« τῆς καλλονῆς σου, τοῦ προσώπου τῆς θέας;
« ἀλλ᾽ αἴδε προσμένουσιν ἀνθειλκυσμέναι,
« οὐκ ἐνδιδοῦσαι πρὸς τὸ μὴ δεδογμένον.
135 « Ἔρως φυτῶν γὰρ καὶ σιδήρου καὶ λίθου
« κρατεῖν ἔοικεν, οὐ γὰρ ἀνθρώπων μόνον.
« Καὶ γὰρ σίδηρος εἰς μαγνῆτιν ἐκτρέχει,
« ἐρωτικόν μοι πῦρ δοκῶν ἔνδον φέρειν·
« ἔνευσεν, ἦλθεν, ἔδραμε δρόμον ξένον·
140 « ἐμοὶ δοκεῖ φίλημα τοῦτο τῶν δύο,
« ἐρωμένης, ἐρῶντος· ὦ ξένη σχέσις !
« Ἐρᾷ δὲ φυτοῦ φυτὸν ἄλλο πολλάκις·
« φοίνιξ δὲ πρὸς γῆν οὐδὲ ῥιζοῦσθαι θέλει,
« εἰ μὴ τὸ θῆλυ συμφυτεύσειας πέλας.
145 « Καὶ πόντος οἶδεν Ἀρεθούσης τοὺς γάμους,
« πρὸς ἣν γλυκὺς πρόεισιν ἀγκυλορρόας
« Ἀλφειὸς εὑρὺς, οὗ τὸ ῥεῖθρον ἐν χύσει
« ὁ συνδυασμὸς οὐ μετατρέπειν θέλει.
« Ἄκουε, πετρότερνε, χαλκῆ καρδία,
150 « καὶ δὸς μετασχεῖν καλλονῆς ἀσυγκρίτου. »
Οὕτως ἐρωτικόν τι πάσχων Κλεινίας
πρὸς μουσικόν τι θᾶττον ἐτράπη μέλος,
τοιόνδε ποιῶν λεπτολεύκοις δακτύλοις
τὸ φθέγμα καὶ τὸ κροῦμα τῆς εὐφωνίας
155 ἐν λιγυρᾷ φόρμιγγος ἡδυφωνίᾳ·
« Ὢ πῶς, Δροσίλλα, πυρπολεῖς τὸν Κλεινίαν!

Talibus peractis, e solio surrexit, et Deorum numina splendidis propitiatur sacrificiis.

At Barbari filius Cratyli Clinias medium cor transadactus, (nam capta ipsum ceperat puella), hæc et alia multa dolore amens mussitabat.

« Malum est omnis amor; si amatam ab alio amas, ma-
« lum est duplex; triplex, si puellam; majus etiam, si pul-
« chram:
« quod si nuptias ad impellit, tunc flamma cor depa-
« scitur ipsum.
« Vis nulla est qua sagittiferum possim deum effugere,
« igne simul instructum et alis.
« Alis enim me prævertit, igne urit, sagittis cor transa-
« digit medium.
« Nectar illud, deorum potus, fabula mihi esse videtur,
« præ tua dulcedine, crystallino pectore hospes decora-
« Maturæ enim si te viti comparo, quis papillas premet
« tuas ut uvam dulcem, vel succum exprimet nectareum,
« vel medullam mellis odoratissimi?
« Vultus tuus prato similis est, Virgo, venustissima ma-
« tris Chrisyllæ servula.

« Color tuus suavis, quasi color narcissi; et genarum
« flos quasi purpurea rosa; ocelli tui quasi viola nigre-
« scens; cincinnuli tui quasi hedera decoriter implexa.

« Oh! qui avellam oculorum pupulas a pulchritudine
« tua, a conspectu vultus tui! Quas vi quum retraho, resi-
« stunt, nec cedunt contra placitum.

« Amor et plantarum et ferri saxorumque regnat, non
« hominis tantum.
« Ferrum quippe currit ad magnetem, venerio, ni fallor,
« igne calens; annuit, vadit, currit cursu mirando.
« Videre mihi videor osculum amborum, amatæ, ama-
« toris.
« Oh prodigiosus amor! Nec non sæpe planta plantam
« amat.
« Palma in terra non vult agere radices, ni fœminam
« arborem in proximo conseveris.
« Mare quoque novit Arethusæ nuptias, ad quam dulcis
« fluctu voluto fertur sponsus, vastus ille Alpheus, cujus
« liquor fluit insertus salo nec temeratus.

« Hæc ausculta, Virgo pectus lapidea, cor ahenea,
« meque sinas in consortium venire formæ incompara-
« bilis. »
Atque ita captus amore Clinias, ad musicos concentus vertit animum, carmina hæcce amœna argutæ citharæ pulsibus accommodans, cujus digitis albis tenuibusque nervos sollicitat:
« Oh, Drosilla! quantopere Cliniam uris!

ΒΙΒΛΙΟΝ Δ.

« Ἡ Κύπρις εἰς Ἔρωτα τὸν ταύτης γόνον
« μέσαις ἀγυιαῖς ἐξεφώνει πρὶν μέγα·
« Εἴ τις πλανηθὲν συλλάβῃ τὸ παιδίον
160 « ἢ που στενωπῶν, ἢ μέσαις ἐπ' ἀμφόδοις,
« ὁ μηνυτής μοι λήψεται γέρας μέγα·
« τὸ Κύπριδος φίλημα μισθὸν ἁρπάσει.
« Ὦ πῶς, Δρόσιλλα, πυρπολεῖς τὸν Κλεινίαν!
« Πλὴν ἴσθι μοι τὸν παῖδα τοῦτον τοξότην,
165 « τὸν δραπέτην Ἔρωτα, τὸν κακεργάτην,
« καὶ πρόσχες αὐτῷ μὴ βαλεῖ σε καιρίως.
« Ἄκουε τούτου καὶ διδάσκου τὸν τρόπον.
« Ἂν προσχαρές τι μειδιῶντα προσβλέπῃς,
« πλήττει τὰ πολλὰ καὶ κατασφάττειν θέλει.
170 « Ὦ πῶς, Δρόσιλλα, πυρπολεῖς τὸν Κλεινίαν!
« Ἂν συλλαβών, θέλοντα προσπαίζειν ἴδῃς,
« βάλλει σε, τοξεύει σε· πρόσχες οὖν κλύων·
« εἰ δὲ προσορμᾷν καὶ φιλεῖν σε γνησίως,
« ἔκφευγε· πυρπολεῖ σε καὶ καταφλέγει.
175 « Παῖς ἐστί, πῦρ δὲ τόξα καὶ πτερὰ φέρει·
« οὐκ ἐξ ἀδήλων φαίνεται πετασμάτων.
« Ὦ πῶς, Δρόσιλλα, πυρπολεῖς τὸν Κλεινίαν!
« παίει, τιτρώκει, καὶ διώκει, καὶ φθάνει·
« προσμειδιᾷ γὰρ θηριώτερνος μένων,
180 « καὶ προσγελᾷν ἔοικε παίζων ἀγρίως,
« ὁ τοξοχάρης, ὁ θρασύς, ὁ πυρφόρος.
« Ὁ γοῦν ἐφευρὼν καὶ λαβὼν καὶ μηνύσας,
« τὸν μισθὸν οἷον εἴπον εὐκόλως λάβοι.
« Ὦ πῶς, Δρόσιλλα, πυρπολεῖς τὸν Κλεινίαν!
185 « Μῦθος μὲν αὐτὸς ἐκτοκευθῆναι λέγει
« κόρην Ἀθηνᾶν τοῦ Διὸς τὴν Παλλάδα
« ἀπὸ κρατὸς πάνοπλον ἔννουν παρθένον·
« σὲ ζωγραφεῖ δὲ μᾶλλον ὡραίαν Ἔρως
« σῆς γαστρὶ μητρὸς ἐμβαλὼν τοὺς δακτύλους,
190 « βαλὼν τὸ δίχρουν χρῶμα, γάλα καὶ ῥόδα.
« Ὦ πῶς, Δρόσιλλα, πυρπολεῖς τὸν Κλεινίαν!
« Καὶ ζωγραφεῖ πάντως σε μὴ διδούς ὅπλα·
« οὐ γὰρ νέμει σοι τόξον, οὐ τομὸν ξίφος,
« ὃ κρεῖττον ἦν βάλλειν σε πρὸς φονουργίαν!
195 « ποιεῖ δὲ τόξα κύκλα τῶν σῶν ὀφρύων,
« βέλος δὲ πικρὸν τὰς βολὰς τῶν ὀμμάτων,
« δι' ὧν οἰστεύεις με κατὰ καρδίαν.
« Ὦ πῶς Δρόσιλλα, πυρπολεῖς τὸν Κλεινίαν!
« Ὡς εὔστοχον τὸ τόξον αὐτό, Παρθένε!
200 « ὡς εὐφυὲς τὸ πλῆκτρον! ἐπλήγην ἔγνων.
« Τὸ τραῦμα πικρὸν οἷον, ἀλλὰ καὶ πόσον!
« Τὸ πρᾶγμα καινὸν οἷον, ἀλλὰ καὶ ξένον!
« Οὐ θανατοῖ τὸ κέντρον· ὦ ποῖος λόγος!
« βάλλον δὲ ποιεῖ τῆξιν, ἀλλ' αἰωνίαν.
205 « Ὦ πῶς Δρόσιλλα, πυρπολεῖς τὸν Κλεινίαν!
« Πλὴν ἀλλ' ἰδοὺ νύξ ἐστι, τῷ δοκεῖν, Κόρη·
« ἔχω μακρὰς ἐγὼ δὲ τὰς ὁδοὺς ἔτι·
« ἢ προσλαβοῦ σύνδειπνον, εὐνατῆρά σοι,
« ἢ μὴ θέλουσα τοῦτο, δευτέρῳ λόγῳ,
210 « ὕψαφον ἐκ σῶν χειλέων μοι λαμπάδα·

« Venus olim per medias plateas Amorem filium alta
« voce inclamabat : Si quis vel alicubi viarum, vel media
« per bivia vagantem puerum comprehenderit, index ma-
« gnum a me accipiet indicium : cypridis basium præmium
« rapiet sibi.

« Oh, Drosilla ! quantopere Cliniam uris !
« At disce quis sit puer ille sagittifer, Amor ille fugitivus
« et nequam ; caveque ne te letali feriat ictu.

« Accipe qui sint hujus mores.
« Ridentem si dulce videris, tunc præsertim ferit et oc-
« cidere cupit.

« Oh, Drosilla ! quantopere Cliniam uris !

« prehensum si volentem ludere videris, tunc feritque
« jaculaturque ; monitus ergo cave tibi ; si autem adcurren-
« tem , genuinoque te osculo tangere gestientem, fuge
« ocyus ; te urit et incendit.

« Puer est, at ignem, et arcus, et alas habet ; ejus vo-
« latum oculi cernere non possunt.

« Oh, Drosilla ! quantopere Cliniam uris !
« Urit, vulnerat, persequitur, assequitur. Corde puer
« ferino subridet , atque ludum ludit insolentem ridenti
« similis, audax ille deus, sagittis gaudens ardentique tæda.

« Si quis ergo invenerit et ceperit et indicaverit, statim
« accipiet quod pollicita fui muneris.

« Oh, Drosilla ! quantopere Cliniam uris !
« Narrant fabulæ prosiluisse Pallada Minervam Jovis
« de capite, armatam sapientemque virginem : at te pul-
« chriorem finxit Amor ; digitisque tuæ matris utero impo-
« sitis, te duplici ornavit colore, lacteo et roseo.

« Oh, Drosilla ! quantopere Cliniam uris !
« Et quum te totam fingeret, arma non dedit.
« Etenim tibi nec arcum tribuit, nec acutum ensem.
« Quam satius ad cædes aptam te fecisset ! Arcus autem
« dat tibi superciliorum orbes ; telaque facit funesta illum
« oculorum conjectum, quo mihi pectus transadigis.

« Oh, Drosilla ! quantopere Cliniam uris !
« Arcus ille quam inevitabilis, Virgo ! ictus quam cer-
« tus ! Percussus intellexi.
« Vulnus amarum quantumque qualeque ! Res quam
« nova quamque prodigiosa ! Os teli non necat, mirum !
« sed tabem parit, eamque sempiternam.

« Oh, Drosilla ! quantopere Cliniam uris !
« At ecce, puella, nox cœlo præcipitare videtur.
« Via mihi adhuc longa superest : aut me tibi sume
« cœnæ et lectuli socium ;
« aut, si non vis, saltem accendas mihi tuis ex labellis fa-
« culam ;

LIBER IV.

« ἐπίσταμαι γὰρ ὡς ἀνάψεις, εἰ θέλεις.
« Ὦ πῶς, Δρόσιλλα, πυρπολεῖς τὸν Κλεινίαν!
« Καὶ φαιδρυνόν μοι τὴν παροῦσαν ἑσπέραν,
« καὶ λάμπρυνόν μοι τὸ σκότος καταυτρύχον,
215 « καὶ δὸς πρὸς οἶκον, ὦ φαεινὴ λυχνία,
« δραμεῖν ἄτερ πλάνης με καὶ προσκομμάτων.
« Νοσῶ φρενῖτιν καὶ μεμηνυῖαν νόσον·
« μή μοι φθονήσῃς παυσολύπων φαρμάκων.
« Ὦ πῶς, Δρόσιλλα, πυρπολεῖς τὸν Κλεινίαν!
220 Ὁ γοῦν Χαρικλῆς, γνοὺς ἐρᾷν τὸν δεσπότην,
πρόσεισιν αὐτῷ γνησιέστερον λέγων·
« Ἐρᾷς, ἐπέγνων, δέσποτά μου, Κλεινία·
« ἐρᾷς ἀδελφῆς τῆς ἐμῆς τῆς παρθένου·
« ἐρᾷς Δροσίλλης τῆς καλῆς, τῆς παγκάλης.
225 « Τί τοῦτο καινόν, σὸς γὰρ αὐτὸς οἰκέτης,
« δειλὸς Χαρικλῆς, δυστυχὴς, τλήμων, ξένος,
« δεινῶς ἑάλων ἁπαλῆς πάλαι κόρης,
« ᾖ καὶ συνελθεῖν εἰς λόγους οὐκ ἰσχύων,
« καί τοι θέλων πως (οὐ γὰρ εἶχον προσβλέπειν,
230 « ὁποῖα καὶ σὺ τὴν Δρόσιλλαν οὗ βλέπεις)
« μόλις θυρίδων εἶδον ἐκκρεμωμένης
« εἰς κῆπον ἁδρὸν ἐκ ῥόδων, ἐξ ἀνθέων,
« τὴν πανταχοῦ μοι συμπαροῦσαν εἰς φρένας,
« λεπτὴν δρόσον στάζουσαν ἐν τοῖς ὠκίμοις,
235 « καὶ βάλσαμα βρέχουσαν ἐκροῇ ῥόδων,
« λωτοὺς, ὑακίνθους τε καὶ φυτῶν στίφη,
« καὶ κρίνα λευκὰ, καὶ κρόκους, καὶ ναρκίσους,
« καὶ πλεῖστον ἑσμὸν ἀνθέων ἡδυπνόων.
« Ἔχει κατεῖδον ἡμιγύμνους ὠλένας,
240 « αἷς οὐδὲ χιὼν ἀντερίσειν ἰσχύσοι·
« ἐκεῖ κατεῖδον κρυσταλλώδεις δακτύλους
« καὶ πρὸς τὸ λευκὸν ἀντερίζοντας γάλα.
« Ἰδὼν, ἑάλων καλλονῆς ἀμετρίᾳ·
« μὴ γὰρ δρυὸς προῆλθον ἢ πετρῶν ἔφυν·
245 « ἁλοὺς, προσεῖπον, μὴ κατασχεῖν ἰσχύων·
« Χαίροις, φυτουργὲ τῶν τοσούτων ἀνθέων.
« Τί καὶ δι' ἡμᾶς οὐκ ἀνοίγεις τὴν θύραν,
« Ἆρ' ἦλθες εἰς νοῦν τοῦ πάθους τοῦ Ναρκίσου,
« ἀποῤῥιφέντος ἐξ ἔρωτος εἰς φρέαρ;
250 « Μνήμην τε παιδὸς Ὑακίνθου λαμβάνεις
« καὶ τῶν ἐκείνου δυστυχῶν δισκευμάτων,
« πῶς ἐξεκαρτέρησεν ἐκ φθόνου φόνου·
« ἀπὸ Ζεφύρου τῆς ἐρωτοληψίας;
« Ἔχεις τε πρὸς νοῦν Κύπριν αὐτὴν τὴν πάλαι
255 « τὴν ἐξερυθρώσασαν ἐκ τῶν αἱμάτων,
« τῶν ἐκρυέντων τοῦ ποδὸς τετρωμένου
« ἐκ τῶν ἀκανθῶν, τὴν ῥοδώνυμον θέαν,
« Ἀδώνιδος μαθοῦσαν ἄγριον φόνον
« ἐξ Ἄρεος πεσόντος; Ὦ κακοῦ φθόνου,
260 « καὶ τοὺς ἐρῶντας θανατοῦντος πολλάκις!
« Πλήρης ὁ κῆπος χαρμονῆς καὶ δακρύων·
« καλὴν μὲν αὐχεῖ τὴν φυτουργὸν παρθένον,
« ἐρωτικῶν γέμει δὲ δυσπραγημάτων·
« σὺ δ' ἀγνοεῖν ἔοικας ἃ ξένα κλύεις.

NICETAS.

« accendes enim, sat scio, si velis.
« Oh, Drosilla! quantopere Cliniam uris!
« Et præsentem illumina mihi vesperam, ac quibus pre-
« mor tenebras lumine sparge; atque, o splendida lucerna,
« per te mihi liceat absque errore pedumve offensione
« domum regere gressum.
« Phrenitico morbo mentisque delirio laboranti mihi ne
« invideas remedia queis sedetur dolor.
« Oh, Drosilla! quantopere Cliniam uris! »
Atqui Charicles, intellecto domini amore, ad illum ac-
cessit, verbisque ad veri speciem fictis:
« Amas, Clinia, here mi : » dixit « id probe sens
« Amas sororem meam virginem; pulchram amas, amas
« pulcherrimam Drosillam.
« Quid hoc novi? Ipse enim servus tuus, miser Charicles,
« infelix, infortunatus, hospes, perdite olim amavi tene-
« ram puellam, quacum colloqui cupidus licet non pote-
« ram; etenim ad eam adeundi coram copia non erat mihi.

« Ægre tandem illam vidi, quum e fenestra prospectarem
« in hortum plenum rosarum florumque omnigenum;
« illam vidi, quæ meæ usque menti præsens obversatur,
« tenuem super ocima rorem spargentem, et balsama roseis
« guttis madefacientem, lotosque et hiacinthos et planta-
« rum ordines, albaque lilia, crocos et narcissos, spissum-
« que florum suaveolentium examen.

« Tunc vidi seminuda brachia, quibuscum nix ipsa non
« certet, tunc vidi digitos crystallinos, et candidum lac
« provocantes.

« Ut vidi pulchritudinem incredibilem, ut perii! Non
« enim e quercu sum procreatus vel lapidibus.
« Amore abreptus, dixi (nam continere me non potui):
« Salve tot florum formosa cultrix! Cur et nostri gratia
« ostiolum non aperis? Meministin Narcissi fatum qui præ
« amore in fontem dedit se præcipitem?

« Recordarisne puerum Hyacinthum et luctuosum disci
« jactum, ac quomodo perierit curiosum propter Zephyri
« amorem zelotypiamque?

« Num tibi venit in mentem Cypris illa quæ olim, cruore
« qui e pede fluebat epinis lacerato, album rosæ colorem
« rubro mutavit, quum lymphata curreret, audita sæva
« Adonidis morte quem Mars interemerat?

« Oh! funestam zelotypiam, quæ sæpe necat amantes!
« Plenus est hortulus lætitiæ dolorisque.

« Pulchræ cultus virginis manu superbit; at amatoria
« ubique exhibet infortunia.
« Tu vero nescire videris quæ tibi miracula narro.

ΒΙΒΛΙΟΝ Δ.

265 « Οὕτω μὲν αὐτὸς εἶπον αὐτῇ τῇ κόρῃ·
« ἡ δὲ πρὸς αὐτὰ θᾶττον ἀνταπεκρίθη·
« Ὡς ἡδονάς μου τὴν πονοῦσαν καρδίαν !
« Ἐπῳδὸς εἶ πανοῦργος, ὡς ὁρῶ, τάλαν·
« ἀθυμίαν τρέπεις γὰρ εἰς εὐθυμίαν.

270 « Δείλαιε, πῶς φῇς; βαῖνε τῆς θύρας ἔσω·
« τὸ κηπίον θαύμαζε· τὴν κλίνην βλέπε ,
« καὶ δεξιοῦ με τοῖς διηγήμασί σου,
« πείρᾳ διδαχθεὶς ὡς κακὸν πόθος μέγα.
« Ῥοδωνιᾶς τρύγησον ἐξ ἐμῆς ῥόδα.

275 « Ἀνακλίθητι· συγκατέρχομαι δέ σοι·
« φάγῃς δὲ τί, δείλαιε; καρπὸς οὐκ ἔνι·
« κἂν μήλον οὐχ ὥριμον ἐν τῷ κηπίῳ ,
« τὸ στέρνον ἡμῶν ἀντὶ μήλου προσδέχου·
« εἴ σοι δοκεῖ, δύστηνε, συγκύψας φάγε·

280 « κἂν μὴ πέπειρος βότρυς ἀναδενδράδων ,
« στέρνου στρυφνοῦ μοι θλῖψον αὐτοῦ τὰς ῥάγας.
« Φίλημα τερπνὸν ἀντὶ σίμβλου μοι λάβε.
« Ἀντὶ περιπλοκῆς δὲ δένδρων καὶ κλάδων ,
« ἣν οἶδέ τις δρᾶν καρπὸν ἐκπρυγᾶν θέλων ,

285 « ἐγὼ τὸ δένδρον· δεῦρο προσπλάκηθί μοι·
« ἀντὶ κλάδων ἐμὰς γὰρ ὠλένας ἕξεις·
« ἐγὼ τὸ δένδρον· καὶ προσανάδηθί μοι ,
« δρέπου τε καρπὸν τὸν γλυκὺν ὑπὲρ μέλι ». —
« Ἐμοὶ τὰ σαυτοῦ πάντα λοιπὸν ἀνάθου,

290 « καὶ πιστὸν ὄψει δοῦλον ἐκ τῶν πραγμάτων. »
« Οὐκ αἰχμάλωτος οὐδὲ δοῦλος, ὡς ἔφης, »
τοῦ βαρβάρου παῖς ἀντέφησε Κλεινίας,
« ἐλεύθερος δὲ , συμπατριώτης, φίλος,
« καὶ σατραπικῆς συμμετασχὼν ἀξίας,

295 « πάντως φανήσῃ κύριος κλήρου τόσου ,
« εἰ τῇ Δροσίλλῃ συμμιγῆναι καὶ μόνον
« τῷ Κλεινίᾳ γένοιτο σῇ συνεργίᾳ.
« Ἀλλ᾽, ὦ Χαρίκλεις, ἐντυχὼν τῇ παρθένῳ
« ἄγγελλε ταύτῃ τὴν ἐμὴν ἀγθηδόνα.

300 « Νόσος με τήκει· σύντομον λόγον μάθε·
« Ἅδης συναρπάζει με καὶ πρὸ τοῦ χρόνου·
« Ὁ λαμπρὸς αὐτὸς ἀστεράρχης φωσφόρος
« ἔδυνέ μοι τοῖς πᾶσιν ἀκτῖνα βρύων.
« Πηγαὶ ποταμῶν συγκινείσθωσαν ἄνω·

305 « θνήσκω γὰρ ὡς μόρσιμος, ἀλλὰ πρὸ χρόνου·
« ἀνθησάτω καὶ βάτος ἡδύπνουν ῥόδον·
« γένοιτο πάντα νῦν ἐνάλλαξ ἐν βίῳ,
« τοῦ Κλεινίου θνήσκοντος, εἰ μὴ προφθάσει
« ἡ σὴ, Χαρίκλεις, εἰς τὸ σῶσαι στερρότης. »

310 « Τὰ πρὸς Δροσίλλαν, Κλεινία, θαρρητέον »,
ὁ Χαρικλῆς ἔφησε, « μὴ κατηφία·
τούτοις ἐπειπὼν ἄλλον ἀστεῖον λόγον·
« Κοιμωμένην μέλισσαν ἐν ῥόδοις πάλαι
« τῆς ποντογενοῦς Ἀφροδίτης παῖς Ἔρως ,

315 « οὐκ εἶδεν· ἐτρώθη δὲ δακτύλῳ μέσῳ,
« καὶ στυφελιχθεὶς ἐπτερύξατο τρέχων
« πρὸς τὴν τεκοῦσαν· Μῆτερ, οἴχομαι, λέγων·
« ὄφις με τύπτει μικρὸς ἐπτερωμένος ,

« Sic ego ; at illa extemplo : Quam suaviter mentem
« ægram recreasti ! Miselle, magum esse te vafrum in-
« telligo : nam mœstitiam in lætitiam vertis.

« Improbe, quid ais? Ingreditor ostiolum ; mirare hortu-
« lum, cerne, lectulum; et tu qui rebus didicisti quantum
« sit malum amor,
recrees me narrationibus tuis.
« Ex roseto meo decerpe rosam.
« Accumbas; ipsa descendo ad te.
« Sed miser, quid edes? fructus non adest ullus, pomum
« nec ullum maturuit in hortulo : sinum meum habeto tibi
pro pomo.
« Miselle, si libuerit, inclinis comede; ac si non matura
« fuerit uva ab arbore pendula, acerbarum acinos preme
« mammarum.
« Pro favo suave osculum capias ; et pro arboribus ra-
« misque quos ulnis amplectitur qui fructum demetere
« cupit, ego tibi arbor ero. Huc ades; ulnis amplectere me ;
« pro ramis enim mea habes brachia.

« Ego tibi arbor ero : jam inscendas me, fructumque
« demetas melle dulciorem. —
« Tua mihi deinceps crede omnia , et me e re nata fidum
« esse servum experieris. »
Cui Barbari filius Clinias : « Nec captivus eris nec servus ,
« quod ais, sed liber amicus civisque meus;
« inque satraparum cooptatus ordinem, tot et tanto-
« rum eris bonorum dominus, opera si tua Cliniæ con-
« tingat Drosilla potiri, idque tantum.

« I, Charicles, et virgini narra quæ patior.
« Morbus me macerat.
« Paucis adverte, docebo.
« Orcus me ante tempus rapit; Astrorum rex splendidus
« ille sol, qui cunctos radiis illuminat , mihi jam occidit.
« In caput prona suum relabantur flumina : morior enim
« fati quidem legi parens, sed præmaturus.
« Floreat rubus odorata rosa ; mutentur in mundo cun-
« cta ferarturque in contraria, Clinia pereunte, ni tuo
« Charicles , valido mox salvus evadam auxilio. »

Charicles contra : « Bonam de Drosilla spem concipe,
« Clinia : ne despondeas : » et addidit lepidum quid :

« Amor olim, Veneris marinæ filius, dormientem in rosis
« apem non viderat, fuitque medium punctus digitum.

« Tum gemens, avolavit cursitans ad matrem : Mater,
« ait, perii.
« Anguis me pusillus pennatusque vulneravit,

« μέλιτταν ἦν λέγουσιν ἄνδρες γηπόνοι.
320 « Ἀλλ' ἡ καλὴ Κυθήρα, τῷ πεπληγμένῳ
« ἀστεῖον ἐγγελῶσα, λοιπὸν ἀντέφη·
« Εἰ τῆς μελίττης συνθλίβει τὸ κεντρίον,
« πόσον, δοκεῖς; πονοῦσιν οἱ βεβλημένοι
« ἐκ σῶν, Ἔρως παῖ, δυστυχῶν τοξευμάτων! »
325 Εἴρηκε ταῦτα Χαρικλῆς τῷ Κλεινίᾳ,
καὶ, τὸν Δροσίλλης ἐγγυώμενος γάμον,
μικρὸν διέστη πρὸς διάσκεψιν τάχα,
οὐχ ὡς συνάψαι τὴν Δρόσιλλαν Κλεινίᾳ,
κακὴν δὲ βουλὴν ἐκφυγεῖν μᾶλλον θέλων·
330 ἢν καὶ κατιδεῖν εὐκόλως ἠπειγμένος
ὡς συναποκλαύσαιτο τὴν δυστυχίαν,
λειμῶνος ἐντὸς εὗρε κειμένην μόνην,
κοιμωμένην μὲν ἐκ μεριμνῶν βαρέως,
ἄνθει δὲ λευκῶν ἀντερίζουσαν ῥόδων,
335 καὶ μειδιᾷν δοκοῦσαν ἀκροωμένην
φθογγῆς μελιχρᾶς τῶν καλῶν χελιδόνων.
Ὦ θάμβος οἷον, ἀλλὰ καὶ φρίκη πόση
ἐκεῖ Χαρικλῆν συγκατέσχεν ἀθρόον,
ὡς εἶδεν ὑπνώττουσαν ἐν τῷ κηπίῳ
340 ταύτην, ἀπαστράπτουσαν ἡλίου δίκην
ἐαρινὴν λάμποντος ἀνθρώποις φλόγα!
Ὃς καὶ Δροσίλλης ἐγκαθισθεὶς πλησίον
(φειδὼ γὰρ εἶχε τήνδε μὴ διϋπνίσαι),
ἔφασκε, ταύτην ἀτενέστερον βλέπων·
345 « Ἐνταῦθα καὶ Χάριτες, ὦ ποθουμένη,
« κοιμωμένη σοι συμπάρεισιν ἠρέμα,
« ἐπαγρυπνοῦσαι μή τι φαῦλον ἐμπέσῃ
« σύγκυρμα πάντως ἐξ ἀποφράδος τύχης.
« Ὦ ποῖον αὐτὴ λεπτὸν ἀσθμαίνεις, κόρη!
350 « Ὦ ποῖον ἡδὺ μειδιᾷν δοκεῖς τάχα!
« ἧς ἐξεπορφύρωσεν ἡ φύσις πάλαι
« χείλη, παρειὰς, ὡς δοκεῖν φλόγα τρέφειν,
« καὶ βοστρύχους ἔτεινεν ἄχρις ὀσφύος,
« οἷς οὐδὲ χρυσὸς ἀντερίζειν ἰσχύει.
355 « Σιγῶσι πάντα σοῦ σιγώσης, Παρθένε·
« οὐ στρουθὸς ᾄδων, οὐχ ὁδοιπόρος τρέχων,
« οὐδεὶς ὁμιλῶν· οὐ παρερπύζων ὄφις·
« ἔπαυσεν, οἶμαι, καὶ πνοὴ τῶν ἀνέμων
« τὸ κάλλος αἰδεσθεῖσα τῆς κοιμωμένης.
360 « Ὦ πῶς σιγᾷ νῦν πᾶν μελῳδὸν στρουθίον!
« Πηγαὶ μόναι νάουσιν, ὦ ποθουμένη,
« ὡς μᾶλλον ἡδὺν ὕπνον ἐμβάλωσί σοι,
« καὶ φθογγὸς αὐτῶν ἡ ῥοὴ λέγουσά σοι·
« Ὦ καλλονὴν ἅπασαν ἠμφιεσμένη,
365 « σιγᾷς· σιγᾷ σοι καὶ τὸ τῆς αὔρας ψύχον·
« ὕπνοις· ἐφυπνοῖ καὶ τὸ τῆς αὔρας γένος·
« πηγαὶ μόναι νῦν ἐγκελαρύζουσί σοι.
« Ἐντεῦθεν ἀντᾴδουσαν οὐκ ἔχοντά σε
« σιγῶσι φιλόμουσα τῶν πτηνῶν γένη.
370 « Πλὴν ἀλλὰ μή μοι στέργε τὸν λήθης ὕπνον·
« λυπεῖς γὰρ, ὡς ἔοικε, τὰς ἀηδόνας,
« αἷς ἀντερίζει σὸν γλυκύτατον στόμα·

« apem quem coloni vocant.
« At pulchra saucio Cytherea filio suave irridens, infit:
« Si apiculæ acumen te urit adeo, quantum dolere putas,
« feris quos sævis, nate, sagittis? »
Talia fatus Cliniæ Charicles, Drosillæque pollicitus nuptias, paululum secessit consultandi causa, non ut Cliniæ Drosillam jungeret, sed potius ut funestum illud evitaret consilium.

Statimque ad visendum eam festinans, communia simul comploraturus infortunia, jacentem reperit solam in prato, dormientemque curarum oppressam pondere, et albas colore rosas provocantem, subridentique similem auditis lepidarum mellitis hirundinum pipilationibus.

O quanta fuit admiratio, quantusque Chariclis tremor, ut dormientem in hortulo amicam vidit, refulgentemque solis instar, quum vernis homines ignibus collustrat!.

Atque haud procul adsidens (eam expergefacere quippe abstinuit), sic fatur, defixo in eam obtutu:

« Hic Gratiæ, o dulcis mea cura, dormienti tibi adsunt
« vigilantes, ne quid tristius ex inimica Fortuna accidat:
« sύγκυρμα πάντως ἐξ ἀποφράδος τύχης.

« O puella, quam tenuis est halitus oris tui! quam suave
« ridere videris!
« Minio pinxit olim Natura labia genasque, ut fere in-
« cendi videantur; et ad lumbos usque demisit cincinnos,
« quibuscum nec possit aurum ipsum contendere.

« Te silente, Virgo, cuncta silentio constiterunt.
« Non cantat passerculus; viator non currit; loquitur
« nemo; non perrepit anguis; ceciderunt, puto, et ipsæ
« ventosi murmuris auræ, pulchritudinem veritæ dor-
« mientis.

« Oh! ut nunc silent passerculi omnes, tam loquaces!
« Rivi soli manant, amica, dulciores tibi facturi somnos,
« fluentoque vocali dicunt:

« O quæ tota es formosa, taces: tacet tibi aura frigidula.

« Dormis, dormit et ventorum genus omne.
« Rivi nunc soli tibi admurmurant.
« Et tacet musicus avium chorus, quum non jam illis
« respondere possis.
« Attamen somnum ne mihi nimis ames obliviosum; lu-
« sciniolas enim, ni fallor, contristas, quibuscum certat os
« tuum suavissimum:

« μελισταγὲς γὰρ προσλαλεῖς, ἡ παρθένος.
« Ἀλλ' ὦ συνεργοὶ καὶ συνέμπνοοι φίλαι,
375 « Χάριτες ἐσθλαὶ, μαργαρόστερνοι κόραι,
« φρουρεῖτε καὶ τηρεῖτε πρὸς σωτηρίαν
« τὰ στέρνα καὶ τὰ νῶτα τῆς κοιμωμένης,
« μακρὰν τιθεῖσαι λιχνὰ τῶν μυιῶν γένη.
« Ἔρωτος οὐδὲν ἄλλο φάρμακον ξένον·
380 « ᾠδὴ δέ τις καὶ μοῦσα παῦλα τῶν πόνων.
« Βεβλημένος γὰρ καὶ Πολύφημος πάλαι
« τὸ στέρνον ἐξ Ἔρωτος ἀνδροτοξότου,
« πλατὺ τρέφων τὸ φίλτρον εἰς Νηρηΐδα,
« ἐφεῦρεν οὐδὲν ἄλλο φάρμακον νόσου,
385 « ᾠδὴν δὲ καὶ σύριγγα καὶ θέλγον μέλος,
« καὶ πέτραν ἕδραν, τῇ θαλάττῃ προσβλέπων.
« Πρῶτον γὰρ οἶμαι, καὶ καλῶς οὕτως ἄρα,
« πτηνοδρομῆσαι τοὺς λίθους εἰς αἰθέρα,
« καὶ λίθον ἀδάμαντα τμηθῆναι ξίφει,
390 « ἢ τοξικῆς Ἔρωτα παυθῆναι κάτω,
« κάλλους παρόντος καὶ βλεπόντων ὀμμάτων.
« Λήγει μὲν οὖν καὶ πόντος δψὲ τῆς ζάλης,
« λήγουσιν ἤδη καὶ πνοαὶ τῶν ἀνέμων,
« καὶ πῦρ ἀναφθὲν συγκατεσβέσθη πάλιν·
395 « ζάλη δὲ καὶ πῦρ λῆξιν ἔσχεν οὐδ' ὅλως
« τοῖς στερνοπλήκτοις ἐξ Ἔρωτος τοξότου·
« τήκειν γὰρ οἶδεν, ὡς τὸ πῦρ τὸ κηρίον,
« οὓς ἔνδον αὐτῆς τῆς καμίνου συλλάβῃ.
« Ἀνιαρόν τι χρῆμα τοξότης Ἔρως·
400 « ἐμφὺς γὰρ, ὥσπερ βδέλλα λιμνῆτις, πίνει
« τὸν αἵματος ῥοῦν πάντα. Τῆς ἄκρας νόσου !
« Ὡς ἐξαπίνης οὓς λάβῃς, Ἔρως, Ἔρως,
« καίεις, φλογίζεις, πυρπολεῖς, καταφλέγεις !
« Ὡς ἐξ ἐκείνων τῶν προηνθρακωμένων
405 « καὶ λύχνον ἁδρὸν ἐξανάψει τις θέλων !
« Ποιεῖς δοκεῖν γὰρ ὑποκόλπιον φέρειν
« ἐρωμένην ἔρωντα πολλὰ πολλάκις.
« Οὕτως ἐρῶν πᾶς (Ὡς ἄφυκτόν τι πόθος !)
« ἁλίσκεται γὰρ τοῖς Ἔρωτος δικτύοις,
410 « ὡς μῦς πρὸς ὑγρᾷς ἐμπεσὼν πίσσης χύτραν.
« Δοκεῖ δέ μοί τις, ἂν παρέλθῃ καὶ φύγῃ
« Ἔρωτα τὸν τύραννον ἐπτερωμένον,
« καὶ τοὺς ἐφ' ὕψους ἐκμετρήσειν ἀστέρας.

ΒΙΒΛΙΟΝ ΠΕΜΠΤΟΝ.

Τοιαῦτα πολλὰ καὶ τοσαῦτα καὶ τόσα
ὑπετραγῴδει καθ' ἑαυτὸν ἠρέμα·
πλὴν ἐξανέστη καὶ Δροσίλλα τῷ τότε.
Ἔμεινε δ' οὖν ἄφθογγος εἰς πολὺν χρόνον,
5 ὡς εἶδε συμπαρόντα τὸν Χαρικλέα,
ψυχῇ φιλοῦσα καρδίαν ποθουμένην.
Καὶ τὸν καταρρέοντα μαργάρων δίκην
ἱδρῶτα λεπτὸν ἀπεμόργνυ δακτύλῳ.
Ἢν εἴ τις εἶδεν ὕπνον ἀφεῖσαν τότε

« etenim mellita sunt, puella, verba oris tui.
« At vos, Gratiæ bonæ, quæ mihi amice favetis ad-
« spiratisque, divæ sinu cujus est nitor candentibus par
« margaritis, custodite, observate, defendite pectus dor-
« sumque dormientis, procul abigentes avidum muscarum
« genus.
« Nullum aliud præsens Amoris remedium, nisi cantus
« ac musa, quibus mala leniuntur.
« Ipse enim Polyphemus olim Amoris jaculo pectus trans-
« adactus, magnumque alens venis Nereïdis philtrum,
« nullam reperit aliam medicinam morbi, quam cantus, et
« calamos, et dulcia carmina, et in rupe sedem unde pon-
« tum aspectabat.

« Prius enim credo, nec falsus sum, alatos per æthera
« volaturos esse lapides, et ense secatum iri adamantem,
« quam cesset Amor has in terras mittere tela, donec erunt
« pulchræ facies et cernent oculi.

« Quiescit tandem sæva maris hyems ; quiescunt et ven-
« torum flatus, et ignis incendium restinguitur : sed in eo-
« rum præcordiis, quos vulneravit deus sagittifer, non
« hyems quiescit, non incendium.

« Quos enim in fornacem conjecerit, macerat, ut ceram
« ignis.
« Triste sagittifer Amor : adhærens enim, hirudo veluti
« paludosa, totum ebibit sanguinem.
O morbum dirum !
« Amor, Amor, quam confestim quos rapueris, uris,
« cremas, incendis, comburis ! En ex illorum favillis pos-
« sit qui velit vel magnam accendere facem ! Nam sæpis-
« sime facis ut amans amicam in sinu sibi ferre per so-
« mnum videatur :

« adeo omnis amans (O malum desiderii inevitabile !)
« Amoris retibus implicatur, veluti mus in liquidæ qui
« decidit picis ollam.
« Credo, si quis effugerit unquam Amoris tyrannidem
« et alas, posse vel sublimes emetiri stellas. »

LIBER QUINTUS.

Tot ac tantas talesque submissa voce fundebat querelas,
quum surrexit Drosilla ;

quæ quidem obmutuit diu, adsidentem sibi cernens
Chariclem, amans amatum.

Ac protinus labentes unionibusque similes sudoris gut-
tulas digito abstersit.

Quam si quis vidisset tunc somno solutam,

LIBER V.

10 εἴρηκεν ἄν· « Ζεῦ, τῶν Ὀλυμπίων πάτερ,
« τέρπειν μὲν οἶδε πάντα τερπνὰ τοῦ βίου,
« ᾠδαί, τρυφαί, τράπεζα λαμπρὰ καὶ πόσις,
« μέγιστος οἶκος, χρυσὸς, ἄργυρος, λίθος,
« καὶ πλοῦτος ἄλλος χρημάτων καὶ κτημάτων.
15 « Καὶ ταῦτα τέρπει· καὶ τίς ἀντίθρους λόγος;
« ἀλλ' οὐ τοσοῦτον ὡς ἐρυθρόχρους κόρη,
« ὅταν διϋπνισθεῖσα πρὸς μεσημβρίαν,
« θρόμβους περιρρέοντας ἱδρώτων φέρῃ,
« ὡς εἰς ἔαρ ἄγρωστις ὀρθρίαν δρόσον·
20 « ἧς εἰ φιλεῖν σχοίη τις αὐτὴν τὴν γνάθον
« λεπτὴν ἀποστάζουσαν ἱδρώτων δρόσον,
« τὸ πῦρ δροσίζει, καὶ μαραίνει τὴν φλόγα
« καίουσαν αὐτὴν ἔνδοθεν τὴν καρδίαν
« τὴν δυσφοροῦσαν, τὴν πεπυρπολημένην,
25 « ὡς δῆθεν ἐξ ἔρωτος ἠνθρακωμένη. »
. Ἐξ ἄνθρακος δὲ χειλέων τῶν τῆς κόρης
τὸν ἄνθρακα σβέννυσι τὸν τῆς καρδίας.
Μόλις προσεῖπε πρὸς Χαρικλῆν τοιάδε·
« Σύ μοι, Χαρίκλεις, σὺ δοκεῖς ἐφεστάναι.
30 « Αὐτὸς πάρει νῦν τῆς Δροσίλλης ἐγγύθεν,
« ἢ φασμάτων ἔμφασις ἐμπαίζειν θέλει;
« Ἔμβαπτε χείλει χεῖλος· ἁπλοῦ δακτύλους·
« ἐμῶν ἐφάπτου καὶ τραχήλου καὶ γνάθου.
« Δὸς ἀντιφιλεῖν, Χαρίκλεις, φιλοῦντά με·
35 « σοῦ μὴ φιλεῖν θέλοντος ἐκ ψυχῆς μέσης,
« δοκῶ ποθεινῆς ἥμισυ ζωῆς ἔχειν.
« Πῶς τοῦτο χρηστὸν, τὴν φιλοῦσαν ἀλγύνειν;
« Μίαν καλιὰν πῆξον εἰς ἕνα κλάδον,
« οὗ μὴ προβαίνειν εὐχερῶς ἂν ἰσχύοι
40 « ἢ πτηνὸς ὄρνις ἢ προσερπύζων ὄφις.
« Πρώτην δέ σε στέρξασαν ἀλγοίης κλύων·
« ἐν δευτέρῳ με τῆς Χρυσίλλης μὴ τίθης·
« μὴ τῆς κόρης πρόκρινε τὴν γηραλέαν.
« Ἔρως ὁ πλήττων ὡς ὑπόπτερος μάθε.
45 « Γυνὴ παρηκμακυῖα πῶς ἂν ἰσχύσοι
« πτηνοδρομοῦντα συλλαβέσθαι τοξότην; »
Ἔφη Χαρικλῆς ἀντιπαίζων μετρίως,
καὶ μὴ τὸ μέλλον προσκοπῶν καὶ προβλέπων·
τὸν γὰρ πρὸς αὐτὸν, ὃν Δρόσιλλα μηνύει,
50 ἔρωτα δεινὸν τῆς Χρυσίλλης ἡγνόει·
« Τοιαῦτα μέν σὺ κερτομήματα πλέκεις·
« οὐκ ἀγνοῶ δὲ, δεινὸς ὢν πρὸς τὸν πόθον,
« ὡς ζηλότυπον χρῆμα θηλειῶν ἔφυ.
« γεννᾷν γὰρ οἶδε ψευδεπιπλάστους λόγους,
55 « τὰς ἐν προλήψει τῶν φρενῶν ἀναπλάσεις
« ἀεὶ νομίζον ὡς ἐφεστώσας βλέπειν·
« δοκεῖ γὰρ αὐτὰς οὐσιῶν ὑποστάσεις.
« Πλὴν καὶ φορητὰ κερτομούμενος φέρω·
« περιφρονῶν δὲ τὰς προλοίπους ἐμφρόνως,
60 « μόνην ποθῶ· κέκτησο τὴν ζωήν ὅλην. »
Ἀλλ' ἡ Δρόσιλλα « Ναὶ, Χαρίκλεις, » ἀντέφη
« εἶχον προφανῶς συντίθεσθαι σοῖς λόγοις,
« εἰ μὴ Χρυσίλλα τὸν σύνευνον Κρατύλον

dixisset : « Jupiter, Olympiorum pater, placere solet qui-
« dem quidquid est in vita jucundum, cantus, lautitiæ,
« mensa splendida potatioque, magna domus, aurum, ar-
« gentum, lapides pretiosi, et varia divitiarum rerumque
« copia..
« Atqui placent ista; quis neget? sed non tantum rosea
« quantum puella, quum sub meridiem expergefacta guttis
« sudoris undique manantibus madet, tempore ceu verno
« agrostis rore matutino.

« Cujus qui poterit genas tenuem stillantes imbrem
« osculari, is ignem irrorat, minuitque flammam, qua intus
« cor aduritur miserum, concrematumque, quippe quod
« totum amor in carbones vertit.

Ex carbone autem labiorum puellæ, carbonem cordis
exstinguit.
Vix tandem Charicli Drosilla « Videris, Charicles, vide-
ris » inquit « adesse mihi.
« Ipsen' Drosillæ nunc propior adsides? an me vanæ
« ludunt imagines?·Labiis intinge labia; extende digitos;
« cervicem tange meam genasque.

« Sinas me, Charicles, amantem te redamare.
« Ex imo si me non amare velis animo, jam perierit
« mihi vitæ dimidium meæ.
« Num honesta res est amicæ inferre dolorem? Nidum
« facito in ramo, quo non facile accedere possit vel avis
« alata, vel adrepens anguis.

« Doleas illam audiens quæ te amavit prior; ne me Chry-
« sillæ postponas; ne vetulam præferas puellæ.

« Amori qui ferit alas esse memento.
« Mulier efflorida qui poterit volantem comprehendere
« arcitenentem? »

Cui contra Charicles ludens suaviter, nec quid esset fu-
turum prævidens : ignorabat enim dirum hunc Chrysillæ
amorem, quem significabat Drosilla :

« Talia non mea sine irrisione commentiris.
« Equidem, in amando non rudis, novi quam sit invi-
« dum fœminarum genus.
« Fictis solet abuti sermonibus, et quæ sibi præjudicata
« opinione somnia finxit, usque putat sibi versari ob ocu-
« los, illaque pro rebus ipsis habet.

« Sed ego ferendas fero cavillationes.
« Cæteras despiciens caste puellas, te solam cupio :
« meam tibi vitam habeto totam. »

« Drosilla rursus : « Næ, Charicles, tuis statim adsentirer
« dictis, ni Chrysilla, quæ heu! formosum ardet Chari-

ΒΙΒΛΙΟΝ Ε.

« ἐκ φαρμάκων ἔσπευδεν ἀνῃρηκέναι
65 « ἐρῶσα φεῦ! φεῦ! τοῦ καλοῦ Χαρικλέος. »
« Ὤμοι! » Χαρικλῆς, τὸν λόγον προαρπάσας,
« Δρόσιλλα, τί φῄς; » ἀντέφησεν εὐθέως.
« Λέγεις τι μεστὸν χαρμονῆς καὶ δακρύων.
« τὸ γὰρ θανεῖν μὲν τὸν τύραννον Κρατύλον
70 « εὐκταῖον ἡμῖν δυστυχῶς δουλουμένοις·
« ἴσως λυθῶμεν τοῦ ζυγοῦ τοὺς αὐχένας,
« φροντίδα μικρὰν Κλεινίου τεθεικότες·
« τὸ δὲ Χρύσιλλαν τὴν ῥερυτιδωμένην
« ἔρωτα πικρὸν νῦν ἐρᾷν Χαρικλέος,
75 « ἀπευκτὸν οὐκ ἔοικεν; οὔ, μὰ τὴν Θέμιν,
« οὔ, οὔ, μὰ τὴν Ἔρωτος ἀνθρακουργίαν,
« οὐ προσπλακῇς μοι γραῦς τάλαινα, καρδίᾳ
« θάλασσα πικρά, τελματώδης, ἀγρία.
« Ποινὴ τὸ σὸν φίλημα πάντως, ὦ γύναι·
80 « σκληρὸν τὸ χεῖλος, ξηρὸν αὐτὸ τὸ στόμα·
« χρόνος δὲ τὰς σὰς ἐξεθύρσωσε γνάθους·
« λημᾷς γὰρ ἤδη, κἂν ὁ κόγλος εἰς βάθος·
« κατωχριᾷς δὲ, κἂν τὸ φῦκος εἰς πάχος.
« Καὶ, κἂν ἐκείνης Ἀρτέμιδος καλλίων
85 « Χρύσιλλα, λυπρὰ νῦν, γενήσεται πάλιν,
« ποῦ ποῦ, Δρόσιλλα, τοὺς ἐνωμότους λόγους
« θήσει Χαρικλῆς συζυγεὶς τῇ Βαρβάρῳ;
« Φθείρου, τυραννίς· ἔῤῥε, σατραπαρχία.
« Ὁ πλοῦτος, ἐκράγηθι τοῦ Χαρικλέος.
90 « Οὐ μὴ προθῶμαι σωφροσύνης τὸ κλέος.
« Συνουσιώθην τῆς Δροσίλλης τῷ πόθῳ·
« ἀποστερηθείην δὲ μὴ σοῦ, Παρθένε.
« Ὁρᾷς ὁ καλλίμορφος ἐκ Διὸς γόνος;
« σύ μοι Δροσίλλης ἠγγύησω τὸν γάμον·
95 « καὶ νῦν γυνὴ γραῦς βαρβαρόφρων, ὠμόνους,
« ζητεῖ διασπᾷν τῆσδε τὸν Χαρικλέα.
« Βλέπεις ἀνάγκην ἣν φέρει, βλέπεις νόσον.
« Τὸν Κρατύλον φόνευε καὶ τὸν Κλεινίαν·
« ναὶ καὶ σὺ σαυτήν, ὦ Χρύσιλλα κυρία·
100 « οὕτω Χαρικλῆν ἡδυνεῖς σὸν οἰκέτην,
« οὕτω Δρόσιλλαν εὐφρανεῖς σὴν οἰκέτιν.
« Ταῦτ' οὖν μελήσει τοῖς θεοῖς, ὦ Παρθένε·
« τὸν δ' οὖν ἔρωτα Κλεινίου τοῦ δεσπότου
« ποῦ τῆς καθ' ἡμᾶς θήσομεν δεινῆς τύχης;
105 « Λέγοις τι μικρόν· ὡς ἀπέσταλμαι μόνος
« ὑμᾶς συνάψων, καὶ τὸ πᾶν καταρτίσων. »
Πρὸς ταῦτα δακρύσασα μικρὸν ἡ κόρη,
« Ὀλύμπιε Ζεῦ, » φησὶν « αἰθερόκρατορ,
« τί ζῆν με κακότητι συγχωρεῖς ἔτι,
110 « τὴν λειπόπατριν, τὴν ἄποικον, τὴν ξένην;
« Τί μὴ θαλάσσης ὑπεδέξατο στόμα;
« Τί βαρβάρων μὴ κατέκτεινε ξίφος;
« Ἐπεὶ δέ με ζῆν δυστυχῶς θέλεις ἔτι,
« τί πρὸς λιθώδη μὴ μετατρέπεις φύσιν;
115 « Τί μὴ πτέρυγας ἀντιδιδοῖς καὶ πάλιν,
« ὡς Πανδίονος Ἀττικοῦ ταῖς ἐκγόναις;
« Τί μὴ βριαρὸς καὶ θρασύσπλαγχνος λέων

« clem, Cratylo conjugi mortem ex veneno pararet. »
— « Hei mihi! » exclamat statim ille media intercipiens verba : « Drosilla, quid ais?

« Rem narras lætitiæ plenam et doloris.
« Nam tyranni mors Cratyli nobis quidem miserabilem
« servitutem servientibus optanda est.
« Solvemur duro forsitan colla jugo : Cliniam enim non
« nimiopere curamus.
« At rugosam Chrysillam acri nunc Chariclem amore
« persequi! nonne detestandum esse videtur? Non! per The-
« midem juro Amorisque flammas; non, non mihi jungere
« unquam anus misella, cordi mare amarum, lutosum,
« sævumque.

« Osculum oris tui, mulier, supplicium est omnino.
« Labia sunt dura, os siccum; annique tuas excoria-
« vere genas.
« Jam lippiunt oculi multa licet illiti cochlea ; pallos
« quamvis spisso tincta fuco.
« Et, ut turpis Chrysilla jam fiat Diana pulchrior illa,
« qui Barbaræ sponsus fœminæ Chariclem datam, Drosilla,
« juratamque præstabit fidem? Vale, regnum; satrapici
« honores, valete.

« A Charicle avellimini divitiæ.
« Non anteponam virtuti honores.
« Me Drosillæ junxit Amor : utinam te nunquam, o
« Virgo, priver! Viden', formosæ Jovis nate? Tu mihi Dro-
« sillæ nuptias despondisti,
« et jam anus barbara mente et nimis ferò corde avellere
« vult a Drosilla Chariclem!

« Cernis qua nos premat necessitatem; cernis ejus mor-
« bum.
« Cratylum interime et Cliniam; næ, te ipsam una, hera
« Chrysilla : rem facies servo tuo gratam Charicli, Drosillæ
« servæ tuæ gratam.
« Hæc autem, Virgo, erunt curæ cœlitibus.
« Ast heri Cliniæ amor, in qua ponendus infortuniorum
« parte? Significa mihi quidpiam :
« nam unus ego ad te missus fui, qui conciliarem al-
« terum alteri, rem omnem compositurus. »
Ad hæc aliquantulum lacrymans puella : « Jupiter Olym-
« pice, » dixit, « cœli moderator, quid me sinis inter
« tanta mala vivere, exulem a patria, sine laribus extor-
« remque?
« Cur me non voravit os abyssi? Cur me non peremit
« barbarus ensis?
« At quum vivere me miserabiliter vis adhuc, cur non
« fui versa in lapidem? Cur me saltem pennis non in-
« struxisti, ut olim filias Pandionis Attici?
« Cur non me leo validus imperterritusque

« λόχμης προκύψας θᾶττον ἐσπάραξέ με,
« ὅτε πρὸς ἄλση καὶ φαραγγώδεις τόπους
120 « τὴν λῃστρικὴν ἔφευγον ἀγερωχίαν;
« Ὡς κρεῖττον ἦν θανοῦσαν, ὦ θεοί, τότε,
« ἀπαλλαγήν με τῶν κακῶν εὑρηκέναι,
« ἢ ζῆν ἀειστένακτον ἐν γῇ Βαρβάρων
« δούλην, ταπεινήν, αἰχμάλωτον, ἀθλίαν!
125 « Ἀλλ', ὦ ποθεινὸν ὄμμα καὶ φίλη θέα,
« ἥδιστα ταῦτα πάντα· μὴ δάκρυέ μοι »
(γνοὺς γὰρ δι' αὐτὸν ταῦτα συμπεπονθέναι,
αἰδούμενος δάκρυον ἐστάλαξέ τι·)
ἔφη Δρόσιλλα· καὶ Χαρικλῆς ἀντέφη,
130 ἰδὼν πρὸς αὐτοὺς φωλεοὺς χελιδόνων·
« Σὺ μὲν μολοῦσα ταῖς ἔαρος ἡμέραις,
« καλὴ χελιδών, εἰς ἐπίτροχον μέλος
« διττοῖς νεοσσοῖς συντιθεῖς χειῶν μίαν·
« ὅταν δὲ χειμὼν ἀντεπέλθῃ, φυγγάνεις·
135 « ἀλλ' ὁ πτερωτός, ἀλλ' ὁ τοξότης Ἔρως
« ἀεὶ καλιὰν εἰς ἐμὴν ψυχὴν πλέκει.
« Πόθος δ' ὁ μὲν πτέρωσιν ἁδρὰν ἐκφύει,
« ἄλλος δὲ τὴν κύησιν ἤδη μηνύει,
« ὡοῦ δέ τις ἔξωθεν ἄλλος ἐκτρέχει·
140 « ἀεὶ δὲ τὴν τάλαιναν ἐντὸς καρδίαν
« βοὴ νεοττῶν ἐκθροεῖ κεχηνότων·
« τῶν γὰρ τραφέντων ἐκτοκεύονται νέοι
« τῇ καρδίᾳ. Τίς μηχανὴ γένοιτό μοι;
« Ἐρωτιδεῖς γὰρ οὐ τοσούτους ἰσχύει
145 « ἀεὶ τοκεύειν, ζωπυρεῖν, φέρειν, τρέφειν.
« Δεινὸν φιλῆσαι, μὴ φιλῆσαι δὲ πλέον·
« δεινῶν δὲ πάντων χαλεπώτερον κρίνω
« τὸ τοὺς φιλοῦντας εὐκόλως μὴ τυγχάνειν.
« Κέρας μὲν οὖν ἔδωκε ταύροις ἡ Φύσις,
150 « ἵπποις ὁπλὰς δέ, τὴν ποδώκειαν πάλιν
« δειλοῖς λαγωοῖς, τῇ λεόντων ἀγέλῃ
« τὸ τῶν ὀνύχων ὀξυκέντητον σθένος,
« τὸ νηκτὸν ἔθνει τῶν ἀφώνων ἰχθύων,
« τοῖς ὀρνέοις τὴν πτῆσιν, ἀνδράσι φρένας·
155 « πρὸς γοῦν Δρόσιλλαν, ἄλλο μὴ κεκτημένη,
« δίδωσι κάλλος, ἀντὶ πάσης ἀσπίδος,
« ἀντὶ βελέμνων, ἀντὶ πολλῶν ἐγχέων·
« νικᾷ δὲ καὶ σίδηρον εὖ τεθηγμένον,
« καὶ πάμφαγον πῦρ δραστικῶς ἀνημμένον.
160 « Ἐγώ, Δρόσιλλα, Κλεινίᾳ τῷ δεσπότῃ
« τὸν ὄλβιον σὸν ἠγγυησάμην γάμον,
« οὐχ ὡς φρονοῦν τοιαῦτα (μὴ γένοιτό μοι!),
« πλὴν βαρβάρῳ μὲν καρδίᾳ θυμουμένῃ
« ὥραν παρασχὼν ἠρεμῆσαι μετρίαν,
165 « ἡμῖν δὲ πάντως τί σκοπῆσαι συμφέρον.
« Ἤδη δὲ καιρός, καὶ σκοπεῖν ἀπαρκτέον
« πῶς τὸν Χρυσίλλης καὶ τὸν υἱοῦ Κλεινίου
« ἔρωτα νῦν σχοίημεν ἐγκατασβέσαι· »
Τοιοῖσδε λοιπὸν ἦσαν ἠσχολημένοι
170 (ἔρως ὁ σώφρων ἢ φιλάλληλος σχέσις)
αὐτὸς Χαρικλῆς καὶ Δρόσιλλα παρθένος·

« e saltibus prosiliens ocyus laniavit, quum per nemora
« et præerupta locorum piraticam fugerem immanitatem?
« Ah! melius fuerat, o Dii, me tunc mori finemque inve-
« nisse malorum, quam perpetuis in lacrymis inter Barba-
« ros vivere, servam, humilem, captivam, miseram! At,
« oh! dulcis amice suavisque, hæc omnia mihi sunt grata.
« Desine mihi lacrymarum. »

(Non ignarus enim tanta propter se perpessam fuisse
mala, Charicles præ pudore lacrymulis ora tingebat).

Dixerat Drosilla; ac Charicles nidos hirundinum spe-
ctans, vicissim talia fatur:

« Tu quidem, hirundo pulchra, verno adveniens tem-
« pore, volubiles inter garritus, binis unum lutas nidum
« parvulis; bruma sed redeunte fugis; at vero alatus Amor,
« Amor arcitenens, usque meo in corde nidulatur.

« Amorulus hic densis vestitur pennis; ille se sub ovo
« conditum jam indicat; alius ex ovo prosilit; semperque
« miserum cor pipitus hiantium pullorum territat.
« Nam qui sunt educati gignunt ipsi in corde novos
fœtus.

« Ecquod erit mihi remedium? Tot enim Amorulos ne-
« quaquam parturire semper, fovere, ferre, nutrire valet.
« Amare grave est et non amare gravius; at rem omnium
« esse durissimam puto, amantes non facile potiri.

« Tauris Natura cornu dedit, equis ungulas, velocitatem
« pedum timidis leporibus, leonibus ungulum acutissimo-
« rum robur, mutorum generi piscium natandi solertiam,
« avibus volatum, viris sapientiam : Drosillæ, aliud nil
« habens, pulchritudinem pro clypeis cunctis dedit, telis-
« que, multisque jaculis; atque edacem flammarum vim
« torrentium, acutissimumque vincit ferrum.

« Equidem hero, Drosilla, Cliniæ felices sum tuas polli-
« citus nuptias; non ita sentiens (quod abominor), sed ut
« temporis aliquantulum lucrarer, quo barbara mens ni-
« mium ardens considere queat, possimusque quid nobis
« sit agendum prospicere.

« Jam vero tempus instat, consultandumque qua nunc
« via Chrysillæ filiique ejus Cliniæ amorem exstinguere
« valeamus. »

Talibus igitur erant intenti (nam usque dum castus fuit
et pudicus amor utriusque) Charicles virgoque Drosilla :

καί τις παρεισέπνευσεν ἀρτίθρους λόγος,
ὡς Κρατύλος πέπτωκεν ἀθρόᾳ νόσῳ.
Καὶ γοῦν διασπασθέντες ἀλλήλων τότε,
175 ἀντιπροσῆλθον τοῖς ἑαυτῶν δεσπόταις
μαθεῖν τὸ πραχθὲν, πενθίμως ἐσταλμένοι·
καὶ συῤῥεόντων τῶν ὑπ' αὐτοὺς αὐτίκα
ἀνδρῶν, γυναικῶν, σατραπῶν καὶ βαρβάρων·
ὁμοῦ κατ' αὐτὸ, Κρατύλου προκειμένου,
180 ᾤμωξεν ἡ Χρύσιλλα πάντων ἐν μέσῳ,
πρὸς μὲν τὸν ἄνδρα δῆθεν ἠσχολημένη,
τὸ δ' οὖν ἀληθὲς, πρὸς Χαρικλέος θέαν·
« Σὺ μὲν προοίχῃ καὶ γυναικὸς καὶ τέκνου,
« ἄνερ Κρατύλε, δυστυχῶς λελειμμένων,
185 « ὃν οὔτε χεὶρ ἔκτεινεν ἀρχισατράπου
« τείνουσα τὴν μάχαιραν ἐν καιρῷ μάχης,
« οὔτ' ἄλλος ἐχθρῶν ἀντιπράττειν ἰσχύσας,
« ἀλλ' ἡ θεῶν πρόνοια τῶν Ὀλυμπίων
« εἰς κρυεροὺς ἔπεμψε Πλούτωνος δόμους!
190 « Ποῖος δὲ τὴν σὴν δέξεται τυραννίδα;
« Τίς τῆς Χρυσίλλης κυριαρχήσειέ μου;
« Τίς πατρικὴν δείξειε φιλοστοργίαν,
« τοῖς ἀμφὶ τὴν σὴν καὶ τὸν ἐκ σοῦ Κλεινίαν; »
Τοιαῦτα ῥαψῳδοῦσα, πρὸς Χαρικλέα
195 μήνυμα μεστὸν ἀντιπέμπει πικρίας
αὐτῷ Χαρικλεῖ καὶ Δροσίλλῃ τοῖς νέοις·
ὁ γὰρ πεσὼν τύραννος αὐτὸς Κρατύλος
τέθαπτο πάντως ὡς ὁ βαρβάρων νόμος·
« Κινεῖς μὲν, οἶδα (τὴν ἀλήθειαν λέγω),
200 « καὶ χαλκοτύπους ἀνδριάντας παρθένων
« ἄφυκτον εἰς ἔρωτα, δειλὲ Χαρίκλεις·
« ἀλλ' οἱ θανόντες ὡς ἀνέλπιστοι σκόπει·
« ἐν ζῶσιν ἐλπὶς, ἐν θανοῦσιν οὐκ ἔτι.
« Σειρὴν μελιχρὰ, θέλγε τὴν ὁδοιπόρον·
205 « βροτοὺς λιθοῦσα καὶ βροτοῦσα τοὺς λίθους,
« ᾄδουσιν ἠχῷ τῶν ποδῶν σου καὶ λίθοι.
« Ὦ λαμπρὸν ἄστρον, φέγγε κἀμοὶ τῇ ξένῃ.
« Ἆσον, χελιδών· εἰπὲ θελκτικὸν μέλος·
« Μοῦσαι γὰρ αὐταὶ νέκταρ ἐγχέουσί σοι,
210 « καί σου μελιχρὸν συγγλυκαίνουσι στόμα.
« Πλὴν ἀλλά τί μοι ταῦτα; τὸν σκοπὸν μάθε.
« Αὐχμὸς ποταμῷ καὶ χιὼν δένδρῳ βλάβη,
« στρουθοῖς τὸ λίνον, ἡ νόσος τῷ σαρκίῳ,
« νεανιῶν δὲ ταῖς γυναιξὶν ἀγάπη.
215 « Τί μοι βλεπούσῃ γνησίας τρισασμένως
« σύνοφρυς ἑστὼς ἀγρίως ἀντιβλέπεις;
« Τέττιξ φίλος τέττιξι, ποιμὴν ποιμέσι,
« μύρμηξι μύρμηξ· ἀλλ' ἐμοὶ σὺ, καὶ μόνος.
« Ἔρως δὲ τυφλὸς, οὐ γὰρ ὁ Πλοῦτος μόνος.
220 « Ζητεῖ τὸν ἄρνα λύκος, αἲξ χλωρὰν πόαν,
« λαγὼν δὲ κύνες, ἀμνὸν ἄρκτος ἀγρία,
« στρουθοῦ νεοσσοὺς ἀγκυλῶνυξ ἱέραξ·
« ἐγὼ δέ σοι τὸ φίλτρον αὐξάνω μόνῳ.
« Ἀεὶ δὲ νωθρὸς σὺ πρὸς ἡμᾶς καὶ πάλιν·
225 « νικώμενος γὰρ οὐ φρονεῖς τὰ βατράχων·

ecce subitus spargitur rumor, Cratylum cecidisse repentine oppressum morbo.

Confestim igitur dulce rumpentes colloquium, heris se suis lugubri indutos veste sistunt, rei discendæ causa.

Et adcurrente statim subditorum turba virorum, mulierum, satraparum, ac barbarorum, ipsa cœtu in medio Chrysilla ingemuit, expositum coram Cratyli corpus intuens, circa conjugem videlicet occupata, at revera in Charicle tota:

« Abiisti, Cratyle sponse, sponsam ante natumque, quos
« miserabiliter deseruisti; nec te peremit Archisatrapæ ma-
« nus gladio inter pugnandum intentato, nec hostium
« alius tibi adversari ausus, sed Deorum numen Olympico-
« rum te in frigidam demisit domum Plutoniam! Quis tuo
« succedet regno? Quis erit Chrysillæ dominus? Quis
« paternam ostendet caritatem sponsæ mihi tuæ, Cliniæ-
« que tuo. »

Has post ampullas verborum, Charicli mittit epistolam, magnum Charicli Drosillæque, amabili juvenum pari, illaturam dolorem; mortuus enim Cratylus rex more barbarorum fuerat sepultus plenissime:

« Potis es, sat scio, Charicles, nec vana loquor, vel
« æneas virginum statuas inevitabili, improbe Charicles,
« incendere amore; sed de mortuis cerne quantum sit de-
« sperandum.
« In vivis spes est aliqua, in mortuis nulla jam.
« Mellita siren, viatricem demulce : tu qui homines in
« saxa vertis, saxaque vicissim in homines, ipsa saxa pe-
« dum sono tuorum accinunt.
« Splendidum astrum, et me hospitam lumine collu-
« stra. Hirundo, cane ; illicem cantilenam cita. Musæ enim
« ipsæ nectar infundunt tibi, mellitumque os tuum con-
« diunt dulcedine.
« Sed cur hæc ego tibi? Quid velim disce.
« Triste siccitas fluvio, arboribus nives, retia passeribus,
« morbus corpusculo, juvenumque virorum fœminis
« amor.
« Quid me affectu sincero lætisque te intuentem oculis,
« oculis contra severis intueris et fronte caperata? Cicada
« cicadæ amica est, pastor pastoribus, formica formicis;
« mihi Charicles, unus Charicles.
« At cœcus est amor, non enim Plutus tantum.
« Agnum sequitur lupus, herbam capella viridem, lepo-
« rem canes, ursa crudelis agnam, curvis accipiter ungui-
« bus passeris pullos : ego te unum ardeo.

« At tu pro me lentus semper, etiam nunc esse videris.
« Neutiquam enim vinci te sinis ranarum memor, quæ

« οὖ γὰρ ἐκεῖνοι τοῖς χανοῦσιν εἰς ὕδωρ
« ἐπεγκοτοῦσιν ἢ φθονοῦσι · μὴ σύ γε.
« Οὐδείς, Χαρίκλεις, εὐλογότροπος φόβος,
« τοῦ συζυγέντος, ὡς ὁρᾷς, τεθνηκότος·
230 « τοῖς οὖν ἐμοῖς κέχρησο καὶ τῇ κυρίᾳ·
« κάταρχε, σατράπευε, δοξάζου μέγα·
« ἀντ' αἰχμαλώτου δεσπότης πάντων γίνου
« τῶν κειμένων μοι χρημάτων, τῆς οὐσίας·
« τὴν σὴν ἀδελφὴν τὴν Δρόσιλλαν παρθένον
235 « ἐλευθέραν, μοι καὶ συνάρχουσαν, βλέπε
« οἴῳ θελήσει συζυγεῖσαν σατράπῃ.
« Τίς μὴ τοσοῦτον ὄλβον ἀνθέλοιτό μοι;
230 « Τοσαῦτα λαβὼν, ἀνθυπάσχου τὸν γάμον,
« ἄνερ Χαρίκλεις, εὐκλεές μοι νυμφίε. »
240 Ἔφησε ταῦτα, καὶ Δρόσιλλαν ἀσμένως
(ἐχρᾶτο καὶ γὰρ ἀγγέλῳ τῇ παρθένῳ)
ἐν ἀγκάλαις τίθησι, καί « γένοιό μοι
« συνεργὸς » εἶπε « τοῦ Χαρικλέος γάμου,
245 « πασῶν γυναικῶν ὑπερηγαπημένη·
« τὰς δωρεῶν γὰρ αὐτοπίστους ἐγγύας
« ἔχεις μαθοῦσα· τί λόγων μοι πλειόνων; »
Τοιούσδε πικρούς εἰσδεδεγμένη λόγους,
πρηστὴρ κεραυνὸς ῳεψαλοῖ τὴν παρθένον.
250 Μερίζεται γοῦν ἀντιπαλαμωμένη
δυοῖν λογισμοῖν ἐμπαθῶς ἀντιρρόποιν·
« Εἰπεῖν γὰρ αὐτὸν τὸν σκοπὸν τῆς Βαρβάρου
« οὐ βούλομαι νῦν » φησί « πρὸς Χαρικλέα·
« ἀνέξεται γὰρ οὐδ' ἐκεῖνος ἂν λέγω·
255 « ὅμως ἀφορμὴ τοῦ τυχεῖν Χαρικλέος·
« ἐλεύσομαι πρόθυμος εἰς ὁμιλίαν. »
Προσέρχεται γοῦν ἀμφὶ τὸν Χαρικλέα,
τοῦ φωσφόρου κλίναντος ἤδη πρὸς δύσιν·
ὁ γὰρ Κρατύλος τοῖς ὑπ' αὐτῶν συλλόγοις,
260 ὡς εἴπομεν, τέθαπτο Βαρβάρων νόμῳ.
Ἔφασκεν, ἐξήγγελλε δυσφορουμένη·
ψυχὴν διέσπα τὴν Χαρικλέος μέσην
ξίφει νοητῷ δυσχερῶν ἀκουσμάτων,
λέγοντος· « Οἴμοι, τῆς παρούσης ἡμέρας!
265 « Ὦ γλυκερὸν φῶς, ὦ Δρόσιλλα παρθένε,
« ὡς πικρὸν ἦλθες φθόγγον ἀγγέλλουσά μοι!
« Αἴ! αἴ! χελιδὼν ἢ γλυκύφθογγος μόνη,
« ψυχὴν ἐμὴν σοῖς ἐξεπίκρανας λόγοις,
« χρυσοῦν μελίχρον ποικιλόγλωττον στόμα. »
270 « Αἴ! αἴ! Χαρίκλεις, τῆς ἀπανθρώπου τύχης,
« ἥτις με μακραῖς ἐκπιέζει φροντίσιν!
« Ὦ! ποῖον ἔσται τῶν καθ' ἡμᾶς κινδύνων
« καὶ τῶν ἀναγκῶν τῶν πολυτρόπων τέλος;
« Ποῖος θεόν τις, ἀλλὰ καὶ ποίῳ χρόνῳ
275 « νεμεῖ τελευτὴν τῶν κακοπραγημάτων;
« Ἕως πότε σχῇς, ἀγριαίνουσα Τύχη,
« κινεῖν καθ' ἡμῶν μηχανὰς πολυτρόπους
« καὶ συνδαμάζειν ἀλλεπαλλήλοις πόνοις;
Οὕτως ἐκείνων συστεναζόντων μέγα,
280 οὔπω παρῆλθον ἡμέραι δὶς ἐννέα,

« sitientibus non irascuntur invidentve : nec tu invideas
« iratusque sis.
« Nullus jam non ineptus esse potest mariti metus, ut
« vides, mortui : meis nunc utaris ; utaris domina ; prin-
« ceps, satrapa fias ; honores capesse summos ; pro captivo
« sis omnium dominus rerum quascumque possideo.

« Sororem tuam, Drosillam virginem, cerne liberam meæ-
« que factam potestatis sociam, et illi quem elegerit nuptam
« satrapæ.

« Quis mihi tantam felicitatem non statim accipiet? Pro
« tot beneficiis nuptias mihi sponde tuas, Charicles marite
« et inclyte conjux. »

« Dixit, et Drosillam, qua internuntia iutebatur, læto fo-
« vet complexu, et « sis mihi » inquit « Chariclei conci-
« liatrix hymenæi, ante cunctas tu mihi carior fœminas.
« Fida audisti certaque donorum promissa.
« Quid longioris opus sermonis?

Tristibus acceptis hisce verbis, fulmine veluti percussa
obstupet virgo, si quidem perturbatus scinditur animus,
duabus obluctans contrariis cogitationibus : « Mulieris bar-
« baræ mentem nolo nunc » ait « aperire Charicli ; nequa -
« quam enim me talia dicentem patietur.
« Attamen hæc fuerit Chariclem videndi occasio ; ibo
« alacris illumque alloquar. »

Ad Chariclem igitur adit, quum jam sol in occasum
declivis esset, et postquam Cratylus a suis ad hoc officium
congregatis more fuerat barbarico sepultus.

Nuntiavit mœsta virgo quæ nuntiare jussa fuerat, et in-
corporeo tristis nuntii gladio medium dissecuit amantis
pectus : « Hei! mihi! » Charicles ait : « funestum hunc
« diem! O dulcis mea lux, o Drosilla, quam amarum
« mihi adtulisti nuntium! Heu! Heu! Hirundo præ aliis
« dulciloqua, o tu cui os est aureum, mellitum, varium
« adeo, mentem meam tuis sermonibus amaritudine satia-
« visti. »

« Ah! Charicles! ah! crudelem fortunam, quæ me tam
« diuturnis opprimit sollicitudinibus! Oh! qui periculorum
« erit nostrorum variarumque finis miseriarum? Quis Deo-
« rum et quo tempore infortuniis imponet metam? Quous-
« que, sæva Fortuna, adversus nos movebis tormenta
« varia, nosque denso malorum agmine oppugnabis?

« Sic ambo valde gemebant.
Interea nondum effluxerant dies bis novem,

μετὰ τελευτὴν Κρατύλου τοῦ Βαρβάρου,
καὶ σατράπης ἄνακτος Ἀράβων Χάγου
πρὸς τὴν Χρύσιλλαν γράμμα δουλείας φέρει.
Ἤκουσεν ἡ Χρύσιλλα καὶ συνεστάλη
285 ἰδοῦσα Μόγγον· τοῦτο γὰρ ὁ σατράπης·
ἐστυφελίχθη τῇ θέᾳ τοῦ σατράπου,
ἐξεβροήθη· καὶ τὸν υἱὸν Κλεινίαν
καλεῖ παρ' αὑτὴν, καὶ τὸ γράμμα λαμβάνει,
ταῖς ἔνδον αὑταῖς συλλαβαῖς οὕτως ἔχον·
290 « Ὁ τρισμέγιστος Χάγος, Ἀράβων ἄναξ,
« φόρους ἀπαιτῶ καὶ κελεύω λαμβάνειν
« ἀπὸ Χρυσίλλης Παρθάνακτος συζύγου
« καὶ τῆς ὑπ' αὐτὴν Παρθικῆς φυλαρχίας.
« Ἕλεσθε λοιπὸν θατέραν ὁδῶν δύο
295 « ἢ συντετάχθαι τοῖς ἄνακτι τῷ Χάγῳ
« ὑπηρετοῦσιν εἰς ἐτησίους φόρους,
« καὶ τὴν ἐμὴν ἂν κερδανεῖν παραυτίκα
« ταχεῖαν εὐμένειαν, εἰ πείθεσθέ μοι·
« ἢ μὴν ἰδέσθαι τὴν στρατιὰν τοῦ Χάγου
300 « ὑμῖν ἐπιβρίσασαν οὐ πεπεισμένοις. »
Τούτους ἀναγνοὺς τοὺς λόγους ὁ Κλεινίας
(θρασὺς γὰρ ἦν τις καὶ σφριγῶν τὰ πρὸς μάχην),
ἐπιστολὴν ἔρρηξε ταύτην εἰς μέσον,
καὶ Μόγγον αὐτὸν τοῦ Χάγου τὸν σατράπην
305 μεθ' ὕβρεων ἔπεισεν ἀνθυποστρέφειν.
Εἴρηκε ταῦτα πάντα, πατρίδα φθάσας,
ἄνακτι Χάγῳ Μόγγος αὑτῷ σατράπης·
εἴρηκεν, ἐπλήρωσε θυμοῦ τὸν Χάγον.
Καὶ τῶν στραταρχῶν συλλεγέντων ἐν τάχει,
310 πρὸς ἀντιπαράταξιν ἠρεθισμένων
ἐκ τῶν ἄνακτος γραμμάτων ταχυδρόμων,
ἔφιππος ἔστη τοῦ στρατοῦ μέσον Χάγος
πεζῇ καταρτίσαντος εὐμήκη κύκλον,
δόξης τε μεστὸς καὶ φρονήματος γέμων,
315 καὶ δῆλος ἦν τρόπαιον ὑψώσων μέγα,
ἀσπίδα χρυσῆν ἐν μέρει λαιῷ φέρων
στρατηγικῶς ἔχουσαν εἰκονισμένον
τὸν Ἡρακλῆ κτείνοντα Λερναίαν ὕδραν,
ὤμῳ παροτρύνοντα καὶ νοῦν εἰς μάχην·
320 ἐχρῆν γὰρ, ἐχρῆν τῆς γραφῆς τὸν ἐργάτην
εἰς ἀνδρὸς εὐθώρακος ἀσπίδα γράφειν
μέγιστον ἄθλον εὐσθενοῦς Ἡρακλέος.
Τοιοῦτος ἔστη λαμπρὸς ἱππότης Χάγος,
τόξον, φαρέτραν καὶ σπάθην ἠρτημένος,
325 « Ἄνδρες στρατηγοὶ καὶ φαλαγγάρχαι, » λέγων
« τοῖς Ἄρεος χαίροντες ἄθλων ὀργίοις,
« ὁ συστρατηγὸς Μόγγος ἐξ ἐμοῦ κράτους
« πρὸς Παρθυαίην χθὲς οὐθένειαν ἐστάλη,
« ἧς ἐγκρατὴς νῦν ἐστιν υἱὸς Κλεινίας
330 « μετὰ Χρυσίλλης τῆς ἐκείνου τεξάσης,
« φόρους ἀπαιτῶν, καὶ κελεύων αὐτίκα
« Ἄραψι Πάρθους ἐκτελεῖν ὑπουργίαν·
« ἀλλ' οὐκ ἐδέχθη μικρὸν ἐμμεῖναι χρόνον,
« οὐ πρὸς Χρυσίλλης, οὐ πρὸς αὑτοῦ Κλεινίου,

a morte Cratyli, quum Chagi, Arabum regis, satrapa Chrysillæ adfert formulam servitii.

Viso auditoque Moggo (nam hoc erat satrapæ nomen), Chrysilla dejecta est animum, turbataque valde et commota ; vocatoque ad se Clinia filio, assumit epistolam his ipsis enuntiatam verbis :

« Ter maximus Chagus , Rex Arabum , tributa peto mi-
« hique pendi jubeo a Chrysilla Parthorum regis conjuge
« et a Parthis illi subditis.

« Eligite ergo duarum alteram conditionum : vel in
« eorum redigi numero qui Chago Regi annua pendunt
« tributa, et promtam obedientia vestra benevolentiam
« lucrari meam ; vel Chagi exercitum spectare vobis in-
« gruentem non parentibus. »

His lectis, Clinias (quod erat sævior ingenio quidam et ad arma promtior) epistolam mediam laceravit, et Moggum Chagi satrapam non sine contumeliis abire jussit.

Redux in patriam, Moggus satrapes hæc omnia Chago narravit, regisque mentem ira implevit.

Quumque sine mora duces in unum convocasset, jam ad bellum jussis regiis velociter transmissis inflammatos, ipse eques medius stetit peditum exercitu in magnum orbem extenso, fastus et animorum plenus , certusque magnum ex hostibus statuere tropæum.

Sinistra aureum gestabat imperatorie clypeum , in quo cernebatur Hercules Lernæam conficiens hydram, ingens animi in prœlia incentivum.
Debuit enim imaginis artifex in bellatoris egregii clypeo nobilissimum exhibere robustissimi certamen Herculis:

Splendido illo ornatu speciosus, arcu et pharetra gladioque armatus, stabat Chagus eques, et talia dixit.
« Duces et phalangium rectores , quibus placent bellica
« Mavortis orgia, socius vester Moggus heri fuit a me, Rege
« potentissimo , viles ad Parthos legatus , quos nunc Oli-
« nias, una cum Chrysilla matre, regit, tributa postulatu-
« rus, jussurusque Parthos Arabibus subditorum præstare
« officia.

« Sed Chrysilla et ipse Clinias Moggum vetuerunt vel
« paulisper istic commorari ,

LIBER V.

335 « μεθ' ὕβρεων δὲ μᾶλλον ἀνταπεστάλη.
« Τί φατὲ λοιπὸν, » Χάγος ἵσταται λέγων,
« ξυναυλία χαίραθλε καὶ ξιφηφόρε ; »
« Ἄναξ μάκαρ, » ἔφασαν οἱ στρατηλάται,
« οὗ τὸ κράτος φρίττουσι καὶ τὰ γῆς ἄκρα,
340 « πᾶσα στρατιά, πᾶσα Βαρβαραρχία,
« καὶ Περσανάκτων ἀρχιπερσοσατράπαι,
« καὶ πᾶς τις ἐχθρὸς, πᾶς ἄναξ, πᾶς σατράπης·
« ὄλεθρος ἡμῖν ἐστὶ, καὶ πλατὺς γέλως
« τοῖς μακρὰν ἡμῶν, τοῖς πέριξ καὶ τοῖς πέλας,
345 « καταφρονεῖσθαι Παρθικῇ στραταρχίᾳ,
« ἣν οὐδὲ τῆς σῆς χρῄζομεν παρουσίας
« κατατροποῦσθαι, τῇ θεῶν συνεργίᾳ.
« Ἡμᾶς μόνους νῦν ἀντεπιστρατευτέον,
« ἐπιτραπέντας τῷ μεγίστῳ σου κράτει,
350 « ἀντιδρομῆσαι πρὸς τὰ τῶν ἐναντίον,
« ὡς μὴ πρὸς αὐτοὺς, τοὺς ἀνόπλους ἀγρότας,
« τοὺς ληστρικῶς ζήσαντας ἐξ ἁρπαγμάτων,
« τὸ σὸν κινηθῇ παντοτάρβητον κράτος. »
« Αἰνῶ μὲν ὑμᾶς τῆς τόσης εὐανδρίας, »
355 ὁ Χάγος ἀντέφησεν Ἀράβων ἄναξ,
« ἐμὸν γένος σύναθλον ἀσπιδηφόρον,
« αὐτόχθονες γῆς ὀλβίας ἱπποτρόφου·
« πλὴν οὖν Ἐπαμινώνδας, ἀνὴρ γεννάδας,
« ἰδὼν στρατὸν γέμοντα πολλῆς ἀνδρίας,
360 « ἀλλὰ στρατηγὸν ἄνδρα μὴ κεκτημένον,
« ἔφη· Μέγας Θὴρ καὶ κεφαλὴν οὐκ ἔχει.
« Λοιπὸν μεθ' ὑμῶν συστρατεῦσαί με πρέπον,
« ὦ σύμμαχοί μοι καὶ πατρώϊοι φίλοι. »
Οὕτω μὲν αὐτὸς εἶπεν Ἀράβων ἄναξ,
365 καὶ τὴν ἑαυτοῦ στρατιὰν διεσκόπει·
ὁ πᾶς δὲ λαὸς τοῦ στρατοῦ τῶν Ἀράβων
ἐπευφήμησε τοῦ κρατοῦντος τοῖς λόγοις·
ἐκαρτέρει δὲ μὴ διϊππεύειν ἔτι,
σάλπιγγος ἦχον καὶ βοὴν χαλκοστόμου
370 τὸν ἵππον ἀσκῶν, καὶ καθαίρων τὸ κράνος,
καὶ συμβιδάζων εἰς μάχας τοὺς δακτύλους.
Ἔνευσε τοίνυν ὁ κρατῶν προσαλπίσαι·
ἵππευσεν ἅπας ὁ στρατὸς τῶν Ἀράβων,
καὶ μέχρι Πάρθου τῆς ταλαίνης πατρίδος
375 εἰς ὄγδοον φθάνουσιν ἡμερῶν δρόμον.
Σκηνοῦσι τοίνυν ἐν μέσῃ πεδιάδι,
Σάρου ποταμοῦ προσρέοντος ἐγγύθεν.
Ἡ δυσμενὴς δὲ Παρθικὴ φυλαρχία
Ἀραψὶν ἐκτὸς οὐκ ἐθάρρει τὴν μάχην,
380 πολλῆς παρούσης ἱππικῆς στρατηγίας·
οὐκοῦν περικλείσασα τέχνῃ τὰς πύλας,
τὸ τεῖχος ὠρόφωσε πέτραις χερμάσι,
καὶ πετροπομποῖς τετρατάρσοις ὀργάνοις·
ἔστησε τοὺς βάλλοντας ἐκ τοῦ ὑψόθεν
385 ἄνδρας ἐνόπλους, λιθολεύστας εὐστόχους,
καὶ τοξοχαρεῖς σφενδονήτας ὁπλίτας·
ὕψωσε πύργους ἀσφαλεῖς ἀπὸ ξύλων·
ἔσφιγξεν αὐτοὺς συμπλοκῇ τῇ τῶν λύγων

« contumelioseque fuit dimissus. Quid demum sentitis,
« viri præliorum avidi gladiisque cincti? »

Cui contra tacenti duces : « Rex felicissime, cujus veren-
« tur potentiam et orbis fines, et exercitus omnis, cuncti-
« que Barbari, et Persarum regum archisatrapæ, hostesque
« cuncti, cuncti reges, satrapæ cuncti ; periimus, nimium-
« que fiemus ridiculi populis longe circumque, ac prope
« sitis, si nos Parthicus despexerit exercitus, ad quem
« fugandum, annuentibus Deis, ne tuæ quidem egemus
« præsentiæ.

« Nos ergo solos illis opponendum est, cum tua, rex
« potentissime, venia hostibus occursuros ; nec in rusticos
« istos inermes piraticoque more rapinis victitantes, mo-
« veatur tremenda cunctis Chagi Majestas. »

— « Virtutem quidem laudo vestram » respondit rex
« Arabum Chagus : o populares, sociique periculorum,
« clypeati viri, et e terra nati felice opum altriceque equo-
« rum.

« Attamen, Epaminondas, vir fortissimus, quum exer-
« citum cerneret maribus plenum animis, sed duce caren-
« tem, ingens, inquit, fera, sed caput non habet.

« Ergo æquum est me una cum vobis inire aciem, o
« commilitones, amicique paterni. »
Talia fatus, agmina circumspexit, quæ tota ducis ora-
tioni faustum adclamaverunt.

Tum miles, ut profectionis falleret expectationem, equum
assuefaciebat tubæ clangoribus æreæque voci, galeam po-
libat ; et manus inter se conferebant, pugnæ præludium.

Ergo canere signa jussit imperator, totusque Arabum
exercitus, conscensis equis, tendunt iter, et octavo die
Parthorum non lætos attingunt fines.

Media planitie, Sarum juxta fluvium, tentoria ponunt.
At Parthorum exercitus hostilis pugnam cum Arabibus
extra muros non audebat, quippe quibus magna esset equi-
tum vis.

Igitur obseratis sedulo portarum undique aditibus, mu-
rum congestis saxis manualibus operuit, et machinis, quæ
quatuor quasi alis instructæ lapides longe evibrabant.

Armatos milites jaculandique peritos Parthus disposuit,
qui desuper arcubus, fundis, lapides, tela jacerent.

Turres e ligno validas erexit, quas viticibus arcte com-
plicatis revinxit.

ΒΙΒΛΙΟΝ Ε.

πύργους· ἀπηώρησεν ἐκ τῶν τειχέων
300 κώδωνας αὐτῶν φύλακας ἀντιτύπους·
πᾶσαν κατωχύρωσεν αὐτὴν τὴν πόλιν
πρὸς Ἀραβικὴν καρτερέμβολον μάχην.
Ἀλλ' αἱ κατ' αὐτῶν εἰσδραμοῦσαι μυρίαι
Ἀραβικαὶ φάλαγγες ἀσπιδηφόροι
395 σφοδρῶς ἐληΐζοντο τοὺς πέριξ τόπους.
Ἃ μὲν κατεστρέφοντο τῶν σφῶν φρουρίων·
ἃ δ' οὐχ ἑλεῖν ἴσχυον εὐθὺς τοῖς ὅπλοις,
τὴν ἐν κύκλῳ γῆν, τοὺς κατοίκους ἀγρότας,
ἠνδραπόδιζον, ἠνθράκουν, ἐπυρπόλουν·
400 οὕτω πολὺν δύσφραστον ἀνθρώπων φθόρον
Ἄραβες εἰργάσαντο μακροκοντίοις.
Ἐς αὔριον δὲ μηχανὰς χαλκοστόμους
ἔστησαν ἐγγὺς καὶ πρὸς αὐταῖς ταῖς πύλαις·
τεῖχος δὲ συμπλέξαντες ἐκ λύγων μέγα,
405 τοῖς πετροπομποῖς ἀντεπέστησαν σκέπην
τὰς Παρθικὰς εἴργουσαν ἀφέσεις λίθων.
Ἔπεμπον εἰς τὸ τεῖχος Ἄραβες λίθους·
ἔβαλλον αὐτοὺς εὐστόχως οἱ τοξόται·
ἐκ τειχέων ἔπιπτον οἱ βεβλημένοι
410 τόξοισιν αὐτοῖς καὶ μετ' αὐτῶν τῶν λίθων·
ἔρριπτον ἤδη τὰς ἐπάλξεις οἱ λίθοι,
ἔτυπτον, ἐσπάραττον αὐτὰς εὐστόχως.
Πλὴν γίνεταί τι σκέμμα νυκτίου δόλου
Πάρθων παρ' αὐτῶν τῶν Ἀράβων ὀργάνοις
415 (δεινὴ γάρ ἐστι Παρθικὴ φυλαρχία
τρόπους ἐφευρεῖν καὶ καταρτίσαι δόλους
δι' ὧν ἀποκρούσαιτο τοὺς ἐναντίους)·
οἱ στάντες ὑψοῦ καὶ σκοπήσαντες κάτω
ὡς εὐστοχήσαι τὰς βολὰς πρὸς τοὺς λύγους
420 τοὺς εἰς Ἀράβων χρηματίζοντας σκέπην,
σίδηρον ἐκπέμψαντες ἠνθρακωμένον,
τεφροῦσι πάσας μηχανὰς τῶν βαρβάρων·
ξηραὶ γὰρ οὖσαι τῶν λύγων αἱ φυλλάδες,
ἑτοιμόφλεκτοι τῇ πυρὸς παρενθέσει
425 ὤφθησαν· ἐξέκαυσαν ἀλλὰ ῥᾳδίως
ἀμυντικῶν ἅπασαν ὀργάνων θέσιν.
Ἐντεῦθεν ἦχοι καὶ κρότοι τῶν κυμβάλων
ἐκ Παρθικῆς ἤρθησαν ἀγερωχίας.
Πλὴν τοῦ τρίτου φθάσαντος ἡμέρας δρόμου,
430 Ἄραβες ὠπλίσαντο, καὶ μεμηνότες
ὅπλοις ἐκυκλώσαντο πᾶσαν τὴν πόλιν,
καὶ, συρραγείσης καρτερωτάτης μάχης,
τὸ Παρθικὸν πύργωμα σύμπαν ἑσχέθη.
Ἐκεῖσε πάντως οὐχ ὁ χαλκόδους Ἄρης
435 Πάρθων μεταξὺ καὶ μαχητῶν Ἀράβων
ἐμέμψατο στὰς τῆς μάχης κροτουμένης.
Ἡ γοῦν Χρύσιλλα, Κλεινίου πεπτωκότος
(καὶ γὰρ μεταξὺ τῆς μάχης ἀνῃρέθη),
μάχαιραν ἐξήρπασεν εὖ τεθηγμένην,
440 καὶ δὴ κατ' αὐτῆς ἐμβαλοῦσα καρδίας
ψυχὴν μετ' αὐτοῦ δυστυχῶς ἐρυγγάνει.
Ἡ δὲ Δρόσιλλα, καίπερ ἐν μέσῳ φόνῳ

E moenibus suspendit coria quae ictus exciperent, illaque protegerent; totamque circum circa urbem hoc artificio ab Arabicarum machinarum assultu defendit.

Sed innumerae Arabum clypeatorum phalanges vicinos incursu agros desolabant: et nonnulla statim expugnabant castella; si quae vero primo non poterant capere impetu, finitimos agros incendebant, urebant, agricolasque redigebant in servitutem : atque sic ingentem infandamque vastitatem longis Arabes lanceis faciebant.

Die vero insequenti machinas aerato ore terribiles portis ipsis admoverunt. Magnumque e viticibus propugnaculum sibi texentes, machinis suis lapidariis munimen, quo a Parthicis saxorum jaculationibus defenderentur,

mittebant in murum Arabes saxa; sagittarii Parthos strenue feriebant, et e muris decidebant vulnerati ipsis cum arcubus ipsisque cum lapidibus.

Jam missilia saxa pinnarum summitatem attigerant, convellebant mpulsu certo disjiciebantque.

Attamen nocturno dolo Parthi Arabum machinas aggrediuntur.

Parthi enim mire callent modos reperire dolosque struere quibus hostes repellantur.

Stantes desuper, et defixo deorsum obtutu, ita ut ictus dextro nisu in vitices intenderent qui Arabibus erant pro munimine, candentia ferri jacula mittunt quibus omnes Barbarorum incenduntur machinae. Arida quippe viticum folia appositum ignem subito conceperunt, et brevi machinarum apparatus omnis incendio corruptus est.

Tunc Parthi feroces tinnitibus et sonis cymbalorum multiplicibus coelum ruperunt.

Quum vero tertius illuxit dies, Arabes, sumtis armis, mentibusque furiatis totam late urbem circumcinxerunt; et, acerrimo exorto certamine, Parthicum asty totum vi fuit occupatum.

Mars aeridens, ipse inter Parthos stans Arabesque bellicosos, non potuit non animoso plaudere praelio.

At Chrysilla, mortuo Clinia, qui in pugna perierat, ensem arripuit acutissimum, quo per ipsum cor adacto, animam nati comitem miserabiliter eructat.

Drosilla autem, in media caede mediosque inter gladios

(εἰς γὰρ τὸ κάλλος ἀσθενοῦσι καὶ ξίφη),
μέσον ξιφῶν ἔμεινεν ἐκτὸς τραυμάτων·
445 τοὺς πλείονας δὲ τῶν ἔσω φρουρουμένων
τὸ τῆς μαχαίρας ὑπεδέξατο στόμα·
καὶ Παρθικῆς μὲν δυσμενοῦς φυλαρχίας
πολλὴ κατεκράτησε πανωλεθρία·
ὁ Χαρικλῆς δὲ σὺν Δροσίλλῃ τῇ κόρῃ,
450 ναὶ μὴν σὺν αὐτοῖς καὶ Κλέανδρος ὁ ξένος,
δεσμοῖς συνεσχέθησαν, ἀλλὰ δυσλύτοις,
Ἀραβικὴν μάχαιραν ἐκπεφευγότες,
καὶ φεῦ! κατακριθέντες οἱ τρεῖς ἐκ τρίτου
τρίτης μετασχεῖν αὖθις αἰχμαλωσίας.

(gladii enim in formosas sunt hebetiores), nullis fuit læsa vulneribus.

Major incolarum pars fuit ense victorum cæsa, Parthicæque copiæ ingenti deletæ sunt internecione.
At Drosilla Chariclesque et una cum ambobus Cleander, Arabico ense devitato, vinculis constricti, eisque arctissimis, triga infelix! tertia vice, tertia fuerunt captivitate damnati.

BIBAION EKTON.

Ὁ γοῦν κράτιστος Χάγος Ἀραβοκράτωρ
τὰς μὲν γυναῖκας, οἰκτισάμενος τάχα,
πᾶσάν τε τὴν ὕπαρξιν εὖ κινουμένην
ταῖς ἁρμαμάξαις εἶπεν ἐντεθεικέναι,
5 τοὺς δ' αἰχμαλώτους τῶν γυναικῶν χωρίσας,
πεζοὺς βαδίζειν ἐγκελεύεται μόνους.
Ἤλαυνε λοιπὸν θᾶττον εἰς τὴν πατρίδα.
Καὶ διϊόντων εἰς ἐπίκρημνον τόπον
συνηρεφῶς ἔχοντα πευκαΐαις ὕλαις,
10 κλάδος παρεμφὺς τῇ Δροσίλλης ἀγκάλῃ,
ἐξ ἁρμαμάξης εὐχερῶς ἀφαρπάσας,
κατὰ πρανοῦς ἔρριψεν ἐξ ἕδρας μέσης·
ἣν καὶ θαλάσσης ἀγριαίνων ὁ κλύδων
τὰ πρῶτα παίει ταῖς παραλίαις πέτραις.
15 Θάλασσα καὶ γὰρ ἀμφὶ τὴν πέζαν ὄρους
οὐ ψάμμον ἀκτῆς εἶχεν ὑπεστρωμένην,
πετρῶν μελαινῶν ἐξοχὰς δὲ καὶ βάθος.
Χαρίζεται δὲ μικρὸν ὕστερον πάλιν
φλοιὸν δρυὸς μήκιστον ἐξηραμμένον,
20 δι' οὗπερ εἰς γῆν ἦλθεν ἠρεμωμένην
ἀκινδύνως πλέουσα μέχρις ἑσπέρας.
Οὔκουν ἐγνώσθη τοῦτο τῷ Χαρικλέει·
οὐ γὰρ κατιδεῖν ἐκ συνηρεφοῦς ὕλης
πεσοῦσαν ἔσχε τὴν Δροσίλλαν ἐξ ἕδρας·
25 ἢ γὰρ ἑαυτὸν εὐθέως συγκρημνίσας,
συνῆλθεν αὐτῇ πρὸς θαλάσσης πυθμένας.
Ἀλλὰ βραχὺς παῖς ἁπαλόφρων καρδίᾳ
μετὰ Δροσίλλης ἐγκαθήμενος μόνος
εἰς μίαν ἁρμάμαξαν, ἀνεκράγει
30 ἰδὼν πεσοῦσαν εἰς θαλάττιον βάθος·
ὑφ' οὗ Χαρικλῆς, ἐκδραμούσης ἡμέρας,
τὴν τῆς κόρης ἔκπτωσιν ἀναμανθάνει·
ὃς καὶ σπαραχθεὶς ἐς μέσην τὴν καρδίαν,
« Ὢ συμφορᾶς » ἔφασκε « δακνοκαρδίου!
35 « Ὢ δυστυχὴς σὺ, δυστυχὴς σὺ, Χαρίκλεις!
« Ἔμελλες ἄρα καὶ μετὰ πλάνην τόσην,
« Τύχη πονηρά, δυσμενής, ποινηλάτις,

LIBER SEXTUS.

Igitur potentissimus Arabum rex Chagus mulieres, misericordia statim tactus, et supellectilem omnem quæ facile removeri poterat, plaustris imponi, captivos vero a mulieribus sejunctos pedibus solosque incedere jubet.

Cæterum iter in patriam tendit ocyus.
Jamque devenerant locos præruptos et densis opertos piceis; ecce ramus ulnæ Drosillæ forte adhæsit, ipsamque, facile sublatam, ex plaustro detrusit de medio sedili præcipitem.

Primumque sævi maris fluctus miseram littoreis affligunt rupibus.
Mare etenim circa montis radices littus non adluebat arena molli conspersum, sed nigrorum saxorum apices; barathrumque dehiscebat.
Sed non ita longo post tempore unda ipsi adtulit quercus corticem aridum et bene longum, cui innatans sub vesperam tuto ad terram appulit desertam.
Drosillæ fatum Charicli nondum innotuerat.
Nam silva densior prohibuerat quin videret cadentem e sedili : profecto se statim mittens præcipitem, imis sub fluctibus illi comes adfuisset.

Parvus quidam puer, corde tenero præditus, qui cum Drosilla solus eodem in plaustro consederat, illam cernens in profundum delapsam, clamorem sustulit magnum.
Ab illo Charicles, jam advesperascente die, puellæ casum rescivit, mediumque dilaceratus dolore pectus,

« Oh eventum » ait « mordentur quo præcordia ! Oh mi-
« serum, miserum Chariclem ! Fortuna, crudelis, infensa,
« in supplicium intenta meum, post errores tantos, post

ΒΙΒΛΙΟΝ Ϛ.

« μετὰ φυλακὰς καὶ μετ' αἰχμαλωσίας,
« μετὰ θαλάσσης κινδύνους πολυτρόπους,
40 « μετὰ τὸν ὄμβρον τῶν τοσούτων δακρύων,
« μετὰ φρικώδη λῃστρικὴν ἀστοργίαν,
« μετὰ ζυγὸν δούλειον ἀθρόας μάχης,
« ἀντεισβαλεῖν μοι συμφορὰν βαρυτέραν,
« ἣν οὐκ ἐνεγκεῖν ἐστὶ τῷ Χαρικλέει;
45 « Ἔμελλες αἴ! αἴ! καὶ διασπᾷν εἰς τέλος
« τὴν ἀδιαχώριστον ἀλληλουχίαν,
« τὴν παντοκατάλληλον εὐαρμοστίαν;
« Πῦρ ἐν πυρὶ προσῆξας, ἐν φλογὶ φλόγα,
« βάθει προδοῦσα τὴν κόρην θαλαττίῳ,
50 « καὶ Χαρικλῆν ἐν ζῶσι συντηροῦσά με.
« Οὐκ ὄκνος, οὐ μέλλησις, οὐ ῥᾳθυμία
« μετὰ Δροσίλλης εὐτυχῶς συντεθνάναι·
« τί γοῦν ἀπεστέρησας, ἐγκοτοῦσά μοι,
« τοιοῦδε καλοῦ δυστυχῆ Χαρικλέα;
55 « Ἢ καὶ Δρόσιλλαν ζῶσαν ἤθελον βλέπειν,
« ἢ μηδ' ἐμαυτὸν, τῆσδέ μοι νεκρουμένης.
« Ὦ, ὦ ποθεινὴ, καὶ μόνη μοι τῷ βίῳ
« ὀφθαλμέ, καὶ φῶς, καὶ πνοὴ, καὶ καρδία,
« ἐσβέσθης, ἔδυς, ἔληξας, ἐψύχθης ἄφνω!
60 « Ὡς εὐτυχῶς ἦν καὶ πρὸ μικροῦ, παρθένε,
« ἔχων σε συμπάσχουσαν εἰς ἀθυμίαν!
« Ἐξ ἡλίου φλέγοντος, ὡς ὁδοιπόρος,
« ὑπὸ σκιὰν ἔπιπτον ἐν σαῖς ἀγκάλαις,
« χρυσῇ καλὴ πλάτανε, τῆς ἀθυμίας
65 « καύσωνα φεύγων καὶ τὸ τῆς λύπης βάρος.
« Κεῖσαι τὸ δένδρον καὶ νεαρὸν καὶ μέγα,
« πλὴν ξηρὸν ἤδη καὶ νεκρὸν, ζῶν οὐκ ἔτι,
« οἴκτος μὲν ἄλλοις τοῖς ὁρῶσιν ἐγγύθεν,
« εἴπου τὸ κῦμα τῆς θαλάσσης ἐκβράσαν
70 « ἔρριψεν ἔξω· καθορῶ δὲ κειμένην·
« ἐμοὶ δὲ λοιπὸν δακρύων ἐπομβρίαι.
« Ἐπαπορῶ· τὸ πρᾶγμα θαῦμά μοι φέρει·
« πῶς ὑδάτων, ὦ δένδρον, ἐψύγης μέσον;
« ἡδύπνοον πῶς ἐξεμαράνθη ῥόδον;
75 « Ὡς εἰ πρὸ σοῦ ψεῦ! ἐκ βροτῶν βὰς ᾠχόμην,
« τάχ' ἂν θανὼν ἔζησα, κἂν ζῆν οὐκ ἔδει.
« Οὔκουν ἀνεκτὸν οὐδαμῶς οὐδ' ἐν μέρει
« νοσφισμὸς ἐστὶ συμπνεούσης παρθένου.
« Αἴ! αἴ! προσίχῃ, καὶ συνοίχεσθαι θέλω.
80 « Βαβαί! πονηρῶς ἐξ ἐμοῦ διῃρέθης,
« ὡς οἷά τις κλῶν συμφυοῦς πτόρθου βίᾳ.
« Ὦ προσφιλὴς σύμπνοια καὶ συμφυΐα,
« ψυχαῖν δυοῖν ἕνωσις καὶ συμφωνία,
« ἓν πνεῦμα, νοῦς εἷς, εἷς λόγος καὶ φρὴν μία,
85 « ἓν πανταχοῦ νόημα δυσὶ καρδίαις!
« Ποίου σε νηκτοῦ συγκατέκλεισε στόμα;
« Ποῖόν σε κῆτος ἐκπέπωκεν ἀθρόαν;
« ἢ ποῖος ἐξέλαψεν ἑσμὸς ἰχθύων;
« Ἆρ' ἐν θαλάσσῃ λῆξιν εὗρες τοῦ βίου,
90 « ἢ κρημνὸς ἐξόφωσε σὰς κόρας, κόρη,
« κεῖσαι δὲ νεκρὰ θηρίοις προκειμένη

« carceres et vincula, post varia pelago pericula, post
« tantos lacrymarum imbres, post immanem piratarum di-
« ritatem, post servitutem atroxque prælium, debuerasne
« et hanc mihi calamitatem objicere cæteris graviorem,
« quamque sustinere Charicles non valet?

« Debuerasne heu! divellere in perpetuum non divellen-
« dam amborum caritatem, et aptissimam utriusque socie-
« tatem? Ignem igni admovisti et flammæ flammam, maris
« profundo virginem tradens, et Chariclem inter vivos
« manere sinens.

« Non mora fuisset, non impedimentum, dilatio nulla;
« voluissem cum Drosilla mori feliciter : quid ergo irata
« mihi tali me miserum bono defraudasti? Cuperem vel
« vivam cernere Drosillam, vel me non vivere, defuncta
« mihi puella.

« Oh! cujus fui cupiens unius, oh! quæ eras, et una vitæ
« ocellus, lumen, et anima, et cor, extincta es, te condi-
« disti, cessasti, subito fuisti pressa gelu! Quam fui modo
« felix, o Virgo, qui te doloris habebam sociam solamen-
« que! Sicut viator, quum incendit æthera, per umbram
« tuis infusus ulnis, aurea pulchraque platane, doloris vi-
« tabam ardores et onus ægrimoniæ.

« Jaces heu! arbos juvenis elataque, sicca nunc, cadaver,
« mortua. Quodsi te fluctus forte in litus ejecerit, jaces mi-
« serandum intuentibus spectaculum : humi fusam cernere
« te mihi videor; jamque ex oculis cadat meis lacrymarum
« imber.

« Ast hæreo dubius; res mihi mirationem parit : qui,
« arbor, in mediis aruisti fluctibus? qui suave olens exaruisti
« rosa? Ah! si te prius e vita migravissem, forsan et mor-
« tuus, ob immensum tui desiderium, vixissem rursus,
« quamvis vivere me nequaquam necesse fuerit: neutiquam
« sustinebo a mea puella, vitæ modo meæ socia, vitæ parte
« nec tantillum divelli.

« Heu! Heu! prior abis, ac tecum abire volo.
« Papœ! misere a me fuisti disjuncta vi, non secus ac
« ramus congenita de stirpe revulsus.

« Oh! dulcis conspiratio cognatioque, duarum unitas
« animarum et consona societas, spiritus unus, una mens,
« una ratio, intellectus unus, duobusque una semper sen-
« tentia pectoribus! Cujus te piscis os voravit! quis te de-
« glutivit cetus? quod te devoravit piscium examen? an in
« mari finem vitæ reperisti, vel pupulæ, puella, tuæ saxa
« super lumine fuerunt orbatæ; jacetque corpus miserabi-
« liter feris obvium,

« εἰς δυστυχῆ δίαιταν ἠλεημένην;
« Ὦ! ποῦ ποτ' εἶ νῦν; οὐ δραμεῖν γὰρ ἰσχύω,
« δεσμοῖς κρατηθεὶς, ψηλαφᾷν σε, παρθένε. »
95 Τούτοις ὁ Χάγος ἀντιπροσχὼν τοῖς λόγοις
(οὔπω γὰρ ἔσχεν ὕπνος αὐτοῦ τὰς κόρας),
καλεῖ πρὸς αὐτὸν ἡκέναι Χαρικλέα,
οἴκτῳ μαλαχθεὶς καὶ παθὼν τὴν καρδίαν.
Ἤκουσεν, ἦλθε πενθικῶς ἐσταλμένος.
100 Ὁ Χάγος εἶπε· « Τίς; πόθεν; τί δακρύεις; »
Ἔφη Χαρικλῆς· « Αἰχμάλωτος Κρατύλῳ,
« δοῦλος δὲ νῦν σός· ἡ πατρὶς δέ μοι Φθία·
« θρηνῶ δ' ἀδελφήν, ἧς ἐγὼ λελειμμένος,
« ὡς ἐμπεσούσης φεῦ! θαλάσσης εἰς ὕδωρ,
105 « μισῶ τὸ βιοῦν, οὐδὲ φῶς θέλω βλέπειν. »
« Μὴ Πάρθον ὄντα, πατρίδος δ' ἀπὸ Φθίας, »
ἔφησε Χάγος « πῶς κρατεῖ σε Κρατύλος ; »
« Μετὰ Δροσίλλης » ᾖδ' ὃς « εἷλκον ἐκ λόγων
« οἱ συγγενεῖς με πρὸς τὸ Καρίας πέδον ;
110 « πρὸς οὓς ἀποπλέοντες δλκαδοφθόρῳ
« ἐμπίπτομεν φεῦ! λῃστρικῇ ναυαρχίᾳ,
« ἐγώ τε καὶ Κλέανδρος, οἱ συνοικέται,
« μετὰ Δροσίλλης τῆς ἀδελφῆς, ὡς ἔφην·
« οὓς καὶ μόλις φυγόντες, ὡς τῆς ὁλκάδος
115 « ἔξω παρ' ἡμῶν εὐτεχνῶς εἱλκυσμένης,
« ἄκοντες εἰς τὴν Βάρζον ἦμεν τὴν πόλιν·
« ἡ Παρθικὴ δὲ δυσμενὴς στρατάρχία
« συνέσχεν ἡμᾶς αἰχμαλωσίας νόμῳ,
« καὶ μέχρι τῆς σῆς εὐτυχοῦς παρουσίας
120 « ὑπεντιθέντες τῷ ζυγῷ τοὺς αὐχένας
« ἐκαρτεροῦμεν ἀλλεπαλλήλους πόνους·
« οὐ γὰρ τοσούτων εἶχε τὸ πρᾶγμα θλίβειν
« ὁρῶντας ἡμᾶς τῇ βίᾳ νικωμένους,
« ὅσον Δροσίλλης ὑπεραλγοῦμεν χάριν
125 « γυναικὸς οὔσης καὶ νέας καὶ παρθένου.
« Καὶ νῦν δι' αὐτὴν καὶ τὸ φῶς δεδορκότες
« στυγοῦμεν, οἰμώζοντες, ὠδυνημένοι. »
« Εἴρηκας εὖ· » ὁ Χάγος ἀντεπεκρίθη.
« Ποῦ δ' οὗτος ὁ Κλέανδρος; ἐλθέτω τάχει. »
130 Ἔστη παραχθεὶς, δακρύων πεπλησμένος·
ὡς ἰδίαν γὰρ συμφορὰν δριμυτάτην
τὴν συμφορὰν ἡγεῖτο τοῦ Χαρικλέος·
ψυχὴ γὰρ ἄλγος ἴδιον κεκτημένη
ἑτοιμοπαθής ἔπει πρὸς τὸ δακρύειν,
135 ἄλλων λεγόντων καὶ στεναζόντων μέγα
τὰς σφῶν ἑαυτῶν δυσμενεστάτας τύχας·
οὓς καὶ συναλγήσαντας ᾤκτειρε βλέπων,
τὴν καλλονὴν ἣν εἶχον ἐκπεπληγμένος·
παρεμφερεῖς γὰρ ἦσαν οἱ νεανίαι.
140 Εἴρηκεν οὖν τοιούσδε συμπαθεῖς λόγους·
« Ἐπεὶ προσεχθητε χειρὶ Κρατύλου,
« μόλις φυγόντες τὴν θαλαττίαν μάχην,
« ἐπεὶ φυλακτὸς, καὶ πρὸ τοῦ Χάγου, τόπος
« κατέσχεν ὑμᾶς αἰχμαλώτους ἀθλίους
145 « (ἄλλως γὰρ ἐστὲ καὶ φιλάλληλον γένος).

LIBER VI.

« tristeque præbens pabulum? Oh! ubi nunc es? Vinclis
« enim constrictus currere non valeo te ut tangam, puella. »

Hæc audiens verba Chagus, cujus palpebris somnus nondum insederat, Chariclem accersit ad se : remollescebat enim miseratione victus, durumque pectus flectebatur.
Paruit, venitque habitu ad mœstitiam composito; cui Chagus : « Quis et cujatis es? Cur lacrymaris? » Charicles contra : « Cratylo captivus fui, tibi nunc servus. »

« Phthia patria est. Sororem lugeo, qua carens (heri
« enim heu! decidit in mare), jam odi vitam, nec lucem
« diutius cupio cernere. »

— « Quomodo potuisti, Parthus qui non es, sed Phthia
« oriundus, Cratylo uti domino? » Chagus ait.

Cui Charicles : « Propinqui mei quidam me cum Dro-
« silla amicis invitaverunt verbis ad se in arva Cariæ;
« cumque huc navigaremus, in piratas incidimus navibus
« usquequaque insidiantes ego et sodalis Cleander, meæ
« nunc servitutis socius, Drosillaque soror, ut jam me-
« moravi. »

« Hos vix effugere potuimus, navi dextre nos e conflictu
« proripientes, invitique ad Barzum urbem pervenimus.

« Parthorum vero hostilis exercitus captivos nos jure belli
« cepit, et, usque ad felicem tuum adventum, summissis
« jugo cervicibus, continuas toleravimus ærumnas.

« Non enim tantum propria nostrum angebamur calami-
« tate, quantum Drosillæ malis, fœminæ, juvenculæque
« virginisque; et nunc illam propter lugemus, luminisque
« mœstos tædet. »

« Laudo quæ dicis » Chagus ait.

« Ubi vero est Cleander ille? Confestim adsit. »
Adductus adfuit, lacrymis ora oppletus, quippe qui proprium esse sibi gravissimumque putabat Chariclis infortunium.
Animus enim propriis pressus doloribus facile ad lacrymas movetur, si qui sua ipsorum coram defleant mala.
Quos sibi invicem adplorantes cernens, misertus est Chagus, simul egregiam utriusque miratus pulchritudinem : nam alteri alter erat simillimus.

Talesigitur edidit commoto pectore voces : « Quoniam
« vix elapsos e navali pugna, vos jam Cratylus captivitate
« oppressit, et ante mea Chagi quæ fertis vincula, jam
« fuistis aliis constricti misere vinculis, ite liberi, quod sit
« felix faustumque.

« Quid, quod amat alter alterum egregie.

ΒΙΒΛΙΟΝ Ϛ.

« ἐλεύθεροι στέλλεσθε σὺν καλῇ τύχῃ·
« μὴ γὰρ τοσοῦτον ἐκκυλισθείη Χάγος
« τῆς συμπαθείας τοῦ καθήκοντος τρόπου,
« ὡς αἰχμαλώτους μηδὲν ἠδικηκότας,
150 « μὴ τῶν Ἀράβων ἀντιβάντας τῷ κράτει,
« ξένους, πρὸ πολλοῦ δυστυχεῖς δεδειγμένους,
« δεσμοῖς βιαίοις συγκατασχεῖν εἰσέτι,
« τῶν φύσεως ἔξωθεν ἐκπίπτων νόμων.
« Μᾶλλον μὲν οὖν δίδωμι καὶ μνᾶς χρυσίου
155 « ὑπὲρ Δροσίλλης τῆς πολὺ θρηνουμένης,
« ἢ πρὸς θεῶν ἐν ζῶσι συντηρουμένη
« ἕρμαιον ἔσται καὶ Χάγου λαμπρᾶς τύχης.
« Καὶ συνδιασώσοιτε τὴν ἐλευθέραν
« ὅπου θεοὶ βούλοιντο σῶσαι τῶν κάτω. »
160 Οὐκοῦν Χαρικλῆς καὶ Κλέανδρος οἱ ξένοι
πρὸ τῶν ποδῶν κλίναντες αὐχένας Χάγου,
τὴν γῆν ἐποίουν πλημμυρεῖν ἐκ δακρύων.
Μόλις ποτὲ στὰς ὁ Κλέανδρος ἀντέρη·
οὐ γὰρ Χαρικλῆς λῆξιν εἶχε δακρύων·
165 « Ζεὺς αὐτὸς ἄναξ ἀντιχαρίσαιτό σοι,
« Χάγε, κραταιὲ τῶν Ἀράβων αὐτάναξ,
« ψυχῆς ἅπαν νόημα τῆς σῆς συμβίου,
« δοίη δὲ μακρὸν εὐθαλῆ ζωῆς χρόνον,
« καὶ δυσμενὲς πᾶν ὑποτάττοι σῷ κράτει. »
170 Τούτοις Χαρικλῆς ἀντέφασκε τοιάδε·
« Χαίροις, Ἀράβων ὄλβιε κράτορ, Χάγε,
« λύπη δὲ τὴν σὴν μὴ κατάσχῃ καρδίαν,
« ἀνθ' ὧν ἀδελφοὺς τριπαθεῖς, τρισαθλίους,
« ἐλευθεροῖς νῦν ἐκ φρενῶν συστηρίων. »
175 Οὕτως ἀπαλλαγέντες ἐξ Ἀραβίας,
ὥδευον ἄμφω τὴν ὀπισθίαν τρίβον,
ποιούμενοι ζήτησιν ἐμμελεστάτην
αὐτῆς ἐκείνης τῆς Δροσίλλης παρθένου,
ὡς ἐντυχεῖν γένοιτο νεκρᾷ κειμένῃ,
ἣν τῷ πεσεῖν ᾤοντο μηδὲ ζῆν ἔτι.
180 Πλὴν ἀλλὰ καὶ πεσοῦσα καὶ σεσωσμένη,
καὶ κυκλικοὺς τρεῖς ἡμερῶν περιδρόμους
σὺν ἐξ διανύσασα ταῖς ἐρημίαις
(ὁδοιπορεῖν γὰρ εἶχεν οὐδαμοῦ σθένος
τῷ συμπιεσμῷ τῶν μελῶν, τῶν ὀστέων,
185 ὃν ἐξεκαρτέρησεν ἐκ κρημνισμάτων),
διατροφὴν ἔχουσα γῆς χλόην μόνην,
δένδρων τε καρποὺς τῶν ἀπηγριωμένων,
ἴσχυσεν ἐλθεῖν εἴς τι χωρίον μόλις
τῶν πρὸς τὸ βιοῦν ἀφθονωτάτως ἔχον.
190 Ἐκεῖσε πολλῶν σπερμάτων πανσπερμία,
καὶ παντοδαπῶν θρεμμάτων χορηγία,
γυναῖκες, ἄνδρες, παῖδες ὑπὲρ ἀστέρας,
καὶ πανδοχεὺς εὔσπλαγχνος ἀμφὶ τοὺς ξένους.
Ἰδοῦσα τοῦτο μακρόθεν τὸ χωρίον,
195 ἡδεῖτο λοιπὸν εἰσελεύσεσθαι μόνη·
ὅμως πρὸς ἄκρον εἰσδραμοῦσα τοῦ τόπου,
καὶ τοῦτο πολλῇ συστολῇ καὶ δειλίᾳ,
ἔμεινεν ἔνδον ἀστεγοῦς τινος δόμου·

« Nec tantum recedat Chagus a miseratione quae ipsius
« mores decet, ut captivos nihil in se injurios, qui Arabum
« potentiae non restiterunt, hospites, longisque jam pressos
« malis, diutius vinctos detineat, neglecitis naturae legibus.

« Immo defletae causa Drosillae auri minas dabo, quam
« si Dii morti eripuerint, Chagus splendide secum Fortunam
« egisse putabit : utinamque possitis servare liberam, si
« Dii voluerint illam ex abyssis vobis restituere ! » Igitur
« Charicles Cleanderque, par amicorum, ad Chagi pedes
demissis cervicibus, terram lacrymis rigaverunt.

Tandemque stans Cleander respondit (nam Charicles a
lacrymis temperare nondum poterat) : « Ipse Jupiter, rex
« superum, det tibi vicissim, Chage, summe Arabum im-
« perator, menti quidquid placuerit tuae, et longae impertia-
« tur florentia vitae tempora, hostesque tuo subjiciat cunctos
« imperio. »

Tum Charicles talia subnectit : « Valeas, felix Arabum
« rex, tangatque tua nullus pectora dolor, Chage, qui nunc
« fratres miseros, terque quaterque infelices clementissime
« liberas. »

Sic jam liberi ex Arabia dimissi retrorsum porrigebant
iter, diligenti cura Drosillam perquirentes, si forte jacens
oculis occurreret puellae cadaver, quam ex casu mortuam
esse credebant.

Attamen evaserat ex casu salva ; quumque per novem
dies integros in vastis solitudinibus remansisset (nam ince-
dere neutiquam valebat, membris ossibusque ex praecipiti
casu pressis et contusis), herba tantum campestri vescens,
et arborum fructibus agrestium, tandem potuit pagum
quemdam devenire, ubi suppetebat abunde quidquid est ad
vitam necessarium.

Hic agri pubescebant variorum seminum laeti ; hic mulie-
res, viri, puerique sideribus pulchriores, et caupo adversus
hospites non perfidus.

Conspecto procul felici hoc loco, verita est ingredi sola.
Tamen cum ultimos cursu tetigisset fines, et hoc multa
non sine animi contractione metuque, morata est in quadam
domo quae tecto carebat.

LIBER VI.

ἔφαγεν οὐδὲν ἢ στεναγμοὺς καὶ πόνους,
200 ἔπιεν οὐδὲν ἢ τὸ δακρύων πόμα·
τὸν γὰρ Χαρικλῆν καὶ τὰ τοῦ Χαρικλέος
ἀμφαγνοοῦσα, θρῆνον ἤνυε ξένον,
ἀναιρεθέντα προσδοκῶσα τεθνάναι·
« Ἀ δ' ἐγὼ ἡ τρισάποτμος ἀπὸ σφετέροιο γενέθλου,
205 « ἀδ' ἐγὼ ἡ πολύδακρυς ἀναλθέα πήματα μίμνω.
« Κεῖμαι φθινύθουσα διαμπερὲς ἐγγοσώσα·
« ὡς γὰρ μοῖρα μέλαινα δυσώνυμος ἀμφεκύκλωσεν,
« οὐδ' ὁλοοῖο χόλοιο πεπαύσεται ἤματα πάντα.
« Αὐτὰρ ὃν ἡ δύστηνος ἔχον πάρος εἰσορόωσα
210 « ἐκ παθέων ἄμπαυλαν ἐρωτοτόκου μελεδῶνος,
« ὃν ποθέεσκον ἄκριτα, Χαρικλῆς κεῖται ἀνάγκῃ
« ὀρφναίοις νεφέεσσιν ἐνειλυμένος θανάτοιο,
« κεῖται νεκρὸς ἀέλπτος ἀπ' ὄμματος ἡμετέροιο
« τόν ῥα φάους ἀπέμερσε κακώνυμος, αἰὲν ἀτειρὴς
215 « Μοῖρα, μέλαινα, φέραλγος, ἀπ' ἔγχεος Ἀραβίοιο.
« Χείλεα ἱμερόεντα, τὰ πολλάκις ἐξεφίλησα,
« πῦρ μαλερὸν κατέμαρψε καὶ αἰθαλόεντα φαάνθη.
« Ὄμματα παμφανόωντα ἀείδακρυς ὄρφνα κάλυψε.
« Βόστρυχον ἠλιάοντα μέλαν λύθρον ἐξεμίηνεν.
220 « Ὤμοι ἐγὼ πανάποτμος, ἀεὶ μογέουσα Δρόσιλλα!
« ἐξ ἕλην φύξιν ἀέλπτον ἀπὸ σφετέροιο τοκῆος· [σης·
« μακρὸν δ' ἐξεμέτρησα βαρύδρομον οἶδμα θαλάσ-
« λῃστὰς ὑπεξέφυγον ἀν' οὔρεα μικρὰ βιβῶσα·
« αἶ! αἶ! δακρυόεσσα, Χαρικλέος εἵνεκα κούρου,
225 « δούλιον ἦμαρ ὄπωπα· βίῃ δέ τοι ἐστυφελίχθην
« κλοιός μ' ἀμφεδάμαζε πυραγροφόροιο μέλημα·
« οὔρεϊ ὑψικορύμβῳ ἀμαξόθεν ἔκπεσον αὖθις,
« οἴδματι δ' ἀμφεπέλασσα καὶ εἰναλίῃσι πέτρῃσι
« βένθεος ἀτρυγέτοιο καὶ ἀργαλέῃ στροφάλιγγι·
230 « φλοιός μ' ἐξεσάωσεν ἀπὸ δρυὸς ὅς κεν ἐτύχθη.
« Ὤμοι ἐγὼ βαρύδακρυς εἵνεκα σεῖο, Χαρίκλεις!
« ὃν πάρος εἰσορόωσα διήνυον ὄλβιον ἦμαρ,
« νυνὶ δὲ κρυπτομένοιο πολὺν χρόνον ἄλγεα πάσχω,
« ἥλιον οὐκ ἐθέλουσα σελασφόρον ἀστέρα λεύσσειν. »
235 Τοιαῦτα γοῦν φάσκουσαν οὐκ ἀδακρύτως
μαθοῦσά τις γραῦς, ἀγαθὴ τὴν καρδίαν,
ἤγγισεν, εὗρεν, εἶδεν, ἔστη πλησίον,
ᾤμωξεν, ἠσπάσατο καὶ προσεπλάκη,
ἤγαγεν ἔνδον τῆς ἑαυτῆς οἰκίας,
240 καὶ συμμετασχεῖν ἁλάτων κατηξίου.
Ἔφαγε μικρὸν καὶ πρὸς ὕπνον ἐτράπη
(νυκτὸς γὰρ ἤδη τὸ σκότος κατεκράτει),
καὶ συγκλιθεῖσα τῇ χαμαιστρώτῳ κλίνῃ
εἶδε γλυκὺν ὄνειρον· ἦλθεν εἰς κόρον
245 ὕπνου λυσαλγοῦς, παυσολύπου φαρμάκου·
τὸ φῶς ἐπέστη, καὶ διέστη τὸ σκότος·
ἤγερτο, καὶ, « Γραῦ, » φησί « μῆτερ ὀλβία,
« ὡς εὐχαριστῶ τῶν φιλοξενημάτων
« καὶ τῆς χαμαιστρώτου δὲ ταυτησὶ κλίνης,
250 « καθ' ἣν γλυκὺς ὄνειρος ἀντεπῆλθέ μοι
« παρηγορῶν μου τὴν παθοῦσαν καρδίαν!
« Ἀλλ' ἀντιφάσκοις εἴ τις ἐστὶν ἐνθάδε

NICETAS.

Nihil comedit aliud quam gemitus et dolores; nihil bibit aliud quam lacrymarum rorem.

Etenim orba Charicle, et Chariclis rerum nescia, gemitus ciebat immanes, rata e vivis fuisse sublatum :

« Illa ego ter infelix prima ab origine nascendi, illa ego miserrima, insanabilia spero mala.

« Jaceo usque gemens doloreque contabescens.

« Adeo nigra fatalisque Parca me undique cinxit, nec un-
« quam, quotquot erunt dies, funesti abstinebit odii.

« At ille quo conspecto tristis recreabar nuper e curis
« quas parit amor; ille quem enixe cupiebam, Charicles
« jacet fuscis involutus fataliter mortis nubibus; jacet oculis
« nunquam meis aspiciendus, quem luce privavit infanda,
« semper indefessa, nigraque Parca, perpetui causa doloris,
« jaculo ipsum Arabico perimens.

« Labia amabilia, a me basiata sæpius, devoravit ignis
« ardens, ac fuliginosa esse videntur.

« Splendidos oculos tristissima nox operuit.

« Aureos cincinnos ater infecit tabus.

« Hei mihi miserrimæ perpetuisque Drosillæ suffusæ
« lacrymis! Aufugi a patre quem me unquam fugere non
« credidi; horrisonos vasti maris fluctus emensa fui; præ-
« donum insidias evasi per editos montium ambitus fugiens.

« Hei mihi luctuosissimæ juvenem ob Chariclem! servitu-
« tem servivi; violenter fui habita et aspere; collari vincta
« sum duri fabri opere; sublimem superans clivum de
« curru cecidi, et exceperunt me fluctus, saxaque marina,
« terribilesque æquoris infructuosi vortices; cortex e quercu
« forte delapsus me servavit.

« Hei mihi infortunatissimæ ob te, Charicles! quem nuper
« intuens felicem degebam vitam! at nunc, te amisso,
« diutina perpetior mala, solemque hunc, splendidissimum
« astrum, nolo intueri amplius. »

Tales imo e pectore gemitus ducentem nec sine fletibus audiit quædam anus, animi tenera; et accedens, ut vidit repertam, ut ploravit, ut amplexata adhæsit ! Statimque ad suam domum perduxit, cibosque obtulit benigne.

Drosillæ, quum modice comedisset, somnus obrepsit (etenim jam noctis umbræ terras involvebant); et humili lectulo incubans dulci recreata est insomnio.

Jamque ipsam somni quo fuerant levatæ curæ satias ceperat, luxque oriens fugaverat tenebras; surrexit, et « O
« anus, » ait « mater optima, quantum tibi me debere profi-
« teor pro tam benigno hospitio, istoque humili tuo lectulo,
« in quo dulce me invisit somnium, moestæ solatium men-
« tis! Sed docesis, quæso, num hic habitet

ΒΙΒΛΙΟΝ Γ.

« ἀνὴρ ἀγαθὸς πανδοχεὺς Ξενοκράτης. »
« Ναί » φησὶν ἡ γραῦς. » Τίς δέ σοι τούτου λόγος; »
255 « Ἕως ἐκεῖσε, λιπαρῶ, σύνελθέ μοι »
ἔφη Δρόσιλλα. » Κατιδεῖν καὶ γὰρ θέλω,
« εἰ μὴ φανεὶς ὄνειρος ἠπάτησέ με. »
Ὕπειξεν ἡ γραῦς, καὶ, λαβοῦσα τὴν κόρην,
εἰς οἰκίαν ἤγαγε τὴν Ξενοκράτους.
260 Πρὸ τῶν θυρῶν δὲ στᾶσα τῶν τῆς οἰκίας,
ἐκεῖ θελούσης καρτερεῖν τῆς παρθένου,
καλεῖ παρ' αὐτὴν Καλλίδημον ἥκέναι,
τὸν φύντα παῖδα πατρὸς ἐκ Ξενοκράτους,
τῆς χειρὸς ἑλκύσασα νεύσει τὸν νέον·
265 ὁ δ' ἀντεπελθὼν ἐξερευνᾷ τὴν κόρην·
« Τίς καὶ πόθεν σύ; καὶ πατὴρ τίς καὶ πόλις; »
Ὁμοῦ γὰρ αὐτὴν εἶδε καὶ κατεπλάγη,
τὴν καλλονὴν ἣν εἶχεν ἐκπεπληγμένος.
Ἡ δὲ Δρόσιλλα θᾶττον ἀντατεκρίθη·
270 « Ἔα με, Καλλίδημε· τοῦτό μοι λέγε,
« εἴπερ τις ἔνδον ἐκ ξένης νεανίας,
« κλῆσιν Χαρικλῆς, εὐγενὴς τὴν ἰδέαν. »
Ὁ δ' ἀλλ' ἐρασθεὶς εὐπροσώπου παρθένου,
ἐκδηλος ἄλους καλλονῆς ἀσυγκρίτου
275 καὶ πρὸς Χαρικλῆν ἐγκοτήσας τῆς κόρης,
κόπους παρέσχε τῇ Δροσίλλᾳ μυρίους,
καὶ μηδὲ κλῆσιν ἀντέφασκεν εἰδέναι,
εἴπερ τίς ἐστι καὶ Χαρικλῆς ἐν βίῳ.
« Τί δ' ἀλλὰ, Καλλίδημε, μὴ ξιφιδίῳ
280 « πλήττων ἀναιρεῖς; Τί θαλάσσῃ μὴ δίδως·
« Τί μὴ φονεύεις, αὐτόχειρ δεδειγμένος; »
μετὰ στεναγμῶν ἀντέφη καὶ δακρύων.
« Ὣς νῦν με πικροῖς δεξιούμενος λόγοις
« τὴν τῆξιν οἴμοι! προξενεῖς οὐ μετρίαν. »
285 « Εἰ καὶ Χαρικλῆν παραπώλεσας, Κόρη,
« μὴ κάμνε, μὴ στύγναζε, μὴ κατηφία· »
πρὸς τὴν Δρόσιλλαν Καλλίδημος ἀντέφη·
« μὴ τοῦ βιῶναι τὸν θάνατον προκρίνῃς.
« Πολλοὶ παρ' ἡμῖν κρείττονες Χαρικλέος,
290 « ζῆλον τιθέντες ταῖς ὁρώσαις παρθένοις. »
Οὕτω μὲν οὖν ἐκεῖνος· ἡ δὲ παρθένος
Δρόσιλλα μειδιάπασα σμικρὸν λέγει
(εἰώθε καὶ γὰρ, κἂν κατάσχετος πόνοις
ὀφθῇ τις, ἀφνω μειδιᾶν τι πολλάκις,
295 ὡσὰν παρούσης χαρμονῆς καὶ δακρύων)·
« Συμπατριωτῶν ἀστικῶν καλῶν νέων
« πῶς ἄρα, Καλλίδημε, παῖ Ξενοκράτους,
« χωρητικοὶ γένοιντο κρείττονες ξένοι;
« Ἀλγῶ κεφαλὴν, Καλλίδημε, καὶ πλέον,
300 « τὸ νῦν ἔχον, σοὶ προσλαλεῖν οὐκ ἰσχύω. »
Ὁ γοῦν Χαρικλῆς ἔνδον ἐς Ξενοκράτους
ὕπνωττε μικρὸν ὕπνον οὐκ ἐγνωσμένος,
κόπῳ βαρυνθεὶς καὶ πόνοις καὶ φροντίσιν.
Ἡ δὲ Δρόσιλλα, λεπτὸν ἀσθμαίνουσά τι,
305 καθῆστο μακρὰν οἰκίας Ξενοκράτους,
« Ὦ παῖ Διὸς, » λέγουσα καὶ γοωμένη,

« bonus quidam caupo Xenocrates. »
— « Nae! » Anus refert.
« Quid vero tibi cum illo? » Cui Drosilla : « Mecum rogo
« huc venias.
« Volo enim fieri certior an me insomnii luserit error. »
Annuit anus, et puellam comitem sumens viæ perduxit
ad Xenocratis domum.
Tum stans ante januam, nam hic manere voluit puella,
ad se nutu manus Callidemum vocat, Xenocratis filium.
Qui factus propior virginem ilico interrogat : « Quis es et
« unde? pater quis tibi, quæ civitas? » Nam simul ut eam
vidit, obstupuit tantæ qua pollebat formositatis admira-
tione.

Drosilla respondit ocyus : « Ne sit tibi curæ mei, Cal-
lideme.
« Dic tantum mihi, num intus ædium habitet juvenis
« quidam, gente exterus, Charicles nomine, et insigni
« forma. »

At ille amore captus tam eximiæ pulchritudinis, Chari-
clique propter puellam iratus, Drosillæ magnos creavit
labores, dixitque se ne nomen quidem hujus unquam audi-
visse, nescireque num sit in rerum natura Charicles quidam.
« Ecquid, Callideme, me gladio feriens non perimis ? Cur
« non me mittis in mare? Cur me infensa non jugulat
« dextera ? » exclamavit puella gemebunda ploransque.
« Nam me amaris excipiens sermonibus hisce, dolorem
« heu! non mediocrem animo intulisti. »

Cui Callidemus : « Amisso licet Chariclе, ne doleas,
« gemasve puella; ne sis mœstior; ne vitæ mortem ante-
« ponas.
« Multi enim apud nos viri sunt Chariclе præstantiores,
« quosque æmulo non sine livore amant virgines. »
Hæc ille.
Tum subridens (nam solet vel miser subito solvi risu,
mixtis veluti risu et lacrymis) virgo respondit : « Qui, nate
« Xenocrate, Callideme, pulchris qui meam incolunt urbem
« juvenibus juvenes rustici possint esse pulchriores? Dolet
« caput, Callideme, et nunc diutius tecum confabulari
« nequeo. »

Interim Charicles, nulli dum notus, in Xenocratis domo
levem dormiebat dormitionem, lassitudine oppressus nimia
et dolore curisque.
Drosilla autem suspirans sedebat procul a Xenocratis
domo, hasque inter gemitus fundebat voces : « O nate Jove,

LIBER VI.   45

« ποῦ δή με τὴν τάλαιναν ἄξεις εἰσέτι
« εὑρεῖν Χαρικλῆν; οὐ γὰρ ἐς Ξενοκράτους·
« ἢ φασμάτων παίζεις με πάντως ἐμφάσει;
310 « Ἐχρῆν ἐπαρήγειν σε δυσφορουμένῃ·
« ἐχρῆν ἀπαλλάσσειν με δυσπραγημάτων
« καὶ τῶν ἐπαχθῶν καὶ μακρῶν στεναγμάτων·
« ἐχρῆν ὁδηγεῖν πρὸς τὰ συμφέροντά με ,
« οὐ μὴν ἀνάγκαις ταῖς ἀνάγκαις εἰσφέρειν,
315 « ψευδηγοροῦντα τῇ καθ' ὕπνους ἐμφάσει.
« Ἀλλ' εἰ θεὸς σὺ καὶ Διὸς γόνος πέλεις,
« εἰ ζῇ Χαρικλῆς αὖθις ἐκδίδασκέ με·
« καὶ γὰρ παραστὰς τῇ πρὸ ταύτης ἑσπέρᾳ,
« καὶ ζῆν ἐδήλους, καὶ πρὸς αὐτοῦ τοῦ Χάγου
320 « ἠλευθερῶσθαι σὺν Κλεάνδρῳ τῷ ξένῳ,
« καὶ δεξιοῦσθαι πανδοχεῖ Ξενοκράτει.
« Πρόασμα γοῦν σὸν οὐκ ἀληθὲς εὑρέθη.
« Καὶ νῦν, ἐπειδὴ μὴ Χαρικλῆς ἐνθάδε,
« οὐδ' ἔστι μοι ζῶν, οὐδ' ἐλεύθερος μένει·
325 « ἀλλ' ἢ προεξῴχηκε τοῦ βίου ξίφει,
« ἢ δεσμὰ τὸν τράχηλον αὐτοῦ συνθλίβει,
« καὶ ζῇ πονηρὸν καὶ πανοίκτιστον βίον. »
Ταύτης ἐπιστὰς Καλλίδημος ἐγγύθεν
ἐπηκροᾶτο τῶν κατῳδύνων λόγων,.
330 καὶ μὴ κατασχεῖν οἷός τ' ὤν, οὕτω λέγει·
« Τὸ κάλλος ἡμᾶς ἐξελέγχει σου, κόρη,
« ἁλόντας οἷς ἔφημεν ἑῤῥειν ἀθρόως.
« Ἀλλ' ὁ τρισανόητος αὐτὸς φόμην
« σαθροῖς λογισμοῖς ἄσχετος κάλλει μένειν,
335 « ὁμιλιῶν ἄγευστος, ἀδαὴς πόθου·
« διέπτυον δὲ τῶν ἐρώντων τοὺς πόνους·
« καὶ τοὺς γάμους σφῶν ὡς ἀπέστεργον πάλαι!
« Νῦν δ' ἀλλὰ δοῦλος ἄθλιος κατεσχέθην,
« ὁλοσχερῶς Ἔρωτι θητεύων βίᾳ·
340 « ἄνθος δὲ τὸ πρὶν τὴν παρειὰν φυγγάνει·
« τοῦ βλέμματος δὲ σβέννυταί μοι τὸ φλέγον
« ἐκ δακρύων ῥύακος ὡς ἐξ ὑδάτων.
« Οὕτως ἐγὼ τὸ πάθος οὐκ ἔχω φέρειν·
« καὶ τὴν Ὁμήρου μέμφομαι Καλλιόπην
345 « εἰποῦσαν εἶναι κοσμικῶν πάντων κόρον,
« καὶ φιλοτήτων, ἀκορέστων, ὡς κρίνω·
« οὐ πλησμονὴν ἔοικεν εἰσφέρειν ἔρως,
« κἂν ἡδονῇ τελοῖτο, κἂν κλύοιτό μοι.
« Ῥίψω τὸ λοιπὸν, ὡς ὁ γηράσας λόγος,
350 « ἐν κινδύνοις ἄγκυραν αὖθις ἐσχάτην,
« καὶ δεύτερον πλοῦν πλεύσομαι , (τί γὰρ πάθω ;)
« καὶ σοι προσείπω τῇ τε πᾶν φιλουμένῃ·
« (τροφὴν γὰρ οἶδα τὴν σιωπὴν τῆς νόσου).
« Ὦ πᾶσαν εὐτυχοῦσα καλλονῆς χάριν
355 « καὶ πᾶν ἀκοντίζουσα καρδίας μέρος,
« χεῖλος μὲν αὐχεῖς ἁπαλώτερον ῥόδου,
« γλυκύτερον δὲ κηρίου σοι τὸ στόμα·
« φίλημα δ' οὖν σὸν, ὡς μελίττης κέντριον,
« πικρὸν, θανατοῦν, φαρμακεῦον, ἀλγύνον.
360 « Ὣς φαρμάκων σοι πλῆρές ἐστι τὸ στόμα,

« quæ me adhuc duces miseram in loca, ubi possim inve-
« nire Chariclem? Non est enim apud Xenocratem.
« An me insomniorum visu ludificas? Satius fuisset ferre
« te opem miseræ, mæque a malis gravibusque ærumnis
« liberare, et ad ea ducere quæ mihi prodesse possent ; non
« vero infortunia cumulare infortuniis, mendaci deludentem
« me per somnos imagine.

« At si deus es, Jovisque filius, doce me iterum an adhuc
« supersit Charicles.

« Hesterna enim vespera adstans cubanti, et ipsum vivere
« significasti, et ab ipso Chago cum Cleandro amico liber-
« tatem recepisse, nuncque esse cauponis Xenocratis exce-
« ptum hospitio.
« Primum ergo oraculum mendax fuit repertum.
« Atque nunc, quoniam hinc Charicles abest , non est in
« vivis adhuc; non est liber : at vitam gladio perdidit , aut
« vincula ipsius collum premunt, vitamque degit infelicem
« et miserandam. »

At ipsi propius adstans Callidemus tristia exaudivit ver-
ba, nec jam sui compos, in talia prorumpit : « Eximia hæc
« facies tua captum me, puella, fateri cogit illis illecebris
« quibus valere cunctis dixeram.

« Ah! me dementem, qui, debili fretus rationis auxilio,
« pulchritudinis vim effugere me posse rebar! A cœtibus
« abstinens, et cupidine vacuus, respuebam amantium la-
« bores; illorumque hymenæos quantum oderam, olim!
« At ecce jam non felix fio servus, totus invitusque Amo-
« ris mancipium ; pristinus flos genarum evanuit; extincta
« est oculorum flamma lacrymarum rivo, velut aquis inun-
« dantibus.

« Jamque impotens tam grave ferre malum, Homericam
« incuso Calliopen, dicentem omnium quæ sunt in natura
« rerum quamdam esse satietatem, nec non voluptatum,
« quæ tamen, puto, satietate carent.

« Fastidium, ut mihi quidem videtur, non parit Amor,
« vel si robustum plenumque potiar gaudium, vel si narre-
« tur tantum.

« Ultimam igitur, ut in veteri est proverbio, anchoram in
« tanto periculo jaciam, et alteram instituam navigationem
« (quid enim de me fiet?), teque mulierum dilectissimam
« alloquar : silentium quippe novi morbo esse alimentum.
« Quæ omnes sortita es formæ illecebras, et omnes vulne-
« ras pectoris partes, labia tibi sunt rosis molliora, osque
« favis dulcius.

« At oscula tua, ut apis stimulus, amara, letifera, vene-
nantia, pungentia.

« Quam est veneno refertum os tuum,

« κἂν ἐκτὸς ᾖ μέλιτι συγκεχρωσμένον!
« οὗ καὶ φίλημα τῇ δοκήσει κερδάνας,
« αἴ! αἴ! περιττὸν ἄχθος ἀντιλαμβάνω.
« Τὸ στέρνον ἀλγῶ· πάλλομαι τὴν καρδίαν·
305 « ἀνατραπεὶς ἔοικα σῶμα καὶ φρένας.
« Οὐκ ἐκφύγῃ τις, κἂν δοκῇ πεφευγέναι,
« Ἔρωτα τὸν τύραννον ὁπλοτοξότην,
« ἄχρις ἂν ἐν γῇ φῶς τε καὶ κάλλος μένῃ,
« καὶ τῶν βροτῶν ὄμματα πρὸς τοῦτο βλέπῃ.
« Ἔρως γὰρ αὐτὸς, ὁ θρασὺς, ὁ τοξότης,
« καλὸς θεός τις μυθοπλαστεῖται νέος,
« καὶ τόξα πλουτεῖ καὶ φαρέτραν εἰσφέρει·
« χαίρει τὰ πολλὰ τοιγαροῦν καὶ τοῖς νέοις,
« ὅπου δὲ κάλλος, ἐκδιώκων προφθάνει,
375 « ἀναπτεροῖ τε καὶ φρένας καὶ καρδίαν·
« οὗ φάρμακόν τις εὗρεν οὐδεὶς ἐν βίῳ,
« εἰ μὴ περιπλοκήν τε καὶ γλυκὺν γάμον.
« Θεὸν βραχύν σε θᾶττον ἐγνώκειν, Ἔρως,
« εὗρον δρυμῶνος θρέμμα, θηρίου γόνον.
380 « Ὡς ἄγριος, καὶ προσχαρὴς δοκῶν μάτην!
« Ἄκουε λοιπὸν, καὶ διδάσκου, καὶ σύνες,
« ἡ νῦν παρ' ἡμῖν μαργαρόστερνος κόρη,
« φύσει λαχοῦσα χρυσοβόστρυχον κόμην,
« τὸ κῦμα, τὸν κλύδωνα, τὴν ζάλην ὅσην.
385 « Λαβεῖν σε πρὸς νοῦν ἱκετεύω τοὺς πάλαι
« ἔρωτι συγκραθέντας εἰς ψυχὴν μίαν·
« συνεννόεις μοι τοῖς προλοίποις τῶν πάλαι
« τὸν Ἀρσάκης ἔρωτα πρὸς Θεαγένην,
« τὸν Ἀρχεμάνους πρὸς Χαρίκλειαν πόθον·
390 « κἂν, ὡς ἀσέμνους, οὐ λαβεῖν εἰς νοῦν θέλῃς,
« τοὺς εἰς ἔρωτας σωφρονήσαντας σκόπει,
« οὓς ὅρκος αὐτὸς ὁ προβαίνων ὡς δέον
« ἀπεῖργεν αἰσχροῦ, καὶ προῆγεν ἐνδίκως
« εἰς ἀσφαλῆ σύζευξιν ἐννόμου γάμου.
395 « Οὐδὲν διοίσειν οἶδε πρὸς μέθην ἔρως·
« πλὴν λίθος ἀμέθυσος ἡ Δροσιλλά μοι.
« Πρηστήριον πῦρ αἴθεν ἐντίκτειν ἔρως·
« ἀλλ' Ἰνδικὴν λίθον σε πανταδρόμην ἔχω,
« καὶ φεύξεταί με καὶ τὸ πῦρ φερόντά σε.
400 « Πόνος μὲν ὁ τρύχων με πρὸς τὸ γῆς πλάτος
« ὀφθαλμὸν αὐτὸν συγκαθέλκει μοι, κόρη·
« ὄψις δὲ τῶν σῶν ἀντανέλκει χαρίτων.
« Οὐκ εὐσθενές μοι σωφρονεῖν βλέποντί σε,
« καὶ συγκινοῦμαι μᾶλλον εἰς τὸ μὴ βλέπειν,
405 « ὡς μήποτε φλὸξ αὐξάνηταί τοῦ πόθου
« ὕλην ἔχουσα καὶ τροφὴν τὴν σὴν θέαν·
« οὕτως ἄρρυκτον τὴν σαγήνην τοῦ πόθου
« ἐξ ὀμμάτων σῶν ἔσχες εἰς ἐμὴν ἄγραν!
« Ἀκκίσματός σοι πλῆρες αὐτὸ τὸ στόμα,
410 « ἡ χεὶρ δὲ ναρκᾷ πρὸς τὸ σῶσαι συντόμως
« τὸν ἁρπαγέντα τῇ σαγήνῃ τῇ ξένῃ.
« Οὕτω τυραννεῖς ὃν κρεμώμενον λάβῃς,
« οὔτε πρὸς αὐτὴν γῆν ἐνεχθῆναι θέλεις,
« οὔτε προσαρπαγέντα σώζεις αὐτίκα!

BIBΛION Γ.

« etsi exterius sit melle circumlitum; cujus osculum
« imaginatus, heu! ingens contra experior malum.

« Dolet mihi pectus; cor subsilit; mens et corpus contur-
« bari videntur.

« Nemo effugiet, quamvis se putet effugisse, Amorem
« tyrannum sagittiferum; quamdiu in terris erunt lux et
« pulchritudo, et huc vertentur hominum oculi.

« Audax enim Amor, sagittifer Amor, non immerito ju-
« venis fingitur esse deus, arcu instructus et pharetra; idcir-
« co plerumque cum juvenibus versari gaudet, et ubi est
« pulcritudo, ibi statim, insequens illam, advolat, et mentem
« animumque alis quasi sublimes erigit; nihilque remedii
« ab ullo hominum fuit repertum unquam, nisi amplexus
« et connubii voluptas.

« Amor, statim intellexi te deum esse crudelem; sensi te
« nemorum esse alumnum, et belluæ partum.

« Quam ferus es! quam mendaci subridens ore! Ausculta
« igitur, et disce, atque animo percipe, puella, nova inter
« nos civis, sinu ut uniones candidi candido, capillulis in-
« centibus ut aurum nitidum, qui sint amoris fluctus, quanta
« tempestas quantæque procellæ.

« Memineris, precor, illorum quos amor pristinum per
« ævum unanimi vinxit animi consortio; et, præter antiquos
« illos heroas, recordare quanto Arsace Theagenem, Arche-
« manes Charicleam amore deperierint.

« Quos si ut impuriores respuis, illos cerne qui castis fla-
« graverunt ignibus, quos sacramenti fides, licito sistens
« tramite, a turpibus deterruit actis, et ad tutam legitimi
« societatem hymenæi sancte perduxit.

« Neutiquam est ebrietati dissimilis amor; at mihi Dro-
« silla loco sit amethysti lapidis: vastum parit incendium
« amor; at te quasi pantarben mihi habeo lapidem Indicum,
« et me vitabit ipsa incendii flamma te ferentem.

« Dolor qui tam vaste mea per viscera serpit, et me et
« oculos ad terram trahit, puella; sed et me et illos tua re-
« tro trahit pulchritudo.

« Te visa, jam sapere non valeo; et magis aveo te non
« videre, ut nunquam crescant cupidinis ignes, ex adspectu
« tuo capientes sibi nutrimentum: adeo inevitabilia desi-
« derii retia ex oculis aptasti quibus sum impeditus! Dis-
« simulationis os tuum blandæ plenum est; et manus tor-
« pet languidior ad opem misero ferendam mira correpto
« sagena.

« Adeo crucias quem cepisti tenesque suspensum, nec
« in litus exponere nec raptum vis servare protinus!

LIBER VI.

415 « Ποίαν σοφίαν συγκινήσω, καὶ πόθεν
« ἐρωτικὰς ἴυγγας εὑρήσω, τάλας!
« ὡς ἄν σε πείσω καὶ παθεῖν ἀναγκάσω
« ἑλκτηρίοις ἴυγξι καρδιοστρόφοις;
« Γυνὴ γὰρ εἶ σύ (γνῶθι τὴν σαυτῆς φύσιν),
420 « γυνὴ δὲ πασῶν τῶν καθ' ἡμᾶς καλλίων,
« ὡς ἡ σελήνη τῶν προλοίπων ἀστέρων,
« τεράστιόν τι πλάσμα φύσεως ξένης,
« ὑπερφυές τι χρῆμα θήλεος γένους.
« Δίδου τὸ πᾶν · μὴ βάλλε τοῖς λόγοις μόνοις·
425 « ψυχῆς γὰρ ὡς ἔοικεν ἐγκρύπτειν πάθος,
« ἀρνητικοῖς βάλλεις με λοιπὸν ἐν λόγοις.
« Ἔχουσα δῆθεν εὐμένειαν μετρίαν,
« ἐμοὶ προεῖπας, ὡς παρηνοχλημένη,
« ἀλγεῖν κεφαλὴν πολλὰ δυσφορουμένης,
430 « σὲ τὴν κεφαλὴν τὴν ἐμοὶ φιλουμένην·
« καὶ καινὸν οὐδέν, ὦ Δρόσιλλα παρθένε.
« Ἐλθοῦσα καὶ γὰρ εἰς ἄγνωστον χωρίον,
« δήμῳ τε πολλῶν ἐμφανισθεῖσα ξένων,
« ἐπεσπάσω βάσκανον ὀφθαλμὸν τάχα·
435 « πλὴν σήμερόν σε τὴν ἐμὴν νόσον θέλω
« ἀπαλλαγῆναι τῆς ἐνοχλούσης νόσου·
« ἀλλ' ἡ νόσος μοι καὶ πρὸς ὑγείαν δράμοι,
« ὡς μὴ κακεκτοίημεν ἄμφω δυσφόρως.
« Δάφνις ὁ παῖς ἐκεῖνος ἀλλὰ καὶ Χλόη
440 « τρισευτυχῶς συνῆψαν αὐτοὺς εἰς γάμον
« Δάφνις ἐκεῖνος ὁ γλυκύς, ποιμὴν μόνον,
« οὐ τῶν ἔρωτος ἀδαὴς τοξευμάτων,
« φιλούμενος μὲν, ἀντιφιλῶν δὲ πλέον,
« καὶ μηδὲν εἰδὼς τῶν ἐρώτων τι πλέον.
445 « Τῇ παρθένῳ Χλόῃ γὰρ ἐκ τῶν σπαργάνων
« ἐρωτικὸν συνῆπτο συμποίμην βρέφος.
« Ταύτης ἐρῶν ἦν τῆς καλῆς Χλόης πάλαι,
« Χλόης ἐκείνης τῆς ἀπλάστου παρθένου,
« ἧς πῦρ μὲν ἦν τὸ βλέμμα τῷ νεανίᾳ,
450 « λόγοι δὲ τόξα, καὶ περιπλοκαὶ βέλη.
« Χρυσοῦν γένος πρὸς φίλτρον ἦν τὸ προφθάσαν·
« ὁ γὰρ φιληθεὶς ἀντεφίλει μειζόνως·
« οὐχ οἷόν ἐστι τοῦτο χάλκειον γένος·
« φιλούμενον γὰρ ἀντιφιλεῖν οὐ θέλει.
455 « Ὦ τίς λόγος, τί πρᾶγμα, καὶ τίς ἡ φύσις,
« ἡμᾶς τυραννεῖν τὰς ἐρώσας παρθένους
« βληθείσας ἀντέρωτι δακνοκαρδίῳ!
« ἢ γὰρ πρὸς ἡμῶν οὐκ ἐρῶσι παρθένοι;
« ἐρῶσι, πλὴν γέμουσι τῶν ἀκκισμάτων·
« φιλοῦσι, πλὴν τρύχουσι τοὺς φιλουμένους,
460 « ποιοῦσιν αὐτοῖς ἔκκρεμῆ τὴν καρδίαν,
« τήκουσιν αἴ! αἴ! πρὸ χρόνου τὸ σαρκίον,
« αὐτὴν δϊστεύουσι τὴν ψυχὴν μέσην·
« ὡς ἀγχόνη τὸ πρᾶγμα καὶ πέρας βίου
« ἔρωτος εἰς τὸ πρᾶγμα δυσφορουμένοις.
465 « Βαβαί! πόσος παρῆλθε καιρὸς ἐν μέσῳ!
« καὶ τὴν σιδηρᾶν οὐκ ἔπεισα καρδίαν.
« Πῶς πολλαχοῦ προσῆλθον! ἀλλ' ἡ παρθένος

« Quibus utar artibus, quæ amatoria, miser! inveniam
« incantamenta, te ut persuadeam, et amare vicissim cogam
« precum illecebris, quæ trahunt ac mutant animos?
« Mulier enim es, at qualis nosce, mulier inter omnes quæ
« nunc sunt forma præstans mulieres, velut inter ignes
« luna ceteros; mirum naturæ opus eximiæ, fœminæ
« exemplar quo vincitur natura.

Nihil non da mihi; ne verbis vulneres me tantum.
« Quam sit enim placitum tibi animi celare affectus, ideo
« me alloqueris neganti similis.

« Videlicet non sine quadam benignitatis significatione,
« mihi modo dixisti, velut obturbata, te varias ob mole-
« stias dolere caput, caput istud mihi carissimum : nec
« mirum, Drosilla.

« Nam ignotum ingressa pagum, et a copioso visa exte-
« roque populo, fascinantem forsan in te traxisti oculum.
« Ceterum volo te, quæ meus es morbus, molesto hodie
« liberarier morbo.

« Sed et meus morbus ad sanitatem vertat, ne simul
« ambo misero ægrotemus.

« Daphnis puer ille, et Chloe felici juncti sunt alter al-
« teri hymenæo : suavis ille Daphnis, pastor tantum, nec
« Amoris expers sagittarum, amatus quidem, sed et ipse
« ardentius redamans, nihilque doctus aliud, præter amo-
« rem.

« Cunis ex ipsis Chloæ virgini socius pascendi pecoris
« fuerat datus, puer amori proclivior.
« Ardebat dudum pulchram Chloen, virginem simplicis-
« simam, cujus oculi juveni ignis erant; sermones, arcus;
« amplexus, jacula.
« Aureum fuit in amando pristinum genus; qui enim
« amabatur, amabat ipse magis.
« Quam dispar æreum hoc sæculum! nam qui amatur,
« amare ipse recusat.
« Ah! ubi ratio? natura ubi? quid hoc rei est, vexari
« nos cruciarique a puellis quæ nos amant, mutuo pectus
« sauciæ philtro? Nonne et a nobis ipsis virgines amant?
« Amant, sed plenæ sunt dissimulationis; diligunt, sed
« vexant quos diligunt; suspensam tenent eorum mentem;
« ante tempus heu! corpusculum enecant; ipsamque me-
« diam transadigunt animam.
Res vertit ad restim mortemque, iis qui sunt in amore
« non felices.

« Babæ! Quantum jam temporis effluxit, et ferream
« non incurvavi mentem! Quam sæpe ad eam adii! Sed
« virgo

ΒΙΒΛΙΟΝ Ϛ.

« ἡ σκληροπετρόστερνος οὐκ ἔνευσέ μοι.
« Ἀπόλλυμαι δείλαιος, οἴχομαι τάλας,
470 « εἰ μηδὲ ταῦτα σὴν μαλάξει καρδίαν·
« Ἡροῦς ἐρῶν Λέανδρος ὁ τλήμων πάλαι
« οἴμοι ! θαλασσόπνικτος εὑρέθη νέκυς,
« φεῦ τοῦ λύχνου σβεσθέντος ἐκ τῶν ἀνέμων !
« Ἄβυδος οἶδε ταῦτα καὶ Σηστὸς πόλις·
475 « πλὴν ἀλλὰ καὶ θάλασσαν εὑρηκὼς τάφον,
« σύντυμβον αὐτὴν ἔσχε τὴν ἐρωμένην
« ἐκ τείχεος ῥίψασαν αὑτὴν εἰς ὕδωρ·
« οὓς γὰρ πόθος συνῆψεν εἰς συζυγίαν
« τούτους ἐκεῖνος ἦξεν εἰς συντυμβίαν.
480 « Δυστυχὲς ἦν ἐκεῖνο τέρμα τοῦ βίου·
« ὡς ὄλβιον κατ᾽ ἄλλον εὑρέθη τρόπον !
« συντυμβίαν γὰρ ἔσχεν ἰσοψυχία,
« ἐν φίλτρον, ἓν νόημα σωμάτων δύο.
« Ὦ πνεύματος σβέσαντος ἀκτῖνας δύο !
485 « ἔσβεστο λύχνος, καὶ συνεσβέσθη πόθος.
« Ὦ πνεύματος ῥίψαντος ἀστέρας δύο,
« Ἡρώ τε καὶ Λέανδρον ἐν βυθῷ μέσῳ !
« ὑπέρχεταί μοι σπλάγχνα τῆς μνήμης πόνος·
« φλογίζεταί μοι στέρνα πυρὶ τοῦ πόθου.
490 « Οὕτω μὲν οὖν ἐκεῖνος · ἀλλ᾽ ἐγὼ τάλας
« οὗ νυκτομαχῶν, οὗ θαλάσσῃ προσπλέων,
« ἀποπνιγῆναι κινδυνεύων, φιλτάτη,
« ἐκ τῆς κατασχούσης με τοῦ πόθου ζάλης,
« εἰ μὴ φθάσῃς σὺ δοῦσα δεξιὰν φίλην.
495 « Σκόπει τὸ ῥεχθὲν, ἐννόει μου τὸν πόθον.
« Εὖ οἶδας ὡς γέννημα τοῦ πόθου πόνος.
« ἐμοὶ πύλας ἄνοιγε τῆς σῆς καρδίας,
« καταστοροῦσα τὸν κλύδωνα τοῦ πόθου,
« καὶ τὸν θαλασσόπλαγκτον ἤδη προσδέχου
500 « σαῖς ἀγκάλαις δήπουθεν, ὡς ἐν λιμένι.
...... πολὺ .....
« οὐκ ἀγνοεῖς γὰρ ὡς περίφημος πάλαι
« ἐρῶν ἐκείνης τῆς Γαλατείας Κύκλωψ
« προσεῖλκεν ἀπειθοῦσαν αὐτὴν τὴν κόρην·
505 « τὸ λάσιον γὰρ ἐβδελύττετο πλέον,
« φυγοῦσα τὸν φιλοῦντα· πλὴν ἐστεργέ μοι,
« μήλοις μόνοις βάλλουσα μικροῖς τὸν μέγαν.
« Ὅμως ἐκεῖνος ἀνθυπισχνεῖτο ξένα·
« ποθῶν γὰρ αὐτὴν, εἰς τὸ πῦρ βαλεῖν ἔφη
510 « καὶ χεῖρας αὐτοῦ, καὶ πόδας, καὶ κοιλίαν,
« ὡς ἐκτεφρῶσαι τὴν λασιώδη τρίχα,
« εἰ δυνατὸν δὲ καὶ μέσην τὴν καρδίαν,
« εἴ που δοκεῖ καὶ τοῦτο τῇ ποθουμένῃ,
« κἀκεῖνον ὅνπερ εἶχεν εἰς τὸ φῶς ἕνα
515 « ὀφθαλμὸν εὑρὼν, κυκλοσύνθετον, μέγαν,
« οὕτως ἐρῶν προῆκεν. Ἐξελιπάρει
« εἰς ἄντρον ἐλθεῖν τὴν Γαλάτειαν Κύκλωψ,
« ὅπου νέους ἔφασκε νεβροὺς ἐκτρέφειν
« γαύρους τε μόσχους, ἄρνας, ἄλλας ἀγέλας,
520 « κύνας τε πολλὰς, ἀγρίας, λυκοκτόνους·
« καὶ γλυκερὰς ἔφασκεν ἀμπέλους ἔχειν,

corde duro saxeo mihi non adnuit.
« Infelix perii, perii miser, si nec ista tuum emol-
« lient animum : Leander olim infelix Heronem ardens,
« hei mihi ! marino jacuit oppressus fluctu, quum vento-
« rum vis facem heu ! restinxisset.

« Abydus hæc novit, Sestusque civitas.
« Leandro quidem fuit mare pro sepulcro, at consortem
« sepulcri dilectam puellam habuit, quæ se in undas præ-
« cipitem turre dedit.
« Quos enim amor communi junxerat vinculo, eosdem
« idem communi sepelivit loco.
« Infelix quidem fuit vitæ iste finis ; quam felix, alio si
« æstimetur modo.
« Uno enim inclusa sunt sepulcro duorum corporum
« anima una, unus amor, mens una.
« Proh ventum duos exstinguentem radios ! Exstincti
« lychnus amorque simul.
« Proh ventum sidera dejicientem duo, Heronem Lean-
« drumque mediam penitus in undam.
« Crudelis præcordia subit recordatio; desiderii flamma
« meum incendit pectus.
« Itaque sic ille interiit.
« Ast ego miser non decertans tenebris, non tumenti
« luctans pelago, in periculum, dulcis amica, venio ne
« præfocet animæ viam atrox qua premor hiems cupidinis,
« ni benignam mihi tendas dexteram.
« Quod est actum reputa ; cum mente tua amorem quan-
« tus sit meum considera.
« Apprime scis ex amore nasci dolorem.
« Cordis tui resera mihi fores, insanam desiderii sternens
« procellam, ac me alto jactatum tuas intra ulnas tan-
« dem recipe tranquillo velut in portu.

. . . .
« Non ignoras enim arte qua famosus olim ille Cyclops
« ardens in Galatea, rebellem adtraxit ad se nympham. Ni-
« miam enim villositatem corporis aversabatur, amatorem
« devitans ; attamen amabat, quippe quæ tantum malis
« parvulis petebat Cyclopem.

« At ille pollicitus est mira sane; amoris enim percitus
« œstro dixit se crematurum et brachia, cruraque ven-
« tremque, ut villorum adureret silvam, ipsumque cor
« medium, sit modo id possibile, placeatque amatæ vir-
« gini ; atque illum etiam quo utebatur unico lucis ministro,
« oculum latum rotundum, vastum : tantos in amando
« progressus habebat.

« Rogabat Galateam Cyclops ut in antrum veniret, ubi
« nutrire se dicebat parvos hinnulos, lascivosque vitulos,
« agnos, pecudes alias, canesque multas silvaticas, lupi-
« cidas; ac dulces habere se dicebat vites,

« καὶ τυρὸν ἐν χειμῶνι καὶ καιρῷ θέρους,
« γαυλούς τε τοῦ γάλακτος ἐκκεχυμένους,
« σμήνη μελιττῶν ὑπὲρ ἑξηκοντάδα,
525 « καὶ κισσύβια τεχνικῶς γεγλυμμένα,
« καὶ δορκάδων ἄμετρα δερμάτων σκύτη.
« Τούτοις ἔθελγε τὴν Γαλάτειαν Κύκλωψ
« ᾄδων μελιχρὸν, τῇ θαλάσσῃ προσβλέπων,
« σύριγγα πρὸς τὸ χεῖλος εὔτεχνον φέρων·
530 « τούτοις ἔθελγε, καὶ προσεξελιπάρει
« ὡς ἀνθέλοιτο τὴν ἐς ἄντρον ἑστίαν,
« χαίρειν ἀφεῖσα τὸν θαλάττιον βίον.
« Σὺ δ᾽ οὔτε νεύεις, οὔτε μηνύεις λόγον,
« ἀλλ᾽ οὐδὲ προσπαίζοντι συμπαίζειν θέλεις.
535 « Οὐκ ἔστιν ἐν σοὶ μῆλον, οὐ γλυκὺς γέλως
« ὁποῖος ἦν τὰ πρῶτα τῆς Νηρηΐδος·
« τὸ μειδίαμα προσδοκᾷς δέ μοι μέγα
« χάρισμα πολλῶν ἀντιδιδόναι λόγων.
« Ὡς εὐχαριστῶ τοῦ χαρίσματος, κόρη !
540 « πένης κόραξ γὰρ, ὡς ὁ δημώδης λόγος,
« οὔσης ἀνάγκης, συμπορίζεται τάλας
« κἂν ἐκ δυσόσμων τὴν τροφὴν ἐντοσθίων.
« Σύννευσον ἔνδον ἀμφὶ τὸν ζητοῦντά σε,
« ὄψει δὲ πάντως καὶ περιφήμου πλέον
545 « Κύκλωπος ἁδρὸν Καλλίδημον ἐν βίῳ.
« Ξενοκράτης πρώτιστος ἐν τῷ χωρίῳ·
« ὁ Καλλίδημος οὐκ ἀχαρις τὴν θέαν,
« τῶν εὐγενῶν εἷς ἐστὶ καὶ τῶν εὐπόρων.
« ᾧ συζυγεῖσαν οὐ μεταμέλος λάβῃ
550 « τὴν ἐν γυναιξί σε Δρόσιλλαν κοσμίαν.
« Βούλει καθιστῶ δῆλα τῷ Ξενοκράτει;
« καὶ Καλλιδήμου καὶ Δροσίλλης τοὺς γάμους
« λαμπροῖς ἑορτάσαι πασποτηγίοις.
« Τί μειδιᾷς, νεύουσα πρὸς γῆν, ἡσύχως,
555 « ὦ γραῦς ἀγαθὴ, γραῦς καλὴ, γραῦς κοσμία;
« μέτελθε καὶ σὺ τὴν ἀκαμπῆ παρθένον;
« καὶ Καλλιδήμου μισθὸν ἐκλήψῃ μέγαν. »
Τούτοις ἐνησμένιζεν ὁ Ξενοκράτους·
ἡ γραῦς δὲ μικρὰν ἐγκοπὴν ποιουμένη
560 τῆς Καλλιδήμου λαλιᾶς πρὸς τὴν κόρην,
« Εἰ καὶ Δρόσιλλα μὴ πλανᾶται τῷ βλέπειν, »
ἔφασκε, « Καλλίδημε, παῖ Ξενοκράτους,
« οὐκ ἄλλον εἰς γῆν ὄψεταί σου καλλίω. »
Ἀλλ᾽ οὗτος ἀντέφασκε τῇ κόρῃ πάλιν·
565 « ὑπερβάλλοντως ἡδύνεις ὁρωμένη,
« ἀνεκλαλήτους ἀλγύνεις κεκρυμμένη.
« Λειμὼν χαριτόβρυτος εὑρέθης μόνη
« δοκεῖς δὲ θριγκοῖς πολλαχοῦ συνεισφέρειν.
« Καὶ νῦν ἱμερτὴ σὺ τρυγᾶσθαί μοι, κόρη,
570 « ὡς ἀκροπρέμνων ἀναδενδροκαρπίας·
« ἄνοιξον οὖν μοι τὰς θύρας τοῦ κηπίου,
« καὶ δὸς φαγεῖσθαί καὶ κορεσθῆναί μ᾽ ὅλις.
« Τίς ἦν ἐκεῖνος τῶν χαμαὶ κινουμένων
« χαλκευτικῆς ἔμπειρος, ὃς λαθὼν φλόγα,
575 « Ἡφαιστικὴν κάμινον ἐκκαύσας νέαν,

« et caseum hiberno æstivoque tempore, et mulctras
« lacte diffluentes, et apum examina plusquam sexaginta,
« ac pocula artificiose cœlata, silvestriumque caprarum
« pelles immensas.

« Talibus demulcebat Galateam dictis Cyclops mellita
« verbis, canens, adspectans pontum, pulchramque fistu-
« lam adplicans labiis.

« Talibus demulcebat verbis, supplexque rogabat ut an-
« tri hospitium acciperet, vitæque marinæ longum vale
« diceret.

« Tu vero nec annuis, nec verbo dignaris, nec ludenti
« vis conludere.

« Nec pomum jacis, nec dulce rides, ut primum Nereïs;
« sed quum vix subrisisti, magnum te putas mihi dedisse
« munus pro tot meis sermonum blandimentis.

« Quam grato hoc animo munus accipio, puella ! Pau-
« per enim corvus, ut est in proverbio, magna pressus
« necessitate, sibi victum miser vel ex graveolentibus petit
« visceribus.

« Ingredere domum amantis qui te quærit, videbisque
« Callidemum ipso illo decantato Cyclope opulentum ma-
« gis.

« Xenocrates hosce inter paganos primas agit; Calli-
« demi non illepida facies, et unus est e nobilium divi-
« tumque grege.

« Illi nupsisse non pœnitebit te, Drosilla, quæ es inter
« feminas eximia.

« Vis me rem aperire Xenocrati? Callidemi et Drosillæ
« nuptias splendidis celebraret festis.

« Quid subrides leniter, oculis ad terram depressis, ani-
« cula probissima, bellula, ornatissima? Oppugna mecum
« rigidam virginem, et non mediocrem a Callidemo mer-
« cedem accipies. »

Talibus se probare virgini tentabat Xenocratis filius.
Tum anus parvam faciens longæ Callidemi sermocina-
tioni pausam,
« Si Drosillæ non errant oculi, nullum » inquit « in
« orbe toto te pulchriorem, Callideme Xenocrate nate, ju-
« venem videbit. »
At ille rursus directa ad puellam oratione : « Incredibili
« me, quum te video, afficis gaudio; mœrore, quum vultum
« occultas.

« Pratum gratiis luxurians una quæ fores reperta fuisti;
« sed undique quasi maceriis vallare te videris.

« Et nunc cupio te vendemiare, puella, vitis veluti
« fructus arbori conjunctæ maritæ.

« Aperi igitur mihi portas hortuli, ac sinas me edere et
« satiari tandem.

« Quis mortalium humi reptantium, fabrilis peritus ar-
« tis, sumto igne, novumque accendens Vulcanium cami-
« num,

« καὶ τῇ πυράγρᾳ καρδίαν συναρπάσας,
« ἔδειξε χαλκῆν θεὶς μέσον τῶν ἀνθράκων·
« Τίς ἦν ὁ βάψας, ὁ στομώσας εἰς φλόγα
« τὴν καρδίαν σου τὴν ἀπεσκληρυμμένην;
550 « Ὢ τῶν ἐκείνου δακτύλων δυστεκτόνων!
« Φεῦ ἐργοχείρων ἀθλίων δυσδαιμόνων!
« Ὢ δεξιᾶς μοι τεκτονευσάσης βάρη,
« χαλκευσάσης σὰ στέρνα καὶ τὴν καρδίαν!
« Τολμηρὸς ἦν ἐκεῖνος, ὡς Κύκλωψ νέος,
585 « βαρὺς, βριαρὸς, αἱματωπὸς, παμφάγος,
« ὃς εἰς ἐμὴν δειλαίου ἀνθρώπου μόνος
« πολλὴν ὀδύνην ἐξεχαλκούργησέ σε.

« Τίς τὸν θανόντα ζῶντα δεικνύειν ἔχει;
« Τίς τὸν πιόντα κόνδυ δηλητηρίου
590 « ᾠδῆς μετασχεῖν φασὶ κηλητηρίου;
« Ὅρα νεκρὸν τὸν ζῶντα. Καὶ τί τὸ πλέον;
« οὕτως ἀπηνήνω με τὸν φιλοῦντά σε!
« Τῆς καρδίας σου τῆς λιθοστερεμνίου!
« Ἔρως, Ἔρως δείλαιε, πῦρ πνέων Ἔρως,
595 « ὡς ἄνθρακές με φεῦ! τὰ πικρά σου βέλη
« καίουσιν· αἶ! αἶ! μὴ τὸ τόξον πῦρ φέρει;

« Φέρει μὲν ὄντως. Ἀλλὰ τί δράσειν ἔχεις;
« οὐδ' Ἡρακλῆς πρὸς δύο, δημώδης λόγος.
« πρὸς τρεῖς δὲ σὺ Χάριτας ἀδροδακτύλους,
600 « οἷα βραχὺς παῖς, ἀντιπράττειν οὐκ ἔχων,
« ἐκεῖθεν ἔνθεν ἐκδραμὼν κατεσχέθης,
« καὶ, δοῦλος οἷα, τληπαθεὶς καὶ προσμένεις·
« κἂν καὶ πτερύσσῃ πανταχοῦ γῆς ἐκτρέχων,
« ὅπου τὸ κάλλος ἐκτελεῖς ὑπουργίαν,
605 « αἱ Χάριτες τὸ τόξον ἐκτεινοῦσί σοι·
« τὸν σφῶν ἐκεῖναι δαῦλον ὁπλίζουσί σε,
« τὸν δραπέτην ἔχουσι πιστὸν οἰκέτην,
« τὸν φυγάδα βλέπουσι προσμένοντά σε.

« Ὡς ἠγρίωσαι, κἂν γλυκὺ γελᾷς, Ἔρως!
610 « ἄφυκτα δεσμὰ συγκροτοῦντά σε βλέπω.
« Ὡς ἐξεμάνης, κἂν δοκῇς παίζειν θέλειν!
« Ἔχων δὲ χεῖρας εἰς τὸ βάλλειν εὐτόνους,
« πλήττεις ἀφειδῶς· οὐ γὰρ ἡ τεκοῦσά σε
« τῆς σῆς διέδρα τοξικῆς τὰ κεντρία.
615 « Τὴν Νιόβην κλαίουσαν ἀγροῖκος βλέπων,
« Ὤ! πῶς ῥέει δάκρυον, εἶπε, καὶ λίθος!
« ἡμᾶς δὲ σὸς νῦν ἔμπνοος ὁ λίθος, κόρη,
« οὐδὲ βραχὺ στένοντας οἰκτείρειν θέλει.
« Ὡς ἐν σκοπῷ μοι τόξον ὤφθης ἀθρόον,
620 « ὑπερφερὴς σὺ παρθένων ἐγχωρίων.
« Τοῦ σοῦ δὲ κάλλους ἂν συνέστηκε κρίσις,
« ἡ Κύπρις οὐκ ἔτυχε πρωτείου πάλιν,
« κἂν ὁ κριτὴς ἐκεῖνος ἦν ὧδε κρίνων
« ἐρωτόληπτος ξανθοθόστρυχος Πάρις.
625 « Σοὶ μαλθακὸν φίλημα, πλέγμα βοστρύχων,
« ἡ τῶν μελῶν σου συμπλοκή, τὰ πάντα σοι·
« ψυχὴ δ' ἀπειθὴς καὶ νοητὸς ἀδάμας.
« Μέσον κακοῦμαι Παφίης καὶ Παλλάδος·
« τίς Ταντάλειον δίψος ἰσχύει φέρειν;

« cor tuum, arreptum forcipe, æreum conflavit me-
« diis impositum prunis? Quis tinxit, et in flammis aciem
« cordi tuo fecit durissimo? O digitos hominis male artifi-
« ces! O manuum malum opus et detestandum! O dextram
« quæ mihi dolores conflavit, et pectus corque tuum ære
« fabricata est! Audax ille fuit, novus veluti Cyclops,
« gravis, robustus, sanguineis oculis faucibusque edacis-
« simis, qui te unus in meum infelicis dolorem nimium
« ex ære informavit.

« Quis funus ostendere potest nefunus? Quis illum ad can-
« tus invitare potest amœnos, qui poculum hausit letife-
« rum? Vide mortuum qui vivit.
« Sed quid ex malis lucror? Adeo respuis me amantem tui!
« Oh! cor saxis durius! Amor, tristis Amor, Amor qui spi-
« ras ignem, ardentes veluti prunæ heu! amara tela adu-
« runt me tua.

« Ha! ha! num arcus ignem mittit? utique mittit.
« Sed quid facies? Nec ipse Hercules, ut est in prover-
« bio, adversus duos valet; et tu, ut pote parvulus puer,
« tres adversus Gratias validis præditas manibus non ha-
« bens qui resistas, hinc inde cursitans licet, prehensus es
« tamen, et, veluti servus, ingemis, manes; ac si per
« totum evolaveris orbem, ubicumque adest pulchritudo,
« servili fungeris ministerio; et Gratiæ arcum tibi tendunt;
« te suum sibi servum armant; te, fugitivum quamvis,
« fidum sibi habent ministrum; et qui aufugeras jam te
« manentem cernunt.

« Quam es torvus sævusque, Amor, vel quum dulce
« rides! Video te inevitabilia conflantem vincula.
« Quam es furiosus, vel quum ludere velle videris! Tibi
« sunt manus usque ad feriendum promtæ, ferisque imme-
« sericorditer.
« Etenim nec parens a telis fuit immunis ipsa tuis.
« Rusticus conspecta Niobes lacrymantis imagine: Oh!
« qui ipsa, inquit, lacrymas manant marmora! Vivum
« vero tuum marmor, puella, ne pauxillum quidem nobis
« lugentibus tribuit misericordiæ.
« Tibi fui densæ scopus sagittationis, o virgo virginibus
« hic loci habitantibus longe præstantior.
« Si tuæ foret judicium pulchritudinis, Cypris non ite-
« rum potiretur præmio, quamvis sederet judex ille, flava
« Paris decorus coma et amore captus.

« Tenera das oscula; teneri sunt cincinnorum orbiculi;
« tenera membrorum compages; quid libet in te tenerum
« est, præter animum flecti nescium, et vere incorporeum
« adamanta.
« Medius torqueor Paphiam inter et Minervam: quis
« Tantaleam ferre possit hanc sitim?

LIBER VII.   51

630 « Καὶ τοῦ Διὸς δὲ νῦν κατήγορος μένω
« ὡς ἀνεράστου, μὴ καταδεβλημένου
« πρὸς τὴν καθ' ἡμᾶς εὐπρεπεστέραν κόρην
« Λήδας, Δανάης, Γανυμήδους, Εὐρώπης.
« Σοὶ καὶ ῥυτὶς μολοῦσα τῷ χρόνῳ μόλις
635 « ἥδης ὁποῦ πρόκριτος, ὡς ἐγὼ κρίνω·
« σὸν φθινόπωρον κρεῖττον (ἢ ποῖος λόγος ;)
« ἔαρος ἄλλης, ὡς δὲ χειμὼν καλλίων
« ὀπωροφυοῦς εὐκραοῦς ἄλλου θέρους.
« Ἀλλ' ἐκδυθείης μέχρις αὐτοῦ σαρκίου,
640 « καὶ γυμνὰ γυμνοῖς ἐμπελάσειας μέλη·
« ἐμοὶ δοκεῖ γὰρ καὶ τὸ λεπτόν σου φάρος
« τεῖχος Σεμιράμιδος· ὡς γένοιτό μοι! »
Τοσαῦτα λέξας εἰς τὸν οἶκον ἐστράφη,
τὴν γραῦν ὀπαδὸν λιπαρῶν ἐκ νευμάτων
645 ὡς τὴν κόρην πείσειεν ἐνδεδυκέναι·
ἢ καὶ λαβοῦσα τὴν κόρην ᾠδοιπόρει·
ἡ νὺξ γὰρ ἠνάγκαζεν ἀνθυποστρέφειν.
Ὁ γοῦν Χαρικλῆς ἐν Ξενοκράτους μένων,
πρὸς ὄρθρον ἀντέφασκε ταῖς χελιδόσι·
650 « Πᾶσαν μὲν ἤδη νύκτα γρηγορῶν μένω·
« εἰ δ' ὄρθρος ἥξει μικρὸν ὕπνον ἐγχέων
« χελιδόνες τρύζουσιν, οὐκ ἐῶσί με.
« Παύου, κακῶν κάκιστον ὀρνέων γένος.
« Οὐκ αὐτὸς ἐξέκοψα, μίξεως φόβῳ,
655 « τὴν Φιλομήλας γλῶτταν, ὡς μή τι φράσοι.
« Ἀλλ' εἰς τραχεῖαν καὶ στυγνὴν ἐρημίαν
« τὴν Ἴτυος ναὶ συμφορὰν θρηνεῖτέ μοι,
« ὡς μικρὸν ὑπνώττοιμι· καὶ κοιμωμένῳ
« ὄνειρος ἥκοι, χερσὶ τῆς ποθουμένης
660 « ἴσως με τὸν ποθοῦντα συμπλέκειν θέλων.
« Τιθωνὲ, γηράς· τὴν γὰρ Ἡῶ, τὴν φίλην
« σὴν εὐνέτιν, ἤλασας ἐκ τοῦ σοῦ λέχους. »
Ὢ καὶ πρὸς ὕπνον αὖθις ἐκνενευκότι
καὶ καλλίμορφος Διόνυσος ἐγγίσας,
665 δηλοῖ μένειν Δρόσιλλαν ἐν τῷ χωρίῳ
εἰς τὸ γραὸς δόμημα τῆς Μαρυλλίδος,
καὶ τῇδε συζήτησιν αὐτῷ προτρέπει.

BIBΛION EBΔOMON.

Ἤδη μὲν ὄρθρος καὶ κροκόχρως ἡμέρα,
καὶ φῶς ἐναργὲς πανταχοῦ κεχυμένον
ἐκ τοῦ μεγίστου καὶ διαυγοῦς ἀστέρος
ἐξ ὠκεανοῦ προσβαλόντος τῇ κτίσει,
5 ὡς ἡ σοφὴ ποίησις ἥδιστα γράφει,
σύμμετρα θερμαίνοντος ἐξ ὑψωμάτων
ὀρῶν κορυφὰς καὶ δασυσκίους πόδας
εἰς εὔγονον βλάστημα καὶ τέρψιν βίου·
ἀνίσταται δὲ καὶ Χαρικλῆς ἐξ ὕπνου,
10 πλήρης χαρᾶς, πλήρης δὲ καὶ θυμηδίας·
καὶ τοῦ δόμου πρόεισι τοῦ Ξενοκράτους,
λαβὼν μετ' αὐτοῦ καὶ Κλέανδρον τὸν φίλον.

« Et nunc Jovem incuso; qui nesciat quid sit amor,
« quum in terras ad puellam non descendat præceps, Leda
« gratiorem unam, Danae, Ganymede, Europeque.

« Accedens etiam ruga vix tandem tibi, succo, judice
« me, præstabit juventæ; autumnusque tuus melior erit
« (vel proportio qualis?) vere alius, hyëmsque tua pul-
« chrior alius fructifera temperataque æstate.

« Sed denudator, quæso, adusque cuticulam, et nuda
« nudis membra membris conseras; etenim leve hoc tuum
« amiculum mihi Semiramidis murus esse videtur.
« Atque utinam ista fiant. »

His dictis, domum reversus est, anum puellæ asseclam
nutibus rogans supplicibus ut puellam intrare persuaderet.
At illa, sumta puellæ manu, incedebat; nox enim re-
ditum jubebat.

Charicles autem apud Xenocratem divortens, diluculo
hirundinibus dicebat : « Tota jam vigilo nocte : si autem
« aurora adveniens brevem oculis infundit somnum, en
« hirundines dormire me non sinunt tinnientes.

« Desinite malarum maxime malum genus avium.
« Ferro non abstuli Philomelæ linguam, metu ne ince-
« stos proderet concubitus.

« Abite ergo in asperas tristesque solitudines, absumti
« fata gementes Ityli, ut pauxillum dormiam, adsitque
« dormienti somnium, quod me forsan amatæ amantem
« puellæ implicabit ulnis.

« Tithone, longo quia grandior ævo, Auroram tuam, ca-
« ram tuam conjugem, e lecto exturbasti. »

Charicli se rursus somno tradenti pulcher adstitit
Bacchus, significans Drosillam in pago apud anum Maryl-
lida degere; eumque ad quærendum puellam excitat.

LIBER SEPTIMUS.

Jam mane erat, auroraque fulgebat crocea, et lumen
clarissimum ubique ex maximo diffundebatur splendido-
que astro, quod, relictis oceani fluentis, mundo illucescebat
(ut illud amœnis docta poesis depingit coloribus), et tepido
recreabat calore cœli e convexis montium cacumina um-
brososque pedes, unde vernant omnia, fitque vita jucun-
dior : quum e somno surrexit Charicles lætitiæ plenus
animoque gaudente, ac domo Xenocratis egressus est, as-
sumto amico Cleandro in societatem viæ.

ΒΙΒΛΙΟΝ Ζ.

Ἡ γραῦς δὲ λοιπὸν δακρύουσαν ὀρθρόθεν
παρηγορεῖσθαι τὴν κόρην πειρωμένη,
15 ἔφασκε· «Δεῦρο, τέκνον, ἐξάγγελλέ μοι·
« πόθεν, τίνος σύ, καὶ πατρὶς τίς καὶ πόλις,
« τίς ὃν Χαρικλῆν ἐγκαλουμένη στένεις;
« Πενθεῖς δ᾽ ἀγεννῶς, καὶ στενάζεις ἀφρόνως,
« τὸν Καλλιδήμου γάμον οὐ δεδεγμένη,
20 « ὃς ὑπὲρ ἄλλους τοὺς κατοίκους ἐνθάδε
« ὡραϊός ἐστι καὶ τέθηλε χρυσίῳ.
« Οὐκ εὖγε ποιεῖς, ὦ πένησσα καὶ ξένη,
« εἰ Καλλίδημον εὐγενῆ νεανίαν
« οὐκ ἀξιόν σοι συμμιγῆναι νῦν κρίνεις.»
25 Τῆς δὲ Δροσίλλης τοῦ λαλεῖν ἀπηργμένης,
« Μαθεῖν ἐπεὶ ζητεῖς με, μῆτερ, τὴν ξένην
« τὰ κατ᾽ ἐμαυτὴν καὶ τὰ τοῦ Χαρικλέος·»
ἤκουσεν ὁ Κλέανδρος· ἔστη τοῦ δρόμου·
ἡ γὰρ Χαρικλοῦς κλῆσις ἔσχε τὸν νέον
30 ἔμπροσθεν ἐκτρέχοντα τοῦ Χαρικλέος·
καὶ «Δὸς, Χαρίκλεις, τῆς χαρᾶς τὰς ἐγγύας
« ἐμοὶ Κλεάνδρῳ συνταλαιπωροῦντί σοι,»
στραφεὶς πρὸς αὐτὸν φησὶ τὸν Χαρικλέα,
ὃν καὶ κατεξέπληξεν αὐτῷ τῷ λόγῳ,
35 ὃν καὶ κατεθρόησε τῇ φωνῇ μόνῃ.
Ἐντεῦθεν ἀντιδόντες ἀλλήλοις χέρας,
ἄφνω παρεμβάλλουσιν αὐτῇ τῇ στέγῃ,
ἧς ἔνδον ἡ γραῦς, ἡ φιλοικτος καρδία,
μετὰ Δροσίλλης ἐμπαθῶς προσωμίλει.
40 Φωνὴ μεταξὺ χαρμονῆς καὶ δακρύων,
χειρῶν κρότος, θροῦς καὶ φιλημάτων κτύπος,
ἄμετρος ὄμβρος ἐκραγεὶς τῶν ὀμμάτων,
πρὸς τὸν Σεμέλης φθόγγος εὐχαριστίας,
καλοὶ μὲν εἰς γραῦν ἐκ Χαρικλέος λόγοι
45 ὑπὲρ Δροσίλλης τῶν φιλοξενημάτων,
πολλὴ δὲ πρὸς Κλέανδρον εὐχαριστία
ἀπὸ Δροσίλλης τῆς ἀρίστης παρθένου
τῶν πρὸς Χαρικλῆν συγκακοπραγημάτων·
τοιοῦτος ἦν θροῦς ἐν μέσῳ τῶν τεσσάρων
50 σύμμικτος ὄντως χαρμονῆς καὶ δακρύων.
Οὐ μὴν ὁ Καλλίδημος ἠγνοήσέ τι.
Ἀποσκοπῶν οὖν καθ᾽ ἑαυτὸν ἀφρόνως
δράσειν φόνειον ἔργον εἰς Χαρικλέα
ἀτραυματίστως, οὐ καθημαγμένως.
55 ὡς εὐσταχήσαι τῆς Δροσίλλης τὸν γάμον,
ἔλαθεν αὑτῷ τὸν βρόχον παραρτύων.
Ὡς εἶδε δ᾽ αὖθις γνόντα τὸν Χαρικλέα
τὴν τῆς κόρης ἄφιξιν ἐν τῷ χωρίῳ
πρὸ τοῦ προθεῖναι τὸν σκοπούμενον δόλον,
60 ἀπαυθαδίσας ἐξ ἐρωτομανίας
πρὸς ἁρπαγὴν ὥρμησε λῃστικωτέραν·
οὐκ αἰσχύνην γὰρ οἶδε πολλάκις ἔρως·
σκοπῶν δὲ νυκτὸς ἀμφὶ τὴν ἐρημίαν
ἐπεισπεσεῖν ἄγνωστα τοῖς νεανίαις,
65 ἔχων σὺν αὐτῷ καὶ συνήλικας νέους,
ὡς δῆθεν αὐτῇ τὴν κόρην ἀφαρπάσων·

Anus vero gementem jam a diluculo puellam alloquis voluit, et, « Huc ades, » inquit » filia, narraque unde sis, « et qui pater, quæ patria, quæ civitas; quis est Charicles « ille quem gemis incusans.

« Ignavus est iste dolor insanaque tua mœstitia Calli-« demum procum abnuentis, qui omnibus hujusce loci in-« colis pulchrior est, divitiisque ante alios florentior omnes.

« Non recte agis, paupercula tu et hospita, Callidemum « nobilem juvenem quæ tuo non dignaris cubili. »

Cui Drosilla respondere infit : « A me quoniam hospita « discere, mater, cupis res meas ac Chariclis. »

Audivit Cleander et cursum continuit, nam forte ante Chariclem currebat, atque amici nomen progredi ipsum non siverat : et « Charicles, » ait ad illum conversus, « promitte Cleandro, promitte doloris tui participi te jam « fore lætum. »

Ad hæc obstupuit Charicles ipso vocis obstrepero conturbatus sono.

Jamque arrepta alter alterius manu, protinus, domum intrant ubi bona illa anus cum Drosilla amice confabulabatur. Voces gaudio plenæ et lacrymis, manuum complosio, osculorum et murmur et sonus, imber multus ex oculis profluens, verba in Semeles filium grati animi indicia, blandum Chariclis ad aniculam alloquium ob præstitum Drosillæ hospitium, et Drosillæ optimæ puellæ ad Cleandrum ob amicam cum Charicle malorum consortionem : talis inter hosce quaternos confusus audiebatur lætitiæ et lacrymarum tumultus.

Nec Callidemum hæc latuerant.

Nam secum insulse reputans qui posset sine vulnere cædeque mortem Charicli inferre, ut Drosillam sibi nuptam haberet; non sentiebat ipsum se sibi laqueum disponere.

At dein intellecto Charicicle, priusquam instrueretur dolus, cognovisse puellæ isthuc adventum, ex furore erotico factus audacior ad raptum se accinxit latronum ritu moreque.

Etenim sæpe pudorem projicit omnem amor.

Quum ergo statuisset per silentia noctis juvenes clam opprimere, auxiliante amicorum turba, et virginem rapere,

LIBER VII.

εἰς γὰρ ἀπόπλουν ηὐτρέπιζεν ὁλκάδα·
ἀντὶ φλογὸς μὲν ἦν ἀνῆπτον οἱ πόθοι,
πρηστήριον πῦρ εἶχε τριταίου τρόμου·
70 ἀνθ' ὁλκάδος δὲ τῆς ἀποπλευσουμένης,
ἔσχηκεν αὐτὸν ἡ ταλαίπωρος κλίνη·
ἀντὶ δρόμου δὲ τοῦ πρὸς ἄλλο χωρίον,
μακρὰν ποδῶν εὕρηκεν ἀκινησίαν.

Ὁ γοῦν Χαρικλῆς εἶχεν οὐδένα κόρον
75 τῶν τῆς Δροσίλλης ἐνδρόσων φιλημάτων·
εἰ γὰρ φιλεῖν τις τὴν ποθουμένην λάβοι,
ἀπληστός ἐστιν ἐν μέσῃ τῇ καρδίᾳ
τὴν ἡδονὴν ῥέουσαν εὐκόλως ἔχων·
τὸ χεῖλος οὐκοῦν ἐστὶν ἐξηραμμένον,
80 τοῦ γλυκύτητα μετρίαν κεκτημένου,
τῆς ἡδονῆς ἐκεῖσε συγκενουμένης.

Ἀπαλλαγέντων τοίνυν ἐκ φιλημάτων,
ἡ γραῦς Μαρυλλὶς ἀντένηψε καὶ λέγει·
« Τέκνον Χαρίκλεις, εὖ μὲν ἦλθες ἐνθάδε
85 « εὑρὼν Δρόσιλλαν ἐκ θεῶν σεσωσμένην,
« ἣ μέχρι καὶ νῦν οὐκ ἔληξε δακρύων
« καὶ τῶν χάριν σοῦ πενθικῶν ὀδυρμάτων·
« ὡς εὖ μὲν ἦλθες, (τοῖς θεοῖς πολλὴ χάρις
« τοῖς μέχρις ἡμῶν ὑγιᾶ σεσωκόσι
90 « καὶ τῇ ποθούσῃ δεῦρο συμμίξουσί σε!)
« ὡς εὖ μὲν ἦλθες, τέκνον, εὖ δὲ καὶ λέγοις
« ὅπως μὲν εἰς σύμπνοιαν ἤλθετον μίαν,
« ποία δὲ πατρίς, καὶ τὰ τοῦ πόθου πόθεν,
« τίς δ' οὗτος ὁ Κλέανδρος αὐτὸς ὁ ξένος,
95 « ποίῳ δ' ἀπεξεύχθητον ἀλλήλων λόγῳ,
« καὶ νῦν ἐπιγνώσθητον ἀλλήλοις πάλιν.

« Ἔμελλε πάντως τοῦ λέγειν ἀπηργμένη
« ἡ παρθένος μοι ταῦτα διεξιέναι,
« ναὶ καὶ καθ' εἱρμὸν πάντα τετρανωκέναι,
100 « πρὸ τοῦ σε τὸ στέγασμα κατειληφέναι. »
« Ἐπῳδύνως γοῦν καὶ μετὰ στεναγμάτων·
« ἣ πῶς γὰρ » ὁ Κλέανδρος εἶπεν » εὖ λέγοις; »
« Ἐπεὶ δὲ σύ μοι τὴν στέγην, χρυσῆ τύχη !
« ἔδυς, θεῶν ἔκ τινος ὡδηγημένος,
105 « ὡς ἂν μικρὸν λήξειε τῶν ὀδυρμάτων
« ἡ νύκτα δακρύουσα καὶ μεθ' ἡμέραν,
« λέγοις ἂν ἡμῖν σὴν ἄφιξιν ἐνθάδε,
« καὶ τὴν Ἔρωτος μυστικὴν εὐτολμίαν,
« μεθ' ἡδονῆς πάντως γε καὶ προσχαρμάτων.
110 « Τί γὰρ τὸ λυποῦν τὴν Δρόσιλλαν εἰσέτι,
« ἣ τὸ θλίβον τί, σοῦ, Χαρίκλεις, ἐγμένου ;
« Ὡς γὰρ ἀπόντος ἐστέναζεν, ἔθρόει,
« ἔκλαιε πικρῶς, ὠλόλυζε βαρέως,
« οὕτω παρόντος, ὦ θεῶν σωτηρίων !
115 « πάντων κρατούσης τῆς χαρᾶς συνημμένων,
« εὔχρηστον οἶμον ἡ διήγησις λάβοι.
« Καθηδυνεῖς δὲ καὶ πλέον τὴν παρθένον,
« σοῦ γλυκεροῦ στόματος ἠνεωγμένου,
« τὸν ἐξ ἐκείνου φθόγγον ἠνωτισμένη·
120 « θάλψεις δὲ κἀμὲ συμπαθεῖν ἐγνωσμένην

parata ad fugam nave ; pro flamma quam accendunt cu-
pidines, tertianæ febris igne fulguritus trepidare cœpit ;
et pro nave qua debebat avehi, tristi fuit afflictus lectulo ;
proque celeri quam sperabat alium in pagum fuga, pe-
dum fuit impeditus immobilitate.

Chariclem vero roscidorum Drosillæ osculorum satias
nulla capiebat : si quis enim amatam puellam osculetur,
non satiari potest dulci illo gaudio quod per medium cor
leniter diffluit.

Arida igitur sunt illius labia, qui, hac osculorum dif-
fundente se voluptate, dulcedine mediocri titillatur.

Ergo quum basiis tandem pausam fecissent, anus Ma-
rillys « Charicles, fili mi » et ipsa mente sobria dixit, oh !
« bene quod huc accedens servatam Deorum ope Drosil-
« lam inveneris, quæ usquedum lacrymarum te propter
« tristiumque ejulatuum non desinebat : bene, inquam,
« advenisti, et Deis ago gratias, qui te sanum nobis reduxe-
« runt et hic puellæ jungent amanti ; at, fili, ut fauste
« advenisti, sic fausta mihi narratione aperias, quo in hunc
« incidistis amorem modo ; quæ patria ; amandi quæ origo ;
« quis Cleander ille advena ; qua fuistis disjuncti fortuna,
« et qua nunc conjuncti rursus.

« Drosilla quidem omnia mihi narrare cœperat atque or-
« dine pandere, paulo priusquam tectum ingressus es. »

Tum Cleander : « Cum gemitibus et suspiriis fiet (nam
« qui aliter ?) fausta hæc narratio ! »
« Quandoquidem (o fortunam auream !) meum tugu-
« riolum ingressus es, duce Deorum aliquo et suspice, ut
« parumper omittat mœstitiam puella quæ interdiu flet
« noctuque, narres nobis tuum huc adventum et arcanum
« audaxque facinus Amoris ; quod per erit jucundum læti-
« ficumque.

« Quid enim adhuc, te præsente, Charicles, Drosillam
« dolore potest afficere vel ægrimonia? Quemadmodum
« enim te absente gemebat, inclamabat, lugebat amariter,
« graviter suspirabat; sic te præsente (oh Deos ser-
« vatores !) et in communi hac omnium lætitia, com-
« modo narratio tramite procedat. Atque dulci oris tui
« favella curas delinies puellæ, vocis amatæ quum bibet
« aure sonos ; et me recreabis simul, quæ tam anxie

ΒΙΒΛΙΟΝ Ζ.

« οἷς μέχρι δεῦρο δυσχερῶς ἐπλημμέλει. »
« Ὡς ἤθελον πρώτην μὲν αὐτὴν τὴν κόρην,
« φίλον Μαρυλλίδιον, ἠρωτηκέναι, »
ἔφη Χαρικλῆς, « πῶς σέσωσται, καὶ μόνη,
125 « πεσοῦσα πρὸς θάλασσαν ἐξ ὕψους ὄρους !
« ὡς νῦν ἐγὼ καὶ θάμβος ἡλίκον φέρω,
« εἰ μὴ Δρόσιλλαν φασματούμενος βλέπω·
« ἐπεὶ δὲ σὺν θέλημα, γραῦ, μὲ νῦν λέγειν
« ἡμῶν τοσαύτας τληπαθεῖς περιόδους
130 « εἰς ἀνταμοιβὴν τῶν φιλοφρονημάτων,
« ἄκουε. Πῶς γὰρ καὶ παραγκωνιστέον
« τὴν τῆς τοσαύτης αἰτίαν θυμηδίας;
« ἐμοί, Δροσίλλῃ, καὶ Κλεάνδρῳ τῷ ξένῳ.
« Εὖ δ᾽ ἴσθι· πατρίς ἐστιν ἡμῶν ἡ Φθία·
135 « μήτηρ ἐμοὶ μὲν Κρυστάλη, πατὴρ Φράτωρ,
« τῇ δὲ Δροσίλλῃ Μυρτίων, Ἡδυπνόη.
« Ταύτην, ἑορτὴν ἐντελῶς τελουμένην
« τοῦ τῆς Σεμέλης καὶ Διὸς Διονύσου,
« ἔξω παρ᾽ αὐταῖς ταῖς πύλαις τῆς πατρίδος
140 « συνεξιοῦσαν ἁπαλαῖς σὺν παρθένοις
« ἰδών, ἑάλων· οὐδὲ γὰρ μέμψις, γύναι,
« ὁρῶντα ταύτης τοῦ προσώπου τὴν θαν·
« εἰς γὰρ τοσοῦτον συρρέον πλῆθος τότε
« οὐκ ἦν ἰδέσθαι τῆς Δροσίλλης καλλίω.
145 « Ἁλοὺς προσεῖπον, καὶ προσειπὼν ἠξίουν
« ἐμαυτὸν αὐτῇ τῇ φυγῇ μεθαρμόσαι.
« Ἔνευσεν, ἀντέρωτα πάσχουσα ξένον·
« καὶ ναῦν ἀποπλέουσαν ἐξευρηκότες,
« χαίρειν ἀφέντες συγγενεῖς καὶ πατρίδα,
150 « ὁμοῦ συνεισέδυμεν εἰς τὴν ὁλκάδα.
« Πλὴν ἀλλὰ μικρὸν καὶ πλέοντες εὐδρόμως,
« ἥλωμεν οὕτως ἀπροόπτως ἀνδράσιν
« τοῖς ναυτικῇ χαίρουσι τῇ λῃστηρίῳ,
« ὧν χεῖρας ἐκφυγόντες ὀψὲ καὶ μόλις,
155 « σεσώσμεθα κρυβέντες ἐς μέσην ὕλην,
« καὶ Βάρζον εἰσέδυμεν ἄστυ σὺν δρόμῳ·
« ὃ καὶ συνεξέδυμεν ἐκτελουμένης
« κἀκεῖ μεγίστης τοῦ Διὸς πανδαισίας.
« Ἐμπίπτομεν δὲ Παρθικῇ στρατάρχια
160 « θήραμα καινόν· καὶ δεθέντες αὐχένας
« εἰς τὴν ἐκείνων ἀντεπήχθημεν πόλιν.
« Ἐκεῖσε πολλῶν ἡμερῶν περιδρόμους
« μετὰ στεναγμῶν ἐκμετρήσαντες πόσων !
« καὶ τὸν καλὸν Κλέανδρον ὃν βλέπεις, γύναι,
165 « προαιχμαλωτισθέντα χειρὶ Βαρβάρων
« συνοικέτην κάλλιστον ἐξευρήκοτες
« (καὶ γὰρ φυλακῆς εἴδομεν παρ᾽ ἐλπίδα
« δούλειον ἦμαρ, ἀλλοφύλους δεσπότας,
« καὶ δυστυχεῖς ἔρωτας, ἀλλὰ καὶ πόσους !),
170 « συνηχμαλωτίσθημεν αὖθις ἐκ τρίτου
« Ἄραψι, Πάρθων κατατετροπωμένων.
« Τοίνυν λαχόντες δέσμιοι, παρηγμένοι
« ὁδὸν διελθεῖν πανταχοῦ στενουμένην
« ἐκ τῆς δασείας καὶ συνηρεφοῦς ὕλης,

« condolui malis quibus usquedum misella obruta fuit. »
— « Quantum vellem, Charicles ait, o bona Maryllidium,
« a virgine ipsa rescire prius quo fuerit servata modo, alto
« de cacumine montis in mare delapsa, idque sola.
« Etenim ingenti nunc teneor stupore, si forte imaginem
« Drosillæ, non ipsam cerno Drosillam.
« At quandoquidem, anus optima, pro tantis tuis bene-
« ficiis, me tibi nostrarum narrare cupis miseriarum vicis-
« situdines, audi. Neget quis aliquid Maryllidi quæ tantæ
« est causa lætitiæ meæ, Drosillæque, et amici Cleandri.

« Patria (te enim hoc probe novisse oportet) nobis est
« Phthia.
« Matrem habeo, Crystallen; patrem, Phratorem : Myr-
« tion autem Drosillæ pater; et mater, Hedypnoe.
« Die quodam Bacchi, Semeles et Jovis filii, festo, illam
« ex urbis portis una cum teneris virginibus progredientem
« ut vidi, ut perii ! Nec me quisquam vituperabit, mulier,
« qui videram tam formosum puellæ vultum.
« Quippe, in tanta undique affluente turba, Drosilla pul-
« chrior femina nulla fuit.
« Amans amare me dixi, et rogavi ut mihi vellet esse
« fugæ comes.
« Annuit, quippe quæ amantem me egregie redamabat.
« Quum navem jam solventem invenissemus, valedicentes
« parentibus et patriæ, simul navigium fuimus ingressi.
« Sed brevi post tempore, quum propere navigaremus,
« ecce ex improviso in homines incidimus, qui piraticam
« exercebant : e quorum manibus quum vix tandem evasis-
« semus, media nos occultamus silva, et cursu demum
« urbem Barzum occupamus.
« Atque rursus Barzo simul egredimur in solemni festo-
« que Jovis epulo.
« At hic præda facti sumus Parthico exercitui; et colla
« catenis vincti in eorum oppidum perducimur.

« Quum multos dies in gemitibus, heu quantis ! consum-
« pseramus, optimum hunc Cleandrum, quem cernis, mulier,
« captum jam antea Barbaris, socium servitutis invenimus.
« Etenim inexpectatam servire coacti servitutem, externos
« experti fuimus heros, et amores, heu ! nimium quantum
« infelices.
« Dein rursus, Parthis profligatis, in Arabum venimus,
« ter capti, potestatem.
« Ecce ducebamur captivi per viam quam spissa densior-
« que silva coarctabat,

LIBER VII.

175 « ἠγωνιῶμεν, ἄλλος ἄλλον ἐκράτει,
« ποιούμενοι δίκαιον εὔλογον φόβον
« μὴ, ἀπολισθήσαντες ἐκ κρημνισμάτων,
« σχοίημεν αὐτὴν τὴν θάλασσαν εἰς τάφον·
« ὃ καὶ πέπονθεν ἡ παροῦσα παρθένος,
180 « ἣν ζῶσαν, ὦ Ζεῦ καὶ θεοὶ πάντες! βλέπω.
« Ὁ κύριος γοῦν Ἀράβων ἄναξ Χάγος
« θρηνοῦντα νύκτωρ μανθάνων με τὴν κόρην,
« μετὰ Κλεάνδρου τοῦ παρόντος εὐθέως
« ἐλευθεροῖ, σχὼν οἶκτον ἡμῶν τοῦ πάθους·
185 « οὗ καὶ τὰ συμφέροντα πάντα τῷ βίῳ
« τὴν τῶν θεῶν πρόνοιαν ἐξητηκότες,
« ἀπηλλάγημεν δουλικῆς ζεύγλης βάρους·
« ἐγγίζομεν δὲ δωδεκαταίῳ φάει
« μόλις παρ' αὐτοῦ τῇ στέγῃ Ξενοκράτους.
190 « Ἐμέλλομεν δὲ σήμερον τὸ χωρίον
« παραβραχὺ λιπόντες ἀλλαχοῦ τρέχειν
« (τρεῖς γὰρ διηνύκειμεν ἐν Ξενοκράτους
« πρὸς παῦλαν ἄχθους ἡμερῶν περιδρόμους),
« εἰ μὴ θεῶν ὄνειρος ἐξαπεστάλη,
195 « ἢ μᾶλλον οὐκ ὄνειρος, ἀλλὰ προφθάσας
« ὁ καλλίμορφος παῖς Διὸς καὶ Σεμέλης
« ἐπέσχεν, εἰπών· Μὴ πρόβαινε μηκέτι,
« ἕως Δρόσιλλαν, ἣν ἰδεῖν ζῶσαν θέλεις,
« θρηνοῦσαν εὕρῃς οὖσαν ἐν τῷ χωρίῳ.
200 « Τὰ γοῦν καθ' ἡμᾶς, ὥσπερ ᾔτησας, γύναι,
« ἔχεις μαθοῦσα· πλὴν τὰ λοιπὰ τοῦ λόγου
« αὐτὴν ἐρωτᾶν ἀξιῶ τὴν παρθένον,
« πῶς ἔσχεν εἰς θάλασσαν ἐξερριμμένη
« ἐνταῦθα πάντως πρὸς σὲ κατειληφέναι
205 « αὐτῇ φανεῖσαν δευτέραν Ἡδυπνόην. »
« Ἐμοί, Χαρίκλεις, κἂν ὁ βάσκανος μίτος »
ἔφη Δρόσιλλα « τῆς ἀλάστορος τύχης
« ἀεὶ τὰ λυπρὰ συμπεριχλώδεις θέλῃ,
« ἀλλ' ἡ θεοῦ πρόνοια τοῦ σωτηρίου,
210 « ὃν καὶ συνεργὸν τῆς καθ' ἡμᾶς ἀγάπης
« ἐπευτυχοῦμεν (ἀλλὰ μὴ λήγοις, ἄναξ,
« τὴν λειπότακτον συμφυλάττων, ὡς θέλεις!)
« ἀεὶ τὰ χρηστὰ βούλεται συνεισφέρειν,
« ἥτις πεσοῦσαν (ὦ παλαμναίου κλάδου,
215 « τοῦ χεῖρα συλλαβόντος ἐκ τῆς ἀγκάλης,
« καὶ πρὸς βυθὸν ῥίψαντος ἐξ ἕδρας μέσης!)
« ἔσωσε πέτραις πολλὰ προσκεχρουμένην
« τὰ στέρνα καὶ τὰ σπλάγχνα καὶ τὰς ὠλένας. »
(Καὶ, συγκεκυφὼς προσλαλούσῃ τῇ κόρῃ,
220 λευκοὺς ἐρυθροὺς κρυσταλώδεις δακτύλους
ταύτης Χαρικλῆς κατεφίλει δακρύων),
« τίς χερσὶν, ἃς σὺ νῦν φιλεῖς καὶ κατέχεις,
« τὸν φλοιὸν ἐντέθεικε, καὶ δέδωκέ μοι
« τοιοῦτον, εὑρὼν καὶ παρεκτεταμένον
225 « ὡς θᾶττον εἰς γῆν ἐμβαλεῖν σεσωσμένην;
« Ὦ χαῖρε, χαῖρε, Διόνυσε γῆς ἄναξ,
« ὅστις με πολλῶν ἐξέσωσας κινδύνων,
« καὶ μεῖζον ἄλλο δῶρον ἀντεχαρίσω! »

« et nitebamur, aliusque alium prehendebat, justo non sine
« metu, ne in præcipitia delapsi loca mari sepeliremur;
« quod puellæ accidit isti, quam, o Jupiter Diique omnes!
« præsentem et vivam intueor.

« Rex autem Arabum Chagus, comperto me noctu
« puellam lugere amissam, protinus cum bocce Cleandro
« liberum me dimisit, nostra nempe misertus infortunia.

« Cui quum prospera omnia a Deorum providentia
« fuissemus adprecati, servilis onera jugi deposuimus; et
« duodecimo die adimus ad dōmum Xenocratis.

« Hodie autem vicum hunc linquere ferme destinavera-
« mus, et pergere alio (tres enim apud Xenocratem dies
« quietis causa manseramus); ni missum a Deis insom-
« nium, aut ipse potius pulcher Jovis et Semeles filius me ab
« incœpto retraxisset, Ne longius, dicens, abeas, mœs-
« tam donec Drosillam, cupis quam cernere vivam, in hoc
« pago inveneris. Nostra nunc teñes, mulier, nosse quæ
« volebas.

« At cætera nunc ab ipsa volo rescire virgine; quo potuit
« modo, in mare decussa, hic ad te se recipere, quæ ipa
« altera fuisti Hedypnoe. »

Tunc Drosilla : « Etsi mihi, Charicles, crudelis Fortuna
« tristes usque velit fatalibus filis nere casus; attamen con-
« servatoris providentia Dei, quem nostro faventem amori
« snmus experti (et nunquam desinas, Rex optime, maxi-
« me, exulem me patria pro nutu tuo servare!) usque
« vult prodesse nobis, quæ me cadentem (o funestum
« arboris ramum, cui brachium ex ulna prehensum hæsit,
« quique raptam me e sedili in profundum dedit præci-
« pitem!) quæ igitur me servavit saxis pectus, ac latera
« brachiaque inlidentem » (Et obtutu in loquentem defi-
xo puellam, Charicles candidos ejus roseosque nitidosque
basiabat digitos non sine lacrymis), « quæ hisce, quas
« nunc deoscularis et comprimis manibus, corticem sub-
« jecit, latum adeo et protensum ut brevi fuerim in littus
« exposita? O salve, salve Bacche, terrarum rex, qui
« me a multis eripuisti periculis, et majus aliud dedisti
« donum!

« ὃν ἐν νεκροῖς ἤλπιζον ἐν ζῶσι βλέπω. »
230 Καὶ συμπλακέντες τῷ μεταξὺ τῶν λόγων
ὡς κισσὸς εἰς δρῦν, ἀντεφίλουν ἀσμένως.
Οὕτω δυσαπόσπαστον εἶχον τὴν σχέσιν,
ὡς καὶ δόκησιν ἐμβαλεῖν Μαρυλλίδι
καὶ σῶμα πάντως ἓν γενέσθαι τοὺς δύο,
235 οἳ τῷ προλαλεῖν ἦλθον εἰς ψυχὴν μίαν·
τοιοῦτός ἐστι πᾶς ἐρῶν πόθου πνέων·
καὶ γὰρ κατιδὼν ἣν ποθεῖ μετὰ χρόνον
ἄπληστα φιλεῖ πρὸς τὸ λῆξαι τοῦ πόθου.
Μόλις Χαρικλῆς ἄρτι νήψας ἀντέφη·
240 « Ἀλλ' ὦ τοσοῦτον ὥστε μὴ σθένειν λέγειν,
« ὦ φῶς ἔμερτον, ὦ πνοὴ καὶ καρδία,
« πῶς τὴν τοσαύτην καὶ διήνυσας τρίβον,
« καὶ πρὸς τὸ παρὸν ἔσχες ἐλθεῖν χωρίον; »
« Ἐκεῖνος αὐτός » εἶπεν αὖθις ἡ κόρη,
245 « ἐλθεῖν καθωδήγησεν εἰς τὸ χωρίον
« ὁ καὶ θαλάσσης πλημμυρούσης ἁρπάσας
« καὶ τὸν Χαρικλῆν ζῶντά μοι δοὺς νῦν βλέπειν. »
Τούτοις Μαρυλλὶς προσχαρὴς δεδειγμένη
ἔφησεν « Ὡς καινόν τι δέρκομαι, ξένοι!
250 « Καὶ γραῦς μὲν εἰμὶ καὶ προβᾶσα πρεσβῦτις,
« χρηστῶν δὲ πολλῶν καὶ κακῶν ἴδρις ἔφυν·
« πλὴν ἀλλὰ γὰρ τοσοῦτον οὐκ ἔγνων πάθον,
« οὐδ' εἶδον οὕτως εὐφυῆ συζυγίαν
« ἐλθοῦσαν εἰς μέθεξιν οἰκτρᾶς ἐκ νέου
255 « οὐ καρτερητῶν ἀλλεπαλλήλων πόνων.
« Καὶ τὴν μὲν, ὦ Ζεῦ, παρθένον τηρουμένην,
« καὶ ταῦτα δούλην πολλάκις δεδειγμένην,
« τοὺς ἐμμανεῖς ἔρωτας ἐκπεφευγέναι,
« τὸν δὲ πρὸς αὐτὰ βαρβάρων γυμνὰ ξίφη,
260 « ὡσεὶ θέρους ἄγρωστιν, ἐμπεπτωκότα,
« ἐν ζῶσιν εἶναι, καὶ συνεῖναι τῇ κόρῃ,
« ταύτης λαχόντα τὴν διάζευξιν πάλαι·
« θεοῦ λέγεις τὸ πρᾶγμα, καὶ καλῶς λέγεις,
« σώφρον Δρόσιλλα. Καλλίδημος ἐῤῥέτω.
265 « Οὓς γὰρ θεὸς συνῆψε τίς διασπάσοι; »
Ἔφησε ταῦτα, καὶ τράπεζαν εἰς μέσον
τέθεικεν, « Ὑμῖν συγχαρήσομαι, ξένοι,
« τὴν σήμερον· » λέγουσα « συμπάρεστί μοι·
« καὶ συγχορεύσω τῷ θεῷ Διονύσῳ,
270 « παθόντας οἰκτρὰ προσφυῶς ἠνωκότι. »
Οὗτοι μὲν οὖν ἐντεῦθεν ἠσχολημένοι
τροφαῖς, κρατῆρσιν ἀμφεγάνυντο πλέον·
ἡ γραῦς δὲ (καὶ γὰρ προσχαρὴς ἦν τὴν φύσιν)
ὅλη φανεῖσα τῆς χαρᾶς καὶ τοῦ πότου,
275 ἤγερτο λοιπὸν τῆς καθέδρας ὀρθία,
καὶ πρὸς τὸ πρᾶγμα δῆθεν ἐσκευασμένη,
λαβοῦσα χειρόμακτρα χερσὶ ταῖς δύο,
ὄρχησιν ὠρχήσατο βακχικωτέραν,
φθόγγον κορύζης οὐ μακρὰν ποιουμένη
280 χαρᾶς τελεστὴν καὶ γέλωτος ἐργάτην.
Ἔσφαλλε μέντοι θαμὰ συγκινουμένην
τὸ συνεχὲς λύγισμα τὴν Μαρυλλίδα·

« Quem inter mortuos esse sperabam, nunc vivum cerno. »
Hæceque inter verba, adhærentes alter alteri, quercui velut hedera, se mutuis invitabant osculis, arctis adeo nexi vinculis, ut Maryllis crediderit, unum e duobus amantibus fuisse corpus adunatum, quos jam confabulatio fecerat unanimes.

Non aliter comparatus est quilibet amans, quum fervet desiderio.

Quando etenim longum post tempus amatæ visu potitur, multo se proluit osculorum rore, restinguat ut cupidinis ignes.

Tandem Charicles factus sui compos : « O mea lux, lux « carior mihi quam ut dicere queam! o anima! o corculum! « quomodo tam longum potuisti conficere iter, et ad hos « pervenire locos? » — « Ille ipse » vicissim puella dixit, « fuit mihi dux itineris qui ex undis tumentibus me eripuit, « Chariclemque vivum nunc meos sistit ante oculos. »

Ad hæc Maryllis læto vultu : « Rem video, hospites, » prodigiosam.

« Anus sum quidem jam grandi provecta ætate, et multa « sum experta bona malaque, nondum tamen tanto sui « testis amori; nec vidi unquam tam pulchrum par tam « gravibus et catenatis, a tenera jam ætatula, opressum « curis. Illam vero, proh Jupiter! virginem usque et ca- « stam, idque non semel servitutem servientem, immanes « effugisse herorum amores; hunc vero ipsis Barbarorum « gladiis, æstivum ut gramen messoris falci subjectum, in « vivis adhuc esse, et longam post disjunctionem, una cum « puella versari, dei hoc esse dicis opus, et merito quidem, « sapiens Drosilla.

« Valeat ergo Callidemus.

« Quos junxit Deus, quis disjungat? » His dictis, mensaque in medio posita, « Vobis, » ait « Hospites, hodie gaudii « ero particeps; quidni enim? et saltabo vobiscum in hono- « rem Bacchi, qui miseros amantes fauste conjunxit. »
Inde vacant cibis, plenisque se proluunt poculis.

Anus vero (etenim natura fuit ad hilaritatem comparata) jam lætitia plena et flore sauciata liberi, a mensa surrexit, seque ad opus accingens, manibusque tenens mantelia, saltationem saltavit plus quam Bacchicam, turpi et rancidulo fragosis e naribus concrepans sono, quo lætitiam creabat ciebatque cachinnos.

Sed inter frequentes membrorum quassationes dum circumvertitur, non usque recto stabat talo Maryllis,

πίπτει δὲ πάντως ἡ ταλαίπωρος κάτω
τῷ συμποδισμῷ τῶν σκελῶν τετραμμένη·
285 ὑψοῖ δὲ θᾶττον εἰς κεφαλὴν τοὺς πόδας,
καὶ τὴν κεφαλὴν ἀντερείδει τῇ κόνει·
τοῖς συμπόταις ἐπῆρτο μακρός τις γέλως.
[Οὕτως ἐκείνη συμπεσοῦσα, κειμένη,
ἡ γραῦς Μαρυλλὶς ἐξεπόρδησε τρίτον,
290 τῷ συμπίλησιν τῆς κεφαλῆς μὴ φέρειν.]
Οὔκουν ἐπεξήγερτο· μὴ γὰρ ἰσχύειν
ἔφασκεν ἡ τάλαινα, καὶ προκειμένη
τὰς χεῖρας αὐτῆς ἀντεφήπλου τοῖς νέοις·
ἀλλ' ὁ Κλέανδρος συγκατασχεῖν οὐκ ἔχων,
295 ἐξυπτιάσας τῷ γέλωτι καὶ μόνος
ὡς ἡμιθνῆς ἔκειτο πυκνὸν ἐμπνέων.
Τί γοῦν Χαρικλῆς; τῶν γελώτων ἐν μέσῳ
καλῆς ἀφορμῆς τῷ δοκεῖν δεδραγμένος,
ἐπεισκεκυφὼς τῷ Δροσίλλης αὐχένι,
300 ἐπεγγελάσων τῇ καλῇ Μαρυλλίδι,
οὐκ εἶχε πάντως τῶν φιλημάτων κόρον,
τῶν χειλέων ἐκεῖσε προσκολλωμένων.
Πλὴν ἀλλ' ἀναστὰς ὁ Κλέανδρος καὶ μόλις
ἔδειξεν εὐθὺς τὴν πεσοῦσαν ὀρθίαν,
305 οἶμαι, πτοηθεὶς ἐκ προσυμβεβηκότων
ὡς μή τι γ' αὖθις ἐκφορήσοι καὶ κόπρους,
ἢ τὴν κεφαλὴν ἀλοηθῇ κειμένη,
μισθὸν λαβοῦσα τῶν φιλοξενημάτων
τὴν θρύψιν αὐτὴν ἐν πόνοις τοῦ κρανίου.
310 Ἡ καὶ συνιζήσασα τοῖς νέοις, ἔφη·
« Μὰ τοὺς θεούς, ὦ τέκνα, καὶ σκοπεῖτέ μοι·
« ἐξ οὗ καλὸς παῖς τῆς Μαρυλλίδος Χράμος
« τέθαπτο (καὶ γάρ ἐστιν ὄγδοος χρόνος),
« οὐκ ἦλθον εἰς γέλωτας, οὐκ ὠρχησάμην·
315 « ὑμῖν δὲ ταῦτα λοιπὸν ἐξ ἐμοῦ χάρις·
« παισὶ πλανηθείς φασι καὶ γέρων τρέχει. »
« Μὰ τὸν σὸν υἱόν, » ἀντέφησαν οἱ νέοι,
« ἥδυνας ἡμᾶς, ὦ Μαρυλλὶς κοσμία,
« ἄλλοις τε πολλοῖς καὶ τροφῇ σῇ καὶ πόσει·
320 « ὄρχημα δ' οὖν σὸν καὶ τέχνη λυγισμάτων,
« καὶ σῶν ποδῶν κίνησις εὐτονωτέρα,
« καὶ πυκνὸν ἀντίλοξον εὔστροφον τάχος,
« ὑπὲρ τροφὴν ἥδυνεν, ὑπὲρ τὴν πόσιν,
« ὑπὲρ τράπεζαν τὴν πολυτελεστάτην,
325 « ὑπὲρ φιάλην τὴν ὑπερχειλεστάτην.
« Καὶ καινὸν οὐδέν, μῆτερ, ὄντως εἰργάσω·
« ἡμεῖς δὲ κἂν γέροντες ἦμεν τρισσάκις,
« συμμετριάζειν οὐκ ἂν εἴχομεν φόβον,
« πάντως τὰ λῷστα τῶν θεῶν δωρουμένων. »
330 Τοιαῦτα πρὸς γραῦν εἶπον οἱ νεανίαι.
Καὶ τῆς τραπέζης ἐκ ποδῶν τεθειμένης,
ὁ μὲν Κλέανδρος εἰς τὸν ὕπνον ἐκλίθη,
ἡ γραῦς δὲ λοιπὸν ἔνθεν ἀντανεκλίθη.

caditque misella cruribus impeditis, tolluntur que pedes, et pulveri caput adliditur. Convivæ risu cachinnabili concuti.

[Sic anus resupina jacebat quum repente, sanguinis in capite congestioni impar ferendæ, ter fissa nate pepedit.] Nec surgebat; non posse enim aiebat; et jacens manus juvenibus ambas protendebat.

At Cleander, qui se cohibere nequibat, risu solutus maximo, et solus in angulo resupinus, animam trahebat anhelantem fere morituro similis.
Quid interea Charicles? Medios inter cachinnos pulchram sibi visus reperire opportunitatem, Drosillæ cervici innixus, bonamque ridens Maryllidem, labellis ferme conglutinatis osculorum satietatem non capiebat.

At surgens Cleander statim aniculam erexit, veritus, puto, ex anteactis, ne quid illi excideret quod etiam pejus oleret, vel infringeret caput : tristem nacta benigni hospitii mercedem, calvariæ acuto non sine dolore fracturam.

Quæ quum sedisset « O liberi » inquit « per Deos, dictis « advertite meis animum.
« Ex quo pulcher Maryllidis filius Chramus abiit ad « plures (hicque nunc octavus vertitur annus), non rise-« ram, non saltaveram.
« Hoc quod fuit lætitiæ meæ boni vos consulite; nam et « senex, aiunt, errabundus inter pueros currit.

Cui hospites : « Per tuum, Maryllis optima, filium, nos « suaviter excepisti multisque aliis, tum potu ciboque ; « saltatio vero tua, et motus e disciplina lepidissimi, vali-« diusque pedum tripudium, et vivida, obliquata, agilis « mobilitas, plus nobis quam cibus potusque placuere, « plus quam opipara mensa, pocula plus quam plenissima.

« Et revera nihil, mater, fecisti insolentius ; nos autem, « licet ter senes essemus, tecum indulgere genio et jocu-« lari non vereremur, in tanta Deorum adversus nos beni-« gnitate. »
Talia aniculæ dixerunt juvenes ; mensaque remota, Cleander somno se dedit, anusque pariter petivit lectulum.

ΒΙΒΛΙΟΝ Η.

Ὁ γοῦν Χαρικλῆς χεῖρα δοὺς τῇ παρθένῳ
εὐθὺς μετ' αὐτῆς ἦλθεν εἰς τὸ κηπίον
ἐγγύθεν ὄν· προβὰς δὲ μικρὸν, ἱστόρει
τὰ δένδρα, τὴν ὀπώραν, ἄνθη ποικίλα,
5 καλόν τι χρῆμα τοὺς ὁρῶντας ἡδύνον.
Καὶ δὴ συνιζήσαντες ὑπὸ μυῤῥίνην,
συνῆλθον ἄμφω πρὸς λόγου κοινωνίαν.
Καὶ « Τίς, φίλον μέλημα, » Χαρικλῆς ἔφη,
« ὃν εἶπε Καλλίδημον ἡ γραῦς ἐν πότῳ;
10 « Μή σου κατηξίωτο βασκάνῳ τύχῃ
« καταστρυφῆσαι καλλονῆς ἀσυγκρίτου,
« δεινὸς βιαστὴς καὶ τύραννος ὠμόνους;
« Μή τις τὸ πῦρ ἔφθασεν ἐγκατασβέσαι,
« ὃ πρὸς Χαρικλῆν ἔσχες ἐν ψυχῆς βάθει;
15 « Ὦ, ὦ ποθεινὸν ὄμμα, μὴ σύγκρυπτέ τι·
« πρὸς γὰρ Χαρικλῆν ἐξερεῖς, οὐ πρὸς ξένον. »
« Πῶς εἶπας; Εὐφήμησον, » ἀνταπεκρίθη
πρὸς τὸν Χαρικλῆν ἡ Δροσίλλα παρθένος,
« ἄνερ Χαρίκλεις· ναὶ γὰρ εἶ σὺ καὶ μόνος
20 « ἀνὴρ ἐμὸς καὶ τοῦτο μὴ ψευδὴς λόγος.
« Παρεσφάλη σοι τὸ φρονοῦν καὶ τὸ κρίνον
« ἐκ τῆς περισχούσης σε μακρᾶς ἀνίας·
« καὶ γὰρ παρακόπτουσι λῦπαι καὶ φρένας.
« Ἦ γὰρ, πάτερ Ζεῦ καὶ θεῶν εὐφροσύνα,
25 « εἰ μὴ Δρόσιλλα μέχρι καὶ νῦν παρθένος,
« τὸ πρᾶγμα πάντως ἐξελέγξει καὶ μόνον.
« Οἷος λόγος, κάλλιστε Χαρίκλεις ἄνερ,
« τὸ τῶν ὀδόντων ἕρκος ἐξέφυγέ σου!
« Ἐρῶ δέ σοι· καὶ μάρτυς ἔστω τοῦ λόγου
30 « ὁ τοῦ Διὸς παῖς, ὃς πρὸ τῆς χθὲς καθ' ὕπνον
« δηλοῖ παραστὰς κειμένῃ κοιμωμένῃ
« τὴν σὴν κατασκήνωσιν εἰς Ξενοκράτους,
« οὗ προσταγῇ πεισθεῖσα (πῶς γὰρ οὐκ ἔδει;)
« πολλῆς χαρᾶς πλησθεῖσα γραῖαν ᾑρόμην,
35 « εἴ τις παροικεῖ πανδοχεὺς τῷ χωρίῳ.
« Δηλωσάσῃ πάντως δὲ τὸν Ξενοκράτην
« ταύτῃ πρὸς αὐτοῦ τοὺς δόμους συνειπόμην.
« Εἰδυῖα δ' αὕτη καὶ πρὸ τῆς σῆς παρθένου
« τὸν Καλλίδημον παῖδα τοῦ Ξενοκράτους,
40 « ἐλθεῖν πρὸς ἡμᾶς ἱκέτευε τὸν νέον,
« ὡς ἐκπυθέσθαι σὴν ἔλευσιν ἐνθάδε·
« οὗ γὰρ συνεισέδυμεν ἄμφω τὴν στέγην·
« καὶ τοῦτο δεῖγμα τῆς ἐμῆς εὐκοσμίας.
« Ὡς εἴθε πάντως εἰσέδυν τὴν οἰκίαν!
45 « καὶ χαρμονὴν εὕρηκα συντομωτέραν,
« καὶ τηλικαύτην ἔσχον εὐετηρίαν,
« θησαυρὸν ἁδρὸν γνοῦσα τὸν Χαρικλέα.
« Ὁ γὰρ προλεχθεὶς Καλλίδημος εὐθέως,
« ἡμᾶς ἰδὼν, ἔξεισι τοῦ δωματίου,
50 « καί μοι φθονήσας, ἐξ ἀποῤῥάδος τύχης,
« τῆς δεῦρό μοι σῆς εὐτυχοῦς παρουσίας,
« καὶ σὴν, Χαρίκλεις κλῆσιν ἐξηρνεῖτό μοι·

LIBER OCTAVUS.

Charicles igitur, data virgini dextra, properiter in hortulum cum ea ingressus est vicinum; paululumque progressus, contuebatur arbores, fructus, flores varios, quorum pulchritudine spectantium deliniebantur oculi.

Mox sub myrto consedentes, mutuo se recrearunt conloquio.

Et « Quis est, » Charicles ait « amica, Callidemus iste
« cura, de quo loquebatur anus inter pocula? Num invida
« Fortuna sævo permisit tyranno, ut vim crudeliter tibi
« inferens formæ insultaret eximiæ tuæ? Num potuit aliquis
« ignem exstinguere quo Chariclem medullitus ardebas?

« Ocelle cupitissime, nihil mihi celes.
« Chariclem enim alloqueris, non peregrinum. »
Cui Drosilla : « Quid ais? Bona verba, quæso, Charicles
« sponse mi.
« Tu enim unusque sponsus es mihi.
Nec falsa loquor.
« Prudentiam tuam et judicandi solertiam diuturnus
« dolor imminuit. Mœror enim mentem ipsam lædit.

« Jupiter, Diique Deæque omnes, si Drosilla usquedum
« non intacta mansit virgoque, res omnino indicabit ipsa.
« Optime conjux, quæ verba dentium septa prætervola-
« runt? Rem tibi narrabo; sitque mihi testis Jovis ille
« filius, qui pridie inter somnos quiescenti mihi adstitit,
« significavitque te apud Xenocratem esse, cujusque jussis
« parens (an potui non parere? et quanto cum gaudio!),
« ipsa ab anicula petii, num quis hic loci caupo habitaret :
« quumque mihi Xenocratem nominasset, illa duce ad do-
« mum ejus accessi.

« Maryllis, quæ jam ante noverat filium Xenocratis,
« Callidemum, illum ad nos veniret rogabat, percontandi
« causa de tuo huc adventu.

« Neque enim domum ambæ intravimus, sitque hoc tibi
« meæ argumentum pudicitiæ.

« Utinam tamen ingressa fuissem! Citius fortunata fuis-
« sem, citius tantam felicitatem polita, suavi meo thesauro,
« Charicle recognito.

« Callidemus, statim ut nos vidit, e domo prodiit, mihi-
« que tuam, nefasta quadam fortuna, faustam invidens præ-
« sentiam, negavit se vel nomen, Charicles, scire tuum.

LIBER VIII.

« ἐγγὺς παρεστὼς, ἐκ κεφαλῆς εἰς πόδας
« γεωμετρῶν με, καὶ πυκνὸν μεταβλέπων,
55 « αὐτὴν ἔοικε τὴν πνοὴν λελοιπέναι. »
(Εἰ γὰρ τὸ κάλλος δεινόν ἐστιν ἑλκύσαι
καὶ τοὺς παρακμάσαντας ἄνδρας πολλάκις,
πόσῳ τὸν ἀκμάζοντα καὶ νεανίαν!)
« Οἵους μὲν οὖν προεῖπεν εἰς μάτην λόγους,
60 « ὅσας δὲ κατέλεξε τὰς ὑποσχέσεις,
« οὐκ ἔστιν εἰπεῖν, ὦ Χαρίκλεις, κἂν θέλω·
« καὶ πῶς γὰρ, οἷς προσέσχον οὐδὲ μετρίως;
« Ἓν οἶδα τοῦτο (μάρτυς ἡ γραῦς τοῦ πάθους)
« ὡς σῆς ἐνωτισθεῖσα δακνοκαρδίως
65 « ἐλεύσεως ἄρνησιν (αἲ! αἲ σοι Φθόνε!)
« αὐτὴν ἐῴκειν ἐκκοπῆναι καρδίαν,
« ψυχὴν ἐρυγεῖν θᾶττον ἠναγκαζόμην,
« ἄψυχος ἦν, ἄναυδος, ἀνδριὰς ὅλη,
« καὶ τοὺς θεοὺς φεῦ! παγγενῶς ἐμεμφόμην,
70 « ῥαίνουσα θερμὰ ῥεῖθρα πολλῶν δακρύων,
« θρηνοῦσα πικρῶς ὑπὲρ ἀνδρὸς γνησίου,
« τοῦ τίνος; αἲ, αἲ! τοῦ καλοῦ Χαρικλέος. »
Τούτοις Χαρικλῆς ἀντεπεῖπε· « Σοὶ χάρις,
« ὦ τοῦ μεγίστου τῶν θεῶν Διὸς γόνε,
75 « τῷ Καλλιδήμου τὴν ἐπίφθονον σχέσιν
« ἣν πρὸς Δροσίλλαν ἔσχεν ἠφανικότι,
« καὶ καθοδηγήσαντι τὸν Χαρικλέα
« πρὸς τὸ γραῶδες δόμημα τῆς Μαρυλλίδος!
« Εἰ μὴ γὰρ ἐφθόνησεν ἡμῖν τοῦ πόθου,
80 « οὐκ ἐκ θεῶν ἂν ἀντέσχε τὴν νόσον. »
Καὶ συγκεκυφὼς εἰς τὸν αὐτῆς αὐχένα,
καὶ τρὶς φιλήσας, θεὶς ὑπ' αὐτὴν ἀγκάλην,
τὰ τῶν γυναικῶν ἀντιπάσχειν ἠξίου,
« Ὁρᾶς » λέγων « τὰ δένδρα. » (δείξας δακτύλῳ)
85 « ὅσας νεοττῶν καλιὰς ὑπερφέρει·
« ἐκεῖ τελεῖται στρουθίων πάντως γάμος·
« παστὰς τὸ δένδρον, ἐστὶ νυμφὼν ὁ κλάδος·
« κλίνην ἔχει δὲ τὰς ἑαυτοῦ φυλλάδας·
« ναὶ καὶ τὸν ὑμέναιον ἐξᾴδει μέγα
90 « τὰ πτηνὰ συῤῥέοντα τοῦ κήπου πέριξ.
« Δός μοι, Δροσίλλα, καὶ σὺ τὸν σαυτῆς γάμον.
« δι' ὃν διυπήνεγκα μυρίους πόνους,
« δι' ὃν φυγὴν, δούλωσιν, αἰχμαλωσίαν,
« δι' ὃν στεναγμοὺς καὶ θαλάσσας δακρύων.
95 « Ὦ φίλα δεσμὰ, καὶ πλοκαὶ τῆς ἀγκάλης,
« καὶ δακτύλων ἕλιγμα καὶ ποδῶν στρέβλα!
« Ἔγνων, ἐπέγνων, Ἄρες, ἐκ τῶν γραμμάτων,
« ὡς οὐδ' ἂν αὐτὸς ἀπρεπῶς ἐδυσφόρεις,
« ἁλοὺς σιδηρώμασιν, Ἡφαίστου πόνοις,
100 « τῇ ποντογενεῖ συγκαθεύδων ἀσμένως.
« Ἀλλ', ὦ φίλον πρόσφθεγμα, μὴ κώλυέ με.
« Ἔρως, συνέργει συμπνέων τῇ παρθένῳ·
« τὸν πτηνὸν οὐδεὶς φεύξεται πεζὸς τρέχων.
« Ὦ φῶς ἐμὸν σύνθαλπε καὶ τὴν καρδίαν.
105 « Ἄχαρι τέρπει κάλλος, ἀλλ' οὐ κατέχει,
« δελήτιον καθώσπερ ἀγκίστρου δίχα.

NICETAS

« Propius adstans, me a capite ad pedes quasi metie-
« batur, et hærens in obtutu spiritum ipsum fere vide-
« batur amisisse. »
(Etenim si sæpe formositas vel senes movere potest,
quanto magis vegetum virum juvenemque!)«Quas incassum
« profuderit voces, quæ promissa, et si vellem, Charicles,
« narrare non possem.

« Qui enim? quum ne minimum quidem aures præbuerim.
« Hoc unum novi tantum (sit anus doloris mei testis),
« audita adventus tui negatione funesta, (oh! oh! Invi-
« diam!), ipsum mihi cor avelli putavisse; animamque sta-
« tim eructare fere cogebar; et inanimis, sine voce, statua
« tota dirigui; ac Deos Deasque heu! omnes culpabam, te-
« pentes effundens lacrymarum rivos, amarissime gemens
« justum propter maritum: quemnam? ah! ha! pulchrum
« Chariclem! »

Charicles contra: « Grates solvendæ tibi, o Deorum maxi-
« mo Jove nate, qui Callidemi zelotypiam qua Drosillam
« vexabat irritam fecisti, et Chariclem Maryllidis ad do-
« mum duxisti! Ni enim nobis invide Amorem voluisset in-
« tercludere, non ipsi morbum ultores Dii immisissent. »

Et in virginis colla resupinus, ter basiavit, brachioque
supposito, ut sibi esse viro liceret poscebat dicens, intento
ad arbores digito: « Has cernis arbores, quot ferunt pullo-
« rum nidos! Hic celebrantur passerum nuptiæ.
« Arbor est thalamus, cubile ramus, folia lectulus; vo-
« litantesque circum hortulum volucres alta voce hyme-
« næum canunt.

« Permitte, Drosilla, tuas mihi nuptias, quarum causa
« mille exantlavi labores, exilium, servitutem, captivita-
« tem perpessus sum, et gemitus et maria effudi lacryma-
« rum.
« O cara vincula, et brachiorum plexus, et digitorum
« concatenatio, nexusque pedum! novi, cognovi, Mars,
« pictis e tabulis, ipsum te nec indecore sustinuisse ferreis
« stringi vinculis arte fabricatis Vulcania, quum jucunde
« marinæ ad latus Veneris jaceres.

« O carum Drosilla nomen, ne me arceas.
« Amor, mihi fer opem, virgini adspirans, Amor. Ala-
« tum pedes effugiet nemo.
« O mea lux, meum confoveas pectus.
« Pulchritudo, si fuerit ingrata, non detinet quem dele-
« ctaverit, velut esca quæ caret hamo.

46

ΒΙΒΛΙΟΝ Η.

« Ἥρα δέ σε βλέπουσα καὶ Παλλὰς κόρη,
« Γυμνούμεθα, προσεῖπον, ὡς πρὶν, οὐκ ἔτι·
« ἀρκεῖ γὰρ ἡμῖν ποιμένος κρίσις μία.
110 « Εἴθε ζέφυρος νῦν γενοίμην, Παρθένε,
« σὺ δ᾽ εὐκραὲς βλέπουσα προσπνέοντά με,
« τὰ στέρνα γυμνώσασα προσλάδοις ἔσω !
« Σὺ γοῦν, Σελήνη γλαυκοφεγγὴς, ὀλδία,
« ἄθρει, ποδήγει, φωταγώγει τὸν ξένον·
115 « Ἐνδυμίων ἔφλεξε καὶ σὴν καρδίαν.
« Ἔρροιεν ἄργυρός τε καὶ λαμπρὸς λίθος,
« καὶ χρυσὸς αὐτὸς κατακόπτων καρδίας·
« φθείροιντο ταῦτα· πλοῦτος ἄλλος μυρίος,
« ὁ πρὸς Χρυσίλλας ἐγγυώμενος πάλαι.
120 « Σύ μοι τὰ πάντα ταῦτα, σῶφρον παρθένε·
« τὸ ξανθὸν αὐχεῖς· ἔρρε, χρυσίου βάρος·
« ἔχεις τὸ λευκόν· χαῖρε, μαργάρων χάρις·
« περιπλοκὴ σὴ, κόσμος ἐστὶν αὐχένος·
« ἐπὶ πτυχὶ σῶν χειλέων ἄνθραξ λίθος.
125 « Ὁ σὸς δὲ πάντως οὐκ ἀκόσμητος γάμος·
« ἀηδόνες γὰρ ἐγχορεύουσαι κύκλῳ
« ᾄδουσιν· ἀντᾴδουσιν αἱ χελιδόνες.
« Δὸς, Ὑμέναιος, ταῦτα, δός μοι τὸν γάμον·
« Ὁ στρουθὸς οἶδε μίξιν εἶναι τὸν γαμον·
130 « ἡμεῖς δὲ καὶ ποθοῦντες οὐ μιγνύμεθα ! »
Τοιαῦτα πολλὰ τῇ κόρῃ προσωμίλει·
ὁ γὰρ φιλῶν πᾶς τὴν ποθουμένην βλέπων,
καὶ νοῦν πρὸς αὐτὴν ἐξανατείνων ὅλον,
οὐδὲν τὰ λοιπὰ πάντα τοῦ βίου κρίνει.
135 Ἀλλ᾽ ἡ Δροσίλλα τὸν καλὸν Χαρικλέα,
καί τοι κρατοῦσα, καὶ φιλοῦσα τὸν νέον,
ἐδεξιοῦτο τῇ περιπλοκῇ μόνῃ
καὶ τῇ μελιχρότητι τῶν φιλημάτων.
Ἔφασκε καὶ γάρ· « ὦ Χαρίκλεις, καρδία,
140 « τοῦ συνδυασμοῦ τῆς Δροσίλλης οὐ τύχῃς.
« Μὴ κάμνε, μὴ βίαζε, μὴ μάτην πόνει·
« ἀσχημονεῖν γὰρ σωφρονοῦσαν οὐ θέμις.
« Φιλῶ μὲν οὖν σε· πῶς γὰρ οὔ; ποῖος λόγος;
« Φιλῶ Χαρικλῆν καὶ ποθῶ πάντων πλέον·
145 « πλὴν, ὡς ἑταιρὶς, οὐ προδῶ τὸ παρθένον,
« γνώμης τε χωρὶς μητροπατρῴων γένους.
« Τῇ δὲ προνοίᾳ τῶν θεῶν θαρρῶν ἔτι·
« μαρτύρομαι γὰρ οὐρανὸν, γῆν, ἀστέρας,
« ὡς οὐκ ἂν ἄλλοις ἐκδοθείην εἰς γάμον,
150 « εἰ μὴ Χαρικλεῖ· πῶς γὰρ εἰκὸς ἐννόει.
« Πλὴν ἴσθι λοιπὸν ὡς ἀπ᾽ αὐτῆς ἑσπέρας,
« καθ᾽ ἣν μένειν ἐνταῦθα μηνύων, ἄνερ,
« ὄνειρος ἦλθέ σε, τριφήλητον κάρα,
« εὐέλπις εἰμὶ τῇ θεοῦ συνεργίᾳ,
155 « ὡς πάτραν αὐτὴν ὄψομαι κατὰ χρόνον
« καὶ Μυρτίωνα καὶ φίλην Ἡδυπνόην,
« καὶ συγχορεύσω ταῖς ἐμαῖς συμπαρθένοις
« εἰς βωμὸν αὐτὸν τοῦ θεοῦ Διονύσου,
« πίω δὲ νᾶμα τοῦ καλοῦ Μελιρρόου,
160 « καί σοι, Χαρίκλεις, συμμετάσχω τοῦ γάμου.

« Juno et Minerva virgo, te visa, Neutiquam, dixerunt,
« ut olim, sunt nobis ponendæ vestes : unum satis erit
« nobis pastoris judicium.
« Utinam, amica, zephyrus fierem,
« et tu me leniter flantem nudato sinu reciperes ! Tu vero,
« luna cærulea, luna felix, ad me vultus flecte tuos, mon-
« stra viam, præbe lumen eunti.

« Potuit Endymion tuum quoque incendere pectus.
« Abite in malam rem, argentum, pretiosusque lapis,
« aurumque ipsum animorum pernicies; pereant ista, et
« opes immensæ a Chrysilla olim promissæ.

« Tu mihi, casta virgo, pro hisce omnibus bonis una
« eris.
« Flava es, valeat auri pondus; candida, valeat marga-
« ritarum splendor.
« Brachiorum nexus tuorum cervici est ornatus meæ; in
« commissura labellorum anthrax refulget lapis.
« Nec tuæ carent pompa nuptiæ : lusciniarum circum te
« chorus cantillat, respondentque hirundines.

« Hymenææ, hæc mihi des; has des mihi nuptias.
« Passerculus misceri corpora nuptias esse novit.
« Quidni et nos miscemur amantes ? » Talia multa puellæ
garriebat.
Etenim omnis amans, coram amata puella, menteque
tota in dulci hærens adspectu, nil cetera cuncta curat.

Sed Drosilla, juvenem quamvis dilectum possidebat, pul-
chro tamen Charicli amplexus tantummodo est largita et
mellita basia, his vocibus insuper additis : « O Charicles,
« o corculum ! a Drosilla voluptatem non obtinebis plenam.
« Ne te incassum fatiges; ne frustra labores; ne vim in-
« feras : castam enim puellam indecore se gerere nefas.

« Te quidem amo : qui enim non amem? quæ non
« amandi causa? Chariclem amo, ac cupio præ ceteris
« omnibus, at vilis ut meretrix, atque amissa paterni
« maternique generis memoria, virgineum non prodam
« decus.
« Confide vero providentiæ Deorum.
« Testor enim cœlum, tellurem, stellas, me nulli nu-
« quam, nisi Charicli, nupturam.
« Qui enim possim, ipse reputa. »
« Ceterum te volo scire, mi vir, ab illa vespera, qua in-
« somnium me de tua hic loci commoratione monuit, ter
« carum caput, spem mihi bonam adblandiri, nempe me,
« deo bene juvante, post aliquod tempus denuo esse visuram
« patrium solum, ac Myrtionem caramque Hedypnoen,
« et æqualibus esse cum virginibus choros ducturam circa
« Bacchi altare, pulchrique potaturam undas Melirrhoæ,
« tibique fore connubio, Charicles, junctam stabili.

LIBER VIII.

« Ἀμήχανον γὰρ, οὐκ ἀνέξομαι κλύειν
« μὴ σωφρονεῖν με μᾶλλον ἐν ξένοις τόποις. »
« Ὦ σῶφρονος νοῦ καὶ καλῶν βουλευμάτων
« τῶν σῶν! » Χαρικλῆς πρὸς Δρόσιλλαν ἀντέφη·
165 « ὡς εὖ τὸ χρυσοῦν νῦν ἀπαγγέλλει στόμα!
« ὡς εὖ κελαδεῖ γλῶσσά σοι τρισολβία!
« πλὴν ἀλλὰ ταῦτα χρηστὰ πάντως, παρθένε,
« εἰ μὴ πρὸς αὐτὴν συγκινούμενοι Φθίαν
« παρεμποδισθείημεν αὖθις ἐκ Τύχης.
« Καταδρομὰς δὲ λῃστρικὰς τὰς ἐν μέσῳ,
170 « καὶ Βαρβάρων μάχαιραν ὠμοκαρδίων,
« καὶ τῆς θαλάσσης ἀγριώτατον στόμα,
« οὐκ ἀγνοεῖν ἔοικας· οὐ γὰρ λανθάνῃ
« ἡμῖν τὰ συμπίπτοντα δεινὰ τῆς Τύχης·
« τί γοῦν, ἂν (ἀλλ' ἵλαθι, δυσμενὴς Τύχη,
175 « καὶ στῆσον ὀψὲ τὴν καθ' ἡμῶν μανίαν!)
« παρεμπεσεῖν μέλλωμεν αὖθις εἰς νέαν
« πολύτροπον κάκωσιν αἰχμαλωσίας,
« ἢ καὶ διαζευχθῶμεν ἀλλήλων; λέγε. »
« Ἀλλ', ὦ Χαρίκλεις, » ἀντέλεξεν ἡ κόρη·
180 « οὐ τὴν Δρόσιλλαν, ἀλλ' Ἔρωτος ἀγρίου
« ἔοικας ἔργον τερπνὸν ἐνεστερνικέναι. »
Οὕτως ἐκείνων συλλαλούντων τῶν δύο,
Κλέανδρος ἦλθε τρίτος ὡς μέγα στένων,
« Ὤμοι » λέγων « τέθνηκεν ἡ Καλλιγόνη »·
185 Καὶ « Τίς, φίλε Κλέανδρε, τοῦτο μηνύει
« ἄγγελμα πικρόν; » ἀντέφησαν οἱ νέοι.
« Γνάθων τις ἐλθὼν ἐμπορικὸς Βαρξόθεν· »
ἀντεῖπεν ὁ Κλέανδρος. Ἀλλ' « Ὦ τοῦ πάθους! »
ἔφησαν αὖθις, δάκρυον πεπομφότες.
190 Καὶ γοῦν μονωδεῖν ὁ Κλέανδρος ἠργμένος
συνδακρύοντας αὖθις εἶχε τοὺς δύο.
Ἔφασκε τοίνυν ἐν στεναγμῷ μυρίῳ
τοιαῦτα, καὶ πάνοικτρα, καὶ τυχὸν τόσα,
ὡς οὐκ ἐώσης τῆς βαθείας ἑσπέρας
195 μακρὰν πρὸς αὐτοὺς ἐξερεῖν τραγῳδίαν·
« Ἰαταταιαῖ τῆς παρῳδῆς ἡμέρας,
« καθ' ἣν ἐγὼ, δείλαιος ἀνθρώπων μόνος,
« τὴν σὴν τελευτὴν μανθάνω, Καλλιγόνη!
« Νοσφίζομαι σοῦ τῆς συνοικίας πάλαι,
200 « Πάρθων φανείς φεῦ! δοῦλος ἀγκυλοφρόνων·
« εἶχον δὲ μικρὰν ἐλπίδα ζωοτρόφων,
« ὡς χεῖρας ἀνδρῶν ἐκφυγοῦσαν βαρβάρων
« σχοίην ποτ' αὖθις κατιδεῖν σε, ἠγαλλόμην.
« Καὶ νῦν δὲ μᾶλλον σωφρόνως ἠγαλλόμην,
205 « ἐλεύθερον φῶς, ὦ θεοί! λαχὼν βλέπειν·
« εὑρεῖν γὰρ εἰς νοῦν εἶχον ἀνθυποστρέφων.
« Καὶ νῦν ἐμὸν φῶς ἐσκοτίσθης ἀθρόον.
« Καὶ πῶς ὁδεύσω; ποῦ καταντήσω μόνος;
« Οὐκ ὤφελον, γῆ, πῦρ, ὕδωρ, ἀὴρ, νέφος,
210 « καὶ πανδεχὲς σφαίρωμα, καὶ φῶς ἡλίου,
« ἐκ γαστρὸς ἐλθεῖν καὶ προελθεῖν εἰς βίον!
« Εἰ δ' ἦν ἀνάγκη πᾶσα φῦναι μητρόθεν,
« ἐχρῆν, δι' αὐτὰς τὰς ἀποφράδας τύχας,

« Nullo etenim modo patiar dici posse me non in extera
« regione fuisse castam. »
Cui Charicles : « O mentem pudicam! o decora tua con-
« silia! quam aureo locuta es ore! quam eleganti sonat
« ter felix lingua verborum murmure! Attamen hæc
« consilia, utilia tantum esse videntur, si, quum Phthiam
« repetemus, Fortuna nos non impedit! Piratarum autem
« incursus, immitiumque Barbarorum ensem, et os maris
« immanissimum te non jam ignorare puto; non es enim
« oblita quid possit adversi ex Fortuna incidere. Quid ergo
« fiet, si (at, sæva, sis propitior, Fortuna, et seda tandem
« tuum in nos furorem!), si, inquam, varia captivitatis
« mala denuo fuerint perpetienda nobis, vel alter ab altera
« fuerit disjunctus? dic quæso. »

Drosilla contra : « Charicles, uon Drosillam tuam, sed
« Amoris impotentis dulce opus mente videris unice re-
« putare. »

Flos inter utriusque sermones venit Cleander, et magno
cum gemitu « Hei mihi! » dixit : Calligone mortua est. »
Cui juvenes : « A quo, amice Cleander, hoc tibi triste
« nuntium adlatum fuit? « — » A Gnathone quodam mer-
« catore qui hic adest e Barzo », Cleander ait.
Illique rursus obortis lacrymis : « Oh! calamitatem! »
Et lamentari Cleander orsus eos sibi adflentes habuit.

Talia ergo miserrima multo cum singultu effudit, et forsan
non plura; nam hora vespertina longiorem non sinebat
ejulationem : « Heu! diem hodiernum, quo unus ergo mor-
« talium infelicissimus de tua factus fui morte certior, Cal-
« ligone! Jam olim a tua fueram avulsus societate, ut
« Parthis duram, heu! perfidis servitutem servirem.

« At tenui spe mihi vita usque sustentabatur, nempe me
« rursus visurum te manibus elapsam barbarorum.
« Et nunc casta exultabam mente, libera luce, o dii! tan-
« dem adspecta.
« Rebar enim, quum ad patrios lares rediissem, esse me
« inventurum Calligonem.
« At ecce lumen tu meum repente es exstincta.
« Qui nunc incedam? Quo pergam desolatus? O tellus et
« ignis, et undæ, aerque, nimbique, ac continentissima
« mundi sphæra, et solis jubar, utinam nunquam materna
« alvo relicta vitam essem ingressus! Quod si necesse fuit
« omnino nasci me ex matre mea, oportuit, ob funestas
« hasce fortunas

« διαφθαρῆναι καὶ λυθῆναι πρὸς τέφραν,
215 « πρὶν ἂν λαϐεῖν αἴσθησιν ἐντελεστέραν,
« καὶ πρὶν ἰδεῖν με τὴν παροῦσαν ἡμέραν.
« Αἴ! αἴ! στένω θνήσκουσαν, ὡς τρυγώμενον
« ὄμφακα βότρυν ἢ παρήμερον στάχυν
« ἐν ἀγρῷ τοῦ Χάρωνος ἐχθρῷ δακτύλῳ.
220 « Πῶς ὑπενέγκω τὴν ἀπευκταίαν τύχην,
« ἄλλης ἐπ' ἄλλῃ συμφορᾶς νεωτέρας
« καταστεφούσης τὴν κεφαλήν μου κύκλῳ;
« Χεῖρας μὲν ἐξέφυγες ἀνδρῶν βαρβάρων,
« οὐ μὴν δὲ καὶ Χάρωνος ἀνθρωποκτόνου.
225 « Ὤλωλεν ἐλπὶς μέχρι νῦν ζωοῦσά με.
« Ὀλωλε καὶ Κλέανδρος ὡς Καλλιγόνη.
« Ὦ δυστυχὲς σὺ Βάρζος, ἀθλία πόλις,
« καθ' ἣν διεζεύχθημεν ἀλλήλων βίᾳ!
« Ὡς κρεῖττον ἦν μοι συνθανεῖν τῇ παρθένῳ,
230 « ἢ ζῆν ἀμυδρῶς καὶ στενάζειν ἐκ βάθους,
« οἰκεῖν δὲ τὴν γῆν ὡς σκιὰ κινουμένη!
« Τὰ πάντα φροῦδα τῶν παλαιῶν ἐλπίδων.
« Οὐδὲ προσεῖπόν σ' ἐν πνοαῖς ταῖς ἐσχάταις,
« Καλλιγόνη, θάμϐημα παρθένων κόρη.
235 « Ὦ! θαῦμα μακρὸν τὰς ἐμὰς ἔχει φρένας,
« πῶς αἱ τοσαῦται συμφορῶν καταιγίδες
« εἰς οἶκτον οὐκ ἔκαμψαν οὐδ' εὐσπλαγχνίαν
« τὴν φεῦ! καθ' ἡμῶν δυσμεναίνουσαν Τύχην. »
Οὕτως ἀποιμώζοντα τὸν νεανίαν
240 συνδακρύοντες οἱ νέοι παρηγόρουν
ἐξ ἱλαρῶν εὔγγος ἡδείας λόγων.
Ὡς δ' ἦλθεν ἡ νὺξ, συγκρυϐείσης ἡμέρας,
ὁμοῦ συνῆλθον εἰς τὸ τῆς Μαρυλλίδος
οἴκημα, καὶ τράπεζαν ἡτοιμασμένην
245 εὑρόντες, ἐκλίθησαν· ἡ δὲ γραῦς πάλιν
τροφὰς ἐτίθει καὶ τὸν οἶνον εἰς μέσον.
Ἦν οὖν μετ' αὐτῶν ὁ ξένος συνιζάνων·
διπλῶν γὰρ ἦλθεν ἄγγελος μηνυμάτων,
πικροῦ Κλεάνδρῳ, καὶ Χαρικλεῖ γλυκέος.
250 Καὶ χεῖρας εἰς τὸ δεῖπνον ἐμϐεϐληκότες
τὴν γραῦν κατηνάγκαζον ἐγκλῖναι γόνυ·
αὕτη δὲ πρὸς τὸν λύχνον ἀσχολουμένη,
μέριμναν εἰς ὑφαψὶν εὖ ποιουμένη,
ἔφησε· « Τέκνα, σὺ Κλέανδρε καὶ Γνάθων,
255 « καὶ σὺ Χαρίκλεις, καὶ Δροσίλλα παρθένε,
« οἱ τέσσαρες χαίροντες ἐστιᾶσθέ μοι.
« φιλῶ γὰρ ὑμᾶς, ὡς ἐκεῖνον τὸν Χράμον,
« ὃν υἱὸν εἶχον, ὃς προήχθη μου μόνος,
« οὗ μικρὸν ἀπήλαυσα τῶν χαρισμάτων,
« καὶ μακρόν εἰμι δυσφορουμένη χρόνον.
260 « Οἱ τέσσαρες χαίροντες ἐστιᾶσθέ μοι·
« οἱ τέσσαρες τὸν οἶνον ἐκροφεῖτέ μοι·
« τροφὴν ἐγὼ γὰρ τὴν ὑμῶν ἔχω θέαν. »
Ὡς δὲ Δρόσιλλαν καὶ Χαρικλῆν ὁ Γνάθων
τεραστίως ἤκουσεν ἐκ Μαρυλλίδος,
265 ὥρμησεν εἰπεῖν, καὶ συνεστάλη πάλιν·
ἀλλὰ πρὸς αὐτοὺς ἐντρανέστερον βλέπων,

« perire me et in cineres vanescere, antequam sensus fuis-
« sem nactus integriores, ac diem vidissem hodiernum.

« Ah! Ah! mortuam virginem lugeo, velut acerbum race-
« mulum aut immaturam spicam inimico Charontis digito
« decerptam.
« Qui potero tristissimum ferre casum, lugubri cin-
« gentibus corona caput meum novis usque calamitatibus?
« Barbarorum effugisti manus, sed non Charontis homi-
« cidæ.
« Periit spes qua huc usque vivificabar; periit Cleander
« ut Calligone.

« Oh! Barzum miseram! Oh, luctuosam urbem, in qua
« fuimus violenter disjuncti! Quam satius fuit mori me
« dilecta cum virgine, quam vix vivere, et ex imis suspiria
« ducere medullis, atque in terris velut umbra versarier!
« Evanuit pristina spes omnis.
« Nec te extremam quum traheres animam, allocutus
« fui, Calligone, virgo virginum miraculum.
« Oh! magna mentem meam occupat admiratio, qui
« tantæ malorum procellæ in miserationem et lenitatem
« flectere sævientem in nos Fortunam non potuerunt. »

Dolentem Cleandrum nec siccis ipsi oculis juvenes sola-
bantur dulci lepidorum illecebra sermonum.

Ut vero tenebris atræ caliginis cuncta noctescebant, pe-
tiere simul Maryllidis domum; et paratæ accubuerunt
mensæ, dum anicula, sedula ministra, rursus cibosque
vinumque in medio adponebat.
Aderat autem hospes, qui duplicem adtulerat nuntium,
Cleandro tristem, gratum Charicli.
Et injectis patinis manibus, anum jubebant ut secum
accumberet.

At illa circa lucernam occupata, seduloque ellychniorum
flammas excitans, « O liberi, » inquit, « Cleander Gna-
« thoque, Charicles Drosillaque puella, appositis læti uti-
« mini.

« Vos enim amo, ut Chramum illum, quem unicum
« mihi filium habui, cujus, heu! dotibus egregiis parum
« frui datum fuit, quemque longo prosequor dolore.
« Læti omnes comedite; læti omnes vinum bibite : ad-
« spectus vester cibus sat mihi dulcis erit. »

Auditis Gnathon ex ore Maryllidis Drosillæ et Chariclis
nominibus, obstupuit, loquique gestiebat, at statim repressit
impetum. Sed in illis defixo lumine,

LIBER VIII.

καὶ γνοὺς ἐναργῶς ἐν φιλαλλήλῳ σχέσει
αὐτοὺς ἐκείνους τυγχάνειν τοὺς φυγάδας,
ἐνθουσιωδῶς εἶπεν ἐν θυμηδίᾳ.
270 «Ὣς ἀγαθὴ, Ζεῦ καὶ θεοί, νῦν ἡμέρα !
« Εἰληφέναι γοῦν ἐκ δυοῖν ἀνδρῶν ἔχω
« πάντως μεγίστας τῆς χαρᾶς τὰς ἐγγύας.
«. Ὦ ! χαῖρε, Φράτορ, ἀλλὰ καὶ σὺ Μυρτίων·
« τοὺς παῖδας ὑμῖν ζῶντας ἀντιμηνύσω »
275 « Μεμιγμένον μέλιτι σὸν, στόμα, Γνάθον, »
εἰπόντες, ἠρώτησαν οὗτοι τὸν ξένον·
« Ποῦ δὲ Φράτωρ πάρεστι καὶ ποῦ Μυρτίων;
« καὶ πῶς ἐκείνων παῖδας ἡμᾶς τοὺς δύο
« εἶναι διέγνως, ἀντιφάσκοις ἡδέως. »
280 « Ἐγὼ διδάξω τοὺς διηπορηκότας, »
ἔφησεν αὐτοῖς ὁ Γνάθων συνεσθίων·
« αὐτοὶ γὰρ ἄνδρες, οὓς δεδήλωκα, ξένοι,
« οὓς εἶδον, οἷς συνῆλθον εἰς ὁμιλίαν,
« πάλαι μετηνέχθησαν εἰς Βάρζον πόλιν,
285 « πεμφθέντες, ὡς ἔφασκον, ἐξ ὀνειράτων,
« βαρὺν μὲν ὄγκον εἰσφέροντες χρυσίου·
« ποιούμενοι δὲ τῆς πολίχνης ἐν μέσῳ
« πολὺν Δροσίλλης καὶ Χαρικλέους λόγον,
« σφοδρῶς ἐδυσχέραινον οἱ γηραλέοι,
290 « λέγοντες αὐτοὺς τὸν Διὸς θεοῦ γόνον
« ἀπὸ Φθίας εἰς Βάρζον ἀπεσταλκέναι,
« καὶ τοὺς ἑαυτῶν παῖδας ἐξερευνῆσαι.
« Ὡς γοῦν ἐφευρεῖν εἴχομεν ὑμᾶς οὐδέπω,
« Ἡμεῖς μὲν, εἶπον (ποῦ γὰρ ἄν τις ἐκδράμοι;
« καὶ ποῦ πλανηθῇ; ποῦ δ᾽ ἐκείνους συλλάβοι;)
295 « μενοῦμεν ὧδε τῷ θεῷ πεπεισμένοι.
« Ἴσως καταλάβοιεν ὀψὲ τὴν πόλιν.
« Ὁ καθοδηγήσας γὰρ ἡμᾶς ἐνθάδε,
« ἐκείνους αὐτοὺς ἐσδραμεῖν ἀναγκάσει,
« καὶ λῆξιν ὀψὲ τῆς πλάνης εὑρηκέναι.
300 « Σὺ δ᾽, ὦ φίλων ἄριστε, Βαρζίτα Γνάθον,
« (εἶδον γὰρ ὡς ἔσαττον αὐτὰς τὰς ὄνους·
« τὸ χωρίον φθάσαι δὲ κατηπειγόμην)
« ἔννοιαν αὐτῶν τῶν πλανωμένων ἔχε,
« εἴ πως ἐφευρεῖν σὺν θεοῖς κατισχύσεις·
305 « καὶ μηνύσας μνᾶς χρυσίου λάβῃς δέκα.
« Καὶ νῦν ἡμαρτήσασα χρηστή τις τύχη
« ὑμᾶς ἐπεγνώρισεν, ὡς ὁρᾶτέ, μοι. »
« Καλλιγόνη δὲ καλλίμορφος παρθένος
« τέθνηκεν· αἶ ! αἶ ! τῆς ἀπανθρώπου Τύχης ! »
310 Κλέανδρος εἶπε τὸν πανύστατον λόγον,
καὶ τὴν πνοὴν ἀφῆκεν ἅμα τῷ λόγῳ.
Σφάττειν γὰρ οἶδεν ὑπὲρ εὔηκτον ξίφος
δξεῖα συμπεσοῦσα λύπη πολλάκις.
Οὕτω Δροσίλλας καὶ Χαρικλέους μέσον
315 οὐκ ἠμέλησε δυσμένεια τῆς Τύχης
πολὺν φορυτὸν συμφορῶν συνεισφέρειν
καὶ λυπρὰ χρηστοῖς ἐμπαθῶς συμμιγνύειν.

quum fugitivos ex mutuo ipsorum amore agnovisset, magno cum impetu gestientis animi exclamavit : « Jupiter deique, oh candidissima hæc dies ! Senibus duobus ex-« hilaratis, maximam omnino mercedem lucrari habeo.

« Heus ! bono este animo, Phrator, tuque Myrtion ;
« Vivere vestros vobis liberos nuntiabo. »

« Melle conditum est os, Gnatho, tuum », dixerunt, hospitemque his interrogaverunt verbis : « Ubinam vero adest Phrator? ubi Myrtion? et quo nosti modo nos « ambo ex ipsis esse genitos? Benigne respondesis. »
Contra Gnatho conviva gratus : « Docebo vos quod « nescitis, » inquit ; « illi enim viri quos nominavi modo, « hospites, quosque vidi, et quibuscum sermones conserui, « dudum contulerunt se Barzum urbem, ut aiebant, « admoniti somnio, ac magnum ferentes auri pondus; in « medioque populi consessu narraverunt multa de Drosilla « et Charicle, addentes magno non sine mœrore, Jovis « magni filium ipsos a Phthia misisse Barzum, ac se suos « liberos jam investigasse.

« Quum vos nusquam potuissent invenire, Nos equi-« dem, aiebant, (nam quo cursum dirigere potis? qui er-« rorum finis? ubi eorum occupare fugam?) nos equidem « hic manebimus, Dei promissis fidentes.
« Forsan aliquando ad hoc accedent oppidum.
« Qui enim nobis huc præivit, ipsos coget huc quoque « venire, tandemque longæ finem facere viæ.
« Tu vero, amicorum optime, Barzi incola Gnatho (nam-« que me deprehenderant asinabus clitellas imponentem « meis, et ad pagum iter properantem), liberorum erran-« tium suscipe curam, ipsos si forte, diis bene juvantibus, « possis reperire ; quos si repertos nunciaveris, minas auri « decem accipies.
« Atque nunc in nostras officiosa vias vos mihi, ut vide-« tis, obtulit Fortuna bona, fecitque notos. »

Tum Cleander in hæc prorupit verba, novissima verba :
« Mortua est Calligone virgo pulcherrima.
« Heu ! immitem Fortunam ! » Hisque dictis animam exspiravit.

Sæpe enim acutus dolor acuto certius ense perimit.
Adeo inimica Fortuna, Drosillam inter et Chariclem fœ-dum ærumnarum acervum sedulo comportabat, ac mœsta lætis luctuose miscebat.

ΒΙΒΛΙΟΝ ΕΝΝΑΤΟΝ.

Ἤδη μὲν ὄρθρος καὶ τὸ φῶς τῆς ἡμέρας
ηὔγαζε λαμπρῶς πανταχοῦ γῆς ἐξ ἕω·
σφοδρῶς δὲ δακρύσαντες, ὡς φίλοις ἔθος,
τὸ σῶμα συγκαίουσιν Ἑλλήνων νόμῳ,
5 χοὰς ἐπισπείσαντες ἐξ ὠπτημένων
κρεῶν συνάμφω καὶ ῥοὸς μελικράτου.
Ἐκεῖ συνῆλθε πᾶς νομεύς, πᾶς ἀγρότης,
πᾶς συμπαθὴς ἄνθρωπος, εἰς ξένου τάφον,
καὶ τῶν γυναικῶν πᾶσα τλησιπαθεστάτη,
10 μεθ' ὧν Μαρυλλὶς καὶ προῆρχε τοῦ γόου.
Ἐκεῖνον ἐθρήνησε καὶ δρῦς καὶ πέτρα,
καὶ κοιλάδος βοῦς καὶ βαθύσκιοι νάπαι·
καὶ γὰρ ἱκανὸς ἦν Κλέανδρος τῷ τότε
κάμψαι πρὸς οἶκτον καὶ πετρῶν σκληρὸν γένος.
15 Ἡ δὲ Δρόσιλλα, καίπερ οὖσα παρθένος,
πασῶν γυναικῶν μεῖζον ἐθρήνει τότε.
Ὡς γὰρ, θαλάσσης κυματωθείσης νότῳ,
ἡ κυμάτων σύρροια κυλινδουμένη
ναῦν συσχεθεῖσαν τῇ φορᾷ περιτρέπει,
20 κἂν εὐτροπίς τις ᾖ, κἂν εὖ τέχνης ἔχῃ,
ἄλλου μετ' ἄλλο συμφυῶς γεννωμένου,
οἷς οὐδὲν εἱλίγματος καὶ πλήθους μέτρον,
εἰ μή τίς ἐστιν ἐκ Κοροίβου μαινόλου
ὅμοιος υἱὸς καὶ πατρῴζει τὰς φρένας,
25 πειρώμενος μάταιος εἰς οὐδὲν δέον
φορὰς ἀμέτρους ἐκμετρῆσαι κυμάτων
ὅτε, πρὸς ὥραν τῆς ὀπωροφθισίας,
ὁ μὲν Ποσειδῶν ἐξεγείρει τὸν νότον,
νότος δὲ τὴν θάλασσαν ἀνακορθύει,
30 θάλασσα δ' αὐτὴ συνταράσσει τὰ σκάφη,
σκάφη δὲ πάντως τὰς πλεόντων καρδίας·
οὕτως ἀμέτρως ἐκχυθεῖσαι μυρίαι
ζάλαι ζέουσαι συμφορῶν ἀνενδότων
τᾶς τῆς Δροσίλλης ἀντεπέκλυζον φρένας,
35 ὡς ναῦν ἀνερμάτιστον ἰσχυρὸς κλύδων.
Ἔφασκεν οὖν κλαίουσα τὸν νεανίαν·
« Ὤμοι, καλὲ Κλέανδρε! τίς βριαρόχειρ
« δαίμων, ἀλάστωρ εἰς λυπηρὰς ὥρας φέρων,
« βαρὺς καθ' ἡμῶν ἐμπεσὼν καὶ μηνίσας!
40 « Ἐκ συμφορῶν γὰρ συμφοράς ἄλλας ἄγει,
« ἀεὶ δὲ τὴν γραῦν ἢ νέα νικᾷν θέλει.
« Τί ταῦτα, Τύχη; Ποῖ ποτε σταῖεν τάδε;
« Τίς τῶν καθ' ἡμῶν λῆξις ἔσται δακρύων;
« Ὦ γλυκίων Κλέανδρε συμφυλακίτα,
45 « σύνδουλε, συνέριθε, συννεανία,
« συναιχμάλωτε, συνελεύθερε, ξένε,
« οἴχῃ πρὸ ὥρας χλωρὸς ὡραῖος στάχυς,
« οὐδὲ προσειπὼν τὸν σεαυτοῦ πατέρα
« ἐν τῷ παραπνεῖν τὰς πνοὰς τὰς ἐσχάτας!
50 « Ὦ κλέων φανεὶς ὀρπηκος ἁδροῦ Λεσβίου,
« ἔφυς μὲν ἁδρὸς, καὶ καλὸς, καὶ γλυκίων,
« μικρὸν δὲ μικρὸν ὡς ἀπὸ φλογὸς ξένης
« ἐπὶ φθορὰν νένευκας ἐξηραμμένος.

LIBER NONUS.

Jam mane erat, dieique jubar ex oriente totam late terram irradiabat; ubertim autem flentes, ut est amicorum mos, cadaver comburunt Græcorum ritu, coctis e carnibus melleque libamina ferentes.

Ad hospitis tumulum confluxerunt pastores omnes, omnes agricolæ, virorum quisquis humanum nihil a se alienum putavit, mulierum quæque fuit ad misericordiam proclivior: quas inter Maryllis luctui præiebat.

Cleandrum luxerunt quercus et rupes ac convallium rivi, et umbrosi saltus.

Potuit enim fatum Cleandri ad miserationem vel dura flectere saxa.

Drosilla vero, virgo licet, feminis ceteris altius ejulabat.
Veluti enim, quum notus conturbat mare, confluentes turbine fluctus navem suo deprehensam impetu evertunt, licet valida sit carina, doctusque magister; alius enim post alium supervenit, *quorum vortices ac multitudinem æstimabit nemo,* ni quis forte fuerit Corœbi illius insani filius, patrem stultitia referens, vano labore immensas undas fluctuum metiri conatus, nequicquam, quando circa vergentem autumnum Neptunus notum excitat, notusque mare a fundo commovet, mareque naves proturbat, navesque corda navigantium:

sic ardentes, immensæ ærumnarum procellæ Drosillæ mentem inundabant irremisse, non secus ac fluctus ingens puppim male saburratam.

Juvenem igitur lugens, « Hei mihi, Cleander! » dixit.
« Quis ille est validus, funestus dæmon, tristes inmitens
« tempestates, et in nos gravi concitatus ira? ex calamita-
« tibus enim alias parit calamitates, et quæ nova est ve-
« terem usque superat.

« Quid hoc rei est, Fortuna? quis erit his modus? quis
« nostris finis fletibus? O dulcis Cleander, socie captivita-
« tis, conserve, laborum particeps, coætanee, qui nobis-
« cum simul libertatem et amiseras et recuperaveras, abis
« ante tempus, pulchra immaturaque spica, nec, quum
« supremum exhalares spiritum, potuisti patrem alloqui!
« O rame vegetæ arboris Lesbiæ, vegetus ipse, formo-
« sus, suavisque florebas, sed, breve post tempus, ve-
« lut ab igne violento, ad interitum aridus vergebas.

LIBER IX.

« Χθὲς ἧς παρ' ἡμῖν, ἀλλὰ νῦν ἐν νερτέροις·
55 « χθὲς ἧς λαλῶν μοι, σήμερον δὲ μὴ κλύων·
« συνωμίλεις χθὲς εἰς ἐμὴν εὐθυμίαν,
« ἄφωνος εἶ νῦν εἰς ἐμὴν ἀθυμίαν.
« Οὐκ ἔστι δεινῶν τῶν καθ' ἡμῶν τις κόρος;
« καὶ ποῦ προβῶμεν τῶν κακῶν περαιτέρω;
60 « Ὦ δυστυχὲς σὺ, δυστυχὲς Καλλιστία!
« καὶ γὰρ τὸ τέκνον, ὁ Κλέανδρος, ὁ ξένος,
« ὡς πτηνὸν ἐκπτὰς πατρικῆς ἐξ ἀγκάλης
« κεῖται πεσὼν οἴκτιστος ἐν ξένοις τόποις.
« Ἢ που τρέφεις, δείλαιε, χρηστὰς ἐλπίδας
65 « εὑρεῖν τὸν υἱὸν καὶ λαβεῖν ἀπὸ πλάνης,
« καὶ πῦρ ἀνάψαι καὶ δᾷδας γαμηλίους,
« στῆσαί τε λαμπρὰ καὶ χορούς καὶ παστάδα,
« καὶ συγχαρῆναι τῇ Κυδίππῃ τὰς φίλας
« τῷ τὸν καλὸν Κλέανδρον ἀπειληφέναι.
70 « Πλὴν ὀψὲ μαθὼν τὴν κατὰ φρένας πλάνην
« καὶ τοῦ λογισμοῦ τὴν ἀσύστατον ῥύμην,
« καὶ γνοὺς τὸν υἱὸν συμπεσεῖν ἐπὶ ξένης
« (διδάσκαλος γὰρ ὁ χρόνος τῶν πραγμάτων),
« καὶ παλλὰ κλαύσεις καὶ στενάξεις ἐκ βάθους,
75 « ῥαίνειν πολύρρουν ὄμβρον ἐκ τῶν ὀμμάτων
« ὑπὲρ τὸ πρὶν δάκρυον ἠναγκασμένος·
« πρώην γὰρ ἴσως ἐλπὶς εἶρξε μετρία
« τὴν τῶν ῥεόντων δακρύων ἀμετρίαν·
« μικρὸν δὲ μικρὸν καὶ τακήσῃ τῷ χρόνῳ
80 « ἄνθραξι λύπης, ὡς χίων δι' ἡλίου.
« Αἲ! αἲ! συναιχμάλωτε, συνοδοιπόρε,
« εἰ γοῦν Χαρικλῆς ἐξ ἀποφράδος τύχης
« ἐμοὶ Δροσίλλῃ τληπαθεῖ τρισαθλίᾳ
« ἀφαρπαγῆναι κινδυνεύσοι καὶ πάλιν
85 « τίς, τίς νεμεῖ κούφισμα τῆς λύπης βάρους;
« Ποῖος κατασταίη τις εἰς παῦλαν πόνων
« λόγῳ μελιχρῷ καὶ τρόπῳ σωτηρίῳ;
« Ἡ ψυχαγωγία γὰρ, ἡ σωτηρία,
« ἡ πᾶσα παράκλησις ἐξολωλέ μοι.
90 « Τίς αὔρα λεπτὴ καὶ δρόσος φλογοφθόρος
« ἀκάματον πῦρ καὶ διηρμένην φλόγα
« ἐμῶν παθῶν σβέσαιεν οὐ κοιμωμένων;
« Στάσις δὲ τίς γένοιτο καὶ λῆξις πόνων,
« καὶ νήνεμος νοῦς ἐκ παθῶν τρικυμίας;
95 « Ὦ τίς, Χαρίκλεις, παραμυθήσαιτό σε,
« εἴ τι Δροσίλλα τῶν ἀπευκταίων πάθοι;
« βαθεῖα γὰρ νὺξ καὶ βαθέσπερος γνόφος
« καὶ χοῦς ἀμυδρὸς (ὦ κακῶν συγκυρμάτων!)
« ἔχουσι φεῦ! φεῦ! τὴν Κλεάνδρου καρδίαν.
100 « Ὦ! πῶς κλεῖσεις τῇ Κυδίππῃ μητέρα
« ἐν ἀλλοδαπῇ δυστυχῶς τεθαμμένος,
« καὶ τοῖς στεφάνοις εὐφρανεῖς, καὶ δοξάσεις
« τὴν ὀσφὺν ἐξ ἧς εἰς τὸ φῶς ἦλθες τόδε;
« σχολῇ δέ σε σκίμπωνα καὶ βακτηρίαν
105 « εἰς γῆρας ἐλθὼν ὁ σπορεὺς ἀπὸ χρόνων;
« Ὦ φῶς, θρυαλλὶς χαρμονῆς, σέλας γένους,
« ἔσβης, ἐθραύσθης, ἐφθάρης, ἀπεκρύβης. »

« Heri nobis aderas, nunc es inter mortuos; heri mecum
« loquebaris, hodie me non audis loquentem; heri ser-
« monibus tuis miro delectabar, hodie tuo enecor silentio.

« Nullane finis erit nostris concessa malis? et quæ jam
« possunt esse ulteriora mala? O miserum, miserum Cal-
« listiam! Filius tuus Cleander, amicusque noster, ut avi-
« cula, ex ulnis evolans paternis, jacet heu! regione in
« extera.

« An forsan miser, jucundam foves spem, fore ut ali-
« quando natum reducem excipias, ignemque et faces
« accendas hymenæi, chorosque instituas, et thalamum
« adornes, atque Cydippæ gratulentur amicæ ob repertum
« pulchrum tandem Cleandrum.

« At cognita sero nati amentia, animi atque audiens
« impotentem æstum, et inter exteros mortem (tempus
« enim nihil non aperit), multa gemes, et ex imo duces
« suspiria corde; et vastum imbrem effundes invitis ex
« oculis quantos non prius manavit.

« Nam spei aliquid antea cohibuit rivos lacrymarum
« uberiores.

« Jam jamque sensim cæco mœroris ob orbitudinem
igne carpere, velut nix solis ad ardores.

« Heu! heu! vinculorum socie et itineris, si Charicli
« invida fortuna me rursus erraticam, infortunatissimam
« eripiet, quis, quis jam grave levabit onus ægrimoniæ?
« quis aderit mala sedaturus alloquio dulci ac consolan-
« tibus agendi modis? Etenim lætitia, salus, consolatio
« omnino mihi periit: Quæ aura levis, qui ros frigidus in-
« defessum ignem altamque dolorum meorum nunquam
« quiescentium flammam restinguet? Malorum quis erit
« finis qui terminus, ac placida mens ex decumano ma-
« lorum fluctu?

« Oh! quis te, Charicles, solabitur, si quid Drosillæ
« tristius acciderit? Nox enim profunda, profunda caligo
« atque humus tenebricosa (oh! casus tristissimos!) poetus
« heu! Cleandri premunt.

« Oh! qui poteris Cydippæ matri esse gloriæ, in extero
« sepultus solo? Qui illam coronis bene partis recreabis?
« Qui ventrem decorabis tuum, unde in has venisti lumi-
« nis oras? Qui te baculum reperiet pater, annis sene-
« ctutem ipsi adferentibus?

« Oh! lumen, lampas lætitiæ, gentisque jubar,
« exstinctus, fractus, perditus, occultatus jaces! »

ΒΙΒΛΙΟΝ Θ.

Οὕτω Δροσίλλης κωκυούσης τὸν ξένον,
« Τῆς μὲν περιττῆς τῷ νεκρῷ τύρβης ἅλις
110 « καὶ τῶν ἀμέτρων δακρύων καὶ τοῦ γόου »,
ἔφη μέσον στὰς ἔμπορος Γνάθων ξένος·
« εἰ γὰρ μεταξὺ χαρμονῆς παρεμπέσοι
« λυπρὸν τυχηρὸν δάκνον ἀλγῦνον φρένας,
« τὸν εὖ φρονοῦντα τῇ χαρᾷ χρὴ διδόναι·
115 « ὅταν μὲν οὖν ἄκρατόν ἐστι τὸ θλίβον,
« οὐ μεμπτὸν εἴ τις καὶ κατ' ἄκρας δακρύει·
« εἰ συμμιγῇ δὲ χρηστὰ ταῖς ἀλγηδόσι,
« τὸ κρεῖττον, οἶμαι, τῆς τύχης ἐξελκτέον·
« ὑπερφερῇ γὰρ δυστυχῇ τῶν κρειττόνων,
120 « πλείω τε λυπρὰ τῶν καλῶν τῶν ἐν βίῳ.
« Τῶν θλίψεων γοῦν εὖ καταφρονητέον,
« εἴ πού τι χρηστὸν ἐν μέσῳ παρεμπέσοι
« ἀπροσδοκήτως ἐκ τύχης παρηγμένον·
« οὐ γὰρ τοσοῦτον αἱ κατ' ἐλπίδας τύχαι
125 « τοῖς εὖ παθεῖν μέλλουσιν ἀνθρώποις ἄρα
« τὸ τερπνὸν εἰσφέρουσιν, ὡσὰν εἰδόσιν
« αὐτοῖς, ἐκείνας προσδοκῶσι πρὸ χρόνων,
« ὅσον τὸ συμβὰν ἀγαθὸν παρ' ἐλπίδα
« ψυχὴν διογκοῖ καὶ πλατύνει καρδίαν,
130 « καὶ πάντα λυπρὰ τὰ προσυμβεβηκότα
« ἐκ τῶν νοητῶν ἐξελαύνει πυθμένων
« καὶ τῶν ἀδήλων τοῦ λογισμοῦ χωρίων,
« καὶ τοὺς παθόντας εἰς ἀνάπλασιν φέρει,
« τῶν ἀλγυνόντων ἐξαλείφων τοὺς τύπους
135 « εἰς εἶδος ἄλλο καὶ κατάστασιν νέαν,
« καὶ χρωματουργεῖ τοῦ προσώπου τὴν θέαν
« εἰς ἐντελῆ μόρφωσιν ὡραϊσμένην.
« Ναὶ λῆξον ὀψὲ τῶν μακρῶν ὀδυρμάτων·
« ἄγουσα σαυτὴν εἰς ἀνάκτησιν, κόρη.
140 « Ἄφες, Χαρίκλεις, καὶ σὺ τὴν θρηνῳδίαν·
« γενοῦ σεαυτοῦ, μή τι φαῦλον ἐμπέσοι·
« χρὴ γὰρ τὰ συμπίπτοντα γενναίως φέρειν. »
Οὕτως ἐκείνοι τοῖς πόνοις ἐκαρτέρουν.
Οὕτω δὲ διττοὶ συμπαρῆλθον ἡμέραι,
145 καὶ πάντας οὓς ἤνεγκε φόρτους ὁ Γνάθων
ἀπεμπολήσας τοῖς ἐποίκοις ἀγρόταις,
λαβὼν μετ' αὐτοῦ τὴν φίλην συζυγίαν,
ᾤδευε πρὸς τὴν Βάρζον ἀπτέρῳ τάχει·
οὗ καὶ φθάσαντες τὴν πύλην τῆς εἰσόδου
150 ὁρῶσι τοὺς σφῶν ἀθλίους φυτοσπόρους
αὐτὸς Χαρικλῆς καὶ Δροσίλλα παρθένος
εἰς πέτραν, ἕδραν εὔξοον, καθημένους,
καὶ θάμβος ἔσχον καὶ καλῆς αἰδοῦς τύπον.
Ἀλλὰ προλαβὼν ὁ Γνάθων καὶ προφθάσας
155 ἄμφω κατησπάσατο τοὺς γηραλέους,
καὶ τὴν τέκνων ἄφιξιν αὐτοῖς μηνύσας
χρυσοῦ δέκα μνᾶς δῶρον ἀντιλαμβάνει.
Οἱ δ' ἀλλ', ἐπεὶ προσέσχον αὐτοῖς τοῖς τέκνοις,
ὁποῖον ἔσχον γῆθος οὐκ ἔχω λέγειν,
160 ὡς εἶδον αὐτὴν τὴν καλὴν ξυνωρίδα
τὴν Βαρζικὴν γῆν συμπατοῦσαν ἀθρόον·

Dum sic Drosilla Cleandrum lugebat, in medio stans hospes ille mercator, Gnatho, « Desinite, quæso, » inquit, « querelarum, mortuum quæ nihil prorsus juvant, « ac fletus immodici lamentationumque nimiarum. Etenim « si prosperos inter eventus acciderit forte quid mœstius, « quod animum mordeat et angat, virum tamen sapientem « lætitia non abstinere oportet.

« Quod si boni sine ulla mixtione nos premat dolor, nec « culpandus si quis et immodice ploret.

« Jam quando permiscentur bona malis, melior fortunæ pars extrahenda.

« Plura enim sunt tristia lætis, et laborum plena magis « quam bonorum vita fuit data mortalibus.

« Ergo ærumnæ sunt valde despiciendæ, si quid prosperi « insperato nobis Fortuna adtulerit.

« Nam sperata felicitas felicibus hominum non tantum « parit voluptatis, quippe qui dudum illam præverterant « expectatione, quantum quæ insperata venit, animumque diffundit pectusque relaxat, et anteriora omnia « mala ex cogitationum recessu fugat penitisque animi « regionibus, ac delens vulnerum vestigia, ita ut alia sit « læsæ partis facies habitusque novus, ægros restituit ex « integro, nec non genas floridis pingit coloribus, vultumque ad eximiam pulchritudinem informat.

« Næ desine tandem longæ querimoniæ; atque pristinum « ingenium recipe tuum.

« Tu quoque Charicles, mœsta mitte lamenta. Redi « ad te, ne funesti quid eveniat.

« Oportet enim generosios fortunæ tolerare casus. »
Illi igitur sic malis durare conabantur.

At nondum dies erant elapsi duo, et jam incolis hujus loci Gnatho merces vendiderat omnes quas asportaverat; adsumptisque secum Charicle et Drosilla, viam carpsit celerrime qua ad Barzum itur.

Jamque propinquabant portis, quum mœstos Charicles et Drosilla cernunt patres lapidi bene polito insidentes; et mirati sunt, simulque colore genas tinxit honesto pudor.

Ast, illos antevertens, Gnatho duos senes salutavit, et liberorum adventu nuntiato, aureas minas decem pro læto accipit nuntio.

Illorum vero quæ fuerit lætitia dicere nequeo, quum jam ipsos cernere liberos potuerunt, tam pulchros,
Barzicum solum cito pede calcantes.

LIBER IX.

οἳ πρῶτα δακρύσαντες, ὡς γήρᾳ νόμος,
τὰς σφῶν κεφαλὰς καταφιλοῦν ἀσμένως,
ἔχαιρον, ἤλγουν, εὐθύμουν, ἐδυσφόρουν,
165 ἠγαλλίων, ἔκλαιον, ἐκρότουν μέγα·
τὸ τῆς χαρᾶς δάκρυον ἔρρει πλησμίως,
τῆς χαρμονῆς ὁ θρῆνος ὑψοῦτο πλέον.
Πληθὺς δὲ πᾶσα Βαρζιτῶν κοινῷ δρόμῳ,
ἐπεὶ τὸ συμβὰν ἐκ βοηδρόμων μάθοι,
170 ἐξήλθοσαν χαίροντες οἰκείους δόμους,
οἱ παῖδες, ἡ γραῦς, ὁ σφριγῶν, ἡ παρθένος,
μεῖραξ, γυνή, παῖς ἁπαλὴ καὶ πρεσβῦτις,
πάντες προσεπτύσσοντο πυκνὰ τοῖς νέοις.
Ὁ θρῆνος ἠκόντιζε τὸν πόλον κρότῳ,
175 ἡ χαρμονὴ δ᾽ ἔκλινε τὴν θρηνῳδίαν·
οὕτω συνάλγουν καὶ συνεσκίρτων πάλιν
τοῖς πατράσι σφῶν πᾶσα κοινῶς ἡ πόλις.
Αὐτὸς δὲ Φράτωρ τῇ Δροσίλλῃ παρθένῳ
ἀντεμπλακεὶς ὡς καὶ τέκνῳ προσωμίλει·
180 « Γάννυσθε, παῖδες, πρὸς γονεῖς σεσωσμένοι·
« διπλοῦς γὰρ ὑμεῖς εὐτυχεῖτε πατέρας,
« ὡς αὖθις ἡμεῖς εὐτυχοῦμεν τεκνία.
« Ὣς δεξιὸν τὸ τέρμα τῆς ὑμῶν πλάνης,
« ὡς εὐτυχὴς ἡ λῆξις ἡ τῶν δακρύων.
185 « Σώζεσθε καὶ τηρεῖσθε πρὸς συζυγίαν,
« οὓς οἱ θεοὶ συνῆψαν ὡς νυμφοστόλοι. »
Ἐπεὶ δὲ μακροῖς τοῖς μετ᾽ ἀλλήλων λόγοις
καὶ μέχρι νυκτὸς ἠσχολημένοι
μνήσαντο δόρπου· καὶ καθίσας ὁ Γνάθων
190 αἰτεῖ παρ᾽ αὐτῷ ὡς καθίσοι καὶ Φράτωρ.
Φράτωρ δὲ, τοῖς Γνάθωνος ὑπείξας λόγοις,
καὶ Μυρτίωνα συνθακεύειν ἠξίου·
ὁ Μυρτίων δὲ νυμφίον Χαριχλέα,
καὶ γοῦν Χαρικλῆς τὴν Δρόσιλλαν παρθένον.
195 Οἱ τρεῖς μὲν ἐκλίθησαν ἐξ εὐωνύμων,
ἐν δεξιοῖς δὲ προσφιλῆ συζυγία,
αὐτὸς Χαρικλῆς δηλαδὴ καὶ παρθένος·
ὃς οὐ μετρίας μέμψεως κατηξίου,
ἀλλ᾽ ὑβρέων δὲ μᾶλλον καὶ τωθασμάτων,
200 τὸν αἴτιον Γνάθωνα τῶν ξενισμάτων,
ὃς μὴ Δρόσιλλαν ἀπέναντι καθίσοι
τῶν ἐκταθέντων ἐξ ἔρωτος ὀμμάτων
καὶ Μυρτίωνα τὸν φύσαντα τὴν κόρην
ἐγγὺς παρ᾽ αὐτοῦ τῆς καθέδρας τῷ τόπῳ,
205 ὅπως τοσαύτης χαρμονῆς τελουμένης,
ἀντιπροσωπῶν ἐμβλέποι τῇ παρθένῳ.
Ναὶ μὴν ἐπεφθόνει δὲ (πᾶς τις ἐκφράσοι)
καὶ τῷ κυπέλλῳ τηλικούτων χειλέων
ἄριστα θιγγάνοντι τῶν τῆς παρθένου·
210 ἐζηλοτύπει καὶ πρὸς οἴνου τὴν πόσιν,
ὡς εἰς Δροσίλλης πλησιάζοντα στόμα.
Οὕτω μὲν οὖν εἶχεν τὰ τῆς πανδαισίας·
καὶ νὺξ μελάμπους ἐγχυθεῖσα τοῖς ξένοις,
κατεσπακυῖα τὴν στάσιν τῶν ὀφρύων,
215 τὸν νήδυμον σφῶν ἦγεν ὀφθαλμοῖς ὕπνον.

Effusis primum lacrymis, qui est senilis mos ætatis, ambo liberorum hilariter osculari capita, gaudere, dolere, lætis nunc esse animis, nunc depressis, exultare, plorare, manus complodere.
Ibant ubertim per ora lacrymæ quas exprimebat gaudium, et lætitiam vincere gemitus videbantur.
Interim Barzitarum multitudo, re per cursores nota, e domibus effusa ruebant, pueri, anus, florens ætate juvenis, adolescens, puella tenera, senior mulier, cuncti crebro amantes duos amplectebantur.

Gemitus æthera feriebant acuti, lætitia lamenta reprimebat; adeo parentibus complorabant, ac rursus cum eis una saltabant simul tota civitas.

Ipse Phrator Drosillam virginem, ut pater filiam, mutuo in amplexu alloquebatur.: « Gaudete, liberi parentibus ser- « vati! binos etenim potimini patres, ut nos rursus duos potimur liberos.

Quam fortunatus errorum vestrorum terminus, quam felix lacrymarum finis! Vivite ad conjugium reservati ambo, quos Dei ipsi pronubi consociare amant.

Postquam longis et ad noctem usque sermonibus vices per alternas vacavere, tandem meminerunt cœnæ, ac considens Gnatho Phratorem jubet ut assideat sibi; cui parens Phrator et Myrtiona rogat ut vicinum sibi locum occupare velit; deinceps Chariclem spònsum Myrtion invitat, Drosillam Charicles.

Tres primi ad lævam recubuerunt, ad dextram par illud amabile, Charicles scilicet virgoque.

Ille autem non levi reprehensione, immo opprobriis lacessebat, sibique habebat ludibrio Gnathonem hospitio ipsos amice excipientem, talia tamen promeritum ratus, qui Drosillam non collocaverit suos adversum oculos, amore marcentes oculos, nec Myrtionem puellæ patrem sibi vicinum, ut posset in hoc solenni gaudio adversam virginem spectare.

Profecto etiam invidebat poculo (quivis id facile intelliget) labella puellæ tam pulchra perbene tangenti; invidebatque vino, ori quod Drosilla propius admoveret.
Sic peractum est convivium; et nox nigris irrepens vestigiis, deprimensque convivarum supercilia, oculis dulcem infudit soporem.

ΒΙΒΛΙΟΝ Θ.

Ἀλλὰ πρὸς ὄρθρον ἡ καλὴ καὶ παγκάλη,
ἡ τοῦ γέροντος Μυρτίωνος θυγάτηρ,
καταλαβοῦσα τὴν σορὸν Καλλιγόνης,
ἔλουεν αὐτὴν ἄλλο λουτρὸν δακρύων.
220 Τὸ γὰρ γυναικῶν συμπαθέστατον φῦλον
ἑτοιμοπενθές ἐστι καὶ ξένοις πόνοις,
καὶ φιλόδακρυ γίνεται παραυτίκα·
οὐκ ἐν μόνῃ γὰρ συμφορῶν περιστάσει
φιλεῖ τὸ πενθεῖν καὶ τὸ μακρὸν δακρύειν,
225 καὶ μᾶλλον εἴ τις ἐκπεράσοι τὸν βίον·
διηνεκῶς δὲ καὶ χρόνων περιδρόμοις
σῶζον κακῶν ἔννοιαν ἀμφιδακρύει.
Οὕτως ἐκείνη συμπαθῶς ἡ παρθένος
λαθοῦσα τοὺς τέσσαρας, ὡς κοιμωμένη,
230 Γνάθωνα, Μυρτίωνα τὸν φυτοσπόρον,
καὶ μὴν Χαρικλῆν καὶ τὸν αὐτοῦ πατέρα,
ἔκραζε κυπτάζουσα πρὸς Καλλιγόνην·
ἔτυπτεν εἰς τὸ στέρνον, ἀνεκεκράγει
μετὰ στεναγμῶν καὶ μετ' ὄμβρου δακρύων·
235 « ὦ πολλὰ βασκαίνουσα, δυσμενὴς Τύχη,
« οὐκ ἤρκεσάν σοι τὰ προσυμβεβηκότα
« ἀλγεινὰ πικρὰ τῇ Δροσίλλης καρδίᾳ·
« ἀλλὰ πρὸς αὐτοῖς καὶ τὸ λοιπὸν εἰσφέρεις.
« Σὺ μὲν θανατοῖς παρθένον Καλλιγόνην,
240 « Καλλιγόνη δὲ τὸν Κλέανδρον κτιννύει·
« ὁ δὲ Κλέανδρος τοὺς ἐκείνου γνησίους
« οὐ συναποθνῄσκει, τῇ δὲ τούτων καρδίᾳ
« λύπης τοσαύτης ἀντιπέμπει πικρίας.
« Θρηνῶ σε τοίνυν, ὦ κόρη Καλλιγόνη,
245 « συμπαρθένε, κλαίω σε γῇ κεχωσμένην,
« ἀντὶ Κλεάνδρου τοῦ προεξῳχηκότος,
« τοῦ συγξενιτεύσαντος ἡμῖν ἐν ξένοις·
« θρηνῶ σε μητρὸς καὶ πατρὸς στερουμένην,
« καὶ φεῦ! θανοῦσαν, ἀλλὰ μακρὰν πατρίδος,
250 « ἣν οὐ κατεῖδον, οὗ συνῆλθον εἰς λόγους,
« οὐκ εἰς χαρὰν ἔστερξα καὶ προσεπλάκην,
« ἐν συμφοραῖς οὐκ ἔσχον εἰς λύπης ἄκος.
« Ὡς εἴθε καὶ Κλέανδρον οὐκ εἶδον πάλαι,
« καὶ συμμετέσχον καὶ τροφῶν καὶ δακρύων!
255 « Σὺ δ' ἀλλὰ δέξαι τὴν ἐμὴν θρηνῳδίαν,
« ἣν ὡς χοὰς νῦν πενθικὰς ἔσπεισά σοι. »
Εἴρηκε ταῦτα, καὶ μετ' αἰδοῦς κοσμίας
Γνάθωνος αὖθις ἀντεσῆλθε τὴν στέγην·
ὅθεν, ξενίσας τοὺς γέροντας ὁ Γνάθων
260 σὺν τοῖς τέκνοις σφῶν, ἀμφὶ πρώτην ἡμέραν,
ἐκεῖ θέλοντας καρτερῆσαι μὴ πλέον,
τέλος προσελθὼν καὶ προσειπὼν ἀσμένως,
καὶ γνήσιον φίλημα δοὺς τοῖς ἀνδράσιν,
εἰς δευτέραν, ἔπεμψε πρὸς τὴν πατρίδα.
265 Τῆς οὖν θαλάσσης εὖ κατεστορεσμένης,
οὐ πνεύματος πνέοντος ὁλκαδοφθόρου,
οὐ τῶν κυμάτων ἀμφικυλινδουμένων,
οὗτοι προσηνοῦς ἡμερωτάτου πλόου
τυχόντες, ἐστέλλοντο πρὸς γῆν φιλτάτην.

At mane pulcherrima Myrtionis vetuli filia accedens ad Calligones sepulchrum novo id lacrymarum libamine rigabat.

Nam fœminæ, quæ facile ad teneros affectus moventur, aliena etiam deflent infortunia, et in faciles statim prorumpunt lacrymas.

Non enim in præsentibus tantum infortuniis dolere consueverunt, largosque effundere fletus, præsertimque si quis e vita excesserit; sed diutissime perque longa annuorum spatia tristem recolentes memoriam lacrymis usque parentant.

Sic Drosilla affectu percita misericordi, clam Gnathone, Myrtione patre, et Chariclé, patreque Chariclis, qui eam somno sepultam esse rebantur, in Calligones arcam demisso capite, pectus tundebat, clamabatque gemitus inter effusumque lacrymarum rorem:

« O invida, o crudelis Fortuna, non tibi fuere satis tot
« amaritudines quibus antea Drosillæ cor satiasti, sed præ-
« teritis cumulum imposuisti malis.

« Virginem perimis Calligonen, Calligone Cleandrum
« letho tradit; Cleander vero amicos secum quidem non
« infert tumulo, sed ipsorum pectora acerbissimis pungit
« sollicitudinibus.

« Proinde virgo, defleo te, Calligone, virginem; lugeo te
« defossam terra, quum te non possit lugere Cleander jam
« ad plures profectus, nobis olim longinqui comes per ex-
« teras regiones itineris.

« Lugeo te matre patreque carentem, et heu! a patria
« procul vita functam; te quam videre et alloqui mihi non
« datum est; quam læta amare et osculari non potui;
« quam in ærumnis non habui doloris solatium

« Atque utinam nec Cleandrum vidissem unquam, nec
« fuissem ipsi mensæ socia lacrymarumque!
« Nunc tamen meos benigna gemitus accipe, quos
« mœsta tibi fudi libamina. »

Hæc fata, pudico gressu Gnathonis tecta repetivit.

Gnathon, qui senes ambo cum liberis, primo die, exceperat hospitio, altero, nolentes jam diutius commorari, adiit, salutatosque amice osculatus, in patriam rursus tendentes demisit.

.acıoum stabat mare, silebant venti navibus inimici; nullæ volvebantur minæ fluctuum; et, nacto leni et commodissimo navigio, amata petiere littora.

270 Ἐπεὶ δὲ, προσπλεύσαντες ἡμέρας δέκα,
φθάσαιεν ὀψὲ καὶ πρὸς αὐτὴν πατρίδα,
καὶ τοῖς ἐπευκτοῖς ἐμπατήσαιεν τόποις.
ὁ μὲν Χαρικλῆν ἀπογεννήσας Φράτωρ
μεθεῖλκε Μυρτίωνα πρὸς τὴν οἰκίαν·
275 ὁ δὲ Δρόσιλλαν ἐκτοκεύσας Μυρτίων
ἀντιμεθεῖλκε τοῦτον ἀμφὶ τὸν δόμον·
αἱ μητέρες δὲ τοῦ νέου καὶ τῆς κόρης,
Ἡδυπνόη τε καὶ σὺν αὐτῇ Κρυστάλη,
ἐπεὶ τὸ συμβὰν ἐκμάθοιεν, εὐθέως
280 ἐκεῖ δραμοῦσαι, προσπλακεῖσαι τοῖς τέκνοις,
τοῖς τῆς χαρᾶς ἔλουον αὐτοὺς δακρύοις.
τὸ προσφιλὲς δὲ μητροπάτρῳον γένος,
ὁ πατριώτης ὄχλος, ὁ ξυμφυλέτης,
συνεκρότουν, ἔχαιρον, ἐσκίρτων μέγα,
285 ἠγαλλίων ὁποῖον, ἀλλὰ καὶ πόσον!
Οὗτοι μὲν οὕτως εἶχον· εἷς δέ τις φθάσας
ὁ πρῶτος αὐτῶν, ἱερεὺς Διονύσου,
ἐπιτρέπει τάχιστα κατειληφέναι
εἰς τὸν νεὼν σύμπαντας αὐτοὺς τοὺς ὄχλους,
290 ὡς ἂν συναρμόσαιτο τῷ Χαρικλεῖ
νύμφην Δρόσιλλαν εἰς ὁμιλίαν γάμου.
Εἴρηκε ταῦτα, καὶ διπλοῦς παραυτίκα
κλάδους παρασχὼν ἀμπέλου τοῖς νυμφίοις
εἰς τὸν νεὼν εἰσῆξεν ἅμα τοῖς ὄχλοις.
295 Τί γοῦν τὸ λοιπόν; συζυγεῖσα πρὸς γάμον
νύμφη Δρόσιλλα τῷ Χαρικλεῖ νυμφίῳ,
καὶ πρὸς δόμους ἀχθεῖσα τῶν γεννητόρων
μετὰ στεφάνων καὶ κρότων καὶ κυμβάλων,
ἐν ἑσπέρᾳ μένουσα παρθένος κόρη
300 γυνὴ πρὸς ὄρθρον ἐξανέστη τῆς κλίνης.

Post decem dierum navigationem, ipsam sero vespere tetigerunt patriam optatoque vestigia fixerunt solo.

Tum Phrator, Chariclis pater, Myrtionem ad suam trahebat domum; Phratorem vicissim ad suam pater Drosillæ Myrtion.

At matres juvenum Hedypnoe Crystalleque, re cognita, statim accurrentes, amplexatæque liberos, lætis ipsos rigabant lacrymis.

Et cari ab utraque stirpe propinqui, civesque tribulesque, plaudebant, præque gaudio saliebant alacriter, immane quantum gestientes.

Interea, supervenit Bacchi sacerdos, vir primarius, hortaturque irent ad templum ocissime turbam populi totam, Charicli scilicet virginem Drosillam connubio juncturus.

Dixit, et vitis ramusculo sponso utrique dato, ambos una cum populo ad templum duxit.

Quid igitur reliquum restat? Charicli in conjugium tradita, dein ad paternam deducta domum, inter coronarum jactus, plaususque, et cymbalorum multiplices tinnitus, Drosilla, quæ vesperi virgo erat, mulier mane surrexit e lectulo.

COLLECTION DES AUTEURS GRECS,
AVEC LA TRADUCTION LATINE EN REGARD ET LES INDEX.

Chaque volume, gr. in-8°, à 2 colonnes, renferme un ou plusieurs auteurs, et se vend séparément.

POÈTES.

HOMÈRE, d'après la recension de G. Dindorf, et *Fragments des Cycliques*............ 12 fr. 50
HÉSIODE, *Apollonius Rhodius, Tryphiodorus, Coluthus, Quintus Smyrnæus, Tzetzès, Musée*, et fragments d'*Antimaque, Chærilus, Panyasis, Asius et Pisander*, publ. par Lehrs. 1 vol............ 15 fr.
THÉOCRITE, BION et MOSCHUS, et les poètes didactiques **NICANDRE, OPPIEN, MARCELLUS SIDÉTES**, l'anonyme **DE VIRIBUS HERBARUM, PHILE**, fragmenta Poëmatum de re naturali et medica, **ARATUS, MANÉTHON, MAXIMUS**............ 15 fr.
SCOLIES DE THÉOCRITE, DE NICANDRE ET D'OPPIEN, par MM. Dübner et Bussemaker........ 15 fr.
ESCHYLE et *les fragments*, **SOPHOCLE** et *les fragments*, publ. par Ahrens. 1 vol............ 19 fr.
EURIPIDE. Texte nouveau, revu, et traduction toute nouvelle par M. le professeur Th. Fix. 1 vol...... 15 fr.
FRAGMENTS D'EURIPIDE, et de tous les *Tragiques grecs*, suivis de tout ce qui reste des *Drames chrétiens*, par MM. Dübner et Wagner, professeur de philologie au gymnase de Breslau. 1 vol............ 15 fr.
ARISTOPHANE, publ. par G. Dindorf; *Ménandre et Philémon*, publ. par M. Dübner. 1 vol............ 15 fr.
SCOLIES complètes d'**ARISTOPHANE**, avec un Index tout nouveau. 1 vol............ 15 fr.
FRAGMENTS DES COMIQUES GRECS, publiés d'après Meineke par M. le professeur Bothe, avec une notice par M. Dübner et une table générale. 1 vol............ 15 fr.

HISTORIENS.

HÉRODOTE, texte établi par M. G. Dindorf, traduction revue. Suivi de Ctésias, et des chronographes Castor et Ératosthène, publiés par M. Th. Müller. 1 fort v. 15 fr.
THUCYDIDE avec *les Scolies*, publ. par Haase. 1 v. 15 fr.
XÉNOPHON. Œuvres complètes, d'après la recension de L. Dindorf. 1 vol............ 15 fr.
DIODORE DE SICILE, avec tous les fragments, 2 v. 30 fr.
POLYBE, avec tous les fragments, 1 fort vol. en 2 parties. Prix............ 20 fr.
FLAVIUS JOSÈPHE, texte et traduction revus par G. Dindorf. 2 vol............ 30 fr.
APPIEN. 1 vol............ 15 fr.
ARRIEN. Ses ouvrages historiques, etc., suivis des *Fragments de tous les historiens d'Alexandre*, et de l'histoire fabuleuse de ce prince, attribuée à **CALLISTHÈNE**; publié par MM. Dübner et Ch. Müller. 1 fort vol............ 15 fr.
PLUTARQUE (les Vies), publié par M. Dübner. 2 v. 30 fr.
FRAGMENTA HISTORICORUM GRÆCORUM. Tomus I: *Hecatæi, Charonis, Xanthi, Hellanici, Pherecydis, Acusilai, Antiochi, Philisti, Timæi, Ephori, Theopompi, Phylarchi, Clitodemi, Phanodemi, Androtionis, Demonis, Philochori, Istri*, et **APOLLODORI BIBLIOTHECA** cum fragmentis, auxerunt notis et prolegomenis illustrarunt Car. et Theod. Mülleri; accedunt marmora Parium et Rosettanum, hoc cum Letronii, illud cum C. Mülleri Commentariis. 1 fort vol............ 20 fr.
FRAGMENTA HISTORICORUM GRÆCORUM. Tomus II: contenant ce qui reste des *soixante-douze historiens* et plusieurs fragments considérables inédits de Diodore de Sicile, de Polybe et de Denys d'Halicarnasse, recueillis à la bibliothèque de l'Escurial par M. C. Müller. 15 fr.
FRAGMENTA HISTORICORUM GRÆCORUM. Tom. III: contenant la suite, par ordre chronologique, des fragments de *cent onze* historiens grecs, et particulièrement ceux de Nicolas de Damas, recueillis à la bibliothèque de l'Escurial par M. Ch. Müller, envoyé par MM. Didot pour collationner le précieux ms. Ω, pl. I, n° 11, contenant les *Excerpta* ou recueil des Ἐπιβουλῶν, exécuté par les ordres de Constantin Porphyrogénète............ 15 fr.
FRAGMENTA HISTORICORUM GRÆCORUM. Tom. IV et ultimus, contenant ce qui reste d'un grand nombre d'historiens, dont plusieurs sont inédits, et une Table générale très-complète. 1 fort vol............ 20 fr.

ORATEURS, PHILOSOPHES, POLYGRAPHES.

DÉMOSTHÈNE, et fragments recueillis pour la première fois, publ. par M. Vömel. 1 vol. en deux parties. 21 fr.
ORATORES ATTICI. Tomus I. **ISOCRATE, ANTIPHON, ANDOCIDE, LYSIAS, ISÉE**, par MM. Ahrens, Baiter et Ch. Müller............ 15 fr.
PLUTARQUE. Morales, publ. par M. Dübner. 2 v. 30 fr.
PLUTARCHI PERDITORUM OPERUM FRAGMENTA ET PSEUDO-PLUTARCHEA. 1 vol............ 10 fr.
PLATON (Œuvres complètes), texte entièrement revu par M. Schneider (de Breslau), traduction toute nouvelle. 2 vol., avec *Index*............ 30 fr.
ARISTOTE. Tome I, contenant l'*Organon*, *Rhetorica*, *Poetica*, *Politica*............ 15 fr.
— Tome II, contenant les *Ethica*, *Naturales auscultationes*, *de Cœlo*, *de Generatione* et *Metaphysica*; confié aux soins de M. Bussemaker............ 15 fr.
— Tome III, par M. Bussemaker, contenant l'histoire, les parties, la marche, la génération des animaux, les *parva naturalia*, l'âme, les IV liv. de météorologie, etc. 15 fr.
— Le tome IV, accompagné de la table, est *sous presse*.
PLOTIN. *Enneades, cum Ficini interpretatione castigata*, publiées par MM. Fr. Creuzer et G. H. Moser. — En tête se trouvent *Porphyrii institutiones*, suivis des *Institutiones theologicæ* de Proclus, et à la fin du vol. *Prisciani quæstiones*. 1 vol............ 15 fr.
THÉOPHRASTE, ANTONIN, ÉPICTÈTE, ARRIEN, SIMPLICIUS, CÉBÈS, MAXIME DE TYR, publ. par M. Dübner. 1 vol............ 15 fr.
LUCIEN. Œuvres complètes, publ. par G. Dindorf. 1 vol. divisé en deux parties............ 19 fr.
DIOGÈNE LAERCE, par M. le professeur Cobet; *Jamblique* et Vies des Philosophes, par MM. Westermann et Boissonade............ 15 fr.
PHILOSTRATE. Œuvres complètes, publ. par M. Westermann; *Eunape*, par M. Boissonade; *Himerius*, par M. Dübner. 1 vol............ 15 fr.
PAUSANIAS, publ. par M. L. Dindorf. 1 vol...... 15 fr.
STRABON, publ. par MM. Dübner et Ch. Müller. 1 vol. divisé en deux parties............ 20 fr.
GEOGRAPHI GRÆCI MINORES. — Le tome Ier du texte est en vente. Prix : 15 fr. 29 cartes coloriées. Prix 15 fr. — Total............ 30 fr.
ROMANCIERS GRECS, Achille Tatius, Longus, Xénophon, Chariton, Héliodore, Parthénius, Iamblique, Ant. Diogènes, Nicetas Eugenianus, Eumathe, Constantin Manassès, Apollonius de Tyr. 1 vol............ 15 fr.
ATHÉNÉE, texte nouveau par M. G. Dindorf, traduction toute nouvelle par M. Bothe. (*Sous presse*.)
BIBLE DES SEPTANTE, publ. par M. Jager, dédiée à Mgr l'archevêque de Paris. 2 vol............ 30 fr.
Le texte grec seul, en un volume............ 15 fr.
NOUVEAU TESTAMENT, publ. par Tischendorf, dédié à Mgr l'archevêque de Paris. 1 vol............ 12 fr.

Paris. — Typographie de Firmin Didot Frères, rue Jacob, 56.

www.ingramcontent.com/pod-product-compliance
Lightning Source LLC
Chambersburg PA
CBHW060901300426
44112CB00011B/1286